DAS LAND DER BIBEL
zur Zeit des
Neuen Testaments
Maßstab 1 : 2 000 000
0 10 20 30
Kilometer
I Römische Provinz Judäa (4 v. bis 6 n. Chr. Vierfürstentum des Archelaus)
Nordgrenze des eigentlichen Judäa
IIa u. IIb Vierfürstentum des Herodes Antipas (4 v. bis 39 n. Chr.)
III Vierfürstentum des Philippus (4 v. bis 34 n. Chr.)
IV Römische Provinz Syrien
V Vierfürstentum des Lysanias
VI Gebiet der Zehnstädte
Die Zahlen geben die Höhen in Meter an
Höhenschichten siehe Karte »Das Land der Bibel zur Zeit des Alten Testaments«
MITTELMEER
SYRO-PHÖNIZIEN
Sidon
Sarepta
Tyrus
Ptolemaïs
Karmel
546
Dora
Cäsarea
Scharon
Apollonia
Joppe
Antipatris
Arimathäa
Lydda
Modeïn
Jamnia
Azotos
Aschkelon
Anthedon
Gaza
Rafia
IV
Hermon
2814
Cäsarea Philippi
GAULANITIS
BATANÄA
TRACHONITIS
III
1204
See Semachonitis
70
Gischala
1208
GALILÄA
Naftali
Chorazin
Julias
Kapernaum
Betsaida
Genezareth
See Genezareth
-209
IIa
Jotapata
Kana
Magdala
Tiberias
Sebulon
Sephoris
588
Nazareth
Tabor
Gaba
Nain
Hippos
Gamala?
Rafana?
Dion
Abila
Gadara
AURANITIS
DEKAPOLIS
VI
Skythopolis
Pella
Ginäa
SAMARIEN
Sebaste
940
Neapolis
Sychar
Mabortha
881
Garizim
Akrabata
I
Alexandreion
Fasaëlis
Tamna
1016
Gofna
Archelaïs
Ephraim
Jordan
IIb
Gadora
1247
Gerasa
Amathus
PERÄA
Philadelphia
JUDÄA
Emmaus
Jericho
Abila
Herodeion?
Livias
Esebon
821
Kypros
Jerusalem
Betanien
997
Hyrkaneion
Qumran
Betletefa
Bethlehem
Herodeion
Medeba
Betogabri
1019
Hebron
Kallirhoë
Machärus
Engadi
-392
Totes Meer
IDUMÄA
1065
Moabiter
Masada
Malatha
Elusa
Zoara
Nabatäer
ARABIEN
A
B
C
D
E
1
2
3
4
5
6
7
8

Haas

DIE BIBEL

NACH DER ÜBERSETZUNG MARTIN LUTHERS

MIT APOKRYPHEN

DEUTSCHE BIBELGESELLSCHAFT

Bibeltext in der revidierten Fassung von 1984
Herausgegeben von der Evangelischen Kirche in Deutschland

Die Lutherbibel wurde in den Jahren 1957–1984 überarbeitet.
Die Evangelische Kirche in Deutschland
und ihre Gliedkirchen
haben im Einvernehmen mit ihren Bibelwerken
den revidierten Text angenommen
und zum kirchlichen Gebrauch empfohlen.

ISBN
978-3-438-01233-3 Schulausgabe

Lutherbibel
Durchgesehene Ausgabe in neuer Rechtschreibung 2006

Titelillustration Schulausgabe: Ogilvy identity, Düsseldorf
Satz: Typomedia GmbH, Ostfildern
Gesamtherstellung: C.H. Beck, Nördlingen
Printed in Germany

www.dbg.de

11.2013

HINWEISE ZU DIESER BIBELAUSGABE

Der Bibeltext

Der Bibeltext, der hier abgedruckt wird, stellt eine überarbeitete (revidierte) Fassung der Bibelübersetzung Martin Luthers dar. Um der besseren Verständlichkeit willen ist die äußere Form der Lutherübersetzung vorsichtig dem heutigen Sprachgebrauch angepasst worden. Dies geschah durch einen Kreis von Fachleuten, die die Evangelische Kirche in Deutschland in Zusammenarbeit mit den Bibelwerken berief. Die Revisionsarbeit wurde stufenweise abgeschlossen: für das Alte Testament 1964, für die Apokryphen 1970, für das Neue Testament 1984. Durch das Neue Testament von 1984 wurden zwei vorhergehende Revisionsstufen (1956 und 1975) abgelöst, die wegen ihrer Einseitigkeit keine allgemeine Zustimmung gefunden hatten. Gleichzeitig mit der neuen Textfassung wurden Umfang und Überschriften der Sinnabschnitte festgelegt.

Im Zusammenhang mit der Einführung der neuen Rechtschreibung wurde der Text noch einmal durchgesehen. Dabei sind im Alten Testament, dessen Revision ja bereits im Jahr 1964 abgeschlossen war, einige Angleichungen an die 1984 vollendete Revision des Neuen Testaments vorgenommen worden. So wurde der Begriff »Weib«, dessen Bedeutung sich seit der Reformationszeit ins Negative verschoben hat, weitgehend durch »Frau« ersetzt (wie es in den gottesdienstlichen Agenden bereits vorweggenommen war). Außerdem wurden einige altertümliche Verbformen auf -et und -est dem gegenwärtigen Sprachgebrauch angepasst. Im Neuen Testament wurde die Übersetzung an wenigen Stellen so verbessert, dass sie dem griechischen Grundtext genauer entspricht.

Besondere Zeichen und Schriftarten

Im Unterschied zu den Ausgaben in alter Rechtschreibung ist diese Lutherbibel in neuer Rechtschreibung nicht vers-, sondern abschnittsweise gesetzt. Sie kommt damit den Seh- und Lesegewohnheiten unserer Zeit entgegen. Die Anmerkungen unterbrechen nun nicht mehr den Textzusammenhang, sondern stehen übersichtlich am Fuß der Seite. Durch die hervorgehobenen Versziffern sind die einzelnen Verse jedoch auch weiterhin leicht auffindbar. Damit der Text auch in der neuen Gestaltung übersichtlich bleibt, wurden einige neue Absätze und Überschriften eingeführt.

Auf Luther selbst geht der Brauch zurück, wichtige Bibelworte (sog. »Kernstellen«) durch eine besondere Schrift (in diesem Fall **halbfett**) hervorzuheben. Im Nachwort zu der letzten von Luther selbst herausgebrachten Bibelausgabe von 1545 heißt es dazu, »dass erstlich von Anfang der Bibel bis ans Ende die vornehmsten Sprüche, darin Christus verheißen ist und (die) im Neuen Testament (her)angezogen werden, mit großer Schrift gedruckt sind, dass sie der Leser leicht und bald finden könne«. Auch wenn sich die Auswahl der Kernstellen im Lauf der Jahrhunderte verändert hat, gehören sie doch bis heute als unaufgebbarer Bestandteil zum Text hinzu. – Außer den Kernstellen sind auch sinnbetonte Einzelwörter mit Hilfe der **halbfetten** Schrift markiert.

Das Wort »Herr« hat immer dann die Form HERR, wenn im hebräischen Grundtext der Gottesname, geschrieben »JHWH«, gebraucht wird (s. in den Sach- und Worterklärungen zu »HERR«). Durch dieselbe Schriftart werden wiederkehrende Zeilen in den Psalmen, sog. Kehrverse, hervorgehoben (z. B. WAS BETRÜBST DU DICH, MEINE SEELE), ebenso die einführenden Angaben und musikalischen Zwischen-

bemerkungen der Psalmen, jedoch werden dabei keine großen Anfangsbuchstaben verwendet (z. B. EIN PSALM DAVIDS oder SELA).

Die Psalmen und andere psalmartige Texte sind nach dem Grundprinzip des Parallelismus in sinnparallele Halbverse gegliedert, von denen jeweils der zweite im Druck durch Einrückung gekennzeichnet ist. Wo die erste Vershälfte überlang ausfällt, wird diese zusätzlich durch einen Schrägstrich zweigeteilt. Beim Psalmgesang ist an dieser Stelle eine Flexa (Abweichung um einen Sekund- oder Terzschritt nach unten) zu singen. Wenn die Psalmen von wechselnden Sprechergruppen vorgetragen werden, empfiehlt es sich, nicht schon bei der eingerückten Verszeile zur anderen Gruppe überzugehen, denn dies würde in vielen Fällen die Psalmverse sinnwidrig auseinanderreißen. Besser ist es, wenn jeweils der **ganze** psalmodische Vers von **einer** Gruppe gesprochen (oder gesungen) wird; danach folgt die andere Gruppe mit dem nächsten. Nur zu Beginn kann der erste Halbvers vom Leiter allein »angestimmt« werden, worauf die erste Gruppe mit dem zweiten Halbvers einfällt. Als Abschluss empfiehlt sich der Lobpreis der Dreieinigkeit: »Ehre sei dem Vater und dem Sohne …« Damit wird der Psalm in das Licht der neutestamentlichen Botschaft gerückt.

Biblische Verweisstellen und sinnverwandte Abschnitte

Um die reichen Beziehungen innerhalb der Bibel wenigstens ansatzweise zu erschließen, wurden ungefähr 12 000 Verweisstellen ausgewählt, die in dieser Ausgabe am Fuß der jeweiligen Seite aufgeführt werden. Die dabei verwendeten Abkürzungen werden auf Seite 14* erklärt.

Hochgestellte kleine Buchstaben im Bibeltext führen zu den Stellenangaben. Wenn sich die angeführte Verweisstelle auf ein Einzelwort oder eine Wortgruppe bezieht, steht der Verweisbuchstabe unmittelbar davor; bezieht sie sich auf einen ganzen Vers, so steht er an dessen Ende; wenn sie mehrere Verse umfasst, folgt er auf die erste Versziffer.

Wenn ganze Sinnabschnitte an anderer Stelle ähnlich oder gleichlautend überliefert sind, findet man einen entsprechenden Hinweis unter der Abschnittsüberschrift (vor allem in den Evangelien).

Anmerkungen zum Bibeltext

Ein Stern * oder Kreuz ⁺ im Bibeltext verweist auf eine Anmerkung zur jeweiligen Stelle am Fuß der Seite.

Die meisten Anmerkungen geben Erläuterungen zur Übersetzung oder Textüberlieferung. Andere weisen auf die abweichende ältere Verszählung hin. Die Lutherbibel hatte nämlich bis zum 19. Jahrhundert im Alten Testament stellenweise eine andere Kapitel- und Verszählung als heute (in englischen Bibeln ist diese Zählung immer noch gültig).

Namensschreibung

Die Schreibung der Personen- und Ortsnamen folgt seit 1984 weitgehend den »Loccumer Richtlinien zur einheitlichen Schreibung biblischer Eigennamen«, die im Interesse einer ökumenischen Vereinheitlichung der Namensformen von einer evangelisch-katholischen Kommission erarbeitet worden sind. Lediglich bei Namen, die in der evangelischen Tradition einen besonderen Stellenwert haben, wurde von dieser ökumenischen Regelung abgewichen und die bisher vertraute Form beibehalten. Die Ausnahmen, die für die Lutherbibel gelten, sind im Anhang ab Seite 345 aufgeführt.

Hilfen zum Verständnis

Als Hilfe zum besseren Verständnis des Bibeltextes sind im Anhang eine Reihe von Beigaben aufgenommen: Angaben über Maße, Gewichte und Geldwerte – umfangreiche Sach- und Worterklärungen – eine Zeittafel zur biblischen Geschichte sowie

zur Geschichte der Überlieferung der Bibel – ein ausführliches Stichwortverzeichnis – ein Ortsregister, das die farbigen Landkarten erschließt. Durch die Graufärbung am Rand ist der Anhang bequem aufzuschlagen.

Wo finde ich was?

Das Inhaltsverzeichnis auf den folgenden Seiten folgt der Anordnung der biblischen Bücher. Wer rasch ein bestimmtes Buch finden will, kann auch das Abkürzungsverzeichnis auf Seite 14* benutzen, das jeweils in der 2. Spalte die einzelnen Bücher in alphabetischer Reihenfolge aufführt.

Ein Überblick über bekannte und wichtige Bibeltexte findet sich nach dem Inhaltsverzeichnis. Zentrale Themen der Bibel sind im Stichwortverzeichnis des Anhangs erfasst, ebenso die wichtigsten Personen (ab Seite 359).

Eine rasche Orientierung über den Inhalt der einzelnen biblischen Bücher gibt die Inhaltsübersicht jeweils vor Beginn des Buches.

INHALT DES ALTEN TESTAMENTS

Geschichtsbücher

Lehrbücher und Psalmen

Prophetenbücher

INHALT DER APOKRYPHEN

INHALT DES NEUEN TESTAMENTS

WO FINDE ICH WAS?

Weitere und ausführlichere Hinweise
in alphabetischer Reihenfolge
auf den Seiten 359–377 des Anhangs

Feste im Kirchenjahr

Weihnachten	Lukas 2,1-20
	Matthäus 2,1-12
Passion	Matthäus 26–27
	Markus 14–15
	Lukas 22–23
	Johannes 18–19
Ostern	Lukas 24
	Johannes 20–21
Himmelfahrt	Apostelgeschichte 1,6-11
Pfingsten	Apostelgeschichte 2

Gebete und Lieder

Das Vaterunser	Matthäus 6,9-13
Der Segen	4. Mose 6,22-27
Lobgesang Marias	Lukas 1,46-55
Jesu Leidenspsalm	Psalm 22
Der Herr mein Hirte	Psalm 23
Bitte um Vergebung	Psalm 51
Lobe den Herrn!	Psalm 103
Du erforschest mich	Psalm 139

Die Geschichte Gottes mit seinem Volk

Schöpfung	1. Mose 1–2
	Psalm 104
	Hiob 38–39
Sündenfall	1. Mose 3
Sintflut	1. Mose 6,5–9,17
Abraham	1. Mose 12–22
Mose	2. Mose 2–4
Auszug aus Ägypten	2. Mose 12–15
Bund am Sinai	2. Mose 19–20
Israel in der Wüste	2. Mose 16–17
	4. Mose 10–21
König David	1. Samuel 16–31
	2. Samuel 1–22
Der Tempel	1. Könige 6–8
Der Prophet Elia	1. Könige 17–19; 21
	2. Könige 2
Rettung Jerusalems	2. Könige 18–19
Wegführung aus Jerusalem	2. Könige 24–25
Berufung Jesajas	Jesaja 6
Israels Untreue	Jeremia 2,1-13
Gottes Treue	Jesaja 43,1-7
Neuanfang in Jerusalem	Esra 1–6
	Nehemia 1–6
Hoffnung auf das Friedensreich	Jesaja 2,1-4
	Jesaja 9 u. 11
	Jesaja 60
	Jesaja 65,16b-25
	Sacharja 9,9-10

Jesus: seine Botschaft

Seligpreisungen	Matthäus 5,3-12
Bergpredigt	Matthäus 5–7
Sündenvergebung	Markus 2,1-12
Barmherziger Samariter	Lukas 10,29-37
Verlorener Sohn	Lukas 15,11-32
Guter Hirte	Johannes 10,1-30
Weg, Wahrheit, Leben	Johannes 14,6
	Johannes 11,25
Vom Weltgericht	Matthäus 25,31-46
Sendung der Jünger	Matthäus 28,16-20

Gottes Liebe in Jesus Christus

Gott liebt uns	Römer 8,28-39
	1. Johannes 4,7-21
Frieden mit Gott	Römer 3,21-26
	Römer 5,1-11
	2. Korinther 5,14-21
Der Weg Jesu	Jesaja 52,13–53,12
	Philipper 2,5-11
›Mein Leib – für euch‹	1. Korinther 11,23-25

Christliches Leben

Die Zehn Gebote	2. Mose 20,1-17
	5. Mose 5,1-21
Das wichtigste Gebot	Matthäus 22,34-40
	Römer 13,8-10
Feindesliebe	Matthäus 5,43-48
Hoheslied der Liebe	1. Korinther 13
Einigkeit	Epheser 4,1-6

Dank	Kolosser 3,15-17 Lukas 17,11-19
Freude	Römer 12,12.15 Philipper 4,4 Psalm 100
Christus unser Leben	Philipper 1,21 Galater 2,19-20 Römer 14,7-9

Christliche Hoffnung

Auferstehung	Matthäus 22,23-33 1. Korinther 15
Wiederkunft Jesu	Matthäus 24,29-51 1. Thessalonicher 4,13-18
Wiederkunft Jesu	2. Petrus 3
Gottes neue Welt	Offenbarung 21,1–22,5

Bekannte Geschichten

Kain und Abel	1. Mose 4,1-16
Arche Noah	1. Mose 6,5–9,17
Turmbau zu Babel	1. Mose 11,1-9
Brennender Dornbusch	2. Mose 3
Goldenes Kalb	2. Mose 32
David und Goliat	1. Samuel 17
Belsazars Gastmahl	Daniel 5
Daniel in der Löwengrube	Daniel 6

Übersicht über die Psalmen nach Themen und Anlässen

Loblieder

auf Gottes Güte und Treue
92; 103; 111; 113; 117; 145
auf Gottes Taten in Schöpfung und Geschichte 8; 19; 29; 33; 65; 78; 89; 104; 105; 114; 146; 147
auf Gott, den König der Völker
47; 48; 67; 76; 82; 93; 96–99; 146

Gebete in schwerer Not

bei Krankheit und Unglück
6; 13; 22; 31; 38; 39; 41; 51; 69; 71; 86; 88; 130
bei Anfeindungen und falscher Anklage
3; 4; 5; 7; 17; 26; 27; 28; 35; 42/43; 52; 54–59; 64; 70; 94; 102; 109; 120; 140–143
bei Katastrophen und allgemeiner Not
44; 60; 74; 77; 79; 80; 83; 85; 89; 90; 125; 126; 137
bei Unterdrückung und Verfolgung
9–12; 123; 129

Dank nach der Rettung

18; 22,22b-32; 30; 32; 40; 66; 75; 107; 108; 116; 118; 124; 138

Vertrauen auf Gott

16; 23; 27; 36; 46; 52; 62; 63; 91; 131

Zusage der göttlichen Hilfe

91; 121

Wallfahrtslieder und Festliturgien

24; 68; 84; 95; 100; 115; 122; 134; 135; 136; 148; 149; 150

Lehrgedichte

vom richtigen Leben
1; 15; 19,8-15; 34; 50; 81; 112; 119; 127; 128; 133
vom Ende der Gottesfeinde
14; 36; 37; 49; 53; 73

Zionslieder

46; 48; 87; 122; 132

Lieder des Königs und für den König

2; 20; 21; 45; 61; 72; 101; 110; 132; 144

Hinweise auf Christus

2; 22; 110

ALPHABETISCHES INHALTSVERZEICHNIS UND ABKÜRZUNGEN DER BIBLISCHEN BÜCHER

N = Neues Testament

Ap = Apokryphen; diese Bücher sind zwischen Altem und Neuem Testament nur in Ausgaben »mit Apokryphen« enthalten

DAS ALTE TESTAMENT

DAS ERSTE BUCH MOSE (GENESIS)

Inhaltsübersicht

Die Schöpfung

(vgl. Kap 2,4-25; Ps 104,1-35)

1 Am Anfang schuf Gott Himmel und
Erde.[a] 2 Und die Erde war wüst und
leer, und es war finster auf der Tiefe; und
der Geist Gottes schwebte auf dem Was-
ser.

3 Und Gott [a]sprach: Es werde Licht!
Und es ward Licht.[b] 4 Und Gott sah,
dass das Licht gut war. Da schied Gott
das Licht von der Finsternis 5 und nannte
das Licht Tag und die Finsternis Nacht.
Da ward aus Abend und Morgen der
erste Tag.

6 Und Gott sprach: Es werde eine Feste
zwischen den Wassern, die da scheide
zwischen den Wassern. 7 Da machte Gott
die Feste und schied das Wasser unter
der Feste von dem Wasser über der Feste.
Und es geschah so.[a] 8 Und Gott nannte
die Feste Himmel. Da ward aus Abend
und Morgen der zweite Tag.

9 Und Gott sprach: Es sammle sich das
Wasser unter dem Himmel an besondere
Orte, dass man das Trockene sehe. Und
es geschah so.[a] 10 Und Gott nannte das
Trockene Erde, und die Sammlung der
Wasser nannte er Meer. Und Gott sah,
dass es gut war. 11 Und Gott sprach:
Es lasse die Erde aufgehen Gras und
Kraut, das Samen bringe, und frucht-
bare Bäume auf Erden, die ein jeder nach
seiner Art Früchte tragen, in denen ihr
Same ist. Und es geschah so. 12 Und die
Erde ließ aufgehen Gras und Kraut, das
Samen bringt, ein jedes nach seiner Art,
und Bäume, die da Früchte tragen, in
denen ihr Same ist, ein jeder nach seiner
Art. Und Gott sah, dass es gut war. 13 Da
ward aus Abend und Morgen der dritte
Tag.

14 Und Gott sprach: Es werden Lichter
an der Feste des Himmels, die da schei-
den Tag und Nacht und geben Zeichen,
Zeiten, Tage und Jahre[a] 15 und seien
Lichter an der Feste des Himmels, dass
sie scheinen auf die Erde. Und es geschah
so. 16 Und Gott machte zwei große Lich-
ter: ein großes Licht, das den Tag regiere,
und ein kleines Licht, das die Nacht re-
giere, dazu auch die Sterne.[a] 17 Und Gott
setzte sie an die Feste des Himmels, dass
sie schienen auf die Erde 18 und den Tag
und die Nacht regierten und schieden
Licht und Finsternis. Und Gott sah, dass
es gut war. 19 Da ward aus Abend und
Morgen der vierte Tag.

20 Und Gott sprach: Es wimmle das
Wasser von lebendigem Getier, und Vö-
gel sollen fliegen auf Erden unter der
Feste des Himmels. 21 Und Gott schuf
große Walfische und alles Getier, das da
lebt und webt, davon das Wasser wim-
melt, ein jedes nach seiner Art, und alle
gefiederten Vögel, einen jeden nach sei-
ner Art. Und Gott sah, dass es gut war.[a]
22 Und Gott segnete sie und sprach: Seid
fruchtbar und mehret euch und erfüllet
das Wasser im Meer, und die Vögel sollen
sich mehren auf Erden. 23 Da ward aus
Abend und Morgen der fünfte Tag.

24 Und Gott sprach: Die Erde bringe
hervor lebendiges Getier, ein jedes nach
seiner Art: Vieh, Gewürm und Tiere des
Feldes, ein jedes nach seiner Art. Und es

1,1: *a* Hiob 38,4; Ps 90,2; Joh 1,1-3; Offb 4,11 **1,3:** *a* Ps 33,9; Hebr 11,3; *b* Jes 45,7 **1,7:** *a* Ps 19,2; 136,6; 148,4 **1,9:** *a* Hiob 38,8-11; Ps 24,2; 2. Petr 3,5 **1,14:** *a* 5. Mose 4,19; Ps 74,16; Jes 47,13 **1,16:** *a* Ps 136,7-9 **1,21:** *a* Ps 74,13-14; 148,7

geschah so. 25 Und Gott machte die Tiere
des Feldes, ein jedes nach seiner Art, und
das Vieh nach seiner Art und alles Ge-
würm des Erdbodens nach seiner Art.
Und Gott sah, dass es gut war.

26 Und Gott sprach: Lasset uns Men-
schen machen, ein Bild, das uns gleich
sei, die da herrschen über die Fische im
Meer und über die Vögel unter dem
Himmel und über das Vieh und über alle
Tiere des Feldes und über alles Gewürm,
das auf Erden kriecht.[a] 27 Und **Gott
schuf den Menschen zu seinem Bilde,
[a]zum Bilde Gottes schuf er ihn; und
[b]schuf sie als Mann und Frau.** 28 Und
Gott segnete sie und sprach zu ihnen:
Seid fruchtbar und mehret euch und fül-
let die Erde und machet sie euch unter-
tan und herrschet über die Fische im
Meer und über die Vögel unter dem
Himmel und über das Vieh und über
alles Getier, das auf Erden kriecht.
29 Und Gott sprach: Sehet da, ich habe
euch gegeben alle Pflanzen, die Samen
bringen, auf der ganzen Erde, und alle
Bäume mit Früchten, die Samen bringen,
zu eurer Speise.[a] 30 Aber allen Tieren auf
Erden und allen Vögeln unter dem Him-
mel und allem Gewürm, das auf Erden
lebt, habe ich alles grüne Kraut zur Nah-
rung gegeben. Und es geschah so.[a]
31 Und **Gott sah an alles, was er gemacht
hatte, und siehe, [a]es war sehr gut.** Da ward
aus Abend und Morgen der sechste Tag.

2 So wurden vollendet Himmel und
Erde mit ihrem ganzen Heer. 2 Und
so vollendete Gott am siebenten Tage
seine Werke, die er machte, und [a]ruhte
am siebenten Tage von allen seinen Wer-
ken, die er gemacht hatte. 3 Und Gott
segnete den siebenten Tag und heiligte
ihn, weil er an ihm ruhte von allen seinen
Werken, die Gott geschaffen und ge-
macht hatte.[a]

4 So sind Himmel und Erde geworden,
als sie geschaffen wurden.

Das Paradies

Es war zu der Zeit, da Gott der HERR
Erde und Himmel machte. 5 Und alle die
Sträucher auf dem Felde waren noch
nicht auf Erden, und all das Kraut auf
dem Felde war noch nicht gewachsen;
denn Gott der HERR hatte noch nicht
regnen lassen auf Erden, und kein
Mensch war da, der das Land bebaute;
6 aber ein Nebel stieg auf von der Erde
und feuchtete alles Land. 7 Da machte
Gott der HERR den Menschen aus [a]Erde
vom Acker und blies ihm den [b]Odem des
Lebens in seine Nase. Und so [c]ward der
Mensch ein lebendiges Wesen.

8 Und Gott der HERR pflanzte einen
Garten in Eden gegen Osten hin und
setzte den Menschen hinein, den er ge-
macht hatte. 9 Und Gott der HERR ließ
aufwachsen aus der Erde allerlei Bäume,
verlockend anzusehen und gut zu essen,
und den [a]Baum des Lebens mitten im
Garten und den Baum der Erkenntnis
des Guten und Bösen.

10 Und es ging aus von Eden ein
Strom, den Garten zu bewässern, und
teilte sich von da in vier Hauptarme.[a]
11 Der erste heißt Pischon, der fließt um
das ganze Land Hawila und dort findet
man Gold; 12 und das Gold des Landes
ist kostbar. Auch findet man da Bedo-
lachharz und den Edelstein Schoham.
13 Der zweite Strom heißt Gihon, der
fließt um das ganze Land Kusch. 14 Der
dritte Strom heißt Tigris, der fließt öst-
lich von Assyrien. Der vierte Strom ist
der Euphrat.

15 Und Gott der HERR nahm den
Menschen und setzte ihn in den Garten
Eden, dass er ihn bebaute und bewahrte.
16 Und Gott der HERR gebot dem Men-
schen und sprach: Du darfst essen von
allen Bäumen im Garten, 17 aber von
dem Baum der Erkenntnis des Guten
und Bösen sollst du nicht essen; denn an
dem Tage, da du von ihm isst, musst du
des Todes sterben.[a]

18 Und Gott der HERR sprach: **Es ist
nicht gut, [a]dass der Mensch allein sei; ich
will ihm eine Gehilfin machen, die um ihn
sei.*** 19 Und Gott der HERR machte aus
Erde alle die Tiere auf dem Felde und
alle die Vögel unter dem Himmel und

* Wörtlich: ich will ihm eine Hilfe schaffen als sein Gegenüber (d. h. die zu ihm passt).

1,26: *a* Ps 8,6-9; Eph 4,24; Kol 1,15; 3,10; Jak 3,9 **1,27:** *a* Kap 9,6; *b* Mt 19,4 **1,29:** *a* Mt 6,25-34 **1,30:** *a* Ps 145,16 **1,31:** *a* Mt 19,17; 1. Tim 4,4 **2,2:** *a* Hebr 4,4 **2,3:** *a* 2. Mose 20,11; Ps 95,11; Hes 20,12; Hebr 4,9-10 **2,7:** *a* Kap 3,19; Hiob 10,9; *b* Hiob 33,4; Ps 104,29-30; *c* 1. Kor 15,45.47 **2,9:** *a* Kap 3,22; Offb 2,7; 22,2 **2,10:** *a* Hes 47,1-12 **2,17:** *a* Röm 6,23 **2,18:** *a* Pred 4,10

brachte sie zu dem Menschen, dass er
sähe, wie er sie nennte; denn wie der
Mensch jedes Tier nennen würde, so
sollte es heißen. 20 Und der Mensch gab
einem jeden Vieh und Vogel unter dem
Himmel und Tier auf dem Felde seinen
Namen; aber für den Menschen ward
keine Gehilfin gefunden, die um ihn
wäre.

21 Da ließ Gott der HERR einen tiefen
Schlaf fallen auf den Menschen, und er
schlief ein. Und er nahm eine seiner Rip-
pen und schloss die Stelle mit Fleisch.
22 Und Gott der HERR baute eine Frau
aus der Rippe, die er von dem Menschen
nahm, und brachte sie zu ihm. 23 Da
sprach der Mensch: Das ist doch Bein
von meinem Bein und Fleisch von mei-
nem Fleisch; man wird sie Männin nen-
nen, weil sie vom Manne genommen ist.*
24 Darum wird ein Mann seinen Vater
und seine Mutter verlassen und seiner
Frau anhangen, und sie werden sein **ein**
Fleisch.[a] 25 Und sie waren beide nackt,
der Mensch und seine Frau, und schäm-
ten sich nicht.

Der Sündenfall

3 Aber die [a]Schlange war listiger als
alle Tiere auf dem Felde, die Gott der
HERR gemacht hatte, und sprach zu der
Frau: Ja, sollte Gott gesagt haben: Ihr
sollt nicht essen von allen Bäumen im
Garten? 2 Da sprach die Frau zu der
Schlange: Wir essen von den Früchten
der Bäume im Garten;[a] 3 aber von den
Früchten des Baumes mitten im Garten
hat Gott gesagt: Esset nicht davon, rüh-
ret sie auch nicht an, dass ihr nicht ster-
bet![a] 4 Da sprach die Schlange zur Frau:
Ihr werdet keineswegs des Todes ster-
ben,[a] 5 sondern Gott weiß: an dem Tage,
da ihr davon esst, werden eure Augen
aufgetan, und ihr werdet sein wie Gott
und wissen, was gut und böse ist.

6 Und die Frau [a]sah, dass von dem
Baum gut zu essen wäre und dass er eine
Lust für die Augen wäre und verlockend,
weil er klug machte. Und sie [b]nahm von
der Frucht und aß und gab ihrem Mann,
der bei ihr war, auch davon und er aß.
7 Da wurden ihnen beiden die Augen
aufgetan und sie wurden gewahr, dass
sie [a]nackt waren, und flochten Feigen-
blätter zusammen und machten sich
Schurze.

8 Und sie hörten Gott den HERRN, wie
er im Garten ging, als der Tag kühl ge-
worden war. Und Adam [a]versteckte sich
mit seiner Frau vor dem Angesicht Got-
tes des HERRN unter den Bäumen im
Garten. 9 Und Gott der HERR rief Adam
und sprach zu ihm: Wo bist du? 10 Und er
sprach: Ich hörte dich im Garten und
fürchtete mich; denn ich bin nackt,
darum versteckte ich mich. 11 Und er
sprach: Wer hat dir gesagt, dass du nackt
bist? Hast du nicht gegessen von dem
Baum, von dem ich dir gebot, du solltest
nicht davon essen? 12 Da sprach Adam:
Die Frau, die du mir zugesellt hast, gab
mir von dem Baum und ich aß. 13 Da
sprach Gott der HERR zur Frau: Warum
hast du das getan? Die Frau sprach:
[a]Die Schlange betrog mich, sodass ich
aß.

14 Da sprach Gott der HERR zu der
Schlange: Weil du das getan hast, seist du
verflucht, verstoßen aus allem Vieh und
allen Tieren auf dem Felde. Auf deinem
Bauche sollst du kriechen und Erde fres-
sen dein Leben lang. 15 Und **ich will**
[a]**Feindschaft setzen zwischen dir und der**
Frau und zwischen deinem Nachkommen
und ihrem Nachkommen; der soll dir den
Kopf zertreten, und du wirst ihn in die
Ferse stechen.

16 Und zur Frau sprach er: Ich will dir
viel Mühsal schaffen, wenn du schwan-
ger wirst; unter Mühen sollst du Kinder
gebären. Und dein Verlangen soll nach
deinem Mann sein, aber [a]er soll dein
Herr sein.

17 Und zum Mann sprach er: Weil du
gehorcht hast der Stimme deiner Frau
und gegessen von dem Baum, von dem
ich dir gebot und sprach: Du sollst nicht
davon essen –, [a]verflucht sei der Acker
um deinetwillen! Mit Mühsal sollst du
dich von ihm nähren dein Leben lang.
18 Dornen und Disteln soll er dir tragen,
und du sollst das Kraut auf dem Felde

* Luther versucht mit »Männin« und »Mann« ein hebräisches Wortspiel wiederzugeben.

2,24: *a* Mt 19,5-6; 1. Kor 6,16; Eph 5,31 **3,1:** *a* Offb 12,9; 20,2 **3,2:** *a* Kap 2,16 **3,3:** *a* Kap 2,17 **3,4:** *a* Joh 8,44 **3,6:** *a* Jak 1,14-15; *b* 1. Tim 2,14 **3,7:** *a* Kap 2,25 **3,8:** *a* Ps 139,7-10; Jer 23,24 **3,13:** *a* 2. Kor 11,3 **3,15:** *a* Offb 12,4-5.15-17 **3,16:** *a* Eph 5,22-23; 1. Tim 2,12 **3,17:** *a* Kap 8,21-22; Hiob 31,38-39

essen. 19 Im Schweiße deines Angesichts
sollst du dein Brot essen, bis du wieder
zu Erde werdest, davon du genommen
bist. Denn **du bist Erde und sollst zu Erde
werden.**[a]

20 Und Adam nannte seine Frau Eva;
denn sie wurde die Mutter aller, die da
leben. 21 Und Gott der HERR machte
Adam und seiner Frau Röcke von Fellen
und zog sie ihnen an. 22 Und Gott der
HERR sprach: Siehe, der Mensch ist ge-
worden wie unsereiner und weiß, was gut
und böse ist. Nun aber, dass er nur nicht
ausstrecke seine Hand und breche auch
von dem Baum des Lebens und esse und
lebe ewiglich! 23 Da wies ihn Gott der
HERR aus dem Garten Eden, dass er die
Erde bebaute, von der er genommen
war.[a] 24 Und er trieb den Menschen hin-
aus und ließ lagern vor dem Garten Eden
die Cherubim mit dem flammenden, blit-
zenden Schwert, zu bewachen den Weg
zu dem Baum des Lebens.

Kains Brudermord

4 Und Adam erkannte seine Frau Eva,
und sie ward schwanger und gebar
den Kain und sprach: Ich habe einen
Mann gewonnen mithilfe des HERRN.
2 Danach gebar sie Abel, seinen Bruder.
Und Abel wurde ein Schäfer, Kain aber
wurde ein Ackermann.

3 Es begab sich aber nach etlicher Zeit,
dass Kain dem HERRN Opfer brachte
von den [a]Früchten des Feldes. 4 Und
auch Abel brachte von den [a]Erstlingen
seiner Herde und von ihrem [b]Fett. Und
der HERR sah gnädig an Abel und sein
Opfer, 5 aber Kain und sein Opfer [a]sah er
nicht gnädig an. Da ergrimmte Kain sehr
und senkte finster seinen Blick. 6 Da
sprach der HERR zu Kain: Warum er-
grimmst du? Und warum senkst du dei-
nen Blick? 7 Ist's nicht also? Wenn du
fromm bist, so kannst du frei den Blick
erheben. Bist du aber nicht fromm, so
[a]lauert die Sünde vor der Tür, und nach
dir hat sie Verlangen; du aber [b]herrsche
über sie. 8 Da sprach Kain zu seinem
Bruder Abel: Lass uns aufs Feld gehen!
Und es begab sich, als sie auf dem Felde
waren, erhob sich Kain wider seinen Bru-
der Abel und schlug ihn tot.[a]

9 Da sprach der HERR zu Kain: [a]Wo
ist dein Bruder Abel? Er sprach: Ich weiß
nicht; soll ich meines Bruders Hüter sein?
10 Er aber sprach: Was hast du getan? Die
[a]Stimme des Blutes deines Bruders
schreit zu mir von der Erde. 11 Und nun:
Verflucht seist du auf der Erde, die ihr
Maul hat aufgetan und deines Bruders
Blut von deinen Händen empfangen.[a]
12 Wenn du den Acker bebauen wirst, soll
er dir hinfort seinen Ertrag nicht geben.
Unstet und flüchtig sollst du sein auf
Erden.

13 Kain aber sprach zu dem HERRN:
Meine Strafe ist zu schwer, als dass ich
sie tragen könnte.* 14 Siehe, du treibst
mich heute vom Acker, und [a]ich muss
mich vor deinem Angesicht verbergen
und muss unstet und flüchtig sein auf
Erden. So wird mir's gehen, dass mich
totschlägt, wer mich findet. 15 Aber der
HERR sprach zu ihm: Nein, sondern wer
Kain totschlägt, das soll siebenfältig ge-
rächt werden. Und der HERR machte ein
[a]Zeichen an Kain, dass ihn niemand er-
schlüge, der ihn fände. 16 So ging Kain
hinweg von dem Angesicht des HERRN
und wohnte im Lande Nod, jenseits von
Eden, gegen Osten.

Kains Nachkommen

17 Und Kain erkannte seine Frau; die
ward schwanger und gebar den Henoch.
Und er baute eine Stadt, die nannte er
nach seines Sohnes Namen Henoch.
18 Henoch aber zeugte Irad, Irad zeugte
Mehujaël, Mehujaël zeugte Metuschaël,
Metuschaël zeugte Lamech. 19 Lamech
aber nahm zwei Frauen, eine hieß Ada,
die andere Zilla. 20 Und Ada gebar Jabal;
von dem sind hergekommen, die in Zel-
ten wohnen und Vieh halten. 21 Und sein
Bruder hieß Jubal; von dem sind her-
gekommen alle Zither- und Flötenspieler.
22 Zilla aber gebar auch, nämlich den Tu-
bal-Kain; von dem sind hergekommen
alle Erz- und Eisenschmiede. Und die
Schwester des Tubal-Kain war Naama.

23 Und Lamech sprach zu seinen

* Luther übersetzte: »Meine Sünde ist größer, denn dass sie mir vergeben werden möge.«

3,19: *a* Kap 2,7; Ps 90,10; 104,29; Pred 12,7; 2. Thess 3,10 **3,23:** *a* Kap 2,15 **4,3:** *a* 2. Mose 23,19 **4,4:** *a* 2. Mose 34,19; *b* 3. Mose 3,16 **4,5:** *a* 2. Mose 33,19; Hebr 11,4 **4,7:** *a* Gal 5,17; *b* Röm 6,12 **4,8:** *a* 1. Joh 3,12.15 **4,9:** *a* Kap 3,9 **4,10:** *a* Ps 9,13; Mt 23,35; Hebr 12,24 **4,11:** *a* 4. Mose 35,33 **4,14:** *a* Hiob 15,20-24 **4,15:** *a* Hes 9,6; Offb 7,3-4

Frauen: Ada und Zilla, höret meine Rede, ihr Frauen Lamechs, merkt auf, was ich sage: Einen Mann erschlug ich für meine Wunde und einen Jüngling für meine Beule. 24 Kain soll siebenmal gerächt werden, aber Lamech siebenundsiebzigmal.[a]

Set und Enosch

25 Adam erkannte abermals seine Frau, und sie gebar einen Sohn, den nannte sie Set; denn Gott hat mir, sprach sie, einen andern Sohn gegeben für Abel, den Kain erschlagen hat. 26 Und Set zeugte auch einen Sohn und nannte ihn Enosch. Zu der Zeit fing man an, [a]den Namen des HERRN anzurufen.

Geschlechtsregister von Adam bis Noah

(vgl. 1.Chr 1,1-4)

5 Dies ist das Buch von [a]Adams Geschlecht. Als Gott den Menschen schuf, [b]machte er ihn nach dem Bilde Gottes 2 und schuf sie als Mann und Frau und segnete sie und gab ihnen den Namen »Mensch«* zur Zeit, da sie geschaffen wurden.

3 Und Adam war 130 Jahre alt und zeugte einen Sohn, ihm gleich und [a]nach seinem Bilde, und nannte ihn Set; 4 und lebte danach 800 Jahre und zeugte Söhne und Töchter, 5 dass sein ganzes Alter ward 930 Jahre, und starb.

6 Set war 105 Jahre alt und zeugte Enosch 7 und lebte danach 807 Jahre und zeugte Söhne und Töchter, 8 dass sein ganzes Alter ward 912 Jahre, und starb.

9 Enosch war 90 Jahre alt und zeugte Kenan 10 und lebte danach 815 Jahre und zeugte Söhne und Töchter, 11 dass sein ganzes Alter ward 905 Jahre, und starb.

12 Kenan war 70 Jahre alt und zeugte Mahalalel 13 und lebte danach 840 Jahre und zeugte Söhne und Töchter, 14 dass sein ganzes Alter ward 910 Jahre, und starb.

15 Mahalalel war 65 Jahre alt und zeugte Jered 16 und lebte danach 830 Jahre und zeugte Söhne und Töchter, 17 dass sein ganzes Alter ward 895 Jahre, und starb.

18 Jered war 162 Jahre alt und zeugte Henoch 19 und lebte danach 800 Jahre und zeugte Söhne und Töchter, 20 dass sein ganzes Alter ward 962 Jahre, und starb.

21 Henoch war 65 Jahre alt und zeugte Metuschelach. 22 Und Henoch [a]wandelte mit Gott. Und nachdem er Metuschelach gezeugt hatte, lebte er 300 Jahre und zeugte Söhne und Töchter, 23 dass sein ganzes Alter ward 365 Jahre. 24 Und weil er mit Gott wandelte, nahm ihn Gott hinweg und er ward nicht mehr gesehen.[a]

25 Metuschelach war 187 Jahre alt und zeugte Lamech 26 und lebte danach 782 Jahre und zeugte Söhne und Töchter, 27 dass sein ganzes Alter ward 969 Jahre, und starb.

28 Lamech war 182 Jahre alt und zeugte einen Sohn 29 und nannte ihn Noah und sprach: Der wird uns trösten in unserer Mühe und Arbeit auf dem Acker, den der HERR [a]verflucht hat. 30 Danach lebte er 595 Jahre und zeugte Söhne und Töchter, 31 dass sein ganzes Alter ward 777 Jahre, und starb.

32 Noah war 500 Jahre alt und zeugte Sem, Ham und Jafet.

Gottessöhne und Menschentöchter

6 Als aber die Menschen sich zu mehren begannen auf Erden und ihnen Töchter geboren wurden, 2 da sahen die [a]Gottessöhne**, wie schön die Töchter der Menschen waren, und nahmen sich zu Frauen, welche sie wollten. 3 Da sprach der HERR: Mein Geist soll nicht immerdar im Menschen walten, denn auch der Mensch ist Fleisch. Ich will ihm als Lebenszeit geben hundertundzwanzig Jahre. 4 Zu der Zeit und auch später noch, als die Gottessöhne zu den Töchtern der Menschen eingingen und sie ihnen Kinder gebaren, wurden daraus die

* Mensch heißt auf Hebräisch Adam und wird teils als Eigenname, teils als Gattungsname gebraucht.

** Gottessöhne sind keine leiblichen Söhne Gottes, sondern gehören zur Umgebung Gottes (vgl. Hiob 1,6), wie das Gefolge zu einem König gehört.

4,24: *a* Vers 15; 3.Mose 19,18; 5.Mose 32,35; Mt 18,22 **4,26:** *a* Kap 12,8 **5,1:** *a* Lk 3,37-38; *b* Kap 1,27 **5,3:** *a* Ps 51,7; 1.Kor 15,49 **5,22:** *a* Kap 6,9 **5,24:** *a* 2.Kön 2,11; Hebr 11,5 **5,29:** *a* Kap 3,17-19 **6,2:** *a* Hiob 1,6; 2.Petr 2,4; Jud 6

Riesen auf Erden. Das sind [a]die Helden
der Vorzeit, die hochberühmten.

Ankündigung der Sintflut.
Noahs Erwählung. Bau der Arche

5Als aber der HERR sah, dass der Men-
schen Bosheit groß war auf Erden und
[a]alles Dichten und Trachten ihres Her-
zens nur böse war immerdar, 6da [a]reute
es ihn, dass er die Menschen gemacht
hatte auf Erden, und es bekümmerte ihn
in seinem Herzen 7und er sprach: Ich will
die Menschen, die ich geschaffen habe,
vertilgen von der Erde, vom Menschen
an bis hin zum Vieh und bis zum Ge-
würm und bis zu den Vögeln unter dem
Himmel; denn es reut mich, dass ich sie
gemacht habe.[a] 8Aber Noah fand Gnade
vor dem HERRN.[a]

9Dies ist die Geschichte von Noahs
Geschlecht. Noah war ein frommer
Mann und ohne Tadel zu seinen Zeiten;
er [a]wandelte mit Gott. 10Und er zeugte
drei Söhne: Sem, Ham und Jafet. 11Aber
die Erde war verderbt vor Gottes Augen
und voller Frevel. 12Da [a]sah Gott auf
die Erde, und siehe, sie war verderbt;
denn alles Fleisch hatte seinen Weg ver-
derbt auf Erden.

13Da sprach Gott zu Noah: Das
[a]Ende allen Fleisches ist bei mir be-
schlossen, denn die Erde ist voller Frevel
von ihnen; und siehe, ich will sie ver-
derben mit der Erde. 14Mache dir einen
Kasten von Tannenholz und mache
Kammern darin und verpiche ihn mit
Pech innen und außen. 15Und mache ihn
so: Dreihundert Ellen sei die Länge, fünf-
zig Ellen die Breite und dreißig Ellen die
Höhe. 16Ein Fenster sollst du daran ma-
chen obenan, eine Elle groß. Die Tür
sollst du mitten in seine Seite setzen.
Und er soll drei Stockwerke haben, eines
unten, das zweite in der Mitte, das dritte
oben.

17Denn siehe, ich will eine Sintflut
kommen lassen auf Erden, zu verderben
alles Fleisch, darin Odem des Lebens ist,
unter dem Himmel. Alles, was auf Erden
ist, soll untergehen. 18Aber mit dir will
ich meinen [a]Bund aufrichten, und du
sollst in die Arche gehen mit deinen Söh-
nen, mit deiner Frau und mit den Frauen
deiner Söhne. 19Und du sollst in die Ar-
che bringen von allen Tieren, von allem
Fleisch, je ein Paar, Männchen und
Weibchen, dass sie leben bleiben mit dir.
20Von den Vögeln nach ihrer Art, von
dem Vieh nach seiner Art und von allem
Gewürm auf Erden nach seiner Art: von
den allen soll je ein Paar zu dir hinein-
gehen, dass sie leben bleiben. 21Und du
sollst dir von jeder Speise nehmen, die
gegessen wird, und sollst sie bei dir sam-
meln, dass sie dir und ihnen zur Nahrung
diene. 22Und Noah tat alles, was ihm
Gott gebot.[a]

Die Sintflut

7 Und der HERR sprach zu Noah: Geh
in die Arche, du und dein ganzes
Haus; denn [a]dich habe ich gerecht er-
funden vor mir zu dieser Zeit. 2Von allen
[a]reinen Tieren nimm zu dir je sieben, das
Männchen und sein Weibchen, von den
unreinen Tieren aber je ein Paar, das
Männchen und sein Weibchen. 3Desglei-
chen von den Vögeln unter dem Himmel
je sieben, das Männchen und sein Weib-
chen, um das Leben zu erhalten auf dem
ganzen Erdboden. 4Denn von heute an
in sieben Tagen will ich regnen lassen auf
Erden vierzig Tage und vierzig Nächte
und vertilgen von dem Erdboden alles
Lebendige, das ich gemacht habe.

5Und Noah tat alles, was ihm der
HERR gebot. 6Er war aber sechshundert
Jahre alt, als die Sintflut auf Erden kam.
7Und er ging in die Arche mit seinen
Söhnen, seiner Frau und den Frauen sei-
ner Söhne vor den Wassern der Sintflut.[a]
8Von den reinen Tieren und von den un-
reinen, von den Vögeln und von allem
Gewürm auf Erden 9gingen sie zu ihm in
die Arche [a]paarweise, je ein Männchen
und Weibchen, wie ihm Gott geboten
hatte.

10Und als die sieben Tage vergangen
waren, kamen die Wasser der Sintflut auf
Erden. 11In dem sechshundertsten Le-
bensjahr Noahs am siebzehnten Tag des
zweiten Monats, an diesem Tag brachen
alle [a]Brunnen der großen Tiefe auf und

6,4: *a* Hes 32,27 **6,5:** *a* Kap 8,21 **6,6:** *a* 1. Sam 15,11.35; Jer 18,7-10 **6,7:** *a* 4. Mose 23,19; Röm 3,3-4; 2. Tim 2,13 **6,8:** *a* Hebr 11,7 **6,9:** *a* Kap 5,22 **6,12:** *a* Ps 14,2-3 **6,13:** *a* Am 8,2 **6,18:** *a* Kap 9,9 **6,22:** *a* Hebr 11,7 **7,1:** *a* Kap 6,8 **7,2:** *a* Kap 8,20; 3. Mose 11,1-47 **7,7:** *a* 1. Petr 3,20 **7,9:** *a* Kap 6,19-20 **7,11:** *a* Offb 9,1

taten sich die Fenster des Himmels auf,
12 und ein Regen kam auf Erden vierzig
Tage und vierzig Nächte. 13 An eben die-
sem Tage ging Noah in die Arche mit
Sem, Ham und Jafet, seinen Söhnen, und
mit seiner Frau und den drei Frauen sei-
ner Söhne; 14 dazu alles wilde Getier
nach seiner Art, alles Vieh nach seiner
Art, alles Gewürm, das auf Erden
kriecht, nach seiner Art und alle Vögel
nach ihrer Art, alles, was fliegen konnte,
alles, was Fittiche hatte; 15 das ging alles
zu Noah in die Arche paarweise, von
allem Fleisch, darin Odem des Lebens
war. 16 Und das waren [a]Männchen und
Weibchen von allem Fleisch, und sie gin-
gen hinein, wie denn Gott ihm geboten
hatte. Und der HERR schloss hinter ihm
zu.

17 Und die Sintflut war vierzig Tage
auf Erden, und die Wasser wuchsen und
hoben die Arche auf und trugen sie em-
por über die Erde. 18 Und die Wasser
nahmen überhand und wuchsen sehr auf
Erden, und die Arche fuhr auf den Was-
sern. 19 Und die Wasser nahmen über-
hand und wuchsen so sehr auf Erden,
dass alle hohen Berge unter dem ganzen
Himmel bedeckt wurden. 20 Fünfzehn El-
len hoch gingen die Wasser über die
Berge, sodass sie ganz bedeckt wurden.

21 Da ging alles Fleisch unter, das sich
auf Erden regte, an Vögeln, an Vieh, an
wildem Getier und an allem, was da
wimmelte auf Erden, und alle Men-
schen.[a] 22 Alles, was Odem des Lebens
hatte auf dem Trockenen, das starb. 23 So
wurde vertilgt alles, was auf dem Erd-
boden war, vom Menschen an bis hin
zum Vieh und zum Gewürm und zu den
Vögeln unter dem Himmel; das wurde
alles von der Erde vertilgt. Allein Noah
blieb übrig und was mit ihm in der Arche
war. 24 Und die Wasser wuchsen gewaltig
auf Erden hundertundfünfzig Tage.

Ende der Sintflut. Noahs Opfer. Verheißung des HERRN

8 Da gedachte Gott an Noah und an
alles wilde Getier und an alles Vieh,
das mit ihm in der Arche war, und ließ
Wind auf Erden kommen und die Wasser
fielen. 2 Und die Brunnen der Tiefe wur-
den verstopft samt den Fenstern des
Himmels, und dem Regen vom Himmel
wurde gewehrt. 3 Da verliefen sich die
Wasser von der Erde und nahmen ab
nach hundertundfünfzig Tagen. 4 Am
[a]siebzehnten Tag des siebenten Monats
ließ sich die Arche nieder auf das Ge-
birge Ararat. 5 Es nahmen aber die Was-
ser immer mehr ab bis auf den zehnten
Monat. Am ersten Tage des zehnten Mo-
nats sahen die Spitzen der Berge hervor.

6 Nach [a]vierzig Tagen tat Noah an der
Arche das Fenster auf, das er gemacht
hatte, 7 und ließ einen Raben ausfliegen;
der flog immer hin und her, bis die Was-
ser vertrockneten auf Erden. 8 Danach
ließ er eine Taube ausfliegen, um zu er-
fahren, ob die Wasser sich verlaufen hät-
ten auf Erden. 9 Da aber die Taube nichts
fand, wo ihr Fuß ruhen konnte, kam sie
wieder zu ihm in die Arche; denn noch
war Wasser auf dem ganzen Erdboden.
Da tat er die Hand heraus und nahm
sie zu sich in die Arche. 10 Da harrte er
noch weitere sieben Tage und ließ aber-
mals eine Taube fliegen aus der Arche.
11 Die kam zu ihm um die Abendzeit,
und siehe, ein Ölblatt hatte sie abgebro-
chen und trug's in ihrem Schnabel. Da
merkte Noah, dass die Wasser sich ver-
laufen hätten auf Erden. 12 Aber er harrte
noch weitere sieben Tage und ließ eine
Taube ausfliegen; die kam nicht wieder
zu ihm.

13 Im [a]sechshundertundersten Lebens-
jahr Noahs am ersten Tage des ersten
Monats waren die Wasser vertrocknet
auf Erden. Da tat Noah das Dach von
der Arche und sah, dass der Erdboden
trocken war. 14 Und am siebenundzwan-
zigsten Tage des zweiten Monats war die
Erde ganz trocken. 15 Da redete Gott mit
Noah und sprach: 16 Geh aus der Arche,
du und deine Frau, deine Söhne und die
Frauen deiner Söhne mit dir. 17 Alles Ge-
tier, das bei dir ist, von allem Fleisch, an
Vögeln, an Vieh und allem Gewürm, das
auf Erden kriecht, das gehe heraus mit
dir, dass sie sich regen auf Erden und
fruchtbar seien und sich mehren auf Er-
den. 18 So ging Noah heraus mit seinen
Söhnen und mit seiner Frau und den

7,16: *a* Kap 6,19 **7,21:** *a* 2. Petr 3,5-6 **8,4:** *a* Kap 7,11 **8,6:** *a* Kap 7,12.17 **8,13:** *a* Kap 7,11

Frauen seiner Söhne,[a] 19 dazu alle wilden
Tiere, alles Vieh, alle Vögel und alles Ge-
würm, das auf Erden kriecht; das ging
aus der Arche, ein jedes mit seinesglei-
chen.

20 Noah aber baute dem HERRN einen
Altar und nahm von allem [a]reinen Vieh
und von allen reinen Vögeln und opferte
Brandopfer auf dem Altar. 21 Und der
HERR roch den lieblichen Geruch und
sprach in seinem Herzen: **Ich will hinfort
nicht mehr die Erde verfluchen um der
Menschen willen; denn das [a]Dichten und
Trachten des menschlichen Herzens ist
böse von Jugend auf.** Und ich will hinfort
nicht mehr schlagen alles, was da lebt,
wie ich getan habe. 22 **Solange die Erde
steht, soll nicht aufhören Saat und Ernte,
Frost und Hitze, Sommer und Winter, Tag
und Nacht.**[a]

Gottes Bund mit Noah

9 Und Gott segnete Noah und seine
Söhne und sprach: Seid fruchtbar
und mehret euch und füllet die Erde.[a]
2 Furcht und Schrecken vor euch sei über
allen Tieren auf Erden und über allen
Vögeln unter dem Himmel, über allem,
was auf dem Erdboden wimmelt, und
über allen Fischen im Meer; in eure
Hände seien sie gegeben. 3 Alles, was sich
regt und lebt, das sei eure Speise; wie
[a]das grüne Kraut habe ich's euch [b]alles
gegeben. 4 Allein esst das Fleisch nicht
mit seinem Blut, in dem sein Leben ist![a]
5 Auch will ich euer eigen Blut, das ist das
Leben eines jeden unter euch, rächen und
will es [a]von allen Tieren fordern und will
des Menschen Leben fordern von einem
jeden Menschen. 6 Wer [a]Menschenblut
vergießt, dessen Blut soll auch durch
Menschen vergossen werden; denn Gott
hat den Menschen zu seinem Bilde ge-
macht. 7 Seid fruchtbar und mehret euch
und reget euch auf Erden, dass euer viel
darauf werden.

8 Und Gott sagte zu Noah und seinen
Söhnen mit ihm: 9 Siehe, [a]ich richte mit
euch einen Bund auf und mit euren
Nachkommen 10 und [a]mit allem leben-
digen Getier bei euch, an Vögeln, an
Vieh und an allen Tieren des Feldes bei
euch, von allem, was aus der Arche ge-
gangen ist, was für Tiere es sind auf Er-
den. 11 Und ich richte meinen Bund so
mit euch auf, dass hinfort nicht mehr
alles Fleisch verderbt werden soll durch
die Wasser der Sintflut und hinfort keine
Sintflut mehr kommen soll, die die Erde
verderbe.

12 Und Gott sprach: Das ist das Zei-
chen des Bundes, den ich geschlossen
habe zwischen mir und euch und allem
lebendigen Getier bei euch auf ewig:
13 Meinen Bogen habe ich in die Wolken
gesetzt; der soll das Zeichen sein des
Bundes zwischen mir und der Erde.
14 Und wenn es kommt, dass ich Wetter-
wolken über die Erde führe, so soll man
meinen Bogen sehen in den Wolken.
15 Alsdann will ich gedenken an meinen
Bund zwischen mir und euch und allem
lebendigen Getier unter allem Fleisch,
dass hinfort keine Sintflut mehr komme,
die alles Fleisch verderbe.[a] 16 Darum soll
mein Bogen in den Wolken sein, dass ich
ihn ansehe und gedenke an den ewigen
Bund zwischen Gott und allem leben-
digen Getier unter allem Fleisch, das auf
Erden ist. 17 Und Gott sagte zu Noah:
Das sei das Zeichen des Bundes, den ich
aufgerichtet habe zwischen mir und al-
lem Fleisch auf Erden.

Noahs Fluch und Segen über seine Söhne

18 Die Söhne Noahs, die aus der Arche
gingen, sind diese: [a]Sem, Ham und Jafet.
Ham aber ist der Vater Kanaans. 19 Das
sind die drei Söhne Noahs; von ihnen
kommen her alle Menschen auf Erden.

20 Noah aber, der Ackermann, pflanzte
als Erster einen Weinberg. 21 Und da er
von dem Wein trank, ward er trunken
und lag im Zelt aufgedeckt. 22 Als nun
Ham, Kanaans Vater, seines Vaters Blöße
sah, sagte er's seinen beiden Brüdern
draußen.[a] 23 Da nahmen Sem und Jafet
ein Kleid und legten es auf ihrer beider
Schultern und gingen rückwärts hinzu
und deckten ihres Vaters Blöße zu; und

8,18: *a* 2. Petr 2,5 **8,20:** *a* Kap 7,2 **8,21:** *a* Kap 6,5; Hiob 14,4; Ps 14,3; Mt 15,19; Röm 3,23 **8,22:** *a* Jer 33,20.25 **9,1:** *a* Kap 1,28 **9,3:** *a* Kap 1,29; *b* Kol 2,16 **9,4:** *a* 3. Mose 3,17; 17,10-14; 5. Mose 12,23 **9,5:** *a* 2. Mose 21,28-29 **9,6:** *a* 2. Mose 21,12; 3. Mose 24,17; 4. Mose 35,33; Mt 26,52; Röm 13,4; Offb 13,10 **9,9:** *a* Kap 6,18 **9,10:** *a* Hos 2,20 **9,15:** *a* Jes 54,7-10 **9,18:** *a* Kap 5,32 **9,22:** *a* 2. Mose 20,12; Spr 30,17

ihr Angesicht war abgewandt, damit sie
ihres Vaters Blöße nicht sähen.
24 Als nun Noah erwachte von seinem
Rausch und erfuhr, was ihm sein jüngster
Sohn angetan hatte, 25 sprach er: Ver-
flucht sei Kanaan und sei seinen Brüdern
ein Knecht aller Knechte! 26 Und sprach
weiter: Gelobt sei der HERR, der Gott
Sems, und Kanaan sei sein Knecht!
27 Gott breite Jafet aus und lasse ihn
wohnen in den Zelten Sems und Kanaan
sei sein Knecht!
28 Noah aber lebte nach der Sintflut
dreihundertundfünfzig Jahre, 29 dass sein
ganzes Alter ward neunhundertundfünf-
zig Jahre, und starb.

Die Völkertafel

(vgl. 1. Chr 1,5-23)

10 Dies ist das Geschlecht der Söhne
Noahs: Sem, Ham und Jafet. Und
es wurden ihnen Söhne geboren nach der
Sintflut.
2 [a]Die Söhne Jafets sind diese: Gomer,
Magog, Madai, Jawan, Tubal, Meschech
und Tiras.[b] 3 Die Söhne Gomers sind
diese: Aschkenas, Rifat und Togarma.
4 Die Söhne Jawans sind diese: Elischa,
Tarsis, die Kittäer und die Rodaniter.
5 Von diesen haben sich ausgebreitet die
Bewohner der Inseln der Heiden. Das
sind die Söhne Jafets nach ihren Län-
dern, ihren Sprachen, Geschlechtern und
Völkern.
6 Die Söhne Hams sind diese: Kusch,
Mizrajim, Put und Kanaan. 7 Und die
Söhne des Kusch sind diese: Seba, Ha-
wila, Sabta, Ragma und Sabtecha. Aber
die Söhne Ragmas sind diese: Saba und
Dedan.
8 Kusch aber zeugte den Nimrod. Der
war der Erste, der Macht gewann auf
Erden, 9 und war ein gewaltiger Jäger vor
dem HERRN. Daher spricht man: Das ist
ein gewaltiger Jäger vor dem HERRN wie
[a]Nimrod. 10 Und der Anfang seines
Reichs war Babel, Erech, Akkad und
Kalne im Lande Schinar. 11 Von diesem
Lande ist er nach Assur gekommen und
baute Ninive und Rehobot-Ir und Ke-
lach, 12 dazu Resen zwischen Ninive und
Kelach. Das ist die große Stadt.
13 Mizrajim zeugte die Luditer, die
Anamiter, die Lehabiter, die Naftuhiter,
14 die Patrositer, die Kasluhiter und die
Kaftoriter; von denen sind gekommen
die Philister.
15 Kanaan aber zeugte Sidon, seinen
ersten Sohn, und Het 16 und den Jebusi-
ter, den Amoriter, den Girgaschiter,
17 den Hiwiter, den Arkiter, den Siniter,
18 den Arwaditer, den Zemariter und den
Hamatiter. Nachher haben sich die Ge-
schlechter der Kanaaniter weiter ausge-
breitet, 19 und ihre Grenzen waren von
Sidon in der Richtung auf Gerar bis
nach Gaza, in der Richtung auf Sodom,
Gomorra, Adma, Zebojim bis nach Le-
scha. 20 Das sind die Söhne Hams nach
ihren Geschlechtern, Sprachen, Ländern
und Völkern.
21 Sem aber, dem Vater aller Söhne
Ebers, Jafets älterem Bruder, wurden
auch Söhne geboren.[a] 22 Und dies sind
seine Söhne: Elam, Assur, Arpachschad,
Lud und Aram. 23 Aber die Söhne Arams
sind diese: Uz, Hul, Geter und Masch.[a]
24 Arpachschad aber zeugte Schelach,
Schelach zeugte Eber. 25 Eber wurden
zwei Söhne geboren. Einer hieß Peleg,
weil zu seiner Zeit [a]die Erde zerteilt
wurde; und sein Bruder hieß Joktan.
26 Und Joktan zeugte Almodad, Schelef,
Hazarmawet, Jerach, 27 Hadoram, Usal,
Dikla, 28 Obal, Abimaël, Saba, 29 Ofir,
Hawila und Jobab. Das sind alles Söhne
Joktans. 30 Und ihre Wohnsitze waren
von Mescha bis man kommt nach Sefar,
an das Gebirge im Osten. 31 Das sind die
Söhne Sems nach ihren Geschlechtern,
Sprachen, Ländern und Völkern.
32 Das sind nun die Nachkommen der
Söhne Noahs nach ihren Geschlechtern
und Völkern. Von denen her haben sich
ausgebreitet die Völker auf Erden nach
der Sintflut.

Der Turmbau zu Babel

11 Es hatte aber alle Welt einerlei
Zunge und Sprache. 2 Als sie nun
nach Osten zogen, fanden sie eine Ebene
im Lande Schinar und wohnten daselbst.
3 Und sie sprachen untereinander: Wohl-
auf, lasst uns Ziegel streichen und bren-

10,2: *a (2-31)* Hes 27,13-22; *b* Hes 38,2; 39,1.6 **10,9:** *a* Mi 5,5 **10,21:** *a* Kap 11,10 **10,23:** *a* Kap 22,21 **10,25:** *a* Kap 11,8-9; 5. Mose 32,8

nen! – und nahmen Ziegel als Stein und
Erdharz als Mörtel 4 und sprachen:
Wohlauf, lasst uns eine Stadt und einen
Turm bauen, dessen Spitze bis an den
Himmel reiche, damit wir uns einen Na-
men machen; denn wir werden sonst zer-
streut in alle Länder.
5 Da [a] fuhr der HERR hernieder, dass er
sähe die Stadt und den Turm, die die
Menschenkinder bauten. 6 [a] Und der
HERR sprach: Siehe, es ist einerlei Volk
und einerlei Sprache unter ihnen allen
und dies ist der Anfang ihres Tuns; nun
wird ihnen nichts mehr verwehrt werden
können von allem, was sie sich vorge-
nommen haben zu tun. 7 Wohlauf, lasst
uns herniederfahren und dort ihre Spra-
che verwirren, dass keiner des andern
Sprache verstehe!
8 So [a] zerstreute sie der HERR von dort
in alle Länder, dass sie aufhören muss-
ten, die Stadt zu bauen. 9 Daher heißt ihr
Name Babel, weil der HERR daselbst ver-
wirrt hat aller Länder Sprache und sie
von dort zerstreut hat in alle Länder.

Geschlechtsregister von Sem bis Abram

10 [a] Dies ist das [b] Geschlecht Sems: Sem
war 100 Jahre alt und zeugte Arpach-
schad zwei Jahre nach der Sintflut 11 und
lebte danach 500 Jahre und zeugte Söhne
und Töchter.
12 Arpachschad war 35 Jahre alt und
zeugte Schelach 13 und lebte danach 403
Jahre und zeugte Söhne und Töchter.
14 Schelach war 30 Jahre alt und zeugte
Eber 15 und lebte danach 403 Jahre und
zeugte Söhne und Töchter.
16 Eber war 34 Jahre alt und zeugte
Peleg 17 und lebte danach 430 Jahre und
zeugte Söhne und Töchter.
18 Peleg war 30 Jahre alt und zeugte
Regu 19 und lebte danach 209 Jahre und
zeugte Söhne und Töchter.
20 Regu war 32 Jahre alt und zeugte
Serug 21 und lebte danach 207 Jahre und
zeugte Söhne und Töchter.
22 Serug war 30 Jahre alt und zeugte
Nahor 23 und lebte danach 200 Jahre und
zeugte Söhne und Töchter.
24 Nahor war 29 Jahre alt und zeugte
Terach 25 und lebte danach 119 Jahre und
zeugte Söhne und Töchter.
26 Terach war 70 Jahre alt und zeugte
Abram, Nahor und Haran.

Terachs Geschlecht. Sein Zug von Ur nach Haran

27 Dies ist das Geschlecht Terachs: Te-
rach zeugte Abram, Nahor und Haran;
und Haran zeugte Lot. 28 Haran aber
starb vor seinem Vater Terach in seinem
Vaterland zu Ur in Chaldäa. 29 Da nah-
men sich Abram und Nahor Frauen. Ab-
rams Frau hieß Sarai und Nahors Frau
[a] Milka, Harans Tochter, der der Vater
war der Milka und der Jiska. 30 Aber
Sarai war unfruchtbar und hatte kein
Kind.
31 Da nahm [a] Terach seinen Sohn Ab-
ram und Lot, den Sohn seines Sohnes
Haran, und seine Schwiegertochter Sa-
rai, die Frau seines Sohnes Abram, und
führte sie aus [b] Ur in Chaldäa, um ins
Land Kanaan zu ziehen. Und sie kamen
nach Haran und wohnten dort. 32 Und
Terach wurde zweihundertundfünf Jahre
alt und starb in Haran.

Abrams Berufung und Zug nach Kanaan

12 Und der HERR sprach zu Abram:
Geh aus deinem Vaterland und von
deiner Verwandtschaft und aus deines
Vaters Hause in ein Land, das ich dir
zeigen will.[a] 2 Und ich will dich zum gro-
ßen Volk machen und [a] will dich segnen
und dir einen großen Namen machen,
und du sollst [b] ein Segen sein. 3 Ich will
segnen, die dich segnen, und [a] verfluchen,
die dich verfluchen; und [b] **in dir sollen
gesegnet werden alle Geschlechter auf
Erden.**
4 Da zog Abram aus, wie der HERR zu
ihm gesagt hatte, und Lot zog mit ihm.
Abram aber war fünfundsiebzig Jahre
alt, als er aus Haran zog. 5 So nahm Ab-
ram Sarai, seine Frau, und Lot, seines
Bruders Sohn, mit aller ihrer Habe, die
sie gewonnen hatten, und die Leute, die
sie erworben hatten in Haran, und zogen
aus, um ins Land Kanaan zu reisen. Und
sie kamen in das Land, 6 und Abram

11,5: *a* Kap 18,21; Ps 14,2 **11,6:** *a (6-9)* Apg 2,1-11 **11,8:** *a* 5. Mose 32,8; Lk 1,51 **11,10:** *a (10-26)* 1. Chr 1,24-27; Lk 3,34-36; *b* Kap 10,21-22 **11,29:** *a* Kap 22,20 **11,31:** *a* Jos 24,2; *b* Neh 9,7 **12,1:** *a* 4. Mose 23,9; Apg 7,3; Hebr 11,8 **12,2:** *a* Kap 24,1.35; *b* Ps 72,17 **12,3:** *a* 2. Mose 23,22; *b* Kap 18,18; 22,18; 26,4; 28,14; Apg 3,25; Gal 3,8

durchzog das Land bis an die Stätte bei
[a]Sichem, bis zur Eiche More; es wohnten
aber zu der Zeit die Kanaaniter im
Lande.
7 Da erschien der HERR dem Abram
und sprach: Deinen [a]Nachkommen will
ich dies Land geben. Und er baute dort
einen Altar dem HERRN, der ihm erschie-
nen war. 8 Danach brach er von dort auf
ins Gebirge östlich der Stadt Bethel und
schlug sein Zelt auf, sodass er Bethel im
Westen und Ai im Osten hatte, und baute
dort dem HERRN einen Altar und [a]rief
den Namen des HERRN an. 9 Danach zog
Abram weiter ins Südland.

Abram und Sarai in Ägypten

(vgl. Kap 20,1-18; 26,7-11)

10 Es kam aber eine Hungersnot in das
Land. Da zog Abram hinab nach Ägyp-
ten, dass er sich dort als ein Fremdling
aufhielte; denn der Hunger war groß im
Lande. 11 Und als er nahe an Ägypten
war, sprach er zu Sarai, seiner Frau:
Siehe, ich weiß, dass du eine schöne Frau
bist. 12 Wenn dich nun die Ägypter sehen,
so werden sie sagen: Das ist seine Frau,
und werden mich umbringen und dich
leben lassen. 13 So sage doch, du seist
meine Schwester, auf dass mir's wohlgehe
um deinetwillen und ich am Leben bleibe
um deinetwillen.
14 Als nun Abram nach Ägypten kam,
sahen die Ägypter, dass seine Frau sehr
schön war. 15 Und die Großen des Pha-
rao sahen sie und priesen sie vor ihm. Da
wurde sie in das Haus des Pharao ge-
bracht. 16 Und er tat Abram Gutes um
ihretwillen; und er bekam Schafe, Rin-
der, Esel, Knechte und Mägde, Eselinnen
und Kamele. 17 Aber der HERR plagte
den Pharao und sein Haus mit großen
Plagen um Sarais, Abrams Frau, willen.
18 Da rief der Pharao Abram zu sich
und sprach zu ihm: Warum hast du mir
das angetan? Warum sagtest du mir
nicht, dass sie deine Frau ist? 19 Warum
sprachst du denn: Sie ist meine Schwes-
ter –, sodass ich sie mir zur Frau nahm?
Und nun siehe, da hast du deine Frau;
nimm sie und zieh hin. 20 Und der Pha-
rao bestellte Leute um seinetwillen, dass
sie ihn geleiteten und seine Frau und
alles, was er hatte.

Abram und Lot trennen sich

13 So zog Abram herauf aus Ägypten
mit seiner Frau und mit allem, was
er hatte, und Lot auch mit ihm ins Süd-
land. 2 Abram aber war sehr reich an
Vieh, Silber und Gold. 3 Und er zog im-
mer weiter vom Südland bis nach Bethel,
an die Stätte, wo zuerst sein Zelt war,
zwischen Bethel und Ai, 4 eben an den
Ort, wo er früher den Altar errichtet
hatte. Dort [a]rief er den Namen des
HERRN an.
5 Lot aber, der mit Abram zog, hatte
auch Schafe und Rinder und Zelte. 6 Und
das Land konnte es nicht ertragen, dass
sie beieinander wohnten; denn ihre Habe
war groß und sie konnten nicht beiein-
ander wohnen. 7 Und es war immer Zank
zwischen den Hirten von Abrams Vieh
und den Hirten von Lots Vieh. Es wohn-
ten auch zu der Zeit die Kanaaniter und
Perisiter im Lande. 8 Da sprach Abram
zu Lot: Lass doch nicht Zank sein zwi-
schen mir und dir und zwischen meinen
und deinen Hirten; denn wir sind Brüder.
9 Steht dir nicht alles Land offen? Trenne
dich doch von mir! Willst du zur Linken,
so will ich zur Rechten, oder willst du zur
Rechten, so will ich zur Linken.
10 Da hob Lot seine Augen auf und
besah die ganze Gegend am Jordan.
Denn ehe der HERR Sodom und Go-
morra vernichtete, war sie wasserreich,
bis man nach Zoar kommt, [a]wie der
Garten des HERRN, gleichwie Ägypten-
land. 11 Da erwählte sich Lot die ganze
Gegend am Jordan und zog nach Osten.
Also trennte sich ein Bruder von dem
andern, 12 sodass Abram wohnte im
Lande Kanaan und Lot in den Städten
am unteren Jordan. Und Lot zog mit
seinen Zelten bis nach Sodom. 13 Aber
die Leute zu Sodom waren böse und sün-
digten sehr wider den HERRN.[a]

Der HERR wiederholt seine Verheißung an Abram

14 Als nun Lot sich von Abram getrennt
hatte, sprach der HERR zu Abram: Hebe

12,6: *a* Kap 35,4; Jos 24,25-26 **12,7:** *a* Kap 13,15; 15,18; 17,8; 35,12; 2. Mose 6,4.8; 32,13; Jos 21,43; Apg 7,5 **12,8:** *a* Kap 4,26 **13,4:** *a* Kap 12,8 **13,10:** *a* Kap 2,8-10 **13,13:** *a* Kap 18,20; 19,4-9

deine Augen auf und sieh von der Stätte
aus, wo du wohnst, nach Norden, nach
Süden, nach Osten und nach Westen.
15 Denn all das Land, das du siehst, will
ich dir und deinen Nachkommen geben
für alle Zeit[a] 16 und will deine Nach-
kommen machen wie den Staub auf Er-
den. Kann ein Mensch den Staub auf
Erden zählen, der wird auch deine Nach-
kommen zählen.[a] 17 Darum mach dich
auf und durchzieh das Land in die Länge
und Breite, denn dir will ich's geben.
18 Und Abram zog weiter mit seinem Zelt
und kam und wohnte im Hain [a]Mamre,
der bei Hebron ist, und baute dort dem
HERRN einen Altar.

Abram errettet Lot und wird von Melchisedek gesegnet

14 Und es begab sich zu der Zeit des
Königs Amrafel von Schinar, Ar-
jochs, des Königs von Ellasar, Kedor-
Laomers, des Königs von Elam, und Ti-
dals, des [a]Königs von Völkern, 2 dass sie
Krieg führten mit Bera, dem König von
[a]Sodom, und mit Birscha, dem König
von Gomorra, und mit Schinab, dem Kö-
nig von Adma, und mit Schemeber, dem
König von Zebojim, und mit dem König
von Bela, das ist Zoar. 3 Diese kamen alle
zusammen in das Tal Siddim, wo nun das
Salzmeer ist. 4 Denn sie waren zwölf
Jahre dem König Kedor-Laomer unter-
tan gewesen und im dreizehnten Jahr
waren sie von ihm abgefallen.

5 [a]Darum kamen Kedor-Laomer und
die Könige, die mit ihm waren, im vier-
zehnten Jahr und schlugen die Refaïter
zu Aschterot-Karnajim und die Susiter
zu Ham und die Emiter in der Ebene
Kirjatajim 6 und die Horiter auf ihrem
Gebirge Seïr bis El-Paran, das an die
Wüste stößt. 7 Danach wandten sie um
und kamen nach En-Mischpat, das ist
Kadesch, und schlugen das ganze Land
der Amalekiter, dazu die Amoriter, die
zu Hazezon-Tamar wohnten.

8 Da zogen aus der König von Sodom,
der König von Gomorra, der König von
Adma, der König von Zebojim und der
König von Bela, das ist Zoar, und rüs-
teten sich, zu kämpfen im Tal Siddim
9 mit Kedor-Laomer, dem König von
Elam, und mit Tidal, dem König von
Völkern, und mit Amrafel, dem König
von Schinar, und mit Arjoch, dem König
von Ellasar, vier Könige gegen fünf.
10 Das Tal Siddim aber hatte viele Erd-
harzgruben. Und die Könige von Sodom
und Gomorra wurden in die Flucht ge-
schlagen und fielen da hinein, und was
übrig blieb, floh auf das Gebirge. 11 Da
nahmen sie alle Habe von Sodom und
Gomorra und alle Vorräte und zogen da-
von. 12 Sie nahmen auch mit sich Lot,
Abrams Brudersohn, und seine Habe,
denn [a]er wohnte in Sodom, und zogen
davon.

13 Da kam einer, der entronnen war,
und sagte es Abram an, dem Hebräer,
der da wohnte im Hain Mamres, des
Amoriters, des Bruders von Eschkol und
Aner. Diese waren mit Abram im Bund.
14 Als nun Abram hörte, dass seines Bru-
ders Sohn gefangen war, wappnete er
seine Knechte, dreihundertundachtzehn,
in seinem Hause geboren, und jagte ih-
nen nach bis [a]Dan 15 und teilte seine
Schar, fiel des Nachts über sie her mit
seinen Knechten und schlug sie und jagte
sie bis nach Hoba, das nördlich der Stadt
Damaskus liegt. 16 Und er brachte alle
Habe wieder zurück, dazu auch Lot, sei-
nes Bruders Sohn, mit seiner Habe, auch
die Frauen und das Volk.

17 [a]Als er nun zurückkam von dem
Sieg über Kedor-Laomer und die Könige
mit ihm, ging ihm entgegen der König
von Sodom in das Tal Schawe, das ist
das Königstal. 18 Aber [a]Melchisedek, der
König von [b]Salem, trug Brot und Wein
heraus. Und er war ein Priester Gottes
des Höchsten 19 und segnete ihn und
sprach: Gesegnet seist du, Abram, vom
höchsten Gott, der Himmel und Erde
geschaffen hat; 20 und gelobt sei Gott der
Höchste, der deine Feinde in deine Hand
gegeben hat. Und Abram gab ihm den
[a]Zehnten von allem.

21 Da sprach der König von Sodom zu
Abram: Gib mir die Leute, die Güter
behalte für dich! 22 Aber Abram sprach
zu dem König von Sodom: Ich hebe
meine Hand auf zu dem HERRN, dem

13,15: *a* Kap 12,7 **13,16:** *a* Kap 28,14; 4. Mose 23,10; 1. Kön 4,20 **13,18:** *a* Kap 14,13.24 **14,1:** *a* Jos 12,23 **14,2:** *a* Kap 19,24 **14,5:** *a (5-6)* Kap 36,20-30 **14,12:** *a* Kap 13,10-12 **14,14:** *a* Jos 19,47; Ri 18,29 **14,17:** *a (17-19)* Hebr 7,1-4 **14,18:** *a* Ps 110,4; *b* Ps 76,3 **14,20:** *a* Kap 28,22; 3. Mose 27,30-32

höchsten Gott, der Himmel und Erde
geschaffen hat, 23 dass ich von allem, was
dein ist, nicht einen Faden noch einen
Schuhriemen nehmen will, damit du
nicht sagest, du habest Abram reich
gemacht, 24 ausgenommen, was die
Knechte verzehrt haben; doch lass die
Männer Aner, Eschkol und Mamre, die
mit mir gezogen sind, ihr Teil nehmen.

Gott verheißt Abram einen Sohn und gewährt ihm den Bund

(vgl. Kap 17,1-27)

15 Nach diesen Geschichten begab
sich's, dass zu Abram das Wort des
HERRN kam in einer [a]Offenbarung:
Fürchte dich nicht, Abram! [b]Ich bin
dein Schild und dein sehr großer Lohn.
2 Abram sprach aber: HERR, mein Gott,
was willst du mir geben? Ich gehe dahin
ohne Kinder und mein Knecht Eliëser
von Damaskus wird mein Haus besitzen.
3 Und Abram sprach weiter: Mir hast du
keine Nachkommen gegeben; und siehe,
einer von meinen Knechten wird mein
Erbe sein. 4 Und siehe, der HERR sprach
zu ihm: Er soll nicht dein Erbe sein,
sondern der von deinem Leibe kommen
wird, der soll dein Erbe sein. 5 Und er
hieß ihn hinausgehen und sprach: Sieh
gen Himmel und zähle die Sterne; kannst
du sie zählen? Und sprach zu ihm: So
zahlreich sollen deine Nachkommen
sein![a] 6 **Abram glaubte dem HERRN und
das rechnete er ihm zur Gerechtigkeit.**[a]
7 Und er sprach zu ihm: [a]Ich bin der
HERR, der dich aus [b]Ur in Chaldäa ge-
führt hat, auf dass ich dir dies Land zu
besitzen gebe. 8 Abram aber sprach:
HERR, mein Gott, woran soll ich merken,
dass ich's besitzen werde? 9 Und er sprach
zu ihm: Bringe mir eine dreijährige Kuh,
eine dreijährige Ziege, einen dreijährigen
Widder, eine Turteltaube und eine andere
Taube. 10 Und er brachte ihm dies alles
und [a]zerteilte es in der Mitte und legte je
einen Teil dem andern gegenüber; aber
die Vögel zerteilte er nicht. 11 Und die
Raubvögel stießen hernieder auf die
Stücke, aber Abram scheuchte sie davon.
12 Als nun die Sonne am Untergehen
war, fiel ein [a]tiefer Schlaf auf Abram,
und siehe, Schrecken und große Finster-
nis überfiel ihn. 13 Da sprach der HERR
zu Abram: Das sollst du wissen, dass
deine Nachkommen werden Fremdlinge
sein in einem Lande, das nicht das ihre
ist; und da wird man sie zu dienen zwin-
gen und plagen vierhundert Jahre.[a]
14 Aber ich will das Volk richten, dem sie
dienen müssen. Danach sollen sie auszie-
hen mit großem Gut.[a] 15 Und du sollst
fahren zu deinen Vätern mit Frieden und
[a]in gutem Alter begraben werden. 16 Sie
aber sollen erst nach vier Menschen-
altern wieder hierher kommen; denn die
Missetat der [a]Amoriter ist noch nicht
voll.
17 Als nun die Sonne untergegangen
und es finster geworden war, siehe, da
war ein [a]rauchender Ofen, und eine Feu-
erflamme fuhr zwischen den Stücken hin.
18 An dem Tage schloss der HERR einen
Bund mit Abram und sprach: [a]Deinen
Nachkommen will ich dies Land geben
von dem [b]Strom Ägyptens an bis an den
großen [c]Strom Euphrat: 19 die Keniter,
die Kenasiter, die Kadmoniter, 20 die
Hetiter, die Perisiter, die Refaïter, 21 die
Amoriter, die Kanaaniter, die Girgaschi-
ter, die Jebusiter.

Hagar und Ismael

(vgl. Kap 21,9-21)

16 Sarai, Abrams Frau, gebar ihm
kein Kind. Sie hatte aber eine ägyp-
tische Magd, die hieß Hagar. 2 Und Sarai
sprach zu Abram: Siehe, der HERR hat
mich verschlossen, dass ich nicht gebären
kann. Geh doch zu meiner Magd, ob ich
vielleicht durch sie zu einem Sohn
komme. [a]Und Abram gehorchte der
Stimme Sarais. 3 Da nahm Sarai, Abrams
Frau, ihre ägyptische Magd Hagar und
gab sie Abram, ihrem Mann, zur Frau,
nachdem sie zehn Jahre im Lande Ka-
naan gewohnt hatten.
4 Und er ging zu Hagar, die ward
schwanger. Als sie nun sah, dass sie
schwanger war, achtete sie ihre Herrin
gering. 5 Da sprach Sarai zu Abram: Das
Unrecht, das mir geschieht, komme über

15,1: *a* 4. Mose 24,4.16; *b* Ps 3,4 **15,5:** *a* Kap 22,17; 2. Mose 32,13; 5. Mose 1,10; Hebr 11,12 **15,6:** *a* Röm 4,3-5; Jak 2,23 **15,7:** *a* 2. Mose 3,14; Jes 45,5; Joh 8,24-29; *b* Kap 11,31 **15,10:** *a* Jer 34,18-19 **15,12:** *a* Kap 2,21; 1. Sam 26,12; Jes 29,10 **15,13:** *a* 2. Mose 1,13; 12,40; Apg 7,6 **15,14:** *a* 2. Mose 3,21-22; Apg 7,7 **15,15:** *a* Kap 25,7-8 **15,16:** *a* Apg 7,7 **15,17:** *a* 2. Mose 19,18 **15,18:** *a* Kap 12,7; *b* 1. Kön 8,65; *c* 1. Kön 5,1 **16,2:** *a* Kap 30,3.9

dich! Ich habe meine Magd dir in die
Arme gegeben; nun sie aber sieht, dass
sie schwanger geworden ist, bin ich ge-
ring geachtet in ihren Augen. Der HERR
sei Richter zwischen mir und dir. 6Ab-
ram aber sprach zu Sarai: Siehe, deine
Magd ist unter deiner Gewalt; tu mit ihr,
wie dir's gefällt.

Als nun Sarai sie demütigen wollte,
floh sie von ihr. 7Aber der [a]Engel des
HERRN fand sie bei einer Wasserquelle in
der Wüste, nämlich bei der Quelle am
Wege nach Schur. 8Der sprach zu ihr:
Hagar, Sarais Magd, wo kommst du her
und wo willst du hin? Sie sprach: Ich bin
von Sarai, meiner Herrin, geflohen.
9Und der Engel des HERRN sprach zu
ihr: Kehre wieder um zu deiner Herrin
und demütige dich unter ihre Hand.

10Und der Engel des HERRN sprach zu
ihr: Ich will deine Nachkommen so meh-
ren, dass sie der großen Menge wegen
nicht gezählt werden können.[a] 11Weiter
sprach der Engel des HERRN zu ihr:
Siehe, du bist schwanger geworden und
wirst einen Sohn gebären, dessen Namen
sollst du Ismael nennen; denn [a]der
HERR hat dein Elend erhört. 12Er wird
ein wilder Mensch sein; seine Hand wi-
der jedermann und jedermanns Hand
wider ihn, und er wird wohnen all seinen
Brüdern zum Trotz.[a]

13Und sie nannte den Namen des
HERRN, der mit ihr redete: [a]Du bist ein
Gott, der mich sieht. Denn sie sprach:
Gewiss hab ich hier hinter dem herge-
sehen, der mich angesehen hat. 14Darum
nannte man den Brunnen [a]»Brunnen des
Lebendigen, der mich sieht«. Er liegt
zwischen Kadesch und Bered.

15Und Hagar gebar Abram einen
Sohn, und Abram nannte den Sohn, den
ihm Hagar gebar, Ismael. 16Und Abram
war sechsundachtzig Jahre alt, als ihm
Hagar den Ismael gebar.

Ewiger Bund und neue Namen. Verheißung Isaaks und Beschneidung

17 Als nun Abram neunundneunzig
Jahre alt war, erschien ihm der
HERR und sprach zu ihm: [a]Ich bin der
allmächtige Gott; [b]wandle vor mir und
sei fromm. 2Und ich will meinen Bund
zwischen mir und dir schließen und will
dich über alle Maßen mehren.

3Da fiel Abram auf sein Angesicht.
Und Gott redete weiter mit ihm und
sprach: 4Siehe, ich habe meinen Bund
mit dir, und du sollst ein Vater vieler
Völker werden. 5Darum sollst du nicht
mehr Abram heißen, sondern Abraham
soll dein Name sein; denn [a]ich habe dich
gemacht zum Vater vieler Völker. 6Und
ich will dich sehr fruchtbar machen und
will aus dir Völker machen und auch
Könige sollen von dir kommen. 7Und ich
will aufrichten meinen Bund zwischen
mir und dir und deinen Nachkommen
von Geschlecht zu Geschlecht, dass es
ein ewiger Bund sei, sodass ich dein und
deiner Nachkommen Gott bin. 8Und ich
will dir und deinem Geschlecht nach dir
das Land geben, darin du ein [a]Fremd-
ling bist, das ganze Land Kanaan, [b]zu
ewigem Besitz und will ihr Gott sein.

9Und Gott sprach zu Abraham: So
haltet nun meinen Bund, du und deine
Nachkommen von Geschlecht zu Ge-
schlecht. 10Das aber ist mein Bund, den
ihr halten sollt zwischen mir und euch
und deinem Geschlecht nach dir: [a]Alles,
was männlich ist unter euch, soll be-
schnitten werden; 11eure Vorhaut sollt
ihr beschneiden. Das soll das [a]Zeichen
sein des Bundes zwischen mir und euch.[b]
12Jedes Knäblein, wenn's acht Tage alt
ist, sollt ihr beschneiden bei euren Nach-
kommen. Desgleichen auch alles, was an
Gesinde im Hause geboren oder was ge-
kauft ist von irgendwelchen Fremden, die
nicht aus eurem Geschlecht sind. 13Be-
schnitten soll werden alles Gesinde, was
dir im Hause geboren oder was gekauft
ist. Und so soll mein Bund an eurem
Fleisch zu einem ewigen Bund werden.
14Wenn aber ein Männlicher nicht be-
schnitten wird an seiner Vorhaut, wird er
ausgerottet werden aus seinem Volk, weil
er meinen Bund gebrochen hat.

15Und Gott sprach abermals zu Abra-
ham: Du sollst Sarai, deine Frau, nicht
mehr Sarai nennen, sondern Sara soll ihr

16,7: *a* 2. Mose 14,19; 23,20; 4. Mose 22,22; 1. Kön 19,7; 2. Kön 19,35 **16,10:** *a* Kap 17,20 **16,11:** *a* 2. Mose 2,23; Hiob 34,28; Ps 9,13; Jes 41,17; Jak 5,4 **16,12:** *a* Kap 25,18 **16,13:** *a* Kap 22,14; 2. Mose 3,7; 2. Kön 13,4 **16,14:** *a* Kap 24,62; 25,11 **17,1:** *a* Kap 35,11; 2. Mose 6,3; *b* 5. Mose 10,12 **17,5:** *a* Röm 4,11.17 **17,8:** *a* Kap 35,27; Hebr 11,9-10; *b* Apg 7,5 **17,10:** *a* 3. Mose 12,3; Joh 7,22 **17,11:** *a* Hes 20,12; *b* 5. Mose 30,6; Röm 4,11

Name sein. 16 Denn ich will sie [a]segnen,
und auch von ihr will ich dir einen Sohn
geben; ich will sie segnen, und Völker
sollen aus ihr werden und Könige über
viele Völker.

17 Da fiel Abraham auf sein Angesicht
und [a]lachte und sprach in seinem Her-
zen: [b]Soll mir mit hundert Jahren ein
Kind geboren werden, und soll Sara,
neunzig Jahre alt, gebären? 18 Und Abra-
ham sprach zu Gott: Ach dass Ismael
möchte leben bleiben vor dir! 19 Da
sprach Gott: Nein, Sara, deine Frau,
wird dir einen Sohn gebären, den sollst
du Isaak nennen, und mit ihm will ich
meinen [a]ewigen Bund aufrichten und
mit seinem Geschlecht nach ihm. 20 Und
für Ismael habe ich dich auch erhört.
Siehe, ich habe ihn gesegnet und will ihn
fruchtbar machen und [a]über alle Maßen
mehren. [b]Zwölf Fürsten wird er zeugen
und ich will ihn zum großen Volk ma-
chen. 21 Aber meinen Bund will ich auf-
richten mit Isaak, den dir Sara gebären
soll um diese Zeit im nächsten Jahr.
22 Und er hörte auf, mit ihm zu reden.
Und Gott fuhr auf von Abraham.

23 Da nahm Abraham seinen Sohn Is-
mael und alle Knechte, die im Hause
geboren, und alle, die gekauft waren, und
alles, was männlich war in seinem Hause,
und beschnitt ihre Vorhaut an eben die-
sem Tage, wie ihm Gott gesagt hatte.
24 Und Abraham war neunundneunzig
Jahre alt, als er seine Vorhaut beschnitt.
25 Ismael aber, sein Sohn, war dreizehn
Jahre alt, als seine Vorhaut beschnitten
wurde. 26 Eben auf diesen Tag wurden
sie alle beschnitten, Abraham, sein Sohn
Ismael 27 und was männlich in seinem
Hause war, im Hause geboren und ge-
kauft von Fremden; es wurde alles mit
ihm beschnitten.

Der HERR bei Abraham in Mamre

18 Und der HERR erschien ihm im
Hain Mamre, während er an der
Tür seines Zeltes saß, als der Tag am
heißesten war. 2 Und als er seine Augen
aufhob und sah, siehe, da standen drei
Männer vor ihm. Und als er sie sah, lief
er ihnen entgegen von der Tür seines
Zeltes und neigte sich zur Erde[a] 3 und
sprach: Herr, hab ich Gnade gefunden
vor deinen Augen, so geh nicht an dei-
nem Knecht vorüber. 4 Man soll euch ein
wenig Wasser bringen, eure Füße zu wa-
schen, und lasst euch nieder unter dem
Baum. 5 Und ich will euch einen Bissen
Brot bringen, dass ihr euer Herz labt;
danach mögt ihr weiterziehen. Denn
darum seid ihr bei eurem Knecht vor-
übergekommen. Sie sprachen: Tu, wie du
gesagt hast.

6 Abraham eilte in das Zelt zu Sara
und sprach: Eile und menge drei Maß
feinstes Mehl, knete und backe Kuchen.
7 Er aber lief zu den Rindern und holte
ein zartes, gutes Kalb und gab's dem
Knechte; der eilte und bereitete es zu.
8 Und er trug Butter und Milch auf und
von dem Kalbe, das er zubereitet hatte,
und setzte es ihnen vor und blieb stehen
vor ihnen unter dem Baum und sie aßen.

9 Da sprachen sie zu ihm: Wo ist Sara,
deine Frau? Er antwortete: Drinnen im
Zelt. 10 Da sprach er: Ich [a]will wieder zu
dir kommen übers Jahr; siehe, dann soll
Sara, deine Frau, einen Sohn haben. Das
hörte Sara hinter ihm, hinter der Tür des
Zeltes. 11 Und sie waren beide, Abraham
und Sara, alt und hochbetagt, sodass es
Sara nicht mehr ging nach der Frauen
Weise. 12 Darum [a]lachte sie bei sich
selbst und sprach: Nun ich alt bin, soll
ich noch der Liebe pflegen, und mein
[b]Herr ist auch alt!

13 Da sprach der HERR zu Abraham:
Warum lacht Sara und spricht: Meinst du,
dass es wahr sei, dass ich noch gebären
werde, die ich doch alt bin? 14 [a]**Sollte
dem HERRN etwas unmöglich sein?** Um
diese Zeit will ich wieder zu dir kommen
übers Jahr; dann soll Sara einen Sohn
haben. 15 Da leugnete Sara und sprach:
Ich habe nicht gelacht –, denn sie fürch-
tete sich. Aber er sprach: Es ist nicht so,
du hast gelacht.

Abrahams Fürbitte für Sodom

16 Da brachen die Männer auf und wand-
ten sich nach Sodom, und Abraham ging
mit ihnen, um sie zu geleiten. 17 Da

17,16: *a* Kap 12,2-3 **17,17:** *a* Kap 18,12; 21,6; *b* Lk 1,18; Röm 4,19-21 **17,19:** *a* Kap 26,3 **17,20:** *a* Kap 16,10; 21,13.18; *b* Kap 25,16 **18,2:** *a* Hebr 13,2 **18,10:** *a* Kap 17,19; Röm 9,9 **18,12:** *a* Kap 17,17; *b* 1.Petr 3,6 **18,14:** *a* Mt 19,26; Lk 1,37

sprach der HERR: Wie könnte ich Abra-
ham verbergen, was ich tun will,[a] 18 da er
doch ein großes und mächtiges Volk wer-
den soll und alle Völker auf Erden in ihm
gesegnet werden sollen?[a] 19 Denn dazu
habe ich ihn auserkoren, dass er [a]seinen
Kindern befehle und seinem Hause nach
ihm, dass sie des HERRN Wege halten
und tun, was recht und gut ist, auf dass
der HERR auf Abraham kommen lasse,
was er ihm verheißen hat. 20 Und der
HERR sprach: Es ist ein großes [a]Geschrei
über Sodom und Gomorra, dass ihre
Sünden sehr schwer sind. 21 Darum will
ich hinabfahren und sehen, ob sie alles
getan haben nach dem Geschrei, das vor
mich gekommen ist, oder ob's nicht so
sei, damit ich's wisse. 22 Und die Männer
wandten ihr Angesicht und gingen nach
Sodom.

Aber Abraham blieb stehen vor dem
HERRN 23 und trat zu ihm und sprach:
Willst du denn den Gerechten mit dem
Gottlosen umbringen?[a] 24 Es könnten
vielleicht fünfzig Gerechte in der Stadt
sein; wolltest du die umbringen und dem
Ort nicht vergeben um fünfzig Gerechter
willen, die darin wären? 25 Das sei ferne
von dir, dass du das tust und tötest den
Gerechten mit dem Gottlosen, sodass der
Gerechte wäre gleich wie der Gottlose!
Das sei ferne von dir! Sollte der [a]Richter
aller Welt nicht gerecht richten?

26 Der HERR sprach: Finde ich fünf-
zig Gerechte zu Sodom in der Stadt, so
will ich um ihretwillen dem ganzen Ort
vergeben.[a] 27 Abraham antwortete und
sprach: Ach siehe, ich habe mich unter-
wunden, zu reden mit dem Herrn, wie-
wohl ich Erde und Asche bin. 28 Es könn-
ten vielleicht fünf weniger als fünfzig Ge-
rechte darin sein; wolltest du denn die
ganze Stadt verderben um der fünf wil-
len? Er sprach: Finde ich darin fünfund-
vierzig, so will ich sie nicht verderben.
29 Und er fuhr fort mit ihm zu reden und
sprach: Man könnte vielleicht vierzig
darin finden. Er aber sprach: Ich will
ihnen nichts tun um der vierzig willen.
30 Abraham sprach: Zürne nicht, Herr,
dass ich noch mehr rede. Man könnte
vielleicht dreißig darin finden. Er aber
sprach: Finde ich dreißig darin, so will
ich ihnen nichts tun. 31 Und er sprach:
Ach siehe, ich habe mich unterwunden,
mit dem Herrn zu reden. Man könnte
vielleicht zwanzig darin finden. Er ant-
wortete: Ich will sie nicht verderben um
der zwanzig willen. 32 Und er sprach:
[a]Ach, zürne nicht, Herr, dass ich nur
noch einmal rede. Man könnte vielleicht
zehn darin finden. Er aber sprach: Ich
will sie nicht verderben um der zehn wil-
len.

33 Und der HERR ging weg, nachdem
er aufgehört hatte, mit Abraham zu re-
den; und Abraham kehrte wieder um an
seinen Ort.

Untergang von Sodom und Gomorra. Lots Errettung

19 [a]Die zwei Engel kamen nach So-
dom am Abend; Lot aber saß zu
Sodom unter dem Tor. Und als er sie sah,
stand er auf, ging ihnen entgegen und
neigte sich bis zur Erde 2 und sprach:
Siehe, liebe Herren, kehrt doch ein im
Hause eures Knechts und bleibt über
Nacht; lasst eure Füße waschen und
brecht frühmorgens auf und zieht eure
Straße. Aber sie sprachen: Nein, wir wol-
len über Nacht im Freien bleiben. 3 Da
nötigte er sie sehr und sie kehrten zu ihm
ein und kamen in sein Haus. Und er
machte ihnen ein Mahl und backte unge-
säuerte Kuchen und sie aßen.

4 Aber ehe sie sich legten, kamen die
Männer der Stadt Sodom und umgaben
das Haus, Jung und Alt, das ganze Volk
aus allen Enden, 5 [a]und riefen Lot und
sprachen zu ihm: Wo sind die Männer,
die zu dir gekommen sind diese Nacht?
Führe sie heraus zu uns, dass wir uns
über sie hermachen. 6 Lot ging heraus zu
ihnen vor die Tür und schloss die Tür
hinter sich zu 7 und sprach: Ach, liebe
Brüder, tut nicht so übel! 8 Siehe, ich habe
zwei Töchter, die wissen noch von kei-
nem Manne; die will ich herausgeben un-
ter euch und tut mit ihnen, was euch
gefällt; aber diesen Männern tut nichts,
denn darum sind sie unter den Schatten
meines Dachs gekommen.

9 Sie aber sprachen: Weg mit dir! Und

18,17: *a* Am 3,7 **18,18:** *a* Kap 12,3 **18,19:** *a* 5. Mose 6,7; 32,46 **18,20:** *a* Kap 19,13 **18,23:** *a* 4. Mose 16,22 **18,25:** *a* Ps 82,1; 94,2 **18,26:** *a* Jes 65,8; Mt 24,22 **18,32:** *a* Ri 6,39 **19,1:** *a* Kap 18,22 **19,5:** *a* *(5-8)* 3. Mose 18,22-25; Ri 19,22-24; Röm 1,27

sprachen auch: Du bist der einzige
Fremdling hier und willst regieren?
Wohlan, wir wollen dich noch übler pla-
gen als jene. Und sie [a]drangen hart ein
auf den Mann Lot. Doch als sie hinzu-
liefen und die Tür aufbrechen wollten,
10 griffen die Männer hinaus und zogen
Lot herein zu sich ins Haus und schlos-
sen die Tür zu. 11 Und [a]sie schlugen die
Leute vor der Tür des Hauses, Klein und
Groß, mit Blindheit, sodass sie es auf-
gaben, die Tür zu finden.
12 Und die Männer sprachen zu Lot:
Hast du hier noch einen Schwiegersohn
und Söhne und Töchter und wer dir
sonst angehört in der Stadt, den führe
weg von dieser Stätte. 13 Denn wir wer-
den diese Stätte verderben, weil [a]das Ge-
schrei über sie groß ist vor dem HERRN;
der hat uns gesandt, sie zu verderben.
14 Da ging Lot hinaus und redete mit den
Männern, die seine Töchter heiraten soll-
ten: Macht euch auf und [a]geht aus die-
sem Ort, denn der HERR wird diese Stadt
verderben. Aber es war ihnen lächerlich.
15 Als nun die Morgenröte aufging,
drängten die Engel Lot zur Eile und
sprachen: Mach dich auf, nimm deine
Frau und deine beiden Töchter, die hier
sind, damit du nicht auch umkommst in
der Missetat dieser Stadt. 16 Als er aber
zögerte, ergriffen die Männer ihn und
seine Frau und seine beiden Töchter bei
der Hand, weil der HERR ihn verschonen
wollte, und führten ihn hinaus und ließen
ihn erst draußen vor der Stadt wieder
los.
17 Und als sie ihn hinausgebracht hat-
ten, sprach der eine: Rette dein Leben
und sieh nicht hinter dich, bleib auch
nicht stehen in dieser ganzen Gegend.
[a]Auf das Gebirge rette dich, damit du
nicht umkommst! 18 Aber Lot sprach zu
ihnen: Ach nein, Herr! 19 Siehe, dein
Knecht hat Gnade gefunden vor deinen
Augen, und du hast deine Barmherzig-
keit groß gemacht, die du an mir getan
hast, als du mich am Leben erhieltest.
Ich kann mich nicht auf das Gebirge
retten; es könnte mich sonst das Unheil
ereilen, sodass ich stürbe. 20 Siehe, da ist
eine Stadt nahe, in die ich fliehen kann,
und sie ist klein; dahin will ich mich
retten – ist sie doch klein –, damit ich am
Leben bleibe.
21 Da sprach er zu ihm: Siehe, ich habe
auch darin dich angesehen, dass ich die
Stadt nicht zerstöre, von der du geredet
hast. 22 Eile und rette dich dahin; denn
ich kann nichts tun, bis du hinein-
kommst. Daher ist diese Stadt Zoar ge-
nannt. 23 Und die Sonne war aufgegan-
gen auf Erden, als Lot nach Zoar kam.
24 Da ließ der HERR Schwefel und
Feuer regnen vom Himmel herab auf So-
dom und Gomorra[a] 25 und vernichtete
die Städte und die ganze Gegend und alle
Einwohner der Städte und was auf dem
Lande gewachsen war. 26 Und Lots Frau
sah hinter sich und ward zur Salzsäule.[a]
27 Abraham aber machte sich früh am
Morgen auf an den Ort, wo er vor dem
HERRN gestanden hatte, 28 und wandte
sein Angesicht gegen Sodom und Go-
morra und alles Land dieser Gegend und
schaute, und siehe, da ging ein Rauch auf
vom Lande wie der Rauch von einem
Ofen. 29 Und es geschah, als Gott die
Städte in der Gegend vernichtete, ge-
dachte er an Abraham und geleitete Lot
aus den Städten, die er zerstörte, in de-
nen Lot gewohnt hatte.

Lot und seine Töchter

30 Und Lot zog weg von Zoar und blieb
auf dem Gebirge mit seinen beiden Töch-
tern; denn er fürchtete sich, in Zoar zu
bleiben; und so blieb er in einer Höhle
mit seinen beiden Töchtern. 31 Da sprach
die ältere zu der jüngeren: Unser Vater ist
alt und kein Mann ist mehr im Lande,
der zu uns eingehen könnte nach aller
Welt Weise. 32 So komm, lass uns unserm
Vater Wein zu trinken geben und uns zu
ihm legen, dass wir uns Nachkommen
schaffen von unserm Vater.[a] 33 Da gaben
sie ihrem Vater Wein zu trinken in dersel-
ben Nacht. Und die erste ging hinein und
legte sich zu ihrem Vater; und er ward's
nicht gewahr, als sie sich legte noch als
sie aufstand.
34 Am Morgen sprach die ältere zu der
jüngeren: Siehe, ich habe gestern bei mei-
nem Vater gelegen. Lass uns ihm auch

19,9: *a* 2. Petr 2,7-8 **19,11:** *a* 2. Kön 6,18 **19,13:** *a* Kap 18,20 **19,14:** *a* 4. Mose 16,21 **19,17:** *a* Mt 24,16 **19,24:** *a* 5. Mose 29,22; Ps 11,6; Jes 1,9-10; 13,19; Am 4,11; Lk 17,29; 2. Petr 2,6; Offb 14,10 **19,26:** *a* Lk 17,32 **19,32:** *a* 3. Mose 18,7

diese Nacht Wein zu trinken geben, dass
du hineingehst und dich zu ihm legst,
damit wir uns Nachkommen schaffen
von unserm Vater. 35 Da gaben sie ihrem
Vater auch diese Nacht Wein zu trinken.
Und die jüngere machte sich auch auf
und legte sich zu ihm; und er ward's nicht
gewahr, als sie sich legte noch als sie
aufstand.

36 So wurden die beiden Töchter Lots
schwanger von ihrem Vater. 37 Und die
ältere gebar einen Sohn, den nannte sie
Moab. Von dem kommen her die Moa-
biter bis auf den heutigen Tag.[a] 38 Und
die jüngere gebar auch einen Sohn, den
nannte sie Ben-Ammi. Von dem kommen
her die [a]Ammoniter bis auf den heutigen
Tag.

Abraham und Sara bei Abimelech

(vgl. Kap 12,10-20; 26,1-11)

20 Abraham aber zog von dannen ins
Südland und wohnte zwischen
Kadesch und Schur und lebte nun als ein
Fremdling zu Gerar.[a] 2 Er sagte aber von
Sara, seiner Frau: Sie ist meine Schwes-
ter. Da sandte Abimelech, der König von
Gerar, hin und ließ sie holen.

3 Aber Gott kam zu Abimelech des
Nachts im Traum und sprach zu ihm:
Siehe, du bist des Todes um der Frau
willen, die du genommen hast; denn sie
ist eines Mannes Ehefrau. 4 Abimelech
aber hatte sie nicht berührt und sprach:
Herr, willst du denn auch ein gerechtes
Volk umbringen? 5 Hat er nicht zu mir
gesagt: Sie ist meine Schwester? Und sie
hat auch gesagt: Er ist mein Bruder. Hab
ich das doch getan mit einfältigem Her-
zen und unschuldigen Händen. 6 Und
Gott sprach zu ihm im Traum: Ich weiß
auch, dass du das mit einfältigem Herzen
getan hast. Darum habe ich dich auch
behütet, dass du nicht wider mich sün-
digtest, und habe es nicht zugelassen,
dass du sie berührtest. 7 So gib nun dem
Mann seine Frau wieder, denn er ist ein
Prophet, und [a]lass ihn für dich bitten, so
wirst du am Leben bleiben. Wenn du sie
aber nicht wiedergibst, so wisse, dass du
des Todes sterben musst und alles, was
dein ist.

8 Da stand Abimelech früh am Morgen
auf und rief alle seine Großen und sagte
dieses alles vor ihren Ohren. Und die
Männer fürchteten sich sehr. 9 Und Abi-
melech rief Abraham auch herzu und
sprach zu ihm: Warum hast du uns das
angetan? Und was habe ich an dir ge-
sündigt, dass du eine so große Sünde
wolltest auf mich und mein Reich brin-
gen? Du hast an mir gehandelt, wie man
nicht handeln soll. 10 Und Abimelech
sprach weiter zu Abraham: Wie bist du
dazu gekommen, dass du solches getan
hast? 11 Abraham sprach: Ich dachte, ge-
wiss ist keine Gottesfurcht an diesem
Orte, und sie werden mich um meiner
Frau willen umbringen. 12 Auch ist sie
wahrhaftig meine Schwester, denn sie ist
meines Vaters Tochter, aber nicht meiner
Mutter Tochter; so ist sie meine Frau
geworden.[a] 13 Als mich aber Gott aus
meines Vaters Hause wandern hieß,
sprach ich zu ihr: Die Liebe tu mir an,
dass, wo wir hinkommen, du von mir
sagst, ich sei dein Bruder.

14 Da nahm Abimelech Schafe und
Rinder, Knechte und Mägde und gab sie
Abraham und gab ihm Sara, seine Frau,
wieder 15 und sprach: Siehe da, mein
Land steht dir offen; wohne, wo dir's
wohlgefällt. 16 Und zu Sara sprach er:
Siehe da, ich habe deinem Bruder tau-
send Silberstücke gegeben; siehe, das soll
eine Decke sein über den Augen aller, die
bei dir sind, dir zugute. Damit ist dir bei
allen Recht verschafft.

17 Abraham aber betete zu Gott. Da
heilte Gott Abimelech und seine Frau
und seine Mägde, dass sie wieder Kinder
gebaren. 18 Denn der HERR hatte zuvor
hart verschlossen jeden Mutterschoß im
Hause Abimelechs um Saras, Abrahams
Frau, willen.

Isaaks Geburt

21 Und der HERR suchte Sara heim,
wie er gesagt hatte, und tat an ihr,
wie er geredet hatte.[a] 2 Und Sara ward
schwanger und gebar dem Abraham in
seinem Alter einen Sohn um die Zeit, von
der Gott zu ihm geredet hatte.[a]

3 Und Abraham nannte seinen Sohn,

19,37: *a* 5. Mose 2,9 **19,38:** *a* 5. Mose 2,19; 23,4 **20,1:** *a* Kap 12,9; 26,1 **20,7:** *a* 1. Kön 13,6 **20,12:** *a* 3. Mose 18,9
21,1: *a* Kap 18,10 **21,2:** *a* Hebr 11,11

der ihm geboren war, Isaak, den ihm
Sara gebar,[a] 4 und beschnitt ihn am ach-
ten Tage, wie ihm Gott geboten hatte.[a]
5 Hundert Jahre war Abraham alt, als
ihm sein Sohn Isaak geboren wurde.[a]
6 Und Sara sprach: Gott hat mir ein
[a]Lachen zugerichtet; denn wer es hören
wird, der wird über mich lachen. 7 Und
sie sprach: Wer hätte wohl von Abraham
gesagt, dass Sara Kinder stille! Und doch
habe ich ihm einen Sohn geboren in sei-
nem Alter.

Austreibung Ismaels und seiner Mutter

8 Und das Kind wuchs heran und wurde
entwöhnt. Und Abraham machte ein
großes Mahl am Tage, da Isaak ent-
wöhnt wurde. 9 Und Sara sah den Sohn
Hagars, der Ägypterin, den sie Abraham
geboren hatte, wie er Mutwillen trieb.
10 Da sprach sie zu Abraham: [a]Treibe
diese Magd aus mit ihrem Sohn; denn
der Sohn dieser Magd soll nicht erben
mit meinem Sohn Isaak. 11 Das Wort
missfiel Abraham sehr um seines Sohnes
willen.

12 Aber Gott sprach zu ihm: Lass es dir
nicht missfallen wegen des Knaben und
der Magd. Alles, was Sara dir gesagt hat,
dem gehorche; denn nur [a]nach Isaak soll
dein Geschlecht benannt werden. 13 Aber
[a]auch den Sohn der Magd will ich zu
einem Volk machen, weil er dein Sohn
ist.

14 Da stand Abraham früh am Morgen
auf und nahm Brot und einen Schlauch
mit Wasser und legte es Hagar auf ihre
Schulter, dazu den Knaben, und schickte
sie fort. Da zog sie hin und irrte in der
Wüste umher bei Beerscheba. 15 Als nun
das Wasser in dem Schlauch ausgegan-
gen war, warf sie den Knaben unter einen
Strauch 16 und ging hin und setzte sich
gegenüber von ferne, einen Bogenschuss
weit; denn sie sprach: Ich kann nicht
ansehen des Knaben Sterben. Und sie
setzte sich gegenüber und erhob ihre
Stimme und weinte.[a]

17 Da erhörte Gott die Stimme des
Knaben. Und der Engel Gottes rief Ha-
gar vom Himmel her und sprach zu ihr:
Was ist dir, Hagar? Fürchte dich nicht;
denn Gott hat gehört die Stimme des
Knaben, der dort liegt. 18 Steh auf, nimm
den Knaben und führe ihn an deiner
Hand; denn ich will ihn zum großen Volk
machen.

19 Und [a]Gott tat ihr die Augen auf,
dass sie einen Wasserbrunnen sah. Da
ging sie hin und füllte den Schlauch mit
Wasser und tränkte den Knaben. 20 Und
Gott war mit dem Knaben. Der wuchs
heran und wohnte in der Wüste und
wurde ein guter Schütze. 21 Und er
wohnte in der Wüste Paran und seine
Mutter nahm ihm eine Frau aus [a]Ägyp-
tenland.

Abrahams Bund mit Abimelech

(vgl. Kap 26,15-33)

22 Zu der Zeit redete Abimelech zusam-
men mit Pichol, seinem Feldhauptmann,
zu Abraham und sprach: Gott ist mit dir
in allem, was du tust. 23 So schwöre mir
nun bei Gott, dass du mir und meinen
Söhnen und meinen Enkeln keine Un-
treue erweisen wollest, sondern die
Barmherzigkeit, die ich an dir getan
habe, an mir auch tust und an dem
Lande, darin du ein Fremdling bist.[a]
24 Da sprach Abraham: Ich will schwö-
ren.

25 Und Abraham stellte Abimelech zur
Rede um des Wasserbrunnens willen, den
Abimelechs Knechte mit Gewalt genom-
men hatten. 26 Da antwortete Abimelech:
Ich habe es nicht gewusst, wer das getan
hat; weder hast du mir's angesagt noch
hab ich's gehört bis heute. 27 Da nahm
Abraham Schafe und Rinder und gab sie
Abimelech, und die beiden schlossen ei-
nen Bund miteinander. 28 Und Abraham
stellte sieben Lämmer besonders. 29 Da
sprach Abimelech zu Abraham: Was sol-
len die sieben Lämmer, die du besonders
gestellt hast? 30 Er antwortete: Sieben
Lämmer sollst du von meiner Hand neh-
men, damit sie für mich ein Zeugnis
seien, dass ich diesen Brunnen gegraben
habe.

31 Daher heißt die Stätte Beerscheba,
weil sie beide miteinander da geschworen

21,3: *a* Kap 17,19 **21,4:** *a* Kap 17,11-12; Apg 7,8 **21,5:** *a* Kap 17,17 **21,6:** *a* Kap 18,12 **21,10:** *a* Gal 4,30 **21,12:** *a* Kap 17,21; Röm 9,7-8; Hebr 11,18 **21,13:** *a* Kap 17,20 **21,16:** *a* Jes 49,15 **21,19:** *a* 2.Kön 6,17.20 **21,21:** *a* Kap 16,3 **21,23:** *a* Kap 20,15

haben. 32 Und so schlossen sie den Bund
zu Beerscheba.
Da machten sich auf Abimelech und
Pichol, sein Feldhauptmann, und zogen
wieder in der Philister Land. 33 Abraham
aber pflanzte einen Tamariskenbaum in
Beerscheba und [a]rief dort den Namen
des HERRN, des ewigen Gottes, an.
34 Und er war ein Fremdling in der Philis-
ter Lande eine lange Zeit.

Abrahams Versuchung. Bestätigung der Verheißung

22 Nach diesen Geschichten [a]ver-
suchte Gott Abraham und sprach
zu ihm: Abraham! Und er antwortete:
Hier bin ich. 2 Und er sprach: Nimm
Isaak, deinen einzigen Sohn, den du lieb
hast, und geh hin in das Land Morija
und opfere ihn dort zum Brandopfer auf
einem Berge, den ich dir sagen werde.
3 Da stand Abraham früh am Morgen
auf und gürtete seinen Esel und nahm
mit sich zwei Knechte und seinen Sohn
Isaak und spaltete Holz zum Brandopfer,
machte sich auf und ging hin an den Ort,
von dem ihm Gott gesagt hatte. 4 Am
dritten Tage hob Abraham seine Augen
auf und sah die Stätte von ferne 5 und
sprach zu seinen Knechten: Bleibt ihr
hier mit dem Esel. Ich und der Knabe
wollen dorthin gehen, und wenn wir an-
gebetet haben, wollen wir wieder zu euch
kommen.
6 Und Abraham nahm das Holz zum
Brandopfer und legte es auf seinen Sohn
Isaak. Er aber nahm das Feuer und das
Messer in seine Hand; und gingen die
beiden miteinander. 7 Da sprach Isaak zu
seinem Vater Abraham: Mein Vater!
Abraham antwortete: Hier bin ich, mein
Sohn. Und er sprach: Siehe, hier ist
Feuer und Holz; wo ist aber das Schaf
zum Brandopfer? 8 Abraham antwortete:
Mein Sohn, Gott wird sich ersehen ein
Schaf zum Brandopfer. Und gingen die
beiden miteinander.
9 Und als sie an die Stätte kamen, die
ihm Gott gesagt hatte, baute Abraham
dort einen Altar und legte das Holz dar-
auf und band seinen Sohn Isaak, legte
ihn auf den Altar oben auf das Holz
10 und reckte seine Hand aus und fasste
das Messer, dass er seinen Sohn schlach-
tete.[a]
11 Da rief ihn der Engel des HERRN
vom Himmel und sprach: Abraham!
Abraham! Er antwortete: Hier bin ich.
12 Er sprach: Lege deine Hand nicht an
den Knaben und tu ihm nichts; denn nun
weiß ich, dass du Gott fürchtest und
[a]hast deines einzigen Sohnes nicht ver-
schont um meinetwillen.
13 Da hob Abraham seine Augen auf
und sah einen Widder hinter sich in der
Hecke mit seinen Hörnern hängen und
ging hin und nahm den Widder und op-
ferte ihn zum Brandopfer an seines Soh-
nes statt. 14 Und Abraham nannte die
Stätte [a]»Der HERR sieht«. Daher man
noch heute sagt: Auf dem Berge, da der
HERR sieht.
15 Und der Engel des HERRN rief Abra-
ham abermals vom Himmel her 16 und
sprach: [a]Ich habe bei mir selbst ge-
schworen, spricht der HERR: Weil du sol-
ches getan hast und hast deines einzigen
Sohnes nicht verschont, 17 will ich [a]dein
Geschlecht segnen und mehren wie die
Sterne am Himmel und wie den Sand am
Ufer des Meeres, und deine Nachkom-
men sollen die Tore ihrer Feinde besit-
zen; 18 und durch [a]dein Geschlecht sollen
alle Völker auf Erden gesegnet werden,
weil du meiner Stimme gehorcht hast.
19 So kehrte Abraham zurück zu seinen
Knechten. Und sie machten sich auf und
zogen miteinander nach Beerscheba und
Abraham blieb daselbst.

Die Nachkommen Nahors

20 Nach diesen Geschichten begab sich's,
dass Abraham angesagt wurde: Siehe,
[a]Milka hat auch Söhne geboren deinem
Bruder Nahor, 21 nämlich Uz, den Erst-
geborenen, und Bus, seinen Bruder, und
Kemuël, von dem die Aramäer herkom-
men, 22 und Kesed und Haso und Pil-
dasch und Jidlaf und Betuël. 23 [a]Betuël
aber zeugte Rebekka. Diese acht gebar
Milka dem Nahor, Abrahams Bruder.
24 Und seine Nebenfrau, mit Namen

21,33: *a* Kap 12,8; Röm 16,26 **22,1:** *a* 2. Mose 15,25; 16,4; 20,20; 5. Mose 8,2; 13,4; Ri 2,22; Hebr 11,17; Jak 1,13 **22,10:** *a* Mt 26,39; Jak 2,21 **22,12:** *a* Röm 8,32; Hebr 11,17 **22,14:** *a* Kap 16,13 **22,16:** *a* 2. Mose 32,13; Jes 45,23; Am 6,8; Mi 7,20; Lk 1,73; Hebr 6,13 **22,17:** *a* Kap 13,16; Hebr 11,12 **22,18:** *a* Kap 12,3; Gal 3,16 **22,20:** *a* Kap 11,29 **22,23:** *a* Kap 24,15

Rëuma, gebar auch, nämlich den Te-
bach, Gaham, Tahasch und Maacha.

Sara stirbt. Abraham erwirbt ein Erbbegräbnis

23 Sara wurde hundertsiebenund-
zwanzig Jahre alt 2 und starb in
Kirjat-Arba – das ist Hebron – im Lande
Kanaan. Da kam Abraham, dass er sie
beklagte und beweinte.
3 Danach stand er auf von seiner Toten
und redete mit den Hetitern und sprach:
4 Ich bin ein [a] Fremdling und Beisasse bei
euch; gebt mir ein Erbbegräbnis bei euch,
dass ich meine Tote hinaustrage und be-
grabe. 5 Da antworteten die Hetiter Abra-
ham und sprachen zu ihm: 6 Höre uns,
lieber Herr! Du bist ein Fürst Gottes
unter uns. Begrabe deine Tote in einem
unserer vornehmsten Gräber; kein
Mensch unter uns wird dir wehren, dass
du in seinem Grabe deine Tote begräbst.
7 Da stand Abraham auf und verneigte
sich vor dem Volk des Landes, vor den
Hetitern. 8 Und er redete mit ihnen und
sprach: Gefällt es euch, dass ich meine
Tote hinaustrage und begrabe, so höret
mich und bittet für mich Efron, den
Sohn Zohars, 9 dass er mir gebe seine
Höhle in Machpela, die am Ende seines
Ackers liegt; er gebe sie mir um Geld,
soviel sie wert ist, zum Erbbegräbnis un-
ter euch. 10 Efron aber saß unter den He-
titern. Da antwortete Efron, der Hetiter,
dem Abraham vor den Ohren der He-
titer, vor allen, die beim Tor seiner Stadt
versammelt waren, und sprach: 11 Nein,
mein Herr, sondern höre mir zu! Ich
schenke dir den Acker und die Höhle
darin und übergebe dir's vor den Augen
der Söhne meines Volks, um deine Tote
dort zu begraben.
12 Da verneigte sich Abraham vor dem
Volk des Landes 13 und redete mit Efron,
sodass das Volk des Landes es hörte, und
sprach: Willst du ihn mir lassen, so bitte
ich, nimm von mir das Geld für den
Acker, das ich dir gebe, so will ich meine
Tote dort begraben. 14 Efron antwortete
Abraham und sprach zu ihm: 15 Mein
Herr, höre mich doch! Das Feld ist vier-
hundert Lot Silber wert; was ist das aber
zwischen mir und dir? Begrabe nur deine
Tote! 16 Abraham gehorchte Efron und
wog ihm die Summe dar, die er genannt
hatte vor den Ohren der Hetiter, vier-
hundert Lot Silber nach dem Gewicht,
das im Kauf gang und gäbe war.
17 So wurde Efrons Acker in Machpela
östlich von Mamre Abraham zum Eigen-
tum bestätigt, mit der Höhle darin und
mit allen Bäumen auf dem Acker umher,
18 vor den Augen der Hetiter und aller,
die beim Tor seiner Stadt versammelt wa-
ren. 19 Danach begrub Abraham Sara,
seine Frau, in der Höhle des Ackers in
Machpela östlich von Mamre, das ist He-
bron, im Lande Kanaan. 20 So wurden
Abraham der Acker und [a] die Höhle
darin zum Erbbegräbnis bestätigt von
den Hetitern.

Rebekka wird Isaaks Frau

24 Abraham war alt und hochbetagt,
und der HERR hatte ihn gesegnet
allenthalben.[a] 2 Und er sprach zu dem
ältesten Knecht seines Hauses, der allen
seinen Gütern vorstand: Lege deine
Hand unter meine Hüfte 3 und schwöre
mir bei dem HERRN, dem Gott des Him-
mels und der Erde, dass du meinem Sohn
[a] keine Frau nimmst von den Töchtern
der Kanaaniter, unter denen ich wohne,
4 sondern dass du ziehst in mein Vater-
land und zu meiner Verwandtschaft und
nimmst meinem Sohn Isaak dort eine
Frau.
5 Der Knecht sprach: Wie, wenn das
Mädchen mir nicht folgen wollte in dies
Land, soll ich dann deinen Sohn zurück-
bringen in jenes Land, von dem du aus-
gezogen bist? 6 Abraham sprach zu ihm:
Davor hüte dich, dass du meinen Sohn
wieder dahin bringst! 7 [a] Der HERR, der
Gott des Himmels, der mich von meines
Vaters Hause genommen hat und von
meiner Heimat, der mir zugesagt und mir
auch geschworen hat: Dies Land will ich
deinen Nachkommen geben –, der wird
seinen Engel vor dir her senden, dass du
meinem Sohn dort eine Frau nimmst.
8 Wenn aber das Mädchen dir nicht fol-
gen will, so bist du dieses Eides ledig.
Nur bringe meinen Sohn nicht wieder

23,4: *a* Kap 17,8 **23,20:** *a* Kap 25,9-10; 47,30; 49,29-32; 50,13 **24,1:** *a* Kap 12,2 **24,3:** *a* Kap 28,1; 2. Mose 34,16
24,7: *a* 2. Chr 36,23; Neh 2,20

dorthin! 9 Da legte der Knecht seine
Hand unter die Hüfte Abrahams, seines
Herrn, und schwor es ihm.
10 So nahm der Knecht zehn Kamele
von den Kamelen seines Herrn und zog
hin und hatte mit sich allerlei Güter sei-
nes Herrn und machte sich auf und zog
nach Mesopotamien, zu der Stadt [a]Na-
hors. 11 Da ließ er die Kamele sich lagern
draußen vor der Stadt bei dem Wasser-
brunnen des Abends um die Zeit, da die
Frauen pflegten herauszugehen und Was-
ser zu schöpfen. 12 Und er sprach: HERR,
du Gott Abrahams, meines Herrn, lass
es mir heute gelingen und tu Barmher-
zigkeit an Abraham, meinem Herrn!
13 Siehe, ich stehe hier bei dem Wasser-
brunnen, und die Töchter der Leute in
dieser Stadt werden herauskommen, um
Wasser zu schöpfen. 14 Wenn nun ein
Mädchen kommt, zu dem ich spreche:
Neige deinen Krug und lass mich trin-
ken, und es sprechen wird: Trinke, ich
will deine Kamele auch tränken –, das sei
die, die du deinem Diener Isaak beschert
hast, und daran werde ich erkennen, dass
du Barmherzigkeit an meinem Herrn ge-
tan hast.
15 Und ehe er ausgeredet hatte, siehe,
da kam heraus [a]Rebekka, die Tochter
Betuëls, der ein Sohn der Milka war, die
die Frau Nahors, des Bruders Abrahams,
war, und trug einen Krug auf ihrer
Schulter. 16 Und das Mädchen war sehr
schön von Angesicht, eine Jungfrau, die
noch von keinem Manne wusste. Die
stieg hinab zum Brunnen und füllte den
Krug und stieg herauf.
17 Da lief ihr der Knecht entgegen und
sprach: Lass mich ein wenig Wasser aus
deinem Kruge trinken. 18 Und sie sprach:
Trinke, mein Herr! Und eilends ließ sie
den Krug hernieder auf ihre Hand und
gab ihm zu trinken. 19 Und als sie ihm
zu trinken gegeben hatte, sprach sie: Ich
will deinen Kamelen auch schöpfen, bis
sie alle genug getrunken haben. 20 Und
eilte und goss den Krug aus in die Tränke
und lief abermals zum Brunnen, um zu
schöpfen, und schöpfte allen seinen Ka-
melen.
21 Der Mann aber betrachtete sie und
schwieg still, bis er erkannt hätte, ob der
HERR zu seiner Reise Gnade gegeben
hätte oder nicht. 22 Als nun die Kamele
alle getrunken hatten, nahm er einen gol-
denen Stirnreif, sechs Gramm schwer,
und zwei goldene Armreifen für ihre
Hände, hundertundzwanzig Gramm
schwer, 23 und sprach: Wessen Tochter
bist du? Das sage mir doch! Haben wir
auch Raum in deines Vaters Hause, um
zu herbergen? 24 Sie sprach zu ihm: Ich
bin die Tochter Betuëls, des Sohnes der
Milka, den sie dem Nahor geboren hat.
25 Und sagte weiter zu ihm: Es ist auch
viel Stroh und Futter bei uns und Raum
genug, um zu herbergen.
26 Da neigte sich der Mann und betete
den HERRN an 27 und sprach: Gelobt sei
der HERR, der Gott Abrahams, meines
Herrn, der seine Barmherzigkeit und
seine Treue von meinem Herrn nicht hat
weichen lassen; denn der HERR hat mich
geradewegs geführt zum Hause des Bru-
ders meines Herrn. 28 Und das Mädchen
lief und sagte dies alles in ihrer Mutter
Hause.
29 Und Rebekka hatte einen Bruder,
der hieß Laban; und Laban lief zu dem
Mann draußen bei dem Brunnen.
30 Denn als er den Stirnreif und die Arm-
reifen an den Händen seiner Schwester
gesehen hatte und die Worte Rebekkas,
seiner Schwester, gehört hatte: So hat
mir der Mann gesagt –, da kam er zu
dem Mann, und siehe, er stand bei den
Kamelen am Brunnen. 31 Und er sprach:
Komm herein, du Gesegneter des
HERRN! Warum stehst du draußen? Ich
habe das Haus bereitet und für die Ka-
mele auch Raum gemacht. 32 Da führte
er den Mann ins Haus und zäumte die
Kamele ab und gab ihnen Stroh und Fut-
ter, dazu auch Wasser, zu waschen seine
Füße und die Füße der Männer, die mit
ihm waren.
33 Und man setzte ihm Essen vor. Er
sprach aber: Ich will nicht essen, bis ich
zuvor meine Sache vorgebracht habe. Sie
antworteten: Sage an! 34 Er sprach: Ich
bin Abrahams Knecht. 35 Und der HERR
hat meinen Herrn reich gesegnet, dass er
groß geworden ist, und hat ihm Schafe
und Rinder, Silber und Gold, Knechte
und Mägde, Kamele und Esel gegeben.

24,10: *a* Kap 11,22-31 **24,15:** *a* Kap 22,23

36Dazu hat Sara, die Frau meines Herrn,
einen Sohn geboren meinem Herrn in
seinem Alter; dem hat er alles gegeben,
was er hat. 37Und mein Herr hat einen
Eid von mir genommen und gesagt: Du
sollst meinem Sohn keine Frau nehmen
von den Töchtern der Kanaaniter, in de-
ren Land ich wohne, 38sondern zieh hin
zu meines Vaters Hause und zu meinem
Geschlecht; dort nimm meinem Sohn
eine Frau. 39Ich sprach aber zu meinem
Herrn: Wie, wenn mir das Mädchen
nicht folgen will? 40Da sprach er zu mir:
Der HERR, vor dem ich wandle, wird
seinen Engel mit dir senden und Gnade
zu deiner Reise geben, dass du meinem
Sohn eine Frau nimmst von meiner Ver-
wandtschaft und meines Vaters Hause.
41Dann sollst du deines Eides ledig sein:
Wenn du zu meiner Verwandtschaft
kommst und sie geben sie dir nicht, so
bist du deines Eides ledig.

42So kam ich heute zum Brunnen und
sprach: HERR, du Gott Abrahams, mei-
nes Herrn, hast du Gnade zu meiner
Reise gegeben, auf der ich bin, 43siehe, so
stehe ich hier bei dem Wasserbrunnen.
Wenn nun ein Mädchen herauskommt,
um zu schöpfen, und ich zu ihr spreche:
Gib mir ein wenig Wasser zu trinken aus
deinem Krug, 44und sie sagen wird:
Trinke du, ich will deinen Kamelen auch
schöpfen –, das sei die Frau, die der
HERR dem Sohn meines Herrn beschert
hat. 45Ehe ich nun diese Worte ausge-
redet hatte in meinem Herzen, siehe, da
kommt Rebekka heraus mit einem Krug
auf ihrer Schulter und geht hinab zum
Brunnen und schöpft. Da sprach ich zu
ihr: Gib mir zu trinken. 46Und sie nahm
eilends den Krug von ihrer Schulter und
sprach: Trinke und deine Kamele will ich
auch tränken. Da trank ich und sie
tränkte die Kamele auch. 47Und ich
fragte sie und sprach: Wessen Tochter
bist du? Sie antwortete: Ich bin die Toch-
ter Betuëls, des Sohnes Nahors, den ihm
Milka geboren hat. Da legte ich einen
Reif an ihre Stirn und Armreifen an ihre
Hände 48und neigte mich und betete den
HERRN an und lobte den HERRN, den
Gott Abrahams, meines Herrn, der mich
den rechten Weg geführt hat, dass ich für
seinen Sohn die Tochter des Bruders mei-
nes Herrn nehme.

49Seid ihr nun die, die an meinem
Herrn Freundschaft und Treue beweisen
wollen, so sagt mir's; wenn nicht, so sagt
mir's auch, dass ich mich wende zur
Rechten oder zur Linken.

50Da antworteten Laban und Betuël
und sprachen: Das kommt vom HERRN,
darum können wir nichts dazu sagen,
weder Böses noch Gutes. 51Da ist Re-
bekka vor dir, nimm sie und zieh hin,
dass sie die Frau sei des Sohnes deines
Herrn, wie der HERR geredet hat. 52Als
Abrahams Knecht diese Worte hörte,
neigte er sich vor dem HERRN bis zur
Erde. 53Danach zog er hervor silberne
und goldene Kleinode und Kleider und
gab sie Rebekka; auch ihrem Bruder und
der Mutter gab er kostbare Geschenke.
54Dann aß und trank er samt den Män-
nern, die mit ihm waren, und sie blieben
über Nacht allda.

Am Morgen aber standen sie auf und
er sprach: Lasst mich ziehen zu meinem
Herrn. 55Aber ihr Bruder und ihre Mut-
ter sprachen: Lass doch das Mädchen
noch einige Tage bei uns bleiben; danach
sollst du ziehen. 56Da sprach er zu ihnen:
Haltet mich nicht auf, denn der HERR hat
Gnade zu meiner Reise gegeben. Lasst
mich, dass ich zu meinem Herrn ziehe.

57Da sprachen sie: Wir wollen das
Mädchen rufen und fragen, was sie dazu
sagt. 58Und sie riefen Rebekka und spra-
chen zu ihr: Willst du mit diesem Manne
ziehen? Sie antwortete: Ja, ich will es.
59Da ließen sie Rebekka, ihre Schwester,
ziehen mit ihrer Amme, samt Abrahams
Knecht und seinen Leuten. 60Und sie
segneten Rebekka und sprachen zu ihr:
Du, unsere Schwester, wachse zu vieltau-
sendmal tausend, und [a]dein Geschlecht
besitze die Tore seiner Feinde. 61So
machte sich Rebekka auf mit ihren Mäg-
den, und sie setzten sich auf die Kamele
und zogen dem Manne nach. Und der
Knecht nahm Rebekka und zog von
dannen.

62Isaak aber war gezogen zum
[a]»Brunnen des Lebendigen, der mich
sieht« und wohnte im Südlande. 63Und
er war ausgegangen, um zu beten auf

24,60: *a* Kap 22,17 **24,62:** *a* Kap 16,14; 25,11

dem Felde gegen Abend, und hob seine
Augen auf und sah, dass Kamele da-
herkamen. 64 Und Rebekka hob ihre
Augen auf und sah Isaak; da stieg sie
eilends vom Kamel 65 und sprach zu dem
Knecht: Wer ist der Mann, der uns ent-
gegenkommt auf dem Felde? Der Knecht
sprach: Das ist mein Herr. Da nahm sie
den Schleier und verhüllte sich. 66 Und
der Knecht erzählte Isaak alles, was er
ausgerichtet hatte. 67 Da führte sie Isaak
in das Zelt seiner Mutter Sara und nahm
die Rebekka, und sie wurde seine Frau
und er gewann sie lieb. Also wurde Isaak
[a]getröstet über seine Mutter.

Abrahams zweite Ehe. Sein Tod und Begräbnis

25 Abraham nahm wieder eine Frau,
die hieß Ketura. 2 Die gebar ihm
Simran und Jokschan, Medan und Mi-
dian, Jischbak und Schuach. 3 Jokschan
aber zeugte Saba und Dedan. Die Söhne
Dedans aber waren: die Aschuriter, die
Letuschiter und die Lëummiter. 4 Die
Söhne Midians waren: Efa, Efer, He-
noch, Abida und Eldaa. Diese alle sind
Söhne der Ketura.

5 Und Abraham gab all sein Gut Isaak.
6 Aber den Söhnen, die er von den Ne-
benfrauen hatte, gab er Geschenke und
schickte sie noch zu seinen Lebzeiten fort
von seinem Sohn Isaak, nach Osten hin
ins Morgenland.

7 Das ist aber Abrahams Alter, das er
erreicht hat: hundertundfünfundsiebzig
Jahre.[a] 8 Und Abraham verschied und
[a]starb in einem guten Alter, als er alt
und lebenssatt war, und wurde zu seinen
Vätern versammelt.

9 [a]Und es begruben ihn seine Söhne
Isaak und Ismael in der Höhle von
Machpela auf dem Acker Efrons, des
Sohnes Zohars, des Hetiters, die da liegt
östlich von Mamre 10 auf dem Felde,
das Abraham von den Hetitern gekauft
hatte. Da ist Abraham begraben mit
Sara, seiner Frau. 11 Und nach dem Tode
Abrahams segnete Gott [a]Isaak, seinen
Sohn. Und er wohnte bei dem [b]»Brun-
nen des Lebendigen, der mich sieht«.

Ismaels Nachkommen

12 Dies ist [a]das Geschlecht Ismaels, des
Sohnes Abrahams, den ihm Hagar gebar,
die Magd Saras aus Ägypten; 13 und dies
sind die Namen der Söhne Ismaels, nach
denen ihre Geschlechter genannt sind:
der erstgeborene Sohn Ismaels Neba-
jot, dann Kedar, Adbeel, Mibsam,
14 Mischma, Duma, Massa, 15 Hadad,
Tema, Jetur, Nafisch und Kedma. 16 Das
sind die Söhne Ismaels mit ihren Namen
nach ihren Gehöften und Zeltdörfern,
[a]zwölf Fürsten nach ihren Stämmen.
17 – Und das ist das Alter Ismaels: hun-
dertundsiebenunddreißig Jahre. Und er
verschied und starb und wurde versam-
melt zu seinen Vätern. – 18 Und sie wohn-
ten von Hawila an bis nach Schur östlich
von Ägypten nach Assyrien hin. So [a]ließ
er sich nieder all seinen Brüdern zum
Trotz.

Esaus und Jakobs Geburt

19 Dies ist das Geschlecht Isaaks, des
Sohnes Abrahams: Abraham zeugte
Isaak. 20 Isaak aber war vierzig Jahre alt,
als er Rebekka zur Frau nahm, die Toch-
ter Betuëls, des Aramäers aus Mesopota-
mien, die Schwester des Aramäers La-
ban.

21 Isaak aber bat den HERRN für seine
Frau, denn sie war unfruchtbar. Und der
HERR ließ sich erbitten, und Rebekka,
seine Frau, ward schwanger. 22 Und die
Kinder stießen sich miteinander in ihrem
Leib. Da sprach sie: Wenn mir's so gehen
soll, warum bin ich schwanger geworden?
Und sie ging hin, den HERRN zu be-
fragen. 23 Und der HERR sprach zu ihr:
Zwei Völker sind in deinem Leibe, und
zweierlei Volk wird sich scheiden aus dei-
nem Leibe; und ein Volk wird dem an-
dern überlegen sein, und der Ältere wird
dem Jüngeren [a]dienen.

24 Als nun die Zeit kam, dass sie ge-
bären sollte, siehe, da waren Zwillinge in
ihrem Leibe. 25 Der erste, der herauskam,
war rötlich, ganz rau wie ein Fell, und sie
nannten ihn Esau. 26 Danach kam heraus
sein Bruder, der [a]hielt mit seiner Hand

24,67: *a* Kap 23,1-2 **25,7:** *a* Kap 12,4 **25,8:** *a* Kap 15,15 **25,9:** *a (9-10)* Kap 23,13-20 **25,11:** *a* Kap 17,19; *b* Kap 24,62 **25,12:** *a* Kap 21,13 **25,16:** *a* Kap 17,20; 4.Mose 1,44 **25,18:** *a* Kap 16,12 **25,23:** *a* Kap 27,29; Mal 1,2; Röm 9,10-12 **25,26:** *a* Hos 12,4

die Ferse des Esau, und sie nannten ihn
Jakob. Sechzig Jahre alt war Isaak, als sie
geboren wurden.
27 Und als nun die Knaben groß wur-
den, wurde Esau ein Jäger und streifte
auf dem Felde umher, Jakob aber ein
gesitteter Mann und blieb bei den Zelten.
28 Und Isaak hatte Esau lieb und aß gern
von seinem Wildbret; Rebekka aber hatte
Jakob lieb.

Esau verkauft sein Erstgeburtsrecht

29 Und Jakob kochte ein Gericht. Da
kam Esau vom Feld und war müde
30 und sprach zu Jakob: Lass mich essen
das rote Gericht; denn ich bin müde. Da-
her heißt er Edom. 31 Aber Jakob sprach:
Verkaufe mir heute deine Erstgeburt.
32 Esau antwortete: Siehe, ich muss doch
sterben; was soll mir da die Erstgeburt?
33 Jakob sprach: So schwöre mir zuvor.
Und er schwor ihm und [a]verkaufte so
Jakob seine Erstgeburt. 34 Da gab ihm
Jakob Brot und das Linsengericht, und er
aß und trank und stand auf und ging
davon. So verachtete Esau seine Erst-
geburt.

Erneute Verheißung. Isaak und Rebekka in Gerar

(vgl. Kap 12,10-20; 20,1-18)

26 Es kam aber eine Hungersnot ins
Land nach der früheren, die zu
Abrahams Zeiten war. Und Isaak zog zu
Abimelech, dem König der Philister,
nach Gerar. 2 Da erschien ihm der HERR
und sprach: Zieh nicht hinab nach Ägyp-
ten, sondern bleibe in dem Lande, das
ich dir sage. 3 Bleibe als Fremdling in
diesem Lande, und ich will mit dir sein
und dich segnen; denn dir und deinen
Nachkommen will ich alle diese Länder
geben und will meinen Eid wahr machen,
den ich deinem Vater Abraham geschwo-
ren habe,[a] 4 und will [a]deine Nachkom-
men mehren wie die Sterne am Himmel
und will deinen Nachkommen alle diese
Länder geben. Und durch dein Ge-
schlecht sollen alle Völker auf Erden ge-
segnet werden, 5 weil Abraham meiner
Stimme gehorsam gewesen ist und ge-
halten hat meine Rechte, meine Gebote,
meine Weisungen und mein Gesetz.
6 So wohnte Isaak zu Gerar. 7 Und
wenn die Leute am Ort fragten nach sei-
ner Frau, so sprach er: Sie ist meine
Schwester; denn er fürchtete sich zu sa-
gen: Sie ist meine Frau. Er dachte näm-
lich: Sie könnten mich töten um Rebek-
kas willen, denn sie ist schön von Ge-
stalt.
8 Als er nun eine Zeit lang da war, sah
Abimelech, der König der Philister,
durchs Fenster und wurde gewahr, dass
Isaak scherzte mit Rebekka, seiner Frau.
9 Da rief Abimelech den Isaak und
sprach: Siehe, es ist deine Frau. Wie hast
du dann gesagt: Sie ist meine Schwester?
Isaak antwortete ihm: Ich dachte, ich
würde vielleicht sterben müssen um ih-
retwillen. 10 Abimelech sprach: Warum
hast du uns das angetan? Es wäre leicht
geschehen, dass jemand vom Volk sich zu
deiner Frau gelegt hätte, und du hättest
so eine Schuld auf uns gebracht. 11 Da
gebot Abimelech allem Volk und sprach:
Wer diesen Mann oder seine Frau an-
tastet, der soll des Todes sterben.

Isaaks Streit mit den Philistern. Sein Bund mit Abimelech

12 Und Isaak säte in dem Lande und ern-
tete in jenem Jahre hundertfältig; denn
[a]der HERR segnete ihn. 13 Und er wurde
ein reicher Mann und nahm immer mehr
zu, bis er sehr reich wurde, 14 sodass er
viel Gut hatte an kleinem und großem
Vieh und ein großes Gesinde. Darum be-
neideten ihn die Philister.
15 [a]Nun hatten sie aber alle Brunnen
verstopft, die seines Vaters Knechte ge-
graben hatten zur Zeit Abrahams, seines
Vaters, und hatten sie mit Erde gefüllt.
16 Und Abimelech sprach zu ihm: Zieh
von uns, denn du bist uns zu mächtig
geworden. 17 Da zog Isaak von dannen
und schlug seine Zelte auf im Grunde
von Gerar und wohnte da 18 und ließ die
Wasserbrunnen wieder aufgraben, die sie
zur Zeit Abrahams, seines Vaters, gegra-
ben hatten und die die Philister verstopft
hatten nach Abrahams Tod, und nannte

25,33: *a* Kap 27,36; Hebr 12,16 **26,3:** *a* Kap 17,19; 22,16-17 **26,4:** *a* Kap 15,5 **26,12:** *a* Spr 10,22 **26,15:** *a (15-33)* Kap 21,22-34

sie mit denselben Namen, mit denen sein Vater sie genannt hatte.

19 Auch gruben Isaaks Knechte im Grunde und fanden dort eine Quelle lebendigen Wassers. 20 Aber die Hirten von Gerar zankten mit den Hirten Isaaks und sprachen: Das Wasser ist unser. Da nannte er den Brunnen »Zank«, weil sie mit ihm da gezankt hatten. 21 Da gruben sie einen andern Brunnen. Darüber stritten sie auch, darum nannte er ihn »Streit«. 22 Da zog er weiter und grub noch einen andern Brunnen. Darüber zankten sie sich nicht, darum nannte er ihn »Weiter Raum« und sprach: Nun hat uns der HERR Raum gemacht und wir können wachsen im Lande.

23 Danach zog er von dannen nach Beerscheba. 24 Und der HERR erschien ihm in derselben Nacht und sprach: Ich bin der Gott deines Vaters Abraham. Fürchte dich nicht, denn ich bin mit dir und will dich segnen und deine Nachkommen mehren um meines Knechtes Abraham willen. 25 Dann [a]baute er dort einen Altar und rief den Namen des HERRN an und schlug dort sein Zelt auf und seine Knechte gruben dort einen Brunnen.

26 Und Abimelech ging zu ihm von Gerar mit Ahusat, seinem Freund, und Pichol, seinem Feldhauptmann. 27 Aber Isaak sprach zu ihnen: Warum kommt ihr zu mir? Hasst ihr mich doch und habt mich von euch getrieben. 28 Sie sprachen: Wir [a]sehen mit sehenden Augen, dass der HERR mit dir ist. Darum sprachen wir: Es soll ein Eid zwischen uns und dir sein, und wir wollen einen Bund mit dir schließen, 29 dass du uns keinen Schaden tust, gleichwie wir dich nicht angetastet haben und dir nur alles Gute getan und dich mit Frieden haben ziehen lassen. Du bist ja doch der Gesegnete des HERRN. 30 Da machte er ihnen ein Mahl und sie aßen und tranken. 31 Und früh am Morgen standen sie auf und einer schwor dem andern. Und Isaak ließ sie gehen und sie zogen von ihm mit Frieden.

32 Am selben Tage kamen Isaaks Knechte und sagten ihm von dem Brunnen, den sie gegraben hatten, und sprachen zu ihm: Wir haben Wasser gefunden. 33 Und er nannte ihn »Schwur«; daher heißt die Stadt Beerscheba* bis auf den heutigen Tag.

Esaus Frauen

34 Als Esau vierzig Jahre alt war, nahm er zur Frau Jehudit, die Tochter Beeris, des Hetiters, und Basemat, die Tochter [a]Elons, des Hetiters. 35 Die machten Isaak und Rebekka lauter Herzeleid.

Jakob gewinnt mit List den Erstgeburtssegen

27 Und es begab sich, als Isaak alt geworden war und seine Augen zu schwach zum Sehen wurden, rief er Esau, seinen älteren Sohn, und sprach zu ihm: Mein Sohn! Er aber antwortete ihm: Hier bin ich. 2 Und er sprach: Siehe, ich bin alt geworden und weiß nicht, wann ich sterben werde. 3 So nimm nun dein Gerät, Köcher und Bogen, und geh aufs Feld und jage mir ein Wildbret 4 und mach mir ein Essen, wie ich's gern habe, und bring mir's herein, dass ich esse, auf dass dich meine Seele segne, ehe ich sterbe. 5 Rebekka aber hörte diese Worte, die Isaak zu seinem Sohn Esau sagte. Und Esau ging hin aufs Feld, dass er ein Wildbret jagte und heimbrächte.

6 Da sprach Rebekka zu Jakob, ihrem Sohn: Siehe, ich habe deinen Vater mit Esau, deinem Bruder, reden hören: 7 Bringe mir ein Wildbret und mach mir ein Essen, dass ich esse und dich segne vor dem HERRN, ehe ich sterbe. 8 So höre nun, mein Sohn, auf mich und tu, was ich dich heiße. 9 Geh hin zu der Herde und hole mir zwei gute Böcklein, dass ich deinem Vater ein Essen davon mache, wie er's gerne hat. 10 Das sollst du deinem Vater hineintragen, dass er esse, auf dass er dich segne vor seinem Tod. 11 Jakob aber sprach zu seiner Mutter Rebekka: Siehe, mein Bruder [a]Esau ist rau, doch ich bin glatt; 12 so könnte vielleicht mein Vater mich betasten, und ich würde vor ihm dastehen, als ob ich ihn betrügen wollte, und brächte über mich einen Fluch und nicht einen Segen. 13 Da sprach seine Mutter zu ihm: Der Fluch

* d. h. Schwurbrunnen.

26,25: *a* Kap 12,8 **26,28:** *a* 5. Mose 29,3; Mt 13,13; **26,34:** *a* Kap 36,2-3 **27,11:** *a* Kap 25,25

sei auf mir, mein Sohn; gehorche nur
meinen Worten, geh und hole mir.
14 Da ging er hin und holte und
brachte es seiner Mutter. Da machte
seine Mutter ein Essen, wie es sein Vater
gerne hatte, 15 und nahm Esaus, ihres äl-
teren Sohnes, Feierkleider, die sie bei sich
im Hause hatte, und zog sie Jakob an,
ihrem jüngeren Sohn. 16 Aber die Felle
von den Böcklein tat sie ihm um seine
Hände und wo er glatt war am Halse.
17 Und so gab sie das Essen mit dem
Brot, wie sie es gemacht hatte, in die
Hand ihres Sohnes Jakob.
18 Und er ging hinein zu seinem Vater
und sprach: Mein Vater! Er antwortete:
Hier bin ich. Wer bist du, mein Sohn?
19 Jakob sprach zu seinem Vater: Ich bin
Esau, dein erstgeborener Sohn; ich habe
getan, wie du mir gesagt hast. Komm
nun, setze dich und iss von meinem Wild-
bret, auf dass mich deine Seele segne.[a]
20 Isaak aber sprach zu seinem Sohn:
Wie hast du so bald gefunden, mein
Sohn? Er antwortete: Der HERR, dein
Gott, bescherte mir's. 21 Da sprach Isaak
zu Jakob: Tritt herzu, mein Sohn, dass
ich dich betaste, ob du mein Sohn Esau
bist oder nicht. 22 So trat Jakob zu seinem
Vater Isaak. Und als er ihn betastet
hatte, sprach er: Die Stimme ist Jakobs
Stimme, aber die Hände sind Esaus
Hände. 23 Und er erkannte ihn nicht;
denn seine Hände waren rau wie Esaus,
seines Bruders, Hände.
Und er segnete ihn 24 und sprach: Bist
du mein Sohn Esau? Er antwortete: Ja,
ich bin's. 25 Da sprach er: So bringe mir
her, mein Sohn, zu essen von deinem
Wildbret, dass dich meine Seele segne.
Da brachte er's ihm und er aß; und er
trug ihm auch Wein hinein und er
trank.
26 Und Isaak, sein Vater, sprach zu
ihm: Komm her und küsse mich, mein
Sohn! 27 Er trat hinzu und küsste ihn. Da
roch er den Geruch seiner Kleider und
segnete ihn und sprach: Siehe, der Ge-
ruch meines Sohnes ist wie der Geruch
des Feldes, das der HERR gesegnet hat.
28 [a]Gott gebe dir vom Tau des Himmels
und von der Fettigkeit der Erde und
Korn und Wein die Fülle. 29 Völker sollen
dir dienen, und Stämme sollen dir zu
Füßen fallen. Sei [a]ein Herr über deine
Brüder, und deiner Mutter Söhne sollen
dir zu Füßen fallen. [b]Verflucht sei, wer
dir flucht; gesegnet sei, wer dich segnet!
30 Als nun Isaak den Segen über Jakob
vollendet hatte und Jakob kaum hinaus-
gegangen war von seinem Vater Isaak, da
kam Esau, sein Bruder, von seiner Jagd
31 und machte auch ein Essen und trug's
hinein zu seinem Vater und sprach zu
ihm: Richte dich auf, mein Vater, und iss
von dem Wildbret deines Sohnes, dass
mich deine Seele segne.
32 Da antwortete ihm Isaak, sein Vater:
Wer bist du? Er sprach: Ich bin Esau,
dein erstgeborener Sohn. 33 Da entsetzte
sich Isaak über die Maßen sehr und
sprach: Wer? Wo ist denn der Jäger, der
mir gebracht hat, und ich habe von allem
gegessen, ehe du kamst, und hab ihn ge-
segnet? Er wird auch gesegnet bleiben.
34 Als Esau diese Worte seines Vaters
hörte, schrie er laut und wurde über die
Maßen sehr betrübt und sprach zu sei-
nem Vater: Segne mich auch, mein Va-
ter![a] 35 Er aber sprach: Dein Bruder ist
gekommen mit List und hat deinen Segen
weggenommen. 36 Da sprach er: Er heißt
mit Recht [a]Jakob*, denn er hat mich
nun zweimal überlistet. Meine [b]Erstge-
burt hat er genommen und siehe, nun
nimmt er auch meinen Segen. Und er
sprach: Hast du mir denn keinen Segen
vorbehalten?
37 Isaak antwortete und sprach zu ihm:
Ich habe ihn zum Herrn über dich ge-
setzt, und alle seine Brüder hab ich ihm
zu Knechten gemacht, mit Korn und
Wein hab ich ihn versehen; was soll ich
nun dir noch tun, mein Sohn? 38 Esau
sprach zu seinem Vater: Hast du denn
nur **einen** Segen, mein Vater? Segne mich
auch, mein Vater! Und er erhob seine
Stimme und weinte.
39 Da antwortete Isaak, sein Vater, und
sprach zu ihm: Siehe, du wirst wohnen
ohne Fettigkeit der Erde und ohne Tau
des Himmels von oben her. 40 Von dei-
nem Schwerte wirst du dich nähren, und
deinem Bruder sollst du dienen. Aber es

* d. h. der Hinterlistige.

27,19: *a* 3. Mose 19,14 **27,28:** *a (28-29)* Hebr 11,20 **27,29:** *a* Kap 25,23; *b* Kap 12,3 **27,34:** *a* Hebr 12,17 **27,36:** *a* Kap 25,26; *b* Kap 25,33

wird geschehen, dass du einmal sein Joch
von deinem Halse reißen wirst.[a]

Jakobs Flucht nach Haran

41 Und Esau war Jakob gram um des
Segens willen, mit dem ihn sein Vater
gesegnet hatte, und sprach in seinem
Herzen: Es wird die Zeit bald kommen,
dass man um meinen Vater Leid tragen
muss; dann will ich meinen Bruder Jakob
umbringen.

42 Da wurden Rebekka angesagt diese
Worte ihres älteren Sohnes Esau. Und sie
schickte hin und ließ Jakob, ihren jün-
geren Sohn, rufen und sprach zu ihm:
Siehe, dein Bruder Esau droht dir, dass er
dich umbringen will. 43 Und nun höre auf
mich, mein Sohn: Mach dich auf und
flieh zu meinem Bruder [a]Laban nach
Haran 44 und bleib eine Weile bei ihm, bis
sich der Grimm deines Bruders legt
45 und bis sein Zorn wider dich sich von
dir wendet und er vergisst, was du ihm
getan hast; dann will ich schicken und
dich von dort holen lassen. Warum sollte
ich euer beider beraubt werden auf **einen**
Tag?

46 Und Rebekka sprach zu Isaak: Mich
verdrießt zu leben wegen der Hetiterin-
nen. Wenn Jakob eine Frau nimmt von
den Hetiterinnen wie diese, eine von den
Töchtern des Landes, was soll mir das
Leben?[a]

28 Da rief Isaak seinen Sohn Jakob
und segnete ihn und gebot ihm
und sprach zu ihm: [a]Nimm dir nicht eine
Frau von den Töchtern Kanaans, 2 son-
dern mach dich auf und zieh nach Meso-
potamien zum Hause [a]Betuëls, des Va-
ters deiner Mutter, und nimm dir dort
eine Frau von den Töchtern [b]Labans,
des Bruders deiner Mutter. 3 Und der all-
mächtige Gott segne dich und mache
dich fruchtbar und mehre dich, dass du
werdest ein Haufe von Völkern, 4 und
gebe dir den Segen Abrahams, dir und
deinen Nachkommen mit dir, dass du
besitzest das Land, darin du jetzt ein
Fremdling bist, das Gott dem Abraham
gegeben hat. 5 So entließ Isaak den Ja-
kob, dass er nach Mesopotamien zog zu
Laban, dem Sohn des Aramäers Betuël,
dem Bruder Rebekkas, Jakobs und Esaus
Mutter.

6 Nun sah Esau, dass Isaak Jakob ge-
segnet und nach Mesopotamien entlas-
sen hatte, um sich dort eine Frau zu
nehmen; er hatte ihn nämlich gesegnet
und ihm geboten: Du sollst dir keine
Frau nehmen von den Töchtern Ka-
naans. 7 Auch sah Esau, dass Jakob sei-
nem Vater und seiner Mutter gehorchte
und nach Mesopotamien zog 8 und dass
Isaak, sein Vater, die Töchter Kanaans
nicht gerne sah. 9 Da ging er hin zu
[a]Ismael und nahm zu den Frauen, [b]die
er bereits hatte, Mahalat, die Tochter
Ismaels, des Sohnes Abrahams, die
Schwester [c]Nebajots, zur Frau.

Jakob schaut die Himmelsleiter

10 Aber Jakob zog aus von Beerscheba
und machte sich auf den Weg nach Ha-
ran 11 und kam an eine Stätte, da blieb er
über Nacht, denn die Sonne war unter-
gegangen. Und er nahm einen Stein von
der Stätte und legte ihn zu seinen Häup-
ten und legte sich an der Stätte schlafen.
12 Und ihm träumte, und siehe, eine Lei-
ter stand auf Erden, die rührte mit der
Spitze an den Himmel, und siehe, die
Engel Gottes stiegen daran auf und nie-
der.[a] 13 Und der HERR stand oben dar-
auf und sprach: Ich bin der HERR, der
Gott deines Vaters Abraham, und Isaaks
Gott; das Land, darauf du liegst, will ich
dir und deinen Nachkommen geben.
14 Und dein Geschlecht soll werden wie
der Staub auf Erden, und [a]du sollst aus-
gebreitet werden gegen Westen und
Osten, Norden und Süden, und durch
dich und deine Nachkommen sollen alle
Geschlechter auf Erden gesegnet werden.
15 Und siehe, ich bin mit dir und will dich
behüten, wo du hinziehst, und will dich
wieder herbringen in dies Land. Denn
ich will dich nicht verlassen, bis ich alles
tue, was ich dir zugesagt habe.

16 Als nun Jakob von seinem Schlaf
aufwachte, sprach er: Fürwahr, der
HERR ist an dieser Stätte, und ich wusste
es nicht! 17 Und er fürchtete sich und
sprach: Wie [a]heilig ist diese Stätte! Hier

27,40: *a* 2. Kön 8,20.22 **27,43:** *a* Kap 24,29 **27,46:** *a* Kap 26,34-35 **28,1:** *a* Kap 24,3 **28,2:** *a* Kap 22,23; *b* Kap 24,29 **28,9:** *a* Kap 16,16; *b* Kap 26,34; *c* Kap 25,13 **28,12:** *a* Joh 1,51 **28,14:** *a* Kap 13,14-15 **28,17:** *a* 2. Mose 3,5

ist nichts anderes als Gottes Haus, und
hier ist die Pforte des Himmels. 18 [a]Und
Jakob stand früh am Morgen auf und
nahm den Stein, den er zu seinen Häup-
ten gelegt hatte, und richtete ihn auf zu
einem Steinmal und goss Öl oben darauf
19 und nannte die Stätte Bethel*; vorher
aber hieß die Stadt Lus.

20 Und Jakob tat ein Gelübde und
sprach: Wird Gott mit mir sein und mich
behüten auf dem Wege, den ich reise, und
mir Brot zu essen geben und Kleider an-
zuziehen 21 und mich mit Frieden wieder
heim zu meinem Vater bringen, so soll
der HERR mein Gott sein. 22 Und [a]dieser
Stein, den ich aufgerichtet habe zu einem
Steinmal, soll ein Gotteshaus werden;
und von allem, was du mir gibst, will ich
dir den Zehnten geben.

Jakob dient um Lea und Rahel

29 Da machte sich Jakob auf den
Weg und ging in das Land, das im
Osten liegt, 2 und sah sich um, und siehe,
da war ein Brunnen auf dem Felde; und
siehe, drei Herden Schafe lagen dabei,
denn von dem Brunnen pflegten sie die
Herden zu tränken. Und ein großer Stein
lag vor dem Loch des Brunnens. 3 Und
sie pflegten die Herden alle dort zu ver-
sammeln und den Stein von dem Brun-
nenloch zu wälzen und die Schafe zu
tränken und taten alsdann den Stein wie-
der vor das Loch an seine Stelle.

4 Und Jakob sprach zu ihnen: Liebe
Brüder, wo seid ihr her? Sie antworteten:
Wir sind von Haran. 5 Er sprach zu ih-
nen: Kennt ihr auch Laban, den Sohn
[a]Nahors? Sie antworteten: Ja, wir ken-
nen ihn. 6 Er sprach: Geht es ihm auch
gut? Sie antworteten: Es geht ihm gut;
und siehe, da kommt seine Tochter Rahel
mit den Schafen. 7 Er sprach: Es ist noch
hoher Tag und ist noch nicht Zeit, das
Vieh einzutreiben; tränkt die Schafe und
geht hin und weidet sie. 8 Sie antworteten:
Wir können es nicht, bis alle Herden zu-
sammengebracht sind und wir den Stein
von des Brunnens Loch wälzen und dann
die Schafe tränken.

9 Als er noch mit ihnen redete, kam
Rahel mit den Schafen ihres Vaters, denn
sie hütete die Schafe. 10 Als Jakob aber
Rahel sah, die Tochter Labans, des Bru-
ders seiner Mutter, und die Schafe La-
bans, des Bruders seiner Mutter, trat er
hinzu und wälzte den Stein von dem
Loch des Brunnens und tränkte die
Schafe Labans, des Bruders seiner Mut-
ter. 11 Und er küsste Rahel und weinte
laut 12 und sagte ihr, dass er ihres Vaters
Verwandter wäre und Rebekkas Sohn.

Da lief sie und sagte es ihrem Vater.
13 Als aber Laban hörte von Jakob, seiner
Schwester Sohn, lief er ihm entgegen und
herzte und küsste ihn und führte ihn in
sein Haus. Da erzählte er Laban alles,
was sich begeben hatte. 14 Da sprach La-
ban zu ihm: Fürwahr, du bist von mei-
nem Gebein und Fleisch.

Und als er nun einen Monat lang bei
ihm gewesen war, 15 sprach Laban zu Ja-
kob: Zwar bist du mein Verwandter, aber
solltest du mir darum umsonst dienen?
Sage an, was soll dein Lohn sein? 16 La-
ban aber hatte zwei Töchter; die ältere
hieß Lea, die jüngere Rahel. 17 Aber Leas
Augen waren ohne Glanz, Rahel dagegen
war schön von Gestalt und von Ange-
sicht. 18 Und Jakob gewann Rahel lieb
und sprach: Ich will dir sieben Jahre um
Rahel, deine jüngere Tochter, dienen.
19 Laban antwortete: Es ist besser, ich gebe
sie dir als einem andern; bleib bei mir.

20 So diente Jakob um Rahel sieben
Jahre, und es kam ihm vor, als wären's
einzelne Tage, so lieb hatte er sie. 21 Und
Jakob sprach zu Laban: Gib mir nun
meine Braut; denn die Zeit ist da, dass
ich zu ihr gehe. 22 Da lud Laban alle
Leute des Ortes ein und machte ein
Hochzeitsmahl. 23 Am Abend aber nahm
er seine Tochter Lea und brachte sie zu
Jakob; und er ging zu ihr. 24 Und Laban
gab seiner Tochter Lea seine Magd Silpa
zur Leibmagd. 25 Am Morgen aber, siehe,
da war es Lea.

Und Jakob sprach zu Laban: Warum
hast du mir das angetan? Habe ich dir
nicht um Rahel gedient? Warum hast
du mich denn betrogen? 26 Laban ant-
wortete: Es ist nicht Sitte in unserm
Lande, dass man die Jüngere weggebe
vor der Älteren. 27 Halte mit dieser die

* d. h. Haus Gottes.

28,18: *a (18-19)* Kap 35,14-15 **28,22:** *a* Kap 35,1 **29,5:** *a* Kap 24,10.24

Hochzeitswoche, so will ich dir die an-
dere auch geben für den Dienst, den du
bei mir noch weitere sieben Jahre leisten
sollst.[a] 28 Das tat Jakob und hielt die
Hochzeitswoche. Da gab ihm Laban
seine Tochter Rahel zur Frau. 29 Und er
gab seiner Tochter Rahel seine Magd
Bilha zur Leibmagd. 30 So [a]ging Jakob
auch zu Rahel ein und hatte Rahel lieber
als Lea; und er diente bei ihm noch wei-
tere sieben Jahre.

Jakobs Kinder

31 Als aber der HERR sah, dass Lea unge-
liebt war, machte er sie fruchtbar; Rahel
aber war unfruchtbar. 32 Und Lea ward
schwanger und gebar einen Sohn; den
nannte sie Ruben und sprach: Der HERR
hat angesehen mein Elend; nun wird
mich mein Mann lieb haben. 33 Und sie
ward abermals schwanger und gebar
einen Sohn und sprach: Der HERR
hat gehört, dass ich ungeliebt bin, und
hat mir diesen auch gegeben. Und nann-
te ihn Simeon. 34 Abermals ward sie
schwanger und gebar einen Sohn und
sprach: Nun wird mein Mann mir doch
zugetan sein, denn ich habe ihm drei
Söhne geboren. Darum nannte sie ihn
Levi. 35 Zum vierten Mal ward sie
schwanger und gebar einen Sohn und
sprach: Nun will ich dem HERRN dan-
ken. Darum nannte sie ihn Juda. Und sie
hörte auf, Kinder zu gebären.

30 Als Rahel sah, dass sie Jakob kein
Kind gebar, beneidete sie ihre
Schwester und sprach zu Jakob: Schaffe
mir Kinder, wenn nicht, so sterbe ich.
2 Jakob aber wurde sehr zornig auf Rahel
und sprach: Bin ich doch nicht Gott, der
dir [a]deines Leibes Frucht nicht geben
will. 3 Sie aber sprach: Siehe, da ist meine
Magd Bilha; geh zu ihr, [a]dass sie auf
meinem Schoß gebäre und ich doch
durch sie zu Kindern komme.

4 So gab sie ihm Bilha, ihre Leibmagd,
zur Frau und Jakob ging zu ihr. 5 Und
Bilha ward schwanger und gebar Jakob
einen Sohn. 6 Da sprach Rahel: Gott hat
mir Recht verschafft und mich erhört
und mir einen Sohn gegeben. Darum
nannte sie ihn Dan. 7 Abermals ward
Bilha, Rahels Leibmagd, schwanger und
gebar Jakob ihren zweiten Sohn. 8 Da
sprach Rahel: Über alle Maßen habe ich
gekämpft mit meiner Schwester und ich
habe gesiegt. Und nannte ihn Naftali.

9 Als nun Lea sah, dass sie aufgehört
hatte zu gebären, nahm sie ihre Leib-
magd Silpa und gab sie Jakob zur Frau.
10 Und Silpa, Leas Leibmagd, gebar Ja-
kob einen Sohn. 11 Da sprach Lea: Glück
zu! Und nannte ihn Gad. 12 Danach ge-
bar Silpa, Leas Leibmagd, Jakob ihren
zweiten Sohn. 13 Da sprach Lea: Wohl
mir, denn mich werden selig preisen die
Töchter. Und nannte ihn Asser.

14 Ruben ging aus zur Zeit der Weizen-
ernte und fand Liebesäpfel* auf dem
Felde und brachte sie heim zu seiner
Mutter Lea. Da sprach Rahel zu Lea:
Gib mir von den Liebesäpfeln deines
Sohnes. 15 Sie antwortete: Hast du nicht
genug, dass du mir meinen Mann ge-
nommen hast, und willst auch die Lie-
besäpfel meines Sohnes nehmen? Rahel
sprach: Wohlan, lass ihn diese Nacht bei
dir schlafen für die Liebesäpfel deines
Sohnes.

16 Als nun Jakob am Abend vom Felde
kam, ging Lea hinaus ihm entgegen und
sprach: Zu mir sollst du kommen, denn
ich habe dich erkauft mit den Liebes-
äpfeln meines Sohnes. Und er schlief die
Nacht bei ihr. 17 Und Gott erhörte Lea,
und sie ward schwanger und gebar Jakob
ihren fünften Sohn 18 und sprach: Gott
hat mir gelohnt, dass ich meine Magd
meinem Manne gegeben habe. Und
nannte ihn Issachar. 19 Abermals ward
Lea schwanger und gebar Jakob ihren
sechsten Sohn 20 und sprach: Gott hat
mich reich beschenkt; nun wird mein
Mann doch bei mir bleiben; denn ich
habe ihm sechs Söhne geboren. Und
nannte ihn Sebulon. 21 Danach gebar sie
eine Tochter, die nannte sie Dina.

22 Gott [a]gedachte aber an Rahel und
erhörte sie und machte sie fruchtbar.
23 Da ward sie schwanger und gebar
einen Sohn und sprach: Gott hat [a]meine
Schmach von mir genommen; 24 und sie
nannte ihn Josef und sprach: [a]Der HERR
wolle mir noch einen Sohn dazugeben!

* Siehe Sach- und Worterklärungen.

29,27: *a* Kap 31,14-15 **29,30:** *a* 3. Mose 18,18 **30,2:** *a* Ps 127,3 **30,3:** *a* Kap 16,2 **30,22:** *a* 1. Sam 1,19 **30,23:** *a* Jes 4,1; Lk 1,25 **30,24:** *a* Kap 35,17-19

Jakob kommt zu Reichtum

25 Als nun Rahel den Josef geboren hatte, sprach Jakob zu Laban: Lass mich ziehen und reisen an meinen Ort und in mein Land. 26 Gib mir meine Frauen und meine Kinder, um die ich dir gedient habe, dass ich ziehe; denn du weißt, wie ich dir gedient habe.[a] 27 Laban sprach zu ihm: Lass mich Gnade vor deinen Augen finden. Ich spüre, dass mich [a]der HERR segnet um deinetwillen. 28 Bestimme den Lohn, den ich dir geben soll. 29 Er aber sprach zu ihm: Du weißt, wie ich dir gedient habe und was aus deinem Vieh geworden ist unter mir. 30 Du hattest wenig, ehe ich herkam; nun aber ist's geworden zu einer großen Menge, und der HERR hat dich gesegnet auf jedem meiner Schritte. Und nun, wann soll ich auch für mein Haus sorgen?

31 Er aber sprach: Was soll ich dir denn geben? Jakob sprach: Du sollst mir gar nichts geben; sondern wenn du mir tun willst, was ich dir sage, so will ich deine Schafe wieder weiden und hüten. 32 Ich will heute durch alle deine Herden gehen und aussondern alle gefleckten und bunten Schafe und alle schwarzen Schafe und die bunten und gefleckten Ziegen. Was nun bunt und gefleckt sein wird, das soll mein Lohn sein. 33 So wird meine Redlichkeit morgen für mich zeugen, wenn du kommst wegen meines Lohnes, den ich von dir nehmen soll: Was nicht gefleckt oder bunt unter den Ziegen und nicht schwarz sein wird unter den Lämmern, das sei ein Diebstahl, wenn es sich bei mir findet.

34 Da sprach Laban: Wohlan, es sei, wie du gesagt hast. 35 Und er sonderte an jenem Tage aus die sprenkligen und bunten Böcke und alle gefleckten und bunten Ziegen, wo nur etwas Weißes daran war, und alles, was schwarz war unter den Lämmern, und tat's unter die Hand seiner Söhne 36 und machte einen Raum, drei Tagereisen weit, zwischen sich und Jakob. Jakob aber weidete die übrigen Herden Labans.

37 Und Jakob nahm frische Stäbe von Pappeln, Mandelbäumen und Platanen und schälte weiße Streifen daran aus, sodass an den Stäben das Weiße bloß wurde, 38 und legte die Stäbe, die er geschält hatte, in die Tränkrinnen, wo die Herden hinkommen mussten zu trinken, dass sie da empfangen sollten, wenn sie zu trinken kämen. 39 So empfingen die Herden über den Stäben und brachten Sprenklige, Gefleckte und Bunte. 40 Da sonderte Jakob die Lämmer aus und machte sich eigene Herden; die tat er nicht zu den Herden Labans. 41 Wenn aber die Brunstzeit der kräftigen Tiere war, legte er die Stäbe in die Rinnen vor die Augen der Herde, dass sie über den Stäben empfingen. 42 Aber wenn die Tiere schwächlich waren, legte er sie nicht hinein. So wurden die schwächlichen Tiere dem Laban zuteil, aber die kräftigen dem Jakob. 43 Daher wurde der Mann über die Maßen reich, sodass er viele Schafe, Mägde und Knechte, Kamele und Esel hatte.

Jakobs Flucht mit den Seinen

31 Und es kamen vor ihn die Reden der Söhne Labans, dass sie sprachen: [a]Jakob hat alles Gut unseres Vaters an sich gebracht, und nur von unseres Vaters Gut hat er solchen Reichtum zuwege gebracht. 2 Und Jakob sah an das Angesicht Labans, und siehe, er war gegen ihn nicht mehr wie zuvor.

3 Und der HERR sprach zu Jakob: Zieh wieder in deiner Väter Land und zu deiner Verwandtschaft; ich will mit dir sein.[a] 4 Da sandte Jakob hin und ließ rufen Rahel und Lea aufs Feld zu seiner Herde 5 und sprach zu ihnen: Ich sehe an eures Vaters Angesicht, dass er gegen mich nicht ist wie zuvor; aber der Gott meines Vaters ist mit mir gewesen. 6 Und ihr wisst, dass ich aus allen meinen Kräften eurem Vater gedient habe. 7 Und er hat mich getäuscht und zehnmal meinen Lohn verändert; aber Gott hat ihm nicht gestattet, dass er mir Schaden täte. 8 Wenn er sprach: Die Bunten sollen dein Lohn sein, so trug die ganze Herde Bunte. Wenn er aber sprach: Die Sprenkligen sollen dein Lohn sein, so trug die ganze Herde Sprenklige. 9 So hat Gott die Güter eures Vaters ihm entwunden und mir gegeben. 10 Denn wenn die Brunstzeit

30,26: *a* Kap 29,20.30; 31,43 **30,27:** *a* Kap 39,5 **31,1:** *a* Kap 30,35 **31,3:** *a* Kap 28,15

kam, hob ich meine Augen auf und sah
im Traum, und siehe, die Böcke, die auf
die Herde sprangen, waren sprenklig, ge-
fleckt und bunt. 11 Und der Engel Gottes
sprach zu mir im Traum: Jakob! Und ich
antwortete: Hier bin ich. 12 Er aber
sprach: Hebe deine Augen auf und sieh!
Alle Böcke, die auf die Herde springen,
sind sprenklig, gefleckt und bunt; denn
ich habe alles gesehen, was Laban dir
antut. 13 Ich bin der Gott, der dir zu
Bethel erschienen ist, wo du [a]den Stein
gesalbt hast, und du hast mir daselbst ein
Gelübde getan. Nun mach dich auf und
zieh aus diesem Lande und kehre zurück
in das Land deiner Verwandtschaft.

14 Da antworteten Rahel und Lea und
sprachen zu ihm: Wir haben doch kein
Teil noch Erbe mehr in unseres Vaters
Hause. 15 Haben wir ihm doch gegolten
wie die Fremden, denn er hat uns ver-
kauft und unseren Kaufpreis verzehrt.[a]
16 Fürwahr, der ganze Reichtum, den
Gott unserm Vater entzogen hat, gehört
uns und unsern Kindern. Alles nun, was
Gott dir gesagt hat, das tu!

17 Da machte sich Jakob auf und lud
seine Kinder und Frauen auf die Kamele
18 und führte weg all sein Vieh und alle
seine Habe, die er in Mesopotamien er-
worben hatte, dass er käme zu Isaak,
seinem Vater, ins Land Kanaan. 19 Laban
aber war gegangen, seine Herde zu sche-
ren. Und Rahel stahl ihres Vaters [a]Haus-
gott. 20 Und Jakob täuschte Laban, den
Aramäer, damit, dass er ihm nicht an-
sagte, dass er ziehen wollte. 21 So floh er
mit allem, was sein war, machte sich auf
und fuhr über den Euphrat und richtete
seinen Weg nach dem Gebirge Gilead.

Der Vertrag zwischen Jakob und Laban

22 Am dritten Tage wurde Laban ange-
sagt, dass Jakob geflohen wäre. 23 Und er
nahm seine Brüder zu sich und jagte ihm
nach, sieben Tagereisen weit, und ereilte
ihn auf dem Gebirge [a]Gilead. 24 Aber
Gott kam zu Laban, dem Aramäer, im
Traum des Nachts und sprach zu ihm:
Hüte dich, mit Jakob anders zu reden als
freundlich. 25 Und Laban holte Jakob
ein. Jakob aber hatte sein Zelt aufge-
schlagen auf dem Gebirge, und Laban
mit seinen Brüdern schlug sein Zelt auch
auf dem Gebirge Gilead auf.

26 Da sprach Laban zu Jakob: Was
hast du getan, dass du mich getäuscht
hast und hast meine Töchter entführt, als
wenn sie im Krieg gefangen wären?
27 Warum bist du heimlich geflohen und
hast mich hintergangen und hast mir's
nicht angesagt, dass ich dich geleitet
hätte mit Freuden, mit Liedern, mit Pau-
ken und Harfen? 28 Und hast mich nicht
einmal lassen meine Enkel und Töchter
küssen? Nun, du hast töricht getan. 29 Ich
hätte wohl so viel Macht, dass ich euch
Böses antun könnte; aber eures Vaters
Gott hat diese Nacht zu mir gesagt: Hüte
dich, mit Jakob anders zu reden als
freundlich. 30 Und wenn du schon weg-
gezogen bist und sehntest dich so sehr
nach deines Vaters Hause, warum hast
du mir dann aber meinen Gott gestoh-
len? 31 Jakob antwortete und sprach zu
Laban: Ich fürchtete mich und dachte,
du würdest deine Töchter von mir reißen.
32 Bei wem du aber deinen Gott findest,
der sterbe! Hier vor unsern Brüdern su-
che das Deine bei mir und nimm's hin.
Jakob wusste aber nicht, dass [a]Rahel ihn
gestohlen hatte.

33 Da ging Laban in die Zelte Jakobs
und Leas und der beiden Mägde und
fand nichts. Und ging aus dem Zelte
Leas in das Zelt Rahels. 34 Rahel aber
hatte den Hausgott genommen und unter
den Kamelsattel gelegt und sich darauf-
gesetzt. Laban aber betastete das ganze
Zelt und fand nichts. 35 Da sprach sie zu
ihrem Vater: Mein Herr, zürne nicht,
denn ich kann nicht aufstehen vor dir,
denn [a]es geht mir nach der Frauen
Weise. Daher fand er den Hausgott
nicht, wie sehr er auch suchte.

36 Und Jakob wurde zornig und schalt
Laban und sprach zu ihm: Was hab ich
Übles getan oder gesündigt, dass du so
hitzig hinter mir her bist? 37 Du hast all
meinen Hausrat betastet. Was hast du
von deinem Hausrat gefunden? Lege das
her vor meinen und deinen Brüdern, dass
sie zwischen uns beiden richten. 38 Diese
zwanzig Jahre bin ich bei dir gewesen,

31,13: *a* Kap 28,18-22 **31,15:** *a* Kap 29,18.27 **31,19:** *a* Ri 17,5; 18,17; 1. Sam 19,13; 2. Kön 23,24; Sach 10,2
31,23: *a* Vers 47 **31,32:** *a* Vers 19 **31,35:** *a* 3. Mose 15,19-20

deine Schafe und Ziegen haben keine
Fehlgeburt gehabt; die Widder deiner
Herde hab ich nie gegessen; [39]was die
wilden Tiere zerrissen, brachte ich dir
nicht, ich musste es ersetzen; du forder-
test es von meiner Hand, es mochte mir
des Tages oder des Nachts gestohlen
sein.[a] [40]Des Tages kam ich um vor Hitze
und des Nachts vor Frost und kein
Schlaf kam in meine Augen. [41]So habe
ich diese zwanzig Jahre in deinem Hause
gedient, vierzehn [a]um deine Töchter und
sechs [b]um deine Herde, und du hast
mir meinen Lohn zehnmal verändert.
[42]Wenn nicht der Gott meines Vaters,
der Gott Abrahams und der Schrecken
Isaaks*, [a]auf meiner Seite gewesen wäre,
du hättest mich leer ziehen lassen. Aber
Gott hat mein Elend und meine Mühe
angesehen und hat diese Nacht rechtes
Urteil gesprochen.

[43]Laban antwortete und sprach zu Ja-
kob: Die Töchter sind meine Töchter
und die Kinder sind meine Kinder und
die Herden sind meine Herden und alles,
was du siehst, ist mein. Was kann ich
heute für meine Töchter oder ihre Kin-
der tun, die sie geboren haben?[a] [44]So
komm nun und lass uns einen Bund
schließen, ich und du, der ein Zeuge sei
zwischen mir und dir. [45]Da nahm Jakob
einen Stein und richtete ihn auf zu einem
Steinmal. [46]Laban aber sprach zu seinen
Brüdern: Lest Steine auf! Und sie nah-
men Steine und machten davon einen
Haufen und aßen daselbst auf dem Stein-
haufen. [47]Und Laban nannte ihn Jegar-
Sahaduta, Jakob aber nannte ihn [a]Gal-
Ed.

[48]Da sprach Laban: [a]Der Steinhaufe
sei heute Zeuge zwischen mir und dir.
Daher nennt man ihn Gal-Ed** [49]und
[a]Mizpa⁺; denn er sprach: Der HERR wa-
che als Späher über mir und dir, wenn
wir voneinander gegangen sind, [50]dass
du meine Töchter nicht bedrückst oder
andere Frauen dazunimmst zu meinen
Töchtern. Es ist hier kein Mensch bei
uns; siehe aber, Gott ist der Zeuge zwi-
schen mir und dir.

[51]Und Laban sprach weiter zu Jakob:
Siehe, das ist der Haufe und das ist das
Steinmal, das ich aufgerichtet habe zwi-
schen mir und dir. [52]Dieser Steinhaufe
sei Zeuge und das Steinmal sei auch
Zeuge, dass ich nicht an diesem Haufen
vorüberziehe zu dir hin oder du vorüber-
ziehst zu mir hin an diesem Haufen und
diesem Mal in böser Absicht! [53]Der Gott
Abrahams und der Gott Nahors sei
Richter zwischen uns – der Gott ihres
Vaters! [54]Und Jakob schwor ihm bei dem
[a]Schrecken Isaaks, dem Gott seines Va-
ters. Und Jakob opferte auf dem Gebirge
und lud seine Brüder zum Essen. Und als
sie gegessen hatten, blieben sie auf dem
Gebirge über Nacht.

**Jakob rüstet sich
zur Begegnung mit Esau**

32 ⁺⁺Am Morgen aber stand Laban
früh auf, küsste seine Enkel und
Töchter und segnete sie und zog hin und
kam wieder an seinen Ort. [2]Jakob aber
zog seinen Weg. Und es begegneten ihm
[a]die Engel Gottes. [3]Und als er sie sah,
sprach er: Hier ist Gottes Heerlager, und
nannte diese Stätte Mahanajim.

[4]Jakob aber schickte Boten vor sich
her zu seinem Bruder Esau ins Land
[a]Seïr, in das Gebiet von Edom, [5]und
befahl ihnen und sprach: So sprecht zu
Esau, meinem Herrn: Dein Knecht Ja-
kob lässt dir sagen: Ich bin bisher bei
Laban lange in der Fremde gewesen [6]und
habe Rinder und Esel, Schafe, Knechte
und Mägde und habe ausgesandt, es dir,
meinem Herrn, anzusagen, damit ich
Gnade vor deinen Augen fände.

[7]Die Boten kamen zu Jakob zurück
und sprachen: Wir kamen zu deinem
Bruder Esau, und er zieht dir auch entge-
gen mit vierhundert Mann. [8]Da fürch-
tete sich Jakob sehr und ihm wurde
bange. Und er teilte das Volk, das bei
ihm war, und die Schafe und die Rinder
und die Kamele in zwei Lager [9]und
sprach: Wenn Esau über das eine Lager
kommt und macht es nieder, so wird das
andere entrinnen.

* »Schrecken Isaaks« ist eine alte Bezeichnung für den von Isaak verehrten Gott.
** d.h. Steinhaufe des Zeugnisses.
⁺ d.h. Spähort. ⁺⁺ Abweichende Verszählung statt 32,1-33: 31,55–32,32.

31,39: *a* 2.Mose 22,11-12 **31,41:** *a* Kap 29,20.30; *b* Kap 30,31-36 **31,42:** *a* Verse 24.54 **31,43:** *a* 2.Mose 21,4-5 **31,47:** *a* Vers 23 **31,48:** *a* Jos 24,27 **31,49** *a* Ri 11,11 **31,54:** *a* Vers 42 **32,2:** *a* Kap 28,12 **32,4:** *a* Kap 36,8

10 Weiter sprach Jakob: Gott meines
Vaters Abraham und Gott meines Vaters
Isaak, [a]der du zu mir gesagt hast: Zieh
wieder in dein Land und zu deiner Ver-
wandtschaft, ich will dir wohltun –,
11 Herr, [a]**ich bin zu gering aller Barm-
herzigkeit und aller Treue, die du an dei-
nem Knechte getan hast;** denn ich hatte
nicht mehr als diesen Stab, als ich hier
über den Jordan ging, und nun sind aus
mir zwei Lager geworden. 12 Errette mich
von der Hand meines Bruders, von der
Hand Esaus; denn ich fürchte mich vor
ihm, dass er komme und schlage mich,
die Mütter samt den Kindern. 13 Du hast
[a]gesagt: Ich will dir wohltun und deine
Nachkommen machen wie den Sand am
Meer, den man der Menge wegen nicht
zählen kann.

14 Und er blieb die Nacht da und nahm
von dem, was er erworben hatte, ein Ge-
schenk für seinen Bruder Esau: 15 zwei-
hundert Ziegen, zwanzig Böcke, zwei-
hundert Schafe, zwanzig Widder 16 und
dreißig säugende Kamele mit ihren Fül-
len, vierzig Kühe und zehn junge Stiere,
zwanzig Eselinnen und zehn Esel, 17 und
tat sie unter die Hand seiner Knechte, je
eine Herde besonders, und sprach zu ih-
nen: Geht vor mir her und lasst Raum
zwischen einer Herde und der andern.
18 Und er gebot dem ersten und sprach:
Wenn dir mein Bruder Esau begegnet
und dich fragt: Wem gehörst du an und
wo willst du hin und wessen Eigentum ist
das, was du vor dir hertreibst?, 19 sollst
du sagen: Es gehört deinem Knechte Ja-
kob, der sendet es als Geschenk seinem
Herrn Esau und zieht hinter uns her.
20 Ebenso gebot er auch dem zweiten und
dem dritten und allen, die den Herden
nachgingen, und sprach: Wie ich euch
gesagt habe, so sagt zu Esau, wenn ihr
ihm begegnet, 21 und sagt ja auch: Siehe,
dein Knecht Jakob kommt hinter uns.
Denn er dachte: Ich will ihn versöhnen
mit dem Geschenk, das vor mir hergeht.
Danach will ich ihn sehen; vielleicht wird
er mich annehmen. 22 So ging das Ge-
schenk vor ihm her; er aber blieb diese
Nacht im Lager.

Jakobs Kampf am Jabbok. Sein neuer Name

23 Und Jakob stand auf in der Nacht und
nahm seine beiden Frauen und die bei-
den Mägde und seine elf Söhne und zog
an die Furt des Jabbok, 24 nahm sie und
führte sie über das Wasser, sodass hin-
überkam, was er hatte, 25 und blieb allein
zurück.

[a]Da rang ein Mann mit ihm, bis die
Morgenröte anbrach. 26 Und als er sah,
dass er ihn nicht übermochte, schlug er
ihn auf das Gelenk seiner Hüfte, und das
Gelenk der Hüfte Jakobs wurde über
dem Ringen mit ihm verrenkt. 27 Und er
sprach: Lass mich gehen, denn die Mor-
genröte bricht an. Aber Jakob ant-
wortete: [a]**Ich lasse dich nicht, du segnest
mich denn.** 28 Er sprach: Wie heißt du?
Er antwortete: Jakob. 29 Er sprach: [a]Du
sollst nicht mehr Jakob heißen, sondern
Israel; denn [b]du hast mit Gott und mit
Menschen gekämpft und hast gewonnen.
30 Und Jakob fragte ihn und sprach: Sage
doch, [a]wie heißt du? Er aber sprach:
Warum fragst du, wie ich heiße? Und er
segnete ihn daselbst.

31 Und Jakob nannte die Stätte Pnuël;
denn, sprach er, ich [a]habe Gott von An-
gesicht gesehen,* und doch wurde mein
Leben gerettet. 32 Und als er an Pnuël
vorüberkam, ging ihm die Sonne auf;
und er hinkte an seiner Hüfte. 33 Daher
essen die Israeliten nicht das Muskel-
stück auf dem Gelenk der Hüfte bis auf
den heutigen Tag, weil er auf den Muskel
am Gelenk der Hüfte Jakobs geschlagen
hatte.

Jakobs Versöhnung mit Esau

33 Jakob hob seine Augen auf und
sah seinen Bruder [a]Esau kommen
mit vierhundert Mann. Und er verteilte
seine Kinder auf Lea und auf Rahel und
auf die beiden Leibmägde 2 und stellte
die Mägde mit ihren Kindern vornean
und Lea mit ihren Kindern dahinter und
Rahel mit Josef zuletzt. 3 Und er ging vor
ihnen her und neigte sich siebenmal zur
Erde, bis er zu seinem Bruder kam.
4 Esau aber lief ihm entgegen und herzte

* Pnuël = Pniël bedeutet »Angesicht Gottes«.

32,10: *a* Kap 31,3.13 **32,11:** *a* 2.Sam 7,18 **32,13:** *a* Kap 28,13-14 **32,25:** *a (25-29)* Hos 12,4-5 **32,27:** *a* Mt 15,22-28 **32,29:** *a* Kap 35,10; *b* Jer 20,7 **32,30:** *a* Ri 13,17-18 **32,31:** *a* 2.Mose 33,20 **33,1:** *a* Kap 32,7

ihn und fiel ihm um den Hals und küsste
ihn und sie weinten.
5 Und Esau hob seine Augen auf und
sah die Frauen mit den Kindern und
sprach: Wer sind diese bei dir? Er ant-
wortete: Es sind die [a]Kinder, die Gott
deinem Knecht beschert hat. 6 Und die
Mägde traten herzu mit ihren Kindern
und neigten sich vor ihm. 7 Lea trat auch
herzu mit ihren Kindern und sie neigten
sich vor ihm. Danach traten Josef und
Rahel herzu und sie neigten sich auch
vor ihm.
8 Und Esau sprach: Was willst du mit
[a]all den Herden, denen ich begegnet bin?
Er antwortete: Dass ich Gnade fände
vor meinem Herrn. 9 Esau sprach: Ich
habe genug, mein Bruder; behalte, was
du hast. 10 Jakob antwortete: Ach nein!
Hab ich Gnade gefunden vor dir, so
nimm mein Geschenk von meiner
Hand; denn ich sah dein Angesicht, [a]als
sähe ich Gottes Angesicht, und du hast
mich freundlich angesehen. 11 Nimm
doch diese Segensgabe von mir an, die
ich dir zugebracht habe; denn Gott hat
sie mir beschert und ich habe von allem
genug. So nötigte er ihn, dass er sie
nahm.
12 Und Esau sprach: Lass uns aufbre-
chen und fortziehen; ich will mit dir zie-
hen. 13 Er aber sprach zu ihm: Mein Herr
weiß, dass ich zarte Kinder bei mir habe,
dazu säugende Schafe und Kühe; wenn
sie auch nur einen Tag übertrieben wür-
den, würde mir die ganze Herde sterben.
14 Mein Herr ziehe vor seinem Knechte
her. Ich will gemächlich hintennach trei-
ben, wie das Vieh und die Kinder gehen
können, bis ich komme zu meinem Herrn
nach Seïr. 15 Esau sprach: So will ich
doch bei dir lassen etliche von meinen
Leuten. Er antwortete: Ist das denn nö-
tig? Lass mich nur Gnade vor meinem
Herrn finden. 16 So zog Esau an jenem
Tage wiederum seines Weges nach Seïr.

Jakob siedelt sich bei Sichem an

17 Und Jakob zog nach Sukkot und baute
sich ein Haus und machte seinem Vieh
Hütten; daher heißt die Stätte Sukkot*.
18 Danach kam Jakob wohlbehalten zu
der Stadt Sichem, die im Lande Kanaan
liegt, nachdem er aus Mesopotamien ge-
kommen war, und lagerte vor der Stadt
19 und [a]kaufte das Land, wo er sein Zelt
aufgeschlagen hatte, von den Söhnen Ha-
mors, des Vaters Sichems, um hundert
Goldstücke 20 und errichtete dort einen
Altar und nannte ihn »Gott ist der Gott
Israels«.[a]

Die Schandtat an Dina und das Blutbad zu Sichem

34 [a]Dina aber, Leas Tochter, die sie
Jakob geboren hatte, ging aus, die
Töchter des Landes zu sehen. 2 Als [a]Si-
chem sie sah, der Sohn des Hiwiters Ha-
mor, der des Landes Herr war, nahm er
sie, legte sich zu ihr und tat ihr Gewalt
an. 3 Und sein Herz hing an ihr und er
hatte das Mädchen lieb und redete
freundlich mit ihr. 4 Und Sichem sprach
zu seinem Vater Hamor: Nimm mir das
Mädchen zur Frau.
5 Und Jakob erfuhr, dass seine Tochter
Dina geschändet war; und seine Söhne
waren mit dem Vieh auf dem Felde, und
Jakob schwieg, bis sie kamen. 6 Da ging
Hamor, Sichems Vater, hinaus zu Jakob,
um mit ihm zu reden. 7 Indessen kamen
die Söhne Jakobs vom Felde. Und als sie
es hörten, verdross es die Männer und sie
wurden sehr zornig, dass er eine Schand-
tat an Israel begangen und bei Jakobs
Tochter gelegen hatte. Denn solches
durfte nicht geschehen.
8 Da redete Hamor mit ihnen und
sprach: Das Herz meines Sohnes Sichem
sehnt sich nach eurer Tochter; gebt sie
ihm doch zur Frau. 9 Verschwägert euch
mit uns; gebt uns eure Töchter und
nehmt ihr unsere Töchter 10 und wohnt
bei uns. Das Land soll euch offen sein;
bleibt und treibt Handel und werdet an-
sässig. 11 Und Sichem sprach zu ihrem
Vater und zu ihren Brüdern: Lasst mich
Gnade bei euch finden; was ihr mir sagt,
das will ich geben. 12 Fordert nur getrost
von mir [a]Brautpreis und Geschenk, ich
will's geben, wie ihr's verlangt; gebt mir
nur das Mädchen zur Frau.
13 Da antworteten Jakobs Söhne dem

* d.h. Hütten.

33,5: *a* Ps 127,3 **33,8:** *a* Kap 32,14-21 **33,10:** *a* Kap 32,31 **33,19:** *a* Jos 24,32 **33,20:** *a* Kap 12,7-8 **34,1:** *a* Kap 30,21 **34,2:** *a* Ri 9,28 **34,12:** *a* 2.Mose 22,15

Sichem und seinem Vater Hamor hinter-
hältig, weil ihre Schwester Dina geschän-
det war, 14 und sprachen zu ihnen: Wir
können das nicht tun, dass wir unsere
Schwester einem unbeschnittenen Mann
geben; denn das wäre uns eine Schande.
15 Doch dann wollen wir euch zu Willen
sein, wenn ihr uns gleich werdet und
alles, was männlich unter euch ist, be-
schnitten wird.[a] 16 Dann wollen wir un-
sere Töchter euch geben und eure Töch-
ter uns nehmen und bei euch wohnen
und **ein** Volk sein. 17 Wenn ihr aber nicht
einwilligen wollt, euch zu beschneiden,
so wollen wir unsere Schwester nehmen
und davonziehen. 18 Die Rede gefiel Ha-
mor und seinem Sohn gut. 19 Und der
Jüngling zögerte nicht, dies zu tun; denn
er hatte großes Gefallen an der Tochter
Jakobs. Und er war mehr angesehen als
alle in seines Vaters Hause.

20 Da kamen sie nun, Hamor und sein
Sohn Sichem, zum Tor ihrer Stadt und
redeten mit den Bürgern der Stadt und
sprachen: 21 Diese Leute sind friedsam
bei uns; lasst sie im Lande wohnen und
Handel treiben; das Land ist weit genug
für sie. Wir wollen uns ihre Töchter zu
Frauen nehmen und ihnen unsere Töch-
ter geben. 22 Aber nur dann wollen sie
uns zu Willen sein, dass sie bei uns woh-
nen und **ein** Volk mit uns werden, wenn
wir alles, was männlich unter uns ist,
beschneiden, gleichwie sie beschnitten
sind. 23 Ihr Vieh und ihre Güter und alles,
was sie haben, wird es nicht unser sein?
So wollen wir ihnen nur zu Willen sein,
damit sie bei uns wohnen. 24 Und sie ge-
horchten dem Hamor und Sichem, sei-
nem Sohn, alle, die zum Tor seiner Stadt
aus und ein gingen, und beschnitten al-
les, was männlich war, das zu seiner
Stadt aus und ein ging.

25 Aber am dritten Tage, als sie
Schmerzen hatten, nahmen die [a]zwei
Söhne Jakobs Simeon und Levi, die Brü-
der der Dina, ein jeder sein Schwert und
überfielen die friedliche Stadt und er-
schlugen alles, was männlich war, 26 und
erschlugen auch Hamor und seinen Sohn
Sichem mit der Schärfe des Schwerts und
nahmen ihre Schwester Dina aus dem
Hause Sichems und gingen davon. 27 Da
kamen die Söhne Jakobs über die Er-
schlagenen und plünderten die Stadt,
weil man ihre Schwester geschändet
hatte, 28 und nahmen ihre Schafe, Rinder,
Esel und was in der Stadt und auf dem
Felde war 29 und alle ihre Habe; alle Kin-
der und Frauen führten sie gefangen hin-
weg und plünderten alles, was in den
Häusern war.

30 Aber Jakob sprach zu Simeon und
Levi: Ihr habt mich ins Unglück gestürzt
und in Verruf gebracht bei den Bewoh-
nern dieses Landes, den Kanaanitern
und Perisitern, und ich habe nur wenige
Leute. Wenn sie sich nun gegen mich
versammeln, werden sie mich erschlagen.
So werde ich vertilgt samt meinem
Hause. 31 Sie antworteten aber: Durfte er
denn an unserer Schwester wie an einer
Hure handeln?

Gott segnet Jakob in Bethel

35 Und Gott sprach zu Jakob: Mach
dich auf und zieh nach Bethel und
wohne daselbst und errichte dort einen
Altar dem Gott, der dir erschien, als du
flohst vor deinem Bruder Esau.[a] 2 Da
sprach Jakob zu seinem Hause und zu
allen, die mit ihm waren: Tut von euch
[a]die fremden Götter, die unter euch sind,
und reinigt euch und wechselt eure Klei-
der, 3 und lasst uns aufbrechen und nach
Bethel ziehen, dass ich dort einen Altar
errichte dem Gott, der mich erhört hat
zur Zeit meiner Trübsal und mit mir ge-
wesen ist auf dem Wege, den ich gezogen
bin. 4 Da gaben sie ihm alle fremden Göt-
ter, die in ihren Händen waren, und ihre
Ohrringe, und er vergrub sie [a]unter der
Eiche, die bei Sichem stand. 5 Und sie
brachen auf. Und es kam ein [a]Gottes-
schrecken über die Städte, die um sie her
lagen, sodass sie den Söhnen Jakobs
nicht nachjagten.

6 So kam Jakob nach Lus im Lande
Kanaan, das nun Bethel heißt, samt all
dem Volk, das mit ihm war, 7 und er
baute dort einen Altar und nannte die
Stätte El-Bethel, weil Gott sich ihm da-
selbst offenbart hatte, als er vor seinem

34,15: *a* Kap 17,10-14 **34,25:** *a* Kap 49,5-7 **35,1:** *a* Kap 28,11-22; 31,13 **35,2:** *a* Kap 31,19; 5. Mose 27,15; Jos 24,23 **35,4:** *a* Jos 24,26; Ri 9,6 **35,5:** *a* 2. Mose 23,27; Jos 10,10

Bruder floh. 8 Da starb [a]Debora, die
Amme der Rebekka, und wurde begra-
ben unterhalb von Bethel unter der Eiche;
die wurde genannt die Klageeiche.
9 Und Gott erschien Jakob abermals,
nachdem er aus Mesopotamien gekom-
men war, und segnete ihn 10 und sprach
zu ihm: Du heißt Jakob; aber du sollst
nicht mehr Jakob heißen, sondern [a]Is-
rael sollst du heißen. Und so nannte er
ihn Israel. 11 Und Gott sprach zu ihm:
Ich bin der [a]allmächtige Gott; sei frucht-
bar und mehre dich! Ein Volk und eine
Menge von Völkern sollen von dir kom-
men, und [b]Könige sollen von dir ab-
stammen, 12 und das Land, das ich Ab-
raham und Isaak gegeben habe, will ich
dir geben und will's deinem Geschlecht
nach dir geben.
13 Und Gott fuhr auf von ihm an der
Stätte, da er mit ihm geredet hatte. 14 [a]Ja-
kob aber richtete ein steinernes Mal auf
an der Stätte, da er mit ihm geredet hatte,
und goss Trankopfer darauf und begoss
es mit Öl. 15 Und Jakob nannte die Stätte,
da Gott mit ihm geredet hatte, Bethel.

Benjamins Geburt und Rahels Tod

16 Und sie brachen auf von Bethel. Und
als es noch eine Strecke Weges war bis
Efrata, da gebar Rahel. Und es kam sie
hart an über der Geburt. 17 Da ihr aber
die Geburt so schwer wurde, sprach die
Wehmutter zu ihr: Fürchte dich nicht,
denn auch diesmal wirst du einen [a]Sohn
haben. 18 Als ihr aber das Leben entwich
und sie sterben musste, nannte sie ihn
Ben-Oni*, aber sein Vater nannte ihn
Ben-Jamin*. 19 So starb Rahel und wurde
begraben an dem Wege nach Efrata, das
nun Bethlehem heißt.[a] 20 Und Jakob
richtete einen Stein auf über ihrem Grab;
das ist das Grabmal Rahels bis auf diesen
Tag. 21 Und Israel zog weiter und schlug
sein Zelt auf jenseits von Migdal-Eder.
22 Und es begab sich, als Israel im
Lande wohnte, ging [a]Ruben hin und
legte sich zu Bilha, seines Vaters Neben-
frau. Und das kam vor Israel.

Jakobs Söhne

(vgl. 1. Chr 2,1-2)

Es hatte aber Jakob zwölf Söhne. 23 Die
Söhne Leas waren diese: Ruben, der erst-
geborene Sohn Jakobs, Simeon, Levi,
Juda, Issachar und Sebulon. 24 Die Söhne
Rahels waren: Josef und Benjamin. 25 Die
Söhne Bilhas, Rahels Magd: Dan und
Naftali. 26 Die Söhne Silpas, Leas Magd:
Gad und Asser. Das sind die Söhne Ja-
kobs, die ihm geboren sind in Mesopo-
tamien.

Jakobs Heimkehr. Isaaks Tod

27 Und Jakob kam zu seinem Vater Isaak
nach Mamre, nach Kirjat-Arba, das ist
Hebron, wo Abraham und Isaak als
Fremdlinge gelebt hatten. 28 Und Isaak
wurde hundertundachtzig Jahre alt, 29 ver-
schied und starb und wurde versammelt
zu seinen Vätern, alt und lebenssatt. Und
seine Söhne Esau und Jakob begruben
ihn.

Geschlechtsregister Esaus

(vgl. 1. Chr 1,35-54)

36 Dies ist das Geschlecht Esaus, der
auch [a]Edom heißt: 2 Esau nahm
sich [a]Frauen von den Töchtern Ka-
naans: Ada, die Tochter Elons, des Heti-
ters, und Oholibama, die Tochter des
Ana, des Sohnes Zibons, des Horiters,
3 und [a]Basemat, Ismaels Tochter, Neba-
jots Schwester. 4 Und Ada gebar dem
Esau Elifas, und Basemat gebar Reguël.
5 Oholibama gebar Jëusch, Jalam und
Korach. Das sind Esaus Söhne, die ihm
geboren sind im Lande Kanaan.
6 Und Esau nahm seine Frauen, Söhne
und Töchter und alle Leute seines Hau-
ses, seine Habe und alles Vieh mit allen
Gütern, die er im Lande Kanaan erwor-
ben hatte, und zog in das Land Seïr,
hinweg von seinem Bruder Jakob. 7 Denn
ihre Habe war zu groß, als dass sie bei-
einander wohnen konnten; das Land,
darin sie Fremdlinge waren, vermochte
sie nicht zu ernähren wegen der Menge
ihres Viehs.[a] 8 Daher wohnte Esau auf
dem Gebirge Seïr. Esau ist Edom.

* d. h. Sohn meines Unglücks bzw. Sohn des Glücks

35,8: *a* Kap 24,59 **35,10:** *a* Kap 32,29 **35,11:** *a* Kap 17,1; 28,3-4; *b* Kap 17,6 **35,14:** *a (14-15)* Kap 28,18-19 **35,17:** *a* Kap 30,24 **35,19:** *a* Kap 48,7; 1. Sam 10,2; Jer 31,15; Mt 2,18 **35,22:** *a* Kap 49,4 **36,1:** *a* Kap 25,30; 5. Mose 23,8 **36,2:** *a* Kap 26,34 **36,3:** *a* Kap 28,9 **36,7:** *a* Kap 13,6

9 Dies ist das Geschlecht Esaus, von
dem die Edomiter herkommen auf dem
Gebirge Seïr, 10 und so heißen die Söhne
Esaus: Elifas, der Sohn Adas, der Frau
Esaus; Reguël, der Sohn Basemats, der
Frau Esaus. 11 Des Elifas Söhne aber wa-
ren diese: Teman, Omar, Zefo, Gatam
und Kenas. 12 Und Timna war eine Ne-
benfrau des Elifas, des Sohnes Esaus; die
gebar ihm Amalek. Das sind die Söhne
von Ada, der Frau Esaus. 13 Die Söhne
aber Reguëls sind diese: Nahat, Serach,
Schamma, Misa. Das sind die Söhne von
Basemat, der Frau Esaus. 14 Die Söhne
aber von Oholibama, der Frau Esaus, der
Tochter des Ana, des Sohnes Zibons, die
sie dem Esau gebar, sind diese: Jëusch,
Jalam und Korach.

15 Dies sind die Stammesfürsten der
Söhne Esaus. Die Söhne des Elifas, des
ersten Sohnes Esaus: der Fürst Teman,
der Fürst Omar, der Fürst Zefo, der
Fürst Kenas, 16 der Fürst Korach, der
Fürst Gatam, der Fürst Amalek. Das
sind die Fürsten von Elifas im Lande
Edom und sind Söhne von der Ada.
17 Und dies sind die Söhne Reguëls, des
Sohnes Esaus: der Fürst Nahat, der
Fürst Serach, der Fürst Schamma, der
Fürst Misa. Das sind die Fürsten von
Reguël im Lande der Edomiter und sind
Söhne von der Basemat, der Frau Esaus.
18 Dies sind die Söhne Oholibamas, der
Frau Esaus: der Fürst Jëusch, der Fürst
Jalam, der Fürst Korach. Das sind die
Fürsten von Oholibama, der Tochter des
Ana, der Frau Esaus. 19 Das sind Esaus
Söhne und ihre Fürsten. Das ist Edom.

20 Die Söhne aber von Seïr, dem [a]Ho-
riter, die im Lande wohnten, sind diese:
Lotan, Schobal, Zibon, Ana, 21 Dischon,
Ezer und Dischan. Das sind die Stam-
mesfürsten der Horiter, Söhne des Seïr,
im Lande Edom. 22 Aber des Lotan
Söhne waren diese: Hori und Hemam;
und Lotans Schwester hieß Timna. 23 Die
Söhne von Schobal waren diese: Alwan,
Manahat, Ebal, Schefi und Onam. 24 Die
Söhne von Zibon waren: Aja und Ana.
Das ist der Ana, der in der Steppe die
warmen Quellen fand, als er die Esel
seines Vaters Zibon hütete. 25 Der Sohn
Anas aber war: Dischon; und Oholibama
war die Tochter Anas. 26 Die Söhne Di-
schons waren: Hemdan, Eschban, Jitran
und Keran. 27 Die Söhne Ezers waren:
Bilhan, Saawan und Akan. 28 Die Söhne
Dischans waren: Uz und Aran.

29 Dies sind die Stammesfürsten der
Horiter: der Fürst Lotan, der Fürst
Schobal, der Fürst Zibon, der Fürst Ana,
30 der Fürst Dischon, der Fürst Ezer, der
Fürst Dischan. Das sind die Fürsten der
Horiter nach ihren Stämmen im Lande
Seïr.

Die früheren Könige der Edomiter

31 Die [a]Könige aber, die im Lande Edom
regiert haben, bevor Israel Könige hatte,
sind diese: 32 Bela war König von Edom,
ein Sohn Beors, und seine Stadt hieß
Dinhaba. 33 Und als Bela starb, wurde
König an seiner statt Jobab, ein Sohn
Serachs von Bozra. 34 Als Jobab starb,
wurde an seiner statt König Huscham
aus dem Lande der Temaniter. 35 Als Hu-
scham starb, wurde König an seiner statt
Hadad, ein Sohn Bedads, der die Mi-
dianiter schlug auf dem Felde der Moa-
biter; und seine Stadt hieß Awit. 36 Als
Hadad starb, regierte Samla von Mas-
reka. 37 Als Samla starb, wurde Schaul
von Rehobot am Strom König an seiner
statt. 38 Als Schaul starb, wurde König an
seiner statt Baal-Hanan, der Sohn Ach-
bors. 39 Als Baal-Hanan, Achbors Sohn,
starb, wurde König an seiner statt Ha-
dar; und seine Stadt hieß Pagu und seine
Frau hieß Mehetabel, eine Tochter Mat-
reds, die Me-Sahabs Tochter war.

Die Stammesfürsten der Edomiter

40 So heißen die Fürsten von Esau nach
ihren Geschlechtern, Orten und Namen:
der Fürst Timna, der Fürst Alwa, der
Fürst Jetet, 41 der Fürst Oholibama, der
Fürst Ela, der Fürst Pinon, 42 der Fürst
Kenas, der Fürst Teman, der Fürst Mib-
zar, 43 der Fürst Magdiël, der Fürst Iram.
Das sind die Fürsten von Edom nach
ihren Wohnsitzen in ihrem Erblande. Das
ist Esau, der Stammvater der Edomiter.

Josefs Träume

37 Jakob aber wohnte im Lande, in
dem sein Vater ein Fremdling ge-

36,20: *a* Kap 14,6; 5. Mose 2,12.22 **36,31:** *a* 4. Mose 20,14

wesen war, im Lande Kanaan. 2Und dies
ist die Geschichte von Jakobs Ge-
schlecht: Josef war siebzehn Jahre alt und
war ein Hirte bei den Schafen mit seinen
Brüdern; er war Gehilfe bei den Söhnen
Bilhas und Silpas, der Frauen seines Va-
ters, und brachte es vor ihren Vater, wenn
etwas Schlechtes über sie geredet wurde.

3Israel aber hatte Josef lieber als alle
seine Söhne, weil er der Sohn seines Al-
ters war, und machte ihm einen bunten
Rock. 4Als nun seine Brüder sahen, dass
ihn ihr Vater lieber hatte als alle seine
Brüder, wurden sie ihm feind und konn-
ten ihm kein freundliches Wort sagen.
5Dazu hatte Josef einmal einen Traum
und sagte seinen Brüdern davon; da wur-
den sie ihm noch mehr feind. 6Denn er
sprach zu ihnen: Hört doch, was mir
geträumt hat. 7Siehe, wir banden Garben
auf dem Felde, und meine Garbe richtete
sich auf und stand, aber eure Garben
stellten sich ringsumher und neigten sich
vor meiner Garbe. 8Da sprachen seine
Brüder zu ihm: Willst du unser König
werden und über uns herrschen? Und sie
wurden ihm noch mehr feind um seines
Traumes und seiner Worte willen.

9Und er hatte noch einen zweiten
Traum, den erzählte er seinen Brüdern
und sprach: Ich habe noch einen Traum
gehabt; siehe, die Sonne und der Mond
und elf Sterne neigten sich vor mir.
10Und als er das seinem Vater und seinen
Brüdern erzählte, schalt ihn sein Vater
und sprach zu ihm: Was ist das für ein
Traum, den du geträumt hast? Soll ich
und deine Mutter und deine Brüder
kommen und vor dir niederfallen? 11Und
seine Brüder wurden neidisch auf ihn.
Aber sein Vater behielt diese Worte.

Josef wird nach Ägypten verkauft

12Als nun seine Brüder hingegangen wa-
ren, um das Vieh ihres Vaters in [a]Sichem
zu weiden, 13sprach Israel zu Josef: Hü-
ten nicht deine Brüder das Vieh in Si-
chem? Komm, ich will dich zu ihnen sen-
den. Er aber sprach: Hier bin ich. 14Und
er sprach: Geh hin und sieh, ob's gut
steht um deine Brüder und um das Vieh,
und sage mir dann, wie sich's verhält.
Und er sandte ihn aus dem Tal von
[a]Hebron, und er kam nach Sichem.
15Da fand ihn ein Mann, wie er umher-
irrte auf dem Felde; der fragte ihn und
sprach: 16Wen suchst du? Er antwortete:
Ich suche meine Brüder; sage mir doch,
wo sie hüten. 17Der Mann sprach: Sie
sind von dannen gezogen; denn ich hörte,
dass sie sagten: Lasst uns nach Dotan
gehen. Da zog Josef seinen Brüdern nach
und fand sie in Dotan.

18Als sie ihn nun sahen von ferne, ehe
er nahe zu ihnen kam, machten sie einen
Anschlag, dass sie ihn töteten, 19und
sprachen untereinander: Seht, der Träu-
mer kommt daher! 20So kommt nun und
lasst uns ihn töten und in eine Grube
werfen und sagen, ein böses Tier habe
ihn gefressen; so wird man sehen, was
seine Träume sind.

21Als das Ruben hörte, wollte er ihn
aus ihren Händen erretten und sprach:
Lasst uns ihn nicht töten![a] 22Und weiter
sprach Ruben zu ihnen: Vergießt nicht
Blut, sondern werft ihn in die Grube hier
in der Wüste und legt die Hand nicht an
ihn! Er wollte ihn aber aus ihrer Hand
erretten und ihn seinem Vater wieder-
bringen.

23Als nun Josef zu seinen Brüdern
kam, zogen sie ihm seinen Rock aus,
[a]den bunten Rock, den er anhatte, 24und
nahmen ihn und warfen ihn in die
Grube; aber die Grube war leer und kein
Wasser darin. 25Und sie setzten sich nie-
der, um zu essen.

Indessen hoben sie ihre Augen auf und
sahen eine Karawane von Ismaelitern
kommen von Gilead mit ihren Kamelen;
die trugen kostbares Harz, Balsam und
Myrrhe und zogen hinab nach Ägypten.
26Da sprach Juda zu seinen Brüdern:
Was hilft's uns, dass wir unsern Bru-
der töten und sein Blut verbergen?
27Kommt, lasst uns ihn den Ismaelitern
verkaufen, damit sich unsere Hände
nicht an ihm vergreifen; denn er ist unser
Bruder, unser Fleisch und Blut. Und sie
gehorchten ihm. 28Als aber die [a]midia-
nitischen Kaufleute vorüberkamen, zo-
gen sie ihn heraus aus der Grube und
[b]verkauften ihn um zwanzig Silberstücke

37,12: *a* Kap 33,18-19 **37,14:** *a* Kap 35,27 **37,21:** *a* Kap 42,22 **37,23:** *a* Vers 3 **37,28:** *a* Kap 25,2; *b* 3. Mose 27,1-8

den Ismaelitern; die brachten ihn nach
Ägypten.
29 Als nun Ruben wieder zur Grube
kam und Josef nicht darin fand, zerriss er
sein Kleid 30 und kam wieder zu seinen
Brüdern und sprach: Der Knabe ist nicht
da! Wo soll ich hin? 31 Da nahmen sie
Josefs Rock und schlachteten einen Zie-
genbock und tauchten den Rock ins Blut
32 und schickten den bunten Rock hin
und ließen ihn ihrem Vater bringen und
sagen: Diesen haben wir gefunden; sieh,
ob's deines Sohnes Rock sei oder nicht.
33 Er erkannte ihn aber und sprach: Es ist
meines Sohnes Rock; ein [a]böses Tier hat
ihn gefressen, ein reißendes Tier hat Josef
zerrissen!
34 Und Jakob zerriss seine Kleider und
legte ein härenes Tuch um seine Lenden
und trug Leid um seinen Sohn lange
Zeit. 35 Und alle seine Söhne und Töchter
kamen zu ihm, ihn zu trösten; aber er
wollte sich nicht trösten lassen und
sprach: Ich werde mit Leid hinunterfah-
ren zu den Toten, zu meinem Sohn. Und
sein Vater beweinte ihn.
36 Aber die Midianiter verkauften ihn
in Ägypten an Potifar, des Pharao Käm-
merer und Obersten der Leibwache.

Juda und Tamar

38 Es begab sich um diese Zeit, dass
Juda hinabzog von seinen Brüdern
und gesellte sich zu einem Mann aus
Adullam, der hieß Hira. 2 Und Juda sah
dort die Tochter eines Kanaaniters, der
hieß Schua, und nahm sie zur Frau. Und
als er zu ihr einging, 3 ward sie schwanger
und gebar einen Sohn, den nannte er Er.
4 Und sie ward abermals schwanger und
gebar einen Sohn, den nannte sie Onan.
5 Sie gebar abermals einen Sohn, den
nannte sie Schela; und sie war in Kesib,
als sie ihn gebar.
6 Und Juda gab seinem ersten Sohn Er
eine Frau, die hieß Tamar. 7 Aber Er war
böse vor dem HERRN, darum ließ ihn
der HERR sterben. 8 Da sprach Juda zu
Onan: Geh zu deines Bruders Frau und
nimm sie zur Schwagerehe, auf dass du
deinem Bruder Nachkommen schaffest.[a]
9 Aber da Onan wusste, dass die Kinder
nicht sein Eigen sein sollten, ließ er's auf
die Erde fallen und verderben, wenn er
einging zu seines Bruders Frau, auf dass
er seinem Bruder nicht Nachkommen
schaffe. 10 Dem HERRN missfiel aber, was
er tat, und er ließ ihn auch sterben.
11 Da sprach Juda zu seiner Schwieger-
tochter Tamar: Bleibe eine Witwe in dei-
nes Vaters Hause, bis mein Sohn Schela
groß wird. Denn er dachte, vielleicht
würde der auch sterben wie seine Brüder.
So ging Tamar hin und blieb in ihres
Vaters Hause.
12 Als nun viele Tage verlaufen waren,
starb Judas Frau, die Tochter des Schua.
Und nachdem Juda ausgetrauert hatte,
ging er hinauf, seine Schafe zu scheren,
nach Timna mit seinem Freunde Hira
von Adullam. 13 Da wurde der Tamar
gesagt: Siehe, dein Schwiegervater geht
hinauf nach [a]Timna, seine Schafe zu
scheren. 14 Da legte sie die Witwenkleider
von sich, die sie trug, deckte sich mit
einem Schleier und verhüllte sich und
setzte sich vor das Tor von Enajim an
dem Wege nach Timna; denn sie hatte
gesehen, dass Schela groß geworden war,
aber sie wurde ihm nicht zur Frau gege-
ben.
15 Als Juda sie nun sah, meinte er, es
wäre eine Hure, denn sie hatte ihr Ange-
sicht verdeckt. 16 Und er machte sich zu
ihr am Wege und sprach: Lass mich doch
zu dir kommen; denn [a]er wusste nicht,
dass es seine Schwiegertochter war. Sie
antwortete: Was willst du mir geben,
wenn du zu mir kommst? 17 Er sprach:
Ich will dir einen Ziegenbock von der
Herde senden. Sie antwortete: So gib mir
ein Pfand, bis du ihn mir sendest. 18 Er
sprach: Was willst du für ein Pfand, das
ich dir geben soll? Sie antwortete: Dein
Siegel und deine Schnur und deinen Stab,
den du in der Hand hast. Da gab er's ihr
und kam zu ihr; und sie ward von ihm
schwanger. 19 Und sie machte sich auf
und ging hinweg und legte den Schleier
ab und zog ihre Witwenkleider wieder an.
20 Juda aber sandte den Ziegenbock
durch seinen Freund von Adullam, damit
er das Pfand zurückholte von der Frau.
Und er fand sie nicht. 21 Da fragte er die
Leute des Ortes und sprach: Wo ist die
Hure, die zu Enajim am Wege saß? Sie

37,33: *a* Vers 20 **38,8:** *a* 5. Mose 25,5-10 **38,13:** *a* Jos 15,57 **38,16:** *a* 3. Mose 18,15

antworteten: Es ist keine Hure da ge-
wesen. 22 Und er kam wieder zu Juda und
sprach: Ich habe sie nicht gefunden; dazu
sagen die Leute des Ortes, es sei keine
Hure da gewesen. 23 Juda sprach: Sie
mag's behalten, damit wir nur nicht in
Verruf geraten! Siehe, ich habe den Bock
gesandt, und du hast sie nicht gefunden.

24 Nach drei Monaten wurde Juda an-
gesagt: Deine Schwiegertochter Tamar
hat Hurerei getrieben; und siehe, sie ist
davon schwanger geworden. Juda sprach:
Führt sie heraus, dass sie verbrannt
werde. 25 Und als man sie hinausführte,
schickte sie zu ihrem Schwiegervater und
sprach: Von dem Mann bin ich schwan-
ger, dem dies gehört. Und sie sprach:
Erkennst du auch, wem dies Siegel und
diese Schnur und dieser Stab gehören?
26 Juda erkannte es und sprach: Sie ist
gerechter als ich; denn ich habe sie mei-
nem Sohn Schela nicht gegeben. Doch
wohnte er ihr nicht mehr bei.

27 Und als sie gebären sollte, wurden
Zwillinge in ihrem Leibe gefunden.
28 Und als sie gebar, tat sich eine Hand
heraus. Da nahm die Wehmutter einen
roten Faden und band ihn darum und
sprach: Der ist zuerst herausgekommen.
29 Als aber der seine Hand wieder hinein-
zog, kam sein Bruder heraus, und sie
sprach: Warum hast du um deinetwillen
solchen Riss gerissen? Und man nannte
ihn [a]Perez. 30 Danach kam sein Bruder
heraus, der den roten Faden um seine
Hand hatte. Und man nannte ihn Se-
rach.

Josef in Potifars Haus

39 Josef wurde hinab nach Ägypten
geführt, und Potifar, ein ägypti-
scher Mann, des Pharao Kämmerer und
Oberster der Leibwache, kaufte ihn von
den Ismaelitern, die ihn hinabgebracht
hatten.[a] 2 Und der HERR war mit Josef,
sodass [a]er ein Mann wurde, dem al-
les glückte. Und er war in seines Herrn,
des Ägypters, Hause.

3 Und sein Herr sah, dass der HERR
mit ihm war; denn alles, was er tat, das
ließ der HERR in seiner Hand glücken,
4 sodass er Gnade fand vor seinem Herrn
und sein Diener wurde. Der setzte ihn
über sein Haus; und alles, was er hatte,
tat er unter seine Hände. 5 Und von der
Zeit an, da er ihn über sein Haus und alle
seine Güter gesetzt hatte, [a]segnete der
HERR des Ägypters Haus um Josefs wil-
len, und es war lauter Segen des HERRN
in allem, was er hatte, zu Hause und auf
dem Felde. 6 Darum ließ er alles unter
Josefs Händen, was er hatte, und küm-
merte sich, da er ihn hatte, um nichts
außer um das, was er [a]aß und trank.
Und Josef war schön an Gestalt und
hübsch von Angesicht.

7 Und es begab sich danach, dass sei-
nes Herrn Frau ihre Augen auf Josef
warf und sprach: Lege dich zu mir! 8 Er
weigerte sich aber und sprach zu ihr:
Siehe, mein Herr kümmert sich, da er
mich hat, um nichts, was im Hause ist,
und alles, was er hat, das hat er unter
meine Hände getan; 9 er ist in diesem
Hause nicht größer als ich und er hat mir
nichts vorenthalten außer dir, weil du
seine Frau bist. **Wie sollte ich denn nun
ein solch großes Übel tun und gegen Gott
sündigen?**[a] 10 Und sie bedrängte Josef mit
solchen Worten täglich. Aber er ge-
horchte ihr nicht, dass er sich zu ihr legte
und bei ihr wäre.

11 Es begab sich eines Tages, dass Josef
in das Haus ging, seine Arbeit zu tun,
und kein Mensch vom Gesinde des Hau-
ses war dabei. 12 Und sie erwischte ihn
bei seinem Kleid und sprach: Lege dich
zu mir! Aber er ließ das Kleid in ihrer
Hand und floh und lief zum Hause hin-
aus. 13 Als sie nun sah, dass er sein Kleid
in ihrer Hand ließ und hinaus entfloh,
14 rief sie das Gesinde ihres Hauses und
sprach zu ihnen: Seht, er hat uns den
hebräischen Mann hergebracht, dass der
seinen Mutwillen mit uns treibe. Er kam
zu mir herein und wollte sich zu mir
legen; aber ich rief mit lauter Stimme.
15 Und als er hörte, dass ich ein Geschrei
machte und rief, da ließ er sein Kleid bei
mir und floh und lief hinaus.

16 Und sie legte sein Kleid neben sich,
bis sein Herr heimkam, 17 und sagte zu
ihm ebendieselben Worte und sprach:
Der hebräische Knecht, den du uns her-

38,29: *a* Rut 4,18; Mt 1,3 **39,1:** *a* Kap 37,28.36 **39,2:** *a* Kap 26,24 **39,5:** *a* Kap 30,27 **39,6:** *a* Kap 43,32 **39,9:** *a* 2. Mose 20,14; 3. Mose 18,20

gebracht hast, kam zu mir herein und
wollte seinen Mutwillen mit mir treiben.
18 Als ich aber ein Geschrei machte und
rief, da ließ er sein Kleid bei mir und floh
hinaus.

Josef im Gefängnis

19 Als sein Herr die Worte seiner Frau
hörte, die sie ihm sagte und sprach: So
hat dein Knecht an mir getan, wurde er
sehr zornig. 20 Da nahm ihn sein Herr
und legte ihn ins Gefängnis, in dem des
Königs Gefangene waren. Und er lag
allda im Gefängnis. 21 Aber der HERR
war mit ihm und neigte die Herzen zu
ihm und ließ ihn Gnade finden vor dem
Amtmann über das Gefängnis, 22 sodass
er ihm alle Gefangenen im Gefängnis
unter seine Hand gab und alles, was dort
geschah, durch ihn geschehen musste.
23 Der Amtmann über das Gefängnis
kümmerte sich um nichts; denn der
HERR war mit Josef, und was er tat, dazu
gab der HERR Glück.

Josef legt zwei Gefangenen ihre Träume aus

40 Und es begab sich danach, dass
sich der Mundschenk des Königs
von Ägypten und der Bäcker versündig-
ten an ihrem Herrn, dem König von
Ägypten. 2 Und der Pharao wurde zornig
über seine beiden Kämmerer, gegen den
Obersten über die Schenken und gegen
den Obersten über die Bäcker, 3 und ließ
sie setzen in des Amtmanns Haus ins
Gefängnis, wo Josef gefangen lag. 4 Und
der Amtmann gab ihnen Josef bei, dass
er ihnen diente. Und sie saßen etliche
Zeit im Gefängnis.

5 Und es träumte ihnen beiden, dem
Schenken und dem Bäcker des Königs
von Ägypten, in **einer** Nacht einem jeden
ein eigener Traum, und eines jeden
Traum hatte seine Bedeutung. 6 Als nun
am Morgen Josef zu ihnen hineinkam
und sah, dass sie traurig waren, 7 fragte
er sie und sprach: Warum seid ihr heute
so traurig? 8 Sie antworteten: Es hat uns
geträumt und wir haben niemand, der es
uns auslege. Josef sprach: [a]Auslegen ge-
hört Gott zu; doch erzählt mir's.

9 Da erzählte der oberste Schenk sei-
nen Traum und sprach zu Josef: Mir hat
geträumt, dass ein Weinstock vor mir
wäre, 10 der hatte drei Reben und er
grünte, wuchs und blühte und seine
Trauben wurden reif. 11 Und ich hatte
den Becher des Pharao in meiner Hand
und nahm die Beeren und zerdrückte sie
in den Becher und gab den Becher dem
Pharao in die Hand.

12 Josef sprach zu ihm: Das ist seine
Deutung: Drei Reben sind drei Tage.
13 Nach drei Tagen wird der Pharao dein
Haupt erheben und dich wieder in dein
Amt setzen, dass du ihm den Becher in
die Hand gibst wie vormals, als du sein
Schenk warst. 14 Aber gedenke meiner,
wenn dir's wohlgeht, und tu Barmherzig-
keit an mir, dass du dem Pharao von mir
sagst und mich so aus diesem Hause
bringst. 15 Denn [a]ich bin aus dem Lande
der Hebräer heimlich gestohlen worden;
und auch hier hab ich nichts getan, wes-
wegen sie mich hätten ins Gefängnis set-
zen dürfen.

16 Als der oberste Bäcker sah, dass
die Deutung gut war, sprach er zu Josef:
Mir hat auch geträumt, ich trüge drei
Körbe mit feinem Backwerk auf meinem
Haupt 17 und im obersten Korbe allerlei
Gebackenes für den Pharao, und die Vö-
gel fraßen aus dem Korbe auf meinem
Haupt.

18 Josef antwortete und sprach: Das ist
seine Deutung: Drei Körbe sind drei
Tage. 19 Und nach drei Tagen wird der
Pharao dein Haupt erheben und dich an
den Galgen hängen, und die Vögel wer-
den dein Fleisch von dir fressen.

20 Und es geschah am dritten Tage, da
beging der Pharao seinen Geburtstag.
Und er machte ein Festmahl für alle
seine Großen und erhob das Haupt des
obersten Schenken und das Haupt des
obersten Bäckers unter seinen Großen
21 und setzte den obersten Schenken wie-
der in sein Amt, dass er den Becher rei-
che in des Pharao Hand, 22 aber den
obersten Bäcker ließ er aufhängen, wie
ihnen Josef gedeutet hatte. 23 Aber der
oberste Schenk dachte nicht an Josef,
sondern vergaß ihn.

40,8: *a* Kap 41,15-16; Dan 2,27-28 **40,15:** *a* Kap 37,28

Josef deutet die Träume des Pharao

41 Und nach zwei Jahren hatte der
Pharao einen Traum, er stünde am
Nil 2und sähe aus dem Wasser steigen
sieben schöne, fette Kühe; die gingen auf
der Weide im Grase. 3Nach diesen sah er
andere sieben Kühe aus dem Wasser auf-
steigen; die waren hässlich und mager
und traten neben die Kühe am Ufer des
Nils. 4Und die hässlichen und mageren
fraßen die sieben schönen, fetten Kühe.
Da erwachte der Pharao.
5Und er schlief wieder ein, und ihm
träumte abermals und er sah, dass sieben
Ähren aus **einem** Halm wuchsen, voll
und dick. 6Danach sah er sieben dünne
Ähren aufgehen, die waren vom Ostwind
versengt. 7Und die sieben mageren Äh-
ren verschlangen die sieben dicken und
vollen Ähren. Da erwachte der Pharao
und merkte, dass es ein Traum war.
8Und als es Morgen wurde, war sein
Geist bekümmert, und er schickte aus
und ließ rufen [a]alle Wahrsager in Ägyp-
ten und alle Weisen und erzählte ihnen
seine Träume. Aber da war keiner, der sie
dem Pharao deuten konnte.
9Da redete der oberste Schenk zum
Pharao und sprach: Ich muss heute an
meine Sünden denken: 10Als der Pharao
zornig wurde über seine Knechte und
mich mit dem obersten Bäcker ins Ge-
fängnis legte in des Amtmanns Hause,
11da träumte uns beiden in **einer** Nacht
einem jeden sein Traum, dessen Deutung
ihn betraf. 12Da war bei uns ein hebräi-
scher Jüngling, des Amtmanns Knecht,
dem erzählten wir's. Und er deutete uns
unsere Träume, einem jeden nach seinem
Traum. 13Und wie er uns deutete, so ist's
gekommen; denn ich bin wieder in mein
Amt gesetzt, aber jener wurde aufge-
hängt.
14Da sandte der Pharao hin und ließ
Josef rufen, und sie ließen ihn eilends aus
dem Gefängnis. Und er ließ sich scheren
und zog andere Kleider an und kam hin-
ein zum Pharao. 15Da sprach der Pharao
zu ihm: Ich habe einen Traum gehabt
und es ist niemand, der ihn deuten kann.
Ich habe aber von dir sagen hören, wenn
du einen Traum hörst, so kannst du ihn
deuten. 16Josef antwortete dem Pharao
und sprach: [a]Das steht nicht bei mir;
Gott wird jedoch dem Pharao Gutes
verkünden.
17Der Pharao sprach zu Josef: Mir
träumte, ich stand am Ufer des Nils
18und sah aus dem Wasser steigen sieben
schöne, fette Kühe; die gingen auf der
Weide im Grase. 19Und nach ihnen sah
ich andere sieben dürre, sehr hässliche
und magere Kühe heraussteigen. Ich hab
in ganz Ägyptenland nicht so hässliche
gesehen. 20Und die sieben mageren und
hässlichen Kühe fraßen die sieben ersten,
fetten Kühe auf. 21Und als sie die hinein-
gefressen hatten, merkte man's ihnen
nicht an, dass sie die gefressen hatten,
und waren hässlich wie zuvor. Da wachte
ich auf. 22Und ich sah abermals in mei-
nem Traum sieben Ähren auf **einem**
Halm wachsen, voll und dick. 23Danach
gingen auf sieben dürre Ähren, dünn
und versengt. 24Und die sieben dünnen
Ähren verschlangen die sieben dicken
Ähren. Und ich habe es den Wahrsa-
gern gesagt, aber die können's mir nicht
deuten.
25Josef antwortete dem Pharao: Beide
Träume des Pharao bedeuten das Glei-
che. Gott verkündet dem Pharao, was er
vorhat. 26Die sieben schönen Kühe sind
sieben Jahre und die sieben guten Ähren
sind dieselben sieben Jahre. Es ist ein und
derselbe Traum. 27Die sieben mageren
und hässlichen Kühe, die nach jenen auf-
gestiegen sind, das sind sieben Jahre und
die sieben mageren und versengten Äh-
ren sind sieben Jahre des Hungers. 28Das
meinte ich, wenn ich gesagt habe zum
Pharao, dass Gott dem Pharao zeigt, was
er vorhat. 29Siehe, sieben reiche Jahre
werden kommen in ganz Ägyptenland.
30Und nach ihnen werden sieben Jahre
des Hungers kommen, sodass man ver-
gessen wird alle Fülle in Ägyptenland.
Und der Hunger wird das Land verzeh-
ren, 31dass man nichts wissen wird von
der Fülle im Lande vor der Hungersnot,
die danach kommt; denn sie wird sehr
schwer sein. 32Dass aber dem Pharao
zweimal geträumt hat, bedeutet, dass
Gott solches gewiss und eilends tun
wird.

41,8: *a* Dan 2,2 **41,16:** *a* Kap 40,8

33Nun sehe der Pharao nach einem
verständigen und weisen Mann, den er
über Ägyptenland setze, 34und sorge da-
für, dass er Amtleute verordne im Lande
und nehme den Fünften in Ägyptenland
in den sieben reichen Jahren 35und lasse
sie sammeln den ganzen Ertrag der guten
Jahre, die kommen werden, dass sie Ge-
treide aufschütten in des Pharao Korn-
häusern zum Vorrat in den Städten und
es verwahren, 36damit für Nahrung ge-
sorgt sei für das Land in den sieben Jah-
ren des Hungers, die über Ägyptenland
kommen werden, und das Land nicht vor
Hunger verderbe.

Josefs Erhöhung

37Die Rede gefiel dem Pharao und allen
seinen Großen gut.[a] 38Und der Pharao
sprach zu seinen Großen: Wie könnten
wir einen Mann finden, in dem der Geist
Gottes ist wie in diesem?[a] 39Und er
sprach zu Josef: Weil dir Gott dies alles
kundgetan hat, ist keiner so verständig
und weise wie du. 40Du sollst über mein
Haus sein, und deinem Wort soll all mein
Volk gehorsam sein; allein um den könig-
lichen Thron will ich höher sein als
du.[a]

41Und weiter sprach der Pharao zu
Josef: Siehe, ich habe dich über ganz
Ägyptenland gesetzt.[a] 42Und er [a]tat sei-
nen Ring von seiner Hand und gab ihn
Josef an seine Hand und kleidete ihn mit
kostbarer Leinwand und legte ihm eine
[b]goldene Kette um seinen Hals 43und
ließ ihn auf seinem zweiten Wagen fahren
und ließ vor ihm her ausrufen: Der ist
des Landes Vater! Und setzte ihn über
ganz Ägyptenland.[a] 44Und der Pharao
sprach zu Josef: Ich bin der Pharao, aber
ohne deinen Willen soll niemand seine
Hand oder seinen Fuß regen in ganz
Ägyptenland. 45Und er nannte ihn Zafe-
nat-Paneach und gab ihm zur Frau Ase-
nat, die Tochter Potiferas, des Priesters
zu On. 46Und [a]Josef war dreißig Jahre
alt, als er vor dem Pharao stand, dem
König von Ägypten. Und er ging hinweg
vom Pharao und zog durch ganz Ägyp-
tenland.

Josefs Fürsorge für Ägypten. Die Geburt seiner Söhne

47Und das Land trug in den sieben rei-
chen Jahren die Fülle. 48Und Josef sam-
melte die ganze Ernte der sieben Jahre,
da Überfluss im Lande Ägypten war,
und tat sie in die Städte. Was an Getreide
auf dem Felde rings um eine jede Stadt
wuchs, das tat er hinein. 49So schüttete
Josef das Getreide auf, über die Maßen
viel wie Sand am Meer, sodass er auf-
hörte zu zählen; denn man konnte es
nicht zählen.

50Und Josef wurden zwei Söhne ge-
boren, bevor die Hungerzeit kam; die
gebar ihm Asenat, die Tochter Potiferas,
des Priesters zu On. 51Und er nannte den
ersten Manasse; denn Gott, sprach er,
hat mich vergessen lassen all mein Un-
glück und mein ganzes Vaterhaus. 52Den
andern nannte er Ephraim; denn Gott,
sprach er, hat mich wachsen lassen in
dem Lande meines Elends.

53Als nun die sieben reichen Jahre um
waren im Lande Ägypten, 54da fingen an
die sieben Hungerjahre zu kommen, wie
Josef gesagt hatte. Und es ward eine
Hungersnot in allen Landen, aber in
ganz Ägyptenland war Brot. 55Als nun
ganz Ägyptenland auch Hunger litt,
schrie das Volk zum Pharao um Brot.
Aber der Pharao sprach zu allen Ägyp-
tern: Geht hin zu Josef; was der euch
sagt, das tut. 56Als nun im ganzen Lande
Hungersnot war, tat Josef alle Kornhäu-
ser auf und verkaufte den Ägyptern;
denn der Hunger ward je länger je größer
im Lande. 57Und alle Welt kam nach
Ägypten, um bei Josef zu kaufen; denn
der Hunger war groß in allen Landen.

Erste Reise der Söhne Jakobs nach Ägypten

42 Als aber Jakob sah, dass Getreide
in Ägypten zu haben war, sprach
er zu seinen Söhnen: Was seht ihr euch
lange an? 2Siehe, ich höre, es sei in Ägyp-
ten Getreide zu haben; zieht hinab und
kauft uns Getreide, dass wir leben und
nicht sterben. 3Da zogen hinab zehn

41,37: *a* Spr 14,35 **41,38:** *a* 2. Mose 31,3; Spr 2,6 **41,40:** *a* Ps 113,7 **41,41:** *a* Apg 7,10 **41,42:** *a* Est 3,10; *b* Dan 5,29 **41,43:** *a* Est 10,3 **41,46:** *a* Kap 37,2

Brüder Josefs, um in Ägypten Getreide
zu kaufen. **4**Aber den Benjamin, Josefs
Bruder, ließ Jakob nicht mit seinen Brü-
dern ziehen; denn er sprach: Es könnte
ihm ein Unfall begegnen.

5So kamen die Söhne Israels, Getreide
zu kaufen, samt andern, die mit ihnen
zogen; denn es war auch im Lande Ka-
naan Hungersnot. **6**Aber Josef war der
Regent im Lande und verkaufte Getreide
allem Volk im Lande. Als nun seine Brü-
der kamen, fielen sie vor ihm nieder zur
Erde auf ihr Antlitz. **7**Und er sah sie an
und erkannte sie, aber er stellte sich
fremd gegen sie und redete hart mit ih-
nen und sprach zu ihnen: Woher kommt
ihr? Sie sprachen: Aus dem Lande Ka-
naan, Getreide zu kaufen. **8**Aber wiewohl
er sie erkannte, erkannten sie ihn doch
nicht.

9Und Josef dachte an die [a]Träume, die
er von ihnen geträumt hatte, und sprach
zu ihnen: Ihr seid Kundschafter und seid
gekommen zu sehen, wo das Land offen
ist. **10**Sie antworteten ihm: Nein, mein
Herr! Deine Knechte sind gekommen,
Getreide zu kaufen. **11**Wir sind alle **eines**
Mannes Söhne; wir sind redlich und
deine Knechte sind nie Kundschafter ge-
wesen. **12**Er sprach zu ihnen: Nein, son-
dern ihr seid gekommen zu sehen, wo das
Land offen ist. **13**Sie antworteten ihm:
Wir, deine Knechte, sind zwölf Brüder,
eines Mannes Söhne im Lande Kanaan,
und der jüngste ist noch bei unserm Va-
ter, aber der eine ist nicht mehr vorhan-
den.

14Josef sprach zu ihnen: Es ist, wie ich
euch gesagt habe: Kundschafter seid ihr.
15Daran will ich euch prüfen: So wahr
der Pharao lebt: Ihr sollt nicht von hier
wegkommen, es komme denn her euer
jüngster Bruder! **16**Sendet einen von euch
hin, der euren Bruder hole, ihr aber sollt
gefangen sein. Daran will ich prüfen eure
Rede, ob ihr mit Wahrheit umgeht. An-
dernfalls – so wahr der Pharao lebt! –
seid ihr Kundschafter! **17**Und er ließ sie
zusammen in Gewahrsam legen drei Tage
lang.[a]

18Am dritten Tage aber sprach er zu
ihnen: Wollt ihr leben, so tut nun dies,
denn ich fürchte Gott: **19**Seid ihr redlich,
so lasst einen eurer Brüder gebunden lie-
gen in eurem Gefängnis; ihr aber zieht
hin und bringt heim, was ihr gekauft
habt für den Hunger. **20**Und bringt euren
jüngsten Bruder zu mir, so will ich euren
Worten glauben, sodass ihr nicht sterben
müsst. Und sie gingen darauf ein.

21Sie sprachen aber untereinander:
Das haben wir an unserem Bruder ver-
schuldet! Denn wir sahen die Angst sei-
ner Seele, als er uns anflehte, und wir
wollten ihn nicht erhören; darum kommt
nun diese Trübsal über uns.[a] **22**Ruben
antwortete ihnen und sprach: Sagte ich's
euch nicht, als ich sprach: [a]Versündigt
euch nicht an dem Knaben, doch ihr
wolltet nicht hören? Nun wird sein Blut
gefordert. **23**Sie wussten aber nicht, dass
es Josef verstand; denn er redete mit ih-
nen durch einen Dolmetscher. **24**Und er
wandte sich von ihnen und weinte. Als er
sich nun wieder zu ihnen wandte und mit
ihnen redete, nahm er aus ihrer Mitte
Simeon und ließ ihn binden vor ihren
Augen.

25Und Josef gab Befehl, ihre Säcke mit
Getreide zu füllen und ihnen ihr Geld
wiederzugeben, einem jeden in seinen
Sack, dazu auch Zehrung auf den Weg;
und so tat man ihnen. **26**Und sie luden
ihre Ware auf ihre Esel und zogen von
dannen. **27**Als aber einer seinen Sack auf-
tat, dass er seinem Esel Futter gäbe in
der Herberge, sah er sein Geld, das oben
im Sack lag, **28**und sprach zu seinen Brü-
dern: Mein Geld ist wieder da, siehe, in
meinem Sack ist es! Da entfiel ihnen ihr
Herz und sie blickten einander erschro-
cken an und sprachen: Warum hat Gott
uns das angetan?

29Als sie nun heimkamen zu ihrem Va-
ter Jakob ins Land Kanaan, sagten sie
ihm alles, was ihnen begegnet war, und
sprachen: **30**Der Mann, der im Lande
Herr ist, redete hart mit uns und hielt
uns für Kundschafter. **31**Und wir ant-
worteten ihm: Wir sind redlich und nie
Kundschafter gewesen, **32**sondern zwölf
Brüder, unseres Vaters Söhne; einer ist
nicht mehr vorhanden und der jüngste ist
noch bei unserm Vater im Lande Ka-
naan. **33**Da sprach der Herr im Lande zu
uns: Daran will ich merken, ob ihr red-

42,9: *a* Kap 37,5-9 **42,17:** *a* Kap 37,24 **42,21:** *a* Ps 50,21 **42,22:** *a* Kap 37,21-22

lich seid: [a]Einen eurer Brüder lasst bei
mir und nehmt für euer Haus, wie viel ihr
bedürft, und zieht hin 34 und bringt euren
jüngsten Bruder zu mir, so merke ich,
dass ihr nicht Kundschafter, sondern red-
lich seid; dann will ich euch auch euren
Bruder wiedergeben und ihr mögt im
Lande Handel treiben. 35 Und als sie die
Säcke ausschütteten, fand ein jeder sei-
nen Beutel Geld in seinem Sack. Und als
sie sahen, dass es die Beutel mit ihrem
Geld waren, erschraken sie samt ihrem
Vater.

36 Da sprach Jakob, ihr Vater, zu ihnen:
Ihr beraubt mich meiner Kinder! Josef ist
nicht mehr da, Simeon ist nicht mehr da,
Benjamin wollt ihr auch wegnehmen; es
geht alles über mich. 37 Ruben antwortete
seinem Vater und sprach: Wenn ich ihn
dir nicht wiederbringe, so töte meine
zwei Söhne. Gib ihn nur in meine Hand,
ich will ihn dir wiederbringen. 38 Er
sprach: Mein Sohn soll nicht mit euch
hinabziehen; denn sein Bruder ist tot und
er ist allein übrig geblieben. Wenn ihm
ein Unfall auf dem Wege begegnete, den
ihr reist, würdet ihr meine grauen Haare
mit Herzeleid hinunter zu den Toten
bringen.

Zweite Reise der Söhne Jakobs nach Ägypten

43 Die Hungersnot aber drückte das
Land. 2 Und als verzehrt war, was
sie an Getreide aus Ägypten gebracht
hatten, sprach ihr Vater zu ihnen: Zieht
wieder hin und kauft uns ein wenig Ge-
treide.

3 Da antwortete ihm Juda und sprach:
Der Mann schärfte uns das hart ein und
sprach: Ihr sollt mein Angesicht nicht
sehen, es sei denn euer Bruder mit euch.[a]
4 Willst du nun unsern Bruder mit uns
senden, so wollen wir hinabziehen und
dir zu essen kaufen. 5 Willst du ihn aber
nicht senden, so ziehen wir nicht hinab.
Denn der Mann hat zu uns gesagt: Ihr
sollt mein Angesicht nicht sehen, euer
Bruder sei denn mit euch.

6 Israel sprach: Warum habt ihr so übel
an mir getan, dass ihr dem Mann sagtet,
dass ihr noch einen Bruder habt? 7 Sie
antworteten: Der Mann forschte so ge-
nau nach uns und unserer Verwandt-
schaft und sprach: Lebt euer Vater noch?
Habt ihr auch noch einen Bruder? Da
antworteten wir ihm, wie er uns fragte.
Wie konnten wir wissen, dass er sagen
würde: Bringt euren Bruder mit herab?[a]

8 Da sprach Juda zu Israel, seinem Va-
ter: Lass den Knaben mit mir ziehen,
dass wir uns aufmachen und reisen und
leben und nicht sterben, wir und du und
unsere Kinder. 9 Ich will Bürge für ihn
sein; von meinen Händen sollst du ihn
fordern. Wenn ich ihn dir nicht wieder-
bringe und vor deine Augen stelle, so will
ich mein Leben lang die Schuld tragen.
10 Denn wenn wir nicht gezögert hätten,
wären wir wohl schon zweimal wieder-
gekommen.

11 Da sprach Israel, ihr Vater, zu ihnen:
Wenn es denn so ist, wohlan, so tut's und
nehmt von des Landes besten Früchten
in eure Säcke und bringt dem Manne
[a]Geschenke hinab, ein wenig Balsam
und Honig, Harz und Myrrhe, Nüsse
und Mandeln. 12 Nehmt auch anderes
Geld mit euch, und [a]das Geld, das ihr
obenauf in euren Säcken wiederbekom-
men habt, bringt auch wieder hin. Viel-
leicht ist ein Irrtum da geschehen.
13 Dazu nehmt euren Bruder, macht euch
auf und geht wieder zu dem Manne.
14 Aber der allmächtige Gott gebe euch
Barmherzigkeit vor dem Manne, dass er
mit euch ziehen lasse euren andern Bru-
der und Benjamin. Ich aber muss sein
wie einer, der [a]seiner Kinder ganz und
gar beraubt ist.

15 Da nahmen sie diese Geschenke und
das doppelte Geld mit sich, dazu Benja-
min, machten sich auf, zogen nach Ägyp-
ten und traten vor Josef. 16 Als Josef sie
sah mit Benjamin, sprach er zu seinem
Haushalter: Führe diese Männer ins
Haus und schlachte und richte zu, denn
sie sollen zu Mittag mit mir essen. 17 Und
der Mann tat, wie ihm Josef gesagt hatte,
und führte die Männer in Josefs Haus.

18 Sie fürchteten sich aber, weil sie in
Josefs Haus geführt wurden, und spra-
chen: Wir sind hereingeführt um des Gel-
des willen, das [a]wir in unsern Säcken das

42,33: *a* Vers 24 **43,3:** *a* Kap 42,15.34 **43,7:** *a* Kap 42,7-13 **43,11:** *a* Spr 18,16 **43,12:** *a* Kap 42,27.35
43,14: *a* Kap 42,36 **43,18:** *a* Kap 42,28

vorige Mal wiedergefunden haben; man
will auf uns eindringen und über uns
herfallen und uns zu Sklaven machen
und uns die Esel nehmen. 19 Darum tra-
ten sie zu Josefs Haushalter und redeten
mit ihm vor der Haustür 20 und sprachen:
Mein Herr, wir sind das vorige Mal her-
abgezogen, Getreide zu kaufen, 21 und als
wir in die Herberge kamen und unsere
Säcke auftaten, siehe, da war eines jeden
Geld oben in seinem Sack mit vollem
Gewicht. Darum haben wir's wieder mit
uns gebracht, 22 haben auch anderes Geld
mit uns herabgebracht, Getreide zu kau-
fen. Wir wissen aber nicht, wer uns unser
Geld in unsere Säcke gesteckt hat.

23 Er aber sprach: Seid guten Mutes,
fürchtet euch nicht! Euer Gott und eures
Vaters Gott hat euch einen Schatz gege-
ben in eure Säcke. Euer Geld habe ich
erhalten. Und er führte [a]Simeon zu ih-
nen heraus 24 und brachte sie in Josefs
Haus, gab ihnen Wasser, dass sie ihre
Füße wuschen, und gab ihren Eseln Fut-
ter. 25 Sie aber richteten das Geschenk zu,
bis Josef mittags käme; denn sie hatten
gehört, dass sie dort essen sollten.

26 Als nun Josef ins Haus trat, brachten
sie ihm das Geschenk ins Haus, das sie
mitgebracht hatten, und fielen vor ihm
nieder zur Erde. 27 Er aber grüßte sie
freundlich und sprach: Geht es eurem
alten Vater gut, von dem ihr mir sagtet?
Lebt er noch? 28 Sie antworteten: Es geht
deinem Knechte, unserm Vater, gut und
er lebt noch. Und sie [a]verneigten sich
und fielen vor ihm nieder.

29 Und er hob seine Augen auf und sah
seinen Bruder Benjamin, seiner Mutter
Sohn, und sprach: Ist das euer jüngster
Bruder, von dem ihr mir sagtet? Und
sprach weiter: Gott sei dir gnädig, mein
Sohn! 30 Und Josef eilte hinaus; denn sein
Herz entbrannte ihm gegen seinen Bru-
der, und er suchte, wo er weinen könnte,
und ging in seine Kammer und weinte
daselbst.

31 Und als er sein Angesicht gewaschen
hatte, ging er heraus und hielt an sich
und sprach: Legt die Speisen auf! 32 Und
man trug ihm besonders auf und [a]jenen
auch besonders und den Ägyptern, die
mit ihm aßen, auch besonders. Denn die
Ägypter dürfen nicht essen mit den He-
bräern; denn es ist ein [b]Gräuel für sie.
33 Und man setzte sie ihm gegenüber, den
Erstgeborenen nach seiner Erstgeburt
und den Jüngsten nach seiner Jugend.
Darüber verwunderten sie sich unterein-
ander. 34 Und man trug ihnen Essen auf
von seinem Tisch, aber Benjamin bekam
fünfmal mehr als die andern. Und sie
tranken und wurden fröhlich mit ihm.

Josefs Brüder werden hart geängstigt

44 Und Josef befahl seinem Haushal-
ter und sprach: Fülle den Män-
nern ihre Säcke mit Getreide, soviel sie
fortbringen, und lege jedem sein Geld
oben in seinen Sack. 2 Und meinen silber-
nen Becher lege oben in des Jüngsten
Sack mit dem Gelde für das Getreide.
Der tat, wie ihm Josef gesagt hatte.

3 Am Morgen, als es licht ward, ließen
sie die Männer ziehen mit ihren Eseln.
4 Als sie aber zur Stadt hinaus waren und
noch nicht weit gekommen, sprach Josef
zu seinem Haushalter: Auf, jage den
Männern nach und wenn du sie ereilst,
so sprich zu ihnen: Warum habt ihr Gu-
tes mit Bösem vergolten? 5 Warum habt
ihr den silbernen Becher gestohlen? Ist
das nicht der, aus dem mein Herr trinkt
und aus dem er wahrsagt? Ihr habt übel
getan.

6 Und als er sie ereilte, redete er mit
ihnen diese Worte. 7 Sie antworteten ihm:
Warum redet mein Herr solche Worte?
Es sei ferne von deinen Knechten, sol-
ches zu tun. 8 Siehe, [a]das Geld, das wir
fanden oben in unseren Säcken, haben
wir wiedergebracht zu dir aus dem Lande
Kanaan. Wie sollten wir da aus deines
Herrn Hause Silber oder Gold gestohlen
haben? 9 Bei wem er gefunden wird unter
deinen Knechten, der sei des Todes; dazu
wollen auch wir meines Herrn Sklaven
sein. 10 Er sprach: Ja, es sei, wie ihr ge-
redet habt. Bei wem er gefunden wird,
der sei mein Sklave, ihr aber sollt frei
sein.

11 Und sie legten eilends ein jeder sei-
nen Sack ab auf die Erde, und ein jeder
tat seinen Sack auf. 12 Und er suchte und
fing an beim Ältesten bis hin zum Jüngs-
ten. Da fand sich der Becher in Ben-

43,23: *a* Kap 42,24 **43,28:** *a* Kap 37,7.9 **43,32:** *a* Kap 39,6; *b* Kap 46,34; 2. Mose 8,22 **44,8:** *a* Kap 43,21

jamins Sack. 13 Da zerrissen sie ihre Klei-
der, und ein jeder belud seinen Esel, und
sie zogen wieder in die Stadt.

14 Und Juda ging mit seinen Brüdern
in Josefs Haus, denn er war noch dort.
Und sie fielen vor ihm nieder auf die
Erde. 15 Josef aber sprach zu ihnen: Wie
habt ihr das tun können? Wusstet ihr
nicht, dass ein solcher Mann, wie ich bin,
wahrsagen kann? 16 Juda sprach: Was sol-
len wir meinem Herrn sagen oder wie
sollen wir reden und womit können wir
uns rechtfertigen? [a]Gott hat die Missetat
deiner Knechte gefunden. Siehe, wir und
der, bei dem der Becher gefunden ist,
sind meines Herrn Sklaven. 17 Er aber
sprach: Das sei ferne von mir, solches zu
tun! Der, bei dem der Becher gefunden
ist, soll mein Sklave sein; ihr aber zieht
hinauf mit Frieden zu eurem Vater.

18 Da trat Juda zu ihm und sprach:
Mein Herr, lass deinen Knecht ein Wort
reden vor den Ohren meines Herrn, und
dein Zorn entbrenne nicht über deinen
Knecht, denn du bist wie der Pharao.
19 Mein Herr fragte seine Knechte und
sprach: Habt ihr noch einen Vater oder
Bruder?[a] 20 Da antworteten wir: Wir
haben einen Vater, der ist alt, und einen
jungen Knaben, in seinem Alter geboren,
und sein Bruder ist tot und er ist allein
übrig geblieben von seiner Mutter, und
sein Vater hat ihn lieb. 21 Da sprachst du
zu deinen Knechten: Bringt ihn herab zu
mir, ich will ihm Gnade erweisen. 22 Wir
aber antworteten meinem Herrn: Der
Knabe kann seinen Vater nicht verlassen;
wenn er ihn verließe, würde der sterben.
23 Da [a]sprachst du zu deinen Knechten:
Wenn euer jüngster Bruder nicht mit
euch herkommt, sollt ihr mein Angesicht
nicht mehr sehen. 24 Da zogen wir hinauf
zu deinem Knecht, meinem Vater, und
sagten ihm meines Herrn Rede. 25 Da
sprach unser Vater: Zieht wieder hin und
kauft uns ein wenig Getreide. 26 Wir aber
sprachen: Wir können nicht hinabziehen;
nur wenn unser jüngster Bruder mit uns
ist, wollen wir hinabziehen; denn wir
dürfen des Mannes Angesicht nicht se-
hen, wenn unser jüngster Bruder nicht
mit uns ist. 27 Da sprach dein Knecht,
mein Vater, zu uns: Ihr wisst, dass mir
meine Frau zwei Söhne geboren hat;
28 **einer** ging von mir und [a]ich musste mir
sagen: Er ist zerrissen. Und ich hab ihn
nicht gesehen bisher. 29 Werdet [a]ihr die-
sen auch von mir nehmen und widerfährt
ihm ein Unfall, so werdet ihr meine
grauen Haare mit Jammer hinunter zu
den Toten bringen.

30 Nun, wenn ich heimkäme zu deinem
Knecht, meinem Vater, und der Knabe
wäre nicht mit uns, an dem er mit ganzer
Seele hängt, 31 so wird's geschehen, dass
er stirbt, wenn er sieht, dass der Knabe
nicht da ist. So würden wir, deine
Knechte, die grauen Haare deines
Knechtes, unseres Vaters, mit Herzeleid
hinunter zu den Toten bringen. 32 Denn
ich, dein Knecht, [a]bin Bürge geworden
für den Knaben vor meinem Vater und
sprach: Bringe ich ihn dir nicht wieder,
so will ich mein Leben lang die Schuld
tragen. 33 Darum lass deinen Knecht hier-
bleiben an des Knaben statt als Sklaven
meines Herrn und den Knaben mit sei-
nen Brüdern hinaufziehen. 34 Denn wie
soll ich hinaufziehen zu meinem Vater,
wenn der Knabe nicht mit mir ist? Ich
könnte den Jammer nicht sehen, der über
meinen Vater kommen würde.

Josef gibt sich seinen Brüdern zu erkennen

45 Da konnte Josef nicht länger an
sich halten vor allen, die um ihn
her standen, und er rief: Lasst jedermann
von mir hinausgehen! Und stand kein
Mensch bei ihm, als sich Josef seinen
Brüdern zu erkennen gab. 2 Und er
weinte laut, dass es die Ägypter und das
Haus des Pharao hörten, 3 und sprach zu
seinen Brüdern: Ich bin Josef. Lebt mein
Vater noch? Und seine Brüder konnten
ihm nicht antworten, so erschraken sie
vor seinem Angesicht.

4 Er aber sprach zu seinen Brüdern:
Tretet doch her zu mir! Und sie traten
herzu. Und er sprach: Ich bin Josef, euer
Bruder, [a]den ihr nach Ägypten verkauft
habt. 5 Und nun bekümmert euch nicht
und denkt nicht, dass ich darum zürne,
dass ihr mich hierher verkauft habt; denn

44,16: *a* Kap 42,21-22 **44,19:** *a* Kap 42,7.13; 43,7 **44,23:** *a* Kap 42,15; 43,3-5 **44,28:** *a* Kap 37,32-33 **44,29:** *a* Kap 42,38 **44,32:** *a* Kap 43,9 **45,4:** *a* Kap 37,28

um [a]eures Lebens willen hat mich Gott
vor euch hergesandt. 6 Denn es sind nun
zwei Jahre, dass Hungersnot im Lande
ist, und sind noch fünf Jahre, dass weder
Pflügen noch Ernten sein wird. 7 Aber
Gott hat mich vor euch hergesandt, dass
er euch übrig lasse auf Erden und euer
Leben erhalte zu einer großen Errettung.
8 Und nun, ihr habt mich nicht herge-
sandt, sondern Gott; der hat mich dem
Pharao zum Vater gesetzt und zum
Herrn über sein ganzes Haus und zum
Herrscher über ganz Ägyptenland.[a]
9 Eilt nun und zieht hinauf zu meinem
Vater und sagt ihm: Das lässt dir Josef,
dein Sohn, sagen: Gott hat mich zum
Herrn über ganz Ägypten gesetzt; komm
herab zu mir, säume nicht! 10 Du sollst im
Lande Goschen wohnen und nahe bei
mir sein, du und deine Kinder und deine
Kindeskinder, dein Kleinvieh und Groß-
vieh und alles, was du hast. 11 Ich will
dich dort versorgen, denn es sind noch
fünf Jahre Hungersnot, damit du nicht
verarmst mit deinem Hause und allem,
was du hast. 12 Siehe, eure Augen sehen
es und die Augen meines Bruders Benja-
min, dass ich leibhaftig mit euch rede.
13 Verkündet meinem Vater alle meine
Herrlichkeit in Ägypten und alles, was
ihr gesehen habt; eilt und kommt herab
mit meinem Vater hierher.

14 Und er fiel seinem Bruder Benjamin
um den Hals und weinte, und Benjamin
weinte auch an seinem Halse, 15 und er
küsste alle seine Brüder und weinte an
ihrer Brust. Danach redeten seine Brüder
mit ihm.

16 Und als das Gerücht kam in des
Pharao Haus, dass Josefs Brüder gekom-
men wären, gefiel es dem Pharao gut und
allen seinen Großen. 17 Und der Pharao
sprach zu Josef: Sage deinen Brüdern:
Macht es so: Beladet eure Tiere, zieht
hin! 18 Und wenn ihr ins Land Kanaan
kommt, so nehmt euren Vater und alle
die Euren und kommt zu mir; ich will
euch das Beste geben in Ägyptenland,
dass ihr essen sollt das Fett des Landes.
19 Und gebiete ihnen: Macht es so:
Nehmt mit euch aus Ägyptenland Wagen
für eure Kinder und Frauen und bringt
euren Vater mit und kommt. 20 Und seht
euren Hausrat nicht an; denn das Beste
des ganzen Landes Ägypten soll euer
sein.

21 Die Söhne Israels taten so. Und Jo-
sef gab ihnen Wagen nach dem Befehl
des Pharao und Zehrung auf den Weg
22 und gab ihnen allen, einem jeden ein
Feierkleid, aber Benjamin gab er drei-
hundert Silberstücke und fünf Feierklei-
der. 23 Und seinem Vater sandte er zehn
Esel, mit dem Besten aus Ägypten be-
laden, und zehn Eselinnen mit Getreide
und Brot und mit Zehrung für seinen
Vater auf den Weg. 24 Damit entließ er
seine Brüder und sie zogen hin. Und er
sprach zu ihnen: [a]Zankt nicht auf dem
Wege!

25 So zogen sie hinauf von Ägypten
und kamen ins Land Kanaan zu ihrem
Vater Jakob 26 und verkündeten ihm und
sprachen: Josef lebt noch und ist Herr
über ganz Ägyptenland! Aber sein Herz
blieb kalt, denn er glaubte ihnen nicht.
27 Da sagten sie ihm alle Worte Josefs, die
er zu ihnen gesagt hatte. Und als er die
Wagen sah, die ihm Josef gesandt hatte,
um ihn zu holen, wurde der Geist Jakobs,
ihres Vaters, lebendig. 28 Und Israel
sprach: [a]Mir ist genug, dass mein Sohn
Josef noch lebt; ich will hin und ihn se-
hen, ehe ich sterbe.

Jakobs Reise nach Ägypten.
Seine Kinder und Enkel

46 Israel zog hin mit allem, was er
hatte. Und als er nach [a]Beersche-
ba kam, brachte er Opfer dar dem Gott
seines Vaters Isaak. 2 Und Gott sprach zu
ihm des Nachts in einer Offenbarung:
Jakob, Jakob! Er sprach: Hier bin ich.
3 Und er sprach: Ich bin Gott, der Gott
deines Vaters; fürchte dich nicht, nach
Ägypten hinabzuziehen; denn [a]daselbst
will ich dich zum großen Volk machen.
4 Ich will mit dir hinab nach Ägypten
ziehen und will dich auch wieder herauf-
führen, und Josef soll dir mit seinen
Händen die Augen zudrücken. 5 Da
machte sich Jakob auf von Beerscheba.

Und die Söhne Israels hoben Jakob,
ihren Vater, mit ihren Kindern und

45,5: *a* Kap 50,20 **45,8:** *a* Kap 41,39-43 **45,24:** *a* Kap 42,22 **45,28:** *a* Kap 46,30 **46,1:** *a* Kap 26,23-25 **46,3:** *a* Kap 47,27; 2. Mose 1,7

Frauen auf die Wagen, die der Pharao
gesandt hatte, um ihn zu holen, 6 und
nahmen ihr Vieh und ihre Habe, die sie
im Lande Kanaan erworben hatten, und
kamen so nach Ägypten, Jakob und sein
ganzes Geschlecht mit ihm. 7 Seine Söhne
und seine Enkel, seine Töchter und seine
Enkelinnen und seine ganze Nachkom-
menschaft brachte er mit sich nach
Ägypten.

8 [a]Dies sind die Namen der Söhne Is-
raels, die nach Ägypten kamen: Jakob
und seine Söhne. Der erstgeborene Sohn
Jakobs: Ruben. 9 Die Söhne Rubens:
Henoch, Pallu, Hezron und Karmi.
10 Die Söhne Simeons: Jemuël, Jamin,
Ohad, Jachin, Zohar und Schaul, der
Sohn der Kanaaniterin. 11 Die Söhne Le-
vis: Gerschon, Kehat und Merari. 12 Die
Söhne Judas: Er, Onan, Schela, Perez
und Serach. Aber Er und Onan waren
gestorben im Lande Kanaan. Die Söhne
aber des Perez: Hezron und Hamul.[a]
13 Die Söhne Issachars: Tola, Puwa, Ja-
schub und Schimron. 14 Die Söhne Sebu-
lons: Sered, Elon und Jachleel. 15 Das
sind die Söhne der Lea, die sie Jakob
gebar in Mesopotamien, dazu seine
Tochter Dina. Die machen zusammen
mit ihren Söhnen und Töchtern dreiund-
dreißig Seelen.

16 Die Söhne Gads: Zifjon, Haggi,
Schuni, Ezbon, Eri, Arod und Areli.
17 Die Söhne Assers: Jimna, Jischwa,
Jischwi, Beria, dazu Serach, ihre Schwes-
ter; und die Söhne Berias: Heber und
Malkiël. 18 Das sind die Söhne der
[a]Silpa, die Laban seiner Tochter Lea ge-
geben hatte, und sie gebar Jakob diese
sechzehn Seelen.

19 Die Söhne Rahels, der Frau Jakobs:
Josef und Benjamin. 20 Und dem Josef
wurden geboren in Ägyptenland Ma-
nasse und Ephraim, die ihm Asenat ge-
bar, die Tochter Potiferas, des Priesters
zu On.[a] 21 Die Söhne Benjamins: Bela,
Becher, Aschbel, Gera, Naaman, Ehi,
Rosch, Muppim, Huppim und Ard.
22 Das sind die Söhne der Rahel, die Ja-
kob geboren wurden, zusammen vier-
zehn Seelen.

23 Der Sohn Dans: Schuham. 24 Die
Söhne Naftalis: Jachzeel, Guni, Jezer
und Schillem. 25 Das sind die Söhne der
[a]Bilha, die Laban seiner Tochter Rahel
gegeben hatte, und sie gebar Jakob diese
sieben Seelen.

26 [a]Alle Seelen, die mit Jakob nach
Ägypten kamen, seine Nachkommen –
ausgenommen die Frauen seiner Söhne –
sind alle zusammen sechsundsechzig See-
len. 27 Die Söhne Josefs, die in Ägypten
geboren sind, waren zwei Seelen; sodass
alle Seelen des Hauses Jakobs, die nach
Ägypten kamen, waren siebzig.

Jakobs Wiedersehen mit Josef

28 Und Jakob sandte Juda vor sich her zu
Josef, dass dieser ihm [a]Goschen anwiese.
Als sie in das Land Goschen kamen,
29 spannte Josef seinen Wagen an und zog
hinauf seinem Vater Israel entgegen nach
Goschen. Und als er ihn sah, fiel er ihm
um den Hals und weinte lange an seinem
Halse. 30 Da sprach Israel zu Josef: Ich
will nun gerne sterben, nachdem ich dein
Angesicht gesehen habe, dass du noch
lebst.[a]

31 Josef sprach zu seinen Brüdern und
zu seines Vaters Hause: Ich will hinauf-
ziehen und dem Pharao ansagen und zu
ihm sprechen: Meine Brüder und meines
Vaters Haus sind zu mir gekommen aus
dem Lande Kanaan 32 und sind Viehhir-
ten, denn es sind Leute, die Vieh haben;
ihr Kleinvieh und Großvieh und alles,
was sie haben, haben sie mitgebracht.
33 Wenn euch nun der Pharao wird rufen
und sagen: Was ist euer Gewerbe?, 34 so
sollt ihr sagen: Deine Knechte sind
Leute, die Vieh haben, von unserer Ju-
gend an bis jetzt, wir und unsere Väter –,
damit ihr wohnen dürft im Lande Go-
schen. Denn alle Viehhirten sind [a]den
Ägyptern ein Gräuel.

Jakob vor dem Pharao

47 Da kam Josef und sagte es dem
Pharao an und sprach: Mein Vater
und meine Brüder, ihr Kleinvieh und
Großvieh und alles, was sie haben, sind
gekommen aus dem Lande Kanaan, und

46,8: *a (8-11)* 2. Mose 6,14-16 **46,12:** *a* Kap 38,3-4.29-30 **46,18:** *a* Kap 29,24 **46,20:** *a* Kap 41,50-52 **46,25:** *a* Kap 29,29 **46,26:** *a (26-27)* 2. Mose 1,1-5 **46,28:** *a* Kap 45,10 **46,30:** *a* Kap 45,28 **46,34:** *a* Kap 43,32

siehe, sie sind im Lande Goschen. 2 Und
er nahm von allen seinen Brüdern fünf
und stellte sie vor den Pharao.

3 Da sprach der Pharao zu seinen Brü-
dern: Was ist euer Gewerbe? Sie ant-
worteten: Deine Knechte sind [a]Viehhir-
ten, wir und unsere Väter. 4 Und sagten
weiter zum Pharao: Wir sind gekommen,
bei euch zu wohnen im Lande; denn
deine Knechte haben nicht Weide für ihr
Vieh, so hart drückt die Hungersnot das
Land Kanaan. So lass doch nun deine
Knechte im Land Goschen wohnen.
5 Der Pharao sprach zu Josef: Es ist dein
Vater und es sind deine Brüder, die zu dir
gekommen sind. 6 Das Land Ägypten
steht dir offen, lass sie am besten Ort des
Landes wohnen, lass sie im Lande Go-
schen wohnen, und wenn du weißt, dass
Leute unter ihnen sind, die tüchtig sind,
so setze sie über mein Vieh.

7 Josef brachte auch seinen Vater Jakob
hinein und stellte ihn vor den Pharao.
Und Jakob segnete den Pharao. 8 Der
Pharao aber fragte Jakob: Wie alt bist
du? 9 Jakob sprach zum Pharao: Die Zeit
meiner Wanderschaft ist hundertunddrei-
ßig Jahre; wenig und böse ist die Zeit
meines Lebens und reicht nicht heran an
die Zeit meiner Väter in ihrer Wander-
schaft.[a] 10 Und Jakob segnete den Pha-
rao und ging hinaus von ihm.

11 Aber Josef ließ seinen Vater und
seine Brüder in Ägyptenland wohnen
und gab ihnen Besitz am besten Ort des
Landes, im Lande Ramses, wie der Pha-
rao geboten hatte. 12 Und er [a]versorgte
seinen Vater und seine Brüder und das
ganze Haus seines Vaters mit Brot, einen
jeden nach der Zahl seiner Kinder.

Die Ägypter verkaufen ihre Habe und sich selbst dem Pharao

13 Es war aber kein Brot im ganzen
Lande; denn die Hungersnot war sehr
schwer, sodass Ägypten und Kanaan ver-
schmachteten vor Hunger. 14 Und Josef
brachte alles Geld zusammen, das in
Ägypten und Kanaan gefunden wurde,
für das Getreide, das sie kauften; und er
tat alles Geld in das Haus des Pharao.
15 Als es nun an Geld gebrach im Lande
Ägypten und in Kanaan, kamen alle
Ägypter zu Josef und sprachen: Schaffe
uns Brot! Warum lässt du uns vor dir
sterben, nun wir ohne Geld sind? 16 Josef
sprach: Schafft euer Vieh her, so will ich
euch Brot als Entgelt für das Vieh geben,
weil ihr ohne Geld seid. 17 Da brachten
sie Josef ihr Vieh und er gab ihnen Brot
als Entgelt für ihre Pferde, Schafe, Rin-
der und Esel. So ernährte er sie mit Brot
das Jahr hindurch für all ihr Vieh.

18 Als das Jahr um war, kamen sie zu
ihm im zweiten Jahr und sprachen zu
ihm: Wir wollen unserm Herrn nicht ver-
bergen, dass nicht allein das Geld, son-
dern auch alles Vieh dahin ist an unsern
Herrn, und ist nichts mehr übrig vor un-
serm Herrn als nur unsere Leiber und
unser Feld. 19 Warum lässt du uns vor dir
sterben und unser Feld? Kaufe uns und
unser Land für Brot, dass wir und unser
Land leibeigen seien dem Pharao; gib
uns Korn zur Saat, dass wir leben und
nicht sterben und das Feld nicht wüst
werde.

20 So kaufte Josef dem Pharao das
ganze Ägypten. Denn die Ägypter ver-
kauften ein jeder seinen Acker, weil die
Hungersnot schwer auf ihnen lag. Und
so wurde das Land dem Pharao zu
eigen. 21 Und er machte das Volk leib-
eigen von einem Ende Ägyptens bis ans
andere. 22 Ausgenommen [a]das Feld der
Priester, das kaufte er nicht; denn es war
vom Pharao für die Priester verordnet,
dass sie sich nähren sollten von dem
Landanteil, den er ihnen gegeben hatte.
Darum durften sie ihr Feld nicht ver-
kaufen.

23 Da sprach Josef zu dem Volk: Siehe,
ich hab heute euch und euer Feld für den
Pharao gekauft; siehe, da habt ihr Korn
zur Saat und nun besät das Feld. 24 Und
von dem Getreide sollt ihr den Fünften
dem Pharao geben; vier Teile sollen euer
sein, das Feld zu besäen und zu eurer
Speise und für euer Haus und eure Kin-
der. 25 Sie sprachen: Du hast uns beim
Leben erhalten; lass uns nur Gnade fin-
den vor dir, unserm Herrn, dann wollen
wir dem Pharao leibeigen sein. 26 So
machte es Josef zum Gesetz bis auf die-

47,3: *a* Kap 46,33-34 **47,9:** *a* Hebr 11,13 **47,12:** *a* Kap 45,11 **47,22:** *a* 4. Mose 18,20; Jos 13,14; Hes 44,28; 45,1-5

sen Tag, den Fünften vom Feld der
Ägypter dem Pharao zu geben; ausge-
nommen blieb das Feld der Priester, das
wurde nicht dem Pharao zu eigen.

Jakobs letzter Wunsch

27 So wohnte Israel in Ägypten im Lande
Goschen, und sie hatten es inne und
wuchsen und mehrten sich sehr.[a] 28 Und
Jakob lebte siebzehn Jahre in Ägypten-
land, dass sein ganzes Alter wurde hun-
dertundsiebenundvierzig Jahre.
29 [a]Als nun die Zeit herbeikam, dass
Israel sterben sollte, rief er seinen Sohn
Josef und sprach zu ihm: Hab ich Gnade
vor dir gefunden, so lege deine Hand
unter meine Hüfte, dass du die Liebe und
Treue an mir tust und begräbst mich
nicht in Ägypten, 30 sondern [a]ich will
liegen bei meinen Vätern, und du sollst
mich aus Ägypten führen und in ihrem
Grab begraben. Er sprach: Ich will tun,
wie du gesagt hast. 31 Er aber sprach: So
schwöre mir. Und er schwor ihm. Da
[a]neigte sich Israel anbetend über das
Kopfende des Bettes hin.

Jakobs Segen über Ephraim und Manasse

48 Danach wurde Josef gesagt: Siehe,
dein Vater ist krank. Und er nahm
mit sich seine beiden Söhne Manasse und
Ephraim. 2 Da wurde Jakob angesagt:
Siehe, dein Sohn Josef kommt zu dir.
Und Israel machte sich stark und setzte
sich auf im Bett 3 und sprach zu Josef:
[a]Der allmächtige Gott erschien mir zu
Lus im Lande Kanaan und segnete mich
4 und sprach zu mir: Siehe, [a]ich will dich
wachsen lassen und mehren und will dich
zu einer Menge von Völkern machen und
will dies Land zu eigen geben deinen
Nachkommen für alle Zeit. 5 So sollen
nun deine [a]beiden Söhne Ephraim und
Manasse, die dir geboren sind in Ägyp-
tenland, ehe ich hergekommen bin zu dir,
mein sein gleichwie Ruben und Simeon.
6 Die du aber nach ihnen zeugst, sollen
dein sein und genannt werden nach dem
Namen ihrer Brüder in deren Erbteil.
7 Und als ich aus Mesopotamien kam,
starb mir [a]Rahel im Land Kanaan auf
der Reise, als noch eine Strecke Weges
war nach Efrata, und ich begrub sie dort
an dem Wege nach Efrata, das nun Beth-
lehem heißt.
8 Und Israel sah die Söhne Josefs und
sprach: Wer sind die? 9 Josef antwortete
seinem Vater: Es sind meine Söhne, die
mir Gott hier gegeben hat. Er sprach:
Bringe sie her zu mir, dass ich sie segne.
10 Denn die Augen Israels waren schwach
geworden vor Alter und er konnte nicht
mehr sehen. Und Josef brachte sie zu
ihm. Er aber küsste sie und herzte sie
11 und sprach zu Josef: Siehe, ich habe
dein Angesicht gesehen, was ich [a]nicht
gedacht hätte, und siehe, Gott hat mich
[b]auch deine Söhne sehen lassen. 12 Und
Josef nahm sie von seinem Schoß und
verneigte sich vor ihm zur Erde.
13 Dann nahm sie Josef beide, Ephraim
an seine rechte Hand gegenüber Israels
linker Hand und Manasse an seine linke
Hand gegenüber Israels rechter Hand,
und brachte sie zu ihm. 14 Aber Israel
streckte seine rechte Hand aus und legte
sie auf Ephraims, des Jüngeren, Haupt
und seine linke auf Manasses Haupt und
kreuzte seine Arme, obwohl Manasse der
Erstgeborene war. 15 Und er segnete Josef
und sprach: Der Gott, vor dem [a]meine
Väter Abraham und Isaak gewandelt
sind, der Gott, der [b]mein Hirte gewesen
ist mein Leben lang bis auf diesen Tag,
16 [a]der Engel, der mich erlöst hat von
allem Übel, der segne die Knaben, dass
durch sie mein und meiner Väter Abra-
ham und Isaak Name fortlebe, dass sie
wachsen und viel werden auf Erden.
17 Als aber Josef sah, dass sein Vater
die rechte Hand auf Ephraims Haupt
legte, missfiel es ihm, und er fasste seines
Vaters Hand, dass er sie von Ephraims
Haupt auf Manasses Haupt wendete,
18 und sprach zu ihm: Nicht so, mein Va-
ter, dieser ist der Erstgeborene; lege deine
rechte Hand auf sein Haupt. 19 Aber sein
Vater weigerte sich und sprach: Ich weiß
wohl, mein Sohn, ich weiß wohl. Dieser
soll auch ein Volk werden und wird groß
sein, aber sein jüngerer Bruder wird grö-
ßer als er werden, und sein Geschlecht

47,27: *a* Kap 46,3; 2. Mose 1,7.12 **47,29:** *a (29-30)* Kap 50,5 **47,30:** *a* Kap 23,20 **47,31:** *a* Hebr 11,21 **48,3:** *a* Kap 28,12-19 **48,4:** *a* Kap 35,11-12 **48,5:** *a* Kap 41,50-52 **48,7:** *a* Kap 35,19 **48,11:** *a* Kap 37,33.35; 45,26; *b* Ps 128,6 **48,15:** *a* Kap 32,10; *b* Ps 23,1 **48,16:** *a* Kap 32,25-30; Jes 41,14

wird eine Menge von Völkern werden.[a]
20 So [a]segnete er sie an jenem Tage und
sprach: Wer in Israel jemanden segnen
will, der sage: Gott mache dich wie
Ephraim und Manasse! Und so setzte er
Ephraim vor Manasse.
21 Und Israel sprach zu Josef: Siehe,
ich sterbe; aber Gott wird mit euch sein
und wird euch zurückbringen in das
Land eurer Väter. 22 Ich gebe dir ein
Stück [a]Land vor deinen Brüdern, das ich
mit meinem Schwert und Bogen aus der
Hand der Amoriter genommen habe.

Jakobs Segen über seine Söhne

(vgl. 5. Mose 33,1-29)

49 Und Jakob berief seine Söhne und
sprach: Versammelt euch, dass ich
euch verkünde, was euch begegnen wird
in künftigen Zeiten. 2 Kommt zuhauf und
hört zu, ihr Söhne Jakobs, und hört
euren Vater Israel.
3 **Ruben,** mein erster Sohn bist du,
meine Kraft und der Erstling meiner
Stärke, der Oberste in der Würde und der
Oberste in der Macht.[a] 4 Weil du auf-
walltest wie Wasser, sollst du nicht der
Oberste sein; denn [a]du bist auf deines
Vaters Lager gestiegen, daselbst hast du
mein Bett entweiht, das du bestiegst.
5 [a]Die Brüder **Simeon** und **Levi,** ihre
Schwerter sind mörderische Waffen.
6 Meine Seele komme nicht in ihren Rat,
und mein Herz sei nicht in ihrer Ver-
sammlung; denn in ihrem Zorn haben sie
Männer gemordet, und in ihrem Mut-
willen haben sie Stiere gelähmt. 7 Ver-
flucht sei ihr Zorn, dass er so heftig ist,
und ihr Grimm, dass er so grausam ist.
Ich will sie versprengen in Jakob und
zerstreuen in Israel.[a]
8 [a]**Juda,** du bist's! Dich werden deine
Brüder preisen. Deine Hand wird deinen
Feinden auf dem Nacken sein, vor dir
werden deines Vaters Söhne sich vernei-
gen. 9 Juda ist ein [a]junger Löwe. Du bist
hochgekommen, mein Sohn, vom Raube.
Wie ein Löwe hat er sich hingestreckt
und wie eine Löwin sich gelagert. Wer
will ihn aufstören? 10 **Es [a]wird das Zepter
von Juda nicht weichen noch der Stab des
Herrschers von seinen Füßen, [b]bis dass
der Held komme, und ihm werden die Völ-
ker anhangen.** 11 Er wird seinen Esel an
den Weinstock binden und seiner Eselin
Füllen an die edle Rebe. Er wird [a]sein
Kleid in Wein waschen und seinen Man-
tel in Traubenblut. 12 Seine Augen sind
dunkel von Wein und seine Zähne weiß
von Milch.
13 [a]**Sebulon** wird am Gestade des Mee-
res wohnen und am Gestade der Schiffe
und reichen bis Sidon.
14 **Issachar** wird ein knochiger Esel sein
und sich lagern zwischen den Sattelkör-
ben. 15 Und er sah die Ruhe, dass sie gut
ist, und das Land, dass es lieblich ist; da
hat er seine Schultern geneigt, zu tragen,
und ist ein fronpflichtiger Knecht ge-
worden.
16 [a]**Dan** wird Richter sein in seinem
Volk wie nur irgendein Stamm in Israel.
17 Dan wird eine Schlange werden auf
dem Wege und eine Otter auf dem Steige
und das Pferd in die Fersen beißen, dass
sein Reiter zurückfalle. 18 **Herr, ich warte
auf dein Heil!**[a]
19 **Gad** wird gedrängt werden von
Kriegshaufen, er aber drängt ihnen nach
auf der Ferse.
20 [a]**Assers** Brot wird fett sein, und er
wird leckere Speise wie für Könige ge-
ben.
21 [a]**Naftali** ist ein schneller Hirsch, er
gibt schöne Rede.
22 **Josef** wird wachsen, er wird wachsen
wie ein Baum an der Quelle, dass die
Zweige emporsteigen über die Mauer.
23 Und wiewohl ihn die Schützen erzür-
nen und gegen ihn kämpfen und ihn ver-
folgen, 24 so bleibt doch sein Bogen fest
und seine Arme und Hände stark durch
die Hände des Mächtigen in Jakob,
durch ihn, den Hirten und [a]Fels Israels.
25 [a]Von deines Vaters Gott werde dir ge-
holfen, und von dem Allmächtigen seist
du gesegnet mit Segen oben vom Himmel
herab, mit Segen von der Flut, die drun-
ten liegt, mit Segen der Brüste und des
Mutterleibes. 26 Die Segnungen deines

48,19: *a* 4. Mose 1,33-35; 5. Mose 33,17 **48,20:** *a* Hebr 11,21 **48,22:** *a* Joh 4,5 **49,3:** *a* Kap 29,32; 5. Mose 21,17 **49,4:** *a* Kap 35,22 **49,5:** *a (5-7)* Kap 34,25 **49,7:** *a* Jos 19,1-9; 21,1-42 **49,8:** *a* 4. Mose 10,14; Ri 1,1-2 **49,9:** *a* 4. Mose 23,24; Hes 19,2; Offb 5,5 **49,10:** *a* 4. Mose 24,17; 1. Chr 5,2; 28,4; Hebr 7,14; *b* Hes 21,32 **49,11:** *a* Joel 4,18 **49,13:** *a* Jos 19,10-16 **49,16:** *a* Ri 13,2.24-25 **49,18:** *a* Ps 119,166; Hab 2,3 **49,20:** *a* Jos 19,24-31 **49,21:** *a* Ri 4,6-10 **49,24:** *a* 5. Mose 32,18 **49,25:** *a (25-26)* 5. Mose 28,3-6; 33,13

Vaters waren stärker als die Segnungen
der ewigen Berge, die köstlichen Güter
der ewigen Hügel. Mögen sie kommen
auf das Haupt Josefs und auf den Schei-
tel des Geweihten unter seinen Brüdern!

27 [a]**Benjamin** ist ein reißender Wolf;
des Morgens wird er Raub fressen und
des Abends wird er Beute austeilen.

28 Das sind die zwölf Stämme Israels
alle, und das ist's, was ihr Vater zu ihnen
geredet hat, als er sie segnete, einen jeden
mit einem besonderen Segen.

Jakobs Tod

29 [a]Und Jakob gebot ihnen und sprach
zu ihnen: Ich werde versammelt zu mei-
nem Volk; begrabt mich bei meinen Vä-
tern in der Höhle auf dem Acker Efrons,
des Hetiters, 30 in der Höhle auf dem
Felde von Machpela, die östlich von
Mamre liegt im Lande Kanaan, die Ab-
raham kaufte samt dem Acker von
Efron, dem Hetiter, zum Erbbegräbnis.
31 Da haben sie [a]Abraham begraben und
Sara, seine Frau. Da haben sie auch
[b]Isaak begraben und Rebekka, seine
Frau. Da habe ich auch Lea begraben
32 in dem Acker und der Höhle, die von
den Hetitern gekauft ist.

33 Und als Jakob dies Gebot an seine
Söhne vollendet hatte, tat er seine Füße
zusammen auf dem Bett und verschied
und wurde versammelt zu seinen Vätern.

Jakobs Bestattung

50 Da warf sich Josef über seines Va-
ters Angesicht und weinte über
ihm und küsste ihn. 2 Und Josef befahl
seinen Dienern, den Ärzten, dass sie sei-
nen Vater zum Begräbnis salbten. Und
die Ärzte salbten Israel, 3 bis vierzig Tage
um waren; denn so lange währen die
Tage der Salbung. Und die Ägypter be-
weinten ihn siebzig Tage.

4 Als nun die Trauertage vorüber wa-
ren, redete Josef mit den Leuten des Pha-
rao und sprach: Hab ich Gnade vor euch
gefunden, so redet mit dem Pharao und
sprecht: 5 Mein Vater hat einen Eid von
mir genommen und gesagt: Siehe, ich
sterbe; [a]begrabe mich in meinem Grabe,
das ich mir im Lande Kanaan gegraben
habe. So will ich nun hinaufziehen und
meinen Vater begraben und wiederkom-
men. 6 Der Pharao sprach: Zieh hinauf
und begrabe deinen Vater, wie du ihm
geschworen hast.

7 Da zog Josef hinauf, seinen Vater zu
begraben. Und es zogen mit ihm alle
Großen des Pharao, die Ältesten seines
Hauses und alle Ältesten des Landes
Ägypten, 8 dazu das ganze Haus Josefs
und seine Brüder und die vom Hause
seines Vaters. Allein ihre Kinder, Schafe
und Rinder ließen sie im Lande Go-
schen. 9 Und es zogen auch mit ihm hin-
auf Wagen und Gespanne und es war ein
sehr großes Heer.

10 Als sie nun nach Goren-Atad ka-
men, das jenseits des Jordans liegt, da
hielten sie eine sehr große und feierliche
Klage. Und Josef hielt Totenklage über
seinen Vater sieben Tage. 11 Und als die
Leute im Lande, die Kanaaniter, die
Klage bei Goren-Atad sahen, sprachen
sie: Die Ägypter halten da große Klage.
Daher nennt man den Ort »Der Ägypter
Klage«; er liegt jenseits des Jordans.

12 Und seine Söhne taten, [a]wie er ih-
nen befohlen hatte, 13 und brachten ihn
ins Land Kanaan und begruben ihn in
der Höhle auf dem Felde von Machpela,
die [a]Abraham gekauft hatte mit dem
Acker zum Erbbegräbnis von Efron, dem
Hetiter, gegenüber Mamre. 14 Als sie ihn
nun begraben hatten, zog Josef wieder
nach Ägypten mit seinen Brüdern und
mit allen, die mit ihm hinaufgezogen
waren, seinen Vater zu begraben.

Josefs Edelmut und sein Tod

15 Die Brüder Josefs aber fürchteten sich,
als ihr Vater gestorben war, und spra-
chen: Josef könnte uns gram sein und uns
alle Bosheit vergelten, die wir an ihm
getan haben.[a] 16 Darum ließen sie ihm
sagen: Dein Vater befahl vor seinem
Tode und sprach: 17 So sollt ihr zu Josef
sagen: Vergib doch deinen Brüdern die
Missetat und ihre Sünde, dass sie so übel
an dir getan haben. Nun vergib doch
diese Missetat uns, den Dienern des Got-
tes deines Vaters! Aber Josef weinte, als
sie solches zu ihm sagten.

18 Und seine Brüder gingen hin und
fielen vor ihm nieder und sprachen:

49,27: *a* Ri 20,25; 1.Sam 9,1-2 **49,29:** *a (29-32)* Kap 23,13-20 **49,31:** *a* Kap 25,9; *b* Kap 35,29 **50,5:** *a* Kap 47,29-30 **50,12:** *a* Kap 49,29 **50,13:** *a* Kap 23,13-20 **50,15:** *a* Kap 27,41

Siehe, wir sind deine Knechte. 19Josef
aber sprach zu ihnen: Fürchtet euch
nicht! Stehe ich denn an Gottes statt?
20**Ihr gedachtet es böse mit mir zu ma-
chen, aber [a]Gott gedachte es gut zu ma-
chen,** um zu tun, was jetzt am Tage ist,
nämlich am Leben zu erhalten ein großes
Volk. 21So fürchtet euch nun nicht; ich
will euch und eure Kinder versorgen.
Und er tröstete sie und redete freundlich
mit ihnen.

22So wohnte Josef in Ägypten mit sei-
nes Vaters Hause und lebte hundertund-
zehn Jahre 23und sah Ephraims Kinder
bis ins dritte Glied. Auch die Söhne von
Machir, Manasses Sohn, wurden dem
Hause Josefs zugerechnet. 24Und Josef
sprach zu seinen Brüdern: Ich sterbe;
aber Gott wird euch gnädig heimsuchen
und aus diesem Lande führen in das
Land, das er Abraham, Isaak und Jakob
zu geben geschworen hat. 25Darum
nahm er einen Eid von den Söhnen Is-
raels und sprach: Wenn euch Gott heim-
suchen wird, so nehmt meine Gebeine
mit von hier.[a]

26Und Josef starb, als er hundertund-
zehn Jahre alt war. Und sie salbten ihn
und legten ihn in einen Sarg in Ägypten.

DAS ZWEITE BUCH MOSE (EXODUS)

Inhaltsübersicht

Israels Bedrückung in Ägypten

1 [a]Dies sind die Namen der Söhne Is-
raels, die mit Jakob nach Ägypten ka-
men; ein jeder kam mit seinem Hause:
2Ruben, Simeon, Levi, Juda, 3Issachar,
Sebulon, Benjamin, 4Dan, Naftali, Gad,
Asser. 5Und alle leiblichen Nachkommen
Jakobs zusammen waren siebzig an Zahl.
Josef aber war schon vorher in Ägypten.

6Als nun [a]Josef gestorben war und
alle seine Brüder und alle, die zu der Zeit
gelebt hatten, 7[a]wuchsen die Nachkom-
men Israels und zeugten Kinder und
mehrten sich und wurden überaus stark,
sodass von ihnen das Land voll ward.

8Da kam ein neuer König auf in
Ägypten, der wusste nichts von Josef
9und sprach zu seinem Volk: Siehe, das
Volk Israel ist mehr und stärker als wir.
10Wohlan, wir wollen sie mit List nieder-
halten, dass sie nicht noch mehr werden.
Denn wenn ein Krieg ausbräche, könn-
ten sie sich auch zu unsern Feinden
schlagen und gegen uns kämpfen und
aus dem Lande ausziehen.

11Und man setzte Fronvögte über sie,
die sie mit [a]Zwangsarbeit bedrücken
sollten. Und sie bauten dem Pharao die
Städte Pitom und [b]Ramses als Vorrats-
städte. 12Aber je mehr sie das Volk be-
drückten, desto stärker mehrte es sich
und breitete sich aus. Und es kam sie ein
Grauen an vor Israel. 13Da [a]zwangen die
Ägypter die Israeliten unbarmherzig zum
Dienst 14und machten ihnen ihr Leben
sauer mit schwerer Arbeit in Ton und
Ziegeln und mit mancherlei Frondienst
auf dem Felde, mit all ihrer Arbeit, die
sie ihnen auflegten ohne Erbarmen.

15Und der König von Ägypten sprach
zu den hebräischen Hebammen, von de-
nen die eine Schifra hieß und die andere
Pua: 16Wenn ihr den hebräischen Frauen
helft und bei der Geburt seht, dass es ein
Sohn ist, so tötet ihn; ist's aber eine
Tochter, so lasst sie leben. 17Aber die

50,20: *a* Kap 45,5.7 **50,25:** *a* 2. Mose 13,19; Jos 24,32 **1,1:** *a (1-5)* 1. Mose 46,8-27 **1,6:** *a* 1. Mose 50,26 **1,7:** *a (7-22)* Apg 7,17-19 **1,11:** *a* 1. Mose 15,13; *b* 1. Mose 47,11 **1,13:** *a* 1. Mose 15,13

Hebammen fürchteten Gott und taten
nicht, wie der König von Ägypten ihnen
gesagt hatte, sondern ließen die Kinder
leben.
18 Da rief der König von Ägypten die
Hebammen und sprach zu ihnen: Warum
tut ihr das, dass ihr die Kinder leben
lasst? 19 Die Hebammen antworteten dem
Pharao: Die hebräischen Frauen sind
nicht wie die ägyptischen, denn sie sind
kräftige Frauen. Ehe die Hebamme zu
ihnen kommt, haben sie geboren.
20 Darum tat Gott den Hebammen Gu-
tes. Und das Volk mehrte sich und wurde
sehr stark. 21 Und weil die Hebammen
Gott fürchteten, segnete er ihre Häuser.
22 Da gebot der Pharao seinem ganzen
Volk und sprach: Alle Söhne, die geboren
werden, werft in den Nil, aber alle Töch-
ter lasst leben.

Moses Geburt und wunderbare Errettung

2 Und es ging hin ein Mann vom
Hause Levi und nahm ein Mädchen
aus dem Hause Levi zur Frau.[a] 2 Und sie
ward schwanger und gebar einen Sohn.
Und als sie sah, dass es ein [a]feines Kind
war, verbarg sie ihn drei Monate. 3 Als sie
ihn aber nicht länger verbergen konnte,
machte sie ein Kästlein von Rohr und
verklebte es mit Erdharz und Pech und
legte das Kind hinein und setzte das
Kästlein in das Schilf am Ufer des Nils.
4 Aber seine [a]Schwester stand von ferne,
um zu erfahren, wie es ihm ergehen
würde.
5 Und die Tochter des Pharao ging
hinab und wollte baden im Nil, und ihre
Gespielinnen gingen am Ufer hin und
her. Und als sie das Kästlein im Schilf
sah, sandte sie ihre Magd hin und ließ es
holen. 6 Und als sie es auftat, sah sie das
Kind, und siehe, das Knäblein weinte.
Da jammerte es sie und sie sprach: Es ist
eins von den hebräischen Kindlein.
7 Da sprach seine Schwester zu der
Tochter des Pharao: Soll ich hingehen
und eine der hebräischen Frauen rufen,
die da stillt, dass sie dir das Kindlein
stille? 8 Die Tochter des Pharao sprach zu
ihr: Geh hin. Das Mädchen ging hin und
rief die Mutter des Kindes. 9 Da sprach
die Tochter des Pharao zu ihr: Nimm das
Kindlein mit und stille es mir; ich will es
dir lohnen. Die Frau nahm das Kind und
stillte es.
10 Und als das Kind groß war, brachte
sie es der Tochter des Pharao, und es
ward ihr Sohn und sie nannte ihn Mose;
denn sie sprach: Ich habe ihn aus dem
Wasser gezogen.

Moses Flucht nach Midian

11 [a]Zu der Zeit, als Mose groß geworden
war, ging er hinaus zu seinen Brüdern
und sah ihren Frondienst und nahm
wahr, dass ein Ägypter einen seiner he-
bräischen Brüder schlug. 12 Da schaute er
sich nach allen Seiten um und als er sah,
dass kein Mensch da war, erschlug er den
Ägypter und verscharrte ihn im Sande.
13 Am andern Tage ging er wieder hin-
aus und sah zwei hebräische Männer
miteinander streiten und sprach zu dem,
der im Unrecht war: Warum schlägst du
deinen Nächsten? 14 Er aber sprach:
[a]Wer hat dich zum Aufseher oder Rich-
ter über uns gesetzt? Willst du mich auch
umbringen, wie du den Ägypter umge-
bracht hast? Da fürchtete sich Mose und
sprach: Wie ist das bekannt geworden?
15 Und es kam vor den Pharao; der trach-
tete danach, Mose zu töten. Aber Mose
floh vor dem Pharao und hielt sich auf
im Lande Midian. Und er setzte sich
nieder bei einem Brunnen.
16 [a]Der Priester aber in Midian hatte
sieben Töchter; die kamen, Wasser zu
schöpfen, und füllten die Rinnen, um die
Schafe ihres Vaters zu tränken. 17 Da ka-
men Hirten und stießen sie weg. Mose
aber stand auf und half ihnen und
tränkte ihre Schafe. 18 Und als sie zu
ihrem Vater Reguël kamen, sprach er:
Warum seid ihr heute so bald gekom-
men? 19 Sie sprachen: Ein ägyptischer
Mann stand uns bei gegen die Hirten
und schöpfte für uns und tränkte die
Schafe.
20 Er sprach zu seinen Töchtern: Wo ist
er? Warum habt ihr den Mann draußen
gelassen? Ladet ihn doch ein, mit uns zu
essen. 21 Und Mose willigte ein, bei dem
Mann zu bleiben. Und er gab Mose seine
Tochter [a]Zippora zur Frau. 22 Die gebar

2,1: *a* Kap 6,20; 4. Mose 26,59 **2,2:** *a* Apg 7,20; Hebr 11,23 **2,4:** *a* 4. Mose 26,59 **2,11:** *a (11-22)* Apg 7,23-29; Hebr 11,24-27 **2,14:** *a* Apg 7,35 **2,16:** *a* Kap 3,1 **2,21:** *a* 4. Mose 12,1

einen Sohn und er nannte ihn [a]Ger-
schom; denn, sprach er, ich bin ein
Fremdling geworden im fremden Lande.
23 Lange Zeit aber danach starb der
König von Ägypten. Und die Israeliten
seufzten über ihre Knechtschaft und
schrien, und ihr Schreien über ihre
Knechtschaft kam vor Gott. 24 Und Gott
erhörte ihr Wehklagen und [a]gedachte
seines Bundes mit Abraham, Isaak und
Jakob. 25 Und Gott sah auf die Israeliten
und nahm sich ihrer an.

Moses Berufung

3 [a]Mose aber hütete die Schafe Jitros,
seines Schwiegervaters, des Priesters
in Midian, und trieb die Schafe über die
Steppe hinaus und kam an den Berg
Gottes, den Horeb. 2 Und der Engel des
HERRN erschien ihm in einer feurigen
Flamme aus dem [a]Dornbusch. Und er
sah, dass der Busch im Feuer brannte
und doch nicht verzehrt wurde. 3 Da
sprach er: Ich will hingehen und die wun-
dersame Erscheinung besehen, warum
der Busch nicht verbrennt. 4 Als aber der
HERR sah, dass er hinging, um zu sehen,
rief Gott ihn aus dem Busch und sprach:
Mose, Mose! Er antwortete: Hier bin ich.
5 Gott sprach: Tritt nicht herzu, zieh
deine Schuhe von deinen Füßen; denn
[a]der Ort, darauf du stehst, ist heiliges
Land!
6 Und er sprach weiter: [a]Ich bin der
Gott deines Vaters, der Gott Abrahams,
der Gott Isaaks und der Gott Jakobs.
Und Mose verhüllte sein Angesicht; denn
er fürchtete sich, Gott anzuschauen.
7 Und der HERR sprach: Ich habe das
Elend meines Volks in Ägypten gesehen
und ihr [a]Geschrei über ihre Bedränger
gehört; ich habe ihre Leiden erkannt.
8 Und ich bin herniedergefahren, dass ich
sie errette aus der Ägypter Hand und sie
herausführe aus diesem Lande in ein gu-
tes und weites Land, in ein Land, darin
Milch und Honig fließt, in das Gebiet
der Kanaaniter, Hetiter, Amoriter, Peri-
siter, Hiwiter und Jebusiter. 9 Weil denn
nun das Geschrei der Israeliten vor mich
gekommen ist und ich dazu ihre Not ge-
sehen habe, wie die Ägypter sie bedrän-
gen, 10 so geh nun hin, [a]ich will dich zum
Pharao senden, damit du mein Volk, die
Israeliten, aus Ägypten führst.
11 Mose sprach zu Gott: [a]Wer bin ich,
dass ich zum Pharao gehe und führe die
Israeliten aus Ägypten? 12 Er sprach:
[a]Ich will mit dir sein. Und das soll dir
das Zeichen sein, dass ich dich gesandt
habe: Wenn du mein Volk aus Ägypten
geführt hast, werdet ihr Gott opfern auf
diesem Berge.
13 Mose sprach zu Gott: Siehe, wenn
ich zu den Israeliten komme und spreche
zu ihnen: Der Gott eurer Väter hat mich
zu euch gesandt!, und sie mir sagen wer-
den: Wie ist sein Name?, was soll ich
ihnen sagen? 14 Gott sprach zu Mose:
[a]**Ich werde sein, der ich sein werde.** Und
sprach: So sollst du zu den Israeliten
sagen: »Ich werde sein«, der hat mich zu
euch gesandt. 15 Und Gott sprach weiter
zu Mose: So sollst du zu den Israeliten
sagen: Der HERR*, der Gott eurer Väter,
der Gott Abrahams, der Gott Isaaks, der
Gott Jakobs, hat mich zu euch gesandt.
Das ist [a]mein Name auf ewig, mit dem
man mich anrufen soll von Geschlecht zu
Geschlecht.
16 Darum geh hin und versammle die
Ältesten von Israel und sprich zu ihnen:
Der HERR, der Gott eurer Väter, ist mir
erschienen, der Gott Abrahams, der Gott
Isaaks, der Gott Jakobs, und hat gesagt:
Ich habe mich euer angenommen und
gesehen, was euch in Ägypten widerfah-
ren ist, 17 und habe gesagt: Ich will euch
aus dem Elend Ägyptens führen in das
Land der Kanaaniter, Hetiter, Amoriter,
Perisiter, Hiwiter und Jebusiter, in das
Land, darin Milch und Honig fließt.
18 Und sie werden auf dich hören. Da-
nach sollst du mit den Ältesten Israels
hineingehen zum König von Ägypten
und zu ihm sagen: [a]Der HERR, der Gott
der Hebräer, ist uns erschienen. So lass

* Im Hebräischen steht hier der Gottesname JHWH. Er wird in Vers 14 vom hebräischen Zeitwort für »sein« her gedeutet. Zu seiner Aussprache und dem Brauch, dafür »der HERR« einzusetzen, s. Sach- und Worterklärungen zu »HERR«.

2,22: *a* Kap 18,3-4 **2,24:** *a* 1. Mose 15,18; 26,3; 28,13-14 **3,1:** *a (1-12)* Apg 7,30-34 **3,2:** *a* 5. Mose 33,16 **3,5:** *a* 1. Mose 28,17; Jos 5,15 **3,6:** *a* 1. Mose 17,1; 28,1-4; 35,9-11; Mt 22,32 **3,7:** *a* Kap 2,23 **3,10:** *a* Kap 7,16; Ri 6,14 **3,11:** *a* Kap 4,10; 1. Mose 32,11; 2. Sam 7,18; Jes 6,5.8; Jer 1,6 **3,12:** *a* Jer 1,8 **3,14:** *a* Kap 6,2; Mal 3,6; Offb 1,4.8 **3,15:** *a* Kap 6,2-3; Jes 42,8 **3,18:** *a* Kap 5,1.3

uns nun gehen drei Tagereisen weit in die
Wüste, dass wir opfern dem HERRN, un-
serm Gott. 19 Aber ich weiß, dass euch
der König von Ägypten nicht wird ziehen
lassen, er werde denn gezwungen durch
eine starke Hand. 20 Daher werde ich
meine Hand ausstrecken und Ägypten
schlagen mit all den Wundern, die ich
darin tun werde. Danach wird er euch
ziehen lassen. 21 Auch will ich diesem
Volk Gunst verschaffen bei den Ägyp-
tern, dass, wenn ihr auszieht, ihr [a]nicht
leer auszieht, 22 sondern jede Frau soll
sich von ihrer Nachbarin und Hausge-
nossin silbernes und goldenes Ge-
schmeide und Kleider geben lassen. Die
sollt ihr euren Söhnen und Töchtern an-
legen und von den Ägyptern als Beute
nehmen.

4 Mose antwortete und sprach: Siehe,
sie werden mir nicht glauben und
nicht auf mich hören, sondern werden
sagen: Der HERR ist dir nicht erschienen.
2 Der HERR sprach zu ihm: Was hast du
da in deiner Hand? Er sprach: Einen
Stab. 3 Der HERR sprach: Wirf ihn auf
die Erde. Und er warf ihn auf die Erde;
da ward er zur [a]Schlange und Mose floh
vor ihr. 4 Aber der HERR sprach zu ihm:
Strecke deine Hand aus und erhasche sie
beim Schwanz. Da streckte er seine
Hand aus und ergriff sie, und sie ward
zum Stab in seiner Hand. 5 Und der
HERR sprach: Darum werden sie glau-
ben, dass dir erschienen ist der HERR,
der Gott ihrer Väter, der Gott Abrahams,
der Gott Isaaks, der Gott Jakobs.

6 Und der HERR sprach weiter zu ihm:
Stecke deine Hand in den Bausch deines
Gewandes. Und er steckte sie hinein.
Und als er sie wieder herauszog, siehe, da
war sie aussätzig wie Schnee. 7 Und er
sprach: Tu sie wieder in den Bausch dei-
nes Gewandes. Und er tat sie wieder hin-
ein. Und als er sie herauszog, siehe, da
war sie wieder wie sein anderes Fleisch.
8 Und der HERR sprach: Wenn sie dir nun
nicht glauben und nicht auf dich hören
werden bei dem einen Zeichen, so werden
sie dir doch glauben bei dem andern Zei-
chen. 9 Wenn sie aber diesen zwei Zeichen
nicht glauben und nicht auf dich hören
werden, so nimm Wasser aus dem Nil
und gieß es auf das trockene Land;
[a]dann wird das Wasser, das du aus dem
Strom genommen hast, Blut werden auf
dem trockenen Land.

10 Mose aber sprach zu dem HERRN:
Ach, mein Herr, [a]ich bin von jeher nicht
beredt gewesen, auch jetzt nicht, seitdem
du mit deinem Knecht redest; denn ich
hab eine schwere Sprache und eine
schwere Zunge. 11 Der HERR sprach zu
ihm: Wer hat dem Menschen den Mund
geschaffen? Oder wer hat den Stummen
oder Tauben oder Sehenden oder Blin-
den gemacht? Habe ich's nicht getan, der
HERR?[a] 12 So geh nun hin: Ich will mit
deinem Munde sein und dich lehren, was
du sagen sollst.[a]

13 Mose aber sprach: Mein Herr, sende,
wen du senden willst. 14 Da wurde der
HERR sehr zornig über Mose und sprach:
Weiß ich denn nicht, dass dein Bruder
Aaron aus dem Stamm Levi beredt ist?
Und siehe, er wird dir entgegenkommen,
und wenn er dich sieht, wird er sich von
Herzen freuen. 15 Du sollst zu ihm reden
und die Worte in seinen Mund legen.
Und ich will mit deinem und seinem
Munde sein und euch lehren, was ihr tun
sollt. 16 Und [a]er soll für dich zum Volk
reden; er soll dein Mund sein und du
sollst für ihn Gott sein. 17 Und diesen
Stab nimm in deine Hand, mit dem du
die Zeichen tun sollst.

Moses Rückkehr nach Ägypten

18 Mose ging hin und kam wieder zu [a]Ji-
tro, seinem Schwiegervater, und sprach
zu ihm: Lass mich doch gehen, dass ich
wieder zu meinen Brüdern komme, die in
Ägypten sind, und sehe, ob sie noch le-
ben. Jitro sprach zu ihm: Geh hin mit
Frieden. 19 Auch sprach der HERR zu
Mose in Midian: Geh hin und zieh wie-
der nach Ägypten, denn die Leute sind
tot, die dir nach dem Leben trachteten.
20 So nahm denn Mose seine Frau und
[a]seinen Sohn und setzte sie auf einen
Esel und zog wieder nach Ägyptenland
und nahm den Stab Gottes in seine
Hand.

21 Und der HERR sprach zu Mose: Sieh
zu, wenn du wieder nach Ägypten
kommst, dass du alle die Wunder tust

3,21: *a* Kap 11,2-3; 12,35-36; 1. Mose 15,14 **4,3:** *a* Kap 7,10 **4,9:** *a* Kap 7,17-21 **4,10:** *a* Kap 3,11; 6,12.30 **4,11:** *a* Ps 94,9 **4,12:** *a* 5. Mose 18,18; Mt 10,19 **4,16:** *a* Kap 7,1-2 **4,18:** *a* Kap 3,1 **4,20:** *a* Kap 18,3-4

vor dem Pharao, die ich in deine Hand
gegeben habe. Ich aber will [a]sein Herz
verstocken, dass er das Volk nicht ziehen
lassen wird. 22 Und du sollst zu ihm sa-
gen: So spricht der HERR: [a]Israel ist
mein erstgeborener Sohn; 23 und ich ge-
biete dir, dass du meinen Sohn ziehen
lässt, dass er mir diene. Wirst du dich
weigern, so will ich [a]deinen erstgebo-
renen Sohn töten.

24 [a]Und als Mose unterwegs in der
Herberge war, kam ihm der HERR entge-
gen und wollte ihn töten. 25 Da nahm
Zippora [a]einen scharfen Stein und be-
schnitt ihrem Sohn die Vorhaut und be-
rührte damit seine Scham und sprach:
Du bist mir ein Blutbräutigam. 26 Da ließ
er von ihm ab. Sie sagte aber Blutbräu-
tigam um der Beschneidung willen.

27 Und der HERR sprach zu Aaron:
Geh hin Mose entgegen in die Wüste.
Und er ging hin und begegnete ihm am
Berge Gottes und küsste ihn. 28 Und
Mose tat Aaron kund alle Worte des
HERRN, der ihn gesandt hatte, und alle
Zeichen, die er ihm befohlen hatte.
29 Und sie gingen hin und versammelten
alle Ältesten der Israeliten. 30 Und Aaron
sagte alle Worte, die der HERR mit Mose
geredet hatte, und Mose tat die Zeichen
vor dem Volk. 31 Und das Volk glaubte.
Und als sie hörten, dass [a]der HERR sich
der Israeliten angenommen und ihr
Elend angesehen habe, neigten sie sich
und beteten an.

Noch härtere Bedrückung Israels

5 Danach gingen Mose und Aaron hin
und sprachen zum Pharao: So spricht
der HERR, der Gott Israels: [a]Lass mein
Volk ziehen, dass es mir ein Fest halte in
der Wüste. 2 Der Pharao antwortete:
[a]Wer ist der HERR, dass ich ihm gehor-
chen müsse und Israel ziehen lasse? Ich
weiß nichts von dem HERRN, will auch
Israel nicht ziehen lassen.

3 Sie sprachen: Der Gott der Hebräer
ist uns erschienen. So lass uns nun hin-
ziehen drei Tagereisen weit in die Wüste
und dem HERRN, unserm Gott, opfern,
dass er uns nicht schlage mit Pest oder
Schwert. 4 Da sprach der König von
Ägypten zu ihnen: Mose und Aaron,
warum wollt ihr das Volk von seiner Ar-
beit frei machen? Geht hin an eure
Dienste!

5 Weiter sprach der Pharao: Siehe, [a]sie
sind schon mehr als das Volk des Landes,
und ihr wollt sie noch feiern lassen von
ihrem Dienst! 6 Darum befahl der Pharao
am selben Tage den Vögten des Volks
und ihren Aufsehern und sprach: 7 Ihr
sollt dem Volk nicht mehr Häcksel ge-
ben, dass sie Ziegel machen, wie bisher;
lasst sie selbst hingehen und Stroh dafür
zusammenlesen. 8 Aber die Zahl der Zie-
gel, die sie bisher gemacht haben, sollt
ihr ihnen gleichwohl auferlegen und
nichts davon ablassen, denn sie gehen
müßig; darum schreien sie und sprechen:
Wir wollen hinziehen und unserm Gott
opfern. 9 Man drücke die Leute mit Ar-
beit, dass sie zu schaffen haben und sich
nicht um falsche Reden kümmern.

10 Da gingen die Vögte des Volks und
ihre Aufseher hinaus und sprachen zum
Volk: So spricht der Pharao: Man wird
euch kein Häcksel mehr geben. 11 Geht
ihr selbst hin und beschafft euch Häck-
sel, wo ihr's findet; aber von eurer Arbeit
soll euch nichts erlassen werden. 12 Da
zerstreute sich das Volk ins ganze Land
Ägypten, um Stroh zu sammeln, damit
sie Häcksel hätten. 13 Und die Vögte trie-
ben sie an und sprachen: Erfüllt euer
Tagewerk wie damals, als ihr Häcksel
hattet.

14 Und die Aufseher aus den Reihen
der Israeliten, die die Vögte des Pharao
über sie gesetzt hatten, wurden geschla-
gen, und es wurde zu ihnen gesagt:
Warum habt ihr nicht auch heute euer
festgesetztes Tagewerk getan wie bisher?
15 Da gingen die Aufseher der Israeliten
hin und schrien zu dem Pharao: Warum
verfährst du so mit deinen Knechten?
16 Man gibt deinen Knechten kein Häck-
sel, und wir sollen dennoch die Ziegel
machen, die uns bestimmt sind; und
siehe, deine Knechte werden geschlagen,
und du versündigst dich an deinem
Volke. 17 Der Pharao sprach: Ihr seid mü-
ßig, müßig seid ihr; darum sprecht ihr:
Wir wollen hinziehen und dem HERRN

4,21: *a* Kap 7,3.13; 5. Mose 29,3; Jes 6,10; Röm 9,18 **4,22:** *a* 5. Mose 32,6 **4,23:** *a* Kap 11,5; 12,29 **4,24:** *a (24-26)* 1. Mose 17,14; 32,25 **4,25:** *a* Jos 5,2 **4,31:** *a* Kap 3,16 **5,1:** *a* Kap 3,18; 7,16.26; 8,16; 9,1.13 **5,2:** *a* 2. Kön 18,35; Hiob 21,15; Dan 3,15 **5,5:** *a* Kap 1,7.12

opfern. 18 So geht nun hin und tut euren
Frondienst! Häcksel soll man euch nicht
geben, aber die Anzahl Ziegel sollt ihr
schaffen.
19 Da sahen die Aufseher der Israeli-
ten, dass es mit ihnen übel stand, weil
man sagte: Ihr sollt nichts ablassen von
dem Tagewerk an Ziegeln. 20 Und als sie
von dem Pharao weggingen, begegneten
sie Mose und Aaron, die dastanden und
auf sie warteten, 21 und sprachen zu ih-
nen: Der HERR richte seine Augen wider
euch und strafe es, dass ihr uns in Verruf
gebracht habt vor dem Pharao und sei-
nen Großen und habt ihnen so das
Schwert in ihre Hände gegeben, uns zu
töten.
22 Mose aber kam wieder zu dem
HERRN und sprach: Herr, warum tust du
so übel an diesem Volk? Warum hast du
mich hergesandt? 23 Denn seitdem ich
hingegangen bin zum Pharao, um mit
ihm zu reden in deinem Namen, hat er
das Volk noch härter geplagt, und du
hast dein Volk nicht errettet.

6 Da sprach der HERR zu Mose:
Nun sollst du sehen, was ich dem
Pharao antun werde; denn durch eine
starke Hand gezwungen, muss er sie zie-
hen lassen, ja er muss sie, durch eine
starke Hand gezwungen, aus seinem
Lande treiben.[a]

Erneuter Bericht über Moses Sendung

2 [a]Und Gott redete mit Mose und sprach
zu ihm: Ich bin der HERR 3 und bin er-
schienen Abraham, Isaak und Jakob als
der allmächtige Gott, aber mit meinem
Namen »HERR« habe ich mich ihnen
nicht offenbart. 4 Auch habe ich [a]meinen
Bund mit ihnen aufgerichtet, dass ich
ihnen geben will das Land Kanaan, das
Land, in dem sie Fremdlinge gewesen
sind. 5 Auch habe ich gehört die Weh-
klage der Israeliten, die die Ägypter mit
Frondienst beschweren, und habe an
meinen Bund gedacht. 6 Darum sage den
Israeliten: Ich bin der HERR und will
euch wegführen von den Lasten, die euch
die Ägypter auflegen, und will euch er-
retten von eurem Frondienst und will
euch erlösen mit ausgerecktem Arm und
durch große Gerichte; 7 ich will euch an-
nehmen zu meinem Volk und will euer
Gott sein, dass ihr's erfahren sollt, dass
ich der HERR bin, euer Gott, der euch
wegführt von den Lasten, die euch die
Ägypter auflegen, 8 und euch bringt in
das Land, um dessentwillen [a]ich meine
Hand zum Schwur erhoben habe, dass
ich's geben will Abraham, Isaak und Ja-
kob; das will ich euch zu eigen geben,
ich, der HERR. 9 Mose sagte das den Is-
raeliten; aber sie hörten nicht auf ihn vor
Kleinmut und harter Arbeit.
10 Da redete der HERR mit Mose und
sprach: 11 Geh hin und rede mit dem
Pharao, dem König von Ägypten, dass er
Israel aus seinem Lande ziehen lasse.
12 Mose aber redete vor dem HERRN und
sprach: Siehe, die Israeliten hören nicht
auf mich; wie sollte denn der Pharao auf
mich hören! [a]Dazu bin ich ungeschickt
zum Reden. 13 So redete der HERR mit
Mose und Aaron und ordnete sie ab an
die Israeliten und an den Pharao, den
König von Ägypten, um Israel aus Ägyp-
ten zu führen.

Die Vorfahren Moses und Aarons

14 [a]Dies sind die Häupter ihrer Sippen:
Die Söhne Rubens, des ersten Sohnes
Israels, sind diese: Henoch, Pallu, Hez-
ron, Karmi. Das sind die Geschlechter
von Ruben.
15 Die Söhne Simeons sind diese: Je-
muël, Jamin, Ohad, Jachin, Zohar und
Schaul, der Sohn der Kanaaniterin. Das
sind Simeons Geschlechter.
16 [a]Dies sind die Namen der Söhne
Levis nach ihrem Stammesverzeichnis:
Gerschon, Kehat, Merari. Und Levi
wurde 137 Jahre alt.
17 Die Söhne Gerschons sind diese:
Libni und Schimi nach ihren Geschlech-
tern.
18 Die Söhne Kehats sind diese: Am-
ram, Jizhar, Hebron, Usiël. Kehat aber
wurde 133 Jahre alt.
19 Die Söhne Meraris sind diese:
Machli und Muschi. Das sind die Ge-
schlechter Levis nach ihrem Stammes-
verzeichnis.
20 [a]Amram nahm Jochebed, die

6,1: *a* Kap 11,1; 12,33 **6,2:** *a (2-3)* Kap 3,14-15; 1. Mose 17,1 **6,4:** *a* 1. Mose 17,7-8 **6,8:** *a* 1. Mose 22,16 **6,12:** *a* Vers 30; Kap 4,10 **6,14:** *a (14-16)* 1. Mose 46,9-11 **6,16:** *a (16-19)* 1. Chr 5,27-30; 6,1-4 **6,20:** *a* Kap 2,1

[b]Schwester seines Vaters, zur Frau; die
gebar ihm Aaron und Mose. Und Am-
ram wurde 137 Jahre alt.
21 Die Söhne [a]Jizhars sind diese: Ko-
rach, Nefeg, Sichri.
22 Die Söhne [a]Usiëls sind diese:
Mischaël, Elizafan, Sitri.
23 Aaron nahm zur Frau Elischeba,
die Tochter Amminadabs, Nachschons
Schwester; die gebar ihm [a]Nadab, Abi-
hu, Eleasar, Itamar.
24 Die Söhne Korachs sind diese: Assir,
Elkana, Abiasaf. Das sind die Geschlech-
ter der Korachiter.
25 Eleasar aber, Aarons Sohn, nahm
eine Frau von den Töchtern Putiëls; die
gebar ihm den [a]Pinhas. Das sind die
Häupter der Leviten nach ihren Ge-
schlechtern.
26 Das sind Aaron und Mose, zu denen
der HERR sprach: [a]Führt die Israeliten
nach ihren Scharen geordnet aus Ägyp-
tenland! 27 Sie sind es, die mit dem Pha-
rao, dem König von Ägypten, redeten,
um die Israeliten aus Ägypten zu führen.
Das sind Mose und Aaron.
28 Und als der HERR mit Mose in
Ägyptenland redete, 29 sprach er zu ihm:
Ich bin der HERR; sage dem Pharao, dem
König von Ägypten, alles, was ich mit
dir rede. 30 Und er antwortete vor dem
HERRN: Siehe, [a]ich bin ungeschickt zum
Reden; wie wird denn der Pharao auf
mich hören?

Moses erstes Wunder vor dem Pharao

7 Der HERR sprach zu Mose: Siehe, ich
habe dich [a]zum Gott gesetzt für den
Pharao, und Aaron, dein Bruder, soll
dein Prophet sein. 2 Du sollst alles reden,
was ich dir gebieten werde; aber Aaron,
dein Bruder, soll es vor dem Pharao re-
den, damit er die Israeliten aus seinem
Lande ziehen lasse. 3 Aber [a]ich will das
Herz des Pharao verhärten und viele Zei-
chen und Wunder tun in Ägyptenland.
4 Und der Pharao wird nicht auf euch
hören. Dann werde ich meine Hand auf
Ägypten legen und durch große Gerichte
meine Heerscharen, mein Volk Israel, aus
Ägyptenland führen. 5 Und die Ägypter
sollen innewerden, dass ich [a]der HERR
bin, wenn ich meine Hand über Ägyp-
ten ausstrecken und die Israeliten aus
ihrer Mitte wegführen werde. 6 Mose und
Aaron taten, wie ihnen der HERR ge-
boten hatte. 7 Und Mose war achtzig
Jahre und Aaron dreiundachtzig Jahre
alt, als sie mit dem Pharao redeten.
8 Und der HERR sprach zu Mose und
Aaron: 9 Wenn der Pharao zu euch sagen
wird: Weist euch aus durch ein Wunder!,
so sollst du zu Aaron sagen: [a]Nimm
deinen Stab und wirf ihn hin vor dem
Pharao, dass er zur Schlange werde!
10 Da gingen Mose und Aaron hinein
zum Pharao und taten, wie ihnen der
HERR geboten hatte. Und Aaron warf
seinen Stab hin vor dem Pharao und vor
seinen Großen und er ward zur Schlange.
11 Da ließ der Pharao die Weisen und
Zauberer rufen und die [a]ägyptischen
Zauberer taten ebenso mit ihren Küns-
ten: 12 Ein jeder warf seinen Stab hin, da
wurden Schlangen daraus; aber Aarons
Stab verschlang ihre Stäbe. 13 Aber [a]das
Herz des Pharao wurde verstockt und er
hörte nicht auf sie, wie der HERR gesagt
hatte.

Die erste Plage: Verwandlung aller Gewässer in Blut

14 Und der HERR sprach zu Mose: Das
Herz des Pharao ist hart; er weigert sich,
das Volk ziehen zu lassen. 15 Geh hin zum
Pharao morgen früh. Siehe, er wird ans
Wasser gehen; so tritt ihm entgegen am
Ufer des Nils und nimm den Stab in
deine Hand, der zur Schlange wurde,
16 und sprich zu ihm: Der HERR, der
Gott der Hebräer, hat mich zu dir ge-
sandt und dir sagen lassen: [a]Lass mein
Volk ziehen, dass es mir diene in der
Wüste. Aber du hast bisher nicht hören
wollen. 17 Darum spricht der HERR:
Daran sollst du erfahren, dass ich der
HERR bin: Siehe, ich will mit dem Stabe,
den ich in meiner Hand habe, auf das
Wasser schlagen, das im Nil ist, und es
soll [a]in Blut verwandelt werden, 18 dass
die Fische im Strom sterben und der
Strom stinkt. Und die Ägypter wird es

6,20: *b* 3. Mose 18,12 **6,21:** *a* 4. Mose 16,1 **6,22:** *a* 3. Mose 10,4 **6,23:** *a* Kap 28,1 **6,25:** *a* 4. Mose 25,7 **6,26:** *a* Vers 13 **6,30:** *a* Vers 12 **7,1:** *a* Kap 4,16 **7,3:** *a* Kap 4,21 **7,5:** *a* Vers 17; Kap 8,18; 9,29; 1. Sam 17,46; 1. Kön 20,28; 2. Kön 19,19; Hes 29,6 **7,9:** *a* Kap 4,3 **7,11:** *a* Vers 22; Kap 8,3; 1. Mose 41,8; 2. Tim 3,8 **7,13:** *a* Kap 4,21 **7,16:** *a* Kap 5,1 **7,17:** *a* Kap 4,9

ekeln, das Wasser aus dem Nil zu trinken.

19 Und der HERR sprach zu Mose: Sage Aaron: Nimm deinen Stab und [a]recke deine Hand aus über die Wasser in Ägypten, über ihre Ströme und Kanäle und Sümpfe und über alle Wasserstellen, dass sie zu Blut werden, und es sei Blut in ganz Ägyptenland, selbst in den hölzernen und steinernen Gefäßen. 20 Mose und Aaron taten, wie ihnen der HERR geboten hatte, und Mose hob den Stab und schlug ins Wasser, das im Nil war, vor dem Pharao und seinen Großen. Und alles Wasser im Strom wurde in Blut verwandelt. 21 Und die Fische im Strom starben und der Strom wurde stinkend, sodass die Ägypter das Wasser aus dem Nil nicht trinken konnten; und es war Blut in ganz Ägyptenland. 22 Und die [a]ägyptischen Zauberer taten ebenso mit ihren Künsten. So wurde das Herz des Pharao verstockt und er hörte nicht auf Mose und Aaron, wie der HERR gesagt hatte.

23 Und der Pharao wandte sich und ging heim und nahm's nicht zu Herzen. 24 Aber alle Ägypter gruben am Nil entlang nach Wasser zum Trinken, denn das Wasser aus dem Strom konnten sie nicht trinken. 25 Und das währte sieben Tage lang, nachdem der HERR den Strom geschlagen hatte.

Die zweite Plage: Frösche

26 *Da sprach der HERR zu Mose: Geh hin zum Pharao und sage zu ihm: So spricht der HERR: [a]Lass mein Volk ziehen, dass es mir diene! 27 Wenn du dich aber weigerst, siehe, so will ich dein ganzes Gebiet mit Fröschen plagen, 28 dass der Nil von Fröschen wimmeln soll. Die sollen heraufkriechen und in dein Haus kommen, in deine Schlafkammer, auf dein Bett, auch in die Häuser deiner Großen und deines Volks, in deine Backöfen und in deine Backtröge; 29 ja, die Frösche sollen auf dich selbst und auf dein Volk und auf alle deine Großen kriechen.

8 Und der HERR sprach zu Mose: Sage Aaron: Recke deine Hand aus mit deinem Stabe über die Ströme, Kanäle und Sümpfe und lass Frösche über Ägyptenland kommen. 2 Und Aaron reckte seine Hand aus über die Wasser in Ägypten, und es kamen Frösche herauf, sodass Ägyptenland bedeckt wurde. 3 Da taten die [a]Zauberer ebenso mit ihren Künsten und ließen Frösche über Ägyptenland kommen.

4 Da ließ der Pharao Mose und Aaron rufen und sprach: [a]Bittet den HERRN für mich, dass er die Frösche von mir und von meinem Volk nehme, so will ich das Volk ziehen lassen, dass es dem HERRN opfere. 5 Mose sprach: Bestimme über mich in deiner Majestät, wann ich für dich, für deine Großen und für dein Volk bitten soll, dass bei dir und in deinem Haus die Frösche vertilgt werden und allein im Nil bleiben. 6 Er sprach: Morgen. Mose antwortete: Ganz wie du gesagt hast; auf dass du erfahrest, dass [a]niemand ist wie der HERR, unser Gott. 7 Die Frösche sollen von dir, von deinem Hause, von deinen Großen und von deinem Volk weichen und allein im Nil übrig bleiben.

8 So gingen Mose und Aaron vom Pharao. Und Mose schrie zu dem HERRN wegen der Frösche, wie er dem Pharao zugesagt hatte. 9 Und der HERR tat, wie Mose gesagt hatte, und die Frösche starben in den Häusern, in den Höfen und auf dem Felde. 10 Und man häufte sie zusammen, hier einen Haufen und da einen Haufen, und das Land stank davon. 11 Als aber der Pharao merkte, dass er Luft gekriegt hatte, [a]verhärtete er sein Herz und hörte nicht auf sie, wie der HERR gesagt hatte.

Die dritte Plage: Stechmücken

12 Und der HERR sprach zu Mose: Sage Aaron: Strecke deinen Stab aus und schlag in den Staub der Erde, dass er zu Stechmücken werde in ganz Ägyptenland. 13 Sie taten so und Aaron reckte seine Hand aus mit seinem Stabe und schlug in den Staub auf der Erde. Und es kamen Mücken und setzten sich an die Menschen und an das Vieh; aller Staub der Erde ward zu Mücken in ganz Ägyptenland. 14 Die [a]Zauberer taten ebenso

* Abweichende Verszählung statt 7,26–8,28: 8,1-32.

7,19: *a* Offb 11,6 **7,22:** *a* Vers 11 **7,26:** *a* Kap 5,1 **8,3:** *a* Kap 7,11 **8,4:** *a* Vers 24; Kap 9,28; 10,17 **8,6:** *a* Kap 9,14; 15,11; 5. Mose 33,26; 2. Sam 7,22; Jer 10,6 **8,11:** *a* Kap 4,21 **8,14:** *a* Kap 7,11

mit ihren Künsten, um Mücken hervor-
zubringen; aber sie konnten es nicht.
Und die Mücken waren sowohl an den
Menschen als am Vieh. 15Da sprachen
die Zauberer zum Pharao: Das ist [a]Got-
tes Finger. Aber das Herz des Pharao
wurde verstockt und er hörte nicht auf
sie, wie der HERR gesagt hatte.

Die vierte Plage: Stechfliegen

16Und der HERR sprach zu Mose: Mach
dich morgen früh auf und tritt vor den
Pharao, wenn er hinaus ans Wasser geht,
und sage zu ihm: So spricht der HERR:
[a]Lass mein Volk ziehen, dass es mir
diene; 17wenn nicht, siehe, so will ich
Stechfliegen kommen lassen über dich,
deine Großen, dein Volk und dein Haus,
dass die Häuser der Ägypter und das
Land, auf dem sie wohnen, voller Stech-
fliegen werden sollen. 18An dem Lande
Goschen aber, wo sich mein Volk aufhält,
will ich an dem Tage etwas Besonderes
tun, dass dort keine Stechfliegen seien,
damit du innewirst, dass [a]ich der HERR
bin, inmitten dieses Landes, 19und ich
will einen Unterschied machen zwischen
meinem und deinem Volk. Morgen schon
soll das Zeichen geschehen. 20Und der
HERR tat so und es kamen viele Stech-
fliegen in das Haus des Pharao, in die
Häuser seiner Großen und über ganz
Ägyptenland, und das Land wurde ver-
heert von den Stechfliegen.
21Da ließ der Pharao Mose und Aaron
rufen und sprach: Geht hin, opfert eurem
Gott hier im Lande. 22Mose sprach: Das
geht nicht an, denn was wir dem HERRN,
unserm Gott, opfern, ist [a]den Ägyptern
ein Gräuel. Siehe, wenn wir vor ihren
Augen opfern, was ihnen ein Gräuel ist,
werden sie uns dann nicht steinigen?
23[a]Drei Tagereisen weit wollen wir in die
Wüste ziehen und dem HERRN, unserm
Gott, opfern, wie er uns gesagt hat.
24Der Pharao sprach: [a]Ich will euch
ziehen lassen, dass ihr dem HERRN, eu-
rem Gott, opfert in der Wüste. Nur zieht
nicht zu weit und bittet für mich! 25Mose
sprach: Siehe, wenn ich jetzt von dir hin-
ausgegangen bin, so will ich den HERRN
bitten, dass die Stechfliegen morgen vom
Pharao und seinen Großen und seinem
Volk weichen; nur täusche uns nicht
abermals, dass du das Volk nicht ziehen
lässt, dem HERRN zu opfern.
26Und Mose ging hinaus vom Pharao
und [a]bat den HERRN. 27Und der HERR
tat, wie Mose gesagt hatte, und schaffte
die Stechfliegen weg vom Pharao, von
seinen Großen und von seinem Volk, so-
dass auch nicht eine übrig blieb. 28Aber
der Pharao [a]verhärtete sein Herz auch
diesmal und ließ das Volk nicht ziehen.

Die fünfte Plage: Viehpest

9 Da sprach der HERR zu Mose: Geh
hin zum Pharao und sage zu ihm: So
spricht der HERR, der Gott der Hebräer:
[a]Lass mein Volk ziehen, dass sie mir
dienen! 2Wenn du dich [a]weigerst und sie
weiter aufhältst, 3siehe, so wird [a]die
Hand des HERRN kommen über dein
Vieh auf dem Felde, über die Pferde,
Esel, Kamele, Rinder und Schafe, mit
sehr schwerer Pest. 4Aber der HERR wird
einen Unterschied machen zwischen dem
Vieh der Israeliten und dem der Ägypter,
dass nichts sterbe von allem, was die
Israeliten haben.[a] 5Und der HERR be-
stimmte eine Zeit und sprach: Morgen
wird der HERR solches an dem Lande
tun. 6Und der HERR tat es am andern
Morgen; da starb alles Vieh der Ägypter,
aber von dem Vieh der Israeliten starb
nicht eins. 7Und der Pharao sandte hin,
und siehe, es war von dem Vieh Israels
nicht eins gestorben. Aber das [a]Herz des
Pharao wurde verstockt und er ließ das
Volk nicht ziehen.

Die sechste Plage: Blattern

8Da sprach der HERR zu Mose und
Aaron: Füllt eure Hände mit Ruß aus
dem Ofen, und Mose werfe ihn vor dem
Pharao gen Himmel, 9dass er über ganz
Ägyptenland staube und böse Blattern
aufbrechen an den Menschen und am
Vieh in ganz Ägyptenland.[a] 10Und sie
nahmen Ruß aus dem Ofen und traten
vor den Pharao, und Mose warf den Ruß
gen Himmel. Da brachen auf [a]böse Blat-
tern an den Menschen und am Vieh,
11sodass die Zauberer nicht vor Mose

8,15: *a* Ps 64,10; 72,18; Lk 11,20 **8,16:** *a* Kap 5,1 **8,18:** *a* Kap 7,5 **8,22:** *a* 1. Mose 43,32; 46,34 **8,23:** *a* Kap 3,18 **8,24:** *a* Vers 4 **8,26:** *a* Vers 8 **8,28:** *a* Kap 4,21 **9,1:** *a* Kap 5,1 **9,2:** *a* Jes 1,20 **9,3:** *a* Kap 3,20 **9,4:** *a* Kap 8,18 **9,7:** *a* Kap 4,21 **9,9:** *a* 5. Mose 28,27 **9,10:** *a* Offb 16,2

treten konnten wegen der bösen Blattern;
denn es waren an den Zauberern ebenso
böse Blattern wie an allen Ägyptern.
12 Aber der HERR [a]verstockte das Herz
des Pharao, dass er nicht auf sie hörte,
wie denn der HERR zu Mose gesagt
hatte.

Die siebente Plage: Hagel

13 Da sprach der HERR zu Mose: Mach
dich morgen früh auf und tritt vor den
Pharao und sage zu ihm: So spricht der
HERR, der Gott der Hebräer: [a]Lass mein
Volk ziehen, dass es mir diene; 14 sonst
werde ich diesmal alle meine Plagen über
dich selbst senden, über deine Großen
und über dein Volk, damit du innewirst,
dass [a]meinesgleichen nicht ist in allen
Landen. 15 Denn ich hätte schon meine
Hand ausrecken und dich und dein Volk
mit Pest schlagen können, dass du von
der Erde vertilgt würdest, 16 aber dazu
habe ich dich erhalten, dass meine Kraft
an dir erscheine und mein Name ver-
kündigt werde in allen Landen.[a] 17 Du
stellst dich noch immer wider mein Volk
und willst es nicht ziehen lassen. 18 Siehe,
ich will morgen um diese Zeit einen sehr
großen Hagel fallen lassen, wie er noch
nie in Ägypten gewesen ist von der Zeit
an, als es gegründet wurde, bis heute.
19 Und nun sende hin und verwahre dein
Vieh und alles, was du auf dem Felde
hast. Denn alle Menschen und das Vieh,
alles, was auf dem Felde gefunden und
nicht in die Häuser gebracht wird, muss
sterben, wenn der Hagel auf sie fällt.
20 Wer nun von den Großen des Pharao
das Wort des HERRN fürchtete, der ließ
seine Knechte und sein Vieh in die Häu-
ser fliehen. 21 Wessen Herz sich aber nicht
an des HERRN Wort kehrte, der ließ seine
Knechte und sein Vieh auf dem Felde.

22 Da sprach der HERR zu Mose:
Recke deine Hand aus gen Himmel, dass
es hagelt über ganz Ägyptenland, über
Menschen, über Vieh und über alles Ge-
wächs auf dem Felde in Ägyptenland.
23 Da streckte Mose seinen Stab gen
Himmel, und der HERR ließ donnern
und [a]hageln und Feuer schoss auf die
Erde nieder. So ließ der HERR Hagel fal-
len über Ägyptenland, 24 und Blitze zuck-
ten dazwischen und der Hagel war so
schwer, wie er noch nie in ganz Ägypten-
land gewesen war, seitdem die Leute dort
wohnen. 25 Und der Hagel erschlug in
ganz Ägyptenland alles, was auf dem
Felde war, Menschen und Vieh, und zer-
schlug alles Gewächs auf dem Felde und
zerbrach alle Bäume auf dem Felde.
26 Nur im Lande Goschen, wo die Israeli-
ten waren, da hagelte es nicht.[a]

27 Da schickte der Pharao hin und ließ
Mose und Aaron rufen und sprach zu
ihnen: Diesmal hab ich mich versündigt;
der HERR ist im Recht, ich aber und
mein Volk sind schuldig. 28 [a]Bittet aber
den HERRN, dass er ein Ende mache mit
diesem Donnern und Hageln, so will ich
euch ziehen lassen, dass ihr nicht länger
hierbleiben müsst. 29 Mose sprach zu
ihm: Wenn ich zur Stadt hinauskomme,
will ich meine Hände ausbreiten zum
HERRN, so wird der Donner aufhören
und kein Hagel mehr fallen, damit du
[a]innewirst, dass die Erde des HERRN ist.
30 Ich weiß aber: Du und deine Großen,
ihr fürchtet euch noch nicht vor Gott
dem HERRN. 31 So wurden zerschlagen
der Flachs und die Gerste, denn die
Gerste stand in Ähren und der Flachs in
Blüte. 32 Aber der Weizen und das Korn
wurden nicht zerschlagen, denn es ist
Spätgetreide.

33 So ging nun Mose von dem Pharao
zur Stadt hinaus und breitete seine
Hände aus zum HERRN, und Donner
und Hagel hörten auf und der Regen
troff nicht mehr auf die Erde. 34 Als aber
der Pharao sah, dass Regen, Donner und
Hagel aufhörten, versündigte er sich wei-
ter und verhärtete sein Herz, er und seine
Großen. 35 So wurde [a]des Pharao Herz
verstockt, dass er die Israeliten nicht zie-
hen ließ, wie der HERR durch Mose ge-
sagt hatte.

Die achte Plage: Heuschrecken

10 Da sprach der HERR zu Mose: Geh
hin zum Pharao; denn ich habe sein
und seiner Großen Herz verhärtet, auf
dass ich diese meine Zeichen unter ihnen
tue 2 und auf dass du verkündigst vor den
Ohren deiner Kinder und deiner Kindes-
kinder, wie ich mit den Ägyptern ver-

9,12: *a* Kap 4,21 **9,13:** *a* Kap 5,1 **9,14:** *a* Kap 8,6 **9,16:** *a* Kap 14,4; Röm 9,17 **9,23:** *a* Offb 16,21 **9,26:** *a* Vers 4; Kap 8,18 **9,28:** *a* Kap 8,4 **9,29:** *a* Kap 7,5 **9,35:** *a* Kap 4,21

fahren bin und welche Zeichen ich unter
ihnen getan habe, damit ihr wisst: [a]Ich
bin der HERR.
3So gingen Mose und Aaron hin zum
Pharao und sprachen zu ihm: So spricht
der HERR, der [a]Gott der Hebräer: Wie
lange weigerst du dich, dich vor mir zu
demütigen? Lass mein Volk ziehen, dass
es mir diene! 4Weigerst du dich aber,
mein Volk ziehen zu lassen, siehe, so will
ich morgen Heuschrecken kommen las-
sen über dein Gebiet, 5dass sie das Land
so bedecken, dass man von ihm nichts
mehr sehen kann. Und sie sollen fressen,
was euch noch übrig und verschont ge-
blieben ist von dem Hagel, und sollen
alle Bäume kahl fressen, die wieder
sprossen auf dem Felde; 6und sie sollen
füllen deine Häuser und die Häuser dei-
ner Großen und aller Ägypter, wie es
nicht gesehen haben deine Väter und dei-
ner Väter Väter, seit sie auf Erden waren
bis auf diesen Tag. Und er wandte sich
und ging vom Pharao hinaus.
7Da sprachen die Großen des Pharao
zu ihm: Wie lange soll dieser Mann uns
Verderben bringen? Lass die Leute zie-
hen, dass sie dem HERRN, ihrem Gott,
dienen. Willst du erst erfahren, dass
Ägypten untergegangen ist? 8Da wurden
Mose und Aaron wieder vor den Pharao
gebracht. Der sprach zu ihnen: Geht hin
und dient dem HERRN, eurem Gott. Wer
von euch soll aber hinziehen? 9Mose
sprach: Wir wollen ziehen mit Jung und
Alt, mit Söhnen und Töchtern, mit Scha-
fen und Rindern; denn wir haben ein
[a]Fest des HERRN. 10Er sprach zu ihnen:
O ja, der HERR sei mit euch, so gewiss
wie ich euch und eure Kinder ziehen
lasse! Ihr seht doch selbst, dass ihr Böses
vorhabt! 11Nein, nur ihr Männer zieht
hin und dient dem HERRN! Denn das ist
es doch, was ihr begehrt habt. Und man
stieß sie hinaus vom Pharao.
12Da sprach der HERR zu Mose:
Recke deine Hand über Ägyptenland,
dass Heuschrecken auf Ägyptenland
kommen und alles auffressen, was im
Lande wächst, alles, was [a]der Hagel üb-
rig gelassen hat. 13Mose streckte seinen
Stab über Ägyptenland, und der HERR
trieb einen Ostwind ins Land, den gan-
zen Tag und die ganze Nacht. Und am
Morgen führte der Ostwind [a]die Heu-
schrecken herbei. 14Und sie kamen über
ganz Ägyptenland und ließen sich nieder
überall in Ägypten, so viele, wie nie zu-
vor gewesen sind noch hinfort sein wer-
den. 15Denn sie bedeckten den Erdboden
so dicht, dass er ganz dunkel wurde. Und
sie fraßen alles, was im Lande wuchs,
und alle Früchte auf den Bäumen, die
der Hagel übrig gelassen hatte, und lie-
ßen nichts Grünes übrig an den Bäumen
und auf dem Felde in ganz Ägypten-
land.
16Da ließ der Pharao eilends Mose
und Aaron rufen und sprach: [a]Ich habe
mich versündigt an dem HERRN, eurem
Gott, und an euch. 17Vergebt mir meine
Sünde nur noch diesmal und [a]bittet den
HERRN, euren Gott, dass er doch diesen
Tod von mir wegnehme. 18Und Mose
ging hinaus vom Pharao und betete zum
HERRN. 19Da wendete der HERR den
Wind, sodass er sehr stark aus Westen
kam; der hob die Heuschrecken auf und
warf sie ins Schilfmeer, dass nicht eine
übrig blieb in ganz Ägypten. 20Aber der
HERR [a]verstockte das Herz des Pharao,
dass er die Israeliten nicht ziehen ließ.

Die neunte Plage: Finsternis

21Da sprach der HERR zu Mose: Recke
deine Hand gen Himmel, dass eine sol-
che Finsternis werde in Ägyptenland,
dass man sie greifen kann. 22Und Mose
reckte seine Hand gen Himmel. Da ward
eine so dicke Finsternis in ganz Ägypten-
land drei Tage lang, 23dass niemand den
andern sah noch weggehen konnte von
dem Ort, wo er gerade war, drei Tage
lang. Aber bei allen Israeliten war es licht
in ihren Wohnungen.
24Da rief der Pharao nach Mose und
sprach: Zieht hin und dient dem HERRN!
Nur eure Schafe und Rinder lasst hier;
aber eure Frauen und [a]Kinder dürfen
mit euch ziehen. 25Mose sprach: Willst
du uns denn Schlachtopfer und Brand-
opfer mitgeben, die wir unserm Gott,
dem HERRN, darbringen? 26Auch unser
Vieh soll mit uns gehen – nicht eine
Klaue darf dahintenbleiben –; denn da-
von müssen wir nehmen zum Dienst un-

10,2: *a* Kap 6,2-8 **10,3:** *a* Kap 5,3 **10,9:** *a* Kap 5,1 **10,12:** *a* Kap 9,32 **10,13:** *a* Joel 1,2-12; 2,1-11 **10,16:** *a* Kap 9,27 **10,17:** *a* Kap 8,4 **10,20:** *a* Kap 4,21 **10,24:** *a* Vers 10

seres Gottes, des HERRN. Wir wissen
nicht, womit wir dem HERRN dienen sol-
len, bis wir dorthin kommen.
27 Aber der HERR [a]verstockte das Herz
des Pharao, dass er sie nicht ziehen las-
sen wollte. 28 Und der Pharao sprach zu
ihm: Geh von mir und hüte dich, dass du
mir nicht mehr vor die Augen kommst;
denn an dem Tage, da du mir vor
die Augen kommst, sollst du sterben.
29 Mose antwortete: Wie du gesagt hast;
ich werde dir nicht mehr vor die Augen
kommen.

Ankündigung der zehnten Plage: Tötung der Erstgeburt

11 Und der HERR sprach zu Mose:
Eine Plage noch will ich über den
Pharao und Ägypten kommen lassen.
Dann wird er euch von hier wegziehen
lassen, und nicht nur das, sondern er
wird euch von hier sogar vertreiben. 2 So
sage nun zu dem Volk, dass ein jeder sich
von seinem Nachbarn und eine jede von
ihrer Nachbarin silbernes und goldenes
Geschmeide geben lasse.[a] 3 Und der
HERR verschaffte dem Volk Gunst bei
den Ägyptern, und Mose war ein sehr
angesehener Mann in Ägyptenland vor
den Großen des Pharao und vor dem
Volk.
4 Und Mose sprach: So spricht der
HERR: Um Mitternacht will ich durch
Ägyptenland gehen, 5 und [a]alle Erstge-
burt in Ägyptenland soll sterben, vom
ersten Sohn des Pharao an, der auf sei-
nem Thron sitzt, bis zum ersten Sohn der
Magd, die hinter ihrer Mühle hockt, und
alle Erstgeburt unter dem Vieh. 6 Und es
wird ein großes Geschrei sein in ganz
Ägyptenland, wie nie zuvor gewesen ist
noch werden wird; 7 aber gegen ganz Is-
rael soll nicht ein Hund mucken, weder
gegen Mensch noch Vieh, auf dass ihr
erkennt, dass der HERR einen [a]Unter-
schied macht zwischen Ägypten und Is-
rael. 8 Dann werden zu mir herabkom-
men alle diese deine Großen und mir zu
Füßen fallen und sagen: Zieh aus, du und
alles Volk, das dir nachgeht. Und darauf-
hin werde ich ausziehen.
Und Mose ging vom Pharao mit grim-
migem Zorn. 9 Der HERR aber sprach zu
Mose: Der Pharao wird nicht auf euch
hören, auf dass meiner Wunder noch
mehr werden in Ägyptenland. 10 Und
Mose und Aaron haben diese Wunder
alle getan vor dem Pharao; aber der
HERR [a]verstockte ihm das Herz, sodass
er die Israeliten nicht ziehen ließ aus sei-
nem Lande.

Einsetzung des Passafestes

(vgl. 4. Mose 9,1-14; 5. Mose 16,1-8)

12 Der HERR aber sprach zu Mose
und Aaron in Ägyptenland: 2 [a]Die-
ser Monat soll bei euch der erste Monat
sein, und von ihm an sollt ihr die Monate
des Jahres zählen. 3 Sagt der ganzen Ge-
meinde Israel: Am zehnten Tage dieses
Monats nehme jeder Hausvater ein
Lamm, je ein Lamm für ein Haus.
4 Wenn aber in einem Hause für ein
Lamm zu wenige sind, so nehme er's mit
seinem Nachbarn, der seinem Hause am
nächsten wohnt, bis es so viele sind, dass
sie das Lamm aufessen können. 5 Ihr sollt
aber ein solches Lamm nehmen, [a]an
dem kein Fehler ist, ein männliches Tier,
ein Jahr alt. Von den Schafen und Ziegen
sollt ihr's nehmen 6 und sollt es verwah-
ren bis zum vierzehnten Tag des Monats.
Da soll es die ganze Gemeinde Israel
schlachten gegen Abend.
7 Und sie sollen von seinem Blut neh-
men und beide Pfosten an der Tür und
die obere Schwelle damit bestreichen an
den Häusern, in denen sie's essen,[a] 8 und
sollen das Fleisch essen in derselben
Nacht, am Feuer gebraten, und unge-
säuertes Brot dazu und sollen es mit bit-
teren Kräutern essen. 9 Ihr sollt es weder
roh essen noch mit Wasser gekocht, son-
dern am Feuer gebraten mit Kopf,
Schenkeln und inneren Teilen.[a] 10 Und
ihr sollt nichts davon übrig lassen bis
zum Morgen; wenn aber etwas übrig
bleibt bis zum Morgen, sollt ihr's mit
Feuer verbrennen.
11 So sollt ihr's aber essen: Um eure
Lenden sollt ihr gegürtet sein und eure
Schuhe an euren Füßen haben und den
Stab in der Hand und sollt es essen [a]als
die, die hinwegeilen; es ist des HERRN
Passa. 12 Denn ich will in derselben
Nacht durch Ägyptenland gehen und alle

10,27: *a* Kap 4,21 **11,2:** *a* Kap 3,21-22 **11,5:** *a* Kap 4,23 **11,7:** *a* Kap 9,4 **11,10:** *a* Kap 4,21 **12,2:** *a* Kap 13,4 **12,5:** *a* 3. Mose 22,20 **12,7:** *a* Verse 13.22 **12,9:** *a* 5. Mose 16,7 **12,11:** *a* 5. Mose 16,3; Jes 52,12

Erstgeburt schlagen in Ägyptenland un-
ter Mensch und Vieh und will [a]Strafge-
richt halten über alle Götter der Ägypter,
ich, der HERR. 13 Dann aber soll [a]das Blut
euer Zeichen sein an den Häusern, in de-
nen ihr seid: Wo ich das Blut sehe, will
ich an euch vorübergehen und [b]die Plage
soll euch nicht widerfahren, die das Verder-
ben bringt, wenn ich Ägyptenland schlage.

14 Ihr sollt diesen Tag als Gedenktag
haben und sollt ihn feiern als ein Fest für
den HERRN, ihr und alle eure Nachkom-
men, als ewige Ordnung. 15 [a]Sieben Tage
sollt ihr ungesäuertes Brot essen. Schon
am ersten Tag sollt ihr den Sauerteig aus
euren Häusern tun. Wer gesäuertes Brot
isst, vom ersten Tag an bis zum sieben-
ten, der soll ausgerottet werden aus Is-
rael. 16 Am ersten Tag soll heilige Ver-
sammlung sein und am siebenten soll
auch heilige Versammlung sein. Keine
Arbeit sollt ihr dann tun; nur was jeder
zur Speise braucht, das allein dürft ihr
euch zubereiten. 17 Haltet das Gebot der
ungesäuerten Brote. Denn eben an die-
sem Tage habe ich eure Scharen aus
Ägyptenland geführt; darum sollt ihr
diesen Tag halten, ihr und alle eure
Nachkommen, als ewige Ordnung. 18 Am
vierzehnten Tage des ersten Monats am
Abend sollt ihr ungesäuertes Brot essen
bis zum Abend des einundzwanzigsten
Tages des Monats, 19 sodass man sieben
Tage lang keinen Sauerteig finde in euren
Häusern. Denn wer gesäuertes Brot isst,
der soll ausgerottet werden aus der Ge-
meinde Israel, auch ein Fremdling oder
ein Einheimischer des Landes. 20 Keiner-
lei gesäuertes Brot sollt ihr essen, son-
dern nur ungesäuertes Brot, wo immer
ihr wohnt.

21 Und Mose berief alle Ältesten Is-
raels und sprach zu ihnen: Lest Schafe
aus und nehmt sie für euch nach euren
Geschlechtern und schlachtet das Passa.
22 Und nehmt ein Büschel Ysop und
taucht es in [a]das Blut in dem Becken
und bestreicht damit die Oberschwelle
und die beiden Pfosten. Und kein
Mensch gehe zu seiner Haustür heraus
bis zum Morgen. 23 Denn der HERR wird
umhergehen und die Ägypter schlagen.
Wenn er aber das Blut sehen wird an der
Oberschwelle und an den beiden Pfosten,
wird er an der Tür vorübergehen und den
Verderber nicht in eure Häuser kommen
lassen, um euch zu schlagen. 24 Darum so
halte diese Ordnung für dich und deine
Nachkommen ewiglich.

25 Und wenn ihr in das Land kommt,
das euch der HERR geben wird, wie er
gesagt hat, so haltet diesen Brauch.
26 Und wenn eure Kinder zu euch sagen
werden: Was habt ihr da für einen
Brauch?, 27 sollt ihr sagen: Es ist das Pas-
saopfer des HERRN, der an den Israeliten
vorüberging in Ägypten, als er die Ägyp-
ter schlug und unsere Häuser errettete.
Da neigte sich das Volk und betete an.
28 Und die Israeliten gingen hin und ta-
ten, wie der HERR es Mose und Aaron
geboten hatte.

Das Sterben der Erstgeburt Ägyptens. Der Auszug Israels

29 Und zur Mitternacht schlug der HERR
[a]alle Erstgeburt in Ägyptenland vom
ersten Sohn des Pharao an, der auf sei-
nem Thron saß, bis zum ersten Sohn des
Gefangenen im Gefängnis und alle Erst-
geburt des Viehs. 30 Da stand der Pharao
auf in derselben Nacht und alle seine
Großen und alle Ägypter, und es ward
[a]ein großes Geschrei in Ägypten; denn es
war kein Haus, in dem nicht ein Toter
war. 31 Und er ließ Mose und Aaron ru-
fen in der Nacht und sprach: Macht euch
auf und zieht weg aus meinem Volk, ihr
und die Israeliten. Geht hin und dient dem
HERRN, wie ihr gesagt habt. 32 Nehmt
auch mit euch eure [a]Schafe und Rinder,
wie ihr gesagt habt. Geht hin und [b]bittet
auch um Segen für mich. 33 Und die
Ägypter [a]drängten das Volk und trieben
es eilends aus dem Lande; denn sie spra-
chen: Wir sind alle des Todes.

34 Und das Volk trug den rohen Teig,
ehe er durchsäuert war, ihre Backschüs-
seln in ihre Mäntel gewickelt, auf ihren
Schultern. 35 Und die Israeliten hatten
getan, wie Mose gesagt hatte, und hatten
sich von den Ägyptern [a]silbernes und
goldenes Geschmeide und Kleider geben
lassen. 36 Dazu hatte der HERR dem Volk

12,12: *a* 4. Mose 33,4 **12,13:** *a* Hebr 11,28; *b* Kap 30,12 **12,15:** *a (15-20)* Kap 13,7; 23,15 **12,22:** *a* Vers 13 **12,29:** *a* Kap 4,23 **12,30:** *a* Kap 11,6-7 **12,32:** *a* Kap 10,26; *b* Esra 6,10 **12,33:** *a* Kap 6,1 **12,35:** *a* Kap 11,2

[a]Gunst verschafft bei den Ägyptern,
dass sie ihnen willfährig waren, und so
nahmen sie es von den Ägyptern zur
Beute. 37 Also zogen die Israeliten aus
von Ramses nach Sukkot, sechshundert-
tausend Mann zu Fuß ohne die Frauen
und Kinder. 38 Und es zog auch mit ih-
nen viel fremdes Volk, dazu Schafe und
Rinder, sehr viel Vieh. 39 Und sie backten
aus dem rohen Teig, den sie aus Ägypten
mitbrachten, ungesäuerte Brote; denn er
war nicht gesäuert, weil sie aus Ägypten
weggetrieben wurden und sich nicht län-
ger aufhalten konnten und keine Weg-
zehrung zubereitet hatten.

40 Die Zeit aber, die die Israeliten in
Ägypten gewohnt haben, ist [a]vierhun-
dertunddreißig Jahre. 41 Als diese um
waren, an eben diesem Tage zog das
ganze Heer des HERRN aus Ägypten-
land. 42 Eine Nacht des Wachens war dies
für den HERRN, um sie aus Ägyptenland
zu führen; [a]darum sollen die Israeliten
diese Nacht dem HERRN zu Ehren wa-
chen, sie und ihre Nachkommen.

43 Und der HERR sprach zu Mose und
Aaron: Dies ist die Ordnung für das
Passa: Kein Ausländer soll davon essen.
44 Ist er ein [a]gekaufter Sklave, so be-
schneide man ihn; dann darf er davon
essen. 45 Ist er aber ein Beisasse oder
Tagelöhner, so darf er nicht davon essen.
46 In **einem** Hause soll man es verzehren;
ihr sollt nichts von seinem Fleisch hin-
aus vor das Haus tragen und sollt [a]kei-
nen Knochen an ihm zerbrechen. 47 Die
ganze Gemeinde Israel soll das tun.

48 Wenn ein Fremdling bei dir wohnt
und dem HERRN das Passa halten will,
der beschneide alles, was männlich ist;
alsdann trete er herzu, dass er es halte,
und er sei wie ein Einheimischer des Lan-
des. Aber ein Unbeschnittener darf nicht
davon essen. 49 Ein und dasselbe Gesetz
gelte für den Einheimischen und den
Fremdling, der unter euch wohnt.[a]

50 Und alle Israeliten taten, wie der
HERR es Mose und Aaron geboten hatte.
51 An eben diesem Tage führte der HERR
die Israeliten aus Ägyptenland, Schar um
Schar.

Heiligung der Erstgeburt Israels. Fest der Ungesäuerten Brote

13 Und der HERR redete mit Mose
und sprach: 2 Heilige mir alle [a]Erst-
geburt bei den Israeliten; alles, was zu-
erst den Mutterschoß durchbricht bei
Mensch und Vieh, das ist mein.

3 Da sprach Mose zum Volk: Gedenkt
an diesen Tag, an dem ihr aus Ägypten,
aus der Knechtschaft, gezogen seid, denn
der HERR hat euch mit mächtiger Hand
von dort herausgeführt; [a]darum sollst
du nicht gesäuertes Brot essen. 4 Heute
zieht ihr aus, im Monat Abib.[a] 5 Wenn
dich nun der HERR bringen wird in das
Land der Kanaaniter, Hetiter, Amoriter,
Hiwiter und Jebusiter, das er dir geben
wird, [a]wie er deinen Vätern geschworen
hat, ein Land, darin Milch und Honig
fließt, so sollst du diesen Brauch halten
in diesem Monat. 6 Sieben Tage sollst du
ungesäuertes Brot essen, und am sieben-
ten Tage ist des HERRN Fest.[a] 7 Du sollst
sieben Tage ungesäuertes Brot essen,
dass bei dir [a]weder Sauerteig noch ge-
säuertes Brot gesehen werde an allen dei-
nen Orten. 8 Ihr sollt euren Söhnen sagen
an demselben Tage: Das halten wir um
dessentwillen, was uns der HERR getan
hat, als wir aus Ägypten zogen. 9 Darum
soll es dir wie ein [a]Zeichen sein auf dei-
ner Hand und wie ein Merkzeichen zwi-
schen deinen Augen, damit des HERRN
Gesetz in deinem Munde sei; denn der
HERR hat dich mit mächtiger Hand aus
Ägypten geführt. 10 Darum halte diese
Ordnung Jahr für Jahr zu ihrer Zeit.

11 Wenn dich nun der HERR ins Land
der Kanaaniter gebracht hat, wie er dir
und deinen Vätern geschworen hat, und
es dir gegeben hat, 12 so sollst du dem
HERRN alles aussondern, was zuerst den
Mutterschoß durchbricht. Alle männliche
Erstgeburt unter dem Vieh gehört dem
HERRN. 13 Die Erstgeburt vom Esel sollst
du auslösen mit einem Schaf; wenn du sie
aber nicht auslöst, so brich ihr das Ge-
nick. Beim Menschen aber sollst du alle
Erstgeburt unter deinen Söhnen auslösen.
14 [a]Und wenn dich heute oder morgen

12,36: *a* Kap 3,21 **12,40:** *a* 1. Mose 15,13 **12,42:** *a* Jes 30,29 **12,44:** *a* 1. Mose 17,12-13 **12,46:** *a* Joh 19,36 **12,49:** *a* 3. Mose 19,34; 24,22 **13,2:** *a* Verse 12-13; Kap 22,28; 4. Mose 8,17-18; 18,15; Hes 20,25-26; Lk 2,23 **13,3:** *a* Kap 12,33-34 **13,4:** *a* Kap 12,2 **13,5:** *a* 1. Mose 15,18 **13,6:** *a* Kap 12,15-16 **13,7:** *a* 1. Kor 5,8 **13,9:** *a* 5. Mose 6,8; 11,18 **13,14:** *a (14-15)* Kap 12,26.29

dein Sohn fragen wird: Was bedeutet das?,
sollst du ihm sagen: Der HERR hat uns mit
mächtiger Hand aus Ägypten, aus der
Knechtschaft, geführt. 15 Denn als der Pha-
rao hartnäckig war und uns nicht ziehen
ließ, erschlug der HERR alle Erstgeburt in
Ägyptenland, von der Erstgeburt des
Menschen bis zur Erstgeburt des Viehs.
Darum opfere ich dem HERRN alles
Männliche, das zuerst den Mutterschoß
durchbricht, aber die Erstgeburt meiner
Söhne löse ich aus. 16 Und das soll dir
wie ein Zeichen auf deiner Hand sein
und wie ein Merkzeichen zwischen dei-
nen Augen; denn der HERR hat uns mit
mächtiger Hand aus Ägypten geführt.

Die Wolken- und Feuersäule

17 Als nun der Pharao das Volk hatte
ziehen lassen, führte sie Gott nicht den
Weg durch das Land der Philister, der
am nächsten war; denn Gott dachte,
es könnte das Volk gereuen, wenn sie
Kämpfe vor sich sähen, und sie könn-
ten wieder nach Ägypten umkehren.
18 Darum ließ er das Volk einen Umweg
machen und führte es durch die Wüste
zum Schilfmeer. Und Israel zog wohl-
geordnet aus Ägyptenland. 19 Und Mose
nahm mit sich die [a] Gebeine Josefs; denn
dieser hatte den Söhnen Israels einen Eid
abgenommen und gesprochen: Gott wird
sich gewiss euer annehmen; dann führt
meine Gebeine von hier mit euch fort.
20 So zogen sie aus von Sukkot und lager-
ten sich in Etam am Rande der Wüste.

21 Und der HERR zog vor ihnen her,
am Tage in einer [a] Wolkensäule, um sie
den rechten Weg zu führen, und bei
Nacht in einer Feuersäule, um ihnen zu
leuchten, damit sie Tag und Nacht wan-
dern konnten. 22 Niemals wich die Wol-
kensäule von dem Volk bei Tage noch die
Feuersäule bei Nacht.

Israels Durchzug durchs Schilfmeer

14 Und der HERR redete mit Mose
und sprach: 2 Rede zu den Israeliten
und sprich, dass sie umkehren und sich
lagern bei Pi-Hahirot zwischen Migdol
und dem Meer, vor Baal-Zefon; diesem
gegenüber sollt ihr euch lagern. 3 Der
Pharao aber wird sagen von den Israeli-
ten: Sie haben sich verirrt im Lande; die
Wüste hat sie eingeschlossen. 4 Und ich
will [a] sein Herz verstocken, dass er ihnen
nachjage, und will meine Herrlichkeit er-
weisen an dem Pharao und aller seiner
Macht, und die Ägypter sollen innewer-
den, [b] dass ich der HERR bin. – Und sie
taten so.

5 Als es dem König von Ägypten ange-
sagt wurde, dass das Volk geflohen war,
wurde sein Herz verwandelt und das
Herz seiner Großen gegen das Volk und
sie sprachen: Warum haben wir das getan
und haben Israel ziehen lassen, sodass sie
uns nicht mehr dienen? 6 Und er spannte
seinen Wagen an und nahm sein Volk mit
sich 7 und nahm sechshundert auserle-
sene Wagen und was sonst an Wagen in
Ägypten war mit Kämpfern auf jedem
Wagen. 8 Und der HERR verstockte das
Herz des Pharao, des Königs von Ägyp-
ten, dass er den Israeliten nachjagte.
[a] Aber die Israeliten waren unter der
Macht einer starken Hand ausgezogen.
9 Und die Ägypter jagten ihnen nach mit
Rossen, Wagen und ihren Männern und
mit dem ganzen Heer des Pharao und
holten sie ein, als sie sich gelagert hatten
am Meer bei Pi-Hahirot vor Baal-Zefon.

10 Und als der Pharao nahe herankam,
hoben die Israeliten ihre Augen auf, und
siehe, die Ägypter zogen hinter ihnen her.
Und sie fürchteten sich sehr und schrien
zu dem HERRN 11 und sprachen zu Mose:
Waren nicht Gräber in Ägypten, dass du
uns wegführen musstest, damit wir in der
Wüste sterben? Warum hast du uns das
angetan, dass du uns aus Ägypten ge-
führt hast? 12 Haben wir's dir nicht schon
in Ägypten gesagt: Lass uns in Ruhe, wir
wollen den Ägyptern dienen? Es wäre
besser für uns, den Ägyptern zu dienen,
als in der Wüste zu sterben.

13 Da sprach Mose zum Volk: Fürchtet
euch nicht, steht fest und seht zu, was für
ein Heil der HERR heute an euch tun
wird. Denn wie ihr die Ägypter heute
seht, werdet ihr sie niemals wiedersehen.
14 [a] **Der HERR wird für euch streiten, und
ihr werdet stille sein.**

15 Und der HERR sprach zu Mose: Was
schreist du zu mir? Sage den Israeliten,
dass sie weiterziehen. 16 Du aber hebe

13,19: *a* 1. Mose 50,25; Jos 24,32 **13,21:** *a* Kap 40,36-38; 4. Mose 9,15-23; Ps 78,14; 1. Kor 10,1 **14,4:** *a* Kap 4,21; *b* Hes 28,22 **14,8:** *a* Kap 3,19-20 **14,14:** *a* 5. Mose 1,30; 2. Chr 20,15.29; Jes 51,9

deinen Stab auf und recke deine Hand
über das Meer und teile es mitten durch,
sodass die Israeliten auf dem Trockenen
mitten durch das Meer gehen. 17 Siehe,
ich will das Herz der Ägypter verstocken,
dass sie hinter euch herziehen, und will
meine Herrlichkeit erweisen an dem Pha-
rao und aller seiner Macht, an seinen
Wagen und Männern. 18 Und die Ägyp-
ter sollen innewerden, dass ich der HERR
bin, wenn ich meine Herrlichkeit erweise
an dem Pharao und an seinen Wagen
und Männern.

19 Da erhob sich der [a]Engel Gottes,
der vor dem Heer Israels herzog, und
stellte sich hinter sie. [b]Und die Wolken-
säule vor ihnen erhob sich und trat hinter
sie 20 und kam zwischen das Heer der
Ägypter und das Heer Israels. Und dort
war die Wolke finster und [a]hier er-
leuchtete sie die Nacht, und so kamen
die Heere die ganze Nacht einander nicht
näher. 21 Als nun Mose seine Hand über
das Meer reckte, ließ es der HERR zu-
rückweichen durch einen starken Ost-
wind die ganze Nacht und machte das
Meer trocken und die Wasser teilten sich.
22 Und die Israeliten gingen hinein mitten
ins Meer auf dem Trockenen, und das
Wasser war ihnen eine Mauer zur Rech-
ten und zur Linken.[a] 23 Und die Ägypter
folgten und zogen hinein ihnen nach, alle
Rosse des Pharao, seine Wagen und
Männer, mitten ins Meer.

24 Als nun die Zeit der Morgenwache
kam, schaute der HERR auf das Heer der
Ägypter aus der Feuersäule und der
Wolke und brachte einen Schrecken über
ihr Heer 25 und hemmte die Räder ihrer
Wagen und machte, dass sie nur schwer
vorwärtskamen. Da sprachen die Ägyp-
ter: Lasst uns fliehen vor Israel; der
HERR streitet für sie wider Ägypten.

26 Aber der HERR sprach zu Mose:
Recke deine Hand aus über das Meer,
dass das Wasser wiederkomme und her-
falle über die Ägypter, über ihre Wagen
und Männer. 27 Da reckte Mose seine
Hand aus über das Meer, und das Meer
kam gegen Morgen wieder in sein Bett,
und die Ägypter flohen ihm entgegen. So
stürzte der HERR sie mitten ins Meer.
28 Und das Wasser kam wieder und be-
deckte Wagen und Männer, das ganze
Heer des Pharao, das ihnen nachgefolgt
war ins Meer, sodass nicht einer von
ihnen übrig blieb. 29 Aber die Israeliten
gingen trocken mitten durchs Meer, und
das Wasser war ihnen eine Mauer zur
Rechten und zur Linken.

30 So errettete der HERR an jenem Tage
Israel aus der Ägypter Hand. Und sie
sahen die Ägypter tot am Ufer des Mee-
res liegen. 31 So sah Israel die mächtige
Hand, mit der der HERR an den Ägyp-
tern gehandelt hatte. Und das Volk
fürchtete den HERRN und sie glaubten
ihm und [a]seinem Knecht Mose.

Moses Lobgesang

15 Damals sangen Mose und die Isra-
eliten [a]dies Lied dem HERRN und
sprachen:

Ich will dem HERRN singen, denn er hat
eine herrliche Tat getan;
Ross und Mann hat er ins Meer
gestürzt.
2 Der [a]HERR ist meine Stärke und mein
Lobgesang
und ist mein Heil.
Das ist mein Gott, ich will ihn preisen,
er ist meines Vaters Gott, ich will
ihn erheben.

3 Der HERR ist der rechte [a]Kriegsmann,
[b]HERR ist sein Name.
4 Des Pharao Wagen und seine Macht
warf er ins Meer,
seine auserwählten Streiter
versanken im Schilfmeer.
5 Die Tiefe hat sie bedeckt,
sie sanken auf den Grund wie die
Steine.
6 HERR, deine rechte Hand tut große
Wunder;
HERR, deine rechte Hand hat die
Feinde zerschlagen.
7 Und mit deiner großen Herrlichkeit
hast du deine Widersacher gestürzt;
denn als du deinen Grimm
ausließest, verzehrte er sie wie
Stoppeln.

14,19: *a* 1. Mose 16,7; *b* Kap 13,21 **14,20:** *a* Ps 105,39 **14,22:** *a* Jos 4,23; 2. Kön 2,8; Jes 11,15-16; 1. Kor 10,1; Hebr 11,29 **14,31:** *a* Kap 19,9; 2. Chr 20,20 **15,1:** *a* Offb 15,3 **15,2:** *a* Ps 118,14; Jes 12,2 **15,3:** *a* Kap 14,14; Ps 46,10; *b* Kap 3,15

8 Durch dein Schnauben türmten die Wasser sich auf,
die Fluten standen wie ein Wall;
die Tiefen erstarrten mitten im Meer.[a]
9 Der Feind gedachte: Ich will nachjagen und ergreifen
und den Raub austeilen und meinen Mut an ihnen kühlen.
Ich will mein Schwert ausziehen,
und meine Hand soll sie verderben.
10 Da ließest du deinen Wind blasen,
und das Meer bedeckte sie,
und sie sanken unter wie Blei im mächtigen Wasser.

11 HERR, [a]wer ist dir gleich unter den Göttern?
Wer ist dir gleich, der so mächtig, heilig, schrecklich, löblich und wundertätig ist?
12 Als du deine rechte Hand ausrecktest,
verschlang sie die Erde.
13 Du hast geleitet durch deine Barmherzigkeit
dein Volk, das du erlöst hast,
und hast sie geführt durch deine Stärke
zu deiner heiligen Wohnung.
14 Als das die Völker hörten, [a]erbebten sie;
Angst kam die Philister an.
15 Da erschraken die Fürsten Edoms,
Zittern kam die Gewaltigen Moabs an, alle Bewohner Kanaans wurden feig.
16 Es fiel auf sie Erschrecken und Furcht;
vor deinem mächtigen Arm
erstarrten sie wie die Steine,
bis dein Volk, HERR, hindurchzog,
bis das Volk hindurchzog, das du erworben hast.
17 Du brachtest sie hinein und pflanztest sie ein
auf dem [a]Berge deines Erbteils,
den du, HERR, dir zur Wohnung gemacht hast,
zu deinem Heiligtum, Herr,
das deine Hand bereitet hat.
18 Der HERR wird König sein
immer und ewig.[a]

19 Denn der Pharao zog hinein ins
Meer mit Rossen und Wagen und Männern. Und der HERR ließ das Meer wieder über sie kommen. Aber die Israeliten
gingen trocken mitten durchs Meer.[a]
20 Da nahm Mirjam, die Prophetin,
Aarons Schwester, eine [a]Pauke in ihre
Hand und alle Frauen folgten ihr nach
mit Pauken im Reigen. 21 Und Mirjam
sang ihnen vor: Lasst uns dem HERRN
singen, denn er hat eine herrliche Tat
getan; Ross und Mann hat er ins Meer
gestürzt.

Israel in Mara und Elim

22 Mose ließ Israel ziehen vom Schilfmeer
hinaus zu der Wüste [a]Schur. Und sie
wanderten drei Tage in der Wüste und
fanden kein Wasser. 23 Da kamen sie
nach Mara; aber sie konnten das Wasser
von Mara nicht trinken, denn es war sehr
bitter. Daher nannte man den Ort Mara.
24 Da [a]murrte das Volk wider Mose und
sprach: Was sollen wir trinken? 25 Er
schrie zu dem HERRN und der HERR
zeigte ihm ein Holz; das warf er ins Wasser, da wurde es süß.

Dort gab er ihnen Gesetz und Recht
und [a]versuchte sie 26 und sprach: Wirst
du der Stimme des HERRN, deines Gottes, gehorchen und tun, was recht ist vor ihm, und merken auf seine Gebote und halten alle seine Gesetze, so will ich dir keine der [a]Krankheiten auferlegen, die ich den Ägyptern auferlegt habe; denn **ich bin der HERR, dein [b]Arzt.**
27 Und sie kamen nach Elim; da waren
zwölf Wasserquellen und siebzig Palmbäume. Und sie lagerten sich dort am Wasser.

Speisung mit Wachteln und Manna

16 Von Elim zogen sie aus und die ganze Gemeinde der Israeliten kam in die Wüste Sin, die zwischen Elim und Sinai liegt, am fünfzehnten Tage des zweiten Monats, nachdem sie von Ägypten ausgezogen waren.
2 Und es murrte die ganze Gemeinde
der Israeliten wider Mose und Aaron in
der Wüste.[a] 3 Und sie sprachen: [a]Wollte
Gott, wir wären in Ägypten gestorben

15,8: *a* Jes 51,10 **15,11:** *a* Kap 8,6; 18,11; Ps 86,8 **15,14:** *a* Jos 2,9-11 **15,17:** *a* Ps 78,54 **15,18:** *a* Ps 93,1 **15,19:** *a* Kap 14,22-29 **15,20:** *a* Ps 68,26 **15,22:** *a* 1. Mose 20,1 **15,24:** *a* Kap 16,2 **15,25:** *a* 1. Mose 22,1 **15,26:** *a* 5. Mose 7,15; *b* 1. Mose 20,17; 5. Mose 32,39; Ps 30,3; Jes 57,18 **16,2:** *a* Kap 17,2-3 **16,3:** *a* Kap 14,11

durch des HERRN Hand, als wir bei den
Fleischtöpfen saßen und hatten Brot die
Fülle zu essen. Denn ihr habt uns dazu
herausgeführt in diese Wüste, dass ihr
diese ganze Gemeinde an Hunger sterben
lasst.
4 Da sprach der HERR zu Mose: Siehe,
ich will euch [a]Brot vom Himmel regnen
lassen, und das Volk soll hinausgehen
und täglich sammeln, was es für den Tag
bedarf, dass ich's [b]prüfe, ob es in mei-
nem Gesetz wandle oder nicht. 5 Am
sechsten Tage aber wird's geschehen,
wenn sie zubereiten, was sie einbringen,
dass es doppelt so viel sein wird, wie sie
sonst täglich sammeln.
6 Mose und Aaron sprachen zu ganz
Israel: Am Abend sollt ihr innewerden,
dass euch der HERR aus Ägyptenland
geführt hat, 7 und am Morgen werdet ihr
des HERRN Herrlichkeit sehen, denn er
hat euer Murren wider den HERRN ge-
hört. Was sind wir, dass ihr wider uns
murrt? 8 Weiter sprach Mose: Der HERR
wird euch am Abend Fleisch zu essen
geben und am Morgen Brot die Fülle,
weil der HERR euer Murren gehört hat,
womit ihr wider ihn gemurrt habt. Denn
was sind wir? Euer Murren ist nicht wi-
der uns, sondern wider den HERRN.
9 Und Mose sprach zu Aaron: Sage der
ganzen Gemeinde der Israeliten: Kommt
herbei vor den HERRN, denn er hat euer
Murren gehört. 10 Und als Aaron noch
redete zu der ganzen Gemeinde der Is-
raeliten, wandten sie sich zur Wüste hin,
und siehe, die [a]Herrlichkeit des HERRN
erschien in der Wolke. 11 Und der HERR
sprach zu Mose: 12 Ich habe das Murren
der Israeliten gehört. Sage ihnen: Gegen
Abend sollt ihr Fleisch zu essen haben
und am Morgen von Brot satt werden
und sollt innewerden, dass ich, der
HERR, euer Gott bin.
13 Und am Abend kamen [a]Wachteln
herauf und bedeckten das Lager. Und
am Morgen lag Tau rings um das Lager.
14 Und als der Tau weg war, siehe, da
lag's in der Wüste rund und klein wie
Reif auf der Erde. 15 Und als es die Israe-
liten sahen, sprachen sie untereinander:
Man hu*? Denn sie wussten nicht, was es
war. Mose aber sprach zu ihnen: Es ist
[a]das Brot, das euch der HERR zu essen
gegeben hat. 16 Das ist's aber, was der
HERR geboten hat: Ein jeder sammle, so
viel er zum Essen braucht, einen Krug
voll für jeden nach der Zahl der Leute in
seinem Zelte.
17 Und die Israeliten taten's und sam-
melten, einer viel, der andere wenig.
18 Aber als man's nachmaß, [a]hatte der
nicht darüber, der viel gesammelt hatte,
und der nicht darunter, der wenig ge-
sammelt hatte. Jeder hatte gesammelt,
so viel er zum Essen brauchte. 19 Und
Mose sprach zu ihnen: Niemand lasse
etwas davon übrig bis zum nächsten
Morgen.[a] 20 Aber sie gehorchten Mose
nicht. Und etliche ließen davon übrig bis
zum nächsten Morgen; da wurde es vol-
ler Würmer und stinkend. Und Mose
wurde zornig auf sie. 21 Sie sammelten
aber alle Morgen, so viel ein jeder zum
Essen brauchte. Wenn aber die Sonne
heiß schien, zerschmolz es.
22 Und am sechsten Tage sammelten
sie doppelt so viel Brot, je zwei Krüge
voll für einen. Und alle Vorsteher der
Gemeinde kamen hin und verkündeten's
Mose. 23 Und er sprach zu ihnen: Das
ist's, was der HERR gesagt hat: Morgen
ist Ruhetag, heiliger [a]Sabbat für den
HERRN. Was ihr backen wollt, das backt,
und was ihr kochen wollt, das kocht; was
aber übrig ist, das legt beiseite, dass es
aufgehoben werde bis zum nächsten
Morgen. 24 Und sie legten's beiseite bis
zum nächsten Morgen, wie Mose gebo-
ten hatte. Da wurde es nicht stinkend
und war auch kein Wurm darin. 25 Da
sprach Mose: Esst dies heute, denn heute
ist der Sabbat des HERRN; ihr werdet
heute nichts finden auf dem Felde.
26 Sechs Tage sollt ihr sammeln; aber der
siebente Tag ist der Sabbat, an dem wird
nichts da sein.
27 Aber am siebenten Tage gingen et-
liche vom Volk hinaus, um zu sammeln,
und fanden nichts. 28 Da sprach der
HERR zu Mose: Wie lange weigert ihr
euch, meine Gebote und Weisungen zu
halten? 29 Sehet, der HERR hat euch den
Sabbat gegeben; darum gibt er euch am

* d.h. Was ist das?

16,4: *a* Vers 15; *b* 1.Mose 22,1 **16,10:** *a* 4.Mose 12,5; 14,10; 16,19 **16,13:** *a* 4.Mose 11,31 **16,15:** *a* Vers 4; 5.Mose 8,3; Joh 6,31; 1.Kor 10,3 **16,18:** *a* 2.Kor 8,15 **16,19:** *a* Vers 4; Mt 6,34; Lk 11,3 **16,23:** *a* 1.Mose 2,2-3

sechsten Tage für zwei Tage Brot. So
bleibe nun ein jeder, wo er ist, und nie-
mand verlasse seinen Wohnplatz am sie-
benten Tage. 30 Also ruhte das Volk am
siebenten Tage.
31 Und das Haus Israel nannte es
Manna. Und es war wie weißer Korian-
dersamen und hatte einen Geschmack
wie Semmel mit Honig. 32 Und Mose
sprach: Das ist's, was der HERR geboten
hat: Fülle einen Krug davon, um es auf-
zubewahren für eure Nachkommen, auf
dass man sehe das Brot, mit dem ich
euch gespeist habe in der Wüste, als ich
euch aus Ägyptenland führte. 33 Und
Mose sprach zu Aaron: Nimm ein [a]Ge-
fäß und tu Manna hinein, den zehnten
Teil eines Scheffels, und stelle es hin vor
den HERRN, dass es aufbewahrt werde
für eure Nachkommen.
34 Wie der HERR es Mose geboten
hatte, so stellte Aaron das Gefäß vor die
Lade mit dem Gesetz, damit es aufbe-
wahrt werde. 35 Und die Israeliten aßen
Manna vierzig Jahre lang, bis sie in be-
wohntes Land kamen; bis an die Grenze
des Landes Kanaan aßen sie Manna.[a]
36 Ein Krug aber ist der zehnte Teil eines
Scheffels.

Israel in Massa und Meriba

17 Und die ganze Gemeinde der Israe-
liten zog aus der Wüste Sin weiter
ihre Tagereisen, wie ihnen der HERR be-
fahl, und sie lagerten sich in Refidim. Da
hatte das Volk kein Wasser zu trinken.[a]
2 Und sie haderten mit Mose und spra-
chen: Gib uns Wasser, dass wir trinken.
Mose sprach zu ihnen: Was hadert ihr
mit mir? Warum [a]versucht ihr den
HERRN? 3 Als aber dort das Volk nach
Wasser dürstete, [a]murrten sie wider
Mose und sprachen: Warum hast du uns
aus Ägypten ziehen lassen, dass du uns,
unsere Kinder und unser Vieh vor Durst
sterben lässt? 4 Mose schrie zum HERRN
und sprach: Was soll ich mit dem Volk
tun? Es fehlt nicht viel, so werden sie
mich noch [a]steinigen.
5 Der HERR sprach zu ihm: Tritt hin
vor das Volk und nimm einige von den
Ältesten Israels mit dir und nimm deinen
Stab in deine Hand, mit dem du [a]den
Nil schlugst, und geh hin. 6 Siehe, ich will
dort vor dir stehen auf dem Fels am
Horeb. Da sollst du [a]an den Fels schla-
gen, so wird Wasser herauslaufen, dass
das [b]Volk trinke. Und Mose tat so vor
den Augen der Ältesten von Israel. 7 Da
nannte er den Ort [a]Massa und Meriba,
weil die Israeliten dort gehadert und den
HERRN versucht und gesagt hatten: [b]Ist
der HERR unter uns oder nicht?

Sieg über die Amalekiter

8 Da kam [a]Amalek und kämpfte gegen
Israel in Refidim. 9 Da sprach Mose zu
[a]Josua: Erwähle uns Männer, zieh aus
und kämpfe gegen Amalek. Morgen will
ich oben auf dem Hügel stehen mit dem
Stab Gottes in meiner Hand. 10 Und
Josua tat, wie Mose ihm sagte, und
kämpfte gegen Amalek. Mose aber und
[a]Aaron und Hur gingen auf die Höhe
des Hügels. 11 Und wenn Mose seine
Hand emporhielt, siegte Israel; wenn er
aber seine Hand sinken ließ, siegte Ama-
lek. 12 Aber Mose wurden die Hände
schwer; darum nahmen die beiden einen
Stein und legten ihn hin, dass er sich
daraufsetzte. Aaron aber und Hur stütz-
ten ihm die Hände, auf jeder Seite einer.
So blieben seine Hände erhoben, bis die
Sonne unterging. 13 Und Josua überwäl-
tigte Amalek und sein Volk durch des
Schwertes Schärfe.
14 Und der HERR sprach zu Mose:
Schreibe dies zum Gedächtnis in ein
Buch und präge es Josua ein; denn ich
will Amalek unter dem Himmel austil-
gen, dass man seiner nicht mehr geden-
ke.[a] 15 Und Mose baute einen Altar und
nannte ihn: Der HERR mein Feldzeichen.
16 Und er sprach: Die Hand an den
[a]Thron des HERRN! Der HERR führt
Krieg gegen Amalek von Kind zu Kin-
deskind.

Jitros Besuch bei Mose

18 Und [a]Jitro, der Priester in Midian,
Moses Schwiegervater, hörte alles,
was Gott an Mose und seinem Volk Is-

16,33: *a* Hebr 9,4 16,35: *a* Jos 5,12 17,1: *a* 4. Mose 33,12-14 17,2: *a* 5. Mose 6,16 17,3: *a* Kap 15,24; 16,2; 4. Mose 14,2-4; 17,6-28 17,4: *a* 4. Mose 14,10 17,5: *a* Kap 7,20 17,6: *a* 4. Mose 20,11; *b* 1. Kor 10,4 17,7: *a* Ps 95,8-9; *b* Mi 3,11 17,8: *a* 1. Mose 36,12.16 17,9: *a* 4. Mose 13,8.16 17,10: *a* Kap 24,14 17,14: *a* 5. Mose 25,17-19; 1. Sam 15,2-3 17,16: *a* Jer 3,17 18,1: *a* Kap 3,1

rael getan hatte, dass der HERR Israel
aus Ägypten geführt hatte. 2 Da nahm er
mit sich [a]Zippora, die Frau des Mose,
die er zurückgesandt hatte, 3 samt ihren
beiden Söhnen; von denen hieß einer
[a]Gerschom, denn Mose sprach: Ich bin
ein Gast geworden in fremdem Lande,
4 und der andere [a]Eliëser, denn er sprach:
Der Gott meines Vaters ist meine Hilfe
gewesen und hat mich errettet vor dem
Schwert des Pharao.

5 Als nun Jitro, Moses Schwiegervater,
und seine Söhne und seine Frau zu ihm
in die Wüste kamen, an den Berg Gottes,
wo er sich gelagert hatte, 6 ließ er Mose
sagen: Ich, Jitro, dein Schwiegervater, bin
zu dir gekommen und deine Frau und
ihre beiden Söhne mit ihr. 7 Da ging
Mose hinaus ihm entgegen und neigte
sich vor ihm und küsste ihn. Und als sie
sich untereinander gegrüßt hatten, gin-
gen sie in das Zelt. 8 Da erzählte Mose
seinem Schwiegervater alles, was der
HERR um Israels willen dem Pharao und
den Ägyptern angetan hatte, und alle die
Mühsal, die ihnen auf dem Wege be-
gegnet war, und wie sie der HERR errettet
hatte. 9 Jitro aber freute sich über all das
Gute, das der HERR an Israel getan hatte,
wie er sie errettet hatte aus der Ägypter
Hand. 10 Und Jitro sprach: Gelobt sei der
HERR, der euch errettet hat aus der
Ägypter und des Pharao Hand. 11 Nun
weiß ich, dass der HERR größer ist als
alle Götter; denn er hat das Volk aus der
Ägypter Hand errettet, [a]weil sie vermes-
sen an Israel gehandelt haben. 12 Und
Jitro, Moses Schwiegervater, brachte
Gott ein Brandopfer und Schlachtopfer
dar. Da kamen Aaron und alle Ältesten
von Israel, um mit Moses Schwiegervater
das Mahl zu halten vor Gott.[a]

Einsetzung von Helfern für Mose

13 Am andern Morgen setzte sich Mose,
um dem Volk Recht zu sprechen. Und
das Volk stand um Mose her vom Mor-
gen bis zum Abend. 14 Als aber sein
Schwiegervater alles sah, was er mit dem
Volk tat, sprach er: Was tust du denn
mit dem Volk? Warum musst du ganz
allein dasitzen, und alles Volk steht um
dich her vom Morgen bis zum Abend?
15 Mose antwortete ihm: Das Volk
kommt zu mir, um Gott zu befragen.
16 Denn wenn sie einen Streitfall haben,
kommen sie zu mir, damit ich richte zwi-
schen dem einen und dem andern und
tue ihnen kund die Satzungen Gottes
und seine Weisungen.

17 Sein Schwiegervater sprach zu ihm:
Es ist nicht gut, wie du das tust. 18 Du
machst dich zu müde, dazu auch das
Volk, das mit dir ist. Das Geschäft ist
dir zu schwer; du kannst es allein nicht
ausrichten.[a] 19 Aber gehorche meiner
Stimme; ich will dir raten und Gott wird
mit dir sein. Vertritt du das Volk vor
Gott und bringe ihre Anliegen vor Gott
20 und tu ihnen die Satzungen und Wei-
sungen kund, dass du sie lehrst den Weg,
auf dem sie wandeln, und die Werke, die
sie tun sollen. 21 Sieh dich aber unter dem
ganzen Volk um nach redlichen Leuten,
die Gott fürchten, wahrhaftig sind und
dem ungerechten Gewinn feind. Die
setze über sie als Oberste über tausend,
über hundert, über fünfzig und über
zehn, 22 dass sie das Volk allezeit richten.
Nur wenn es eine größere Sache ist, sol-
len sie diese vor dich bringen, alle gerin-
geren Sachen aber sollen sie selber rich-
ten. So mach dir's leichter und lass sie
mit dir tragen. 23 Wirst du das tun, so
kannst du ausrichten, was dir Gott ge-
bietet, und dies ganze Volk kann mit
Frieden an seinen Ort kommen.

24 Mose gehorchte dem Wort seines
Schwiegervaters und tat alles, was er
sagte, 25 und erwählte redliche Leute aus
ganz Israel und machte sie zu Häuptern
über das Volk, zu Obersten über tausend,
über hundert, über fünfzig und über zehn,
26 dass sie das Volk allezeit richteten,
die schwereren Sachen vor Mose bräch-
ten und die kleineren Sachen selber rich-
teten. 27 Und Mose ließ seinen Schwie-
gervater wieder in sein Land ziehen.

Ankunft am Sinai. Zurüstung des Volkes. Erscheinung des HERRN

19 Am ersten Tag des dritten Monats
nach dem Auszug der Israeliten aus
Ägyptenland, genau auf den Tag, kamen
sie in die Wüste Sinai. 2 Denn sie waren

18,2: *a* Kap 4,20 **18,3:** *a* Kap 2,22 **18,4:** *a* 1. Chr 23,15.17 **18,11:** *a* Neh 9,10; Jer 50,29 **18,12:** *a* 1. Mose 31,54 **18,18:** *a* 4. Mose 11,14; 5. Mose 1,9

4 Hat ihm aber sein Herr eine Frau gegeben und hat sie ihm Söhne oder Töchter geboren, so sollen Frau und Kinder seinem Herrn gehören, er aber soll ohne Frau gehen. 5 Spricht aber der Sklave: Ich habe meinen Herrn lieb und meine Frau und Kind, ich will nicht frei werden, 6 so [a]bringe ihn sein Herr vor Gott und stelle ihn an die Tür oder den Pfosten und durchbohre mit einem Pfriemen sein Ohr und er sei sein Sklave für immer.

7 Verkauft jemand seine Tochter als Sklavin, so darf sie nicht [a]freigelassen werden wie die Sklaven. 8 Hat ihr Herr sie für sich genommen und sie gefällt ihm nicht, so soll er sie auslösen lassen. Er hat aber nicht Macht, sie unter ein fremdes Volk zu verkaufen, nachdem er sie verschmäht hat. 9 Hat er sie aber für seinen Sohn bestimmt, so soll er nach dem Recht der Töchter an ihr tun. 10 Nimmt er sich aber noch eine andere, so soll er der ersten an Nahrung, Kleidung und ehelichem Recht nichts abbrechen. 11 Erfüllt er an ihr diese drei Pflichten nicht, so soll sie umsonst freigelassen werden, ohne Lösegeld.

Vergehen gegen Leib und Leben

12 Wer einen Menschen schlägt, dass er stirbt, der soll des Todes sterben.[a] 13 Hat er ihm aber nicht nachgestellt, sondern hat Gott es seiner Hand widerfahren lassen, so will ich dir [a]einen Ort bestimmen, wohin er fliehen kann. 14 Wenn aber jemand an seinem Nächsten frevelt und ihn mit Hinterlist umbringt, so sollst du ihn [a]von meinem Altar wegreißen, dass man ihn töte.

15 Wer Vater oder Mutter schlägt, der soll des Todes sterben.

16 Wer einen [a]Menschen raubt, sei es, dass er ihn verkauft, sei es, dass man ihn bei ihm findet, der soll des Todes sterben.

17 Wer Vater oder Mutter flucht, der soll des Todes sterben.[a]

18 Wenn Männer miteinander streiten und einer schlägt den andern mit einem Stein oder mit der Faust, dass er nicht stirbt, sondern zu Bett liegen muss 19 und wieder aufkommt und ausgehen kann an seinem Stock, so soll der, der ihn schlug, nicht bestraft werden; er soll ihm aber bezahlen, was er versäumt hat, und das Arztgeld geben.

20 Wer seinen Sklaven oder seine Sklavin schlägt mit einem Stock, dass sie unter seinen Händen sterben, der soll dafür bestraft werden. 21 Bleiben sie aber einen oder zwei Tage am Leben, so soll er nicht dafür bestraft werden; denn es ist sein Geld.

22 Wenn Männer miteinander streiten und stoßen dabei eine schwangere Frau, sodass ihr die Frucht abgeht, ihr aber sonst kein Schaden widerfährt, so soll man ihn um Geld strafen, wie viel ihr Ehemann ihm auferlegt, und er soll's geben durch die Hand der Richter.

23 [a]Entsteht ein dauernder Schaden, so sollst du geben Leben um Leben, 24 Auge um Auge, Zahn um Zahn, Hand um Hand, Fuß um Fuß, 25 Brandmal um Brandmal, Beule um Beule, Wunde um Wunde.

26 Wenn jemand seinen Sklaven oder seine Sklavin ins Auge schlägt und zerstört es, der soll sie freilassen um des Auges willen. 27 Desgleichen wenn er seinem Sklaven oder seiner Sklavin einen Zahn ausschlägt, soll er sie freilassen um des Zahnes willen.

Schaden durch Tiere – Verlust von Tieren

28 [a]Wenn ein Rind einen Mann oder eine Frau stößt, dass sie sterben, so soll man das Rind steinigen und sein Fleisch nicht essen; aber der Besitzer des Rindes soll nicht bestraft werden. 29 Ist aber das Rind zuvor stößig gewesen und seinem Besitzer war's bekannt und er hat das Rind nicht verwahrt und es tötet nun einen Mann oder eine Frau, so soll man das Rind steinigen und sein Besitzer soll sterben. 30 Will man ihm aber ein Lösegeld auferlegen, so soll er geben, was man ihm auferlegt, um sein Leben auszulösen. 31 Ebenso soll man mit ihm verfahren, wenn das Rind einen Sohn oder eine Tochter stößt. 32 Stößt es aber einen

21,6: *a* 5. Mose 1,17; Ps 82,1 **21,7:** *a* Vers 2 **21,12:** *a* Kap 20,13; 1. Mose 9,6; Mt 5,21-22 **21,13:** *a* 4. Mose 35,6-29; 5. Mose 19,4-13 **21,14:** *a* 1. Kön 2,29-31 **21,16:** *a* 5. Mose 24,7; 1. Tim 1,10 **21,17:** *a* 5. Mose 27,16; Spr 20,20; Mt 15,4 **21,23:** *a (23-24)* 3. Mose 24,19-20; 5. Mose 19,21; Mt 5,38 **21,28:** *a (28-29)* 1. Mose 9,5; 4. Mose 35,33

Sklaven oder eine Sklavin, so soll der
Besitzer ihrem Herrn dreißig Lot Silber
geben und das Rind soll man steinigen.
33 [a]Wenn jemand eine Zisterne auf-
deckt oder gräbt eine Zisterne und deckt
sie nicht zu und es fällt ein Rind oder
Esel hinein, 34 so soll der Besitzer der
Zisterne mit Geld dem andern Ersatz
leisten, das tote Tier aber soll ihm ge-
hören. 35 Wenn jemandes Rind eines an-
dern Rind stößt, dass es stirbt, so sollen
sie das lebendige Rind verkaufen und das
Geld teilen und das tote Tier auch teilen.
36 Ist's aber bekannt gewesen, dass das
Rind zuvor stößig gewesen ist, und sein
Besitzer hat es nicht verwahrt, so soll er
ein Rind für das andere erstatten und das
tote Tier haben.
37 *Wenn jemand ein Rind oder ein
Schaf stiehlt und schlachtet's oder ver-
kauft's, so soll er fünf Rinder für ein
Rind wiedergeben und vier Schafe für ein
Schaf.[a]

Eigentumsvergehen

22 Wenn ein Dieb ergriffen wird beim
Einbruch und wird dabei geschla-
gen, dass er stirbt, so liegt keine Blut-
schuld vor. 2 War aber schon die Sonne
aufgegangen, so liegt Blutschuld vor.
Es soll aber ein Dieb wiedererstatten;
hat er nichts, so verkaufe man ihn um
den Wert des Gestohlenen. 3 Findet man
bei ihm das Gestohlene lebendig, sei es
Rind, Esel oder Schaf, so soll er's zwei-
fach erstatten.
4 Wenn jemand in einem Acker oder
Weinberg Schaden anrichtet, weil er sein
Vieh das Feld eines andern abweiden
lässt, so soll er's mit dem Besten seines
Ackers und Weinberges erstatten.
5 Wenn ein Feuer ausbricht und er-
greift die Dornen und verbrennt einen
Garbenhaufen oder das Getreide, das
noch steht, oder den Acker, so soll Ersatz
leisten, wer das Feuer angezündet hat.
6 Wenn jemand seinem Nächsten Geld
oder Gegenstände zu verwahren gibt und
es wird ihm aus seinem Hause gestohlen:
findet man den Dieb, so soll er's zweifach
erstatten; 7 findet man aber den Dieb
nicht, so soll der Herr des Hauses vor
Gott treten, ob er nicht etwa seine Hand
an seines Nächsten Habe gelegt hat.
8 [a]Wenn einer den andern einer Verun-
treuung beschuldigt, es handle sich um
Rind oder Esel oder Schaf oder Kleider
oder um etwas, was sonst noch verloren
gegangen ist, so soll beider Sache vor
Gott kommen. Wen Gott für schuldig
erklärt, der soll's seinem Nächsten zwei-
fach erstatten.
9 Wenn jemand seinem Nächsten einen
Esel oder ein Rind oder ein Schaf oder
irgendein Stück Vieh in Obhut gibt und
es stirbt ihm oder kommt zu Schaden
oder wird ihm weggetrieben, ohne dass
es jemand sieht, 10 so soll es unter ihnen
zum Eid vor dem HERRN kommen, ob er
nicht etwa seine Hand an seines Nächs-
ten Habe gelegt hat, und der Besitzer soll
es hinnehmen, sodass jener nicht Ersatz
zu leisten braucht.
11 Stiehlt es ihm aber ein Dieb, so soll
er's dem Besitzer ersetzen. 12 Wird es zer-
rissen, so soll er es zum Zeugnis her-
beibringen und nicht ersetzen.[a] 13 Wenn
es jemand von seinem Nächsten leiht und
es kommt zu Schaden oder stirbt, wenn
der Besitzer nicht dabei ist, so soll er's
ersetzen. 14 Ist aber der Besitzer dabei,
soll er's nicht ersetzen. Wenn es gemietet
ist, so soll es auf den Mietpreis ange-
rechnet werden.
15 Wenn jemand eine Jungfrau beredet,
die noch nicht verlobt ist, und ihr bei-
wohnt, so soll er den Brautpreis für sie
geben und sie zur Frau nehmen.[a] 16 Wei-
gert sich aber ihr Vater, sie ihm zu geben,
so soll er Geld darwägen, soviel einer
Jungfrau als Brautpreis gebührt.

Todeswürdige Vergehen

17 Die Zauberinnen sollst du nicht am
Leben lassen.[a]
18 Wer einem Vieh beiwohnt, der soll
des Todes sterben.[a]
19 Wer den Göttern opfert und nicht
dem HERRN allein, der soll dem Bann
verfallen.[a]

* Abweichende Verszählung statt 21,37–22,30: 22,1-31.

21,33: *a (33-36)* 3. Mose 7,24; 17,15 **21,37:** *a* 2. Sam 12,6; Spr 6,31; Lk 19,8 **22,8:** *a (8-10)* 1. Kön 8,31-32 **22,12:** *a* 1. Mose 31,39 **22,15:** *a* 5. Mose 22,28-29 **22,17:** *a* 3. Mose 20,6.27; 5. Mose 18,10; 1. Sam 28,9; Mal 3,5 **22,18:** *a* 3. Mose 18,23; 5. Mose 27,21 **22,19:** *a* Kap 20,3.5; 5. Mose 13,7-19; 17,2-7

Rechtsschutz für die Schwachen

20 Die Fremdlinge sollst du nicht bedrängen und bedrücken; denn ihr seid auch Fremdlinge in Ägyptenland gewesen.[a]

21 Ihr sollt Witwen und Waisen nicht bedrücken.[a] 22 Wirst du sie bedrücken und werden sie zu mir schreien, so werde ich ihr Schreien erhören. 23 Dann wird mein Zorn entbrennen, dass ich euch mit dem Schwert töte und eure Frauen zu Witwen und eure Kinder zu Waisen werden.

24 Wenn du Geld verleihst an einen aus meinem Volk, an einen Armen neben dir, so sollst du an ihm nicht wie ein Wucherer handeln; du sollst keinerlei Zinsen von ihm nehmen.[a]

25 Wenn du den Mantel deines Nächsten zum Pfande nimmst, sollst du ihn wiedergeben, ehe die Sonne untergeht,[a] 26 denn sein Mantel ist seine einzige Decke für seinen Leib; worin soll er sonst schlafen? Wird er aber zu mir schreien, so werde ich ihn erhören; denn ich bin gnädig.

Einzelne Gebote der Gottesfurcht

27 [a]Gott sollst du nicht lästern, und einem [b]Obersten in deinem Volk sollst du nicht fluchen.

28 [a]Den Ertrag deines Feldes und den Überfluss deines Weinberges sollst du nicht zurückhalten.

[b]Deinen ersten Sohn sollst du mir geben. 29 So sollst du auch tun mit deinem Stier und deinem Kleinvieh. [a]Sieben Tage lass es bei seiner Mutter sein, am achten Tage sollst du es mir geben.

30 Ihr sollt mir [a]heilige Leute sein; [b]darum sollt ihr kein Fleisch essen, das auf dem Felde von Tieren zerrissen ist, sondern es vor die Hunde werfen.

Gebote der Gerechtigkeit und Nächstenliebe

23 Du sollst kein falsches Gerücht verbreiten; du sollst nicht einem Schuldigen Beistand leisten und kein falscher Zeuge sein.[a]

2 Du sollst der Menge nicht auf dem Weg zum Bösen folgen und nicht so antworten vor Gericht, dass du der Menge nachgibst und vom Rechten abweichst.

3 Du sollst den Geringen nicht begünstigen in seiner Sache.[a]

4 Wenn du dem Rind oder Esel deines [a]Feindes begegnest, die sich verirrt haben, so sollst du sie ihm wieder zuführen. 5 Wenn du den Esel deines Widersachers unter seiner Last liegen siehst, so lass ihn ja nicht im Stich, sondern hilf mit ihm zusammen dem Tiere auf.

6 Du sollst das Recht deines Armen nicht beugen in seiner Sache.[a]

7 Halte dich ferne von einer Sache, bei der Lüge im Spiel ist. Den Unschuldigen und den, der im Recht ist, sollst du nicht töten; denn ich lasse den Schuldigen nicht recht haben. 8 Du sollst dich nicht [a]durch Geschenke bestechen lassen; denn Geschenke machen die Sehenden blind und verdrehen die Sache derer, die im Recht sind.

9 Die Fremdlinge sollt ihr nicht unterdrücken; denn ihr wisst um der Fremdlinge Herz, weil ihr auch Fremdlinge in Ägyptenland gewesen seid.[a]

Sabbatjahr und Sabbat

10 Sechs Jahre sollst du dein Land besäen und seine Früchte einsammeln.[a] 11 Aber im siebenten Jahr sollst du es ruhen und liegen lassen, dass die Armen unter deinem Volk davon essen; und was übrig bleibt, mag das Wild auf dem Felde fressen. Ebenso sollst du es halten mit deinem Weinberg und deinen Ölbäumen.

12 Sechs Tage sollst du deine Arbeit tun; aber am siebenten Tage sollst du feiern, auf dass dein Rind und Esel ruhen und deiner Sklavin Sohn und der Fremdling sich erquicken.[a]

13 Alles, was ich euch gesagt habe, das haltet. Aber die Namen [a]anderer Götter sollt ihr nicht anrufen, und aus eurem Munde sollen sie nicht gehört werden.

22,20: *a* 3. Mose 19,33-34; 5. Mose 10,18-19 **22,21:** *a* 5. Mose 27,19; Jes 1,17; Sach 7,10 **22,24:** *a* 3. Mose 25,36; 5. Mose 23,20; Spr 28,8 **22,25:** *a* 5. Mose 24,10-13 **22,27:** *a* 3. Mose 24,14-16; *b* Apg 23,5 **22,28:** *a* Kap 23,19; 5. Mose 18,4; Spr 3,9-10; *b* Kap 13,2.13 **22,29:** *a* 3. Mose 22,27 **22,30:** *a* 3. Mose 19,2; 1. Petr 1,15; *b* 3. Mose 7,24; 5. Mose 14,21; Hes 4,14; 44,31 **23,1:** *a* Kap 20,16; 3. Mose 19,16; Ps 15,3; Spr 19,9 **23,3:** *a* 3. Mose 19,15 **23,4:** *a* Hiob 31,29; Spr 25,21-22; Lk 6,27 **23,6:** *a* 5. Mose 27,19; Ps 82,2-4; Pred 5,7; Jes 1,17 **23,8:** *a* 5. Mose 27,25; 1. Sam 8,3; Spr 17,23 **23,9:** *a* Kap 22,20 **23,10:** *a* 3. Mose 25,1-7.18-22 **23,12:** *a* Kap 20,8-11 **23,13:** *a* Jos 23,7; Sach 13,2

Die drei großen Jahresfeste. Opfervorschriften

14 [a]Dreimal im Jahr sollt ihr mir ein Fest
feiern: 15 Das [a]Fest der Ungesäuerten
Brote sollst du so halten, dass du sieben
Tage ungesäuertes Brot isst, wie ich dir
geboten habe, im Monat Abib, denn zu
dieser Zeit bist du aus Ägypten gezogen
– erscheint aber nicht mit leeren Händen
vor mir! –, 16 und das [a]Fest der Ernte,
der Erstlinge deiner Früchte, die du auf
dem Felde gesät hast, und das Fest der
Lese am Ausgang des Jahres, wenn du
den Ertrag deiner Arbeit eingesammelt
hast vom Felde.

17 Dreimal im Jahre soll erscheinen vor
dem HERRN, dem Herrscher, alles, was
männlich ist unter dir.

18 Du sollst das Blut meines Opfers
nicht zugleich mit dem Sauerteig opfern,
und das Fett von meinem Fest soll nicht
über Nacht bleiben bis zum Morgen.[a]

19 Das Beste von den [a]Erstlingen dei-
nes Feldes sollst du in das Haus des
HERRN, deines Gottes, bringen. Du sollst
[b]das Böcklein nicht kochen in seiner
Mutter Milch.

Mahnungen und Verheißungen für die Zukunft

20 Siehe, ich sende einen [a]Engel vor dir
her, der dich behüte auf dem Wege und
dich bringe an den Ort, den ich bestimmt
habe. 21 Hüte dich vor ihm und gehor-
che seiner Stimme und [a]sei nicht wider-
spenstig gegen ihn; denn er wird euer
Übertreten nicht vergeben, weil mein
Name in ihm ist. 22 Wirst du aber auf
seine Stimme hören und alles tun, was
ich dir sage, so will ich deiner Feinde
Feind und deiner Widersacher Widersa-
cher sein. 23 Ja, mein Engel wird vor dir
hergehen und dich bringen zu den Amo-
ritern, Hetitern, Perisitern, Kanaanitern,
Hiwitern und Jebusitern, und ich will sie
vertilgen.

24 Du sollst [a]ihre Götter nicht anbeten
noch ihnen dienen noch tun, [b]wie sie
tun, sondern du sollst ihre Steinmale um-
reißen und zerbrechen. 25 Aber dem
HERRN, eurem Gott, sollt ihr dienen, so
wird er dein Brot und dein Wasser seg-
nen, und ich will alle [a]Krankheit von dir
wenden. 26 Es soll keine Frau in deinem
Lande eine Fehlgeburt haben oder un-
fruchtbar sein, und ich will dich lassen
alt werden.

27 Ich will meinen [a]Schrecken vor dir
hersenden und alle Völker verzagt ma-
chen, wohin du kommst, und will geben,
dass alle deine Feinde vor dir fliehen.
28 Ich will [a]Angst und Schrecken vor dir
hersenden, die vor dir her vertreiben die
Hiwiter, Kanaaniter und Hetiter. 29 Aber
ich will sie nicht in **einem** Jahr ausstoßen
vor dir, auf dass nicht das Land wüst
werde und sich die wilden Tiere wider
dich mehren. 30 [a]Einzeln nacheinander
will ich sie vor dir her ausstoßen, bis du
zahlreich bist und das Land besitzt.
31 Und ich will deine [a]Grenze festsetzen
von dem Schilfmeer bis an das Philister-
meer und von der Wüste bis an den Eu-
phratstrom. Denn ich will dir in deine
Hand geben die Bewohner des Landes,
dass du sie ausstoßen sollst vor dir her.
32 Du sollst mit ihnen und mit ihren Göt-
tern keinen Bund schließen.[a] 33 Lass sie
nicht wohnen in deinem Lande, dass sie
dich nicht verführen zur Sünde wider
mich; denn wenn du ihren Göttern
dienst, wird dir das zum Fallstrick wer-
den.

Der Bundesschluss am Sinai

24 Und zu Mose sprach er: Steig her-
auf zum HERRN, du und [a]Aaron,
Nadab und Abihu und [b]siebzig von den
Ältesten Israels, und betet an von ferne.
2 Aber Mose allein nahe sich zum HERRN
und lasse jene sich nicht nahen und das
Volk komme auch nicht mit ihm herauf.

3 Mose kam und sagte dem Volk [a]alle
Worte des HERRN und alle Rechtsord-
nungen. Da antwortete alles Volk wie aus
einem Munde: Alle Worte, die der HERR
gesagt hat, wollen wir tun. 4 Da [a]schrieb
Mose alle Worte des HERRN nieder und
machte sich früh am Morgen auf und

23,14: *a (14-19)* Kap 34,18-26; 3. Mose 23,4-44; 5. Mose 16,1-17 **23,15:** *a* Kap 12,15-20 **23,16:** *a* Kap 34,22 **23,18:** *a* Kap 12,7-10; 34,25 **23,19:** *a* 1. Mose 4,3; 5. Mose 26,1-11; Neh 10,36; *b* 5. Mose 14,21 **23,20:** *a* Kap 14,19 **23,21:** *a* Jes 63,10 **23,24:** *a* Kap 20,5; 5. Mose 12,30; *b* 3. Mose 18,3 **23,25:** *a* Kap 15,26 **23,27:** *a* 1. Mose 35,5; Jos 2,9-11; 1. Sam 14,15 **23,28:** *a* 5. Mose 7,20; Jos 24,12 **23,30:** *a* 5. Mose 7,22 **23,31:** *a* 1. Mose 15,18 **23,32:** *a* Kap 34,12 **24,1:** *a* Kap 28,1; 3. Mose 10,1; *b* 4. Mose 11,16 **24,3:** *a* Kap 19,8 **24,4:** *a* Kap 34,27

baute einen Altar unten am Berge und
[b]zwölf Steinmale nach den zwölf Stäm-
men Israels 5und sandte [a]junge Männer
von den Israeliten hin, dass sie darauf
dem HERRN Brandopfer opferten und
Dankopfer von jungen Stieren. 6Und
Mose nahm die Hälfte des Blutes und
goss es in die Becken, die andere Hälfte
aber sprengte er an den Altar. 7Und er
nahm das Buch des Bundes und las es
vor den Ohren des Volks. Und sie spra-
chen: Alles, was der HERR gesagt hat,
wollen wir tun und darauf hören. 8Da
[a]nahm Mose das Blut und besprengte
das Volk damit und sprach: Seht, das ist
[b]das Blut des Bundes, den der HERR mit
euch geschlossen hat aufgrund aller die-
ser Worte.

9Da stiegen Mose und Aaron, Nadab
und Abihu und siebzig von den Ältesten
Israels hinauf 10und sahen den Gott Is-
raels. Unter seinen Füßen war es wie eine
Fläche von [a]Saphir und wie der Himmel,
wenn es klar ist. 11Und [a]er reckte seine
Hand nicht aus wider die Edlen Israels.
Und [b]als sie Gott geschaut hatten, aßen
und tranken sie.

Mose soll die Gesetzestafeln empfangen

12Und der HERR sprach zu Mose:
Komm herauf zu mir auf den Berg und
bleib daselbst, dass ich dir gebe die [a]stei-
nernen Tafeln, Gesetz und Gebot, die ich
geschrieben habe, um sie zu unterweisen.
13Da machte sich Mose auf mit seinem
Diener Josua und stieg auf den Berg
Gottes.[a] 14Aber zu den Ältesten sprach
er: Bleibt hier, bis wir zu euch zurück-
kommen. Siehe, [a]Aaron und Hur sind
bei euch; hat jemand eine Rechtssache,
der wende sich an sie.

15Als nun Mose auf den Berg kam,
bedeckte die Wolke den Berg, 16und [a]die
Herrlichkeit des HERRN ließ sich nieder
auf dem Berg Sinai, und die Wolke be-
deckte ihn sechs Tage; und am siebenten
Tage erging der Ruf des HERRN an Mose
aus der Wolke. 17Und die Herrlichkeit
des HERRN war anzusehen wie [a]ein ver-
zehrendes Feuer auf dem Gipfel des Ber-
ges vor den Israeliten. 18Und Mose ging
mitten in die Wolke hinein und stieg auf
den Berg und blieb auf dem Berge [a]vier-
zig Tage und vierzig Nächte.

GESETZE FÜR DIE STIFTSHÜTTE
(Kapitel 25,1–31,11)

Gaben für die Stiftshütte

25 Und der HERR redete mit Mose
und sprach:
2Sage den Israeliten, dass sie für mich
eine [a]Opfergabe erheben von jedem, der
es [b]freiwillig gibt. 3Das ist aber die
Opfergabe, die ihr von ihnen erheben
sollt: Gold, Silber, Kupfer, 4blauer und
roter Purpur, Scharlach, feine Leinwand,
Ziegenhaar, 5rot gefärbte Widderfelle,
Dachsfelle, Akazienholz, 6Öl für die
Lampen, Spezerei zum Salböl und zu
wohlriechendem Räucherwerk, 7Onyx-
steine und eingefasste Steine zum Pries-
terschurz und zur Brusttasche. 8Und sie
sollen mir ein Heiligtum machen, dass
ich unter ihnen wohne.[a] 9Genau nach
dem [a]Bild, das ich dir [b]von der Woh-
nung und ihrem ganzen Gerät zeige, sollt
ihr's machen.

Die Bundeslade
(vgl. Kap 37,1-9)

10Macht eine Lade aus Akazienholz;
zwei und eine halbe Elle soll die Länge
sein, anderthalb Ellen die Breite und an-
derthalb Ellen die Höhe. 11Du sollst sie
mit feinem Gold überziehen innen und
außen und einen goldenen Kranz an ihr
ringsherum machen. 12Und gieß vier gol-
dene Ringe und tu sie an ihre vier Ecken,
sodass zwei Ringe auf der einen Seite
und zwei auf der andern seien. 13[a]Und
mache Stangen von Akazienholz und
überziehe sie mit Gold 14und stecke sie in
die Ringe an den Seiten der Lade, dass
man sie damit trage. 15Sie sollen in den
Ringen bleiben und nicht herausgetan
werden. 16Und du sollst in die Lade das
Gesetz legen, das ich dir geben werde.
17[a]Du sollst auch einen Gnadenthron

24,4: *b* Jos 4,20 **24,5:** *a* Ri 17,7 **24,8:** *a* Hebr 9,19-22; *b* Mk 14,24 **24,10:** *a* Hes 1,26 **24,11:** *a* Kap 19,21-22; *b* Kap 33,20-23 **24,12:** *a* Kap 31,18; 2. Kor 3,3.6 **24,13:** *a* Kap 33,11 **24,14:** *a* Kap 17,12 **24,16:** *a* Kap 16,10 **24,17:** *a* 5. Mose 4,24; 9,3; Hebr 12,29 **24,18:** *a* Kap 34,28 **25,2:** *a* Kap 35,4-7; *b* 1. Chr 29,5; Esra 2,68-69 **25,8:** *a* Hes 37,26-28 **25,9:** *a* Vers 40; *b* Kap 26,30; 27,8 **25,13:** *a (13-15)* 1. Kön 8,8 **25,17:** *a (17-22)* 3. Mose 16,12-15; Hebr 4,16; 9,5

machen aus feinem Golde; zwei und eine
halbe Elle soll seine Länge sein und an-
derthalb Ellen seine Breite. 18Und du
sollst zwei Cherubim machen aus getrie-
benem Golde an beiden Enden des Gna-
denthrones, 19sodass ein Cherub sei an
diesem Ende, der andere an jenem, dass
also zwei Cherubim seien an den Enden
des Gnadenthrones. 20Und die Cherubim
sollen ihre Flügel nach oben ausbreiten,
dass sie mit ihren Flügeln den Gnaden-
thron bedecken und eines jeden Antlitz
gegen das des andern stehe; und ihr Ant-
litz soll zum Gnadenthron gerichtet sein.
21Und du sollst den Gnadenthron oben
auf die Lade tun und in die Lade das
[a]Gesetz legen, das ich dir geben werde.
22Dort will ich dir begegnen, und vom
Gnadenthron aus, der auf der Lade mit
dem Gesetz ist, [a]zwischen den beiden
Cherubim will ich mit dir alles reden, was
ich dir gebieten will für die Israeliten.

Der Tisch für die Schaubrote

(vgl. Kap 37,10-16)

23Du sollst auch einen Tisch machen aus
Akazienholz; zwei Ellen soll seine Länge
sein, eine Elle seine Breite und andert-
halb Ellen seine Höhe. 24Und du sollst
ihn überziehen mit feinem Gold und ei-
nen goldenen Kranz ringsherum machen
25und eine Leiste ringsherum eine Hand-
breit hoch und einen goldenen Kranz an
der Leiste ringsherum; 26und du sollst
vier goldene Ringe machen an die vier
Ecken an seinen vier Füßen. 27Dicht un-
ter der Leiste sollen die Ringe sein, so-
dass man Stangen hineintun und den
Tisch tragen könne. 28Und du sollst die
Stangen aus Akazienholz machen und sie
mit Gold überziehen, dass der Tisch da-
mit getragen werde. 29Du sollst auch aus
feinem Golde seine Schüsseln und Scha-
len machen, seine Kannen und Becher, in
denen man das Trankopfer darbringe.
30Und du sollst auf den Tisch allezeit
Schaubrote legen vor mein Angesicht.[a]

Der Leuchter

(vgl. Kap 37,17-24)

31Du sollst auch einen Leuchter aus fei-
nem Golde machen, Fuß und Schaft in
getriebener Arbeit, mit Kelchen, Knäu-
fen und Blumen. 32Sechs Arme sollen
von dem Leuchter nach beiden Seiten
ausgehen, nach jeder Seite drei Arme.
33Jeder Arm soll drei Kelche wie Man-
delblüten haben mit Knäufen und Blu-
men. So soll es sein bei den sechs Armen
an dem Leuchter. 34Aber der Schaft am
Leuchter soll vier Kelche wie Mandel-
blüten haben mit Knäufen und Blumen
35und je einen Knauf unter zwei von den
sechs Armen, die von dem Leuchter aus-
gehen. 36Beide, Knäufe und Arme, sollen
aus einem Stück mit ihm sein, lauteres
Gold in getriebener Arbeit. 37Und du
sollst sieben Lampen machen und sie
oben anbringen, sodass sie nach vorn
leuchten, 38und Lichtscheren und Lösch-
näpfe aus feinem Golde. 39Aus einem
Zentner feinen Goldes sollst du den
Leuchter machen mit allen diesen Ge-
räten.

40Und sieh zu, dass du alles machst
[a]nach dem Bilde, das dir auf dem Berge
gezeigt ist.

Die Stiftshütte

(vgl. Kap 36,8-38)

26 Die Wohnung sollst du machen
aus zehn Teppichen von gezwirn-
ter feiner Leinwand, von blauem und ro-
tem Purpur und von Scharlach. Cheru-
bim sollst du einweben in kunstreicher
Arbeit. 2Die Länge eines Teppichs soll
achtundzwanzig Ellen sein, die Breite
vier Ellen und sie sollen alle zehn gleich
sein; 3und es sollen je fünf zu einem
Stück zusammengefügt werden, einer an
den andern. 4Und du sollst Schlaufen ma-
chen von blauem Purpur bei jedem Stück
an dem Rand, wo die zwei Stücke zusam-
mengeheftet werden, 5fünfzig Schlaufen
an jedem Stück, dass eine Schlaufe der
andern gegenüberstehe. 6Und du sollst
fünfzig goldene Haken machen, mit de-
nen man die Teppiche zusammenhefte,
einen an den andern, damit es **eine** Woh-
nung werde.

7Du sollst auch Teppiche aus Ziegen-
haar machen als Zelt über der Wohnung,
elf Teppiche. 8Die Länge eines Teppichs
soll dreißig Ellen sein, die Breite aber vier

25,21: *a* Kap 34,29; 1. Kön 8,9 **25,22:** *a* 4. Mose 7,89; 2. Sam 6,2 **25,30:** *a* 3. Mose 24,5-6 **25,40:** *a* Vers 9; Kap 26,30; Apg 7,44; Hebr 8,5

Ellen und sie sollen alle elf gleich groß
sein. 9 Fünf sollst du aneinanderfügen und
die sechs andern auch, damit du den
sechsten Teppich vorn an dem Zelt dop-
pelt legst; 10 und sollst an jedes Stück
fünfzig Schlaufen machen an dem Rand,
wo die Stücke zusammengeheftet wer-
den. 11 Und du sollst fünfzig Haken aus
Kupfer machen und die Haken in die
Schlaufen tun, dass beide Stücke zu einem
einzigen Zelt zusammengefügt werden.
12 Aber vom Überhang der Teppiche des
Zeltes sollst du einen halben Teppich
hinten an dem Zelte überhängen lassen
13 und auf beiden Seiten je eine Elle, dass
der Überhang an den Seiten des Zeltes
sei und es auf beiden Seiten bedecke.
14 Über die Decke des Zeltes sollst du
eine Decke von rot gefärbten Widderfel-
len machen und darüber noch eine
Decke von Dachsfellen.

15 Du sollst auch Bretter machen für
die Wohnung, aus Akazienholz, zum
Aufstellen; 16 zehn Ellen lang soll ein
Brett sein und anderthalb Ellen breit.
17 Zwei Zapfen soll ein Brett haben, dass
eins an das andere gesetzt werden könne.
So sollst du alle Bretter der Wohnung
machen. 18 Zwanzig von ihnen sollen
nach Süden stehen. 19 Die sollen vierzig
silberne Füße unten haben, je zwei Füße
unter jedem Brett für seine zwei Zapfen.
20 Ebenso sollen auf der andern Seite,
nach Norden, auch zwanzig Bretter ste-
hen 21 mit vierzig silbernen Füßen, je
zwei Füße unter jedem Brett. 22 Und für
die Rückseite der Wohnung nach Westen
sollst du sechs Bretter machen; 23 dazu
zwei Bretter für die zwei Ecken an der
Rückseite der Wohnung, 24 dass beide mit
ihren Eckbrettern unten und oben ver-
bunden sind und so die Ecken bilden.
25 Acht Bretter sollen es sein mit ihren
silbernen Füßen; sechzehn Füße sollen es
sein, je zwei unter einem Brett.

26 Und du sollst Riegel machen aus
Akazienholz, fünf zu den Brettern auf
der einen Langseite der Wohnung 27 und
fünf zu den Brettern auf der anderen
Langseite der Wohnung und fünf zu den
Brettern auf der Rückseite der Wohnung
nach Westen, 28 und sollst einen Mittel-
riegel in halber Höhe an den Brettern
entlanglaufen lassen von einem Ende zu
dem andern. 29 Und du sollst die Bretter
mit Gold überziehen und ihre Ringe aus
Gold machen, in die man die Riegel hin-
eintut. 30 Und die Riegel sollst du mit
Gold überziehen. So sollst du die Woh-
nung in der Weise aufrichten, [a]wie du sie
auf dem Berge gesehen hast.

31 Du sollst einen [a]Vorhang machen
aus blauem und rotem Purpur, Scharlach
und gezwirnter feiner Leinwand und
sollst Cherubim einweben in kunstreicher
Arbeit 32 und sollst ihn aufhängen an vier
Säulen von Akazienholz, die mit Gold
überzogen sind und goldene Nägel und
vier silberne Füße haben. 33 Und du sollst
den [a]Vorhang an die [b]Haken hängen
und die Lade mit dem Gesetz hinter den
Vorhang setzen, dass er euch eine Schei-
dewand sei zwischen dem Heiligen und
dem Allerheiligsten.

34 Und du sollst den Gnadenthron auf
die Lade mit dem Gesetz tun, die im
Allerheiligsten steht.[a] 35 Den [a]Tisch aber
setze außen vor den Vorhang und den
Leuchter dem Tisch gegenüber an die
Südseite in der Wohnung, dass der Tisch
nach Norden zu steht.

36 Und du sollst eine Decke machen
für den Eingang des Zeltes aus blauem
und rotem Purpur, Scharlach und ge-
zwirnter feiner Leinwand in Buntwirker-
arbeit 37 und für die Decke fünf Säulen
aus Akazienholz, mit Gold überzogen,
mit goldenen Nägeln, und sollst für sie
fünf Füße aus Kupfer gießen.

Der Brandopferaltar

(vgl. Kap 38,1-7)

27 Du sollst einen Altar machen aus
Akazienholz, fünf Ellen lang und
ebenso breit, dass er viereckig sei, und
drei Ellen hoch. 2 Und du sollst auf sei-
nen vier Ecken [a]Hörner machen, die sol-
len mit ihm verbunden sein, und sollst
ihn mit Kupfer überziehen. 3 Mache auch
Töpfe für die Asche, Schaufeln, Becken,
Gabeln, Kohlenpfannen; alle seine Ge-
räte sollst du aus Kupfer machen. 4 Du
sollst auch ein Gitterwerk aus Kupfer

26,30: *a* Kap 25,9 **26,31:** *a* 2. Chr 3,14 **26,33:** *a* Mt 27,51; Hebr 9,3; *b* Verse 6.11 **26,34:** *a* Kap 25,21 **26,35:** *a* Kap 25,23-30; 40,22 **27,2:** *a* 3. Mose 16,18; 1. Kön 1,50; Ps 118,27

machen wie ein Netz und vier Ringe aus
Kupfer an seine vier Enden. 5 Du sollst es
aber von unten her um den Altar legen
unterhalb der Einfassung, dass das Git-
ter bis zur Mitte des Altars reiche. 6 Und
du sollst zu dem Altar auch Stangen ma-
chen aus Akazienholz, mit Kupfer über-
zogen. 7 Und man soll die Stangen in die
Ringe tun, dass die Stangen an beiden
Seiten des Altars seien, wenn man ihn
trägt. 8 Als einen Kasten von Brettern
sollst du ihn machen, dass er inwendig
hohl sei, [a]wie er dir auf dem Berge ge-
zeigt wurde.

Der Vorhof

(vgl. Kap 38,9-20)

9 Du sollst einen Vorhof für die Wohnung
machen, Behänge von gezwirnter feiner
Leinwand, für eine Seite hundert Ellen
lang, für die Südseite, 10 und zwanzig
Säulen auf zwanzig Füßen von Kupfer
und ihre Nägel und ihre Ringbänder von
Silber. 11 Ebenso sollen an der Nordseite
Behänge sein, hundert Ellen lang, und
zwanzig Säulen auf zwanzig Füßen von
Kupfer und ihre Nägel und ihre Ring-
bänder von Silber. 12 Und nach Westen
soll die Breite des Vorhofes Behänge ha-
ben, fünfzig Ellen lang, zehn Säulen auf
zehn Füßen. 13 Nach Osten aber soll die
Breite des Vorhofes fünfzig Ellen haben,
14 fünfzehn Ellen Behänge auf einer Seite,
dazu drei Säulen auf drei Füßen, 15 und
wieder fünfzehn Ellen auf der andern
Seite, dazu drei Säulen auf drei Füßen.
16 Und in dem Tor des Vorhofes soll eine
Decke sein, zwanzig Ellen breit, gewirkt
aus blauem und rotem Purpur, Scharlach
und gezwirnter feiner Leinwand, dazu
vier Säulen auf ihren vier Füßen.

17 Alle Säulen um den Vorhof her sol-
len silberne Ringbänder und silberne
Nägel und kupferne Füße haben. 18 Die
Länge des Vorhofes soll hundert Ellen
sein, die Breite fünfzig Ellen, die Höhe
fünf Ellen, und alle Behänge sollen von
gezwirnter feiner Leinwand sein und
seine Füße aus Kupfer. 19 Alle Geräte der
Wohnung für den gesamten Dienst und
alle ihre Zeltpflöcke und alle Zeltpflöcke
des Vorhofes sollen aus Kupfer sein.

Das Öl für den Leuchter

20 [a]Gebiete den Israeliten, dass sie zu dir
bringen das allerreinste Öl aus zersto-
ßenen Oliven für den Leuchter, dass man
ständig Lampen aufsetzen könne. 21 In
der Stiftshütte, außen vor dem Vorhang,
der vor der Lade mit dem Gesetz hängt,
sollen Aaron und seine Söhne den
Leuchter zurichten, dass er brenne vom
Abend bis zum Morgen vor dem HERRN.
Das soll eine ewige Ordnung sein für ihre
Nachkommen bei den Israeliten.

Die Kleidung der Priester

(vgl. Kap 39,1-31)

28 Du sollst Aaron, deinen Bruder,
und seine Söhne zu dir herantre-
ten lassen aus der Mitte der Israeliten,
dass er mein [a]Priester sei, er und [b]seine
Söhne Nadab, Abihu, Eleasar und Ita-
mar. 2 Und du sollst Aaron, deinem Bru-
der, heilige Kleider machen, die herrlich
und schön seien, 3 und sollst reden mit
allen, die sich darauf verstehen, die ich
[a]mit dem Geist der Weisheit erfüllt habe,
dass sie Aaron Kleider machen zu seiner
Weihe, dass er mein Priester sei.

4 Dies sind aber die Kleider, die sie
machen sollen: Brusttasche, Schurz,
Obergewand, gewirktes Untergewand,
Kopfbund und Gürtel. Diese heiligen
Kleider sollen sie deinem Bruder Aaron
und seinen Söhnen machen, dass er mein
Priester sei. 5 Sie sollen Gold, blauen und
roten Purpur, Scharlach und feine Lein-
wand dazu nehmen.[a]

6 Den Priesterschurz sollen sie machen
aus Gold, blauem und rotem Purpur,
Scharlach und gezwirnter feiner Lein-
wand, kunstreich gewirkt. 7 Zwei Schul-
terteile soll er haben, die angefügt sind;
an seinen beiden Enden soll er zusam-
mengebunden werden. 8 Und die Binde,
die daran ist, um ihn anlegen zu können,
soll von derselben Arbeit und aus einem
Stück mit ihm sein, aus Gold, blauem
und rotem Purpur, Scharlach und ge-
zwirnter feiner Leinwand.

9 Und du sollst zwei [a]Onyxsteine neh-
men und darauf eingraben die Namen

27,8: *a* Kap 26,30 **27,20:** *a (20-21)* 3. Mose 24,2-4 **28,1:** *a* 1. Chr 23,13; *b* Kap 6,23 **28,3:** *a* Kap 31,3 **28,5:** *a* Kap 26,1 **28,9:** *a* Kap 25,7

der Söhne Israels, 10 auf jeden sechs
Namen nach der Ordnung ihres Alters.
11 Das sollst du tun in Steinschneider-
arbeit nach der Weise der Siegelstecher,
und sie sollen mit Goldgeflecht einge-
fasst werden. 12 Und du sollst sie auf die
Schulterteile des Schurzes heften, dass es
Steine seien zum gnädigen Gedenken an
die Israeliten, sodass Aaron ihre Namen
auf seinen beiden Schultern trage vor
dem HERRN, damit der HERR ihrer ge-
denke. 13 Und du sollst andere Gold-
geflechte machen 14 und zwei Ketten von
feinem Golde wie gedrehte Schnüre und
sollst die geflochtenen Ketten an diese
Goldgeflechte tun.

15 Die Brusttasche für die Losentschei-
dungen sollst du wie den Priesterschurz
machen, kunstreich gewirkt, aus Gold,
blauem und rotem Purpur, Scharlach
und gezwirnter feiner Leinwand. 16 Vier-
eckig soll sie sein und doppelt gelegt;
eine Spanne soll ihre Länge sein und eine
Spanne ihre Breite. 17 Und du sollst sie
besetzen mit vier Reihen von Steinen.
Die erste Reihe sei ein Sarder, ein Topas
und ein Smaragd, 18 die andere ein Ru-
bin, ein Saphir und ein Diamant, 19 die
dritte ein Lynkurer, ein Achat und ein
Amethyst, 20 die vierte ein Türkis, ein
Onyx und ein Jaspis; in Goldgeflecht sol-
len sie gefasst sein. 21 Zwölf sollen es sein
in Siegelstecherarbeit nach den Namen
der Söhne Israels, dass auf jedem ein
Name stehe nach den zwölf Stämmen.

22 Und du sollst Ketten zu der Tasche
wie gedrehte Schnüre machen aus feinem
Golde 23 und zwei goldene Ringe für die
Tasche, sodass du die beiden Ringe an
zwei Ecken der Tasche heftest 24 und die
beiden goldenen Ketten in die beiden
Ringe an den Ecken der Tasche tust.
25 Aber die beiden andern Enden der zwei
Ketten sollst du an den beiden Gold-
geflechten befestigen und sie an die
Schulterteile des Priesterschurzes vorn
anheften. 26 Und du sollst zwei andere
goldene Ringe machen und an die beiden
andern Ecken der Tasche heften an ihren
Rand innen zum Schurz hin. 27 Und du
sollst abermals zwei goldene Ringe ma-
chen und sie unten an die beiden Schul-
terteile vorn am Schurz anheften, wo der
Schurz zusammengeht, oben über der
Binde des Schurzes. 28 Und man soll die
Tasche mit ihren Ringen mit einer
Schnur von blauem Purpur an die Ringe
des Schurzes knüpfen, dass sie über der
Binde des Schurzes anliege und die
Tasche sich nicht von dem Schurz los-
mache.

29 So soll Aaron die Namen der Söhne
Israels in der Brusttasche auf seinem
Herzen tragen, wenn er in das Heilig-
tum geht, zum gnädigen Gedenken vor
dem HERRN allezeit. 30 Und du sollst in
die Brusttasche tun die Lose [a]»Licht
und Recht«, sodass sie auf dem Herzen
Aarons seien, wenn er hineingeht vor den
HERRN, dass er die Entscheidungen für
die Israeliten auf seinem Herzen trage
vor dem HERRN allezeit.

31 Du sollst auch das Obergewand un-
ter dem Schurz ganz aus blauem Purpur
machen. 32 Und oben in der Mitte soll
eine Öffnung sein und eine Borte um die
Öffnung herum in Weberarbeit wie bei
einem Panzerhemd, dass sie nicht ein-
reiße. 33 Und unten an seinem Saum
sollst du Granatäpfel machen aus
blauem und rotem Purpur und Scharlach
ringsherum und zwischen sie goldene
Schellen auch ringsherum, 34 dass eine
goldene Schelle sei, danach ein Granat-
apfel und wieder eine goldene Schelle
und wieder ein Granatapfel ringsherum
an dem Saum des Obergewandes. 35 Und
Aaron soll es anhaben, wenn er dient,
dass man seinen Klang höre, wenn er
hineingeht ins Heiligtum vor den HERRN
und wieder herauskommt; [a]so wird er
nicht sterben.

36 Du sollst auch ein Stirnblatt machen
aus feinem Golde und darauf eingraben,
wie man Siegel eingräbt: »Heilig dem
HERRN«. 37 Und du sollst es heften an
eine Schnur von blauem Purpur vorn an
den Kopfbund. 38 Und es soll sein auf der
Stirn Aarons, damit Aaron bei allen ih-
ren Opfern alle Sünde trage, die an den
heiligen Gaben der Israeliten haftet. Und
es soll allezeit an seiner Stirn sein, dass
sie wohlgefällig seien vor dem HERRN.

39 Du sollst auch das Untergewand
kunstreich wirken aus feiner Leinwand
und einen Kopfbund aus feiner Lein-

28,30: *a* 3. Mose 8,8; 4. Mose 27,21; 5. Mose 33,8 **28,35:** *a* Kap 30,21; 3. Mose 16,2.13

wand machen und einen bunt gewirkten
Gürtel. 40 Und den Söhnen Aarons sollst
du Untergewänder, Gürtel und hohe
Mützen machen, die herrlich und schön
seien,[a] 41 und sollst sie deinem Bruder
Aaron samt seinen Söhnen anlegen und
sollst sie salben und ihre Hände füllen*
und sie weihen, dass sie meine Priester
seien.[a] 42 Und du sollst ihnen leinene
Beinkleider machen, um ihre Blöße zu
bedecken, von den Hüften bis an die
Schenkel. 43 Und Aaron und seine Söhne
sollen sie anhaben, wenn sie in die Stifts-
hütte gehen oder hinzutreten zum Altar,
um im Heiligtum zu dienen, damit sie
keine Schuld auf sich laden und sterben
müssen. Das soll für ihn und sein Ge-
schlecht nach ihm eine ewige Ordnung
sein.

Weihe der Priester und des Altars

(vgl. 3. Mose 8,1-36)

29 Dies ist's, was du mit ihnen tun
sollst, dass sie mir zu Priestern ge-
weiht werden: Nimm einen jungen Stier
und zwei Widder ohne Fehler, 2 ungesäu-
ertes Brot und ungesäuerte Kuchen, mit
Öl vermengt, und ungesäuerte Fladen,
mit Öl bestrichen; aus feinem Weizen-
mehl sollst du das alles machen 3 und
sollst es in einen Korb legen und in dem
Korbe herzubringen samt dem Stier und
den beiden Widdern. 4 Und du sollst Aa-
ron und seine Söhne vor die Tür der
Stiftshütte treten lassen und sie mit Was-
ser waschen 5 und die Kleider nehmen
und Aaron anziehen das Untergewand
und das Obergewand und den Priester-
schurz und die Brusttasche und sollst
ihm den Schurz mit der Binde umgürten
6 und den Kopfbund auf sein Haupt set-
zen und den heiligen [a]Kronreif am
Kopfbund befestigen. 7 Und du sollst das
[a]Salböl nehmen und auf sein Haupt gie-
ßen und ihn salben. 8 Und seine Söhne
sollst du auch herzuführen und ihnen das
Untergewand anziehen 9 und sie, Aaron
und seine Söhne, mit Gürteln umgürten
und den Söhnen die hohen Mützen auf-
setzen, dass sie das Priestertum haben
nach ewiger Ordnung. Und du sollst
Aaron und seinen Söhnen [a]die Hände
füllen.

10 Und du sollst den jungen Stier her-
zuführen vor die Stiftshütte, und Aaron
und seine Söhne sollen [a]ihre Hände auf
den Kopf des Stieres legen. 11 Und du
sollst den Stier schlachten vor dem
HERRN, vor der Tür der Stiftshütte,
12 und sollst von seinem Blut nehmen
und mit deinem Finger an die Hörner
des Altars streichen und alles andere Blut
an den Fuß des Altars schütten. 13 Und
du sollst alles Fett am Eingeweide neh-
men und den Lappen an der Leber und
die beiden Nieren mit dem Fett daran
und [a]sollst es auf dem Altar in Rauch
aufgehen lassen. 14 Aber Fleisch, Fell und
Mist des Stieres sollst du draußen vor
dem Lager mit Feuer verbrennen; denn
es ist ein Sündopfer.[a]

15 Und den einen Widder sollst du neh-
men, und Aaron und seine Söhne sollen
ihre Hände auf seinen Kopf legen.
16 Dann sollst du ihn schlachten und sein
Blut nehmen und ringsum an den Altar
sprengen. 17 Aber den Widder sollst du in
seine Stücke zerlegen und seine Einge-
weide und Schenkel waschen und sie zu
seinen Stücken und seinem Kopf legen
18 und den ganzen Widder in Rauch auf-
gehen lassen auf dem Altar; denn es ist
dem HERRN ein Brandopfer, ein lieb-
licher Geruch, ein [a]Feueropfer für den
HERRN. 19 Den andern Widder aber sollst
du nehmen, und Aaron und seine Söhne
sollen ihre Hände auf seinen Kopf legen,
20 und du sollst ihn schlachten und von
seinem Blut nehmen und es Aaron und
seinen Söhnen an das rechte Ohrläpp-
chen streichen und an den Daumen ihrer
rechten Hand und an die große Zehe
ihres rechten Fußes; und du sollst das
Blut ringsum an den Altar sprengen.
21 Und du sollst von dem Blut auf dem
Altar nehmen und Salböl und sollst
Aaron und seine Kleider, seine Söhne
und ihre Kleider damit besprengen. So
werden er und seine Kleider, seine Söhne
und ihre Kleider geweiht.

22 Danach sollst du nehmen [a]das Fett
von dem Widder, den Fettschwanz und

* Damit ist eine besondere Opfersitte bei der Priesterweihe gemeint, vgl. Kap 29,24 und 3. Mose 8,12.22-31.

28,40: *a* Vers 2 **28,41:** *a* Kap 29,9.29-36 **29,6:** *a* Kap 28,36; 39,30 **29,7:** *a* Kap 30,25 **29,9:** *a* Kap 28,41 **29,10:** *a* 3. Mose 1,4 **29,13:** *a* 3. Mose 3,16-17 **29,14:** *a* 3. Mose 4,11-12 **29,18:** *a* 1. Sam 2,28 **29,22:** *a* 3. Mose 3,3-4

das Fett am Eingeweide, den Lappen an
der Leber und die beiden Nieren mit dem
Fett daran und die rechte Keule – denn
es ist der Widder der Einsetzung – 23 und
ein Brot und einen Ölkuchen und einen
Fladen aus dem Korbe mit dem unge-
säuerten Brot, der vor dem HERRN steht.
24 Dann lege das alles auf die Hände Aa-
rons und seiner Söhne und schwinge es
als Schwingopfer vor dem HERRN. 25 Da-
nach nimm es von ihren Händen und lass
es in Rauch aufgehen auf dem Altar über
dem Brandopfer zum lieblichen Geruch
vor dem HERRN; denn es ist ein Feuer-
opfer für den HERRN. 26 Und du sollst
die Brust vom Widder der Einsetzung
Aarons nehmen und sie vor dem HERRN
schwingen. Das soll dein Anteil sein.
27 So sollst du [a]heiligen die Brust als
Schwingopfer und die Keule als Heb-
opfer, die von dem Widder der Einset-
zung Aarons und seiner Söhne genom-
men sind. 28 Und das soll Aaron und
seinen Söhnen gehören als ewiges An-
recht bei den Israeliten, denn es ist ein
Hebopfer. Und ein Hebopfer von den
Israeliten soll es sein von ihren Dank-
opfern, ihr Hebopfer für den HERRN.

29 Und die heiligen Kleider Aarons sol-
len nach ihm seine Söhne haben, [a]dass
sie darin gesalbt und ihre Hände gefüllt
werden. 30 Wer von seinen Söhnen an sei-
ner statt Priester wird, der soll sie sieben
Tage anziehen, wenn er in die Stiftshütte
geht, um im Heiligtum zu dienen. 31 Und
du sollst den Widder der Einsetzung neh-
men und sein Fleisch an einem heiligen
Ort kochen. 32 Und Aaron mit seinen
Söhnen soll das Fleisch des Widders
samt dem Brot im Korbe essen vor der
Tür der Stiftshütte. 33 Sie sollen die
Stücke essen, mit denen die Sühnung für
sie vollzogen wurde, als man ihre Hände
füllte und sie weihte. Kein anderer darf
es essen, denn es ist heilig.[a] 34 Wenn aber
etwas übrig bleibt von dem Fleisch der
Einsetzung und von dem Brot bis zum
Morgen, sollst du es mit Feuer verbren-
nen. Es darf nicht gegessen werden, denn
es ist heilig.

35 So sollst du mit Aaron und seinen
Söhnen alles tun, was ich dir geboten
habe. Sieben Tage sollst du ihre Hände
füllen 36 und täglich einen jungen Stier
zum Sündopfer schlachten zur Sühnung
und sollst den Altar entsündigen, indem
du die Sühnung an ihm vollziehst, und
sollst ihn salben, dass er geweiht werde.
37 Sieben Tage sollst du an dem Altar die
Sühnung vollziehen und ihn [a]weihen; so
wird er ein Hochheiliges. Wer den Altar
anrührt, der ist dem Heiligtum verfallen.

Das tägliche Opfer

(vgl. 4. Mose 28,3-8)

38 Und dies sollst du auf dem Altar tun:
Zwei einjährige Schafe sollst du an jedem
Tage darauf opfern, 39 ein Schaf am Mor-
gen, das andere gegen Abend.[a] 40 Und zu
dem einen Schaf einen Krug feinsten
Mehls, vermengt mit einer viertel Kanne
[a]zerstoßener Oliven, und eine viertel
Kanne Wein zum Trankopfer. 41 Mit dem
andern Schaf sollst du tun gegen Abend
wie mit dem Speisopfer und Trankopfer
vom Morgen, zum lieblichen Geruch, ein
Feueropfer für den HERRN.

42 Das soll das [a]tägliche Brandopfer
sein bei euren Nachkommen am [b]Ein-
gang der Stiftshütte vor dem HERRN, wo
ich euch begegnen und mit dir reden will.
43 Daselbst will ich den Israeliten begeg-
nen und das Heiligtum wird geheiligt
werden durch meine Herrlichkeit.[a]
44 Und ich will die Stiftshütte und den
Altar heiligen und Aaron und seine
Söhne heiligen, dass sie meine Priester
seien. 45 Und ich will [a]unter den Israeli-
ten wohnen und [b]ihr Gott sein, 46 dass
sie erkennen sollen, ich sei [a]der HERR,
ihr Gott, der sie aus Ägyptenland führte,
damit ich unter ihnen wohne, ich, der
HERR, ihr Gott.

Der Räucheraltar

(vgl. Kap 37,25-28)

30 Du sollst auch einen Räucheraltar
machen aus Akazienholz, 2 eine
Elle lang und ebenso breit, viereckig, und
zwei Ellen hoch mit seinen Hörnern.
3 Und du sollst ihn mit feinem Golde
überziehen, seine Platte und seine Wände

29,27: *a* 4. Mose 18,18 **29,29:** *a* Kap 28,40-41 **29,33:** *a* 3. Mose 10,17 **29,37:** *a* Kap 30,29 **29,39:** *a* 2. Kön 16,15; Ps 141,2 **29,40:** *a* Kap 27,20 **29,42:** *a* Kap 33,7; *b* Kap 25,2 **29,43:** *a* Kap 33,10; 40,34 **29,45:** *a* Kap 25,8; Sach 2,14; *b* 3. Mose 26,12 **29,46:** *a* Kap 20,2

ringsherum und seine Hörner. Und sollst
einen Kranz von Gold ringsherum ma-
chen 4 und zwei goldene Ringe unter dem
Kranz zu beiden Seiten, dass man Stan-
gen hineintue und ihn damit trage. 5 Die
Stangen sollst du auch aus Akazienholz
machen und mit Gold überziehen. 6 Und
du sollst ihn setzen vor den Vorhang, der
vor der Lade mit dem Gesetz hängt, und
vor den Gnadenthron, der auf der Lade
mit dem Gesetz ist, [a]wo ich dir begegnen
werde.

7 Und Aaron soll darauf verbrennen
gutes [a]Räucherwerk jeden Morgen,
wenn er die Lampen zurichtet. 8 Desglei-
chen wenn er die Lampen anzündet ge-
gen Abend, soll er solches Räucherwerk
auch verbrennen. Das soll das tägliche
Räucheropfer sein vor dem HERRN bei
euren Nachkommen. 9 Ihr sollt kein
[a]fremdes Räucherwerk darauftun, auch
kein Brandopfer, Speisopfer oder Trank-
opfer darauf opfern. 10 Und Aaron soll
[a]an den Hörnern dieses Altars einmal im
Jahr die Sühnung vollziehen mit dem
Blut des Sündopfers, das zur Sühnung
dargebracht wird. Solche Sühnung soll
jährlich einmal geschehen bei euren
Nachkommen. Hochheilig ist der Altar
dem HERRN.

Die Steuer für das Heiligtum

11 Und der HERR redete mit Mose und
sprach: 12 Wenn du die Israeliten [a]zählst,
so soll ein jeder dem HERRN ein Sühne-
geld geben, um sein Leben auszulösen,
damit ihnen nicht eine Plage widerfahre,
wenn sie gezählt werden. 13 Es soll aber
jeder, der gezählt ist, einen halben Taler
geben nach dem Münzgewicht des Hei-
ligtums; ein Taler wiegt zwanzig Gramm.
Dieser halbe Taler soll als [a]Opfergabe
für den HERRN erhoben werden. 14 Wer
gezählt ist von zwanzig Jahren an und
darüber, der soll diese Opfergabe dem
HERRN geben. 15 Der Reiche soll nicht
mehr geben und der Arme nicht weniger
als den halben Taler als Opfergabe für
den HERRN zur Sühnung für euer Leben.
16 Und du sollst solches Sühnegeld neh-
men von den Israeliten und es zum
Dienst an der Stiftshütte geben, dass es
sei für die Israeliten, zum gnädigen Ge-
denken vor dem HERRN, zur Sühnung
für euer Leben.

Das kupferne Becken

17 Und der HERR redete mit Mose und
sprach: 18 Du sollst auch ein Becken aus
Kupfer machen mit einem Gestell aus
Kupfer zum Waschen und sollst es setzen
zwischen die Stiftshütte und den Altar
und Wasser hineintun,[a] 19 dass Aaron
und seine Söhne ihre Hände und Füße
darin waschen, 20 wenn sie in die Stifts-
hütte gehen oder zum Altar, um zu die-
nen und Feueropfer zu verbrennen für
den HERRN, 21 auf dass sie nicht sterben.
Das soll eine ewige Ordnung sein für ihn
und sein Geschlecht bei ihren Nachkom-
men.

Salböl und Räucherwerk

22 Und der HERR redete mit Mose und
sprach: 23 Nimm dir die beste Spezerei:
die edelste Myrrhe, fünfhundert Lot, und
Zimt, die Hälfte davon, zweihundertund-
fünfzig, und Kalmus, auch zweihundert-
undfünfzig Lot, 24 und Kassia, fünfhun-
dert nach dem Gewicht des Heiligtums,
und eine Kanne Olivenöl. 25 Und mache
daraus ein heiliges Salböl nach der Kunst
des Salbenbereiters.[a] 26 Und du sollst da-
mit salben die Stiftshütte und die Lade
mit dem Gesetz, 27 den Tisch mit all
seinem Gerät, den Leuchter mit seinem
Gerät, den Räucheraltar, 28 den Brand-
opferaltar mit all seinem Gerät und das
Becken mit seinem Gestell. 29 So sollst du
sie weihen, dass sie [a]hochheilig seien.
Wer sie anrührt, der ist dem Heiligtum
verfallen. 30 Aaron und seine Söhne sollst
du auch [a]salben und sie mir zu Priestern
weihen. 31 Und du sollst mit den Israeli-
ten reden und sprechen: Eine heilige
Salbe soll mir dies Öl bei euren Nach-
kommen sein. 32 Auf keines andern Men-
schen Leib soll es gegossen werden; du
sollst es auch sonst in der gleichen Mi-
schung nicht herstellen, denn es ist heilig;
darum soll es euch als heilig gelten.
33 Wer solche Salbe macht oder einem
Unberufenen davon gibt, der soll aus sei-
nem Volk ausgerottet werden.

30,6: *a* Kap 25,21-22 **30,7:** *a* Ps 141,2 **30,9:** *a* 3. Mose 10,1-2 **30,10:** *a* 3. Mose 16,18 **30,12:** *a* 4. Mose 1,3; 2. Sam 24,2-3 **30,13:** *a* Mt 17,27 **30,18:** *a* Kap 38,8 **30,25:** *a* Kap 37,29 **30,29:** *a* Vers 10 **30,30:** *a* Kap 29,7

34 Und der HERR sprach zu Mose:
Nimm dir Spezerei: Balsam, Stakte, Gal-
banum und reinen Weihrauch, vom einen
so viel wie vom andern, 35 und mache
Räucherwerk daraus, gemengt nach der
Kunst des Salbenbereiters, gesalzen, rein,
zum heiligen Gebrauch. 36 Und du sollst
es zu Pulver stoßen und sollst etwas da-
von vor die Lade mit dem Gesetz in der
Stiftshütte bringen, [a]wo ich dir begegnen
werde. Es soll euch ein Hochheiliges sein.
37 Aber solches Räucherwerk sollt ihr für
euch nicht machen, sondern es soll dir
als dem HERRN geheiligt gelten. 38 Wer es
macht, damit er sich an dem Geruch
erfreue, der soll ausgerottet werden aus
seinem Volk.

Berufung der Kunsthandwerker für die Stiftshütte

31 [a]Und der HERR redete mit Mose
und sprach: 2 Siehe, ich habe mit
Namen berufen Bezalel, den Sohn Uris,
des Sohnes Hurs, vom Stamm Juda,
3 und habe ihn erfüllt mit dem Geist Got-
tes, mit Weisheit und Verstand und Er-
kenntnis und mit aller Geschicklichkeit,
4 kunstreich zu arbeiten in Gold, Silber,
Kupfer, 5 kunstreich Steine zu schneiden
und einzusetzen und kunstreich zu
schnitzen in Holz, um jede Arbeit zu
vollbringen. 6 Und siehe, ich habe ihm
beigegeben Oholiab, den Sohn Ahisa-
machs, vom Stamm Dan, und habe allen
Künstlern die Weisheit ins Herz gegeben,
dass sie alles machen können, was ich dir
geboten habe: 7 [a]die Stiftshütte, die Lade
mit dem Gesetz, den Gnadenthron dar-
auf und alle Geräte in der Hütte, 8 den
Tisch und sein Gerät, den Leuchter von
reinem Gold und all sein Gerät, den
Räucheraltar, 9 den Brandopferaltar mit
all seinem Gerät, das Becken mit seinem
Gestell, 10 die Amtskleider, die heiligen
Kleider des Priesters Aaron und die Klei-
der seiner Söhne für den priesterlichen
Dienst, 11 das Salböl und das Räucher-
werk von Spezerei für das Heiligtum.
Ganz so, wie ich dir geboten habe, sollen
sie es machen.

Gebot der Sabbatfeier

(vgl. Kap 35,1-3)

12 Und der HERR redete mit Mose und
sprach: 13 Sage den Israeliten: Haltet mei-
nen Sabbat; denn er ist ein Zeichen zwi-
schen mir und euch von Geschlecht zu
Geschlecht, damit ihr erkennt, dass ich
der HERR bin, der euch heiligt.[a]
14 Darum haltet meinen Sabbat, denn er
soll euch heilig sein. Wer ihn entheiligt,
der soll des Todes sterben. Denn [a]wer
eine Arbeit am Sabbat tut, der soll aus-
gerottet werden aus seinem Volk. 15 Sechs
Tage soll man arbeiten, aber am sieben-
ten Tag ist Sabbat, völlige Ruhe, heilig
dem HERRN. Wer eine Arbeit tut am
Sabbattag, soll des Todes sterben.
16 Darum sollen die Israeliten den Sabbat
halten, dass sie ihn auch bei ihren Nach-
kommen halten als ewigen Bund.[a] 17 Er
ist ein ewiges Zeichen zwischen mir und
den Israeliten. Denn in sechs Tagen
machte der HERR Himmel und Erde,
aber am siebenten Tage ruhte er und er-
quickte sich.[a]

Übergabe der zwei Gesetzestafeln an Mose

18 Und als der HERR mit Mose zu Ende
geredet hatte auf dem Berge Sinai, gab er
ihm die beiden [a]Tafeln des Gesetzes; die
waren aus Stein und beschrieben von
dem Finger Gottes.

Das goldene Stierbild

32 [a]Als aber das Volk sah, dass Mose
ausblieb und nicht wieder von
dem Berge zurückkam, sammelte es sich
gegen Aaron und sprach zu ihm: Auf,
mach uns einen Gott, der vor uns her-
gehe! Denn wir wissen nicht, was diesem
Mann Mose widerfahren ist, der uns aus
Ägyptenland geführt hat. 2 Aaron sprach
zu ihnen: Reißt ab die goldenen Ohrringe
an den Ohren eurer Frauen, eurer Söhne
und eurer Töchter und bringt sie zu mir.
3 Da riss alles Volk sich die goldenen
Ohrringe von den Ohren und brachte sie
zu Aaron. 4 Und er nahm sie von ihren

30,36: *a* Vers 6 **31,1:** *a (1-6)* Kap 35,30-35 **31,7:** *a (7-11)* Kap 35,11-19 **31,13:** *a* Kap 20,8; Hes 20,12 **31,14:** *a* 4.Mose 15,32-35; Jer 17,21-23 **31,16:** *a* Mk 2,27-28 **31,17:** *a* Kap 16,23.25; 1.Mose 2,2 **31,18:** *a* Kap 24,12; 32,15-16; 34,28; 5.Mose 4,13; 5,22; 9,10; 10,1-5 **32,1:** *a (1-24)* 5.Mose 9,8-21

Händen und bildete das Gold in einer
Form und [a]machte ein gegossenes Kalb.
Und sie sprachen: Das ist dein Gott,
Israel, der dich aus Ägyptenland geführt
hat! 5 Als das Aaron sah, baute er einen
Altar vor ihm und ließ ausrufen und
sprach: Morgen ist des HERRN Fest.
6 Und sie standen früh am Morgen auf
und opferten Brandopfer und brachten
dazu Dankopfer dar. Danach [a]setzte
sich das Volk, um zu essen und zu trin-
ken, und sie standen auf, um ihre Lust zu
treiben.

Moses Fürbitte

7 Der HERR sprach aber zu Mose: Geh,
steig hinab; denn dein Volk, das du aus
Ägyptenland geführt hast, hat schändlich
gehandelt. 8 Sie sind schnell von dem
Wege gewichen, den ich ihnen geboten
habe. Sie haben sich ein gegossenes Kalb
gemacht und haben's angebetet und ihm
geopfert und gesagt: Das ist dein Gott,
Israel, der dich aus Ägyptenland geführt
hat.[a] 9 Und der HERR sprach zu Mose:
Ich sehe, dass es ein [a]halsstarriges Volk
ist. 10 Und nun lass mich, dass mein Zorn
über sie entbrenne und sie vertilge; dafür
will ich dich zum großen Volk ma-
chen.[a]

11 Mose aber flehte vor dem HERRN,
seinem Gott, und sprach: Ach HERR,
warum will dein Zorn entbrennen über
dein Volk, das du mit großer Kraft und
starker Hand aus Ägyptenland geführt
hast? 12 [a]Warum sollen die Ägypter sa-
gen: Er hat sie zu ihrem Unglück her-
ausgeführt, dass er sie umbrächte im
Gebirge und vertilgte sie von dem Erd-
boden? Kehre dich ab von deinem grim-
migen Zorn und lass dich des Unheils
gereuen, das du über dein Volk bringen
willst. 13 Gedenke an deine Knechte
Abraham, Isaak und Israel, denen du
bei dir selbst geschworen und verheißen
hast: Ich will [a]eure Nachkommen meh-
ren wie die Sterne am Himmel, und dies
ganze Land, das ich verheißen habe, will
ich euren Nachkommen geben, und sie
sollen es besitzen für ewig. 14 Da gereute
den HERRN das Unheil, das er seinem
Volk zugedacht hatte.[a]

Die Strafe für den Abfall

15 Mose wandte sich und stieg vom Berge
und hatte die zwei Tafeln des Gesetzes in
seiner Hand; die waren beschrieben auf
beiden Seiten. 16 Und Gott hatte sie
selbst gemacht und selber die Schrift ein-
gegraben.[a] 17 Als nun Josua das Geschrei
des Volks hörte, sprach er zu Mose: Es
ist ein Kriegsgeschrei im Lager. 18 Er ant-
wortete: Es ist kein Geschrei wie bei
einem Sieg und es ist kein Geschrei wie
bei einer Niederlage, ich höre Geschrei
wie beim Tanz.

19 Als Mose aber nahe zum Lager kam
und das Kalb und das Tanzen sah, ent-
brannte sein Zorn und er warf die Tafeln
aus der Hand und zerbrach sie unten am
Berge 20 und nahm das Kalb, das sie ge-
macht hatten, und ließ es im Feuer zer-
schmelzen und zermalmte es zu Pulver
und streute es aufs Wasser und gab's den
Israeliten zu trinken. 21 Und er sprach zu
Aaron: Was hat dir das Volk getan, dass
du eine so große Sünde über sie gebracht
hast? 22 Aaron sprach: Mein Herr lasse
seinen Zorn nicht entbrennen. Du weißt,
dass dies Volk böse ist. 23 Sie sprachen zu
mir: Mache uns einen Gott, der vor uns
hergehe; denn wir wissen nicht, was mit
diesem Mann Mose geschehen ist, der
uns aus Ägyptenland geführt hat. 24 Ich
sprach zu ihnen: Wer Gold hat, der reiße
es ab und gebe es mir. Und ich warf es
ins Feuer; daraus ist das Kalb geworden.

25 Als nun Mose sah, dass das Volk
zuchtlos geworden war – denn Aaron
hatte sie zuchtlos werden lassen zum Ge-
spött ihrer Widersacher –, 26 trat er in das
Tor des Lagers und rief: Her zu mir, wer
dem HERRN angehört! Da sammelten
sich zu ihm alle Söhne Levi. 27 Und er
sprach zu ihnen: So spricht der HERR,
der Gott Israels: Ein jeder gürte sein
Schwert um die Lenden und gehe durch
das Lager hin und her von einem Tor
zum andern und erschlage seinen Bruder,
Freund und Nächsten. 28 Die Söhne Levi
taten, wie ihnen Mose gesagt hatte; und
es fielen an dem Tage vom Volk dreitau-
send Mann. 29 Da sprach Mose: [a]Füllt
heute eure Hände zum Dienst für den

32,4: *a* 1. Kön 12,28; Ps 106,19-20; Apg 7,41 **32,6:** *a* 1. Kor 10,7 **32,8:** *a* Kap 20,4.23 **32,9:** *a* 5. Mose 9,6; Jes 48,4; Apg 7,51 **32,10:** *a* 4. Mose 14,11-20 **32,12:** *a* 5. Mose 9,28; Jos 7,9 **32,13:** *a* 1. Mose 15,5; 22,16-17; 26,4 **32,14:** *a* Ps 85,2-8 **32,16:** *a* Kap 31,18 **32,29:** *a* Kap 28,41

HERRN – denn ein jeder ist wider seinen
Sohn und Bruder gewesen –, damit euch
heute [b]Segen gegeben werde.

Die Demütigung des Volkes

30 Am nächsten Morgen sprach Mose
zum Volk: Ihr habt eine große Sünde
getan; nun will ich hinaufsteigen zu dem
HERRN, ob ich vielleicht Vergebung er-
wirken kann für eure Sünde. 31 Als nun
Mose wieder zu dem HERRN kam,
sprach er: Ach, das Volk hat eine große
Sünde getan, und sie haben sich einen
Gott von Gold gemacht. 32 Vergib ihnen
doch ihre Sünde; wenn nicht, dann tilge
mich aus deinem Buch, das du geschrie-
ben hast.[a]
33 Der HERR sprach zu Mose: Ich will
den aus meinem Buch tilgen, der an mir
sündigt. 34 So geh nun hin und führe das
Volk, wohin ich dir gesagt habe. Siehe,
[a]mein Engel soll vor dir hergehen. [b]Ich
werde aber ihre Sünde heimsuchen, wenn
meine Zeit kommt. 35 Und der HERR
schlug das Volk, weil sie sich das Kalb
gemacht hatten, das Aaron angefertigt
hatte.

33 Der HERR sprach zu Mose: Geh,
zieh von dannen, du und das Volk,
das du aus Ägyptenland geführt hast, in
das Land, von dem ich [a]Abraham, Isaak
und Jakob geschworen habe: Deinen
Nachkommen will ich's geben. 2 Und
ich will [a]vor dir her senden einen Engel
und ausstoßen die Kanaaniter, Amoriter,
Hetiter, Perisiter, Hiwiter und Jebusiter
3 und will dich bringen in das Land,
darin Milch und Honig fließt. Ich selbst
will nicht mit dir hinaufziehen, denn du
bist ein [a]halsstarriges Volk; ich würde
dich unterwegs vertilgen. 4 Als das Volk
diese harte Rede hörte, trugen sie Leid
und niemand tat seinen Schmuck an.
5 Und der HERR sprach zu Mose: Sage zu
den Israeliten: Ihr seid ein halsstarriges
Volk. Wenn ich nur einen Augenblick mit
dir hinaufzöge, würde ich dich vertilgen.
Und nun [a]lege deinen Schmuck ab, dann
will ich sehen, was ich dir tue. 6 Und die
Israeliten [a]taten ihren Schmuck von sich
an dem Berge Horeb.

Das heilige Zelt. Gottes Umgang mit Mose

7 Mose aber nahm das Zelt und schlug es
draußen auf, fern von dem Lager, und
nannte es Stiftshütte. Und [a]wer den
HERRN befragen wollte, musste heraus-
gehen zur Stiftshütte vor das Lager.
8 Und wenn Mose hinausging zur Stifts-
hütte, so stand alles Volk auf, und jeder
trat in seines Zeltes Tür und sah ihm
nach, bis er zur Stiftshütte kam. 9 Und
wenn Mose zur Stiftshütte kam, so kam
die Wolkensäule hernieder und stand in
der Tür der Stiftshütte, und der HERR
redete mit Mose.[a] 10 Und alles Volk sah
die Wolkensäule in der Tür der Stifts-
hütte stehen, und sie standen auf und
neigten sich, ein jeder in seines Zeltes
Tür. 11 Der HERR aber [a]redete mit Mose
von Angesicht zu Angesicht, wie ein
Mann mit seinem Freunde redet. Dann
kehrte er zum Lager zurück; aber sein
Diener und Jünger Josua, der Sohn
Nuns, wich nicht aus der Stiftshütte.

Mose begehrt, des HERRN Herrlichkeit zu schauen

12 Und Mose sprach zu dem HERRN:
Siehe, du sprichst zu mir: Führe das Volk
hinauf!, und lässt mich nicht wissen, wen
du mit mir senden willst, wo du doch
gesagt hast: Ich kenne dich mit Namen,
und du hast Gnade vor meinen Augen
gefunden.[a] 13 Hab ich denn Gnade vor
deinen Augen gefunden, so lass mich
[a]deinen Weg wissen, damit ich dich er-
kenne und Gnade vor deinen Augen
finde. Und sieh doch, dass dies Volk dein
Volk ist. 14 Er sprach: Mein [a]Angesicht
soll vorangehen; ich will dich zur [b]Ruhe
leiten. 15 Mose aber sprach zu ihm: Wenn
nicht dein Angesicht vorangeht, so führe
uns nicht von hier hinauf. 16 Denn woran
soll erkannt werden, dass ich und dein
Volk vor deinen Augen Gnade gefunden
haben, wenn nicht daran, dass du mit
uns gehst, [a]sodass ich und dein Volk
erhoben werden vor allen Völkern, die
auf dem Erdboden sind? 17 Der HERR
sprach zu Mose: Auch das, was du jetzt

32,29: *b* 4. Mose 3,6-10; 5. Mose 33,8-11 **32,32:** *a* Ps 69,29; Lk 10,20; Röm 9,3 **32,34:** *a* Kap 33,2.14; *b (34b-35)* 4. Mose 14,27-30 **33,1:** *a* 1. Mose 12,7 **33,2:** *a* Kap 23,20 **33,3:** *a* Kap 32,9-10 **33,5:** *a* Joel 2,13 **33,6:** *a* Jona 3,6 **33,7:** *a* Kap 29,42 **33,9:** *a* 4. Mose 11,25; 5. Mose 31,15 **33,11:** *a* Vers 20; 4. Mose 12,8; 5. Mose 34,10 **33,12:** *a* Verse 2-3.17 **33,13:** *a* Ps 103,7 **33,14:** *a* Jes 63,9; *b* Jos 21,44; Hebr 4,9 **33,16:** *a* 5. Mose 4,6-8

gesagt hast, will ich tun; denn [a]du hast Gnade vor meinen Augen gefunden, und [b]ich kenne dich mit Namen.

18 Und Mose sprach: Lass mich deine [a]Herrlichkeit sehen! 19 Und er sprach: Ich will vor deinem Angesicht all meine Güte vorübergehen lassen und will vor dir kundtun den Namen des HERRN: [a]**Wem ich gnädig bin, dem bin ich gnädig, und wessen ich mich erbarme, dessen erbarme ich mich.** 20 Und er sprach weiter: Mein Angesicht kannst du nicht sehen; denn kein Mensch wird leben, der mich sieht.[a] 21 Und der HERR sprach weiter: Siehe, es ist ein Raum bei mir, da sollst du auf dem Fels stehen.[a] 22 Wenn dann [a]meine Herrlichkeit vorübergeht, will ich dich in die Felskluft stellen und [b]meine Hand über dir halten, bis ich vorübergegangen bin. 23 Dann will ich meine Hand von dir tun und du darfst hinter mir her sehen; aber mein Angesicht kann man nicht sehen.

Neue Gesetzestafeln. Bundesschluss und Bundespflichten

34 Und der HERR sprach zu Mose: Haue dir zwei steinerne Tafeln zu, wie die ersten waren, dass ich die Worte darauf schreibe, die auf den ersten Tafeln standen, welche [a]du zerbrochen hast. 2 Und sei morgen bereit, dass du früh auf den Berg Sinai steigst und dort zu mir trittst auf dem Gipfel des Berges. 3 Und lass niemand mit dir hinaufsteigen; es soll auch niemand gesehen werden auf dem ganzen Berge. Auch kein Schaf und Rind lass weiden gegen diesen Berg hin.[a] 4 Und Mose hieb zwei steinerne Tafeln zu, wie die ersten waren, und stand am Morgen früh auf und stieg auf den Berg Sinai, wie ihm der HERR geboten hatte, und nahm die zwei steinernen Tafeln in seine Hand.

5 Da kam der HERR hernieder in einer Wolke, und Mose trat daselbst zu ihm und rief den Namen des HERRN an. 6 Und der HERR ging vor seinem Angesicht vorüber, und er rief aus: **HERR, HERR, Gott, barmherzig und gnädig und geduldig und von großer Gnade und Treue,**[a] 7 **der da Tausenden Gnade bewahrt und vergibt Missetat, Übertretung und Sünde, aber ungestraft lässt er niemand, sondern sucht die Missetat der Väter heim an Kindern und Kindeskindern bis ins dritte und vierte Glied!**[a]

8 Und Mose neigte sich eilends zur Erde und betete an 9 und sprach: Hab ich, HERR, Gnade vor deinen Augen gefunden, so gehe der Herr in unserer Mitte, denn es ist ein [a]halsstarriges Volk; und vergib uns unsere Missetat und Sünde und lass uns dein [b]Erbbesitz sein.

10 Und der HERR sprach: Siehe, ich will einen [a]Bund schließen: Vor deinem ganzen Volk will ich Wunder tun, wie sie nicht geschehen sind in allen Landen und unter allen Völkern, und das ganze Volk, in dessen Mitte du bist, soll des HERRN Werk sehen; denn wunderbar wird sein, was ich an dir tun werde. 11 Halte, was ich dir heute gebiete. Siehe, ich will vor dir her ausstoßen die Amoriter, Kanaaniter, Hetiter, Perisiter, Hiwiter und Jebusiter. 12 [a]Hüte dich, einen Bund zu schließen mit den Bewohnern des Landes, in das du kommst, damit sie dir nicht zum Fallstrick werden in deiner Mitte; 13 sondern [a]ihre Altäre sollst du umstürzen und ihre Steinmale zerbrechen und ihre heiligen Pfähle umhauen; 14 denn du sollst keinen andern Gott anbeten. Denn der HERR heißt ein Eiferer; ein eifernder Gott ist er.[a] 15 Hüte dich, einen Bund zu schließen mit den Bewohnern des Landes, damit sie, wenn sie ihren Göttern nachlaufen und ihnen opfern, dich nicht einladen und du von ihrem Opfer isst 16 und damit du für deine Söhne ihre Töchter nicht zu Frauen nimmst und diese dann ihren Göttern nachlaufen und machen, dass deine Söhne auch ihren Göttern nachlaufen![a]

17 Du sollst dir keine gegossenen Götterbilder machen.[a]

18 [a]Das Fest der Ungesäuerten Brote sollst du halten. Sieben Tage sollst du

33,17: *a* Vers 12; *b* Jes 43,1; 2. Tim 2,19 **33,18:** *a* Joh 1,14; 2. Kor 3,18 **33,19:** *a* Röm 9,15 **33,20:** *a* Kap 24,11; 1. Mose 32,31; Ri 6,22-23; 13,22-23; Jes 6,5; 33,14; 1. Tim 6,16 **33,21:** *a* 1. Kön 19,8-13 **33,22:** *a* Kap 34,5-6; *b* Kap 24,11 a **34,1:** *a* Kap 32,19 **34,3:** *a* Kap 19,12-13 **34,6:** *a* Kap 33,18-23; 4. Mose 14,18; Ps 103,8; Nah 1,3; 1. Joh 4,16 **34,7:** *a* Kap 20,5-6; Nah 1,2 **34,9:** *a* Kap 33,3; *b* 5. Mose 32,9; Ps 28,9 **34,10:** *a* Kap 19,5 **34,12:** *a* Kap 23,32-33 **34,13:** *a* Kap 23,24 **34,14:** *a* Kap 20,3.5 **34,16:** *a* 5. Mose 7,3; Ri 3,6; 1. Kön 11,2 **34,17:** *a* Kap 20,4 **34,18:** *a (18-26)* Kap 23,14-19

ungesäuertes Brot essen, wie ich dir ge-
boten habe, zur Zeit des Monats Abib;
denn im Monat Abib bist du aus Ägyp-
ten gezogen.
19 Alle Erstgeburt ist mein, alle männ-
liche Erstgeburt von deinem Vieh, es sei
Stier oder Schaf.[a] 20 Aber den Erstling
des Esels sollst du mit einem Schaf aus-
lösen. Wenn du ihn aber nicht auslöst, so
brich ihm das Genick. Alle Erstgeburt
unter deinen Söhnen sollst du auslösen.
[a] Und dass niemand vor mir mit leeren
Händen erscheine!
21 Sechs Tage sollst du arbeiten; am
siebenten Tage sollst du ruhen, auch in
der Zeit des Pflügens und des Erntens.
22 Das Wochenfest* sollst du halten mit
den Erstlingen der Weizenernte und das
Fest der Lese, wenn das Jahr um ist.
23 Dreimal im Jahr soll alles, was männ-
lich ist, erscheinen vor dem Herrscher,
dem HERRN, dem Gott Israels. 24 Denn
ich werde die Heiden vor dir ausstoßen
und dein Gebiet weit machen und nie-
mand soll dein Land begehren, während
du dreimal im Jahr hinaufgehst, um vor
dem HERRN, deinem Gott, zu erschei-
nen.
25 Du sollst das Blut meines Opfers
nicht darbringen zugleich mit dem Sau-
erteig, und das Opfer des Passafestes soll
nicht über Nacht bleiben bis zum Mor-
gen.
26 Das Beste von den ersten Früchten
deines Ackers sollst du in das Haus des
HERRN, deines Gottes, bringen.
[a] Du sollst das Böcklein nicht kochen
in seiner Mutter Milch.
27 Und der HERR sprach zu Mose:
[a] Schreib dir diese Worte auf; denn auf-
grund dieser Worte habe ich mit dir und
mit Israel einen Bund geschlossen.
28 Und er war allda bei dem HERRN
[a] vierzig Tage und vierzig Nächte und aß
kein Brot und trank kein Wasser. Und er
schrieb auf die [b] Tafeln die Worte des
Bundes, die Zehn Worte.

Der Glanz auf Moses Angesicht

29 Als nun Mose vom Berge Sinai herab-
stieg, hatte er die zwei Tafeln des Ge-
setzes in seiner Hand und wusste nicht,
dass die Haut seines Angesichts glänzte,
weil er mit Gott geredet hatte. 30 Als aber
Aaron und ganz Israel sahen, dass die
Haut seines Angesichts glänzte, fürch-
teten sie sich, ihm zu nahen.[a] 31 Da rief
sie Mose und sie wandten sich wieder zu
ihm, Aaron und alle Obersten der Ge-
meinde, und er redete mit ihnen. 32 Da-
nach nahten sich ihm auch alle Israeliten.
Und er gebot ihnen alles, was der HERR
mit ihm geredet hatte auf dem Berge
Sinai.
33 Und als er dies alles mit ihnen ge-
redet hatte, legte er eine Decke auf sein
Angesicht. 34 Und wenn er [a] hineinging
vor den HERRN, mit ihm zu reden, tat er
die Decke ab, bis er wieder herausging.
Und wenn er herauskam und zu den
Israeliten redete, was ihm geboten war,
35 sahen die Israeliten, wie die Haut sei-
nes Angesichts glänzte. Dann tat er die
Decke auf sein Angesicht, bis er wieder
hineinging, mit ihm zu reden.

DIE ERRICHTUNG DER STIFTSHÜTTE
(Kapitel 35,1–40,38)

Die Sabbatordnung

(vgl. Kap 31,12-17)

35 Und Mose versammelte die ganze
Gemeinde der Israeliten und
sprach zu ihnen: Dies ist's, was der HERR
geboten hat, dass ihr es tun sollt: 2 Sechs
Tage sollt ihr arbeiten, den siebenten Tag
aber sollt ihr heilighalten als einen Sab-
bat völliger Ruhe, heilig dem HERRN.
Wer an diesem Tag arbeitet, soll ster-
ben.[a] 3 Ihr sollt kein Feuer anzünden am
Sabbattag in allen euren Wohnungen.

Freiwillige Gaben für die Stiftshütte

(vgl. Kap 25,3-9; 31,7-11)

4 Und Mose sprach zu der ganzen Ge-
meinde der Israeliten: Dies ist's, was der
HERR geboten hat: 5 Erhebt von eurem
Besitz eine [a] Opfergabe für den HERRN,
sodass ein jeder die Opfergabe für den
HERRN freiwillig bringe: Gold, Silber,
Kupfer, 6 blauen und roten Purpur,

* d. i. das Erntefest (vgl. Kap 23,16), das sieben Wochen nach dem Fest der Ungesäuerten Brote gehalten wurde (vgl. 3. Mose 23,15-16; 5. Mose 16,9-10).

34,19: *a* 1. Mose 4,4 **34,20:** *a* Kap 13,12-16 **34,26:** *a* Kap 23,19 **34,27:** *a* Kap 24,4 **34,28:** *a* Kap 24,18; Mt 4,2; *b* Kap 31,18 **34,30:** *a* 2. Kor 3,7-18 **34,34:** *a* Kap 33,8-9 **35,2:** *a* Kap 20,8-11; 34,21 **35,5:** *a* Kap 25,2

Scharlach, feine Leinwand und Ziegen-
haar, 7 rot gefärbte Widderfelle, Dachs-
felle und Akazienholz, 8 Öl für die Lam-
pen und Spezerei zum Salböl und zu
wohlriechendem Räucherwerk, 9 Onyx-
steine und eingefasste Steine zum Pries-
terschurz und zum Brustschild. 10 Und
wer unter euch kunstverständig ist, der
komme und mache, was der HERR ge-
boten hat, 11 nämlich die Wohnung mit
ihrem Zelt und ihrer Decke, ihren Haken,
Brettern, Riegeln, Säulen und Füßen,
12 die Lade mit ihren Stangen, den Gna-
denthron und Vorhang, 13 den Tisch mit
seinen Stangen und all seinem Gerät und
die Schaubrote, 14 den Leuchter und sein
Gerät und seine Lampen und das Öl zum
Licht, 15 den Räucheraltar mit seinen
Stangen, das Salböl und das wohlrie-
chende Räucherwerk, die Decke vor der
Tür der Wohnung, 16 den Brandopferal-
tar mit seinem Gitter aus Kupfer, seinen
Stangen und all seinem Gerät, das Be-
cken mit seinem Gestell; 17 den Behang
des Vorhofs, seine Säulen und Füße und
die Decke des Tors am Vorhof, 18 die
Zeltpflöcke der Wohnung und des Vor-
hofs mit ihren Seilen, 19 die Amtskleider
zum Dienst im Heiligtum, die heiligen
Kleider Aarons, des Priesters, samt den
Kleidern seiner Söhne für den priester-
lichen Dienst.

20 Da ging die ganze Gemeinde der Is-
raeliten von Mose weg. 21 Und alle, die es
[a]gern und freiwillig gaben, kamen und
brachten dem HERRN die Opfergabe zur
Errichtung der Stiftshütte und für allen
Dienst darin und für die heiligen Kleider.
22 Es brachten aber Männer und Frauen
freiwillig Spangen, Ohrringe, Ringe und
Geschmeide und allerlei goldenes Gerät,
ein jeder das Gold, das er zur Gabe für
den HERRN bestimmt hatte. 23 Und wer
bei sich blauen und roten Purpur fand,
Scharlach, feine Leinwand, Ziegenhaar,
rot gefärbte Widderfelle und Dachsfelle,
der brachte sie. 24 Und wer eine Opfer-
gabe von Silber und Kupfer geben wollte,
der brachte es dem HERRN als Opfer-
gabe. Und wer Akazienholz hatte, der
brachte es zu allerlei Verwendung für den
Dienst. 25 Und alle Frauen, die diese
Kunst verstanden, spannen mit ihren
Händen und brachten ihr Gespinst,
blauen und roten Purpur, Scharlach und
feine Leinwand. 26 Und alle Frauen, die
solche Arbeit verstanden und willig da-
zu waren, spannen Ziegenhaare. 27 Die
Stammesfürsten aber brachten Onyx-
steine und eingefasste Steine für den
Priesterschurz und die Brusttasche 28 und
Spezerei und Öl für den Leuchter und für
das Salböl und für das wohlriechende
Räucherwerk. 29 So brachten die Israe-
liten, Männer und Frauen, die ihr Herz
dazu trieb, freiwillige Gaben zu allem
Werk, das der HERR durch Mose ge-
boten hatte.

Beauftragung der Kunsthandwerker

(vgl. Kap 31,1-6)

30 Und Mose sprach zu den Israeliten:
Sehet, der HERR hat mit Namen berufen
den Bezalel, den Sohn Uris, des Sohnes
Hurs, vom Stamm Juda, 31 und hat ihn
erfüllt mit dem Geist Gottes, dass er
weise, verständig und geschickt sei zu je-
dem Werk, 32 kunstreich zu arbeiten in
Gold, Silber und Kupfer, 33 Edelsteine zu
schneiden und einzusetzen, Holz zu
schnitzen, um jede kunstreiche Arbeit zu
vollbringen. 34 Und er hat ihm auch die
Gabe zu unterweisen ins Herz gegeben,
ihm und Oholiab, dem Sohn Ahisa-
machs, vom Stamm Dan. 35 Er hat ihr
Herz mit Weisheit erfüllt, zu machen alle
Arbeiten des Goldschmieds und des
Kunstwirkers und des Buntwirkers mit
blauem und rotem Purpur, Scharlach
und feiner Leinwand und des Webers,
dass sie jedes Werk ausführen und kunst-
reiche Entwürfe ersinnen können.

36 So sollen denn arbeiten Bezalel
und Oholiab und alle Künstler,
denen der HERR Weisheit und Verstand
gegeben hat zu wissen, wie sie alle Arbeit
ausführen sollen zum Dienst des Hei-
ligtums, ganz nach dem Gebot des
HERRN. 2 Und Mose berief Bezalel und
Oholiab und alle Künstler, denen der
HERR Weisheit ins Herz gegeben hatte,
alle, die sich freiwillig erboten, ans Werk
zu gehen und es auszurichten. 3 Und sie
empfingen von Mose alle Opfer, die die
Israeliten gebracht hatten, um die Arbei-
ten zum Dienst des Heiligtums auszu-

35,21: *a* 1. Chr 29,5; 29,9; 2. Kor 9,7

führen. Und man brachte auch weiterhin
alle Morgen freiwillige Gaben zu ihm.
4 Da kamen alle Künstler, die am Werk
des Heiligtums arbeiteten, ein jeder von
der Arbeit, die er machte, 5 und sprachen
zu Mose: Das Volk bringt zu viel, mehr
als zum Dienst dieses Werkes nötig ist,
das der HERR zu machen geboten hat.
6 Da gebot Mose, dass man durchs Lager
rufen ließe: Niemand, weder Mann noch
Frau, soll hinfort noch etwas bringen als
Opfergabe für das Heiligtum. Da brachte
das Volk nichts mehr. 7 Denn es war ge-
nug gebracht worden zu allen Arbeiten,
die zu machen waren, und es war noch
übrig geblieben.

Die Herstellung des Heiligtums

(vgl. Kap 26,1-37)

8 So machten alle Künstler unter den Ar-
beitern die Wohnung aus zehn Teppichen
von gezwirnter feiner Leinwand, blauem
und rotem Purpur und Scharlach, und
Cherubim waren eingewebt in kunstrei-
cher Arbeit. 9 Die Länge eines Teppichs
war achtundzwanzig Ellen und die Breite
vier Ellen und alle waren von **einem**
Maß. 10 Und er fügte je fünf Teppiche zu
einem Stück zusammen, einen an den
andern. 11 Und er machte blaue Schlau-
fen an jedes Stück am Rande, wo die
beiden Stücke zusammengeheftet werden
sollten, 12 fünfzig Schlaufen an jedes
Stück, dass eine Schlaufe der andern ge-
genüberstünde. 13 Und er machte fünfzig
goldene Haken und heftete die Teppiche
mit den Haken einen an den andern zu-
sammen, dass es **eine** Wohnung würde.
14 Und er machte elf Teppiche von Zie-
genhaaren zum Zelte über die Wohnung,
15 dreißig Ellen lang und vier Ellen breit,
alle von **einem** Maß, 16 und fügte fünf
zusammen zu dem einen Stück und sechs
zusammen zum andern Stück. 17 Und er
machte fünfzig Schlaufen an jedes Stück
an dem Rande, wo die Stücke zusam-
mengeheftet werden sollten, 18 und
machte je fünfzig Haken aus Kupfer, da-
mit das Zelt mit ihnen zusammengefügt
würde. 19 Und er machte eine Decke über
das Zelt von rot gefärbten Widderfellen
und darüber noch eine Decke von
Dachsfellen.
20 Und er machte Bretter für die Woh-
nung, aus Akazienholz, zum Aufstellen,
21 ein jedes zehn Ellen lang und andert-
halb Ellen breit 22 und an jedem zwei
Zapfen, damit eins an das andere gesetzt
würde. So machte er alle Bretter für die
Wohnung, 23 dass zwanzig Bretter nach
Süden standen. 24 Und er machte vierzig
silberne Füße darunter, unter jedes Brett
zwei Füße für seine zwei Zapfen.
25 Ebenso machte er auf der andern Seite
der Wohnung nach Norden zwanzig
Bretter 26 mit vierzig silbernen Füßen,
unter jedes Brett zwei Füße. 27 Und für
die Rückseite der Wohnung nach Westen
machte er sechs Bretter 28 und zwei an-
dere für die zwei Ecken an der Rückseite
der Wohnung, 29 dass beide mit ihren
Eckbrettern unten und oben durch Zap-
fen verbunden wurden, 30 sodass es acht
Bretter wurden und sechzehn silberne
Füße, unter jedem zwei Füße.
31 Und er machte Riegel aus Akazien-
holz, fünf zu den Brettern auf der einen
Langseite der Wohnung 32 und fünf auf
der andern Langseite und fünf auf der
Rückseite nach Westen. 33 Und er machte
den Mittelriegel, dass er in halber Höhe
an den Brettern entlanglief von einem
Ende zum andern. 34 Und er überzog die
Bretter mit Gold und ihre Ringe machte
er aus Gold, dass man die Riegel hinein-
täte, und überzog die Riegel mit Gold.
35 Und er machte den Vorhang mit den
Cherubim in kunstreicher Arbeit, aus
blauem und rotem Purpur, Scharlach
und gezwirnter feiner Leinwand, 36 und
für ihn vier Säulen aus Akazienholz und
überzog sie mit Gold und ihre Nägel
waren aus Gold, und er goss dazu vier
silberne Füße. 37 Und er machte eine
Decke für den Eingang des Zeltes aus
blauem und rotem Purpur, Scharlach
und gezwirnter feiner Leinwand, in
Buntwirkerarbeit, 38 und dazu fünf Säu-
len mit ihren Nägeln und überzog ihre
Köpfe und Ringbänder mit Gold und
machte fünf Füße aus Kupfer daran.

Die Bundeslade

(vgl. Kap 25,10-22)

37 Und Bezalel machte die Lade aus
Akazienholz, zwei und eine halbe
Elle lang, anderthalb Ellen breit und
ebenso hoch, 2 und überzog sie mit fei-
nem Golde innen und außen und machte
ihr einen goldenen Kranz ringsherum.

3 Und er goss vier goldene Ringe für ihre
vier Ecken, für jede Seite zwei, 4 und
machte Stangen aus Akazienholz und
überzog sie mit Gold 5 und tat sie in die
Ringe an den Seiten der Lade, sodass
man sie tragen konnte. 6 Und er machte
den Gnadenthron aus feinem Golde,
zwei und eine halbe Elle lang und andert-
halb Ellen breit, 7 und zwei Cherubim
aus getriebenem Golde an die beiden En-
den des Gnadenthrones, 8 einen Cherub
an diesem, den andern an jenem Ende.
9 Und die Cherubim breiteten ihre Flügel
nach oben aus und bedeckten damit den
Gnadenthron, und sie standen Antlitz
gegen Antlitz und sahen auf den Gna-
denthron.

Der Tisch für die Schaubrote

(vgl. Kap 25,23-30)

10 Und er machte den Tisch aus Akazien-
holz, zwei Ellen lang, eine Elle breit und
anderthalb Ellen hoch, 11 und überzog
ihn mit feinem Golde und machte ihm
einen goldenen Kranz ringsherum 12 und
machte ihm eine Leiste ringsherum, eine
Handbreit hoch, und einen goldenen
Kranz um die Leiste. 13 Und er goss für
ihn vier goldene Ringe und befestigte sie
an den vier Ecken an seinen vier Füßen
14 dicht unter der Leiste, dass man die
Stangen hineintun und den Tisch tragen
könnte. 15 Und er machte die Stangen aus
Akazienholz und überzog sie mit Gold,
dass man den Tisch damit trüge. 16 Und
er machte auch aus feinem Golde das
Gerät für den Tisch: Schüsseln und
Schalen, Kannen und Becher, in denen
man das Trankopfer darbringen sollte.

Der Leuchter

(vgl. Kap 25,31-40)

17 Und er machte den Leuchter aus fei-
nem, getriebenem Golde. Daran waren
der Fuß und der Schaft, Kelche und
Knäufe und Blumen. 18 Sechs Arme gin-
gen von seinen Seiten aus, nach jeder
Seite drei Arme. 19 Drei Kelche waren an
jedem Arm mit Knäufen und Blumen.
20 An dem Leuchter aber waren vier Kel-
che mit Knäufen und Blumen, 21 je ein
Knauf unter zwei von den sechs Armen,
die von ihm ausgingen. 22 Und die
Knäufe und Arme waren aus einem
Stück mit ihm und alles war aus getrie-
benem, feinem Gold. 23 Und er machte
die sieben Lampen mit ihren Lichtsche-
ren und Löschnäpfen aus feinem Gold.
24 Aus einem Zentner feinen Goldes
machte er ihn und all sein Gerät.

Räucheraltar, Salböl und Räucherwerk

(vgl. Kap 30,1-5; 30,22-38)

25 Er machte auch den Räucheraltar aus
Akazienholz, eine Elle lang und ebenso
breit, viereckig, und zwei Ellen hoch mit
seinen Hörnern, 26 und überzog ihn mit
feinem Golde, seine Platte und seine
Wände ringsherum und seine Hörner,
und machte ihm einen Kranz ringsherum
von Gold 27 und zwei goldene Ringe un-
ter dem Kranz zu beiden Seiten, dass
man Stangen hineintäte und ihn damit
trüge. 28 Und die Stangen machte er aus
Akazienholz und überzog sie mit Gold.
29 Und er machte das heilige Salböl
und das Räucherwerk aus reiner Spezerei
nach der Kunst des Salbenbereiters.

Der Brandopferaltar und das kupferne Becken

(vgl. Kap 27,1-8; 30,18-21)

38 Und er machte den Brandopfer-
altar aus Akazienholz, fünf Ellen
lang und ebenso breit, viereckig, und drei
Ellen hoch, 2 und vier Hörner, die mit
ihm verbunden waren, auf seinen vier
Ecken und überzog ihn mit Kupfer.
3 Und er machte alle Geräte zu dem
Altar, Töpfe für die Asche, Schaufeln,
Becken, Gabeln, Kohlenpfannen, alles
aus Kupfer. 4 Und er machte am Altar
ein Gitterwerk aus Kupfer wie ein Netz
ringsherum von unten her bis zur Mitte
des Altars 5 und goss vier Ringe an die
vier Enden des kupfernen Gitters für die
Stangen. 6 Diese machte er aus Akazien-
holz und überzog sie mit Kupfer 7 und tat
sie in die Ringe an den Seiten des Altars,
dass man ihn damit trüge. Und er mach-
te ihn so, dass er inwendig hohl war.
8 Und er machte das Becken aus Kup-
fer und sein Gestell auch aus Kupfer von
den Spiegeln der Frauen, die vor der Tür
der Stiftshütte Dienst taten.

Der Vorhof

(vgl. Kap 27,9-19)

9 Und er machte den Vorhof: nach Süden
Behänge, hundert Ellen lang, von ge-

zwirnter feiner Leinwand, 10 mit zwanzig
Säulen und zwanzig Füßen aus Kupfer,
aber ihre Nägel und Ringbänder aus Sil-
ber; 11 desgleichen nach Norden, hundert
Ellen lang mit zwanzig Säulen und zwan-
zig Füßen aus Kupfer, aber ihre Nägel
und Ringbänder aus Silber; 12 nach
Westen aber fünfzig Ellen lang mit zehn
Säulen und zehn Füßen, aber ihre Nägel
und Ringbänder aus Silber; 13 nach Osten
auch fünfzig Ellen; 14 fünfzehn Ellen auf
einer Seite mit drei Säulen und drei Fü-
ßen 15 und auf der andern Seite auch
fünfzehn Ellen mit drei Säulen und drei
Füßen, zu beiden Seiten des Tors am
Vorhof. 16 Alle Behänge des Vorhofs
waren von gezwirnter feiner Leinwand
17 und die Füße der Säulen aus Kupfer
und ihre Nägel aus Silber und ihre Köpfe
waren überzogen mit Silber, und ihre
Ringbänder waren silbern an allen Säu-
len des Vorhofs. 18 Und die Decke für das
Tor des Vorhofs machte er in Buntwir-
kerarbeit aus blauem und rotem Purpur,
Scharlach und gezwirnter feiner Lein-
wand, zwanzig Ellen lang und fünf Ellen
hoch, nach dem Maß der Behänge des
Vorhofs, 19 dazu vier Säulen und vier
Füße aus Kupfer und ihre Nägel aus
Silber und ihre Köpfe und ihre Ring-
bänder, überzogen mit Silber. 20 Und alle
Zeltpflöcke der Wohnung und des Vor-
hofs ringsherum waren aus Kupfer.

Die Aufwendungen für das Heiligtum

21 Dies ist die Summe der Aufwendungen
für die Wohnung des Gesetzes, die nach
dem Gebot des Mose errechnet wurde
von den Leviten unter der Leitung [a]Ita-
mars, des Sohnes Aarons, des Priesters.
22 [a]Bezalel aber, der Sohn Uris, des Soh-
nes Hurs, vom Stamme Juda, hatte alles
gemacht, was der HERR dem Mose ge-
boten hatte, 23 und mit ihm Oholiab, der
Sohn Ahisamachs, vom Stamme Dan,
ein Schmied, Schnitzer, Kunstweber und
Buntwirker in blauem und rotem Purpur,
Scharlach und feiner Leinwand.

24 Alles Gold, das verarbeitet ist zu die-
sem ganzen Werk des Heiligtums und
das als Gabe gespendet war, beträgt 29
Zentner 730 Lot nach dem Gewicht des
Heiligtums. 25 Das Silber aber, das die
Zählung der Gemeinde erbrachte, betrug
hundert Zentner 1775 Lot nach dem Ge-
wicht des Heiligtums, 26 auf den Kopf
[a]ein halbes Lot nach dem Gewicht des
Heiligtums von allen, die gezählt wurden
von zwanzig Jahren an und darüber,
[b]603550 Mann. 27 Aus den hundert Zent-
nern Silber goss man die Füße der Bret-
ter und die Füße des Vorhangs, hundert
Füße aus hundert Zentnern, je einen
Zentner für einen Fuß. 28 Und aus den
1775 Lot wurden die Nägel der Säulen
gemacht und ihre Köpfe und ihre Ring-
bänder überzogen. 29 Das Kupfer aber,
das gespendet war, betrug 70 Zentner
2400 Lot. 30 Daraus wurden gemacht die
Füße an der Tür der Stiftshütte und der
Altar und das Gitterwerk daran und alle
Geräte des Altars, 31 dazu die Füße des
Vorhofs ringsherum und die Füße des
Tors am Vorhof, alle Zeltpflöcke der
Wohnung und alle Zeltpflöcke des Vor-
hofs ringsherum.

Die Kleidung der Priester

(vgl. Kap 28,1-43)

39 Und aus dem blauen und roten
Purpur und dem Scharlach mach-
ten sie Amtskleider zum Dienst im Hei-
ligtum, und sie machten die heiligen
Kleider für Aaron, wie der HERR es
Mose geboten hatte. 2 Und sie machten
den Priesterschurz aus Gold, blauem und
rotem Purpur, Scharlach und gezwirnter
feiner Leinwand. 3 Und sie schlugen
Goldplatten und schnitten sie zu Fäden,
dass man sie in Kunstwirkerarbeit unter
den blauen und roten Purpur, den Schar-
lach und die feine Leinwand einweben
konnte. 4 Schulterteile machten sie, die an
den Schurz angefügt wurden, und an sei-
nen beiden Enden wurde er zusammen-
gebunden. 5 Und seine Binde war von
derselben Arbeit, aus einem Stück mit
ihm, aus Gold, blauem und rotem Pur-
pur, Scharlach und gezwirnter feiner
Leinwand, wie der HERR es Mose ge-
boten hatte.

6 Und sie fassten zwei Onyxsteine
ringsherum mit Gold ein und gruben
darauf ein nach der Weise der Siegel-
stecher die Namen der Söhne Israels.
7 Und er heftete sie auf die Schulterteile

38,21: *a* 4. Mose 4,28 **38,22:** *a (22-23)* Kap 31,1-11 **38,26:** *a* Kap 30,12-16; *b* 4. Mose 1,46

des Schurzes, dass es Steine seien zum
gnädigen Gedenken an die Israeliten vor
dem HERRN, wie der HERR es Mose ge-
boten hatte.
8 Und sie machten die Brusttasche,
kunstreich gewirkt wie der Priester-
schurz, aus Gold, blauem und rotem
Purpur, Scharlach und gezwirnter feiner
Leinwand, 9 dass sie viereckig war und
doppelt gelegt, eine Spanne lang und
ebenso breit, 10 und besetzten sie mit vier
Reihen Steinen: Die erste Reihe war ein
Sarder, ein Topas und ein Smaragd, 11 die
andere ein Rubin, ein Saphir und ein
Diamant, 12 die dritte ein Lynkurer, ein
Achat und ein Amethyst, 13 die vierte ein
Türkis, ein Onyx und ein Jaspis, rings-
herum eingefasst mit Gold in allen Rei-
hen. 14 Und die Steine trugen die zwölf
Namen der Söhne Israels, eingegraben in
Siegelstecherarbeit, sodass auf einem
jeden ein Name stand nach den zwölf
Stämmen. 15 Und sie machten an der Ta-
sche Ketten wie gedrehte Schnüre, aus
feinem Golde, 16 und zwei Goldgeflechte
und zwei goldene Ringe und hefteten die
beiden Ringe an die beiden oberen Ecken
der Tasche. 17 Und die beiden goldenen
Ketten taten sie in die beiden Ringe an
den Ecken der Tasche. 18 Aber die beiden
andern Enden der Ketten taten sie an die
beiden Goldgeflechte und hefteten sie
vorne auf die Schulterteile des Schurzes.
19 Und sie machten zwei andere goldene
Ringe und hefteten sie an die beiden an-
deren Ecken der Tasche an ihren Rand
innen zum Schurz hin; 20 und sie machten
zwei andere goldene Ringe, die taten sie
unten an die beiden Schulterteile vorn
am Schurz, wo er zusammengeht, oben
über der Binde des Schurzes, 21 und
knüpften die Tasche mit ihren Ringen an
die Ringe des Schurzes mit einer Schnur
aus blauem Purpur, dass sie über der
Binde des Schurzes anliege und sich
nicht von dem Schurz losmache, wie der
HERR es Mose geboten hatte.
22 Und dazu machte er das Oberge-
wand zum Priesterschurz, gewirkt, ganz
aus blauem Purpur, 23 und seine Öffnung
oben in der Mitte und eine Borte um die
Öffnung herum wie bei einem Panzer-
hemd, dass sie nicht einreiße. 24 Und sie
machten an seinen Saum Granatäpfel
aus blauem und rotem Purpur, Scharlach
und gezwirnter feiner Leinwand 25 und
machten Schellen aus feinem Golde; die
taten sie zwischen die Granatäpfel rings-
herum am Saum des Obergewandes, 26 je
einen Granatapfel und eine Schelle rings-
herum am Saum, für den Dienst, wie der
HERR es Mose geboten hatte. 27 Und sie
machten auch die Untergewänder aus
feiner Leinwand, gewebt, für Aaron und
seine Söhne, 28 und den Kopfbund aus
feiner Leinwand und die hohen Mützen
aus feiner Leinwand und Beinkleider aus
gezwirnter feiner Leinwand 29 und den
Gürtel in Buntwirkerarbeit aus gezwirn-
ter feiner Leinwand, blauem und rotem
Purpur und Scharlach, wie der HERR es
Mose geboten hatte.
30 Sie machten auch das Stirnblatt, den
[a] heiligen Kronreif, aus feinem Gold und
gruben als Schrift ein: »Heilig dem
HERRN«. 31 Und sie banden eine Schnur
aus blauem Purpur daran, dass sie an
dem Kopfbund oben angeheftet würde,
wie der HERR es Mose geboten hatte.

Mose prüft die vollendeten Arbeiten

32 Also wurde vollendet das ganze Werk
der Wohnung der Stiftshütte. Und die
Israeliten taten alles, was der HERR dem
Mose geboten hatte. 33 Und sie brachten
die Wohnung zu Mose: das Zelt und alle
seine Geräte, Haken, Bretter, Riegel,
Säulen, Füße, 34 die Decke von rot
gefärbten Widderfellen, die Decke von
Dachsfellen und den Vorhang, 35 die
Lade mit dem Gesetz samt ihren Stan-
gen, den Gnadenthron, 36 den Tisch und
alle seine Geräte und die Schaubrote,
37 den Leuchter aus feinem Gold mit den
Lampen zum Aufsetzen und all seinem
Gerät und das Öl für den Leuchter,
38 den goldenen Altar und das Salböl und
das wohlriechende Räucherwerk, die
Decke für den Eingang des Zeltes, 39 den
kupfernen Altar und sein kupfernes Git-
ter mit seinen Stangen und seinem gan-
zen Gerät, das Becken mit seinem Ge-
stell, 40 die Behänge des Vorhofs mit sei-
nen Säulen und Füßen, die Decke vor
dem Tor des Vorhofs mit seinen Seilen

39,30: *a* Kap 29,6; 3. Mose 8,9

und Zeltpflöcken und alles Gerät zum
Dienst der Wohnung der Stiftshütte,
41 die Amtskleider des Priesters Aaron
für den Dienst im Heiligtum und die
Kleider seiner Söhne für den priester-
lichen Dienst. 42 Ganz so, wie der HERR
es Mose geboten hatte, hatten die Israeli-
ten alle Arbeiten ausgeführt. 43 Und
Mose sah dies ganze Werk an, und siehe,
sie hatten es gemacht, wie der HERR ge-
boten hatte. Und er segnete sie.

Aufrichtung und Einweihung der Stiftshütte

40 Und der HERR redete mit Mose
und sprach: 2 Du sollst die Woh-
nung der Stiftshütte aufrichten [a] am ers-
ten Tage des ersten Monats. 3 Und du
sollst die Lade mit dem Gesetz hinein-
stellen und vor die Lade den Vorhang
hängen; 4 und du sollst den Tisch hinein-
bringen und die Schaubrote auflegen und
den Leuchter hineinstellen und die Lam-
pen daraufsetzen; 5 und du sollst den gol-
denen Räucheraltar vor die Lade mit
dem Gesetz stellen und die Decke in der
Tür der Wohnung aufhängen. 6 Den
Brandopferaltar aber sollst du außen vor
die Tür der Wohnung der Stiftshütte set-
zen 7 und das Becken zwischen die Stifts-
hütte und den Altar und Wasser hinein-
tun 8 und den Vorhof ringsherum her-
stellen und die Decke in der Tür des
Vorhofs aufhängen. 9 Und du sollst das
Salböl nehmen und die Wohnung und
alles, was darin ist, salben und sollst sie
weihen mit ihrem ganzen Gerät, dass sie
heilig sei.
10 Und du sollst den Brandopferaltar
salben mit seinem ganzen Gerät und wei-
hen, dass er hochheilig sei. 11 Und du
sollst auch das Becken und sein Ge-
stell salben und weihen. 12 Und du sollst
Aaron und seine Söhne vor die Tür der
Stiftshütte treten lassen und sie mit Was-
ser waschen 13 und Aaron die heiligen
Kleider anziehen und ihn salben und
weihen, dass er mein Priester sei; 14 und
du sollst seine Söhne auch herzuführen
und ihnen die Untergewänder anziehen
15 und sie salben, wie du ihren Vater ge-
salbt hast, dass sie meine Priester seien.
Und diese Salbung sollen sie haben zum
ewigen Priestertum von Geschlecht zu
Geschlecht. 16 Und Mose tat alles, wie
ihm der HERR geboten hatte.
17 Also wurde die Wohnung aufgerich-
tet im zweiten Jahr am ersten Tage des
ersten Monats. 18 Und Mose richtete die
Wohnung auf und setzte ihre Füße hin
und stellte die Bretter darauf und brachte
die Riegel an und richtete die Säulen auf
19 und breitete das Zeltdach aus über der
Wohnung und legte die Decke des Zeltes
oben darauf, wie der HERR ihm geboten
hatte.
20 Und er nahm das Gesetz und legte
es in die Lade und tat die Stangen an die
Lade und setzte den Gnadenthron oben
auf die Lade 21 und brachte die Lade in
die Wohnung und hängte den Vorhang
auf und verhüllte so die Lade des Ge-
setzes, wie ihm der HERR geboten hatte,
22 und setzte den Tisch in die Stiftshütte
an die Seite der Wohnung nach Norden,
außen vor dem Vorhang, 23 und legte die
Schaubrote auf vor dem HERRN, wie ihm
der HERR geboten hatte, 24 und setzte
den Leuchter auch hinein gegenüber dem
Tisch an die Seite der Wohnung nach
Süden 25 und setzte die Lampen auf vor
dem HERRN, wie ihm der HERR geboten
hatte. 26 Und er setzte den goldenen Altar
hinein vor den Vorhang 27 und räucherte
darauf mit wohlriechendem Räucher-
werk, wie ihm der HERR geboten hatte,
28 und hängte die Decke in die Tür der
Wohnung.
29 Und den Brandopferaltar setzte er
vor die Tür der Wohnung der Stiftshütte
und opferte darauf Brandopfer und
Speisopfer, wie ihm der HERR geboten
hatte. 30 Und das Becken setzte er zwi-
schen die Stiftshütte und den Altar und
tat Wasser hinein zum Waschen. 31 Und
Mose, Aaron und seine Söhne wuschen
ihre Hände und Füße darin. 32 Denn sie
müssen sich waschen, wenn sie in die
Stiftshütte gehen oder hinzutreten zum
Altar, wie der HERR es Mose geboten
hatte. 33 Und er richtete den Vorhof auf
rings um die Wohnung und um den Altar
und hängte die Decke in das Tor des
Vorhofs. Also vollendete Mose das ganze
Werk.

40,2: *a* Vers 17; Kap 12,2; 19,1

Der Herr bekennt sich zu seinem Heiligtum

34 Da bedeckte die Wolke die Stiftshütte,
und [a]die Herrlichkeit des Herrn erfüllte
die Wohnung. 35 Und Mose [a]konnte
nicht in die Stiftshütte hineingehen, weil
die Wolke darauf ruhte und die Herr-
lichkeit des Herrn die Wohnung erfüllte.
36 Und immer, wenn die [a]Wolke sich
erhob von der Wohnung, brachen die
Israeliten auf, solange ihre Wanderung
währte. 37 Wenn sich aber die Wolke nicht
erhob, so zogen sie nicht weiter bis zu
dem Tag, an dem sie sich erhob. 38 Denn
die Wolke des Herrn war bei Tage über
der Wohnung, und bei Nacht ward sie
voll Feuers vor den Augen des ganzen
Hauses Israel, solange die Wanderung
währte.

DAS DRITTE BUCH MOSE (LEVITIKUS)

Inhaltsübersicht

Das Brandopfer

(vgl. Kap 6,1-6)

1 Und der Herr rief Mose und redete
mit ihm aus der Stiftshütte und
sprach: 2 Rede mit den Israeliten und
sprich zu ihnen: Wer unter euch dem
Herrn ein Opfer darbringen will, der
bringe es von dem Vieh, von Rindern
oder von Schafen und Ziegen.
3 Will er ein Brandopfer darbringen
von Rindern, so opfere er ein männliches
Tier, das ohne Fehler ist, [a]vor der Tür
der Stiftshütte, damit es ihn wohlgefällig
mache vor dem Herrn, 4 und lege seine
Hand auf den Kopf des Brandopfers, da-
mit es ihn wohlgefällig mache und für
ihn Sühne schaffe. 5 Dann soll er das
Rind schlachten vor dem Herrn und die
Priester, Aarons Söhne, sollen das Blut
herzubringen und ringsum an den Altar
sprengen, der vor der Tür der Stiftshütte
ist. 6 Und er soll dem Brandopfer das Fell
abziehen und es in seine Stücke zerle-
gen.[a] 7 Und die Priester, Aarons Söhne,
sollen ein Feuer auf dem Altar machen
und Holz oben darauflegen 8 und sollen
die Stücke samt dem Kopf und dem Fett
auf das Holz legen, das über dem Feuer
auf dem Altar liegt. 9 Die Eingeweide
aber und die Schenkel soll er mit Wasser
waschen, und der Priester soll das alles
auf dem Altar in Rauch aufgehen lassen.
Das ist ein Brandopfer, ein Feueropfer
zum [a]lieblichen Geruch für den Herrn.
10 Will er aber von Schafen oder Zie-
gen ein Brandopfer darbringen, so opfere
er ein männliches Tier, das ohne Fehler
ist. 11 Und er schlachte es an der Seite des
Altars nach Norden zu vor dem Herrn.
Und die Priester, Aarons Söhne, sollen
das Blut ringsum an den Altar sprengen.
12 Und er zerlege es in seine Stücke und
der Priester soll sie samt dem Kopf und
dem Fett auf das Holz über dem Feuer
legen, das auf dem Altar ist. 13 Aber die
Eingeweide und die Schenkel soll er mit
Wasser waschen und der Priester soll das
alles auf dem Altar opfern und in Rauch
aufgehen lassen. Das ist ein Brandopfer,
ein Feueropfer zum lieblichen Geruch für
den Herrn.
14 Will er aber von Vögeln dem Herrn
ein Brandopfer darbringen, so bringe er's
von Turteltauben oder andern Tauben.
15 Und der Priester soll's zum Altar brin-
gen und ihm den Kopf abknicken und –
er soll es ja auf dem Altar in Rauch
aufgehen lassen – das Blut ausbluten las-
sen an der Wand des Altars. 16 Und den

40,34: *a* Hes 43,1-9 **40,35:** *a* 4. Mose 7,89 **40,36:** *a* Kap 13,21; 4. Mose 9,15-23; 10,34-36; 1. Kön 8,10-11; Jes 4,5
1,3: *a* Kap 17,4 **1,6:** *a* Kap 7,8 **1,9:** *a* 1. Mose 8,21; 2. Mose 29,18

Kropf mit seinem Inhalt soll man neben dem Altar nach Osten zu auf den Aschenhaufen werfen 17 und soll seine Flügel einreißen, aber nicht abbrechen. Und so soll's der Priester auf dem Altar in Rauch aufgehen lassen auf dem Holz über dem Feuer. Das ist ein Brandopfer, ein Feueropfer zum lieblichen Geruch für den HERRN.

Das Speisopfer

(vgl. Kap 6,7-11)

2 [a]Wenn jemand dem HERRN ein [b]Speisopfer darbringen will, so soll es von feinstem Mehl sein und er soll Öl daraufgießen und Weihrauch darauflegen 2 und es bringen zu den Priestern, Aarons Söhnen. Und der Priester soll eine Handvoll nehmen von dem Mehl und Öl samt dem ganzen Weihrauch und es als Gedenkopfer in Rauch aufgehen lassen auf dem Altar als ein Feueropfer zum lieblichen Geruch für den HERRN. 3 Das Übrige aber vom Speisopfer soll Aaron und seinen Söhnen gehören als ein [a]Hochheiliges von den Feueropfern des HERRN.

4 [a]Willst du aber als Speisopfer etwas im Ofen Gebackenes darbringen, so nimm Kuchen von feinstem Mehl, ungesäuert, mit Öl vermengt, oder ungesäuerte Fladen, mit Öl bestrichen. 5 Ist aber dein Speisopfer etwas auf der Pfanne Gebackenes, so soll's von ungesäuertem Mehl sein, mit Öl vermengt, 6 und du sollst es in Stücke zerteilen und Öl daraufgießen. Das ist ein Speisopfer.

7 Ist aber dein Speisopfer etwas im Tiegel Bereitetes, so sollst du es von feinstem Mehl mit Öl machen 8 und sollst das Speisopfer, das du davon bereitet hast, dem HERRN darbringen und sollst es zu dem Priester bringen und der soll damit zu dem Altar treten. 9 Und der Priester soll von dem Speisopfer das Gedenkopfer abheben und in Rauch aufgehen lassen auf dem Altar als ein Feueropfer zum lieblichen Geruch für den HERRN. 10 Das Übrige aber soll Aaron und seinen Söhnen gehören als ein Hochheiliges von den Feueropfern des HERRN.

11 Alle Speisopfer, die ihr dem HERRN opfern wollt, sollt ihr ohne Sauerteig machen; denn weder Sauerteig noch Honig sollt ihr dem HERRN zum Feueropfer in Rauch aufgehen lassen. 12 Als [a]Erstlingsgabe mögt ihr sie dem HERRN bringen; aber auf den Altar sollen sie nicht kommen zum lieblichen Geruch. 13 Alle deine Speisopfer sollst du salzen, und dein Speisopfer soll niemals ohne [a]Salz des Bundes deines Gottes sein; bei allen deinen Opfern sollst du Salz darbringen.

14 Willst du aber ein Speisopfer dem HERRN darbringen [a]von den ersten Früchten, so sollst du Ähren am Feuer rösten, die Körner zerstoßen und darbringen als das Speisopfer deiner ersten Früchte 15 und sollst Öl darauftun und Weihrauch darauflegen. Das ist ein Speisopfer. 16 Und der Priester soll das Gedenkopfer von dem Zerstoßenen und vom Öl mit dem ganzen Weihrauch in Rauch aufgehen lassen als ein Feueropfer für den HERRN.

Das Dankopfer

(vgl. Kap 7,11-21; 7,28-34)

3 Ist aber sein Opfer ein Dankopfer und will er ein Rind darbringen, es sei ein männliches oder ein weibliches, so soll er vor dem HERRN ein Tier opfern, das ohne Fehler ist. 2 Und er soll seine Hand auf den Kopf seines Opfers legen und es schlachten vor der Tür der Stiftshütte. Und die Priester, Aarons Söhne, sollen das Blut ringsum an den Altar sprengen. 3 Und er soll von dem Dankopfer dem HERRN ein Feueropfer darbringen, nämlich das Fett, das die Eingeweide bedeckt, und alles Fett an den Eingeweiden, 4 die beiden Nieren mit dem Fett, das daran ist, an den Lenden, und den Lappen an der Leber; an den Nieren soll er ihn ablösen. 5 Und Aarons Söhne sollen es in Rauch aufgehen lassen auf dem Altar zum Brandopfer auf dem Holz, das über dem Feuer liegt, als ein Feueropfer zum lieblichen Geruch für den HERRN.

6 Will er aber dem HERRN ein Dankopfer vom Kleinvieh darbringen, es sei ein männliches oder ein weibliches Tier, so soll es ohne Fehler sein. 7 Ist es ein

2,1: *a (1-3)* Kap 7,10; *b* 4. Mose 15,4 **2,3:** *a* Kap 6,22 **2,4:** *a (4-10)* Kap 7,9 **2,12:** *a* 4. Mose 18,12-13; 2. Chr 31,5 **2,13:** *a* 4. Mose 18,19; 2. Chr 13,5 **2,14:** *a* 5. Mose 26,2-11

Lamm, so soll er's vor den HERRN brin-
gen 8 und soll seine Hand auf den Kopf
seines Opfers legen und es schlachten vor
der Stiftshütte. Und die Söhne Aarons
sollen sein Blut ringsum an den Altar
sprengen. 9 Und er soll von dem Dank-
opfer dem HERRN ein Feueropfer dar-
bringen, nämlich sein Fett, den ganzen
Fettschwanz, vom Rückgrat abgelöst,
dazu das Fett, das die Eingeweide be-
deckt, und alles Fett an den Eingewei-
den, 10 die beiden Nieren mit dem Fett,
das daran ist, an den Lenden, und den
Lappen an der Leber; an den Nieren soll
er ihn ablösen. 11 Und der Priester soll es
in Rauch aufgehen lassen auf dem Altar
als Feueropferspeise für den HERRN.

12 Ist aber sein Opfer eine Ziege, so
bringe er sie vor den HERRN 13 und lege
seine Hand auf ihren Kopf und schlachte
sie vor der Stiftshütte. Und die Söhne
Aarons sollen das Blut ringsum an den
Altar sprengen. 14 Und er soll davon sein
Opfer darbringen, ein Feueropfer für den
HERRN, nämlich das Fett, das die Einge-
weide bedeckt, und alles Fett an den Ein-
geweiden, 15 die beiden Nieren mit dem
Fett, das daran ist, an den Lenden, und
den Lappen an der Leber; an den Nieren
soll er ihn ablösen. 16 Und der Priester
soll es in Rauch aufgehen lassen auf dem
Altar als Feueropferspeise zum lieblichen
Geruch. Alles Fett ist für den HERRN.
17 Das sei eine ewige Ordnung für eure
Nachkommen, überall, wo ihr wohnt,
dass ihr weder Fett noch Blut esst.[a]

Das Sündopfer

4 Und der HERR redete mit Mose und
sprach: 2 Rede mit den Israeliten und
sprich: Wenn jemand aus Versehen gegen
irgendein Gebot des HERRN sündigte
und täte, was er nicht tun sollte: 3 wenn
etwa der Priester, der gesalbt ist, sün-
digte, sodass er eine Schuld auf das Volk
brächte, so soll er für seine Sünde, die er
getan hat, einen jungen Stier darbringen,
der ohne Fehler ist, dem HERRN zum
Sündopfer. 4 Und er soll den Stier vor die
Tür der Stiftshütte bringen vor den
HERRN und seine Hand auf den Kopf
des Stieres legen und ihn schlachten vor
dem HERRN. 5 Und der Priester, der ge-
salbt ist, soll vom Blut des Stieres neh-
men und es in die Stiftshütte bringen
6 und soll seinen Finger in das Blut tau-
chen und damit siebenmal sprengen vor
dem HERRN, an den Vorhang im Heili-
gen.[a] 7 Und soll vor dem HERRN etwas
von dem Blut an die Hörner des [a]Räu-
cheraltars tun, der in der Stiftshütte
steht, und alles andere Blut an den Fuß
des Brandopferaltars gießen, der [b]vor
der Tür der Stiftshütte steht. 8 Und alles
Fett des Sündopfers soll er abheben,
nämlich das Fett, das die Eingeweide be-
deckt, und alles Fett an den Eingewei-
den, 9 die beiden Nieren mit dem Fett,
das daran ist, an den Lenden, und den
Lappen an der Leber, an den Nieren ab-
gelöst, 10 gleichwie man es abhebt vom
Rind beim Dankopfer, und soll es in
Rauch aufgehen lassen auf dem Brand-
opferaltar. 11 [a]Aber das Fell des Stieres
mit allem Fleisch samt Kopf und Schen-
keln und die Eingeweide und den Mist,
12 das soll er alles [a]hinaustragen aus dem
Lager an eine reine Stätte, wo man die
Asche hinschüttet, und soll's verbrennen
auf dem Holz mit Feuer.

13 [a]Wenn aber die ganze Gemeinde
Israel aus Versehen sich versündigte und
die Tat vor ihren Augen verborgen wäre,
wenn sie gegen irgendein Gebot des
HERRN gehandelt hätten, was sie nicht
tun sollten, und so sich verschuldet hät-
ten 14 und sie würden danach ihrer Sünde
inne, die sie getan hätten, so sollen sie
einen jungen Stier darbringen als Sünd-
opfer und vor die Tür der Stiftshütte
stellen. 15 Und die Ältesten der Gemeinde
sollen ihre Hände auf seinen Kopf legen
vor dem HERRN und den Stier schlachten
vor dem HERRN. 16 Und der Priester, der
gesalbt ist, soll Blut von dem Stier in die
Stiftshütte bringen 17 und mit seinem
Finger hineintauchen und siebenmal
sprengen vor dem HERRN, an den Vor-
hang. 18 Und er soll etwas von dem Blut
an die Hörner des Altars tun, der vor
dem HERRN steht in der Stiftshütte, und
alles andere Blut an den Fuß des Brand-
opferaltars gießen, der vor der Tür der
Stiftshütte steht. 19 All sein Fett aber soll

3,17: *a* Kap 7,23.26; 17,10-14; 1. Mose 9,4; 5. Mose 12,16.23; Apg 15,20.29 **4,6:** *a* Kap 9,9 **4,7:** *a* 2. Mose 30,1.6; *b* 2. Mose 40,6 **4,11:** *a (11-12)* Kap 8,17 **4,12:** *a* Kap 6,4 **4,13:** *a (13-21)* 4. Mose 15,22-26

er abheben und auf dem Altar in Rauch
aufgehen lassen 20 und soll mit dem Stier
tun, wie er mit dem Stier des Sündopfers
getan hat. So soll der Priester die Süh-
nung für sie vollziehen und ihnen wird
vergeben. 21 Und er soll den Stier hinaus
vor das Lager tragen und [a]verbrennen,
wie er den vorigen Stier verbrannt hat.
Das ist das Sündopfer der Gemeinde.

22 Wenn aber ein Stammesfürst sündigt
und aus Versehen irgendetwas gegen des
HERRN, seines Gottes, Gebote tut, was er
nicht tun sollte, und so sich verschuldet
23 und wird seiner Sünde inne, die er ge-
tan hat, so soll er zum Opfer bringen
einen Ziegenbock ohne Fehler 24 und
seine Hand auf den Kopf des Bockes
legen und ihn schlachten an der Stätte,
wo man die Brandopfer schlachtet vor
dem HERRN; es ist ein Sündopfer. 25 Da
soll dann der Priester mit seinem Finger
etwas von dem Blut des Sündopfers neh-
men und es an die Hörner des Brand-
opferaltars tun und das andere Blut an
den Fuß des Brandopferaltars gießen.
26 Und all sein Fett soll er auf dem Altar
in Rauch aufgehen lassen gleichwie das
Fett des Dankopfers. So soll der Priester
die Sühnung für ihn vollziehen und ihm
wird vergeben.

27 [a]Wenn aber sonst jemand aus dem
Volk aus Versehen sündigt, dass er gegen
irgendeines der Gebote des HERRN han-
delt, was er nicht tun sollte, und so sich
verschuldet 28 und seiner Sünde innewird,
die er getan hat, so soll er zum Opfer eine
Ziege bringen ohne Fehler für die Sünde,
die er getan hat, 29 und soll seine Hand
auf den Kopf des Sündopfers legen und
es schlachten an der Stätte des Brand-
opfers. 30 Und der Priester soll mit sei-
nem Finger etwas von dem Blut nehmen
und an die Hörner des Brandopferaltars
tun und alles andere Blut an den Fuß des
Altars gießen. 31 All sein Fett aber soll er
abheben, wie man [a]das Fett des Dank-
opfers abhebt, und soll es in Rauch auf-
gehen lassen auf dem Altar zum lieb-
lichen Geruch für den HERRN. So soll
der Priester die Sühnung für ihn voll-
ziehen und ihm wird vergeben.

32 Will er aber ein Schaf zum Sünd-
opfer bringen, so bringe er ein weib-
liches, das ohne Fehler ist, 33 und lege
seine Hand auf den Kopf des Sündopfers
und schlachte es zum Sündopfer an der
Stätte, wo man die Brandopfer schlach-
tet. 34 Und der Priester soll mit seinem
Finger etwas von dem Blut nehmen und
an die Hörner des Brandopferaltars tun
und alles andere Blut an den Fuß des
Altars gießen. 35 Aber all sein Fett soll er
abheben, wie man das Fett vom Schaf
des Dankopfers abhebt, und soll es auf
dem Altar in Rauch aufgehen lassen als
Feueropfer für den HERRN. So soll der
Priester die Sühnung für ihn vollziehen
für die Sünde, die er getan hat, und ihm
wird vergeben.

5 Wenn jemand damit sündigt, dass er
den Fluch aussprechen hört und
Zeuge ist, weil er es gesehen oder erfah-
ren hat, es aber nicht anzeigt* und so
sich verschuldet; 2 oder wenn jemand et-
was Unreines anrührt, es sei ein [a]Aas
von einem unreinen Wild oder Vieh oder
Gewürm, und wusste es nicht und wird's
inne und hat sich so verschuldet; 3 oder
wenn er einen Menschen in dessen Un-
reinheit anrührt, in irgendeiner [a]Unrein-
heit, womit der Mensch unrein werden
kann, und wusste es nicht und wird's
inne und hat sich so verschuldet; 4 oder
wenn jemand schwört, dass ihm über die
Lippen fährt, er wolle Schaden oder Gu-
tes tun, wie denn einem Menschen ein
Schwur entfahren mag, und er bedachte
es nicht und er wird's inne und hat sich
so oder so schuldig gemacht: 5 wenn's
also geschieht, dass er sich so oder so
schuldig gemacht hat, so [a]soll er beken-
nen, womit er gesündigt hat, 6 und soll
als Buße für diese seine Sünde, die er
getan hat, dem HERRN darbringen von
der Herde ein Muttertier, Schaf oder
Ziege, zum Sündopfer, dass der Priester
die Sühnung für ihn vollziehe wegen sei-
ner Sünde.

7 Vermag er aber nicht ein Schaf zu
geben, so bringe er dem HERRN für seine
Schuld, die er getan hat, zwei Turtel-
tauben oder zwei andere Tauben, die eine

* Bei einem ungeklärten Verbrechen wurden verflucht: der unbekannte Täter und alle, die als Mitwisser ihr Zeugnis zurückhalten (Ri 17,2; Spr 29,24).

4,21: *a* Verse 11-12 **4,27:** *a (27-28)* 4. Mose 15,27-28 **4,31:** *a* Kap 3,14-15 **5,2:** *a* Kap 11,24 **5,3:** *a* 4. Mose 19,13.20 **5,5:** *a* Kap 16,21; 4. Mose 5,7; Jos 7,20

zum Sündopfer, die andere zum Brand-
opfer, [8]und bringe sie dem Priester. Der
soll die erste als Sündopfer darbringen
und ihr den Kopf abknicken hinter dem
Genick und nicht ganz abtrennen, [9]und
er sprenge etwas von dem Blut des Sünd-
opfers an die Seite des Altars und lasse
das übrige Blut ausbluten am Fuße des
Altars; es ist ein Sündopfer. [10]Die andere
Taube aber soll er als Brandopfer dar-
bringen der Ordnung gemäß. So soll der
Priester die Sühnung für ihn vollziehen
wegen seiner Sünde, die er getan hat, und
ihm wird vergeben. [11]Vermag er aber
auch nicht zwei Turteltauben oder zwei
andere Tauben zu geben, so bringe er für
seine Sünde als sein Opfer ein zehntel
Scheffel feinstes Mehl als Sündopfer dar.
Er soll aber kein Öl daraufgießen noch
Weihrauch darauftun; denn es ist ein
Sündopfer. [12]Und er soll es zum Priester
bringen. Der Priester aber soll eine Hand-
voll davon nehmen als Gedenkopfer und
in Rauch aufgehen lassen auf dem Altar
zum Feueropfer für den HERRN; es ist
ein Sündopfer. [13]So soll der Priester we-
gen seiner Sünde, die er in einem jener
Fälle getan hat, die Sühnung für ihn voll-
ziehen und ihm wird vergeben. Und das
Übrige soll dem Priester gehören [a]wie
beim Speisopfer.

Das Schuldopfer

(vgl. Kap 7,1-10)

[14]Und der HERR redete mit Mose und
sprach: [15]Wenn jemand sich vergreift
und aus Versehen sich versündigt an
dem, was dem HERRN geweiht ist, so soll
er für seine Schuld dem HERRN einen
Widder ohne Fehler von der Herde brin-
gen, nach deiner Schätzung zwei Silber-
stücke wert nach dem Gewicht des Hei-
ligtums, als Schuldopfer. [16]Dazu soll er,
was er gesündigt hat an dem Geweihten,
[a]erstatten und den fünften Teil hinzu-
fügen und es dem Priester geben. Der soll
die Sühnung für ihn vollziehen mit dem
Widder des Schuldopfers, so wird ihm
vergeben.
[17]Wenn jemand sündigt und handelt
gegen irgendein Gebot des HERRN, was
er nicht tun sollte, und hat es nicht ge-
wusst und versündigt sich und lädt eine
Schuld auf sich, [18]so soll er zum Priester
einen Widder bringen von der Herde,
ohne Fehler, nach deiner Schätzung als
Schuldopfer. Der soll die Sühnung für
ihn vollziehen für das, was er versehen
hat, ohne dass er es wusste, so wird ihm
vergeben. [19]Das ist ein Schuldopfer; ver-
schuldet hat er sich an dem HERRN.
[20]*Und der HERR redete mit Mose
und sprach: [21] [a]Wenn jemand sündigte
und sich damit an dem HERRN vergriffe,
dass er seinem Nächsten ableugnet, was
ihm dieser anvertraut hat oder was ihm
zu treuer Hand gegeben ist oder was er
mit Gewalt genommen oder mit Unrecht
an sich gebracht hat, [22]oder wenn er
etwas Verlorenes gefunden hat und es
ableugnet und einen falschen Eid
schwört über irgendetwas, worin ein
Mensch gegen seinen Nächsten Sünde
tut: [23]Wenn es so geschieht, dass er sün-
digt und sich verschuldet, [a]so soll er wie-
dergeben, was er mit Gewalt genommen
oder mit Unrecht an sich gebracht oder
was ihm anvertraut war oder was er ge-
funden hatte [24]oder worüber er den fal-
schen Eid geschworen hat; das soll er
alles ganz wiedergeben und darüber hin-
aus den fünften Teil. Dem soll er's geben,
dem es gehört, an dem Tag, wenn er sein
Schuldopfer darbringt. [25]Aber für seine
Schuld soll er dem HERRN einen Widder
ohne Fehler von der Herde zu dem Pries-
ter bringen nach deiner Schätzung als
Schuldopfer. [26]So soll der Priester die
Sühnung für ihn vollziehen vor dem
HERRN und ihm wird alles vergeben, was
er getan und womit er sich verschuldet
hat.

Weitere Bestimmungen für Brand-, Speis- und Sündopfer

6 **Und der HERR redete mit Mose
und sprach: [2]Gebiete Aaron und sei-
nen Söhnen und sprich: Dies ist das
[a]Gesetz über das Brandopfer. Das
Brandopfer soll bleiben auf dem Herd
des Altars die ganze Nacht bis zum Mor-
gen und es soll des Altars Feuer bren-
nend darauf erhalten werden. [3]Und der
Priester soll sein leinenes Gewand anzie-

* Abweichende Verszählung statt 5,20-26: 6,1-7. ** Abweichende Verszählung statt 6,1-23: 6,8-30.

5,13: *a* Kap 2,3 **5,16:** *a* Verse 23-24; Kap 22,14; 27,13 **5,21:** *a (21-26)* 4. Mose 5,6-8 **5,23:** *a* Hes 33,15 **6,2:** *a* Kap 1,1-17

hen und die [a]leinenen Beinkleider für
seine Blöße und soll die Asche wegneh-
men, die das Feuer des Brandopfers auf
dem Altar gemacht hat, und soll sie ne-
ben den Altar schütten 4 und soll danach
seine Kleider ausziehen und andere Klei-
der anziehen und [a]die Asche hinaustra-
gen aus dem Lager an eine reine Stätte.
5 Das Feuer auf dem Altar soll brennen
und nie verlöschen. Der Priester soll alle
Morgen Holz darauf anzünden und oben
darauf das Brandopfer zurichten und das
Fett der Dankopfer oben darauf in
Rauch aufgehen lassen. 6 Ständig soll das
Feuer auf dem Altar brennen und nie
verlöschen.

7 Und dies ist [a]das Gesetz des Speis-
opfers. Aarons Söhne sollen es bringen
vor den HERRN an den Altar. 8 Es soll
einer abheben eine Handvoll vom Mehl
des Speisopfers und vom Öl und den
ganzen Weihrauch, der auf dem Speis-
opfer liegt, und soll's in Rauch aufgehen
lassen auf dem Altar zum lieblichen Ge-
ruch als Gedenkopfer für den HERRN.
9 Das Übrige aber sollen Aaron und seine
Söhne verzehren; sie sollen es ungesäuert
essen an heiliger Stätte im Vorhof der
Stiftshütte. 10 Sie sollen es nicht mit Sauer-
teig backen; denn es ist ihr Anteil, den ich
ihnen gegeben habe von meinen Feuer-
opfern. Es ist ein Hochheiliges gleichwie
das Sündopfer und das Schuldopfer.
11 Wer männlich ist unter den Nachkom-
men Aarons, der soll's essen. Das sei ein
ewiges Anrecht für eure Nachkommen
an den Feueropfern des HERRN. Wer sie
anrührt, soll dem Heiligtum gehören.

12 Und der HERR redete mit Mose und
sprach: 13 Dies soll das Opfer Aarons und
seiner Söhne sein, das sie dem HERRN
opfern sollen [a]am Tage ihrer Salbung:
ein zehntel Scheffel feinstes Mehl, das
tägliche Speisopfer, die eine Hälfte mor-
gens, die andere abends. 14 In der Pfanne
sollst du es mit Öl bereiten; durchgerös-
tet sollst du es herbeibringen, und in
Stücke gebrochen sollst du es opfern zum
lieblichen Geruch für den HERRN. 15 Und
der Priester, der unter Aarons Söhnen an
seiner statt gesalbt wird, soll solches tun.
Das ist ein ewiges Anrecht des HERRN.
Als Ganzopfer soll es verbrannt werden;
16 denn jedes Speisopfer eines Priesters
soll als Ganzopfer verbrannt und nicht
gegessen werden.

17 Und der HERR redete mit Mose und
sprach: 18 Sage Aaron und seinen Söhnen
und sprich: [a]Dies ist das Gesetz des
Sündopfers. An der Stätte, wo du das
Brandopfer schlachtest, sollst du auch
das Sündopfer schlachten vor dem
HERRN. Es ist ein Hochheiliges. 19 Der
Priester, der das Sündopfer darbringt,
soll es essen an heiliger Stätte im Vorhof
der Stiftshütte; 20 wer das Fleisch des Op-
fers anrührt, soll dem Heiligtum gehö-
ren. Und wer von seinem Blut ein Kleid
besprengt, der soll das besprengte Stück
waschen an heiliger Stätte. 21 Und den
irdenen Topf, darin es gekocht ist, soll
man zerbrechen. Ist's aber ein kupferner
Topf, so soll man ihn scheuern und mit
Wasser spülen. 22 Wer männlich ist in den
Familien der Priester, darf davon essen;
es ist ein Hochheiliges. 23 Aber von allen
Sündopfern, von deren Blut etwas in die
Stiftshütte gebracht worden ist, um die
Sühnung zu vollziehen im Heiligen, soll
man nichts essen, sondern sie mit Feuer
verbrennen.

Weitere Bestimmungen für Schuld- und Dankopfer

7 Und dies ist [a]das Gesetz des Schuld-
opfers. Es ist ein Hochheiliges. 2 An
der Stätte, wo man [a]das Brandopfer
schlachtet, soll man auch das Schuld-
opfer schlachten und sein Blut ringsum
an den Altar sprengen. 3 [a]Und all sein
Fett soll man opfern, den Fettschwanz
und das Fett, das die Eingeweide be-
deckt, 4 die beiden Nieren mit dem Fett,
das daran ist, an den Lenden, und den
Lappen an der Leber; an den Nieren soll
er ihn ablösen. 5 Und der Priester soll es
auf dem Altar in Rauch aufgehen lassen
zum Feueropfer für den HERRN; es ist
ein Schuldopfer. 6 Wer männlich ist unter
den Priestern, soll das essen an heiliger
Stätte; es ist ein Hochheiliges.

7 Wie das Sündopfer, so soll auch das
Schuldopfer sein; für beide soll ein und
dasselbe Gesetz gelten; sie sollen dem

6,3: *a* 2. Mose 28,42 **6,4:** *a* Kap 4,12 **6,7:** *a* Kap 2,1-16 **6,13:** *a* Kap 7,37; 2. Mose 29,1-37 **6,18:** *a* Kap 4,1-35 **7,1:** *a* Kap 5,14-26 **7,2:** *a* Kap 1,3.5 **7,3:** *a (3-4)* Kap 3,9-10

Priester gehören, der damit die Sühnung
vollzieht. 8 Dem Priester, der jemandes
Brandopfer opfert, soll das [a]Fell des
Brandopfers gehören, das er geopfert
hat. 9 Und [a]alle Speisopfer, die im Ofen
oder im Tiegel oder in der Pfanne ge-
backen sind, sollen dem Priester gehören,
der sie opfert. 10 Aber alle Speisopfer, die
mit Öl vermengt oder trocken sind, sol-
len allen Söhnen Aarons gehören, einem
wie dem andern.[a]

11 Und dies ist [a]das Gesetz des Dank-
opfers, das man dem HERRN opfert.
12 [a]Wollen sie es als Lobopfer darbrin-
gen, so sollen sie außer dem Schlacht-
opfer ungesäuerte Kuchen opfern, mit Öl
vermengt, und ungesäuerte Fladen, mit
Öl bestrichen, und feinstes Mehl, durch-
gerührt, als Kuchen mit Öl vermengt.
13 Sie sollen aber solche Opfergabe dar-
bringen nebst Kuchen von gesäuertem
Brot zu ihrem Lob- und Dankopfer,
14 und zwar sollen sie je ein Teil als Op-
fergabe für den HERRN darbringen; es
soll dem Priester gehören, der das Blut
des Dankopfers sprengt.

15 Und das Fleisch ihres Lob- und
Dankopfers soll an demselben Tage ge-
gessen werden, an dem es geopfert wird,
und soll nichts übrig gelassen werden bis
zum Morgen. 16 Ist es aber ein Gelübde
oder freiwilliges Opfer, so soll es zwar an
demselben Tage, da es geopfert ist, ge-
gessen werden; wenn aber etwas übrig
bleibt, darf man's am andern Tage essen.
17 Aber was vom geopferten Fleisch am
dritten Tage noch übrig ist, soll mit
Feuer verbrannt werden. 18 Und wenn je-
mand am dritten Tage essen wird von
dem geopferten Fleisch seines Dankop-
fers, so wird es nicht wohlgefällig sein
und dem, der es geopfert hat, wird es
auch nicht zugerechnet werden, sondern
es wird ein Gräuel sein; und wer davon
isst, der lädt eine Schuld auf sich. 19 Auch
das Fleisch, das mit etwas Unreinem in
Berührung gekommen ist, soll nicht ge-
gessen, sondern mit Feuer verbrannt
werden. Jeder, der rein ist, darf vom
Opferfleisch essen. 20 Wer aber essen
wird von dem Fleisch des Dankopfers,
das dem HERRN gehört, und hat eine
Unreinheit an sich, der wird ausgerottet
werden aus seinem Volk. 21 Und wenn
jemand mit etwas Unreinem in Berüh-
rung gekommen ist, es sei ein unreiner
Mensch, ein unreines Vieh oder was
sonst ein Gräuel ist, und dann vom
Fleisch des Dankopfers isst, das dem
HERRN gehört, der wird ausgerottet wer-
den aus seinem Volk.

22 Und der HERR redete mit Mose und
sprach: 23 Rede mit den Israeliten und
sprich: Ihr sollt [a]kein Fett essen von
Stieren, Schafen und Ziegen. 24 Das Fett
von gefallenen und zerrissenen Tieren
dürft ihr zwar zu allerlei benutzen; aber
[a]essen dürft ihr's nicht. 25 Denn wer das
Fett isst von solchen Tieren, von denen
man dem HERRN Feueropfer bringt, der
wird ausgerottet werden aus seinem
Volk. 26 Ihr sollt auch kein Blut essen,
weder vom Vieh noch von Vögeln, über-
all, wo ihr wohnt. 27 Jeder, der Blut isst,
wird ausgerottet werden aus seinem
Volk.

28 Und der HERR redete mit Mose und
sprach: 29 Rede mit den Israeliten und
sprich: Wer dem HERRN sein Dankopfer
darbringen will, der soll herzubringen,
was vom Dankopfer dem HERRN gehört.
30 Er soll es aber mit eigener Hand herzu-
bringen zum Feueropfer für den HERRN;
nämlich das Fett soll er bringen samt der
Brust, um sie als ein [a]Schwingopfer zu
schwingen vor dem HERRN. 31 Und der
Priester soll das Fett in Rauch aufgehen
lassen auf dem Altar, aber die Brust soll
Aaron und seinen Söhnen gehören.
32 Und die rechte [a]Keule sollt ihr dem
Priester geben zum Hebopfer von ihren
Dankopfern. 33 Wer von Aarons Söhnen
das Blut und das Fett der Dankopfer
opfert, dem soll die rechte Keule gehören
als sein Anteil. 34 Denn die Brust des
Schwingopfers und die Keule des Heb-
opfers nehme ich von den Israeliten, von
ihren Dankopfern, und gebe sie dem
Priester Aaron und seinen Söhnen als
ewiges Anrecht bei den Israeliten.

35 Das ist der Anteil Aarons und seiner
Söhne an den Feueropfern des HERRN,
der ihnen bestimmt wurde an dem Tage,
da der HERR sie sich nahen ließ, damit

7,8: *a* Kap 1,6 **7,9:** *a* Kap 2,4-5.7 **7,10:** *a* Kap 2,1-3 **7,11:** *a* Kap 3,1-17 **7,12:** *a (12-15)* Kap 19,5-8; 22,29-30
7,23: *a* Kap 3,17 **7,24:** *a* 2. Mose 22,30 **7,30:** *a* 2. Mose 29,24 **7,32:** *a* Kap 9,21

sie seine Priester seien, 36der Anteil, von
dem der HERR an dem Tage, da er sie
salbte, gebot, dass er ihnen gegeben wer-
den sollte von den Israeliten als ewiges
Anrecht bei allen ihren Nachkommen.
37Das ist das Gesetz des Brandopfers,
des Speisopfers, des Sündopfers, des
Schuldopfers, des Einsetzungsopfers und
des Dankopfers, 38wie der HERR es Mose
gebot auf dem Berge Sinai an dem Tage,
da er den Israeliten befahl, ihre Opfer
dem HERRN zu opfern in der Wüste
Sinai.

Mose weiht Aaron und seine Söhne zum Priesteramt

(vgl. 2. Mose 29,1-37)

8 Und der HERR redete mit Mose und
sprach: 2 [a]Nimm Aaron und seine
Söhne und die Kleider und das Salböl
und den jungen Stier zum Sündopfer, die
beiden Widder und den Korb mit unge-
säuertem Brot 3und versammle die ganze
Gemeinde vor der Tür der Stiftshütte.

4Mose tat, wie ihm der HERR geboten
hatte, und versammelte die Gemeinde
vor der Tür der Stiftshütte 5und sprach
zu ihnen: Dies ist's, was der HERR ge-
boten hat zu tun. 6Und Mose ließ herzu-
treten Aaron und seine Söhne und wusch
sie mit Wasser 7und legte ihm das leinene
Gewand an und gürtete ihn mit dem
Gürtel und zog ihm das Obergewand an
und tat ihm den Priesterschurz um und
gürtete ihn mit dem Gurt des Schurzes.
8Dann tat er ihm die Brusttasche an und
legte in die Tasche die Lose [a]»Licht und
Recht« 9und setzte ihm den Kopfbund
auf sein Haupt und befestigte an dem
Kopfbund vorn [a]das goldene Stirnblatt,
den heiligen Reif, wie der HERR es Mose
geboten hatte. 10Und Mose nahm das
[a]Salböl und salbte das Heiligtum und
alles, was darin war, und weihte es; 11er
sprengte damit siebenmal an den Altar
und salbte den Altar mit all seinem Ge-
rät und das Becken mit seinem Gestell,
dass alles geweiht würde. 12Und er goss
von dem Salböl auf Aarons Haupt und
salbte ihn, dass er geweiht würde, 13und
brachte herzu Aarons Söhne und zog ih-
nen das leinene Gewand an und gürtete
sie mit dem Gürtel und setzte ihnen hohe
Mützen auf, wie ihm der HERR geboten
hatte.

14Und er ließ herzuführen den Stier
zum [a]Sündopfer. Und Aaron und seine
Söhne legten ihre Hände auf seinen
Kopf. 15Und Mose schlachtete ihn und
nahm das Blut und tat es mit seinem
Finger ringsum auf die Hörner des Al-
tars und entsündigte den Altar und goss
das Blut an den Fuß des Altars und
weihte ihn, indem er ihn entsühnte.
16Und er nahm alles Fett am Eingeweide,
den Lappen an der Leber und die beiden
Nieren mit dem Fett daran und ließ es in
Rauch aufgehen auf dem Altar. 17Aber
den Stier mit seinem Fell, dem Fleisch
und dem Mist verbrannte er mit Feuer
draußen vor dem Lager, wie ihm der
HERR geboten hatte.

18Und er brachte herzu den einen
Widder zum [a]Brandopfer. Und Aaron
und seine Söhne legten ihre Hände auf
seinen Kopf. 19Und Mose schlachtete ihn
und sprengte das Blut ringsum an den
Altar, 20zerlegte den Widder in seine
Stücke und verbrannte den Kopf, die
Stücke und das Fett 21und wusch die
Eingeweide und Schenkel mit Wasser
und ließ dann den ganzen Widder in
Rauch aufgehen auf dem Altar. Das war
ein Brandopfer zum lieblichen Geruch,
ein Feueropfer für den HERRN, wie ihm
der HERR geboten hatte. 22Er brachte
auch herzu den andern Widder zum Ein-
setzungsopfer. Und Aaron und seine
Söhne legten ihre Hände auf seinen
Kopf. 23Und Mose schlachtete ihn und
nahm von seinem Blut und tat es Aaron
auf sein rechtes Ohrläppchen und auf
den Daumen seiner rechten Hand und
auf die große Zehe seines rechten Fußes.
24Und er brachte herzu Aarons Söhne
und tat von dem Blut auf ihr rechtes
Ohrläppchen und auf den Daumen ihrer
rechten Hand und auf die große Zehe
ihres rechten Fußes und [a]sprengte das
Blut ringsum an den Altar.

25Und er nahm das Fett und den Fett-
schwanz und alles Fett am Eingeweide
und den Lappen an der Leber, die beiden
Nieren mit dem Fett daran und die

8,2: *a (2-5)* 2. Mose 28,39-43 **8,8:** *a* 2. Mose 28,30 **8,9:** *a* 2. Mose 28,36-38; 39,30 **8,10:** *a* 2. Mose 30,25-26 **8,14:** *a* Kap 4,1-12 **8,18:** *a* Kap 1,10-13 **8,24:** *a* Kap 17,11

rechte Keule; 26 dazu nahm er von dem
Korb mit dem ungesäuerten Brot, der
vor dem HERRN stand, einen ungesäu-
erten Kuchen und einen Brotkuchen mit
Öl und einen Fladen und legte es auf
das Fett und auf die rechte Keule. 27 Und
er legte das alles auf die Hände Aarons
und seiner Söhne und schwang es als
Schwingopfer vor dem HERRN 28 und
nahm alles wieder von ihren Händen und
ließ es in Rauch aufgehen auf dem Altar,
oben auf dem Brandopfer. Das war ein
Einsetzungsopfer zum lieblichen Geruch,
ein Feueropfer für den HERRN.

29 Und Mose nahm die Brust und
schwang sie als ein Schwingopfer vor
dem HERRN; die erhielt Mose als seinen
Anteil an dem Widder des Einsetzungs-
opfers, wie ihm der HERR geboten hatte.
30 Und Mose nahm von dem Salböl und
dem Blut auf dem Altar und sprengte es
auf Aaron und seine Kleider, auf seine
Söhne und ihre Kleider; so weihte er Aa-
ron und seine Kleider, seine Söhne und
ihre Kleider.

31 Und Mose sprach zu Aaron und sei-
nen Söhnen: Kocht das Fleisch vor der
Tür der Stiftshütte und esst es daselbst,
dazu auch das Brot im Korbe des Ein-
setzungsopfers, wie mir geboten ist, dass
es Aaron und seine Söhne essen sollen.
32 Was aber übrig bleibt vom Fleisch und
Brot, das sollt ihr mit Feuer verbrennen.
33 Und ihr sollt sieben Tage lang nicht
weggehen von der Tür der Stiftshütte, bis
die Tage eures Einsetzungsopfers um
sind; denn sieben Tage sollen eure Hände
gefüllt werden. 34 Wie es am heutigen
Tage geschehen ist, so hat der HERR ge-
boten, auch fernerhin zu tun, auf dass ihr
entsühnt werdet. 35 Und ihr sollt vor der
Tür der Stiftshütte Tag und Nacht blei-
ben sieben Tage lang und sollt nach dem
Gebot des HERRN tun, dass ihr nicht
sterbt; denn so ist es mir geboten. 36 Und
Aaron und seine Söhne taten alles, was
der HERR durch Mose geboten hatte.

Das erste Opfer Aarons und seiner Söhne

9 Und [a]am achten Tage rief Mose
Aaron und seine Söhne und die Äl-
testen in Israel 2 und sprach zu Aaron:
Nimm dir einen jungen Stier zum Sünd-
opfer und einen Widder zum Brandopfer,
beide ohne Fehler, und bringe sie vor den
HERRN. 3 Und rede mit den Israeliten
und sprich: Nehmt einen Ziegenbock
zum Sündopfer und ein Kalb und ein
Schaf, beide ein Jahr alt und ohne Fehler,
zum Brandopfer 4 und einen Stier und
einen Widder zum Dankopfer, dass wir
sie vor dem HERRN opfern, und ein
Speisopfer, mit Öl vermengt. Denn heute
wird euch der HERR erscheinen.

5 Und sie brachten, was Mose geboten
hatte, vor die Tür der Stiftshütte und es
trat herzu die ganze Gemeinde und
stellte sich auf vor dem HERRN. 6 Da
sprach Mose: Das ist's, was der HERR
geboten hat, dass ihr es tun sollt, auf
dass euch des HERRN Herrlichkeit er-
scheine. 7 Und Mose sprach zu Aaron:
Tritt zum Altar und [a]bringe dar dein
Sündopfer und dein Brandopfer und ent-
sühne dich und dein Haus. Danach
bringe dar die Opfergabe des Volks und
entsühne es auch, wie der HERR geboten
hat.

8 Und Aaron trat zum Altar und
schlachtete den jungen Stier als sein
Sündopfer. 9 Und seine Söhne brachten
das Blut zu ihm und er tauchte mit sei-
nem Finger ins Blut und tat es auf die
Hörner des Altars und goss das Blut an
den Fuß des Altars. 10 Aber das [a]Fett
und die Nieren und den Lappen an der
Leber vom Sündopfer ließ er in Rauch
aufgehen auf dem Altar, wie der HERR es
Mose geboten hatte. 11 Und das Fleisch
und das Fell verbrannte er mit Feuer
draußen vor dem Lager.

12 Danach schlachtete er das [a]Brand-
opfer; und Aarons Söhne brachten das
Blut zu ihm und er sprengte es ringsum
an den Altar. 13 Und sie brachten das
Brandopfer zu ihm, Stück um Stück, und
den Kopf und er ließ es in Rauch auf-
gehen auf dem Altar. 14 Und er wusch die
Eingeweide und die Schenkel und ließ sie
in Rauch aufgehen oben auf dem Brand-
opfer auf dem Altar.

15 Danach brachte er herzu die Opfer-
gabe des Volks und nahm den Bock, das
Sündopfer des Volks, und schlachtete ihn
und machte ein Sündopfer daraus wie

9,1: *a* Kap 8,33 **9,7:** *a* Kap 16,6.11.15; Hebr 5,3; 7,27 **9,10:** *a* Kap 4,8-12; 8,14-17 **9,12:** *a* Kap 1,10-13

das vorige. 16 Und brachte das Brand-
opfer herzu und tat damit der Ordnung
gemäß. 17 Und brachte herzu das Speis-
opfer und nahm eine Handvoll und ließ
es in Rauch aufgehen auf dem Altar,
außer dem Brandopfer am Morgen.
18 Danach schlachtete er den Stier und
den Widder als Dankopfer des Volks.
Und seine Söhne brachten ihm das Blut;
das sprengte er ringsum an den Altar.
19 Aber das Fett vom Stier und vom Wid-
der, den Fettschwanz und das Fett am
Eingeweide und die Nieren und den Lap-
pen an der Leber, 20 all dieses Fett legten
sie auf die Brust und er ließ das Fett auf
dem Altar in Rauch aufgehen. 21 Aber die
Brust und die rechte Keule schwang Aa-
ron als Schwingopfer vor dem HERRN,
wie der HERR es Mose geboten hatte.[a]

22 Und Aaron hob seine Hände auf
zum Volk und [a]segnete sie und stieg
herab, nachdem er das Sündopfer,
Brandopfer und Dankopfer dargebracht
hatte. 23 Und Mose und Aaron gingen in
die Stiftshütte. Und als sie wieder heraus-
kamen, segneten sie das Volk. [a]Da er-
schien die Herrlichkeit des HERRN allem
Volk. 24 Und [a]ein Feuer ging aus von
dem HERRN und verzehrte das Brand-
opfer und das Fett auf dem Altar. Da
alles Volk das sah, frohlockten sie und
fielen auf ihr Antlitz.

Der Tod Nadabs und Abihus und seine Folgen

10 Und [a]Aarons Söhne Nadab und
Abihu nahmen ein jeder seine Pfan-
ne und taten Feuer hinein und legten
Räucherwerk darauf und brachten so ein
[b]fremdes Feuer vor den HERRN, das er
ihnen nicht geboten hatte. 2 [a]Da fuhr ein
Feuer aus von dem HERRN und verzehrte
sie, dass sie starben vor dem HERRN.[b]
3 Da sprach Mose zu Aaron: Das ist's,
was der HERR gesagt hat: **Ich erzeige
mich heilig an denen, die mir nahe sind,
und vor allem Volk erweise ich mich herr-
lich.** Und Aaron schwieg.

4 Mose aber rief [a]Mischaël und Eliza-
fan, die Söhne Usiëls, des Oheims Aa-
rons, und sprach zu ihnen: Tretet hinzu
und tragt eure Brüder von dem Heilig-
tum hinaus vor das Lager. 5 Und sie tra-
ten hinzu und trugen sie hinaus mit ihren
leinenen Gewändern vor das Lager, wie
Mose gesagt hatte. 6 Da sprach Mose zu
Aaron und seinen Söhnen Eleasar und
Itamar: Ihr sollt euer [a]Haupthaar nicht
wirr hängen lassen und eure Kleider
nicht zerreißen, dass ihr nicht sterbt und
der Zorn über die ganze Gemeinde
komme. Lasst aber eure Brüder, das
ganze Haus Israel, weinen über diesen
Brand, den der HERR angerichtet hat.
7 Ihr sollt auch nicht hinweggehen von
der Tür der Stiftshütte, ihr würdet sonst
sterben; denn das Salböl des HERRN ist
auf euch. Und sie taten, wie Mose sagte.

8 Der HERR aber redete mit Aaron und
sprach: 9 Du und deine Söhne, [a]ihr sollt
weder Wein noch starke Getränke trin-
ken, wenn ihr in die Stiftshütte geht, da-
mit ihr nicht sterbt. Das sei eine ewige
Ordnung für alle eure Nachkommen.
10 Ihr sollt unterscheiden, was heilig und
unheilig, was unrein und rein ist,[a] 11 und
Israel lehren alle Ordnungen, die der
HERR ihnen durch Mose verkündet hat.

12 Und Mose redete mit Aaron und mit
seinen Söhnen Eleasar und Itamar, die
ihm noch geblieben waren: Nehmt das
Speisopfer, das übrig geblieben ist von
den Feueropfern des HERRN, und esst es
ungesäuert bei dem Altar; denn es ist ein
Hochheiliges.[a] 13 Ihr sollt es aber an hei-
liger Stätte essen; [a]denn das ist dein und
deiner Söhne Anrecht an den Feuer-
opfern des HERRN; denn so ist mir's ge-
boten. 14 Auch die [a]Brust des Schwing-
opfers und die Keule des Hebopfers
sollst du mit deinen Söhnen und deinen
Töchtern essen an reiner Stätte; denn sol-
ches Anrecht an den Dankopfern Israels
ist dir und deinen Kindern gegeben.
15 Denn diese Keule und diese Brust soll
man zu den Feueropfern des Fettes brin-
gen, dass sie als Schwingopfer geschwun-
gen werden vor dem HERRN; es gehört
dir und deinen Söhnen als ewiges An-
recht, wie der HERR geboten hat.[a]

16 Und Mose suchte den [a]Bock des
Sündopfers und fand ihn verbrannt. Und

9,21: *a* Kap 7,30-34 **9,22:** *a* 4.Mose 6,22-27 **9,23:** *a* 2.Mose 16,10; 40,34 **9,24:** *a* Ri 6,21; 1.Kön 18,38; 1.Chr 21,26; 2.Chr 7,1 **10,1:** *a* 2.Mose 6,23; 28,1; *b* 2.Mose 30,9 **10,2:** *a (2-3)* Jer 25,29; 1.Petr 4,17; *b* 4.Mose 16,35 **10,4:** *a* 2.Mose 6,22 **10,6:** *a* Kap 21,10 **10,9:** *a* Hes 44,21; Hos 4,11; Am 2,8 **10,10:** *a* Hes 22,26; 44,23 **10,12:** *a* Kap 9,17-18 **10,13:** *a* Kap 2,3 **10,14:** *a* Kap 7,34 **10,15:** *a* Kap 9,20-21 **10,16:** *a* Kap 9,15

er wurde zornig über Eleasar und Itamar,
Aarons Söhne, die ihm noch geblieben
waren, und sprach: 17 Warum habt ihr
das Sündopfer nicht gegessen an heiliger
Stätte? Denn es ist ein Hochheiliges und
der HERR hat es euch gegeben, dass ihr
die Schuld der Gemeinde wegnehmen
und sie vor ihm entsühnen sollt. 18 Siehe,
sein Blut ist nicht in das Heilige hinein-
gebracht worden. [a]Ihr solltet das Opfer
im Heiligen gegessen haben, wie ich ge-
boten hatte. 19 Aaron aber sprach zu
Mose: Siehe, heute haben sie ihr Sünd-
opfer und ihr Brandopfer vor dem
HERRN geopfert und es ist mir so er-
gangen, wie du siehst; und ich sollte
heute essen vom Sündopfer? Sollte das
dem HERRN gefallen? 20 Als Mose das
hörte, ließ er sich's gefallen.

Reine und unreine Tiere

(vgl. 5. Mose 14,3-20)

11 Und der HERR redete mit Mose
und Aaron und sprach zu ihnen:
2 Redet mit den Israeliten und sprecht:
[a]Dies sind die Tiere, die ihr essen dürft
unter allen Tieren auf dem Lande. 3 Alles,
was gespaltene Klauen hat, ganz durch-
gespalten, und wiederkäut unter den Tie-
ren, das dürft ihr essen. 4 Nur diese dürft
ihr nicht essen von dem, was wiederkäut
und gespaltene Klauen hat: das Kamel,
denn es ist zwar ein Wiederkäuer, hat
aber keine durchgespaltenen Klauen,
darum soll es euch unrein sein; 5 den
Klippdachs, denn er ist zwar ein Wieder-
käuer, hat aber keine durchgespaltenen
Klauen; darum soll er euch unrein sein;
6 den Hasen, denn er ist auch ein Wieder-
käuer, hat aber keine durchgespaltenen
Klauen; darum soll er euch unrein sein;
7 das [a]Schwein, denn es hat wohl durch-
gespaltene Klauen, ist aber kein Wieder-
käuer; darum soll es euch unrein sein.
8 Vom Fleisch dieser Tiere dürft ihr we-
der essen noch ihr Aas anrühren; denn
sie sind euch unrein.

9 Dies dürft ihr essen von dem, was im
Wasser lebt: Alles, was Flossen und
Schuppen hat im Wasser, im Meer und in
den Bächen, dürft ihr essen. 10 Alles aber,
was nicht Flossen und Schuppen hat im
Meer und in den Bächen von allem, was
sich regt im Wasser, und allem, was lebt
im Wasser, soll euch ein Gräuel sein.
11 Von ihrem Fleisch dürft ihr nicht essen
und ihr Aas sollt ihr verabscheuen, denn
sie sind ein Gräuel für euch. 12 Denn
alles, was nicht Flossen und Schuppen
hat im Wasser, sollt ihr verabscheuen.

13 Und diese sollt ihr verabscheuen un-
ter den Vögeln, dass ihr sie nicht esst,
denn ein Gräuel sind sie: den Adler, den
Habicht, den Fischaar, 14 den Geier, die
Weihe mit ihrer Art 15 und alle Raben mit
ihrer Art, 16 den Strauß, die Nachteule,
den Kuckuck, den Sperber mit seiner
Art, 17 das Käuzchen, den Schwan, den
Uhu, 18 die Fledermaus, die Rohrdom-
mel, den Storch, 19 den Reiher, den Hä-
her mit seiner Art, den Wiedehopf und
die Schwalbe.

20 Auch alles kleine Getier, das Flügel
hat und auf vier Füßen geht, soll euch
ein Gräuel sein. 21 Doch dies dürft ihr
essen von allem, was sich regt und Flügel
hat und auf vier Füßen geht: was ober-
halb der Füße noch zwei Schenkel hat,
womit es auf Erden hüpft. 22 Von diesen
könnt ihr essen die Heuschrecken, als da
sind: den Arbe mit seiner Art, den Solam
mit seiner Art, den Hargol mit seiner Art
und den Hagab mit seiner Art. 23 Alles
aber, was sonst Flügel und vier Füße hat,
soll euch ein Gräuel sein.

24 An diesen werdet ihr euch verun-
reinigen – wer ihr [a]Aas anrührt, der wird
unrein sein bis zum Abend; 25 und wer
ihr Aas trägt, soll seine Kleider waschen
und wird unrein sein bis zum Abend – :
26 an allem Getier, das gespaltene Klauen
hat, aber nicht ganz durchgespaltene,
und nicht wiederkäut. Unrein soll es
euch sein und wer es anrührt, wird un-
rein sein. 27 Und alles, was auf Tatzen
geht unter den Tieren, die auf vier Füßen
gehen, soll euch unrein sein. Wer ihr Aas
anrührt, wird unrein sein bis zum Abend.
28 Und wer ihr Aas trägt, soll seine Klei-
der waschen und unrein sein bis zum
Abend; denn sie sind euch unrein.

29 Diese sollen euch auch unrein sein
unter den Tieren, die auf der Erde wim-
meln: das Wiesel, die [a]Maus, die Kröte,
ein jedes mit seiner Art, 30 der Gecko, der
Molch, die Eidechse, die Blindschleiche

10,18: *a* Kap 6,19.22 **11,2:** *a* Apg 10,12-15; Kol 2,16; 1. Tim 4,3-4 **11,7:** *a* Jes 65,4; 66,17 **11,24:** *a* Kap 5,2
11,29: *a* Jes 66,17

und der Maulwurf. 31 Die sind euch un-
rein unter allem, was da kriecht. Wer ihr
Aas anrührt, der wird unrein sein bis
zum Abend. 32 Und alles, worauf ihr Aas
fällt, das wird unrein, jedes hölzerne
Gefäß oder Kleider oder Fell oder Sack.
Und alles Gerät, das zum Gebrauch
dient, soll man ins Wasser tun; es ist
unrein bis zum Abend und dann wieder
rein. 33 Ist es aber ein irdenes Gefäß, in
das ein solches Aas hineinfällt, so wird
alles unrein, was darin ist, und ihr sollt es
zerbrechen. 34 Alle Speise, die man essen
könnte, wird unrein, wenn jenes Wasser
darankommt; und alles Getränk, das
man trinken könnte, wird in solchen Ge-
fäßen unrein. 35 Und alles, worauf ein
solches Aas fällt, wird unrein, es sei Ofen
oder Herd; man soll es zerbrechen, denn
es ist unrein und soll euch unrein sein.
36 Nur die Brunnen und Zisternen, in de-
nen sich Wasser sammelt, bleiben rein.
Wer aber das Aas darin anrührt, ist un-
rein. 37 Und wenn ein solches Aas auf
Samen fällt, den man sät, so bleibt er
doch rein. 38 Wenn man aber Wasser über
den Samen gegossen hat und es fällt da-
nach ein solches Aas darauf, so wird er
euch unrein.

39 Wenn eins von den Tieren stirbt, die
euch zur Speise dienen: wer ihr Aas an-
rührt, wird unrein bis zum Abend. 40 Wer
von solchem [a]Aas isst, der soll sein Kleid
waschen; er wird unrein sein bis zum
Abend. Auch wer ein solches Aas trägt,
soll sein Kleid waschen; er wird unrein
sein bis zum Abend.

41 Was auf der Erde kriecht, das soll
euch ein Gräuel sein und man soll es
nicht essen. 42 Alles, was auf dem Bauch
kriecht, und alles, was auf vier oder mehr
Füßen geht, unter allem, was auf der
Erde kriecht, dürft ihr nicht essen; denn
es soll euch ein Gräuel sein. 43 Macht
euch selbst nicht zum Gräuel an allem
kleinen Getier, das da wimmelt, und
macht euch nicht unrein an ihm, sodass
ihr dadurch unrein werdet. 44 Denn ich
bin der HERR, euer Gott. Darum sollt
ihr euch heiligen, sodass ihr heilig wer-
det, [a]denn ich bin heilig; und ihr sollt
euch nicht unrein machen an irgend-
einem Getier, das auf der Erde kriecht.
45 Denn ich bin der HERR, der euch aus
Ägyptenland geführt hat, dass ich euer
Gott sei. Darum sollt ihr heilig sein,
denn ich bin heilig.

46 Das ist das Gesetz von den vier-
füßigen Tieren und Vögeln und von allen
Tieren, die sich regen im Wasser, und von
allen Tieren, die auf der Erde kriechen,
47 auf dass ihr unterscheidet, was unrein
und rein ist und welches Tier man essen
und welches man nicht essen darf.

Bestimmungen für die Wöchnerinnen

12 Und der HERR redete mit Mose
und sprach: 2 Rede mit den Israeli-
ten und sprich: Wenn eine Frau emp-
fängt und einen Knaben gebiert, [a]so soll
sie sieben Tage unrein sein, wie wenn sie
ihre Tage hat. 3 Und am achten Tage soll
man ihn beschneiden.[a] 4 Und sie soll da-
heimbleiben dreiunddreißig Tage im Blut
ihrer Reinigung. Kein Heiliges soll sie
anrühren und zum Heiligtum soll sie
nicht kommen, bis die Tage ihrer Reini-
gung um sind. 5 Gebiert sie aber ein
Mädchen, so soll sie zwei Wochen unrein
sein, wie wenn sie ihre Tage hat, und soll
sechsundsechzig Tage daheimbleiben in
dem Blut ihrer Reinigung.

6 Und wenn die Tage ihrer Reinigung
für den Sohn oder für die Tochter um
sind, soll sie dem Priester ein einjähriges
Schaf bringen zum Brandopfer und eine
Taube oder Turteltaube zum Sündopfer
vor die Tür der Stiftshütte. 7 Der soll es
opfern vor dem HERRN und sie entsüh-
nen, so wird sie rein von ihrem Blutfluss.
Das ist das Gesetz für die Frau, die einen
Knaben oder ein Mädchen gebiert. 8 Ver-
mag sie aber nicht ein Schaf aufzubrin-
gen, so nehme sie [a]zwei Turteltauben
oder zwei andere Tauben, eine zum
Brandopfer, die andere zum Sündopfer;
so soll sie der Priester entsühnen, dass sie
rein werde.

Die Feststellung von Aussatz und das Verhalten von Aussätzigen

13 [a]Und der HERR redete mit Mose
und Aaron und sprach: 2 Wenn bei
einem Menschen an seiner Haut eine Er-
höhung oder ein Ausschlag oder ein wei-

11,40: *a* 2. Mose 22,30 **11,44:** *a* Kap 19,2 **12,2:** *a* Kap 15,19 **12,3:** *a* 1. Mose 17,10-12; Lk 2,21; Joh 7,22 **12,8:** *a* Kap 5,7; Lk 2,24 **13,1:** *a (1-2)* 4. Mose 12,10-12; 5. Mose 24,8-9; Hiob 18,13

ßer Flecken entsteht und zu einer aus-
sätzigen Stelle an der Haut wird, soll
man ihn zum Priester Aaron führen oder
zu einem unter seinen Söhnen, den Pries-
tern. 3 Und wenn der Priester die Stelle
an der Haut sieht, dass die Haare dort
weiß geworden sind und die Stelle tiefer
ist als die übrige Haut, so ist es eine
aussätzige Stelle. Wenn der Priester das
an ihm sieht, soll er ihn unrein sprechen.

4 Wenn aber ein weißer Flecken an sei-
ner Haut ist und doch die Stelle nicht
tiefer anzusehen ist als die übrige Haut
und die Haare nicht weiß geworden sind,
so soll der Priester ihn einschließen sie-
ben Tage 5 und am siebenten Tage be-
sehen. Ist es so, dass die Stelle geblieben
ist, wie er sie zuvor gesehen hat, und hat
nicht weitergefressen auf der Haut, so
soll ihn der Priester abermals sieben Tage
einschließen. 6 Und wenn er ihn erneut
nach sieben Tagen besieht und findet,
dass die Stelle blass geworden ist und
nicht weitergefressen hat auf der Haut,
so soll er ihn rein sprechen; denn es ist
nur ein Ausschlag. Und er soll seine Klei-
der waschen, so ist er rein. 7 Wenn aber
der Ausschlag weiterfrisst auf der Haut,
nachdem er vom Priester besehen worden
ist, ob er rein sei, und er wird nun erneut
vom Priester besehen 8 und wenn der
Priester dann sieht, dass der Ausschlag
weitergefressen hat auf der Haut, so soll
er ihn unrein sprechen; es ist Aussatz.

9 Wenn an einem Menschen eine aus-
sätzige Stelle ist, so soll man ihn zum
Priester bringen. 10 Wenn der sieht und
findet, dass eine weiße Erhöhung auf der
Haut ist und die Haare dort weiß ge-
worden sind und wildes Fleisch in der
Erhöhung ist, 11 so ist es schon alter Aus-
satz auf seiner Haut. Darum soll ihn der
Priester unrein sprechen und nicht erst
einschließen; denn er ist schon unrein.

12 Wenn aber Aussatz ausbricht auf der
Haut und bedeckt die ganze Haut, vom
Kopf bis zum Fuß, alles, was dem Pries-
ter vor Augen sein mag, 13 und wenn der
Priester ihn dann besieht und findet, dass
der Aussatz den ganzen Leib bedeckt
hat, so soll er ihn rein sprechen, weil alles
an ihm weiß geworden ist; er ist rein.
14 Findet sich aber wildes Fleisch an dem
Tage, da er besehen wird, so ist er unrein.
15 Und wenn der Priester das wilde
Fleisch besieht, soll er ihn unrein spre-
chen, denn das wilde Fleisch ist unrein;
es ist Aussatz. 16 Verändert sich aber das
wilde Fleisch und wird wieder weiß, so
soll er zum Priester kommen. 17 Und
wenn ihn der Priester besieht und findet,
dass die Stelle weiß geworden ist, soll er
ihn rein sprechen; er ist rein.

18 Wenn jemand auf der Haut ein Ge-
schwür bekommt und es heilt wieder,
19 danach aber an derselben Stelle eine
weiße Erhöhung oder ein weißrötlicher
Flecken entsteht, so soll er vom Priester
besehen werden. 20 Wenn dann der Pries-
ter sieht, dass die Stelle tiefer anzusehen
ist als die übrige Haut und das Haar dort
weiß geworden ist, so soll er ihn unrein
sprechen; es ist Aussatz, der in dem Ge-
schwür ausgebrochen ist.

21 Sieht aber der Priester und findet,
dass die Haare nicht weiß sind und die
Stelle nicht tiefer ist als die übrige Haut
und blass geworden ist, so soll er ihn
sieben Tage einschließen. 22 Frisst es wei-
ter auf der Haut, so soll er ihn unrein
sprechen; es ist eine aussätzige Stelle.
23 Bleibt aber der weiße Flecken so stehen
und frisst nicht weiter, so ist es die Narbe
von einem Geschwür und der Priester
soll ihn rein sprechen.

24 Wenn sich jemand an der Haut ver-
brennt und das Brandmal weißrötlich
oder weiß ist 25 und der Priester es be-
sieht und findet das Haar weiß geworden
an dem Brandmal und die Stelle er-
scheint tiefer als die übrige Haut, so ist
es Aussatz, der in dem Brandmal ausge-
brochen ist. Darum soll ihn der Priester
unrein sprechen; es ist eine aussätzige
Stelle.

26 Sieht aber der Priester und findet,
dass die Haare am Brandmal nicht weiß
geworden sind und es nicht tiefer ist als
die übrige Haut und dazu blass gewor-
den ist, so soll er ihn sieben Tage einschlie-
ßen 27 und am siebenten Tage soll er ihn
besehen. Hat es weitergefressen auf der
Haut, so soll er ihn unrein sprechen; es
ist eine aussätzige Stelle. 28 Ist aber der
Flecken stehen geblieben und hat nicht
weitergefressen auf der Haut und ist
dazu blass geworden, so ist es nur die
Erhöhung eines Brandmals. Und der
Priester soll ihn rein sprechen; denn es ist
die Narbe eines Brandmals.

29 Wenn ein Mann oder eine Frau auf
dem Kopf oder am Bart eine Stelle hat
30 und der Priester die Stelle besieht und
findet, dass sie tiefer aussieht als die üb-
rige Haut und das Haar dort goldgelb
und dünn ist, so soll er ihn unrein spre-
chen; denn es ist Grind, das ist der Aus-
satz des Kopfes oder des Bartes.
31 Sieht aber der Priester, dass der
Grind nicht tiefer anzusehen ist als die
Haut, aber das Haar dort nicht schwarz
ist, soll er ihn sieben Tage einschließen.
32 Und wenn er ihn am siebenten Tage
besieht und findet, dass der Grind nicht
weitergefressen hat und kein goldgelbes
Haar da ist und der Grind nicht tiefer
aussieht als die übrige Haut, 33 so soll er
sich scheren, doch so, dass er die grindige
Stelle nicht schere; und der Priester soll
ihn abermals sieben Tage einschließen.
34 Und wenn er ihn am siebenten Tage
besieht und findet, dass der Grind nicht
weitergefressen hat auf der Haut und
nicht tiefer aussieht als die übrige Haut,
so soll ihn der Priester rein sprechen; und
er soll seine Kleider waschen, so ist er
rein. 35 Frisst aber der Grind weiter auf
der Haut, nachdem er rein gesprochen
ist, 36 und der Priester besieht ihn und
findet, dass der Grind weitergefressen hat
auf der Haut, so soll er nicht mehr da-
nach fragen, ob die Haare goldgelb sind;
denn er ist unrein. 37 Ist es aber vor Au-
gen, dass der Grind stehen geblieben und
schwarzes Haar dort aufgegangen ist, so
ist der Grind heil und er ist rein. Darum
soll ihn der Priester rein sprechen.
38 Wenn bei einem Mann oder einer
Frau auf der Haut weiße Flecken ent-
stehen 39 und der Priester besieht es und
es sind blasse weiße Flecken, so ist es ein
gutartiger Ausschlag, der auf der Haut
ausgebrochen ist; er ist rein.
40 Wenn einem Mann die Haupthaare
ausfallen, dass er am Hinterkopf kahl
wird, der ist rein. 41 Fallen sie ihm vorn
am Kopf aus und entsteht eine Glatze,
so ist er rein. 42 Bildet sich aber an der
Glatze eine weißrötliche Stelle, so ist bei
ihm Aussatz an der Glatze ausgebrochen.
43 Wenn ihn der Priester nun besieht und
findet, dass eine weißrötliche Erhöhung
an seiner Glatze ist, dass es aussieht wie
sonst Aussatz auf der Haut, 44 so ist er
aussätzig und unrein und der Priester soll
ihn unrein sprechen; er hat Aussatz an
seinem Kopf.
45 Wer nun aussätzig ist, soll zerrissene
Kleider tragen und das Haar lose und
den Bart verhüllt und soll rufen: Unrein,
unrein! 46 Und solange die Stelle an ihm
ist, soll er unrein sein, allein wohnen,
und seine Wohnung soll außerhalb des
Lagers sein.[a]

Aussatz an Stoffen und Lederwaren

47 Wenn eine aussätzige Stelle an einem
Kleid ist, es sei wollen oder leinen, 48 an
Gewebtem oder Gewirktem, es sei leinen
oder wollen, oder an Leder oder an al-
lem, was aus Leder gemacht wird, 49 und
wenn die Stelle grünlich oder rötlich ist
am Kleid oder am Leder oder am Ge-
webten oder Gewirkten oder an irgend-
einem Ding, das von Leder gemacht ist,
so ist das eine aussätzige Stelle; darum
soll es der Priester besehen. 50 Und wenn
er die Stelle besehen hat, soll er es ein-
schließen sieben Tage. 51 Und wenn er am
siebenten Tage sieht, dass die Stelle wei-
tergefressen hat am Kleid, am Gewebten
oder am Gewirkten, am Leder oder an
allem, was man aus Leder macht, so ist
die Stelle fressender Aussatz und es ist
unrein. 52 Und man soll das Kleid ver-
brennen oder das Gewebte oder Ge-
wirkte, es sei wollen oder leinen, oder
allerlei Lederwerk, woran solche Stelle
ist; denn es ist fressender Aussatz und
man soll es mit Feuer verbrennen.
53 Sieht aber der Priester, dass die
Stelle nicht weitergefressen hat am Kleid
oder am Gewebten oder am Gewirkten
oder an allerlei Lederwerk, 54 so soll er
gebieten, dass man das wasche, woran
die Stelle ist, und soll es einschließen
weitere sieben Tage. 55 Und wenn der
Priester sieht, nachdem die Stelle gewa-
schen ist, dass die Stelle unverändert ist
vor seinen Augen und auch nicht weiter-
gefressen hat, so ist es unrein und du
sollst es mit Feuer verbrennen; denn es
ist tief eingefressen an der kahlen Stelle
außen oder innen. 56 Wenn aber der
Priester sieht, dass die Stelle verblasst ist

13,46: *a* 4. Mose 5,2-3; 2. Kön 15,5

nach dem Waschen, so soll er sie heraus-
reißen aus dem Kleid, dem Leder, dem
Gewebten oder Gewirkten. 57 Zeigt sie
sich aber wiederum am Kleid, am Ge-
webten, am Gewirkten oder an allerlei
Lederwerk, so ist es ausbrechender Aus-
satz und du sollst mit Feuer verbrennen,
woran solche Stelle ist. 58 Das Kleid aber
oder das Gewebte oder Gewirkte oder
allerlei Lederwerk, das gewaschen ist und
von dem die Stelle gewichen ist, soll man
zum zweiten Mal waschen, so ist es rein.

59 Das ist das Gesetz über die aussätzi-
gen Stellen an Kleidern, sie seien wollen
oder leinen, an Gewebtem oder an Ge-
wirktem und an allerlei Lederwerk, wie
sie rein oder unrein zu sprechen sind.

Die Reinigung von Aussätzigen

14 Und der HERR redete mit Mose
und sprach: 2 Dies ist das Gesetz
über den Aussätzigen, wenn er gereinigt
werden soll. [a]Er soll zum Priester kom-
men 3 und der Priester soll aus dem Lager
gehen und feststellen, dass die kranke
Stelle am Aussätzigen heil geworden ist,
4 und soll gebieten, dass man für den, der
zu reinigen ist, zwei lebendige Vögel
nehme, [a]reine Tiere, und Zedernholz und
scharlachfarbene Wolle und Ysop, 5 und
soll gebieten, den einen Vogel zu schlach-
ten in ein irdenes Gefäß über frischem
Wasser. 6 Und er soll den lebendigen Vo-
gel nehmen zusammen mit dem Zedern-
holz, der scharlachfarbenen Wolle und
dem Ysop und ihn in das Blut des Vogels
tauchen, der über dem frischen Wasser
geschlachtet ist, 7 und siebenmal den be-
sprengen, der vom Aussatz zu reinigen
ist, und ihn so reinigen und [a]den le-
bendigen Vogel ins freie Feld fliegen las-
sen.

8 Der aber, der sich reinigt, soll seine
Kleider waschen und [a]alle seine Haare
abscheren und sich mit Wasser abwa-
schen, so ist er rein. Danach gehe er ins
Lager; doch soll er sieben Tage außer-
halb seines Zeltes bleiben. 9 Und am sie-
benten Tage soll er alle seine Haare ab-
scheren auf dem Kopf, am Bart, an den
Augenbrauen, dass alle Haare abgescho-
ren seien, und soll seine Kleider waschen
und seinen Leib mit Wasser abwaschen,
so ist er rein.

10 Und am achten Tage soll er zwei
Lämmer nehmen, männliche Tiere ohne
Fehler, und ein einjähriges Schaf ohne
Fehler und drei Zehntel feinstes Mehl
zum Speisopfer, mit Öl vermengt, und
einen Becher Öl. 11 Und der Priester soll
den, der sich reinigt, und dies alles dar-
stellen vor dem HERRN, an der Tür der
Stiftshütte. 12 Und er soll das eine Lamm
nehmen und zum Schuldopfer darbrin-
gen mit dem Becher Öl und soll bei-
des vor dem HERRN als Schwingopfer
schwingen 13 und danach das Lamm
schlachten, wo man das Sündopfer und
Brandopfer schlachtet, nämlich an hei-
liger Stätte; denn [a]wie das Sündopfer, so
gehört auch das Schuldopfer dem Pries-
ter; es ist ein Hochheiliges.

14 Und der Priester soll von dem Blut
des Schuldopfers nehmen und es dem,
der sich reinigt, [a]auf das Läppchen des
rechten Ohrs tun und auf den Daumen
seiner rechten Hand und auf die große
Zehe seines rechten Fußes. 15 Danach soll
er von dem Becher Öl nehmen und es in
seine eigene linke Hand gießen 16 und mit
seinem rechten Finger in das Öl tauchen,
das in seiner linken Hand ist, und etwas
vom Öl mit seinem Finger [a]siebenmal
sprengen vor dem HERRN. 17 Auf das
Blut des Schuldopfers aber soll er von
dem übrigen Öl in seiner Hand dem, der
sich reinigt, auf das Läppchen des rech-
ten Ohrs tun und auf den rechten Dau-
men und auf die große Zehe seines rech-
ten Fußes. 18 Das übrige Öl aber in seiner
Hand soll er auf den Kopf dessen tun,
der sich reinigt, und ihn entsühnen vor
dem HERRN. 19 Dann soll er das Sünd-
opfer zurichten und den, der sich reinigt,
von seiner Unreinheit entsühnen und soll
danach das Brandopfer schlachten 20 und
soll es auf dem Altar opfern samt dem
Speisopfer und ihn entsühnen, so ist er
rein.

21 Ist er aber arm und vermag nicht
so viel aufzubringen, so nehme er ein
männliches Lamm zum Schuldopfer als
Schwingopfer zu seiner Entsühnung und

14,2: *a* Mt 8,4 **14,4:** *a* Kap 11,3-20; 4. Mose 19,6 **14,7:** *a* Kap 16,22 **14,8:** *a* 4. Mose 8,7 **14,13:** *a* Kap 7,7 **14,14:** *a* Kap 8,23; 2. Mose 29,20 **14,16:** *a* Kap 4,6.17

ein Zehntel feinstes Mehl, mit Öl ver-
mengt, zum Speisopfer und einen Becher
Öl 22 und [a] zwei Turteltauben oder zwei
andere Tauben, die er aufbringen kann,
die eine als Sündopfer, die andere als
Brandopfer, 23 und bringe sie am achten
Tage seiner Reinigung zum Priester an
die Tür der Stiftshütte vor den HERRN.

24 Da soll der Priester das Lamm des
Schuldopfers nehmen und den Becher Öl
und soll alles schwingen vor dem HERRN
25 und das Lamm des Schuldopfers
schlachten, von dem Blut des Schuld-
opfers nehmen und es dem, der sich rei-
nigt, auf das Läppchen seines rechten
Ohrs tun und auf den Daumen seiner
rechten Hand und auf die große Zehe
seines rechten Fußes 26 und soll von dem
Öl in seine eigene linke Hand gießen
27 und mit seinem rechten Finger von
dem Öl, das in seiner linken Hand ist,
siebenmal sprengen vor dem HERRN.
28 Auf das Blut des Schuldopfers aber soll
er von dem übrigen Öl in seiner Hand
dem, der sich reinigt, auf das Läppchen
seines rechten Ohrs tun und auf den
Daumen seiner rechten Hand und auf die
große Zehe seines rechten Fußes. 29 Das
übrige Öl aber in seiner Hand soll er
dem, der sich reinigt, auf den Kopf tun,
um ihn zu entsühnen vor dem HERRN,
30 und danach die eine Turteltaube oder
andere Taube, wie er sie hat aufbringen
können, 31 zum Sündopfer, die andere
zum Brandopfer bereiten samt dem
Speisopfer. So soll der Priester den, der
sich reinigt, entsühnen vor dem HERRN.
32 Das ist das Gesetz für den Aussätzigen,
der nicht so viel aufbringen kann zu sei-
ner Reinigung.[a]

Aussatz an Häusern

33 Und der HERR redete mit Mose und
Aaron und sprach: 34 Wenn ihr ins Land
Kanaan kommt, das ich euch zum Besitz
gebe, und ich lasse an irgendeinem Hause
eures Landes eine aussätzige Stelle ent-
stehen, 35 so soll der kommen, dem das
Haus gehört, es [a] dem Priester ansagen
und sprechen: Es sieht mir aus, als sei
Aussatz an meinem Hause. 36 Da soll der
Priester gebieten, dass sie das Haus aus-
räumen, ehe der Priester hineingeht, die
Stelle zu besehen, damit nicht alles un-
rein werde, was im Hause ist. Danach
soll der Priester hineingehen, das Haus
zu besehen. 37 Wenn er nun den Aus-
schlag besieht und findet, dass an der
Wand des Hauses grünliche oder rötliche
Stellen sind, die [a] tiefer aussehen als
sonst die Wand, 38 so soll er aus dem
Hause herausgehen, an die Tür treten
und das Haus für sieben Tage verschlie-
ßen. 39 Und wenn er am siebenten Tage
wiederkommt und sieht, dass der Aus-
schlag weitergefressen hat an der Wand
des Hauses, 40 so soll er die Steine ausbre-
chen lassen, an denen der Ausschlag ist,
und hinaus vor die Stadt an einen un-
reinen Ort werfen. 41 Und das Haus soll
man innen ringsherum abschaben und
den abgeschabten Lehm hinaus vor die
Stadt an einen unreinen Ort schütten
42 und andere Steine nehmen und statt
jener einsetzen und andern Lehm neh-
men und das Haus neu bewerfen.

43 Wenn dann der Ausschlag wieder-
kommt und ausbricht am Hause, nach-
dem man die Steine ausgebrochen und
das Haus neu beworfen hat, 44 so soll der
Priester hineingehen. Und wenn er sieht,
dass der Ausschlag weitergefressen hat
am Hause, so ist es gewiss ein fressender
Aussatz am Hause und es ist unrein.
45 Darum soll man das Haus abbrechen,
Steine und Holz und allen Lehm am
Hause, und soll es hinausbringen vor die
Stadt an einen unreinen Ort. 46 Und wer
in das Haus geht, solange es verschlossen
ist, der ist [a] unrein bis zum Abend.
47 Und wer darin schläft oder darin isst,
der soll seine Kleider waschen.

48 Wenn aber der Priester hineingeht
und sieht, dass der Ausschlag nicht wei-
ter am Hause gefressen hat, nachdem es
neu beworfen ist, so soll er es rein spre-
chen; denn der Ausschlag ist heil gewor-
den. 49 Und er soll für das Haus zur Ent-
sündigung zwei Vögel nehmen, Zedern-
holz, scharlachfarbene Wolle und Ysop
50 [a] und den einen Vogel schlachten in ein
irdenes Gefäß über frischem Wasser.
51 Und er soll nehmen das Zedernholz,
die scharlachfarbene Wolle, den Ysop

14,22: *a* Kap 5,7 **14,32:** *a* Kap 13,47-59 **14,35:** *a* Kap 13,2 **14,37:** *a* Kap 13,3 **14,46:** *a* Kap 11,24 **14,50:** *a (50-53)* Verse 4-7

und den lebendigen Vogel und sie in des
geschlachteten Vogels Blut und in das
frische Wasser tauchen und das Haus
siebenmal besprengen 52 und soll so das
Haus entsündigen mit dem Blut des Vo-
gels und mit dem frischen Wasser, mit
dem lebendigen Vogel, mit dem Zedern-
holz, mit dem Ysop und mit der schar-
lachfarbenen Wolle 53 und soll den leben-
digen Vogel hinaus vor die Stadt ins freie
Feld fliegen lassen und das Haus ent-
sühnen, so ist es rein.

54 Das ist das Gesetz über alle Arten
des Aussatzes und Grindes, 55 über den
Aussatz an Kleidern und Häusern,
56 über Erhöhungen, Ausschlag und
weiße Flecken, 57 damit man Weisung
habe, wann etwas unrein oder rein ist.
Das ist das Gesetz über den Aussatz.

Unreinheit bei Männern

15 Und der HERR redete mit Mose
und Aaron und sprach: 2 Redet mit
den Israeliten und sprecht zu ihnen:
Wenn ein Mann an seinem Glied einen
[a]Ausfluss hat, so ist er unrein. 3 Mag sein
Glied den Fluss ausfließen lassen oder
nicht, so ist er unrein. 4 Jedes Lager, wor-
auf er liegt, und alles, worauf er sitzt,
wird unrein. 5 Und wer sein Lager an-
rührt, der soll seine Kleider waschen und
sich mit Wasser abwaschen und unrein
sein bis zum Abend. 6 Und wer sich hin-
setzt, wo jener gesessen hat, der soll seine
Kleider waschen und sich mit Wasser ab-
waschen und unrein sein bis zum Abend.
7 Wer ihn anrührt, der soll seine Kleider
waschen und sich mit Wasser abwaschen
und unrein sein bis zum Abend. 8 Wenn
er seinen Speichel auswirft auf den, der
rein ist, so soll der seine Kleider waschen
und sich mit Wasser abwaschen und un-
rein sein bis zum Abend. 9 Auch der Sat-
tel, auf dem er reitet, wird unrein. 10 Und
wer irgendetwas anrührt, das er unter
sich hat, der wird unrein bis zum Abend.
Und wer solches trägt, der soll seine
Kleider waschen und sich mit Wasser ab-
waschen und unrein sein bis zum Abend.
11 Und wen er anrührt, ehe er die Hände
gewaschen hat, der soll seine Kleider wa-
schen und sich mit Wasser abwaschen
und unrein sein bis zum Abend. 12 Wenn
er ein [a]irdenes Gefäß anrührt, das soll
man zerbrechen, aber das hölzerne Ge-
fäß soll man mit Wasser spülen.

13 Und wenn er rein wird von seinem
Fluss, so soll er sieben Tage zählen, nach-
dem er rein geworden ist, und dann seine
Kleider waschen und sich mit frischem
Wasser abwaschen, so ist er rein. 14 [a]Und
am achten Tage soll er zwei Turteltauben
oder zwei andere Tauben nehmen und
vor den HERRN bringen an die Tür der
Stiftshütte und dem Priester geben.
15 Und der Priester soll die eine zum
Sündopfer bereiten und die andere zum
Brandopfer und ihn vor dem HERRN ent-
sühnen seines Ausflusses wegen.

16 Wenn einem Mann [a]im Schlaf der
Same abgeht, der soll seinen ganzen Leib
mit Wasser abwaschen und unrein sein
bis zum Abend. 17 Und jedes Kleid und
jedes Fell, das mit solchem Samen be-
fleckt ist, soll abgewaschen werden mit
Wasser und es soll unrein sein bis zum
Abend. 18 Und wenn eine Frau bei einem
Manne liegt, dem der Same abgeht, dann
sollen sie sich mit Wasser abwaschen und
unrein sein bis zum Abend.

Unreinheit bei Frauen

19 Wenn eine Frau ihren Blutfluss hat, so
soll sie sieben Tage für unrein gelten.
[a]Wer sie anrührt, der wird unrein bis
zum Abend. 20 Und alles, worauf sie liegt,
solange sie ihre Zeit hat, wird unrein und
alles, worauf sie sitzt, wird unrein. 21 Und
wer ihr Lager anrührt, der soll seine
Kleider waschen und sich mit Wasser ab-
waschen und unrein sein bis zum Abend.
22 Und wer irgendetwas anrührt, worauf
sie gesessen hat, soll seine Kleider wa-
schen und sich mit Wasser abwaschen
und unrein sein bis zum Abend. 23 Und
wer etwas anrührt, das auf ihrem Lager
gewesen ist oder da, wo sie gesessen hat,
soll unrein sein bis zum Abend. 24 Und
wenn ein Mann bei ihr liegt und es
kommt sie ihre Zeit an bei ihm, der wird
sieben Tage unrein und das Lager, darauf
er gelegen hat, wird unrein.

25 Wenn aber eine Frau den Blutfluss
eine lange Zeit hat, zu ungewöhnlicher
Zeit oder über die gewöhnliche Zeit hin-
aus, so wird sie unrein, solange sie ihn

15,2: *a* 4. Mose 5,2 **15,12:** *a* Kap 11,33 **15,14:** *a (14-15)* Kap 5,7 **15,16:** *a* Kap 22,4 **15,19:** *a* Kap 18,19

hat; wie zu ihrer gewöhnlichen Zeit, so
soll sie auch da unrein sein. 26 Jedes La-
ger, worauf sie liegt die ganze Zeit ihres
Blutflusses, soll gelten wie ihr Lager zu
ihrer gewöhnlichen Zeit. Und alles, wor-
auf sie sitzt, wird unrein wie bei der Un-
reinheit ihrer gewöhnlichen Zeit. 27 Wer
davon etwas anrührt, der wird unrein
und soll seine Kleider waschen und sich
mit Wasser abwaschen und unrein sein
bis zum Abend. 28 Wird sie aber rein von
ihrem Blutfluss, so soll sie sieben Tage
zählen und danach soll sie rein sein.
29 Und am achten Tage soll sie zwei Tur-
teltauben oder zwei andere Tauben neh-
men und zum Priester bringen vor die
Tür der Stiftshütte. 30 Und der Priester
soll die eine zum Sündopfer bereiten und
die andere zum Brandopfer und die Frau
entsühnen vor dem HERRN wegen ihres
Blutflusses, der sie unrein macht.

31 Und ihr sollt die Israeliten wegen
ihrer Unreinheit absondern, damit sie
nicht sterben in ihrer Unreinheit, wenn
sie meine Wohnung unrein machen, die
mitten unter ihnen ist.

32 Das ist das Gesetz über den, der
einen Ausfluss hat und dem der Same im
Schlaf abgeht, dass er unrein davon wird,
33 und über die, die ihren Blutfluss hat,
und wer sonst einen Ausfluss hat, es sei
Mann oder Frau, und wenn ein Mann
bei einer Unreinen liegt.

Der große Versöhnungstag

(vgl. Kap 23,26-32; 4. Mose 29,7-11; Hebr 9,7-14)

16 Und der HERR redete mit Mose,
nachdem die [a]zwei Söhne Aarons
gestorben waren, als sie vor dem HERRN
opferten, 2 und sprach: Sage deinem Bru-
der Aaron, dass er nicht zu jeder Zeit in
das Heiligtum gehe hinter den [a]Vorhang
vor den Gnadenthron, der auf der Lade
ist, damit er nicht sterbe; denn ich er-
scheine in der Wolke über dem Gnaden-
thron. 3 Er soll hineingehen mit einem
jungen [a]Stier zum Sündopfer und mit
einem Widder zum [b]Brandopfer 4 und
[a]soll das heilige leinene Gewand anle-
gen, und leinene Beinkleider sollen seine
Blöße bedecken, und er soll sich mit
einem leinenen Gürtel gürten und den
leinenen Kopfbund umbinden, denn das
sind die heiligen Kleider; er soll seinen
Leib [b]mit Wasser abwaschen und sie
dann anlegen.

5 Und er soll von der Gemeinde der
Israeliten zwei Ziegenböcke entgegen-
nehmen zum Sündopfer und einen Wid-
der zum Brandopfer.[a] 6 Und Aaron soll
einen [a]Stier, sein Sündopfer, darbringen,
dass er für sich und sein Haus Sühne
schaffe,[b] 7 und danach zwei Böcke neh-
men und vor den HERRN stellen an der
Tür der Stiftshütte 8 und soll das Los
werfen über die zwei Böcke: ein Los dem
HERRN und das andere dem Asasel,
9 und soll den Bock, auf welchen das Los
für den HERRN fällt, opfern zum Sünd-
opfer. 10 Aber den Bock, auf welchen das
Los für Asasel fällt, soll er lebendig vor
den HERRN stellen, dass er über ihm
Sühne vollziehe und ihn zu Asasel in die
Wüste schicke.

11 [a]Und Aaron soll den Stier seines
Sündopfers herzubringen und sich und
sein Haus entsühnen und soll ihn
schlachten 12 und soll eine Pfanne voll
Glut vom Altar nehmen, der vor dem
HERRN steht, und beide Hände voll zer-
stoßenen Räucherwerks und es hinein
hinter den Vorhang bringen 13 und das
Räucherwerk aufs Feuer tun vor dem
HERRN, dass die Wolke vom Räucher-
werk den [a]Gnadenthron bedecke, der
auf der Lade mit dem Gesetz ist, damit
er nicht sterbe. 14 Und soll etwas vom
Blut des Stieres nehmen und es mit sei-
nem Finger gegen den Gnadenthron
sprengen; vor den Gnadenthron aber soll
er siebenmal mit seinem Finger von dem
Blut sprengen.

15 Danach soll er den Bock, das Sünd-
opfer des Volks, schlachten und sein Blut
hineinbringen hinter den Vorhang und
soll mit seinem Blut tun, wie er mit dem
Blut des Stieres getan hat, und etwas
davon auch sprengen gegen den Gnaden-
thron und vor den Gnadenthron[a] 16 und
soll so das Heiligtum entsühnen wegen
der Verunreinigungen der Israeliten und
wegen ihrer Übertretungen, mit denen sie

16,1: *a* Kap 10,1-2 **16,2:** *a* 2. Mose 26,33-34 **16,3:** *a* Kap 4,3; *b* Kap 1,10 **16,4:** *a* 2. Mose 28,39.42; *b* 2. Mose 29,4; 30,19-20 **16,5:** *a* Kap 9,3.15-16 **16,6:** *a* Kap 9,2.8-11; *b* Hebr 7,27 **16,11:** *a* *(11-15)* Röm 3,25 **16,13:** *a* 2. Mose 25,17-22 **16,15:** *a* Hebr 4,16; 9,5

sich versündigt haben. So soll er tun der
Stiftshütte, die bei ihnen ist inmitten
ihrer Unreinheit. 17 Kein Mensch soll in
der Stiftshütte sein, wenn er hineingeht,
Sühne zu schaffen im Heiligtum, bis er
herauskommt. So soll er Sühne schaffen
für sich und sein Haus und die ganze
Gemeinde Israel. 18 Und er soll hinaus-
gehen zum Altar, der vor dem HERRN
steht, und ihn [a]entsühnen und soll vom
Blut des Stieres und vom Blut des Bockes
nehmen und es ringsum an die Hörner
des Altars streichen 19 und soll mit sei-
nem Finger vom Blut darauf sprengen
siebenmal und ihn reinigen und heiligen
von den Verunreinigungen der Israeliten.

20 Und wenn er die Entsühnung des
Heiligtums vollbracht hat, der Stiftshütte
und des Altars, so soll er den lebendigen
Bock herzubringen. 21 Dann soll Aaron
seine beiden Hände auf dessen Kopf le-
gen und über ihm bekennen alle Missetat
der Israeliten und alle ihre Übertretun-
gen, mit denen sie sich versündigt haben,
und soll sie dem Bock auf den Kopf
legen und ihn durch einen Mann, der
bereitsteht, in die Wüste bringen lassen,
22 dass also der Bock alle ihre Missetat
auf sich nehme und in die Wildnis trage;
und man lasse ihn in der Wüste.

23 Und Aaron soll in die Stiftshütte ge-
hen und die leinenen Kleider ausziehen,
die er anzog, als er in das Heiligtum ging,
und sie dortlassen, 24 und er soll sich mit
Wasser abwaschen an heiliger Stätte und
seine eigenen Kleider anziehen und wie-
der hinausgehen und sein Brandopfer
und des Volkes Brandopfer darbringen
und sich und das Volk entsühnen 25 und
das Fett vom Sündopfer auf dem Altar in
Rauch aufgehen lassen. 26 Der Mann
aber, der den Bock für Asasel hinaus-
gebracht hat, soll seine Kleider waschen
und sich mit Wasser abwaschen und erst
danach ins Lager kommen. 27 Und den
jungen Stier und den Bock vom Sünd-
opfer, deren Blut in das Heiligtum zur
Entsühnung gebracht wurde, soll man
hinausschaffen vor das Lager und mit
Feuer verbrennen samt Fell, Fleisch und
Mist.[a] 28 Und der sie verbrennt, soll
seine Kleider waschen und sich mit Was-
ser abwaschen und erst danach ins Lager
kommen.

29 Auch soll euch dies eine ewige Ord-
nung sein: Am [a]zehnten Tage des sieben-
ten Monats sollt ihr fasten und keine
Arbeit tun, weder ein Einheimischer
noch ein Fremdling unter euch. 30 Denn
an diesem Tage geschieht eure Entsüh-
nung, dass ihr gereinigt werdet; von allen
euren Sünden werdet ihr gereinigt vor
dem HERRN. 31 Darum soll es euch ein
hochheiliger Sabbat sein und ihr sollt fas-
ten. Eine ewige Ordnung sei das.

32 Es soll aber solche Entsühnung
schaffen ein Priester, den man gesalbt
und dessen Hände man gefüllt hat, dass
er Priester sei an seines Vaters statt. Und
er soll die leinenen Kleider anlegen, die
heiligen Kleider,[a] 33 und soll so entsüh-
nen das Allerheiligste, die Stiftshütte, den
Altar, die Priester und alles Volk der Ge-
meinde. 34 Das soll euch eine ewige Ord-
nung sein, dass ihr Israel [a]einmal im
Jahr entsühnt wegen aller seiner Sünden.

Und Aaron tat, wie der HERR es Mose
geboten hatte.

Von der Stätte des Opfers

17 Und der HERR redete mit Mose
und sprach: 2 Sage Aaron und sei-
nen Söhnen und allen Israeliten und
sprich zu ihnen: Dies ist's, was der HERR
geboten hat. 3 Wer aus dem Haus Israel
einen Stier, ein Schaf oder eine Ziege
schlachtet im Lager oder draußen vor
dem Lager 4 und sie nicht vor die Tür der
Stiftshütte bringt, dass sie dem HERRN
zum Opfer gebracht werde vor der Woh-
nung des HERRN, dem soll es als Blut-
schuld angerechnet werden: [a]Blut hat er
vergossen und ein solcher Mensch soll
ausgerottet werden aus seinem Volk.
5 Darum sollen die Israeliten ihre
Schlachttiere, die sie auf freiem Feld
schlachten wollen, dem HERRN bringen
vor die Tür der Stiftshütte zum Priester
und sie dort als Dankopfer dem HERRN
opfern. 6 Und der Priester soll das Blut
an den Altar des HERRN sprengen vor
der Tür der Stiftshütte und das Fett in
Rauch aufgehen lassen zum lieblichen
Geruch für den HERRN. 7 Und [a]sie sollen

16,18: *a* 2. Mose 30,10 **16,27:** *a* Kap 4,12; 6,23; Hebr 13,11 **16,29:** *a* Kap 23,27-32; 4. Mose 29,7 **16,32:** *a* 2. Mose 28,41-42 **16,34:** *a* 2. Mose 30,10; Hebr 10,3 **17,4:** *a* 1. Mose 9,6 **17,7:** *a* 5. Mose 32,17

ihre Opfer nicht mehr den Feldgeistern
opfern, mit denen sie Abgötterei treiben.
Das soll ihnen eine ewige Ordnung sein
von Geschlecht zu Geschlecht. 8 Darum
sollst du zu ihnen sagen: Wer aus dem
Hause Israel oder von den Fremdlingen,
die unter euch sind, ein Brandopfer oder
Schlachtopfer darbringt 9 und bringt es
nicht [a]vor die Tür der Stiftshütte, um es
dem HERRN zu opfern, der wird ausgerottet werden aus seinem Volk.

Verbot des Genusses von Blut und verendeten Tieren

10 Und wer vom Haus Israel oder von
den Fremdlingen unter euch irgendwelches [a]Blut isst, gegen den will ich mein
Antlitz kehren und will ihn aus seinem
Volk ausrotten. 11 Denn des Leibes Leben
ist im Blut und ich habe es euch für den
Altar gegeben, dass ihr damit entsühnt
werdet. Denn [a]das Blut ist die Entsühnung, weil das Leben in ihm ist.
12 Darum habe ich den Israeliten gesagt:
Keiner unter euch soll Blut essen, auch
kein Fremdling, der unter euch wohnt.
13 Und wer vom Haus Israel oder von
den Fremdlingen unter euch auf der Jagd
ein Tier oder einen Vogel fängt, die man
essen darf, soll ihr Blut ausfließen lassen
und mit Erde zuscharren. 14 Denn [a]des
Leibes Leben ist in seinem Blut und ich
habe den Israeliten gesagt: Ihr sollt keines Leibes Blut essen; denn des Leibes
Leben ist in seinem Blut. Wer es isst, der
wird ausgerottet werden.

15 Und wer ein gefallenes oder zerrissenes Tier isst, er sei ein Einheimischer
oder Fremdling, der soll sein Kleid waschen und sich mit Wasser abwaschen
und unrein sein bis zum Abend; dann ist
er rein.[a] 16 Wenn er seine Kleider nicht
wäscht und sich nicht abwäscht, so muss
er seine Schuld tragen.

Verbot geschlechtlicher Verirrungen

18 Und der HERR redete mit Mose
und sprach: 2 Rede mit den Israeliten und sprich zu ihnen: Ich bin der
HERR, euer Gott. 3 Ihr sollt nicht tun
nach der Weise des Landes Ägypten,
darin ihr gewohnt habt, auch nicht nach
der Weise des Landes Kanaan, wohin ich
euch führen will. Ihr sollt auch nicht
nach ihren Satzungen wandeln,[a] 4 sondern nach meinen Rechten sollt ihr tun
und meine Satzungen sollt ihr halten,
dass ihr darin wandelt; ich bin der HERR,
euer Gott. 5 Darum sollt ihr meine Satzungen halten und meine Rechte. Denn
[a]der Mensch, der sie tut, wird durch sie
leben; ich bin der HERR.

6 Keiner unter euch soll sich irgendwelchen Blutsverwandten nahen, um mit
ihnen geschlechtlichen Umgang zu haben; ich bin der HERR. 7 Du sollst mit
[a]deinem Vater und deiner leiblichen
Mutter nicht Umgang haben. Es ist deine
Mutter, darum sollst du nicht mit ihr
Umgang haben. 8 Du sollst mit der
[a]Frau deines Vaters nicht Umgang haben; denn damit schändest du deinen
Vater.

9 Du sollst mit [a]deiner Schwester, die
deines Vaters oder deiner Mutter Tochter
ist, sie sei in oder außer der Ehe geboren,
nicht Umgang haben. 10 Du sollst mit der
Tochter deines Sohnes oder deiner Tochter nicht Umgang haben, damit schändest du dich selbst. 11 Du sollst mit der
Tochter der Frau deines Vaters, die deinem Vater geboren ist und deine Schwester ist, nicht Umgang haben. 12 Du sollst
mit der [a]Schwester deines Vaters nicht
Umgang haben; denn sie ist deines Vaters
Blutsverwandte. 13 Du sollst mit der
Schwester deiner Mutter nicht Umgang
haben; denn sie ist deiner Mutter Blutsverwandte. 14 Du sollst den Bruder deines
Vaters nicht damit schänden, dass du
seine Frau nimmst; denn sie ist deine
Verwandte.

15 Du sollst mit [a]deiner Schwiegertochter nicht Umgang haben, denn sie ist
deines Sohnes Frau; darum sollst du
nicht mit ihr Umgang haben. 16 Du sollst
mit [a]der Frau deines Bruders nicht Umgang haben; denn damit schändest du
deinen Bruder. 17 Du sollst nicht mit
einer Frau und mit ihrer Tochter Umgang haben, noch mit ihres Sohnes Tochter oder ihrer Tochter Tochter; denn sie

17,9: *a* 5. Mose 12,14 **17,10:** *a* Kap 3,17 **17,11:** *a* Hebr 9,22 **17,14:** *a* 1. Mose 9,4 **17,15:** *a* Kap 11,40; 22,8; 2. Mose 21,33-36; 22,30; Apg 15,20 **18,3:** *a* 2. Mose 23,24 **18,5:** *a* Neh 9,29; Hes 20,11; Röm 7,10; 10,5; Gal 3,12 **18,7:** *a* 1. Mose 19,32 **18,8:** *a* 1. Mose 35,22; 5. Mose 27,20; 2. Sam 16,22; 1. Kor 5,1 **18,9:** *a* 5. Mose 27,22 **18,12:** *a* 2. Mose 6,20 **18,15:** *a* 1. Mose 38,16 **18,16:** *a* Kap 20,21; Mk 6,18

sind ihre Blutsverwandten und es ist eine
Schandtat. 18Du sollst die Schwester dei-
ner Frau nicht zur Nebenfrau nehmen
und mit ihr Umgang haben, solange
deine Frau noch lebt.

19Du sollst nicht zu einer Frau gehen,
solange sie ihre Tage hat, um in ihrer
Unreinheit mit ihr Umgang zu haben.[a]
20Du sollst auch nicht bei [a]der Frau
deines Nächsten liegen, dass du an ihr
nicht unrein wirst.

21Du sollst auch nicht eins deiner Kin-
der geben, dass es [a]dem Moloch geweiht
werde, damit du nicht entheiligst den Na-
men deines Gottes; ich bin der HERR.

22Du sollst nicht bei einem Mann lie-
gen wie bei einer Frau; es ist ein Gräuel.[a]
23Du sollst auch [a]bei keinem Tier liegen,
dass du an ihm unrein wirst. Und [b]keine
Frau soll mit einem Tier Umgang haben;
es ist ein schändlicher Frevel.

24Ihr sollt euch mit nichts dergleichen
unrein machen; denn mit alledem haben
sich die Völker unrein gemacht, die ich
vor euch her vertreiben will. 25Das Land
wurde dadurch unrein, und ich suchte
seine Schuld an ihm heim, dass das Land
seine Bewohner ausspie. 26Darum haltet
meine Satzungen und Rechte und tut
keine dieser Gräuel, weder der Einheimi-
sche noch der Fremdling unter euch –
27denn alle solche Gräuel haben die
Leute dieses Landes getan, die vor euch
waren, und haben das Land unrein ge-
macht –, 28damit nicht auch euch das
Land ausspeie, wenn ihr es unrein macht,
wie es die Völker ausgespien hat, die vor
euch waren. 29Denn alle, die solche
Gräuel tun, werden ausgerottet werden
aus ihrem Volk. 30Darum haltet meine
Satzungen, dass ihr nicht tut nach den
schändlichen Sitten derer, die vor euch
waren, und dadurch unrein werdet; ich
bin der HERR, euer Gott.

Von der Heiligung des täglichen Lebens

19 Und der HERR redete mit Mose
und sprach: 2Rede mit der ganzen
Gemeinde der Israeliten und sprich zu
ihnen: [a]**Ihr sollt heilig sein, denn ich bin
heilig, der HERR, euer Gott.**

3Ein jeder [a]fürchte seine Mutter und
seinen Vater. [b]Haltet meine Feiertage;
ich bin der HERR, euer Gott. 4Ihr sollt
euch [a]nicht zu den Götzen wenden und
sollt euch [b]keine gegossenen Götter ma-
chen; ich bin der HERR, euer Gott.

5Und wenn ihr dem HERRN ein
[a]Dankopfer bringen wollt, sollt ihr es so
opfern, dass es euch wohlgefällig macht.
6Ihr sollt es an dem Tag essen, an dem
ihr's opfert, und am nächsten Tage. Was
aber bis zum dritten Tag übrig bleibt, soll
man mit Feuer verbrennen. 7Wird aber
am dritten Tage davon gegessen, so ist es
ein Gräuel und wird nicht wohlgefällig
sein; 8und wer davon isst, muss seine
Schuld tragen, weil er das Heilige des
HERRN entheiligt hat, und ein solcher
Mensch wird ausgerottet werden aus sei-
nem Volk.

9Wenn du dein Land aberntest, sollst
du nicht alles bis an die Ecken deines
Feldes abschneiden, auch nicht Nach-
lese halten.[a] 10Auch sollst du in deinem
Weinberg nicht Nachlese halten noch
die abgefallenen Beeren auflesen, son-
dern dem Armen und Fremdling sollst
du es lassen; ich bin der HERR, euer
Gott.

11Ihr sollt nicht stehlen noch lügen
noch betrügerisch handeln einer mit dem
andern.[a]

12Ihr sollt nicht falsch schwören bei
meinem Namen und den Namen eures
Gottes nicht entheiligen; ich bin der
HERR.[a]

13Du sollst deinen Nächsten nicht be-
drücken noch berauben. [a]Es soll des Ta-
gelöhners Lohn nicht bei dir bleiben bis
zum Morgen.

14Du sollst dem Tauben nicht fluchen
und sollst [a]vor den Blinden kein Hinder-
nis legen, denn du sollst dich vor deinem
Gott fürchten; ich bin der HERR.

15Du sollst nicht unrecht handeln im
Gericht: Du sollst den Geringen nicht
vorziehen, aber auch den Großen nicht

18,19: *a* Kap 15,19.24; Hes 18,6; 22,10 **18,20:** *a* 2. Sam 11,4 **18,21:** *a* 5. Mose 18,10; 2. Kön 21,6; Ps 106,37; Jer 7,31 **18,22:** *a* Kap 20,13; 1. Mose 19,5; Röm 1,27; 1. Kor 6,9 **18,23:** *a* 2. Mose 22,18; *b* Kap 20,16 **19,2:** *a* Kap 11,44-45; Mt 5,48; 1. Petr 1,15-16 **19,3:** *a* 2. Mose 20,12; *b* 2. Mose 20,8 **19,4:** *a* 2. Mose 20,3; *b* 2. Mose 34,17 **19,5:** *a* Kap 7,12-18 **19,9:** *a* Kap 23,22; 5. Mose 24,19; Rut 2,2.15-16 **19,11:** *a* 2. Mose 20,15-16; 1. Thess 4,6 **19,12:** *a* 2. Mose 20,7; Mt 5,33 **19,13:** *a* 5. Mose 24,14-15; Jer 22,13; Jak 5,4 **19,14:** *a* 1. Mose 27,19; 5. Mose 27,18

begünstigen, sondern du sollst deinen
Nächsten recht richten.[a]
16 Du sollst nicht als Verleumder um-
hergehen unter deinem Volk. [a]Du sollst
auch nicht auftreten gegen deines Nächs-
ten Leben; ich bin der HERR. 17 Du sollst
deinen Bruder nicht hassen in deinem
Herzen, sondern [a]du sollst deinen Nächs-
ten zurechtweisen, damit du nicht sei-
netwegen Schuld auf dich lädst. 18 Du
sollst dich nicht rächen noch Zorn be-
wahren gegen die Kinder deines Volks.
**Du sollst deinen Nächsten lieben wie dich
selbst; ich bin der HERR.**[a]

19 Meine Satzungen sollt ihr halten:
Lass nicht zweierlei Art unter deinem
Vieh sich paaren und besäe dein Feld
nicht mit zweierlei Samen und lege kein
Kleid an, das aus zweierlei Faden gewebt
ist.[a]

20 Wenn ein Mann bei einer Frau liegt,
die eine leibeigne Magd ist und einem
Mann zur Ehe bestimmt, doch nicht los-
gekauft oder freigelassen ist, so soll das
bestraft werden. Aber sie sollen nicht
sterben, denn sie ist nicht frei gewesen.[a]

21 Der Mann soll aber als seine Buße
dem HERRN vor die Tür der Stiftshütte
einen Widder zum Schuldopfer bringen;
22 und [a]der Priester soll ihn entsühnen
mit dem Schuldopfer vor dem HERRN
wegen der Sünde, die er getan hat, so
wird ihm Gott seine Sünde vergeben, die
er getan hat.

23 Wenn ihr in das Land kommt und
allerlei Bäume pflanzt, von denen man
isst, so lasst ihre ersten Früchte stehen,
als wären sie unrein wie Unbeschnittene.
Drei Jahre lang sollt ihr die Früchte als
unrein ansehen, dass ihr sie nicht esst;
24 im vierten Jahr sollen alle ihre Früchte
unter Jubel dem HERRN geweiht werden;
25 erst im fünften Jahr sollt ihr die
Früchte essen, damit ihr künftig umso
reicheren Ertrag einsammelt; ich bin der
HERR, euer Gott.

26 [a]Ihr sollt nichts essen, in dem noch
Blut ist.

Ihr sollt nicht [b]Wahrsagerei noch
Zauberei treiben.

27 [a]Ihr sollt euer Haar am Haupt nicht
rundherum abschneiden noch euren Bart
stutzen.

28 Ihr sollt um eines Toten willen an
eurem Leibe keine Einschnitte machen
noch euch Zeichen einätzen; ich bin der
HERR.

29 Du sollst deine Tochter nicht zur
[a]Hurerei anhalten, dass nicht das Land
Hurerei treibe und werde voll Schandtat.

30 Meine Feiertage haltet und fürchtet
mein Heiligtum; ich bin der HERR.[a]

31 Ihr sollt euch nicht wenden zu den
[a]Geisterbeschwörern und Zeichendeu-
tern und sollt sie nicht befragen, dass ihr
nicht an ihnen unrein werdet; ich bin der
HERR, euer Gott.

32 **Vor einem grauen Haupt sollst du
aufstehen und die Alten ehren und sollst
dich fürchten vor deinem Gott; ich bin der
HERR.**

33 Wenn ein Fremdling bei euch wohnt
in eurem Lande, den sollt ihr nicht be-
drücken.[a] 34 Er soll bei euch wohnen wie
ein Einheimischer unter euch, und du
sollst ihn lieben wie dich selbst; denn ihr
seid auch Fremdlinge gewesen in Ägyp-
tenland. Ich bin der HERR, euer Gott.

35 Ihr sollt nicht unrecht handeln im
Gericht, mit der Elle, mit Gewicht, mit
Maß. 36 [a]Rechte Waage, rechtes Ge-
wicht, rechter Scheffel und rechtes Maß
sollen bei euch sein; ich bin der HERR,
euer Gott, der euch aus Ägyptenland ge-
führt hat, 37 dass ihr alle meine Satzun-
gen und alle meine Rechte haltet und tut;
ich bin der HERR.

Strafbestimmungen für schwere Sünden

20 Und der HERR redete mit Mose
und sprach: 2 Sage zu den Israeli-
ten: Wer unter den Israeliten oder den
Fremdlingen in Israel eins seiner Kinder
dem Moloch gibt, der soll des Todes ster-
ben; das Volk des Landes soll ihn stei-
nigen. 3 Und ich will mein Antlitz kehren
gegen einen solchen Menschen und will
ihn aus seinem Volk ausrotten, weil er
dem Moloch eins seiner Kinder gegeben
und mein Heiligtum unrein gemacht und

19,15: *a* 2. Mose 23,3.6; 5. Mose 16,19-20 **19,16:** *a* 2. Mose 23,7 **19,17:** *a* Ps 141,5; Mt 18,15 **19,18:** *a* 2. Kön 6,22; 2. Chr 28,9-15; Mt 5,43-48; 22,39; Lk 10,25-37; Joh 13,34; Röm 13,9; Gal 5,14; Jak 2,8 **19,19:** *a* 5. Mose 22,9-11 **19,20:** *a* 2. Mose 21,7-11 **19,22:** *a* Kap 5,17-18 **19,26:** *a* Kap 3,17; *b* 5. Mose 18,10 **19,27:** *a (27-28)* Kap 21,5; 5. Mose 14,1 **19,29:** *a* 5. Mose 23,18; 2. Kön 23,7 **19,30:** *a* Kap 26,2 **19,31:** *a* Kap 20,6; 5. Mose 18,10-11; 1. Sam 28,7 **19,33:** *a* 2. Mose 22,20 **19,36:** *a* 5. Mose 25,13-16; Spr 11,1

meinen heiligen Namen entheiligt hat.
4 Und wenn das Volk des Landes bei dem
Menschen durch die Finger sehen würde,
der eins seiner Kinder dem Moloch gege-
ben hat, dass es ihn nicht tötet, 5 so will
doch ich mein Antlitz gegen diesen Men-
schen kehren und gegen sein Geschlecht
und will ihn und alle, die wie er mit dem
Moloch Abgötterei getrieben haben, aus
ihrem Volk ausrotten.

6 Wenn sich jemand zu den [a]Geisterbe-
schwörern und Zeichendeutern wendet,
dass er mit ihnen Abgötterei treibt, so
will ich mein Antlitz gegen ihn kehren
und will ihn aus seinem Volk ausrotten.
7 Darum [a]heiligt euch und seid heilig;
denn ich bin der HERR, euer Gott. 8 Und
haltet meine Satzungen und tut sie; ich
bin der HERR, der euch heiligt.

9 Wer seinem Vater oder seiner Mutter
flucht, der soll des Todes sterben. Seine
Blutschuld komme über ihn, weil er sei-
nem Vater oder seiner Mutter geflucht
hat.[a] 10 Wenn jemand die Ehe bricht mit
der Frau seines Nächsten, so sollen beide
des Todes sterben, Ehebrecher und Ehe-
brecherin, weil er mit der Frau seines
Nächsten die Ehe gebrochen hat.[a]

11 [a]Wenn jemand mit der Frau seines
Vaters Umgang pflegt und damit seinen
Vater schändet, so sollen beide des Todes
sterben; ihre Blutschuld komme über sie.
12 Wenn jemand mit seiner Schwieger-
tochter Umgang pflegt, so sollen sie
beide des Todes sterben, denn sie haben
einen schändlichen Frevel begangen; ihr
Blut lastet auf ihnen. 13 Wenn jemand bei
einem Manne liegt wie bei einer Frau, so
haben sie getan, was ein Gräuel ist, und
sollen beide des Todes sterben; Blut-
schuld lastet auf ihnen. 14 Wenn jemand
eine Frau nimmt und ihre Mutter dazu,
der hat eine Schandtat begangen; man
soll ihn mit Feuer verbrennen und die
beiden Frauen auch, damit keine
Schandtat unter euch sei.

15 Wenn jemand bei einem Tiere liegt,
der soll des Todes sterben und auch das
Tier soll man töten. 16 Wenn eine Frau
sich irgendeinem Tier naht, um mit ihm
Umgang zu haben, so sollst du sie töten
und das Tier auch. Des Todes sollen sie
sterben; ihre Blutschuld komme über
sie.

17 Wenn jemand seine Halbschwester
nimmt, seines Vaters Tochter oder seiner
Mutter Tochter, und sie miteinander
Umgang haben, so ist das Blutschande;
sie sollen ausgerottet werden vor den
Leuten ihres Volks. Er hat mit seiner
Schwester Umgang gehabt; sie sollen ihre
Schuld tragen.

18 Wenn ein Mann bei einer Frau liegt
zur Zeit ihrer Tage und mit ihr Umgang
hat und so den Brunnen ihres Blutes auf-
deckt und sie den Brunnen ihres Blutes
aufdeckt, so sollen beide aus ihrem Volk
ausgerottet werden.[a]

19 Mit der Schwester deiner Mutter
und mit der Schwester deines Vaters
sollst du nicht Umgang haben. Wer das
tut, schändet seine Blutsverwandte; sie
sollen ihre Schuld tragen. 20 Wenn je-
mand mit der Frau seines Oheims Um-
gang hat, der hat seinen Oheim geschän-
det. Sie sollen ihre Schuld tragen; ohne
Kinder sollen sie sterben. 21 Wenn je-
mand die Frau seines Bruders nimmt, so
ist das eine abscheuliche Tat. Sie sollen
ohne Kinder sein, denn er hat damit sei-
nen Bruder geschändet.

22 So haltet nun alle meine Satzungen
und meine Rechte und tut danach, auf
dass euch nicht das Land ausspeie, in das
ich euch führen will, damit ihr darin
wohnt. 23 Und wandelt nicht in den Sat-
zungen der Völker, die ich vor euch her
vertreiben werde. Denn das alles haben
sie getan und ich habe einen Ekel an
ihnen gehabt. 24 Euch aber sagte ich: [a]Ihr
Land soll euch zufallen; und ich will es
euch zum Erbe geben, ein Land, darin
Milch und Honig fließt. Ich bin der
HERR, euer Gott, der euch von den Völ-
kern abgesondert hat, 25 dass ihr auch
absondern sollt das reine Vieh vom un-
reinen und die unreinen Vögel von den
reinen und euch nicht unrein macht an
Vieh, an Vögeln und an allem, was auf
Erden kriecht, das ich abgesondert habe,
dass es euch unrein sei.[a] 26 Darum sollt
ihr mir heilig sein; denn ich, der HERR,
bin heilig, der euch abgesondert hat von
den Völkern, dass ihr mein wäret.

20,6: *a* Kap 19,31 **20,7:** *a* Kap 19,2 **20,9:** *a* 2. Mose 21,17 **20,10:** *a* 2. Mose 20,14; 2. Sam 11,4; Joh 8,5 **20,11:** *a (11-21)* Kap 18,6-23 **20,18:** *a* Kap 15,24 **20,24:** *a* 2. Mose 19,5-6 **20,25:** *a* Kap 11,1-47

27 Wenn ein Mann oder eine Frau
Geister beschwören oder Zeichen deuten
kann, so sollen sie des Todes sterben;
man soll sie steinigen; ihre Blutschuld
komme über sie.[a]

Vorschriften für die Priester

21 [a]Und der HERR sprach zu Mose:
Sage den Priestern, den Söhnen
Aarons, und sprich zu ihnen: Ein Priester
soll sich an keinem Toten seines Volks
unrein machen 2 außer an seinen nächs-
ten Blutsverwandten: an seiner Mutter,
an seinem Vater, an seinem Sohn, an sei-
ner Tochter, an seinem Bruder 3 und an
seiner Schwester, die noch Jungfrau und
noch bei ihm ist, die keines Mannes Frau
gewesen ist. An deren Leiche darf er sich
unrein machen. 4 Sonst soll er sich nicht
unrein machen an irgendeinem, der ihm
zugehört unter seinem Volk; er würde
sich entheiligen.

5 Sie sollen auch keine Glatze scheren
auf ihrem Haupt noch ihren Bart stutzen
und an ihrem Leibe kein Mal einschnei-
den.[a] 6 Sie sollen ihrem Gott heilig sein
und nicht entheiligen den Namen ihres
Gottes, denn sie opfern die Feueropfer
des HERRN, die Speise ihres Gottes;
darum sollen sie heilig sein.

7 Sie sollen keine Hure zur Frau neh-
men noch eine, die nicht mehr Jungfrau
ist oder die von ihrem Mann verstoßen
ist; denn sie sind heilig ihrem Gott.
8 Darum sollst du den Priester heilighal-
ten, denn er opfert die Speise deines Got-
tes. Er soll dir heilig sein; denn ich bin
heilig, der HERR, der euch heiligt.

9 Wenn eines Priesters Tochter sich
durch Hurerei entheiligt, so soll man sie
mit Feuer verbrennen; denn sie hat ihren
Vater entheiligt.

10 Wer Hoherpriester ist unter seinen
Brüdern, auf dessen Haupt das [a]Salböl
gegossen und dessen Hand gefüllt ist und
der angezogen ist mit den heiligen Klei-
dern, der soll sein [b]Haupthaar nicht wirr
hängen lassen und seine Kleider nicht
zerreißen 11 und soll zu keinem Toten
kommen und soll sich weder an Vater
noch an Mutter unrein machen.[a] 12 Aus
dem Heiligtum soll er nicht gehen, dass
er nicht entheilige das Heiligtum seines
Gottes; denn die Weihe des Salböls seines
Gottes ist auf ihm. Ich bin der HERR.
13 Eine Jungfrau soll er zur Frau nehmen,
14 keine Witwe oder Verstoßene oder Ent-
ehrte oder Hure, sondern eine Jungfrau
seines Volks soll er zur Frau nehmen,
15 damit er seine Nachkommen nicht ent-
heilige unter seinem Volk; denn ich bin
der HERR, der ihn heiligt.

16 Und der HERR redete mit Mose und
sprach: 17 Sage zu Aaron: Wenn einer
deiner Nachkommen in künftigen Ge-
schlechtern einen Fehler hat, der soll
nicht herzutreten, um die Speise seines
Gottes zu opfern. 18 Denn keiner, an dem
ein Fehler ist, soll herzutreten, er sei
blind, lahm, mit einem entstellten Ge-
sicht, mit irgendeiner Missbildung 19 oder
wer einen gebrochenen Fuß oder eine
gebrochene Hand hat 20 oder bucklig
oder verkümmert ist oder wer einen wei-
ßen Fleck im Auge hat oder Krätze oder
Flechten oder beschädigte Hoden hat.
21 Wer nun unter Aarons, des Priesters,
Nachkommen einen Fehler an sich hat,
der soll nicht herzutreten, zu opfern die
Feueropfer des HERRN; denn er hat einen
Fehler. Darum soll er sich nicht nahen,
um die Speise seines Gottes zu opfern.
22 Doch essen darf er die Speise seines
Gottes, vom Heiligen und vom Hoch-
heiligen. 23 Aber zum Vorhang soll er
nicht kommen noch zum Altar nahen,
weil ein Fehler an ihm ist, damit er nicht
entheilige mein Heiligtum; denn ich bin
der HERR, der sie heiligt.

24 Mose aber sagte dies zu Aaron und
zu seinen Söhnen und zu allen Israeli-
ten.

Bestimmungen für den Genuss der Opfergaben

22 Und der HERR redete mit Mose
und sprach: 2 Sage Aaron und sei-
nen Söhnen, dass sie achtsam seien mit
dem Heiligen der Israeliten, den Gaben,
die sie mir heiligen, damit sie meinen
heiligen Namen nicht entheiligen. Ich bin
der HERR. 3 So sage ihnen nun für ihre
Nachkommen: Wer von euren Nachkom-

20,27: *a* 2. Mose 22,17 **21,1:** *a (1-4)* Hes 44,25-27 **21,5:** *a* Kap 19,27-28 **21,10:** *a* Kap 8,12; 2. Mose 28,41; 29,7; *b* Kap 10,6 **21,11:** *a* Vers 2

men herzutritt zu dem Heiligen, das die
Israeliten dem HERRN heiligen, und hat
eine Unreinheit an sich, der wird aus-
gerottet werden vor meinem Antlitz. Ich
bin der HERR. 4 [a] Wer von den Nach-
kommen Aarons aussätzig ist oder einen
Ausfluss hat, der soll nicht essen von
dem Heiligen, bis er wieder rein ist. Wer
etwa einen anrührt, der an einem Toten
unrein geworden ist, oder wem der Same
abgeht im Schlaf 5 und wer irgendein Ge-
würm anrührt, wodurch er unrein wird,
oder einen Menschen, durch den er un-
rein wird, oder irgendetwas, was ihn un-
rein macht, 6 wer deren eins anrührt, der
ist unrein bis zum Abend und soll von
dem Heiligen nicht essen, sondern soll
zuvor seinen Leib mit Wasser abwaschen.
7 Und wenn die Sonne untergegangen ist,
so ist er rein. Dann darf er davon essen,
denn es ist seine Nahrung. 8 Ein [a] veren-
detes oder zerrissenes Tier soll er nicht
essen, damit er nicht unrein daran werde.
Ich bin der HERR. 9 Darum sollen sie
meine Satzungen halten, dass sie nicht
Sünde auf sich laden und daran sterben,
wenn sie sich entheiligen. Ich bin der
HERR, der sie heiligt.

10 Kein Fremder soll von dem Heiligen
essen noch des Priesters Beisasse noch
sein Tagelöhner. 11 Wenn aber der Pries-
ter einen Sklaven für Geld kauft, so darf
der davon essen. Und der Sklave, der ihm
in seinem Hause geboren wird, der darf
auch von seiner Speise essen. 12 Wenn
aber des Priesters Tochter die Frau eines
Mannes wird, der nicht aus einer pries-
terlichen Sippe ist, so soll sie nicht von
der heiligen Opfergabe essen. 13 Wird sie
aber eine Witwe oder verstoßen und hat
keine Kinder und kehrt zurück in ihres
Vaters Haus, so darf sie essen von ihres
Vaters Speise wie in ihrer Jugend. Aber
kein Fremder soll davon essen.

14 Wer aus Versehen von dem Heiligen
isst, der soll den [a] fünften Teil dazutun
und ihn dem Priester geben samt dem
Heiligen. 15 Denn die Priester sollen nicht
entheiligen lassen das Heilige der Israeli-
ten, die Opfergabe für den HERRN, 16 und
dadurch die Israeliten mit Schuld bela-
den, dass diese ihr Geheiligtes essen;
denn ich bin der HERR, der sie heiligt.

Die Opfer sollen ohne Mängel sein

17 Und der HERR redete mit Mose und
sprach: 18 Sage Aaron und seinen Söhnen
und allen Israeliten: Wer aus dem Hause
Israel oder von den Fremdlingen in Israel
sein Opfer darbringen will, es sei auf ein
Gelübde hin oder aus freiem Willen, was
sie dem HERRN als Brandopfer darbrin-
gen wollen, – 19 damit es euch wohlgefäl-
lig mache, soll es ein männliches Tier
sein, ohne Fehler, von Rindern oder
Schafen oder Ziegen. 20 Alles, was einen
Fehler hat, sollt ihr nicht opfern, denn es
wird euch nicht wohlgefällig machen. [a]

21 Und wenn jemand ein Dankopfer
dem HERRN darbringen will, um ein Ge-
lübde zu erfüllen oder aus freiem Willen,
von Rindern oder Schafen, so soll das
ohne Gebrechen sein, damit es wohlge-
fällig sei. Es soll keinen Fehler haben.
22 Ist es blind oder hat es ein gebrochenes
Glied oder eine Wunde oder ein Ge-
schwür oder Krätze oder Flechten, so
sollt ihr es dem HERRN nicht opfern und
davon kein Feueropfer bringen auf den
Altar des HERRN.

23 Rinder oder Schafe, die zu lange
oder zu kurze Glieder haben, magst du
aus freiem Willen opfern, aber für ein
Gelübde sind sie nicht wohlgefällig.
24 Du sollst auch dem HERRN kein Tier
zum Opfer bringen, dem die Hoden zer-
drückt oder zerschlagen oder zerrissen
oder ausgeschnitten sind. So etwas sollt
ihr in eurem Lande an Tieren nicht tun. [a]
25 Ihr sollt auch solche Tiere nicht aus
der Hand eines Ausländers nehmen und
als Speise eures Gottes opfern; denn sie
taugen nicht und haben einen Fehler.
Darum wird es euch nicht wohlgefällig
machen.

Weitere Opfergesetze

26 Und der HERR redete mit Mose und
sprach: 27 Wenn ein Rind oder Schaf oder
eine Ziege geboren ist, so soll das Junge
[a] sieben Tage bei seiner Mutter sein; aber
am achten Tage und danach darf man's
dem HERRN opfern, so ist es wohlgefäl-
lig. 28 Ein Rind oder Schaf soll man nicht
mit seinem Jungen an **einem** Tage
schlachten. [a]

22,4: *a (4-6)* Kap 13,1-46; 15,1-33; 21,1-4; 11,29-31 **22,8:** *a* Kap 7,24 **22,14:** *a* Kap 5,16 **22,20:** *a* 5. Mose 15,21; 17,1; Mal 1,8 **22,24:** *a* 5. Mose 23,2 **22,27:** *a* 2. Mose 22,29 **22,28:** *a* 5. Mose 22,6-7

29 [a]Wenn ihr aber dem HERRN ein
Lobopfer darbringen wollt, das euch
wohlgefällig macht, 30 so sollt ihr's an
demselben Tage essen und sollt nichts
übrig behalten bis zum Morgen; ich bin
der HERR.

31 Darum haltet meine Gebote und tut
danach; ich bin der HERR. 32 Entheiligt
nicht meinen heiligen Namen, damit ich
geheiligt werde unter den Israeliten; ich
bin der HERR, der euch heiligt,[a] 33 der
euch aus Ägyptenland geführt hat, um
euer Gott zu sein. Ich bin der HERR.

Der Sabbat

23 Und der HERR redete mit Mose
und sprach: 2 Sage den Israeliten
und sprich zu ihnen: Dies sind die Feste
des HERRN, die ihr ausrufen sollt als
heilige Versammlungen; dies sind meine
Feste: 3 Sechs Tage sollst du arbeiten; der
siebente Tag aber ist ein feierlicher Sab-
bat, heilige Versammlung. Keine Arbeit
sollt ihr an ihm tun; denn es ist ein Sab-
bat für den HERRN, überall, wo ihr
wohnt.[a]

Passafest und Fest der Ungesäuerten Brote

4 Dies sind aber die [a]Feste des HERRN,
die ihr ausrufen sollt als heilige Ver-
sammlungen an ihren Tagen: 5 Am vier-
zehnten Tage des ersten Monats gegen
Abend ist des HERRN Passa.[a] 6 Und am
fünfzehnten desselben Monats ist das
Fest der Ungesäuerten Brote für den
HERRN; da sollt ihr sieben Tage unge-
säuertes Brot essen. 7 Am ersten Tage
sollt ihr eine heilige Versammlung halten;
da sollt ihr keine Arbeit tun. 8 Und [a]sie-
ben Tage sollt ihr dem HERRN Feuer-
opfer darbringen. Am siebenten Tage soll
wieder eine heilige Versammlung sein; da
sollt ihr auch keine Arbeit tun.

Das Fest der Erstlingsgarben

9 Und der HERR redete mit Mose und
sprach: 10 Sage den Israeliten und sprich
zu ihnen: Wenn ihr in das Land kommt,
das ich euch geben werde, und es ab-
erntet, so sollt ihr die erste Garbe eurer
Ernte zu dem Priester bringen. 11 Der soll
die Garbe als Schwingopfer schwingen
vor dem HERRN, dass sie euch wohlgefäl-
lig mache. Das soll aber der Priester tun
am Tage nach dem Sabbat. 12 Und ihr
sollt am Tage, da eure Garbe geschwun-
gen wird, ein Brandopfer dem HERRN
bringen von einem einjährigen Schaf,
ohne Fehler, 13 samt dem Speisopfer:
zwei Zehntel feinstes Mehl, mit Öl ver-
mengt, als ein Feueropfer für den HERRN
zum lieblichen Geruch; dazu das Trank-
opfer: eine viertel Kanne Wein. 14 Und
ihr sollt von der neuen Ernte kein Brot
noch geröstete oder frische Körner essen
bis zu dem Tag, da ihr eurem Gott seine
Gabe bringt. Das soll eine ewige Ord-
nung sein bei euren Nachkommen, über-
all, wo ihr wohnt.

Das Wochenfest (Pfingstfest)

15 Danach sollt ihr zählen vom Tage nach
dem Sabbat, da ihr die Garbe als
Schwingopfer darbrachtet, [a]sieben ganze
Wochen. 16 Bis zu dem Tag nach dem
siebenten Sabbat, nämlich fünfzig Tage,
sollt ihr zählen und dann ein neues Speis-
opfer dem HERRN opfern. 17 Ihr sollt aus
euren Wohnungen zwei Brote bringen als
Schwingopfer, von zwei Zehnteln feins-
tem Mehl, gesäuert und gebacken, als
Erstlingsgabe für den HERRN. 18 Und ihr
sollt herzubringen neben eurem Brot sie-
ben einjährige Schafe ohne Fehler und
einen jungen Stier und zwei Widder – das
soll des HERRN Brandopfer sein – mit
ihren Speisopfern und Trankopfern als
ein Feueropfer zum lieblichen Geruch für
den HERRN. 19 Dazu sollt ihr opfern ei-
nen Ziegenbock zum Sündopfer und
zwei einjährige Schafe zum Dankopfer.
20 Und der Priester soll sie als Schwing-
opfer schwingen samt den Erstlingsbro-
ten vor dem HERRN. Das alles soll als ein
Schwingopfer dem HERRN heilig sein
und dem Priester gehören. 21 Und ihr
sollt an diesem Tag eine heilige Ver-
sammlung ausrufen; keine Arbeit sollt
ihr tun. Eine ewige Ordnung soll das sein
bei euren Nachkommen, überall, wo ihr
wohnt.

22 Wenn ihr aber euer Land aberntet,
sollt ihr nicht alles bis an die Ecken des

22,29: *a (29-30)* Kap 7,15 **22,32:** *a* Verse 9.16 **23,3:** *a* 2.Mose 20,8-11 **23,4:** *a* 2.Mose 23,14-19 **23,5:** *a* 2.Mose 12,1-20 **23,8:** *a* 2.Mose 13,6 **23,15:** *a* 4.Mose 28,26-31; 5.Mose 16,9-12

Feldes abschneiden, auch nicht Nachlese
halten, sondern sollt es den Armen und
Fremdlingen lassen. Ich bin der HERR,
euer Gott.[a]

Der Neujahrstag

23 Und der HERR redete mit Mose und
sprach: 24 Sage zu den Israeliten: Am ers-
ten Tage des siebenten Monats sollt ihr
Ruhetag halten mit Posaunenblasen zum
Gedächtnis, eine heilige Versammlung.[a]
25 Da sollt ihr keine Arbeit tun und sollt
dem HERRN Feueropfer darbringen.

Der Versöhnungstag

26 Und der HERR redete mit Mose und
sprach: 27 Am zehnten Tage in diesem sie-
benten Monat ist der [a]Versöhnungstag.
Da sollt ihr eine heilige Versammlung
halten und fasten und dem HERRN Feu-
eropfer darbringen 28 und sollt keine Ar-
beit tun an diesem Tage, denn es ist der
Versöhnungstag, dass ihr entsühnt wer-
det vor dem HERRN, eurem Gott.
29 Denn wer nicht fastet an diesem Tage,
der wird aus seinem Volk ausgerottet
werden. 30 Und wer an diesem Tage ir-
gendeine Arbeit tut, den will ich vertilgen
aus seinem Volk. 31 Darum sollt ihr keine
Arbeit tun. Das soll eine ewige Ordnung
sein bei euren Nachkommen, überall, wo
ihr wohnt. 32 Ein feierlicher Sabbat soll er
euch sein und ihr sollt fasten. Am neun-
ten Tage des Monats, am Abend, sollt ihr
diesen Ruhetag halten, vom Abend an
bis wieder zum Abend.

Das Laubhüttenfest

33 Und der HERR redete mit Mose und
sprach: 34 Sage zu den Israeliten: [a]Am
fünfzehnten Tage dieses siebenten Mo-
nats ist das Laubhüttenfest für den
HERRN, sieben Tage lang. 35 Am ersten
Tage soll eine heilige Versammlung sein;
keine Arbeit sollt ihr tun. 36 Sieben Tage
sollt ihr dem HERRN Feueropfer darbrin-
gen. Am [a]achten Tage sollt ihr wieder
eine heilige Versammlung halten und
sollt Feueropfer dem HERRN darbringen.
Es ist eine Festversammlung; keine Ar-
beit sollt ihr tun.
37 Das sind die Feste des HERRN, die ihr
als heilige Versammlungen ausrufen sollt,
um dem HERRN Feueropfer darzubrin-
gen: Brandopfer, Speisopfer, Schlacht-
opfer und Trankopfer, ein jedes an sei-
nem Tage, 38 abgesehen von den Sabbaten
des HERRN und euren andern Gaben und
Gelübden und freiwilligen Gaben, die ihr
dem HERRN gebt.
39 Am fünfzehnten Tage des siebenten
Monats, wenn ihr die Früchte des Landes
einbringt, sollt ihr ein Fest des HERRN
halten sieben Tage lang. Am ersten Tage
ist Ruhetag und am achten Tage ist auch
Ruhetag. 40 Ihr sollt am ersten Tage
Früchte nehmen [a]von schönen Bäumen,
Palmwedel und Zweige von Laubbäumen
und Bachweiden und sieben Tage fröh-
lich sein vor dem HERRN, eurem Gott,
41 und sollt das Fest dem HERRN halten
jährlich sieben Tage lang. Das soll eine
ewige Ordnung sein bei euren Nachkom-
men, dass sie im siebenten Monat so
feiern. 42 Sieben Tage sollt ihr in Laub-
hütten wohnen. Wer einheimisch ist in
Israel, soll in Laubhütten wohnen, 43 dass
eure Nachkommen wissen, wie ich die
Israeliten habe in Hütten wohnen lassen,
als ich sie aus Ägyptenland führte. Ich
bin der HERR, euer Gott.
44 Und Mose tat den Israeliten die
Feste des HERRN kund.

Lampen und Schaubrote

24 Und der HERR redete mit Mose
und sprach: 2 Gebiete den Israeli-
ten, dass sie zu dir bringen reines Öl aus
zerstoßenen Oliven für den Leuchter,
dass man beständig Lampen aufsetzen
kann.[a] 3 Außen vor dem Vorhang, der
vor der Lade mit dem Gesetz hängt, in
der Stiftshütte soll Aaron den Leuchter
herrichten, dass er vom Abend bis zum
Morgen beständig leuchte vor dem
HERRN. Das sei eine ewige Ordnung bei
euren Nachkommen. 4 Er soll die Lam-
pen auf dem Leuchter von feinem Gold
herrichten, dass sie vor dem HERRN be-
ständig leuchten.
5 Und du sollst feinstes Mehl nehmen
und davon zwölf Brote backen – zwei
Zehntel soll ein Brot haben – 6 und sollst
sie legen in zwei Reihen, je sechs in einer

23,22: *a* Kap 19,9-10 **23,24:** *a* 4. Mose 29,1-6; 10,10 **23,27:** *a* Kap 16,1-34 **23,34:** *a* 4. Mose 29,12-39; 5. Mose 16,13-15 **23,36:** *a* Joh 7,37 **23,40:** *a* Neh 8,14-16 **24,2:** *a* 2. Mose 27,20

Reihe, auf den Tisch von feinem Gold
vor dem HERRN.[a] 7 Und sollst auf sie
legen reinen Weihrauch, dass er als Ge-
denkopfer bei den Broten sei, ein Feuer-
opfer für den HERRN. 8 An jedem Sabbat
soll er sie zurichten vor dem HERRN als
beständige Gabe der Israeliten, eine Ord-
nung für immer, 9 und sie sollen Aaron
und seinen Söhnen gehören. Die sollen
sie essen an heiliger Stätte; denn als ein
Hochheiliges von den Opfern des HERRN
gehören sie Aaron als ewiges Recht.

Strafen für Gotteslästerung, Totschlag und Gewalt

10 Es ging aber der Sohn einer israeliti-
schen Frau und eines ägyptischen Man-
nes mitten unter die Israeliten und
zankte sich im Lager mit einem israeliti-
schen Mann 11 und lästerte den Namen
des HERRN und fluchte. Da brachten sie
ihn zu Mose – seine Mutter aber hieß
Schelomit, eine Tochter Dibris vom
Stamm Dan – 12 und legten ihn gefangen,
bis ihnen [a]klare Antwort würde durch
den Mund des HERRN. 13 Und der HERR
redete mit Mose und sprach: 14 Führe
den Flucher hinaus vor das Lager und
lass alle, die es gehört haben, ihre Hände
auf sein Haupt legen und lass die ganze
Gemeinde ihn [a]steinigen 15 und sage zu
den Israeliten: Wer seinem Gott flucht,
der soll seine Schuld tragen. 16 [a]Wer des
HERRN Namen lästert, der soll des Todes
sterben; die ganze Gemeinde soll ihn stei-
nigen. Ob Fremdling oder Einheimischer,
wer den Namen lästert, soll sterben.

17 Wer irgendeinen Menschen er-
schlägt, der soll des Todes sterben.[a]
18 Wer aber ein Stück Vieh erschlägt, der
soll's ersetzen, Leben um Leben.[a] 19 Und
wer seinen Nächsten verletzt, dem soll
man tun, wie er getan hat, 20 [a]Schaden
um Schaden, Auge um Auge, Zahn um
Zahn; wie er einen Menschen verletzt
hat, so soll man ihm auch tun. 21 Wer ein
Stück Vieh erschlägt, der soll's erstatten;
wer aber einen Menschen erschlägt, der
soll sterben. 22 Es soll [a]ein und dasselbe
Recht unter euch sein für den Fremdling
wie für den Einheimischen; ich bin der
HERR, euer Gott.

23 Mose aber sagte es den Israeliten
und sie führten den Flucher hinaus vor
das Lager und steinigten ihn. So taten
die Israeliten, wie der HERR es Mose
geboten hatte.

Sabbatjahr und Erlassjahr

25 Und der HERR sprach zu Mose
auf dem Berge Sinai: 2 Rede mit
den Israeliten und sprich zu ihnen: Wenn
ihr in das Land kommt, das ich euch
geben werde, so soll das Land dem
HERRN einen Sabbat feiern. 3 [a]Sechs
Jahre sollst du dein Feld besäen und
sechs Jahre deinen Weinberg beschneiden
und die Früchte einsammeln, 4 aber im
siebenten Jahr soll das Land dem HERRN
einen feierlichen Sabbat halten; da sollst
du dein Feld nicht besäen noch deinen
Weinberg beschneiden.

5 Was von selber nach deiner Ernte
wächst, sollst du nicht ernten, und die
Trauben, die ohne deine Arbeit wachsen,
sollst du nicht lesen; ein Sabbatjahr des
Landes soll es sein. 6 Was das Land wäh-
rend seines Sabbats trägt, davon sollt ihr
essen, du und dein Knecht und deine
Magd, dein Tagelöhner und dein Bei-
sasse, die bei dir weilen, 7 dein Vieh und
das Wild in deinem Lande; all sein Er-
trag soll zur Nahrung dienen.

8 Und du sollst zählen sieben Sabbat-
jahre, siebenmal sieben Jahre, dass die
Zeit der sieben Sabbatjahre neunundvier-
zig Jahre mache. 9 Da sollst du die Po-
saune blasen lassen durch euer ganzes
Land am [a]zehnten Tage des siebenten
Monats, am Versöhnungstag. 10 Und ihr
sollt das fünfzigste Jahr heiligen und sollt
eine Freilassung ausrufen im Lande für
alle, die darin wohnen; es soll ein [a]Er-
lassjahr für euch sein. Da soll ein jeder
bei euch wieder zu seiner Habe und zu
seiner Sippe kommen. 11 Als Erlassjahr
soll das fünfzigste Jahr euch gelten. Ihr
sollt nicht säen und, was von selber
wächst, nicht ernten, auch, was ohne Ar-
beit wächst, im Weinberg nicht lesen;
12 denn das Erlassjahr soll euch heilig
sein; vom Felde weg dürft ihr essen, was
es trägt.

13 Das ist das Erlassjahr, da jedermann

24,6: *a* 2. Mose 25,30 **24,12:** *a* 4. Mose 15,34 **24,14:** *a* 4. Mose 15,36; 5. Mose 17,5; Apg 7,56 **24,16:** *a* 2. Mose 20,7; Mt 26,65-66 **24,17:** *a* 2. Mose 21,12 **24,18:** *a* 2. Mose 21,33-37 **24,20:** *a* 2. Mose 21,23-25 **24,22:** *a* Kap 19,34; 2. Mose 12,49 **25,3:** *a (3-4)* 2. Mose 23,10-11 **25,9:** *a* Kap 23,27 **25,10:** *a* Jes 61,2; Lk 4,19

wieder zu dem Seinen kommen soll.
14 Wenn du nun deinem Nächsten etwas
verkaufst oder ihm etwas abkaufst, soll
[a]keiner seinen Bruder übervorteilen,
15 sondern nach der Zahl der Jahre vom
Erlassjahr an sollst du es von ihm kau-
fen; danach, wie viel Jahre noch Ertrag
bringen, soll er dir's verkaufen. 16 Sind es
noch viele Jahre, so darfst du den Kauf-
preis steigern; sind es noch wenige Jahre,
sollst du den Kaufpreis verringern; denn
die Zahl der Ernten verkauft er dir. 17 So
übervorteile nun keiner seinen Nächsten,
sondern fürchte dich vor deinem Gott;
denn ich bin der HERR, euer Gott.
18 Darum tut nach meinen Satzungen
und haltet meine Rechte, dass ihr danach
tut, auf dass ihr im Lande [a]sicher woh-
nen könnt. 19 Denn das Land soll euch
seine Früchte geben, dass ihr genug zu
essen habt und sicher darin wohnt.
20 Und wenn ihr sagt: Was sollen wir
essen im siebenten Jahr? Denn wenn wir
nicht säen, so sammeln wir auch kein
Getreide ein –, 21 so will ich [a]meinem Se-
gen über euch im sechsten Jahr gebieten,
dass er Getreide schaffen soll für drei
Jahre, 22 dass ihr sät im achten Jahr und
von dem alten Getreide esst bis in das
neunte Jahr, sodass ihr vom alten esst,
bis wieder neues Getreide kommt.
23 Darum sollt ihr das Land nicht ver-
kaufen für immer; denn das Land ist
mein, und ihr seid [a]Fremdlinge und Bei-
sassen bei mir. 24 Und bei all eurem
Grundbesitz sollt ihr für das Land die
Einlösung gewähren.

Einlösung von Grundbesitz

25 Wenn dein Bruder verarmt und etwas
von seiner Habe verkauft, so soll sein
nächster Verwandter kommen und ein-
lösen, was sein Bruder verkauft hat.[a]
26 Wenn aber jemand keinen Löser hat
und selbst so viel aufbringen kann, um es
einzulösen, 27 so soll er die Jahre abrech-
nen, seitdem er's verkauft hat, und was
noch übrig ist, dem Käufer zurückzahlen
und so wieder zu seiner Habe kommen.
28 Kann er aber nicht so viel aufbringen,
um es ihm zurückzuzahlen, so soll, was
er verkauft hat, in der Hand des Käufers
bleiben bis zum Erlassjahr. Dann soll es
frei werden und er wieder zu seiner Habe
kommen.

29 Wer ein Wohnhaus verkauft in einer
Stadt mit Mauern, der hat ein ganzes
Jahr Frist, es wieder einzulösen. Das soll
die Zeit sein, darin er es einlösen kann.
30 Wenn er's aber nicht einlöst, ehe das
ganze Jahr um ist, so soll es der Käufer
für immer behalten und seine Nachkom-
men, und es soll nicht frei werden im
Erlassjahr. 31 Ist's aber ein Haus auf dem
Dorf, um das keine Mauer ist, so soll
man es dem Feld des Landes gleichrech-
nen, und es soll immer eingelöst werden
können und im Erlassjahr frei werden.
32 [a]Was aber die Städte der Leviten an-
langt, so sollen sie die Häuser in den
Städten, die ihnen gehören, jederzeit ein-
lösen können. 33 Wenn einer von den Le-
viten nicht einlöst, so soll das verkaufte
Haus in der Stadt, die ihnen gehört, im
Erlassjahr frei werden; denn die Häuser
in den Städten der Leviten sind ihr Besitz
inmitten der Israeliten. 34 Auch das Wei-
deland vor ihren Städten soll man nicht
verkaufen; denn das ist ihr Eigentum für
immer.

Verbot des Zinsnehmens

35 Wenn dein Bruder neben dir verarmt
und nicht mehr bestehen kann, so sollst
du dich seiner annehmen wie eines
Fremdlings oder Beisassen, dass er neben
dir leben könne; 36 [a]und du sollst nicht
Zinsen von ihm nehmen noch Aufschlag,
sondern sollst dich vor deinem Gott
fürchten, dass dein Bruder neben dir le-
ben könne. 37 Denn du sollst ihm dein
Geld nicht auf Zinsen leihen noch Speise
geben gegen Aufschlag. 38 Ich bin der
HERR, euer Gott, der euch aus Ägypten-
land geführt hat, um euch das Land Ka-
naan zu geben und euer Gott zu sein.

Einlösung von Schuldsklaven

39 Wenn dein Bruder neben dir verarmt
und sich dir verkauft, so sollst du ihn
nicht als Sklaven dienen lassen;[a] 40 son-
dern wie ein Tagelöhner, wie ein Beisasse
soll er bei dir sein und bis an das Er-
lassjahr bei dir dienen. 41 Dann soll er

25,14: *a* 1. Thess 4,6 **25,18:** *a* Kap 26,5; 1. Kön 5,5 **25,21:** *a* 5. Mose 28,8 **25,23:** *a* Ps 39,13 **25,25:** *a* Rut 4,3-4 **25,32:** *a (32-34)* 4. Mose 35,2-5 **25,36:** *a (36-37)* 2. Mose 22,24; 5. Mose 23,20 **25,39:** *a* 2. Mose 21,2

von dir frei ausgehen und seine Kinder
mit ihm und soll zurückkehren zu sei-
ner Sippe und wieder zu seiner Väter
Habe kommen. 42 Denn sie sind meine
Knechte, die ich aus Ägyptenland ge-
führt habe. Darum soll man sie nicht als
Sklaven verkaufen. 43 Du sollst [a]nicht
mit Härte über sie herrschen, sondern
dich fürchten vor deinem Gott.

44 Willst du aber Sklaven und Sklavin-
nen haben, so sollst du sie kaufen von
den Völkern, die um euch her sind, 45 und
auch von den Beisassen, die als Fremd-
linge unter euch wohnen, und von ihren
Nachkommen, die sie bei euch in eurem
Lande zeugen. Die mögt ihr zu eigen
haben 46 und sollt sie vererben euren Kin-
dern zum Eigentum für immer; die sollt
ihr Sklaven sein lassen. Aber von euren
Brüdern, den Israeliten, soll keiner über
den andern herrschen mit Härte.

47 Wenn irgendein Fremdling oder Bei-
sasse bei dir zu Besitz kommt und dein
Bruder neben ihm verarmt und sich dem
Fremdling oder Beisassen bei dir oder
jemandem von dessen Sippe verkauft,
48 so soll er, nachdem er sich verkauft
hat, das Recht haben, wieder frei zu wer-
den, und es soll ihn jemand unter seinen
Brüdern einlösen 49 oder sein Oheim oder
sein Vetter oder sonst sein nächster
Blutsverwandter aus seinem Geschlecht;
oder wenn er selbst so viel aufbringen
kann, so soll er selbst sich einlösen.
50 Und er soll mit seinem Käufer rechnen
vom Jahr an, da er sich verkauft hatte,
bis aufs Erlassjahr. Und das Geld, um
das er sich verkauft hat, soll nach der
Zahl der Jahre berechnet werden, als
wäre er die ganze Zeit Tagelöhner bei
ihm gewesen. 51 Sind noch viele Jahre bis
zum Erlassjahr, so soll er entsprechend
mehr zu seiner Einlösung erstatten von
dem Gelde, für das er gekauft wurde.
52 Sind aber nur wenige Jahre übrig bis
zum Erlassjahr, so soll er sie berechnen
und entsprechend weniger zu seiner Ein-
lösung erstatten. 53 Wie ein Tagelöhner
soll er von Jahr zu Jahr bei ihm sein,
doch soll er [a]nicht mit Härte über ihn
herrschen vor deinen Augen. 54 Wird er
aber nicht auf diese Weise eingelöst, so
soll er im Erlassjahr frei ausgehen und
seine Kinder mit ihm. 55 Denn mir ge-
hören die Israeliten als Knechte; meine
Knechte sind sie, die ich aus Ägypten-
land geführt habe. Ich bin der HERR,
euer Gott.

Segen und Fluch

(vgl. 2. Mose 23,20-33; 5. Mose 28,1-68)

26 Ihr sollt euch keine Götzen ma-
chen und euch weder Bild noch
Steinmal aufrichten, auch keinen Stein
mit Bildwerk setzen in eurem Lande, um
davor anzubeten; denn ich bin der HERR,
euer Gott.[a] 2 Haltet [a]meine Sabbate und
habt Ehrfurcht vor meinem Heiligtum.
Ich bin der HERR.

3 Werdet ihr in meinen Satzungen wan-
deln und meine Gebote halten und tun,
4 so will ich euch Regen geben zur rech-
ten Zeit und das Land soll sein Gewächs
geben und die Bäume auf dem Felde ihre
Früchte bringen.[a] 5 Und die Dreschzeit
soll reichen bis zur Weinernte, und die
Weinernte soll reichen bis zur Zeit der
Saat. [a]Und ihr sollt Brot die Fülle haben
und sollt sicher in eurem Lande wohnen.
6 Ich will Frieden geben in eurem Lande,
dass ihr schlaft und euch niemand auf-
schrecke. [a]Ich will die wilden Tiere aus
eurem Lande wegschaffen, und kein
Schwert soll durch euer Land gehen. 7 Ihr
sollt eure Feinde jagen, und sie sollen vor
euch her dem Schwert verfallen. 8 Fünf
von euch sollen hundert jagen, und hun-
dert von euch sollen zehntausend jagen;
denn eure Feinde sollen vor euch her
dem Schwert verfallen.[a] 9 Und ich will
mich zu euch wenden und will euch
fruchtbar machen und euch mehren und
will meinen Bund mit euch halten.[a]
10 Und ihr werdet noch von dem Vor-
jährigen essen und, wenn das Neue
kommt, das Vorjährige wegtun müssen.
11 Ich will meine Wohnung unter euch
haben und will euch nicht verwerfen.
12 Und ich will unter euch wandeln und
will euer Gott sein, und ihr sollt mein
Volk sein.[a] 13 Denn ich bin der HERR,
euer Gott, der euch aus Ägyptenland ge-
führt hat, damit ihr nicht ihre Knechte
bleibt, und habe [a]euer Joch zerbrochen

25,43: *a* 2. Mose 21,20-21 **25,53:** *a* Vers 43 **26,1:** *a* 2. Mose 20,4-5 **26,2:** *a* Kap 19,30 **26,4:** *a* 5. Mose 11,14 **26,5:** *a* Am 9,13 **26,6:** *a* Hes 34,25 **26,8:** *a* 5. Mose 32,30; Jos 23,10 **26,9:** *a* Hes 36,11 **26,12:** *a* Jer 7,23; 2. Kor 6,16 **26,13:** *a* Hes 34,27-28

und habe euch aufrecht einhergehen las-
sen.
14 Werdet ihr mir aber nicht gehorchen
und nicht alle diese Gebote tun 15 und
werdet ihr meine Satzungen verachten
und meine Rechte verwerfen, dass ihr
nicht tut alle meine Gebote, und werdet
ihr meinen Bund brechen, 16 so will auch
ich euch dieses tun: Ich will euch heim-
suchen mit Schrecken, mit Auszehrung
und Fieber, dass euch die Augen erlö-
schen und das Leben hinschwindet. Ihr
sollt umsonst euren Samen säen und eure
Feinde sollen ihn essen. 17 Und ich will
mein Antlitz gegen euch richten und ihr
sollt geschlagen werden vor euren Fein-
den, und die euch hassen, sollen über
euch herrschen, und ihr sollt fliehen,
ohne dass euch einer jagt.
18 Wenn ihr mir aber auch dann noch
nicht gehorcht, so will ich euch noch wei-
ter strafen, siebenfältig, um eurer Sünden
willen, 19 dass ich euren Stolz und eure
Halsstarrigkeit breche, und will euren
[a]Himmel wie Eisen und eure Erde wie
Erz machen. 20 Und eure Mühe und Ar-
beit soll verloren sein, dass euer Land
sein Gewächs nicht gebe und die Bäume
im Lande ihre Früchte nicht bringen.
21 Und wenn ihr mir zuwiderhandelt
und mich nicht hören wollt, so will ich
euch noch weiter schlagen, siebenfältig,
um eurer Sünden willen. 22 Und ich will
[a]wilde Tiere unter euch senden, die sol-
len eure Kinder fressen und euer Vieh
zerreißen und euch vermindern, und eure
Straßen sollen verlassen sein. 23 [a]Werdet
ihr euch aber damit noch nicht von mir
zurechtbringen lassen und mir zuwider-
handeln, 24 so will auch ich euch zuwider-
handeln und will euch siebenfältig mehr
schlagen um eurer Sünden willen 25 und
will ein [a]Racheschwert über euch brin-
gen, das meinen Bund rächen soll. Und
wenn ihr euch auch in eure Städte flüch-
tet, will ich doch die Pest unter euch
senden und will euch in die Hände eurer
Feinde geben. 26 Dann will ich euch den
[a]Vorrat an Brot verderben; zehn Frauen
sollen euer Brot in **einem** Ofen backen
und [b]euer Brot soll man euch nach Ge-
wicht zuteilen, und wenn ihr esst, sollt
ihr nicht satt werden.
27 Werdet ihr mir aber auch dann noch
nicht gehorchen und mir zuwiderhan-
deln, 28 so will auch ich euch im Grimm
zuwiderhandeln und will euch sieben-
fältig mehr strafen um eurer Sünden wil-
len, 29 dass ihr sollt eurer Söhne und Töch-
ter Fleisch essen.[a] 30 Und ich will eure
Opferhöhen vertilgen und eure [a]Rauch-
opfersäulen ausrotten und will eure Leich-
name auf die Leichname eurer Götzen
werfen und werde an euch Ekel haben.
31 Und ich will eure Städte wüst machen
und eure Heiligtümer verheeren und will
den lieblichen Geruch eurer Opfer nicht
mehr riechen. 32 So will ich das Land
wüst machen, dass eure Feinde, die darin
wohnen werden, sich davor entsetzen.
33 Euch aber will ich unter die Völker
zerstreuen und mit gezücktem Schwert
hinter euch her sein, dass euer Land soll
wüst sein und eure Städte zerstört.
34 Alsdann wird [a]das Land seine Sab-
bate nachholen, solange es wüst liegt und
ihr in der Feinde Land seid; ja, dann
wird das Land ruhen und seine Sabbate
nachholen. 35 Solange es wüst liegt, wird
es ruhen, weil es nicht ruhen konnte, als
ihr es solltet ruhen lassen, während ihr
darin wohntet. 36 Und denen, die von
euch übrig bleiben, will ich ein feiges
Herz machen in ihrer Feinde Land, dass
sie ein raschelndes Blatt soll jagen, und
sie sollen davor fliehen, als jagte sie ein
Schwert, und fallen, wo sie doch nie-
mand jagt. 37 Und einer soll über den
andern hinfallen, als wäre das Schwert
hinter ihnen, wo sie doch niemand jagt,
und ihr sollt nicht bestehen können ge-
gen eure Feinde. 38 Und ihr sollt umkom-
men unter den Völkern, und eurer Feinde
Land soll euch fressen. 39 Die aber von
euch übrig bleiben, die sollen in der
Feinde Land dahinschwinden wegen ih-
rer [a]Missetat, aber auch um der Missetat
ihrer Väter willen.

Umkehr des Volkes und Treue des HERRN

40 Da werden sie dann [a]bekennen ihre
Missetat und ihrer Väter Missetat, dass

26,19: *a* 5. Mose 11,17 **26,22:** *a* Hes 5,17 **26,23:** *a (23-24)* 2. Sam 22,27 **26,25:** *a* Jes 1,20.24 **26,26:** *a* Jes 3,1; *b* Hes 4,16 **26,29:** *a* 5. Mose 28,53; Jer 19,9 **26,30:** *a* Hes 6,4.6 **26,34:** *a* Kap 25,2; 2. Chr 36,21 **26,39:** *a* Hes 24,23; 33,10 **26,40:** *a* 5. Mose 4,30

sie mir untreu gewesen sind und mir zu-
widergehandelt haben. 41 – Darum habe
auch ich ihnen zuwidergehandelt und sie
in das Land ihrer Feinde getrieben. – Da
wird sich ja ihr [a]unbeschnittenes Herz
demütigen, und dann werden sie die
Strafe für ihre Missetat abtragen. 42 Und
ich werde [a]an meinen Bund mit Jakob
gedenken und an meinen Bund mit Isaak
und an meinen Bund mit Abraham und
werde an das Land gedenken. 43 Aber das
Land wird von ihnen verlassen sein und
seine Sabbate nachholen, solange es wüst
liegt, und sie werden die Strafe für ihre
Missetat abtragen, weil sie meine Rechte
verachtet und an meinen Satzungen Ekel
gehabt haben. 44 Aber wenn sie auch in
der Feinde Land sind, [a]verwerfe ich sie
dennoch nicht, und es ekelt mich nicht
vor ihnen, sodass es mit ihnen aus sein
sollte und mein Bund mit ihnen nicht
mehr gelten sollte; denn ich bin der
HERR, ihr Gott. 45 Und ich will ihnen
zugut an meinen [a]Bund mit den Vor-
fahren gedenken, die ich aus Ägypten-
land führte vor den Augen der Völker,
auf dass ich ihr Gott wäre, ich, der
HERR.

46 Dies sind die Satzungen und Rechte
und Gesetze, die der HERR zwischen sich
und den Israeliten aufgerichtet hat auf
dem Berge Sinai durch die Hand des
Mose.

Ablösung von Gelübden und Weihegaben

27 Und der HERR redete mit Mose
und sprach: 2 Rede mit den Israeli-
ten und sprich zu ihnen: Wenn jemand
dem HERRN ein Gelübde getan hat, das
abgelöst werden soll, und es sich um
einen Menschen handelt, 3 [a]so soll das
deine Schätzung sein: Einen Mann von
zwanzig bis sechzig Jahren sollst du
schätzen auf fünfzig Lot Silber nach dem
Gewicht des Heiligtums, 4 eine Frau auf
dreißig Lot Silber. 5 Von fünf Jahren bis
zwanzig Jahren sollst du, wenn es ein
Mann ist, schätzen auf zwanzig Lot Sil-
ber, eine Frau aber auf zehn Lot Silber.
6 Von einem Monat an bis auf fünf Jahre
sollst du, wenn es ein Knabe ist, schätzen
auf fünf Lot Silber, ein Mädchen aber
auf drei Lot Silber. 7 Bei sechzig Jahren
und darüber sollst du, wenn es ein Mann
ist, schätzen auf fünfzehn Lot Silber, eine
Frau aber auf zehn Lot Silber. 8 Ist er
aber zu arm, diese Schätzung zu zahlen,
so soll er jenen Menschen vor den Pries-
ter stellen und der Priester soll ihn schät-
zen; er soll ihn aber schätzen nach dem,
was der zu geben vermag, der das Ge-
lübde getan hat.

9 Ist es aber ein Tier, das man dem
HERRN opfern darf: Jedes Tier, das man
dem HERRN gibt, ist heilig. 10 Man soll es
nicht auswechseln noch tauschen, ein gu-
tes gegen ein schlechtes oder ein schlech-
tes gegen ein gutes. Wenn aber jemand
auswechselt ein Tier gegen das andere, so
sollen sie beide heilig sein. 11 Ist aber das
Tier unrein, dass man es dem HERRN
nicht opfern darf, so soll man es vor den
Priester stellen 12 und der Priester soll es
schätzen, ob es gut oder schlecht sei, und
es soll bei des Priesters Schätzung blei-
ben. 13 Will's aber jemand ablösen, der
soll den [a]fünften Teil über die Schätzung
hinaus geben.

14 Wenn jemand sein Haus dem
HERRN gelobt, dass es ihm heilig sei, so
soll es der Priester schätzen, ob es gut
oder schlecht sei, und wie es der Priester
schätzt, so soll's bleiben. 15 Wenn es aber
der, der es gelobt hat, ablösen will, so soll
er den fünften Teil des Geldes, zu dem es
geschätzt ist, hinzulegen, dann soll es
ihm wieder gehören.

16 Wenn jemand ein Stück Acker von
seinem Erbgut dem HERRN gelobt, so
soll es geschätzt werden nach der Aus-
saat. Ist die Aussaat ein Sack Gerste, so
soll der Acker [a]fünfzig Lot Silber gelten.
17 Gelobt er seinen Acker vom [a]Erlass-
jahr an, so soll es bei dieser Schätzung
bleiben. 18 Hat er ihn aber nach dem Er-
lassjahr gelobt, so soll der Priester das
Geld berechnen nach den übrigen Jahren
bis zum Erlassjahr und ihn danach gerin-
ger schätzen. 19 Will aber der, der ihn
gelobt hat, den Acker ablösen, so soll er
den fünften Teil des Geldes, auf das er
geschätzt ist, hinzulegen, so soll er wie-
der sein werden. 20 Wenn er ihn aber
nicht ablöst und verkauft ihn dennoch

26,41: *a* 5. Mose 10,16; Jer 9,25 **26,42:** *a* 2. Mose 2,24; 2. Kön 13,23 **26,44:** *a* Hos 11,9 **26,45:** *a* 1. Mose 12,7
27,3: *a (3-7)* Ri 11,31; 1. Sam 1,11 **27,13:** *a* Kap 5,16 **27,16:** *a* 2. Sam 24,24 **27,17:** *a* Kap 25,8-55

einem andern, so kann er nicht mehr abgelöst werden, 21 sondern wenn dieser Acker im Erlassjahr frei wird, soll er dem HERRN heilig sein wie ein gebannter Acker und soll des Priesters Eigentum sein. 22 Wenn aber jemand dem HERRN einen Acker gelobt, den er gekauft hat und der also nicht sein Erbgut ist, 23 so soll der Priester berechnen, was er gilt bis zum Erlassjahr, und er soll diese Summe am selben Tage geben, dass sie dem HERRN heilig sei. 24 Aber im Erlassjahr soll der Acker wieder an den gelangen, von dem er ihn gekauft hat, dem er als sein Erbgut gehört. 25 Alle Schätzung soll geschehen nach dem Gewicht des Heiligtums; ein Lot aber hat zwanzig Gramm.

26 Die [a]Erstgeburt unter dem Vieh, die dem HERRN auch sonst gebührt, soll niemand geloben, es sei ein Stier oder Schaf; es gehört dem HERRN. 27 Ist es aber unreines Vieh, so soll man es ablösen nach der Schätzung und darüber hinaus geben den fünften Teil. Will man es nicht ablösen, so werde es verkauft nach der Schätzung.

28 [a]Man soll Gebanntes nicht verkaufen oder ablösen, das jemand dem HERRN durch einen Bann geweiht hat, von allem, was sein ist, es seien Menschen, Vieh oder Erbacker; denn alles Gebannte ist ein Hochheiliges dem HERRN. 29 Man soll auch keinen gebannten Menschen loskaufen; er soll des Todes sterben.[a]

30 Alle [a]Zehnten im Lande, vom Ertrag des Landes und von den Früchten der Bäume, gehören dem HERRN und sollen dem HERRN heilig sein. 31 Will aber jemand seinen Zehnten ablösen, der soll den fünften Teil darüber hinaus geben. 32 Und alle [a]Zehnten von Rindern und Schafen, alles, was unter dem Hirtenstabe hindurchgeht, jedes Zehnte davon soll heilig sein dem HERRN. 33 Man soll nicht fragen, ob es gut oder schlecht sei, man soll's auch nicht auswechseln. Wenn es aber jemand auswechselt, soll beides heilig sein und darf nicht abgelöst werden.

34 Das sind die Gebote, die der HERR dem Mose gebot für die Israeliten auf dem Berge Sinai.[a]

DAS VIERTE BUCH MOSE (NUMERI)

Inhaltsübersicht

Zählung der Männer für den Heerbann

(vgl. Kap 26,2-51)

1 Und der HERR redete mit Mose in der Wüste Sinai in der Stiftshütte [a]am ersten Tage des zweiten Monats im zweiten Jahr, nachdem sie aus Ägyptenland gezogen waren, und sprach: 2 Nehmt die Summe der ganzen Gemeinde der Israeliten auf nach ihren Geschlechtern und [a]Sippen und Namen, alles, was männlich ist, Kopf für Kopf,[b] 3 von zwanzig Jahren an und darüber, was wehrfähig ist in Israel. Ihr sollt sie zählen nach ihren Heerscharen, du und Aaron. 4 Und es soll euch beistehen je ein Mann von jedem Stamm, nämlich das Haupt seiner Sippen.

5 Dies sind aber die Namen der Männer, die euch beistehen sollen: von Ruben: Elizur, der Sohn Schedëurs; 6 von Simeon: Schelumiël, der Sohn Zurischaddais; 7 von Juda: [a]Nachschon, der

27,26: *a* 2.Mose 13,2.12-13; 4.Mose 18,15 **27,28:** *a* *(28-29)* 4.Mose 18,14; 21,2; Jos 6,18.26; Hes 44,29 **27,29:** *a* Jos 6,17-18; 1.Sam 15,3.9 **27,30:** *a* 4.Mose 18,21; 5.Mose 14,22-29; Neh 13,12 **27,32:** *a* 2.Chr 31,6 **27,34:** *a* Kap 7,38; 25,1; 26,46 **1,1:** *a* 2.Mose 40,17 **1,2:** *a* 1.Mose 35,23-26; *b* 2.Mose 30,12 **1,7:** *a* 2.Mose 6,23

Sohn Amminadabs; 8 von Issachar: Ne-
tanel, der Sohn Zuars; 9 von Sebulon:
Eliab, der Sohn Helons; 10 von den Söh-
nen Josefs: von Ephraim: [a]Elischama,
der Sohn Ammihuds; und von [b]Ma-
nasse: Gamliël, der Sohn Pedazurs;
11 von Benjamin: Abidan, der Sohn des
Gidoni; 12 von Dan: Ahiëser, der Sohn
Ammischaddais; 13 von Asser: Pagiël, der
Sohn Ochrans; 14 von Gad: Eljasaf, der
Sohn Deguëls; 15 von Naftali: Ahira, der
Sohn Enans.

16 Das sind die Berufenen aus der Ge-
meinde, die Fürsten unter den Stämmen
ihrer Väter, die da Häupter über die Tau-
sende in Israel waren.

17 Und Mose und Aaron nahmen diese
Männer zu sich, wie sie da mit Namen
genannt sind, 18 und versammelten die
ganze Gemeinde am ersten Tage des
zweiten Monats, und sie ließen sich ein-
schreiben nach ihren Geschlechtern und
Sippen und Namen, von zwanzig Jahren
an und darüber, Kopf für Kopf, 19 wie
der HERR es Mose geboten hatte. So
zählte er sie in der Wüste Sinai.

20 Die Söhne Rubens, des ersten Soh-
nes Israels, nach ihrer Abstammung und
ihren Geschlechtern, ihren Sippen und
Namen, Kopf für Kopf, alles, was männ-
lich war, von zwanzig Jahren an und dar-
über, was wehrfähig war, 21 so viele ihrer
vom Stamm Ruben gezählt wurden, wa-
ren 46 500.

22 Die Söhne Simeon nach ihrer Ab-
stammung und ihren Geschlechtern, ih-
ren Sippen und Namen, Kopf für Kopf,
alles, was männlich war, von zwanzig
Jahren an und darüber, was wehrfähig
war, 23 so viele ihrer vom Stamm Simeon
gezählt wurden, waren 59 300.

24 Die Söhne Gad nach ihrer Abstam-
mung und ihren Geschlechtern, ihren
Sippen und Namen, von zwanzig Jahren
an und darüber, alles, was wehrfähig war,
25 so viele ihrer vom Stamm Gad gezählt
wurden, waren 45 650.

26 Die Söhne Juda nach ihrer Abstam-
mung und ihren Geschlechtern, ihren
Sippen und Namen, von zwanzig Jahren
an und darüber, alles, was wehrfähig war,
27 so viele ihrer vom Stamm Juda gezählt
wurden, waren 74 600.

28 Die Söhne Issachar nach ihrer Ab-
stammung und ihren Geschlechtern,
ihren Sippen und Namen, von zwanzig
Jahren an und darüber, alles, was wehr-
fähig war, 29 so viele ihrer vom Stamm
Issachar gezählt wurden, waren 54 400.

30 Die Söhne Sebulon nach ihrer Ab-
stammung und ihren Geschlechtern,
ihren Sippen und Namen, von zwanzig
Jahren an und darüber, alles, was wehr-
fähig war, 31 so viele ihrer vom Stamm
Sebulon gezählt wurden, waren 57 400.

32 Die Söhne Josef: die Söhne Ephraim
nach ihrer Abstammung und ihren Ge-
schlechtern, ihren Sippen und Namen,
von zwanzig Jahren an und darüber, al-
les, was wehrfähig war, 33 so viele ihrer
vom Stamm Ephraim gezählt wurden,
waren 40 500;

34 und die Söhne Manasse nach ihrer
Abstammung und ihren Geschlechtern,
ihren Sippen und Namen, von zwanzig
Jahren an und darüber, alles, was wehr-
fähig war, 35 so viele ihrer vom Stamm
Manasse gezählt wurden, waren 32 200.

36 Die Söhne Benjamin nach ihrer Ab-
stammung und ihren Geschlechtern, ih-
ren Sippen und Namen, von zwanzig
Jahren an und darüber, alles, was wehr-
fähig war, 37 so viele ihrer vom Stamm
Benjamin gezählt wurden, waren 35 400.

38 Die Söhne Dan nach ihrer Abstam-
mung und ihren Geschlechtern, ihren
Sippen und Namen, von zwanzig Jahren
an und darüber, alles, was wehrfähig war,
39 so viele ihrer vom Stamm Dan gezählt
wurden, waren 62 700.

40 Die Söhne Asser nach ihrer Abstam-
mung und ihren Geschlechtern, ihren
Sippen und Namen, von zwanzig Jahren
an und darüber, alles, was wehrfähig war,
41 so viele ihrer vom Stamm Asser gezählt
wurden, waren 41 500.

42 Die Söhne Naftali nach ihrer Ab-
stammung und ihren Geschlechtern, ih-
ren Sippen und Namen, von zwanzig
Jahren an und darüber, alles, was wehr-
fähig war, 43 so viele ihrer vom Stamm
Naftali gezählt wurden, waren 53 400.

44 Dies sind die Männer, die Mose
zählte mit Aaron und den [a]zwölf Für-
sten Israels, von denen jeder seinen Sip-
pen vorstand. 45 Und die Summe der Is-

1,10: *a* 1. Chr 7,26; *b* 1. Mose 48,5 **1,44:** *a* 1. Mose 17,20; 25,16

raeliten nach ihren Sippen, von zwanzig
Jahren an und darüber, alles, was wehr-
fähig war in Israel, 46 war [a]603 550.

47 Die aber Leviten waren nach dem
Stamm ihrer Väter, wurden nicht mit
darunter gezählt.

48 Und der HERR redete mit Mose und
sprach: 49 Den [a]Stamm Levi sollst du
nicht zählen noch seine Summe aufneh-
men unter die Israeliten, 50 sondern du
sollst sie zum Dienst bestellen an der
Wohnung des Gesetzes, an all ihrem Ge-
rät und allem, was dazugehört. Sie [a]sol-
len die Wohnung tragen und alle Geräte
und sollen sie in ihre Obhut nehmen und
[b]um die Wohnung her sich lagern.
51 Und wenn man weiterzieht, so sollen
die Leviten die Wohnung abbrechen.
Wenn aber das Heer sich lagert, sollen sie
die Wohnung aufschlagen. Und [a]wenn
ein Fremder sich naht, so soll er sterben.
52 Die Israeliten sollen sich lagern, ein
jeder in seinem Lager und bei dem Ban-
ner seiner Heerschar. 53 Aber die Leviten
sollen sich um die Wohnung des Gesetzes
her lagern, damit nicht ein [a]Zorn über
die Gemeinde der Israeliten komme. So
sollen die Leviten ihren Dienst versehen
an der Wohnung des Gesetzes.

54 Und die Israeliten taten alles, wie
der HERR es Mose geboten hatte.

Ordnung der Stämme im Lager und unterwegs

2 Und der HERR redete mit Mose und
Aaron und sprach: 2 Die Israeliten
sollen um die Stiftshütte her sich lagern,
ein jeder bei seinem Banner und Zeichen,
nach ihren Sippen.

3 Nach Osten soll sich lagern das Ban-
ner des Lagers Juda mit seinen Heer-
scharen: sein Fürst Nachschon, der Sohn
Amminadabs, 4 und sein Heer, 74 600
Mann. 5 Neben ihm soll sich lagern der
Stamm Issachar: sein Fürst Netanel, der
Sohn Zuars, 6 und sein Heer, 54 400
Mann. 7 Dazu der Stamm Sebulon: sein
Fürst Eliab, der Sohn Helons, 8 und sein
Heer, 57 400 Mann – 9 sodass alle, die ins
Lager Juda gehören, seien nach ihren
Heerscharen zusammen 186 400 Mann.
Und die sollen vornean ziehen.

10 Nach Süden soll sein das Banner des
Lagers Ruben mit seinen Heerscharen:
sein Fürst Elizur, der Sohn Schedëurs,
11 und sein Heer, 46 500 Mann. 12 Neben
ihm soll sich lagern der Stamm Simeon:
sein Fürst Schelumiël, der Sohn Zuri-
schaddais, 13 und sein Heer, 59 300 Mann.
14 Dazu der Stamm Gad: sein Fürst Elja-
saf, der Sohn Deguëls, 15 und sein Heer,
45 650 Mann – 16 sodass alle, die ins
Lager Ruben gehören, seien nach ihren
Heerscharen zusammen 151 450 Mann.
Und sie sollen die Zweiten beim Auszug
sein.

17 Danach [a]soll die Stiftshütte aufbre-
chen mit dem Lager der Leviten, in der
Mitte zwischen den andern Lagern; und
wie sie lagern, so sollen sie auch auszie-
hen, ein jeder an seinem Platz unter sei-
nem Banner.

18 Nach Westen soll sein das Banner
des Lagers Ephraim mit seinen Heer-
scharen: sein Fürst soll sein Elischama,
der Sohn Ammihuds, 19 und sein Heer,
40 500 Mann. 20 Neben ihm soll sich la-
gern der Stamm Manasse: sein Fürst
Gamliël, der Sohn Pedazurs, 21 und sein
Heer, 32 200 Mann. 22 Dazu der Stamm
Benjamin: sein Fürst Abidan, der Sohn
des Gidoni, 23 und sein Heer, 35 400
Mann – 24 sodass alle, die ins Lager
Ephraim gehören, seien nach ihren Heer-
scharen zusammen 108 100 Mann. Und
sie sollen die Dritten beim Auszug sein.

25 Nach Norden soll sein das Banner
des Lagers Dan mit seinen Heerscharen:
sein Fürst Ahiëser, der Sohn Ammi-
schaddais, 26 und sein Heer, 62 700
Mann. 27 Neben ihm soll sich lagern der
Stamm Asser: sein Fürst Pagiël, der
Sohn Ochrans, 28 und sein Heer, 41 500
Mann. 29 Dazu der Stamm Naftali: sein
Fürst Ahira, der Sohn Enans, 30 und sein
Heer, 53 400 Mann – 31 sodass alle, die
ins Lager Dan gehören, seien zusammen
157 600 Mann. Und sie sollen die Letzten
sein beim Auszug mit ihrem Banner.

32 Dies ist die Summe der Israeliten
nach ihren Sippen, Lagern und Heer-
scharen: [a]603 550 Mann. 33 Aber [a]die
Leviten wurden unter den Israeliten nicht
mitgezählt, wie der HERR es Mose ge-

1,46: *a* Kap 2,32; 2. Mose 12,37 **1,49:** *a* Kap 2,33; 3,15-39 **1,50:** *a* Kap 4,1-49; *b* Kap 3,23-38 **1,51:** *a* Kap 3,10.38; 17,5 **1,53:** *a* Kap 17,11; 18,5; Jos 9,20; 2. Sam 24,1; 2. Chr 19,2; Jes 57,17; 64,4-6 **2,17:** *a* Kap 10,17.21 **2,32:** *a* Kap 1,46 **2,33:** *a* Kap 1,48-49

boten hatte. 34 Und die Israeliten taten
alles, wie der HERR es Mose geboten
hatte; wie sie bei ihren Bannern lagerten,
so zogen sie aus, ein jeder bei seinem
Geschlecht und seiner Sippe.

Aarons Familie. Amt der Leviten

3 Dies ist das Geschlecht [a]Aarons und
Moses zu der Zeit, da der HERR mit
Mose redete auf dem Berge Sinai. 2 Und
dies sind die Namen der Söhne Aarons:
der Erstgeborene Nadab, danach Abihu,
Eleasar und Itamar. 3 Das sind die Na-
men der Söhne Aarons, die [a]zu Priestern
gesalbt waren und denen man die Hände
füllte zum Priestertum. 4 Aber [a]Nadab
und Abihu starben vor dem HERRN, als
sie fremdes Feuer opferten vor dem
HERRN in der Wüste Sinai, und sie hat-
ten keine Söhne. Eleasar aber und Itamar
versahen Priesterdienst unter ihrem Vater
Aaron.
5 Und der HERR redete mit Mose und
sprach: 6 Bringe den Stamm Levi herzu
und stelle sie vor den Priester Aaron,
dass sie ihm dienen.[a] 7 Sie sollen [a]den
Dienst für ihn und für die ganze Ge-
meinde versehen vor der Stiftshütte und
so [b]ihr Amt bei der Wohnung ausüben
8 und sollen alles Gerät der Stiftshütte in
ihre Obhut nehmen und den Dienst für
die Israeliten versehen und ihr Amt bei
der Wohnung ausüben.[a] 9 Und du sollst
die Leviten dem Aaron und seinen Söh-
nen übergeben als Gabe der Israeliten.
10 Aaron aber und seine Söhne sollst du
bestellen, dass sie auf ihr Priesteramt
achthaben. [a]Wenn ein Fremder sich naht,
so soll er sterben.
11 Und der HERR redete mit Mose und
sprach: 12 Siehe, ich habe die [a]Levi-
ten genommen aus den Israeliten statt
aller [b]Erstgeburt, die den Mutterschoß
durchbricht in Israel, sodass die Leviten
mir gehören sollen. 13 Denn die Erstge-
burten sind mein. An dem Tage, da ich
alle Erstgeburt schlug in Ägyptenland,
da heiligte ich mir alle Erstgeburt in Is-
rael, vom Menschen an bis auf das Vieh,
dass sie mir gehören sollen. Ich bin der
HERR.

**Die Geschlechter der Leviten
und ihr Dienst**

14 Und der HERR redete mit Mose in der
Wüste Sinai und sprach: 15 Zähle die
Söhne Levi nach ihren Sippen und Ge-
schlechtern, alles, was männlich ist, einen
Monat alt und darüber. 16 Also zählte sie
Mose nach dem Wort des HERRN, wie er
ihm geboten hatte.
17 Und dies waren die Söhne Levis mit
Namen: [a]Gerschon, [b]Kehat und Merari.
18 Die Namen aber der Söhne Gerschons
nach ihren Geschlechtern waren: Libni
und Schimi. 19 Die Söhne Kehats nach
ihren Geschlechtern waren: Amram, Jiz-
har, Hebron und Usiël. 20 Die Söhne
Meraris nach ihren Geschlechtern waren:
Machli und Muschi. Das sind die Ge-
schlechter Levis nach ihren Sippen.
21 Dies sind die Geschlechter von Ger-
schon: die Libniter und die Schimiter.
22 Ihre Zahl war 7500, alles, was männ-
lich war, einen Monat alt und darüber.
23 Und die Geschlechter der Gerschoniter
sollen sich lagern hinter der Wohnung
nach Westen. 24 Ihr Fürst sei Eljasaf, der
Sohn Laëls. 25 Und sie sollen an der
Stiftshütte in Obhut nehmen die Woh-
nung und das Zelt und seine Decken und
den Vorhang in der Tür der Stiftshütte,
26 die Umhänge am Vorhof und den Vor-
hang in der Tür des Vorhofs, der die
Wohnung und den Altar umgibt, und
ihre Seile und was sonst zu ihrem Amt
gehört.
27 Dies sind die Geschlechter von Ke-
hat: die Amramiter, die Jizhariter, die
Hebroniter und die Usiëliter, 28 alles, was
männlich war, einen Monat alt und dar-
über, an Zahl 8600, die den Dienst am
Heiligtum versehen. 29 Die Geschlechter
der Söhne Kehat sollen sich lagern an der
Seite der Wohnung nach Süden. 30 Ihr
Fürst sei [a]Elizafan, der Sohn Usiëls.
31 Und sie sollen in Obhut nehmen die
Lade, den Tisch, den Leuchter, die Altäre
und alle Geräte des Heiligtums, an denen
sie dienen, und den Vorhang und was
sonst zu ihrem Amt gehört.[a] 32 Aber der
Fürst über alle Fürsten der Leviten soll

3,1: *a* 2. Mose 6,23 **3,3:** *a* 2. Mose 40,15 **3,4:** *a* 3. Mose 10,1-2 **3,6:** *a* 2. Mose 32,29 **3,7:** *a* Kap 18,3; *b* Kap 16,9
3,8: *a* Kap 4,1-49 **3,10:** *a* Kap 1,51 **3,12:** *a* Kap 8,16; *b* 2. Mose 13,2 **3,17:** *a* 2. Mose 6,16-19; *b* Kap 26,57-64
3,30: *a* 3. Mose 10,4 **3,31:** *a* Kap 7,9

Eleasar sein, der Sohn Aarons, des Pries-
ters, zur Aufsicht über die, welche den
Dienst am Heiligtum versehen.

33 Dies sind die Geschlechter Meraris:
die Machliter und die Muschiter, 34 die
an Zahl waren 6200, alles, was männlich
war, einen Monat alt und darüber. 35 Ihr
Fürst sei Zuriël, der Sohn Abihajils. Sie
sollen sich lagern an der Seite der Woh-
nung nach Norden. 36 Und ihr Amt soll
sein, in Obhut zu nehmen die Bretter und
Riegel und Säulen und Füße der Woh-
nung und alle ihre Geräte und was sonst
zu ihrem Amt gehört, 37 dazu die Säulen
um den Vorhof mit ihren Füßen und
Pflöcken und Seilen.

38 Aber vor der Wohnung, vor der
Stiftshütte, nach Osten sollen sich lagern
Mose und Aaron und seine Söhne, dass
sie auf das Heiligtum achthaben für die
Israeliten. Wenn sich ein Fremder naht,
so soll er sterben. 39 Alle Leviten zusam-
men, die Mose mit Aaron zählte nach
ihren Geschlechtern nach dem Wort des
HERRN, alles, was männlich war, einen
Monat alt und darüber, waren 22000.

Die Auslösung der Erstgeburten

40 Und der HERR sprach zu Mose: Zähle
alle Erstgeburt, was männlich ist unter
den Israeliten, einen Monat alt und dar-
über, und nimm die Zahl ihrer Namen
auf. 41 Und du sollst mir – denn ich bin
der HERR – [a]die Leviten aussondern
statt aller Erstgeburt der Israeliten und
das Vieh der Leviten statt aller Erstge-
burt unter dem Vieh der Israeliten.
42 Und Mose zählte, wie ihm der HERR
geboten hatte, alle Erstgeburt unter den
Israeliten, 43 und die Zahl der Namen al-
ler männlichen Erstgeburt, einen Monat
alt und darüber, betrug 22273.

44 Und der HERR redete mit Mose und
sprach: 45 Nimm die Leviten statt aller
Erstgeburt unter den Israeliten und das
Vieh der Leviten statt ihres Viehs, dass
die Leviten mir gehören sollen. Ich bin
der HERR. 46 Aber als Lösegeld für die
273 Erstgeburten der Israeliten, die die
Zahl der Leviten übersteigen, 47 sollst du
fünf Lot Silber erheben für jeden Kopf.
Nach dem Gewicht, wie es am Heiligtum
gilt, sollst du sie erheben, das Lot zu
zwanzig Gramm. 48 Und du sollst das
Silber für die, welche überzählig sind un-
ter ihnen, Aaron und seinen Söhnen als
Lösegeld geben.

49 Da nahm Mose das Lösegeld von
denen, die die Zahl der Leviten über-
stiegen. 50 Von den Erstgeborenen der
Israeliten nahm er 1365 Lot Silber nach
dem Gewicht, wie es am Heiligtum gilt,
51 und gab's Aaron und seinen Söhnen
nach dem Wort des HERRN, wie der
HERR es Mose geboten hatte.

Der Dienst der Leviten beim Aufbruch des Lagers

4 Und der HERR redete mit Mose und
Aaron und sprach: 2 Nimm die
Summe der Söhne Kehat aus den Söhnen
Levi auf nach ihren Geschlechtern und
Sippen, 3 von [a]dreißig Jahren an und
darüber bis ins fünfzigste Jahr, alle, die
zum Dienst kommen, dass sie ihre Arbeit
tun an der Stiftshütte. 4 Dies soll aber das
Amt der Söhne Kehat an der Stiftshütte
sein: der Dienst am Hochheiligen. 5 Wenn
das Heer aufbricht, so sollen Aaron und
seine Söhne hineingehen und den inneren
Vorhang abnehmen und die Lade mit
dem Gesetz damit umhüllen 6 und darauf
eine Decke von Dachsfellen legen und
oben darauf eine ganz blaue Decke brei-
ten und ihre Stangen durchstecken 7 und
über den Schaubrottisch auch eine blaue
Decke breiten und darauflegen die
Schüsseln und Löffel, die Schalen und
Kannen des Trankopfers, und das Schau-
brot soll daraufliegen. 8 Und sie sollen
darüberbreiten eine scharlachrote Decke
und sie mit einer Decke von Dachsfellen
bedecken und seine Stangen durchste-
cken 9 und sollen eine blaue Decke neh-
men und damit umhüllen den [a]Leuchter
und seine Lampen mit seinen Lichtsche-
ren und Pfannen und allen Ölgefäßen,
die zum Dienst gehören, 10 und sollen um
das alles eine Decke von Dachsfellen tun
und sollen es auf Tragstangen legen.
11 Ebenso sollen sie auch über den [a]gol-
denen Altar eine blaue Decke breiten
und sie bedecken mit einer Decke von
Dachsfellen und seine Stangen durch-

3,41: *a* Kap 18,15 **4,3:** *a* Kap 8,24-25; 1. Chr 23,24 **4,9:** *a* 2. Mose 25,31 **4,11:** *a* 2. Mose 40,26-27

stecken. 12 Alle Geräte, womit sie Dienst
tun im Heiligtum, sollen sie nehmen und
in eine blaue Decke tun und sie mit einer
Decke von Dachsfellen bedecken und auf
Tragstangen legen. 13 Sie sollen auch die
Asche vom Altar fegen und eine Decke
von rotem Purpur über ihn breiten 14 und
alle seine Geräte darauflegen, womit sie
an ihm Dienst tun: Kohlenpfannen, Ga-
beln, Schaufeln, Becken, alle Geräte des
Altars; und sollen darüberbreiten eine
Decke von Dachsfellen und seine Stan-
gen durchstecken.

15 Wenn nun Aaron und seine Söhne
beim Aufbruch des Heeres dies alles aus-
gerichtet und das Heilige und all sein
Gerät bedeckt haben, dann sollen die
Söhne Kehat kommen, [a]um es zu tragen.
[b]Sie sollen aber das Heilige selbst nicht
anrühren, dass sie nicht sterben. Dies ist
es, was die Söhne Kehat von der Stifts-
hütte zu tragen haben. 16 Und Eleasar,
dem Sohn Aarons, des Priesters, ist an-
vertraut das Öl zum Licht und die Speze-
rei zum Räucherwerk und das tägliche
Speisopfer und das Salböl und die Auf-
sicht über die ganze Wohnung und alles,
was darin ist an heiligem Gerät. 17 Und
der HERR redete mit Mose und Aaron
und sprach: 18 Ihr sollt den Stamm der
Geschlechter der Kehatiter nicht zu-
grunde gehen lassen unter den Leviten,
19 sondern das sollt ihr mit ihnen tun,
damit sie leben und nicht sterben, wenn
sie dem Hochheiligen nahen: Aaron und
seine Söhne sollen hineingehen und einen
jeden anstellen zu seinem Amt und seiner
Traglast. 20 Sie aber sollen nicht selbst
hineingehen, auch nur einen Augenblick
[a]das Heilige zu schauen, dass sie nicht
sterben.

21 Und der HERR redete mit Mose und
sprach: 22 Nimm auch die Summe der
Söhne Gerschon auf nach ihren Sippen
und Geschlechtern, 23 von dreißig Jahren
an und darüber bis ins fünfzigste Jahr,
und stelle alle, die zum Dienst kommen,
an, dass sie ihr Amt ausüben an der
Stiftshütte. 24 Dies soll aber das Amt der
Geschlechter der Gerschoniter sein, was
sie tun und tragen sollen: 25 Sie sollen die
Teppiche der Wohnung, der Stiftshütte,
tragen, ihre Decke und die Decke von
Dachsfellen, die obendrüber ist, und den
Vorhang in der Tür der Stiftshütte 26 und
die Umhänge des Vorhofs und den Vor-
hang in der Tür des Tors am Vorhof, der
die Wohnung und den Altar umgibt, und
ihre Seile und alle Geräte ihres Dienstes
und alles, was zu ihrem Amt gehört.
27 Nach dem Wort Aarons und seiner
Söhne soll aller Dienst der Söhne Ger-
schon geschehen, alles, was sie tragen
und tun sollen, und ihr sollt zusehen,
dass sie alles ausrichten, was sie zu tra-
gen haben. 28 Das soll das Amt der Ge-
schlechter der Gerschoniter sein an der
Stiftshütte, und ihr Dienst soll geschehen
[a]unter der Leitung Itamars, des Sohnes
Aarons, des Priesters.

29 Die Söhne Merari nach ihren Ge-
schlechtern und Sippen sollst du auch
bestellen, 30 von dreißig Jahren an und
darüber bis ins fünfzigste Jahr, alle, die
zum Dienst kommen, dass sie ihr Amt
ausüben an der Stiftshütte. 31 Dies alles
soll ihr Dienst an der Stiftshütte sein,
dass sie tragen die Bretter der Wohnung
und ihre Riegel und Säulen und Füße,
32 dazu die Säulen um den Vorhof und
ihre Füße und Pflöcke und Seile mit allen
ihren Geräten, ganz wie es ihr Amt er-
fordert. Und ihr sollt ihnen die einzelnen
Geräte zuweisen, die sie zu tragen haben.
33 Das sei das Amt der Geschlechter der
Söhne Merari, alles, was sie ausrichten
sollen an der Stiftshütte unter der Lei-
tung Itamars, des Sohnes Aarons, des
Priesters.

34 Und Mose und Aaron samt den
Fürsten der Gemeinde zählten die Keha-
titer nach ihren Geschlechtern und Sip-
pen, 35 von dreißig Jahren an und dar-
über bis ins fünfzigste, alle, die zum
Dienst kamen, dass sie ihr Amt ausübten
an der Stiftshütte. 36 Und ihre Summe
war 2750. 37 Das ist die Summe der Ge-
schlechter der Kehatiter, aller, die zu die-
nen hatten an der Stiftshütte und die
Mose und Aaron zählten nach dem Wort
des HERRN, das durch Mose ergangen
war.

38 Die Söhne Gerschon wurden auch
gezählt nach ihren Geschlechtern und
Sippen, 39 von dreißig Jahren an und dar-
über bis ins fünfzigste, alle, die zum

4,15: *a* Kap 7,9; *b* 2. Sam 6,6-7 **4,20:** *a* 1. Sam 6,19 **4,28:** *a* 2. Mose 38,21

Dienst kamen, dass sie ihr Amt an der
Stiftshütte ausübten. 40 Und ihre Summe
war 2630. 41 Das ist die Summe der Ge-
schlechter der Söhne Gerschon, aller, die
zu dienen hatten an der Stiftshütte und
die Mose und Aaron zählten nach dem
Wort des HERRN.

42 Die Söhne Merari wurden auch ge-
zählt nach ihren Geschlechtern und Sip-
pen, 43 von dreißig Jahren an und dar-
über bis ins fünfzigste, alle, die zum
Dienst kamen, dass sie ihr Amt an der
Stiftshütte ausübten. 44 Und ihre Summe
war 3200. 45 Das ist die Summe der Ge-
schlechter der Söhne Merari, die Mose
und Aaron zählten nach dem Wort des
HERRN, das durch Mose ergangen war.

46 Die Summe aller Leviten, die Mose
und Aaron samt den Fürsten Israels
zählten nach ihren Geschlechtern und
Sippen, 47 von dreißig Jahren an und dar-
über bis ins fünfzigste, aller, die zum
Dienst kamen, dass sie ihr Amt ausübten
an der Stiftshütte und Lasten trügen,
48 war 8580. 49 Sie wurden bestellt nach
dem Wort des HERRN, das durch Mose
ergangen war, ein jeder zu seinem Amt
und seiner Traglast, wie der HERR es
Mose geboten hatte.

Verfahren bei Unreinheit, bei Versündigung und bei Verdacht von Ehebruch

5 Und der HERR redete mit Mose und
sprach: 2 Gebiete den Israeliten, dass
sie [a]aus dem Lager schicken alle Aus-
sätzigen und [b]alle, die Eiterfluss haben
und [c]die an Toten unrein geworden sind.
3 Männer wie Frauen sollt ihr [a]hinaus-
schicken vor das Lager, dass sie nicht das
Lager unrein machen, darin [b]ich unter
euch wohne. 4 Und die Israeliten taten so
und schickten sie hinaus vor das Lager,
wie der HERR zu Mose geredet hatte.

5 Und der HERR redete mit Mose und
sprach: 6 [a]Sage den Israeliten: Wenn ein
Mann oder eine Frau irgendeine Sünde
gegen einen Menschen tut und sich da-
mit an dem HERRN versündigt, so liegt
eine Schuld auf ihnen. 7 Und sie sollen
ihre Sünde bekennen, die sie getan ha-
ben, und sollen ihre Schuld voll erstatten
und darüber hinaus den fünften Teil da-
zutun und dem geben, an dem sie sich
verschuldet haben. 8 Ist aber niemand da,
dem man's erstatten kann, so soll man's
dem HERRN geben für den Priester zu-
sammen mit dem Widder der Versöh-
nung, mit dem der Priester für ihn die
Sühnung vollzieht. 9 Desgleichen sollen
alle Abgaben von allen heiligen Gaben
der Israeliten, die sie dem Priester brin-
gen, dem Priester gehören.[a] 10 Und was
jemand heiligt, das soll auch dem Pries-
ter gehören; und was jemand dem Pries-
ter gibt, das soll ihm auch gehören.

11 Und der HERR redete mit Mose und
sprach: 12 Sage den Israeliten und sprich
zu ihnen: Wenn irgendeines Mannes
Frau ihm untreu wird und sich an ihm
versündigt 13 und jemand bei ihr liegt
und es bliebe dem Mann verborgen und
es würde nicht entdeckt, dass sie unrein
geworden ist, und es ist kein Zeuge wider
sie da, denn sie ist nicht dabei ergriffen
worden, 14 und der Geist der Eifersucht
kommt über ihn, dass er auf seine Frau
eifersüchtig wird, sie sei unrein oder
nicht unrein: 15 so soll der Mann sie zum
Priester bringen und ein Opfer ihretwe-
gen darbringen, ein zehntel Scheffel Gers-
tenmehl, und er soll kein Öl daraufgie-
ßen noch Weihrauch darauftun. Denn es
ist ein Eifersuchtsopfer, ein Erinnerungs-
opfer, das Schuld ans Licht bringt.

16 Und der Priester soll sie heranführen
und vor den HERRN stellen 17 und hei-
liges Wasser nehmen in ein irdenes Gefäß
und Staub vom Boden der Stiftshütte ins
Wasser tun. 18 Und er soll die Frau vor
den HERRN stellen und ihr Haupthaar
lösen und das Erinnerungsopfer, das ein
Eifersuchtsopfer ist, auf ihre Hand legen.
Und der Priester soll in seiner Hand das
bittere, fluchbringende Wasser haben
19 und soll die Frau beschwören und zu
ihr sagen: Hat kein Mann bei dir gelegen
und bist du deinem Mann nicht untreu
geworden, dass du dich unrein gemacht
hast, so soll dir dies bittere, fluchbrin-
gende Wasser nicht schaden. 20 Wenn du
aber deinem Mann untreu geworden bist,
dass du unrein wurdest, und hat jemand
bei dir gelegen außer deinem Mann, –
21 so soll der Priester mit einem Verwün-
schungsschwur die Frau beschwören und

5,2: *a* 3. Mose 13,46; *b* 3. Mose 15,2; *c* Kap 9,6-7 **5,3:** *a* Kap 12,14-15; *b* 2. Mose 25,8 **5,6:** *a (6-8)* 3. Mose 5,21-26
5,9: *a* Kap 18,8

zu ihr sagen: Der HERR mache deinen
Namen zum Fluch und zur Verwün-
schung unter deinem Volk, dadurch, dass
der HERR deine Hüfte schwinden und
deinen Bauch schwellen lässt. 22 So gehe
nun das fluchbringende Wasser in deinen
Leib, dass dein Bauch schwelle und deine
Hüfte schwinde! Und die Frau soll sagen:
Amen! Amen!

23 Dann soll der Priester diese Flüche
auf einen Zettel schreiben und mit dem
bitteren Wasser abwaschen 24 und soll der
Frau von dem [a]bitteren, fluchbringenden
Wasser zu trinken geben. Und wenn das
fluchbringende, bittere Wasser in sie ge-
gangen ist, 25 soll der Priester von ihrer
Hand das Eifersuchtsopfer nehmen und
als Speisopfer vor dem HERRN schwin-
gen und auf dem Altar opfern, nämlich:
26 er soll eine Hand voll vom Speisopfer
nehmen als Gedenkopfer und es auf dem
Altar in Rauch aufgehen lassen und da-
nach der Frau das Wasser zu trinken
geben.

27 Und wenn sie das Wasser getrunken
hat und unrein ist und sich an ihrem
Mann versündigt hat, so wird das fluch-
bringende Wasser in sie gehen und ihr
zum Verderben werden, dass ihr der
Bauch schwellen und die Hüfte schwin-
den wird, und es wird die Frau zum
Fluch werden unter ihrem Volk. 28 Hat
sich aber eine solche Frau nicht unrein
gemacht, sondern ist sie rein, so wird's
ihr nicht schaden und sie kann schwan-
ger werden.

29 Das also ist das Eifersuchtsgesetz:
Wenn eine Frau ihrem Mann untreu ist
und unrein wird 30 oder wenn der Geist
der Eifersucht über einen Mann kommt
und er auf seine Frau eifersüchtig wird,
so stelle er sie vor den HERRN und der
Priester tue mit ihr alles nach diesem
Gesetz. 31 Und der Mann soll frei sein
von Schuld; aber die Frau soll ihre
Schuld tragen.

Das Gesetz über die Gottgeweihten

6 Und der HERR redete mit Mose und
sprach: 2 Sage den Israeliten und
sprich zu ihnen: Wenn jemand, Mann
oder Frau, das besondere Gelübde tut,
sich dem HERRN zu weihen,[a] 3 so soll er
sich [a]des Weins und starken Getränkes
enthalten; Würzwein und starken Würz-
trank soll er auch nicht trinken, auch
nichts, was aus Weinbeeren gemacht
wird; er soll weder frische noch gedörrte
Weinbeeren essen. 4 Solange sein Ge-
lübde währt, soll er nichts essen, was
man vom Weinstock nimmt, von den un-
reifen bis zu den überreifen Trauben.
5 Solange die Zeit seines Gelübdes währt,
soll kein [a]Schermesser über sein Haupt
fahren. Bis die Zeit um ist, für die er sich
dem HERRN geweiht hat, ist er heilig und
soll das Haar auf seinem Haupt frei
wachsen lassen.

6 Während der ganzen Zeit, für die er
sich dem HERRN geweiht hat, soll er zu
keinem Toten gehen. 7 Er soll sich auch
[a]nicht unrein machen beim Tode seines
Vaters, seiner Mutter, seines Bruders
oder seiner Schwester; denn das Gelübde
seines Gottes ist auf seinem Haupt.
8 Während der ganzen Zeit seines Ge-
lübdes soll er dem HERRN heilig sein.
9 Wenn aber jemand neben ihm plötzlich
stirbt und dadurch sein geweihtes Haupt
unrein wird, so soll er sein Haupt scheren
an dem Tage, da er wieder rein wird, das
ist [a]am siebenten Tage. 10 Und am achten
Tage soll er [a]zwei Turteltauben oder
zwei andere Tauben zum Priester bringen
vor die Tür der Stiftshütte. 11 Und der
Priester soll die eine als Sündopfer und
die andere als Brandopfer darbringen
und ihn entsühnen, weil er sich an einem
Toten verunreinigt und dadurch versün-
digt hat. Dann soll er sein Haupt an
demselben Tage von Neuem heiligen,
12 dass er sich dem HERRN weihe für die
Zeit seines Gelübdes. Und er soll ein ein-
jähriges Schaf bringen als Schuldopfer.
Aber die vorigen Tage sollen umsonst
gewesen sein, weil sein geweihtes Haupt
unrein geworden war.

13 Dies ist das Gesetz des Gottgeweih-
ten: Wenn die Zeit seines Gelübdes um
ist, so soll man ihn vor die Tür der Stifts-
hütte führen. 14 Und er soll dem HERRN
sein Opfer bringen, ein einjähriges Schaf
ohne Fehler als Brandopfer und ein ein-

5,24: *a* Ps 109,18 **6,2:** *a* 1.Sam 1,11 **6,3:** *a* Am 2,11-12; Lk 1,15 **6,5:** *a* Ri 13,5 **6,7:** *a* 3.Mose 21,11 **6,9:** *a* Kap 19,11.14.16 **6,10:** *a* 3.Mose 5,7

jähriges Schaf ohne Fehler als Sündopfer
und einen Widder ohne Fehler als Dank-
opfer 15 und einen Korb mit ungesäuer-
ten Kuchen von feinstem Mehl, mit Öl
vermengt, und ungesäuerte Fladen, mit
Öl bestrichen, und was dazugehört an
Speisopfern und Trankopfern. 16 Und der
Priester soll's vor den HERRN bringen
und soll sein Sündopfer und sein Brand-
opfer zurichten. 17 Und den Widder soll
er dem HERRN als Dankopfer zurichten
samt dem Korbe mit dem ungesäuerten
Brot und soll auch sein Speisopfer und
sein Trankopfer darbringen. 18 Und der
Geweihte [a]soll sein geweihtes Haupt
scheren vor der Tür der Stiftshütte und
soll sein geweihtes Haupthaar nehmen
und aufs Feuer werfen, das unter dem
Dankopfer brennt. 19 Und der Priester
soll eine gekochte Vorderkeule von dem
Widder nehmen und einen ungesäuerten
Kuchen aus dem Korbe und einen unge-
säuerten Fladen und soll's dem Geweih-
ten auf seine Hände legen, nachdem er
sein geweihtes Haar abgeschoren hat.
20 Und [a]der Priester soll's vor dem
HERRN schwingen. Das ist der heilige
Anteil für den Priester samt der Brust
des Schwingopfers und der Keule des
Hebopfers. Danach darf der Geweihte
Wein trinken.

21 Das ist das Gesetz des Gottgeweih-
ten, der sein Opfer dem HERRN gelobt
hat, wegen seines Gelübdes, abgesehen
von dem, was er sonst noch vermag. Wie
er gelobt hat, soll er tun nach dem Ge-
setz seines Gelübdes.

Der priesterliche Segen

22 Und der HERR redete mit Mose und
sprach: 23 Sage Aaron und seinen Söhnen
und sprich: So sollt ihr sagen zu den
Israeliten, wenn ihr sie [a]segnet: 24 [a]**Der
HERR segne dich und [b]behüte dich; 25 der
HERR [a]lasse sein Angesicht leuchten über
dir und sei dir [b]gnädig; 26 der HERR hebe
sein [a]Angesicht über dich und gebe dir
[b]Frieden.** 27 Denn ihr sollt meinen Na-
men auf die Israeliten legen, dass ich sie
segne.

Weihegaben der Stammesfürsten zur Einweihung der Stiftshütte

7 Und als Mose die Wohnung aufge-
richtet und sie gesalbt und geheiligt
hatte mit all ihrem Gerät, dazu auch den
Altar mit all seinem Gerät gesalbt und
geheiligt hatte,[a] 2 da opferten die Fürsten
Israels, die Häupter waren in ihren Sip-
pen; denn sie waren die Fürsten unter
den Stämmen und standen über denen,
die gezählt waren. 3 Und sie brachten ihre
Gabe vor den HERRN: sechs bedeckte
Wagen und zwölf Rinder, je einen Wagen
für zwei Fürsten und je einen Stier für
einen Fürsten, und sie brachten sie vor
die Wohnung.

4 Und der HERR sprach zu Mose:
5 Nimm's von ihnen für den Dienst an der
Stiftshütte und gib's den Leviten, einem
jeden für seinen Dienst. 6 Da nahm Mose
die Wagen und Rinder und gab sie den
Leviten. 7 Zwei Wagen und vier Rinder
gab er den Söhnen Gerschon für ihren
Dienst. 8 Und vier Wagen und acht Rin-
der gab er den Söhnen Merari für ihren
Dienst unter der Leitung [a]Itamars, des
Sohnes Aarons, des Priesters. 9 Den Söh-
nen Kehat aber gab er nichts, weil sie den
Dienst am Heiligtum hatten und es [a]auf
ihren Schultern tragen mussten.

10 Und die Fürsten opferten zur Ein-
weihung des Altars an dem Tage, da er
gesalbt wurde, und opferten ihre Gabe
vor dem Altar. 11 Und der HERR sprach
zu Mose: Lass an jedem Tag je einen
[a]Fürsten sein Opfer bringen zur Einwei-
hung des Altars.

12 Am ersten Tage opferte seine Gabe
Nachschon, der Sohn Amminadabs, vom
Stamme Juda. 13 Und seine Gabe war
eine silberne Schüssel, hundertdreißig
Lot schwer, eine silberne Schale, siebzig
Lot schwer nach dem Gewicht des Hei-
ligtums, beide voll feinstem Mehl, mit Öl
vermengt, zum Speisopfer, 14 dazu ein
goldener Löffel, zehn Lot schwer, voll
Räucherwerk, 15 ein junger Stier, ein
Widder, ein einjähriges Schaf zum
Brandopfer, 16 ein Ziegenbock zum Sünd-
opfer 17 und zum Dankopfer zwei Rinder,

6,18: *a* Apg 18,18 **6,20:** *a* 2. Mose 29,23-24.27 **6,23:** *a* 3. Mose 9,22-23; 5. Mose 10,8 **6,24:** *a* 1. Mose 24,1.35; *b* Ps 121,1-8 **6,25:** *a* Ps 80,4; *b* 2. Mose 34,6-7 **6,26:** *a* Ps 69,17-18; *b* Ps 85,9; Jes 57,19 **7,1:** *a* 2. Mose 40,9-10.17 **7,8:** *a* Kap 4,28.33 **7,9:** *a* Kap 4,15 **7,11:** *a* Kap 1,4-16; 2,3-29

fünf Widder, fünf Böcke und fünf ein-
jährige Schafe. Das ist die Gabe Nach-
schons, des Sohnes Amminadabs.
18 Am zweiten Tage opferte Netanel,
der Sohn Zuars, der Fürst Issachars.
19 Seine Gabe war eine silberne Schüssel,
hundertdreißig Lot schwer, eine silberne
Schale, siebzig Lot schwer nach dem Ge-
wicht des Heiligtums, beide voll feinstem
Mehl, mit Öl vermengt, zum Speisopfer,
20 dazu ein goldener Löffel, zehn Lot
schwer, voll Räucherwerk, 21 ein junger
Stier, ein Widder, ein einjähriges Schaf
zum Brandopfer, 22 ein Ziegenbock zum
Sündopfer 23 und zum Dankopfer zwei
Rinder, fünf Widder, fünf Böcke und
fünf einjährige Schafe. Das ist die Gabe
Netanels, des Sohnes Zuars.
24 Am dritten Tage der Fürst der
Söhne Sebulon, Eliab, der Sohn Helons.
25 Seine Gabe war eine silberne Schüssel,
hundertdreißig Lot schwer, eine silberne
Schale, siebzig Lot schwer nach dem Ge-
wicht des Heiligtums, beide voll feinstem
Mehl, mit Öl vermengt, zum Speisopfer,
26 dazu ein goldener Löffel, zehn Lot
schwer, voll Räucherwerk, 27 ein junger
Stier, ein Widder, ein einjähriges Schaf
zum Brandopfer, 28 ein Ziegenbock zum
Sündopfer 29 und zum Dankopfer zwei
Rinder, fünf Widder, fünf Böcke und
fünf einjährige Schafe. Das ist die Gabe
Eliabs, des Sohnes Helons.
30 Am vierten Tage der Fürst der
Söhne Ruben, Elizur, der Sohn Sche-
dëurs. 31 Seine Gabe war eine silberne
Schüssel, hundertdreißig Lot schwer, eine
silberne Schale, siebzig Lot schwer nach
dem Gewicht des Heiligtums, beide voll
feinstem Mehl, mit Öl vermengt, zum
Speisopfer, 32 dazu ein goldener Löffel,
zehn Lot schwer, voll Räucherwerk, 33 ein
junger Stier, ein Widder, ein einjähriges
Schaf zum Brandopfer, 34 ein Ziegenbock
zum Sündopfer 35 und zum Dankopfer
zwei Rinder, fünf Widder, fünf Böcke
und fünf einjährige Schafe. Das ist die
Gabe Elizurs, des Sohnes Schedëurs.
36 Am fünften Tage der Fürst der
Söhne Simeon, Schelumiël, der Sohn
Zurischaddais. 37 Seine Gabe war eine
silberne Schüssel, hundertdreißig Lot
schwer, eine silberne Schale, siebzig Lot
schwer nach dem Gewicht des Heilig-
tums, beide voll feinstem Mehl, mit Öl
vermengt, zum Speisopfer, 38 dazu ein
goldener Löffel, zehn Lot schwer, voll
Räucherwerk, 39 ein junger Stier, ein
Widder, ein einjähriges Schaf zum
Brandopfer, 40 ein Ziegenbock zum Sünd-
opfer 41 und zum Dankopfer zwei Rinder,
fünf Widder, fünf Böcke und fünf ein-
jährige Schafe. Das ist die Gabe Schelu-
miëls, des Sohnes Zurischaddais.
42 Am sechsten Tage der Fürst der
Söhne Gad, Eljasaf, der Sohn Deguëls.
43 Seine Gabe war eine silberne Schüssel,
hundertdreißig Lot schwer, eine silberne
Schale, siebzig Lot schwer nach dem Ge-
wicht des Heiligtums, beide voll feinstem
Mehl, mit Öl vermengt, zum Speisopfer,
44 dazu ein goldener Löffel, zehn Lot
schwer, voll Räucherwerk, 45 ein junger
Stier, ein Widder, ein einjähriges Schaf
zum Brandopfer, 46 ein Ziegenbock zum
Sündopfer 47 und zum Dankopfer zwei
Rinder, fünf Widder, fünf Böcke, fünf
einjährige Schafe. Das ist die Gabe Elja-
safs, des Sohnes Deguëls.
48 Am siebenten Tage der Fürst der
Söhne Ephraim, Elischama, der Sohn
Ammihuds. 49 Seine Gabe war eine sil-
berne Schüssel, hundertdreißig Lot
schwer, eine silberne Schale, siebzig Lot
schwer nach dem Gewicht des Heilig-
tums, beide voll feinstem Mehl, mit Öl
vermengt, zum Speisopfer, 50 dazu ein
goldener Löffel, zehn Lot schwer, voll
Räucherwerk, 51 ein junger Stier, ein
Widder, ein einjähriges Schaf zum
Brandopfer, 52 ein Ziegenbock zum Sünd-
opfer 53 und zum Dankopfer zwei Rinder,
fünf Widder, fünf Böcke, fünf einjährige
Schafe. Das ist die Gabe Elischamas, des
Sohnes Ammihuds.
54 Am achten Tage der Fürst der Söhne
Manasse, Gamliël, der Sohn Pedazurs.
55 Seine Gabe war eine silberne Schüssel,
hundertdreißig Lot schwer, eine silberne
Schale, siebzig Lot schwer nach dem Ge-
wicht des Heiligtums, beide voll feinstem
Mehl, mit Öl vermengt, zum Speisopfer,
56 dazu ein goldener Löffel, zehn Lot
schwer, voll Räucherwerk, 57 ein junger
Stier, ein Widder, ein einjähriges Schaf
zum Brandopfer, 58 ein Ziegenbock zum
Sündopfer 59 und zum Dankopfer zwei
Rinder, fünf Widder, fünf Böcke, fünf
einjährige Schafe. Das ist die Gabe Gam-
liëls, des Sohnes Pedazurs.

60 Am neunten Tage der Fürst der
Söhne Benjamin, Abidan, der Sohn des
Gidoni. 61 Seine Gabe war eine silberne
Schüssel, hundertdreißig Lot schwer, eine
silberne Schale, siebzig Lot schwer nach
dem Gewicht des Heiligtums, beide voll
feinstem Mehl, mit Öl vermengt, zum
Speisopfer, 62 dazu ein goldener Löffel,
zehn Lot schwer, voll Räucherwerk, 63 ein
junger Stier, ein Widder, ein einjähriges
Schaf zum Brandopfer, 64 ein Ziegenbock
zum Sündopfer 65 und zum Dankopfer
zwei Rinder, fünf Widder, fünf Böcke,
fünf einjährige Schafe. Das ist die Gabe
Abidans, des Sohnes des Gidoni.

66 Am zehnten Tage der Fürst der
Söhne Dan, Ahiëser, der Sohn Ammi-
schaddais. 67 Seine Gabe war eine sil-
berne Schüssel, hundertdreißig Lot
schwer, eine silberne Schale, siebzig Lot
schwer nach dem Gewicht des Heilig-
tums, beide voll feinstem Mehl, mit Öl
vermengt, zum Speisopfer, 68 dazu ein
goldener Löffel, zehn Lot schwer, voll
Räucherwerk, 69 ein junger Stier, ein
Widder, ein einjähriges Schaf zum
Brandopfer, 70 ein Ziegenbock zum Sünd-
opfer 71 und zum Dankopfer zwei Rinder,
fünf Widder, fünf Böcke, fünf einjährige
Schafe. Das ist die Gabe Ahiësers, des
Sohnes Ammischaddais.

72 Am elften Tage der Fürst der Söhne
Asser, Pagiël, der Sohn Ochrans. 73 Seine
Gabe war eine silberne Schüssel, hun-
dertdreißig Lot schwer, eine silberne
Schale, siebzig Lot schwer nach dem Ge-
wicht des Heiligtums, beide voll feinstem
Mehl, mit Öl vermengt, zum Speisopfer,
74 dazu ein goldener Löffel, zehn Lot
schwer, voll Räucherwerk, 75 ein junger
Stier, ein Widder, ein einjähriges Schaf
zum Brandopfer, 76 ein Ziegenbock zum
Sündopfer 77 und zum Dankopfer zwei
Rinder, fünf Widder, fünf Böcke, fünf
einjährige Schafe. Das ist die Gabe Pa-
giëls, des Sohnes Ochrans.

78 Am zwölften Tage der Fürst der
Söhne Naftali, Ahira, der Sohn Enans.
79 Seine Gabe war eine silberne Schüssel,
hundertdreißig Lot schwer, eine silberne
Schale, siebzig Lot schwer nach dem Ge-
wicht des Heiligtums, beide voll feinstem
Mehl, mit Öl vermengt, zum Speisopfer,
80 dazu ein goldener Löffel, zehn Lot
schwer, voll Räucherwerk, 81 ein junger
Stier, ein Widder, ein einjähriges Schaf
zum Brandopfer, 82 ein Ziegenbock zum
Sündopfer 83 und zum Dankopfer zwei
Rinder, fünf Widder, fünf Böcke, fünf
einjährige Schafe. Das ist die Gabe Ahi-
ras, des Sohnes Enans.

84 Das war die Gabe der Fürsten Is-
raels zur Einweihung des Altars zur Zeit,
da er gesalbt wurde: zwölf silberne
Schüsseln, zwölf silberne Schalen, zwölf
goldene Löffel, 85 jede Schüssel hundert-
dreißig Lot Silber und jede Schale siebzig
Lot schwer. Die Summe des Silbers aller
Gefäße betrug zweitausendvierhundert
Lot nach dem Gewicht des Heiligtums.
86 Und von den zwölf goldenen Löffeln
voll Räucherwerk hatte jeder zehn Lot
nach dem Gewicht des Heiligtums,
sodass die Summe des Goldes der Löf-
fel hundertzwanzig Lot betrug. 87 Die
Summe der Tiere zum Brandopfer war
zwölf junge Stiere, zwölf Widder, zwölf
einjährige Schafe samt ihren Speisopfern
und zwölf Ziegenböcke zum Sündopfer.
88 Und die Summe der Tiere zum Dank-
opfer war vierundzwanzig junge Stiere,
sechzig Widder, sechzig Böcke, sechzig
einjährige Schafe. Das war die Einwei-
hung des Altars, als er gesalbt wurde.

89 Und als Mose in die Stiftshütte ging,
um mit Ihm zu reden, da hörte er die
Stimme zu sich reden von dem [a] Gnaden-
thron, der auf der Lade mit dem Gesetz
war, zwischen den beiden Cherubim; und
[b] Er redete zu ihm.

Von dem goldenen Leuchter

8 Und der HERR redete mit Mose und
sprach: 2 [a] Rede mit Aaron und
sprich zu ihm: Wenn du die Lampen auf-
setzt, sollst du sie so setzen, dass sie alle
sieben von dem Leuchter nach vorwärts
scheinen. 3 Und Aaron tat so und setzte
die Lampen auf, dass sie von dem Leuch-
ter nach vorwärts schienen, wie der
HERR es Mose geboten hatte. 4 Der
Leuchter aber war getriebenes Gold, sein
Schaft und seine Blumen. Nach dem
Bild, das der HERR dem Mose gezeigt
hatte, machte er den Leuchter.

7,89: *a* 2. Mose 25,17-22; *b* 2. Mose 29,42; 33,7; 1. Sam 3,3-14 **8,2:** *a (2-4)* 2. Mose 25,9.31-40

Weihe der Leviten

5 Und der HERR redete mit Mose und
sprach: 6 Nimm aus den Israeliten die Le-
viten und reinige sie. 7 So sollst du aber
mit ihnen tun, wenn du sie reinigst: [a]Du
sollst Wasser zur Entsündigung auf sie
sprengen, und sie sollen [b]alle ihre Haare
ganz abscheren und ihre Kleider waschen
und sich so reinigen. 8 Dann sollen sie
einen jungen Stier nehmen und dazu als
Speisopfer feinstes Mehl, mit Öl ver-
mengt. Und einen andern jungen Stier
sollst du zum Sündopfer nehmen 9 und
sollst die Leviten vor die Stiftshütte brin-
gen und die ganze Gemeinde der Israeli-
ten versammeln 10 und die Leviten vor
den HERRN bringen. Und die Israeliten
sollen ihre Hände auf die Leviten legen,
11 und [a]Aaron soll die Leviten vor dem
HERRN darbringen als Schwingopfer von
den Israeliten, damit sie den Dienst des
HERRN versehen können. 12 Und die Le-
viten sollen ihre Hände auf den Kopf der
jungen Stiere legen, und der eine soll zum
Sündopfer, der andere zum Brandopfer
dem HERRN dargebracht werden, um für
die Leviten Sühne zu schaffen. 13 Und du
sollst die Leviten vor Aaron und seine
Söhne stellen und dem HERRN als
Schwingopfer darbringen 14 und sollst so
die Leviten absondern von den Israeliten,
[a]dass sie mir gehören.

15 Danach sollen sie hingehen, um ihr
Amt an der Stiftshütte auszuüben. So
sollst du sie reinigen und als Schwing-
opfer darbringen; 16 denn sie sind mir als
Gabe übergeben aus der Mitte der Israe-
liten, und [a]ich habe sie mir genommen
statt allem, was zuerst den Mutterschoß
durchbricht, nämlich statt der Erstgeburt
aller Israeliten. 17 Denn alle Erstgeburt
unter den Israeliten gehört mir, von
Menschen und Vieh. [a]An dem Tage, da
ich alle Erstgeburt in Ägyptenland
schlug, heiligte ich sie mir 18 und nahm
die Leviten statt aller Erstgeburt unter
den Israeliten 19 und [a]gab sie aus der
Mitte der Israeliten zur Gabe Aaron und
seinen Söhnen, dass sie das Amt ausüben
sollten für die Israeliten an der Stifts-
hütte und für die Israeliten Sühne schaf-
fen, [b]damit es nicht unter den Israeliten
eine Plage gäbe, wenn sie sich zum Hei-
ligtum nahen wollten.

20 Mose und Aaron samt der ganzen
Gemeinde der Israeliten taten mit den
Leviten alles, wie der HERR es Mose ge-
boten hatte. 21 Und die Leviten entsün-
digten sich und wuschen ihre Kleider,
und Aaron brachte die Leviten vor dem
HERRN als Schwingopfer dar und
schaffte für sie Sühne, dass sie rein wur-
den. 22 Danach gingen sie hin, um an der
Stiftshütte ihr Amt auszuüben vor Aaron
und seinen Söhnen. Wie der HERR es
Mose geboten hatte über die Leviten, so
taten sie mit ihnen.

Dienstalter der Leviten

23 Und der HERR redete mit Mose und
sprach: 24 Das ist's, was für die Leviten
gilt: Von [a]fünfundzwanzig Jahren an
und darüber sollen sie zum Dienst kom-
men und ihr Amt ausüben an der Stifts-
hütte, 25 aber von dem fünfzigsten Jahr
an sollen sie frei sein vom Amt und sol-
len nicht mehr dienen, 26 sondern nur ih-
ren Brüdern helfen beim Dienst an der
Stiftshütte; das Amt aber sollen sie nicht
mehr ausüben. So sollst du mit den Levi-
ten tun, dass ein jeder seinen Dienst ver-
sehe.

Vorschriften für die Passafeier

(vgl. 2. Mose 12,1-28; 3. Mose 23,5-8)

9 Und der HERR redete mit Mose in
der Wüste Sinai im zweiten Jahr,
nachdem sie aus Ägyptenland gezogen
waren, im ersten Monat und sprach:
2 Lass die Israeliten Passa halten zur fest-
gesetzten Zeit; 3 am vierzehnten Tage die-
ses Monats gegen Abend zur festgesetz-
ten Zeit sollt ihr es halten nach all seinen
Satzungen und Ordnungen.

4 Und Mose redete mit den Israeliten,
dass sie das Passa hielten. 5 Und sie hiel-
ten Passa am vierzehnten Tage des ersten
Monats gegen Abend in der Wüste Sinai;
ganz wie der HERR es Mose geboten
hatte, so taten die Israeliten.

6 Da waren einige Männer [a]unrein ge-

8,7: *a* Kap 19,9.17; *b* 3. Mose 14,8 **8,11:** *a* 2. Mose 29,24 **8,14:** *a* Kap 3,45 **8,16:** *a* Kap 3,12-13 **8,17:** *a* 2. Mose 13,2 **8,19:** *a* Kap 3,9; *b* Kap 1,53 **8,24:** *a* Kap 4,3.23.30.47; 1. Chr 23,3.24 **9,6:** *a* Kap 19,11

worden an einem toten Menschen, so-
dass sie nicht Passa halten konnten an
diesem Tage. Die traten vor Mose und
Aaron am gleichen Tage 7 und sprachen
zu ihm: Wir sind unrein geworden an
einem toten Menschen. Warum sollen
wir zurückstehen, dass wir unsere Gabe
dem HERRN nicht bringen dürfen zur
festgesetzten Zeit mit den Israeliten?
8 Mose sprach zu ihnen: Wartet, ich will
hören, was euch der HERR gebietet.

9 Und der HERR redete mit Mose und
sprach: 10 Sage den Israeliten: Wenn je-
mand unter euch oder unter euren Nach-
kommen unrein geworden ist an einem
Toten oder auf einer weiten Reise ist, so
soll er dennoch dem HERRN Passa hal-
ten, 11 aber erst im zweiten Monat am
vierzehnten Tage gegen Abend, und soll
es mit ungesäuertem Brot und bitteren
Kräutern essen. 12 Und sie sollen nichts
davon übrig lassen bis zum Morgen,
auch keinen Knochen davon zerbrechen
und sollen's ganz nach der Ordnung des
Passa halten. 13 Wer aber rein ist und wer
nicht auf einer Reise ist und unterlässt es,
das Passa zu halten, der soll ausgerottet
werden aus seinem Volk, weil er seine
Gabe nicht zur festgesetzten Zeit dem
HERRN gebracht hat. Er soll seine Sünde
tragen. 14 Und wenn ein Fremdling bei
euch wohnt und auch dem HERRN Passa
halten will, so soll er's halten nach der
Satzung und der Ordnung des Passa. Ei-
nerlei Satzung soll bei euch sein für den
Fremdling wie für den Einheimischen.

Die Wolken- und Feuersäule über der Stiftshütte

15 Und an dem Tage, da die Wohnung
aufgerichtet wurde, bedeckte eine
[a] Wolke die Wohnung, die Hütte des Ge-
setzes, und vom Abend bis zum Morgen
stand sie über der Wohnung wie ein feu-
riger Schein. 16 So geschah es die ganze
Zeit, dass die Wolke sie bedeckte und bei
Nacht ein feuriger Schein. 17 Sooft sich
aber die Wolke von dem Zelt erhob, bra-
chen die Israeliten auf; und wo die Wolke
sich niederließ, da lagerten sich die Israe-
liten.[a] 18 Nach dem Wort des HERRN
brachen sie auf, und nach seinem Wort
lagerten sie sich. Solange die Wolke auf
der Wohnung blieb, so lange lagerten sie.
19 Und wenn die Wolke viele Tage stehen
blieb über der Wohnung, so beachteten
die Israeliten die Weisung des HERRN
und zogen nicht weiter. 20 Und wenn die
Wolke auf der Wohnung nur wenige Tage
blieb, so lagerten sie sich nach dem Wort
des HERRN und brachen auf nach dem
Wort des HERRN. 21 Wenn die Wolke da
war vom Abend bis zum Morgen und
sich dann erhob, so zogen sie weiter; oder
wenn sie sich bei Tage oder bei Nacht
erhob, so brachen sie auch auf. 22 Wenn
sie aber zwei Tage oder einen Monat
oder noch länger auf der Wohnung blieb,
so lagerten die Israeliten und zogen nicht
weiter; und wenn sie sich dann erhob, so
brachen sie auf. 23 Denn nach des HERRN
Befehl lagerten sie sich, und nach des
HERRN Befehl brachen sie auf und be-
achteten so die Weisung des HERRN, wie
er sie durch Mose geboten hatte.

Vom Blasen der Trompeten

10 Und der HERR redete mit Mose
und sprach: 2 Mache dir zwei
[a] Trompeten von getriebenem Silber und
gebrauche sie, um die Gemeinde zusam-
menzurufen und wenn das Heer aufbre-
chen soll. 3 Wenn man mit beiden bläst,
soll sich bei dir versammeln die ganze
Gemeinde vor der Tür der Stiftshütte.
4 Wenn man nur mit einer bläst, so sollen
sich bei dir versammeln die Fürsten, die
Häupter über die Tausende in Israel.
5 Wenn ihr aber laut trompetet, so sollen
die Lager aufbrechen, die nach Osten zu
liegen. 6 Und wenn ihr zum zweiten Mal
laut trompetet, so sollen die Lager auf-
brechen, die nach Süden zu liegen. Denn
wenn sie weiterziehen sollen, so sollt ihr
laut trompeten. 7 Wenn aber die Ge-
meinde zu versammeln ist, sollt ihr nur
blasen und nicht laut trompeten. 8 Es sol-
len aber blasen mit den Trompeten die
Söhne Aarons, die Priester; und das soll
eine ewige Ordnung sein für euch und
eure Nachkommen.

9 Wenn ihr in den Krieg zieht in eurem
Lande gegen eure Feinde, die euch be-
drängen, so sollt ihr laut trompeten mit
den Trompeten, dass euer gedacht werde
vor dem HERRN, eurem Gott, und ihr

9,15: *a* 2. Mose 40,34-35 **9,17:** *a* 2. Mose 40,36-38 **10,2:** *a* Kap 31,6

errettet werdet vor euren Feinden. 10 Des-
gleichen, wenn ihr fröhlich seid [a]an
euren Festen und an euren Neumon-
den, sollt ihr mit den Trompeten blasen
bei euren Brandopfern und Dankopfern,
damit euer Gott an euch denke. Ich bin
der HERR, euer Gott.

Aufbruch des Volkes vom Sinai

11 Am [a]zwanzigsten Tage im zweiten Mo-
nat des zweiten Jahres erhob sich die
Wolke von der Wohnung des Gesetzes.
12 Und die Israeliten brachen auf aus der
Wüste Sinai und die Wolke machte halt
in der Wüste Paran. 13 So brachen sie
zum ersten Male auf nach dem Wort des
HERRN durch Mose,[a] 14 nämlich [a]das
Banner des Lagers der Söhne Juda brach
zuerst auf, Heerschar nach Heerschar,
und über ihr Heer gebot Nachschon, der
Sohn Amminadabs. 15 Und über das
Heer des Stammes der Söhne Issachar
gebot Netanel, der Sohn Zuars. 16 Und
über das Heer des Stammes der Söhne
Sebulon gebot Eliab, der Sohn Helons.

17 Dann zerlegte man die Wohnung,
und es brachen auf die Söhne Gerschon
und Merari und trugen die Wohnung.
18 Danach brach auf das Banner des La-
gers Ruben, Heerschar nach Heerschar,
und über ihr Heer gebot Elizur, der Sohn
Schedëurs. 19 Und über das Heer des
Stammes der Söhne Simeon gebot Sche-
lumiël, der Sohn Zurischaddais, 20 und
Eljasaf, der Sohn Deguëls, über das Heer
des Stammes der Söhne Gad. 21 Dann
brachen auf die Kehatiter und trugen die
heiligen Geräte; und man richtete die
Wohnung auf, bis diese nachkamen.
22 Danach brach auf das Banner des La-
gers der Söhne Ephraim, Heerschar nach
Heerschar, und über ihr Heer gebot Eli-
schama, der Sohn Ammihuds, 23 und
Gamliël, der Sohn Pedazurs, über das
Heer des Stammes der Söhne Manasse
24 und Abidan, der Sohn des Gidoni,
über das Heer des Stammes der Söhne
Benjamin. 25 Danach brach auf das Ban-
ner des Lagers der Söhne Dan als letztes
aller Lager, Heerschar nach Heerschar,
und Ahiëser, der Sohn Ammischaddais,
gebot über ihr Heer 26 und Pagiël, der
Sohn Ochrans, über das Heer des Stam-
mes der Söhne Asser 27 und Ahira, der
Sohn Enans, über das Heer des Stammes
der Söhne Naftali. 28 So brachen die Is-
raeliten auf, Heerschar nach Heerschar.

29 Und Mose sprach zu seinem Schwa-
ger [a]Hobab, dem Sohn [b]Reguëls, aus
Midian: Wir ziehen dahin in das Land,
von dem der HERR gesagt hat: »Ich will
es euch geben.« Komm nun mit uns, so
wollen wir Gutes an dir tun, denn der
HERR hat Israel Gutes zugesagt. 30 Er
aber antwortete: Ich will nicht mit euch,
sondern in mein Land zu meiner Ver-
wandtschaft ziehen. 31 Mose sprach: Ver-
lass uns doch nicht, denn du weißt, wo
wir in der Wüste uns lagern sollen, und
du sollst unser Auge sein. 32 Und wenn
du mit uns ziehst – was der HERR Gutes
an uns tut, das wollen wir an dir tun.

33 So zogen sie von dem Berge des
HERRN drei Tagereisen weit, und die
Lade des Bundes des HERRN zog vor
ihnen her die drei Tagereisen, um ihnen
zu zeigen, wo sie ruhen sollten. 34 Und
die [a]Wolke des HERRN war bei Tage
über ihnen, wenn sie aus dem Lager
zogen.[b]

35 Und wenn die Lade aufbrach, so
sprach Mose: [a]HERR, steh auf! Lass
deine Feinde zerstreut werden und alle,
die dich hassen, flüchtig werden vor dir!
36 Und wenn sie sich niederließ, so sprach
er: Komm wieder, HERR, zu der Menge
der Tausende in Israel!

Mose erhält Beistand.
Das murrende Volk wird gestraft

11 Und das Volk klagte vor den Ohren
des HERRN, dass es ihm schlecht
gehe. Und als es der HERR hörte, ent-
brannte sein Zorn, und [a]das Feuer des
HERRN loderte auf unter ihnen und fraß
am Rande des Lagers. 2 Da schrie das
Volk zu Mose und Mose bat den HERRN;
da verschwand das Feuer. 3 Und man
nannte die Stätte Tabera, weil hier das
Feuer des HERRN unter ihnen aufgelo-
dert war.

4 [a]Das fremde Volk aber unter ihnen
war lüstern geworden. Da fingen auch
die Israeliten wieder an zu weinen und

10,10: *a* 3. Mose 23,24; 2. Kön 11,14; 2. Chr 7,6 **10,11:** *a* Kap 1,1 **10,13:** *a* Kap 2,1-34 **10,14:** *a* 1. Mose 49,8 **10,29:** *a* Ri 1,16; 4,11; *b* 2. Mose 2,18; 18,1 **10,34:** *a* 2. Mose 13,21; *b* Kap 9,15-23 **10,35:** *a* 2. Chr 6,41; Ps 3,8; 9,20; 10,12; 17,13; 68,2; 132,8 **11,1:** *a* 3. Mose 10,2 **11,4:** *a* 2. Mose 12,38

sprachen: Wer wird uns Fleisch zu essen
geben?[b] 5 Wir denken an die Fische, die
wir in Ägypten umsonst aßen, und an die
Kürbisse, die Melonen, den Lauch, die
Zwiebeln und den Knoblauch. 6 Nun
aber ist unsere Seele matt, denn unsere
Augen sehen nichts als das Manna. 7 Es
war aber das [a]Manna wie Koriander-
samen und anzusehen wie Bedolachharz.
8 Und das Volk lief hin und her und sam-
melte und zerrieb es mit Mühlen oder
zerstieß es in Mörsern und kochte es in
Töpfen und machte sich Kuchen daraus;
und es hatte einen Geschmack wie Öl-
kuchen. 9 Und wenn bei Nacht der Tau
über das Lager fiel, so fiel das Manna
mit darauf.

10 Als nun Mose das Volk weinen
hörte, alle Geschlechter miteinander,
einen jeden in der Tür seines Zeltes, da
entbrannte der Zorn des HERRN sehr.
Und auch Mose verdross es. 11 Und
Mose sprach zu dem HERRN: Warum
bekümmerst du deinen Knecht? Und
warum finde ich keine Gnade vor deinen
Augen, dass du die Last dieses ganzen
Volks auf mich legst? 12 Hab ich denn all
das Volk empfangen oder geboren, dass
du zu mir sagen könntest: Trag es in
deinen Armen, wie eine Amme ein Kind
trägt, in das Land, das du ihren Vätern
zugeschworen hast? 13 Woher soll ich
Fleisch nehmen, um es all diesem Volk zu
geben? Sie weinen vor mir und sprechen:
Gib uns Fleisch zu essen. 14 Ich vermag
all das Volk nicht allein zu tragen, denn
es ist mir zu schwer. 15 Willst du aber
doch so mit mir tun, so [a]töte mich lieber,
wenn anders ich Gnade vor deinen Au-
gen gefunden habe, damit ich nicht mein
Unglück sehen muss.

16 Und der HERR sprach zu Mose:
Sammle mir siebzig Männer unter den
[a]Ältesten Israels, von denen du weißt,
dass sie Älteste im Volk und seine Amt-
leute sind, und bringe sie vor die Stifts-
hütte und stelle sie dort vor dich, 17 so
will ich herniederkommen und dort mit
dir reden und von deinem Geist, der auf
dir ist, nehmen und auf sie legen, damit
sie mit dir die Last des Volks tragen und
du nicht allein tragen musst.

18 Und zum Volk sollst du sagen: [a]Hei-
ligt euch für morgen, so sollt ihr Fleisch
zu essen haben; denn euer Weinen ist vor
die Ohren des HERRN gekommen, die ihr
sprecht: »Wer gibt uns Fleisch zu essen?
Denn es ging uns gut in Ägypten.«
Darum wird euch der HERR Fleisch zu
essen geben, 19 nicht nur einen Tag, nicht
zwei, nicht fünf, nicht zehn, nicht zwan-
zig Tage lang, 20 sondern einen Monat
lang, bis ihr's nicht mehr riechen könnt
und es euch zum Ekel wird, weil ihr den
HERRN verworfen habt, der unter euch
ist, und weil ihr vor ihm geweint und
gesagt habt: Warum sind wir aus Ägyp-
ten gegangen?

21 Und Mose sprach: Sechshunderttau-
send Mann Fußvolk sind es, mit denen
ich lebe, und du sprichst: Ich will ihnen
Fleisch geben, dass sie einen Monat lang
zu essen haben. 22 Kann man so viele
Schafe und Rinder schlachten, dass es
für sie genug sei? Oder kann man alle
Fische des Meeres einfangen, dass es für
sie genug sei? 23 Der HERR aber sprach zu
Mose: Ist denn [a]die Hand des HERRN zu
kurz? Aber du sollst jetzt sehen, ob sich
dir mein Wort erfüllt oder nicht.

24 Und Mose ging heraus und sagte
dem Volk die Worte des HERRN und ver-
sammelte siebzig Männer aus den Äl-
testen des Volks und stellte sie rings um
die Stiftshütte. 25 Da kam der HERR her-
nieder in der Wolke und redete mit ihm
und nahm von dem Geist, der auf ihm
war, und legte ihn auf die siebzig Äl-
testen. Und als der Geist auf ihnen ruhte,
gerieten sie in Verzückung wie Propheten
und hörten nicht auf.

26 Es waren aber noch zwei Männer im
Lager geblieben; der eine hieß Eldad, der
andere Medad. Und der Geist kam über
sie, denn sie waren auch aufgeschrieben,
jedoch nicht hinausgegangen zu der
Stiftshütte, und sie gerieten in Verzü-
ckung im Lager. 27 Da lief ein junger
Mann hin und sagte es Mose und sprach:
Eldad und Medad sind in Verzückung im
Lager. 28 Da antwortete [a]Josua, der Sohn
Nuns, der dem Mose diente von seiner
Jugend an, und sprach: Mose, mein Herr,
wehre ihnen! 29 Aber Mose sprach zu

11,4: *b* 2. Mose 16,3; 1. Kor 10,6 **11,7:** *a* 2. Mose 16,14-31 **11,15:** *a* 2. Mose 32,32 **11,16:** *a* 2. Mose 18,21-26; 24,1.9-11 **11,18:** *a* 2. Mose 19,10 **11,23:** *a* Jes 50,2; 59,1 **11,28:** *a* Kap 13,16; 2. Mose 24,13

ihm: Eiferst du um meinetwillen? Wollte
Gott, dass alle im Volk des HERRN Pro-
pheten wären und der HERR seinen Geist
über sie kommen ließe![a] 30 Darauf kehrte
Mose zum Lager zurück mit den Ältes-
ten Israels.

31 Da erhob sich ein Wind, vom
HERRN gesandt, und ließ [a]Wachteln
kommen vom Meer und ließ sie auf das
Lager fallen, eine Tagereise weit rings um
das Lager, zwei Ellen hoch auf der Erde.
32 Da machte sich das Volk auf und sam-
melte Wachteln diesen ganzen Tag und
die ganze Nacht und den andern ganzen
Tag; und wer am wenigsten sammelte,
der sammelte hundert Scheffel. Und sie
breiteten sie rings um das Lager aus, um
sie zu dörren. 33 Als aber das Fleisch
noch zwischen ihren Zähnen war und ehe
es ganz aufgebraucht war, da entbrannte
der Zorn des HERRN gegen das Volk und
er schlug sie mit einer sehr großen Plage.
34 Daher heißt die Stätte »Lustgräber«,
weil man dort das lüsterne Volk begrub.
35 Von den »Lustgräbern« aber zog das
Volk weiter nach Hazerot und sie blieben
in Hazerot.

Mirjam wird aussätzig

12 Da redeten Mirjam und Aaron ge-
gen Mose um seiner Frau willen,
der Kuschiterin, die er genommen hatte.
Er hatte sich nämlich eine kuschitische
Frau genommen.[a] 2 Und sie sprachen:
Redet denn der HERR allein durch Mose?
Redet er nicht auch durch uns? Und der
HERR hörte es. 3 Aber Mose war ein sehr
demütiger Mensch, mehr als alle Men-
schen auf Erden. 4 Und sogleich sprach
der HERR zu Mose und zu Aaron und zu
Mirjam: Geht hinaus, ihr drei, zu der
Stiftshütte! Und sie gingen alle drei hin-
aus. 5 Da [a]kam der HERR hernieder in
der Wolkensäule und trat in die Tür der
Stiftshütte und rief Aaron und Mirjam
und die gingen beide hin. 6 Und er
sprach: Hört meine Worte: Ist jemand
unter euch ein Prophet des HERRN, dem
will ich mich kundmachen in Gesichten
oder will mit ihm reden in Träumen.
7 Aber so steht es nicht mit meinem
Knecht Mose; [a]ihm ist mein ganzes
Haus anvertraut. 8 [a]Von Mund zu Mund
rede ich mit ihm, nicht durch dunkle
Worte oder Gleichnisse, und er sieht den
HERRN in seiner Gestalt. Warum habt
ihr euch denn nicht gefürchtet, gegen
meinen Knecht Mose zu reden?

9 Und der Zorn des HERRN entbrannte
gegen sie und er wandte sich weg; 10 auch
wich die Wolke von der Stiftshütte. Und
siehe, [a]da war Mirjam aussätzig wie
Schnee. Und Aaron wandte sich zu Mir-
jam und wird gewahr, dass sie aussätzig
ist, 11 und sprach zu Mose: Ach, mein
Herr, lass die Sünde nicht auf uns blei-
ben, mit der wir töricht getan und uns
versündigt haben. 12 Lass Mirjam nicht
sein wie ein Totgeborenes, das von seiner
Mutter Leibe kommt und von dem schon
die Hälfte seines Fleisches geschwunden
ist. 13 Mose aber schrie zu dem HERRN:
Ach Gott, [a]heile sie! 14 Der HERR sprach
zu Mose: Wenn ihr Vater ihr ins Ange-
sicht gespien hätte, würde sie nicht sieben
Tage sich schämen? [a]Lass sie abgeson-
dert sein sieben Tage außerhalb des La-
gers; danach soll sie wieder aufgenom-
men werden.

15 So wurde Mirjam sieben Tage abge-
sondert außerhalb des Lagers. Und das
Volk zog nicht weiter, bis Mirjam wieder
aufgenommen wurde. 16 *Danach brach
das Volk von Hazerot auf und lagerte
sich in der Wüste Paran.

Aussendung und Rückkehr der Kundschafter

(vgl. 5. Mose 1,19-25)

13 **Und der HERR redete mit Mose
und sprach: 2 Sende Männer aus,
die das Land Kanaan erkunden, das ich
den Israeliten geben will, aus jedem
Stamm ihrer Väter je einen Mann, lauter
Älteste. 3 Da entsandte Mose aus der
Wüste Paran nach dem Wort des HERRN
lauter Männer, die Häupter waren unter
den Israeliten.

4 Und sie hießen: Schammua, der Sohn
Sakkurs, vom Stamme Ruben; 5 Schafat,
der Sohn Horis, vom Stamme Simeon;
6 [a]Kaleb, der Sohn Jefunnes, vom

* Abweichende Verszählung statt 12,16: 13,1. ** Abweichende Verszählung statt 13,1-33: 13,2-34.

11,29: *a* Joel 3,1; Mk 9,38-39 **11,31:** *a* 2. Mose 16,13 **12,1:** *a* 2. Mose 2,21 **12,5:** *a* 2. Mose 16,10 **12,7:** *a* Hebr 3,2 **12,8:** *a* 2. Mose 33,11; 5. Mose 34,10 **12,10:** *a* 5. Mose 24,9 **12,13:** *a* 2. Mose 15,26 **12,14:** *a* 3. Mose 13,46 **13,6:** *a* Jos 14,7

Stamme Juda; 7 Jigal, der Sohn Josefs,
vom Stamme Issachar; 8 [a]Hoschea, der
Sohn Nuns, vom Stamme Ephraim;
9 Palti, der Sohn Rafus, vom Stamme
Benjamin; 10 Gaddiël, der Sohn Sodis,
vom Stamme Sebulon; 11 Gaddi, der
Sohn Susis, vom Stamme Josef, von Ma-
nasse; 12 Ammiël, der Sohn Gemallis,
vom Stamme Dan; 13 Setur, der Sohn Mi-
chaels, vom Stamme Asser; 14 Nachbi,
der Sohn Wofsis, vom Stamme Naftali;
15 Geüël, der Sohn Machis, vom Stamme
Gad.

16 Das sind die Namen der Männer, die
Mose aussandte, um das Land zu erkun-
den. Aber Hoschea, [a]den Sohn Nuns,
nannte Mose Josua.

17 Als sie nun Mose aussandte, das
Land Kanaan zu erkunden, sprach er zu
ihnen: Zieht da hinauf ins Südland und
geht auf das Gebirge 18 und seht euch das
Land an, wie es ist, und das Volk, das
darin wohnt, ob's stark oder schwach,
wenig oder viel ist; 19 und was es für ein
Land ist, darin sie wohnen, ob's gut oder
schlecht ist; und was es für Städte sind,
in denen sie wohnen, ob sie in Zeltdör-
fern oder festen Städten wohnen; 20 und
wie der Boden ist, ob fett oder mager,
und ob Bäume da sind oder nicht. Seid
mutig und bringt mit von den Früchten
des Landes. Es war aber eben um die Zeit
der ersten Weintrauben.

21 Und sie gingen hinauf und erkunde-
ten das Land von der Wüste Zin bis nach
Rehob, von wo man nach Hamat geht.
22 Sie gingen hinauf ins Südland und ka-
men bis nach Hebron; da lebten Ahiman,
Scheschai und Talmai, die Söhne Anaks.
Hebron aber war erbaut worden sieben
Jahre vor Zoan in Ägypten. 23 Und sie
kamen bis an den Bach Eschkol und
schnitten dort eine Rebe ab mit **einer**
Weintraube und trugen sie zu zweien auf
einer Stange, dazu auch Granatäpfel und
Feigen. 24 Der Ort heißt Bach Eschkol*
nach der Traube, die die Israeliten dort
abgeschnitten hatten.

25 Und nach vierzig Tagen, als sie das
Land erkundet hatten, kehrten sie um,
26 gingen hin und kamen zu Mose und
Aaron und zu der ganzen Gemeinde der
Israeliten in die Wüste Paran nach [a]Ka-
desch und brachten ihnen und der gan-
zen Gemeinde Kunde, wie es stand, und
ließen sie die Früchte des Landes sehen.
27 Und sie erzählten ihnen und sprachen:
Wir sind in das Land gekommen, in das
ihr uns sandtet; es fließt wirklich [a]Milch
und Honig darin und dies sind seine
Früchte. 28 Aber stark ist das Volk, das
darin wohnt, und die Städte sind befes-
tigt und sehr groß; und wir sahen dort
auch Anaks Söhne. 29 Es wohnen die
Amalekiter im Südland, die Hetiter und
Jebusiter und Amoriter wohnen auf dem
Gebirge, die Kanaaniter aber wohnen am
Meer und am Jordan.

30 [a]Kaleb aber beschwichtigte das
Volk, das gegen Mose murrte, und
sprach: Lasst uns hinaufziehen und das
Land einnehmen, denn wir können es
überwältigen. 31 Aber die Männer, die mit
ihm hinaufgezogen waren, sprachen: Wir
vermögen nicht hinaufzuziehen gegen
dies Volk, denn sie sind uns zu stark.
32 Und sie brachten über das Land, das
sie erkundet hatten, ein böses Gerücht
auf unter den Israeliten und sprachen:
Das Land, durch das wir gegangen sind,
um es zu erkunden, frisst seine Bewohner
und alles Volk, das wir darin sahen, sind
Leute von großer Länge. 33 Wir sahen
dort auch Riesen, [a]Anaks Söhne aus
dem Geschlecht der Riesen, und wir wa-
ren in unsern Augen wie Heuschrecken
und waren es auch in ihren Augen.

14 Da fuhr die ganze Gemeinde auf
und schrie, und das Volk weinte die
ganze Nacht.[a] 2 Und alle Israeliten
[a]murrten gegen Mose und Aaron und
die ganze Gemeinde sprach zu ihnen:
Ach dass wir in Ägyptenland gestorben
wären oder noch in dieser Wüste stürben!
3 [a]Warum führt uns der HERR in dies
Land, damit wir durchs Schwert fallen
und unsere Frauen und unsere Kinder
ein Raub werden? Ist's nicht besser, wir
ziehen wieder nach Ägypten? 4 Und einer
sprach zu dem andern: Lasst uns einen
Hauptmann über uns setzen und wieder
nach Ägypten ziehen!

* d.h. Traubenbach.

13,8: *a* Vers 16 **13,16:** *a* Kap 11,28; 1.Chr 7,27 **13,26:** *a* Kap 20,1; 1.Mose 16,14; 20,1; 5.Mose 1,19.46; Jos 14,6-7 **13,27:** *a* 2.Mose 3,8.17 **13,30:** *a* Kap 14,6 **13,33:** *a* 5.Mose 1,28; 9,2 **14,1:** *a* 5.Mose 1,26-44 **14,2:** *a* Kap 11,1; 2.Mose 16,2-3; 17,2-3 **14,3:** *a* Ps 106,24-26

5 Mose aber und Aaron [a]fielen auf ihr
Angesicht vor der ganzen Versammlung
der Gemeinde der Israeliten. **6** Und Jo-
sua, der Sohn Nuns, und Kaleb, der
Sohn Jefunnes, die auch das Land er-
kundet hatten, zerrissen ihre Kleider[a]
7 und sprachen zu der ganzen Gemeinde
der Israeliten: Das Land, das wir durch-
zogen haben, um es zu erkunden, ist sehr
gut. **8** Wenn der HERR uns gnädig ist, so
wird er uns in dies Land bringen und es
uns geben, [a]ein Land, darin Milch und
Honig fließt. **9** Fallt nur nicht ab vom
HERRN und fürchtet euch vor dem Volk
dieses Landes nicht, denn wir wollen sie
[a]wie Brot auffressen. Es ist ihr Schutz
von ihnen gewichen, der HERR aber ist
mit uns. Fürchtet euch nicht vor ihnen!

10 Aber das ganze Volk sprach, man
sollte sie [a]steinigen. Da [b]erschien die
Herrlichkeit des HERRN über der Stifts-
hütte allen Israeliten. **11** Und der HERR
sprach zu Mose: Wie lange lästert mich
dies Volk? Und wie lange wollen sie nicht
an mich glauben trotz all der Zeichen,
die ich unter ihnen getan habe? **12** Ich will
sie mit der Pest schlagen und sie [a]vertil-
gen und dich zu einem größeren und
mächtigeren Volk machen als dieses.

13 Mose aber sprach zu dem HERRN:
Dann werden's die Ägypter hören; denn
du hast dies Volk mit deiner Kraft aus
ihrer Mitte herausgeführt. **14** Auch wird
man es sagen zu den Bewohnern dieses
Landes, die da gehört haben, dass du,
HERR, unter diesem Volk bist, dass du
von Angesicht gesehen wirst und deine
Wolke über ihnen steht und dass du,
HERR, vor ihnen hergehst in der [a]Wol-
kensäule am Tage und in der Feuersäule
bei Nacht.[b] **15** Würdest du nun dies Volk
töten wie **einen** Mann, so würden die
Völker, die solch ein Gerücht über dich
hören, sagen: **16** Der HERR vermochte es
nicht, dies Volk in das Land zu bringen,
das er ihnen zu geben geschworen hatte;
darum hat er sie hingeschlachtet in der
Wüste.[a] **17** So lass nun deine Kraft, o
Herr, groß werden, wie du gesagt hast:
18 »Der HERR ist geduldig und von gro-
ßer Barmherzigkeit und vergibt Missetat
und Übertretung, aber er lässt niemand
ungestraft, sondern sucht heim die Mis-
setat der Väter an den Kindern bis ins
dritte und vierte Glied.«[a] **19** So vergib
nun die Missetat dieses Volks nach deiner
großen Barmherzigkeit, wie du auch die-
sem Volk vergeben hast von Ägypten an
bis hierher.[a]

20 Und der HERR sprach: Ich habe ver-
geben, wie du es erbeten hast. **21** Aber so
wahr ich lebe und [a]alle Welt der Herr-
lichkeit des HERRN voll werden soll:
22 Alle die Männer, die meine Herrlich-
keit und meine Zeichen gesehen haben,
die ich getan habe in Ägypten und in der
Wüste, und mich nun zehnmal versucht
und meiner Stimme nicht gehorcht ha-
ben, **23** von denen soll keiner das Land
sehen, das ich ihren Vätern zu geben ge-
schworen habe; auch keiner soll es sehen,
der mich gelästert hat.[a] **24** Nur meinen
Knecht [a]Kaleb, weil ein anderer Geist in
ihm ist und er mir treu nachgefolgt ist,
den will ich in das Land bringen, in das
er gekommen ist, und seine Nachkom-
men sollen es einnehmen, **25** während die
Amalekiter und Kanaaniter in der Ebene
wohnen bleiben. Morgen wendet euch
und zieht in die Wüste auf dem Wege
zum Schilfmeer!

26 Und der HERR redete mit Mose und
Aaron und sprach: **27** [a]Wie lange murrt
diese böse Gemeinde gegen mich? Ich
habe das Murren der Israeliten, womit
sie gegen mich gemurrt haben, gehört.
28 Darum sprich zu ihnen: So wahr ich
lebe, spricht der HERR: ich will mit euch
tun, wie ihr vor meinen Ohren gesagt
habt. **29** Eure Leiber sollen in dieser Wüs-
te verfallen. Alle, die ihr gezählt seid von
zwanzig Jahren an und darüber, die ihr
gegen mich [a]gemurrt habt, **30** wahrlich,
ihr sollt nicht in das Land kommen, über
das ich meine Hand zum Schwur erho-
ben habe, euch darin wohnen zu lassen,
außer Kaleb, dem Sohn Jefunnes, und
Josua, dem Sohn Nuns. **31** Eure Kinder
aber, von denen ihr sagtet: Sie werden ein
Raub sein, die will ich hineinbringen,
dass sie das Land kennenlernen, das ihr
verwerft. **32** Aber eure eigenen Leiber sol-

14,5: *a* Kap 16,4 **14,6:** *a* Kap 13,6.8.16.30 **14,8:** *a* Kap 13,27 **14,9:** *a* Kap 13,32 **14,10:** *a* 2. Mose 17,4; *b* 2. Mose 16,10 **14,12:** *a* 2. Mose 32,10-14 **14,14:** *a* 2. Mose 13,21-22; *b* Kap 9,15-23 **14,16:** *a* 5. Mose 9,28; Jos 7,8-9 **14,18:** *a* 2. Mose 34,6-7 **14,19:** *a* 2. Mose 34,10 **14,21:** *a* 2. Mose 9,16 **14,23:** *a* Ps 95,11; Hebr 3,11.17-19 **14,24:** *a* Jos 14,6.9 **14,27:** *a (27-30)* 2. Mose 32,34b-35 **14,29:** *a* 1. Kor 10,10

len in dieser Wüste verfallen. 33 Und eure
Kinder sollen Hirten sein in der Wüste
[a]vierzig Jahre und eure Untreue tragen,
bis eure Leiber aufgerieben sind in der
Wüste. 34 Nach der Zahl der vierzig Tage,
in denen ihr das Land erkundet habt – je
ein Tag soll ein Jahr gelten –, [a]sollt ihr
vierzig Jahre eure Schuld tragen, auf
[b]dass ihr innewerdet, was es sei, wenn
ich die Hand abziehe. 35 Ich, der HERR,
habe es gesagt und wahrlich, das will ich
auch tun mit dieser ganzen bösen Ge-
meinde, die sich gegen mich empört hat.
In dieser Wüste sollen sie aufgerieben
werden und dort sterben.

36 So starben vor dem HERRN durch
eine Plage alle die Männer, die Mose
ausgesandt hatte, um das Land zu er-
kunden, und die zurückgekommen waren
und die ganze Gemeinde gegen ihn zum
Murren verleitet hatten,[a] 37 dadurch dass
sie über das Land ein böses Gerücht auf-
brachten. 38 Aber Josua, der Sohn Nuns,
und Kaleb, der Sohn Jefunnes, blieben
am Leben von den Männern, die gegan-
gen waren, um das Land zu erkunden.

39 Als Mose diese Worte allen Israeli-
ten sagte, da trauerte das Volk sehr.
40 Und sie machten sich früh am Morgen
auf und zogen auf die Höhe des Gebirges
und sprachen: [a]Hier sind wir und wollen
hinaufziehen in das Land, von dem der
HERR geredet hat; denn wir haben ge-
sündigt. 41 Mose aber sprach: Warum
wollt ihr das Wort des HERRN übertre-
ten? Es wird euch nicht gelingen. 42 Zieht
nicht hinauf – denn der HERR ist nicht
unter euch –, dass ihr nicht geschlagen
werdet vor euren Feinden. 43 Denn die
Amalekiter und Kanaaniter stehen euch
dort gegenüber und ihr werdet durchs
Schwert fallen, weil ihr euch vom HERRN
abgekehrt habt, und der HERR wird nicht
mit euch sein. 44 Aber sie waren so ver-
messen und zogen hinauf auf die Höhe
des Gebirges; aber die Lade des Bundes
des HERRN und Mose wichen nicht aus
dem Lager. 45 Da kamen die Amalekiter
und Kanaaniter, die auf dem Gebirge
wohnten, herab und schlugen und zer-
sprengten sie bis nach [a]Horma.

Von Speis- und Trankopfern

15 Und der HERR redete mit Mose
und sprach: 2 Rede mit den Israe-
liten und sprich zu ihnen: Wenn ihr in
das Land kommt, das ich euch zur Woh-
nung geben werde, 3 und ihr dem HERRN
Feueropfer darbringen wollt von Rin-
dern oder von Schafen, es sei ein Brand-
opfer oder ein Schlachtopfer oder um ein
besonderes Gelübde zu erfüllen oder als
freiwillige Gabe oder bei euren Festen,
um dem HERRN einen lieblichen Geruch
zu bereiten, 4 dann soll, wer nun seine
Gabe dem HERRN opfern will, als
[a]Speisopfer [b]ein Zehntel feinstes Mehl
dazutun, vermengt mit einer viertel
Kanne Öl, 5 und als [a]Trankopfer auch
eine viertel Kanne Wein zu dem Brand-
opfer oder zu dem Schlachtopfer, zu je-
dem Schaf, das geopfert wird. 6 Wenn
aber ein Widder geopfert wird, sollst du
als Speisopfer darbringen zwei Zehntel
feinstes Mehl, mit einer drittel Kanne Öl
vermengt, 7 und als Trankopfer auch eine
drittel Kanne Wein. Das sollst du dem
HERRN zum lieblichen Geruch opfern.
8 Willst du aber ein Rind zum Brand-
opfer oder zum besonderen Gelübde-
opfer oder zum Dankopfer dem HERRN
darbringen, 9 so sollst du zu dem Rind
als Speisopfer hinzutun drei Zehntel
feinstes Mehl, mit einer halben Kanne Öl
vermengt, 10 und als Trankopfer auch
eine halbe Kanne Wein. Das ist ein Feu-
eropfer für den HERRN zum lieblichen
Geruch. 11 So sollst du tun mit einem
Stier, mit einem Widder, mit einem Schaf
oder mit einer Ziege. 12 Wie die Zahl die-
ser Opfer, so soll auch die Zahl der Speis-
opfer und Trankopfer sein.

13 Wer ein Einheimischer ist, der soll es
so halten, wenn er dem HERRN opfern
will ein Feueropfer zum lieblichen Ge-
ruch. 14 Und wenn ein Fremdling bei
euch wohnt oder unter euch bei euren
Nachkommen lebt und will dem HERRN
ein Feueropfer zum lieblichen Geruch
darbringen, so soll er es halten wie ihr.
15 Für die ganze Gemeinde gelte nur eine
Satzung, für euch wie auch für die

14,33: *a* 2. Mose 16,35; 5. Mose 2,7; 8,4 **14,34:** *a* Jer 2,19; *b* Kap 32,13 **14,36:** *a* 1. Kor 10,5.10; Jud 5 **14,40:** *a* 5. Mose 1,41 **14,45:** *a* Kap 21,3; 5. Mose 1,44 **15,4:** *a* 3. Mose 2,1-16; *b* Kap 28,5 **15,5:** *a* Kap 28,7; 2. Mose 29,40; 3. Mose 23,13

Fremdlinge. Eine ewige Satzung soll das
sein für eure Nachkommen, dass vor
dem HERRN der Fremdling sei wie ihr.[a]
16 Einerlei Gesetz, einerlei Recht soll gelten für euch und für den Fremdling, der
bei euch wohnt.

17 Und der HERR redete mit Mose und
sprach: 18 Rede mit den Israeliten und
sprich zu ihnen: Wenn ihr in das Land
kommt, in das ich euch bringen werde,
19 und ihr esst von dem Brot des Landes,
so sollt ihr dem HERRN eine Opfergabe
darbringen: 20 Als [a]Erstling eures Teigs
sollt ihr einen Kuchen als Opfergabe darbringen. Wie die Opfergabe von der
Tenne, 21 so sollt ihr auch dem HERRN
den Erstling eures Teigs geben für alle
Zeit.

Über Sünden aus Versehen und aus Vorsatz

22 [a]Und wenn ihr aus Versehen eines dieser Gebote nicht tut, die der HERR dem
Mose gesagt hat, 23 irgendeins von allem,
was der HERR euch durch Mose geboten
hat, von dem Tage an, da er anfing zu
gebieten, und fortan für alle Zeit, –
24 wenn nun ohne Wissen der Gemeinde
etwas versehen würde, so soll die ganze
Gemeinde einen jungen Stier als Brandopfer darbringen zum lieblichen Geruch
für den HERRN samt seinem Speisopfer
und Trankopfer, wie es recht ist, und
einen Ziegenbock als Sündopfer. 25 Und
so soll der Priester für die ganze Gemeinde der Israeliten Sühne schaffen und
es wird ihnen vergeben sein; denn es war
ein Versehen. Wenn sie diese ihre Gabe
darbringen zum Feueropfer für den
HERRN und ihr Sündopfer vor dem
HERRN für ihr Versehen, 26 so wird's vergeben der ganzen Gemeinde der Israeliten, dazu auch dem Fremdling, der unter
euch wohnt, weil das ganze Volk an solchem Versehen teilhat.

27 Wenn aber ein Einzelner aus Versehen sündigen wird, so soll er eine einjährige Ziege zum Sündopfer bringen.[a]
28 Und der Priester soll Sühne schaffen
vor dem HERRN für den, der aus Versehen gesündigt hat, dass er für ihn
Sühne schaffe und ihm vergeben werde.
29 Und es soll einerlei Gesetz gelten für
die, die ein Versehen begehen, für den
Einheimischen unter den Israeliten und
für den Fremdling, der unter euch
wohnt.

30 Wenn aber ein Einzelner [a]aus Vorsatz frevelt, es sei ein Einheimischer oder
Fremdling, so hat der den HERRN geschmäht. Er soll ausgerottet werden aus
seinem Volk; 31 denn er hat des HERRN
Wort verachtet und sein Gebot gebrochen. Ja, der soll ausgerottet werden;
seine Schuld bleibt auf ihm.

Strafe für Sabbatschändung

32 Als nun die Israeliten in der Wüste waren, fanden sie einen Mann, der [a]Holz
auflas am Sabbattag. 33 Und die ihn dabei gefunden hatten, wie er Holz auflas,
brachten ihn zu Mose und Aaron und
vor die ganze Gemeinde. 34 Und sie legten ihn gefangen, denn es war nicht klar
bestimmt, was man mit ihm tun sollte.[a]
35 Der HERR aber sprach zu Mose: [a]Der
Mann soll des Todes sterben; die ganze
Gemeinde soll ihn steinigen draußen vor
dem Lager. 36 Da führte die ganze Gemeinde ihn hinaus vor das Lager und
steinigte ihn, sodass er starb, wie der
HERR dem Mose geboten hatte.

Von den Quasten an den Kleidern

37 Und der HERR sprach zu Mose:
38 Rede mit den Israeliten und sprich zu
ihnen, dass sie und ihre Nachkommen
sich [a]Quasten machen an den Zipfeln
ihrer Kleider und [b]blaue Schnüre an die
Quasten der Zipfel tun. 39 Und dazu sollen die Quasten euch dienen: sooft ihr sie
anseht, sollt ihr an alle Gebote des
HERRN denken und sie tun, damit ihr
euch nicht von eurem Herzen noch von
euren Augen verführen lasst und abgöttisch werdet, 40 sondern ihr sollt an alle
meine Gebote denken und sie tun, dass
ihr heilig seid eurem Gott. 41 Ich bin der
HERR, euer Gott, der euch aus Ägyptenland geführt hat, dass ich euer Gott sei,
ich, der HERR, euer Gott.

15,15: *a* 2.Mose 12,48-49 **15,20:** *a* Neh 10,38; Hes 44,30 **15,22:** *a (22-26)* 3.Mose 4,13-21 **15,27:** *a* 3.Mose 4,27-28 **15,30:** *a* Apg 13,38; Hebr 10,26-29 **15,32:** *a* 2.Mose 20,8-10 **15,34:** *a* 3.Mose 24,12 **15,35:** *a* 2.Mose 31,14-15; 35,2-3 **15,38:** *a* 5.Mose 22,12; Mt 23,5; *b* 2.Mose 39,1

Aufruhr und Untergang der Rotte Korach

16 Und [a]Korach, der Sohn Jizhars,
des Sohnes Kehats, des Sohnes Le-
vis, [b]dazu Datan und Abiram, die Söhne
Eliabs, und On, der Sohn Pelets, die
Söhne Rubens, 2 die [a]empörten sich ge-
gen Mose, dazu zweihundertundfünfzig
Männer unter den Israeliten, Vorsteher
der Gemeinde, von der Versammlung be-
rufen, namhafte Leute. 3 Und sie versam-
melten sich gegen Mose und Aaron und
sprachen zu ihnen: Ihr geht zu weit!
Denn die ganze Gemeinde, sie alle sind
heilig, und der HERR ist unter ihnen.
Warum erhebt ihr euch über die Ge-
meinde des HERRN?

4 Als Mose das hörte, [a]fiel er auf sein
Angesicht 5 und sprach zu Korach und zu
seiner ganzen Rotte: Morgen wird der
HERR kundtun, [a]wer ihm gehört, wer
heilig ist und zu ihm nahen soll; wen er
erwählt, der soll zu ihm nahen. 6 Dies tut
morgen: Nehmt euch Pfannen, Korach
und seine ganze Rotte, 7 und legt Feuer
hinein und tut Räucherwerk darauf vor
dem HERRN. Wen dann der HERR er-
wählt, der ist heilig. Ihr geht zu weit, ihr
Söhne Levi!

8 Und Mose sprach zu Korach: Höret
doch, ihr Söhne Levi! 9 Ist's euch zu we-
nig, dass euch der Gott Israels [a]ausge-
sondert hat aus der Gemeinde Israel, ihm
zu nahen, damit ihr euer Amt ausübt an
der Wohnung des HERRN und vor die
Gemeinde tretet, um ihr zu dienen? 10 Er
hat dich und mit dir alle deine Brüder,
die Söhne Levi, zu sich nahen lassen; und
ihr sucht nun auch das Priestertum?
11 Du und deine ganze Rotte, ihr macht
einen Aufruhr wider den HERRN! Es ist
nicht Aaron, gegen den ihr murrt.

12 Und Mose schickte hin und ließ Da-
tan und Abiram rufen, die Söhne Eliabs.
Sie aber sprachen: Wir kommen nicht!
13 Ist's nicht genug, dass du uns aus dem
Lande geführt hast, darin Milch und Ho-
nig fließt, und uns tötest in der Wüste?
Musst du auch noch über uns herrschen?
14 Wie fein hast du uns gebracht in [a]ein
Land, darin Milch und Honig fließt, und
hast uns Äcker und Weinberge zum Erb-
teil gegeben! Willst du den Leuten auch
die Augen ausreißen? Wir kommen nicht!
15 Da ergrimmte Mose sehr und sprach
zu dem HERRN: Wende dich nicht zu
ihrem Opfer. Ich habe [a]nicht einen Esel
von ihnen genommen und habe keinem
von ihnen ein Leid getan.

16 Und Mose sprach zu Korach: Du
und deine ganze Rotte, ihr sollt morgen
vor den HERRN kommen, du und sie und
Aaron. 17 Und ein jeder nehme seine
Pfanne und lege Räucherwerk darauf,
und tretet hin vor den HERRN, ein jeder
mit seiner Pfanne, zweihundertundfünf-
zig Pfannen; auch du und Aaron, ein
jeder mit seiner Pfanne. 18 Und ein jeder
nahm seine Pfanne und legte Feuer hin-
ein und tat Räucherwerk darauf, und sie
traten vor die Tür der Stiftshütte und
Mose und Aaron auch. 19 Und Korach
versammelte gegen sie die ganze Ge-
meinde vor der Tür der Stiftshütte.

Da erschien die [a]Herrlichkeit des
HERRN vor der ganzen Gemeinde.
20 Und der HERR redete mit Mose und
Aaron und sprach: 21 Scheidet euch von
dieser Gemeinde, damit ich sie im Nu
vertilge.[a] 22 Sie fielen aber auf ihr Ange-
sicht und sprachen: Ach Gott, der du
bist der [a]Gott des Lebensgeistes für alles
Fleisch, [b]wenn ein einziger Mann ge-
sündigt hat, willst du darum gegen die
ganze Gemeinde wüten? 23 Und der
HERR redete mit Mose und sprach:
24 Sage der Gemeinde: Weicht rings-
herum zurück von der Wohnung Ko-
rachs und Datans und Abirams.

25 Und Mose stand auf und ging zu
Datan und Abiram, und die Ältesten Is-
raels folgten ihm nach; 26 und er redete
mit der Gemeinde und sprach: Weicht
von den Zelten dieser gottlosen Men-
schen und rührt nichts an, was sie haben,
damit ihr nicht auch umkommt durch all
ihre Sünde. 27 Und sie gingen hinweg von
der Wohnung Korachs, Datans und Abi-
rams. Datan aber und Abiram gingen
heraus und traten an die Tür ihrer Zelte
mit ihren Frauen und Söhnen und klei-
nen Kindern.

16,1: *a* 2.Mose 6,16.18.21; *b* Kap 26,7-9; Jud 11 **16,2:** *a* Kap 12,1-2 **16,4:** *a* Kap 14,5 **16,5:** *a* 2.Tim 2,19 **16,9:** *a* Kap 3,6-13; 4,4-20 **16,14:** *a* 2.Mose 3,8 **16,15:** *a* 1.Sam 12,3 **16,19:** *a* Kap 14,10 **16,21:** *a* 1.Mose 19,14 **16,22:** *a* Hiob 10,12; 12,10; *b* 2.Sam 24,17

28 Und Mose sprach: Daran sollt ihr
merken, dass mich der HERR gesandt
hat, alle diese Werke zu tun, und dass ich
sie nicht tue aus meinem eigenen Herzen:
29 Werden sie sterben, wie alle Menschen
sterben, oder heimgesucht, wie alle Men-
schen heimgesucht werden, so hat mich
der HERR nicht gesandt; 30 wird aber der
HERR etwas Neues schaffen, dass die
Erde ihren Mund auftut und sie ver-
schlingt mit allem, was sie haben, dass sie
lebendig hinunter zu den Toten fahren,
so werdet ihr erkennen, dass diese Leute
den HERRN gelästert haben.

31 [a]Und als er alle diese Worte beendet
hatte, zerriss die Erde unter ihnen 32 und
tat ihren Mund auf und verschlang sie
mit ihren Sippen, mit allen Menschen,
die zu Korach gehörten, und mit all ihrer
Habe. 33 Und sie fuhren lebendig zu den
Toten hinunter mit allem, was sie hatten,
und die Erde deckte sie zu und sie kamen
um, mitten aus der Gemeinde heraus.
34 Und ganz Israel, das um sie her war,
floh vor ihrem Geschrei; denn sie dach-
ten: Dass uns die Erde nicht auch ver-
schlinge!

35 Und [a]Feuer fuhr aus von dem
HERRN und fraß die zweihundertund-
fünfzig Männer, die das Räucherwerk
opferten.

17 *Und der HERR redete mit Mose
und sprach: 2 Sage [a]Eleasar, dem
Sohn des Priesters Aaron, dass er die
Pfannen aufhebe aus dem Brand und
streue das Feuer weit hinweg. 3 Denn die
Pfannen dieser Sünder, die umgekommen
sind, gehören dem Heiligtum. Man
schlage sie zu breiten Blechen, dass man
den Altar damit überziehe; denn sie ha-
ben sie hingebracht vor den HERRN, so-
dass sie geheiligt sind; sie sollen den Is-
raeliten ein Zeichen sein. 4 Und Eleasar,
der Priester, nahm die kupfernen Pfan-
nen, die die Verbrannten herangebracht
hatten, und schlug sie zu Blechen, um
den Altar zu überziehen; 5 als Mahnzei-
chen für die Israeliten, dass [a]kein Frem-
der, der nicht vom Geschlecht Aarons ist,
sich nahe, um Räucherwerk zu opfern
vor dem HERRN, damit es ihm nicht gehe
wie Korach und seiner Rotte, wie der
HERR zu ihm geredet hatte durch Mose.

Empörung der ganzen Gemeinde gegen Mose und Aaron

6 Am andern Morgen aber [a]murrte die
ganze Gemeinde der Israeliten gegen
Mose und Aaron und sie sprachen: Ihr
habt des HERRN Volk getötet. 7 Und als
sich die Gemeinde versammelte gegen
Mose und Aaron, wandten sie sich zu der
Stiftshütte: Und siehe, da wurde sie be-
deckt von der Wolke und die Herrlichkeit
des HERRN erschien. 8 Und Mose und
Aaron gingen hin vor die Stiftshütte.

9 Und der HERR redete mit Mose und
sprach: 10 Hebt euch hinweg aus dieser
Gemeinde; ich will sie im Nu vertilgen!
Und sie fielen auf ihr Angesicht. 11 Und
Mose sprach zu Aaron: Nimm die
Pfanne und tu Feuer hinein vom Altar
und lege Räucherwerk darauf und geh
eilends zu der Gemeinde und schaffe für
sie [a]Sühne; denn der [b]Zorn ist von dem
HERRN ausgegangen und die Plage hat
angefangen. 12 Und Aaron tat, wie ihm
Mose gesagt hatte, und lief mitten unter
die Gemeinde; und siehe, die Plage hatte
schon angefangen unter dem Volk. Da
räucherte er und schaffte Sühne für das
Volk 13 und stand zwischen den Toten
und den Lebenden. Da wurde der Plage
gewehrt. 14 Die aber gestorben waren an
der Plage, waren vierzehntausendsieben-
hundert, außer denen, die mit Korach
starben. 15 Und Aaron kam wieder zu
Mose vor die Tür der Stiftshütte und der
Plage war gewehrt.

Aarons grünender Stab

16 **Und der HERR redete mit Mose und
sprach: 17 Rede mit den Israeliten und
nimm von ihnen zwölf Stäbe, von jedem
Fürsten ihrer Sippen je einen, und
schreib eines jeden Namen auf seinen
Stab. 18 Aber den Namen Aarons sollst
du schreiben auf den Stab Levis. Denn
für jedes Haupt ihrer Sippen soll je ein
Stab sein. 19 Und lege sie in der Stifts-
hütte nieder vor der Lade mit dem Ge-
setz, [a]wo ich mich euch bezeuge. 20 Und

* Abweichende Verszählung statt 17,1-15: 16,36-50. ** Abweichende Verszählung statt 17,16-28: 17,1-13.
16,31: *a (31-33)* 5. Mose 11,6 **16,35:** *a* 3. Mose 10,1-2; Ps 106,17-18 **17,2:** *a* Kap 3,4; 2. Mose 6,25 **17,5:** *a* Kap 3,10 **17,6:** *a* 2. Mose 17,3 **17,11:** *a* 3. Mose 16,12-13.17; *b* Kap 1,53 **17,19:** *a* 2. Mose 25,22

[a]wen ich erwählen werde, dessen Stab
wird grünen. So will ich das Murren der
Israeliten, mit dem sie gegen euch mur-
ren, stillen.

21 Mose redete mit den Israeliten und
alle ihre Fürsten gaben ihm zwölf Stäbe,
ein jeder Fürst je einen Stab, nach ihren
Sippen, und der Stab Aarons war auch
unter ihren Stäben. 22 Und Mose legte
die Stäbe vor dem HERRN nieder in der
Hütte des Gesetzes. 23 Am nächsten Mor-
gen, als Mose in die Hütte des Gesetzes
ging, fand er den Stab Aarons vom
Hause Levi grünen und die Blüte auf-
gegangen und Mandeln tragen. 24 Und
Mose trug die Stäbe alle heraus von dem
HERRN zu allen Israeliten, dass sie es
sahen, und ein jeder nahm seinen Stab.
25 Der HERR aber sprach zu Mose:
[a]Trage den Stab Aarons wieder vor die
Lade mit dem Gesetz, damit er verwahrt
werde zum Zeichen für die Ungehorsa-
men, dass ihr Murren vor mir aufhöre
und sie nicht sterben. 26 Mose tat, wie
ihm der HERR geboten hatte.

27 Und die Israeliten sprachen zu
Mose: Siehe, wir verderben und kommen
um; wir werden alle vertilgt und kommen
um. 28 Wer sich naht zu der Wohnung des
HERRN, der stirbt. Sollen wir denn ganz
und gar untergehen?[a]

Vom Amt und Anrecht der Priester und Leviten

18 Und der HERR sprach zu Aaron:
Du und deine Söhne und deine Sip-
pe, ihr sollt [a]die Schuld tragen, wenn
eine Verfehlung begangen wird am Hei-
ligtum; und du und deine Söhne mit dir,
ihr sollt die Schuld tragen, wenn eine
Verfehlung begangen wird bei eurem
Priesterdienst. 2 Aber deine Brüder aus
dem Stamme deines Vaters [a]Levi sollst
du zu dir nehmen, dass sie bei dir seien
und dir dienen; du aber und deine Söhne
mit dir sollen dienen vor der Hütte des
Gesetzes. 3 Und sie sollen dir dienen und
den Dienst an der ganzen Stiftshütte ver-
sehen. Doch zu dem Gerät des Heilig-
tums und zu dem Altar sollen sie sich
nicht nahen, damit nicht beide sterben,
sie und ihr, 4 sondern sie sollen bei dir
sein, dass sie ihren Dienst versehen an
der Stiftshütte, alles, was das Amt er-
fordert; und kein Fremder soll sich neben
euch zum Dienste nahen. 5 So verseht
nun den Dienst am Heiligtum und den
Dienst am Altar, damit hinfort nicht
mehr ein [a]Zorn komme über die Israeli-
ten. 6 Denn siehe, ich habe die Leviten,
eure Brüder, genommen aus den Israeli-
ten euch zum Geschenk, als die dem
HERRN zu eigen gegeben sind, damit sie
das Amt ausüben an der Stiftshütte.[a]
7 Du aber und deine Söhne mit dir, ihr
sollt auf euer Priesteramt achthaben,
dass ihr dient in allen Verrichtungen am
Altar und drinnen hinter dem Vorhang;
denn euer Priesteramt gebe ich euch zum
Geschenk. [a]Wenn ein Fremder sich naht,
so soll er sterben.

8 Und der HERR sagte zu Aaron: Siehe,
dies überlasse ich dir bei dem Dienst an
meinen Opfergaben: Von allen heiligen
Gaben der Israeliten gebe ich dir einen
Anteil, dir und deinen Söhnen, als ewiges
Anrecht.[a] 9 Das sollst du haben von den
hochheiligen Gaben, soweit sie nicht ver-
brannt werden: alle ihre Gaben bei allen
ihren Speisopfern und bei allen ihren
Sündopfern und bei allen ihren Schuld-
opfern, die sie mir erstatten; als Hoch-
heiliges gebe ich es dir und deinen Söh-
nen. 10 [a]Am hochheiligen Ort sollst du es
essen. Was männlich ist, darf davon es-
sen; denn es soll dir heilig sein.

11 Auch das soll dir gehören: die heilige
Abgabe von ihren Gaben, von allen
Schwingopfern der Israeliten gebe ich sie
dir und deinen Söhnen und Töchtern mit
dir als ewiges Anrecht. Wer rein ist in
deinem Hause, darf davon essen. 12 Alles
Beste vom Öl und alles Beste vom Wein
und Korn, die Erstlingsgabe, die sie dem
HERRN bringen, habe ich dir gegeben.
13 [a]Die Erstlinge, die sie dem HERRN
bringen von allem, was in ihrem Lande
ist, sollen dir gehören. Wer rein ist in
deinem Hause, darf davon essen. 14 Alles
Gebannte in Israel soll dir gehören.[a]
15 Alles, was zuerst den Mutterschoß
durchbricht bei allem Fleisch, es sei

17,20: *a* Kap 16,5.7 **17,25:** *a* Hebr 9,4 **17,28:** *a* Ps 130,3-4 **18,1:** *a* 2.Mose 28,38; 3.Mose 16,32-33 **18,2:** *a* Kap 3,6-10 **18,5:** *a* Kap 17,11 **18,6:** *a* Kap 3,12.45 **18,7:** *a* Kap 1,51 **18,8:** *a* 3.Mose 2,3.10; 6,9-11.19-22; 7,6-10 **18,10:** *a* 3.Mose 6,9; 10,12.14 **18,13:** *a* 2.Mose 23,19; 5.Mose 18,3-4 **18,14:** *a* 3.Mose 27,28

Mensch oder Vieh, das sie dem HERRN
bringen, soll dir gehören. Doch sollst du
die Erstgeburt eines Menschen auslösen
lassen, und die Erstgeburt eines unreinen
Viehs sollst du auch auslösen lassen.[a]
16 Du sollst es aber auslösen, wenn's
einen Monat alt ist, und du sollst es
[a]auslösen lassen nach der Ordnung, die
dir gegeben ist, um fünf Silberstücke
nach dem Gewicht des Heiligtums, das
Silberstück zu zwanzig Gramm. 17 Aber
die Erstgeburt eines Rindes, eines Scha-
fes oder einer Ziege sollst du nicht aus-
lösen lassen; denn sie sind heilig. Ihr Blut
sollst du an den Altar gießen und ihr Fett
sollst du in Rauch aufgehen lassen als
Feueropfer für den HERRN zum lieb-
lichen Geruch. 18 Ihr Fleisch soll dir ge-
hören, wie auch die Brust des Schwing-
opfers und die rechte Schulter dir ge-
hören. 19 Alle heiligen Opfergaben, die
die Israeliten dem HERRN darbringen,
habe ich dir gegeben und deinen Söhnen
und deinen Töchtern mit dir als ewiges
Anrecht. Das soll ein [a]Salzbund sein für
immer vor dem HERRN für dich und für
deine Nachkommen mit dir.

20 Und der HERR sprach zu Aaron: Du
sollst in ihrem Lande kein Erbgut be-
sitzen, auch keinen Anteil unter ihnen
haben; denn [a]ich bin dein Anteil und
dein Erbgut inmitten der Israeliten.
21 Den Söhnen Levi aber habe ich [a]alle
Zehnten gegeben in Israel zum Erbgut
für ihr Amt, das sie an der Stiftshütte
ausüben. 22 Hinfort sollen sich die Israeli-
ten nicht zur Stiftshütte nahen, damit sie
nicht Sünde auf sich laden und sterben,
23 sondern die Leviten sollen das Amt
ausüben an der Stiftshütte und sie sollen
die Schuld für ihre Verfehlung tragen;
das sei eine ewige Ordnung bei euren
Nachkommen. Und sie sollen unter den
Israeliten kein Erbgut besitzen; 24 denn
den Zehnten der Israeliten, den sie dem
HERRN als Opfergabe geben, habe ich
den Leviten zum Erbgut bestimmt;
darum habe ich zu ihnen gesagt, dass sie
unter den Israeliten kein Erbgut besitzen
sollen.

25 Und der HERR redete mit Mose und
sprach: 26 Sage den Leviten und sprich zu
ihnen: Wenn ihr den Zehnten nehmt von
den Israeliten, den ich euch von ihnen
bestimmt habe als euer Erbgut, so sollt
ihr davon eine heilige Abgabe dem
HERRN geben, je den Zehnten von dem
Zehnten; 27 und diese eure heilige Abgabe
soll euch angerechnet werden, als gäbet
ihr Korn von der Tenne und Wein aus
der Kelter. 28 So sollt auch ihr die hei-
ligen Abgaben dem HERRN geben von
allen euren Zehnten, die ihr nehmt von
den Israeliten, und sollt diese heilige Ab-
gabe für den HERRN dem Priester Aaron
geben. 29 Von allem, was euch gegeben
wird, sollt ihr dem HERRN die heilige
Abgabe geben, von allem Besten die da-
von gebührende heilige Gabe. 30 Und
sprich zu ihnen: Wenn ihr also das Beste
davon als heilige Abgabe nehmt, so soll's
den Leviten angerechnet werden wie ein
Ertrag von der Tenne und wie ein Ertrag
von der Kelter. 31 Ihr dürft es essen an
allen Orten, ihr und eure Kinder; denn es
ist [a]euer Lohn für euer Amt an der
Stiftshütte. 32 Ihr werdet dabei nicht
Sünde auf euch laden, wenn ihr das Beste
davon abgebt, und werdet nicht entwei-
hen die heiligen Gaben der Israeliten und
nicht sterben.

Vom Reinigungswasser

19 Und der HERR redete mit Mose
und Aaron und sprach: 2 Dies ist
die Ordnung des Gesetzes, das der HERR
geboten hat: Sage den Israeliten, dass sie
zu dir führen eine [a]rötliche Kuh ohne
Fehler, an der [b]kein Gebrechen ist und
[c]auf die noch nie ein Joch gekommen ist.
3 Und gebt sie dem Priester Eleasar; der
soll sie hinaus vor das Lager führen und
dort vor seinen Augen schlachten lassen.
4 Und der Priester Eleasar soll etwas von
ihrem Blut mit seinem Finger nehmen
und in Richtung auf die Stiftshütte [a]sie-
benmal sprengen, 5 und er soll die Kuh
vor seinen Augen verbrennen lassen, ihr
[a]Fell und ihr Fleisch, dazu ihr Blut samt
ihrem Mist.[b] 6 Und der Priester soll
Zedernholz und Ysop und scharlachrote
Wolle nehmen und auf die brennende

18,15: *a* 2. Mose 13,2; 34,19-20 **18,16:** *a* 3. Mose 27,6.27 **18,19:** *a* 3. Mose 2,13; 2. Chr 13,5 **18,20:** *a* 5. Mose 10,9; 12,12; Jos 13,14.33; Ps 16,5; 73,26; Hes 44,28 **18,21:** *a* 3. Mose 27,30 **18,31:** *a* Mt 10,10 **19,2:** *a* Hebr 9,13; *b* 3. Mose 22,20; *c* 5. Mose 21,3 **19,4:** *a* 3. Mose 4,6.17 **19,5:** *a* 3. Mose 7,8; *b* 3. Mose 4,11-12

Kuh werfen[a] 7 und soll [a]seine Kleider
waschen und seinen Leib mit Wasser ab-
waschen und danach ins Lager gehen und
unrein sein bis zum Abend. 8 Und der
sie verbrannt hat, soll auch seine Kleider
mit Wasser waschen und seinen Leib mit
Wasser abwaschen und unrein sein bis
zum Abend. 9 Und ein reiner Mann soll
die Asche von der Kuh sammeln und sie
draußen vor dem Lager an eine reine
Stätte schütten, damit sie dort verwahrt
werde für die Gemeinde der Israeliten für
das Reinigungswasser; es ist ein Sünd-
opfer. 10 Und derselbe, der die Asche der
Kuh gesammelt hat, soll seine Kleider
waschen und unrein sein bis zum Abend.

Und dies soll eine ewige Ordnung sein
für die Israeliten und die Fremdlinge, die
unter euch wohnen: 11 Wer irgendeinen
toten Menschen anrührt, der wird sieben
Tage unrein sein. 12 Er soll sich mit dem
Reinigungswasser entsündigen am drit-
ten Tage und am siebenten Tage, so wird
er rein. Und wenn er sich nicht am drit-
ten Tage und am siebenten Tage ent-
sündigt, so wird er nicht rein. 13 Wenn
aber jemand irgendeinen toten Menschen
anrührt und sich nicht entsündigen will,
so macht er die Wohnung des HERRN
[a]unrein und solch ein Mensch soll aus-
gerottet werden aus Israel. Weil das Rei-
nigungswasser nicht über ihn gesprengt
ist, ist er unrein; seine Unreinheit bleibt
an ihm.

14 Dies ist das Gesetz: Wenn ein
Mensch in seinem Zelt stirbt, soll jeder,
der in das Zelt geht, und wer im Zelt ist,
unrein sein sieben Tage. 15 Auch jedes of-
fene Gefäß, auf das kein Deckel gebun-
den ist, wird unrein. 16 Auch wer auf dem
freien Feld einen berührt, der mit dem
Schwert erschlagen ist, oder einen Ge-
storbenen oder eines Menschen Gebein
oder ein Grab anrührt, der ist unrein
sieben Tage. 17 So soll man nun für den
Unreinen Asche nehmen von dem ver-
brannten Sündopfer und fließendes Was-
ser darauf tun in ein Gefäß. 18 Und ein
reiner Mann soll Ysop nehmen und ins
Wasser tauchen und das Zelt besprengen
und alle Gefäße und alle Leute, die darin
sind; ebenso auch den, der eines Toten
Gebein oder einen Erschlagenen oder
Gestorbenen oder ein Grab berührt hat.
19 Es soll aber der Reine den Unreinen
am dritten Tage und am siebenten Tage
besprengen und ihn am siebenten Tage
entsündigen, und der soll seine Kleider
waschen und sich mit Wasser abwaschen,
so wird er am Abend rein.[a]

20 Wer aber unrein wird und sich nicht
entsündigen will, der soll ausgerottet
werden aus der Gemeinde; denn er hat
das Heiligtum des HERRN unrein ge-
macht und ist nicht mit Reinigungswas-
ser besprengt; darum ist er unrein.
21 Und das soll euch eine ewige Ordnung
sein. Und auch der, der mit dem Reini-
gungswasser gesprengt hat, soll seine
Kleider waschen, und wer das Reini-
gungswasser berührt, der soll unrein sein
bis zum Abend. 22 Und alles, was der
Unreine berührt, wird unrein werden,
und wer ihn berührt, soll unrein sein bis
zum Abend.

Mirjams Tod.
Moses Zweifel beim Haderwasser

20 Und die ganze Gemeinde der Is-
raeliten kam in die [a]Wüste Zin im
ersten Monat und das Volk lagerte sich
in Kadesch. Und [b]Mirjam starb dort
und wurde dort begraben.

2 [a]Und die Gemeinde hatte kein Was-
ser, und sie versammelten sich gegen
Mose und Aaron. 3 Und das Volk ha-
derte mit Mose und sprach: Ach dass wir
umgekommen wären, als unsere Brüder
umkamen vor dem HERRN! 4 Warum
habt ihr die Gemeinde des HERRN in
diese Wüste gebracht, dass wir hier ster-
ben mit unserm Vieh? 5 Und warum habt
ihr uns aus Ägypten geführt an diesen
bösen Ort, wo man nicht säen kann, wo
weder Feigen noch Weinstöcke noch
Granatäpfel sind und auch kein Wasser
zum Trinken ist? 6 Da gingen Mose und
Aaron von der Gemeinde hinweg zur Tür
der Stiftshütte und fielen auf ihr Ange-
sicht, und die Herrlichkeit des HERRN
erschien ihnen.

7 Und der HERR redete mit Mose
und sprach: 8 Nimm den Stab und ver-
sammle die Gemeinde, du und dein Bru-

19,6: *a* 3. Mose 14,6 **19,7:** *a* 3. Mose 16,28 **19,13:** *a* 3. Mose 15,31 **19,19:** *a* Verse 12-13 **20,1:** *a* Kap 13,21; *b* Kap 12,15 **20,2:** *a (2-13)* 2. Mose 17,1-7

der Aaron, und redet zu dem Felsen vor
ihren Augen; der wird sein Wasser geben.
So sollst du ihnen Wasser aus dem Felsen
hervorbringen und die Gemeinde trän-
ken und ihr Vieh. 9 Da nahm Mose den
[a]Stab, der vor dem HERRN lag, wie
er ihm geboten hatte. 10 Und Mose und
Aaron versammelten die Gemeinde vor
dem Felsen und er sprach zu ihnen:
Höret, ihr Ungehorsamen, [a]werden wir
euch wohl Wasser hervorbringen können
aus diesem Felsen? 11 Und Mose erhob
seine Hand und schlug den Felsen mit
dem Stab zweimal. Da kam viel Wasser
heraus, sodass die Gemeinde trinken
konnte und ihr Vieh. 12 Der HERR aber
sprach zu Mose und Aaron: Weil ihr nicht
an mich geglaubt habt und mich nicht
geheiligt habt vor den Israeliten, darum
sollt ihr diese Gemeinde nicht ins Land
bringen, das ich ihnen geben werde.[a]

13 Das ist das [a]Haderwasser, wo die
Israeliten mit dem HERRN haderten und
er sich heilig an ihnen erwies.

Die Edomiter verweigern den Durchzug

14 Und Mose sandte Botschaft aus Ka-
desch zu dem König der [a]Edomiter: So
lässt dir dein Bruder Israel sagen: Du
kennst all die Mühsal, die uns betroffen
hat, 15 dass unsere Väter nach Ägypten
hinabgezogen sind und wir lange Zeit in
Ägypten gewohnt haben und dass die
Ägypter uns und unsere Väter schlecht
behandelt haben. 16 Und wir schrien zu
dem HERRN; der hat unsere Stimme ge-
hört und einen [a]Engel gesandt und uns
aus Ägypten geführt. Und siehe, wir sind
in Kadesch, einer Stadt an deiner
Grenze. 17 Lass uns durch dein Land zie-
hen. Wir wollen nicht durch Äcker oder
Weinberge gehen, auch nicht Wasser aus
den Brunnen trinken. Die Landstraße
wollen wir ziehen, weder zur Rechten
noch zur Linken weichen, bis wir durch
dein Gebiet hindurchgekommen sind.[a]

18 Edom aber sprach zu ihnen: Du
sollst nicht hindurchziehen oder ich
werde dir mit dem Schwert entgegentre-
ten. 19 Die Israeliten sprachen zu ihm:
Wir wollen auf der gebahnten Straße zie-
hen, und wenn wir von deinem Wasser
trinken, wir und unser Vieh, so wollen
wir's bezahlen. Wir wollen nichts als
nur zu Fuß hindurchziehen. 20 Er aber
sprach: Du sollst nicht hindurchziehen.
Und die Edomiter zogen aus, ihnen ent-
gegen, mit mächtigem Heer und starker
Hand. 21 So weigerten sich die Edomiter,
Israel zu gestatten, durch ihr Gebiet zu
ziehen. Und Israel wich ihnen aus.

Aarons Tod

22 Und die Israeliten brachen auf von Ka-
desch und kamen mit der ganzen Ge-
meinde an den Berg Hor.[a] 23 Und der
HERR redete mit Mose und Aaron am
Berge Hor an der Grenze des Landes der
Edomiter und sprach: 24 Aaron soll ver-
sammelt werden zu seinen Vätern; denn
er soll nicht in das Land kommen, das
ich den Israeliten gegeben habe, weil ihr
meinem Munde ungehorsam gewesen
seid bei dem Haderwasser. 25 Nimm aber
Aaron und seinen Sohn Eleasar und
führe sie auf den Berg Hor 26 und [a]zieh
Aaron seine Kleider aus und zieh sie sei-
nem Sohn Eleasar an. Und Aaron soll
dort zu seinen Vätern versammelt werden
und sterben.

27 Da tat Mose, wie ihm der HERR ge-
boten hatte, und sie stiegen auf den Berg
Hor vor der ganzen Gemeinde. 28 Und
Mose zog Aaron seine Kleider aus und
zog sie seinem Sohn Eleasar an. [a]Und
Aaron starb dort oben auf dem Berge.
Mose aber und Eleasar stiegen herab
vom Berge. 29 Und als die ganze Ge-
meinde sah, dass Aaron tot war, [a]be-
weinten sie ihn dreißig Tage, das ganze
Haus Israel.

Sieg über die Kanaaniter im Südland

21 Und als der König von Arad, der
Kanaaniter, der im Südland wohn-
te, hörte, dass Israel herankam auf dem
Wege von Atarim, zog er in den Kampf
gegen Israel und führte etliche gefan-
gen.[a] 2 Da gelobte Israel dem HERRN ein
Gelübde und sprach: Wenn du dies Volk
in meine Hand gibst, so will ich an ihren
Städten den [a]Bann vollstrecken. 3 Und

20,9: *a* Kap 17,25 **20,10:** *a* Ps 106,32-33 **20,12:** *a* Kap 27,14; 5. Mose 1,37; 3,26; 4,21; 32,50-51 **20,13:** *a* Ps 81,8
20,14: *a* 1. Mose 36,1.31; 5. Mose 2,1-8; 23,8 **20,16:** *a* 2. Mose 23,20 **20,17:** *a* Kap 21,22; 5. Mose 2,1-8; Ri 11,17
20,22: *a* Kap 33,37 **20,26:** *a* 2. Mose 29,4-7 **20,28:** *a* Kap 33,38-39; 5. Mose 10,6 **20,29:** *a* 5. Mose 34,8
21,1: *a* Kap 14,44-45; Ri 1,11-15 **21,2:** *a* 5. Mose 13,16; 20,14.16-17; Jos 6,17; Ri 1,17; 1. Sam 15,3

der HERR hörte auf die Stimme Israels
und gab die Kanaaniter in ihre Hand
und sie vollstreckten den Bann an ihnen
und ihren Städten, und man nannte die
Gegend [a]Horma*.

Mose richtet die eherne Schlange auf

4 [a]Da brachen sie auf von dem Berge
Hor in Richtung auf das Schilfmeer, um
das Land der Edomiter zu umgehen.
Und das Volk wurde verdrossen auf dem
Wege 5 und redete wider Gott und wider
Mose: Warum hast du uns aus Ägypten
geführt, dass wir sterben in der Wüste?
Denn es ist kein Brot noch Wasser hier
und uns ekelt vor dieser mageren Speise.
6 Da sandte der HERR [a]feurige Schlan-
gen unter das Volk; die bissen das Volk,
dass viele aus Israel starben. 7 Da kamen
sie zu Mose und sprachen: Wir haben
[a]gesündigt, dass wir wider den HERRN
und wider dich geredet haben. Bitte den
HERRN, dass er die Schlangen von uns
nehme. Und Mose bat für das Volk. 8 Da
sprach der HERR zu Mose: Mache dir
eine [a]eherne Schlange und richte sie an
einer Stange hoch auf. Wer gebissen ist
und sieht sie an, der soll leben. 9 Da
machte Mose eine eherne Schlange und
richtete sie hoch auf. Und wenn jeman-
den eine Schlange biss, so sah er die
eherne Schlange an und blieb leben.

Zug bis an den Arnon und ins Moabiterland

10 Und die Israeliten zogen aus und lager-
ten sich in Obot. 11 Und von Obot zogen
sie aus und lagerten sich in Ije-Abarim,
in der Wüste östlich von Moab. 12 Von da
zogen sie weiter und lagerten sich am
Bach Sered. 13 Von da zogen sie weiter
und lagerten sich in der Wüste südlich
des Arnon, der im Gebiet der Amoriter
entspringt; denn der Arnon ist die
Grenze Moabs zwischen Moab und den
Amoritern. 14 Daher heißt es in dem
[a]Buch von den Kriegen des HERRN:
»Das Waheb in Sufa und die Bäche am
Arnon 15 und den Abhang der Bäche, der
sich hinzieht zur Stadt Ar und sich lehnt
an die Grenze Moabs.«
16 Und von da zogen sie nach Beer.
Das ist der Brunnen, von dem der HERR
zu Mose sagte: Versammle das Volk, ich
will ihnen Wasser geben. 17 Damals sang
Israel dies Lied: »Brunnen, steige auf!
Singet von ihm: 18 Das ist der Brunnen,
den die Fürsten gegraben haben; die Ed-
len im Volk haben ihn gegraben mit dem
Zepter, mit ihren Stäben.« Und von Beer
zogen sie nach Mattana 19 und von Mat-
tana nach Nahaliël; und von Nahaliël
nach Bamot-Baal; 20 und von Bamot-
Baal in das Tal, das im Feld von Moab
liegt bei dem Gipfel des Pisga, der hinun-
terblickt auf das Jordantal.

Sieg über die Könige Sihon und Og

21 [a]Und Israel sandte Boten zu Sihon,
dem König der Amoriter, und ließ ihm
sagen: 22 Lass mich durch dein Land zie-
hen. Wir wollen nicht abbiegen in die
Äcker noch in die Weingärten, wollen
auch vom Brunnenwasser nicht trinken;
die Landstraße wollen wir ziehen, bis wir
durch dein Gebiet hindurchgekommen
sind.[a] 23 Aber Sihon gestattete den Israe-
liten nicht den Zug durch sein Gebiet,
sondern sammelte sein ganzes Kriegs-
volk und zog aus, Israel entgegen in die
Wüste. Und als er nach Jahaz kam,
kämpfte er gegen Israel. 24 Israel aber
schlug ihn mit der Schärfe des Schwerts
und nahm sein Land ein vom Arnon bis
an den Jabbok und bis zu den Ammoni-
tern; das Gebiet der Ammoniter aber
reichte bis Jaser.
25 So nahm Israel alle diese Städte ein
und wohnte in allen Städten der Amo-
riter, in Heschbon und in allen seinen
Ortschaften. 26 Denn Heschbon war die
Stadt Sihons, des Königs der Amoriter,
und er hatte zuvor mit dem König der
Moabiter gekämpft und ihm all sein
Land abgewonnen bis zum Arnon. 27 Da-
her sagt man im Lied:
Kommt nach Heschbon, dass man die
Stadt Sihons baue und aufrichte. 28 Denn
Feuer ist aus Heschbon gefahren, eine
Flamme von der Stadt Sihons; die hat
gefressen Ar in Moab und verzehrt die
Höhen am Arnon. 29 Weh dir, Moab! Du

* d. h. Bann.

21,3: *a* Kap 14,45; 5. Mose 1,44 **21,4:** *a (4-5)* Kap 11,4-6 **21,6:** *a* 1. Kor 10,9 **21,7:** *a* 2. Mose 32,30-34 **21,8:** *a* 2. Kön 18,4; Joh 3,14 **21,14:** *a* Jos 10,13; 2. Sam 1,18 **21,21:** *a (21-31)* 5. Mose 2,26-37 **21,22:** *a* Kap 20,17

Volk des [a]Kemosch bist verloren! Man
hat seine Söhne in die Flucht geschlagen
und seine Töchter gefangen geführt zu
Sihon, dem König der Amoriter. 30 Seine
Herrlichkeit ist zunichte geworden von
Heschbon bis nach Dibon, sie ist zer-
stört bis nach Nofach, bis nach Medeba.
31 So wohnte Israel im Lande der Amo-
riter.

32 Und Mose sandte Kundschafter aus
nach Jaser; und sie eroberten es mit sei-
nen Ortschaften und vertrieben die Amo-
riter, die darin waren, 33 [a]und wandten
sich und zogen hinauf den Weg nach
Baschan. Da zog ihnen entgegen Og, der
König von Baschan, mit seinem ganzen
Kriegsvolk, um bei Edreï zu kämpfen.
34 Und der HERR sprach zu Mose:
Fürchte dich nicht vor ihm, denn ich
habe ihn in deine Hand gegeben mit
Land und Leuten, und du sollst mit ihm
tun, wie du mit [a]Sihon, dem König der
Amoriter, getan hast, der in Heschbon
wohnte. 35 Und sie schlugen ihn und seine
Söhne und sein ganzes Kriegsvolk, bis
keiner mehr übrig blieb, und nahmen das
Land ein.

Bileam soll Israel verfluchen, aber er muss es segnen

22 Danach zogen die Israeliten weiter
und lagerten sich im Jordantal der
Moabiter gegenüber Jericho. 2 Und Ba-
lak, der Sohn Zippors, sah alles, was Is-
rael den Amoritern angetan hatte. 3 Und
die Moabiter fürchteten sich sehr vor
dem Volk, das so groß war, und den
Moabitern graute vor den Israeliten.
4 Und sie sprachen zu den Ältesten der
Midianiter: Nun wird dieser Haufe auf-
fressen, was um uns herum ist, wie ein
Rind das Gras auf dem Felde abfrisst.
Balak aber, der Sohn Zippors, war zu der
Zeit König der Moabiter. 5 Und er sandte
Boten aus zu [a]Bileam, dem Sohn Beors,
nach Petor, das am Euphrat liegt, ins
Land der Söhne seines Volks, um ihn
herbeizurufen, und ließ ihm sagen: Siehe,
es ist ein Volk aus Ägypten gezogen, das
bedeckt das ganze Land und lagert mir
gegenüber. 6 So komm nun und verfluche
mir das Volk, denn es ist mir zu mächtig;
vielleicht kann ich's dann schlagen und
aus dem Lande vertreiben; denn ich
weiß: Wen du segnest, der ist gesegnet,
und wen du verfluchst, der ist verflucht.

7 Und die Ältesten der Moabiter gin-
gen hin mit den Ältesten der Midianiter
und hatten den [a]Lohn für das Wahr-
sagen in ihren Händen und kamen zu
Bileam und sagten ihm die Worte Balaks.
8 Und er sprach zu ihnen: Bleibt hier über
Nacht, so will ich euch antworten, wie
mir's der HERR sagen wird. Da blieben
die Fürsten der Moabiter bei Bileam.

9 Und Gott kam zu Bileam und
sprach: Wer sind die Leute, die bei dir
sind? 10 Bileam sprach zu Gott: Balak,
der Sohn Zippors, der König der Moa-
biter, hat zu mir gesandt: 11 Siehe, ein
Volk ist aus Ägypten gezogen und be-
deckt das ganze Land. So komm nun
und verfluche es; vielleicht kann ich dann
mit ihm kämpfen und es vertreiben.
12 Gott aber sprach zu Bileam: Geh nicht
mit ihnen, verfluche das Volk auch nicht;
denn es ist gesegnet. 13 Da stand Bileam
am Morgen auf und sprach zu den Fürs-
ten Balaks: Geht hin in euer Land; denn
der HERR will's nicht gestatten, dass ich
mit euch ziehe.

14 Und die Fürsten der Moabiter
machten sich auf, kamen zu Balak und
sprachen: Bileam weigert sich, mit uns zu
ziehen. 15 Da sandte Balak noch mehr
und noch mächtigere Fürsten, als jene
waren. 16 Als die zu Bileam kamen, spra-
chen sie zu ihm: So lässt dir sagen Balak,
der Sohn Zippors: Wehre dich doch nicht
dagegen, zu mir zu ziehen; 17 denn ich
will dich hoch ehren und was du mir
sagst, das will ich tun; komm doch und
verfluche mir dies Volk.

18 Bileam antwortete und sprach zu
den Gesandten Balaks: [a]Wenn mir Ba-
lak sein Haus voll Silber und Gold gäbe,
so könnte ich doch nicht übertreten das
Wort des HERRN, meines Gottes, weder
im Kleinen noch im Großen. 19 So bleibt
auch ihr nun hier diese Nacht, dass ich
erfahre, was der HERR weiter mit mir
reden wird. 20 Da kam Gott in der Nacht
zu Bileam und sprach zu ihm: Sind die
Männer gekommen, dich zu rufen, so

21,29: *a* Ri 11,24; 1. Kön 11,7 **21,33:** *a (33-35)* 5. Mose 3,1-11 **21,34:** *a* Ps 136,17-22 **22,5:** *a* Kap 31,8; Jos 24,9; Mi 6,5 **22,7:** *a* 2. Petr 2,15 **22,18:** *a* 1. Kön 13,8

mach dich auf und zieh mit ihnen; doch
nur was ich dir sagen werde, sollst du
tun.
21 Da stand Bileam am Morgen auf
und sattelte seine Eselin und zog mit den
Fürsten der Moabiter. 22 Aber der Zorn
Gottes entbrannte darüber, dass er hin-
zog. Und der [a]Engel des HERRN trat in
den Weg, um ihm zu widerstehen. Er
aber ritt auf seiner Eselin und zwei
Knechte waren mit ihm. 23 Und die
Eselin sah den Engel des HERRN auf dem
Wege stehen [a]mit einem bloßen Schwert
in seiner Hand. Und die Eselin wich vom
Weg ab und ging auf dem Felde; Bileam
aber schlug sie, um sie wieder auf den
Weg zu bringen. 24 Da trat der Engel des
HERRN auf den Pfad zwischen den Wein-
bergen, wo auf beiden Seiten Mauern
waren. 25 Und als die Eselin den Engel
des HERRN sah, drängte sie sich an die
Mauer und klemmte Bileam den Fuß ein
an der Mauer, und er schlug sie noch
mehr.
26 Da ging der Engel des HERRN weiter
und trat an eine enge Stelle, wo kein Platz
mehr war auszuweichen, weder zur Rech-
ten noch zur Linken. 27 Und als die
Eselin den Engel des HERRN sah, fiel sie
in die Knie unter Bileam. Da entbrannte
der Zorn Bileams und er schlug die
Eselin mit dem Stecken. 28 Da tat der
HERR der Eselin den Mund auf und sie
sprach zu Bileam: Was hab ich dir getan,
dass du mich nun dreimal geschlagen
hast?[a] 29 Bileam sprach zur Eselin: Weil
du Mutwillen mit mir treibst! Ach dass
ich jetzt ein Schwert in der Hand hätte,
ich wollte dich töten! 30 Die Eselin sprach
zu Bileam: Bin ich nicht deine Eselin, auf
der du geritten bist von jeher bis auf
diesen Tag? War es je meine Art, es so
mit dir zu treiben? Er sprach: Nein.
31 Da öffnete der HERR dem Bileam
die Augen, dass er den Engel des HERRN
auf dem Wege stehen sah mit einem blo-
ßen Schwert in seiner Hand, und er
neigte sich und fiel nieder auf sein Ange-
sicht. 32 Und der Engel des HERRN
sprach zu ihm: Warum hast du deine
Eselin nun dreimal geschlagen? Siehe, ich
habe mich aufgemacht, um dir zu wider-
stehen; denn dein Weg ist verkehrt in
meinen Augen. 33 Und die Eselin hat
mich gesehen und ist mir dreimal ausge-
wichen. Sonst, wenn sie mir nicht aus-
gewichen wäre, so hätte ich dich jetzt ge-
tötet, aber die Eselin am Leben gelassen.
34 Da sprach Bileam zu dem Engel des
HERRN: Ich habe gesündigt; ich hab's ja
nicht gewusst, dass du mir entgegenstan-
dest auf dem Wege. Und nun, wenn dir's
nicht gefällt, will ich wieder umkehren.
35 Der Engel des HERRN sprach zu ihm:
Zieh hin mit den Männern, aber nichts
anderes, als was ich zu dir sagen werde,
sollst du reden. So zog Bileam mit den
Fürsten Balaks.
36 Als Balak hörte, dass Bileam kam,
zog er aus, ihm entgegen nach Ar in
Moab, das am Arnon liegt, an der äu-
ßersten Grenze, 37 und sprach zu ihm:
Hab ich nicht zu dir gesandt und dich
rufen lassen? Warum bist du denn nicht
zu mir gekommen? Meinst du, ich könnte
dich nicht ehren? 38 Bileam antwortete
ihm: Siehe, ich bin zu dir gekommen,
aber wie kann ich etwas anderes reden,
als was mir Gott in den Mund gibt? Nur
das kann ich reden! 39 So zog Bileam mit
Balak und sie kamen nach Kirjat-Huzot.
40 Und Balak opferte Rinder und Schafe
und sandte davon an Bileam und an die
Fürsten, die bei ihm waren.
41 Und am Morgen nahm Balak den
Bileam und führte ihn hinauf nach [a]Ba-
mot-Baal, dass er von dort das ganze
Volk Israel überblicken konnte.

23 Und Bileam sprach zu Balak:
Baue mir hier sieben Altäre und
schaffe mir her sieben junge Stiere und
sieben Widder. 2 Balak tat, wie ihm Bi-
leam sagte, und beide, Balak und Bileam,
opferten auf jedem Altar einen jungen
Stier und einen Widder. 3 Und Bileam
sprach zu Balak: Tritt zu deinem Brand-
opfer; ich will hingehen, ob mir vielleicht
der HERR begegnet, dass ich dir sage,
was er mir zeigt. Und er ging hin auf
einen kahlen Hügel. 4 Und Gott begeg-
nete Bileam; er aber sprach zu ihm: Sie-
ben Altäre hab ich hergerichtet und auf
jedem Altar einen jungen Stier und einen
Widder geopfert. 5 Der HERR aber gab
das Wort dem Bileam in den Mund und
sprach: Geh zurück zu Balak und sprich

22,22: *a* 1. Mose 16,7 **22,23:** *a* Jos 5,13 **22,28:** *a* 2. Petr 2,16 **22,41:** *a* Jos 13,17

so! 6 Und als er zu ihm kam, siehe, da
stand er bei seinem Brandopfer samt
allen Fürsten der Moabiter.

7 Da hob Bileam an mit seinem Spruch
und sprach: Aus Aram hat mich Balak,
der König der Moabiter, holen lassen von
dem Gebirge im Osten: Komm, verfluche
mir Jakob! Komm, verwünsche Israel!
8 Wie soll ich fluchen, dem Gott nicht
flucht? Wie soll ich verwünschen, den der
HERR nicht verwünscht? 9 Denn von der
Höhe der Felsen sehe ich ihn, und von
den Hügeln schaue ich ihn. Siehe, das
Volk wird abgesondert wohnen und sich
nicht zu den Heiden rechnen. 10 Wer
kann zählen den [a]Staub Jakobs, auch
nur den vierten Teil Israels? Meine Seele
möge sterben den Tod der Gerechten,
und mein Ende werde wie ihr Ende!

11 Da sprach Balak zu Bileam: Was
tust du mir an? Ich habe dich holen las-
sen, um meinen Feinden zu fluchen, und
siehe, du segnest. 12 Er antwortete und
sprach: Muss ich nicht das halten und
[a]reden, was mir der HERR in den Mund
gibt? 13 Balak sprach zu ihm: Komm
doch mit mir an einen andern Ort, von
wo aus du nur sein äußerstes Ende siehst,
aber nicht ganz Israel, und verfluche es
mir von dort. 14 Und er führte ihn zum
Späherfeld auf dem Gipfel des Pisga und
baute sieben Altäre und opferte auf je-
dem Altar einen jungen Stier und einen
Widder. 15 Und Bileam sprach zu Balak:
Tritt zu deinem Brandopfer, ich aber will
dort dem Herrn begegnen.

16 Und der HERR begegnete Bileam
und gab ihm das Wort in seinen Mund
und sprach: Geh zurück zu Balak und
sprich so! 17 Und als er zu ihm kam,
siehe, da stand er bei seinem Brandopfer
samt den Fürsten der Moabiter. Und Ba-
lak sprach zu ihm: Was hat der HERR
gesagt?

18 Und er hob an mit seinem Spruch
und sprach: Steh auf, Balak, und höre!
Nimm zu Ohren, was ich sage, du Sohn
Zippors! **19 Gott ist nicht ein Mensch, dass
er lüge, noch ein Menschenkind, dass ihn
etwas gereue. Sollte er etwas sagen und
nicht tun? Sollte er etwas reden und nicht
halten?**[a] 20 Siehe, zu segnen ist mir be-
fohlen; er hat gesegnet und ich kann's
nicht wenden. 21 Man sieht kein Unheil
in Jakob und kein Verderben in Israel.
Der HERR, sein Gott, ist bei ihm und es
jauchzt dem König zu. 22 Gott, der sie
aus Ägypten geführt hat, ist für sie wie
das Horn des Wildstiers. 23 Denn es gibt
kein Zaubern in Jakob und kein Wahr-
sagen in Israel. Zu rechter Zeit wird Ja-
kob und Israel gesagt, welche Wunder
Gott tut. 24 Siehe, das Volk wird auf-
stehen wie ein junger Löwe und wird sich
erheben [a]wie ein Löwe; es wird sich nicht
legen, bis es den Raub verzehrt und das
Blut der Erschlagenen trinkt.

25 Da sprach Balak zu Bileam: Du
sollst es weder verfluchen noch segnen.
26 Bileam antwortete und sprach zu Ba-
lak: Hab ich dir nicht gesagt, alles, was
der HERR redet, das würde ich tun?
27 Balak sprach zu ihm: Komm doch, ich
will dich an einen andern Ort führen;
vielleicht gefällt es Gott, dass du sie mir
dort verfluchst. 28 Und [a]Balak führte ihn
auf den Gipfel des Berges [b]Peor, der hin-
unterblickt auf das Jordantal. 29 Und
Bileam sprach zu Balak: Baue mir hier
sieben Altäre und schaffe mir her sieben
junge Stiere und sieben Widder. 30 Balak
tat, wie Bileam sagte, und opferte auf
jedem Altar einen jungen Stier und einen
Widder.

24 Als nun Bileam sah, dass es dem
HERRN gefiel, Israel zu segnen,
ging er nicht wie bisher auf Zeichen aus,
sondern richtete sein Angesicht zur Wüs-
te, 2 hob seine Augen auf und sah Israel,
wie sie lagerten nach ihren Stämmen.
Und der Geist Gottes kam auf ihn 3 und
er hob an mit seinem Spruch und sprach:
Es sagt Bileam, der Sohn Beors, es sagt
der Mann, dem [a]die Augen geöffnet
sind; 4 es sagt der Hörer göttlicher Rede,
der des Allmächtigen Offenbarung sieht,
dem die Augen geöffnet werden, wenn er
niederkniet: 5 Wie fein sind deine Zelte,
Jakob, und deine Wohnungen, Israel!
6 Wie die Täler, die sich ausbreiten, wie
die Gärten an den Wassern, wie die Aloe-
bäume, die der HERR pflanzt, wie die
Zedern an den Wassern. 7 Sein Eimer
fließt von Wasser über, und seine Saat

23,10: *a* 1. Mose 13,16 **23,12:** *a* Kap 22,38 **23,19:** *a* 1. Sam 15,29 **23,24:** *a* Kap 24,9; Hes 19,2 **23,28:** *a* Kap 22,41; *b* Kap 25,3 **24,3:** *a* 1. Sam 9,9

hat Wasser die Fülle. Sein König wird
höher werden als Agag, und sein Reich
wird sich erheben. 8 Gott, der ihn aus
Ägypten geführt hat, ist für ihn wie das
Horn des Wildstiers. Er wird die Völker,
seine Verfolger, auffressen und ihre Ge-
beine zermalmen und mit seinen Pfeilen
zerschmettern. 9 Er [a]hat sich hinge-
streckt, sich niedergelegt wie ein Löwe
und wie ein junger Löwe – wer will ihn
aufstören? [b]Gesegnet sei, wer dich seg-
net, und verflucht, wer dich verflucht!

10 Da entbrannte Balaks Zorn gegen
Bileam und er schlug die Hände zusam-
men und sprach zu ihm: Ich habe dich
gerufen, dass du meine Feinde verfluchen
solltest, und siehe, du hast sie nun drei-
mal gesegnet. 11 Geh nun weg in dein
Land! Ich dachte, ich wollte dich ehren,
aber der HERR hat dir die Ehre verwehrt.
12 Bileam antwortete ihm: Hab ich nicht
schon zu deinen Boten gesagt, die du zu
mir sandtest: 13 Wenn mir Balak sein
Haus voll Silber und Gold gäbe, so
könnte ich doch an des HERRN Wort
nicht vorüber und Böses und Gutes tun
nach meinem Herzen, sondern was der
HERR redet, das würde ich auch reden?[a]
14 Und nun siehe, ich ziehe zu meinem
Volk. So komm, ich will dir kundtun,
was dies Volk deinem Volk tun wird zur
letzten Zeit.

15 Und er hob an mit seinem Spruch
und sprach: Es sagt Bileam, der Sohn
Beors, es sagt der Mann, dem die Augen
geöffnet sind, 16 es sagt der Hörer gött-
licher Rede und der die Erkenntnis des
Höchsten hat, der die Offenbarung des
Allmächtigen sieht und dem die Augen
geöffnet werden, wenn er niederkniet:
17 Ich sehe ihn, aber nicht jetzt; ich
schaue ihn, aber nicht von Nahem. Es
wird ein [a]Stern aus Jakob aufgehen und
ein [b]Zepter aus Israel aufkommen und
wird [c]zerschmettern die Schläfen der
Moabiter und den Scheitel aller Söhne
Sets. 18 [a]Edom wird er einnehmen, und
Seïr, sein Feind, wird unterworfen sein;
Israel aber wird Sieg haben. 19 Aus Jakob
wird [a]der Herrscher kommen und um-
bringen, was übrig ist von den Städten.

20 Und als er die Amalekiter sah, hob
er an mit seinem Spruch und sprach:
Amalek ist das erste unter den Völkern;
aber [a]zuletzt wird es umkommen.

21 Und als er die [a]Keniter sah, hob er
an mit seinem Spruch und sprach: Fest
ist deine Wohnung, und du hast dein
Nest in einen Fels gebaut. 22 Dennoch
wird Kain ausgetilgt werden. Wie lange
noch, dann führt Assur dich gefangen
hinweg! 23 Und er hob abermals an mit
seinem Spruch und sprach: Ach, wer
wird am Leben bleiben, wenn Gott das
tun wird? 24 Und Schiffe aus [a]Kittim
werden verderben [b]Assur und [c]Eber; das
aber wird auch umkommen.

25 Und [a]Bileam machte sich auf und
zog hin und kam wieder in sein Land
und Balak zog seinen Weg.

Israels Götzendienst mit dem Baal-Peor. Der Eifer des Pinhas für den Herrn

25 Und Israel lagerte in [a]Schittim.
Da fing das Volk an zu [b]huren
mit den Töchtern der Moabiter; 2 die lu-
den das Volk zu den Opfern ihrer Götter.
Und das Volk aß und betete ihre Götter
an. 3 Und Israel hängte sich an den
[a]Baal-Peor. Da entbrannte des HERRN
Zorn über Israel 4 und er sprach zu
Mose: Nimm alle Oberen des Volks und
[a]hänge sie vor dem HERRN auf im Ange-
sicht der Sonne, damit sich der grimmige
Zorn des HERRN von Israel wende. 5 Und
Mose sprach zu den Richtern Israels:
[a]Töte ein jeder seine Leute, die sich an
den Baal-Peor gehängt haben.

6 Und siehe, ein Mann aus Israel kam
und brachte unter seine Brüder eine
[a]Midianiterin vor den Augen des Mose
und der ganzen Gemeinde der Israeliten,
die da weinten vor der Tür der Stifts-
hütte. 7 Als das [a]Pinhas sah, der Sohn
Eleasars, des Sohnes des Priesters Aaron,
stand er auf aus der Gemeinde und nahm
einen Spieß in seine Hand 8 und ging dem
israelitischen Mann nach in die Kammer
und durchstach sie beide, den israeliti-
schen Mann und die Frau, durch ihren

24,9: *a* Kap 23,24; 1. Mose 49,9; *b* 1. Mose 12,3; 27,29 **24,13:** *a* Kap 22,18 **24,17:** *a* Mt 2,2; Lk 1,78; *b* 1. Mose 49,10; *c* 2. Sam 8,2 **24,18:** *a* 2. Sam 8,14; Jer 49,7-22 **24,19:** *a* Mi 5,1.7-8 **24,20:** *a* 2. Mose 17,14; 1. Sam 15,2-3.7 **24,21:** *a* 1. Sam 15,6 **24,24:** *a* 1. Mose 10,4; *b* 1. Mose 10,22; *c* 1. Mose 10,21 **24,25:** *a* Kap 31,8.16 **25,1:** *a* Kap 33,49; *b* 1. Kor 10,8 **25,3:** *a* 5. Mose 4,3; Ps 106,28 **25,4:** *a* 5. Mose 21,22-23; 2. Sam 21,6.9 **25,5:** *a* 2. Mose 32,27 **25,6:** *a* Kap 31,16 **25,7:** *a* 2. Mose 6,25

Leib. Da hörte die Plage auf unter den
Israeliten. 9 Es waren aber durch die
Plage getötet worden vierundzwanzig-
tausend.[a]
10 Und der HERR redete mit Mose und
sprach: 11 Pinhas, der Sohn Eleasars, des
Sohnes des Priesters Aaron, hat meinen
Grimm von den Israeliten gewendet
durch seinen Eifer um mich, dass ich
nicht in meinem Eifer die Israeliten ver-
tilgte. 12 Darum sage: Siehe, ich gebe ihm
meinen [a]Bund des Friedens, 13 und dieser
Bund soll ihm und seinen Nachkommen
das ewige Priestertum zuteilen, weil er
für seinen Gott geeifert und für die Israe-
liten Sühne geschafft hat. 14 Der israeliti-
sche Mann aber, der erschlagen wurde
mit der Midianiterin, hieß Simri, der
Sohn Salus, der Oberste einer Sippe der
Simeoniter. 15 Die midianitische Frau, die
auch erschlagen wurde, hieß Kosbi, eine
Tochter Zurs, des Hauptes eines Ge-
schlechtes unter den Midianitern.
16 Und der HERR redete mit Mose und
sprach: 17 Tut den Midianitern Schaden
und schlagt sie;[a] 18 denn sie haben euch
Schaden getan mit ihrer List, die sie ge-
gen euch geübt haben durch den Peor
und durch ihre Schwester Kosbi, die
Tochter eines Obersten der Midianiter,
die erschlagen wurde am Tag der Plage,
die um des Peor willen kam.

Neue Zählung der Stämme des Volkes

26 19 Und es geschah nach der Plage,
1 da sprach der HERR zu Mose und
Eleasar, dem Sohn des Priesters Aaron:
2 Nehmt die Summe der ganzen Gemein-
de der Israeliten auf, von zwanzig Jahren
an und darüber nach ihren Sippen, alle,
die wehrfähig sind in Israel.[a] 3 Und
Mose und Eleasar, der Priester, zählten
sie im Jordantal der Moabiter gegenüber
Jericho, 4 die zwanzig Jahre alt waren und
darüber, wie der HERR es Mose geboten
hatte. Dies aber waren die Israeliten, die
aus Ägypten gezogen waren:
5 [a]Ruben, der Erstgeborene Israels.
Die Söhne Rubens aber waren: Henoch,
von dem das Geschlecht der Henochiter
kommt; Pallu, von dem das Geschlecht
der Palluiter kommt; 6 Hezron, von dem
das Geschlecht der Hezroniter kommt;
Karmi, von dem das Geschlecht der Kar-
miter kommt. 7 Das sind die Geschlechter
von Ruben und ihre Zahl war 43 730.
8 Aber die Söhne Pallus waren Eliab.
9 Und die Söhne Eliabs waren Nemuël
und [a]Datan und Abiram. Das sind der
Datan und Abiram, die von der Ver-
sammlung berufen waren, aber die sich
gegen Mose und Aaron auflehnten in der
Rotte Korach, als sie sich gegen den
HERRN auflehnten. 10 Und die Erde tat
ihren Mund auf und verschlang sie mit
Korach, während die Rotte starb, indem
das Feuer zweihundertundfünfzig Män-
ner fraß und sie zum Zeichen wurden.
11 Aber die Söhne Korachs starben nicht
alle.
12 Die Söhne Simeons nach ihren Ge-
schlechtern waren: Jemuël, daher kommt
das Geschlecht der Jemuëliter; Jamin, da-
her kommt das Geschlecht der Jaminiter;
Jachin, daher das Geschlecht der Jachi-
niter kommt; 13 [a]Serach, daher das Ge-
schlecht der Serachiter kommt; Schaul,
daher das Geschlecht der Schauliter
kommt. 14 Das sind die Geschlechter von
Simeon, 22 200.
15 Die Söhne Gads nach ihren Ge-
schlechtern waren: Zifjon, daher das Ge-
schlecht der Zifjoniter kommt; Haggi,
daher das Geschlecht der Haggiter
kommt; Schuni, daher das Geschlecht
der Schuniter kommt; 16 Osni, daher das
Geschlecht der Osniter kommt; Eri, da-
her das Geschlecht der Eriter kommt;
17 Arod, daher das Geschlecht der Aro-
diter kommt; Areli, daher das Geschlecht
der Areliter kommt. 18 Das sind die Ge-
schlechter der Söhne Gads, an Zahl
40 500.
19 Die Söhne Judas waren: Er und
Onan, die beide im Lande Kanaan star-
ben.[a] 20 Es waren aber die Söhne Judas
nach ihren Geschlechtern: Schela, daher
das Geschlecht der Schelaniter kommt;
Perez, daher das Geschlecht der Pereziter
kommt; Serach, daher das Geschlecht
der Serachiter kommt. 21 Aber die Söhne
des [a]Perez waren: Hezron, daher das Ge-
schlecht der Hezroniter kommt; Hamul,

25,9: *a* Ps 106,29-31 **25,12:** *a* 1. Chr 9,20; Jes 54,10; Hes 34,25; Mal 2,5 **25,17:** *a* Kap 31,2-10 **26,2:** *a* Kap 1,2-47 **26,5:** *a (5-50)* 1. Mose 35,23-26; 46,8-27; 1. Chr 4,1–8,40 **26,9:** *a* Kap 16,1.12 **26,13:** *a* 1. Mose 36,13 **26,19:** *a* 1. Mose 38,7-10 **26,21:** *a* Rut 4,18

daher das Geschlecht der Hamuliter
kommt. 22 Das sind die Geschlechter Ju-
das, an Zahl 76 500.
23 Die Söhne Issachars nach ihren
Geschlechtern waren: Tola, daher das
Geschlecht der Tolaiter kommt; Puwa,
daher das Geschlecht der Puwaniter
kommt; 24 Jaschub, daher das Geschlecht
der Jaschubiter kommt; Schimron, daher
das Geschlecht der Schimroniter kommt.
25 Das sind die Geschlechter Issachars,
an Zahl 64 300.
26 Die Söhne Sebulons nach ihren
Geschlechtern waren: Sered, daher das
Geschlecht der Serediter kommt; Elon,
daher das Geschlecht der Eloniter
kommt; Jachleel, daher das Geschlecht
der Jachleeliter kommt. 27 Das sind die
Geschlechter Sebulons, an Zahl 60 500.
28 Die Söhne Josefs nach ihren
Geschlechtern waren: Manasse und
Ephraim. 29 [a] Die Söhne Manasses aber
waren: Machir, daher kommt das Ge-
schlecht der Machiriter; Machir zeugte
Gilead, daher kommt das Geschlecht der
Gileaditer. 30 Dies sind die Söhne Gi-
leads: Ieser, daher kommt das Geschlecht
der Ieseriter; Helek, daher kommt das
Geschlecht der Helekiter; 31 Asriël, daher
kommt das Geschlecht der Asriëliter; Si-
chem, daher kommt das Geschlecht der
Sichemiter; 32 Schemida, daher kommt
das Geschlecht der Schemidaiter; Hefer,
daher kommt das Geschlecht der Hefe-
riter. 33 Zelofhad aber war Hefers Sohn
und hatte keine Söhne, sondern Töchter;
die hießen Machla, Noa, Hogla, Milka
und Tirza.[a] 34 Das sind die Geschlechter
Manasses, an Zahl 52 700.
35 Die Söhne Ephraims nach ihren Ge-
schlechtern waren: Schutelach, daher
kommt das Geschlecht der Schutelachi-
ter; Becher, daher kommt das Geschlecht
der Becheriter; Tahan, daher kommt das
Geschlecht der Tahaniter. 36 Die Söhne
Schutelachs aber waren: Eran, daher
kommt das Geschlecht der Eraniter.
37 Das sind die Geschlechter der Söhne
Ephraims, an Zahl 32 500. Das sind die
Söhne Josefs nach ihren Geschlechtern.
38 Die Söhne Benjamins nach ihren
Geschlechtern waren: Bela, daher kommt
das Geschlecht der Belaiter; Aschbel, da-
her kommt das Geschlecht der Aschbe-
liter; Ahiram, daher kommt das Ge-
schlecht der Ahiramiter; 39 Schufam,
daher kommt das Geschlecht der Schu-
famiter; Hufam, daher kommt das Ge-
schlecht der Hufamiter. 40 Die Söhne
Belas aber waren: Ard und Naaman, da-
her kommt das Geschlecht der Arditer
und Naamaniter. 41 Das sind die Söhne
Benjamins nach ihren Geschlechtern, an
Zahl 45 600.
42 Die Söhne Dans nach ihren Ge-
schlechtern waren: Schuham, daher
kommt das Geschlecht der Schuhamiter.
Das sind die Geschlechter Dans nach
ihren Geschlechtern. 43 Alle Geschlechter
der Schuhamiter waren an Zahl 64 400.
44 Die Söhne Assers nach ihren Ge-
schlechtern waren: Jimna, daher kommt
das Geschlecht der Jimniter; Jischwi, da-
her kommt das Geschlecht der Jischwi-
ter; Beria, daher kommt das Geschlecht
der Beriiter. 45 Aber die Söhne Berias wa-
ren: Heber, daher kommt das Geschlecht
der Heberiter; Malkiël, daher kommt das
Geschlecht der Malkiëliter. 46 Und die
Tochter Assers hieß Serach. 47 Das sind
die Geschlechter der Söhne Assers, an
Zahl 53 400.
48 Die Söhne Naftalis nach ihren Ge-
schlechtern waren: Jachzeel, daher
kommt das Geschlecht der Jachzeeliter;
Guni, daher kommt das Geschlecht der
Guniter; 49 Jezer, daher kommt das Ge-
schlecht der Jezeriter; Schillem, daher
kommt das Geschlecht der Schillemiter.
50 Das sind die Geschlechter von Naftali
nach ihren Sippen, an Zahl 45 400.
51 Das ist die Summe der Israeliten,
601 730.
52 Und der HERR redete mit Mose und
sprach: 53 Diesen sollst du das Land aus-
teilen zum Erbe nach der Zahl der Na-
men. 54 Dem Geschlecht, das groß ist an
Zahl, sollst du viel zum Erbe geben und
dem Geschlecht, das gering ist an Zahl,
wenig; einem jeden soll man geben nach
seiner Zahl. 55 [a] Doch soll man das Land
durchs Los austeilen; nach den Namen
der Stämme ihrer Väter sollen sie ihr
Erbteil erhalten. 56 Nach dem Los sollst
du ihr Erbe austeilen zwischen den vielen
und wenigen.

26,29: *a (29-33)* Jos 17,1-6 **26,33:** *a* Kap 27,1 **26,55:** *a (55-56)* Kap 33,54; Jos 14,2

Die Geschlechter der Leviten

57 Und dies ist die Summe der Leviten
nach ihren Geschlechtern: Gerschon, da-
her das Geschlecht der Gerschoniter; Ke-
hat, daher das Geschlecht der Kehatiter;
Merari, daher das Geschlecht der Mera-
riter.[a] 58 Dies sind die Geschlechter Le-
vis: das Geschlecht der [a]Libniter, das
Geschlecht der [b]Hebroniter, das Ge-
schlecht der Machliter, das Geschlecht
der Muschiter, das Geschlecht der Kora-
chiter. Kehat aber zeugte Amram. 59 Und
Amrams Frau hieß Jochebed, eine Toch-
ter Levis, die ihm geboren wurde in
Ägypten. Und sie gebar dem Amram
Aaron und Mose und ihre Schwester
Mirjam. 60 Dem Aaron aber wurden ge-
boren Nadab, Abihu, Eleasar und Ita-
mar. 61 Nadab aber und Abihu starben,
als sie fremdes Feuer darbrachten vor
dem HERRN.[a] 62 Und ihre Summe war
23000, alles, was männlich war, von
einem Monat an und darüber. Sie wur-
den nämlich nicht gezählt zusammen mit
den Israeliten; denn man gab ihnen kein
Erbe unter den Israeliten.

63 Das ist die Summe der Israeliten, die
Mose und Eleasar, der Priester, zählten
im Jordantal der Moabiter gegenüber Je-
richo. 64 Unter diesen aber war keiner
mehr von denen aus Israel, die Mose und
Aaron, der Priester, gezählt hatten in der
Wüste Sinai.[a] 65 Denn der HERR hatte
ihnen gesagt, sie sollten des Todes ster-
ben in der Wüste. [a]Und so blieb keiner
von ihnen übrig als Kaleb, der Sohn Je-
funnes, und Josua, der Sohn Nuns.

Erbrecht der Töchter

(vgl. Kap 36,1-12)

27 Und [a]die Töchter Zelofhads, des
Sohnes Hefers, des Sohnes Gi-
leads, des Sohnes Machirs, des Sohnes
Manasses, von den Geschlechtern Ma-
nasses, des Sohnes Josefs, mit Namen
Machla, Noa, Hogla, Milka und Tirza
kamen herzu 2 und traten vor Mose und
vor Eleasar, den Priester, und vor die
Stammesfürsten und die ganze Ge-
meinde vor der Tür der Stiftshütte und
sprachen: 3 Unser Vater ist gestorben in
der Wüste und war nicht mit unter der
Rotte, die sich [a]gegen den HERRN em-
pörte, unter der Rotte Korach, sondern
ist um seiner eigenen Sünde willen ge-
storben und hatte keine Söhne. 4 Warum
soll denn unseres Vaters Name in seinem
Geschlecht untergehen, weil er keinen
Sohn hat? Gebt uns auch ein Erbgut un-
ter den Brüdern unseres Vaters.

5 Mose brachte ihre Sache vor den
HERRN. 6 Und der HERR sprach zu ihm:
7 Die Töchter Zelofhads haben recht ge-
redet. Du sollst ihnen ein Erbgut unter
den Brüdern ihres Vaters geben und
sollst ihres Vaters Erbe ihnen zuwenden.
8 Und sage den Israeliten: Wenn jemand
stirbt und keinen Sohn hat, so sollt ihr
sein Erbe seiner Tochter zuwenden. 9 Hat
er keine Tochter, sollt ihr's seinen Brü-
dern geben. 10 Hat er keine Brüder, sollt
ihr's den Brüdern seines Vaters geben.
11 Hat sein Vater keine Brüder, sollt ihr's
seinen nächsten Verwandten geben, die
ihm angehören in seinem Geschlecht, da-
mit sie es in Besitz nehmen. Das soll den
Israeliten Gesetz und Recht sein, wie der
HERR dem Mose geboten hat.

Josua wird zum Nachfolger des Mose bestellt

12 [a]Und der HERR sprach zu Mose: Steig
auf dies Gebirge Abarim und sieh auf
das Land, das ich den Israeliten geben
werde. 13 Und wenn du es gesehen hast,
sollst du auch zu deinen Vätern versam-
melt werden, wie dein Bruder Aaron zu
ihnen versammelt ist,[a] 14 weil ihr meinem
Wort ungehorsam gewesen seid in der
Wüste Zin, als die Gemeinde haderte und
[a]ihr mich vor ihnen heiligen solltet durch
das Wasser. Das ist das Haderwasser zu
Kadesch in der Wüste Zin.

15 Und Mose redete mit dem HERRN
und sprach: 16 Der HERR, der [a]Gott des
Lebensgeistes für alles Fleisch, wolle
einen Mann setzen über die Gemeinde,
17 der vor ihnen her aus und ein geht und
sie aus und ein führt, damit die Ge-
meinde des HERRN nicht sei [a]wie die
Schafe ohne Hirten.

26,57: *a* Kap 3,17-20; 2. Mose 6,16-25 **26,58:** *a* Kap 33,20; *b* Kap 13,22 **26,61:** *a* 3. Mose 10,1-2 **26,64:** *a* Kap 1,1-47 **26,65:** *a* Kap 14,22-38 **27,1:** *a* Kap 26,33; Jos 17,3-6 **27,3:** *a* Kap 16,2; 1. Mose 3,19 **27,12:** *a (12-14)* Kap 21,11; 5. Mose 32,48-52 **27,13:** *a* Kap 20,24-28 **27,14:** *a* Kap 20,12-13 **27,16:** *a* Kap 16,22 **27,17:** *a* Mi 5,3; Mt 9,36

18 Und der HERR sprach zu Mose:
Nimm [a]Josua zu dir, den Sohn Nuns,
einen Mann, in dem der Geist ist, und
lege deine Hände auf ihn; 19 und lass ihn
treten vor den Priester Eleasar und vor
die ganze Gemeinde und bestelle ihn vor
ihren Augen 20 und lege [a]von deiner Ho-
heit auf ihn, damit ihm gehorche die
ganze Gemeinde der Israeliten. 21 Und er
soll treten vor Eleasar, den Priester, der
soll für ihn [a]mit den heiligen Losen den
HERRN befragen. Nach dessen Befehl
sollen aus- und einziehen er und alle
Israeliten mit ihm und die ganze Ge-
meinde. 22 Mose tat, wie ihm der HERR
geboten hatte, und nahm Josua und ließ
ihn treten vor den Priester Eleasar und
vor die ganze Gemeinde 23 und legte
seine Hand auf ihn und bestellte ihn, wie
der HERR durch Mose geredet hatte.

Gesetze über die regelmäßigen Opfer des Jahres

28 Und der HERR redete mit Mose
und sprach: 2 Gebiete den Israeli-
ten und sprich zu ihnen: Ihr sollt acht-
haben, dass ihr zur rechten Zeit meine
Opfergaben darbringt, meine [a]Feuer-
opferspeise mir zum lieblichen Geruch.
3 [a]Und sprich zu ihnen: Dies sind die
Feueropfer, die ihr dem HERRN opfern
sollt: einjährige Schafe, die ohne Fehler
sind, täglich zwei zum täglichen Brand-
opfer, 4 ein Schaf am Morgen, das andere
gegen Abend; 5 dazu ein zehntel Scheffel
feinstes Mehl zum Speisopfer, mit Öl ver-
mengt, das gestoßen ist, eine viertel
Kanne. 6 Das ist das tägliche Brandopfer,
das ihr am Berge Sinai geopfert habt zum
lieblichen Geruch, ein Feueropfer für den
HERRN. 7 Dazu sein Trankopfer zu je
einem Schaf eine viertel Kanne. Im Hei-
ligtum soll man den Wein des Trank-
opfers dem HERRN darbringen. 8 Das an-
dere Schaf sollst du gegen Abend zu-
richten. Mit einem Speisopfer wie am
Morgen und mit seinem Trankopfer
sollst du es zurichten als Feueropfer für
den HERRN zum lieblichen Geruch.

9 Am [a]Sabbattag aber zwei einjährige
Schafe ohne Fehler und zwei Zehntel
feinstes Mehl zum Speisopfer, mit Öl ver-
mengt, und sein Trankopfer. 10 Das ist
das Brandopfer an jedem Sabbat außer
dem täglichen Brandopfer samt seinem
Trankopfer.

11 [a]Aber am ersten Tage eurer Monate
sollt ihr dem HERRN ein Brandopfer
opfern: zwei junge Stiere, einen Widder,
sieben einjährige Schafe ohne Fehler
12 und [a]je drei Zehntel feinstes Mehl zum
Speisopfer, mit Öl vermengt, zu je einem
jungen Stier und zwei Zehntel feinstes
Mehl zum Speisopfer, mit Öl vermengt,
zu dem einen Widder 13 und je ein Zehn-
tel feinstes Mehl zum Speisopfer, mit Öl
vermengt, zu je einem Schaf. Das ist ein
Brandopfer des lieblichen Geruchs, ein
Feueropfer für den HERRN. 14 Und was
dazugehört an Trankopfern, soll sein:
eine halbe Kanne Wein zu je einem jun-
gen Stier, eine drittel Kanne zum Widder,
eine viertel Kanne zu je einem Schaf. Das
ist das Brandopfer zum Neumond eines
jeden Monats im Jahr. 15 Dazu soll man
einen Ziegenbock dem HERRN zum
Sündopfer zurichten außer dem täglichen
Brandopfer und seinem Trankopfer.

16 [a]Aber am vierzehnten Tag des ersten
Monats ist das Passa des HERRN. 17 Und
am fünfzehnten Tage desselben Monats
ist Festfeier. Sieben Tage soll man unge-
säuertes Brot essen. 18 Am ersten Tag soll
heilige Versammlung sein; keine Arbeit
sollt ihr an diesem Tage tun 19 und sollt
dem HERRN Brandopfer darbringen:
zwei junge Stiere, einen Widder, sieben
einjährige Schafe ohne Fehler 20 samt
ihren Speisopfern: drei Zehntel feinstes
Mehl, mit Öl vermengt, zu je einem jun-
gen Stier und zwei Zehntel zu dem Wid-
der 21 und je ein Zehntel auf ein Schaf
unter den sieben Schafen, 22 dazu einen
Bock zum Sündopfer, um für euch Sühne
zu schaffen. 23 Und ihr sollt das alles dar-
bringen außer dem Brandopfer am Mor-
gen, welches das tägliche Brandopfer ist.
24 Nach dieser Weise sollt ihr alle Tage,
die sieben Tage lang, das Opfer zurichten
als Feueropferspeise zum lieblichen Ge-
ruch für den HERRN, außer dem täg-
lichen Brandopfer samt seinem Trank-

27,18: *a* 2. Mose 33,11; 5. Mose 34,9 **27,20:** *a* 2. Mose 34,29-30; 2. Kön 2,9.15 **27,21:** *a* 2. Mose 28,30; 5. Mose 33,8 **28,2:** *a* 3. Mose 21,6 **28,3:** *a (3-8)* 2. Mose 29,38-42 **28,9:** *a* Mt 12,5 **28,11:** *a (11-15)* Kap 10,10; Hes 46,1.3.6; Jes 1,13 **28,12:** *a* Kap 15,2-12 **28,16:** *a (16-25)* 3. Mose 23,5-14

opfer. 25Am siebenten Tag aber soll hei-
lige Versammlung sein; keine Arbeit sollt
ihr an diesem Tage tun.

26[a]Und am Tag der Erstlinge, wenn
ihr das neue Speisopfer dem HERRN
opfert, an eurem Wochenfest, soll heilige
Versammlung sein; keine Arbeit sollt ihr
an diesem Tage tun. 27Und ihr sollt dem
HERRN als Brandopfer darbringen zum
lieblichen Geruch: zwei junge Stiere,
einen Widder, sieben einjährige Schafe
28samt ihrem Speisopfer: drei Zehntel
feinstes Mehl, mit Öl vermengt, zu je
einem jungen Stier, zwei Zehntel zu dem
Widder 29und je ein Zehntel zu je einem
Schaf von den sieben Schafen 30und
einen Ziegenbock, um für euch Sühne zu
schaffen. 31Das alles sollt ihr darbringen
außer dem täglichen Brandopfer mit sei-
nem Speisopfer. Ohne Fehler soll's sein,
dazu ihre Trankopfer.

29 [a]Und am ersten Tag des siebenten
Monats soll heilige Versammlung
sein; keine Arbeit sollt ihr an diesem
Tage tun; ein Tag des Posaunenblasens
soll er für euch sein. 2Und ihr sollt als
Brandopfer darbringen zum lieblichen
Geruch für den HERRN: einen jungen
Stier, einen Widder, sieben einjährige
Schafe ohne Fehler, 3dazu als Speisopfer:
drei Zehntel feinstes Mehl, mit Öl ver-
mengt, zu dem jungen Stier, zwei Zehntel
zu dem Widder 4und ein Zehntel zu je
einem Schaf von den sieben Schafen,
5auch einen Ziegenbock zum Sündopfer,
um für euch Sühne zu schaffen, 6außer
dem Brandopfer des Neumondes und
seinem Speisopfer und außer dem täg-
lichen Brandopfer mit seinem Speisopfer
und mit ihren Trankopfern, ihrer Ord-
nung gemäß, zum lieblichen Geruch als
ein Feueropfer für den HERRN.

7[a]Am zehnten Tag dieses siebenten
Monats soll heilige Versammlung sein,
und ihr sollt fasten und keine Arbeit an
diesem Tage tun, 8sondern als Brand-
opfer dem HERRN zum lieblichen Geruch
opfern: einen jungen Stier, einen Widder,
sieben einjährige Schafe ohne Fehler
9mit ihren Speisopfern: drei Zehntel
feinstes Mehl, mit Öl vermengt, zu dem
jungen Stier, zwei Zehntel zu dem Wid-
der 10und ein Zehntel zu je einem der
sieben Schafe, 11dazu einen Ziegenbock
zum Sündopfer außer dem Sündopfer
zur Sühnung und dem täglichen Brand-
opfer mit seinem Speisopfer und mit
ihren Trankopfern.[a]

12[a]Am fünfzehnten Tag des siebenten
Monats soll heilige Versammlung sein;
keine Arbeit sollt ihr an diesem Tage tun
und sollt dem HERRN das Fest sieben
Tage feiern 13und sollt an Brandopfern
darbringen, als Feueropfer des lieblichen
Geruchs für den HERRN: dreizehn junge
Stiere, zwei Widder, vierzehn einjährige
Schafe ohne Fehler 14samt ihrem Speis-
opfer: drei Zehntel feinstes Mehl, mit Öl
vermengt, zu je einem der dreizehn jun-
gen Stiere, zwei Zehntel zu je einem der
zwei Widder 15und ein Zehntel zu je ei-
nem der vierzehn Schafe, 16dazu einen
Ziegenbock zum Sündopfer außer dem
täglichen Brandopfer mit seinem Speis-
opfer und seinem Trankopfer.

17Am zweiten Tage: zwölf junge Stiere,
zwei Widder, vierzehn einjährige Schafe
ohne Fehler 18mit ihrem Speisopfer und
ihren Trankopfern zu den jungen Stieren,
zu den Widdern und zu den Schafen
nach ihrer Zahl, der Ordnung gemäß,
19dazu einen Ziegenbock zum Sünd-
opfer außer dem täglichen Brandopfer
mit seinem Speisopfer und ihren Trank-
opfern.

20Am dritten Tage: elf junge Stiere,
zwei Widder, vierzehn einjährige Schafe
ohne Fehler 21mit ihrem Speisopfer und
ihren Trankopfern zu den jungen Stieren,
zu den Widdern und zu den Schafen
nach ihrer Zahl, der Ordnung gemäß,
22dazu einen Bock zum Sündopfer außer
dem täglichen Brandopfer mit seinem
Speisopfer und seinem Trankopfer.

23Am vierten Tage: zehn junge Stiere,
zwei Widder, vierzehn einjährige Schafe
ohne Fehler 24samt ihrem Speisopfer
und ihren Trankopfern zu den jungen
Stieren, zu den Widdern und zu den
Schafen nach ihrer Zahl, der Ordnung
gemäß, 25dazu einen Ziegenbock zum
Sündopfer außer dem täglichen Brand-
opfer mit seinem Speisopfer und seinem
Trankopfer.

28,26: *a (26-31)* 3. Mose 23,15-21; 5. Mose 16,10 **29,1:** *a (1-6)* Kap 10,10; 3. Mose 23,24-25 **29,7:** *a (7-11)* 3. Mose 23,27-32 **29,11:** *a* 3. Mose 16,11-28 **29,12:** *a (12-38)* 3. Mose 23,34-43

26Am fünften Tage: neun junge Stiere,
zwei Widder, vierzehn einjährige Schafe
ohne Fehler 27samt ihrem Speisopfer
und ihren Trankopfern zu den jungen
Stieren, zu den Widdern und zu den
Schafen nach ihrer Zahl, der Ordnung
gemäß, 28dazu einen Bock zum Sünd-
opfer außer dem täglichen Brandopfer
mit seinem Speisopfer und seinem
Trankopfer.

29Am sechsten Tage: acht junge Stiere,
zwei Widder, vierzehn einjährige Schafe
ohne Fehler 30samt ihrem Speisopfer
und ihren Trankopfern zu den jungen
Stieren, zu den Widdern und zu den
Schafen nach ihrer Zahl, der Ordnung
gemäß, 31dazu einen Bock zum Sünd-
opfer außer dem täglichen Brandopfer
mit seinem Speisopfer und seinen Trank-
opfern.

32Am siebenten Tage: sieben junge
Stiere, zwei Widder, vierzehn einjährige
Schafe ohne Fehler 33samt ihrem Speis-
opfer und ihren Trankopfern zu den jun-
gen Stieren, zu den Widdern und zu den
Schafen nach ihrer Zahl, ihrer Ordnung
gemäß, 34dazu einen Bock zum Sünd-
opfer außer dem täglichen Brandopfer
mit seinem Speisopfer und seinem
Trankopfer.

35Am achten sollt ihr Festversamm-
lung halten; keine Arbeit sollt ihr an die-
sem Tage tun 36und sollt als Brandopfer
opfern, als Feueropfer des lieblichen Ge-
ruchs für den HERRN: einen jungen Stier,
einen Widder, sieben einjährige Schafe
ohne Fehler 37samt ihrem Speisopfer
und ihren Trankopfern zu dem jungen
Stier, zu dem Widder und zu den Schafen
nach ihrer Zahl, der Ordnung gemäß,
38dazu einen Bock zum Sündopfer außer
dem täglichen Brandopfer mit seinem
Speisopfer und seinem Trankopfer.
39Das alles sollt ihr dem HERRN dar-
bringen an euren Festen, außer dem, was
ihr gelobt und freiwillig gebt an Brand-
opfern, Speisopfern, Trankopfern und
Dankopfern.

30 Und Mose sagte den Israeliten al-
les, was ihm der HERR geboten
hatte.

Gesetze über die Verbindlichkeit von Gelübden

2Und Mose redete mit den Häuptern der
Stämme Israels und sprach: Dies ist's,
was der HERR geboten hat:

3Wenn jemand dem HERRN ein [a]Ge-
lübde tut oder einen Eid schwört, dass er
sich zu etwas verpflichten will, so soll er
sein Wort nicht brechen, sondern alles
tun, wie es über seine Lippen gegangen
ist.[b]

4Wenn eine Frau dem HERRN ein Ge-
lübde tut und sich zu etwas verpflichtet,
solange sie im Hause ihres Vaters und
ledig ist, 5und ihr Vater hört von ihrem
Gelübde und ihrer Verpflichtung, die sie
sich auferlegt hat, und er schweigt dazu,
so gelten alle ihre Gelübde, und jede Ver-
pflichtung, die sie sich auferlegt hat, soll
auch gelten. 6Wenn aber ihr Vater ihr's
verwehrt an dem Tage, da er's hört, so
gilt das Gelübde und die Verpflichtung
nicht, die sie sich auferlegt hat, und der
HERR wird ihr gnädig sein, weil ihr Vater
es ihr verwehrt hat.

7Wird sie aber eines Mannes Frau und
liegt noch ein Gelübde auf ihr oder hat
sie unbedacht etwas versprochen, durch
das sie sich gebunden hat, 8und ihr
Mann hört es und schweigt dazu an dem-
selben Tage, so gilt ihr Gelübde und ihre
Verpflichtung, die sie sich auferlegt hat.
9Wenn aber ihr Mann ihr's verwehrt an
dem Tage, da er's hört, so macht er sie
ihres Gelübdes ledig, das auf ihr liegt,
und ihres unbedachten Versprechens,
durch das sie sich gebunden hat; und der
HERR wird ihr gnädig sein.

10Das Gelübde einer Witwe oder einer
Verstoßenen, alles, was sie sich auferlegt
hat, das gilt für sie.

11 [a]Wenn eine Frau im Hause ihres
Mannes etwas gelobt und sich mit einem
Eide bindet 12und ihr Mann hört es und
schweigt dazu und verwehrt es ihr nicht,
so gelten alle ihre Gelübde und alles,
wozu sie sich verpflichtet hat. 13Macht
aber ihr Mann sie ihres Gelübdes ledig
an dem Tage, da er's hört, so gilt das
nicht, was über ihre Lippen gegangen ist,
was sie gelobt oder wozu sie sich ver-
pflichtet hat; denn ihr Mann hat sie ihres

30,3: *a* 3. Mose 27,2-25; 5. Mose 23,22; Ri 11,35; Pred 5,3-4; *b* Kap 6,1-21 **30,11:** *a (11-16)* Jer 44,19.25

Gelübdes ledig gemacht und der HERR
wird ihr gnädig sein. 14 Alle Gelübde und
alle Eide, mit denen sie sich verpflichtet
hat zu fasten, kann ihr Mann bekräftigen
oder aufheben, also: 15 wenn er dazu
schweigt von einem Tage zum andern, so
bekräftigt er alle ihre Gelübde und Ver-
pflichtungen, die auf ihr liegen, weil er
geschwiegen hat an dem Tage, da er's
hörte; 16 hat er's aber gehört und hebt es
erst später auf, so soll er ihre Schuld
tragen.

17 Das sind die Satzungen, die der
HERR dem Mose geboten hat, zwischen
Mann und Frau, zwischen Vater und
Tochter, solange sie noch ledig ist in ihres
Vaters Hause.

Sieg über die Midianiter und Verteilung der Beute

31 Und der HERR redete mit Mose
und sprach: 2 Übe [a]Rache für die
Israeliten an den Midianitern, und da-
nach sollst du [b]versammelt werden zu
deinen Vätern. 3 Da redete Mose mit dem
Volk und sprach: Rüstet unter euch
Leute zum Kampf gegen die Midianiter,
die die Rache des HERRN an den
Midianitern vollstrecken. 4 Aus jedem
Stamm je tausend Mann sollt ihr aus
allen Stämmen Israels in das Heer schi-
cken. 5 Und sie nahmen aus den Tausend-
schaften Israels je tausend eines Stam-
mes, zwölftausend Mann gerüstet zum
Kampf. 6 Und Mose schickte sie mit Pin-
has, dem Sohn des Priesters Eleasar, in
den Kampf und er hatte die heiligen Ge-
räte und die [a]Kriegstrompeten bei sich.
7 Und sie zogen aus zum Kampf gegen
die Midianiter, wie der HERR es Mose
geboten hatte, und [a]töteten alles, was
männlich war. 8 Samt diesen Erschlage-
nen töteten sie auch die Könige der Mi-
dianiter, nämlich [a]Ewi, Rekem, Zur, Hur
und Reba, die fünf Könige der Midia-
niter. Auch [b]Bileam, den Sohn Beors,
töteten sie mit dem Schwert.

9 Und die Israeliten nahmen gefangen
die Frauen der Midianiter und ihre Kin-
der; all ihr Vieh, alle ihre Habe und alle
ihre Güter raubten sie 10 und verbrannten
mit Feuer alle ihre Städte, wo sie wohn-
ten, und alle ihre Zeltdörfer. 11 Und sie
nahmen allen Raub und alles, was zu
nehmen war, Menschen und Vieh, 12 und
brachten's zu Mose und zu Eleasar, dem
Priester, und zu der Gemeinde der Israe-
liten, nämlich die Gefangenen und das
genommene Vieh und das geraubte Gut,
ins Lager im Jordantal der Moabiter ge-
genüber Jericho. 13 Und Mose und Elea-
sar, der Priester, und alle Fürsten der
Gemeinde gingen ihnen entgegen, hinaus
vor das Lager.

14 Und Mose wurde zornig über die
Hauptleute des Heeres, die Hauptleute
über tausend und über hundert, die aus
dem Feldzug kamen, 15 und sprach zu
ihnen: Warum habt ihr alle Frauen leben
lassen? 16 Siehe, haben nicht diese die
Israeliten durch Bileams Rat abwendig
gemacht, dass sie [a]sich versündigten am
HERRN durch den Baal-Peor, sodass der
Gemeinde des HERRN eine Plage wider-
fuhr? 17 [a]So tötet nun alles, was männlich
ist unter den Kindern, und alle Frauen,
die nicht mehr Jungfrauen sind; 18 aber
alle Mädchen, die unberührt sind, die
lasst für euch leben. 19 Und lagert euch
draußen vor dem Lager sieben Tage, alle,
die jemanden getötet oder die Erschla-
gene angerührt haben, dass ihr euch ent-
sündigt am dritten und siebenten Tage
samt denen, die ihr gefangen genommen
habt.[a] 20 Auch alle Kleider und alles Le-
derzeug und alles Pelzwerk und alle höl-
zernen Geräte sollt ihr entsündigen.

21 Und Eleasar, der Priester, sprach zu
dem Kriegsvolk, das in den Kampf ge-
zogen war: Dies ist das Gesetz, das der
HERR dem Mose geboten hat: 22 Gold,
Silber, Kupfer, Eisen, Zinn und Blei
23 und alles, was Feuer verträgt, sollt ihr
durchs Feuer gehen lassen, so wird es
rein; nur dass es mit dem Reinigungs-
wasser entsündigt werde. Aber alles, was
Feuer nicht verträgt, sollt ihr durchs
Wasser gehen lassen. 24 Und ihr sollt eure
Kleider waschen am siebenten Tage, so
werdet ihr rein. Danach sollt ihr ins La-
ger kommen.

25 Und der HERR redete mit Mose und
sprach: 26 Nimm die gesamte Beute an
Menschen und Vieh, die weggeführt

31,2: *a* Kap 25,6-9.17; *b* Kap 27,13 **31,6:** *a* Kap 10,2 **31,7:** *a* 5.Mose 20,13 **31,8:** *a* Jos 13,21-22; *b* Kap 22,5
31,16: *a* Kap 25,1.3; Offb 2,14 **31,17:** *a (17-18)* Ri 21,11-12 **31,19:** *a* Kap 19,11-20

wurde, auf, du und der Priester Eleasar
und die Häupter der Sippen der Ge-
meinde, 27 und gib die eine Hälfte denen,
die in den Kampf gezogen sind und die
Schlacht geschlagen haben, und die an-
dere Hälfte der ganzen Gemeinde.[a] 28 Du
sollst aber für den HERRN als Abgabe
erheben von den Kriegsleuten, die in den
Kampf gezogen waren, je eins von fünf-
hundert, an Menschen, Rindern, Eseln
und Schafen. 29 Von ihrer Hälfte sollst
du sie erheben und dem Priester Eleasar
geben als Opfergabe für den HERRN.
30 Aber von der Hälfte der Israeliten
sollst du je eins von fünfzig erheben, an
Menschen, Rindern, Eseln und Schafen
und von allem Vieh, und sollst sie den
Leviten geben, die den Dienst versehen
an der Wohnung des HERRN. 31 Und
Mose und der Priester Eleasar taten, wie
der HERR es Mose geboten hatte.

32 Und es betrug die Beute, soviel am
Leben geblieben war von dem, was das
Kriegsvolk erbeutet hatte, 675 000
Schafe, 33 72 000 Rinder, 34 61 000 Esel;
35 an Menschen aber 32 000 Mädchen,
die nicht von Männern berührt waren.
36 Und die Hälfte, die denen gehörte, die
in den Kampf gezogen waren, betrug
337 500 Schafe; 37 davon waren Abgabe
für den HERRN 675 Schafe. 38 Desglei-
chen 36 000 Rinder; davon waren Abgabe
für den HERRN 72. 39 Desgleichen 30 500
Esel; davon waren Abgabe für den
HERRN 61. 40 Desgleichen 16 000 Men-
schen; davon waren Abgabe für den
HERRN 32. 41 Und Mose gab diese Ab-
gabe als Opfergabe für den HERRN dem
Priester Eleasar, wie ihm der HERR ge-
boten hatte.

42 Aber die andere Hälfte, die Mose für
die Israeliten absonderte von dem Anteil
der Kriegsleute, 43 nämlich die Hälfte,
die der Gemeinde zukam, betrug auch
337 500 Schafe, 44 36 000 Rinder, 45 30 500
Esel 46 und 16 000 Menschen. 47 Und
Mose nahm von dieser Hälfte der Israeli-
ten je eins von fünfzig, sowohl vom Vieh
als von den Menschen, und gab's den
Leviten, die den Dienst versahen an der
Wohnung des HERRN, wie der HERR es
Mose geboten hatte.

48 Und es traten an Mose heran die
Anführer der Tausendschaften des
Kriegsvolks, nämlich die Hauptleute
über tausend und über hundert, 49 und
sprachen zu ihm: Wir, deine Knechte,
haben die Summe der Kriegsleute aufge-
nommen, die unter unserm Befehl stan-
den, und es fehlt nicht einer. 50 Darum
bringen wir dem HERRN als Gabe, was
jeder gefunden hat an goldenem Gerät,
Ketten, Armgeschmeide, Ringen, Ohr-
ringen und Spangen, um für uns Sühne
zu schaffen vor dem HERRN.[a] 51 Und
Mose samt dem Priester Eleasar nahm
von ihnen das Gold, allerlei Geschmeide.
52 Und alles Gold, das die Hauptleute
über tausend und über hundert als Op-
fergabe für den HERRN darbrachten, wog
16 750 Lot. 53 Aber von den Kriegsleuten
hatte jeder nur für sich selber Beute ge-
macht. 54 Und Mose und der Priester
Eleasar nahmen das Gold von den
Hauptleuten über tausend und über hun-
dert und brachten es in die Stiftshütte,
damit es dazu diene, dass der HERR gnä-
dig der Israeliten gedenke.[a]

Verteilung des Ostjordanlandes an die Stämme Ruben, Gad und Manasse

(vgl. 5. Mose 3,12-22)

32 Die Söhne Ruben und die Söhne
Gad hatten sehr viel Vieh und sa-
hen das Land Jaser und Gilead an als
gute Weide für ihr Vieh 2 und kamen und
sprachen zu Mose und zu dem Priester
Eleasar und zu den Fürsten der Ge-
meinde: 3 Das Land Atarot, Dibon, Jaser,
Nimra, Heschbon, Elale, Sibma, Nebo
und Beon, 4 das der HERR geschlagen hat
vor der Gemeinde Israel, ist gut zur
Weide und wir, deine Knechte, haben
Vieh. 5 Und sie sprachen weiter: Haben
wir Gnade vor dir gefunden, so gib dies
Land deinen Knechten zu eigen und lass
uns nicht über den Jordan ziehen.

6 Mose sprach zu ihnen: Eure Brüder
sollen in den Kampf ziehen und ihr wollt
hierbleiben? 7 Warum macht ihr die Her-
zen der Israeliten abwendig, dass sie
nicht hinüberziehen in das Land, das ih-
nen der HERR geben wird? 8 [a] So mach-
ten es auch eure Väter, als ich sie aus-

31,27: *a* Jos 22,8; 1. Sam 30,24-25 **31,50:** *a* Ri 8,24-26 **31,54:** *a* 2. Mose 30,12.16 **32,8:** *a* *(8-9)* Kap 13,1–14,4

sandte von Kadesch-Barnea, um das
Land zu erkunden; 9und als sie hinauf-
gekommen waren bis an den Bach
Eschkol und das Land sahen, machten
sie das Herz der Israeliten abwendig,
dass sie nicht in das Land wollten, das
ihnen der HERR geben wollte. 10Und des
HERRN Zorn entbrannte zur selben Zeit
und er schwor: 11Wahrlich, [a]diese Leute,
die aus Ägypten gezogen sind, von zwan-
zig Jahren an und darüber, sollen das
Land nicht sehen, das ich Abraham,
Isaak und Jakob zu geben geschworen
habe, weil sie mir nicht treu nachgefolgt
sind, 12ausgenommen [a]Kaleb, der Sohn
Jefunnes, des Kenasiters, und Josua, der
Sohn Nuns; denn sie sind dem HERRN
treu nachgefolgt. 13So entbrannte des
HERRN Zorn über Israel, und er ließ sie
hin und her in der Wüste ziehen vierzig
Jahre, bis es zu Ende war mit dem gan-
zen Geschlecht, das übel getan hatte vor
dem HERRN. 14Und siehe, ihr seid auf-
getreten an eurer Väter statt, damit die
Sünder immer mehr werden und auch ihr
den Zorn und Grimm des HERRN gegen
Israel noch vermehrt. 15Denn wenn ihr
euch von ihm wendet, so wird er das
Volk noch länger in der Wüste lassen und
ihr werdet's ganz zugrunde richten.

16Da traten sie heran und sprachen:
Wir wollen nur Schafhürden hier bauen
für unser Vieh und Städte für unsere
Kinder; 17wir aber wollen gerüstet vor
Israel einherziehen, bis wir sie an ihren
Ort gebracht haben. Unsere Kinder aber
sollen in den festen Städten bleiben um
der Bewohner des Landes willen. 18Wir
wollen nicht heimkehren, bis von den Is-
raeliten ein jeder sein Erbe eingenommen
hat. 19Denn wir wollen nicht mit ihnen
erben jenseits des Jordans, sondern [a]un-
ser Erbteil soll uns diesseits des Jordans
nach Osten hin zufallen.

20Mose sprach zu ihnen: Wenn ihr das
tun wollt, so [a]rüstet euch zum Kampf
vor dem HERRN. 21Wer unter euch ge-
rüstet ist, der ziehe über den Jordan vor
dem HERRN, bis er seine Feinde vertreibe
vor sich her 22und das Land untertan
werde vor dem HERRN. Danach dürft ihr
umkehren und werdet ohne Schuld sein
vor dem HERRN und vor Israel und sollt
dies Land zu eigen haben vor dem
HERRN. 23Wenn ihr das aber nicht tun
wollt, siehe, so werdet ihr euch an dem
HERRN versündigen und werdet eure
Sünde erkennen, wenn sie euch treffen
wird. 24So baut nun Städte für eure Kin-
der und Hürden für euer Vieh und tut,
was ihr gesagt habt.

25Die Söhne Gad und die Söhne Ru-
ben sprachen zu Mose: Deine Knechte
werden tun, wie mein Herr geboten hat.
26Unsere Kinder und Frauen, unsere
Habe und all unser Vieh sollen in den
Städten Gileads bleiben; 27wir aber,
deine Knechte, wollen alle gerüstet zum
Heer in den Kampf ziehen vor dem
HERRN, wie mein Herr gesagt hat.

28Da gebot Mose ihretwegen dem
Priester Eleasar und Josua, dem Sohn
Nuns, und den Häuptern der Sippen un-
ter den Stämmen Israels 29und sprach zu
ihnen: Wenn die Söhne Gad und die
Söhne Ruben mit euch über den Jordan
ziehen, alle gerüstet zum Kampf vor dem
HERRN, und das Land euch untertan ist,
so gebt ihnen das Land Gilead zu eigen.
30Ziehen sie aber nicht gerüstet mit euch
hinüber, so sollen sie mit euch erben im
Lande Kanaan. 31Die Söhne Gad und
die Söhne Ruben antworteten und spra-
chen: Wie der HERR redet zu deinen
Knechten, so wollen wir tun. 32Wir wol-
len gerüstet hinüberziehen vor dem
HERRN ins Land Kanaan und unser Erb-
gut besitzen diesseits des Jordans.

33Also gab Mose den Söhnen Gad und
den Söhnen Ruben und dem halben
Stamm Manasses, des Sohnes Josefs, das
Königreich Sihons, des Königs der Amo-
riter, und das Königreich Ogs, des Kö-
nigs von Baschan, das Land samt den
Städten ringsumher mit ihrem ganzen
Gebiet.[a] 34Und die Söhne Gad bauten
Dibon, Atarot, Aroër, 35Atrot-Schofan,
Jaser, Jogboha, 36Bet-Nimra und Bet-
Haram, feste Städte und Schafhürden.
37Die Söhne Ruben bauten Heschbon,
Elale, Kirjatajim, 38Nebo, Baal-Meon
und Sibma und gaben den Städten, die
sie bauten, ihre bisherigen Namen.

39Und die Söhne Machirs, des Sohnes

32,11: *a* Kap 14,22-38; 26,65 **32,12:** *a* Kap 14,7-9; Jos 14,6-15 **32,19:** *a* Jos 13,8 **32,20:** *a* Jos 1,12-15 **32,33:** *a* Jos 13,15-32

Manasses, gingen nach Gilead und er-
oberten es und vertrieben die Amoriter,
die darin waren. 40 Da gab Mose dem
Machir, dem Sohn Manasses, Gilead und
er wohnte darin. 41 Jaïr aber, der Sohn
Manasses, ging hin und eroberte ihre
Dörfer und nannte sie »Dörfer Jaïrs«.[a]
42 Nobach ging hin und eroberte Kenat
mit seinen Ortschaften und nannte es
Nobach nach seinem Namen.

Verzeichnis der Lagerplätze beim Wüstenzug

33 Dies sind die Lagerplätze der Is-
raeliten, als sie aus Ägypten ge-
zogen sind mit ihrem Heer unter Mose
und Aaron. 2 Und Mose schrieb auf nach
dem Befehl des HERRN ihre Wanderun-
gen nach ihren Lagerplätzen. Dies sind
ihre Lagerplätze auf ihren Wanderun-
gen:

3 Sie zogen aus von [a]Ramses am fünf-
zehnten Tag des [b]ersten Monats, dem
zweiten Tage des Passa, durch [c]eine
starke Hand, dass es alle Ägypter sahen,
4 als sie eben die Erstgeburt begruben, die
der HERR unter ihnen geschlagen hatte;
denn der HERR hatte [a]an ihren Göttern
Gericht geübt. 5 Als sie von Ramses aus-
zogen, lagerten sie sich in Sukkot[a] 6 und
zogen aus von Sukkot und lagerten sich
in Etam, das am Rande der Wüste liegt.[a]
7 Von Etam zogen sie aus und blieben in
Pi-Hahirot, das vor Baal-Zefon liegt, und
lagerten sich vor Migdol.[a] 8 Von
Pi-Hahirot zogen sie aus und [a]gingen
mitten durchs Meer in die Wüste und
zogen drei Tagereisen in der Wüste Etam
und lagerten sich in [b]Mara. 9 Von Mara
zogen sie aus und kamen nach Elim; da
waren zwölf Wasserquellen und siebzig
Palmen und sie lagerten sich dort.[a]
10 Von Elim zogen sie aus und lagerten
sich am Schilfmeer. 11 Vom Schilfmeer
zogen sie aus und lagerten sich in der
Wüste Sin.[a] 12 Von der Wüste Sin zogen
sie aus und lagerten sich in Dofka. 13 Von
Dofka zogen sie aus und lagerten sich in
Alusch. 14 Von Alusch zogen sie aus und
lagerten sich in Refidim; dort hatte das
Volk kein Wasser zu trinken.[a] 15 Von Re-
fidim zogen sie aus und lagerten sich in
der [a]Wüste Sinai.

16 [a]Von der Wüste Sinai zogen sie aus
und lagerten sich bei den Lustgräbern.
17 Von den Lustgräbern zogen sie aus und
lagerten sich in Hazerot. 18 Von Hazerot
zogen sie aus und lagerten sich in Rit-
ma.[a] 19 Von Ritma zogen sie aus und
lagerten sich in Rimmon-Perez. 20 Von
Rimmon-Perez zogen sie aus und lager-
ten sich in Libna. 21 Von Libna zogen sie
aus und lagerten sich in Rissa. 22 Von
Rissa zogen sie aus und lagerten sich in
Kehelata. 23 Von Kehelata zogen sie aus
und lagerten sich im Gebirge Schefer.
24 Vom Gebirge Schefer zogen sie aus und
lagerten sich in Harada. 25 Von Harada
zogen sie aus und lagerten sich in Mak-
helot. 26 Von Makhelot zogen sie aus und
lagerten sich in Tahat. 27 Von Tahat zo-
gen sie aus und lagerten sich in Tarach.
28 Von Tarach zogen sie aus und lagerten
sich in Mitka. 29 Von Mitka zogen sie aus
und lagerten sich in Haschmona. 30 Von
Haschmona zogen sie aus und lagerten
sich in Moserot. 31 [a]Von Moserot zogen
sie aus und lagerten sich in Bene-Jaakan.
32 Von Bene-Jaakan zogen sie aus und
lagerten sich in Hor-Gidgad. 33 Von Hor-
Gidgad zogen sie aus und lagerten sich in
Jotbata. 34 Von Jotbata zogen sie aus und
lagerten sich in Abrona. 35 Von Abrona
zogen sie aus und lagerten sich in [a]Ez-
jon-Geber.

36 Von Ezjon-Geber zogen sie aus und
lagerten sich in der [a]Wüste Zin, das ist
Kadesch. 37 [a]Von Kadesch zogen sie aus
und lagerten sich an dem Berge Hor, an
der Grenze des Landes Edom. 38 Da ging
der Priester Aaron auf den Berg Hor
nach dem Befehl des HERRN und starb
dort im vierzigsten Jahr des Auszugs der
Israeliten aus Ägyptenland am ersten
Tag des fünften Monats, 39 als er hun-
dertdreiundzwanzig Jahre alt war.

40 Und der König der Kanaaniter zu
Arad, der da wohnte im Süden des Lan-
des Kanaan, hörte, dass die Israeliten

32,41: *a* 5. Mose 3,14; Ri 10,3-4 **33,3:** *a* 2. Mose 1,11; *b* 2. Mose 12,2.6; *c* 2. Mose 3,19 **33,4:** *a* 2. Mose 12,12; Jes 19,1 **33,5:** *a* 2. Mose 12,37 **33,6:** *a* 2. Mose 13,20 **33,7:** *a* 2. Mose 14,2 **33,8:** *a* 2. Mose 14,22; *b* 2. Mose 15,23 **33,9:** *a* 2. Mose 15,27 **33,11:** *a* 2. Mose 16,1 **33,14:** *a* 2. Mose 17,1 **33,15:** *a* 2. Mose 19,1 **33,16:** *a (16-17)* Kap 11,34 **33,18:** *a* Kap 12,16 **33,31:** *a (31-33)* 5. Mose 10,6-7 **33,35:** *a* 1. Kön 9,26; 22,49 **33,36:** *a* Kap 20,1 **33,37:** *a (37-39)* Kap 20,22-29; 5. Mose 34,1-12

kamen.[a] 41 Und von dem Berge Hor zogen sie aus und lagerten sich in Zalmona. 42 Von Zalmona zogen sie aus und lagerten sich in Punon. 43 [a]Von Punon zogen sie aus und lagerten sich in Obot. 44 Von Obot zogen sie aus und lagerten sich in Ije-Abarim, im Gebiet der Moabiter. 45 Von Ije-Abarim zogen sie aus und lagerten sich in [a]Dibon-Gad. 46 Von Dibon-Gad zogen sie aus und lagerten sich in Almon-Diblatajim. 47 Von Almon-Diblatajim zogen sie aus und lagerten sich in dem Gebirge Abarim östlich vom Nebo.[a] 48 Von dem Gebirge Abarim zogen sie aus und lagerten sich im Jordantal der Moabiter gegenüber Jericho.[a] 49 Sie lagerten sich aber am Jordan von Bet-Jeschimot bis Abel-Schittim im Jordantal der Moabiter.[a]

Befehl zur Vertreibung der Kanaaniter

50 Und der HERR redete mit Mose im Jordantal der Moabiter gegenüber Jericho und sprach: 51 [a]Rede mit den Israeliten und sprich zu ihnen: Wenn ihr über den Jordan gegangen seid in das Land Kanaan, 52 so sollt ihr alle Bewohner vertreiben vor euch her und alle ihre Götzenbilder und alle ihre gegossenen Bilder zerstören und alle ihre Opferhöhen vertilgen 53 und sollt das Land einnehmen und darin wohnen; denn euch habe ich das Land gegeben, dass ihr's in Besitz nehmt. 54 Und ihr sollt das Land austeilen durchs Los unter eure Geschlechter. Dem Geschlecht, das groß ist, sollt ihr ein großes Erbe geben und dem, das klein ist, sollt ihr ein kleines Erbe geben. Worauf das Los für jeden fällt, das soll er haben. Nach den Stämmen eurer Väter sollt ihr's austeilen.[a] 55 Wenn ihr aber die Bewohner des Landes nicht vor euch her vertreibt, so werden euch die, die ihr übrig lasst, zu Dornen in euren Augen werden und zu Stacheln in euren Seiten und werden euch bedrängen in dem Lande, in dem ihr wohnt.[a] 56 So wird's dann geschehen, dass ich euch tun werde, wie ich gedachte, ihnen zu tun.

Die Grenzen des Landes Kanaan

34 Und der HERR redete mit Mose und sprach: 2 [a]Gebiete den Israeliten und sprich zu ihnen: Wenn ihr ins Land Kanaan kommt, so soll das Land, das euch als Erbteil zufällt, das Land Kanaan sein [b]nach diesen Grenzen: 3 [a]Der Südzipfel eures Gebietes soll sich erstrecken von der Wüste Zin an Edom entlang. Eure Grenze im Süden soll ausgehen vom Ende des Salzmeers, das im Osten liegt. 4 Und sie soll südlich vom Skorpionensteig sich hinaufziehen und hinübergehen nach Zin und weitergehen südlich von Kadesch-Barnea und gelangen nach Hazar-Addar und hinübergehen nach Azmon 5 und sich von Azmon ziehen an den Bach Ägyptens und ihr Ende sei an dem Meer.

6 Aber die Grenze nach Westen zu soll sein das große Meer und seine Küste. Das sei eure Grenze nach Westen. 7 Die Grenze nach Norden zu soll diese sein: Ihr sollt sie ziehen von dem großen Meer bis an den Berg Hor 8 und von dem Berge Hor bis dahin, wo es nach Hamat geht, dass die Grenze weitergehe bei Zedad 9 und auslaufe nach Sifron und ihr Ende sei bei Hazar-Enan. Das sei eure Grenze nach Norden.

10 Und ihr sollt die Grenze nach Osten ziehen von Hazar-Enan nach Schefam 11 und die Grenze gehe herab von Schefam nach Ribla östlich von Ajin. Danach gehe sie herab und ziehe sich hin längs der Höhen östlich vom See Kinneret 12 und komme herab an den Jordan, dass ihr Ende sei das Salzmeer. Das sei euer Land mit seiner Grenze ringsumher.

13 Und Mose gebot den Israeliten: Das ist das Land, das ihr durchs Los unter euch teilen sollt, wie der HERR geboten hat, es den neun Stämmen und dem halben Stamm zu geben. 14 Denn der Stamm der Söhne Ruben nach seinen Sippen und der Stamm der Söhne Gad nach seinen Sippen und der halbe Stamm Manasse haben ihr Erbteil bekommen.[a] 15 Die zwei Stämme und der halbe Stamm haben schon ihr Erbteil diesseits

33,40: *a* Kap 21,1 **33,43:** *a (43-44)* Kap 21,10-11 **33,45:** *a* Kap 32,34 **33,47:** *a* Kap 21,20 **33,48:** *a* Kap 22,1; 5. Mose 32,49 **33,49:** *a* Kap 25,1 **33,51:** *a (51-52)* 2. Mose 23,23-24; 34,12-14 **33,54:** *a* Kap 26,54-55 **33,55:** *a* 2. Mose 23,31-33; Jos 23,12-13 **34,2:** *a (2-12)* Hes 47,13-20; *b* 5. Mose 32,8 **34,3:** *a (3-5)* Jos 15,2-4 **34,14:** *a* Kap 32,29-33

des Jordans gegenüber Jericho nach
Osten zu.

Namen der Männer, die das Land austeilen sollen

16 Und der HERR redete mit Mose und
sprach: 17 Dies sind die Namen der Män-
ner, die das Land unter euch austeilen
sollen: der Priester [a]Eleasar und [b]Josua,
der Sohn Nuns. 18 Dazu sollt ihr nehmen
von einem jeden Stamm einen Fürsten,
um das Land auszuteilen. 19 Und dies
sind die Namen der Männer: [a]Kaleb,
der Sohn Jefunnes, vom Stamm Juda;
20 Schemuël, der Sohn Ammihuds, vom
Stamm Simeon; 21 Elidad, der Sohn Kis-
lons, vom Stamm Benjamin; 22 Bukki,
der Sohn Joglis, Fürst des Stammes der
Söhne Dan; 23 Hanniël, der Sohn Efods,
Fürst des Stammes der Söhne Manasse,
von den Söhnen Josef; 24 Kemuël, der
Sohn Schiftans, Fürst des Stammes der
Söhne Ephraim; 25 Elizafan, der Sohn
Parnachs, Fürst des Stammes der Söhne
Sebulon; 26 Paltiël, der Sohn Asans, Fürst
des Stammes der Söhne Issachar; 27 Ahi-
hud, der Sohn Schelomis, Fürst des
Stammes der Söhne Asser; 28 Pedahel,
der Sohn Ammihuds, Fürst des Stammes
der Söhne Naftali.

29 Das sind die, denen der HERR gebot,
dass sie den Israeliten das Erbe austeilten
im Lande Kanaan.

Von den Städten der Leviten und den Freistädten

35 [a]Und der HERR redete mit Mose
im Jordantal der Moabiter gegen-
über Jericho und sprach: 2 Gebiete den
Israeliten, dass sie von ihren Erbteilen
den Leviten Städte zur Wohnung geben.
Auch Weideland um die Städte her sollt
ihr den Leviten geben,[a] 3 dass sie in den
Städten wohnen und auf den Weiden ihr
Vieh und ihre Herden und alle ihre Tiere
haben. 4 Das Weideland aber vor den
Städten, die ihr den Leviten gebt, soll
sich tausend Ellen weit draußen um die
Stadtmauer herum erstrecken. 5 So sollt
ihr nun abmessen außerhalb der Stadt
auf der Seite nach Osten zweitausend El-
len und auf der Seite nach Süden zwei-
tausend Ellen und auf der Seite nach
Westen zweitausend Ellen und auf der
Seite nach Norden zweitausend Ellen,
dass die Stadt in der Mitte sei. Das soll
ihnen als Weide bei den Städten gehö-
ren.

6 Und von den Städten, die ihr den
Leviten geben werdet, sollt ihr sechs zu
Freistädten bestimmen, damit [a]dahin
fliehen kann, wer einen Totschlag getan
hat. Dazu aber sollt ihr noch zweiund-
vierzig Städte geben, 7 dass alle Städte,
die ihr den Leviten gebt, seien achtund-
vierzig mit ihrem Weideland. 8 [a]Ihr sollt
mehr geben an Städten vom Besitz derer,
die viel besitzen unter den Israeliten, und
weniger vom Besitz derer, die wenig be-
sitzen; ein jeder soll nach seinem Erbteil,
das ihm zugeteilt wird, den Leviten
Städte geben.

9 [a]Und der HERR redete mit Mose und
sprach: 10 Rede mit den Israeliten und
sprich zu ihnen: Wenn ihr über den Jor-
dan ins Land Kanaan kommt, 11 sollt ihr
Städte auswählen, dass sie für euch Frei-
städte seien, wohin fliehen soll, wer einen
Totschlag aus Versehen tut. 12 Und es sol-
len unter euch diese Städte eine Zuflucht
sein vor dem Bluträcher, dass der nicht
sterben muss, der einen Totschlag getan
hat, bis er vor der Gemeinde vor Gericht
gestanden hat. 13 Und die Städte, die ihr
zu Freistädten bestimmt, sollen sechs
sein. 14 Drei sollt ihr bestimmen diesseits
des Jordans und drei im Lande Kanaan.
15 Das sind die sechs Freistädte für die
Israeliten und für die Fremdlinge und die
Beisassen unter euch, damit dahin flie-
hen kann, wer einen Totschlag getan hat
aus Versehen.

Gesetze über Mord und über Totschlag

(vgl. 5. Mose 19,4-13)

16 Wer jemand mit einem Eisen schlägt,
dass er stirbt, der ist ein Mörder und soll
des Todes sterben. 17 Wirft er ihn mit
einem Stein, mit dem jemand getötet
werden kann, dass er daran stirbt, so ist
er ein Mörder und soll des Todes ster-
ben. 18 Schlägt er ihn mit einem Holz, mit
dem jemand totgeschlagen werden kann,
dass er stirbt, so ist er ein Mörder und

34,17: *a* Jos 14,1; *b* 5. Mose 1,38 **34,19:** *a* Kap 13,6.30 **35,1:** *a (1-8)* Jos 21,1-3 **35,2:** *a* Kap 18,20; 3. Mose 25,32-34 **35,6:** *a* 2. Mose 21,13 **35,8:** *a* Kap 26,54 **35,9:** *a (9-15)* 5. Mose 4,41-43; 19,1-3; Jos 20,1-9

soll des Todes sterben. 19 Der Bluträcher soll den Mörder zum Tode bringen; wo er ihm begegnet, soll er ihn töten. 20 Stößt er jemand aus Hass oder wirft er etwas auf ihn mit Hinterlist, dass er stirbt, 21 oder schlägt er ihn aus Feindschaft mit seiner Hand, dass er stirbt, so soll der des Todes sterben, der ihn geschlagen hat; er ist ein Mörder. Der Bluträcher soll ihn zum Tode bringen, wo er ihm begegnet.

22 Wenn er ihn aber aus Versehen stößt ohne Feindschaft oder wirft irgendetwas auf ihn ohne Absicht 23 oder wirft irgendeinen Stein auf ihn, woran man sterben kann, aber er hat's nicht gesehen, sodass jener stirbt, und er ist nicht sein Feind, hat ihm auch nichts Böses antun wollen, 24 so soll die Gemeinde richten zwischen dem, der geschlagen hat, und dem Bluträcher nach diesen Rechtsordnungen. 25 Und die Gemeinde soll den Totschläger erretten aus der Hand des Bluträchers und soll ihn zurückbringen lassen zu der Freistadt, dahin er geflohen war. Und er soll dort bleiben, bis der Hohepriester stirbt, den man [a]mit dem heiligen Öl gesalbt hat. 26 Geht aber der Totschläger über die Grenze seiner Freistadt, in die er geflohen ist, 27 und der Bluträcher findet ihn, außerhalb der Grenze seiner Freistadt und schlägt ihn tot, so soll er des Bluts nicht schuldig sein. 28 Denn er sollte in seiner Freistadt bleiben bis zum Tod des Hohenpriesters und nach dem Tod des Hohenpriesters in das Land seines Erbbesitzes zurückkehren. 29 Das soll euch Gesetz und Recht für immer sein, überall, wo ihr wohnt.

30 Wer einen Menschen erschlägt, den soll man töten auf den Mund von Zeugen hin. [a]Ein einzelner Zeuge aber soll keine Aussage machen, um einen Menschen zum Tode zu bringen. 31 Und ihr sollt kein [a]Sühnegeld nehmen für das Leben des Mörders; denn er ist des Todes schuldig und soll des Todes sterben. 32 Und ihr sollt kein Sühnegeld nehmen für den, der zur Freistadt geflohen ist, dass er zurückkehren darf, um im Lande zu wohnen, bis der Priester stirbt. 33 Und schändet das Land nicht, darin ihr wohnt; denn wer des Blutes schuldig ist, der schändet das Land, und das Land kann nicht entsühnt werden vom Blut, das darin vergossen wird, außer durch das Blut dessen, der es vergossen hat.[a] 34 [a]Macht das Land nicht unrein, darin ihr wohnt, darin auch ich wohne; denn ich bin der HERR, der [b]mitten unter den Israeliten wohnt.

Erbtöchter sollen nicht außerhalb des väterlichen Stammes heiraten

(vgl. Kap 27,1-11)

36 Und die Häupter der Sippen der Söhne Gileads, des Sohnes Machirs, der Manasses Sohn war, von den Geschlechtern der Söhne Josef, traten heran und redeten vor Mose und vor den Fürsten, den Häuptern der Sippen Israels, 2 und sprachen: Der HERR hat geboten unserm Herrn, dass man das Land den Israeliten durch das [a]Los zum Erbteil geben sollte. Auch wurde ihm geboten von dem HERRN, dass man das Erbteil Zelofhads, unseres Bruders, seinen Töchtern geben soll. 3 Wenn diese jemand aus den Stämmen Israels zur Frau nimmt, so wird das Erbteil unserer Väter weniger werden, und so viel sie haben, wird zu dem Erbteil des Stammes kommen, in den sie einheiraten; also wird das Los unseres Erbteils verringert. 4 Wenn denn nun das [a]Erlassjahr der Israeliten kommt, so wird ihr Erbteil zu dem Erbteil des Stammes kommen, in den sie eingeheiratet haben; also wird das Erbteil des Stammes unserer Väter um das verringert, was sie haben.

5 Mose gebot den Israeliten nach dem Befehl des HERRN und sprach: Der Stamm der Söhne Josef hat recht geredet. 6 Dies ist's, was der HERR gebietet über die Töchter Zelofhads: Lass sie heiraten, wie es ihnen gefällt; nur sollen sie heiraten in ein Geschlecht aus dem Stamm ihres Vaters, 7 damit nicht die Erbteile der Israeliten von einem Stamm an den andern fallen; denn ein jeder unter den Israeliten soll festhalten an dem Erbe des Stammes seiner Väter. 8 Und alle Töchter, die Erbteil erlangen unter den Stämmen

35,25: *a* 3. Mose 21,10 **35,30:** *a* 5. Mose 17,6; 19,15 **35,31:** *a* Ps 49,8-9 **35,33:** *a* 1. Mose 9,6 **35,34:** *a* 3. Mose 18,24-28; *b* 2. Mose 29,45 **36,2:** *a* Kap 26,55 **36,4:** *a* 3. Mose 25,10-13

Israels, sollen heiraten einen von dem Geschlecht des Stammes ihres Vaters, damit ein jeder unter den Israeliten das Erbe seiner Väter behalte 9und nicht ein Erbteil von einem Stamm an den andern falle, sondern ein jeder soll festhalten an seinem Erbe unter den Stämmen Israels.

10Wie der HERR es Mose geboten hatte, so taten die Töchter Zelofhads, 11[a]Machla, Tirza, Hogla, Milka und Noa, und heirateten die Söhne ihrer Oheime 12aus dem Geschlecht der Söhne Manasses, des Sohnes Josefs. Also blieb ihr Erbteil bei dem Stamm des Geschlechts ihres Vaters.

13Das sind die Gebote und Rechte, die der HERR durch Mose den Israeliten gebot im Jordantal der Moabiter gegenüber Jericho.

DAS FÜNFTE BUCH MOSE (DEUTERONOMIUM)

Inhaltsübersicht

Rückblick auf die Wüstenwanderung vom Horeb bis Kadesch

1 Dies sind die Worte, die Mose zu ganz Israel redete jenseits des Jordans in der Wüste, im Jordantal gegenüber Suf, zwischen Paran und Tofel, Laban, Hazerot und Di-Sahab. 2Elf Tagereisen weit ist es vom Horeb bis Kadesch-Barnea auf dem Wege zum Gebirge Seïr. 3Und es geschah im [a]vierzigsten Jahr am ersten Tage des elften Monats, da redete Mose mit den Israeliten alles, wie es ihm der HERR für sie geboten hatte, 4nachdem er Sihon geschlagen hatte, den König der Amoriter, der zu Heschbon herrschte, dazu bei Edreï den Og, den König von Baschan, der zu Aschtarot herrschte.[a] 5Jenseits des Jordans im Lande Moab fing Mose an, dies Gesetz auszulegen, und sprach:

6Der HERR, unser Gott, redete mit uns am Berge Horeb und sprach: [a]Ihr seid lange genug an diesem Berge gewesen; 7wendet euch und zieht hin, dass ihr zu dem Gebirge der Amoriter kommt und zu allen ihren Nachbarn im Jordantal, auf dem Gebirge und in dem Hügelland, im Südland und am Ufer des Meeres, ins Land Kanaan und zum Berge Libanon, bis an den großen Strom, den Euphrat. 8Siehe, ich habe das Land vor euren Augen dahingegeben. Zieht hinein und [a]nehmt das Land ein, von dem der HERR euren Vätern Abraham, Isaak und Jakob geschworen hat, dass er's ihnen und ihren Nachkommen geben wolle.

9Da sprach ich zur selben Zeit zu euch: Ich kann euch nicht mehr allein tragen;[a] 10denn der HERR, euer Gott, hat euch so zahlreich werden lassen, dass ihr heute seid wie die Menge der Sterne am Himmel.[a] 11Der HERR, der Gott eurer Väter, mache aus euch noch vieltausendmal mehr und segne euch, wie er euch zugesagt hat! 12Wie kann ich allein tragen eure Mühe und Last und euren Streit? 13Schafft herbei weise, verständige und erfahrene Leute unter euren Stämmen, die will ich über euch zu Häuptern setzen. 14Da antwortetet ihr mir und spracht: Ja, das ist eine gute Sache, die du tun willst. 15Da nahm ich die Häupter eurer Stämme, weise und erfahrene Männer, und setzte sie über euch als [a]Oberste über tausend, über hundert, über fünfzig und über zehn und als Amt-

36,11: *a* Kap 26,29-34 **1,3:** *a* 4. Mose 33,38 **1,4:** *a* 4. Mose 21,21-35 **1,6:** *a* 4. Mose 10,11-12 **1,8:** *a* 1. Mose 12,7 **1,9:** *a* 2. Mose 18,18; 4. Mose 11,14 **1,10:** *a* Kap 10,22; 1. Mose 15,5 **1,15:** *a* 2. Mose 18,25

leute für eure Stämme. 16 Und ich gebot
euren Richtern zur selben Zeit und
sprach: Hört eure Brüder an und [a]richtet
recht, wenn einer etwas mit seinem Bru-
der hat oder mit dem Fremdling, der bei
ihm ist. 17 Beim Richten sollt ihr [a]die
Person nicht ansehen, sondern sollt den
Kleinen hören wie den Großen und vor
niemand euch scheuen; denn das Gericht
ist Gottes. Wird aber euch eine Sache zu
schwer sein, die [b]lasst an mich gelangen,
damit ich sie höre. 18 So gebot ich euch zu
der Zeit alles, was ihr tun sollt.

19 Da brachen wir auf vom Horeb und
zogen durch die ganze Wüste, die groß
und furchtbar ist, wie ihr gesehen habt,
auf der Straße zum Gebirge der Amo-
riter, wie uns der HERR, unser Gott, ge-
boten hatte, und kamen bis nach [a]Ka-
desch-Barnea. 20 Da sprach ich zu euch:
Ihr seid an das Gebirge der Amoriter
gekommen, das uns der HERR, unser
Gott, geben wird. 21 Sieh her, der HERR,
dein Gott, hat dir das Land hingegeben;
zieh hinauf und nimm's ein, wie der
HERR, der Gott deiner Väter, dir zuge-
sagt hat. Fürchte dich nicht und lass dir
nicht grauen. 22 Da kamt ihr alle zu mir
und spracht: [a]Lasst uns Männer vor uns
her senden, die uns das Land erkunden
und uns den Weg sagen, auf dem wir
hineinziehen sollen, und die Städte, zu
denen wir kommen werden. 23 Das gefiel
mir gut und ich nahm von euch zwölf
Männer, von jedem Stamm einen.

24 Als diese weggingen und hinaufzo-
gen auf das Gebirge und an den Trau-
benbach kamen, da erkundeten sie das
Land 25 und nahmen Früchte des Landes
mit sich und brachten sie herab zu uns
und gaben uns Bericht und sprachen:
Das Land ist gut, das der HERR, unser
Gott, uns gegeben hat.

26 Aber ihr wolltet nicht hinaufziehen
und wurdet ungehorsam dem Munde des
HERRN, eures Gottes, 27 und murrtet in
euren Zelten und spracht: Der HERR ist
uns gram; darum hat er uns aus Ägyp-
tenland geführt, dass er uns in die Hände
der Amoriter gebe, um uns zu vertilgen.[a]
28 Wo sollen wir hinziehen? Unsere Brü-
der haben unser Herz verzagt gemacht
und gesagt, das Volk sei größer und hö-
her gewachsen als wir, die Städte seien
groß und bis an den Himmel ummauert;
dazu haben wir dort Anakiter gesehen.[a]
29 Ich sprach aber zu euch: Entsetzt euch
nicht und fürchtet euch nicht vor ihnen.
30 Der HERR, euer Gott, zieht vor euch
hin und [a]wird für euch streiten, wie er's
mit euch getan hat in Ägypten vor euren
Augen 31 und in der Wüste. Da hast du
gesehen, dass dich der HERR, dein Gott,
[a]getragen hat, wie ein Mann seinen Sohn
trägt, auf dem ganzen Wege, den ihr ge-
wandert seid, bis ihr an diesen Ort kamt.
32 Und trotzdem glaubtet ihr dem
HERRN, eurem Gott, nicht, 33 der auf
dem Weg vor euch herging, euch die
Stätte zu weisen, wo ihr euch lagern soll-
tet, bei Nacht im Feuer, um euch den
Weg zu zeigen, den ihr gehen solltet, und
bei Tage in der Wolke.[a]

34 Als aber der HERR euer Geschrei
hörte, wurde er zornig und schwor und
sprach: 35 [a]Es soll keiner von diesem bö-
sen Geschlecht das gute Land sehen, das
ich ihren Vätern zu geben geschworen
habe, 36 außer Kaleb, dem Sohn Jefunnes;
der soll es sehen. Ihm und seinen Nach-
kommen will ich das Land geben, das er
betreten hat, weil er dem HERRN treu
gefolgt ist. 37 Auch über mich wurde der
HERR zornig um euretwillen und sprach:
Du sollst auch nicht hineinkommen.[a]
38 Aber Josua, der Sohn Nuns, der dein
Diener ist, der soll hineinkommen. Dem
stärke den Mut; denn [a]er soll Israel das
Erbe austeilen. 39 Und eure Säuglinge,
von denen ihr sagtet, sie würden zum
Raube werden, und eure Kinder, die jetzt
weder Gutes noch Böses verstehen, die
sollen hineinkommen; ihnen will ich's ge-
ben und sie sollen es besitzen. 40 Ihr aber,
wendet euch und zieht wieder in die Wüs-
te den Weg zum Schilfmeer.[a]

41 Da antwortetet ihr und spracht zu
mir: [a]Wir haben an dem HERRN gesün-
digt; wir wollen hinaufziehen und kämp-
fen, wie uns der HERR, unser Gott, ge-
boten hat. Als ihr euch nun rüstetet, ein
jeder mit seinen Waffen, und es für ein

1,16: *a* 3. Mose 19,15 **1,17:** *a* Kap 16,19; 2. Chr 19,6-7; *b* 2. Mose 21,6 **1,19:** *a* 4. Mose 20,1 **1,22:** *a* 4. Mose 13,2 **1,27:** *a* 4. Mose 14,1-9 **1,28:** *a* Kap 9,1-2; 4. Mose 13,33 **1,30:** *a* 2. Mose 14,14.25; Jos 10,14 **1,31:** *a* Kap 8,5; 2. Mose 19,4 **1,33:** *a* 2. Mose 13,21 **1,35:** *a (35-36)* 4. Mose 14,23-24 **1,37:** *a* 4. Mose 20,12 **1,38:** *a* 4. Mose 34,17 **1,40:** *a* 4. Mose 14,25 **1,41:** *a* 4. Mose 14,40

Leichtes hieltet, ins Gebirge hinaufzuzie-
hen, 42 da sprach der HERR zu mir: Sage
ihnen, dass sie nicht hinaufziehen, auch
nicht kämpfen – denn ich bin nicht unter
euch –, damit ihr nicht geschlagen werdet
von euren Feinden. 43 Als ich euch das
sagte, gehorchtet ihr nicht und wurdet
ungehorsam dem Munde des HERRN
und wart vermessen und zogt hinauf ins
Gebirge. 44 Da zogen die Amoriter aus,
die auf dem Gebirge wohnten, euch ent-
gegen und jagten euch, wie's die Bienen
tun, und schlugen euch von Seïr bis nach
Horma.[a] 45 Als ihr nun wiederkamt und
vor dem HERRN weintet, wollte der
HERR eure Stimme nicht hören und
neigte seine Ohren nicht zu euch. 46 So
bliebt ihr in Kadesch [a]eine lange Zeit.

Zug durch die Wüste bis zum Sieg über Sihon

2 Dann wandten wir uns und [a]zogen
wieder in die Wüste auf der Straße
zum Schilfmeer, wie der HERR zu mir
gesagt hatte, und umzogen das Gebirge
Seïr eine lange Zeit. 2 Und der HERR
sprach zu mir: 3 Ihr habt dies Gebirge
nun genug umzogen; wendet euch nach
Norden. 4 Und gebiete dem Volk und
sprich: Ihr werdet durch das Land eurer
[a]Brüder, der Söhne Esau, ziehen, die auf
dem Seïr wohnen, und sie werden sich
vor euch fürchten. Aber hütet euch ja
davor, 5 sie zu bekriegen; ich werde euch
von ihrem Lande nicht einen Fußbreit
geben, denn das [a]Gebirge Seïr habe ich
den Söhnen Esau zum Besitz gegeben.
6 Speise sollt ihr für Geld von ihnen kau-
fen, damit ihr zu essen habt, und Wasser
sollt ihr für Geld von ihnen kaufen, da-
mit ihr zu trinken habt. 7 Denn der
HERR, dein Gott, hat dich gesegnet in
allen Werken deiner Hände. Er hat dein
Wandern durch diese große Wüste auf
sein Herz genommen. [a]Vierzig Jahre ist
der HERR, dein Gott, bei dir gewesen.
An nichts hast du Mangel gehabt.

8 Als wir nun von unsern Brüdern, den
Söhnen Esau, die auf dem Gebirge Seïr
wohnten, weggezogen waren, weg von
dem Weg durch die Steppe, weg von Elat
und Ezjon-Geber, wandten wir uns und
zogen den Weg zum Weideland der Moa-
biter. 9 Da sprach der HERR zu mir: Du
sollst den [a]Moabitern keinen Schaden
tun noch sie bekriegen; ich will dir von
ihrem Lande nichts zum Besitz geben,
denn ich habe Ar den Söhnen Lot zum
Besitz gegeben. – 10 Die Emiter haben
vorzeiten darin gewohnt; das war ein
großes, starkes und hochgewachsenes
Volk wie die [a]Anakiter. 11 Man hielt sie
auch für Riesen wie die Anakiter; und
die Moabiter nennen sie Emiter. 12 Auch
[a]wohnten vorzeiten auf dem Seïr die Ho-
riter; und die Söhne Esau vertrieben und
vertilgten sie vor sich her und wohnten
an ihrer statt, gleichwie Israel mit dem
Lande tat, das ihnen der HERR zum Be-
sitz gab.

13 So macht euch nun auf und zieht
durch den [a]Bach Sered! Und wir zogen
hindurch. 14 Die Zeit aber, die wir von
Kadesch-Barnea zogen, bis wir durch
den Bach Sered kamen, betrug achtund-
dreißig Jahre, bis alle Kriegsleute aus
dem Lager gestorben waren, wie der
HERR ihnen geschworen hatte.[a] 15 So
war die [a]Hand des HERRN wider sie, um
sie aus dem Lager zu vertilgen bis auf
den letzten Mann.

16 Und als alle Kriegsleute aus dem
Volk gestorben waren, 17 redete der
HERR mit mir und sprach: 18 Du wirst
heute durch das Gebiet der Moabiter zie-
hen bei [a]Ar 19 und wirst in die Nähe der
[a]Ammoniter kommen. Denen sollst du
keinen Schaden tun noch sie bekriegen;
ich will dir vom Lande der Ammoniter
nichts zum Besitz geben, denn ich hab's
den Söhnen Lot zum Besitz gegeben. –
20 Auch dies gilt als Land der Riesen und
es haben auch vorzeiten Riesen darin ge-
wohnt, und die Ammoniter nennen sie
Samsummiter. 21 Das war ein großes,
starkes und hochgewachsenes Volk wie
die Anakiter. Und der HERR vertilgte sie
vor ihnen und ließ sie ihr Land besitzen,
sodass sie an ihrer statt dort wohnten,
22 gleichwie er's getan hat mit den Söhnen
Esau, die auf dem Gebirge Seïr wohnen,
als er die Horiter vor ihnen vertilgte und
sie deren Land besitzen ließ, sodass sie
dort an ihrer statt wohnten bis auf diesen

1,44: *a* 4. Mose 14,45 **1,46:** *a* Kap 2,14 **2,1:** *a* 4. Mose 21,4 **2,4:** *a* 4. Mose 20,14 **2,5:** *a* 1. Mose 36,8 **2,7:** *a* 4. Mose 14,33 **2,9:** *a* 1. Mose 19,36-37 **2,10:** *a* Kap 1,28 **2,12:** *a* 1. Mose 14,6 **2,13:** *a* 4. Mose 21,12 **2,14:** *a* 4. Mose 14,34 **2,15:** *a* 4. Mose 16,31-32; 21,6; 25,3-5 **2,18:** *a* 4. Mose 21,13.15 **2,19:** *a* 1. Mose 19,38

Tag. 23 Und die [a]Kaftoriter zogen aus
Kaftor und vertilgten die [b]Awiter, die in
Gehöften wohnten bis nach Gaza, und
wohnten dort an ihrer statt.

24 Macht euch auf und zieht aus und
geht über den Arnon! Siehe, ich habe
Sihon, den König der Amoriter zu
Heschbon, in deine Hände gegeben mit
seinem Lande. Fange an, es einzuneh-
men, und kämpfe mit ihm. 25 Von heute
an will ich Furcht und Schrecken vor dir
auf alle Völker unter dem ganzen Him-
mel legen, damit, wenn sie von dir hören,
ihnen bange und weh werden soll vor
deinem Kommen.[a]

26 Da [a]sandte ich Boten aus der Wüste
Kedemot an Sihon, den König von
Heschbon, mit friedlicher Botschaft und
ließ ihm sagen: 27 Ich will durch dein
Land ziehen. Nur wo die Straße geht,
will ich gehen; ich will weder zur Rechten
noch zur Linken vom Weg abweichen.
28 Speise sollst du mir für Geld verkau-
fen, damit ich zu essen habe, und Wasser
sollst du mir für Geld geben, damit ich
zu trinken habe. Ich will nur hindurch-
ziehen – 29 wie mir die Söhne Esau ge-
stattet haben, die auf dem Gebirge Seïr
wohnen, und die Moabiter, die zu Ar
wohnen –, bis ich über den Jordan
komme in das Land, das uns der HERR,
unser Gott, geben wird.

30 Aber Sihon, der König von Hesch-
bon, wollte uns nicht hindurchziehen las-
sen; denn der HERR, dein Gott, verhär-
tete seinen Sinn und [a]verstockte ihm sein
Herz, um ihn in deine Hände zu geben,
so wie es heute ist. 31 Und der HERR
sprach zu mir: Siehe, ich habe angefan-
gen, Sihon mit seinem Lande vor deinen
Augen [a]dahinzugeben; fangt ihr an, sein
Land in Besitz zu nehmen. 32 Und Sihon
zog aus uns entgegen mit seinem ganzen
Kriegsvolk zum Kampf nach Jahaz.
33 Aber der HERR, unser Gott, gab ihn
vor unsern Augen dahin, dass wir ihn
schlugen mit seinen Söhnen und seinem
ganzen Kriegsvolk. 34 Da nahmen wir zu
der Zeit alle seine Städte ein und voll-
streckten den Bann an allen Städten, an
Männern, Frauen und Kindern, und lie-
ßen niemand übrig bleiben. 35 Nur das
Vieh raubten wir für uns und die Beute
aus den Städten, die wir eingenommen
hatten. 36 Von [a]Aroër an, das am Ufer
des Arnon liegt, und von der Stadt im
Bachtal bis nach Gilead war keine Stadt,
die sich vor uns schützen konnte; der
HERR, unser Gott, gab alles vor unsern
Augen dahin. 37 Nur zu dem Lande der
Ammoniter kamst du nicht, weder zum
Ufer des Jabbok noch zu den Städten auf
dem Gebirge, ganz wie uns der HERR,
unser Gott, geboten hatte.

Sieg über Og von Baschan

3 Und wir wandten uns und zogen hin-
auf den Weg nach Baschan. Und
[a]Og, der König von Baschan, zog aus
uns entgegen mit seinem ganzen Kriegs-
volk, um bei Edreï zu kämpfen. 2 Aber
der HERR sprach zu mir: Fürchte dich
nicht vor ihm, denn ich habe ihn und sein
ganzes Kriegsvolk mit seinem Land in
deine Hände gegeben. Und du sollst mit
ihm tun, wie du mit Sihon, dem König
der Amoriter, getan hast, der zu Hesch-
bon herrschte. 3 So gab der HERR, unser
Gott, auch den König Og von Baschan
in unsere Hände mit seinem ganzen
Kriegsvolk, dass wir ihn schlugen, bis
ihm keiner übrig blieb. 4 Da nahmen wir
zu der Zeit alle seine Städte ein und es
gab keine Stadt, die wir ihnen nicht nah-
men: sechzig Städte, die ganze Gegend
von Argob, das Königreich Ogs von Ba-
schan, 5 lauter Städte, die befestigt waren
mit hohen Mauern, Toren und Riegeln,
außerdem sehr viele offene Städte. 6 Und
wir vollstreckten den Bann an ihnen,
gleichwie wir an Sihon, dem König von
Heschbon, taten. An allen Städten voll-
streckten wir den Bann, an Männern,
Frauen und Kindern. 7 Aber [a]alles Vieh
und die Beute aus den Städten raubten
wir für uns.

8 [a]So nahmen wir zu der Zeit den bei-
den Königen der Amoriter das Land jen-
seits des Jordans, von dem Fluss Arnon
bis an den Berg Hermon 9 – die Sidonier
nennen ihn Sirjon, aber die Amoriter
nennen ihn Senir –, 10 alle Städte auf der
Hochebene und das ganze Gilead und
das ganze Baschan bis nach Salcha und

2,23: *a* 1.Mose 10,14; *b* Jos 13,3 **2,25:** *a* 2.Mose 23,27 **2,26:** *a* 4.Mose 21,21-26 **2,30:** *a* 2.Mose 4,21 **2,31:** *a* Jos 10,12; Jer 24,8; Röm 1,24; 4,25; 8,32 **2,36:** *a* Jos 13,9; 2.Sam 24,5 **3,1:** *a* 4.Mose 21,33-35 **3,7:** *a* Kap 20,13-18
3,8: *a (8-9)* Kap 4,48; 1.Chr 5,23; Ps 29,6

Edreï, die Städte des Königreichs Ogs
von Baschan. 11 Denn allein der König
Og von Baschan war noch übrig von den
Riesen. Siehe, in Rabba, der Stadt der
Ammoniter, ist sein steinerner Sarg, neun
Ellen lang und vier Ellen breit nach ge-
wöhnlicher Elle.

Die Verteilung des Ostjordanlandes

(vgl. 4. Mose 32,1-42)

12 Dies Land nahmen wir damals ein.
Von Aroër an, das am Fluss Arnon liegt,
gab ich's den Rubenitern und Gaditern
samt dem halben Gebirge Gilead mit sei-
nen Städten. 13 Aber das übrige Gilead
und das ganze Baschan, das Königreich
Ogs, gab ich dem halben Stamm Ma-
nasse, die ganze Gegend von Argob. Dies
ganze Baschan heißt »Land der Riesen«.
14 Jaïr, der Sohn Manasses, bekam die
ganze Gegend von Argob bis an die
Grenze der Geschuriter und Maachatiter
und nannte Baschan nach seinem Namen
»Dörfer Jaïrs« bis auf den heutigen Tag.
15 Machir aber gab ich Gilead. 16 Und
den Rubenitern und Gaditern gab ich ein
Gebiet von Gilead bis zum Arnon, bis
zur Mitte des Flusses mit seinem Ufer-
land, und bis zum Jabbok, dem Grenz-
fluss der Ammoniter; 17 dazu das Jordan-
tal mit dem Jordan und seinem Uferland,
von [a]Kinneret bis an das Meer am Jor-
dantal, das ist das Salzmeer, am Fuße des
Gebirges Pisga, alles, was nach Osten zu
liegt.

18 Und ich gebot ihnen zu der Zeit:
Der HERR, euer Gott, hat euch dies
Land gegeben, um es einzunehmen. So
zieht nun gerüstet vor euren Brüdern,
den Israeliten, her, all ihr Kriegsleute.
19 Nur eure Frauen und Kinder und euer
Vieh – denn ich weiß, dass ihr viel Vieh
habt – lasst in euren Städten bleiben, die
ich euch gegeben habe, 20 bis der HERR
eure Brüder auch zur Ruhe bringt wie
euch, dass sie auch das Land einnehmen,
das ihnen der HERR, euer Gott, geben
wird jenseits des Jordans. Danach sollt
ihr dann zurückkehren zu eurem Besitz,
den ich euch gegeben habe. 21 Und [a]Jo-
sua gebot ich zur selben Zeit und sprach:
Deine Augen haben alles gesehen, was
der HERR, euer Gott, mit diesen beiden
Königen getan hat. So wird der HERR
auch mit allen Königreichen tun, in die
du ziehst. 22 Fürchtet euch nicht vor ih-
nen; denn der HERR, euer Gott, streitet
für euch.[a]

Mose soll nicht in das gelobte Land kommen

23 Und ich bat den HERRN zur selben
Zeit und sprach: 24 Herr HERR, du hast
angefangen, deinem Knecht zu offenba-
ren deine Herrlichkeit und deine starke
Hand. Denn wo ist ein Gott im Himmel
und auf Erden, der es deinen Werken und
deiner Macht gleichtun könnte? 25 Lass
mich hinübergehen und sehen das gute
Land jenseits des Jordans, dies gute Berg-
land und den Libanon. 26 Aber der HERR
war erzürnt auf mich um euretwillen und
erhörte mich nicht, sondern sprach zu
mir: Lass es genug sein! Rede mir davon
nicht mehr![a] 27 Steige auf den Gipfel des
Gebirges Pisga und hebe deine Augen
auf nach Westen und nach Norden und
nach Süden und nach Osten und sieh es
mit deinen Augen; denn du wirst nicht
über den Jordan hier gehen. 28 Und ge-
biete dem Josua, dass er getrost und un-
verzagt sei; denn [a]er soll über den Jor-
dan ziehen vor dem Volk her und soll
ihnen das Land austeilen, das du sehen
wirst. 29 So blieben wir im Tal gegenüber
Bet-Peor.

Ermahnung zum Gehorsam gegen das Gesetz

4 Und nun höre, Israel, die Gebote und
Rechte, die ich euch lehre, dass ihr sie
tun sollt, auf dass ihr lebt und hinein-
kommt und das Land einnehmt, das
euch der HERR, der Gott eurer Väter,
gibt. 2 **Ihr sollt nichts dazutun zu dem, was
ich euch gebiete, und sollt auch nichts da-
vontun, auf dass ihr bewahrt die Gebote
des HERRN, eures Gottes, die ich euch
gebiete.**[a] 3 Eure Augen haben gesehen,
was der HERR getan hat wider den Baal-
Peor; denn alle, die dem Baal-Peor folg-
ten, hat der HERR, dein Gott, vertilgt
unter euch.[a] 4 Aber ihr, die ihr dem
HERRN, eurem Gott, anhinget, lebt alle

3,17: *a* Jos 11,2; 19,35; Mk 6,53 **3,21:** *a* 4. Mose 27,18.22 **3,22:** *a* Kap 1,29-30 **3,26:** *a* 4. Mose 20,12 **3,28:** *a* Kap 31,3.7 **4,2:** *a* Kap 13,1; Spr 30,6; Offb 22,18-19 **4,3:** *a* 4. Mose 25,3-9

heute noch. 5 Sieh, ich hab euch gelehrt
Gebote und Rechte, wie mir der HERR,
mein Gott, geboten hat, dass ihr danach
tun sollt im Lande, in das ihr kommen
werdet, um es einzunehmen. 6 So haltet
sie nun und tut sie! Denn dadurch werdet
ihr als [a]weise und verständig gelten bei
allen Völkern, dass, wenn sie alle diese
Gebote hören, sie sagen müssen: Ei, was
für weise und verständige Leute sind das,
ein herrliches Volk! 7 Denn [a]wo ist so ein
herrliches Volk, dem ein Gott so nahe ist
wie uns der HERR, unser Gott, sooft wir
ihn anrufen? 8 Und wo ist so ein großes
Volk, das so gerechte Ordnungen und
Gebote hat wie [a]dies ganze Gesetz, das
ich euch heute vorlege? 9 Hüte dich nur
und bewahre deine Seele gut, dass du
[a]nicht vergisst, was deine Augen gesehen
haben, und dass es nicht aus deinem Her-
zen kommt dein ganzes Leben lang. Und
du sollst deinen Kindern und Kindes-
kindern kundtun 10 den Tag, da du [a]vor
dem HERRN, deinem Gott, standest an
dem Berge Horeb, als der HERR zu mir
sagte: Versammle mir das Volk, dass sie
meine Worte hören und so mich fürchten
lernen alle Tage ihres Lebens auf Erden
und [b]ihre Kinder lehren. 11 Da tratet ihr
herzu und standet unten an dem Berge;
der Berg aber stand in Flammen bis in
den Himmel hinein, und da war Finster-
nis, Wolken und Dunkel. 12 Und der
HERR redete mit euch [a]mitten aus dem
Feuer. Seine Worte hörtet ihr, aber ihr
saht keine Gestalt, nur eine Stimme war
da. 13 Und er verkündigte euch seinen
Bund, den er euch gebot zu halten, näm-
lich die Zehn Worte, und [a]schrieb sie auf
zwei steinerne Tafeln. 14 Und der HERR
gebot mir zur selben Zeit, euch Gebote
und Rechte zu lehren, dass ihr danach
tun sollt in dem Lande, in das ihr zieht,
es einzunehmen.

15 So hütet euch nun wohl – denn ihr
habt keine Gestalt gesehen an dem Tage,
da der HERR mit euch redete aus dem
Feuer auf dem Berge Horeb –, 16 dass ihr
euch nicht versündigt und euch [a]irgend-
ein Bildnis macht, das gleich sei einem
Mann oder einer Frau, 17 einem Tier auf
dem Land oder Vogel unter dem Him-
mel, 18 dem Gewürm auf der Erde oder
einem Fisch im Wasser unter der Erde.
19 Hebe auch nicht deine Augen auf gen
Himmel, dass du [a]die Sonne sehest und
den Mond und die Sterne, das ganze
Heer des Himmels, und fallest ab und
betest sie an und dienest ihnen. Denn der
HERR, dein Gott, hat sie zugewiesen
allen andern Völkern unter dem ganzen
Himmel; 20 euch aber hat der HERR ange-
nommen und aus dem [a]glühenden Ofen,
nämlich aus Ägypten, geführt, dass ihr
[b]das Volk sein sollt, das allein ihm ge-
hört, wie ihr es jetzt seid. 21 Und der
HERR war so erzürnt über mich um eures
Tuns willen, dass er schwor, ich sollte
nicht über den Jordan gehen noch in das
gute Land kommen, das dir der HERR,
dein Gott, zum Erbteil geben wird,[a]
22 sondern ich muss in diesem Lande ster-
ben und werde nicht über den Jordan
gehen. Ihr aber werdet hinübergehen und
dies gute Land einnehmen. 23 So hütet
euch nun, dass ihr den Bund des HERRN,
eures Gottes, nicht vergesst, den er mit
euch geschlossen hat, und nicht ein Bild-
nis macht von irgendeiner Gestalt, wie
es der HERR, dein Gott, geboten hat.
24 Denn **der HERR, dein Gott, ist [a]ein
verzehrendes Feuer und [b]ein eifernder
Gott.**

25 Wenn ihr nun Kinder zeugt und
Kindeskinder und im Lande wohnt und
versündigt euch und macht euch Bild-
nisse von irgendeiner Gestalt, sodass ihr
übel tut vor dem HERRN, eurem Gott,
und ihn erzürnt, 26 so [a]rufe ich heute
Himmel und Erde zu Zeugen über euch,
dass ihr bald weggerafft werdet aus dem
Lande, in das ihr geht über den Jordan,
um es einzunehmen. Ihr werdet nicht
lange darin bleiben, sondern werdet ver-
tilgt werden. 27 Und der HERR wird euch
zerstreuen unter die Völker, und es wird
von euch nur eine geringe Zahl übrig
bleiben unter den Heiden, zu denen euch
der HERR wegführen wird. 28 Dort wirst
du dienen den Götzen, die das Werk von
Menschenhänden sind, Holz und Stein,
die weder sehen noch hören noch essen

4,6: *a* Jes 2,3 **4,7:** *a* 2. Sam 7,23 **4,8:** *a* Jer 8,8 **4,9:** *a* Ps 103,2 **4,10:** *a* 2. Mose 19,17; *b* Kap 6,7 **4,12:** *a* Kap 5,4.24 **4,13:** *a* 2. Mose 31,18 **4,16:** *a* 2. Mose 20,4 **4,19:** *a* Kap 17,3; Röm 1,23 **4,20:** *a* 1. Kön 8,51; Jes 48,10; Jer 11,4; *b* 2. Mose 19,5-6; Jes 19,25 **4,21:** *a* Kap 3,26 **4,24:** *a* Kap 9,3; 2. Mose 24,17; Jes 10,17; Hebr 12,29; *b* 2. Mose 20,5 **4,26:** *a* Kap 30,19; 31,28; 32,1

noch riechen können.[a] 29 Wenn du aber
dort den HERRN, deinen Gott, suchen
wirst, so wirst du ihn finden, wenn du
ihn von ganzem Herzen und von ganzer
Seele suchen wirst.[a] 30 Wenn du geängs-
tet sein wirst und dich das alles treffen
wird in künftigen Zeiten, so wirst du dich
[a]bekehren zu dem HERRN, deinem Gott,
und seiner Stimme gehorchen. 31 Denn
der HERR, dein Gott, ist ein barmherzi-
ger Gott; er wird dich nicht verlassen
noch verderben, wird auch den Bund
nicht vergessen, den er deinen Vätern ge-
schworen hat.

32 Denn frage nach den früheren Zei-
ten, die vor dir gewesen sind, von dem
Tage an, da Gott den Menschen auf Er-
den geschaffen hat, und von einem Ende
des Himmels zum andern, ob je so Gro-
ßes geschehen oder desgleichen je gehört
sei, 33 dass ein Volk die [a]Stimme Gottes
aus dem Feuer hat reden hören, wie du
sie gehört hast, und dennoch am Leben
blieb? 34 Oder ob je ein Gott versucht
hat, hinzugehen und sich ein Volk mitten
aus einem Volk herauszuholen durch
[a]Machtproben, durch Zeichen, durch
Wunder, durch Krieg und durch seine
mächtige Hand und durch seinen aus-
gereckten Arm und durch große Schre-
cken, wie das alles der HERR, euer Gott,
für euch getan hat in Ägypten vor deinen
Augen? 35 Du aber hast's gesehen, auf
dass du [a]wissest, dass der HERR allein
Gott ist und sonst keiner. 36 Vom Himmel
hat er dich seine Stimme hören lassen,
um dich zurechtzubringen; und auf Er-
den hat er dir gezeigt sein großes Feuer,
und seine Worte hast du aus dem Feuer
gehört.[a] 37 Weil er deine Väter geliebt
und ihre Nachkommen erwählt hat, [a]hat
er dich herausgeführt mit seinem Ange-
sicht durch seine große Kraft aus Ägyp-
ten, 38 damit er vor dir her Völker ver-
triebe, die größer und stärker sind als du,
und dich hineinbrächte, um dir ihr Land
zum Erbteil zu geben, wie es jetzt ist.
39 So sollst du nun heute wissen und zu
Herzen nehmen, dass der HERR Gott ist
oben im Himmel und unten auf Erden
und sonst keiner, 40 und sollst halten
seine Rechte und Gebote, die ich dir
heute gebiete; so wird's dir und deinen
Kindern nach dir wohlgehen und dein
Leben lange währen in dem Lande, das
dir der HERR, dein Gott, gibt für immer.

Freistädte im Ostjordanland

41 Da sonderte Mose [a]drei Städte aus
jenseits des Jordans gegen Sonnenauf-
gang, 42 damit dorthin fliehen konnte,
wer seinen Nächsten totschlägt ohne
Vorsatz und ihm zuvor nicht feind ge-
wesen ist; der soll in eine dieser Städte
fliehen, damit er am Leben bleibe: 43 Be-
zer auf der Hochebene für die Rubeniter
und Ramot in Gilead für die Gaditer und
Golan in Baschan für die Manassiter.

Überleitung zum Gesetz

44 Dies ist das Gesetz, das Mose den
Israeliten vorlegte. 45 Dies sind die Er-
mahnungen und Gebote und Rechte, die
Mose den Israeliten kundtat, als sie aus
Ägypten gezogen waren, 46 jenseits des
Jordans im Tal gegenüber Bet-Peor, im
Lande Sihons, des Königs der Amoriter,
der zu Heschbon herrschte. [a]Den schlu-
gen Mose und die Israeliten, als sie
aus Ägypten gezogen waren, 47 und nah-
men sein Land ein, dazu das Land Ogs,
des Königs von Baschan, der beiden Kö-
nige der Amoriter, die jenseits des Jor-
dans waren gegen Sonnenaufgang, 48 von
Aroër an, das am Ufer des Arnon liegt,
bis an den Berg Sion, das ist der [a]Her-
mon, 49 und das ganze Jordantal östlich
des Jordans gegen Aufgang der Sonne bis
an das Meer am Jordantal am Fuße des
Gebirges Pisga.

Wiederholung der Zehn Gebote

(vgl. 2. Mose 20,1-17)

5 Und Mose rief ganz Israel zusammen
und sprach zu ihnen: Höre, Israel, die
Gebote und Rechte, die ich heute vor
euren Ohren rede, und lernt sie und be-
wahrt sie, dass ihr danach tut!

2 Der HERR, unser Gott, hat einen
Bund mit uns geschlossen am Horeb[a]
3 und hat nicht mit unsern Vätern diesen
Bund geschlossen, sondern mit uns, die

4,28: *a* Kap 28,36; Ps 115,4-7 **4,29:** *a* Ps 27,8; Jer 29,13-14 **4,30:** *a* Kap 30,2 **4,33:** *a* 2. Mose 20,1.19 **4,34:** *a* Kap 7,19; 29,2 **4,35:** *a* Kap 32,39 **4,36:** *a* 2. Mose 20,1.18.20 **4,37:** *a* 2. Mose 33,14 **4,41:** *a* Kap 19,2-13; 4. Mose 35,6-29 **4,46:** *a* 4. Mose 21,24 **4,48:** *a* Kap 3,8-9 **5,2:** *a* 2. Mose 19,5

wir heute hier sind und alle leben.[a] 4 Er
hat von Angesicht zu Angesicht mit euch
[a] aus dem Feuer auf dem Berge geredet.
5 Ich stand zu derselben Zeit zwischen
dem HERRN und euch, um euch des
HERRN Wort zu verkündigen; denn ihr
fürchtetet euch vor dem Feuer und gingt
nicht auf den Berg. Und er sprach:

6 Ich bin der HERR, dein Gott, der dich
aus Ägyptenland geführt hat, aus der
Knechtschaft. 7 Du sollst keine anderen
Götter haben neben mir.[a] 8 Du sollst dir
[a] kein Bildnis machen in irgendeiner Ge-
stalt, weder von dem, was oben im Him-
mel, noch von dem, was unten auf Erden,
noch von dem, was im Wasser unter der
Erde ist. 9 Du sollst sie nicht anbeten noch
ihnen dienen. Denn ich, der HERR, dein
Gott, bin [a] ein eifernder Gott, der die Mis-
setat der Väter heimsucht bis ins dritte
und vierte Glied an den Kindern derer, die
mich hassen, 10 aber Barmherzigkeit er-
weist an vielen Tausenden, die mich lieben
und meine Gebote halten.

11 Du sollst den Namen des HERRN, dei-
nes Gottes, nicht missbrauchen; denn der
HERR wird den nicht ungestraft lassen, der
seinen Namen missbraucht.

12 Den Sabbattag sollst du halten, dass
du ihn heiligest, wie dir der HERR, dein
Gott, geboten hat. 13 Sechs Tage sollst du
arbeiten und alle deine Werke tun. 14 Aber
am siebenten Tag ist der Sabbat des
HERRN, deines Gottes. Da sollst du keine
Arbeit tun, auch nicht dein Sohn, deine
Tochter, dein Knecht, deine Magd, dein
Rind, dein Esel, all dein Vieh, auch nicht
dein Fremdling, der in deiner Stadt lebt,
auf dass dein Knecht und deine Magd ru-
hen gleichwie du. 15 Denn [a] du sollst daran
denken, dass auch du Knecht in Ägypten-
land warst und der HERR, dein Gott, dich
von dort herausgeführt hat mit mächtiger
Hand und ausgerecktem Arm. Darum hat
dir der HERR, dein Gott, geboten, dass du
den Sabbattag halten sollst.

16 Du sollst deinen Vater und deine Mut-
ter ehren, wie dir der HERR, dein Gott,
geboten hat, auf dass du lange lebest und
dir's wohlgehe in dem Lande, das dir der
HERR, dein Gott, geben wird.

17 Du sollst nicht töten.*

18 Du sollst nicht ehebrechen.

19 Du sollst nicht stehlen.

20 Du sollst nicht falsch Zeugnis reden
wider deinen Nächsten.

21 Du sollst nicht begehren deines
Nächsten Frau.

Du sollst [a] nicht begehren deines Nächs-
ten Haus, Acker, Knecht, Magd, Rind,
Esel noch alles, was sein ist.

22 Das sind die Worte, die der HERR
redete zu eurer ganzen Gemeinde auf
dem Berge, aus dem Feuer und der
Wolke und dem Dunkel mit großer
Stimme, und tat nichts hinzu und schrieb
sie auf [a] zwei steinerne Tafeln und gab sie
mir.

Mose als Mittler zwischen Gott und Israel

23 Als ihr aber die Stimme aus der Fins-
ternis hörtet und den Berg im Feuer
brennen saht, tratet ihr zu mir, alle eure
Stammeshäupter und eure Ältesten,
24 und spracht: Siehe, der HERR, unser
Gott, hat uns sehen lassen seine Herr-
lichkeit und seine Majestät, und [a] wir ha-
ben seine Stimme aus dem Feuer gehört.
Heute haben wir zwar gesehen, dass Gott
mit Menschen redet und sie am Leben
bleiben. 25 Aber nun, warum sollen wir
sterben? Dies große Feuer wird uns noch
verzehren! Wenn wir des HERRN, unseres
Gottes, Stimme weiter hören, so müssen
wir sterben. 26 Denn welcher Mensch
kann die Stimme des lebendigen Gottes
aus dem Feuer reden hören wie wir und
doch am Leben bleiben? 27 Tritt du hinzu
und höre alles, was der HERR, unser
Gott, sagt, und sage es uns. Alles, was
der HERR, unser Gott, mit dir reden
wird, das wollen wir hören und tun.

28 Als aber der HERR eure Worte hörte,
die ihr mit mir redetet, sprach er zu mir:
Ich habe gehört die Worte dieses Volks,
die sie mit dir geredet haben; es ist alles
gut, was sie geredet haben. 29 Ach dass sie
[a] ein solches Herz hätten, mich zu fürch-
ten und zu halten alle meine Gebote ihr
Leben lang, auf dass es ihnen und ihren
Kindern wohlginge ewiglich! 30 Geh hin
und sage ihnen: Geht heim in eure Zelte!
31 Du aber sollst hier vor mir stehen blei-

* Abweichende Verszählung statt 5,17-33: 5,18-30.

5,3: *a* Kap 29,14 **5,4:** *a* Vers 24 **5,7:** *a* Kap 11,16.28 **5,8:** *a* Kap 27,15 **5,9:** *a* Kap 4,24 **5,15:** *a* Kap 15,15; 16,12; 24,18.22 **5,21:** *a* Mi 2,2 **5,22:** *a* 2.Mose 31,18 **5,24:** *a* Kap 4,12-13.33 **5,29:** *a* Kap 29,3

ben, damit ich dir verkündige das ganze
Gesetz, die Gebote und Rechte, die du sie
lehren sollst, dass sie danach tun in dem
Lande, das ich ihnen geben werde, um es
einzunehmen. 32 So habt nun acht, dass
ihr tut, wie euch der HERR, euer Gott,
geboten hat, und [a]weicht nicht, weder
zur Rechten noch zur Linken, 33 sondern
wandelt in allen Wegen, die euch der
HERR, euer Gott, geboten hat, damit ihr
leben könnt und es euch wohlgeht und
ihr lange lebt in dem Lande, das ihr ein-
nehmen werdet.

Ermahnung zur Liebe und zum Gehorsam gegen den HERRN

6 Dies sind die Gesetze und Gebote
und Rechte, die der HERR, euer Gott,
geboten hat, dass ihr sie lernen und tun
sollt in dem Lande, in das ihr zieht, es
einzunehmen, 2 damit du dein Leben lang
den HERRN, deinen Gott, fürchtest und
alle seine Rechte und Gebote hältst, die
ich dir gebiete, du und deine Kinder und
deine Kindeskinder, auf dass du lange
lebest. 3 Israel, [a]du sollst es hören und
festhalten, dass du es tust, auf dass dir's
wohlgehe und du groß an Zahl werdest,
wie der HERR, der Gott deiner Väter, dir
zugesagt hat, in dem Lande, darin Milch
und Honig fließt.

4 **Höre, Israel, der HERR ist unser Gott,
der HERR allein.**[a] 5 **Und du sollst den
HERRN, deinen Gott, lieb haben von gan-
zem Herzen, von ganzer Seele und mit all
deiner Kraft.**[a] 6 Und diese Worte, die ich
dir heute gebiete, sollst du zu Herzen
nehmen[a] 7 und [a]sollst sie deinen Kin-
dern einschärfen und davon reden, wenn
du in deinem Hause sitzt oder unterwegs
bist, wenn du dich niederlegst oder auf-
stehst. 8 Und du [a]sollst sie binden zum
Zeichen auf deine Hand, und sie sollen
dir ein Merkzeichen zwischen deinen Au-
gen sein, 9 und du sollst sie schreiben auf
die Pfosten deines Hauses und an die
Tore.

10 Wenn dich nun der HERR, dein
Gott, in das Land bringen wird, von dem
er deinen Vätern Abraham, Isaak und
Jakob geschworen hat, es dir zu geben –
große und schöne Städte, die du nicht
gebaut hast, 11 und Häuser voller Güter,
die du nicht gefüllt hast, und ausge-
hauene Brunnen, die du nicht ausge-
hauen hast, und Weinberge und Öl-
bäume, die du nicht gepflanzt hast –, und
[a]wenn du nun isst und satt wirst, 12 so
hüte dich, dass du nicht den HERRN ver-
gisst, der dich aus Ägyptenland, aus der
Knechtschaft, geführt hat, 13 sondern du
sollst den HERRN, deinen Gott, fürchten
und ihm dienen und bei seinem Namen
schwören.[a] 14 Und du sollst nicht andern
Göttern nachfolgen, den Göttern der
Völker, die um euch her sind 15 – denn
der HERR, dein Gott, ist [a]ein eifernder
Gott in deiner Mitte –, dass nicht der
Zorn des HERRN, deines Gottes, über
dich entbrenne und dich vertilge von der
Erde. 16 Ihr [a]sollt den HERRN, euren
Gott, nicht versuchen, wie ihr ihn [b]ver-
sucht habt in Massa, 17 sondern sollt hal-
ten die Gebote des HERRN, eures Gottes,
seine Vermahnungen und seine Rechte,
die er dir geboten hat, 18 dass du tust, was
recht und gut ist vor den Augen des
HERRN, auf dass dir's wohlgehe und du
hineinkommest und einnehmest das gute
Land, von dem der HERR deinen Vätern
geschworen hat, 19 dass er verjagen wolle
alle deine Feinde vor dir, wie der HERR
es zugesagt hat.[a]

20 Wenn dich nun [a]dein Sohn morgen
fragen wird: Was sind das für Vermah-
nungen, Gebote und Rechte, die euch der
HERR, unser Gott, geboten hat?, 21 so
[a]sollst du deinem Sohn sagen: Wir waren
Knechte des Pharao in Ägypten, und der
HERR führte uns aus Ägypten mit mäch-
tiger Hand; 22 und der HERR tat große
und furchtbare Zeichen und Wunder an
Ägypten und am Pharao und an seinem
ganzen Hause vor unsern Augen 23 und
führte uns von dort weg, um uns hinein-
zubringen und uns das Land zu geben,
wie er unsern Vätern geschworen hatte.
24 Und der HERR hat uns geboten, nach
all diesen Rechten zu tun, dass wir den
HERRN, unsern Gott, fürchten, auf dass
es uns wohlgehe unser Leben lang, so wie
es heute ist. 25 Und das wird [a]unsere Ge-

5,32: *a* Kap 4,2; 28,14; Jos 1,7; Spr 4,27 **6,3:** *a* Lk 11,28 **6,4:** *a* Mk 12,29; 1. Kor 8,4.6 **6,5:** *a* Kap 10,12; 2. Kön 23,25; Mt 22,37 **6,6:** *a* Kap 11,18-20 **6,7:** *a* 1. Mose 18,19 **6,8:** *a* 2. Mose 13,9; Mt 23,5 **6,11:** *a* Kap 8,10 **6,13:** *a* Kap 10,20; Mt 4,10 **6,15:** *a* 2. Mose 20,5 **6,16:** *a* Mt 4,7; *b* 2. Mose 17,2.7 **6,19:** *a* 2. Mose 23,27-28 **6,20:** *a* 2. Mose 13,14 **6,21:** *a* Ps 44,2 **6,25:** *a* Kap 9,5-6; Röm 2,13.19-24

rechtigkeit sein, dass wir alle diese Ge-
bote tun und halten vor dem HERRN,
unserm Gott, wie er uns geboten hat.

Warnung vor Gemeinschaft mit den Heiden

7 Wenn dich der HERR, dein Gott, ins
Land bringt, in das du kommen
wirst, es [a]einzunehmen, und er ausrottet
viele Völker vor dir her, die Hetiter, Gir-
gaschiter, Amoriter, Kanaaniter, Perisi-
ter, Hiwiter und Jebusiter, sieben Völker,
die größer und stärker sind als du, 2 und
wenn sie der HERR, dein Gott, vor dir
dahingibt, dass du sie schlägst, so sollst
du an ihnen [a]den Bann vollstrecken. Du
sollst keinen Bund mit ihnen schließen
und keine Gnade gegen sie üben 3 und
sollst dich mit ihnen nicht verschwägern;
eure Töchter sollt ihr nicht geben ihren
Söhnen und ihre Töchter sollt ihr nicht
nehmen für eure Söhne.[a] 4 Denn sie wer-
den eure Söhne mir abtrünnig machen,
dass sie andern Göttern dienen; so wird
dann des HERRN Zorn entbrennen über
euch und euch bald vertilgen. 5 Sondern
so sollt ihr mit ihnen tun: Ihre Altäre sollt
ihr einreißen, ihre Steinmale zerbrechen,
ihre heiligen Pfähle abhauen und ihre
Götzenbilder mit Feuer verbrennen.[a]

6 Denn du bist ein heiliges Volk dem
HERRN, deinem Gott. [a]Dich hat der
HERR, dein Gott, erwählt zum Volk des
Eigentums aus allen Völkern, die auf Er-
den sind. 7 **Nicht hat euch der HERR ange-**
nommen und [a]euch erwählt, weil ihr grö-
ßer wäret als alle Völker – denn du bist
das kleinste unter allen Völkern –, 8 son-
dern [a]weil er euch geliebt hat und damit
er seinen Eid hielte, den er euren Vätern
geschworen hat. Darum hat er euch her-
ausgeführt mit mächtiger Hand und hat
dich erlöst von der Knechtschaft, aus der
Hand des Pharao, des Königs von Ägyp-
ten. 9 So sollst du nun wissen, dass der
HERR, dein Gott, allein Gott ist, der
treue Gott, der den Bund und [a]die
Barmherzigkeit bis ins tausendste Glied
hält denen, die ihn lieben und seine Ge-
bote halten, 10 und [a]vergilt ins Angesicht
denen, die ihn hassen, und bringt sie um
und säumt nicht, zu vergelten ins Ange-
sicht denen, die ihn hassen. 11 So halte
nun die Gebote und Gesetze und Rechte,
die ich dir heute gebiete, dass du danach
tust.

Verheißung des göttlichen Segens

12 Und wenn ihr diese Rechte hört und
sie haltet und danach tut, so wird der
HERR, dein Gott, auch halten den Bund
und die Barmherzigkeit, wie er deinen
Vätern geschworen hat,[a] 13 und wird dich
lieben und segnen und mehren, und er
wird segnen die Frucht deines Leibes und
[a]den Ertrag deines Ackers, dein Ge-
treide, Wein und Öl, und das Jungvieh
deiner Kühe und deiner Schafe in dem
Lande, das er dir geben wird, wie er dei-
nen Vätern geschworen hat. 14 Gesegnet
wirst du sein vor allen Völkern. Es wird
niemand unter dir unfruchtbar sein, auch
nicht eins deiner Tiere. 15 Der HERR
[a]wird von dir nehmen alle Krankheit
und wird dir keine von all den bösen
Seuchen der Ägypter auflegen, die du
kennst, sondern wird sie allen deinen
Hassern auflegen. 16 Du wirst alle Völker
vertilgen, die der HERR, dein Gott, dir
geben wird. Du sollst sie nicht schonen
und ihren Göttern nicht dienen; denn das
würde dir zum Fallstrick werden.[a]

17 Wirst du aber in deinem Herzen sa-
gen: Diese [a]Völker sind größer als ich;
wie kann ich sie vertreiben?, 18 so fürchte
dich nicht vor ihnen. Denke daran, was
der HERR, dein Gott, dem Pharao und
allen Ägyptern getan hat 19 durch [a]große
Machtproben, die du mit eigenen Augen
gesehen hast, und durch Zeichen und
Wunder, durch mächtige Hand und aus-
gereckten Arm, womit dich der HERR,
dein Gott, herausführte. So wird der
HERR, dein Gott, allen Völkern tun, vor
denen du dich fürchtest. 20 Dazu wird der
HERR, dein Gott, [a]Angst und Schrecken
unter sie senden, bis umgebracht sein
wird, was übrig ist und sich verbirgt vor
dir. 21 Lass dir nicht grauen vor ihnen;
denn der HERR, dein Gott, ist in deiner
Mitte, der große und schreckliche Gott.

7,1: *a* Kap 31,3 **7,2:** *a* Kap 20,16-17 **7,3:** *a* 2. Mose 34,15-16 **7,5:** *a* Kap 12,2-3 **7,6:** *a* 2. Mose 19,5-6 **7,7:** *a* Kap 10,15 **7,8:** *a* Hos 11,1 **7,9:** *a* 2. Mose 20,6 **7,10:** *a* Nah 1,2 **7,12:** *a* 2. Mose 23,22-31 **7,13:** *a* Hos 2,7-12 **7,15:** *a* 2. Mose 9,1-12 **7,16:** *a* 2. Mose 23,33; 34,12; Jos 23,13 **7,17:** *a* 4. Mose 13,31; 14,1-4 **7,19:** *a* Kap 4,34; 29,2 **7,20:** *a* 2. Mose 23,28-30

22 Er, der HERR, dein Gott, wird diese
Leute ausrotten vor dir, einzeln nachein-
ander. Du kannst sie nicht auf einmal
vertilgen, damit sich nicht die wilden
Tiere wider dich vermehren. 23 Der
HERR, dein Gott, wird sie vor dir dahin-
geben und wird eine große Verwirrung
über sie bringen, bis er sie vertilgt hat,
24 und wird ihre Könige in deine Hände
geben und du sollst ihren Namen aus-
löschen unter dem Himmel. Es wird dir
niemand widerstehen, bis du sie vertilgt
hast. 25 Die Bilder ihrer Götter sollst du
mit Feuer verbrennen und sollst nicht
begehren das Silber oder Gold, das
daran ist, oder es zu dir nehmen, damit
du dich nicht darin verstrickst; denn das
ist dem HERRN, deinem Gott, ein
Gräuel. 26 Darum sollst du solchen
Gräuel nicht in dein Haus bringen, damit
du nicht dem Bann verfällst wie jene,
sondern du sollst Ekel und Abscheu da-
vor haben; denn es steht unter dem
Bann.[a]

Ermahnung zur Dankbarkeit gegen den HERRN

8 Alle Gebote, die ich dir heute gebiete,
sollt ihr halten, dass ihr danach tut,
damit ihr lebt und zahlreich werdet und
hineinkommt und das Land einnehmt,
das der HERR euren Vätern zugeschwo-
ren hat. 2 Und gedenke des ganzen We-
ges, den dich der HERR, dein Gott, ge-
leitet hat diese vierzig Jahre in der Wüste,
auf dass er dich demütigte und [a]ver-
suchte, damit kundwürde, was in deinem
Herzen wäre, ob du seine Gebote halten
würdest oder nicht. 3 Er demütigte dich
und ließ dich hungern und [a]speiste dich
mit Manna, das du und deine Väter nie
gekannt hatten, auf dass er dir kundtäte,
dass [b]der Mensch nicht lebt vom Brot
allein, sondern von allem, was aus dem
Mund des HERRN geht. 4 Deine Kleider
sind nicht zerrissen an dir, und deine
Füße sind nicht geschwollen diese vierzig
Jahre.[a] 5 So erkennst du ja in deinem
Herzen, dass der HERR, dein Gott, dich
[a]erzogen hat, wie ein Mann seinen Sohn
erzieht. 6 So halte nun die Gebote des
HERRN, deines Gottes, dass du in seinen
Wegen wandelst und ihn fürchtest.
7 Denn der HERR, dein Gott, führt dich
in ein gutes Land, ein Land, darin Bäche
und Brunnen und Seen sind, die an den
Bergen und in den Auen fließen, 8 ein
Land, darin Weizen, Gerste, Weinstöcke,
Feigenbäume und Granatäpfel wachsen,
ein Land, darin es Ölbäume und Honig
gibt, 9 ein Land, wo du Brot genug zu
essen hast, wo dir nichts mangelt, ein
Land, in dessen Steinen Eisen ist, wo du
Kupfererz aus den Bergen haust. 10 Und
wenn du gegessen hast und satt bist,
sollst du den HERRN, deinen Gott, loben
für das gute Land, das er dir gegeben
hat.

11 So hüte dich nun davor, den HERRN,
deinen Gott, zu vergessen, sodass du
seine Gebote und seine Gesetze und
Rechte, die ich dir heute gebiete, nicht
hältst. 12 Wenn du nun gegessen hast und
satt bist und schöne Häuser erbaust und
darin wohnst 13 und deine Rinder und
Schafe und Silber und Gold und alles,
was du hast, sich mehrt, 14 dann hüte
dich, dass dein Herz sich nicht überhebt
und du den HERRN, deinen Gott, ver-
gisst, der dich aus Ägyptenland geführt
hat, aus der Knechtschaft, 15 und dich
geleitet hat durch die große und furcht-
bare Wüste, wo [a]feurige Schlangen und
Skorpione und lauter Dürre und kein
Wasser war, und ließ dir [b]Wasser aus
dem harten Felsen hervorgehen 16 und
speiste dich mit Manna in der Wüste,
von dem deine Väter nichts gewusst ha-
ben, auf dass er dich demütigte und ver-
suchte, damit er dir hernach wohltäte.
17 Du könntest sonst sagen in deinem
Herzen: Meine Kräfte und meiner
Hände Stärke haben mir diesen Reich-
tum gewonnen. 18 Sondern gedenke an
den HERRN, deinen Gott; denn er ist's,
der dir Kräfte gibt, Reichtum zu gewin-
nen, auf dass er [a]hielte seinen Bund, den
er deinen Vätern geschworen hat, so wie
es heute ist.

19 Wirst du aber den HERRN, deinen
Gott, vergessen und andern Göttern
nachfolgen und ihnen dienen und sie an-
beten, so bezeuge ich euch heute, dass ihr
umkommen werdet; 20 eben wie die Hei-

7,26: *a* Jos 7,11-12 **8,2:** *a* Kap 13,4; 1. Mose 22,1; 2. Mose 16,4; 20,20; Ri 2,22 **8,3:** *a* 2. Mose 16,13-15; *b* Mt 4,4
8,4: *a* Kap 29,4 **8,5:** *a* Jes 28,26; Jer 30,11; 46,28 **8,15:** *a* 4. Mose 21,6; *b* 2. Mose 17,6 **8,18:** *a* Kap 4,31

den, die der HERR umbringt vor eurem
Angesicht, so werdet ihr auch umkommen,
weil ihr nicht gehorsam seid der
Stimme des HERRN, eures Gottes.

Ermahnung zur Demut

9 Höre, Israel, du wirst heute über
den Jordan gehen, damit du hineinkommst,
das Land der Völker einzunehmen,
die größer und stärker sind als du,
[a]große Städte, ummauert bis an den
Himmel, 2ein [a]großes, hochgewachsenes
Volk, die Anakiter, die du kennst, von
denen du auch hast sagen hören: Wer
kann wider die Anakiter bestehen? 3So
sollst du nun heute wissen, dass der
HERR, dein Gott, vor dir hergeht, ein
[a]verzehrendes Feuer. Er wird sie vertilgen
und wird sie demütigen vor dir, und
du wirst sie vertreiben und bald vernichten,
wie dir der HERR zugesagt hat.
4[a]Wenn nun der HERR, dein Gott, sie
ausgestoßen hat vor dir her, so sprich
nicht in deinem Herzen: Der HERR hat
mich hereingeführt, dies Land einzunehmen,
um meiner Gerechtigkeit willen –,
da doch der HERR diese Völker vertreibt
vor dir her um ihres gottlosen Treibens
willen. 5[a]Denn du kommst nicht herein,
ihr Land einzunehmen, um deiner Gerechtigkeit
und deines aufrichtigen Herzens
willen, sondern der HERR, dein
Gott, vertreibt diese Völker um ihres
gottlosen Treibens willen, damit er das
Wort halte, das er geschworen hat deinen
Vätern Abraham, Isaak und Jakob. 6So
wisse nun, dass der HERR, dein Gott, dir
nicht um deiner Gerechtigkeit willen dies
gute Land zum Besitz gibt, da du doch
ein [a]halsstarriges Volk bist.

Erinnerung an Israels Untreue

7Denke daran und vergiss nicht, wie du
den HERRN, deinen Gott, erzürntest in
der Wüste. Von dem Tage an, als du aus
Ägyptenland zogst, bis ihr gekommen
seid an diesen Ort, seid ihr ungehorsam
gewesen dem HERRN. 8[a]Denn am Horeb
erzürntet ihr den HERRN so, dass er vor
Zorn euch vertilgen wollte, 9als ich auf
den Berg gegangen war, die steinernen
Tafeln zu empfangen, die Tafeln des
Bundes, den der HERR mit euch schloss,
und ich vierzig Tage und vierzig Nächte
auf dem Berge blieb und kein Brot aß
und kein Wasser trank[a] 10und mir der
HERR die zwei steinernen Tafeln gab, mit
dem Finger Gottes beschrieben, und darauf
alle Worte, die der HERR mit euch
aus dem Feuer auf dem Berge geredet
hatte am Tage der Versammlung. 11Und
nach den vierzig Tagen und vierzig
Nächten gab mir der HERR die zwei steinernen
Tafeln des Bundes 12und sprach
zu mir: Mach dich auf, geh eilends hinab
von hier; denn dein Volk, das du aus
Ägypten geführt hast, hat sich versündigt.
Sie sind schnell abgewichen von
dem Wege, den ich ihnen geboten habe;
sie haben sich ein gegossenes Bild gemacht.
13Und der HERR sprach zu mir:
Ich sehe, dass dies Volk ein halsstarriges
Volk ist. 14Lass ab von mir, damit ich sie
vertilge und ihren Namen austilge unter
dem Himmel; aber aus dir will ich ein
stärkeres und größeres Volk machen als
dieses.

15Und als ich mich wandte und von
dem Berge herabging, der im Feuer
brannte, und die zwei Tafeln des Bundes
in meinen beiden Händen hatte, 16da sah
ich, und siehe, da hattet ihr euch an dem
HERRN, eurem Gott, versündigt und
euch ein gegossenes Kalb gemacht und
wart schnell von dem Wege abgewichen,
den euch der HERR geboten hatte. 17Da
fasste ich beide Tafeln und warf sie aus
meinen Händen und zerbrach sie vor
euren Augen 18und fiel nieder vor dem
HERRN wie das erste Mal, vierzig Tage
und vierzig Nächte, und aß kein Brot
und trank kein Wasser um all eurer
Sünde willen, die ihr getan hattet, als ihr
solches Unrecht tatet vor dem HERRN,
um ihn zu erzürnen. 19Denn ich [a]fürchtete
mich vor dem Zorn und Grimm, mit
dem der HERR über euch erzürnt war,
sodass er euch vertilgen wollte. Aber der
HERR erhörte mich auch diesmal.
20Auch war der HERR sehr zornig über
Aaron, sodass er ihn vertilgen wollte;
aber ich bat auch für Aaron zur selben
Zeit. 21Aber eure Sünde, das Kalb, das
ihr gemacht hattet, nahm ich und ver-

9,1: *a* Kap 1,28 **9,2:** *a* 4. Mose 13,32-33 **9,3:** *a* Kap 4,24 **9,4:** *a (4-5)* Kap 8,17; 1. Mose 15,16 **9,5:** *a (5-6)* Kap 6,25 **9,6:** *a* 2. Mose 32,9 **9,8:** *a (8-21)* 2. Mose 32,1-24 **9,9:** *a* 2. Mose 34,28 **9,19:** *a* Hebr 12,21

brannte es mit Feuer und zerschlug es
und zermalmte es, bis es Staub ward, und
warf den Staub in den Bach, der vom
Berge fließt.
22 So erzürntet ihr den HERRN auch in
[a]Tabera und in [b]Massa und bei den
[c]Lustgräbern. 23 Und als er euch aus Ka-
desch-Barnea sandte und sprach: Geht
hinauf und nehmt das Land ein, das ich
euch gegeben habe!, da wart ihr ungehor-
sam dem Mund des HERRN, eures Got-
tes, und glaubtet nicht an ihn und ge-
horchtet seiner Stimme nicht.[a] 24 So seid
ihr dem HERRN ungehorsam gewesen,
solange ich euch gekannt habe.
25 Ich aber [a]fiel nieder und lag vor
dem HERRN vierzig Tage und vierzig
Nächte; denn der HERR sprach, er wolle
euch vertilgen. 26 Und ich bat den
HERRN und sprach: Herr HERR, verdirb
dein Volk und dein Erbe nicht, das du
durch deine große Kraft erlöst und mit
mächtiger Hand aus Ägypten geführt
hast! 27 Gedenke an deine Knechte Ab-
raham, Isaak und Jakob! Sieh nicht an
die Halsstarrigkeit und das gottlose Trei-
ben und die Sünde dieses Volks, 28 damit
das Land, aus dem du uns geführt hast,
nicht sage: Der HERR konnte sie nicht in
das Land bringen, das er ihnen zugesagt
hatte, und hat sie darum herausgeführt,
weil er ihnen gram war, um sie zu töten
in der Wüste.[a] 29 Denn sie sind dein Volk
und dein Erbe, das du mit deiner großen
Kraft und mit deinem ausgereckten Arm
herausgeführt hast.

Die neuen Tafeln des Gesetzes

10 Zu derselben Zeit sprach der HERR
zu mir: [a]Haue dir zwei steinerne
Tafeln zu wie die ersten und komm zu
mir auf den Berg und mache dir eine
[b]hölzerne Lade, 2 so will ich auf die Ta-
feln die Worte schreiben, die auf den ers-
ten waren, die du [a]zerbrochen hast; und
du sollst sie in die Lade legen. 3 So
machte ich eine Lade aus Akazienholz
und hieb zwei steinerne Tafeln zu, wie die
ersten waren, und ging auf den Berg und
hatte die beiden Tafeln in meinen Hän-
den. 4 Da schrieb er auf die Tafeln, wie
die erste Schrift war, die Zehn Worte, die
der HERR zu euch geredet hatte mitten
aus dem Feuer auf dem Berge zur Zeit
der Versammlung; und der HERR gab sie
mir. 5 Und ich wandte mich und ging
vom Berge herab und [a]legte die Tafeln in
die Lade, die ich gemacht hatte, und sie
blieben darin, wie mir der HERR geboten
hatte.

Aarons Tod. Aussonderung der Leviten

6 [a]Und die Israeliten zogen aus von
Beerot-Bene-Jaakan nach Moser. Dort
starb Aaron und wurde daselbst begra-
ben. Und sein Sohn Eleasar wurde Pries-
ter an seiner statt. 7 Von da zogen sie aus
nach Gudgoda, von Gudgoda nach Jot-
bata, in ein Land mit Wasserbächen.
8 Zur selben Zeit sonderte der HERR
den Stamm Levi aus, die Lade des Bun-
des des HERRN zu tragen und [a]zu stehen
vor dem HERRN, ihm zu dienen und [b]in
seinem Namen zu segnen bis auf diesen
Tag. 9 Darum werden die Leviten weder
Anteil noch Erbe haben mit ihren Brü-
dern. Denn [a]der HERR ist ihr Erbteil,
wie der HERR, dein Gott, ihnen zugesagt
hat.

Was der HERR von Israel fordert

10 Ich aber stand auf dem Berge wie das
erste Mal, [a]vierzig Tage und vierzig
Nächte, und der HERR erhörte mich
auch diesmal und wollte dich nicht ver-
derben. 11 Er sprach zu mir: Mach dich
auf, geh hin und zieh vor dem Volk her,
damit sie hineinkommen und das Land
einnehmen, das ich ihnen geben will, wie
ich ihren Vätern geschworen habe.
12 Nun, Israel, was [a]fordert der HERR,
dein Gott, noch von dir, als dass du den
HERRN, deinen Gott, fürchtest, dass du in
allen seinen Wegen wandelst und ihn liebst
und dem HERRN, deinem Gott, dienst von
ganzem Herzen und von ganzer Seele,
13 dass du die Gebote des HERRN hältst
und seine Rechte, die ich dir heute ge-
biete, auf dass dir's wohlgehe? 14 Siehe,
der Himmel und aller Himmel Himmel
und die Erde und alles, was darinnen ist,
das ist des HERRN, deines Gottes. 15 Und

9,22: *a* 4. Mose 11,3; *b* 2. Mose 17,7; *c* 4. Mose 11,34 **9,23:** *a* 4. Mose 13,2.31; 14,1-4 **9,25:** *a* Vers 18 **9,28:** *a* 4. Mose 14,16 **10,1:** *a* 2. Mose 34,1; *b* 2. Mose 25,10 **10,2:** *a* 2. Mose 32,19 **10,5:** *a* 2. Mose 25,21 **10,6:** *a (6-7)* 4. Mose 33,31-33; 20,28; 33,37-39 **10,8:** *a* Kap 18,5; *b* 4. Mose 6,23-27 **10,9:** *a* 4. Mose 18,20 **10,10:** *a* Kap 9,9 **10,12:** *a* Mi 6,8

doch hat er nur [a]deine Väter angenom-
men, dass er sie liebte, und hat ihre
Nachkommen, nämlich euch, erwählt
aus allen Völkern, so wie es heute ist.
16 So [a]beschneidet nun eure Herzen
und seid hinfort nicht halsstarrig.
17 Denn der HERR, euer Gott, ist der
Gott aller Götter und der Herr über alle
Herren, der große Gott, der Mächtige
und der Schreckliche, der die Person
nicht ansieht und kein Geschenk nimmt
18 und schafft Recht den Waisen und Wit-
wen und hat die Fremdlinge lieb, dass er
ihnen Speise und Kleider gibt. 19 Darum
sollt ihr auch die Fremdlinge lieben;
denn ihr seid auch Fremdlinge gewesen
in Ägyptenland.[a]
20 Den HERRN, deinen Gott, sollst du
fürchten, ihm sollst du dienen, ihm sollst
du anhangen und bei seinem Namen
schwören. 21 Er ist dein Ruhm und dein
Gott, der bei dir solche großen und
schrecklichen Dinge getan hat, die deine
Augen gesehen haben. 22 Deine Väter
zogen hinab nach Ägypten mit [a]siebzig
Seelen; aber nun hat dich der HERR, dein
Gott, [b]zahlreich gemacht wie die Sterne
am Himmel.

Erinnerung an Gottes Wohltaten

11 So sollst du nun den HERRN, dei-
nen Gott, lieben und sein Gesetz,
seine Ordnungen, seine Rechte und seine
Gebote halten dein Leben lang. 2 Und
erkennt heute, was eure Kinder nicht wis-
sen noch gesehen haben, nämlich die
[a]Erziehung durch den HERRN, euren
Gott, dazu seine Herrlichkeit, seine
mächtige Hand und seinen ausgereckten
Arm 3 und seine Zeichen und Werke,
die er getan hat unter den Ägyptern, an
dem Pharao, dem König von Ägypten,
und an seinem ganzen Lande; 4 und was
er an der Heeresmacht der Ägypter getan
hat, an ihren Rossen und Wagen, wie er
das Wasser des Schilfmeers über sie
brachte, als sie euch nachjagten und sie
der HERR umkommen ließ, bis auf diesen
Tag;[a] 5 und was er euch getan hat in der
Wüste, bis ihr an diesen Ort gekommen
seid, 6 was er Datan und Abiram getan
hat, den Söhnen Eliabs, des Sohnes Ru-
bens, wie die Erde ihren Mund auftat
und sie verschlang mit all ihren Leuten
und ihren Zelten und allem ihrem Gut,
das sie erworben hatten, mitten unter
ganz Israel.[a] 7 Denn eure Augen haben
die großen Werke des HERRN gesehen,
die er getan hat.

Segen des Gehorsams – Fluch des Ungehorsams

8 Darum sollt ihr alle die Gebote halten,
die ich dir heute gebiete, auf dass ihr
stark werdet, hineinzukommen und das
Land einzunehmen, dahin ihr zieht, es
einzunehmen, 9 und dass du lange lebest
in dem Lande, das der HERR, wie er
euren Vätern geschworen hat, ihnen und
ihren Nachkommen geben will, ein
[a]Land, darin Milch und Honig fließt.
10 Denn das Land, in das du kommst, es
einzunehmen, ist nicht wie Ägyptenland,
von dem ihr ausgezogen seid, wo du dei-
nen Samen säen und selbst tränken
musstest wie einen Garten, 11 sondern es
hat Berge und Auen, die der Regen vom
Himmel tränkt, – 12 ein Land, auf das
der HERR, dein Gott, achthat und die
Augen des HERRN, deines Gottes, im-
merdar sehen vom Anfang des Jahres bis
an sein Ende.
13 [a]Werdet ihr nun auf meine Gebote
hören, die ich euch heute gebiete, dass ihr
den HERRN, euren Gott, liebt und ihm
dient von ganzem Herzen und von gan-
zer Seele, 14 so will ich eurem Lande Re-
gen geben zu seiner Zeit, Frühregen und
Spätregen, dass du einsammelst dein Ge-
treide, deinen Wein und dein Öl, 15 und
will deinem Vieh Gras geben auf deinem
Felde, dass ihr esst und satt werdet.
16 Hütet euch aber, dass sich euer Herz
nicht betören lasse, dass ihr abfallt und
dient andern Göttern und betet sie an,
17 und dass dann der Zorn des HERRN
entbrenne über euch und [a]schließe den
Himmel zu, sodass kein Regen kommt
und die Erde ihr Gewächs nicht gibt und
ihr bald ausgetilgt werdet aus dem guten
Lande, das euch der HERR gegeben hat.
18 [a]So nehmt nun diese Worte zu Her-
zen und in eure Seele und bindet sie zum
Zeichen auf eure Hand und macht sie

10,15: *a* Kap 7,6 **10,16:** *a* Kap 30,6 **10,19:** *a* 2. Mose 22,20-23 **10,22:** *a* 1. Mose 46,27; *b* Kap 1,10 **11,2:** *a* Kap 4,36 **11,4:** *a* 2. Mose 14,25.27 **11,6:** *a* 4. Mose 16,25-34 **11,9:** *a* 2. Mose 3,17 **11,13:** *a (13-15)* 3. Mose 26,3-5; Jer 5,24 **11,17:** *a* Kap 28,23-24; 3. Mose 26,19-20 **11,18:** *a (18-20)* Kap 6,6-9

zum Merkzeichen zwischen euren Augen
19 und lehrt sie eure Kinder, dass du da-
von redest, wenn du in deinem Hause
sitzt oder unterwegs bist, wenn du dich
niederlegst und wenn du aufstehst.
20 Und schreibe sie an die Pfosten deines
Hauses und an deine Tore, 21 auf dass ihr
und eure Kinder lange lebt in dem
Lande, das der HERR, wie er deinen Vä-
tern geschworen hat, ihnen geben will,
solange die Tage des Himmels über der
Erde währen. 22 Denn wenn ihr diese Ge-
bote alle halten werdet, die ich euch ge-
biete, und danach tut, dass ihr den
HERRN, euren Gott, liebt und wandelt in
allen seinen Wegen und ihm anhangt,
23 so wird der HERR alle diese Völker vor
euch her vertreiben, dass ihr größere und
stärkere Völker beerbt, als ihr es seid.[a]
24 Alles Land, darauf eure Fußsohle
tritt, soll euer sein: von der Wüste bis an
den Berg Libanon und von dem Strom
Euphrat bis ans Meer im Westen soll
euer Gebiet sein. 25 Niemand wird euch
widerstehen können. Furcht und [a]Schre-
cken vor euch wird der HERR über alles
Land kommen lassen, das ihr betretet,
wie er euch zugesagt hat.

26 Siehe, ich lege euch heute vor [a]den
Segen und den Fluch: 27 [a]den Segen,
wenn ihr gehorcht den Geboten des
HERRN, eures Gottes, die ich euch heute
gebiete; 28 den Fluch aber, wenn ihr nicht
gehorchen werdet den Geboten des
HERRN, eures Gottes, und abweicht von
dem Wege, den ich euch heute gebiete,
dass ihr andern Göttern nachwandelt,
die ihr nicht kennt. 29 Wenn dich nun der
HERR, dein Gott, in das Land bringt, in
das du kommen sollst, es einzunehmen,
so sollst du den Segen sprechen lassen
auf dem Berge [a]Garizim und den Fluch
auf dem Berge Ebal, 30 die jenseits des
Jordans liegen an der Straße gegen Son-
nenuntergang im Lande der Kanaaniter,
die im Jordantal wohnen, Gilgal gegen-
über bei der [a]Eiche More. 31 Denn ihr
werdet über den Jordan gehen, dass ihr
hineinkommt, das Land einzunehmen,
das euch der HERR, euer Gott, gegeben
hat, damit ihr's einnehmt und darin
wohnt. 32 So habt nun acht, dass ihr tut
nach allen Geboten und Rechten, die ich
euch heute vorlege.

MOSE VERKÜNDIGT DIE GESETZE
(Kapitel 12–26)

Die von Gott erwählte Opferstätte

12 Dies sind die Gebote und Rechte,
die ihr halten sollt, dass ihr danach
tut im Lande, das der HERR, der Gott
deiner Väter, dir gegeben hat, es einzu-
nehmen, solange du im Lande lebst:
2 Zerstört alle heiligen Stätten, wo die
Heiden, die ihr vertreiben werdet, ihren
Göttern gedient haben, es sei auf hohen
Bergen, auf Hügeln oder unter grünen
Bäumen,[a] 3 und reißt um ihre Altäre und
zerbrecht ihre Steinmale und verbrennt
mit Feuer ihre heiligen Pfähle, zerschlagt
die Bilder ihrer Götzen und vertilgt ihren
Namen von jener Stätte.

4 Ihr sollt dem HERRN, eurem Gott, so
nicht dienen, 5 sondern die Stätte, die der
HERR, euer Gott, erwählen wird aus
allen euren Stämmen, dass er seinen
Namen daselbst wohnen lässt, sollt ihr
aufsuchen und dahin kommen. 6 Dorthin
sollt ihr bringen eure Brandopfer und
eure Schlachtopfer, eure Zehnten und
eure heiligen Abgaben, eure Gelübde-
opfer, eure freiwilligen Opfer und die Erst-
geburt eurer Rinder und Schafe. 7 Und
ihr und euer Haus sollt dort vor dem
HERRN, eurem Gott, essen und fröhlich
sein über alles, was eure Hand erworben
hat, womit euch der HERR, euer Gott,
gesegnet hat. 8 Ihr sollt es nicht so halten,
wie wir es heute hier tun, ein jeder, was
ihm recht dünkt. 9 Denn ihr seid bisher
noch nicht zur Ruhe und zu dem Erbteil
gekommen, das dir der HERR, dein Gott,
geben wird. 10 Ihr werdet aber über den
Jordan gehen und in dem Lande wohnen,
das euch der HERR, euer Gott, zum Erbe
austeilen wird, und er wird euch [a]Ruhe
geben vor allen euren Feinden um euch
her, und ihr werdet sicher wohnen.
11 Wenn nun der HERR, dein Gott, eine
Stätte erwählt, dass sein Name daselbst
wohne, sollt ihr dahin bringen alles, was
ich euch gebiete: eure Brandopfer, eure

11,23: *a* Kap 7,1-2 **11,25:** *a* 2. Mose 23,27 **11,26:** *a* Kap 30,1.15.19 **11,27:** *a (27-28)* Kap 28,2.15 **11,29:** *a* Kap 27,12-13; Jos 8,33-34 **11,30:** *a* 1. Mose 12,6 **12,2:** *a* Kap 7,5.25; 2. Mose 34,13 **12,10:** *a* Jos 1,13; 21,44; 1. Kön 5,5; Ps 95,11; Hos 2,20; Hebr 4,11

Schlachtopfer, eure Zehnten, eure heili-
gen Abgaben und alle eure auserlesenen
Gelübdeopfer, die ihr dem HERRN ge-
loben werdet. 12 Und ihr sollt fröhlich
sein vor dem HERRN, eurem Gott, ihr
und eure Söhne und eure Töchter, eure
Knechte und eure Mägde und die [a]Levi-
ten, die in euren Städten wohnen; denn
sie haben weder Anteil noch Erbe mit
euch.

13 [a]Hüte dich, dass du deine Brand-
opfer nicht an jeder Stätte opferst, die du
siehst; 14 sondern an der Stätte, die der
HERR erwählt in einem deiner Stämme,
da sollst du dein Brandopfer opfern und
alles tun, was ich dir gebiete. 15 Doch
darfst du in allen deinen Städten ganz
nach Herzenslust schlachten und Fleisch
essen nach dem Segen des HERRN, deines
Gottes, den er dir gegeben hat. Der Reine
wie der Unreine dürfen davon essen, so
wie man [a]Reh oder Hirsch isst. 16 Nur
[a]das Blut sollst du nicht essen, sondern
auf die Erde gießen wie Wasser. 17 Du
darfst aber nicht essen in deinen Städten
vom Zehnten deines Getreides, deines
Weins, deines Öls, auch nicht von der
Erstgeburt deiner Rinder und deiner
Schafe oder von irgendeiner Gabe, die du
gelobt hast, oder von deinem freiwilligen
Opfer oder von deiner heiligen Abgabe,
18 sondern [a]vor dem HERRN, deinem
Gott, sollst du das alles essen an der
Stätte, die der HERR, dein Gott, erwählt,
du und deine Söhne, deine Töchter, deine
Knechte, deine Mägde und der Levit, der
in deiner Stadt lebt, und sollst fröhlich
sein vor dem HERRN, deinem Gott, über
alles, was deine Hand erworben hat.
19 Und hüte dich, dass du den Leviten
nicht leer ausgehen lässt, solange du in
deinem Lande lebst.[a]

20 Wenn aber der HERR, dein Gott,
dein Gebiet erweitern wird, wie er dir
zugesagt hat, und du sprichst: Ich will
Fleisch essen –, weil es dich gelüstet,
Fleisch zu essen, so iss Fleisch ganz nach
Herzenslust. 21 Ist aber die Stätte fern
von dir, die der HERR, dein Gott, erwählt
hat, dass er seinen Namen daselbst woh-
nen lasse, so schlachte von deinen Rin-
dern oder Schafen, die dir der HERR ge-
geben hat, wie ich dir geboten habe, und
iss es in deiner Stadt ganz nach Herzens-
lust. 22 So wie man [a]Reh oder Hirsch
isst, darfst du es essen; der Reine wie der
Unreine dürfen's beide essen. 23 Allein
achte darauf, dass du [a]das Blut nicht
isst; denn das Blut ist das Leben; darum
sollst du nicht zugleich mit dem Fleisch
das Leben essen, 24 sondern du sollst das
Blut auf die Erde gießen wie Wasser
25 und sollst es nicht essen, auf dass dir's
wohlgehe und deinen Kindern nach dir,
weil du getan hast, was recht ist vor dem
HERRN. 26 Aber deine heiligen Gaben, die
dir geboten sind, und was du gelobst,
das sollst du aufladen und an die Stätte
bringen, die der HERR erwählt hat,
27 und sollst dein Brandopfer mit Fleisch
und Blut legen auf den Altar des
HERRN, deines Gottes. Das Blut deiner
[a]Schlachtopfer soll gegossen werden auf
den Altar des HERRN, deines Gottes,
aber das Fleisch sollst du essen. 28 Sieh zu
und höre auf alle diese Worte, die ich dir
gebiete, auf dass dir's wohlgehe und dei-
nen Kindern nach dir ewiglich, weil du
getan hast, was recht und wohlgefällig ist
vor dem HERRN, deinem Gott.

29 Wenn der HERR, dein Gott, vor dir
her die Völker ausrottet, zu denen du
kommst, ihr Land einzunehmen, und du
es eingenommen hast und darin wohnst,
30 so hüte dich, dass du dich nicht ver-
führen lässt, es ihnen nachzutun, nach-
dem sie vertilgt sind vor dir, und dass du
nicht fragst nach ihren Göttern und
sprichst: Wie haben diese Völker ihren
Göttern gedient? [a]Ebenso will auch ich
es tun! 31 So sollst du dem HERRN, dei-
nem Gott, nicht dienen; denn sie haben
ihren Göttern alles getan, was dem
HERRN ein Gräuel ist und was er hasst;
denn sie haben ihren Göttern sogar ihre
Söhne und Töchter mit Feuer verbrannt.

Strafe für falsche Propheten und Verführer zum Götzendienst

13 *Alles, was ich euch gebiete, das
sollt ihr halten und danach tun.
[a]Ihr sollt nichts dazutun und nichts da-

* Abweichende Verszählung statt 13,1-19: 12,32–13,18.

12,12: *a* Kap 10,9 **12,13:** *a (13-14)* Jos 22,16; 3. Mose 17,8-9 **12,15:** *a* Vers 22; Kap 14,5 **12,16:** *a* 3. Mose 3,17; 17,11 **12,18:** *a* Kap 14,23 **12,19:** *a* Vers 12; Kap 14,27 **12,22:** *a* Vers 15 **12,23:** *a* Vers 16 **12,27:** *a* Vers 6 **12,30:** *a* 2. Mose 23,24; Hes 20,32 **13,1:** *a* Kap 4,2

vontun. 2Wenn ein Prophet oder Träu-
mer unter euch aufsteht und dir ein Zei-
chen oder Wunder ankündigt 3und das
Zeichen oder Wunder trifft ein, von dem
er dir gesagt hat, und er spricht: Lass uns
andern Göttern folgen, die ihr nicht
kennt, und ihnen dienen, 4so sollst du
nicht gehorchen den Worten eines sol-
chen Propheten oder Träumers; denn der
HERR, euer Gott, [a]versucht euch, um zu
erfahren, ob ihr ihn von ganzem Herzen
und von ganzer Seele lieb habt. 5Dem
HERRN, eurem Gott, sollt ihr folgen und
ihn fürchten und seine Gebote halten
und seiner Stimme gehorchen und ihm
dienen und ihm anhangen. 6Der [a]Pro-
phet aber oder der Träumer soll sterben,
weil er euch gelehrt hat abzufallen von
dem HERRN, eurem Gott, der euch aus
Ägyptenland geführt und dich aus der
Knechtschaft erlöst hat, und weil er dich
von dem Wege abbringen wollte, auf dem
du wandeln sollst, wie der HERR, dein
Gott, geboten hat –, auf dass du [b]das
Böse aus deiner Mitte wegtust.

7Wenn dich dein Bruder, deiner Mut-
ter Sohn, oder dein Sohn oder deine
Tochter oder deine Frau in deinen Ar-
men oder dein Freund, der dir so lieb ist
wie dein Leben, heimlich überreden
würde und sagen: Lass uns hingehen und
andern Göttern dienen, die du nicht
kennst noch deine Väter, 8von den Göt-
tern der Völker, die um euch her sind, sie
seien dir nah oder fern, von einem Ende
der Erde bis ans andere, 9so willige nicht
ein und gehorche ihm nicht. Auch soll
dein Auge ihn nicht schonen, und du
sollst dich seiner nicht erbarmen und
seine Schuld nicht verheimlichen, 10son-
dern sollst ihn zum Tode bringen.
[a]Deine Hand soll die erste wider ihn
sein, ihn zu töten, und danach die Hand
des ganzen Volks. 11Man soll ihn zu
Tode steinigen, denn er hat dich abbrin-
gen wollen von dem HERRN, deinem
Gott, der dich aus Ägyptenland, aus der
Knechtschaft, geführt hat, 12auf dass
ganz Israel aufhorche und sich fürchte
und man nicht mehr solch Böses tue un-
ter euch.

13Wenn du von irgendeiner Stadt, die
dir der HERR, dein Gott, gegeben hat,
darin zu wohnen, sagen hörst: 14Es sind
etliche heillose Leute aufgetreten aus dei-
ner Mitte und haben die Bürger ihrer
Stadt verführt und gesagt: Lasst uns hin-
gehen und andern Göttern dienen, die
ihr nicht kennt, 15so sollst du gründlich
suchen, forschen und fragen. Und wenn
sich findet, dass es gewiss ist, dass solch
ein Gräuel unter euch geschehen ist, 16so
sollst du die Bürger dieser Stadt erschla-
gen mit der Schärfe des Schwerts und an
ihr den Bann vollstrecken, an allem, was
darin ist, auch an ihrem Vieh, mit der
Schärfe des Schwerts.[a] 17Und alles, was
in ihr erbeutet wird, sollst du sammeln
mitten auf dem Marktplatz und mit
Feuer verbrennen die Stadt und alle ihre
Beute als ein Ganzopfer für den HERRN,
deinen Gott, dass sie in Trümmern liege
für immer und nie wieder aufgebaut
werde. 18Und [a]lass nichts von dem, was
dem Bann verfallen ist, an deiner Hand
kleben, auf dass der HERR von seinem
grimmigen Zorn abgewendet werde und
gebe dir Barmherzigkeit und erbarme
sich deiner und mehre dich, wie er deinen
Vätern geschworen hat, 19wenn du der
Stimme des HERRN, deines Gottes, ge-
horchst und alle seine Gebote hältst, die
ich dir heute gebiete, dass du tust, was
recht ist vor den Augen des HERRN, dei-
nes Gottes.

Verbot heidnischer Trauergebräuche.
Reine und unreine Speisen

(vgl. 3. Mose 11,1-47)

14 Ihr seid Kinder des HERRN, eures
Gottes. Ihr [a]sollt euch um eines
Toten willen nicht [b]wund ritzen noch
[c]kahl scheren über den Augen. 2Denn
du bist ein heiliges Volk dem HERRN,
deinem Gott, und der HERR hat dich
erwählt, dass du sein Eigentum seist, aus
allen Völkern, die auf Erden sind.

3Du sollst nichts essen, was dem
Herrn ein Gräuel ist. 4Dies aber sind die
Tiere, die ihr essen dürft: Rind, Schaf,
Ziege, 5Hirsch, Reh, Damhirsch, Stein-
bock, Gämse, Auerochs und Antilope.
6Jedes Tier, das gespaltene Klauen hat,
ganz durchgespalten, und das wieder-
käut, dürft ihr essen.

7Diese Tiere aber sollt ihr nicht essen

13,4: *a* Kap 8,2 **13,6:** *a* Kap 18,20; *b* 1. Kor 5,9.13 **13,10:** *a* Kap 17,7 **13,16:** *a* Kap 20,16-18 **13,18:** *a* Jos 7,1-26
14,1: *a* 3. Mose 19,27-28; *b* Jer 47,5; *c* Hes 7,18

unter denen, die wiederkäuen und die
gespaltene Klauen haben: das Kamel,
den Hasen und den Klippdachs, die wie-
derkäuen, deren Klauen aber nicht ganz
durchgespalten sind; darum sollen sie
euch unrein sein. 8 Das Schwein, das
zwar durchgespaltene Klauen hat, aber
nicht wiederkäut, soll euch darum unrein
sein. Ihr Fleisch sollt ihr nicht essen und
ihr Aas sollt ihr nicht anrühren.

9 Dies ist, was ihr essen dürft von al-
lem, was im Wasser lebt: Alles, was Flos-
sen und Schuppen hat, dürft ihr essen.
10 Was aber weder Flossen noch Schup-
pen hat, sollt ihr nicht essen; denn es ist
euch unrein.

11 Alle reinen Vögel esst. 12 Diese aber
sind es, die ihr nicht essen sollt: der Ad-
ler, der Habicht, der Fischaar, 13 der Tau-
cher, die Weihe, der Geier mit seinen Arten
14 und alle Raben mit ihren Arten, 15 der
Strauß, die Nachteule, der Kuckuck, der
Sperber mit seinen Arten, 16 das Käuz-
chen, der Uhu, die Fledermaus, 17 die Rohr-
dommel, der Storch, der Schwan, 18 der
Reiher, der Häher mit seinen Arten, der
Wiedehopf, die Schwalbe. 19 Auch alles,
was Flügel hat und kriecht, soll euch
unrein sein und ihr sollt es nicht essen.
20 Die reinen Vögel dürft ihr essen.

21 Ihr sollt [a]kein Aas essen; dem
Fremdling in deiner Stadt darfst du's ge-
ben, dass er's esse oder dass er's verkaufe
einem Ausländer; denn du bist ein hei-
liges Volk dem HERRN, deinem Gott. Du
sollst [b]das Böcklein nicht kochen in der
Milch seiner Mutter.

Abgabe des Zehnten

22 Du sollst alle Jahre den Zehnten ab-
sondern von allem Ertrag deiner Saat,
der aus deinem Acker kommt,[a] 23 und
sollst davon [a]essen vor dem HERRN, dei-
nem Gott, an der Stätte, die er erwählt,
dass sein Name daselbst wohne, nämlich
vom Zehnten deines Getreides, deines
Weins, deines Öls und von der Erstgeburt
deiner Rinder und deiner Schafe, auf
dass du fürchten lernst den HERRN, dei-
nen Gott, dein Leben lang.

24 Wenn aber der Weg zu weit ist für
dich, dass du's nicht hintragen kannst,
weil die Stätte dir zu fern ist, die der
HERR, dein Gott, erwählt hat, dass er
seinen Namen daselbst wohnen lasse,
wenn der HERR, dein Gott, dich gesegnet
hat, 25 so mache es zu Geld und nimm
das Geld in deine Hand und geh an die
Stätte, die der HERR, dein Gott, erwählt
hat, 26 und gib das Geld für alles, woran
dein Herz Lust hat, es sei für Rinder,
Schafe, Wein, starkes Getränk oder für
alles, was dein Herz wünscht, und iss
dort vor dem HERRN, deinem Gott, und
sei fröhlich, du und dein Haus 27 und der
Levit, der in deiner Stadt lebt; den sollst
du nicht leer ausgehen lassen, denn [a]er
hat weder Anteil noch Erbe mit dir.

28 Alle drei Jahre sollst du aussondern
den ganzen Zehnten vom Ertrag dieses
Jahres und sollst ihn hinterlegen in dei-
ner Stadt.[a] 29 Dann soll kommen der Le-
vit, der weder Anteil noch Erbe mit dir
hat, und der Fremdling und die Waise
und die Witwe, die in deiner Stadt le-
ben, und sollen essen und sich sättigen,
auf dass dich der HERR, dein Gott, seg-
ne in allen Werken deiner Hand, die du
tust.

Das Erlassjahr

15 Alle sieben Jahre sollst du ein Er-
lassjahr halten.[a] 2 So aber soll's
zugehen mit dem Erlassjahr: Wenn einer
seinem Nächsten etwas geborgt hat, der
soll's ihm erlassen und soll's nicht ein-
treiben von seinem Nächsten oder von
seinem Bruder; denn man hat ein [a]Er-
lassjahr ausgerufen dem HERRN. 3 Von
einem Ausländer darfst du es eintreiben;
aber dem, der dein Bruder ist, sollst du es
erlassen.

4 Es sollte überhaupt kein Armer unter
euch sein; denn der HERR wird dich seg-
nen in dem Lande, das dir der HERR,
dein Gott, zum Erbe geben wird, 5 wenn
du nur der Stimme des HERRN, deines
Gottes, gehorchst und alle diese Gebote
hältst, die ich dir heute gebiete, dass du
danach tust! 6 Denn der HERR, dein
Gott, wird dich segnen, wie er dir zuge-
sagt hat. [a]Dann wirst du vielen Völkern
leihen, doch du wirst von niemand bor-

14,21: *a* 2. Mose 22,30; *b* 2. Mose 23,19 **14,22:** *a* 3. Mose 27,30 **14,23:** *a* Kap 12,17-18; 15,19-23 **14,27:** *a* Kap 12,12.19 **14,28:** *a* Kap 26,12-15; 3. Mose 27,32-33 **15,1:** *a* 2. Mose 23,10-11 **15,2:** *a* Neh 5,10; 10,32 **15,6:** *a* Kap 28,12

gen; du wirst über viele Völker herrschen,
doch über dich wird niemand herrschen.
7 Wenn einer deiner Brüder arm ist in
irgendeiner Stadt in deinem Lande, das
der HERR, dein Gott, dir geben wird, so
sollst du dein Herz nicht verhärten und
deine Hand nicht zuhalten gegenüber
deinem armen Bruder,[a] 8 sondern sollst
sie ihm auftun und [a]ihm leihen, soviel er
Mangel hat. 9 Hüte dich, dass nicht in
deinem Herzen ein arglistiger Gedanke
aufsteige, dass du sprichst: Es naht das
siebente Jahr, das Erlassjahr –, und dass
du deinen armen Bruder nicht unfreund-
lich ansiehst und ihm nichts gibst; sonst
wird er wider dich zu dem HERRN rufen
und bei dir wird Sünde sein. 10 Sondern
du sollst ihm geben und dein Herz soll
sich's nicht verdrießen lassen, dass du
ihm gibst; denn dafür wird dich der
HERR, dein Gott, segnen in allen deinen
Werken und in allem, was du unter-
nimmst.[a]
11 Es werden allezeit [a]Arme sein im
Lande; darum [b]gebiete ich dir und sage,
dass du deine Hand auftust deinem Bru-
der, der bedrängt und arm ist in deinem
Lande.

Über die Freilassung hebräischer Sklaven

(vgl. 2. Mose 21,1-6)

12 Wenn sich dein Bruder, ein Hebräer
oder eine Hebräerin, dir verkauft, so soll
er dir sechs Jahre dienen; [a]im siebenten
Jahr sollst du ihn als frei entlassen.
13 Und wenn du ihn freigibst, sollst du
ihn nicht mit leeren Händen von dir ge-
hen lassen, 14 sondern du sollst ihm auf-
laden von deinen Schafen, von deiner
Tenne, von deiner Kelter, sodass du gibst
von dem, womit dich der HERR, dein
Gott, gesegnet hat, 15 und sollst daran
denken, [a]dass du auch Knecht warst in
Ägyptenland und der HERR, dein Gott,
dich erlöst hat; darum gebiete ich dir
solches heute. 16 Wird er aber zu dir spre-
chen: Ich will nicht fortgehen von dir,
denn ich habe dich und dein Haus lieb –
weil ihm wohl bei dir ist –, 17 so nimm
einen Pfriemen und durchbohre ihm sein
Ohr an dem Pfosten der Tür und lass ihn
für immer deinen Knecht sein. Mit dei-
ner Magd sollst du ebenso tun. 18 Und
lass dir's nicht schwerfallen, dass du ihn
freilässt, denn er hat dir sechs Jahre wie
zwei Tagelöhner gedient; so wird der
HERR, dein Gott, dich segnen in allem,
was du tust.

Heiligung der Erstgeburt

19 Alle [a]Erstgeburt, die unter deinen Rin-
dern und Schafen geboren wird, sollst
du, wenn sie männlich ist, dem HERRN,
deinem Gott, heiligen. Du sollst nicht
ackern mit dem Erstling deiner Rinder
und nicht scheren die Erstlinge deiner
Schafe. 20 [a]Vor dem HERRN, deinem
Gott, sollst du sie essen jährlich an der
Stätte, die der HERR erwählt, du und
dein Haus. 21 Wenn's aber einen Fehler
hat, dass es hinkt oder blind ist oder
sonst irgendeinen bösen [a]Fehler hat, so
sollst du es nicht opfern dem HERRN,
deinem Gott; 22 sondern in deiner Stadt
sollst du es essen, du seist unrein oder
rein, wie man [a]Reh und Hirsch isst,
23 nur dass du [a]sein Blut nicht isst, son-
dern es auf die Erde gießt wie Wasser!

Von den drei jährlichen Hauptfesten

(vgl. 2. Mose 23,14-17; 34,18-24; 3. Mose 23,1-44)

16 Achte auf den Monat Abib, dass
du [a]Passa hältst dem HERRN, dei-
nem Gott; denn im Monat Abib hat dich
der HERR, dein Gott, bei Nacht aus
Ägypten geführt. 2 Und du sollst dem
HERRN, deinem Gott, das Passa schlach-
ten, Schafe und Rinder, an der Stätte, die
der HERR erwählen wird, dass sein Name
daselbst wohne. 3 Du sollst kein Gesäu-
ertes dazu essen. Sieben Tage sollst du
Ungesäuertes essen, Brot des Elends –
denn [a]in Hast bist du aus Ägyptenland
geflohen –, auf dass du des Tages deines
Auszugs aus Ägyptenland gedenkst dein
Leben lang. 4 Es soll sieben Tage lang
kein Sauerteig gesehen werden in deinem
ganzen Lande und soll auch nichts vom
Fleisch, das am Abend des ersten Tages
geschlachtet ist, über Nacht bleiben bis
zum Morgen.
5 Du darfst nicht Passa schlachten in

15,7: *a* 1. Joh 3,17 **15,8:** *a* Lk 6,34-35 **15,10:** *a* 2. Kor 9,6-7 **15,11:** *a* Mt 26,11; *b* Jes 58,7; Jak 2,15-16 **15,12:** *a* Jer 34,14 **15,15:** *a* Kap 5,15 **15,19:** *a* 2. Mose 13,2.13-16 **15,20:** *a* Kap 14,23 **15,21:** *a* 3. Mose 22,20 **15,22:** *a* Kap 12,15.22 **15,23:** *a* Kap 12,16 **16,1:** *a* 2. Mose 12,1-20 **16,3:** *a* 2. Mose 12,11

irgendeiner deiner Städte, die dir der
HERR, dein Gott, gegeben hat, 6 sondern
an der Stätte, die der HERR, dein Gott,
erwählen wird, dass sein Name daselbst
wohne. Da sollst du das Passa schlachten
am Abend, wenn die Sonne untergegan-
gen ist, zu der Zeit, als du aus Ägypten
zogst, 7 und sollst es kochen und essen an
der Stätte, die der HERR, dein Gott, er-
wählen wird, und sollst am Morgen um-
kehren und heimgehen in deine Woh-
nung. 8 Sechs Tage sollst du Ungesäu-
ertes essen, und am siebenten Tag ist
Festversammlung für den HERRN, deinen
Gott; da sollst du keine Arbeit tun.

9 Sieben Wochen sollst du zählen und
damit anfangen, wenn man zuerst die
Sichel an die Halme legt, 10 und sollst das
[a]Wochenfest halten dem HERRN, deinem
Gott, und eine freiwillige Gabe deiner
Hand geben je nachdem, wie dich der
HERR, dein Gott, gesegnet hat. 11 Und
sollst fröhlich sein vor dem HERRN, dei-
nem Gott, du und dein Sohn, deine
Tochter, dein Knecht, deine Magd und
der Levit, der in deiner Stadt lebt, der
Fremdling, die Waise und die Witwe, die
in deiner Mitte sind, an der Stätte, die
der HERR, dein Gott, erwählen wird,
dass sein Name da wohne. 12 [a]Denke
daran, dass du Knecht in Ägypten ge-
wesen bist, und beachte und halte diese
Gebote.

13 Das Laubhüttenfest sollst du halten
sieben Tage, wenn du eingesammelt hast
von deiner Tenne und von deiner Kelter,
14 und du sollst fröhlich sein an deinem
Fest, du und dein Sohn, deine Tochter,
dein Knecht, deine Magd, der Levit, der
Fremdling, die Waise und die Witwe, die
in deiner Stadt leben.[a] 15 Sieben Tage
sollst du dem HERRN, deinem Gott, das
Fest halten an der Stätte, die der HERR
erwählen wird. Denn der HERR, dein
Gott, wird dich segnen in deiner ganzen
Ernte und in allen Werken deiner Hände;
darum sollst du fröhlich sein.

16 Dreimal im Jahr soll alles, was
männlich ist in deiner Mitte, vor dem
HERRN, deinem Gott, erscheinen an der
Stätte, die der HERR erwählen wird: zum
Fest der Ungesäuerten Brote, zum Wo-
chenfest und zum Laubhüttenfest. Sie
sollen aber nicht mit leeren Händen vor
dem HERRN erscheinen, 17 sondern ein
jeder mit dem, was er zu geben vermag,
nach dem Segen, den dir der HERR, dein
Gott, gegeben hat.

Von den Richtern und Amtleuten

18 [a]Richter und [b]Amtleute sollst du dir
bestellen in allen Toren deiner Städte, die
dir der HERR, dein Gott, geben wird, in
jedem deiner Stämme, dass sie das Volk
richten mit gerechtem Gericht. 19 Du
sollst das Recht nicht beugen und sollst
auch die Person nicht ansehen und keine
Geschenke nehmen; denn Geschenke
machen die Weisen blind und verdrehen
die Sache der Gerechten.[a] 20 Was recht
ist, dem sollst du nachjagen, damit du
leben und das Land einnehmen kannst,
das dir der HERR, dein Gott, geben
wird.

Reinheit des Gottesdienstes.
Strafe für Götzendienst

21 Du sollst dir [a]keinen Holzpfahl als
[b]Ascherabild errichten bei dem Altar des
HERRN, deines Gottes, den du dir
machst. 22 Du sollst dir [a]kein Steinmal
aufrichten; denn das hasst der HERR,
dein Gott.

17 Du sollst dem HERRN, deinem
Gott, kein Rind oder Schaf opfern,
das einen Fehler oder irgendetwas
Schlimmes an sich hat; denn das ist dem
HERRN, deinem Gott, ein Gräuel.[a]

2 [a]Wenn bei dir in einer deiner Städte,
die dir der HERR, dein Gott, geben wird,
jemand gefunden wird, Mann oder Frau,
der da tut, was dem HERRN, deinem
Gott, missfällt, dass er seinen Bund über-
tritt 3 und hingeht und dient andern Göt-
tern und betet sie an, es sei [a]Sonne oder
Mond oder das ganze Heer des Himmels,
was ich nicht geboten habe, 4 und es wird
dir angezeigt und du hörst es, so sollst du
gründlich danach forschen. Und wenn
du findest, dass es gewiss wahr ist, dass
solch ein Gräuel in Israel geschehen ist,
5 so sollst du den Mann oder die Frau,

16,10: *a* 2. Mose 34,22 **16,12:** *a* Kap 5,15 **16,14:** *a* Kap 26,11; Jes 30,29 **16,18:** *a* Kap 1,16-18; *b* 4. Mose 11,16 **16,19:** *a* 1. Sam 8,3 **16,21:** *a* Kap 7,5; *b* 2. Kön 23,4 **16,22:** *a* 3. Mose 26,1; Jer 2,27 **17,1:** *a* 3. Mose 22,20; Mal 1,6-9 **17,2:** *a (2-7)* Kap 13,7-12 **17,3:** *a* Kap 4,19

die eine solche Übeltat begangen haben,
hinausführen zu deinem Tor und sollst
sie zu Tode steinigen.[a]
6 Auf zweier oder dreier Zeugen Mund
soll sterben, wer des Todes wert ist, aber
auf nur **eines** Zeugen Mund soll er nicht
sterben.[a] 7 Die Hand der Zeugen soll die
erste sein, ihn zu töten, und danach die
Hand des ganzen Volks, dass du das
Böse aus deiner Mitte wegtust.

Einsetzung eines Obergerichtes

8 Wenn eine Sache vor Gericht dir zu
schwer sein wird, es gehe um Blutschuld,
um Schaden, um Gewalttat oder was
sonst Streitsachen sind in deinen Toren,
so sollst du dich aufmachen und hinauf-
gehen zu der Stätte, die der HERR, dein
Gott, erwählen wird, 9 und zu den [a]leviti-
schen Priestern kommen und zu dem
Richter, der zu der Zeit sein wird, und sie
befragen. Die sollen dir das Urteil sagen.
10 Und du sollst tun nach dem, was sie
dir sagen an der Stätte, die der HERR
erwählen wird, und sollst es halten, dass
du tust nach allem, was sie dich lehren
werden. 11 An die Weisung, die sie dir
geben, und an das Urteil, das sie dir
sagen, sollst du dich halten, sodass du
davon nicht abweichst weder zur Rechten
noch zur Linken. 12 Und wenn jemand
vermessen handeln würde, dass er dem
Priester nicht gehorcht, der dort im
Dienst des HERRN, deines Gottes, steht,
oder dem Richter, der soll sterben, und
du sollst das Böse aus Israel wegtun,
13 auf dass alles Volk aufhorche und sich
fürchte und nicht mehr vermessen sei.

Das Königsgesetz

14 Wenn du in das Land kommst, das dir
der HERR, dein Gott, geben wird, und es
einnimmst und darin wohnst und dann
sagst: Ich will einen [a]König über mich
setzen, wie ihn alle Völker um mich her
haben, 15 so sollst du den zum König
über dich setzen, den der HERR, dein
Gott, erwählen wird. Du sollst aber einen
aus deinen Brüdern zum König über dich
setzen. Du darfst nicht irgendeinen Aus-
länder, der nicht dein Bruder ist, über
dich setzen. 16 Nur dass er [a]nicht viele
Rosse halte und führe das Volk nicht
wieder nach Ägypten, um die Zahl seiner
Rosse zu mehren, weil der HERR euch
gesagt hat, dass ihr hinfort nicht wieder
diesen Weg gehen sollt. 17 Er [a]soll auch
nicht viele Frauen nehmen, dass sein
Herz nicht abgewandt werde, und [b]soll
auch nicht viel Silber und Gold sam-
meln. 18 Und wenn er nun sitzen wird auf
dem Thron seines Königreichs, soll er
eine Abschrift dieses Gesetzes, wie es den
levitischen Priestern vorliegt, in ein Buch
schreiben lassen. 19 Das soll bei ihm sein
und er soll darin lesen sein Leben lang,
damit er den HERRN, seinen Gott, fürch-
ten lernt, dass er halte alle Worte dieses
Gesetzes und diese Rechte und danach
tue. 20 Sein Herz soll sich nicht erheben
über seine Brüder und [a]soll nicht wei-
chen von dem Gebot weder zur Rechten
noch zur Linken, auf dass er verlängere
die Tage seiner Herrschaft, er und seine
Söhne, in Israel.

Recht der Priester und Leviten

18 Die [a]levitischen Priester, der ganze
Stamm Levi, sollen weder Anteil
noch Erbe haben mit Israel. Von den
[b]Feueropfern des HERRN und dem, was
ihm gebührt, sollen sie essen. 2 Darum
sollen sie kein Erbe unter ihren Brüdern
haben; der HERR ist ihr Erbteil, wie er
ihnen zugesagt hat.
3 Das soll aber das Recht der Priester
sein an das Volk, an die, die ein Schlacht-
opfer darbringen, es sei Rind oder Schaf,
dass man dem Priester gebe die Vorder-
keule und beide Kinnbacken und den
Magen 4 und die [a]Erstlinge deines Korns,
deines Weins und deines Öls und die
Erstlinge von der Schur deiner Schafe.
5 Denn der HERR, dein Gott, hat ihn er-
wählt aus allen deinen Stämmen, dass er
stehe im Dienst im Namen des HERRN,
er und seine Söhne für alle Zeit.
6 Wenn ein Levit kommt aus einer dei-
ner Städte aus ganz Israel, wo er ein
[a]Gast ist, und kommt ganz nach seines
Herzens Wunsch an die Stätte, die der
HERR erwählen wird, 7 so soll er dienen
im Namen des HERRN, seines Gottes, wie
alle seine Brüder, die Leviten, die dort

17,5: *a* 3. Mose 24,14 **17,6:** *a* Kap 19,15; 1. Kön 21,10; Hebr 10,28 **17,9:** *a* 2. Chr 19,8.11 **17,14:** *a* 1. Sam 8,5-9 **17,16:** *a* 1. Kön 10,26-29 **17,17:** *a* 1. Kön 11,1-8; *b* 1. Kön 10,14 **17,20:** *a* Kap 5,29 **18,1:** *a* Kap 10,9; *b* 4. Mose 18,8-20; 1. Sam 2,28; 1. Kor 9,13 **18,4:** *a* 2. Mose 23,19 **18,6:** *a* Ri 17,7; 19,1

vor dem HERRN stehen. 8 Sie sollen glei-
chen Anteil zu essen haben außer dem,
was einer hat von dem verkauften Gut
seiner Väter.

Von falscher und rechter Prophetie

9 Wenn du in das Land kommst, das dir
der HERR, dein Gott, geben wird, so
sollst du nicht lernen, die Gräuel dieser
Völker zu tun, 10 dass nicht jemand unter
dir gefunden werde, der seinen Sohn oder
seine Tochter [a]durchs Feuer gehen lässt
oder [b]Wahrsagerei, Hellseherei, geheime
Künste oder Zauberei treibt 11 oder Ban-
nungen oder Geisterbeschwörungen oder
[a]Zeichendeuterei vornimmt oder [b]die
Toten befragt. 12 Denn wer das tut, der
ist dem HERRN ein Gräuel, und um sol-
cher Gräuel willen vertreibt der HERR,
dein Gott, die Völker vor dir. 13 Du aber
sollst [a]untadelig sein vor dem HERRN,
deinem Gott.

14 Denn diese Völker, deren Land du
einnehmen wirst, hören auf Zeichendeu-
ter und Wahrsager; dir aber hat der
HERR, dein Gott, so etwas verwehrt.
15 **Einen Propheten wie mich wird dir der**
HERR, dein Gott, erwecken aus dir und
aus deinen Brüdern; dem sollt ihr gehor-
chen.[a] 16 Ganz so wie du es von dem
HERRN, deinem Gott, [a]erbeten hast am
Horeb am Tage der Versammlung und
sprachst: Ich will hinfort nicht mehr hö-
ren die Stimme des HERRN, meines Got-
tes, und dies große Feuer nicht mehr se-
hen, damit ich nicht sterbe. 17 Und der
HERR sprach zu mir: [a]Sie haben recht
geredet. 18 Ich will ihnen einen Prophe-
ten, wie du bist, erwecken aus ihren Brü-
dern und meine Worte [a]in seinen Mund
geben; der soll zu ihnen reden alles, was
ich ihm gebieten werde. 19 Doch wer
meine Worte nicht hören wird, die er in
meinem Namen redet, von dem will ich's
fordern.

20 Doch wenn ein Prophet so vermes-
sen ist, dass er redet in meinem Namen,
was ich ihm nicht geboten habe, und
wenn einer redet in dem Namen anderer
Götter, dieser Prophet soll sterben.[a]
21 Wenn du aber in deinem Herzen sagen
würdest: Wie kann ich merken, welches
Wort der HERR nicht geredet hat? –
22 wenn der Prophet redet in dem Namen
des HERRN und es wird nichts daraus
und es tritt nicht ein, dann ist das ein
Wort, das der HERR nicht geredet hat.
Der Prophet hat's aus Vermessenheit ge-
redet; darum scheue dich nicht vor
ihm.[a]

Aussonderung von Freistädten als Asyl

19 Wenn der HERR, dein Gott, die
Völker ausgerottet hat, deren Land
dir der HERR, dein Gott, geben wird,
dass du es einnimmst und in ihren Städ-
ten und Häusern wohnst, 2 sollst du dir
[a]drei Städte aussondern im Lande, das
dir der HERR, dein Gott, geben wird, es
einzunehmen. 3 Und du sollst den Weg
dahin herrichten und das Gebiet deines
Landes, das dir der HERR, dein Gott, zu
eigen geben wird, in drei Kreise teilen,
damit dahin fliehen kann, wer einen Tot-
schlag getan hat.

4 Und in diesem Fall soll ein Totschlä-
ger, der dahin flieht, am Leben bleiben:
Wenn jemand seinen Nächsten erschlägt,
nicht vorsätzlich, und hat vorher keinen
Hass gegen ihn gehabt, 5 etwa wenn je-
mand mit seinem Nächsten in den Wald
ginge, Holz zu hauen, und seine Hand
holte mit der Axt aus, das Holz abzu-
hauen, und das Eisen führe vom Stiel
und träfe seinen Nächsten, sodass er
stirbt: der soll in eine dieser Städte flie-
hen, damit er am Leben bleibt; 6 auf dass
nicht der Bluträcher dem Totschläger
nachjage in der Hitze seines Zornes und
ihn einhole, weil der Weg so weit ist, und
ihn totschlage, wo er doch nicht des To-
des schuldig ist, weil er vorher keinen
Hass gegen ihn gehabt hat. 7 Darum ge-
biete ich dir, dass du drei Städte ausson-
derst.

8 Und wenn der HERR, dein Gott, dein
Gebiet erweitern wird, wie er deinen Vä-
tern geschworen hat, und dir alles Land
gibt, das er zugesagt hat, deinen Vätern
zu geben 9 – wenn du nur alle diese Ge-
bote halten wirst, dass du danach tust,
die ich dir heute gebiete, dass du den

18,10: *a* 3.Mose 18,21; *b* 3.Mose 19,26.31 **18,11:** *a* 3.Mose 20,27; *b* 1.Sam 28,3-20 **18,13:** *a* 1.Mose 6,9; 17,1 **18,15:** *a* 4.Mose 12,6-8; Joh 1,45; 6,14; 7,40; Apg 3,22; 7,37 **18,16:** *a* 2.Mose 20,19; Hebr 12,19 **18,17:** *a* Kap 5,25 **18,18:** *a* 2.Mose 4,12; Jes 6,8; Jer 1,9; Mt 10,19 **18,20:** *a* Kap 13,2-6; Jer 14,13-15 **18,22:** *a* Jer 23,14; 28,1-17; Hes 13,3-16 **19,2:** *a* Kap 4,41-43

HERRN, deinen Gott, liebst und in seinen
Wegen wandelst dein Leben lang –, so
sollst du noch drei Städte zu diesen
dreien hinzutun, 10 auf dass nicht un-
schuldiges Blut in deinem Lande vergos-
sen werde, das dir der HERR, dein Gott,
zum Erbe gibt, und so Blutschuld auf
dich komme.

11 Wenn aber jemand Hass trägt gegen
seinen Nächsten und lauert auf ihn und
macht sich über ihn her und schlägt ihn
tot und flieht in eine dieser Städte, 12 so
sollen die Ältesten seiner Stadt hinschi-
cken und ihn von da holen lassen und
ihn in die Hände des Bluträchers geben,
dass er sterbe. 13 Deine Augen sollen ihn
nicht schonen, und du sollst das [a]un-
schuldig vergossene Blut aus Israel weg-
tun, dass dir's wohlgehe.

Gegen Landraub und falsches Zeugnis

14 Du sollst deines [a]Nächsten Grenze, die
die Vorfahren festgesetzt haben, nicht
verrücken in deinem Erbteil, das du
erbst, im Lande, das dir der HERR, dein
Gott, gegeben hat, es einzunehmen.

15 Es soll kein einzelner Zeuge gegen
jemand auftreten wegen irgendeiner Mis-
setat oder Sünde, was für eine Sünde es
auch sei, die man tun kann, sondern
durch zweier oder dreier Zeugen Mund
soll eine Sache gültig sein.[a]

16 Wenn ein frevelhafter Zeuge gegen
jemand auftritt, um ihn einer Übertre-
tung zu beschuldigen, 17 so sollen die bei-
den Männer, die eine Sache miteinander
haben, vor den HERRN treten, vor die
Priester und Richter, die zu jener Zeit
sein werden, 18 und die Richter sollen
gründlich nachforschen. Und wenn der
falsche Zeuge ein falsches Zeugnis wider
seinen Bruder gegeben hat, 19 so sollt ihr
mit ihm tun, wie er gedachte, seinem
Bruder zu tun, damit du das Böse aus
deiner Mitte wegtust, 20 auf dass die an-
dern aufhorchen, sich fürchten und hin-
fort nicht mehr solche bösen Dinge tun
in deiner Mitte. 21 Dein Auge soll ihn
nicht schonen: [a]Leben um Leben, Auge
um Auge, Zahn um Zahn, Hand um
Hand, Fuß um Fuß.

Kriegsgesetze

20 Wenn du in einen Krieg ziehst ge-
gen deine Feinde und siehst Rosse
und Wagen eines Heeres, das größer ist
als du, so fürchte dich nicht vor ihnen;
denn der HERR, dein Gott, der dich aus
Ägyptenland geführt hat, ist mit dir.
2 Wenn ihr nun auszieht zum Kampf, so
soll der Priester herzutreten und mit dem
Volk reden 3 und zu ihnen sprechen: Is-
rael, höre zu! Ihr zieht heute in den
Kampf gegen eure Feinde. Euer Herz
verzage nicht, fürchtet euch nicht und
erschreckt nicht und lasst euch nicht
grauen vor ihnen; 4 denn der HERR, euer
Gott, geht mit euch, dass er für euch
streite mit euren Feinden, um euch zu
helfen.

5 Und die [a]Amtleute sollen mit dem
Volk reden und sagen: Wer ein neues
Haus gebaut hat und hat's noch nicht
eingeweiht, der mache sich auf und kehre
heim, auf dass er nicht sterbe im Krieg
und ein anderer es einweihe. 6 Wer einen
Weinberg gepflanzt hat und hat seine
[a]Früchte noch nicht genossen, der ma-
che sich auf und kehre heim, dass er
nicht im Kriege sterbe und ein anderer
seine Früchte genieße. 7 Wer mit einem
Mädchen verlobt ist und [a]hat es noch
nicht heimgeholt, der mache sich auf und
kehre heim, dass er nicht im Krieg sterbe
und ein anderer hole es heim. 8 Und die
Amtleute sollen weiter mit dem Volk re-
den und sprechen: [a]Wer sich fürchtet
und ein verzagtes Herz hat, der mache
sich auf und kehre heim, auf dass er
nicht auch das Herz seiner Brüder feige
mache, wie sein Herz ist. 9 Und wenn die
Amtleute dies alles zu dem Volk geredet
haben, so sollen sie Heerführer an die
Spitze des Volks stellen.

10 Wenn du vor eine Stadt ziehst, um
gegen sie zu kämpfen, so sollst du ihr
zuerst den Frieden anbieten. 11 Antwortet
sie dir friedlich und tut dir ihre Tore auf,
so soll das ganze Volk, das darin ge-
funden wird, dir fronpflichtig sein und
dir dienen. 12 Will sie aber nicht Frieden
machen mit dir, sondern mit dir Krieg

19,13: *a* Kap 21,8-9 **19,14:** *a* Kap 27,17 **19,15:** *a* Kap 17,6; 4. Mose 35,30; Joh 8,17; 2. Kor 13,1; Hebr 10,28 **19,21:** *a* 2. Mose 21,23-25 **20,5:** *a* Kap 1,15; 16,18 **20,6:** *a* Kap 28,30; 3. Mose 19,24-25 **20,7:** *a* Kap 24,5 **20,8:** *a* Ri 7,3

führen, so belagere sie. 13 [a]Und wenn sie
der HERR, dein Gott, dir in die Hand
gibt, so sollst du alles, was männlich
darin ist, mit der Schärfe des Schwerts
erschlagen. 14 Nur die Frauen, die Kinder
und das Vieh und alles, was in der Stadt
ist, und alle Beute sollst du unter dir
austeilen und sollst essen von der Beute
deiner Feinde, die dir der HERR, dein
Gott, gegeben hat. 15 So sollst du mit
allen Städten tun, die sehr fern von dir
liegen und nicht zu den Städten dieser
Völker hier gehören.

16 [a]Aber in den Städten dieser Völker
hier, die dir der HERR, dein Gott, zum
Erbe geben wird, sollst du nichts leben
lassen, was Odem hat, 17 sondern sollst
an ihnen den Bann vollstrecken, nämlich
an den Hetitern, Amoritern, Kanaani-
tern, Perisitern, Hiwitern und Jebusitern,
wie dir der HERR, dein Gott, geboten
hat, 18 damit sie euch nicht lehren, all die
Gräuel zu tun, die sie im Dienst ihrer
Götter treiben, und ihr euch so versün-
digt an dem HERRN, eurem Gott.

19 Wenn du vor einer Stadt lange Zeit
liegen musst, gegen die du kämpfst, um
sie zu erobern, so sollst du ihre Bäume
nicht verderben und mit Äxten um-
hauen, denn du kannst davon essen;
darum sollst du sie nicht fällen. Die
Bäume auf dem Felde sind doch nicht
Menschen, dass du sie belagern müsstest!
20 Die Bäume aber, von denen du weißt,
dass man nicht davon isst, die darfst du
verderben und fällen und ein Bollwerk
daraus bauen gegen die Stadt, die mit dir
Krieg führt, bis du sie besiegt hast.

Sühnung eines Mordes von unbekannter Hand

21 Wenn man einen Erschlagenen
findet in dem Lande, das dir der
HERR, dein Gott, geben wird, es ein-
zunehmen, und er liegt auf freiem Felde
und man weiß nicht, wer ihn erschlagen
hat, 2 so sollen deine Ältesten und Rich-
ter hinausgehen und den Weg abmessen
von dem Erschlagenen bis zu den um-
liegenden Städten. 3 Welche Stadt am
nächsten liegt, deren Älteste sollen eine
junge Kuh nehmen, mit der man noch
nicht gearbeitet und die noch nicht am
Joch gezogen hat, 4 und sollen sie hinab-
führen in einen Talgrund, der weder be-
arbeitet noch besät ist, und dort im Tal-
grund ihr das Genick brechen. 5 Und die
Priester, die Leviten, sollen herzutreten,
denn der HERR, dein Gott, hat sie er-
wählt, dass sie ihm dienen und in seinem
Namen segnen, und [a]nach ihrem Urteil
sollen alle Sachen und alle Schäden ge-
richtet werden. 6 Und alle Ältesten der
Stadt, die dem Erschlagenen am nächs-
ten liegt, sollen [a]ihre Hände waschen
über der jungen Kuh, der im Talgrund
das Genick gebrochen ist. 7 Und sie sol-
len anheben und sagen: Unsere Hände
haben dies Blut nicht vergossen, und un-
sere Augen haben's nicht gesehen. 8 Ent-
sühne dein Volk Israel, das du, der
HERR, erlöst hast; lege nicht das un-
schuldig vergossene Blut auf dein Volk
Israel! So wird für sie die Blutschuld ge-
sühnt sein. 9 So sollst du das [a]unschuldig
vergossene Blut aus deiner Mitte wegtun,
damit du handelst, wie es recht ist vor
den Augen des HERRN.

Ehe mit kriegsgefangenen Frauen

10 Wenn du in einen Krieg ziehst gegen
deine Feinde und der HERR, dein Gott,
gibt sie dir in deine Hände, dass du Ge-
fangene von ihnen wegführst, 11 und
siehst unter den Gefangenen ein schönes
Mädchen und gewinnst sie lieb, dass du
sie zur Frau nimmst, 12 so führe sie in
dein Haus und lass sie ihr Haar absche-
ren und ihre Nägel beschneiden 13 und
die Kleider ablegen, in denen sie gefan-
gen genommen wurde, und lass sie in
deinem Hause sein und einen Monat
lang ihren Vater und ihre Mutter be-
weinen. Danach geh zu ihr und nimm sie
zur Ehe und lass sie deine Frau sein.
14 Wenn du aber kein Gefallen mehr an
ihr hast, so sollst du sie gehen lassen,
wohin sie will; du sollst sie aber nicht um
Geld verkaufen oder als Sklavin behan-
deln, weil du zu ihr eingegangen bist.

Vom Recht des Erstgeborenen

15 Wenn jemand zwei Frauen hat, eine,
die er lieb hat, und eine, die er nicht lieb

20,13: *a (13-15)* Kap 3,6-7; 4. Mose 31,7.14-18 **20,16:** *a (16-18)* 4. Mose 21,1-3; Jos 10,40 **21,5:** *a* Kap 17,8-9
21,6: *a* Mt 27,24 **21,9:** *a* 4. Mose 35,33

hat, und beide ihm Kinder gebären, die
Frau, die er lieb hat, und die ungeliebte,
und [a]der Erstgeborene ist von der unge-
liebten Frau 16und die Zeit kommt, dass
er seinen Söhnen das Erbe austeile, so
kann er nicht den Sohn der Frau, die er
lieb hat, zum erstgeborenen Sohn ma-
chen vor dem erstgeborenen Sohn der
ungeliebten; 17sondern er soll den Sohn
der ungeliebten Frau als den ersten Sohn
anerkennen und ihm zwei Teile geben
von allem, was vorhanden ist; denn die-
ser ist der [a]Erstling seiner Kraft, und
sein ist das Recht der Erstgeburt.

Todesstrafe für ungeratene Söhne

18Wenn jemand einen widerspenstigen
und ungehorsamen Sohn hat, der [a]der
Stimme seines Vaters und seiner Mutter
nicht gehorcht und auch, wenn sie ihn
züchtigen, ihnen nicht gehorchen will,
19so sollen ihn Vater und Mutter ergrei-
fen und zu den Ältesten der Stadt führen
und zu dem Tor des Ortes 20und zu den
Ältesten der Stadt sagen: Dieser unser
Sohn ist widerspenstig und ungehorsam
und gehorcht unserer Stimme nicht und
ist ein Prasser und Trunkenbold. 21So
sollen ihn steinigen alle Leute seiner
Stadt, dass er sterbe, und du sollst so das
Böse aus deiner Mitte wegtun, dass ganz
Israel aufhorche und sich fürchte.

Bestattung eines Aufgehängten

22[a]Wenn jemand eine Sünde getan hat,
die des Todes würdig ist, und wird ge-
tötet und man hängt ihn an ein Holz,
23so soll sein Leichnam [a]nicht über
Nacht an dem Holz bleiben, sondern du
sollst ihn am selben Tage begraben –
denn [b]ein Aufgehängter ist verflucht bei
Gott –, auf dass du dein Land nicht un-
rein machst, das dir der HERR, dein
Gott, zum Erbe gibt.

Verschiedene Vorschriften

22 Wenn du deines Bruders Rind
oder Schaf irregehen siehst, so
sollst du dich ihrer annehmen und sie
wieder zu deinem Bruder führen.[a]
2Wenn aber dein Bruder nicht nahe bei
dir wohnt und du kennst ihn nicht, so
sollst du sie in dein Haus nehmen, dass
sie bei dir bleiben, bis sie dein Bruder
sucht, und sollst sie ihm dann wieder-
geben. 3So sollst du tun mit seinem Esel,
mit seinem Kleid und mit allem Verlo-
renen, das dein Bruder verliert und du
findest; du darfst dich dem nicht entzie-
hen.

4Wenn du deines Bruders Esel oder
Rind unterwegs fallen siehst, so sollst du
dich ihrer annehmen und ihnen aufhel-
fen.

5Eine Frau soll nicht Männersachen
tragen und ein Mann soll nicht Frauen-
kleider anziehen; denn wer das tut, der
ist dem HERRN, deinem Gott, ein
Gräuel.

6Wenn du unterwegs ein Vogelnest fin-
dest auf einem Baum oder auf der Erde
mit Jungen oder mit Eiern und die Mut-
ter sitzt auf den Jungen oder auf den
Eiern, so sollst du nicht die Mutter mit
den Jungen nehmen, 7sondern du darfst
die Jungen nehmen, aber die Mutter
sollst du fliegen lassen, auf dass dir's
wohlgehe und du lange lebest.

8Wenn du ein neues Haus baust, so
mache ein Geländer ringsum auf deinem
Dache, damit du nicht Blutschuld auf
dein Haus lädst, wenn jemand herab-
fällt.

9[a]Du sollst deinen Weinberg nicht mit
Zweierlei bepflanzen, damit dem Heilig-
tum nicht das Ganze verfalle: der Same,
den du gesät hast, und der Ertrag des
Weinbergs. 10Du sollst nicht ackern zu-
gleich mit einem Rind und einem Esel.
11Du sollst nicht anziehen ein Kleid, das
aus Wolle und Leinen zugleich gemacht
ist.

12Du sollst dir [a]Quasten machen an
den vier Zipfeln deines Mantels, mit dem
du dich bedeckst.

Gesetze zum Schutz der Verleumdeten und Vergewaltigten

13Wenn jemand ein Mädchen zur Frau
nimmt und wird ihrer überdrüssig, nach-
dem er zu ihr gegangen ist, 14und legt ihr
etwas Schändliches zur Last und bringt
ein böses Gerücht über sie auf und
spricht: Dies Mädchen hab ich geheiratet

21,15: *a* 1. Mose 29,30-32 **21,17:** *a* 1. Mose 49,3 **21,18:** *a* Kap 27,16; 2. Mose 20,12 **21,22:** *a (22-23)* 4. Mose 25,4; Jos 8,29; 10,26-27; 1. Sam 31,10; 2. Sam 4,12; 2. Sam 21,6.9 **21,23:** *a* Jos 8,29; 10,27; Joh 19,31; *b* Gal 3,13 **22,1:** *a* 2. Mose 23,4 **22,9:** *a (9-11)* 3. Mose 19,19 **22,12:** *a* 4. Mose 15,38

und als ich zu ihr ging, fand ich sie nicht
als Jungfrau, 15 so sollen Vater und Mut-
ter des Mädchens die Zeichen ihrer Jung-
fräulichkeit nehmen und vor die Ältesten
der Stadt im Tor bringen. 16 Und der
Vater des Mädchens soll zu den Ältesten
sagen: Ich habe diesem Mann meine
Tochter zur Frau gegeben; nun ist er ih-
rer überdrüssig geworden 17 und legt ihr
Schändliches zur Last und spricht: Ich
habe deine Tochter nicht als Jungfrau
gefunden. Hier aber sind die Zeichen der
Jungfräulichkeit meiner Tochter. Und sie
sollen die Decke vor den Ältesten der
Stadt ausbreiten. 18 Und die Ältesten der
Stadt sollen den Mann nehmen und
züchtigen 19 und ihm [a]eine Buße von
hundert Silberstücken auferlegen und sie
dem Vater des Mädchens geben, weil er
über eine Jungfrau in Israel ein böses
Gerücht aufgebracht hat. Und er soll sie
als Frau behalten und darf sie sein Leben
lang nicht entlassen. 20 Ist's aber die
Wahrheit, dass das Mädchen nicht mehr
Jungfrau war, 21 so soll man sie heraus
vor die Tür des Hauses ihres Vaters füh-
ren, und die Leute der Stadt sollen sie zu
Tode steinigen, weil sie eine [a]Schandtat
in Israel begangen und in ihres Vaters
Hause Hurerei getrieben hat; so sollst du
das Böse aus deiner Mitte wegtun.

22 Wenn jemand dabei ergriffen wird,
dass er einer [a]Frau beiwohnt, die einen
Ehemann hat, so sollen sie beide sterben,
der Mann und die Frau, der er beige-
wohnt hat; so sollst du das Böse aus
Israel wegtun.

23 Wenn eine Jungfrau verlobt ist und
ein Mann trifft sie innerhalb der Stadt
und wohnt ihr bei, 24 so sollt ihr sie alle
beide zum Stadttor hinausführen und
sollt sie beide steinigen, dass sie sterben,
die Jungfrau, weil sie nicht geschrien hat,
obwohl sie doch in der Stadt war, den
Mann, weil er seines Nächsten Braut ge-
schändet hat; so sollst du das Böse aus
deiner Mitte wegtun.

25 Wenn aber jemand ein verlobtes
Mädchen auf freiem Felde trifft und er-
greift sie und wohnt ihr bei, so soll der
Mann allein sterben, der ihr beigewohnt
hat, 26 aber dem Mädchen sollst du nichts
tun, denn sie hat keine Sünde getan, die
des Todes wert ist; sondern dies ist so,
wie wenn jemand sich gegen seinen
Nächsten erhöbe und ihn totschlüge.
27 Denn er fand sie auf freiem Felde und
das verlobte Mädchen schrie und nie-
mand war da, der ihr half.

28 [a]Wenn jemand eine Jungfrau trifft,
die nicht verlobt ist, und ergreift sie und
wohnt ihr bei und wird dabei betroffen,
29 so soll, der ihr beigewohnt hat, ihrem
Vater fünfzig Silberstücke geben und soll
sie zur Frau haben, weil er ihr Gewalt
angetan hat; er darf sie nicht entlassen
sein Leben lang.

23 *Niemand soll seines Vaters Frau
nehmen und aufdecken seines Va-
ters Decke.[a]

Wer in die Gemeinde des HERRN nicht aufgenommen werden darf

2 Kein Entmannter oder Verschnittener
soll in die Gemeinde des HERRN kom-
men.[a]

3 Es soll auch kein Mischling in die
Gemeinde des HERRN kommen; auch
seine Nachkommenschaft bis ins zehnte
Glied soll nicht in die Gemeinde des
HERRN kommen.[a]

4 Die Ammoniter und Moabiter sollen
nicht in die Gemeinde des HERRN kom-
men, auch nicht ihre Nachkommen bis
ins zehnte Glied; sie sollen nie hinein-
kommen,[a] 5 weil sie euch nicht entgegen-
kamen mit Brot und Wasser auf dem
Wege, als ihr aus Ägypten zogt, vielmehr
gegen euch den [a]Bileam dingten, den
Sohn Beors aus Petor in Mesopotamien,
dass er dich verfluchen sollte. 6 Aber der
HERR, dein Gott, wollte Bileam nicht
hören und wandelte dir den Fluch in
Segen um, weil dich der HERR, dein
Gott, lieb hatte. 7 Du sollst nie ihren Frie-
den noch ihr Bestes suchen dein Leben
lang.[a]

8 Den Edomiter sollst du nicht verab-
scheuen; er ist dein Bruder. Den Ägypter
sollst du auch nicht verabscheuen; denn
du bist ein Fremdling in seinem Lande
gewesen. 9 Die Kinder, die sie im dritten

* Abweichende Verszählung statt 23,1-26: 22,30–23,25.

22,19: *a* Vers 29 **22,21:** *a* 1. Mose 34,7 **22,22:** *a* 3. Mose 20,10; 2. Sam 11,4 **22,28:** *a (28-29)* 2. Mose 22,15
23,1: *a* 3. Mose 18,8; 2. Sam 16,22 **23,2:** *a* Jes 56,3-4; Apg 8,27 **23,3:** *a* Esra 9,1–10,17 **23,4:** *a* 1. Mose 19,37-38
23,5: *a* 4. Mose 22,5-6 **23,7:** *a* Esra 9,12

Glied zeugen, dürfen in die Gemeinde
des HERRN kommen.

Reinhaltung des Kriegslagers

10 Wenn du ausziehst gegen deine Feinde
und ein Lager aufschlägst, so hüte dich
vor allem Bösen. 11 Wenn jemand unter
dir ist, der [a]nicht rein ist, weil ihm des
Nachts etwas widerfahren ist, der soll
hinaus vor das Lager gehen und nicht
wieder hineinkommen, 12 bis er vor dem
Abend sich mit Wasser gewaschen hat;
und wenn die Sonne untergegangen ist,
soll er wieder ins Lager gehen.

13 Und du sollst draußen vor dem La-
ger einen Platz haben, wohin du zur Not-
durft hinausgehst. 14 Und du sollst eine
Schaufel haben und wenn du dich drau-
ßen setzen willst, sollst du damit graben;
und wenn du gesessen hast, sollst du zu-
scharren, was von dir gegangen ist.
15 Denn der HERR, dein Gott, [a]zieht mit
dir inmitten deines Lagers, um dich zu
erretten und deine Feinde vor dir dahin-
zugeben. Darum soll dein Lager heilig
sein, dass nichts Schändliches unter dir
gesehen werde und er sich von dir
wende.

Gebote für das Leben des Volkes

16 Du sollst den Knecht nicht seinem
Herrn ausliefern, der von ihm zu dir ge-
flüchtet ist. 17 Er soll bei dir bleiben an
dem Ort, den er erwählt, in einer deiner
Städte, wo es ihm gefällt. Du sollst ihn
nicht bedrücken.[a]

18 Es soll keine [a]Tempeldirne sein un-
ter den Töchtern Israel und kein [b]Tem-
pelhurer unter den Söhnen Israel. 19 Du
sollst keinen Hurenlohn noch [a]Hunde-
geld in das Haus des HERRN, deines Got-
tes, bringen aus irgendeinem Gelübde;
denn das ist dem HERRN, deinem Gott,
beides ein Gräuel.

20 Du sollst von deinem Bruder [a]nicht
Zinsen nehmen, weder für Geld noch für
Speise noch für alles, wofür man Zinsen
nehmen kann. 21 Von dem Ausländer
darfst du Zinsen nehmen, aber nicht von
deinem Bruder, auf dass dich der HERR,
dein Gott, segne in allem, was du unter-
nimmst in dem Lande, dahin du kommst,
es einzunehmen.

22 Wenn du dem HERRN, deinem Gott,
ein [a]Gelübde tust, so sollst du nicht zö-
gern, es zu erfüllen; denn der HERR, dein
Gott, wird's von dir fordern und es wird
Schuld auf dich fallen. 23 Wenn du das
Geloben unterlässt, so wird keine Schuld
auf dich fallen. 24 Aber was über deine
Lippen gegangen ist, sollst du halten und
danach tun, wie du dem HERRN, deinem
Gott, freiwillig gelobt und mit deinem
Mund geredet hast.

25 Wenn du in deines Nächsten Wein-
berg gehst, so darfst du Trauben essen
nach deinem Wunsch, bis du satt bist,
aber du sollst nichts in dein Gefäß tun.
26 Wenn du in das Kornfeld deines
Nächsten gehst, so [a]darfst du mit der
Hand Ähren abrupfen, aber mit der
Sichel sollst du nicht dreinfahren.

Weitere Ehegesetze

24 Wenn jemand eine Frau zur Ehe
nimmt und sie nicht Gnade findet
vor seinen Augen, weil er etwas Schänd-
liches an ihr gefunden hat, und er einen
[a]Scheidebrief schreibt und ihr in die
Hand gibt und sie aus seinem Hause ent-
lässt 2 und wenn sie dann aus seinem
Hause gegangen ist und hingeht und
wird eines andern Frau 3 und dieser an-
dere Mann ihrer auch überdrüssig wird
und einen Scheidebrief schreibt und ihr
in die Hand gibt und sie aus seinem
Hause entlässt oder wenn dieser andere
Mann stirbt, der sie sich zur Frau ge-
nommen hatte, 4 so kann sie ihr erster
Mann, der sie entließ, nicht wieder zur
Frau nehmen, nachdem sie unrein ge-
worden ist – denn solches ist ein Gräuel
vor dem HERRN –, damit du nicht Sünde
über das Land bringst, das dir der HERR,
dein Gott, zum Erbe gegeben hat.

5 Wenn jemand sich kurz vorher eine
Frau genommen hat, [a]soll er nicht mit
dem Heer ausziehen und man soll ihm
nichts auferlegen. Er soll frei in seinem
Hause sein ein Jahr lang, dass er fröhlich
sei mit seiner Frau, die er genommen
hat.

23,11: *a* 3. Mose 15,16.18 **23,15:** *a* 3. Mose 26,12 **23,17:** *a* Phlm 12-16 **23,18:** *a* Hos 4,14; *b* 1. Kön 14,24; 2. Kön 23,7 **23,19:** *a* Offb 22,15 **23,20:** *a* 2. Mose 22,24; 3. Mose 25,36 **23,22:** *a* 4. Mose 30,3 **23,26:** *a* Mt 12,1 **24,1:** *a* Mt 5,31-32 **24,5:** *a* Kap 20,7

Das Recht der Schwachen und Armen

6 Du sollst nicht zum Pfande nehmen den
unteren und oberen Mühlstein; denn da-
mit hättest du das Leben zum Pfand ge-
nommen.
7 Wenn jemand ergriffen wird, der von
seinen Brüdern, den Israeliten, [a]einen
Menschen raubt und ihn gewalttätig be-
handelt oder ihn verkauft: Solch ein
Dieb soll sterben, dass du das Böse aus
deiner Mitte wegtust.
8 Hüte dich beim Auftreten von [a]Aus-
satz, dass du alles genau hältst und tust,
was dich die levitischen Priester lehren;
wie ich ihnen geboten habe, so sollt ihr's
halten und danach tun. 9 Bedenke, was
der HERRN, dein Gott, [a]mit Mirjam tat
auf dem Wege, als ihr aus Ägypten zogt.
10 Wenn du deinem Nächsten irgend-
etwas borgst, so sollst du nicht in sein
Haus gehen und ihm ein Pfand nehmen,
11 sondern du sollst draußen stehen und
er, dem du borgst, soll sein Pfand zu dir
herausbringen. 12 Ist er aber bedürftig, so
sollst du dich nicht schlafen legen mit
seinem Pfand, 13 sondern sollst ihm sein
[a]Pfand wiedergeben, wenn die Sonne un-
tergeht, dass er in seinem Mantel schlafe
und dich segne. So wird das [b]deine Ge-
rechtigkeit sein vor dem HERRN, deinem
Gott.
14 Dem Tagelöhner, der bedürftig und
arm ist, sollst du [a]seinen Lohn nicht
vorenthalten, er sei von deinen Brüdern
oder den Fremdlingen, die in deinem
Land und in deinen Städten sind, 15 son-
dern du sollst ihm seinen Lohn am sel-
ben Tage geben, dass die Sonne nicht
darüber untergehe – denn er ist bedürftig
und verlangt danach –, damit er nicht
wider dich den HERRN anrufe und es dir
zur Sünde werde.
16 Die Väter sollen nicht für die Kinder
noch die Kinder für die Väter sterben,
sondern ein jeder soll für seine Sünde
sterben.[a]
17 Du sollst das Recht des [a]Fremdlings
und der Waise nicht beugen und sollst
der [b]Witwe nicht das Kleid zum Pfand
nehmen. 18 Denn du sollst daran denken,
dass du [a]Knecht in Ägypten gewesen
bist und der HERR, dein Gott, dich von
dort erlöst hat. Darum gebiete ich dir,
dass du solches tust.
19 Wenn du auf deinem Acker geerntet
und eine Garbe vergessen hast auf dem
Acker, so sollst du nicht umkehren, sie zu
holen, sondern sie soll dem Fremdling,
der Waise und der Witwe zufallen, auf
dass dich der HERR, dein Gott, segne in
allen Werken deiner Hände.[a] 20 Wenn du
deine Ölbäume geschüttelt hast, so sollst
du nicht nachschütteln; es soll dem
Fremdling, der Waise und der Witwe zu-
fallen. 21 Wenn du deinen Weinberg abge-
lesen hast, so sollst du nicht nachlesen; es
soll dem Fremdling, der Waise und der
Witwe zufallen. 22 Denn du sollst daran
denken, dass du Knecht in Ägyptenland
gewesen bist. Darum gebiete ich dir, dass
du solches tust.

Weitere Schutzbestimmungen

25 Wenn eine Streitsache zwischen
Männern ist und sie vor Gericht
kommen und man sie richtet, so soll man
[a]den, der im Recht ist, gerecht sprechen
und den Schuldigen schuldig sprechen.
2 Und wenn der Schuldige Schläge ver-
dient hat, soll ihn der Richter hinlegen
lassen, und man soll ihm vor dem Rich-
ter eine Anzahl Schläge geben nach dem
Maß seiner Schuld. 3 Wenn man ihm
[a]vierzig Schläge gegeben hat, soll man
nicht weiterschlagen, damit, wenn man
mehr Schläge gibt, er nicht zu viel ge-
schlagen werde und dein Bruder entehrt
werde in deinen Augen.
4 Du sollst dem Ochsen, der da drischt,
nicht das Maul verbinden.[a]
5 Wenn Brüder beieinanderwohnen und
einer stirbt ohne Söhne, so soll seine
Witwe nicht die Frau eines Mannes aus
einer andern Sippe werden, sondern ihr
Schwager soll zu ihr gehen und sie zur
Frau nehmen und mit ihr die Schwager-
ehe schließen.[a] 6 Und der erste Sohn, den
sie gebiert, soll gelten als der Sohn sei-
nes verstorbenen Bruders, damit dessen
Name nicht ausgetilgt werde aus Israel.

24,7: *a* 2. Mose 21,16 **24,8:** *a* 3. Mose 13,1–14,47 **24,9:** *a* 4. Mose 12,10-15 **24,13:** *a* 2. Mose 22,25; Hiob 22,6; Am 2,8; *b* Kap 6,25 **24,14:** *a* 3. Mose 19,13; Jak 5,4 **24,16:** *a* 2. Kön 14,6 **24,17:** *a* 2. Mose 22,20; 23,6.9; *b* 2. Mose 22,21 **24,18:** *a* Kap 5,15 **24,19:** *a* 3. Mose 19,9-10 **25,1:** *a* 2. Mose 23,7 **25,3:** *a* 2. Kor 11,24 **25,4:** *a* 1. Kor 9,9; 1. Tim 5,18 **25,5:** *a* 1. Mose 38,8; Rut 4,5; Mt 22,24

7 Gefällt es aber dem Mann nicht, seine
Schwägerin zu nehmen, so soll sie, seine
Schwägerin, hingehen ins Tor vor die Äl-
testen und sagen: Mein Schwager weigert
sich, seinem Bruder seinen Namen zu
erhalten in Israel, und will mich nicht
ehelichen. 8 Dann sollen ihn die Ältesten
der Stadt zu sich rufen und mit ihm re-
den. Wenn er aber darauf besteht und
spricht: Es gefällt mir nicht, sie zu neh-
men –, 9 so soll seine Schwägerin zu ihm
treten vor den Ältesten und ihm den
Schuh vom Fuß ziehen und ihm ins Ge-
sicht speien und soll antworten und spre-
chen: So soll man tun einem jeden
Mann, der seines Bruders Haus nicht
bauen will! 10 Und sein Name soll in
Israel heißen »des Barfüßers Haus«.

11 Wenn zwei Männer gegeneinander
handgreiflich werden und des einen Frau
läuft hinzu, um ihren Mann zu erretten
von der Hand dessen, der ihn schlägt,
und sie streckt ihre Hand aus und er-
greift ihn bei seiner Scham, 12 so sollst du
ihr die Hand abhauen, und dein Auge
soll sie nicht schonen.

13 Du sollst nicht zweierlei Gewicht,
groß und klein, in deinem Beutel haben,[a]
14 und in deinem Hause soll nicht zwei-
erlei Maß, groß und klein, sein. 15 Du
sollst ein volles und rechtes Gewicht und
ein volles und rechtes Maß haben, auf
dass dein Leben lange währe in dem
Lande, das dir der HERR, dein Gott, ge-
ben wird. 16 Denn wer das tut, der ist
dem HERRN, deinem Gott, ein Gräuel,
ein jeder, der übel tut.

Amaleks Schuld darf nicht vergessen werden

17 Denke daran, was dir die Amalekiter
taten auf dem Wege, als ihr aus Ägypten
zogt:[a] 18 wie sie dich unterwegs angriffen
und deine Nachzügler erschlugen, alle
die Schwachen, die hinter dir zurückge-
blieben waren, als du müde und matt
warst, und wie sie Gott nicht fürchteten.
19 Wenn nun der HERR, dein Gott, dich
vor allen deinen Feinden ringsumher zur
Ruhe bringt im Lande, das dir der HERR,
dein Gott, zum Erbe gibt, es einzuneh-
men, so [a]sollst du die Erinnerung an die
Amalekiter austilgen unter dem Himmel.
Das vergiss nicht!

Darbringung der Erstlingsfrüchte und des Zehnten

26 Wenn du in das Land kommst,
das dir der HERR, dein Gott, zum
Erbe geben wird, und es einnimmst und
darin wohnst, 2 so sollst du nehmen die
[a]Erstlinge aller Feldfrüchte, die du von
deinem Lande einbringst, das der HERR,
dein Gott, dir gibt, und sollst sie in einen
Korb legen und hingehen an die Stätte,
die der HERR, dein Gott, erwählen wird,
dass sein Name daselbst wohne, 3 und
sollst zu dem Priester kommen, der zu
der Zeit sein wird, und zu ihm sagen: Ich
bekenne heute dem HERRN, deinem
Gott, dass ich gekommen bin in das
Land, das der HERR, wie er unsern Vä-
tern geschworen hat, uns geben wollte.
4 Und der Priester soll den Korb aus dei-
ner Hand nehmen und ihn vor dem Altar
des HERRN, deines Gottes, niedersetzen.

5 [a]Dann sollst du anheben und sagen
vor dem HERRN, deinem Gott: Mein Va-
ter war ein Aramäer, dem Umkommen
nahe, und zog hinab nach Ägypten und
war dort ein Fremdling mit wenig Leuten
und wurde dort ein großes, starkes und
zahlreiches Volk. 6 Aber die Ägypter be-
handelten uns schlecht und bedrückten
uns und legten uns einen harten Dienst
auf. 7 Da schrien wir zu dem HERRN,
dem Gott unserer Väter. Und der HERR
erhörte unser Schreien und sah unser
Elend, unsere Angst und Not 8 und
führte uns aus Ägypten mit mächtiger
Hand und ausgerecktem Arm und mit
großem Schrecken, durch Zeichen und
Wunder, 9 und brachte uns an diese
Stätte und gab uns dies Land, darin
Milch und Honig fließt. 10 Nun bringe
ich die Erstlinge der Früchte des Landes,
das du, HERR, mir gegeben hast. – Und
du sollst sie niederlegen vor dem HERRN,
deinem Gott, und anbeten vor dem
HERRN, deinem Gott, 11 und [a]sollst fröh-
lich sein über alles Gut, das der HERR,
dein Gott, dir und deinem Hause gege-
ben hat, du und der Levit und der
Fremdling, der bei dir lebt.

25,13: *a* 3. Mose 19,35-36; Hes 45,10; Am 8,5; Mi 6,11 **25,17:** *a* 2. Mose 17,8-16 **25,19:** *a* 1. Sam 15,2-3 **26,2:** *a* 2. Mose 23,19; 3. Mose 2,14 **26,5:** *a (5-9)* Kap 6,20-25; Jos 24,2-13; Ps 78,1-72; 105,1-45; 136,1-26 **26,11:** *a* Kap 16,11.14

12 Wenn du den Zehnten deines ganzen
Ertrages zusammengebracht hast [a]im
dritten Jahr, das ist das Zehnten-Jahr, so
sollst du ihn dem Leviten, dem Fremd-
ling, der Waise und der Witwe geben,
dass sie in deiner Stadt essen und satt
werden. 13 Und du sollst sprechen vor
dem HERRN, deinem Gott: Ich hab aus
meinem Hause gebracht, was geheiligt
ist, und hab's gegeben den Leviten, den
Fremdlingen, den Waisen und den Wit-
wen ganz nach deinem Gebot, das du
mir geboten hast. Ich habe deine Gebote
nicht übertreten noch vergessen. 14 Ich
habe nichts davon gegessen, als ich in
Trauer war; ich habe nichts davon weg-
gebracht, als ich unrein war; ich habe
nichts davon gegeben als Gabe für die
Toten. Ich bin der Stimme des HERRN,
meines Gottes, gehorsam gewesen und
habe alles getan, wie du es mir geboten
hast.[a] 15 Sieh nun herab von deiner hei-
ligen Wohnung, vom Himmel, und segne
dein Volk Israel und das Land, das du
uns gegeben hast, wie du unsern Vätern
geschworen hast, ein Land, darin Milch
und Honig fließt.

Die Bundeszusagen

16 Heute gebietet dir der HERR, dein
Gott, dass du tust nach allen diesen Ge-
boten und Rechten, dass du sie hältst
und danach tust von ganzem Herzen und
von ganzer Seele. 17 Du hast dir heute
vom HERRN sagen lassen, dass er dein
Gott sein wolle und dass du sollest in
allen seinen Wegen wandeln und halten
seine Gesetze, Gebote und Rechte und
seiner Stimme gehorchen. 18 Und der
HERR hat dich heute sagen lassen, dass
du sein eigenes Volk sein wollest, wie er
dir zugesagt hat, und alle seine Gebote
halten wollest 19 und dass er [a]dich zum
höchsten über alle Völker machen werde,
die er geschaffen hat, und du gerühmt,
gepriesen und geehrt werdest, damit du
dem HERRN, deinem Gott, ein heiliges
Volk seist, wie er zugesagt hat.

Die Denksteine mit dem Gesetz

27 Und Mose samt den Ältesten Is-
raels gebot dem Volk und sprach:
Haltet alle Gebote, die ich euch heute
gebiete. 2 Und zu der Zeit, wenn ihr über
den Jordan geht in das Land, das dir der
HERR, dein Gott, geben wird, sollst du
große Steine aufrichten und sie mit Kalk
tünchen 3 und darauf schreiben alle
Worte dieses Gesetzes. Das sollst du tun,
wenn du hinübergehst, auf dass du kom-
mest in das Land, das der HERR, dein
Gott, dir geben wird, ein Land, darin
Milch und Honig fließt, wie der HERR,
der Gott deiner Väter, dir zugesagt hat.
4 Wenn ihr nun über den Jordan geht, so
sollt ihr, wie ich euch heute gebiete, diese
Steine auf dem Berge Ebal aufrichten
und mit Kalk tünchen. 5 Und dort sollst
du dem HERRN, deinem Gott, einen [a]Al-
tar bauen aus Steinen, die kein Eisen
berührt hat. 6 Von unbehauenen Steinen
sollst du diesen Altar dem HERRN, dei-
nem Gott, bauen und Brandopfer darauf
opfern dem HERRN, deinem Gott, 7 und
Dankopfer darbringen und dort essen
und [a]fröhlich sein vor dem HERRN, dei-
nem Gott. 8 Und du sollst auf die Steine
alle Worte dieses Gesetzes schreiben, klar
und deutlich.

9 Und Mose und die levitischen Pries-
ter redeten mit ganz Israel und sprachen:
Merke auf und höre, Israel! [a]Am heu-
tigen Tage bist du ein Volk des HERRN,
deines Gottes, geworden, 10 dass du der
Stimme des HERRN, deines Gottes, ge-
horsam seist und tust nach seinen Ge-
boten und Rechten, die ich dir heute
gebiete.

Die zwölf Fluchworte

11 Und Mose gebot dem Volk an diesem
Tage und sprach: 12 Diese sollen stehen
[a]auf dem Berge Garizim, um das Volk
zu segnen, wenn ihr über den Jordan
gegangen seid: Simeon, Levi, Juda, Is-
sachar, Josef und Benjamin. 13 Und diese
sollen stehen auf dem Berge Ebal, um zu
verfluchen: Ruben, Gad, Asser, Sebulon,
Dan und Naftali.

14 Und die Leviten sollen anheben und
zu allen Männern Israels mit lauter
Stimme sagen: 15 Verflucht sei, wer einen
[a]Götzen oder ein gegossenes Bild macht,
einen Gräuel für den HERRN, ein Werk

26,12: *a* Kap 14,27-29 **26,14:** *a* 4. Mose 19,14-15; Hes 24,17.22; Hos 9,4 **26,19:** *a* Kap 28,1 **27,5:** *a* 2. Mose 20,25 **27,7:** *a* Kap 12,7 **27,9:** *a* Kap 26,18-19 **27,12:** *a* Kap 11,29 **27,15:** *a* 2. Mose 20,4.23

von den Händen der Werkmeister, und es
heimlich aufstellt! Und alles Volk soll
antworten und sagen: Amen.
16 Verflucht sei, [a]wer seinen Vater oder
seine Mutter verunehrt! Und alles Volk
soll sagen: Amen.
17 Verflucht sei, [a]wer seines Nächsten
Grenze verrückt! Und alles Volk soll sa-
gen: Amen.
18 Verflucht sei, [a]wer einen Blinden ir-
reführt auf dem Wege! Und alles Volk
soll sagen: Amen.
19 Verflucht sei, [a]wer das Recht des
Fremdlings, der Waise und der Witwe
beugt! Und alles Volk soll sagen: Amen.
20 Verflucht sei, [a]wer bei der Frau sei-
nes Vaters liegt, denn er hat die Decke
seines Vaters aufgedeckt! Und alles Volk
soll sagen: Amen.
21 Verflucht sei, [a]wer bei irgendeinem
Tier liegt! Und alles Volk soll sagen:
Amen.
22 Verflucht sei, [a]wer bei seiner
Schwester liegt, die seines Vaters oder
seiner Mutter Tochter ist! Und alles Volk
soll sagen: Amen.
23 Verflucht sei, [a]wer bei seiner
Schwiegermutter liegt! Und alles Volk
soll sagen: Amen.
24 Verflucht sei, [a]wer seinen Nächsten
heimlich erschlägt! Und alles Volk soll
sagen: Amen.
25 Verflucht sei, [a]wer Geschenke
nimmt, dass er unschuldiges Blut ver-
gieße! Und alles Volk soll sagen: Amen.
26 Verflucht sei, [a]wer nicht alle Worte
dieses Gesetzes erfüllt, dass er danach
tue! Und alles Volk soll sagen: Amen.

Ankündigung von Segen und Fluch

28 Wenn du nun der Stimme des
HERRN, deines Gottes, gehorchen
wirst, dass du hältst und tust alle seine
Gebote, die ich dir heute gebiete, so wird
dich der HERR, dein Gott, [a]zum höchs-
ten über alle Völker auf Erden machen,
2 und weil du der Stimme des HERRN,
deines Gottes, gehorsam gewesen bist,
werden über dich kommen und dir zuteil-
werden alle diese Segnungen:
3 [a]Gesegnet wirst du sein in der Stadt,
gesegnet wirst du sein auf dem Acker.
4 Gesegnet wird sein die Frucht deines
Leibes, der Ertrag deines Ackers und die
Jungtiere deines Viehs, deiner Rinder
und deiner Schafe. 5 Gesegnet wird sein
dein Korb und dein Backtrog. 6 Gesegnet
wirst du sein bei deinem Eingang und
gesegnet bei deinem Ausgang.[a]
7 Und der HERR wird deine Feinde, die
sich gegen dich erheben, vor dir schlagen.
Auf **einem** Weg sollen sie ausziehen wider
dich und auf **sieben** Wegen vor dir flie-
hen. 8 Der HERR wird [a]gebieten dem Se-
gen, dass er mit dir sei in dem, was du
besitzt, und in allem, was du unter-
nimmst, und wird dich segnen in dem
Land, das dir der HERR, dein Gott, gege-
ben hat. 9 Der HERR wird dich [a]zum
heiligen Volk für sich erheben, wie er dir
geschworen hat, weil du die Gebote des
HERRN, deines Gottes, hältst und in sei-
nen Wegen wandelst. 10 Und alle Völker
auf Erden werden sehen, dass über dir
der Name des HERRN genannt ist, und
werden sich vor dir fürchten. 11 Und der
HERR wird machen, dass du Überfluss
an Gutem haben wirst, an Frucht deines
Leibes, an Jungtieren deines Viehs, an
Ertrag deines Ackers, in dem Lande, das
der HERR deinen Vätern geschworen hat,
dir zu geben. 12 Und der HERR wird dir
seinen guten Schatz auftun, den Himmel,
dass er deinem Land Regen gebe zur
rechten Zeit und dass er segne alle Werke
deiner Hände. Und [a]du wirst vielen Völ-
kern leihen, aber von niemand borgen.
13 Und der HERR wird dich zum Kopf
machen und nicht zum Schwanz, und du
wirst immer aufwärtssteigen und nicht
heruntersinken, weil du gehorsam bist
den Geboten des HERRN, deines Gottes,
die ich dir heute gebiete zu halten und zu
tun, 14 und nicht abweichst von all den
Worten, die ich euch heute gebiete, weder
zur Rechten noch zur Linken, und nicht
andern Göttern nachwandelst, um ihnen
zu dienen.[a]
15 Wenn du aber nicht gehorchen wirst
der Stimme des HERRN, deines Gottes,
und wirst nicht halten und tun alle seine

27,16: *a* 2. Mose 21,17 **27,17:** *a* Kap 19,14 **27,18:** *a* 3. Mose 19,14 **27,19:** *a* 2. Mose 22,20-21 **27,20:** *a* 3. Mose 18,8 **27,21:** *a* 2. Mose 22,18 **27,22:** *a* 3. Mose 18,9.11 **27,23:** *a* 3. Mose 18,17 **27,24:** *a* 2. Mose 21,12; 4. Mose 35,20 **27,25:** *a* 2. Mose 23,8 **27,26:** *a* Gal 3,10 **28,1:** *a* Kap 26,19 **28,3:** *a (3-6)* 1. Mose 49,25-26 **28,6:** *a* Ps 121,8 **28,8:** *a* 3. Mose 25,21 **28,9:** *a* 2. Mose 19,5-6 **28,12:** *a* Kap 15,6 **28,14:** *a* Kap 5,29.32

Gebote und Rechte, die ich dir heute
gebiete, so werden alle diese Flüche über
dich kommen und dich treffen:[a]

16 Verflucht wirst du sein in der Stadt,
verflucht wirst du sein auf dem Acker.
17 Verflucht wird sein dein Korb und dein
Backtrog. 18 Verflucht wird sein die
Frucht deines Leibes, der Ertrag deines
Ackers, das Jungvieh deiner Rinder und
Schafe. 19 Verflucht wirst du sein bei dei-
nem Eingang und verflucht bei deinem
Ausgang.

20 Der HERR wird unter dich senden
Unfrieden, Unruhe und Unglück in al-
lem, was du unternimmst, bis du vertilgt
bist und bald untergegangen bist um dei-
nes bösen Treibens willen, weil du mich
verlassen hast. 21 Der HERR wird dir die
Pest anhängen, bis er dich vertilgt hat in
dem Lande, in das du kommst, es ein-
zunehmen. 22 Der HERR wird dich schla-
gen mit Auszehrung, Entzündung und
hitzigem Fieber, Getreidebrand und
Dürre; die werden dich verfolgen, bis du
umkommst. 23 Der Himmel, der über dei-
nem Haupt ist, wird ehern werden und
die Erde unter dir eisern.[a] 24 Statt des
Regens für dein Land wird der HERR
Staub und Asche vom Himmel auf dich
geben, bis du vertilgt bist.

25 Der HERR wird dich vor deinen
Feinden schlagen. Auf **einem** Weg wirst
du wider sie ausziehen, und auf **sieben**
Wegen wirst du vor ihnen fliehen und
wirst zum Entsetzen werden für alle Rei-
che auf Erden. 26 Deine Leichname wer-
den zum Fraß werden allen Vögeln des
Himmels und allen Tieren des Landes
und niemand wird sie verscheuchen.
27 Der HERR wird dich schlagen [a]mit
ägyptischem Geschwür, mit Pocken, mit
Grind und Krätze, dass du nicht geheilt
werden kannst. 28 Der HERR wird dich
schlagen mit Wahnsinn, Blindheit und
Verwirrung des Geistes. 29 Und du wirst
[a]tappen am Mittag, wie ein Blinder
tappt im Dunkeln, und wirst auf deinem
Wege kein Glück haben und wirst Ge-
walt und Unrecht leiden müssen dein Le-
ben lang und niemand wird dir helfen.

30 Mit einem Mädchen wirst du dich
verloben; aber ein anderer wird es sich
nehmen. [a]Ein Haus wirst du bauen; aber
du wirst nicht darin wohnen. Einen
Weinberg wirst du pflanzen; aber du
wirst seine Früchte nicht genießen.
31 Dein Rind wird vor deinen Augen ge-
schlachtet werden; aber du wirst nicht
davon essen. Dein Esel wird vor deinem
Angesicht mit Gewalt genommen und dir
nicht wiedergegeben werden. Dein Schaf
wird deinen Feinden gegeben werden und
niemand wird dir helfen. 32 Deine Söhne
und deine Töchter werden einem andern
Volk gegeben werden, dass deine Augen
zusehen müssen und täglich vor Verlan-
gen nach ihnen vergehen, und in deinen
Händen wird keine Kraft sein. 33 Den
[a]Ertrag deines Ackers und alle deine
Arbeit wird ein Volk verzehren, das du
nicht kennst, und du wirst geplagt und
geschunden werden dein Leben lang
34 und wirst wahnsinnig werden bei dem,
was deine Augen sehen müssen.

35 Der HERR wird dich schlagen mit
bösen Geschwüren an den Knien und
Waden, dass du nicht geheilt werden
kannst, von den Fußsohlen bis zum
Scheitel. 36 Der HERR wird dich und dei-
nen König, den du über dich gesetzt hast,
unter ein Volk treiben, das du nicht
kennst noch deine Väter, und [a]du wirst
dort andern Göttern dienen: Holz und
Steinen. 37 Und du wirst zum Entsetzen,
[a]zum Sprichwort und zum Spott werden
unter allen Völkern, zu denen der HERR
dich treibt.

38 Du wirst viel Samen auf das Feld
säen, aber wenig einsammeln; denn
die Heuschrecken werden's abfressen.[a]
39 Weinberge wirst du pflanzen und
bauen, aber weder Wein trinken noch
Trauben lesen; denn die Würmer wer-
den's verzehren. 40 Ölbäume wirst du ha-
ben in deinem ganzen Gebiet, aber du
wirst dich nicht salben mit Öl; denn dein
Ölbaum wird seine Frucht abwerfen.
41 Söhne und Töchter wirst du zeugen
und doch nicht behalten; denn sie wer-
den gefangen weggeführt werden. 42 Alle
Bäume und Früchte deines Landes wird
das Ungeziefer fressen. 43 Der Fremdling,
der bei dir ist, wird immer höher über
dich emporsteigen; du aber wirst immer

28,15: *a* Dan 9,11 **28,23:** *a* Kap 11,17 **28,27:** *a* 2. Mose 9,9 **28,29:** *a* Jes 59,10 **28,30:** *a* Jes 65,22 **28,33:** *a* Ri 6,3 **28,36:** *a* Kap 4,28 **28,37:** *a* 1. Kön 9,7; Jer 24,9 **28,38:** *a* Mi 6,15

tiefer heruntersinken. 44 Er wird dir lei-
hen, du aber wirst ihm nicht leihen kön-
nen; [a] er wird der Kopf sein und du wirst
der Schwanz sein.

45 Alle diese Flüche werden über dich
kommen und dich verfolgen und treffen,
bis du vertilgt bist, weil du der Stimme
des HERRN, deines Gottes, nicht ge-
horcht und seine Gebote und Rechte
nicht gehalten hast, die er dir geboten
hat. 46 Und diese Flüche werden Zeichen
und Wunder sein an dir und an deinen
Nachkommen immerdar, 47 weil du dem
HERRN, deinem Gott, nicht gedient hast
mit Freude und Lust deines Herzens, ob-
wohl du Überfluss hattest an allem.

48 Und du wirst deinem Feinde, den
der HERR gegen dich schicken wird, die-
nen in Hunger und Durst, in Blöße und
allerlei Mangel, und er wird ein [a] eisernes
Joch auf deinen Hals legen, bis er dich
vertilgt hat. 49 Der HERR wird ein Volk
über dich schicken von ferne, vom Ende
der Erde, wie ein [a] Adler fliegt, ein Volk,
[b] dessen Sprache du nicht verstehst, 50 ein
freches Volk, das nicht Rücksicht nimmt
auf die Alten und die Jungen nicht
schont.[a] 51 Es wird verzehren die Jung-
tiere deines Viehs und den Ertrag deines
Ackers, bis du vertilgt bist, und wird dir
nichts übrig lassen vom Korn, Wein und
Öl und vom Jungvieh deiner Rinder und
Schafe, bis es dich umgebracht hat. 52 Es
wird dich ängstigen in allen deinen Städ-
ten, bis es niedergeworfen hat deine ho-
hen und festen Mauern, auf die du dich
verlässt, in deinem ganzen Lande; und
du wirst geängstigt werden in allen dei-
nen Städten, in deinem ganzen Lande,
das dir der HERR, dein Gott, gegeben
hat.

53 Du wirst die [a] Frucht deines Leibes,
das Fleisch deiner Söhne und deiner
Töchter, die dir der HERR, dein Gott,
gegeben hat, essen in der Angst und Not,
mit der dich dein Feind bedrängen wird.
54 Ein Mann unter euch, der zuvor ver-
wöhnt und in Üppigkeit gelebt hat, wird
seinem Bruder und der Frau in seinen
Armen und dem Sohn, der noch übrig ist
von seinen Söhnen, nichts gönnen 55 von
dem Fleisch seiner Söhne, das er isst, weil
ihm nichts übrig geblieben ist von allem
Gut in der Angst und Not, mit der dich
dein Feind bedrängen wird in allen dei-
nen Städten. 56 Eine Frau unter euch, die
zuvor so verwöhnt und in Üppigkeit ge-
lebt hat, dass sie nicht einmal versucht
hat, ihre Fußsohle auf die Erde zu setzen,
vor Verwöhnung und Wohlleben, die
wird dem Mann in ihren Armen und
ihrem Sohn und ihrer Tochter nicht gön-
nen 57 die Nachgeburt, die von ihr ausge-
gangen ist, und ihr Kind, das sie geboren
hat; denn sie wird beides vor Mangel an
allem heimlich essen in der Angst und
Not, mit der dich dein Feind bedrängen
wird in deinen Städten.

58 Wenn du nicht darauf hältst, dass du
alle Worte dieses Gesetzes tust, die in
diesem Buch geschrieben sind, und nicht
fürchtest diesen herrlichen und heiligen
Namen, den HERRN, deinen Gott, 59 so
wird der HERR schrecklich mit dir umge-
hen und dich und deine Nachkommen
schlagen mit großen und anhaltenden
Plagen, mit bösen und anhaltenden
Krankheiten. 60 Und er wird auch alle
[a] Seuchen Ägyptens über dich bringen,
vor denen du dich fürchtest, und sie wer-
den dich nicht loslassen; 61 dazu wird der
HERR alle Krankheiten und alle Plagen,
die nicht geschrieben sind in dem Buch
dieses Gesetzes, über dich kommen las-
sen, bis du vertilgt bist.

62 Und nur wenige werden übrig blei-
ben von euch, die ihr zuvor zahlreich
gewesen seid wie die Sterne am Himmel,
weil du nicht gehorcht hast der Stimme
des HERRN, deines Gottes. 63 Und wie
sich der HERR zuvor freute, euch Gutes
zu tun und euch zu mehren, [a] so wird er
sich nun freuen, euch umzubringen und
zu vertilgen, und ihr werdet herausge-
rissen werden aus dem Lande, in das du
jetzt ziehst, es einzunehmen. 64 Denn der
HERR wird dich zerstreuen unter alle
Völker von einem Ende der Erde bis ans
andere, und du wirst dort andern Göt-
tern dienen, die du nicht kennst noch
deine Väter: Holz und Steinen.

65 Dazu wirst du unter jenen Völkern
keine Ruhe haben, und deine Füße wer-
den keine Ruhestatt finden. Denn der

28,44: *a* Verse 12-13 **28,48:** *a* Jer 28,13-14 **28,49:** *a* Hab 1,8; *b* Jes 33,19; Jer 5,15 **28,50:** *a* Klgl 5,12-13 **28,53:** *a* 3. Mose 26,29; 2. Kön 6,28-29; Jer 19,9; Klgl 2,20; 4,10; Hes 5,10 **28,60:** *a* Vers 27 **28,63:** *a* Spr 1,26

HERR wird dir dort ein bebendes Herz
geben und erlöschende Augen und eine
verzagende Seele, 66 und dein Leben wird
immerdar in Gefahr schweben; Nacht
und Tag wirst du dich fürchten und dei-
nes Lebens nicht sicher sein. 67 Morgens
wirst du sagen: Ach dass es Abend wäre!,
und abends wirst du sagen: Ach dass es
Morgen wäre!, vor Furcht deines Her-
zens, die dich schrecken wird, und vor
dem, was du mit deinen Augen sehen
wirst. 68 Und der HERR wird dich mit
Schiffen [a]wieder nach Ägypten führen,
auf dem Wege, von dem ich dir gesagt
habe: Du sollst ihn nicht mehr sehen.
Und ihr werdet dort euren Feinden als
Knechte und Mägde verkauft werden,
aber es wird kein Käufer da sein.

Der Bund des HERRN mit Israel im Lande Moab

69 *Dies sind die Worte des Bundes, den
der HERR dem Mose geboten hat, mit
Israel zu schließen im Lande Moab, ne-
ben dem Bund, den er mit ihnen ge-
schlossen hatte am [a]Horeb.
29 Und Mose berief ganz Israel und
sprach zu ihnen: [a]Ihr habt alles
gesehen, was der HERR vor euren Augen
in Ägypten dem Pharao und allen seinen
Großen und seinem ganzen Lande getan
hat, 2 die [a]gewaltigen Proben seiner
Macht, die deine Augen gesehen haben,
die großen Zeichen und Wunder. 3 Und
der HERR hat euch bis auf diesen heu-
tigen Tag noch nicht ein Herz gegeben,
das verständig wäre, Augen, die da sä-
hen, und Ohren, die da hörten.[a] 4 Er hat
euch vierzig Jahre in der Wüste wandern
lassen. [a]Eure Kleider sind euch nicht
zerrissen, auch deine Schuhe nicht an
deinen Füßen; 5 ihr habt kein Brot ge-
gessen und keinen Wein getrunken und
kein starkes Getränk, auf dass ihr erken-
nen solltet, dass ich der HERR, euer
Gott, bin. 6 Und als ihr kamt an diesen
Ort, zogen aus der König Sihon von
Heschbon und der König Og von Ba-
schan uns entgegen, mit uns zu kämpfen.
Und wir haben sie geschlagen[a] 7 und ihr
Land eingenommen und zum Erbteil ge-
geben den Rubenitern und Gaditern und
dem halben Stamm Manasse.[a] 8 So hal-
tet nun die Worte dieses Bundes und tut
danach, auf dass ihr glücklich ausrichten
könnt all euer Tun.
9 Ihr steht heute alle vor dem HERRN,
eurem Gott, die Häupter eurer Stämme,
eure Ältesten, eure Amtleute, jeder Mann
in Israel, 10 eure Kinder, eure Frauen,
dein Fremdling, der in deinem Lager ist,
dein [a]Holzhauer und dein Wasserschöp-
fer, 11 damit du trittst in den Bund des
HERRN, deines Gottes, und unter den
Eid, den der HERR, dein Gott, dir heute
auflegt, 12 dass er dich heute zum Volk
für sich erhebe und er dein Gott sei, wie
er dir zugesagt hat und wie er deinen
Vätern Abraham, Isaak und Jakob ge-
schworen hat. 13 Denn ich schließe diesen
Bund und diesen Eid [a]nicht mit euch
allein, 14 sondern mit euch, die ihr heute
hier seid und mit uns steht vor dem
HERRN, unserm Gott, wie auch mit de-
nen, die heute nicht mit uns sind.
15 Denn ihr wisst, wie wir in Ägypten-
land gewohnt haben und mitten durch
die Völker gezogen sind, durch deren
Land ihr zogt. 16 Ihr saht ihre Gräuel und
ihre Götzen, die bei ihnen waren, Holz
und Stein, Silber und Gold. 17 Lasst ja
nicht einen Mann oder eine Frau, ein
Geschlecht oder einen Stamm unter euch
sein, dessen Herz sich heute abwendet
von dem HERRN, unserm Gott, dass je-
mand hingehe und diene den Göttern
dieser Völker. Lasst unter euch nicht
[a]eine Wurzel aufwachsen, die da Gift
und Wermut hervorbringt. 18 Lasst nie-
mand, der die Worte dieses Fluches hört,
sich dennoch in seinem Herzen segnen
und sprechen: Mir wird es wohlgehen,
auch wenn ich wandle nach meinem ver-
stockten Herzen –, damit nicht fortge-
rafft werde das wasserreiche mit dem
dürren Land! 19 Einem solchen Mann
wird der HERR nicht gnädig sein, son-
dern sein Zorn und Eifer wird entbren-
nen gegen ihn, und es werden sich auf
ihn legen [a]alle Flüche, die in diesem
Buch geschrieben sind, und seinen Na-

* Abweichende Verszählung statt 28,69–29,28: 29,1-29.

28,68: *a* Kap 17,16; Hos 8,13 **28,69:** *a* Kap 5,2 **29,1:** *a* 2. Mose 19,4 **29,2:** *a* Kap 4,34; 7,19 **29,3:** *a* Kap 5,26 **29,4:** *a* Kap 8,4 **29,6:** *a* 4. Mose 21,21-35 **29,7:** *a* 4. Mose 32,1-42 **29,10:** *a* Jos 9,27 **29,13:** *a* Kap 5,3; 1. Mose 17,7 **29,17:** *a* Kap 32,32; Hos 10,4; Am 6,12; Hebr 12,15 **29,19:** *a* Kap 28,15-68

men wird der HERR austilgen unter dem
Himmel 20 und wird ihn zum Unheil ab-
sondern aus allen Stämmen Israels nach
allen Flüchen des Bundes, der in dem
Buch dieses Gesetzes geschrieben ist.

21 Dann werden sagen künftige Ge-
schlechter, eure Kinder, die nach euch
aufkommen, und die Fremden, die aus
fernen Landen kommen, wenn sie die
Plagen dieses Landes sehen und die
Krankheiten, mit denen der HERR es be-
laden hat 22 – all ihr Land hat er mit
Schwefel und Salz verbrannt, dass es we-
der besät werden kann noch etwas
wächst noch Kraut darin aufgeht, gleich-
wie [a]Sodom und Gomorra, Adma und
Zebojim zerstört sind, die der HERR in
seinem Zorn und Grimm zerstört hat –,
23 ja, alle Völker werden sagen: Warum
hat der HERR an diesem Lande so gehan-
delt? Was ist das für ein großer, grimmi-
ger Zorn? 24 Dann wird man sagen:
Darum, weil sie den Bund des HERRN,
des Gottes ihrer Väter, verlassen haben,
den er mit ihnen schloss, als er sie aus
Ägyptenland führte, 25 und sind hinge-
gangen und haben andern Göttern ge-
dient und sie angebetet, Götter, die sie
nicht kennen und die er ihnen nicht zuge-
wiesen hat, 26 darum ist des HERRN Zorn
entbrannt gegen dies Land, dass er über
sie hat kommen lassen alle Flüche, die in
diesem Buch geschrieben stehen. 27 Und
der HERR hat sie aus ihrem Lande gesto-
ßen in großem Zorn, Grimm und ohne
Erbarmen und hat sie in ein anderes
Land geworfen, so wie es heute ist.

**28 Was [a]verborgen ist, ist des HERRN,
unseres Gottes; was aber offenbart ist, das
gilt uns und unsern Kindern ewiglich, dass
wir tun sollen alle Worte dieses Gesetzes.**

Die Wahl zwischen Leben und Tod

30 Wenn nun dies alles über dich
kommt, es sei der [a]Segen oder der
Fluch, die ich dir vorgelegt habe, und du
es zu Herzen nimmst, wenn du unter den
Heiden bist, unter die dich der HERR,
dein Gott, verstoßen hat, 2 und du dich
[a]bekehrst zu dem HERRN, deinem Gott,
dass du seiner Stimme gehorchst, du und
deine Kinder, von ganzem Herzen und
von ganzer Seele in allem, was ich dir
heute gebiete, 3 so wird der HERR, dein
Gott, deine [a]Gefangenschaft wenden
und sich deiner erbarmen und wird dich
[b]wieder sammeln aus allen Völkern, un-
ter die dich der HERR, dein Gott, ver-
streut hat. 4 Wenn du bis ans Ende des
Himmels verstoßen wärst, so wird dich
doch der HERR, dein Gott, von dort
sammeln und dich von dort holen[a] 5 und
wird dich in das Land bringen, das deine
Väter besessen haben, und du wirst es
einnehmen, und er wird dir Gutes tun
und dich zahlreicher machen, als deine
Väter waren. 6 Und der HERR, dein Gott,
wird dein [a]Herz beschneiden und das
Herz deiner Nachkommen, damit du den
HERRN, deinen Gott, liebst von ganzem
Herzen und von ganzer Seele, auf dass
du am Leben bleibst.

7 Aber alle diese Flüche wird der
HERR, dein Gott, auf deine Feinde legen
und auf die, die dich hassen und ver-
folgen. 8 Du aber wirst umkehren und der
Stimme des HERRN gehorchen, dass du
tust alle seine Gebote, die ich dir heute
gebiete. 9 Und der HERR, dein Gott, wird
dir Glück geben zu allen Werken deiner
Hände, zu der Frucht deines Leibes, zu
den Jungtieren deines Viehs, zum Ertrag
deines Ackers, dass dir's zugutekomme.
Denn der HERR wird sich wieder über
dich freuen, dir zugut, wie er sich über
deine Väter gefreut hat, 10 weil du der
Stimme des HERRN, deines Gottes, ge-
horchst und hältst seine Gebote und
Rechte, die geschrieben stehen im Buch
dieses Gesetzes, wenn du dich bekehrst
zu dem HERRN, deinem Gott, von gan-
zem Herzen und von ganzer Seele.

11 Denn das Gebot, das ich dir heute
gebiete, ist dir nicht zu hoch und nicht zu
fern. 12 Es ist nicht im Himmel, dass du
sagen müsstest: [a]Wer will für uns in den
Himmel fahren und es uns holen, dass
wir's hören und tun? 13 Es ist auch nicht
jenseits des Meeres, dass du sagen müss-
test: Wer will für uns über das Meer
fahren und es uns holen, dass wir's hören
und tun? 14 Denn **es ist das Wort ganz
nahe bei dir, in deinem Munde und in
deinem Herzen, dass du es tust.**

29,22: *a* 1.Mose 19,24 **29,28:** *a* Kap 32,34 **30,1:** *a* Kap 28,1-68 **30,2:** *a* Kap 4,30; 3.Mose 26,40 **30,3:** *a* Hes 16,53; Jer 29,14; Am 9,14; *b* Jer 32,37 **30,4:** *a* Kap 28,64; Neh 1,9 **30,6:** *a* Kap 10,16; Jer 4,4; Hes 11,19; Röm 2,29 **30,12:** *a* Röm 10,6-8

15 Siehe, ich habe dir heute [a]vorgelegt
das Leben und das Gute, den Tod und
das Böse. 16 Wenn du gehorchst den Ge-
boten des HERRN, deines Gottes, die ich
dir heute gebiete, dass du den HERRN,
deinen Gott, liebst und wandelst in sei-
nen Wegen und seine Gebote, Gesetze
und Rechte hältst, so wirst du leben und
dich mehren, und der HERR, dein Gott,
wird dich segnen in dem Lande, in das du
ziehst, es einzunehmen. 17 Wendet sich
aber dein Herz und du gehorchst nicht,
sondern lässt dich verführen, dass du an-
dere Götter anbetest und ihnen dienst,
18 so verkünde ich euch heute, dass ihr
[a]umkommen und nicht lange in dem
Lande bleiben werdet, in das du über den
Jordan ziehst, es einzunehmen.
19 Ich nehme [a]Himmel und Erde heute
über euch zu Zeugen: Ich habe euch Le-
ben und Tod, Segen und Fluch vorgelegt,
damit du das Leben erwählst und am
Leben bleibst, du und deine Nachkom-
men, 20 indem ihr den HERRN, euren
Gott, liebt und seiner Stimme gehorcht
und ihm anhangt. Denn das bedeutet für
dich, dass du lebst und alt wirst und
wohnen bleibst in dem Lande, das der
HERR deinen Vätern Abraham, Isaak
und Jakob geschworen hat, ihnen zu ge-
ben.

Mose setzt Josua zu seinem Nachfolger ein

31 Und Mose ging hin und redete
diese Worte mit ganz Israel 2 und
sprach zu ihnen:
Ich bin heute [a]hundertundzwanzig
Jahre alt, ich kann nicht mehr aus und
ein gehen. Dazu hat der HERR zu mir
gesagt: Den [b]Jordan hier sollst du nicht
überschreiten! 3 Der HERR, dein Gott,
wird selber vor dir hergehen. [a]Er selber
wird diese Völker vor dir her vertilgen,
damit du ihr Land einnehmen kannst.
Josua, der soll vor dir hinübergehen, wie
der HERR zugesagt hat. 4 Und der HERR
wird mit ihnen tun, wie er getan hat [a]mit
Sihon und Og, den Königen der Amo-
riter, und ihrem Lande, die er vertilgt hat.
5 Wenn sie nun der HERR vor euren
Augen dahingeben wird, so sollt ihr mit
ihnen tun ganz nach dem Gebot, das ich
euch gegeben habe.[a] 6 Seid getrost und
unverzagt, fürchtet euch nicht und lasst
euch nicht vor ihnen grauen; denn der
HERR, dein Gott, [a]wird selber mit dir
ziehen und wird die Hand nicht abtun
und dich nicht verlassen.
7 Und Mose rief Josua und sprach zu
ihm vor den Augen von ganz Israel: Sei
getrost und unverzagt; denn du wirst dies
Volk in das Land bringen, das der HERR
ihren Vätern geschworen hat, ihnen zu
geben, und du wirst es unter sie austei-
len.[a] 8 Der HERR aber, der selber vor
euch hergeht, der wird mit dir sein und
wird die Hand nicht abtun und dich
nicht verlassen. Fürchte dich nicht und
erschrick nicht!

Alle sieben Jahre soll das Gesetz öffentlich verlesen werden

9 Und Mose schrieb dies Gesetz und gab's
den Priestern, den Söhnen Levi, die die
Lade des Bundes des HERRN trugen, und
allen Ältesten Israels 10 und gebot ihnen
und sprach: Jeweils nach sieben Jahren,
zur Zeit des [a]Erlassjahrs, am [b]Laub-
hüttenfest, 11 wenn ganz Israel kommt,
zu erscheinen vor dem Angesicht des
HERRN, deines Gottes, an der Stätte, die
er erwählen wird, sollst du dies Gesetz
vor ganz Israel ausrufen lassen vor ihren
Ohren. 12 Versammle das Volk, die Män-
ner, Frauen und Kinder und den Fremd-
ling, der in deinen Städten lebt, damit sie
es hören und lernen und den HERRN,
euren Gott, fürchten und alle Worte die-
ses Gesetzes halten und tun 13 und dass
ihre Kinder, die es nicht kennen, es auch
hören und lernen, den HERRN, euren
Gott, zu fürchten alle Tage, die ihr in
dem Lande lebt, in das ihr zieht über den
Jordan, um es einzunehmen.

Gottes Befehl, das Lied des Mose aufzuschreiben

14 Und der HERR sprach zu Mose: Siehe,
deine Zeit ist herbeigekommen, dass du
sterben musst. Rufe Josua und tretet hin
zur Stiftshütte, dass ich ihm Befehl gebe.
Mose ging hin mit Josua und sie traten
hin zur Stiftshütte. 15 Der HERR aber er-

30,15: *a* Kap 11,26 **30,18:** *a* Kap 8,19 **30,19:** *a* Kap 4,26 **31,2:** *a* 2. Mose 7,7; *b* 4. Mose 20,12 **31,3:** *a* Kap 3,22 **31,4:** *a* 4. Mose 21,21-35 **31,5:** *a* 2. Mose 23,32-33 **31,6:** *a* Kap 1,29-30 **31,7:** *a* Kap 3,28; Jos 1,6 **31,10:** *a* Kap 15,1; *b* Kap 16,13

schien in der Hütte in einer Wolkensäule,
und [a]die Wolkensäule stand in der Tür
der Hütte. 16 Und der HERR sprach zu
Mose: Siehe, du wirst schlafen bei deinen
Vätern, und dies Volk wird sich erheben
und nachlaufen den fremden Göttern des
Landes, in das sie kommen, und wird
mich verlassen und den Bund brechen,
den ich mit ihm geschlossen habe. 17 Da
wird mein Zorn entbrennen über sie zur
selben Zeit, und ich werde sie verlassen
und mein Antlitz vor ihnen verbergen,
sodass sie völlig verzehrt werden. Und
wenn sie dann viel Unglück und Angst
treffen wird, werden sie sagen: Hat mich
nicht dies Übel alles getroffen, weil mein
Gott nicht mit mir ist? 18 Ich aber werde
mein Antlitz verborgen halten zu der
Zeit um all des Bösen willen, das sie
getan haben, weil sie sich zu andern Göt-
tern wandten.

19 So schreibt euch nun dies [a]Lied auf
und lehrt es die Israeliten und legt es in
ihren Mund, dass mir das Lied ein Zeuge
sei unter den Israeliten. 20 Denn ich will
sie in das Land bringen, das ich ihren
Vätern zu geben geschworen habe, darin
Milch und Honig fließt. Und wenn sie
essen und satt und fett werden, so wer-
den sie sich zu andern Göttern wenden
und ihnen dienen, mich aber lästern und
meinen Bund brechen. 21 Und wenn sie
dann viel Unglück und Angst treffen
wird, so soll dies Lied vor ihnen als
Zeuge reden; denn es soll nicht vergessen
werden im Mund ihrer Nachkommen.
Denn ich [a]weiß ihre Gedanken, mit de-
nen sie schon jetzt umgehen, ehe ich sie
in das Land bringe, wie ich geschworen
habe. 22 Also schrieb Mose dies Lied zur
selben Zeit auf und lehrte es die Israeli-
ten.

23 Und der Herr befahl Josua, dem
Sohn Nuns, und sprach: Sei getrost und
unverzagt, denn du sollst die Israeliten in
das Land führen, wie ich ihnen geschwo-
ren habe, und ich will mit dir sein.

Die Aufbewahrung des Gesetzbuches

24 Als nun Mose damit fertig war, die
Worte dieses Gesetzes vollständig in ein
Buch zu schreiben, 25 gebot er den Levi-
ten, die die Lade des Bundes des HERRN
trugen, und sprach: 26 Nehmt das Buch
dieses Gesetzes und legt es neben die
Lade des Bundes des HERRN, eures Got-
tes, dass es dort [a]ein Zeuge sei wider
dich. 27 Denn ich kenne deinen Ungehor-
sam und deine Halsstarrigkeit. Siehe,
jetzt schon, während ich noch bei euch
lebe, seid ihr ungehorsam gewesen gegen
den HERRN; wie viel mehr nach meinem
Tode!

Aufforderung an Israel, das Lied des Mose zu hören

28 Versammelt vor mir alle Ältesten eurer
Stämme und eure Amtleute, dass ich
diese Worte vor ihren Ohren rede und
[a]Himmel und Erde wider sie zu Zeugen
nehme. 29 Denn ich weiß, dass ihr euch
nach meinem Tode sehr versündigen wer-
det und von dem Wege abweichen, den
ich euch geboten habe. So wird euch am
Ende der Tage das Unheil treffen, weil
ihr tut, was böse ist in den Augen des
HERRN, und ihn erzürnt durch eurer
Hände Werk.

30 Und Mose trug vor den Ohren der
ganzen Gemeinde Israel dies Lied bis
zum letzten Wort vor:

Das Lied des Mose

32 [a]Merkt auf, ihr Himmel, ich will reden,
und die Erde höre die Rede meines Mundes.
2 Meine Lehre rinne wie der Regen,
und meine Rede riesele wie Tau,
wie der Regen auf das Gras
und wie die Tropfen auf das Kraut.[a]
3 Denn ich will den Namen des HERRN preisen.
Gebt unserm Gott allein die Ehre!

4 Er ist ein Fels. Seine Werke sind vollkommen;
denn alles, was er tut, das ist recht.
Treu ist Gott und kein Böses an ihm,
gerecht und wahrhaftig ist er.
5 [a]Das verkehrte und böse Geschlecht hat gesündigt wider ihn;
sie sind Schandflecken und nicht seine Kinder.

31,15: *a* 2. Mose 33,9 **31,19:** *a* Kap 32,1-43 **31,21:** *a* Ps 139,2 **31,26:** *a* Joh 5,45 **31,28:** *a* Kap 32,1 **32,1:** *a* Jes 1,2 **32,2:** *a* Jes 55,10-11 **32,5:** *a* Jes 1,2-4; Mt 17,17

6 Dankst du so dem HERRN, deinem Gott,
du tolles und törichtes Volk?
Ist er nicht dein [a]Vater und dein Herr?
Ist's nicht er allein, der dich gemacht und bereitet hat?

7 Gedenke der vorigen Zeiten
und hab acht auf die Jahre
von Geschlecht zu Geschlecht.
Frage deinen Vater, der wird dir's verkünden,
deine Ältesten, die werden dir's sagen.
8 Als der Höchste [a]den Völkern Land zuteilte
und der Menschen Kinder voneinander schied,
da [b]setzte er die Grenzen der Völker
nach der Zahl der Söhne Israels.
9 Denn des HERRN Teil ist sein Volk,
Jakob ist sein [a]Erbe.

10 Er fand ihn in der Wüste,
in der dürren Einöde sah er ihn.
Er umfing ihn und hatte acht auf ihn.
Er [a]behütete ihn wie seinen Augapfel.
11 Wie ein [a]Adler ausführt seine Jungen
und über ihnen schwebt,
so breitete er seine Fittiche aus
und nahm ihn und trug ihn auf seinen Flügeln.
12 Der HERR allein leitete ihn,
und kein fremder Gott war mit ihm.
13 Er ließ ihn einherfahren über die Höhen der Erde
und nährte ihn mit den Früchten des Feldes
und ließ ihn [a]Honig saugen aus dem Felsen
und Öl aus hartem Gestein,
14 Butter von den Kühen und Milch von den Schafen
samt dem Fett von den Lämmern,
feiste Widder und Böcke und das Beste vom Weizen
und tränkte ihn mit edlem Traubenblut.

15 Als aber [a]Jeschurun fett ward, wurde er übermütig.
Er ist [b]fett und dick und feist geworden
und hat den Gott verworfen, der ihn gemacht hat.
Er hat den Fels seines Heils gering geachtet
16 und hat ihn zur Eifersucht gereizt durch fremde Götter;
durch Gräuel hat er ihn erzürnt.
17 Sie haben den bösen Geistern geopfert und nicht ihrem Gott,
den Göttern, die sie nicht kannten,
den neuen, die vor Kurzem erst aufgekommen sind,
die eure Väter nicht geehrt haben.
18 Deinen [a]Fels, der dich gezeugt hat,
hast du außer Acht gelassen
und hast vergessen den Gott,
der dich gemacht hat.

19 Und als es der HERR sah,
ward er zornig über seine Söhne und Töchter,
20 und er sprach: Ich will mein Antlitz vor ihnen verbergen,
will sehen, was ihnen zuletzt widerfahren wird;
denn es ist ein verkehrtes Geschlecht,
es sind untreue Kinder.
21 Sie haben mich gereizt durch einen Nicht-Gott,
durch ihre [a]Abgötterei haben sie mich erzürnt.
Ich aber will sie wieder reizen durch ein [b]Nicht-Volk,
durch ein gottloses Volk will ich sie erzürnen.
22 Denn ein Feuer ist entbrannt durch meinen Zorn
und wird brennen bis in die unterste Tiefe
und wird verzehren das Land mit seinem Gewächs
und wird anzünden die Grundfesten der Berge.
23 Ich will alles Unglück über sie häufen,
ich will alle meine Pfeile auf sie schießen.
24 Vor Hunger sollen sie verschmachten

32,6: *a* 2.Mose 4,22; Jes 63,16; Jer 3,4; 31,9; Hos 11,1; Mal 1,6 **32,8:** *a* 1.Mose 11,8; *b* Apg 17,26 **32,9:** *a* Kap 9,26.29 **32,10:** *a* Ps 17,8; Hes 16,4-14; Sach 2,12 **32,11:** *a* 2.Mose 19,4 **32,13:** *a* Ps 81,17 **32,15:** *a* Kap 33,5.26; Jes 44,2; *b* Kap 31,20; Neh 9,25 **32,18:** *a* 1.Mose 49,24; Ps 18,32; 78,15-16 **32,21:** *a* Ps 78,58; Jer 2,11; *b* Röm 10,19

und verzehrt werden vom Fieber
und von jähem Tod.
Ich will der Tiere Zähne unter sie schicken
und der Schlangen Gift.
25 Draußen wird das [a]Schwert ihre Kinder rauben
und drinnen der Schrecken
den jungen Mann wie das Mädchen,
den Säugling wie den Greis.

26 Ich hätte gesagt: Es soll aus sein mit ihnen,
ich will ihren Namen tilgen unter den Menschen –,
27 wenn ich nicht den Spott der Feinde gescheut hätte;
ihre Widersacher hätten es nicht erkannt
und gesagt: Unsere Macht ist groß,
und nicht der HERR hat dies alles getan.

28 Denn Israel ist ein Volk, dem man nicht mehr raten kann,
und [a]kein Verstand wohnt in ihnen.
29 O dass sie weise wären und dies verstünden,
dass sie merkten, was ihnen hernach begegnen wird!
30 Wie geht's zu, [a]dass einer tausend verjagt
und zwei sogar zehntausend flüchtig machen?
Kommt's nicht daher, dass ihr Fels sie verkauft hat
und der HERR sie dahingegeben hat?
31 Denn unserer Feinde [a]Fels ist nicht wie unser Fels;
so müssen sie selber urteilen.
32 Denn ihr Weinstock stammt von Sodoms Weinstock
und von dem Weinberg Gomorras;
ihre Trauben sind Gift,
sie haben bittere Beeren,
33 ihr Wein ist Drachengift
und verderbliches Gift der Ottern.

34 Ist dies nicht bei mir verwahrt
und versiegelt in meinen Schatzkammern?[a]
35 [a]Die Rache ist mein, ich will vergelten
zur Zeit, da ihr Fuß gleitet;
denn die Zeit ihres Unglücks ist nahe,
und was über sie kommen soll, eilt herzu.
36 Denn der HERR wird seinem Volk Recht schaffen,
und über seine Knechte wird er sich erbarmen.
Denn er wird sehen, dass ihre Macht dahin ist
und es aus ist mit ihnen ganz und gar.
37 Und er wird sagen: Wo sind ihre Götter,
ihr [a]Fels, auf den sie trauten,
38 die das Fett ihrer Schlachtopfer essen sollten
und trinken den Wein ihrer Trankopfer?
[a]Lasst sie aufstehen und euch helfen
und euch schützen!
39 Sehet nun, dass [a]ich's allein bin
und ist kein Gott neben mir!
Ich kann [b]töten und lebendig machen,
ich kann schlagen und kann [c]heilen, und niemand ist da, der aus meiner Hand errettet.

40 Denn ich will meine Hand zum Himmel heben
und will sagen: So wahr ich ewig lebe:
41 [a]Wenn ich mein blitzendes Schwert schärfe
und meine Hand zur Strafe greift,
so will ich mich rächen an meinen Feinden
und denen, die mich hassen, vergelten.
42 Ich will meine Pfeile mit Blut trunken machen,
und mein Schwert soll Fleisch fressen,
mit Blut von Erschlagenen und Gefangenen,
von den Köpfen streitbarer Feinde!

43 [a]Preiset, ihr Heiden, sein Volk;
denn er wird das Blut seiner Knechte rächen

32,25: *a* Hes 5,17; 14,21 **32,28:** *a* Jes 27,11; Jer 4,22 **32,30:** *a* 3. Mose 26,36-37; Jes 30,17 **32,31:** *a* Verse 4.37 **32,34:** *a* Kap 29,28 **32,35:** *a* Ps 94,1; Röm 12,19; Hebr 10,30 **32,37:** *a* Vers 31 **32,38:** *a* Ri 10,14; Jer 2,28 **32,39:** *a* Kap 4,35; Jes 45,5; *b* 1. Sam 2,6; *c* 2. Mose 15,26; Hiob 5,18; Hos 6,1-2 **32,41:** *a (41-42)* Jer 46,10 **32,43:** *a* Röm 15,10

und wird an seinen Feinden Rache
nehmen
und [b]entsühnen das Land seines
Volks!

Moses letzte Mahnung an das Volk

44 Und Mose kam und redete alle Worte
dieses Liedes vor den Ohren des Volks, er
und Josua, der Sohn Nuns. 45 Als nun Mose
das alles zu Ende geredet hatte vor ganz
Israel, 46 sprach er zu ihnen: Nehmt zu
Herzen alle Worte, die ich euch heute be-
zeuge, dass ihr [a]euren Kindern befehlt,
alle Worte dieses Gesetzes zu halten und
zu tun. 47 Denn **es ist nicht ein leeres Wort
an euch, sondern** [a]**es ist euer Leben,** und
durch dies Wort werdet ihr lange leben in
dem Lande, in das ihr zieht über den
Jordan, um es einzunehmen.

Gott bereitet Mose auf seinen Tod vor

48 Und der HERR redete mit Mose am
selben Tage und sprach: 49 Geh auf das
Gebirge [a]Abarim, auf den Berg Nebo,
der da liegt im Lande Moab gegenüber
Jericho, und schaue das Land Kanaan,
das ich den Israeliten zum Eigentum ge-
ben werde. 50 Dann stirb auf dem Berge,
auf den du hinaufgestiegen bist, und lass
dich zu deinem Volk versammeln, [a]wie
dein Bruder Aaron starb auf dem Berge
Hor und zu seinem Volk versammelt
wurde; 51 denn ihr habt euch an mir ver-
sündigt unter den Israeliten bei dem Ha-
derwasser zu Kadesch in der Wüste Zin,
[a]weil ihr mich nicht heiligtet inmitten der
Israeliten. 52 Denn du sollst das Land vor
dir sehen, das ich den Israeliten gebe,
aber du sollst nicht hineinkommen.

Mose segnet die Stämme Israels

(vgl. 1. Mose 49,1-28)

33 Dies ist der Segen, mit dem Mose,
der Mann Gottes, die Israeliten
vor seinem Tode segnete. 2 Er sprach: Der
HERR ist vom Sinai gekommen und ist
ihnen aufgeleuchtet von [a]Seïr her. Er ist
erschienen vom Berge Paran her und ist
gezogen nach Meribat-Kadesch; in seiner
Rechten ist ein feuriges Gesetz für sie.
3 Wie hat er sein Volk so lieb! Alle Hei-
ligen sind in deiner Hand. Sie werden
sich setzen zu deinen Füßen und werden
lernen von deinen Worten. 4 Mose hat
uns das Gesetz geboten, das Erbe der
Gemeinde Jakobs. 5 Und der Herr ward
[a]König über [b]Jeschurun, [c]als sich ver-
sammelten die Häupter des Volks samt
den Stämmen Israels.

6 **Ruben** lebe und sterbe nicht; seine
Mannschaft gewinne an Zahl!

7 Dies ist der Segen über **Juda.** Und er
sprach: HERR, erhöre die Stimme Judas
und bringe ihn zu seinem Volk; lass seine
Macht groß werden und sei ihm Hilfe
wider seine Feinde!

8 Und über **Levi** sprach er: Deine Lose
[a]»Licht und Recht« sollen bleiben bei
deinem Getreuen, den du [b]versucht hast
zu Massa, für den du gestritten hast am
Haderwasser, 9 der [a]von seinem Vater
und von seiner Mutter spricht: »Ich sehe
ihn nicht«, und von seinem Bruder: »Ich
kenne ihn nicht«, und von seinem Sohn:
»Ich weiß nichts von ihm«. Die hüten
dein Wort und bewahren deinen Bund;
10 sie lehren Jakob deine Rechte und Is-
rael dein Gesetz; sie bringen Räucherwerk
vor dein Angesicht und Ganzopfer auf
deinen Altar. 11 HERR, segne seine Macht
und lass dir gefallen die Werke seiner
Hände! Zerschlage den Rücken derer, die
sich wider ihn auflehnen, und derer, die
ihn hassen, dass sie nicht aufkommen!

12 Und über **Benjamin** sprach er: Der
Geliebte des HERRN wird sicher wohnen;
allezeit wird Er die Hand über ihm hal-
ten und wird zwischen seinen Höhen
wohnen.

13 Und über **Josef** sprach er: [a]Geseg-
net vom HERRN ist sein Land mit dem
Köstlichsten vom Himmel droben, dem
Tau, und mit der Flut, die drunten liegt,
14 mit dem Köstlichsten, was die Sonne
hervorbringt, und mit dem Köstlichsten,
was die Monde erzeugen, 15 mit dem Bes-
ten uralter Berge und mit dem Köstlichs-
ten der ewigen Hügel, 16 mit dem Köst-
lichsten der Erde und ihrer Fülle. Die
Gnade dessen, der in dem [a]Dornbusch
wohnte, komme auf das [b]Haupt Josefs,
auf den Scheitel des Geweihten unter sei-

32,43: *b* Kap 21,8; 4. Mose 35,33-34 **32,46:** *a* Kap 6,7 **32,47:** *a* 3. Mose 18,5 **32,49:** *a* 4. Mose 27,12; 33,48 **32,50:** *a* 4. Mose 20,23-29 **32,51:** *a* 4. Mose 20,12-13 **33,2:** *a* Ri 5,4 **33,5:** *a* 2. Mose 15,18; *b* Kap 32,15; *c* 2. Mose 19,7 **33,8:** *a* 2. Mose 28,30; 1. Sam 14,41; *b* 2. Mose 17,2.7; Ps 95,8 **33,9:** *a* 2. Mose 32,27-29; Mt 10,37 **33,13:** *a* 1. Mose 49,25 **33,16:** *a* 2. Mose 3,2-4; *b* 1. Mose 49,26

nen Brüdern. 17 Sein erstgeborener Stier
ist voll Herrlichkeit, und seine Hörner
sind wie die Hörner wilder Stiere; mit
ihnen wird er die Völker stoßen bis an
die Enden der Erde. Das sind die Zehn-
tausende [a]**Ephraims** und die Tausende
Manasses.

18 Und über **Sebulon** sprach er: Sebu-
lon, freue dich deiner Fahrten; und **Is-
sachar,** freue dich deiner Zelte. 19 Sie wer-
den die Stämme auf den Berg rufen und
daselbst opfern rechte Opfer. Denn sie
werden den Reichtum des Meeres gewin-
nen und die verborgenen Schätze im
Sande.

20 Und über **Gad** sprach er: Gelobt sei,
der Gad Raum schafft! Gad liegt da wie
ein Löwe und zerreißt Schenkel und
Scheitel. 21 Und [a]er ersah sich ein Erst-
lingserbe; denn daselbst war für ihn eines
Anführers Teil. Und es versammelten
sich die Häupter des Volks und er voll-
streckte die Gerechtigkeit des HERRN
und seine Gerichte zusammen mit Israel.

22 Und über **Dan** sprach er: Dan ist ein
junger Löwe, der hervorspringt aus Ba-
schan.

23 Und über **Naftali** sprach er: Naftali
hat viel Gnade und ist voll Segens des
HERRN; gegen Westen und Süden hat er
Besitz.

24 Und über **Asser** sprach er: Asser ist
gesegnet unter den Söhnen. Er sei der
Liebling seiner Brüder und tauche seinen
Fuß in Öl. 25 Von Eisen und Erz sei der
Riegel deiner Tore; dein Alter sei wie
deine Jugend!

26 Es ist kein Gott wie der [a]Gott Je-
schuruns, der am Himmel daherfährt dir
zur Hilfe und in seiner Hoheit auf den
Wolken. 27 **Zuflucht ist bei dem alten Gott
und unter den ewigen Armen.** Er hat vor
dir her deinen Feind vertrieben und ge-
boten: Vertilge! 28 Israel [a]wohnt sicher,
der [b]Brunnquell Jakobs unbehelligt in
dem Lande, da [c]Korn und Wein ist, des-
sen Himmel von Tau trieft. 29 [a]Wohl dir,
Israel! Wer ist dir gleich? Du Volk, das
sein Heil empfängt durch den HERRN,
der deiner Hilfe Schild und das Schwert
deines Sieges ist! Deine Feinde werden
dir huldigen und du wirst auf ihren
Höhen einherschreiten.

Moses Tod

34 Und Mose stieg aus dem Jordan-
tal der Moabiter auf den Berg Ne-
bo, den Gipfel des Gebirges Pisga, gegen-
über Jericho. Und der HERR [a]zeigte ihm
das ganze Land: Gilead bis nach Dan
2 und das ganze Naftali und das ganze
Land Ephraim und Manasse und das
ganze Land Juda bis an das Meer im
Westen 3 und das Südland und die Ge-
gend am Jordan, die Ebene von Jericho,
der [a]Palmenstadt, bis nach Zoar. 4 Und
der HERR sprach zu ihm: Dies ist das
Land, von dem ich Abraham, Isaak und
Jakob geschworen habe: [a]Ich will es dei-
nen Nachkommen geben. – Du hast es
mit deinen Augen gesehen, aber du sollst
nicht hinübergehen.

5 So starb Mose, der Knecht des
HERRN, daselbst im Lande Moab nach
dem Wort des HERRN.[a] 6 Und er begrub
ihn im Tal, im Lande Moab gegenüber
Bet-Peor. Und niemand hat sein Grab
erfahren bis auf den heutigen Tag. 7 Und
[a]Mose war hundertundzwanzig Jahre
alt, als er starb. Seine Augen waren nicht
schwach geworden und seine Kraft war
nicht verfallen. 8 Und die Israeliten be-
weinten Mose im Jordantal der Moabiter
[a]dreißig Tage, bis die Zeit des Weinens
und Klagens über Mose vollendet war.

9 Josua aber, der Sohn Nuns, [a]wurde
erfüllt mit dem Geist der Weisheit; denn
Mose hatte [b]seine Hände auf ihn gelegt.
Und die Israeliten gehorchten ihm und
taten, wie der HERR es Mose geboten
hatte.

10 Und es stand hinfort kein Prophet in
Israel auf wie Mose, den [a]der HERR er-
kannt hätte von Angesicht zu Angesicht,
11 mit all den Zeichen und Wundern, mit
denen der HERR ihn gesandt hatte, dass
er sie täte in Ägyptenland am Pharao
und an allen seinen Großen und an sei-
nem ganzen Lande, 12 und mit all der
mächtigen Kraft und den großen Schre-
ckenstaten, die Mose vollbrachte vor den
Augen von ganz Israel.

33,17: *a* 1. Mose 46,20 **33,21:** *a* 4. Mose 32,29-32 **33,26:** *a* Kap 32,15 **33,28:** *a* 3. Mose 25,18; 1. Kön 5,5; *b* Ps 68,27-28; Jes 51,1-2; *c* 1. Mose 27,28 **33,29:** *a* Kap 4,7-8; Ps 33,12; 144,15 **34,1:** *a* Kap 3,27 **34,3:** *a* 2. Chr 28,15 **34,4:** *a* 1. Mose 12,7 **34,5:** *a* Kap 32,50 **34,7:** *a* Kap 31,2 **34,8:** *a* 4. Mose 20,29 **34,9:** *a* 4. Mose 27,18-23; *b* 1. Tim 4,14; 2. Tim 1,6 **34,10:** *a* 2. Mose 33,11; 4. Mose 12,6-8; 1. Kor 13,12

DAS BUCH JOSUA

Inhaltsübersicht

Zurüstung für den Einzug in das verheißene Land

1 Nachdem Mose, der Knecht des
HERRN, gestorben war, sprach der
HERR zu Josua, dem Sohn Nuns, Moses
Diener: 2 Mein Knecht [a]Mose ist gestor-
ben; so mach dich nun auf und zieh über
den Jordan, du und dies ganze Volk, in
das Land, das ich ihnen, den Israeliten,
gegeben habe. 3 Jede Stätte, auf die eure
Fußsohlen treten werden, habe ich euch
gegeben, wie ich Mose zugesagt habe.[a]
4 Von der Wüste bis zum Libanon und
von dem großen Strom Euphrat bis an
das große Meer gegen Sonnenuntergang,
das ganze Land der Hetiter, soll euer
Gebiet sein. 5 Es soll dir niemand wider-
stehen dein Leben lang. Wie ich mit
Mose gewesen bin, so will ich auch mit
dir sein. [a]Ich will dich nicht verlassen
noch von dir weichen. 6 Sei [a]getrost und
unverzagt; denn du sollst diesem Volk
das Land austeilen, das ich ihnen zum
Erbe geben will, wie ich ihren Vätern
geschworen habe.

7 Sei nur getrost und ganz unverzagt,
dass du [a]hältst und tust in allen Dingen
nach dem Gesetz, das dir Mose, mein
Knecht, geboten hat. Weiche nicht da-
von, weder zur Rechten noch zur Linken,
damit du es recht ausrichten kannst, wo-
hin du auch gehst. 8 Und lass das Buch
dieses Gesetzes nicht von deinem Munde
kommen, sondern [a]betrachte es Tag und
Nacht, dass du hältst und tust in allen
Dingen nach dem, was darin geschrieben
steht. Dann wird es dir auf deinen Wegen
gelingen und du wirst es recht ausrichten.
9 **Siehe, ich habe dir geboten, dass du ge-
trost und unverzagt seist. Lass dir nicht
grauen und entsetze dich nicht; denn der
HERR, dein Gott, ist mit dir in allem, was
du tun wirst.**

10 Da gebot Josua den Amtleuten des
Volks und sprach: 11 Geht durch das La-
ger und gebietet dem Volk und sprecht:
Schafft euch Vorrat; denn nach drei Ta-
gen werdet ihr hier über den Jordan ge-
hen, dass ihr hineinkommt und das Land
einnehmt, das euch der HERR, euer Gott,
geben wird.

12 [a]Und zu den Rubenitern, Gaditern
und dem halben Stamm Manasse sprach
Josua: 13 Denkt an das Wort, das euch
Mose, der Knecht des HERRN, geboten
hat: Der HERR, euer Gott, hat euch zur
Ruhe gebracht und euch dies Land gege-
ben. 14 Eure Frauen und Kinder und euer
Vieh lasst im Land bleiben, das euch
Mose gegeben hat, diesseits des Jordans.
Ihr aber sollt, so viele von euch streitbare
Männer sind, vor euren Brüdern gerüstet
hinüberziehen und ihnen helfen, 15 bis
der HERR eure Brüder auch zur Ruhe
bringt wie euch, dass auch sie einnehmen
das Land, das ihnen der HERR, euer
Gott, geben wird. Dann sollt ihr wieder
zurückkehren in euer Land, das euch
Mose, der Knecht des HERRN, zum Be-
sitz gegeben hat diesseits des Jordans,
gegen den Aufgang der Sonne. 16 Und sie
antworteten Josua und sprachen: Alles,
was du uns geboten hast, das wollen wir
tun, und wo du uns hinsendest, da wollen
wir hingehen. 17 Wie wir Mose gehorsam
gewesen sind, so wollen wir auch dir ge-
horsam sein; nur, dass der HERR, dein
Gott, mit dir sei, wie er mit Mose war!
18 Wer deinem Mund ungehorsam ist und
nicht gehorcht deinen Worten in allem,
was du uns gebietest, der soll sterben.
[a]Sei nur getrost und unverzagt!

1,2: *a* 5. Mose 34,5 **1,3:** *a* 5. Mose 11,24 **1,5:** *a* 5. Mose 31,7-8; Hebr 13,5 **1,6:** *a* 5. Mose 3,28 **1,7:** *a* 5. Mose 5,29; 29,8; 1. Kön 2,3 **1,8:** *a* Ps 1,2-3 **1,12:** *a (12-18)* 5. Mose 3,12-20; 4. Mose 32,20-29 **1,18:** *a* Vers 6

Die Kundschafter in Jericho

2 Josua aber, der Sohn Nuns, sandte
von Schittim zwei Männer heimlich
als Kundschafter aus und sagte ihnen:
Geht hin, seht das Land an, auch Jeri-
cho. Die gingen hin und kamen in das
Haus einer Hure, die hieß [a]Rahab, und
kehrten dort ein. 2 Da wurde dem König
von Jericho angesagt: Siehe, es sind in
dieser Nacht Männer von Israel herein-
gekommen, um das Land zu erkunden.
3 Da sandte der König von Jericho zu
Rahab und ließ ihr sagen: Gib die Män-
ner heraus, die zu dir in dein Haus ge-
kommen sind; denn sie sind gekommen,
um das ganze Land zu erkunden. 4 Aber
die Frau verbarg die beiden Männer und
sprach: Ja, es sind Männer zu mir herein-
gekommen, aber ich wusste nicht, woher
sie waren. 5 Und als man die Stadttore
zuschließen wollte, als es finster wurde,
gingen sie hinaus, und ich weiß nicht, wo
sie hingegangen sind. Jagt ihnen eilends
nach, dann werdet ihr sie ergreifen. 6 Sie
aber hatte sie auf das Dach steigen lassen
und unter den Flachsstängeln versteckt,
die sie auf dem Dach ausgebreitet hatte.
7 Die aber jagten den Männern nach auf
dem Wege zum Jordan bis an die Furten,
und man schloss das Tor zu, als die drau-
ßen waren, die ihnen nachjagten.

8 Und ehe die Männer sich schlafen
legten, stieg sie zu ihnen hinauf auf das
Dach 9 und sprach zu ihnen: Ich weiß,
dass der HERR euch das Land gegeben
hat; denn [a]ein Schrecken vor euch ist
über uns gefallen, und alle Bewohner des
Landes sind vor euch feige geworden.
10 Denn wir haben gehört, wie der HERR
[a]das Wasser im Schilfmeer ausgetrock-
net hat vor euch her, als ihr aus Ägypten
zogt, und was ihr den beiden Königen
der Amoriter, [b]Sihon und Og, jenseits
des Jordans getan habt, wie ihr an ihnen
den Bann vollstreckt habt. 11 Und seit-
dem wir das gehört haben, [a]ist unser
Herz verzagt und es wagt keiner mehr,
vor euch zu atmen; denn [b]der HERR,
euer Gott, ist Gott oben im Himmel und
unten auf Erden. 12 So schwört mir nun
bei dem HERRN, weil ich an euch Barm-
herzigkeit getan habe, dass auch ihr [a]an
meines Vaters Hause Barmherzigkeit tut,
und gebt mir ein sicheres Zeichen, 13 dass
ihr leben lasst meinen Vater, meine Mut-
ter, meine Brüder und meine Schwestern
und alles, was sie haben, und uns vom
Tode errettet. 14 Die Männer sprachen zu
ihr: Tun wir nicht Barmherzigkeit und
Treue an dir, wenn uns der HERR das
Land gibt, so wollen wir selbst des Todes
sein, sofern du unsere Sache nicht ver-
rätst.

15 Da ließ Rahab sie an einem Seil
durchs Fenster hernieder; denn ihr Haus
war an der Stadtmauer, und sie wohnte
an der Mauer. 16 Und sie sprach zu ih-
nen: Geht auf das Gebirge, dass euch
nicht begegnen, die euch nachjagen, und
verbergt euch dort drei Tage, bis sie zu-
rückkommen, die euch nachjagen; da-
nach geht eure Straße. 17 Die Männer
aber sprachen zu ihr: Wir wollen den Eid
so einlösen, den du uns hast schwören
lassen: 18 Wenn wir ins Land kommen, so
sollst du dies rote Seil in das Fenster
knüpfen, durch das du uns hernieder-
gelassen hast, und zu dir ins Haus ver-
sammeln deinen Vater, deine Mutter,
deine Brüder und deines Vaters ganzes
Haus. 19 Und wer zur Tür deines Hauses
herausgeht, dessen Blut komme über ihn,
aber wir seien unschuldig; doch das Blut
aller, die in deinem Hause sind, soll über
uns kommen, wenn Hand an sie gelegt
wird. 20 Und wenn du etwas von dieser
unserer Sache verrätst, so sind wir des
Eides los, den du uns hast schwören las-
sen. 21 Sie sprach: Es sei, wie ihr sagt!,
und ließ sie gehen. Und sie gingen weg.
Und sie knüpfte das rote Seil ins Fens-
ter.

22 Sie aber gingen weg und kamen aufs
Gebirge und blieben drei Tage dort, bis
die zurückgekommen waren, die ihnen
nachjagten. Denn sie hatten sie gesucht
auf allen Straßen und doch nicht gefun-
den. 23 Da kehrten die beiden Männer
um und gingen vom Gebirge herab und
setzten über und kamen zu Josua, dem
Sohn Nuns, und erzählten ihm alles, was
ihnen begegnet war, 24 und sprachen zu
Josua: Der HERR hat uns das ganze

2,1: *a* Mt 1,5; Hebr 11,31; Jak 2,25 **2,9:** *a* 2. Mose 23,27 **2,10:** *a* 2. Mose 14,21; *b* 4. Mose 21,21-26 **2,11:** *a* Kap 5,1; 2. Mose 15,14-15; *b* 5. Mose 4,39 **2,12:** *a* Kap 6,23.25

Land in unsere Hände gegeben, und [a]es sind auch alle Bewohner des Landes vor uns feige geworden.

Israel geht durch den Jordan

3 Und Josua machte sich früh auf und sie zogen aus [a]Schittim und kamen an den Jordan, er und alle Israeliten, und blieben dort über Nacht, ehe sie hinüberzogen. 2Nach drei Tagen aber gingen die Amtleute durchs Lager 3und geboten dem Volk: Wenn ihr die Lade des Bundes des HERRN, eures Gottes, seht und wie die Priester aus dem Stamm Levi sie tragen, so brecht auf von eurem Ort und folgt ihr nach; 4doch dass zwischen euch und ihr ein Abstand sei von ungefähr zweitausend Ellen! Ihr sollt ihr nicht zu nahe kommen. Aber ihr müsst ja wissen, auf welchem Wege ihr gehen sollt; denn ihr seid den Weg bisher noch nicht gegangen. 5Und Josua sprach zum Volk: [a]Heiligt euch, denn morgen wird der HERR Wunder unter euch tun. 6Und zu den Priestern sprach er: [a]Hebt die Bundeslade auf und geht vor dem Volk her! Da hoben sie die Bundeslade auf und gingen vor dem Volk her. 7Und der HERR sprach zu Josua: Heute will ich anfangen, [a]dich groß zu machen vor ganz Israel, damit sie wissen: [b]Wie ich mit Mose gewesen bin, so werde ich auch mit dir sein. 8Und du gebiete den Priestern, die die Bundeslade tragen, und sprich: Wenn ihr an das Wasser des Jordans herankommt, so bleibt im Jordan stehen.

9Und Josua sprach zu den Israeliten: Herzu! Hört die Worte des HERRN, eures Gottes! 10Daran sollt ihr merken, dass ein lebendiger Gott unter euch ist und dass er vor euch vertreiben wird die Kanaaniter, Hetiter, Hiwiter, Perisiter, Girgaschiter, Amoriter und Jebusiter: 11Siehe, die Lade des Bundes des Herrschers über alle Welt wird vor euch hergehen in den Jordan. 12So nehmt nun zwölf Männer aus den Stämmen Israels, aus jedem Stamm einen. 13Wenn dann die Fußsohlen der Priester, die die Lade des HERRN, des [a]Herrschers über alle Welt, tragen, in dem Wasser des Jordans stillstehen, so wird das Wasser des Jordans, das von oben herabfließt, nicht weiterlaufen, sondern stehen bleiben wie ein einziger Wall.

14Als nun das Volk aus seinen Zelten auszog, um durch den Jordan zu gehen, und als die Priester die Bundeslade vor dem Volk hertrugen 15und an den Jordan kamen und ihre Füße vorn ins Wasser tauchten – der Jordan aber war die ganze Zeit der Ernte über alle seine Ufer getreten –, 16da stand das Wasser, das von oben herniederkam, aufgerichtet wie ein einziger Wall, sehr fern, bei der Stadt Adam, die zur Seite von Zaretan liegt; aber das Wasser, das zum Meer hinunterlief, zum Salzmeer, das nahm ab und floss ganz weg. So ging das Volk hindurch gegenüber von Jericho.[a] 17Und die Priester, die die Lade des Bundes des HERRN trugen, standen still im Trockenen mitten im Jordan. Und ganz Israel ging auf trockenem Boden hindurch, bis das ganze Volk über den Jordan gekommen war.

Denksteine des Durchzugs

4 Als nun das Volk ganz über den Jordan gegangen war, sprach der HERR zu Josua: 2Nehmt euch aus dem Volk zwölf Männer, aus jedem Stamm einen, 3und gebietet ihnen: Hebt mitten aus dem Jordan zwölf Steine auf von der Stelle, wo die Füße der Priester stillstehen, und bringt sie mit euch hinüber und legt sie in dem Lager nieder, wo ihr diese Nacht bleiben werdet. 4Da rief Josua die zwölf Männer, die er bestellt hatte aus Israel, aus jedem Stamm einen, 5und sprach zu ihnen: Geht hinüber vor der Lade des HERRN, eures Gottes, mitten in den Jordan und ein jeder hebe einen Stein auf seine Schulter, nach der Zahl der Stämme Israels, 6damit sie ein Zeichen seien unter euch. Wenn [a]eure Kinder später einmal fragen: Was bedeuten euch diese Steine?, 7so sollt ihr ihnen sagen: Weil das Wasser des Jordans weggeflossen ist vor der Lade des Bundes des HERRN, als sie durch den Jordan ging, sollen diese Steine für Israel ein ewiges

2,24: *a* Vers 9 **3,1:** *a* 4. Mose 25,1 **3,5:** *a* 2. Mose 19,10 **3,6:** *a* Kap 6,6 **3,7:** *a* Kap 4,14; *b* Kap 1,5.17 **3,13:** *a* Ps 97,5; Mi 4,13; Sach 4,14 **3,16:** *a* 2. Mose 14,21-22; Ps 114,3 **4,6:** *a* 2. Mose 12,26

Andenken sein. 8 Da taten die Israeliten,
wie ihnen Josua geboten hatte, und tru-
gen zwölf Steine mitten aus dem Jordan,
wie der HERR zu Josua gesagt hatte, nach
der Zahl der Stämme Israels, und brach-
ten sie mit sich hinüber in das Lager und
legten sie dort nieder.

9 Und Josua richtete zwölf Steine auf
mitten im Jordan, wo die Füße der Pries-
ter gestanden hatten, die die Bundeslade
trugen; diese sind noch dort bis auf den
heutigen Tag.

10 Die Priester aber, die die Lade tru-
gen, standen mitten im Jordan, bis alles
ausgerichtet war, was der HERR dem Jo-
sua geboten hatte, dem Volk zu sagen,
genau wie Mose dem Josua geboten
hatte. Und das Volk ging eilends hinüber.
11 Als nun das Volk ganz hinübergegan-
gen war, da ging die Lade des HERRN
auch hinüber und die Priester vor dem
Volk her. 12 Und die Rubeniter und Ga-
diter und der halbe Stamm Manasse gin-
gen gerüstet vor den Israeliten her, wie
Mose zu ihnen geredet hatte.[a] 13 An vier-
zigtausend zum Krieg gerüstete Männer
gingen vor dem HERRN her zum Kampf
ins Jordantal von Jericho. 14 An diesem
Tage [a]machte der HERR den Josua groß
vor ganz Israel. Und sie fürchteten ihn,
wie sie Mose gefürchtet hatten, sein Le-
ben lang.

15 Und der HERR sprach zu Josua:
16 Gebiete den Priestern, die die Lade mit
dem Gesetz tragen, dass sie aus dem Jor-
dan heraufsteigen. 17 Da gebot Josua den
Priestern: Steigt herauf aus dem Jordan!
18 Und als die Priester, die die Lade des
Bundes des HERRN trugen, aus dem Jor-
dan heraufstiegen und mit ihren Fuß-
sohlen aufs Trockene traten, kam das
Wasser des Jordans wieder an seine
Stätte und floss wie vorher über alle
seine Ufer. 19 Es war aber der zehnte Tag
des ersten Monats, als das Volk aus dem
Jordan heraufstieg. Und sie lagerten sich
in [a]Gilgal, östlich der Stadt Jericho.

20 Und die zwölf Steine, die sie aus dem
Jordan genommen hatten, richtete Josua
auf in Gilgal 21 und sprach zu Israel:
[a]Wenn eure Kinder später einmal ihre
Väter fragen: Was bedeuten diese Steine?,
22 so sollt ihr ihnen kundtun und sagen:
Israel ging auf trockenem Boden durch
den Jordan, 23 als der HERR, euer Gott,
den Jordan vor euch austrocknete, bis ihr
hinübergegangen wart, wie der HERR,
euer Gott, am Schilfmeer getan hatte,
das er vor uns austrocknete, bis wir hin-
durchgegangen waren;[a] 24 damit alle Völ-
ker auf Erden die Hand des HERRN er-
kennen, wie mächtig sie ist, und den
HERRN, euren Gott, fürchten allezeit.

5 Als nun alle Könige der Amoriter, die
jenseits des Jordans nach Westen zu
wohnten, und alle Könige der Kanaa-
niter am Meer hörten, wie der HERR
[a]das Wasser des Jordans ausgetrocknet
hatte vor den Israeliten, bis sie hinüber-
gegangen waren, da [b]verzagte ihr Herz
und es wagte keiner mehr zu atmen vor
Israel.

Beschneidung und Feier des Passa in Kanaan

2 Zu dieser Zeit sprach der HERR zu Jo-
sua: Mache dir [a]steinerne Messer und
[b]beschneide die Israeliten wie schon frü-
her. 3 Da machte sich Josua steinerne
Messer und beschnitt die Israeliten auf
dem Hügel der Vorhäute.

4 Und das ist der Grund, warum Josua
sie beschnitten hat: Das ganze Volk, das
aus Ägypten gezogen war, die Männer,
alle Kriegsleute, waren unterwegs in der
Wüste gestorben, als sie aus Ägypten zo-
gen. 5 Und das ganze Volk, das auszog,
war beschnitten gewesen; aber das ganze
Volk, das unterwegs in der Wüste ge-
boren war, als sie aus Ägypten zogen, das
war nicht beschnitten. 6 Denn die Israeli-
ten wanderten vierzig Jahre in der Wüste,
bis es mit dem ganzen Volk, den Kriegs-
männern, die aus Ägypten gezogen wa-
ren, zu Ende gegangen war, weil sie der
Stimme des HERRN nicht gehorcht hat-
ten; wie denn der HERR ihnen geschwo-
ren hatte, [a]sie sollten das Land nicht
sehen, das der HERR, wie er ihren Vätern
geschworen hatte, uns geben wollte, ein
Land, darin Milch und Honig fließt.
7 Ihre Söhne, die er an ihrer statt hatte
aufwachsen lassen, beschnitt Josua; denn
sie waren noch unbeschnitten und unter-

4,12: *a* Kap 1,12-16 **4,14:** *a* Kap 3,7 **4,19:** *a* Kap 5,9-10 **4,21:** *a* Vers 6 **4,23:** *a* Kap 3,9-17; 2. Mose 14,21-22 **5,1:** *a* Kap 3,16; *b* Kap 2,24 **5,2:** *a* 2. Mose 4,25; *b* 1. Mose 17,12-14 **5,6:** *a* 4. Mose 14,22-23

wegs nicht beschnitten worden. 8 Und als
das ganze Volk beschnitten war, blieben
sie an ihrem Ort im Lager, bis sie genesen
waren. 9 Und der HERR sprach zu Josua:
Heute habe ich die Schande Ägyptens
von euch abgewälzt. Und diese Stätte
wurde [a]Gilgal genannt bis auf diesen
Tag.

10 [a]Und als die Israeliten in Gilgal das
Lager aufgeschlagen hatten, hielten sie
Passa am vierzehnten Tage des Monats
am Abend im Jordantal von Jericho
11 und aßen vom Getreide des Landes am
Tag nach dem Passa, nämlich ungesäu-
ertes Brot und geröstete Körner. An eben
diesem Tage 12 hörte das [a]Manna auf,
weil sie jetzt vom Getreide des Landes
aßen, sodass Israel vom nächsten Tag an
kein Manna mehr hatte. Sie aßen schon
von der Ernte des Landes Kanaan in
diesem Jahr.

Der Fürst über das Heer des HERRN erscheint dem Josua

13 Und es begab sich, als Josua bei Jeri-
cho war, dass er seine Augen aufhob und
gewahr wurde, dass [a]ein Mann ihm ge-
genüberstand und ein bloßes Schwert in
seiner Hand hatte. Und Josua ging zu
ihm und sprach zu ihm: Gehörst du zu
uns oder zu unsern Feinden? 14 Er
sprach: Nein, sondern ich bin der Fürst
über das Heer des HERRN und bin jetzt
gekommen. Da fiel Josua auf sein Ange-
sicht zur Erde nieder, betete an und
sprach zu ihm: Was sagt mein Herr sei-
nem Knecht? 15 Und der Fürst über das
Heer des HERRN sprach zu Josua: [a]Zieh
deine Schuhe von deinen Füßen; denn
die Stätte, darauf du stehst, ist heilig.
Und so tat Josua.

Jericho wird erobert und zerstört

6 Jericho aber war verschlossen und
verwahrt vor den Israeliten, sodass
niemand heraus- oder hineinkommen
konnte. 2 Aber der HERR sprach zu Jo-
sua: Sieh, ich habe Jericho samt seinem
König und seinen Kriegsleuten in deine
Hand gegeben. 3 Lass alle Kriegsmänner
rings um die Stadt herumgehen **einmal**
und tu so sechs Tage lang. 4 Und lass
sieben Priester sieben Posaunen tragen
vor der Lade her, und am siebenten Tage
zieht siebenmal um die Stadt und lass die
Priester die Posaunen blasen. 5 Und wenn
man die Posaune bläst und es lange tönt,
so soll das ganze Kriegsvolk ein großes
Kriegsgeschrei erheben, wenn ihr den
Schall der Posaune hört. Dann wird die
Stadtmauer einfallen und das Kriegsvolk
soll hinaufsteigen, ein jeder stracks vor
sich hin.

6 Da rief Josua, der Sohn Nuns, die
Priester und sprach zu ihnen: Bringt die
Bundeslade und sieben Priester sollen
sieben Posaunen tragen vor der Lade des
HERRN. 7 Zum Volk aber sprach er: Geht
hin und zieht um die Stadt; und die
Kriegsleute sollen vor der Lade des
HERRN hergehen. 8 Als Josua das dem
Volk gesagt hatte, trugen die sieben Pries-
ter sieben Posaunen vor der Lade des
HERRN her und gingen und bliesen die
Posaunen, und die Lade des Bundes des
HERRN folgte ihnen nach. 9 Und die
Kriegsleute gingen vor den Priestern her,
die die Posaunen bliesen, und das übrige
Volk folgte der Lade nach und man blies
immerfort die Posaunen. 10 Josua aber ge-
bot dem Kriegsvolk und sprach: Ihr sollt
kein Kriegsgeschrei erheben noch eure
Stimmen hören lassen, noch soll ein
Wort aus eurem Munde gehen bis auf
den Tag, an dem ich zu euch sage:
»Macht ein Kriegsgeschrei!« Dann sollt
ihr das Kriegsgeschrei erheben.

11 So ließ er die Lade des HERRN rings
um die Stadt ziehen **einmal** und sie ka-
men zurück in das Lager und blieben
darin über Nacht. 12 Und Josua machte
sich früh am Morgen auf und die Priester
trugen die Lade des HERRN. 13 So trugen
die sieben Priester die sieben Posaunen
vor der Lade des HERRN her und bliesen
immerfort die Posaunen; und die Kriegs-
leute gingen vor ihnen her, und das üb-
rige Volk folgte der Lade des HERRN und
man blies immerfort die Posaunen. 14 Am
zweiten Tage gingen sie auch **einmal** um
die Stadt und kamen zurück ins Lager.
So taten sie sechs Tage.

5,9: *a* Kap 4,19 **5,10:** *a (10-11)* 2. Mose 12,6.39; 3. Mose 23,10.14; 2. Kön 23,21-22; Hos 9,15 **5,12:** *a* 2. Mose 16,35
5,13: *a* 4. Mose 22,23.31 **5,15:** *a* 2. Mose 3,5

15 Am siebenten Tage aber, als die
Morgenröte aufging, machten sie sich
früh auf und zogen in derselben Weise
siebenmal um die Stadt; nur an diesem
Tag zogen sie siebenmal um die Stadt.
16 Und beim siebenten Mal, als die Pries-
ter die Posaunen bliesen, sprach Josua
zum Volk: Macht ein Kriegsgeschrei!
Denn der HERR hat euch die Stadt gege-
ben. 17 Aber diese Stadt und alles, was
darin ist, soll [a]dem Bann des HERRN
verfallen sein. [b]Nur die Hure Rahab soll
am Leben bleiben und alle, die mit ihr im
Hause sind; denn sie hat die Boten ver-
borgen, die wir aussandten. 18 Allein hü-
tet euch [a]vor dem Gebannten und lasst
euch nicht gelüsten, etwas von dem Ge-
bannten zu nehmen und das Lager Is-
raels in Bann und Unglück zu bringen.
19 Aber alles Silber und Gold samt dem
kupfernen und eisernen Gerät soll dem
HERRN geheiligt sein, dass es zum Schatz
des HERRN komme.

20 Da erhob das Volk ein Kriegsge-
schrei und man blies die Posaunen. Und
als das Volk den Hall der Posaunen
hörte, erhob es ein großes Kriegsge-
schrei. Da [a]fiel die Mauer um und das
Volk stieg zur Stadt hinauf, ein jeder
stracks vor sich hin. So eroberten sie die
Stadt 21 und vollstreckten den Bann an
allem, was in der Stadt war, mit der
Schärfe des Schwerts, an Mann und
Weib, Jung und Alt, Rindern, Schafen
und Eseln.

22 [a]Aber Josua sprach zu den beiden
Männern, die das Land erkundet hatten:
Geht in das Haus der Hure und führt die
Frau von da heraus mit allem, was sie
hat, wie ihr es ihr geschworen habt. 23 Da
gingen die Männer, die Kundschafter,
hinein und führten Rahab heraus samt
ihrem Vater und ihrer Mutter und ihren
Brüdern und alles, was sie hatte, und ihr
ganzes Geschlecht und brachten sie [a]au-
ßerhalb des Lagers Israels unter. 24 Aber
die Stadt verbrannten sie mit Feuer und
alles, was darin war. Nur das Silber und
Gold und die kupfernen und eisernen
Geräte taten sie zum Schatz in das Haus
des HERRN. 25 [a]Rahab aber, die Hure,
samt dem Hause ihres Vaters und alles,
was sie hatte, [b]ließ Josua leben. Und sie
blieb in Israel wohnen bis auf diesen Tag,
weil sie die Boten verborgen hatte, die
Josua gesandt hatte, um Jericho auszu-
kundschaften.

26 Zu dieser Zeit ließ Josua schwören:
Verflucht vor dem HERRN sei der Mann,
der sich aufmacht und diese Stadt Jeri-
cho wieder aufbaut! [a]Wenn er ihren
Grund legt, das koste ihn seinen erst-
geborenen Sohn, und wenn er ihre Tore
setzt, das koste ihn seinen jüngsten Sohn!
27 So war der HERR mit Josua, dass man
ihn rühmte im ganzen Lande.

Achans Diebstahl

7 Aber die Israeliten vergriffen sich an
dem Gebannten; denn Achan, der
Sohn Karmis, des Sohnes Sabdis, des
Sohnes Serachs, vom Stamm Juda,
[a]nahm etwas vom Gebannten. Da ent-
brannte der Zorn des HERRN über die
Israeliten.

2 Und Josua sandte Männer aus von
Jericho nach Ai, das bei Bet-Awen liegt
östlich von Bethel, und sprach zu ihnen:
Geht hinauf und erkundet das Land.
Und als sie hinaufgegangen waren und
Ai erkundet hatten, 3 kamen sie zu Josua
zurück und sprachen zu ihm: Lass nicht
das ganze Kriegsvolk hinaufziehen, son-
dern etwa zwei- oder dreitausend Mann
sollen hinaufziehen und Ai schlagen, da-
mit nicht das ganze Volk sich dorthin
bemühe; denn ihrer sind wenige. 4 So zo-
gen hinauf vom Volk etwa dreitausend
Mann; aber sie flohen vor den Männern
von Ai. 5 Und die Männer von Ai er-
schlugen von ihnen etwa sechsunddreißig
Mann; sie hatten sie nämlich von dem
Tor bis zu den Steinbrüchen gejagt und
am Abhang erschlagen. Da verzagte das
Herz des Volks und ward zu Wasser.

6 Josua aber zerriss seine Kleider und
fiel auf sein Angesicht zur Erde vor der
Lade des HERRN bis zum Abend samt
den Ältesten Israels, und sie warfen
Staub auf ihr Haupt. 7 Und Josua sprach:
Ach, Herr HERR, warum hast du dies
Volk über den Jordan geführt und gibst
uns in die Hände der Amoriter, um uns
umzubringen? O dass wir doch jenseits

6,17: *a* 5. Mose 20,16-17; *b* Kap 2,12-13; Hebr 11,31 **6,18:** *a* 3. Mose 27,28; 5. Mose 13,18 **6,20:** *a* Hebr 11,30 **6,22:** *a (22-23)* Kap 2,12-14 **6,23:** *a* 4. Mose 31,19 **6,25:** *a* Mt 1,5; *b* Ri 1,25 **6,26:** *a* 1. Kön 16,34 **7,1:** *a* Kap 6,18

des Jordans geblieben wären! **8** Ach, Herr,
was soll ich sagen, nachdem Israel seinen
Feinden den Rücken gekehrt hat? **9** Wenn
das die Kanaaniter und alle Bewohner
des Landes hören, so werden sie uns um-
ringen und unsern Namen ausrotten von
der Erde. Was willst du dann für deinen
großen Namen tun?[a]

10 Da sprach der HERR zu Josua: Steh
auf! Warum liegst du da auf deinem An-
gesicht? **11** Israel hat sich versündigt, sie
haben meinen Bund übertreten, den ich
ihnen geboten habe, und haben von dem
Gebannten genommen und gestohlen
und haben's verheimlicht und zu ihren
Geräten gelegt. **12** Darum kann Israel
nicht bestehen vor seinen Feinden, son-
dern sie müssen ihren Feinden den Rü-
cken kehren; denn sie sind dem Bann ver-
fallen. Ich werde hinfort nicht mit euch
sein, wenn ihr nicht das Gebannte aus
eurer Mitte tilgt. **13** Steh auf, heilige das
Volk und sprich: [a]Heiligt euch auf mor-
gen! Denn so spricht der HERR, der Gott
Israels: Es ist Gebanntes in deiner Mitte,
Israel; darum kannst du nicht bestehen
vor deinen Feinden, bis ihr das Gebannte
von euch tut. **14** Und morgen früh sollt
ihr herzutreten, ein Stamm nach dem an-
dern; und welchen Stamm der HERR tref-
fen wird, der soll herzutreten, ein Ge-
schlecht nach dem andern; und welches
Geschlecht der HERR treffen wird, das
soll herzutreten, ein Haus nach dem an-
dern; und welches Haus der HERR treffen
wird, das soll herzutreten, Mann für
Mann. **15** Und wer so mit dem Gebann-
ten angetroffen wird, den soll man mit
Feuer verbrennen mit allem, was er hat,
weil er den Bund des HERRN übertreten
und einen Frevel in Israel begangen hat.

16 Da machte sich Josua früh am Mor-
gen auf und ließ Israel herzutreten, einen
Stamm nach dem andern; und es wurde
getroffen der Stamm Juda.[a] **17** Und als er
die Geschlechter Judas herzutreten ließ,
wurde getroffen das [a]Geschlecht der Se-
rachiter. Und als er das Geschlecht der
Serachiter herzutreten ließ, wurde Sabdi
getroffen. **18** Und als er sein Haus her-
zutreten ließ, Mann für Mann, wurde
getroffen Achan, der Sohn Karmis, des
Sohnes Sabdis, des Sohnes Serachs, aus
dem Stamm Juda. **19** Und Josua sprach
zu Achan: Mein Sohn, gib dem HERRN,
dem Gott Israels, die Ehre und bekenne
es ihm und sage mir, was du getan hast,
und verhehle mir nichts. **20** Da antwortete
Achan Josua und sprach: Wahrlich, [a]ich
habe mich versündigt an dem HERRN,
dem Gott Israels. So habe ich getan:
21 Ich sah unter der Beute einen kostba-
ren babylonischen Mantel und zweihun-
dert Lot Silber und eine Stange von
Gold, fünfzig Lot schwer; danach gelüs-
tete mich und ich nahm es. Und siehe, es
ist verscharrt in der Erde in meinem Zelt
und das Silber darunter.

22 Da sandte Josua Boten hin, die lie-
fen zum Zelt; und siehe, es war verscharrt
in seinem Zelt und das Silber darunter.
23 Und sie nahmen's aus dem Zelt und
brachten's zu Josua und zu allen Israeli-
ten und legten's nieder vor dem HERRN.
24 Da [a]nahmen Josua und ganz Israel mit
ihm Achan, den Sohn Serachs, samt dem
Silber, dem Mantel und der Stange von
Gold, seine Söhne und Töchter, seine
Rinder und Esel und Schafe, sein Zelt
und alles, was er hatte, und führten sie
hinauf ins Tal Achor. **25** Und Josua
sprach: Weil du uns betrübt hast, so be-
trübe dich der HERR an diesem Tage.
[a]Und ganz Israel steinigte ihn und ver-
brannte sie mit Feuer. Und als sie sie
gesteinigt hatten, **26** machten sie über ihm
einen großen Steinhaufen; der ist geblie-
ben bis auf diesen Tag. So kehrte sich
der HERR ab von dem Grimm seines
Zorns. Daher nennt man diesen Ort
[a]»Tal Achor«* bis auf diesen Tag.

Eroberung der Stadt Ai

8 Und der HERR sprach zu Josua:
Fürchte dich nicht und verzage nicht!
Nimm mit dir das ganze Kriegsvolk und
mache dich auf und zieh hinauf nach Ai!
Sieh, ich habe den König von Ai samt
seinem Volk in seiner Stadt und seinem
Land in deine Hände gegeben. **2** Und du
sollst mit Ai und seinem König tun, [a]wie
du mit Jericho und seinem König getan

* d. h. Unglückstal.

7,9: *a* 2. Mose 32,12 **7,13:** *a* Kap 3,5 **7,16:** *a* 1. Sam 10,20-21; 14,41-42 **7,17:** *a* 4. Mose 26,20 **7,20:** *a* 4. Mose 21,7; Ri 10,10; 1. Sam 7,6; Ps 51,5-6 **7,24:** *a* 3. Mose 24,14-15 **7,25:** *a* 5. Mose 13,16-17 **7,26:** *a* Jes 65,10; Hos 2,17 **8,2:** *a* Kap 6,21

hast, nur dass ihr [b]die Beute und das
Vieh unter euch teilen sollt. Lege einen
Hinterhalt hinter die Stadt!

3 Da machte sich Josua auf und das
ganze Kriegsvolk, um nach Ai hinauf-
zuziehen. Und Josua erwählte dreißig-
tausend streitbare Männer und sandte sie
aus bei Nacht 4 und gebot ihnen: Seht zu,
ihr sollt der Hinterhalt sein hinter der
Stadt. Entfernt euch aber nicht allzu weit
von der Stadt und seid allesamt bereit!
5 Ich aber und das ganze Kriegsvolk, das
bei mir ist, wollen nahe an die Stadt
heranrücken. Und wenn sie ausziehen
uns entgegen wie das erste Mal, so wol-
len wir vor ihnen fliehen, 6 damit sie uns
nachjagen, bis wir sie von der Stadt weg-
locken. Denn sie werden denken, wir flie-
hen vor ihnen [a]wie das erste Mal. Und
wenn wir vor ihnen fliehen, 7 sollt ihr
hervorbrechen aus dem Hinterhalt und
die Stadt einnehmen; denn der HERR,
euer Gott, wird sie in eure Hände geben.
8 Wenn ihr aber die Stadt eingenommen
habt, so steckt sie mit Feuer an und tut
nach dem Wort des HERRN. Siehe, ich
hab's euch geboten.

9 So sandte sie Josua hin. Und sie zo-
gen in den Hinterhalt und lagerten sich
zwischen Bethel und Ai, westlich von Ai.
Josua aber blieb die Nacht unter dem
Volk 10 und machte sich früh am Morgen
auf und ordnete das Volk und zog hinauf
mit den Ältesten Israels vor dem Volk
her nach Ai. 11 Und das ganze Kriegs-
volk, das bei ihm war, zog hinauf, und sie
kamen nahe vor die Stadt und lagerten
sich nördlich von Ai, sodass nur ein Tal
war zwischen ihnen und Ai. 12 Er hatte
aber etwa fünftausend Mann genommen
und in den Hinterhalt gelegt zwischen
Bethel und Ai westlich von der Stadt.
13 Und sie stellten das Volk des ganzen
Lagers, das nördlich vor der Stadt war,
so auf, dass sein Ende reichte bis westlich
von der Stadt. Und Josua zog hin in
dieser Nacht mitten in das Tal.

14 Als aber der König von Ai das sah,
machten die Männer der Stadt sich
eilends früh auf und zogen aus an einen
bestimmten Ort nach dem Jordantal zu,
um Israel zum Kampf zu begegnen, er
mit seinem ganzen Kriegsvolk. Denn er
wusste nicht, dass ihm ein Hinterhalt ge-
legt war auf der andern Seite der Stadt.
15 Josua aber und ganz Israel stellten sich,
als würden sie vor ihnen geschlagen, und
flohen auf dem Wege zur Wüste. 16 Da
wurde das ganze Volk in der Stadt zu-
sammengerufen, um ihnen nachzujagen.
Und sie jagten Josua nach und wurden
von der Stadt weggelockt, 17 sodass nicht
ein Mann in Ai und Bethel zurückblieb,
der nicht ausgezogen wäre, um Israel
nachzujagen, und ließen die Stadt offen
stehen und jagten Israel nach.

18 Da sprach der HERR zu Josua:
Strecke die Lanze in deiner Hand aus auf
Ai zu; denn ich will es in deine Hand
geben. Und als Josua die Lanze in seiner
Hand gegen die Stadt ausstreckte, 19 da
brach der Hinterhalt eilends auf aus sei-
nem Versteck und sie liefen, nachdem er
seine Hand ausgestreckt hatte, und ka-
men in die Stadt und nahmen sie ein und
eilten und steckten sie mit Feuer an.
20 Und die Männer von Ai wandten sich
um und sahen hinter sich und sahen den
Rauch der Stadt aufsteigen gen Himmel
und vermochten nicht zu fliehen, weder
hierhin noch dorthin. Denn das Volk,
das zur Wüste floh, kehrte um gegen die,
die ihnen nachjagten. 21 Und als Josua
und ganz Israel sahen, dass der Hinter-
halt die Stadt eingenommen hatte, weil
von der Stadt Rauch aufstieg, kehrten sie
um und schlugen die Männer von Ai.
22 Und die in der Stadt kamen auch her-
aus ihnen entgegen, und die Männer von
Ai gerieten mitten unter Israel, von hier-
her und von dorther. Und sie erschlugen
sie, bis niemand mehr von ihnen übrig
blieb noch entrinnen konnte, 23 und er-
griffen den König von Ai lebendig und
brachten ihn zu Josua. 24 Und als Israel
alle Einwohner von Ai getötet hatte auf
dem Felde und in der Wüste, wohin sie
ihnen nachgejagt waren, und alle durch
die Schärfe des Schwerts gefallen und
umgekommen waren, da kehrte sich ganz
Israel gegen Ai und schlug es mit der
Schärfe des Schwerts. 25 Und alle, die an
diesem Tage fielen, Männer und Frauen,
waren zwölftausend, alle Leute von Ai.

26 Josua aber zog nicht eher seine Hand
zurück, mit der er die Lanze ausgestreckt

8,2: *b* 5. Mose 20,10-18 **8,6:** *a* Kap 7,5

hatte, bis der Bann vollstreckt war an
allen Einwohnern von Ai. 27 Nur das
Vieh und die Beute der Stadt teilte Israel
unter sich nach dem Wort des HERRN,
das er Josua geboten hatte. 28 Und Josua
brannte Ai nieder und machte es zu ei-
nem Schutthaufen für immer, der noch
heute daliegt, 29 und [a]ließ den König von
Ai an einen Baum hängen bis zum
Abend. Als aber die Sonne untergegan-
gen war, gebot er, dass man seinen Leich-
nam vom Baum nehmen sollte, und sie
warfen ihn unter das Stadttor und mach-
ten einen großen Steinhaufen über ihm,
der bis auf diesen Tag da ist.

Altarbau und Verkündigung des Gesetzes

30 Damals [a]baute Josua dem HERRN,
dem Gott Israels, einen Altar auf dem
Berge Ebal, 31 [a]wie Mose, der Knecht des
HERRN, den Israeliten geboten hatte, wie
geschrieben steht im Gesetzbuch des
Mose: einen Altar von unversehrten Stei-
nen, die mit keinem Eisen behauen wa-
ren. Und sie opferten dem HERRN darauf
Brandopfer und brachten Dankopfer
dar, 32 und er schrieb dort auf die Steine
[a]eine Abschrift des Gesetzes, das Mose
vor den Augen der Israeliten geschrieben
hatte. 33 [a]Und ganz Israel stand mit sei-
nen Ältesten und Amtleuten und Rich-
tern zu beiden Seiten der Lade gegenüber
den Priestern aus dem Stamm Levi, die
die Lade des Bundes des HERRN trugen,
die Fremdlinge sowohl als auch die Ein-
heimischen, die eine Hälfte zum Berge
Garizim hin und die andere Hälfte zum
Berge Ebal hin, wie Mose, der Knecht
des HERRN, vormals geboten hatte, das
Volk Israel zu segnen. 34 Danach ließ er
ausrufen alle Worte des Gesetzes, den
Segen und den Fluch, ganz wie es ge-
schrieben steht im Gesetzbuch. 35 Es war
kein Wort, das Mose geboten hatte, das
Josua nicht hätte ausrufen lassen vor der
ganzen Gemeinde Israel und vor den
Frauen und Kindern und Fremdlingen,
die mit ihnen zogen.

Die List der Gibeoniter

9 Als das nun alle Könige hörten, die
jenseits des Jordans waren auf dem
Gebirge und im Hügelland und am gan-
zen Ufer des großen Meeres nach dem
Libanon hin, nämlich die Hetiter, Amo-
riter, Kanaaniter, Perisiter, Hiwiter und
Jebusiter, 2 fanden sie sich zusammen, um
einmütig gegen Josua und gegen Israel zu
kämpfen.

3 Aber die Bürger von Gibeon hörten,
was Josua mit [a]Jericho und [b]Ai getan
hatte. 4 Da erdachten auch sie eine List,
gingen hin und versahen sich mit Speise
und nahmen alte Säcke auf ihre Esel und
alte, zerrissene, geflickte Weinschläuche
5 und alte, geflickte Schuhe an ihre Füße
und zogen alte Kleider an, und alles
Brot, das sie mit sich nahmen, war hart
und zerbröckelt. 6 Und sie gingen zu Jo-
sua ins Lager nach Gilgal und sprachen
zu ihm und zu den Männern Israels: Wir
kommen aus fernen Landen; so schließt
nun einen Bund mit uns. 7 Da sprachen
die Männer Israels zu den [a]Hiwitern:
Vielleicht wohnt ihr mitten unter uns;
wie könnten wir dann [b]einen Bund mit
euch schließen?

8 Sie aber sprachen zu Josua: Wir sind
deine Knechte. Josua sprach zu ihnen:
Wer seid ihr und woher kommt ihr? 9 Sie
sprachen: Deine Knechte sind aus sehr
fernen Landen gekommen um des Na-
mens des HERRN, deines Gottes, willen;
denn wir haben von ihm gehört alles, was
er in Ägypten getan hat, 10 und alles, was
er den beiden Königen der Amoriter jen-
seits des Jordans getan hat, Sihon, dem
König von Heschbon, und Og, dem Kö-
nig von Baschan, der zu Aschtarot wohn-
te.[a] 11 Darum sprachen unsere Ältesten
und alle Bewohner unseres Landes zu
uns: Nehmt Speise mit euch auf die Reise
und geht ihnen entgegen und sprecht zu
ihnen: Wir sind eure Knechte. So schließt
nun einen Bund mit uns! 12 Dies unser
Brot, das wir aus unsern Häusern zu un-
serer Speise mitnahmen, war noch warm,
als wir zu euch auszogen, nun aber, siehe,
ist es hart und zerbröckelt; 13 und diese
Weinschläuche waren neu, als wir sie
füllten, und siehe, sie sind zerrissen; und
diese unsere Kleider und Schuhe sind alt
geworden über der sehr langen Reise.
14 Da nahmen die Obersten von ihrer

8,29: *a* 5. Mose 21,22-23 **8,30:** *a* 5. Mose 27,2-8 **8,31:** *a (31-32)* 2. Mose 20,25; 24,1-8 **8,32:** *a* 5. Mose 17,18 **8,33:** *a (33-35)* 5. Mose 11,29; 27,12-26; 28,1-68 **9,3:** *a* Kap 6,20-21; *b* Kap 8,26.28 **9,7:** *a* Kap 11,19; *b* 2. Mose 23,32 **9,10:** *a* 4. Mose 21,21-35

Speise, aber [a]befragten den Mund des
HERRN nicht. 15 Und Josua machte Frie-
den mit ihnen und schloss einen Bund
mit ihnen, dass sie am Leben bleiben
sollten. Und die Obersten der Gemeinde
schworen es ihnen.

16 Aber drei Tage nachdem sie mit ih-
nen einen Bund geschlossen hatten, kam
es vor sie, dass jene aus ihrer Nähe wären
und mitten unter ihnen wohnten. 17 Denn
als die Israeliten weiterzogen, kamen sie
am dritten Tage zu ihren Städten; die
hießen Gibeon, Kefira, Beerot und Kir-
jat-Jearim. 18 Aber die Israeliten erschlu-
gen sie nicht, weil ihnen die Obersten der
Gemeinde geschworen hatten bei dem
HERRN, dem Gott Israels. Als aber die
ganze Gemeinde gegen die Obersten
murrte, 19 sprachen alle Obersten zu der
ganzen Gemeinde: Wir haben ihnen ge-
schworen bei dem HERRN, dem Gott Is-
raels; darum können wir sie nicht an-
tasten. 20 Aber das wollen wir tun: Lasst
sie leben, dass nicht ein [a]Zorn über uns
komme um des Eides willen, den wir ih-
nen geschworen haben. 21 Und die Obers-
ten sprachen weiter zu ihnen: Lasst sie
leben, damit sie Holzhauer und Wasser-
schöpfer seien für die ganze Gemeinde,
wie ihnen die Obersten gesagt haben.

22 Da rief sie Josua und redete mit ih-
nen und sprach: Warum habt ihr uns
betrogen und gesagt: »Wir sind sehr fern
von euch«, wo ihr doch mitten unter uns
wohnt? 23 Darum sollt ihr verflucht sein
und sollt nicht aufhören, Knechte zu
sein, die Holz hauen und Wasser schöp-
fen für das Haus meines Gottes. 24 Sie
antworteten Josua: Es wurde deinen
Knechten angesagt, dass der HERR, dein
Gott, seinem Knecht Mose geboten
habe, dass er euch das ganze Land geben
und vor euch her alle Bewohner des Lan-
des vertilgen wolle. Da fürchteten wir
sehr für unser Leben und haben das so
gemacht. 25 Nun aber, siehe, wir sind in
deinen Händen; was dich gut und recht
dünkt, mit uns zu tun, das tu. 26 Und so
tat er mit ihnen und errettete sie aus der
Hand der Israeliten, dass sie sie nicht
töteten. 27 So machte sie Josua an diesem
Tage zu [a]Holzhauern und Wasserschöp-
fern für die Gemeinde und den Altar des
HERRN bis auf diesen Tag, [b]an der
Stätte, die er erwählen würde.

Josuas Sieg bei Gibeon und Eroberung des südlichen Kanaan

10 Als aber Adoni-Zedek, der König
von Jerusalem, hörte, dass Josua Ai
erobert und an ihm den Bann vollstreckt
und mit Ai samt seinem König getan
hatte, wie er mit Jericho und seinem Kö-
nig getan hatte, und dass die von Gibeon
Frieden mit Israel gemacht hätten und
mitten unter ihnen wohnten,[a] 2 fürchte-
ten sie sich sehr; denn Gibeon war eine
große Stadt wie eine der Königsstädte
und größer als Ai und alle seine Bürger
streitbare Männer. 3 Und Adoni-Zedek,
der König von Jerusalem, sandte zu Ho-
ham, dem König von Hebron, und zu
Piram, dem König von Jarmut, und zu
Jafia, dem König von Lachisch, und zu
Debir, dem König von Eglon, und ließ
ihnen sagen: 4 Kommt herauf zu mir und
helft mir, dass wir Gibeon schlagen; denn
es hat mit Josua und den Israeliten Frie-
den gemacht. 5 Da sammelten sich und
zogen hinauf die fünf Könige der Amo-
riter, der König von Jerusalem, der Kö-
nig von Hebron, der König von Jarmut,
der König von Lachisch, der König von
Eglon mit ihrem ganzen Kriegsvolk und
belagerten Gibeon und kämpften gegen
die Stadt.

6 Aber die von Gibeon sandten zu Jo-
sua ins Lager nach Gilgal und ließen ihm
sagen: Zieh deine Hand nicht ab von
deinen Knechten; komm eilends zu uns
herauf, rette und hilf uns! Denn es haben
sich gegen uns versammelt alle Könige
der Amoriter, die auf dem Gebirge woh-
nen. 7 Da zog Josua hinauf von Gilgal
und das ganze Kriegsvolk mit ihm und
alle streitbaren Männer. 8 Und der HERR
sprach zu Josua: Fürchte dich nicht vor
ihnen; denn ich habe sie in deine Hände
gegeben. Niemand unter ihnen wird vor
dir bestehen können. 9 So kam Josua
plötzlich über sie; denn die ganze Nacht
war er heraufgezogen von Gilgal. 10 Und
der HERR erschreckte sie vor Israel, dass
sie eine große Schlacht schlugen bei Gi-

9,14: *a* 4. Mose 27,21 **9,20:** *a* 4. Mose 1,53; 2. Sam 24,1 **9,27:** *a* 5. Mose 29,10; *b* 1. Chr 21,29; 2. Chr 1,3 **10,1:** *a* Kap 8,1-29; 6,1-21; 9,1-27

beon, und sie jagten ihnen nach, den Weg
hinab nach Bet-Horon, und schlugen sie
bis nach Aseka und Makkeda hin.
11 Und als sie vor Israel flohen den Weg
hinab nach Bet-Horon, ließ der HERR
große Steine vom Himmel auf sie fallen
bis Aseka, dass sie starben. Und von
ihnen starben viel mehr durch die [a]Ha-
gelsteine, als die Israeliten mit dem
Schwert töteten.

12 Damals redete Josua mit dem
HERRN an dem Tage, da der HERR die
Amoriter vor den Israeliten dahingab,
und er sprach in Gegenwart Israels:
Sonne, steh still zu Gibeon, und Mond,
im Tal Ajalon! 13 Da [a]stand die Sonne
still und der Mond blieb stehen, bis sich
das Volk an seinen Feinden gerächt
hatte. Ist dies nicht geschrieben im
[b]Buch des Redlichen? So blieb die Sonne
stehen mitten am Himmel und beeilte
sich nicht unterzugehen fast einen gan-
zen Tag. 14 Und es war kein Tag diesem
gleich, weder vorher noch danach, dass
der HERR so auf die Stimme eines Men-
schen hörte; denn [a]der HERR stritt für
Israel. 15 Josua aber kehrte ins Lager nach
Gilgal zurück und ganz Israel mit ihm.[a]

16 Aber die fünf Könige waren geflo-
hen und hatten sich versteckt in der
Höhle bei Makkeda. 17 Da wurde Josua
angesagt: Wir haben die fünf Könige ge-
funden, verborgen in der Höhle bei Mak-
keda. 18 Josua sprach: So wälzt große
Steine vor den Eingang der Höhle und
stellt Männer davor, die sie bewachen;
19 ihr aber, bleibt nicht stehen, sondern
jagt euren Feinden nach und fasst sie von
hinten; lasst sie nicht in ihre Städte ent-
rinnen; denn der HERR, euer Gott, hat
sie in eure Hände gegeben.

20 Und als Josua und Israel sie ganz
geschlagen hatten in dieser sehr großen
Schlacht – was übrig blieb von ihnen,
entkam in die festen Städte –, 21 da kam
das ganze Volk ins Lager zurück zu Jo-
sua nach Makkeda mit Frieden, und es
wagte niemand, gegen Israel seine Zunge
zu regen. 22 Josua aber sprach: Macht den
Eingang der Höhle auf und bringt die
fünf Könige heraus zu mir! 23 Sie taten so
und brachten die fünf Könige zu ihm aus
der Höhle: den König von Jerusalem,
den König von Hebron, den König von
Jarmut, den König von Lachisch, den
König von Eglon. 24 Als aber die fünf
Könige zu ihm herausgebracht waren,
rief Josua alle Männer Israels zu sich und
sprach zu den Obersten des Kriegsvolks,
die mit ihm zogen: Kommt her und setzt
eure Füße auf den Nacken dieser Könige.
Und sie kamen und setzten ihre Füße
auf ihren Nacken. 25 Und Josua sprach
zu ihnen: Fürchtet euch nicht und er-
schreckt nicht, seid getrost und unver-
zagt; denn ebenso wird der HERR allen
euren Feinden tun, gegen die ihr kämpft.
26 Und Josua schlug sie danach tot und
hängte sie an fünf Bäume, und sie hingen
an den Bäumen bis zum Abend. 27 Als
aber [a]die Sonne untergegangen war, ge-
bot er, dass man sie von den Bäumen
nehmen und in die Höhle werfen sollte,
in die sie sich verkrochen hatten. Und sie
legten große Steine vor den Eingang der
Höhle. Die sind noch da bis auf diesen
Tag.

28 An diesem Tag eroberte Josua auch
Makkeda und schlug es mit der Schärfe
des Schwerts samt seinem König und
vollstreckte den Bann an der Stadt und
an allen, die darin waren, und ließ nie-
mand übrig und tat mit dem König von
Makkeda, wie er mit dem König von
Jericho getan hatte.

29 Da zogen Josua und ganz Israel mit
ihm von Makkeda nach Libna und
kämpften gegen Libna. 30 Und der HERR
gab auch dieses mit seinem König in die
Hand Israels; und er schlug die Stadt mit
der Schärfe des Schwerts und alle, die
darin waren, und ließ niemand darin üb-
rig und tat mit ihrem König, wie er mit
dem König von Jericho getan hatte.

31 Danach zogen Josua und ganz Israel
mit ihm von Libna nach Lachisch, und
er belagerte die Stadt und kämpfte gegen
sie. 32 Und der HERR gab auch Lachisch
in die Hände Israels, dass sie es am
nächsten Tag eroberten und es schlugen
mit der Schärfe des Schwerts und alle,
die darin waren, ganz wie sie mit Libna
getan hatten.

33 Zu dieser Zeit zog Horam, der Kö-

10,11: *a* 2. Mose 9,22-25; Hiob 38,22-23 **10,13:** *a* Hab 3,11; *b* 2. Sam 1,18 **10,14:** *a* 2. Mose 14,25 **10,15:** *a* Vers 43
10,27: *a* 5. Mose 21,22-23

nig von Geser, hinauf, um Lachisch zu
helfen; aber Josua schlug ihn und sein
Kriegsvolk, bis niemand übrig blieb.
34 Und Josua zog von Lachisch mit ganz
Israel nach Eglon und belagerte die Stadt
und kämpfte gegen sie; 35 und sie erober-
ten sie an diesem Tag und schlugen sie
mit der Schärfe des Schwerts, und Josua
vollstreckte den Bann an allen, die darin
waren, an diesem Tage, ganz wie er mit
Lachisch getan hatte.

36 Danach zog Josua hinauf mit ganz
Israel von Eglon nach Hebron, und sie
kämpften gegen die Stadt 37 und erober-
ten sie und schlugen sie mit der Schärfe
des Schwerts, samt ihrem König und
allen ihren Städten und allen, die darin
waren; und er ließ niemand übrig, ganz
wie er mit Eglon getan hatte, und voll-
streckte an ihm den Bann und an allen,
die darin waren.

38 Da kehrte Josua um mit ganz Israel
nach Debir und kämpfte gegen die Stadt
39 und eroberte sie samt ihrem König und
allen ihren Städten, und sie schlugen sie
mit der Schärfe des Schwerts und voll-
streckten den Bann an allen, die darin
waren, und er ließ niemand übrig. Wie er
mit Hebron getan hatte und wie er mit
Libna und seinem König getan hatte, so
tat er auch mit Debir und seinem König.

40 So schlug Josua das ganze Land auf
dem Gebirge und im Süden und im Hü-
gelland und an den Abhängen mit allen
seinen Königen und ließ niemand übrig
und [a]vollstreckte den Bann an allem,
was Odem hatte, wie der HERR, der Gott
Israels, geboten hatte. 41 Und er schlug
sie von Kadesch-Barnea an bis Gaza und
das ganze Land [a]Goschen bis Gibeon
42 und unterwarf alle diese Könige mit
ihrem Lande auf einmal; denn der HERR,
der Gott Israels, stritt für Israel.

43 Und Josua kehrte ins Lager nach
Gilgal zurück mit ganz Israel.[a]

Sieg am Wasser von Merom und Eroberung des nördlichen Kanaan

11 Als aber Jabin, der König von Ha-
zor, das hörte, sandte er zu Jobab,
dem König von Madon, und zum König
von Schimron und zum König von Ach-
schaf 2 und zu den Königen, die im Nor-
den auf dem Gebirge und im Jordantal
südlich von Kinneret und im Hügelland
und auf den Hügeln von Dor am Meer
wohnten, 3 zu den Kanaanitern im Osten
und Westen, den Amoritern, Hetitern,
Perisitern und Jebusitern auf dem Ge-
birge, dazu den Hiwitern am Fuße des
Berges Hermon, im Lande Mizpe. 4 Diese
zogen aus mit ihrem ganzen Heer, ein
großes Volk, so viel wie der Sand am
Meer, und sehr viele Rosse und Wagen.
5 Alle diese Könige versammelten sich
und kamen und lagerten sich gemeinsam
am Wasser von Merom, um mit Israel zu
kämpfen.

6 Und der HERR sprach zu Josua:
Fürchte dich nicht vor ihnen! Denn mor-
gen um diese Zeit will ich sie alle vor
Israel dahingeben und sie erschlagen;
ihre Rosse sollst du lähmen und ihre
Wagen mit Feuer verbrennen. 7 Da kamen
Josua und das ganze Kriegsvolk mit ihm
plötzlich über sie am Wasser von Merom
und überfielen sie. 8 Und der HERR gab
sie in die Hände Israels, und sie schlugen
sie und jagten ihnen nach bis Sidon, der
großen Stadt, und bis [a]Misrefot-Majim
und bis an die Ebene von Mizpe im
Osten und erschlugen sie, bis niemand
mehr unter ihnen übrig blieb.

9 Da tat Josua mit ihnen, wie der HERR
ihm gesagt hatte, und lähmte ihre Rosse
und verbrannte ihre Wagen 10 und kehrte
um zu dieser Zeit und eroberte Hazor
und erschlug seinen König mit dem
Schwert; denn Hazor war vorher die
Hauptstadt aller dieser Königreiche.
11 Und sie erschlugen alle, die darin wa-
ren, mit der Schärfe des Schwerts und
[a]vollstreckten den Bann an ihnen, und
nichts blieb übrig, was Odem hatte, und
er verbrannte Hazor mit Feuer. 12 Dazu
eroberte Josua alle Städte dieser Könige
mit ihren Königen und erschlug sie mit
der Schärfe des Schwerts und vollstreckte
den Bann an ihnen, wie Mose, der
Knecht des HERRN, geboten hatte.
13 Doch die Städte, die auf ihren Hügeln
standen, verbrannte Israel nicht; sondern
Hazor allein verbrannte Josua. 14 Und
die ganze Beute dieser Städte und das
Vieh teilten die Israeliten unter sich; aber

10,40: *a* 5. Mose 20,16-18 **10,41:** *a* Kap 11,16 **10,43:** *a* Vers 15 **11,8:** *a* Kap 13,6 **11,11:** *a* Kap 10,40

alle Menschen erschlugen sie mit der
Schärfe des Schwerts, bis sie vertilgt wa-
ren, und ließen nichts übrig, was Odem
hatte.[a] 15 Wie der HERR dem Mose, sei-
nem Knecht, und Mose dem Josua ge-
boten hatte, so tat Josua, dass nichts
fehlte an allem, was der HERR dem Mose
geboten hatte.

Das ganze Land in der Hand Israels

16 So nahm Josua dies ganze Land ein,
das Gebirge und alles, was im Süden
liegt, und das [a]ganze Land Goschen und
das Hügelland und das Jordantal und
das Gebirge Israel mit seinem Hügelland,
17 von dem kahlen Gebirge an, das auf-
steigt nach Seïr hin, bis nach Baal-Gad
in der Ebene beim Gebirge Libanon, am
Fuße des Berges Hermon. Alle ihre Kö-
nige nahm er gefangen und schlug sie
nieder und tötete sie. 18 Er kämpfte aber
eine lange Zeit mit diesen Königen. 19 Es
war keine Stadt, die Frieden machte mit
den Israeliten, ausgenommen die [a]Hi-
witer, die in Gibeon wohnten; sondern
sie eroberten sie alle im Kampf. 20 So
geschah es von dem HERRN, dass ihr
Herz [a]verstockt wurde, im Kampf Israel
zu begegnen, damit sie mit dem [b]Bann
geschlagen würden und ihnen keine
Gnade widerführe, sondern sie vertilgt
würden, wie der HERR dem Mose ge-
boten hatte.

21 [a]Zu der Zeit kam Josua und rottete
aus die Anakiter von dem Gebirge, von
Hebron, von Debir, von Anab und vom
ganzen Gebirge Juda und vom ganzen
Gebirge Israel, und er vollstreckte an ih-
nen den Bann mit ihren Städten 22 und
ließ keine Anakiter übrig im Lande der
Israeliten außer in Gaza, in [a]Gat, in
Aschdod; dort blieben einige von ihnen
übrig.

23 So nahm Josua das ganze Land ein,
ganz so, wie der HERR zu Mose geredet
hatte, und gab es Israel zum Besitz,
einem jeden Stamm sein Teil. Und [a]das
Land war zur Ruhe gekommen vom
Kriege.

Liste der besiegten Könige

12 Dies sind die Könige des Landes,
die die Israeliten schlugen und de-
ren Land sie einnahmen jenseits des Jor-
dans gegen Sonnenaufgang von dem Ar-
nonfluss an bis an den Berg Hermon und
das ganze Jordantal im Osten:

2 Sihon, der König der Amoriter, der in
Heschbon wohnte und herrschte von
Aroër an, das am Ufer des Arnonflusses
liegt, und von der Mitte des Tals an und
über das halbe Gilead bis an den Jabbok-
fluss, die Grenze der Ammoniter,[a] 3 und
über das Jordantal bis an die Ostseite des
Sees Kinneret und bis an die Ostseite des
Meeres im Jordantal – das ist das Salz-
meer – auf Bet-Jeschimot zu und im
Süden bis unten an die Abhänge des
Gebirges Pisga. 4 Dazu das Gebiet des
Königs Og von Baschan, der noch von den
Riesen übrig geblieben war und in Asch-
tarot und Edreï wohnte[a] 5 und herrschte
über den Berg Hermon, über Salcha und
über ganz Baschan bis an das Gebiet der
Geschuriter und Maachatiter und über
das halbe Gilead bis zum Gebiet Sihons,
des Königs von Heschbon. 6 Mose, der
Knecht des HERRN, und die Israeliten
hatten sie geschlagen. Und Mose, der
Knecht des HERRN, [a]hatte ihr Land den
Rubenitern, Gaditern und dem halben
Stamm Manasse zum Besitz gegeben.

7 Dies sind die Könige des Landes, die
Josua und die Israeliten schlugen, dies-
seits des Jordans im Westen, von Baal-
Gad im Tal beim Gebirge Libanon bis an
das kahle Gebirge, das ansteigt nach Seïr.
Und Josua gab das Land den Stämmen
Israels zum Besitz, einem jeden sein Teil,
8 was auf den Gebirgen, im Hügelland,
im Jordantal, an den Abhängen, in der
Wüste und im Süden war, die [a]Hetiter,
Amoriter, Kanaaniter, Perisiter, Hiwiter
und Jebusiter: 9 der König von [a]Jericho,
der König von [b]Ai, das zur Seite von
Bethel liegt, 10 [a]der König von Jerusa-
lem, der König von Hebron, 11 der König
von Jarmut, der König von Lachisch,
12 der König von Eglon, der König von
Geser, 13 der König von [a]Debir, der

11,14: *a* 5. Mose 20,10-15 **11,16:** *a* Kap 10,41 **11,19:** *a* Kap 9,15 **11,20:** *a* 2. Mose 4,21; *b* 5. Mose 7,2 **11,21:** *a (21-22)* Kap 14,6-15; 5. Mose 9,2 **11,22:** *a* 1. Sam 17,4; 2. Sam 21,22 **11,23:** *a* Kap 14,15 **12,2:** *a* 4. Mose 21,24 **12,4:** *a* 4. Mose 21,33; 5. Mose 3,10-11 **12,6:** *a* 4. Mose 32,33 **12,8:** *a* Kap 11,3 **12,9:** *a* Kap 6,2; *b* Kap 8,29 **12,10:** *a (10-12)* Kap 10,1-39 **12,13:** *a* Kap 10,38; Ri 1,11

König von Geder, 14 der König von
[a]Horma, der König von [b]Arad, 15 der
König von [a]Libna, der König von Adul-
lam, 16 der König von [a]Makkeda, der
König von Bethel, 17 [a]der König von
Tappuach, der König von Hefer, 18 der
König von Afek, der König von Scharon,
19 [a]der König von Madon, der König
von Hazor, 20 der König von Schimron-
Meron, der König von Achschaf, 21 der
König von Taanach, der König von Me-
giddo,[a] 22 der König von [a]Kedesch, der
König von [b]Jokneam am Karmel, 23 der
König von Dor, das an den Hügeln von
Dor liegt, der [a]König von Völkern in
Galiläa, 24 der König von [a]Tirza. Das
sind zusammen einunddreißig Könige.

Die Verteilung des Landes wird angeordnet

13 Als nun Josua alt war und hoch-
betagt, sprach der HERR zu ihm:
Du bist alt geworden und hochbetagt,
und vom Lande bleibt noch sehr viel
einzunehmen, 2 nämlich alle Gebiete der
Philister und ganz [a]Geschur, 3 vom Schi-
hor an, der vor Ägypten fließt, bis zum
Gebiet Ekrons nach Norden, das den
Kanaanitern zugerechnet wird, fünf
Fürsten der Philister, nämlich von Gaza,
Aschdod, Aschkelon, Gat und Ekron,
und dazu die Awiter 4 im Süden; das
ganze Land der Kanaaniter und Meara,
das den Sidoniern gehört, bis Afek, bis
an die Grenze der Amoriter; 5 dazu das
Land der Gebaliter und der ganze Liba-
non gegen Sonnenaufgang, von Baal-
Gad am Fuße des Gebirges Hermon bis
dorthin, wo es nach Hamat geht. 6 Alle,
die auf dem Gebirge wohnen, vom Liba-
non an bis nach Misrefot-Majim, alle
Sidonier: Ich will sie vertreiben vor den
Israeliten; wirf nur das Los darum, um
sie auszuteilen unter Israel, wie ich dir
geboten habe.

7 So teile nun dies Land zum Besitz
unter die neun Stämme und unter den
halben Stamm Manasse. 8 Denn die [a]Ru-
beniter und Gaditer haben mit dem an-
dern halben Stamm Manasse ihr Erbteil
empfangen, das ihnen Mose gab jenseits
des Jordans im Osten, wie es ihnen Mose,
der Knecht des HERRN, gegeben hatte
9 von Aroër an, das am Ufer des Arnon-
flusses liegt, und von der Stadt mitten im
Tal und die ganze Ebene von Medeba bis
Dibon 10 und alle Städte Sihons, des
Königs der Amoriter, der in Heschbon
herrschte, bis an die Grenze der Ammo-
niter, 11 dazu Gilead und das Gebiet von
[a]Geschur und Maacha und das ganze
Gebirge Hermon und ganz Baschan bis
Salcha, 12 das ganze Reich Ogs von Ba-
schan, der in Aschtarot und Edreï
herrschte und der noch übrig geblieben
war von den Riesen. Mose aber hatte sie
geschlagen und vertrieben. 13 Die Israeli-
ten vertrieben aber die von Geschur und
von Maacha nicht, sondern es wohnten
beide, Geschur und Maacha, mitten un-
ter Israel bis auf diesen Tag. 14 Aber dem
Stamm der [a]Leviten gab er kein Erbteil;
denn die Feueropfer des HERRN, des
Gottes Israels, gehören ihnen; er selbst
ist ihr Erbteil, wie er ihnen zugesagt hat.

Die Verteilung im Ostjordanland

15 [a]So gab Mose dem Stamm der Söhne
[b]Ruben für ihre Geschlechter 16 als ihr
Gebiet: das Land von Aroër an, das am
Ufer des Arnonflusses liegt, und die
Stadt mitten im Tal mit allem ebenen
Felde bis Medeba; 17 Heschbon und alle
seine Städte, die im ebenen Felde liegen,
Dibon, Bamot-Baal und Bet-Baal-Meon,
18 Jahaz, Kedemot, Mefaat. 19 Kirjatajim,
Sibma, Zeret-Schahar auf dem Berge in
der Talebene, 20 Bet-Peor, die Abhänge
am Pisga und Bet-Jeschimot 21 und alle
Städte der Ebene und das ganze Reich
Sihons, des Königs der Amoriter, der in
Heschbon herrschte und den Mose
schlug samt den Fürsten Midians – Ewi,
Rekem, Zur, Hur und Reba –, den Ge-
waltigen des Königs Sihon, die im Lande
wohnten. 22 Dazu töteten die Israeliten
[a]Bileam, den Sohn Beors, den Wahrsa-
ger, mit dem Schwert außer den schon
von ihnen Erschlagenen. 23 Und die
Grenze der Söhne Ruben war der Jor-

12,14: *a* Ri 1,17; *b* 4. Mose 21,1 **12,15:** *a* Kap 10,29-30 **12,16:** *a* Kap 10,28 **12,17:** *a (17-18)* Kap 15,53; 1. Sam 4,1; 1. Chr 5,16 **12,19:** *a (19-20)* Kap 11,1.10 **12,21:** *a* Kap 17,11 **12,22:** *a* Kap 19,37; *b* Kap 19,11 **12,23:** *a* 1. Mose 14,1.9 **12,24:** *a* 1. Kön 14,17 **13,2:** *a* 1. Sam 27,8 **13,8:** *a* Verse 15-32 **13,11:** *a* 5. Mose 3,14; 2. Sam 3,3; 15,8 **13,14:** *a* Vers 33; 1. Mose 49,5; 4. Mose 18,20-21 **13,15:** *a (15-32)* 4. Mose 32,33-42; *b* 1. Mose 49,3 **13,22:** *a* 4. Mose 22,5; 31,8

dan. Das ist das Erbteil der Söhne Ruben
für ihre Geschlechter, die Städte mit ih-
ren Gehöften.

24 Dem Stamm der Söhne [a]Gad für
ihre Geschlechter gab Mose 25 als ihr Ge-
biet: Jaser und alle Städte in Gilead und
das halbe Land der Ammoniter bis
Aroër, das östlich von Rabba liegt, 26 und
von Heschbon bis Ramat-Mizpe und Be-
tonim und von Mahanajim bis zum Ge-
biet von Lo-Dabar, 27 im Tal aber Bet-
Haram, Bet-Nimra, Sukkot und Zafon,
was übrig war von dem Reich Sihons, des
Königs von Heschbon, den Jordan und
sein Gebiet bis ans Ende des Sees Kin-
neret, jenseits des Jordans im Osten.
28 Das ist das Erbteil der Söhne Gad für
ihre Geschlechter, die Städte mit ihren
Gehöften.

29 Dem halben Stamm der Söhne Ma-
nasse für ihre Geschlechter gab Mose
30 als ihr Gebiet: ganz [a]Baschan, von
Mahanajim an, das ganze Reich Ogs, des
Königs von Baschan, und alle [b]Dörfer
Jaïrs, die in Baschan liegen, nämlich
sechzig Städte. 31 Und das halbe Gilead,
Aschtarot, Edreï, die Königsstädte Ogs
von Baschan, gab er den Söhnen Ma-
chirs, des Sohnes Manasses, – nämlich
der Hälfte der Söhne Machir – für ihre
Geschlechter.

32 Das sind die Gebiete, die Mose aus-
geteilt hat in dem Jordantal der Moa-
biter, jenseits des Jordans östlich von
Jericho. 33 Aber [a]dem Stamm Levi gab
Mose kein Erbteil; denn der HERR, der
Gott Israels, ist selbst ihr Erbteil, wie er
ihnen zugesagt hat.

Beginn der Verteilung des Westjordanlandes

14 Dies aber sind die Gebiete, die die
Israeliten als Erbteil erhielten im
Lande Kanaan, die unter sie ausgeteilt
haben der Priester [a]Eleasar und Josua,
der Sohn Nuns, und die Häupter der
Sippen unter den Stämmen Israels. 2 Sie
teilten diese Gebiete [a]durchs Los unter
sie, wie der HERR durch Mose geboten
hatte, sie den neuneinhalb Stämmen zu
geben. 3 Denn den zweieinhalb Stämmen
hatte Mose Erbteil gegeben jenseits des
Jordans; [a]den Leviten aber hatte er kein
Erbteil unter ihnen gegeben. 4 Denn die
Söhne Josef bestanden aus zwei Stäm-
men, Manasse und Ephraim. Den Levi-
ten aber gab man keinen Anteil am
Lande, sondern [a]Städte zum Wohnen
samt Weideplätzen für ihr Vieh, das sie
besaßen. 5 Wie der HERR dem Mose ge-
boten hatte, so taten die Israeliten und
verteilten das Land.

Kalebs Erbteil

6 Da traten herzu die von Juda zu Josua
in Gilgal; und [a]Kaleb, der Sohn Jefun-
nes, der Kenasiter, sprach zu ihm: Du
weißt, was der HERR zu Mose, dem
Mann Gottes, sagte meinet- und deinet-
wegen in Kadesch-Barnea. 7 Ich war vier-
zig Jahre alt, als mich Mose, der Knecht
des HERRN, aussandte von Kadesch-Bar-
nea, um das Land zu erkunden, und [a]ich
ihm Bericht gab nach bestem Wissen.
8 Aber meine Brüder, die mit mir hinauf-
gezogen waren, machten dem Volk das
Herz verzagt; ich aber folgte dem
HERRN, meinem Gott, treulich. 9 Da
schwor Mose an jenem Tage und sprach:
Das Land, das dein Fuß betreten hat,
soll dein und deiner Nachkommen Erb-
teil sein für immer, weil du dem HERRN,
meinem Gott, treulich gefolgt bist.
10 Und nun siehe, der HERR hat mich am
Leben gelassen, wie er mir zugesagt hat.
Es sind nun fünfundvierzig Jahre her,
dass der HERR dies zu Mose sagte, als
Israel in der Wüste umherzog. Und nun
siehe, ich bin heute fünfundachtzig Jahre
alt 11 und bin noch heute so stark, wie ich
war an dem Tage, da mich Mose aus-
sandte. Wie meine Kraft damals war, so
ist sie noch jetzt, zu kämpfen und aus-
und einzuziehen. 12 So gib mir nun dies
Gebirge, von dem der HERR geredet hat
an jenem Tage; denn du hast's gehört am
selben Tage, dass dort die [a]Anakiter
wohnen und große und feste Städte sind.
Vielleicht wird der HERR mit mir sein,
damit ich sie vertreibe, wie der HERR
zugesagt hat.

13 Da segnete ihn Josua und gab Kaleb,
dem Sohn Jefunnes, Hebron zum Erb-
teil.[a] 14 Daher wurde Hebron das Erbteil

13,24: *a* 1. Mose 49,19 **13,30:** *a* Kap 17,1; *b* Ri 10,3-4 **13,33:** *a* Vers 14 **14,1:** *a* 4. Mose 34,17 **14,2:** *a* 4. Mose 26,55 **14,3:** *a* Kap 13,14.33; 5. Mose 10,9 **14,4:** *a* Kap 21,1-42 **14,6:** *a* 4. Mose 14,24; 5. Mose 1,36 **14,7:** *a* 4. Mose 13,6.30 **14,12:** *a* Kap 11,21 **14,13:** *a* Kap 15,13-19; 21,11-12

Kalebs, des Sohnes Jefunnes, des Kenasi-
ters, bis auf diesen Tag, [a]weil er dem
HERRN, dem Gott Israels, treulich ge-
folgt war. 15Aber [a]Hebron hieß vorzeiten
Stadt des Arba, der der größte Mensch
war unter den Anakitern. Und [b]das
Land war zur Ruhe gekommen vom
Kriege.

Grenzen des Stammes Juda

15 Das Los des Stammes [a]**Juda** für
seine Geschlechter lag gegen die
[b]Grenze Edoms hin, nach der Wüste Zin
zu im äußersten Süden. 2Seine Süd-
grenze ging vom Ende des Salzmeers,
von seiner südlichen Spitze, 3und geht
dann südwärts vom Skorpionensteig und
geht weiter nach Zin und führt hinauf
südlich von Kadesch-Barnea bis hinüber
nach Hezron und führt hinauf nach Ad-
dar und biegt um nach Karka 4und
berührt Azmon und läuft aus am Bach
Ägyptens, sodass das Ende der Grenze
das Meer wird. Das sei eure Grenze nach
Süden.
5Die Ostgrenze ist das Salzmeer bis
dort, wo der Jordan hineinfließt. Die
Nordgrenze beginnt am Meer dort, wo
der Jordan hineinfließt, 6und führt hin-
auf nach Bet-Hogla und zieht sich hin
nördlich von Bet-Araba und kommt her-
auf zum [a]Stein Bohans, des Sohnes Ru-
bens, 7und führt hinauf nach Debir vom
Tal Achor und wendet sich nordwärts
nach Gelilot, gegenüber der Steige von
Adummim, die südlich vom Bachtal
liegt. Danach geht sie zu dem Wasser von
En-Schemesch und läuft aus zur [a]Quelle
Rogel. 8Danach führt sie hinauf zum
[a]Tal des Sohnes Hinnoms südlich des
Berghangs der Jebusiter – das ist Jeru-
salem – und kommt hinauf auf den Gip-
fel des Berges, der westlich vor dem Tal
Hinnom liegt und an der Nordecke der
Ebene Refaïm. 9Danach kommt sie von
dem Berggipfel zur Quelle Neftoach und
läuft aus zu den Städten des Gebirges
Efron und neigt sich nach Baala – das ist
[a]Kirjat-Jearim – 10und biegt um von
Baala nach Westen zum Gebirge Seïr und
geht an der Nordseite des Gebirges Jea-
rim – das ist Kesalon – und kommt herab
nach Bet-Schemesch und geht durch
[a]Timna 11und kommt heraus am Nord-
hang des Berges Ekron und zieht sich
nach Schikkaron und geht hinüber zum
Berge von Baala und kommt heraus bei
Jabneel, sodass ihr Ende das Meer ist.
12Die Westgrenze aber ist das große
Meer und sein Gestade. Das ist die
Grenze von Juda ringsumher für seine
Geschlechter.

Kaleb erhält Hebron. Otniël erobert Debir

13[a]Kaleb aber, dem Sohn Jefunnes,
wurde sein Teil gegeben mitten unter
Juda, wie der HERR dem Josua befahl,
nämlich die Stadt des Arba, des Vaters
Anaks, das ist Hebron. 14Und Kaleb ver-
trieb von dort die drei Söhne Anaks:
Scheschai, Ahiman und Talmai, die
Nachkommen Anaks, 15und zog von
dort hinauf gegen die Einwohner von
Debir. Debir aber hieß vorzeiten Kirjat-
Sefer. 16Und Kaleb sprach: Wer Kirjat-
Sefer schlägt und erobert, dem will ich
meine Tochter Achsa zur Frau geben.[a]
17Da eroberte es [a]Otniël, der Sohn des
Kenas, des Bruders Kalebs. Und Kaleb
gab ihm seine Tochter Achsa zur Frau.
18Und es begab sich, als sie zu ihm kam,
beredete er sie, einen Acker zu fordern
von ihrem Vater. Und sie stieg vom Esel.
Da sprach Kaleb zu ihr: Was willst du?
19Sie sprach: Gib mir eine Segensgabe!
Denn du hast mich nach dem dürren
Südland gegeben; gib mir auch Wasser-
quellen! Da gab er ihr die oberen und die
unteren Quellen.

Die Städte des Stammes Juda

20Dies ist das Erbteil des Stammes Juda
für seine Geschlechter. 21Und die Städte
des Stammes Juda nach der Grenze von
Edom zu, im Südland, waren diese: Kab-
zeel, Eder, Jagur, 22Kina, Dimona,
Adada, 23Kedesch, Hazor, Jitnan, 24Sif,
Telem, Bealot, 25Hazor-Hadatta, Keri-
jot-Hezron – das ist Hazor –, 26Amam,
Schema, Molada, 27Hazar-Gadda, Hesch-
mon, Bet-Pelet, 28Hazar-Schual, Beer-
scheba und seine Ortschaften, 29Baala,
Ijim, Ezem, 30Eltolad, Kesil, Horma,

14,14: *a* 4. Mose 32,12 **14,15:** *a* 4. Mose 13,22; *b* Kap 11,23 **15,1:** *a* 1. Mose 49,8-9; *b* 4. Mose 34,3-5 **15,6:** *a* Kap 18,17 **15,7:** *a* 2. Sam 17,17 **15,8:** *a* 2. Chr 28,3 **15,9:** *a* Vers 60; Kap 9,17; 18,15 **15,10:** *a* Kap 19,43; Ri 14,1 **15,13:** *a (13-19)* Kap 14,6-15; Ri 1,10-15 **15,16:** *a* Ri 1,12 **15,17:** *a* Ri 3,9

31 Ziklag, Madmanna, Sansanna, 32 Bet-
Lebaot, Schilhim, En-Rimmon. Das sind
neunundzwanzig Städte mit ihren Ge-
höften.
33 Im Hügelland aber waren [a]Eschtaol,
Zora, Aschna, 34 Sanoach, En-Gannim,
Tappuach, Enam, 35 Jarmut, Adullam,
Socho, Aseka, 36 Schaarajim, Aditajim,
Gedera und Gederotajim. Das sind vier-
zehn Städte mit ihren Gehöften.
37 Zenan, Hadascha, Migdal-Gad,
38 Dilan, Mizpe, Jokteel, 39 Lachisch,
Bozkat, Eglon, 40 Kabbon, Lachmas, Kit-
lisch, 41 Gederot, Bet-Dagon, Naama,
Makkeda. Das sind sechzehn Städte mit
ihren Gehöften.
42 Libna, Eter, Aschan, 43 Jiftach,
Aschna, Nezib, 44 Keïla, [a]Achsib, Mare-
scha. Das sind neun Städte mit ihren
Gehöften.
45 [a]Ekron mit seinen Ortschaften und
Gehöften. 46 Von Ekron nach dem Meere
zu alles, was nach der Seite von Aschdod
und seinen Gehöften liegt: 47 [a]Aschdod
mit seinen Ortschaften und Gehöften,
[b]Gaza mit seinen Ortschaften und Ge-
höften bis an den Bach Ägyptens und die
Grenze ist das große Meer und sein Ge-
stade.
48 Auf dem Gebirge aber waren Scha-
mir, Jattir, Socho, 49 Danna, Kirjat-Sanna
– das ist Debir –, 50 Anab, Eschtemoa,
Anim, 51 Goschen, Holon, Gilo. Das sind
elf Städte mit ihren Gehöften.
52 Arab, Duma, Eschan, 53 Janum, Bet-
Tappuach, Afeka, 54 Humta, Kirjat-Arba
– das ist Hebron –, Zior. Das sind neun
Städte mit ihren Gehöften.
55 Maon, Karmel, Sif, Jutta, 56 Jesreel,
Jokdeam, Sanoach, 57 Kajin, Gibea,
Timna. Das sind zehn Städte mit ihren
Gehöften.
58 Halhul, Bet-Zur, Gedor, 59 Maarat,
Bet-Anot, Eltekon. Das sind sechs Städte
mit ihren Gehöften.

Tekoa, Efrata – das ist Bethlehem –,
Peor, Etam, Kulon, Tatam, Schoresch,
Kerem, Gallim, Bet-Ter, Manocho. Das
sind elf Städte mit ihren Gehöften.*
60 Kirjat-Baal – das ist [a]Kirjat-Jea-
rim –, Rabba; zwei Städte mit ihren Ge-
höften.
61 In der Wüste aber waren Bet-Araba,
Middin, Sechacha, 62 Nibschan und die
Salzstadt und En-Gedi. Das sind sechs
Städte mit ihren Gehöften.
63 Die Jebusiter aber wohnten in Jeru-
salem und Juda konnte sie nicht vertrei-
ben. So blieben die [a]Jebusiter mit denen
von Juda in Jerusalem wohnen bis auf
diesen Tag.

Erbteil der Josefstämme

16 Das Los des Stammes [a]**Josef** nahm
seinen Anfang am Jordan bei Jeri-
cho, an den Wassern von Jericho im
Osten. Von Jericho an geht die Grenze
durch die Wüste auf das Gebirge nach
Bethel 2 und kommt von Bethel heraus
nach Lus und geht durch zum Gebiet der
Arkiter nach Atarot 3 und zieht sich her-
nieder westwärts zu dem Gebiet der Jaf-
letiter bis an das Gebiet des unteren Bet-
Horon und bis nach Geser und ihr Ende
ist am Meer.
4 Und die Söhne Josefs, **Manasse** und
Ephraim, erhielten ihr Erbteil. 5 Das Ge-
biet des Stammes **Ephraim** für seine Ge-
schlechter: Die Grenze seines Erbteils
ostwärts war Atrot-Addar bis zum obe-
ren Bet-Horon 6 und läuft aus bis zum
Meer; bei Michmetat, das im Norden
liegt, biegt sie um ostwärts nach Taanat-
Silo und geht da hindurch östlich von
Janoach 7 und kommt herab von Janoach
nach Atarot und Naara und stößt an
Jericho und läuft aus am Jordan. 8 Von
Tappuach geht die Grenze westwärts
zum Bach Kana und ihr Ende ist am
Meer. Das ist das Erbteil des Stammes
Ephraim für seine Geschlechter; 9 dazu
alle Städte mit ihren Gehöften, die [a]für
Ephraim ausgesondert waren mitten un-
ter dem Erbteil des Stammes Manasse.
10 Und sie vertrieben die Kanaaniter
nicht, die in [a]Geser wohnten. So blieben
die Kanaaniter mitten unter Ephraim
bis auf diesen Tag und wurden fron-
pflichtig.

* Der Abschnitt ab Tekoa ist nur in der griechischen Übersetzung überliefert.

15,33: *a* Ri 13,25; 16,31 **15,44:** *a* Kap 19,29 **15,45:** *a (45-47)* 1.Sam 5,10; Kap 19,41-46 **15,47:** *a* 1.Sam 5,1; *b* Ri 1,18 **15,60:** *a* Kap 9,17; 18,14 **15,63:** *a* Kap 18,28; 2.Sam 5,6-7 **16,1:** *a* 1.Mose 49,22 **16,9:** *a* Kap 17,9 **16,10:** *a* Ri 1,29; 1.Kön 9,16

17 Und das Los fiel für den Stamm
Manasse, denn er ist Josefs erst-
geborener Sohn, und es fiel auf [a]Machir,
den erstgeborenen Sohn Manasses, den
Vater Gileads, denn er war ein Kriegs-
mann, und es wurden ihm zuteil Gilead
und Baschan. 2 Auf die andern Söhne
Manasses aber nach ihren Geschlechtern
fiel das Los auch, nämlich auf die Söhne
[a]Abiësers, die Söhne Heleks, die Söhne
Asriëls, die Söhne Sichems, die Söhne
Hefers und die Söhne Schemidas. Das
sind die Nachkommen Manasses, des
Sohnes Josefs, die Männer nach ihren
Geschlechtern.

3 Aber [a]Zelofhad, der Sohn Hefers,
des Sohnes Gileads, des Sohnes Machirs,
des Sohnes Manasses, hatte keine Söhne,
sondern [b]nur Töchter und ihre Namen
sind diese: Machla, Noa, Hogla, Milka,
Tirza. 4 Und sie traten vor den Priester
Eleasar und vor Josua, den Sohn Nuns,
und vor die Obersten und sprachen: Der
HERR hat Mose geboten, dass er uns
solle Erbteil geben unter unsern Brüdern.
Und man gab ihnen Erbteil unter den
Brüdern ihres Vaters nach dem Befehl
des HERRN. 5 Es fielen aber auf Manasse
zehn Erbteile außer dem Lande Gilead
und Baschan, das jenseits des Jordans
liegt; 6 denn die Töchter Manasses emp-
fingen Erbteil unter seinen Söhnen. Das
Land Gilead aber wurde den andern
Söhnen Manasses zuteil.

7 Und die Grenze Manasses war von
Asser an nach Michmetat, das östlich
von Sichem liegt, und reicht rechts an
das Gebiet von En-Tappuach; 8 das Land
von Tappuach wurde dem Manasse zu-
teil, aber Tappuach selbst an der Grenze
Manasses wurde Ephraim zuteil. 9 Da-
nach kommt sie herab zum Bach Kana
an der Südseite des Baches; diese Städte
gehören Ephraim inmitten der Städte
Manasses. Die Grenze Manasses aber
geht weiter an der Nordseite des Baches
und endet am Meer; 10 Ephraim lag süd-
wärts, Manasse nordwärts und das Meer
ist die Grenze. Manasse stößt an Asser
im Norden und an Issachar im Osten.

11 [a]Es hatte aber Manasse im Gebiet
von Issachar und Asser: Bet-Schean und
seine Ortschaften, Jibleam und seine Ort-
schaften und die Einwohner von Dor
und seine Ortschaften und die von
En-Dor und seine Ortschaften, die von
Taanach und seine Ortschaften und die
von Megiddo und seine Ortschaften samt
den drei Höhen. 12 Und der Stamm Ma-
nasse konnte diese Städte nicht erobern,
sondern die Kanaaniter vermochten im
Lande zu bleiben. 13 Als aber die Israeli-
ten mächtig wurden, machten sie die Ka-
naaniter fronpflichtig; aber sie vertrieben
sie nicht völlig.[a]

14 Da redeten die Nachkommen Josefs
mit Josua und sprachen: Warum hast du
mir nur **ein** Los und **ein** Erbteil gegeben?
Ich bin doch ein großes Volk, da mich
der HERR so gesegnet hat. 15 Da sprach
Josua zu ihnen: Weil du ein großes Volk
bist, so geh hinauf ins Waldgebirge und
rode dort für dich im Lande der Perisiter
und Refaïter, wenn dir das Gebirge
Ephraim zu eng ist. 16 Da sprachen die
Nachkommen Josefs: Das Gebirge wird
nicht Raum genug für uns haben; dazu
gibt es eiserne Wagen bei allen Kanaani-
tern, die im ebenen Land wohnen, bei
denen zu Bet-Schean und seinen Ort-
schaften und bei denen in der Ebene Jes-
reel. 17 Josua sprach zum Hause Josef, zu
Ephraim und Manasse: Du bist ein gro-
ßes Volk und weil du so stark bist, sollst
du nicht nur **ein** Los haben, 18 sondern
das Gebirge soll dein sein, wo der Wald
ist; dort kannst du roden und er soll dein
sein, so weit er reicht; dann wirst du die
Kanaaniter vertreiben, obwohl sie eiserne
Wagen haben, denn du wirst mächtiger
sein als sie.*

Verteilung des noch übrigen Landes. Benjamins Erbteil

18 Und es versammelte sich die ganze
Gemeinde der Israeliten in [a]Silo
und richtete dort die Stiftshütte auf, und
das Land war ihnen unterworfen.

2 Und es waren noch sieben Stämme
von Israel, die ihr Erbteil nicht erhalten
hatten. 3 Und Josua sprach zu Israel: Wie
lange seid ihr so lässig, dass ihr nicht
hingeht, das Land einzunehmen, das
euch der HERR, der Gott eurer Väter,

* Nach anderer Überlieferung: denn sie sind mächtig.

17,1: *a* Kap 13,31; 4.Mose 26,29 **17,2:** *a* Ri 6,11.24; 8,32 **17,3:** *a* 4.Mose 26,33; *b* 4.Mose 27,1-8; 36,1-12
17,11: *a (11-12)* Ri 1,27-28 **17,13:** *a* Kap 16,10 **18,1:** *a* Ri 21,19; 1.Sam 1,3; 4,4; Jer 7,12-15

gegeben hat? 4Nehmt euch aus jedem
Stamm drei Männer, damit ich sie sende
und sie sich aufmachen und durchs Land
gehen und es aufschreiben nach ihren
Erbteilen und wieder zu mir kommen.
5Teilt das Land in sieben Teile! Juda soll
bleiben auf seinem Gebiet im Süden, und
das Haus Josef soll bleiben auf seinem
Gebiet im Norden. 6Ihr aber, schreibt die
sieben Teile des Landes auf und tut mir's
kund; dann will ich für euch das Los
werfen hier vor dem HERRN, unserm
Gott. 7Denn die [a]Leviten erhalten kei-
nen Anteil unter euch, sondern das Pries-
tertum des HERRN ist ihr Erbteil. Gad
aber und Ruben und der halbe Stamm
Manasse haben ihr Teil bekommen jen-
seits des Jordans im Osten, das ihnen
Mose, der Knecht des HERRN, gegeben
hat.

8Da machten sich die Männer auf und
gingen hin. Und Josua gebot ihnen, als
sie auszogen, das Land aufzuschreiben,
und sprach: Geht hin und durchwandert
das Land; schreibt es auf und kehrt zu
mir zurück, damit ich für euch hier das
Los werfe vor dem HERRN in Silo. 9So
gingen die Männer hin und durchzogen
das Land und schrieben's auf in ein
Buch, Stadt für Stadt, in sieben Teilen,
und kamen wieder zu Josua ins Lager
nach Silo. 10Da warf Josua das Los für
sie in Silo vor dem HERRN und verteilte
dort das Land unter die Israeliten, einem
jeden Stamm sein Teil.

11Da fiel das Los des Stammes [a]**Ben-
jamin** für seine Geschlechter, und sein
Gebiet war zwischen Juda und Josef.
12Und seine Grenze war an der Nord-
seite vom Jordan an und geht hinauf auf
den Hang nördlich von Jericho und
kommt aufs Gebirge westwärts und geht
aus nach der Wüste von [a]Bet-Awen
13und geht von da nach Lus – das ist
[a]Bethel – an den Abhang südwärts von
Lus und kommt hinab nach Atrot-Addar
an den Berg, der südwärts liegt von dem
unteren Bet-Horon. 14Danach neigt sie
sich und biegt in ihrem westlichen Teil
nach Süden um von dem Berge an, der
südlich vor Bet-Horon liegt, und endet
bei Kirjat-Baal – das ist [a]Kirjat-Jea-
rim –, einer Stadt in Juda. Das ist die
Seite nach Westen. 15Aber auf der Seite
nach Süden läuft die Grenze von [a]Kir-
jat-Jearim an und geht zuerst nach Wes-
ten und läuft dann hin zur Quelle Nef-
toach 16und geht hinab an den Fuß des
Berges, der vor dem Tal des Sohnes Hin-
noms liegt, an der Nordecke der Ebene
Refaïm, und geht herab durchs Tal Hin-
nom am Südhang der Jebusiterstadt und
kommt hinab zur Quelle Rogel 17und
zieht sich nordwärts und läuft hin nach
En-Schemesch und läuft hin nach Gelilot
gegenüber der Steige von Adummim und
kommt hinab zum Stein Bohans, des
Sohnes Rubens, 18und geht zu dem Hang
nördlich von Bet-Araba und kommt
hinab nach Bet-Araba 19und geht zu dem
Hang nördlich von Bet-Hogla und ihr
Ende ist am nördlichen Ufer des Salz-
meers, dort, wo der Jordan hineinfließt.
Das ist die Südgrenze. 20Aber die Seite
nach Osten soll der Jordan begrenzen.
Das ist das Erbteil Benjamins in seinen
Grenzen ringsumher für seine Ge-
schlechter.

21Die Städte aber des Stammes Benja-
min für seine Geschlechter sind diese:
Jericho, Bet-Hogla, Emek-Keziz, 22Bet-
Araba, Zemarajim, Bethel, 23Awim,
Para, Ofra, 24Kefar-Ammoni, Ofni,
Geba. Das sind zwölf Städte mit ihren
Gehöften.

25Gibeon, Rama, Beerot, 26Mizpe,
Kefira, Moza, 27Rekem, Jirpeel, Tarala,
28Zela, Elef und die Stadt der [a]Jebusiter
– das ist Jerusalem –, Gibea, Kirjat-Jea-
rim; vierzehn Städte mit ihren Gehöften.
Das ist das Erbteil des Stammes Benja-
min für seine Geschlechter.

Das Erbteil der übrigen sechs Stämme

19 Danach fiel das zweite Los auf den
Stamm [a]**Simeon** für seine Ge-
schlechter; und ihr Erbteil war inmitten
des Erbteils von Juda. 2Und es ward ih-
nen zum Erbteil [a]Beerscheba, Schema,
Molada, 3Hazar-Schual, Baala, Ezem,
4Eltolad, Betul, Horma, 5Ziklag, Bet-
Markabot, Hazar-Susa, 6Bet-Lebaot,
Scharuhen. Das sind dreizehn Städte mit

18,7: *a* Kap 13,14.33 **18,11:** *a* 1. Mose 49,27 **18,12:** *a* Kap 7,2 **18,13:** *a* 1. Mose 12,8; 28,19 **18,14:** *a* Kap 15,6-9.60 **18,15:** *a* Kap 15,9 **18,28:** *a* Kap 15,63; Ri 1,21 **19,1:** *a* 1. Mose 49,5 **19,2:** *a* 1. Mose 21,14.31.33

ihren Gehöften. 7 Ajin, Rimmon, Eter,
Aschan. Das sind vier Städte mit ihren
Gehöften, 8 dazu alle Gehöfte, die um
diese Städte liegen, bis Baalat-Beer; das
ist Rama im Südland. Das ist das Erbteil
des Stammes Simeon für seine Ge-
schlechter. 9 Denn das Erbteil des Stam-
mes Simeon ist von dem Anteil des Stam-
mes Juda genommen. Weil der Anteil des
Stammes Juda zu groß für ihn war,
darum erbte der Stamm Simeon mitten
in dessen Erbteil.

10 Das dritte Los fiel auf den Stamm
[a]**Sebulon** für seine Geschlechter. Und die
Grenze seines Erbteils war bis Sarid
11 und geht hinauf westwärts nach Ma-
rala und stößt an Dabbeschet und dann
an den Bach, der gegenüber von Jok-
neam fließt, 12 und wendet sich von Sa-
rid gegen Sonnenaufgang bis an das
Gebiet Kislot-Tabor und läuft hin nach
Daberat und reicht hinauf nach Jafia.
13 Und von da geht sie gegen Osten nach
Gat-Hefer und Et-Kazin und läuft hin
nach Rimmon, neigt sich nach Nea
14 und biegt um im Norden nach Hanna-
ton und endet im Tal von Jiftach-El.
15 Dazu Kattat, [a]Nahalal, Schimron, Ji-
dala und Bethlehem. Das sind zwölf
Städte mit ihren Gehöften. 16 Das ist das
Erbteil des Stammes Sebulon für seine
Geschlechter; das sind seine Städte und
Gehöfte.

17 Das vierte Los fiel auf den Stamm
[a]**Issachar** für seine Geschlechter. 18 Und
sein Gebiet war Jesreel, Kesullot, [a]Schu-
nem, 19 Hafarajim, Schion, Anaharat,
20 Rabbit, Kischjon, Ebez, 21 Remet, En-
Gannim, En-Hadda, Bet-Pazzez; 22 und
die Grenze stößt an Tabor, Schahazajim,
Bet-Schemesch und ihr Ende ist am Jor-
dan. Sechzehn Städte mit ihren Gehöf-
ten. 23 Das ist das Erbteil des Stammes
Issachar für seine Geschlechter, die
Städte mit ihren Gehöften.

24 Das fünfte Los fiel auf den Stamm
[a]**Asser** für seine Geschlechter. 25 Und
sein Gebiet war Helkat, Hali, Beten,
Achschaf, 26 Alammelech, Amad, Mi-
schal, und die Grenze stößt im Westen an
den Karmel und an den Fluss Libnat
27 und wendet sich gegen Osten nach Bet-
Dagon und stößt an Sebulon und an das
Tal Jiftach-El nordwärts, stößt an Bet-
Emek, Negiël und läuft hin nach Kabul
zur Linken, 28 Abdon, Rehob, Hammon,
Kana bis nach Sidon, der großen Stadt,
29 und wendet sich nach Rama bis zu der
festen Stadt Tyrus und wendet sich nach
Hosa und endet am Meer. Dazu Maha-
leb, [a]Achsib, 30 Umma, Afek, Rehob.
Zweiundzwanzig Städte mit ihren Gehöf-
ten. 31 Das ist das Erbteil des Stammes
Asser für seine Geschlechter, die Städte
mit ihren Gehöften.

32 Das sechste Los fiel auf den Stamm
[a]**Naftali** für seine Geschlechter. 33 Und
seine Grenze war von Helef, von der
Eiche bei Zaanannim an, dazu Adami-
Nekeb und Jabneel, bis Lakkum und en-
det am Jordan; 34 und die Grenze wendet
sich westwärts nach Asnot-Tabor und
läuft von da nach Hukkok und stößt
nach Sebulon im Süden und an Asser im
Westen und an den Jordan im Osten.
35 Und feste Städte sind: Ziddim, Zer,
Hammat, Rakkat, Kinneret, 36 Adama,
Rama, Hazor, 37 Kedesch, Edreï, En-
Hazor, 38 Jiron, Migdal-El, Horem, [a]Bet-
Anat, Bet-Schemesch. Neunzehn Städte
mit ihren Gehöften. 39 Das ist das Erb-
teil des Stammes Naftali für seine
Geschlechter, die Städte mit ihren Ge-
höften.

40 Das siebente Los fiel auf den Stamm
[a]**Dan** für seine Geschlechter. 41 Und das
Gebiet seines Erbteils war Zora, Esch-
taol, Ir-Schemesch, 42 Schaalbim, Ajalon,
Jitla, 43 Elon, [a]Timna, Ekron, 44 Elteke,
Gibbeton, Baalat, 45 Jehud, Bene-Berak,
Gat-Rimmon, 46 Me-Jarkon, Rakkon mit
dem Gebiet bei [a]Jafo. 47 Dem Stamm
Dan aber ging sein Gebiet verloren, und
er zog hinauf und kämpfte gegen Le-
schem und eroberte und schlug es mit der
Schärfe des Schwerts und nahm es ein
und wohnte darin und nannte es Dan
nach seines Vaters Namen.[a] 48 Das ist
das Erbteil des Stammes Dan für seine
Geschlechter, die Städte mit ihren Ge-
höften.

49 Und als sie das ganze Land ausge-
teilt hatten nach seinen Gebieten, gaben
die Israeliten dem Josua, dem Sohn

19,10: *a* 1. Mose 49,13 **19,15:** *a* Ri 1,30 **19,17:** *a* 1. Mose 49,14 **19,18:** *a* 2. Kön 4,8 **19,24:** *a* 1. Mose 49,20 **19,29:** *a* Kap 15,44; Ri 1,31 **19,32:** *a* 1. Mose 49,21 **19,38:** *a* Ri 1,33 **19,40:** *a* 1. Mose 49,16 **19,43:** *a* Kap 15,10 **19,46:** *a* Jona 1,3 **19,47:** *a* Ri 18,27-29

Nuns, ein Erbteil in ihrer Mitte 50 und
gaben ihm nach dem Befehl des HERRN
die Stadt, die er forderte, nämlich [a]Tim-
nat-Serach auf dem Gebirge Ephraim.
Dann baute er die Stadt auf und wohnte
darin.
51 Das sind die Erbteile, die [a]Eleasar,
der Priester, und Josua, der Sohn Nuns,
und die Häupter der Sippen unter den
Stämmen Israels durchs Los austeilten in
[b]Silo vor dem HERRN, vor der Tür der
Stiftshütte; und sie vollendeten so die
Verteilung des Landes.

Bestimmung von Freistädten

20 Und der HERR redete mit Josua
und sprach: 2 Sage den Israeliten:
Bestimmt unter euch [a]Freistädte, von
denen ich euch durch Mose gesagt habe.
3 Dahin kann ein Totschläger fliehen, der
jemand aus Versehen und ohne Vorsatz
erschlägt, damit sie euch eine Freistatt
sind vor dem Bluträcher. 4 Und wer zu
einer dieser Städte flieht, soll draußen
vor dem Stadttor stehen bleiben und vor
den Ältesten der Stadt seine Sache vor-
bringen; dann sollen sie ihn zu sich in die
Stadt nehmen und ihm Raum geben, bei
ihnen zu wohnen. 5 Und wenn der Blut-
rächer ihm nachjagt, sollen sie den Tot-
schläger nicht in seine Hände übergeben,
weil er ohne Vorsatz seinen Nächsten er-
schlagen hat und ihm vorher nicht feind
gewesen ist. 6 So soll er in der Stadt woh-
nen, bis er vor der Gemeinde vor Gericht
gestanden hat und bis der Hohepriester
gestorben ist, der zu jener Zeit im Amt
sein wird. Dann darf der Totschläger zu-
rückkommen in seine Stadt und in sein
Haus, zur Stadt, aus der er geflohen ist.
7 Da weihten sie [a]Kedesch in Galiläa
auf dem Gebirge Naftali und Sichem auf
dem Gebirge Ephraim und [b]Kirjat-Arba
– das ist Hebron – auf dem Gebirge Juda;
8 und jenseits des Jordans, im Osten von
Jericho, [a]bestimmten sie Bezer in der
Wüste auf der Ebene im Gebiet des
Stammes Ruben und Ramot in Gilead im
Gebiet des Stammes Gad und Golan in
Baschan im Gebiet des Stammes Ma-
nasse. 9 Das waren die Städte, bestimmt
für alle Israeliten und die Fremdlinge, die
in ihrer Mitte wohnten, dass dahin flie-
hen könne, wer jemand aus Versehen er-
schlägt, damit er nicht stirbt durch den
Bluträcher, bis er vor der Gemeinde ge-
standen hat.

Wohnstätten der Leviten

(vgl. 1. Chr 6,39-66)

21 [a]Da traten herzu die Häupter der
Sippen unter den **Leviten** zu dem
Priester Eleasar und zu Josua, dem Sohn
Nuns, und zu den Häuptern der Sippen
unter den Stämmen Israels 2 und redeten
mit ihnen in Silo im Lande Kanaan und
sprachen: Der HERR hat geboten durch
Mose, dass man uns Städte geben solle,
um darin zu wohnen, und dazu Weide-
plätze für unser Vieh. 3 Da gaben die
Israeliten den Leviten von ihren Erbtei-
len nach dem Befehl des HERRN diese
Städte und ihre Weideplätze.
4 Und das Los fiel auf die Geschlechter
der Kehatiter, und es wurden unter den
Leviten den Söhnen des Priesters Aaron
durchs Los zugeteilt dreizehn Städte von
dem Stamm Juda, von dem Stamm Si-
meon und von dem Stamm Benjamin.[a]
5 Den übrigen Söhnen Kehat aber wur-
den durchs Los zugeteilt zehn Städte
von den Geschlechtern des Stammes
Ephraim, von dem Stamm Dan und von
dem halben Stamm Manasse. 6 Aber den
Söhnen Gerschon wurden durchs Los
zugeteilt dreizehn Städte von den Ge-
schlechtern des Stammes Issachar, von
dem Stamm Asser und von dem Stamm
Naftali und von dem halben Stamm Ma-
nasse in Baschan. 7 Den Söhnen Merari
wurden für ihre Geschlechter zugeteilt
zwölf Städte von dem Stamm Ruben,
von dem Stamm Gad und von dem
Stamm Sebulon. 8 So gaben die Israeliten
den Leviten durchs Los diese Städte und
ihre Weideplätze, wie der HERR durch
Mose geboten hatte.
9 Von dem Stamm Juda und von dem
Stamm Simeon gaben sie diese Städte,
die sie mit Namen nannten, 10 den Söh-
nen Aaron vom Geschlecht der Kehatiter
aus den Leviten; denn das erste Los war
ihnen zuteilgeworden. 11 Sie gaben ihnen
[a]die Stadt des Arba, des Vaters Anaks, –

19,50: *a* Kap 24,30; Ri 2,9 **19,51:** *a* Kap 14,1; *b* Kap 18,1 **20,2:** *a* 4. Mose 35,9-29 **20,7:** *a* Kap 19,37; *b* Kap 15,13 **20,8:** *a* 5. Mose 4,41-43 **21,1:** *a (1-3)* Kap 14,1; 4. Mose 35,2-8 **21,4:** *a* 4. Mose 3,17-39 **21,11:** *a* Kap 20,7

das ist Hebron – auf dem Gebirge Juda
und ihre Weideplätze um sie her. 12 Aber
das Ackerland der Stadt mit ihren Ge-
höften gaben sie [a]Kaleb, dem Sohn Je-
funnes, zu seinem Besitz. 13 Sie gaben den
Söhnen des Priesters Aaron die Freistadt
für die Totschläger: Hebron und seine
Weideplätze, Libna und seine Weide-
plätze, 14 Jattir und seine Weideplätze,
Eschtemoa und seine Weideplätze, 15 Ho-
lon und seine Weideplätze, Debir und
seine Weideplätze, 16 Ajin und seine Wei-
deplätze, Jutta und seine Weideplätze,
[a]Bet-Schemesch und seine Weideplätze,
neun Städte von diesen zwei Stämmen.

17 Von dem Stamm Benjamin aber ga-
ben sie vier Städte: Gibeon und seine
Weideplätze, Geba und seine Weide-
plätze, 18 [a]Anatot und seine Weideplätze,
Alemet und seine Weideplätze, 19 sodass
alle Städte der Söhne Aaron, der Priester,
waren dreizehn mit ihren Weideplätzen.

20 Die Geschlechter der übrigen Söhne
Kehat, die Leviten, erhielten als ihren
Losanteil von dem Stamm Ephraim vier
Städte: 21 Sie gaben ihnen die Freistadt
für die Totschläger: [a]Sichem und seine
Weideplätze auf dem Gebirge Ephraim,
ferner Geser und seine Weideplätze,
22 Kibzajim und seine Weideplätze, Bet-
Horon und seine Weideplätze. 23 Von
dem Stamm Dan vier Städte: Elteke und
seine Weideplätze, Gibbeton und seine
Weideplätze, 24 Ajalon und seine Weide-
plätze, Gat-Rimmon und seine Weide-
plätze. 25 Von dem halben Stamm Ma-
nasse zwei Städte: Taanach und seine
Weideplätze, Gat-Rimmon und seine
Weideplätze, 26 sodass alle Städte der Ge-
schlechter der übrigen Söhne Kehat wa-
ren zehn mit ihren Weideplätzen.

27 Den Söhnen Gerschon aber aus den
Geschlechtern der Leviten wurden gege-
ben von dem halben Stamm Manasse
zwei Städte: die Freistadt für die Tot-
schläger: [a]Golan in Baschan und seine
Weideplätze, ferner Beëschtera und seine
Weideplätze. 28 Von dem Stamm Issachar
vier Städte: Kischjon und seine Weide-
plätze, Daberat und seine Weideplätze,
29 Jarmut und seine Weideplätze, En-
Gannim und seine Weideplätze. 30 Von
dem Stamm Asser vier Städte: Mischal
und seine Weideplätze, Abdon und seine
Weideplätze, 31 Helkat und seine Weide-
plätze, Rehob und seine Weideplätze.
32 Von dem Stamm Naftali drei Städte:
die Freistadt für die Totschläger: [a]Ke-
desch in Galiläa und seine Weideplätze,
ferner Hammot-Dor und seine Weide-
plätze, Kartan und seine Weideplätze,
33 sodass alle Städte des Geschlechts der
Gerschoniter waren dreizehn mit ihren
Weideplätzen.

34 Den Geschlechtern der Söhne Me-
rari aber, den noch übrigen Leviten, wur-
den gegeben von dem Stamm Sebulon
vier Städte: Jokneam und seine Weide-
plätze, Karta und seine Weideplätze,
35 Dimna und seine Weideplätze, Nahalal
und seine Weideplätze. 36 Von dem
Stamm Ruben vier Städte: die Freistadt
für die Totschläger: [a]Bezer und seine
Weideplätze, ferner Jahaz und seine Wei-
deplätze, 37 Kedemot und seine Weide-
plätze, Mefaat und seine Weideplätze.
38 Von dem Stamm Gad vier Städte: die
Freistadt für die Totschläger: [a]Ramot in
Gilead und seine Weideplätze, 39 ferner
Mahanajim und seine Weideplätze,
Heschbon und seine Weideplätze, Jaser
und seine Weideplätze, 40 sodass alle
Städte der Söhne Merari nach ihren Ge-
schlechtern, der noch übrigen Leviten,
waren zwölf nach ihrem Los.

41 Alle Städte der Leviten unter dem
Erbe Israels waren achtundvierzig mit ih-
ren Weideplätzen. 42 Und jede von diesen
Städten hatte ihren Weideplatz um sich
her, eine wie die andere.

Ruhe für das ganze Land

43 So hat der HERR Israel das ganze Land
gegeben, das er geschworen hatte, ihren
Vätern zu geben, und sie nahmen's ein
und wohnten darin.[a] 44 Und der HERR
gab ihnen [a]Ruhe ringsumher, ganz wie er
ihren Vätern geschworen hatte; und kei-
ner ihrer Feinde widerstand ihnen, son-
dern alle ihre Feinde gab er in ihre
Hände. **45 Es war [a]nichts dahingefallen**
von all dem guten Wort, das der HERR
dem Hause Israel verkündigt hatte. Es
war alles gekommen.

21,12: *a* Kap 14,14; 15,13 **21,16:** *a* 1. Sam 6,12.15 **21,18:** *a* Jer 1,1 **21,21:** *a* Kap 20,7 **21,27:** *a* Kap 20,8 **21,32:** *a* Kap 20,7 **21,36:** *a* Kap 20,8 **21,38:** *a* Kap 20,8 **21,43:** *a* 1. Mose 12,7 **21,44:** *a* 5. Mose 12,9-10 **21,45:** *a* Kap 23,14; 1. Kön 8,56

Josua entlässt die zweieinhalb Stämme in ihre Heimat

22 Da rief Josua die Rubeniter und
Gaditer und den halben Stamm
Manasse 2 und sprach zu ihnen: Ihr habt
alles gehalten, was euch Mose, der
Knecht des HERRN, [a]geboten hat, und
habt gehorcht meiner Stimme in allem,
was ich euch geboten habe. 3 Ihr habt
eure Brüder diese lange Zeit bis zum heu-
tigen Tag nicht verlassen und habt fest-
gehalten an dem Gebot des HERRN,
eures Gottes. 4 Weil nun der HERR, euer
Gott, eure Brüder [a]zur Ruhe gebracht
hat, wie er ihnen zugesagt hat, so wendet
euch nun und zieht hin zu euren Wohn-
stätten in das Land eures Erbes, das euch
Mose, der Knecht des HERRN, gegeben
hat jenseits des Jordans. 5 Achtet aber nur
genau darauf, dass ihr tut nach dem Ge-
bot und Gesetz, das euch Mose, der
Knecht des HERRN, geboten hat, dass ihr
den HERRN, euren Gott, liebt und wan-
delt in allen seinen Wegen und seine Ge-
bote haltet und ihm anhangt und ihm
dient von ganzem Herzen und von gan-
zer Seele.[a] 6 So segnete sie Josua und ließ
sie gehen, und sie gingen zu ihren
Wohnstätten.
7 Dem einen halben Stamm Manasse
hatte Mose Erbteil gegeben in Baschan,
der andern Hälfte gab Josua ihr Erbteil
unter ihren Brüdern diesseits des Jordans
nach Westen zu. Und als er sie gehen ließ
zu ihren Wohnstätten und sie gesegnet
hatte, 8 sprach er zu ihnen: Ihr kommt
wieder heim mit großem Gut zu euren
Wohnstätten, mit sehr viel Vieh, Silber,
Gold, Kupfer, Eisen und Kleidern. [a]So
teilt nun die Beute eurer Feinde mit
euren Brüdern.

Errichtung eines Altars am Jordan

9 Da kehrten zurück die Söhne Ruben,
die Söhne Gad und der halbe Stamm
Manasse und gingen von den Israeliten
weg aus Silo, das im Lande Kanaan liegt,
damit sie ins Land Gilead zögen zum
Lande ihres Erbes, das sie nach dem Be-
fehl des HERRN durch Mose geerbt hat-
ten. 10 Und als sie zu den Steinkreisen des
Jordans kamen, die noch im Lande Ka-
naan liegen, bauten die Söhne Ruben, die
Söhne Gad und der halbe Stamm Ma-
nasse dort am Jordan einen Altar, groß
und ansehnlich. 11 Als aber die Israeliten
sagen hörten: Siehe, der Stamm Ruben,
der Stamm Gad und der halbe Stamm
Manasse haben einen Altar gebaut an
den Grenzen des Landes Kanaan, bei
den Steinkreisen des Jordans, an der
Grenze des Gebiets von Israel, 12 da ver-
sammelte sich die ganze Gemeinde Israel
in Silo, um gegen sie zu Felde zu ziehen.
13 Und Israel sandte zu ihnen ins Land
Gilead den [a]Pinhas, den Sohn Eleasars,
den Priester, 14 und mit ihm zehn Fürs-
ten, aus jeder Sippe der Stämme Israels
einen, und jeder war Haupt seiner Sippe
über tausend in Israel. 15 Und als sie zu
ihnen ins Land Gilead kamen, redeten
sie mit ihnen und sprachen: 16 So lässt
euch sagen die ganze Gemeinde des
HERRN: Wie versündigt ihr euch an dem
Gott Israels, dass ihr euch heute abkehrt
von dem HERRN und [a]dass ihr euch
einen Altar baut und von dem HERRN
abfallt? 17 Ist's nicht genug mit der Schuld
von [a]Peor, von der wir bis zum heutigen
Tag noch nicht gereinigt sind und um
derentwillen eine Plage unter die Ge-
meinde des HERRN kam? 18 Und ihr wen-
det euch heute von dem HERRN weg.
Dann wird es geschehen: Heute lehnt ihr
euch auf gegen den HERRN, und morgen
wird er über die ganze Gemeinde Israel
zürnen. 19 Haltet ihr das Land eures Er-
bes für unrein, so kommt herüber ins
Land, das dem HERRN gehört, wo die
Wohnung des HERRN steht, und emp-
fangt Erbteil unter uns; aber lehnt euch
nicht auf gegen den HERRN und gegen
uns, dass ihr euch einen Altar baut außer
dem Altar des HERRN, unseres Gottes.
20 Versündigte sich nicht [a]Achan, der
Sohn Serachs, am Gebannten, und kam
nicht der Zorn über die ganze Gemeinde
Israel, obgleich er nur ein einzelner
Mann war? Ging er nicht zugrunde we-
gen seiner Missetat?
21 Da antworteten die Söhne Ruben
und die Söhne Gad und der halbe

22,2: *a* 4. Mose 32,20-22; 5. Mose 3,18-20 **22,4:** *a* Hebr 4,8 **22,5:** *a* 5. Mose 10,12 **22,8:** *a* 4. Mose 31,27 **22,13:** *a* 4. Mose 25,7 **22,16:** *a* 3. Mose 17,8-9; 5. Mose 12,13-14 **22,17:** *a* 4. Mose 25,1-18 **22,20:** *a* Kap 7,1-26

Stamm Manasse und sagten zu den
[a]Obersten über tausend in Israel: 22 Der
starke Gott, der HERR, der starke Gott,
der HERR, weiß es; so wisse es auch Is-
rael: Fallen wir ab oder lehnen wir uns
auf gegen den HERRN, so helfe er uns
heute nicht! 23 Und wenn wir darum den
Altar gebaut haben, dass wir uns von
dem HERRN abwenden wollten, um
Brandopfer oder Speisopfer darauf zu
opfern oder Dankopfer darauf darzu-
bringen, so suche es der HERR heim!
24 Haben wir es nicht vielmehr aus Sorge
darum getan, dass wir dachten: Künftig
könnten eure Söhne zu unsern Söhnen
sagen: Was geht euch der HERR, der
Gott Israels, an? 25 Der HERR hat den
Jordan zur Grenze gesetzt zwischen uns
und euch, ihr Söhne Ruben und Gad, ihr
habt kein Teil am HERRN. Damit würden
eure Nachkommen unsere Nachkommen
von der Furcht des HERRN abwenden.

26 Darum sprachen wir: Lasst uns
einen Altar bauen, nicht zum Brand-
opfer noch zum Schlachtopfer, 27 sondern
damit er ein [a]Zeuge sei zwischen uns
und euch und unsern Nachkommen, dass
wir dem HERRN Dienst tun wollen vor
ihm mit unsern Brandopfern, Dankop-
fern und Schlachtopfern, und eure Söhne
künftig nicht sagen dürfen zu unsern
Söhnen: Ihr habt kein Teil an dem
HERRN. 28 Und wir sagten uns: Wenn sie
künftig zu uns oder zu unsern Nach-
kommen so reden würden, so könnten
wir sagen: Seht, wie der Altar des HERRN
gebaut ist, den unsere Väter gemacht ha-
ben, nicht zum Brandopfer noch zum
Schlachtopfer, sondern zum Zeugen zwi-
schen uns und euch. 29 Das sei ferne von
uns, dass wir uns auflehnen gegen den
HERRN und uns heute von ihm abwen-
den und einen Altar bauen zum Brand-
opfer und zum Speisopfer und zum
Schlachtopfer außer dem Altar des
HERRN, unseres Gottes, der vor seiner
Wohnung steht.

30 Als aber Pinhas, der Priester, und die
Fürsten der Gemeinde, die Obersten
über tausend in Israel, die bei ihm waren,
diese Worte hörten, die die Söhne Ruben,
Gad und Manasse sagten, gefielen sie
ihnen gut. 31 Und Pinhas, der Sohn Elea-
sars, der Priester, sprach zu den Söhnen
Ruben, Gad und Manasse: Heute erken-
nen wir, dass der HERR unter uns ist, weil
ihr euch nicht an dem HERRN versündigt
habt mit dieser Tat. Nun habt ihr die
Israeliten errettet aus der Hand des
HERRN. 32 Da kehrten Pinhas, der Sohn
Eleasars, der Priester, und die Obersten
aus dem Land Gilead von den Söhnen
Ruben und Gad ins Land Kanaan zu den
Israeliten zurück und sagten's ihnen an.
33 Das gefiel den Israeliten gut, und sie
lobten Gott und sagten, dass sie nicht
mehr gegen sie zu Felde ziehen wollten,
um das Land zu verderben, darin die
Söhne Ruben und Gad wohnten. 34 Und
die Söhne Ruben und Gad benannten
den Altar*; denn »Zeuge ist er zwischen
uns, dass der HERR Gott ist«.

Josuas letzte Vermahnung

23 Und nach langer Zeit, als der
HERR Israel [a]Ruhe gegeben hatte
vor allen seinen Feinden ringsumher und
Josua nun alt und hochbetagt war, 2 be-
rief er ganz Israel, seine Ältesten, Häup-
ter, Richter und Amtleute und sprach zu
ihnen: Ich bin alt und hochbetagt, 3 und
ihr habt alles gesehen, was der HERR,
euer Gott, getan hat an allen diesen Völ-
kern vor euch her; denn der HERR, euer
Gott, hat selber für euch gestritten.
4 Seht, ich hab euch diese Völker, die
noch übrig waren, durchs Los zugeteilt,
einem jeden Stamm sein Erbteil, alle Völ-
ker, die ich ausgerottet habe vom Jordan
an bis zum großen Meer, wo die Sonne
untergeht. 5 Und der HERR, euer Gott,
wird sie vor euch ausstoßen und vor euch
vertreiben, und ihr werdet ihr Land ein-
nehmen, wie euch der HERR, euer Gott,
zugesagt hat. 6 So haltet nun ganz fest
daran, dass ihr alles tut, was geschrieben
steht im Gesetzbuch des Mose, und nicht
davon weicht, weder zur Rechten noch
zur Linken,[a] 7 damit ihr euch nicht
mengt unter diese Völker, die noch übrig
sind bei euch, und nicht anruft und
[a]schwört bei dem Namen ihrer Götter
noch ihnen dient noch sie anbetet, 8 son-

* In einigen Handschriften ist der Name »Altar des Zeugnisses« erhalten.

22,21: *a* 4. Mose 1,16; 10,4 **22,27:** *a* Kap 24,27 **23,1:** *a* Kap 21,44 **23,6:** *a* 5. Mose 5,29 **23,7:** *a* 2. Mose 23,13.24

dern dem HERRN, eurem Gott, anhangt,
wie ihr bis auf diesen Tag getan habt.
9 [a]Der HERR hat vor euch große und
mächtige Völker vertrieben, und nie-
mand hat euch widerstanden bis auf die-
sen Tag. 10 Einer von euch jagt tausend;
denn der HERR, euer Gott, streitet für
euch, wie er euch zugesagt hat. 11 Darum
achtet ernstlich darauf um euer selbst
willen, dass ihr den HERRN, euren Gott,
lieb habt.[a] 12 Denn wenn ihr euch ab-
wendet und diesen Völkern, die noch
übrig sind, anhangt und euch mit ihnen
verheiratet, dass ihr zu ihnen eingeht und
sie zu euch, 13 so wisst, dass der HERR,
euer Gott, nicht mehr alle diese Völker
vor euch vertreiben wird, sondern [a]sie
werden euch zum Fallstrick und Netz
werden und zur Geißel für euren Rücken
und zum Stachel in euren Augen, bis ihr
ausgerottet seid aus dem guten Land, das
euch der HERR, euer Gott, gegeben hat.
14 Siehe, ich gehe heute dahin wie alle
Welt; und ihr sollt wissen von ganzem
Herzen und von ganzer Seele, dass
[a]nichts dahingefallen ist von all den gu-
ten Worten, die der HERR, euer Gott,
euch verkündigt hat. Es ist alles gekom-
men und nichts dahingefallen. 15 [a]Wie
nun all das gute Wort gekommen ist, das
der HERR, euer Gott, euch verkündigt
hat, so wird der HERR auch über euch
kommen lassen all das böse Wort, bis er
euch vertilgt hat aus diesem guten Lande,
das euch der HERR, euer Gott, gegeben
hat. 16 Wenn ihr übertretet den Bund des
HERRN, eures Gottes, den er euch ge-
boten hat, und hingeht und andern Göt-
tern dient und sie anbetet, so wird der
Zorn des HERRN über euch entbrennen,
und ihr werdet bald ausgerottet sein aus
dem guten Land, das er euch gegeben
hat.

Josuas Landtag zu Sichem

24 Josua versammelte alle Stämme
Israels nach Sichem und berief die
Ältesten von Israel, seine Obersten,
Richter und Amtleute. Und als sie vor
Gott getreten waren, 2 sprach er zum
ganzen Volk: So spricht der HERR, der
Gott Israels: Eure Väter wohnten vorzei-
ten jenseits des Euphratstroms, [a]Terach,
Abrahams und Nahors Vater, und [b]dien-
ten andern Göttern. 3 Da nahm ich euren
Vater Abraham von jenseits des Stroms
und ließ ihn umherziehen im ganzen
Land Kanaan und mehrte sein Ge-
schlecht und gab ihm Isaak. 4 Und Isaak
gab ich Jakob und Esau und gab Esau
das Gebirge [a]Seïr zum Besitz. [b]Jakob
aber und seine Söhne zogen hinab nach
Ägypten. 5 Da sandte ich Mose und Aa-
ron und plagte Ägypten, wie ich unter
ihnen getan habe.[a] 6 Danach [a]führte ich
euch und eure Väter aus Ägypten. Und
als ihr ans Meer kamt und die Ägypter
euren Vätern nachjagten mit Wagen und
Gespannen ans Schilfmeer, 7 da schrien
sie zum HERRN. [a]Der setzte eine Finster-
nis zwischen euch und die Ägypter und
ließ das Meer über sie kommen und es
bedeckte sie. Eure Augen haben gesehen,
was ich in Ägypten getan habe. Und ihr
habt gewohnt in der Wüste eine lange
Zeit. 8 Und [a]ich habe euch gebracht in
das Land der Amoriter, die jenseits des
Jordans wohnten. Und als sie gegen euch
kämpften, gab ich sie in eure Hände,
sodass ihr ihr Land einnahmt, und ver-
tilgte sie vor euch her. 9 Da machte sich
auf Balak, der Sohn Zippors, der König
der Moabiter, und kämpfte mit Israel
und sandte hin und ließ rufen Bileam,
den Sohn Beors, um euch zu verflu-
chen.[a] 10 Aber ich wollte ihn nicht hören,
sondern [a]er musste euch segnen, und ich
errettete euch aus seinen Händen. 11 Und
als ihr über den Jordan gingt und nach
Jericho kamt, kämpften gegen euch die
Bürger von Jericho, die Amoriter, Peri-
siter, Kanaaniter, Hetiter, Girgaschiter,
Hiwiter und Jebusiter; aber ich gab sie in
eure Hände.[a] 12 Und ich sandte [a]Angst
und Schrecken vor euch her; die trieben
sie vor euch weg, [b]die beiden Könige der
Amoriter, und nicht dein Schwert noch
dein Bogen. 13 Und ich habe euch ein
Land gegeben, um das ihr euch nicht
gemüht habt, und Städte, die ihr nicht

23,9: *a (9-10)* 3.Mose 26,7-8; 5.Mose 28,7 **23,11:** *a* 5.Mose 6,5 **23,13:** *a* 4.Mose 33,55; 5.Mose 7,16; Ri 2,3 **23,14:** *a* Kap 21,45 **23,15:** *a (15-16)* 5.Mose 28,15-47 **24,2:** *a* 1.Mose 11,26; *b* 1.Mose 31,19; 35,2 **24,4:** *a* 1.Mose 32,4; *b* 1.Mose 46,6 **24,5:** *a* 2.Mose 3,10 **24,6:** *a* 2.Mose 12,33.51 **24,7:** *a* 2.Mose 14,10-31 **24,8:** *a* 4.Mose 21,25.31 **24,9:** *a* 4.Mose 22,1-20 **24,10:** *a* 4.Mose 23,11.20 **24,11:** *a* Kap 3,10; 6,1-21 **24,12:** *a* 2.Mose 23,28; *b* Kap 10,1-2

gebaut habt, um darin zu wohnen, und
ihr esst von Weinbergen und Ölbäumen,
die ihr nicht gepflanzt habt.[a]

14 So fürchtet nun den HERRN und
dient ihm treulich und rechtschaffen und
[a]lasst fahren die Götter, denen eure Vä-
ter gedient haben jenseits des Euphrat-
stroms und in Ägypten, und dient dem
HERRN. 15 Gefällt es euch aber nicht,
dem HERRN zu dienen, so wählt euch
heute, [a]wem ihr dienen wollt: den Göt-
tern, denen eure Väter gedient haben jen-
seits des Stroms, oder den Göttern der
Amoriter, in deren Land ihr wohnt. **Ich
aber und mein Haus wollen dem HERRN
dienen.**

16 Da antwortete das Volk und sprach:
Das sei ferne von uns, dass wir den
HERRN verlassen und andern Göttern
dienen! 17 Denn der HERR, unser Gott,
hat uns und unsere Väter aus Ägypten-
land geführt, aus der Knechtschaft, und
hat vor unsern Augen diese großen Zei-
chen getan und uns behütet auf dem gan-
zen Wege, den wir gezogen sind, und
unter allen Völkern, durch die wir ge-
gangen sind, 18 und hat ausgestoßen vor
uns her alle Völker und die Amoriter, die
im Lande wohnten. Darum wollen wir
auch dem HERRN dienen; denn er ist
unser Gott.

19 Josua sprach zum Volk: Ihr [a]könnt
dem HERRN nicht dienen; denn er ist ein
heiliger Gott, ein [b]eifernder Gott, der
eure Übertretungen und Sünden nicht
vergeben wird. 20 Wenn ihr den HERRN
verlasst und fremden Göttern dient, so
wird er sich abwenden und euch plagen
und euch ausrotten, nachdem er euch
Gutes getan hatte. 21 Das Volk aber
sprach zu Josua: Nein, sondern wir wol-
len dem HERRN dienen.

22 Da sprach Josua zum Volk: Ihr seid
Zeugen gegen euch selbst, dass ihr euch
den HERRN erwählt habt, um ihm zu
dienen. Und sie sprachen: Ja! – 23 So [a]tut
nun von euch die fremden Götter, die
unter euch sind, und neigt euer Herz zu
dem HERRN, dem Gott Israels. 24 Und
das Volk sprach zu Josua: Wir wollen
dem HERRN, unserm Gott, dienen und
seiner Stimme gehorchen.

25 So schloss Josua an diesem Tag ei-
nen [a]Bund für das Volk und legte ihnen
Gesetze und Rechte vor in Sichem.
26 Und Josua schrieb dies alles ins Buch
des Gesetzes Gottes und nahm einen gro-
ßen Stein und richtete ihn dort auf unter
einer [a]Eiche, die bei dem Heiligtum des
HERRN war, 27 und sprach zum ganzen
Volk: Siehe, dieser Stein soll [a]Zeuge sein
unter uns, denn er hat gehört alle Worte
des HERRN, die er mit uns geredet hat,
und soll ein Zeuge unter euch sein, dass
ihr euren Gott nicht verleugnet. 28 So
entließ Josua das Volk, einen jeden in
sein Erbteil.

Josuas und Eleasars Tod. Bestattung der Gebeine Josefs

29 Und es begab sich nach diesen Ge-
schichten, dass [a]Josua, der Sohn Nuns,
der Knecht des HERRN, starb, als er hun-
dertundzehn Jahre alt war. 30 Und man
begrub ihn in dem Gebiet seines Erb-
teils in [a]Timnat-Serach, das auf dem
Gebirge Ephraim liegt, nördlich vom
Berge Gaasch. 31 Und Israel diente
dem HERRN, solange Josua lebte und die
Ältesten, die noch lange Zeit nach Josua
lebten und alle Werke des HERRN kann-
ten, die er an Israel getan hatte.[a]

32 Die [a]Gebeine Josefs, die die Israeli-
ten aus Ägypten gebracht hatten, begru-
ben sie zu Sichem [b]auf dem Stück Feld,
das Jakob von den Söhnen Hamors, des
Vaters von Sichem, für hundert Gold-
stücke gekauft hatte und das das Erbteil
der Söhne Josef ward. 33 Auch [a]Eleasar,
der Sohn Aarons, starb und sie begruben
ihn in Gibea, der Stadt seines Sohnes
Pinhas, die ihm gegeben war auf dem
Gebirge Ephraim.

24,13: *a* 5. Mose 6,10-11 **24,14:** *a* Vers 2; 2. Mose 32,1-6 **24,15:** *a* 5. Mose 6,13-14 **24,19:** *a* 5. Mose 29,3; *b* 2. Mose 20,5 **24,23:** *a* 1. Mose 35,2 **24,25:** *a* 2. Kön 23,3 **24,26:** *a* 1. Mose 35,4; Ri 9,6 **24,27:** *a* Kap 22,27; 1. Mose 31,48 **24,29:** *a* 4. Mose 27,18-23 **24,30:** *a* Kap 19,50 **24,31:** *a* Ri 2,7 **24,32:** *a* 1. Mose 50,25; *b* 1. Mose 33,19 **24,33:** *a* 5. Mose 10,6

DAS BUCH DER RICHTER

Inhaltsübersicht

Israels Kämpfe bei der Einwanderung

1 [a]Nach dem Tod Josuas [b]befragten die
Israeliten den HERRN und sprachen:
Wer soll unter uns zuerst hinaufziehen,
Krieg zu führen gegen die Kanaaniter?
2 Der HERR sprach: Juda soll hinaufzie-
hen. Siehe, ich habe das Land in seine
Hand gegeben. 3 Da sprach Juda zu sei-
nem Bruder Simeon: Zieh mit mir hinauf
in mein Erbteil und lass uns mit den
Kanaanitern kämpfen, dann will auch
ich mit dir ziehen in dein Erbteil. So zog
Simeon mit ihm.

4 Als nun Juda hinaufzog, gab der
HERR die Kanaaniter und Perisiter in
ihre Hände, und sie schlugen bei Besek
zehntausend Mann 5 und fanden den
Adoni-Besek zu Besek und kämpften mit
ihm und schlugen die Kanaaniter und
Perisiter. 6 Aber Adoni-Besek floh und sie
jagten ihm nach. Und als sie ihn ergrif-
fen, hieben sie ihm die Daumen ab an
seinen Händen und Füßen. 7 Da sprach
Adoni-Besek: Siebzig Könige mit abge-
hauenen Daumen an Händen und Füßen
lasen auf unter meinem Tisch. Wie ich
getan habe, so hat mir Gott vergolten.
Und man brachte ihn nach Jerusalem;
dort starb er. 8 Aber Juda [a]kämpfte ge-
gen Jerusalem und eroberte es und schlug
es mit der Schärfe des Schwerts und zün-
dete die Stadt an.

9 Danach zog Juda hinab, um gegen
die Kanaaniter zu kämpfen, die [a]auf
dem Gebirge und im Südland und im
Hügelland wohnten. 10 [a]Und Juda zog
gegen die Kanaaniter, die in Hebron
wohnten – Hebron aber hieß vorzeiten
Kirjat-Arba –, und sie erschlugen den
Scheschai und Ahiman und Talmai
11 und zogen von dort gegen die Einwoh-
ner von Debir. Debir aber hieß vorzeiten
Kirjat-Sefer. 12 Und Kaleb sprach: Wer
Kirjat-Sefer schlägt und erobert, dem
will ich meine Tochter Achsa zur Frau
geben.[a] 13 Da eroberte es Otniël, der
Sohn des Kenas, des jüngsten Bruders
von Kaleb. Und Kaleb gab ihm seine
Tochter Achsa zur Frau. 14 Und es begab
sich, als sie zu ihm kam, beredete er sie,
ein Stück Land zu fordern von ihrem
Vater. Und sie stieg vom Esel. Da sprach
Kaleb zu ihr: Was willst du? 15 Sie sprach:
Gib mir eine Segensgabe! Denn du hast
mich nach dem dürren Südland gegeben;
gib mir auch Wasserquellen! Da gab er
ihr die oberen und unteren Quellen.

16 Und die Nachkommen des Keniters
[a]Hobab, mit dem Mose verschwägert
war, zogen herauf aus der Palmenstadt
mit den Männern von Juda in die Wüste
Juda, die im Süden von [b]Arad liegt, und
gingen hin und wohnten mitten unter
dem Volk.

17 Und Juda zog hin mit seinem Bruder
Simeon, und sie erschlugen die Kanaa-
niter in Zefat und [a]vollstreckten den
Bann an ihnen und nannten die Stadt
Horma. 18 Doch eroberte Juda nicht
Gaza mit seinem Gebiet und Aschkelon
mit seinem Gebiet und Ekron mit seinem
Gebiet. 19 Dennoch war der HERR mit
Juda, dass es das Gebirge einnahm; es
konnte aber die Bewohner der Ebene
nicht vertreiben, weil sie eiserne Wagen
hatten. 20 Und sie [a]gaben dem Kaleb
Hebron, wie Mose gesagt hatte, und er
vertrieb daraus die drei Söhne des Anak.

1,1: *a (1-2)* 1.Mose 49,8; *b* Kap 18,5; 20,18; 2.Mose 28,30; 4.Mose 27,21 **1,8:** *a* Vers 21 **1,9:** *a* Jos 10,40; 11,16-20 **1,10:** *a (10-15)* Jos 15,13-19 **1,12:** *a* Jos 15,16 **1,16:** *a* Kap 4,11; 4.Mose 10,29; *b* Jos 12,14 **1,17:** *a* 5.Mose 20,12-18 **1,20:** *a* Jos 14,6-15

21 Aber Benjamin vertrieb die Jebusiter
nicht, die in Jerusalem wohnten, son-
dern die Jebusiter wohnten bei denen von
Benjamin in Jerusalem bis auf diesen
Tag.[a]

22 Auch das Haus Josef zog hinauf
nach Bethel und der HERR war mit ih-
nen. 23 Und das Haus Josef ließ [a]Bethel
auskundschaften; die Stadt hieß vorzei-
ten Lus. 24 Und die Späher sahen einen
Mann aus der Stadt gehen und sprachen
zu ihm: Zeige uns, wo wir in die Stadt
kommen, so wollen wir Barmherzigkeit
an dir tun. 25 Und als er ihnen zeigte, wo
sie in die Stadt kämen, schlugen sie die
Stadt mit der Schärfe des Schwerts; aber
[a]den Mann und sein ganzes Geschlecht
ließen sie gehen. 26 Da zog der Mann ins
Land der Hetiter und baute eine Stadt
und nannte sie Lus; die heißt noch heuti-
gentags so.

27 Und Manasse vertrieb nicht Bet-
Schean und seine Ortschaften noch Taa-
nach und seine Ortschaften noch die Ein-
wohner von Dor und seinen Ortschaften
noch die Einwohner von Jibleam und
seinen Ortschaften noch die Einwohner
von Megiddo und seinen Ortschaften. So
blieben die Kanaaniter dort im Lande
wohnen.[a] 28 Als aber Israel mächtig
wurde, machte es die Kanaaniter fron-
pflichtig, vertrieb sie jedoch nicht.
29 Auch Ephraim vertrieb die Kanaaniter
nicht, die in [a]Geser wohnten, sondern
die Kanaaniter wohnten mitten unter ih-
nen in Geser.

30 Auch Sebulon vertrieb nicht die Ein-
wohner von Kitron und [a]Nahalol, son-
dern die Kanaaniter wohnten mitten un-
ter ihnen und waren fronpflichtig. 31 As-
ser vertrieb nicht die Einwohner von
Akko noch die Einwohner von Sidon,
von Mahaleb, von Achsib, von Helba,
von Afek und von Rehob; 32 sondern die
von Asser saßen mitten unter den Ka-
naanitern, die im Land wohnten, denn
sie vertrieben sie nicht.

33 Naftali vertrieb die Einwohner nicht
von [a]Bet-Schemesch noch von Bet-Anat,
sondern saß mitten unter den Kanaani-
tern, die im Lande wohnten. Aber die
von Bet-Schemesch und von Bet-Anat
wurden fronpflichtig.

34 Und die Amoriter drängten die Da-
niter aufs Gebirge und ließen nicht zu,
dass sie herunter in die Ebene kämen.
35 Und die Amoriter blieben wohnen auf
dem Gebirge Heres, in [a]Ajalon und in
Schaalbim. Doch wurde ihnen die Hand
des Hauses Josef zu schwer und sie wur-
den fronpflichtig.

36 Und das Gebiet der Edomiter ging
vom Skorpionensteig, von der Felsen-
stadt und weiter hinauf.

Der Engel des HERRN droht Israel

2 Es kam aber der Engel des HERRN
herauf von Gilgal nach Bochim und
sprach: Ich habe euch aus Ägypten her-
aufgeführt und ins Land gebracht, das
ich euren Vätern zu geben geschworen
habe, und gesprochen, ich wollte meinen
Bund mit euch nicht brechen ewiglich.
2 Ihr aber solltet [a]keinen Bund schließen
mit den Bewohnern dieses Landes und
ihre Altäre zerbrechen. Aber ihr habt
meiner Stimme nicht gehorcht. Warum
habt ihr das getan? 3 Da sprach ich: Ich
will sie nicht vor euch vertreiben, [a]da-
mit sie euch zum Fangstrick werden und
ihre Götter zur Falle. 4 Und als der Engel
des HERRN diese Worte zu ganz Israel
geredet hatte, erhob das Volk seine
Stimme und weinte. 5 Und sie nannten
die Stätte Bochim* und opferten dort
dem HERRN.

Israels Untreue gegen Gott während der Richterzeit

6 [a]Als Josua das Volk entlassen hatte und
die Israeliten hingezogen waren, ein jeder
in sein Erbteil, um das Land einzuneh-
men, 7 diente das Volk dem HERRN, so-
lange Josua lebte und die Ältesten, die
noch lange nach Josua lebten und alle
die großen Werke des HERRN gesehen
hatten, die er an Israel getan hatte. 8 Da
starb Josua, der Sohn Nuns, der Knecht
des HERRN, als er hundertundzehn Jahre
alt war. 9 Und sie begruben ihn im Gebiet
seines Erbteils in Timnat-Heres auf dem

* d. h. die Weinenden.

1,21: *a* Vers 8; Jos 15,63; 18,28 **1,23:** *a* 1. Mose 28,19; Jos 12,16 **1,25:** *a* Jos 6,25 **1,27:** *a* Jos 17,11-13 **1,29:** *a* Jos 16,10 **1,30:** *a* Jos 19,15 **1,33:** *a* Jos 19,38 **1,35:** *a* Jos 19,42 **2,2:** *a* 5. Mose 7,2-5 **2,3:** *a* Jos 23,13 **2,6:** *a (6-10)* Jos 24,29-31

Gebirge Ephraim, nördlich vom Berge
Gaasch.

10 Als auch alle, die zu der Zeit gelebt
hatten, zu ihren Vätern versammelt wa-
ren, kam nach ihnen ein anderes Ge-
schlecht auf, das den HERRN nicht
kannte noch die Werke, die er an Israel
getan hatte. 11 Da taten die Israeliten,
was dem HERRN missfiel, und dienten
den Baalen 12 und verließen den HERRN,
den Gott ihrer Väter, der sie aus Ägyp-
tenland geführt hatte, und folgten andern
Göttern nach von den Göttern der Völ-
ker, die um sie her wohnten, und beteten
sie an und erzürnten den HERRN. 13 Denn
sie verließen je und je den HERRN und
dienten dem Baal und den Astarten. 14 So
entbrannte denn der Zorn des HERRN
über Israel und er gab sie in die Hand
von Räubern, die sie beraubten, und ver-
kaufte sie in die Hände ihrer Feinde
ringsumher. Und sie konnten nicht mehr
ihren Feinden widerstehen, 15 sondern so-
oft sie auszogen, [a]war des HERRN Hand
wider sie zum Unheil, wie denn der
HERR ihnen gesagt und geschworen
hatte. Und sie wurden hart bedrängt.

16 Wenn dann der HERR [a]Richter er-
weckte, die ihnen halfen aus der Hand
der Räuber, 17 so gehorchten sie den
Richtern auch nicht, sondern liefen an-
dern Göttern nach und beteten sie an
und wichen bald von dem Wege, auf dem
ihre Väter gegangen waren, als sie des
HERRN Geboten gehorchten; sie jedoch
taten nicht wie diese. 18 Wenn aber der
HERR ihnen Richter erweckte, so war der
HERR mit dem Richter und errettete sie
aus der Hand ihrer Feinde, solange der
Richter lebte. Denn es jammerte den
HERRN ihr Wehklagen über die, die sie
unterdrückten und bedrängten. 19 Wenn
aber der Richter gestorben war, so fielen
sie wieder ab und trieben es ärger als ihre
Väter, indem sie andern Göttern folgten,
ihnen zu dienen und sie anzubeten. Sie
ließen nicht von ihrem Tun noch von
ihrem [a]halsstarrigen Wandel.

20 Darum entbrannte der Zorn des
HERRN über Israel und er sprach: Weil
dies Volk meinen Bund übertreten hat,
den ich ihren Vätern geboten habe, und
gehorcht meiner Stimme nicht, 21 so will
ich auch hinfort die Völker nicht ver-
treiben, die Josua übrig gelassen hat, als
er starb, 22 damit ich Israel durch sie
[a]prüfe, ob sie auf dem Wege des HERRN
bleiben und darauf wandeln, wie ihre
Väter geblieben sind, oder nicht. 23 So
ließ der HERR diese Völker, die er nicht
in Josuas Hand gegeben hatte, übrig,
ohne sie sogleich zu vertreiben.[a]

Die in Kanaan übrig gebliebenen Völker

3 Dies sind die Völker, die der HERR
übrig ließ – damit er durch sie Israel
[a]prüfte, alle, die nichts wussten von den
Kriegen um Kanaan, 2 und die Ge-
schlechter Israels Krieg führen lehrte, die
früher nichts davon wussten –, 3 nämlich
die [a]fünf Fürsten der Philister und alle
Kanaaniter und Sidonier und Hiwiter,
die am Gebirge Libanon wohnten, vom
Berg Baal-Hermon an bis dorthin, wo
man nach Hamat kommt. 4 Diese blie-
ben, um Israel durch sie zu prüfen, damit
es kundwürde, ob sie den Geboten des
HERRN gehorchten, die er ihren Vätern
durch Mose geboten hatte. 5 Als nun die
Israeliten wohnten unter den Kanaani-
tern, Hetitern, Amoritern, Perisitern, Hi-
witern und Jebusitern, 6 nahmen sie deren
Töchter zu Frauen und gaben ihre Töch-
ter deren Söhnen und dienten deren
Göttern.[a]

Der Richter Otniël

7 Und die Israeliten taten, was dem
HERRN missfiel, und vergaßen den
HERRN, ihren Gott, und dienten den
Baalen und den Ascheren. 8 Da ent-
brannte der Zorn des HERRN über Israel
und er verkaufte sie in die Hand Ku-
schan-Rischatajims, des Königs von Me-
sopotamien; und so diente Israel dem
Kuschan-Rischatajim acht Jahre. 9 Da
schrien die Israeliten zu dem HERRN,
und der HERR erweckte ihnen einen Ret-
ter, der sie errettete, [a]Otniël, den Sohn
des Kenas, des jüngsten Bruders von Ka-
leb. 10 Und der [a]Geist des HERRN kam
auf ihn, und er wurde Richter in Israel
und zog aus zum Kampf. Und der HERR
gab den König von Mesopotamien Ku-

2,15: *a* 3. Mose 26,17; 5. Mose 2,15; 28,20; 1. Sam 12,15 **2,16:** *a* Apg 13,20 **2,19:** *a* 2. Mose 32,9 **2,22:** *a* Kap 3,1.4; 5. Mose 8,2 **2,23:** *a* Kap 1,28; Ps 106,34 **3,1:** *a* Kap 2,22 **3,3:** *a* Jos 13,3 **3,6:** *a* 5. Mose 7,3 **3,9:** *a* Kap 1,13; Jos 15,17-18 **3,10:** *a* Kap 6,34

schan-Rischatajim in seine Hand, sodass
seine Hand über ihn stark wurde. 11 Da
hatte das Land Ruhe vierzig Jahre. Und
Otniël, der Sohn des Kenas, starb.

Die Richter Ehud und Schamgar

12 Aber die Israeliten taten wiederum,
was dem HERRN missfiel. Da machte der
HERR den Eglon, den König der Moa-
biter, stark gegen Israel, weil sie taten,
was dem HERRN missfiel. 13 Und er sam-
melte zu sich die Ammoniter und die
Amalekiter und zog hin und schlug Israel
und nahm die [a]Palmenstadt ein. 14 Und
die Israeliten dienten Eglon, dem König
der Moabiter, achtzehn Jahre. 15 Da
schrien sie zu dem HERRN, und der
HERR erweckte ihnen einen Retter,
Ehud, den Sohn Geras, den Benjamini-
ter; der war linkshändig.

Und als die Israeliten durch ihn Tribut
sandten an Eglon, den König der Moa-
biter, 16 machte sich Ehud einen zwei-
schneidigen Dolch, eine Hand lang, und
gürtete ihn unter sein Kleid auf seine
rechte Hüfte 17 und brachte Eglon, dem
König der Moabiter, den Tribut. Eglon
aber war ein sehr fetter Mann. 18 Und als
er den Tribut übergeben hatte, entließ er
die Leute, die den Tribut getragen hatten.
19 Er selbst aber kehrte um bei den Stein-
bildern zu Gilgal und ließ sagen: Ich
habe, o König, dir heimlich etwas zu sa-
gen. Der aber gebot: Hinaus! Da gingen
hinaus von ihm alle, die um ihn standen.
20 Und Ehud kam zu ihm hinein. Er aber
saß in dem kühlen Obergemach, das für
ihn allein bestimmt war. Und Ehud
sprach: Ich habe ein Wort von Gott an
dich. Da stand er auf von seinem Thron.
21 Ehud aber streckte seine linke Hand
aus und nahm den Dolch von seiner
rechten Hüfte und stieß ihm den in den
Bauch,[a] 22 dass nach der Schneide noch
der Griff hineinfuhr und das Fett die
Schneide umschloss; denn er zog den
Dolch nicht aus seinem Bauch. 23 Aber
Ehud ging zum Nebenraum hinaus,
machte die Tür des Obergemachs hinter
sich zu und verschloss sie.

24 Als er nun hinausgegangen war, ka-
men die Leute des Königs und sahen,
dass die Tür verschlossen war, und spra-
chen: Er ist vielleicht austreten gegangen
in die Kammer am Obergemach. 25 Als
sie aber allzu lange gewartet hatten und
niemand die Tür des Gemachs auftat,
nahmen sie den Schlüssel und schlossen
auf. Siehe, da lag ihr Herr auf der Erde
tot. 26 Ehud aber war entronnen, wäh-
rend sie gewartet hatten, und ging an den
Steinbildern vorüber und entkam bis
nach Seïra. 27 Und als er hineinkam,
blies er die Posaune auf dem Gebirge
Ephraim. Und die Israeliten zogen mit
ihm vom Gebirge und er vor ihnen her,
28 und er sprach zu ihnen: Schnell mir
nach! Denn der HERR hat die Moabiter,
eure Feinde, in eure Hände gegeben! Und
sie jagten ihm nach und besetzten die
Furten am Jordan, die nach Moab ge-
hen, und ließen niemand hinüber 29 und
erschlugen zu jener Zeit die Moabiter,
etwa zehntausend Mann, alles starke und
streitbare Männer, sodass auch nicht
einer entrann. 30 So wurden die Moabi-
ter zu jener Zeit unter die Hand Israels
gedemütigt. Und das Land hatte Ruhe
achtzig Jahre.

31 Nach ihm kam [a]Schamgar, der
Sohn Anats. Der erschlug sechshundert
Philister mit einem Ochsenstecken und
auch er errettete Israel.

Die Richterin Debora und Barak besiegen Sisera

4 Aber die Israeliten taten wiederum,
was dem HERRN missfiel, als Ehud
gestorben war. 2 Und der HERR verkaufte
sie in die Hand [a]Jabins, des Königs von
Kanaan, der zu Hazor herrschte, und
sein Feldhauptmann war Sisera; der
wohnte in Haroschet der Heiden. 3 Und
die Israeliten schrien zum HERRN, denn
Jabin hatte neunhundert eiserne Wagen
und unterdrückte die Israeliten mit Ge-
walt zwanzig Jahre.

4 Zu der Zeit war Richterin in Israel
die Prophetin Debora, die Frau Lappi-
dots. 5 Sie hatte ihren Sitz unter der
[a]Palme Deboras zwischen Rama und
Bethel auf dem Gebirge Ephraim. Und
die Israeliten kamen zu ihr hinauf zum
Gericht. 6 Und sie sandte hin und ließ
rufen Barak, den Sohn Abinoams aus
[a]Kedesch in Naftali, und ließ ihm sagen:

3,13: *a* Kap 1,16 **3,21:** *a* 2.Sam 20,9-10 **3,31:** *a* Kap 5,6 **4,2:** *a* Jos 11,1 **4,5:** *a* 1.Mose 35,8 **4,6:** *a* Jos 21,32

Hat dir nicht der HERR, der Gott Israels,
geboten: Geh hin und zieh auf den Berg
Tabor und nimm zehntausend Mann mit
dir von Naftali und Sebulon? 7 Ich aber
will Sisera, den Feldhauptmann Jabins,
dir zuführen an den Bach Kischon mit
seinen Wagen und mit seinem Heer und
will ihn in deine Hände geben.
8 Barak sprach zu ihr: Wenn du mit
mir ziehst, so will auch ich ziehen; ziehst
du aber nicht mit mir, so will auch ich
nicht ziehen. 9 Sie sprach: Ich will mit dir
ziehen; aber der Ruhm wird nicht dein
sein auf diesem Kriegszug, den du unter-
nimmst, sondern der HERR wird Sisera
in die Hand einer Frau geben. So machte
sich Debora auf und zog mit Barak nach
Kedesch. 10 Da rief Barak Sebulon und
Naftali nach Kedesch; und es zogen hin-
auf ihm nach zehntausend Mann. De-
bora zog auch mit ihm. 11 Heber aber, der
Keniter, war von den Kenitern, vom Ge-
schlecht [a]Hobabs, mit dem Mose ver-
schwägert war, weggezogen und hatte
sein Zelt aufgeschlagen bei der Eiche in
Zaanannim bei Kedesch.
12 Da wurde Sisera angesagt, dass Ba-
rak, der Sohn Abinoams, auf den Berg
Tabor gezogen wäre. 13 Und er rief alle
seine Kriegswagen zusammen, neunhun-
dert eiserne Wagen, und das ganze Volk,
das mit ihm war, aus Haroschet der Hei-
den an den Bach Kischon. 14 Debora
aber sprach zu Barak: Auf! Das ist der
Tag, an dem dir der HERR den Sisera in
deine Hand gegeben hat, denn der HERR
ist ausgezogen vor dir her. So zog Barak
von dem Berge Tabor hinab und die
zehntausend Mann ihm nach. 15 Und der
HERR [a]erschreckte den Sisera samt allen
seinen Wagen und dem ganzen Heer vor
der Schärfe von Baraks Schwert, sodass
Sisera von seinem Wagen sprang und zu
Fuß floh. 16 Barak aber jagte den Wagen
und dem Heer nach bis Haroschet der
Heiden. Und Siseras ganzes Heer fiel
durch die Schärfe des Schwerts, sodass
auch nicht einer übrig blieb.
17 Sisera aber floh zu Fuß in das Zelt
Jaëls, der Frau des Keniters Heber. Denn
der König Jabin von Hazor und das
Haus Hebers, des Keniters, lebten mitein-
ander im Frieden. 18 Jaël aber ging hinaus
Sisera entgegen und sprach zu ihm:
Kehre ein, mein Herr, kehre ein bei mir
und fürchte dich nicht! Und er kehrte bei
ihr ein in ihr Zelt und sie deckte ihn mit
einer Decke zu. 19 Er aber sprach zu ihr:
Gib mir doch ein wenig Wasser zu trin-
ken, denn ich habe Durst. Da öffnete sie
den Schlauch mit Milch und gab ihm zu
trinken und deckte ihn wieder zu. 20 Und
er sprach zu ihr: Tritt in die Tür des
Zeltes, und wenn einer kommt und fragt,
ob jemand hier sei, so sprich: Niemand.
21 Da nahm Jaël, die Frau Hebers, einen
Pflock von dem Zelt und einen Hammer
in ihre Hand und ging leise zu ihm hinein
und schlug ihm den Pflock durch seine
Schläfe, dass er in die Erde drang. Er
aber war ermattet in einen tiefen Schlaf
gesunken. So starb er. 22 Als aber Barak
Sisera nachjagte, ging ihm Jaël entgegen
und sprach zu ihm: Komm her! Ich will
dir den Mann zeigen, den du suchst. Und
als er zu ihr hereinkam, lag Sisera tot da
und der Pflock steckte in seiner Schläfe.
23 So demütigte Gott zu der Zeit Jabin,
den König von Kanaan, vor Israel.
24 Und die Hand der Israeliten legte sich
immer härter auf Jabin, den König von
Kanaan, bis sie ihn vernichteten.

Deboras Siegeslied

5 Da sangen Debora und Barak, der
Sohn Abinoams, zu jener Zeit:

2 Lobet den HERRN, dass man sich in
Israel zum Kampf rüstete
und das Volk willig dazu gewesen ist.
3 Hört zu, ihr Könige, und merkt auf,
ihr Fürsten!
Ich will singen,
dem HERRN will ich singen,
dem HERRN, dem Gott Israels,
will ich spielen.

4 HERR, als du von [a]Seïr auszogst
und einhergingst vom Gefilde Edoms,
da [b]erzitterte die Erde,
der Himmel troff,
und die Wolken troffen von Wasser.
5 Die Berge wankten vor dem HERRN,

4,11: *a* Kap 1,16; 4. Mose 10,29 **4,15:** *a* Kap 5,20; 1. Mose 35,5; 2. Mose 23,27; 5. Mose 2,25; Jos 2,9-11 **5,4:** *a* 5. Mose 33,2; *b* Hab 3,3-6

der Sinai vor dem HERRN, dem Gott Israels.[a]

6 Zu den Zeiten [a]Schamgars, des Sohnes Anats,
zu den Zeiten Jaëls waren verlassen die Wege,
und die da auf Straßen gehen sollten,
die wanderten auf ungebahnten Wegen.
7 Still war's bei den Bauern,
ja still in Israel,
bis du, Debora, aufstandest,
bis du aufstandest, eine Mutter in Israel.
8 Man erwählte sich neue Götter;
es gab kein Brot in den Toren.
Es war [a]kein Schild noch Speer
unter vierzigtausend in Israel zu sehen.

9 Mein Herz ist mit den Gebietern Israels,
mit denen, die willig waren
unter dem Volk.
Lobet den HERRN!
10 Die ihr auf weißen Eselinnen reitet,
die ihr auf Teppichen sitzt
und die ihr auf dem Wege geht: Singet!
11 Horch, wie sie jubeln zwischen den Tränkrinnen!
Da sage man von der Gerechtigkeit des HERRN,
von der Gerechtigkeit an seinen Bauern in Israel,
als des HERRN Volk herabzog
zu den Toren.
12 Auf, auf, Debora!
Auf, auf und singe ein Lied!
Mach dich auf, Barak,
und fange, die dich fingen,
du Sohn Abinoams!

13 Da zog herab, was übrig war
von Herrlichen im Volk.
Der HERR zog mit mir herab
unter den Helden:
14 Aus Ephraim zogen sie herab ins Tal
und nach ihm Benjamin mit seinem Volk.
Von [a]Machir zogen Gebieter herab
und von Sebulon, die den Führerstab halten,
15 und die Fürsten in Issachar mit Debora,
wie Issachar so Barak;
ins Tal folgte er ihm auf dem Fuß.
An Rubens Bächen überlegten sie lange.
16 Warum saßest du zwischen den Sattelkörben,
zu hören bei den Herden das Flötenspiel?
An Rubens Bächen überlegten sie lange.
17 Gilead blieb jenseits des Jordans.
Und warum dient Dan auf fremden Schiffen?
Asser saß am Ufer des Meeres
und blieb ruhig an seinen Buchten.
18 Sebulons Volk aber wagte sein Leben in den Tod,
Naftali auch auf der Höhe des Gefildes.

19 Könige kamen und stritten;
damals stritten die Könige Kanaans
zu Taanach
am Wasser Megiddos,
aber Silber gewannen sie dabei nicht.
20 Vom Himmel her kämpften die Sterne,
von ihren Bahnen stritten sie wider Sisera.[a]
21 Der Bach Kischon riss sie hinweg,
der uralte Bach, der Bach Kischon.
Tritt einher, meine Seele, mit Kraft!
22 Da stampften die Hufe der Rosse,
ein Jagen ihrer mächtigen Renner.

23 Fluchet der Stadt Meros,
sprach der Engel des HERRN,
fluchet, fluchet ihren Bürgern,
dass sie nicht kamen
dem HERRN zu Hilfe,
zu Hilfe dem HERRN unter den Helden!

24 Gepriesen sei unter den Frauen Jaël,
die Frau Hebers, des Keniters;
gepriesen sei sie im Zelt unter den Frauen!
25 Milch gab sie, als er Wasser forderte,
Sahne reichte sie dar in einer herrlichen Schale.[a]
26 Sie griff mit ihrer Hand den Pflock
und mit ihrer Rechten den Schmiedehammer
und zerschlug Siseras Haupt
und zermalmte und durchbohrte seine Schläfe.
27 Zu ihren Füßen krümmte er sich,

5,5: *a* Ps 68,9 **5,6:** *a* Kap 3,31 **5,8:** *a* 1.Sam 13,19.22 **5,14:** *a* Jos 17,1 **5,20:** *a* 2.Mose 14,25; Jos 10,14 **5,25:** *a* Kap 4,19

fiel nieder und lag da.
Er krümmte sich, fiel nieder zu ihren
Füßen;
wie er sich krümmte, so lag er
erschlagen da.

28 Die Mutter Siseras spähte zum
Fenster hinaus
und klagte durchs Gitter:
Warum zögert sein Wagen,
dass er nicht kommt?
Warum säumen die Hufe seiner Rosse?
29 Die weisesten unter ihren Fürstinnen
antworten,
und sie selbst wiederholt ihre Worte:
30 Sie werden wohl Beute finden
und verteilen,
eine Frau, zwei Frauen für jeden Mann
und für Sisera bunte gestickte Kleider
zur Beute,
gewirkte bunte Tücher um den Hals
als Beute.

31 So sollen umkommen, HERR,
alle deine Feinde!
[a]Die ihn aber lieb haben, sollen sein
wie die Sonne aufgeht in ihrer Pracht!

Und das Land hatte Ruhe vierzig Jahre.

Israel von den Midianitern bedrängt

6 Und als die Israeliten taten, was dem
HERRN missfiel, gab sie der HERR in
die Hand der Midianiter sieben Jahre.
2 Und als die Hand der Midianiter zu
stark wurde über Israel, machten sich die
Israeliten in den Bergen Schluchten zu-
recht und Höhlen und Festungen. 3 Und
immer, [a]wenn Israel gesät hatte, kamen
die Midianiter und Amalekiter und die
aus dem Osten herauf über sie 4 und la-
gerten sich gegen sie und vernichteten die
Ernte im Land bis hin nach Gaza und
ließen nichts übrig an Nahrung in Israel,
weder Schafe noch Rinder noch Esel.
5 Denn sie kamen herauf mit ihrem Vieh
und ihren Zelten wie eine große Menge
Heuschrecken, sodass weder sie noch
ihre Kamele zu zählen waren, und fielen
ins Land, um es zu verderben. 6 So wurde
Israel sehr schwach vor den Midianitern.
Da schrien die Israeliten zum HERRN.
7 Als sie aber zum HERRN schrien um
der Midianiter willen, 8 sandte der HERR
einen Propheten zu ihnen, der sprach zu
ihnen: So spricht der HERR, der Gott
Israels: Ich habe euch aus Ägypten ge-
führt und aus der Knechtschaft gebracht
9 und habe euch errettet aus der Hand
der Ägypter und aus der Hand aller, die
euch bedrängten, und habe sie vor euch
her ausgestoßen und ihr Land euch gege-
ben 10 und zu euch gesprochen: Ich bin
der HERR, euer Gott! Ihr sollt nicht
fürchten die Götter der Amoriter, in de-
ren Land ihr wohnt. Aber ihr habt mei-
ner Stimme nicht gehorcht.

Gideon zum Richter berufen

11 Und der Engel des HERRN kam und
setzte sich unter die Eiche bei Ofra; die
gehörte Joasch, dem [a]Abiësriter. Und
sein Sohn Gideon drosch Weizen in der
Kelter, damit er ihn berge vor den Mi-
dianitern. 12 Da erschien ihm der Engel
des HERRN und sprach zu ihm: Der
HERR mit dir, du streitbarer Held! 13 Gi-
deon aber sprach zu ihm: Ach, mein
Herr! Ist der HERR mit uns, warum ist
uns dann das alles widerfahren? Und wo
sind alle seine Wunder, die uns unsere
Väter erzählten und sprachen: Der HERR
hat uns aus Ägypten geführt? Nun aber
hat uns der HERR verstoßen und in die
Hände der Midianiter gegeben. 14 Der
HERR aber wandte sich zu ihm und
sprach: Geh hin in dieser deiner Kraft;
du sollst Israel erretten aus den Händen
der Midianiter. Siehe, ich habe dich ge-
sandt![a] 15 Er aber sprach zu ihm: Ach,
mein Herr, womit soll ich Israel erretten?
Siehe, mein Geschlecht ist das geringste
in Manasse, und ich bin der Jüngste in
meines Vaters Hause. 16 Der HERR aber
sprach zu ihm: [a]Ich will mit dir sein,
dass du die Midianiter schlagen sollst wie
einen Mann.

17 Er aber sprach zu ihm: Hab ich
Gnade vor dir gefunden, so mach mir
doch ein Zeichen, dass du es bist, der mit
mir redet. 18 [a]Geh nicht fort, bis ich wie-
der zu dir komme und bringe meine
Gabe und lege sie vor dir hin. Er sprach:
Ich will bleiben, bis du wiederkommst.

5,31: *a* 5. Mose 6,5 **6,3:** *a* 5. Mose 28,33 **6,11:** *a* Jos 17,2 **6,14:** *a* Vers 32; 1. Sam 12,11; Hebr 11,32 **6,16:** *a* 2. Mose 3,12 **6,18:** *a* Kap 13,15-16

19 Und Gideon ging hin und richtete ein
[a]Ziegenböcklein zu und ungesäuerte
Brote von einem Scheffel Mehl und legte
das Fleisch in einen Korb und tat die
Brühe in einen Topf und brachte es zu
ihm hinaus unter die Eiche und trat
hinzu. 20 Aber der Engel Gottes sprach
zu ihm: Nimm das Fleisch und die Brote
und lege es hin auf den Fels hier und gieß
die Brühe darüber. Und er tat es. 21 Da
streckte der Engel des HERRN den Stab
aus, den er in der Hand hatte, und be-
rührte mit der Spitze das Fleisch und die
Brote. Da fuhr [a]Feuer aus dem Fels und
verzehrte das Fleisch und die Brote. Und
der Engel des HERRN entschwand seinen
Augen.

22 [a]Als nun Gideon sah, dass es der
Engel des HERRN war, sprach er: Ach,
Herr HERR! Habe ich wirklich den Engel
des HERRN von Angesicht zu Angesicht
gesehen? 23 Aber der HERR sprach zu
ihm: Friede sei mit dir! Fürchte dich
nicht, du wirst nicht sterben. 24 Da baute
Gideon dem HERRN dort einen Altar
und nannte ihn »Der HERR ist Friede«.
Der steht noch bis auf den heutigen Tag
in Ofra, der Stadt der Abiësriter.

Gideons Eifer für Gott

25 Und in derselben Nacht sprach der
HERR zu ihm: Nimm einen jungen Stier
von den Stieren deines Vaters und einen
zweiten Stier, der siebenjährig ist, und
[a]reiße nieder den Altar Baals, der dei-
nem Vater gehört, und haue um das
[b]Bild der Aschera, das dabeisteht, 26 und
baue dem HERRN, deinem Gott, oben
auf der Höhe dieses Felsens einen Altar
und rüste ihn zu und nimm den zweiten
Stier und bringe ein Brandopfer dar mit
dem Holz des Ascherabildes, das du um-
gehauen hast.

27 Da nahm Gideon zehn Mann von
seinen Leuten und tat, wie ihm der HERR
gesagt hatte. Aber er fürchtete sich vor
seines Vaters Haus und vor den Leuten
in der Stadt, das am Tage zu tun, und
tat's in der Nacht. 28 Als nun die Leute in
der Stadt früh am Morgen aufstanden,
siehe, da war der Altar Baals niederge-
rissen und das Ascherabild daneben um-
gehauen und der zweite Stier als Brand-
opfer dargebracht auf dem Altar, der ge-
baut war. 29 Und einer sprach zum an-
dern: Wer hat das getan? Und als sie
suchten und nachfragten, wurde gesagt:
Gideon, der Sohn des Joasch, hat das
getan.

30 Da sprachen die Leute der Stadt zu
Joasch: Gib deinen Sohn heraus; er muss
sterben, weil er den Altar Baals niederge-
rissen und das Ascherabild daneben um-
gehauen hat. 31 Joasch aber sprach zu al-
len, die bei ihm standen: Wollt ihr für
Baal streiten? Wollt ihr ihm helfen? Wer
für ihn streitet, der soll noch diesen Mor-
gen sterben. Ist er Gott, so streite er für
sich selbst, weil sein Altar niedergerissen
ist.[a] 32 Von dem Tag an nannte man Gi-
deon [a]Jerubbaal, das heißt »Baal streite
mit ihm«, weil er seinen Altar niederge-
rissen hat.

Gideons Zurüstung zum Kampf

33 Als nun alle Midianiter und Amale-
kiter und die aus dem Osten sich ver-
sammelt hatten, zogen sie herüber und
lagerten sich in der Ebene Jesreel. 34 Da
erfüllte der [a]Geist des HERRN den Gi-
deon. Und er ließ die Posaune blasen
und rief die Abiësriter auf, ihm zu folgen.
35 Und er sandte Botschaft zu ganz Ma-
nasse und rief sie auf, dass auch sie ihm
folgten. Er sandte auch Botschaft zu As-
ser und Sebulon und Naftali; die kamen
herauf, ihm entgegen.

36 Und Gideon sprach zu Gott: Willst
du Israel durch meine Hand erretten, wie
du zugesagt hast, 37 so will ich abgescho-
rene Wolle auf die Tenne legen: Wird der
Tau allein auf der Wolle sein und der
ganze Boden umher trocken, so will ich
daran erkennen, dass du Israel erretten
wirst durch meine Hand, wie du zugesagt
hast. 38 Und so geschah es. Und als er am
andern Morgen früh aufstand, drückte er
den Tau aus der Wolle, eine Schale voll
Wasser! 39 Und Gideon sprach zu Gott:
[a]Dein Zorn entbrenne nicht gegen mich,
wenn ich noch einmal rede. Ich will's nur
noch einmal versuchen mit der Wolle:
Es sei allein auf der Wolle trocken und
Tau auf dem ganzen Boden. 40 Und Gott

6,19: *a* 3.Mose 4,28 **6,21:** *a* 3.Mose 9,24 **6,22:** *a (22-23)* Kap 13,22; 2.Mose 33,20 **6,25:** *a* 2.Kön 11,18; *b* 2.Kön 23,12-15 **6,31:** *a* 1.Kön 18,21-39 **6,32:** *a* Kap 7,1 **6,34:** *a* Kap 3,10; 11,29; 13,25 **6,39:** *a* 1.Mose 18,30

machte es so in derselben Nacht, dass es trocken war allein auf der Wolle und Tau überall auf dem Boden.

Gideons Sieg über Midian

7 Da machte sich [a]Jerubbaal – das ist Gideon – früh auf und das ganze Kriegsvolk, das mit ihm war, und sie lagerten sich an der Quelle Harod, sodass er das Heerlager der Midianiter nördlich von dem Hügel More im Tal hatte. 2 Der HERR aber sprach zu Gideon: Zu zahlreich ist das Volk, das bei dir ist, als dass ich Midian in seine Hände geben sollte; Israel könnte sich rühmen wider mich und sagen: Meine Hand hat mich errettet. 3 So lass nun ausrufen vor den Ohren des Volks: [a]Wer ängstlich und verzagt ist, der kehre um. So sichtete sie Gideon. Da kehrten vom Kriegsvolk zweiundzwanzigtausend um, sodass nur zehntausend übrig blieben.

4 Und der HERR sprach zu Gideon: Das Volk ist noch zu zahlreich. Führe sie hinab ans Wasser; dort will ich sie dir sichten. Und von wem ich dir sagen werde, dass er mit dir ziehen soll, der soll mit dir ziehen; von wem ich aber sagen werde, dass er nicht mit dir ziehen soll, der soll nicht mitziehen. 5 Und er führte das Volk hinab ans Wasser. Und der HERR sprach zu Gideon: Wer mit seiner Zunge Wasser leckt, wie ein Hund leckt, den stelle besonders; ebenso, wer niederkniet, um zu trinken. 6 Da war die Zahl derer, die geleckt hatten, dreihundert Mann. Alles übrige Volk hatte kniend getrunken aus der Hand zum Mund. 7 Und der HERR sprach zu Gideon: Durch die [a]dreihundert Mann, die geleckt haben, will ich euch erretten und die Midianiter in deine Hände geben; aber alles übrige Volk lass gehen an seinen Ort. 8 Und sie nahmen die Verpflegung des Volks und ihre Posaunen an sich. Aber die übrigen Israeliten ließ er alle gehen, jeden in sein Zelt; die dreihundert Mann aber behielt er bei sich. Und das Heer der Midianiter lag unten vor ihm in der Ebene.

9 Und der HERR sprach in derselben Nacht zu Gideon: Steh auf und geh hinab zum Lager; denn ich habe es in deine Hände gegeben. 10 Fürchtest du dich aber hinabzugehen, so lass deinen Diener Pura mit dir hinabgehen zum Lager, 11 damit du hörst, was sie reden. Danach werden deine Hände stark sein und du wirst hinabziehen zum Lager. Da ging Gideon mit seinem Diener Pura hinab bis an den Ort der Schildwache, die im Lager war. 12 Und die Midianiter und Amalekiter und alle aus dem Osten hatten sich niedergelassen in der Ebene wie eine Menge Heuschrecken, und ihre Kamele waren nicht zu zählen wegen ihrer großen Menge wie der Sand am Ufer des Meeres.

13 Als nun Gideon kam, siehe, da erzählte einer einem andern einen Traum und sprach: Siehe, ich habe geträumt: Ein Laib Gerstenbrot rollte zum Lager der Midianiter; und er kam an das Zelt, stieß es um, dass es einfiel, und kehrte es um, das Oberste zuunterst, sodass das Zelt am Boden lag. 14 Da antwortete der andere: Das ist nichts anderes als das Schwert Gideons, des Sohnes des Joasch, des Israeliten. Gott hat die Midianiter in seine Hände gegeben mit dem ganzen Heerlager. 15 Als Gideon diesen Traum erzählen hörte und seine Auslegung, fiel er anbetend nieder und kam zurück ins Lager Israels und sprach: Macht euch auf, denn der HERR hat das Lager der Midianiter in eure Hände gegeben! 16 Und er teilte die dreihundert Mann in drei Heerhaufen und gab jedem eine Posaune in die Hand und leere Krüge mit Fackeln darin 17 und sprach zu ihnen: Seht auf mich und tut ebenso; wenn ich nun an das Lager komme – wie ich tue, so tut ihr auch! 18 Wenn ich die Posaune blase und alle, die mit mir sind, so sollt ihr auch die Posaune blasen rings um das ganze Heerlager und rufen: Für den HERRN und für Gideon!

19 So kam Gideon mit hundert Mann an das Lager zu Anfang der mittleren Nachtwache, als sie eben die Wachen aufgestellt hatten, und sie bliesen die Posaunen und zerschlugen die Krüge in ihren Händen. 20 Da bliesen alle drei Heerhaufen die Posaunen und zerbrachen die Krüge. Sie hielten aber die Fackeln in ihrer linken Hand und die Posaunen in

7,1: *a* Kap 6,32 **7,3:** *a* 5. Mose 20,8 **7,7:** *a* 1. Sam 14,6

ihrer rechten Hand, um zu blasen, und
riefen: Hier Schwert des HERRN und Gi-
deons! 21 Und sie blieben stehen, jeder an
seiner Stelle, rings um das Lager her. Da
fing das ganze Heer an zu laufen und sie
schrien und flohen. 22 Und während die
dreihundert Mann die Posaunen bliesen,
schaffte der HERR, dass im ganzen Heer-
lager eines jeden Schwert gegen den an-
dern war. Und das Heer floh bis Bet-
Schitta auf Zereda zu, bis an die Grenze
von Abel-Mehola bei Tabbat.[a]

23 Und die Männer Israels von Naf-
tali, von Asser und von ganz Manasse
wurden zusammengerufen und jagten
den Midianitern nach. 24 Und Gideon
sandte Botschaft auf das ganze Gebirge
Ephraim und ließ sagen: Kommt herab
den Midianitern entgegen und nehmt ih-
nen die Wasserstellen weg bis nach Bet-
Bara und auch den Jordan. Da wurden
zusammengerufen alle, die von Ephraim
waren, und nahmen ihnen die Wasser-
stellen weg bis nach Bet-Bara und auch
den Jordan. 25 Und sie fingen zwei Fürs-
ten der Midianiter, Oreb und Seeb, und
erschlugen Oreb am Felsen Oreb* und
Seeb bei der Kelter Seeb* und jagten den
Midianitern nach und brachten die
Häupter Orebs und Seebs zu Gideon
über den Jordan.

8 Da sprachen die Männer von
[a]Ephraim zu ihm: Warum hast du
uns das angetan, dass du uns nicht riefst,
als du in den Kampf zogst gegen die
Midianiter? Und sie zankten heftig mit
ihm. 2 Er aber sprach zu ihnen: Was hab
ich jetzt getan, das eurer Tat gleich sei?
Ist nicht die Nachlese Ephraims besser
als die ganze Weinernte [a]Abiësers? 3 Gott
hat die Fürsten der Midianiter, Oreb und
Seeb, in eure Hände gegeben. Was hab
ich zu tun vermocht gegen das, was ihr
getan habt? Als er das sagte, ließ ihr
Zorn von ihm ab.

Weitere Taten Gideons und sein Tod

4 Als nun Gideon an den Jordan kam,
ging er hinüber mit den dreihundert
Mann, die bei ihm waren; die waren
müde und jagten den Feinden nach. 5 Da
bat er die Leute von [a]Sukkot: Gebt doch
dem Volk, das mir auf dem Fuße folgt,
Brote; denn sie sind müde und ich muss
nachjagen den Königen der Midianiter,
Sebach und Zalmunna. 6 Aber die Obe-
ren von Sukkot sprachen: Sind die Fäus-
te Sebachs und Zalmunnas schon in dei-
nen Händen, dass wir deinem Heer Brot
geben sollen? 7 Gideon sprach: Wohlan,
wenn der HERR Sebach und Zalmunna
in meine Hand gibt, will ich euer Fleisch
mit Dornen aus der Wüste und mit Sta-
cheln zerdreschen. 8 Und er zog von dort
hinauf nach Pnuël und redete ebenso mit
ihnen. Und die Leute von Pnuël ant-
worteten ihm dasselbe wie die von Suk-
kot. 9 Und er sprach auch zu den Leuten
von Pnuël: Komm ich heil wieder, so will
ich diese Burg niederreißen.

10 Sebach aber und Zalmunna waren in
Karkor und ihr Heerlager mit ihnen,
etwa fünfzehntausend, alle, die übrig ge-
blieben waren vom ganzen Heer derer
aus dem Osten; denn hundertundzwan-
zigtausend waren gefallen, die das
Schwert ziehen konnten. 11 Und Gideon
zog herauf auf der Straße derer, die in
Zelten wohnen, östlich von Nobach und
Jogboha, und schlug das Heerlager, wäh-
rend es ohne Sorge lagerte. 12 Und Se-
bach und Zalmunna flohen; aber er jagte
ihnen nach und nahm gefangen die bei-
den Könige der Midianiter, Sebach und
Zalmunna, und setzte das ganze Heer-
lager in Schrecken.

13 Als nun Gideon, der Sohn des
Joasch, vom Kampf zurückkam, auf der
Steige von Heres, 14 griff er sich einen
Knaben von den Leuten von Sukkot und
fragte ihn aus. Der schrieb ihm auf die
Oberen von Sukkot und ihre Ältesten,
siebenundsiebzig Mann. 15 Und er kam
zu den Leuten von Sukkot und sprach:
Siehe, hier sind Sebach und Zalmunna,
um derentwillen ihr mich verspottet habt
und gesprochen: Ist denn Sebachs und
Zalmunnas Faust schon in deinen Hän-
den, dass wir deinen Leuten, die mü-
de sind, Brot geben sollen? 16 Und er
nahm die Ältesten der Stadt und holte
Dornen aus der Wüste und Stacheln und
ließ es die Leute zu Sukkot fühlen.
17 Und die Burg von Pnuël riss er nieder
und erschlug die Leute der Stadt.

18 Und Gideon sprach zu Sebach und

* Die Namen bedeuten »Rabenfels« und »Wolfskelter«.

7,22: *a* Ps 83,10; Jes 9,3; 10,26 **8,1:** *a* Kap 12,1 **8,2:** *a* Kap 6,11.15 **8,5:** *a* 1. Mose 33,17

Zalmunna: Wie waren die Männer, die
ihr am Tabor erschlagen habt? Sie spra-
chen: Sie waren wie du, jeder anzusehen
wie ein Königssohn. 19 Er aber sprach: Es
sind meine Brüder, meiner Mutter Söhne,
gewesen. So wahr der HERR lebt: Wenn
ihr sie am Leben gelassen hättet, würde
ich euch nicht töten.[a] 20 Und er sprach
zu seinem erstgeborenen Sohn Jeter: Steh
auf und erschlage sie. Aber der Knabe
zog sein Schwert nicht; denn er fürchtete
sich, weil er noch ein Knabe war. 21 Se-
bach aber und Zalmunna sprachen: Steh
du auf und mache dich an uns; denn wie
der Mann ist, so ist auch seine Kraft. Da
stand Gideon auf und erschlug Sebach
und Zalmunna und nahm die kleinen
Monde, die an den Hälsen ihrer Kamele
waren.

22 Da sprachen die Männer von Israel
zu Gideon: Sei Herrscher über uns, du
und dein Sohn und deines Sohnes Sohn,
weil du uns aus der Hand der Midianiter
errettet hast. 23 Aber Gideon sprach zu
ihnen: Ich will nicht Herrscher über euch
sein, und mein Sohn soll auch nicht
Herrscher über euch sein, sondern der
HERR soll Herrscher über euch sein.
24 Und Gideon sprach zu ihnen: Eins be-
gehre ich von euch: Jeder gebe mir die
Ringe, die er als Beute genommen hat.
Denn weil es Ismaeliter waren, hatten sie
goldene Ringe. 25 Sie sprachen: Die wol-
len wir geben. Und sie breiteten einen
Mantel aus und ein jeder warf die Ringe
darauf, die er als Beute genommen hatte.
26 Und die goldenen Ringe, die er ge-
fordert hatte, wogen tausendsiebenhun-
dert Lot Gold ohne die kleinen Monde
und Ohrringe und Purpurkleider, die die
Könige der Midianiter getragen hatten,
und ohne die Spangen ihrer Kamele.[a]
27 Und Gideon machte einen [a]Efod dar-
aus und stellte ihn in seiner Stadt Ofra
auf. Und ganz Israel trieb dort mit ihm
Abgötterei. Und er wurde Gideon und
seinem Hause zum Fallstrick.

28 So wurden die Midianiter gedemü-
tigt vor den Israeliten und hoben ihren
Kopf nicht mehr empor. Und [a]das Land
hatte Ruhe vierzig Jahre, solange Gideon
lebte.

29 Und Jerubbaal, der Sohn des Joasch,
ging hin und wohnte in seinem Hause.
30 Und Gideon hatte siebzig leibliche
Söhne, denn er hatte viele Frauen.
31 Auch seine Nebenfrau, die er in Sichem
hatte, gebar ihm einen Sohn; den nannte
er Abimelech. 32 Und Gideon, der Sohn
des Joasch, starb in hohem Alter und
wurde begraben im Grab seines Vaters
Joasch in [a]Ofra, der Stadt der Abiësri-
ter.

33 Als aber Gideon gestorben war,
kehrten sich die Israeliten ab und [a]liefen
den Baalen nach und machten [b]Baal-
Berit zu ihrem Gott. 34 Und sie dachten
nicht an den HERRN, ihren Gott, der sie
errettet hatte aus der Hand aller ihrer
Feinde ringsumher, 35 und [a]erzeigten sich
nicht dankbar dem Hause des Jerubbaal
– das ist Gideon – für alles Gute, das er
an Israel getan hatte.

Abimelechs Königtum

9 [a]Abimelech aber, der Sohn Jerub-
baals, ging hin nach Sichem zu den
Brüdern seiner Mutter und redete mit
ihnen und mit dem ganzen Geschlecht
des Hauses seiner Mutter und sprach:
2 Redet doch vor den Ohren aller Männer
von Sichem: [a]Was ist euch besser, dass
siebzig Männer, alle die Söhne Jerub-
baals, über euch Herrscher seien oder
dass **ein** Mann über euch Herrscher sei?
Denkt auch daran, dass ich euer Gebein
und Fleisch bin.

3 Da redeten die Brüder seiner Mutter
seinetwegen alle diese Worte vor den Oh-
ren aller Männer von Sichem. Und ihr
Herz neigte sich Abimelech zu; denn sie
dachten: Er ist unser Bruder. 4 Und sie
gaben ihm siebzig Silberstücke aus dem
Tempel des [a]Baal-Berit. Und Abimelech
warb damit lose, verwegene Männer an,
die ihm nachfolgten. 5 Und er kam in das
Haus seines Vaters nach Ofra und tötete
seine Brüder, die Söhne Jerubbaals, sieb-
zig Mann, auf **einem** Stein. Es blieb aber
übrig Jotam, der jüngste Sohn Jerub-
baals; denn er hatte sich versteckt. 6 Und
es versammelten sich alle Männer von
Sichem und alle Bewohner des Millo,
gingen hin und machten Abimelech zum

8,19: *a* 4. Mose 35,31 **8,26:** *a* 4. Mose 31,50 **8,27:** *a* Kap 17,5 **8,28:** *a* Kap 3,11; 5,31 **8,32:** *a* Kap 6,11 **8,33:** *a* Kap 2,11; *b* Kap 9,4 **8,35:** *a* Kap 9,5.19.24 **9,1:** *a* Kap 8,31 **9,2:** *a* Vers 18 **9,4:** *a* Kap 8,33

König bei der [a]Eiche am Steinmal von
Sichem.
7 Als das dem Jotam angesagt wurde,
ging er hin und stellte sich auf den Gipfel
des Berges Garizim, erhob seine Stimme,
rief und sprach zu ihnen: Höret mich, ihr
Männer von Sichem, dass euch Gott
auch höre.
8 Die Bäume gingen hin, um einen Kö-
nig über sich zu salben, und sprachen
zum Ölbaum: Sei unser König! 9 Aber der
Ölbaum antwortete ihnen: Soll ich meine
Fettigkeit lassen, die Götter und Men-
schen an mir preisen, und hingehen, über
den Bäumen zu schweben? 10 Da spra-
chen die Bäume zum Feigenbaum:
Komm du und sei unser König! 11 Aber
der Feigenbaum sprach zu ihnen: Soll ich
meine Süßigkeit und meine gute Frucht
lassen und hingehen, über den Bäumen
zu schweben? 12 Da sprachen die Bäume
zum Weinstock: Komm du und sei unser
König! 13 Aber der Weinstock sprach zu
ihnen: Soll ich meinen Wein lassen, der
Götter und Menschen fröhlich macht,
und hingehen, über den Bäumen zu
schweben? 14 Da sprachen alle Bäume
zum [a]Dornbusch: Komm du und sei un-
ser König! 15 Und der Dornbusch sprach
zu den Bäumen: Ist's wahr, dass ihr mich
zum König über euch salben wollt, so
kommt und bergt euch in meinem Schat-
ten; wenn nicht, so gehe Feuer vom
Dornbusch aus und verzehre die Zedern
Libanons.
16 Habt ihr nun recht und redlich ge-
tan, dass ihr Abimelech zum König ge-
macht habt? Und habt ihr wohlgetan an
Jerubbaal und an seinem Hause, und
habt ihr ihm getan, wie er's um euch
verdient hat? 17 Denn mein Vater hat für
euch gekämpft und sein Leben gewagt,
um euch aus der Hand der Midianiter zu
erretten. 18 Aber ihr habt euch heute ge-
gen meines Vaters Haus aufgelehnt und
seine Söhne getötet, siebzig Mann auf
einem Stein, und habt Abimelech, seiner
Magd Sohn, zum König über die Män-
ner von Sichem gemacht, weil er euer
Bruder ist. 19 Habt ihr nun heute recht
und redlich gehandelt an Jerubbaal und
an seinem Hause, so seid fröhlich über
Abimelech und er sei fröhlich über euch.
20 Wenn nicht, [a]so gehe Feuer aus von
Abimelech und verzehre die Männer von
Sichem und die Bewohner des Millo, und
gehe auch Feuer aus von den Männern
von Sichem und von den Bewohnern des
Millo und verzehre Abimelech. 21 Und
Jotam floh vor seinem Bruder Abimelech
und entwich und ging nach Beer und
wohnte dort.
22 Als nun Abimelech drei Jahre über
Israel geherrscht hatte, 23 sandte Gott
[a]einen bösen Geist zwischen Abimelech
und die Männer von Sichem. Und die
Männer von Sichem wurden Abimelech
untreu, 24 damit der Frevel an den siebzig
Söhnen Jerubbaals und ihr [a]Blut käme
auf Abimelech, ihren Bruder, der sie ge-
tötet hatte, und auf die Männer von Si-
chem, die ihm seine Hand dazu gestärkt
hatten, dass er seine Brüder tötete.
25 Und die Männer von Sichem legten
einen Hinterhalt auf den Höhen der
Berge und beraubten alle, die auf der
Straße bei ihnen vorüberkamen. Und es
wurde Abimelech angesagt.
26 Es kamen aber Gaal, der Sohn
Ebeds, und seine Brüder und zogen in
Sichem ein. Und die Männer von Sichem
verließen sich auf ihn 27 und zogen hinaus
aufs Feld und ernteten ihre Weinberge ab
und kelterten und hielten ein Freudenfest
und gingen in das Haus ihres Gottes,
aßen und tranken und fluchten dem Abi-
melech. 28 Und Gaal, der Sohn Ebeds,
sprach: Wer ist Abimelech und wer ist
denn dieser Sichemiter, dass wir ihm die-
nen sollten? Ist er nicht Jerubbaals Sohn
und hat Sebul, seinen Vogt, hergesetzt?
Dienet den Leuten [a]Hamors, des Vaters
von Sichem! Warum sollten wir jenem
dienen? 29 Wollte Gott, das Volk wäre
unter meiner Hand, so würde ich den
Abimelech vertreiben und ihm sagen:
Mehre dein Heer und zieh in den
Kampf!
30 Als aber Sebul, der Stadthaupt-
mann, die Worte Gaals, des Sohnes
Ebeds, hörte, entbrannte sein Zorn 31 und
er sandte heimlich Botschaft zu Abime-
lech und ließ ihm sagen: Siehe, Gaal, der
Sohn Ebeds, und seine Brüder sind nach

9,6: *a* 1. Mose 35,4; Jos 24,26 **9,14:** *a* 2. Kön 14,9 **9,20:** *a* Vers 57 **9,23:** *a* 1. Sam 16,14; 18,10; 19,9 **9,24:** *a* 1. Mose 9,6 **9,28:** *a* 1. Mose 34,2

Sichem gekommen und machen dir die
Stadt aufrührerisch. 32 So mach dich nun
auf bei Nacht, du und dein Volk, das bei
dir ist, und lege einen Hinterhalt im
Felde. 33 Und am Morgen, wenn die
Sonne aufgeht, mache dich auf und über-
falle die Stadt. Und wenn er und das
Volk, das bei ihm ist, gegen dich hinaus-
zieht, so tu mit ihm, wie du es vermagst.

34 Abimelech machte sich auf bei
Nacht und alles Volk, das bei ihm war,
und sie legten einen Hinterhalt gegen Si-
chem mit vier Heerhaufen. 35 Und Gaal,
der Sohn Ebeds, zog heraus und trat vor
das Stadttor. Aber Abimelech machte
sich auf aus dem Hinterhalt samt dem
Volk, das mit ihm war. 36 Als nun Gaal
das Volk sah, sprach er zu Sebul: Siehe,
da kommt Kriegsvolk von der Höhe des
Gebirges herab. Sebul aber sprach zu
ihm: Du siehst die Schatten der Berge für
Leute an. 37 Gaal redete noch weiter und
sprach: Siehe, Kriegsvolk kommt herab
[a]vom Nabel der Erde*, und ein Heer-
haufe kommt daher auf dem Wege von
der Zaubereiche. 38 Da sprach Sebul zu
ihm: Wo ist nun dein Maul, das da sagte:
Wer ist Abimelech, dass wir ihm dienen
sollten? Ist das nicht das Kriegsvolk, das
du verachtet hast? Zieh nun hin und
kämpfe mit ihm!

39 Gaal zog aus vor den Männern von
Sichem her und kämpfte mit Abimelech.
40 Aber Abimelech jagte ihm nach, dass
er vor ihm floh, und viele blieben er-
schlagen liegen bis an das Tor. 41 Und
Abimelech blieb in Aruma. Sebul aber ver-
jagte den Gaal und seine Brüder, sodass
sie in Sichem nicht bleiben konnten.

42 Am Morgen aber ging das Volk her-
aus aufs Feld. Als das Abimelech ange-
sagt wurde, 43 nahm er das Kriegsvolk,
teilte es in drei Heerhaufen und legte
einen Hinterhalt im Feld. Als er nun sah,
dass das Volk aus der Stadt ging, erhob
er sich gegen sie und erschlug sie. 44 Abi-
melech und der Heerhaufe, der bei ihm
war, überfielen sie und stellten sich am
Stadttor auf. Die beiden andern Heer-
haufen aber überfielen alle, die auf dem
Felde waren, und erschlugen sie. 45 So
kämpfte Abimelech gegen die Stadt den
ganzen Tag und eroberte sie und tötete
das Volk, das darin war, und zerstörte die
Stadt und streute Salz darauf.

46 Als das alle Männer der Burg von
Sichem hörten, gingen sie in das
Gewölbe des Tempels des [a]Baal-Berit.
47 Und als Abimelech hörte, dass sich alle
Männer der Burg von Sichem versam-
melt hatten, 48 ging er auf den Berg Zal-
mon mit seinem ganzen Kriegsvolk, das
bei ihm war, und nahm eine Axt in seine
Hand und hieb einen Ast vom Baum und
hob ihn auf und legte ihn auf seine
Schulter und sprach zu allem Volk, das
mit ihm war: Was ihr mich tun seht, das
beeilt euch, auch zu tun. 49 Da hieb jeder
vom Volk einen Ast ab, und sie folgten
Abimelech und legten die Äste auf das
Gewölbe und setzten über ihnen das Ge-
wölbe in Brand, sodass auch alle in der
Burg von Sichem starben, etwa tausend
Männer und Frauen.

Abimelechs Ende

50 Abimelech aber zog nach Tebez, bela-
gerte es und eroberte es. 51 Es war aber
eine starke Burg mitten in der Stadt. Da-
hin flohen alle Männer und Frauen und
alle Bürger der Stadt, schlossen hinter
sich zu und stiegen auf das Dach der
Burg.

52 Da kam Abimelech zur Burg und
kämpfte gegen sie und näherte sich dem
Burgtor, um es mit Feuer zu verbrennen.
53 Aber eine Frau warf einen Mühlstein
Abimelech auf den Kopf und zerschmet-
terte ihm den Schädel. 54 Da rief Abi-
melech eilends seinen Waffenträger her-
bei und sprach zu ihm: [a]Zieh dein
Schwert und töte mich, dass man nicht
von mir sage: [b]Eine Frau hat ihn er-
schlagen. Da durchstach ihn sein Waffen-
träger und er starb. 55 Als aber die Israeli-
ten, die mit ihm waren, sahen, dass Abi-
melech tot war, ging jeder heim. 56 So
vergalt Gott dem Abimelech das Böse,
das er seinem Vater angetan hatte, [a]als er
seine siebzig Brüder tötete. 57 Desgleichen
alle bösen Taten der Männer von Sichem
vergalt ihnen Gott auf ihren Kopf, und
es kam über sie der [a]Fluch Jotams, des
Sohnes Jerubbaals.

* Der Berg Garizim galt als Mitte der Erdscheibe.

9,37: *a* Hes 38,12 **9,46:** *a* Kap 8,33 **9,54:** *a* 1.Sam 31,4; *b* 2.Sam 11,21 **9,56:** *a* Vers 5 **9,57:** *a* Vers 20

Die Richter Tola und Jaïr

10 Nach Abimelech stand auf, Israel
zu erretten, [a]Tola, ein Mann aus
Issachar, ein Sohn Puwas, des Sohnes
Dodos. Er wohnte in Schamir auf dem
Gebirge Ephraim 2 und richtete Israel
dreiundzwanzig Jahre und starb und
wurde begraben in Schamir.
3 Nach ihm stand auf [a]Jaïr, ein Gilea-
diter, und richtete Israel zweiundzwanzig
Jahre. 4 Der hatte dreißig Söhne, die auf
dreißig Eseln ritten. Und sie hatten drei-
ßig Städte, die heißen [a]»Dörfer Jaïrs« bis
auf diesen Tag und liegen in Gilead.
5 Und Jaïr starb und wurde begraben in
Kamon.

Gericht über Israels Untreue

6 Aber die Israeliten taten wiederum, was
dem HERRN missfiel, und dienten den
Baalen und den Astarten und den Göt-
tern von Aram und den Göttern von
Sidon und den Göttern Moabs und den
Göttern der Ammoniter und den Göt-
tern der Philister und verließen den
HERRN und dienten ihm nicht. 7 Da ent-
brannte der Zorn des HERRN über Israel
und er verkaufte sie unter die Hand der
Philister und Ammoniter. 8 Und sie zer-
traten und zerschlugen Israel zu jener
Zeit achtzehn Jahre lang, nämlich ganz
Israel jenseits des Jordans im Land der
Amoriter, das in Gilead liegt. 9 Dazu
zogen die Ammoniter über den Jordan
und kämpften gegen Juda, Benjamin und
das Haus Ephraim, sodass Israel sehr
geängstigt wurde.
10 Da schrien die Israeliten zu dem
HERRN und sprachen: Wir haben an dir
gesündigt, denn wir haben unsern Gott
verlassen und den Baalen gedient.[a]
11 Aber der HERR sprach zu den Israeli-
ten: Haben euch nicht auch unterdrückt
die Ägypter, die Amoriter, die Ammo-
niter, die Philister, 12 die Sidonier, die
Amalekiter und Maoniter? Aber ich half
euch aus ihren Händen, als ihr zu mir
schriet. 13 Dennoch habt ihr mich ver-
lassen und andern Göttern gedient.
Darum will ich euch nicht mehr erretten.
14 Geht hin und schreit zu den Göttern,
die ihr erwählt habt; [a]lasst diese euch
helfen zur Zeit eurer Bedrängnis! 15 Aber
die Israeliten sprachen zum HERRN: Wir
haben gesündigt, mache du es mit uns,
wie dir's gefällt; nur errette uns heute!
16 Und sie [a]taten von sich die fremden
Götter und dienten dem HERRN. Da
[b]jammerte es ihn, dass Israel so geplagt
wurde.

Der Richter Jeftah

17 Und die Ammoniter wurden aufgebo-
ten und lagerten sich in Gilead; aber Is-
rael versammelte sich und lagerte sich in
[a]Mizpa. 18 Und die Oberen des Volks
von Gilead sprachen untereinander: Wer
ist der Mann, der anfängt, mit den Am-
monitern zu kämpfen? Der soll das
[a]Haupt sein über alle, die in Gilead
wohnen.
11 Jeftah, ein Gileaditer, war ein streit-
barer Mann, aber der Sohn einer
Hure. Gilead hatte Jeftah gezeugt. 2 Als
aber die Ehefrau Gileads ihm Söhne ge-
bar und die Söhne dieser Frau groß wur-
den, stießen sie Jeftah aus und sprachen
zu ihm: Du [a]sollst nicht erben in unserer
Familie, denn du bist der Sohn einer an-
dern. 3 Da floh er vor seinen Brüdern
und wohnte im Lande Tob. Und [a]es
sammelten sich bei ihm lose Leute und
zogen mit ihm aus.
4 Und einige Zeit danach kämpften die
Ammoniter mit Israel. 5 Als nun die Am-
moniter mit Israel kämpften, gingen die
Ältesten von Gilead hin, um Jeftah aus
dem Lande Tob zu holen, 6 und sprachen
zu ihm: Komm und sei unser Haupt-
mann, damit wir gegen die Ammoniter
kämpfen. 7 Aber Jeftah sprach zu den Äl-
testen von Gilead: Seid ihr es nicht, die
mich hassen und aus meiner Familie aus-
gestoßen haben? Und nun kommt ihr zu
mir, weil ihr in Bedrängnis seid? 8 Die
Ältesten von Gilead sprachen zu Jeftah:
Darum kommen wir nun wieder zu dir,
damit du mit uns ziehst und uns hilfst,
gegen die Ammoniter zu kämpfen, und
unser [a]Haupt seist über alle, die in Gi-
lead wohnen. 9 Jeftah sprach zu den Äl-
testen von Gilead: Wenn ihr mich wieder
holt, um gegen die Ammoniter zu kämp-

10,1: *a* 1.Mose 46,13; 4.Mose 26,23 **10,3:** *a* 4.Mose 32,41 **10,4:** *a* 5.Mose 3,14 **10,10:** *a* 1.Sam 12,10 **10,14:** *a* 5.Mose 32,37-38; Jer 2,28 **10,16:** *a* Jos 24,23; *b* Kap 2,18 **10,17:** *a* Kap 11,29 **10,18:** *a* Kap 11,6-11 **11,2:** *a* 1.Mose 21,10 **11,3:** *a* Kap 9,4; 1.Sam 22,2 **11,8:** *a* Kap 10,18

fen, und der HERR sie mir in die Hand
gibt, soll ich dann euer Haupt sein?
10 Die Ältesten von Gilead sprachen zu
Jeftah: Der HERR sei Ohrenzeuge zwi-
schen uns und strafe uns, wenn wir nicht
tun, wie du gesagt hast. 11 So ging Jeftah
mit den Ältesten von Gilead und das
Volk setzte ihn zum Haupt und Obersten
über sich. Und Jeftah redete alles, was
er zu sagen hatte, vor dem HERRN in
[a]Mizpa.

12 Dann sandte Jeftah Botschaft zum
König der Ammoniter und ließ ihm sa-
gen: Was hast du mit mir zu schaffen,
dass du zu mir kommst, um gegen mein
Land zu kämpfen? 13 Der König der Am-
moniter antwortete den Boten Jeftahs:
Weil Israel mein Land genommen hat,
als sie aus Ägypten zogen, vom Arnon
an bis an den Jabbok und bis an den
Jordan, so gib mir's nun gutwillig zu-
rück.

14 Jeftah aber sandte abermals Boten
zum König der Ammoniter; 15 die spra-
chen zu ihm: So spricht Jeftah: Israel hat
kein Land genommen, [a]weder den Moa-
bitern noch den Ammonitern. 16 Denn
als sie aus Ägypten heraufkamen, zog
Israel durch die Wüste bis ans Schilfmeer
und kam nach Kadesch. 17 Da [a]sandte
Israel Boten zum König der Edomiter
und sprach: Lass mich durch dein Land
ziehen. Aber der König der Edomiter
hörte nicht auf sie. Auch sandten sie zum
König der Moabiter; der wollte auch
nicht. So blieb Israel in Kadesch 18 und
zog in der Wüste umher. Und sie um-
gingen das Land der Edomiter und Moa-
biter und kamen von Sonnenaufgang her
an das Land der Moabiter und lagerten
sich [a]jenseits des Arnon, aber sie kamen
nicht ins Gebiet der Moabiter; denn der
Arnon ist die Grenze von Moab. 19 Und
Israel sandte Boten zu Sihon, dem König
der Amoriter zu Heschbon, und ließ ihm
sagen: Lass uns durch dein Land ziehen
bis an unsern Ort.[a] 20 Aber Sihon traute
Israel nicht und ließ es nicht durch sein
Gebiet ziehen, sondern versammelte sein
ganzes Kriegsvolk und lagerte sich bei
Jahaz und kämpfte mit Israel. 21 Der
HERR aber, der Gott Israels, gab Sihon
mit seinem ganzen Kriegsvolk in die
Hände Israels und sie erschlugen sie. So
nahm Israel das ganze Land der Amo-
riter ein, die in jenem Land wohnten.
22 Sie nahmen das ganze Gebiet der
Amoriter ein vom Arnon bis an den Jab-
bok und von der Wüste bis an den Jor-
dan. 23 So hat nun der HERR, der Gott
Israels, die Amoriter vertrieben vor sei-
nem Volk Israel, und du willst ihr Land
einnehmen? 24 Du solltest das Land derer
einnehmen, die dein Gott [a]Kemosch ver-
treibt, uns dagegen das Land derer ein-
nehmen lassen, die der HERR, unser
Gott, vor uns vertrieben hat. 25 Meinst
du, dass du ein besseres Recht hättest als
[a]Balak, der Sohn Zippors, der König der
Moabiter? Hat dieser auch je mit Israel
gerechtet oder gekämpft, 26 obwohl Israel
dreihundert Jahre gewohnt hat in Hesch-
bon und in Aroër und ihren Ortschaften
und in allen Städten, die am Arnon lie-
gen? Warum habt ihr sie nicht mit Ge-
walt genommen in dieser Zeit? 27 Ich
habe mich nicht an dir versündigt, du
aber tust so Böses an mir, dass du mit
mir kämpfst. Der HERR, der da Richter
ist, richte heute zwischen Israel und den
Ammonitern.

28 Aber der König der Ammoniter
hörte nicht auf die Worte Jeftahs, die er
ihm sagen ließ. 29 Da kam der [a]Geist des
HERRN auf Jeftah, und er zog durch Gi-
lead und Manasse und nach Mizpe, das
in Gilead liegt, und von Mizpe, das in
Gilead liegt, gegen die Ammoniter.

30 Und Jeftah gelobte dem HERRN ein
[a]Gelübde und sprach: Gibst du die Am-
moniter in meine Hand, 31 so soll, was
mir aus meiner Haustür entgegengeht,
wenn ich von den Ammonitern heil zu-
rückkomme, dem HERRN gehören, und
ich will's [a]als Brandopfer darbringen.
32 So zog Jeftah auf die Ammoniter los,
um gegen sie zu kämpfen. Und der HERR
gab sie in seine Hände. 33 Und er schlug
sie mit gewaltigen Schlägen von Aroër an
bis hin nach Minnit, zwanzig Städte, und
bis nach Abel-Keramim. So wurden die
Ammoniter gedemütigt vor den Israe-
liten.

34 Als nun Jeftah nach Mizpa zu sei-

11,11: *a* Vers 29; Kap 10,17 **11,15:** *a* 5. Mose 2,9.19 **11,17:** *a* 4. Mose 20,14-21 **11,18:** *a* 4. Mose 21,13 **11,19:** *a* 4. Mose 21,21-31 **11,24:** *a* 4. Mose 21,29 **11,25:** *a* 4. Mose 22,2; Jos 24,9 **11,29:** *a* Kap 6,34 **11,30:** *a* 2. Sam 15,8 **11,31:** *a* 2. Kön 3,27

nem Hause kam, siehe, da geht seine
Tochter heraus ihm entgegen mit Pauken
und Reigen; und sie war sein einziges
Kind, und er hatte sonst keinen Sohn
und keine Tochter. 35 Und als er sie sah,
zerriss er seine Kleider und sprach: Ach,
meine Tochter, wie beugst du mich und
betrübst mich! Denn [a]ich habe meinen
Mund aufgetan vor dem HERRN und
kann's nicht widerrufen. 36 Sie aber
sprach: Mein Vater, hast du deinen
Mund aufgetan vor dem HERRN, so tu
mit mir, wie dein Mund geredet hat,
nachdem der HERR dich gerächt hat an
deinen Feinden, den Ammonitern.

37 Und sie sprach zu ihrem Vater: Du
wollest mir das gewähren: Lass mir zwei
Monate, dass ich hingehe auf die Berge
und meine Jungfrauschaft beweine mit
meinen Gespielen. 38 Er sprach: Geh hin!,
und ließ sie zwei Monate gehen. Da ging
sie hin mit ihren Gespielen und beweinte
ihre Jungfrauschaft auf den Bergen.
39 Und nach zwei Monaten kam sie zu-
rück zu ihrem Vater. Und [a]er tat ihr, wie
er gelobt hatte, und sie hatte nie einen
Mann erkannt. Und es ward Brauch in
Israel, 40 dass die Töchter Israel jährlich
hingehen, zu klagen um die Tochter Jef-
tahs, des Gileaditers, vier Tage im Jahr.

Jeftahs Kampf mit Ephraim

12 Und die [a]Männer von Ephraim
wurden aufgeboten und zogen nord-
wärts und sprachen zu Jeftah: Warum
bist du in den Kampf gezogen gegen die
Ammoniter und hast uns nicht gerufen,
damit wir mit dir ziehen? Wir wollen dein
Haus samt dir mit Feuer verbrennen.
2 Jeftah sprach zu ihnen: Ich und mein
Volk hatten einen harten Kampf mit den
Ammonitern und ich rief euch auf, aber
ihr halft mir nicht aus ihren Händen.
3 Als ich nun sah, dass ihr nicht helfen
wolltet, [a]wagte ich mein Leben daran
und zog gegen die Ammoniter, und der
HERR gab sie in meine Hand. Warum
kommt ihr nun zu mir herauf, mit mir zu
kämpfen? 4 Und Jeftah sammelte alle
Männer von Gilead und kämpfte gegen
Ephraim.
Und die Männer von Gilead schlugen
Ephraim – denn diese hatten gesagt: Ihr
seid Flüchtlinge aus Ephraim; denn
Gilead liegt mitten in Ephraim und
Manasse –; 5 und die Gileaditer besetzten
die Furten des Jordans vor Ephraim.
Wenn nun einer von den Flüchtlingen
Ephraims sprach: Lass mich hinüberge-
hen!, so sprachen die Männer von Gilead
zu ihm: Bist du ein Ephraimiter? Wenn er
dann antwortete: Nein!, 6 ließen sie ihn
sprechen: Schibbolet. Sprach er aber:
Sibbolet, weil er's nicht richtig ausspre-
chen konnte, dann ergriffen sie ihn und
erschlugen ihn an den Furten des Jor-
dans, sodass zu der Zeit von Ephraim
fielen zweiundvierzigtausend.

7 Jeftah aber richtete Israel sechs Jahre.
Und Jeftah, der Gileaditer, starb und
wurde begraben in seiner Stadt in Gi-
lead.

Die Richter Ibzan, Elon und Abdon

8 Nach ihm richtete Israel Ibzan aus
Bethlehem. 9 Der hatte dreißig Söhne.
Und dreißig Töchter gab er nach aus-
wärts und dreißig Töchter nahm er von
auswärts für seine Söhne. Er richtete Is-
rael sieben Jahre 10 und starb und wurde
begraben in Bethlehem.

11 Nach ihm richtete Israel Elon, ein
Sebuloniter; er richtete Israel zehn Jahre
12 und starb und wurde begraben in Aja-
lon im Lande [a]Sebulon.

13 Nach ihm richtete Israel Abdon, ein
Sohn Hillels aus Piraton. 14 Der hatte
vierzig Söhne und dreißig Enkel, die auf
siebzig Eseln ritten. Er richtete Israel
acht Jahre 15 und starb und wurde be-
graben in Piraton im Lande Ephraim auf
dem Gebirge der Amalekiter.

Simsons Geburt

13 Und die Israeliten taten wiederum,
was dem HERRN missfiel, und der
HERR gab sie in die Hände der Philister
vierzig Jahre.

2 Es war aber ein Mann in Zora von
einem Geschlecht der Daniter, mit Na-
men Manoach, und seine Frau war un-
fruchtbar und hatte keine Kinder. 3 Und
der Engel des HERRN erschien der Frau

11,35: *a* 4. Mose 30,3 **11,39:** *a* Vers 31; 5. Mose 12,29-31 **12,1:** *a* Kap 8,1 **12,3:** *a* Kap 5,18; 9,17 **12,12:** *a* 4. Mose 26,26

und sprach zu ihr: Siehe, du bist [a]un-
fruchtbar und hast keine Kinder, aber du
wirst schwanger werden und einen Sohn
gebären. 4 [a]So hüte dich nun, Wein oder
starkes Getränk zu trinken und Unreines
zu essen; 5 denn du wirst schwanger wer-
den und einen Sohn gebären, dem kein
Schermesser aufs Haupt kommen soll.
Denn der Knabe wird ein Geweihter
Gottes sein von Mutterleibe an; und er
wird anfangen, Israel zu erretten aus der
Hand der Philister.

6 Da kam die Frau und sagte es ihrem
Mann und sprach: Es kam ein Mann
Gottes zu mir, und seine Gestalt war
anzusehen wie der Engel Gottes, zum
Erschrecken, sodass ich ihn nicht fragte,
woher oder wohin; und er sagte mir
nicht, wie er hieß. 7 Er sprach aber zu
mir: Siehe, du wirst schwanger werden
und einen Sohn gebären. So trinke nun
keinen Wein oder starkes Getränk und
iss nichts Unreines; denn der Knabe soll
ein Geweihter Gottes sein von Mutter-
leibe an bis zum Tag seines Todes. 8 Da
bat Manoach den HERRN und sprach:
Ach, Herr, lass den Mann Gottes wieder
zu uns kommen, den du gesandt hast,
damit er uns lehre, was wir mit dem Kna-
ben tun sollen, der geboren werden soll.
9 Und Gott erhörte Manoach und der
Engel Gottes kam wieder zu der Frau.
Sie saß aber auf dem Felde und ihr
Mann Manoach war nicht bei ihr. 10 Da
lief sie eilends und sagte es ihrem Mann
und sprach zu ihm: Siehe, der Mann ist
mir erschienen, der heute Nacht zu mir
kam.

11 Manoach machte sich auf und ging
hinter seiner Frau her und kam zu dem
Mann und sprach zu ihm: Bist du der
Mann, der mit der Frau geredet hat? Er
sprach: Ja. 12 Und Manoach sprach:
Wenn nun eintrifft, was du gesagt hast:
Wie sollen wir's mit dem Knaben halten
und tun? 13 Der Engel des HERRN sprach
zu Manoach: Vor allem, was ich der Frau
gesagt habe, soll sie sich hüten: 14 Sie
[a]soll nicht essen, was vom Weinstock
kommt, und soll keinen Wein oder star-
kes Getränk trinken und nichts Unreines
essen; alles, was ich ihr geboten habe, soll
sie halten.

15 [a]Manoach sprach zum Engel des
HERRN: Wir möchten dich gern hierbe-
halten und dir ein Ziegenböcklein zu-
richten. 16 Aber der Engel des HERRN
antwortete Manoach: Wenn du mich
auch hier hältst, so esse ich doch von
deiner Speise nicht. Willst du aber dem
HERRN ein Brandopfer bringen, so
kannst du es opfern. Manoach aber
wusste nicht, dass es der Engel des
HERRN war. 17 [a]Und Manoach sprach
zum Engel des HERRN: Wie heißt du?
Denn wir wollen dich ehren, wenn nun
eintrifft, was du gesagt hast. 18 Aber der
Engel des HERRN sprach zu ihm: Warum
fragst du nach meinem Namen, der doch
geheimnisvoll ist?

19 [a]Da nahm Manoach ein Ziegen-
böcklein und Speisopfer und brachte es
auf einem Felsen dem HERRN dar, der
geheimnisvolle Dinge tut. Manoach aber
und seine Frau sahen zu. 20 Und als die
Flamme aufloderte vom Altar gen Him-
mel, fuhr der Engel des HERRN auf in
der Flamme des Altars. Als das Ma-
noach und seine Frau sahen, fielen sie
zur Erde auf ihr Angesicht.

21 Und der Engel des HERRN erschien
Manoach und seiner Frau nicht mehr.
Damals erkannte Manoach, dass es der
Engel des HERRN war, 22 und sprach zu
seiner Frau: Wir müssen des Todes ster-
ben, weil wir Gott gesehen haben.[a]
23 Aber seine Frau antwortete ihm: Wenn
es dem HERRN gefallen hätte, uns zu
töten, so hätte er das Brandopfer und
Speisopfer nicht angenommen von un-
sern Händen. Er hätte uns auch das alles
weder sehen noch hören lassen, wie jetzt
geschehen ist. 24 Und die Frau gebar
einen Sohn und nannte ihn Simson. Und
der Knabe wuchs heran und der HERR
[a]segnete ihn. 25 Und der [a]Geist des
HERRN fing an, ihn umzutreiben im La-
ger Dans zwischen Zora und Eschtaol.

Simsons Hochzeit

14 Simson ging hinab nach [a]Timna
und sah ein Mädchen in Timna un-

13,3: *a* 1.Mose 15,2.21; 29,31 **13,4:** *a (4-5)* 4.Mose 6,2-21; 3.Mose 11,1-47; 1.Sam 1,11 **13,14:** *a* Vers 4 **13,15:** *a (15-16)* Kap 6,18 **13,17:** *a (17-18)* 1.Mose 32,30 **13,19:** *a (19-20)* Kap 6,21 **13,22:** *a* 2.Mose 33,20 **13,24:** *a* 1.Mose 24,1; 35,9; 4.Mose 22,6 **13,25:** *a* Kap 3,9-10; 6,34; 14,6.19; 15,14; 4.Mose 24,2.4; 1.Sam 10,6.10; 16,13; Hes 11,5 **14,1:** *a* Jos 19,43

ter den Töchtern der Philister. 2 Und als
er heraufkam, sagte er's seinem Vater
und seiner Mutter und sprach: Ich hab
ein Mädchen gesehen in Timna unter
den Töchtern der Philister; nehmt mir
nun diese zur Frau. 3 Sein Vater und seine
Mutter sprachen zu ihm: Ist denn nun
kein Mädchen unter den Töchtern deiner
Brüder und in deinem ganzen Volk, dass
du hingehst und [a]willst eine Frau neh-
men von den Philistern, die unbeschnit-
ten sind? Simson sprach zu seinem Vater:
Nimm mir diese, denn sie gefällt meinen
Augen. 4 Aber sein Vater und seine Mut-
ter wussten nicht, dass es von dem
HERRN kam; denn er suchte einen An-
lass gegen die Philister. Die Philister aber
herrschten zu der Zeit über Israel.

5 So ging Simson hinab mit seinem Va-
ter und seiner Mutter nach Timna. Und
als sie kamen an die Weinberge von
Timna, siehe, da kam ein junger Löwe
brüllend ihm entgegen. 6 Und der [a]Geist
des HERRN geriet über ihn, und er zerriss
ihn, wie man ein Böcklein zerreißt, und
hatte doch gar nichts in seiner Hand. Er
sagte aber seinem Vater und seiner Mut-
ter nicht, was er getan hatte. 7 Als er nun
hinkam, redete er mit dem Mädchen und
Simson hatte Gefallen an ihr.

8 Und nach einigen Tagen kam er wie-
der, um sie zu holen, und bog vom Wege
ab, um nach dem Aas des Löwen zu
sehen. Siehe, da war ein Bienenschwarm
in dem Leibe des Löwen und Honig.
9 Und er nahm davon in seine Hand und
aß unterwegs und ging zu seinem Vater
und zu seiner Mutter und gab ihnen, dass
sie auch aßen. Er sagte ihnen aber nicht,
dass er den Honig aus dem Leibe des
Löwen genommen hatte.

10 Und als sein Vater hinkam zu dem
Mädchen, machte Simson dort ein
Hochzeitsgelage, wie es die jungen Leute
zu tun pflegen. 11 Und als sie ihn sahen,
gaben sie ihm dreißig Gesellen, die bei
ihm sein sollten. 12 Simson aber sprach zu
ihnen: Ich will euch ein Rätsel aufgeben.
Wenn ihr mir das erratet und trefft in
diesen sieben Tagen des Gelages, so will
ich euch dreißig Gewänder geben und
dreißig Feierkleider. 13 Könnt ihr's aber
nicht erraten, so sollt ihr mir dreißig Ge-
wänder und dreißig Feierkleider geben.
Und sie sprachen zu ihm: Gib dein Rät-
sel auf, lass uns hören! 14 Er sprach zu
ihnen: Speise ging aus vom Fresser und
Süßigkeit vom Starken. Und sie konnten
in drei Tagen das Rätsel nicht erraten.

15 Am vierten Tage sprachen sie zu
Simsons Frau: Überrede deinen Mann,
dass er uns des Rätsels Lösung sagt, oder
wir werden dich und deines Vaters Haus
mit Feuer verbrennen. Habt ihr uns hier-
her geladen, um uns arm zu machen?
16 Da weinte Simsons Frau vor ihm und
sprach: Du bist meiner überdrüssig und
hast mich nicht lieb. Du hast den Söhnen
meines Volks ein Rätsel aufgegeben und
hast mir's nicht gesagt. Er aber sprach zu
ihr: Siehe, ich hab's meinem Vater und
meiner Mutter nicht gesagt und sollte
dir's sagen? 17 Und sie weinte vor ihm die
sieben Tage, die sie feierten; [a]aber am
siebenten Tage sagte er es ihr, denn sie
drang in ihn. Sie aber sagte des Rätsels
Lösung den Söhnen ihres Volks.

18 Da sprachen die Männer der Stadt
zu ihm am siebenten Tage, ehe die Sonne
unterging: Was ist süßer als Honig? Was
ist stärker als der Löwe? Aber er sprach
zu ihnen: Wenn ihr nicht mit meinem
Kalb gepflügt hättet, so hättet ihr mein
Rätsel nicht getroffen. 19 Und der Geist
des HERRN geriet über ihn, und er ging
hinab nach Aschkelon und erschlug drei-
ßig Mann unter ihnen und nahm ihre
Gewänder und gab Feierkleider denen,
die das Rätsel erraten hatten. Und sein
Zorn entbrannte und er ging hinauf in
seines Vaters Haus. 20 Aber Simsons Frau
wurde [a]seinem Gesellen gegeben, der
sein Brautführer gewesen war.

Simsons Streit mit den Philistern

15 Es begab sich aber nach einigen Ta-
gen, um die Weizenernte, dass Sim-
son seine Frau besuchte mit einem Zie-
genböcklein. Und als er dachte: Ich will
zu meiner Frau in die Kammer gehen, da
wollte ihn ihr Vater nicht hineinlassen
2 und sprach: Ich meinte, du bist ihrer
ganz überdrüssig geworden, und ich habe
sie [a]deinem Gesellen gegeben. Sie hat

14,3: *a* 1. Mose 34,14; 2. Mose 34,16 **14,6:** *a* Kap 13,25 **14,17:** *a* Kap 16,16-17 **14,20:** *a* Kap 15,2 **15,2:** *a* Kap 14,20

aber eine jüngere Schwester, die ist schö-
ner als sie; die nimm statt ihrer. [3]Da
sprach Simson zu ihnen: Diesmal bin ich
frei von Schuld, wenn ich den Philistern
Böses tue.

[4]Und Simson ging hin und fing drei-
hundert Füchse, nahm Fackeln und
kehrte je einen Schwanz zum andern und
tat eine Fackel je zwischen zwei
Schwänze [5]und zündete die Fackeln an
und ließ die Füchse in das Korn der
Philister laufen und zündete so die Gar-
ben samt dem stehenden Korn an und
Weinberge und Ölbäume. [6]Da sprachen
die Philister: Wer hat das getan? Da sagte
man: Simson, der Schwiegersohn des
Timnaïters, weil er ihm seine Frau ge-
nommen und seinem Gesellen gegeben
hat. Da zogen die Philister hin und ver-
brannten sie samt ihrer Familie mit
Feuer. [7]Simson aber sprach zu ihnen:
Wenn ihr das tut, so will ich nicht ruhen,
bis ich mich an euch gerächt habe. [8]Und
er schlug sie zusammen mit mächtigen
Schlägen und zog hinab und wohnte in
der Felsenkluft von Etam.

[9]Da zogen die Philister hinauf und la-
gerten sich in Juda und breiteten sich aus
bei Lehi. [10]Aber die von Juda sprachen:
Warum seid ihr gegen uns heraufgezo-
gen? Sie antworteten: Wir sind herauf-
gekommen, Simson zu binden, dass wir
ihm tun, wie er uns getan hat. [11]Da zo-
gen dreitausend Mann von Juda hinab in
die Felsenkluft zu Etam und sprachen zu
Simson: Weißt du nicht, dass die Philister
über uns herrschen? Warum hast du uns
denn das angetan? Er sprach zu ihnen:
Wie sie mir getan haben, so hab ich ihnen
wieder getan. [12]Sie sprachen zu ihm: Wir
sind herabgekommen, dich zu binden
und in die Hände der Philister zu geben.
Simson sprach zu ihnen: So schwört mir,
dass ihr selber mir nichts antun wollt.
[13]Sie antworteten ihm: Nein, sondern
wir wollen dich nur binden und in ihre
Hände geben und wollen dich nicht tö-
ten. Und sie banden ihn mit zwei neuen
Stricken und führten ihn aus der Felsen-
kluft hinauf. [14]Und als er nach Lehi
kam, jauchzten die Philister ihm entge-
gen. Aber der [a]Geist des HERRN geriet
über ihn, und die Stricke an seinen Ar-
men wurden wie Fäden, die das Feuer
versengt hat, sodass die Fesseln an seinen
Händen zerschmolzen. [15]Und er fand
einen frischen Eselskinnbacken. Da
streckte er seine Hand aus und nahm ihn
und erschlug damit tausend Mann.
[16]Und Simson sprach: Mit eines Esels
Kinnbacken hab ich sie geschunden; mit
eines Esels Kinnbacken hab ich tausend
Mann erschlagen.

[17]Und als er das gesagt hatte, warf er
den Kinnbacken aus seiner Hand, und
man nannte die Stätte Ramat-Lehi*.

[18]Als ihn aber sehr dürstete, rief er den
HERRN an und sprach: Du hast solch
großes Heil gegeben durch die Hand dei-
nes Knechts; nun aber muss ich vor
Durst sterben und in die Hände der Un-
beschnittenen fallen. [19]Da spaltete Gott
die Höhlung im Kinnbacken, dass Was-
ser herausfloss. Und als er trank, kehrte
sein Geist zurück und er lebte wieder auf.
Darum heißt der Ort »Quelle des Ru-
fenden«; die ist in Lehi bis auf den heu-
tigen Tag.

[20]Und er richtete Israel zu den Zeiten
der Philister zwanzig Jahre.

16 Simson ging nach Gaza und sah
dort eine Hure und ging zu ihr. [2]Da
wurde den Gazatitern gesagt: Simson ist
hierher gekommen! Und sie umstellten
ihn und ließen auf ihn lauern am Stadt-
tor; aber die ganze Nacht verhielten sie
sich still und dachten: Morgen, wenn's
licht wird, wollen wir ihn umbringen.
[3]Simson aber lag bis Mitternacht. Da
stand er auf um Mitternacht und ergriff
beide Torflügel am Stadttor samt den
beiden Pfosten, hob sie aus mit den Rie-
geln und legte sie auf seine Schultern und
trug sie hinauf auf die Höhe des Berges
vor Hebron.

Simsons Fall und Rache

[4]Danach gewann er ein Mädchen lieb im
Tal Sorek, die hieß Delila. [5]Zu der ka-
men die Fürsten der Philister und spra-
chen zu ihr: Überrede ihn und sieh, wo-
durch er so große Kraft hat und womit
wir ihn überwältigen können, dass wir

* d. h. Kinnbackenhöhe.
15,14: *a* Kap 13,25

ihn binden und bezwingen, so wollen wir
dir ein jeder tausendeinhundert Silber-
stücke geben. 6 Und Delila sprach zu
Simson: Sage mir doch, worin deine
große Kraft liegt und womit man dich
binden muss, um dich zu bezwingen?
7 Simson sprach zu ihr: Wenn man mich
bände mit sieben Seilen von frischem
Bast, die noch nicht getrocknet sind, so
würde ich schwach und wäre wie ein an-
derer Mensch. 8 Da brachten die Fürsten
der Philister ihr sieben Seile von frischem
Bast, die noch nicht getrocknet waren,
und sie band ihn damit. 9 Man lauerte
ihm aber auf bei ihr in der Kammer. Da
sprach sie zu ihm: Philister über dir, Sim-
son! Er aber zerriss die Seile, wie eine
Flachsschnur zerreißt, wenn sie ans
Feuer kommt. Und so wurde nicht kund,
worin seine Kraft lag.

10 Da sprach Delila zu Simson: Siehe,
du hast mich getäuscht und mich be-
logen. So sage mir nun doch, womit kann
man dich binden? 11 Er antwortete ihr:
Wenn sie mich bänden mit neuen Stri-
cken, mit denen noch nie eine Arbeit
getan worden ist, so würde ich schwach
und wie ein anderer Mensch. 12 Da nahm
Delila neue Stricke und band ihn damit
und sprach: Philister über dir, Simson! –
man lauerte ihm aber auf in der Kam-
mer –, und er riss sie von seinen Armen
herunter wie einen Faden. 13 Da sprach
Delila zu ihm: Bisher hast du mich ge-
täuscht und mich belogen. Sage mir
doch, womit kann man dich binden? Er
antwortete ihr: Wenn du die sieben Lo-
cken meines Hauptes zusammenflöchtest
mit dem Aufzug deines Webstuhls und
heftetest sie mit dem Pflock an, so würde
ich schwach und wie ein anderer
Mensch. 14 Da ließ sie ihn einschlafen
und flocht die sieben Locken seines
Hauptes zusammen mit dem Gewebe
und heftete sie mit dem Pflock an und
sprach zu ihm: Philister über dir, Simson!
Er aber wachte auf von seinem Schlaf
und riss die geflochtenen Locken mit
Pflock und Gewebe heraus. 15 Da sprach
sie zu ihm: Wie kannst du sagen, du
habest mich lieb, wenn doch dein Herz
nicht mit mir ist? Dreimal hast du mich
getäuscht und mir nicht gesagt, worin
deine große Kraft liegt.

16 Als sie aber mit ihren Worten alle
Tage [a]in ihn drang und ihm zusetzte,
wurde seine Seele sterbensmatt, 17 und er
tat ihr sein ganzes Herz auf und sprach
zu ihr: Es ist nie ein [a]Schermesser auf
mein Haupt gekommen; denn ich bin ein
Geweihter Gottes von Mutterleib an.
Wenn ich geschoren würde, so wiche
meine Kraft von mir, sodass ich schwach
würde und wie alle andern Menschen.
18 Als nun Delila sah, dass er ihr sein
ganzes Herz aufgetan hatte, sandte sie
hin und ließ die Fürsten der Philister
rufen und sagen: Kommt noch einmal
her, denn er hat mir sein ganzes Herz
aufgetan. Da kamen die Fürsten der Phi-
lister zu ihr und brachten das Geld in
ihrer Hand mit. 19 Und sie ließ ihn ein-
schlafen in ihrem Schoß und rief einen,
der ihm die sieben Locken seines Haup-
tes abschnitt. Und sie fing an, ihn zu
bezwingen – da war seine Kraft von ihm
gewichen.

20 Und sie sprach zu ihm: Philister
über dir, Simson! Als er nun von seinem
Schlaf erwachte, dachte er: Ich will frei
ausgehen, wie ich früher getan habe, und
will mich losreißen. Aber er wusste nicht,
dass [a]der HERR von ihm gewichen war.
21 Da ergriffen ihn die Philister und sta-
chen ihm die Augen aus, führten ihn
hinab nach Gaza und legten ihn in Ket-
ten; und er musste die Mühle drehen im
Gefängnis. 22 Aber das Haar seines
Hauptes fing wieder an zu wachsen,
nachdem es geschoren war.

23 Als aber die Fürsten der Philister
sich versammelten, um ihrem Gott [a]Da-
gon ein großes Opfer darzubringen und
ein Freudenfest zu feiern, sprachen sie:
Unser Gott hat uns unsern Feind Simson
in unsere Hände gegeben. 25* Als nun ihr
Herz guter Dinge war, sprachen sie:
Lasst Simson holen, dass er vor uns seine
Späße treibe. Da holten sie Simson aus
dem Gefängnis, und er trieb seine Späße
vor ihnen und sie stellten ihn zwischen
die Säulen. 24* Als das Volk ihn sah, lob-
ten sie ihren Gott, denn sie sprachen:
Unser Gott hat uns unsern Feind in un-

* Der Zusammenhang erfordert die hier vorgenommene Umstellung der Verse.

16,16: *a* Kap 14,17 **16,17:** *a* Kap 13,5 **16,20:** *a* 1. Sam 16,14 **16,23:** *a* 1. Sam 5,2

sere Hände gegeben, der unser Land ver-
wüstete und viele von uns erschlug.
26 Simson aber sprach zu dem Knaben,
der ihn an der Hand führte: Lass mich
los, dass ich nach den Säulen taste, auf
denen das Haus steht, damit ich mich
daran lehne. 27 Das Haus aber war voller
Männer und Frauen. Es waren auch alle
Fürsten der Philister da, und auf dem
Dach waren etwa dreitausend Männer
und Frauen, die zusahen, wie Simson
seine Späße trieb. 28 Simson aber rief den
HERRN an und sprach: Herr HERR,
denke an mich und gib mir Kraft, Gott,
noch dies eine Mal, damit ich mich für
meine beiden Augen **einmal** räche an den
Philistern! 29 Und er umfasste die zwei
Mittelsäulen, auf denen das Haus ruhte,
die eine mit seiner rechten und die andere
mit seiner linken Hand, und stemmte
sich gegen sie 30 und sprach: Ich will ster-
ben mit den Philistern! Und [a]er neigte
sich mit aller Kraft. Da fiel das Haus auf
die Fürsten und auf alles Volk, das darin
war, sodass es mehr Tote waren, die er
durch seinen Tod tötete, als die er zu
seinen Lebzeiten getötet hatte.
31 Da kamen seine Brüder herab und
das ganze Haus seines Vaters, und sie
hoben ihn auf und brachten ihn hinauf
und begruben ihn im Grab seines Vaters
Manoach zwischen [a]Zora und Eschtaol.
[b]Er hatte aber Israel zwanzig Jahre ge-
richtet.

Michas Gottesbild und sein Priester

17 Es war ein Mann auf dem Gebirge
Ephraim mit Namen Micha. 2 Der
sprach zu seiner Mutter: Die tausendein-
hundert Silberstücke, die dir genommen
worden sind und derenthalben du den
[a]Fluch gesprochen und ihn auch vor
meinen eigenen Ohren gesagt hast –
siehe, dies Geld ist bei mir; ich selbst
hab's genommen. Da sprach seine Mut-
ter: Gesegnet seist du, mein Sohn, vom
HERRN! 3 So gab er seiner Mutter die
tausendeinhundert Silberstücke zurück.
Und seine Mutter sprach: Ich weihe nun
das Geld dem HERRN; es kommt aus
meiner Hand für meinen Sohn, damit
man ein geschnitztes und gegossenes Bild
davon machen soll. Darum gebe ich's dir
nun wieder. 4 Aber er gab seiner Mutter
das Geld zurück. Da nahm seine Mutter
zweihundert Silberstücke und gab sie
dem Goldschmied; der machte ein ge-
schnitztes und gegossenes Bild daraus;
das kam danach in das Haus Michas.
5 Der Mann Micha hatte nämlich ein
Gotteshaus und machte einen [a]Efod und
[b]Hausgötzen und [c]füllte einem seiner
Söhne die Hand, sodass er sein Priester
wurde. 6 Zu der Zeit war [a]kein König in
Israel und jeder tat, was ihn recht
dünkte.
7 Es war aber ein junger Mann von
Bethlehem in Juda aus dem Geschlecht
Judas; der war ein [a]Levit und war dort
fremd. 8 Er zog aber aus der Stadt Beth-
lehem in Juda, um einen Ort zu finden,
wo er bleiben konnte. Als er so seines
Weges zog, kam er aufs Gebirge Ephraim
zum Hause Michas. 9 Da fragte ihn Mi-
cha: Wo kommst du her? Er antwortete
ihm: Ich bin ein Levit aus Bethlehem in
Juda und wandere, um einen Ort zu fin-
den, wo ich bleiben kann. 10 Micha
sprach zu ihm: Bleibe bei mir, du sollst
mir Vater und Priester sein. Ich will dir
jährlich zehn Silberstücke und deine
Kleidung und Nahrung geben. 11 Der Le-
vit willigte ein, bei dem Mann zu bleiben;
und der hielt ihn wie einen Sohn. 12 Und
Micha [a]füllte dem Leviten die Hand,
dass er sein Priester wurde, und so war er
im Haus Michas. 13 Und Micha sprach:
Nun weiß ich, dass mir der HERR wohl-
tun wird, weil ich einen Leviten zum
Priester habe.

Der Stamm Dan gewinnt Wohnsitz und Heiligtum

18 Zu der Zeit war kein König in Is-
rael. Und [a]der Stamm der Daniter
suchte sich zu der Zeit ein Erbteil, wo sie
wohnen könnten; denn es war ihm bis
auf den Tag noch kein Erbe zuteilge-
worden unter den Stämmen Israels.
2 Und die Daniter sandten von ihrem Ge-
schlecht aus ihrem Gebiet, aus [a]Zora
und Eschtaol, fünf tüchtige Männer aus,
um das Land zu erkunden und zu er-

16,30: *a* Hebr 11,32-34 **16,31:** *a* Kap 13,25; *b* Kap 15,20 **17,2:** *a* 3.Mose 5,1; Spr 29,24 **17,5:** *a* Kap 8,27; *b* 1.Mose 31,19; *c* 2.Mose 28,41 **17,6:** *a* Kap 18,1; 19,1; 21,25 **17,7:** *a* Kap 18,3; 5.Mose 18,6-8 **17,12:** *a* 2.Mose 28,41 **18,1:** *a* Kap 1,34; Jos 19,40-48 **18,2:** *a* Kap 13,25

forschen, und sprachen zu ihnen: Zieht
hin und erforscht das Land! Und sie ka-
men auf das Gebirge Ephraim zum Haus
Michas und blieben dort über Nacht.

3 Und während sie dort bei Michas
Leuten waren, fiel ihnen die Stimme des
jungen [a]Leviten auf, und sie gingen dort-
hin und sprachen zu ihm: Wer hat dich
hierher gebracht? Was machst du hier?
Und was hast du hier vor? 4 Er ant-
wortete ihnen: So und so hat Micha an
mir getan und hat mich in Dienst ge-
nommen, dass ich sein Priester sei. 5 Sie
sprachen zu ihm: Befrage doch Gott,
dass wir erfahren, ob unser Weg, den wir
gehen, auch zum Ziel führt. 6 Der Pries-
ter antwortete ihnen: Zieht hin mit Frie-
den; euer Weg, den ihr geht, ist dem
HERRN vor Augen. 7 Da gingen die fünf
Männer hin und kamen nach Lajisch
und sahen das Volk, das darin war, sicher
wohnen in der Weise der Sidonier, ruhig
und sicher. Sie waren reich an Besitz, und
es fehlte ihnen nichts an alledem, was es
auf Erden gibt. Und sie waren ferne von
den Sidoniern und hatten mit Aramäern
nichts zu tun.

8 Und sie kamen zu ihren Brüdern
nach Zora und Eschtaol und ihre Brü-
der sprachen zu ihnen: Wie steht's mit
euch? 9 Sie sprachen: Auf, lasst uns gegen
sie hinaufziehen! Denn wir haben das
Land angesehen, und siehe, es ist sehr
gut. Und ihr sitzt noch untätig da? Seid
doch nicht faul hinzuziehen, dass ihr
kommt und das Land einnehmt. 10 Wenn
ihr hinzieht, werdet ihr zu einem Volk
kommen, das sicher wohnt, und das
Land ist weit nach allen Seiten; denn
Gott hat's in eure Hände gegeben, einen
Ort, an dem nichts von alledem fehlt,
was es auf Erden gibt.

11 [a]Da zogen von dort aus dem Ge-
schlecht Dan, aus Zora und Eschtaol,
sechshundert Mann, gerüstet mit ihren
Waffen zum Kampf, 12 und sie zogen hin-
auf und lagerten sich bei Kirjat-Jearim in
Juda. Daher heißt die Stätte »Lager
Dans« bis auf diesen Tag; es liegt hinter
Kirjat-Jearim. 13 Und von dort gingen sie
auf das Gebirge Ephraim und kamen
zum Hause Michas. 14 Da hoben die fünf
Männer an, die ausgezogen waren, um
das Land bei Lajisch zu erkunden, und
sprachen zu ihren Brüdern: Wisst ihr
auch, dass es in diesen Häusern einen
Efod und einen Hausgötzen und ein ge-
schnitztes und gegossenes Bild gibt?
Bedenkt nun, was ihr zu tun habt.

15 Da gingen sie dorthin und kamen an
das Haus des jungen Leviten in Michas
Hause und grüßten ihn freundlich.
16 Während die sechshundert zum Krieg
gerüsteten Männer, die von den Danitern
waren, vor dem Tor standen, 17 gingen
die fünf Männer, die das Land zu er-
kunden ausgezogen waren, hinauf, dran-
gen dort ein und nahmen das geschnitzte
und gegossene Bild, den [a]Efod und den
Hausgötzen; unterdessen stand der Pries-
ter vor dem Tor bei den sechshundert
zum Krieg gerüsteten Männern. 18 Als
nun jene in das Haus Michas gekommen
waren und das geschnitzte und gegossene
Bild, den Efod und den Hausgötzen nah-
men, sprach der Priester zu ihnen: Was
macht ihr? 19 Sie antworteten ihm:
Schweig und halt den Mund und zieh mit
uns, dass du uns Vater und Priester seist.
Ist es für dich besser, Priester in **eines**
Mannes Haus zu sein oder unter einem
ganzen Stamm und Geschlecht in Israel?
20 Das gefiel dem Priester gut, und er
nahm den Efod, den Hausgötzen und
das geschnitzte Bild und schloss sich dem
Volk an.

21 Und sie wandten sich und zogen hin
und schickten die Frauen und die Kinder
und das Vieh und was sie an wertvollem
Gut hatten vor sich her. 22 Als sie sich
nun von Michas Haus entfernt hatten,
wurden die Männer in den Häusern, die
bei Michas Haus waren, zusammenge-
rufen, und sie jagten den Danitern nach
23 und riefen hinter ihnen her. Sie aber
wandten sich um und sprachen zu Mi-
cha: Was hast du, dass du die Leute zu-
sammengerufen hast? 24 Er antwortete:
Ihr habt meine Götter genommen, die
ich gemacht hatte, und den Priester und
seid fortgezogen. Was hab ich nun noch?
Und da fragt ihr, was mir fehlt? 25 Aber
die Daniter sprachen zu ihm: Lass deine
Stimme nicht weiter bei uns hören, damit
nicht etwa zornige Leute über euch her-
fallen und dein Leben und das Leben

18,3: *a* Kap 17,7 **18,11:** *a (11-12)* Kap 13,2.25 **18,17:** *a* Kap 17,5

deiner Leute hingerafft werde. 26 So gingen die Daniter ihres Weges. Und als Micha sah, dass sie ihm zu stark waren, wandte er sich um und kehrte zurück zu seinem Hause.

27 Sie aber nahmen, was Micha gemacht hatte, und den Priester, den er hatte, und fielen über Lajisch her, über ein Volk, das ruhig und sicher wohnte, und schlugen es mit der Schärfe des Schwerts und verbrannten die Stadt mit Feuer. 28 Und es war niemand, der sie errettet hätte; denn die Stadt lag fern von Sidon und sie hatten mit den Aramäern nichts zu schaffen; und die Stadt lag in der Ebene bei Bet-Rehob. Dann bauten sie die Stadt wieder auf und wohnten darin 29 und nannten sie [a]Dan nach dem Namen ihres Vaters Dan, der dem Israel geboren war. Vorzeiten aber hieß die Stadt Lajisch.

30 Und die [a]Daniter richteten für sich das Schnitzbild auf. Und Jonatan, der Sohn [b]Gerschoms, des Sohnes des Mose*, und seine Söhne waren Priester im Stamm der Daniter bis auf die Zeit, da sie [c]aus dem Lande gefangen weggeführt wurden. 31 So stellten sie das Schnitzbild, das Micha gemacht hatte, bei sich auf, solange das Haus Gottes zu [a]Silo stand.

Die Schandtat von Gibea in Benjamin

19 Zu der Zeit war [a]kein König in Israel. Und ein Levit wohnte als Fremdling weit hinten im Gebirge Ephraim und hatte sich eine Nebenfrau genommen aus Bethlehem in Juda. 2 Und als sie über ihn erzürnt war, lief sie von ihm fort zu ihres Vaters Hause nach Bethlehem in Juda und war dort vier Monate lang. 3 Da machte sich ihr Mann auf und zog ihr nach, um freundlich mit ihr zu reden und sie zu sich zurückzuholen; und er hatte seinen Knecht und ein Paar Esel bei sich. Und sie führte ihn in ihres Vaters Haus. Als ihn aber der Vater der jungen Frau sah, wurde er froh und ging ihm entgegen. 4 Und sein Schwiegervater, der Vater der jungen Frau, hielt ihn fest, dass er drei Tage bei ihm blieb. Sie aßen und tranken und blieben dort über Nacht.

5 Am vierten Tag erhoben sie sich früh am Morgen, und er machte sich auf und wollte fortziehen. Da sprach der Vater der jungen Frau zu seinem Schwiegersohn: Labe dich zuvor mit einem Bissen Brot, danach könnt ihr ziehen. 6 Und sie setzten sich und aßen beide miteinander und tranken. Da sprach der Vater der jungen Frau zu dem Mann: Bleib doch über Nacht und lass dein Herz guter Dinge sein. 7 Als aber der Mann aufstand und ziehen wollte, nötigte ihn sein Schwiegervater, dass er noch einmal über Nacht dablieb. 8 Am Morgen des fünften Tages machte er sich früh auf und wollte ziehen. Da sprach der Vater der jungen Frau: Labe dich doch und lass uns warten, bis sich der Tag neigt. Und so aßen die beiden miteinander. 9 Da machte sich der Mann auf und wollte mit seiner Nebenfrau und mit seinem Knecht fortziehen. Aber sein Schwiegervater, der Vater der jungen Frau, sprach zu ihm: Siehe, [a]der Tag hat sich geneigt und es will Abend werden; bleib über Nacht und lass dein Herz guter Dinge sein. Morgen mögt ihr früh aufstehen und eures Weges ziehen zu deinem Zelt. 10 Aber der Mann wollte nicht mehr über Nacht bleiben, sondern machte sich auf und zog hin und kam bis gegenüber von [a]Jebus – das ist Jerusalem – und hatte ein Paar beladene Esel bei sich und seine Nebenfrau und seinen Knecht.

11 Als sie nun nahe bei Jebus waren, dunkelte es schnell; da sprach der Knecht zu seinem Herrn: Komm doch und lass uns in diese Stadt der Jebusiter einkehren und über Nacht dort bleiben. 12 Aber sein Herr sprach zu ihm: Wir wollen nicht in die Stadt der Fremden einkehren, die nicht von den Israeliten sind, sondern wollen hinüber auf Gibea zu. 13 Und er sprach zu seinem Knecht: Geh weiter, damit wir an einen andern Ort kommen und über Nacht in Gibea oder in Rama bleiben. 14 Und sie zogen weiter ihres Weges und die Sonne ging unter, als sie nahe bei [a]Gibea waren, das

* Andere Überlieferung: »des Sohnes Manasses«.

18,29: *a* Jos 19,47 **18,30:** *a* 1. Kön 12,29; Am 8,14; *b* 2. Mose 18,3; *c* 2. Kön 15,29 **18,31:** *a* Jos 18,1; Jer 7,12 **19,1:** *a* Kap 17,6 **19,9:** *a* Lk 24,29 **19,10:** *a* Kap 1,21; 1. Chr 11,4 **19,14:** *a* Jos 18,28

in Benjamin liegt. 15 Und sie bogen ab
vom Wege, um nach Gibea zu kommen
und dort über Nacht zu bleiben. Als er
aber hineinkam, blieb er auf dem Platze
der Stadt; denn es war niemand, der sie
die Nacht im Hause beherbergen wollte.

16 Und siehe, da kam ein alter Mann
von seiner Arbeit vom Felde am Abend;
der war auch vom Gebirge Ephraim und
ein Fremdling in Gibea, aber die Leute
des Orts waren Benjaminiter. 17 Und als
er seine Augen aufhob, sah er den Wan-
derer auf dem Platze und sprach zu ihm:
Wo willst du hin? Und wo kommst du
her? 18 Er aber antwortete ihm: Wir rei-
sen von Bethlehem in Juda weit ins Ge-
birge Ephraim hinein, wo ich her bin. Ich
bin nach Bethlehem in Juda gezogen und
kehre jetzt nach Hause zurück, doch nie-
mand will mich beherbergen. 19 Wir ha-
ben Stroh und Futter für unsere Esel und
Brot und Wein für mich, deinen Knecht,
und für deine Magd und den Knecht, der
bei mir ist, sodass uns nichts fehlt. 20 Der
alte Mann sprach: Friede sei mit dir!
Alles, was dir mangelt, findest du bei
mir; bleib nur nicht über Nacht auf dem
Platze. 21 Und er führte ihn in sein Haus
und gab den Eseln Futter, und sie wu-
schen ihre Füße und aßen und tranken.

22 [a] Und als ihr Herz nun guter Dinge
war, siehe, da kamen die Leute der Stadt,
ruchlose Männer, und umstellten das
Haus und pochten an die Tür und spra-
chen zu dem alten Mann, dem Hauswirt:
Gib den Mann heraus, der in dein Haus
gekommen ist, dass wir uns über ihn her-
machen. 23 Aber der Mann, der Haus-
wirt, ging zu ihnen hinaus und sprach zu
ihnen: Nicht, meine Brüder, tut doch
nicht solch ein Unrecht! Nachdem dieser
Mann in mein Haus gekommen ist, tut
nicht solch eine Schandtat! 24 Siehe, ich
habe eine Tochter, noch eine Jungfrau,
und dieser hat eine Nebenfrau; die will
ich euch herausbringen. Die könnt ihr
schänden und mit ihnen tun, was euch
gefällt, aber an diesem Mann tut nicht
solch eine Schandtat! 25 Aber die Leute
wollten nicht auf ihn hören. Da fasste
der Mann seine Nebenfrau und brachte
sie zu ihnen hinaus. Die machten sich
über sie her und trieben ihren Mutwillen
mit ihr die ganze Nacht bis an den Mor-
gen. Und als die Morgenröte anbrach,
ließen sie sie gehen.

26 Da kam die Frau, als der Morgen
anbrach, und fiel hin vor der Tür des
Hauses, in dem ihr Herr war, und lag da,
bis es licht wurde. 27 Als nun ihr Herr am
Morgen aufstand und die Tür des Hau-
ses auftat und herausging, um seines We-
ges zu ziehen, siehe, da lag seine Neben-
frau vor der Tür des Hauses, die Hände
auf der Schwelle. 28 Er sprach zu ihr: Steh
auf, lass uns ziehen! Aber sie antwortete
nicht. Da legte er sie auf den Esel,
machte sich auf und zog an seinen Ort.
29 Als er nun heimkam, nahm er ein Mes-
ser, fasste seine Nebenfrau und zerstü-
ckelte sie Glied für Glied in zwölf Stücke
und sandte sie in das ganze Gebiet Is-
raels.[a] 30 Wer das sah, der sprach: [a] Sol-
ches ist nicht geschehen noch gesehen,
seitdem Israel aus Ägyptenland gezogen
ist, bis auf diesen Tag. Nun denkt dar-
über nach, beratet und sprecht!

Strafgericht am Stamm Benjamin

20 Da zogen die Israeliten aus und
die Gemeinde versammelte sich
wie **ein** Mann – von Dan bis nach Beer-
scheba und vom Lande Gilead – vor dem
HERRN in [a] Mizpa. 2 Und es traten zu-
sammen die Obersten des ganzen Volks
aller Stämme Israels in der Versammlung
des Volkes Gottes, vierhunderttausend
Mann zu Fuß, die das Schwert führten.
3 Aber die Benjaminiter hörten, dass ganz
Israel hinauf nach Mizpa gezogen war.

Und die Israeliten sprachen: Sagt, wie
ist die Schandtat zugegangen? 4 Da ant-
wortete der Levit, der Mann der Frau,
die getötet worden war, und sprach: Ich
kam nach [a] Gibea in Benjamin mit mei-
ner Nebenfrau, um da über Nacht zu
bleiben. 5 Da machten sich gegen mich
auf die Bürger von Gibea und umstellten
meinetwegen das Haus des Nachts. Mich
wollten sie töten und meine Nebenfrau
haben sie geschändet, sodass sie gestor-
ben ist. 6 Da nahm ich meine Nebenfrau
und zerstückelte sie und sandte die
Stücke in das ganze Gebiet des Erb-

19,22: *a (22-24)* 1. Mose 19,5-8 **19,29:** *a* 1. Sam 11,7 **19,30:** *a* Hos 10,9 **20,1:** *a* Jos 18,26; 1. Sam 7,5 **20,4:** *a* Kap 19,14; Jos 18,28

besitzes von Israel; denn sie haben ein
Verbrechen und eine [a]Schandtat getan in
Israel. 7 Siehe, da seid ihr Israeliten alle.
So sprecht und beratet hier!

8 Da erhob sich alles Volk wie **ein**
Mann und sprach: Es soll niemand in
sein Zelt gehen und in sein Haus heim-
kehren, 9 sondern das wollen wir jetzt mit
Gibea tun: Auf, lasst uns gegen die Stadt
hinaufziehen nach dem Los! 10 Lasst uns
nehmen zehn Mann von hundert und
hundert von tausend und tausend von
zehntausend aus allen Stämmen Israels,
damit sie Speise holen für das Volk, das
gekommen ist, um Gibea in Benjamin
seine große Schandtat zu vergelten, die es
in Israel getan hat. 11 So versammelten
sich gegen die Stadt alle Männer Israels,
geschlossen wie **ein** Mann.

12 Und die Stämme Israels sandten
Männer zu allen Geschlechtern Benja-
mins und ließen ihnen sagen: Was ist das
für eine Untat, die bei euch geschehen
ist? 13 So gebt nun heraus die Männer, die
ruchlosen Leute von Gibea, [a]dass wir sie
töten und das Böse aus Israel austilgen.
Aber die Benjaminiter wollten nicht hö-
ren auf die Stimme ihrer Brüder, der Is-
raeliten, 14 sondern sie versammelten sich
aus den Städten nach Gibea, um in den
Kampf gegen die Israeliten auszuziehen.
15 Und es wurden an jenem Tage gezählt
von Benjamin aus den Städten sechsund-
zwanzigtausend Mann, die das Schwert
führten, außer den Bürgern von Gibea;
von ihnen wurden siebenhundert gezählt,
auserlesene Männer. 16 Und unter diesem
ganzen Volk waren siebenhundert aus-
erlesene Männer, die linkshändig waren
und mit der Schleuder ein Haar treffen
konnten, ohne zu fehlen. 17 Aber von Is-
rael – außer denen von Benjamin – wur-
den gezählt vierhunderttausend Mann,
die das Schwert führten, lauter streitbare
Männer. 18 Die machten sich auf und zo-
gen hinauf nach Bethel und [a]befragten
Gott und sprachen: Wer von uns soll
zuerst hinaufziehen in den Kampf gegen
Benjamin? Der HERR sprach: Juda soll
anfangen.

19 So machten sich die Israeliten am
Morgen auf und lagerten sich vor Gibea.
20 Und die Männer von Israel zogen her-
aus, um gegen Benjamin zu kämpfen,
und stellten sich auf zum Kampf gegen
Gibea. 21 Da fielen die Benjaminiter aus
Gibea aus und schlugen an dem Tage
von Israel zweiundzwanzigtausend zu
Boden. 23 *Da zogen die Israeliten hinauf
und hielten Klage vor dem HERRN bis
zum Abend und befragten den HERRN
und sprachen: Sollen wir wieder in den
Kampf ziehen gegen die Benjaminiter,
unsere Brüder? Der HERR sprach: Zieht
hin gegen sie! 22 *Da ermannte sich das
Kriegsvolk von Israel und stellte sich
abermals auf, um am selben Ort noch
weiterzukämpfen, an dem sie sich am
vorigen Tag aufgestellt hatten. 24 Und als
die Israeliten am andern Tage nahe her-
ankamen an die Benjaminiter, 25 [a]mach-
ten die Benjaminiter auch am zweiten
Tag einen Ausfall aus Gibea und schlu-
gen von Israel noch achtzehntausend zu
Boden, die alle das Schwert führten.

26 Da zogen alle Israeliten, das ganze
Kriegsvolk, hinauf und kamen nach
[a]Bethel und hielten Klage und blieben
dort vor dem HERRN und fasteten an
diesem Tag bis zum Abend und opferten
Brandopfer und Dankopfer vor dem
HERRN. 27 Und die Israeliten befragten
den HERRN. – Es war aber zu jener Zeit
die Lade des Bundes Gottes dort 28 und
[a]Pinhas, der Sohn [b]Eleasars, des Sohnes
Aarons, versah den Dienst vor ihm in
jener Zeit. – Und sie sprachen: Sollen wir
abermals ausziehen, um gegen die Benja-
miniter, unsere Brüder, zu kämpfen, oder
sollen wir es lassen? Der HERR sprach:
Zieht hinauf; morgen will ich sie in eure
Hände geben.

29 Und Israel [a]legte einen Hinterhalt
rings um Gibea her. 30 So zog Israel hin-
auf am dritten Tage gegen die Benjami-
niter und stellte sich auf gegen Gibea wie
schon zweimal vorher. 31 Da machten die
Benjaminiter einen Ausfall, dem Kriegs-
volk entgegen, und wurden weggezogen
von der Stadt und erschlugen anfangs
einige vom Kriegsvolk – wie schon zwei-
mal vorher – auf den Straßen, von denen
die eine nach Bethel und die andere nach
Gibeon führt, auf offenem Feld etwa

* Der Zusammenhang erfordert die hier vorgenommene Umstellung der Verse.

20,6: *a* 1. Mose 34,7 **20,13:** *a* 2. Mose 21,12; 4. Mose 35,33-34 **20,18:** *a* Kap 1,1-2; 4. Mose 27,21 **20,25:** *a* 1. Mose 49,27 **20,26:** *a* Vers 18; Jos 18,21-22 **20,28:** *a* 4. Mose 25,7; *b* Jos 24,33 **20,29:** *a* Jos 8,12.14

dreißig Mann von Israel. 32Da dachten
die Benjaminiter: Sie sind geschlagen vor
uns wie vorher. Aber die Israeliten hatten
verabredet: Lasst uns fliehen, damit wir
sie von der Stadt wegziehen auf die bei-
den Straßen! 33Da machten sich alle
Männer von Israel auf von ihrem Ort
und stellten sich bei Baal-Tamar auf.
Und der Hinterhalt Israels brach hervor
aus seinem Versteck westlich von Geba.
34Und sie rückten gegen Gibea an, zehn-
tausend Mann, auserlesen aus ganz Is-
rael, sodass der Kampf hart wurde; jene
aber wussten nicht, dass sie das Unglück
treffen würde. 35So schlug der HERR die
Benjaminiter vor den Männern von Is-
rael, dass die Israeliten an dem Tag um-
brachten fünfundzwanzigtausendeinhun-
dert Mann von Benjamin, die alle das
Schwert führten.

36Denn als die Benjaminiter sahen,
dass sie geschlagen waren, gaben ihnen
die Männer Israels Raum; denn sie ver-
ließen sich auf den Hinterhalt, den sie bei
Gibea angelegt hatten. 37Und der Hin-
terhalt brach eilends hervor auf Gibea zu
und zog hin und schlug die ganze Stadt
mit der Schärfe des Schwerts. 38Sie hat-
ten aber verabredet miteinander, die
Männer von Israel und der Hinterhalt,
sie sollten eine Rauchsäule von der Stadt
aufsteigen lassen. 39Als nun die Männer
von Israel sich im Kampf abgewandt hat-
ten und die Benjaminiter anfangs etwa
dreißig Mann von Israel erschlagen hat-
ten, sodass sie dachten: Sie sind vor uns
geschlagen wie im vorigen Kampf, 40da
begann eine Rauchsäule von der Stadt
gerade empor aufzusteigen. Und die
Benjaminiter wandten sich um, und
siehe, da ging die Stadt ganz in Flammen
auf zum Himmel. 41Und die Männer von
Israel machten kehrt; da erschraken die
Männer von Benjamin, denn sie sahen,
dass das Unglück sie getroffen hatte,
42und wandten sich weg von den Män-
nern Israels auf den Weg zur Steppe.
Aber der Kampf folgte ihnen auch dort-
hin, und die von der Stadt her kamen,
vernichteten in ihrer Mitte die Benjami-
niter. 43Sie umringten diese und jagten
ihnen nach, ohne ihnen Ruhe zu lassen,
und zertraten sie bis östlich von Gibea,
gegen Sonnenaufgang. 44Und es fielen
von Benjamin achtzehntausend Mann,
lauter streitbare Männer.

45Da wandten sie sich um und flohen
zur Steppe hin zum Fels Rimmon; aber
die Männer von Israel hielten auf den
Straßen eine Nachlese von fünftausend
Mann und verfolgten sie weiter bis Gi-
dom und erschlugen von ihnen noch
zweitausend. 46So fielen an diesem Tage
von Benjamin fünfundzwanzigtausend
Mann, die das Schwert führten, lauter
streitbare Männer. 47Nur sechshundert
Mann wandten sich um und flohen zur
Steppe hin zum Fels Rimmon und blie-
ben [a]auf dem Fels Rimmon vier Monate.
48Und die Männer Israels kehrten um zu
den Benjaminitern und schlugen in der
Stadt mit der Schärfe des Schwerts Leute
und Vieh und alles, was man fand. Und
alle Städte, die man fand, verbrannte
man mit Feuer.[a]

Israel verhilft Benjamin zu Frauen

21 Die Männer Israels aber hatten in
[a]Mizpa geschworen und gesagt:
Niemand soll seine Tochter den Benjami-
nitern zur Frau geben. 2Und [a]das Volk
kam nach Bethel und saß da bis zum
Abend vor Gott, und sie erhoben ihre
Stimme und weinten sehr 3und sprachen:
O HERR, Gott Israels, warum ist das
geschehen in Israel, dass heute Israel um
einen Stamm weniger geworden ist?

4Am andern Morgen machte sich das
Volk früh auf und baute dort einen Altar
und opferte Brandopfer und Dankopfer.
5Und die Israeliten sprachen: Wer von
allen Stämmen Israels ist nicht mit
der Gemeinde heraufgekommen zum
HERRN? Denn es war ein großer Schwur
getan worden, dass, wer nicht hinauf-
käme zum HERRN nach Mizpa, der sollte
des Todes sterben. 6Und es tat den Israe-
liten leid um ihren Bruder Benjamin
und sie sprachen: Heute ist ein Stamm
von Israel abgeschlagen. 7Wie können
wir ihnen helfen, dass die übrig geblie-
benen Benjaminiter zu Frauen kommen?
Denn wir haben geschworen bei dem
HERRN, dass wir ihnen von unsern Töch-

20,47: *a* Kap 21,13 **20,48:** *a* 1. Mose 34,25-29; 4. Mose 35,30-34; 5. Mose 13,13-19 **21,1:** *a* Kap 20,1 **21,2:** *a* Kap 20,18.23.26

tern keine zu Frauen geben. 8 Und sie
sprachen: Ist einer von den Stämmen Is-
raels nicht heraufgekommen zum HERRN
nach Mizpa? Und siehe, da war ins Lager
der Gemeinde niemand gekommen von
Jabesch in Gilead. 9 Denn sie zählten das
Volk, und siehe, da war kein Bürger da
von Jabesch in Gilead.

10 Da sandte die Gemeinde zwölftau-
send streitbare Männer dorthin und ge-
bot ihnen: Geht hin und schlagt mit der
Schärfe des Schwerts die Bürger von Ja-
besch in Gilead mit Weib und Kind.
11 [a]Doch so sollt ihr tun: An allem, was
männlich ist, und an allen Frauen, die
einem Mann angehört haben, sollt ihr
den Bann vollstrecken! 12 Und sie fanden
bei den Bürgern von Jabesch in Gilead
vierhundert Mädchen, die Jungfrauen
waren und keinem Mann angehört hat-
ten. Die brachten sie ins Lager nach Silo,
das da liegt im Lande Kanaan. 13 Da
sandte die ganze Gemeinde hin und ver-
handelte mit den Benjaminitern, die [a]auf
dem Fels Rimmon waren, und sagten ih-
nen Frieden zu. 14 So kamen die Benjami-
niter zurück zu jener Zeit. Und sie gaben
ihnen die Mädchen, die sie am Leben
gelassen hatten von den Frauen aus Ja-
besch in Gilead; aber diese waren noch
nicht genug für sie.

15 Da tat es dem Volk leid um Benja-
min, dass der HERR einen Riss gemacht
hatte zwischen den Stämmen Israels.
16 Und die Ältesten der Gemeinde spra-
chen: Was wollen wir tun, dass die übrig
gebliebenen Benjaminiter zu Frauen
kommen? Denn die Frauen in Benjamin
sind ausgerottet. 17 Und sie sprachen: Die
Entronnenen von Benjamin müssen doch
ihr Erbe behalten, damit nicht ein
Stamm ausgetilgt werde von Israel.
18 Wir aber können ihnen unsere Töchter
nicht zu Frauen geben; denn die Israeli-
ten haben geschworen und gesagt: Ver-
flucht sei, wer den Benjaminitern Frauen
gibt! 19 Und sie sprachen: Siehe, jedes
Jahr findet ein Fest des HERRN statt zu
[a]Silo, das nördlich von Bethel liegt, öst-
lich von der Straße, die hinaufführt von
Bethel nach Sichem, und südlich von Le-
bona. 20 Und sie geboten den Benjamini-
tern und sprachen: Geht hin und legt
euch auf die Lauer in den Weinbergen.
21 Wenn ihr dann seht, dass die Töchter
Silos zum Reigentanz herausgehen, so
brecht hervor aus den Weinbergen und
[a]raubt euch jeder eine Frau von den
Töchtern Silos und geht heim ins Land
Benjamin. 22 Wenn aber ihre Väter oder
ihre Brüder kommen, um mit uns zu
rechten, wollen wir zu ihnen sagen:
Gönnt sie uns, denn wir haben nicht für
jeden eine Frau gewonnen im Kampf;
auch habt nicht ihr sie ihnen gegeben,
sonst wäret ihr jetzt schuldig. 23 Die Ben-
jaminiter taten das und nahmen sich
Frauen nach ihrer Zahl von den Mäd-
chen, die im Reigen tanzten und die sie
geraubt hatten, und zogen heim in ihr
Erbteil, bauten die Städte wieder auf und
wohnten darin.

24 Auch die Israeliten gingen zu der
Zeit von dort auseinander, jeder zu sei-
nem Stamm und zu seinem Geschlecht,
und zogen von dort weg, jeder zu seinem
Erbteil. 25 Zu der Zeit war [a]kein König
in Israel; jeder tat, was ihn recht dünkte.

21,11: *a (11-12)* 4. Mose 31,17-18 **21,13:** *a* Kap 20,47 **21,19:** *a* Jos 18,1 **21,21:** *a* 2. Mose 21,16; 5. Mose 24,7
21,25: *a* Kap 17,6

DAS BUCH RUT

Inhaltsübersicht

Rut zieht mit Noomi nach Bethlehem

1 Zu der Zeit, als die [a]Richter rich-
teten, entstand eine Hungersnot im
Lande. Und [b]ein Mann von Bethlehem
in Juda zog aus ins Land der Moabiter,
um dort als Fremdling zu wohnen, mit
seiner Frau und seinen beiden Söhnen.
2Der hieß Elimelech und seine Frau
Noomi und seine beiden Söhne Machlon
und Kiljon; die waren [a]Efratiter aus
Bethlehem in Juda. Und als sie ins Land
der Moabiter gekommen waren, blieben
sie dort. 3[a]Und Elimelech, Noomis
Mann, starb und sie blieb übrig mit ihren
beiden Söhnen. 4Die nahmen moabiti-
sche Frauen; die eine hieß Orpa, die an-
dere Rut. Und als sie ungefähr zehn
Jahre dort gewohnt hatten, 5starben
auch die beiden, Machlon und Kiljon,
sodass die Frau beide Söhne und ihren
Mann überlebte.

6Da machte sie sich auf mit ihren bei-
den Schwiegertöchtern und [a]zog aus
dem Land der Moabiter wieder zurück;
denn sie hatte erfahren im Moabiterland,
dass der HERR sich seines Volkes ange-
nommen und ihnen Brot gegeben hatte.
7Und sie ging aus von dem Ort, wo sie
gewesen war, und ihre beiden Schwieger-
töchter mit ihr. Und als sie unterwegs
waren, um ins Land Juda zurückzukeh-
ren, 8sprach sie zu ihren beiden Schwie-
gertöchtern: Geht hin und kehrt um, eine
jede ins Haus ihrer Mutter! Der HERR
tue an euch Barmherzigkeit, wie ihr an
den Toten und an mir getan habt. 9Der
HERR gebe euch, dass ihr [a]Ruhe findet,
eine jede in ihres Mannes Hause! Und sie
küsste sie. Da erhoben sie ihre Stimme
und weinten 10und sprachen zu ihr: Wir
wollen mit dir zu deinem Volk gehen.
11Aber Noomi sprach: Kehrt um, meine
Töchter! Warum wollt ihr mit mir gehen?
Wie kann ich noch einmal Kinder in mei-
nem Schoße haben, die eure Männer
werden könnten? 12Kehrt um, meine
Töchter, und geht hin; denn ich bin nun
zu alt, um wieder einen Mann zu neh-
men. Und wenn ich dächte: Ich habe
noch Hoffnung!, und diese Nacht einen
Mann nehmen und Söhne gebären
würde, 13wolltet ihr warten, bis sie groß
würden? Wolltet ihr euch so lange ein-
schließen und keinen Mann nehmen?
Nicht doch, meine Töchter! Mein Los ist
zu bitter für euch, denn des HERRN
Hand ist gegen mich gewesen.

14Da erhoben sie ihre Stimme und
weinten noch mehr. Und Orpa küsste
ihre Schwiegermutter, Rut aber blieb bei
ihr. 15Sie aber sprach: Siehe, deine
Schwägerin ist umgekehrt zu ihrem Volk
und zu ihrem Gott; kehre auch du um,
deiner Schwägerin nach. 16Rut ant-
wortete: Rede mir nicht ein, dass ich dich
verlassen und von dir umkehren sollte.
**Wo du hingehst, da will ich auch hingehen;
wo du bleibst, da bleibe ich auch. Dein
Volk ist mein Volk, und dein Gott ist mein
Gott. 17Wo du stirbst, da sterbe ich auch,
da will ich auch begraben werden. Der
HERR tue mir dies und das, nur der Tod
wird mich und dich scheiden.**

18Als sie nun sah, dass sie festen Sin-
nes war, mit ihr zu gehen, ließ sie ab, ihr
zuzureden. 19So gingen die beiden mit-
einander, bis sie nach Bethlehem kamen.
Und als sie nach Bethlehem hinein-
kamen, erregte sich die ganze Stadt über
sie und die Frauen sprachen: Ist das die
Noomi? 20Sie aber sprach zu ihnen:
Nennt mich nicht Noomi, sondern

1,1: *a* 4.Mose 25,1-5; *b* 1.Sam 22,3-4 **1,2:** *a* 1.Mose 48,7; Mi 5,1 **1,3:** *a (3-4)* 5.Mose 7,3; 23,4; Neh 13,23 **1,6:** *a* 2.Kön 8,3 **1,9:** *a* Kap 3,1

[a]Mara*; denn der Allmächtige hat mir
viel Bitteres angetan. 21Voll zog ich aus,
aber leer hat mich der HERR wieder
heimgebracht. Warum nennt ihr mich
denn Noomi, da doch der HERR gegen
mich gesprochen und der Allmächtige
mich betrübt hat?
22Es war aber um die Zeit, da die
Gerstenernte anging, als Noomi mit ihrer
Schwiegertochter Rut, der Moabiterin,
zurückkam vom Moabiterland nach
Bethlehem.

Rut liest Ähren auf dem Feld des Boas

2 Es war aber ein Mann, ein Verwand-
ter des Mannes der Noomi, von dem
Geschlecht Elimelechs, mit Namen Boas;
der war ein angesehener Mann. 2Und
Rut, die Moabiterin, sprach zu Noomi:
Lass mich aufs Feld gehen und Ähren
auflesen bei einem, vor dessen Augen ich
Gnade finde. Sie aber sprach zu ihr: Geh
hin, meine Tochter! 3Sie ging hin und las
auf, den Schnittern nach, auf dem Felde.
Und es traf sich, dass dies Feld dem Boas
gehörte, der von dem Geschlecht Elime-
lechs war.
4Und siehe, Boas kam eben von
[a]Bethlehem und sprach zu den Schnit-
tern: Der HERR sei mit euch! Sie ant-
worteten: Der HERR segne dich! 5Und
Boas sprach zu seinem Knecht, der über
die Schnitter gestellt war: Zu wem gehört
das Mädchen? 6Der Knecht, der über die
Schnitter gestellt war, antwortete und
sprach: Es ist eine Moabiterin, die mit
Noomi gekommen ist aus dem Land der
Moabiter. 7Sie hat gesagt: Lasst mich
doch auflesen und sammeln hinter den
Garben den Schnittern nach, und ist ge-
kommen und dageblieben vom Morgen
an bis jetzt und hat nur wenig ausge-
ruht.
8Da sprach Boas zu Rut: Hörst du
wohl, meine Tochter? Du sollst nicht auf
einen andern Acker gehen, um aufzu-
lesen; geh auch nicht von hier weg, son-
dern halt dich zu meinen Mägden. 9Und
sieh, wo sie schneiden im Felde, da geh
ihnen nach. Ich habe meinen Knechten
geboten, dass dich niemand antaste. Und
wenn dich dürstet, so geh hin zu den
Gefäßen und trinke von dem, was meine
Knechte schöpfen. 10Da fiel sie auf ihr
Angesicht und beugte sich nieder zur
Erde und sprach zu ihm: Womit hab ich
Gnade gefunden vor deinen Augen, dass
du mir freundlich bist, [a]die ich doch eine
Fremde bin? 11Boas antwortete und
sprach zu ihr: Man hat mir alles ange-
sagt, was du getan hast an deiner Schwie-
germutter nach deines Mannes Tod;
[a]dass du verlassen hast deinen Vater und
deine Mutter und dein Vaterland und zu
einem Volk gezogen bist, das du vorher
nicht kanntest. 12Der HERR vergelte dir
deine Tat, und dein Lohn möge voll-
kommen sein bei dem HERRN, dem Gott
Israels, zu dem du gekommen bist, dass
du [a]unter seinen Flügeln Zuflucht hät-
test. 13Sie sprach: Lass mich Gnade vor
deinen Augen finden, mein Herr; denn
du hast mich getröstet und deine Magd
freundlich angesprochen, und ich bin
doch nicht einmal wie eine deiner
Mägde.
14Boas sprach zu ihr, als Essenszeit
war: Komm hierher und iss vom Brot
und tauche deinen Bissen in den Essig-
trank! Und sie setzte sich zur Seite der
Schnitter. Er aber legte ihr geröstete Kör-
ner vor, und sie aß und wurde satt und
ließ noch übrig. 15Und als sie sich auf-
machte zu lesen, gebot Boas seinen
Knechten und sprach: Lasst sie auch
zwischen den Garben lesen und be-
schämt sie nicht; 16auch zieht etwas für
sie aus den Garben heraus und lasst es
liegen, dass sie es auflese, und niemand
schelte sie darum.[a] 17So las sie bis zum
Abend auf dem Felde und klopfte die
Ähren aus, die sie aufgelesen hatte, und
es war ungefähr ein Scheffel Gerste.
18Und sie hob's auf und kam in die
Stadt, und ihre Schwiegermutter sah,
was sie gelesen hatte. Da zog Rut hervor
und gab ihr, was sie übrig behalten hatte,
nachdem sie satt geworden war. 19Da
sprach ihre Schwiegermutter zu ihr: Wo
hast du heute gelesen und wo hast du
gearbeitet? Gesegnet sei, der dir freund-
lich gewesen ist! Sie aber sagte ihrer
Schwiegermutter, bei wem sie gearbeitet
hatte, und sprach: Der Mann, bei dem

* Noomi bedeutet »lieblich«, Mara »bitter«.

1,20: *a* 2. Mose 15,23 **2,4:** *a* Kap 1,2 **2,10:** *a* 5. Mose 23,4-6 **2,11:** *a* Kap 1,16-17 **2,12:** *a* Ps 36,8 **2,16:** *a* 3. Mose 19,9-10

ich heute gearbeitet habe, heißt Boas.
20 Noomi aber sprach zu ihrer Schwieger-
tochter: Gesegnet sei er vom HERRN, der
seine Barmherzigkeit nicht abgewendet
hat von den Lebendigen und von den
Toten. Und Noomi sprach zu ihr: Der
Mann steht uns nahe; [a]er gehört zu un-
sern Lösern.*

21 Rut, die Moabiterin, sprach: Er
sprach auch das zu mir: Du sollst dich zu
meinen Leuten halten, bis sie mir alles
eingeerntet haben. 22 Noomi sprach zu
Rut, ihrer Schwiegertochter: Es ist gut,
meine Tochter, dass du mit seinen Mäg-
den hinausgehst, damit dir nicht jemand
auf einem andern Acker etwas zuleide
tue. 23 So hielt sie sich beim Ährenlesen
zu den Mägden des Boas, bis die Gers-
tenernte und Weizenernte beendet war.
Und dann blieb sie bei ihrer Schwieger-
mutter.

Rut befolgt Noomis Rat

3 Und Noomi, ihre Schwiegermutter,
sprach zu ihr: Meine Tochter, ich will
dir eine [a]Ruhestatt suchen, dass dir's
wohlgehe. 2 Siehe, Boas, unser Verwand-
ter, bei dessen Mägden du gewesen bist,
worfelt diese Nacht Gerste auf seiner
Tenne. 3 So bade dich und salbe dich und
lege dein Kleid an und geh hinab auf die
Tenne. Gib dich dem Mann nicht zu er-
kennen, bis er gegessen und getrunken
hat. 4 Wenn er sich dann schlafen legt, so
merke dir die Stelle, wo er sich hinlegt,
und geh hin und decke zu seinen Füßen
auf und leg dich hin, so wird er dir sagen,
was du tun sollst. 5 Sie sprach zu ihr:
Alles, was du mir sagst, will ich tun. 6 Sie
ging hinab zur Tenne und tat alles, was
ihre Schwiegermutter ihr geboten hatte.

7 Und als Boas gegessen und getrunken
hatte, ward sein Herz guter Dinge und er
ging hin und legte sich hinter einen
Kornhaufen. Und sie kam leise und
deckte zu seinen Füßen auf und legte
sich hin. 8 Als es nun Mitternacht ward,
erschrak der Mann und beugte sich vor;
und siehe, eine Frau lag zu seinen Füßen.
9 Und er sprach: Wer bist du? Sie ant-
wortete: Ich bin Rut, deine Magd. [a]Brei-
te den Zipfel deines Gewandes über
deine Magd, denn [b]du bist der Löser.
10 Er aber sprach: Gesegnet seist du vom
HERRN, meine Tochter! Du hast deine
Liebe jetzt noch besser erzeigt als [a]vor-
her, dass du nicht den jungen Männern
nachgegangen bist, weder den reichen
noch den armen. 11 Nun, meine Tochter,
fürchte dich nicht. Alles, was du sagst,
will ich dir tun; denn das ganze Volk in
meiner Stadt weiß, dass du eine tugend-
same Frau bist. 12 Ja, es ist wahr, dass ich
ein Löser bin; aber es ist noch ein Löser
da, näher verwandt als ich. 13 Bleib über
Nacht hier. Will er dich dann am Mor-
gen lösen, gut, so mag er's tun; hat er
aber keine Lust, dich zu lösen, so will ich
dich lösen, so wahr der HERR lebt. Schlaf
bis zum Morgen! 14 Und sie schlief bis
zum Morgen zu seinen Füßen.

Und sie stand auf, ehe einer den an-
dern erkennen konnte. Und er dachte:
Wenn nur niemand erfährt, dass eine
Frau auf die Tenne gekommen ist. 15 Und
er sprach: Nimm das Tuch, das du um-
hast, und halt es auf. Und sie hielt es hin.
Und er maß sechs Maß Gerste hinein
und lud ihr's auf. Und er ging in die
Stadt.

16 Sie aber kam zu ihrer Schwiegermut-
ter. Die sprach: Wie steht's mit dir, meine
Tochter? Und sie sagte ihr alles, was ihr
der Mann getan hatte, 17 und sprach:
Diese sechs Maß Gerste gab er mir; denn
er sagte: Du sollst nicht mit leeren Hän-
den zu deiner Schwiegermutter kommen.
18 Sie aber sprach: Warte nun ab, meine
Tochter, bis du erfährst, wo es hinaus-
will; denn der Mann wird nicht ruhen, er
bringe es denn heute zu Ende.

Die Lösung

4 Boas ging hinauf ins Tor und setzte
sich daselbst. Und siehe, als der Lö-
ser vorüberging, von dem er geredet
hatte, sprach Boas: Komm, mein Lieber,
und setze dich hierher! Und er kam her-
über und setzte sich dort hin. 2 Und Boas
nahm zehn Männer von den Ältesten der
Stadt und sprach: Setzt euch hierher!
Und sie setzten sich. 3 Da sprach er zu
dem Löser: Noomi, die aus dem Lande
der Moabiter zurückgekommen ist, bietet

* Siehe Sach- und Worterklärungen zu »Erlöser«.

2,20: *a* Kap 4,4 **3,1:** *a* Kap 1,9 **3,9:** *a* Hes 16,8; *b* Kap 4,4 **3,10:** *a* Kap 2,11

feil den Anteil an dem Feld, der unserm
Bruder Elimelech gehörte. 4 Darum ge-
dachte ich's vor deine Ohren zu bringen
und zu sagen: Willst du es lösen, so kaufe
es vor den Bürgern und vor den Ältesten
meines Volks; willst du es aber nicht lö-
sen, so sage mir's, dass ich's wisse; denn
es ist kein anderer Löser* da als du und
ich nach dir. Er sprach: Ich will's lösen.[a]
5 Boas sprach: An dem Tage, da du von
Noomi das Feld kaufst, musst du auch
Rut, die Moabiterin, die Frau des Ver-
storbenen, nehmen, um den Namen des
Verstorbenen zu erhalten auf seinem
Erbteil.[a] 6 Da antwortete er: Ich vermag
es nicht zu lösen, sonst würde ich mein
Erbteil schädigen. Löse dir zugut, was
ich hätte lösen sollen; denn ich vermag es
nicht zu lösen.

7 Es war aber von alters her ein Brauch
in Israel: Wenn einer eine Sache bekräf-
tigen wollte, die eine Lösung oder einen
Tausch betraf, so [a]zog er seinen Schuh
aus und gab ihn dem andern; das diente
zur Bezeugung in Israel. 8 Und der Löser
sprach zu Boas: Kaufe du es!, und zog
seinen Schuh aus. 9 Und Boas sprach zu
den Ältesten und zu allem Volk: Ihr seid
heute Zeugen, dass ich von Noomi alles
gekauft habe, was Elimelech, und alles,
was Kiljon und Machlon gehört hat.
10 Dazu habe ich mir auch Rut, die Moa-
biterin, die Frau Machlons, zur Frau ge-
nommen, dass ich den Namen des Ver-
storbenen erhalte auf seinem Erbteil und
sein Name nicht ausgerottet werde unter
seinen Brüdern und aus dem Tor seiner
Stadt; dessen seid ihr heute Zeugen.
11 Und alles Volk, das im Tor war, samt
den Ältesten sprach: Wir sind Zeugen.
Der HERR mache die Frau, die in dein
Haus kommt, wie Rahel und Lea, die
beide das Haus Israel gebaut haben; sei
stark in Efrata, und dein Name werde
gepriesen zu Bethlehem. 12 Und dein
Haus werde wie das Haus des [a]Perez,
den Tamar dem Juda gebar, durch die
Nachkommen, die dir der HERR geben
wird von dieser jungen Frau.

Boas heiratet Rut, die Stammmutter Davids

13 So nahm Boas die Rut, dass sie seine
Frau wurde. Und als er zu ihr einging,
gab ihr der HERR, dass sie schwanger
ward, und sie gebar einen Sohn. 14 Da
sprachen die Frauen zu Noomi: Gelobt
sei der HERR, der dir zu dieser Zeit einen
Löser nicht versagt hat! Dessen Name
werde gerühmt in Israel! 15 Der wird dich
erquicken und dein Alter versorgen.
Denn deine Schwiegertochter, die dich
geliebt hat, hat ihn geboren, die dir mehr
wert ist als sieben Söhne. 16 Und Noomi
nahm das Kind und legte es auf ihren
Schoß und ward seine Wärterin. 17 Und
ihre Nachbarinnen gaben ihm einen Na-
men und sprachen: Noomi ist ein Sohn
geboren; und sie nannten ihn [a]Obed.
Der ist der Vater Isais, welcher Davids
Vater ist.

18 Dies ist das Geschlecht des [a]Perez:
Perez zeugte Hezron; 19 Hezron zeugte
Ram; Ram zeugte Amminadab;[a] 20 Am-
minadab zeugte [a]Nachschon; Nach-
schon zeugte Salmon; 21 Salmon zeugte
Boas; Boas zeugte Obed; 22 Obed zeugte
Isai; Isai zeugte David.[a]

* Siehe Sach- und Worterklärungen zu »Erlöser«.

4,4: *a* 3. Mose 25,25; Jer 32,6-10 **4,5:** *a* 5. Mose 25,5-6 **4,7:** *a* 5. Mose 25,7-10 **4,12:** *a* 1. Mose 38,29 **4,17:** *a* Mt 1,5-6; Lk 3,32 **4,18:** *a* 1. Mose 46,12; 1. Chr 2,5 **4,19:** *a* 1. Chr 2,9-15 **4,20:** *a* 4. Mose 1,7 **4,22:** *a* 1. Sam 16,1.11-13

DAS ERSTE BUCH SAMUEL

Inhaltsübersicht

Hannas Gebet und Samuels Geburt

1 Es war ein Mann von Ramatajim-Zo-
fim, vom Gebirge Ephraim, der hieß
[a]Elkana, ein Sohn Jerohams, des Sohnes
Elihus, des Sohnes Tohus, des Sohnes
Zufs, ein Ephraimiter. 2 Und er hatte zwei
Frauen; die eine hieß Hanna, die andere
Peninna. Peninna aber hatte Kinder und
Hanna hatte keine Kinder.[a] 3 Dieser
Mann ging jährlich hinauf von seiner
Stadt, um anzubeten und dem HERRN
Zebaoth zu opfern in [a]Silo. Dort aber
waren Hofni und Pinhas, die beiden
Söhne Elis, Priester des HERRN.

4 Wenn nun der Tag kam, dass Elkana
opferte, gab er seiner Frau Peninna und
allen ihren Söhnen und Töchtern Stücke
vom Opferfleisch. 5 Aber Hanna gab er
ein Stück traurig; denn er hatte Hanna
lieb, obgleich der HERR ihren Leib ver-
schlossen hatte. 6 Und ihre Widersacherin
kränkte und reizte sie sehr, weil der
HERR ihren Leib verschlossen hatte. 7 So
ging es alle Jahre; wenn sie hinaufzog
zum Haus des HERRN, kränkte jene sie.
Dann weinte Hanna und aß nichts. 8 El-
kana aber, ihr Mann, sprach zu ihr:
Hanna, warum weinst du und warum isst
du nichts? Und warum ist dein Herz so
traurig? Bin ich dir nicht mehr wert als
zehn Söhne?

9 Da stand Hanna auf, nachdem sie in
Silo gegessen und getrunken hatten. Eli
aber, der Priester, saß auf einem Stuhl
am Türpfosten des Tempels des HERRN.
10 Und sie war von Herzen betrübt und
betete zum HERRN und weinte sehr
11 und gelobte ein Gelübde und sprach:
HERR Zebaoth, wirst du das Elend dei-
ner Magd ansehen und an mich geden-
ken und deiner Magd nicht vergessen
und wirst du deiner Magd einen Sohn
geben, so [a]will ich ihn dem HERRN ge-
ben sein Leben lang, und es soll [b]kein
Schermesser auf sein Haupt kommen.

12 Und als sie lange betete vor dem
HERRN, achtete Eli auf ihren Mund;
13 denn Hanna redete in ihrem Herzen,
nur ihre Lippen bewegten sich, ihre
Stimme aber hörte man nicht. Da meinte
Eli, sie wäre betrunken, 14 und sprach zu
ihr: Wie lange willst du betrunken sein?
Gib den Wein von dir, den du getrunken
hast! 15 Hanna aber antwortete und
sprach: Nein, mein Herr! Ich bin eine
betrübte Frau; Wein und starkes Getränk
hab ich nicht getrunken, sondern mein
Herz vor dem HERRN ausgeschüttet.
16 Du wollest deine Magd nicht für eine
zuchtlose Frau halten, denn ich hab aus
meinem großen Kummer und Herzeleid
so lange geredet. 17 Eli antwortete und
sprach: Geh hin mit Frieden; der Gott
Israels wird dir die Bitte erfüllen, die du
an ihn gerichtet hast.

18 Sie sprach: Lass deine Magd Gnade
finden vor deinen Augen. Da ging die
Frau ihres Weges und aß und sah nicht
mehr so traurig drein. 19 Und am andern
Morgen machten sie sich früh auf. Und
als sie angebetet hatten vor dem HERRN,
kehrten sie wieder um und kamen heim
nach Rama. Und Elkana erkannte
Hanna, seine Frau, und [a]der HERR ge-
dachte an sie. 20 Und Hanna ward
schwanger; und als die Tage um waren,
gebar sie einen Sohn und nannte ihn
Samuel; denn, so sprach sie, ich hab ihn
von dem HERRN erbeten.

21 Und als der Mann Elkana hinaufzog

1,1: *a* 1.Chr 6,11-12; 6,19-20 **1,2:** *a* 1.Mose 29,31 **1,3:** *a* Jos 18,1 **1,11:** *a* Am 2,11; *b* Ri 13,5 **1,19:** *a* 1.Mose 30,22

mit seinem ganzen Hause, um das jähr-
liche Opfer dem HERRN zu opfern und
sein Gelübde zu erfüllen, 22 zog Hanna
nicht mit hinauf, sondern sprach zu ihrem
Mann: Wenn der Knabe [a]entwöhnt ist,
will ich ihn bringen, dass er vor dem
HERRN erscheine und dort für immer blei-
be. 23 Ihr Mann Elkana sprach zu ihr: So
tu, wie dir's gefällt! Bleib, bis du ihn ent-
wöhnt hast; der HERR aber bestätige, was
er geredet hat. So blieb die Frau und still-
te ihren Sohn, bis sie ihn entwöhnt hatte.
24 Nachdem sie ihn entwöhnt hatte,
nahm sie ihn mit sich hinauf nach Silo,
dazu [a]einen dreijährigen Stier, einen
Scheffel Mehl und einen Krug Wein, und
brachte ihn in das Haus des HERRN. Der
Knabe war aber noch jung. 25 Und sie
schlachteten den Stier und brachten den
Knaben zu Eli. 26 Und sie sprach: Ach,
mein Herr, so wahr du lebst, mein Herr:
Ich bin die Frau, die hier bei dir stand,
um zum HERRN zu beten. 27 Um diesen
Knaben bat ich. Nun hat der HERR mir
die Bitte erfüllt, die ich an ihn gerichtet
hatte. 28 Darum [a]gebe ich ihn dem
HERRN wieder sein Leben lang, weil er
vom HERRN erbeten ist. Und sie beteten
dort den HERRN an.

Lobgesang der Hanna

2 [a]Und Hanna betete und sprach:

Mein Herz ist fröhlich in dem HERRN,
mein Haupt ist erhöht in dem HERRN.
Mein Mund hat sich weit aufgetan wider meine Feinde,
denn ich freue mich deines Heils.

2 Es ist niemand heilig wie der HERR,
[a]außer dir ist keiner,
und ist kein [b]Fels, wie unser Gott ist.
3 Lasst euer großes Rühmen und Trotzen,
freches Reden gehe nicht aus eurem Munde;
denn der HERR ist ein Gott, der es merkt,
und von ihm werden Taten gewogen.
4 Der Bogen der Starken ist zerbrochen,
und die Schwachen sind umgürtet mit Stärke.
5 Die da satt waren, müssen um Brot dienen,
und die Hunger litten, hungert nicht mehr.
Die Unfruchtbare hat sieben geboren,
und die viele Kinder hatte, welkt dahin.
6 Der HERR [a]tötet und macht lebendig,
führt hinab zu den Toten und
[b]wieder herauf.
7 Der HERR macht arm und macht reich;
er [a]erniedrigt und erhöht.
8 Er [a]hebt auf den Dürftigen aus dem Staub
und erhöht den Armen aus der Asche,
dass er ihn setze unter die Fürsten
und den Thron der Ehre erben lasse.

Denn der Welt Grundfesten sind des HERRN,
und er hat die Erde darauf gesetzt.
9 Er wird behüten die Füße seiner Heiligen,
aber die Gottlosen sollen zunichtewerden in Finsternis;
denn [a]viel Macht hilft doch niemand.
10 Die mit dem HERRN hadern,
sollen zugrunde gehen.
Der Höchste im Himmel wird sie zerschmettern,
der HERR wird richten der Welt Enden.
Er wird Macht geben seinem Könige
und erhöhen das Haupt seines Gesalbten.

11 Und Elkana ging heim nach Rama in
sein Haus; der Knabe aber war des
HERRN Diener vor dem Priester Eli.

Die Bosheit der Söhne Elis

12 Aber die Söhne Elis waren ruchlose
Männer; die fragten nichts nach dem
HERRN 13 [a]noch danach, was dem Pries-
ter zustände vom Volk. Wenn jemand ein
Opfer bringen wollte, so kam des Pries-

1,22: *a* 2. Makk 7,28 **1,24:** *a* 4. Mose 15,3.8-11 **1,28:** *a* Vers 11 **2,1:** *a (1-10)* Lk 1,46-55 **2,2:** *a* 5. Mose 4,35; *b* 1. Mose 49,24; 5. Mose 32,18; Ps 18,32 **2,6:** *a* 5. Mose 32,39; *b* Ps 71,20 **2,7:** *a* Ps 75,8 **2,8:** *a* Ps 113,7-8 **2,9:** *a* Ps 33,16 **2,13:** *a (13-16)* 3. Mose 3,2-5; 7,11-17.28-34

ters Diener, wenn das Fleisch kochte, und
hatte eine Gabel mit drei Zacken in sei-
ner Hand 14 und stieß in den Tiegel oder
Kessel oder Pfanne oder Topf, und was
er mit der Gabel hervorzog, das nahm
der Priester für sich. So taten sie allen in
Israel, die dorthin kamen nach Silo.
15 Desgleichen, ehe sie das Fett in Rauch
aufgehen ließen, kam des Priesters Die-
ner und sprach zu dem, der das Opfer
brachte: Gib mir Fleisch für den Priester
zum Braten, denn er will nicht gekochtes
Fleisch von dir nehmen, sondern rohes.
16 Wenn dann jemand zu ihm sagte: Lass
erst das Fett in Rauch aufgehen und
nimm dann, was dein Herz begehrt, so
sprach er zu ihm: Du sollst mir's jetzt
geben; wenn nicht, so nehme ich's mit
Gewalt. 17 So war die Sünde der Männer
sehr groß vor dem HERRN; denn sie ver-
achteten das Opfer des HERRN.

18 [a]Samuel aber war ein Diener vor
dem HERRN, und der Knabe war um-
gürtet mit einem leinenen Priesterschurz.
19 Dazu machte ihm seine Mutter ein
kleines Oberkleid und brachte es ihm
Jahr für Jahr, wenn sie mit ihrem Mann
hinaufging, um das jährliche Opfer dar-
zubringen. 20 Und Eli segnete Elkana
und seine Frau und sprach: Der HERR
gebe dir Kinder von dieser Frau anstelle
des Erbetenen, den sie vom HERRN erbe-
ten hat. Und sie gingen zurück an ihren
Ort. 21 Und der HERR suchte Hanna
heim, dass sie schwanger ward, und sie
gebar noch drei Söhne und zwei Töchter.
Aber der Knabe Samuel [a]wuchs auf bei
dem HERRN.

22 Eli aber war sehr alt geworden.
Wenn er nun alles erfuhr, was seine
Söhne ganz Israel antaten und dass sie
[a]bei den Frauen schliefen, die vor der
Tür der Stiftshütte dienten, 23 sprach er
zu ihnen: Warum tut ihr solche bösen
Dinge, von denen ich höre im ganzen
Volk? 24 Nicht doch, meine Söhne! Das
ist kein gutes Gerücht, von dem ich reden
höre in des HERRN Volk. 25 Wenn jemand
[a]gegen einen Menschen sündigt, so kann
es Gott entscheiden. Wenn aber jemand
gegen den HERRN sündigt, wer soll es
dann für ihn entscheiden? Aber sie ge-
horchten der Stimme ihres Vaters nicht;
denn der HERR war willens, sie zu töten.
26 Aber der Knabe Samuel [a]nahm immer
mehr zu an Alter und Gunst bei dem
HERRN und bei den Menschen.

Ankündigung des Gerichts über das Haus Elis

27 Es kam aber ein Mann Gottes zu Eli
und sprach zu ihm: So spricht der HERR:
Ich habe mich offenbart dem Hause dei-
nes Vaters, als die Israeliten noch in
Ägypten dem Hause des Pharao gehör-
ten, 28 und hab's mir erwählt aus allen
Stämmen Israels zum Priestertum, [a]um
auf meinem Altar zu opfern und Räu-
cherwerk zu verbrennen und den Pries-
terschurz vor mir zu tragen, und ich habe
dem Hause deines Vaters alle [b]Feuer-
opfer Israels gegeben. 29 Warum tretet ihr
denn mit Füßen meine Schlachtopfer
und Speisopfer, die ich für meine Woh-
nung geboten habe? Und du ehrst deine
Söhne mehr als mich, dass ihr euch mäs-
tet von dem Besten aller Opfer meines
Volkes Israel.

30 Darum spricht der HERR, der Gott
Israels: Ich hatte gesagt, [a]dein Haus und
deines Vaters Haus sollten immerdar vor
mir einhergehen. Aber nun spricht der
HERR: Das sei ferne von mir! [b]Sondern
wer mich ehrt, den will ich auch ehren; wer
aber mich verachtet, der soll wieder ver-
achtet werden. 31 Siehe, [a]es wird die Zeit
kommen, dass ich deinen Arm und den
Arm des Hauses deines Vaters abhauen
will, dass es keinen Alten geben wird in
deinem Hause 32 und dass du deinen Wi-
dersacher im Heiligtum sehen wirst bei
allem Guten, das Israel geschehen wird,
und es wird niemand alt werden in deines
Vaters Hause immerdar. 33 Doch nicht
einen jeden will ich dir von meinem Altar
ausrotten, dass nicht deine Augen ver-
schmachten und deine Seele sich gräme.
Aber der größte Teil deines Hauses soll
sterben, wenn sie Männer geworden sind.
34 Und das soll dir ein Zeichen sein, das
über deine beiden Söhne, Hofni und Pin-
has, kommen wird; [a]an **einem** Tag wer-
den sie beide sterben.

35 Ich aber [a]will mir einen treuen Pries-

2,18: *a (18-19)* Kap 22,18; 2. Mose 28,4-6 **2,21:** *a* Lk 1,80 **2,22:** *a* 2. Mose 38,8 **2,25:** *a* Hiob 16,20-21 **2,26:** *a* Lk 2,52 **2,28:** *a* 5. Mose 18,1; *b* 4. Mose 18,8-20 **2,30:** *a* 2. Mose 28,1; *b* Mal 3,16-18 **2,31:** *a* 1. Kön 2,27 **2,34:** *a* Kap 4,11 **2,35:** *a* 1. Kön 2,35; Hebr 5,4-6

ter erwecken, der wird tun, wie es mei-
nem Herzen und meiner Seele gefällt.
Dem will ich ein beständiges Haus
bauen, dass er vor meinem Gesalbten
immerdar einhergehe. 36 Und wer übrig
ist von deinem Hause, der wird kommen
und vor jenem niederfallen um ein Sil-
berstück oder eine Scheibe Brot und wird
sagen: Lass mich doch Anteil haben am
Priesteramt, dass ich einen Bissen Brot
zu essen habe.

Samuels Berufung

3 Und zu der Zeit, als der Knabe Sa-
muel dem HERRN diente unter Eli,
[a]war des HERRN Wort selten, und es gab
kaum noch Offenbarung. 2 Und es begab
sich zur selben Zeit, dass Eli lag an sei-
nem Ort und seine Augen hatten ange-
fangen, schwach zu werden, sodass er
nicht mehr sehen konnte. 3 [a]Die Lampe
Gottes war noch nicht verloschen. Und
Samuel hatte sich gelegt im Heiligtum
des HERRN, wo die Lade Gottes war.
4 Und der HERR rief Samuel. Er aber
antwortete: Siehe, hier bin ich!, 5 und lief
zu Eli und sprach: Siehe, hier bin ich! Du
hast mich gerufen. Er aber sprach: Ich
habe nicht gerufen; geh wieder hin und
lege dich schlafen. Und er ging hin und
legte sich schlafen. 6 Der HERR rief aber-
mals: Samuel! Und Samuel stand auf
und ging zu Eli und sprach: Siehe, hier
bin ich! Du hast mich gerufen. Er aber
sprach: Ich habe nicht gerufen, mein
Sohn; geh wieder hin und lege dich schla-
fen. 7 Aber Samuel hatte den HERRN
noch nicht erkannt, und des HERRN
Wort war ihm noch nicht offenbart.
8 Und der HERR rief Samuel wieder, zum
dritten Mal. Und er stand auf und ging
zu Eli und sprach: Siehe, hier bin ich! Du
hast mich gerufen. Da merkte Eli, dass
der HERR den Knaben rief, 9 und sprach
zu ihm: Geh wieder hin und lege dich
schlafen; und wenn du gerufen wirst, so
sprich: Rede, HERR, denn dein Knecht
hört. Samuel ging hin und legte sich an
seinen Ort.
10 Da kam der HERR und trat herzu
und rief wie vorher: Samuel, Samuel!
Und Samuel sprach: **Rede, denn dein
Knecht hört.** 11 Und der HERR sprach zu
Samuel: Siehe, ich werde etwas tun in
Israel, wovon jedem, der es hören wird,
beide Ohren gellen werden. 12 An dem
Tage will ich über Eli kommen lassen,
was ich gegen sein Haus geredet habe;
ich will es anfangen und vollenden.
13 Denn ich hab's ihm angesagt, dass ich
sein Haus für immer richten will um der
Schuld willen, dass er wusste, wie sich
seine Söhne schändlich verhielten, und
ihnen nicht gewehrt hat.[a] 14 Darum habe
ich dem Hause Eli geschworen, dass die
Schuld des Hauses Eli nicht gesühnt wer-
den solle, weder mit Schlachtopfern noch
mit Speisopfern immerdar.
15 Und Samuel lag bis an den Morgen
und tat dann die Türen auf am Hause des
HERRN. Samuel aber fürchtete sich, Eli
anzusagen, was ihm offenbart worden
war. 16 Da rief ihn Eli und sprach: Sa-
muel, mein Sohn! Er antwortete: Siehe,
hier bin ich! 17 Er sprach: Was war das
für ein Wort, das er dir gesagt hat? Ver-
schweige mir nichts. Gott tue dir dies
und das, wenn du mir etwas verschweigst
von all den Worten, die er dir gesagt hat.
18 Da sagte ihm Samuel alles und ver-
schwieg ihm nichts. Er aber sprach: Es ist
der HERR; [a]er tue, was ihm wohlgefällt.
19 Samuel aber wuchs heran, und der
HERR war mit ihm und ließ keines von
allen seinen Worten zur Erde fallen.
20 Und ganz Israel von Dan bis Beer-
scheba erkannte, dass Samuel damit be-
traut war, Prophet des HERRN zu sein.
21 Und der HERR erschien weiter zu Silo,
denn der HERR offenbarte sich Samuel
zu Silo durch sein Wort. *Und Samuels
Wort erging an ganz Israel.

Die Bundeslade wird Israel genommen

4 Und es begab sich zu der Zeit, dass
die Philister sich sammelten zum
Kampf gegen Israel. Israel aber zog aus,
den Philistern entgegen, in den Kampf
und lagerte sich bei Eben-Eser. Die Phi-
lister aber hatten sich gelagert bei [a]Afek
2 und stellten sich Israel gegenüber auf.
Und der Kampf breitete sich aus und
Israel wurde von den Philistern geschla-
gen. Sie erschlugen in der Feldschlacht
etwa viertausend Mann.
3 Und als das Volk ins Lager kam,

* Abweichende Verszählung statt 3,21b: 4,1.

3,1: *a* Am 8,11 **3,3:** *a (3-4)* 4. Mose 7,89 **3,13:** *a* Kap 2,27-36 **3,18:** *a* 2. Sam 15,26 **4,1:** *a* Jos 15,53

sprachen die Ältesten Israels: Warum hat
uns der HERR heute vor den Philistern
geschlagen? Lasst uns [a]die Lade des
Bundes des HERRN zu uns holen von Silo
und lasst sie mit uns ziehen, damit er uns
errette aus der Hand unserer Feinde. 4 Da
sandte das Volk nach Silo und ließ von
dort holen die Lade des Bundes des
HERRN Zebaoth, [a]der über den Cheru-
bim thront. Es waren aber die beiden
Söhne Elis bei der Lade des Bundes Got-
tes, Hofni und Pinhas. 5 Und als die Lade
des Bundes des HERRN in das Lager
kam, jauchzte ganz Israel mit gewaltigem
Jauchzen, sodass die Erde erdröhnte.

6 Als aber die Philister das Jauchzen
hörten, sprachen sie: Was ist das für ein
gewaltiges Jauchzen im Lager der He-
bräer? Und als sie erfuhren, dass die
Lade des HERRN ins Lager gekommen
sei, 7 fürchteten sie sich und sprachen:
Gott ist ins Lager gekommen, und riefen:
Wehe uns, denn solches ist bisher noch
nicht geschehen! 8 Wehe uns! Wer will uns
erretten aus der Hand dieser mächtigen
Götter? Das sind die Götter, die Ägypten
schlugen mit allerlei Plage in der Wüste.
9 So seid nun stark und seid Männer, ihr
Philister, damit ihr nicht dienen müsst
den Hebräern, [a]wie sie euch gedient ha-
ben! Seid Männer und kämpft! 10 Da
zogen die Philister in den Kampf und Is-
rael wurde geschlagen und ein jeder floh
in sein Zelt. Und die Niederlage war sehr
groß und es fielen aus Israel dreißigtau-
send Mann Fußvolk. 11 Und die Lade
Gottes wurde weggenommen und [a]die
beiden Söhne Elis, Hofni und Pinhas,
kamen um.

Elis Tod

12 Da lief einer von Benjamin aus dem
Heerlager und kam am selben Tage nach
Silo und hatte seine Kleider zerrissen
und Erde auf sein Haupt gestreut. 13 Und
siehe, als er hinkam, saß Eli auf seinem
Stuhl und gab acht nach der Straße hin;
denn sein Herz bangte um die Lade Got-
tes. Und als der Mann in die Stadt kam,
tat er's kund und die ganze Stadt schrie
auf. 14 Und als Eli das laute Schreien
hörte, fragte er: Was ist das für ein gro-
ßer Lärm? Da kam der Mann eilends
und sagte es Eli. 15 Eli aber war achtund-
neunzig Jahre alt und [a]seine Augen wa-
ren so schwach, dass er nicht mehr sehen
konnte.

16 Der Mann aber sprach zu Eli: Ich
komme vom Heerlager und bin heute aus
der Schlacht geflohen. Er aber sprach:
Wie ist's gegangen, mein Sohn? 17 Da
antwortete der Bote: Israel ist geflohen
vor den Philistern und das Volk ist hart
geschlagen und deine beiden Söhne,
Hofni und Pinhas, sind tot; und die Lade
Gottes ist weggenommen. 18 Als er aber
von der Lade Gottes sprach, fiel Eli
rücklings vom Stuhl an der Tür und
brach seinen Hals und starb, denn er war
alt und ein schwerer Mann. Er richtete
aber Israel vierzig Jahre.

19 Seine Schwiegertochter aber, des
Pinhas Frau, war schwanger und sollte
bald gebären. Als sie davon hörte, dass
die Lade Gottes weggenommen und ihr
Schwiegervater und ihr Mann tot waren,
kauerte sie sich nieder und gebar; denn
ihre Wehen überfielen sie. 20 Und als sie
im Sterben lag, sprachen die Frauen, die
um sie standen: [a]Fürchte dich nicht, du
hast einen Sohn geboren! Aber sie ant-
wortete nicht und nahm's auch nicht
mehr zu Herzen. 21 Und sie nannte den
Knaben [a]Ikabod, das ist »Die [b]Herrlich-
keit ist hinweg aus Israel!« – weil die
Lade Gottes weggenommen war, und
wegen ihres Schwiegervaters und ihres
Mannes. 22 Darum sprach sie: Die Herr-
lichkeit ist hinweg aus Israel; denn die
Lade Gottes ist weggenommen.

Die Bundeslade bei den Philistern

5 Die Philister aber hatten die Lade
Gottes weggenommen und brachten
sie von Eben-Eser nach [a]Aschdod.
2 Dann nahmen sie die Lade Gottes und
brachten sie in das Haus [a]Dagons und
stellten sie neben Dagon. 3 Und als die
Leute von Aschdod am andern Morgen
sich früh aufmachten und in das Haus
Dagons kamen, sahen sie Dagon auf sei-
nem Antlitz liegen auf der Erde vor der
Lade des HERRN. Und sie nahmen Da-
gon und stellten ihn wieder an seinen
Ort. 4 Aber als sie am andern Morgen

4,3: *a* 2. Mose 25,10; Jos 3,6.11 **4,4:** *a* 2. Mose 25,22; 2. Sam 6,2 **4,9:** *a* Ri 13,1 **4,11:** *a* Kap 2,34 **4,15:** *a* Kap 3,2 **4,20:** *a* 1. Mose 35,17 **4,21:** *a* Kap 14,3; *b* Ps 78,61 **5,1:** *a* Jos 15,47 **5,2:** *a* Ri 16,23

sich wieder früh aufmachten, fanden sie
Dagon abermals auf seinem Antlitz auf
der Erde vor der Lade des HERRN liegen,
aber sein Haupt und seine beiden Hände
abgeschlagen auf der Schwelle, sodass
der Rumpf allein dalag. 5 Darum treten
die Priester Dagons und alle, die in
Dagons Haus gehen, nicht auf [a]die
Schwelle Dagons in Aschdod bis auf die-
sen Tag.

6 Aber die Hand des HERRN lag schwer
auf den Leuten von Aschdod, und er
brachte Verderben über sie und [a]schlug
sie mit bösen Beulen, Aschdod und sein
Gebiet. 7 Als aber die Leute von Aschdod
sahen, dass es so zuging, sprachen sie:
Lasst die Lade des Gottes Israels nicht
bei uns bleiben; denn seine Hand liegt zu
hart auf uns und unserm Gott Dagon.
8 Und sie sandten hin und versammelten
alle Fürsten der Philister zu sich und
sprachen: Was sollen wir mit der Lade
des Gottes Israels machen? Da antworte-
ten sie: Lasst die Lade des Gottes Israels
nach [a]Gat tragen. Und sie trugen die
Lade des Gottes Israels dorthin. 9 Als sie
aber die Lade dahin getragen hatten, ent-
stand in der Stadt ein sehr großer Schre-
cken durch die Hand des HERRN; denn
er schlug die Leute in der Stadt, Klein
und Groß, sodass an ihnen Beulen aus-
brachen.

10 Da sandten sie die Lade Gottes nach
[a]Ekron. Als aber die Lade Gottes nach
Ekron kam, schrien die Leute von Ek-
ron: Sie haben die Lade des Gottes Is-
raels hergetragen zu mir, damit sie mich
töte und mein Volk! 11 Da sandten sie hin
und versammelten alle Fürsten der Phi-
lister und sprachen: Sendet die Lade des
Gottes Israels zurück an ihren Ort, damit
sie mich und mein Volk nicht töte. Denn
es kam ein tödlicher Schrecken über die
ganze Stadt; die Hand Gottes lag schwer
auf ihr. 12 Und die Leute, die nicht star-
ben, wurden geschlagen mit Beulen und
das Geschrei der Stadt stieg auf gen
Himmel.

Die Bundeslade kommt zurück

6 So war die Lade des HERRN sieben
Monate im Lande der Philister. 2 Und
die Philister beriefen ihre Priester und
Wahrsager und sprachen: Was sollen wir
mit der Lade des HERRN machen? Lasst
uns wissen, wie wir sie an ihren Ort sen-
den sollen! 3 Sie sprachen: Wollt ihr die
Lade des Gottes Israels zurücksenden, so
sendet sie nicht ohne eine Gabe, sondern
gebt ihm eine Sühnegabe; so werdet ihr
gesund werden und es wird euch kund-
werden, warum seine Hand nicht von
euch ablässt.

4 Sie aber sprachen: Was ist die Süh-
negabe, die wir ihm geben sollen? Sie
antworteten: Fünf goldene Beulen und
fünf goldene Mäuse nach der Zahl der
[a]fünf Fürsten der Philister, denn es ist
ein und dieselbe Plage gewesen über euch
alle und über eure Fürsten. 5 So macht
nun Abbilder eurer Beulen und eurer
Mäuse, die euer Land zugrunde gerichtet
haben, dass ihr dem Gott Israels die Ehre
gebt. Vielleicht wird seine Hand leichter
werden über euch und über euren Gott
und über euer Land. 6 Warum [a]verstockt
ihr euer Herz, wie die Ägypter und der
Pharao ihr Herz verstockten? Ist's nicht
so: Als der HERR seine Macht an ihnen
bewies, [b]ließen sie sie ziehen, sodass sie
gehen konnten? 7 So lasst nun einen
neuen Wagen machen und nehmt zwei
säugende Kühe, auf die noch kein Joch
gekommen ist; spannt sie an den Wagen
und lasst ihre Kälber daheimbleiben.
8 Aber die Lade des HERRN nehmt und
stellt sie auf den Wagen, und die Dinge
aus Gold, die ihr ihm zur Sühnegabe
gebt, tut in ein Kästlein daneben. So sen-
det sie hin und lasst sie gehen. 9 Und seht
zu: Geht sie den Weg hinauf in ihr Land
auf Bet-Schemesch zu, so hat Er uns dies
große Übel angetan; wenn nicht, so wis-
sen wir, dass nicht seine Hand uns ge-
troffen hat, sondern es uns zufällig wi-
derfahren ist.

10 So taten die Leute und nahmen zwei
säugende Kühe und spannten sie an ei-
nen Wagen und behielten ihre Kälber da-
heim 11 und stellten die Lade des HERRN
auf den Wagen, dazu das Kästlein mit
den goldenen Mäusen und mit den Ab-
bildern ihrer Beulen. 12 Und die Kühe
gingen geradeswegs auf [a]Bet-Schemesch

5,5: *a* Zef 1,9 **5,6:** *a* Ps 78,66 **5,8:** *a* Jos 11,22 **5,10:** *a* Jos 15,45 **6,4:** *a* Jos 13,3 **6,6:** *a* 2. Mose 4,21; *b* 2. Mose 12,31 **6,12:** *a* Jos 15,10

zu, immer auf derselben Straße, und
brüllten immerfort und wichen weder zur
Rechten noch zur Linken; und die Fürs-
ten der Philister gingen ihnen nach bis
zum Gebiet von Bet-Schemesch.
13 Die Leute von Bet-Schemesch aber
schnitten eben den Weizen im Grund,
und als sie ihre Augen aufhoben, sahen
sie die Lade und freuten sich, sie zu se-
hen. 14 Der Wagen aber kam auf den
Acker Joschuas von Bet-Schemesch und
stand dort still. Und dort lag ein großer
Stein. Da spalteten sie das Holz des Wa-
gens und opferten die Kühe dem HERRN
zum Brandopfer. 15 Die Leviten aber ho-
ben die Lade des HERRN herab samt dem
Kästlein, das daneben stand und worin
die Dinge aus Gold waren, und stell-
ten sie auf den großen Stein. Und die
Leute von Bet-Schemesch opferten dem
HERRN am selben Tage Brandopfer und
Schlachtopfer. 16 Als aber die fünf Fürs-
ten der Philister das gesehen hatten,
zogen sie am selben Tage wieder nach
Ekron.
17 Dies sind die goldenen Beulen, die
die Philister dem HERRN als Sühnegabe
erstatteten: für Aschdod eine, für Gaza
eine, für Aschkelon eine, für Gat eine
und für Ekron eine; 18 und goldene
Mäuse nach der Zahl aller Städte der
Philister unter den fünf Fürsten, der fes-
ten Städte und der Dörfer. Und Zeuge ist
der große Stein, auf den sie die Lade des
HERRN gestellt hatten. Er liegt bis auf
diesen Tag auf dem Acker Joschuas von
Bet-Schemesch.

Die Lade kommt nach Kirjat-Jearim

19 Aber die Söhne Jechonjas freuten sich
nicht mit den Leuten von Bet-Sche-
mesch, dass [a]sie die Lade des HERRN
sahen. Und der HERR schlug unter ihnen
siebzig Mann. Da trug das Volk Leid,
dass er das Volk so hart geschlagen hatte.
20 Und die Leute von Bet-Schemesch
sprachen: Wer kann bestehen vor dem
HERRN, diesem heiligen Gott? Und zu
wem soll er von uns wegziehen? 21 Und
sie sandten Boten zu den Bürgern von
[a]Kirjat-Jearim und ließen ihnen sagen:
Die Philister haben die Lade des HERRN
zurückgebracht; kommt herab und holt
sie zu euch hinauf.[b]
7 Da kamen die Leute von Kirjat-Jea-
rim und holten die Lade des HERRN
herauf und brachten sie ins Haus Abi-
nadabs auf dem Hügel, und seinen Sohn
Eleasar [a]weihten sie, dass er über die
Lade des HERRN wache.

Samuels Richteramt

2 Aber von dem Tage an, [a]da die Lade
des HERRN zu Kirjat-Jearim blieb, ver-
ging eine lange Zeit; es wurden zwanzig
Jahre. Dann wandte sich das ganze Haus
Israel zum HERRN.[b]
3 Samuel aber sprach zum ganzen
Hause Israel: Wenn ihr euch von ganzem
Herzen zu dem HERRN bekehren wollt,
so [a]tut von euch die fremden Götter und
die Astarten und richtet euer Herz zu
dem HERRN und dient ihm allein, so
wird er euch erretten aus der Hand der
Philister. 4 Da taten die Israeliten von
sich die Baale und Astarten und dien-
ten dem HERRN allein.[a] 5 Samuel aber
sprach: Versammelt ganz Israel in
[a]Mizpa, dass ich für euch zum HERRN
bete. 6 Und sie kamen zusammen in
Mizpa und [a]schöpften Wasser und gos-
sen es aus vor dem HERRN und fasteten
an demselben Tage und sprachen dort:
Wir haben an dem HERRN gesündigt. So
richtete Samuel die Israeliten zu Mizpa.
7 Als aber die Philister hörten, dass die
Israeliten zusammengekommen waren in
Mizpa, zogen die Fürsten der Philister
hinauf gegen Israel. Und die Israeliten
hörten es und fürchteten sich vor den
Philistern. 8 [a]Und sie sprachen zu Sa-
muel: Lass nicht ab, für uns zu schreien
zu dem HERRN, unserm Gott, dass er
uns helfe aus der Hand der Philister. 9 Sa-
muel nahm ein Milchlamm und opferte
dem HERRN ein Brandopfer – als Ganz-
opfer – und schrie zum HERRN für Israel
und der HERR erhörte ihn. 10 Und wäh-
rend Samuel das Brandopfer opferte, ka-
men die Philister heran zum Kampf ge-
gen Israel. Aber der HERR ließ donnern
mit großem Schall über die Philister am

6,19: *a* 4. Mose 4,20; 2. Sam 6,6-7 **6,21:** *a* 1. Chr 13,6; *b* Ps 132,3-6 **7,1:** *a* 3. Mose 8,1-36 **7,2:** *a* Kap 6,21; *b* Kap 4,22; 1. Chr 13,6 **7,3:** *a* 1. Mose 35,2; Jos 24,23 **7,4:** *a* Ri 10,16 **7,5:** *a* Kap 10,17; Jos 18,26; Ri 20,1 **7,6:** *a* 2. Sam 23,16 **7,8:** *a (8-9)* Kap 12,23; 1. Mose 20,7; 1. Kön 13,6; Jer 37,3.16

selben Tage und [a]schreckte sie, dass sie vor Israel geschlagen wurden. 11 Da zogen die Männer Israels aus von Mizpa und jagten den Philistern nach und schlugen sie bis unterhalb von Bet-Kar. 12 Da nahm Samuel einen Stein und stellte ihn auf zwischen Mizpa und Schen und nannte ihn »Eben-Eser«* und sprach: Bis hierher hat uns der HERR geholfen.

13 So wurden die Philister gedemütigt und kamen nicht mehr in das Gebiet Israels. Und die Hand des HERRN lag schwer auf den Philistern, solange Samuel lebte. 14 Auch eroberte Israel die Städte zurück, die die Philister ihnen genommen hatten, von Ekron bis Gat samt ihrem Gebiet; die errettete Israel aus der Hand der Philister. Und Israel hatte Frieden mit den Amoritern.

15 Samuel aber [a]richtete Israel sein Leben lang 16 und zog Jahr für Jahr umher und kam nach Bethel und Gilgal und Mizpa. Und wenn er Israel an allen diesen Orten gerichtet hatte, 17 kam er wieder nach [a]Rama – denn da war sein Haus – und dort richtete er Israel. Auch baute er dort dem HERRN einen Altar.

Israel begehrt einen König

8 Als aber Samuel alt geworden war, setzte er seine Söhne als Richter über Israel ein. 2 Sein erstgeborener Sohn hieß Joel und der andere [a]Abija und sie waren Richter zu [b]Beerscheba. 3 Aber seine Söhne wandelten nicht in seinen Wegen, sondern suchten ihren Vorteil und [a]nahmen Geschenke und beugten das Recht. 4 Da versammelten sich alle Ältesten Israels und kamen nach [a]Rama zu Samuel 5 und sprachen zu ihm: Siehe, du bist alt geworden und deine Söhne wandeln nicht in deinen Wegen. So [a]setze nun einen König über uns, der uns richte, wie ihn alle Heiden haben.

6 Das missfiel Samuel, dass sie sagten: Gib uns einen König, der uns richte. Und Samuel betete zum HERRN. 7 Der HERR aber sprach zu Samuel: Gehorche der Stimme des Volks in allem, was sie zu dir gesagt haben; denn sie haben nicht dich, sondern mich verworfen, [a]dass ich nicht mehr König über sie sein soll. 8 Sie tun dir, wie sie immer getan haben von dem Tage an, da ich sie aus Ägypten führte, bis auf diesen Tag, dass sie mich verlassen und andern Göttern gedient haben. 9 So gehorche nun ihrer Stimme. Doch warne sie und verkünde ihnen das Recht des Königs, der über sie herrschen wird.

10 Und Samuel sagte alle Worte des HERRN dem Volk, das von ihm einen König forderte, 11 und sprach: Das wird des Königs Recht sein, der über euch herrschen wird: Eure Söhne wird er nehmen für seinen Wagen und seine Gespanne, und dass sie vor seinem Wagen herlaufen, 12 und zu Hauptleuten über tausend und über fünfzig, und dass sie ihm seinen Acker bearbeiten und seine Ernte einsammeln und dass sie seine Kriegswaffen machen und was zu seinen Wagen gehört. 13 Eure Töchter aber wird er nehmen, dass sie Salben bereiten, kochen und backen. 14 Eure besten Äcker und Weinberge und Ölgärten wird er nehmen und seinen Großen geben. 15 Dazu von euren Kornfeldern und Weinbergen wird er den Zehnten nehmen und seinen Kämmerern und Großen geben. 16 Und eure Knechte und Mägde und eure besten Rinder und eure Esel wird er nehmen und in seinen Dienst stellen. 17 Von euren Herden wird er den Zehnten nehmen und ihr müsst seine Knechte sein. 18 Wenn ihr dann schreien werdet zu der Zeit über euren König, den ihr euch erwählt habt, so wird euch der HERR zu derselben Zeit nicht erhören.

19 Aber das Volk weigerte sich, auf die Stimme Samuels zu hören, und sie sprachen: Nein, sondern ein König soll über uns sein, 20 dass wir auch seien wie alle Heiden, dass uns unser König richte und vor uns her ausziehe und unsere Kriege führe!

21 Und als Samuel alle Worte des Volks gehört hatte, sagte er sie vor den Ohren des HERRN. 22 Der HERR aber sprach zu Samuel: Gehorche ihrer Stimme und

* d. h. Stein der Hilfe.

7,10: *a* 1. Mose 35,5; 2. Mose 14,24; 23,27; Jos 10,10; Ri 4,15 **7,15:** *a* Ri 10,1-5; 12,7-14 **7,17:** *a* Jos 18,25 **8,2:** *a* 1. Chr 6,13; *b* Am 8,14 **8,3:** *a* 5. Mose 16,19 **8,4:** *a* Kap 7,17 **8,5:** *a* 5. Mose 17,14-20; Hos 13,10; Apg 13,21 **8,7:** *a* 2. Mose 15,18; 4. Mose 23,21; 5. Mose 33,5; Ps 24,7-10; 74,12; Jes 6,5

mache ihnen einen König. Und Samuel
sprach zu den Männern Israels: Geht
hin, ein jeder in seine Stadt.

Saul sucht Eselinnen und kommt zu Samuel

9 Es war ein Mann von Benjamin, mit
Namen Kisch, ein Sohn Abiëls, des
Sohnes Zerors, des Sohnes Bechorats, des
Sohnes Afiachs, des Sohnes eines Benja-
miniters, ein angesehener Mann. 2Der
hatte einen Sohn mit Namen Saul; der
war ein junger, schöner Mann und es war
niemand unter den Israeliten so schön
wie er, eines Hauptes länger als alles
Volk. 3Es hatte aber Kisch, der Vater
Sauls, die Eselinnen verloren. Und er
sprach zu seinem Sohn Saul: Nimm
einen der Knechte mit dir, mach dich auf,
geh hin und suche die Eselinnen. 4Und
sie gingen durch das Gebirge Ephraim
und durch das Gebiet von Schalischa
und fanden sie nicht; sie gingen durch
das Gebiet von Schaalim und sie waren
nicht da; sie gingen durchs Gebiet von
Benjamin und fanden sie nicht. 5Als sie
aber ins Gebiet von Zuf kamen, sprach
Saul zu dem Knecht, der bei ihm war:
Komm, lass uns wieder heimgehen;
[a]mein Vater könnte sich sonst statt um
die Eselinnen um uns sorgen.

6Der aber sprach: Siehe, es ist ein be-
rühmter Mann Gottes in dieser Stadt;
alles, was er sagt, das trifft ein. Nun lass
uns dahin gehen; vielleicht sagt er uns
unsern Weg, den wir gehen sollen. 7Saul
aber sprach zu seinem Knecht: Wenn wir
schon hingehen, was bringen wir dem
Mann? Denn das Brot in unserm Sack ist
verzehrt und wir haben keine Gabe, die
wir dem Mann Gottes bringen könnten.
Was haben wir sonst? 8Der Knecht ant-
wortete Saul abermals und sprach: Siehe,
ich hab einen Viertel-Silbertaler bei mir;
den wollen wir dem Mann Gottes geben,
dass er uns unsern Weg sage. 10*Saul
sprach zu seinem Knecht: Du hast recht
geredet; komm, lass uns gehen! Und als
sie hingingen nach der Stadt, wo der
Mann Gottes war, 11und den Aufgang
zur Stadt hinaufstiegen, trafen sie Mäd-
chen, die herausgingen, um Wasser zu
schöpfen. Zu ihnen sprachen sie: Ist der
Seher hier? – 9*Vorzeiten sagte man in
Israel, wenn man ging, Gott zu befragen:
Kommt, lasst uns zu dem [a]Seher gehen!
Denn die man jetzt Propheten nennt, die
nannte man vorzeiten Seher. –

12Sie antworteten ihnen: Ja, er war ge-
rade vor dir da; eile, denn er ist heute in
die Stadt gekommen, weil das Volk heute
ein Opferfest hat auf der Höhe. 13Wenn
ihr in die Stadt kommt, so werdet ihr ihn
finden, ehe er hinaufgeht auf die Höhe,
um zu essen. Denn das Volk wird nicht
essen, bis er kommt; er segnet erst das
Opfer, danach essen die, die geladen sind.
Darum geht hinauf, denn jetzt werdet ihr
ihn treffen. 14Und als sie hinauf zur
Stadt kamen und in die Stadt eintraten,
siehe, da kam Samuel heraus ihnen ent-
gegen und wollte auf die Höhe gehen.

Samuel salbt Saul zum König

15Aber der HERR hatte Samuel das Ohr
aufgetan einen Tag, bevor Saul kam, und
gesagt: 16Morgen um diese Zeit will ich
einen Mann zu dir senden aus dem
Lande Benjamin, den sollst du zum
Fürsten salben über mein Volk Israel,
dass er mein Volk errette aus der Philis-
ter Hand. Denn ich habe das Elend mei-
nes Volks angesehen, und sein Schreien
ist vor mich gekommen. 17Als nun Sa-
muel Saul sah, tat ihm der HERR kund:
Siehe, das ist der Mann, von dem ich dir
gesagt habe, dass er über mein Volk herr-
schen soll.

18Da trat Saul auf Samuel zu im Tor
und sprach: Sage mir, wo ist hier das
Haus des Sehers? 19Samuel antwortete
Saul: Ich bin der Seher. Geh vor mir
hinauf auf die Höhe, denn [a]ihr sollt
heute mit mir essen; morgen früh will ich
dir das Geleit geben und auf alles, was du
auf dem Herzen hast, will ich dir Ant-
wort geben. 20Und um die Eselinnen, die
du vor drei Tagen verloren hast, sorge
dich jetzt nicht; sie sind gefunden. Wem
gehört denn alles, was wertvoll ist in Is-
rael? Gehört es nicht dir und dem ganzen
Hause deines Vaters? 21Saul antwortete:

* Der Zusammenhang erfordert die hier vorgenommene Umstellung der Verse.

9,5: *a* Kap 10,2 **9,9:** *a* 4. Mose 24,3-4; 2. Kön 17,13; 1. Chr 9,22 **9,19:** *a* 2. Mose 24,11

Bin ich nicht ein Benjaminiter und aus
einem der kleinsten Stämme Israels, und
[a]ist nicht mein Geschlecht das geringste
unter allen Geschlechtern des Stammes
Benjamin? Warum sagst du mir solches?
22 Samuel aber nahm Saul und seinen
Knecht und führte sie in die Halle und
setzte sie obenan unter die Geladenen;
und das waren etwa dreißig Mann.
23 Und Samuel sprach zu dem Koch: Gib
das Stück her, das ich dir gab und dabei
befahl, du solltest es bei dir zurückbehal-
ten. 24 Da trug der Koch eine Keule auf
und den Fettschwanz. Und er legte sie
Saul vor und sprach: Siehe, hier ist das
Übriggebliebene, lege es vor dich hin und
iss; denn als ich das Volk einlud, ist es für
dich aufbewahrt worden für diese
Stunde. So aß Saul an jenem Tage mit
Samuel.

25 Und als sie hinabgegangen waren
von der Höhe der Stadt, machten sie
Saul ein Lager auf dem Dach 26 und er
legte sich schlafen. Und als die Morgen-
röte aufging, rief Samuel zum Dach hin-
auf und sprach zu Saul: Steh auf, dass
ich dich geleite! Und Saul stand auf und
die beiden gingen miteinander hinaus, er
und Samuel. 27 Und als sie hinabkamen
an das Ende der Stadt, sprach Samuel zu
Saul: Sage dem Knecht, dass er uns vor-
angehe – und er ging voran –, du aber
steh jetzt still, dass ich dir kundtue, was
Gott gesagt hat.

10 Da nahm Samuel den Krug mit Öl
und goss es auf sein Haupt und
küsste ihn und sprach: Siehe, der HERR
hat dich zum Fürsten über sein Erbteil
gesalbt. 2 Wenn du jetzt von mir gehst, so
wirst du zwei Männer finden bei dem
[a]Grabe Rahels an der Grenze Benjamins
bei Zelzach; die werden zu dir sagen: Die
Eselinnen sind gefunden, die du zu su-
chen ausgezogen bist; aber siehe, dein
Vater hat die Esel nicht mehr im Sinn
und sorgt sich um euch und spricht: Was
soll ich wegen meines Sohnes tun?

3 Und wenn du von da weitergehst,
wirst du zur Eiche Tabor kommen; dort
werden dich drei Männer treffen, die hin-
aufgehen zu Gott nach Bethel. Einer
trägt drei Böcklein, der andere drei
Brote, der dritte einen Krug mit Wein.
4 Und sie werden dich freundlich grüßen
und dir zwei Brote geben. Die sollst du
von ihren Händen annehmen. 5 Danach
wirst du nach Gibea Gottes kommen, wo
die Wache der Philister ist; und wenn du
dort in die Stadt kommst, wird dir eine
Schar von Propheten begegnen, die von
der Höhe herabkommen, und vor ihnen
her Harfe und Pauke und Flöte und Zi-
ther und sie werden in Verzückung sein.
6 Und der [a]Geist des HERRN wird über
dich kommen, dass du mit ihnen in Ver-
zückung gerätst; da wirst du umgewan-
delt und ein anderer Mensch werden.
7 Wenn bei dir nun diese Zeichen ein-
treffen, so tu, was dir vor die Hände
kommt; denn Gott ist mit dir. 8 Du sollst
aber vor mir hinabgehen nach Gilgal;
siehe, da will ich zu dir hinabkommen,
um Brandopfer und Dankopfer zu op-
fern. [a]Sieben Tage sollst du warten, bis
ich zu dir komme und dir kundtue, was
du tun sollst.

9 Und als Saul sich wandte, um von
Samuel wegzugehen, gab ihm Gott ein
anderes Herz, und alle diese Zeichen tra-
fen ein an demselben Tag. 10 [a]Und als sie
nach Gibea kamen, siehe, da kam ihm
eine Prophetenschar entgegen, und der
Geist Gottes geriet über ihn, dass er mit
ihnen in Verzückung geriet. 11 Als sie sa-
hen, dass er mit den Propheten in Ver-
zückung war, sprachen alle, die ihn frü-
her gekannt hatten, untereinander: Was
ist mit dem Sohn des Kisch geschehen?
Ist Saul auch unter den Propheten?
12 Und einer von dort sprach: Wer ist
denn schon ihr Vater? Daher ist das
Sprichwort gekommen: Ist Saul auch un-
ter den Propheten?

13 Und als seine Verzückung aufgehört
hatte, kam er nach Gibea. 14 Es sprach
aber Sauls Oheim zu ihm und zu seinem
Knecht: Wo seid ihr hingegangen? Er
antwortete: Die Eselinnen zu suchen;
und als wir sahen, dass sie nicht da wa-
ren, gingen wir zu Samuel. 15 Da sprach
der Oheim Sauls: Sage mir, was sagte
euch Samuel? 16 Saul antwortete seinem
Oheim: Er sagte uns, dass die Eselinnen
gefunden seien. Aber was Samuel von
dem Königtum gesagt hatte, sagte er ihm
nicht.

9,21: *a* Kap 15,17 **10,2:** *a* 1. Mose 35,19 **10,6:** *a* Ri 13,25 **10,8:** *a* Kap 13,8 **10,10:** *a (10-12)* Kap 19,20-24

Saul wird als König anerkannt

17 Samuel aber rief das Volk zusammen
zum HERRN nach [a]Mizpa 18 und sprach
zu den Israeliten: So sagt der HERR, der
Gott Israels: Ich habe Israel aus Ägypten
geführt und euch aus der Hand der
Ägypter errettet und aus der Hand aller
Königreiche, die euch bedrängten. 19 Ihr
aber habt heute [a]euren Gott verworfen,
der euch aus aller eurer Not und Be-
drängnis geholfen hat, und habt gespro-
chen: Nein, setze vielmehr einen König
über uns! Wohlan, so tretet nun vor den
HERRN nach euren Stämmen und Tau-
sendschaften! 20 Als nun Samuel alle
Stämme Israels herantreten ließ, [a]fiel das
Los auf den Stamm Benjamin. 21 Und als
er den Stamm Benjamin herantreten ließ
mit seinen Geschlechtern, fiel das Los
auf das Geschlecht Matri, und als er das
Geschlecht Matri herantreten ließ, Mann
für Mann, fiel das Los auf Saul, den
Sohn des Kisch. Und sie suchten ihn,
aber sie fanden ihn nicht.

22 Da befragten sie abermals den
HERRN: Ist denn der Mann überhaupt
hergekommen? Der HERR antwortete:
Siehe, er hat sich bei dem Tross versteckt.
23 Da liefen sie hin und holten ihn von
dort. Und als er unter das Volk trat, war
er eines Hauptes länger als alles Volk.
24 Und Samuel sprach zu allem Volk: Da
seht ihr, wen der HERR erwählt hat; ihm
ist keiner gleich im ganzen Volk. Da
[a]jauchzte das ganze Volk und sprach: Es
lebe der König! 25 Samuel aber tat dem
Volk [a]das Recht des Königtums kund
und schrieb's in ein Buch und legte es vor
dem HERRN nieder. Und Samuel entließ
das ganze Volk, einen jeden in sein
Haus.

26 Auch Saul ging heim nach Gibea
und mit ihm gingen die vom Heer, denen
Gott das Herz gerührt hatte. 27 Aber
einige ruchlose Leute sprachen: [a]Was
soll der uns helfen? Und sie verachteten
ihn und brachten ihm kein Geschenk.
Aber er tat, als hörte er's nicht.

Sauls Sieg über die Ammoniter

11 Es zog aber herauf Nahasch, der
Ammoniter, und belagerte [a]Jabesch
in Gilead. Und alle Männer von Jabesch
sprachen zu Nahasch: Schließ einen
Bund mit uns, so wollen wir dir untertan
sein. 2 Aber Nahasch, der Ammoniter,
antwortete ihnen: Das soll der Bund sein,
den ich mit euch schließen will, dass ich
euch allen das rechte Auge aussteche und
bringe damit Schmach über ganz Israel.
3 Da sprachen zu ihm die Ältesten von
Jabesch: Gib uns sieben Tage, dass wir
Boten in das ganze Gebiet Israels senden;
ist dann niemand da, der uns rette, so
wollen wir zu dir hinausgehen.

4 Da kamen die Boten nach Gibea
Sauls und sagten diese Worte vor den
Ohren des Volks. Da erhob das ganze
Volk seine Stimme und weinte. 5 Und
siehe, da kam Saul vom Felde hinter den
Rindern her und fragte: Was ist mit dem
Volk, dass es weint? Da berichteten sie
ihm die Worte der Männer von Jabesch.
6 Da geriet der [a]Geist Gottes über Saul,
als er diese Worte hörte, und sein Zorn
entbrannte sehr. 7 Und er nahm ein Paar
Rinder und [a]zerstückte sie und sandte
davon in das ganze Gebiet Israels durch
die Boten und ließ sagen: Wer nicht mit
Saul und Samuel auszieht, mit dessen
Rindern soll man ebenso tun. Da fiel der
Schrecken des HERRN auf das Volk, so-
dass sie auszogen wie ein Mann. 8 Und er
musterte sie bei Besek und die von Israel
waren dreihunderttausend Mann und die
Männer Judas dreißigtausend.

9 Und er sagte den Boten, die gekom-
men waren: So sagt den Männern von
Jabesch in Gilead: Morgen soll euch
Hilfe werden, wenn die Sonne beginnt,
heiß zu scheinen. Als die Boten heim-
kamen und das den Männern von Ja-
besch verkündeten, wurden diese froh.
10 Und die Männer von Jabesch ließen
den Ammonitern sagen: Morgen wollen
wir zu euch hinausgehen, dass ihr mit
uns alles tut, was euch gefällt. 11 Aber am
andern Morgen teilte Saul das Volk in
drei Heerhaufen, und sie kamen ins La-
ger um die Zeit der Morgenwache und
schlugen die Ammoniter, bis der Tag
heiß wurde; die aber übrig blieben, wur-
den zerstreut, sodass von ihnen nicht
zwei beieinanderblieben.

12 Da sprach das Volk zu Samuel: Wer

10,17: *a* Kap 7,5 **10,19:** *a* Kap 8,7 **10,20:** *a* Kap 14,41-42; Jos 7,16 **10,24:** *a* Mt 21,9 **10,25:** *a* 5. Mose 17,14-20
10,27: *a* Kap 11,12 **11,1:** *a* Kap 31,11 **11,6:** *a* Ri 13,25 **11,7:** *a* Ri 19,29

sind die, die gesagt haben: [a]Sollte Saul
über uns herrschen? Gebt sie her, die
Männer, dass wir sie töten. 13 Saul aber
sprach: Es soll an diesem Tage niemand
sterben; denn [a]der HERR hat heute Heil
gegeben in Israel.
14 Samuel sprach zum Volk: Kommt,
lasst uns nach [a]Gilgal gehen und dort
das Königtum erneuern. 15 Da ging das
ganze Volk nach Gilgal, und sie machten
Saul dort zum König vor dem HERRN in
Gilgal und opferten Dankopfer vor dem
HERRN. Saul aber und alle Männer Is-
raels freuten sich dort gar sehr.

Samuel legt sein Richteramt nieder

12 Da sprach Samuel zu ganz Israel:
Siehe, ich [a]habe eurer Stimme ge-
horcht in allem, was ihr mir gesagt habt,
und [b]habe einen König über euch ge-
setzt. 2 Siehe, nun wird euer König vor
euch herziehen; ich aber bin alt und grau
geworden und meine Söhne sind bei
euch. Ich bin vor euch hergegangen von
meiner Jugend an bis auf diesen Tag.
3 Hier stehe ich. Nun tretet gegen mich
auf vor dem HERRN und seinem Ge-
salbten! [a]Wessen Rind oder Esel hab ich
genommen, wem hab ich Gewalt oder
Unrecht getan? Aus wessen Hand hab ich
ein Geschenk angenommen, um mir da-
mit die Augen blenden zu lassen? Ich
will's euch zurückgeben. 4 Sie sprachen:
Du hast uns weder Gewalt noch Unrecht
getan und von niemand etwas genom-
men. 5 Er sprach zu ihnen: Der HERR ist
euch gegenüber Zeuge und heute auch
sein Gesalbter, dass ihr nichts in meiner
Hand gefunden habt. Sie sprachen: Ja,
Zeuge sollen sie sein.
6 Und Samuel sprach zum Volk: Der
HERR ist's, der Mose und Aaron einge-
setzt und eure Väter aus Ägyptenland
geführt hat. 7 So tretet nun her, dass ich
mit euch rechte vor dem HERRN wegen
aller Wohltaten des HERRN, die er an
euch und euren Vätern getan hat. 8 Als
Jakob nach Ägypten gekommen war,
[a]schrien eure Väter zu dem HERRN, und
der HERR sandte Mose und Aaron, um
eure Väter aus Ägypten zu führen und sie
in diesem Land wohnen zu lassen. 9 Aber
als sie den HERRN, ihren Gott, vergaßen,
verkaufte er sie in die Hand [a]Siseras,
des Feldhauptmanns von Hazor, und in
die Hand der [b]Philister und in die Hand
des [c]Königs von Moab; die kämpften ge-
gen sie. 10 Und sie schrien zum HERRN
und sprachen: [a]Wir haben gesündigt,
dass wir den HERRN verlassen und den
Baalen und den Astarten gedient haben;
nun aber errette uns aus der Hand un-
serer Feinde, so wollen wir dir dienen.
11 Da sandte der HERR [a]Jerubbaal, [b]Ba-
rak, [c]Jeftah und [d]Samuel und errettete
euch aus der Hand eurer Feinde ringsum
und ließ euch sicher wohnen.
12 Als ihr aber saht, dass [a]Nahasch,
der König der Ammoniter, gegen euch
zog, spracht ihr zu mir: Nein, sondern
[b]ein König soll über uns herrschen, ob-
wohl doch der HERR, euer Gott, euer
König ist. 13 Nun, da ist euer König, den
ihr erwählt und erbeten habt; denn siehe,
der HERR hat einen König über euch
gesetzt. 14 Möchtet ihr doch den HERRN
fürchten und ihm dienen und seiner
Stimme gehorchen und dem Munde des
HERRN nicht ungehorsam sein, und
möchtet ihr und euer König, der über
euch herrscht, dem HERRN, eurem Gott,
folgen! 15 Werdet ihr aber der Stimme des
HERRN nicht gehorchen, sondern seinem
Munde ungehorsam sein, so wird die
[a]Hand des HERRN gegen euch sein wie
gegen eure Väter.
16 So tretet nun herzu und seht, was
der HERR Großes vor euren Augen tun
wird. 17 Ist nicht jetzt die Weizenernte?
Ich will aber den HERRN anrufen, dass er
soll donnern und regnen lassen, damit
ihr innewerdet und seht, dass ihr getan
habt, was dem HERRN missfiel, als ihr
euch einen König erbeten habt. 18 Und
als Samuel den HERRN anrief, ließ der
HERR donnern und regnen an demselben
Tage. Da fürchtete das ganze Volk den
HERRN und Samuel gar sehr 19 und
sprach zu Samuel: Bitte für deine
Knechte den HERRN, deinen Gott, dass
wir nicht sterben; denn zu allen unsern
Sünden haben wir noch das Unrecht ge-
tan, dass wir uns einen König erbeten
haben.

11,12: *a* Kap 10,27 **11,13:** *a* Kap 14,45 **11,14:** *a* Kap 10,8 **12,1:** *a* Kap 8,7.22; *b* Kap 11,15 **12,3:** *a* 4. Mose 16,15
12,8: *a* 2. Mose 3,7 **12,9:** *a* Ri 4,2; *b* Ri 10,7; 13,1; *c* Ri 3,12 **12,10:** *a* 4. Mose 21,7; Jos 7,20; Ri 10,10; Dan 9,9-19
12,11: *a* Ri 6,14.32; *b* Ri 4,6; *c* Ri 11,29; *d* Kap 7,3 **12,12:** *a* Kap 11,1-2; *b* Kap 8,19 **12,15:** *a* Ri 2,15

20 Samuel aber sprach zum Volk:
Fürchtet euch nicht! Ihr habt zwar all
das Unrecht getan, doch weicht nicht
vom HERRN ab, sondern dient dem
HERRN von ganzem Herzen 21 und folgt
nicht den nichtigen Götzen nach; denn
[a]sie nützen nicht und können nicht erret-
ten, weil sie [b]nichtig sind. 22 Der HERR
verstößt sein Volk nicht um seines gro-
ßen Namens willen; denn es hat dem
HERRN gefallen, [a]euch zu seinem Volk
zu machen. 23 Es sei aber auch ferne von
mir, mich an dem HERRN dadurch zu
versündigen, dass ich davon abließe, [a]für
euch zu beten und euch zu lehren den
guten und richtigen Weg! 24 Nur [a]fürch-
tet den HERRN und dient ihm treu von
ganzem Herzen; denn seht doch, wie
große Dinge er an euch getan hat. 25 Wer-
det ihr aber Unrecht tun, so werdet ihr
und euer König verloren sein.

Beginn des Krieges gegen die Philister

13 Saul war . . . Jahre alt, als er König
wurde, und zwei Jahre* regierte er
über Israel. 2 Er erwählte sich dreitau-
send Mann aus Israel. Zweitausend wa-
ren mit Saul in Michmas und auf dem
Gebirge von Bethel und eintausend mit
Jonatan zu Gibea in Benjamin. Das üb-
rige Volk aber entließ er, einen jeden in
sein Zelt. 3 Da erschlug [a]Jonatan die Wa-
che der Philister, die in Gibea war; und
die Philister hörten, dass die Hebräer
abgefallen waren. Saul aber hatte die
Posaune blasen lassen im ganzen Land.
4 Und ganz Israel hörte: Saul hat die Wa-
che der Philister erschlagen und Israel
hat sich in Verruf gebracht bei den Philis-
tern. Und alles Volk wurde zusammenge-
rufen, um Saul nach Gilgal zu folgen.

5 Da sammelten sich die Philister zum
Kampf mit Israel, dreitausend Wagen,
sechstausend Gespanne und Fußvolk, so
viel wie Sand am Ufer des Meeres, und
zogen herauf und lagerten sich bei Mich-
mas, östlich von Bet-Awen. 6 Als aber die
Männer Israels sahen, dass das Volk in
Gefahr und Bedrängnis war, verkrochen
sie sich in die Höhlen und Klüfte und
Felsen und Gewölbe und Gruben. 7 Es
gingen aber auch Hebräer durch die Fur-
ten des Jordans ins Land Gad und Gi-
lead.

Saul aber war noch in Gilgal; und alles
Volk, das ihm folgte, war voll Angst. 8 Da
wartete er [a]sieben Tage bis zu der Zeit,
die von Samuel bestimmt war. Und als
Samuel nicht nach Gilgal kam, begann
das Volk von Saul wegzulaufen. 9 Da
sprach er: Bringt mir her das Brandopfer
und die Dankopfer. Und er brachte das
Brandopfer dar. 10 Als er aber das Brand-
opfer vollendet hatte, siehe, da kam Sa-
muel. Da ging Saul ihm entgegen, um
ihm den Segensgruß zu entbieten. 11 Sa-
muel aber sprach: Was hast du getan?
Saul antwortete: Ich sah, dass das Volk
von mir wegzulaufen begann, und du
kamst nicht zur bestimmten Zeit, wäh-
rend doch die Philister sich schon in
Michmas versammelt hatten. 12 Da
dachte ich: Nun werden die Philister zu
mir herabkommen nach Gilgal, und ich
habe die Gnade des HERRN noch nicht
gesucht; da wagte ich's und opferte
Brandopfer.

13 Samuel aber sprach zu Saul: Du hast
töricht gehandelt und nicht gehalten das
Gebot des HERRN, deines Gottes, das er
dir geboten hat. Er hätte dein Königtum
bestätigt über Israel für und für. 14 Aber
nun wird dein Königtum nicht bestehen.
[a]Der HERR hat sich einen Mann gesucht
nach seinem Herzen, und der HERR hat
ihn bestellt zum Fürsten über sein Volk;
denn du hast das Gebot des HERRN nicht
gehalten.

15 Und Samuel machte sich auf und
ging von Gilgal hinauf und zog seines
Weges. Die Übrigen vom Volk aber zo-
gen hinter Saul her dem Kriegsvolk ent-
gegen von Gilgal hinauf nach Gibea in
Benjamin. Und Saul musterte das Volk,
das bei ihm war, etwa sechshundert
Mann. 16 Und Saul und sein Sohn Jona-
tan und das Volk, das bei ihnen war,
blieben in Geba in Benjamin. Die Philis-
ter aber hatten sich gelagert bei Mich-
mas. 17 Da zogen aus dem Lager der Phi-
lister drei Heerhaufen, das Land zu ver-
heeren. Einer wandte sich in Richtung

* Die Angabe über das Alter Sauls ist ausgefallen; für die Regierungszeit Sauls finden sich verschiedene Überlieferungen; vgl. Apg 13,21.

12,21: *a* 5. Mose 32,37-38; *b* Jes 41,29 **12,22:** *a* 2. Mose 19,6 **12,23:** *a* Kap 7,8-9; 1. Mose 18,23-32; 2. Mose 32,11–34,32 **12,24:** *a* 5. Mose 6,12-15 **13,3:** *a* Kap 14,49 **13,8:** *a* Kap 10,8 **13,14:** *a* Kap 16,1; Apg 13,22

auf Ofra ins Gebiet von Schual; 18der
andere wandte sich in Richtung auf Bet-
Horon; der dritte wandte sich in Rich-
tung auf das Gebiet, das nach dem Tal
Zeboïm der Wüste zu gelegen ist.

19Es war aber kein [a]Schmied im gan-
zen Lande Israel zu finden; denn die Phi-
lister dachten, die Hebräer könnten sich
Schwert und Spieß machen. 20Und ganz
Israel musste hinabziehen zu den Philis-
tern, wenn jemand eine Pflugschar,
Hacke, Beil oder Sense zu schärfen hatte.
21Das Schärfen aber geschah für ein
Zweidrittellot Silber bei Pflugscharen,
Hacken, Gabeln, Beilen und um die Sta-
cheln gerade zu machen. 22Als nun der
Tag des Kampfes kam, wurde kein
Schwert noch Spieß gefunden in der
Hand des ganzen Volks, das mit Saul
und Jonatan war; nur Saul und sein Sohn
hatten Waffen. 23Aber eine Wache der
Philister zog heran gegen den engen Weg
von Michmas.

Jonatans Heldentat und Israels Sieg

14 Es begab sich eines Tages, dass Jo-
natan, der Sohn Sauls, zu seinem
Waffenträger sprach: Komm, lass uns
hinübergehen zu der Wache der Philister,
die da drüben ist. Aber seinem Vater
sagte er nichts. 2Saul aber saß am Rande
des Gebietes von Gibea unter dem Gra-
natapfelbaum, der in Migron steht; und
die Leute bei ihm waren etwa sechshun-
dert Mann. 3Und Ahija, der Sohn [a]Ahi-
tubs, des Bruders [b]Ikabods, des Sohnes
des Pinhas, des Sohnes Elis, des Priesters
des HERRN zu Silo, trug den [c]Priester-
schurz. Das Volk wusste aber nicht, dass
Jonatan weggegangen war.

4Es waren aber an dem engen Wege,
wo Jonatan hinüberzugehen suchte zu
der Wache der Philister, zwei Felsklip-
pen, die eine diesseits, die andere jenseits;
die eine hieß Bozez, die andere Senne.
5Die eine Felsklippe stand im Norden
gegenüber Michmas und die andere im
Süden gegenüber Geba. 6Und Jonatan
sprach zu seinem Waffenträger: Komm,
lass uns hinübergehen zu der Wache die-
ser Unbeschnittenen! Vielleicht wird der
HERR etwas für uns tun, denn [a]**es ist
dem HERRN nicht schwer, durch viel oder
wenig zu helfen.** 7Da antwortete ihm sein
Waffenträger: Tu alles, was in deinem
Herzen ist; geh nur hin! Siehe, ich bin mit
dir, wie dein Herz will. 8Jonatan sprach:
Wohlan, wir gehen zu den Männern hin-
über und zeigen uns ihnen. 9Werden sie
dann zu uns sagen: Steht still, bis wir zu
euch herankommen!, so wollen wir an
unserm Ort stehen bleiben und nicht zu
ihnen hinaufgehen. 10Werden sie aber sa-
gen: Kommt zu uns herauf!, so wollen
wir zu ihnen hinaufsteigen; dann hat sie
der HERR in unsere Hände gegeben. Das
soll uns zum Zeichen sein.

11Als sie sich nun beide der Wache der
Philister zeigten, sprachen die Philister:
Siehe, die Hebräer sind aus den Löchern
hervorgekommen, in die sie sich verkro-
chen hatten. 12Und die Männer der Wa-
che riefen Jonatan und seinem Waffen-
träger zu und sprachen: Kommt herauf
zu uns, so wollen wir's euch schon lehren!
Da sprach Jonatan zu seinem Waffen-
träger: Steig mir nach! Der HERR hat sie
in die Hände Israels gegeben. 13Und Jo-
natan kletterte mit Händen und Füßen
hinauf und sein Waffenträger ihm nach.
Da fielen sie zu Boden vor Jonatan und
sein Waffenträger hinter ihm tötete sie.
14So traf der erste Schlag, den Jonatan
und sein Waffenträger taten, ungefähr
zwanzig Mann etwa auf einer halben
Hufe Acker, die ein Joch Rinder pflügt.
15Und es entstand ein [a]Schrecken im
Lager und auf dem freien Felde; und das
ganze Kriegsvolk, die Wache und die
streifenden Rotten erschraken; und die
Erde erbebte. Und so geschah ein Got-
tesschrecken.

16Und die Wächter Sauls zu Gibea in
Benjamin sahen, wie das Getümmel der
Philister hin und her wogte. 17Da sprach
Saul zu dem Volk, das bei ihm war: Zählt
und seht, wer von uns weggegangen ist!
Und als sie zählten, siehe, da waren Jo-
natan und sein Waffenträger nicht da.
18Da sprach Saul zu Ahija: Bringe den
[a]Efod herbei! Denn er trug den Efod in
jener Zeit vor Israel. 19Und als Saul noch
mit dem Priester redete, wurde das Ge-
tümmel im Lager der Philister immer
größer. Und Saul sprach zum Priester:
Lass es sein! 20Und Saul und das ganze

13,19: *a* Ri 5,8 **14,3:** *a* 2. Sam 8,17; *b* Kap 4,19-21; *c* 2. Mose 28,6-30 **14,6:** *a* Ri 7,7; 2. Chr 14,10 **14,15:** *a* Kap 7,10 **14,18:** *a* Kap 21,10

Volk, das bei ihm war, sammelten sich
und kamen zum Kampfplatz. Und siehe,
[a]da ging eines jeden Schwert gegen den
andern und es war ein sehr großes Ge-
tümmel. 21 Auch die Hebräer, die vorher
bei den Philistern gewesen und mit ihnen
ins Feld gezogen waren, gingen über zu
denen von Israel, die mit Saul und Jona-
tan waren. 22 Und als alle Männer von
Israel, die sich auf dem Gebirge Ephraim
verkrochen hatten, hörten, dass die Phi-
lister flohen, jagten sie hinter ihnen her
im Kampf. 23 So half der HERR Israel an
diesem Tage. Und der Kampf breitete
sich aus bis Bet-Awen.

24 Und als die Männer Israels in Be-
drängnis kamen an jenem Tage, belegte
Saul das Volk mit seinem Fluch und
schwor: Verflucht sei jedermann, der et-
was isst bis zum Abend, bis ich mich an
meinen Feinden räche! Da aß das ganze
Volk nichts. 25 Es waren aber Honigwa-
ben auf dem Felde 26 und als das Volk
hinkam zu den Waben, siehe, da floss der
Honig. Aber niemand nahm davon etwas
mit der Hand in seinen Mund; denn das
Volk fürchtete den Schwur.

27 Jonatan aber hatte nicht gehört, dass
sein Vater das Volk mit einem Schwur
belegt hatte. Und er streckte seinen Stab
aus, den er in seiner Hand hatte, und
tauchte die Spitze in den Honigseim und
führte seine Hand zum Munde; da
strahlten seine Augen. 28 Da hob einer
aus dem Volk an und sprach: Dein Vater
hat das Volk mit einem Fluch belegt und
geschworen: Verflucht sei jedermann, der
heute etwas isst! So ist das Volk nun matt
geworden. 29 Da sprach Jonatan: Mein
Vater bringt das Land ins Unglück; seht,
wie strahlend sind meine Augen gewor-
den, weil ich ein wenig von diesem Honig
gekostet habe. 30 Fürwahr, hätte doch das
Volk heute gegessen von der Beute seiner
Feinde, die es gemacht hat! Wäre dann
die Niederlage der Philister nicht noch
größer geworden? 31 Sie schlugen aber die
Philister an jenem Tage von Michmas bis
nach Ajalon. Und das Volk wurde sehr
matt.

32 Und das Volk fiel über die Beute her
und sie nahmen Schafe und Rinder und
Kälber und schlachteten sie, dass das
Blut auf die Erde floss, und [a]aßen das
Fleisch über dem Blut. 33 Da sagte man
Saul: Siehe, das Volk versündigt sich am
HERRN; denn es isst das Fleisch über
dem Blut. Er sprach: Ihr habt gefrevelt;
wälzt her zu mir einen großen Stein.
34 Und Saul sprach weiter: Zerstreut euch
unter das Volk und sagt ihnen, dass ein
jeder seinen Stier und sein Schaf zu mir
bringen soll, und schlachtet's hier und
esst, damit ihr euch nicht an dem HERRN
versündigt mit dem Essen über dem Blut.
Da brachte alles Volk, ein jeder, was er
hatte, noch in der Nacht herzu und sie
schlachteten es dort. 35 Und Saul baute
dem HERRN einen Altar. Das war der
erste Altar, den er dem HERRN baute.

36 Und Saul sprach: Lasst uns noch in
der Nacht hinabziehen den Philistern
nach und sie berauben, bis es lichter
Morgen wird, und lasst niemand von ih-
nen übrig. Sie antworteten: Tu alles, was
dir gefällt! Aber der Priester sprach: So
lasst uns erst hierher vor Gott treten.
37 Und Saul [a]befragte Gott: Soll ich hin-
abziehen den Philistern nach? Willst du
sie in Israels Hände geben? Aber er ant-
wortete ihm an diesem Tage nicht. 38 Da
sprach Saul: Lasst herzutreten alle
Obersten des Volks und forscht und seht,
an wem heute die Schuld liegt. 39 Denn so
wahr der HERR lebt, der Heiland Israels:
Auch wenn sie bei meinem Sohn Jonatan
wäre, so soll er sterben! Aber niemand
aus dem ganzen Volk antwortete ihm.

40 Und er sprach zu ganz Israel: Tretet
ihr auf die eine Seite, ich und mein Sohn
Jonatan wollen auf die andere Seite tre-
ten. Das Volk sprach zu Saul: Tu, was dir
gefällt. 41 Und Saul sprach zum HERRN:
Gott Israels, warum hast du deinem
Knecht heute nicht geantwortet? [a]Liegt
die Schuld bei mir oder bei meinem Sohn
Jonatan, HERR, Gott Israels, so gib das
Los »Licht«; liegt die Schuld aber an
deinem Volk Israel, so gib das Los
»Recht«. Da fiel das Los auf Jonatan
und Saul, aber das Volk ging frei aus.
42 Saul sprach: Werft das Los über mich
und meinen Sohn Jonatan! Da fiel das
Los auf Jonatan. 43 Und Saul sprach zu

14,20: *a* Ri 7,22; 2. Chr 20,23 **14,32:** *a* 3. Mose 3,17 **14,37:** *a* Vers 18; Kap 23,9-12 **14,41:** *a* Kap 28,6; 2. Mose 28,30; 4. Mose 27,21; 5. Mose 33,8

Jonatan: Sage mir, [a]was hast du getan?
Jonatan sagte es ihm und sprach: Ich
habe ein wenig Honig gekostet mit der
Spitze des Stabes, den ich in meiner
Hand hatte; siehe, ich bin bereit zu ster-
ben.

44 Da sprach Saul: Gott tue mir dies
und das; Jonatan, du musst des Todes
sterben! 45 Aber das Volk sprach zu Saul:
Sollte Jonatan sterben, der dies große
Heil in Israel vollbracht hat? Das sei
ferne! So wahr der HERR lebt: Es soll
kein Haar von seinem Haupt auf die
Erde fallen, denn Gott hat heute durch
ihn geholfen. Und so löste das Volk Jo-
natan aus, sodass er nicht sterben musste.
46 Aber Saul ließ von den Philistern ab
und zog hinauf und die Philister zogen in
ihr Land.

Sauls Kriege. Seine Familie

47 Als Saul die Königsherrschaft über Is-
rael erlangt hatte, kämpfte er gegen alle
seine Feinde ringsumher: gegen die Moa-
biter, die Ammoniter, die Edomiter, ge-
gen die Könige Zobas und gegen die Phi-
lister. Und wo er sich hinwandte, da ge-
wann er den Sieg. 48 Und er vollbrachte
tapfere Taten und schlug die Amalekiter
und errettete Israel aus der Hand aller,
die es ausplünderten. 49 [a]Sauls Söhne
waren: Jonatan, Jischwi, Malkischua.
Und seine zwei Töchter hießen: die erst-
geborene Merab und die jüngere Michal.
50 Und Sauls Frau hieß Ahinoam und
war eine Tochter des Ahimaaz. Und
[a]sein Feldhauptmann hieß Abner, ein
Sohn Ners, der Sauls Oheim war.
51 [a]Kisch, Sauls Vater, und Ner, Abners
Vater, waren Söhne Abiëls.

52 Es war aber der Krieg gegen die Phi-
lister schwer, solange Saul lebte. Und wo
Saul einen tapferen und rüstigen Mann
sah, den nahm er in seinen Dienst.

Saul wird verworfen

15 Samuel sprach zu Saul: [a]Der HERR
hat mich gesandt, dass ich dich
zum König salben sollte über sein Volk
Israel; so höre nun auf die Worte des
HERRN! 2 [a]So spricht der HERR Ze-
baoth: Ich habe bedacht, was Amalek
Israel angetan und wie es ihm den Weg
verlegt hat, als Israel aus Ägypten zog.
3 So zieh nun hin und schlag Amalek und
vollstrecke den Bann an ihm und an al-
lem, was es hat; verschone sie nicht, son-
dern töte Mann und Frau, Kinder und
Säuglinge, Rinder und Schafe, Kamele
und Esel.

4 Da bot Saul das Volk auf und er
musterte sie zu Telem: zweihunderttau-
send Mann Fußvolk und zehntausend
Mann aus Juda. 5 Und als Saul zu der
Stadt der Amalekiter kam, legte er einen
Hinterhalt im Tal. 6 Und Saul ließ den
[a]Kenitern sagen: Geht, weicht und zieht
weg von den Amalekitern, dass ich euch
nicht mit ihnen aufreibe; denn ihr tatet
Barmherzigkeit an allen Israeliten, als sie
aus Ägypten zogen. Da zogen die Keni-
ter fort von den Amalekitern.

7 Da schlug Saul die Amalekiter von
Hawila bis nach Schur, das vor Ägypten
liegt, 8 und nahm Agag, den König von
Amalek, lebendig gefangen, und an al-
lem Volk vollstreckte er den Bann mit
der Schärfe des Schwerts. 9 Aber Saul
und das Volk verschonten Agag und die
besten Schafe und Rinder und das Mast-
vieh und die Lämmer und alles, was von
Wert war, und sie wollten den Bann
daran nicht vollstrecken; was aber nichts
taugte und gering war, daran vollstreck-
ten sie den Bann.

10 Da geschah des HERRN Wort zu Sa-
muel: 11 Es [a]reut mich, dass ich Saul zum
König gemacht habe; denn er hat sich
von mir abgewandt und meine Befehle
nicht erfüllt. Darüber wurde Samuel zor-
nig und schrie zu dem HERRN die ganze
Nacht. 12 Und Samuel machte sich früh
auf, um Saul am Morgen zu begegnen.
Und ihm wurde angesagt, dass Saul nach
[a]Karmel gekommen sei und sich ein Sie-
geszeichen aufgerichtet habe und weiter-
gezogen und nach Gilgal hinabgekom-
men sei.

13 Als nun Samuel zu Saul kam, sprach
Saul zu ihm: Gesegnet seist du vom
HERRN! Ich habe des HERRN Wort er-
füllt. 14 Samuel antwortete: Und was ist

14,43: *a* Jos 7,19 **14,49:** *a* 1. Chr 9,39 **14,50:** *a* Kap 17,55 **14,51:** *a* 1. Chr 9,36.39 **15,1:** *a* Kap 10,1 **15,2:** *a (2-3)* 2. Mose 17,8-16; 5. Mose 25,17-19 **15,6:** *a* Ri 1,16 **15,11:** *a* 1. Mose 6,6 **15,12:** *a* Jos 15,55

das für ein Blöken von Schafen, das zu
meinen Ohren kommt, und ein Brüllen
von Rindern, das ich höre? 15 Saul
sprach: Von den Amalekitern hat man
sie gebracht; denn das Volk verschonte
die besten Schafe und Rinder, um sie zu
opfern dem HERRN, deinem Gott; an
dem andern haben wir den Bann voll-
streckt. 16 Samuel aber antwortete Saul:
Halt ein, ich will dir sagen, was der
HERR mit mir diese Nacht geredet hat.
Er sprach: Sag an! 17 Samuel sprach: Ist's
nicht so: Obschon du vor dir selbst [a]ge-
ring warst, so bist du doch das Haupt
der Stämme Israels; denn der HERR hat
dich zum König über Israel gesalbt.
18 Und der HERR sandte dich auf den
Weg und sprach: Zieh hin und vollstrecke
den Bann an den Frevlern, den Amaleki-
tern, und kämpfe mit ihnen, bis du sie
vertilgt hast! 19 Warum hast du der
Stimme des HERRN nicht gehorcht, son-
dern hast dich an die Beute gemacht und
getan, was dem HERRN missfiel?

20 Saul antwortete Samuel: Ich habe
doch der Stimme des HERRN gehorcht
und bin den Weg gezogen, den mich der
HERR sandte, und habe Agag, den König
von Amalek, hergebracht und an den
Amalekitern den Bann vollstreckt.
21 Aber das Volk hat von der Beute ge-
nommen Schafe und Rinder, das Beste
vom Gebannten, um es dem HERRN, dei-
nem Gott, zu opfern in Gilgal. 22 Samuel
aber sprach: Meinst du, dass der HERR
Gefallen habe am Brandopfer und
Schlachtopfer gleichwie am Gehorsam
gegen die Stimme des HERRN? Siehe, **Ge-
horsam ist besser als Opfer** und Aufmer-
ken besser als das Fett von Widdern.[a]
23 Denn Ungehorsam ist Sünde wie Zau-
berei, und Widerstreben ist wie Abgötte-
rei und Götzendienst. Weil du des
HERRN Wort verworfen hast, [a]hat er
dich auch verworfen, dass du nicht mehr
König seist.

24 Da sprach Saul zu Samuel: Ich habe
gesündigt, dass ich des HERRN Befehl
und deine Worte übertreten habe; denn
ich fürchtete das Volk und gehorchte sei-
ner Stimme. 25 Und nun, vergib mir die
Sünde und kehre mit mir um, dass ich
den HERRN anbete. 26 Samuel sprach zu
Saul: Ich will nicht mit dir umkehren;
denn du hast des HERRN Wort verwor-
fen, und der HERR hat dich auch verwor-
fen, dass du nicht mehr König über
Israel seist.

27 Und als sich Samuel umwandte, um
wegzugehen, ergriff ihn Saul bei einem
Zipfel seines Rocks; aber der riss ab.
28 Da sprach Samuel zu ihm: [a]Der HERR
hat das Königtum Israels heute von dir
gerissen und einem andern gegeben, der
besser ist als du. 29 Auch lügt der nicht,
der Israels Ruhm ist, und es gereut ihn
nicht; denn [a]er ist nicht ein Mensch,
dass ihn etwas gereuen könnte. 30 Saul
aber sprach: Ich habe gesündigt; aber
ehre mich doch jetzt vor den Ältesten
meines Volks und vor Israel und kehre
mit mir um, dass ich den HERRN, deinen
Gott, anbete. 31 Da kehrte Samuel um
und folgte Saul und Saul betete den
HERRN an.

32 Und Samuel sprach: Bringt Agag,
den König von Amalek, zu mir! Und
Agag ging hin zu ihm zitternd und
sprach: Fürwahr, bitter ist der Tod! 33 Sa-
muel aber sprach: Wie dein Schwert
Frauen ihrer Kinder beraubt hat, so soll
auch deine Mutter der Kinder beraubt
sein unter den Frauen. Und Samuel hieb
den Agag in Stücke vor dem HERRN in
Gilgal.

34 Und Samuel ging hin nach Rama;
Saul aber zog hinauf in sein Haus zu
Gibea Sauls. 35 Und Samuel sah Saul
fortan nicht mehr bis an den Tag seines
Todes. Aber doch trug Samuel Leid um
Saul, weil es den HERRN gereut hatte,
dass er Saul zum König über Israel ge-
macht hatte.

David wird zum König gesalbt

16 Und der HERR sprach zu Samuel:
Wie lange trägst du Leid um Saul,
[a]den ich verworfen habe, dass er nicht
mehr König sei über Israel? Fülle dein
Horn mit Öl und geh hin: Ich will dich sen-
den zu dem Bethlehemiter Isai; denn un-
ter seinen Söhnen hab ich mir einen zum
König ersehen. 2 Samuel aber sprach: Wie

15,17: *a* Kap 9,21 **15,22:** *a* Jes 1,11-17; Jer 7,22; Hos 6,6; Am 5,21-22; Mi 6,6-8; Sach 7,5-7; Mt 9,13; 12,7
15,23: *a* Kap 16,1 **15,28:** *a* Kap 28,17 **15,29:** *a* 4. Mose 23,19 **16,1:** *a* Kap 15,23.35

kann ich hingehen? Saul wird's erfahren
und mich töten. Der HERR sprach:
Nimm eine junge Kuh mit dir und sprich:
Ich bin gekommen, dem HERRN zu
opfern. 3Und du sollst Isai zum Opfer
laden. Da will ich dich wissen lassen, was
du tun sollst, dass du mir den salbst, den
ich dir nennen werde.
4Samuel tat, wie ihm der HERR gesagt
hatte, und kam nach Bethlehem. Da ent-
setzten sich die Ältesten der Stadt und
gingen ihm entgegen und sprachen: Be-
deutet dein Kommen Heil? 5Er sprach:
Ja, es bedeutet Heil! Ich bin gekommen,
dem HERRN zu opfern; heiligt euch und
kommt mit mir zum Opfer. Und er hei-
ligte den Isai und seine Söhne und lud sie
zum Opfer.
6Als sie nun kamen, sah er den Eliab
an und dachte: Fürwahr, da steht vor
dem HERRN sein Gesalbter. 7Aber der
HERR sprach zu Samuel: Sieh nicht an
sein Aussehen und seinen hohen Wuchs;
ich habe ihn verworfen. Denn nicht sieht
der HERR auf das, worauf ein Mensch
sieht. **Ein Mensch sieht, was vor Augen
ist; [a]der HERR aber sieht das Herz an.**[b]
8Da rief Isai den Abinadab und ließ ihn
an Samuel vorübergehen. Und er sprach:
Auch diesen hat der HERR nicht erwählt.
9Da ließ Isai vorübergehen Schamma. Er
aber sprach: Auch diesen hat der HERR
nicht erwählt. 10So ließ Isai [a]seine sieben
Söhne an Samuel vorübergehen; aber Sa-
muel sprach zu Isai: [b]Der HERR hat kei-
nen von ihnen erwählt.
11Und Samuel sprach zu Isai: Sind das
die Knaben alle? Er aber sprach: Es ist
noch übrig [a]der jüngste; siehe, er hütet
die Schafe. Da sprach Samuel zu Isai:
Sende hin und lass ihn holen; denn wir
werden uns nicht niedersetzen, bis er
hierherkommt. 12Da sandte er hin und
ließ ihn holen. Und er war bräunlich, mit
schönen Augen und von guter Gestalt.
Und der HERR sprach: Auf, salbe ihn,
denn der ist's. 13Da nahm Samuel sein
Ölhorn und [a]salbte ihn mitten unter sei-
nen Brüdern. Und der Geist des HERRN
geriet über David von dem Tag an und
weiterhin. Samuel aber machte sich auf
und ging nach Rama.

David kommt an Sauls Hof

14Der Geist des HERRN aber wich von
Saul und [a]ein böser Geist vom HERRN
ängstigte ihn. 15Da sprachen die Großen
Sauls zu ihm: Siehe, ein böser Geist von
Gott ängstigt dich. 16Unser Herr befehle
nun seinen Knechten, die vor ihm stehen,
dass sie einen Mann suchen, der auf der
Harfe gut spielen kann, damit er mit
seiner Hand darauf spiele, wenn der böse
Geist Gottes über dich kommt, und es
besser mit dir werde. 17Da sprach Saul
zu seinen Leuten: Seht euch um nach
einem Mann, der des Saitenspiels kundig
ist, und bringt ihn zu mir. 18Da ant-
wortete einer der jungen Männer und
sprach: Ich habe gesehen einen Sohn
Isais, des Bethlehemiters, der ist des Sai-
tenspiels kundig, ein tapferer Mann und
tüchtig zum Kampf, verständig in seinen
Reden und schön gestaltet, und der
HERR ist mit ihm.
19Da sandte Saul Boten zu Isai und
ließ ihm sagen: Sende zu mir deinen
Sohn David, der bei den Schafen ist.
20Da nahm Isai einen Esel und Brot und
einen Schlauch Wein und ein Ziegen-
böcklein und sandte es Saul durch seinen
Sohn David. 21So kam David zu Saul
und diente vor ihm. Und Saul gewann
ihn sehr lieb und er wurde sein Waffen-
träger.
22Und Saul sandte zu Isai und ließ
ihm sagen: Lass David mir dienen, denn
er hat Gnade gefunden vor meinen
Augen. 23Sooft nun der böse Geist von
Gott über Saul kam, nahm David die
Harfe und spielte darauf mit seiner
Hand. So wurde es Saul leichter und es
ward besser mit ihm und der böse Geist
wich von ihm.

David und Goliat

17 Die Philister sammelten ihre Heere
zum Kampf und kamen zusammen
bei Socho in Juda und lagerten sich
[a]zwischen Socho und Aseka bei Efes-
Dammim. 2Und Saul und die Männer
Israels kamen zusammen und lagerten
sich im Eichgrund und rüsteten sich zum
Kampf gegen die Philister. 3Und die Phi-

16,7: *a* Jer 17,10; Offb 2,23; *b* Apg 10,34 **16,10:** *a* 1. Chr 2,13-15; *b* Kap 17,12 **16,11:** *a* Kap 17,14 **16,13:** *a* 2. Sam 2,4; 5,3; Ps 89,21 **16,14:** *a* Kap 18,10 **17,1:** *a* Jos 15,35

lister standen auf einem Berge jenseits
und die Israeliten auf einem Berge dies-
seits, sodass das Tal zwischen ihnen war.

4 Da trat aus den Reihen der Philister
ein Riese* heraus mit Namen Goliat aus
[a]Gat, sechs Ellen und eine Handbreit
groß. 5 Der hatte einen ehernen Helm auf
seinem Haupt und einen Schuppenpan-
zer an, und das Gewicht seines Panzers
war fünftausend Lot Erz, 6 und hatte eher-
ne Schienen an seinen Beinen und einen
ehernen Wurfspieß auf seiner Schulter.
7 Und der Schaft seines Spießes war wie
ein [a]Weberbaum und die eiserne Spitze
seines Spießes wog sechshundert Lot,
und sein Schildträger ging vor ihm her.

8 Und er stellte sich hin und rief dem
Heer Israels zu: Was seid ihr ausgezogen,
euch zum Kampf zu rüsten? Bin ich nicht
ein Philister und ihr Sauls Knechte? Er-
wählt einen unter euch, der zu mir herab-
kommen soll. 9 Vermag er gegen mich zu
kämpfen und erschlägt er mich, so wol-
len wir eure Knechte sein; vermag ich
aber über ihn zu siegen und erschlage ich
ihn, so sollt ihr unsere Knechte sein und
uns dienen. 10 Und der Philister sprach:
Ich habe heute dem Heere Israels [a]hohn-
gesprochen, als ich sagte: Gebt mir einen
Mann und lasst uns miteinander kämp-
fen.

11 Als Saul und ganz Israel diese Rede
des Philisters hörten, entsetzten sie sich
und fürchteten sich sehr.

12 [a]David aber war der Sohn jenes
Efratiters aus Bethlehem in Juda, der Isai
hieß. Der hatte acht Söhne und war zu
Sauls Zeiten schon zu alt, um unter die
Kriegsleute zu gehen. 13 Aber die drei
ältesten Söhne Isais waren mit Saul in
den Krieg gezogen und sie hießen: Eliab,
der erstgeborene, Abinadab, der zweite,
und Schamma, der dritte. 14 Und David
war der jüngste; die drei ältesten aber
waren Saul gefolgt. 15 Und David ging ab
und zu von Saul hinweg nach Bethlehem,
um die Schafe seines Vaters zu hüten.
16 Aber der Philister kam heraus früh-
morgens und abends und stellte sich hin,
vierzig Tage lang.

17 Isai aber sprach zu seinem Sohn
David: Nimm für deine Brüder diesen
Scheffel geröstete Körner und diese zehn
Brote und bringe sie eilends ins Lager zu
deinen Brüdern; 18 und diese zehn fri-
schen Käse bringe dem Hauptmann und
sieh nach deinen Brüdern, ob's ihnen gut
geht, und bringe auch ein Unterpfand
von ihnen mit. 19 Saul und sie und alle
Männer Israels sind im Eichgrund und
kämpfen gegen die Philister.

20 Da machte sich David früh am Mor-
gen auf und überließ die Schafe einem
Hüter, lud auf und ging hin, wie ihm Isai
geboten hatte, und kam zum Lager. Das
Heer aber war ausgezogen und hatte sich
aufgestellt zum Kampf und sie erhoben
das Kriegsgeschrei. 21 Und Israel und die
Philister hatten sich aufgestellt, Schlacht-
reihe gegen Schlachtreihe.

22 Da ließ David sein Gepäck, das er
trug, bei der Wache des Trosses und lief
zu dem Heer, kam hin und fragte seine
Brüder, ob's ihnen gut gehe. 23 Und als er
noch mit ihnen redete, siehe, da kam her-
auf der Riese mit Namen Goliat, der
Philister von Gat, von dem Heer der Phi-
lister und redete dieselben Worte und
David hörte es. 24 Und wer von Israel den
Mann sah, floh vor ihm und fürchtete
sich sehr. 25 Und die Männer von Israel
sprachen: Habt ihr den Mann herauf-
kommen sehen? Er kommt herauf, um
Israel hohnzusprechen. Wer ihn er-
schlägt, den will der König sehr reich
machen und ihm seine Tochter geben
und will ihm seines Vaters Haus frei ma-
chen von Lasten in Israel.

26 Da sprach David zu den Männern,
die bei ihm standen: Was wird man dem
geben, der diesen Philister erschlägt und
die Schande von Israel abwendet? Denn
wer ist dieser unbeschnittene Philister,
der das Heer des lebendigen Gottes ver-
höhnt? 27 Da sagte ihm das Volk wie vor-
her: Das und das wird man dem geben,
der ihn erschlägt. 28 Und als Eliab, sein
ältester Bruder, ihn reden hörte mit den
Männern, wurde er zornig über David
und sprach: Warum bist du hergekom-
men? Und wem hast du die wenigen
Schafe dort in der Wüste überlassen?
Ich kenne deine Vermessenheit wohl und
deines Herzens Bosheit. Du bist nur

* Wörtlich: Vorkämpfer zwischen den Fronten.

17,4: *a* Jos 11,22 **17,7:** *a* 1.Chr 11,23 **17,10:** *a* 2.Kön 19,16; Ps 74,18; Zef 2,8 **17,12:** *a (12-13)* Kap 16,1-13

gekommen, um dem Kampf zuzusehen.
29 David antwortete: Was hab ich denn
getan? Ich habe doch nur gefragt! 30 Und
er wandte sich von ihm zu einem andern
und sprach, wie er vorher gesagt hatte.
Da antwortete ihm das Volk wie das
erste Mal.

31 Und als sie [a]die Worte hörten, die
David sagte, brachten sie es vor Saul und
er ließ ihn holen. 32 Und David sprach zu
Saul: Seinetwegen lasse keiner den Mut
sinken; dein Knecht wird hingehen und
mit diesem Philister kämpfen. 33 Saul
aber sprach zu David: Du kannst nicht
hingehen, um mit diesem Philister zu
kämpfen; denn du bist zu jung dazu,
dieser aber ist ein Kriegsmann von Jugend auf.

34 David aber sprach zu Saul: Dein
Knecht hütete die Schafe seines Vaters;
und kam dann ein Löwe oder ein Bär
und trug ein Schaf weg von der Herde,
35 so lief ich ihm nach, schlug auf ihn ein
und errettete es aus seinem Maul. Wenn
er aber auf mich losging, ergriff ich ihn
bei seinem Bart und schlug ihn tot. 36 So
hat dein Knecht den Löwen und den
Bären erschlagen, und diesem unbeschnittenen Philister soll es ergehen wie
einem von ihnen; denn er hat das Heer
des lebendigen Gottes verhöhnt. 37 Und
David sprach: Der HERR, der mich von
dem Löwen und Bären errettet hat, der
wird mich auch erretten von diesem Philister. Und Saul sprach zu David: Geh
hin, der HERR sei mit dir!

38 Und Saul legte David seine Rüstung
an und setzte ihm einen ehernen Helm
auf sein Haupt und legte ihm einen Panzer an. 39 Und David gürtete Sauls
Schwert über seine Rüstung und mühte
sich vergeblich, damit zu gehen; denn er
hatte es noch nie versucht. Da sprach
David zu Saul: Ich kann so nicht gehen,
denn ich bin's nicht gewohnt; und er legte
es ab 40 und nahm seinen Stab in die
Hand und wählte fünf glatte Steine aus
dem Bach und tat sie in die Hirtentasche,
die ihm als Köcher diente, und nahm die
Schleuder in die Hand und ging dem
Philister entgegen.

41 Der Philister aber kam immer näher
an David heran und sein Schildträger
ging vor ihm her. 42 Als nun der Philister
aufsah und David anschaute, verachtete
er ihn; denn er war noch jung und er war
[a]bräunlich und schön. 43 Und der Philister sprach zu David: Bin ich denn ein
Hund, dass du mit Stecken zu mir
kommst? Und der Philister fluchte dem
David bei seinem Gott 44 und sprach zu
David: Komm her zu mir, ich will dein
Fleisch den Vögeln unter dem Himmel
geben und den Tieren auf dem Felde.

45 David aber sprach zu dem Philister:
Du kommst zu mir mit Schwert, Lanze
und Spieß, ich aber komme zu dir im
Namen des HERRN Zebaoth, des Gottes
des Heeres Israels, den du verhöhnt hast.
46 Heute wird dich der HERR in meine
Hand geben, dass ich dich erschlage und
dir den Kopf abhaue und gebe deinen
Leichnam und die Leichname des Heeres
der Philister heute den Vögeln unter dem
Himmel und dem Wild auf der Erde,
damit alle Welt innewerde, dass Israel
einen Gott hat, 47 und damit diese ganze
Gemeinde innewerde, dass der HERR
nicht durch Schwert oder Spieß hilft;
denn [a]der Krieg ist des HERRN und er
wird euch in unsere Hände geben.

48 Als sich nun der Philister aufmachte
und daherging und sich David nahte, lief
David eilends von der Schlachtreihe dem
Philister entgegen. 49 Und David tat seine
Hand in die Hirtentasche und nahm einen Stein daraus und schleuderte ihn
und traf den Philister an die Stirn, dass
der Stein in seine Stirn fuhr und er zur
Erde fiel auf sein Angesicht. 50 So überwand David den Philister mit Schleuder
und Stein und traf und tötete ihn. David
aber hatte kein Schwert in seiner Hand.
51 Da lief er hin und trat zu dem Philister
und nahm dessen Schwert und zog es aus
der Scheide und tötete ihn vollends und
hieb ihm den Kopf damit ab. Als aber die
Philister sahen, dass ihr Stärkster tot
war, flohen sie.

52 Und die Männer Israels und Judas
machten sich auf, erhoben das Kampfgeschrei und jagten den Philistern nach bis
nach Gat und bis an die Tore Ekrons.
Und die Philister blieben erschlagen liegen auf dem Wege von Schaarajim bis
nach Gat und Ekron. 53 Und die Israeli-

17,31: *a* Vers 26 **17,42:** *a* Kap 16,12 **17,47:** *a* 2. Mose 15,3; Ps 20,8; Sach 4,6

ten kehrten um von der Verfolgung der
Philister und plünderten ihr Lager. 54 Da-
vid aber nahm des Philisters Haupt und
brachte es nach Jerusalem, seine Waffen
aber legte er in sein Zelt.

55 Als Saul aber David dem Philister
entgegengehen sah, sprach er zu Abner,
seinem Feldhauptmann: Wessen Sohn ist
der Junge? Abner sprach: Bei deinem
Leben, König: ich weiß es nicht. 56 Der
König sprach: So frage danach, wessen
Sohn der junge Mann ist. 57 Als nun Da-
vid zurückkam vom Sieg über den Philis-
ter, nahm ihn Abner und brachte ihn
vor Saul, und er hatte des Philisters
Haupt in seiner Hand. 58 Und Saul
sprach zu ihm: Wessen Sohn bist du,
mein Junge? David sprach: Ich bin ein
Sohn deines Knechts Isai, des Bethlehe-
miters.

David gewinnt Jonatan zum Freund

18 Als David aufgehört hatte, mit Saul
zu reden, verband sich das Herz
Jonatans mit dem Herzen Davids, und
Jonatan gewann ihn lieb wie sein eigenes
Herz. 2 Und Saul [a]nahm ihn an diesem
Tage zu sich und [b]ließ ihn nicht wieder
in seines Vaters Haus zurückkehren.
3 Und Jonatan schloss mit David [a]einen
Bund, denn [b]er hatte ihn lieb wie sein
eigenes Herz. 4 Und Jonatan zog seinen
Rock aus, den er anhatte, und gab ihn
David, dazu seine Rüstung, sein Schwert,
seinen Bogen und seinen Gurt.

Sauls Eifersucht auf David

5 Und David zog in den Kampf und rich-
tete alles recht aus, wohin Saul ihn auch
sandte. Und Saul setzte ihn über die
Kriegsleute und es gefiel allem Volk gut
und auch den Großen Sauls.

6 Es begab sich aber, als David zurück-
kam vom Sieg über die Philister, dass die
[a]Frauen aus allen Städten Israels heraus-
gingen mit Gesang und Reigen dem Kö-
nig Saul entgegen unter Jauchzen, mit
Pauken und mit Zimbeln. 7 Und die
Frauen sangen im Reigen und sprachen:
[a]Saul hat tausend erschlagen, aber David
zehntausend. 8 Da ergrimmte Saul sehr
und das Wort missfiel ihm und er sprach:
Sie haben David zehntausend gegeben
und mir tausend; ihm wird noch das Kö-
nigtum zufallen. 9 Und Saul sah David
scheel an von dem Tage an und hinfort.

10 Am andern Tage kam der [a]böse
Geist von Gott über Saul und er geriet in
Raserei in seinem Hause; David aber
spielte auf den Saiten mit seiner Hand,
wie er täglich zu tun pflegte. Und Saul
hatte einen Spieß in der Hand 11 und
[a]zückte den Spieß und dachte: Ich will
David an die Wand spießen. David aber
wich ihm zweimal aus.

12 Und Saul fürchtete sich vor David;
denn der HERR war mit ihm, aber von
Saul war er gewichen. 13 Da entfernte ihn
Saul aus seiner Nähe und setzte ihn zum
Obersten über tausend Mann. Und Da-
vid zog aus und ein vor dem Kriegsvolk
14 und [a]richtete all sein Tun recht aus,
und der HERR war mit ihm. 15 Als nun
Saul sah, dass David alles so gut gelang,
graute es ihm vor David. 16 Aber ganz
Israel und Juda hatte David lieb, denn er
zog aus und ein vor ihnen her.

David gewinnt Sauls Tochter zur Frau

17 Und Saul sprach zu David: Siehe,
meine älteste Tochter Merab will ich dir
zur Frau geben; sei nur ein tapferer
Mann und führe des HERRN Kriege.
Denn Saul dachte: Meine Hand soll
nicht gegen ihn sein, sondern die Hand
der Philister. 18 David aber antwortete
Saul: [a]Wer bin ich? Und was ist meine
Sippe, das Geschlecht meines Vaters, in
Israel, dass ich des Königs Schwieger-
sohn werden soll? 19 Als aber die Zeit
kam, dass Merab, die Tochter Sauls, Da-
vid gegeben werden sollte, wurde sie dem
Adriël von Mehola zur Frau gegeben.

20 Aber Michal, Sauls Tochter, hatte
David lieb. Als das Saul angesagt wurde,
war es ihm recht. 21 Und Saul sagte sich:
Ich will sie ihm geben, damit sie ihm zum
Fallstrick wird und die Hände der Philis-
ter gegen ihn sind. Und Saul sprach zu
David: Heute in zwei Jahren kannst du
mein Schwiegersohn werden. 22 Und Saul
gebot seinen Großen: Redet mit David

18,2: *a* Kap 16,22; *b* Kap 17,15 **18,3:** *a* Kap 23,18; 2. Sam 21,7; *b* Kap 19,1; 20,17; 2. Sam 1,26 **18,6:** *a* Ri 11,34 **18,7:** *a* Kap 21,12; 29,5 **18,10:** *a* Kap 16,14.23 **18,11:** *a* Kap 19,10; 20,33 **18,14:** *a* Vers 5 **18,18:** *a* 2. Sam 7,18

heimlich und sprecht: Siehe, der König
hat Gefallen an dir und alle seine Großen
lieben dich; so werde nun [a]des Königs
Schwiegersohn. 23 Und die Großen Sauls
sagten diese Worte vor den Ohren Da-
vids. David aber sprach: Dünkt euch das
ein Geringes, des Königs Schwiegersohn
zu werden? Ich bin nur ein armer, gerin-
ger Mann.

24 Und die Großen Sauls sagten es ihm
weiter und sprachen: Diese Worte hat
David gesagt. 25 Saul sprach: So sagt zu
David: Der König begehrt keinen andern
Brautpreis als hundert Vorhäute von Phi-
listern, um an den Feinden des Königs
Vergeltung zu üben. Aber Saul trachtete
danach, David umzubringen durch die
Hände der Philister. 26 Da sagten seine
Großen David diese Worte, und es
dünkte David gut, des Königs Schwieger-
sohn zu werden. 27 Und die Zeit war
noch nicht um, da machte sich David auf
und zog hin mit seinen Männern und
erschlug unter den Philistern zweihun-
dert Mann. Und David brachte ihre Vor-
häute dem König in voller Zahl, um des
Königs Schwiegersohn zu werden. Da
gab ihm Saul seine Tochter Michal zur
Frau.

28 Als aber Saul sah und merkte, dass
der HERR mit David war und dass seine
Tochter Michal ihn lieb hatte, 29 da
[a]fürchtete sich Saul noch mehr vor Da-
vid und wurde sein Feind sein Leben
lang. 30 Und sooft die Fürsten der Philis-
ter in den Kampf zogen, richtete David
mehr gegen sie aus als alle Großen Sauls,
wenn sie auszogen, sodass sein Name
hoch gepriesen wurde.

Jonatan rettet David vor Sauls Nachstellungen

19 Saul aber redete mit seinem Sohn
Jonatan und mit allen seinen Gro-
ßen davon, dass er David töten wolle.
Aber Jonatan, Sauls Sohn, [a]hatte David
sehr lieb 2 und sagte es ihm weiter und
sprach: Mein Vater Saul trachtet danach,
dich zu töten. Nun, so hüte dich morgen
früh und verstecke dich und bleibe ver-
borgen. 3 Ich aber will hinausgehen und
mich neben meinen Vater stellen auf dem
Felde, wo du bist, und über dich mit
meinem Vater sprechen; und was ich er-
fahre, will ich dir kundtun.

4 Und Jonatan redete das Beste von
David mit seinem Vater Saul und sprach
zu ihm: Es versündige sich der König
nicht an seinem Knechte David, denn er
hat sich nicht an dir versündigt und sein
Tun ist dir sehr nützlich. 5 Er hat sein
Leben gewagt und [a]den Philister erschla-
gen, und der HERR hat großes Heil für
ganz Israel vollbracht. Das hast du ge-
sehen und dich darüber gefreut. Warum
willst du dich denn an unschuldigem Blut
versündigen, dass du David ohne Grund
tötest? 6 Da hörte Saul auf die Stimme
Jonatans und schwor: So wahr der HERR
lebt: Er soll nicht sterben! 7 Da rief Jona-
tan David und sagte ihm alle diese Worte
und brachte ihn zu Saul; und David
diente ihm wie früher.

Michal rettet David

8 Es erhob sich aber wieder ein Kampf
und David zog aus und kämpfte gegen
die Philister und schlug sie so hart, dass
sie vor ihm flohen. 9 [a]Aber der böse
Geist vom HERRN kam über Saul und
Saul saß in seinem Hause und hatte sei-
nen Spieß in der Hand. David aber
spielte mit der Hand auf den Saiten.
10 Und Saul trachtete danach, David mit
dem Spieß an die Wand zu spießen. Er
aber wich aus vor Saul und der Spieß
fuhr in die Wand. David aber floh und
entrann.

In jener Nacht aber 11 sandte Saul Bo-
ten zu Davids Haus, [a]ihn zu bewachen,
um ihn am Morgen zu töten. Doch Mi-
chal, Davids Frau, sagte es ihrem Mann
und sprach: Wirst du nicht diese Nacht
dein Leben retten, so musst du morgen
sterben. 12 Da ließ ihn Michal durchs
Fenster hinab, dass er floh und entrinnen
konnte. 13 Dann nahm Michal das [a]Göt-
zenbild und legte es aufs Bett und ein
Geflecht von Ziegenhaaren zu seinen
Häupten und deckte ein Kleid darauf.

14 Da sandte Saul Boten, um David zu
holen. Sie aber sprach: Er ist krank.
15 Saul sandte abermals Boten, nach Da-
vid zu sehen, und sprach: Bringt ihn her

18,22: *a* Kap 22,14 **18,29:** *a* Vers 12 **19,1:** *a* Kap 18,3 **19,5:** *a* Kap 17,50 **19,9:** *a (9-10)* Kap 18,10-11 **19,11:** *a* Ps 59,1 **19,13:** *a* 1. Mose 31,19

zu mir samt dem Bett, dass er getötet
werde! 16 Als nun die Boten kamen, siehe,
da lag das Götzenbild im Bett und das
Geflecht von Ziegenhaaren zu seinen
Häupten. 17 Da sprach Saul zu Michal:
Warum hast du mich betrogen und mei-
nen Feind entrinnen lassen? Michal ant-
wortete Saul: Er sagte zu mir: Lass mich
gehen oder ich töte dich!

David flieht zu Samuel

18 David aber floh und konnte entrinnen
und kam zu Samuel nach Rama und
sagte ihm alles, was ihm Saul angetan
hatte. Und er ging mit Samuel und sie
blieben zu Najot. 19 Und es wurde Saul
angesagt: Siehe, David ist zu Najot in
Rama.

20 Da sandte Saul Boten, um David zu
holen. Und sie sahen [a] die Schar der Pro-
pheten in Verzückung und Samuel an
ihrer Spitze. Da kam der Geist Gottes
auf die Boten Sauls, sodass auch sie in
Verzückung gerieten. 21 Als das Saul an-
gesagt wurde, sandte er andere Boten; die
gerieten auch in Verzückung. Da sandte
er die dritten Boten; die gerieten auch in
Verzückung. 22 Da ging er selbst nach
Rama. Und als er zum großen Brunnen
kam, der in Sechu ist, fragte er: Wo sind
Samuel und David? Da wurde ihm ge-
sagt: Siehe, zu Najot in Rama. 23 Und er
machte sich von dort auf nach Najot in
Rama. Und der Geist Gottes kam auch
über ihn und er ging einher in Verzü-
ckung, bis er nach Najot in Rama kam.
24 Da zog auch er seine Kleider aus und
war in Verzückung vor Samuel und fiel
hin und lag nackt den ganzen Tag und
die ganze Nacht. Daher sagt man: Ist
Saul auch unter den Propheten?

David und Jonatan befestigen ihren Freundschaftsbund

20 David aber floh von Najot in
Rama und kam und redete vor
Jonatan: Was hab ich getan? Was ist
meine Schuld? Was hab ich gesündigt vor
deinem Vater, dass er mir nach dem Le-
ben trachtet? 2 Er aber sprach zu ihm:
Das sei ferne; du sollst nicht sterben.
Siehe, mein Vater tut nichts, weder Gro-
ßes noch Kleines, ohne es mir kundzu-
tun. Warum sollte denn mein Vater dies
vor mir verbergen? Es ist nicht so. 3 Da
antwortete David und schwor: Dein
Vater weiß sehr wohl, dass ich Gnade vor
deinen Augen gefunden habe; darum
dachte er: Jonatan soll das nicht wissen,
es könnte ihn bekümmern. Wahrlich, so
wahr der HERR lebt und so wahr du
lebst: Es ist nur ein Schritt zwischen mir
und dem Tode!

4 Jonatan sprach zu David: Ich will für
dich tun, was dein Herz begehrt. 5 David
sprach zu Jonatan: Siehe, morgen ist
Neumond; da sollte ich mit dem König
zu Tisch sitzen; aber lass mich, dass ich
mich auf dem Felde verberge bis zum
Abend des dritten Tages. 6 Wird dein Va-
ter nach mir fragen, so sprich: David bat
mich, dass er nach Bethlehem, seiner
Stadt, gehen dürfe; denn dort ist das
jährliche Opferfest für das ganze Ge-
schlecht. 7 Wird er sagen: Es ist recht, so
steht es gut um deinen Knecht; wird er
aber ergrimmen, so wirst du merken,
dass Böses bei ihm beschlossen ist. 8 So
tu nun Barmherzigkeit an deinem
Knecht, denn [a] du hast mit deinem
Knecht einen Bund im HERRN geschlos-
sen. Liegt aber eine Schuld auf mir, so
töte du mich; warum willst du mich zu
deinem Vater bringen? 9 Jonatan sprach:
Das sei ferne von dir, dass ich es dir nicht
sagen sollte, wenn ich merke, dass bei
meinem Vater beschlossen ist, Böses über
dich zu bringen. 10 David aber sprach zu
Jonatan: Wer wird mir's sagen, wenn dir
dein Vater etwas Hartes antwortet? 11 Jo-
natan sprach zu David: Komm, lass uns
hinaus aufs Feld gehen! Und sie gingen
beide hinaus aufs Feld.

12 Und Jonatan sprach zu David: Bei
dem HERRN, dem Gott Israels: Wenn ich
meinen Vater ausforsche morgen und am
dritten Tage, dass es gut steht mit David,
und wenn ich dann nicht hinsende zu dir
und es dir nicht kundtue, 13 so tue der
HERR dem Jonatan dies und das. Wenn
aber mein Vater Böses gegen dich sinnt,
so will ich es dir auch kundtun und dich
ziehen lassen, dass du mit Frieden weg-
gehen kannst. Und der HERR sei mit dir,
wie er mit meinem Vater gewesen ist.
14 Du aber wollest die Barmherzigkeit des

19,20: *a* Kap 10,10-12 **20,8:** *a* Kap 18,3

HERRN an mir tun, solange ich lebe, und
wenn ich sterbe, 15 so nimm die Barmher-
zigkeit niemals fort von meinem Hause.
Und wenn der HERR die Feinde Davids
ausrotten wird, Mann für Mann, aus
dem Lande, 16 so möge der Name Jona-
tans nicht ausgelöscht werden neben dem
Hause Davids! Vielmehr möge der HERR
Rache nehmen nur an den Feinden Da-
vids! 17 Und Jonatan ließ nun auch David
schwören bei seiner Liebe zu ihm; denn
er hatte ihn so lieb wie sein eigenes
Herz.

18 Und Jonatan sprach zu ihm: Morgen
ist Neumond; da wird man dich vermis-
sen, wenn dein Platz leer bleibt. 19 Am
dritten Tage wirst du erst recht vermisst
werden. Du aber komm an den Ort, wo
du dich verborgen hattest am Tage jener
Tat, und setze dich dort neben den Stein-
haufen. 20 So will ich nach seiner Seite
drei Pfeile schießen, als ob ich nach dem
Ziele schösse. 21 Und ich will den Knaben
hinschicken: Geh, suche die Pfeile! Werde
ich zum Knaben sagen: Siehe, die Pfeile
liegen herwärts von dir, hole sie!, so
komm; denn es steht gut um dich und hat
keine Gefahr, so wahr der HERR lebt.
22 Sage ich aber zum Knaben: Siehe, die
Pfeile liegen hinwärts von dir!, so geh
hin; denn der HERR befiehlt dir fortzu-
gehen. 23 Für das Wort aber, das du und
ich miteinander geredet haben: siehe, da-
für steht der HERR zwischen mir und dir
ewiglich.

Sauls Zorn gegen Jonatan um Davids willen

24 David verbarg sich auf dem Felde. Und
als der Neumond kam, setzte sich der
König zu Tisch, um zu essen. 25 Und der
König saß an seinem Platz, wie er ge-
wohnt war, an der Wand und Jonatan
saß gegenüber; Abner aber setzte sich an
die Seite Sauls. Davids Platz aber war
leer. 26 Und Saul sagte an diesem Tage
nichts; denn er dachte: Es ist ihm etwas
widerfahren, sodass er [a] nicht rein ist.

27 Am andern Tage aber nach dem
Neumond, als Davids Platz leer blieb,
sprach Saul zu seinem Sohn Jonatan:
Warum ist der Sohn Isais nicht zu Tisch
gekommen, weder gestern noch heute?
28 Jonatan antwortete Saul: Er bat mich
sehr, dass er nach Bethlehem gehen
dürfe, 29 und sprach: Lass mich hingehen,
denn unser Geschlecht hat zu opfern in
der Stadt, und mein Bruder hat mir's
selbst geboten. Hab ich nun Gnade vor
deinen Augen gefunden, so lass mich hin-
gehen und meine Brüder sehen. Darum
ist er nicht zum Tisch des Königs ge-
kommen.

30 Da entbrannte der Zorn Sauls über
Jonatan und er sprach zu ihm: Du Sohn
einer ehrlosen Mutter! Ich weiß sehr
wohl, dass du den Sohn Isais erkoren
hast, dir und deiner Mutter, die dich ge-
boren hat, zur Schande! 31 Denn solange
der Sohn Isais lebt auf Erden, wirst du
und auch dein Königtum nicht bestehen.
So sende nun hin und lass ihn herholen
zu mir, denn er ist ein Kind des Todes.
32 Jonatan antwortete seinem Vater Saul
und sprach zu ihm: Warum soll er ster-
ben? Was hat er getan? 33 Da [a] zückte
Saul den Spieß nach ihm, um ihn zu
durchbohren. Da merkte Jonatan, dass
es bei seinem Vater fest beschlossen war,
David zu töten, 34 und stand vom Tisch
auf in grimmigem Zorn und aß am zwei-
ten Tage nach dem Neumond nichts;
denn er war bekümmert um David und
dass ihm sein Vater solchen Schimpf
antat.

Davids Abschied von Jonatan

35 Am Morgen ging Jonatan hinaus aufs
Feld, wohin er David bestellt hatte, und
ein Knabe mit ihm. 36 Und er sprach zu
dem Knaben: Lauf und suche mir die
Pfeile, die ich schieße! Und als der Knabe
lief, schoss er einen Pfeil über ihn hin.
37 Und als der Knabe an den Ort kam,
wohin Jonatan den Pfeil geschossen
hatte, rief ihm Jonatan nach und sprach:
Der Pfeil liegt hinwärts von dir. 38 Und
Jonatan rief abermals dem Knaben nach:
Rasch, eile und halte dich nicht auf! Da
las der Knabe Jonatans Pfeil auf und
brachte ihn zu seinem Herrn. 39 Der
Knabe aber merkte nichts; nur Jonatan
und David wussten um die Sache. 40 Da
gab Jonatan seine Waffen dem Knaben,
den er bei sich hatte, und sprach zu ihm:
Geh und trage sie in die Stadt.

20,26: *a* 3.Mose 15,16 **20,33:** *a* Kap 18,11

41 Und als der Knabe weggegangen
war, stand David auf hinter dem Stein-
haufen und fiel auf sein Antlitz zur Erde
und beugte sich dreimal nieder, und sie
küssten einander und weinten miteinan-
der, David aber am allermeisten. 42 Und
Jonatan sprach zu David: Geh hin mit
Frieden! Für das, was wir beide geschwo-
ren haben im Namen des HERRN, dafür
stehe der HERR zwischen mir und dir,
zwischen meinen Nachkommen und dei-
nen Nachkommen in Ewigkeit.
21 *Und David machte sich auf und
ging seines Weges; Jonatan aber
ging in die Stadt.

David bei den Priestern von Nob

2 Und als David nach [a]Nob kam zum
Priester Ahimelech, entsetzte sich Ahi-
melech, als er David entgegenging, und
sprach zu ihm: Warum kommst du allein
und ist kein Mann mit dir? 3 David
sprach zu dem Priester Ahimelech: Der
König hat mir eine Sache befohlen und
sprach zu mir: Niemand darf auch nur
das Geringste von der Sache wissen, in
der ich dich gesandt habe und die ich dir
befohlen habe. Darum hab ich meine
Leute an den und den Ort beschieden.
4 Hast du nun etwas bei der Hand, etwa
fünf Brote oder was sonst vorhanden ist,
das gib mir in meine Hand.
5 Der Priester antwortete David: Ich
habe kein gewöhnliches Brot bei der
Hand, sondern nur [a]heiliges Brot; nur
müssen die Leute sich [b]der Frauen ent-
halten haben. 6 David antwortete dem
Priester: Sicher, Frauen waren uns schon
etliche Tage verwehrt. Als ich auszog,
war der Leib der Leute nicht unrein, ob-
gleich es nur um ein gewöhnliches Vor-
haben ging; um wie viel mehr werden sie
heute am Leibe rein sein. 7 Da [a]gab ihm
der Priester von dem heiligen Brot, weil
kein anderes da war als die Schaubrote,
die man vor dem HERRN nur hinweg-
nimmt, um frisches Brot aufzulegen an
dem Tage, an dem man das andere weg-
nimmt.
8 Es war aber am selben Tage ein
Mann von den Großen Sauls dort [a]ein-
geschlossen vor dem HERRN mit Namen
[b]Doëg, ein Edomiter, der über die Hirten
Sauls gesetzt war. 9 Und David sprach zu
Ahimelech: Ist nicht hier bei dir ein
Spieß oder ein Schwert? Ich habe mein
Schwert und meine Waffen nicht mit mir
genommen, denn die Sache des Königs
war eilig. 10 Der Priester sprach: [a]Das
Schwert des Philisters Goliat, den du im
Eichgrund erschlagen hast, das ist hier,
in einen Mantel gewickelt, hinter dem
[b]Efod. Willst du das, so nimm es, denn
es ist kein anderes hier als dies. David
sprach: Seinesgleichen gibt es nicht; gib
mir's!

David flieht zum König Achisch von Gat

11 Und David machte sich auf und floh
an jenem Tage vor Saul und kam zu
Achisch, dem König von [a]Gat. 12 Aber
die Großen des Achisch sprachen zu ihm:
Ist das nicht David, der König des Lan-
des, von dem sie im Reigen sangen: [a]Saul
schlug tausend, David aber zehntau-
send?
13 Und David nahm sich die Worte zu
Herzen und fürchtete sich sehr vor
Achisch, dem König von Gat. 14 Und er
[a]stellte sich wahnsinnig vor ihren Augen
und tobte unter ihren Händen und
rannte gegen die Pforte des Tores und
ließ seinen Speichel in seinen Bart flie-
ßen. 15 Da sprach Achisch zu seinen Gro-
ßen: Ihr seht ja, dass der Mann wahn-
sinnig ist; warum habt ihr ihn zu mir
gebracht? 16 Hab ich zu wenig Wahnsin-
nige, dass ihr diesen herbrachtet, bei mir
zu toben? Sollte der in mein Haus kom-
men?

David wird Anführer einer Streifschar

22 David ging von da hinweg und
[a]rettete sich in die Höhle [b]Adul-
lam. Als das seine Brüder hörten und das
ganze Haus seines Vaters, kamen sie zu
ihm dahin. 2 Und [a]es sammelten sich bei
ihm allerlei Männer, die in Not und
Schulden und verbitterten Herzens wa-
ren, und er wurde ihr Oberster; und es
waren bei ihm etwa vierhundert Mann.
3 Und David ging von da nach Mizpe

* Abweichende Verszählung statt 21,1-16: 20,43–21,15.

21,2: *a* Kap 22,9.19 **21,5:** *a* 3. Mose 24,5-9; *b* 2. Mose 19,15 **21,7:** *a* Mt 12,3-4 **21,8:** *a* 2. Mose 21,13; 3. Mose 13,4.31; *b* Kap 22,9.18 **21,10:** *a* Kap 17,50-51; *b* Ri 8,27 **21,11:** *a* Ps 56,1 **21,12:** *a* Kap 18,7 **21,14:** *a* Ps 34,1 **22,1:** *a* Ps 57,1; *b* Jos 15,35 **22,2:** *a* Ri 11,3

ins Land der [a]Moabiter und sprach zum
König von Moab: Lass meinen Vater und
meine Mutter bei euch bleiben, bis ich
erfahre, was Gott mit mir tun wird.
4 Und er brachte sie vor den König von
Moab und sie blieben bei ihm, solange
David auf der Bergfeste war. 5 Aber der
Prophet Gad sprach zu David: Bleib
nicht auf der Bergfeste, sondern geh hin
[a]ins Land Juda. Da ging David weg und
kam nach Jaar-Heret.

Saul nimmt Rache an den Priestern von Nob

6 Und es kam vor Saul, dass David und
die Männer, die bei ihm waren, von sich
reden machten. Und Saul saß zu Gibea
unter dem Tamariskenbaum auf der
Höhe, den Spieß in der Hand, und alle
seine Großen standen um ihn. 7 Da
sprach Saul zu seinen Großen, die um
ihn standen: Hört, ihr Benjaminiter!
Wird der Sohn Isais euch allen auch
Äcker und Weinberge geben und euch
alle zu Obersten über tausend und über
hundert machen, 8 dass ihr euch alle ver-
schworen habt gegen mich und dass nie-
mand da ist, der es mir zu Ohren brächte,
dass [a]mein Sohn sich mit dem Sohn Isais
verbunden hat? Ist niemand unter euch,
der sich um mich gegrämt und der es mir
zu Ohren gebracht hätte, dass mein Sohn
meinen Knecht gegen mich aufgereizt
hat, dass er mir nachstellt, wie es jetzt am
Tage ist? 9 [a]Da antwortete Doëg, der
Edomiter, der unter den Großen Sauls
stand, und sprach: Ich sah den Sohn
Isais, wie er nach Nob kam zu Ahime-
lech, dem Sohn Ahitubs. 10 Der befragte
den HERRN für ihn und gab ihm Weg-
zehrung und das Schwert des Philisters
Goliat.

11 Da sandte der König hin und ließ
rufen den Priester Ahimelech, den Sohn
Ahitubs, und das ganze Haus seines Va-
ters, die Priester, die zu Nob waren. Und
sie kamen alle zum König. 12 Und Saul
sprach: Höre, du Sohn Ahitubs! Er
sprach: Hier bin ich, mein Herr. 13 Und
Saul sprach zu ihm: Warum habt ihr
euch verschworen gegen mich, du und
der Sohn Isais, dass du ihm Brot und ein
Schwert gegeben und Gott für ihn be-
fragt hast, damit er sich gegen mich em-
pöre und mir nachstelle, wie es jetzt am
Tage ist? 14 Ahimelech antwortete dem
König und sprach: Wer ist unter allen
deinen Knechten so treu wie David, dazu
[a]des Königs Schwiegersohn und der
Oberste deiner Leibwache und geehrt in
deinem Hause? 15 Hab ich denn heute
erst angefangen, Gott für ihn zu befra-
gen? Das sei ferne von mir! Der König
lege solches seinem Knecht nicht zur
Last noch meines Vaters ganzem Hause;
denn dein Knecht hat von alledem nichts
gewusst, weder Kleines noch Großes.

16 Aber der König sprach: Ahimelech,
du musst des Todes sterben, du und dei-
nes Vaters ganzes Haus! 17 Und der Kö-
nig sprach zu seiner Leibwache, die um
ihn stand: Tretet heran und tötet die
Priester des HERRN; denn ihre Hand ist
mit David und obwohl sie wussten, dass
er auf der Flucht war, haben sie mir's
nicht zu Ohren gebracht! Aber die Män-
ner des Königs wollten ihre Hände nicht
an die Priester des HERRN legen, sie zu
erschlagen. 18 Da sprach der König zu
Doëg: Tritt du heran und erschlage die
Priester! Doëg, der Edomiter, trat heran
und erschlug die Priester, dass an diesem
Tage starben fünfundachtzig Männer, die
den leinenen Priesterschurz trugen.
19 Auch [a]Nob, die Stadt der Priester,
schlug er mit der Schärfe des Schwerts,
Mann und Frau, Kinder und Säuglinge,
Rinder und Esel und Schafe, mit der
Schärfe des Schwerts.

20 Es entrann aber **ein** Sohn Ahime-
lechs, des Sohnes Ahitubs, der hieß [a]Ab-
jatar, und floh zu David 21 und verkün-
dete ihm, dass Saul die Priester des
HERRN getötet habe. 22 David aber
sprach zu Abjatar: Ich wusste es schon
an dem Tage, als der Edomiter [a]Doëg
dort war, dass er's Saul verraten werde.
Ich bin schuldig am Leben aller aus dei-
nes Vaters Haus. 23 Bleibe bei mir und
fürchte dich nicht. Denn der, der mir
nach dem Leben trachtet, der trachtet
auch dir nach dem Leben; du bist bei mir
in Sicherheit.[a]

22,3: *a* 2.Sam 8,2; Rut 1,1 **22,5:** *a* Ps 63,1 **22,8:** *a* Kap 18,3 **22,9:** *a (9-10)* Ps 52,2; Kap 21,1-10 **22,14:** *a* Kap 18,22.27 **22,19:** *a* Kap 21,2 **22,20:** *a* Kap 23,6; Mk 2,26 **22,22:** *a* Vers 9 **22,23:** *a* 1.Kön 2,26-27

David in Keïla

23 Und es wurde David angesagt: Siehe, die Philister kämpfen gegen [a]Keïla und berauben die Tennen. 2 Da befragte David den HERRN und sprach: Soll ich hinziehen und diese Philister schlagen? Und der HERR sprach zu David: Zieh hin, du wirst die Philister schlagen und Keïla erretten! 3 Aber die Männer bei David sprachen zu ihm: Siehe, wir fürchten uns schon hier in Juda und wollen nun hinziehen nach Keïla gegen das Heer der Philister? 4 Da befragte David wieder den HERRN und der HERR antwortete ihm: Auf, zieh hin nach Keïla, denn ich will die Philister in deine Hände geben! 5 So zog David mit seinen Männern nach Keïla und kämpfte gegen die Philister und trieb ihnen ihr Vieh weg und schlug sie hart. So errettete David die Leute von Keïla.

6 Als aber [a]Abjatar, der Sohn Ahimelechs, zu David geflohen war, zog er mit herab nach Keïla und brachte den [b]Efod mit. 7 Da wurde Saul angesagt, dass David nach Keïla gekommen sei, und Saul dachte: Gott hat ihn in meine Hände gegeben, denn er ist eingeschlossen, nun er in eine Stadt mit Toren und Riegeln gekommen ist. 8 Und Saul ließ das ganze Kriegsvolk aufrufen, zum Kampf hinabzuziehen nach Keïla, damit sie David und seine Männer belagerten.

9 Als aber David merkte, dass Saul Böses gegen ihn im Sinne hatte, sprach er zu dem Priester Abjatar: [a]Bringe den Efod her! 10 Und David sprach: HERR, Gott Israels, dein Knecht hat gehört, dass Saul danach trachtet, nach Keïla zu ziehen, um die Stadt zu verderben um meinetwillen. 11 Werden mich die Bürger von Keïla übergeben in seine Hände? Und wird Saul herabkommen, wie dein Knecht gehört hat? Das verkünde, HERR, Gott Israels, deinem Knecht! Und der HERR sprach: Er wird herabkommen. 12 David fragte weiter: Werden die Bürger von Keïla mich und meine Männer übergeben in die Hände Sauls? Der HERR sprach: Ja. 13 Da machte sich David auf samt seinen Männern, etwa sechshundert, und sie zogen fort von Keïla und streiften da und dort umher. Als nun Saul angesagt wurde, dass David aus Keïla entronnen war, stand er ab von seinem Zuge.

David in der Wüste Sif

14 David aber blieb in der Wüste auf den Bergfesten; und zwar blieb er im Gebirge in der Wüste Sif. Und Saul suchte ihn die ganze Zeit; aber Gott gab ihn nicht in seine Hände. 15 Und als David sah, dass Saul ausgezogen war, um ihm nach dem Leben zu trachten, blieb er in der Wüste Sif in Horescha.

16 Da machte sich Jonatan, Sauls Sohn, auf und ging hin zu David nach Horescha und stärkte sein Vertrauen auf Gott 17 und sprach zu ihm: Fürchte dich nicht! [a]Sauls, meines Vaters, Hand wird dich nicht erreichen und [b]du wirst König werden über Israel, und ich werde der Zweite nach dir sein; auch mein Vater weiß das sehr wohl. 18 Und sie schlossen beide [a]einen Bund miteinander vor dem HERRN. David blieb in Horescha, aber Jonatan zog wieder heim.

19 Aber die [a]Sifiter zogen zu Saul hinauf nach Gibea und sprachen: David hält sich bei uns verborgen auf den Bergfesten in Horescha in Gibea-Hachila, das südlich liegt von Jeschimon. 20 Ist's nun, König, deines Herzens Verlangen hinabzukommen, so komm; wir wollen ihn in des Königs Hände übergeben. 21 Da sprach Saul: Gesegnet seid ihr vom HERRN, dass ihr euch meiner erbarmt habt! 22 So geht nun und gebt weiter acht, dass ihr wisst und seht, an welchem Ort sein Fuß weilt und wer ihn dort gesehen hat; denn man hat mir gesagt, dass er sehr listig ist. 23 Beobachtet und erkundet jeden versteckten Ort, wo er sich verkriecht, und kommt wieder zu mir, wenn ihr's gewiss seid, so will ich mit euch ziehen. Ist er im Lande, so will ich ihn aufspüren unter allen Tausendschaften Judas.

24 Da machten sie sich auf und gingen vor Saul her nach [a]Sif. David aber und seine Männer waren in der Wüste Maon, in der Steppe südlich von Jeschimon.

23,1: *a* Jos 15,44 **23,6:** *a* Kap 22,20; *b* Ri 8,27 **23,9:** *a* Kap 30,7-8 **23,17:** *a* Kap 20,30-31; *b* Kap 24,21 **23,18:** *a* Kap 18,3 **23,19:** *a* Kap 26,1; Ps 54,2 **23,24:** *a* Jos 15,55

25 Als nun Saul hinzog mit seinen Män-
nern, David zu suchen, wurde es David
angesagt. Und er ging zu dem Felsen
hinab, der in der Wüste Maon ist. Als
das Saul hörte, jagte er David nach in die
Wüste Maon. 26 Und Saul ging auf der
einen Seite eines Berges, David mit seinen
Männern auf der andern Seite des Ber-
ges. David aber eilte, Saul zu entgehen,
während Saul samt seinen Männern Da-
vid und seine Männer umstellte, um sie
zu fangen.
27 Aber es kam ein Bote zu Saul und
sprach: Komm eilends, denn die Philister
sind ins Land eingefallen. 28 Da ließ Saul
davon ab, David nachzujagen, und zog
hin, den Philistern entgegen. Daher nennt
man den Ort Sela-Machlekot*.

David verschont Saul in der Höhle von En-Gedi

24 Und David zog von dort hinauf
und blieb in den Bergfesten bei
[a]En-Gedi. 2 Als nun Saul zurückkam von
der Verfolgung der Philister, wurde ihm
gesagt: Siehe, David ist in der Wüste
En-Gedi. 3 Und Saul nahm dreitausend
auserlesene Männer aus ganz Israel und
zog hin, David samt seinen Männern zu
suchen, in Richtung auf die Steinbockfel-
sen. 4 Und als er kam zu den Schafhür-
den am Wege, war dort eine Höhle und
Saul ging hinein, um seine Füße zu de-
cken. [a]David aber und seine Männer sa-
ßen hinten in der Höhle.
5 Da sprachen die Männer Davids zu
ihm: Siehe, das ist der Tag, von dem der
HERR zu dir gesagt hat: Siehe, ich will
deinen Feind in deine Hände geben, dass
du mit ihm tust, was dir gefällt. Und
David stand auf und schnitt leise einen
Zipfel vom Rock Sauls. 6 Aber danach
schlug ihm sein Herz, dass er den Zipfel
vom Rock Sauls abgeschnitten hatte,
7 und er sprach zu seinen Männern: Das
lasse der HERR ferne von mir sein, dass
ich das tun sollte und [a]meine Hand le-
gen an meinen Herrn, den Gesalbten des
HERRN; denn er ist der Gesalbte des
HERRN. 8 Und David wies seine Männer
von sich mit harten Worten und ließ sie
sich nicht an Saul vergreifen.

Als aber Saul sich aufmachte aus der
Höhle und seines Weges ging, 9 machte
sich auch David auf ihm nach und ging
aus der Höhle und rief Saul nach und
sprach: Mein Herr und König! Saul sah
sich um. Und David neigte sein Antlitz
zur Erde und fiel nieder. 10 Und David
sprach zu Saul: Warum hörst du auf das
Geschwätz der Menschen, die da sagen:
David sucht dein Unglück? 11 Siehe,
heute haben deine Augen gesehen, dass
dich der HERR in meine Hand gegeben
hat in der Höhle, und man hat mir ge-
sagt, dass ich dich töten sollte. Aber ich
habe dich verschont; denn ich dachte: Ich
will meine Hand nicht an meinen Herrn
legen; denn er ist der Gesalbte des
HERRN. 12 Mein Vater, sieh doch hier den
Zipfel deines Rocks in meiner Hand!
Dass ich den Zipfel von deinem Rock
schnitt und dich nicht tötete, daran er-
kenne und sieh, dass meine Hände rein
sind von Bosheit und Empörung. Ich
habe mich nicht an dir versündigt; aber
du jagst mir nach, um mir das Leben zu
nehmen. 13 Der HERR wird Richter sein
zwischen mir und dir und mich an dir
rächen, aber meine Hand soll dich nicht
anrühren;[a] 14 wie man sagt nach dem
alten Sprichwort: Von Bösen kommt
Böses; aber meine Hand soll dich nicht
anrühren. 15 Wem zieht der König von
Israel nach? Wem jagst du nach? Einem
toten Hund, einem einzelnen Floh! 16 Der
HERR sei Richter und richte zwischen
mir und dir und sehe darein und führe
meine Sache, dass er mir Recht schaffe
wider dich!
17 Als nun David diese Worte zu Saul
geredet hatte, sprach Saul: Ist das nicht
deine Stimme, mein Sohn David? Und
Saul erhob seine Stimme und weinte
18 und sprach zu David: Du bist gerechter
als ich, du hast mir Gutes erwiesen; ich
aber habe dir Böses erwiesen. 19 Und du
hast mir heute gezeigt, wie du Gutes an
mir getan hast, als mich der HERR in
deine Hände gegeben hatte und du mich
doch nicht getötet hast. 20 Wo ist jemand,
der seinen Feind findet und lässt ihn mit
Frieden seinen Weg gehen? Der HERR
vergelte dir Gutes für das, was du heute

* d. h. vermutlich »Trennungsfelsen«.

24,1: *a* Jos 15,62 **24,4:** *a* Ps 142,1 **24,7:** *a* 2. Sam 1,14 **24,13:** *a* Röm 12,19; 1. Petr 2,23

an mir getan hast! 21 Nun siehe, [a]ich
weiß, dass du König werden wirst und
das Königtum über Israel durch deine
Hand Bestand haben wird. 22 So schwöre
mir nun bei dem HERRN, dass du mein
Geschlecht nach mir nicht ausrotten und
meinen Namen nicht austilgen wirst aus
meines Vaters Hause. 23 Und David
schwor es Saul. Da zog Saul heim. David
aber mit seinen Männern zog hinauf auf
die Bergfeste.

Samuels Tod

25 Und [a]Samuel starb und ganz Is-
rael versammelte sich und hielt
ihm die Totenklage. Und sie begruben
ihn in seinem Hause zu Rama.

David und Abigajil

David aber machte sich auf und zog
hinab in die Wüste Maon.

2 Und es war ein Mann in [a]Maon, der
hatte seine Tätigkeit in Karmel, und der
Mann hatte sehr großes Vermögen und
besaß dreitausend Schafe und tausend
Ziegen. Und es begab sich, dass er eben
seine Schafe schor in Karmel. 3 Der
Mann hieß Nabal, seine Frau aber hieß
Abigajil. Und sie war eine Frau von Ver-
stand und schön von Angesicht, der
Mann aber war roh und boshaft in sei-
nem Tun und war einer von Kaleb.

4 Als nun David in der Wüste hörte,
dass Nabal seine Schafe schor, 5 sandte
er zehn seiner Leute aus und sprach zu
ihnen: Geht hinauf nach Karmel und
wenn ihr zu Nabal kommt, so grüßt
ihn freundlich in meinem Namen 6 und
sprecht zu meinem Bruder: Friede sei mit
dir und deinem Hause und mit allem,
was du hast! 7 Ich habe gehört, dass du
Schafschur hast. Nun, deine Hirten sind
mit uns zusammen gewesen; wir haben
ihnen nichts zuleide getan und sie haben
nichts vermisst, solange sie in Karmel
gewesen sind. 8 Frage deine Leute da-
nach, die werden's dir sagen. Und lass
meine Leute Gnade finden vor deinen
Augen, denn wir sind an einem Festtag
gekommen. Gib deinen Knechten und
deinem Sohn David, was du zur Hand
hast.

9 Und als die Leute Davids hingekom-
men waren und in Davids Namen alle
diese Worte mit Nabal geredet hatten
und ruhig warteten, 10 antwortete Nabal
den Knechten Davids: Wer ist David?
Und wer ist der Sohn Isais? Es gibt jetzt
viele Knechte, die ihren Herren davonge-
laufen sind. 11 Sollte ich mein Brot und
mein Wasser nehmen und mein Fleisch,
das ich für meine Scherer geschlachtet
habe, und Leuten geben, von denen ich
nicht weiß, wo sie her sind? 12 Da wand-
ten sich die Leute Davids um und gingen
ihres Weges. Und als sie zu ihm zurück-
kamen, sagten sie ihm das alles. 13 Da
sprach David zu seinen Männern: Gürte
sich ein jeder sein Schwert um! Und jeder
gürtete sich sein Schwert um und auch
David gürtete sich sein Schwert um, und
etwa vierhundert Mann zogen ihm nach,
aber zweihundert blieben bei dem Tross.

14 Aber der Abigajil, Nabals Frau,
sagte es einer von den Leuten und
sprach: Siehe, David hat Boten gesandt
aus der Wüste, unsern Herrn zu grüßen,
er aber hat sie angeschrien. 15 Aber die
Männer sind uns doch sehr nützlich ge-
wesen und haben uns nichts zuleide ge-
tan und wir haben nichts vermisst, so-
lange wir mit ihnen umherzogen, wenn
wir auf dem Felde waren, 16 sondern sie
sind wie Mauern um uns gewesen Tag
und Nacht, solange wir die Schafe in
ihrer Nähe gehütet haben. 17 So bedenke
nun und sieh zu, was du tust; denn es ist
gewiss ein Unheil beschlossen über un-
sern Herrn und über sein ganzes Haus.
Er aber ist ein heilloser Mensch, dem
niemand etwas zu sagen wagt.

18 Da eilte Abigajil und nahm zwei-
hundert Brote und zwei Krüge Wein und
fünf zubereitete Schafe und fünf Maß
Röstkorn und hundert Rosinenkuchen
und zweihundert Feigenkuchen und lud
alles auf Esel 19 und sprach zu ihren Leu-
ten: Geht vor mir her; siehe, ich will
sogleich hinter euch herkommen. Und sie
sagte ihrem Mann Nabal nichts davon.
20 Und als sie auf dem Esel ritt und hin-
abzog im Schutz des Berges, siehe, da
kam David mit seinen Männern ihr ent-
gegen, sodass sie auf sie stieß. 21 David
aber hatte gedacht: Nun hab ich alles

24,21: *a* Kap 23,17 **25,1:** *a* Kap 28,3 **25,2:** *a* Jos 15,55

umsonst behütet, was der da in der Wüs-
te hat, sodass nichts vermisst wurde von
allem, was er hat; und er vergilt mir Gu-
tes mit Bösem! 22 Gott tue David dies
und noch mehr, wenn ich ihm bis zum
lichten Morgen **einen** übrig lasse, der
männlich ist, von allem, was er hat.

23 Als nun Abigajil David sah, stieg sie
eilends vom Esel und fiel vor David nie-
der und beugte sich zur Erde 24 und fiel
ihm zu Füßen und sprach: Ach, mein
Herr, auf mich allein falle die Schuld!
Lass deine Magd reden vor deinen Ohren
und höre die Worte deiner Magd! 25 Mein
Herr errege sich nicht über Nabal, diesen
heillosen Menschen; denn wie sein
Name, so ist er: Er heißt »Tor« und Tor-
heit ist bei ihm. Ich aber, deine Magd,
habe die Leute meines Herrn nicht ge-
sehen, die du gesandt hast. 26 Nun aber,
mein Herr, so wahr der HERR lebt und so
wahr du selbst lebst: Der HERR hat dich
davor bewahrt, in Blutschuld zu geraten
und dir mit eigener Hand zu helfen. So
sollen deine Feinde und alle, die meinem
Herrn übel wollen, wie Nabal werden!
27 Hier ist die Segensgabe, die deine
Magd meinem Herrn gebracht hat; das
soll den Leuten gegeben werden, die mei-
nem Herrn folgen. 28 Vergib deiner Magd
die Anmaßung! Der HERR wird meinem
Herrn ein [a]beständiges Haus bauen,
denn du führst des HERRN Kriege. Es
möge nichts Böses an dir gefunden wer-
den dein Leben lang. 29 Und wenn sich
ein Mensch erheben wird, dich zu ver-
folgen und dir nach dem Leben zu trach-
ten, so soll das Leben meines Herrn ein-
gebunden sein im [a]Bündlein der Leben-
digen bei dem HERRN, deinem Gott, aber
das Leben deiner Feinde soll er fort-
schleudern mit der Schleuder. 30 Wenn
dann der HERR meinem Herrn all das
Gute tun wird, was er dir zugesagt hat,
und dich zum [a]Fürsten bestellt hat über
Israel, 31 so wird das Herz meines Herrn
frei sein von dem Anstoß und Ärgernis,
dass du unschuldiges Blut vergossen und
dir selber geholfen habest. Und wenn der
HERR meinem Herrn wohltun wird, so
wollest du an deine Magd denken.

32 Da sprach David zu Abigajil: Gelobt
sei der HERR, der Gott Israels, der dich
heute mir entgegengesandt hat, 33 und
gesegnet sei deine Klugheit und geseg-
net seist du, dass du mich heute davon
zurückgehalten hast, in Blutschuld zu
geraten und mir mit eigener Hand zu
helfen. 34 Wahrlich, so wahr der HERR,
der Gott Israels, lebt, der mich davor
bewahrt hat, übel an dir zu tun: Wärest
du nicht eilends mir begegnet, so wäre
dem Nabal bis zum lichten Morgen nicht
einer, der männlich ist, übrig geblieben.
35 Also nahm David aus ihrer Hand, was
sie ihm gebracht hatte, und sprach zu ihr:
Zieh mit Frieden hinauf in dein Haus;
sieh, ich habe auf deine Stimme gehört
und dein Antlitz wieder erhoben.

36 Als aber Abigajil zu Nabal kam,
siehe, da hatte er ein Mahl zubereitet in
seinem Hause wie eines Königs Mahl
und sein Herz war guter Dinge und er
war sehr betrunken. Sie aber sagte ihm
nichts, weder wenig noch viel, bis an den
lichten Morgen. 37 Als es aber Morgen
geworden und die Betrunkenheit von Na-
bal gewichen war, sagte ihm seine Frau
alles. Da erstarb sein Herz in seinem
Leibe und er ward wie ein Stein. 38 Und
nach zehn Tagen schlug der HERR den
Nabal, dass er starb. 39 Als David hörte,
dass Nabal tot war, sprach er: Gelobt sei
der HERR, der meine Schmach gerächt
hat an Nabal und seinen Knecht abge-
halten hat von einer bösen Tat! Der
HERR hat dem Nabal seine böse Tat auf
seinen Kopf vergolten.

Und David sandte hin und ließ Abi-
gajil sagen, dass er sie zur Frau nehmen
wolle. 40 Und als die Knechte Davids zu
Abigajil nach Karmel kamen, redeten sie
mit ihr und sprachen: David hat uns zu
dir gesandt, dass er dich zur Frau nehme.
41 Sie stand auf und fiel nieder auf ihr
Angesicht zur Erde und sprach: Siehe,
deine Magd ist bereit, den Knechten mei-
nes Herrn zu dienen und ihre Füße zu
waschen. 42 Und [a]Abigajil machte sich
eilends auf und setzte sich auf einen Esel
und ihre fünf Mägde gingen hinter ihr
her. Und sie zog den Boten Davids nach
und wurde seine Frau.

43 Auch hatte David Ahinoam von Jes-
reel zur Frau genommen; sie wurden
beide seine Frauen. 44 Saul aber hatte

25,28: *a* 2. Sam 7,16 **25,29:** *a* Ps 69,29 **25,30:** *a* 2. Sam 5,2 **25,42:** *a* Kap 27,3; 30,5; 2. Sam 3,3

seine Tochter Michal, Davids Frau,
[a]Palti, dem Sohn des Lajisch aus Gallim,
gegeben.

David verschont Saul zum zweiten Mal

26 Die Leute von Sif aber kamen zu
Saul nach Gibea und sprachen:
David hält sich verborgen auf dem Hügel
Hachila, der Jeschimon gegenüberliegt.[a]
2 Da machte sich Saul auf und zog hinab
zur Wüste Sif und mit ihm dreitausend
auserlesene Männer aus Israel, um David
in der Wüste Sif zu suchen. 3 Und Saul
lagerte sich auf dem Hügel Hachila, der
Jeschimon gegenüberliegt am Wege. Da-
vid aber hielt sich in der Wüste auf. Und
als er merkte, dass Saul ihm nachkam in
die Wüste, 4 sandte er Kundschafter aus
und erfuhr, dass Saul gewiss gekommen
sei. 5 Und David machte sich auf und
kam an den Ort, wo Saul sein Lager
hielt, und sah die Stätte, wo Saul lag mit
seinem Feldhauptmann [a]Abner, dem
Sohn Ners. Saul aber lag im innersten
Lagerring und das Kriegsvolk um ihn her.

6 Da hob David an und sprach zu Ahi-
melech, dem Hetiter, und zu Abischai,
dem Sohn der Zeruja, dem Bruder Joabs:
Wer will mit mir hinab zu Saul ins Lager?
Abischai sprach: Ich will mit dir hinab.
7 So kam David mit Abischai in der
Nacht zum Lager. Und siehe, Saul lag
und schlief im innersten Lagerring und
sein Spieß steckte in der Erde zu seinen
Häupten. Abner aber und das Volk lagen
um ihn her.

8 Da sprach Abischai zu David: Gott
hat deinen Feind heute in deine Hand
gegeben; [a]so will ich ihn nun mit seinem
Speer an den Boden spießen mit einem
Mal, dass es keines zweiten mehr bedarf.
9 David aber sprach zu Abischai: Tu ihm
nichts zuleide; denn wer könnte die Hand
an den Gesalbten des HERRN legen und
ungestraft bleiben? 10 Weiter sprach Da-
vid: So wahr der HERR lebt: [a]Der HERR
wird ihn schlagen, wenn seine Zeit
kommt, dass er sterbe, oder er wird in
den Krieg ziehen und umkommen. 11 Von
mir lasse der HERR fern sein, dass ich
meine Hand sollte an den Gesalbten des
HERRN legen. Nimm nun den Spieß zu
seinen Häupten und den Wasserkrug und
lass uns gehen. 12 So nahm David den
Spieß und den Wasserkrug zu Häupten
Sauls und sie gingen weg, und es war
niemand, der es sah oder merkte oder
der erwachte, sondern sie schliefen alle;
denn es war ein [a]tiefer Schlaf vom
HERRN auf sie gefallen.

13 Als nun David auf die andere Seite
hinübergekommen war, stellte er sich auf
den Gipfel des Berges von ferne, sodass
ein weiter Raum zwischen ihnen war.
14 Und David rief zum Kriegsvolk und zu
Abner, dem Sohn Ners, und sprach: Ant-
wortest du nicht, Abner? Und Abner
antwortete: Wer bist du, dass du so
schreist zum König hin? 15 Und David
sprach zu Abner: Bist du nicht ein
Mann? Und wer ist dir gleich in Israel?
Warum hast du denn deinen Herrn, den
König, nicht bewacht? Denn es ist einer
vom Volk hineingekommen, deinen
Herrn, den König, umzubringen. 16 Das
war nicht recht, was du getan hast. So
wahr der HERR lebt: Ihr seid Kinder des
Todes, weil ihr euren Herrn, den Ge-
salbten des HERRN, nicht bewacht habt!
Nun sieh doch nach, wo der Spieß des
Königs ist und der Wasserkrug, der zu
seinen Häupten war.

17 Da erkannte Saul die Stimme Da-
vids und sprach: Ist das nicht deine
Stimme, mein Sohn David? David
sprach: Es ist meine Stimme, mein Herr
und König. 18 Und sprach weiter: Warum
verfolgt denn mein Herr seinen Knecht?
Was hab ich getan? Und was ist Böses in
meiner Hand? 19 So höre doch nun mein
Herr, der König, die Worte seines
Knechts: Reizt dich der HERR gegen
mich, so lasse man ihn [a]ein Speisopfer
riechen; tun's aber Menschen, so seien sie
verflucht vor dem HERRN, weil sie mich
heute verstoßen und nicht an dem [b]Erb-
teil des HERRN teilhaben lassen und spre-
chen: [c]Geh hin, diene andern Göttern!
20 So fließe nun mein Blut nicht auf die
Erde fern vom Angesicht des HERRN!
Denn der König von Israel ist ja ausge-
zogen, zu suchen einen einzelnen Floh,
wie man ein Rebhuhn jagt auf den Ber-
gen.

25,44: *a* 2. Sam 3,14-15 **26,1:** *a* Kap 23,19–24,23; Ps 54,2 **26,5:** *a* Kap 14,50 **26,8:** *a* 2. Sam 16,9 **26,10:** *a* Kap 24,13 **26,12:** *a* 1. Mose 15,12 **26,19:** *a* 1. Mose 8,21; *b* 5. Mose 32,9; *c* 2. Kön 5,17

21 Und Saul sprach: Ich habe gesün-
digt; komm wieder, mein Sohn David, ich
will dir hinfort nichts Böses mehr tun,
weil mein Leben heute in deinen Augen
teuer gewesen ist. Siehe, ich habe töricht
und sehr unrecht getan. 22 David ant-
wortete: Siehe, hier ist der Spieß des
Königs; es komme einer von den jungen
Leuten herüber und hole ihn. 23 Der
HERR aber wird einem jeden seine Ge-
rechtigkeit und Treue vergelten. Denn
der HERR hat dich heute in meine Hand
gegeben, ich aber wollte meine Hand
nicht an den Gesalbten des HERRN le-
gen. 24 Und siehe, wie heute dein Leben
in meinen Augen wert geachtet gewesen
ist, so werde mein Leben wert geachtet in
den Augen des HERRN, und er errette
mich aus aller Not! 25 Saul sprach zu Da-
vid: Gesegnet seist du, mein Sohn David;
du wirst's ausführen und vollenden. Und
David zog seine Straße; Saul aber kehrte
zurück an seinen Ort.

David bei den Philistern

27 David aber dachte in seinem Her-
zen: [a]Ich werde doch eines Tages
Saul in die Hände fallen; es gibt nichts
Besseres für mich, als dass ich entrinne
ins Philisterland. Dann wird Saul davon
ablassen, mich fernerhin zu suchen im
ganzen Gebiet Israels, und ich werde sei-
nen Händen entrinnen. 2 Und David
machte sich auf und zog hin mit den
sechshundert Mann, die bei ihm waren,
zu [a]Achisch, dem Sohn Maochs, dem
König von Gat. 3 Und David blieb bei
Achisch in Gat mit seinen Männern, ein
jeder mit seinem Hause; David auch mit
seinen [a]beiden Frauen, Ahinoam, der
Jesreeliterin, und Abigajil, Nabals Frau,
der Karmeliterin. 4 Und als Saul angesagt
wurde, dass David nach Gat geflohen sei,
suchte er ihn nicht mehr.

5 Und David sprach zu Achisch: Hab
ich Gnade vor deinen Augen gefunden,
so mag man mir einen Wohnort geben in
einer der Städte auf dem Lande, dass ich
darin wohne; warum soll dein Knecht in
der Königsstadt bei dir wohnen? 6 Da gab
ihm Achisch an diesem Tage [a]Ziklag.
Daher gehört Ziklag den Königen von
Juda bis auf diesen Tag. 7 Die Zeit aber,
die David im Philisterlande wohnte, war
ein Jahr und vier Monate.

8 David zog hinauf mit seinen Män-
nern und fiel ins Land der Geschuriter
und Girsiter und Amalekiter ein; denn
diese waren von alters her die Bewohner
des Landes bis hin nach Schur und
Ägyptenland. 9 Und sooft David in das
Land einfiel, ließ er weder Mann noch
Frau leben und nahm mit Schafe, Rinder,
Esel, Kamele und Kleider und kehrte
wieder zurück. Kam er dann zu Achisch
10 und Achisch sprach: Wo seid ihr heute
eingefallen?, so sprach David: In das
Südland Judas, oder: In das Südland der
Jerachmeeliter, oder: In das Südland der
Keniter. 11 David aber ließ weder Mann
noch Frau lebend nach Gat kommen;
denn er dachte: Sie könnten uns verraten.
So tat David und das war seine Art,
solange er im Philisterland wohnte.
12 Und Achisch glaubte David; denn er
dachte: Er hat sich in Verruf gebracht bei
seinem Volk Israel; darum wird er für
immer mein Knecht sein.

28 Und es begab sich zu der Zeit,
dass die Philister ihr Heer sam-
melten, um in den Kampf zu ziehen ge-
gen Israel. Und Achisch sprach zu
David: Du sollst wissen, dass du und
deine Männer mit mir ausziehen sollen
im Heer. 2 David sprach zu Achisch:
Wohlan, du sollst erfahren, was dein
Knecht tun wird. Achisch sprach zu Da-
vid: So will ich dich zu meinem Leib-
wächter setzen für die ganze Zeit.

Saul bei der Totenbeschwörerin in En-Dor

3 [a]Samuel aber war gestorben und ganz
Israel hatte ihm die Totenklage gehalten
und ihn begraben in seiner Stadt Rama.
Und [b]Saul hatte die Geisterbeschwörer
und Zeichendeuter aus dem Lande ver-
trieben.

4 Als nun die Philister sich versammel-
ten und herankamen und sich lagerten
bei [a]Schunem, versammelte Saul auch
ganz Israel und sie lagerten sich auf dem
Gebirge Gilboa. 5 Als aber Saul das Heer
der Philister sah, fürchtete er sich, und

27,1: *a* Kap 23,23 **27,2:** *a* Kap 21,11-16 **27,3:** *a* Kap 25,40-43 **27,6:** *a* Jos 15,31 **28,3:** *a* Kap 25,1; *b* 2. Mose 22,17 **28,4:** *a* Jos 19,18

sein Herz verzagte sehr. 6 Und er befragte
den HERRN; aber der HERR antwortete
ihm nicht, weder durch Träume noch
durch das [a]Los »Licht« noch durch Pro-
pheten. 7 Da sprach Saul zu seinen Ge-
treuen: Sucht mir eine Frau, die [a]Tote
beschwören kann, dass ich zu ihr gehe
und sie befrage. Seine Männer sprachen
zu ihm: Siehe, in En-Dor ist eine Frau,
die kann Tote beschwören. 8 Und Saul
machte sich unkenntlich und zog andere
Kleider an und ging hin und zwei Män-
ner mit ihm und sie kamen bei Nacht zu
der Frau.

Und Saul sprach: Wahrsage mir, weil
du Geister beschwören kannst, und hole
mir herauf, wen ich dir nenne. 9 Die Frau
sprach zu ihm: Siehe, du weißt doch
selbst, was Saul getan hat, wie er die
Geisterbeschwörer und Zeichendeuter
ausgerottet hat im Lande; warum willst
du mir denn eine Falle stellen, dass ich
getötet werde? 10 Saul aber schwor ihr bei
dem HERRN und sprach: So wahr der
HERR lebt: Es soll dich in dieser Sache
keine Schuld treffen.

11 Da sprach die Frau: Wen soll ich dir
denn heraufholen? Er sprach: Hol mir
Samuel herauf! 12 Als nun die Frau
merkte, dass es um Samuel ging, schrie
sie laut und sprach zu Saul: Warum hast
du mich betrogen? Du bist Saul. 13 Und
der König sprach zu ihr: Fürchte dich
nicht! Was siehst du? Die Frau sprach zu
Saul: Ich sehe einen Geist heraufsteigen
aus der Erde. 14 Er sprach: Wie ist er
gestaltet? Sie sprach: Es kommt ein alter
Mann herauf und ist bekleidet mit einem
Priesterrock. Da erkannte Saul, dass es
Samuel war, und neigte sich mit seinem
Antlitz zur Erde und fiel nieder.

15 Samuel aber sprach zu Saul: Warum
hast du meine Ruhe gestört, dass du
mich heraufsteigen lässt? Saul sprach:
Ich bin in großer Bedrängnis, die Philis-
ter kämpfen gegen mich, und Gott ist
von mir gewichen und antwortet mir
nicht, weder durch Propheten noch
durch Träume; darum hab ich dich rufen
lassen, dass du mir kundtust, was ich tun
soll. 16 Samuel sprach: Warum willst du
mich befragen, da doch der HERR von
dir gewichen und dein Feind geworden
ist? 17 Der HERR hat dir getan, wie
er durch mich geredet hat, und hat
[a]das Königtum aus deiner Hand gerissen
und David, deinem Nächsten, gegeben.
18 Weil du der Stimme des HERRN nicht
gehorcht und seinen grimmigen Zorn
nicht an [a]Amalek vollstreckt hast,
darum hat der HERR dir das jetzt getan.
19 Dazu wird der HERR mit dir auch
Israel in die Hände der Philister geben.
[a]Morgen wirst du mit deinen Söhnen bei
mir sein. Auch wird der HERR das Heer
Israels in die Hände der Philister geben.

20 Da stürzte Saul zur Erde, so lang er
war, und geriet in große Furcht über die
Worte Samuels. Auch war keine Kraft
mehr in ihm; denn er hatte nichts ge-
gessen den ganzen Tag und die ganze
Nacht. 21 Und die Frau trat zu Saul und
sah, dass er sehr erschrocken war, und
sprach zu ihm: Siehe, deine Magd hat
deiner Stimme gehorcht, und ich habe
mein Leben aufs Spiel gesetzt, als ich die
Worte hörte, die du zu mir gesagt hast.
22 So gehorche du nun auch der Stimme
deiner Magd! Ich will dir einen Bissen
Brot vorsetzen, dass du isst und zu Kräf-
ten kommst und deine Straße gehen
kannst. 23 Er aber weigerte sich und
sprach: Ich will nicht essen. Da nötigten
ihn seine Männer und die Frau, bis er
auf sie hörte. Und er stand auf von der
Erde und setzte sich aufs Bett. 24 Die
Frau aber hatte im Haus ein gemästetes
Kalb; das schlachtete sie eilends und
nahm Mehl und knetete es und backte
[a]ungesäuertes Brot 25 und setzte es Saul
und seinen Männern vor. Und als sie
gegessen hatten, standen sie auf und gin-
gen fort noch in der Nacht.

David wird von den Philistern zurückgeschickt

29 Die Philister aber versammelten
ihr ganzes Heer bei [a]Afek und
Israel lagerte sich an der Quelle bei [b]Jes-
reel. 2 Und die [a]Fürsten der Philister
zogen daher mit ihren Hundertschaften
und Tausendschaften. David aber und
seine Männer zogen hinterher mit
Achisch.

28,6: *a* Kap 14,41; 2. Mose 28,30 **28,7:** *a* 3. Mose 19,31 **28,17:** *a* Kap 15,28 **28,18:** *a* Kap 15,18-19; 2. Mose 17,14.16 **28,19:** *a* Kap 31,6 **28,24:** *a* 2. Mose 12,39 **29,1:** *a* Kap 4,1; Jos 15,53; *b* Jos 15,56 **29,2:** *a* Jos 13,3

3Da sprachen die Obersten der Philis-
ter: Was sollen diese Hebräer? Achisch
sprach zu ihnen: Das ist David, der
Knecht Sauls, des Königs von Israel,
[a]der nun bei mir gewesen ist Jahr und
Tag; ich habe nichts an ihm gefunden seit
der Zeit, da er abgefallen ist, bis heute.
4Aber die Obersten der Philister wurden
zornig auf ihn und sprachen zu ihm:
Schick den Mann zurück! Er soll an den
Ort zurückkehren, den du ihm angewie-
sen hast, damit er nicht mit uns hinziehe
zum Kampf und unser Widersacher
werde im Kampf. Denn womit könnte er
seinem Herrn einen größeren Gefallen
tun als mit den Köpfen unserer Männer?
5Ist das denn nicht derselbe David, von
dem sie sangen im Reigen: [a]Saul hat
tausend geschlagen, David aber zehntau-
send?

6Da rief Achisch David und sprach zu
ihm: So wahr der HERR lebt: Ich halte
dich für redlich und dass du mit mir aus-
und einzögest im Heer, gefiele mir gut,
denn ich habe nichts Arges an dir gespürt
seit der Zeit, da du zu mir gekommen
bist, bis heute; aber du gefällst den Fürs-
ten nicht. 7So kehre nun um und zieh
hin mit Frieden, damit du nicht tust, was
den Fürsten der Philister nicht gefällt.
8David aber sprach zu Achisch: Was hab
ich getan und was hast du gespürt an
deinem Knecht seit der Zeit, da ich dir
gedient habe, bis heute, dass ich nicht
mitziehen darf und kämpfen gegen die
Feinde meines Herrn, des Königs?
9Achisch antwortete David: Ich weiß es
wohl; denn [a]du bist mir lieb wie ein
Engel Gottes. Aber die Obersten der Phi-
lister haben gesagt: Lass ihn nicht mit
uns hinaufziehen in den Kampf! 10So
mach dich nun früh am Morgen auf mit
den Knechten deines Herrn, die mit dir
gekommen sind; macht euch früh am
Morgen auf und zieht weg, sobald es Tag
ist.

11Da machten sich David und seine
Männer früh am Morgen auf, um weg-
zuziehen und ins Philisterland zurück-
zukehren. Die Philister aber zogen hinauf
nach Jesreel.

Davids Sieg über die Amalekiter

30 Als nun David mit seinen Män-
nern am dritten Tage nach [a]Zik-
lag kam, waren die Amalekiter einge-
fallen ins Südland und in Ziklag und
hatten Ziklag eingenommen und mit
Feuer verbrannt 2und hatten die Frauen
und alles, was in der Stadt war, Klein
und Groß, gefangen genommen. Sie hat-
ten aber niemand getötet, sondern sie
weggeführt und waren abgezogen. 3Als
nun David mit seinen Männern zur Stadt
kam und sah, dass sie mit Feuer ver-
brannt war und ihre Frauen, Söhne und
Töchter gefangen waren, 4erhoben David
und die Leute, die bei ihm waren, ihre
Stimme und weinten, bis sie nicht mehr
weinen konnten. 5Auch die [a]beiden
Frauen Davids waren gefangen genom-
men worden: Ahinoam, die Jesreeliterin,
und Abigajil, Nabals, des Karmeliters,
Frau. 6Und David geriet in große Be-
drängnis, weil die Leute ihn steinigen
wollten; denn die Seele des ganzen Volks
war erbittert, ein jeder wegen seiner
Söhne und Töchter.

David aber stärkte sich in dem HERRN,
seinem Gott, 7und sprach zu dem Pries-
ter Abjatar, dem Sohn Ahimelechs:
[a]Bringe mir den Efod her! Und als Ab-
jatar den Efod zu David gebracht hatte,
8befragte David den HERRN und sprach:
Soll ich dieser Schar nachjagen und
werde ich sie einholen? Er sprach: Jage
ihr nach! Du wirst sie einholen und die
Gefangenen befreien. 9Da zog David hin
mit den sechshundert Mann, die bei ihm
waren. Und als sie an den Bach Besor
kamen, blieben etliche zurück. 10David
aber und vierhundert Mann jagten der
Schar nach; die zweihundert Mann aber,
die zurückblieben, waren zu müde, um
über den Bach Besor zu gehen.

11Und sie fanden einen Ägypter auf
dem Felde; den führten sie zu David und
gaben ihm Brot zu essen und Wasser
zu trinken 12und gaben ihm ein Stück
Feigenkuchen und zwei Rosinenkuchen.
Und als er gegessen hatte, kam er wieder
zu sich; denn er hatte in drei Tagen und
drei Nächten nichts gegessen und kein

29,3: *a* Kap 27,7 **29,5:** *a* Kap 18,7 **29,9:** *a* 2.Sam 14,17 **30,1:** *a* Kap 27,6 **30,5:** *a* Kap 25,42-43 **30,7:** *a* Kap 23,9

Wasser getrunken. 13 David sprach zu
ihm: Zu wem gehörst du? Und woher
bist du? Er sprach: Ich bin ein junger
Ägypter, eines Amalekiters Knecht, und
mein Herr hat mich zurückgelassen;
denn ich wurde vor drei Tagen krank.
14 Wir sind eingefallen in das Südland der
[a]Kreter und in Juda und in das Südland
[b]Kalebs und haben Ziklag mit Feuer
verbrannt.

15 David sprach zu ihm: Willst du mich
hinführen zu dieser Schar? Er sprach:
Schwöre mir bei Gott, dass du mich
nicht töten noch in meines Herrn Hand
übergeben wirst, so will ich dich hin-
führen zu dieser Schar. 16 Und er führte
ihn hin. Und siehe, sie hatten sich ausge-
breitet über das ganze Land, aßen und
tranken und feierten ein Fest wegen all
der großen Beute, die sie mitgenommen
hatten aus dem Philisterland und aus
Juda.

17 Und David schlug sie vom Morgen
bis zum Abend des nächsten Tages, so-
dass keiner von ihnen entrann außer
vierhundert jungen Männern; die stiegen
auf die Kamele und flohen. 18 So gewann
David alles zurück, was die Amalekiter
genommen hatten, auch seine beiden
Frauen, 19 und es fehlte nichts, weder
Klein noch Groß, weder Söhne noch
Töchter noch Beute noch alles, was sie
sich genommen hatten; David brachte es
alles zurück 20 und nahm die Schafe und
Rinder, und sie trieben das Vieh vor Da-
vid her und sprachen: Das ist Davids
Beute.

21 Und als David zu den zweihundert
Männern kam, die zu müde gewesen wa-
ren, um David zu folgen, und am Bach
Besor geblieben waren, gingen sie David
entgegen und den Leuten, die mit ihm
waren. Und David trat zu ihnen und
grüßte sie freundlich. 22 Da sprachen
böse und heillose Leute unter den Män-
nern, die mit David gezogen waren: Weil
sie nicht mit uns gezogen sind, soll man
ihnen nichts geben von der Beute, die wir
zurückgewonnen haben; sondern jeder
nehme nur seine Frau und seine Kinder
mit sich und gehe seines Weges.

23 Da sprach David: Ihr sollt nicht so
tun, meine Brüder, mit dem, was uns der
HERR gegeben hat; er hat uns behütet
und diese Schar, die über uns gekommen
war, in unsere Hände gegeben. 24 Wer
sollte in dieser Sache auf euch hören?
[a]Wie der Anteil derjenigen, die in den
Kampf gezogen sind, so soll auch der
Anteil derjenigen sein, die beim Tross
geblieben sind; jeder soll den gleichen
Anteil haben. 25 Und so blieb es weiterhin
von diesem Tag an; und er machte es zu
Satzung und Recht für Israel bis auf die-
sen Tag.

26 Und als David nach Ziklag kam,
sandte er von der Beute den Ältesten in
Juda, seinen Freunden, und ließ sagen:
Da habt ihr eine Segensgabe aus der
Beute der Feinde des HERRN, – 27 näm-
lich denen zu Betul, denen zu Rama im
Südland, denen zu Jattir, 28 denen zu
Aroër, denen zu Sifmot, denen zu Eschte-
moa, 29 denen zu Karmel, denen in den
Städten der [a]Jerachmeeliter, denen in
den Städten der Keniter, 30 denen zu
Horma, denen zu Bor-Aschan, denen zu
Atach, 31 denen zu Hebron und allen Or-
ten, wo David mit seinen Männern aus
und ein gegangen war.

Das Ende Sauls und seiner Söhne

(vgl. 1. Chr 10,1-12)

31 Die Philister aber kämpften gegen
Israel und die Männer Israels flo-
hen vor den Philistern und blieben er-
schlagen liegen auf dem Gebirge Gilboa.
2 Und die Philister waren hinter Saul und
seinen Söhnen her und erschlugen Jona-
tan und Abinadab und Malkischua, die
Söhne Sauls. 3 Und der Kampf tobte hef-
tig um Saul, und die Bogenschützen fan-
den ihn und er wurde schwer verwundet
von den Schützen.

4 Da sprach Saul zu seinem Waffen-
träger: [a]Zieh dein Schwert und erstich
mich damit, dass nicht diese Unbeschnit-
tenen kommen und mich erstechen und
treiben ihren Spott mit mir. Aber sein
Waffenträger wollte nicht, denn er fürch-
tete sich sehr. Da nahm Saul das Schwert
und stürzte sich hinein. 5 Als nun sein
Waffenträger sah, dass Saul tot war,
stürzte auch er sich in sein Schwert und
starb mit ihm. 6 So starben Saul und

30,14: *a* 2. Sam 8,18; *b* Jos 14,13 **30,24:** *a* 4. Mose 31,27 **30,29:** *a* Kap 27,10 **31,4:** *a* Ri 9,54

seine drei Söhne und sein Waffenträger
und alle seine Männer miteinander an
diesem Tage. 7 Als aber die Männer Is-
raels, die jenseits der Ebene und gegen
den Jordan hin wohnten, sahen, dass die
Männer Israels geflohen und Saul und
seine Söhne tot waren, verließen sie die
Städte und flohen auch. Da kamen die
Philister und wohnten darin.
8 Am andern Tage kamen die Philister,
um die Erschlagenen auszuplündern, und
fanden Saul und seine drei Söhne, wie sie
gefallen auf dem Gebirge Gilboa lagen.
9 Da hieben sie ihm sein Haupt ab und
nahmen ihm seine Rüstung ab und sand-
ten sie im Philisterland umher, um es zu
verkünden im Hause ihrer Götzen und
unter dem Volk. 10 Und sie legten seine
Rüstung in das Haus der Astarte, aber
[a]seinen Leichnam hängten sie auf an der
Mauer von Bet-Schean.
11 Als die Leute von [a]Jabesch in Gilead
hörten, was die Philister Saul angetan
hatten, 12 machten sich alle streitbaren
Männer auf und gingen die ganze Nacht
hindurch und nahmen die Leichname
Sauls und seiner Söhne von der Mauer
zu Bet-Schean und brachten sie nach
Jabesch und salbten sie dort. 13 Und sie
nahmen ihre Gebeine und begruben sie
unter dem Tamariskenbaum bei Jabesch
und [a]fasteten sieben Tage.

DAS ZWEITE BUCH SAMUEL

Inhaltsübersicht

David lässt den Überbringer von Sauls Krone töten

1 Nach dem Tode Sauls, als David aus
der Schlacht mit den Amalekitern zu-
rückgekommen und zwei Tage in [a]Ziklag
geblieben war, 2 siehe, da kam am dritten
Tage ein Mann aus dem Heer von Saul
mit zerrissenen Kleidern und mit Erde
auf seinem Haupt. Und als er zu David
kam, fiel er nieder zur Erde und huldigte
ihm. 3 David aber sprach zu ihm: Wo
kommst du her? Er sprach zu ihm: Aus
dem Heer Israels bin ich entronnen. 4 Da-
vid sprach zu ihm: Sage mir, wie steht es?
Er sprach: Das Volk ist geflohen aus der
Schlacht und es sind viele vom Volk ge-
fallen; dazu ist auch Saul tot und sein
Sohn Jonatan.
5 David sprach zu dem jungen Mann,
der ihm das sagte: Woher weißt du, dass
Saul und sein Sohn Jonatan tot sind?
6 Der junge Mann, der ihm das sagte,
sprach: Ich kam von ungefähr aufs [a]Ge-
birge Gilboa, und siehe, Saul lehnte sich
auf seinen Spieß, und die Wagen mit ih-
ren Kämpfern waren hart an ihm. 7 Und
er wandte sich um und sah mich und rief
mich. Und ich sprach: Hier bin ich.
8 Und er sprach zu mir: Wer bist du? Ich
sprach zu ihm: Ich bin ein Amalekiter.
9 Und er sprach zu mir: Tritt her zu mir
und töte mich; denn mir wird schwarz
vor den Augen, aber mein Leben ist noch
ganz in mir. 10 Da trat ich zu ihm und
tötete ihn, denn ich wusste, dass er nicht
leben könnte nach seinem Fall; und ich
nahm die Krone von seinem Haupt und
das Armgeschmeide von seinem Arm
und habe es hergebracht zu dir, meinem
Herrn.
11 Da fasste David seine Kleider und
[a]zerriss sie, und ebenso taten alle Män-
ner, die bei ihm waren, 12 und sie hielten
Totenklage und weinten und [a]fasteten
bis zum Abend um Saul und seinen Sohn

31,10: *a* 5. Mose 21,22-23 **31,11:** *a* Kap 11,1-11 **31,13:** *a* 2. Sam 1,12 **1,1:** *a* 1. Sam 30,26 **1,6:** *a* 1. Sam 31,1-3
1,11: *a* 1. Sam 4,12 **1,12:** *a* 1. Sam 31,13

Jonatan und um das Volk des HERRN
und um das Haus Israel, weil sie durchs
Schwert gefallen waren.
13 Und David sprach zu dem jungen
Mann, der es ihm angesagt hatte: Wo bist
du her? Er sprach: Ich bin der Sohn eines
Fremdlings, eines Amalekiters. 14 David
sprach zu ihm: Wie, du hast dich nicht
gefürchtet, [a]deine Hand zu erheben ge-
gen den Gesalbten des HERRN, um ihn
zu töten? 15 Und David rief einen seiner
Leute und sprach: Komm her und
[a]schlag ihn nieder! Und er schlug ihn
nieder, dass er starb. 16 Und David sprach
zu ihm: Dein Blut komme auf dein
Haupt; denn dein Mund hat gegen dich
selbst geredet, als du sagtest: Ich habe
den Gesalbten des HERRN getötet.

Davids Klagelied über Saul und Jonatan

17 Und David sang dies Klagelied über
Saul und Jonatan, seinen Sohn, 18 und
befahl, man solle die Leute von Juda das
[a]Bogenlied lehren. Siehe, es steht ge-
schrieben im [b]Buch des Redlichen:

19 Die Edelsten in Israel sind auf deinen
Höhen erschlagen.
Wie sind die Helden gefallen!
20 Sagt's nicht an in Gat,
verkündet's nicht auf den Gassen
in Aschkelon,
dass sich nicht freuen die Töchter der
Philister,
dass nicht frohlocken die Töchter
der Unbeschnittenen.
21 Ihr Berge von Gilboa,
es soll weder tauen noch regnen auf
euch, ihr trügerischen Gefilde;
denn daselbst ist der Helden Schild
verworfen,
der Schild Sauls, als sei er nicht
gesalbt mit Öl.
22 Der Bogen Jonatans hat nie gefehlt,
und das Schwert Sauls ist nie leer
zurückgekommen
von dem Blut der Erschlagenen
und vom Mark der Helden.
23 Saul und Jonatan, geliebt und
einander zugetan,
im Leben und im Tod nicht
geschieden;
schneller waren sie als die Adler
und stärker als die Löwen.
24 Ihr Töchter Israel, weint über Saul,
der euch kleidete mit kostbarem
Purpur
und euch schmückte mit goldenen
Kleinoden
an euren Kleidern.
25 Wie sind die Helden gefallen im Streit!
Jonatan ist auf deinen Höhen
erschlagen!
26 Es ist mir leid um dich, mein Bruder
Jonatan,
ich habe große Freude und Wonne
an dir gehabt;
deine Liebe ist mir wundersamer
gewesen,
als Frauenliebe ist.
27 Wie sind die Helden gefallen
und die Streitbaren umgekommen.

David wird König über Juda, Isch-Boschet über Israel

2 Bald danach [a]befragte David den
HERRN und sprach: Soll ich hinauf in
eine der Städte Judas ziehen? Und der
HERR sprach zu ihm: Zieh hinauf! David
sprach: Wohin? Er sprach: Nach Hebron.
2 So zog David dorthin mit seinen [a]bei-
den Frauen, Ahinoam, der Jesreeliterin,
und mit Abigajil, der Frau Nabals, des
Karmeliters. 3 Auch die Männer, die bei
ihm waren, führte David hinauf, einen
jeden mit seinem Hause, und sie wohnten
in den Städten von Hebron. 4 Und die
Männer Judas kamen und [a]salbten dort
David zum König über das Haus Juda.
Und als David angesagt wurde, dass
[b]die Männer von Jabesch in Gilead Saul
begraben hatten, 5 sandte er Boten zu ih-
nen und ließ ihnen sagen: Gesegnet seid
ihr vom HERRN, weil ihr solche Barm-
herzigkeit an Saul, eurem Herrn, getan
und ihn begraben habt. 6 So tue nun der
HERR an euch Barmherzigkeit und
Treue, und auch ich will euch Gutes tun,
weil ihr das getan habt. 7 Seid nun ge-
trosten Mutes und wackere Männer;
denn Saul, euer Herr, ist tot und mich
hat das Haus Juda über sich zum König
gesalbt.
8 [a]Abner aber, der Sohn Ners, der

1,14: *a* 1. Sam 24,7; 26,9 **1,15:** *a* Kap 4,10.12 **1,18:** *a* Vers 22; *b* Jos 10,13 **2,1:** *a* 1. Sam 23,6.9; 30,7-8 **2,2:** *a* 1. Sam 25,42-43 **2,4:** *a* Kap 5,3; 1. Sam 16,13; *b* 1. Sam 31,11-13 **2,8:** *a* 1. Sam 14,50

Sauls Feldhauptmann war, nahm Isch-
Boschet*, Sauls Sohn, und führte ihn
nach [b]Mahanajim 9und machte ihn
zum König über Gilead, Asser, Jesreel,
Ephraim, Benjamin und über ganz Is-
rael. 10Und Isch-Boschet, Sauls Sohn,
war vierzig Jahre alt, als er König wurde
über Israel, und regierte zwei Jahre.
Doch das Haus Juda hielt es mit David.
11Die Zeit aber, die David König war zu
Hebron über das Haus Juda, war sieben
Jahre und sechs Monate.

Bruderkrieg zwischen Israel und Juda

12Und Abner, der Sohn Ners, zog aus
mit den Männern Isch-Boschets, des
Sohnes Sauls, von Mahanajim nach Gi-
beon, 13und Joab, der Sohn der [a]Zeruja,
zog aus mit den Männern Davids. Und
sie stießen aufeinander am Teich von
[b]Gibeon und lagerten sich, die einen auf
dieser Seite des Teiches, die andern auf
jener. 14Und Abner sprach zu Joab: Lass
die jungen Männer sich aufmachen zum
Kampfspiel vor uns! Joab sprach: Es sei!
15Da machten sich auf und gingen hin
zwölf an der Zahl aus Benjamin auf der
Seite Isch-Boschets, des Sohnes Sauls,
und zwölf von den Männern Davids.
16Und ein jeder ergriff den andern bei
dem Kopf und stieß ihm sein Schwert in
die Seite und sie fielen miteinander. Da-
her wird der Ort »Helkat-Hazzurim«**
genannt; er liegt bei Gibeon.

17Und es erhob sich ein sehr harter
Kampf an diesem Tage. Abner aber und
die Männer von Israel wurden geschla-
gen von den Männern Davids. 18Es wa-
ren aber die [a]drei Söhne der Zeruja da-
bei, Joab, Abischai und Asaël. Asaël aber
war schnellfüßig wie ein Reh auf dem
Felde 19und jagte Abner nach und wich
nicht von ihm weder zur Rechten noch
zur Linken. 20Da wandte sich Abner um
und sprach: Bist du es, Asaël? Er sprach:
Ja. 21Abner sprach zu ihm: Wende dich
zur Rechten oder zur Linken und mach
dich an einen der Männer heran und
nimm ihm seine Waffen. Aber Asaël
wollte nicht von ihm ablassen. 22Da
sprach Abner noch einmal zu Asaël: Lass
ab von mir! Warum willst du, dass ich
dich zu Boden schlage? Wie dürfte ich
dann mein Antlitz aufheben vor deinem
Bruder Joab? 23Aber er weigerte sich,
von ihm abzulassen. Da [a]stieß ihn Abner
mit dem Schaft des Spießes in den Leib,
sodass der Spieß hinten herauskam; und
er fiel hin und starb an eben der Stelle.
Und wer an die Stelle kam, wo Asaël tot
lag, der blieb stehen.

24Aber Joab und Abischai jagten Ab-
ner nach, bis die Sonne unterging. Und
als sie auf den Hügel Amma kamen, der
vor Giach liegt auf dem Wege zur Steppe
von Geba, 25versammelten sich die Ben-
jaminiter um Abner und bildeten eine
Schar und traten oben auf den Hügel.
26Und Abner rief Joab zu und sprach:
Soll denn das Schwert ohne Ende fres-
sen? Weißt du nicht, dass daraus am
Ende nur Jammer kommen wird? Wie
lange willst du dem Volk nicht sagen,
dass es ablassen soll von seinen Brüdern?
27Joab sprach: So wahr Gott lebt: Wenn
du das eher gesagt hättest, so hätte schon
heute Morgen jeder im Volk von seinem
Bruder abgelassen. 28Und Joab ließ die
Posaune blasen, und das ganze Volk
stand still und jagte Israel nicht mehr
nach und kämpfte auch nicht weiter.

29Abner aber und seine Männer gin-
gen die ganze Nacht durchs Jordantal
und gingen über den Jordan und zogen
durchs ganze Bitron, bis sie nach Maha-
najim kamen. 30Joab aber wandte sich
von Abner ab und sammelte das ganze
Volk, und es fehlten von den Männern
Davids neunzehn Mann und Asaël.
31Aber die Männer Davids hatten von
Benjamin und den Männern Abners
dreihundertundsechzig Mann erschlagen.
32Und sie hoben Asaël auf und begruben
ihn in seines Vaters Grab in Bethlehem.
Und Joab und seine Männer zogen wei-
ter die ganze Nacht, bis ihnen das Tages-
licht anbrach in Hebron.

Davids Söhne

3 Und es war ein langer Kampf zwi-
schen dem Hause Sauls und dem
Hause Davids. [a]David aber nahm immer
mehr zu an Macht und das Haus Sauls
nahm immer mehr ab.

* Der Name lautet in 1. Chr 8,33; 9,39 Eschbaal, in 1. Sam 14,49 Jischwi.
** d. h. »Feld der Felsen«, vermutlich verschrieben aus »Feld der Seiten«.

2,8: *b* 1. Mose 32,2-3 **2,13:** *a* 1. Sam 26,6; *b* Jos 9,3.17 **2,18:** *a* 1. Chr 2,16 **2,23:** *a* Kap 3,27 **3,1:** *a* Kap 5,10

2 [a]Und es wurden David Söhne ge-
boren zu Hebron. Sein erstgeborener
Sohn war Amnon, von Ahinoam, der
Jesreeliterin; 3 der zweite: Kilab, von Abi-
gajil, der Frau des Karmeliters Nabal;
der dritte: [a]Absalom, der Sohn der Maa-
cha, der Tochter Talmais, des Königs von
Geschur; 4 der vierte: [a]Adonija, der Sohn
der Haggit; der fünfte: Schefatja, der
Sohn der Abital; 5 der sechste: Jitream,
von Egla, der Frau Davids. Diese wurden
David geboren zu Hebron.

Abner geht zu David über

6 [a]Solange der Kampf währte zwischen
dem Hause Sauls und dem Hause Da-
vids, stärkte Abner das Haus Sauls.
7 Und Saul hatte eine Nebenfrau, die hieß
Rizpa, eine Tochter Ajas. Und Isch-Bo-
schet sprach zu Abner: Warum bist du zu
meines Vaters Nebenfrau eingegangen?
8 Da wurde Abner sehr zornig über die
Worte Isch-Boschets und sprach: Bin ich
denn ein Hundskopf aus Juda? Heute
erweise ich mich freundlich dem Hause
Sauls, deines Vaters, und seinen Brüdern
und Freunden und habe dich nicht in
Davids Hände gegeben, und du rechnest
mir heute eine Schuld an wegen einer
Frau? 9 Gott tue Abner dies und das,
wenn ich nicht tue, wie der HERR dem
David geschworen hat, 10 dass das König-
tum vom Hause Sauls genommen und
der Thron Davids aufgerichtet werde
über Israel und Juda von Dan bis Beer-
scheba! 11 Da konnte er Abner kein Wort
mehr antworten, so fürchtete er sich vor
ihm.

12 Und Abner sandte Boten für sich zu
David und ließ ihm sagen: Wem gehört
das Land? Schließe du einen Bund mit
mir; siehe, meine Hand soll mit dir sein,
dass ich dir ganz Israel zuführe. 13 David
sprach: Gut, ich will einen Bund mit dir
schließen. Aber eins fordere ich von dir:
Du sollst mein Angesicht nicht sehen, es
sei denn, du bringst Michal, Sauls Toch-
ter, zu mir, wenn du kommst, mein Ange-
sicht zu sehen. 14 Auch sandte David Bo-
ten zu Isch-Boschet, dem Sohn Sauls,
und ließ ihm sagen: [a]Gib mir meine
Frau Michal, die ich mir gewonnen habe
mit hundert Vorhäuten der Philister.
15 Isch-Boschet sandte hin und ließ sie
wegnehmen ihrem Mann [a]Paltiël, dem
Sohn des Lajisch. 16 Und ihr Mann ging
mit ihr und weinte hinter ihr her bis
Bahurim. Da sprach Abner zu ihm:
Kehre um und geh heim! Und er kehrte
um.

17 Und Abner besprach sich mit den
Ältesten in Israel und sprach: Ihr habt
schon längst danach verlangt, dass David
König über euch sei. 18 So tut's nun, denn
der HERR hat von David gesagt: Durch
die Hand meines Knechtes David will ich
mein Volk Israel erretten aus der Hand
der Philister und aller seiner Feinde.
19 Das tat Abner auch Benjamin kund
und ging dann hin, um auch David in
Hebron alles kundzutun, was Israel und
das ganze Haus Benjamin für gut hielten.
20 Als nun Abner nach Hebron zu David
kam und mit ihm zwanzig Mann, machte
ihnen David ein Mahl. 21 Und Abner
sprach zu David: Ich will mich aufma-
chen und hingehen, um ganz Israel zu
meinem Herrn, dem König, zu sammeln,
damit sie einen Bund mit dir schließen,
auf dass du König seist, wie es dein Herz
begehrt. Dann entließ David den Abner,
sodass er hinging mit Frieden.

Abners Tod

22 Und siehe, die Männer Davids und
Joab kamen von einem Streifzug zurück
und brachten eine große Beute mit. Ab-
ner aber war nicht mehr bei David in
Hebron, sondern er hatte ihn entlassen,
sodass er mit Frieden weggegangen war.
23 Als aber Joab und das ganze Heer mit
ihm kam, wurde ihm angesagt, dass Ab-
ner, der Sohn Ners, zum König gekom-
men sei und der habe ihn entlassen, so-
dass er mit Frieden weggegangen war.
24 Da ging Joab zum König hinein und
sprach: Was hast du getan? Siehe, Abner
ist zu dir gekommen; warum hast du ihn
fortgelassen, dass er weggegangen ist?
25 Kennst du Abner, den Sohn Ners,
nicht? Er ist gekommen, dich zu über-
listen, dass er erkunde dein Kommen
und Gehen und alles erfahre, was du
tust.

26 Und als Joab von David wegging,
sandte er Abner Boten nach, um ihn zu-

3,2: *a* (2-5) 1.Chr 3,1-4; Kap 13,1 **3,3:** *a* Kap 15,1 **3,4:** *a* 1.Kön 1,5 **3,6:** *a* (6-7) Kap 21,8; 3.Mose 18,20 **3,14:** *a* 1.Sam 18,25-27 **3,15:** *a* 1.Sam 25,44

rückzuholen von Bor-Sira; aber David
wusste nichts davon. 27 Als nun Abner
nach Hebron zurückkam, führte ihn
Joab im Tor beiseite, um heimlich mit
ihm zu reden, und [a]stach ihn dort in den
Leib, dass er starb, um des Blutes seines
Bruders [b]Asaël willen. 28 Als David das
hernach erfuhr, sprach er: Ich und mein
Königtum sind unschuldig vor dem
HERRN ewiglich an dem Blut Abners, des
Sohnes Ners; 29 es falle aber auf den
Kopf Joabs und auf das ganze Haus sei-
nes Vaters, und es soll nicht aufhören im
Hause Joabs, dass einer Eiterfluss und
Aussatz habe oder am Stabe gehe oder
durchs Schwert falle oder an Brot Man-
gel habe! 30 Joab und sein Bruder Abi-
schai hatten Abner nach dem Leben ge-
trachtet, weil er ihren Bruder Asaël im
Kampf bei Gibeon getötet hatte.[a]

31 David aber sprach zu Joab und allem
Volk, das bei ihm war: Zerreißt eure
Kleider und gürtet euch den Sack um
und haltet die Totenklage um Abner!
Und der König folgte der Bahre. 32 Und
als sie Abner begruben in Hebron, erhob
der König seine Stimme und weinte bei
dem Grabe Abners, und auch alles Volk
weinte. 33 Und der König klagte um Ab-
ner und sprach: Musste Abner sterben,
wie ein Gottloser stirbt? 34 Deine Hände
waren nicht gebunden, deine Füße waren
nicht in Ketten gelegt. Und doch bist du
gefallen, wie man vor Ruchlosen fällt.

Da beweinte ihn alles Volk noch mehr.
35 Als nun alles Volk kam, während es
noch Tag war, um David zum Essen zu
nötigen, schwor David und sprach: Gott
tue mir dies und das, wenn ich Brot oder
sonst etwas zu mir nehme, ehe die Sonne
untergeht! 36 Und alles Volk nahm es
wahr und es gefiel ihnen gut, wie alles,
was der König tat, dem ganzen Volke
wohlgefiel. 37 Und alles Volk und ganz
Israel merkten an diesem Tage, dass es
nicht vom König ausgegangen war, dass
Abner, der Sohn Ners, getötet wurde.
38 Und der König sprach zu seinen Män-
nern: [a]Wisst ihr nicht, dass an diesem
Tag ein Fürst und Großer gefallen ist in
Israel? 39 Ich aber bin heute noch
schwach, obwohl ich zum König gesalbt
bin. Aber diese Männer, die [a]Söhne der
Zeruja, sind härter als ich. Der HERR
vergelte dem, der Böses tut, nach seiner
Bosheit.

Isch-Boschets Ende

4 Als aber der Sohn Sauls hörte, dass
[a]Abner in Hebron umgekommen
war, entfiel ihm der Mut, und ganz Israel
erschrak. 2 Es hatte aber der Sohn Sauls
zwei Männer als Hauptleute der Streif-
scharen; der eine hieß Baana, der andere
Rechab, Söhne Rimmons von [a]Beerot
aus dem Stamm Benjamin. Denn Beerot
wurde auch zu Benjamin gerechnet;
3 dann aber flohen die Beerotiter nach
[a]Gittajim und wohnten dort gastweise
bis auf den heutigen Tag. 4 Auch hatte
Jonatan, der Sohn Sauls, einen Sohn, der
war lahm an beiden Füßen; er war näm-
lich fünf Jahre alt, als die Kunde von
Saul und Jonatan aus Jesreel kam, und
seine Amme hatte ihn aufgehoben und
war geflohen und während sie eilends
floh, fiel er hin und [a]war fortan lahm. Er
hieß Mefi-Boschet*.

5 So gingen nun Rechab und Baana,
die Söhne Rimmons von Beerot, hin und
kamen zum Hause [a]Isch-Boschets, als
der Tag am heißesten war; und er schlief
auf seinem Lager am Mittag. 6 Und die
Pförtnerin des Hauses hatte Weizen ge-
reinigt und war fest eingeschlafen. Da
schlichen sich Rechab und sein Bruder
Baana hinein und 7 kamen ins Haus. Da
lag er auf seinem Bett in seiner Schlaf-
kammer. Und sie stachen ihn tot und
hieben ihm den Kopf ab und nahmen
seinen Kopf und gingen durch das Jor-
dantal die ganze Nacht 8 und brachten
das Haupt Isch-Boschets zu David nach
Hebron und sprachen zum König: Siehe,
da ist das Haupt Isch-Boschets, des Soh-
nes Sauls, deines Feindes, der dir nach
dem Leben getrachtet hat. Der HERR hat
heute meinen Herrn, den König, gerächt
an Saul und an seinem Geschlecht.

9 Da antwortete ihnen David: So wahr
der HERR lebt, der mich aus aller Be-
drängnis erlöst hat: 10 Ich habe den, der
mir verkündete: Saul ist tot, und meinte,
er sei ein guter Bote, ergriffen und [a]ge-

* Der Name lautet in 1. Chr 8,34; 9,40 Merib-Baal.

3,27: *a* 1. Kön 2,5; *b* Kap 2,23 **3,30:** *a* Ri 8,18-21; 2. Kön 14,5 **3,38:** *a* 1. Sam 26,15 **3,39:** *a* Kap 2,18 **4,1:** *a* Kap 3,27 **4,2:** *a* Jos 9,17 **4,3:** *a* Neh 11,33 **4,4:** *a* Kap 9,3 **4,5:** *a* Kap 2,8 **4,10:** *a* Kap 1,15

tötet in Ziklag, dem ich doch Lohn für
eine gute Botschaft hätte geben sollen.
11 Und diese gottlosen Leute haben einen
gerechten Mann in seinem Hause auf sei-
nem Lager getötet – sollte ich sein Blut
nicht fordern von euren Händen und
euch von der Erde vertilgen?[a] 12 Und
David gebot seinen Leuten; die schlugen
sie nieder und hieben ihnen Hände und
Füße ab und [a]hängten sie auf am Teich
bei Hebron. Aber das Haupt Isch-Bo-
schets nahmen sie und begruben es in
Abners Grab in Hebron.

David wird König über ganz Israel

(vgl. 1. Chr 11,1-3)

5 Und es kamen alle Stämme Israels zu
David nach Hebron und sprachen:
Siehe, [a]wir sind von deinem Gebein und
deinem Fleisch. 2 Schon früher, als Saul
über uns König war, [a]führtest du Israel
ins Feld und wieder heim. Dazu hat der
HERR dir gesagt: Du sollst mein Volk
Israel weiden und sollst [b]Fürst sein über
Israel. 3 Und es kamen alle Ältesten in
Israel zum König nach Hebron. Und der
König David schloss mit ihnen einen
Bund in Hebron vor dem HERRN, und sie
[a]salbten David zum König über Israel.
4 [a]Dreißig Jahre war David alt, als er
König wurde, und regierte vierzig Jahre.
5 Zu Hebron regierte er sieben Jahre und
sechs Monate über Juda, und zu Jeru-
salem regierte er dreiunddreißig Jahre
über ganz Israel und Juda.

David erobert Jerusalem

(vgl. 1. Chr 11,4-9; 14,1-7)

6 Und der König zog mit seinen Männern
vor Jerusalem gegen die [a]Jebusiter, die
im Lande wohnten. Sie aber sprachen zu
David: Du wirst nicht hier hereinkom-
men, sondern Blinde und Lahme werden
dich abwehren. Damit meinten sie, dass
David nicht dort hineinkommen könnte.
7 David aber eroberte die Burg Zion; das
ist Davids Stadt.
8 Da sprach David an diesem Tage:
Wer die Jebusiter schlägt und durch den
Schacht hinaufsteigt und die Lahmen
und Blinden erschlägt, die David ver-
hasst sind, der soll Hauptmann und
Oberster sein. Da stieg Joab, der Sohn
der Zeruja, zuerst hinauf und wurde
Hauptmann*. Daher spricht man: Lass
keinen Blinden und Lahmen ins Haus!
9 So wohnte David auf der Burg und
nannte sie »Stadt Davids«. Und David
baute ringsumher, vom Millo an nach
innen zu. 10 Und [a]Davids Macht nahm
immer mehr zu, und der HERR, der Gott
Zebaoth, war mit ihm.
11 Und Hiram, der König von Tyrus,
sandte Boten zu David mit Zedernholz,
dazu Zimmerleute und Steinmetzen, dass
sie David ein Haus bauten. 12 Und David
erkannte, dass der HERR ihn zum König
über Israel bestätigt und sein Königtum
erhöht hatte um seines Volkes Israel wil-
len.
13 [a]Und David nahm noch mehr
Frauen und Nebenfrauen in Jerusalem,
nachdem er von Hebron gekommen war,
und es wurden ihm noch mehr Söhne
und Töchter geboren. 14 Dies sind die
Namen der Söhne, die ihm zu Jerusalem
geboren sind: Schammua, Schobab, [a]Na-
than, [b]Salomo, 15 Jibhar, Elischua, Ne-
feg, Jafia, 16 Elischama, Eljada, Elifelet.

Davids Sieg über die Philister

(vgl. 1. Chr 14,8-17)

17 Als die Philister hörten, dass man Da-
vid zum König über Israel gesalbt hatte,
zogen sie alle herauf, um sich Davids zu
bemächtigen. Sobald das David erfuhr,
[a]zog er hinab nach der [b]Bergfeste.
18 Aber die Philister kamen und breiteten
sich aus in der [a]Ebene Refaïm. 19 Und
David [a]befragte den HERRN und sprach:
Soll ich hinaufziehen gegen die Philister?
Wirst du sie in meine Hand geben? Der
HERR sprach zu David: Zieh hinauf, ich
werde die Philister in deine Hand geben.
20 Und David kam nach [a]Baal-Perazim
und schlug sie dort und sprach: Der
HERR hat meine Feinde vor mir durch-
brochen, wie Wasserfluten durchbrechen.
Daher nannte man den Ort »Baal-Pera-
zim«**. 21 Und sie ließen ihre Götzen-

* Der Text von »der soll Hauptmann« ab wurde aus 1. Chr 11,6 eingesetzt. ** d. h. »Herr der Durchbrüche«.

4,11: *a* Kap 3,32 **4,12:** *a* 5. Mose 21,22-23 **5,1:** *a* Kap 19,13 **5,2:** *a* 1. Sam 18,13.16; *b* 1. Sam 13,14; 25,30 **5,3:** *a* Kap 2,4; 1. Sam 16,13 **5,4:** *a (4-5)* 1. Kön 2,11; 1. Chr 3,4; 29,27 **5,6:** *a* Jos 15,63; Ri 1,21; 19,10-12 **5,10:** *a* Kap 3,1 **5,13:** *a (13-16)* Kap 3,2-5; 1. Chr 3,5-9 **5,14:** *a* Lk 3,31; *b* Mt 1,6 **5,17:** *a* 1. Sam 22,1; *b* Kap 23,14 **5,18:** *a* Jos 15,8; 18,16 **5,19:** *a* 1. Sam 30,8 **5,20:** *a* Jes 28,21

bilder dort zurück; David aber und seine
Männer nahmen sie mit.
22 Die Philister aber zogen abermals
herauf und breiteten sich aus in der
Ebene Refaïm. 23 Und David befragte
den HERRN; der sprach: Du sollst nicht
hinaufziehen ihnen entgegen, sondern
komm von hinten über sie, dass du sie
angreifst vom Bakawalde her. 24 Und
wenn du hörst, wie das Rauschen in den
Wipfeln der Bakabäume einhergeht, so
eile; denn dann ist der HERR ausgezogen
vor dir her, zu schlagen das Heer der
Philister. 25 David tat, wie der HERR ihm
geboten hatte, und schlug die Philister
von Gibeon an bis hin nach [a]Geser.

David holt die Bundeslade nach Jerusalem

(vgl. 1.Chr 13,1-14; 15,1-29; 16,1-6)

6 Und David sammelte abermals die
ganze junge Mannschaft in Israel,
dreißigtausend Mann, 2 und machte sich
auf und zog mit dem ganzen Volk, das
bei ihm war, nach [a]Baala in Juda, um die
Lade Gottes von dort heraufzuholen;
diese ist genannt nach dem Namen des
HERRN Zebaoth, [b]der über den Cheru-
bim thront. 3 Und sie setzten die Lade
Gottes auf einen neuen Wagen und [a]hol-
ten sie aus dem Hause Abinadabs, der
auf dem Hügel wohnte. Usa aber und
Achjo, die Söhne Abinadabs, führten den
neuen Wagen. 4 Und als sie ihn mit der
Lade Gottes aus dem Hause Abinadabs
führten, der auf dem Hügel wohnte, und
Achjo vor der Lade herging, 5 tanzten
David und ganz Israel vor dem HERRN
her mit aller Macht im Reigen, mit Lie-
dern, mit Harfen und Psaltern und Pau-
ken und Schellen und Zimbeln.
6 Und als sie zur Tenne Nachons ka-
men, griff Usa zu und hielt die Lade
Gottes fest, denn die Rinder glitten aus.
7 Da entbrannte des HERRN Zorn über
Usa und [a]Gott schlug ihn dort, weil er
[b]seine Hand nach der Lade ausgestreckt
hatte, sodass er dort starb bei der Lade
Gottes. 8 Da ergrimmte David, dass der
HERR den Usa so wegriss, und man
nannte die Stätte »Perez-Usa«* bis auf
diesen Tag. 9 Und David fürchtete sich
vor dem HERRN an diesem Tage und
sprach: Wie soll die Lade des HERRN zu
mir kommen? 10 Und er wollte sie nicht
zu sich bringen lassen in die Stadt Da-
vids, sondern ließ sie bringen ins Haus
Obed-Edoms, des Gatiters. 11 So blieb die
Lade des HERRN drei Monate im Hause
Obed-Edoms, des Gatiters, und der
HERR segnete ihn und sein ganzes Haus.
12 Und es wurde dem König David an-
gesagt, dass der HERR das Haus Obed-
Edoms segnete und alles, was er hatte,
um der Lade Gottes willen. Da ging er
hin und holte die Lade Gottes aus dem
Hause Obed-Edoms herauf in die Stadt
Davids mit Freuden. 13 Und als die Trä-
ger mit der Lade des HERRN sechs
Schritte gegangen waren, opferte man
einen Stier und ein fettes Kalb.[a] 14 Und
David tanzte mit aller Macht vor dem
HERRN her und war umgürtet mit einem
[a]leinenen Priesterschurz. 15 Und David
mit dem ganzen Hause Israel führte die
Lade des HERRN herauf mit Jauchzen
und Posaunenschall. 16 Und als die Lade
des HERRN in die Stadt Davids kam,
guckte Michal, die Tochter Sauls, durchs
Fenster und sah den König David sprin-
gen und tanzen vor dem HERRN und
verachtete ihn in ihrem Herzen.
17 Als sie die Lade des HERRN hinein-
brachten, stellten sie sie an ihren Platz
mitten in dem Zelt, das David für sie
aufgeschlagen hatte. Und David opferte
Brandopfer und Dankopfer vor dem
HERRN. 18 Und als David die Brandopfer
und Dankopfer beendet hatte, [a]segnete
er das Volk in dem Namen des HERRN
Zebaoth, 19 und er ließ austeilen allem
Volk, der ganzen Menge Israels, Mann
und Frau, einem jeden einen Brotkuchen,
ein Stück Fleisch und einen Rosinenku-
chen. Danach kehrte alles Volk heim, ein
jeder in sein Haus.
20 Als aber David heimkam, seinem
Haus den Segensgruß zu bringen, ging
Michal, die Tochter Sauls, heraus ihm
entgegen und sprach: Wie herrlich ist
heute der König von Israel gewesen, als
er sich vor den Mägden seiner Männer
entblößt hat, wie sich die losen Leute
entblößen! 21 David aber sprach zu Mi-

* d. h. »Wegreißen Usas«.

5,25: *a* Ri 1,29 **6,2:** *a* Jos 15,9; *b* 2.Mose 25,22 **6,3:** *a* 1.Sam 7,1 **6,7:** *a* 1.Sam 6,19; *b* 4.Mose 4,15 **6,13:** *a* 1.Kön 8,5 **6,14:** *a* 2.Mose 28,6; 1.Sam 2,18; 22,18 **6,18:** *a* 1.Kön 8,55

chal: Ich will vor dem HERRN tanzen,
der mich erwählt hat vor deinem Vater
und vor seinem ganzen Hause, um mich
[a]zum Fürsten zu bestellen über das Volk
des HERRN, über Israel, 22und ich will
noch geringer werden als jetzt und will
niedrig sein in meinen Augen; aber bei
den Mägden, von denen du geredet hast,
will ich zu Ehren kommen. 23Aber Mi-
chal, Sauls Tochter, hatte kein Kind bis
an den Tag ihres Todes.

Gottes Verheißung für David und sein Königtum

(vgl. 1. Chr 17,1-14)

7 Als nun der König in seinem Hause
saß und der HERR ihm Ruhe gegeben
hatte vor allen seinen Feinden umher,
2sprach er zu dem Propheten Nathan:
Sieh doch, [a]ich wohne in einem Zedern-
hause, und die Lade Gottes wohnt unter
Zeltdecken. 3Nathan sprach zu dem Kö-
nig: Wohlan, alles, was in deinem Herzen
ist, das tu, denn der HERR ist mit dir.

4In der Nacht aber kam das Wort des
HERRN zu Nathan: 5Geh hin und sage zu
meinem Knecht David: So spricht der
HERR: [a]Solltest du mir ein Haus bauen,
dass ich darin wohne? 6Habe ich doch
[a]in keinem Hause gewohnt seit dem Tag,
da ich die Israeliten aus Ägypten führte,
bis auf diesen Tag, sondern ich bin um-
hergezogen in einem Zelt als Wohnung.
7Habe ich die ganze Zeit, als ich mit den
Israeliten umherzog, je geredet zu einem
der Richter Israels, denen ich befohlen
hatte, mein Volk Israel zu weiden, und
gesagt: Warum baut ihr mir nicht ein
Zedernhaus?

8Darum sollst du nun so zu meinem
Knechte David sagen: So spricht der
HERR Zebaoth: [a]Ich habe dich genom-
men von den Schafhürden, damit du
[b]Fürst über mein Volk Israel sein sollst,
9und bin mit dir gewesen, wo du hinge-
gangen bist, und habe alle deine Feinde
vor dir ausgerottet; und ich will dir einen
großen Namen machen gleich dem Na-
men der Großen auf Erden. 10Und ich
will meinem Volk Israel eine Stätte geben
und will es pflanzen, dass es dort wohne
und sich nicht mehr ängstigen müsse und
die Kinder der Bosheit es nicht mehr
bedrängen. Und wie vormals, 11seit der
Zeit, da ich Richter über mein Volk Is-
rael bestellt habe, will ich dir Ruhe geben
vor allen deinen Feinden.

**Und der HERR verkündigt dir, dass der
HERR dir ein Haus bauen will.** 12**Wenn
nun deine Zeit um ist und du dich zu
deinen Vätern schlafen legst, [a]will ich dir
einen Nachkommen erwecken, der von dei-
nem Leibe kommen wird; dem will ich sein
Königtum bestätigen.** 13**Der [a]soll meinem
Namen ein Haus bauen, und [b]ich will
seinen Königsthron bestätigen ewiglich.**
14[a]Ich will sein Vater sein und er soll
mein Sohn sein. Wenn er sündigt, will ich
ihn mit Menschenruten und mit mensch-
lichen Schlägen strafen; 15aber meine
Gnade soll nicht von ihm weichen, [a]wie
ich sie habe weichen lassen von Saul, den
ich vor dir weggenommen habe. 16Aber
dein Haus und dein Königtum sollen be-
ständig sein in Ewigkeit vor mir, und
dein Thron soll ewiglich bestehen.[a]

17Als Nathan alle diese Worte und dies
Gesicht David gesagt hatte, 18kam der
König David und setzte sich vor dem
HERRN nieder und sprach: [a]**Wer bin ich,
Herr HERR, und was ist mein Haus, dass
du mich bis hierher gebracht hast?** 19Aber
nun hast du das noch für zu wenig ge-
halten, Herr HERR, und hast dem Hause
deines Knechtes sogar für die ferne Zu-
kunft Zusagen gegeben, und das nach
Menschenweise, Herr HERR! 20Und was
soll David noch mehr reden mit dir? Du
kennst ja deinen Knecht, Herr HERR!
21Um deines Wortes willen und nach dei-
nem Herzen hast du alle diese großen
Dinge getan, um sie deinem Knecht
kundzutun. 22Darum bist du groß, Herr
HERR! Denn es ist keiner wie du, und ist
kein Gott außer dir nach allem, was wir
mit unsern Ohren gehört haben. 23Und
[a]wo ist ein Volk auf Erden wie dein Volk
Israel, um dessentwillen Gott hingegan-
gen ist, es zu erlösen, dass es sein Volk
sei, und ihm einen Namen zu machen
und so große und furchtbare Dinge zu
tun, damit du Völker und ihre Götter
vertriebest vor deinem Volk, das du dir

6,21: *a* Kap 5,2 **7,2:** *a* Ps 132,3-5 **7,5:** *a* 1. Chr 22,8; 1. Kön 5,17 **7,6:** *a* 1. Kön 8,16.27; Jes 66,1 **7,8:** *a* 1. Sam 16,11-13; *b* Kap 5,2 **7,12:** *a* 1. Kön 8,20 **7,13:** *a* 1. Kön 5,19; 6,12; *b* Ps 89,4-5; Jes 9,6 **7,14:** *a* Ps 2,7; 89,27; Lk 1,32; Hebr 1,5 **7,15:** *a* 1. Sam 15,23.26 **7,16:** *a* Ps 72,1-17; Jes 55,3 **7,18:** *a* 2. Mose 3,11 **7,23:** *a* 5. Mose 4,7

aus Ägypten erlöst hast? 24 Und du hast
dir dein Volk Israel zubereitet, dir zum
Volk für ewig, und du, HERR, bist ihr
Gott geworden.

25 So bekräftige nun, HERR, Gott, das
Wort in Ewigkeit, das du über deinen
Knecht und über sein Haus geredet hast,
und tu, wie du geredet hast! 26 So wird
dein Name groß werden in Ewigkeit,
dass man sagen wird: Der HERR Zebaoth
ist Gott über Israel, und das Haus deines
Knechtes David wird bestehen vor dir.
27 Denn du, HERR Zebaoth, du Gott Is-
raels, hast das [a]Ohr deines Knechts ge-
öffnet und gesagt: Ich will dir ein Haus
bauen. Darum hat dein Knecht sich ein
Herz gefasst, dass er dies Gebet zu dir
gebetet hat. 28 Nun, Herr HERR, du bist
Gott und deine Worte sind Wahrheit. Du
hast all dies Gute deinem Knecht zuge-
sagt.[a] 29 So fange nun an, zu segnen das
Haus deines Knechts, damit es ewiglich
vor dir sei; denn du, Herr HERR, hast's
geredet und mit deinem Segen wird dei-
nes Knechtes Haus gesegnet sein ewig-
lich.

Davids Kriege und Siege

(vgl. 1. Chr 18,1-13)

8 Und es begab sich danach, dass Da-
vid die Philister schlug und sie unter-
warf und dass er den Dienstzaum den
Philistern aus der Hand nahm. 2 Er
schlug auch die [a]Moabiter und ließ sie
sich auf den Boden legen und maß sie
mit der Messschnur ab; und er maß zwei
Schnurlängen ab, so viele tötete er, und
eine volle Schnurlänge, so viele ließ er am
Leben. So wurden die Moabiter David
untertan, dass sie ihm Abgaben bringen
mussten.

3 David schlug auch Hadad-Eser, den
Sohn Rehobs, den König von [a]Zoba, als
er hinzog, um seine Macht wieder aufzu-
richten am Euphratstrom. 4 Und David
nahm von ihnen gefangen tausendund-
siebenhundert Gespanne und zwanzig-
tausend Mann Fußvolk und [a]lähmte alle
Pferde und behielt hundert übrig. 5 Es
kamen aber die Aramäer von Damas-
kus, um Hadad-Eser, dem König von
Zoba, zu helfen. Und David schlug von
den Aramäern zweiundzwanzigtausend
Mann. 6 Und er setzte Statthalter ein im
Aramäerreich von Damaskus. So wurde
Aram David untertan, dass sie ihm Ab-
gaben bringen mussten; denn der HERR
half David, wo er auch hinzog. 7 Und
David nahm die goldenen Schilde, die
Hadad-Esers Männer gehabt hatten, und
brachte sie nach Jerusalem. 8 Und von
Tebach und Berotai, den Städten Hadad-
Esers, nahm der König David sehr viel
Kupfer.

9 Als aber Toï, der König von Hamat,
hörte, dass David die ganze Streitmacht
Hadad-Esers geschlagen hatte, 10 sandte
er seinen Sohn Hadoram zum König
David, ihm Frieden und Segen zu wün-
schen, weil er gegen Hadad-Eser ge-
kämpft und ihn geschlagen hatte – denn
Toï führte Krieg mit Hadad-Eser –, und
Hadoram brachte mit sich silberne, gol-
dene und kupferne Kleinode. 11 Auch
diese heiligte der König David dem
HERRN samt dem Silber und Gold, das
er geheiligt hatte von allen Heiden, die er
unterworfen hatte, 12 von Edom, von
Moab, von den Ammonitern, von den
Philistern, von Amalek und von dem, was
er erbeutet hatte von Hadad-Eser, dem
Sohn Rehobs, dem König von Zoba.

13 So machte sich David einen Namen.
Als er zurückkam vom Sieg über die
Aramäer, schlug er die Edomiter im
Salztal, achtzehntausend Mann,[a] 14 und
setzte in ganz Edom Statthalter ein und
[a]ganz Edom wurde David untertan;
denn der HERR half David, wo er auch
hinzog.

Davids Beamte

(vgl. 1. Chr 18,14-17)

15 So war David König über ganz Israel,
und er schaffte Recht und Gerechtigkeit
seinem ganzen Volk. 16 [a]Joab, der Sohn
der Zeruja, war über das Heer gesetzt;
Joschafat aber, der Sohn Ahiluds, war
Kanzler; 17 [a]Zadok, der Sohn [b]Ahitubs,
und Ahimelech, der Sohn [c]Abjatars, wa-
ren Priester; Seraja war Schreiber; 18 Be-
naja, der Sohn Jojadas, war über die
[a]Kreter und Pleter gesetzt; auch die
Söhne Davids sind Priester gewesen.

7,27: *a* Jes 50,5 **7,28:** *a* 1. Kön 8,26 **8,2:** *a* 1. Sam 22,3 **8,3:** *a* 1. Sam 14,47 **8,4:** *a* Jos 11,9 **8,13:** *a* Ps 60,2 **8,14:** *a* 1. Mose 27,40; 4. Mose 24,18 **8,16:** *a (16-18)* Kap 20,23-26 **8,17:** *a* Kap 15,24; *b* 1. Sam 22,20; *c* 1. Kön 2,27 **8,18:** *a* Kap 15,18

David holt Mefi-Boschet an seinen Hof

9 Und David sprach: Ist noch jemand
übrig geblieben von dem Hause
Sauls, damit ich Barmherzigkeit an ihm
tue um Jonatans willen? 2 Es war aber ein
Knecht vom Hause Sauls, der hieß
[a]Ziba; den riefen sie zu David. Und der
König sprach zu ihm: Bist du Ziba?
Er sprach: Ja, dein Knecht ist es. 3 Der
König sprach: Ist da noch jemand vom
Hause Sauls, damit ich Gottes Barmher-
zigkeit an ihm tue? Ziba sprach zum Kö-
nig: [a]Es ist noch ein Sohn Jonatans da,
lahm an den Füßen. 4 Der König sprach
zu ihm: Wo ist er? Ziba sprach zum Kö-
nig: Siehe, er ist in Lo-Dabar im Hause
[a]Machirs, des Sohnes Ammiëls.
5 Da sandte der König David hin und
ließ ihn holen von Lo-Dabar aus dem
Hause Machirs, des Sohnes Ammiëls.
6 Als nun Mefi-Boschet, der Sohn Jona-
tans, des Sohnes Sauls, zu David kam,
fiel er auf sein Angesicht und huldigte
ihm. David aber sprach: Mefi-Boschet!
Er sprach: Hier bin ich, dein Knecht.
7 David sprach zu ihm: Fürchte dich
nicht, denn ich will Barmherzigkeit an
dir tun um deines Vaters Jonatan willen
und will dir den ganzen Besitz deines
Vaters Saul zurückgeben; du aber sollst
täglich an meinem Tisch essen. 8 Er aber
fiel nieder und sprach: Wer bin ich, dein
Knecht, dass du dich wendest zu einem
toten Hunde, wie ich es bin?
9 [a]Da rief der König den Ziba, den
Knecht Sauls, und sprach zu ihm: Alles,
was Saul gehört hat und seinem ganzen
Hause, hab ich dem Sohn deines Herrn
gegeben. 10 So bearbeite ihm nun seinen
Acker, du und deine Söhne und deine
Knechte, und bring die Ernte ein, damit
es das Brot sei des Sohnes deines Herrn
und er sich davon nähre; aber Mefi-Bo-
schet, der Sohn deines Herrn, soll täglich
an meinem Tisch essen. Ziba aber hatte
fünfzehn Söhne und zwanzig Knechte.
11 Und Ziba sprach zum König: Ganz so,
wie mein Herr, der König, seinem
Knechte geboten hat, wird dein Knecht
tun. Und Mefi-Boschet, sprach David,
esse an meinem Tische wie einer der
Königssöhne. 12 Und Mefi-Boschet hatte
einen kleinen Sohn, der hieß Micha. Und
alle, die im Hause Zibas wohnten, dien-
ten Mefi-Boschet. 13 Mefi-Boschet aber
wohnte hinfort in Jerusalem, denn er aß
täglich an des Königs Tisch. Und er war
[a]lahm an seinen beiden Füßen.

Davids Kampf mit den Ammonitern

(vgl. 1. Chr 19,1–20,3)

10 Und es begab sich danach, dass der
König der Ammoniter starb und
sein Sohn Hanun wurde König an seiner
statt. 2 Da sprach David: Ich will Hanun,
dem Sohn des [a]Nahasch, Freundschaft
erweisen, wie sein Vater mir Freund-
schaft erwiesen hat. Und er sandte hin
und ließ ihn durch seine Gesandten über
seinen Vater trösten. Als nun die Ge-
sandten Davids ins Land der Ammoniter
kamen, 3 sprachen die Obersten der Am-
moniter zu ihrem Herrn Hanun: Meinst
du, dass David deinen Vater vor deinen
Augen ehren wolle, wenn er Tröster zu
dir gesandt hat? Meinst du nicht, dass er
dazu seine Boten zu dir gesandt hat, da-
mit er die Stadt erforsche und erkunde
und zerstöre?
4 Da nahm Hanun die Gesandten Da-
vids und ließ ihnen den Bart halb ab-
scheren und die Kleider halb abschnei-
den bis unter den Gürtel und ließ sie
gehen. 5 Als das David angesagt wurde,
sandte er ihnen Boten entgegen; denn die
Männer waren sehr geschändet. Und der
König ließ ihnen sagen: Bleibt in Jericho,
bis euer Bart gewachsen ist; dann kommt
zurück.
6 Als aber die Ammoniter sahen, dass
sie sich bei David in Verruf gebracht hat-
ten, sandten sie hin und warben an die
Aramäer von Bet-Rehob und die Ara-
mäer von Zoba, zwanzigtausend Mann
Fußvolk, und von dem König von Maa-
cha tausend Mann und von Tob zwölf-
tausend Mann. 7 Als das David hörte,
sandte er Joab mit dem ganzen Heer der
Kriegsleute. 8 Und die Ammoniter zogen
aus und stellten sich auf zum Kampf vor
dem Eingang des Tores. Die Aramäer
aber von Zoba, von Rehob, von Tob und
von Maacha standen für sich auf freiem
Feld.
9 Als Joab nun sah, dass der Angriff

9,2: *a* Kap 16,1 **9,3:** *a* Kap 4,4 **9,4:** *a* Kap 17,27 **9,9:** *a (9-11)* Kap 19,29-30 **9,13:** *a* Vers 3 **10,2:** *a* 1. Sam 11,1

gegen ihn gerichtet war von vorn und
von hinten, wählte er aus der ganzen
jungen Mannschaft in Israel einen Teil
aus und stellte sich den Aramäern entge-
gen. 10 Und das übrige Kriegsvolk tat er
unter die Hand seines Bruders Abischai,
dass er sie gegen die Ammoniter auf-
stelle, 11 und sprach: Werden mir die Ara-
mäer überlegen sein, so komm mir zu
Hilfe; werden aber die Ammoniter dir
überlegen sein, so will ich dir zu Hilfe
kommen. 12 Sei ganz getrost, damit wir
die Stärkeren bleiben für unser Volk und
die Städte unseres Gottes. Der HERR
aber tue, was ihm gefällt. 13 Und Joab
rückte an mit dem Volk, das bei ihm war,
um gegen die Aramäer zu kämpfen, und
sie flohen vor ihm. 14 Und als die Ammo-
niter sahen, dass die Aramäer flohen,
flohen sie auch vor Abischai in die Stadt
hinein. Da ließ Joab ab von den Ammo-
nitern und kam nach Jerusalem.

15 Und als die Aramäer sahen, dass sie
von Israel geschlagen waren, sammelten
sie sich. 16 Und Hadad-Eser sandte hin
und ließ die Aramäer jenseits des Stro-
mes in den Kampf ziehen, und sie kamen
nach Helam und Schobach, der Feld-
hauptmann Hadad-Esers, an ihrer
Spitze. 17 Als das David angesagt wurde,
sammelte er ganz Israel und zog über
den Jordan und kam nach Helam. Und
die Aramäer stellten sich gegen David
auf, um mit ihm zu kämpfen. 18 Aber die
Aramäer flohen vor Israel und David
vernichtete von den Aramäern sieben-
hundert Wagen und vierzigtausend
Mann; und Schobach, den Feldhaupt-
mann, erschlug er, dass er dort starb.
19 Als aber alle Könige, die unter Hadad-
Eser waren, sahen, dass sie von Israel
geschlagen waren, machten sie Frieden
mit Israel und wurden ihm untertan.
Und die Aramäer fürchteten sich, den
Ammonitern hinfort zu helfen.

Davids Ehebruch und Blutschuld

11 Und als das Jahr um war, zur Zeit,
da die Könige ins Feld zu ziehen
pflegen, sandte David Joab und seine
Männer mit ihm und ganz Israel, damit
sie das Land der Ammoniter verheerten
und Rab[illegible]gerten. David aber blieb
in Jerusalem[illegible] 2 Und es begab sich, dass
David um den Abend aufstand von sei-
nem Lager und sich auf dem Dach des
Königshauses erging; da [a]sah er vom
Dach aus eine Frau sich waschen; und
die Frau war von sehr schöner Gestalt.
3 Und David sandte hin und ließ nach der
Frau fragen und man sagte: Das ist doch
Batseba, die Tochter Eliams, die Frau
[a]Urias, des Hetiters. 4 Und David sandte
Boten hin und ließ sie holen. Und als sie
zu ihm kam, [a]wohnte er ihr bei; sie aber
hatte sich gerade gereinigt von ihrer
[b]Unreinheit. Und sie kehrte in ihr Haus
zurück. 5 Und die Frau ward schwanger
und sandte hin und ließ David sagen: Ich
bin schwanger geworden.

6 David aber sandte zu Joab: Sende zu
mir Uria, den Hetiter. Und Joab sandte
Uria zu David. 7 Und als Uria zu ihm
kam, fragte David, ob es mit Joab und
mit dem Heer und mit dem Krieg gut
stünde. 8 Und David sprach zu Uria: Geh
hinab in dein Haus und wasch deine
Füße. Und als Uria aus des Königs Haus
hinausging, wurde ihm ein Geschenk des
Königs nachgetragen. 9 Aber Uria legte
sich schlafen vor der Tür des Königs-
hauses, wo alle Kriegsleute seines Herrn
lagen, und ging nicht hinab in sein
Haus.

10 Als man aber David ansagte: Uria ist
nicht hinab in sein Haus gegangen,
sprach David zu ihm: Bist du nicht von
weit her gekommen? Warum bist du
nicht hinab in dein Haus gegangen?
11 Uria aber sprach zu David: Die Lade
und Israel und Juda wohnen in Zelten
und Joab, mein Herr, und meines Herrn
Kriegsleute liegen auf freiem Felde, und
ich sollte in mein Haus gehen, um zu
essen und zu trinken und bei meiner
Frau zu liegen? So wahr der HERR lebt
und so wahr du lebst: Ich tue so etwas
nicht. 12 David sprach zu Uria: Bleib
heute hier, morgen will ich dich gehen
lassen. So blieb Uria in Jerusalem an
diesem Tage und auch am nächsten.
13 Und David lud ihn ein, sodass er bei
ihm aß und trank, und machte ihn be-
trunken. Aber am Abend ging er hinaus,

11,1: *a* 1. Chr 20,1 **11,2:** *a* Mt 5,28-29 **11,3:** *a* Kap 23,39 **11,4:** *a* 2. Mose 20,14; 3. Mose 20,10; 5. Mose 22,22; *b* 3. Mose 15,19

um sich schlafen zu legen auf sein Lager
bei den Männern seines Herrn, und ging
nicht hinab in sein Haus.
14 Am andern Morgen schrieb David
einen Brief an Joab und sandte ihn durch
Uria. 15 Er schrieb aber in dem Brief:
Stellt Uria vornehin, wo der Kampf am
härtesten ist, und zieht euch hinter ihm
zurück, dass er erschlagen werde und
sterbe.[a] 16 Als nun Joab die Stadt bela-
gerte, stellte er Uria dorthin, wo er wuss-
te, dass streitbare Männer standen.
17 Und als die Männer der Stadt einen
Ausfall machten und mit Joab kämpften,
fielen einige vom Volk, von den Männern
Davids, und Uria, der Hetiter, starb
auch.
18 Da sandte Joab hin und ließ David
alles sagen, was sich bei dem Kampf be-
geben hatte, 19 und gebot dem Boten:
Wenn du dem König alles bis zu Ende
gesagt hast, was sich bei dem Kampf
begeben hat, 20 und siehst, dass der Kö-
nig zornig wird und zu dir spricht:
Warum seid ihr so nahe an die Stadt
herangerückt im Kampf? Wisst ihr nicht,
dass von der Mauer geschossen wird?
21 Wer erschlug Abimelech, den Sohn Je-
rubbaals? [a]Warf nicht eine Frau einen
Mühlstein auf ihn von der Mauer, sodass
er in Tebez starb? Warum seid ihr so
nahe an die Mauer herangerückt?, – so
sollst du sagen: Auch dein Knecht Uria,
der Hetiter, ist tot.
22 Der Bote ging hin und kam und
sagte David alles, weswegen Joab ihn ge-
sandt hatte. 23 Und der Bote sprach zu
David: Die Männer waren uns über-
mächtig und zogen heraus aufs Feld ge-
gen uns; wir aber gingen gegen sie an bis
an den Eingang des Tores. 24 Und die
Schützen schossen von der Mauer auf
deine Knechte und töteten einige von
den Männern des Königs, und auch
Uria, dein Knecht, der Hetiter, ist tot.
25 David sprach zum Boten: So sollst du
Joab sagen: »Lass dir das nicht leid sein,
denn das Schwert frisst bald diesen, bald
jenen. Fahre fort mit dem Kampf gegen
die Stadt und zerstöre sie.« So sollst du
ihm Mut zusprechen.
26 Und als Urias Frau hörte, dass ihr
Mann Uria tot war, hielt sie die Toten-
klage um ihren Eheherrn. 27 Sobald sie
aber ausgetrauert hatte, sandte David hin
und ließ sie in sein Haus holen, und sie
wurde seine Frau und gebar ihm einen
Sohn. Aber dem HERRN missfiel die Tat,
die David getan hatte.

Nathans Strafrede. David bekennt seine Sünde und empfängt Vergebung

12 [a]Und der HERR sandte Nathan zu
David. Als der zu ihm kam, sprach
er zu ihm: Es waren zwei Männer in einer
Stadt, der eine reich, der andere arm.
2 Der Reiche hatte sehr viele Schafe und
Rinder; 3 aber der Arme hatte nichts als
ein einziges kleines Schäflein, das er ge-
kauft hatte. Und er nährte es, dass es
groß wurde bei ihm zugleich mit seinen
Kindern. Es aß von seinem Bissen und
trank aus seinem Becher und schlief in
seinem Schoß und er hielt's wie eine
Tochter. 4 Als aber zu dem reichen Mann
ein Gast kam, brachte er's nicht über
sich, von seinen Schafen und Rindern zu
nehmen, um dem Gast etwas zuzurich-
ten, der zu ihm gekommen war, sondern
er nahm das Schaf des armen Mannes
und richtete es dem Mann zu, der zu ihm
gekommen war.
5 Da geriet David in großen Zorn über
den Mann und sprach zu Nathan: So
wahr der HERR lebt: Der Mann ist ein
Kind des Todes, der das getan hat!
6 Dazu soll er das Schaf [a]vierfach bezah-
len, weil er das getan und sein eigenes
geschont hat.
7 Da sprach Nathan zu David: [a]Du
bist der Mann! So spricht der HERR, der
Gott Israels: Ich habe dich zum König
gesalbt über Israel und habe dich errettet
aus der Hand Sauls 8 und habe dir deines
Herrn Haus gegeben, dazu seine Frauen,
und habe dir das Haus Israel und Juda
gegeben; und ist das zu wenig, will ich
noch dies und das dazutun. 9 Warum hast
du denn das Wort des HERRN verachtet,
dass du getan hast, was ihm missfiel?
[a]Uria, den Hetiter, hast du erschlagen
mit dem Schwert, seine Frau hast du dir
zur Frau genommen, ihn aber hast du
umgebracht durchs Schwert der Ammo-

11,15: *a* 2. Mose 20,13 **11,21:** *a* Ri 9,53-54 **12,1:** *a (1-6)* 2. Mose 20,17 **12,6:** *a* 2. Mose 21,37 **12,7:** *a* 1. Kön 20,40 **12,9:** *a* Kap 11,1-27; 1. Kön 15,5

niter. 10 Nun, so [a]soll von deinem Hause
das Schwert nimmermehr lassen, weil du
mich verachtet und die Frau Urias, des
Hetiters, genommen hast, dass sie deine
Frau sei. 11 So spricht der HERR: Siehe,
ich will Unheil über dich kommen lassen
aus deinem eigenen Hause und will deine
Frauen nehmen vor deinen Augen und
will sie deinem Nächsten geben, dass er
[a]bei ihnen liegen soll an der lichten
Sonne. 12 Denn du hast's heimlich getan,
ich aber will dies tun vor ganz Israel und
im Licht der Sonne.

13 Da sprach David zu Nathan: [a]Ich
habe gesündigt gegen den HERRN. Na-
than sprach zu David: [b]So hat auch der
HERR deine Sünde weggenommen; du
wirst nicht sterben. 14 Aber weil du die
Feinde des HERRN durch diese Sache
zum Lästern gebracht hast, wird der
[a]Sohn, der dir geboren ist, des Todes
sterben. 15 Und Nathan ging heim.

Und der HERR schlug das Kind, das
Urias Frau David geboren hatte, sodass
es todkrank wurde. 16 Und David suchte
Gott um des Knäbleins willen und fas-
tete, und wenn er heimkam, lag er über
Nacht auf der Erde. 17 Da traten herzu
die Ältesten seines Hauses und wollten
ihn aufrichten von der Erde; er aber
wollte nicht und aß auch nicht mit ihnen.
18 Am siebenten Tage aber starb das
Kind. Und die Männer Davids fürch-
teten sich, ihm zu sagen, dass das Kind
tot sei; denn sie dachten: Siehe, als das
Kind noch am Leben war, redeten wir
mit ihm und er hörte nicht auf uns; wie
könnten wir ihm nun sagen: Das Kind ist
tot! Er könnte ein Unheil anrichten.

19 Als aber David sah, dass seine Män-
ner leise redeten, merkte er, dass das
Kind tot sei, und sprach zu seinen Män-
nern: Ist das Kind tot? Sie sprachen: Ja.
20 Da stand David von der Erde auf und
wusch sich und salbte sich und zog an-
dere Kleider an und ging in das Haus des
HERRN und betete an. Und als er wieder
heimkam, ließ er sich Speise auftragen
und aß. 21 Da sprachen seine Männer zu
ihm: Was soll das, was du tust? Als das
Kind lebte, hast du gefastet und geweint;
nun es aber gestorben ist, stehst du auf
und isst? 22 Er sprach: Als das Kind noch
lebte, fastete ich und weinte; denn ich
dachte: Wer weiß, ob mir der HERR nicht
gnädig wird und das Kind am Leben
bleibt. 23 Nun es aber tot ist, was soll ich
fasten? Kann ich es wieder zurückholen?
Ich werde wohl zu ihm fahren; es kommt
aber nicht wieder zu mir zurück.

24 Und als David seine Frau Batseba
getröstet hatte, ging er zu ihr hinein und
wohnte ihr bei. Und sie gebar einen
Sohn, den nannte er Salomo. Und der
HERR liebte ihn. 25 Und er tat ihn unter
die Hand des Propheten Nathan; der
nannte ihn Jedidja* um des HERRN wil-
len.

Eroberung der Hauptstadt der Ammoniter

(vgl. 1. Chr 20,1-3)

26 So kämpfte nun Joab gegen [a]Rabba,
die Stadt der Ammoniter, und eroberte
die Königsstadt 27 und sandte Boten zu
David und ließ ihm sagen: Ich habe ge-
kämpft gegen Rabba und schon die Was-
serstadt eingenommen. 28 So bring nun
das übrige Kriegsvolk zusammen und
belagere die Stadt und erobere sie, damit
nicht ich sie erobere und mein Name
über ihr ausgerufen werde.

29 So brachte David das ganze Kriegs-
volk zusammen und zog hin und
kämpfte gegen Rabba und eroberte es
30 und nahm seinem König die Krone
vom Haupt; die war an Gewicht einen
Zentner Gold schwer und an ihr war ein
Edelstein; und sie wurde David aufs
Haupt gesetzt. Und er führte aus der
Stadt viel Beute weg. 31 Aber das Volk
darin führte er heraus und stellte sie als
Fronarbeiter an die Sägen, die eisernen
Pickel und an die eisernen Äxte und ließ
sie an den Ziegelöfen arbeiten. So tat er
mit allen Städten der Ammoniter. Da-
nach kehrten David und das ganze
Kriegsvolk nach Jerusalem zurück.

Amnons Schandtat an Absaloms Schwester

13 Und es begab sich danach: [a]Absa-
lom, der Sohn Davids, hatte eine
schöne Schwester, die Tamar hieß; und

* d. h. »Geliebter des Herrn«.

12,10: *a* Kap 13,28-29; 18,14; 1. Kön 2,24-25; 2. Kön 25,7 **12,11:** *a* Kap 16,22; 20,3; Hiob 31,9-10 **12,13:** *a* Kap 24,10; Ps 51,3; *b* Hes 18,21-23 **12,14:** *a* Kap 11,27 **12,26:** *a* Kap 11,1; Jer 49,2 **13,1:** *a* Kap 3,2-3

Amnon, der Sohn Davids, gewann sie
lieb. 2 Und Amnon grämte sich, sodass er
fast krank wurde, um seiner Schwester
Tamar willen; denn sie war eine Jung-
frau, und es schien Amnon unmöglich zu
sein, ihr etwas anzutun.

3 Amnon aber hatte einen Freund, der
hieß Jonadab, ein Sohn von [a]Davids
Bruder Schamma, und dieser Jonadab
war ein sehr erfahrener Mann. 4 Der
sprach zu ihm: Warum wirst du so mager
von Tag zu Tag, du Königssohn? Willst
du mir's nicht sagen? Da sprach Amnon
zu ihm: Ich habe Tamar, die Schwester
meines Bruders Absalom, lieb gewonnen.
5 Jonadab sprach zu ihm: Lege dich auf
dein Bett und stelle dich krank. Wenn
dann dein Vater kommt, dich zu besu-
chen, so sprich zu ihm: Lass doch meine
Schwester Tamar kommen, damit sie mir
Krankenkost gebe und vor meinen Au-
gen das Essen bereite, dass ich zusehe
und von ihrer Hand nehme und esse.

6 So legte sich Amnon hin und stellte
sich krank. Als nun der König kam, ihn
zu besuchen, sprach Amnon zum König:
Lass doch meine Schwester Tamar kom-
men, dass sie vor meinen Augen einen
Kuchen oder zwei mache und ich von
ihrer Hand nehme und esse. 7 Da sandte
David zu Tamar ins Haus und ließ ihr
sagen: Geh hin ins Haus deines Bruders
Amnon und mache ihm eine Kranken-
speise. 8 Tamar ging hin ins Haus ihres
Bruders Amnon; er aber lag zu Bett. Und
sie nahm den Teig und knetete ihn und
bereitete ihn vor seinen Augen und
backte die Kuchen. 9 Und sie nahm die
Pfanne und schüttete sie vor ihm aus;
aber er weigerte sich zu essen. Und Am-
non sprach: Lasst jedermann von mir
hinausgehen. Und es ging jedermann von
ihm hinaus. 10 Da sprach Amnon zu Ta-
mar: Bringe die Krankenspeise in die
Kammer, damit ich von deiner Hand
nehme und esse. Da nahm Tamar die
Kuchen, die sie gemacht hatte, und
brachte sie zu Amnon, ihrem Bruder, in
die Kammer.

11 [a]Und als sie diese zu ihm brachte,
damit er esse, ergriff er Tamar und
sprach zu ihr: Komm, meine Schwester,
lege dich zu mir! 12 Sie aber sprach zu
ihm: Nicht doch, mein Bruder, schände
mich nicht; denn so tut man nicht in
Israel. Tu nicht solch eine Schandtat!
13 Wo soll ich mit meiner Schande hin?
Und du wirst in Israel sein wie ein Ruch-
loser. Rede aber mit dem König, der wird
mich dir nicht versagen. 14 Aber er wollte
nicht auf sie hören und ergriff sie und
überwältigte sie und wohnte ihr bei.
15 Und Amnon wurde ihrer überdrüssig,
sodass sein Widerwille größer war als
vorher seine Liebe. Und Amnon sprach
zu ihr: Auf, geh deiner Wege! 16 Sie aber
sprach zu ihm: Dass du mich von dir
stößt, dies Unrecht ist größer als das
andere, das du an mir getan hast. Aber er
wollte nicht auf sie hören, 17 sondern rief
seinen Diener, der ihm aufwartete, und
sprach: Treibe diese von mir hinaus und
schließ die Tür hinter ihr zu!

18 Und sie hatte ein Ärmelkleid an;
denn solche Kleider trugen des Königs
Töchter, solange sie Jungfrauen waren.
Und als sein Diener sie hinausgetrieben
und die Tür hinter ihr zugeschlossen
hatte, 19 warf Tamar Asche auf ihr Haupt
und zerriss das Ärmelkleid, das sie an-
hatte, und legte ihre Hand auf das Haupt
und ging laut schreiend davon. 20 Und ihr
Bruder Absalom sprach zu ihr: Ist dein
Bruder Amnon bei dir gewesen? Nun,
meine Schwester, schweig still; es ist dein
Bruder, nimm dir die Sache nicht so zu
Herzen. So blieb Tamar einsam im
Hause ihres Bruders Absalom.

21 Und als der König David dies alles
hörte, wurde er sehr zornig. Aber er tat
seinem Sohn Amnon nichts zuleide, denn
er liebte ihn, weil er sein Erstgeborener
war. Doch Absalom redete nicht mit
Amnon, weder Böses noch Gutes.
22 Denn Absalom hasste Amnon, weil er
seine Schwester Tamar geschändet hatte.

Absaloms Rache an Amnon

23 Nach zwei Jahren aber hatte Absalom
Schafschur in Baal-Hazor, das bei
Ephraim liegt. Und Absalom lud alle
Söhne des Königs ein 24 und kam zum
König und sprach: Siehe, dein Knecht
hat Schafschur; der König und seine
Großen mögen mit seinem Knecht hinge-
hen. 25 Der König aber sprach zu Ab-

13,3: *a* 1. Sam 17,13 **13,11:** *a (11-12)* 3. Mose 18,9

salom: Nicht doch, mein Sohn, lass uns
nicht alle gehen, damit wir dich nicht
beschweren. Und obgleich er ihn nötigte,
wollte er doch nicht hingehen, sondern
entließ ihn mit seinem Segen. 26 Absalom
sprach: Soll dann nicht mein Bruder Am-
non mit uns gehen? Der König sprach zu
ihm: Warum soll er mit dir gehen? 27 Da
nötigte ihn Absalom, dass er Amnon
und alle Söhne des Königs mit ihm gehen
ließ. Und Absalom machte ein Mahl, wie
wenn der König ein Mahl gibt.

28 Absalom aber gebot seinen Leuten:
Seht darauf, wenn Amnon guter Dinge
wird vom Wein und ich zu euch spreche:
Schlagt Amnon nieder!, so [a]sollt ihr ihn
töten. Fürchtet euch nicht, denn ich
hab's euch geboten; seid nur getrost und
geht tapfer dran! 29 So taten die Leute
Absaloms mit Amnon, wie ihnen Ab-
salom geboten hatte. Da sprangen alle
Söhne des Königs auf, und jeder setzte
sich auf sein Maultier und sie flohen.

30 Und als sie noch auf dem Wege
waren, kam das Gerücht vor David,
Absalom habe alle Söhne des Königs
erschlagen, dass nicht **einer** von ihnen
übrig geblieben sei. 31 Da stand der König
auf und zerriss seine Kleider und legte
sich auf die Erde, und alle seine Großen,
die um ihn her standen, zerrissen ihre
Kleider. 32 Da hob Jonadab, der Sohn
Schammas, des Bruders Davids, an und
sprach: Mein Herr denke nicht, dass alle
jungen Männer, die Söhne des Königs,
tot sind; sondern Amnon allein wird tot
sein. Denn das hatte Absalom im Sinn
von dem Tage an, da jener seine Schwes-
ter Tamar geschändet hatte. 33 So möge
nun mein Herr, der König, nicht meinen,
dass alle Söhne des Königs tot seien, son-
dern Amnon allein ist tot.

34 Absalom aber floh. Und als der
Knecht auf der Warte seine Augen auf-
hob und ausschaute, siehe, da war viel
Volk auf dem Wege nach Horonajim, am
Abhang. 35 Da sprach Jonadab zum Kö-
nig: Siehe, die Söhne des Königs kom-
men; wie dein Knecht gesagt hat, so ist's
ergangen. 36 Und nachdem er das gesagt
hatte, siehe, da kamen die Söhne des Kö-
nigs und erhoben ihre Stimme und wein-
ten. Der König und alle seine Großen
weinten auch gar sehr. 37 Absalom aber
floh und ging zu [a]Talmai, dem Sohn
Ammihuds, dem König von [b]Geschur.
David aber trug Leid um seinen Sohn
alle Tage.

Joab erwirbt Gnade für Absalom

38 Als aber Absalom geflohen und nach
Geschur gezogen war, blieb er dort drei
Jahre. 39 Und der König David hörte auf,
Absalom zu grollen; denn er hatte sich
getröstet über Amnon, dass er tot war.

14 Joab aber, der Sohn der Zeruja,
merkte, dass des Königs Herz an
Absalom hing, 2 und sandte hin nach Te-
koa und ließ von dort eine kluge Frau
holen und sprach zu ihr: Stelle dich wie
eine Trauernde und zieh Trauerkleider an
und salbe dich nicht mit Öl, sondern
stelle dich wie eine Frau, die eine lange
Zeit Leid getragen hat um einen Toten.
3 Und du sollst zum König hineingehen
und mit ihm reden so und so. Und Joab
legte ihr die Worte in den Mund, die sie
reden sollte.

4 Und als die Frau aus Tekoa zum Kö-
nig kam, fiel sie auf ihr Antlitz zur Erde
und huldigte ihm und sprach: Hilf mir,
König! 5 Der König sprach zu ihr: Was
hast du? Sie sprach: Ach, ich bin eine
Witwe und mein Mann ist gestorben.
6 Und deine Magd hatte zwei Söhne, die
zankten miteinander auf dem Felde, und
weil keiner da war, der zwischen ihnen
schlichtete, schlug der eine seinen Bruder
nieder und tötete ihn. 7 Und siehe, nun
steht die ganze Sippe auf gegen deine
Magd und sie sagen: Gib den her, der
seinen Bruder erschlagen hat, [a]damit wir
ihn töten für das Leben seines Bruders,
den er umgebracht hat; so wollen sie
auch den Erben vertilgen und den Fun-
ken auslöschen, der mir noch übrig ge-
blieben ist, sodass meinem Mann kein
Name und kein Nachkomme bleibt auf
Erden.

8 Der König sprach zu der Frau: Geh
heim, ich will die Sache für dich ordnen.
9 Und die Frau aus Tekoa sprach zum
König: Mein Herr und König, die Schuld
wird man auf mich und meines Vaters
Haus legen, den König aber und seinen
Thron ohne Schuld sein lassen. 10 Der

13,28: *a* 3. Mose 20,17 **13,37:** *a* Kap 3,3; *b* Kap 14,23; Jos 13,11 **14,7:** *a* 5. Mose 19,11-13

König sprach: Wer gegen dich redet, den
bringe zu mir; er soll dich nicht mehr
antasten. 11 Sie sprach: Der König möge
doch den Namen des HERRN, seines
Gottes, nennen, damit der [a]Bluträcher
nicht noch mehr Verderben anrichte und
sie meinen Sohn nicht vertilgen. Er
sprach: So wahr der HERR lebt: Es soll
kein Haar von deinem Sohn auf die Erde
fallen.

12 Und die Frau sprach: Lass deine
Magd meinem Herrn und König etwas
sagen. Er sprach: Sage an! 13 Die Frau
sprach: Warum bist du so gesinnt gegen
Gottes Volk? Denn da der König nun ein
solches Urteil gefällt hat, ist er wie ein
Schuldiger, wenn er den nicht zurück-
holen lässt, den er verstoßen hat. 14 Denn
wir sterben des Todes und sind wie Was-
ser, das auf die Erde gegossen wird und
das man nicht wieder sammeln kann;
aber [a]Gott will nicht das Leben weg-
nehmen, sondern er ist darauf bedacht,
dass das Verstoßene nicht auch von ihm
verstoßen werde. 15 So bin ich nun ge-
kommen, mit meinem Herrn und König
solches zu reden; denn das Volk macht
mir Angst. Deine Magd dachte: Ich will
mit dem König reden; vielleicht wird er
tun, was seine Magd sagt. 16 Denn der
König wird seine Magd erhören, dass er
mich errette aus der Hand aller, die mich
samt meinem Sohn vertilgen wollen vom
Erbe Gottes. 17 Und deine Magd dachte:
Meines Herrn, des Königs, Wort soll mir
ein Trost sein; denn mein Herr, der Kö-
nig, ist [a]wie der Engel Gottes, dass er
Gutes und Böses unterscheiden kann.
Der HERR, dein Gott, möge mit dir
sein!

18 Der König antwortete und sprach zu
der Frau: Verhehle mir nicht, was ich
dich frage. Die Frau sprach: Mein Herr,
der König, rede! 19 Der König sprach: Ist
nicht die Hand Joabs mit dir in alledem?
Die Frau antwortete: So wahr du lebst,
mein Herr und König: Man kann nicht
vorüber an dem, was mein Herr und Kö-
nig geredet hat, weder zur Rechten noch
zur Linken. Ja, dein Knecht Joab hat
mir's geboten, und er hat alle diese Worte
deiner Magd in den Mund gelegt. 20 Dass
ich diese Sache so wenden sollte, das hat
dein Knecht Joab gemacht. Aber mein
Herr gleicht an Weisheit dem [a]Engel
Gottes, sodass er alles weiß, was auf
Erden geschieht.

21 Da sprach der König zu Joab: Siehe,
ich will es tun; so geh hin und bringe
meinen Sohn Absalom zurück. 22 Da fiel
Joab auf sein Antlitz zur Erde, huldigte
und dankte dem König und sprach:
Heute erkennt dein Knecht, dass ich
Gnade gefunden habe vor deinen Augen,
mein Herr und König, da der König tut,
was sein Knecht sagt. 23 So machte sich
Joab auf und zog nach [a]Geschur und
brachte Absalom nach Jerusalem. 24 Aber
der König sprach: Lass ihn wieder in sein
Haus gehen, doch mein Angesicht soll er
nicht sehen. So kam Absalom wieder in
sein Haus, doch des Königs Angesicht
sah er nicht.

25 Es war aber in ganz Israel kein
Mann so schön wie Absalom und er
hatte dieses Lob vor allen; von der Fuß-
sohle bis zum Scheitel war nicht ein Fehl
an ihm. 26 Und wenn man sein Haupt
schor – das geschah alle Jahre, denn es
war ihm zu schwer, sodass man es ab-
scheren musste –, so wog sein Haupthaar
zweihundert Lot nach dem königlichen
Gewicht. 27 Und Absalom wurden drei
Söhne geboren und eine Tochter, die hieß
[a]Tamar und sie war ein schönes Mäd-
chen.

28 Und Absalom wohnte zwei Jahre in
Jerusalem, ohne des Königs Angesicht zu
sehen. 29 Und Absalom sandte zu Joab,
um ihn zum König zu senden; aber Joab
wollte nicht zu ihm kommen. Er aber
sandte zum zweiten Mal; aber er wollte
immer noch nicht kommen. 30 Da sprach
er zu seinen Knechten: Seht das Stück
Acker Joabs neben meinem; er hat Gerste
darauf. So geht hin und steckt's in
Brand. Da steckten die Knechte Absa-
loms das Stück in Brand. 31 Da machte
sich Joab auf und kam zu Absalom ins
Haus und sprach zu ihm: Warum haben
deine Knechte mein Feld in Brand ge-
steckt? 32 Absalom sprach zu Joab: Siehe,
ich sandte zu dir und ließ dir sagen:
Komm her, damit ich dich zum König

14,11: *a* 4. Mose 35,19-21 **14,14:** *a* Hes 18,23 **14,17:** *a* Kap 19,28; 1. Sam 29,9 **14,20:** *a* Vers 17 **14,23:** *a* Kap 13,37 **14,27:** *a* Kap 13,1

sende und fragen lasse: Warum bin ich
von Geschur hierhergekommen? Es wäre
mir besser, dass ich noch dort wäre. So
lass mich nun das Angesicht des Königs
sehen; liegt aber eine Schuld auf mir, so
soll er mich töten.
33 Und Joab ging hinein zum König
und sagte es ihm an. Und er rief Ab-
salom, dass er hinein zum König kam;
und er fiel nieder vor dem König auf sein
Antlitz zur Erde, und der König küsste
Absalom.

Absaloms Aufruhr

15 Und es begab sich danach, dass
Absalom [a]sich einen Wagen an-
schaffte und Rosse und fünfzig Mann,
die seine Leibwache waren. 2 Auch
machte sich Absalom des Morgens auf
und trat an den Weg bei dem Tor. Und
wenn jemand einen Rechtshandel hatte
und deshalb zum König vor Gericht ge-
hen wollte, rief ihn Absalom zu sich und
sprach: Aus welcher Stadt bist du? Wenn
der dann sprach: Dein Knecht ist aus
dem und dem Stamm Israels, 3 so sprach
Absalom zu ihm: Siehe, deine Sache ist
gut und recht; aber du hast keinen beim
König, der dich hört. 4 Und Absalom
sprach: Oh, wer setzt mich zum Richter
im Lande, dass jedermann zu mir käme,
der eine Sache und Gerichtshandel hat,
damit ich ihm zum Recht hülfe! 5 Und
wenn jemand ihm nahte und vor ihm
niederfallen wollte, so streckte er seine
Hand aus und ergriff ihn und küsste ihn.
6 Auf diese Weise tat Absalom mit ganz
Israel, wenn sie vor Gericht kamen zum
König. So stahl Absalom das Herz der
Männer Israels.
7 Nach vier Jahren sprach Absalom
zum König: Ich will hingehen und mein
Gelübde in Hebron erfüllen, das ich dem
HERRN gelobt habe. 8 Denn dein Knecht
hat ein [a]Gelübde getan, als ich in [b]Ge-
schur in Aram wohnte, und gesprochen:
Wenn mich der HERR nach Jerusalem
zurückbringt, so will ich dem HERRN
einen Gottesdienst halten. 9 Der König
sprach zu ihm: Geh hin mit Frieden!
Und er machte sich auf und ging nach
Hebron.
10 Absalom aber hatte heimlich Boten
ausgesandt in alle Stämme Israels und
sagen lassen: Wenn ihr den Schall der
Posaune hört, so ruft: Absalom ist König
geworden zu Hebron. 11 Es gingen aber
mit Absalom zweihundert Mann von Je-
rusalem, die geladen waren, und sie gin-
gen ohne Argwohn und wussten nichts
von der Sache. 12 Als aber Absalom die
Opfer darbrachte, sandte er auch zu
[a]Ahitofel, dem Giloniter, Davids Rat-
geber, und ließ ihn holen aus seiner Stadt
[b]Gilo. Und die Verschwörung wurde
stark und es sammelte sich immer mehr
Volk um Absalom.

David verlässt Jerusalem

13 Da kam einer, der sagte es David an
und sprach: Jedermanns Herz in Israel
hat sich Absalom zugewandt. 14 David
aber sprach zu allen seinen Großen, die
bei ihm in Jerusalem waren: Auf, lasst
uns fliehen! Denn hier wird kein Ent-
rinnen sein vor Absalom. Eilt, dass wir
gehen, damit er uns nicht einholt und
uns ergreift und Unheil über uns bringt
und die Stadt schlägt mit der Schärfe des
Schwerts. 15 Da sprachen die Großen des
Königs zu ihm: Ganz wie unser Herr und
König will; siehe, wir sind deine Knechte.
16 Und der König zog hinaus und sein
ganzes Haus ihm nach. Der König aber
ließ zehn Nebenfrauen zurück, um das
Haus zu bewahren.
17 Und als der König und alles Volk,
das ihm nachfolgte, hinauskamen, blie-
ben sie stehen beim letzten Hause. 18 Und
alle seine Großen blieben an seiner Seite;
aber alle [a]Kreter und Pleter, auch alle
Gatiter, sechshundert Mann, die von Gat
ihm nachgefolgt waren, zogen an dem
König vorüber.
19 Und der König sprach zu [a]Ittai,
dem [b]Gatiter: Warum gehst auch du mit
uns? Kehre um und bleibe bei dem neuen
König, denn du bist ein Ausländer und
von deiner Heimat hierhergezogen. 20 Ges-
tern bist du gekommen und heute soll-
te ich dich mit uns hin und her ziehen
lassen? Denn ich muss gehen, wohin ich
gehen kann. Kehre um und nimm deine

15,1: *a* 1. Kön 1,5 **15,8:** *a* 1. Mose 28,20-21; *b* Kap 13,37-38 **15,12:** *a* Kap 23,34; *b* Jos 15,51 **15,18:** *a* Kap 8,18
15,19: *a* Kap 18,2; *b* 1. Sam 27,2

Brüder mit dir; dir widerfahre Barmher-
zigkeit und Treue. 21 Ittai antwortete dem
König und sprach: So wahr der HERR
lebt und so wahr mein Herr und König
lebt: Wo immer mein Herr, der König,
ist, es gerate zum Tod oder zum Leben,
da wird dein Knecht auch sein. 22 David
sprach zu Ittai: So komm und zieh vor-
über! Da zog Ittai, der Gatiter, vorüber
und alle seine Männer und der ganze
Haufe von Frauen und Kindern, die bei
ihm waren. 23 Und das ganze Land
weinte mit lauter Stimme, während das
ganze Kriegsvolk vorüberzog. Und der
König ging über den Bach Kidron und
das ganze Kriegsvolk zog weiter auf dem
Wege, der zur Wüste geht.

24 Und siehe, Zadok war auch da und
alle Leviten, die bei ihm waren, und sie
trugen die Lade des Bundes Gottes und
stellten sie nieder. Und Abjatar brachte
Opfer dar, bis das ganze Kriegsvolk aus
der Stadt vorübergezogen war. 25 Aber
der König sprach zu Zadok: Bringe die
Lade Gottes in die Stadt zurück. Werde
ich Gnade finden vor dem HERRN, so
wird er mich zurückbringen, dass ich sie
und ihre Stätte wiedersehe. 26 Spricht er
aber: Ich habe kein Wohlgefallen an dir –
siehe, hier bin ich. Er mach's mit mir, wie
es ihm wohlgefällt. 27 Und der König
sprach zu dem Priester Zadok: Wohlan,
du und Abjatar, kehrt zurück in die Stadt
mit Frieden und mit euch eure beiden
Söhne, Ahimaaz, dein Sohn, und [a]Jona-
tan, der Sohn Abjatars! 28 Siehe, ich will
warten bei den Furten in der Wüste, bis
von euch Botschaft zu mir kommt. 29 So
brachten Zadok und Abjatar die Lade
Gottes zurück nach Jerusalem und blie-
ben dort.

30 David aber ging den Ölberg hinan
und weinte, und sein Haupt war verhüllt
und er ging barfuß. Auch alle vom Volk,
die bei ihm waren, hatten ihr Haupt ver-
hüllt und gingen hinan und weinten.
31 Und als David gesagt wurde, dass Ahi-
tofel im Bund mit Absalom sei, sprach
er: HERR, [a]mache den Ratschlag Ahito-
fels zur Torheit! 32 Und als David auf die
[a]Höhe kam, wo man Gott anzubeten
pflegte, siehe, da begegnete ihm Huschai,
der [b]Arkiter, mit zerrissenem Rock und
Erde auf seinem Haupt.

33 Und David sprach zu ihm: Wenn du
mit mir gehst, wirst du mir eine Last
sein. 34 Wenn du aber in die Stadt zurück-
kehrst und zu Absalom sprichst: Ich will
dein Knecht sein, König; wie ich zuvor
deines Vaters Knecht war, will ich nun
dein Knecht sein –, so [a]könntest du mir
zugut den Ratschlag Ahitofels zunichte-
machen. 35 Auch sind die Priester Zadok
und Abjatar mit dir. Alles, was du hörst
aus des Königs Hause, sollst du den
Priestern Zadok und Abjatar sagen.
36 Siehe, es sind bei ihnen ihre beiden
Söhne: Ahimaaz, Zadoks Sohn, und Jo-
natan, Abjatars Sohn. Durch die könnt
ihr mir alles zukommen lassen, was ihr
hören werdet.[a] 37 So kam [a]Huschai, der
Freund Davids, in die Stadt. Und Ab-
salom zog in Jerusalem ein.

David auf der Flucht zum Jordan

16 Und als David ein wenig über die
Höhe hinabgegangen war, siehe, da
begegnete ihm [a]Ziba, der Knecht Mefi-
Boschets, mit einem Paar gesattelter Esel;
darauf waren zweihundert Brote und
hundert Rosinenkuchen und hundert fri-
sche Früchte und ein Schlauch Wein.
2 Da sprach der König zu Ziba: Was
willst du damit machen? Ziba sprach:
Die Esel sollen für das Haus des Königs
sein, um darauf zu reiten, und die Brote
und die Früchte sind für die Leute zum
Essen und der Wein zum Trinken, wenn
sie müde werden in der Wüste. 3 [a]Der
König sprach: Wo ist der Sohn deines
Herrn? Ziba sprach zum König: Siehe, er
blieb in Jerusalem; denn er denkt: Heute
wird mir das Haus Israel meines Vaters
Königtum zurückgeben. 4 Der König
sprach zu Ziba: Siehe, es soll dein sein
alles, was Mefi-Boschet hat. Ziba sprach:
Ich neige mich; lass mich auch ferner
Gnade finden vor dir, mein Herr und
König.

5 Als aber der König David nach Bahu-
rim kam, siehe, da kam ein Mann von
dort heraus, vom Geschlecht des Hauses
Saul, der hieß [a]Schimi, der Sohn Geras;

15,27: *a* 1. Kön 1,42 **15,31:** *a* Kap 17,14 **15,32:** *a* 1. Kön 3,2; *b* Jos 16,2 **15,34:** *a* Kap 17,7 **15,36:** *a* Kap 17,15-21
15,37: *a* 1. Chr 27,33 **16,1:** *a* Kap 9,2 **16,3:** *a (3-4)* Kap 19,25-31 **16,5:** *a* 1. Kön 2,8-9

der kam heraus und [b]fluchte 6 und warf
mit Steinen nach David und allen Gro-
ßen des Königs David, obwohl das ganze
Kriegsvolk und alle seine Helden zu sei-
ner Rechten und Linken waren. 7 So aber
rief Schimi, als er fluchte: Hinaus, hin-
aus, du Bluthund, du ruchloser Mann!
8 Der HERR hat über dich gebracht alles
Blut des Hauses Sauls, an dessen statt du
König geworden bist. Jetzt hat der HERR
das Königtum gegeben in die Hand dei-
nes Sohnes Absalom; und siehe, nun
steckst du in deinem Unglück, denn du
bist ein Bluthund.

9 Aber [a]Abischai, der Sohn der Zeru-
ja, sprach zu dem König: Sollte dieser
tote Hund meinem Herrn, dem König,
fluchen dürfen? Ich will hingehen und
ihm den Kopf abhauen. 10 [a]Der König
sprach: Ihr Söhne der Zeruja, was hab
ich mit euch zu schaffen? Lasst ihn flu-
chen; denn der HERR hat ihm geboten:
Fluche David! Wer darf dann sagen:
Warum tust du das? 11 Und David sprach
zu Abischai und zu allen seinen Großen:
Siehe, mein Sohn, der von meinem Leibe
gekommen ist, trachtet mir nach dem
Leben; warum nicht auch jetzt der Ben-
jaminiter? Lasst ihn ruhig fluchen, denn
der HERR hat's ihm geboten. 12 Vielleicht
wird der HERR mein Elend ansehen und
mir mit Gutem vergelten sein heutiges
Fluchen.

13 So ging David mit seinen Leuten des
Weges; aber Schimi ging am Hang des
Berges entlang, ihm gegenüber, und
fluchte und warf mit Steinen nach ihm
und bewarf ihn mit Erdklumpen. 14 Und
der König kam mit allem Volk, das bei
ihm war, müde an den Jordan und ruhte
dort aus.

Die Ratschläge Huschais und Ahitofels

15 Aber Absalom und alles Volk, die
Männer Israels, kamen nach Jerusalem
und Ahitofel mit ihm. 16 Als aber [a]Hu-
schai, der Arkiter, Davids Freund, zu
Absalom hineinkam, rief er Absalom zu:
Es lebe der König! Es lebe der König!
17 Absalom aber sprach zu Huschai: Ist
das deine Liebe zu deinem Freunde?
Warum bist du nicht mit deinem Freunde
gezogen? 18 Huschai aber sprach zu Ab-
salom: Nein! Sondern wen der HERR er-
wählt und dies Volk und alle Männer in
Israel, zu dem gehöre ich und bei dem
will ich bleiben. 19 Zum andern, wem
diene ich? Ist es nicht sein Sohn, dem ich
diene? Wie ich deinem Vater gedient
habe, so will ich auch vor dir sein.

20 Und Absalom sprach zu Ahitofel:
Gebt euren Rat, was sollen wir tun?
21 Ahitofel sprach zu Absalom: [a]Geh ein
zu den Nebenfrauen deines Vaters, die er
zurückgelassen hat, um das Haus zu be-
wahren, so wird ganz Israel hören, dass
du dich bei deinem Vater in Verruf ge-
bracht hast; dann werden alle, die zu
dir stehen, desto kühner werden. 22 Da
machten sie Absalom ein Zelt auf dem
Dach und Absalom [a]ging zu den Neben-
frauen seines Vaters [b]vor den Augen
ganz Israels. 23 Wenn damals Ahitofel ei-
nen Rat gab, dann war das, als wenn man
Gott um etwas befragt hätte; so viel gal-
ten alle Ratschläge Ahitofels bei David
und bei Absalom.

17 Und Ahitofel sprach zu Absalom:
Ich will zwölftausend Mann aus-
wählen und mich aufmachen und David
nachjagen in dieser Nacht 2 und will ihn
überfallen, solange er matt und verzagt
ist. Wenn ich ihn dann erschrecke und
das ganze Kriegsvolk, das bei ihm ist,
flieht, will ich den König allein erschla-
gen 3 und das ganze Kriegsvolk zu dir
zurückbringen, wie die junge Frau zu ih-
rem Mann zurückkehrt. Du trachtest ja
nur einem Mann nach dem Leben, aber
das ganze Volk soll in Frieden bleiben.
4 Die Rede gefiel Absalom gut und allen
Ältesten in Israel.

5 Aber Absalom sprach: Lasst doch
auch [a]Huschai, den Arkiter, rufen und
hören, was er dazu sagt. 6 Und als Hu-
schai hinein zu Absalom kam, sprach
Absalom zu ihm: Das und das hat Ahito-
fel geredet; sage du, sollen wir's tun oder
nicht?

7 Da sprach Huschai zu Absalom: Es
ist kein guter Rat, den Ahitofel diesmal
gegeben hat. 8 Und Huschai sprach wei-
ter: Du kennst deinen Vater und seine
Leute, dass sie stark sind und zornigen

16,5: *b* 2. Mose 22,27 **16,9:** *a* 1. Sam 26,8 **16,10:** *a (10-12)* Kap 19,17-24 **16,16:** *a* Kap 15,37 **16,21:** *a* Kap 15,16
16,22: *a* 3. Mose 18,8; *b* Kap 12,11 **17,5:** *a* Kap 16,16

Gemüts wie eine Bärin auf dem Felde, der die Jungen geraubt sind. Dazu ist dein Vater ein Kriegsmann und wird seinen Leuten keine Nachtruhe gönnen. 9 Siehe, er hat sich jetzt vielleicht verkrochen in irgendeiner Schlucht oder sonst einem Versteck. Wenn's dann geschähe, dass gleich zu Anfang einige unter ihnen fallen, und es käme das Gerücht auf: Das Heer, das Absalom nachfolgt, ist geschlagen worden, 10 so würde jedermann verzagt werden, auch wenn er ein Krieger ist und ein Herz hat wie ein Löwe. Denn es weiß ganz Israel, dass dein Vater ein Held ist und seine Leute tapfere Krieger sind. 11 Darum rate ich, dass du zu dir versammelst ganz Israel von Dan bis Beerscheba, so viel wie der Sand am Meer, und dass du selbst mit ihnen ziehst. 12 So wollen wir ihn überfallen, wo wir ihn finden, und wollen über ihn kommen, wie der Tau auf die Erde fällt, dass wir von ihm und allen seinen Männern nicht einen einzigen übrig lassen. 13 Zieht er sich aber in eine Stadt zurück, so soll ganz Israel Stricke an die Stadt legen und sie ins Tal schleifen, sodass man nicht einen Stein mehr dort finde. 14 Da sprachen Absalom und jedermann in Israel: Der Rat Huschais, des Arkiters, ist besser als Ahitofels Rat. [a]So schickte es der HERR, dass der kluge Rat Ahitofels verhindert wurde, damit der HERR Unheil über Absalom brächte.

15 Und Huschai sprach zu den Priestern Zadok und Abjatar: So und so hat Ahitofel Absalom und den Ältesten in Israel geraten, ich aber habe so und so geraten. 16 So sendet nun eilends hin und lasst David sagen: Bleibe nicht über Nacht an den Furten der Wüste, sondern geh gleich hinüber, damit der König nicht vernichtet werde und das ganze Volk, das bei ihm ist.

17 [a]Jonatan aber und Ahimaaz standen bei der [b]Quelle Rogel; und eine Magd ging von Zeit zu Zeit hin und brachte ihnen Nachricht, die sie dem König David weitersagten; denn sie durften sich in der Stadt nicht sehen lassen. 18 Es sah sie aber ein Knabe und sagte es Absalom an. Da gingen die beiden eilends fort und kamen in das Haus eines Mannes in Bahurim; der hatte einen Brunnen in seinem Hofe. Dahinein stiegen sie. 19 Und die Frau nahm eine Decke und breitete sie über das Brunnenloch und schüttete Körner darüber, sodass man nichts merkte. 20 Als nun die Leute Absaloms zu der Frau ins Haus kamen, sprachen sie: Wo sind Ahimaaz und Jonatan? Sie sprach zu ihnen: Sie gingen weiter zum Wasser. Und als die Leute Absaloms sie suchten und nicht fanden, kehrten sie nach Jerusalem zurück.

21 Und als sie weg waren, stiegen jene aus dem Brunnen und gingen hin und sagten's dem König David an und sprachen zu David: Macht euch auf und geht eilends über den Fluss, denn Ahitofel hat gegen euch den und den Rat gegeben. 22 Da machte sich David auf und das ganze Volk, das bei ihm war, und sie gingen über den Jordan, und als es lichter Morgen wurde, fehlte nicht ein Einziger, der nicht über den Jordan gegangen war.

23 Als aber Ahitofel sah, dass sein Rat nicht ausgeführt wurde, sattelte er seinen Esel, machte sich auf und zog heim in seine Stadt und bestellte sein Haus und [a]erhängte sich und starb und wurde begraben in seines Vaters Grab.

David in Mahanajim

24 Und David kam nach [a]Mahanajim. Aber Absalom zog über den Jordan und alle Männer Israels mit ihm. 25 Und Absalom hatte [a]Amasa an Joabs statt über das Heer gesetzt. Amasa aber war der Sohn eines Mannes mit Namen Jeter, eines Israeliters, der zu Abigal, der Tochter des Nahasch, eingegangen war; diese war eine Schwester der [b]Zeruja, Joabs Mutter. 26 Israel aber und Absalom lagerten sich in Gilead.

27 Als David nach Mahanajim gekommen war, da brachten Schobi, der Sohn des [a]Nahasch von Rabba, der Stadt der Ammoniter, und [b]Machir, der Sohn Ammiëls von Lo-Dabar, und [c]Barsillai, ein Gileaditer von Roglim, 28 Betten, Becken, irdene Gefäße, Weizen, Gerste, Mehl, geröstete Körner, Bohnen, Linsen, 29 Ho-

17,14: *a* Kap 15,31.34 **17,17:** *a* Kap 15,36; *b* Jos 15,7-8 **17,23:** *a* 1. Sam 31,4; 1. Kön 16,18; Mt 27,5 **17,24:** *a* Kap 2,8 **17,25:** *a* Kap 19,14; *b* 1. Chr 2,16-17 **17,27:** *a* 1. Chr 19,1; *b* Kap 9,4; *c* 1. Kön 2,7

nig, Butter, Kuh- und Schafkäse, um Da-
vid und das Volk, das bei ihm war, zu
stärken. Denn sie dachten: Das Volk
wird hungrig, müde und durstig gewor-
den sein in der Wüste.

Absaloms Ende

18 Und David ordnete das Kriegsvolk,
das bei ihm war, und setzte über sie
Hauptleute über tausend und über hun-
dert 2 und stellte ein Drittel des Volks
unter Joab und ein Drittel unter Abi-
schai, den Sohn der Zeruja, Joabs Bruder,
und ein Drittel unter [a]Ittai, den Gati-
ter. Und der König sprach zum Kriegs-
volk: Ich will auch mit euch ausziehen.
3 Aber das Kriegsvolk sprach: Du sollst
nicht ausziehen, denn wenn wir fliehen
oder die Hälfte von uns stirbt, so werden
sie unser nicht achten; aber du bist wie
zehntausend von uns. So ist's nun besser,
dass du uns von der Stadt aus helfen
kannst. 4 Der König sprach zu ihnen:
Was euch gefällt, das will ich tun. Und
der König trat ans Tor, und das ganze
Kriegsvolk zog aus zu hundert und zu
tausend. 5 Und der König gebot Joab und
Abischai und Ittai und sprach: [a]Verfahrt
mir schonend mit meinem Sohn Absa-
lom! Und das ganze Kriegsvolk hörte es,
als der König allen Hauptleuten Absa-
loms wegen diesen Befehl gab.

6 Und als das Heer hinauskam aufs
Feld Israel entgegen, kam es zum Kampf
im Walde Ephraim. 7 Und das Heer Is-
raels wurde dort geschlagen von den
Männern Davids, sodass an diesem Tag
eine große Schlacht geschah – zwanzig-
tausend Mann. 8 Und der Kampf breitete
sich dort aus über die ganze Gegend, und
der Wald fraß an diesem Tage viel mehr
Volk, als das Schwert fraß.

9 Und Absalom begegnete den Män-
nern Davids und ritt auf einem Maultier.
Und als das Maultier unter eine große
Eiche mit dichten Zweigen kam, blieb
sein Haupt an der Eiche hängen und er
schwebte zwischen Himmel und Erde;
denn sein Maultier lief unter ihm weg.

10 Als das ein Mann sah, tat er's Joab
kund und sprach: Siehe, ich sah Absalom
an einer Eiche hängen. 11 Und Joab
sprach zu dem Mann, der's ihm kund-
getan hatte: Wenn du das gesehen hast,
warum schlugst du ihn nicht gleich zu
Boden? So hätte ich dir zehn Silberstücke
und einen Gürtel gegeben. 12 Der Mann
sprach zu Joab: Wenn du mir tausend
Silberstücke in meine Hand gewogen hät-
test, so hätte ich dennoch meine Hand
nicht an des Königs Sohn gelegt; denn
der König gebot dir und Abischai und
Ittai vor unsern Ohren: [a]Gebt ja acht auf
meinen Sohn Absalom! 13 Oder wenn ich
etwas Falsches getan hätte unter Lebens-
gefahr, würdest du selbst dich gegen
mich stellen, weil dem König ja nichts
verborgen bleibt. 14 Joab sprach: Ich
kann nicht so lange bei dir verweilen. Da
nahm Joab drei Stäbe in seine Hand und
stieß sie Absalom ins Herz, als er noch
lebend an der Eiche hing. 15 Und zehn
Knappen, Joabs Waffenträger, umringten
ihn und schlugen ihn tot.

16 Da ließ Joab die Posaune blasen und
das Volk jagte Israel nicht weiter nach;
denn Joab gebot dem Volk Halt. 17 Und
sie nahmen Absalom und warfen ihn im
Wald in eine große Grube und [a]legten
einen sehr großen Haufen Steine auf ihn.
Und ganz Israel floh, ein jeder in sein
Zelt. 18 Absalom aber hatte sich eine
Säule aufgerichtet, als er noch lebte; die
steht im Königsgrund. Denn er sprach:
[a]Ich habe keinen Sohn, der meinen Na-
men lebendig erhält. Und er nannte die
Säule nach seinem Namen und sie heißt
auch bis auf diesen Tag »Absaloms
Mal«.

Davids Trauer um Absalom

19 [a]Ahimaaz, der Sohn Zadoks, sprach:
Lass mich doch laufen und dem König
die gute Botschaft bringen, dass der
HERR ihm Recht verschafft hat gegen
seine Feinde. 20 Joab aber sprach zu ihm:
Du bist heute nicht der Mann für eine
gute Botschaft. An einem andern Tag
darfst du eine Botschaft bringen, aber
heute nicht; denn des Königs Sohn ist
tot. 21 Und Joab befahl dem Mohren:
Geh hin und sage dem König an, was du
gesehen hast. Und der Mohr neigte sich

18,2: *a* Kap 15,19 **18,5:** *a* Vers 12 **18,12:** *a* Vers 5 **18,17:** *a* Jos 8,29 **18,18:** *a* Kap 14,27 **18,19:** *a* Kap 15,36; 17,17

vor Joab und lief hin. 22Ahimaaz aber,
der Sohn Zadoks, sprach abermals zu
Joab: Komme, was da will, ich möchte
auch laufen, dem Mohren nach. Joab
sprach: Was willst du laufen, mein Sohn?
Du hast keine gute Botschaft zu bringen.
23Ahimaaz sprach: Komme, was da will,
ich laufe. Er sprach zu ihm: So lauf! Da
lief Ahimaaz auf dem Weg durchs Jor-
dantal und kam dem Mohren zuvor.

24David aber saß zwischen den beiden
Toren. Und der Wächter ging aufs Dach
des Tores an der Mauer und hob seine
Augen auf und sah einen Mann laufen
allein 25und rief und sagte es dem König
an. Der König aber sprach: Ist er allein,
so ist eine gute Botschaft in seinem
Munde. Und als der Mann immer näher
kam, 26sah der Wächter einen zweiten
Mann laufen und rief in das Tor: Siehe,
da kommt noch ein Mann allein. Der
König aber sprach: Der ist auch ein guter
Bote. 27Der Wächter sprach: Ich sehe
den ersten laufen, wie Ahimaaz, der
Sohn Zadoks, läuft. Und der König
sprach: Es ist ein guter Mann und bringt
eine gute Botschaft.

28Ahimaaz aber rief und sprach zum
König: Friede! Und er fiel nieder vor
dem König auf sein Antlitz zur Erde und
sprach: Gelobt sei der HERR, dein Gott,
der die Leute dahingegeben hat, die ihre
Hand gegen meinen Herrn, den König,
erhoben haben. 29Der König aber
sprach: Geht es auch meinem Sohn Ab-
salom gut? Ahimaaz sprach: Ich sah ein
großes Getümmel, als Joab des Königs
Knecht und mich, deinen Knecht,
sandte, aber ich weiß nicht, was es war.
30Der König sprach: Tritt zur Seite und
stell dich dahin. Und er trat zur Seite
und blieb stehen.

31Siehe, da kam der Mohr und sprach:
Hier gute Botschaft, mein Herr und Kö-
nig! Der HERR hat dir heute Recht ver-
schafft gegen alle, die sich gegen dich
auflehnten. 32Der König aber sprach zu
dem Mohren: Geht es meinem Sohn Ab-
salom auch gut? Der Mohr sprach: Es
müsse den Feinden meines Herrn, des
Königs, ergehen, wie es dem jungen
Mann ergangen ist und auch allen, die
sich böswillig gegen dich auflehnen.

19 *Da erbebte der König und ging
hinauf in das Obergemach des To-
res und weinte und im Gehen rief er:
Mein Sohn Absalom! Mein Sohn, mein
Sohn Absalom! Wollte Gott, ich wäre für
dich gestorben! O Absalom, mein Sohn,
mein Sohn!

2Und es wurde Joab angesagt: Siehe,
der König weint und trägt Leid um Ab-
salom. 3So wurde aus dem Sieg an die-
sem Tag eine Trauer unter dem ganzen
Kriegsvolk; denn das Volk hatte an die-
sem Tage gehört, dass sich der König um
seinen Sohn gräme. 4Und das Kriegsvolk
stahl sich weg an diesem Tage in die
Stadt, wie sich Kriegsvolk wegstiehlt, das
sich schämen muss, weil es im Kampf
geflohen ist. 5Der König aber hatte sein
Angesicht verhüllt und schrie laut: Ach,
mein Sohn Absalom! Absalom, mein
Sohn, mein Sohn!

6Joab aber kam zum König ins Haus
und sprach: Du hast heute schamrot ge-
macht alle deine Knechte, die dir heute
das Leben gerettet haben und deinen
Söhnen, deinen Töchtern, deinen Frauen
und Nebenfrauen, 7weil du lieb hast, die
dich hassen, und hasst, die dich lieb ha-
ben. Denn du lässt heute merken, dass
dir nichts gelegen ist an den Obersten
und Kriegsleuten. Ja, ich merke heute
wohl: wenn nur Absalom lebte und wir
heute alle tot wären, das wäre dir recht.
8So mache dich nun auf und komm her-
aus und rede mit deinen Knechten
freundlich. Denn ich schwöre dir bei dem
HERRN: Wirst du nicht herauskommen,
so wird kein Mann bei dir bleiben diese
Nacht. Das wird für dich ärger sein als
alles Übel, das über dich gekommen ist
von deiner Jugend auf bis hierher. 9Da
stand der König auf und setzte sich ins
Tor. Und man sagte es allem Kriegsvolk:
Siehe, der König sitzt im Tor. Da kam
alles Volk vor den König.

Davids Rückkehr nach Jerusalem

Als Israel geflohen war, ein jeder in sein
Zelt, 10stritt sich alles Volk in allen
Stämmen Israels und sie sprachen: Der
König hat uns errettet aus der Hand un-
serer Feinde und uns erlöst aus der Hand

* Abweichende Verszählung statt 19,1-44: 18,33–19,43.

der Philister und hat jetzt aus dem Lande
fliehen müssen vor Absalom. 11 Aber Ab-
salom, den wir über uns gesalbt hatten,
ist gefallen im Kampf. Warum seid ihr
nun so still und holt den König nicht
wieder zurück? 12 Es kam aber die Rede
ganz Israels vor den König. Und der
König sandte zu den Priestern Zadok
und Abjatar und ließ ihnen sagen: Redet
mit den Ältesten in Juda und sprecht:
Warum wollt ihr die Letzten sein, den
König zurückzuholen in sein Haus? 13 Ihr
seid meine Brüder, [a]von meinem Gebein
und Fleisch; warum wollt ihr denn die
Letzten sein, den König zurückzuholen?
14 Und zu [a]Amasa sprecht: Bist du nicht
von meinem Gebein und Fleisch? Gott
tue mir dies und das, wenn du nicht Feld-
hauptmann sein sollst vor mir dein Le-
ben lang an Joabs statt. 15 Und er wandte
das Herz aller Männer Judas wie **eines**
Mannes Herz und sie sandten hin zum
König: Komm zurück, du und alle deine
Leute! 16 So kam der König zurück. Und
als er an den Jordan kam, waren die
Männer Judas nach Gilgal gekommen,
um dem König entgegenzuziehen und
den König über den Jordan zu führen.

17 Und [a]Schimi, der Sohn Geras, der
Benjaminiter, der in Bahurim wohnte,
zog eilends mit den Männern von Juda
hinab dem König David entgegen 18 und
mit ihm tausend Mann von Benjamin,
dazu auch [a]Ziba, der Knecht des Hauses
Saul, mit seinen fünfzehn Söhnen und
zwanzig Knechten, und sie gingen durch
den Jordan, bevor der König kam, 19 und
machten eine Furt durch den Jordan, da-
mit sie das Haus des Königs hinüber-
führten und täten, was ihm gefiele.
Schimi aber, der Sohn Geras, fiel vor
dem König nieder, als dieser über den
Jordan gehen wollte, 20 und sprach zum
König: Mein Herr rechne es mir nicht als
Schuld an und denke nicht mehr daran,
dass dein Knecht sich an dir vergangen
hat an dem Tage, da mein Herr, der Kö-
nig, aus Jerusalem ging, und der König
nehme es nicht zu Herzen. 21 Denn dein
Knecht erkennt, dass ich gesündigt habe.
Und siehe, ich bin heute als Erster vom
ganzen Hause Josef gekommen, dass ich
meinem Herrn, dem König, entgegen-
zöge.

22 Aber Abischai, der Sohn der Zeruja,
hob an und sprach: Sollte Schimi nicht
sterben, da er doch dem Gesalbten des
HERRN geflucht hat? 23 David aber
sprach: [a]Was hab ich mit euch zu schaf-
fen, ihr Söhne der Zeruja, dass ihr mir
heute zum Satan werden wollt? Sollte
heute jemand sterben in Israel? Meinst
du, ich wisse nicht, dass ich heute wieder
König über Israel geworden bin? 24 Und
der König sprach zu Schimi: Du sollst
nicht sterben. Und der König schwor es
ihm.[a]

25 Mefi-Boschet, der [a]Enkel Sauls,
kam auch herab, dem König entgegen.
Und er hatte seine Füße und seinen Bart
nicht gereinigt und seine Kleider nicht
gewaschen von dem Tage an, da der
König weggegangen war, bis zu dem Tag,
da er wohlbehalten zurückkäme. 26 Als
er nun von Jerusalem kam, dem König
zu begegnen, sprach der König zu ihm:
Warum bist du nicht mit mir gezogen,
Mefi-Boschet?

27 Und er sprach: Mein Herr und Kö-
nig, mein Knecht hat mich betrogen.
Dein Knecht dachte: Ich will einen Esel
satteln und darauf reiten und zum König
ziehen, denn dein Knecht ist lahm.
28 Dazu hat er deinen Knecht [a]verleum-
det vor meinem Herrn, dem König. Aber
mein Herr, der König, ist [b]wie der Engel
Gottes; tu, was dir wohlgefällt. 29 Meines
Vaters ganzes Haus hätte ja den Tod er-
leiden müssen von meinem Herrn, dem
König; du aber hast deinen Knecht ge-
setzt unter die, die an deinem Tisch es-
sen. Was hab ich weiter für Recht oder
Anspruch, zum König um Hilfe zu
schreien?[a] 30 Der König sprach zu ihm:
Was redest du noch weiter? Nun be-
stimme ich: Du und Ziba, teilt den Besitz
miteinander.[a] 31 Mefi-Boschet sprach
zum König: Er nehme ihn auch ganz,
nachdem mein Herr und König wohl-
behalten heimgekommen ist.

32 [a]Und Barsillai, der Gileaditer, kam
herab von Roglim und zog mit dem Kö-
nig an den Jordan, um ihn über den
Jordan zu geleiten. 33 Und Barsillai war

19,13: *a* Kap 5,1 **19,14:** *a* Kap 17,25 **19,17:** *a* Kap 16,5-14; 1. Kön 2,8 **19,18:** *a* Kap 9,2.10; 16,1-4 **19,23:** *a* Kap 16,10 **19,24:** *a* 1. Kön 2,8-9 **19,25:** *a* Kap 9,6 **19,28:** *a* Kap 16,3; *b* Kap 14,17 **19,29:** *a* Kap 9,7 **19,30:** *a* Kap 9,9-10; 16,3-4 **19,32:** *a (32-33)* Kap 17,27; 1. Kön 2,7

sehr alt, wohl achtzig Jahre. Er hatte den
König versorgt, als er in Mahanajim war;
denn er war ein Mann von großem Ver-
mögen. 34 Und der König sprach zu Bar-
sillai: Du sollst mit mir ziehen, ich will
dich versorgen bei mir in Jerusalem.
35 Aber Barsillai sprach zum König: Was
ist's noch, das ich zu leben habe, dass ich
mit dem König hinaufziehen sollte nach
Jerusalem? 36 Ich bin heute achtzig Jahre
alt. Wie kann ich noch unterscheiden,
was gut und schlecht ist, oder schme-
cken, was ich esse und trinke, oder hören,
was die Sänger und Sängerinnen singen?
Warum sollte dein Knecht meinen
Herrn, den König, noch beschweren?
37 Dein Knecht wird ein kleines Stück mit
dem König über den Jordan gehen.
Warum will mir der König so reichlich
vergelten? 38 Lass deinen Knecht umkeh-
ren, dass ich sterbe in meiner Stadt bei
meines Vaters und meiner Mutter Grab.
Siehe, da ist dein Knecht [a]Kimham, den
lass mit meinem Herrn, dem König, zie-
hen und tu ihm, was dir wohlgefällt.
39 Der König sprach: Kimham soll mit
mir ziehen und ich will ihm tun, was dir
wohlgefällt; auch alles, was du von mir
begehrst, will ich dir tun. 40 Und als das
ganze Volk über den Jordan gegangen
war und der König auch, küsste der Kö-
nig den Barsillai und segnete ihn. Und er
kehrte zurück in seine Heimat. 41 Und
der König zog weiter nach Gilgal und
Kimham zog mit ihm. Und das ganze
Volk von Juda hatte den König hinüber-
geführt und auch die Hälfte des Volks
von Israel.

Streit zwischen Juda und Israel um den König

42 Und siehe, da kamen alle Männer von
Israel zum König und sprachen zu ihm:
Warum haben dich unsere Brüder, die
Männer von Juda, gestohlen und haben
den König und sein Haus über den Jor-
dan gebracht und alle Männer Davids
mit ihm? 43 Da antworteten alle Männer
von Juda denen von Israel: [a]Der König
steht uns doch näher; warum zürnt ihr
darüber? Meint ihr, dass wir etwa ein
Stück vom König aufgegessen oder ihn
für uns weggeschleppt hätten? 44 Aber es
antworteten die von Israel denen von
Juda: Wir haben zehnfachen Anteil am
König und sind auch die Erstgeborenen
vor euch. Warum habt ihr uns denn so
gering geachtet? Und haben wir nicht
zuerst davon geredet, uns unsern König
zurückzuholen? Aber die von Juda rede-
ten noch heftiger als die von Israel.[a]

Schebas Aufstand

20 Es traf sich aber, dass dort ein
ruchloser Mann war, der hieß
Scheba, ein Sohn Bichris, ein Benjami-
niter. Der blies die Posaune und sprach:
[a]Wir haben kein Teil an David noch
Erbe am Sohn Isais. Ein jeder gehe in
sein Zelt, Israel! 2 Da fiel jedermann in
Israel von David ab und sie folgten
Scheba, dem Sohn Bichris. Aber die
Männer von Juda hingen ihrem König an
und geleiteten ihn vom Jordan bis Jeru-
salem.
3 Als aber der König David heimkam
nach Jerusalem, nahm er [a]die zehn Ne-
benfrauen, die er zurückgelassen hatte,
um das Haus zu bewahren, und tat sie in
ein besonderes Haus und versorgte sie;
aber er ging nicht ein zu ihnen. Und so
waren sie eingeschlossen bis an ihren Tod
und lebten wie Witwen.
4 Und der König sprach zu Amasa:
Ruf mir alle Männer von Juda auf den
dritten Tag zusammen und du sollst
dann auch hier stehen. 5 Und Amasa
ging hin, um Juda zusammenzurufen;
aber er blieb über die Zeit hinaus, die
ihm bestimmt war. 6 Da sprach David zu
Abischai: Nun wird uns Scheba, der
Sohn Bichris, mehr Schaden tun als Ab-
salom. Nimm du die Männer deines
Herrn und jage ihm nach, damit er nicht
etwa für sich feste Städte gewinne und
entreiße sie vor unsern Augen. 7 Da zo-
gen die Männer Joabs aus und folgten
Abischai, dazu die [a]Kreter und Pleter
und alle Helden. Sie zogen aber aus von
Jerusalem, um Scheba, dem Sohn Bich-
ris, nachzujagen.
8 Als sie aber bei dem großen Stein bei
Gibeon waren, war Amasa vor ihnen an-
gekommen. Joab aber trug einen Waffen-

19,38: *a* Jer 41,17 **19,43:** *a* Verse 12-13 **19,44:** *a* Verse 10-11 **20,1:** *a* 1.Kön 12,16 **20,3:** *a* Kap 16,21 **20,7:** *a* Kap 8,18

rock und darüber einen Gürtel mit einem
Dolch; der war befestigt an seiner Hüfte
in der Scheide, und wenn diese heraus-
trat, entfiel ihr der Dolch. 9 Und Joab
sprach zu Amasa: Friede mit dir, mein
Bruder! Und Joab fasste mit seiner rech-
ten Hand Amasa bei dem Bart, [a]um ihn
zu küssen. 10 Und [a]Amasa hatte nicht
acht auf den Dolch in der linken Hand
Joabs. Der stach ihn damit in den Bauch,
sodass seine Eingeweide auf die Erde fie-
len, und gab ihm keinen Stich mehr und
er starb. Joab aber und sein Bruder Abi-
schai jagten Scheba, dem Sohn Bichris,
nach.

11 Und es trat ein Mann von den Leu-
ten Joabs neben ihn und rief: Wer's mit
Joab hält und für David ist, der folge
Joab nach! 12 Amasa aber lag in seinem
Blut mitten auf der Straße. Als aber der
Mann sah, dass alles Volk da stehen
blieb, wälzte er Amasa von der Straße
auf den Acker und warf Kleider auf ihn,
weil er sah, dass jeder stehen blieb, der
an ihm vorbeikam.

13 Als er nun von der Straße wegge-
schafft war, folgte jedermann Joab nach,
um Scheba, dem Sohn Bichris, nachzu-
jagen. 14 Und der zog durch alle Stämme
Israels bis Abel-Bet-Maacha, und es ver-
sammelten sich alle Bichriter und folgten
ihm nach. 15 Aber die Leute Joabs kamen
und belagerten ihn in Abel-Bet-Maacha
und schütteten einen Wall gegen die
Stadt auf, dass er bis an die Vormauer
reichte, und stürmten und wollten die
Mauer niederwerfen.

16 Da rief eine kluge Frau aus der
Stadt: Hört her! Hört her! Sprecht zu
Joab: Komm hierher, ich will mit dir re-
den. 17 Und als er zu ihr kam, sprach die
Frau: Bist du Joab? Er sprach: Ja. Sie
sprach zu ihm: Höre die Rede deiner
Magd. Er sprach: Ich höre. 18 Sie sprach:
Vorzeiten sagte man: Man frage doch
nach in Abel und in Dan, so geht es gut
aus; 19 ich bin eine von den friedsamen
und treuen Städten in Israel, und du
willst eine Stadt und Mutter in Israel
zugrunde richten? Warum willst du das
[a]Erbteil des HERRN verderben?

20 Joab antwortete: Das sei ferne, das
sei ferne von mir, dass ich verderben und
vernichten will! So steht es nicht! 21 Son-
dern ein Mann vom Gebirge Ephraim
mit Namen Scheba, der Sohn Bichris, hat
sich empört gegen den König David.
Gebt ihn allein heraus, so will ich von der
Stadt abziehen. Die Frau sprach zu Joab:
Siehe, sein Kopf soll zu dir über die
Mauer geworfen werden. 22 Und die Frau
beredete das ganze Volk mit ihrer Klug-
heit. Und sie hieben Scheba, dem Sohn
Bichris, den Kopf ab und warfen ihn zu
Joab hinaus. Da blies er die Posaune und
sie zogen ab von der Stadt und zerstreu-
ten sich, ein jeder in sein Zelt. Joab aber
kam zurück nach Jerusalem zum König.

Beamte in Davids Reich

23 [a]Joab aber war über das ganze Heer
Israels gesetzt, Benaja, der Sohn Jojadas,
über die Kreter und Pleter. 24 Adoniram
war über die Fronarbeiter gesetzt. Jo-
schafat, der Sohn Ahiluds, war Kanzler.
25 Schewa war Schreiber, Zadok und Ab-
jatar waren Priester. 26 Auch Ira, der Jaï-
riter, war Davids Priester.

Die Vollendung des Gerichts am Hause Sauls

21 Es war eine Hungersnot zu Davids
Zeiten drei Jahre nacheinander.
Und David suchte das Angesicht des
HERRN und der HERR sprach: Auf Saul
und auf seinem Hause liegt eine Blut-
schuld, weil er die Gibeoniter getötet hat.
2 Da ließ der König die Gibeoniter rufen
und sprach mit ihnen. Die Gibeoniter
aber gehörten nicht zu den Israeliten,
sondern waren übrig geblieben von den
Amoritern. Und [a]die Israeliten hatten
einen Bund mit ihnen geschlossen; je-
doch suchte Saul sie auszurotten in sei-
nem Eifer für Israel und Juda.

3 Da sprach David zu den Gibeonitern:
Was soll ich für euch tun? Und womit
soll ich Sühne schaffen, dass ihr das
[a]Erbteil des HERRN segnet? 4 Die Gibeo-
niter sprachen zu ihm: Es ist uns nicht
um Gold noch Silber zu tun bei Saul und
seinem Hause, auch steht es uns nicht zu,

20,9: *a* Mt 26,48-50 **20,10:** *a* 1. Kön 2,5 **20,19:** *a* 5. Mose 32,9 **20,23:** *a (23-26)* Kap 8,16-18; 1. Kön 4,4.6 **21,2:** *a* Jos 9,3.15.19 **21,3:** *a* 5. Mose 32,9

jemand zu töten in Israel. Er sprach: Was
wollt ihr dann, dass ich für euch tun soll?
5 Sie sprachen zum König: Von dem
Mann, der uns zunichtegemacht hat und
der uns vertilgen wollte, dass uns nichts
bleibe in allen Landen Israels – 6 aus sei-
nem Hause gebt uns sieben Männer, da-
mit wir sie [a]aufhängen vor dem HERRN
in Gibeon, auf dem Berge des HERRN.
Der König sprach: Ich will sie euch her-
ausgeben.

7 Aber der König verschonte Mefi-Bo-
schet*, den Sohn Jonatans, des Sohnes
Sauls, [a]um des Eides willen, den David
und Jonatan, der Sohn Sauls, einander
vor dem HERRN geschworen hatten.
8 Aber die beiden Söhne der [a]Rizpa, der
Tochter Ajas, die sie Saul geboren hatte,
Armoni und Mefi-Boschet, dazu die fünf
Söhne der Merab, der Tochter Sauls, die
sie dem [b]Adriël geboren hatte, dem Sohn
Barsillais aus Mehola, nahm der König
9 und gab sie in die Hand der Gibeoniter.
Die hängten sie auf dem Berge vor dem
HERRN auf. So kamen diese sieben auf
einmal um und starben in den ersten
Tagen der Ernte, wenn die Gerstenernte
anfängt.

David lässt die Gebeine Sauls und seiner Nachkommen bestatten

10 Da nahm Rizpa, die Tochter Ajas, ein
Sackgewand und breitete es für sich aus
auf dem Fels am Anfang der Ernte, bis
Regen vom Himmel auf die Toten troff,
und ließ am Tage die Vögel des Himmels
nicht an sie kommen noch des Nachts die
Tiere des Feldes. 11 Und es wurde David
angesagt, was Rizpa, die Tochter Ajas,
Sauls Nebenfrau, getan hatte. 12 Und Da-
vid ging hin und nahm die Gebeine Sauls
und die Gebeine seines Sohnes Jonatan
von den Bürgern von Jabesch in Gilead.
[a]Die hatten sie vom Platz am Tor Bet-
Scheans heimlich weggenommen, wohin
die Philister sie gehängt hatten zu der
Zeit, da die Philister Saul schlugen auf
dem Berge Gilboa. 13 Und David brachte
sie von dort herauf, und sie sammelten
die Gebeine der Gehängten 14 und be-
gruben sie mit den Gebeinen Sauls und
seines Sohnes Jonatan im Lande Benja-
min in Zela im Grabe seines Vaters Kisch
und taten alles, wie der König geboten
hatte. [a]Danach wurde Gott dem Lande
wieder gnädig.

Heldentaten der Krieger Davids

(vgl. 1. Chr 20,4-8)

15 Es erhob sich aber wieder ein Krieg der
Philister mit Israel. Und David zog hinab
und seine Männer mit ihm und sie blie-
ben in Gob, um mit den Philistern zu
kämpfen. Und David wurde müde.
16 Aber da war einer der Riesensöhne und
das Gewicht seines Speers war dreihun-
dert Lot Kupfer, dazu hatte er eine neue
Rüstung. Der wollte David erschlagen.
17 Aber [a]Abischai, der Sohn der Zeruja,
half David und schlug den Philister tot.
Da beschworen David seine Männer und
sprachen: Du sollst nicht mehr mit uns
ausziehen in den Kampf, damit nicht die
[b]Leuchte in Israel verlischt.

18 Danach erhob sich noch ein Krieg
bei Gob mit den Philistern. Da erschlug
Sibbechai, der Huschatiter, den Saf, der
auch einer vom Geschlecht der Riesen
war. 19 Und es erhob sich noch ein Krieg
bei Gob mit den Philistern. Da erschlug
Elhanan, der Sohn Jaïrs aus Bethlehem,
den Goliat, den Gatiter; der hatte einen
[a]Spieß, dessen Schaft war wie ein We-
berbaum.

20 Und es erhob sich noch ein Krieg
bei Gat. Da war ein langer Mann, der
hatte sechs Finger an seinen Händen und
sechs Zehen an seinen Füßen, das sind
vierundzwanzig an der Zahl, und auch er
war vom Geschlecht der Riesen. 21 Und
[a]als er Israel hohnsprach, erschlug ihn
Jonatan, der Sohn Schammas, der ein
Bruder Davids war. 22 Diese vier stamm-
ten vom Geschlecht der Riesen in Gat
und fielen durch die Hand Davids und
seiner Kriegsleute.

Davids Danklied

(Ps 18,1-51)

22 Und David redete vor dem
HERRN die Worte dieses Liedes
zur Zeit, als ihn der HERR errettet hatte
aus der Hand aller seiner Feinde und aus
der Hand Sauls, und sprach:

* Der Name lautet in 1. Chr 8,34; 9,40 Merib-Baal.

21,6: *a* 5. Mose 21,22-23 **21,7:** *a* 1. Sam 20,15-17 **21,8:** *a* Kap 3,7; *b* 1. Sam 18,19 **21,12:** *a* 1. Sam 31,12 **21,14:** *a* Kap 24,25 **21,17:** *a* Kap 23,18; *b* Kap 22,29 **21,19:** *a* 1. Sam 17,7 **21,21:** *a* 1. Sam 17,10

2 Der HERR ist mein Fels und meine Burg
und mein Erretter.
3 Gott ist mein Hort, auf den ich traue,
mein Schild und Berg meines Heils,
mein Schutz und meine Zuflucht,
mein Heiland, der du mir hilfst vor Gewalt.
4 Ich rufe an den HERRN,
den Hochgelobten,
so werde ich vor meinen Feinden errettet.

5 Es hatten mich umfangen die Wogen des Todes,
und die Fluten des Unheils erschreckten mich.
6 Des Totenreichs Bande umfingen mich,
und des Todes Stricke überwältigten mich.
7 Als mir angst war, rief ich den HERRN an
und schrie zu meinem Gott.
Da erhörte er meine Stimme von seinem Tempel,
und mein Schreien kam vor ihn zu seinen Ohren.
8 Die Erde bebte und wankte,
die Grundfesten des Himmels bewegten sich und bebten,
da er zornig war.
9 Rauch stieg auf von seiner Nase
und verzehrend Feuer aus seinem Munde,
Flammen sprühten von ihm aus.
10 Er neigte den Himmel und fuhr herab,
und Dunkel war unter seinen Füßen.
11 Und er fuhr auf dem Cherub und flog daher,
und er schwebte auf den Fittichen des Windes.
12 Er machte Finsternis ringsum zu seinem Zelt
und schwarze, dicke Wolken.
13 Aus dem Glanz vor ihm brach hervor
flammendes Feuer.
14 Der HERR donnerte vom Himmel,
und der Höchste ließ seine Stimme erschallen.
15 Er schoss seine Pfeile und streute sie aus,
er sandte Blitze und jagte sie dahin.
16 Da sah man das Bett des Meeres,
und des Erdbodens Grund ward aufgedeckt
bei dem Schelten des HERRN,
vor dem Odem und Schnauben seines Zornes.

17 Er streckte seine Hand aus von der Höhe und fasste mich
und zog mich aus großen Wassern.
18 Er errettete mich von meinen starken Feinden,
von meinen Hassern, die mir zu mächtig waren;
19 sie überwältigten mich zur Zeit meines Unglücks,
aber der HERR ward mein Halt.
20 Er führte mich hinaus ins Weite,
er riss mich heraus; denn er hatte Lust zu mir.

21 Der HERR tut wohl an mir nach meiner Gerechtigkeit;
er vergilt mir nach der Reinheit meiner Hände.
22 Denn ich halte die Wege des HERRN
und bin nicht gottlos wider meinen Gott.
23 Denn alle seine Rechte hab ich vor Augen,
und seine Gebote werfe ich nicht von mir,
24 sondern ich bin ohne Tadel vor ihm
und hüte mich vor Schuld.
25 Darum vergilt mir der HERR
nach meiner Gerechtigkeit,
nach der Reinheit meiner Hände
vor seinen Augen.

26 Gegen die Heiligen bist du heilig,
gegen die Treuen bist du treu,
27 gegen die Reinen bist du rein,
und gegen die Verkehrten bist du verkehrt.
28 Denn du hilfst dem elenden Volk,
und die Augen aller Stolzen erniedrigest du.
29 Ja, du, HERR, bist meine Leuchte;
der HERR macht meine Finsternis licht.
30 Denn mit dir kann ich Kriegsvolk zerschlagen
und mit meinem Gott über Mauern springen.
31 Gottes Wege sind vollkommen,
des HERRN Worte sind durchläutert.
Er ist ein Schild allen, die ihm vertrauen.

32 Denn wer ist Gott, wenn nicht der HERR?
Und wer ist ein Fels, wenn nicht unser Gott?
33 Gott stärkt mich mit Kraft
und weist mir den rechten Weg.
34 Er macht meine Füße gleich den Hirschen
und stellt mich auf meine Höhen.
35 Er lehrt meine Hände streiten
und meinen Arm den ehernen Bogen spannen.
36 Du gibst mir den Schild deines Heils,
und deine Huld macht mich groß.
37 Du gibst meinen Schritten weiten Raum,
dass meine Knöchel nicht wanken.

38 Meinen Feinden jagte ich nach und vertilgte sie,
und ich kehre nicht um, bis ich sie umgebracht habe.
39 Ich brachte sie um und hab sie zerschmettert,
dass sie nicht mehr aufstehen können;
sie sind unter meine Füße gefallen.
40 Du hast mich gerüstet mit Stärke zum Streit;
du kannst mir unterwerfen, die sich gegen mich erheben.
41 Du hast meine Feinde zur Flucht gewandt,
dass ich vernichte, die mich hassen.
42 Sie sehen sich um – aber da ist kein Helfer –
nach dem HERRN, aber er antwortet ihnen nicht.
43 Ich will sie zerstoßen zu Staub der Erde,
wie Dreck auf der Gasse will ich sie zerstäuben und zertreten.

44 Du hast mir aus dem Aufruhr meines Volkes geholfen
und machst mich zum Haupt über Heiden; ein Volk, das ich nicht kannte, dient mir.
45 Die Söhne der Fremde huldigen mir
und gehorchen mir mit gehorsamen Ohren.
46 Die Söhne der Fremde verschmachten
und kommen mit Zittern aus ihren Burgen.
47 Der HERR lebt, und gelobt sei mein Fels,
und Gott, der Fels meines Heils, sei hoch erhoben,
48 der Gott, der mir Vergeltung schafft
und mir die Völker unterwirft.
49 Er hilft mir aus von meinen Feinden.
Du erhöhst mich über die, die sich gegen mich erheben, vor dem Mann der Gewalttat rettest du mich.

50 Darum will ich dir danken, HERR, unter den Heiden
und deinem Namen lobsingen,
51 der seinem Könige großes Heil gibt
und Gnade erweist seinem Gesalbten, David und seinem Hause ewiglich.

Davids letzte Worte

23 Dies sind die letzten Worte Davids.
Es spricht David, der Sohn Isais,
es spricht der Mann, der hoch erhoben ist,
der [a]Gesalbte des Gottes Jakobs,
der Liebling der Lieder Israels:

2 Der Geist des HERRN hat durch mich geredet,
und sein Wort ist auf meiner Zunge.
3 Es hat der Gott Israels zu mir gesprochen,
der Fels Israels hat geredet:
Wer gerecht herrscht unter den Menschen,
wer herrscht in der Furcht Gottes,
4 der ist [a]wie das Licht des Morgens, wenn die Sonne aufgeht,
am Morgen ohne Wolken.
Und wie das Gras nach dem Regen
aus der Erde bricht,
5 so ist [a]mein Haus fest bei Gott;
denn er hat mir einen ewigen Bund gesetzt, in allem wohl geordnet und gesichert.
All mein Heil und all mein Begehren
wird er gedeihen lassen.
6 Aber die nichtswürdigen Leute sind allesamt wie verwehte Disteln,
die man nicht mit der Hand fassen kann;

23,1: *a* 1.Sam 16,13 **23,4:** *a* Ri 5,31 **23,5:** *a* Kap 7,16

7 sondern wer sie angreifen will, muss
Eisen und Spieß in der Hand haben;
sie werden mit Feuer verbrannt an
ihrer Stätte.

Die Helden Davids

(vgl. 1. Chr 11,10-47)

8 Dies sind die Namen der Helden Da-
vids: Jischbaal, der Hachmoniter, der
Erste unter den Dreien; der schwang sei-
nen Spieß über achthundert, die auf ein-
mal erschlagen waren. 9 Nach ihm war
unter den drei Helden Eleasar, der Sohn
Dodos, der Ahoachiter. Er war mit Da-
vid in Pas-Dammim, als die Philister
dort versammelt waren zum Kampf und
die Männer Israels sich zurückzogen;
10 er aber hielt stand und schlug die Phi-
lister, bis seine Hand müde war und am
Schwert erstarrte. Und der HERR gab
großes Heil an jenem Tage, sodass das
Volk sich wieder umwandte hinter ihm
her, um zu plündern.

11 Nach ihm war Schamma, der Sohn
Ages aus Harar. Als die Philister sich
sammelten in Lehi – es war dort ein
Stück Acker mit Linsen – und das Volk
vor den Philistern floh, 12 da trat er mit-
ten auf das Stück und entriss es den
Philistern und schlug sie, und Gott gab
großes Heil.

13 Und drei von den dreißig Helden
kamen zu Beginn der Ernte hinab zu
David, zu der [a]Höhle Adullam, und das
Lager der Philister lag in der Ebene Re-
faïm. 14 David aber war damals in der
Bergfeste und die Wache der Philister lag
in Bethlehem. 15 Und David gelüstete es
und er sprach: Wer will mir Wasser zu
trinken holen aus dem Brunnen am Tor
in Bethlehem? 16 Da brachen die drei
Helden in das Lager der Philister ein und
[a]schöpften Wasser aus dem Brunnen am
Tor in Bethlehem und trugen's und
brachten's zu David. Aber er wollte es
nicht trinken, sondern goss es aus für
den HERRN 17 und sprach: Das lasse der
HERR fern von mir sein, dass ich das tue!
Ist's nicht das Blut der Männer, die ihr
Leben gewagt haben und hingegangen
sind? Und er wollte es nicht trinken. Das
taten die drei Helden.

18 [a]Abischai, Joabs Bruder, der Sohn
der Zeruja, war der Erste der Dreißig. Er
schwang seinen Spieß über dreihundert
Erschlagenen und war berühmt unter
den Dreißig. 19 Er war hoch geehrt unter
den Dreißig und war ihr Oberster, aber er
kam nicht an jene Drei heran.

20 Und [a]Benaja, der Sohn Jojadas, ein
streitbarer Mann von großen Taten, war
aus [b]Kabzeel; der erschlug die beiden
»Gotteslöwen« der Moabiter. Er stieg
hinab und erschlug einen Löwen in
einem Brunnen, als Schnee gefallen war.
21 Er erschlug auch einen ägyptischen
Mann, einen Riesen, der hatte einen
Spieß in seiner Hand. Er aber ging zu
ihm hinab mit einem Stecken und riss
dem Ägypter den Spieß aus der Hand
und durchbohrte ihn mit dessen eigenem
Spieß. 22 Das tat Benaja, der Sohn Joja-
das. Er war berühmt unter den Dreißig
Helden 23 und war hoch geehrt unter den
Dreißig, aber er kam nicht an jene Drei
heran. Und David setzte ihn über seine
Leibwache.

24 [a]Asaël, der Bruder Joabs, war unter
den Dreißig; auch Elhanan, der Sohn
Dodos aus Bethlehem; 25 Schamma, der
Haroditer; Elika, der Haroditer; 26 [a]He-
lez, der Peletiter; [b]Ira, der Sohn des
Ikkesch, aus Tekoa; 27 Abiëser, der Ana-
totiter; Sibbechai, der Huschatiter; 28 Zal-
mon, der Ahoachiter; Mahrai, der Neto-
fatiter; 29 Heled, der Sohn Baanas, der
Netofatiter; Ittai, der Sohn Ribais, aus
Gibea in Benjamin; 30 Benaja, der Pirato-
niter; Hiddai, aus Nahale-Gaasch; 31 Abi-
albon, der Arbatiter; Asmawet, der Ba-
hurimiter; 32 Eljachba, der Schaalboniter;
Jaschen, der Guniter, und Jonatan, 33 der
Sohn des Schamma, der Harariter;
Ahiam, der Sohn Scharars, der Hara-
riter; 34 Elifelet, der Sohn Ahasbais, der
Maachatiter; Eliam, der Sohn [a]Ahitofels,
der Giloniter; 35 Hezro, der Karmeliter;
Paarai, der Arabiter; 36 Jigal, der Sohn
Nathans, aus Zoba; Bani, der Gaditer;
37 Zelek, der Ammoniter; Nachrai, der
Beerotiter, ein Waffenträger Joabs, des
Sohnes der Zeruja; 38 Ira, der Jattiriter;
Gareb, der Jattiriter; 39 [a]Uria, der He-
titer. Das sind zusammen siebenunddrei-
ßig.

23,13: *a* 1. Sam 22,1 **23,16:** *a* 1. Sam 7,6 **23,18:** *a* Kap 21,17 **23,20:** *a* Kap 8,18; *b* Jos 15,21 **23,24:** *a* Kap 2,18 **23,26:** *a* 1. Chr 27,10; *b* 1. Chr 27,9 **23,34:** *a* Kap 15,12 **23,39:** *a* Kap 11,3

Gott lässt David den Tempelplatz finden

(vgl. 1. Chr 21,1-30)

24 Und der Zorn des HERRN ent-
brannte abermals gegen Israel,
und er reizte David gegen das Volk und
sprach: Geh hin, zähle Israel und Juda!
2 [a]Und der König sprach zu Joab und zu
den Hauptleuten, die bei ihm waren:
Geht umher in allen Stämmen Israels
von Dan bis Beerscheba und zählt das
Kriegsvolk, damit ich weiß, wie viel ihrer
sind. 3 Joab sprach zu dem König: Der
HERR, dein Gott, tue zu diesem Volk,
wie es jetzt ist, noch hundertmal so viel
hinzu, dass mein Herr, der König, seiner
Augen Lust daran habe; aber warum ver-
langt es meinen Herrn, den König, sol-
ches zu tun? 4 Aber des Königs Wort
stand fest gegen Joab und die Hauptleute
des Heeres. So zog Joab mit den Haupt-
leuten des Heeres aus von dem König,
um das Volk Israel zu zählen.

5 Und sie gingen über den Jordan und
fingen an bei [a]Aroër und bei der Stadt,
die mitten im Bachtal liegt, nach Gad
und nach Jaser zu 6 und kamen nach Gi-
lead und zum Land der Hetiter nach
Kadesch zu und darauf nach Dan, und
von Dan wandten sie sich nach Sidon zu.
7 Dann kamen sie zu der festen Stadt
Tyrus und allen Städten der Hiwiter und
Kanaaniter und in das Südland Judas
nach Beerscheba. 8 So durchzogen sie das
ganze Land und kamen nach neun Mo-
naten und zwanzig Tagen nach Jerusalem
zurück. 9 Und Joab gab dem König die
Summe des Volks an, das gezählt war.
Und es waren in Israel achthunderttau-
send streitbare Männer, die das Schwert
trugen, und in Juda fünfhunderttausend
Mann.

10 Aber das Herz schlug David, nachdem
das Volk gezählt war. Und David sprach
zum HERRN: [a]Ich habe schwer gesündigt,
dass ich das getan habe. Und nun, HERR,
nimm weg die Schuld deines Knechts;
denn ich hab sehr töricht getan.

11 Und als David am Morgen aufstand,
kam des HERRN Wort zu [a]Gad, dem
Propheten, Davids Seher: 12 Geh hin und
rede mit David: So spricht der HERR:
Dreierlei lege ich dir vor; erwähle dir eins
davon, dass ich es dir tue. 13 Gad kam zu
David und sagte es ihm an und sprach zu
ihm: Willst du, dass drei Jahre lang Hun-
gersnot in dein Land kommt oder dass
du drei Monate vor deinen Widersachern
fliehen musst und sie dich verfolgen oder
dass drei Tage Pest in deinem Lande ist?
So bedenke nun wohl, was ich antworten
soll dem, der mich gesandt hat.[a] 14 David
sprach zu Gad: Es ist mir sehr angst,
aber lass uns in die Hand des HERRN
fallen, denn seine Barmherzigkeit ist
groß; ich will nicht in der Menschen
Hand fallen. 15 Da ließ der HERR die Pest
über Israel kommen vom Morgen an bis
zur bestimmten Zeit, sodass von dem
Volk starben von Dan bis Beerscheba
siebzigtausend Mann.

16 Als aber der Engel seine Hand aus-
streckte über Jerusalem, um es zu ver-
derben, reute den HERRN das Übel und
er sprach zum Engel, [a]der das Verderben
anrichtete im Volk: Es ist genug; lass nun
deine Hand ab! Der Engel des HERRN
aber war bei der Tenne Araunas, des
Jebusiters. 17 Als aber David den Engel
sah, der das Volk schlug, sprach er zum
HERRN: Siehe, **ich** habe gesündigt, **ich**
habe die Missetat getan; was haben diese
Schafe getan? Lass deine Hand gegen
mich und meines Vaters Haus sein![a]

18 Und Gad kam zu David an jenem
Tage und sprach zu ihm: Geh hinauf und
errichte dem HERRN einen Altar auf der
Tenne Araunas, des Jebusiters. 19 Da ging
David hinauf, wie Gad nach des HERRN
Gebot gesagt hatte. 20 Und als Arauna
aufschaute, sah er den König mit seinen
Großen zu ihm herüberkommen und fiel
nieder vor dem König auf sein Angesicht
zur Erde 21 und sprach: Warum kommt
mein Herr, der König, zu seinem Knecht?
David sprach: Um von dir die Tenne zu
kaufen und dem HERRN einen Altar zu
bauen, damit die Plage vom Volk weiche.
22 Aber Arauna sprach zu David: Mein
Herr, der König, nehme und opfere, wie
es ihm gefällt. Siehe, da sind die Rinder
zum Brandopfer und auch die Dresch-
schlitten und das Geschirr der Rinder als
Brennholz; 23 das alles gibt Arauna dem

24,2: *a (2-3)* 2. Mose 30,12 **24,5:** *a* 5. Mose 2,36 **24,10:** *a* Kap 12,13 **24,11:** *a* 1. Sam 22,5; 1. Chr 29,29; 2. Chr 29,25 **24,13:** *a* Jer 24,10; Hes 6,11-12 **24,16:** *a* 1. Mose 19,13; 2. Mose 12,23; Jes 54,16 **24,17:** *a* 4. Mose 16,22

König. Und Arauna sprach zum König:
Der HERR, dein Gott, sei dir gnädig.
24 Aber der König sprach zu Arauna:
Nicht doch, sondern ich will dir's ab-
kaufen für seinen Preis; denn ich will
dem HERRN, meinem Gott, nicht Brand-
opfer darbringen, die ich umsonst habe.
So kaufte David die Tenne und die Rin-
der für fünfzig Lot Silber. 25 Und David
baute dort dem HERRN einen Altar und
opferte Brandopfer und Dankopfer. Und
[a]der HERR wurde dem Land wieder gnä-
dig und die Plage wich von dem Volk
Israel.

DAS ERSTE BUCH DER KÖNIGE

Inhaltsübersicht

Salomo wird zum König gesalbt

1 Als aber der König David alt war und
hochbetagt, konnte er nicht warm
werden, wenn man ihn auch mit Kleidern
bedeckte. 2 Da sprachen seine Großen zu
ihm: Man suche unserm Herrn, dem Kö-
nig, eine Jungfrau, die vor dem König
stehe und ihn umsorge und in seinen Ar-
men schlafe und unsern Herrn, den Kö-
nig, wärme. 3 Und sie suchten ein schönes
Mädchen im ganzen Gebiet Israels und
fanden Abischag von Schunem und
brachten sie dem König. 4 Und sie war
ein sehr schönes Mädchen und umsorgte
den König und diente ihm. Aber der Kö-
nig erkannte sie nicht.
5 [a]Adonija aber, der Sohn der Haggit,
empörte sich und sprach: Ich will König
werden! Und [b]er schaffte sich Wagen
und Gespanne an und fünfzig Mann als
seine Leibwache. 6 Und sein Vater hatte
ihm nie etwas verwehrt sein Leben lang,
dass er gesagt hätte: Warum tust du das?
Und er war auch ein sehr schöner Mann
und war David geboren als der nächste
Sohn nach Absalom.
7 Und er beriet sich mit Joab, dem
Sohn der Zeruja, und mit Abjatar, dem
Priester; die hielten zu Adonija.[a] 8 Aber
Zadok, der Priester, und Benaja, der
Sohn Jojadas, und Nathan, der Prophet,
und Schimi und Reï und die Helden Da-
vids waren nicht mit Adonija. 9 Und als
Adonija Schafe und Rinder und gemäs-
tetes Vieh opferte bei dem Stein Sohelet,
der neben der [a]Quelle Rogel liegt, lud er
alle seine Brüder, des Königs Söhne, ein
und alle Männer Judas, die dem König
dienten. 10 Aber den Propheten Nathan
und Benaja und die Helden und seinen
Bruder Salomo lud er nicht ein.
11 Da sprach Nathan zu Batseba, Salo-
mos Mutter: Hast du nicht gehört, dass
Adonija, der Sohn der Haggit, König ge-
worden ist, und David, unser Herr, weiß
nichts davon? 12 So komm nun, ich will
dir einen Rat geben, dass du dein Leben
und das Leben deines Sohnes Salomo
errettest. 13 Auf, geh zum König David
hinein und sprich zu ihm: Hast du nicht,
mein Herr und König, deiner Magd ge-
schworen: [a]Dein Sohn Salomo soll nach
mir König sein, und er soll auf meinem
Thron sitzen? Warum ist dann Adonija
König geworden? 14 Siehe, während du
noch da bist und mit dem König redest,
will ich nach dir hineinkommen und
deine Worte zu Ende führen.
15 Und Batseba ging hinein zum König
in das Gemach. Der König aber war sehr
alt und Abischag von Schunem diente
dem König. 16 Und Batseba neigte sich

24,25: *a* Kap 21,14 **1,5:** *a* 2. Sam 3,4; *b* 2. Sam 15,1 **1,7:** *a* Kap 2,22 **1,9:** *a* Jos 15,7-8 **1,13:** *a* 1. Chr 28,5-10

und fiel vor dem König nieder. Der Kö-
nig aber sprach: Was willst du? 17 Sie
sprach zu ihm: Mein Herr, du hast deiner
Magd geschworen bei dem HERRN, dei-
nem Gott: Dein Sohn Salomo soll König
sein nach mir und auf meinem Thron
sitzen. 18 Nun aber siehe, Adonija ist Kö-
nig geworden, und du, mein Herr und
König, weißt nichts davon. 19 Er hat
Stiere und gemästetes Vieh und viele
Schafe geopfert und hat alle Söhne des
Königs geladen, dazu Abjatar, den Pries-
ter, und Joab, den Feldhauptmann; aber
deinen Knecht Salomo hat er nicht ge-
laden. 20 Du aber, mein Herr und König,
die Augen von ganz Israel sehen auf
dich, dass du ihnen kundtust, wer auf
dem Thron meines Herrn und Königs
nach ihm sitzen soll. 21 Wenn aber mein
Herr und König sich zu seinen Vätern
gelegt hat, so werden ich und mein Sohn
Salomo als Empörer dastehen.

22 Während sie noch mit dem König
redete, kam der Prophet Nathan. 23 Und
sie sagten dem König an: Siehe, da ist der
Prophet Nathan. Und als er hinein vor
den König kam, fiel er vor dem König
nieder auf sein Angesicht zur Erde 24 und
sprach: Mein Herr und König, hast du
gesagt: Adonija soll nach mir König sein
und auf meinem Thron sitzen? 25 Denn er
ist heute hinabgegangen und hat geopfert
Stiere und Mastvieh und viele Schafe
und hat alle Söhne des Königs geladen
und die Hauptleute, dazu den Priester
Abjatar. Und siehe, sie essen und trinken
vor ihm und rufen: Es lebe der König
Adonija! 26 Aber mich, deinen Knecht,
und Zadok, den Priester, und Benaja,
den Sohn Jojadas, und deinen Knecht
Salomo hat er nicht geladen. 27 Ist das
von meinem Herrn und König befohlen
und du hast deine Großen nicht wissen
lassen, wer auf dem Thron meines Herrn
und Königs nach ihm sitzen soll?

28 Der König David antwortete und
sprach: Ruft mir Batseba! Und sie kam
hinein vor den König. Und als sie vor
dem König stand, 29 schwor der König
und sprach: So wahr der HERR lebt, der
mich erlöst hat aus aller Not: 30 Ich will
heute tun, wie ich dir geschworen habe
bei dem HERRN, dem Gott Israels, als ich
sagte: Salomo, dein Sohn, soll nach mir
König sein, und er soll für mich auf mei-
nem Thron sitzen. 31 Da neigte sich Bat-
seba mit ihrem Antlitz zur Erde und fiel
vor dem König nieder und sprach: Lang
lebe mein Herr, der König David!

32 Und der König David sprach: Ruft
mir den Priester Zadok und den Pro-
pheten Nathan und Benaja, den Sohn
Jojadas! Und als sie hineinkamen vor
den König, 33 sprach der König zu ihnen:
Nehmt mit euch die Großen eures Herrn
und setzt meinen Sohn Salomo auf mein
Maultier und führt ihn hinab zum Gi-
hon. 34 Und der Priester Zadok samt dem
Propheten Nathan salbe ihn dort zum
König über Israel. Und blast die Posau-
nen und ruft: Es lebe der König Salomo!
35 Und zieht wieder hinauf hinter ihm
her, und er soll kommen und sitzen auf
meinem Thron und für mich König sein.
Denn ihn setze ich zum Fürsten über
Israel und Juda ein. 36 Da antwortete Be-
naja, der Sohn Jojadas, dem König und
sprach: So sei es! Der HERR, der Gott
meines Herrn und Königs, bestätige es!
37 Wie der HERR mit meinem Herrn, dem
König, gewesen ist, so sei er auch mit
Salomo, dass sein Thron größer werde
als der Thron meines Herrn, des Königs
David!

38 Da gingen hinab der Priester Zadok
und der Prophet Nathan und [a]Benaja,
der Sohn Jojadas, und die Kreter und
Pleter und setzten Salomo auf das Maul-
tier des Königs David und führten ihn
zum Gihon. 39 Und der Priester Zadok
nahm das Ölhorn aus dem Zelt und
salbte Salomo. Und sie bliesen die Po-
saunen und alles Volk rief: Es lebe der
König Salomo![a] 40 Und alles Volk zog
wieder herauf hinter ihm her, und das
Volk blies mit Flöten und war sehr fröh-
lich, sodass die Erde von ihrem Geschrei
erbebte.

41 Und Adonija hörte es und alle, die
er geladen hatte und die bei ihm waren,
und sie hatten schon gegessen. Und als
Joab den Schall der Posaune hörte,
sprach er: Was soll das Geschrei und
Getümmel der Stadt? 42 Als er noch re-
dete, siehe, da kam [a]Jonatan, der Sohn
des Priesters Abjatar. Und Adonija

1,38: *a* 2. Sam 8,18 **1,39:** *a* 1. Chr 23,1; 29,22 **1,42:** *a* 2. Sam 15,27.36

sprach: Komm her, denn du bist ein red-
licher Mann und bringst gute Botschaft.
43 Jonatan antwortete und sprach zu
Adonija: Nein, denn unser Herr, der Kö-
nig David, hat Salomo zum König ge-
macht 44 und hat mit ihm gesandt den
Priester Zadok und den Propheten Na-
than und Benaja, den Sohn Jojadas, und
die Kreter und Pleter, und sie haben ihn
auf des Königs Maultier gesetzt. 45 Und
Zadok, der Priester, samt dem Propheten
Nathan hat ihn gesalbt zum König beim
Gihon, und sie sind von da heraufge-
zogen mit Freuden, sodass die Stadt voll
Getümmel wurde. Das ist das Geschrei,
das ihr gehört habt. 46 Und schon sitzt
Salomo auf dem königlichen Thron
47 und die Großen des Königs sind hin-
eingegangen, zu segnen unsern Herrn,
den König David, und haben gesagt:
Dein Gott mache Salomos Namen herr-
licher als deinen Namen und lasse seinen
Thron größer werden als deinen Thron!
Und der König hat sich verneigt auf sei-
nem Lager 48 und hat so gesagt: Gelobt
sei der HERR, der Gott Israels, der heute
einen meiner Söhne auf meinen Thron
gesetzt hat, dass es meine Augen gesehen
haben.

49 Da erschraken alle, die bei Adonija
geladen waren, und machten sich auf
und gingen hin, jeder seinen Weg. 50 Aber
Adonija fürchtete sich vor Salomo und
machte sich auf, ging hin und fasste die
Hörner des Altars.

51 Und es wurde Salomo angesagt:
Siehe, Adonija fürchtet den König Sa-
lomo, und siehe, [a]er fasst die Hörner des
Altars und spricht: Der König Salomo
schwöre mir heute, dass er seinen Knecht
nicht töten wird mit dem Schwert. 52 Sa-
lomo sprach: Wird er redlich sein, so
[a]soll kein Haar von ihm auf die Erde
fallen; wird aber Böses an ihm gefunden,
so soll er sterben. 53 Und der König Sa-
lomo sandte hin und ließ ihn vom Altar
holen. Und als er kam, fiel er vor dem
König Salomo nieder. Salomo aber
sprach zu ihm: Geh in dein Haus!

Davids letzter Wille und sein Tod

2 Als nun die Zeit herbeikam, dass Da-
vid sterben sollte, gebot er seinem
Sohn Salomo und sprach: 2 Ich gehe hin
den Weg aller Welt. So sei getrost und sei
ein Mann 3 und diene dem HERRN, dei-
nem Gott, dass du wandelst in seinen
Wegen und hältst seine Satzungen, Ge-
bote, Rechte und Ordnungen, [a]wie ge-
schrieben steht im Gesetz des Mose, da-
mit dir alles gelinge, was du tust und
wohin du dich wendest; 4 damit der
HERR sein Wort erfülle, das er über mich
geredet hat: Werden deine Söhne auf ihre
Wege achten, dass sie vor mir in Treue
und von ganzem Herzen und von ganzer
Seele wandeln, so soll dir's niemals fehlen
an einem Mann auf dem Thron Israels.

5 Auch weißt du sehr wohl, was mir
getan hat Joab, der Sohn der Zeruja, was
er tat den zwei Feldhauptleuten Israels,
[a]Abner, dem Sohn Ners, und [b]Amasa,
dem Sohn Jeters, wie er sie ermordet hat
und so im Krieg vergossenes Blut im
Frieden gerächt und unschuldiges Blut
an den Gürtel seiner Lenden und an die
Schuhe seiner Füße gebracht hat. 6 Tu
nach deiner Weisheit, dass du seine
grauen Haare nicht in Frieden hinunter
zu den Toten bringst. 7 Aber den Söhnen
[a]Barsillais, des Gileaditers, sollst du
Barmherzigkeit erweisen, dass sie an dei-
nem Tisch essen. Denn sie taten wohl an
mir, als [b]ich vor deinem Bruder Absalom
floh. 8 Und siehe, du hast bei dir
[a]Schimi, den Sohn Geras, den Benjami-
niter von Bahurim, der mir schändlich
fluchte zu der Zeit, als ich nach Mahana-
jim ging. Dann aber kam er mir entgegen
am Jordan. Da schwor ich ihm bei dem
HERRN und sprach: Ich will dich nicht
töten mit dem Schwert. 9 Du aber lass ihn
nicht frei ausgehen; denn du bist ein wei-
ser Mann und wirst sehr wohl wissen,
was du ihm tun sollst, dass du seine
grauen Haare mit Blut hinunter zu den
Toten bringst.

10 Also legte sich David zu seinen Vä-
tern und wurde begraben in der Stadt
Davids. 11 Die Zeit aber, die David König
gewesen ist über Israel, ist vierzig Jahre:
Sieben Jahre war er König zu Hebron
und dreiunddreißig Jahre zu Jerusalem.[a]
12 Und Salomo saß auf dem Thron seines
Vaters David und seine Herrschaft hatte
festen Bestand.

1,51: *a* Kap 2,28 **1,52:** *a* 2.Sam 14,11 **2,3:** *a* 5.Mose 17,14-20; Jos 1,7 **2,5:** *a* 2.Sam 3,27; *b* 2.Sam 20,10 **2,7:** *a* 2.Sam 17,27; 19,32-41; *b* 2.Sam 15,13-16 **2,8:** *a* 2.Sam 16,5; 19,17-24 **2,11:** *a* 2.Sam 5,4-5; 1.Chr 29,27

Salomos Maßnahmen beim Antritt der Regierung

13 Aber Adonija, der Sohn der Haggit,
kam zu Batseba, der Mutter Salomos.
Und sie sprach: Kommst du auch mit
Frieden? Er sprach: Ja! 14 Und er sprach:
Ich habe mit dir zu reden. Sie sprach:
Sage an! 15 Er sprach: Du weißt, dass das
Königtum mein war, und ganz Israel
hatte sich auf mich gerichtet, dass ich
König sein sollte; aber nun hat sich das
Königtum gewandt und ist meinem Bru-
der zuteilgeworden – von dem HERRN
ist's ihm zuteilgeworden. 16 Nun bitte ich
eins von dir; du wollest mich nicht ab-
weisen! Sie sprach zu ihm: Sage an! 17 Er
sprach: Rede mit dem König Salomo,
denn er wird dich nicht abweisen, dass er
mir gebe [a]Abischag von Schunem zur
Frau. 18 Batseba sprach: Gut, ich will mit
dem König deinetwegen reden.

19 Und Batseba ging hin zum König
Salomo, um mit ihm zu reden Adonijas
wegen. Und der König stand auf und
ging ihr entgegen und neigte sich vor ihr
und setzte sich auf seinen Thron. Und es
wurde der Mutter des Königs ein Thron
hingestellt und sie setzte sich zu seiner
Rechten. 20 Und sie sprach: Ich habe **eine**
kleine Bitte an dich; du wollest mich
nicht abweisen. Der König sprach zu ihr:
Bitte, meine Mutter, ich will dich nicht
abweisen. 21 Sie sprach: Gib doch Abi-
schag von Schunem deinem Bruder Ado-
nija zur Frau!

22 Da antwortete der König Salomo
und sprach zu seiner Mutter: Warum bit-
test du um Abischag von Schunem für
Adonija? Erbitte ihm doch auch das Kö-
nigtum! Denn er ist mein älterer Bruder
und [a]zu ihm hält der Priester Abjatar
und Joab, der Sohn der Zeruja. 23 Und
der König Salomo schwor bei dem
HERRN und sprach: Gott tue mir dies
und das, diese Bitte soll Adonija sein
Leben kosten! 24 Und nun, so wahr der
HERR lebt, der mich bestätigt hat und
gesetzt auf den Thron meines Vaters
David und der mir ein Haus gemacht
hat, wie er zugesagt hat: Heute noch
soll Adonija sterben! 25 Und der König
Salomo sandte hin Benaja, den Sohn
Jojadas; der stieß ihn nieder, dass er
starb. 26 Und zu dem [a]Priester Abjatar
sprach der König: Geh hin nach Anatot
zu deinem Besitz, denn du bist des Todes.
Aber ich will dich heute nicht töten,
denn du hast die Lade Gottes des
HERRN vor meinem Vater David getra-
gen und hast alles mitgelitten, was mein
Vater gelitten hat. 27 So verstieß Salomo
den Abjatar, dass er nicht mehr Priester
des HERRN sein durfte, [a]damit erfüllt
würde des HERRN Wort, das er über das
Haus Elis geredet hatte in Silo.

28 Und die Kunde davon kam vor Joab;
denn Joab hatte Adonija angehangen
und nicht Absalom. Da floh Joab in das
Zelt des HERRN und [a]fasste die Hörner
des Altars. 29 Und es wurde dem König
Salomo angesagt: Joab ist zum Zelt des
HERRN geflohen, und siehe, er steht am
Altar. Da sandte Salomo hin Benaja, den
Sohn Jojadas, und sprach: Geh, stoß ihn
nieder![a] 30 Und als Benaja zum Zelt des
HERRN kam, sprach er zu Joab: So sagt
der König: Geh heraus! Er sprach: Nein,
hier will ich sterben. Und Benaja sagte
das dem König wieder und sprach: So
hat Joab geredet und so hat er mir ge-
antwortet.

31 Der König sprach zu ihm: Tu, wie er
gesagt hat, und stoß ihn nieder und be-
grabe ihn, damit du das Blut, das Joab
ohne Grund vergossen hat, von mir tust
und von meines Vaters Hause. 32 Und der
HERR lasse das Blut auf sein Haupt kom-
men, weil er zwei Männer erschlagen hat,
die gerechter und besser waren als er, und
sie getötet hat mit dem Schwert, ohne
dass mein Vater David darum wusste,
nämlich Abner, den Sohn Ners, den
Feldhauptmann über Israel, und Amasa,
den Sohn Jeters, den Feldhauptmann
über Juda.[a] 33 Ihr Blut komme auf das
Haupt Joabs und seiner Nachkommen
für immer; aber David und seine Nach-
kommen, sein Haus und sein Thron sol-
len Frieden haben ewiglich von dem
HERRN! 34 Und Benaja, der Sohn Joja-
das, ging hin und stieß ihn nieder und
tötete ihn. Und er wurde begraben in
seinem Hause in der Wüste. 35 Und der
König setzte [a]Benaja, den Sohn Jojadas,
an seiner statt über das Heer, und den

2,17: *a* Kap 1,3; 2. Sam 3,7 **2,22:** *a* Kap 1,6-7 **2,26:** *a* Kap 1,7; 1. Sam 22,20-23; 30,7; 2. Sam 15,24 **2,27:** *a* 1. Sam 2,31-32 **2,28:** *a* Kap 1,51 **2,29:** *a* 2. Mose 21,12-14 **2,32:** *a* Vers 5 **2,35:** *a* Kap 4,4

Priester Zadok setzte der König an die
Stelle Abjatars.
36 Und der König sandte hin und ließ
Schimi rufen und sprach zu ihm: Baue
dir ein Haus in Jerusalem und wohne
dort und geh von da nicht heraus, weder
hierhin noch dahin. 37 An dem Tag, an
dem du hinausgehen und über den Bach
Kidron gehen wirst – so wisse, dass du
des Todes sterben musst; dein Blut
komme dann auf dein Haupt! 38 Schimi
sprach zum König: Das ist recht so; wie
mein Herr, der König, geredet hat, so
wird dein Knecht tun. So wohnte Schimi
in Jerusalem lange Zeit.
39 Es begab sich aber nach drei Jahren,
dass zwei Knechte dem Schimi entliefen
zu Achisch, dem Sohn Maachas, dem
König von Gat. Und es wurde Schimi
angesagt: Siehe, deine Knechte sind in
Gat. 40 Da machte sich Schimi auf und
sattelte seinen Esel und zog hin nach Gat
zu Achisch, um seine Knechte zu suchen.
Und als er hinkam, brachte er seine
Knechte von Gat zurück.
41 Und es wurde Salomo angesagt,
dass Schimi von Jerusalem nach Gat ge-
zogen und wiedergekommen wäre. 42 Da
sandte der König hin und ließ Schimi
rufen und sprach zu ihm: Hab ich dich
nicht schwören lassen bei dem HERRN
und dich gewarnt: An dem Tag, an dem
du die Stadt verlässt und hierhin oder
dorthin gehst, sollst du wissen, dass du
des Todes sterben musst? Und du
sprachst zu mir: Es ist recht so; ich habe
es gehört. 43 Warum hast du denn nicht
gehalten den Schwur vor dem HERRN
und das Gebot, das ich dir geboten habe?
44 Und der König sprach zu Schimi: [a]Du
weißt all das Böse, dessen dein Herz sich
bewusst ist und das du meinem Vater
David angetan hast. Nun lässt der HERR
dies Böse auf dein Haupt kommen;
45 aber der König Salomo ist gesegnet
und der Thron Davids wird fest stehen
vor dem HERRN ewiglich. 46 Und der Kö-
nig gebot Benaja, dem Sohn Jojadas; der
ging hin und stieß ihn nieder, dass er
starb.
Und das Königtum wurde gefestigt
durch Salomos Hand.

Salomos Gebet um Weisheit

(vgl. 2. Chr 1,1-12)

3 Und Salomo verschwägerte sich mit
dem [a]Pharao, dem König von Ägyp-
ten, und nahm eine [b]Tochter des Pharao
zur Frau und brachte sie in die Stadt
Davids, bis er sein Haus und des HERRN
Haus und die Mauer um Jerusalem ge-
baut hatte. 2 Aber das Volk opferte noch
auf den Höhen; denn es war noch kein
Haus gebaut dem Namen des HERRN bis
auf diese Zeit. 3 Salomo aber hatte den
HERRN lieb und wandelte nach den Sat-
zungen seines Vaters David, nur dass er
auf den Höhen opferte und räucherte.
4 [a]Und der König ging hin nach Gibeon,
um dort zu opfern; denn das war die
bedeutendste Höhe. Und Salomo opferte
dort tausend Brandopfer auf dem Altar.
5 Und der HERR erschien Salomo zu
Gibeon im Traum des Nachts und Gott
sprach: Bitte, was ich dir geben soll! 6 Sa-
lomo sprach: Du hast an meinem Vater
David, deinem Knecht, große Barmher-
zigkeit getan, wie er denn vor dir ge-
wandelt ist in Wahrheit und Gerechtig-
keit und mit aufrichtigem Herzen vor dir,
und hast ihm auch die große Barmher-
zigkeit erwiesen und ihm einen Sohn ge-
geben, [a]der auf seinem Thron sitzen
sollte, wie es denn jetzt ist. 7 Nun, HERR,
mein Gott, du hast deinen Knecht zum
König gemacht an meines Vaters David
statt. Ich aber bin noch jung, weiß weder
aus noch ein. 8 Und dein Knecht steht
mitten in deinem Volk, das du erwählt
hast, einem Volk, [a]so groß, dass es we-
gen seiner Menge niemand zählen noch
berechnen kann. 9 So wollest du deinem
Knecht ein gehorsames Herz geben, da-
mit er dein Volk richten könne und ver-
stehen, was gut und böse ist. Denn wer
vermag dies dein mächtiges Volk zu
richten?
10 Das gefiel dem Herrn gut, dass Sa-
lomo darum bat. 11 Und Gott sprach zu
ihm: Weil du darum bittest und bittest
weder um langes Leben noch um Reich-
tum noch um deiner Feinde Tod, son-
dern um Verstand, zu hören und recht zu
richten, 12 siehe, [a]so tue ich nach deinen
Worten. Siehe, ich gebe dir ein weises

2,44: *a* Vers 8 **3,1:** *a* 5. Mose 23,8; *b* Kap 11,1-2 **3,4:** *a (4-5)* 1. Chr 21,29; Kap 9,2 **3,6:** *a* Kap 1,48 **3,8:** *a* Kap 4,20 **3,12:** *a* 5. Mose 26,14

und verständiges Herz, sodass deinesglei-
chen vor dir nicht gewesen ist und nach
dir nicht aufkommen wird. 13Und dazu
gebe ich dir, [a]worum du nicht gebeten
hast, nämlich Reichtum und Ehre, sodass
deinesgleichen keiner unter den Königen
ist zu deinen Zeiten. 14Und wenn du in
meinen Wegen wandeln wirst, dass du
hältst meine Satzungen und Gebote, wie
dein Vater David gewandelt ist, so werde
ich dir ein langes Leben geben.

15Und als Salomo erwachte, siehe, da
war es ein Traum. Und er kam nach
Jerusalem und trat vor die Lade des Bun-
des des Herrn und opferte Brandopfer
und Dankopfer und machte ein großes
Festmahl für alle seine Großen.

Salomos Urteil

16Zu der Zeit kamen zwei Huren zum
König und traten vor ihn. 17Und die eine
Frau sprach: Ach, mein Herr, ich und
diese Frau wohnten in **einem** Hause und
ich gebar bei ihr im Hause. 18Und drei
Tage nachdem ich geboren hatte, gebar
auch sie. Und wir waren beieinander und
kein Fremder war mit uns im Hause, nur
wir beide. 19Und der Sohn dieser Frau
starb in der Nacht; denn sie hatte ihn im
Schlaf erdrückt. 20Und sie stand in der
Nacht auf und nahm meinen Sohn von
meiner Seite, als deine Magd schlief, und
legte ihn in ihren Arm, und ihren toten
Sohn legte sie in meinen Arm. 21Und als
ich des Morgens aufstand, um meinen
Sohn zu stillen, siehe, da war er tot. Aber
am Morgen sah ich ihn genau an, und
siehe, es war nicht mein Sohn, den ich
geboren hatte. 22Die andere Frau sprach:
Nein, mein Sohn lebt, doch dein Sohn ist
tot. Jene aber sprach: Nein, dein Sohn ist
tot, doch mein Sohn lebt. Und so redeten
sie vor dem König.

23Und der König sprach: Diese
spricht: Mein Sohn lebt, doch dein Sohn
ist tot. Jene spricht: Nein, dein Sohn ist
tot, doch mein Sohn lebt. 24Und der Kö-
nig sprach: Holt mir ein Schwert! Und
als das Schwert vor den König gebracht
wurde, 25sprach der König: Teilt das
lebendige Kind in zwei Teile und gebt
dieser die Hälfte und jener die Hälfte.
26[a]Da sagte die Frau, deren Sohn lebte,
zum König – denn ihr mütterliches Herz
entbrannte in Liebe für ihren Sohn – und
sprach: Ach, mein Herr, gebt ihr das
Kind lebendig und tötet es nicht! Jene
aber sprach: Es sei weder mein noch
dein; lasst es teilen! 27Da antwortete der
König und sprach: Gebt dieser das Kind
lebendig und tötet's nicht; die ist seine
Mutter.

28Und ganz Israel hörte von dem Ur-
teil, das der König gefällt hatte, und sie
fürchteten den König; denn sie sahen,
dass die Weisheit Gottes in ihm war, Ge-
richt zu halten.

Salomos Beamte und Amtleute

4 So war Salomo König über ganz Is-
rael. 2Und dies waren seine Großen:
Asarja, der Sohn Zadoks, war Priester;
3Elihoref und Ahija, die Söhne Schi-
schas, waren Schreiber; Joschafat, der
Sohn Ahiluds, war Kanzler; 4[a]Benaja,
der Sohn Jojadas, war Feldhauptmann;
Zadok und Abjatar waren Priester;
5Asarja, der Sohn Nathans, stand den
Amtleuten vor; Sabud, der Sohn Na-
thans, war des Königs Freund; 6Ahischar
war Hofmeister; [a]Adoniram, der Sohn
Abdas, war Fronvogt.

7Und Salomo hatte zwölf Amtleute
über ganz Israel, [a]die den König und
sein Haus versorgten, und zwar ein jeder
im Jahr einen Monat lang. 8Sie hießen:
der Sohn Hurs auf dem Gebirge
Ephraim; 9der Sohn Dekers in Makaz
und in Schaalbim und in Bet-Schemesch
und in Elon und Bet-Hanan; 10der Sohn
Heseds in Arubbot und hatte dazu Socho
und das ganze Land Hefer; 11der Sohn
[a]Abinadabs über das ganze Hügelland
von Dor; er hatte Tafat, eine Tochter
Salomos, zur Frau; 12Baana, der Sohn
Ahiluds, in Taanach und in Megiddo und
über ganz Bet-Schean, das liegt neben
Zaretan unterhalb von Jesreel, von Bet-
Schean bis Abel-Mehola, bis jenseits von
Jokneam; 13der Sohn Gebers zu Ramot
in Gilead; er hatte die [a]Dörfer Jaïrs, des
Sohnes Manasses, in Gilead und die Ge-
gend Argob, die in Baschan liegt, sechzig
große Städte, ummauert und mit ehernen

3,13: *a* Mt 6,33 **3,26:** *a (26-27)* Jes 49,15 **4,4:** *a* Kap 2,34-35; 2. Sam 23,20 **4,6:** *a* Kap 5,28 **4,7:** *a* 1. Sam 8,11-18 **4,11:** *a* 1. Sam 16,8 **4,13:** *a* 4. Mose 32,41

Riegeln; 14Ahinadab, der Sohn Iddos, in
Mahanajim; 15Ahimaaz in Naftali; auch
er hatte eine Tochter Salomos, Basemat,
zur Frau genommen; 16Baana, der Sohn
Huschais, in Asser und Bealot; 17Jo-
schafat, der Sohn Paruachs, in Issachar;
18Schimi, der Sohn Elas, in Benjamin;
19Geber, der Sohn Uris, im Lande Gi-
lead, im Lande Sihons, des Königs der
Amoriter, und Ogs, des Königs in Ba-
schan. **Ein** Amtmann war in diesem
Lande.

20Juda aber und Israel waren [a]zahl-
reich wie der Sand am Meer und sie aßen
und tranken und waren fröhlich.

Salomos Macht und Weisheit

5 *So war Salomo Herr über alle Kö-
nigreiche, vom [a]Euphratstrom bis
zum Philisterland und bis an die Grenze
Ägyptens; die brachten ihm Geschenke
und dienten ihm sein Leben lang. 2Und
Salomo musste täglich zur Speisung ha-
ben dreißig Sack feinstes Mehl, sechzig
Sack anderes Mehl, 3zehn gemästete
Rinder und zwanzig Rinder von der
Weide und hundert Schafe, ohne die Hir-
sche und Gazellen und Rehe und das
gemästete Federvieh. 4Denn er herrschte
im ganzen Lande diesseits des Euphrat,
von Tifsach bis nach Gaza, über alle Kö-
nige diesseits des Euphrat, und hatte
Frieden mit allen seinen Nachbarn
ringsum, 5sodass Juda und Israel [a]sicher
wohnten, jeder unter seinem Weinstock
und unter seinem Feigenbaum, von Dan
bis Beerscheba, solange Salomo lebte.

6Und Salomo hatte viertausend Ge-
spanne für seine Kriegswagen und zwölf-
tausend Leute für die Pferde.[a] 7Und die
Amtleute versorgten den König Salomo
und alles, was zum Tisch des Königs ge-
hörte, jeder in seinem Monat, und ließen
es an nichts fehlen. 8Auch Gerste und
Stroh für die Pferde brachten sie an den
Ort, wo diese waren, jeder nach seiner
Ordnung.

9Und Gott gab Salomo sehr große
Weisheit und Verstand und einen Geist,
so weit, wie Sand am Ufer des Meeres
liegt, 10dass die Weisheit Salomos größer
war als die Weisheit von allen, die im
Osten wohnen, und als die Weisheit der
Ägypter. 11Und er war weiser als alle
Menschen, auch weiser als Etan, der Es-
rachiter, Heman, Kalkol und Darda, die
Söhne Mahols, und war berühmt unter
allen Völkern ringsum. 12Und er [a]dich-
tete dreitausend Sprüche und tausend-
undfünf Lieder. 13Er dichtete von den
Bäumen, von der Zeder an auf dem Li-
banon bis zum Ysop, der aus der Wand
wächst. Auch dichtete er von den Tieren
des Landes, von Vögeln, vom Gewürm
und von Fischen.

14Und aus allen Völkern kam man, zu
hören die Weisheit Salomos, und von al-
len Königen auf Erden, die von seiner
Weisheit gehört hatten.

Salomos Vertrag mit Hiram von Tyrus. Vorbereitung zum Tempelbau

(vgl. 2. Chr 2,1-17)

15Und [a]Hiram, der König von Tyrus,
sandte seine Botschafter zu Salomo;
denn er hatte gehört, dass sie ihn zum
König gesalbt hatten an seines Vaters
statt. Denn Hiram liebte David sein Le-
ben lang. 16Und Salomo sandte zu Hi-
ram und ließ ihm sagen: 17Du weißt,
dass mein Vater David nicht ein Haus
bauen konnte dem Namen des HERRN,
seines Gottes, um des Krieges willen, der
um ihn her war, bis der HERR seine
Feinde unter seine Füße gab. 18Nun aber
hat mir der HERR, mein Gott, Ruhe ge-
geben ringsum, sodass weder ein Wider-
sacher noch ein böses Hindernis mehr da
ist. 19Siehe, so hab ich gedacht, dem Na-
men des HERRN, meines Gottes, ein
Haus zu bauen, wie der HERR zu mei-
nem Vater David gesagt hat: [a]Dein
Sohn, den ich an deiner statt auf deinen
Thron setzen werde, der soll meinem Na-
men das Haus bauen. 20So befiehl nun,
dass man mir Zedern im Libanon fällt,
und meine Leute sollen mit deinen Leu-
ten sein. Und den Lohn deiner Leute will
ich dir geben, alles, wie du es sagst. Denn
du weißt, dass bei uns niemand ist, der
Holz zu hauen versteht wie die Sidonier.

21Als Hiram aber die Worte Salomos
hörte, freute er sich sehr und sprach:
[a]Gelobt sei der HERR heute, der David

* Abweichende Verszählung statt 5,1-32: 4,21-34; 5,1-18.

4,20: *a* Kap 3,8; 1. Mose 13,16 **5,1:** *a* 1. Mose 15,18 **5,5:** *a* 3. Mose 25,18 **5,6:** *a* 2. Chr 9,25 **5,12:** *a* Pred 12,9
5,15: *a* 2. Sam 5,11 **5,19:** *a* 2. Sam 7,13 **5,21:** *a* Kap 10,9

einen weisen Sohn gegeben hat über dies
große Volk. 22 Und Hiram sandte zu Sa-
lomo und ließ ihm sagen: Ich habe die
Botschaft gehört, die du mir gesandt
hast. Ich will alle deine Wünsche nach
Zedern- und Zypressenholz erfüllen.
23 Meine Leute sollen die Stämme vom
Libanon hinabbringen ans Meer, und ich
will sie in Flöße zusammenlegen lassen
auf dem Meer bis an den Ort, den du mir
sagen lassen wirst, und will sie dort zer-
legen und du sollst sie holen lassen. Aber
du sollst auch meine Wünsche erfüllen
und Speise geben für meinen Hof.

24 So gab Hiram Salomo Zedern- und
Zypressenholz nach allen seinen Wün-
schen. 25 Salomo aber gab Hiram zwan-
zigtausend Sack Weizen zum Unterhalt
für seinen Hof und zwanzigtausend
Eimer gepresstes Öl. Das gab Salomo
jährlich dem Hiram.[a] 26 Und der HERR
gab Salomo Weisheit, wie er ihm zuge-
sagt hatte. Und es war Friede zwischen
Hiram und Salomo und sie schlossen
miteinander einen Vertrag.

27 Und Salomo hob Fronarbeiter aus
von ganz Israel und ihre Zahl war drei-
ßigtausend Mann 28 und sandte sie auf
den Libanon, je einen Monat zehntau-
send, sodass sie einen Monat auf dem
Libanon waren und zwei Monate da-
heim. Und [a]Adoniram war der Fron-
vogt. 29 Und Salomo hatte siebzigtausend
Lastträger und achtzigtausend Stein-
hauer im Gebirge 30 ohne die Vögte Salo-
mos, die über die Arbeiten gesetzt waren:
dreitausenddreihundert, welche den Leu-
ten geboten, die die Arbeit taten. 31 Und
der König gebot, große und kostbare
Steine auszubrechen, behauene Steine
zum Grund des Hauses. 32 Und die Bau-
leute Salomos und die Bauleute Hirams
und die [a]Gebaliter hieben sie zurecht; so
bereiteten sie Holz und Steine zu, um das
Haus zu bauen.

Der Bau des Tempels

(vgl. 2. Chr 3,1-14)

6 Im [a]vierhundertundachtzigsten Jahr
nach dem Auszug Israels aus Ägyp-
tenland, im vierten Jahr der Herrschaft
Salomos über Israel, im Monat Siw, das
ist der zweite Monat, wurde das Haus
dem HERRN gebaut.

2 Das Haus aber, das der König Sa-
lomo dem HERRN baute, war sechzig
Ellen lang, zwanzig Ellen breit und drei-
ßig Ellen hoch. 3 Und er baute eine [a]Vor-
halle vor der Tempelhalle des Hauses,
zwanzig Ellen lang nach der Breite des
Hauses und zehn Ellen breit vor dem
Hause her. 4 Und er machte am Hause
Fenster mit festen Stäben davor. 5 Und er
baute einen Umgang an der Wand des
Hauses ringsumher, sodass er um die
Tempelhalle und um den Chorraum her-
ging, und machte Seitengemächer rings-
umher. 6 Der untere Gang war fünf Ellen
weit und der mittlere sechs Ellen weit
und der dritte sieben Ellen weit; denn er
machte Absätze außen am Hause rings-
umher, sodass die Balken nicht in die
Wände des Hauses eingriffen.

7 Und als das Haus gebaut wurde, wa-
ren die Steine bereits ganz zugerichtet,
sodass man weder Hammer noch Beil
noch irgendein eisernes Werkzeug beim
Bauen hörte. 8 Die Tür zum unteren Sei-
tengemach war auf der rechten Seite des
Hauses, sodass man durch eine Wendel-
treppe hinaufging auf die mittleren Sei-
tengemächer und von den mittleren auf
die dritten. 9 So baute er das Haus und
vollendete es. Und er deckte das Haus
mit Balken und Tafelwerk von Zedern.
10 Und er baute Gänge um das ganze
Haus herum, je fünf Ellen hoch, und
verband sie mit dem Hause durch Balken
von Zedernholz.

11 Und es geschah des HERRN Wort zu
Salomo: 12 So sei es mit dem Hause, das
du baust: Wirst du in meinen Satzungen
wandeln und nach meinen Rechten tun
und alle meine Gebote halten und in ih-
nen wandeln, [a]so will ich mein Wort an
dir wahr machen, das ich deinem Vater
David gegeben habe, 13 und [a]will wohnen
unter Israel und will mein Volk Israel
nicht verlassen.

14 Und Salomo baute das Haus und
vollendete es.[a] 15 Er bedeckte die Wände
des Hauses innen mit Brettern von Ze-
dernholz. Vom Boden des Hauses bis an
die Decke täfelte er es innen mit Holz,

5,25: *a* Vers 2 **5,28:** *a* Kap 4,6 **5,32:** *a* Jos 13,5; Hes 27,9 **6,1:** *a* Mt 1,17 **6,3:** *a* Kap 7,15-21 **6,12:** *a* 2. Sam 7,13 **6,13:** *a* 2. Mose 29,45 **6,14:** *a* Apg 7,47

und den Boden des Hauses täfelte er mit
Brettern von Zypressenholz. 16 Und er
baute zwanzig Ellen von der Rückseite
des Hauses entfernt eine Wand aus ze-
dernen Brettern vom Boden bis an die
Decke und baute so im Innern den Chor-
raum, das Allerheiligste. 17 Die Tempel-
halle vor dem Chorraum war vierzig
Ellen lang. 18 Innen war das ganze Haus
lauter Zedernholz mit gedrehten Knoten
und Blumenwerk, sodass man keinen
Stein sah. 19 Den Chorraum machte er im
Innern des Hauses, damit man die Lade
des Bundes des HERRN dahin stellte.
20 Und vor dem Chorraum, der zwanzig
Ellen lang, zwanzig Ellen breit und
zwanzig Ellen hoch war und überzogen
mit lauterem Gold, [a] machte er den Altar
aus Zedernholz. 21 Und Salomo überzog
das Haus innen mit lauterem Gold und
zog goldene Riegel vor dem Chorraum
her, den er mit Gold überzogen hatte,
22 sodass das ganze Haus ganz mit Gold
überzogen war. Dazu überzog er auch
den ganzen Altar vor dem Chorraum mit
Gold.

23 Er machte im Chorraum zwei [a] Che-
rubim, zehn Ellen hoch, von Ölbaum-
holz. 24 Fünf Ellen hatte ein Flügel eines
jeden Cherubs, sodass zehn Ellen waren
von dem Ende seines einen Flügels bis
zum Ende seines andern Flügels. 25 So
hatte auch der andere Cherub zehn Ellen
und beide Cherubim hatten das gleiche
Maß und die gleiche Gestalt. 26 Auch war
jeder Cherub zehn Ellen hoch. 27 Und er
stellte die Cherubim mitten ins Allerhei-
ligste. Und die Cherubim breiteten ihre
Flügel aus, sodass der Flügel des einen
Cherubs die eine Wand berührte und der
Flügel des andern Cherubs die andere
Wand berührte. Aber in der Mitte be-
rührte ein Flügel den andern. 28 Und er
überzog die Cherubim mit Gold.

29 An allen Wänden des Allerheiligsten
ließ er ringsum Schnitzwerk machen von
Cherubim, Palmen und Blumenwerk, in-
nen und außen. 30 Auch überzog er innen
den Boden mit Goldblech. 31 Und an der
Tür des Chorraums machte er zwei Tür-
flügel von Ölbaumholz mit fünfeckigen
Pfosten 32 und ließ Schnitzwerk darauf
machen von Cherubim, Palmen und Blu-
menwerk und überzog sie mit Goldblech.
33 Ebenso machte er auch an der Tür der
Tempelhalle viereckige Pfosten von Öl-
baumholz 34 und zwei Türen von Zypres-
senholz, sodass jede Tür zwei Flügel
hatte, die sich drehten, 35 und machte
Schnitzwerk darauf von Cherubim, Pal-
men und Blumenwerk und überzog es
mit Gold, genau wie es eingegraben war.
36 Er baute auch den inneren Vorhof von
drei Schichten behauener Steine und von
einer Schicht Zedernbalken.

37 Im [a] vierten Jahr, im Monat Siw,
wurde der Grund gelegt zum Hause des
HERRN, 38 und im elften Jahr, im Monat
Bul, das ist der achte Monat, wurde das
Haus vollendet, wie es sein sollte, sodass
sie sieben Jahre daran bauten.

Der Bau der königlichen Paläste

7 Aber an seinen Königshäusern baute
Salomo dreizehn Jahre, bis er sie
ganz vollendet hatte.[a] 2 So baute er das
[a] Libanon-Waldhaus, hundert Ellen lang,
fünfzig Ellen breit und dreißig Ellen
hoch. Auf drei Reihen von Zedernsäulen
legte er eine Decke von Zedernbalken
3 und deckte auch mit Zedernholz die
Gemächer über den Säulen; und es wa-
ren fünfundvierzig Säulen, je fünfzehn in
einer Reihe. 4 Und Gebälk lag in drei
Reihen und Fenster waren einander ge-
genüber dreimal. 5 Und alle Türen und
Fenster waren viereckig und die Fenster
waren einander gegenüber dreimal.

6 Er baute auch eine Halle von Säulen,
fünfzig Ellen lang und dreißig Ellen
breit, und noch eine Halle vor diese mit
Säulen und einem Aufgang davor; 7 und
baute auch die Thronhalle, in der er Ge-
richt hielt, die Gerichtshalle, und täfelte
sie vom Boden bis zur Decke mit Zedern-
holz; 8 dazu sein Haus, in dem er wohnte,
im andern Hof, hinten an der Halle, ge-
baut wie die andern; und baute noch ein
Haus wie diese Halle [a] für die Tochter
des Pharao, die Salomo zur Frau genom-
men hatte.

9 Das alles war von kostbaren Steinen,
nach dem Winkeleisen gehauen, mit Sä-
gen geschnitten auf allen Seiten, vom
Grund bis an das Dach und von außen

6,20: *a* Kap 7,48 **6,23:** *a* 2. Mose 37,7-9 **6,37:** *a* Vers 1 **7,1:** *a* Kap 9,10 **7,2:** *a* Jes 22,8 **7,8:** *a* Kap 3,1

bis zum großen Hof. 10 Die Grundsteine
waren auch kostbare und große Steine,
zehn und acht Ellen lang, 11 und darauf
kostbare Steine, nach dem Winkeleisen
gehauen, und Zedernholz. 12 Aber der
große Hof hatte ringsum drei Schichten
behauene Steine und eine Schicht Ze-
dernbalken wie auch [a]der innere Vorhof
am Hause des HERRN und die Halle am
Hause.

Die beiden Säulen vor dem Tempel und die heiligen Geräte

(vgl. 2. Chr 3,15–5,1)

13 Und der König Salomo sandte hin und
ließ holen [a]Hiram von Tyrus 14 – den
Sohn einer Witwe aus dem Stamm Naf-
tali, sein Vater aber war aus Tyrus ge-
wesen –; der war ein Kupferschmied, voll
Weisheit, Verstand und Kunst in allerlei
Kupferarbeit. Der kam zum König Sa-
lomo und machte ihm alle seine Werke.

15 Er goss zwei [a]Säulen aus Kupfer,
jede achtzehn Ellen hoch, und eine
Schnur von zwölf Ellen war das Maß um
jede Säule herum. 16 Und er machte zwei
Knäufe, aus Kupfer gegossen, oben auf
die Säulen zu setzen; jeder Knauf war
fünf Ellen hoch. 17 Und es war an jedem
Knauf oben auf den Säulen Gitterwerk,
sieben geflochtene Reifen wie Ketten.
18 Und er machte an jedem Knauf zwei
Reihen Granatäpfel ringsumher an dem
Gitterwerk, mit denen der Knauf be-
deckt wurde. 19 Und die Knäufe oben auf
den Säulen waren wie Lilien, jeder vier
Ellen dick. 20 Und es waren zweihundert
Granatäpfel in den Reihen ringsum,
oben und unten an dem Gitterwerk, das
um die Rundung des Knaufs her ging, an
jedem Knauf auf beiden Säulen. 21 Und
er richtete die Säulen auf vor der Vor-
halle des Tempels; die er zur rechten
Hand setzte, nannte er Jachin, und die er
zur linken Hand setzte, nannte er Boas.
22 Und oben auf den Säulen war Lilien-
schmuck. So wurde vollendet das Werk
der Säulen.

23 Und er machte das Meer, gegossen,
von einem Rand zum andern zehn Ellen
weit rundherum und fünf Ellen hoch,
und eine Schnur von dreißig Ellen war
das Maß ringsherum. 24 Und um das
Meer gingen Knoten an seinem Rand
ringsherum, je zehn auf eine Elle; es hatte
zwei Reihen Knoten, die beim Guss mit-
gegossen waren. 25 Und es stand auf
zwölf Rindern, von denen drei nach Nor-
den gewandt waren, drei nach Westen,
drei nach Süden und drei nach Osten,
und das Meer stand obendrauf, und ihre
Hinterteile waren alle nach innen ge-
kehrt. 26 Die Wanddicke des Meeres aber
war eine Hand breit und sein Rand war
wie der Rand eines Bechers, wie eine auf-
gegangene Lilie, und es gingen zweitau-
send Eimer hinein.

27 Er machte auch zehn Gestelle aus
Kupfer, jedes vier Ellen lang und breit
und drei Ellen hoch. 28 Es war aber das
Gestell so gemacht, dass es Seiten hatte
zwischen den Leisten. 29 Und an den Sei-
ten zwischen den Leisten waren Löwen,
Rinder und Cherubim, und ebenso auf
den Leisten und oberhalb und unterhalb
der Löwen und Rinder waren herabhän-
gende Kränze. 30 Und jedes Gestell hatte
vier kupferne Räder mit kupfernen Ach-
sen. Und auf den vier Ecken waren Trä-
ger gegossen, jeder dem andern gegen-
über, unten an den Kessel gegossen.
31 Aber der Hals mitten auf dem Gestell
war eine Elle hoch und rund, anderthalb
Ellen weit, und es waren Buckel an dem
Hals in Feldern, die viereckig waren und
nicht rund. 32 Die vier Räder aber waren
unten an den Seiten und die Achsen der
Räder waren am Gestell. Jedes Rad war
anderthalb Ellen hoch. 33 Es waren Rä-
der wie Wagenräder und ihre Achsen,
Naben, Speichen und Felgen waren alle
gegossen. 34 Und die vier Träger auf den
vier Ecken eines jeden Gestells waren
auch am Gestell. 35 Und oben auf dem
Gestell, eine halbe Elle hoch, rund-
herum, waren Griffe und Leisten am Ge-
stell. 36 Und er ließ auf die Flächen der
Griffe und Leisten eingraben Cherubim,
Löwen und Palmenbäume, so viel Platz
auf jedem war, und Kränze ringsherum
daran. 37 Auf diese Weise machte er zehn
Gestelle, alle von einem Guss, einem
Maß und einer Gestalt.

38 Und er machte zehn Kessel aus
Kupfer, dass vierzig Eimer in einen Kes-

7,12: *a* Kap 6,36 **7,13:** *a* 2. Chr 2,12-13 **7,15:** *a* 2. Kön 25,17

sel gingen, und jeder war vier Ellen weit
und auf jedem Gestell war ein Kessel.
39 Und er stellte fünf Gestelle an die
rechte Seite des Hauses und die andern
fünf an die linke Seite; aber das Meer
stellte er rechts vor das Haus nach Süden
hin.

40 Und Hiram machte auch Töpfe,
Schaufeln, Becken; und so vollendete er
alle Werke, die der König Salomo am
Hause des HERRN machen ließ: 41 die
zwei Säulen und die kugligen Knäufe
oben auf den zwei Säulen und die zwei
Gitterwerke, die die beiden kugligen
Knäufe auf den Säulen bedecken sollten,
42 und die vierhundert Granatäpfel an
den zwei Gitterwerken, je zwei Reihen
Granatäpfel an **einem** Gitterwerk, die die
beiden kugligen Knäufe auf den Säulen
bedecken sollten, 43 dazu die zehn Ge-
stelle und zehn Kessel obendrauf 44 und
das Meer und die zwölf Rinder unter
dem Meer 45 und die Töpfe, Schaufeln
und Becken. Und alle diese Geräte, die
Hiram dem König Salomo machte für
das Haus des HERRN, waren von blan-
kem Kupfer. 46 In der Gegend des unte-
ren Jordans ließ sie der König gießen in
der Gießerei von Adama zwischen Suk-
kot und Zaretan. 47 Und Salomo ließ alle
Geräte ungewogen wegen der sehr gro-
ßen Menge des Kupfers.

48 Auch ließ Salomo alles Gerät ma-
chen, das zum Hause des HERRN ge-
hörte: den goldenen Altar, den goldenen
Tisch, auf dem die Schaubrote liegen,
49 fünf Leuchter zur rechten Hand und
fünf Leuchter zur linken vor dem Chor-
raum von lauterem Gold mit goldenen
Blumen, Lampen und Lichtscheren;
50 dazu Schalen, Messer, Becken, Löffel
und Pfannen von lauterem Gold. Auch
waren die Angeln an den Türen zum Al-
lerheiligsten innen im Hause und an den
Türen der Tempelhalle von Gold.

51 So wurde das ganze Werk vollendet,
das der König Salomo gemacht hatte am
Hause des HERRN. Und Salomo brachte
hinein, was sein Vater David geheiligt
hatte an Silber und Gold und Geräten,
und legte es in den Schatz des Hauses des
HERRN.

Einweihung des Tempels. Salomos Gebet und Opfer

(vgl. 2. Chr 5,2–7,10)

8 Da versammelte der König Salomo
zu sich die Ältesten in Israel, alle
Häupter der Stämme und Obersten der
Sippen in Israel nach Jerusalem, um die
Lade des Bundes des HERRN heraufzu-
bringen aus der Stadt Davids, das ist
Zion. 2 Und es versammelten sich beim
König Salomo alle Männer in Israel am
Fest im Monat Etanim, das ist der sie-
bente Monat. 3 Und als alle Ältesten Is-
raels kamen, hoben die Priester die Lade
des HERRN auf 4 und brachten sie hinauf,
dazu die Stiftshütte und alles Gerät des
Heiligtums, das in der Stiftshütte war.
Das taten die Priester und Leviten. 5 Und
der König Salomo und die ganze Ge-
meinde Israel, die sich bei ihm versam-
melt hatte, ging mit ihm vor der Lade her
und [a] opferte Schafe und Rinder, so viel,
dass man sie nicht zählen noch berech-
nen konnte.

6 So [a] brachten die Priester die Lade
des Bundes des HERRN an ihren Platz in
den Chorraum des Hauses, in das Aller-
heiligste, [b] unter die Flügel der Cheru-
bim. 7 Denn die Cherubim breiteten die
Flügel aus an dem Ort, wo die Lade
stand, und bedeckten die Lade und ihre
Stangen von oben her. 8 Und [a] die Stan-
gen waren so lang, dass ihre Enden ge-
sehen wurden in dem Heiligen, das ist die
Tempelhalle, vor dem Chorraum; aber
von außen sah man sie nicht. Und dort
sind sie bis auf diesen Tag. 9 Und es war
nichts in der Lade als [a] nur die zwei stei-
nernen Tafeln des Mose, die er hinein-
gelegt hatte am Horeb, die Tafeln des
Bundes, den der HERR mit Israel schloss,
als sie aus Ägyptenland gezogen waren.

10 Als aber die Priester aus dem Hei-
ligen gingen, erfüllte die Wolke das Haus
des HERRN, 11 sodass die Priester nicht
zum Dienst hinzutreten konnten wegen
der Wolke; denn [a] die Herrlichkeit des
HERRN erfüllte das Haus des HERRN.

12 Da sprach Salomo: Die Sonne hat
der HERR an den Himmel gestellt; er hat
aber gesagt, [a] er wolle im Dunkel woh-

8,5: *a* 2. Sam 6,13 **8,6:** *a* 2. Sam 6,17; *b* Kap 6,27 **8,8:** *a* 2. Mose 25,13-15 **8,9:** *a* 2. Mose 25,21; 5. Mose 10,5 **8,11:** *a* 2. Mose 40,34-35 **8,12:** *a* 2. Mose 20,21

nen. 13 So habe ich nun ein Haus gebaut
dir zur Wohnung, eine Stätte, dass du
ewiglich da wohnest. 14 Und der König
wandte sein Angesicht und segnete die
ganze Gemeinde Israel, und die ganze
Gemeinde Israel stand. 15 Und er sprach:
Gelobt sei der HERR, der Gott Israels,
der durch seinen Mund meinem Vater
David zugesagt und es durch seine Hand
erfüllt hat und gesagt: 16 Von dem Tage
an, als ich mein Volk Israel aus Ägypten
führte, hab ich keine Stadt erwählt unter
irgendeinem Stamm Israels, dass mir ein
Haus gebaut würde, damit mein Name
da wäre. Jerusalem hab ich erwählt, dass
mein Name da wäre, und David hab ich
erwählt, dass er über mein Volk Israel
Herr sein sollte. 17 Mein Vater David
hatte es zwar im Sinn, dem Namen des
HERRN, des Gottes Israels, ein Haus zu
bauen,[a] 18 aber der HERR sprach zu meinem Vater David: Dass du im Sinn hast,
meinem Namen ein Haus zu bauen,
daran hast du wohlgetan, dass du dir das
vornahmst. 19 Doch nicht du sollst das
Haus bauen, sondern dein Sohn, der dir
geboren wird, der soll meinem Namen
ein Haus bauen. 20 Und der HERR hat
sein Wort wahr gemacht, das er gegeben
hat; denn ich bin zur Macht gekommen
an meines Vaters David statt und sitze
auf dem Thron Israels, wie der HERR
zugesagt hat, und habe gebaut ein Haus
dem Namen des HERRN, des Gottes Israels, 21 und habe dort eine Stätte zugerichtet der Lade, in der die Tafeln des
Bundes sind, den er geschlossen hat mit
unsern Vätern, als er sie aus Ägyptenland führte.

22 Und Salomo trat vor den Altar des
HERRN angesichts der ganzen Gemeinde
Israel und breitete seine Hände aus gen
Himmel 23 und sprach: HERR, Gott Israels, es ist kein Gott weder droben im
Himmel noch unten auf Erden dir gleich,
der du hältst den Bund und die Barmherzigkeit deinen Knechten, die vor dir wandeln von ganzem Herzen; 24 der du gehalten hast deinem Knecht, meinem Vater David, was du ihm zugesagt hast. Mit
deinem Mund hast du es geredet, und
mit deiner Hand hast du es erfüllt, wie
es offenbar ist an diesem Tage. 25 Nun,
HERR, Gott Israels, halt deinem Knecht,
meinem Vater David, was du ihm zugesagt hast: Es soll dir nicht fehlen an
einem Mann, der vor mir steht, der da
sitzt auf dem Thron Israels, wenn nur
deine Söhne auf ihren Weg achthaben,
dass sie vor mir wandeln, wie du vor mir
gewandelt bist. 26 Nun, Gott Israels, lass
dein Wort wahr werden, das du deinem
Knecht, meinem Vater David, zugesagt
hast.

27 Aber sollte Gott wirklich auf Erden
wohnen? Siehe, [a]der Himmel und aller
Himmel Himmel können dich nicht fassen – wie sollte es dann dies Haus tun,
das ich gebaut habe?[b] 28 Wende dich
aber zum Gebet deines Knechts und zu
seinem Flehen, HERR, mein Gott, damit
du hörst das Flehen und Gebet deines
Knechts heute vor dir: 29 Lass [a]deine
Augen offen stehen über diesem Hause
Nacht und Tag, über der [b]Stätte, von der
du gesagt hast: Da soll mein Name sein.
Du wollest hören das Gebet, das dein
Knecht an dieser Stätte betet, 30 und wollest erhören das Flehen deines Knechts
und deines Volkes Israel, wenn sie hier
bitten werden an dieser Stätte; und wenn
du es hörst in deiner Wohnung, im Himmel, wollest du gnädig sein.

31 Wenn jemand an seinem Nächsten
sündigt und es wird ihm ein Fluch auferlegt, sich selbst zu verfluchen, und er
kommt und verflucht sich vor deinem
Altar in diesem Hause, 32 so wollest du
hören im Himmel und Recht schaffen
deinen Knechten, dass du den Frevler als
Frevler erkennen und seine Tat auf sein
Haupt kommen lässt, den aber, der im
Recht ist, gerecht sprichst und ihm gibst
nach seiner Gerechtigkeit.

33 Wenn dein Volk Israel vor dem
Feind geschlagen wird, weil sie an dir
gesündigt haben, und sie bekehren sich
dann zu dir und bekennen deinen Namen
und beten und flehen zu dir in diesem
Hause, 34 so wollest du hören im Himmel
und die Sünde deines Volkes Israel vergeben und sie zurückbringen in das Land,
das du ihren Vätern gegeben hast.

35 Wenn [a]der Himmel verschlossen
wird, dass es nicht regnet, weil sie an dir
gesündigt haben, und sie beten dann zu

8,17: *a (17-19)* 2. Sam 7,1-16 **8,27:** *a* Jes 66,1; *b* Apg 17,24 **8,29:** *a* Sach 12,4; *b* 2. Mose 20,24 **8,35:** *a* Kap 17,1

dieser Stätte hin und bekennen deinen
Namen und bekehren sich von ihren
Sünden, weil du sie bedrängst, 36 so wol-
lest du hören im Himmel und vergeben
die Sünde deiner Knechte und deines
Volkes Israel, dass du ihnen den guten
Weg weist, auf dem sie wandeln sollen,
und regnen lässt auf das Land, das du
deinem Volk zum Erbe gegeben hast.

37 Wenn eine Hungersnot oder Pest
oder Dürre oder Getreidebrand oder
Heuschrecken oder Raupen im Lande
sein werden oder sein Feind im Lande
seine Städte belagert oder irgendeine
Plage oder Krankheit da ist – 38 wer dann
bittet und fleht, es seien Einzelne oder
dein ganzes Volk Israel, die da ihre Plage
spüren, jeder in seinem Herzen, und brei-
ten ihre Hände aus zu diesem Hause,
39 so wollest du hören im Himmel, an
dem Ort, wo du wohnst, und gnädig sein
und schaffen, dass du jedem gibst, wie er
gewandelt ist, wie du sein Herz erkennst
– denn [a]du allein kennst das Herz aller
Menschenkinder –, 40 damit sie dich
fürchten allezeit, solange sie in dem
Lande leben, das du unsern Vätern gege-
ben hast.

41 Auch wenn ein [a]Fremder, der nicht
von deinem Volk Israel ist, aus fernem
Lande kommt um deines Namens willen
42 – denn sie werden hören von deinem
großen Namen und von deiner mächti-
gen Hand und von deinem ausgereckten
Arm –, wenn er kommt, um zu diesem
Hause hin zu beten, 43 so wollest du hö-
ren im Himmel, an dem Ort, wo du
wohnst, und alles tun, worum der
Fremde dich anruft, auf dass alle Völker
auf Erden deinen Namen erkennen, da-
mit auch sie dich fürchten wie dein Volk
Israel, und dass sie innewerden, dass dein
Name über diesem Hause genannt ist,
das ich gebaut habe.

44 Wenn dein Volk auszieht in den
Krieg gegen seine Feinde auf dem Weg,
den du sie senden wirst, und sie beten
werden zum HERRN nach der Stadt hin,
die du erwählt hast, und nach dem
Hause hin, das ich deinem Namen ge-
baut habe, 45 so wollest du ihr Gebet und
Flehen hören im Himmel und ihnen
Recht schaffen.

46 Wenn sie an dir sündigen werden –
[a]denn es gibt keinen Menschen, der
nicht sündigt – und du zürnst ihnen und
gibst sie dahin vor ihren Feinden, dass
sie sie gefangen führen in das Land der
Feinde, fern oder nahe, 47 und sie nehmen
sich's zu Herzen im Lande, in dem sie
gefangen sind, und bekehren sich und
flehen zu dir im Lande ihrer Gefangen-
schaft und sprechen: [a]Wir haben gesün-
digt und übel getan und sind gottlos ge-
wesen, 48 und bekehren sich zu dir von
ganzem Herzen und von ganzer Seele im
Lande ihrer Feinde, die sie weggeführt
haben, und beten zu dir nach ihrem
Lande hin, das du ihren Vätern gegeben
hast, [a]nach der Stadt hin, die du erwählt
hast, und nach dem Hause hin, das ich
deinem Namen gebaut habe: 49 so wollest
du ihr Gebet und Flehen hören im Him-
mel, an dem Ort, wo du wohnst, und
ihnen Recht schaffen 50 und wollest ver-
geben deinem Volk, das an dir gesündigt
hat, alle ihre Übertretungen, mit denen
sie gegen dich gesündigt haben, und wol-
lest sie Erbarmen finden lassen bei de-
nen, die sie gefangen halten, sodass sie
sich ihrer erbarmen. 51 Denn sie sind dein
Volk und dein Erbe, die du aus Ägypten,
aus dem glühenden Ofen, geführt hast.

52 Lass deine Augen offen sein für das
Flehen deines Knechts und deines Volkes
Israel, dass du sie hörst, sooft sie dich
anrufen; 53 denn [a]du hast sie dir ausge-
sondert zum Erbe aus allen Völkern auf
Erden, wie du geredet hast durch deinen
Knecht Mose, als du unsere Väter aus
Ägypten führtest, Herr HERR!

54 Und als Salomo dies Gebet und Fle-
hen vor dem HERRN vollendet hatte,
stand er auf von dem Altar des HERRN
und hörte auf zu knien und die Hände
zum Himmel auszubreiten 55 und trat hin
und segnete die ganze Gemeinde Israel
mit lauter Stimme und sprach: 56 Gelobet
sei der HERR, der seinem Volk Israel
Ruhe gegeben hat, wie er es zugesagt hat.
[a]**Es ist nicht eins dahingefallen von allen
seinen guten Worten, die er geredet hat
durch seinen Knecht Mose.** 57 Der HERR,
unser Gott, sei mit uns, wie er mit unsern
Vätern gewesen ist. Er verlasse uns nicht
und ziehe die Hand nicht ab von uns.

8,39: *a* Ps 139,1-2 **8,41:** *a* 4.Mose 15,14-16 **8,46:** *a* Ps 14,3-4; Röm 3,23 **8,47:** *a* Neh 9,33; Dan 9,5 **8,48:** *a* Dan 6,11 **8,53:** *a* 2.Mose 19,5-6 **8,56:** *a* Jos 21,45

58 Er neige unser Herz zu ihm, dass wir
wandeln in allen seinen Wegen und hal-
ten seine Gebote, Satzungen und Rechte,
die er unsern Vätern geboten hat. 59 Mö-
gen diese Worte, die ich vor dem HERRN
gefleht habe, nahe sein dem HERRN, un-
serm Gott, Tag und Nacht, dass er Recht
schaffe seinem Knecht und seinem Volk
Israel alle Tage, 60 damit alle Völker auf
Erden erkennen, dass der HERR Gott ist
und sonst keiner mehr! 61 Und euer Herz
sei ungeteilt bei dem HERRN, unserm
Gott, dass ihr wandelt in seinen Satzun-
gen und haltet seine Gebote, wie es heute
geschieht.

62 Und der König und ganz Israel
opferten vor dem HERRN Opfer. 63 Und
Salomo opferte Dankopfer, die er dem
HERRN opferte, zweiundzwanzigtausend
Rinder und hundertzwanzigtausend
Schafe. So weihten sie das Haus des
HERRN ein, der König und ganz Israel.
64 An demselben Tage weihte der König
die Mitte des Vorhofes, der vor dem
Hause des HERRN war, dadurch, dass er
Brandopfer, Speisopfer und das Fett der
Dankopfer dort darbrachte. Denn der
kupferne Altar, der vor dem HERRN
stand, war zu klein für die Brandopfer,
Speisopfer und das Fett der Dankopfer.
65 Und Salomo beging zu der Zeit das
Fest und ganz Israel mit ihm – eine große
Versammlung von der Grenze Hamats
bis an den Bach Ägyptens – vor dem
HERRN, unserm Gott, sieben Tage und
noch sieben Tage, das waren vierzehn
Tage. 66 Und er entließ das Volk am ach-
ten Tage. Und sie segneten den König
und gingen heim fröhlich und guten Mu-
tes über all das Gute, das der HERR an
David, seinem Knecht, und an seinem
Volk Israel getan hatte.

Gott ermahnt Salomo

(vgl. 2. Chr 7,11-22)

9 Und als Salomo das Haus des
HERRN gebaut hatte und das Haus
des Königs und alles, was er zu machen
gewünscht hatte, 2 erschien ihm der
HERR zum zweiten Mal, [a]wie er ihm
erschienen war in Gibeon. 3 Und der
HERR sprach zu ihm: Ich habe dein Ge-
bet und Flehen gehört, das du vor mich
gebracht hast, und habe dies Haus ge-
heiligt, das du gebaut hast, dass ich
[a]meinen Namen dort wohnen lasse ewig-
lich, und meine Augen und mein Herz
sollen da sein allezeit. 4 Und du, wenn du
vor mir wandelst, wie dein Vater David
gewandelt ist, mit rechtschaffenem Her-
zen und aufrichtig, dass du alles tust, was
ich dir geboten habe, und meine Gebote
und meine Rechte hältst, 5 so [a]will ich
bestätigen den Thron deines Königtums
über Israel ewiglich, wie ich deinem Va-
ter David zugesagt habe: [b]Es soll dir
nicht fehlen an einem Mann auf dem
Thron Israels.

6 Werdet ihr euch aber von mir ab-
wenden, ihr und eure Kinder, und nicht
halten meine Gebote und Rechte, die ich
euch vorgelegt habe, und hingehen und
andern Göttern dienen und sie anbeten,
7 [a]so werde ich Israel ausrotten aus dem
Lande, das ich ihnen gegeben habe, und
das Haus, das ich meinem Namen ge-
heiligt habe, will ich verwerfen von mei-
nem Angesicht; und Israel wird ein Spott
und Hohn sein unter allen Völkern.
8 Und dies Haus wird eingerissen werden,
sodass alle, die vorübergehen, sich ent-
setzen werden und höhnen und sagen:
Warum hat der HERR diesem Lande und
diesem Hause das angetan? 9 Dann wird
man antworten: Weil sie den HERRN, ih-
ren Gott, verlassen haben, der ihre Väter
aus Ägyptenland führte, und andere
Götter angenommen und sie angebetet
und ihnen gedient haben – darum hat der
HERR all dies Unheil über sie gebracht.

Verschiedene Regierungsmaßnahmen Salomos

(vgl. 2. Chr 8,7-11)

10 Als nun die zwanzig Jahre um waren,
in denen Salomo die beiden Häuser
baute, [a]des HERRN Haus und [b]des Kö-
nigs Haus, 11 – dazu hatte Hiram, der
König von Tyrus, Salomo Zedernbäume
und Zypressen und Gold nach all seinen
Wünschen gegeben –, da gab der König
Salomo Hiram [a]zwanzig Städte im
Lande Galiläa. 12 Und Hiram zog aus
von Tyrus, die Städte zu besehen, die ihm

9,2: *a* Kap 3,5 **9,3:** *a* Kap 8,29 **9,5:** *a* 2. Sam 7,12; *b* Jer 33,17 **9,7:** *a (7-8)* 5. Mose 4,26; 8,19-20; Mt 23,38
9,10: *a* Kap 6,38; *b* Kap 7,1 **9,11:** *a* 2. Chr 8,2

Salomo gegeben hatte, und sie gefielen ihm nicht. 13 Und er sprach: Was sind das für Städte, mein Bruder, die du mir gegeben hast? Und man nannte sie das Land Kabul bis auf diesen Tag. 14 Und Hiram hatte dem König hundertundzwanzig Zentner Gold gesandt.

15 Und so verhielt sich's mit den Fronleuten, die der König Salomo aushob, um zu bauen des HERRN Haus und sein Haus und den Millo und die Mauer Jerusalems und Hazor und Megiddo und Geser – 16 denn der Pharao, der König von Ägypten, war heraufgezogen und hatte [a]Geser eingenommen und mit Feuer verbrannt und die Kanaaniter erschlagen, die in der Stadt wohnten, und hatte [b]seiner Tochter, Salomos Frau, den Ort zum Geschenk gegeben; 17 und Salomo baute Geser wieder auf und das untere Bet-Horon 18 und Baalat und Tamar in der Wüste im Lande Juda 19 und alle Städte mit Kornspeichern, die Salomo hatte, und alle Städte der Wagen und [a]die Städte der Gespanne und was er zu bauen wünschte in Jerusalem, im Libanon und im ganzen Lande seiner Herrschaft –: 20 Alles Volk, das noch übrig war von den Amoritern, Hetitern, Perisitern, Hiwitern und Jebusitern, die nicht zu den Israeliten gehörten, 21 deren Nachkommen, die übrig geblieben waren im Lande, an denen Israel den Bann nicht hatte vollstrecken können, die machte Salomo zu [a]Fronleuten bis auf diesen Tag.

22 Aber aus Israel machte er niemand zu Fronleuten, sondern ließ sie Kriegsleute und seine Räte und Oberste und Ritter und Hauptleute über seine Wagen und Gespanne sein. 23 Und die Zahl der obersten Amtleute, die über Salomos Bauarbeiten gesetzt waren, betrug fünfhundertundfünfzig; diese geboten über die Leute, die die Arbeiten taten.

24 Und die Tochter des Pharao zog herauf von der Stadt Davids in ihr Haus, das Salomo für sie gebaut hatte. Dann baute er auch den Millo.

25 Und Salomo opferte dreimal im Jahr Brandopfer und Dankopfer auf dem Altar, den er dem HERRN gebaut hatte, und räucherte auf ihm vor dem HERRN. Und so wurde das Haus fertig.

26 [a]Und Salomo baute auch Schiffe in Ezjon-Geber, das bei Elat liegt am Ufer des Schilfmeers im Lande der Edomiter. 27 Und Hiram sandte auf die Schiffe seine Leute, die gute Schiffsleute und auf dem Meer erfahren waren, zusammen mit den Leuten Salomos.[a] 28 Und sie kamen nach [a]Ofir und holten dort vierhundertundzwanzig Zentner Gold und brachten's dem König Salomo.

Besuch der Königin von Saba

(vgl. 2. Chr 9,1-12)

10 Und als die [a]Königin von Saba die Kunde von Salomo vernahm, kam sie, um Salomo mit Rätselfragen zu prüfen.[b] 2 Und sie kam nach Jerusalem mit einem sehr großen Gefolge, mit Kamelen, die Spezerei trugen und viel Gold und Edelsteine. Und als sie zum König Salomo kam, redete sie mit ihm alles, was sie sich vorgenommen hatte. 3 Und Salomo gab ihr Antwort auf alles und es war dem König nichts verborgen, was er ihr nicht hätte sagen können.

4 Als aber die Königin von Saba alle Weisheit Salomos sah und das Haus, das er gebaut hatte, 5 und die Speisen für seinen Tisch und die Rangordnung seiner Großen und das Aufwarten seiner Diener und ihre Kleider und seine Mundschenken und seine Brandopfer, die er in dem Hause des HERRN opferte, geriet sie vor Staunen außer sich 6 und sprach zum König: Es ist wahr, was ich in meinem Lande von deinen Taten und von deiner Weisheit gehört habe. 7 Und ich hab's nicht glauben wollen, bis ich gekommen bin und es mit eigenen Augen gesehen habe. Und siehe, nicht die Hälfte hat man mir gesagt. Du hast mehr Weisheit und Güter, als die Kunde sagte, die ich vernommen habe. 8 Glücklich sind deine Männer und deine Großen, die allezeit vor dir stehen und deine Weisheit hören. 9 [a]Gelobt sei der HERR, dein Gott, der an dir Wohlgefallen hat, sodass er dich auf den Thron Israels gesetzt hat! Weil der HERR Israel lieb hat ewiglich, hat er dich zum König gesetzt, dass du Recht

9,16: *a* Jos 16,10; *b* Kap 3,1 **9,19:** *a* Kap 10,26 **9,21:** *a* Jos 16,10 **9,26:** *a (26-28)* 4. Mose 33,35; 2. Chr 8,17-18 **9,27:** *a* Kap 10,11 **9,28:** *a* 1. Mose 10,29 **10,1:** *a* Mt 12,42; *b* Kap 5,14 **10,9:** *a* Kap 5,21

und Gerechtigkeit übst. 10 Und sie gab
dem König hundertundzwanzig Zentner
Gold und sehr viel Spezerei und Edel-
steine. Es kam nie mehr so viel Spezerei
ins Land, wie die Königin von Saba dem
König Salomo gab.

11 Auch brachten [a]die Schiffe Hirams,
die Gold aus Ofir einführten, sehr viel
Sandelholz und Edelsteine. 12 Und der
König ließ Pfeiler machen aus dem San-
delholz im Hause des HERRN und im
Hause des Königs und Harfen und Zi-
thern für die Sänger. Es kam nie mehr so
viel Sandelholz ins Land, wurde auch
nicht gesehen bis auf diesen Tag.

13 Und der König Salomo gab der Kö-
nigin von Saba alles, was ihr gefiel und
was sie erbat, außer dem, was er ihr von
sich aus gab. Und sie wandte sich und
zog in ihr Land mit ihrem Gefolge.

Salomos Reichtum

(vgl. 2. Chr 9,13-28)

14 Und das Gewicht des Goldes, das für
Salomo in einem Jahr einkam, war sechs-
hundertsechsundsechzig Zentner, 15 au-
ßer dem, was von den Händlern und vom
Gewinn der Kaufleute und von allen Kö-
nigen Arabiens und von den Statthaltern
kam.

16 Und der König Salomo [a]ließ zwei-
hundert große Schilde vom besten Gold
machen – sechshundert Lot Gold nahm
er zu einem Schild – 17 und dreihundert
kleine Schilde vom besten Gold, je drei
Pfund Gold zu einem kleinen Schild.
Und der König brachte sie in das [a]Liba-
non-Waldhaus.

18 Und der König machte einen großen
Thron von Elfenbein und überzog ihn
mit dem edelsten Gold. 19 Und der Thron
hatte sechs Stufen und hinten am Thron
waren Stierköpfe, und es waren Lehnen
auf beiden Seiten am Sitz und zwei Lö-
wen standen an den Lehnen. 20 Und
zwölf Löwen standen auf den sechs Stu-
fen zu beiden Seiten. Dergleichen ist nie
gemacht worden in allen Königreichen.

21 Alle Trinkgefäße des Königs Salomo
waren aus Gold und alle Gefäße im Li-
banon-Waldhaus waren auch aus laute-
rem Gold; denn das Silber achtete man
zu den Zeiten Salomos für nichts.
22 Denn der König hatte Tarsisschiffe, die
auf dem Meer zusammen mit den Schif-
fen Hirams fuhren. Diese kamen in drei
Jahren **einmal** und brachten Gold, Silber,
Elfenbein, Affen und Pfauen.

23 So war der König Salomo größer an
Reichtum und Weisheit als alle Könige
auf Erden. 24 Und alle Welt begehrte,
Salomo zu sehen, damit sie die Weisheit
hörten, die ihm Gott in sein Herz gege-
ben hatte. 25 Und jedermann brachte ihm
jährlich Geschenke, silberne und goldene
Geräte, Kleider und Waffen, Spezerei,
Rosse und Maultiere.

26 Und Salomo brachte Wagen und
Gespanne zusammen, sodass er tausend-
vierhundert Wagen und [a]zwölftausend
Gespanne hatte, und er legte sie in die
Wagenstädte und zum König nach Jeru-
salem. 27 Und der König brachte es da-
hin, dass es in Jerusalem so viel Silber
gab wie Steine und Zedernholz so viel
wie wilde Feigenbäume im Hügelland.
28 Und man brachte Salomo Pferde aus
Ägypten und aus Koë; und die Kaufleute
des Königs kauften sie aus Koë zu ihrem
Preis. 29 Und sie brachten herauf aus
Ägypten den Wagen für sechshundert
Silberstücke und das Pferd für hundert-
undfünfzig. Dann führten sie diese wie-
der aus an alle Könige der Hetiter und an
die Könige von Aram.

Salomos heidnische Frauen und seine Abgötterei

11 Aber der König Salomo liebte
[a]viele ausländische Frauen: die
Tochter des Pharao und moabitische,
ammonitische, edomitische, sidonische
und hetitische – 2 aus solchen Völkern,
von denen der HERR den Israeliten ge-
sagt hatte: Geht nicht zu ihnen und lasst
sie nicht zu euch kommen; [a]sie werden
gewiss eure Herzen ihren Göttern zunei-
gen. An diesen hing Salomo mit Liebe.
3 Und er hatte siebenhundert Haupt-
frauen und dreihundert Nebenfrauen;
und seine Frauen verleiteten sein Herz.
4 Und als er nun alt war, neigten seine
Frauen sein Herz fremden Göttern zu,
sodass sein Herz nicht ungeteilt bei dem

10,11: *a* Kap 9,27-28 **10,16:** *a* Kap 14,26 **10,17:** *a* Kap 7,2 **10,26:** *a* Kap 5,6 **11,1:** *a* 5. Mose 17,17 **11,2:** *a* 2. Mose 34,16

HERRN, seinem Gott, war wie das Herz
seines Vaters David. 5So diente Salomo
der Astarte, der Göttin derer von Sidon,
und dem Milkom, dem gräulichen Göt-
zen der Ammoniter. 6Und Salomo tat,
was dem HERRN missfiel, und folgte
nicht völlig dem HERRN wie sein Vater
David.

7Damals baute Salomo eine Höhe
dem [a]Kemosch, dem gräulichen Götzen
der Moabiter, auf dem Berge, der vor
Jerusalem liegt, und dem Milkom, dem
gräulichen Götzen der Ammoniter.
8Ebenso tat Salomo für alle seine aus-
ländischen Frauen, die ihren Göttern
räucherten und opferten.

9Der HERR aber wurde zornig über
Salomo, dass er sein Herz von dem
HERRN, dem Gott Israels, abgewandt
hatte, [a]der ihm zweimal erschienen war
10und ihm geboten hatte, dass er nicht
andern Göttern nachwandelte. Er aber
hatte nicht gehalten, was ihm der HERR
geboten hatte. 11Darum sprach der
HERR zu Salomo: Weil das bei dir ge-
schehen ist und du meinen Bund und
meine Gebote nicht gehalten hast, die ich
dir geboten habe, so [a]will ich das König-
tum von dir reißen und einem deiner
Großen geben. 12Doch zu deiner Zeit
will ich das noch nicht tun um deines
Vaters David willen, sondern aus der
Hand deines Sohnes will ich's reißen.[a]
13Doch will ich nicht das ganze Reich
losreißen; **einen** Stamm will ich deinem
Sohn lassen um Davids willen, meines
Knechts, und um Jerusalems willen, das
ich erwählt habe.

Salomos Feinde Hadad und Reson

14Und der HERR erweckte Salomo einen
Widersacher, den Edomiter Hadad, vom
königlichen Geschlecht in Edom. 15Denn
[a]als David die Edomiter schlug – damals
als der Feldhauptmann Joab hinaufge-
zogen war, um die Erschlagenen Israels
zu begraben, da erschlug er alles, was
männlich war in Edom; 16sechs Monate
blieb Joab und ganz Israel dort, bis er
ausgerottet hatte alles, was männlich war
in Edom –, 17da floh Hadad und mit ihm
einige Edomiter vom Gefolge seines Va-
ters, um nach Ägypten zu entkommen.
Hadad aber war noch ein sehr junger
Mann. 18Und sie machten sich auf von
Midian und kamen nach Paran und nah-
men Leute mit sich aus Paran und ka-
men nach Ägypten zum Pharao, dem
König von Ägypten. Der gab ihm ein
Haus und Nahrung und wies ihm Land
an.

19Und Hadad fand große Gnade vor
dem Pharao, sodass er ihm sogar die
Schwester seiner Gemahlin, der Königin
Tachpenes, zur Frau gab. 20Und die
Schwester der Tachpenes gebar ihm Ge-
nubat, seinen Sohn, und Tachpenes zog
ihn auf im Hause des Pharao, sodass
Genubat im Hause des Pharao unter den
Kindern des Pharao war. 21Als nun Ha-
dad hörte in Ägypten, dass David sich zu
seinen Vätern gelegt hatte und dass der
Feldhauptmann Joab tot war, sprach er
zum Pharao: Lass mich in mein Land
ziehen! 22Der Pharao sprach zu ihm:
Was fehlt dir bei mir, dass du in dein
Land ziehen willst? Er sprach: Nichts,
aber lass mich ziehen! 25b*Und Hadad
kehrte in sein Land zurück und hatte
einen Hass auf Israel und wurde König
über Edom.

23Auch erweckte Gott dem Salomo
noch einen Widersacher, Reson, den
Sohn Eljadas, der von seinem Herrn,
[a]Hadad-Eser, dem König von Zoba, ge-
flohen war. 24Der hatte Männer um sich
gesammelt und war Hauptmann einer
Schar geworden – [a]als David die Ara-
mäer schlug –, und er zog nach Damas-
kus und nahm es ein und wurde König in
Damaskus. 25aUnd er war Israels Wider-
sacher, solange Salomo lebte. Das kam
zu dem Schaden, den Hadad tat.

Ahijas Verheißung an Jerobeam. Salomos Tod

26Auch Jerobeam, der Sohn Nebats, ein
Ephraimiter von Zereda, Salomos Vogt –
seine Mutter hieß Zerua, eine Witwe –,
hob die Hand auf gegen den König.
27Und so ging es zu, als er die Hand
gegen den König aufhob: Salomo baute
den [a]Millo und schloss damit die Lücke
in der Stadt Davids, seines Vaters. 28Und

* Der Zusammenhang erfordert die hier vorgenommene Umstellung des halben Verses.

11,7: *a* 4. Mose 21,29; 2. Kön 23,13 **11,9:** *a* Kap 3,5; 9,2 **11,11:** *a* 1. Sam 15,28 **11,12:** *a* Kap 12,19 **11,15:** *a* 2. Sam 8,14 **11,23:** *a* 2. Sam 8,3 **11,24:** *a* 2. Sam 10,18 **11,27:** *a* Kap 9,15.24

Jerobeam war ein tüchtiger Mann. Und
als Salomo sah, dass der Jüngling viel
schaffte, setzte er ihn über alle Fronar-
beit des Hauses Josef.

29 Es begab sich aber zu der Zeit, dass
Jerobeam aus Jerusalem hinausging und
es traf ihn der Prophet Ahija von Silo auf
dem Wege und hatte einen neuen Mantel
an, und es waren die beiden allein auf
dem Felde. 30 Und Ahija fasste den neuen
Mantel, den er anhatte, und riss ihn in
zwölf Stücke 31 und sprach zu Jerobeam:
Nimm zehn Stücke zu dir! Denn so
spricht der HERR, der Gott Israels: Siehe,
ich will das Königtum aus der Hand
Salomos reißen und dir zehn Stämme
geben[a] – 32 **einen** Stamm soll er haben
um meines Knechts David willen und um
der Stadt Jerusalem willen, [a]die ich er-
wählt habe aus allen Stämmen Israels –,
33 weil er mich verlassen hat und ange-
betet die Astarte, die Göttin der Sidonier,
Kemosch, den Gott der Moabiter, und
Milkom, den Gott der Ammoniter, und
nicht in meinen Wegen gewandelt ist und
nicht getan hat, was mir wohlgefällt,
meine Gebote und Rechte, wie sein Vater
David. 34 Ich will aber aus seiner Hand
das Reich noch nicht nehmen, sondern
ich will ihn Fürst sein lassen sein Leben
lang um meines Knechtes David willen,
[a]den ich erwählt habe und der meine
Gebote und Rechte gehalten hat.

35 Aber [a]aus der Hand seines Sohnes
will ich das Königtum nehmen und will
dir zehn Stämme 36 und seinem Sohn
einen Stamm geben, damit mein Knecht
David vor mir eine [a]Leuchte habe alle-
zeit in der Stadt Jerusalem, die ich mir
erwählt habe, um meinen Namen dort
wohnen zu lassen. 37 So will ich nun dich
nehmen, dass du regierst über alles, was
dein Herz begehrt, und König sein sollst
über Israel. 38 Wirst du nun [a]gehorchen
allem, was ich dir gebieten werde, und in
meinen Wegen wandeln und tun, was mir
gefällt, und meine Rechte und Gebote
halten, wie mein Knecht David getan
hat, so will ich mit dir sein und dir ein
beständiges Haus bauen, wie ich es Da-
vid gebaut habe, und will dir Israel geben
39 und will das Geschlecht Davids des-
wegen demütigen, doch nicht für alle
Zeit.

40 Salomo aber trachtete danach, Jero-
beam zu töten. Da machte sich Jerobeam
auf und floh nach Ägypten zu [a]Schi-
schak, dem König von Ägypten, und
blieb in Ägypten, bis Salomo starb.

41 Was mehr von Salomo zu sagen ist
und alles, was er getan hat, und seine
Weisheit, das steht geschrieben in der
Chronik von Salomo.[a] 42 Die Zeit aber,
die Salomo König war zu Jerusalem über
ganz Israel, ist vierzig Jahre. 43 Und Sa-
lomo legte sich zu seinen Vätern und
wurde begraben in der Stadt Davids, sei-
nes Vaters. Und sein Sohn Rehabeam
wurde König an seiner statt.

Abfall der zehn Stämme vom Hause David

(vgl. 2. Chr 10,1-19)

12 Und Rehabeam zog nach Sichem,
denn ganz Israel war nach Sichem
gekommen, um ihn zum König zu ma-
chen. 2 Und Jerobeam, der Sohn Nebats,
hörte das, als er noch in Ägypten war,
[a]wohin er vor dem König Salomo ge-
flohen war, und kehrte aus Ägypten zu-
rück. 3 Und sie sandten hin und ließen
ihn rufen. Und Jerobeam und die ganze
Gemeinde Israel kamen und redeten mit
Rehabeam und sprachen: 4 Dein Vater
hat unser Joch zu hart gemacht. Mache
du nun den harten Dienst und das
schwere Joch leichter, das er uns auf-
gelegt hat, so wollen wir dir untertan
sein.

5 Er aber sprach zu ihnen: Geht hin bis
zum dritten Tag, dann kommt wieder zu
mir. Und das Volk ging hin. 6 Und der
König Rehabeam hielt einen Rat mit den
Ältesten, die vor seinem Vater Salomo
gestanden hatten, als er noch lebte, und
sprach: Wie ratet ihr, dass wir diesem
Volk Antwort geben? 7 Sie sprachen zu
ihm: Wirst du heute diesem Volk einen
Dienst tun und ihnen zu Willen sein und
sie erhören und ihnen gute Worte geben,
so werden sie dir untertan sein dein Le-
ben lang.

8 Aber er kehrte sich nicht an den Rat
der Ältesten, den sie ihm gegeben hatten,

11,31: *a* Kap 12,15; 14,2 **11,32:** *a* Ps 132,13 **11,34:** *a* 2. Sam 7,12 **11,35:** *a* Kap 12,16-17 **11,36:** *a* Kap 15,4; 2. Kön 8,19 **11,38:** *a* Kap 9,4 **11,40:** *a* Kap 14,25 **11,41:** *a* 2. Chr 9,29-31 **12,2:** *a* Kap 11,40

und hielt einen Rat mit den Jüngeren, die
mit ihm aufgewachsen waren und vor
ihm standen. 9 Und er sprach zu ihnen:
Was ratet ihr, dass wir antworten diesem
Volk, das zu mir gesagt hat: Mache das
Joch leichter, das dein Vater auf uns ge-
legt hat? 10 Und die Jüngeren, die mit ihm
aufgewachsen waren, sprachen zu ihm:
Du sollst zu dem Volk, das zu dir sagt:
»Dein Vater hat unser Joch zu schwer
gemacht; mache du es uns leichter«, so
sagen: Mein kleiner Finger soll dicker
sein als meines Vaters Lenden. 11 Nun,
mein Vater hat auf euch ein schweres
Joch gelegt, ich aber will's euch noch
schwerer machen. Mein Vater hat euch
mit Peitschen gezüchtigt, ich will euch
mit Skorpionen züchtigen.

12 Als nun Jerobeam und das ganze
Volk zu Rehabeam kamen am dritten
Tage, wie der König gesagt hatte: Kommt
wieder zu mir am dritten Tage, 13 da gab
der König dem Volk eine [a]harte Antwort
und kehrte sich nicht an den Rat, den
ihm die Ältesten gegeben hatten, 14 und
redete mit ihnen nach dem Rat der Jün-
geren und sprach: Mein Vater hat euer
Joch schwer gemacht, ich aber will's euch
noch schwerer machen. Mein Vater hat
euch mit Peitschen gezüchtigt, ich aber
will euch mit Skorpionen züchtigen. 15 So
hörte der König nicht auf das Volk; denn
so war es bestimmt von dem HERRN,
damit er sein Wort wahr machte, das er
durch [a]Ahija von Silo geredet hatte zu
Jerobeam, dem Sohn Nebats.

16 Als aber ganz Israel sah, dass der
König sie nicht hören wollte, gab das
Volk dem König Antwort und sprach:
[a]Was haben wir für Teil an David oder
Erbe am Sohn Isais? Auf zu deinen Hüt-
ten, Israel! So sorge nun du für dein
Haus, David! – Da ging Israel heim,
17 sodass Rehabeam nur über die Israeli-
ten regierte, die in den Städten Judas
wohnten. 18 Und als der König Reha-
beam den Fronvogt Adoniram hinsandte,
warf ihn ganz Israel mit Steinen zu Tode.
Aber der König Rehabeam stieg eilends
auf einen Wagen und floh nach Jeru-
salem. 19 Also fiel Israel ab vom Hause
David bis auf diesen Tag.

Jerobeam wird König über die zehn Stämme. Seine Abgötterei

(vgl. 2. Chr 11,1-4)

20 Als nun ganz Israel hörte, dass Jero-
beam zurückgekommen war, sandten sie
hin und ließen ihn rufen zu der Ge-
meinde und machten ihn zum König
über ganz Israel; niemand folgte dem
Hause David als der Stamm Juda allein.

21 Und als Rehabeam nach Jerusalem
kam, sammelte er das ganze Haus Juda
und den Stamm Benjamin, hundertacht-
zigtausend streitbare Männer, um gegen
das Haus Israel zu kämpfen und das Kö-
nigtum an Rehabeam, den Sohn Salo-
mos, zurückzubringen. 22 Es kam aber
Gottes Wort zu Schemaja, dem Mann
Gottes: 23 Sage Rehabeam, dem Sohn Sa-
lomos, dem König von Juda, und dem
ganzen Hause Juda und Benjamin und
dem übrigen Volk und sprich: 24 So
spricht der HERR: Ihr sollt nicht hinauf-
ziehen und gegen eure Brüder, die von
Israel, kämpfen. Jedermann gehe wieder
heim, denn das alles ist von mir gesche-
hen. Und sie gehorchten dem Wort des
HERRN, kehrten um und gingen heim,
wie der HERR gesagt hatte.

25 Jerobeam aber baute Sichem auf
dem Gebirge Ephraim aus und wohnte
darin und zog von da fort und baute
Pnuël aus. 26 Und Jerobeam dachte in sei-
nem Herzen: Das Königtum wird nun
wieder an das Haus David fallen.
27 Wenn dies Volk hinaufgeht, um Opfer
darzubringen im Hause des HERRN zu
Jerusalem, so wird sich das Herz dieses
Volks wenden zu ihrem Herrn Reha-
beam, dem König von Juda, und sie wer-
den mich umbringen und wieder Reha-
beam, dem König von Juda, zufallen.

28 Und der König hielt einen Rat und
machte zwei [a]goldene Kälber und sprach
zum Volk: Es ist zu viel für euch, dass ihr
hinauf nach Jerusalem geht; siehe, da ist
dein Gott, Israel, der dich aus Ägypten-
land geführt hat. 29 Und er stellte eins in
Bethel auf und das andere tat er nach
[a]Dan. 30 Und das [a]geriet zur Sünde,
denn das Volk ging hin vor das eine in
Bethel und vor das andre in Dan.

12,13: *a* Spr 15,1 **12,15:** *a* Kap 11,29-31 **12,16:** *a* 2. Sam 20,1 **12,28:** *a* 2. Mose 32,4.8 **12,29:** *a* Ri 18,30 **12,30:** *a* Kap 14,16

31 Er baute auch ein Höhenheiligtum
und machte Priester aus allerlei Leuten,
die nicht von den Söhnen Levi waren.
32 Und er machte ein Fest am fünfzehn-
ten Tag des achten Monats wie das Fest
in Juda und opferte auf dem Altar. So tat
er in Bethel, dass er den Kälbern opferte,
die er gemacht hatte, und bestellte in
Bethel Priester für die Höhen, die er ge-
macht hatte.

Reich Israel: Ein Prophet verkündet Jerobeam eine Strafe für seine Abgötterei

33 Einst opferte Jerobeam auf dem Altar,
den er gemacht hatte in Bethel, am fünf-
zehnten Tage im achten Monat, den er
sich in seinem Herzen ausgedacht hatte,
und machte den Israeliten ein Fest und
stieg auf den Altar, um zu opfern.

13 Und siehe, ein Mann Gottes kam
von Juda auf das Wort des HERRN
hin nach Bethel, während Jerobeam noch
auf dem Altar stand und opferte. 2 Und
er rief gegen den Altar auf das Wort des
HERRN hin und sprach: Altar, Altar! So
spricht der HERR: Siehe, es wird ein Sohn
dem Hause David geboren werden mit
Namen Josia; der wird auf dir schlachten
die Priester der Höhen, die auf dir op-
fern, und wird Menschengebein auf dir
verbrennen.[a] 3 Und er gab an dem Tag
ein Wunderzeichen und sprach: Das ist
das Zeichen dafür, dass der HERR ge-
redet hat: Siehe, der Altar wird bersten
und die Asche verschüttet werden, die
darauf ist.

4 Als aber der König das Wort von dem
Mann Gottes hörte, der gegen den Altar
in Bethel rief, streckte er seine Hand aus
auf dem Altar und sprach: Greift ihn!
Und seine Hand verdorrte, die er gegen
ihn ausgestreckt hatte, und er konnte sie
nicht wieder an sich ziehen. 5 Und der
Altar barst und die Asche wurde ver-
schüttet vom Altar nach dem Wunder-
zeichen, das der Mann Gottes gegeben
hatte auf das Wort des HERRN hin. 6 Und
der König hob an und sprach zu dem
Mann Gottes: [a]Flehe doch den HERRN,
deinen Gott, an und bitte für mich, dass
ich meine Hand wieder an mich ziehen
kann. Da flehte der Mann Gottes den
HERRN an und der König konnte seine
Hand wieder an sich ziehen, und sie
wurde, wie sie vorher war.

7 Und der König redete mit dem Mann
Gottes: Komm mit mir heim und labe
dich; ich will dir ein Geschenk geben.
8 Aber der Mann Gottes sprach zum Kö-
nig: Wenn du mir auch die Hälfte deiner
Habe geben wolltest, so käme ich doch
nicht mit dir; denn ich will an diesem Ort
kein Brot essen noch Wasser trinken.
9 Denn das ist mir geboten durch des
HERRN Wort: Du sollst kein Brot essen
und kein Wasser trinken und nicht den
Weg zurückgehen, den du gekommen
bist. 10 Und er ging einen andern Weg
und nicht wieder den Weg, den er nach
Bethel gekommen war.

Der Prophet wird für seinen Ungehorsam gestraft

11 Es wohnte aber ein alter Prophet in
Bethel; zu dem kamen seine Söhne und
erzählten ihm alles, was der Mann Got-
tes getan hatte an diesem Tag in Bethel,
und die Worte, die er zum König geredet
hatte. 12 Und ihr Vater sprach zu ihnen:
Wo ist der Weg, den er gezogen ist? Und
seine Söhne zeigten ihm den Weg, den
der Mann Gottes gezogen war, der von
Juda gekommen war. 13 Er aber sprach zu
seinen Söhnen: Sattelt mir den Esel! Und
als sie ihm den Esel gesattelt hatten, ritt
er auf ihm 14 und zog dem Mann Gottes
nach und fand ihn unter einer Eiche sit-
zen und sprach zu ihm: Bist du der
Mann Gottes, der von Juda gekommen
ist? Er sprach: Ja. 15 Er sprach zu ihm:
Komm mit mir heim und iss Brot mit
mir! 16 Er aber sprach: Ich kann nicht mit
dir umkehren und mit dir kommen; ich
will auch nicht Brot essen noch Wasser
trinken mit dir an diesem Ort. 17 Denn es
ist zu mir geredet worden durch das Wort
des HERRN: Du sollst dort weder Brot
essen noch Wasser trinken; du sollst
nicht den Weg zurückgehen, den du ge-
kommen bist.

18 Er sprach zu ihm: Ich bin auch ein
Prophet wie du, und ein Engel hat zu mir
geredet auf das Wort des HERRN hin:
Führe ihn wieder mit dir heim, dass er
Brot esse und Wasser trinke. Er belog ihn
aber. 19 Und er führte ihn wieder zurück,

13,2: *a* 2. Kön 23,16.20 **13,6:** *a* 2. Mose 8,4

dass er Brot aß und Wasser trank in
seinem Hause. 20 Und als sie zu Tisch
saßen, kam das Wort des HERRN zum
Propheten, der ihn zurückgeführt hatte.
21 Und er rief dem Mann Gottes zu, der
von Juda gekommen war: So spricht der
HERR: Weil du dem Mund des HERRN
ungehorsam gewesen bist und nicht ge-
halten hast das Gebot, das dir der HERR,
dein Gott, geboten hat, 22 und umgekehrt
bist, Brot gegessen hast und Wasser ge-
trunken an dem Ort, von dem er dir
sagte: Du sollst weder Brot essen noch
Wasser trinken –, so soll dein Leichnam
nicht in deiner Väter Grab kommen.

23 Und nachdem er gegessen und ge-
trunken hatte, sattelte man für ihn den
Esel des Propheten, der ihn zurückge-
führt hatte. 24 Und als er seines Weges
zog, fand ihn ein [a]Löwe auf dem Wege
und tötete ihn. Und sein Leichnam blieb
auf dem Wege liegen und der Esel stand
neben ihm, und der Löwe stand neben
dem Leichnam. 25 Und als Leute vor-
übergingen, sahen sie den Leichnam auf
dem Wege liegen und den Löwen bei dem
Leichnam stehen und kamen und sagten
es in der Stadt, in der der alte Prophet
wohnte. 26 Als das der Prophet hörte, der
ihn zurückgeführt hatte, sprach er: Es ist
der Mann Gottes, der dem Mund des
HERRN ungehorsam gewesen ist. Darum
hat ihn der HERR dem Löwen gegeben;
der hat ihn zerrissen und getötet nach
dem Wort, das ihm der HERR gesagt
hat.

27 Und er sprach zu seinen Söhnen:
Sattelt mir den Esel! Und als sie ihn
gesattelt hatten, 28 zog er hin und fand
den Leichnam auf dem Wege liegen und
den Esel und den Löwen neben dem
Leichnam stehen. Der Löwe hatte nichts
gefressen vom Leichnam und den Esel
nicht zerrissen. 29 Da hob der Prophet
den Leichnam des Mannes Gottes auf
und legte ihn auf den Esel und brachte
ihn zurück und kam in seine Stadt, um
die Totenklage zu halten und ihn zu be-
graben.

30 Und er legte den Leichnam in sein
eigenes Grab und sie hielten ihm die
Totenklage: [a]Ach, Bruder! 31 Und als sie
ihn begraben hatten, sprach er zu seinen
Söhnen: Wenn ich sterbe, so begrabt
mich in dem Grabe, in dem der Mann
Gottes begraben ist, und legt mein Ge-
bein neben sein Gebein. 32 Denn es wird
sich erfüllen, was er gerufen hat gegen
den Altar in Bethel auf das Wort des
HERRN hin und gegen alle Heiligtümer
auf den Höhen, die in den Städten Sama-
riens sind.

33 Aber nach diesem Geschehnis kehrte
Jerobeam nicht um von seinem bösen
Wege, sondern [a]bestellte wieder Priester
für die Höhen aus allem Volk. Wer da
wollte, dessen [b]Hand füllte er und der
wurde Priester für die Höhen. 34 Und
dies geriet zur Sünde dem Hause Jero-
beams, sodass es zugrunde gerichtet und
von der Erde vertilgt wurde.

Jerobeams Tod

14 Zu der Zeit war Abija, der Sohn
Jerobeams, krank. 2 Und Jerobeam
sprach zu seiner Frau: Mache dich auf
und verkleide dich, damit niemand
merkt, dass du Jerobeams Frau bist, und
geh hin nach Silo. Siehe, dort ist der
[a]Prophet Ahija, der mir zugesagt hat,
dass ich König sein sollte über dies Volk.
3 Und nimm mit dir zehn Brote, Kuchen
und einen Krug mit Honig und geh zu
ihm, damit er dir sagt, wie es dem Kna-
ben ergehen wird.

4 Und Jerobeams Frau tat das und
machte sich auf und ging hin nach Silo
und kam ins Haus Ahijas. Ahija aber
konnte nicht sehen, denn seine Augen
standen starr vor Alter. 5 Aber der HERR
sprach zu Ahija: Siehe, Jerobeams Frau
kommt, um dich wegen ihres Sohnes zu
befragen; denn er ist krank. So rede nun
mit ihr so und so. Als sie nun hineinkam,
stellte sie sich fremd.

6 Als aber Ahija das Geräusch ihrer
Tritte hörte, wie sie zur Tür hereinkam,
sprach er: Komm herein, du Frau Jero-
beams! Warum stellst du dich so fremd?
Ich bin zu dir gesandt als ein harter Bote.
7 Geh hin und sage Jerobeam: So spricht
der HERR, der Gott Israels: Ich [a]habe
dich erhoben aus dem Volk und zum

13,24: *a* Kap 20,36 **13,30:** *a* Jer 22,18 **13,33:** *a* Kap 12,31; *b* 2. Mose 28,41 **14,2:** *a* Kap 11,29-31 **14,7:** *a* Kap 11,37

Fürsten über mein Volk Israel gesetzt
8 und habe das Königtum von Davids
Hause gerissen und dir gegeben. Du aber
bist nicht gewesen wie mein Knecht Da-
vid, der meine Gebote hielt und mir von
ganzem Herzen nachwandelte, dass er
nur tat, was mir wohlgefiel. 9 Du hast
mehr Böses getan als alle, die vor dir
gewesen sind, bist hingegangen und hast
dir andre Götter gemacht und gegossene
Bilder, um mich zum Zorn zu reizen, und
hast mir den Rücken gekehrt. 10 Darum
siehe, [a]ich will Unheil über das Haus
Jerobeam bringen und ausrotten von Je-
robeam alles, was männlich ist, bis auf
den letzten Mann in Israel und will die
Nachkommen des Hauses Jerobeam aus-
fegen, wie man Unrat ausfegt, bis es ganz
mit ihm aus ist. 11 Wer von Jerobeam
stirbt in der Stadt, den sollen die Hunde
fressen; wer aber auf dem Felde stirbt,
den sollen die Vögel des Himmels fres-
sen; denn der HERR hat's geredet.[a]

12 So mache dich nun auf und geh
heim; und wenn dein Fuß die Stadt be-
tritt, wird das Kind sterben. 13 Und es
wird ihm ganz Israel die Totenklage hal-
ten und sie werden ihn begraben; denn
dieser allein von Jerobeam wird zu Grabe
kommen, weil der HERR, der Gott Is-
raels, etwas Gutes an ihm gefunden hat
im Hause Jerobeam. 14 Der HERR aber
wird sich einen König über Israel erwe-
cken, [a]der wird das Haus Jerobeam aus-
rotten – wie es heute ist. 15 Und der
HERR wird Israel schlagen, dass es
schwankt, wie das Rohr im Wasser be-
wegt wird, und [a]wird Israel ausreißen
aus diesem guten Lande, das er ihren
Vätern gegeben hat, und wird sie zer-
streuen jenseits des Euphrat, weil sie
sich Ascherabilder gemacht haben, den
HERRN zu erzürnen. 16 Und er wird Is-
rael dahingeben [a]um der Sünden Jero-
beams willen, der da gesündigt hat und
Israel sündigen gemacht hat.

17 Und Jerobeams Frau machte sich
auf, ging heim und kam nach Tirza. Und
als sie auf die Schwelle des Hauses kam,
starb der Knabe. 18 Und sie begruben ihn
und ganz Israel hielt ihm die Totenklage
nach dem Wort des HERRN, das er ge-
redet hatte durch seinen Knecht Ahija,
den Propheten.

19 Was mehr von Jerobeam zu sagen
ist, wie er Krieg geführt und regiert hat,
siehe, das steht geschrieben in der Chro-
nik der Könige von Israel. 20 Die Zeit
aber, die Jerobeam regierte, sind zwei-
undzwanzig Jahre. Und er legte sich zu
seinen Vätern und sein Sohn [a]Nadab
wurde König an seiner statt.

Reich Juda: Rehabeam

(vgl. 2. Chr 12,1-16)

21 Und [a]Rehabeam, der Sohn Salomos,
wurde König in Juda. Einundvierzig
Jahre alt war Rehabeam, als er König
wurde; und er regierte siebzehn Jahre zu
Jerusalem, in der Stadt, die der HERR
erwählt hatte aus allen Stämmen Israels,
damit er dort seinem Namen eine Stätte
bereite. Seine Mutter hieß Naama, eine
Ammoniterin.

22 Und Juda tat, was dem HERRN miss-
fiel; und sie reizten ihn mehr, als alles ihn
reizte, was ihre Väter getan hatten mit
ihren Sünden, die sie taten. 23 Denn auch
sie machten sich Höhen, Steinmale und
Ascherabilder auf allen hohen Hügeln
und unter allen grünen Bäumen.[a] 24 Es
waren auch [a]Tempelhurer im Lande;
und sie taten alle die Gräuel der Heiden,
die der HERR vor Israel vertrieben hatte.

25 Aber im fünften Jahr des Königs Re-
habeam zog [a]Schischak, der König von
Ägypten, herauf gegen Jerusalem 26 und
nahm die Schätze aus dem Hause des
HERRN und aus dem Hause des Königs,
alles, was zu nehmen war, und nahm alle
[a]goldenen Schilde, die Salomo hatte ma-
chen lassen. 27 An ihrer statt ließ der Kö-
nig Rehabeam kupferne Schilde machen
und gab sie in die Hand der Obersten der
Leibwache, die das Tor hüteten am
Hause des Königs. 28 Und sooft der Kö-
nig in das Haus des HERRN ging, trug die
Leibwache die Schilde und brachte sie
wieder in die Wachstube zurück.

29 Was aber mehr von Rehabeam zu
sagen ist und alles, was er getan hat,
siehe, das steht geschrieben in der Chro-
nik der Könige von Juda. 30 Es war aber

14,10: *a* Kap 15,29; 21,21 **14,11:** *a* Kap 16,4; 21,24 **14,14:** *a* Kap 15,29 **14,15:** *a* 2. Kön 17,23 **14,16:** *a* Kap 12,28-30; 13,34 **14,20:** *a* Kap 15,25 **14,21:** *a* Kap 12,17 **14,23:** *a* 2. Kön 16,1-4 **14,24:** *a* 5. Mose 23,18; 2. Kön 23,7 **14,25:** *a* Kap 11,40 **14,26:** *a* Kap 10,16

Krieg zwischen Rehabeam und Jerobeam
ihr Leben lang. 31 Und Rehabeam legte
sich zu seinen Vätern und wurde begra-
ben bei seinen Vätern in der Stadt Da-
vids. Und seine Mutter hieß Naama, eine
Ammoniterin. Und sein Sohn Abija
wurde König an seiner statt.

Reich Juda: Abija. Asa

15 [a]Im achtzehnten Jahr des Königs
Jerobeam, des Sohnes Nebats, wur-
de Abija König über Juda 2 und regierte
drei Jahre zu Jerusalem. Seine Mutter
hieß Maacha, eine Tochter Abischaloms.

3 Und er wandelte in allen Sünden sei-
nes Vaters, die dieser vor ihm getan hatte,
und sein Herz war nicht ungeteilt bei
dem HERRN, seinem Gott, wie das Herz
seines Vaters David. 4 Denn um Davids
willen gab der HERR, sein Gott, ihm eine
[a]Leuchte zu Jerusalem, dass er seinen
Sohn nach ihm erweckte und Jerusalem
erhielt, 5 weil David getan hatte, was dem
HERRN wohlgefiel, und nicht gewichen
war von allem, was er ihm gebot, sein
Leben lang, außer in der Sache mit
[a]Uria, dem Hetiter. 6 Es war aber Krieg
zwischen Rehabeam und Jerobeam ihr
Leben lang.

7 Was aber mehr von Abija zu sagen ist
und alles, was er getan hat, siehe, das
steht geschrieben in der Chronik der Kö-
nige von Juda. Es war aber Krieg zwi-
schen Abija und Jerobeam. 8 Und Abija
legte sich zu seinen Vätern und sie be-
gruben ihn in der Stadt Davids. Und sein
Sohn Asa wurde König an seiner statt.

9 Im zwanzigsten Jahr Jerobeams, des
Königs von Israel, wurde Asa König
über Juda 10 und regierte einundvierzig
Jahre zu Jerusalem. Seine Mutter hieß
Maacha, eine Tochter Abischaloms.
11 Und Asa tat, was dem HERRN wohl-
gefiel, wie sein Vater David. 12 Er tat die
[a]Tempelhurer aus dem Lande und
[b]entfernte alle Götzenbilder, die seine
Väter gemacht hatten. 13 [a]Dazu setzte er
auch seine Mutter Maacha ab, dass sie
nicht mehr Herrin war, weil sie ein Gräu-
elbild der Aschera gemacht hatte. Und
Asa zerschlug ihr Gräuelbild und ver-
brannte es am Bach Kidron. 14 Aber [a]die
Höhen entfernten sie nicht; jedoch das
Herz Asas war ungeteilt bei dem HERRN
sein Leben lang. 15 Und das Silber und
Gold und die Geräte, die sein Vater ge-
heiligt hatte und was von ihm selbst ge-
heiligt war, brachte er zum Hause des
HERRN.

16 [a]Und es war Krieg zwischen Asa
und Bascha, dem König von Israel, ihr
Leben lang. 17 Bascha aber, der König
von Israel, zog herauf gegen Juda und
baute Rama aus, damit niemand aus-
und einziehen sollte bei Asa, dem König
von Juda. 18 Da nahm Asa [a]alles Silber
und Gold, das noch übrig war im Schatz
des Hauses des HERRN und im Schatz
des Hauses des Königs, und gab's in die
Hände seiner Räte und sandte sie zu
Ben-Hadad, dem Sohn Tabrimmons, des
Sohnes Hesjons, dem König von Aram,
der zu Damaskus herrschte, und ließ ihm
sagen: 19 Es ist ein Bund zwischen mir
und dir und zwischen meinem Vater und
deinem Vater; darum schicke ich dir ein
Geschenk, Silber und Gold, dass du den
Bund mit Bascha, dem König von Israel,
aufgibst, damit er von mir abzieht.

20 Ben-Hadad hörte auf die Bitte des
Königs Asa und sandte seine Obersten
gegen die Städte Israels und schlug [a]Ijon
und Dan und Abel-Bet-Maacha, das
ganze Kinneret samt dem ganzen Lande
Naftali. 21 Als das Bascha hörte, ließ er
davon ab, Rama auszubauen, und zog
wieder nach Tirza. 22 Der König Asa aber
bot ganz Juda auf, niemand ausgenom-
men, und sie nahmen die Steine und das
Holz von Rama weg, womit Bascha ge-
baut hatte; und der König Asa baute
damit Geba in Benjamin und Mizpa
aus.

23 [a]Was aber mehr von Asa zu sagen
ist und alle seine tapferen Taten und al-
les, was er getan hat, und die Städte, die
er ausgebaut hat, siehe, das steht ge-
schrieben in der Chronik der Könige von
Juda. Nur war er in seinem Alter an sei-
nen Füßen krank. 24 Und Asa legte sich
zu seinen Vätern und wurde begraben
bei seinen Vätern in der Stadt Davids,
seines Vaters. Und sein Sohn [a]Joscha-
fat wurde König an seiner statt.

15,1: *a (1-8)* 2. Chr 13,1-23 **15,4:** *a* Kap 11,36 **15,5:** *a* 2. Sam 11,1-27; 12,9 **15,12:** *a* 2. Kön 23,7; *b* 2. Chr 14,1-4 **15,13:** *a (13-14)* 2. Chr 15,16-18 **15,14:** *a* Kap 22,44 **15,16:** *a (16-22)* 2. Chr 16,1-6 **15,18:** *a* 2. Kön 12,19 **15,20:** *a* 2. Kön 15,29 **15,23:** *a (23-24)* 2. Chr 16,11-14 **15,24:** *a* Kap 22,41

Reich Israel: Nadab. Bascha

25 [a]Nadab aber, der Sohn Jerobeams,
wurde König über Israel im zweiten Jahr
Asas, des Königs von Juda, und regierte
über Israel zwei Jahre 26 und [a]tat, was
dem HERRN missfiel, und wandelte in
dem Wege seines Vaters und in seiner
Sünde, womit dieser Israel sündigen ge-
macht hatte. 27 Aber Bascha, der Sohn
Ahijas, aus dem Stamme Issachar,
machte eine Verschwörung gegen ihn
und erschlug ihn zu [a]Gibbeton, das den
Philistern gehörte. Denn Nadab und
ganz Israel belagerten Gibbeton. 28 So tö-
tete ihn Bascha im dritten Jahr Asas, des
Königs von Juda, und wurde König an
seiner statt. 29 Als er nun König war, er-
schlug er das ganze Haus Jerobeam; er
ließ auch nicht einen übrig vom Hause
Jerobeam, [a]bis er es ganz vertilgt hatte
nach dem Wort des HERRN, das er ge-
redet hatte durch seinen Knecht Ahija
von Silo, 30 um der Sünden Jerobeams
willen, die er tat und womit er Israel
sündigen machte und den HERRN, den
Gott Israels, zum Zorn reizte.

31 Was aber mehr von Nadab zu sagen
ist und alles, was er getan hat, siehe, das
steht geschrieben in der Chronik der Kö-
nige von Israel. 32 Und es war Krieg zwi-
schen Asa und Bascha, dem König von
Israel, ihr Leben lang.

33 Im dritten Jahr Asas, des Königs von
Juda, wurde Bascha, der Sohn Ahijas,
König über ganz Israel und regierte zu
Tirza vierundzwanzig Jahre. 34 Und er
tat, was dem HERRN missfiel, und wan-
delte in dem Wege Jerobeams und in sei-
ner Sünde, womit er Israel sündigen ge-
macht hatte.

16 Es kam aber das Wort des HERRN
zu Jehu, dem Sohn Hananis, gegen
Bascha: 2 Weil [a]ich dich aus dem Staub
erhoben habe und zum Fürsten gemacht
über mein Volk Israel und du doch wan-
delst in dem Wege Jerobeams und mein
Volk Israel sündigen machst, dass sie
mich erzürnen durch ihre Sünde, 3 siehe,
so will ich ausrotten Bascha und sein
Haus und will dein Haus machen [a]wie
das Haus Jerobeams, des Sohnes Nebats:
4 Wer vom Hause Baschas stirbt in der
Stadt, den sollen die Hunde fressen; und
wer von ihm stirbt auf dem Felde, den
sollen die Vögel des Himmels fressen. [a]

5 Was aber mehr von Bascha zu sagen
ist und was er getan hat und seine tapfe-
ren Taten, siehe, das steht geschrieben in
der Chronik der Könige von Israel. 6 Und
Bascha legte sich zu seinen Vätern und
wurde begraben zu Tirza. Und sein Sohn
Ela wurde König an seiner statt.

7 Auch war das Wort des HERRN durch
den Propheten Jehu, den Sohn Hananis,
über Bascha gekommen und über sein
Haus wegen all des Unrechts, das er vor
dem HERRN tat, ihn zu erzürnen durch
die Werke seiner Hände, dass es ihm er-
gehen sollte wie dem Hause Jerobeam,
und weil er dieses ausgetilgt hatte.

Reich Israel: Ela, Simri und Omri

8 Im sechsundzwanzigsten Jahr Asas, des
Königs von Juda, wurde Ela, der Sohn
Baschas, König über Israel und regierte
zu Tirza zwei Jahre. 9 Aber sein Knecht
Simri, der Oberste über die Hälfte der
Kriegswagen, machte eine Verschwörung
gegen ihn. Er aber war in Tirza, trank
und wurde trunken im Hause Arzas, des
Hofmeisters in Tirza. 10 Und [a]Simri kam
hinein und schlug ihn tot im siebenund-
zwanzigsten Jahr Asas, des Königs von
Juda, und wurde König an seiner statt.
11 Und als er König war und auf seinem
Thron saß, erschlug er das ganze Haus
Bascha und ließ nichts übrig, was männ-
lich war, dazu seine Verwandten und
seine Freunde. 12 So vertilgte Simri das
ganze Haus Bascha nach dem Wort des
HERRN, das er über Bascha geredet hatte
durch den Propheten Jehu, 13 um all der
Sünden willen Baschas und seines Soh-
nes Ela, die sie taten und durch die sie
Israel sündigen machten, den HERRN,
den Gott Israels, zu erzürnen durch ihre
Abgötterei.

14 Was aber mehr von Ela zu sagen ist
und alles, was er getan hat, siehe, das
steht geschrieben in der Chronik der Kö-
nige von Israel.

15 Im siebenundzwanzigsten Jahr Asas,

15,25: *a* Kap 14,20 **15,26:** *a* Kap 12,28-30 **15,27:** *a* Jos 19,44 **15,29:** *a* Kap 14,10-11 **16,2:** *a* Kap 14,7 **16,3:** *a* Kap 15,29 **16,4:** *a* Kap 14,11 **16,10:** *a* 2. Kön 9,31

des Königs von Juda, wurde Simri König
und regierte sieben Tage zu Tirza. Und
das Volk lag vor [a]Gibbeton, das den
Philistern gehörte. 16 Als aber das Volk
im Lager sagen hörte, dass Simri eine
Verschwörung gemacht und auch den
König erschlagen hätte, da machte ganz
Israel am selben Tag im Lager Omri, den
Feldhauptmann, zum König über Israel.
17 Und Omri zog herauf und ganz Israel
mit ihm von Gibbeton und sie belagerten
Tirza. 18 Als aber Simri sah, dass die
Stadt eingenommen werden würde, ging
er in den Burgturm im Hause des Königs
und [a]verbrannte sich mit dem Hause des
Königs und starb 19 um seiner Sünden
willen, die er getan hatte, dadurch dass er
tat, was dem HERRN missfiel, und wan-
delte in dem Wege Jerobeams und in sei-
ner Sünde, die er tat, dass er Israel sündi-
gen machte.

20 Was aber mehr von Simri zu sagen
ist und wie er eine Verschwörung machte,
siehe, das steht geschrieben in der Chro-
nik der Könige von Israel.

21 Damals teilte sich das Volk Israel in
zwei Teile. Eine Hälfte hing Tibni an,
dem Sohn Ginats, und machte ihn zum
König, die andere Hälfte aber hing Omri
an. 22 Aber das Volk, das Omri anhing,
wurde stärker als das Volk, das Tibni
anhing, dem Sohn Ginats. Und Tibni
starb; da wurde Omri König.

23 Im einunddreißigsten Jahr Asas, des
Königs von Juda, wurde Omri König
über Israel und regierte zwölf Jahre und
davon zu Tirza sechs Jahre. 24 Er kaufte
den Berg Samaria von Schemer für zwei
Zentner Silber und baute auf dem Berg
eine Stadt und nannte sie Samaria nach
dem Namen Schemers, dem der Berg ge-
hört hatte. 25 Und [a]Omri tat, was dem
HERRN missfiel, und trieb es ärger als
alle, die vor ihm gewesen waren, 26 und
wandelte in allen Wegen Jerobeams, des
Sohnes Nebats, und in seiner Sünde,
durch die dieser Israel sündigen machte,
dass sie den HERRN, den Gott Israels,
erzürnten durch ihre Abgötterei.

27 Was aber mehr von Omri zu sagen
ist und alles, was er getan hat, und seine
tapferen Taten, siehe, das steht geschrie-
ben in der Chronik der Könige von Is-
rael. 28 Und Omri legte sich zu seinen
Vätern und wurde begraben zu Samaria.
Und sein Sohn Ahab wurde König an
seiner statt.

Reich Israel: Ahab

29 Im achtunddreißigsten Jahr Asas, des
Königs von Juda, wurde Ahab, der Sohn
Omris, König über Israel und regierte
über Israel zu Samaria zweiundzwanzig
Jahre 30 und tat, was dem HERRN miss-
fiel, mehr als alle, die vor ihm gewesen
waren. 31 Es war noch das Geringste,
dass er wandelte in der Sünde Jerobeams,
des Sohnes Nebats; er nahm sogar Isebel,
die Tochter Etbaals, des Königs der Sido-
nier, zur Frau und ging hin und diente
Baal und betete ihn an 32 und richtete
ihm einen Altar auf im Tempel Baals,
den er ihm zu Samaria baute,[a] 33 und
machte ein Bild der Aschera, sodass
Ahab mehr tat, den HERRN, den Gott
Israels, zu erzürnen, als alle Könige von
Israel, die vor ihm gewesen waren.

34 Zur selben Zeit baute Hiël von Be-
thel Jericho wieder auf. [a]Es kostete ihn
seinen erstgeborenen Sohn Abiram, als
er den Grund legte, und seinen jüngsten
Sohn Segub, als er die Tore einsetzte,
nach dem Wort des HERRN, das er ge-
redet hatte durch Josua, den Sohn Nuns.

Elia am Bach Krit und bei der Witwe zu Zarpat

17 Und es sprach Elia, der Tischbiter,
aus Tischbe in Gilead zu Ahab: So
wahr der HERR, der Gott Israels, lebt,
vor dem ich stehe: [a]Es soll diese Jahre
weder Tau noch Regen kommen, ich sage
es denn.

2 Da kam das Wort des HERRN zu ihm:
3 Geh weg von hier und wende dich nach
Osten und verbirg dich am Bach Krit,
der zum Jordan fließt. 4 Und du sollst aus
dem Bach trinken und ich habe den Ra-
ben geboten, dass sie dich dort versorgen
sollen. 5 Er aber ging hin und tat nach
dem Wort des HERRN und setzte sich
nieder am Bach Krit, der zum Jordan

16,15: *a* Kap 15,27 **16,18:** *a* 2.Sam 17,23 **16,25:** *a* Mi 6,16 **16,32:** *a* 2.Kön 3,2; 10,27-28; 11,18 **16,34:** *a* Jos 6,26
17,1: *a* Kap 8,35; Lk 4,25; Jak 5,17; Offb 11,6

fließt. 6 Und die Raben brachten ihm Brot und Fleisch des Morgens und des Abends und er trank aus dem Bach. 7 Und es geschah nach einiger Zeit, dass der Bach vertrocknete; denn es war kein Regen im Lande. 8 Da kam das Wort des HERRN zu ihm: 9 Mach dich auf und geh nach Zarpat, das bei Sidon liegt, und bleibe dort; denn ich habe dort einer Witwe geboten, dich zu versorgen.[a]

10 Und er machte sich auf und ging nach Zarpat. Und als er an das Tor der Stadt kam, siehe, da war eine Witwe, die las Holz auf. Und er rief ihr zu und sprach: Hole mir ein wenig Wasser im Gefäß, dass ich trinke! 11 Und als sie hinging zu holen, rief er ihr nach und sprach: Bringe mir auch einen Bissen Brot mit! 12 Sie sprach: So wahr der HERR, dein Gott, lebt: Ich habe nichts Gebackenes, nur eine Handvoll Mehl im Topf und ein wenig Öl im Krug. Und siehe, ich habe ein Scheit Holz oder zwei aufgelesen und gehe heim und will mir und meinem Sohn zurichten, dass wir essen – und sterben.

13 Elia sprach zu ihr: Fürchte dich nicht! Geh hin und mach's, wie du gesagt hast. Doch mache zuerst mir etwas Gebackenes davon und bringe mir's heraus; dir aber und deinem Sohn sollst du danach auch etwas backen. 14 Denn so spricht der HERR, der Gott Israels: **Das Mehl im Topf soll nicht verzehrt werden, und [a]dem Ölkrug soll nichts mangeln bis auf den Tag, an dem der HERR regnen lassen wird auf Erden.** 15 Sie ging hin und tat, wie Elia gesagt hatte. Und er aß und sie auch und ihr Sohn Tag um Tag. 16 Das Mehl im Topf wurde nicht verzehrt, und dem Ölkrug mangelte nichts nach dem Wort des HERRN, das er durch Elia geredet hatte.

17 Und nach diesen Geschichten wurde der Sohn seiner Hauswirtin krank und seine Krankheit wurde so schwer, dass kein Odem mehr in ihm blieb. 18 Und sie sprach zu Elia: Was hab ich mit dir zu schaffen, du Mann Gottes? Du bist zu mir gekommen, dass meiner Sünde gedacht und mein Sohn getötet würde.

19 Er sprach zu ihr: Gib mir deinen Sohn! Und er nahm ihn von ihrem Schoß und ging hinauf ins Obergemach, wo er wohnte, und legte ihn auf sein Bett 20 und rief den HERRN an und sprach: HERR, mein Gott, tust du sogar der Witwe, bei der ich ein Gast bin, so Böses an, dass du ihren Sohn tötest? 21 Und er legte sich auf das Kind drei Mal und rief den HERRN an und sprach: HERR, mein Gott, lass sein Leben in dies Kind zurückkehren![a] 22 Und der HERR erhörte die Stimme Elias und das Leben kehrte in das Kind zurück, und es wurde wieder lebendig.

23 Und Elia nahm das Kind und brachte es hinab vom Obergemach ins Haus und [a]gab es seiner Mutter und sprach: Sieh da, dein Sohn lebt! 24 Und die Frau sprach zu Elia: Nun erkenne ich, dass du ein Mann Gottes bist, und des HERRN Wort in deinem Munde ist Wahrheit.

Das Gottesurteil auf dem Karmel

18 Nach einer langen Zeit kam das Wort des HERRN zu Elia, im dritten Jahr: Geh hin und zeige dich Ahab, denn ich will regnen lassen auf die Erde. 2 Und Elia ging hin, um sich Ahab zu zeigen.

Es war aber eine große Hungersnot in Samaria. 3 Und Ahab rief Obadja, seinen Hofmeister – Obadja aber fürchtete den HERRN sehr; 4 denn als Isebel die Propheten des HERRN ausrottete, nahm Obadja hundert Propheten und versteckte sie in Höhlen, hier fünfzig und da fünfzig, und versorgte sie mit Brot und Wasser –; 5 und Ahab sprach zu Obadja: Wohlan, wir wollen durchs Land ziehen zu allen Wasserquellen und Bächen, ob wir Gras finden und die Rosse und Maultiere erhalten könnten, damit nicht alles Vieh umkommt. 6 Und sie teilten sich ins Land, dass sie es durchzogen. Ahab zog allein auf dem einen Weg und Obadja auch allein auf dem andern Weg.

7 Als nun Obadja auf dem Wege war, siehe, da begegnete ihm Elia. Und als er ihn erkannte, fiel er auf sein Antlitz und sprach: Bist du es nicht, Elia, mein Herr? 8 Er sprach: Ja! Geh hin und sage deinem Herrn: Siehe, Elia ist da! 9 Obadja aber

17,9: *a* Lk 4,25-26 **17,14:** *a* 2. Kön 4,2-4 **17,21:** *a* 2. Kön 4,34; Apg 20,10 **17,23:** *a* Lk 7,15; Hebr 11,35

sprach: Was hab ich gesündigt, dass du
deinen Knecht in die Hände Ahabs ge-
ben willst, dass er mich tötet? **10** So wahr
der HERR, dein Gott, lebt: Es gibt kein
Volk noch Königreich, wohin mein Herr
nicht gesandt hat, dich zu suchen. Und
wenn sie sprachen: Er ist nicht hier,
nahm er einen Eid von dem Königreich
und Volk, dass man dich nicht gefunden
hätte. **11** Und nun sprichst du: Geh hin,
sage deinem Herrn: Siehe, Elia ist da!
12 Wenn ich nun hinginge von dir, so
könnte dich der Geist des HERRN ent-
führen und ich wüsste nicht wohin; und
wenn ich dann käme und sagte es Ahab
an und er fände dich nicht, so tötete er
mich. Und doch fürchtet dein Knecht
den HERRN von seiner Jugend auf. **13** Ist's
meinem Herrn Elia nicht angesagt, was
ich getan habe, als Isebel die Propheten
des HERRN tötete? Dass ich von den Pro-
pheten des HERRN hundert versteckte,
hier fünfzig und da fünfzig, in Höhlen
und versorgte sie mit Brot und Wasser?
14 Und nun sprichst du: Geh hin, sage
deinem Herrn: Elia ist da! Dann wird er
mich töten. **15** Elia sprach: So wahr der
HERR Zebaoth lebt, vor dem ich stehe:
Ich will mich ihm heute zeigen.

16 Da ging Obadja hin Ahab entgegen
und sagte es ihm an. Und Ahab ging hin
Elia entgegen. **17** Und als Ahab Elia sah,
sprach Ahab zu ihm: Bist du nun da,
[a]der Israel ins Unglück stürzt? **18** [a]Er
aber sprach: Nicht ich stürze Israel ins
Unglück, sondern du und deines Vaters
Haus dadurch, dass ihr des HERRN Ge-
bote verlassen habt und wandelt den
Baalen nach. **19** Wohlan, so sende nun hin
und versammle zu mir ganz Israel auf
den Berg Karmel und die vierhundert-
undfünfzig Propheten Baals, auch die
vierhundert Propheten der Aschera, die
vom Tisch Isebels essen. **20** So sandte
Ahab hin zu ganz Israel und versammelte
die Propheten auf den Berg Karmel.

21 Da trat Elia zu allem Volk und
sprach: **Wie lange [a]hinkt ihr auf beiden
Seiten? Ist der HERR Gott, so wandelt ihm
nach, ist's aber Baal, so wandelt ihm nach.**
Und das Volk antwortete ihm nichts.
22 Da sprach Elia zum Volk: Ich bin
allein übrig geblieben als Prophet des
HERRN, aber die Propheten Baals sind
vierhundertundfünfzig Mann. **23** So gebt
uns nun zwei junge Stiere und lasst sie
wählen **einen** Stier und ihn zerstücken
und aufs Holz legen, aber kein Feuer
daran legen; dann will ich den andern
Stier nehmen und aufs Holz legen und
auch kein Feuer daran legen. **24** Und ruft
ihr den Namen eures Gottes an, aber ich
will den Namen des HERRN anrufen.
Welcher Gott nun [a]mit Feuer antworten
wird, der ist wahrhaftig Gott. Und das
ganze Volk antwortete und sprach: Das
ist recht.

25 Und Elia sprach zu den Propheten
Baals: Wählt ihr einen Stier und richtet
zuerst zu, denn ihr seid viele, und ruft
den Namen eures Gottes an, aber legt
kein Feuer daran. **26** Und sie nahmen den
Stier, den man ihnen gab, und richteten
zu und riefen den Namen Baals an vom
Morgen bis zum Mittag und sprachen:
Baal, erhöre uns! Aber es war da keine
Stimme noch Antwort. Und sie hinkten
um den Altar, den sie gemacht hatten.
27 Als es nun Mittag wurde, verspottete
sie Elia und sprach: Ruft laut! Denn er
ist ja ein Gott; er ist in Gedanken oder
hat zu schaffen oder ist über Land oder
schläft vielleicht, dass er aufwache.
28 Und sie riefen laut und ritzten sich mit
Messern und Spießen nach ihrer Weise,
bis ihr Blut herabfloss. **29** Als aber der
Mittag vergangen war, waren sie in Ver-
zückung bis um die Zeit, zu der man das
[a]Speisopfer darbringt; aber da war keine
Stimme noch Antwort noch einer, der
aufmerkte.

30 Da sprach Elia zu allem Volk:
Kommt her zu mir! Und als alles Volk zu
ihm trat, baute er den Altar des HERRN
wieder auf, der zerbrochen war, **31** und
nahm [a]zwölf Steine nach der Zahl der
Stämme der Söhne Jakobs – zu dem das
Wort des HERRN ergangen war: Du sollst
[b]Israel heißen – **32** und baute von den
Steinen einen Altar im Namen des
HERRN und machte um den Altar her
einen Graben, so breit wie für zwei Korn-
maß Aussaat, **33** und richtete das Holz zu
und zerstückte den Stier und legte ihn

18,17: *a* Jer 38,4 **18,18:** *a (18-19)* Kap 16,31-33 **18,21:** *a* Jos 24,15; Mt 6,24 **18,24:** *a* 1. Mose 15,17 **18,29:** *a* 4. Mose 28,4-5 **18,31:** *a* 2. Mose 24,4; *b* 1. Mose 32,29

aufs Holz. 34 Und Elia sprach: Holt vier
Eimer voll Wasser und gießt es auf das
Brandopfer und aufs Holz! Und er
sprach: Tut's noch einmal! Und sie ta-
ten's noch einmal. Und er sprach: Tut's
zum dritten Mal! Und sie taten's zum
dritten Mal. 35 Und das Wasser lief um
den Altar her und der Graben wurde
auch voll Wasser.

36 Und als es Zeit war, das Speisopfer
zu opfern, trat der Prophet Elia herzu
und sprach: HERR, Gott Abrahams,
Isaaks und Israels, lass heute kundwer-
den, dass du Gott in Israel bist und ich
dein Knecht und dass ich das alles nach
deinem Wort getan habe! 37 Erhöre mich,
HERR, erhöre mich, damit dies Volk er-
kennt, dass du, HERR, Gott bist und ihr
Herz wieder zu dir kehrst!

38 Da fiel [a]das Feuer des HERRN herab
und fraß Brandopfer, Holz, Steine und
Erde und leckte das Wasser auf im Gra-
ben. 39 Als das alles Volk sah, fielen sie
auf ihr Angesicht und sprachen: Der
HERR ist Gott, der HERR ist Gott! 40 Elia
aber sprach zu ihnen: [a]Greift die Pro-
pheten Baals, dass keiner von ihnen ent-
rinne! Und sie ergriffen sie. Und Elia
führte sie hinab an den Bach Kischon
und tötete sie daselbst.

41 [a]Und Elia sprach zu Ahab: Zieh
hinauf, iss und trink; denn es rauscht, als
wollte es sehr regnen. 42 Und als Ahab
hinaufzog, um zu essen und zu trinken,
ging Elia auf den Gipfel des Karmel und
bückte sich zur Erde und hielt sein
Haupt zwischen seine Knie 43 und sprach
zu seinem Diener: Geh hinauf und
schaue zum Meer! Er ging hinauf und
schaute und sprach: Es ist nichts da. Elia
sprach: Geh wieder hin, und der Diener
ging wieder hin, siebenmal. 44 Und beim
siebenten Mal sprach er: Siehe, es steigt
eine kleine Wolke auf aus dem Meer wie
eines Mannes Hand. Elia sprach: Geh
hin und sage Ahab: Spann an und fahre
hinab, damit dich der Regen nicht auf-
hält! 45 Und ehe man sich's versah, wurde
der Himmel schwarz von Wolken und
Wind und es kam ein großer Regen.
Ahab aber fuhr hinab nach Jesreel.
46 Und die Hand des HERRN kam über
Elia, und er gürtete seine Lenden und lief
vor Ahab hin, bis er kam nach Jesreel.

Elia am Horeb

19 Und Ahab sagte Isebel alles, was
Elia getan hatte und wie er alle
Propheten Baals mit dem Schwert umge-
bracht hatte. 2 Da sandte Isebel einen Bo-
ten zu Elia und ließ ihm sagen: Die Göt-
ter sollen mir dies und das tun, wenn ich
nicht morgen um diese Zeit dir tue, wie
du diesen getan hast! 3 Da fürchtete er
sich, machte sich auf und lief um sein
Leben und kam nach Beerscheba in Juda
und ließ seinen Diener dort. 4 Er aber
ging hin in die Wüste eine Tagereise weit
und kam und setzte sich unter einen
Wacholder und wünschte sich zu sterben
und sprach: Es ist genug, [a]so nimm nun,
HERR, meine Seele; ich bin nicht besser
als meine Väter.

5 Und er legte sich hin und schlief un-
ter dem Wacholder. Und siehe, ein Engel
rührte ihn an und sprach zu ihm: Steh
auf und iss! 6 Und er sah sich um, und
siehe, zu seinen Häupten lag ein gerös-
tetes Brot und ein Krug mit Wasser.
Und als er gegessen und getrunken hatte,
legte er sich wieder schlafen. 7 Und der
Engel des HERRN kam zum zweiten Mal
wieder und rührte ihn an und sprach:
Steh auf und iss! Denn du hast einen
weiten Weg vor dir. 8 Und er stand auf
und aß und trank und ging durch die
Kraft der Speise [a]vierzig Tage und vier-
zig Nächte bis zum Berg Gottes, dem
Horeb.

9 Und er kam dort in eine Höhle und
blieb dort über Nacht. Und siehe, das
Wort des HERRN kam zu ihm: Was
machst du hier, Elia? 10 Er sprach: [a]Ich
habe geeifert für den HERRN, den Gott
Zebaoth; denn [b]Israel hat deinen Bund
verlassen und deine Altäre zerbrochen
und deine Propheten mit dem Schwert
getötet und ich bin allein übrig geblieben,
und sie trachten danach, dass sie mir
mein Leben nehmen.

11 Der Herr sprach: Geh heraus und
tritt hin auf den Berg vor den HERRN!
Und siehe, [a]der HERR wird vorüberge-

18,38: *a* 3. Mose 9,24 **18,40:** *a* 2. Mose 22,19; 5. Mose 13,6-9 **18,41:** *a (41-45)* Jak 5,18 **19,4:** *a* Hiob 7,15; Jona 4,3 **19,8:** *a* 2. Mose 24,18 **19,10:** *a* Ps 69,10; Jes 49,4; *b* Kap 18,22; Röm 11,3 **19,11:** *a* 2. Mose 33,22

hen. Und ein großer, starker Wind, der
die Berge zerriss und die Felsen zerbrach,
kam vor dem HERRN her; der HERR aber
war nicht im Winde. Nach dem Wind
aber kam ein Erdbeben; aber der HERR
war nicht im Erdbeben. 12 Und nach dem
Erdbeben kam ein Feuer; aber der HERR
war nicht im Feuer. Und nach dem Feuer
kam ein stilles, sanftes Sausen. 13 Als das
Elia hörte, verhüllte er sein Antlitz mit
seinem Mantel und ging hinaus und trat
in den Eingang der Höhle.

Und siehe, da kam eine Stimme zu ihm
und sprach: Was hast du hier zu tun,
Elia? 14 Er sprach: Ich habe für den
HERRN, den Gott Zebaoth, geeifert;
denn Israel hat deinen Bund verlassen,
deine Altäre zerbrochen, deine Prophe-
ten mit dem Schwert getötet und ich bin
allein übrig geblieben, und sie trachten
danach, dass sie mir das Leben nehmen.
15 Aber der HERR sprach zu ihm: Geh
wieder deines Weges durch die Wüste
nach Damaskus und geh hinein und
salbe [a]Hasaël zum König über Aram
16 und [a]Jehu, den Sohn Nimschis, zum
König über Israel und Elisa, den Sohn
Schafats, von Abel-Mehola zum Prophe-
ten an deiner statt. 17 Und es soll ge-
schehen: Wer dem Schwert Hasaëls ent-
rinnt, den soll Jehu töten, und wer dem
Schwert Jehus entrinnt, den soll Elisa
töten. 18 Und [a]**ich will übrig lassen sie-
bentausend in Israel, alle Knie, die sich
nicht gebeugt haben vor Baal, und jeden
Mund, der ihn nicht geküsst hat.**

19 Und Elia ging von dort weg und
fand Elisa, den Sohn Schafats, als er
pflügte mit zwölf Jochen vor sich her,
und er war selbst bei dem zwölften. Und
Elia ging zu ihm und warf seinen Mantel
über ihn. 20 Und er verließ die Rinder
und lief Elia nach und sprach: [a]Lass
mich meinen Vater und meine Mutter
küssen, dann will ich dir nachfolgen. Er
sprach zu ihm: Wohlan, kehre um! Be-
denke, was ich dir getan habe! 21 Und
Elisa wandte sich von ihm weg und nahm
ein Joch Rinder und opferte es, und mit
den Jochen der Rinder kochte er das
Fleisch und gab's den Leuten, dass sie
aßen. Und er machte sich auf und folgte
Elia nach und diente ihm.

Ahabs Kriege mit dem König Ben-Hadad

20 Und Ben-Hadad, der König von
Aram, versammelte seine ganze
Streitmacht, und es waren zweiunddrei-
ßig Könige mit ihm und Ross und Wa-
gen. Und er zog herauf und belagerte
Samaria und kämpfte gegen die Stadt
2 und sandte Boten zu Ahab, dem König
von Israel, in die Stadt und ließ ihm
sagen: 3 So spricht Ben-Hadad: Dein Sil-
ber und dein Gold ist mein und deine
Frauen und deine besten Söhne sind
auch mein. 4 Der König von Israel ant-
wortete und sprach: Mein Herr und Kö-
nig, wie du geredet hast! Ich bin dein und
alles, was ich habe. 5 Aber die Boten
kamen zurück und sprachen: So spricht
Ben-Hadad: Ich habe zu dir gesandt und
sagen lassen: Dein Silber und dein Gold,
deine Frauen und deine Söhne sollst du
mir geben. 6 Doch will ich morgen um
diese Zeit meine Leute zu dir senden,
dass sie dein Haus und die Häuser deiner
Untertanen durchsuchen, und was ihnen
gefällt, sollen sie nehmen und wegtra-
gen.

7 Da rief der König von Israel alle Äl-
testen des Landes zu sich und sprach:
Merkt doch und seht, wie böse er's
meint! Er hat zu mir gesandt um meine
Frauen und Söhne, Silber und Gold, und
ich hab ihm nichts verweigert. 8 Da spra-
chen zu ihm alle Ältesten und alles Volk:
Du sollst nicht gehorchen und nicht ein-
willigen. 9 Und Ahab sprach zu den Bo-
ten Ben-Hadads: Sagt meinem Herrn,
dem König: Alles, was du zuerst deinem
Knecht entboten hast, will ich tun; aber
dies kann ich nicht tun. Und die Boten
gingen hin und sagten ihm das wieder.
10 Da sandte Ben-Hadad zu ihm und ließ
ihm sagen: Die Götter sollen mir dies
und das tun, wenn der Staub Samarias
genug sein sollte, die Hände der Leute zu
füllen, die mit mir ziehen! 11 Aber der
König von Israel antwortete: Sagt ihm:
Wer den Harnisch anlegt, soll sich nicht
rühmen wie der, der ihn abgelegt hat.
12 Als das Ben-Hadad hörte, der gerade
mit den Königen in den Zelten trank,
sprach er zu seinen Leuten: Greift an!
Und sie griffen die Stadt an.

19,15: *a* 2. Kön 8,13.15 **19,16:** *a* 2. Kön 9,2-3 **19,18:** *a* Röm 11,4 **19,20:** *a* Lk 9,61-62

13 Und siehe, ein Prophet trat zu Ahab,
dem König von Israel, und sprach: So
spricht der HERR: Siehst du diese große
Menge? Wahrlich, ich will sie heute in
deine Hand geben, dass du wissen sollst:
Ich bin der HERR. 14 Ahab sprach: Durch
wen soll's geschehen? Er sprach: So
spricht der HERR: Durch die Leute der
Landvögte. Ahab sprach: Wer soll die
Schlacht beginnen? Er sprach: Du. 15 Da
zählte Ahab die Leute der Landvögte
und es waren zweihundertzweiunddrei-
ßig; und nach ihnen zählte er das ganze
Volk Israel und es waren siebentausend
Mann. 16 Und sie zogen aus am Mittag.

Ben-Hadad aber trank und war trun-
ken im Zeltlager samt den zweiunddrei-
ßig Königen, die ihm zu Hilfe gekommen
waren. 17 Und die Leute der Landvögte
zogen zuerst aus. Ben-Hadad aber hatte
Leute ausgesandt; die brachten ihm Bot-
schaft und sprachen: Es ziehen Männer
aus Samaria heran. 18 Er sprach: Greift
sie lebendig, ob sie nun zum Frieden oder
zum Kampf ausgezogen sind! 19 Als aber
die Leute der Landvögte aus der Stadt
herausgezogen waren und das Heer ih-
nen nach, 20 erschlug jeder den, der vor
ihn kam. Und die Aramäer flohen und
Israel jagte ihnen nach. Aber Ben-Ha-
dad, der König von Aram, entrann auf
einem Ross und Gespanne mit ihm.
21 Und der König von Israel zog aus und
schlug Ross und Wagen. So schlug er die
Aramäer in einer großen Schlacht.

22 Da trat der Prophet zum König von
Israel und sprach zu ihm: Wohlan, rüste
dich und merke auf und sieh zu, was du
tust! Denn der König von Aram wird
gegen dich heraufziehen, wenn das Jahr
um ist.

23 Aber die Großen des Königs von
Aram sprachen zu ihm: Ihre Götter sind
Berggötter, darum haben sie uns über-
wunden. Aber wenn wir mit ihnen in der
Ebene kämpfen könnten – was gilt's, wir
wollten sie überwinden! 24 Tu nun das:
Setze die Könige alle ab und setze Statt-
halter an ihre Stelle 25 und schaffe dir ein
Heer, wie das Heer war, das du verloren
hast, und ebenso viele Rosse und Wagen
wie zuvor, und lass uns gegen sie kämp-
fen in der Ebene – was gilt's, wir werden
sie überwinden! Er gehorchte ihrer
Stimme und tat das. 26 Als nun das Jahr
um war, bot Ben-Hadad die Aramäer auf
und zog herauf nach Afek, um gegen
Israel zu kämpfen. 27 Und Israel wurde
auch aufgeboten, versorgte sich und zog
hin ihnen entgegen und lagerte sich ihnen
gegenüber wie zwei kleine Herden Zie-
gen. Von den Aramäern aber war das
Land voll.

28 Und es trat der Mann Gottes herzu
und sprach zum König von Israel: So
spricht der HERR: Weil die Aramäer ge-
sagt haben, der HERR sei ein Gott der
Berge und nicht ein Gott der Täler, so
habe ich diese große Menge in deine
Hand gegeben, damit ihr erkennt: [a]Ich
bin der HERR. 29 Und sie lagen einander
gegenüber sieben Tage. Am siebenten
Tage zogen sie in den Kampf und Israel
schlug von den Aramäern hunderttau-
send Mann Fußvolk an **einem** Tag.
30 Und die Übrigen flohen nach Afek in
die Stadt und die Mauer fiel auf die
Übriggebliebenen, siebenundzwanzigtau-
send Mann.

Und auch Ben-Hadad floh in die Stadt
und verkroch sich von einer Kammer in
die andere. 31 Da sprachen seine Großen
zu ihm: Siehe, wir haben gehört, dass die
Könige des Hauses Israel barmherzige
Könige sind. So lasst uns Säcke um un-
sere Lenden tun und Stricke um unsere
Köpfe und zum König von Israel hinaus-
gehen; vielleicht lässt er dich am Leben.
32 Und sie gürteten Säcke um ihre Len-
den und Stricke um ihre Köpfe und ka-
men zum König von Israel und sprachen:
Dein Knecht Ben-Hadad lässt dir sagen:
Lass mich doch am Leben! Er aber
sprach: Lebt er noch? Er ist mein Bruder!
33 Und die Männer nahmen es als ein
gutes Zeichen und sprachen: Ja, Ben-Ha-
dad ist dein Bruder. Er sprach: Geht und
bringt ihn! Da ging Ben-Hadad zu ihm
heraus. Und Ahab ließ ihn auf den Wa-
gen steigen. 34 Und Ben-Hadad sprach zu
ihm: Die Städte, die mein Vater deinem
Vater genommen hat, will ich dir zurück-
geben, und mache du dir Märkte in
Damaskus, wie mein Vater in Samaria
getan hat. Und Ahab sprach: Ich will
dich auf diesen Bund hin ziehen lassen.

20,28: *a* 2. Mose 7,5

Da schloss er mit ihm den Bund und ließ
ihn ziehen.
35 Da sprach ein Mann von den Pro-
phetenjüngern zu seinem Nächsten auf
des HERRN Gebot: Schlage mich! Er aber
weigerte sich, ihn zu schlagen. 36 Da
sprach er zu ihm: Weil du der Stimme des
HERRN nicht gehorcht hast, siehe, so
wird dich ein [a]Löwe schlagen, wenn du
von mir gehst. Und als er von ihm ging,
fand ihn ein Löwe und schlug ihn.
37 Und der Prophet fand einen andern
Mann und sprach: Schlage mich! Und
der Mann schlug ihn wund. 38 Da ging
der Prophet hin, trat an den Weg, den
der König zog, und verhüllte sein Ange-
sicht mit einer Binde. 39 Und als der Kö-
nig vorüberzog, rief er den König an und
sprach: Dein Knecht war ausgezogen in
die Schlacht. Und siehe, ein Mann trat zu
mir und brachte mir einen und sprach:
Bewache diesen Mann; wenn man ihn
vermissen wird, [a]so soll dein Leben für
sein Leben einstehen oder du sollst einen
Zentner Silber zahlen. 40 Und als dein
Knecht hier und da zu tun hatte, war der
Mann nicht mehr da. Der König von
Israel sprach zu ihm: Das ist dein Urteil;
du hast's selbst gefällt.
41 Da tat er eilends die Binde von sei-
nem Angesicht und der König von Israel
erkannte, dass er einer der Propheten
war. 42 Und er sprach zu ihm: So spricht
der HERR: Weil du den Mann, auf dem
mein Bann lag, von dir gelassen hast, so
soll dein Leben für sein Leben einstehen
und dein Volk für sein Volk. 43 Aber der
König von Israel zog heim, voller Unmut
und zornig, und kam nach Samaria.

Nabots Weinberg

21 Nach diesen Geschichten begab es
sich: Nabot, ein Jesreeliter, hatte
einen Weinberg in Jesreel, bei dem Palast
Ahabs, des Königs von Samaria. 2 Und
Ahab redete mit Nabot und sprach: Gib
mir deinen Weinberg; ich will mir einen
Kohlgarten daraus machen, weil er so
nahe an meinem Hause liegt. Ich will dir
einen besseren Weinberg dafür geben
oder, wenn dir's gefällt, will ich dir Silber
dafür geben, soviel er wert ist. 3 Aber
Nabot sprach zu Ahab: Das lasse der
HERR fern von mir sein, dass ich dir
meiner Väter Erbe geben sollte!
4 Da kam Ahab heim voller Unmut
und zornig um des Wortes willen, das
Nabot, der Jesreeliter, zu ihm gesagt
hatte: Ich will dir meiner Väter Erbe
nicht geben. Und er legte sich auf sein
Bett und wandte sein Antlitz ab und aß
nicht. 5 Da kam seine Frau Isebel zu ihm
hinein und redete mit ihm: Was ist's, dass
dein Geist so voller Unmut ist und dass
du nicht isst? 6 Er sprach zu ihr: Ich habe
mit Nabot, dem Jesreeliter, geredet und
gesagt: Gib mir deinen Weinberg für
Geld oder, wenn es dir lieber ist, will ich
dir einen andern dafür geben. Er aber
sprach: Ich will dir meinen Weinberg
nicht geben. 7 Da sprach seine Frau Ise-
bel zu ihm: Du bist doch König über
Israel! Steh auf und iss und sei guten
Mutes! Ich werde dir den Weinberg Na-
bots, des Jesreeliters, verschaffen.
8 Und sie schrieb Briefe unter Ahabs
Namen und versiegelte sie mit seinem
Siegel und sandte sie zu den Ältesten und
Oberen, die mit Nabot in seiner Stadt
wohnten. 9 Und schrieb in den Briefen:
Lasst ein Fasten ausrufen und setzt Na-
bot obenan im Volk 10 und stellt ihm
[a]zwei ruchlose Männer gegenüber, die da
zeugen und sprechen: [b]Du hast Gott
und den König gelästert! Und führt ihn
hinaus und steinigt ihn, dass er stirbt.
11 Und die Ältesten und Oberen, die
mit ihm in seiner Stadt wohnten, taten,
wie ihnen Isebel entboten hatte, wie sie in
den Briefen geschrieben hatte, die sie zu
ihnen sandte, 12 und sie ließen ein Fasten
ausrufen und ließen Nabot obenan im
Volk sitzen. 13 Da kamen die zwei ruchlo-
sen Männer und stellten sich ihm gegen-
über und verklagten Nabot vor dem Volk
und sprachen: Nabot hat Gott und den
König gelästert! Da führten sie ihn vor
die Stadt hinaus und steinigten ihn, dass
er starb. 14 Und sie sandten zu Isebel und
ließen ihr sagen: Nabot ist gesteinigt und
tot.
15 Als aber Isebel hörte, dass Nabot
gesteinigt und tot war, sprach sie zu
Ahab: Steh auf und nimm in Besitz den
Weinberg Nabots, des Jesreeliters, der

20,36: *a* Kap 13,24 **20,39:** *a* 2. Kön 10,24 **21,10:** *a* 5. Mose 17,6; Mt 26,59-61; *b* 2. Mose 22,27

sich geweigert hat, ihn dir für Geld zu
geben; denn Nabot lebt nicht mehr, son-
dern ist tot. 16 Als Ahab hörte, dass Na-
bot tot war, stand er auf, um hinabzu-
gehen zum Weinberge Nabots, des Jesree-
liters, und ihn in Besitz zu nehmen.

17 Aber das Wort des HERRN kam zu
Elia, dem Tischbiter: 18 Mach dich auf
und geh hinab Ahab, dem König von
Israel zu Samaria, entgegen – siehe, er ist
im Weinberge Nabots, wohin er hinabge-
gangen ist, um ihn in Besitz zu nehmen –
19 und rede mit ihm und sprich: So
spricht der HERR: Du hast gemordet,
dazu auch fremdes Erbe geraubt! An der
Stätte, wo Hunde das Blut Nabots ge-
leckt haben, [a]sollen Hunde auch dein
Blut lecken.

20 Und Ahab sprach zu Elia: Hast du
mich gefunden, mein Feind? Er aber
sprach: Ja, ich habe dich gefunden, weil
du dich verkauft hast, Unrecht zu tun
vor dem HERRN. 21 Siehe, ich will Unheil
über dich bringen und dich vertilgen
samt deinen Nachkommen und [a]will von
Ahab ausrotten, was männlich ist, bis auf
den letzten Mann in Israel 22 und will
dein Haus machen wie das [a]Haus Jero-
beams, des Sohnes Nebats, und wie das
[b]Haus Baschas, des Sohnes Ahijas, um
des Zornes willen, dass du mich erzürnt
und Israel sündigen gemacht hast. 23 Und
auch über Isebel hat der HERR geredet
und gesprochen: [a]Die Hunde sollen Ise-
bel fressen an der Mauer Jesreels. 24 Wer
von Ahab stirbt in der Stadt, den sollen
die Hunde fressen, und wer auf dem
Felde stirbt, den sollen die Vögel unter
dem Himmel fressen.

25 Es war niemand, der sich so verkauft
hätte, Unrecht zu tun vor dem HERRN,
wie Ahab, den seine Frau Isebel ver-
führte. 26 Und er versündigte sich da-
durch über die Maßen, dass er den Göt-
zen nachwandelte, ganz wie die Amoriter
getan hatten, die der HERR vor Israel
vertrieben hatte.

27 Als aber Ahab diese Worte hörte,
zerriss er seine Kleider und legte ein hä-
renes Tuch um seinen Leib und fastete
und schlief darin und ging bedrückt ein-
her. 28 Und das Wort des HERRN kam zu
Elia, dem Tischbiter: 29 Hast du nicht ge-
sehen, wie sich Ahab vor mir gedemütigt
hat? Weil er sich nun vor mir gedemütigt
hat, will ich das Unheil nicht kommen
lassen zu seinen Lebzeiten, aber [a]zu sei-
nes Sohnes Lebzeiten will ich das Unheil
über sein Haus bringen.

Ahabs Krieg gegen die Aramäer, Michas Weissagung und Ahabs Untergang

(vgl. 2. Chr 18,1-34)

22 Und es vergingen drei Jahre, dass
kein Krieg war zwischen den Ara-
mäern und Israel. 2 Im dritten Jahr aber
zog [a]Joschafat, der König von Juda,
hinab zum König von Israel. 3 Und der
König von Israel sprach zu seinen Gro-
ßen: Wisst ihr nicht, dass [a]Ramot in
Gilead unser ist, und wir sitzen still und
nehmen es nicht dem König von Aram
ab? 4 Und er sprach zu Joschafat: Willst
du mit mir ziehen in den Kampf gegen
Ramot in Gilead? Joschafat sprach zum
König von Israel: [a]Ich will sein wie du
und mein Volk wie dein Volk und meine
Rosse wie deine Rosse.

5 Und Joschafat sprach zum König von
Israel: Frage doch zuerst nach dem Wort
des HERRN! 6 Da versammelte der König
von Israel Propheten, etwa vierhundert
Mann, und sprach zu ihnen: Soll ich ge-
gen Ramot in Gilead in den Kampf zie-
hen oder soll ich's lassen? Sie sprachen:
Zieh hinauf! Der Herr wird's in die Hand
des Königs geben. 7 Joschafat aber
sprach: Ist hier kein Prophet des HERRN
mehr, dass wir durch ihn den Herrn be-
fragen?[a] 8 Der König von Israel sprach
zu Joschafat: Es ist noch **einer** hier, Mi-
cha, der Sohn Jimlas, durch den man den
HERRN befragen kann. Aber ich bin ihm
gram; denn er weissagt mir nichts Gutes,
sondern nur Böses. Joschafat sprach: Der
König rede so nicht![a] 9 Da rief der König
von Israel einen Kämmerer und sprach:
Bringe eilends her Micha, den Sohn
Jimlas!

10 Der König von Israel aber und Jo-
schafat, der König von Juda, saßen jeder
auf seinem Thron in ihren königlichen
Kleidern auf dem Platz vor dem Tor Sa-

21,19: *a* Kap 22,38 **21,21:** *a* 2. Kön 9,7-8 **21,22:** *a* Kap 15,29; *b* Kap 16,11-12 **21,23:** *a* 2. Kön 9,33-36 **21,29:** *a* 2. Kön 9,26 **22,2:** *a* Vers 41 **22,3:** *a* Jos 21,38 **22,4:** *a* 2. Kön 3,7 **22,7:** *a* 2. Kön 3,11 **22,8:** *a* 2. Chr 18,7-27

marias, und alle Propheten fingen an, vor
ihnen zu weissagen. 11 Und Zidkija, der
Sohn Kenaanas, hatte sich eiserne Hör-
ner gemacht und sprach: So spricht der
HERR: Hiermit wirst du die Aramäer nie-
derstoßen, bis du sie vernichtest. 12 Und
alle Propheten weissagten ebenso und
sprachen: Zieh hin gegen Ramot in Gi-
lead; es wird dir gelingen! Der HERR
wird's in die Hand des Königs geben.

13 Und der Bote, der hingegangen war,
um Micha zu rufen, sprach zu ihm:
Siehe, die Worte der Propheten sind ein-
mütig gut für den König; so lass nun
auch dein Wort wie ihr Wort sein und
rede Gutes. 14 Micha sprach: So wahr der
HERR lebt: Ich will reden, was der HERR
mir sagen wird.

15 Und als er zum König kam, sprach
der König zu ihm: Micha, sollen wir ge-
gen Ramot in Gilead in den Kampf zie-
hen oder sollen wir's lassen? Er sprach zu
ihm: Ja, zieh hinauf, es soll dir gelingen!
Der HERR wird's in die Hand des Königs
geben. 16 Der König entgegnete ihm: Wie
oft soll ich dich beschwören, dass du mir
im Namen des HERRN nichts als die
Wahrheit sagst! 17 Micha sprach: Ich sah
ganz Israel zerstreut auf den Bergen [a]wie
Schafe, die keinen Hirten haben. Der
HERR aber sprach: Diese haben keinen
Herrn; ein jeder kehre wieder heim mit
Frieden.

18 Da sprach der König von Israel zu
Joschafat: Hab ich dir nicht gesagt, dass
er mir nichts Gutes weissagt, sondern nur
Böses? 19 Micha sprach: Darum höre nun
das Wort des HERRN! Ich sah den
HERRN sitzen auf seinem Thron und das
ganze himmlische Heer neben ihm stehen
zu seiner Rechten und Linken.[a] 20 Und
der HERR sprach: Wer will Ahab betö-
ren, dass er hinaufzieht und vor Ramot
in Gilead fällt? Und einer sagte dies, der
andere das. 21 Da trat ein [a]Geist vor und
stellte sich vor den HERRN und sprach:
Ich will ihn betören. Der HERR sprach zu
ihm: Womit? 22 Er sprach: Ich will aus-
gehen und [a]will ein Lügengeist sein im
Munde aller seiner Propheten. Er sprach:
Du sollst ihn betören und sollst es aus-
richten; geh aus und tu das! 23 Nun siehe,
der HERR hat einen Lügengeist gegeben
in den Mund aller deiner Propheten; und
der HERR hat Unheil gegen dich gere-
det.

24 Da trat herzu Zidkija, der Sohn
Kenaanas, und schlug Micha auf die
Backe und sprach: Wie? Ist der Geist des
HERRN von mir gewichen, dass er mit dir
redet? 25 Micha sprach: Wahrlich, an dem
Tage wirst du's sehen, wenn du von einer
Kammer in die andere gehst, um dich zu
verkriechen. 26 Der König von Israel
sprach: Nimm Micha und bring ihn zu
Amon, dem Stadthauptmann, und zu
Joasch, dem Sohn des Königs, 27 und
sprich: So spricht der König: Diesen
werft in den Kerker und speist ihn nur
kärglich mit Brot und Wasser, bis ich mit
Frieden wiederkomme. 28 Micha sprach:
Kommst du mit Frieden wieder, so hat
der HERR nicht durch mich geredet. Und
er sprach: Höret, alle Völker!

29 So zogen der König von Israel und
Joschafat, der König von Juda, hinauf
gegen Ramot in Gilead. 30 Und der Kö-
nig von Israel sprach zu Joschafat: Ich
will mich verkleiden und in den Kampf
ziehen, du aber behalte deine königlichen
Kleider an. Und der König von Israel
verkleidete sich und zog in den Kampf.
31 Aber der König von Aram gebot den
Obersten über seine Wagen – es waren
zweiunddreißig – und sprach: Ihr sollt
nicht kämpfen gegen Geringe und Hohe,
sondern allein gegen den König von Is-
rael. 32 Und als die Obersten der Wagen
Joschafat sahen, meinten sie, er wäre der
König von Israel, und wandten sich ge-
gen ihn zum Kampf, aber Joschafat
schrie. 33 Als aber die Obersten der Wa-
gen merkten, dass er nicht der König von
Israel war, wandten sie sich von ihm ab.

34 Ein Mann aber spannte den Bogen
in aller Einfalt und schoss den König von
Israel zwischen Panzer und Wehrge-
hänge. Da sprach er zu seinem Wagen-
lenker: Wende um und führe mich aus
dem Kampf, denn ich bin verwundet!
35 Aber der Kampf nahm immer mehr zu
an demselben Tage, und der König blieb
im Wagen stehen gegenüber den Ara-
mäern bis zum Abend und das Blut floss
von der Wunde mitten in den Wagen.
Und er starb am Abend. 36 Und man ließ

22,17: *a* 4. Mose 27,17; Mt 9,36 **22,19:** *a* 2. Chr 18,18; Hiob 1,6; Jes 6,1 **22,21:** *a* Jes 19,14 **22,22:** *a* 1. Joh 4,6

ausrufen im Heer, als die Sonne unter-
ging: Ein jeder gehe in seine Stadt und in
sein Land; 37 denn der König ist tot! Und
sie gingen nach Samaria und begruben
den König in Samaria. 38 Und als sie den
Wagen wuschen bei dem Teich Samarias,
[a]leckten die Hunde sein Blut – und die
Huren wuschen sich darin – nach dem
Wort des HERRN, das er geredet hatte.

39 Was mehr von Ahab zu sagen ist und
alles, was er getan hat, und das Elfen-
beinhaus, das er baute, und alle Städte,
die er ausgebaut hat, siehe, das steht ge-
schrieben in der Chronik der Könige von
Israel.

40 Also legte sich Ahab zu seinen Vä-
tern und sein Sohn Ahasja wurde König
an seiner statt.

Reich Juda: Joschafat

(vgl. 2.Chr 20,31–21,1)

41 Und [a]Joschafat, der Sohn Asas, wurde
König über Juda im vierten Jahr Ahabs,
des Königs von Israel, 42 und war fünf-
unddreißig Jahre alt, als er König wurde;
und er regierte fünfundzwanzig Jahre zu
Jerusalem. Seine Mutter hieß Asuba,
eine Tochter Schilhis. 43 Und er wandelte
in allen Wegen seines Vaters Asa und
wich nicht davon ab und tat, was dem
HERRN wohlgefiel. 44 Doch [a]entfernte er
nicht die Höhen, und das Volk opferte
und räucherte noch auf den Höhen.
45 Und er hatte Frieden mit dem König
von Israel.

46 Was aber mehr von Joschafat zu
sagen ist und seine tapferen Taten, die
er getan hat, und wie er Kriege geführt
hat, siehe, das steht geschrieben in der
[a]Chronik der Könige von Juda. 47 Auch
tat er aus dem Lande, was noch übrig
war an [a]Tempelhurern, die zur Zeit sei-
nes Vaters Asa übrig geblieben waren.

48 Und es war kein König in Edom; ein
Statthalter war im Lande. 49 Und Jo-
schafat hatte Tarsisschiffe machen lassen,
die nach [a]Ofir fahren sollten, um Gold
zu holen. Aber sie fuhren nicht, denn sie
zerschellten bei Ezjon-Geber. 50 Damals
sprach Ahasja, der Sohn Ahabs, zu Jo-
schafat: Lass meine Leute mit deinen
Leuten auf den Schiffen fahren! Jo-
schafat aber wollte nicht. 51 Und Jo-
schafat legte sich zu seinen Vätern und
wurde begraben bei seinen Vätern in der
Stadt Davids, seines Vaters. Und sein
Sohn [a]Joram wurde König an seiner
statt.

Reich Israel: Ahasja

52 [a]Ahasja, der Sohn Ahabs, wurde Kö-
nig über Israel zu Samaria im siebzehn-
ten Jahr Joschafats, des Königs von Juda,
und regierte über Israel zwei Jahre.
53 Und er tat, was dem HERRN missfiel,
und wandelte in den Wegen seines Vaters
und seiner Mutter und in dem Wege [a]Je-
robeams, des Sohnes Nebats, der Israel
sündigen machte, 54 und diente dem Baal
und betete ihn an und erzürnte den
HERRN, den Gott Israels, wie sein Vater
tat.[a]

22,38: *a* Kap 21,19; 2.Kön 9,25-26 **22,41:** *a* Kap 15,24 **22,44:** *a* Kap 15,14; 2.Kön 12,4 **22,46:** *a* 2.Chr 17,1–20,37 **22,47:** *a* Kap 15,12 **22,49:** *a* Kap 9,28 **22,51:** *a* 2.Kön 8,16 **22,52:** *a* Vers 40 **22,53:** *a* Kap 12,28-30 **22,54:** *a* Kap 16,31-33

DAS ZWEITE BUCH DER KÖNIGE

Inhaltsübersicht

Reich Israel: Ahasja und der Prophet Elia

1 Es fielen aber die [a]Moabiter ab von
Israel, als Ahab tot war.[b] 2Und
Ahasja fiel durch das Gitter in seinem
Obergemach in Samaria und wurde
krank. Und er sandte Boten und sprach
zu ihnen: [a]Geht hin und befragt Baal-
Sebub, den Gott von Ekron, ob ich von
dieser Krankheit genesen werde. 3Aber
der Engel des HERRN redete mit Elia,
dem Tischbiter: Auf und geh den Boten
des Königs von Samaria entgegen und
sprich zu ihnen: [a]Ist denn nun kein Gott
in Israel, dass ihr hingeht, zu befragen
Baal-Sebub, den Gott von Ekron?
4Darum spricht der HERR: Du sollst
nicht mehr von dem Bett herunterkom-
men, auf das du dich gelegt hast, sondern
sollst des Todes sterben. Und Elia ging.
5Und als die Boten zum König zu-
rückkamen, sprach er zu ihnen: Warum
kommt ihr zurück? 6Sie sprachen zu ihm:
Es kam ein Mann herauf uns entgegen
und sprach zu uns: Geht wieder hin zu
dem König, der euch gesandt hat, und
sprecht zu ihm: So spricht der HERR: Ist
denn kein Gott in Israel, dass du hin-
sendest, zu befragen Baal-Sebub, den
Gott von Ekron? Darum sollst du nicht
mehr herunterkommen von dem Bett,
auf das du dich gelegt hast, sondern
sollst des Todes sterben. 7Er sprach zu
ihnen: Von welcher Art war denn der
Mann, der euch begegnete und das zu
euch sagte? 8Sie sprachen zu ihm: Er
hatte [a]langes Haar und einen [b]Leder-
gurt um seine Lenden. Er aber sprach: Es
ist Elia, der Tischbiter.
9Und der König sandte zu Elia einen
Hauptmann über fünfzig samt seinen
fünfzig Mann. Und als der zu ihm hin-
aufkam, siehe, da saß er oben auf dem
Berge. Er aber sprach zu ihm: Du Mann
Gottes, der König sagt: Du sollst herab-
kommen! 10Elia antwortete dem Haupt-
mann über fünfzig: Bin ich ein Mann
Gottes, [a]so falle Feuer vom Himmel und
fresse dich und deine fünfzig Mann. Da
fiel Feuer vom Himmel und fraß ihn und
seine fünfzig Mann.
11Und der König sandte wiederum ei-
nen andern Hauptmann über fünfzig zu
ihm samt seinen fünfzig Mann. Der kam
zu ihm hinauf und sprach zu ihm: Du
Mann Gottes, so spricht der König:
Komm eilends herab! 12Elia antwortete:
Bin ich ein Mann Gottes, so falle Feuer
vom Himmel und fresse dich und deine
fünfzig Mann. Da fiel das Feuer Gottes
vom Himmel und fraß ihn und seine
fünfzig Mann.
13Da sandte der König wiederum den
dritten Hauptmann über fünfzig samt
seinen fünfzig Mann. Als der zu ihm
hinaufkam, beugte er seine Knie vor Elia
und flehte ihn an und sprach zu ihm: Du
Mann Gottes, lass mein Leben und das
Leben deiner Knechte, dieser fünfzig, vor
dir etwas gelten! 14Siehe, Feuer ist vom
Himmel gefallen und hat die ersten zwei
Hauptleute über fünfzig mit ihren fünf-
zig Mann gefressen; nun aber lass mein
Leben etwas gelten vor dir.
15Da sprach der Engel des HERRN zu
Elia: Geh mit ihm hinab und fürchte dich
nicht vor ihm! Und er machte sich auf
und ging mit ihm hinab zum König.
16Und er sprach zu ihm: So spricht der

1,1: *a* 2. Sam 8,2; *b* Kap 3,4-27 **1,2:** *a* 1. Kön 22,52-54 **1,3:** *a* Jes 8,19 **1,8:** *a* Ri 16,17; *b* Mt 3,4 **1,10:** *a* Lk 9,54; Offb 11,5

HERR: Weil du Boten hingesandt hast
und hast befragen lassen Baal-Sebub,
den Gott von Ekron, als wäre kein Gott
in Israel, dessen Wort man erfragen
könnte, so sollst du von dem Bett nicht
mehr herunterkommen, auf das du dich
gelegt hast, sondern sollst des Todes
sterben.

17 So starb Ahasja nach dem Wort des
HERRN, das Elia geredet hatte. Und [a]Jo-
ram wurde König an seiner statt im zwei-
ten Jahr Jorams, des Sohnes Joschafats,
des Königs von Juda; denn Ahasja hatte
keinen Sohn. 18 Was aber mehr von
Ahasja zu sagen ist, was er getan hat,
siehe, das steht geschrieben in der Chro-
nik der Könige von Israel.

Elia wird entrückt und Elisa tritt seine Nachfolge an

2 Als aber der HERR Elia im Wetter
gen Himmel holen wollte, gingen Elia
und Elisa von Gilgal weg. 2 Und Elia
sprach zu Elisa: Bleibe du hier, denn der
HERR hat mich nach Bethel gesandt.
Elisa aber sprach: So wahr der HERR lebt
und du lebst: Ich verlasse dich nicht.
Und als sie hinab nach Bethel kamen,
3 gingen die Prophetenjünger, die in Be-
thel waren, heraus zu Elisa und sprachen
zu ihm: Weißt du auch, dass der HERR
heute deinen Herrn von dir hinwegneh-
men wird? Er aber sprach: Auch ich weiß
es wohl; schweigt nur still. 4 Und Elia
sprach zu ihm: Elisa, bleib du hier, denn
der HERR hat mich nach Jericho gesandt.
Er aber sprach: So wahr der HERR lebt
und du lebst: Ich verlasse dich nicht.

Und als sie nach Jericho kamen, 5 tra-
ten die Prophetenjünger, die in Jericho
waren, zu Elisa und sprachen zu ihm:
Weißt du auch, dass der HERR heute
deinen Herrn von dir hinwegnehmen
wird? Er aber sprach: Auch ich weiß
es wohl; schweigt nur still. 6 Und Elia
sprach zu ihm: Bleib du hier, denn der
HERR hat mich an den Jordan gesandt.
Er aber sprach: So wahr der HERR lebt
und du lebst: Ich verlasse dich nicht.
Und es gingen die beiden miteinander.
7 Und fünfzig von den Prophetenjüngern
gingen hin und standen von ferne; aber
die beiden standen am Jordan.

8 Da nahm Elia seinen Mantel und
wickelte ihn zusammen und schlug ins
Wasser; das teilte sich nach beiden Sei-
ten, sodass die beiden [a]auf trockenem
Boden hinübergingen. 9 Und als sie hin-
überkamen, sprach Elia zu Elisa: Bitte,
was ich dir tun soll, ehe ich von dir
genommen werde. Elisa sprach: Dass mir
[a]zwei Anteile von deinem Geiste zufal-
len. 10 Er sprach: Du hast Schweres erbe-
ten. Doch wenn du mich sehen wirst, wie
ich von dir genommen werde, so wird's
geschehen; wenn nicht, so wird's nicht
sein.

11 Und als sie miteinander gingen und
redeten, siehe, da kam ein feuriger Wa-
gen mit feurigen Rossen, die schieden die
beiden voneinander. Und Elia fuhr im
Wetter gen Himmel.[a] 12 Elisa aber sah es
und schrie: [a]Mein Vater, mein Vater, du
Wagen Israels und sein Gespann!, und
sah ihn nicht mehr.

Da fasste er seine Kleider, zerriss sie in
zwei Stücke 13 und hob den Mantel auf,
der Elia entfallen war, und kehrte um
und trat wieder an das Ufer des Jordans.
14 Und er nahm den Mantel, der Elia
entfallen war, und schlug ins Wasser und
sprach: Wo ist nun der HERR, der Gott
Elias?, und schlug ins Wasser. Da teilte es
sich nach beiden Seiten, und Elisa ging
hindurch.

15 Und als das die Prophetenjünger sa-
hen, die gegenüber bei Jericho waren,
sprachen sie: Der Geist Elias ruht auf
Elisa, und sie gingen ihm entgegen und
fielen vor ihm nieder zur Erde 16 und
sprachen zu ihm: Siehe, es sind unter
deinen Knechten fünfzig starke Männer,
die lass gehen und deinen Herrn suchen.
Vielleicht hat ihn der Geist des HERRN
genommen und auf irgendeinen Berg
oder in irgendein Tal geworfen. Er aber
sprach: Lasst sie nicht gehen! 17 Aber sie
nötigten ihn, bis er nachgab und sprach:
Lasst sie hingehen! Und sie sandten hin
fünfzig Männer und diese suchten Elia
drei Tage; aber sie fanden ihn nicht.
18 Und sie kamen zu Elisa zurück, als er
noch in Jericho war, und er sprach zu

1,17: *a* Kap 3,1 **2,8:** *a* 2. Mose 14,21-22; Jos 3,16 **2,9:** *a* 5. Mose 21,17 **2,11:** *a* 1. Mose 5,24 **2,12:** *a* Kap 6,21; 13,14

ihnen: Sagte ich euch nicht, ihr solltet
nicht hingehen?

Elisa macht eine Quelle gesund und straft die spottenden Knaben

19 Und die Männer der Stadt sprachen zu
Elisa: Siehe, es ist gut wohnen in dieser
Stadt, wie mein Herr sieht; aber es ist
böses Wasser und es macht unfruchtbar.
20 Er sprach: Bringt mir her eine neue
Schale und tut Salz hinein! Und sie
brachten's ihm. 21 Da ging er hinaus zu
der Wasserquelle und warf das Salz hin-
ein und sprach: So spricht der HERR: Ich
habe dies Wasser gesund gemacht; es soll
hinfort weder Tod noch Unfruchtbarkeit
von ihm kommen. 22 So wurde das Was-
ser gesund bis auf diesen Tag nach dem
Wort Elisas, das er sprach.
23 Und er ging hinauf nach Bethel.
Und als er den Weg hinanging, kamen
kleine Knaben zur Stadt heraus und ver-
spotteten ihn und sprachen zu ihm:
Kahlkopf, komm herauf! Kahlkopf,
komm herauf! 24 Und er wandte sich um,
und als er sie sah, verfluchte er sie im
Namen des HERRN. Da kamen zwei Bä-
ren aus dem Walde und zerrissen zwei-
undvierzig von den Kindern. 25 Von da
ging er auf den Berg Karmel und kehrte
von da nach Samaria zurück.

Reich Israel: Jorams Krieg gegen die Moabiter und Elisas Hilfe

3 [a]Joram, der Sohn Ahabs, wurde Kö-
nig über Israel zu Samaria im acht-
zehnten Jahr Joschafats, des Königs von
Juda, und regierte zwölf Jahre. 2 Und er
tat, was dem HERRN missfiel, doch nicht
wie sein Vater und seine Mutter. Denn er
entfernte das [a]Steinmal Baals, das sein
Vater hatte machen lassen; 3 aber er blieb
hangen [a]an den Sünden Jerobeams, des
Sohnes Nebats, der Israel sündigen
machte, und ließ nicht ab davon.
4 Mescha aber, der König der Moa-
biter, besaß viele Schafe und hatte dem
König von Israel Wolle zu entrichten von
hunderttausend Lämmern und von hun-
derttausend Widdern. 5 Als aber Ahab tot
war, fiel der König der Moabiter ab vom
König von Israel. 6 Und alsbald zog der
König Joram aus von Samaria und bot
ganz Israel auf 7 und sandte hin zu Jo-
schafat, dem König von Juda, und ließ
ihm sagen: Der König der Moabiter ist
von mir abgefallen; komm mit mir, um
gegen die Moabiter zu kämpfen! Er
sprach: Ich will kommen; [a]ich bin wie du
und mein Volk wie dein Volk und meine
Rosse wie deine Rosse.
8 Und Joram sprach: Welchen Weg
wollen wir hinaufziehen? Joschafat
sprach: Den Weg durch die Wüste Edom.
9 So zogen hin der König von Israel, der
König von Juda und der König von
Edom. Und als sie sieben Tagereisen weit
gezogen waren, hatte das Heer und das
Vieh, das bei ihnen war, kein Wasser.
10 Da sprach der König von Israel: O
weh! Der HERR hat diese drei Könige
hergerufen, um sie in die Hände der
Moabiter zu geben!
11 Joschafat aber sprach: [a]Ist kein Pro-
phet des HERRN hier, damit wir den
HERRN durch ihn befragen? Da ant-
wortete einer unter den Männern des
Königs von Israel und sprach: Hier ist
[b]Elisa, der Sohn Schafats, der Elia Was-
ser auf die Hände goss. 12 Joschafat
sprach: Des HERRN Wort ist bei ihm. So
zogen zu ihm hinab der König von Israel
und Joschafat und der König von Edom.
13 Elisa aber sprach zum König von Is-
rael: Was habe ich mit dir zu schaffen?
Geh hin zu den Propheten deines Vaters
und zu den Propheten deiner Mutter!
Der König von Israel sprach zu ihm:
Nicht doch! Denn der HERR hat diese
drei Könige hergerufen, um sie in die
Hände der Moabiter zu geben. 14 Elisa
sprach: [a]So wahr der HERR Zebaoth
lebt, vor dem ich stehe: Wenn ich nicht
Joschafat, den König von Juda, ehrte, ich
wollte dich nicht ansehen noch achten.
15 So bringt mir nun einen Spielmann!
Und als der Spielmann auf den Saiten
spielte, kam die Hand des HERRN auf
Elisa[a] 16 und er sprach: So spricht der
HERR: Macht hier und da Gruben in
diesem Tal. 17 Denn so spricht der HERR:
Ihr werdet weder Wind noch Regen se-
hen; dennoch soll das Tal voll Wasser
werden, dass ihr und euer Heer und euer

3,1: *a* Kap 1,17 **3,2:** *a* 1.Kön 16,32 **3,3:** *a* 1.Kön 12,28-30 **3,7:** *a* 1.Kön 22,4 **3,11:** *a* 1.Kön 22,5.7; *b* 1.Kön 19,19-21 **3,14:** *a* 1.Kön 18,15 **3,15:** *a* 1.Sam 16,16

Vieh trinken könnt. 18 Und das ist noch
ein Geringes vor dem HERRN; er wird
auch die Moabiter in eure Hände geben,
19 sodass ihr wüste machen werdet alle
festen Städte und alle auserwählten
Städte und fällen alle guten Bäume und
verstopfen alle Wasserbrunnen und alle
guten Äcker mit Steinen verderben.
20 Aber am nächsten Morgen, zur Zeit,
da man [a]Speisopfer opfert, siehe, da
kam Wasser von Edom her und füllte das
Land mit Wasser.

21 Als aber alle Moabiter hörten, dass
die Könige heraufzogen, um gegen sie zu
kämpfen, riefen sie alle auf, die zur Rüs-
tung alt genug und darüber waren, und
stellten sich an der Grenze auf. 22 Und als
sie sich früh am Morgen aufmachten und
die Sonne aufging über dem Gewässer,
schien den Moabitern das Gewässer in
der Ferne rot zu sein wie Blut. 23 Und sie
sprachen: Das ist Blut! Die Könige haben
sich mit dem Schwert umgebracht und
einer wird den andern erschlagen haben.
Ha, Moab, mach dich nun auf zur Beute!
24 Aber als sie zum Lager Israels kamen,
machte sich Israel auf und schlug die
Moabiter und sie flohen vor ihnen. Aber
Israel jagte ihnen nach und schlug Moab.
25 Die Städte zerstörten sie und jeder
warf einen Stein auf alle guten Äcker und
sie machten sie voll davon und verstopf-
ten alle Wasserbrunnen und fällten alle
guten Bäume, bis nur Kir-Heres übrig
blieb. Aber die Schleuderer umringten
die Stadt und schossen auf sie.

26 Als aber der König der Moabiter
sah, dass ihm der Kampf zu stark war,
nahm er siebenhundert Mann mit sich,
die das Schwert führten, um beim König
von Edom durchzubrechen; aber sie
konnten's nicht. 27 Da nahm er seinen
erstgeborenen Sohn, der an seiner statt
König werden sollte, und opferte ihn
zum Brandopfer auf der Mauer. Da kam
ein großer Zorn über Israel, sodass sie
von ihm abzogen und in ihr Land zu-
rückkehrten.

Elisa mehrt das Öl der Witwe

4 Und es schrie eine Frau unter den
Frauen der Prophetenjünger zu Elisa
und sprach: Dein Knecht, mein Mann,
ist gestorben; und du weißt ja, dass dein
Knecht den HERRN fürchtete. [a]Nun
kommt der Schuldherr und will meine
beiden Kinder nehmen zu [b]leibeigenen
Knechten. 2 Elisa sprach zu ihr: Was soll
ich dir tun? Sage mir, was hast du im
Hause? Sie sprach: Deine Magd hat
nichts im Hause als einen [a]Ölkrug. 3 Er
sprach: Geh hin und erbitte draußen von
allen deinen Nachbarinnen leere Gefäße,
aber nicht zu wenig, 4 und geh ins Haus
und schließ die Tür zu hinter dir und
deinen Söhnen und gieß in alle Gefäße;
und wenn du sie gefüllt hast, so stelle sie
beiseite.

5 Sie ging hin und tat so und schloss
die Tür zu hinter sich und ihren Söhnen;
diese brachten ihr die Gefäße herbei und
sie goss ein. 6 Und als die Gefäße voll
waren, sprach sie zu ihrem Sohn: Reiche
mir noch ein Gefäß her! Er sprach zu ihr:
Es ist kein Gefäß mehr hier. Da stand
das Öl. 7 Und sie ging hin und sagte es
dem Mann Gottes an. Er sprach: Geh
hin, verkaufe das Öl und bezahle deinen
Schuldherrn; du aber und deine Söhne,
nährt euch von dem Übrigen.

Elisa verheißt der Schunemiterin einen Sohn und erweckt das tote Kind

8 Und es begab sich eines Tages, dass
Elisa nach [a]Schunem ging. Dort war
eine reiche Frau; die nötigte ihn, dass er
bei ihr aß. Und sooft er dort durchkam,
kehrte er bei ihr ein und aß bei ihr. 9 Und
sie sprach zu ihrem Mann: Siehe, ich
merke, dass dieser Mann Gottes heilig
ist, der immer hier durchkommt. 10 Lass
uns ihm eine kleine Kammer oben ma-
chen und Bett, Tisch, Stuhl und Leuchter
hinstellen, damit er dort einkehren kann,
wenn er zu uns kommt.

11 Und es begab sich eines Tages, dass
Elisa dort einkehrte und sich oben in die
Kammer legte und darin schlief. 12 Da-
nach sprach er zu seinem Diener Gehasi:
Ruf die Schunemiterin! Und als Gehasi
sie rief, trat sie vor ihn. 13 Elisa aber hatte
zu Gehasi gesprochen: Sage ihr: Siehe, du
hast uns all diesen Dienst getan; was soll
ich dir tun? Brauchst du Fürsprache
beim König oder beim Feldhauptmann?

3,20: *a* 4. Mose 28,4-5 **4,1:** *a* Am 2,6; Mi 2,9; *b* 3. Mose 25,39 **4,2:** *a* 1. Kön 17,12 **4,8:** *a* Jos 19,18

Sie sprach: Ich wohne sicher unter mei-
nen Leuten. 14 Elisa sprach: Was soll ich
dir dann tun? Gehasi sprach: Ach, sie hat
keinen Sohn und ihr Mann ist alt.

15 Er sprach: Ruf sie her! Und als er sie
rief, trat sie in die Tür. 16 Und er sprach:
[a]Um diese Zeit übers Jahr sollst du einen
Sohn herzen. Sie sprach: Ach nicht, mein
Herr, du Mann Gottes! Täusche deine
Magd nicht! 17 Und die Frau ward
schwanger und gebar einen Sohn um die-
selbe Zeit übers Jahr, wie ihr Elisa zuge-
sagt hatte.

18 Als aber das Kind groß wurde, be-
gab es sich, dass es hinaus zu seinem
Vater zu den Schnittern ging 19 und
sprach zu seinem Vater: O mein Kopf,
mein Kopf! Er sprach zu einem Knecht:
Bringe ihn zu seiner Mutter! 20 Und der
nahm ihn und brachte ihn hinein zu sei-
ner Mutter und sie setzte ihn auf ihren
Schoß bis zum Mittag; da starb er.

21 Und sie ging hinauf und legte ihn
aufs Bett des Mannes Gottes, schloss zu
und ging hinaus 22 und rief ihren Mann
und sprach: Schicke mir einen der
Knechte und eine Eselin; ich will eilends
zu dem Mann Gottes und bald zurück-
kommen. 23 Er sprach: Warum willst du
zu ihm? Ist doch heute weder Neumond
noch Sabbat. Sie sprach: Lass es gut sein!
24 Und sie sattelte die Eselin und sprach
zum Knecht: Treib an und halte mich
nicht auf beim Reiten, bis ich dir's sage!
25 So zog sie hin und kam zu dem Mann
Gottes [a]auf den Berg Karmel.

Als aber der Mann Gottes sie kommen
sah, sprach er zu seinem Diener Gehasi:
Siehe, die Schunemiterin ist da! 26 So lauf
ihr nun entgegen und frage sie, ob es ihr,
ihrem Mann und ihrem Sohn gut gehe.
Sie sprach: Gut! 27 Als sie aber zu dem
Mann Gottes auf den Berg kam, umfing
sie seine Füße; Gehasi aber trat herzu,
um sie wegzustoßen. Aber der Mann
Gottes sprach: Lass sie, denn ihre Seele
ist betrübt, und der HERR hat mir's ver-
borgen und nicht kundgetan! 28 Sie
sprach: Wann hab ich einen Sohn erbeten
von meinem Herrn? [a]Sagte ich nicht, du
solltest mich nicht täuschen?

29 Er sprach zu Gehasi: Gürte deine
Lenden und nimm meinen Stab in deine
Hand und geh hin, und wenn dir jemand
begegnet, so [a]grüße ihn nicht, und grüßt
dich jemand, so danke ihm nicht, und
lege meinen Stab auf des Knaben Antlitz.
30 Aber die Mutter des Knaben sprach:
So wahr der HERR lebt und so wahr du
lebst: Ich lasse nicht von dir! Da machte
er sich auf und ging ihr nach. 31 Gehasi
aber ging vor ihnen hin und legte den
Stab dem Knaben aufs Antlitz: da war
aber keine Stimme und kein Empfinden.
Und er ging zurück Elisa entgegen und
sagte ihm: Der Knabe ist nicht aufge-
wacht.

32 Und als Elisa ins Haus kam, siehe,
da lag der Knabe tot auf seinem Bett.
33 Und er ging hinein und schloss die Tür
hinter sich zu und [a]betete zu dem
HERRN 34 und stieg aufs Bett und [a]legte
sich auf das Kind und legte seinen Mund
auf des Kindes Mund und seine Augen
auf dessen Augen und seine Hände auf
dessen Hände und breitete sich so über
ihn; da wurde des Kindes Leib warm.
35 Er aber stand wieder auf und ging im
Haus einmal hierhin und dahin und stieg
wieder aufs Bett und breitete sich über
ihn. Da nieste der Knabe sieben Mal;
danach tat der Knabe seine Augen auf.

36 Und Elisa rief Gehasi und sprach:
Ruf die Schunemiterin! Und als er sie
rief, kam sie hinein zu ihm. Er sprach:
[a]Da, nimm hin deinen Sohn! 37 Da kam
sie und fiel nieder zu seinen Füßen und
neigte sich zur Erde und nahm ihren
Sohn und ging hinaus.

Elisa macht schädliche Speise gesund und speist viele mit zwanzig Broten

38 Als aber Elisa wieder nach Gilgal kam,
war Hungersnot im Lande. Und als die
Prophetenjünger vor ihm saßen, sprach
er zu seinem Diener: Setze einen großen
Topf auf und koche ein Gemüse für die
Prophetenjünger! 39 Da ging einer aufs
Feld, um Kraut zu sammeln, und fand
ein Rankengewächs und pflückte sein
Kleid voll mit wilden Gurken. Und als er
kam, schnitt er's in den Topf zum Ge-
müse – sie kannten's aber nicht – 40 und

4,16: *a* 1. Mose 18,10.14 **4,25:** *a* Kap 2,25 **4,28:** *a* Vers 16 **4,29:** *a* Lk 10,4 **4,33:** *a* Apg 9,40 **4,34:** *a* 1. Kön 17,21
4,36: *a* Lk 7,15; Hebr 11,35

legte es den Männern zum Essen vor. Als
sie nun von dem Gemüse aßen, schrien
sie und sprachen: O Mann Gottes, der
Tod im Topf! Denn sie konnten's nicht
essen. 41 Er aber sprach: Bringt Mehl her!
Und er tat's in den Topf und sprach:
Lege es den Leuten vor, dass sie essen!
Da war nichts Böses mehr in dem Topf.

42 [a]Es kam aber ein Mann von Baal-
Schalischa und brachte dem Mann Got-
tes Erstlingsbrot, nämlich zwanzig Gers-
tenbrote, und neues Getreide in seinem
Kleid. Er aber sprach: Gib's den Leuten,
dass sie essen! 43 Sein Diener sprach: Wie
soll ich davon hundert Mann geben? Er
sprach: Gib den Leuten, dass sie essen!
Denn so spricht der HERR: Man wird
essen und es wird noch übrig bleiben.
44 Und er legte es ihnen vor, dass sie
aßen; und es blieb noch übrig nach dem
Wort des HERRN.

Elisa heilt den aramäischen Feldhauptmann Naaman und bestraft den Gehasi

5 Naaman, der Feldhauptmann des
Königs von Aram, war ein trefflicher
Mann vor seinem Herrn und wert ge-
halten; denn durch ihn gab der HERR
den Aramäern Sieg. Und er war ein ge-
waltiger Mann, jedoch aussätzig. 2 Aber
die Kriegsleute der Aramäer waren aus-
gezogen und hatten ein junges Mädchen
weggeführt aus dem Lande Israel; die
war im Dienst der Frau Naamans. 3 Die
sprach zu ihrer Herrin: Ach, dass mein
Herr wäre bei dem Propheten in Sama-
ria! Der könnte ihn von seinem Aussatz
befreien.

4 Da ging Naaman hinein zu seinem
Herrn und sagte es ihm an und sprach:
So und so hat das Mädchen aus dem
Lande Israel geredet. 5 Der König von
Aram sprach: So zieh hin, ich will dem
König von Israel einen Brief schreiben.
Und er zog hin und nahm mit sich zehn
Zentner Silber und sechstausend Gold-
gulden und zehn Feierkleider 6 und
brachte den Brief dem König von Israel;
der lautete: Wenn dieser Brief zu dir
kommt, siehe, so wisse, ich habe meinen
Knecht Naaman zu dir gesandt, damit
du ihn von seinem Aussatz befreist.
7 Und als der König von Israel den Brief
las, zerriss er seine Kleider und sprach:
Bin ich denn Gott, dass ich töten und
lebendig machen könnte, dass er zu mir
schickt, ich solle den Mann von seinem
Aussatz befreien? Merkt und seht, wie er
Streit mit mir sucht!

8 Als Elisa, der Mann Gottes, hörte,
dass der König von Israel seine Kleider
zerrissen hatte, sandte er zu ihm und ließ
ihm sagen: Warum hast du deine Kleider
zerrissen? Lass ihn zu mir kommen, da-
mit er innewerde, dass ein Prophet in
Israel ist. 9 So kam Naaman mit Rossen
und Wagen und hielt vor der Tür am
Hause Elisas. 10 Da sandte Elisa einen
Boten zu ihm und ließ ihm sagen: Geh
hin und wasche dich siebenmal im Jor-
dan, so wird dir dein Fleisch wieder heil
und du wirst rein werden.

11 Da wurde Naaman zornig und zog
weg und sprach: Ich meinte, er selbst
sollte zu mir herauskommen und her-
treten und den Namen des HERRN, seines
Gottes, anrufen und seine Hand hin zum
Heiligtum erheben und mich so von dem
Aussatz befreien. 12 Sind nicht die Flüsse
von Damaskus, Abana und Parpar, bes-
ser als alle Wasser in Israel, sodass ich
mich in ihnen waschen und rein werden
könnte? Und er wandte sich und zog weg
im Zorn. 13 Da machten sich seine Diener
an ihn heran, redeten mit ihm und spra-
chen: Lieber Vater, wenn dir der Prophet
etwas Großes geboten hätte, hättest du es
nicht getan? Wie viel mehr, wenn er zu
dir sagt: Wasche dich, so wirst du rein!
14 Da stieg er ab und [a]tauchte unter im
Jordan siebenmal, wie der Mann Gottes
geboten hatte. Und sein Fleisch wurde
wieder heil wie das Fleisch eines jungen
Knaben und [b]er wurde rein.

15 Und er kehrte zurück zu dem Mann
Gottes mit allen seinen Leuten. Und als
er hinkam, trat er vor ihn und sprach:
Siehe, nun weiß ich, dass kein Gott ist in
allen Landen, außer in Israel; so nimm
nun eine [a]Segensgabe von deinem
Knecht. 16 Elisa aber sprach: So wahr der
HERR lebt, vor dem ich stehe: Ich nehme
es nicht. Und er nötigte ihn, dass er es
nehme; aber er wollte nicht. 17 Da sprach

4,42: *a (42-44)* Mt 15,33-37; 16,9-10; Joh 6,9 **5,14:** *a* 3. Mose 14,7-9; *b* Lk 4,27 **5,15:** *a* Vers 5

Naaman: Wenn nicht, so könnte doch
deinem Knecht gegeben werden von die-
ser Erde eine Last, so viel zwei Maultiere
tragen! Denn dein Knecht will nicht
mehr andern Göttern opfern und Brand-
opfer darbringen, sondern allein dem
HERRN. 18 Nur darin wolle der HERR dei-
nem Knecht gnädig sein: Wenn mein Kö-
nig in den Tempel Rimmons geht, um
dort anzubeten, und er sich auf meinen
Arm lehnt und ich auch anbete im Tem-
pel Rimmons, dann möge der HERR dei-
nem Knecht vergeben. 19 Er sprach zu
ihm: Zieh hin mit Frieden!

Und als er von ihm eine Strecke Weges
fortgezogen war, 20 sagte sich Gehasi, der
Diener Elisas, des Mannes Gottes: Siehe,
mein Herr hat diesen Aramäer Naaman
verschont, dass er nichts von ihm ge-
nommen hat, was er gebracht hat. So
wahr der HERR lebt: Ich will ihm nach-
laufen und mir etwas von ihm geben las-
sen. 21 So jagte Gehasi dem Naaman
nach. Und als Naaman sah, dass er ihm
nachlief, stieg er vom Wagen, ging ihm
entgegen und sprach: Geht's gut? 22 Er
sprach: Ja. Aber mein Herr hat mich
gesandt und lässt dir sagen: Siehe, jetzt
sind zu mir gekommen vom Gebirge
Ephraim zwei von den Prophetenjün-
gern. Gib ihnen doch einen Zentner Sil-
ber und zwei Feierkleider! 23 Naaman
sprach: Nimm zwei Zentner! Und er nö-
tigte ihn und band zwei Zentner Silber in
zwei Beutel und zwei Feierkleider und
gab's seinen beiden Dienern; die trugen's
vor ihm her. 24 Und als Gehasi an den
Hügel kam, nahm er's von ihren Händen
und legte es beiseite im Hause und ließ
die Männer gehen.

25 Und als sie weggegangen waren, trat
er vor seinen Herrn. Und Elisa sprach zu
ihm: Woher, Gehasi? Er sprach: Dein
Knecht ist weder hierhin noch dorthin
gegangen. 26 Er aber sprach zu ihm: Bin
ich nicht im Geist mit dir gegangen, als
der Mann sich umwandte von seinem
Wagen dir entgegen? Wohlan, du hast
nun das Silber und die Kleider genom-
men und wirst dir schaffen Ölgärten,
Weinberge, Schafe, Rinder, Knechte und
Mägde. 27 Aber der Aussatz Naamans
wird dir anhangen und deinen Nachkom-
men allezeit. Da ging Gehasi von ihm
hinaus, aussätzig wie Schnee.

Elisa macht Eisen schwimmen

6 Die Prophetenjünger sprachen zu
Elisa: Siehe, der Raum, wo wir vor
dir wohnen, ist uns zu eng. 2 Lass uns an
den Jordan gehen und jeder von uns soll
dort einen Stamm holen, damit wir uns
eine Stätte bauen, wo wir wohnen kön-
nen. Er sprach: Geht hin! 3 Und einer
sprach: Geh doch mit deinen Knechten!
Er sprach: Ich will mitgehen.

4 Und er ging mit ihnen. Und als sie an
den Jordan kamen, hieben sie Bäume
um. 5 Und als einer einen Stamm fällte,
fiel ihm das Eisen ins Wasser. Und er
schrie: O weh, mein Herr! Und dazu ist's
noch entliehen! 6 Aber der Mann Gottes
sprach: Wo ist's hingefallen? Und als er
ihm die Stelle zeigte, schnitt er einen
Stock ab und stieß dahin. Da schwamm
das Eisen. 7 Und er sprach: Heb's auf! Da
streckte er seine Hand aus und nahm es.

Die Aramäer werden mit Blindheit geschlagen

8 Und der König von Aram führte Krieg
mit Israel und beriet sich mit seinen
Obersten und sprach: Wir wollen da und
da einen Hinterhalt legen. 9 Aber der
Mann Gottes sandte zum König von Is-
rael und ließ ihm sagen: Hüte dich, dass
du nicht an diesem Ort vorüberziehst,
denn die Aramäer lauern dort. 10 So
sandte denn der König von Israel hin an
den Ort, den ihm der Mann Gottes ge-
sagt und vor dem er ihn gewarnt hatte,
und war dort auf der Hut; und tat das
nicht nur einmal oder zweimal.

11 Da wurde das Herz des Königs von
Aram voller Unmut darüber und er rief
seine Obersten und sprach zu ihnen:
Wollt ihr mir denn nicht sagen, wer von
den Unsern es mit dem König von Israel
hält? 12 Da sprach einer seiner Obersten:
Nicht doch, mein Herr und König, son-
dern Elisa, der Prophet in Israel, sagt
alles dem König von Israel, auch was du
in der Kammer redest, wo dein Lager ist.
13 Er sprach: So geht hin und seht, wo er
ist, damit ich hinsende und ihn holen
lasse. Und sie sagten es ihm an und spra-
chen: Siehe, er ist in Dotan. 14 Da sandte
er hin Rosse und Wagen und ein großes
Heer. Und als sie bei Nacht hinkamen,
umstellten sie die Stadt.

15 Und der Diener des Mannes Gottes
stand früh auf und trat heraus, und siehe,
da lag ein Heer um die Stadt mit Rossen
und Wagen. Da sprach sein Diener zu
ihm: O weh, mein Herr! Was sollen wir
nun tun? 16 Er sprach: Fürchte dich nicht,
denn derer sind mehr, die bei uns sind,
als derer, die bei ihnen sind! 17 Und Elisa
betete und sprach: HERR, öffne ihm die
Augen, dass er sehe! [a]Da öffnete der
HERR dem Diener die Augen und er sah,
und siehe, da war der Berg voll feuriger
Rosse und Wagen um Elisa her.

18 Und als die Aramäer zu ihm herab-
kamen, betete Elisa und sprach: HERR,
schlage dies Volk mit Blindheit! Und [a]er
schlug sie mit Blindheit nach dem Wort
Elisas. 19 Und Elisa sprach zu ihnen: Dies
ist nicht der Weg und nicht die Stadt.
Folgt mir nach! Ich will euch führen zu
dem Mann, den ihr sucht. Und er führte
sie nach Samaria. 20 Und als sie nach
Samaria kamen, sprach Elisa: HERR,
öffne diesen die Augen, dass sie sehen!
Und der HERR öffnete ihnen die Augen
und sie sahen, und siehe, da waren sie
mitten in Samaria.

21 Und als der König von Israel sie sah,
sprach er zu Elisa: Mein Vater, soll ich sie
töten? 22 Er sprach: Du sollst sie nicht
töten. Erschlägst du denn die, die du mit
Schwert und Bogen gefangen hast?
[a]Setze ihnen Brot und Wasser vor, dass
sie essen und trinken, und lass sie zu
ihrem Herrn ziehen! 23 Da wurde ein gro-
ßes Mahl bereitet. Und als sie gegessen
und getrunken hatten, ließ er sie gehen,
dass sie zu ihrem Herrn zogen. Seitdem
kamen streifende Rotten der Aramäer
nicht mehr ins Land Israel.

Belagerung und Errettung Samarias

24 Danach begab es sich, dass Ben-Ha-
dad, der König von Aram, sein ganzes
Heer versammelte und heraufzog und
Samaria belagerte. 25 Und es war eine
große Hungersnot in Samaria. Sie aber
belagerten die Stadt, bis ein Eselskopf
achtzig Silberstücke und eine Handvoll
Taubenmist* fünf Silberstücke galt.

26 Und als der König von Israel auf der
Mauer einherging, schrie ihn eine Frau
an und sprach: Hilf mir, mein Herr und
König! 27 Er sprach: Hilft dir der HERR
nicht, woher soll ich dir helfen? Von der
Tenne oder von der Kelter? 28 [a]Und der
König sprach zu ihr: Was ist dir? Sie
sprach: Diese Frau da sprach zu mir:
Gib deinen Sohn her, dass wir ihn heute
essen; morgen wollen wir meinen Sohn
essen. 29 So haben wir meinen Sohn ge-
kocht und gegessen. Und ich sprach zu
ihr am nächsten Tage: Gib deinen Sohn
her und lass uns ihn essen! Aber sie hat
ihren Sohn versteckt. 30 Als der König die
Worte der Frau hörte, zerriss er seine
Kleider, während er auf der Mauer ging.
Da sah alles Volk, dass er darunter ein
härenes Tuch um seinen Leib geschlun-
gen hatte. 31 Und er sprach: Gott tue mir
dies und das, wenn das Haupt Elisas, des
Sohnes Schafats, heute auf ihm bleiben
wird!

32 Elisa aber saß in seinem Hause und
die Ältesten saßen bei ihm. Und der Kö-
nig sandte einen Mann vor sich her. Aber
ehe der Bote zu ihm kam, sprach Elisa zu
den Ältesten: Habt ihr gesehen, wie die-
ser Mörder hergesandt hat, dass er mir
das Haupt abschlage? Seht zu, wenn der
Bote eintritt, dass ihr die Tür zuschließt
und ihn gegen die Tür stoßt. Siehe, ich
höre schon das Geräusch der Tritte sei-
nes Herrn hinter ihm her. 33 Als er noch
so mit ihnen redete, siehe, da kam schon
der König zu ihm hinab und sprach:
Siehe, [a]dies Übel kommt von dem
HERRN! Was soll ich noch von dem
HERRN erwarten?

7 [a]Elisa aber sprach: Hört des HERRN
Wort! So spricht der HERR: Morgen
um diese Zeit wird ein Maß feinstes Mehl
ein Silberstück gelten und zwei Maß
Gerste ein Silberstück im Tor von Sama-
ria. 2 Da antwortete der Ritter, auf dessen
Arm sich der König lehnte, dem Mann
Gottes und sprach: Und wenn der HERR
Fenster am Himmel machte, wie könnte
das geschehen? Er sprach: Siehe, mit dei-
nen Augen wirst du es sehen, doch du
wirst nicht davon essen!

* Wahrscheinlich Bezeichnung für minderwertige Speisen.

6,17: *a* Jos 5,13 **6,18:** *a* 1. Mose 19,11 **6,22:** *a* 3. Mose 19,18; 2. Chr 28,9-15; Spr 25,21-22 **6,28:** *a (28-29)* 5. Mose 28,53 **6,33:** *a* Am 3,6 **7,1:** *a (1-2)* Verse 16-19

3 Und es waren vier aussätzige Männer
[a]vor dem Tor und einer sprach zum an-
dern: Was sollen wir hierbleiben, bis wir
sterben? 4 Wenn wir auch in die Stadt
gehen wollten, so ist Hungersnot in der
Stadt und wir müssten doch dort sterben.
Bleiben wir aber hier, so müssen wir auch
sterben. So lasst uns nun hingehen und
zu dem Heer der Aramäer laufen. Lassen
sie uns leben, so leben wir, töten sie uns,
so sind wir tot. 5 Und sie machten sich in
der Dämmerung auf, um zum Heer der
Aramäer zu kommen. Und als sie vorn
an das Lager kamen, siehe, da war nie-
mand mehr da. 6 Denn [a]der Herr hatte
die Aramäer hören lassen ein Getümmel
von Rossen, Wagen und großer Heeres-
macht, sodass sie untereinander spra-
chen: Siehe, der König von Israel hat sich
gegen uns verbündet mit den Königen
der Hetiter und den Königen der Ägyp-
ter, dass sie über uns kommen sollen.
7 Und sie machten sich auf und flohen in
der Dämmerung und ließen ihre Zelte,
Rosse und Esel im Lager, wie es stand,
und flohen, um ihr Leben zu retten.

8 Als nun die Aussätzigen vorn an das
Lager kamen, gingen sie in eins der Zelte,
aßen und tranken und nahmen Silber,
Gold und Kleider und gingen hin und
verbargen's und kamen wieder und gin-
gen in ein anderes Zelt und nahmen dar-
aus und gingen hin und verbargen's.
9 Aber einer sprach zum andern: Lasst
uns so nicht tun; dieser Tag ist ein Tag
guter Botschaft. Wenn wir das verschwei-
gen und warten, bis es lichter Morgen
wird, so wird uns Schuld treffen. So lasst
uns nun hingehen und es dem Hause des
Königs ansagen. 10 Und als sie kamen,
riefen sie die Torhüter der Stadt und sag-
ten's ihnen an und sprachen: Wir sind
zum Lager der Aramäer gekommen, und
siehe, da ist niemand mehr und keine
Menschenstimme, sondern Rosse und
Esel angebunden und die Zelte, wie sie
dastehen. 11 Da riefen es die Torhüter aus
und man sagte es drinnen im Hause des
Königs an.

12 Und der König stand auf, als es
noch dunkel war, und sprach zu seinen
Obersten: Lasst euch sagen, wie es die
Aramäer mit uns machen. Sie wissen,
dass wir Hunger leiden, und sind aus
dem Lager gegangen, um sich im Felde
zu verbergen, und denken: Wenn sie aus
der Stadt gehen, wollen wir sie lebendig
ergreifen und in die Stadt eindringen.
13 Da antwortete einer seiner Obersten:
Man nehme fünf Rosse von denen, die
noch in der Stadt übrig geblieben sind –
ihnen wird es ja doch gehen wie der gan-
zen Menge, die hier noch übrig geblieben
oder schon dahin ist. Die lasst uns sen-
den, um nachzusehen. 14 Da nahmen sie
zwei Wagen mit Rossen, und der König
sandte sie dem Heer der Aramäer nach
und sprach: Zieht hin und seht nach!
15 Und als sie ihnen nachzogen bis an den
Jordan, siehe, da lag der Weg voll von
Kleidern und Geräten, die die Aramäer
in der Eile weggeworfen hatten. Und als
die Boten zurückkamen und es dem Kö-
nig ansagten, 16 ging das Volk hinaus und
plünderte das Lager der Aramäer. Und
es galt ein Maß feinstes Mehl ein Silber-
stück und zwei Maß Gerste auch ein Sil-
berstück nach dem Wort des HERRN.

17 Aber der König bestellte den Ritter,
auf dessen Arm er sich lehnte, in das Tor.
Und das Volk zertrat ihn im Tor, sodass
er starb, wie der Mann Gottes gesagt
hatte, als der König zu ihm hinabkam.
18 Und es geschah, wie der Mann Gottes
dem König gesagt hatte, als er sprach:
Morgen um diese Zeit werden zwei Maß
Gerste ein Silberstück gelten und ein
Maß feinstes Mehl ein Silberstück im Tor
von Samaria. 19 Und der Ritter hatte dem
Mann Gottes geantwortet: Und siehe,
wenn der HERR Fenster am Himmel
machte, wie könnte das geschehen? Elisa
aber hatte gesprochen: Siehe, mit deinen
Augen wirst du es sehen, doch du wirst
nicht davon essen! 20 Und genau so er-
ging es ihm; denn das Volk zertrat ihn im
Tor, sodass er starb.

Die Schunemiterin erhält ihren Besitz zurück

8 Elisa redete mit der Frau, [a]deren
Sohn er lebendig gemacht hatte, und
sprach: Mach dich auf und zieh fort mit
deinem Hause und wohne in der Fremde,
wo du kannst; denn der HERR wird eine

7,3: *a* 3. Mose 13,46 **7,6:** *a* Kap 19,7 **8,1:** *a* Kap 4,35

Hungersnot rufen, die wird ins Land
kommen sieben Jahre lang. 2 Die Frau
machte sich auf und tat, wie der Mann
Gottes sagte, und zog hin mit ihrem
Hause und wohnte im Land der Philister
sieben Jahre. 3 Als aber die sieben Jahre
um waren, kam die Frau aus dem Land
der Philister zurück. Und sie ging hin,
den König anzurufen wegen ihres Hauses
und ihres Ackers.

4 Der König aber redete mit Gehasi,
dem Diener des Mannes Gottes, und
sprach: Erzähle mir alle großen Taten,
die Elisa getan hat! 5 Und während er
dem König erzählte, dass er einen Toten
lebendig gemacht hätte, siehe, da kam
eben die Frau dazu, deren Sohn er leben-
dig gemacht hatte, und rief den König an
wegen ihres Hauses und ihres Ackers. Da
sprach Gehasi: Mein Herr und König,
dies ist die Frau und dies ist ihr Sohn,
den Elisa lebendig gemacht hat. 6 Und
der König fragte die Frau und sie er-
zählte es ihm. Da gab ihr der König
einen Kämmerer mit und sprach: Ver-
schaffe ihr alles wieder, was ihr gehört,
dazu allen Ertrag des Ackers seit der
Zeit, da sie das Land verlassen hat, bis
jetzt!

Ben-Hadads Tod. Hasaël wird König von Aram

7 Und Elisa kam nach Damaskus. Da lag
Ben-Hadad, der König von Aram, krank
und man sagte ihm: Der Mann Gottes ist
hierhergekommen. 8 Da sprach der König
zu Hasaël: Nimm Geschenke mit dir und
geh dem Mann Gottes entgegen und be-
frage den HERRN durch ihn, ob ich von
dieser Krankheit genesen könne. 9 Hasaël
ging ihm entgegen und nahm Geschenke
mit sich und allerlei kostbare Dinge von
Damaskus, eine Last für vierzig Kamele.
Und als er hinkam, trat er vor Elisa und
sprach: Dein Sohn Ben-Hadad, der Kö-
nig von Aram, hat mich zu dir gesandt
und lässt dir sagen: Kann ich von dieser
Krankheit genesen?

10 Elisa sprach zu ihm: Geh hin und
sage ihm: Du wirst genesen! – Aber der
HERR hat mir gezeigt, dass er des Todes
sterben wird. 11 [a]Und der Mann Gottes
schaute starr und lange vor sich hin und
weinte. 12 Da sprach Hasaël: Warum
weint mein Herr? Er sprach: Ich weiß,
was du den Israeliten antun wirst: [a]Du
wirst ihre festen Städte mit Feuer ver-
brennen und ihre junge Mannschaft mit
dem Schwert erschlagen und ihre jungen
Kinder töten und ihre schwangeren
Frauen aufschlitzen. 13 Hasaël sprach:
Was ist dein Knecht, der Hund, dass er
so große Dinge tun sollte? Elisa sprach:
Der HERR hat mir gezeigt, dass du [a]Kö-
nig über Aram sein wirst.

14 Und er ging weg von Elisa und kam
zu seinem Herrn. Der sprach zu ihm:
Was sagte dir Elisa? Er sprach: Er sagte
mir: Du wirst genesen. 15 Am andern
Tage aber nahm er die Decke und
tauchte sie in Wasser und breitete sie
über des Königs Angesicht. Da starb er
und Hasaël wurde König an seiner statt.

Reich Juda: Joram. Ahasja

(vgl. 2. Chr 21,1; 21,5-10; 22,1-6)

16 Im fünften Jahr Jorams, des Sohnes
Ahabs, des Königs von Israel, wurde –
Joschafat war noch König von Juda –
[a]Joram, der Sohn Joschafats, König von
Juda. 17 Zweiunddreißig Jahre alt war er,
als er König wurde, und er regierte acht
Jahre zu Jerusalem 18 und wandelte auf
dem Wege der Könige von Israel, wie das
Haus Ahab tat; denn Ahabs Tochter war
seine Frau. Und er tat, was dem HERRN
missfiel. 19 Aber der HERR wollte Juda
nicht verderben um seines Knechtes Da-
vid willen, [a]wie er ihm zugesagt hatte,
ihm eine [b]Leuchte zu geben und seinen
Söhnen immerdar.

20 Zu seiner Zeit fielen die Edomiter
von Juda ab und setzten einen König
über sich. 21 Da zog Joram nach Zaïr und
alle Wagen mit ihm, und er machte sich
des Nachts auf und schlug die Edomiter,
die ihn umringt hatten, dazu die Obers-
ten über die Wagen, sodass das Volk in
seine Wohnungen floh. 22 Doch blieben
die Edomiter abtrünnig von Juda bis auf
diesen Tag. Auch fiel zur selben Zeit
Libna ab.

23 Was aber mehr von Joram zu sagen

8,11: *a (11-12)* Lk 19,41-44 **8,12:** *a* Kap 10,32 **8,13:** *a* 1. Kön 19,15 **8,16:** *a* 1. Kön 22,51 **8,19:** *a* 2. Sam 7,11-16; *b* 1. Kön 11,36

ist und alles, was er getan hat, siehe, das
steht geschrieben in der Chronik der Kö-
nige von Juda. 24 Und Joram legte sich zu
seinen Vätern und wurde begraben bei
seinen Vätern in der Stadt Davids. Und
sein Sohn Ahasja wurde König an seiner
statt.

25 Im zwölften Jahr Jorams, des Sohnes
Ahabs, des Königs von Israel, wurde
Ahasja, der Sohn Jorams, König von
Juda. 26 Zweiundzwanzig Jahre alt war
Ahasja, als er König wurde; und er re-
gierte ein Jahr zu Jerusalem. Seine Mut-
ter hieß [a]Atalja, eine Tochter Omris, des
Königs von Israel. 27 Und er wandelte auf
dem Wege des Hauses Ahab und tat, was
dem HERRN missfiel, wie das Haus
Ahab; denn er war verwandt mit dem
Hause Ahab.

28 Und er zog mit Joram, dem Sohn
Ahabs, in den Kampf um Ramot in Gi-
lead gegen Hasaël, den König von Aram;
aber die Aramäer verwundeten Joram.
29 Da [a]kehrte der König Joram zurück,
um sich in Jesreel von den Wunden hei-
len zu lassen, die ihm die Aramäer bei
Rama geschlagen hatten, als er mit Ha-
saël, dem König von Aram, kämpfte.
Und Ahasja, der Sohn Jorams, der König
von Juda, kam hinab, um in Jesreel Jo-
ram, den Sohn Ahabs, zu besuchen; denn
er lag krank.

Reich Israel: Jehu, zum König gesalbt, tötet Joram, Ahasja und Isebel

9 Aber der Prophet Elisa rief einen der
Prophetenjünger und sprach zu ihm:
Gürte deine Lenden und nimm diesen
Krug mit Öl mit dir und geh hin nach
Ramot in Gilead. 2 Und wenn du dahin
kommst, wirst du dort Jehu sehen, den
Sohn Joschafats, des Sohnes Nimschis.
Und geh hinein und lass ihn aufstehen
unter seinen Gefährten und führe ihn in
die innerste Kammer 3 und nimm den
Krug mit Öl und gieß es auf sein Haupt
und sprich: So sagt der HERR: [a]Ich habe
dich zum König über Israel gesalbt! –
und dann sollst du die Tür auftun und
fliehen und nicht zögern.

4 Und der Prophetenjünger ging hin
nach Ramot in Gilead. 5 Und als er hin-
kam, siehe, da saßen die Hauptleute des
Heeres beisammen. Und er sprach: Ich
habe dir, Hauptmann, etwas zu sagen.
Jehu sprach: Wem von uns allen? Er
sprach: Dir, Hauptmann! 6 Da stand er
auf und ging hinein. Er aber goss das Öl
auf sein Haupt und sagte zu ihm: So
spricht der HERR, der Gott Israels: Ich
habe dich zum König gesalbt über Israel,
das Volk des HERRN. 7 Und du sollst das
Haus Ahabs, deines Herrn, schlagen,
dass ich [a]das Blut meiner Knechte, der
Propheten, und das Blut aller Knechte
des HERRN räche, das die Hand Isebels
vergossen hat, 8 sodass das ganze Haus
Ahab umkomme. [a]Und ich will von
Ahab ausrotten, was männlich ist, bis auf
den letzten Mann in Israel, 9 und will das
Haus Ahab machen [a]wie das Haus Jero-
beams, des Sohnes Nebats, und [b]wie das
Haus Baschas, des Sohnes Ahijas. 10 Und
[a]die Hunde sollen Isebel fressen auf dem
Acker in Jesreel, und niemand soll sie
begraben. Und er tat die Tür auf und
floh.

11 Und als Jehu herausging zu den
Leuten seines Herrn, sprach man zu ihm:
Steht es gut? Warum ist dieser Rasende
zu dir gekommen? Er sprach zu ihnen:
Ihr kennt doch den Mann und sein Ge-
schwätz. 12 Sie sprachen: Das ist nicht
wahr; sage es uns an! Er sprach: So und
so hat er mit mir geredet und gesagt: So
spricht der HERR: Ich habe dich zum
König über Israel gesalbt. 13 Da [a]nahm
jeder eilends sein Kleid und legte es vor
ihn hin auf die hohen Stufen, und sie
bliesen die Posaune und riefen: Jehu ist
König geworden! 14 So machte Jehu, der
Sohn Joschafats, des Sohnes Nimschis,
gegen Joram eine Verschwörung.

Joram aber hatte mit ganz Israel vor
Ramot in Gilead gelegen wider Hasaël,
den König von Aram. 15 [a]Und der König
Joram war zurückgekommen, um sich in
Jesreel heilen zu lassen von den Wunden,
die ihm die Aramäer geschlagen hatten,
als er mit Hasaël kämpfte, dem König
von Aram.

Und Jehu sprach: Wenn ihr wollt,
dann soll niemand aus der Stadt ent-
rinnen, dass er hingehen und es in Jesreel

8,26: *a* Kap 11,1 **8,29:** *a* Kap 9,14-16 **9,3:** *a* 1. Kön 19,16 **9,7:** *a* 1. Kön 18,13; 21,13 **9,8:** *a* 1. Kön 14,10 **9,9:** *a* 1. Kön 15,29; *b* 1. Kön 16,3.11 **9,10:** *a* 1. Kön 21,23 **9,13:** *a* Mt 21,7 **9,15:** *a (15-16)* Kap 8,28-29

ansagen könne. 16 Und er stieg auf seinen
Wagen und fuhr nach Jesreel, denn Jo-
ram lag dort. Und Ahasja, der König
von Juda, war hinabgezogen, um Joram
zu besuchen.

17 Aber der Wächter, der auf dem
Turm in Jesreel stand, sah die Staub-
wolke, als Jehu herankam, und sprach:
Ich sehe eine Staubwolke. Da sprach Jo-
ram: Nimm einen Reiter, den sende ihnen
entgegen und lass ihn fragen: Ist's
Friede? 18 Und der Reiter ritt hin ihm
entgegen und sprach: So sagt der König:
Ist's Friede? Jehu sprach: Was geht dich
der Friede an? Wende um, folge mir! Der
Wächter verkündete und sprach: Der
Bote ist bei ihnen angekommen und
kommt nicht zurück. 19 Da sandte Joram
einen zweiten Reiter. Als der zu ihnen
kam, sprach er: So spricht der König:
Ist's Friede? Jehu sprach: Was geht dich
der Friede an? Wende um, folge mir!
20 Das verkündete der Wächter und
sprach: Er ist bei ihnen angekommen
und kommt nicht zurück. Und es ist ein
Jagen wie das Jagen Jehus, des Sohnes
Nimschis; denn er jagt, wie wenn er un-
sinnig wäre.

21 Da sprach Joram: Spannt an! Und
man spannte seinen Wagen an. Und sie
zogen aus, Joram, der König von Israel,
und Ahasja, der König von Juda, jeder
auf seinem Wagen, um Jehu entgegen-
zufahren; und sie trafen ihn [a]auf dem
Acker Nabots, des Jesreeliters. 22 Und als
Joram Jehu sah, sprach er: Jehu, ist's
Friede? Er aber sprach: Was, Friede?
Deiner Mutter Isebel Abgötterei und ihre
viele Zauberei haben noch kein Ende!
23 Da wandte Joram um und floh und
sprach zu Ahasja: Verräterei, Ahasja!
24 Aber Jehu fasste den Bogen und schoss
Joram zwischen die Arme, dass der Pfeil
durch sein Herz fuhr und Joram in sei-
nem Wagen zusammenbrach.

25 Und Jehu sprach zu seinem Ritter
Bidkar: Nimm und [a]wirf ihn auf den
Acker Nabots, des Jesreeliters! Denn ich
denke daran, wie du mit mir auf einem
Wagen seinem Vater Ahab nachfuhrst,
als der HERR diese [b]Last auf ihn legte:
26 Fürwahr, ich will dir das Blut Nabots
und seiner Kinder, das ich gestern ge-
sehen habe, vergelten auf diesem Acker! –
So nimm ihn nun und wirf ihn auf den
Acker nach dem Wort des HERRN.

27 [a]Als das Ahasja, der König von
Juda, sah, floh er auf Bet-Gan zu. Jehu
aber jagte ihm nach und ließ auch ihn
töten auf dem Wagen, und sie schossen
auf ihn auf der Höhe von Gur, die bei
Jibleam liegt. Und er floh nach Megiddo
und starb dort. 28 Und seine Männer
brachten ihn nach Jerusalem und begru-
ben ihn in seinem Grabe bei seinen Vä-
tern in der Stadt Davids. 29 Ahasja aber
war König geworden über Juda im elften
Jahr Jorams, des Sohnes Ahabs.

30 Und als Jehu nach Jesreel kam und
Isebel das erfuhr, schminkte sie ihr Ange-
sicht und schmückte ihr Haupt und
schaute zum Fenster hinaus. 31 Und als
Jehu unter das Tor kam, sprach sie:
Geht's gut, du [a]Simri, der seinen Herrn
erschlug? 32 Und er hob sein Angesicht
auf zum Fenster und sprach: Wer hält's
hier mit mir? Da sahen zwei oder drei
Kämmerer zu ihm heraus. 33 Er sprach:
Stürzt sie hinab! Und sie stürzten Isebel
hinab, sodass die Wand und die Rosse
mit ihrem Blut besprengt wurden; und
sie wurde zertreten.

34 Und als er hineinkam und gegessen
und getrunken hatte, sprach er: Seht
doch nach der Verfluchten und begrabt
sie; denn sie ist eines Königs Tochter!
35 Als sie aber hingingen, um sie zu be-
graben, fanden sie nichts von ihr als den
Schädel und die Füße und ihre Hände.
36 Und sie kamen zurück und sagten's
Jehu an. Er aber sprach: Das ist's, [a]was
der HERR geredet hat durch seinen
Knecht Elia, den Tischbiter, als er
sprach: Auf dem Acker von Jesreel sollen
die Hunde das Fleisch Isebels fressen,
37 und der Leichnam Isebels soll wie Mist
auf dem Felde sein im Gefilde von Jes-
reel, dass man nicht sagen könne: Das ist
Isebel.

Jehu rottet das Haus Ahab aus

10 Ahab aber hatte siebzig Söhne in
Samaria. Und Jehu schrieb Briefe
und sandte sie nach Samaria, zu den

9,21: *a* 1.Kön 21,1 **9,25:** *a* 1.Kön 21,19; *b* Jes 13,1; Jer 23,33-40 **9,27:** *a (27-29)* 2.Chr 22,7-9 **9,31:** *a* 1.Kön 16,16.18 **9,36:** *a* 1.Kön 21,23

Obersten der Stadt, zu den Ältesten und
Vormündern der Söhne Ahabs; die laute-
ten: 2 Wenn dieser Brief zu euch kommt,
bei denen eures Herrn Söhne sind und
Wagen, Rosse, feste Städte und Rüstung,
3 so seht, welcher der beste und geschick-
teste sei unter den Söhnen eures Herrn,
und setzt ihn auf seines Vaters Thron
und kämpft für eures Herrn Haus. 4 Sie
aber fürchteten sich gar sehr und spra-
chen: Siehe, zwei Könige konnten ihm
nicht widerstehen; wie könnten wir ihm
dann widerstehen? 5 Und der Hofmeister
und der Stadtvogt und die Ältesten und
Vormünder sandten hin zu Jehu und lie-
ßen ihm sagen: Wir sind deine Knechte.
Wir wollen alles tun, was du uns sagst;
wir wollen niemand zum König machen.
Tu, was dir gefällt.

6 Da schrieb er einen zweiten Brief an
sie, der lautete: Wenn ihr zu mir haltet
und meiner Stimme gehorcht, so nehmt
die Köpfe der Söhne eures Herrn und
bringt sie zu mir morgen um diese Zeit
nach Jesreel. Es waren aber siebzig Söhne
des Königs und die Großen der Stadt
erzogen sie. 7 Als nun der Brief zu ihnen
kam, nahmen sie des Königs Söhne und
töteten die siebzig und legten ihre Köpfe
in Körbe und schickten sie zu Jehu nach
Jesreel.

8 Und als der Bote kam und ihm sagte:
Sie haben die Köpfe der Söhne des Kö-
nigs gebracht, sprach er: Legt sie in zwei
Haufen vor das Tor bis morgen. 9 Und
am Morgen, als er ausging, trat er hin
und sprach zu allem Volk: Ihr seid ohne
Schuld. Siehe, ich habe gegen meinen
Herrn eine Verschwörung gemacht und
ihn getötet. Wer aber hat denn diese alle
erschlagen? 10 So erkennt denn, dass kein
Wort des HERRN auf die Erde gefallen
ist, [a]das der HERR geredet hat gegen das
Haus Ahab. Der HERR hat getan, wie er
geredet hat durch seinen Knecht Elia.
11 So [a]erschlug Jehu alle Übriggebliebe-
nen vom Hause Ahab in Jesreel, alle
seine Großen, seine Verwandten und
seine Priester, bis nicht ein Einziger übrig
blieb.

12 Und Jehu machte sich auf und zog
auf Samaria zu. Aber als er unterwegs
nach Bet-Eked der Hirten kam, 13 [a]da
traf Jehu die Brüder Ahasjas, des Königs
von Juda, und sprach: Wer seid ihr? Sie
sprachen: Wir sind Brüder Ahasjas und
ziehen hin, um die Söhne des Königs und
die Söhne der Königinmutter zu grüßen.
14 Er aber sprach: Ergreift sie lebendig!
Und sie ergriffen sie lebendig und töteten
sie bei dem Brunnen von Bet-Eked, zwei-
undvierzig Mann, und er ließ nicht einen
Einzigen von ihnen übrig.

**Jehu rottet den Baalsdienst aus.
Sein Tod**

15 Und als er von dort weiterzog, traf er
[a]Jonadab, den Sohn Rechabs, der ihm
begegnete. Und er grüßte ihn und sprach
zu ihm: Ist dein Herz aufrichtig gegen
mich wie mein Herz gegen dein Herz?
Jonadab sprach: Ja. Da sprach Jehu:
Wenn es so ist, dann gib mir deine Hand!
Und Jonadab gab ihm seine Hand. Und
Jehu ließ ihn zu sich auf den Wagen stei-
gen 16 und sprach: Komm mit mir und
sieh meinen Eifer für den HERRN! Und
er ließ ihn mit sich fahren auf seinem
Wagen. 17 Und als er nach Samaria kam,
erschlug er alles, was übrig war von Ahab
in Samaria, bis er sein Haus vertilgt hatte
nach dem [a]Wort des HERRN, das er zu
Elia geredet hatte.

18 Und Jehu versammelte alles Volk
und ließ ihnen sagen: [a]Ahab hat Baal
wenig gedient; Jehu will ihm besser die-
nen. 19 So lasst nun zu mir rufen alle
Propheten Baals, die in seinem Dienst
stehen, und alle seine Priester, dass man
niemand vermisse; denn ich habe ein gro-
ßes Opfer dem Baal zu bringen. Wen
man vermissen wird, der soll nicht am
Leben bleiben. Aber Jehu tat dies mit
Hinterlist, um die Diener Baals umzu-
bringen.

20 Und Jehu sprach: Feiert dem Baal
ein heiliges Fest! Und sie ließen es aus-
rufen. 21 Auch sandte Jehu umher in ganz
Israel und ließ alle Diener Baals kom-
men, dass niemand übrig war, der nicht
gekommen wäre. Und sie gingen in das
Haus Baals, sodass das Haus Baals voll
wurde an allen Enden. 22 Da sprach er zu
denen, die über die Kleiderkammer ge-
setzt waren: Bringt allen Dienern Baals
Feierkleider heraus! Und sie brachten die

10,10: *a* 1. Kön 21,21 **10,11:** *a* Hos 1,4 **10,13:** *a (13-14)* 2. Chr 22,8 **10,15:** *a* Jer 35,6 **10,17:** *a* 1. Kön 21,21
10,18: *a* 1. Kön 16,31-33

Kleider heraus. 23 Und Jehu ging in das
Haus Baals mit Jonadab, dem Sohn
Rechabs, und sprach zu den Dienern
Baals: Forscht und seht zu, dass hier
nicht jemand unter euch sei von den
Knechten des HERRN, sondern allein
Baals Diener. 24 Und sie kamen hinein,
um Schlachtopfer und Brandopfer dar-
zubringen. Jehu aber stellte außen acht-
zig Mann auf und sprach: Wenn einer
der Männer entrinnt, die ich in eure
Hände gebe, so soll euer Leben für sein
Leben sein!

25 Als er nun die Brandopfer vollendet
hatte, sprach Jehu zu der Leibwache und
den Rittern: Geht hinein und [a]erschlagt
jedermann; lasst niemand entkommen!
Und sie schlugen sie mit der Schärfe des
Schwerts. Und die Leibwache und die
Ritter warfen die Leichname hinaus und
drangen in das Innere des Hauses Baals
26 und [a]brachten hinaus die Bilder der
Aschera aus dem Hause Baals und ver-
brannten sie 27 und zerbrachen die Stein-
male Baals samt dem Hause Baals und
machten Stätten des Unrats daraus bis
auf diesen Tag.

28 So vertilgte Jehu den Baal aus Israel;
29 aber von den [a]Sünden Jerobeams, des
Sohnes Nebats, der Israel sündigen
machte, ließ Jehu nicht ab, von den gol-
denen Kälbern in Bethel und in Dan.

30 Und der HERR sprach zu Jehu: Weil
du willig gewesen bist, zu tun, was mir
gefallen hat, und am Hause Ahab alles
getan hast, was in meinem Herzen war,
sollen dir auf dem Thron Israels sitzen
deine Söhne bis ins vierte Glied. 31 Aber
doch hielt Jehu nicht das Gesetz des
HERRN, des Gottes Israels, dass er darin
wandelte von ganzem Herzen; denn er
ließ nicht ab von den Sünden Jerobeams,
der Israel sündigen gemacht hatte.

32 Zur selben Zeit fing der HERR an,
Stücke von Israel abzutrennen; denn
[a]Hasaël schlug sie im ganzen Gebiet
Israels 33 vom Jordan gegen der Sonne
Aufgang, das ganze Land Gilead, die
Gaditer, Rubeniter und Manassiter, von
Aroër an, das am Arnon liegt, Gilead
und Baschan.

34 Was aber mehr von Jehu zu sagen ist
und alles, was er getan hat, und alle seine
tapferen Taten, siehe, das steht geschrie-
ben in der Chronik der Könige von Is-
rael. 35 Und Jehu legte sich zu seinen Vä-
tern und sie begruben ihn zu Samaria.
Und sein Sohn [a]Joahas wurde König an
seiner statt. 36 Die Zeit aber, die Jehu
über Israel regiert hat zu Samaria, sind
achtundzwanzig Jahre.

Reich Juda: Herrschaft der Atalja. Joasch wird König

(vgl. 2. Chr 22,10–23,21)

11 Als aber Atalja, [a]Ahasjas Mutter,
sah, dass [b]ihr Sohn tot war, machte
sie sich auf und brachte alle aus dem
königlichen Geschlecht um. 2 Aber Jo-
scheba, die Tochter des Königs Joram,
Ahasjas Schwester, nahm Joasch, den
Sohn Ahasjas, und stahl ihn aus der
Mitte der Söhne des Königs, die getötet
wurden, und brachte ihn mit seiner
Amme in die Bettenkammer und verbarg
ihn vor Atalja, sodass er nicht getötet
wurde. 3 Und er war bei Joscheba ver-
steckt im Hause des HERRN sechs Jahre
lang. Atalja aber war Königin über das
Land.

4 Im siebenten Jahr aber sandte Jojada
hin und nahm die Hauptleute über hun-
dert von der Garde und der Leibwache
und ließ sie zu sich ins Haus des HERRN
kommen und schloss einen Bund mit ih-
nen und nahm einen Eid von ihnen im
Hause des HERRN und zeigte ihnen den
Sohn des Königs 5 und gebot ihnen: Das
ist's, was ihr tun sollt: Ein Drittel von
euch, die ihr am Sabbat antretet, soll
Wache halten im Haus des Königs 6 und
ein Drittel soll Wache halten am Tor Sur
und ein Drittel am Tor hinter dem Haus
der Leibwache; so sollt ihr Wache halten
rings um das Haus. 7 Aber zwei Abteilun-
gen von euch, die am Sabbat abtreten,
sollen Wache halten im Hause des
HERRN um den König her, 8 und ihr sollt
euch rings um den König stellen, jeder
mit seiner Waffe in der Hand, und wer
hereinkommt zwischen die Reihen, der
soll sterben. Und ihr sollt um den König
sein, wenn er aus und ein geht.

9 Und die Hauptleute über hundert

10,25: *a* 1. Kön 18,40 **10,26:** *a* Kap 11,18 **10,29:** *a* 1. Kön 12,26-33 **10,32:** *a* Kap 8,12 **10,35:** *a* Kap 13,1 **11,1:** *a* Kap 8,26; *b* Kap 9,27

taten alles, was ihnen der Priester Jojada
geboten hatte, und nahmen zu sich ihre
Männer, die am Sabbat antraten, mit de-
nen, die am Sabbat abtraten, und kamen
zu dem Priester Jojada. 10Und der Pries-
ter gab den Hauptleuten die Spieße und
[a]Schilde, die dem König David gehört
hatten und in dem Hause des HERRN
waren. 11Und die Leibwache stand, jeder
mit seiner Waffe in der Hand, von der
Seite des Tempels im Süden bis zur Seite
im Norden, vor dem Altar und dem
Tempel, rings um den König herum.
12Und Jojada ließ den Sohn des Königs
hervortreten und setzte ihm die Krone
auf und [a]gab ihm die Ordnung, machte
ihn zum König und [b]salbte ihn, und sie
klatschten in die Hände und riefen: Es
lebe der König!

13Und als Atalja das Geschrei des
Volks hörte, das herzulief, kam sie zum
Volk in das Haus des HERRN 14und sah,
und siehe, da stand der König an der
Säule, wie es Brauch war, und die Haupt-
leute und die Trompeter bei dem König.
Und alles Volk des Landes war fröhlich
und blies die Trompeten. Atalja aber zer-
riss ihre Kleider und rief: Aufruhr, Auf-
ruhr! 15Aber der Priester Jojada gebot
den Hauptleuten über hundert, die über
das Heer gesetzt waren, und sprach zu
ihnen: Führt sie zwischen den Reihen
hinaus und wer ihr folgt, der sterbe
durchs Schwert! Denn der Priester hatte
gesagt, sie sollte nicht im Hause des
HERRN getötet werden. 16Und sie legten
die Hände an Atalja, und sie ging hin
den Weg, wo die Rosse zum Hause des
Königs gehen, und wurde dort getötet.

17Und Jojada schloss einen Bund zwi-
schen dem HERRN und dem König samt
dem Volk, dass sie des HERRN Volk sein
sollten; desgleichen auch zwischen dem
König und dem Volk. 18Da ging alles
Volk des Landes in das Haus Baals und
brach seine Altäre ab, und sie zerschlu-
gen alle seine Götzenbilder und töteten
Mattan, den Priester Baals, vor den
Altären.[a]

Der Priester Jojada aber bestellte die
Wachen am Hause des HERRN 19und
nahm die Hauptleute über hundert und
die Garde und die Leibwache und alles
Volk des Landes, und sie führten den
König hinab vom Hause des HERRN und
kamen durchs Tor der Leibwache zum
Hause des Königs. Und er setzte sich auf
den königlichen Thron. 20Und alles Volk
des Landes war fröhlich, aber die Stadt
blieb still. Atalja aber töteten sie mit dem
Schwert bei des Königs Hause.

Joasch. Ausbesserung des Tempels

(vgl. 2. Chr 24,1-27)

12 *Und Joasch war sieben Jahre alt,
als er König wurde. 2Im siebenten
Jahr Jehus wurde Joasch König und re-
gierte vierzig Jahre zu Jerusalem. Seine
Mutter hieß Zibja, aus Beerscheba. 3Und
Joasch tat, was recht war und dem
HERRN wohlgefiel, solange ihn der Pries-
ter Jojada lehrte, 4nur, dass die Höhen
nicht entfernt wurden; denn das Volk
opferte und räucherte noch auf den
Höhen.[a]

5Und Joasch sprach zu den Priestern:
Alles für das Heiligtum bestimmte Geld,
das in das Haus des HERRN gebracht
wird – Geld, wie es gang und gäbe ist –,
nämlich das Geld, das jedermann gibt,
wie er geschätzt wird, und alles Geld, das
jedermann aus freiem Herzen opfert,
dass er's in das Haus des HERRN bringe,
6das sollen die Priester zu sich nehmen,
jeder von seinem Bekannten. Davon sol-
len sie ausbessern, was baufällig ist am
Hause, wo sie finden, dass es baufällig
ist.

7Als aber die Priester bis ins dreiund-
zwanzigste Jahr des Königs Joasch nicht
ausgebessert hatten, was baufällig war
am Hause, 8rief der König Joasch den
Priester Jojada samt den Priestern und
sprach zu ihnen: Warum bessert ihr nicht
aus, was baufällig ist am Hause? Darum
sollt ihr nun nicht mehr das Geld an
euch nehmen, jeder von seinen Bekann-
ten, sondern sollt's geben zur Ausbesse-
rung für das, was baufällig ist am Hause.
9Und die Priester willigten ein, dass sie
vom Volk kein Geld mehr nehmen soll-
ten, aber auch das Baufällige am Hause
nicht mehr auszubessern brauchten.

10Da nahm der Priester Jojada eine

* Abweichende Verszählung statt 12,1-22: 11,21–12,21.

11,10: *a* 2. Sam 8,7 **11,12:** *a* 5. Mose 17,18-19; *b* 1. Kön 1,39 **11,18:** *a* Kap 10,26-27; Ri 6,25 **12,4:** *a* Kap 14,4; 1. Kön 22,44

Lade und bohrte oben ein Loch hinein
und stellte sie auf zur rechten Hand ne-
ben dem Altar, wo man in das Haus des
Herrn geht. Und die Priester, die an der
Schwelle wachten, taten alles Geld hin-
ein, das zu dem Hause des Herrn ge-
bracht wurde. 11Wenn sie dann sahen,
dass viel Geld in der Lade war, kam der
Schreiber des Königs mit dem Hohen-
priester herauf, und sie zählten das Geld,
das sich in dem Hause des Herrn vor-
fand, und banden es zusammen. 12Und
man übergab das Geld abgezählt den
Werkmeistern, die bestellt waren für das
Haus des Herrn, und sie gaben es aus
an die Zimmerleute und Bauleute, die am
Hause des Herrn arbeiteten, 13nämlich
an die Maurer und Steinmetzen und an
die, die Holz und gehauene Steine kaufen
sollten, dass das Baufällige am Hause
des Herrn ausgebessert werde, und für
alles, was Not war, um am Hause auszu-
bessern.

14Doch ließ man nicht machen sil-
berne Schalen, Messer, Becken, Trompe-
ten, auch kein goldenes oder silbernes
Gerät im Hause des Herrn von dem
Geld, das zu des Herrn Hause gebracht
wurde, 15sondern man gab's den Arbei-
tern, dass sie damit das Baufällige am
Hause des Herrn ausbesserten. 16Auch
[a]brauchten die Männer nicht Rechnung
zu legen, denen man das Geld übergab,
dass sie es den Arbeitern gäben, sondern
sie handelten auf Treu und Glauben.
17Aber das Geld von Schuldopfern und
Sündopfern kam nicht für das Haus des
Herrn ein, denn es gehörte den Pries-
tern.

18Zu der Zeit zog [a]Hasaël, der König
von Aram, herauf und kämpfte gegen
Gat und eroberte es. Und als Hasaël sich
wandte, um gegen Jerusalem hinaufzu-
ziehen, 19nahm Joasch, der König von
Juda, alle [a]heiligen Gaben, die seine Vä-
ter Joschafat, Joram und Ahasja, die Kö-
nige von Juda, geheiligt hatten, und was
er selbst geheiligt hatte, dazu alles Gold,
das man fand im Schatz des Hauses des
Herrn und im Hause des Königs, und
schickte es Hasaël, dem König von
Aram. Da zog er von Jerusalem ab.

20Was aber mehr von Joasch zu sagen
ist und alles, was er getan hat, das steht
geschrieben in der Chronik der Könige
von Juda. 21Und [a]seine Großen empör-
ten sich und machten eine Verschwörung
und erschlugen ihn im Haus des Millo,
wo man hinabgeht nach Silla. 22Josachar,
der Sohn Schimats, und Josabad, der
Sohn Schomers, seine Großen, schlugen
ihn tot. Und man begrub ihn bei seinen
Vätern in der Stadt Davids. Und sein
Sohn [a]Amazja wurde König an seiner
statt.

Reich Israel: Joahas. Joasch

13 Im dreiundzwanzigsten Jahr des
Joasch, des Sohnes Ahasjas, des
Königs von Juda, wurde [a]Joahas, der
Sohn Jehus, König über Israel und re-
gierte zu Samaria siebzehn Jahre. 2Und
er tat, was dem Herrn missfiel, und
[a]wandelte nach den Sünden Jerobeams,
des Sohnes Nebats, der Israel sündigen
machte, und ließ nicht davon ab. 3Und
des Herrn Zorn entbrannte über Israel
und er gab sie in die Hand [a]Hasaëls, des
Königs von Aram, und Ben-Hadads, des
Sohnes Hasaëls, die ganze Zeit.

4Aber Joahas flehte zum Herrn und
der Herr erhörte ihn; denn [a]er sah den
Jammer Israels an, wie der König von
Aram es bedrängte. 5Und der Herr gab
Israel einen [a]Retter, der sie aus der Ge-
walt der Aramäer befreite, dass die Israe-
liten in ihren Häusern wohnen konnten
wie zuvor. 6Doch ließen sie nicht ab von
der Sünde des Hauses Jerobeams, der Is-
rael sündigen machte, sondern wandelten
darin. Auch blieb das [a]Bild der Aschera
zu Samaria stehen.

7Denn es waren vom Kriegsvolk des
Joahas nicht mehr übrig geblieben als
fünfzig Gespannpferde, zehn Wagen und
zehntausend Mann Fußvolk; denn der
König von Aram hatte sie umgebracht
und sie gemacht wie Staub beim Dre-
schen. 8Was aber mehr von Joahas zu
sagen ist und alles, was er getan hat, und
seine tapferen Taten, siehe, das steht ge-
schrieben in der Chronik der Könige von
Israel. 9Und Joahas legte sich zu seinen
Vätern und man begrub ihn zu Samaria.
Und sein Sohn Joasch wurde König an
seiner statt.

12,16: *a* Kap 22,7 **12,18:** *a* Kap 10,32 **12,19:** *a* 1.Kön 15,18 **12,21:** *a* Kap 14,5 **12,22:** *a* Kap 14,1 **13,1:** *a* Kap 10,35 **13,2:** *a* 1.Kön 12,28-30 **13,3:** *a* Kap 10,32 **13,4:** *a* 1.Mose 16,13 **13,5:** *a* Kap 14,27 **13,6:** *a* 1.Kön 16,33

10 Im siebenunddreißigsten Jahr des
Joasch, des Königs von Juda, wurde
Joasch, der Sohn des Joahas, König über
Israel und regierte zu Samaria sechzehn
Jahre. 11 Und er tat, was dem HERRN
missfiel, und ließ nicht ab von allen Sün-
den Jerobeams, des Sohnes Nebats, der
Israel sündigen machte, sondern wan-
delte darin. 12 Was aber mehr von Joasch
zu sagen ist und was er getan hat
und seine tapferen Taten, [a]wie er mit
Amazja, dem König von Juda, gekämpft
hat, siehe, das steht geschrieben in der
Chronik der Könige von Israel. 13 Und
Joasch legte sich zu seinen Vätern und
auf seinen Thron setzte sich [a]Jerobeam.
Joasch aber wurde begraben zu Samaria
bei den Königen von Israel.

Elisas Tod. Joaschs Siege über Ben-Hadad

14 Als aber Elisa an der Krankheit er-
krankte, an der er sterben sollte, kam
Joasch, der König von Israel, zu ihm
hinab und weinte vor ihm und sprach:
[a]Mein Vater, mein Vater! Du Wagen Is-
raels und sein Gespann! 15 Elisa aber
sprach zu ihm: Nimm Bogen und Pfeile!
Und als er den Bogen und die Pfeile
nahm, 16 sprach er zum König von Israel:
Spanne mit deiner Hand den Bogen!
Und er spannte ihn mit seiner Hand.
Und Elisa legte seine Hand auf des Kö-
nigs Hand 17 und sprach: Tu das Fenster
auf nach Osten! Und er tat's auf. Und
Elisa sprach: Schieß! Und er schoss. Elisa
aber rief: Ein Pfeil des Siegs vom HERRN,
ein Pfeil des Siegs gegen Aram! Du wirst
die Aramäer schlagen bei Afek, bis sie
aufgerieben sind.

18 Und er sprach: Nimm die Pfeile!
Und als er sie nahm, sprach er zum Kö-
nig von Israel: Schlag auf die Erde! Und
er schlug dreimal und hielt inne. 19 Da
wurde der Mann Gottes zornig auf ihn
und sprach: Hättest du fünf- oder sechs-
mal geschlagen, so hättest du die Ara-
mäer geschlagen, bis sie aufgerieben wä-
ren; nun aber wirst du sie nur dreimal
schlagen.

20 Als aber Elisa gestorben war und
man ihn begraben hatte, fielen streifende
Rotten der Moabiter ins Land Jahr um
Jahr. 21 Und es begab sich, dass man
einen Mann zu Grabe trug. Als man aber
einige Leute von ihnen sah, warf man
den Mann in Elisas Grab. Und als er die
Gebeine Elisas berührte, wurde er leben-
dig und trat auf seine Füße.

22 Hasaël, der König von Aram, be-
drängte Israel, solange Joahas lebte.
23 Aber der HERR gab ihnen Gnade und
erbarmte sich ihrer und wandte sich ih-
nen wieder zu [a]um seines Bundes willen
mit Abraham, Isaak und Jakob und
wollte sie nicht verderben, verwarf sie
auch nicht von seinem Angesicht bis
auf diese Stunde. 24 Und Hasaël, der
König von Aram, starb und sein Sohn
Ben-Hadad wurde König an seiner
statt. 25 Joasch aber gewann die Städte
zurück aus der Hand Ben-Hadads, des
Sohnes Hasaëls, die er im Kampf seinem
Vater Joahas genommen hatte. [a]Dreimal
schlug ihn Joasch und gewann so die
Städte Israels zurück.

Reich Juda und Israel: Amazja von Juda und Joasch von Israel

(vgl. 2. Chr 25,1-28)

14 Im zweiten Jahr des Joasch, des
Sohnes des Joahas, des Königs von
Israel, wurde [a]Amazja König, der Sohn
des Joasch, des Königs von Juda. 2 Fünf-
undzwanzig Jahre alt war er, als er König
wurde; und er regierte neunundzwanzig
Jahre zu Jerusalem. Seine Mutter hieß
Joaddan, aus Jerusalem. 3 Und er tat, was
dem HERRN wohlgefiel, doch nicht wie
sein Vater David, sondern [a]wie sein Va-
ter Joasch tat auch er. 4 Denn [a]die Hö-
hen wurden nicht entfernt, sondern das
Volk opferte und räucherte noch auf den
Höhen. 5 Als er nun das Königtum fest in
seiner Hand hatte, [a]brachte er die Gro-
ßen um, die seinen Vater, den König,
erschlagen hatten. 6 Aber die Söhne der
Totschläger tötete er nicht, [a]wie es denn
geschrieben steht im Gesetzbuch des
Mose, wo der HERR geboten hat: Die
Väter sollen nicht um der Söhne willen
sterben, und die Söhne sollen nicht um

13,12: *a* Kap 14,8-16 **13,13:** *a* Kap 14,23 **13,14:** *a* Kap 2,12 **13,23:** *a* 3. Mose 26,42 **13,25:** *a* Vers 19 **14,1:** *a* Kap 12,22 **14,3:** *a* Kap 12,3-4 **14,4:** *a* Kap 15,4 **14,5:** *a* Kap 12,21-22; 2. Sam 3,30 **14,6:** *a* 5. Mose 24,16

der Väter willen sterben, sondern jeder
soll um seiner Sünde willen sterben. 7 Er
schlug auch die Edomiter im Salztal,
zehntausend Mann, und eroberte die
Stadt Sela im Kampf und nannte sie Jok-
teel bis auf diesen Tag.

8 Und Amazja sandte Boten zu Joasch,
dem Sohn des Joahas, des Sohnes Jehus,
dem König von Israel, und ließ ihm sa-
gen: Komm her, wir wollen uns mitein-
ander messen! 9 Aber Joasch, der König
von Israel, sandte zu Amazja, dem König
von Juda, und antwortete ihm: Der
[a]Dornstrauch, der im Libanon ist,
sandte zur Zeder im Libanon und ließ ihr
sagen: Gib deine Tochter meinem Sohn
zur Frau! Aber das Wild auf dem Liba-
non lief über den Dornstrauch und zer-
trat ihn. 10 Du hast die Edomiter geschla-
gen; darüber erhebt sich dein Herz. Habe
den Ruhm und bleib daheim! Warum
suchst du dein Unglück, dass du zu Fall
kommst und Juda mit dir? 11 Aber Amaz-
ja hörte nicht darauf. Da zog Joasch, der
König von Israel, herauf und sie maßen
sich miteinander, er und Amazja, der Kö-
nig von Juda, bei [a]Bet-Schemesch, das in
Juda liegt. 12 Aber Juda wurde vor Israel
her geschlagen und sie flohen, jeder in
sein Haus. 13 Und Joasch, der König von
Israel, nahm Amazja gefangen, den Sohn
des Joasch, des Sohnes des Ahasja, den
König von Juda, in Bet-Schemesch und
kam nach Jerusalem und riss die Mauer
Jerusalems ein von dem Tor Ephraim bis
an das Ecktor, vierhundert Ellen lang,
14 und er nahm alles Gold und Silber und
Gerät, das gefunden wurde im Hause des
HERRN und im Schatz des Königshauses,
dazu die Geiseln, und zog nach Samaria
zurück.

15 Was aber mehr von Joasch zu sagen
ist, was er getan hat, und seine tapferen
Taten und wie er mit Amazja, dem König
von Juda, gekämpft hat, siehe, das steht
geschrieben in der Chronik der Könige
von Israel. 16 Und [a]Joasch legte sich zu
seinen Vätern und wurde begraben zu
Samaria bei den Königen von Israel.
Und sein Sohn Jerobeam wurde König
an seiner statt.

17 Amazja aber, der Sohn des Joasch,
des Königs von Juda, lebte nach dem
Tod des Joasch, des Sohnes des Joahas,
des Königs von Israel, noch fünfzehn
Jahre. 18 Was aber mehr von Amazja zu
sagen ist, das steht geschrieben in der
Chronik der Könige von Juda. 19 Und sie
[a]machten eine Verschwörung gegen ihn
in Jerusalem; er aber floh nach Lachisch.
Und sie sandten hin, ihm nach, bis nach
Lachisch und töteten ihn dort. 20 Und sie
brachten ihn auf Rossen und er wurde
begraben zu Jerusalem bei seinen Vätern
in der Stadt Davids.

21 Und das ganze Volk von Juda nahm
[a]Asarja in seinem sechzehnten Jahr und
machte ihn zum König anstatt seines Va-
ters Amazja. 22 Er baute [a]Elat aus und
brachte es wieder an Juda, nachdem der
König sich zu seinen Vätern gelegt hatte.

Reich Israel: Jerobeam der Zweite

23 Im fünfzehnten Jahr Amazjas, des Soh-
nes des Joasch, des Königs von Juda,
wurde [a]Jerobeam, der Sohn des Joasch,
König über Israel und regierte zu Sama-
ria einundvierzig Jahre. 24 Und er tat, was
dem HERRN missfiel, und [a]ließ nicht ab
von allen Sünden Jerobeams, des Sohnes
Nebats, der Israel sündigen machte.

25 Er stellte wieder her das Gebiet Is-
raels von Hamat bis ans Salzmeer nach
dem Wort des HERRN, des Gottes Israels,
das er geredet hatte durch seinen Knecht
[a]Jona, den Sohn Amittais, den Prophe-
ten, der von Gat-Hefer war. 26 Denn der
HERR sah den bitteren Jammer Israels
an, dass sie allesamt dahin waren und
kein Helfer in Israel war. 27 Und der
HERR hatte nicht gesagt, dass er den Na-
men Israels austilgen wollte unter dem
Himmel, und [a]errettete sie durch Jero-
beam, den Sohn des Joasch. 28 Was aber
mehr von Jerobeam zu sagen ist und al-
les, was er getan hat, und seine tapferen
Taten, wie er gekämpft hat und wie er
Damaskus und Hamat wieder an Israel
gebracht hat, siehe, das steht geschrieben
in der Chronik der Könige von Israel.
29 Und Jerobeam legte sich zu seinen Vä-
tern, den Königen von Israel. Und sein
Sohn [a]Secharja wurde König an seiner
statt.

14,9: *a* Ri 9,14 **14,11:** *a* Jos 15,10 **14,16:** *a* Kap 13,13 **14,19:** *a* Kap 12,21 **14,21:** *a* Kap 15,1-2 **14,22:** *a* Kap 16,6 **14,23:** *a* Hos 1,1; Am 1,1 **14,24:** *a* 1.Kön 12,28-30 **14,25:** *a* Jona 1,1 **14,27:** *a* Kap 13,5 **14,29:** *a* Kap 15,8

Reich Juda: Asarja (Usija)

15 [a]Im siebenundzwanzigsten Jahr Je-
robeams, des Königs von Israel,
wurde [b]Asarja* König, der Sohn Amaz-
jas, des Königs von Juda. [2]Sechzehn
Jahre war er alt, als er König wurde, und
er regierte zweiundfünfzig Jahre zu Jeru-
salem. Seine Mutter hieß Jecholja, aus
Jerusalem. [3]Und er tat, was dem HERRN
wohlgefiel, ganz wie sein Vater Amazja,
[4]nur, dass die Höhen nicht entfernt wur-
den; denn das Volk opferte und räu-
cherte noch auf den Höhen.[a] [5]Der
HERR aber plagte den König, dass er
[a]aussätzig war bis an seinen Tod, und
er wohnte in einem besonderen Hause.
Jotam aber, der Sohn des Königs, stand
dem Hause des Königs vor und richtete
das Volk des Landes.

[6]Was aber mehr von Asarja zu sagen
ist und alles, was er getan hat, siehe, das
steht geschrieben in der Chronik der Kö-
nige von Juda. [7]Und Asarja legte sich zu
seinen Vätern und man begrub ihn bei
seinen Vätern in der Stadt Davids. Und
sein Sohn [a]Jotam wurde König an seiner
statt.

Reich Israel: Secharja. Schallum. Menahem. Pekachja. Pekach. Anfang der assyrischen Gefangenschaft

[8]Im achtunddreißigsten Jahr Asarjas, des
Königs von Juda, wurde [a]Secharja, der
Sohn Jerobeams, König über Israel und
regierte zu Samaria sechs Monate. [9]Und
er tat, was dem HERRN missfiel, wie seine
Väter getan hatten. [a]Er ließ nicht ab von
den Sünden Jerobeams, des Sohnes Ne-
bats, der Israel sündigen machte. [10]Und
Schallum, der Sohn des Jabesch, machte
eine Verschwörung gegen ihn und schlug
ihn tot und wurde König an seiner statt.

[11]Was aber mehr von Secharja zu sa-
gen ist, siehe, das steht geschrieben in der
Chronik der Könige von Israel. [12]Und
das ist's, was der HERR zu Jehu geredet
hatte: [a]Dir sollen Söhne auf dem Thron
Israels sitzen bis ins vierte Glied. Und so
ist es geschehen.

[13]Schallum aber, der Sohn des Ja-
besch, wurde König im neununddreißigs-
ten Jahr Usijas, des Königs von Juda,
und regierte einen Monat zu Samaria.
[14]Denn Menahem, der Sohn Gadis, zog
herauf von Tirza und kam nach Samaria
und schlug Schallum, den Sohn des Ja-
besch, in Samaria tot und wurde König
an seiner statt. [15]Was aber mehr von
Schallum zu sagen ist und seine Ver-
schwörung, die er gemacht hat, siehe,
das steht geschrieben in der Chronik der
Könige von Israel. [16]Damals schlug
Menahem die Stadt Tifsach und alle, die
darin waren, und ihr Gebiet von [a]Tirza
aus, weil sie ihn nicht einlassen wollten,
und schlug sie, und [b]alle ihre Schwan-
geren ließ er aufschlitzen.

[17]Im neununddreißigsten Jahr Asarjas,
des Königs von Juda, wurde Menahem,
der Sohn Gadis, König über Israel und
regierte zehn Jahre zu Samaria. [18]Und er
tat, was dem HERRN missfiel. Er ließ sein
Leben lang nicht ab von den Sünden
Jerobeams, des Sohnes Nebats, der Israel
sündigen machte. [19]Und es kam Pul, der
König von Assyrien**, ins Land. Und
Menahem gab Pul tausend Zentner Sil-
ber, [a]damit er's mit ihm hielte und sein
Königtum befestigte. [20]Und Menahem
legte eine [a]Steuer auf die Reichsten in
Israel, fünfzig Silberstücke auf jeden
Mann, um es dem König von Assyrien zu
geben. So zog der König von Assyrien
wieder heim und blieb nicht im Lande.

[21]Was aber mehr von Menahem zu
sagen ist und alles, was er getan hat,
siehe, das steht geschrieben in der Chro-
nik der Könige von Israel. [22]Und Me-
nahem legte sich zu seinen Vätern und
sein Sohn Pekachja wurde König an sei-
ner statt.

[23]Im fünfzigsten Jahr Asarjas, des Kö-
nigs von Juda, wurde Pekachja, der Sohn
Menahems, König über Israel und re-
gierte zu Samaria zwei Jahre. [24]Und er
tat, was dem HERRN missfiel, denn er
ließ nicht ab von der Sünde Jerobeams,
des Sohnes Nebats, der Israel sündigen
machte. [25]Und es machte Pekach, der

* Asarja trägt auch den Namen Usija.
** Sein eigentlicher Name ist Tiglat-Pileser; als König von Babel wird er auch Pul genannt.

15,1: *a (1-7)* 2.Chr 26,1-23; *b* Kap 14,21 **15,4:** *a* Kap 14,3-4 **15,5:** *a* 3.Mose 13,46 **15,7:** *a* Vers 32 **15,8:** *a* Kap 14,29 **15,9:** *a* 1.Kön 12,28-30; Am 7,9 **15,12:** *a* Kap 10,30 **15,16:** *a* Jos 12,24; *b* Kap 8,12 **15,19:** *a* Vers 29 **15,20:** *a* Kap 23,35

Sohn Remaljas, sein Ritter, eine [a]Ver-
schwörung gegen ihn – und mit ihm wa-
ren fünfzig Mann von den Gileaditern –
und schlug ihn tot in Samaria im Burg-
turm des Königshauses samt Argob und
Arje und wurde König an seiner statt.

26 Was aber mehr von Pekachja zu sa-
gen ist und alles, was er getan hat, siehe,
das steht geschrieben in der Chronik der
Könige von Israel.

27 Im zweiundfünfzigsten Jahr Asarjas,
des Königs von Juda, wurde Pekach, der
Sohn Remaljas, König über Israel und
regierte zu Samaria zwanzig Jahre.
28 Und er tat, was dem HERRN missfiel,
denn er ließ nicht ab von der Sünde Jero-
beams, des Sohnes Nebats, der Israel
sündigen machte. 29 Zu der Zeit Pekachs,
des Königs von Israel, kam Tiglat-Pile-
ser, der König von Assyrien, und nahm
Ijon, Abel-Bet-Maacha, Janoach, Ke-
desch, Hazor, Gilead und von Galiläa
das ganze Land Naftali und führte sie
weg nach Assyrien.[a] 30 Und [a]Hoschea,
der Sohn Elas, machte eine [b]Verschwö-
rung gegen Pekach, den Sohn Remaljas,
und schlug ihn tot und wurde König an
seiner statt im zwanzigsten Jahr Jotams,
des Sohnes Usijas.

31 Was aber mehr von Pekach zu sagen
ist und alles, was er getan hat, siehe, das
steht geschrieben in der Chronik der Kö-
nige von Israel.

Reich Juda: Jotam

32 [a]Im zweiten Jahr Pekachs, des Sohnes
Remaljas, des Königs von Israel, wurde
Jotam König, der Sohn Usijas, des Kö-
nigs von Juda. 33 Er war fünfundzwanzig
Jahre alt, als er König wurde; und er
regierte sechzehn Jahre zu Jerusalem.
Seine Mutter hieß Jeruscha, eine Tochter
Zadoks. 34 [a]Und er tat, was dem HERRN
wohlgefiel, ganz wie sein Vater Usija ge-
tan hatte, 35 nur, dass die Höhen nicht
entfernt wurden; denn das Volk opferte
und räucherte noch auf den Höhen. Er
baute das obere Tor am Hause des
HERRN.

36 Was aber mehr von Jotam zu sagen
ist und alles, was er getan hat, siehe, das
steht geschrieben in der Chronik der Kö-
nige von Juda. 37 Zu der Zeit begann der
HERR, gegen Juda zu senden [a]Rezin, den
König von Aram, und Pekach, den Sohn
Remaljas. 38 Und Jotam legte sich zu sei-
nen Vätern und wurde begraben bei sei-
nen Vätern in der Stadt Davids, seines
Vaters. Und sein Sohn Ahas wurde Kö-
nig an seiner statt.

Reich Juda: Ahas stellt einen heidnischen Altar auf und baut den Tempel um

16 [a]Im siebzehnten Jahr Pekachs, des
Sohnes Remaljas, wurde Ahas Kö-
nig, der Sohn Jotams, des Königs von
Juda. 2 Zwanzig Jahre war Ahas alt, als
er König wurde; und er regierte sechzehn
Jahre zu Jerusalem. Und er tat nicht, was
dem HERRN, seinem Gott, wohlgefiel,
wie sein Vater David, 3 denn er wandelte
auf dem Wege der Könige von Israel.
Dazu [a]ließ er seinen Sohn durchs Feuer
gehen nach den gräulichen Sitten der
Heiden, die der HERR vor den Israeliten
vertrieben hatte, 4 und brachte Opfer dar
und räucherte auf den Höhen und auf
den Hügeln und unter allen grünen Bäu-
men.

5 Damals zogen [a]Rezin, der König von
Aram, und Pekach, der Sohn Remaljas,
der König von Israel, hinauf, um gegen
Jerusalem zu kämpfen, und belagerten
Ahas in der Stadt; aber sie konnten sie
nicht erobern. 6 Zu dieser Zeit brachte
Rezin, der König von Aram, [a]Elat wie-
der an Edom und vertrieb die Judäer aus
Elat. Danach kamen die Edomiter und
wohnten darin bis auf diesen Tag.

7 [a]Aber Ahas sandte Boten zu Tiglat-
Pileser, dem König von Assyrien, und
ließ ihm sagen: Ich bin dein Knecht und
dein Sohn. Komm herauf und hilf mir
aus der Hand des Königs von Aram und
des Königs von Israel, die sich gegen
mich aufgemacht haben! 8 Und Ahas
[a]nahm das Silber und Gold, das sich in
dem Hause des HERRN und in den Schät-
zen des Königshauses fand, und sandte
dem König von Assyrien Geschenke.
9 Und der König von Assyrien hörte auf
ihn und zog herauf gegen Damaskus und
eroberte es und führte die Einwohner
weg nach Kir und tötete Rezin.

15,25: *a* Verse 10.15.30 **15,29:** *a* 1. Chr 5,26 **15,30:** *a* Kap 17,1; *b* Vers 25 **15,32:** *a (32-35)* 2. Chr 27,1-7 **15,34:** *a (34-35)* Verse 3-4 **15,37:** *a* Kap 16,5 **16,1:** *a (1-4)* 2. Chr 28,1-6 **16,3:** *a* 3. Mose 18,21 **16,5:** *a* Jes 7,1-9 **16,6:** *a* Kap 14,22 **16,7:** *a (7-20)* 2. Chr 28,16-27 **16,8:** *a* 1. Kön 15,18

10 Und der König Ahas zog Tiglat-Pile-
ser entgegen, dem König von Assyrien,
nach Damaskus. Und als er den Altar
sah, der in Damaskus war, sandte der
König Ahas zum Priester Uria Maße und
Abbild des Altars, ganz wie dieser ge-
macht war. 11 Und der Priester Uria
baute einen Altar und machte ihn so, wie
der König Ahas zu ihm gesandt hatte
von Damaskus, bis er selbst von Damas-
kus kam. 12 Und als der König aus Da-
maskus zurückkam und den Altar sah,
trat er heran, stieg hinauf 13 und ver-
brannte darauf sein Brandopfer und
Speisopfer und goss darauf sein Trank-
opfer und sprengte das Blut der Dank-
opfer, die er opferte, an den Altar. 14 Aber
den kupfernen Altar, der vor dem
HERRN stand, tat er weg, damit er nicht
stehe zwischen dem Altar und dem
Hause des HERRN, sondern setzte ihn an
die Seite des neuen Altars gegen Nor-
den.

15 Und der König Ahas gebot dem
Priester Uria: Auf dem großen Altar
sollst du anzünden die Brandopfer des
Morgens und die Speisopfer des Abends
und die Brandopfer des Königs und sein
Speisopfer und die Brandopfer des gan-
zen Volks samt ihrem Speisopfer und
Trankopfer; und alles Blut der Brand-
opfer und das Blut der Schlachtopfer
sollst du daran sprengen. Aber wegen des
kupfernen Altars will ich bedenken, was
ich mache. 16 Der Priester Uria tat alles,
was ihm der König Ahas geboten hatte.

17 Und der König Ahas brach die Leis-
ten der Gestelle ab und nahm die Kessel
von ihnen herunter. Und das Meer nahm
er von den kupfernen Rindern herunter,
die darunter waren, und setzte es auf ein
steinernes Pflaster.[a] 18 Auch die bedeckte
Sabbathalle, die am Tempel gebaut war,
und den äußeren Königseingang am
Hause des HERRN änderte er, dem König
von Assyrien zuliebe.

19 Was aber mehr von Ahas zu sagen
ist, was er getan hat, siehe, das steht
geschrieben in der Chronik der Könige
von Juda. 20 Und Ahas legte sich zu sei-
nen Vätern und wurde begraben bei sei-
nen Vätern in der Stadt Davids. Und sein
Sohn [a]Hiskia wurde König an seiner
statt.

Reich Israel: Hoschea letzter König. Eroberung Samarias. Die assyrische Gefangenschaft

17 [a]Im zwölften Jahr des Ahas, des
Königs von Juda, wurde [b]Hoschea,
der Sohn Elas, König über Israel und
regierte zu Samaria neun Jahre. 2 Und er
tat, was dem HERRN missfiel, doch nicht
wie die Könige von Israel, die vor ihm
waren.

3 Gegen ihn zog herauf Salmanassar,
der König von Assyrien. Und Hoschea
wurde ihm untertan und brachte ihm
Abgaben. 4 Als aber der König von Assy-
rien innewurde, dass Hoschea eine Ver-
schwörung gemacht und Boten gesandt
hatte zu So, dem König von Ägypten,
und [a]keine Abgaben dem König von As-
syrien brachte wie alle Jahre, nahm er ihn
fest und legte ihn ins Gefängnis. 5 Und
der König von Assyrien zog durch das
ganze Land und gegen Samaria und
belagerte es drei Jahre lang.[a] 6 Und
im neunten Jahr Hoscheas eroberte der
König von Assyrien Samaria und führte
Israel weg nach Assyrien und ließ sie
wohnen in Halach und am Habor, dem
Fluss von Gosan, und in den Städten der
Meder.

Der Grund für die Verwerfung des Reiches Israel

7 Denn die Israeliten hatten gegen den
HERRN, ihren Gott, gesündigt, der sie
aus Ägyptenland geführt hatte, aus der
Hand des Pharao, des Königs von Ägyp-
ten, und fürchteten andere Götter 8 und
[a]wandelten nach den Satzungen der Hei-
den, die der HERR vor Israel vertrieben
hatte, und taten wie die Könige von Is-
rael. 9 Und die Israeliten ersannen, was
nicht recht war gegen den HERRN, ihren
Gott, sodass sie sich Höhen bauten in
allen Orten, von den Wachttürmen bis zu
den festen Städten, 10 und richteten
Steinmale auf und Ascherabilder auf al-
len hohen Hügeln und unter allen grünen
Bäumen[a] 11 und opferten auf allen Hö-
hen wie die Heiden, die der HERR vor

16,17: *a* 1. Kön 7,23-39 **16,20:** *a* Kap 18,1 **17,1:** *a (1-6)* Kap 18,9-12; *b* Kap 15,30 **17,4:** *a* Hos 12,2 **17,5:** *a* Jes 28,2
17,8: *a* Kap 16,3 **17,10:** *a* Kap 16,4; 1. Kön 14,23

ihnen weggetrieben hatte, und trieben
böse Dinge, womit sie den HERRN er-
zürnten, 12und dienten den Götzen, von
denen der HERR zu ihnen gesagt hatte:
[a]Das sollt ihr nicht tun!
13Und doch hatte der HERR Israel und
Juda gewarnt durch alle Propheten und
alle Seher und ihnen sagen lassen: Kehrt
um von euren bösen Wegen und haltet
meine Gebote und Rechte nach dem gan-
zen Gesetz, das ich euren Vätern geboten
habe und das ich zu euch gesandt habe
durch meine Knechte, die Propheten.
14Aber sie gehorchten nicht, sondern ver-
steiften ihren Nacken wie ihre Väter, die
nicht an den HERRN, ihren Gott, glaub-
ten. 15Dazu verachteten sie seine Gebote
und seinen Bund, den er mit ihren Vätern
geschlossen hatte, und seine Warnungen,
die er ihnen gab, und wandelten ihren
nichtigen Götzen nach und trieben Nich-
tiges. [a]Sie taten wie die Heiden um sie
her, von denen der HERR ihnen geboten
hatte, sie sollten nicht wie diese tun.
16Aber sie verließen alle Gebote des
HERRN, ihres Gottes, und [a]machten sich
zwei gegossene Kälber und ein [b]Bild der
Aschera und beteten alles Heer des Him-
mels an und dienten Baal 17und [a]ließen
ihre Söhne und Töchter durchs Feuer
gehen und gingen mit Wahrsagen und
Zauberei um und verkauften sich, zu tun,
was dem HERRN missfiel, um ihn zu er-
zürnen.
18Da wurde der HERR sehr zornig
über Israel und tat es von seinem Ange-
sicht weg, sodass nichts übrig blieb als
der Stamm Juda allein. – 19Auch Juda
hielt nicht die Gebote des HERRN, seines
Gottes, sondern wandelte nach den Sat-
zungen, nach denen Israel gelebt hatte. –
20Darum verwarf der HERR das ganze
Geschlecht Israel und bedrängte sie und
gab sie in die Hände der Räuber, bis er
sie von seinem Angesicht wegstieß.
21Denn der Herr [a]riss Israel vom Hause
David los, und sie machten zum König
Jerobeam, den Sohn Nebats. Der wandte
Israel ab vom HERRN und machte, dass
sie schwer sündigten. 22So wandelte Is-
rael in allen Sünden Jerobeams, die er
getan hatte, und sie ließen nicht davon
ab, 23bis der HERR Israel von seinem
Angesicht wegtat, [a]wie er geredet hatte
durch alle seine Knechte, die Propheten.
So wurde Israel aus seinem Lande weg-
geführt nach Assyrien bis auf diesen
Tag.

Die Entstehung des Volkes der Samaritaner

24Der König von Assyrien aber ließ
Leute von Babel kommen, von Kuta, von
Awa, von Hamat und Sefarwajim und
ließ sie wohnen in den Städten von Sa-
marien an Israels statt. Und sie nahmen
Samarien ein und wohnten in seinen
Städten. 25Als sie aber anfingen, dort zu
wohnen, und den HERRN nicht fürch-
teten, sandte der HERR unter sie [a]Lö-
wen, die töteten sie. 26Und man ließ dem
König von Assyrien sagen: Die Völker,
die du hergebracht und mit denen du die
Städte Samariens besetzt hast, wissen
nichts von der Verehrung des Gottes die-
ses Landes. Darum hat er Löwen unter
sie gesandt, und siehe, diese töten sie,
weil sie nichts wissen von der Verehrung
des Gottes dieses Landes.
27Der König von Assyrien gebot:
Bringt dorthin einen der Priester, die von
dort weggeführt sind; er ziehe hin und
wohne dort und lehre sie die Verehrung
des Gottes des Landes. 28Da kam einer
der Priester, die von Samarien wegge-
führt waren, und wohnte in Bethel und
lehrte sie, wie sie den HERRN fürchten
sollten.
29Aber jedes Volk machte sich seinen
Gott und tat ihn in die Heiligtümer auf
den Höhen, die die Samaritaner gemacht
hatten, jedes Volk in seinen Städten, in
denen es wohnte. 30Die von Babel mach-
ten sich Sukkot-Benot, die von Kuta
machten sich Nergal, die von Hamat
machten sich Aschima, 31die von Awa
machten sich Nibhas und Tartak; die von
Sefarwajim [a]verbrannten ihre Söhne
dem Adrammelech und Anammelech,
den Göttern derer von Sefarwajim.
32Und weil sie auch den HERRN fürch-
teten, [a]bestellten sie sich Priester auf den
Höhen aus allem Volk unter ihnen; die
opferten für sie in den Heiligtümern auf

17,12: *a* 2. Mose 20,23; 23,13 **17,15:** *a* 2. Mose 23,24 **17,16:** *a* 1. Kön 12,28; *b* 1. Kön 16,33 **17,17:** *a* 3. Mose 18,21
17,21: *a* 1. Kön 12,20 **17,23:** *a* 5. Mose 28,63-64 **17,25:** *a* Hos 13,8 **17,31:** *a* Vers 17 **17,32:** *a* 1. Kön 12,31

den Höhen. 33 So fürchteten sie den
HERRN, dienten aber auch den Göttern
nach dem Brauch der Völker, von denen
man sie hergebracht hatte.

34 Und bis auf diesen Tag tun sie nach
den früheren Bräuchen: Sie fürchten we-
der den HERRN noch halten sie Satzun-
gen und Rechte nach dem Gesetz und
Gebot, das der HERR geboten hat den
Söhnen [a]Jakobs, dem er den Namen Is-
rael gab; 35 hatte doch der HERR einen
Bund mit ihnen geschlossen und ihnen
geboten: [a]Fürchtet keine andern Götter
und betet sie nicht an und dient ihnen
nicht und opfert ihnen nicht, 36 sondern
den HERRN, der euch aus Ägyptenland
geführt hat mit großer Kraft und ausge-
strecktem Arm, den fürchtet, den betet
an und dem opfert. 37 Und die Satzun-
gen, Rechte, Gesetze und Gebote, die er
euch hat aufschreiben lassen, die haltet,
dass ihr danach tut allezeit, und fürchtet
nicht andere Götter. 38 Und vergesst
nicht den Bund, den er mit euch ge-
schlossen hat, und fürchtet nicht andere
Götter, 39 sondern fürchtet den HERRN,
euren Gott; der wird euch erretten von
allen euren Feinden.[a]

40 Aber sie gehorchten nicht, sondern
taten nach ihren früheren Bräuchen.
41 So fürchteten diese Völker den HERRN
und dienten zugleich ihren Götzen. Auch
ihre Kinder und Kindeskinder tun, wie
ihre Väter getan haben, bis auf diesen
Tag.

Reich Juda: Hiskia

(vgl. 2. Chr 29,1–31,21)

18 Im dritten Jahr Hoscheas, des Soh-
nes Elas, des Königs von Israel,
wurde [a]Hiskia König, der Sohn des
Ahas, des Königs von Juda. 2 Er war
fünfundzwanzig Jahre alt, als er König
wurde; und er regierte neunundzwanzig
Jahre zu Jerusalem. Seine Mutter hieß
Abi, eine Tochter Secharjas. 3 Und [a]er
tat, was dem HERRN wohlgefiel, ganz wie
sein Vater David.

4 Er [a]entfernte die Höhen und zer-
brach die Steinmale und hieb das Bild
der Aschera um und [b]zerschlug die eher-
ne Schlange, die Mose gemacht hatte.
Denn bis zu dieser Zeit hatte ihr Israel
geräuchert und man nannte sie Nehusch-
tan. 5 Er vertraute dem HERRN, dem
Gott Israels, [a]sodass unter allen Köni-
gen von Juda seinesgleichen nach ihm
nicht war noch vor ihm gewesen ist. 6 Er
hing dem HERRN an und wich nicht von
ihm ab und hielt seine Gebote, die der
HERR dem Mose geboten hatte. 7 Und
der HERR war mit ihm und alles, was er
sich vornahm, gelang ihm. Und er wurde
abtrünnig vom König von Assyrien und
war ihm nicht mehr untertan. 8 Er schlug
auch die Philister bis nach Gaza und
seinem Gebiet, von den Wachttürmen bis
zu den festen Städten.

9 [a]Im vierten Jahr Hiskias, des Königs
von Juda – das war das siebente Jahr
Hoscheas, des Sohnes Elas, des Königs
von Israel –, zog Salmanassar, der König
von Assyrien, herauf gegen Samaria und
belagerte es 10 und nahm es ein nach drei
Jahren. Im sechsten Jahr Hiskias, das ist
im neunten Jahr Hoscheas, des Königs
von Israel, wurde Samaria eingenom-
men. 11 Und der König von Assyrien
führte Israel weg nach Assyrien und ließ
sie wohnen in Halach und am Habor,
dem Fluss von Gosan, und in den Städ-
ten der Meder, 12 weil sie nicht gehorcht
hatten der Stimme des HERRN, ihres
Gottes, und seinen Bund übertreten hat-
ten und alles, was Mose, der Knecht des
HERRN, geboten hatte; sie hatten nicht
gehorcht und nicht danach getan.

Sanherib zieht gegen Jerusalem

(vgl. 2. Chr 32,1-19; Jes 36,1-22)

13 Im vierzehnten Jahr des Königs Hiskia
zog herauf Sanherib, der König von As-
syrien, gegen alle festen Städte Judas und
nahm sie ein. 14 Da sandte Hiskia, der
König von Juda, zum König von Assy-
rien nach Lachisch und ließ ihm sagen:
Ich hab Unrecht getan, zieh weg von mir.
Was du mir auferlegst, will ich tragen.
Da legte der König von Assyrien Hiskia,
dem König von Juda, dreihundert Zent-
ner Silber auf und dreißig Zentner Gold.
15 So gab Hiskia all das Silber, das sich
im Hause des HERRN und in den Schät-
zen des Hauses des Königs fand.[a] 16 Zur

17,34: *a* 1. Mose 32,29 **17,35:** *a* 2. Mose 23,24 **17,39:** *a* 5. Mose 6,12-19 **18,1:** *a* Kap 16,20 **18,3:** *a* Kap 20,3
18,4: *a* Kap 15,35; *b* 4. Mose 21,8-9 **18,5:** *a* Kap 23,25 **18,9:** *a (9-12)* Kap 17,3-6 **18,15:** *a* Kap 16,8

selben Zeit zerbrach Hiskia, der König
von Juda, die Türen am Tempel des
HERRN und das Goldblech, das er selbst
hatte darüberziehen lassen, und gab es
dem König von Assyrien.

17 Und der König von Assyrien sandte
den Tartan und den Rabsaris und den
Rabschake von Lachisch zum König His-
kia mit großer Heeresmacht nach Jeru-
salem und sie zogen hinauf. Und als sie
hinkamen, hielten sie an der [a]Wasser-
leitung des oberen Teiches, der an der
Straße bei dem Acker des Walkers liegt.
18 Und sie riefen nach dem Könige. Da
kamen zu ihnen heraus der Hofmeister
Eljakim, der Sohn Hilkijas, und der
Schreiber Schebna und der Kanzler
Joach, der Sohn Asafs.

19 Und der Rabschake sprach zu ihnen:
Sagt doch dem König Hiskia: So spricht
der große König, der König von Assy-
rien: Was ist das für ein Vertrauen, das
du da hast? 20 Meinst du, bloße Worte
seien schon Rat und Macht zum Kämp-
fen? Auf wen verlässt du dich denn, dass
du von mir abtrünnig geworden bist?
21 Siehe, verlässt du dich auf diesen zer-
brochenen [a]Rohrstab, auf Ägypten, der
jedem, der sich darauf stützt, in die
Hand dringen und sie durchbohren wird?
So ist der Pharao, der König von Ägyp-
ten, für alle, die sich auf ihn verlassen.
22 Oder wollt ihr zu mir sagen: Wir ver-
lassen uns auf den HERRN, unsern Gott!
Ist er es denn nicht, dessen Höhen und
Altäre Hiskia entfernt und zu Juda und
zu Jerusalem gesagt hat: [a]Nur vor die-
sem Altar, der in Jerusalem ist, sollt ihr
anbeten? 23 Wohlan, nimm eine Wette an
mit meinem Herrn, dem König von Assy-
rien: Ich will dir zweitausend Rosse ge-
ben, ob du Reiter dazu stellen kannst?
24 Wie willst du denn zurücktreiben auch
nur einen der geringsten von meines
Herrn Untertanen? Und du verlässt dich
auf Ägypten um der Wagen und Ge-
spanne willen. 25 Meinst du aber, ich sei
ohne den HERRN heraufgezogen, dass
ich diese Stätte verderbe? Der HERR hat
mir's geboten: Zieh hinauf in dies Land
und verdirb es!

26 Da sprachen Eljakim, der Sohn Hil-
kijas, und Schebna und Joach zum Rab-
schake: Rede mit deinen Knechten ara-
mäisch, denn wir verstehen's, und rede
nicht mit uns hebräisch vor den Ohren
des Volks, das auf der Mauer ist. 27 Aber
der Rabschake sprach zu ihnen: Hat
mich denn mein Herr zu deinem Herrn
oder zu dir gesandt, dass ich solche
Worte rede, und nicht vielmehr zu den
Männern, die auf der Mauer sitzen, dass
sie mit euch ihren eigenen Mist fressen
und ihren Harn saufen?

28 Da trat der Rabschake hin und rief
mit lauter Stimme auf Hebräisch und
sprach: Hört das Wort des großen Kö-
nigs, des Königs von Assyrien! 29 So
spricht der König: Lasst euch von Hiskia
nicht betrügen, denn er vermag euch
nicht zu erretten aus meiner Hand.
30 Und lasst euch von Hiskia nicht ver-
trösten auf den HERRN, wenn er sagt:
Der HERR wird uns erretten und diese
Stadt wird nicht in die Hände des Königs
von Assyrien gegeben werden. 31 Hört
nicht auf Hiskia! Denn so spricht der
König von Assyrien: Schließt Freund-
schaft mit mir und kommt zu mir heraus,
so soll jedermann [a]von seinem Wein-
stock und seinem Feigenbaum essen und
von seinem Brunnen trinken, 32 bis ich
komme und euch hole in ein Land, das
eurem Lande gleich ist, darin Korn,
Wein, Brot, Weinberge, Ölbäume und
Honig sind; dann werdet ihr am Leben
bleiben und nicht sterben. Hört nicht auf
Hiskia, denn er verführt euch, wenn er
spricht: Der HERR wird uns erretten.
33 Haben etwa [a]die Götter der andern
Völker ihr Land errettet aus der Hand
des Königs von Assyrien? 34 Wo sind die
Götter von Hamat und Arpad? Wo sind
die Götter von Sefarwajim, Hena und
Awa? Wo sind die Götter des Landes
Samarien? Haben sie Samaria errettet
aus meiner Hand? 35 Wo ist ein Gott un-
ter den Göttern aller Länder, [a]der sein
Land aus meiner Hand errettet hätte,
dass allein der HERR Jerusalem aus mei-
ner Hand erretten sollte?

36 Das Volk aber schwieg still und ant-
wortete ihm nichts, denn der König hatte
geboten: Antwortet ihm nichts. 37 Da ka-

18,17: *a* Jes 7,3 **18,21:** *a* Hes 29,6-7 **18,22:** *a* 5. Mose 12,14 **18,31:** *a* 1. Kön 5,5 **18,33:** *a* Jes 10,10-11 **18,35:** *a* Dan 3,15

men der Hofmeister Eljakim, der Sohn
Hilkijas, und der Schreiber Schebna und
der Kanzler Joach, der Sohn Asafs, zu
Hiskia mit zerrissenen Kleidern und sag-
ten ihm die Worte des Rabschake an.

Hiskias Gebet. Jesaja verheißt Rettung

(vgl. 2. Chr 32,20-23; Jes 37,1-35)

19 Als der König Hiskia das hörte,
zerriss er seine Kleider und legte
einen Sack an und ging in das Haus des
HERRN. 2 Und er sandte den Hofmeister
Eljakim und den Schreiber Schebna samt
den Ältesten der Priester, mit Säcken an-
getan, zu dem Propheten Jesaja, dem
Sohn des Amoz. 3 Und sie sprachen zu
ihm: So sagt Hiskia: Das ist ein Tag der
Not, der Strafe und der Schmach – wie
wenn Kinder eben geboren werden sol-
len, aber die Kraft fehlt, sie zu gebären.
4 Vielleicht hört der HERR, dein Gott,
alle Worte des Rabschake, den sein Herr,
der König von Assyrien, gesandt hat, um
[a]hohnzusprechen dem lebendigen Gott,
und straft [b]die Worte, die der HERR,
dein Gott, gehört hat. So erhebe dein
Gebet für die Übriggebliebenen, die noch
vorhanden sind.
5 Und als die Großen des Königs His-
kia zu Jesaja kamen, 6 sprach Jesaja zu
ihnen: So sagt eurem Herrn: So spricht
der HERR: Fürchte dich nicht vor den
Worten, die du gehört hast, mit denen
mich die Knechte des Königs von Assy-
rien gelästert haben. 7 Siehe, ich will
einen Geist über ihn bringen, dass er ein
[a]Gerücht hören und in sein Land zu-
rückziehen wird, und [b]will ihn durchs
Schwert fällen in seinem Lande.
8 Und als der Rabschake zurückkam,
fand er den König von Assyrien gegen
Libna kämpfen, denn er hatte gehört,
dass er von Lachisch abgezogen war.
9 Der König von Assyrien hatte nämlich
gehört über Tirhaka, den König von
Kusch: Siehe, er ist ausgezogen, mit dir
zu kämpfen.
Da sandte er abermals Boten zu His-
kia und ließ ihm sagen: 10 So sprecht zu
Hiskia, dem König von Juda: Lass dich
von deinem Gott nicht betrügen, auf den
du dich verlässt und sprichst: [a]Jerusalem
wird nicht in die Hand des Königs von
Assyrien gegeben werden. 11 Siehe, du
hast gehört, was die Könige von Assyrien
allen Ländern getan haben, dass sie den
Bann an ihnen vollstreckten, und du
allein solltest errettet werden? 12 Haben
[a]die Götter der Völker, die von meinen
Vätern vernichtet sind, sie errettet: Go-
san, Haran, Rezef und die Leute von
Eden, die zu Telassar waren? 13 Wo ist
der König von Hamat, der König von
Arpad und der König der Stadt Sefarwa-
jim, von Hena und Awa?
14 Als Hiskia den Brief von den Boten
empfangen und gelesen hatte, ging er
hinauf zum Hause des HERRN und brei-
tete ihn aus vor dem HERRN 15 und be-
tete vor dem HERRN und sprach: HERR,
Gott Israels, [a]der du über den Cherubim
thronst, du bist allein Gott über alle Kö-
nigreiche auf Erden, du hast Himmel
und Erde gemacht. 16 HERR, neige deine
Ohren und höre, tu deine Augen auf und
sieh und höre die Worte Sanheribs, der
hergesandt hat, um dem lebendigen Gott
hohnzusprechen. 17 Es ist wahr, HERR,
die Könige von Assyrien haben die Völ-
ker mit dem Schwert umgebracht und
ihre Länder verwüstet 18 und haben ihre
Götter ins Feuer geworfen, denn es
waren nicht Götter, sondern Werk von
Menschenhänden, Holz und Stein;
darum haben sie sie vertilgt. 19 Nun aber,
HERR, unser Gott, errette uns aus seiner
Hand, damit alle Königreiche auf Erden
erkennen, dass du, HERR, allein Gott
bist.
20 Da sandte Jesaja, der Sohn des
Amoz, zu Hiskia und ließ ihm sagen: So
spricht der HERR, der Gott Israels: Was
du zu mir gebetet hast um Sanheribs
willen, des Königs von Assyrien, das
habe ich gehört. 21 Das ist's, was der
HERR gegen ihn geredet hat: Die Jung-
frau, die Tochter Zion, verachtet dich
und spottet deiner. Die Tochter Jerusa-
lem schüttelt ihr Haupt hinter dir her.
22 Wen hast du gehöhnt und gelästert?
Über wen hast du deine Stimme erho-
ben? Du hast deine Augen erhoben wider
den Heiligen Israels! 23 Du hast den
HERRN durch deine Boten verhöhnt und

19,4: *a* 1. Sam 17,10; *b* Kap 18,35 **19,7:** *a* Vers 9; *b* Verse 35-37 **19,10:** *a* Kap 18,30 **19,12:** *a* Kap 18,33-34 **19,15:** *a* 2. Mose 25,22; Ps 80,2

gesagt: Ich bin mit der Menge meiner
Wagen auf die Höhen der Berge gestie-
gen, in den innersten Libanon. Ich habe
seine hohen Zedern und auserlesenen Zy-
pressen abgehauen und bin gekommen
bis zur äußersten Herberge darin im
dichtesten Walde. 24Ich habe gegraben
und getrunken die fremden Wasser und
werde austrocknen mit meinen Fußsoh-
len alle Flüsse Ägyptens.
25Hast du nicht gehört, dass ich es
lange zuvor bereitet und von Anfang an
geplant habe? Nun aber habe ich's kom-
men lassen, dass du feste Städte zerstör-
test zu wüsten Steinhaufen. 26Und die
darin wohnen, wurden ohne Kraft und
fürchteten sich und wurden zuschanden.
Sie wurden wie das Gras auf dem Felde
und wie das grüne Kraut, wie Gras auf
den Dächern, das verdorrt, ehe es reif
wird.
27Ich weiß von deinem Aufstehen und
Sitzen, deinem Ausziehen und Einziehen
und dass du tobst gegen mich. 28Weil du
denn gegen mich tobst und dein Über-
mut vor meine Ohren gekommen ist, so
will ich dir meinen Ring in deine Nase
legen und meinen Zaum in dein Maul
und will dich den Weg wieder zurück-
führen, den du hergekommen bist.
29Und das sei dir, Hiskia, ein Zeichen:
In diesem Jahr iss, was von selber nach-
wächst, im nächsten Jahr, was auch dann
noch wächst, im dritten Jahr sät und
erntet und pflanzt Weinberge und esst
ihre Früchte. 30Und was vom Hause Juda
errettet und übrig geblieben ist, wird von
Neuem nach unten Wurzeln schlagen
und oben Frucht tragen. 31Denn von Je-
rusalem werden ausgehen, die übrig ge-
blieben sind, und die Erretteten vom
Berge Zion. [a]Der Eifer des HERRN Ze-
baoth wird solches tun.
32Darum spricht der HERR über den
König von Assyrien: Er soll nicht in diese
Stadt kommen und keinen Pfeil hinein-
schießen und mit keinem Schild davor
kommen und soll keinen Wall gegen sie
aufschütten, 33sondern er soll den Weg
wieder zurückziehen, den er gekommen
ist, und soll in diese Stadt nicht kommen;
der HERR sagt's. 34Und [a]ich will diese
Stadt beschirmen, dass ich sie errette um
meinetwillen und um meines Knechtes
David willen.
35[a]Und in dieser Nacht fuhr aus der
Engel des HERRN und schlug im Lager
von Assyrien hundertfünfundachtzigtau-
send Mann. Und als man sich früh am
Morgen aufmachte, siehe, da lag alles
voller Leichen. 36So brach Sanherib, der
König von Assyrien, auf und zog ab,
kehrte um und blieb zu Ninive. 37Und als
er anbetete im Haus seines Gottes Nis-
roch, [a]erschlugen ihn mit dem Schwert
seine Söhne Adrammelech und Sarezer,
und sie entkamen ins Land Ararat. Und
sein Sohn Asarhaddon wurde König an
seiner statt.

Hiskias Krankheit und Genesung

(vgl. 2. Chr 32,24-26; Jes 38,1-8)

20 Zu dieser Zeit wurde Hiskia tod-
krank. Und der Prophet Jesaja,
der Sohn des Amoz, kam zu ihm und
sprach zu ihm: So spricht der HERR: Be-
stelle dein Haus, denn du wirst sterben
und nicht am Leben bleiben. 2Er aber
wandte sein Antlitz zur Wand und betete
zum HERRN und sprach: 3Ach, HERR,
gedenke doch, dass ich vor dir in Treue
und mit rechtschaffenem Herzen gewan-
delt bin und getan habe, was dir wohl-
gefällt. Und Hiskia weinte sehr.
4Als aber Jesaja noch nicht zum mitt-
leren Hof hinausgegangen war, kam des
HERRN Wort zu ihm: 5Kehre um und
sage Hiskia, dem Fürsten meines Volks:
So spricht der HERR, der Gott deines
Vaters David: Ich habe dein Gebet gehört
und deine Tränen gesehen. Siehe, ich will
dich gesund machen – am dritten Tage
wirst du hinauf in das Haus des HERRN
gehen –, 6und ich will fünfzehn Jahre zu
deinem Leben hinzutun und dich und
diese Stadt erretten vor dem König von
Assyrien und [a]diese Stadt beschirmen
um meinetwillen und um meines Knech-
tes David willen. 7Und Jesaja sprach:
Bringt her ein Pflaster von Feigen! Und
als sie das brachten, legten sie es auf das
Geschwür und er wurde gesund.
8Hiskia aber sprach zu Jesaja: Was ist
das Zeichen, dass mich der HERR gesund
machen wird und ich in des HERRN Haus
hinaufgehen werde am dritten Tage? 9Je-

19,31: *a* Jes 9,6 **19,34:** *a* Kap 20,6 **19,35:** *a (35-37)* Jes 37,36-38 **19,37:** *a* Vers 7 **20,6:** *a* Kap 19,34

saja sprach: Dies Zeichen wirst du vom
HERRN haben, dass der HERR tun wird,
was er zugesagt hat: Soll der Schatten
an der Sonnenuhr zehn Striche vorwärts-
gehen oder zehn Striche zurückgehen?
10 Hiskia sprach: Es ist leicht, dass der
Schatten zehn Striche vorwärtsgehe. Das
will ich nicht, sondern dass er zehn Stri-
che zurückgehe. 11 Da rief der Prophet
Jesaja den HERRN an, und der Herr ließ
den Schatten an der Sonnenuhr des Ahas
zehn Striche zurückgehen, die er vor-
wärtsgegangen war.

Gesandtschaft des Königs von Babel

(vgl. 2. Chr 32,31; Jes 39,1-8)

12 Zu dieser Zeit sandte Merodach-Bala-
dan, der Sohn Baladans, der König von
Babel, Brief und Geschenke an Hiskia;
denn er hatte gehört, dass Hiskia krank
gewesen war. 13 Hiskia aber freute sich
über die Boten und zeigte ihnen das
ganze Schatzhaus, Silber, Gold, Spezerei
und das beste Öl und das Zeughaus und
alles, was an Schätzen vorhanden war. Es
war nichts in seinem Hause und in seiner
ganzen Herrschaft, was ihnen Hiskia
nicht gezeigt hätte. 14 Da kam der Pro-
phet Jesaja zum König Hiskia und
sprach zu ihm: Was haben diese Leute
gesagt? Und woher sind sie zu dir ge-
kommen? Hiskia sprach: Sie sind aus fer-
nen Landen zu mir gekommen, aus Ba-
bel. 15 Er sprach: Was haben sie gesehen
in deinem Hause? Hiskia sprach: Sie ha-
ben alles gesehen, was in meinem Hause
ist, und es gibt von meinen Schätzen
nichts, was ich ihnen nicht gezeigt hätte.

16 Da sprach Jesaja zu Hiskia: Höre
des HERRN Wort: 17 Siehe, es kommt die
Zeit, dass [a]alles nach Babel weggeführt
werden wird, was in deinem Hause ist
und was deine Väter gesammelt haben
bis auf diesen Tag, und es wird nichts
übrig gelassen werden, spricht der HERR.
18 Dazu werden von den Söhnen, die von
dir kommen, die du zeugen wirst, einige
genommen werden, dass sie [a]Kämmerer
seien im Palast des Königs von Babel.
19 Hiskia aber sprach zu Jesaja: [a]Das
Wort ist gut, das der HERR geredet hat
durch dich; denn er dachte: Es wird doch
Friede und Sicherheit sein zu meinen
Zeiten.

20 Was mehr von Hiskia zu sagen ist
und alle seine tapferen Taten und wie er
den Teich und die Wasserleitung gebaut
hat, durch die er Wasser in die Stadt
geleitet hat, siehe, das steht geschrieben
in der Chronik der Könige von Juda.
21 Und Hiskia legte sich zu seinen Vätern.
Und sein Sohn Manasse wurde König an
seiner statt.

Reich Juda: Manasse. Amon

(vgl. 2. Chr 33,1-25)

21 Manasse war zwölf Jahre alt, als er
König wurde; und er regierte fünf-
undfünfzig Jahre zu Jerusalem. Seine
Mutter hieß Hefzi-Bah. 2 Und er tat, was
dem HERRN missfiel, nach den gräuli-
chen Sitten der Heiden, die der HERR vor
Israel vertrieben hatte, 3 und baute wie-
der die Höhen auf, die sein Vater His-
kia zerstört hatte, und richtete dem Baal
Altäre auf und machte ein Bild der
Aschera, [a]wie Ahab, der König von Is-
rael, getan hatte, und betete alles Heer
des Himmels an und diente ihnen.

4 Und er baute Altäre im Hause des
HERRN, von dem der HERR gesagt hatte:
Ich will meinen Namen zu Jerusalem
wohnen lassen, 5 und er baute allem Heer
des Himmels [a]Altäre in beiden Vorhöfen
am Hause des HERRN. 6 Und er ließ [a]sei-
nen Sohn durchs Feuer gehen und ach-
tete auf Vogelgeschrei und Zeichen und
hielt Geisterbeschwörer und Zeichendeu-
ter; so tat er viel von dem, was dem
HERRN missfiel, um ihn zu erzürnen. 7 Er
stellte auch das Bild der Aschera, das er
gemacht hatte, in das Haus, von dem der
HERR zu David und zu seinem Sohn Sa-
lomo gesagt hatte: In diesem Hause und
in Jerusalem, das ich erwählt habe aus
allen Stämmen Israels, [a]will ich meinen
Namen wohnen lassen ewiglich, 8 und ich
will den Fuß Israels nicht mehr weichen
lassen von dem Lande, das ich ihren Vä-
tern gegeben habe, sofern sie alles halten
und tun, was ich geboten habe, das ganze
Gesetz, das mein Knecht Mose ihnen ge-
boten hat. 9 Aber sie gehorchten nicht,
sondern Manasse verführte sie, dass sie

20,17: *a* Kap 24,13-14 **20,18:** *a* Dan 1,3-4 **20,19:** *a* Kap 22,20 **21,3:** *a* 1. Kön 16,33 **21,5:** *a* Kap 23,12 **21,6:** *a* Kap 16,3; 3. Mose 18,21 **21,7:** *a* 1. Kön 8,29; 9,3

es ärger trieben als die Heiden, die der
Herr vor Israel vertilgt hatte.
10 Da redete der Herr durch seine
Knechte, die Propheten, und sprach:
11 Weil Manasse, der König von Juda,
diese Gräuel getan hat, die ärger sind als
alle Gräuel, die die Amoriter getan ha-
ben, die vor ihm gewesen sind, und weil
er auch Juda sündigen gemacht hat mit
seinen Götzen, 12 darum spricht der
Herr, der Gott Israels: Siehe, [a]ich will
Unheil über Jerusalem und Juda bringen,
sodass dem, der es hören wird, beide
Ohren gellen sollen. 13 Und ich will an
Jerusalem die Messschnur anlegen wie an
Samaria und das Lot wie ans Haus Ahab
und will Jerusalem auswischen, wie man
Schüsseln auswischt, und will's umstür-
zen. 14 Und wer von meinem Erbteil üb-
rig bleiben wird, den will ich verstoßen
und will sie geben in die Hände ihrer
Feinde, dass sie Raub und Beute aller
ihrer Feinde werden, 15 weil sie getan ha-
ben, was mir missfällt, und mich erzürnt
haben von dem Tage an, da ihre Väter
aus Ägypten gezogen sind, bis auf diesen
Tag.
16 Auch [a]vergoss Manasse sehr viel un-
schuldiges Blut, bis Jerusalem ganz voll
davon war – außer der Sünde, durch die
er Juda sündigen machte, dass sie taten,
was dem Herrn missfiel. 17 Was aber
mehr von Manasse zu sagen ist und alles,
was er getan hat, und seine Sünde, die er
tat, siehe, das steht geschrieben in der
Chronik der Könige von Juda. 18 Und
Manasse legte sich zu seinen Vätern und
wurde begraben im Garten an seinem
Hause, im Garten Usas. Und sein Sohn
Amon wurde König an seiner statt.
19 Zweiundzwanzig Jahre alt war
Amon, als er König wurde; und er re-
gierte zwei Jahre zu Jerusalem. Seine
Mutter hieß Meschullemet, eine Tochter
des Haruz aus Jotba. 20 Und er tat, was
dem Herrn missfiel, wie sein Vater Ma-
nasse getan hatte, 21 und wandelte ganz
in dem Wege, den sein Vater gewandelt
war, und diente den Götzen, denen sein
Vater gedient hatte, und betete sie an
22 und verließ den Herrn, den Gott sei-
ner Väter, und wandelte nicht im Wege
des Herrn. 23 Und seine Großen mach-
ten eine Verschwörung gegen Amon und
töteten den König in seinem Hause.
24 Aber das Volk des Landes erschlug
alle, die die Verschwörung gegen den Kö-
nig Amon gemacht hatten. Und das Volk
des Landes machte seinen Sohn Josia
zum König an seiner statt.
25 Was aber Amon mehr getan hat,
siehe, das steht geschrieben in der Chro-
nik der Könige von Juda. 26 Und man
begrub ihn in seinem Grabe im Garten
Usas. Und sein Sohn Josia wurde König
an seiner statt.

Reich Juda: Josia und die Auffindung des Gesetzbuches

(vgl. 2. Chr 34,1-28)

22 Josia war acht Jahre alt, als er
König wurde; und er regierte ein-
unddreißig Jahre zu Jerusalem. Seine
Mutter hieß Jedida, eine Tochter Adajas
aus Bozkat. 2 Und er tat, [a]was dem
Herrn wohlgefiel, und wandelte ganz in
dem Wege seines Vaters David und wich
nicht davon ab, weder zur Rechten noch
zur Linken.
3 Und im achtzehnten Jahr des Königs
Josia sandte der König den Schreiber
Schafan, den Sohn Azaljas, des Sohnes
Meschullams, in das Haus des Herrn
und sprach: 4 Geh hinauf zu dem Hohen-
priester Hilkija, dass er abgebe alles
Geld, was zum Hause des Herrn ge-
bracht ist, [a]das die Hüter an der
Schwelle gesammelt haben vom Volk,
5 damit man es gebe den Werkmeistern,
die bestellt sind im Hause des Herrn,
und sie es geben den Arbeitern am Hause
des Herrn, damit sie ausbessern, was
baufällig ist am Hause, 6 nämlich den
Zimmerleuten und Bauleuten und Mau-
rern und denen, die Holz und gehauene
Steine kaufen sollen, um das Haus aus-
zubessern; 7 doch dass sie keine Rech-
nung zu legen brauchten von dem Geld,
das ihnen gegeben wird, sondern dass sie
auf Treu und Glauben handeln.[a]
8 Und der Hohepriester Hilkija sprach
zu dem Schreiber Schafan: Ich habe dies
Gesetzbuch gefunden im Hause des
Herrn. Und Hilkija gab das Buch
Schafan und der las es. 9 Und der Schrei-
ber Schafan kam zum König und gab

21,12: *a* Jer 19,3 **21,16:** *a* Kap 24,4; Ps 106,38 **22,2:** *a* Kap 18,3 **22,4:** *a* Kap 12,11 **22,7:** *a* Kap 12,16

ihm Bericht und sprach: Deine Knechte
haben das Geld ausgeschüttet, das im
Hause des Herrn gesammelt ist, und ha-
ben's den Werkmeistern gegeben, die be-
stellt sind am Hause des HERRN. 10 Dazu
sagte der Schreiber Schafan dem König:
Der Priester Hilkija gab mir ein Buch.
Und Schafan las es vor dem König.
11 Als aber der König die Worte des
Gesetzbuches hörte, zerriss er seine Klei-
der. 12 Und der König gebot dem Priester
Hilkija und [a]Ahikam, dem Sohn Scha-
fans, und Achbor, dem Sohn Michajas,
und Schafan, dem Schreiber, und Asaja,
dem Kämmerer des Königs, und sprach:
13 Geht hin und befragt den HERRN für
mich, für das Volk und für ganz Juda
über die Worte dieses Buches, das ge-
funden ist; denn groß ist der Grimm des
HERRN, der über uns entbrannt ist, weil
unsere Väter nicht den Worten dieses
Buches gehorcht haben und nicht alles
taten, was darin geschrieben ist.
14 Da gingen hin der Priester Hilkija,
Ahikam, Achbor, Schafan und Asaja zu
der Prophetin Hulda, der Frau Schal-
lums, des Sohnes Tikwas, des Sohnes des
Harhas, des Hüters der Kleider, und sie
wohnte in Jerusalem im zweiten Bezirk
der Stadt; und sie redeten mit ihr. 15 Sie
aber sprach zu ihnen: So spricht der
HERR, der Gott Israels: Sagt dem Mann,
der euch zu mir gesandt hat: 16 So spricht
der HERR: Siehe, ich will Unheil über
diese Stätte und ihre Einwohner bringen,
alle Worte des Buches, das der König von
Juda hat lesen lassen, 17 weil sie mich
verlassen und andern Göttern geopfert
haben, [a]mich zu erzürnen mit allen Wer-
ken ihrer Hände; darum wird mein
Grimm gegen diese Stätte entbrennen
und nicht ausgelöscht werden.
18 Aber dem König von Juda, der euch
gesandt hat, den HERRN zu befragen,
sollt ihr sagen: So spricht der HERR, der
Gott Israels: Was die Worte angeht, die
du gehört hast: 19 Weil du im Herzen
betroffen bist und dich gedemütigt hast
vor dem HERRN, als du hörtest, was ich
geredet habe gegen diese Stätte und ihre
Einwohner, dass sie sollen zum Entsetzen
und zum Fluch werden, und weil du
deine Kleider zerrissen hast und vor mir
geweint hast, so habe ich's auch erhört,
spricht der HERR. 20 Darum will ich dich
zu deinen Vätern versammeln, [a]damit du
mit Frieden in dein Grab kommst und
deine Augen nicht sehen all das Unheil,
das ich über diese Stätte bringen will.
Und sie sagten es dem König wieder.

Josia erneuert den Bund mit Gott und schafft den Götzendienst ab

(vgl. 2. Chr 34,29–35,25)

23 Und der König sandte hin und es
versammelten sich bei ihm alle Äl-
testen Judas und Jerusalems. 2 Und der
König ging hinauf ins Haus des HERRN
und alle Männer Judas und alle Einwoh-
ner von Jerusalem mit ihm, Priester und
Propheten und alles Volk, Klein und
Groß. Und man las vor ihren Ohren alle
Worte aus dem Buch des Bundes, das im
Hause des HERRN gefunden war. 3 Und
der König trat an die Säule und [a]schloss
einen Bund vor dem HERRN, dass sie
dem HERRN nachwandeln sollten und
seine Gebote, Ordnungen und Rechte
halten von ganzem Herzen und von gan-
zer Seele, um zu erfüllen die Worte dieses
Bundes, die geschrieben stehen in diesem
Buch. Und alles Volk trat in den Bund.
4 Und der König gebot dem Hohen-
priester Hilkija und dem zweitobersten
Priester und den Hütern der Schwelle,
dass sie aus dem Tempel des HERRN hin-
austun sollten alle Geräte, die [a]dem Baal
und der Aschera und allem Heer des
Himmels gemacht waren. Und er ließ sie
verbrennen draußen vor Jerusalem im
Tal Kidron und ihre Asche nach Bethel
bringen. 5 Und er setzte die Götzenpries-
ter ab, die die Könige von Juda eingesetzt
hatten, um auf den Höhen zu opfern in
den Städten Judas und um Jerusalem
her; auch die dem Baal geopfert hatten,
der Sonne und dem Mond und den Pla-
neten und allem Heer am Himmel. 6 Und
er ließ [a]das Bild der Aschera aus dem
Hause des HERRN bringen hinaus vor
Jerusalem an den Bach Kidron und ver-
brennen am Bach Kidron und zu Staub
mahlen und den Staub auf die Gräber
des einfachen Volks werfen. 7 Und er

22,12: *a* Jer 26,24 **22,17:** *a* 5. Mose 31,29; 32,21-23 **22,20:** *a* Kap 20,19; Jes 57,1-2 **23,3:** *a* 2. Mose 24,3-8; Jos 24,25 **23,4:** *a* Kap 21,3 **23,6:** *a* Kap 21,7

brach ab die Häuser der [a]Tempelhurer,
die an dem Hause des HERRN waren, in
denen die Frauen Gewänder für die
Aschera wirkten.
8 Und er ließ kommen alle Priester aus
den Städten Judas und machte unrein die
Höhen, wo die Priester opferten, von
Geba an bis nach Beerscheba und brach
ab die Höhe der Feldgeister, die vor dem
Tore Joschuas, des Stadtvogts, war zur
Linken, wenn man zum Tor der Stadt
hineingeht. 9 Doch durften die Priester
der Höhen nicht opfern auf dem Altar
des HERRN in Jerusalem, sondern aßen
ungesäuertes Brot unter ihren Brüdern.
10 Er machte auch unrein das Tofet im
Tal Ben-Hinnom, damit [a]niemand sei-
nen Sohn oder seine Tochter dem Mo-
loch durchs Feuer gehen ließe. 11 Und er
schaffte die Rosse ab, die die Könige von
Juda für den Dienst der Sonne bestimmt
hatten am Eingang des Hauses des
HERRN, bei der Kammer Netan-Melechs,
des Kämmerers, die am Parwarhause
war, und die Wagen der Sonne ver-
brannte er mit Feuer. 12 Und die Altäre
[a]auf dem Dach, dem Obergemach des
Ahas, die die Könige von Juda gemacht
hatten, und [b]die Altäre, die Manasse ge-
macht hatte in den beiden Vorhöfen des
Hauses des HERRN, brach der König ab
und ging hin und warf ihren Staub in den
Bach Kidron. 13 Auch die Höhen, die öst-
lich von Jerusalem waren, zur Rechten
am Berge des Verderbens, die [a]Salomo,
der König von Israel, gebaut hatte der
Astarte, dem gräulichen Götzen von Si-
don, und Kemosch, dem gräulichen Göt-
zen von Moab, und Milkom, dem gräuli-
chen Götzen der Ammoniter, machte der
König unrein 14 und zerbrach die Stein-
male und hieb die Ascherabilder um und
füllte ihre Stätte mit Menschenknochen.
15 Auch den Altar in Bethel, die Höhe, die
[a]Jerobeam gemacht hatte, der Sohn Ne-
bats, der Israel sündigen machte, diesen
Altar brach er ab, zerschlug seine Steine
und machte sie zu Staub und verbrannte
das Bild der Aschera.
16 Und Josia wandte sich um und sah
die Gräber, die auf dem Berge waren,
und sandte hin und ließ die Knochen aus
den Gräbern holen und verbrannte sie
auf dem Altar und [a]machte ihn unrein
nach dem Wort des HERRN, das der
Mann Gottes ausgerufen hatte, als er es
verkündete. 17 Und er sprach: Was ist das
für ein [a]Grabmal, das ich sehe? Und die
Leute in der Stadt sprachen zu ihm: Es
ist das Grab des Mannes Gottes, der von
Juda kam und ausrief, was du getan hast
an dem Altar in Bethel. 18 Und er sprach:
Lasst ihn liegen, niemand rühre seine
Gebeine an! Und so blieben mit seinen
Gebeinen auch die Gebeine des Prophe-
ten unberührt, der von Samaria gekom-
men war.
19 Und er entfernte auch alle Heilig-
tümer auf den Höhen in den Städten
Samariens, die die Könige von Israel ge-
macht hatten, um den HERRN zu erzür-
nen, und tat mit ihnen, ganz wie er in
Bethel getan hatte. 20 Und er ließ alle
Priester der Höhen, die dort waren,
schlachten auf den Altären und ver-
brannte Menschengebeine darauf und
kam nach Jerusalem zurück.
21 Und der König gebot dem Volk:
Haltet dem HERRN, eurem Gott, [a]Passa,
wie es geschrieben steht in diesem Buch
des Bundes! 22 Denn [a]es war kein Passa
so gehalten worden wie dies von der Zeit
der Richter an, die Israel gerichtet haben,
und in allen Zeiten der Könige von Israel
und der Könige von Juda, 23 sondern im
achtzehnten Jahr des Königs Josia wurde
in Jerusalem dies Passa gehalten dem
HERRN.
24 Auch rottete Josia aus alle [a]Geister-
beschwörer, Zeichendeuter, Abgötter und
[b]Götzen und alle Gräuel, die im Lande
Juda und in Jerusalem zu sehen waren,
damit er erfüllte die Worte des Gesetzes,
die geschrieben standen in dem Buch,
das der Priester Hilkija im Hause des
HERRN gefunden hatte.
25 [a]Seinesgleichen war vor ihm kein
König gewesen, [b]der so von ganzem
Herzen, von ganzer Seele, von allen
Kräften sich zum HERRN bekehrte, ganz
nach dem Gesetz des Mose, und nach
ihm kam seinesgleichen nicht auf.

23,7: *a* 1.Kön 14,24 **23,10:** *a* Kap 17,17; 3.Mose 18,21 **23,12:** *a* 2.Chr 28,24; *b* Kap 21,4-5 **23,13:** *a* 1.Kön 11,7 **23,15:** *a* 1.Kön 12,32 **23,16:** *a* 1.Kön 13,2 **23,17:** *a* 1.Kön 13,30-32 **23,21:** *a* 5.Mose 16,1-8; Jos 5,10-11 **23,22:** *a* Ri 2,10.16-17 **23,24:** *a* 3.Mose 20,27; *b* 5.Mose 29,16-17 **23,25:** *a* Kap 18,5; *b* 5.Mose 6,5

26 Doch kehrte sich der HERR nicht ab
von dem Grimm seines großen Zorns,
mit dem er über Juda erzürnt war um all
der Ärgernisse willen, durch die ihn
[a]Manasse erzürnt hatte. 27 Und der
HERR sprach: Ich will auch Juda von
meinem Angesicht tun, [a]wie ich Israel
weggetan habe, und will diese Stadt ver-
werfen, die ich erwählt hatte, Jerusalem,
und [b]das Haus, von dem ich gesagt
hatte: Mein Name soll dort sein.

28 Was aber mehr von Josia zu sagen ist
und alles, was er getan hat, siehe, das
steht geschrieben in der Chronik der Kö-
nige von Juda.

29 Zu seiner Zeit zog der Pharao Ne-
cho, der König von Ägypten, herauf
gegen den König von Assyrien an den
Strom Euphrat. Und der König Josia zog
ihm entgegen, aber Necho tötete ihn in
Megiddo, als er ihn sah. 30 Und seine
Männer brachten den Toten von Me-
giddo und führten ihn nach Jerusalem
und begruben ihn in seinem Grabe. Und
das Volk des Landes nahm Joahas, den
Sohn Josias, und sie salbten ihn und
machten ihn zum König an seines Vaters
statt.

Reich Juda: Joahas. Jojakim

(vgl. 2. Chr 36,1-8)

31 Dreiundzwanzig Jahre war Joahas alt,
als er König wurde; und er regierte drei
Monate zu Jerusalem. Seine Mutter hieß
Hamutal, eine Tochter Jirmejas aus
Libna. 32 Und er tat, was dem HERRN
missfiel, wie seine Väter getan hatten.

33 Aber der Pharao Necho [a]legte ihn
ins Gefängnis in Ribla im Lande Hamat,
damit er nicht mehr in Jerusalem regie-
ren sollte, und legte eine Geldbuße aufs
Land von hundert Zentnern Silber und
einem Zentner Gold. 34 Und der Pharao
Necho machte Eljakim, den Sohn Josias,
zum König anstatt seines Vaters Josia
und wandelte seinen Namen um in [a]Joja-
kim. Aber Joahas nahm er und brachte
ihn nach Ägypten; dort starb er.

35 Und Jojakim gab das Silber und
Gold dem Pharao. Doch [a]legte er eine
Steuer auf das Land, um das Geld aufzu-
bringen, auf Befehl des Pharao. Von je-
dem unter dem Volk des Landes trieb er
Silber und Gold ein, je nach seinem Ver-
mögen, um es dem Pharao Necho zu
geben. 36 Fünfundzwanzig Jahre alt war
Jojakim, als er König wurde; und er re-
gierte elf Jahre zu Jerusalem. Seine Mut-
ter hieß Sebuda, eine Tochter Pedajas
aus Ruma. 37 Und er tat, was dem
HERRN missfiel, wie seine Väter getan
hatten.

24 [a]Zu seiner Zeit zog herauf Ne-
bukadnezar, der König von Ba-
bel, und Jojakim war ihm untertan drei
Jahre. Aber er wurde wieder abtrünnig
von ihm. 2 Da ließ der HERR über ihn
Scharen von Kriegsleuten kommen aus
Chaldäa, aus Aram, aus Moab und aus
Ammon und sandte sie gegen Juda, dass
sie ihn vernichteten nach dem Wort des
HERRN, das er geredet hatte durch seine
Knechte, die Propheten.[a] 3 Aber [a]das ge-
schah Juda nach dem Wort des HERRN,
dass er es von seinem Angesicht täte um
der Sünden Manasses willen, die er getan
hatte, 4 auch um des unschuldigen Blutes
willen, das er vergoss, sodass er Jeru-
salem mit unschuldigem Blut erfüllte.
Das wollte der HERR nicht vergeben.

5 Was aber mehr zu sagen ist von Joja-
kim und alles, was er getan hat, siehe, das
steht geschrieben in der Chronik der Kö-
nige von Juda. 6 Und Jojakim legte sich
zu seinen Vätern und sein Sohn Jojachin
wurde König an seiner statt.

7 Und der König von Ägypten zog
nicht mehr aus seinem Lande; denn der
König von Babel hatte ihm alles genom-
men, was dem König von Ägypten ge-
hörte, vom Bach Ägyptens bis an den
Strom Euphrat.

Reich Juda: Jojachin und die erste Wegführung nach Babel

(vgl. 2. Chr 36,9-10)

8 [a]Achtzehn Jahre alt war Jojachin, als er
König wurde; und er regierte drei Mo-
nate zu Jerusalem. Seine Mutter hieß Ne-
huschta, eine Tochter Elnatans aus Jeru-
salem. 9 Und er tat, was dem HERRN
missfiel, wie sein Vater getan hatte.[a]

23,26: *a* Kap 21,11-16 **23,27:** *a* Kap 17,18; *b* 1. Kön 8,29 **23,33:** *a* Hes 19,4 **23,34:** *a* 1. Chr 3,15 **23,35:** *a* Kap 15,20 **24,1:** *a (1-4)* Jer 22,13-19 **24,2:** *a* Jer 20,4-6 **24,3:** *a* Kap 21,10-16; 23,26-27 **24,8:** *a (8-16)* Jer 22,24-30 **24,9:** *a* Kap 23,37

10 Zu der Zeit zogen herauf die Kriegs-
leute Nebukadnezars, des Königs von
Babel, gegen Jerusalem und belagerten
die Stadt. 11 Und Nebukadnezar kam zur
Stadt, als seine Kriegsleute sie belager-
ten. 12 Aber Jojachin, der König von
Juda, ging hinaus zum König von Babel
mit seiner Mutter, mit seinen Großen,
mit seinen Obersten und Kämmerern.
Und der König von Babel nahm ihn ge-
fangen im achten Jahr seiner Herrschaft.
13 Und er [a]nahm von dort weg alle
Schätze im Hause des HERRN und im
Hause des Königs und zerschlug alle gol-
denen Gefäße, die Salomo, der König
von Israel, gemacht hatte im Tempel des
HERRN, wie denn der HERR geredet
hatte.

14 Und er führte weg das ganze Jeru-
salem, alle Obersten, alle Kriegsleute,
zehntausend Gefangene und alle Zim-
merleute und alle Schmiede und ließ
nichts übrig als geringes Volk des Lan-
des.[a] 15 Und er führte weg nach Babel
[a]Jojachin und die Mutter des Königs, die
Frauen des Königs und seine Kämmerer;
dazu die Mächtigen im Lande führte er
auch gefangen von Jerusalem nach Ba-
bel. 16 Und von den besten Leuten sie-
bentausend und von den Zimmerleuten
und Schmieden tausend, lauter starke
Kriegsmänner, die brachte der König von
Babel gefangen nach Babel.

17 Und der König von Babel machte
Mattanja, Jojachins Oheim, zum König
an seiner statt und wandelte seinen Na-
men um in Zedekia.

Reich Juda: Zedekia letzter König. Zerstörung Jerusalems. Wegführung nach Babel

(vgl. 2.Chr 36,11-21; Jer 52,1-30)

18 Einundzwanzig Jahre alt war Zedekia,
als er König wurde; und er regierte elf
Jahre zu Jerusalem. Seine Mutter hieß
Hamutal, eine Tochter Jirmejas aus Lib-
na. 19 Und er tat, was dem HERRN miss-
fiel, wie Jojakim getan hatte.[a] 20 Denn so
geschah es mit Jerusalem und Juda um
des Zornes des HERRN willen, [a]bis er
sie von seinem Angesicht wegstieß.

Und Zedekia wurde abtrünnig vom
König von Babel.

25 [a]Im neunten Jahr seiner Herr-
schaft, am zehnten Tag des zehn-
ten Monats, zog heran Nebukadnezar,
der König von Babel, mit seiner ganzen
Macht gegen Jerusalem und sie belager-
ten die Stadt und bauten Bollwerke um
sie her. 2 So wurde die Stadt belagert bis
ins elfte Jahr des Königs Zedekia. 3 Aber
am neunten Tage des vierten Monats
wurde der Hunger stark in der Stadt,
sodass das Volk des Landes nichts mehr
zu essen hatte. 4 Da brach man in die
Stadt ein. Und der König und alle
Kriegsmänner flohen bei Nacht durch
das Tor zwischen den zwei Mauern auf
dem Wege, der zu dem Garten des Kö-
nigs geht. Aber die Chaldäer lagen um
die Stadt. Und der König floh zum Jor-
dantal hin.

5 Aber die Kriegsleute der Chaldäer
jagten dem König nach und sie holten
ihn ein im Jordantal von Jericho, und alle
Kriegsleute, die bei ihm waren, zerstreu-
ten sich von ihm. 6 Die Chaldäer aber
nahmen den König gefangen und führten
ihn hinauf zum König von Babel nach
Ribla, und sie sprachen das Urteil über
ihn. 7 Und sie erschlugen die Söhne Zede-
kias vor seinen Augen und blendeten Ze-
dekia die Augen und legten ihn in Ketten
und führten ihn nach Babel.[a]

8 Am siebenten Tage des fünften Mo-
nats, das ist das neunzehnte Jahr Nebu-
kadnezars, des Königs von Babel, kam
Nebusaradan, der Oberste der Leibwa-
che, als Feldhauptmann des Königs von
Babel nach Jerusalem 9 und verbrannte
das Haus des HERRN und das Haus des
Königs und alle Häuser in Jerusalem; alle
großen Häuser verbrannte er mit Feuer.
10 Und die ganze Heeresmacht der Chal-
däer, die dem Obersten der Leibwache
unterstand, riss die Mauern Jerusalems
nieder. 11 Das Volk aber, das übrig war in
der Stadt, und die zum König von Babel
abgefallen waren und was übrig war von
den Werkleuten, führte Nebusaradan,
der Oberste der Leibwache, weg; 12 aber
von den Geringen im Lande ließ er Wein-
gärtner und Ackerleute zurück.

13 Die kupfernen Säulen am Hause des
HERRN und die Gestelle und das kup-
ferne Meer, das am Hause des HERRN

24,13: *a* Kap 20,17 **24,14:** *a* Jer 24,1 **24,15:** *a* Jer 22,26 **24,19:** *a* Kap 23,37 **24,20:** *a* Kap 23,27 **25,1:** *a (1-2)* Jer 34,1 **25,7:** *a* 2.Sam 12,10

war, zerbrachen die Chaldäer und brach-
ten das Kupfer nach Babel.[a] 14 Und die
Töpfe, Schaufeln, Messer, Löffel und alle
kupfernen Gefäße, die man beim Opfer-
dienst brauchte, nahmen sie weg. 15 Dazu
nahm der Oberste der Leibwache die
Pfannen und Becken, alles, was golden
und silbern war, 16 die [a]beiden Säulen,
das [b]Meer und die [c]Gestelle, die Salomo
gemacht hatte für das Haus des HERRN.
Das Kupfer aller dieser Gefäße aber war
nicht zu wägen. 17 Achtzehn Ellen hoch
war eine Säule, und ihr Knauf darauf
war auch aus Kupfer und drei Ellen
hoch, und das Gitterwerk und die Gra-
natäpfel an dem Knauf umher, alles war
aus Kupfer. Genauso war auch die an-
dere Säule mit ihrem Gitterwerk.

18 Und der Oberste der Leibwache
nahm den obersten Priester Seraja und
Zefanja, den zweitobersten Priester, und
die drei Hüter an der Schwelle 19 und aus
der Stadt einen Kämmerer, der über die
Kriegsmänner gesetzt war, und fünf
Männer, die stets vor dem König waren,
die sich in der Stadt fanden, und den
Schreiber des Feldhauptmanns, der das
Volk des Landes zum Heere aufbot, und
sechzig Mann vom Volk des Landes, die
in der Stadt sich fanden, – 20 diese alle
nahm Nebusaradan, der Oberste der
Leibwache, und brachte sie zum König
von Babel nach Ribla. 21 Und der König
von Babel schlug sie tot in [a]Ribla im
Lande Hamat. So wurde Juda wegge-
führt aus seinem Lande.

Gedalja als Statthalter

(vgl. Jer 40,5–41,3)

22 Aber über das Volk, das übrig war im
Lande Juda, das Nebukadnezar, der Kö-
nig von Babel, übrig gelassen hatte, setzte
er Gedalja, den Sohn Ahikams, des Soh-
nes Schafans. 23 Als nun alle Hauptleute
des Kriegsvolkes und ihre Männer hör-
ten, dass der König von Babel Gedalja
eingesetzt hatte, kamen sie zu Gedalja
nach Mizpa, nämlich Jischmael, der
Sohn Netanjas, und Johanan, der Sohn
Kareachs, und Seraja, der Sohn Tanhu-
mets, der Netofatiter, und Jaasanja, der
Sohn eines Maachatiters, samt ihren
Männern. 24 Und Gedalja schwor ihnen
und ihren Männern und sprach zu ihnen:
Fürchtet euch nicht vor den Chaldäern;
bleibt im Lande und seid dem König von
Babel untertan, so wird's euch gut ge-
hen.

25 Aber im siebenten Monat kam Jisch-
mael, der Sohn Netanjas, des Sohnes Eli-
schamas, von königlichem Geschlecht,
und zehn Männer mit ihm und schlugen
Gedalja tot, dazu die Judäer und Chal-
däer, die bei ihm waren in Mizpa. 26 Da
machte sich das ganze Volk auf, Klein
und Groß, und die Obersten des Kriegs-
volkes und [a]zogen nach Ägypten; denn
sie fürchteten sich vor den Chaldäern.

Jojachin wird begnadigt

(vgl. Jer 52,31-34)

27 Aber im siebenunddreißigsten Jahr,
nachdem [a]Jojachin, der König von Juda,
weggeführt war, am siebenundzwanzigs-
ten Tage des zwölften Monats ließ Ewil-
Merodach, der König von Babel, im ers-
ten Jahr seiner Herrschaft Jojachin, den
König von Juda, aus dem Kerker kom-
men 28 und redete freundlich mit ihm und
setzte seinen Sitz über die Sitze der Kö-
nige, die bei ihm waren zu Babel. 29 Und
Jojachin legte die Kleider seiner Gefan-
genschaft ab und er aß alle Tage bei dem
König sein Leben lang. 30 Und es wurde
ihm vom König sein ständiger Unterhalt
bestimmt, den man ihm gab an jedem
Tag sein ganzes Leben lang.

25,13: *a* Jer 27,19-22 **25,16:** *a* 1. Kön 7,15; *b* 1. Kön 7,23; *c* 1. Kön 7,27 **25,21:** *a* Kap 23,33 **25,26:** *a* 5. Mose 28,68
25,27: *a* Kap 24,15

DAS ERSTE BUCH DER CHRONIK

Inhaltsübersicht

Stammbaum von Adam bis Abraham

1 [a]Adam, Set, Enosch, 2 Kenan, Maha-
lalel, Jered, 3 Henoch, Metuschelach,
Lamech, 4 Noah, Sem, Ham, Jafet.
5 [a]Die Söhne Jafets sind diese: Gomer,
Magog, Madai, Jawan, Tubal, Meschech,
Tiras. 6 Die Söhne Gomers aber sind:
Aschkenas, Rifat, Togarma. 7 Die Söhne
Jawans sind: Elischa, Tarsis, die Kittäer,
die Rodaniter.
8 [a]Die Söhne Hams sind: Kusch, Miz-
rajim, Put, Kanaan. 9 Die Söhne von
Kusch aber sind: Seba, Hawila, Sabta,
Ragma, Sabtecha. Die Söhne Ragmas
aber sind: Saba und Dedan. 10 Kusch
aber zeugte Nimrod; der war der Erste,
der Macht gewann auf Erden. 11 Mizra-
jim zeugte die Luditer, die Anamiter, die
Lehabiter, die Naftuhiter, 12 die Patrosi-
ter, die Kasluhiter und die Kaftoriter,
von denen die Philister ausgegangen
sind. 13 Kanaan aber zeugte Sidon, seinen
Erstgeborenen, und Het 14 und den Je-
busiter, den Amoriter, den Girgaschiter,
15 den Hiwiter, den Arkiter, den Siniter,
16 den Arwaditer, den Zemariter und den
Hamatiter.
17 [a]Die Söhne Sems sind diese: Elam,
Assur, Arpachschad, Lud, Aram. Und
die Söhne Arams sind: Uz, Hul, Geter
und Masch. 18 Arpachschad aber zeugte
Schelach, Schelach zeugte Eber. 19 Eber
aber wurden zwei Söhne geboren: der
eine hieß Peleg, weil zu seiner Zeit [a]die
Erde zerteilt wurde; und sein Bruder hieß
Joktan. 20 Joktan aber zeugte Almodad,
Schelef, Hazarmawet, Jerach, 21 Hado-
ram, Usal, Dikla, 22 Obal, Abimaël,
Saba, 23 Ofir, Hawila und Jobab. Diese
alle sind Söhne Joktans.
24 [a]Sem, Arpachschad, Schelach,
25 Eber, Peleg, Regu, 26 Serug, Nahor,
Terach, 27 Abram, das ist Abraham.
28 Die Söhne Abrahams aber sind:
[a]Isaak und [b]Ismael.

Die Geschlechter der Söhne Abrahams

29 [a]Und dies ist ihr Geschlecht:
der Erstgeborene Ismaels Nebajot, fer-
ner Kedar, Adbeel, Mibsam, 30 Mischma,
Duma, Massa, Hadad, Tema, 31 Jetur, Na-
fisch, Kedma. Das sind die Söhne Ismaels.
32 [a]Aber die Söhne Keturas, der Ne-
benfrau Abrahams: Sie gebar Simran,
Jokschan, Medan, Midian, Jischbak,
Schuach. Die Söhne Jokschans aber sind:
Saba und Dedan. 33 Und die Söhne Mi-
dians sind: Efa, Efer, Henoch, Abida,
Eldaa. Diese alle sind Söhne der Ketura.
34 Abraham zeugte Isaak. [a]Die Söhne
Isaaks aber sind: Esau und Israel.
35 [a]Die Söhne Esaus sind: Elifas,
Reguël, Jëusch, Jalam, Korach. 36 Die
Söhne des Elifas sind: Teman, Omar,
Zefo, Gatam, Kenas, Timna, Amalek.
37 Die Söhne Reguëls sind: Nahat, Se-
rach, Schamma und Misa. 38 Die Söhne
Seïrs sind: Lotan, Schobal, Zibon, Ana,
Dischon, Ezer, Dischan. 39 Die Söhne
Lotans sind: Hori, Hemam; und Timna
war eine Schwester Lotans. 40 Die Söhne
Schobals sind: Alwan, Manahat, Ebal,
Schefi, Onam. Die Söhne Zibons sind:
Aja und Ana. 41 Der Sohn Anas: Di-
schon. Die Söhne Dischons sind: Hem-
dan, Eschban, Jitran, Keran. 42 Die
Söhne Ezers sind: Bilhan, Saawan, Akan.
Die Söhne Dischans sind: Uz und Aran.

1,1: *a (1-4)* 1.Mose 5,3-32 **1,5:** *a (5-7)* 1.Mose 10,2-5 **1,8:** *a (8-16)* 1.Mose 10,6-20 **1,17:** *a (17-23)* 1.Mose 10,21-31 **1,19:** *a* 1.Mose 11,1-9 **1,24:** *a (24-27)* 1.Mose 11,10-26 **1,28:** *a* 1.Mose 21,3; *b* 1.Mose 16,15 **1,29:** *a (29-31)* 1.Mose 25,13-16 **1,32:** *a (32-33)* 1.Mose 25,1-4 **1,34:** *a* 1.Mose 25,19-26 **1,35:** *a (35-42)* 1.Mose 36,10-14.20-28

43 [a]Dies sind die Könige, die im Lande Edom regiert haben, ehe in Israel ein König regierte: Bela, der Sohn Beors, und seine Stadt hieß Dinhaba. 44 Und als Bela starb, wurde König an seiner statt Jobab, der Sohn Serachs von Bozra. 45 Und als Jobab starb, wurde König an seiner statt Huscham aus dem Lande der Temaniter. 46 Als Huscham starb, wurde König an seiner statt Hadad, der Sohn Bedads, der die Midianiter schlug auf dem Felde der Moabiter, und seine Stadt hieß Awit. 47 Als Hadad starb, wurde König an seiner statt Samla von Masreka. 48 Als Samla starb, wurde König an seiner statt Schaul von Rehobot am Strom. 49 Als Schaul starb, wurde König an seiner statt Baal-Hanan, der Sohn Achbors. 50 Als Baal-Hanan starb, wurde König an seiner statt Hadad und seine Stadt hieß Pagu; und seine Frau hieß Mehetabel, eine Tochter Matreds, die Me-Sahabs Tochter war.

51 Und als Hadad starb, waren Fürsten von Edom: Fürst Timna, Fürst Alwa, Fürst Jetet, 52 Fürst Oholibama, Fürst Ela, Fürst Pinon, 53 Fürst Kenas, Fürst Teman, Fürst Mibzar, 54 Fürst Magdiël, Fürst Iram. Das sind die Fürsten von Edom.

2 [a]Dies sind die Söhne Israels: Ruben, Simeon, Levi, Juda, Issachar, Sebulon, 2 Dan, Josef, Benjamin, Naftali, Gad, Asser.

Die Geschlechter Judas

(vgl. Kap 4,1-23)

3 Die Söhne Judas sind: Er, Onan, Schela. Diese drei wurden ihm geboren von der Kanaaniterin, der Tochter Schuas. [a]Er aber, der Erstgeborene Judas, war böse vor dem HERRN; darum ließ er ihn sterben. 4 Tamar aber, seine Schwiegertochter, [a]gebar ihm Perez und Serach, sodass die Söhne Judas zusammen fünf waren. 5 Die Söhne des Perez sind: Hezron und Hamul.[a] 6 Die Söhne Serachs aber sind: Simri, Etan, Heman, Kalkol, Darda. Das sind zusammen fünf. 7 Der Sohn Karmis ist: [a]Achan, der Israel ins Unglück brachte, als er sich am Gebannten vergriff. 8 Der Sohn Etans ist: Asarja.

9 Die Söhne [a]Hezrons aber, die ihm geboren wurden, sind: Jerachmeel, Ram, [b]Kaleb. 10 Ram aber zeugte Amminadab. Amminadab zeugte [a]Nachschon, den Fürsten von Juda. 11 Nachschon zeugte Salmon. Salmon zeugte Boas. 12 Boas zeugte Obed. Obed zeugte Isai. 13 Isai zeugte seinen Erstgeborenen [a]Eliab, Abinadab als zweiten Sohn, Schamma als dritten, 14 Netanel als vierten, Raddai als fünften, 15 Ozem als sechsten, [a]David als siebenten. 16 Und ihre Schwestern waren: Zeruja und Abigal. [a]Die Söhne der Zeruja sind: Abischai, Joab, Asaël, diese drei. 17 Abigal aber gebar Amasa. [a]Der Vater Amasas aber war Jeter, ein Ismaeliter.

18 [a]Kaleb, der Sohn Hezrons, zeugte mit Asuba, seiner Frau, die Jeriot. Und dies sind ihre Söhne: Jescher, Schobab und Ardon. 19 Als aber Asuba starb, [a]nahm Kaleb Efrata; die gebar ihm Hur. 20 Hur zeugte Uri. Uri zeugte Bezalel.[a]

21 Danach kam Hezron zu der Tochter Machirs, des Vaters* Gileads, und er nahm sie, als er sechzig Jahre alt war, und sie gebar ihm Segub. 22 [a]Segub aber zeugte Jaïr. Der hatte dreiundzwanzig Städte im Lande Gilead. 23 Aber die Geschuriter und Aramäer nahmen ihnen die »Dörfer Jaïrs«, dazu Kenat mit seinen Ortschaften, sechzig Städte. Diese alle sind Söhne Machirs, des Vaters Gileads. 24 Nach dem Tode Hezrons kam Kaleb zu Efrata, der Frau Hezrons, seines Vaters, und sie gebar ihm [a]Aschhur, den Vater Tekoas.

25 [a]Jerachmeel, der Erstgeborene Hezrons, hatte Söhne: den Erstgeborenen Ram, ferner Buna, Oren, Ozem, Ahija. 26 Und Jerachmeel hatte noch eine andere Frau, die hieß Atara; die ist die Mutter Onams.

27 Die Söhne Rams, des Erstgeborenen Jerachmeels, sind: Maaz, Jamin und Eker. 28 Aber Onam hatte Söhne: Scham-

* »Vater« vor einem Orts- oder Landschaftsnamen bezeichnet in Kap 2,1-55 und 4,1-43 denjenigen, der den Ort oder die Landschaft zuerst besiedelte.

1,43: *a (43-54)* 1. Mose 36,31-43 **2,1:** *a (1-2)* 1. Mose 35,22-26 **2,3:** *a* 1. Mose 38,1-7 **2,4:** *a* 1. Mose 38,27-30 **2,5:** *a* 1. Mose 46,12 **2,7:** *a* Jos 7,1-26 **2,9:** *a* Rut 4,19-22; Mt 1,3; *b* Verse 18.42 **2,10:** *a* 4. Mose 1,7; 2,3; 7,11-12 **2,13:** *a* 1. Sam 16,5-10 **2,15:** *a* 1. Sam 17,12 **2,16:** *a* 2. Sam 2,18 **2,17:** *a* 2. Sam 17,25 **2,18:** *a* Verse 9.42 **2,19:** *a* Vers 50 **2,20:** *a* 2. Mose 31,2 **2,22:** *a (22-23)* Ri 10,3-6; 1. Kön 4,13 **2,24:** *a* Kap 4,5 **2,25:** *a* Vers 9

mai und Jada. Die Söhne Schammais
aber sind: Nadab und Abischur. 29 Die
Frau Abischurs aber hieß Abihajil; die
gebar ihm Achban und Molid. 30 Die
Söhne Nadabs aber sind: Seled und Ap-
pajim. Und Seled starb ohne Söhne.
31 Der Sohn Appajims ist Jischi. Der
Sohn Jischis ist Scheschan. Der Sohn
Scheschans ist Achlai. 32 Aber die Söhne
Jadas, des Bruders Schammais, sind: Je-
ter und Jonatan. Jeter aber starb ohne
Söhne. 33 Die Söhne Jonatans aber sind:
Pelet und Sasa. Das sind die Söhne Je-
rachmeels.

34 [a] Scheschan aber hatte keine Söhne,
sondern nur Töchter. Und Scheschan
hatte einen ägyptischen Knecht, der hieß
Jarha. 35 Und Scheschan gab seinem
Knecht Jarha seine Tochter zur Frau; die
gebar ihm Attai. 36 Attai zeugte Nathan.
Nathan zeugte Sabad. 37 Sabad zeugte
Eflal. Eflal zeugte Obed. 38 Obed zeugte
Jehu. Jehu zeugte Asarja. 39 Asarja zeugte
Helez. Helez zeugte Elasa. 40 Elasa
zeugte Sismai. Sismai zeugte Schallum.
41 Schallum zeugte Jekamja. Jekamja
zeugte Elischama.

42 Die Söhne [a] Kalebs, des Bruders Je-
rachmeels, sind: Mescha, sein Erstgebo-
rener, der Vater Sifs, und die Söhne Ma-
reschas, des Vaters Hebrons. 43 Die Söhne
Hebrons aber sind: Korach, Tappuach,
Rekem und Schema. 44 Schema aber
zeugte Raham, den Vater Jorkoams. Re-
kem zeugte Schammai. 45 Der Sohn
Schammais aber hieß Maon und Maon
war der Vater Bet-Zurs. 46 Efa aber, die
Nebenfrau Kalebs, gebar Haran, Moza
und Gases. Haran aber zeugte Gases.
47 Die Söhne Jahdais aber sind: Regem,
Jotam, Geschan, Pelet, Efa und Schaaf.
48 Maacha aber, die Nebenfrau Kalebs,
gebar Scheber und Tirhana 49 und gebar
auch Schaaf, den Vater Madmannas, und
Schewa, den Vater Machbenas und den
Vater Gibeas. Aber [a] Achsa war Kalebs
Tochter. 50 Dies waren die Söhne Kalebs.

Die Söhne [a] Hurs, des Erstgeborenen
von der Efrata, waren: Schobal, der
Vater Kirjat-Jearims, 51 Salmon, der Va-
ter Bethlehems, Haref, der Vater Bet-
Gaders. 52 Und Schobal, der Vater Kirjat-
Jearims, hatte Söhne: Reaja und die Hälf-
te der Manahatiter. 53 Die Geschlechter
von Kirjat-Jearim aber waren: die Jete-
riter, Putiter, Schumatiter und Mischrai-
ter. Von diesen sind ausgegangen die
[a] Zoratiter und Eschtaoliter.

54 Die Söhne Salmons sind: Bethlehem
und die [a] Netofatiter, Atrot-Bet-Joab und
die Hälfte der Manahatiter, das sind die
Zoratiter. 55 Und die Geschlechter der
Schreiber, die in Jabez wohnten, sind die
Tiratiter, Schimatiter, Suchatiter. Das
sind die Kiniter, die da gekommen sind
von Hammat, dem Vater des Hauses
[a] Rechab.

Die Söhne Davids, die Könige Judas, die Nachkommen Jechonjas (Jojachins)

3 [a] Dies sind die Söhne Davids, die ihm
zu Hebron geboren sind: der Erst-
geborene Amnon, von Ahinoam, der Jes-
reeliterin; der zweite Daniel, von Abiga-
jil, der Karmeliterin; 2 der dritte Absa-
lom, der Sohn der Maacha, der Tochter
Talmais, des Königs von Geschur; der
vierte Adonija, der Sohn der Haggit;
3 der fünfte Schefatja, von der Abital; der
sechste Jitream, von seiner Frau Egla.
4 Diese sechs sind ihm geboren zu Heb-
ron; denn er regierte dort sieben Jahre
und sechs Monate.

Aber zu Jerusalem regierte er dreiund-
dreißig Jahre. 5 [a] Und diese sind ihm
geboren zu Jerusalem: Schammua, Scho-
bab, Nathan, Salomo, diese vier von Bat-
seba, der Tochter Eliams; 6 dazu Jibhar,
Elischama, Elifelet, 7 Nogah, Nefeg, Ja-
fia, 8 Elischama, Eljada, Elifelet, diese
neun. 9 Das sind alles Söhne Davids,
außer den Söhnen der Nebenfrauen.
Und [a] Tamar war ihre Schwester.

10 [a] Salomos Sohn war Rehabeam; des-
sen Sohn war Abija; dessen Sohn war
Asa; dessen Sohn war Joschafat; 11 des-
sen Sohn war Joram; dessen Sohn war
Ahasja; dessen Sohn war Joasch; 12 des-
sen Sohn war Amazja; dessen Sohn war
Asarja; dessen Sohn war Jotam; 13 dessen
Sohn war Ahas; dessen Sohn war Hiskia;
dessen Sohn war Manasse; 14 dessen
Sohn war Amon; dessen Sohn war Josia.
15 Josias Söhne aber waren: der Erstge-

2,34: *a (34-35)* Vers 31; 4. Mose 27,7 **2,42:** *a* Vers 18 **2,49:** *a* Jos 15,16; Ri 1,12 **2,50:** *a* Vers 19 **2,53:** *a* Kap 4,2 **2,54:** *a* Kap 9,16 **2,55:** *a* Jer 35,1-11 **3,1:** *a (1-4)* 2. Sam 3,2-5 **3,5:** *a (5-9)* Kap 14,4-7; 2. Sam 5,14-16 **3,9:** *a* 2. Sam 13,1 **3,10:** *a (10-16)* Mt 1,7-12

borene Johanan, der zweite Sohn Joja-
kim, der dritte Zedekia, der vierte Schal-
lum. 16 Aber die Söhne Jojakims waren:
Jechonja und Zedekia.

17 Die Söhne [a]Jechonjas, der gefangen
wurde, waren: Schealtiël, 18 Malkiram,
Pedaja, Schenazzar, Jekamja, Hoschama,
Nedabja. 19 Die Söhne Pedajas waren:
[a]Serubbabel und Schimi. Die Söhne Se-
rubbabels waren: Meschullam und Ha-
nanja und ihre Schwester war Schelomit;
20 ferner Haschuba, Ohel, Berechja, Ha-
sadja, Juschab-Hesed, diese fünf. 21 Die
Söhne Hananjas aber waren: Pelatja, Je-
schaja, Refaja, Arnan, Obadja, Sche-
chanja. 22 Die Söhne Schechanjas aber
waren: Schemaja, Hattusch, Jigal, Ba-
riach, Nearja, Schafat, diese sechs. 23 Die
Söhne Nearjas aber waren: Eljoënai, His-
kija, Asrikam, diese drei. 24 Die Söhne
Eljoënais aber waren: Hodawja, Elja-
schib, Pelaja, Akkub, Johanan, Delaja,
Anani, diese sieben.

Die Geschlechter Judas

4 Die [a]Söhne Judas waren: Perez, Hez-
ron, Karmi, Hur und Schobal. 2 Rea-
ja aber, der Sohn Schobals, zeugte Jahat,
Jahat zeugte Ahumai und Lahad. Das
sind die Geschlechter der [a]Zoratiter.
3 Und dies sind die Söhne Hurs, des Va-
ters Etams: Jesreel, Jischma, Jidbasch;
und ihre Schwester hieß Hazlelponi;
4 und Pnuël, der Vater Gedors, und Eser,
der Vater Huschas. Das sind die Söhne
[a]Hurs, des Erstgeborenen der Efrata, des
Vaters* Bethlehems.

5 Aschhur aber, der Vater Tekoas, hatte
zwei Frauen: Hela und Naara. 6 Und
Naara gebar ihm Ahusam, Hefer, Temni
und den Ahaschtariter. Das sind die
Söhne Naaras. 7 Aber die Söhne Helas
waren: Zeret, Sohar, Etnan und Koz.
8 Koz aber zeugte Anub und Zobeba.

Die Geschlechter Aharhels, des Sohnes
Harums: 9 Jabez war angesehener als
seine Brüder. Und seine Mutter nannte
ihn Jabez; denn sie sprach: Ich habe ihn
mit Kummer geboren. 10 Und Jabez rief
den Gott Israels an und sprach: Ach dass
du mich segnetest und mein Gebiet
mehrtest und deine Hand mit mir wäre
und schafftest, dass mich kein Übel be-
kümmere! Und Gott ließ kommen,
worum er bat.

11 Kelub aber, der Bruder Schuhas,
zeugte Mehir; der ist der Vater Eschtons.
12 Eschton aber zeugte Bet-Rafa, Paseach
und Tehinna, den Vater der Stadt Na-
hasch. Das sind die Männer von Recha.
13 Die [a]Söhne des Kenas waren: Otniël
und Seraja. Die Söhne Otniëls aber wa-
ren: Hatat und Meonotai. 14 Und Meo-
notai zeugte Ofra. Und Seraja zeugte
Joab, den Vater des Tals der Zimmer-
leute; denn sie waren Zimmerleute.

15 Die Söhne [a]Kalebs, des Sohnes Je-
funnes, aber waren: Iru, Ela und Naam;
und der Sohn des Ela: Kenas. 16 Die
Söhne Jehallelels aber waren: Sif, Sifa,
Tirja und Asarel. 17 Die Söhne Esras aber
waren: Jeter, Mered, Efer und Jalon. Und
Jeter zeugte Mirjam, Schammai, Jisch-
bach, den Vater Echtemoas. 18 Und seine
judäische Frau gebar Jered, den Vater
Gedors, Heber, den Vater Sochos, Jeku-
tiël, den Vater Sanoachs. Auch Bitja, die
Tochter des Pharao, die Mered nahm,
hatte Söhne.

19 Die Söhne der Frau des Hodija, der
Schwester Nahams, des Vaters Keïlas,
waren: der Garmiter und Eschtemoa, der
Maachatiter. 20 Die Söhne Schimons wa-
ren: Amnon und Rinna, Ben-Hanan und
Tilon. Die Söhne Jischis waren: Sohet
und Ben-Sohet. 21 Die Söhne [a]Schelas
aber, des Sohnes Judas, waren: Er, der
Vater Lechas, Lada, der Vater Mare-
schas, und die Geschlechter der Leinwe-
ber von Bet-Aschbea, 22 dazu Jokim und
die Männer von Koseba und Joasch und
Saraf, die da Herren waren über Moab,
und sie kehrten nach Bethlehem zurück,
wie die alte Rede lautet. 23 Sie waren
Töpfer und wohnten in Netaim und Ge-
dera bei dem König; in seinem Dienst
wohnten sie dort.

Die Geschlechter Simeons

24 Die Söhne Simeons waren: Jemuël, Ja-
min, Jarib, Serach, Schaul.[a] 25 Dessen
Sohn war Schallum, dessen Sohn war

* Vgl. Anmerkung zu Kap 2,21.

3,17: *a* 2. Chr 36,9-10 **3,19:** *a* Esra 3,2.8 **4,1:** *a* Kap 2,4-5.7.19.50 **4,2:** *a* Kap 2,53 **4,4:** *a* Kap 2,19.50 **4,13:** *a* Jos 15,17; Ri 1,13 **4,15:** *a* 4. Mose 13,6; 14,6 **4,21:** *a* Kap 2,3 **4,24:** *a* 1. Mose 46,10

Mibsam, dessen Sohn war Mischma.
26Die Söhne Mischmas aber waren:
Hammuël, Sakkur, Schimi. 27Und
Schimi hatte sechzehn Söhne und sechs
Töchter; aber seine Brüder hatten nicht
viel Kinder und ihr ganzes Geschlecht
mehrte sich nicht so wie die Söhne Ju-
das.

28[a]Sie wohnten aber zu Beerscheba,
Molada, Hazar-Schual, 29Baala, Ezem,
Eltolad, 30Betuël, Horma, Ziklag, 31Bet-
Markabot, Hazar-Susa, Bet-Biri, Schaa-
rajim. Das waren ihre Städte bis auf den
König David: 32Etam, Ajin, Rimmon,
Tochen, Aschan, die fünf Orte, dazu ihre
Gehöfte, 33und alle Gehöfte, die um
diese Orte her lagen bis nach Baal. Dort
wohnten sie und sie hatten ihr eigenes
Geschlechtsregister.

34Und Meschobab, Jamlech, Joscha,
der Sohn Amazjas, 35Joel, Jehu, der Sohn
Joschibjas, des Sohnes Serajas, des Soh-
nes Asiëls, 36Eljoënai, Jaakoba, Jescho-
haja, Asaja, Adiël, Jesimiël und Benaja,
37Sisa, der Sohn Schifis, des Sohnes Al-
lons, des Sohnes Jedajas, des Sohnes
Schimris, des Sohnes Schemajas: 38Diese,
die mit Namen genannt sind, waren
Fürsten in ihren Geschlechtern und ihre
Sippen breiteten sich sehr aus. 39Und sie
zogen hin nach Gedor bis östlich des
Tals, um Weide zu suchen für ihre
Schafe, 40und fanden fette und gute
Weide und ein Land weit an Raum, still
und ruhig; denn früher wohnten dort die
von [a]Ham. 41Und diese mit Namen Ge-
nannten kamen zur Zeit [a]Hiskias, des
Königs von Juda, und fielen her über die
Zelte Hams und über die Mëuniter, die
sie dort fanden, und vollstreckten den
Bann an ihnen bis auf diesen Tag und
wohnten an ihrer statt; denn dort war
Weide für ihre Schafe.

42Auch gingen von ihnen, von den
Söhnen Simeons, fünfhundert Männer
zum Gebirge Seïr: Pelatja, Nearja, Refaja
und Usiël, die Söhne Jischis, an ihrer
Spitze, 43und sie [a]erschlugen die übrig
geblieben waren von den Entronnenen
der Amalekiter und wohnten dort bis auf
diesen Tag.

Die Geschlechter Rubens, Gads und des halben Stammes Manasse

5 Die Söhne Rubens, des Erstgebore-
nen Israels – denn er war zwar der
Erstgeborene, aber [a]weil er seines Vaters
Bett entweihte, wurde sein Erstgeburts-
recht gegeben den Söhnen Josefs, des
Sohnes Israels, doch wurde er nicht in
das Geschlechtsregister als Erstgeborener
aufgezeichnet; 2denn [a]Juda war mächtig
unter seinen Brüdern und einem aus sei-
nem Stamm wurde das Fürstentum gege-
ben, [b]Josef aber erhielt das Erstgeburts-
recht – 3die Söhne Rubens, des Erstge-
borenen Israels, sind: Henoch, Pallu,
Hezron und Karmi.[a]

4Die Söhne Joels aber waren: Sche-
maja, dessen Sohn war Gog, dessen Sohn
war Schimi, 5dessen Sohn war Micha,
dessen Sohn war Reaja, dessen Sohn war
Baal, 6dessen Sohn war Beera, den
[a]Tiglat-Pileser, der König von Assur,
gefangen wegführte. Er aber war ein
Fürst der Rubeniter. 7Aber seine Brüder
nach ihren Geschlechtern, wie sie in das
Geschlechtsregister aufgezeichnet wur-
den, waren: Jëiël, der erste, und Secharja
8und Bela, der Sohn des Asas, des Soh-
nes Schemas, des Sohnes Joels. Der
wohnte zu Aroër und bis nach Nebo und
Baal-Meon 9und wohnte nach Osten zu
bis an die Wüste am Euphratstrom; denn
sie hatten viel Vieh im Lande Gilead.
10Und zur Zeit Sauls führten sie Krieg
gegen die Hagariter und diese fielen
durch ihre Hand, und sie wohnten in
deren Zelten auf der ganzen Ostgrenze
von Gilead.

11Die Söhne Gad aber wohnten ihnen
gegenüber im Lande Baschan bis nach
Salcha: 12Joel, der erste, und Schafam,
der zweite, ferner Janai und Schafat in
Baschan. 13Und ihre Brüder nach ihren
Sippen waren: Michael, Meschullam,
Scheba, Jorai, Jakan, Sia und Eber, diese
sieben. 14Das sind die Söhne Abihajils,
des Sohnes Huris, des Sohnes Jaroachs,
des Sohnes Gileads, des Sohnes Mi-
chaels, des Sohnes Jeschischais, des Soh-
nes Jachdos, des Sohnes des Bus. 15Ahi,

4,28: *a (28-33)* Jos 19,2-8 **4,40:** *a* Kap 1,8-16 **4,41:** *a* 2.Kön 18,1 **4,43:** *a* 1.Sam 15,3.8 **5,1:** *a* 1.Mose 35,22; 49,3-4 **5,2:** *a* 1.Mose 49,8.10; 5.Mose 33,7; *b* 1.Mose 49,22; 5.Mose 33,13-17 **5,3:** *a* 2.Mose 6,14 **5,6:** *a* Vers 26

der Sohn Abdiëls, des Sohnes Gunis, war
eins ihrer Sippenhäupter. 16 Und sie
wohnten zu Gilead in Baschan und in
seinen Ortschaften und in allen Fluren
Scharons bis an ihre Enden. 17 Diese wur-
den alle aufgezeichnet [a]zur Zeit Jotams,
des Königs von Juda, und [b]Jerobeams,
des Königs von Israel.

18 Von den Rubenitern, den Gaditern
und dem halben Stamm Manasse zählten
die streitbaren Männer, die Schild und
Schwert führen und Bogen spannen
konnten und kriegskundig waren, 44 760,
die in den Kampf ziehen konnten. 19 Und
sie kämpften gegen die Hagariter und
gegen Jetur, Nafisch und Nodab. 20 Und
es wurde ihnen geholfen gegen sie, und
die Hagariter wurden in ihre Hände ge-
geben und alle, die mit ihnen waren.
Denn sie schrien zu Gott im Kampf und
er ließ sich erbitten; denn sie vertrauten
ihm. 21 Und sie führten weg ihr Vieh,
50 000 Kamele, 250 000 Schafe, 2000
Esel, und 100 000 Menschen. 22 Dazu wa-
ren viele erschlagen liegen geblieben,
denn der Krieg war von Gott. Und sie
wohnten an ihrer statt bis zur Zeit, wo sie
gefangen weggeführt wurden.

23 Der halbe Stamm Manasse aber
wohnte im Lande von Baschan bis Baal-
Hermon und bis zum [a]Senir und bis zum
Berg Hermon. Und ihrer waren viele.
24 Und dies waren die Häupter ihrer Sip-
pen: Efer, Jischi, Eliël, Asriël, Jirmeja,
Hodawja, Jachdiël, gewaltige Männer
und berühmte Sippenhäupter. 25 Da sie
sich aber an dem Gott ihrer Väter ver-
sündigten und abfielen zu den Götzen
der Völker des Landes, die Gott vor ih-
nen vertilgt hatte, 26 erweckte der Gott
Israels den Geist des [a]Pul*, des Königs
von Assyrien, und den Geist [b]Tiglat-Pi-
lesers*, des Königs von Assyrien, und er
führte weg die Rubeniter, Gaditer und
den halben Stamm Manasse und brachte
sie nach Halach und an den Habor und
nach Hara und an den Fluss Gosan bis
auf diesen Tag.

Die Geschlechter Levis

27 **Die Söhne Levis waren: Gerschon,
Kehat und Merari.[a] 28 Die Söhne Kehats
aber waren: Amram, Jizhar, Hebron und
Usiël. 29 Die Söhne Amrams waren: [a]Aa-
ron und Mose; dazu Mirjam. Die Söhne
Aarons waren: [b]Nadab, Abihu, Eleasar
und Itamar.

30 [a]Eleasar zeugte Pinhas. Pinhas
zeugte Abischua. 31 Abischua zeugte
Bukki. Bukki zeugte Usi. 32 Usi zeugte
Serachja. Serachja zeugte Merajot.
33 Merajot zeugte Amarja. Amarja
zeugte Ahitub. 34 Ahitub zeugte Zadok.
[a]Zadok zeugte Ahimaaz. 35 Ahimaaz
zeugte Asarja. Asarja zeugte Johanan.
36 Johanan zeugte Asarja; das ist der, der
Priester war im Tempel, den Salomo ge-
baut hatte zu Jerusalem. 37 Asarja zeugte
Amarja. Amarja zeugte Ahitub. 38 Ahi-
tub zeugte Zadok. Zadok zeugte Schal-
lum. 39 Schallum zeugte [a]Hilkija. Hilkija
zeugte Asarja. 40 Asarja zeugte [a]Seraja.
Seraja zeugte [b]Jozadak. 41 Jozadak aber
wurde mit weggeführt, [a]als der HERR
Juda und Jerusalem durch Nebukadne-
zar gefangen wegführen ließ.

6 [a]Die Söhne Levis sind diese: Ger-
schon, Kehat, Merari. 2 So heißen
aber die Söhne Gerschons: Libni und
Schimi. 3 Aber die Söhne Kehats heißen:
Amram, Jizhar, Hebron und Usiël. 4 Die
Söhne Meraris heißen: Machli und Mu-
schi. Das sind die Geschlechter der Levi-
ten nach ihren Sippen.

5 Gerschons Sohn war Libni, dessen
Sohn war Jahat, dessen Sohn war
Simma. 6 Dessen Sohn war Joach, dessen
Sohn war Iddo, dessen Sohn war Serach,
dessen Sohn war Jeotrai.

7 Kehats Sohn aber war Amminadab,
dessen Sohn war [a]Korach, dessen Sohn
war Assir, 8 dessen Sohn war Elkana, des-
sen Sohn war Abiasaf, dessen Sohn war
Assir, 9 dessen Sohn war Tahat, dessen
Sohn war Uriël, dessen Sohn war Usija,
dessen Sohn war Schaul.

10 Die Söhne Elkanas waren: Amasai

* Pul und Tiglat-Pileser sind Namen desselben Königs, vgl. die Anmerkung zu 2. Kön 15,19.
** Abweichende Verszählung statt 5,27–6,66: 6,1-81.

5,17: *a* 2. Kön 15,32; *b* 2. Kön 14,23 **5,23:** *a* 5. Mose 3,8-9 **5,26:** *a* 2. Kön 15,19; *b* 2. Kön 15,29 **5,27:** *a* Kap 6,1 **5,29:** *a* 2. Mose 6,20; 15,20; 4. Mose 26,59; Mi 6,4; *b* 2. Mose 6,23; 4. Mose 26,60 **5,30:** *a (30-34)* Kap 6,35-38 **5,34:** *a* 2. Sam 8,17; 15,27.36 **5,39:** *a* 2. Kön 22,4 **5,40:** *a* 2. Kön 25,18; Esra 7,1; *b* Neh 12,26 **5,41:** *a* 2. Kön 25,21 **6,1:** *a (1-4)* 2. Mose 6,16-19 **6,7:** *a* Kap 9,19; 2. Mose 6,24

und Ahimot, 11 dessen Sohn war Elkana,
dessen Sohn war Zuf, dessen Sohn war
Nahat, 12 dessen Sohn war Eliab, dessen
Sohn war Jeroham, dessen Sohn war
[a]Elkana, dessen Sohn war Samuel.
13 Und die Söhne Samuels waren: der
Erstgeborene Joel und der zweite Sohn
Abija.[a]

14 Meraris Sohn war Machli, dessen
Sohn war Libni, dessen Sohn war
Schimi, dessen Sohn war Usa, 15 dessen
Sohn war Schima, dessen Sohn war Hag-
gija, dessen Sohn war Asaja.

Die levitischen Sängerfamilien

16 Dies sind aber die, welche David be-
stellte, um im Hause des HERRN zu sin-
gen, [a]als die Lade zur Ruhe gekommen
war, 17 und sie dienten vor der Wohnung
der Stiftshütte mit Singen, bis Salomo
das Haus des HERRN baute zu Jerusa-
lem, und taten ihren Dienst nach ihrer
Ordnung. 18 Diese sind es, die des Amtes
walteten, und ihre Söhne: Von den Söh-
nen Kehat war [a]Heman, der Sänger, der
Sohn Joels, des Sohnes Samuels, 19 des
Sohnes Elkanas, des Sohnes Jerohams,
des Sohnes Eliëls, des Sohnes Tohus,
20 des Sohnes Zufs, des Sohnes Elkanas,
des Sohnes Mahats, des Sohnes Amasais,
21 des Sohnes Elkanas, des Sohnes Joels,
des Sohnes Asarjas, des Sohnes Zefanjas,
22 des Sohnes Tahats, des Sohnes Assirs,
des Sohnes Abiasafs, des Sohnes Ko-
rachs, 23 des Sohnes Jizhars, des Sohnes
Kehats, des Sohnes Levis, des Sohnes Is-
raels.

24 Und sein Bruder [a]Asaf stand zu sei-
ner Rechten. Und er, Asaf, war ein Sohn
Berechjas, des Sohnes Schimas, 25 des
Sohnes Michaels, des Sohnes Maasejas,
des Sohnes Malkijas, 26 des Sohnes Etnis,
des Sohnes Serachs, des Sohnes Adajas,
27 des Sohnes Etans, des Sohnes Simmas,
des Sohnes Schimis, 28 des Sohnes Jahats,
des Sohnes Gerschons, des Sohnes Levis.

29 Ihre Brüder aber, die Söhne Merari,
standen zur Linken: nämlich [a]Etan, der
Sohn Kuschajas, des Sohnes Abdis, des
Sohnes Malluchs, 30 des Sohnes Haschab-
jas, des Sohnes Amazjas, des Sohnes Hil-
kijas, 31 des Sohnes Amzis, des Sohnes
Banis, des Sohnes Schemers, 32 des Soh-
nes Machlis, des Sohnes Muschis, des
Sohnes Meraris, des Sohnes Levis.

Der Dienst Aarons und seine Nachkommen

33 Ihre Brüder aber, die Leviten, waren
bestellt zu allem Dienst an der Wohnung
des Hauses Gottes. 34 [a]Aaron dagegen
und seine Söhne waren verordnet zum
Dienst am Brandopferaltar und am Räu-
cheraltar und zu allem Dienst im Aller-
heiligsten und [b]Sühne zu schaffen für
Israel, wie Mose, der Knecht Gottes, ge-
boten hatte.

35 [a]Dies sind aber die Söhne Aarons:
Eleasar, sein Sohn, dessen Sohn war Pin-
has, dessen Sohn war Abischua, 36 dessen
Sohn war Bukki, dessen Sohn war Usi,
dessen Sohn war Serachja, 37 dessen Sohn
war Merajot, dessen Sohn war Amarja,
dessen Sohn war Ahitub, 38 dessen Sohn
war Zadok, dessen Sohn war Ahimaaz.

Die Wohnsitze der levitischen Geschlechter

(vgl. Jos 21,1-42)

39 Und dies sind ihre Wohnsitze nach ih-
ren Zeltdörfern in ihrem Gebiet, nämlich
der Söhne Aaron vom Geschlecht der
Kehatiter, denn das Los fiel ihnen zuerst
zu 40 und man gab ihnen Hebron im
Lande Juda mit seinem Weideland rings-
umher. 41 Aber die Felder der Stadt und
ihre Dörfer gaben sie Kaleb, dem Sohn
Jefunnes. 42 So gaben sie nun den Söhnen
Aaron die Freistädte Hebron und Libna
mit ihrem Weideland, Jattir und Eschte-
moa mit ihrem Weideland, 43 Holon, De-
bir, 44 Aschan und Bet-Schemesch mit ih-
rem Weideland; 45 und aus dem Stamm
Benjamin: Geba, Alemet und Anatot mit
ihrem Weideland, sodass die Zahl aller
Städte in ihren Geschlechtern dreizehn
war.

46 Aber den andern Söhnen Kehat
nach ihren Geschlechtern wurden durchs
Los aus dem Stamm Ephraim, aus dem
Stamm Dan und aus dem halben Stamm
Manasse zehn Städte gegeben.[a]

47 Den Söhnen Gerschon nach ihren
Geschlechtern wurden aus dem Stamm

6,12: *a* 1.Sam 1,1 **6,13:** *a* 1.Sam 8,2 **6,16:** *a* 2.Sam 6,17 **6,18:** *a* Kap 15,17.19 **6,24:** *a* Kap 15,17.19 **6,29:** *a* Kap 15,19 **6,34:** *a* 2.Mose 28,1; *b* 3.Mose 16,1-34 **6,35:** *a (35-38)* Kap 5,30-34 **6,46:** *a* Verse 51-55

Issachar und aus dem Stamm Asser und
aus dem Stamm Naftali und aus dem
Stamm Manasse in Baschan dreizehn
Städte gegeben.[a]

48 Den Söhnen Merari nach ihren Ge-
schlechtern wurden durchs Los aus dem
Stamm Ruben und aus dem Stamm Gad
und aus dem Stamm Sebulon zwölf
Städte gegeben.[a]

49 Und Israel gab den Leviten die
Städte mit ihrem Weideland, 50 nämlich
durchs Los aus dem Stamm Juda und
aus dem Stamm Simeon und aus dem
Stamm Benjamin diese Städte, die sie mit
Namen bestimmten.

51 Aber den Geschlechtern der Söhne
Kehat wurden Städte ihres Gebiets aus
dem Stamm Ephraim gegeben. 52 So ga-
ben sie nun dem Geschlecht der andern
Söhne Kehat die Freistädte: Sichem auf
dem Gebirge Ephraim, Geser, 53 Kibza-
jim, Bet-Horon, 54 Ajalon und Gat-Rim-
mon mit ihrem Weideland. 55 Dazu aus
dem halben Stamm Manasse: Taanach
und Jibleam mit ihrem Weideland.

56 Aber den Söhnen Gerschon nach ih-
ren Geschlechtern gaben sie aus dem hal-
ben Stamm Manasse: Golan in Baschan
und Aschtarot mit ihrem Weideland;
57 aus dem Stamm Issachar: Kedesch,
Daberat, 58 Ramot und En-Gannim mit
ihrem Weideland; 59 aus dem Stamm
Asser: Mischal, Abdon, 60 Helkat und
Rehob mit ihrem Weideland; 61 aus dem
Stamm Naftali: Kedesch in Galiläa,
Hammon und Kirjatajim mit ihrem Wei-
deland.

62 Den andern Söhnen Merari gaben
sie aus dem Stamm Sebulon: Rimmon
und Tabor mit ihrem Weideland; 63 und
jenseits des Jordans gegenüber Jericho,
östlich vom Jordan, aus dem Stamm Ru-
ben: Bezer in der Wüste, Jahaz, 64 Kede-
mot und Mefaat mit ihrem Weideland;
65 aus dem Stamm Gad: Ramot in Gi-
lead, Mahanajim, 66 Heschbon und Jaser
mit ihrem Weideland.

Die Geschlechter von Issachar, Benjamin, Naftali, Halb-Manasse, Ephraim und Asser

7 Die Söhne Issachars waren: Tola,
Puwa, Jaschub und Schimron, diese
vier.[a] 2 Die Söhne Tolas aber waren: Usi,
Refaja, Jeriël, Jachmai, Jibsam und Sche-
muël, Sippenhäupter von Tola und ge-
waltige Männer; nach dem Geschlechts-
register an Zahl zu Davids Zeiten 22 600.
3 Der Sohn Usis war: Jisrachja. Und die
Söhne Jisrachjas waren: Michael, Obad-
ja, Joel und Jischija, diese fünf; sie waren
alle Sippenhäupter. 4 Und nach ihrem
Geschlechtsregister, nach ihren Sippen
waren unter ihnen zum Kampf gerüstetes
Heervolk 36 000; denn sie hatten viele
Frauen und Kinder. 5 Und ihre Brüder in
allen Geschlechtern Issachars waren ge-
waltige Männer, 87 000, und wurden alle
aufgezeichnet.

6 Die [a]Söhne Benjamins waren: Bela,
Becher und Jediaël, diese drei. 7 Aber die
Söhne Belas waren: Ezbon, Usi, Usiël,
Jerimot und Ir, diese fünf, Sippenhäup-
ter, gewaltige Männer. Und es wurden
aufgezeichnet 22 034. 8 Die Söhne Be-
chers waren: Semira, Joasch, Eliëser, El-
joënai, Omri, Jerimot, Abija, Anatot und
Alemet; die waren alle Söhne des Becher
9 und wurden aufgezeichnet in ihren Ge-
schlechtern nach ihren Sippenhäuptern,
gewaltige Männer, 20 200. 10 Der Sohn
Jediaëls aber war: Bilhan. Bilhans Söhne
aber waren: Jëusch, Benjamin, Ehud,
Kenaana, Setan, Tarsis und Ahischahar.
11 Die waren alle Söhne Jediaëls, Sippen-
häupter, gewaltige Männer, 17 200, die
als Heer ausziehen konnten zum Kampf.
12 Und Schuppim und Huppim waren
Söhne Irs; Huschim aber war ein Sohn
Ahers.

13 Die Söhne Naftalis waren: Jachzeel,
Guni, Jezer und Schillem, Söhne der Bil-
ha.[a]

14 Die Söhne Manasses waren diese:
Asriël, den seine aramäische Nebenfrau
geboren hatte; auch gebar sie Machir,
den Vater Gileads.[a] 15 Und Machir gab
Huppim und Schuppim Frauen; und
seine Schwester hieß Maacha. Sein an-
derer Sohn hieß Zelofhad und [a]Zelofhad
hatte nur Töchter. 16 Und Maacha, Ma-
chirs Frau, gebar einen Sohn; den nannte
sie Peresch. Und sein Bruder hieß Sche-
resch und dessen Söhne waren Ulam und
Rekem. 17 Ulams Sohn aber war Bedan.
Das sind die Söhne Gileads, des Sohnes

6,47: *a* Verse 56-61 **6,48:** *a* Verse 62-66 **7,1:** *a* 1. Mose 46,13; 4. Mose 26,23-24 **7,6:** *a* Kap 8,1-2; 1. Mose 46,21
7,13: *a* 1. Mose 46,24 **7,14:** *a* 4. Mose 26,29-33 **7,15:** *a* 4. Mose 27,1

Machirs, des Sohnes Manasses. 18 Und
seine Schwester Molechet gebar Ischhod,
Abiëser und Machla. 19 Und Schemida
hatte diese Söhne: Achjan, Sichem, Likhi
und Aniam.

20 Die Söhne Ephraims waren diese:
[a]Schutelach – dessen Sohn war Bered,
dessen Sohn war Tahat, dessen Sohn war
Elada, dessen Sohn war Tahat, 21 dessen
Sohn war Sabad, dessen Sohn war Schu-
telach – und Eser und Elad.

Und die Männer von Gat, die Ein-
heimischen im Lande, töteten sie, weil sie
hinabgezogen waren, ihnen das Vieh
wegzunehmen. 22 Und ihr Vater Ephraim
trug Leid lange Zeit und seine Brüder
kamen, ihn zu trösten. 23 Und er ging ein
zu seiner Frau; die ward schwanger und
gebar einen Sohn, den nannte er Beria,
weil in seinem Hause Unglück war.
24 Seine Tochter aber war Scheera, die
baute das untere und obere Bet-Horon
und Usen-Scheera. 25 Sein Sohn war Re-
fach, auch Reschef, dessen Sohn war Te-
lach, dessen Sohn war Tahan, 26 dessen
Sohn war Ladan, dessen Sohn war [a]Am-
mihud, dessen Sohn war Elischama,
27 dessen Sohn war Nun, dessen Sohn
war Josua.[a]

28 Und ihr Besitz und ihre Wohnung
war [a]Bethel und seine Ortschaften und
gegen Osten Naara und gegen Westen
[b]Geser und seine Ortschaften, Sichem
und seine Ortschaften bis nach Aja und
seinen Ortschaften, 29 und an der Seite
der Söhne Manasses Bet-Schean und
seine Ortschaften, Taanach und seine
Ortschaften, Megiddo und seine Ort-
schaften, Dor und seine Ortschaften. In
diesen wohnten die Söhne Josefs, des
Sohnes Israels.[a]

30 [a]Die Söhne Assers waren diese:
Jimna, Jischwa, Jischwi, Beria; und Se-
rach war ihre Schwester. 31 Die Söhne
Berias waren: Heber und Malkiël; das ist
der Vater Birsajits. 32 Heber aber zeugte
Jaflet, Schemer, Hotam und ihre Schwes-
ter Schua. 33 Die Söhne Jaflets waren:
Pasach, Bimhal und Aschwat; das waren
die Söhne Jaflets. 34 Die Söhne Schemers
waren: Ahi, Rohga, Hubba und Aram.
35 Und die Söhne seines Bruders Hotam
waren: Zofach, Jimna, Schelesch und
Amal. 36 Die Söhne Zofachs waren:
Suach, Harnefer, Schual, Beri, Jimra,
37 Bezer, Hod, Schamma, Schilscha, Jit-
ran und Beera. 38 Die Söhne Jeters wa-
ren: Jefunne, Pispa und Ara. 39 Die
Söhne Ullas waren: Arach, Hanniël und
Rizja. 40 Diese alle waren Söhne Assers,
Sippenhäupter, auserlesene, gewaltige
Männer und Erste der Fürsten. Und sie
wurden aufgezeichnet als Kriegsleute;
ihre Zahl war 26000 Mann.

Die Geschlechter Benjamins.
Die Sippe Sauls

8 Benjamin aber zeugte Bela, seinen
Erstgeborenen, Aschbel als zweiten
Sohn, Achrach als dritten,[a] 2 Noha als
vierten, Rafa als fünften.

3 Und Bela hatte Söhne: Ard, Gera,
Abihud, 4 Abischua, Naaman, Ahoach,
5 Gera, Schefufan und Huram.

6 Dies sind die Söhne Ehuds, die Sip-
penhäupter waren unter den Bürgern zu
Geba, und man führte sie gefangen weg
nach Manahat, 7 nämlich: Naaman,
Ahija und Gera, dieser führte sie weg;
und er zeugte Usa und Ahihud.

8 Und Schaharajim zeugte im Lande
Moab, als er seine Frauen Huschim und
Baara entlassen hatte, 9 und er zeugte mit
seiner Frau Hodesch: Jobab, Zibja, Me-
scha, Malkam, 10 Jëuz, Sacheja und
Mirma. Das sind seine Söhne, Sippen-
häupter. 11 Mit Huschim aber hatte er
Abitub und Elpaal gezeugt. 12 Die Söhne
Elpaals aber waren: Eber, Mischam und
Schemed. Dieser baute Ono und Lod
und ihre Ortschaften.

13 Und Beria und Schema waren Sip-
penhäupter unter den Bürgern von Aja-
lon; sie verjagten die Einwohner von Gat.
14 Und ihre Brüder waren: Elpaal, Scha-
schak, Jeremot, 15 Sebadja, Arad, Eder,
16 Michael, Jischpa und Joha; das sind
die Söhne Berias. 17 Sebadja, Meschul-
lam, Hiski, Heber, 18 Jischmerai, Jislia,
Jobab; das sind die Söhne Elpaals. 19 Ja-
kim, Sichri, Sabdi, 20 Eliënai, Zilletai,
Eliël, 21 Adaja, Beraja und Schimrat; das
sind die Söhne Schimis. 22 Jischpan, Eber,

7,20: *a* 4. Mose 26,35 **7,26:** *a* 4. Mose 1,10 **7,27:** *a* 4. Mose 13,8.16 **7,28:** *a* Jos 16,1; *b* Jos 16,10 **7,29:** *a* Jos 17,11
7,30: *a (30-31)* 1. Mose 46,17 **8,1:** *a* 1. Mose 46,21

Eliël, 23Abdon, Sichri, Hanan, 24Ha-
nanja, Elam, Antotija, 25Jifdeja und
Pnuël; das sind die Söhne Schaschaks.
26Schamscherai, Scheharja, Atalja, 27Ja-
areschja, Elija und Sichri; das sind die
Söhne Jerohams. 28Das sind die Sippen-
häupter ihrer Geschlechter, die in Jeru-
salem wohnten.

29[a]Aber in Gibeon wohnte Jëiël, der
Vater Gibeons, und seine Frau hieß Ma-
acha. 30Und sein Erstgeborener war Ab-
don, ferner Zur, Kisch, Baal, Ner, Na-
dab, 31Gedor, Achjo, Secher und Miklot.
32Miklot aber zeugte Schima. Und auch
sie wohnten mit ihren Brüdern in Jeru-
salem, ihnen gegenüber.

33Ner zeugte Abner und [a]Kisch zeug-
te Saul. Saul zeugte Jonatan, Malki-
schua, Abinadab und [b]Eschbaal. 34Der
Sohn Jonatans aber war Merib-Baal.
Merib-Baal zeugte Micha. 35Die Söhne
Michas waren: Piton, Melech, Tachrea
und Ahas. 36Ahas aber zeugte Joadda.
Joadda zeugte Alemet, Asmawet und
Simri. Simri zeugte Moza. 37Moza
zeugte Bina; dessen Sohn war Refaja,
dessen Sohn war Elasa, dessen Sohn war
Azel. 38Azel aber hatte sechs Söhne, die
hießen: Asrikam, Bochru, Jischmael,
Schearja, Obadja, Hanan. Die waren alle
Söhne Azels. 39Die Söhne seines Bruders
Eschek waren: Ulam, sein Erstgeborener,
Jëusch, der zweite Sohn, Elifelet, der
dritte. 40Die Söhne Ulams aber waren
gewaltige Leute und geschickt mit Bogen
und hatten viele Söhne und Enkel, hun-
dertundfünfzig. Diese alle sind von den
Söhnen Benjamin.

9 Und ganz Israel wurde im Ge-
schlechtsregister aufgezeichnet, und
siehe, sie sind aufgeschrieben im Buch
der Könige von Israel.

Die Einwohner Jerusalems nach der Verbannung

Und [a]Juda wurde weggeführt nach Babel
um seines Treubruchs willen. 2Und die
zuerst auf ihrem Besitz und in ihren
Städten wohnten, waren Israeliten, Pries-
ter, Leviten und [a]Tempelsklaven.

3[a]Und in Jerusalem wohnten einige
der Söhne Juda, einige der Söhne Benja-
min, einige der Söhne Ephraim und Ma-
nasse. 4Von den Söhnen Juda: Utai, der
Sohn Ammihuds, des Sohnes Omris, des
Sohnes Imris, des Sohnes Banis von den
Nachkommen des Perez, des Sohnes Ju-
das; 5von den Schelanitern aber Asaja,
der Erstgeborene, und seine Söhne; 6von
den Söhnen Serach: Jëuël und seine Brü-
der, 690.

7Von den Söhnen Benjamin: Sallu, der
Sohn Meschullams, des Sohnes Hodaw-
jas, des Sohnes Senuas, 8und Jibneja, der
Sohn Jerohams, und Ela, der Sohn Usis,
des Sohnes Michris, und Meschullam,
der Sohn Schefatjas, des Sohnes Reguëls,
des Sohnes Jibnijas. 9Dazu ihre Brüder
nach ihren Geschlechtern, 956. Alle diese
Männer waren Sippenhäupter.

10Von den Priestern aber: Jedaja, Joja-
rib, Jachin 11und Asarja, der Sohn [a]Hil-
kijas, des Sohnes Meschullams, des Soh-
nes Zadoks, des Sohnes Merajots, des
Sohnes Ahitubs, der Vorsteher im Hause
Gottes, 12und Adaja, der Sohn Jero-
hams, des Sohnes Paschhurs, des Sohnes
Malkijas, und Masai, der Sohn Adiëls,
des Sohnes Jachseras, des Sohnes Me-
schullams, des Sohnes Meschillemots,
des Sohnes Immers, 13dazu ihre Brüder,
Sippenhäupter, 1760, tüchtige Leute im
Dienst des Amtes im Hause Gottes.

14Von den Leviten aber aus den Söh-
nen Merari: Schemaja, der Sohn Ha-
schubs, des Sohnes Asrikams, des Sohnes
Haschabjas, 15und Bakbukja, Heresch
und Galal und Mattanja, der Sohn Mi-
chas, des Sohnes Sichris, des Sohnes
Asafs, 16und Abda, der Sohn Scham-
muas, des Sohnes Galals, des Sohnes Je-
dutuns, und Berechja, der Sohn Asas, des
Sohnes Elkanas, der in den Gehöften der
[a]Netofatiter wohnte.

Die Ämter der Leviten

17Die Torhüter aber waren: Schallum,
Akkub, Talmon, Ahiman; und ihr Bru-
der Schallum war der Vorsteher 18und er
steht bis jetzt am Tor des Königs im
Osten. Das waren die Torhüter in den
Lagern der Leviten. 19Und Schallum, der
Sohn Kores, des Sohnes Abiasafs, des
Sohnes Korachs, und seine Brüder aus

8,29: *a (29-38)* Kap 9,35-44 **8,33:** *a* 1. Sam 14,51; *b* 2. Sam 2,8 **9,1:** *a* 2. Kön 24,15-16 **9,2:** *a* Jos 9,23.27; Esra 8,20
9,3: *a (3-16)* Neh 11,3-19 **9,11:** *a* Kap 5,38-39 **9,16:** *a* Kap 2,54

seiner Sippe, die Korachiter, waren im
Dienst des Amtes, dass sie hüteten die
Schwelle der Stiftshütte, [a]wie auch ihre
Väter im Lager des HERRN den Eingang
gehütet hatten. 20 [a]Pinhas aber, der Sohn
Eleasars, – der HERR sei mit ihm! – war
vorzeiten Vorsteher über sie. 21 Secharja
aber, der Sohn Meschelemjas, war Hüter
am Tor der Stiftshütte.

22 Alle diese waren auserlesen zu Hü-
tern an der Schwelle, zweihundertzwölf;
diese waren zwar aufgezeichnet in ihren
Gehöften, aber David und Samuel, der
[a]Seher, hatten sie in ihr Amt eingesetzt,
23 dass sie und ihre Söhne als Wächter
hüten sollten die Tore am Hause des
HERRN, nämlich an der Stiftshütte. 24 Es
waren aber diese Torhüter nach den vier
Himmelsrichtungen aufgestellt: nach Os-
ten, nach Westen, nach Norden und Sü-
den. 25 Ihre Brüder aber waren auf ihren
Gehöften und mussten zur verordneten
Zeit für jeweils sieben Tage hereinkom-
men, um mit ihnen Dienst zu tun.
26 Denn die vier obersten Torhüter stan-
den immerfort im Amt.

Und einige von den Leviten waren
über die Kammern und Schätze im
Hause Gottes gesetzt. 27 Auch blieben sie
die Nacht über um das Haus Gottes,
denn sie mussten Wache halten und alle
Morgen die Türen auftun. 28 Und einige
von ihnen waren gesetzt über die Geräte
für den Dienst; denn sie mussten sie ab-
gezählt heraus- und hineintragen. 29 Und
einige von ihnen waren bestellt über die
Gefäße und über alle heiligen Geräte,
über Feinmehl, über Wein, über Öl, über
Weihrauch, über Spezerei. 30 Und einige
der Söhne der Priester machten [a]Salböl
aus der Spezerei. 31 Und Mattitja von den
Leviten, dem Erstgeborenen Schallums,
des Korachiters, waren die Pfannen an-
vertraut. 32 Von den Kehatitern aber, ih-
ren Brüdern, waren einige bestellt über
die Schaubrote, sie zuzurichten auf alle
Sabbate.[a]

33 Das sind die Sänger, die Sippen-
häupter der Leviten, die in den Kam-
mern keinen Dienst hatten, denn Tag
und Nacht waren sie in ihrem Amt.
34 Das sind die Sippenhäupter unter den
Leviten nach ihren Geschlechtern. Diese
wohnten in Jerusalem.

Die Sippe Sauls

(vgl. Kap 8,29-38)

35 In Gibeon wohnten Jëiël, der Vater Gi-
beons; seine Frau hieß Maacha 36 und
sein Erstgeborener Abdon; ferner Zur,
Kisch, Baal, Ner, Nadab, 37 Gedor,
Achjo, Secher, Miklot. 38 Miklot aber
zeugte Schima. Auch sie wohnten mit
ihren Brüdern in Jerusalem, ihnen ge-
genüber.

39 Ner aber zeugte Abner. Kisch zeugte
Saul. Saul zeugte Jonatan, Malkischua,
Abinadab, Eschbaal. 40 Der Sohn Jona-
tans aber war Merib-Baal. Merib-Baal
aber zeugte Micha.

41 Die Söhne Michas waren: Piton,
Melech, Tachrea und Ahas. 42 Ahas
zeugte Joadda. Joadda zeugte Alemet,
Asmawet und Simri. Simri zeugte Moza.
43 Moza zeugte Bina; dessen Sohn war
Refaja, dessen Sohn war Elasa, dessen
Sohn war Azel. 44 Azel aber hatte sechs
Söhne; die hießen: Asrikam, Bochru, Ji-
schmael, Schearja, Obadja, Hanan. Das
sind die Söhne Azels.

Sauls Untergang

(vgl. 1.Sam 31,1-13)

10 Die Philister kämpften gegen Israel
und die Männer Israels flohen vor
den Philistern und blieben erschlagen lie-
gen auf dem Gebirge Gilboa. 2 Aber die
Philister waren hinter Saul und seinen
Söhnen her und erschlugen Jonatan,
Abinadab und Malkischua, die Söhne
Sauls.

3 Und der Kampf tobte heftig um Saul,
und die Bogenschützen fanden ihn und
er wurde verwundet von den Schützen.
4 Da sprach Saul zu seinem Waffenträger:
Zieh dein Schwert und erstich mich da-
mit, dass nicht diese Unbeschnittenen
kommen und treiben ihren Spott mit mir.
Aber sein Waffenträger wollte nicht;
denn er fürchtete sich sehr. Da nahm
Saul sein Schwert und stürzte sich hinein.
5 Als aber sein Waffenträger sah, dass
Saul tot war, stürzte auch er sich ins
Schwert und starb. 6 So starben Saul und

9,19: *a* 2.Chr 34,9 **9,20:** *a* 4.Mose 25,7-13 **9,22:** *a* 1.Sam 9,8-11 **9,30:** *a* 2.Mose 30,23-25 **9,32:** *a* 3.Mose 24,5-8

zugleich seine drei Söhne und sein ganzes
Haus. 7 Als aber die Männer Israels, die
in der Ebene wohnten, sahen, dass sie
geflohen waren und dass Saul und seine
Söhne tot waren, verließen sie ihre Städte
und flohen, und die Philister kamen und
wohnten darin.

8 Am andern Tage kamen die Philister,
um die Erschlagenen auszuplündern, und
fanden Saul und seine Söhne, wie sie
gefallen auf dem Gebirge Gilboa lagen.
9 Da plünderten sie ihn aus und nahmen
sein Haupt und seine Rüstung und sand-
ten sie im Land der Philister umher und
ließen's verkünden vor ihren Götzen und
dem Volk. 10 Und sie legten seine Rüs-
tung nieder im Haus ihres Gottes und
seinen Schädel hefteten sie ans Haus
Dagons.

11 Als aber jedermann von Jabesch in
Gilead hörte, was die Philister Saul alles
angetan hatten, 12 machten sie sich auf,
alle streitbaren Männer, und [a]nahmen
die Leichname Sauls und seiner Söhne
und brachten sie nach Jabesch und be-
gruben ihre Gebeine unter der Eiche bei
Jabesch und fasteten sieben Tage. 13 So
starb Saul um seines Treubruchs willen,
mit dem er sich an dem HERRN ver-
sündigt hatte, [a]weil er das Wort des
HERRN nicht hielt, auch [b]weil er die
Wahrsagerin befragt, 14 den HERRN aber
nicht befragt hatte. Darum ließ er ihn
sterben und wandte das Königtum Da-
vid, dem Sohn Isais, zu.

David wird zum König gesalbt und erobert Jerusalem

(vgl. 2. Sam 5,1-10)

11 Und ganz Israel sammelte sich bei
David in Hebron und sprach: Siehe,
[a]wir sind dein Gebein und dein Fleisch.
2 Schon damals, als Saul König war, führ-
test du Israel aus und ein. Und der
HERR, dein Gott, hat zu dir geredet: Du
sollst mein Volk Israel weiden, und du
sollst Fürst sein über mein Volk Israel.
3 Und alle Ältesten Israels kamen zum
König nach Hebron. Und David schloss
einen Bund mit ihnen in Hebron vor dem
HERRN. Und [a]sie salbten David zum
König über Israel nach dem Wort des
HERRN durch Samuel.

4 Und David und ganz Israel zogen hin
nach Jerusalem, das ist Jebus; denn die
Jebusiter wohnten dort im Lande. 5 Und
die Bürger von Jebus sprachen zu David:
Du wirst nicht hereinkommen. David
aber eroberte die Burg Zion, das ist Da-
vids Stadt. 6 Und David sprach: Wer die
Jebusiter zuerst schlägt, der soll Haupt-
mann und Oberster sein. Da stieg Joab,
der Sohn der Zeruja, zuerst hinauf und
wurde Hauptmann. 7 David aber wohnte
auf der Burg, daher nennt man sie »Stadt
Davids«. 8 Und er baute die Stadt
ringsum, vom Millo an rundumher. Joab
aber stellte die übrige Stadt wieder her.
9 Und David nahm immer mehr zu an
Macht und der HERR Zebaoth war mit
ihm.

Die Helden Davids und ihre Taten

(vgl. 2. Sam 23,8-39)

10 Dies sind die Helden Davids, die sich
treu zu ihm hielten in seinem Königtum
mit ganz Israel, dass man ihn zum König
machte nach dem Wort des HERRN über
Israel. 11 Und dies ist die Zahl der Helden
Davids: Joschobam, der Sohn Hach-
monis, der Erste unter den Dreien; er
schwang seinen Spieß und erschlug drei-
hundert auf einmal. 12 Nach ihm war
Eleasar, der Sohn Dodos, der [a]Aho-
achiter; er war unter den drei Helden.
13 Dieser war mit David in Pas-Dammim,
als die Philister sich dort zum Kampf
versammelt hatten. Dort war ein Stück
Acker mit Gerste. Und das Volk floh vor
den Philistern. 14 Und er trat mitten aufs
Feld, sicherte es und schlug die Philister.
Und der HERR gab großes Heil.

15 Und drei aus den dreißig Helden zo-
gen hinab zum Felsen zu David in die
[a]Höhle Adullam. Aber das Lager der
Philister lag in der Ebene Refaïm. 16 Da-
vid aber war in der Bergfeste; und die
Wache der Philister war damals in Beth-
lehem. 17 Und David gelüstete es und er
sprach: Wer will mir Wasser zu trinken
geben aus dem Brunnen am Tor in Beth-
lehem? 18 Da brachen die Drei in das
Lager der Philister ein und schöpften
Wasser aus dem Brunnen am Tor in
Bethlehem und trugen's und brachten's
zu David. Er aber wollte es nicht trinken,

10,12: *a* 2. Sam 2,4-5 **10,13:** *a* 1. Sam 15,23; *b* 1. Sam 28,8 **11,1:** *a* 1. Mose 29,14 **11,3:** *a* 1. Sam 16,1.3.11-12 **11,12:** *a* Kap 27,4 **11,15:** *a* 1. Sam 22,1

sondern goss es aus für den HERRN als
Trankopfer 19 und sprach: Das lasse mein
Gott fern von mir sein, dass ich solches
tue und trinke das Blut dieser Männer,
die sich der Gefahr ausgesetzt haben;
denn sie haben das Wasser unter Lebens-
gefahr hergebracht. Darum wollte er's
nicht trinken. Das taten die drei Helden.

20 Abischai, der Bruder Joabs, war der
Erste unter den Dreißig und er schwang
seinen Spieß und erschlug dreihundert.
Und er war unter den Dreißig berühmt
21 und hochgeehrt unter den Dreißig und
war ihr Oberster, aber an jene Drei kam
er nicht heran.

22 Benaja, der Sohn Jojadas, ein streit-
barer Mann von großen Taten, war aus
Kabzeel. Er erschlug die beiden »Gottes-
löwen« der Moabiter. Er stieg hinab und
erschlug einen Löwen in einem Brunnen,
als Schnee gefallen war. 23 Er erschlug
auch einen ägyptischen Mann, der war
fünf Ellen groß und hatte einen Spieß in
der Hand, der war [a]wie ein Weberbaum.
Aber er ging zu ihm hinab mit einem
Stecken und nahm ihm den Spieß aus der
Hand und tötete ihn mit dessen eigenem
Spieß. 24 Das tat [a]Benaja, der Sohn Joja-
das, und er war berühmt unter den drei-
ßig Helden 25 und hochgeehrt unter den
Dreißig, aber an jene Drei kam er nicht
heran. David aber setzte ihn über seine
Leibwache.

26 Die streitbaren Helden waren diese:
Asaël, der Bruder Joabs; Elhanan, der
Sohn Dodos aus Bethlehem; 27 Scham-
mot, der Haroditer; [a]Helez, der Peletiter;
28 Ira, der Sohn des Ikkesch, aus Tekoa;
Abiëser, der Anatotiter; 29 Sibbechai, der
Huschatiter; Ilai, der Ahoachiter;
30 Mahrai, der Netofatiter; Heled, der
Sohn Baanas, der Netofatiter; 31 Ittai, der
Sohn Ribais, von Gibea in Benjamin; Be-
naja, der Piratoniter; 32 Hiddai, von Na-
hale-Gaasch; Abiël, der Arbatiter; 33 As-
mawet, der Bahurimiter; Eljachba, der
Schaalboniter; 34 Jaschen, der Guniter;
Jonatan, der Sohn Schages, der Hara-
riter; 35 Ahiam, der Sohn Sachars, der
Harariter; Elifal, der Sohn Urs; 36 Hefer,
der Mecheratiter; Ahija, der Paloniter;
37 Hezro, der Karmeliter; Naarai, der
Sohn Esbais; 38 Joel, der Bruder Nathans;
Mibhar, der Sohn Hagris; 39 Zelek, der
Ammoniter; Nachrai, der Beerotiter, ein
Waffenträger Joabs, des Sohnes der Zeru-
ja; 40 Ira, der Jattiriter; Gareb, der Jatti-
riter; 41 [a]Uria, der Hetiter; Sabad, der
Sohn Achlais; 42 Adina, der Sohn Schisas,
der Rubeniter, ein Hauptmann der Ru-
beniter, und dreißig Mann waren bei
ihm; 43 Hanan, der Sohn Maachas; Jo-
schafat, der Mitniter; 44 Usija, der Asch-
tarotiter; Schama und Jehiël, die Söhne
Hotams, des Aroëriters; 45 Jediaël, der
Sohn Schimris; Joha, sein Bruder, der
Tiziter; 46 Eliël, der Mahawiter; Jeribai
und Joschawja, die Söhne Elnaams;
Jitma, der Moabiter; 47 Eliël, Obed, Jaasi-
ël aus Zoba.

Davids Mitkämpfer in Ziklag zur Zeit Sauls

12 Dies sind die Männer, die zu David
nach [a]Ziklag kamen, als er sich
von Saul, dem Sohn des Kisch, fernhal-
ten musste; und sie gehörten auch zu den
Helden, den Helfern im Kampf, 2 mit
Bogen gerüstet, geschickt mit beiden
Händen, Steine zu schleudern und Pfeile
zu schießen.

Von den Stammesbrüdern Sauls, die
aus Benjamin waren: 3 der erste Ahiëser
und Joasch, die Söhne Schemaas, des
Gibeatiters; Jesiël und Pelet, die Söhne
Asmawets; Beracha und Jehu, der Ana-
totiter; 4 Jischmaja, der Gibeoniter, ge-
waltig unter den Dreißig und über die
Dreißig; 5 *Jirmeja, Jahasiël, Johanan,
Josabad, der Gederatiter; 6 Elusai, Jeri-
mot, Bealja, Schemarja, Schefatja, der
Harufiter; 7 Elkana, Jischija, Asarel,
Joëser, Joschobam, die Korachiter; 8 Joëla
und Sebadja, die Söhne Jerohams von
Gedor.

9 Von den Gaditern gingen über zu Da-
vid nach der Bergfeste in der Wüste
starke Helden und Kriegsleute, die Schild
und Spieß führten, und ihr Angesicht
war wie das der Löwen und sie waren
schnell wie Rehe auf den Bergen: 10 der
erste Eser, der zweite Obadja, der dritte
Eliab, 11 der vierte Mischmanna, der
fünfte Jirmeja, 12 der sechste Attai, der
siebente Eliël, 13 der achte Johanan, der

* Abweichende Verszählung statt 12,5-41: 12,4b-40.

11,23: *a* 1.Sam 17,7 **11,24:** *a* Kap 27,5-6 **11,27:** *a* Kap 27,10 **11,41:** *a* 2.Sam 11,3 **12,1:** *a* 1.Sam 27,6

neunte Elsabad, 14 der zehnte Jirmeja,
der elfte Machbannai. 15 Diese waren von
den Gaditern, Hauptleute im Heer, der
Geringste über hundert und der Größte
über tausend. 16 Die sind es, die über den
Jordan gingen im ersten Monat, als er
voll war bis zu beiden Ufern und alle
Täler gegen Osten und Westen abrie-
gelte.

17 Es kamen aber auch Männer von
Benjamin und Juda zu David in die Berg-
feste. 18 David aber ging heraus zu ihnen
und sprach zu ihnen: Kommt ihr im Frie-
den zu mir und um mir zu helfen, so soll
mein Herz mit euch sein; kommt ihr aber
mit List und um gegen mich zu sein, da
doch kein Frevel an mir ist, so sehe der
Gott unserer Väter drein und strafe es!
19 Aber der Geist ergriff Amasai, den Ers-
ten der Dreißig, und er sprach: Dein sind
wir, David, und mit dir halten wir's, du
Sohn Isais! Friede, Friede sei mit dir!
Friede sei mit deinen Helfern, denn dein
Gott hilft dir! Da nahm David sie an und
setzte sie zu Hauptleuten über die Streif-
schar.

20 Und von Manasse gingen einige zu
David über, als er mit den Philistern aus-
zog gegen Saul zum Kampf. Er aber half
ihnen nicht, denn [a]die Fürsten der Phi-
lister hielten Rat und schickten ihn weg
und sprachen: Wenn er wieder zu Saul,
seinem Herrn, überginge, so könnte es
uns den Hals kosten. 21 Als er nun nach
Ziklag zog, fielen ihm zu von Manasse:
Adnach, Josabad, Jediaël, Michael, Josa-
bad, Elihu, Zilletai, Oberste über tau-
send in Manasse. 22 Und sie halfen David
gegen streifende Rotten; denn sie waren
alle streitbare Helden und wurden
Hauptleute über das Heer. 23 So kamen
alle Tage einige zu David, ihm zu helfen,
bis es ein großes Heer wurde wie ein
Heer Gottes.

Die Krieger, die zu David nach Hebron kamen

24 Und dies ist die Zahl der zum Heeres-
dienst gerüsteten Männer, die zu David
nach Hebron kamen, um das Königtum
Sauls ihm zuzuwenden nach dem Wort
des HERRN:

25 Der Männer von Juda, die Schild
und Spieß trugen, waren 6800, gerüstet
zum Heeresdienst; 26 der Männer von Si-
meon waren streitbare Helden für den
Heeresdienst 7100; 27 der Männer von
Levi 4600; 28 und Jojada, der Vorsteher
über das Haus Aaron, mit 3700; 29 und
[a]Zadok, ein junger streitbarer Held, mit
seiner Sippe, 22 Hauptleute; 30 der Män-
ner von Benjamin, Sauls Brüder, 3000,
denn bis zu dieser Zeit hielten noch viele
von ihnen zum Hause Sauls; 31 der Män-
ner von Ephraim 20 800, streitbare Hel-
den und berühmte Männer in ihren Sip-
pen; 32 vom halben Stamm Manasse
18 000, die namentlich bestimmt waren,
dass sie kämen und David zum König
machten; 33 der Männer von Issachar, die
erkannten und rieten, was Israel zu jeder
Zeit tun sollte, 200 Hauptleute, und alle
ihre Brüder folgten ihrem Befehl; 34 von
Sebulon wehrfähige Männer, zum
Kampf gerüstet mit allerlei Waffen,
50 000, David einmütig zu helfen; 35 von
Naftali 1000 Hauptleute und mit ihnen
37 000 mit Schild und Spieß; 36 von Dan,
zum Kampf gerüstet, 28 600; 37 von Asser
wehrfähige Männer, gerüstet zum
Kampf, 40 000; 38 von jenseits des Jor-
dans, von den Rubenitern, Gaditern und
dem halben Stamm Manasse, 120 000 mit
allerlei Waffen zum Kampf.

39 Alle diese Kriegsleute, in Heeresord-
nung, kamen von ganzem Herzen nach
Hebron, um David zum König zu ma-
chen über ganz Israel. Auch war das
ganze übrige Israel **eines** Herzens, dass
man David zum König machte. 40 Und
sie waren dort bei David drei Tage, aßen
und tranken; denn ihre Brüder hatten für
sie gesorgt. 41 Auch die, die ihnen nahe
waren, bis nach Issachar, Sebulon und
Naftali, brachten Nahrung auf Eseln,
Kamelen, Maultieren und Rindern: Brot,
Kuchen von Feigen und Rosinen, Wein,
Öl, dazu Rinder und Schafe in Menge;
denn Freude war in Israel.

David holt die Bundeslade und bringt sie in das Haus Obed-Edoms

(vgl. 2. Sam 6,1-11)

13 Und David hielt einen Rat mit den
Hauptleuten über tausend und
über hundert und mit allen Anführern

12,20: *a* 1. Sam 29,3-4 **12,29:** *a* Kap 5,34; 2. Sam 15,24

2 und sprach zu der ganzen Gemeinde
Israel: Gefällt es euch und ist's dem
HERRN, unserm Gott, angenehm, so
lasst uns hinschicken zu unsern Brüdern
in allen Landen Israels, dazu auch zu den
Priestern und Leviten in ihren Wohnstät-
ten, dass sie sich bei uns versammeln.
3 Und lasst uns die Lade unseres Gottes
wieder zu uns holen; denn zu Sauls Zei-
ten fragten wir nicht nach ihr. 4 Da
sprach die ganze Gemeinde, man solle
das tun; denn es gefiel allem Volk gut.

5 So versammelte David ganz Israel,
vom Schihor Ägyptens an bis dorthin,
wo es nach Hamat geht, um die Lade
Gottes von Kirjat-Jearim zu holen. 6 Und
David zog hin mit ganz Israel nach
[a]Baala, das ist Kirjat-Jearim, das in Juda
liegt, um von da heraufzubringen die
Lade Gottes, des HERRN, der über den
Cherubim thront, wo sein Name ange-
rufen wird. 7 Und sie ließen die Lade
Gottes auf einem neuen Wagen aus dem
Hause Abinadabs fahren. Usa aber und
sein Bruder lenkten den Wagen. 8 David
aber und ganz Israel tanzten mit aller
Macht vor Gott her, mit Liedern, mit
Harfen, mit Psaltern, mit Pauken, mit
Zimbeln und mit Trompeten.

9 Als sie aber zur Tenne Kidons kamen,
streckte Usa seine Hand aus, um die
Lade zu halten; denn die Rinder glitten
aus. 10 Da entbrannte der Grimm des
HERRN über Usa und er schlug ihn, weil
er seine Hand nach der Lade ausge-
streckt hatte, sodass er dort starb vor
Gott. 11 Da ergrimmte David, dass der
HERR den Usa so wegriss, und man
nannte die Stätte »Perez-Usa«* bis auf
diesen Tag. 12 Und an jenem Tage fürch-
tete sich David vor Gott und sprach: Wie
darf ich da noch die Lade Gottes zu mir
bringen? 13 Darum ließ er die Lade Got-
tes nicht zu sich bringen in die Stadt
Davids, sondern ließ sie hinbringen ins
Haus Obed-Edoms, des Gatiters. 14 So
blieb die Lade Gottes bei Obed-Edom in
seinem Hause drei Monate. Und der
HERR segnete das Haus Obed-Edoms
und alles, was er hatte.

Davids weitere Söhne. Seine Siege über die Philister

(vgl. 2. Sam 5,11-25)

14 Und Hiram, der König von Tyrus,
sandte Boten zu David und Zedern-
holz, Steinmetzen und Zimmerleute, dass
sie ihm ein Haus bauten. 2 Und David
erkannte, dass der HERR ihn zum König
über Israel bestätigt hatte; denn sein Kö-
nigtum war hoch erhoben worden um
seines Volkes Israel willen. 3 Und David
nahm noch mehr Frauen zu Jerusalem
und zeugte noch mehr Söhne und Töch-
ter. 4 Die Söhne, die ihm zu Jerusalem
geboren wurden, hießen: Schammua,
Schobab, Nathan, Salomo, 5 Jibhar, Eli-
schua, Elpelet, 6 Nogah, Nefeg, Jafia,
7 Elischama, Beeljada, Elifelet.

8 Als aber die Philister hörten, dass
David zum König gesalbt war über ganz
Israel, zogen sie alle herauf, um sich Da-
vids zu bemächtigen. Als das David
hörte, zog er aus gegen sie. 9 Und die
Philister kamen und ließen sich nieder in
der Ebene Refaïm. 10 David aber befragte
Gott und sprach: Soll ich hinaufziehen
gegen die Philister und willst du sie in
meine Hand geben? Der HERR sprach zu
ihm: Zieh hinauf! Ich will sie in deine
Hände geben. 11 Und als sie hinaufzogen
nach Baal-Perazim, schlug sie David
dort. Und David sprach: Gott hat durch
meine Hand die Reihen meiner Feinde
durchbrochen, wie das Wasser einen
Damm durchbricht. Daher nannte man
die Stätte »Baal-Perazim«**. 12 Und sie
ließen ihre Götter dort zurück; die befahl
David [a]mit Feuer zu verbrennen.

13 Aber die Philister kamen wieder und
ließen sich nieder in der Ebene. 14 Und
David befragte Gott abermals und Gott
sprach zu ihm: Du sollst nicht hinauf-
ziehen hinter ihnen her, sondern umgehe
sie, dass du an sie herankommst von den
Bakabäumen her. 15 Wenn du dann hören
wirst, wie das Rauschen oben in den Ba-
kabäumen einhergeht, so brich hervor
zum Kampf; denn Gott ist dann vor dir
ausgezogen, zu schlagen das Heer der
Philister. 16 Und David tat, wie ihm Gott
geboten hatte, und sie schlugen das Heer

* d. h. Wegreißen Usas. ** d. h. Herr der Durchbrüche.

13,6: *a* Jos 15,9 **14,12:** *a* 5. Mose 7,5.25

der Philister von Gibeon an bis Geser. 17 Und Davids Name ging aus in alle Lande, und der HERR ließ Furcht vor ihm über alle Völker kommen.

Die Bundeslade wird nach Jerusalem gebracht

(vgl. 2. Sam 6,12-16)

15 Und David baute sich Häuser in der Stadt Davids und bereitete der Lade Gottes eine Stätte und richtete ein Zelt für sie auf. 2 Damals sprach David: Die Lade Gottes soll niemand tragen außer den Leviten; denn diese hat der HERR erwählt, dass sie die Lade des HERRN tragen und ihm dienen allezeit. 3 Da versammelte David ganz Israel nach Jerusalem, damit sie die Lade des HERRN hinaufbrächten an die Stätte, die er dazu bereitet hatte.

4 Und David brachte zusammen die Söhne Aaron und die Leviten: 5 von den Söhnen Kehat: Uriël, den Obersten, samt seinen Brüdern, 120; 6 von den Söhnen Merari: Asaja, den Obersten, samt seinen Brüdern, 220; 7 von den Söhnen Gerschon: Joel, den Obersten, samt seinen Brüdern, 130; 8 von den Söhnen Elizafan: Schemaja, den Obersten, samt seinen Brüdern, 200; 9 von den Söhnen Hebron: Eliël, den Obersten, samt seinen Brüdern, 80; 10 von den Söhnen Usiël: Amminadab, den Obersten, samt seinen Brüdern, 112.

11 [a]Und David rief die Priester Zadok und Abjatar und die Leviten, nämlich Uriël, Asaja, Joel, Schemaja, Eliël, Amminadab, 12 und sprach zu ihnen: Ihr seid die Häupter der Sippen unter den Leviten; so heiligt nun euch und eure Brüder, dass ihr die Lade des HERRN, des Gottes Israels, heraufbringt an den Ort, den ich ihr bereitet habe. 13 Denn das erste Mal, als ihr nicht da wart, [a]machte der HERR, unser Gott, einen Riss unter uns, weil wir ihn nicht befragt hatten, wie sich's gebührt. 14 So heiligten sich die Priester und Leviten, damit sie die Lade des HERRN, des Gottes Israels, heraufbrächten. 15 Und die Leviten [a]trugen die Lade Gottes auf ihren Schultern mit den Stangen, wie Mose geboten hatte nach dem Wort des HERRN.

16 Und David befahl den Obersten der Leviten, dass sie ihre Brüder, die Sänger, bestellen sollten mit Saitenspielen, mit Psaltern, Harfen und hellen Zimbeln, dass sie laut sängen und mit Freuden. 17 Da bestellten die Leviten Heman, den Sohn Joels, und von seinen Brüdern Asaf, den Sohn Berechjas, und von den Söhnen Merari, ihren Brüdern, Etan, den Sohn Kuschajas, 18 und mit ihnen ihre Brüder der zweiten Ordnung: Secharja, Jaasiël, Schemiramot, Jehiël, Unni, Eliab, Benaja, Maaseja, Mattitja, Elifelehu, Mikneja, Obed-Edom, Jëiël, die Torhüter. 19 Denn [a]Heman, [b]Asaf und [c]Etan waren Sänger [d]mit kupfernen, hell klingenden Zimbeln; 20 Secharja aber, Jaasiël, Schemiramot, Jehiël, Unni, Eliab, Maaseja und Benaja mit Psaltern zu spielen; 21 Mattitja aber, Elifelehu, Mikneja, Obed-Edom, Jëiël und Asaja mit Harfen von acht Saiten zu spielen; 22 Kenanja aber, der Leviten Oberster, der Singmeister, unterwies sie im Singen; denn er verstand sich darauf. 23 Und Berechja und Elkana waren Torhüter bei der Lade. 24 Aber Schebanja, Joschafat, Netanel, Amasai, Secharja, Benaja, Eliëser, die Priester, bliesen mit Trompeten vor der Lade Gottes; und Obed-Edom und Jehija waren Torhüter bei der Lade.

25 So zogen David und die Ältesten Israels und die Obersten über tausend hin, um die Lade des Bundes des HERRN heraufzuholen aus dem Hause Obed-Edoms mit Freuden. 26 Und weil Gott den Leviten half, die die Lade des Bundes des HERRN trugen, opferten sie sieben junge Stiere und sieben Widder. 27 Und David hatte ein Obergewand aus feinem Leinen an, desgleichen alle Leviten, die die Lade trugen, und die Sänger und Kenanja, der Oberste beim Gesang der Sänger; auch trug David den leinenen [a]Priesterschurz. 28 So brachte ganz Israel die Lade des Bundes des HERRN hinauf mit Jauchzen, Posaunen, Trompeten und hellen Zimbeln, mit Psaltern und Harfen. 29 Als nun die Lade des Bundes des HERRN in die Stadt Davids kam, sah Michal, die Toch-

15,11: *a (11-12)* 2. Sam 15,29 **15,13:** *a* Kap 13,9-11 **15,15:** *a* 2. Mose 25,14; 4. Mose 4,15 **15,19:** *a* Kap 6,18; *b* Kap 6,24; *c* Kap 6,29; *d* Kap 25,1 **15,27:** *a* 2. Mose 25,7

ter Sauls, zum Fenster hinaus und als sie
den König David tanzen und spielen sah,
verachtete sie ihn in ihrem Herzen.

Aufstellung der Bundeslade und Ordnung des Dienstes

(vgl. 2. Sam 6,17-19)

16 Und als sie die Lade Gottes hinein-
brachten, setzte man sie in das Zelt,
das David für sie aufgerichtet hatte, und
opferte Brandopfer und Dankopfer vor
Gott. 2 Und als David die Brandopfer
und Dankopfer beendet hatte, segnete er
das Volk im Namen des HERRN 3 und
teilte aus an jedermann in Israel, an
Männer und Frauen, ein Brot, ein Stück
Fleisch und einen Rosinenkuchen. 4 Und
er bestellte einige Leviten zu Dienern vor
der Lade des HERRN, dass sie priesen,
dankten und lobten den HERRN, den
Gott Israels, 5 nämlich Asaf als Vorste-
her, Secharja als Zweiten, Jaasiël, Sche-
miramot, Jehiël, Mattitja, Eliab, Benaja,
Obed-Edom und Jëiël mit Psaltern und
Harfen, Asaf aber mit hellen Zimbeln,
6 die Priester Benaja und Jahasiël aber,
allezeit mit Trompeten zu blasen vor der
Lade des Bundes Gottes.

Davids Danklied

(vgl. Ps 105,1-15; 96,1-13; 106,1; 106,47-48)

7 Zu der Zeit ließ David zum ersten Mal
dem HERRN danken durch Asaf und
seine Brüder:

8 Danket dem HERRN, ruft seinen Namen an,
tut kund unter den Völkern sein Tun!
9 Singet und spielet ihm,
redet von allen seinen Wundern!
10 Rühmet seinen heiligen Namen;
es freue sich das Herz derer, die den HERRN suchen!
11 Fraget nach dem HERRN und nach seiner Macht,
suchet sein Angesicht allezeit!
12 Gedenket seiner Wunder, die er getan hat,
seiner Zeichen und der Urteile seines Mundes,
13 ihr, das Geschlecht Israels, seines Knechts,
ihr Söhne Jakobs, seine Auserwählten!

14 Er ist der HERR, unser Gott,
er richtet in aller Welt.
15 Gedenket ewig seines Bundes,
des Wortes, das er verheißen hat für tausend Geschlechter,
16 den er gemacht hat mit Abraham,
und seines Eides, den er Isaak geschworen hat,
17 den er Jakob gesetzt hat zur Satzung
und Israel zum ewigen Bund
18 und sprach: Dir will ich das Land Kanaan geben,
das Los eures Erbteils.
19 Als sie noch gering an Zahl waren,
wenige und Fremdlinge im Lande,
20 da zogen sie von einem Volk zum andern
und von einem Königreich zum andern.
21 Er ließ niemand ihnen Schaden tun
und [a]wies Könige zurecht um ihretwillen:
22 Tastet meine Gesalbten nicht an,
und tut meinen Propheten kein Leid!

23 Singet dem HERRN, alle Lande,
verkündiget täglich sein Heil!
24 Erzählet unter den Heiden seine Herrlichkeit
und unter allen Völkern seine Wunder!
25 Denn der HERR ist groß und hoch zu loben
und mehr zu fürchten als alle Götter.
26 Denn aller Heiden Götter sind Götzen,
der HERR aber hat den Himmel gemacht.
27 Hoheit und Pracht sind vor ihm,
Macht und Freude in seinem Heiligtum.

28 [a]Bringet dar dem HERRN, ihr Völker,
bringet dar dem HERRN Ehre und Macht!
29 Bringet dar dem HERRN die Ehre seines Namens,

16,21: *a* 1. Mose 12,17; 20,3.7; 26,9 **16,28:** *a (28-29)* Ps 29,1-2

bringet Geschenke und kommt vor
ihn und betet den HERRN an in
heiligem Schmuck!
30 Es fürchte ihn alle Welt.
Er hat den Erdkreis gegründet,
dass er nicht wankt.

31 Es freue sich der Himmel,
und die Erde sei fröhlich,
und man sage unter den Heiden,
dass der HERR regiert!
32 Das Meer brause und was darinnen ist,
und das Feld sei fröhlich und alles,
was darauf ist.
33 Es sollen jauchzen alle Bäume im Wald
vor dem HERRN; denn er kommt,
zu richten die Erde.

34 Danket dem HERRN, denn er ist freundlich,
und seine Güte währet ewiglich.[a]
35 Und sprecht: Hilf uns, Gott, unser Heiland,
und sammle uns und errette uns
von den Heiden,
dass wir deinen heiligen Namen preisen
und dir Lob sagen!
36 [a]Gelobt sei der HERR, der Gott Israels,
von Ewigkeit zu Ewigkeit!

Und alles Volk sagte: Amen!, und: Lobe
den HERRN!
37 Und David ließ dort vor der Lade
des Bundes des HERRN den Asaf und
seine Brüder, damit sie Dienst täten vor
der Lade allezeit, wie es jeder Tag
erforderte; 38 dazu Obed-Edom und seine
Brüder, achtundsechzig Mann, und
Obed-Edom, den Sohn Jedutuns, und
Hosa als Torhüter. 39 Und den Priester
Zadok und seine Brüder, die Priester,
bestellte er bei der Wohnung des HERRN
[a]auf der Höhe bei Gibeon, 40 dass sie
dem HERRN [a]täglich Brandopfer dar-
brächten auf dem Brandopferaltar, am
Morgen und am Abend, wie geschrieben
steht im Gesetz des HERRN, das er Israel
geboten hat, 41 und mit ihnen Heman
und Jedutun und die andern Erwählten,
die namentlich bestimmt waren, um dem
HERRN zu danken, dass seine Güte ewig-
lich währt, 42 mit Trompeten und hell
klingenden Zimbeln und mit Saitenspiel
zur Ehre Gottes. Die Söhne Jedutuns
aber machte er zu Torhütern. 43 Und alles
Volk zog hin, ein jeder in sein Haus, und
David kehrte auch heim, sein Haus zu
segnen.

Das Haus Davids wird in das Königtum Gottes eingesetzt

(vgl. 2. Sam 7,1-16)

17 Es begab sich, als David in seinem
Hause wohnte, sprach er zu dem
Propheten Nathan: Siehe, ich wohne in
einem Zedernhause, und die Lade des
Bundes des HERRN ist unter Zeltdecken.
2 Nathan sprach zu David: Alles, was in
deinem Herzen ist, das tu; denn Gott ist
mit dir.
3 Aber in derselben Nacht kam das
Wort Gottes zu Nathan: 4 Geh hin und
sage meinem Knecht David: So spricht
der HERR: Nicht du sollst mir ein Haus
bauen zur Wohnung. 5 Denn ich habe in
keinem Hause gewohnt von dem Tage
an, als ich Israel herausführte, bis auf
diesen Tag, sondern ich bin umherge-
zogen von Zelt zu Zelt und von Woh-
nung zu Wohnung. 6 Habe ich jemals, so-
lange ich mit ganz Israel umherzog, zu
einem der Richter in Israel, denen ich
gebot zu weiden mein Volk, ein Wort
gesagt und gesprochen: Warum baut ihr
mir nicht ein Zedernhaus? 7 So sprich
nun zu meinem Knecht David: So spricht
der HERR Zebaoth: Ich habe dich von
der Weide hinter den Schafen weggenom-
men, dass du ein Fürst über mein Volk
Israel sein solltest, 8 und ich bin mit dir
gewesen, wo du hingegangen bist, und
habe deine Feinde ausgerottet vor dir
und dir einen Namen gemacht, wie die
Großen auf Erden Namen haben. 9 Und
ich will meinem Volk Israel eine Stätte
geben und will es pflanzen, dass es dort
wohnen soll, und es soll sich nicht mehr
ängstigen, und die Gewalttätigen sollen
es nicht mehr bedrängen wie vormals
10 und zu den Zeiten, als ich Richter über
mein Volk Israel verordnete. Und ich will
alle deine Feinde demütigen und verkün-
dige dir, dass der HERR dir ein Haus

16,34: *a* 2. Chr 20,21 **16,36:** *a* Ps 41,14 **16,39:** *a* Kap 21,29 **16,40:** *a* 2. Mose 29,38-39

bauen will. 11 **Wenn aber deine Tage um**
sind, dass du zu deinen Vätern hingehst, so
will ich dir einen Nachkommen, einen dei-
ner Söhne, erwecken; dem will ich sein
Königtum bestätigen. 12 [a]**Der soll mir ein**
Haus bauen, und ich will seinen Thron
bestätigen ewiglich. 13 **Ich will sein Vater**
sein und er soll mein Sohn sein. Und ich
will meine Gnade nicht von ihm wenden,
wie ich sie von dem gewandt habe, der
vor dir war, 14 sondern ich will ihn ein-
setzen in mein Haus und in mein König-
tum ewiglich, dass sein Thron beständig
sei ewiglich.

Davids Dankgebet

(vgl. 2. Sam 7,17-29)

15 Und als Nathan nach all diesen Wor-
ten und diesem Gesicht mit David ge-
redet hatte, 16 kam der König David, ließ
sich vor dem HERRN nieder und sprach:
[a]Wer bin ich, HERR, Gott, und was ist
mein Haus, dass du mich bis hierher ge-
bracht hast? 17 Aber das war dir noch zu
wenig, Gott, und du hast über das Haus
deines Knechtes auch von ferner Zu-
kunft geredet. Du hast mich schauen las-
sen, wie ein Mensch ein Gesicht emp-
fängt, und hast mich hoch erhöht, HERR,
Gott. 18 Was kann David noch mehr zu
dir sagen, da du deinen Knecht so herr-
lich machst? Du kennst deinen Knecht.
19 HERR, um deines Knechtes willen hast
du nach deinem Herzen all diese großen
Dinge getan, dass du kundtätest alle
Herrlichkeit. 20 HERR, keiner ist dir
gleich, und [a]es ist kein Gott außer dir,
nach allem, was wir mit unsern Ohren
gehört haben. 21 Und wo ist ein Volk auf
Erden wie dein Volk Israel, um dessent-
willen Gott hingegangen ist, sich ein
Volk zu erlösen, sich selbst einen Namen
zu machen durch große und schreckliche
Dinge und Völker auszutreiben vor dei-
nem Volk her, das du aus Ägypten erlöst
hast? 22 Du hast dir dein Volk Israel zum
Volk gemacht für ewig und du, HERR,
bist ihr Gott geworden. 23 Nun, HERR,
das Wort, das du über deinen Knecht
und über sein Haus geredet hast, werde
wahr in Ewigkeit, und tu, wie du geredet
hast! 24 Und dein Name werde wahr und
groß ewiglich, dass man sage: Der HERR
Zebaoth, der Gott Israels, ist Gott in
Israel; und das Haus deines Knechtes
David sei beständig vor dir. 25 Denn du,
mein Gott, hast das Ohr deines Knechtes
geöffnet und gesagt, dass du ihm ein
Haus bauen willst. Darum hat dein
Knecht den Mut gefunden, dass er vor
dir betet. 26 Nun, HERR, du bist Gott
und hast deinem Knecht dies Gute zuge-
sagt. 27 So fange nun an zu segnen das
Haus deines Knechtes, dass es ewiglich
vor dir sei; denn [a]**was du, HERR, segnest,**
das ist gesegnet ewiglich.

Davids Kriegsbeute wird für den Tempelbau bestimmt

(vgl. 2. Sam 8,1-14)

18 Danach schlug David die Philister
und demütigte sie und nahm Gat
und seine Ortschaften aus der Philister
Hand. 2 Auch schlug er die Moabiter, so-
dass die Moabiter David untertan wur-
den und Abgaben brachten.
3 Er schlug auch Hadad-Eser, den Kö-
nig von Zoba, bis Hamat hin, als er
auszog, seine Macht aufzurichten am
Euphratstrom. 4 Und David gewann ihm
ab tausend Wagen, siebentausend Reiter
und zwanzigtausend Mann zu Fuß. Und
David ließ alle Wagenpferde lähmen und
behielt hundert übrig.
5 Und die Aramäer von Damaskus ka-
men, um Hadad-Eser, dem König von
Zoba, zu helfen. Aber David schlug von
den Aramäern zweiundzwanzigtausend
Mann 6 und setzte Statthalter ein im Ara-
mäerreich von Damaskus, und so wur-
den die Aramäer David untertan und
gaben ihm Tribut; denn der HERR half
David, wo er auch hinzog. 7 Und David
nahm die goldenen Schilde, die Hadad-
Esers Gefolge gehabt hatte, und brachte
sie nach Jerusalem. 8 Auch nahm David
aus den Städten Hadad-Esers, Tibhat
und Kun, sehr viel Kupfer. Davon
machte Salomo [a]das kupferne Meer und
[b]die Säulen und kupfernen Gefäße.
9 Als aber Toï, der König von Hamat,
hörte, dass David die ganze Streitmacht

17,12: *a (12-13)* Kap 22,10; 28,6 **17,16:** *a* 1. Mose 32,11 **17,20:** *a* Jes 44,6 **17,27:** *a* 1. Mose 12,3 **18,8:** *a* 1. Kön 7,23; *b* 1. Kön 7,15

Hadad-Esers, des Königs von Zoba, ge-
schlagen hatte, 10sandte er seinen Sohn
Hadoram zum König David und ließ ihn
grüßen und ihm Segen wünschen, dass er
mit Hadad-Eser gekämpft und ihn ge-
schlagen hatte, denn Toï führte Krieg mit
Hadad-Eser; und Hadoram brachte mit
allerlei goldene, silberne und kupferne
Gefäße. 11Auch diese heiligte der König
David dem HERRN wie auch das Silber
und Gold, das er den Heiden genommen
hatte, den Edomitern, Moabitern, Am-
monitern, Philistern und Amalekitern.
12Und Abischai, der Sohn der Zeruja,
schlug die Edomiter im Salztal, acht-
zehntausend Mann, 13und David setzte
Statthalter in Edom ein, sodass alle Edo-
miter David untertan waren; denn der
HERR half David, wo er auch hinzog.

Davids Beamte

(vgl. 2. Sam 8,15-18)

14So regierte David über ganz Israel und
schaffte Recht und Gerechtigkeit seinem
ganzen Volk. 15Joab, der Sohn der Zeru-
ja, war über das Heer gesetzt, Joschafat,
der Sohn Ahiluds, war Kanzler. 16Za-
dok, der Sohn Ahitubs, und [a]Abimelech,
der Sohn Abjatars, waren Priester.
Schawscha war Schreiber. 17Benaja, der
Sohn Jojadas, war über die Kreter und
Pleter gesetzt. Und die Söhne Davids wa-
ren die Ersten an der Seite des Königs.

Davids Kampf mit den Ammonitern

(vgl. 2. Sam 10,1-19; 11,1; 12,26-31)

19 Und danach starb [a]Nahasch, der
König der Ammoniter, und sein
Sohn wurde König an seiner statt. 2Da
dachte David: Ich will Hanun, dem Sohn
des Nahasch, Freundschaft erweisen,
denn sein Vater hat mir Freundschaft er-
wiesen, und sandte Boten hin, ihn zu
trösten über seinen Vater.
Und als die Gesandten Davids ins
Land der Ammoniter kamen zu Hanun,
ihn zu trösten, 3sprachen die Obersten
der Ammoniter zu Hanun: Meinst du,
dass David deinen Vater vor deinen Augen
ehren wolle, wenn er Tröster zu dir ge-
sandt hat? Sind seine Gesandten nicht
vielmehr zu dir gekommen, um das Land
zu erforschen, zu erkunden und auszu-
spähen? 4Da nahm Hanun die Gesand-
ten Davids und schor sie und schnitt ihre
Kleider halb ab bis an die Lenden und
ließ sie gehen. 5Und sie gingen weg und
man berichtete David über die Männer.
Er aber sandte ihnen entgegen, denn die
Männer waren sehr geschändet. Und der
König ließ ihnen sagen: Bleibt in Jericho,
bis euer Bart gewachsen ist; dann kommt
zurück.
6Als aber die Ammoniter sahen, dass
sie bei David in Verruf gekommen waren,
sandten Hanun und die Ammoniter tau-
send Zentner Silber, um Männer mit
Streitwagen und Reiter anzuwerben in
Mesopotamien, im Aramäerland von
Maacha und in Zoba. 7Und sie warben
zweiunddreißigtausend Männer mit
Streitwagen an und den König von Ma-
acha mit seinem Volk. Die kamen und
lagerten sich vor Medeba. Und die Am-
moniter sammelten sich auch aus ihren
Städten und kamen zum Kampf. 8Als
das David hörte, sandte er Joab hin mit
dem ganzen Heer der Helden. 9Die Am-
moniter aber waren ausgezogen und stell-
ten sich zum Kampf auf vor dem Tor der
Stadt. Die Könige aber, die gekommen
waren, standen für sich auf freiem Feld.
10Als nun Joab sah, dass vor und hin-
ter ihm sich der Kampf gegen ihn rich-
tete, erwählte er aus der ganzen jungen
Mannschaft in Israel einen Teil und
stellte sich gegen die Aramäer. 11Das üb-
rige Kriegsvolk aber tat er unter die
Hand seines Bruders Abischai, dass sie
sich gegen die Ammoniter stellten, 12und
sprach: Wenn mir die Aramäer zu stark
werden, so komm mir zu Hilfe; wenn
aber die Ammoniter dir zu stark werden,
will ich dir helfen. 13Sei getrost und lass
uns getrost handeln für unser Volk und
für die Städte unseres Gottes. Der HERR
tue, was ihm gefällt! 14Und Joab rückte
vor mit dem Volk, das bei ihm war, gegen
die Aramäer zu kämpfen, und sie flohen
vor ihm. 15Als aber die Ammoniter sa-
hen, dass die Aramäer flohen, flohen sie
auch vor seinem Bruder Abischai und
zogen in die Stadt. Joab aber kam nach
Jerusalem.

18,16: *a* Kap 24,6 **19,1:** *a* 1. Sam 11,1

16Als aber die Aramäer sahen, dass sie
von Israel geschlagen waren, sandten sie
Boten hin und ließen auch die Aramäer
jenseits des Stromes in den Kampf zie-
hen. Und Schobach, der Feldhauptmann
Hadad-Esers, zog vor ihnen her. 17Als
das David angesagt wurde, sammelte er
ganz Israel und zog über den Jordan.
Und als er an sie herankam, rüstete er
sich gegen sie. Und David stellte sich
gegen die Aramäer zum Kampf und sie
kämpften mit ihm. 18Aber die Aramäer
flohen vor Israel. Und David vernichtete
von den Aramäern siebentausend Wagen
und tötete vierzigtausend Mann zu Fuß;
dazu tötete er Schobach, den Feldhaupt-
mann. 19Als aber die Großen Hadad-
Esers sahen, dass sie von Israel geschla-
gen waren, schlossen sie Frieden mit Da-
vid und wurden ihm untertan. Und die
Aramäer wollten den Ammonitern nicht
mehr helfen.

20 Und als das Jahr um war, zur Zeit,
wenn die Könige ausziehen, führte
Joab die Heeresmacht aus und verwüs-
tete das Land der Ammoniter und kam
und belagerte Rabba. David aber blieb in
Jerusalem. Und Joab schlug Rabba und
zerstörte es. 2Und David nahm ihrem
König die Krone vom Haupt – und es
fand sich, dass sie einen Zentner Gold
wog und an ihr ein Edelstein war –, und
sie wurde auf Davids Haupt gesetzt.
Auch führte er aus der Stadt sehr viel
Beute weg. 3Aber das Volk darin führte
er heraus und ließ sie mit Sägen und
eisernen Hacken und Äxten Frondienste
leisten. So tat David mit allen Städten
der Ammoniter. Und David zog samt
dem Kriegsvolk wieder nach Jerusalem.

Heldentaten in den Philisterkämpfen

(vgl. 2.Sam 21,18-22)

4Danach erhob sich ein Krieg bei Geser
mit den Philistern. Damals erschlug
[a]Sibbechai, der Huschatiter, den Saf, der
vom Geschlecht der Riesen war, und sie
wurden gedemütigt. 5Und es erhob sich
noch ein Krieg mit den Philistern. Da
erschlug Elhanan, der Sohn Jaïrs, den
Lachmi, den Bruder Goliats, den Gatiter,
dessen Spießschaft wie ein Weberbaum
war.
6Abermals erhob sich ein Krieg bei
Gat. Da war ein großer Mann, der hatte
je sechs Finger und sechs Zehen, die ma-
chen zusammen vierundzwanzig, und
auch er war vom Geschlecht der Riesen.
7Der [a]sprach Israel Hohn, aber Jonatan,
der Sohn Schammas, der ein Bruder Da-
vids war, erschlug ihn. 8Diese stammten
vom Geschlecht der Riesen in Gat und
fielen durch die Hand Davids und seiner
Kriegsleute.

Gott lässt David den Tempelplatz finden

(vgl. 2.Sam 24,1-25)

21 Und der Satan stellte sich gegen
Israel und reizte David, dass er Is-
rael zählen ließe. 2Und David sprach zu
Joab und zu den Obersten des Volks:
Geht hin, zählt Israel von Beerscheba bis
Dan und bringt mir Kunde, damit ich
weiß, wie viel ihrer sind. 3Joab sprach:
Der HERR tue zu seinem Volk, wie es
jetzt ist, hundertmal so viel hinzu! Aber,
mein Herr und König, sind sie nicht alle
meinem Herrn untertan? [a]Warum fragt
denn mein Herr danach? Warum soll
eine Schuld auf Israel kommen?
4Aber des Königs Wort blieb fest ge-
genüber Joab. Und Joab ging hin und zog
durch ganz Israel und kam nach Jeru-
salem zurück 5und gab David die Zahl
des gezählten Volks an. Es waren von
ganz Israel elfmal 100000 Mann, die das
Schwert trugen, und von Juda 470000
Mann, die das Schwert trugen. 6Levi
aber und Benjamin zählte er nicht mit;
denn Joab war des Königs Wort ein
Gräuel.
7Dies alles aber [a]missfiel Gott sehr
und er schlug Israel. 8Da sprach David
zu Gott: Ich habe schwer gesündigt, dass
ich das getan habe. Nun aber nimm weg
die Schuld deines Knechts; denn ich habe
sehr töricht getan. 9Und der HERR re-
dete mit Gad, dem Seher Davids, und
sprach: 10Geh hin, rede mit David und
sprich: So spricht der HERR: Dreierlei
lege ich dir vor; erwähle dir eins davon,
dass ich es dir tue. 11Und als Gad zu
David kam, sprach er zu ihm: So spricht
der HERR: Erwähle dir 12entweder drei
Jahre Hungersnot oder drei Monate
Flucht vor deinen Widersachern und vor

20,4: *a* Kap 27,11 **20,7:** *a* 1.Sam 17,10 **21,3:** *a* 2.Mose 30,12 **21,7:** *a* Kap 27,24

dem Schwert deiner Feinde, dass es dich
ergreife, oder drei Tage das Schwert des
HERRN und Pest im Lande, dass der En-
gel des HERRN Verderben anrichte im
ganzen Gebiet Israels. So sieh nun zu,
was ich antworten soll dem, der mich
gesandt hat.

13 David sprach zu Gad: Mir ist sehr
angst, doch ich will in die Hand des
HERRN fallen, denn seine Barmherzig-
keit ist sehr groß; aber ich will nicht
in Menschenhände fallen. 14 Da ließ der
HERR eine Pest über Israel kommen,
sodass siebzigtausend Menschen aus
Israel starben.

15 Und Gott sandte den Engel nach
Jerusalem, es zu verderben. Aber wäh-
rend des Verderbens sah der HERR dar-
ein und es reute ihn das Übel. Und er
sprach zum Engel, der das Verderben an-
richtete: Es ist genug; lass deine Hand
ab! Der Engel des HERRN aber stand bei
der Tenne Araunas, des Jebusiters.
16 Und David hob seine Augen auf und
sah den Engel des HERRN stehen zwi-
schen Himmel und Erde und ein bloßes
Schwert in seiner Hand ausgestreckt
über Jerusalem. Da fielen David und die
Ältesten, mit Säcken angetan, auf ihr
Antlitz. 17 Und David sprach zu Gott:
Bin ich's nicht, der das Volk zählen ließ?
Ich bin's doch, der gesündigt und das
Übel getan hat; diese Schafe aber, was
haben sie getan? HERR, mein Gott, lass
deine Hand gegen mich und meines Va-
ters Haus sein und nicht gegen dein Volk,
es zu plagen.

18 Und der Engel des HERRN sprach zu
Gad, er solle David sagen, dass David
hinaufgehe und dem HERRN einen Altar
aufrichte auf der Tenne Araunas, des Je-
busiters. 19 Da ging David hinauf nach
dem Wort Gads, das dieser geredet hatte
in des HERRN Namen.

20 Arauna aber wandte sich um und
sah den Engel und versteckte sich und
seine vier Söhne mit ihm. Arauna aber
drosch Weizen. 21 Als nun David zu
Arauna kam, sah Arauna auf und ward
David gewahr. Und er ging von der
Tenne weg und fiel vor David zur Erde
nieder auf sein Antlitz. 22 Und David
sprach zu Arauna: Gib mir den Platz der
Tenne, dass ich dem HERRN einen Altar
darauf baue; für den vollen Preis sollst
du ihn mir geben, damit die Plage unter
dem Volk aufhöre. 23 Arauna aber sprach
zu David: Nimm ihn dir und mache,
mein Herr und König, wie dir's gefällt.
Siehe, ich gebe die Rinder zum Brand-
opfer und die Dreschschlitten als Brenn-
holz und Weizen zum Speisopfer; das
alles gebe ich. 24 Aber der König David
sprach zu Arauna: Nicht doch! Sondern
für den vollen Preis will ich's kaufen;
denn ich will nicht, was dein ist, für den
HERRN nehmen und will's nicht umsonst
zum Brandopfer haben. 25 So gab David
dem Arauna für den Platz Gold im Ge-
wicht von sechshundert Lot.

26 Und David baute dem HERRN dort
einen Altar und opferte Brandopfer und
Dankopfer. Und als er den HERRN an-
rief, [a] erhörte er ihn durch das Feuer, das
vom Himmel fiel auf den Altar mit dem
Opfer. 27 Und der HERR gebot dem En-
gel, dass er sein Schwert in seine Scheide
stecke. 28 Damals, als David sah, dass ihn
der HERR erhört hatte auf der Tenne
Araunas, des Jebusiters, und er dort
Opfer darbrachte – 29 aber die Wohnung
des HERRN, die Mose in der Wüste ge-
macht hatte, und der Brandopferaltar
waren zu der Zeit [a] auf der Höhe bei
Gibeon; 30 David aber konnte nicht hin-
gehen und vor ihn treten, um Gott zu
befragen, so erschrocken war er vor dem
Schwert des Engels des HERRN –,

22 da sprach David: [a] Hier soll das
Haus Gottes, des HERRN, sein und
dies der Altar für die Brandopfer Israels.

David überträgt Salomo den Bau des Tempels

2 Und David ließ [a] die Fremdlinge ver-
sammeln, die im Land Israel waren, und
bestellte Steinmetzen, Steine zu hauen,
um das Haus Gottes zu bauen. 3 Und
David schaffte viel Eisen herbei zu Nä-
geln für die Türen der Tore und zu Klam-
mern und so viel Kupfer, dass es nicht zu
wiegen war, 4 auch Zedernholz ohne
Zahl; denn die von Sidon und Tyrus
brachten viel Zedernholz zu David.
5 Denn David dachte: [a] Mein Sohn Sa-

21,26: *a* 1. Kön 18,24 **21,29:** *a* 1. Kön 3,4; 2. Chr 1,3.6 **22,1:** *a* 2. Chr 3,1 **22,2:** *a* 2. Chr 2,16-17 **22,5:** *a* Kap 29,1

lomo ist noch jung und zart; das Haus
aber, das dem HERRN gebaut werden
soll, soll groß sein, dass sein Name und
Ruhm erhoben werde in allen Landen.
Darum will ich ihm Vorrat schaffen. So
schaffte David viel Vorrat vor seinem
Tod.

6 [a]Und er rief seinen Sohn Salomo
und gebot ihm, dem HERRN, dem Gott
Israels, ein Haus zu bauen, 7 und sprach
zu ihm: Mein Sohn, ich hatte im Sinn,
dem Namen des HERRN, meines Gottes,
ein Haus zu bauen, 8 aber das Wort des
HERRN kam zu mir: Du hast viel Blut
vergossen und große Kriege geführt;
darum sollst du meinem Namen nicht ein
Haus bauen, weil du vor mir so viel Blut
auf die Erde vergossen hast. 9 Siehe, der
Sohn, der dir geboren werden soll, der
wird ein Mann der Ruhe sein; denn ich
will ihm Ruhe schaffen vor allen seinen
Feinden ringsumher. Er soll Salomo hei-
ßen; denn ich will Israel Frieden und
Ruhe geben, solange er lebt. 10 Der soll
meinem Namen ein Haus bauen. Er soll
mein Sohn sein und ich will sein Vater
sein. Und ich will seinen königlichen
Thron über Israel bestätigen ewiglich.

11 So wird nun, mein Sohn, der HERR
mit dir sein und es wird dir gelingen, dass
du dem HERRN, deinem Gott, ein Haus
baust, wie er von dir gesagt hat. 12 Auch
wird der HERR dir geben Klugheit und
Verstand und wird dich bestellen über
Israel, dass du haltest das Gesetz des
HERRN, deines Gottes. 13 Dann aber wird
es dir gelingen, [a]wenn du die Gebote und
Rechte befolgst, die der HERR dem Mose
für Israel geboten hat. Sei getrost und
unverzagt, fürchte dich nicht und lass
dich nicht erschrecken! 14 Siehe, [a]ich
habe in meiner Mühsal herbeigeschafft
für das Haus des HERRN hunderttausend
Zentner Gold und tausendmal tausend
Zentner Silber, dazu Kupfer und Eisen,
das nicht zu wiegen ist, denn es ist zu
viel; auch Holz und Steine habe ich her-
beigeschafft, davon kannst du noch mehr
anschaffen. 15 Auch hast du viel Arbeiter,
Steinmetzen und Leute, die in Stein und
Holz arbeiten, und allerlei Meister für
jede Arbeit 16 in Gold, Silber, Kupfer und
Eisen, ohne Zahl. So mache dich auf und
richte es aus! Der HERR wird mit dir
sein.

17 Und David gebot allen Oberen Is-
raels, seinem Sohn Salomo zu helfen.
18 Ist nicht der HERR, euer Gott, mit
euch und [a]hat euch Ruhe gegeben rings-
umher? Denn er hat die Bewohner des
Landes in meine Hand gegeben, und das
Land ist unterworfen dem HERRN und
seinem Volk. 19 So richtet nun euer Herz
und euren Sinn darauf, den HERRN, eu-
ren Gott, zu suchen. Und macht euch
auf und baut Gott, dem HERRN, ein Hei-
ligtum, dass man die Lade des Bundes
des HERRN und die heiligen Geräte Got-
tes in das Haus bringe, das dem Namen
des HERRN gebaut werden soll.

Die Leviten, ihre Abteilungen und Ämter

23 Als David alt und lebenssatt war,
machte er seinen Sohn Salomo
zum König über Israel[a] 2 und versam-
melte alle Oberen Israels und die Priester
und Leviten.

3 Und man zählte die Leviten von drei-
ßig Jahren an und darüber, und die Zahl
der Männer, nach Köpfen abgezählt, be-
trug 38 000. 4 Von diesen wurden 24 000
für die Arbeit am Hause des HERRN ver-
ordnet und 6000 zu Amtleuten und Rich-
tern 5 und 4000 zu Torhütern und 4000
zu Sängern des HERRN mit den Instru-
menten, die David zum Lobgesang hatte
machen lassen.

6 Und David teilte sie in Ordnungen
ein, [a]nach den Söhnen Levis: Gerschon,
Kehat und Merari. 7 Die Gerschoniter
waren Ladan und Schimi. 8 Die Söhne
[a]Ladans waren: Jehiël, der erste, ferner
Setam und Joel, diese drei. 9 Söhne Schi-
mis waren: Schelomit, Hasiël und Haran,
diese drei. Diese waren die Häupter der
Sippen von Ladan. 10 Schimis Söhne wa-
ren: Jahat, Sisa, Jëusch und Beria. Diese
vier waren Schimis Söhne. 11 Jahat aber
war der erste, Sisa der zweite. Aber
Jëusch und Beria hatten nicht viele
Söhne, darum galten sie als **eine** Sippe,
eine Dienstgruppe.

12 Die Söhne [a]Kehats waren: Amram,

22,6: *a (6-10)* Kap 17,1-14; 28,2-7 **22,13:** *a* 1. Kön 2,2-3 **22,14:** *a* Kap 29,2 **22,18:** *a* Vers 9; Kap 23,25 **23,1:** *a* 1. Kön 1,28-40 **23,6:** *a* Kap 6,1 **23,8:** *a* Kap 26,21 **23,12:** *a* Kap 5,28

Jizhar, Hebron und Usiël, diese vier.
13 Die [a]Söhne Amrams waren: Aaron
und Mose. [b]Aaron aber wurde ausge-
sondert, dass er heilige das Hochheilige,
er und seine Söhne für alle Zeiten, zu
opfern vor dem HERRN und ihm zu die-
nen und [c]zu segnen im Namen des
Herrn für alle Zeiten. 14 Aber die Söhne
des Mose, des Mannes Gottes, wurden
gerechnet zum Stamm der Leviten. 15 Die
Söhne des Mose waren: [a]Gerschom und
Eliëser. 16 Der Sohn Gerschoms war:
[a]Schubaël, der erste. 17 [a]Der Sohn Elië-
sers war: Rehabja, der erste. Und Eliëser
hatte keine andern Söhne. Aber die
Söhne Rehabjas waren überaus viele.
18 Der Sohn Jizhars war: Schelomit, der
erste. 19 Die Söhne Hebrons waren: Jerija,
der erste, Amarja, der zweite Sohn, Jaha-
siël, der dritte, und Jekamam, der vierte.
20 Die Söhne Usiëls waren: Micha, der
erste, und Jischija, der zweite Sohn.

21 Die Söhne [a]Meraris waren: Machli
und Muschi. Die Söhne Machlis waren:
Eleasar und Kisch. 22 Eleasar aber starb
und hatte keine Söhne, sondern nur
Töchter; und die Söhne des Kisch, ihre
Vettern, nahmen sie zu Frauen. 23 Die
Söhne Muschis waren: Machli, Eder und
Jeremot, diese drei.

24 Das sind die Söhne Levi nach ihren
Sippen, nämlich die Häupter der Sippen,
gemustert und Mann für Mann nach den
Namen aufgezählt, die das Amt im
Hause des HERRN verrichteten, von
zwanzig Jahren an und darüber. 25 Denn
David sprach: Der HERR, der Gott Is-
raels, hat seinem Volk Ruhe gegeben und
[a]wird zu Jerusalem wohnen ewiglich.

26 So brauchten auch die Söhne Levi
die Wohnung nicht mehr zu tragen mit
allem Gerät für ihren Dienst – 27 denn
nach den späteren Ordnungen Davids
wurden die Leviten gezählt von zwanzig
Jahren an und darüber –, 28 sondern sie
sollten stehen zur Seite der Söhne Aaron
zum Dienst im Hause des HERRN in den
Vorhöfen und Kammern und zur Reini-
gung alles Heiligen und zu allem Dienst
im Hause Gottes, 29 für Schaubrote, für
feinstes Mehl zum Speisopfer, für die un-
gesäuerten Fladen, für die Pfanne, fürs
Rösten und für alles Gewicht und Maß.
30 Und an jedem Morgen sollten sie ste-
hen, den HERRN zu loben und ihm zu
danken, und ebenso an jedem Abend,
31 und alle Brandopfer dem HERRN zu
opfern an den Sabbaten, Neumonden
und Festen nach der vorgeschriebenen
Zahl, täglich vor dem HERRN; 32 so soll-
ten sie den Dienst versehen an der Stifts-
hütte, am Heiligtum sowie an den Söh-
nen Aaron, ihren Brüdern, damit zu die-
nen im Hause des HERRN.

Die vierundzwanzig Abteilungen der Priester

24 Dies waren die [a]Ordnungen der
Söhne Aaron. Die [b]Söhne Aarons
waren: Nadab, Abihu, Eleasar und Ita-
mar. 2 Aber [a]Nadab und Abihu starben
vor ihrem Vater und hatten keine Söhne.
Und [b]Eleasar und Itamar wurden Pries-
ter.

3 Und David zusammen mit Zadok
von den Söhnen Eleasar und mit Ahime-
lech von den Söhnen Itamar [a]teilte sie
ein nach ihrer Dienstgruppe und ihrem
Amt. 4 Und es fand sich bei den Söhnen
Eleasar eine größere Zahl an Männern
als bei den Söhnen Itamar. Und sie teil-
ten sie ein: von den Söhnen Eleasar sech-
zehn Sippenhäupter und von den Söhnen
Itamar acht Sippenhäupter. 5 Und sie
teilten sie beide durchs Los; denn es wa-
ren Oberste im Heiligtum und Oberste
vor Gott unter den Söhnen Eleasar und
unter den Söhnen Itamar. 6 Und der
Schreiber Schemaja, der Sohn Netanels,
ein Levit, schrieb sie auf vor dem König
und vor den Oberen und vor dem Pries-
ter Zadok und vor [a]Ahimelech, dem
Sohn Abjatars, und vor den Sippenhäup-
tern der Priester und Leviten, nämlich je
zwei Sippen für Eleasar und eine für Ita-
mar.

7 Und das erste Los fiel auf Jojarib, das
zweite auf Jedaja, 8 das dritte auf Harim,
das vierte auf Seorim, 9 das fünfte auf
Malkija, das sechste auf Mijamin, 10 das
siebente auf Hakkoz, das achte auf
[a]Abija, 11 das neunte auf Jeschua, das
zehnte auf Schechanja, 12 das elfte auf

23,13: *a* Kap 5,29; *b* Kap 6,34; 5. Mose 10,8; *c* 4. Mose 6,24-27 **23,15:** *a* 2. Mose 18,3-4 **23,16:** *a* Kap 26,24 **23,17:** *a (17-23)* Kap 24,21-30 **23,21:** *a* Kap 6,4 **23,25:** *a* Joel 4,21 **24,1:** *a* Kap 23,6; *b* Kap 5,29 **24,2:** *a* 3. Mose 10,1-2; *b* 3. Mose 10,12 **24,3:** *a* 2. Chr 8,14 **24,6:** *a* Kap 18,16 **24,10:** *a* Lk 1,5

Eljaschib, das zwölfte auf Jakim, 13 das
dreizehnte auf Huppa, das vierzehnte auf
Jeschebab, 14 das fünfzehnte auf Bilga,
das sechzehnte auf Immer, 15 das sieb-
zehnte auf Hesir, das achtzehnte auf Pi-
zez, 16 das neunzehnte auf Petachja, das
zwanzigste auf Jeheskel, 17 das einund-
zwanzigste auf Jachin, das zweiundzwan-
zigste auf Gamul, 18 das dreiundzwan-
zigste auf Delaja, das vierundzwanzigste
auf Maasja.

19 Das sind ihre Dienstgruppen nach
ihrem Amt, in das Haus des HERRN zu
gehen nach der Vorschrift, die ihnen ihr
Vater Aaron gegeben hat, wie ihm der
HERR, der Gott Israels, geboten hatte.

Die Familien der Leviten

20 Von den andern Söhnen Levi waren
da: von den Söhnen Amram: Schubaël,
von den Söhnen Schubaëls: Jechdeja;
21 [a]von den Söhnen Rehabjas war der
erste Jischija; 22 von den Jizharitern:
Schelomit; von den Söhnen Schelomits:
Jahat. 23 Die Söhne Hebrons waren: Je-
rija, der erste, Amarja, der zweite Sohn,
Jahasiël, der dritte, Jekamam, der vierte;
24 die Söhne Usiëls waren: Micha, von
den Söhnen Michas: Schamir. 25 Der
Bruder Michas war Jischija, von den
Söhnen Jischijas: Secharja. 26 Die Söhne
Merari waren: Machli und Muschi und
die Söhne Jaasijas, seines Sohnes. 27 Die
Söhne Merari von Jaasija, seinem Sohn,
waren: Schoham, Sakkur und Ibri, 28 von
Machli: Eleasar; der hatte keine Söhne.
29 Von Kisch, von den Söhnen des Kisch
war: Jerachmeel. 30 Die Söhne Muschis
waren: Machli, Eder und Jeremot.

Das sind die Leviten nach ihren Sip-
pen. 31 Und man warf auch für sie das
Los wie für ihre Brüder, die Söhne
Aaron, vor König David und vor Zadok
und Ahimelech und vor den Sippenhäup-
tern der Priester und Leviten, [a]für den
jüngsten Bruder ebenso wie für das Sip-
penhaupt.

Die vierundzwanzig Abteilungen der Sänger

25 Und David und die Feldhaupt-
leute sonderten aus zum Dienst
die Söhne [a]Asafs, Hemans und Jedutuns,
prophetische Männer, die auf Harfen,
Psaltern und Zimbeln spielen sollten.
Und es war die Zahl derer, die Dienst
taten in ihrem Amt: 2 von den Söhnen
Asafs: Sakkur, Josef, Netanja, Asarela,
Söhne Asafs, unter der Leitung Asafs,
der als prophetischer Mann nach Anwei-
sung des Königs spielte. 3 Von Jedutun:
Jedutuns Söhne: Gedalja, Zeri, Jeschaja,
Haschabja, Mattitja, Schimi, diese sechs,
unter der Leitung ihres Vaters Jedutun,
der als prophetischer Mann auf der
Harfe spielte, dem HERRN zu danken
und ihn zu loben. 4 Von Heman: Hemans
Söhne: Bukkija, Mattanja, Usiël, Schu-
baël, Jerimot, Hananja, Hanani, Eliata,
Giddalti, Romamti-Eser, Joschbekascha,
Malloti, Hotir und Mahasiot. 5 Diese alle
waren Söhne Hemans, des [a]Sehers des
Königs nach der Zusage Gottes, sein
Haupt zu erhöhen; denn Gott hatte He-
man vierzehn Söhne und drei Töchter
gegeben.

6 Diese alle sangen unter der Leitung
ihrer Väter Asaf, Jedutun und Heman im
Hause des HERRN mit Zimbeln, Psaltern
und Harfen für den Dienst im Hause
Gottes nach Anweisung des Königs.
7 Und es war ihre Zahl mit ihren Brü-
dern, die im Gesang des HERRN geübt
waren, allesamt Meister, zweihundert-
achtundachtzig.

8 Und sie warfen das Los um ihre
Ämter, [a]für den Jüngeren wie für den
Älteren, für den Meister wie für den
Schüler.

9 Und das erste Los fiel unter Asaf auf
Josef. Das zweite auf Gedalja samt sei-
nen Brüdern und Söhnen; ihrer waren
zwölf.

10 Das dritte auf Sakkur samt seinen
Söhnen und Brüdern; ihrer waren zwölf.

11 Das vierte auf Zeri samt seinen Söh-
nen und Brüdern; ihrer waren zwölf.

12 Das fünfte auf Netanja samt seinen
Söhnen und Brüdern; ihrer waren zwölf.

13 Das sechste auf Bukkija samt seinen
Söhnen und Brüdern; ihrer waren zwölf.

14 Das siebente auf Asarela samt sei-
nen Söhnen und Brüdern; ihrer waren
zwölf.

15 Das achte auf Jeschaja samt seinen
Söhnen und Brüdern; ihrer waren zwölf.

24,21: *a (21-30)* Kap 23,17-23; 26,23 **24,31:** *a* Kap 25,8 **25,1:** *a* Kap 15,19 **25,5:** *a* 2.Chr 35,15 **25,8:** *a* Kap 24,31

16 Das neunte auf Mattanja samt sei-
nen Söhnen und Brüdern; ihrer waren
zwölf.
17 Das zehnte auf Schimi samt seinen
Söhnen und Brüdern; ihrer waren zwölf.
18 Das elfte auf [a]Asarel samt seinen
Söhnen und Brüdern; ihrer waren zwölf.
19 Das zwölfte auf Haschabja samt sei-
nen Söhnen und Brüdern; ihrer waren
zwölf.
20 Das dreizehnte auf Schubaël samt
seinen Söhnen und Brüdern; ihrer waren
zwölf.
21 Das vierzehnte auf Mattitja samt
seinen Söhnen und Brüdern; ihrer waren
zwölf.
22 Das fünfzehnte auf Jeremot samt
seinen Söhnen und Brüdern; ihrer waren
zwölf.
23 Das sechzehnte auf Hananja samt
seinen Söhnen und Brüdern; ihrer waren
zwölf.
24 Das siebzehnte auf Joschbekascha
samt seinen Söhnen und Brüdern; ihrer
waren zwölf.
25 Das achtzehnte auf Hanani samt sei-
nen Söhnen und Brüdern; ihrer waren
zwölf.
26 Das neunzehnte auf Malloti samt
seinen Söhnen und Brüdern; ihrer waren
zwölf.
27 Das zwanzigste auf Eliata samt sei-
nen Söhnen und Brüdern; ihrer waren
zwölf.
28 Das einundzwanzigste auf Hotir
samt seinen Söhnen und Brüdern; ihrer
waren zwölf.
29 Das zweiundzwanzigste auf Giddalti
samt seinen Söhnen und Brüdern; ihrer
waren zwölf.
30 Das dreiundzwanzigste auf Maha-
siot samt seinen Söhnen und Brüdern;
ihrer waren zwölf.
31 Das vierundzwanzigste auf Ro-
mamti-Eser samt seinen Söhnen und
Brüdern; ihrer waren zwölf.

Bestellung der Torhüter

26 Von den [a]Ordnungen der Tor-
hüter.
Von den Korachitern: Meschelemja,
der Sohn des Kore, von den Söhnen Abi-
asafs. 2 Die Söhne Meschelemjas waren
diese: der Erstgeborene Secharja, der
zweite Sohn Jediaël, der dritte Sebadja,
der vierte Jatniël, 3 der fünfte Elam, der
sechste Johanan, der siebente Eljoënai.
4 Die Söhne [a]Obed-Edoms waren
diese: der Erstgeborene Schemaja, der
zweite Sohn Josabad, der dritte Joach,
der vierte Sachar, der fünfte Netanel,
5 der sechste Ammiël, der siebente Is-
sachar, der achte Pëulletai; denn Gott
hatte ihn gesegnet. 6 Und seinem Sohn
Schemaja wurden auch Söhne geboren,
die in ihren Sippen herrschten; denn es
waren angesehene Männer. 7 Die Söhne
Schemajas waren: Otni, Refaël, Obed
und Elsabad und seine Brüder, angese-
hene Männer, Elihu und Semachja.
8 Diese alle gehörten zu den Söhnen
Obed-Edoms. Sie samt ihren Söhnen und
Brüdern, angesehene Männer, geschickt
zu Ämtern, waren zweiundsechzig von
Obed-Edom. 9 Meschelemjas Söhne und
Brüder, angesehene Männer, waren acht-
zehn. 10 Die Söhne Hosas, der zu den
Söhnen Merari gehörte, waren: der erste
Schimri – denn der Erstgeborene war
nicht mehr da, daher machte ihn sein
Vater zum ersten –, 11 der zweite Sohn
Hilkija, der dritte Tebalja, der vierte
Secharja. Alle Söhne und Brüder Hosas
waren dreizehn. 12 Diesen, den Ordnun-
gen der Torhüter, fiel nach der Zahl der
Männer das Amt zu wie ihren Brüdern,
zu dienen im Hause des HERRN.
13 Und das Los wurde geworfen für die
kleinen wie für die großen Sippen über
ein jedes Tor. 14 Das Los für den Osten
fiel auf Meschelemja. Auch für seinen
Sohn Secharja, der ein kluger Ratgeber
war, warf man das Los und es fiel für ihn
auf den Norden; 15 für Obed-Edom aber
auf den Süden und für seine Söhne auf
das Vorratshaus; 16 für Schuppim und
Hosa auf den Westen beim Tor Schalle-
chet, wo die Straße hinaufgeht. Jede Wa-
che umfasste: 17 im Osten für den Tag
sechs, im Norden für den Tag vier, im
Süden für den Tag vier, beim Vorrats-
hause aber je zwei, 18 am Parbar aber im
Westen: vier an der Straße und zwei am
Parbar selbst. 19 Dies sind die Ordnungen
der Torhüter aus den Korachitern und
den Meraritern.

25,18: *a* Kap 12,7 **26,1:** *a* 2.Chr 8,14; 35,15 **26,4:** *a* 2.Sam 6,11

Die levitischen Schatzmeister

20 Von den Leviten, ihren Brüdern, die
über die Schätze des Hauses Gottes ge-
setzt waren und über die Schätze, die
geheiligt wurden, waren da: 21 die
[a]Söhne Ladan, die Nachkommen des
Gerschoniters Ladan. Sie waren Häupter
der Sippen der Jehiëliter. 22 Die Söhne
der Jehiëliter, Setam und sein Bruder
Joel, waren über die Schätze des Hauses
des HERRN gesetzt. 23 Von den Amrami-
tern, Jizharitern, Hebronitern und Usiëli-
tern 24 war [a]Schubaël, der Sohn Ger-
schoms, des Sohnes des Mose, Vorsteher
der Schätze.
25 Sein Bruder [a]Eliëser hatte einen
Sohn Rehabja; dessen Sohn war Jeschaja,
dessen Sohn war Joram, dessen Sohn war
Sichri, dessen Sohn war Schelomit.
26 Dieser Schelomit und seine Brüder wa-
ren gesetzt über alle Schätze der geheilig-
ten Gaben, die geheiligt hatten der König
David und die Häupter der Sippen, die
Obersten über tausend und über hundert
und die Obersten im Heer. 27 Aus der
Kriegsbeute hatten sie's geheiligt, um das
Haus des HERRN zu errichten. 28 Auch
alles, was Samuel, der Seher, und Saul,
der Sohn des Kisch, und Abner, der
Sohn des Ner, und Joab, der Sohn der
Zeruja, geheiligt hatten, alle diese gehei-
ligten Gaben waren unter der Hand
Schelomits und seiner Brüder.

Die levitischen Amtleute und Richter

29 Von den Jizharitern waren Kenanja
und seine Söhne draußen in Israel zum
Dienst als Amtleute und Richter bestellt.
30 Von den Hebronitern waren Haschabja
und seine Brüder, angesehene Männer,
1700 zur Verwaltung Israels westlich des
Jordans bestellt für alle Geschäfte des
HERRN und zum Dienst des Königs.
31 Von den Hebronitern bestellte David
auch Jerija, den Ersten, – unter den
Nachkommen Hebrons wurden in seinen
Geschlechtern und Sippen im vierzigsten
Jahr der Herrschaft Davids angesehene
Männer gesucht und gefunden zu Jaser
in Gilead – 32 und seine Brüder, angese-
hene Männer, 2700, Häupter der Sippen,
über die Rubeniter, Gaditer und den hal-
ben Stamm Manasse zu allem Dienst
Gottes und des Königs.

Die Führer der Abteilungen des Heeres, die Stammesfürsten und die königlichen Beamten

27 Dies sind die Männer Israels nach
ihrer Zahl, die Häupter der Sippen
und die Obersten über tausend und über
hundert und die Amtleute, die dem Kö-
nig dienten. Von allen Ordnungen, die
ab- und zuzogen, jeden Monat eine, in
allen Monaten des Jahres, hatte jede
24000.
2 Über die erste Ordnung, für den ers-
ten Monat, war gesetzt Joschobam, der
Sohn Sabdiëls, und in seiner Ordnung
waren 24000. 3 Er war von den Söhnen
Perez und war der Erste aller Hauptleute
des Heeres im ersten Monat.
4 Über die Ordnung des zweiten Mo-
nats war gesetzt Dodai, der Ahoachiter,
und Miklot war der Vorsteher seiner
Ordnung und in seiner Ordnung waren
24000.
5 Der dritte Feldhauptmann, für den
dritten Monat, war [a]Benaja, der Sohn
des Hohenpriesters Jojada, und in seiner
Ordnung waren 24000. 6 Das ist der Be-
naja, der Held der Dreißig und über die
Dreißig, und seine Ordnung war unter
seinem Sohn Ammisabad.
7 Der vierte, für den vierten Monat,
war [a]Asaël, Joabs Bruder, und nach ihm
sein Sohn Sebadja und in seiner Ordnung
waren 24000.
8 Der fünfte, für den fünften Monat,
war Schamhut, der Serachiter, und in sei-
ner Ordnung waren 24000.
9 Der sechste, für den sechsten Monat,
war [a]Ira, der Sohn des Ikkesch, aus Te-
koa und in seiner Ordnung waren
24000.
10 Der siebente, für den siebenten Mo-
nat, war [a]Helez, der Peletiter, von den
Söhnen Ephraim und in seiner Ordnung
waren 24000.
11 Der achte, für den achten Monat,
war [a]Sibbechai, der Huschatiter, aus den

26,21: *a* Kap 23,8 **26,24:** *a* Kap 23,16 **26,25:** *a* Kap 23,17 **27,5:** *a* Kap 11,22-25 **27,7:** *a* Kap 11,26 **27,9:** *a* Kap 11,28 **27,10:** *a* Kap 11,27 **27,11:** *a* Kap 11,29; 20,4

Serachitern und in seiner Ordnung waren
24000.
12 Der neunte, für den neunten Monat,
war [a]Abiëser, der Anatotiter, von den
Söhnen Benjamin und in seiner Ordnung
waren 24000.
13 Der zehnte, für den zehnten Monat,
war [a]Mahrai, der Netofatiter, aus den
Serachitern und in seiner Ordnung waren
24000.
14 Der elfte, für den elften Monat, war
[a]Benaja, der Piratoniter, von den Söhnen
Ephraim und in seiner Ordnung waren
24000.
15 Der zwölfte, für den zwölften Mo-
nat, war Heldai, der Netofatiter, von den
Nachkommen Otniëls und in seiner Ord-
nung waren 24000.
16 Über die Stämme Israels waren diese
gesetzt: Bei den Rubenitern war Fürst:
Eliëser, der Sohn Sichris; bei den Simeo-
nitern Schefatja, der Sohn Maachas;
17 bei den Leviten Haschabja, der Sohn
Kemuëls; bei den Aaronitern Zadok;
18 bei Juda Elihu, einer der Brüder Da-
vids; bei Issachar Omri, der Sohn Mi-
chaels; 19 bei Sebulon Jischmaja, der
Sohn Obadjas; bei Naftali Jeremot, der
Sohn Asriëls; 20 bei den Söhnen Ephraim
Hoschea, der Sohn Asasjas; beim halben
Stamm Manasse Joel, der Sohn Pedajas;
21 beim halben Stamm Manasse in Gi-
lead Jiddo, der Sohn Secharjas; bei Ben-
jamin Jaasiël, der Sohn Abners; 22 bei
Dan Asarel, der Sohn Jerohams.
Das sind die Fürsten der Stämme
Israels.
23 Aber David nahm die Zahl derer
nicht auf, die zwanzig Jahre und dar-
unter waren; denn [a]der HERR hatte zu-
gesagt, Israel zu mehren wie die Sterne
am Himmel. 24 Joab, der Sohn der Ze-
ruja, hatte angefangen zu zählen, aber er
vollendete es nicht; denn [a]deswegen kam
ein Zorn über Israel. Darum kam die
Zahl nicht in die Chronik des Königs
David.
25 Über die Vorräte des Königs war ge-
setzt Asmawet, der Sohn Adiëls, und
über die Vorräte auf dem Lande, in den
Städten, Dörfern und Türmen war ge-
setzt Jonatan, der Sohn Usijas; 26 über
die Ackerleute, die das Land bebauten,
war gesetzt Esri, der Sohn Kelubs;
27 über die Weinberge Schimi, der Rama-
titer; über die Vorräte an Wein in den
Weinbergen Sabdi, der Schifmiter; 28 über
die Ölbäume und Maulbeerbäume im
Hügelland Baal-Hanan, der Gederiter;
über die Ölvorräte Joasch; 29 über die
Rinder in der Scharon-Ebene Schitrai,
der Scharoniter, aber über die Rinder in
den Tälern Schafat, der Sohn Adlais;
30 über die Kamele Obil, der Ismaeliter;
über die Esel Jechdeja, der Meronotiter;
31 über die Schafe Jasis, der Hagariter.
Diese alle waren Vorsteher über die Gü-
ter des Königs David.
32 Jonatan aber, Davids Oheim, war
Ratgeber, ein verständiger und schrift-
kundiger Mann. Und Jehiël, der Sohn
Hachmonis, war bei den Söhnen des Kö-
nigs. 33 [a]Ahitofel war auch Ratgeber des
Königs. [b]Huschai, der Arkiter, war des
Königs Freund. 34 Nach Ahitofel waren
es Jojada, der Sohn Benajas, und Ab-
jatar. [a]Joab aber war Feldhauptmann des
Königs.

David stellt dem Volk Salomo als seinen Nachfolger vor

28 Und David versammelte nach Je-
rusalem alle Oberen Israels, näm-
lich die Fürsten der Stämme, die Obers-
ten über die Ordnungen, die dem König
dienten, die Obersten über tausend und
über hundert, die Vorsteher über die Gü-
ter und Herden des Königs und seiner
Söhne sowie die Kämmerer, die Helden
und alle angesehenen Männer.
2 [a]Und der König David stand auf und
sprach: Hört mir zu, meine Brüder und
mein Volk! Ich hatte mir vorgenommen,
ein Haus zu bauen als Ruhestätte für die
Lade des Bundes des HERRN und für den
Schemel der Füße unseres Gottes, und
hatte mich angeschickt, es zu bauen.
3 Aber Gott ließ mir sagen: [a]Nicht du
sollst meinem Namen ein Haus bauen;
denn du bist ein Kriegsmann und hast
Blut vergossen. 4 Nun hat der HERR, der
Gott Israels, mich erwählt aus meines
Vaters ganzem Hause, dass ich König
über Israel sein sollte immerdar. Denn er

27,12: *a* Kap 11,28 **27,13:** *a* Kap 11,30 **27,14:** *a* Kap 11,31 **27,23:** *a* 1. Mose 22,17 **27,24:** *a* Kap 21,7.14 **27,33:** *a* 2. Sam 15,12; *b* 2. Sam 15,37; 16,16 **27,34:** *a* 2. Sam 8,16 **28,2:** *a (2-7)* Kap 22,6-10; Ps 99,5; 132,7 **28,3:** *a* 2. Sam 7,5

hat [a]Juda erwählt zum Fürsten und im
Stamm Juda meines Vaters Haus, und
[b]unter meines Vaters Söhnen hat er an
mir Gefallen gehabt, dass er mich zum
König machte über ganz Israel. 5 Und
von allen meinen Söhnen – denn der
HERR hat mir viele Söhne gegeben –
[a]hat er meinen Sohn Salomo erwählt,
dass er sitzen soll auf dem Thron des
Königtums des HERRN über Israel, 6 und
er hat zu mir gesagt: [a]Dein Sohn Salomo
soll mein Haus und meine Vorhöfe
bauen; denn ich habe ihn mir erwählt
zum Sohn und ich will sein Vater sein
7 und will sein Königtum bestätigen ewig-
lich, wenn er daran festhält, zu tun nach
meinen Geboten und Rechten, wie es
heute geschieht. 8 Nun denn – vor den
Augen ganz Israels, der Gemeinde des
HERRN, und vor den Ohren unseres Got-
tes –: Haltet und sucht alle Gebote des
HERRN, eures Gottes, damit ihr das gute
Land besitzt und auf eure Kinder nach
euch für alle Zeiten vererbt! 9 Und du,
mein Sohn Salomo, erkenne den Gott
deines Vaters und diene ihm mit ganzem
Herzen und mit williger Seele. Denn der
HERR erforscht alle Herzen und versteht
alles Dichten und Trachten der Gedan-
ken. [a]Wirst du ihn suchen, so wirst du
ihn finden; [b]wirst du ihn aber verlassen,
so wird er dich verwerfen ewiglich! 10 So
sieh nun zu, denn der HERR hat dich
erwählt, dass du ein Haus baust als Hei-
ligtum. Sei getrost und richte es aus!

David gibt Salomo den Entwurf des Tempels

11 Und David gab seinem Sohn Salomo
[a]einen Entwurf für die Vorhalle des
Tempels und für seinen Bau, seine Ge-
mächer und Obergemächer und inneren
Kammern und für den Raum des Gna-
denthrones; 12 dazu Entwürfe für alles,
was ihm durch den Geist in den Sinn
gekommen war: für die Vorhöfe am
Hause des HERRN und alle Gemächer
ringsum, bestimmt für die Schätze im
Hause Gottes und für die Schätze der
geheiligten Gaben 13 und für die Ordnun-
gen der Priester und Leviten und für alle
Geschäfte und Geräte des Dienstes im
Hause des HERRN. 14 Und er setzte fest
das Goldgewicht für alle Geräte je nach
ihrem Zweck und alles Silbergewicht für
alle Geräte je nach ihrem Zweck 15 und
das Gewicht für die goldenen Leuchter
und goldenen Lampen, für jeden Leuch-
ter und seine Lampen sein Gewicht, auch
für die silbernen Leuchter, für jeden
Leuchter und seine Lampen, nach dem
Zweck eines jeden Leuchters. 16 Auch
setzte er das Goldgewicht fest für die
Tische der Schaubrote, für jeden Tisch
sein Gewicht; ebenso auch das des Sil-
bers für die silbernen Tische; 17 und für
die Gabeln, Becken und Kannen von lau-
terem Gold und für die goldenen Becher,
für jeden Becher sein Gewicht, und für
die silbernen Becher, für jeden Becher
sein Gewicht, 18 und für den Räucher-
altar vom allerlautersten Gold sein Ge-
wicht. Auch gab er einen Entwurf des
Thronwagens mit den goldenen Cheru-
bim, die sich ausbreiteten und oben die
Lade des Bundes des HERRN bedeck-
ten. 19 – Das alles steht in einer Schrift,
gegeben von der Hand des HERRN, der
mich unterwies über alle Werke des Ent-
wurfes.

20 Und David sprach zu seinem Sohn
Salomo: [a]Sei getrost und unverzagt und
richte es aus! Fürchte dich nicht und lass
dich nicht erschrecken! Gott der HERR,
mein Gott, wird mit dir sein und wird die
Hand nicht abziehen und dich nicht ver-
lassen, bis du jedes Werk für den Dienst
im Hause des HERRN vollendet hast.
21 Siehe, da sind die Ordnungen der Pries-
ter und Leviten zu jedem Dienst im
Hause Gottes; auch hast du zu jedem
Werk Leute, die willig und weise sind zu
jedem Dienst, dazu auch die Fürsten und
alles Volk zu allem, was du tun wirst.

Reiche Beisteuer zum Tempelbau und Davids Dankgebet

29 Und der König David sprach zu
der ganzen Gemeinde: Gott hat
[a]Salomo, einen meiner Söhne, erwählt,
der noch jung und zart ist. Das Werk
aber ist groß; denn es ist nicht die Woh-
nung eines Menschen, sondern Gottes,

28,4: *a* 1. Mose 49,10; *b* 1. Sam 16,1.12 **28,5:** *a* 1. Kön 1,13 **28,6:** *a* Kap 17,11-14 **28,9:** *a* Jer 29,13-14; *b* 1. Kön 11,31.33 **28,11:** *a* 2. Mose 25,9 **28,20:** *a* Kap 22,13; 5. Mose 31,6 **29,1:** *a* Kap 22,5

des HERRN. 2 Ich aber habe aus allen mei-
nen Kräften herbeigeschafft zum Hause
Gottes Gold zu goldenem, Silber zu sil-
bernem, Kupfer zu kupfernem, Eisen zu
eisernem, Holz zu hölzernem Gerät,
Onyxsteine und eingefasste Steine, Ru-
bine und bunte Steine und mancherlei
Edelsteine und Marmorsteine die Menge.
3 Aus Wohlgefallen am Hause meines
Gottes aber und da ich noch eigenes Gut
an Gold und Silber habe, 4 gebe ich für
das Haus meines Gottes außer allem,
was ich schon zum heiligen Hause be-
schafft habe, dreitausend Zentner Ofir-
gold und siebentausend Zentner lauteres
Silber, um die Wände des Hauses zu
überziehen,[a] 5 dass golden werde, was
golden, und silbern, was silbern sein soll,
und zu allem Werk durch die Hand der
Werkmeister. Und wer ist nun willig,
heute seine Hand mit einer Gabe für den
HERRN zu füllen?

6 Da waren die Häupter der Sippen,
die Fürsten der Stämme Israels, die
Obersten über tausend und über hundert
und die Vorsteher über des Königs Besit-
zungen willig, 7 und sie gaben zur Arbeit
am Hause Gottes fünftausend Zentner
Gold und zehntausend Gulden und
zehntausend Zentner Silber, achtzehn-
tausend Zentner Kupfer und hunderttau-
send Zentner Eisen. 8 Und wer immer bei
sich [a]edle Steine hatte, der gab sie zum
Schatz des Hauses des HERRN unter die
Hand Jehiëls, des Gerschoniters.

9 Und das Volk war fröhlich, dass sie
so willig waren; denn sie gaben's dem
HERRN freiwillig von ganzem Herzen.
Und der König David war hocherfreut
10 und er lobte den HERRN vor der gan-
zen Gemeinde und sprach:

Gelobt seist du, HERR, Gott Israels,
unseres Vaters, von Ewigkeit zu Ewig-
keit! 11 [a]Dein, HERR, ist die Majestät
und Gewalt, Herrlichkeit, Sieg und Ho-
heit. Denn alles, was im Himmel und auf
Erden ist, das ist dein. Dein, HERR, ist
das Reich, und du bist erhöht zum
Haupt über alles. 12 Reichtum und Ehre
kommt von dir, du herrschst über alles.
[a]In deiner Hand steht Kraft und Macht,
in deiner Hand steht es, jedermann groß
und stark zu machen. 13 Nun, unser
Gott, wir danken dir und rühmen deinen
herrlichen Namen. 14 Denn was bin ich?
Was ist mein Volk, dass wir freiwillig so
viel zu geben vermochten? Von dir ist
alles gekommen, und von deiner Hand
haben wir dir's gegeben. 15 Denn [a]wir
sind Fremdlinge und Gäste vor dir wie
unsere Väter alle. Unser Leben auf Erden
ist [b]wie ein Schatten und bleibet nicht.
16 HERR, unser Gott, all dies Viele, das
wir herbeigebracht haben, dir ein Haus
zu bauen, deinem heiligen Namen, ist
von deiner Hand gekommen, es ist alles
dein. 17 **Ich weiß, mein Gott, dass du [a]das
Herz prüfst, und Aufrichtigkeit ist dir an-
genehm.** Darum habe ich dies alles aus
aufrichtigem Herzen freiwillig gegeben
und habe jetzt mit Freuden gesehen, wie
dein Volk, das hier vor dir steht, dir alles
freiwillig gegeben hat. 18 HERR, Gott
Abrahams, Isaaks und Israels, unserer
Väter, bewahre für immer solchen Sinn
und solche Gedanken im Herzen deines
Volks und richte ihre Herzen auf dich!
19 Und meinem Sohn Salomo gib ein recht-
schaffenes Herz, dass er halte deine
Gebote, Ordnungen und Rechte und dass
er alles ausführe und diese Wohnung
baue, die ich vorbereitet habe.

20 Und David sprach zur ganzen Ge-
meinde: Lobet den HERRN, euren Gott!
Und die ganze Gemeinde lobte den
HERRN, den Gott ihrer Väter, und sie
neigten sich und fielen nieder vor dem
HERRN und vor dem König 21 und opfer-
ten dem HERRN Schlachtopfer. Und am
andern Morgen opferten sie dem HERRN
Brandopfer, tausend junge Stiere, tau-
send Widder, tausend Lämmer, und ihre
Trankopfer sowie Schlachtopfer in
Menge für ganz Israel. 22 Und sie aßen
und tranken am selben Tage vor dem
HERRN mit großen Freuden und [a]mach-
ten zum zweiten Mal Salomo, den Sohn
Davids, zum König und salbten ihn dem
HERRN zum Fürsten und Zadok zum
Priester.

Salomo wird König. Davids Tod

23 So [a]setzte sich Salomo auf den Thron
des HERRN als König an seines Vaters

29,4: *a* Kap 22,14; 2. Mose 35,4-9 **29,8:** *a* 2. Mose 35,27 **29,11:** *a* Offb 4,11; 5,13 **29,12:** *a* 2. Chr 20,6 **29,15:** *a* Ps 39,13; Hebr 11,13; *b* Hiob 14,2 **29,17:** *a* Ps 7,10 **29,22:** *a* Kap 23,1 **29,23:** *a* Kap 28,5; 1. Kön 1,34-35.39

David statt und fand Anerkennung. Und
ganz Israel wurde ihm gehorsam. 24 Und
alle Obersten und Helden, auch alle
Söhne des Königs David, stellten sich
unter den König Salomo. 25 Und der
HERR machte Salomo immer größer vor
ganz Israel und gab ihm ein herrliches
Königreich, wie es keiner vor ihm über
Israel gehabt hatte.

26 So ist nun David, der Sohn Isais,
König gewesen über ganz Israel. 27 Die
Zeit aber, die er König über Israel ge-
wesen ist, ist vierzig Jahre. Zu Hebron
regierte er sieben Jahre und zu Jerusalem
dreiunddreißig Jahre.[a] 28 Und er starb in
gutem Alter, [a]satt an Leben, Reichtum
und Ehre. Und sein Sohn Salomo wurde
König an seiner statt. 29 Die Geschichte
aber des Königs David, die frühere und
die spätere, siehe, die steht geschrieben in
der Geschichte Samuels, des Sehers, und
in der Geschichte des Propheten Nathan
und in der Geschichte [a]Gads, des Sehers,
30 dazu auch seine Regierung und seine
tapferen Taten sowie die Geschehnisse,
die über ihn und Israel und über die
Königreiche in allen Landen dahingegan-
gen sind.

DAS ZWEITE BUCH DER CHRONIK

Inhaltsübersicht

Salomos Opfer und sein Gebet um Weisheit

(vgl. 1. Kön 3,1-15)

1 Und [a]Salomo, der Sohn Davids,
wurde mächtig in seinem Königtum
und der HERR, sein Gott, war mit ihm
und machte ihn immer größer. 2 Und Sa-
lomo redete mit ganz Israel, mit den
Obersten über tausend und über hun-
dert, mit den Richtern und mit allen
Fürsten in Israel, mit den Häuptern der
Sippen, 3 dass sie hingingen, Salomo und
die ganze Gemeinde mit ihm, zu der
[a]Höhe, die bei Gibeon war; denn dort
war die Stiftshütte Gottes, die Mose, der
Knecht des HERRN, in der Wüste ge-
macht hatte. 4 – Nur die Lade Gottes
hatte David heraufgebracht von Kirjat-
Jearim an den Ort, den er ihr bereitet
hatte; denn er hatte ihr ein Zelt aufge-
schlagen zu Jerusalem.[a] – 5 Auch [a]der
kupferne Altar, den Bezalel, der Sohn
Uris, des Sohnes Hurs, gemacht hatte,
war dort vor der Wohnung des HERRN.
Und Salomo und die Gemeinde pflegten
ihn aufzusuchen. 6 Und Salomo opferte
vor dem HERRN tausend Brandopfer auf
dem kupfernen Altar, der vor der Stifts-
hütte stand.

7 In derselben Nacht aber erschien
Gott dem Salomo und sprach zu ihm:
Bitte, was ich dir geben soll. 8 Und Sa-
lomo sprach zu Gott: Du hast große
Barmherzigkeit an meinem Vater David
getan und hast mich an seiner statt zum
König gemacht. 9 So lass nun, HERR,
Gott, dein Wort an meinen Vater David
wahr werden; denn du hast mich zum
König gemacht über ein Volk, das so viel
ist wie Staub auf Erden. 10 So gib mir
nun Weisheit und Erkenntnis, dass ich
vor diesem Volk aus und ein gehe; denn
wer kann dies dein großes Volk richten?
11 Da sprach Gott zu Salomo: Weil du
dies im Sinn hast und nicht gebeten um
Reichtum noch um Gut noch um Ehre
noch um deiner Feinde Tod noch um
langes Leben, sondern hast um Weisheit
und Erkenntnis gebeten, mein Volk zu

29,27: *a* 1. Kön 2,11 **29,28:** *a* 1. Mose 25,8; 35,29; 2. Chr 24,15; Hiob 42,17 **29,29:** *a* Kap 21,9 **1,1:** *a* 1. Kön 2,12.46 **1,3:** *a* 1. Chr 16,39 **1,4:** *a* 1. Chr 13,6; 15,3.28; 16,1 **1,5:** *a* 2. Mose 38,1-8

richten, über das ich dich zum König
gemacht habe, 12 so sei dir Weisheit und
Erkenntnis gegeben. Dazu will ich dir
Reichtum, Gut und Ehre geben, wie sie
die Könige vor dir nicht gehabt haben
und auch die nach dir nicht haben wer-
den. 13 So kam Salomo von der Höhe, die
bei Gibeon war, von der Stiftshütte, nach
Jerusalem und regierte über Israel.

Salomos Heeresmacht und Reichtum

(vgl. 1. Kön 10,26-29)

14 Und Salomo brachte Wagen und Rei-
ter zusammen, sodass er 1400 Wagen und
12 000 Reiter hatte, und legte sie in die
Wagenstädte und zum König nach Jeru-
salem. 15 Und der König brachte es da-
hin, dass es in Jerusalem so viel Silber
und Gold gab wie Steine und so viele
Zedern wie Maulbeerbäume im Hügel-
land. 16 Und man brachte Salomo Pferde
aus Ägypten und aus Koë; die Kaufleute
des Königs kauften sie aus Koë zu ihrem
Preis; 17 aus Ägypten aber brachten sie
herauf den Wagen für sechshundert Sil-
berstücke und das Pferd für hundertfünf-
zig. Dann führten sie diese wieder aus
an alle Könige der Hetiter und an die
Könige von Aram.

Salomos Vertrag mit Hiram von Tyrus

(vgl. 1. Kön 5,15-32)

18 *Und Salomo gedachte dem Namen
des HERRN ein Haus zu bauen und auch
ein Haus für sich als König.

2 Und Salomo zählte 70 000 ab, die
Lasten tragen, und 80 000, die im
Gebirge Steine hauen sollten, und 3600
Aufseher über sie. 2 Und Salomo sandte
zu [a]Hiram, dem König von Tyrus, und
ließ ihm sagen: Wie du mit meinem Vater
David tatest und ihm Zedern sandtest,
dass er sich ein Haus baute, in dem er
wohnte, – 3 siehe, ich will dem Namen des
HERRN, meines Gottes, ein Haus bauen,
das ihm geheiligt werde, um gutes Räu-
cherwerk vor ihm darzubringen und
ständig Schaubrote zuzurichten und
Brandopfer am Morgen und am Abend,
an den Sabbaten und Neumonden und
an den Festen des HERRN, unseres Got-
tes, wie es allezeit für Israel gilt. 4 Und
das Haus, das ich bauen will, soll groß
sein; denn [a]unser Gott ist größer als alle
Götter. 5 Aber wer vermag es, ihm ein
Haus zu bauen? Denn [a]der Himmel und
aller Himmel Himmel können ihn nicht
fassen. Wer bin ich denn, dass ich ihm
ein Haus baue, es sei denn, um vor ihm
zu opfern? 6 So sende mir nun einen tüch-
tigen Mann, der mit Gold, Silber, Kup-
fer, Eisen, rotem Purpur, Scharlach und
blauem Purpur arbeiten kann und der
Bildwerk zu schnitzen versteht zusam-
men mit den Meistern, die bei mir in
Juda und Jerusalem sind und die mein
Vater David bestellt hat. 7 Und sende mir
Zedern-, Zypressen- und Sandelholz vom
Libanon; denn ich weiß, dass deine Leute
verstehen, das Holz auf dem Libanon zu
hauen. Und siehe, meine Leute sollen mit
deinen Leuten sein, 8 dass man mir viel
Holz zubereite; denn das Haus, das ich
bauen will, soll groß und prächtig sein.
9 Und siehe, ich will den Holzhauern, dei-
nen Leuten, die das Holz behauen,
200 000 Scheffel Weizen und 200 000
Scheffel Gerste und 20 000 Eimer Wein
und 20 000 Eimer Öl zur Speise geben.

10 Da antwortete Hiram, der König
von Tyrus, in einem Brief und sandte zu
Salomo: Da der HERR sein Volk liebt,
hat er dich zum König über sie gemacht.
11 Und Hiram schrieb weiter: Gelobt sei
der HERR, der Gott Israels, der Himmel
und Erde gemacht hat, dass er dem Kö-
nig David einen weisen, klugen und ver-
ständigen Sohn gegeben hat, der dem
HERRN ein Haus bauen will und auch ein
Haus für sich als König! 12 So sende ich
nun einen tüchtigen und verständigen
Mann, [a]Hiram, meinen Berater; 13 er ist
der Sohn einer Frau von den Töchtern
Dan und sein Vater ist ein Tyrer gewesen.
Der [a]versteht zu arbeiten mit Gold, Sil-
ber, Kupfer, Eisen, Steinen, Holz, rotem
und blauem Purpur, feiner Leinwand
und Scharlach, und Bildwerk zu schnit-
zen und alles, was man ihm aufgibt,
kunstreich zu machen mit deinen Meis-
tern und mit den Meistern meines Herrn,
des Königs David, deines Vaters. 14 Mein
Herr sende nun seinen Leuten, wie er
gesagt hat, Weizen, Gerste, Öl und Wein,

* Abweichende Verszählung statt 1,18–2,17: 2,1-18.

2,2: *a* 1. Chr 14,1 **2,4:** *a* Ps 86,8 **2,5:** *a* Kap 6,18; 1. Kön 8,27 **2,12:** *a* 1. Kön 7,13 **2,13:** *a* 2. Mose 31,2-6

15 so wollen wir das Holz hauen auf dem
Libanon, so viel du bedarfst, und wollen
es auf Flößen übers Meer nach Jafo brin-
gen. Von da musst du es hinauf nach
Jerusalem schaffen.
16 [a]Und Salomo ließ alle Fremdlinge
im Lande Israel zählen, nachdem schon
sein Vater David sie gezählt hatte, und es
fanden sich 153 600. 17 Und er machte
von ihnen 70 000 zu Trägern und 80 000
zu Steinhauern im Gebirge und 3600 zu
Aufsehern, die die Leute zum Dienst an-
hielten.

Der Bau des Tempels

(vgl. 1. Kön 6,1-38)

3 Und Salomo fing an, das Haus des
HERRN zu bauen in Jerusalem auf
dem Berge Morija, wo der HERR seinem
Vater David erschienen war, an der
Stätte, die David auf der [a]Tenne Arau-
nas, des Jebusiters, zubereitet hatte. 2 Im
zweiten Monat am zweiten Tage im vier-
ten Jahr seiner Herrschaft fing er an zu
bauen.
3 Und dies sind die Maße, nach denen
Salomo das Haus Gottes baute: die
Länge sechzig Ellen nach altem Maß, die
Breite zwanzig Ellen. 4 Und die Vorhalle,
die sich davor befand, war nach der
Breite des Hauses zwanzig Ellen lang, die
Höhe aber war hundertzwanzig* Ellen,
und er überzog sie innen mit lauterem
Gold. 5 Die große Halle aber täfelte er
mit Zypressenholz und überzog sie mit
dem besten Gold und brachte darauf
Palmen und Blumenwerk an. 6 Und er
zierte die Halle mit edlen Steinen zum
Schmuck, das Gold aber war Parwajim-
Gold. 7 Und er überzog die Halle, die
Balken und die Schwellen samt ihren
Wänden und Türen mit Gold und ließ
auf die Wände Cherubim schnitzen.
8 Er machte auch den Raum des Aller-
heiligsten. Dessen Länge war zwanzig El-
len nach der Breite des Baues und seine
Breite war auch zwanzig Ellen, und er
überzog ihn mit dem besten Gold, an
sechshundert Zentner; 9 und er gab auch
für die Nägel fünfzig Lot Gold an Ge-
wicht und überzog die Obergemächer mit
Gold. 10 Er machte auch im Raum des
Allerheiligsten zwei Cherubim, kunstrei-
che Werke, und überzog sie mit Gold.
11 Und die Länge der Flügel der Cheru-
bim war zwanzig Ellen, sodass ein Flügel
fünf Ellen hatte und die Wand des Hau-
ses berührte und der andere Flügel auch
fünf Ellen hatte und den Flügel des an-
dern Cherubs berührte. 12 So hatte auch
der eine Flügel des andern Cherubs fünf
Ellen und berührte die Wand des Hauses,
und sein anderer Flügel hatte auch fünf
Ellen und berührte den Flügel des an-
dern Cherubs, 13 sodass diese Flügel der
Cherubim zwanzig Ellen weit ausgebrei-
tet waren. Und sie standen auf ihren Fü-
ßen und ihr Antlitz war zur Halle hinge-
wandt. 14 Er machte auch einen Vorhang
von blauem und rotem Purpur, von
Scharlach und feiner Leinwand und
brachte Cherubim darauf an.[a]

Die beiden Säulen vor dem Tempel

(vgl. 1. Kön 7,15-22)

15 Und er machte vor dem Hause zwei
Säulen, fünfunddreißig Ellen hoch, und
den Knauf oben darauf fünf Ellen 16 und
machte Ketten zum Gitterwerk und tat
sie oben an die Säulen und machte hun-
dert Granatäpfel und tat sie an die Ket-
ten 17 und richtete die Säulen auf vor dem
Tempel, eine zur Rechten und die andere
zur Linken, und nannte die zur Rechten
Jachin und die zur Linken Boas.

Beschreibung einzelner Geräte des Tempels

(vgl. 1. Kön 7,23-51)

4 Er machte auch einen [a]kupfernen
Altar, zwanzig Ellen lang und breit
und zehn Ellen hoch.
2 Und er machte das Meer, gegossen,
von einem Rand zum andern zehn Ellen
breit, ganz rund, fünf Ellen hoch, und
eine Schnur von dreißig Ellen konnte es
umspannen. 3 Und unter ihm umgaben es
ringsum Gestalten, Rindern vergleichbar;
und es waren um das Meer her zehn
Knoten je Elle; zwei Reihen bildeten die
Knoten, die bei dem Guss mit angegos-
sen waren. 4 Es stand aber auf zwölf Rin-
dern, von denen drei nach Norden ge-
wandt waren, drei nach Westen, drei

* Nach anderer Überlieferung: zwanzig Ellen.

2,16: *a (16-17)* 1. Chr 22,2 **3,1:** *a* 1. Chr 21,18-26 **3,14:** *a* 2. Mose 26,31 **4,1:** *a* Kap 7,7

nach Süden und drei nach Osten, und
das Meer stand oben auf ihnen; und ihre
Hinterteile waren alle nach innen ge-
kehrt. 5 Die Stärke seiner Wand war eine
Hand breit und sein Rand war wie eines
Bechers Rand, wie eine aufgegangene Li-
lie, und es fasste dreitausend Eimer.
6 Und er machte zehn Kessel. Von ih-
nen stellte er fünf zur Rechten und fünf
zur Linken, um in ihnen zu waschen –
nämlich was zum Brandopfer gehört,
sollte man darin abspülen –; das Meer
aber stellte er auf, dass sich die Priester
darin waschen sollten.
7 Er machte auch zehn [a]goldene
Leuchter, wie sie sein sollten, und stellte
sie in die Tempelhalle, fünf zur Rechten
und fünf zur Linken, 8 und machte zehn
Tische und tat sie in die Tempelhalle,
fünf zur Rechten und fünf zur Linken,
und machte hundert goldene Schalen.
9 Er machte auch einen Vorhof für die
Priester und einen großen Vorhof und
Türen für den Vorhof und überzog die
Türen mit Kupfer 10 und setzte das Meer
rechts vor das Haus nach Süden hin.
11 Und Hiram machte Töpfe, Schau-
feln und Becken.
Danach vollendete Hiram die Arbeit,
die er für den König Salomo tat am
Hause Gottes, 12 nämlich die zwei Säulen
mit den kugligen Knäufen oben auf bei-
den Säulen und die zwei Gitterwerke, zu
bedecken beide kugligen Knäufe oben
auf den Säulen, 13 und die vierhundert
Granatäpfel an den beiden Gitterwerken,
zwei Reihen Granatäpfel an jedem Git-
terwerk, zu bedecken beide kugligen
Knäufe, die oben auf den Säulen waren.
14 Auch machte er die Gestelle und die
Kessel auf den Gestellen 15 und das Meer
und die zwölf Rinder darunter; 16 dazu
machte [a]Hiram, sein Berater, dem König
Salomo Töpfe, Schaufeln, Gabeln samt
allen Gefäßen für das Haus des HERRN
von geglättetem Kupfer. 17 In der Gegend
des unteren Jordans ließ sie der König
gießen in der Gießerei von Adama zwi-
schen Sukkot und Zereda. 18 Und Sa-
lomo machte sehr viele von allen diesen
Geräten, sodass das Gewicht des Kupfers
nicht zu erforschen war.
19 Und Salomo machte alles Gerät für
das Haus Gottes, nämlich den goldenen
Altar und die Tische mit den Schaubro-
ten darauf, 20 die Leuchter mit ihren
Lampen von lauterem Gold, dass sie
brennen vor dem Chorraum nach der
Ordnung. 21 Und die Blumen und die
Lampen und die Scheren waren golden,
das war alles ganz aus Gold; 22 auch die
Messer, Schalen, Löffel und Pfannen wa-
ren von lauterem Gold. Und an den Ein-
gängen des Hauses waren die inneren Tü-
ren zum Allerheiligsten und die Türen
zur Tempelhalle aus Gold.

5 Also wurde alle Arbeit vollbracht, die
Salomo am Hause des HERRN tat.
Und Salomo brachte hinein [a]alles, was
sein Vater David geheiligt hatte, und
[b]legte das Silber und Gold und alle Ge-
räte in den Schatz im Hause Gottes.

Einweihung des Tempels

(vgl. 1. Kön 8,1-11)

2 Da versammelte Salomo alle Ältesten
Israels, alle Häupter der Stämme und die
Fürsten der Sippen Israels in Jerusalem,
damit sie die Lade des Bundes des
HERRN hinaufbrächten aus der Stadt
Davids, das ist Zion. 3 Und es versam-
melten sich beim König alle Männer Is-
raels [a]zum Fest, das im siebenten Monat
gefeiert wird. 4 Und es kamen alle Äl-
testen Israels, und die Leviten hoben die
Lade auf 5 und brachten sie hinauf samt
der Stiftshütte und allem heiligen Gerät,
das in der Stiftshütte war; es brachten sie
hinauf die Priester und Leviten. 6 Aber
der König Salomo und die ganze Ge-
meinde Israel, die bei ihm vor der Lade
versammelt war, opferten Schafe und
Rinder, so viel, dass es niemand zählen
noch berechnen konnte.
7 So brachten die Priester die Lade des
Bundes des HERRN an ihre Stätte, in den
Chorraum des Hauses, in das Allerhei-
ligste, unter die Flügel der Cherubim,
8 dass die Cherubim ihre Flügel ausbrei-
teten über die Stätte der Lade. Und die
Cherubim bedeckten die Lade und ihre
Stangen von oben her. 9 Die Stangen aber
waren so lang, dass man ihre Enden vor
dem Chorraum in der Tempelhalle sah,
aber von außen sah man sie nicht. Und

4,7: *a* 2. Mose 37,17-24 **4,16:** *a* Kap 2,12 **5,1:** *a* 1. Chr 18,11; *b* 1. Chr 29,2-4 **5,3:** *a* 3. Mose 23,34

sie war dort bis auf diesen Tag. 10Und
[a]es war nichts in der Lade außer den
zwei Tafeln, die Mose am Horeb hinein-
gelegt hatte, die Tafeln des Bundes, den
der HERR mit Israel geschlossen hatte,
als sie aus Ägypten zogen.
11Und die Priester gingen heraus aus
dem Heiligtum – denn alle Priester, die
sich eingefunden hatten, hatten sich ge-
heiligt, ohne dass sie sich an [a]die Ord-
nungen hielten –, 12und alle Leviten, die
[a]Sänger waren, nämlich [b]Asaf, [c]Heman
und Jedutun und ihre Söhne und Brüder,
angetan mit feiner Leinwand, standen
östlich vom Altar mit Zimbeln, Psaltern
und Harfen und bei ihnen hundertund-
zwanzig Priester, die mit Trompeten blie-
sen. 13Und es war, als wäre es **einer**, der
trompetete und sänge, als hörte man **eine**
Stimme loben und danken dem HERRN.
Und als sich die Stimme der Trompeten,
Zimbeln und Saitenspiele erhob und man
den HERRN lobte: [a]»Er ist gütig, und
seine Barmherzigkeit währt ewig«, da
wurde das Haus des HERRN erfüllt mit
einer Wolke, 14sodass die Priester nicht
zum Dienst hinzutreten konnten wegen
der Wolke; denn [a]die Herrlichkeit des
HERRN erfüllte das Haus Gottes.

Salomos Gebet bei der Einweihung des Tempels

(vgl. 1. Kön 8,12-53)

6 Da sprach Salomo: Der HERR hat
gesagt, er wolle im Dunkel wohnen.
2So habe ich nun ein Haus gebaut dir zur
Wohnung und einen Sitz, da du ewiglich
wohnest.
3Und der König wandte sein Antlitz
und segnete die ganze Gemeinde Israel,
während sie stand, 4und sprach: Gelobt
sei der HERR, der Gott Israels, der durch
seinen Mund meinem Vater David zuge-
sagt und es mit seiner Hand erfüllt hat,
als er sagte: 5Seit der Zeit, da ich mein
Volk aus Ägyptenland geführt habe, habe
ich keine Stadt erwählt aus allen Stäm-
men Israels, ein Haus zu bauen, dass
mein Name daselbst sein sollte, und habe
auch keinen Mann erwählt, dass er Fürst
sein sollte über mein Volk Israel; 6aber
Jerusalem habe ich erwählt, dass mein
Name daselbst sei, und David habe ich
erwählt, dass er über mein Volk Israel
Herr sei. 7Und als mein Vater David im
Sinn hatte, dem Namen des HERRN, des
Gottes Israels, ein Haus zu bauen,[a]
8sprach der HERR zu meinem Vater Da-
vid: Du hast wohlgetan, dass du im Sinn
hast, meinem Namen ein Haus zu bauen.
9Doch nicht du sollst das Haus bauen,
sondern dein Sohn, der von dir kommen
wird, soll meinem Namen das Haus
bauen. 10So hat nun der HERR sein Wort
wahr gemacht, das er geredet hat; denn
ich bin zur Macht gekommen an meines
Vaters David statt und sitze auf dem
Thron Israels, wie der HERR zugesagt
hat, und [a]habe dem Namen des HERRN,
des Gottes Israels, ein Haus gebaut
11und habe die Lade hineingebracht, [a]in
der die Tafeln des Bundes des HERRN
sind, den er mit den Israeliten geschlos-
sen hat.
12Und er trat vor den Altar des
HERRN angesichts der ganzen Gemeinde
Israel und breitete seine Hände aus
13– aber Salomo hatte eine Kanzel aus
Kupfer gemacht und mitten in den Vor-
hof gestellt, fünf Ellen lang und breit und
drei Ellen hoch; auf diese trat er und fiel
nieder auf seine Knie angesichts der gan-
zen Gemeinde Israel und breitete seine
Hände aus gen Himmel – 14und sprach:
HERR, Gott Israels, es ist kein Gott dir
gleich weder im Himmel noch auf Erden,
der du hältst den Bund und die Barmher-
zigkeit deinen Knechten, die vor dir wan-
deln von ganzem Herzen. 15Du hast dei-
nem Knecht David, meinem Vater, ge-
halten, was du ihm zugesagt hast; mit
deinem Mund hast du es geredet, und
mit deiner Hand hast du es erfüllt, so wie
es heute ist. 16Nun, HERR, Gott Israels,
halte deinem Knecht David, meinem Va-
ter, [a]was du ihm zugesagt hast: Es soll
dir nicht fehlen an einem Mann, der vor
mir steht, der auf dem Thron Israels
sitzt, sofern deine Söhne ihren Weg be-
wahren, dass sie wandeln in meinem Ge-
setz, wie du vor mir gewandelt bist.
17Nun, HERR, Gott Israels, lass dein
Wort wahr werden, das du deinem
Knecht David zugesagt hast.

5,10: *a* 5. Mose 10,5; Hebr 9,4 **5,11:** *a* Kap 8,14; Lk 1,8-9 **5,12:** *a* 1. Chr 15,19; *b* 1. Chr 16,37; *c* 1. Chr 16,41-42 **5,13:** *a* 1. Chr 16,34; Ps 106,1 **5,14:** *a* Kap 7,1-3; 2. Mose 40,35 **6,7:** *a* 2. Sam 7,2-13 **6,10:** *a* Sach 4,9 **6,11:** *a* 5. Mose 9,9; 10,5 **6,16:** *a* 2. Sam 7,16

18 Aber sollte Gott wirklich bei den
Menschen auf Erden wohnen? Siehe,
[a]der Himmel und aller Himmel Himmel
können dich nicht fassen; wie sollte es
dann dies Haus tun, das ich gebaut habe?
19 Wende dich aber, HERR, mein Gott, zu
dem Gebet deines Knechts und zu seinem Flehen, dass du erhörest das Bitten
und Beten deines Knechtes vor dir!
20 Lass deine Augen offen sein über diesem Hause Tag und Nacht, über der
Stätte, von der du gesagt hast, [a]du wollest deinen Namen daselbst wohnen lassen, dass du hörest das Gebet, das dein
Knecht an dieser Stätte beten wird. 21 So
höre nun das Flehen deines Knechts und
deines Volkes Israel, wenn sie bitten werden an dieser Stätte; höre es von der
Stätte deiner Wohnung, vom Himmel
her, und wenn du es hörst, wollest du
gnädig sein!

22 Wenn jemand an seinem Nächsten
sündigt und [a]es wird ihm ein Fluch auferlegt, sich selbst zu verfluchen, und er
kommt und [b]verflucht sich vor deinem
Altar in diesem Hause, 23 so wollest du
hören im Himmel und Recht schaffen
deinen Knechten, dass du den Frevler als
Frevler erkennen und seine Tat auf sein
Haupt kommen lässt, den aber, der im
Recht ist, gerecht sprichst und ihm gibst
nach seiner Gerechtigkeit.

24 Wenn dein Volk Israel [a]vor dem
Feind geschlagen wird, weil sie an dir
gesündigt haben, und sie bekehren sich
dann und bekennen deinen Namen, bitten und flehen vor dir in diesem Hause,
25 so wollest du hören vom Himmel her
und vergeben die Sünde deines Volkes
Israel und sie in das Land zurückbringen, das du ihnen und ihren Vätern gegeben hast.

26 Wenn [a]der Himmel verschlossen ist,
dass es nicht regnet, weil sie an dir gesündigt haben, und sie beten dann an
dieser Stätte und bekennen deinen Namen und bekehren sich von ihren Sünden, weil du sie bedrängt hast, 27 so wollest du hören im Himmel und vergeben
die Sünde deiner Knechte und deines
Volkes Israel, dass du sie den guten Weg
lehrst, auf dem sie wandeln sollen, und
regnen lässt auf dein Land, das du deinem Volk zum Erbe gegeben hast.

28 Wenn eine Hungersnot im Lande
sein wird oder Pest oder Dürre, Getreidebrand, Heuschrecken, Raupen oder wenn
sein Feind im Lande seine Städte belagert oder irgendeine Plage oder Krankheit da ist, – 29 wer dann bittet oder fleht,
es seien einzelne Menschen oder dein
ganzes Volk Israel, wenn jemand seine
Plage und Schmerzen fühlt und seine
Hände ausbreitet zu diesem Hause, 30 so
wollest du hören vom Himmel her, vom
Sitz deiner Wohnung, und gnädig sein
und jedermann geben nach all seinem
Wandel, [a]wie du sein Herz erkennst –
denn du allein erkennst das Herz der
Menschenkinder –, 31 damit sie dich
fürchten und wandeln in deinen Wegen
alle Tage, solange sie in dem Lande leben, das du unsern Vätern gegeben hast.

32 Auch wenn ein Fremder, der nicht
von deinem Volk Israel ist, aus fernen
Landen kommt um deines großen Namens und deiner mächtigen Hand und
deines ausgereckten Arms willen und zu
diesem Hause hin betet, 33 so wollest du
hören vom Himmel her, vom Sitz deiner
Wohnung, und alles tun, worum er dich
anruft, auf dass alle Völker auf Erden
deinen Namen erkennen und dich fürchten wie dein Volk Israel und innewerden,
dass dein Name über diesem Hause genannt ist, das ich gebaut habe.

34 Wenn dein Volk auszieht in den
Krieg gegen seine Feinde auf dem Wege,
den du sie senden wirst, und [a]sie zu dir
beten nach dieser Stadt hin, die du erwählt hast, und nach dem Hause hin, das
ich deinem Namen gebaut habe, 35 so
wollest du ihr Gebet und Flehen hören
vom Himmel her und ihnen zu ihrem
Recht helfen.

36 Wenn sie an dir sündigen werden –
denn es gibt keinen Menschen, der nicht
sündigt – und du über sie zürnst und sie
vor ihren Feinden dahingibst und diese
sie gefangen wegführen in ein fernes oder
nahes Land 37 und sie nehmen es sich
dann zu Herzen in dem Lande, in dem
sie gefangen sind, und bekehren sich und
flehen zu dir im Lande ihrer Feinde und

6,18: *a* Kap 2,5 **6,20:** *a* 2. Mose 20,24 **6,22:** *a* 5. Mose 27,26; *b* 2. Mose 22,10 **6,24:** *a* 5. Mose 28,25 **6,26:** *a* 5. Mose 28,23-24 **6,30:** *a* Ps 139,1-4.23 **6,34:** *a* Dan 6,11

sprechen: [a]»Wir haben gesündigt, übel
getan und sind gottlos gewesen«, 38und
sich von ganzem Herzen und von ganzer
Seele zu dir bekehren im Lande ihrer
Feinde, in dem man sie gefangen hält,
und sie beten nach ihrem Lande hin, das
du ihren Vätern gegeben hast, und nach
der Stadt hin, die du erwählt hast, und
nach dem Hause hin, das ich deinem
Namen gebaut habe, 39so wollest du ihr
Gebet und Flehen hören vom Himmel
her, vom Sitz deiner Wohnung, und ihnen zu ihrem Recht helfen und deinem
Volk vergeben, das an dir gesündigt hat.

40So lass nun, mein Gott, deine Augen
offen sein und deine Ohren aufmerken auf
das Gebet an dieser Stätte. 41Und nun
[a]mache dich auf, HERR, Gott, zu deiner
Ruhe, du und die Lade deiner Macht.
Lass deine Priester, HERR, Gott, mit Heil
angetan werden und deine Heiligen sich
freuen des Guten. 42Du, HERR, Gott,
weise nicht ab das Antlitz deines Gesalbten! [a]Gedenk an die Gnaden, die du
deinem Knechte David verheißen hast.

Salomos Festopfer

(vgl. 1. Kön 8,54-66)

7 Und als Salomo sein Gebet vollendet
hatte, [a]fiel Feuer vom Himmel und
verzehrte das Brandopfer und die
Schlachtopfer, und [b]die Herrlichkeit des
HERRN erfüllte das Haus, 2sodass die
Priester nicht ins Haus des HERRN hineingehen konnten, weil des HERRN Herrlichkeit das Haus des HERRN füllte.
3Und alle Israeliten sahen das Feuer herabfallen und die Herrlichkeit des HERRN
über dem Hause, und sie fielen auf ihre
Knie mit dem Antlitz zur Erde aufs
Pflaster und beteten an und dankten dem
HERRN, [a]dass er gütig ist und seine
Barmherzigkeit ewiglich währt.

4Der König aber und das ganze Volk
opferten vor dem HERRN; 5zweiundzwanzigtausend Rinder und hundertzwanzigtausend Schafe opferte der König Salomo. Und so weihten der König
und das ganze Volk das Haus Gottes ein.
6Die Priester aber übten ihren Dienst aus
und die Leviten standen dabei mit den
Saitenspielen des HERRN, die der König
David hatte machen lassen, dem HERRN
zu danken, dass seine Barmherzigkeit
ewiglich währt, mit den Psalmen Davids,
die sie sangen. Und die Priester bliesen
Trompeten ihnen gegenüber, und ganz
Israel stand. 7Und Salomo weihte die
Mitte des Vorhofes, der vor dem Hause
des HERRN war; denn er hatte dort
Brandopfer und das Fett der Dankopfer
dargebracht. Denn der [a]kupferne Altar,
den Salomo hatte machen lassen, konnte
nicht alle Brandopfer, Speisopfer und das
Fett fassen.

8Und Salomo hielt damals das Fest
sieben Tage lang und ganz Israel mit
ihm, eine sehr große Gemeinde, von Hamat an bis an den Bach Ägyptens. 9Am
achten Tage aber hielten sie eine Versammlung; denn [a]die Einweihung des
Altars hielten sie sieben Tage und das
Fest auch sieben Tage. 10So ließ er am
dreiundzwanzigsten Tage des siebenten
Monats das Volk fröhlich heimgehen und
guten Mutes über all das Gute, das der
HERR an David, Salomo und seinem
Volk Israel getan hatte. 11So vollendete
Salomo das Haus des HERRN und das
Haus des Königs. Und es gelang ihm,
alles, was ihm in den Sinn gekommen
war, am Hause des HERRN und an seinem Hause auszuführen.

Gottes Antwort auf Salomos Gebet

(vgl. 1. Kön 9,1-9)

12Und der HERR erschien Salomo des
Nachts und sprach zu ihm: Ich habe dein
Gebet erhört und [a]diese Stätte mir zum
Opferhaus erwählt. 13Siehe, wenn ich
den Himmel verschließe, dass es nicht
regnet, oder die Heuschrecken das Land
fressen oder eine Pest unter mein Volk
kommen lasse 14und dann mein Volk,
über das mein Name genannt ist, sich
demütigt, dass sie beten und mein Angesicht suchen und sich von ihren bösen
Wegen bekehren, so will ich vom Himmel
her hören und ihre Sünde vergeben und
ihr Land heilen. 15So sollen nun meine
Augen offen sein und meine Ohren aufmerken auf das Gebet an dieser Stätte.[a]
16So habe ich nun dies Haus erwählt und
geheiligt, dass mein Name dort sein soll

6,37: *a* Dan 9,5 **6,41:** *a* Ps 132,8 **6,42:** *a* Ps 89,4-5 **7,1:** *a* 3. Mose 9,24; 1. Kön 18,38; *b* 2. Mose 40,34 **7,3:** *a* Kap 5,13-14; Ps 106,1 **7,7:** *a* Kap 4,1 **7,9:** *a* 4. Mose 7,10 **7,12:** *a* 5. Mose 12,5-6; Jes 56,7; Mk 11,17; Joh 2,16 **7,15:** *a* Kap 6,40

ewiglich, und meine Augen und mein
Herz sollen dort sein allezeit. 17 Und
wenn du vor mir wandelst, wie dein Vater
David gewandelt ist, dass du alles tust,
was ich dich heiße, und meine Gebote
und Rechte hältst, 18 so will ich den
Thron deines Königtums bestätigen, wie
ich mit deinem Vater David einen Bund
geschlossen habe und gesagt: [a]Es soll dir
nicht fehlen an einem Mann, der über
Israel Herr sei.

19 Werdet ihr euch aber abkehren und
meine Rechte und Gebote, die ich euch
vorgelegt habe, verlassen und hingehen
und andern Göttern dienen und sie an-
beten, 20 so werde ich Israel [a]ausreißen
aus meinem Lande, das ich ihnen gege-
ben habe, und dies Haus, das ich meinem
Namen geheiligt habe, werde ich von
meinem Angesicht verwerfen und werde
es zum Hohn machen und zum Spott
unter allen Völkern. 21 [a]Und vor diesem
Hause, das so hoch erhoben wurde, wer-
den sich entsetzen alle, die vorübergehen,
und sagen: Warum ist der HERR mit die-
sem Lande und mit diesem Hause so
verfahren? 22 Und man wird sagen: Weil
sie den HERRN, den Gott ihrer Väter,
verlassen haben, der sie aus Ägyptenland
geführt hat, und sie sich an andere Göt-
ter gehängt und sie angebetet und ihnen
gedient haben, darum hat er all dies Un-
heil über sie gebracht.

Salomos weitere Maßnahmen

(vgl. 1. Kön 9,10-28)

8 Und nach zwanzig Jahren, in denen
Salomo des HERRN Haus und sein
Haus gebaut hatte 2 – er hatte auch die
Städte, die Hiram Salomo gegeben hatte,
ausgebaut und ließ die Israeliten darin
wohnen –, 3 da zog Salomo gegen Ha-
mat-Zoba und eroberte es. 4 Er baute
Tadmor in der Wüste aus und alle Städte
mit Kornspeichern, die er in Hamat an-
gelegt hatte; 5 auch das obere und untere
Bet-Horon, dass sie feste Städte wurden
mit Mauern, Toren und Riegeln; 6 dazu
Baalat und alle Städte mit Kornspei-
chern, die Salomo hatte, und alle Wagen-
und Reiterstädte und alles, was Salomo
in Jerusalem und auf dem Libanon und
im ganzen Lande seiner Herrschaft zu
bauen wünschte.

7 Alles Volk, das noch übrig war von
den Hetitern, Amoritern, Perisitern, Hi-
witern und Jebusitern, die nicht zu Israel
gehörten 8 – ihre Nachkommen, die im
Lande übrig geblieben waren, [a]die Israel
nicht vertilgt hatte –, machte Salomo zu
Fronarbeitern bis auf diesen Tag. 9 Aber
von den Israeliten machte Salomo keinen
zum Knecht für sein Werk, sondern sie
waren Kriegsleute, seine Obersten und
Ritter und Hauptleute über seine Wagen
und Reiter. 10 Und es waren zweihundert-
undfünfzig oberste Amtleute des Königs
Salomo, die über die Leute geboten.

11 Und Salomo führte die [a]Tochter des
Pharao herauf aus der Stadt Davids in
das Haus, das er für sie gebaut hatte.
Denn er sprach: Eine Frau soll mir nicht
wohnen im Hause Davids, des Königs
von Israel; denn es ist geheiligt, weil die
Lade des HERRN hineingekommen ist.

12 Von da an opferte Salomo dem
HERRN Brandopfer [a]auf dem Altar des
HERRN, den er gebaut hatte vor der Vor-
halle, 13 wie es vorgeschrieben war im Ge-
setz des Mose, zu opfern an jedem Tag,
an den Sabbaten, Neumonden und Fes-
ten des Jahres dreimal, nämlich am Fest
der Ungesäuerten Brote, am Wochenfest
und am Laubhüttenfest.[a] 14 Und er be-
stellte [a]die Ordnungen der Priester zu
ihrem Amt, wie es sein Vater David be-
stimmt hatte, und die Leviten zu ihrem
Dienst, dass sie lobten und dienten vor
den Priestern, wie es jeder Tag erforderte,
und die Torhüter nach ihren Ordnungen,
jede an ihrem Tor. Denn so hatte es Da-
vid, der Mann Gottes, befohlen. 15 Und
man wich in keiner Hinsicht vom Gebot
des Königs über die Priester und Leviten,
auch nicht bei den Schätzen. 16 So wurde
alles Werk Salomos ausgeführt von dem
Tage an, da des HERRN Haus gegründet
wurde, bis er das Haus des HERRN ganz
vollendet hatte.

17 Zu der Zeit zog Salomo nach Ezjon-
Geber und nach Elat am Ufer des Mee-
res im Lande Edom. 18 Und Hiram
sandte ihm durch seine Leute Schiffe und
auch Leute, die des Meeres kundig wa-

7,18: *a* Kap 6,16 **7,20:** *a* 5. Mose 28,63; 1. Kön 14,15 **7,21:** *a (21-22)* 5. Mose 29,23-28; Jer 22,8-9 **8,8:** *a* Jos 16,10 **8,11:** *a* 1. Kön 3,1 **8,12:** *a* Kap 4,1 **8,13:** *a* 3. Mose 23,1-44; 4. Mose 28,2.9.11.17.26; 29,12 **8,14:** *a* 1. Chr 23,1–26,19

ren, und sie fuhren mit den Leuten Salo-
mos nach Ofir und holten von da vier-
hundertundfünfzig Zentner Gold und
brachten's dem König Salomo.

Besuch der Königin von Saba

(vgl. 1. Kön 10,1-13)

9 Und als [a]die Königin von Saba die
Kunde von Salomo vernahm, kam sie
mit einem sehr großen Gefolge nach Je-
rusalem, mit Kamelen, die viel Spezerei
und Gold trugen und Edelsteine, um Sa-
lomo mit Rätselfragen zu prüfen. Und
als sie zu Salomo kam, redete sie mit ihm
alles, was sie sich vorgenommen hatte.
2 Und der König gab ihr Antwort auf
alles, was sie fragte, und es war Salomo
nichts verborgen, was er ihr nicht hätte
sagen können.
3 Und als die Königin von Saba die
Weisheit Salomos sah und das Haus, das
er gebaut hatte, 4 die Speisen für seinen
Tisch, die Rangordnung seiner Großen,
das Aufwarten seiner Diener und ihre
Kleider, seine Mundschenken mit ihren
Kleidern und seine Brandopfer, die er im
Hause des HERRN darbrachte, da geriet
sie vor Staunen außer sich 5 und sprach
zum König: Es ist wahr, was ich in mei-
nem Lande von deinen Taten und von
deiner Weisheit gehört habe. 6 Ich aber
wollte es nicht glauben, bis ich gekom-
men bin und es mit meinen Augen ge-
sehen habe. Und siehe, nicht die Hälfte
von deiner großen Weisheit hat man mir
gesagt. Du bist größer, als die Kunde
sagte, die ich vernommen habe. 7 Glück-
lich sind deine Männer und glücklich
diese deine Großen, die allezeit vor dir
stehen und deine Weisheit hören. 8 Der
HERR, dein Gott, sei gelobt, der dich lieb
hat, [a]dass er dich auf seinen Thron ge-
setzt hat zum König des HERRN, deines
Gottes. Weil dein Gott Israel lieb hat, auf
dass er es ewiglich bestehen lasse, darum
hat er dich über sie zum König gesetzt,
dass du Recht und Gerechtigkeit übst.
9 Und sie gab dem König hundert-
zwanzig Zentner Gold und sehr viel Spe-
zerei und Edelsteine. Es gab keine Speze-
rei wie diese, die die Königin von Saba
dem König Salomo gab.
10 Die Leute Hirams und die Leute Sa-
lomos, die Gold aus Ofir einführten,
brachten auch Sandelholz und Edel-
steine. 11 Und Salomo ließ aus dem San-
delholz Treppen im Hause des HERRN
und im Hause des Königs machen und
Harfen und Zithern für die Sänger. Sol-
ches Holz hatte man früher im Lande
Juda nie gesehen.
12 Und der König Salomo gab der Kö-
nigin von Saba alles, was ihr gefiel und
was sie erbat, mehr als die Gastge-
schenke, die sie dem König gebracht
hatte. Und sie wandte sich und zog in ihr
Land mit ihrem Gefolge.

Salomos Reichtum

(vgl. 1. Kön 10,14-29)

13 Und es war das Gewicht des Goldes,
das Salomo in **einem** Jahr gebracht
wurde, 666 Zentner, 14 außer dem, was
die Händler und Kaufleute brachten.
Auch alle Könige der Araber und die
Statthalter brachten Gold und Silber zu
Salomo.
15 Daraus machte der König Salomo
zweihundert große Schilde von bestem
Gold, sodass sechshundert Lot Gold auf
einen Schild kam, 16 und dreihundert
kleine Schilde von bestem Gold, sodass
dreihundert Lot Gold auf **einen** kleinen
Schild kam. Und der König brachte sie
in das [a]Libanon-Waldhaus.
17 Und der König machte einen großen
elfenbeinernen Thron und überzog ihn
mit lauterem Gold. 18 Und der Thron
hatte sechs Stufen und einen goldenen
Fußschemel am Thron, und er hatte Leh-
nen auf beiden Seiten am Sitz und zwei
Löwen standen neben den Lehnen.
19 Und zwölf Löwen standen auf den
sechs Stufen zu beiden Seiten. Derglei-
chen ist nicht gemacht worden in irgend-
einem Königreich.
20 Und alle Trinkgefäße des Königs
Salomo waren aus Gold und alle Gefäße
des Libanon-Waldhauses waren aus lau-
terem Gold – denn das Silber wurde zur
Zeit Salomos für nichts geachtet. 21 Denn
die Schiffe des Königs, die mit den Leu-
ten Hirams nach Tarsis fuhren, kamen in
drei Jahren **einmal** und brachten Gold,
Silber, Elfenbein, Affen und Pfauen.
22 So wurde der König Salomo größer

9,1: *a* Mt 12,42 **9,8:** *a* 1. Chr 29,23 **9,16:** *a* 1. Kön 7,2

an Reichtum und Weisheit als alle Kö-
nige auf Erden. 23 Und alle Könige auf
Erden begehrten, Salomo zu sehen, um
seine Weisheit zu hören, die ihm Gott in
sein Herz gegeben hatte. 24 Und sie
brachten ihm jährlich ein jeder sein Ge-
schenk, silberne und goldene Gefäße,
Kleider, Waffen, Spezerei, Rosse und
Maultiere.

25 [a]Und Salomo hatte viertausend
Pferde und Wagen und zwölftausend
Reiter, und man legte sie in die Wagen-
städte und zu dem König nach Jerusa-
lem. 26 Und er war ein Herr über alle
Könige vom Euphrat an bis zu dem Land
der Philister und bis zu der Grenze
Ägyptens. 27 Und der König brachte es
dahin, dass es in Jerusalem so viel Silber
gab wie Steine und so viele Zedern wie
Maulbeerbäume im Hügelland. 28 Und
man führte für Salomo Rosse ein aus
Ägypten und aus allen Ländern.

Salomos Tod

(vgl. 1. Kön 11,41-43)

29 Was aber mehr von Salomo zu sagen
ist, das Frühere und das Spätere, siehe,
das steht geschrieben in der Geschichte
des Propheten Nathan sowie in den Pro-
phezeiungen [a]Ahijas von Silo und in den
Gesichten des Sehers Jedo gegen Jero-
beam, den Sohn Nebats. 30 Und Salomo
regierte zu Jerusalem über ganz Israel
vierzig Jahre. 31 Und Salomo legte sich zu
seinen Vätern und man begrub ihn in der
Stadt Davids, seines Vaters. Und sein
Sohn [a]Rehabeam wurde König an seiner
statt.

Israels Abfall vom Hause David

(vgl. 1. Kön 12,1-24)

10 Rehabeam zog nach Sichem; denn
ganz Israel war nach Sichem ge-
kommen, um ihn zum König zu machen.
2 Und als das Jerobeam hörte, der
Sohn Nebats, der in Ägypten war, [a]wo-
hin er vor dem König Salomo geflohen
war, kam er aus Ägypten zurück. 3 Und
sie sandten hin und ließen ihn rufen.
Und Jerobeam kam mit ganz Israel und
sie redeten mit Rehabeam und sprachen:
4 Dein Vater hat unser Joch zu hart ge-
macht. So erleichtere nun du den harten
Dienst deines Vaters und das schwere
Joch, das er auf uns gelegt hat, so wollen
wir dir untertan sein. 5 Er sprach zu ih-
nen: Kommt nach drei Tagen wieder zu
mir! Und das Volk ging hin. 6 Und der
König Rehabeam hielt einen Rat mit den
Ältesten, die vor seinem Vater Salomo
gestanden hatten, als er noch am Leben
war, und sprach: Wie ratet ihr, dass ich
diesem Volk Antwort gebe? 7 Sie spra-
chen zu ihm: Wirst du zu diesem Volk
freundlich sein und sie gütig behandeln
und ihnen gute Worte geben, so werden
sie dir untertan sein allezeit.

8 Er aber ließ außer Acht den Rat der
Ältesten, den sie ihm gegeben hatten,
und hielt einen Rat mit den Jüngeren, die
mit ihm aufgewachsen waren und vor
ihm standen, 9 und sprach zu ihnen: Was
ratet ihr, dass wir diesem Volk antwor-
ten, das zu mir gesagt hat: Erleichtere
das Joch, das dein Vater auf uns gelegt
hat? 10 Die Jüngeren aber, die mit ihm
aufgewachsen waren, sprachen zu ihm:
So sollst du sagen zu dem Volk, das zu
dir gesprochen hat: »Dein Vater hat un-
ser Joch zu schwer gemacht; mach du
unser Joch leichter« – so sollst du zu
ihnen sagen: Mein kleiner Finger soll
dicker sein als meines Vaters Lenden.
11 Hat nun mein Vater auf euch ein
schweres Joch gelegt, so will ich euer
Joch noch schwerer machen. Mein Vater
hat euch mit Peitschen gezüchtigt, ich
will euch mit Skorpionen züchtigen.

12 Als nun Jerobeam und alles Volk am
dritten Tage zu Rehabeam kam, wie der
König gesagt hatte: »Kommt wieder zu
mir am dritten Tage«, 13 antwortete ihnen
der König hart. Und der König Reha-
beam ließ außer Acht den Rat der Äl-
testen 14 und redete mit ihnen nach dem
Rat der Jüngeren und sprach: Hat mein
Vater euer Joch schwer gemacht, so will
ich's noch schwerer machen. Mein Vater
hat euch mit Peitschen gezüchtigt, ich
aber will euch mit Skorpionen züchtigen.
15 So hörte der König nicht auf das Volk;
denn es war so von Gott bestimmt, damit
der HERR sein Wort wahr machte, das er
durch Ahija von Silo zu Jerobeam, dem
Sohn Nebats, gesagt hatte.[a]

16 Als aber ganz Israel sah, dass der

9,25: *a (25-28)* Kap 1,14-17; 1. Kön 5,6 **9,29:** *a* 1. Kön 11,29-39 **9,31:** *a* 1. Kön 14,21 **10,2:** *a* 1. Kön 11,40 **10,15:** *a* 1. Kön 11,29.31

König nicht auf es hörte, antwortete das
Volk dem König und sprach: Was haben
wir für Teil an David oder Erbe am Sohn
Isais? Jedermann von Israel, auf zu seiner
Hütte! So sorge nun du für dein Haus,
David! – Und ganz Israel ging heim,
[17]sodass Rehabeam nur über die Israeli-
ten regierte, die in den Städten Judas
wohnten. [18]Und als der König Reha-
beam den Fronvogt Adoniram sandte,
steinigten ihn die von Israel zu Tode.
Aber der König Rehabeam stieg eilends
auf seinen Wagen und floh nach Jeru-
salem. [19]Also fiel Israel ab vom Hause
David bis auf diesen Tag.

11 [a]Und als Rehabeam nach Jeru-
salem kam, sammelte er das Haus
Juda und Benjamin, hundertundachtzig-
tausend streitbare Männer, um gegen
Israel zu kämpfen, damit sie das König-
tum an Rehabeam zurückbrächten. [2]Aber
des HERRN Wort kam zu Schemaja,
dem Mann Gottes: [3]Sage Rehabeam,
dem Sohn Salomos, dem König von Juda,
und all denen von Israel, die in Juda
und Benjamin wohnen: [4]So spricht der
HERR: Ihr sollt nicht hinaufziehen und
gegen eure Brüder kämpfen. Ein jeder
gehe wieder heim; denn das ist von mir
geschehen! – Sie gehorchten den Worten
des HERRN, kehrten um und zogen nicht
gegen Jerobeam.

Rehabeams erste Regierungsjahre

[5]Rehabeam aber wohnte in Jerusalem
und baute Städte in Juda zu Festungen
aus, [6]nämlich: Bethlehem, Etam, Tekoa,
[7]Bet-Zur, Socho, Adullam, [8]Gat, Mare-
scha, Sif, [9]Adorajim, Lachisch, Aseka,
[10]Zora, Ajalon und Hebron. Das waren
die festen Städte in Juda und Benjamin.
[11]Und er machte die Festungen stark
und setzte Hauptleute über sie und legte
Vorrat von Speise, Öl und Wein [12]sowie
Schilde und Spieße in alle Städte; so
machte er sie sehr stark. Und Juda und
Benjamin waren ihm untertan.

[13]Die Priester aber und die Leviten
von ganz Israel hielten sich zu ihm aus
ihrem ganzen Gebiet; [14]denn die Leviten
verließen ihre Ortschaften und ihre Habe
und kamen nach Juda und Jerusalem. –
Denn [a]Jerobeam und seine Söhne hatten
sie verstoßen, dass sie das Priesteramt
vor dem HERRN nicht mehr ausüben
konnten, [15]und [a]er bestellte sich Priester
für die Höhen und die Feldgeister und
für die Kälber, die er machen ließ. –
[16]Und die den HERRN, den Gott Israels,
von Herzen suchten, folgten den Leviten
aus allen Stämmen Israels nach Jerusa-
lem, dass sie opferten dem HERRN, dem
Gott ihrer Väter.[a] [17]So machten sie das
Königreich Juda mächtig und stärkten
Rehabeam, den Sohn Salomos, für drei
Jahre; denn drei Jahre wandelten sie in
dem Wege Davids und Salomos.

[18]Und Rehabeam nahm zur Frau Ma-
halat, die Tochter Jerimots, des Sohnes
Davids, und der Abihajil, der Tochter
[a]Eliabs, des Sohnes Isais. [19]Die gebar
ihm diese Söhne: Jëusch, Schemarja und
Saham. [20]Nach ihr nahm er Maacha, die
Tochter Abischaloms, zur Frau; die ge-
bar ihm Abija, Attai, Sisa und Schelo-
mit. [21]Aber Rehabeam hatte Maacha, die
Tochter Abischaloms, lieber als alle seine
Frauen und Nebenfrauen; denn er hatte
achtzehn Frauen und sechzig Neben-
frauen und zeugte achtundzwanzig
Söhne und sechzig Töchter. [22]Und Reha-
beam setzte Abija, den Sohn der Ma-
acha, als Ersten unter seinen Brüdern,
als Thronfolger, ein; denn er gedachte,
ihn zum König zu machen. [23]Und er
handelte klug und [a]verteilte alle seine
Söhne in die Gebiete von Juda und Ben-
jamin, in alle festen Städte, und gab ih-
nen Nahrung in Menge und verschaffte
ihnen viele Frauen.

Rehabeams Demütigung vor Gott

(vgl. 1. Kön 14,25-31)

12 Als aber das Königtum Rehabeams
sich gefestigt hatte und er mächtig
war, verließ er das Gesetz des HERRN
und ganz Israel mit ihm. [2]Da zog im
fünften Jahr des Königs Rehabeam her-
auf Schischak, der König von Ägypten,
gegen Jerusalem – denn sie hatten sich
am HERRN versündigt – [3]mit tausend-
zweihundert Wagen und mit sechzigtau-
send Reitern; und das Volk war nicht zu
zählen, das mit ihm aus Ägypten kam,

11,1: *a (1-4)* 1. Kön 12,21-24 **11,14:** *a* Kap 13,9 **11,15:** *a* 1. Kön 12,31 **11,16:** *a* 1. Kön 12,26-27 **11,18:** *a* 1. Sam 16,6 **11,23:** *a* Kap 21,3

Libyer, Sukkijiter und Kuschiter. 4Und
er nahm die [a]festen Städte ein, die in
Juda waren, und kam bis vor Jerusalem.
5Da kam der Prophet Schemaja zu
Rehabeam und zu den Obersten Judas,
die sich in Jerusalem aus Furcht vor
Schischak versammelt hatten, und
sprach zu ihnen: So spricht der HERR:
Ihr habt mich verlassen; darum habe ich
euch auch verlassen und in Schischaks
Hand gegeben. 6Da demütigten sich die
Obersten in Israel mit dem König und
sprachen: Der HERR ist gerecht. 7Als
aber der HERR sah, dass sie sich de-
mütigten, kam das Wort des HERRN zu
Schemaja: Sie haben sich gedemütigt;
darum will ich sie nicht verderben, son-
dern ich will sie in Kürze erretten, dass
mein Grimm sich nicht durch Schischak
auf Jerusalem ergieße. 8Doch sollen sie
ihm untertan sein, damit sie innewerden,
was es heißt, mir zu dienen oder den
Königreichen der Länder.
9So zog Schischak, der König von
Ägypten, gegen Jerusalem herauf und
nahm die Schätze im Hause des HERRN
und die Schätze im Hause des Königs;
alles nahm er weg, auch die goldenen
Schilde, die Salomo hatte machen lassen.
10An ihrer statt ließ der König Rehabeam
kupferne Schilde machen und übergab
sie den Obersten der Leibwache, die das
Tor am Haus des Königs bewachte.
11Und sooft der König in des HERRN
Haus ging, kam die Leibwache und trug
sie und brachte sie dann wieder in ihre
Kammer. 12Und [a]weil er sich demütigte,
wandte sich des HERRN Zorn von ihm,
dass er ihn nicht ganz verdarb; denn
auch in Juda war noch manches Gute.
13Und der König Rehabeam wurde wie-
der mächtig in Jerusalem und regierte
weiter.
Einundvierzig Jahre alt war Reha-
beam, als er König wurde, und regierte
siebzehn Jahre zu Jerusalem, in der
Stadt, die der HERR erwählt hatte aus
allen Stämmen Israels, dass er [a]seinen
Namen daselbst wohnen lasse. Seine
Mutter hieß Naama, eine Ammoniterin.
14Aber er tat übel und richtete sein Herz
nicht darauf, dass er den HERRN suchte.
15Die Geschichte Rehabeams aber, die
frühere und die spätere, steht geschrieben
in den Geschichten des Propheten Sche-
maja und des Sehers [a]Iddo, ebenso auch
die Kriege zwischen Rehabeam und Jero-
beam, die sie ihr Leben lang führten.
16Und Rehabeam legte sich zu seinen
Vätern und wurde begraben in der Stadt
Davids. Und sein Sohn Abija wurde Kö-
nig an seiner statt.

Abija

(vgl. 1. Kön 15,1-8)

13 Im achtzehnten Jahr des Königs Je-
robeam wurde Abija König über
Juda 2und regierte drei Jahre zu Jeru-
salem. Seine Mutter hieß Michaja, eine
Tochter Uriëls, aus Gibea. Es war aber
Krieg zwischen Abija und Jerobeam.
3Und Abija rüstete sich zum Kampf mit
einem Heer von Kriegsleuten, vierhun-
derttausend Mann, auserlesenen Leuten.
Jerobeam aber rüstete sich, gegen ihn zu
kämpfen, mit achthunderttausend aus-
erlesenen Leuten, streitbaren Männern.
4Und Abija stellte sich hin oben auf
den Berg Zemarajim, der im Gebirge
Ephraim liegt, und sprach: Hört mir zu,
Jerobeam und ganz Israel! 5Wisst ihr
nicht, dass der HERR, der Gott Israels,
das Königtum über Israel David gegeben
hat ewiglich, ihm und seinen Söhnen
durch einen [a]Salzbund? 6Aber Jero-
beam, der Sohn Nebats, der Knecht Sa-
lomos, des Sohnes Davids, erhob sich
und wurde seinem Herrn abtrünnig.
7Und es schlugen sich auf seine Seite
ruchlose Leute, böse Menschen, und
wurden mächtiger als Rehabeam, der
Sohn Salomos; denn Rehabeam war
noch jung und zaghaft, sodass er sich
nicht gegen sie wehrte. 8Nun denkt ihr
euch zu empören gegen das Königtum
des HERRN, das in der Hand der Söhne
Davids ist, weil ihr ein großer Haufe seid
und die [a]goldenen Kälber bei euch habt,
die euch Jerobeam zu Göttern gemacht
hat. 9Habt ihr nicht [a]die Priester des
HERRN, die Söhne Aaron, und die Levi-
ten verstoßen und euch [b]eigene Priester
gemacht wie sonst die Völker in den Län-
dern? Wer da kam mit einem jungen Stier

12,4: *a* Kap 11,5-10 **12,12:** *a* Kap 32,26 **12,13:** *a* Kap 6,20 **12,15:** *a* Kap 13,22 **13,5:** *a* 3. Mose 2,13; 4. Mose 18,19 **13,8:** *a* 1. Kön 12,28 **13,9:** *a* 2. Mose 28,41; *b* Kap 11,15

und sieben Widdern, um sich die Hand
füllen zu lassen, der wurde Priester derer,
die nicht Götter sind. 10 Wir aber sind
gewiss: Der HERR ist unser Gott; ihn
haben wir nicht verlassen; denn die Pries-
ter, die dem HERRN dienen, sind die
Söhne Aaron, und die Leviten stehen in
ihrem Amt, 11 um dem HERRN [a]alle
Morgen und alle Abende Brandopfer
darzubringen, dazu das gute Räucher-
werk, und Brote aufzulegen auf den
Tisch aus reinem Gold und den goldenen
Leuchter anzuzünden mit seinen Lam-
pen alle Abende; denn wir halten die
Gebote des HERRN, unseres Gottes, ihr
aber habt ihn verlassen. 12 Siehe, mit uns
ist an der Spitze Gott und seine Priester
und die [a]Kriegstrompeten, um sie gegen
euch zu blasen. Ihr Israeliten, streitet
nicht gegen den HERRN, den Gott eurer
Väter; denn es wird euch nicht gelingen!

13 Aber Jerobeam legte einen Hinter-
halt, dass er ihnen in den Rücken fiele,
sodass sie vor Juda waren und der Hin-
terhalt hinter Juda. 14 Als sich nun Juda
umwandte, siehe, da wurden sie von vorn
und von hinten angegriffen. Da schrien
sie zum HERRN und die Priester bliesen
die Trompeten 15 und die Männer von
Juda erhoben das Kriegsgeschrei. Und
als sie schrien, schlug Gott Jerobeam und
ganz Israel vor Abija und Juda. 16 Und
Israel floh vor Juda und Gott gab sie in
ihre Hände, 17 sodass Abija mit seinem
Volk sie hart schlug, und es blieben von
Israel erschlagen liegen fünfhunderttau-
send auserlesene Leute. 18 Also wurden
die Männer von Israel zu der Zeit ge-
demütigt, aber die Männer von Juda blie-
ben unverzagt; denn sie verließen sich auf
den HERRN, den Gott ihrer Väter. 19 Und
Abija jagte Jerobeam nach und gewann
ihm Städte ab: Bethel mit seinen Ort-
schaften, Jeschana mit seinen Ortschaf-
ten und Efron mit seinen Ortschaften,
20 sodass Jerobeam keine Macht mehr
hatte, solange Abija lebte. Und der HERR
schlug ihn, dass er starb.

21 Abija aber wurde mächtig. Und er
nahm vierzehn Frauen und zeugte zwei-
undzwanzig Söhne und sechzehn Töch-
ter. 22 Was aber mehr von Abija zu sagen
ist, sein Wandel und seine Worte, das
steht geschrieben in der Geschichte des
Propheten [a]Iddo. 23* Und Abija legte
sich zu seinen Vätern und sie begruben
ihn in der Stadt Davids. Und sein Sohn
Asa wurde König an seiner statt. Zu des-
sen Zeiten hatte das Land zehn Jahre
Ruhe.

Asas erste Regierungsmaßnahmen

(vgl. 1. Kön 15,9-12)

14 **Und Asa tat, was recht war und
dem HERRN, seinem Gott, wohl-
gefiel, 2 und entfernte die Altäre der
fremden Götter und die Opferhöhen und
zerbrach die Steinmale und hieb die Bil-
der der Aschera um 3 und gebot Juda,
dass sie den HERRN, den Gott ihrer Vä-
ter, suchten und täten nach dem Gesetz
und Gebot. 4 Und er entfernte aus allen
Städten Judas die Opferhöhen und die
Rauchopfersäulen; und das Königreich
hatte Ruhe unter ihm. 5 Und er baute
feste Städte in Juda, weil das Land Ruhe
hatte und in diesen Jahren kein Krieg
gegen ihn war; denn [a]der HERR hatte
ihm Ruhe gegeben. 6 Und er sprach zu
Juda: Lasst uns diese Städte ausbauen
und um sie Mauern herumführen mit
Türmen, Toren und Riegeln, solange das
Land noch unser ist; denn wir haben den
HERRN, unsern Gott, gesucht und er hat
uns Ruhe gegeben ringsumher.

Also bauten sie und es ging glücklich
vonstatten. 7 Und Asa hatte eine Heeres-
macht, aus Juda 300 000, die große
Schilde und Spieße trugen, und aus Ben-
jamin 280 000, die kleine Schilde trugen
und mit dem Bogen schießen konnten;
und diese alle waren starke Kriegsleute.

Asas Sieg über die Kuschiter

8 Es zog aber gegen sie Serach, der Ku-
schiter, mit einer Heeresmacht von tau-
sendmal tausend, dazu dreihundert Wa-
gen, und sie kamen bis nach Marescha.
9 Und Asa zog ihm entgegen; und sie
rüsteten sich zum Kampf im Tal Zefata
bei Marescha. 10 Und Asa rief den
HERRN, seinen Gott, an und sprach:
[a]HERR, es ist dir nicht schwer, dem
Schwachen gegen den Starken zu helfen.

* Abweichende Verszählung statt 13,23: 14,1. ** Abweichende Verszählung statt 14,1-14: 14,2-15.

13,11: *a* 4. Mose 28,3-8 **13,12:** *a* 4. Mose 10,9 **13,22:** *a* Kap 12,15 **14,5:** *a* Kap 15,15 **14,10:** *a* 1. Sam 14,6

Hilf uns, HERR, unser Gott; denn wir
verlassen uns auf dich, und in deinem
Namen sind wir gekommen gegen diese
Menge. HERR, du bist unser Gott, gegen
dich vermag kein Mensch etwas.
11 Und der HERR schlug die Kuschiter
vor Asa und vor Juda, sodass sie flohen.
12 Und Asa samt dem Volk, das bei ihm
war, jagte ihnen nach bis nach Gerar.
Und die Kuschiter fielen, sodass keiner
von ihnen am Leben blieb, sondern sie
wurden zerschlagen vor dem HERRN und
vor seinem Heer. Und Juda trug sehr viel
Beute davon. 13 Und sie schlugen alle
Städte um Gerar her; denn der Schrecken
des HERRN kam über sie. Und sie plün-
derten alle Städte; denn es war viel Beute
darin. 14 Auch schlugen sie die Zeltlager
der Hirten und führten eine Menge
Schafe und Kamele weg und kamen wie-
der nach Jerusalem.

Der Prophet Asarja und Asas Reformen

15 Und auf Asarja, den Sohn Odeds,
kam der Geist Gottes. 2 Da zog er
hinaus Asa entgegen und sprach zu ihm:
Hört mir zu, Asa und ganz Juda und
Benjamin! Der HERR ist mit euch, weil
ihr mit ihm seid; und wenn ihr ihn sucht,
wird er sich von euch finden lassen. Wer-
det ihr ihn aber verlassen, so wird er euch
auch verlassen. 3 Lange Zeit hindurch
war Israel ohne rechten Gott, ohne Pries-
ter, der da lehrte, und ohne Gesetz.[a] 4 Als
sie sich aber in ihrer Not zu dem HERRN,
dem Gott Israels, bekehrten und [a]ihn
suchten, ließ er sich von ihnen finden.
5 Zu der Zeit gab es keine Sicherheit für
den, der aus und ein ging; denn es war
große Verwirrung bei allen, die in diesen
Ländern wohnten. 6 Denn [a]ein Volk zer-
schlug das andere und eine Stadt die an-
dere; denn Gott erschreckte sie mit
Ängsten aller Art. 7 Ihr aber, seid getrost
und lasst eure Hände nicht sinken; denn
[a]euer Werk hat seinen Lohn.
8 Als aber Asa diese Worte hörte und
die Weissagung, die der Prophet Asarja,
der Sohn Odeds, gesprochen hatte, ward
er getrost und er tat weg die gräulichen
Götzen aus dem ganzen Lande Juda und
Benjamin und aus den Städten, die er auf
dem Gebirge Ephraim erobert hatte, und
erneuerte den Altar des HERRN, der vor
der Vorhalle des HERRN stand. 9 Und er
versammelte ganz Juda und Benjamin
und alle aus Ephraim, Manasse und Si-
meon, die bei ihnen wohnten; denn es fiel
ihm eine große Menge aus Israel zu, als
sie sahen, dass der HERR, sein Gott, mit
ihm war.[a]
10 Und sie versammelten sich in Jeru-
salem im dritten Monat des fünfzehnten
Jahres der Herrschaft Asas 11 und opfer-
ten dem HERRN am selben Tage von
der Beute, die sie hergebracht hatten, sie-
benhundert Rinder und siebentausend
Schafe. 12 Und sie traten in den Bund,
den HERRN, den Gott ihrer Väter, zu
suchen von ganzem Herzen und von gan-
zer Seele.[a] 13 Wer aber den HERRN, den
Gott Israels, nicht suchen würde, sollte
sterben, Klein und Groß, Mann und
Frau. 14 Und sie schworen dem HERRN
mit lauter Stimme, unter Freudenge-
schrei und unter Trompeten- und Posau-
nenschall. 15 Und ganz Juda war fröhlich
über den Schwur; denn sie hatten ge-
schworen von ganzem Herzen, und sie
suchten den Herrn mit ganzem Willen
und er ließ sich von ihnen finden. Und
[a]der HERR gab ihnen Ruhe ringsumher.
16 [a]Auch setzte der König Asa seine
Mutter Maacha ab, dass sie nicht mehr
Herrin war, weil sie der Aschera ein
Gräuelbild gemacht hatte. Und Asa zer-
schlug ihr Gräuelbild und zermalmte es
und verbrannte es am Bach Kidron.
17 Aber die Opferhöhen in Israel wurden
nicht entfernt; doch war das Herz Asas
rechtschaffen sein Leben lang. 18 Und er
brachte ins Haus Gottes, was sein Vater
geheiligt und was er geheiligt hatte, Sil-
ber, Gold und Gefäße. 19 Und es war kein
Krieg bis in das fünfunddreißigste Jahr
der Herrschaft Asas.

Asas Abfall und Tod

(vgl. 1. Kön 15,16-24)

16 Im sechsunddreißigsten Jahr der
Herrschaft Asas zog Bascha, der
König von Israel, herauf gegen Juda und
baute Rama aus, damit niemand bei Asa,
dem König von Juda, aus und ein gehen

15,3: *a* Hos 3,4 **15,4:** *a* Jer 29,13-14 **15,6:** *a* Lk 21,10 **15,7:** *a* 1. Kor 15,58 **15,9:** *a* Kap 11,16; Jer 41,5 **15,12:** *a* Jos 24,25 **15,15:** *a* Kap 14,5-6; 20,30 **15,16:** *a (16-18)* 1. Kön 15,13-15

sollte. 2Aber Asa nahm aus dem Schatz
im Hause des HERRN und aus dem
Schatz im Hause des Königs Silber und
Gold und sandte zu Ben-Hadad, dem
König von Aram, der zu Damaskus
herrschte, und ließ ihm sagen: 3Es ist ein
Bund zwischen mir und dir, zwischen
meinem und deinem Vater. Darum
schicke ich dir Silber und Gold, dass du
den Bund mit Bascha, dem König von
Israel, aufgibst, damit er von mir abzieht.
4Ben-Hadad hörte auf die Bitte des Kö-
nigs Asa und sandte seine Obersten ge-
gen die Städte Israels; die schlugen Ijon,
Dan und Abel-Majim und von Naftali
alle Städte mit Kornspeichern. 5Als Ba-
scha das hörte, ließ er ab, Rama auszu-
bauen, und hörte auf mit seinem Werk.
6Aber der König Asa bot ganz Juda auf
und sie nahmen die Steine und das Holz
von Rama weg, womit Bascha gebaut
hatte, und er baute damit Geba und
Mizpa aus.

7Zu der Zeit kam der Seher Hanani zu
Asa, dem König von Juda, und sprach zu
ihm: [a]Weil du dich auf den König von
Aram verlassen hast und nicht auf den
HERRN, deinen Gott, darum ist das Heer
des Königs von Aram deiner Hand ent-
ronnen. 8Hatten nicht die Kuschiter und
Libyer eine große Heeresmacht mit sehr
viel Wagen und Reitern? Doch der HERR
gab sie in deine Hand, da du dich auf ihn
verließest.[a] 9Denn [a]**des HERRN Augen**
schauen alle Lande, dass er stärke, die mit
ganzem Herzen bei ihm sind. Du hast
töricht getan, darum wirst du auch von
nun an Krieg haben. 10Aber Asa wurde
zornig über den Seher und [a]legte ihn ins
Gefängnis; denn er grollte ihm darüber.
Auch bedrückte er zu dieser Zeit einige
vom Volk.

11Die Geschichte Asas aber, die frü-
here und die spätere, siehe, die steht ge-
schrieben im Buch der Könige von Juda
und Israel. 12Und Asa wurde krank an
seinen Füßen im neununddreißigsten
Jahr seiner Herrschaft und seine Krank-
heit nahm sehr zu; und er suchte auch in
seiner Krankheit nicht den HERRN, son-
dern die Ärzte. 13So legte sich Asa zu
seinen Vätern und starb im einundvier-
zigsten Jahr seiner Herrschaft. 14Und
man begrub ihn in seinem Grabe, das er
sich in der Stadt Davids hatte aushauen
lassen. Und sie legten ihn auf sein Lager,
das man mit gutem Räucherwerk und
allerlei kunstvoll zubereiteter Spezerei
gefüllt hatte, und [a]sie machten ihm zu
Ehren einen sehr großen Brand.

Joschafats Regierung

17 Und sein Sohn [a]Joschafat wurde
König an seiner statt und wurde
mächtig gegenüber Israel. 2Er legte
Kriegsvolk in alle festen Städte Judas
und setzte Amtleute ein im Lande Juda
und in den Städten Ephraims, die sein
Vater Asa erobert hatte. 3Und der HERR
war mit Joschafat; denn er wandelte wie
vormals sein Vater David und suchte
nicht die Baale, 4sondern den Gott seines
Vaters und wandelte in seinen Geboten
und nicht so wie Israel. 5Darum stärkte
der HERR das Königtum in seiner Hand.
Und ganz Juda gab Joschafat Geschenke
und [a]er hatte großen Reichtum und viel
Ehre. 6Und als er in den Wegen des
HERRN noch mutiger wurde, entfernte er
wieder die Opferhöhen und die Aschera-
bilder aus Juda.

7Im dritten Jahr seiner Herrschaft
sandte er seine Oberen Ben-Hajil, Obad-
ja, Secharja, Netanel und Michaja, dass
sie in den Städten Judas lehren sollten,
8und mit ihnen die Leviten Schemaja,
Netanja, Sebadja, Asaël, Schemiramot,
Jonatan, Adonija, Tobija und Tob-Ado-
nija und mit ihnen die Priester Elischama
und Joram. 9Und sie lehrten in Juda und
hatten das Gesetzbuch des HERRN bei
sich und zogen in allen Städten Judas
umher und lehrten das Volk.

10Da kam der Schrecken des HERRN
über alle Königreiche der Länder, die um
Juda herum lagen, sodass sie nicht gegen
Joschafat kämpften. 11Sogar einige von
den Philistern brachten Joschafat [a]Ge-
schenke und Silber als Abgabe; auch die
Araber brachten ihm siebentausendund-
siebenhundert Widder und siebentau-
sendundsiebenhundert Böcke.

12So wurde Joschafat immer mächti-

16,7: *a* Jer 17,5 **16,8:** *a* Kap 14,8-12 **16,9:** *a* Spr 15,3 **16,10:** *a* Kap 18,26; Mt 14,3 **16,14:** *a* Kap 21,19; Jer 34,5
17,1: *a* 1. Kön 15,24 **17,5:** *a* Kap 18,1 **17,11:** *a* 1. Kön 5,1

ger. Und er baute in Juda Burgen und
Städte mit Kornspeichern 13und hatte
viel Vorrat in den Städten Judas und
Kriegsleute, streitbare Männer, zu Jeru-
salem. 14Und dies war ihre Ordnung
nach ihren Sippen: In Juda waren Obers-
te über tausend: Adna, der Oberste, und
unter ihm 300000 streitbare Männer;
15neben ihm Johanan, der Oberste, und
unter ihm 280000; 16neben ihm Amasja,
der Sohn Sichris, der sich freiwillig in den
Dienst des HERRN gestellt hatte, und un-
ter ihm 200000 streitbare Männer; 17und
aus Benjamin: Eljada, ein streitbarer
Mann, und unter ihm 200000, die mit
Bogen und Schild gerüstet waren; 18ne-
ben ihm Josabad und unter ihm 180000
zum Kampf gerüstete Männer. 19Diese
alle dienten dem König außer denen, die
der König in die festen Städte von ganz
Juda gelegt hatte.

Joschafats Verbindung mit Ahab von Israel

(vgl. 1. Kön 22,1-40)

18 Und Joschafat hatte [a]großen
Reichtum und viel Ehre und ver-
schwägerte sich mit Ahab. 2Und nach
einigen Jahren zog er hinab zu Ahab
nach Samaria. Und Ahab ließ für ihn
und für das Volk, das bei ihm war, viele
Schafe und Rinder schlachten. Und er
beredete ihn, dass er hinaufzöge nach
Ramot in Gilead. 3Ahab, der König von
Israel, sprach zu Joschafat, dem König
von Juda: Willst du mit mir nach Ramot
in Gilead ziehen? Er sprach zu ihm: Ich
bin wie du und mein Volk wie dein Volk;
wir wollen mit dir in den Kampf.

4Aber Joschafat sprach zum König
von Israel: [a]Frage doch zuerst nach dem
Wort des HERRN! 5Und der König von
Israel versammelte vierhundert Prophe-
ten und sprach zu ihnen: Sollen wir nach
Ramot in Gilead in den Kampf ziehen
oder soll ich's lassen? Sie sprachen: Zieh
hinauf! Gott wird es in des Königs Hand
geben. 6Joschafat aber sprach: Ist nicht
noch irgendein Prophet des HERRN hier,
dass wir durch ihn den Herrn befragen?
7Der König von Israel sprach zu Jo-
schafat: Es ist noch **ein** Mann hier, durch
den man den HERRN befragen kann;
aber ich bin ihm gram, denn er weissagt
über mich nichts Gutes, sondern immer
nur Böses, nämlich Micha, der Sohn Jim-
las. Joschafat sprach: Der König rede so
nicht.

8Und der König von Israel rief einen
seiner Kämmerer und sprach: Bringe
eilends her Micha, den Sohn Jimlas! 9Und
der König von Israel und Joschafat, der
König von Juda, saßen ein jeder auf sei-
nem Thron, mit ihren königlichen Klei-
dern angetan. Sie saßen aber auf dem
Platz vor dem Tor von Samaria, und alle
Propheten fingen an, vor ihnen zu weis-
sagen. 10Und [a]Zidkija, der Sohn Kena-
anas, machte sich eiserne Hörner und
sprach: So spricht der HERR: Hiermit
wirst du die Aramäer niederstoßen, bis
du sie aufreibst. 11Und alle Propheten
weissagten ebenso und sprachen: Zieh
hinauf nach Ramot in Gilead! Es wird
dir gelingen, der HERR wird es in des
Königs Hand geben. 12Und der Bote, der
hingegangen war, um Micha zu rufen,
sprach zu ihm: Siehe, die Worte der
Propheten sind einmütig gut für den
König. Lass doch auch dein Wort wie ihr
Wort sein und rede Gutes. 13Micha
aber sprach: So wahr der HERR lebt:
Was mein Gott sagen wird, das will
ich reden.

14Und als er zum König kam, sprach
der König zu ihm: Micha, sollen wir
nach Ramot in Gilead in den Kampf
ziehen oder soll ich's lassen? Er sprach:
Ja, zieht hinauf! Es wird euch gelingen,
sie werden in eure Hände gegeben wer-
den. 15Aber der König sprach zu ihm:
Wie oft soll ich dich beschwören, dass du
mir im Namen des HERRN nichts als die
Wahrheit sagst! 16Da sprach er: Ich sah
ganz Israel zerstreut auf den Bergen [a]wie
Schafe, die keinen Hirten haben. Und der
HERR sprach: Diese haben keinen Herrn.
Ein jeder kehre wieder heim mit Frie-
den!

17Da sprach der König von Israel zu
Joschafat: Sagte ich dir nicht: Er weissagt
nichts Gutes über mich, sondern nur Bö-
ses? 18Micha aber sprach: Darum höret
des HERRN Wort! [a]Ich sah den HERRN
sitzen auf seinem Thron, und das ganze

18,1: *a* Kap 17,5 **18,4:** *a* 2. Kön 3,11 **18,10:** *a* Vers 23 **18,16:** *a* Mt 9,36 **18,18:** *a* Jes 6,1

himmlische Heer stand zu seiner Rechten
und zu seiner Linken. 19 Und der HERR
sprach: Wer will Ahab, den König von
Israel, betören, dass er hinaufziehe und
falle bei Ramot in Gilead? Und als dieser
so und jener anders redete, 20 trat [a]ein
Geist vor und stellte sich vor den HERRN
und sprach: Ich will ihn betören. Der
HERR aber sprach zu ihm: Womit? 21 Er
sprach: Ich will ausfahren und ein Lü-
gengeist sein in aller seiner Propheten
Mund. Und der Herr sprach: Du wirst
ihn betören und wirst es ausrichten; fahr
hin und tu das! 22 Nun siehe, der HERR
hat einen Lügengeist in den Mund dieser
deiner Propheten gegeben, und der HERR
hat Unheil gegen dich geredet.

23 Da trat herzu [a]Zidkija, der Sohn
Kenaanas, und schlug Micha auf die
Backe und sprach: Auf welchem Wege
sollte der Geist des HERRN von mir gewi-
chen sein, um nun durch dich zu reden?
24 Micha sprach: Wahrlich, an jenem
Tage wirst du's sehen, wenn du von einer
Kammer in die andere gehst, um dich zu
verstecken.

25 Aber der König von Israel sprach:
Nehmt Micha und bringt ihn zu Amon,
dem Stadthauptmann, und zu Joasch,
dem Sohn des Königs, 26 und sagt: So
spricht der König: [a]Legt diesen ins Ge-
fängnis und speist ihn nur kärglich mit
Brot und Wasser, bis ich wiederkomme
mit Frieden! 27 Micha sprach: Kommst
du mit Frieden wieder, so hat der HERR
nicht durch mich geredet. Und er sprach:
Höret, alle Völker!

28 So zogen der König von Israel und
Joschafat, der König von Juda, hinauf
nach Ramot in Gilead. 29 Und der König
von Israel sprach zu Joschafat: Ich will
mich verkleiden und in den Kampf zie-
hen, du aber behalte deine königlichen
Kleider an! Und der König von Israel
verkleidete sich und sie zogen in den
Kampf. 30 Aber der König von Aram
hatte den Obersten über seine Wagen ge-
boten: Ihr sollt nicht kämpfen gegen Ge-
ringe und Hohe, sondern allein gegen
den König von Israel.

31 Als nun die Obersten der Wagen Jo-
schafat sahen, dachten sie, es sei der Kö-
nig von Israel, und umringten ihn, um
gegen ihn zu kämpfen. Aber Joschafat
schrie und der HERR half ihm und Gott
lockte sie von ihm weg. 32 Denn als die
Obersten der Wagen merkten, dass er
nicht der König von Israel war, wandten
sie sich von ihm ab. 33 Es spannte aber ein
Mann seinen Bogen von ungefähr und
schoss den König von Israel zwischen
Panzer und Wehrgehänge. Da sprach er
zu seinem Wagenlenker: Wende um und
führe mich aus dem Kampf; denn ich bin
verwundet! 34 Aber der Kampf nahm im-
mer mehr zu an jenem Tage, und der
König von Israel blieb in seinem Wagen
stehen gegenüber den Aramäern bis zum
Abend; und er starb, als die Sonne un-
terging.

19 Joschafat aber, der König von Juda,
kam wieder heim mit Frieden nach
Jerusalem. 2 Und es ging ihm der Seher
Jehu, der Sohn Hananis, entgegen und
sprach zum König Joschafat: Sollst du so
dem Gottlosen helfen und die lieben, die
den HERRN hassen? Darum kommt über
dich der Zorn vom HERRN. 3 Etwas Gu-
tes ist aber doch an dir gefunden, dass du
[a]die Bilder der Aschera aus dem Lande
ausgetilgt und dein Herz darauf gerichtet
hast, Gott zu suchen.

Joschafat ordnet die Rechtsprechung

4 Und Joschafat blieb in Jerusalem. Und
er zog wieder im Volk umher von Beer-
scheba an bis auf das Gebirge Ephraim
und brachte sie zurück zu dem HERRN,
dem Gott ihrer Väter. 5 Und er bestellte
Richter im Lande in allen festen Städten
Judas, Stadt für Stadt, 6 und sprach zu
den Richtern: Seht zu, was ihr tut! Denn
ihr haltet Gericht nicht im Namen von
Menschen, sondern im Namen des
HERRN, und er ist bei euch, wenn ihr
Recht sprecht.[a] 7 Darum lasst [a]die
Furcht des HERRN bei euch sein, haltet
und tut das Recht; denn [b]bei dem
HERRN, unserm Gott, ist kein Unrecht,
weder Ansehen der Person noch Anneh-
men von Geschenken.

8 Auch bestellte Joschafat in Jerusalem
einige aus den Leviten und Priestern und

18,20: *a* Hiob 1,6 **18,23:** *a* Vers 10 **18,26:** *a* Kap 16,10 **19,3:** *a* Kap 17,3.6 **19,6:** *a* 5. Mose 1,17 **19,7:** *a* 2. Mose 18,21; *b* 5. Mose 10,17; Röm 2,11

Sippenhäuptern Israels [a]für das Gericht
des HERRN und für die Streitfälle der
Einwohner Jerusalems. 9 Ihnen gebot er
und sprach: Tut also in der Furcht des
HERRN, in Treue und mit ganzem Her-
zen! 10 In allen Streitfällen, die vor euch
kommen von euren Brüdern, die in ihren
Städten wohnen, es gehe um Bluttat, um
Gesetz und Gebot, um Satzungen und
Rechte, da sollt ihr sie unterrichten, dass
sie sich nicht am HERRN verschulden
und ein Zorn über euch und eure Brüder
komme. Tut also, so werdet ihr euch
nicht verschulden. 11 Siehe, der Hohe-
priester Amarja ist über euch bestellt in
allen Sachen des HERRN und Sebadja,
der Sohn Jischmaels, der Vorsteher im
Hause Juda, in allen Sachen des Königs;
und als Amtleute habt ihr die Leviten bei
euch. Geht unverzagt ans Werk und der
HERR wird mit dem Guten sein.

Joschafats Sieg über die Ammoniter und Moabiter

20 Danach kamen die Moabiter, die
Ammoniter und mit ihnen auch
Mëuniter, um gegen Joschafat zu kämp-
fen. 2 Und man kam und sagte zu Jo-
schafat: Es kommt gegen dich eine große
Menge von jenseits des Salzmeeres, von
Edom, und siehe, sie sind schon in Haze-
zon-Tamar, das ist En-Gedi. 3 Joschafat
aber fürchtete sich und richtete sein An-
gesicht darauf, den HERRN zu suchen;
und er ließ in ganz Juda ein Fasten aus-
rufen. 4 Und Juda kam zusammen, den
HERRN zu suchen; auch aus allen Städ-
ten Judas kamen sie, den HERRN zu su-
chen.[a]

5 Und Joschafat trat hin unter die Ge-
meinde Judas und Jerusalems im Hause
des HERRN vorn im neuen Vorhof 6 und
sprach: HERR, du Gott unserer Väter,
[a]bist du nicht Gott im Himmel und
Herrscher über alle Königreiche der Hei-
den? Und [b]in deiner Hand ist Kraft und
Macht, und es ist niemand, der dir zu
widerstehen vermag. 7 Hast du, unser
Gott, nicht die Bewohner dieses Landes
vertrieben vor deinem Volk Israel und
hast es den Nachkommen Abrahams,
deines Freundes, gegeben für immer?
8 Und sie wohnten darin und haben dir
ein Heiligtum für deinen Namen gebaut
und gesagt: 9 [a]Wenn Unglück, Schwert,
Strafe, Pest oder Hungersnot über uns
kommen, werden wir vor diesem Hause
und vor dir stehen – denn dein Name ist
in diesem Hause – und zu dir schreien in
unserer Not und du wirst hören und hel-
fen. 10 Nun siehe, die Ammoniter, Moa-
biter und die vom Gebirge Seïr, durch die
du Israel nicht hindurchziehen ließest, als
sie aus Ägyptenland kamen – sondern sie
mussten vor ihnen weichen und durften
sie nicht ausrotten –,[a] 11 siehe, sie lassen
uns das entgelten und kommen, uns aus-
zutreiben aus deinem Eigentum, das du
uns gegeben hast. 12 Unser Gott, willst
du sie nicht richten? Denn in uns ist
keine Kraft gegen dies große Heer, das
gegen uns kommt. Wir wissen nicht, was
wir tun sollen, sondern unsere Augen se-
hen nach dir.

13 Und ganz Juda stand vor dem
HERRN mit seinen Alten, Frauen und
Kindern. 14 Aber der Geist des HERRN
kam mitten in der Gemeinde auf Jaha-
siël, den Sohn Secharjas, des Sohnes Be-
najas, des Sohnes Jehiëls, des Sohnes
Mattanjas, den Leviten aus den Söhnen
Asaf. 15 [a]Und Jahasiël sprach: Merkt
auf, ganz Juda und ihr Einwohner von
Jerusalem und du, König Joschafat! So
spricht der HERR zu euch: Ihr sollt euch
nicht fürchten und nicht verzagen vor
diesem großen Heer; denn nicht ihr
kämpft, sondern Gott. 16 Morgen sollt
ihr gegen sie hinabziehen. Wenn sie den
Höhenweg von Ziz heraufkommen, wer-
det ihr auf sie treffen, wo das Tal endet,
vor der Wüste Jeruël. 17 Aber nicht ihr
werdet dabei kämpfen; tretet nur hin und
steht und seht die Hilfe des HERRN, der
mit euch ist, Juda und Jerusalem! Fürch-
tet euch nicht und verzagt nicht! Morgen
zieht ihnen entgegen! Der HERR ist mit
euch.

18 Da beugte sich Joschafat mit seinem
Antlitz zur Erde, und ganz Juda und die
Einwohner von Jerusalem fielen vor dem
HERRN nieder und beteten den HERRN
an. 19 Und die Leviten von den Söhnen

19,8: *a* 5. Mose 17,8-9; 19,17 **20,4:** *a* Kap 15,9-15 **20,6:** *a* 1. Mose 18,25; *b* 1. Chr 29,12 **20,9:** *a* Kap 6,28-30
20,10: *a* 5. Mose 2,4-5.9.19 **20,15:** *a (15-17)* 2. Mose 14,13-14

Kehat und von den Söhnen Korach
schickten sich an, den HERRN, den Gott
Israels, zu loben mit laut schallender
Stimme.

20 Und sie machten sich früh am Mor-
gen auf und zogen aus zur Wüste Tekoa.
Und als sie auszogen, trat Joschafat hin
und sprach: Hört mir zu, Juda und ihr
Einwohner von Jerusalem! [a]Glaubt an
den HERRN, euren Gott, so werdet ihr
sicher sein, und glaubt seinen Propheten,
so wird es euch gelingen. 21 Und er beriet
sich mit dem Volk und bestellte Sänger
für den HERRN, dass sie in heiligem
Schmuck Loblieder sängen und vor den
Kriegsleuten herzögen und sprächen:
[a]Danket dem HERRN; denn seine Barm-
herzigkeit währet ewiglich. 22 Und als sie
anfingen mit Danken und Loben, ließ
der HERR einen Hinterhalt kommen über
die Ammoniter und Moabiter und die
vom Gebirge Seïr, die gegen Juda ausge-
zogen waren, und sie wurden geschlagen.
23 Es stellten sich die Ammoniter und
Moabiter gegen die Leute vom Gebirge
Seïr, um sie auszurotten und zu vertilgen.
Und als sie die Leute vom Gebirge Seïr
alle aufgerieben hatten, kehrte sich einer
gegen den andern und sie wurden ein-
ander zum Verderben.

24 Als aber Juda an den Ort kam, wo
man in die Wüste sehen kann, und sie
sich gegen das Heer wenden wollten,
siehe, da lagen nur Leichname auf der
Erde; keiner war entronnen. 25 Und Jo-
schafat kam mit seinem Volk, die Beute
auszuteilen, und sie fanden Vieh in
Menge und Güter und Kleider und kost-
bare Geräte und nahmen sich so viel
weg, dass es kaum zu tragen war, und
teilten drei Tage die Beute aus; denn es
war viel. 26 Am vierten Tage aber kamen
sie zusammen im Lobetal; denn dort lob-
ten sie den HERRN. Daher heißt die
Stätte »Lobetal« bis auf diesen Tag.

27 So kehrte jedermann von Juda und
Jerusalem wieder um und Joschafat an
der Spitze, dass sie nach Jerusalem zögen
mit Freuden; denn der HERR hatte ihnen
Freude gegeben an ihren Feinden. 28 Und
sie zogen in Jerusalem ein mit Psaltern,
Harfen und Trompeten zum Hause des
HERRN. 29 Und der Schrecken Gottes
kam über alle Königreiche der Länder,
als sie hörten, dass der HERR gegen die
Feinde Israels gestritten hatte. 30 Also
hatte das Königreich Joschafats Frieden,
und [a]sein Gott gab ihm Ruhe ringsum-
her.

Joschafats Vertrag mit Ahasja von Israel

(vgl. 1. Kön 22,41-50)

31 Und Joschafat regierte über Juda; er
war fünfunddreißig Jahre alt, als er Kö-
nig wurde; und er regierte fünfundzwan-
zig Jahre zu Jerusalem. Seine Mutter hieß
Asuba, eine Tochter Schilhis. 32 Und er
wandelte in dem Wege seines Vaters Asa
und ließ nicht davon ab und tat, was dem
HERRN wohlgefiel. 33 Nur die Opferhö-
hen wurden nicht entfernt; denn das
Volk hatte sein Herz noch nicht ganz zu
dem Gott seiner Väter gewandt. 34 Was
aber mehr von Joschafat zu sagen ist, die
frühere und die spätere Geschichte, siehe,
das steht geschrieben in den Geschichten
Jehus, des Sohnes Hananis, die aufge-
nommen sind in das Buch der Könige
von Israel.

35 Danach schloss Joschafat, der König
von Juda, einen Vertrag mit [a]Ahasja,
dem König von Israel, der gottlos war in
seinem Tun. 36 Er kam mit ihm überein,
Schiffe zu bauen, um nach Tarsis zu fah-
ren; und sie bauten die Schiffe in Ezjon-
Geber. 37 Aber Eliëser, der Sohn Doda-
was von Marescha, weissagte gegen
Joschafat und sprach: Weil du mit
Ahasja übereingekommen bist, zerstört
der HERR dein Werk. Und die Schiffe
zerschellten und konnten nicht nach Tar-
sis fahren.

Jorams gottlose Regierung

(vgl. 1. Kön 22,51; 2. Kön 8,16-22)

21 Und Joschafat legte sich zu seinen
Vätern und wurde begraben bei
seinen Vätern in der Stadt Davids. Und
sein Sohn Joram wurde König an seiner
statt.

2 Und Joram hatte Brüder, Joschafats
Söhne: Asarja, Jehiël, Secharja, Asarja,
Michael und Schefatja; diese alle waren
Söhne Joschafats, des Königs von Juda.
3 Und ihr Vater gab ihnen viele Gaben an
Silber, Gold und Kleinoden, dazu feste

20,20: *a* Jes 7,9; 28,16 **20,21:** *a* Ps 106,1 **20,30:** *a* Kap 15,15 **20,35:** *a* 1. Kön 22,52-54

Städte in Juda; aber das Königtum gab er
Joram; denn der war der Erstgeborene.
4 Als aber Joram das Königtum seines
Vaters übernommen hatte und mächtig
wurde, erschlug er alle seine Brüder mit
dem Schwert, dazu auch einige Obere in
Israel.

5 Zweiunddreißig Jahre alt war Joram,
als er König wurde; und er regierte acht
Jahre zu Jerusalem 6 und wandelte in dem
Wege der Könige von Israel, wie das
Haus Ahab getan hatte; denn Ahabs
Tochter war seine Frau. Und er tat, was
dem HERRN missfiel. 7 Aber der HERR
wollte das Haus David nicht verderben
um des Bundes willen, den er [a]mit David
geschlossen hatte, und wie er ihm zuge-
sagt hatte, ihm eine [b]Leuchte zu geben
und seinen Söhnen immerdar.

8 Zu seiner Zeit fielen die Edomiter
von Juda ab und setzten einen König
über sich. 9 Da zog Joram hin mit seinen
Obersten und alle Wagen mit ihm, und er
machte sich des Nachts auf und schlug
die Edomiter, die ihn umringt hatten,
und die Obersten über die Wagen.
10 Doch blieben die Edomiter abtrünnig
von Juda bis auf diesen Tag. Zur selben
Zeit fiel Libna auch von ihm ab; denn er
hatte den HERRN, den Gott seiner Väter,
verlassen.

11 Auch machte er Opferhöhen in den
Städten Judas und verleitete die Einwoh-
ner von Jerusalem zur Abgötterei und
verführte Juda.

12 Es kam aber ein Brief zu ihm von
dem Propheten Elia, der lautete: So
spricht der HERR, der Gott deines Vaters
David: Weil du nicht gewandelt bist in
den Wegen deines Vaters Joschafat und
nicht in den Wegen Asas, des Königs von
Juda, 13 sondern wandelst in dem Wege
der Könige von Israel und verleitest Juda
und die Bewohner von Jerusalem zur Ab-
götterei nach der Abgötterei des Hauses
Ahab und weil du dazu erschlagen hast
deine Brüder, deines Vaters Haus, die
besser waren als du, 14 siehe, so wird dich
der HERR mit einer großen Plage schla-
gen an deinem Volk, an deinen Kindern,
an deinen Frauen und an aller deiner
Habe. 15 Du aber wirst viel Krankheit
haben in deinen Eingeweiden, bis über
Jahr und Tag deine Eingeweide vor
Krankheit heraustreten.

16 Und der HERR erweckte gegen Jo-
ram den Geist der Philister und Araber,
die neben den Kuschitern wohnen.
17 Und sie zogen herauf und brachen in
Juda ein und führten alle Habe weg, die
vorhanden war im Hause des Königs,
dazu seine Söhne und seine Frauen, so-
dass ihm kein Sohn übrig blieb außer
Joahas, seinem jüngsten Sohn.

18 Und nach dem allen plagte ihn der
HERR mit einer Krankheit in seinen Ein-
geweiden; die war nicht zu heilen. 19 Und
als das über Jahr und Tag währte, bis
die Zeit von zwei Jahren um war, traten
in seiner Krankheit seine Eingeweide
heraus und er starb unter schlimmen
Schmerzen. Und man machte keinen
Brand ihm zu Ehren, [a]wie man seinen
Vätern getan hatte. 20 Zweiunddreißig
Jahre alt war er, als er König wurde; und
er regierte acht Jahre zu Jerusalem und
ging dahin unbedauert. Und [a]sie begru-
ben ihn in der Stadt Davids, aber nicht in
den Gräbern der Könige.

Ahasjas gottlose Regierung

(vgl. 2. Kön 8,25-29)

22 Und die Einwohner von Jerusalem
machten Ahasja, Jorams jüngsten
Sohn, zum König an seiner statt; denn
die streifende Rotte, die mit den Arabern
ins Lager gekommen war, hatte die
älteren Söhne alle erschlagen. Darum
wurde Ahasja König, der Sohn Jorams,
des Königs von Juda. 2 Zweiundzwanzig
Jahre alt war Ahasja, als er König wurde;
und er regierte ein Jahr zu Jerusalem.
Seine Mutter hieß Atalja, die Tochter
Omris. 3 Und auch er wandelte in den
Wegen des Hauses Ahab; denn seine
Mutter hielt ihn dazu an, gottlos zu sein.
4 Darum tat er, was dem HERRN missfiel,
wie das Haus Ahab; denn sie waren seine
Ratgeber nach seines Vaters Tod, ihm
zum Verderben.

5 Er wandelte nach ihrem Rat; denn er
zog hin mit Joram, dem Sohn Ahabs,
dem König von Israel, in den Kampf
nach Ramot in Gilead gegen Hasaël, den
König von Aram. Aber die Aramäer ver-
wundeten Joram, 6 sodass er umkehrte,

21,7: *a* 2. Sam 7,12; *b* 1. Kön 11,36; Ps 132,17 **21,19:** *a* Kap 16,14 **21,20:** *a* Kap 24,25

um sich in Jesreel heilen zu lassen von
den Wunden, die ihm bei Rama geschla-
gen waren, als er mit Hasaël, dem König
von Aram, kämpfte. Und Ahasja, der
Sohn Jorams, der König von Juda, zog
hinab, um Joram, den Sohn Ahabs, in
Jesreel zu besuchen, weil er krank lag;
7 denn es war von Gott über Ahasja zu
seinem Verderben beschlossen, dass er zu
Joram käme. Und als er kam, zog er mit
Joram aus gegen [a]Jehu, den Sohn Nim-
schis, den der HERR gesalbt hatte, [b]um
das Haus Ahab auszurotten. 8 Als nun
Jehu die Strafe am Hause Ahab vollzog,
traf er auf einige Obere aus Juda und auf
die Söhne der Brüder Ahasjas, die
Ahasja dienten, und er tötete sie.[a] 9 Und
er suchte Ahasja und man fing ihn in
Samaria, wo er sich versteckt hatte, und
er wurde zu Jehu gebracht. [a]Der tötete
ihn und man begrub ihn; denn sie spra-
chen: Er ist Joschafats Sohn, der von
ganzem Herzen den HERRN suchte. Und
es war niemand mehr aus dem Hause
Ahasjas, der zum Königtum tüchtig war.

Joasch wird gegen Atalja zum König erhoben

(vgl. 2. Kön 11,1-20)

10 Als aber Atalja, die Mutter Ahasjas,
sah, dass ihr Sohn tot war, machte sie
sich auf und brachte um alle vom König-
lichen Geschlecht im Hause Juda. 11 Aber
Joscheba, eine Königstochter, nahm
Joasch, den Sohn Ahasjas, und stahl ihn
aus der Mitte der Söhne des Königs, die
getötet wurden, und brachte ihn mit sei-
ner Amme in die Bettenkammer. So ver-
barg ihn Joscheba, die Tochter des Kö-
nigs Joram, die Frau des Priesters Jojada,
– denn sie war Ahasjas Schwester – vor
Atalja, sodass er nicht getötet wurde.
12 Und er war bei ihnen im Hause Gottes
versteckt sechs Jahre, solange Atalja im
Lande Königin war.

23 Aber im siebenten Jahr fasste Jo-
jada Mut und schloss einen Bund
mit den Hauptleuten über hundert, näm-
lich mit Asarja, dem Sohn Jerohams,
Jischmael, dem Sohn Johanans, Asarja,
dem Sohn Obeds, Maaseja, dem Sohn
Adajas, und Elischafat, dem Sohn Sich-
ris. 2 Die zogen umher in Juda und brach-
ten die Leviten aus allen Städten Judas
zusammen und die Häupter der Sippen
in Israel, dass sie nach Jerusalem kämen.
3 Und die ganze Gemeinde schloss einen
Bund im Hause Gottes mit dem König.
Und Jojada sprach zu ihnen: Siehe, des
Königs Sohn soll König sein, wie der
HERR den Söhnen David zugesagt hat.
4 So sollt ihr nun tun: Ein Drittel von
euch, den Priestern und Leviten, die am
Sabbat ihren Dienst antreten, soll Wache
halten an den Toren 5 und ein Drittel im
Hause des Königs und ein Drittel am
Grundtor; aber alles Volk soll in den
Vorhöfen am Hause des HERRN sein.
6 Und dass niemand in das Haus des
HERRN gehe! Nur die Priester und die
Leviten, die Dienst tun, die sollen hinein-
gehen, denn sie sind heilig; und alles
Volk tue nach dem Gebot des HERRN.
7 Und die Leviten sollen sich rings um
den König herumstellen, ein jeder mit
seiner Waffe in der Hand. Und wer in
das Haus des Herrn geht, der sei des
Todes! Und sie sollen um den König sein,
wenn er aus und ein geht.

8 Und die Leviten und ganz Juda taten,
wie der Priester Jojada geboten hatte,
und ein jeder nahm seine Leute, die am
Sabbat antraten, samt denen, die am
Sabbat abtraten. Denn der Priester Jo-
jada ließ die Abteilungen nicht ausein-
andergehen. 9 Und der Priester Jojada
gab den Hauptleuten über hundert die
Spieße und Schilde und Waffen des Kö-
nigs David, die im Hause Gottes waren,
10 und stellte alles Volk auf, einen jeden
mit seiner Waffe in der Hand, von der
rechten Seite des Hauses im Süden bis
zur linken Seite im Norden vor dem
Altar und dem Hause um den König
herum. 11 Und sie führten den Sohn des
Königs heraus und setzten ihm die Krone
auf und gaben ihm die Ordnung und
machten ihn zum König. Und Jojada
und seine Söhne salbten ihn und spra-
chen: Es lebe der König!

12 Als aber Atalja das Geschrei des
Volks hörte, das herzulief und den König
umjubelte, ging sie zum Volk in das Haus
des HERRN. 13 Und sie sah, und siehe, der
König stand an seiner Stätte im Eingang

22,7: *a* 1. Kön 19,16; *b* 2. Kön 9,6-7 **22,8:** *a* 2. Kön 10,12-14 **22,9:** *a* 2. Kön 9,27-29

und die Oberen und die Trompeter um
den König, und alles Volk des Landes
war fröhlich und man blies die Trompe-
ten und die Sänger mit allerlei Saitenspiel
standen da und gaben das Zeichen zum
Jubel. Da zerriss Atalja ihre Kleider und
rief: Aufruhr, Aufruhr! 14 Aber der Pries-
ter Jojada gebot den Hauptleuten über
hundert, die über das Heer gesetzt wa-
ren: Führt sie zwischen den Reihen hin-
aus und wer ihr nachfolgt, den soll man
mit dem Schwert töten! Denn der Pries-
ter hatte befohlen, man sollte sie nicht
töten im Hause des HERRN. 15 Und sie
legten die Hände an sie und als sie zum
Eingang des Rosstors kam am Hause des
Königs, töteten sie sie dort.

16 Und Jojada [a]schloss einen Bund
zwischen dem HERRN und dem ganzen
Volk und dem König, dass sie des
HERRN Volk sein sollten. 17 Da ging das
ganze Volk in das Haus Baals und brach
es ab, und seine Altäre und Bilder zerbra-
chen sie und töteten Mattan, den Priester
Baals, vor den Altären.

18 Und Jojada bestellte die Ämter am
Hause des HERRN aus den Priestern und
den Leviten, die David für das Haus des
HERRN verordnet hatte, dem HERRN
Brandopfer zu bringen, wie es geschrie-
ben steht im Gesetz des Mose, mit Freu-
den und mit Liedern, nach Davids Wei-
sung,[a] 19 und er stellte Wachen an die
Tore am Hause des HERRN, dass nie-
mand hineinkäme, der sich an irgend-
etwas unrein gemacht hatte. 20 Und er
nahm die Hauptleute über hundert und
die Mächtigen und die Herren im Volk
und alles Volk des Landes und führte den
König vom Hause des HERRN hinab; und
sie zogen durch das obere Tor in das
Haus des Königs und ließen den König
sich auf den königlichen Thron setzen.
21 Und alles Volk des Landes war fröh-
lich, aber die Stadt blieb still, obwohl
Atalja mit dem Schwert erschlagen war.

Joaschs Sorge für den Tempel

(vgl. 2. Kön 12,1-17)

24 Joasch war sieben Jahre alt, als er
König wurde; und er regierte vier-
zig Jahre zu Jerusalem. Seine Mutter hieß
Zibja, aus Beerscheba. 2 Und Joasch tat,
was dem HERRN wohlgefiel, solange der
Priester Jojada lebte. 3 Und Jojada nahm
zwei Frauen für Joasch und er zeugte
Söhne und Töchter.

4 Danach nahm sich Joasch vor, das
Haus des HERRN zu erneuern, 5 und ver-
sammelte die Priester und Leviten und
sprach zu ihnen: Zieht hin in alle Städte
Judas und sammelt Geld aus ganz Israel,
um jährlich das Haus eures Gottes aus-
zubessern, und eilt, solches zu tun! Aber
die Leviten eilten nicht. 6 Da rief der Kö-
nig den Hohenpriester Jojada und sprach
zu ihm: Warum hast du nicht acht auf
die Leviten, dass sie von Juda und Jeru-
salem die Steuer einbringen, die [a]Mose,
der Knecht des HERRN, und die Ge-
meinde für die Stiftshütte zu sammeln
Israel geboten haben? 7 Denn die gottlose
Atalja und [a]ihre Söhne haben das Haus
Gottes verfallen lassen, und alles, was
dem Hause des HERRN geheiligt war, ha-
ben sie an die Baale gebracht.

8 Da befahl der König, dass man eine
Lade machte, und man stellte sie außen
ins Tor am Hause des HERRN; 9 und sie
ließen in Juda und Jerusalem ausrufen,
dass man dem HERRN die Steuer bringen
solle, die in der Wüste von Mose, dem
Knecht Gottes, auf Israel gelegt war.
10 Da freuten sich alle Oberen und alles
Volk und brachten's und warfen's in die
Lade, bis sie voll wurde. 11 Und wenn
man die Lade durch die Leviten zur Ver-
waltung des Königs brachte und man
sah, dass viel Geld darin war, so kam der
Schreiber des Königs und der Beauf-
tragte des Hohenpriesters, und man
schüttete die Lade aus und sie trugen sie
wieder hin an ihren Ort. So taten sie alle
Tage und brachten viel Geld zusammen.

12 Und der König und Jojada gaben es
den Werkmeistern, die am Hause des
HERRN arbeiteten. Diese stellten Stein-
metzen und Zimmerleute an, um das
Haus des HERRN zu erneuern, und auch
Meister in Eisen und Kupfer, um das
Haus des HERRN auszubessern. 13 Und
die Werkmeister sorgten dafür, dass
durch sie die Ausbesserung fortschritt,
und so stellten sie das Haus Gottes nach
seinem alten Maß wieder her. 14 Und als

23,16: *a* Kap 15,12 **23,18:** *a* Kap 7,6; 29,25-30 **24,6:** *a* 2. Mose 30,12-13 **24,7:** *a* Kap 22,3-4

sie es vollendet hatten, brachten sie das
übrige Geld vor den König und Jojada.
Davon machte man Geräte für das Haus
des HERRN, Geräte für den Dienst und
für die Brandopfer, Löffel und goldene
und silberne Geräte. Und sie opferten
Brandopfer im Hause des HERRN alle-
zeit, solange Jojada lebte.
15 Und Jojada ward [a]alt und lebenssatt
und starb und war hundertunddreißig
Jahre alt, als er starb. 16 Und sie begru-
ben ihn in der Stadt Davids bei den Kö-
nigen, weil er an Israel und an Gott und
seinem Hause wohlgetan hatte.

Joaschs Abfall und Ende

17 Und nach dem Tode Jojadas kamen
die Oberen Judas und huldigten dem Kö-
nig; da hörte der König auf sie. 18 Und sie
verließen das Haus des HERRN, des Got-
tes ihrer Väter, und dienten den Bildern
der Aschera und den Götzen. Da kam
der Zorn über Juda und Jerusalem um
dieser ihrer Schuld willen. 19 Der HERR
aber sandte Propheten zu ihnen, dass sie
sich zum HERRN bekehren sollten, und
sie ermahnten sie, aber sie nahmen's
nicht zu Ohren.
20 [a]Und der Geist Gottes ergriff Se-
charja, den Sohn des Priesters Jojada.
Der trat vor das Volk und sprach zu
ihnen: So spricht Gott: Warum übertre-
tet ihr die Gebote des HERRN, sodass ihr
kein Gelingen habt? Denn ihr habt den
HERRN verlassen, darum wird er euch
auch verlassen. 21 Aber sie machten eine
Verschwörung gegen ihn und steinigten
ihn auf Befehl des Königs im Vorhof am
Hause des HERRN. 22 Und der König
Joasch gedachte nicht an die Barmher-
zigkeit, die Jojada, der Vater Secharjas,
an ihm getan hatte, sondern tötete seinen
Sohn. Der aber sprach, als er starb: Der
HERR wird es sehen und strafen.[a]
23 [a]Und als das Jahr um war, zog
herauf das Heer der Aramäer, und sie
kamen nach Juda und Jerusalem und
brachten alle Oberen im Volk um, und all
ihren Raub sandten sie dem König von
Damaskus. 24 Denn obwohl das Heer der
Aramäer mit wenigen Männern kam,
gab der HERR ein sehr großes Heer in
ihre Hand, weil Juda den HERRN, den
Gott ihrer Väter, verlassen hatte. Damit
vollzogen sie an Joasch die Strafe.
25 Und als sie von ihm zogen, ließen
sie ihn in großer Krankheit zurück. Es
machten aber seine Großen eine Ver-
schwörung gegen ihn um der Blutschuld
willen an dem Sohn des Priesters Jojada
und töteten ihn auf seinem Bett und er
starb. Und [a]man begrub ihn in der Stadt
Davids, aber nicht in den Gräbern der
Könige. 26 Diese aber machten die Ver-
schwörung gegen ihn: Josachar, der Sohn
der Schimat, der Ammoniterin, und Jo-
sabad, der Sohn der Schomer, der Moa-
biterin. 27 Aber seine Söhne und die
Menge der Steuern, die er veranlasste,
und der Bau des Hauses Gottes, siehe,
das steht geschrieben in den Geschichten
im Buch der Könige. Und sein Sohn
Amazja wurde König an seiner statt.

Amazja

(vgl. 2. Kön 14,1-20)

25 Fünfundzwanzig Jahre alt war
Amazja, als er König wurde; und
er regierte neunundzwanzig Jahre zu Je-
rusalem. Seine Mutter hieß Joaddan, aus
Jerusalem. 2 Und er tat, was dem HERRN
wohlgefiel, doch nicht von ganzem Her-
zen. 3 Als er nun das Königtum fest in der
Hand hatte, tötete er [a]seine Großen, die
den König, seinen Vater, erschlagen hat-
ten. 4 Aber ihre Söhne tötete er nicht;
denn so steht es geschrieben im Gesetz,
im Buch des Mose, wo der HERR ge-
bietet: [a]Die Väter sollen nicht sterben
für die Kinder und die Kinder nicht für
die Väter, sondern ein jeder soll nur um
seiner Sünde willen sterben.
5 Und Amazja bot Juda auf und ord-
nete sie, ganz Juda und Benjamin, nach
ihren Sippen unter die Obersten über
tausend und unter die Hauptleute über
hundert und musterte sie von zwanzig
Jahren an und darüber, und es fanden
sich dreihunderttausend auserlesene
Leute, die in den Krieg ziehen und Spieß
und Schild führen konnten. 6 Dazu warb
er aus Israel hunderttausend Kriegsleute
für hundert Zentner Silber.
7 Es kam aber ein Mann Gottes zu ihm

24,15: *a* 1. Chr 29,28 **24,20:** *a (20-21)* Mt 23,35; Hebr 11,37 **24,22:** *a* Kap 23,1-21 **24,23:** *a (23-27)* 2. Kön 12,18-22 **24,25:** *a* Kap 21,20 **25,3:** *a* Kap 24,25 **25,4:** *a* 5. Mose 24,16

und sprach: König, lass nicht das Heer
Israels mit dir ziehen, denn der HERR ist
nicht mit Israel, mit allen Männern von
Ephraim; 8denn wenn du denkst, mit ih-
nen stark zu sein zum Kampf, so wird
Gott dich vor den Feinden fallen lassen.
Denn bei Gott steht die Kraft zu helfen
und fallen zu lassen. 9Amazja sprach zu
dem Mann Gottes: Was soll man dann
tun mit den hundert Zentnern, die ich
den Kriegsleuten aus Israel gegeben
habe? Der Mann Gottes sprach: Es steht
beim HERRN, dir mehr zu geben als dies.
10Da sonderte Amazja die Kriegsleute
ab, die zu ihm aus Ephraim gekommen
waren, dass sie wieder heimkehrten. Da
entbrannte ihr Zorn sehr gegen Juda und
sie zogen zurück an ihren Ort mit grim-
migem Zorn.

11Und Amazja ward getrost und
führte sein Volk aus und zog ins Salztal
und erschlug zehntausend Männer von
Seïr. 12Und die Männer von Juda fingen
zehntausend von ihnen lebendig; die
führten sie auf die Spitze eines Felsens
und stürzten sie von der Spitze des Fel-
sens, dass sie alle zerschellten. 13Aber die
Kriegsleute, die Amazja hatte ziehen las-
sen, dass sie nicht mit seinem Volk in den
Kampf zögen, fielen in die Städte Judas
ein von Samaria bis nach Bet-Horon und
erschlugen dreitausend Mann von ihnen
und gewannen viel Beute.

14Und als Amazja vom Siege über die
Edomiter wiederkam, brachte er die Göt-
ter der Leute von Seïr mit und stellte sie
sich als Götter auf und betete sie an und
opferte ihnen. 15Da entbrannte der Zorn
des HERRN über Amazja und er sandte
einen Propheten zu ihm. Der sprach zu
ihm: Warum suchst du die Götter des
Volks, die ihr Volk nicht aus deiner Hand
erretten konnten? 16Und als er so mit
ihm redete, sprach der König zu ihm:
Hat man dich zu des Königs Ratgeber
gemacht? Höre auf! Warum willst du ge-
tötet werden? Da hörte der Prophet auf
und sprach: Ich merke wohl, dass Gott
beschlossen hat, dich zu verderben, weil
du solches getan und auf meinen Rat
nicht gehört hast.

17Und Amazja, der König von Juda,
entschloss sich hinzusenden zu Joasch,
dem Sohn des Joahas, des Sohnes Jehus,
dem König von Israel, und ließ ihm sa-
gen: Komm, wir wollen uns miteinander
messen! 18Aber Joasch, der König von
Israel, sandte zu Amazja, dem König von
Juda, und antwortete ihm: Der [a]Dorn-
strauch im Libanon sandte zur Zeder im
Libanon und ließ ihr sagen: Gib deine
Tochter meinem Sohn zur Frau! Aber
das Wild im Libanon lief über den Dorn-
strauch und zertrat ihn. 19Du denkst:
Siehe, ich habe die Edomiter geschlagen.
Darüber erhebt sich dein Herz und du
suchst noch mehr Ruhm. Bleib doch da-
heim. Warum suchst du dein Unglück,
dass du zu Fall kommst und Juda mit
dir?

20Aber Amazja hörte nicht darauf;
denn es geschah von Gott, um sie in die
Hand des Joasch zu geben, weil sie die
Götter der Edomiter gesucht hatten.
21Da zog Joasch, der König von Israel,
herauf und sie maßen sich miteinander,
er und Amazja, der König von Juda, bei
Bet-Schemesch, das in Juda liegt. 22Aber
Juda wurde vor Israel her geschlagen und
sie flohen, ein jeder in sein Haus. 23Aber
Amazja, den Sohn des Joasch, den König
von Juda, nahm Joasch, der Sohn des
Joahas, der König von Israel, bei Bet-
Schemesch gefangen und brachte ihn
nach Jerusalem und riss die Mauer von
Jerusalem ein vom Tor Ephraim bis an
das Ecktor, vierhundert Ellen lang.
24Und alles Gold und Silber und alle
Geräte, die im Hause Gottes unter der
Obhut von [a]Obed-Edom vorhanden wa-
ren, und die Schätze im Hause des Kö-
nigs und die Geiseln nahm er mit sich
nach Samaria.

25Und Amazja, der Sohn des Joasch,
der König von Juda, lebte nach dem
Tode des Joasch, des Sohnes des Joahas,
des Königs von Israel, noch fünfzehn
Jahre. 26Was aber mehr von Amazja zu
sagen ist, die frühere und die spätere Ge-
schichte, siehe, das steht geschrieben im
Buch der Könige von Juda und Israel.
27Und von der Zeit an, da Amazja von
dem HERRN wich, machten sie eine
[a]Verschwörung gegen ihn in Jerusalem.
Er aber floh nach Lachisch. Da sandten
sie hinter ihm her nach Lachisch und

25,18: *a* Ri 9,14 **25,24:** *a* 1. Chr 26,13.15 **25,27:** *a* Kap 24,25

töteten ihn dort. 28 Und sie brachten ihn auf Rossen und begruben ihn bei seinen Vätern in der Stadt Davids.

Usija

(vgl. 2. Kön 14,21-22; 15,1-7)

26 Da nahm das ganze Volk von Juda den Usija – der war sechzehn Jahre alt –, und sie machten ihn zum König an seines Vaters Amazja statt. 2 Der baute Elat aus und brachte es wieder an Juda, nachdem der König sich zu seinen Vätern gelegt hatte. 3 Sechzehn Jahre alt war Usija, als er König wurde; und er regierte zweiundfünfzig Jahre zu Jerusalem. Seine Mutter hieß Jecholja, aus Jerusalem. 4 Und [a]er tat, was dem HERRN wohlgefiel, ganz wie sein Vater Amazja getan hatte. 5 Und er suchte Gott, solange Secharja lebte, der ihn unterwies in der Furcht Gottes; und solange er den HERRN suchte, ließ es ihm Gott gelingen.

6 Er zog aus und kämpfte gegen die Philister und riss nieder die Mauer von Gat und die Mauer von Jabne und die Mauer von Aschdod und baute Festungen um Aschdod und im Philisterland; 7 denn Gott half ihm gegen die Philister, gegen die Araber, die in Gur-Baal wohnten, und gegen die Mëuniter. 8 Und die Ammoniter gaben Usija Geschenke und er wurde berühmt bis hin nach Ägypten; denn er wurde immer mächtiger. 9 Und Usija baute Türme in Jerusalem am Ecktor und am Taltor und am Winkel und befestigte sie. 10 Er baute auch Türme in der Wüste und grub viele Brunnen; denn er hatte viel Vieh sowohl im Hügelland wie in der Ebene, auch Ackerleute und Weingärtner auf den Bergen und am Karmel; denn er hatte Lust am Ackerbau.

11 Und Usija hatte ein kriegstüchtiges Heer, das in Abteilungen in den Kampf zog, nach seiner Zahl aufgestellt durch den Schreiber Jeïël und den Amtmann Maaseja unter dem Befehl Hananjas, eines der Obersten des Königs. 12 Und die Zahl der Häupter der Sippen unter den Kriegern war 2600 13 und unter ihrem Befehl stand eine Heeresmacht von 307 500 sehr kriegstüchtigen Männern, um dem König gegen die Feinde zu helfen. 14 Und Usija beschaffte für das ganze Heer Schilde, Spieße, Helme, Panzer, Bogen und Schleudersteine 15 und machte in Jerusalem kunstvolle Geschütze, die auf den Türmen und Ecken stehen sollten, um mit Pfeilen und großen Steinen zu schießen. Und sein Name drang weit hinaus, weil ihm wunderbar geholfen wurde, bis er sehr mächtig war.

16 Und als er mächtig geworden war, [a]überhob sich sein Herz zu seinem Verderben; denn er verging sich gegen den HERRN, seinen Gott, und ging in das Haus des HERRN, um auf dem Räucheraltar zu räuchern. 17 Aber der Priester Asarja ging ihm nach und achtzig Priester des HERRN mit ihm, zuverlässige Leute, 18 und sie traten Usija, dem König, entgegen und sprachen zu ihm: Es gebührt nicht dir, Usija, dem HERRN zu räuchern, sondern [a]den Priestern, den Söhnen Aaron, die [b]geweiht sind zu räuchern. Geh hinaus aus dem Heiligtum; denn du vergehst dich und es wird dir keine Ehre bringen vor Gott, dem HERRN.

19 Da wurde Usija zornig, als er bereits ein Räuchergefäß in der Hand hatte, um zu räuchern; und wie er so über die Priester zornig wurde, brach der Aussatz aus an seiner Stirn vor den Augen der Priester im Hause des HERRN am Räucheraltar. 20 Und der Hohepriester Asarja wandte das Angesicht ihm zu und alle Priester, und siehe, da war der König aussätzig an seiner Stirn. Und sie stießen ihn fort und er eilte auch selbst hinauszugehen; denn seine Plage war vom HERRN. 21 So war der König Usija aussätzig bis an seinen Tod und [a]wohnte als Aussätziger in einem besonderen Hause; denn er war verstoßen vom Hause des HERRN. Jotam aber, sein Sohn, stand dem Hause des Königs vor und richtete das Volk des Landes.

22 Was aber mehr von [a]Usija zu sagen ist, die frühere und die spätere Geschichte, hat beschrieben der Prophet [b]Jesaja, der Sohn des Amoz. 23 Und

26,4: *a* Kap 25,2 **26,16:** *a* Kap 25,19 **26,18:** *a* 4. Mose 18,7; *b* 2. Mose 30,7 **26,21:** *a* 4. Mose 5,2 **26,22:** *a* Jes 6,1; *b* Jes 1,1

Usija legte sich zu seinen Vätern und sie
begruben ihn bei seinen Vätern auf dem
Felde neben der Grabstätte der Könige;
denn sie sprachen: Er ist aussätzig. Und
sein Sohn Jotam wurde König an seiner
statt.

Jotam

(vgl. 2. Kön 15,32-38)

27 Jotam war fünfundzwanzig Jahre
alt, als er König wurde; und er
regierte sechzehn Jahre zu Jerusalem.
Seine Mutter hieß Jeruscha, eine Tochter
Zadoks. 2Und er tat, was dem HERRN
wohlgefiel, ganz wie sein Vater Usija ge-
tan hatte, nur [a]drang er nicht in den
Tempel des HERRN ein. Das Volk aber
handelte noch immer böse.
3Er baute das obere Tor am Hause des
HERRN, und an der Mauer des Ofel
baute er viel 4und baute Städte auf dem
Gebirge Juda, und in den Wäldern
[a]baute er Burgen und Türme. 5Auch
kämpfte er mit dem König der Ammo-
niter und unterwarf sie, sodass ihm die
Ammoniter in diesem Jahr hundert Zent-
ner Silber, hunderttausend Scheffel Wei-
zen und hunderttausend Scheffel Gerste
gaben. So viel gaben ihm die Ammoniter
auch im zweiten und im dritten Jahr. 6So
wurde Jotam mächtig; denn er wandelte
recht vor dem HERRN, seinem Gott.
7Was aber mehr von Jotam zu sagen
ist und alle seine Kriege und wie er wan-
delte, siehe, das steht geschrieben im
Buch der Könige von Israel und Juda.
8Fünfundzwanzig Jahre alt war er, als er
König wurde; und er regierte sechzehn
Jahre zu Jerusalem. 9Und Jotam legte
sich zu seinen Vätern und sie begruben
ihn in der Stadt Davids. Und sein Sohn
Ahas wurde König an seiner statt.

Ahas

(vgl. 2. Kön 16,1-20)

28 Ahas war zwanzig Jahre alt, als er
König wurde; und er regierte sech-
zehn Jahre zu Jerusalem. Er tat nicht,
was dem HERRN wohlgefiel, wie sein Va-
ter David, 2sondern wandelte in den We-
gen der Könige von Israel. Dazu machte
er den Baalen gegossene Bilder 3und
opferte im Tal Ben-Hinnom und [a]ver-
brannte seine Söhne im Feuer nach den
gräulichen Sitten der Heiden, die der
HERR vor den Israeliten vertrieben hatte,
4und opferte und [a]räucherte auf den
Höhen und auf den Hügeln und unter
allen grünen Bäumen.
5Darum gab ihn der HERR, sein Gott,
in die Hand des Königs von Aram, dass
sie ihn schlugen und eine große Menge
der Seinen gefangen wegführten und
nach Damaskus brachten. Auch wurde
er in die Hand des Königs von Israel
gegeben; der schlug ihn hart; 6denn Pe-
kach, der Sohn Remaljas, schlug in Juda
120000 streitbare Männer auf **einen** Tag,
weil sie den HERRN, den Gott ihrer
Väter, verlassen hatten. 7Und Sichri,
ein Kriegsmann aus Ephraim, erschlug
Maaseja, den Königssohn, und Asrikam,
den Vorsteher des Königshauses, und El-
kana, den Ersten nach dem König. 8Und
die von Israel führten von ihren Brüdern
200000 Frauen, Söhne und Töchter ge-
fangen weg und nahmen dazu große
Beute von ihnen und brachten sie nach
Samaria.
9[a]Es war aber dort ein Prophet des
HERRN, der hieß Oded. Der ging hinaus
dem Heer entgegen, das nach Samaria
kam, und sprach zu ihnen: Siehe, weil der
HERR, der Gott eurer Väter, über Juda
zornig ist, hat er sie in eure Hände gege-
ben; ihr aber habt sie mit solcher Wut
erschlagen, dass es gen Himmel schreit.
10Nun gedenkt ihr, die Leute von Juda
und Jerusalem zu unterwerfen, dass sie
eure Sklaven und Sklavinnen seien. Ist
denn das nicht Schuld bei euch gegen-
über dem HERRN, eurem Gott? 11So hört
nun auf mich und bringt die Gefangenen
wieder hin, die ihr aus euren Brüdern
weggeführt habt; denn des HERRN Zorn
ist über euch entbrannt.
12Da traten auf einige Sippenhäupter
von Ephraim – Asarja, der Sohn Joha-
nans, Berechja, der Sohn Meschillemots,
Jehiskija, der Sohn Schallums, und
Amasa, der Sohn Hadlais – gegen die,
die aus dem Kampf kamen, 13und spra-
chen zu ihnen: Ihr sollt die Gefangenen

27,2: *a* Kap 26,16 **27,4:** *a* Kap 26,10 **28,3:** *a* 5. Mose 18,9-12 **28,4:** *a* 1. Kön 14,22-23 **28,9:** *a (9-15)* 3. Mose 19,18

nicht hierher bringen; denn ihr bringt
Schuld vor dem HERRN über uns, sodass
ihr unsere Sünde und Schuld nur noch
größer macht. Es ist schon genug der
Schuld und der Zorn des HERRN ist über
Israel entbrannt. 14 Da gaben die Kriegs-
leute die Gefangenen und die Beute frei
vor den Obersten und vor der ganzen
Gemeinde. 15 Und jene Männer, die mit
Namen genannt sind, [a]nahmen die Ge-
fangenen und bekleideten alle, die bloß
unter ihnen waren, mit Kleidern aus der
Beute und zogen ihnen Schuhe an und
gaben ihnen zu essen und zu trinken und
salbten sie, und alle, die schwach waren,
führten sie auf Eseln und brachten sie
nach Jericho, zur Palmenstadt, zu ihren
Brüdern und kehrten nach Samaria zu-
rück.

16 Zu derselben Zeit sandte der König
Ahas zu dem König von Assur, dass er
ihm helfe. 17 Und es kamen abermals die
Edomiter und schlugen Juda und führten
einige weg. 18 Auch die Philister fielen ein
in die Städte im Hügelland und im Süd-
lande Judas und eroberten [a]Bet-Sche-
mesch, Ajalon, Gederot und Socho mit
seinen Ortschaften und Timna mit seinen
Ortschaften und Gimso mit seinen Ort-
schaften und wohnten darin; 19 denn der
HERR demütigte Juda um des Ahas wil-
len, des Königs von Juda, weil er in Juda
ein zuchtloses Wesen aufkommen ließ
und sich am HERRN versündigte. 20 So
zog auch gegen ihn Tiglat-Pileser, der
König von Assur; der bedrängte ihn und
half ihm nicht; 21 denn obwohl Ahas das
Haus des HERRN und das Haus des Kö-
nigs und die Häuser der Oberen plün-
derte und es dem König von Assur gab,
half es ihm nichts.

22 Dazu versündigte sich der König
Ahas in seiner Not noch mehr am
HERRN 23 und opferte den Göttern von
Damaskus, die ihn geschlagen hatten,
und sprach: Die Götter der Könige von
Aram helfen ihnen; darum will ich ihnen
opfern, dass sie mir auch helfen. Aber
diese brachten ihn und ganz Israel zu
Fall. 24 Und Ahas brachte die Geräte des
Hauses Gottes zusammen und zerschlug
sie und schloss die Türen zu am Hause
des HERRN und machte sich Altäre in
allen Winkeln Jerusalems. 25 Und in den
Städten Judas hin und her machte er
Höhen, um andern Göttern zu opfern,
und reizte den HERRN, den Gott seiner
Väter.

26 Was aber mehr von ihm zu sagen ist
und sein ganzer Wandel, der frühere und
der spätere, siehe, das steht geschrieben
im Buch der Könige von Juda und Israel.
27 Und Ahas legte sich zu seinen Vätern
und sie begruben ihn in der Stadt, in
Jerusalem; denn [a]sie brachten ihn nicht
in die Gräber der Könige von Israel. Und
sein Sohn Hiskia wurde König an seiner
statt.

Hiskia stellt den rechten Gottesdienst wieder her

(vgl. 2. Kön 18,1-6)

29 Hiskia war fünfundzwanzig Jahre
alt, als er König wurde; und er
regierte neunundzwanzig Jahre zu Jeru-
salem. Seine Mutter hieß Abi, eine Toch-
ter Secharjas. 2 Und er tat, was dem
HERRN wohlgefiel, wie sein Vater David.

3 Er [a]tat auf die Türen am Hause des
HERRN im ersten Monat des ersten Jah-
res seiner Herrschaft und besserte sie aus
4 und ließ die Priester und Leviten kom-
men und versammelte sie auf dem Platz
im Osten 5 und sprach zu ihnen: Hört mir
zu, ihr Leviten! Heiligt euch nun, dass ihr
weiht das Haus des HERRN, des Gottes
eurer Väter, und tut heraus den Unrat
aus dem Heiligtum. 6 Denn unsere Väter
haben sich versündigt und getan, was
dem HERRN, unserm Gott, missfällt, und
haben ihn verlassen und haben ihr Ange-
sicht von der Wohnung des HERRN abge-
wandt und ihr den Rücken zugekehrt;
7 sie haben sogar die Türen an der Vor-
halle zugeschlossen und die Lampen
ausgelöscht und kein Räucherwerk ge-
räuchert und dem Gott Israels kein
Brandopfer im Heiligtum dargebracht.
8 Daher ist der Zorn des HERRN über
Juda und Jerusalem gekommen und er
hat sie dahingegeben zum Entsetzen und
zum Erschrecken, dass man sie verspot-
tet, wie ihr mit euren Augen seht; 9 denn
siehe, um dessentwillen sind unsere Väter
durchs Schwert gefallen und unsere

28,15: *a* 2. Kön 6,22; Spr 25,21-22 **28,18:** *a* Jos 15,10 **28,27:** *a* Kap. 21,20 **29,3:** *a* Kap 28,24

Söhne, Töchter und Frauen weggeführt.[a]
10 Nun habe ich im Sinn, einen Bund zu
schließen mit dem HERRN, dem Gott Is-
raels, dass sein Zorn und Grimm sich
von uns wende. 11 Nun, meine Söhne,
seid nicht lässig; denn euch hat der HERR
erwählt, dass ihr zum Dienst vor ihm
stehen sollt und dass ihr seine Diener
seid und ihm Opfer bringt!

12 Da machten sich auf die Leviten
Mahat, der Sohn Amasais, und Joel, der
Sohn Asarjas, aus den Söhnen Kehat;
aus den Söhnen Merari aber Kisch, der
Sohn Abdis, und Asarja, der Sohn Jehal-
lelels; und aus den Söhnen Gerschon
Joach, der Sohn Simmas, und Eden, der
Sohn Joachs; 13 aus den Söhnen Elizafan
Schimri und Jeïël; aus den Söhnen Asaf
Secharja und Mattanja; 14 aus den Söh-
nen Heman Jehiël und Schimi; aus den
Söhnen Jedutun Schemaja und Usiël.
15 Sie versammelten ihre Brüder und hei-
ligten sich und gingen hinein, um das
Haus des HERRN zu reinigen, wie der
König nach dem Wort des HERRN ge-
boten hatte. 16 Die Priester aber gingen
ins Innere des Hauses des HERRN, um es
zu reinigen, und taten alles Unreine, das
im Tempel des HERRN gefunden wurde,
auf den Vorhof am Hause des HERRN,
und die Leviten nahmen es auf und tru-
gen es hinaus an den Bach Kidron. 17 Mit
der Weihe aber fingen sie am ersten Tage
des ersten Monats an, und am achten
Tage des Monats gingen sie in die Vor-
halle des HERRN und weihten das Haus
des HERRN acht Tage lang, und am sech-
zehnten Tage des ersten Monats vollen-
deten sie das Werk. 18 Und sie gingen hin
zum König Hiskia und sprachen: Wir
haben gereinigt das ganze Haus des
HERRN, den Brandopferaltar und alle
seine Geräte, den Tisch der Schaubrote
und alle seine Geräte; 19 und alle Geräte,
die der König Ahas, als er König war,
hatte wegwerfen lassen, als er sich ver-
sündigte, die haben wir wieder aufgestellt
und geweiht; siehe, sie sind vor dem Al-
tar des HERRN.

20 Da machte sich der König Hiskia
früh auf und versammelte die Oberen der
Stadt und ging hinauf zum Hause des
HERRN. 21 Und sie brachten herzu sieben
junge Stiere, sieben Widder, sieben Läm-
mer und sieben Ziegenböcke zum Sünd-
opfer für das Königreich, für das Heilig-
tum und für Juda, und er sprach zu den
Priestern, den Söhnen Aaron, dass sie
auf dem Altar des HERRN opfern sollten.
22 Da schlachteten sie die Rinder und die
Priester nahmen das Blut und sprengten
es an den Altar, und sie schlachteten die
Widder und sprengten das Blut an den
Altar, und sie schlachteten die Lämmer
und sprengten das Blut an den Altar.
23 [a]Und sie brachten die Böcke zum
Sündopfer vor den König und die Ge-
meinde und legten ihre Hände auf sie;
24 und die Priester schlachteten sie und
taten ihr Blut zur Entsündigung an den
Altar, um Sühne zu schaffen für ganz
Israel; denn der König hatte befohlen,
Brandopfer und Sündopfer darzubringen
für ganz Israel.

25 Und er stellte die [a]Leviten auf im
Hause des HERRN mit Zimbeln, Psaltern
und Harfen, wie es David befohlen hatte
und Gad, der Seher des Königs, und der
Prophet Nathan; denn es war des HERRN
Gebot durch seine Propheten. 26 Und so
standen die Leviten mit den Saitenspie-
len Davids und die Priester mit den
Trompeten.

27 Und Hiskia gebot, das Brandopfer
auf dem Altar darzubringen. Und um die
Zeit, da das Brandopfer anfing, begann
auch [a]der Gesang für den HERRN und
die Trompeten und dazu die mancherlei
Saitenspiele Davids, des Königs von Is-
rael. 28 Und die ganze Gemeinde betete
an und der Gesang erscholl und die
Trompeten ertönten; und das alles
währte so lange, bis das Brandopfer voll-
endet war. 29 Als nun das Brandopfer ver-
richtet war, beugten der König und alle,
die sich bei ihm befanden, die Knie und
beteten an. 30 Und der König Hiskia
samt den Oberen gebot den Leviten, den
HERRN zu loben mit den [a]Liedern Da-
vids und des Sehers Asaf. Und sie lobten
mit Freuden und neigten sich und be-
teten an.

31 Und Hiskia hob an und sprach: Nun
habt ihr für den HERRN eure Hände

29,9: *a* Kap 28,5-8 **29,23:** *a (23-24)* 3.Mose 16,15-22 **29,25:** *a* 1.Chr 25,1 **29,27:** *a* 1.Chr 23,5 **29,30:** *a* Kap 23,18

gefüllt. Tretet herzu und bringt die
Schlachtopfer und Lobopfer zum Hause
des HERRN! Und die Gemeinde brachte
herzu Schlachtopfer und Lobopfer, dazu
jeder, der willigen Herzens war, Brand-
opfer. 32 Und die Zahl der Brandopfer,
die die Gemeinde brachte, war siebzig
Rinder, hundert Widder und zweihun-
dert Lämmer, dies alles zum Brandopfer
für den HERRN. 33 Es waren aber der ge-
weihten Tiere sechshundert Rinder und
dreitausend Schafe. 34 Aber die Priester
waren zu wenig, um allen Brandopfern
die Haut abziehen zu können. Darum
[a]halfen ihnen ihre Brüder, die Leviten,
bis die Arbeit verrichtet war und bis sich
die Priester geheiligt hatten; denn die
Leviten waren williger gewesen als die
Priester, sich zu heiligen. 35 Auch waren
es viele Brandopfer mit dem [a]Fett der
Dankopfer und mit den [b]Trankopfern zu
den Brandopfern.

So wurde der Dienst am Hause des
HERRN geordnet. 36 Und Hiskia freute
sich samt allem Volk über das, was Gott
dem Volke bereitet hatte; denn es war
unvermutet schnell gekommen.

Hiskias Erneuerung des Passafestes

30 Und Hiskia sandte hin zu ganz
Israel und Juda und schrieb Briefe
an Ephraim und Manasse, dass sie zum
Hause des HERRN nach Jerusalem kom-
men sollten, [a]Passa zu halten dem
HERRN, dem Gott Israels. 2 Und der Kö-
nig beriet sich mit seinen Oberen und der
ganzen Gemeinde in Jerusalem, das
Passa [a]erst im zweiten Monat zu halten;
3 denn sie konnten's nicht zur rechten
Zeit halten, weil sich nicht genug Priester
geheiligt hatten und das Volk noch nicht
nach Jerusalem zusammengekommen
war. 4 Das gefiel dem König und der gan-
zen Gemeinde gut 5 und so beschlossen
sie, durch ganz Israel von Beerscheba an
bis nach Dan auszurufen, dass man kom-
men sollte, dem HERRN, dem Gott Is-
raels, Passa zu halten in Jerusalem; denn
es war nicht von der ganzen Menge ge-
halten worden, wie es geschrieben steht.

6 Und die Läufer gingen hin mit den
Briefen von der Hand des Königs und
seiner Oberen durch ganz Israel und
Juda nach dem Befehl des Königs und
sprachen: Ihr Israeliten, kehrt um zu dem
HERRN, dem Gott Abrahams, Isaaks und
Israels, so wird er sich zu den Erretteten
kehren, die die Könige von Assur von
euch übrig gelassen haben; 7 und seid
nicht wie eure Väter und Brüder, die sich
am HERRN, dem Gott ihrer Väter, ver-
sündigt haben, sodass er sie in die Ver-
wüstung dahingab, wie ihr selber seht.
8 So seid nun nicht halsstarrig wie eure
Väter, sondern gebt eure Hand dem
HERRN und kommt zu seinem Heilig-
tum, das er geheiligt hat für alle Zeit,
und dient dem HERRN, eurem Gott, so
wird sich sein grimmiger Zorn von euch
wenden; 9 denn wenn ihr euch bekehrt zu
dem HERRN, so werden eure Brüder und
Kinder Barmherzigkeit finden bei denen,
die sie gefangen halten, sodass sie in dies
Land zurückkehren. Denn der HERR,
euer Gott, ist gnädig und barmherzig
und wird sein Angesicht nicht von euch
wenden, wenn ihr euch zu ihm bekehrt.

10 Und die Läufer gingen von einer
Stadt zur andern im Lande Ephraim und
Manasse und bis nach Sebulon. Aber die
verlachten und verspotteten sie. 11 Doch
einige von Asser und Manasse und Sebu-
lon demütigten sich und [a]kamen nach
Jerusalem. 12 Auch war Gottes Hand
über Juda, dass er ihnen einerlei Sinn gab
zu tun, wie der König und die Oberen
geboten hatten nach dem Wort des
HERRN.

13 Und es kam viel Volk in Jerusalem
zusammen, um im zweiten Monat das
Fest der Ungesäuerten Brote zu halten,
eine sehr große Gemeinde. 14 Und sie
machten sich auf und entfernten die Al-
täre, die in Jerusalem waren; und alles,
was man zum Räuchern braucht, taten
sie weg und warfen es hin an den Bach
Kidron. 15 Und sie schlachteten das
Passa [a]am vierzehnten Tage des zweiten
Monats. Und die Priester und Leviten
bekannten ihre Schuld und heiligten sich
und brachten die Brandopfer zum Hause
des HERRN 16 und stellten sich an ihren
Platz, wie sich's gebührt nach dem Gesetz

29,34: *a* Kap 30,3.16-17 **29,35:** *a* 3. Mose 3,16; *b* 4. Mose 15,4-10 **30,1:** *a* Kap 35,1 **30,2:** *a* Vers 15 **30,11:** *a* Kap 11,16 **30,15:** *a* 4. Mose 9,10-13

des Mose, des Mannes Gottes. Und die
Priester nahmen das Blut aus der Hand
der Leviten und sprengten es; 17 denn es
waren viele in der Gemeinde, die sich
nicht geheiligt hatten; darum schlachte-
ten die Leviten das Passa für alle, die
nicht rein waren, dass sie dem HERRN
geheiligt würden. 18 Denn eine Menge
Volk, vor allem von Ephraim, Manasse,
Issachar und Sebulon, hatte sich nicht
gereinigt und [a]aß das Passa nicht so, wie
geschrieben steht. Doch Hiskia betete für
sie und sprach: Der HERR, der gütig ist,
wolle gnädig sein 19 allen, die ihr Herz
darauf richten, Gott zu suchen, den
HERRN, den Gott ihrer Väter, auch wenn
sie nicht die für das Heiligtum nötige
Reinheit haben. 20 Und der HERR erhörte
Hiskia und [a]vergab dem Volk.

21 So hielten die Israeliten, die in Jeru-
salem versammelt waren, das Fest der
Ungesäuerten Brote sieben Tage lang mit
großer Freude. Und die Leviten und
Priester lobten den HERRN alle Tage mit
den mächtigen Saitenspielen des HERRN.
22 Und Hiskia redete herzlich zu allen
Leviten, die sich gut auf den Dienst des
HERRN verstanden hatten. Und sie aßen
das Fest über, sieben Tage lang, und
opferten Dankopfer und dankten dem
HERRN, dem Gott ihrer Väter.

23 Und die ganze Gemeinde beschloss,
noch weitere sieben Tage zu halten, und
sie hielten auch diese sieben Tage mit
Freuden. 24 Denn Hiskia, der König von
Juda, spendete für die Gemeinde tausend
junge Stiere und siebentausend Schafe.
Die Oberen aber spendeten für die Ge-
meinde tausend junge Stiere und zehn-
tausend Schafe. Auch von den Priestern
hatten sich viele geheiligt. 25 Und es
freute sich die ganze Gemeinde Judas,
die Priester und die Leviten und die
ganze Gemeinde, die aus Israel gekom-
men war, und die Fremdlinge, die aus
dem Lande Israel gekommen waren, und
die, die in Juda wohnten. 26 Und es war
eine große Freude in Jerusalem; denn seit
der Zeit Salomos, des Sohnes Davids, des
Königs von Israel, war solches in Jeru-
salem nicht geschehen. 27 Und die Pries-
ter und die Leviten standen auf und seg-
neten das Volk, und ihre Stimme wurde
erhört, und ihr Gebet kam in Gottes hei-
lige Wohnung im Himmel.

31 Und [a]als dies alles vollendet war,
zog ganz Israel, soweit es sich ver-
sammelt hatte, in die Städte Judas, und
sie [b]zerbrachen die Steinmale und hieben
die Bilder der Aschera um und brachen
ab die Opferhöhen und Altäre in ganz
Juda, Benjamin, Ephraim und Manasse,
bis sie alles vernichtet hatten. Und die
Israeliten zogen alle wieder heim zu ih-
rem Besitz in ihre Städte.

Hiskia ordnet die Versorgung der Priester und Leviten

2 Hiskia aber stellte die Priester und Levi-
ten nach ihren Ordnungen auf, einen je-
den nach seinem Amt, Priester und Levi-
ten, für die Brandopfer und Dankopfer,
dass sie dienten, dankten und lobten in
den Toren des Lagers des HERRN. 3 Und
der König gab von seiner Habe seinen
Anteil für die Brandopfer am Morgen
und am Abend und für die Brandopfer
an den Sabbaten und an den Neumonden
und Festen, [a]wie es geschrieben steht im
Gesetz des HERRN. 4 Und er sagte dem
Volk, das in Jerusalem wohnte, dass auch
sie ihr Teil den Priestern und Leviten
geben sollten, damit diese umso besser
sich an das Gesetz des HERRN halten
könnten.

5 Und als dies Wort erging, gaben die
Israeliten reichlich die [a]Erstlinge von
Getreide, Wein, Öl, Honig und allem Er-
trag des Feldes; und auch [b]den Zehnten
von allem brachten sie in Menge. 6 Und
die von Israel und Juda, die in den Städ-
ten Judas wohnten, brachten auch den
Zehnten von Rindern und Schafen und
[a]den Zehnten von dem Geweihten, das
sie dem HERRN, ihrem Gott, geweiht hat-
ten, und legten es in Haufen zusammen.
7 Im dritten Monat fingen sie an es auf-
zuhäufen und im siebenten Monat voll-
endeten sie's.

8 Und als Hiskia mit den Oberen hin-
ging und sie die Haufen sahen, lobten sie
den HERRN und sein Volk Israel. 9 Und
Hiskia befragte die Priester und Leviten

30,18: *a* 2. Mose 12,1-20 **30,20:** *a* Kap 7,14 **31,1:** *a* Kap 29,1-36; *b* 5. Mose 7,5; 2. Kön 18,4 **31,3:** *a* 4. Mose 28,1–29,39 **31,5:** *a* 2. Mose 23,19; *b* 5. Mose 14,22-23 **31,6:** *a* 3. Mose 27,32

wegen der Haufen. 10 Und der Priester
Asarja, der Erste im Hause Zadok,
sprach zu ihm: Seit der Zeit, da man
angefangen hat, die Abgaben ins Haus
des HERRN zu bringen, haben wir ge-
gessen und sind satt geworden und es ist
noch viel übrig geblieben; denn der
HERR hat sein Volk gesegnet, darum ist
so viel übrig geblieben.
11 Da befahl der König, dass man
Kammern herrichten sollte am Hause
des HERRN. Und sie richteten sie her
12 und taten die Abgaben, die Zehnten
und das Geweihte gewissenhaft hinein.
Und Vorsteher darüber wurde der Levit
Konanja und als zweiter sein Bruder
Schimi. 13 Und Jehiël, Asasja, Nahat,
Asaël, Jerimot, Josabad, Eliël, Jismachja,
Mahat und Benaja wurden Aufseher un-
ter Konanja und seinem Bruder Schimi
nach dem Befehl des Königs Hiskia und
Asarjas, des Vorstehers im Hause Got-
tes.
14 Und der Levit Kore, der Sohn Jim-
nas, der Torhüter am Osttor, wurde über
die freiwilligen Gaben für Gott gesetzt,
dass er ausgebe die Abgaben für den
HERRN und das Hochheilige. 15 Und ihm
zur Seite standen Eden, Minjamin, Je-
schua, Schemaja, Amarja und Sche-
chanja in den Städten der Priester, um
ihren Brüdern nach ihren Ordnungen ge-
wissenhaft auszugeben, dem Kleinen wie
dem Großen, 16 allen denen, die aufge-
zeichnet waren als männlich, drei Jahre
alt und darüber, allen, die in das Haus
des HERRN gingen, je an ihrem Tage zu
ihrem Amt in ihrem Dienst nach ihren
Ordnungen. – 17 Die Priester waren auf-
gezeichnet nach ihren Sippen und die Le-
viten von zwanzig Jahren an und darüber
nach ihrem Dienst in ihren Ordnungen. –
18 Und man zeichnete sie auf mit allen
Alten, Frauen, Söhnen und Töchtern für
die ganze Gemeinde; denn in ihrer Treue
heiligten sie sich für das Heilige.
19 Auch waren Männer namentlich be-
stellt für die Söhne Aaron, die Priester, in
dem Gebiet ihrer Städte, für jede Stadt,
dass sie Anteile ausgäben allem, was
männlich war unter den Priestern, und
allen, die als Leviten aufgezeichnet wa-
ren. 20 So tat Hiskia in ganz Juda; er tat,
was gut, recht und wahrhaftig war vor
dem HERRN, seinem Gott. 21 Und alles,
was er anfing für den Dienst des Hauses
Gottes nach dem Gesetz und Gebot, sei-
nen Gott zu suchen, tat er von ganzem
Herzen und [a]es gelang ihm.

Jerusalem wird von Sanherib belagert und wunderbar errettet

(vgl. 2. Kön 18,13–19,37; Jes 36,1–37,38)

32 Nach solch [a]treuem Verhalten
kam Sanherib, der König von As-
sur, und zog heran gegen Juda und la-
gerte sich vor die festen Städte und ge-
dachte, sie an sich zu reißen. 2 Und als
Hiskia sah, dass Sanherib kam und wil-
lens war, gegen Jerusalem zu kämpfen,
3 beriet er sich mit seinen Obersten und
Kriegshelden, ob man die Wasserquellen
verdecken sollte, die draußen vor der
Stadt waren; und sie stimmten ihm zu.
4 Und es versammelte sich viel Volk, und
[a]sie verdeckten alle Quellen und den
Bach, der durch die Erde geleitet wird,
und sprachen: Dass die Könige von As-
sur nur kein Wasser finden, wenn sie
kommen!
5 Und Hiskia ward getrost und besserte
alle Mauern aus, [a]wo sie Lücken hatten,
und führte Türme auf und baute drau-
ßen noch eine andere Mauer und befes-
tigte den Millo an der Stadt Davids und
machte viele Waffen und Schilde 6 und
setzte Hauptleute über das Kriegsvolk
und sammelte sie zu sich auf dem Platz
am Tor der Stadt und redete ihnen zu
Herzen und sprach: 7 Seid getrost und
unverzagt, fürchtet euch nicht und ver-
zagt nicht vor dem König von Assur
noch vor dem ganzen Heer, das bei ihm
ist; denn [a]mit uns ist ein Größerer als
mit ihm. 8 Mit ihm ist ein [a]fleischlicher
Arm, mit uns aber ist der HERR, unser
Gott, dass er uns helfe und führe unsern
Streit. Und das Volk verließ sich auf die
Worte Hiskias, des Königs von Juda.
9 Danach sandte Sanherib, der König
von Assur, seine Großen nach Jerusalem
– denn er lag vor Lachisch und seine
ganze Heeresmacht mit ihm – zu Hiskia,

31,21: *a* Ps 1,3 **32,1:** *a* Kap 31,20-21 **32,4:** *a* Vers 30 **32,5:** *a* Kap 25,23 **32,7:** *a* 5. Mose 32,39 **32,8:** *a* Jer 17,5.7

dem König von Juda, und zu ganz Juda,
das in Jerusalem war, und ließ ihm sagen:
10 So spricht Sanherib, der König von As-
sur: Worauf wollt ihr euch verlassen, die
ihr in dem belagerten Jerusalem wohnt?
11 Hiskia verführt euch und gibt euch in
den Tod durch Hunger und Durst, wenn
er spricht: Der HERR, unser Gott, wird
uns erretten aus der Hand des Königs
von Assur.

12 Ist das nicht der Hiskia, der die
Opferhöhen und Altäre seines Gottes
entfernt und zu Juda und Jerusalem ge-
sagt hat: Vor **einem** Altar sollt ihr an-
beten und darauf opfern? 13 Wisst ihr
nicht, was ich und meine Väter getan
haben allen Völkern in den Ländern? Ha-
ben die Götter der Völker in den Län-
dern ihr Land erretten können aus mei-
ner Hand? 14 Wo ist einer unter allen
Göttern dieser Völker, die meine Väter
mit dem Bann geschlagen haben, der sein
Volk hätte erretten können aus meiner
Hand, dass euer Gott euch aus meiner
Hand sollte erretten können? 15 So lasst
euch nun von Hiskia nicht betrügen und
lasst euch dadurch nicht verführen und
glaubt ihm nicht; denn wenn kein Gott
eines Volkes und Königreichs sein Volk
aus meiner und meiner Väter Hand hat
erretten können, so wird euch auch euer
Gott nicht erretten aus meiner Hand.
16 Dazu redeten seine Großen noch mehr
gegen Gott, den HERRN, und gegen sei-
nen Knecht Hiskia.

17 Auch schrieb er einen Brief, um dem
HERRN, dem Gott Israels, hohnzuspre-
chen, und redete gegen ihn: Wie die Göt-
ter der Völker in den Ländern ihr Volk
nicht aus meiner Hand errettet haben, so
wird auch der Gott Hiskias sein Volk
nicht erretten aus meiner Hand.

18 Und sie riefen mit lauter Stimme auf
Hebräisch zum Volk von Jerusalem, das
auf der Mauer war, um sie furchtsam zu
machen und zu erschrecken, damit sie die
Stadt eroberten, 19 und redeten gegen den
Gott Jerusalems wie gegen die Götter der
Völker auf Erden, die doch Werke von
Menschenhänden waren.

20 Aber der König Hiskia und der Pro-
phet Jesaja, der Sohn des Amoz, beteten
gegen solche Lästerung und schrien gen
Himmel. 21 Und der HERR sandte einen
Engel; der vertilgte alle Kriegsleute und
Obersten und Hauptleute im Lager des
Königs von Assur, dass er mit Schanden
wieder in sein Land zog. Und als er in
seines Gottes Haus ging, fällten ihn dort
durchs Schwert seine Söhne, die von sei-
nem eigenen Leibe gekommen waren.

22 So half der HERR dem Hiskia und
denen zu Jerusalem aus der Hand Sanhe-
ribs, des Königs von Assur, und aus der
Hand aller andern und gab ihnen Ruhe
ringsumher, 23 dass viele dem HERRN Ge-
schenke brachten nach Jerusalem und
Kleinode für Hiskia, den König von
Juda. Und er wurde danach hoch erho-
ben vor allen Heiden.

Das Ende der Regierung Hiskias

(vgl. 2. Kön 20,1-21; Jes 38,1-39,8)

24 Zu dieser Zeit wurde Hiskia todkrank;
und er betete zum HERRN. Der redete
mit ihm und tat an ihm ein Wunder.
25 Aber Hiskia vergalt nicht nach dem,
was ihm geschehen war; denn [a]sein Herz
überhob sich. Darum kam der Zorn über
ihn und über Juda und Jerusalem. 26 Da
demütigte sich Hiskia darüber, dass sein
Herz sich überhoben hatte, samt denen
in Jerusalem. Darum kam der Zorn des
HERRN nicht mehr über sie, solange His-
kia lebte.

27 Und Hiskia hatte sehr großen Reich-
tum und Ehre und sammelte sich Schätze
von Silber, Gold, Edelsteinen, Spezerei,
Schilden und allerlei kostbarem Gerät
28 und baute Vorratshäuser für den Er-
trag an Getreide, Wein und Öl und Ställe
für die verschiedenen Arten von Vieh
und Hürden für die Schafe. 29 Und er
baute sich Städte und hatte Vieh die
Menge an Schafen und Rindern; denn
Gott gab ihm sehr großes Gut. 30 Das ist
der Hiskia, der die obere Wasserquelle
des Gihon verschloss und sie hinunter-
leitete westwärts zur Stadt Davids; denn
es gelangen Hiskia alle seine Werke.
31 Als aber die Botschafter der Fürsten
von Babel zu ihm gesandt waren, um
nach dem Wunder zu fragen, das im
Lande geschehen war, verließ ihn Gott,
um ihn zu versuchen, damit kundwürde
alles, was in seinem Herzen war.

32,25: *a* Kap 26,16

32 Was aber mehr von Hiskia zu sagen
ist und seine barmherzigen Taten, siehe,
das steht geschrieben in den Geschichten
des Propheten Jesaja, des Sohnes des
Amoz, im Buch der Könige von Juda
und Israel. 33 Und Hiskia legte sich zu
seinen Vätern und sie begruben ihn über
den Gräbern der Söhne Davids. Und
ganz Juda und die Einwohner von Jerusalem [a]gaben ihm Ehre bei seinem Tod.
Und sein Sohn Manasse wurde König an
seiner statt.

Manasse

(vgl. 2. Kön 21,1-18)

33 Manasse war zwölf Jahre alt, als
er König wurde; und er regierte
fünfundfünfzig Jahre zu Jerusalem 2 und
tat, was dem HERRN missfiel, [a]nach den
gräulichen Sitten der Heiden, die der
HERR vor den Israeliten vertrieben hatte.
3 Er baute die Opferhöhen wieder auf,
[a]die sein Vater Hiskia zerstört hatte, und
errichtete den Baalen Altäre und machte
Bilder der Aschera und betete das ganze
Heer des Himmels an und diente ihnen.
4 Er baute auch Altäre im Hause des
HERRN, von dem doch der HERR gesagt
hatte: [a]Zu Jerusalem soll mein Name
sein ewiglich, 5 und baute Altäre dem
ganzen Heer des Himmels in beiden Vorhöfen am Hause des HERRN. 6 Und er
[a]ließ seine Söhne durchs Feuer gehen im
Tal Ben-Hinnom und [b]achtete auf Zeichen und Vogelgeschrei und trieb Zauberei und bestellte Geisterbeschwörer
und Zeichendeuter und tat viel, was dem
HERRN missfiel, um ihn zu erzürnen. 7 Er
stellte auch das Bild des Götzen, das er
machen ließ, ins Haus Gottes, von dem
Gott zu David gesagt hatte und zu seinem Sohn Salomo: In diesem Hause zu
Jerusalem, das ich erwählt habe vor allen
Stämmen Israels, will ich meinen Namen
wohnen lassen ewiglich 8 und will nicht
mehr den Fuß Israels weichen lassen von
dem Lande, das ich ihren Vätern bestimmt habe, sofern sie halten und alles
tun, was ich ihnen durch Mose geboten
habe, nach dem ganzen Gesetz, den Geboten und Rechten.
9 Aber Manasse verführte Juda und die
Einwohner von Jerusalem, dass sie es ärger trieben als die Heiden, die der HERR
vor den Israeliten vertilgt hatte. 10 Und
wenn der HERR zu Manasse und seinem
Volk reden ließ, merkten sie nicht darauf.
11 Darum ließ der HERR über sie kommen die Obersten des Heeres des Königs
von Assur; die nahmen Manasse gefangen mit Fesseln und legten ihn in Ketten
und brachten ihn nach Babel. 12 Und als
er in Angst war, flehte er zu dem HERRN,
seinem Gott, und demütigte sich vor dem
Gott seiner Väter. 13 Und als er bat, ließ
sich der HERR erbitten und erhörte sein
Flehen und brachte ihn wieder nach Jerusalem in sein Königreich. Da erkannte
Manasse, dass [a]der HERR Gott ist.
14 Danach baute er die äußere Mauer
an der Stadt Davids westwärts zum Gihon hin im Tal und wo man zum Fischtor hineingeht und [a]führte sie um den
Ofel und machte sie sehr hoch. Und er
legte Hauptleute in alle festen Städte
Judas. 15 Er entfernte die fremden Götter
und den Götzen aus dem Hause des
HERRN und alle Altäre, die er gebaut
hatte auf dem Berge des Hauses des
HERRN und in Jerusalem, und warf sie
hinaus vor die Stadt. 16 Und er stellte den
Altar des HERRN wieder her und opferte
darauf Dankopfer und Lobopfer und befahl Juda, dass sie dem HERRN, dem
Gott Israels, dienen sollten. 17 Aber das
Volk opferte noch auf den Höhen, jedoch dem HERRN, ihrem Gott.
18 Was aber mehr von Manasse zu sagen ist und sein Gebet zu seinem Gott
und die Reden der Seher, die zu ihm
redeten im Namen des HERRN, des Gottes Israels, siehe, das alles steht in den
Geschichten der Könige von Israel.
19 Und sein Gebet und wie der HERR ihn
erhörte und alle seine Sünde und Missetat und die Stätten, wo er die Opferhöhen baute und die Bilder der Aschera
und Götzenbilder aufstellte, ehe er sich
demütigte, siehe, das steht geschrieben in
den Geschichten der Seher. 20 Und Manasse legte sich zu seinen Vätern und sie
begruben ihn in seinem Hause. Und sein
Sohn Amon wurde König an seiner
statt.

32,33: *a* Kap 16,14 **33,2:** *a* 5. Mose 18,9 **33,3:** *a* 2. Kön 18,4 **33,4:** *a* 5. Mose 12,5.11; 1. Kön 9,3 **33,6:** *a* Kap 28,3; *b* 3. Mose 20,6 **33,13:** *a* 1. Kön 18,39 **33,14:** *a* Kap 27,3

Amon

(vgl. 2. Kön 21,19-26)

21 Zweiundzwanzig Jahre alt war Amon,
als er König wurde; und er regierte zwei
Jahre zu Jerusalem 22 und tat, was dem
HERRN missfiel, wie sein Vater Manasse
getan hatte. Und Amon opferte allen
Götzen, die sein Vater Manasse gemacht
hatte, und diente ihnen. 23 Aber er de-
mütigte sich nicht vor dem HERRN, wie
sich sein Vater Manasse gedemütigt
hatte, sondern häufte noch mehr Schuld
auf. 24 Und seine Großen machten eine
Verschwörung gegen ihn und töteten ihn
in seinem Hause. 25 Da erschlug das Volk
des Landes alle, die die Verschwörung
gegen den König Amon gemacht hatten.
Und das Volk des Landes machte seinen
Sohn Josia zum König an seiner statt.

Josia rottet den Götzendienst aus

(vgl. 2. Kön 22,1-2; 23,4-14)

34 Acht Jahre alt war Josia, als er
König wurde; und er regierte ein-
unddreißig Jahre zu Jerusalem 2 und [a]tat,
was dem HERRN wohlgefiel, und wan-
delte in den Wegen seines Vaters David
und wich weder zur Rechten noch zur
Linken.

3 [a]Im achten Jahr seiner Herrschaft
fing er an, obwohl er noch jung war, den
Gott seines Vaters David zu suchen, und
im zwölften Jahr fing er an, Juda und
Jerusalem zu reinigen von den Opfer-
höhen und den Bildern der Aschera, von
den Götzen und gegossenen Bildern.
4 Und er ließ vor seinen Augen abbrechen
die Altäre der Baale und die Rauch-
opfersäulen oben darauf hieb er ab, und
die Bilder der Aschera und die geschnitz-
ten und gegossenen Götzenbilder zer-
brach er und machte sie zu Staub und
streute ihn auf die Gräber derer, die ih-
nen geopfert hatten, 5 und [a]verbrannte
die Gebeine der Priester auf ihren Altä-
ren und reinigte so Juda und Jerusalem.
6 So tat er auch ringsumher in den Städ-
ten Manasses, Ephraims, Simeons und
bis nach Naftali auf ihren Plätzen.[a]
7 Und als er im ganzen Lande Israel die
Altäre und Bilder der Aschera abgebro-
chen und die Götzenbilder zertrümmert
und zermalmt und alle Rauchopfersäu-
len umgehauen hatte, kehrte er zurück
nach Jerusalem.

Das Gesetzbuch wird gefunden und das Volk darauf verpflichtet

(vgl. 2. Kön 22,3-20; 23,1-3)

8 Im achtzehnten Jahr seiner Herrschaft,
als er das Land und das Haus des Herrn
gereinigt hatte, sandte er Schafan, den
Sohn Azaljas, und den Stadthauptmann
Maaseja und den Kanzler Joach, den
Sohn des Joahas, das Haus des HERRN,
seines Gottes, auszubessern. 9 Und sie
kamen zu dem Hohenpriester Hilkija
und man gab ihnen das Geld, das zum
Hause Gottes gebracht war und das die
Leviten, die an der Schwelle Wache hiel-
ten, von Manasse, Ephraim und von al-
len in Israel Übriggebliebenen gesammelt
hatten und von ganz Juda und Benjamin
und von denen, die in Jerusalem wohn-
ten. 10 Und sie gaben's in die Hände
der Werkmeister, die bestellt waren am
Hause des HERRN; und diese, die da ar-
beiteten am Hause des HERRN, dass sie
das Haus ausbesserten und instand setz-
ten, 11 gaben's den Zimmerleuten und
Bauleuten, um gehauene Steine zu kau-
fen und Holz zu Klammern und Balken
für die Gebäude, die die Könige von Juda
hatten verfallen lassen. 12 Und die Män-
ner arbeiteten am Werk auf Treu und
Glauben.

Und es waren über sie gesetzt als Auf-
seher Jahat und Obadja, die Leviten von
den Söhnen Merari, Secharja und Me-
schullam von den Söhnen der Kehatiter.
Und die Leviten – alle waren kundig des
Saitenspiels – 13 waren über die Lastträ-
ger gesetzt und waren auch Aufseher
über die Arbeiter bei jedem Werk; einige
der Leviten waren Schreiber, Amtleute
und Torhüter.

14 Und als sie das Geld herausnahmen,
das zum Hause des HERRN gebracht
worden war, fand der Priester Hilkija das
Buch des Gesetzes des HERRN, das durch
Mose gegeben war. 15 Und Hilkija hob an
und sprach zu dem Schreiber Schafan:
Ich habe dies Gesetzbuch gefunden im
Hause des HERRN. Und Hilkija gab das
Buch Schafan. 16 Schafan aber brachte es

34,2: *a* Kap 29,2 **34,3:** *a (3-4)* 3. Mose 26,30 **34,5:** *a* 1. Kön 13,2 **34,6:** *a* Kap 31,1

zum König und gab ihm Bericht und
sprach: Alles, was deinen Knechten be-
fohlen ist, tun sie. 17 Sie haben das Geld
ausgeschüttet, das im Hause des HERRN
gesammelt ist, und haben's denen gege-
ben, die bestellt sind, und den Arbeitern.
18 Und der Schreiber Schafan sagte dem
König: Der Priester Hilkija hat mir ein
Buch gegeben. Und Schafan las vor dem
König daraus vor.

19 Und als der König die Worte des
Gesetzes hörte, zerriss er seine Kleider.
20 Und der König gebot Hilkija und Ahi-
kam, dem Sohn Schafans, und Achbor,
dem Sohn Michajas, und Schafan, dem
Schreiber, und Asaja, dem Kämmerer
des Königs, und sprach: 21 Geht hin, be-
fragt den HERRN für mich und für die
Übriggebliebenen von Israel und Juda
über die Worte des Buches, das gefunden
ist; denn groß ist der Grimm des HERRN,
der über uns entbrannt ist, weil unsere
Väter nicht gehalten haben das Wort des
HERRN und nicht alles taten, was ge-
schrieben steht in diesem Buch.

22 Da ging Hilkija samt den andern,
die der König gesandt hatte, hin zu der
Prophetin Hulda, der Frau Schallums,
des Sohnes Tokhats, des Sohnes Harhas,
des Kleiderhüters, die in Jerusalem
wohnte im zweiten Bezirk der Stadt, und
sagten ihr dies. 23 Und sie sprach zu
ihnen: So spricht der HERR, der Gott
Israels:

Sagt dem Mann, der euch zu mir ge-
sandt hat: 24 So spricht der HERR: Siehe,
ich will Unheil bringen über diesen Ort
und seine Einwohner, [a]alle die Flüche,
die geschrieben stehen in dem Buch, aus
dem man vor dem König von Juda ge-
lesen hat, 25 weil sie mich verlassen und
andern Göttern geopfert haben, um mich
zu erzürnen mit allen Werken ihrer
Hände. Und mein Grimm soll über die-
sen Ort entbrennen und nicht ausge-
löscht werden.

26 Und zum König von Juda, der euch
gesandt hat, den HERRN zu befragen,
sollt ihr so sagen: So spricht der HERR,
der Gott Israels: Was die Worte angeht,
die du gehört hast: 27 Weil du im Herzen
betroffen bist und dich gedemütigt hast
vor Gott, als du seine Worte hörtest ge-
gen diesen Ort und gegen seine Einwoh-
ner, und dich vor mir gedemütigt hast
und deine Kleider zerrissen und vor mir
geweint, so habe ich dich auch erhört,
spricht der HERR.[a] 28 Siehe, ich will dich
versammeln zu deinen Vätern, dass du
mit Frieden in dein Grab kommst und
deine Augen nicht sehen all das Unheil,
das ich über diesen Ort und seine Ein-
wohner bringen will. – Und sie sagten's
dem König wieder.

29 Da sandte der König hin und ließ
zusammenkommen alle Ältesten Judas
und Jerusalems. 30 Und der König ging
hinauf ins Haus des HERRN und alle
Männer Judas und die Einwohner von
Jerusalem, die Priester, die Leviten und
alles Volk, Klein und Groß, und es wur-
den vor ihren Ohren gelesen alle Worte
aus dem Buch des Bundes, das im Hause
des HERRN gefunden war. 31 Und der
König trat an seinen Platz und [a]schloss
einen Bund vor dem HERRN, dass man
dem HERRN nachwandeln und seine Ge-
bote, Ordnungen und Rechte von gan-
zem Herzen und von ganzer Seele halten
wolle, zu tun nach allen Worten des Bun-
des, die geschrieben stehen in diesem
Buch. 32 Und er ließ hintreten alle, die in
Jerusalem und in Benjamin waren. Und
die Einwohner von Jerusalem taten nach
dem Bund Gottes, des Gottes ihrer Väter.
33 Und Josia entfernte alle gräulichen
Götzen aus allen Gebieten Israels und
brachte es dahin, dass alle in Israel dem
HERRN, ihrem Gott, dienten. Solange
Josia lebte, wichen sie nicht von dem
HERRN, dem Gott ihrer Väter.

Josia hält Passa nach dem Gesetz Gottes

(vgl. 2. Kön 23,21-23)

35 Und Josia hielt dem HERRN Passa
in Jerusalem und sie schlachteten
das Passa [a]am vierzehnten Tage des ers-
ten Monats. 2 Und er bestellte die Priester
zu ihrem Dienst und ermutigte sie zu
ihrem Amt im Hause des HERRN 3 und
sprach zu den Leviten, die ganz Israel
lehrten und dem HERRN geheiligt waren:
[a]Bringt die heilige Lade ins Haus, das

34,24: *a* 5. Mose 28,15-68 34,27: *a* Kap 33,12-13 34,31: *a* Kap 15,12 35,1: *a* 2. Mose 12,6 35,3: *a* Kap 5,4-5; 1. Chr 23,26.28

Salomo, der Sohn Davids, des Königs
von Israel, gebaut hat. [b]Nun sollt ihr sie
nicht mehr auf den Schultern tragen. So
dient nun dem HERRN, eurem Gott, und
seinem Volk Israel 4 und seid bereit nach
euren Sippen in euren Ordnungen, wie
sie aufgeschrieben sind von David, dem
König von Israel, und seinem Sohn Salo-
mo,[a] 5 und stellt euch im Heiligtum auf,
entsprechend den Abteilungen der Sip-
pen eurer Brüder aus dem Volk je eine
Abteilung einer Sippe der Leviten, 6 und
schlachtet das Passa und heiligt euch und
bereitet es für eure Brüder, dass sie tun
nach dem Wort des HERRN durch Mose.

7 Und Josia gab als Opfergabe für das
Volk Lämmer und junge Ziegen – alles
zu dem Passa für alle, die sich versam-
melt hatten – an Zahl dreißigtausend,
und dreitausend Rinder, alles von dem
Gut des Königs. 8 Seine Oberen aber ga-
ben als Opfergabe freiwillig für das Volk
und für die Priester und Leviten. Hilkija,
Secharja und Jehiël, die Vorsteher im
Hause Gottes, gaben den Priestern zum
Passa zweitausendsechshundert Lämmer
und Ziegen, dazu dreihundert Rinder.
9 Konanja aber und seine Brüder, Sche-
maja und Netanel, sowie Haschabja,
Jeïël und Josabad, die Vorsteher der Le-
viten, gaben als Opfergabe den Leviten
zum Passa fünftausend Lämmer und Zie-
gen und dazu fünfhundert Rinder.

10 So wurde der Gottesdienst geordnet.
Und die Priester standen an ihren Plät-
zen und die Leviten in ihren Abteilungen
nach dem Gebot des Königs. 11 Und sie
schlachteten das Passa und die Priester
nahmen das Blut aus der Hand der Levi-
ten und sprengten, und die Leviten zogen
die Haut ab. 12 Und die Brandopfer son-
derten sie ab, um sie den Abteilungen der
Sippen des Volkes zu geben, damit diese
dem HERRN opferten, wie es geschrieben
steht im Buch des Mose. So taten sie
auch mit den Rindern. 13 Und [a]sie koch-
ten das Passa am Feuer, wie sich's ge-
bührt. Aber was geheiligt war, kochten
sie in Töpfen, Kesseln und Schüsseln und
brachten es schnell allem Volk. 14 Danach
aber bereiteten sie auch für sich und für
die Priester; denn die Priester, die Söhne
Aaron, hatten mit dem Brandopfer und
dem Fett bis in die Nacht zu tun; darum
mussten die Leviten für sich und für die
Priester, die Söhne Aaron, zubereiten.
15 Und die [a]Sänger, die Söhne Asaf, stan-
den an ihren Plätzen nach dem Gebot
Davids und Asafs und Hemans und Je-
dutuns, die Seher des Königs waren, und
die [b]Torhüter an allen Toren, und sie
wichen nicht von ihrem Dienst; denn die
Leviten, ihre Brüder, bereiteten auch für
sie zu.

16 So wurde geordnet aller Gottes-
dienst des HERRN an diesem Tage, um
hinfort Passa zu halten und Brandopfer
darzubringen auf dem Altar des HERRN
nach dem Gebot des Königs Josia. 17 So
hielten die Israeliten, die sich versammelt
hatten, zu dieser Zeit das Passa und das
Fest der Ungesäuerten Brote sieben Tage
lang. 18 Man hatte aber [a]kein Passa ge-
halten in Israel wie dies von der Zeit des
Propheten Samuel an, und kein König in
Israel hatte das Passa so gehalten, wie
Josia Passa hielt, mit den Priestern, Levi-
ten, ganz Juda und allen, die von Israel
sich versammelt hatten, und den Ein-
wohnern von Jerusalem. 19 Im achtzehn-
ten Jahr der Herrschaft Josias wurde dies
Passa gehalten.

Josias Tod
im Kampf gegen den Pharao Necho

(vgl. 2. Kön 23,28-30)

20 Nachdem aber Josia das Haus des
Herrn hergerichtet hatte, zog Necho, der
König von Ägypten, herauf, um Krieg zu
führen bei Karkemisch am Euphrat. Und
Josia zog aus ihm entgegen. 21 Aber Ne-
cho sandte Boten zu ihm und ließ ihm
sagen: Was hab ich mit dir zu tun, König
von Juda? Ich komme jetzt nicht gegen
dich, sondern gegen das Königreich, mit
dem ich Krieg habe, und Gott hat gesagt,
ich soll eilen. Vergreif dich nicht an Gott,
der mit mir ist, dass er dich nicht ver-
derbe!

22 Aber Josia ließ nicht ab von ihm,
sondern schickte sich an, mit ihm zu
kämpfen, und hörte nicht auf die Worte
Nechos, die Gott zu ihm gesprochen
hatte, und kam, mit ihm zu kämpfen in

35,3: *b* 2. Mose 25,13-15 **35,4:** *a* 1. Chr 23,1-24 **35,13:** *a* 2. Mose 12,3-10 **35,15:** *a* 1. Chr 25,1-31; *b* 1. Chr 26,1-19
35,18: *a* Kap 30,26

der Ebene von Megiddo. 23 Aber die
Schützen schossen auf den König Josia
und der König sprach zu seinen Män-
nern: Führt mich fort; denn ich bin
schwer verwundet! 24 Und seine Männer
hoben ihn von dem Wagen und brachten
ihn auf einen von seinen andern Wagen
und führten ihn nach Jerusalem. Und er
starb und wurde begraben in den Grä-
bern seiner Väter. Und ganz Juda und
Jerusalem trugen Leid um Josia. 25 Und
Jeremia sang ein Klagelied über Josia
und alle Sänger und Sängerinnen klagten
in ihren Liedern über Josia bis auf diesen
Tag, und das wurde zum festen Brauch in
Israel. Siehe, diese Lieder stehen ge-
schrieben unter den Klageliedern.

26 Was aber mehr von Josia zu sagen ist
und seine barmherzigen Taten, wie sie
dem Gesetz des HERRN entsprachen,
27 und seine Geschichte, die frühere und
die spätere, siehe, das alles steht geschrie-
ben im Buch der Könige von Israel und
Juda.

Joahas, Jojakim, Jojachin

(vgl. 2. Kön 23,30–24,17)

36 Und das Volk des Landes nahm
Joahas, den Sohn Josias, und
machte ihn zum König an seines Vaters
statt zu Jerusalem. 2 Dreiundzwanzig
Jahre alt war Joahas, als er König wurde;
und er regierte drei Monate zu Jerusa-
lem; 3 denn der König von Ägypten setzte
ihn ab in Jerusalem und legte eine Geld-
buße auf das Land von hundert Zent-
nern Silber und einem Zentner Gold.
4 Und der König von Ägypten machte
Eljakim, seinen Bruder, zum König über
Juda und Jerusalem und wandelte seinen
Namen um in Jojakim. Aber seinen Bru-
der Joahas nahm Necho und brachte ihn
nach Ägypten.[a]

5 Fünfundzwanzig Jahre alt war Joja-
kim, als er König wurde; und er regierte
elf Jahre zu Jerusalem und tat, was dem
HERRN, seinem Gott, missfiel. 6 Und Ne-
bukadnezar, der König von Babel, zog
gegen ihn herauf und legte ihn in Ketten,
um ihn nach Babel zu führen.[a] 7 Auch
brachte Nebukadnezar einige Geräte des
Hauses des HERRN nach Babel und tat
sie in seinen Tempel in Babel.[a] 8 Was
aber mehr von Jojakim zu sagen ist, und
seine Gräueltaten, die er tat, und was ihm
sonst widerfuhr, siehe, das steht geschrie-
ben im Buch der Könige von Israel und
Juda. Und sein Sohn Jojachin wurde Kö-
nig an seiner statt.

9 Achtzehn Jahre alt war Jojachin, als
er König wurde; und er regierte drei Mo-
nate und zehn Tage zu Jerusalem und tat,
was dem HERRN missfiel. 10 Als aber das
Jahr zu Ende ging, [a]sandte Nebukadne-
zar hin und ließ ihn nach Babel holen mit
den kostbaren Geräten aus dem Hause
des HERRN und machte seinen Bruder
Zedekia zum König über Juda und Jeru-
salem.

Zedekia und die Wegführung nach Babel

(vgl. 2. Kön 24,18–25,21; Jer 52,1-30)

11 Einundzwanzig Jahre alt war Zedekia,
als er König wurde; und er regierte elf
Jahre zu Jerusalem 12 und tat, was dem
HERRN, seinem Gott, missfiel, und de-
mütigte sich nicht vor dem Propheten
Jeremia, der da redete, wie der HERR zu
ihm gesprochen hatte.[a] 13 Auch wurde er
abtrünnig von Nebukadnezar, dem Kö-
nig von Babel, der einen Eid bei Gott
von ihm genommen hatte, und wurde
halsstarrig und verstockte sein Herz, so-
dass er sich nicht bekehrte zu dem
HERRN, dem Gott Israels. 14 Auch alle
Oberen Judas und die Priester und das
Volk versündigten sich noch mehr [a]mit
all den gräulichen Sitten der Heiden und
machten unrein das Haus des HERRN,
das er geheiligt hatte in Jerusalem.
15 Und der HERR, der Gott ihrer Väter,
ließ [a]immer wieder gegen sie reden durch
seine Boten; denn er hatte Mitleid mit
seinem Volk und seiner Wohnung.
16 Aber sie verspotteten die Boten Gottes
und verachteten seine Worte und [a]ver-
höhnten seine Propheten, bis der Grimm
des HERRN über sein Volk wuchs und es
kein Vergeben mehr gab.

17 Da führte er gegen sie heran den
König der Chaldäer und ließ ihre junge
Mannschaft mit dem Schwert erschlagen
im Hause ihres Heiligtums und ver-

36,4: *a* Jer 22,10-12 **36,6:** *a* Jer 22,18 **36,7:** *a* Esra 1,7 **36,10:** *a* Jer 22,24-30 **36,12:** *a* Jer 37,1-21; 38,14-28 **36,14:** *a* 5. Mose 18,9 **36,15:** *a* Jer 25,4 **36,16:** *a* Lk 20,10-12; Apg 7,52

schonte weder die Jünglinge noch die
Jungfrauen, weder die Alten noch die
Greise; alle gab er sie in seine Hand.
18 Und alle Geräte im Hause Gottes,
große und kleine, die Schätze im Hause
des HERRN und die Schätze des Königs
und seiner Oberen, alles ließ er nach Ba-
bel führen. 19 Und [a]sie verbrannten das
Haus Gottes und rissen die Mauer Jeru-
salems ein und alle ihre Burgtürme
brannten sie mit Feuer aus, sodass alle
ihre kostbaren Geräte zunichtewurden.
20 Und er führte weg nach Babel alle, die
das Schwert übrig gelassen hatte, und sie
wurden seine und seiner Söhne Knechte,
bis das Königtum der Perser zur Herr-
schaft kam, 21 damit erfüllt würde das
Wort des HERRN durch den Mund Jere-
mias. Das Land hatte die ganze Zeit
über, [a]da es wüste lag, Sabbat, bis es [b]an
seinen Sabbaten genug hatte, auf dass
siebzig Jahre voll wurden.

Ende der babylonischen Gefangenschaft

(vgl. Esra 1,1-3)

22 [a]Aber im ersten Jahr des Kyrus, des
Königs von Persien, erweckte der HERR
– damit erfüllt würde das Wort des
HERRN durch den Mund Jeremias – den
Geist des Kyrus, des Königs von Persien,
dass er in seinem ganzen Königreich
mündlich und auch schriftlich verkünden
ließ: 23 So spricht Kyrus, der König von
Persien: Der HERR, der Gott des Him-
mels, hat mir alle Königreiche der Erde
gegeben und hat mir befohlen, ihm ein
Haus zu bauen zu Jerusalem in Juda.
Wer nun unter euch von seinem Volk ist,
mit dem sei der HERR, sein Gott, und er
ziehe hinauf!

DAS BUCH ESRA

Inhaltsübersicht

Erlaubnis zur Heimkehr und zum Tempelbau

(vgl. 2. Chr 36,22-23)

1 Im ersten Jahr des Kyrus, des Königs
von Persien, erweckte der HERR –
[a]damit erfüllt würde das Wort des
HERRN, das durch den Mund Jeremias
gesprochen war – den Geist des Kyrus,
des Königs von Persien, dass er in seinem
ganzen Königreich mündlich und auch
schriftlich verkünden ließ:
2 So spricht Kyrus, der König von Per-
sien: Der HERR, der Gott des Himmels,
hat mir [a]alle Königreiche der Erde gege-
ben, und [b]er hat mir befohlen, ihm ein
Haus zu Jerusalem in Juda zu bauen.
3 Wer nun unter euch von seinem Volk
ist, mit dem sei sein Gott, und er ziehe
hinauf nach Jerusalem in Juda und baue
das Haus des HERRN, des Gottes Israels;
das ist der Gott, der zu Jerusalem ist.
4 Und wo auch immer einer übrig geblie-
ben ist, dem sollen die Leute des Orts, an
dem er als Fremdling gelebt hat, helfen
mit Silber und Gold, Gut und Vieh außer
dem, was sie aus freiem Willen für das
Haus Gottes zu Jerusalem geben.
5 Da machten sich auf die Häupter der
Sippen aus Juda und Benjamin und die
Priester und Leviten, alle, deren Geist
Gott erweckt hatte, um hinaufzuziehen
und das Haus des HERRN zu Jerusalem
zu bauen. 6 Und alle, die um sie her
wohnten, halfen ihnen mit allem, mit Sil-
ber und Gold, mit Gut und Vieh und
Kleinoden außer dem, was sie freiwillig
gaben.
7 Und der König Kyrus gab heraus die

36,19: *a* Jer 26,6 **36,21:** *a* Jer 25,11; *b* 3. Mose 26,34; Klgl 2,6 **36,22:** *a (22-23)* Jer 29,10; Jes 44,28 **1,1:** *a* Jer 25,11; 29,10 **1,2:** *a* Jes 45,1; *b* Jes 44,28

Geräte des Hauses des HERRN, [a]die
Nebukadnezar aus Jerusalem genommen
und in das Haus seines Gottes gebracht
hatte. 8 Und Kyrus, der König von Per-
sien, übergab sie dem Schatzmeister Mit-
redat; der zählte sie [a]Scheschbazar, dem
Fürsten Judas, vor. 9 Und dies war ihre
Zahl: 30 goldene Becken und 1029 sil-
berne Becken, 10 30 goldene Becher und
410 silberne Becher und 1000 andere Ge-
räte. 11 Alle Geräte, goldene und silberne,
waren 5400*. Alles brachte Scheschbazar
hinauf, als man aus der Gefangenschaft
von Babel nach Jerusalem hinaufzog.

Verzeichnis der Heimkehrer

(vgl. Neh 7,5-72)

2 Dies sind die Leute der Landschaft
Juda, die heraufzogen aus der Ge-
fangenschaft, die Nebukadnezar, der Kö-
nig von Babel, nach Babel weggeführt
hatte und die nach Jerusalem und Juda
zurückkehrten, ein jeder in seine Stadt.
2 Sie kamen mit Serubbabel, Jeschua, Ne-
hemja, Seraja, Reelaja, Mordochai, Bil-
schan, Misperet, Bigwai, Rehum und
Baana.

Dies ist die Zahl der Männer des Vol-
kes Israel: 3 die Söhne Parosch 2172; 4 die
Söhne Schefatja 372; 5 die Söhne Arach
775; 6 die Söhne Pahat-Moab, nämlich
die Söhne Jeschua und die Söhne Joab,
2812; 7 die Söhne Elam 1254; 8 die Söhne
Sattu 945; 9 die Söhne Sakkai 760; 10 die
Söhne Bani 642; 11 die Söhne Bebai 623;
12 die Söhne Asgad 1222; 13 die Söhne
Adonikam 666; 14 die Söhne Bigwai
2056; 15 die Söhne Adin 454; 16 die Söhne
Ater, nämlich die Söhne Hiskija, 98;
17 die Söhne Bezai 323; 18 die Söhne Jorah
112; 19 die Söhne Haschum 223; 20 die
Söhne Gibbar 95; 21 die Männer von
Bethlehem 123; 22 die Männer von Ne-
tofa 56; 23 die Männer von Anatot 128;
24 die Männer von Bet-Asmawet 42; 25 die
Männer von Kirjat-Jearim, Kefira und
Beerot 743; 26 die Männer von Rama und
Geba 621; 27 die Männer von Michmas
122; 28 die Männer von Bethel und Ai
223; 29 die Söhne Nebo 52; 30 die Söhne
Magbisch 156; 31 die Söhne des andern
Elam 1254; 32 die Söhne Harim 320; 33 die
Männer von Lod, Hadid und Ono 725;
34 die Männer von Jericho 345; 35 die
Söhne Senaa 3630.

36 Die Zahl der Priester: die Söhne Je-
daja, nämlich das Haus Jeschua, 973;
37 die Söhne Immer 1052; 38 die Söhne
Paschhur 1247; 39 die Söhne Harim 1017.

40 Die Zahl der Leviten: die Söhne [a]Je-
schua, nämlich Kadmiël, Binnui und
Hodawja, 74.

41 Die Zahl der Sänger: die Söhne Asaf
128.

42 Die Zahl der Torhüter: die Söhne
Schallum, die Söhne Ater, die Söhne Tal-
mon, die Söhne Akkub, die Söhne Hatita
und die Söhne Schobai, insgesamt 139.

43 Die [a]Zahl der Tempelsklaven: die
Söhne Ziha, die Söhne Hasufa, die Söh-
ne Tabbaot, 44 die Söhne Keros, die Söh-
ne Sia, die Söhne Padon, 45 die Söhne
Lebana, die Söhne Hagaba, die Söhne
Akkub, 46 die Söhne Hagab, die Söhne
Salmai, die Söhne Hanan, 47 die Söhne
Giddel, die Söhne Gahar, die Söhne Rea-
ja, 48 die Söhne Rezin, die Söhne Ne-
koda, die Söhne Gasam, 49 die Söhne
Usa, die Söhne Paseach, die Söhne Besai,
50 die Söhne Asna, die Söhne der Mëu-
niter, die Söhne der Nefusiter, 51 die
Söhne Bakbuk, die Söhne Hakufa, die
Söhne Harhur, 52 die Söhne Bazlut, die
Söhne Mehida, die Söhne Harscha, 53 die
Söhne Barkos, die Söhne Sisera, die Söh-
ne Temach, 54 die Söhne Neziach, die
Söhne Hatifa.

55 Die Zahl der Nachkommen der
[a]Sklaven Salomos: die Söhne Sotai, die
Söhne Soferet, die Söhne Peruda, 56 die
Söhne Jaala, die Söhne Darkon, die
Söhne Giddel, 57 die Söhne Schefatja, die
Söhne Hattil, die Söhne Pocheret-Zeba-
jim, die Söhne Amon. 58 Alle [a]Tempel-
sklaven und Nachkommen der Sklaven
Salomos waren zusammen 392.

59 Und von denen, die heraufzogen aus
Tel-Melach, Tel-Harscha, Kerub-Addon
und Immer, konnten nicht angeben, ob
ihre Sippe und ihre Nachkommen aus
Israel stammten: 60 die Söhne Delaja, die
Söhne Tobija, die Söhne Nekoda, 652.

61 Und von den Priestern: die Söhne
Habaja, die Söhne Hakkoz, die Söhne

* Durch spätere Abänderungen entspricht die Gesamtzahl jetzt nicht mehr der Summe der Einzelangaben.

1,7: *a* 2. Chr 36,7.18 **1,8:** *a* Kap 5,14 **2,40:** *a* Neh 12,8 **2,43:** *a* Kap 8,20 **2,55:** *a* 1. Kön 9,21 **2,58:** *a* Jos 9,23

Barsillai, deren Urahn eine von den
Töchtern des Gileaditers [a]Barsillai zur
Frau genommen hatte und nach dessen
Namen genannt wurde. 62 Die suchten
ihre Geschlechtsregister und fanden sie
nicht; darum wurden sie für das Priester-
tum als untauglich erklärt. 63 Und der
Statthalter gebot ihnen, sie sollten nicht
essen vom [a]Hochheiligen, bis ein Pries-
ter für die [b]heiligen Lose »Licht und
Recht« aufstände.

64 Die ganze Gemeinde zählte insge-
samt 42 360, 65 ausgenommen ihre
Knechte und Mägde; diese waren 7337;
dazu 200 Sänger und Sängerinnen.
66 Und sie hatten 736 Rosse, 245 Maul-
tiere, 67 435 Kamele und 6720 Esel.

68 Und als einige Häupter der Sippen
zum Hause des HERRN in Jerusalem ka-
men, gaben sie freiwillig für das Haus
Gottes, damit man's an seiner früheren
Stätte erbaue, 69 und gaben nach ihrem
Vermögen zum Schatz für das Werk
61 000 Gulden und 5000 Pfund Silber
und 100 Priesterkleider.

70 So ließen sich die Priester und die
Leviten und einige andere Leute in Jeru-
salem nieder und die Sänger und die Tor-
hüter und die Tempelsklaven in ihren
Städten und alle Übrigen aus Israel in
ihren Städten.

Errichtung des Brandopferaltars und Beginn des Opferdienstes

3 Und als der siebente Monat herbei-
kam und die Israeliten nun in ihren
Städten waren, versammelte sich das
ganze Volk wie **ein** Mann in Jerusalem.
2 Und es machten sich auf [a]Jeschua, der
Sohn Jozadaks, und seine Brüder, die
Priester, und Serubbabel, der Sohn
Schealtiëls, und seine Brüder und bauten
den Altar des Gottes Israels, um Brand-
opfer darauf zu opfern, [b]wie es geschrie-
ben steht im Gesetz des Mose, des Man-
nes Gottes. 3 Und sie richteten den Altar
wieder her an seiner früheren Stätte –
denn es war Furcht über sie gekommen
vor den Völkern des Landes – und opfer-
ten dem HERRN Brandopfer darauf des
Morgens und des Abends.

4 Und sie hielten das [a]Laubhüttenfest,
wie geschrieben steht, und brachten
Brandopfer dar alle Tage nach der Zahl,
wie sich's gebührt und jeder Tag es er-
forderte, 5 danach auch das tägliche
Brandopfer und die Opfer für die Neu-
monde und alle heiligen Festtage des
HERRN und was sonst einer dem HERRN
freiwillig darbrachte.

6 Am ersten Tage des siebenten Monats
fingen sie an, dem HERRN Brandopfer zu
bringen. Aber der Grund des Tempels
des HERRN war noch nicht gelegt. 7 Und
sie gaben Geld den Steinmetzen und
Zimmerleuten und Speise und Trank und
Öl den Leuten von Sidon und Tyrus, da-
mit sie Zedernholz vom Libanon zur See
nach Jafo brächten, wie es ihnen Kyrus,
der König von Persien, erlaubt hatte.[a]

Beginn des Tempelbaus

8 Im zweiten Jahr nach ihrer Ankunft
beim Hause Gottes in Jerusalem, im
zweiten Monat, begannen Serubbabel,
der Sohn Schealtiëls, und Jeschua, der
Sohn Jozadaks, und die übrigen ihrer
Brüder, Priester und Leviten, und alle,
die aus der Gefangenschaft nach Jeru-
salem gekommen waren, die Leviten von
zwanzig Jahren an und darüber zu be-
stellen, damit sie die Arbeit am Hause
des HERRN leiteten. 9 Und [a]Jeschua mit
seinen Söhnen und seinen Brüdern Kad-
miël, Binnui und Hodawja traten einmü-
tig an, um die Arbeiter am Hause Gottes
anzuleiten, dazu die Söhne Henadads
mit ihren Söhnen und ihren Brüdern, die
Leviten.

10 Und als die Bauleute den Grund leg-
ten zum Tempel des HERRN, stellten sich
die Priester auf in ihren Amtskleidern
mit Trompeten und die Leviten, die
Söhne Asaf, mit Zimbeln, um den
HERRN zu loben nach der Ordnung Da-
vids, des Königs von Israel. 11 Und sie
stimmten den Lobpreis an und dankten
dem HERRN: Denn [a]er ist gütig, und
seine Barmherzigkeit währt ewiglich über
Israel. Und das ganze Volk jauchzte laut
beim Lobe des HERRN, weil der Grund
zum Hause des HERRN gelegt war.
12 Und viele von den betagten Priestern,
Leviten und Sippenhäuptern, die [a]das

2,61: *a* 2.Sam 17,27; 19,32 **2,63:** *a* 4.Mose 18,9; *b* 2.Mose 28,30; 1.Sam 14,41 **3,2:** *a* Kap 2,2; *b* 2.Mose 27,1; 3.Mose 6,2 **3,4:** *a* 3.Mose 23,34-43 **3,7:** *a* 1.Kön 5,16-25 **3,9:** *a* Kap 2,40 **3,11:** *a* 2.Chr 5,13; Ps 118,1 **3,12:** *a* Hag 2,3

frühere Haus noch gesehen hatten, wein-
ten laut, als nun dies Haus vor ihren
Augen gegründet wurde. Viele aber
jauchzten mit Freuden, sodass das Ge-
schrei laut erscholl. 13 Und man konnte
das Jauchzen mit Freuden und das laute
Weinen im Volk nicht unterscheiden;
denn das Volk jauchzte laut, sodass man
den Schall weithin hörte.

Behinderung des Tempelbaus

4 Als aber die Widersacher Judas und
Benjamins hörten, dass die, die aus
der Gefangenschaft zurückgekommen
waren, dem HERRN, dem Gott Israels,
den Tempel bauten, 2 kamen sie zu Se-
rubbabel, Jeschua und den Sippenhäup-
tern und sprachen zu ihnen: Wir wollen
mit euch bauen; denn auch wir suchen
euren Gott und [a]haben ihm geopfert seit
der Zeit [b]Asarhaddons, des Königs von
Assur, der uns hierher gebracht hat.
3 Aber Serubbabel und Jeschua und die
andern Häupter der Sippen in Israel ant-
worteten ihnen: Es ziemt sich nicht, dass
ihr und wir miteinander das Haus un-
seres Gottes bauen, sondern wir allein
wollen bauen dem HERRN, dem Gott Is-
raels, wie uns Kyrus, der König von Per-
sien, geboten hat. 4 Da machte das Volk
des Landes die Juden mutlos und
schreckte sie vom Bauen ab. 5 Und sie
dingten Ratgeber gegen sie und hinder-
ten ihr Vorhaben, solange Kyrus, der
König von Persien, lebte, [a]bis zur Herr-
schaft des Darius, des Königs von Per-
sien.

6 Und als Ahasveros* König war, im
Anfang seiner Herrschaft, schrieb man
eine Anklage gegen die Bewohner von
Juda und Jerusalem.

7 Und zu den Zeiten Artahsastas**
schrieben Bischlam, Mitredat, Tabeel
und ihre andern Genossen an Artahsas-
ta, den König von Persien. Der Brief war
in aramäischer Schrift geschrieben und
ins Aramäische übertragen. 8 Der Kanz-
ler Rehum und der Schreiber Schimschai
schrieben einen Brief gegen Jerusalem an
den König Artahsasta:

9 Wir, Rehum, der Kanzler, und Schim-
schai, der Schreiber, und die andern Ge-
nossen, die Richter, die Befehlshaber, die
Schreiber, die Beamten, die Männer von
Erech, von Babel, von Susa, das sind die
Elamiter, 10 und die andern Völker, die
der große und berühmte Asenappar+
hergebracht und in den Städten Sama-
riens und in den andern Orten jenseits
des Euphrat++ angesiedelt hat.

11 Und dies ist die Abschrift des Brie-
fes, den sie an ihn sandten:

An König Artahsasta, deine Knechte,
die Männer jenseits des Euphrat. 12 Und
nun sei dem König kundgetan, dass die
Juden, die von dir heraufgezogen und zu
uns nach Jerusalem gekommen sind, die
aufrührerische und böse Stadt wieder
aufbauen wollen; sie haben begonnen,
die Mauern zu errichten, und die Funda-
mente sind schon gelegt. 13 So sei nun
dem König kundgetan: Wenn diese Stadt
wieder aufgebaut wird und die Mauern
wieder errichtet werden, so werden sie
Steuern, Abgaben und Zoll nicht mehr
geben, und zuletzt wird es den Königen
Schaden bringen. 14 Weil wir aber das
Salz des Königshauses essen und die
Schmach des Königs nicht länger sehen
wollen, darum schicken wir hin und las-
sen es den König wissen. 15 Man lasse in
den Chroniken deiner Väter suchen, so
wirst du in den Chroniken finden und
erfahren, dass diese Stadt aufrührerisch
ist und Königen und Ländern Schaden
gebracht hat und man in ihr auch von
alters her Aufruhr gemacht hat, – darum
ist diese Stadt auch zerstört worden.
16 Und nun tun wir dem König kund,
dass du hernach nichts behalten wirst
von dem, was jenseits des Euphrat liegt,
wenn diese Stadt wieder aufgebaut wird
und ihre Mauern wieder errichtet wer-
den.

17 Da sandte der König folgende Ant-
wort:

An Rehum, den Kanzler, und Schim-
schai, den Schreiber, und ihre andern Ge-
nossen, die in Samaria wohnen und in
den andern Orten jenseits des Euphrat:
Friede zuvor! 18 Und nun, der Brief, den
ihr uns zugeschickt habt, ist mir Wort für

* Griechisch: Xerxes. ** Griechisch: Artaxerxes.
\+ Asenappar ist Asarhaddon (Vers 2).
\+\+ Mit »jenseits des Euphrat« wird die persische Provinz westlich des Euphrat bezeichnet.

4,2: *a* Jer 41,5; *b* 2. Kön 17,24-33; 19,37 **4,5:** *a* Vers 24

Wort vorgelesen worden. 19 Und auf mei-
nen Befehl hat man nachgeforscht und
man fand bestätigt, dass diese Stadt von
alters her gegen die Könige sich empört
hat und Aufruhr und Abfall in ihr ge-
schehen ist. 20 Auch hat es mächtige
Könige zu Jerusalem gegeben, die ge-
herrscht haben über alles, was jenseits
des Euphrat ist, sodass ihnen Steuern,
Abgaben und Zoll gegeben wurden. 21 So
gebt nun den Befehl, dass man diesen
Männern wehre, damit die Stadt nicht
wieder aufgebaut werde, bis von mir der
Befehl gegeben wird! 22 Seht euch vor,
dass ihr nicht lässig hierin seid, damit
nicht den Königen großer Schaden ent-
stehe!

23 Als nun der Brief des Königs Artah-
sasta gelesen wurde von Rehum und dem
Schreiber Schimschai und von ihren an-
dern Genossen, zogen sie eilends hin
nach Jerusalem zu den Juden und wehr-
ten ihnen mit Gewalt. 24 Da hörte die
Arbeit am Hause Gottes in Jerusalem
auf und blieb liegen bis ins zweite Jahr
des Darius, des Königs von Persien.[a]

Wiederaufnahme des Tempelbaus

5 Es weissagten aber die Propheten
[a]Haggai und [b]Sacharja, der Sohn
Iddos, den Juden, die in Juda und Jeru-
salem wohnten, im Namen des Gottes
Israels, der über ihnen war. 2 Da machten
sich auf Serubbabel, der Sohn Schealtiëls,
und Jeschua, der Sohn Jozadaks, und fin-
gen an, das Haus Gottes zu Jerusalem
aufzubauen, und mit ihnen die Prophe-
ten Gottes, die sie stärkten.

3 Zu der Zeit kamen zu ihnen Tattenai,
der Statthalter des Gebietes jenseits des
Euphrat, und Schetar-Bosnai und ihre
Genossen und sprachen: Wer hat euch
befohlen, dies Haus aufzubauen und
diese Mauern zu errichten? 4 Dann sagten
sie zu ihnen: Wie heißen die Männer, die
diesen Bau aufführen? 5 Aber [a]das Auge
ihres Gottes war über den Ältesten der
Juden, sodass ihnen nicht gewehrt wurde,
bis man den Bericht an Darius gelangen
ließe und darüber ein Brief käme.

6 Dies ist die Abschrift des Briefes
Tattenais, des Statthalters jenseits des
Euphrat, und Schetar-Bosnais und ihrer
Genossen, der Beamten, die jenseits des
Euphrat waren, an den König Darius.
7 Die Botschaft, die sie ihm sandten, lau-
tete:

Dem König Darius allen Frieden! 8 Es
sei dem König kundgetan, dass wir ins
jüdische Land gekommen sind zu dem
Hause des großen Gottes; dies baute
man mit behauenen Steinen und legte
Balken in die Wände, und die Arbeit
ging unter ihrer Hand frisch vonstatten.
9 Wir aber haben die Ältesten gefragt und
zu ihnen gesagt: Wer hat euch befohlen,
dies Haus zu bauen und diese Mauern zu
errichten? 10 Auch fragten wir, wie sie hie-
ßen, damit wir es dir kundtäten und die
Namen der Männer aufschrieben, die an
ihrer Spitze stehen. 11 Sie aber gaben uns
dies zur Antwort: Wir sind Knechte des
Gottes des Himmels und der Erde und
bauen das Haus wieder auf, das einst vor
vielen Jahren hier gestanden und das ein
großer König Israels gebaut und voll-
endet hat. 12 Aber als unsere Väter den
Gott des Himmels erzürnten, [a]gab er sie
in die Hand Nebukadnezars, des Königs
von Babel, des Chaldäers; der [b]zerstörte
dies Haus und führte das Volk weg nach
Babel. 13 Aber im ersten Jahr des Kyrus,
des Königs von Babel, befahl der König
Kyrus, dies Haus Gottes wieder zu bau-
en.[a] 14 Auch die goldenen und silbernen
Geräte im Hause Gottes, die Nebukad-
nezar aus dem Tempel zu Jerusalem ge-
nommen und in den Tempel zu Babel
gebracht hatte, nahm der König Kyrus
aus dem Tempel zu Babel und gab sie
[a]Scheschbazar, den er zum Statthalter
einsetzte, 15 und sprach zu ihm: Nimm
diese Geräte, zieh hin und bringe sie in
den Tempel zu Jerusalem, und das Haus
Gottes soll gebaut werden an seiner frü-
heren Stätte. 16 Da kam jener Scheschba-
zar und legte den Grund zum Hause
Gottes zu Jerusalem. Seit der Zeit baut
man und es ist noch nicht vollendet.
17 Gefällt es nun dem König, so lasse
er in Babel im Schatzhaus des Königs
suchen, [a]ob es von dem König Kyrus
befohlen sei, das Haus Gottes zu Jeru-
salem wieder aufzubauen, und man
sende uns des Königs Meinung darüber.

4,24: *a* Vers 5; Kap 6,15 **5,1:** *a* Hag 1,1; *b* Sach 1,1 **5,5:** *a* 5. Mose 11,12; 1. Kön 8,29 **5,12:** *a* 2. Kön 24,10-14; *b* 2. Kön 25,9 **5,13:** *a* Kap 1,1-2 **5,14:** *a* Kap 1,7-8 **5,17:** *a* Kap 8,36

Der Erlass des Kyrus über den Tempelbau

6 Da befahl der König Darius, dass
man in Babel in den Schatzhäusern,
in denen die Bücher aufbewahrt wurden,
nachforschen sollte. 2 Da fand man in der
Festung Achmeta, die in Medien liegt,
eine Schriftrolle, auf der geschrieben
stand:
Aufzeichnung. 3 Im ersten Jahr des Kö-
nigs Kyrus befahl der König Kyrus, das
Haus Gottes in Jerusalem wieder aufzu-
bauen als eine Stätte, an der man opfert,
und seinen Grund zu legen: seine Höhe
sechzig Ellen und seine Breite auch sech-
zig Ellen 4 und drei Schichten von be-
hauenen Steinen und eine Schicht von
Holz, und die Mittel sollen vom Hause
des Königs gegeben werden. 5 Auch soll
man zurückgeben die goldenen und sil-
bernen Geräte des Hauses Gottes, die
Nebukadnezar aus dem Tempel zu Jeru-
salem weggenommen und nach Babel ge-
bracht hat; man soll sie zurückbringen in
den Tempel zu Jerusalem an ihre Stätte
im Hause Gottes.

Vollendung des Tempelbaus unter Darius

6 So haltet euch nun fern von dieser Sa-
che, du, Tattenai, Statthalter jenseits des
Euphrat, und Schetar-Bosnai mit euren
Genossen, ihr Beamten, die ihr jenseits
des Euphrat seid! 7 Lasst sie arbeiten am
Hause Gottes, damit der Statthalter der
Juden und ihre Ältesten das Haus Gottes
an seiner früheren Stätte wieder auf-
bauen. 8 Auch ist von mir befohlen wor-
den, was ihr den Ältesten der Juden dar-
reichen sollt, um das Haus Gottes zu
bauen, nämlich dass man aus des Königs
Schatz von dem, was einkommt aus der
Landschaft jenseits des Euphrat, mit
Sorgfalt nehme und gebe den Leuten re-
gelmäßig, was sie bedürfen. 9 Und was sie
bedürfen an Stieren, Widdern und Läm-
mern zum Brandopfer für den Gott des
Himmels, an Weizen, Salz, Wein und Öl
nach dem Wort der Priester in Jerusalem,
das soll man ihnen täglich geben und es
soll nicht lässig geschehen, 10 damit sie
opfern zum lieblichen Geruch dem Gott
des Himmels und bitten für das Leben
des Königs und seiner Söhne. 11 Ferner
wird von mir befohlen: Wenn irgend-
jemand diesen Erlass übertritt, so soll ein
Balken aus seinem Haus herausgerissen
und er daran aufrecht angeschlagen wer-
den, und sein Haus soll um seiner Tat
willen zum Schutthaufen gemacht wer-
den. 12 Der Gott aber, der seinen Namen
dort wohnen lässt, bringe jeden König
um und jedes Volk, das seine Hand
ausreckt, diesen Erlass zu übertreten
und das Haus Gottes in Jerusalem zu
zerstören. Ich, Darius, habe diesen Be-
fehl gegeben, damit er sorgfältig befolgt
werde.
13 Da taten Tattenai, der Statthalter
jenseits des Euphrat, und Schetar-Bosnai
und ihre Genossen sorgfältig nach dem,
was der König Darius ihnen befohlen
hatte. 14 Und die Ältesten der Juden bau-
ten und es ging vonstatten durch die
Weissagung der Propheten Haggai und
Sacharja, des Sohnes Iddos, und sie bau-
ten und vollendeten es nach dem Befehl
des Gottes Israels und nach dem Befehl
des Kyrus, Darius und Artahsasta, der
Könige von Persien, 15 und sie vollende-
ten das Haus bis zum dritten Tag des
Monats Adar im sechsten Jahr der Herr-
schaft des Königs Darius.
16 Und die Israeliten, die Priester, die
Leviten und die andern, die aus der Ge-
fangenschaft zurückgekommen waren,
hielten [a]die Einweihung des Hauses
Gottes mit Freuden 17 und [a]opferten zur
Einweihung des Hauses Gottes hundert
Stiere, zweihundert Widder, vierhundert
Lämmer und zum Sündopfer für ganz
Israel zwölf Ziegenböcke nach der Zahl
der Stämme Israels 18 und bestellten die
Priester nach ihren Abteilungen und die
Leviten nach ihren Ordnungen zum
Dienst am Hause Gottes in Jerusalem,
[a]wie es im Buch des Mose geschrieben
steht.

Feier des Passafestes

19 Und die, die aus der Gefangenschaft
zurückgekommen waren, [a]hielten Passa
am vierzehnten Tage des ersten Monats.
20 Denn die Leviten hatten sich gereinigt
Mann für Mann, sodass sie alle rein wa-
ren, und schlachteten das Passa für alle,

6,16: *a* 1. Kön 8,62-66 **6,17:** *a* 4. Mose 7,10 **6,18:** *a* 4. Mose 3,6 **6,19:** *a* 2. Mose 12,6

die aus der Gefangenschaft zurückge-
kommen waren, und für ihre Brüder, die
Priester, und für sich. 21 Und [a]es aßen
das Passa die Israeliten, die aus der Ge-
fangenschaft zurückgekommen waren,
und alle, die sich zu ihnen abgesondert
hatten von der Unreinheit der Heiden im
Lande, um den HERRN, den Gott Israels,
zu suchen. 22 Und sie hielten das Fest der
Ungesäuerten Brote sieben Tage lang mit
Freuden; denn der HERR hatte sie fröh-
lich gemacht und das Herz des Königs
von Assur* ihnen zugewandt, damit sie
gestärkt würden zur Arbeit am Hause
des Gottes, der der Gott Israels ist.

Esras Beauftragung durch Artaxerxes

7 Nach diesen Geschichten zog unter
der Regierung des Artahsasta**, des
Königs von Persien, Esra herauf, der
Sohn [a]Serajas, des Sohnes Asarjas, des
Sohnes Hilkijas, 2 des Sohnes Schallums,
des Sohnes Zadoks, des Sohnes Ahitubs,
3 des Sohnes Amarjas, des Sohnes Asar-
jas, des Sohnes Merajots, 4 des Sohnes
Serachjas, des Sohnes Usis, des Sohnes
Bukkis, 5 des Sohnes Abischuas, des Soh-
nes des Pinhas, des Sohnes Eleasars, des
Sohnes Aarons, des Hohenpriesters.
6 Dieser Esra zog von Babel herauf. Er
war ein Schriftgelehrter, kundig im Ge-
setz des Mose, das der HERR, der Gott
Israels, gegeben hatte. Und der König
gab ihm alles, was er erbat, weil [a]die
Hand des HERRN, seines Gottes, über
ihm war.

7 Und mit ihm zogen herauf einige von
den Israeliten und von den Priestern und
Leviten, von den Sängern, Torhütern
und Tempelsklaven nach Jerusalem im
siebenten Jahr des Königs Artahsasta.
8 Und er kam nach Jerusalem im fünften
Monat, im siebenten Jahr des Königs.
9 Am ersten Tage des ersten Monats näm-
lich hatte er beschlossen, von Babel her-
aufzuziehen, und am ersten Tage des
fünften Monats kam er nach Jerusalem,
weil die gnädige Hand Gottes über ihm
war. 10 Denn Esra richtete sein Herz dar-
auf, das Gesetz des HERRN zu erforschen
und danach zu tun und Gebote und
Rechte in Israel zu lehren.

Erlass des Königs Artaxerxes über Esras Vollmacht

11 Und dies ist die Abschrift des Schrei-
bens, das der König Artahsasta Esra gab,
dem Priester und Schriftgelehrten, der
kundig war in den Worten der Gebote
und Satzungen des HERRN für Israel:

12 Artahsasta, der König aller Könige,
an Esra, den Priester und Beauftragten
für das Gesetz des Gottes des Himmels:
Friede zuvor! 13 Und nun, von mir ist
befohlen worden, dass alle, die von dem
Volk Israel und den Priestern und Levi-
ten in meinem Reich willig sind, nach
Jerusalem zu ziehen, mit dir ziehen kön-
nen, 14 weil du vom König und seinen
sieben Räten gesandt bist, um aufgrund
des Gesetzes deines Gottes, das in deiner
Hand ist, nachzuforschen, wie es in Juda
und Jerusalem steht, 15 und hinzubringen
Silber und Gold, das der König und
seine Räte freiwillig geben dem Gott Is-
raels, dessen Wohnung zu Jerusalem ist,
16 und was du sonst an Silber und Gold
erhältst in der ganzen Landschaft Babel
samt dem, was das Volk und die Priester
freiwillig geben für das Haus ihres Got-
tes zu Jerusalem. 17 Alles das nimm und
kaufe mit Sorgfalt von diesem Geld
Stiere, Widder, Lämmer und Speisopfer
und Trankopfer dazu, damit man sie
opfere auf dem Altar des Hauses eures
Gottes zu Jerusalem. 18 Dazu, was dir
und deinen Brüdern mit dem übrigen
Gelde zu tun gefällt, das tut nach dem
Willen eures Gottes. 19 Und die Geräte,
die dir gegeben sind zum Dienst im
Hause deines Gottes, übergib alle vor
Gott in Jerusalem. 20 Auch was du sonst
noch brauchst für das Haus deines Got-
tes, was du ausgeben musst, das be-
kommst du aus den Schatzhäusern des
Königs.

21 Ich, König Artahsasta, habe allen
Schatzmeistern jenseits des Euphrat be-
fohlen: Alles, was Esra, der Priester und
Beauftragte für das Gesetz des Gottes
des Himmels, von euch fordert, das tut
mit Sorgfalt, 22 bis zu hundert Zentner
Silber und hundert Sack Weizen und
hundert Eimer Wein und hundert Eimer

* Gemeint ist hiermit der König von Persien. ** Griechisch: Artaxerxes.

6,21: *a* 5.Mose 16,1-8 **7,1:** *a* 1.Chr 5,39-40 **7,6:** *a* Verse 9.28; Kap 8,18.22; Neh 2,8

Öl und Salz in jeder Menge. 23Alles, was
dir Gott befohlen hat, dass es gegeben
werde, das soll für das Haus des Gottes
des Himmels mit Hingabe geleistet wer-
den, damit nicht der Zorn über das Reich
des Königs und seiner Söhne komme.
24Und euch sei kundgetan, dass ihr nicht
Macht habt, Steuern, Abgaben und Zoll
zu legen auf irgendeinen Priester, Levi-
ten, Sänger, Torhüter, Tempelsklaven, auf
alle, die im Hause dieses Gottes Dienst
tun. 25Du aber, Esra, setze nach der
Weisheit deines Gottes, die in deiner
Hand ist, Richter und Rechtspfleger ein,
die allem Volk Recht sprechen, das jen-
seits des Euphrat wohnt, nämlich allen,
die das Gesetz deines Gottes kennen;
und wer es nicht kennt, den sollt ihr es
lehren. 26Aber jeder, der nicht sorgfältig
das Gesetz deines Gottes und das Gesetz
des Königs hält, der soll sein Urteil emp-
fangen, es sei Tod oder Acht oder Buße
an Hab und Gut oder Gefängnis.

27Gelobt sei der HERR, der Gott un-
serer Väter, der solches dem König einge-
geben hat, dass er das Haus des HERRN
in Jerusalem so herrlich mache, 28und
der mir die Gunst des Königs und seiner
Räte und aller mächtigen Oberen des
Königs zugewandt hat! Und ich ward ge-
trost, weil [a]die Hand des HERRN, meines
Gottes, über mir war, und sammelte aus
Israel Sippenhäupter, dass sie mit mir
hinaufzögen.

Verzeichnis der mit Esra Zurückgekehrten

8 Dies sind die Häupter der Sippen mit
ihren Geschlechtsregistern, die mit
mir heraufzogen von Babel zur Zeit, als
der König Artahsasta regierte.[a]

2Von den Söhnen Pinhas: Gerschom;
von den Söhnen Itamar: Daniel; von den
Söhnen David: Hattusch, der Sohn
[a]Schechanjas; 3von den Söhnen [a]Pa-
rosch: Secharja und mit ihm verzeichnet
hundertundfünfzig Männer; 4von den
Söhnen [a]Pahat-Moab: Eljoënai, der
Sohn Serachjas, und mit ihm zweihun-
dert Männer; 5von den Söhnen [a]Sattu:
Schechanja, der Sohn Jahasiëls, und mit
ihm dreihundert Männer; 6von den Söh-
nen Adin: Ebed, der Sohn Jonatans, und
mit ihm fünfzig Männer; 7von den Söh-
nen Elam: Jeschaja, der Sohn Ataljas,
und mit ihm siebzig Männer; 8von den
Söhnen Schefatja: Sebadja, der Sohn Mi-
chaels, und mit ihm achtzig Männer;
9von den Söhnen Joab: Obadja, der Sohn
Jehiëls, und mit ihm zweihundertund-
achtzehn Männer; 10von den Söhnen
[a]Bani: Schelomit, der Sohn Josifjas, und
mit ihm hundertundsechzig Männer;
11von den Söhnen Bebai: Secharja, der
Sohn Bebais, und mit ihm achtundzwan-
zig Männer; 12von den Söhnen Asgad:
Johanan, der Sohn Katans, und mit ihm
hundertundzehn Männer; 13von den
Söhnen Adonikam: die Letzten, und sie
hießen: Elifelet, Jeïël und Schemaja, und
mit ihnen sechzig Männer; 14von den
Söhnen Bigwai: Utai, der Sohn Sabbuds,
und mit ihm siebzig Männer.

Vorbereitung zum Aufbruch nach Jerusalem

15Und ich versammelte sie am Fluss, der
nach Ahawa fließt, und wir blieben dort
drei Tage. Und ich sah wohl Volk und
Priester, aber ich fand keine Leviten.
16Da sandte ich hin Eliëser, Ariël, Sche-
maja, Elnatan, Jarib, Elnatan, Nathan,
Secharja und Meschullam, verständige
Sippenhäupter, 17und schickte sie zu
Iddo, dem Vorsteher in Kasifja, damit sie
uns Diener für das Haus unseres Gottes
holten. Und ich legte ihnen in den
Mund, was sie reden sollten mit Iddo
und seinen Brüdern, die in Kasifja wa-
ren. 18Und sie brachten uns, weil [a]die
gnädige Hand unseres Gottes über uns
war, einen klugen Mann von den Söhnen
Machlis, des Sohnes Levis, des Sohnes
Israels, nämlich Scherebja mit seinen
Söhnen und Brüdern, achtzehn; 19und
Haschabja und Jeschaja, seinen Bruder,
von den Söhnen Merari und ihre Söhne,
zwanzig; 20und von den [a]Tempelsklaven,
die David und die Oberen bestimmt hat-
ten, den Leviten zu dienen, zweihundert-
undzwanzig. Sie alle sind mit Namen
aufgezeichnet.

21Und ich ließ dort am Fluss bei
Ahawa ein Fasten ausrufen, damit wir

7,28: *a* Vers 6 **8,1:** *a* Kap 7,1.7 **8,2:** *a* 1.Chr 3,22 **8,3:** *a* Kap 2,3 **8,4:** *a* Kap 2,6 **8,5:** *a* Kap 2,8 **8,10:** *a* Kap 2,10 **8,18:** *a* Kap 7,6 **8,20:** *a* 1.Chr 9,2

uns vor unserm Gott demütigten, um
von ihm eine Reise ohne Gefahren zu
erbitten für uns und unsere Kinder und
alle unsere Habe. 22Denn ich schämte
mich, vom König Geleit und Reiter zu
fordern, um uns auf dem Wege vor Fein-
den zu helfen. Denn wir hatten dem Kö-
nig gesagt: [a]**Die Hand unseres Gottes ist
zum Besten über allen, die ihn suchen, und
seine Stärke und sein Zorn gegen alle, die
ihn verlassen.** 23So fasteten wir und er-
baten solches von unserm Gott; und er
erhörte uns.

24Und ich sonderte zwölf der obersten
Priester aus, dazu Scherebja und Ha-
schabja und mit ihnen zehn von ihren
Brüdern, 25und wog ihnen dar das Silber
und Gold und die Geräte als Abgabe für
das Haus unseres Gottes, die der König
und seine Räte und Oberen und ganz
Israel, so viel ihrer waren, gegeben hat-
ten. 26Ich wog ihnen dar und gab in ihre
Hand sechshundertundfünfzig Zentner
Silber und an silbernen Geräten hundert
Zentner und an Gold hundert Zentner,
27zwanzig goldene Becher, tausend Gul-
den wert, und zwei schöne Gefäße aus
goldglänzendem Kupfer, so kostbar wie
Gold, 28und sprach zu ihnen: Ihr seid
heilig dem HERRN und die Geräte sind
heilig, und das Silber und Gold sind eine
freiwillige Gabe für den HERRN, den
Gott eurer Väter. 29Seid nun wachsam
und bewahrt es, bis ihr es darwägt in
Jerusalem in den Kammern des Hauses
des HERRN vor den obersten Priestern
und Leviten und den Sippenhäuptern in
Israel. 30Da nahmen die Priester und Le-
viten das dargewogene Silber und Gold
und die Geräte, um sie nach Jerusalem
zum Hause unseres Gottes zu bringen.

Ankunft in Jerusalem

31Dann brachen wir auf von dem Fluss
bei Ahawa am zwölften Tage des ersten
Monats, um nach Jerusalem zu ziehen.
Und die Hand unseres Gottes war über
uns und errettete uns vor Feinden und
vor solchen, die uns auf dem Wege nach-
stellten. 32Und wir kamen nach Jerusa-
lem und ruhten dort drei Tage aus.
33Aber am vierten Tage wurden im
Hause unseres Gottes das Silber und
Gold und die Geräte dargewogen dem
Priester Meremot, dem Sohn Urias, und
mit ihm Eleasar, dem Sohn des Pinhas,
und mit ihnen den Leviten Josabad, dem
Sohn Jeschuas, und Noadja, dem Sohn
Binnuis, 34nach Zahl und Gewicht eines
jeden Stückes; und das ganze Gewicht
wurde aufgeschrieben. 35Zu dieser Zeit
opferten die Leute, die aus der Gefan-
genschaft gekommen waren, Brandopfer
dem Gott Israels, zwölf junge Stiere für
ganz Israel, sechsundneunzig Widder,
siebenundsiebzig Lämmer, [a]zwölf Böcke
zum Sündopfer, alles zum Brandopfer
für den HERRN.

36Und sie [a]übergaben die Befehle des
Königs den Amtleuten des Königs und
den Statthaltern jenseits des Euphrat.
Und diese halfen dem Volk und dem
Hause Gottes.

Esras Bußgebet wegen der Mischehen

9 Als das alles ausgerichtet war, traten
die Oberen zu mir und sprachen: Das
Volk Israel und die Priester und Leviten
haben sich nicht abgesondert von den
Völkern des Landes mit ihren Gräueln,
nämlich von den Kanaanitern, Hetitern,
Perisitern, Jebusitern, Ammonitern, Moa-
bitern, Ägyptern und Amoritern; 2denn
[a]sie haben deren Töchter genommen für
sich und für ihre Söhne und das heilige
Volk hat sich vermischt mit den Völkern
des Landes. Und die Oberen und Rats-
herren waren die Ersten bei diesem
Treubruch.

3Als ich dies hörte, zerriss ich mein
Kleid und meinen Mantel und raufte mir
Haupthaar und Bart und setzte mich be-
stürzt hin. 4Und es versammelten sich
bei mir alle, die über die Worte des Got-
tes Israels erschrocken waren wegen des
Treubruchs derer, die aus der Gefangen-
schaft gekommen waren; und ich saß be-
stürzt da bis zum Abendopfer.

5Und um das Abendopfer fasste ich
mich und stand auf in meinem zerris-
senen Kleid und Mantel, fiel auf meine
Knie und breitete meine Hände aus zu
dem HERRN, meinem Gott, 6und sprach:
Mein Gott, [a]ich schäme mich und

8,22: *a* Kap 7,6 **8,35:** *a* Kap 6,17 **8,36:** *a* Kap 5,17; 7,12-26 **9,2:** *a* 5. Mose 7,3; 23,3; Neh 13,23 **9,6:** *a* Dan 9,7-8

scheue mich, meine Augen aufzuheben
zu dir, mein Gott; denn unsere Missetat
ist über unser Haupt gewachsen, und un-
sere Schuld ist groß bis an den Himmel.
7 Von der Zeit unserer Väter an sind wir
in großer Schuld gewesen bis auf diesen
Tag, und um unserer Missetat willen sind
wir und unsere Könige und Priester in
die Hand der Könige der Länder gegeben
worden, ins Schwert, ins Gefängnis, zum
Raub und zur Schmach, so wie es heute
ist. 8 Nun aber ist uns einen kleinen
Augenblick Gnade vor dem HERRN, un-
serm Gott, geschehen, dass er uns noch
Errettete übrig gelassen und uns einen
festen Halt an seiner heiligen Stätte gege-
ben hat, um unsere Augen aufleuchten
und uns ein wenig aufleben zu lassen in
unserer Knechtschaft. 9 Denn wir sind
Knechte, aber unser Gott hat uns nicht
verlassen in unserer Knechtschaft und
hat uns die Gunst der Könige von Per-
sien zugewandt, dass er uns wieder auf-
leben lässt, um das Haus unseres Gottes
aufzubauen und es aus seinen Trümmern
wieder aufzurichten, damit er uns ein
Bollwerk in Juda und Jerusalem gebe.

10 Und nun, unser Gott, was sollen wir
nach alledem sagen? Wir haben deine
Gebote verlassen, 11 die du durch deine
Knechte, die Propheten, gegeben hast,
als sie sagten: Das Land, in das ihr
kommt, um es in Besitz zu nehmen, ist
ein [a]unreines Land durch die Unreinheit
der Völker des Landes mit ihren Gräu-
eln, mit denen sie es von einem Ende bis
zum andern Ende in ihrer Unreinheit an-
gefüllt haben. 12 So [a]sollt ihr nun eure
Töchter nicht ihren Söhnen geben, und
ihre Töchter sollt ihr nicht für eure
Söhne nehmen. Und lasst sie nicht zu
Frieden und Wohlstand kommen ewig-
lich, damit ihr mächtig werdet und das
Gut des Landes esst und es euren Kin-
dern vererbt auf ewige Zeiten.

13 Aber nach allem, was über uns ge-
kommen ist um unserer bösen Werke und
großen Schuld willen – und du, unser
Gott, hast unsere Missetat nicht bestraft,
wie wir's verdient hätten, und hast uns
diese Schar von Erretteten gegeben –,
14 sollten wir wiederum deine Gebote
übertreten, dass wir uns vermischten mit
den Völkern, die diese Gräuel tun? Wirst
du nicht über uns zürnen, bis es ganz aus
ist, sodass es weder einen Rest noch Ent-
ronnene gibt? 15 HERR, Gott Israels, du
bist getreu; denn wir sind übrig geblieben
als Errettete, wie es heute ist. Siehe, hier
sind wir vor dir in unserer Schuld; darum
können wir nicht bestehen vor deinem
Angesicht.

Auflösung der Mischehen

10 Und wie nun Esra vor dem Hause
Gottes auf den Knien lag und wei-
nend betete und bekannte, sammelte sich
um ihn aus Israel eine sehr große Ge-
meinde von Männern, Frauen und Kin-
dern; denn das Volk weinte sehr. 2 Und
Schechanja, der Sohn Jehiëls, von den
Söhnen Elam, hob an und sprach zu
Esra: Wir haben unserm Gott die Treue
gebrochen, als wir uns fremde Frauen
von den Völkern des Landes genommen
haben. Nun, es ist trotz allem noch Hoff-
nung für Israel! 3 So lasst uns nun mit
unserm Gott einen Bund schließen, dass
wir alle fremden Frauen und die Kinder,
die von ihnen geboren sind, hinaustun
nach dem Rat meines Herrn und derer,
die die Gebote unseres Gottes fürchten,
dass man tue nach dem Gesetz. 4 So steh
nun auf! Denn dir gebührt's zu handeln
und wir wollen mit dir sein. Sei getrost
und tu es!

5 Da stand Esra auf und nahm einen
Eid von den obersten Priestern, den Le-
viten und ganz Israel, dass sie nach die-
sem Wort tun sollten. Und sie schworen.
6 Und Esra ging fort von dem Platz vor
dem Hause Gottes und ging in die Kam-
mer Johanans, des Sohnes Eljaschibs.
Und er blieb dort über Nacht, aß kein
Brot und trank kein Wasser; denn er trug
Leid um den Treubruch derer, die aus der
Gefangenschaft gekommen waren.

7 Und man ließ ausrufen in Juda und
Jerusalem für alle, die in der Gefangen-
schaft gewesen waren, dass sie sich in
Jerusalem versammeln sollten; 8 und wer
nicht in drei Tagen nach dem Ratschluss
der Oberen und Ältesten käme, dessen
ganze Habe sollte dem Bann verfallen
und er selbst ausgeschlossen sein aus der
Gemeinde derer, die aus der Gefangen-

9,11: *a* 3. Mose 18,24-25 **9,12:** *a* Vers 2

schaft gekommen waren. 9Da versam-
melten sich alle Männer von Juda und
Benjamin in Jerusalem auf den dritten
Tag, den zwanzigsten im neunten Monat.
Und alles Volk saß auf dem Platz vor
dem Hause Gottes, zitternd wegen der
Sache und des strömenden Regens.
10Und Esra, der Priester, stand auf und
sprach zu ihnen: Ihr habt dem Herrn die
Treue gebrochen, als ihr euch fremde
Frauen genommen und so die Schuld Is-
raels gemehrt habt. 11Bekennt sie nun
dem HERRN, dem Gott eurer Väter, und
tut seinen Willen und scheidet euch von
den Völkern des Landes und von den
fremden Frauen.

12Da antwortete die ganze Gemeinde
und sprach mit lauter Stimme: Es ge-
schehe, wie du uns gesagt hast! 13Aber es
ist viel Volk hier, und es ist Regenzeit
und man kann nicht draußen stehen;
auch ist es nicht in ein oder zwei Tagen
getan, denn wir haben in dieser Sache
viel gesündigt. 14Unsere Oberen sollen
die ganze Gemeinde vertreten, dass alle,
die sich in unsern Städten fremde Frauen
genommen haben, zu bestimmten Zeiten
kommen und mit ihnen die Ältesten einer
jeden Stadt und ihre Richter, bis der
Zorn unseres Gottes um dieser Sache
willen von uns gewendet werde.

15Nur Jonatan, der Sohn Asaëls, und
Jachseja, der Sohn Tikwas, widersetzten
sich und Meschullam und Schabbetai,
der Levit, halfen ihnen. 16Doch die aus
der Gefangenschaft gekommen waren,
taten, wie sie versprochen hatten. Und
der Priester Esra sonderte sich Männer
aus, die Häupter ihrer Sippen, alle na-
mentlich genannt, und sie traten zusam-
men am ersten Tage des zehnten Monats,
um diese Sache zu untersuchen. 17Und
sie brachten's zum Abschluss bei allen
Männern, die fremde Frauen hatten, bis
zum ersten Tage des ersten Monats.

18Und es wurden gefunden unter den
Priestern, die sich fremde Frauen genom-
men hatten:
bei den Söhnen [a]Jeschuas, des Sohnes
Jozadaks, und seinen Brüdern: Maaseja,
Eliëser, Jarib und Gedalja, 19und sie ga-
ben die Hand darauf, dass sie ihre
Frauen ausstoßen und einen Widder für
ihre Schuld als Schuldopfer geben woll-
ten; 20bei den Söhnen Immer: Hanani
und Sebadja; 21bei den Söhnen Harim:
Maaseja, Elija, Schemaja, Jehiël und
Usija; 22bei den Söhnen Paschhur: Eljoë-
nai, Maaseja, Jischmael, Netanel, Josa-
bad und Elasa; 23unter den Leviten: Jo-
sabad, Schimi und Kelaja, das ist [a]Ke-
lita, Petachja, Juda und Eliëser; 24unter
den Sängern: Eljaschib; unter den Torhü-
tern: Schallum, Telem und Uri.

25Unter den übrigen Israeliten: bei den
Söhnen Parosch: Ramja, Jisija, Malkija,
Mijamin, Eleasar, Haschabja und Be-
naja; 26bei den Söhnen Elam: Mattanja,
Secharja, Jehiël, Abdi, Jeremot und Elija;
27bei den Söhnen Sattu: Eljoënai, Elja-
schib, Mattanja, Jeremot, Sabad und
Asisa; 28bei den Söhnen Bebai: Johanan,
Hananja, Sabbai und Atlai; 29bei den
Söhnen Bani: Meschullam, Malluch,
Adaja, Jaschub, Scheal und Jeremot;
30bei den Söhnen Pahat-Moab: Adna,
Kelal, Benaja, Maaseja, Mattanja, Beza-
lel, Binnui und Manasse; 31bei den Söh-
nen Harim: Eliëser, Jischija, Malkija,
Schemaja, Simeon, 32Benjamin, Malluch
und Schemarja; 33bei den Söhnen Ha-
schum: Mattenai, Mattatta, Sabad, Eli-
felet, Jeremai, Manasse und Schimi;
34bei den Söhnen Bigwai: Maadai, Am-
ram, Uël, 35Benaja, Bedja, Keluhi,
36Wanja, Meremot, Eljaschib, 37Mat-
tanja, Mattenai, Jaasai; 38bei den Söhnen
Binnui: Schimi, 39Schelemja, Nathan,
Adaja, 40Machnadbai, Schaschai, Scha-
rai, 41Asarel, Schelemja, Schemarja,
42Schallum, Amarja und Josef; 43bei den
Söhnen Nebo: Jeïël, Mattitja, Sabad, Se-
bina, Jaddai, Joel und Benaja.

44Diese alle hatten sich fremde Frauen
genommen; und nun entließen sie Frauen
und Kinder.

10,18: *a* Kap 3,2 **10,23:** *a* Neh 8,7; 10,11

DAS BUCH NEHEMIA

Inhaltsübersicht

Nehemias Trauer um Jerusalem und sein Gebet

1 Dies ist die Geschichte Nehemias, des
Sohnes Hachaljas.
Es geschah im Monat Kislew des
zwanzigsten Jahres*, als ich in der Fes-
tung Susa war, [2]da kam Hanani, einer
meiner Brüder, mit einigen Männern aus
Juda. Und ich fragte sie, wie es den Ju-
den ginge, den Entronnenen, die aus der
Gefangenschaft zurückgekehrt waren,
und wie es Jerusalem ginge. [3]Und sie
sprachen zu mir: Die Entronnenen, die
zurückgekehrt sind aus der Gefangen-
schaft, sind dort im Lande in großem
Unglück und in Schmach; [a]die Mauern
Jerusalems liegen zerbrochen und seine
Tore sind mit Feuer verbrannt.
[4]Als ich aber diese Worte hörte,
[a]setzte ich mich nieder und weinte und
trug Leid tagelang und fastete und betete
vor dem Gott des Himmels [5]und sprach:
Ach, Herr, Gott des Himmels, [a]du gro-
ßer und furchtbarer Gott, der da hält
den Bund und die Treue denen, die ihn
lieben und seine Gebote halten! [6]Lass
doch deine Ohren aufmerken und deine
Augen offen sein, dass du das Gebet dei-
nes Knechtes hörst, das ich jetzt vor dir
bete Tag und Nacht für die Israeliten,
deine Knechte, und bekenne die Sünden
der Israeliten, die wir an dir getan haben;
und ich und meines Vaters Haus haben
auch gesündigt. [7]Wir haben übel an dir
getan, dass wir nicht gehalten haben die
Gebote, Befehle und Rechte, die du
geboten hast deinem Knecht Mose.
[8]Gedenke aber doch des Wortes, das du
deinem Knecht Mose gebotest und
sprachst: Wenn ihr mir die Treue brecht,
so [a]will ich euch unter die Völker zer-
streuen. [9]Wenn ihr euch aber zu mir be-
kehrt und meine Gebote haltet und sie
tut, so will ich, [a]auch wenn ihr ver-
sprengt wäret bis an des Himmels Ende,
euch doch von da sammeln und will euch
bringen an den Ort, den ich erwählt
habe, damit mein Name dort wohne.
[10]Sie sind ja doch deine Knechte und
dein Volk, das du erlöst hast durch deine
große Kraft und deine mächtige Hand.
[11]Ach, Herr, lass deine Ohren aufmerken
auf das Gebet deines Knechtes und auf
das Gebet deiner Knechte, die von Her-
zen deinen Namen fürchten. Und lass es
deinem Knecht heute gelingen und gib
ihm Gnade vor diesem Mann! – Denn
ich war des Königs Mundschenk.

Nehemia erlangt vom König die Erlaubnis, nach Jerusalem zu reisen

2 Im Monat Nisan des zwanzigsten
Jahres des Königs Artahsasta**, als
Wein vor ihm stand, nahm ich den Wein
und gab ihn dem König, und ich stand
traurig vor ihm. [2]Da sprach der König
zu mir: Warum siehst du so traurig
drein? Du bist doch nicht krank? Das
ist's nicht, sondern sicher bedrückt dich
etwas. Ich aber fürchtete mich sehr [3]und
sprach zum König: Der König lebe ewig!
Sollte ich nicht traurig dreinsehen? Die
Stadt, in der meine Väter begraben sind,
liegt wüst und ihre Tore sind vom Feuer
verzehrt. [4]Da sprach der König zu mir:
Was begehrst du denn? Da betete ich zu
dem Gott des Himmels [5]und sprach zum
König: Gefällt es dem König und hat
dein Knecht Gnade gefunden vor dir, so

* Gemeint ist das zwanzigste Jahr des Königs Artaxerxes, d. i. 445 v. Chr.

** Griechisch: Artaxerxes.

1,3: *a* 2. Chr 36,19 **1,4:** *a* Esra 9,3 **1,5:** *a* Dan 9,4 **1,8:** *a* 5. Mose 4,27 **1,9:** *a* 5. Mose 30,4-9

wollest du mich nach Juda reisen lassen,
in die Stadt, wo meine Väter begraben
sind, damit ich sie wieder aufbaue.
6 Und der König sprach zu mir, wäh-
rend die Königin neben ihm saß: Wie
lange wird deine Reise dauern und wann
wirst du wiederkommen? Und als es dem
König gefiel, mich reisen zu lassen,
nannte ich ihm eine bestimmte Zeit 7 und
sprach zum König: Gefällt es dem Kö-
nig, so gebe man mir Briefe an die Statt-
halter jenseits des Euphrat, damit sie mir
Geleit geben, bis ich nach Juda komme,
8 und auch Briefe an Asaf, den obersten
Aufseher über die Wälder des Königs,
damit er mir Holz gebe zu Balken für die
Pforten der Burg beim Tempel und für
die Stadtmauer und für das Haus, in das
ich einziehen soll. Und der König gab sie
mir, weil [a]die gnädige Hand meines Got-
tes über mir war.
9 Und als ich zu den Statthaltern jen-
seits des Euphrat kam, gab ich ihnen die
Briefe des Königs. Der König hatte aber
Hauptleute und Reiter mit mir gesandt.
10 Als das hörten Sanballat, der Horo-
niter, und Tobija, der ammonitische
Knecht, verdross es sie sehr, dass einer
gekommen war, der für die Israeliten Gu-
tes suchte.

Nehemia untersucht den Zustand der Mauern Jerusalems

11 Und als ich nach Jerusalem kam und
drei Tage da gewesen war, 12 machte ich
mich in der Nacht auf und wenige Män-
ner mit mir; denn ich hatte keinem Men-
schen gesagt, was mir mein Gott eingege-
ben hatte, für Jerusalem zu tun; und es
war kein Tier bei mir außer dem, auf
dem ich ritt. 13 Und ich ritt zum Taltor
hinaus bei Nacht und am Drachenquell
vorbei und an das Misttor und forschte
genau, wo die Mauern Jerusalems einge-
rissen waren und die Tore vom Feuer
verzehrt. 14 Und ich ritt hinüber zu dem
[a]Quelltor und zu des Königs Teich und
es war da kein Raum, dass mein Tier mit
mir weiterkommen konnte. 15 Da stieg ich
bei Nacht das Bachtal hinauf und ach-
tete genau auf die Mauern und kehrte
um und kam durch das Taltor wieder
heim.
16 Und die Ratsherren wussten nicht,
wohin ich gegangen war und was ich
gemacht hatte; denn ich hatte bis dahin
den Juden, nämlich den Priestern, den
Vornehmen und den Ratsherren und den
andern, die am Werk arbeiten sollten,
nichts gesagt. 17 Und ich sprach zu ihnen:
Ihr seht das Unglück, in dem wir sind,
dass Jerusalem wüst liegt und seine Tore
mit Feuer verbrannt sind. Kommt, lasst
uns die Mauern Jerusalems wieder auf-
bauen, damit wir nicht weiter ein Ge-
spött seien! 18 Und ich sagte ihnen, wie
gnädig die Hand meines Gottes über mir
gewesen war, dazu auch die Worte des
Königs, die er mir gesagt hatte. Und sie
sprachen: Auf, lasst uns bauen! Und sie
nahmen das gute Werk in die Hand.
19 Als das aber Sanballat, der Horo-
niter, und Tobija, der ammonitische
Knecht, und Geschem, der Araber, hör-
ten, verspotteten und verhöhnten sie uns
und sprachen: Was ist das, was ihr da
macht? Wollt ihr von dem König abfal-
len? 20 Da antwortete ich ihnen: Der Gott
des Himmels wird es uns gelingen lassen;
denn wir, seine Knechte, haben uns auf-
gemacht und bauen wieder auf. Für euch
gibt es keinen Anteil, kein Anrecht noch
Gedenken in Jerusalem.

Der Bau der Stadtmauer und die Liste der Bauleute

3 Und [a]Eljaschib, der Hohepriester,
machte sich mit seinen Brüdern, den
Priestern, auf und sie bauten das Schaf-
tor. Sie deckten es und setzten seine Tü-
ren ein. Sie bauten aber weiter bis an den
Turm Mea und bis an den [b]Turm Hana-
nel. 2 Neben ihnen bauten die Männer
von Jericho. Und daneben baute Sakkur,
der Sohn Imris. 3 Aber das Fischtor bau-
ten die Söhne Senaa; sie deckten es und
setzten seine Türen ein, seine Schlösser
und Riegel. 4 Neben ihnen baute Mere-
mot, der Sohn Urias, des Sohnes des
Hakkoz. Neben ihm baute Meschullam,
der Sohn Berechjas, des Sohnes Mesche-
sabels. Neben ihm baute Zadok, der
Sohn Baanas. 5 Neben ihm bauten die
Leute von Tekoa, aber ihre Vornehmen
beugten ihren Nacken nicht zum Dienst
für ihre Herren.

2,8: *a* Esra 7,6 **2,14:** *a* Kap 3,15 **3,1:** *a* Kap 12,10; *b* Jer 31,38

6 Das alte Tor baute Jojada, der Sohn
Paseachs; und Meschullam, der Sohn Be-
sodjas; sie deckten es und setzten seine
Türen ein, seine Schlösser und Riegel.
7 Neben ihnen bauten Melatja von Gi-
beon und Jadon von Meronot, die Män-
ner von Gibeon und von Mizpa, die
unter die Herrschaft des Statthalters
jenseits des Euphrat gehörten. 8 Daneben
baute Usiël, der Sohn Harhajas, der
Goldschmied. Neben ihm baute Ha-
nanja, der zu den Salbenbereitern gehört.
Sie bauten in Jerusalem bis an die breite
Mauer. 9 Neben ihnen baute Refaja, der
Sohn Hurs, der Vorsteher des halben Be-
zirkes von Jerusalem. 10 Neben ihm baute
Jedaja, der Sohn Harumafs, gegenüber
seinem Hause. Neben ihm baute Hat-
tusch, der Sohn Haschabnejas. 11 Aber
Malkija, der Sohn Harims, und Ha-
schub, der Sohn Pahat-Moabs, bauten
ein weiteres Stück bis zum Ofenturm.
12 Daneben baute Schallum, der Sohn des
Lohesch, der Vorsteher des andern hal-
ben Bezirkes von Jerusalem, er und seine
Töchter.

13 Das Taltor bauten Hanun und die
Bürger von Sanoach; sie bauten es und
setzten seine Türen ein, seine Schlösser
und Riegel – und tausend Ellen an der
Mauer bis an das Misttor. 14 Das Misttor
aber baute Malkija, der Sohn Rechabs,
der Vorsteher des Bezirkes von Bet-Ke-
rem; er baute es und setzte seine Türen
ein, seine Schlösser und Riegel. 15 Aber
das [a]Quelltor baute Schallun, der Sohn
Kolhoses, der Vorsteher des Bezirkes von
Mizpa; er baute es und deckte es und
setzte seine Türen ein, seine Schlösser
und Riegel, dazu die Mauer am [b]Teich
der Wasserleitung bei dem Garten des
Königs bis an die Stufen, die von der
Stadt Davids hinabführen. 16 Nach ihm
baute Nehemja, der Sohn Asbuks, der
Vorsteher des halben Bezirkes von Bet-
Zur, bis gegenüber den Gräbern Davids
und bis an den Teich, den man angelegt
hatte, und bis an das Haus der Kriegs-
leute.

17 Nach ihm bauten die Leviten:
Rehum, der Sohn Banis. Neben ihm
baute Haschabja, der Vorsteher des hal-
ben Bezirkes von Keïla, für seinen Be-
zirk. 18 Nach ihm bauten ihre Brüder un-
ter Binnui, dem Sohn Henadads, dem
Vorsteher des andern halben Bezirkes
von Keïla. 19 Neben ihm baute Eser, der
Sohn Jeschuas, der Vorsteher von Mizpa,
ein weiteres Stück an dem Winkel gegen-
über dem Aufgang zum Zeughaus.
20 Nach ihm zum Berge hin baute Ba-
ruch, der Sohn Sabbais, ein weiteres
Stück vom Winkel bis an die Haustür
[a]Eljaschibs, des Hohenpriesters. 21 Nach
ihm baute [a]Meremot, der Sohn Urias,
des Sohnes des Hakkoz, ein weiteres
Stück von der Haustür Eljaschibs bis an
das Ende des Hauses Eljaschibs. 22 Nach
ihm bauten die Priester, die Männer aus
der Gegend am Jordan. 23 Nach ihnen
bauten Benjamin und Haschub gegen-
über ihrem Hause. Nach ihnen baute
Asarja, der Sohn Maasejas, des Sohnes
Ananjas, neben seinem Hause. 24 Nach
ihm baute Binnui, der Sohn Henadads,
ein weiteres Stück vom Hause Asarjas
bis an den Winkel und bis an die Ecke.
25 Palal, der Sohn Usais, baute gegenüber
dem Winkel und dem oberen Turm, der
vom Königshause hervortritt bei dem
[a]Wachthof. Nach ihm baute Pedaja, der
Sohn des Parosch, 26b bis gegenüber dem
Wassertor im Osten und dem Turm, der
hervortritt. 27 Nach ihm bauten die Leute
von Tekoa ein weiteres Stück gegenüber
dem großen Turm, der hervortritt, und
bis an die Mauer des Ofel. 26a *Am Ofel
wohnten die Tempelsklaven.

28 Aber oberhalb des [a]Rosstors bauten
die Priester, ein jeder gegenüber seinem
Hause. 29 Nach ihnen baute Zadok, der
Sohn Immers, gegenüber seinem Hause.
Nach ihm baute Schemaja, der Sohn
Schechanjas, der Torhüter des Osttors.
30 Nach ihm bauten Hananja, der Sohn
Schelemjas, und Hanun, der sechste
Sohn Zalafs, ein weiteres Stück. Nach
ihnen baute Meschullam, der Sohn
Berechjas, gegenüber seiner Kammer.
31 Nach ihm baute Malkija, der zu den
Goldschmieden gehört, bis an das Haus
der Tempelsklaven und der Händler
gegenüber dem Wachttor und bis an das
Obergemach an der Mauerecke. 32 Und

* Der Zusammenhang erfordert die hier vorgenommene Umstellung des halben Verses.

3,15: *a* Kap 2,14; *b* 2. Kön 20,20; Joh 9,7 **3,20:** *a* Vers 1 **3,21:** *a* Esra 8,33 **3,25:** *a* Jer 32,2 **3,28:** *a* 2. Kön 11,16

zwischen dem Obergemach an der Ecke
und dem Schaftor bauten die Gold-
schmiede und die Händler.

Maßnahmen zum Schutz des Mauerbaus

33*Als aber [a]Sanballat hörte, dass wir
die Mauer bauten, wurde er zornig und
sehr entrüstet und spottete über die Ju-
den 34und sprach vor seinen Brüdern
und den Kriegsleuten in Samaria: Was
machen die ohnmächtigen Juden? Wird
man sie gewähren lassen? Werden sie es
mit Opfern einweihen? Werden sie es in
diesen Tagen schon vollenden? Werden
sie aus den Schutthaufen die Steine le-
bendig machen, die doch verbrannt sind?
35Aber Tobija, der Ammoniter, stand ne-
ben ihm und sprach: Lass sie nur bauen;
wenn ein Fuchs auf ihre steinerne Mauer
hinaufspringt, reißt er sie ein.

36Höre, unser Gott, wie verachtet sind
wir! Lass ihren Hohn auf ihren Kopf
kommen, dass du sie der Plünderung
preisgibst in einem Land, in das man sie
gefangen führt! 37Decke ihre Missetat
nicht zu, und ihre Sünde tilge nicht vor
dir; denn sie haben die Bauleute geläs-
tert!

38Aber wir bauten die Mauer und
schlossen sie bis zur halben Höhe. Und
das Volk gewann neuen Mut zu arbei-
ten.

4 Als aber Sanballat und Tobija und
die Araber und Ammoniter und
Aschdoditer hörten, dass die Mauern Je-
rusalems ausgebessert wurden, weil die
Lücken angefangen hatten sich zu schlie-
ßen, wurden sie sehr zornig 2und ver-
schworen sich alle miteinander hinzuzie-
hen, um gegen Jerusalem zu streiten und
bei uns Verwirrung anzurichten. 3Wir
aber beteten zu unserm Gott und stellten
gegen sie Tag und Nacht Wachen auf
zum Schutz vor ihnen. 4Und das Volk
von Juda sprach: Die Kraft der Träger ist
zu schwach und der Schutt ist zu viel; wir
können an der Mauer nicht weiterbauen.
5Unsere Widersacher aber dachten: Sie
sollen's nicht erfahren noch sehen, bis
wir mitten unter sie kommen und sie
töten und dem Werk ein Ende machen.

6Als nun die Juden, die nahe bei ihnen
wohnten, kamen und uns wohl zehnmal
sagten: Aus allen Orten, wo sie um uns
wohnen, ziehen sie gegen uns heran, –
7da stellte man sich auf unten hinter der
Mauer an den offenen Stellen, und ich
ließ das Volk antreten nach seinen Ge-
schlechtern mit Schwertern, Spießen und
Bogen. 8Und als ich ihre Furcht sah,
machte ich mich auf und sprach zu den
Vornehmen und Ratsherren und dem
übrigen Volk: Fürchtet euch nicht vor
ihnen; gedenkt an den Herrn, [a]der groß
und furchtbar ist, und streitet für eure
Brüder, Söhne, Töchter, Frauen und
Häuser!

9Als aber unsere Feinde hörten, dass
es uns kundgeworden war und Gott so
ihren Rat zunichtegemacht hatte, kehrten
wir alle wieder zur Mauer zurück, ein
jeder zu seiner Arbeit. 10Und es geschah
hinfort, dass die Hälfte meiner Leute am
Bau arbeitete, die andere Hälfte aber
hielt Spieße, Schilde, Bogen und Panzer
bereit und stand hinter dem ganzen
Hause Juda, 11das an der Mauer baute.
Die da Lasten trugen, arbeiteten so: Mit
der einen Hand taten sie die Arbeit und
mit der andern hielten sie die Waffe.
12Und ein jeder, der baute, hatte sein
Schwert um die Lenden gegürtet und
baute so; und der die Posaune zu blasen
hatte, stand neben mir.

13Und ich sprach zu den Vornehmen
und Ratsherren und zum übrigen Volk:
Das Werk ist groß und weit und wir sind
auf der Mauer weit verstreut und fern
voneinander. 14Woher ihr nun die Po-
saune tönen hört, dorthin sammelt euch
zu uns. [a]Unser Gott wird für uns strei-
ten. 15So arbeiteten wir am Bau, wäh-
rend die Hälfte die Spieße bereithielt,
vom Aufgang der Morgenröte, bis die
Sterne hervorkamen.

16Auch sprach ich damals zum Volk:
Ein jeder bleibe mit seinen Leuten über
Nacht in Jerusalem, damit wir in der
Nacht für die Wache Leute haben und
am Tage für die Arbeit. 17Aber ich und
meine Brüder und meine Leute und die
Wache, die mir folgte, wir zogen unsere
Kleider nicht aus; ein jeder hatte seinen
Spieß zur Rechten.

* Abweichende Verszählung statt 3,33–4,17: 4,1-23.

3,33: *a* Kap 2,10.19 **4,8:** *a* Kap 1,5 **4,14:** *a* 2. Mose 14,14

Nehemia beseitigt die Beschwerden der Armen

5 Und es erhob sich ein großes Ge-
schrei der Leute aus dem Volk und
ihrer Frauen gegen ihre jüdischen Brü-
der. 2 Die einen sprachen: Unsere Söhne
und Töchter müssen wir verpfänden, um
Getreide zu kaufen, damit wir essen und
leben können. 3 Die andern sprachen:
Unsere Äcker, Weinberge und Häuser
müssen wir versetzen, damit wir Getreide
kaufen können in dieser Hungerzeit.
4 Und wieder andere sprachen: Wir ha-
ben auf unsere Äcker und Weinberge
Geld aufnehmen müssen, um dem König
Steuern zahlen zu können. 5 Nun sind wir
doch wie unsere Brüder, von gleichem
Fleisch und Blut, und unsere Kinder sind
wie ihre Kinder; und siehe, wir müssen
unsere Söhne und Töchter als Sklaven
dienen lassen, und schon sind einige un-
serer Töchter erniedrigt worden und wir
können nichts dagegen tun, und unsere
Äcker und Weinberge gehören andern.[a]

6 Als ich aber ihr Schreien und diese
Worte hörte, wurde ich sehr zornig.
7 Und ich hielt Rat mit mir selbst und
schalt die Vornehmen und die Ratsherren
und sprach zu ihnen: Wollt ihr einer ge-
gen den andern [a]Wucher treiben? Und
ich brachte eine große Versammlung ge-
gen sie zusammen 8 und sprach zu ihnen:
Wir haben unsere jüdischen Brüder los-
gekauft, [a]die den Heiden verkauft wa-
ren, soweit es uns möglich war; wollt ihr
nun eure Brüder verkaufen, damit wir
sie wieder zurückkaufen müssen? Da
schwiegen sie und fanden nichts zu ant-
worten.

9 Und ich sprach: Es ist nicht gut, was
ihr tut. Solltet ihr nicht in der Furcht
Gottes wandeln um des Hohnes der Hei-
den willen, die ja unsere Feinde sind?
10 Ich und meine Brüder und meine Leute
haben unsern Brüdern auch Geld gelie-
hen und Getreide; [a]wir wollen ihnen
doch diese Schuld erlassen! 11 Gebt ihnen
noch heute ihre Äcker, Weinberge, Öl-
gärten und Häuser zurück und erlasst
ihnen die Schuld an Geld, Getreide, Wein
und Öl, die ihr von ihnen zu fordern
habt. 12 Da sprachen sie: Wir wollen es
zurückgeben und wollen nichts von ih-
nen fordern und wollen tun, wie du ge-
sagt hast. Und ich rief die Priester und
nahm einen Eid von ihnen, dass sie so
tun sollten. 13 Auch schüttelte ich mein
Gewand aus und sprach: So schüttle
Gott einen jeden aus seinem Hause und
aus seinem Besitz, der dies Wort nicht
hält: so sei er ausgeschüttelt und leer!
Und die ganze Gemeinde sprach »Amen«
und lobte den HERRN. Und das Volk
tat so.

Nehemias Uneigennützigkeit

14 Und von der Zeit an, als mir befohlen
wurde, ihr Statthalter zu sein im Lande
Juda, nämlich vom zwanzigsten Jahr an
bis in das zweiunddreißigste Jahr des Kö-
nigs Artahsasta, das sind zwölf Jahre,
verzichtete ich für mich und meine Brü-
der auf meine Einkünfte als Statthalter.
15 Denn die früheren Statthalter, die vor
mir gewesen waren, hatten das Volk be-
lastet und hatten für Brot und Wein täg-
lich vierzig Silberstücke von ihnen ge-
nommen; auch ihre Leute waren gewalt-
tätig mit dem Volk umgegangen. Ich aber
tat nicht so um der Furcht Gottes willen.
16 Auch arbeitete ich an der Mauer und
kaufte keinen Acker und alle meine
Leute mussten sich dort zur Arbeit ver-
sammeln. 17 Dazu waren von den Juden,
nämlich den Ratsherren, hundertfünfzig
an meinem Tisch und auch die, die zu
uns kamen aus den Völkern, die um uns
her wohnten. 18 Und dafür brauchte man
täglich einen Stier und sechs auserlesene
Schafe und Geflügel und jeweils für zehn
Tage eine bestimmte Menge Wein. Den-
noch forderte ich nicht die Einkünfte
eines Statthalters; denn der Dienst lag
schon schwer genug auf dem Volk.

19 Gedenke, mein Gott, zu meinem
Besten an alles, was ich für dies Volk
getan habe![a]

Nehemia begegnet den Nachstellungen seiner Feinde

6 Und als Sanballat, Tobija und Ge-
schem, der Araber, und unsere an-
dern Feinde erfuhren, dass ich die Mauer
gebaut hätte und keine Lücke mehr darin
sei, wiewohl ich die Türen zu der Zeit

5,5: *a* 3. Mose 25,39; 2. Kön 4,1; Jes 50,1; Am 2,6; Mt 18,25 **5,7:** *a* 2. Mose 22,24 **5,8:** *a* 3. Mose 25,47-49 **5,10:** *a* 5. Mose 15,1-11 **5,19:** *a* Kap 13,14.22.31

noch nicht in die Tore gehängt hatte,
2 sandten Sanballat und Geschem zu mir
und ließen mir sagen: Komm und lass
uns in Kefirim im Tal Ono zusammen-
kommen! Sie gedachten mir aber Böses
anzutun. 3 Ich aber sandte Boten zu ih-
nen und ließ ihnen sagen: Ich hab ein
großes Werk auszurichten, ich kann nicht
hinabkommen; es könnte das Werk lie-
gen bleiben, wenn ich die Hand abtäte
und zu euch hinabkäme. 4 Sie sandten
aber viermal zu mir in dieser Weise
und ich antwortete ihnen in der gleichen
Weise.
5 Da sandte Sanballat zum fünften Mal
seinen Diener zu mir mit einem offenen
Brief in seiner Hand. 6 Darin war ge-
schrieben: Unter den Leuten geht das
Gerücht und [a]Geschem hat's gesagt,
dass du und die Juden abfallen wollen,
dass du darum auch [b]die Mauer baust,
und du wollest ihr König werden; 7 und
du habest dir Propheten bestellt, die in
Jerusalem von dir ausrufen und sagen
sollen: Er ist der König in Juda! Nun,
das wird vor den König kommen. So
komm nun und lass uns miteinander Rat
halten!
8 Ich aber sandte zu ihm und ließ ihm
sagen: Es ist nichts von dem geschehen,
was du da sagst; du hast es dir in deinem
Herzen ausgedacht. 9 Denn sie alle woll-
ten uns furchtsam machen und dachten:
Sie sollen die Hand abtun vom Werk,
damit es nicht fertig werde. Da stärkte
ich umso mehr meine Hände.
10 Und ich kam ins Haus Schemajas,
des Sohnes Delajas, des Sohnes Mehet-
abels, der gerade behindert war, und er
sprach: Lass uns zusammenkommen im
Hause Gottes, im Innern des Tempels,
und die Türen des Tempels zuschließen;
denn sie werden kommen, dich zu töten,
in der Nacht werden sie kommen, damit
sie dich töten. 11 Ich aber sprach: Sollte
ein Mann wie ich fliehen? Sollte ein
Mann wie ich in den Tempel gehen, um
am Leben zu bleiben? Ich will nicht hin-
eingehen. 12 Denn ich merkte, dass nicht
Gott ihn gesandt hatte. Denn er sagte die
Weissagung über mich, weil Tobija und
Sanballat ihm Geld gegeben hatten,
13 damit ich mich fürchten und so han-
deln und mich verfehlen sollte, dass ein
böses Gerücht aufkäme, damit sie mich
verhöhnen könnten.
14 Gedenke, mein Gott, des Tobija und
Sanballat nach diesem ihrem Tun, auch
der Prophetin Noadja und der andern
Propheten, die mich abschrecken woll-
ten.[a]

Vollendung des Mauerbaus

15 Und die Mauer wurde am fünfund-
zwanzigsten Tage des Monats Elul in
zweiundfünfzig Tagen fertig. 16 Und als
alle unsere Feinde das hörten, fürchteten
sich alle Völker, die um uns her wohnten,
und der Mut entfiel ihnen; denn sie
merkten, dass dies Werk von Gott war.
17 Auch sandten viele Vornehme aus Juda
in jenen Tagen Briefe an Tobija und von
Tobija kamen Briefe zu ihnen. 18 Es gab
nämlich viele in Juda, die sich ihm ver-
schworen hatten; denn er war ein Schwie-
gersohn Schechanjas, des Sohnes Arachs,
und sein Sohn Johanan hatte zur Frau
die Tochter Meschullams, des Sohnes Be-
rechjas. 19 Und sie sagten vor mir Gutes
von ihm und trugen ihm meine Worte zu.
Da sandte Tobija Briefe, um mich abzu-
schrecken.

Sicherung der Stadt

7 Als wir nun die Mauer gebaut hatten,
hängte ich die Türen ein, und es wur-
den die Torhüter, Sänger und Leviten
eingesetzt. 2 Und ich setzte über Jerusa-
lem meinen Bruder Hanani und den
Burgvogt Hananja, der ein treuer Mann
war und gottesfürchtig vor vielen andern.
3 Und ich sprach zu ihnen: Man soll die
Tore Jerusalems nicht auftun, ehe die
Sonne heiß scheint; und während sie
noch am Himmel steht, soll man die
Tore schließen und verriegeln. Und man
soll Wachen aufstellen aus den Bürgern
Jerusalems, die einen bei ihrer Wach-
mannschaft, die andern ihrem Hause ge-
genüber.

Verzeichnis der aus Babel Zurückgekehrten

(vgl. Esra 2,1-67)

4 Die Stadt aber war weit und groß, aber
wenig Volk darinnen und Häuser waren

6,6: *a* Kap 2,19; *b* Esra 4,12 **6,14:** *a* Kap 3,33-37

noch nicht wieder gebaut. **5**Und mein
Gott gab mir ins Herz, dass ich die Vor-
nehmen und die Ratsherren und das Volk
versammelte, um sie aufzuzeichnen nach
Geschlechtern. Und ich fand das Ge-
schlechtsregister derer, die zuerst heim-
gekehrt waren, und fand darin geschrie-
ben:
6Dies sind die Leute der Landschaft
Juda, die aus der Gefangenschaft herauf-
gezogen sind, die Nebukadnezar, der Kö-
nig von Babel, weggeführt hatte und die
wieder nach Jerusalem und nach Juda
zurückkehrten, ein jeder in seine Stadt,
7und die gekommen sind mit Serubbabel,
Jeschua, Nehemja, Asarja, Raamja, Na-
hamani, Mordochai, Bilschan, Misperet,
Bigwai, Rehum und Baana.
Dies ist die Zahl der Männer vom
Volk Israel: **8**die Söhne Parosch 2172;
9die Söhne Schefatja 372; **10**die Söhne
Arach 652; **11**die Söhne Pahat-Moab,
nämlich die Söhne Jeschua und die
Söhne Joab, 2818; **12**die Söhne Elam
1254; **13**die Söhne Sattu 845; **14**die Söhne
Sakkai 760; **15**die Söhne Binnui 648;
16die Söhne Bebai 628; **17**die Söhne As-
gad 2322; **18**die Söhne Adonikam 667;
19die Söhne Bigwai 2067; **20**die Söhne
Adin 655; **21**die Söhne Ater, nämlich die
Söhne Hiskija, 98; **22**die Söhne Haschum
328; **23**die Söhne Bezai 324; **24**die Söhne
Harif 112; **25**die Männer von Gibeon 95;
26die Männer von Bethlehem und Netofa
188; **27**die Männer von Anatot 128; **28**die
Männer von Bet-Asmawet 42; **29**die
Männer von Kirjat-Jearim, Kefira und
Beerot 743; **30**die Männer von Rama und
Geba 621; **31**die Männer von Michmas
122; **32**die Männer von Bethel und Ai
123; **33**die Söhne des andern Nebo 52;
34die Söhne des andern Elam 1254; **35**die
Söhne Harim 320; **36**die Männer von Je-
richo 345; **37**die Männer von Lod, Hadid
und Ono 721; **38**die Söhne Senaa 3930.
39Die Priester: die Söhne Jedaja, näm-
lich das Haus Jeschua, 973; **40**die Söhne
Immer 1052; **41**die Söhne Paschhur 1247;
42die Söhne Harim 1017.
43Die Leviten: die Söhne Jeschua,
nämlich Kadmiël, Binnui und Hodawja,
74.
44Die Sänger: die Söhne Asaf 148.
45Die Torhüter: die Söhne Schallum,
die Söhne Ater, die Söhne Talmon, die
Söhne Akkub, die Söhne Hatita, die
Söhne Schobai, insgesamt 138.
46Die Tempelsklaven: die Söhne Ziha,
die Söhne Hasufa, die Söhne Tabbaot,
47die Söhne Keros, die Söhne Sia, die
Söhne Padon, **48**die Söhne Lebana, die
Söhne Hagaba, die Söhne Salmai, **49**die
Söhne Hanan, die Söhne Giddel, die Söh-
ne Gahar, **50**die Söhne Reaja, die Söhne
Rezin, die Söhne Nekoda, **51**die Söhne
Gasam, die Söhne Usa, die Söhne Pa-
seach, **52**die Söhne Besai, die Söhne
der Mëuniter, die Söhne der Nefusiter,
53die Söhne Bakbuk, die Söhne Hakufa,
die Söhne Harhur, **54**die Söhne Bazlut,
die Söhne Mehida, die Söhne Harscha,
55die Söhne Barkos, die Söhne Sisera, die
Söhne Temach, **56**die Söhne Neziach, die
Söhne Hatifa.
57Die Nachkommen der Sklaven Salo-
mos: die Söhne Sotai, die Söhne Soferet,
die Söhne Peruda, **58**die Söhne Jaala, die
Söhne Darkon, die Söhne Giddel, **59**die
Söhne Schefatja, die Söhne Hattil, die
Söhne Pocheret-Zebajim, die Söhne
Amon. **60**Alle Tempelsklaven und Nach-
kommen der Sklaven Salomos waren
392.
61Und dies sind die Leute, die auch
mit heraufzogen von Tel-Melach, Tel-
Harscha, Kerub-Addon und Immer, aber
nicht angeben konnten, ob ihre Sippe
und deren Nachkommen aus Israel
stammten: **62**die Söhne Delaja, die Söhne
Tobija und die Söhne Nekoda 642.
63Und von den Priestern: die Söhne
Habaja, die Söhne Hakkoz, die Söhne
Barsillai, deren Urahn eine von den
Töchtern des Gileaditers Barsillai zur
Frau genommen hatte und nach dessen
Namen genannt wurde.
64Diese suchten ihr Geschlechtsregis-
ter und als sie es nicht fanden, wurden
sie für das Priestertum als untauglich er-
klärt. **65**Und der Statthalter gebot ihnen,
sie sollten nicht essen vom [a]Hochhei-
ligen, bis ein Priester für die [b]heiligen
Lose »Licht und Recht« aufstände.
66Die ganze Gemeinde zählte insge-
samt 42 360, **67**ausgenommen ihre Skla-
ven und Sklavinnen; die waren 7337,

7,65: *a* 4. Mose 18,9; *b* 2. Mose 28,30; 1. Sam 14,41

dazu 245 Sänger und Sängerinnen.
68 Und sie hatten 736 Rosse, 245 Maul-
tiere, *435 Kamele, 6720 Esel.

Freiwillige Beiträge zum Tempelbau

(vgl. Esra 2,68-69)

69 Und einige Häupter der Sippen gaben
für das Werk. Der Statthalter gab zum
Schatz 1000 Gulden, 50 Becken, 530
Priesterkleider. 70 Und einige Häupter
der Sippen gaben zum Schatz für das
Werk 20000 Gulden, 2200 Pfund Silber.
71 Und das übrige Volk gab 20000 Gul-
den und 2000 Pfund Silber und 67 Pries-
terkleider. 72 Und die Priester und die Le-
viten, die Torhüter, die Sänger und einige
andere Leute und die Tempelsklaven und
ganz Israel ließen sich in ihren Städten
nieder.

Vorlesung des Gesetzes durch Esra

Als nun der siebente Monat herange-
kommen war und die Israeliten in ihren
Städten waren,

8 versammelte sich das ganze Volk wie
ein Mann auf dem Platz vor dem
Wassertor und sie sprachen zu [a]Esra,
dem Schriftgelehrten, er solle das Buch
des Gesetzes des Mose holen, das der
HERR Israel geboten hat. 2 Und Esra, der
Priester, [a] brachte das Gesetz vor die Ge-
meinde, Männer und Frauen und alle,
die es verstehen konnten, am ersten Tage
des siebenten Monats 3 und las daraus
auf dem Platz vor dem Wassertor vom
lichten Morgen an bis zum Mittag vor
Männern und Frauen und wer's verste-
hen konnte. Und die Ohren des ganzen
Volks waren dem Gesetzbuch zugekehrt.
4 Und Esra, der Schriftgelehrte, stand auf
einer hölzernen Kanzel, die sie dafür ge-
macht hatten, und es standen neben ihm
Mattitja, Schema, Anaja, Uria, Hilkija
und Maaseja zu seiner Rechten, aber zu
seiner Linken Pedaja, Mischaël, Malkija,
Haschum, Haschbaddana, Secharja und
Meschullam.

5 Und Esra tat das Buch auf vor aller
Augen, denn er überragte alles Volk; und
als er's auftat, stand alles Volk auf. 6 Und
Esra lobte den HERRN, den großen Gott.
Und alles Volk antwortete: »Amen!
Amen!«, und sie hoben ihre Hände em-
por und neigten sich und beteten den
HERRN an mit dem Antlitz zur Erde.
7 Und die Leviten Jeschua, Bani, Sche-
rebja, Jamin, Akkub, Schabbetai, Ho-
dija, Maaseja, Kelita, Asarja, Josabad,
Hanan, Pelaja unterwiesen das Volk im
Gesetz und das Volk stand auf seinem
Platz. 8 Und sie legten das Buch des Ge-
setzes Gottes klar und verständlich aus,
sodass man verstand, was gelesen wor-
den war.

9 Und Nehemia, der [a]Statthalter, und
Esra, der Priester und Schriftgelehrte,
und die Leviten, die das Volk unterwie-
sen, sprachen zu allem Volk: Dieser Tag
ist heilig dem HERRN, eurem Gott;
darum seid nicht traurig und weint nicht!
Denn alles Volk weinte, als sie die Worte
des Gesetzes hörten. 10 Darum sprach er
zu ihnen: Geht hin und esst fette Speisen
und trinkt süße Getränke und sendet da-
von auch denen, die nichts für sich be-
reitet haben; denn dieser Tag ist heilig
unserm Herrn. Und seid nicht beküm-
mert; denn **die Freude am HERRN ist eure
Stärke.** 11 Und die Leviten trösteten alles
Volk und sprachen: Seid still, denn der
Tag ist heilig; seid nicht bekümmert!
12 Und alles Volk ging hin, um zu essen,
zu trinken und davon auszuteilen und ein
großes Freudenfest zu machen; denn sie
hatten die Worte verstanden, die man
ihnen kundgetan hatte.

Feier des Laubhüttenfestes

13 Und am zweiten Tage versammelten
sich die Häupter der Sippen des ganzen
Volks und die Priester und Leviten bei
Esra, dem Schriftgelehrten, damit er sie
in den Worten des Gesetzes unterrichte.
14 Und sie fanden im Gesetz geschrieben,
dass der HERR durch Mose geboten
hatte, dass die Israeliten [a]am Fest im
siebenten Monat [b]in Laubhütten woh-
nen sollten. 15 Da ließen sie es kundtun
und ausrufen in allen ihren Städten und
in Jerusalem und sagen: Geht hinaus auf
die Berge und [a]holt Ölzweige, Balsam-
zweige, Myrtenzweige, Palmenzweige
und Zweige von Laubbäumen, dass man

* Abweichende Verszählung statt 7,68b-72: 7,69-73.

8,1: *a* Esra 7,6 **8,2:** *a* 5. Mose 31,10-13 **8,9:** *a* Kap 5,14 **8,14:** *a* 3. Mose 23,34-36; *b* 3. Mose 23,42 **8,15:** *a* 3. Mose 23,40

Laubhütten mache, wie es geschrieben
steht.
16 Und das Volk ging hinaus und holte
sie und machte sich Laubhütten, ein je-
der auf seinem Dach und in seinem Hof
und in den Vorhöfen am Hause Gottes
und [a]auf dem Platz am Wassertor und
auf dem Platz am Tor Ephraim. 17 Und
die ganze Gemeinde derer, die aus der
Gefangenschaft wiedergekommen waren,
machte Laubhütten und wohnte darin.
Denn dies hatten die Israeliten seit der
Zeit Josuas, des Sohnes Nuns, bis auf
diesen Tag nicht mehr getan. Und es war
eine sehr große Freude. 18 Und es wurde
jeden Tag aus dem Buch des Gesetzes
Gottes vorgelesen, vom ersten Tag an bis
zum letzten. Und sie hielten das Fest
sieben Tage und am achten Tage die Ver-
sammlung, wie sich's gebührt.

Bußgebet des Volkes

9 Am vierundzwanzigsten Tage dieses
Monats kamen die Israeliten zu
einem Fasten zusammen, in Säcke ge-
hüllt und mit Erde auf ihren Häuptern.
2 Und es sonderten sich die Nachkom-
men Israels von allem fremden Volk ab
und traten hin und bekannten ihre Sün-
den und die Missetaten ihrer Väter. 3 Und
sie standen an ihrem Platz auf und man
las vor aus dem Buch des Gesetzes des
HERRN, ihres Gottes, drei Stunden lang,
und drei Stunden bekannten sie und be-
teten zum HERRN, ihrem Gott. 4 Und auf
dem erhöhten Platz für die Leviten stan-
den Jeschua, Bani, Kadmiël, Schebanja,
Bunni, Scherebja, Bani und Kenani und
schrien laut zu dem HERRN, ihrem Gott.
5 Und die Leviten Jeschua, Kadmiël,
Bani, Haschabneja, Scherebja, Hodija,
Schebanja, Petachja sprachen: Auf! Lo-
bet den HERRN, euren Gott, von Ewig-
keit zu Ewigkeit! Und man lobe seinen
herrlichen Namen, der erhaben ist über
allen Preis und Ruhm!
6 HERR, du bist's allein, du hast ge-
macht den Himmel und aller Himmel
Himmel mit ihrem ganzen Heer, die Erde
und alles, was darauf ist, die Meere und
alles, was darinnen ist; du machst alles
lebendig und das himmlische Heer betet
dich an. 7 HERR, du bist Gott, der du
Abram erwählt hast und ihn aus [a]Ur in
Chaldäa geführt und [b]Abraham genannt
hast 8 und hast sein Herz treu erfunden
vor dir und einen Bund mit ihm ge-
schlossen, [a]seinen Nachkommen zu ge-
ben das Land der Kanaaniter, Hetiter,
Amoriter, Perisiter, Jebusiter und Girga-
schiter, und hast dein Wort gehalten;
denn du bist gerecht. 9 Und du hast das
Elend unserer Väter in Ägypten ange-
sehen und ihr Schreien am Schilfmeer
erhört[a] 10 und Zeichen und Wunder ge-
tan am Pharao und allen seinen Großen
und an dem ganzen Volk seines Landes –
denn du erkanntest, dass sie [a]gegen
Israel vermessen waren – und hast dir
einen Namen gemacht, so wie er heute
ist. 11 Und du hast [a]das Meer vor ihnen
zerteilt, sodass sie mitten durchs Meer
trocken hindurchgingen, und [b]hast ihre
Verfolger in die Tiefe geworfen wie Steine
in mächtige Wasser 12 und hast sie ge-
führt am Tage in einer Wolkensäule und
des Nachts in einer Feuersäule, um ihnen
zu leuchten auf dem Wege, den sie zogen.
13 Und du bist [a]herabgestiegen auf den
Berg Sinai und hast mit ihnen vom Him-
mel her geredet und [b]ein wahrhaftiges
Recht und rechte Gesetze und gute Sat-
zungen und Gebote ihnen gegeben 14 und
hast deinen heiligen Sabbat ihnen kund-
getan und Gebote, Satzungen und Gesetz
ihnen geboten durch deinen Knecht
Mose 15 und hast ihnen [a]Brot vom Him-
mel gegeben, als sie hungerte, und [b]Was-
ser aus dem Felsen fließen lassen, als sie
dürstete, und ihnen geboten, sie sollten
hingehen und das Land einnehmen, über
das du deine Hand zum Schwur erhobst,
um es ihnen zu geben.
16 Aber unsere Väter wurden stolz und
[a]halsstarrig, sodass sie deinen Geboten
nicht gehorchten, 17 und weigerten sich
zu hören und gedachten auch nicht an
deine Wunder, die du an ihnen tatest,
sondern sie wurden halsstarrig und nah-
men sich fest vor, zu ihrer Knechtschaft
in Ägypten zurückzukehren. Aber du,
mein Gott, vergabst und [a]warst gnädig,
barmherzig, geduldig und von großer
Güte und verließest sie nicht. 18 Und

8,16: *a* Vers 1 **9,7:** *a* 1. Mose 11,31; *b* 1. Mose 17,5 **9,8:** *a* 1. Mose 15,18-21 **9,9:** *a* 2. Mose 3,7 **9,10:** *a* 2. Mose 18,11 **9,11:** *a* 2. Mose 14,21; *b* 2. Mose 15,5.10 **9,13:** *a* 2. Mose 19,18; *b* 2. Mose 20,1-17 **9,15:** *a* 2. Mose 16,4.14-15; *b* 2. Mose 17,6 **9,16:** *a* 2. Mose 32,1.9 **9,17:** *a* 2. Mose 34,6

[a]obwohl sie ein gegossenes Kalb mach-
ten und sprachen: »Das ist dein Gott, der
dich aus Ägyptenland geführt hat«, und
große Lästerungen redeten, 19 verließest
du sie doch nicht in der Wüste nach dei-
ner großen Barmherzigkeit, und die Wol-
kensäule wich nicht von ihnen am Tage,
um sie auf dem Wege zu führen, noch die
Feuersäule in der Nacht, um ihnen auf
dem Wege zu leuchten, den sie zogen.
20 Und [a]du gabst ihnen deinen guten
Geist, um sie zu unterweisen, und [b]dein
Manna versagtest du nicht ihrem Munde
und [c]gabst ihnen Wasser, als sie dürstete.
21 [a]Vierzig Jahre versorgtest du sie in der
Wüste, sodass ihnen nichts mangelte.
Ihre Kleider zerfielen nicht und ihre
Füße schwollen nicht an. 22 Und du gabst
ihnen Königreiche und Völker und teil-
test sie ihnen zu, dass sie das Land [a]Si-
hons, des Königs von Heschbon, einnah-
men und das Land [b]Ogs, des Königs von
Baschan. 23 Und du mehrtest ihre Kinder
wie die Sterne am Himmel und brachtest
sie ins Land, das du ihren Vätern zuge-
sagt hast, dass sie dort einziehen und es
einnehmen sollten. 24 Und die Kinder zo-
gen hinein und nahmen das Land ein.
Und du demütigtest vor ihnen die Be-
wohner des Landes, die Kanaaniter, und
gabst sie in ihre Hände, ihre Könige und
die Völker im Lande, dass sie mit ihnen
täten nach ihrem Willen.[a] 25 Und sie er-
oberten [a]feste Städte und ein fettes Land
und nahmen Häuser voller Güter in Be-
sitz, ausgehauene Brunnen, Weinberge,
Ölgärten und Obstbäume in Fülle, und
sie aßen und wurden [b]satt und fett und
lebten in Wonne durch deine große
Güte.

26 Aber sie wurden ungehorsam und
widerstrebten dir und warfen dein Gesetz
hinter sich und töteten deine Propheten,
die sie vermahnten, dass sie sich zu dir
bekehren sollten, und redeten große Läs-
terungen. 27 [a]Darum gabst du sie in die
Hand ihrer Feinde, die sie ängsteten.
Und zur Zeit ihrer Angst schrien sie zu
dir und du erhörtest sie vom Himmel,
und durch deine große Barmherzigkeit
gabst du ihnen Retter, die ihnen aus der
Hand ihrer Feinde halfen. 28 Wenn sie
aber zur Ruhe kamen, taten sie wieder
übel vor dir. Da gabst du sie dahin in
ihrer Feinde Hand, dass die über sie
herrschten. So schrien sie dann wieder zu
dir und du erhörtest sie vom Himmel her
und errettetest sie nach deiner großen
Barmherzigkeit viele Male. 29 Und du
vermahntest sie, um sie zu deinem Gesetz
zurückzuführen. Aber sie waren stolz
und gehorchten deinen Geboten nicht
und sündigten an deinen Rechten,
[a]durch die der Mensch lebt, wenn er sie
tut, und kehrten dir den Rücken zu und
wurden halsstarrig und gehorchten nicht.
30 Und du hattest viele Jahre Geduld mit
ihnen und warntest sie durch deinen
Geist in deinen Propheten, aber [a]sie nah-
men's nicht zu Ohren. Darum hast du sie
gegeben in die Hand der Völker in den
Ländern. 31 Aber nach deiner großen
Barmherzigkeit hast du mit ihnen nicht
ein Ende gemacht noch sie verlassen;
denn du bist ein [a]gnädiger und barmher-
ziger Gott.

32 Nun, unser Gott, du großer Gott, du
Mächtiger und Furchtbarer, [a]der du
Bund und Treue hältst, achte all das
Elend nicht gering, das uns getroffen hat,
unsere Könige, Fürsten, Priester, Prophe-
ten, Väter und dein ganzes Volk seit der
Zeit der Könige von Assur bis auf diesen
Tag. 33 Du bist gerecht in allem, was du
über uns gebracht hast; denn du hast
recht getan, wir aber sind gottlos gewe-
sen.[a] 34 Und unsere Könige, Fürsten,
Priester und Väter haben nicht nach dei-
nem Gesetz getan und nicht achtgehabt
auf deine Gebote und Ordnungen, die du
ihnen hast bezeugen lassen. 35 Und sie
haben dir nicht gedient zur Zeit ihrer
Macht bei all deiner großen Güte, die du
ihnen erwiesen hast, in dem weiten und
fetten Lande, das du ihnen gegeben hast,
und haben sich von ihrem bösen Tun
nicht bekehrt. 36 Siehe, wir sind heute
Knechte; und in dem Lande, das du un-
sern Vätern gegeben hast, seine Früchte
und Güter zu genießen, siehe, in ihm sind
wir Knechte. 37 Und all sein Ertrag bringt
den Königen großen Gewinn, die du über

9,18: *a* 2. Mose 32,4 **9,20:** *a* 4. Mose 11,17.25; *b* 2. Mose 16,35; Ps 78,23-24; *c* 2. Mose 17,6; Ps 78,15-16 **9,21:** *a* 5. Mose 8,4 **9,22:** *a* 4. Mose 21,23-24; *b* 4. Mose 21,33.35 **9,24:** *a* Jos 12,1-24 **9,25:** *a* 5. Mose 6,10-11; *b* 5. Mose 32,15 **9,27:** *a (27-28)* Ri 3,9.15; 2,14-22 **9,29:** *a* 3. Mose 18,5 **9,30:** *a* Jer 7,25-26; 44,4-6 **9,31:** *a* 2. Mose 34,6; Klgl 3,22 **9,32:** *a* Kap 1,5; 5. Mose 7,9.12; 1. Kön 8,23 **9,33:** *a* Dan 9,5.7

uns gesetzt hast um unserer Sünden wil-
len; und sie herrschen über unsere Leiber
und unser Vieh nach ihrem Willen, und
wir sind in großer Not.

Das Volk verpflichtet sich zur Beobachtung des Gesetzes

10 *Und darum wollen wir eine feste
Abmachung treffen, sie aufschrei-
ben, und unsere Fürsten, Leviten und
Priester sollen sie versiegeln und unter-
schreiben: 2 nämlich Nehemia, der Statt-
halter, der Sohn Hachaljas, und Zidkija,
3 Seraja, Asarja, Jirmeja, 4 Paschhur,
Amarja, Malkija, 5 Hattusch, Schebanja,
Malluch, 6 Harim, Meremot, Obadja,
7 Daniel, Ginneton, Baruch, 8 Meschul-
lam, Abija, Mijamin, 9 Maasja, Bilga und
Schemaja; das sind die Priester.
10 Die Leviten aber sind: Jeschua, der
Sohn Asanjas, Binnui von den Söhnen
Henadads, Kadmiël, 11 und ihre Brüder:
Schechanja, Hodija, Kelita, Pelaja, Ha-
nan, 12 Micha, Rehob, Haschabja, 13 Sak-
kur, Scherebja, Schebanja, 14 Hodija,
Bani und Beninu.
15 Die Oberen des Volks sind: Parosch,
Pahat-Moab, Elam, Sattu, Bani,
16 Bunni, Asgad, Bebai, 17 Adonija, Big-
wai, Adin, 18 Ater, Hiskija, Asur, 19 Ho-
dija, Haschum, Bezai, 20 Harif, Anatot,
Nebai, 21 Magpiasch, Meschullam, Hesir,
22 Meschesabel, Zadok, Jaddua, 23 Pe-
latja, Hanan, Anaja, 24 Hoschea, Ha-
nanja, Haschub, 25 Lohesch, Pilha, Scho-
bek, 26 Rehum, Haschabna, Maaseja,
27 Ahija, Hanan, Anan, 28 Malluch, Ha-
rim und Baana.
29 Und das übrige Volk, Priester, Levi-
ten, Torhüter, Sänger, Tempelsklaven und
alle, die sich von den Völkern der Länder
abgesondert haben und sich zum Gesetz
Gottes halten, samt ihren Frauen, Söh-
nen und Töchtern, alle, die es verstehen
können: 30 Sie sollen sich ihren Brüdern,
den Mächtigen unter ihnen, anschließen
und der Abmachung beitreten und sich
mit einem Eid verpflichten, zu wandeln
im Gesetz Gottes, das durch Mose, den
Knecht Gottes, gegeben ist, und alle Ge-
bote, Rechte und Satzungen des HERRN,
unseres Herrschers, zu halten und zu
tun.
31 Wir wollen [a]unsere Töchter nicht
den Völkern des Landes geben und [b]ihre
Töchter nicht für unsere Söhne nehmen;
32 wir wollen nicht von den Völkern
des Landes [a]am Sabbat und an den hei-
ligen Tagen Waren und allerlei Getreide
nehmen, wenn sie diese am Sabbattag
zum Verkauf bringen;
wir wollen auf die Abgaben in jedem
siebenten Jahr und auf [b]Schuldforderun-
gen jeder Art verzichten;
33 wir wollen uns das Gebot auferle-
gen, [a]jährlich den dritten Teil eines Sil-
berstücks zum Dienst im Hause unseres
Gottes zu geben, 34 nämlich für die
[a]Schaubrote, für das tägliche Speisopfer,
für das tägliche Brandopfer, für die
Opfer am Sabbat und Neumond, für die
Festtage, für das Hochheilige und für das
Sündopfer, womit für Israel Sühne ge-
schafft wird, und für alle Arbeit im
Hause unseres Gottes;
35 wir wollen das Los unter den Pries-
tern, den Leviten und dem Volk werfen,
in welcher Reihenfolge unsere Sippen je-
des Jahr [a]das Brennholz für das Haus
unseres Gottes zur bestimmten Zeit ge-
ben sollen, damit man es auf dem Altar
des HERRN, unseres Gottes, verbrenne,
wie es im Gesetz geschrieben steht;
36 wir wollen alljährlich die [a]Erstlinge
unseres Landes und die Erstlinge aller
Früchte von allen Bäumen zum Hause
des HERRN bringen;
37 wir wollen die [a]Erstgeburt unserer
Söhne und unseres Viehs, wie es im Ge-
setz geschrieben steht, und die Erstgeburt
unserer Rinder und unserer Schafe zum
Hause unseres Gottes zu den Priestern
bringen, die im Hause unseres Gottes
dienen;
38 wir wollen [a]den ersten Teil von un-
serm Brotteig und unsere Abgaben und
Früchte von allen Bäumen, von Wein
und Öl für die Priester in die Kammern
am Hause unseres Gottes bringen und
[b]den Zehnten unseres Landes für die Le-
viten; die sollen den Zehnten einnehmen

* Abweichende Verszählung statt 10,1-40: 9,38–10,39.

10,31: *a* 5. Mose 7,3; *b* 2. Mose 34,16; Esra 9,2 **10,32:** *a* Kap 13,15-18; Jer 17,21-27; *b* Kap 5,10; 5. Mose 15,1-11 **10,33:** *a* 2. Chr 24,6; Mt 17,24 **10,34:** *a* 2. Mose 25,30 **10,35:** *a* 3. Mose 6,5 **10,36:** *a* 2. Mose 23,19 **10,37:** *a* 2. Mose 13,2 **10,38:** *a* 4. Mose 15,20-21; *b* 4. Mose 18,21

aus allen unsern Orten mit Ackerland.
39 Und ein Priester, ein Sohn Aarons, soll
bei den Leviten sein, wenn sie den Zehn-
ten einnehmen, und [a]die Leviten sollen
den Zehnten ihrer Zehnten heraufbrin-
gen zum Hause unseres Gottes in die
Kammern im Vorratshaus. 40 Denn die
Israeliten und die Leviten sollen die Ab-
gaben von Getreide, Wein und Öl herauf
in die Kammern bringen. Dort sind die
heiligen Geräte und die Priester, die da
dienen, und die Torhüter und Sänger. So
wollen wir es im Haus unseres Gottes an
nichts fehlen lassen.

Verzeichnis der Einwohner Jerusalems und der Landbewohner

(vgl. 1.Chr 9,2-17)

11 Und die Oberen des Volks wohnten
in Jerusalem. Das übrige Volk aber
warf das Los darum, wer von jeweils
zehn nach Jerusalem, in die heilige Stadt,
ziehen sollte, um dort zu wohnen, und
die neun in den andern Städten. 2 Und
das Volk segnete alle die Männer, die
freiwillig in Jerusalem wohnen wollten.

3 Dies sind die Oberen der Landschaft
Juda, die in Jerusalem und in den Städ-
ten Judas wohnten; sie wohnten aber je-
der in seinem Eigentum in ihren Städten:
Israeliten, Priester, Leviten, Tempelskla-
ven und die Nachkommen der Sklaven
Salomos.

4 In Jerusalem wohnten einige von den
Söhnen Juda und einige von den Söhnen
Benjamin. Von den Söhnen Juda: Ataja,
der Sohn Usijas, des Sohnes Secharjas,
des Sohnes Amarjas, des Sohnes Sche-
fatjas, des Sohnes Mahalalels, von den
Söhnen Perez; 5 und Maaseja, der Sohn
Baruchs, des Sohnes Kolhoses, des Soh-
nes Hasajas, des Sohnes Adajas, des Soh-
nes Jojaribs, des Sohnes Secharjas, von
den Söhnen Schela. 6 Alle Nachkommen
des Perez, die in Jerusalem wohnten, wa-
ren 468, angesehene Männer. 7 Von den
Söhnen Benjamin: Sallu, der Sohn Me-
schullams, des Sohnes Joëds, des Sohnes
Pedajas, des Sohnes Kolajas, des Sohnes
Maasejas, des Sohnes Itiëls, des Sohnes
Jeschajas, 8 und seine Brüder Gabbai,
Sallai, 928. 9 Und Joel, der Sohn Sichris,
war ihr Vorsteher und Juda, der Sohn
Senuas, war als Zweiter über die Stadt
gesetzt.

10 Von den Priestern: Jedaja, Jojarib,
Jachin 11 und Seraja, der Sohn Hilkijas,
des Sohnes Meschullams, des Sohnes Za-
doks, des Sohnes Merajots, des Sohnes
Ahitubs, der Vorsteher im Hause Gottes,
12 und ihre Brüder, die am Hause Gottes
Dienst taten, 822; und Adaja, der Sohn
Jerohams, des Sohnes Pelaljas, des Soh-
nes Amzis, des Sohnes Secharjas, des
Sohnes Paschhurs, des Sohnes Malkijas,
13 und seine Brüder, Häupter der Sippen,
242; und Amaschsai, der Sohn Asarels,
des Sohnes Achsais, des Sohnes Meschil-
lemots, des Sohnes Immers, 14 und ihre
Brüder, tüchtige Männer, 128; und ihr
Vorsteher war Sabdiël, der Sohn Hagge-
dolims.

15 Von den Leviten: Schemaja, der
Sohn Haschubs, des Sohnes Asrikams,
des Sohnes Haschabjas, des Sohnes Bun-
nis, 16 und Schabbetai und Josabad von
den Häuptern der Leviten für den äuße-
ren Dienst am Hause Gottes, 17 und Mat-
tanja, der Sohn Michas, des Sohnes Sab-
dis, des Sohnes Asafs, hatte beim Gebet
den Lobgesang anzustimmen, und Bak-
bukja war unter seinen Brüdern der
Zweite in diesem Dienst, – und Abda,
der Sohn Schammuas, des Sohnes Ga-
lals, des Sohnes Jedutuns. 18 Alle Leviten
in der heiligen Stadt waren 284.

19 Und die Torhüter: Akkub und Tal-
mon und ihre Brüder, die an den Toren
Wache hielten, 172.

20 Das übrige Israel aber, Priester und
Leviten, blieb in allen Städten Judas, ein
jeder auf seinem Erbteil. 21 Und die Tem-
pelsklaven wohnten am Ofel und Ziha
und Gischpa waren über die Tempelskla-
ven gesetzt.

22 Der Vorsteher der Leviten aber in
Jerusalem war Usi, der Sohn Banis, des
Sohnes Haschabjas, des Sohnes Mattan-
jas, des Sohnes Michas, von den Söhnen
Asaf, die beim Dienst im Hause Gottes
zu singen hatten. 23 Denn es gab ein Ge-
bot des Königs für sie und eine feste
Abmachung, an welchem Tag jeder zu
singen hatte.

24 Und Petachja, der Sohn Mesche-
sabels, von den Söhnen Serachs, des Soh-

10,39: *a* 4.Mose 18,26.28

nes Judas, stand dem König zur Seite in
allem, was das Volk betraf.
25 Und einige von den Söhnen Juda
wohnten draußen in Höfen auf ihren
Fluren in [a]Kirjat-Arba und seinen Ort-
schaften und in Dimona und seinen Ort-
schaften und in Kabzeel und seinen Ge-
höften 26 und in Jeschua, Molada, Bet-
Pelet, 27 Hazar-Schual, Beerscheba und
seinen Ortschaften 28 und in [a]Ziklag und
Mechona und seinen Ortschaften 29 und
in En-Rimmon, Zora, Jarmut, 30 Sa-
noach, Adullam und ihren Gehöften, in
Lachisch und seinen Fluren, in Aseka
und seinen Ortschaften. So ließen sie sich
nieder von Beerscheba bis zum Tal Hin-
nom.
31 Die Söhne Benjamin aber wohnten
in Geba, Michmas, Aja, [a]Bethel und sei-
nen Ortschaften 32 und in Anatot, Nob,
Ananja, 33 Hazor, Rama, Gittajim, 34 Ha-
did, Zeboïm, Neballat, 35 Lod und Ono
und im Tal der Zimmerleute.
36 Und von den Leviten wohnten Ord-
nungen auch in Juda und in Benjamin.

Listen von Priestern und Leviten

12 Dies sind die Priester und Leviten,
die mit Serubbabel, dem Sohn
Schealtiëls, und Jeschua zurückgekehrt
waren: Seraja, Jirmeja, Esra, 2 Amar-
ja, Malluch, Hattusch, 3 Schechanja,
Rehum, Meremot, 4 Iddo, Ginneton,
[a]Abija, 5 Mijamin, Maadja, Bilga, 6 Sche-
maja, Jojarib, Jedaja, 7 Sallu, Amok, Hil-
kija und Jedaja. Das waren die Häupter
der Priester und ihrer Brüder zur Zeit
Jeschuas.
8 Die Leviten aber waren diese: Je-
schua, Binnui, Kadmiël, Scherebja, Juda
und Mattanja; er und seine Brüder waren
für die Danklieder eingesetzt, 9 Bakbukja
aber, Unni und ihre Brüder standen ih-
nen gegenüber beim Dienst.
10 Jeschua zeugte Jojakim, Jojakim
zeugte [a]Eljaschib, Eljaschib zeugte Jo-
jada, 11 Jojada zeugte Johanan, Johanan
zeugte Jaddua.
12 Und zur Zeit Jojakims waren diese
die Häupter der Sippen unter den Pries-
tern: nämlich von der Sippe Seraja:
Meraja; von Jirmeja: Hananja; 13 von
Esra: Meschullam; von Amarja: Joha-
nan; 14 von Malluch: Jonatan; von Sche-
banja: Josef; 15 von Harim: Adna; von
Meremot: Helkai; 16 von Iddo: Sacharja;
von Ginneton: Meschullam; 17 von Abija:
Sichri; von Mijamin: ...*; von Maadja:
Piltai; 18 von Bilga: Schammua; von
Schemaja: Jonatan; 19 von Jojarib: Mat-
tenai; von Jedaja: Usi; 20 von Sallu: Kal-
lai; von Amok: Eber; 21 von Hilkija: Ha-
schabja; von Jedaja: Netanel.
22 Und zur Zeit Eljaschibs, Jojadas, Jo-
hanans und Jadduas wurden aufgezeich-
net die Häupter der Sippen unter den
Leviten und die Priester bis zur Herr-
schaft des Darius, des Königs von Per-
sien. 23 Es wurden aber von den Leviten
die Häupter der Sippen aufgezeichnet in
einer Chronik bis zur Zeit Johanans, des
Sohnes Eljaschibs. 24 Und dies waren die
Häupter der Leviten: Haschabja, Sche-
rebja und Jeschua, Binnui, Kadmiël; und
ihre Brüder standen ihnen gegenüber,
[a]zu loben und zu danken, wie es David,
der Mann Gottes, geboten hatte, Chor
um Chor, 25 nämlich Mattanja, Bakbukja
und Obadja. Aber Meschullam, Talmon
und Akkub, die [a]Torhüter, hatten die
[b]Wache an den Vorratskammern der
Tore.
26 Diese lebten zur Zeit Jojakims, des
Sohnes Jeschuas, des Sohnes [a]Jozadaks,
und zur Zeit des Statthalters Nehemia
und des Priesters Esra, des Schriftgelehr-
ten.

Einweihung der Stadtmauer

27 Und bei der Einweihung der Mauer
Jerusalems holte man die Leviten aus al-
len ihren Orten nach Jerusalem, um Ein-
weihung zu halten mit Freuden, mit
Danken und Singen, mit Zimbeln, Psal-
tern und Harfen. 28 Und es versammelten
sich die Sänger aus der Gegend um Jeru-
salem und von den Gehöften der Netofa-
titer 29 und von Bet-Gilgal und von den
Fluren um Geba und Bet-Asmawet; denn
die Sänger hatten sich rings um Jeru-
salem her Gehöfte gebaut. 30 Und die
Priester und Leviten reinigten sich und
reinigten das Volk, die Tore und die
Mauer.

* Hier ist ein Name ausgefallen.

11,25: *a* Jos 20,7 **11,28:** *a* Jos 15,31 **11,31:** *a* Jos 18,22 **12,4:** *a* Lk 1,5 **12,10:** *a* Kap 3,1 **12,24:** *a* 1.Chr 25,1-7; 2.Chr 29,25 **12,25:** *a* 2.Chr 8,14; *b* Vers 44 **12,26:** *a* 1.Chr 5,40-41

31Und ich ließ die Oberen von Juda
oben auf die Mauer steigen und stellte
zwei große Dankchöre auf. Die einen
gingen zur Rechten oben auf der Mauer
zum Misttor hin, 32und hinter ihnen her
gingen Hoschaja und die Hälfte der Obe-
ren von Juda 33und Asarja, Esra, Me-
schullam, 34Juda, Benjamin, Schemaja
und Jirmeja 35und einige der Priester mit
Trompeten, nämlich Secharja, der Sohn
Jonatans, des Sohnes Schemajas, des
Sohnes Mattanjas, des Sohnes Michajas,
des Sohnes Sakkurs, des Sohnes Asafs,
36und seine Brüder, Schemaja, Asarel,
Milalai, Gilalai, Maai, Netanel und
Juda, Hanani, mit den Saitenspielen Da-
vids, des Mannes Gottes; Esra aber, der
Schriftgelehrte, ging vor ihnen her.
37Und sie zogen zum Quelltor hin und
stiegen geradeaus die Stufen zur Stadt
Davids hinauf, wo die Mauer oberhalb
des Hauses Davids bis an das Wassertor
im Osten verläuft. 38Der andere Dank-
chor ging zur Linken hin, und ich ging
hinter ihm her und die andere Hälfte der
Oberen des Volks oben auf der Mauer
oberhalb des Ofenturms bis an die breite
Mauer 39und oberhalb des Tores
Ephraim zum alten Tor und zum Fisch-
tor und zum Turm Hananel und zum
Turm Mea bis an das Schaftor, und sie
blieben am Wachttor stehen.

40So standen die beiden Dankchöre
am Hause Gottes und ich und die Hälfte
der Ratsherren mit mir 41und die Pries-
ter, nämlich Eljakim, Maaseja, Mijamin,
Michaja, Eljoënai, Secharja, Hananja mit
Trompeten, 42und Maaseja, Schemaja,
Eleasar, Usi, Johanan, Malkija, Elam
und Eser. Und die Sänger sangen laut
und Jisrachja stand ihnen vor. 43Und es
wurden an diesem Tage große Opfer dar-
gebracht und sie waren fröhlich, denn
Gott hatte ihnen eine große Freude ge-
macht, sodass sich auch Frauen und
Kinder freuten, und man hörte die
Freude Jerusalems schon von ferne.

Bestellung von Amtleuten für die Abgaben an die Priester und Leviten

44Zu der Zeit wurden Männer über die
Kammern bestellt für die Vorräte, für die
Abgaben, Erstlinge und Zehnten, um in
ihnen die Anteile von den Äckern um die
Städte her zu sammeln, die nach dem
Gesetz für die Priester und Leviten be-
stimmt waren; denn Juda hatte seine
Freude an den Priestern und Leviten, die
im Amt standen, 45dass sie den Dienst
Gottes und den Dienst der Reinigung
versahen. Und auch die Sänger und Tor-
hüter taten nach dem Gebot Davids und
seines Sohnes Salomo. 46Denn schon zu
den Zeiten Davids und Asafs wurden die
Vorsteher der Sänger eingesetzt, um Gott
zu loben und zu danken.[a] 47Und zur
Zeit Serubbabels und zur Zeit Nehemias
gab ganz Israel den Sängern und Tor-
hütern Anteil an den heiligen Gaben Tag
für Tag; denn Israel gab das Geheiligte
den Leviten, [a]die Leviten aber gaben
davon den heiligen Anteil den Söhnen
Aaron.

Alle Fremden werden aus dem Gottesvolk ausgeschieden

13 Und in dieser Zeit las man aus dem
Buch des Mose vor den Ohren des
Volks und fand darin geschrieben, dass
[a]die Ammoniter und Moabiter niemals
in die Gemeinde Gottes kommen dürf-
ten, 2weil sie den Israeliten nicht mit
Brot und Wasser entgegenkamen, und
[a]gegen sie Bileam dingten, damit er sie
verfluche; aber unser Gott wandte den
Fluch in Segen. 3Als sie nun dies Gesetz
hörten, schieden sie alles fremde Volk
aus Israel aus.

Nehemia beseitigt Missstände im Tempel

4Und es hatte einst der Priester Elja-
schib, der über die Kammern bestellt war
am Hause unseres Gottes, ein Verwand-
ter des [a]Tobija, 5diesem eine große
Kammer gegeben, in die man früher die
Speisopfer gelegt hatte, den Weihrauch,
die Geräte und den Zehnten vom Ge-
treide, Wein und Öl, die Gebühr für die
Leviten, Sänger und Torhüter, dazu die
Abgaben für die Priester. 6Aber bei alle-
dem war ich nicht in Jerusalem; denn im
zweiunddreißigsten Jahr Artahsastas, des
Königs von Babel, war ich zum König
gereist und hatte erst nach längerer Zeit
den König gebeten, dass er mich wieder

12,46: *a* 1.Chr 25,1-7 **12,47:** *a* Kap 10,39; 4.Mose 18,26 **13,1:** *a* 5.Mose 23,4-6 **13,2:** *a* 4.Mose 22,5-6 **13,4:** *a* Kap 2,19

ziehen ließe. 7 Und als ich nach Jerusalem
kam, merkte ich, dass es Unrecht war,
was Eljaschib für Tobija getan hatte, als
er ihm eine Kammer im Vorhof des Hau-
ses Gottes gab. 8 Und es verdross mich
sehr und ich warf allen Hausrat des To-
bija hinaus vor die Kammer 9 und befahl,
dass sie die Kammer reinigten. Und ich
brachte wieder hinein, was zum Hause
Gottes gehörte, Speisopfer und Weih-
rauch.

10 Und ich erfuhr, dass [a]die Anteile
der Leviten nicht eingegangen waren und
deshalb die Leviten und Sänger, die den
Dienst ausrichten sollten, fortgegangen
waren, ein jeder auf sein Land. 11 Da
schalt ich die Ratsherren und sprach:
Warum wird das Haus Gottes vernach-
lässigt? Und ich holte sie zurück und
stellte sie wieder in ihren Dienst. 12 Da
brachte ganz Juda den Zehnten vom Ge-
treide, Wein und Öl in die Vorratskam-
mern.[a] 13 Und ich bestellte über die Vor-
räte den Priester Schelemja und Zadok,
den Schreiber, und von den Leviten Pe-
daja und ihnen zur Hand Hanan, den
Sohn Sakkurs, des Sohnes Mattanjas;
denn sie galten als zuverlässig und ihnen
wurde befohlen, ihren Brüdern auszutei-
len.

14 Gedenke, mein Gott, um dessentwil-
len an mich und lösche nicht aus, was ich
in Treue am Hause meines Gottes und
für den Dienst in ihm getan habe![a]

Nehemia setzt die Heiligung des Sabbats durch

15 Zur selben Zeit sah ich in Juda, [a]dass
man am Sabbat die Kelter trat und Ge-
treide herbeibrachte und auf Esel lud
und auch Wein, Trauben, Feigen und
allerlei Last nach Jerusalem brachte am
Sabbattag. Und ich verwarnte sie an dem
Tage, als sie die Nahrung verkauften.
16 Es wohnten auch Tyrer dort; die brach-
ten Fische und allerlei Ware und verkauf-
ten sie am Sabbat den Leuten in Juda
und in Jerusalem. 17 Da schalt ich die
Vornehmen von Juda und sprach zu ih-
nen: Was ist das für eine böse Sache, die
ihr da tut und entheiligt den Sabbattag?
18 Taten das nicht auch eure Väter und
unser Gott brachte all das Unheil über
uns und über diese Stadt? Und ihr bringt
noch mehr Zorn über Israel dadurch,
dass ihr [a]den Sabbat entheiligt!

19 Und vor dem Anbruch des Sabbats,
als es in den Toren Jerusalems dunkel
wurde, ließ ich die Tore schließen und
befahl, man sollte sie erst nach dem Sab-
bat auftun. Und ich stellte einige meiner
Leute an die Tore, damit man keine Last
hereinbringe am Sabbattag. 20 Da blieben
die Händler und Verkäufer von allerlei
Ware über Nacht draußen vor Jerusalem,
ein- oder zweimal. 21 Da verwarnte ich sie
und sprach zu ihnen: Warum bleibt ihr
über Nacht vor der Mauer? Werdet ihr
das noch einmal tun, so werde ich Hand
an euch legen. Von der Zeit an kamen sie
am Sabbat nicht mehr. 22 Und ich befahl
den Leviten, dass sie sich reinigten und
kämen und die Tore bewachten, um den
Sabbattag zu heiligen.

Mein Gott, [a]gedenke auch um des-
sentwillen an mich und sei mir gnädig
nach deiner großen Barmherzigkeit!

Nehemia verbietet die Ehe mit ausländischen Frauen

23 Zu dieser Zeit sah ich auch Juden, die
sich Frauen genommen hatten aus Asch-
dod, Ammon und Moab. 24 Und die
Hälfte ihrer Kinder sprach aschdodisch
oder in der Sprache eines der andern
Völker, aber jüdisch konnten sie nicht
sprechen. 25 Und ich schalt sie und
fluchte ihnen und schlug einige Männer
und packte sie bei den Haaren und be-
schwor sie bei Gott: [a]Ihr sollt eure Töch-
ter nicht ihren Söhnen geben noch ihre
Töchter für eure Söhne oder euch selbst
nehmen. 26 Hat nicht Salomo, der König
von Israel, gerade damit gesündigt? Und
es war doch unter vielen Völkern kein
König ihm gleich, und er war seinem Gott
lieb und Gott setzte ihn zum König über
ganz Israel. [a]Dennoch verleiteten ihn die
ausländischen Frauen zur Sünde. 27 Und
von euch muss man das hören, dass ihr
ein so großes Unrecht tut und unserm
Gott die Treue brecht damit, dass ihr
euch ausländische Frauen nehmt?

28 Und einer von den Söhnen Jojadas,

13,10: *a* Kap 12,47 **13,12:** *a* 4. Mose 18,21 **13,14:** *a* Kap 5,19 **13,15:** *a* Kap 10,32 **13,18:** *a* Hes 20,12-13 **13,22:** *a* Vers 14 **13,25:** *a* 5. Mose 7,3 **13,26:** *a* 1. Kön 11,3-8

des Sohnes [a]Eljaschibs, des Hohenpriesters, war der Schwiegersohn des Horoniters [b]Sanballat; aber ich jagte ihn von mir.

29 Gedenke ihrer, mein Gott, dass sie das Priestertum befleckt und [a]den Bund des Priestertums und [b]der Leviten gebrochen haben!

30 So reinigte ich sie von allem Ausländischen und ordnete die Ämter der Priester und Leviten, für einen jeden nach seinem Dienst, 31 und die Lieferung von Brennholz zu bestimmten Zeiten und die Abgabe der Erstlinge.

Gedenke mir's, mein Gott, zum Besten!

DAS BUCH ESTER

Inhaltsübersicht

Der König Ahasveros verstößt seine Gemahlin

1 Zu den Zeiten des Ahasveros*, der König war vom Indus bis zum Nil über hundertundsiebenundzwanzig Länder, 2 als er auf seinem königlichen Thron saß in der Festung Susa, 3 im dritten Jahr seiner Herrschaft, machte er ein Festmahl für alle seine Fürsten und Großen, die Heerführer von Persien und Medien, die Edlen und Obersten in seinen Ländern, 4 damit er sehen ließe den herrlichen Reichtum seines Königtums und die köstliche Pracht seiner Majestät viele Tage lang, hundertundachtzig Tage.

5 Und als die Tage um waren, machte der König ein Festmahl für alles Volk, das in der Festung Susa war, vom Größten bis zum Kleinsten, sieben Tage lang im Hofe des Gartens beim königlichen Palast. 6 Da hingen weiße, rote und blaue Tücher, mit leinenen und scharlachroten Schnüren eingefasst, in silbernen Ringen an Marmorsäulen. Da waren Polster, golden und silbern, auf grünem, weißem, gelbem und schwarzem Marmor. 7 Und die Getränke trug man auf in goldenen Gefäßen, von denen keins wie das andere war, königlichen Wein in Menge nach königlicher Weise. 8 Und man schrieb niemand vor, was er trinken sollte; denn der König hatte allen Vorstehern in seinem Palast befohlen, dass jeder tun sollte, wie es ihm wohlgefiele. 9 Und die Königin Waschti machte auch ein Festmahl für die Frauen im königlichen Palast des Königs Ahasveros.

10 Und am siebenten Tage, als der König guter Dinge war vom Wein, befahl er Mehuman, Biseta, Harbona, Bigta, Abagta, Setar und Karkas, den sieben Kämmerern, die vor dem König Ahasveros dienten, 11 dass sie die Königin Waschti mit ihrer königlichen Krone holen sollten vor den König, um dem Volk und den Fürsten ihre Schönheit zu zeigen; denn sie war schön. 12 Aber die Königin Waschti wollte nicht kommen, wie der König durch seine Kämmerer geboten hatte.

Da wurde der König sehr zornig, und sein Grimm entbrannte in ihm. 13 Und der König sprach zu den Weisen, die sich auf die Gesetze verstanden – denn des Königs Sachen mussten vor alle kommen, die sich auf Recht und Gesetz verstanden; 14 unter ihnen aber waren ihm am nächsten Karschena, Schetar, Admata, Tarsis, Meres, Marsena und Memuchan, die sieben Fürsten der Perser

* Griechisch: Xerxes.

13,28: *a* Kap 12,10; *b* Kap 2,10.19 **13,29:** *a* 4.Mose 25,12-13; *b* Mal 2,8

und Meder, die das Angesicht des Königs
sehen durften und obenan saßen im
Königreich –: 15 Was soll man nach dem
Gesetz mit der Königin Waschti tun, weil
sie nicht getan hat, wie der König durch
seine Kämmerer geboten hatte?

16 Da sprach Memuchan vor dem Kö-
nig und den Fürsten: Die Königin
Waschti hat sich nicht allein an dem
König verfehlt, sondern auch an allen
Fürsten und an allen Völkern in allen
Ländern des Königs Ahasveros. 17 Denn
es wird diese Tat der Königin allen
Frauen bekannt werden, sodass sie ihre
Männer verachten und sagen: Der König
Ahasveros gebot der Königin Waschti,
vor ihn zu kommen; aber sie wollte nicht.
18 Dann werden die Fürstinnen in Persien
und Medien auch so sagen zu allen Fürs-
ten des Königs, wenn sie von dieser Tat
der Königin hören; und es wird Verach-
tung und Zorn genug geben. 19 Gefällt es
dem König, so lasse man ein königliches
Gebot von ihm ausgehen und [a]unter die
Gesetze der Perser und Meder aufneh-
men, sodass man es nicht aufheben darf,
dass Waschti nicht mehr vor den König
Ahasveros kommen dürfe und der König
ihre königliche Würde einer andern ge-
ben solle, die besser ist als sie. 20 Und
wenn dieser Erlass des Königs, den er
geben wird, bekannt würde in seinem
ganzen Reich, welches groß ist, so wür-
den alle Frauen ihre Männer in Ehren
halten bei Hoch und Niedrig.

21 Das gefiel dem König und den Fürs-
ten und der König tat nach dem Wort
Memuchans. 22 Da [a]wurden Schreiben
ausgesandt in alle Länder des Königs, in
jedes Land nach seiner Schrift und zu
jedem Volk nach seiner Sprache, dass ein
jeder Mann der Herr in seinem Hause
sei.

Der König sucht eine neue Gemahlin

2 Nach diesen Geschichten, als der
Grimm des Königs Ahasveros sich
gelegt hatte, dachte er an das, was
Waschti getan hatte und was über sie
beschlossen war. 2 Da sprachen die Män-
ner des Königs, die ihm dienten: Man
suche dem König schöne Jungfrauen,
3 und der König bestelle Männer in allen
Ländern seines Königreichs, dass sie alle
schönen Jungfrauen zusammenbringen
auf das Schloss zu Susa ins Frauenhaus
unter die Hand Hegais, des königlichen
Kämmerers, des Hüters der Frauen, und
dass man ihre Schönheit pflege; 4 und das
Mädchen, das dem König gefällt, werde
Königin an Waschtis statt. Das gefiel
dem König und er tat so.

5 Es war ein jüdischer Mann im
Schloss zu Susa, der hieß Mordechai, ein
Sohn Jaïrs, des Sohnes Schimis, des Soh-
nes des [a]Kisch, ein Benjaminiter, 6 der
mit weggeführt war von Jerusalem, als
Jechonja*, der König von Juda, durch
Nebukadnezar, den König von Babel, in
die Gefangenschaft geführt wurde.[a]
7 Und er war der [a]Pflegevater der Ha-
dassa, das ist Ester, einer Tochter seines
Oheims; denn sie hatte weder Vater noch
Mutter. Und sie war ein schönes und
feines Mädchen. Und als ihr Vater und
ihre Mutter starben, nahm sie Mordechai
als Tochter an.

8 Als nun das Gebot und Gesetz des
Königs bekannt wurde und viele Jung-
frauen zusammengebracht wurden auf
das Schloss zu Susa unter die Hand
Hegais, wurde auch Ester in des Königs
Palast geholt unter die Hand Hegais, des
Hüters der Frauen. 9 Und das Mädchen
gefiel Hegai und sie fand Gunst bei ihm.
Und er beeilte sich, ihre Schönheit zu
pflegen und ihr genügend Speise zu ge-
ben und dazu sieben auserlesene Diene-
rinnen aus dem Palast des Königs. Und
er brachte sie mit ihren Dienerinnen an
den besten Ort im Frauenhaus. 10 Aber
Ester sagte ihm nichts von ihrem Volk
und ihrer Herkunft; denn Mordechai
hatte ihr geboten, sie solle es nicht sagen.
11 Und Mordechai kam alle Tage am Hof
des Frauenhauses vorbei, um zu erfah-
ren, ob's Ester gut gehe und was mit ihr
geschehen würde.

12 Wenn aber die bestimmte Zeit für
eine jede Jungfrau kam, dass sie zum
König Ahasveros kommen sollte, nach-
dem sie zwölf Monate nach der Vor-
schrift für die Frauen gepflegt worden
war – denn ihre Pflege brauchte so viel
Zeit, nämlich sechs Monate mit Balsam
und Myrrhe und sechs Monate mit kost-

* Vgl. Anmerkung zu Jer 24,1.

1,19: *a* Dan 6,9 **1,22:** *a* Kap 3,12; 8,9 **2,5:** *a* 1.Sam 9,1 **2,6:** *a* 2.Kön 24,15 **2,7:** *a* Kap 8,1

barer Spezerei und was sonst zur weib-
lichen Pflege gehört –, 13 dann ging die
Jungfrau zum König, und alles, was sie
wollte, musste man ihr geben, dass sie
damit vom Frauenhaus in den Palast des
Königs ginge. 14 Und wenn sie am Abend
hineingegangen war, ging sie am Morgen
von ihm in das andere Frauenhaus, unter
die Hand des Schaaschgas, des könig-
lichen Kämmerers, des Hüters der Ne-
benfrauen. Und sie durfte nicht wieder
zum König kommen, es sei denn, sie
gefiele dem König und er ließe sie mit
Namen rufen.

Ester wird Königin

15 Als nun für Ester, die Tochter Abiha-
jils, des Oheims Mordechais, die er als
Tochter angenommen hatte, die Zeit her-
ankam, dass sie zum König kommen
sollte, begehrte sie nichts, als was Hegai,
des Königs Kämmerer, der Hüter der
Frauen, sagte. Und Ester fand Gunst bei
allen, die sie sahen. 16 Es wurde aber
Ester zum König Ahasveros gebracht in
den königlichen Palast im zehnten Mo-
nat, der da heißt Tebet, im siebenten Jahr
seiner Herrschaft. 17 Und der König ge-
wann Ester lieber als alle Frauen und sie
fand Gnade und Gunst bei ihm vor allen
Jungfrauen. Und er setzte die königliche
Krone auf ihr Haupt und machte sie zur
Königin an Waschtis statt. 18 Und der
König machte ein großes Festmahl für
alle seine Fürsten und Großen, das Fest-
mahl Esters, und gewährte den Ländern
Steuererlass und teilte königliche Ge-
schenke aus.

Mordechai entdeckt eine Verschwörung gegen den König

19 Und als man nun die übrigen Jung-
frauen in das andere Frauenhaus
brachte, saß Mordechai im Tor des Kö-
nigs. 20 Und Ester hatte noch nichts ge-
sagt von ihrer Herkunft und von ihrem
Volk, wie ihr Mordechai geboten hatte;
denn Ester tat nach dem Wort Morde-
chais wie zur Zeit, als er ihr Pflegevater
war. 21 [a]In jenen Tagen, als Mordechai
im Tor des Königs saß, gerieten zwei
Kämmerer des Königs, Bigtan und Te-
resch, die die Tür hüteten, in Zorn und
trachteten danach, Hand an den König
Ahasveros zu legen. 22 Als das Mordechai
zu wissen bekam, sagte er es der Königin
Ester und Ester sagte es dem König in
Mordechais Namen. 23 Und als man
nachforschte, wurde es als richtig befun-
den, und sie wurden beide an den Galgen
gehängt. Und es wurde aufgezeichnet im
Buch der täglichen Meldungen für den
König.

Hamans Anschlag zur Vertilgung der Juden

3 Nach diesen Geschichten erhob der
König Ahasveros den Haman, den
Sohn Hammedatas, den [a]Agagiter, und
machte ihn groß und setzte seinen Stuhl
über alle Fürsten, die bei ihm waren.[b]
2 Und alle Großen des Königs, die im Tor
des Königs waren, beugten die Knie und
fielen vor Haman nieder; denn der König
hatte es so geboten. Aber [a]Mordechai
beugte die Knie nicht und fiel nicht
nieder. 3 Da sprachen die Großen des
Königs, die im Tor des Königs waren,
zu Mordechai: Warum übertrittst du des
Königs Gebot? 4 Und als sie das täglich
zu ihm sagten und er nicht auf sie hörte,
sagten sie es Haman, damit sie sähen, ob
solch ein Tun Mordechais bestehen
würde; denn er hatte ihnen gesagt, dass
er ein Jude sei.

5 Und als Haman sah, dass Mordechai
nicht die Knie beugte noch vor ihm nie-
derfiel, wurde er voll Grimm. 6 Aber es
war ihm zu wenig, dass er nur an Morde-
chai die Hand legen sollte, denn sie hat-
ten ihm gesagt, von welchem Volk Mor-
dechai sei; sondern er trachtete danach,
das Volk Mordechais, alle Juden, die im
ganzen Königreich des Ahasveros waren,
zu vertilgen.

7 Im [a]ersten Monat, das ist der Monat
Nisan, im zwölften Jahr des Königs
Ahasveros, wurde das [b]Pur, das ist das
Los, geworfen vor Haman, von einem
Tage zum andern und von Monat zu
Monat, und das Los fiel auf den drei-
zehnten Tag im zwölften Monat, das ist
der Monat Adar. 8 Und Haman sprach
zum König Ahasveros: Es gibt ein Volk,
zerstreut und abgesondert unter allen
Völkern in allen Ländern deines König-

2,21: *a (21-23)* Kap 6,1-2 **3,1:** *a* 1.Sam 15,32; *b* 2.Mose 17,14-16 **3,2:** *a* Mt 4,9-10 **3,7:** *a* 2.Mose 13,4; 12,2; *b* Kap 9,24

reichs, und [a]ihr Gesetz ist anders als das
aller Völker und sie tun nicht nach des
Königs Gesetzen. Es ziemt dem König
nicht, sie gewähren zu lassen. 9 Gefällt es
dem König, so lasse er schreiben, dass
man sie umbringe; so will ich [a]zehntau-
send Zentner Silber darwägen in die
Hand der Amtleute, dass man's bringe in
die Schatzkammer des Königs.

10 Da [a]tat der König seinen Ring von
der Hand und gab ihn Haman, dem
Sohn Hammedatas, dem Agagiter, dem
Feind der Juden. 11 Und der König
sprach zu Haman: Das Silber sei dir ge-
geben, dazu das Volk, dass du mit ihm
tust, was dir gefällt.

12 Da rief man die Schreiber des
Königs am dreizehnten Tage des ersten
Monats; und es wurde geschrieben, wie
Haman befahl, an die Fürsten des Kö-
nigs und an die Statthalter hin und her in
den Ländern und an die Obersten eines
jeden Volks in den Ländern hin und her
in der Schrift eines jeden Volks und in
seiner Sprache, im Namen des Königs
Ahasveros und mit des Königs Ring ge-
siegelt. 13 Und die Schreiben wurden ge-
sandt durch die Läufer in alle Länder des
Königs, man solle vertilgen, töten und
umbringen alle Juden, Jung und Alt,
Kinder und Frauen, auf **einen** Tag, näm-
lich am dreizehnten Tag des zwölften
Monats, das ist der Monat Adar, und ihr
Hab und Gut plündern. 14 Eine Abschrift
des Schreibens sollte als Gesetz erlassen
werden in allen Ländern, um allen Völ-
kern zu eröffnen, dass sie sich auf diesen
Tag bereithalten sollten. 15 Und die Läu-
fer gingen eilends aus nach des Königs
Wort und in der Festung Susa wurde das
Gesetz angeschlagen. Und der König
und Haman saßen und tranken; aber die
Stadt Susa war bestürzt.

Mordechai bestimmt Ester, beim König für die Juden einzutreten

4 Als Mordechai alles erfuhr, was ge-
schehen war, zerriss er seine Kleider
und legte den Sack an und tat Asche aufs
Haupt und ging hinaus mitten in die
Stadt und schrie laut klagend 2 und kam
bis vor das Tor des Königs; denn es
durfte niemand in das Tor des Königs
eintreten, der einen Sack anhatte. 3 Und
in allen Ländern, wohin des Königs Wort
und Gebot gelangte, war ein großes Kla-
gen unter den Juden, und viele fasteten,
weinten, trugen Leid und lagen in Sack
und Asche. 4 Da kamen die Dienerinnen
Esters und ihre Kämmerer und erzählten
ihr davon. Da erschrak die Königin sehr.
Und sie sandte Kleider, dass Mordechai
sie anzöge und den Sack ablegte; er aber
nahm sie nicht an.

5 Da rief Ester Hatach, einen von des
Königs Kämmerern, der ihr diente, und
gab ihm Befehl wegen Mordechai, um zu
erfahren, was das sei und warum er so
tue. 6 Da ging Hatach hinaus zu Morde-
chai auf den Platz der Stadt, der vor dem
Tor des Königs war. 7 Und Mordechai
sagte ihm alles, was ihm begegnet war,
auch die [a]Summe des Silbers, das Ha-
man versprochen hatte in des Königs
Schatzkammer darzuwägen, wenn die Ju-
den vertilgt würden, 8 und gab ihm eine
Abschrift des Gesetzes, das in Susa ange-
schlagen war, sie zu vertilgen, damit er's
Ester zeige und es ihr sage und ihr ge-
biete, dass sie zum König hineingehe und
zu ihm flehe und bei ihm Fürbitte tue für
ihr Volk.

9 Und als Hatach hineinkam und Ester
die Worte Mordechais sagte, 10 sprach
Ester zu Hatach und gebot ihm, Morde-
chai zu sagen: 11 Es wissen alle Großen
des Königs und das Volk in den Ländern
des Königs, dass jeder, der ungerufen
zum König hineingeht in den inneren
Hof, Mann oder Frau, nach dem Gesetz
sterben muss, es sei denn [a]der König
strecke das goldene Zepter gegen ihn aus,
damit er am Leben bleibe. Ich aber bin
nun seit dreißig Tagen nicht gerufen wor-
den, zum König hineinzukommen.

12 Und als Esters Worte Mordechai ge-
sagt wurden, 13 ließ Mordechai Ester ant-
worten: Denke nicht, dass du dein Leben
errettest, weil du im Palast des Königs
bist, du allein von allen Juden. 14 Denn
wenn du zu dieser Zeit schweigen wirst,
so [a]wird eine Hilfe und Errettung von
einem andern Ort her den Juden erste-
hen, du aber und deines Vaters Haus, ihr

3,8: *a* 5.Mose 4,5-8 **3,9:** *a* Kap 4,7 **3,10:** *a* Kap 8,2; 1.Mose 41,42 **4,7:** *a* Kap 3,9 **4,11:** *a* Kap 5,2; 8,4 **4,14:** *a* 1.Mose 45,7

werdet umkommen. Und wer weiß, ob
du nicht gerade um dieser Zeit willen zur
königlichen Würde gekommen bist? 15 Es-
ter ließ Mordechai antworten: 16 So geh
hin und versammle alle Juden, die in
Susa sind, und fastet für mich, dass ihr
nicht esst und trinkt drei Tage lang, we-
der Tag noch Nacht. Auch ich und meine
Dienerinnen wollen so fasten. Und dann
will ich zum König hineingehen entgegen
dem Gesetz. Komme ich um, so komme
ich um. 17 Mordechai ging hin und tat
alles, was ihm Ester geboten hatte.

Ester geht zum König und lädt ihn und Haman zum Mahle

5 Und am dritten Tage zog sich Ester
königlich an und trat in den inneren
Hof am Palast des Königs gegenüber
dem Palast des Königs. Und der König
saß auf seinem königlichen Thron im kö-
niglichen Saale gegenüber dem Tor des
Palastes. 2 Und als der König die Köni-
gin Ester im Hofe stehen sah, fand sie
Gnade vor seinen Augen. Und [a]der Kö-
nig streckte das goldene Zepter in seiner
Hand gegen Ester aus. Da trat Ester
herzu und rührte die Spitze des Zepters
an.
3 Da sprach der König zu ihr: Was hast
du, Ester, Königin? Und was begehrst
du? [a]Auch die Hälfte des Königreichs
soll dir gegeben werden. 4 Ester sprach:
Gefällt es dem König, so komme der
König mit Haman heute zu dem Mahl,
das ich bereitet habe. 5 Der König sprach:
Eilt und holt Haman, damit geschehe,
was Ester gesagt hat!
Als nun der König und Haman zu dem
Mahl kamen, das Ester bereitet hatte,
6 sprach der König zu Ester, als er Wein
getrunken hatte: Was bittest du, Ester?
Es soll dir gegeben werden. Und was
begehrst du? Wäre es auch die Hälfte des
Königreichs, es soll geschehen. 7 Da ant-
wortete Ester: Meine Bitte und mein Be-
gehren ist: 8 Hab ich Gnade gefunden vor
dem König und gefällt es dem König,
meine Bitte zu gewähren und zu tun nach
meinem Begehren, [a]so komme der König
mit Haman zu dem Mahl, das ich für sie
bereiten will. Morgen will ich dann tun,
was der König gesagt hat.

Haman beschließt, sich an Mordechai zu rächen

9 Da ging Haman an dem Tage hinaus
fröhlich und guten Mutes. Aber als er
Mordechai im Tor des Königs sah, wie er
nicht aufstand und sich nicht vor ihm
fürchtete, wurde er voll Zorn über Mor-
dechai. 10 Aber er hielt an sich. Und als er
heimkam, sandte er hin und ließ seine
Freunde holen und seine Frau Seresch
11 und zählte ihnen auf die Herrlichkeit
seines Reichtums und die Menge seiner
Söhne und alles, wie ihn der König so
groß gemacht habe und dass er über die
Fürsten und Großen des Königs erhoben
sei. 12 Auch sprach Haman: Und die Kö-
nigin Ester hat niemand kommen lassen
mit dem König zum Mahl, das sie be-
reitet hat, als nur mich, und auch morgen
bin ich zu ihr geladen mit dem König.
13 Aber das alles ist mir nicht genug, so-
lange ich den Juden Mordechai sitzen
sehe im Tor des Königs. 14 Da sprachen
zu ihm seine Frau Seresch und alle seine
Freunde: Man mache einen Galgen,
fünfzig Ellen hoch, und morgen früh
sage dem König, dass man Mordechai
daran aufhänge. Dann geh du mit dem
König fröhlich zum Mahl. Das gefiel
Haman gut und er ließ einen Galgen
aufrichten.

Haman muss Mordechai ehren

6 [a]In derselben Nacht konnte der Kö-
nig nicht schlafen und ließ sich das
Buch mit den täglichen Meldungen brin-
gen. Als diese dem König vorgelesen
wurden, 2 fand sich's geschrieben, dass
Mordechai angezeigt hatte, wie die zwei
Kämmerer des Königs, Bigtan und Te-
resch, die an der Schwelle die Wache hiel-
ten, danach getrachtet hatten, Hand an
den König Ahasveros zu legen. 3 Und der
König sprach: Welche Ehre und Würde
hat Mordechai dafür bekommen? Da
sprachen die Diener des Königs, die um
ihn waren: Er hat nichts bekommen.
4 Und der König sprach: Wer ist im Vor-
hof? Haman aber war in den Vorhof ge-
kommen draußen vor des Königs Palast,
um dem König zu sagen, dass man
[a]Mordechai an den Galgen hängen

5,2: *a* Kap 4,11 5,3: *a* Mk 6,23 5,8: *a* Kap 6,14 6,1: *a (1-2)* Kap 2,21-23 6,4: *a* Kap 5,14

sollte, den er für ihn aufgerichtet hatte.
5 Und des Königs Diener sprachen zu
ihm: Siehe, Haman steht im Vorhof. Der
König sprach: Lasst ihn hereintreten.

6 Und als Haman hereinkam, sprach
der König zu ihm: Was soll man dem
Mann tun, den der König gern ehren
will? Haman aber dachte in seinem Her-
zen: Wen anders sollte der König gern
ehren wollen als mich? 7 Und Haman
sprach zum König: Dem Mann, den der
König gern ehren will, 8 soll man [a] könig-
liche Kleider bringen, die der König zu
tragen pflegt, und ein Ross, darauf der
König reitet und dessen Kopf könig-
lichen Schmuck trägt, 9 und man soll
Kleid und Ross einem Fürsten des Kö-
nigs geben, dass er den Mann bekleide,
den der König gern ehren will, und ihn
auf dem Ross über den Platz der Stadt
führen und vor ihm her ausrufen lassen:
So tut man dem Mann, den der König
gern ehren will.[a] 10 Der König sprach zu
Haman: Eile und nimm Kleid und Ross,
wie du gesagt hast, und tu so mit Morde-
chai, dem Juden, der im Tor des Königs
sitzt, und lass nichts fehlen an allem, was
du gesagt hast.

11 Da nahm Haman Kleid und Ross
und zog Mordechai an und führte ihn
über den Platz der Stadt und rief aus vor
ihm her: So geschieht dem Mann, den
der König gern ehren will. 12 Und Mor-
dechai kam wieder zum Tor des Königs.
Haman aber eilte nach Hause, traurig
und mit verhülltem Haupt, 13 und er-
zählte seiner Frau Seresch und allen sei-
nen Freunden alles, was ihm begegnet
war. Da sprachen zu ihm seine Freunde
und seine Frau Seresch: Ist Mordechai,
vor dem du zu fallen angefangen hast,
vom Geschlecht der Juden, so vermagst
du nichts gegen ihn, sondern du wirst vor
ihm vollends zu Fall kommen.

14 Als sie aber noch mit ihm redeten,
kamen des Königs Kämmerer und ge-
leiteten Haman eilends [a] zu dem Mahl,
das Ester bereitet hatte.

Haman wird an den Galgen gehängt

7 Und als der König mit Haman zu
dem Mahl kam, das die Königin Es-
ter bereitet hatte, 2 sprach der König zu
Ester auch an diesem zweiten Tage, als er
Wein getrunken hatte: Was bittest du,
Königin Ester, das man dir geben soll?
Und was begehrst du? Wäre es auch
das halbe Königreich, es soll geschehen.
3 Die Königin Ester antwortete: Hab ich
Gnade vor dir gefunden, o König, und
gefällt es dem König, so gib mir mein
Leben um meiner Bitte willen und mein
Volk um meines Begehrens willen. 4 Denn
wir sind verkauft, ich und mein Volk,
dass wir vertilgt, getötet und umgebracht
werden. Wären wir nur zu Knechten und
Mägden verkauft, so wollte ich schwei-
gen; denn die Bedrängnis wäre nicht so
groß, dass man den König darum be-
lästigen müsste. 5 Der König Ahasveros
antwortete und sprach zu der Königin
Ester: Wer ist der oder wo ist der, der
sich hat in den Sinn kommen lassen, sol-
ches zu tun? 6 Ester sprach: Der Feind
und Widersacher ist dieser niederträch-
tige Haman! Haman aber erschrak vor
dem König und der Königin.

7 Und der König stand auf vom Wein-
gelage in seinem Grimm und ging in den
Garten am Palast. Aber Haman trat vor
und bat die Königin Ester um sein Le-
ben; denn er sah, dass sein Unglück vom
König schon beschlossen war. 8 Und als
der König zurückkam aus dem Garten
am Palast in den Saal, wo man gegessen
hatte, lag Haman vor dem Lager, auf
dem Ester ruhte. Da sprach der König:
Will er auch der Königin Gewalt antun
bei mir im Palast? Als das Wort aus des
Königs Munde gekommen war, verhüll-
ten sie Haman das Antlitz. 9 Und Har-
bona, einer der Kämmerer vor dem
König, sprach: Siehe, es steht ein Galgen
beim Hause Hamans, fünfzig Ellen hoch,
den er für Mordechai aufgerichtet hat,
der doch zum Wohl des Königs geredet
hat. Der König sprach: Hängt ihn daran
auf! 10 So hängte man Haman an den
Galgen, den er für Mordechai aufgerich-
tet hatte. Da legte sich des Königs Zorn.

Die Wendung zugunsten der Juden

8 An dem Tage schenkte der König
Ahasveros der Königin Ester das
Haus Hamans, des Judenfeindes. Und

6,8: *a* Dan 5,29 **6,9:** *a* 1. Mose 41,42-43 **6,14:** *a* Kap 5,8

Mordechai wurde vom König empfan-
gen; denn Ester hatte ihm gesagt, [a]wie er
mit ihr verwandt sei. 2 Und [a]der König
tat ab seinen Fingerreif, den er Haman
genommen hatte, und gab ihn Morde-
chai. Und Ester setzte Mordechai über
das Haus Hamans.
3 Und Ester redete noch einmal vor
dem König und fiel ihm zu Füßen und
weinte und flehte ihn an, dass er zunichte-
mache die Bosheit Hamans, des Agagi-
ters, und seine Anschläge, die er gegen
die Juden erdacht hatte. 4 Und [a]der
König streckte das goldene Zepter gegen
Ester aus. Da stand Ester auf und trat
vor den König 5 und sprach: Gefällt es
dem König und habe ich Gnade gefun-
den vor ihm, und dünkt es den König
recht und gefalle ich ihm, so möge man
die Schreiben mit den Anschlägen Ha-
mans, des Sohnes Hammedatas, des Aga-
giters, widerrufen, die er geschrieben hat,
um die Juden umzubringen in allen Län-
dern des Königs. 6 Denn wie kann ich
dem Unheil zusehen, das mein Volk tref-
fen würde? Und wie kann ich zusehen,
dass mein Geschlecht umkäme?
7 Da sprach der König Ahasveros zur
Königin Ester und zu Mordechai, dem
Juden: Siehe, ich habe Ester das Haus
Hamans geschenkt, und ihn hat man an
einen Galgen gehängt, weil er seine Hand
an die Juden gelegt hat. 8 So schreibt nun
ihr wegen der Juden, wie es euch gefällt,
in des Königs Namen und siegelt's mit
des Königs Ring. Denn ein Schreiben,
das in des Königs Namen geschrieben
und mit des Königs Ring gesiegelt war,
durfte niemand widerrufen.
9 Da wurden gerufen des Königs
Schreiber zu jener Zeit im dritten Monat,
das ist der Monat Siwan, am dreiund-
zwanzigsten Tage, und es wurde geschrie-
ben, wie Mordechai gebot, an die Juden
und an die Fürsten, Statthalter und
Obersten in den Ländern vom Indus bis
zum Nil, hundertundsiebenundzwanzig
Ländern, einem jeden Lande in seiner
Schrift, einem jeden Volk in seiner Spra-
che und auch den Juden in ihrer Schrift
und Sprache. 10 Und es wurde geschrie-
ben in des Königs Ahasveros Namen und
mit des Königs Ring gesiegelt. Und man
sandte die Schreiben durch reitende Bo-
ten auf den besten Pferden.
11 Darin gab der König den Juden,
in welchen Städten sie auch waren, die
Erlaubnis, sich zu versammeln und ihr
Leben zu verteidigen und alle Macht
des Volks und Landes, die sie angreifen
würden, zu vertilgen, zu töten und um-
zubringen samt den Kindern und Frauen
und ihr Hab und Gut zu plündern[a] 12 an
einem Tag in allen Ländern des Königs
Ahasveros, nämlich am dreizehnten Tage
des zwölften Monats, das ist der Monat
Adar. 13 Eine Abschrift des Schreibens
aber sollte als Gesetz erlassen werden in
allen Ländern, um allen Völkern zu er-
öffnen, dass die Juden sich für diesen Tag
bereithalten würden, sich zu rächen an
ihren Feinden.
14 Und die reitenden Boten auf den
besten Pferden ritten aus schnell und
eilends nach dem Wort des Königs, und
das Gesetz wurde in der Festung Susa
angeschlagen.
15 Mordechai aber ging hinaus von
dem König in königlichen Kleidern, blau
und weiß, und mit einer großen goldenen
Krone, angetan mit einem Mantel aus
Leinen und Purpurwolle. Und die Stadt
Susa jauchzte und war fröhlich. 16 Für
die Juden aber war Licht und Freude und
Wonne und Ehre gekommen. 17 Und in
allen Ländern und Städten, an welchen
Ort auch immer des Königs Wort und
Gesetz gelangte, da war Freude und
Wonne unter den Juden, Gastmahl und
Festtag; und viele aus den Völkern im
Lande wurden Juden; denn die Furcht
vor den Juden war über sie gekommen.

Die Juden rächen sich an ihren Feinden

9 Im zwölften Monat, das ist der Mo-
nat Adar, am dreizehnten Tage, als
des Königs Wort und Gesetz ausgeführt
werden sollte, eben an dem Tage, als die
Feinde der Juden hofften, sie zu über-
wältigen, und sich's wandte, dass nun die
Juden ihre Feinde überwältigen sollten,
2 da versammelten sich die Juden in ihren
Städten in allen Ländern des Königs
Ahasveros, um Hand anzulegen an die,
die ihnen übel wollten. Und niemand

8,1: *a* Kap 2,7 **8,2:** *a* Kap 3,10 **8,4:** *a* Kap 4,11; 5,2 **8,11:** *a* Kap 3,13; 9,7-10.15-16

konnte ihnen widerstehen; denn die
Furcht vor ihnen war über alle Völker
gekommen. 3 Auch alle Obersten in den
Ländern und die Fürsten und Statthalter
und Amtleute des Königs halfen den Ju-
den; denn die Furcht vor Mordechai war
über sie gekommen. 4 Denn Mordechai
war groß am Hof des Königs und die
Kunde von ihm erscholl in allen Län-
dern, wie er immer mächtiger werde.

5 So schlugen die Juden alle ihre
Feinde mit dem Schwert und töteten und
brachten um und taten nach ihrem Ge-
fallen an denen, die ihnen feind waren.
6 Und in der Festung Susa töteten und
brachten die Juden um fünfhundert
Mann. 7 Dazu töteten sie Parschandata,
Dalfon, Aspata, 8 Porata, Adalja, Ari-
data, 9 Parmaschta, Arisai, Aridai und
Wajesata, 10 die zehn Söhne Hamans, des
Sohnes Hammedatas, des Judenfeindes.
Aber [a] an die Güter legten sie ihre Hände
nicht.

11 Zu derselben Zeit kam die Zahl der
Getöteten in der Festung Susa vor den
König. 12 Und der König sprach zu der
Königin Ester: Die Juden haben in der
Festung Susa fünfhundert Mann getötet
und umgebracht, auch die zehn Söhne
Hamans; was werden sie getan haben in
den andern Ländern des Königs? Was
bittest du, dass man dir's gebe? Und was
begehrst du mehr, dass man's tue? 13 Es-
ter sprach: Gefällt's dem König, so lasse
er auch morgen die Juden in Susa tun
nach dem Gesetz für den heutigen Tag,
aber die zehn Söhne Hamans soll man an
den Galgen hängen. 14 Und der König
befahl, so zu tun. Und das Gesetz wurde
zu Susa gegeben, und die zehn Söhne
Hamans wurden gehängt.

15 Und die Juden in Susa versammelten
sich auch am vierzehnten Tage des Mo-
nats Adar und töteten in Susa dreihun-
dert Mann; aber an ihre Güter legten sie
die Hände nicht. 16 Auch die andern Ju-
den in den Ländern des Königs kamen
zusammen, um ihr Leben zu verteidigen
und sich vor ihren Feinden Ruhe zu ver-
schaffen, und töteten fünfundsiebzigtau-
send von ihren Feinden; aber an die
Güter legten sie die Hände nicht.

Die Stiftung des Purimfestes

17 Das geschah am dreizehnten Tage des
Monats Adar und sie ruhten am vier-
zehnten Tage desselben Monats. Den
machten sie zum Tage des Festmahls und
der Freude. 18 Aber die Juden in Susa
waren zusammengekommen am drei-
zehnten und vierzehnten Tage und ruh-
ten am fünfzehnten Tage, und diesen Tag
machten sie zum Tage des Festmahls und
der Freude. 19 Darum machen die Juden,
die in den Dörfern und Höfen wohnen,
den vierzehnten Tag des Monats Adar
zum Tag des Festmahls und der Freude
und senden einer dem andern Ge-
schenke.

20 Und Mordechai schrieb diese Ge-
schichten auf und sandte Schreiben an
alle Juden, die in allen Ländern des
Königs Ahasveros waren, nah und fern,
21 sie sollten als Feiertage den vierzehn-
ten und fünfzehnten Tag des Monats
Adar annehmen und jährlich halten 22 als
die Tage, an denen die Juden zur Ruhe
gekommen waren vor ihren Feinden, und
als den Monat, in dem sich ihre Schmer-
zen in Freude und ihr Leid in Festtage
verwandelt hatten: dass sie diese halten
sollten als Tage des Festmahls und der
Freude und einer dem andern Geschenke
und den Armen Gaben schicke.

23 Und die Juden nahmen es an als
Brauch, was sie angefangen hatten zu tun
und was Mordechai an sie geschrieben
hatte: 24 wie Haman, der Sohn Hamme-
datas, der Agagiter, der Feind aller Ju-
den, gedacht hatte, alle Juden umzubrin-
gen, und wie er das [a] Pur, das ist das Los,
hatte werfen lassen, um sie zu schrecken
und umzubringen; 25 und wie Ester zum
König gegangen war und dieser durch
Schreiben geboten hatte, dass die bösen
Anschläge, die Haman gegen die Juden
erdacht, auf seinen Kopf zurückfielen,
und [a] wie man ihn und seine Söhne an
den Galgen gehängt hatte. 26 Daher
nannten sie diese Tage Purim nach dem
Worte Pur. Und nach allen Worten dieses
Schreibens und nach dem, was sie selbst
gesehen hatten und was sie getroffen
hatte, 27 beschlossen die Juden und nah-
men es an als Brauch für sich und für

9,10: *a* 1. Mose 14,21-24 **9,24:** *a* Kap 3,7 **9,25:** *a* Kap 7,10

ihre Nachkommen und für alle, die sich
zu ihnen halten würden, dass sie nicht
unterlassen wollten, diese zwei Tage jähr-
lich zu halten, wie sie vorgeschrieben und
bestimmt waren, 28 dass diese Tage nicht
zu vergessen, sondern zu halten seien bei
Kindeskindern, bei allen Geschlechtern,
in allen Ländern und Städten. Es sind die
Purimtage, die nicht übergangen werden
sollen unter den Juden, und ihr Anden-
ken soll nicht untergehen bei ihren
Nachkommen.
29 Und die Königin Ester, die Tochter
Abihails, und Mordechai, der Jude,
schrieben mit ganzem Ernst ein zweites
Schreiben über das Purimfest, um es zu
bestätigen. 30 Und man sandte die Schrei-
ben allen Juden in den 127 Ländern des
Königreichs des Ahasveros mit Gruß-
worten des Friedens und der Treue:
31 dass sie annähmen die Purimtage auf
ihre bestimmte Zeit, wie sie Mordechai,
der Jude, und die Königin Ester für sie
festgesetzt hatten und wie sie für sich
selbst und für ihre Nachkommen die Ein-
setzung der Fasten und ihrer Klage fest-
gesetzt hatten. 32 Und der Befehl der
Ester bestätigte die Einsetzung dieser
Purimtage. Und es wurde in ein Buch
geschrieben.

Mordechais Ansehen bei Persern und Juden

10 Und der König Ahasveros legte
eine Steuer aufs Land und auf die
Inseln im Meer. 2 Aber alle Taten seiner
Herrschaft und Macht und [a] die große
Herrlichkeit Mordechais, die ihm der
König gab, siehe, das ist geschrieben in
der Chronik der Könige von Medien und
Persien. 3 Denn Mordechai, der Jude, war
der Erste nach dem König Ahasveros
und groß unter den Juden und beliebt
unter der Menge seiner Brüder, weil er
für sein Volk Gutes suchte und redete,
was seinem ganzen Geschlecht zum Bes-
ten diente.

10,2: *a* Kap 8,2.15

DAS BUCH HIOB (IJOB)

Inhaltsübersicht

Hiobs Frömmigkeit und Glück

1 Es war ein Mann im Lande [a]Uz, der
hieß [b]Hiob. [c]Der war fromm und
rechtschaffen, gottesfürchtig und mied
das Böse. 2 Und er zeugte sieben Söhne
und drei Töchter, 3 und er besaß sieben-
tausend Schafe, dreitausend Kamele,
fünfhundert Joch Rinder und fünfhun-
dert Eselinnen und sehr viel Gesinde,
und er war reicher als alle, die im Osten
wohnten. 4 Und seine Söhne gingen hin
und machten ein Festmahl, ein jeder in
seinem Hause an seinem Tag, und sie
sandten hin und luden ihre drei Schwes-
tern ein, mit ihnen zu essen und zu trin-
ken. 5 Und wenn die Tage des Mahles um
waren, sandte Hiob hin und heiligte sie
und machte sich früh am Morgen auf
und opferte Brandopfer nach ihrer aller
Zahl; denn Hiob dachte: Meine Söhne
könnten gesündigt und Gott abgesagt
haben in ihrem Herzen. So tat Hiob alle-
zeit.

Hiob bewährt sich in schwerer Prüfung

6 Es begab sich aber eines Tages, da die
[a]Gottessöhne* kamen und vor den
HERRN traten, kam auch der [b]Satan un-
ter ihnen. 7 Der HERR aber sprach zu
dem Satan: Wo kommst du her? Der Sa-
tan antwortete dem HERRN und sprach:
Ich habe die Erde hin und her durch-
zogen. 8 Der HERR sprach zum Satan:
Hast du achtgehabt auf meinen Knecht
Hiob? Denn es ist seinesgleichen nicht
auf Erden, fromm und rechtschaffen,
gottesfürchtig und meidet das Böse.
9 Der Satan antwortete dem HERRN
und sprach: Meinst du, dass Hiob [a]Gott
umsonst fürchtet? 10 Hast du doch ihn,
sein Haus und alles, was er hat, ringsum-
her beschützt. Du hast das Werk seiner
Hände gesegnet, und sein Besitz hat sich
ausgebreitet im Lande. 11 Aber strecke
deine Hand aus und taste alles an, was er
hat: was gilt's, er wird dir ins Angesicht
absagen! 12 Der HERR sprach zum Satan:
Siehe, alles, was er hat, sei in deiner
Hand; nur an ihn selbst lege deine Hand
nicht. Da ging der Satan hinaus von dem
HERRN.[a]
13 An dem Tage aber, da seine Söhne
und Töchter aßen und Wein tranken im
Hause ihres Bruders, des Erstgeborenen,
14 kam ein Bote zu Hiob und sprach: Die
Rinder pflügten und die Eselinnen gin-
gen neben ihnen auf der Weide, 15 da fie-
len die aus Saba ein und nahmen sie weg
und erschlugen die Knechte mit der
Schärfe des Schwerts, und ich allein bin
entronnen, dass ich dir's ansagte.
16 Als der noch redete, kam ein anderer
und sprach: [a]Feuer Gottes fiel vom
Himmel und traf Schafe und Knechte
und verzehrte sie, und ich allein bin ent-
ronnen, dass ich dir's ansagte. 17 Als der
noch redete, kam einer und sprach: Die
[a]Chaldäer machten drei Abteilungen
und fielen über die Kamele her und nah-
men sie weg und erschlugen die Knechte
mit der Schärfe des Schwerts, und ich
allein bin entronnen, dass ich dir's an-
sagte. 18 Als der noch redete, kam einer
und sprach: Deine Söhne und Töchter

* Das sind himmlische Wesen, die das Gefolge Gottes bilden (vgl. Kap 38,7; Ps 82,1) und vor seinem Thron erscheinen (vgl. 1. Kön 22,19); zu ihnen gehört auch der Satan (vgl. Sach 3,1).

1,1: *a* Jer 25,20; Klgl 4,21; *b* Hes 14,14.20; *c* Jak 5,11 **1,6:** *a* Kap 2,1; 1. Mose 6,2; *b* 1. Chr 21,1 **1,9:** *a* Ps 73,13 **1,12:** *a* 5. Mose 8,2 **1,16:** *a* Ps 78,48 **1,17:** *a* Jer 51,24

aßen und tranken im Hause ihres Bru-
ders, des Erstgeborenen, 19und siehe, da
kam ein großer Wind von der Wüste her
und stieß an die vier Ecken des Hauses;
da fiel es auf die jungen Leute, dass sie
starben, und ich allein bin entronnen,
dass ich dir's ansagte.
20Da stand Hiob auf und zerriss sein
Kleid und schor sein Haupt und fiel auf
die Erde und neigte sich tief 21und
sprach: Ich bin [a]nackt von meiner Mut-
ter Leibe gekommen, nackt werde ich
wieder dahinfahren. **Der HERR hat's ge-
geben, der HERR hat's genommen; der
Name des HERRN sei gelobt!**[b] – 22In die-
sem allen sündigte Hiob nicht und tat
nichts Törichtes wider Gott.

Hiob bewährt sich erneut in schwerer Prüfung

2 Es begab sich aber eines Tages, da die
Gottessöhne kamen und vor den
HERRN traten, dass auch der Satan unter
ihnen kam und vor den HERRN trat.[a]
2Da sprach der HERR zu dem Satan: Wo
kommst du her? Der Satan antwortete
dem HERRN und sprach: Ich habe die
Erde hin und her durchzogen. 3Der
HERR sprach zu dem Satan: Hast du
acht auf meinen Knecht Hiob gehabt?
Denn es ist seinesgleichen auf Erden
nicht, fromm und rechtschaffen, gottes-
fürchtig und meidet das Böse und hält
noch fest an seiner Frömmigkeit; du aber
hast mich bewogen, ihn ohne Grund zu
verderben.
4Der Satan antwortete dem HERRN
und sprach: Haut für Haut! Und alles,
was ein Mann hat, lässt er für sein Le-
ben. 5Aber strecke deine Hand aus und
taste sein Gebein und Fleisch an: was
gilt's, er wird dir ins Angesicht absagen!
6Der HERR sprach zu dem Satan: Siehe
da, er sei in deiner Hand, doch schone
sein Leben!
7Da ging der Satan hinaus vom Ange-
sicht des HERRN und schlug Hiob [a]mit
bösen Geschwüren von der Fußsohle an
bis auf seinen Scheitel. 8Und er nahm
eine Scherbe und schabte sich und saß in
der Asche. 9Und seine Frau sprach zu
ihm: Hältst du noch fest an deiner Fröm-
migkeit? Sage Gott ab und stirb! 10Er
aber sprach zu ihr: Du redest, wie die
törichten Frauen reden. **Haben wir Gutes
empfangen von Gott und sollten das Böse
nicht auch annehmen?** [a]In diesem allen
versündigte sich Hiob nicht mit seinen
Lippen.

Hiob wird von drei Freunden besucht

11Als aber die drei Freunde Hiobs all das
Unglück hörten, das über ihn gekommen
war, kamen sie, ein jeder aus seinem
Ort: Elifas von [a]Teman, Bildad von
[b]Schuach und Zofar von [c]Naama. Denn
sie waren eins geworden hinzugehen, um
ihn zu beklagen und zu trösten. 12Und
als sie ihre Augen aufhoben von ferne,
erkannten sie ihn nicht und erhoben ihre
Stimme und weinten, und ein jeder zer-
riss sein Kleid und sie warfen Staub gen
Himmel auf ihr Haupt 13und saßen mit
ihm auf der Erde sieben Tage und sieben
Nächte und redeten nichts mit ihm; denn
sie sahen, dass der Schmerz sehr groß
war.

Hiobs Klage

3 Danach tat Hiob seinen Mund auf
und verfluchte seinen Tag. 2Und
Hiob sprach:
3Ausgelöscht sei [a]der Tag, an dem ich
geboren bin, und die Nacht, da man
sprach: Ein Knabe kam zur Welt! 4Jener
Tag soll finster sein und Gott droben
frage nicht nach ihm! Kein Glanz soll
über ihm scheinen! 5Finsternis und Dun-
kel sollen ihn überwältigen und düstere
Wolken über ihm bleiben, und Verfinste-
rung am Tage mache ihn schrecklich!
6Jene Nacht – das Dunkel nehme sie hin-
weg, sie soll sich nicht unter den Tagen
des Jahres freuen noch in die Zahl der
Monde kommen! 7Siehe, jene Nacht sei
unfruchtbar und kein Jauchzen darin!
8Es sollen sie verfluchen, die einen Tag
verfluchen können, und die da kundig
sind, den Leviatan* zu wecken! 9Ihre
Sterne sollen finster sein in ihrer Däm-
merung. Die Nacht hoffe aufs Licht,
doch es komme nicht, und sie sehe nicht
die Wimpern der Morgenröte, 10weil sie
nicht verschlossen hat den Leib meiner

* d.i. ein Riesentier, nach der Art des Krokodils (Kap 40,25).

1,21: *a* Pred 5,14; 1.Tim 6,7; *b* Jak 5,11 **2,1:** *a* Kap 1,6 **2,7:** *a* 5.Mose 28,27 **2,10:** *a* Kap 1,22 **2,11:** *a* 1.Mose 36,15; Jer 49,7; *b* 1.Mose 25,2; *c* Jos 15,41 **3,3:** *a* Jer 20,14-18

Mutter und nicht verborgen das Unglück
vor meinen Augen!
11 Warum bin ich nicht gestorben bei
meiner Geburt? Warum bin ich nicht um-
gekommen, als ich aus dem Mutterleib
kam? 12 Warum hat man mich auf den
Schoß genommen? Warum bin ich an
den Brüsten gesäugt? 13 Dann läge ich da
und wäre still, dann schliefe ich und
hätte Ruhe 14 mit den Königen und Rats-
herren auf Erden, die sich [a]Grüfte er-
bauten, 15 oder mit den Fürsten, die Gold
hatten und deren Häuser voll Silber wa-
ren; 16 wie eine Fehlgeburt, die man ver-
scharrt hat, hätte ich nie gelebt, wie Kin-
der, die das Licht nie gesehen haben.
17 Dort haben die Gottlosen aufgehört
mit Toben; dort ruhen, die viel Mühe
gehabt haben. 18 Da haben die Gefan-
genen allesamt Frieden und hören nicht
die Stimme des Treibers. 19 Da sind Klein
und Groß gleich und der Knecht ist frei
von seinem Herrn.
20 Warum gibt Gott das Licht dem
Mühseligen und das Leben den betrüb-
ten Herzen 21 – die auf den Tod warten,
und er kommt nicht, und [a]nach ihm su-
chen mehr als nach Schätzen, 22 die sich
sehr freuten und fröhlich wären, wenn sie
ein Grab bekämen –, 23 dem Mann, des-
sen Weg verborgen ist, [a]dem Gott den
Pfad ringsum verzäunt hat? 24 Denn
wenn ich essen soll, muss ich seufzen,
und mein Schreien fährt heraus wie Was-
ser. 25 Denn was ich gefürchtet habe, ist
über mich gekommen, und wovor mir
graute, hat mich getroffen. 26 Ich hatte
keinen Frieden, keine Rast, keine Ruhe,
da kam schon wieder ein Ungemach!

Hiobs Gespräche mit seinen Freunden
(Kapitel 4,1–27,23)

Des Elifas erste Rede

4 Da hob Elifas von Teman an und
sprach:
2 Du hast's vielleicht nicht gern, wenn
man versucht, mit dir zu reden; aber
Worte zurückhalten, wer kann's? 3 Siehe,
du hast viele unterwiesen und matte
Hände gestärkt; 4 deine Rede hat die
Strauchelnden aufgerichtet, und die be-
benden Knie hast du gekräftigt. 5 Nun es
aber an dich kommt, wirst du weich, und
nun es dich trifft, erschrickst du! 6 Ist
nicht deine Gottesfurcht dein Trost, und
die Unsträflichkeit deiner Wege deine
Hoffnung?
7 Bedenke doch: Wo ist ein Unschuldi-
ger umgekommen? Oder wo wurden die
Gerechten je vertilgt? 8 Wohl aber habe
ich gesehen: Die da Frevel pflügten und
Unheil säten, ernteten es auch ein.[a]
9 Durch den Odem Gottes sind sie umge-
kommen und vom Schnauben seines
Zorns vertilgt. 10 Das Brüllen der Löwen
und die Stimme der Leuen und die
Zähne der jungen Löwen sind dahin.
11 Der Löwe kommt um, wenn er keine
Beute hat, und die Jungen der Löwin
werden zerstreut.
12 Zu mir ist heimlich ein Wort gekom-
men, und von ihm hat mein Ohr ein
Flüstern empfangen 13 [a]beim Nachsin-
nen über Gesichte in der Nacht, wenn
tiefer Schlaf auf die Leute fällt; 14 da kam
mich Furcht und Zittern an, und alle
meine Gebeine erschraken. 15 Und ein
Hauch fuhr an mir vorüber; es standen
mir die Haare zu Berge an meinem Leibe.
16 Da stand ein Gebilde vor meinen
Augen, doch ich erkannte seine Gestalt
nicht; es war eine Stille und ich hörte
eine Stimme:
17 Wie kann ein Mensch gerecht sein
vor Gott oder ein Mann rein sein vor
dem, der ihn gemacht hat?[a] 18 Siehe,
[a]seinen Dienern traut er nicht, und sei-
nen Boten wirft er Torheit vor: 19 wie viel
mehr denen, die in Lehmhäusern wohnen
und auf Staub gegründet sind und wie
Motten zerdrückt werden! 20 Es währt
vom Morgen bis zum Abend, so werden
sie zerschlagen, und ehe man's gewahr
wird, sind sie ganz dahin. 21 Ihr Zelt wird
abgebrochen, und sie sterben unverse-
hens.

5 Rufe doch, ob einer dir antwortet!
Und an welchen von den Heiligen
willst du dich wenden? 2 Denn einen To-
ren tötet der Unmut, und den Unver-
ständigen bringt der Eifer um. 3 [a]Ich sah

3,14: *a* 2.Sam 18,18 **3,21:** *a* Offb 9,6 **3,23:** *a* Kap 19,8 **4,8:** *a* Spr 22,8 **4,13:** *a (13-17)* Kap 33,15-18; 1.Mose 15,12 **4,17:** *a* 1.Kön 8,46; Ps 14,3; Spr 20,9 **4,18:** *a* Kap 15,15 **5,3:** *a (3-5)* Ps 37,35-36

einen Toren Wurzel schlagen, doch plötz-
lich schwand er von seiner Stätte dahin.
4Seinen Kindern bleibt Hilfe fern, und
sie werden zerschlagen im Tor; denn kein
Erretter ist da. 5Seine Ernte verzehrt der
Hungrige, und auch aus den Hecken holt
er sie, und nach seinem Gut lechzen die
Durstigen. 6Denn Frevel geht nicht aus
der Erde hervor, und Unheil wächst nicht
aus dem Acker; 7sondern der Mensch
erzeugt sich selbst das Unheil, wie Fun-
ken hoch emporfliegen.

8Ich aber würde mich zu Gott wenden
und meine Sache vor ihn bringen, 9der
große Dinge tut, die nicht zu erforschen
sind, und Wunder, die nicht zu zählen
sind,[a] 10der den Regen aufs Land gibt
und Wasser kommen lässt auf die Ge-
filde, 11der [a]die Niedrigen erhöht und
den Betrübten emporhilft. 12Er macht
zunichte die Pläne der Klugen, sodass
ihre Hand sie nicht ausführen kann. 13Er
[a]fängt die Weisen in ihrer Klugheit und
stürzt den Rat der Verkehrten, 14dass sie
am Tage in Finsternis laufen und [a]tap-
pen am Mittag wie in der Nacht. 15Er
hilft dem Armen vom Schwert und den
Elenden von der Hand des Mächtigen.
16Dem Armen wird Hoffnung zuteil, und
die Bosheit muss ihren Mund zuhalten.

**17Siehe, selig ist der Mensch, den Gott
zurechtweist; darum widersetze dich der
[a]Zucht des Allmächtigen nicht. 18Denn er
verletzt und verbindet; er zerschlägt und
seine Hand [a]heilt. 19In sechs Trübsalen
wird er dich erretten, und in sieben wird
dich kein Übel anrühren.**[a] 20In der Hun-
gersnot wird er dich vom Tod erlösen
und im Kriege von des Schwertes Ge-
walt. 21Er wird dich verbergen vor der
Geißel der Zunge, dass du dich nicht
fürchten musst, wenn Verderben kommt.

22Über Verderben und Hunger wirst
du lachen und dich vor den wilden Tie-
ren im Lande nicht fürchten. 23Denn
dein Bund wird sein mit den Steinen auf
dem Felde, und [a]die wilden Tiere werden
Frieden mit dir halten, 24und du wirst
erfahren, dass deine Hütte Frieden hat,
und wirst deine Stätte überschauen und
nichts vermissen, 25und du wirst erfah-
ren, dass deine Kinder sich mehren und
deine Nachkommen wie das Gras auf
Erden sind, 26und du wirst im Alter zu
Grabe kommen, wie Garben eingebracht
werden zur rechten Zeit. 27Siehe, das
haben wir erforscht, so ist es; darauf höre
und merke du dir's.

Hiobs erste Antwort an Elifas

6 Hiob antwortete und sprach:
2Wenn man doch meinen Kummer
wägen und mein Leiden zugleich auf die
Waage legen wollte! 3Denn nun ist es
schwerer als Sand am Meer; darum sind
meine Worte noch unbedacht. 4Denn die
[a]Pfeile des Allmächtigen stecken in mir;
mein Geist muss ihr Gift trinken, und die
Schrecknisse Gottes sind auf mich ge-
richtet. 5Schreit denn der Wildesel, wenn
er Gras hat, oder brüllt der Stier, wenn er
sein Futter hat? 6Isst man denn Fades,
ohne es zu salzen, oder hat Eiweiß Wohl-
geschmack? 7Meine Seele sträubt sich, es
anzurühren; es ist, als wäre mein Brot
unrein.

8Könnte meine Bitte doch geschehen
und Gott mir geben, was ich hoffe!
9Dass mich doch Gott erschlagen wollte
und seine Hand ausstreckte und mir den
Lebensfaden abschnitte! 10So hätte ich
noch diesen Trost und wollte fröhlich
springen – ob auch der Schmerz mich
quält ohne Erbarmen –, dass ich nicht
verleugnet habe die Worte des Heiligen.

11Was ist meine Kraft, dass ich aus-
harren könnte; und welches Ende wartet
auf mich, dass ich geduldig sein sollte?
12Ist doch meine Kraft nicht aus Stein
und mein Fleisch nicht aus Erz. 13Hab
ich denn keine Hilfe mehr, und gibt es
keinen Rat mehr für mich?

14Wer Barmherzigkeit seinem Nächs-
ten verweigert, der gibt die Furcht vor
dem Allmächtigen auf. 15Meine [a]Brüder
trügen wie ein Bach, wie das Bett der
Bäche, die versickern, 16die erst trübe
sind vom Eis, darin der Schnee sich birgt,
17doch zur Zeit, wenn die Hitze kommt,
versiegen sie; wenn es heiß wird, ver-
gehen sie von ihrer Stätte: 18Ihr Weg
windet sich dahin und verläuft, sie gehen
hin ins Nichts und verschwinden. 19Die
Karawanen von Tema blickten aus auf

5,9: *a* Kap 9,10 **5,11:** *a* Ps 75,8; Lk 1,52 **5,13:** *a* 1. Kor 3,19 **5,14:** *a* Jes 59,9-10 **5,17:** *a* Ps 94,12; Spr 3,11 **5,18:** *a* 5. Mose 32,39; Hos 6,1 **5,19:** *a* Ps 37,24; Spr 24,16 **5,23:** *a* Jes 11,6-9; Hos 2,20 **6,4:** *a* Ps 38,3 **6,15:** *a* Ps 38,12

sie, die Karawanen von [a]Saba hofften
auf sie; 20 aber sie wurden zuschanden
über ihrer Hoffnung und waren betrogen,
als sie dahin kamen. 21 So seid ihr jetzt
für mich geworden; weil ihr Schrecknisse
seht, fürchtet ihr euch. 22 Hab ich denn
gesagt: Schenkt mir etwas und bezahlt
für mich von eurem Vermögen 23 und er-
rettet mich aus der Hand des Feindes
und kauft mich los von der Hand der
Gewalttätigen?

24 Belehrt mich, so will ich schweigen,
und worin ich geirrt habe, darin unter-
weist mich! 25 Wie kräftig sind doch red-
liche Worte! Aber euer Tadeln, was be-
weist das? 26 Gedenkt ihr, Worte zu rü-
gen? Aber die Rede eines Verzweifelnden
verhallt im Wind. 27 Ihr freilich könntet
wohl über eine arme Waise das Los wer-
fen und euren Nächsten verschachern.
28 Nun aber hebt doch an und seht auf
mich, ob ich euch ins Angesicht lüge.
29 Kehrt doch um, damit nicht Unrecht
geschehe! Kehrt um! Noch habe ich recht
darin! 30 Ist denn auf meiner Zunge Un-
recht, oder sollte mein Gaumen Böses
nicht merken?

7 Muss nicht der Mensch immer im
Dienst stehen auf Erden, und sind
seine Tage nicht wie die eines [a]Tagelöh-
ners? 2 Wie ein Knecht sich sehnt nach
dem Schatten und ein Tagelöhner auf
seinen Lohn wartet, 3 so hab ich wohl
ganze Monate vergeblich gearbeitet, und
viele elende Nächte sind mir geworden.
4 Wenn ich mich niederlegte, sprach ich:
Wann werde ich aufstehen? Bin ich auf-
gestanden, so wird mir's lang bis zum
Abend, und mich quälte die Unruhe bis
zur Dämmerung. 5 Mein Fleisch ist um
und um eine Beute des Gewürms und
faulig, meine Haut ist verschrumpft und
voller Eiter. 6 Meine Tage sind schneller
dahingeflogen als ein [a]Weberschiffchen
und sind vergangen ohne Hoffnung.

7 Bedenke, dass mein Leben ein Hauch
ist und meine Augen nicht wieder Gutes
sehen werden. 8 Und kein lebendiges
Auge wird mich mehr schauen; sehen
deine Augen nach mir, so bin ich nicht
mehr. 9 Eine Wolke vergeht und fährt da-
hin: so kommt nicht wieder herauf, wer
zu den Toten hinunterfährt; 10 er [a]kommt
nicht zurück, und [b]seine Stätte kennt ihn
nicht mehr.

11 Darum will auch ich meinem Munde
nicht wehren. Ich will reden in der Angst
meines Herzens und will klagen in der
Betrübnis meiner Seele. 12 Bin ich denn
das Meer oder der Drache, dass du eine
Wache gegen mich aufstellst? 13 Wenn ich
dachte, mein Bett soll mich trösten, mein
Lager soll mir meinen Jammer erleich-
tern, 14 so erschrecktest du mich mit
Träumen und machtest mir Grauen
durch Gesichte, 15 dass ich mir wünschte,
erwürgt zu sein, und den Tod lieber hätte
als meine Schmerzen. 16 Ich vergehe! Ich
leb' ja nicht ewig. Lass ab von mir, denn
meine Tage sind nur noch ein Hauch.[a]

17 Was ist der Mensch, dass du ihn
groß achtest und dich um ihn beküm-
merst? 18 Jeden Morgen suchst du ihn
heim und prüfst ihn alle Stunden.
19 Warum blickst du nicht einmal von mir
weg und lässt mir keinen Atemzug Ruhe?
20 Hab ich gesündigt, was tue ich dir
damit an, du Menschenhüter? Warum
machst du mich zum Ziel deiner Anläufe,
dass ich mir selbst eine Last bin? 21 Und
warum vergibst du mir meine Sünde
nicht oder lässt meine Schuld hingehen?
Denn nun werde ich mich in die Erde
legen, und wenn du mich suchst, werde
ich nicht mehr da sein.

Bildads erste Rede

8 Da hob Bildad von Schuach an und
sprach:

2 Wie lange willst du so reden und sol-
len die Reden deines Mundes so unge-
stüm daherfahren? 3 Meinst du, dass
Gott unrecht richtet oder [a]der Allmäch-
tige das Recht verkehrt? 4 Haben [a]deine
Söhne vor ihm gesündigt, so hat er sie
verstoßen um ihrer Sünde willen. 5 Wenn
du aber dich beizeiten zu Gott wendest
und zu dem Allmächtigen flehst, 6 wenn
du rein und fromm bist, so wird er dei-
netwegen [a]aufwachen und wird wieder
aufrichten deine Wohnung, wie es dir zu-
steht. 7 Und was du zuerst wenig gehabt
hast, wird hernach sehr zunehmen.[a]

6,19: *a* Kap 1,15 **7,1:** *a* Kap 14,6 **7,6:** *a* Jes 38,12 **7,10:** *a* Kap 10,21; 14,12; *b* Ps 103,16 **7,16:** *a* 1.Kön 19,4 **8,3:** *a* Kap 34,10 **8,4:** *a* Kap 1,4-5 **8,6:** *a* Ps 35,23 **8,7:** *a* Kap 42,10

8 Denn frage die früheren Geschlechter
und merke auf das, was ihre Väter er-
forscht haben, 9 denn wir sind von ges-
tern her und wissen nichts; unsere Tage
sind ein Schatten auf Erden. 10 Sie wer-
den dich's lehren und dir sagen und ihre
Rede aus ihrem Herzen hervorbringen:
11 »Kann auch Rohr aufwachsen, wo es
nicht feucht ist, oder Schilf wachsen
ohne Wasser? 12 Noch steht's in Blüte,
bevor man es schneidet, da verdorrt es
schon vor allem Gras. 13 So geht es je-
dem, der Gott vergisst, und [a]die Hoff-
nung des Ruchlosen wird verloren sein.
14 Denn seine Zuversicht vergeht, und
seine Hoffnung ist ein Spinnweb. 15 Er
verlässt sich auf sein Haus, aber es hält
nicht stand; er hält sich daran, aber es
bleibt nicht stehen. 16 Er steht voll Saft
im Sonnenschein, und seine Reiser wach-
sen hinaus über seinen Garten. 17 Über
Steinhaufen schlingen sich seine Wurzeln
und halten sich zwischen Steinen fest.
18 Wenn man ihn aber vertilgt von seiner
Stätte, so wird sie ihn verleugnen, als
kennte sie ihn nicht. 19 Siehe, das ist das
Glück seines Lebens, und aus dem
Staube werden andre wachsen.«

20 Siehe, Gott verwirft die Frommen
nicht und hält die Hand der Boshaften
nicht fest, 21 bis er deinen Mund voll La-
chens mache und deine Lippen voll
Jauchzens. 22 Die dich aber hassen, müs-
sen sich in Schmach kleiden, und die
Hütte der Gottlosen wird nicht beste-
hen.

Hiobs erste Antwort an Bildad

9 Hiob antwortete und sprach:
2 Ja, ich weiß sehr gut, dass es so ist
und [a]dass ein Mensch nicht recht be-
halten kann gegen Gott. 3 Hat er Lust,
mit ihm zu streiten, so kann er ihm auf
tausend nicht **eins** antworten.[a] 4 Gott ist
weise und mächtig; wem ist's je gelungen,
der sich gegen ihn gestellt hat?

5 Er versetzt Berge, ehe sie es innewer-
den; er kehrt sie um in seinem Zorn. 6 Er
bewegt die Erde von ihrem Ort, dass ihre
Pfeiler zittern. 7 Er spricht zur Sonne, so
geht sie nicht auf, und versiegelt die
Sterne. 8 Er allein breitet den Himmel aus
und [a]geht auf den Wogen des Meers. 9 Er
macht den Wagen am Himmel und den
[a]Orion und das Siebengestirn und die
Sterne des Südens. 10 Er tut große Dinge,
die nicht zu erforschen, und Wunder, die
nicht zu zählen sind.[a]

11 Siehe, er geht an mir vorüber, ohne
dass ich's gewahr werde, und wandelt
vorbei, ohne dass ich's merke. 12 Siehe,
wenn er wegrafft, wer will ihm wehren?
Wer will zu ihm sagen: Was machst du?
13 Gott wehrt seinem Zorn nicht; unter
ihn mussten sich beugen die Helfer [a]Ra-
habs*. 14 Wie sollte dann ich ihm antwor-
ten und Worte finden vor ihm? 15 Wenn
ich auch recht habe, so kann ich ihm
doch nicht antworten, sondern ich müss-
te um mein Recht flehen.

16 Wenn ich ihn auch anrufe, dass er
mir antwortet, so glaube ich nicht, dass
er meine Stimme hört, 17 vielmehr greift
er nach mir im Wettersturm und schlägt
mir viele Wunden ohne Grund. 18 Er lässt
mich nicht Atem schöpfen, sondern sät-
tigt mich mit Bitternis. 19 Geht es um
Macht und Gewalt: Er hat sie. Geht es
um Recht: Wer will ihn vorladen?[a]
20 Wäre ich gerecht, so müsste mich doch
mein Mund verdammen; wäre ich un-
schuldig, so würde er mich doch schuldig
sprechen.

21 Ich bin unschuldig! Ich möchte nicht
mehr leben; ich verachte mein Leben.
22 Es ist eins, darum sage ich: [a]Er bringt
den Frommen um wie den Gottlosen.
23 Wenn seine Geißel plötzlich tötet, so
spottet er über die Verzweiflung der Un-
schuldigen. 24 Er hat die Erde unter gott-
lose Hände gegeben, und das Antlitz
ihrer Richter verhüllt er. Wenn nicht **er**,
wer anders sollte es tun?

25 Meine Tage sind schneller gewesen
als ein Läufer; sie sind dahingeflohen
und haben nichts Gutes erlebt. 26 Sie sind
dahingefahren wie schnelle Schiffe, wie
ein Adler herabstößt auf die Beute.
27 Wenn ich denke: Ich will meine Klage
vergessen und mein Angesicht ändern
und heiter bleiben, 28 so fürchte ich doch
wieder alle meine Schmerzen, weil ich
weiß, dass du mich nicht unschuldig
sprechen wirst. 29 Ich soll ja doch schul-

* d.i. der Drache der Urzeit.

8,13: *a* Kap 11,20; Spr 10,28 **9,2:** *a* Kap 40,3-5; Ps 143,2 **9,3:** *a* Ps 19,13 **9,8:** *a* Mt 14,25 **9,9:** *a* Kap 38,31; Am 5,8 **9,10:** *a* Kap 5,9 **9,13:** *a* Kap 26,12; Ps 89,11 **9,19:** *a* Vers 33 **9,22:** *a* Kap 8,20; Pred 9,2-3

dig sein! Warum mühe ich mich denn
so vergeblich? 30 Wenn ich mich auch
mit Schneewasser wüsche und [a]reinigte
meine Hände mit Lauge, 31 so wirst du
mich doch eintauchen in die Grube, dass
sich meine Kleider vor mir ekeln.

32 Denn er ist nicht ein Mensch wie
ich, dem ich antworten könnte, dass wir
miteinander vor Gericht gingen.[a] 33 Dass
es doch zwischen uns einen Schiedsmann
gäbe, der seine Hand auf uns beide legte!
34 Dass er seine Rute von mir nehme und
mich nicht mehr ängstige! 35 So wollte ich
reden und mich nicht vor ihm fürchten,
denn ich bin mir keiner Schuld bewusst.

10 Mich ekelt mein Leben an. Ich will
meiner Klage ihren Lauf lassen und
reden in der Betrübnis meiner Seele 2 und
zu Gott sagen: Verdamme mich nicht!
Lass mich wissen, warum du mich vor
Gericht ziehst. 3 Gefällt dir's, dass du Ge-
walt tust und verwirfst mich, den deine
Hände gemacht haben, und bringst der
Gottlosen Vorhaben zu Ehren? 4 Hast du
denn [a]Menschenaugen, oder siehst du,
wie ein Sterblicher sieht? 5 Oder ist deine
Zeit wie eines Menschen Zeit oder deine
Jahre wie eines Mannes Jahre, 6 dass du
nach meiner Schuld fragst und nach mei-
ner Sünde suchst, 7 wo du doch weißt,
dass ich nicht schuldig bin und niemand
da ist, der aus deiner Hand erretten
kann?

8 [a]Deine Hände haben mich gebildet
und bereitet; danach hast du dich abge-
wandt und willst mich verderben? 9 Be-
denke doch, dass [a]du mich aus Erde
gemacht hast, und [b]lässt mich wieder
zum Staub zurückkehren? 10 Hast du
mich nicht wie Milch hingegossen und
wie Käse gerinnen lassen? 11 Du hast mir
Haut und Fleisch angezogen; mit Kno-
chen und Sehnen hast du mich zusam-
mengefügt; 12 [a]**Leben und Wohltat hast
du an mir getan, und deine Obhut hat
meinen Odem bewahrt.** 13 Aber du ver-
bargst in deinem Herzen – ich weiß, du
hattest das im Sinn –, 14 dass du darauf
achten wolltest, wenn ich sündigte, und
mich von meiner Schuld nicht lossprе-
chen. 15 Wäre ich schuldig, dann wehe
mir! Und wäre ich schuldlos, so dürfte
ich doch mein Haupt nicht erheben, ge-
sättigt mit Schmach und getränkt mit
Elend. 16 Und wenn ich es aufrichtete, so
würdest du mich jagen [a]wie ein Löwe
und wiederum erschreckend an mir han-
deln. 17 Du würdest immer neue Zeugen
gegen mich stellen und deinen Zorn auf
mich noch mehren und immer neue
Heerhaufen gegen mich senden.

18 Warum hast du mich aus meiner
Mutter Leib kommen lassen? Ach dass
ich umgekommen wäre und mich nie ein
Auge gesehen hätte![a] 19 So wäre ich wie
die, die nie gewesen sind, vom Mutterleib
weg zum Grabe gebracht. 20 Ist denn
mein Leben nicht kurz? So höre auf und
lass ab von mir, dass ich ein wenig er-
quickt werde, 21 ehe denn ich hingehe –
[a]und komme nicht zurück – ins Land
der Finsternis und des Dunkels, 22 ins
Land, wo es stockfinster ist und dunkel
ohne alle Ordnung, und wenn's hell wird,
so ist es immer noch Finsternis.

Zofars erste Rede

11 Da hob Zofar von Naama an und
sprach:

2 Muss langes Gerede ohne Antwort
bleiben? Muss denn ein Schwätzer immer
recht haben? 3 Müssen Männer zu dei-
nem leeren Gerede schweigen, dass du
spottest und niemand dich beschämt?
4 Du sprichst: »Meine Rede ist rein, und
lauter bin ich vor deinen Augen.«[a] 5 Ach,
dass Gott mit dir redete und täte seine
Lippen auf 6 und zeigte dir [a]die Tiefen
der Weisheit – denn sie ist zu wunderbar
für jede Erkenntnis –, damit du weißt,
dass er noch nicht an alle deine Sünden
denkt.

7 Meinst du, dass du weißt, was Gott
weiß, oder kannst du alles so vollkom-
men treffen wie der Allmächtige? 8 Die
Weisheit ist höher als der Himmel: was
willst du tun?, tiefer als die Hölle: was
kannst du wissen?, 9 länger als die Erde
und breiter als das Meer: 10 wenn er da-
herfährt und gefangen legt und Gericht
hält – wer will's ihm wehren? 11 Denn er
kennt die heillosen Leute; er sieht den
Frevel und sollte es nicht merken?

9,30: *a* Jer 2,22 **9,32:** *a* Pred 6,10 **10,4:** *a* 1.Sam 16,7 **10,8:** *a* Ps 139,14 **10,9:** *a* Kap 33,6; 1.Mose 2,7; *b* 1.Mose 3,19 **10,12:** *a* Apg 17,28 **10,16:** *a* Jes 38,13 **10,18:** *a* Kap 3,11; Jer 20,14 **10,21:** *a* Kap 7,10 **11,4:** *a* Kap 9,21; 10,7 **11,6:** *a* Ps 51,8

12 Kann ein Hohlkopf verständig wer-
den, kann ein junger Wildesel als
Mensch zur Welt kommen? 13 Wenn aber
du dein Herz auf ihn richtest und deine
Hände zu ihm ausbreitest, 14 wenn du
den Frevel in deiner Hand von dir weg-
tust, dass in deiner Hütte kein Unrecht
bliebe: 15 so könntest du dein Antlitz auf-
heben ohne Tadel und würdest fest sein
und dich nicht fürchten. 16 Dann würdest
du alle Mühsal vergessen und so wenig
daran denken wie an Wasser, das ver-
rinnt, 17 und dein Leben würde aufgehen
wie der Mittag, und das Finstre würde
ein lichter Morgen werden, 18 [a]und du
dürftest dich trösten, dass Hoffnung da
ist, würdest rings um dich blicken und
dich in Sicherheit schlafen legen, 19 wür-
dest ruhen und niemand würde dich auf-
schrecken, und viele würden deine Gunst
erbitten. 20 Aber die Augen der Gottlosen
werden verschmachten, und sie werden
nicht entrinnen können, und [a]als ihre
Hoffnung bleibt, die Seele auszuhau-
chen.

Hiobs erste Antwort an Zofar

12 Da antwortete Hiob und sprach:
2 Ja, ihr seid die Leute, mit euch
wird die Weisheit sterben! 3 Ich hab
ebenso Verstand wie ihr und bin nicht
geringer als ihr; wer wüsste das nicht?
4 Ich muss von meinem Nächsten ver-
lacht sein, der ich Gott anrief und den er
erhörte. Der Gerechte und Fromme muss
verlacht sein. 5 Dem Unglück gebührt
Verachtung, so meint der Sichere; ein
Stoß denen, deren Fuß schon wankt!
6 Die Hütten der Verwüster stehen ganz
sicher, und Ruhe haben, die wider Gott
toben, die Gott in ihrer Faust führen.[a]

7 Frage doch das Vieh, das wird dich's
lehren, und die Vögel unter dem Himmel,
die werden dir's sagen, 8 oder die Sträu-
cher der Erde, die werden dich's lehren,
und die Fische im Meer werden dir's er-
zählen. 9 Wer erkennte nicht an dem al-
len, dass des HERRN Hand das gemacht
hat, 10 dass in seiner Hand ist die Seele
von allem, was lebt, und [a]der Lebens-
odem aller Menschen? 11 Prüft nicht das
Ohr die Rede, wie der Mund die Speise
schmeckt? 12 Bei den Großvätern nur soll
Weisheit sein und Verstand nur bei den
Alten?[a]

13 Bei Gott ist Weisheit und Gewalt,
sein ist Rat und Verstand. 14 Siehe, wenn
er zerbricht, so hilft kein Bauen; [a]wenn
er jemand einschließt, kann niemand
aufmachen. 15 Siehe, [a]wenn er das Was-
ser zurückhält, so wird alles dürr, und
wenn er's loslässt, so [b]wühlt es das Land
um. 16 Bei ihm ist Kraft und Einsicht.
Sein ist, der da irrt und [a]der irreführt.
17 Er führt die Ratsherren gefangen und
macht die Richter zu Toren. 18 Er macht
frei von den Banden der Könige und um-
gürtet ihre Lenden mit einem Gurt. 19 Er
führt die Priester barfuß davon und
[a]bringt zu Fall die alten Geschlechter.
20 Er entzieht die Sprache den Verläss-
lichen und nimmt weg den Verstand der
Alten. 21 Er schüttet Verachtung auf die
Fürsten und [a]zieht den Gewaltigen die
Rüstung aus. 22 Er öffnet die finstern
Schluchten und bringt heraus das Dun-
kel ans Licht. 23 Er macht Völker groß
und bringt sie wieder um; er breitet ein
Volk aus und treibt's wieder weg. 24 Er
nimmt den Häuptern des Volks im
Lande den Mut und führt sie irre, wo
kein Weg ist, 25 dass sie in der Finsternis
tappen ohne Licht, und macht sie irre
wie die Trunkenen.

13 Siehe, das hat alles mein Auge ge-
sehen und mein Ohr gehört, und
ich hab's verstanden. 2 Was ihr wisst, das
weiß ich auch, und ich bin nicht geringer
als ihr. 3 Doch ich wollte gern zu dem
Allmächtigen reden und wollte rechten
mit Gott. 4 Aber ihr seid Lügentüncher
und seid alle unnütze Ärzte. 5 Wollte
Gott, dass ihr geschwiegen hättet, so wä-
ret ihr weise geblieben.[a]

6 Hört doch, wie ich mich verantworte,
und merkt auf die Streitsache, von der
ich rede! 7 Wollt ihr Gott verteidigen mit
Unrecht und Trug für ihn reden? 8 Wollt
ihr für ihn Partei nehmen? Wollt ihr Got-
tes Sache vertreten? 9 Wird's euch auch
wohlgehen, wenn er euch verhören wird?
Meint ihr, dass ihr ihn täuschen werdet,

11,18: *a (18-19)* Ps 4,9 **11,20:** *a* Kap 8,14 **12,6:** *a* Hab 1,11 **12,10:** *a* 4.Mose 16,22; Apg 17,28 **12,12:** *a* Kap 8,8 **12,14:** *a* Offb 3,7 **12,15:** *a* 1.Kön 17,1.7; *b* 1.Mose 7,19-23 **12,16:** *a* 1.Kön 12,28-30; 2.Kön 19,10-37 **12,19:** *a* 1.Sam 2,30-32; 22,18-19 **12,21:** *a* 1.Sam 17,5; 31,9; 2.Kön 19,37; Dan 4,29-30 **13,5:** *a* Spr 17,28

wie man einen Menschen täuscht? 10 Er
wird euch hart zurechtweisen, wenn ihr
heimlich Partei ergreift. 11 Werdet ihr
euch nicht entsetzen, wenn er sich erhebt,
und wird sein Schrecken nicht über euch
fallen? 12 Was ihr zu bedenken gebt, sind
Sprüche aus Asche; eure Bollwerke wer-
den zu Lehmhaufen. 13 Schweigt still und
lasst mich reden; es komme über mich,
was da will.

14 Was soll ich mein Fleisch mit meinen
Zähnen festhalten und mein Leben aufs
Spiel setzen? 15 Siehe, er wird mich doch
umbringen, und ich habe nichts zu hof-
fen; doch will ich meine Wege vor ihm
verantworten. 16 Auch das muss mir zum
Heil sein; denn es kommt kein Ruchloser
vor ihn.

17 Hört meine Rede und was ich dar-
lege mit euren Ohren! 18 Siehe, ich bin
zum Rechtsstreit gerüstet; ich weiß, dass
ich recht behalten werde. 19 Wer ist, der
mit mir rechten könnte? Denn dann
wollte ich schweigen und zugrunde ge-
hen. 20 Nur zweierlei tu mir nicht, so will
ich mich vor dir nicht verbergen: 21 Lass
deine Hand fern von mir sein, und
dein Schrecken erschrecke mich nicht;[a]
22 dann rufe, ich will dir antworten, oder
ich will reden, dann antworte du mir!

23 Wie groß ist meine Schuld und
Sünde? Lass mich wissen meine Über-
tretung und Sünde. 24 Warum verbirgst
du dein Antlitz und [a]hältst mich für dei-
nen Feind? 25 Willst du ein verwehendes
Blatt schrecken und einen dürren Halm
verfolgen, 26 dass du so Bitteres über
mich verhängst und über mich bringst
[a]die Sünden meiner Jugend? 27 Du hast
meinen Fuß in den Block gelegt und hast
acht auf alle meine Pfade und siehst auf
die Fußtapfen meiner Füße, 28 der ich
doch wie Moder vergehe und wie ein
Kleid, das die Motten fressen.

14 Der Mensch, vom Weibe geboren,
lebt kurze Zeit und ist voll Unruhe,
2 [a]geht auf wie eine Blume und fällt ab,
flieht wie ein Schatten und bleibt nicht.
3 Doch du tust deine Augen über einen
solchen auf, dass du mich vor dir ins
Gericht ziehst. 4 Kann wohl ein Reiner
kommen von Unreinen? Auch nicht
einer![a] 5 Sind [a]seine Tage bestimmt,
steht die Zahl seiner Monde bei dir und
hast du [b]ein Ziel gesetzt, das er nicht
überschreiten kann: 6 so blicke doch weg
von ihm, damit er Ruhe hat, bis sein Tag
kommt, auf den er sich [a]wie ein Tage-
löhner freut.

7 Denn ein Baum hat Hoffnung, auch
wenn er abgehauen ist; er kann wieder
ausschlagen, und seine Schösslinge blei-
ben nicht aus. 8 Ob seine Wurzel in der
Erde alt wird und sein Stumpf im Boden
erstirbt, 9 so grünt er doch wieder vom
Geruch des Wassers und treibt Zweige
wie eine junge Pflanze. 10 Stirbt aber ein
Mann, so ist er dahin; kommt ein
Mensch um – wo ist er? 11 Wie Wasser
ausläuft aus dem See, und wie ein Strom
versiegt und vertrocknet, 12 so ist ein
Mensch, wenn er sich niederlegt, [a]er
wird nicht wieder aufstehen; er wird
nicht aufwachen, solange der Himmel
bleibt, noch von seinem Schlaf erweckt
werden.

13 Ach dass du mich im Totenreich ver-
wahren und [a]verbergen wolltest, bis dein
Zorn sich legt, und mir ein Ziel setzen
und dann an mich denken wolltest!
14 Meinst du, ein toter Mensch wird wie-
der leben? Alle Tage meines Dienstes
wollte ich harren, bis meine Ablösung
kommt. 15 Du würdest rufen und ich dir
antworten; es würde dich verlangen nach
dem Werk deiner Hände. 16 Dann wür-
dest du meine Schritte zählen, aber hät-
test doch nicht acht auf meine Sünden.
17 Du würdest [a]meine Übertretung in ein
Bündlein versiegeln und meine Schuld
übertünchen.

18 Ein Berg kann zerfallen und ver-
gehen und ein Fels von seiner Stätte wei-
chen, 19 Wasser wäscht Steine weg, und
seine Fluten schwemmen die Erde weg:
so machst du die [a]Hoffnung des Men-
schen zunichte. 20 Du überwältigst ihn für
immer, dass er davonmuss, entstellst sein
Antlitz und lässt ihn dahinfahren. 21 Sind
seine Kinder in Ehren, das weiß er nicht,
oder ob sie verachtet sind, das wird er
nicht gewahr. 22 Nur sein eigenes Fleisch
macht ihm Schmerzen, und nur um ihn
selbst trauert seine Seele.

13,21: *a* Kap 9,34 **13,24:** *a* Kap 19,11 **13,26:** *a* Ps 25,7 **14,2:** *a* Ps 90,5 **14,4:** *a* Ps 14,3 **14,5:** *a* Ps 31,16; *b* Ps 39,5 **14,6:** *a* Kap 7,1-2 **14,12:** *a* Kap 7,10 **14,13:** *a* Jes 26,20 **14,17:** *a* Hos 13,12 **14,19:** *a* Röm 5,5

Des Elifas zweite Rede

15 Da antwortete Elifas von Teman und sprach: 2 Soll ein weiser Mann so aufgeblasene Worte reden und seinen Bauch so blähen mit leeren Reden? 3 Du verantwortest dich mit Worten, die nichts taugen, und dein Reden ist nichts nütze. 4 Du selbst zerstörst die Gottesfurcht und raubst dir die Andacht vor Gott. 5 Denn deine Schuld lehrt deinen Mund, und du hast erwählt eine listige Zunge. 6 Dein Mund verdammt dich und nicht ich, deine Lippen zeugen gegen dich.

7 Bist du als der erste Mensch geboren? Kamst du vor den Hügeln zur Welt? 8 Hast du [a]im heimlichen Rat Gottes zugehört und die Weisheit an dich gerissen? 9 Was weißt du, das wir nicht wissen? Was verstehst du, das uns nicht bekannt ist?[a] 10 Es sind Ergraute und Alte unter uns, die länger gelebt haben als dein Vater.

11 Gelten Gottes Tröstungen so gering bei dir und ein Wort, das sanft mit dir verfuhr? 12 Was reißt dein Herz dich fort? Was funkeln deine Augen, 13 dass sich dein Mut wider Gott richtet und du solche Reden aus deinem Munde lässt? 14 Was ist der Mensch, dass er [a]rein sein sollte, und dass der gerecht sein sollte, der vom Weibe geboren ist? 15 Siehe, [a]seinen Heiligen traut Gott nicht, und [b]selbst die Himmel sind nicht rein vor ihm. 16 Wie viel weniger der Mensch, der gräulich und verderbt ist, der Unrecht säuft wie Wasser!

17 Ich will dir's zeigen, höre mir zu, und ich will dir erzählen, was ich gesehen habe, 18 was die Weisen gesagt und ihre Väter ihnen nicht verborgen haben, 19 denen allein das Land gegeben war, sodass kein Fremder unter ihnen umherzog: 20 [a]Der Gottlose bebt sein Leben lang, und dem Tyrannen ist die Zahl seiner Jahre verborgen. 21 Stimmen des Schreckens hört sein Ohr, und mitten im Frieden kommt der Verderber über ihn. 22 Er glaubt nicht, dass er dem Dunkel entrinnen könne, und fürchtet immer das Schwert. 23 Er zieht hin und her nach Brot und weiß, dass ihm der Tag der Finsternis bereitet ist. 24 Angst und Not schrecken ihn und schlagen ihn nieder wie ein König, der angreift. 25 Denn er hat seine Hand gegen Gott ausgereckt und dem Allmächtigen getrotzt. 26 Er läuft mit dem Kopf gegen ihn an und ficht halsstarrig wider ihn. 27 Er brüstet sich wie ein fetter Wanst und macht sich feist und dick. 28 Er wohnt in zerstörten Städten, in Häusern, wo man nicht bleiben soll, die zu Steinhaufen bestimmt sind.

29 Doch wird er nicht reich bleiben, und sein Gut wird nicht bestehen, und sein Besitz wird sich nicht ausbreiten im Lande. 30 Er wird der Finsternis nicht entrinnen. Die Flamme wird seine Zweige verdorren, und Gott wird ihn durch den Hauch seines Mundes wegraffen. 31 Er traue nicht auf Trug, sonst wird er betrogen sein, und Trug wird sein Lohn werden. 32 Er wird ihm voll ausgezahlt werden noch vor der Zeit, und sein Zweig wird nicht mehr grünen. 33 Er gleicht dem Weinstock, der die Trauben unreif abstößt, und dem Ölbaum, der seine Blüte abwirft. 34 Denn die Rotte der Ruchlosen wird unfruchtbar bleiben, und das Feuer wird die Hütten der Bestechlichen fressen. 35 Sie gehen schwanger mit Mühsal und gebären Unglück, und ihr Schoß bringt Trug zur Welt.[a]

Hiobs zweite Antwort an Elifas

16 Hiob antwortete und sprach: 2 Ich habe das schon oft gehört. Ihr seid allzumal leidige Tröster! 3 Wollen die leeren Worte kein Ende haben? Oder was reizt dich, so zu reden? 4 Auch ich könnte wohl reden wie ihr, wärt ihr an meiner Stelle. Auch ich könnte Worte gegen euch zusammenbringen und [a]mein Haupt über euch schütteln. 5 Ich würde euch stärken mit dem Munde und mit meinen Lippen trösten. 6 Aber wenn ich schon redete, so würde mich mein Schmerz nicht verschonen; hörte ich auf zu reden, so bliebe er dennoch bei mir.

7 Nun aber hat Er mich müde gemacht und alles verstört, was um mich ist. 8 Er hat mich runzlig gemacht, das zeugt wi-

15,8: *a* Kap 11,7; Röm 11,33 **15,9:** *a* Kap 13,2 **15,14:** *a* Kap 14,4 **15,15:** *a* Kap 4,18; *b* Kap 25,5 **15,20:** *a (20-24)* 1.Mose 4,14 **15,35:** *a* Jes 59,4 **16,4:** *a* Ps 22,8

der mich, und mein Siechtum steht wider
mich auf und verklagt mich ins Ange-
sicht. 9 Sein Grimm hat mich zerrissen,
und er war mir feind; er knirschte mit
den Zähnen gegen mich; mein Wider-
sacher funkelt mich mit seinen Augen an.
10 Sie haben ihren Mund aufgesperrt
wider mich und haben mich schmählich
auf meine Backen geschlagen. Sie haben
ihren Mut miteinander an mir gekühlt.
11 Gott hat mich übergeben dem Unge-
rechten und hat mich in die Hände der
Gottlosen kommen lassen. 12 Ich war in
Frieden, aber er hat mich zunichtege-
macht; er hat mich beim Genick genom-
men und zerschmettert. [a]Er hat mich als
seine Zielscheibe aufgerichtet; 13 seine
Pfeile schwirren um mich her. Er hat
meine Nieren durchbohrt und nicht ver-
schont; er hat meine Galle auf die Erde
geschüttet. 14 Er schlägt in mich eine Bre-
sche nach der andern; er läuft gegen
mich an wie ein Kriegsmann. 15 Ich habe
einen [a]Sack um meinen Leib gelegt und
mein Haupt in den Staub gebeugt.
16 Mein Antlitz ist gerötet vom Weinen,
auf meinen Wimpern liegt Dunkelheit,
17 obwohl kein Frevel in meiner Hand
und mein Gebet rein ist.

18 Ach Erde, [a]bedecke mein Blut nicht,
und mein Schreien finde keine Ruhestatt!
19 Siehe, auch jetzt noch ist [a]mein Zeuge
im Himmel, und mein Fürsprecher ist in
der Höhe. 20 [a]Meine Freunde verspotten
mich; unter Tränen blickt mein Auge zu
Gott auf, 21 dass er Recht verschaffe dem
Mann bei Gott, dem Menschen vor sei-
nem Freund. 22 Denn nur wenige Jahre
noch und [a]ich gehe den Weg, den ich
nicht wiederkommen werde.

17 Mein Geist ist zerbrochen, meine
Tage sind ausgelöscht; das Grab ist
da. 2 Fürwahr, Gespött umgibt mich, und
auf ihrem Hadern muss mein Auge wei-
len. 3 Sei [a]du selbst mein Bürge bei dir –
wer will mich sonst vertreten? 4 Denn du
hast ihrem Herzen den Verstand verbor-
gen, darum wirst du ihnen den Sieg nicht
geben. 5 Zum Teilen lädt einer Freunde
ein, doch die Augen seiner Kinder müs-
sen verschmachten.

6 Er hat mich zum [a]Sprichwort unter
den Leuten gemacht, und ich muss mir
ins Angesicht speien lassen. 7 Mein Auge
ist dunkel geworden vor Trauern, und
alle meine Glieder sind wie ein Schatten.
8 Darüber entsetzen sich die Gerechten,
und die Unschuldigen entrüsten sich
über die Ruchlosen. 9 Aber der Gerechte
hält fest an seinem Weg, und wer reine
Hände hat, nimmt an Stärke zu.

10 Wohlan, kehrt euch alle wieder her
und kommt; ich werde dennoch keinen
Weisen unter euch finden! 11 Meine Tage
sind vergangen; zerrissen sind meine
Pläne, die mein Herz besessen haben.
12 Nacht will man mir zum Tag machen:
Licht sei näher als Finsternis. 13 Wenn ich
auch lange warte, so ist doch bei den
Toten mein Haus, und in der Finsternis
ist mein Bett gemacht. 14 Das Grab nenne
ich meinen Vater und die Würmer meine
Mutter und meine Schwester. 15 Worauf
soll ich denn hoffen? Und wer sieht noch
Hoffnung für mich? 16 Hinunter zu den
Toten wird sie fahren, wenn alle mitein-
ander im Staub liegen.

Bildads zweite Rede

18 Da antwortete Bildad von Schuach
und sprach:
2 Wie lange wollt ihr auf Worte Jagd
machen? Habt doch Einsicht; danach
wollen wir reden! 3 Warum werden wir
geachtet wie Vieh und sind so töricht in
euren Augen? 4 Willst du vor Zorn bers-
ten? Soll um deinetwillen die Erde ver-
öden und der Fels von seiner Stätte wei-
chen?

5 Dennoch [a]wird das Licht der Gott-
losen verlöschen, und der Funke seines
Feuers wird nicht leuchten. 6 Das Licht
wird finster werden in seiner Hütte und
seine Leuchte über ihm verlöschen.
7 Seine kräftigen Schritte werden kürzer,
und sein eigener Plan wird ihn fällen.
8 Ins Garn bringen ihn seine Füße, und
über Fanggruben führt sein Weg. 9 Das
Netz wird seine Ferse festhalten, und die
Schlinge wird ihn fangen. 10 Sein Strick
ist versteckt in der Erde und seine Falle
auf seinem Weg. 11 Um und um schreckt
ihn jähe Angst, dass er nicht weiß, wo er
hinaus soll.[a] 12 Unheil hungert nach ihm,
und Unglück steht bereit zu seinem
Sturz. 13 Die Glieder seines Leibes wer-

16,12: *a* Klgl 3,12 **16,15:** *a* 1. Mose 37,34 **16,18:** *a* 1. Mose 4,10; Hes 24,7-8 **16,19:** *a* Kap 17,3 **16,20:** *a (20-21)* 1. Sam 2,25 **16,22:** *a* Kap 10,21 **17,3:** *a* Kap 16,19 **17,6:** *a* Kap 30,9 **18,5:** *a* Spr 13,9 **18,11:** *a* 3. Mose 26,36

den verzehrt; seine Glieder wird verzeh-
ren der [a]Erstgeborene des Todes. 14 Er
wird aus seiner Hütte verjagt, auf die er
vertraute, und hingetrieben zum König
des Schreckens. 15 In seiner Hütte wird
wohnen, was nicht zu ihm gehört; über
seine Stätte wird Schwefel gestreut.
16 Unten verdorren seine Wurzeln, und
oben verwelken seine Zweige. 17 Sein An-
denken wird vergehen im Lande, und er
wird keinen Namen haben auf der Gasse.
18 Er wird vom Licht in die Finsternis
vertrieben und vom Erdboden verstoßen
werden. 19 Er wird keine Kinder haben
und keine Enkel unter seinem Volk; es
wird ihm keiner übrig bleiben in seinen
Wohnungen. 20 Die im Westen werden
sich [a]über seinen Gerichtstag entsetzen,
und die im Osten wird Furcht ankom-
men. 21 Ja, so geht's der Wohnung des
Ungerechten und der Stätte dessen, der
Gott nicht achtet.

Hiobs zweite Antwort an Bildad

19 Hiob antwortete und sprach:
2 Wie lange plagt ihr doch meine
Seele und peinigt mich mit Worten! 3 Ihr
habt mich nun zehnmal verhöhnt und
schämt euch nicht, mir so zuzusetzen.
4 Habe ich wirklich geirrt, so trage ich
meinen Irrtum selbst. 5 Wollt ihr euch
wahrlich über mich erheben und wollt
mir meine Schande beweisen?

6 So merkt doch endlich, dass Gott mir
unrecht getan hat und mich mit seinem
Jagdnetz umgeben hat. 7 Siehe, [a]ich
schreie »Gewalt!« und werde doch nicht
gehört; ich rufe, aber kein Recht ist da.[b]
8 Er [a]hat meinen Weg vermauert, dass
ich nicht hinüberkann, und hat Finster-
nis auf meinen Steig gelegt. 9 Er hat mir
mein Ehrenkleid ausgezogen und die
Krone von meinem Haupt genommen.
10 Er hat mich zerbrochen um und um,
dass ich dahinfuhr, und hat meine Hoff-
nung ausgerissen wie einen Baum. 11 Sein
Zorn ist über mich entbrannt, und [a]er
achtet mich seinen Feinden gleich. 12 Ver-
eint kommen seine Kriegsscharen und
haben ihren Weg gegen mich gebaut und
sich um meine Hütte her gelagert.

13 Er hat meine Brüder von mir ent-
fernt, und meine Verwandten sind mir
fremd geworden.[a] 14 Meine [a]Nächsten
haben sich zurückgezogen, und meine
Freunde haben mich vergessen. 15 Mei-
nen Hausgenossen und meinen Mägden
gelte ich als Fremder; ich bin ein Unbe-
kannter in ihren Augen. 16 Ich rief mei-
nen Knecht und er antwortete mir nicht;
ich musste ihn anflehen mit eigenem
Munde. 17 Mein Odem ist zuwider meiner
Frau, und den Söhnen meiner Mutter
ekelt's vor mir. 18 Selbst die Kinder geben
nichts auf mich; stelle ich mich gegen sie,
so geben sie mir böse Worte. 19 Alle meine
Getreuen verabscheuen mich, und die ich
lieb hatte, haben sich gegen mich ge-
wandt. 20 Mein Gebein hängt nur noch
an Haut und Fleisch, und nur das nackte
Leben brachte ich davon*. 21 Erbarmt
euch über mich, erbarmt euch, meine
Freunde; denn die Hand Gottes hat mich
getroffen! 22 Warum verfolgt ihr mich wie
Gott und könnt nicht satt werden von
meinem Fleisch?

23 Ach dass meine Reden aufgeschrie-
ben würden! Ach dass sie aufgezeichnet
würden als Inschrift, 24 mit einem eiser-
nen Griffel in Blei geschrieben, zu ewi-
gem Gedächtnis in einen Fels gehauen!
25 Aber **ich weiß, dass [a]mein Erlöser**
lebt, und als der Letzte wird er über dem
Staub sich erheben.[b] 26 Und ist meine
Haut noch so zerschlagen und mein
Fleisch dahingeschwunden, so werde ich
doch [a]Gott sehen. 27 Ich selbst werde ihn
sehen, meine Augen werden ihn schauen
und kein Fremder. Danach sehnt sich
mein Herz in meiner Brust. 28 Wenn ihr
sprecht: Wie wollen wir ihn verfolgen
und eine Sache gegen ihn finden!, 29 so
fürchtet euch selbst vor dem Schwert;
denn das sind Missetaten, die das
Schwert straft, damit ihr wisst, dass es
ein Gericht gibt.

* Wörtlich: nur mit meiner Zähne Haut bin ich davongekommen.
** mein Erlöser, d.h. hier: Gott als Anwalt, der sich zu meiner Verteidigung und Erlösung erhebt. – Luther übersetzte die Verse 25-26: »Ich weiß, dass mein Erlöser lebet, und er wird mich hernach aus der Erden aufwecken. Und werde darnach mit dieser meiner Haut umgeben werden und werde in meinem Fleisch Gott sehen.«

18,13: *a* 4. Mose 12,10-12 **18,20:** *a* Ps 37,13 **19,7:** *a* Jer 20,8; Hab 1,2; *b* Kap 30,20 **19,8:** *a* Kap 3,23; Klgl 3,7.9 **19,11:** *a* Kap 13,24; 33,10 **19,13:** *a* Ps 31,12 **19,14:** *a* Ps 38,12 **19,25:** *a* Jes 41,14; Hos 13,14; *b* Kap 26,6 **19,26:** *a* Ps 17,15; 73,24

Zofars zweite Rede

(vgl. Kap 15,1-35; 18,1-21)

20 Da antwortete Zofar von Naama
und sprach:
2 Darum muss ich antworten, und des-
wegen kann ich nicht schweigen; 3 denn
ich muss hören, wie man mich schmäht
und tadelt, aber der Geist aus meiner
Einsicht lehrt mich antworten. 4 Weißt du
nicht, dass es allezeit so gegangen ist,
seitdem Menschen auf Erden gewesen
sind, 5 dass das Frohlocken der Gott-
losen nicht lange währt und die Freude
des Ruchlosen nur einen Augenblick?
6 [a]Wenn auch sein Scheitel in den Him-
mel reicht und sein Haupt an die Wolken
rührt, 7 so wird er doch für immer [a]ver-
gehen wie sein Kot, und die ihn gesehen
haben, werden sagen: Wo ist er? 8 Wie ein
Traum wird er verfliegen und nicht mehr
zu finden sein und wie ein Nachtgesicht
verschwinden. 9 Das Auge, das ihn ge-
sehen hat, wird ihn nicht mehr sehen,
und [a]seine Stätte wird ihn nicht mehr
schauen. 10 Seine Söhne werden bei den
Armen betteln gehen, und seine Hände
müssen seine Habe wieder hergeben.
11 Sind auch seine Gebeine voll Jugend-
kraft, so muss sie sich doch mit ihm in
den Staub legen.

12 Wenn ihm auch das Böse in seinem
Munde wohlschmeckt, dass er es birgt
unter seiner Zunge, 13 dass er es hegt und
nicht loslässt und es zurückhält in seinem
Gaumen, 14 so wird sich doch seine
Speise verwandeln in seinem Leibe und
wird Otterngift in seinem Bauch. 15 Die
Güter, die er verschlungen hat, muss er
wieder ausspeien, und Gott treibt sie aus
seinem Bauch heraus. 16 Er wird Ottern-
gift saugen, und die Zunge der Schlange
wird ihn töten. 17 Er wird nicht sehen die
Ströme noch die Bäche, die mit Honig
und Milch fließen. 18 Er wird [a]erwerben
und doch nichts davon genießen und
über seine eingetauschten Güter nicht
froh werden. 19 Denn er hat unterdrückt
und verlassen den Armen; er hat Häuser
an sich gerissen, die er nicht erbaut hat.
20 Denn sein Wanst konnte nicht voll ge-
nug werden; mit seinem köstlichen Gut
wird er nicht entrinnen. 21 Nichts entging
seiner Fressgier; darum wird sein gutes
Leben keinen Bestand haben. 22 Wenn er
auch die Fülle und genug hat, wird ihm
doch angst werden; alle Gewalt der
Mühsal wird über ihn kommen.

23 Es soll geschehen: Damit er genug
bekommt, wird Gott den Grimm seines
Zorns über ihn senden und wird über ihn
regnen lassen seine Schrecknisse. 24 Flieht
er vor dem eisernen Harnisch, so wird
ihn der eherne Bogen durchbohren! 25 Es
dringt das Geschoss aus seinem Rücken,
der Blitz des Pfeiles aus seiner Galle;
Schrecken fahren über ihn hin.[a] 26 Alle
Finsternis ist für ihn aufgespart. Es wird
ihn [a]ein Feuer verzehren, das keiner an-
gezündet hat, und wer übrig geblieben ist
in seiner Hütte, dem wird's schlimm er-
gehen. 27 Der Himmel wird seine Schuld
enthüllen, und die Erde wird sich gegen
ihn erheben. 28 Seine Ernte wird weg-
geführt werden, zerstreut am Tage seines
Zorns.

29 Das ist der Lohn eines gottlosen
Menschen bei Gott und das Erbe, das
Gott ihm zugesprochen hat.

Hiobs zweite Antwort an Zofar

21 Hiob antwortete und sprach:
2 Hört doch meiner Rede zu und
lasst mir das eure Tröstung sein! 3 Ertragt
mich, dass ich rede, und danach spottet
über mich! 4 Geht denn gegen einen Men-
schen meine Klage, oder warum sollte ich
nicht ungeduldig sein? 5 Kehrt euch her
zu mir; ihr werdet erstarren und [a]die
Hand auf den Mund legen müssen.
6 Wenn ich daran denke, so erschrecke
ich, und Zittern kommt meinen Leib an.

7 Warum bleiben die Gottlosen am
Leben, werden alt und nehmen zu an
Kraft?[a] 8 Ihr Geschlecht ist sicher um sie
her, und ihre Nachkommen sind bei ih-
nen. 9 Ihr Haus hat Frieden ohne Furcht,
und Gottes Rute ist nicht über ihnen.
10 Ihr Stier bespringt und es missrät
nicht; ihre Kuh kalbt und wirft nicht
fehl. 11 Ihre kleinen Kinder lassen sie hin-
aus wie eine Herde, und ihre Knaben
springen umher. 12 Sie jauchzen mit Pau-

20,6: *a (6-7)* Ps 37,35-36 **20,7:** *a* Mi 7,10 **20,9:** *a* Ps 37,10 **20,18:** *a* 5. Mose 28,30-33 **20,25:** *a* 5. Mose 32,41
20,26: *a* 5. Mose 32,22 **21,5:** *a* Kap 40,4 **21,7:** *a* Jer 12,1

ken und Harfen und sind fröhlich mit
Flöten. 13 Sie werden alt bei guten Tagen,
und in Ruhe fahren sie hinab zu den
Toten, 14 und doch sagen sie zu Gott:
[a]»Weiche von uns, wir wollen von deinen
Wegen nichts wissen! 15 [a]Wer ist der All-
mächtige, dass wir ihm dienen sollten?
Oder was nützt es uns, wenn wir ihn
anrufen?« 16 »Doch siehe, ihr Glück steht
nicht in ihren Händen, und [a]der Rat der
Gottlosen ist ferne von mir.«

17 Wie oft geschieht's denn, dass die
Leuchte der Gottlosen verlischt und ihr
Unglück über sie kommt, dass Gott Her-
zeleid über sie austeilt in seinem Zorn,
18 dass sie werden wie Stroh vor dem
Winde und wie [a]Spreu, die der Sturm-
wind wegführt? 19 [a]»Gott spart das Un-
glück des Gottlosen auf für dessen Kin-
der.« Er vergelte es ihm selbst, dass er's
spüre! 20 Seine Augen mögen sein Ver-
derben sehen, und vom Grimm des All-
mächtigen möge er trinken! 21 Denn was
liegt ihm an seinem Hause nach seinem
Tode, wenn die Zahl seiner Monde zu
Ende ist?

22 Wer will Gott Weisheit lehren, [a]der
auch die Hohen richtet? 23 Der eine stirbt
frisch und gesund in allem Reichtum und
voller Genüge, 24 sein Melkfass ist voll
Milch, und sein Gebein wird gemästet
mit Mark; 25 der andere aber stirbt mit
verbitterter Seele und hat nie vom Glück
gekostet – 26 und doch [a]liegen beide mit-
einander in der Erde, und Gewürm deckt
sie zu.

27 Siehe, ich kenne eure Gedanken und
eure Ränke, mit denen ihr mir Unrecht
antut. 28 Denn ihr sprecht: »Wo ist das
Haus des Fürsten, und wo ist die Hütte,
in der die Gottlosen wohnten?« 29 Habt
ihr nicht befragt, die des Weges kommen,
und nicht auf ihre Zeichen geachtet,
30 dass nämlich der Böse erhalten wird
am Tage des Verderbens und am Tage
des Grimms bleibt? 31 Wer sagt ihm ins
Angesicht, was er verdient? Wer vergilt
ihm, was er getan hat? 32 Wird er doch zu
Grabe geleitet, und man hält Wache über
seinem Hügel! 33 Süß sind ihm die Schol-
len des Grabes, und alle Menschen zie-
hen ihm nach, und die ihm vorangehen,
sind nicht zu zählen.

34 Wie tröstet ihr mich mit Nichtig-
keiten, und von euren Antworten bleibt
nichts als Trug!

Des Elifas letzte Rede

22 Da antwortete Elifas von Teman
und sprach:

2 Kann denn ein Mann Gott etwas nüt-
zen? Nur sich selber nützt ein Kluger.
3 Meinst du, der Allmächtige habe Vorteil
davon, dass du gerecht bist? Was hilft's
ihm, selbst wenn deine Wege ohne Tadel
sind? 4 Meinst du: er wird dich wegen
deiner Gottesfurcht zurechtweisen und
mit dir ins Gericht gehen? 5 Ist deine
Bosheit nicht zu groß, und sind deine
Missetaten nicht ohne Ende? 6 Du hast
deinem Bruder [a]ein Pfand abgenommen
ohne Grund, du hast den [b]Nackten die
Kleider entrissen; 7 du hast die Dursti-
gen nicht getränkt mit Wasser und hast
dem Hungrigen dein Brot versagt;[a] 8 dem
Mächtigen gehört das Land, und sein
Günstling darf darin wohnen; 9 die Wit-
wen hast du leer weggehen lassen und die
Arme der Waisen zerbrochen.[a] 10 Darum
bist du von Schlingen umgeben, und Ent-
setzen hat dich plötzlich erschreckt.
11 Dein Licht ist Finsternis, sodass du
nicht sehen kannst, und die Wasserflut
bedeckt dich.

12 Ist Gott nicht hoch wie der Himmel?
Sieh die Sterne an, wie hoch sie sind!
13 Du sprichst zwar: »Was weiß Gott?
Sollte er durchs Gewölk hindurch richten
können? 14 Die Wolken sind seine Hülle,
dass er nicht sehen kann; er wandelt am
Rande des Himmels.« 15 Hältst du den
Weg der Vorzeit ein, auf dem die Unge-
rechten gegangen sind, 16 die [a]fortgerafft
wurden, ehe es Zeit war, und [b]das Was-
ser hat ihren Grund weggewaschen, 17 die
zu Gott sprachen: [a]»Heb dich von
uns!«? Was sollte der Allmächtige ihnen
antun können? 18 Hat er doch ihr Haus
mit Gütern gefüllt. Aber: [a]»Der Rat der
Gottlosen ist ferne von mir.« 19 Die [a]Ge-
rechten werden's sehen und sich freuen,

21,14: *a* Kap 22,17 **21,15:** *a* 2. Mose 5,2; 2. Kön 18,35; Ps 12,5; Dan 3,15 **21,16:** *a* Kap 22,18 **21,18:** *a* Ps 1,4 **21,19:** *a* Kap 20,10; 2. Mose 20,5 **21,22:** *a* Pred 5,7 **21,26:** *a* Kap 3,18-19 **22,6:** *a* 2. Mose 22,25-26; *b* Kap 24,9-10 **22,7:** *a* Kap 31,17; Mt 25,42-43 **22,9:** *a* Kap 29,12-13 **22,16:** *a* Kap 15,32-33; *b* 1. Mose 7,21 **22,17:** *a* Kap 21,14 **22,18:** *a* Kap 21,16 **22,19:** *a* Ps 107,42

und der Unschuldige wird sie verspotten:
20»Ja, unser Widersacher ist vertilgt, und
was er hinterließ, hat das Feuer ver-
zehrt.«
21So vertrage dich nun mit Gott und
mache Frieden; daraus wird dir viel Gu-
tes kommen. 22Nimm doch Weisung an
von seinem Munde, und fasse seine
Worte in dein Herz. 23[a]Bekehrst du dich
zum Allmächtigen und demütigst du dich
und [b]tust das Unrecht weit weg von dei-
ner Hütte 24– wirf in den Staub dein
Gold und zu den Steinen der Bäche das
Gold von Ofir –, 25so wird der Allmäch-
tige dein Gold sein und wie Silber, das
dir zugehäuft wird. 26Dann wirst du
deine Lust haben an dem Allmächtigen
und dein Antlitz zu Gott erheben.
27Wenn du ihn bitten wirst, wird er dich
hören, und [a]du wirst deine Gelübde er-
füllen. 28Was du dir vornimmst, lässt er
dir gelingen, und das Licht wird auf dei-
nen Wegen scheinen. 29Denn [a]er ernied-
rigt die Hochmütigen; aber wer seine
Augen niederschlägt, dem hilft er. 30Auch
wer nicht unschuldig ist, wird errettet
werden; er wird errettet um der Reinheit
deiner Hände willen.[a]

Hiobs dritte Antwort an Elifas

23 Hiob antwortete und sprach:
2Auch heute lehnt sich meine
Klage auf; seine Hand drückt schwer,
dass ich seufzen muss. 3Ach dass ich
wüsste, wie ich ihn finden und zu seinem
Thron kommen könnte! 4So würde ich
ihm das Recht darlegen und meinen
Mund mit Beweisen füllen 5und erfahren
die Reden, die er mir antworten, und
vernehmen, was er mir sagen würde.
6Würde er mit großer Macht mit mir
rechten? Nein, er selbst würde achthaben
auf mich. 7Dann würde ein Redlicher
mit ihm rechten, und für immer würde
ich entrinnen meinem Richter! 8Aber
gehe ich nun vorwärts, so ist er nicht da;
gehe ich zurück, so spüre ich ihn nicht.
9Ist er zur Linken, so schaue ich ihn
nicht; verbirgt er sich zur Rechten, so
sehe ich ihn nicht.[a]
10Er aber kennt meinen Weg gut. [a]Er
prüfe mich, so will ich erfunden werden
wie das Gold. 11Denn ich hielt meinen
Fuß auf seiner Bahn und bewahrte sei-
nen Weg und wich nicht ab 12und über-
trat nicht das Gebot seiner Lippen und
bewahrte die Reden seines Mundes bei
mir. 13Doch er ist der Eine – wer will ihm
wehren? Und er macht's, wie er will. 14Ja,
er wird vollenden, was mir bestimmt ist,
und hat noch mehr derart im Sinn.
15Darum erschrecke ich vor seinem An-
gesicht, und wenn ich darüber nach-
denke, so fürchte ich mich vor ihm.
16Gott ist's, der mein Herz mutlos ge-
macht, und der Allmächtige, der mich
erschreckt hat; 17denn nicht der Finster-
nis wegen muss ich schweigen, und nicht,
weil Dunkel mein Angesicht deckt.

24 Warum sind von dem Allmächti-
gen nicht Zeiten vorbehalten, und
[a]warum sehen, die ihn kennen, seine
Tage nicht? 2Die Gottlosen [a]verrücken
die Grenzen, rauben die Herde und wei-
den sie. 3Sie treiben den Esel der Waisen
weg und nehmen das Rind der Witwe
zum Pfande. 4Sie stoßen die Armen vom
Wege, und die Elenden im Lande müssen
sich verkriechen.
5Siehe, sie sind wie Wildesel: In der
Wüste gehen sie an ihr Werk und suchen
Nahrung in der Einöde als Speise für
ihre Kinder. 6Sie ernten des Nachts auf
dem Acker und halten Nachlese im
Weinberg des Gottlosen. 7Sie liegen in
der Nacht nackt ohne Gewand und ha-
ben keine Decke im Frost. 8Sie triefen
vom Regen in den Bergen; sie müssen
sich an die Felsen drücken, weil sie sonst
keine Zuflucht haben. 9Man reißt das
Waisenkind von der Mutterbrust und
nimmt den Säugling der Armen zum
Pfande. 10[a]Nackt gehen sie einher ohne
Kleider, und hungrig tragen sie Garben.
11Gleich in den Gärten pressen sie Öl, sie
treten die Kelter und leiden doch Durst.[a]
12Fern der Stadt seufzen Sterbende, und
die Seele der Säuglinge schreit. Doch
Gott achtet nicht darauf!
13Sie sind Feinde des Lichts geworden,
kennen Gottes Weg nicht und bleiben

22,23: *a* Kap 8,5-7; *b* Kap 11,14-15 **22,27:** *a* Ps 50,14-15 **22,29:** *a* 1.Petr 5,5 **22,30:** *a* Ps 18,21.25; 2.Kor 5,21 **23,9:** *a* Kap 42,5 **23,10:** *a* Ps 17,3; 139,23-24 **24,1:** *a* Pred 3,11; 8,6 **24,2:** *a* 5.Mose 27,17 **24,10:** *a* Jes 58,7 **24,11:** *a* Jak 5,4

nicht auf seinen Pfaden. 14 Wenn der Tag
anbricht, steht der Mörder auf und er-
würgt den Elenden und Armen, und des
Nachts schleicht der Dieb. 15 Das Auge
des Ehebrechers lauert auf das Dunkel,
und er denkt: [a]»Mich sieht kein Auge!«,
und verdeckt sein Antlitz. 16 Im Finstern
bricht man in die Häuser ein; am Tage
verbergen sie sich und scheuen alle das
Licht. 17 Ja, als Morgen gilt ihnen allen
die Finsternis, denn sie sind bekannt mit
den Schrecken der Finsternis.

18 Er fährt leicht wie auf dem Wasser
dahin, verflucht wird sein Acker im
Lande, und man wendet sich seinem
Weinberg nicht zu. 19 Der Tod nimmt
weg die da sündigen, wie die Hitze und
Dürre das Schneewasser verzehrt. 20 Der
Mutterschoß vergisst ihn; die Würmer la-
ben sich an ihm. An ihn denkt man nicht
mehr; so zerbricht Frevel wie Holz. 21 Er
hat bedrückt die Unfruchtbare, die nicht
gebar, und hat der Witwe nichts Gutes
getan.

22 Gott rafft die Gewalttätigen hin
durch seine Kraft; steht er auf, so müssen
sie am Leben verzweifeln. 23 Er gibt ih-
nen, dass sie sicher sind und eine Stütze
haben, doch seine Augen wachen über
ihren Wegen. 24 Sie sind hoch erhöht;
aber nach einer kleinen Weile sind sie
nicht mehr da; sie sinken hin und wer-
den hinweggerafft wie alle; wie die Spit-
zen der Ähren werden sie abgeschnitten.
25 Ist's nicht so? Wer will mich Lügen
strafen und erweisen, dass meine Rede
nichts sei?

Bildads letzte Rede

25 Da antwortete Bildad von
Schuach und sprach:
2 Herrschaft und Schrecken ist bei ihm,
der Frieden schafft in seinen Höhen.
3 Wer will seine Scharen zählen? Und
über wem geht sein Licht nicht auf?
4 Und [a]wie kann ein Mensch gerecht sein
vor Gott? Und wie kann rein sein ein
vom Weibe Geborener? 5 Siehe, auch der
Mond scheint nicht hell, und [a]die Sterne
sind nicht rein vor seinen Augen – 6 wie
viel weniger der Mensch, eine Made, und
das Menschenkind, ein [a]Wurm!

Hiobs dritte Antwort an Bildad

26 Hiob antwortete und sprach:
2 Wie sehr stehst du dem bei,
der keine Kraft hat, hilfst du dem, der
keine Stärke in den Armen hat! 3 Wie
gibst du Rat dem, der keine Weisheit hat,
und lehrst ihn Einsicht in Fülle! 4 Mit
wessen Hilfe redest du? Und wessen
Geist geht von dir aus?

5 Die Schatten drunten erbeben, das
Wasser und die darin wohnen. 6 [a]Das
Totenreich ist aufgedeckt vor ihm, und
der [b]Abgrund hat keine Decke. 7 Er
spannt den Norden aus über dem Leeren
und hängt die Erde über das Nichts. 8 Er
fasst das Wasser zusammen in seine Wol-
ken, und die Wolken zerreißen darunter
nicht. 9 Er verhüllt seinen Thron und
breitet seine Wolken davor. 10 Er hat am
Rande des Wassers eine Grenze gezogen,
wo Licht und Finsternis sich scheiden.
11 Die Säulen des Himmels zittern und
entsetzen sich vor seinem Schelten.
12 Durch seine Kraft hat er das Meer
erregt, und durch seine Einsicht hat er
[a]Rahab* zerschmettert. 13 Am Himmel
wurde es schön durch seinen Wind, und
seine Hand durchbohrte die [a]flüchtige
Schlange. 14 Siehe, das sind nur die En-
den seiner Wege, und nur ein leises Wört-
lein davon haben wir vernommen. Wer
will aber den Donner seiner Macht ver-
stehen?

27 Und Hiob fuhr fort mit seinem
Spruch und sprach:
2 So wahr Gott lebt, der mir mein
Recht verweigert, und der Allmächtige,
der meine Seele betrübt 3 – solange noch
mein Odem in mir ist und der Hauch von
Gott in meiner Nase –: 4 Meine Lippen
reden nichts Unrechtes, und meine
Zunge sagt keinen Betrug.[a] 5 Das sei
ferne von mir, dass ich euch recht gebe;
bis mein Ende kommt, will ich nicht wei-
chen von meiner Unschuld. 6 An meiner
Gerechtigkeit halte ich fest und lasse sie
nicht; [a]mein Gewissen beißt mich nicht
wegen eines meiner Tage.

7 Meinem Feind soll es gehen wie dem
Gottlosen und dem, der sich gegen mich
auflehnt, wie dem Ungerechten. 8 Denn

* d.i. der Drache der Urzeit.

24,15: *a* Ps 10,11 **25,4:** *a* Kap 9,2; Ps 143,2 **25,5:** *a* Kap 15,15 **25,6:** *a* Jes 41,14 **26,6:** *a* Ps 139,8; Spr 15,11; Am 9,2; *b* Offb 9,1 **26,12:** *a* Kap 9,13; Ps 89,11 **26,13:** *a* Jes 27,1 **27,4:** *a* Ps 34,14 **27,6:** *a* Apg 24,16; 1.Kor 4,4

was ist die Hoffnung des Ruchlosen,
[a]wenn Gott mit ihm ein Ende macht und
seine Seele von ihm fordert? 9 Meinst du,
dass Gott sein Schreien hören wird, wenn
die Angst über ihn kommt? 10 Oder kann
er an dem Allmächtigen seine Lust haben
und Gott allezeit anrufen?

11 Ich will euch über Gottes Tun be-
lehren, und wie der Allmächtige gesinnt
ist, will ich nicht verhehlen. 12 Siehe, ihr
habt es selber gesehen; warum bringt ihr
dann so unnütze Dinge vor? 13 [a]Das ist
der Lohn eines gottlosen Menschen bei
Gott und das Erbe der Tyrannen, das sie
vom Allmächtigen bekommen: 14 Werden
seine Söhne groß, so werden sie eine
Beute des Schwerts; und seine Nachkom-
men werden an Brot nicht satt.[a] 15 Die
ihm übrig bleiben, wird der Tod ins Grab
bringen, und seine Witwen werden nicht
weinen. 16 Wenn er Geld zusammen-
bringt wie Staub und schafft Kleider an,
wie man Lehm aufhäuft, 17 so wird er's
zwar anschaffen, aber der Gerechte
wird's anziehen, und dem Unschuldigen
wird das Geld zuteil. 18 Er baut sein Haus
wie eine Spinne und wie ein Wächter eine
Hütte macht. 19 Reich legt er sich nieder,
aber wird's nicht noch einmal tun kön-
nen; tut er seine Augen auf, dann ist
nichts mehr da. 20 Es wird ihn Schrecken
überfallen wie Wasserfluten; des Nachts
nimmt ihn der Sturmwind fort. 21 Der
Ostwind wird ihn wegführen, dass er da-
hinfährt, und wird ihn von seinem Ort
hinwegwehen. 22 Das wird er über ihn
bringen und ihn nicht schonen; vor sei-
ner Gewalt muss er immer wieder flie-
hen. 23 Man wird über ihn mit den Hän-
den klatschen und über ihn zischen, wo
er gewesen ist.

Das Lied von der Weisheit Gottes

28 Es hat das Silber seine Gänge und
das Gold seinen Ort, wo man es
läutert. 2 Eisen bringt man aus der Erde,
und aus dem Gestein schmilzt man Kup-
fer. 3 Man macht der Finsternis ein Ende,
und bis ins Letzte erforscht man das Ge-
stein, das im Dunkel tief verborgen liegt.
4 Man bricht einen Schacht fern von da,
wo man wohnt; vergessen, ohne Halt für
den Fuß, hängen und schweben sie, fern
von den Menschen. 5 Man zerwühlt wie
Feuer unten die Erde, auf der doch oben
das Brot wächst. 6 Man findet Saphir in
ihrem Gestein, und es birgt Goldstaub.
7 Den Steig dahin hat kein Geier erkannt
und kein Falkenauge gesehen. 8 Das
stolze Wild hat ihn nicht betreten, und
kein Löwe ist darauf gegangen. 9 Auch
legt man die Hand an die Felsen und
gräbt die Berge von Grund aus um.
10 Man bricht Stollen durch die Felsen,
und alles, was kostbar ist, sieht das Auge.
11 Man wehrt dem Tröpfeln des Wassers
und bringt, was verborgen ist, ans Licht.
12 Wo will man aber die Weisheit finden?
Und wo ist die Stätte der Einsicht?

13 Niemand weiß, was sie wert ist, und
sie wird nicht gefunden im Lande der
Lebendigen. 14 Die Tiefe spricht: »In mir
ist sie nicht«; und das Meer spricht: »Bei
mir ist sie auch nicht.« 15 Man kann nicht
Gold für sie geben noch Silber darwägen,
sie zu bezahlen.[a] 16 Ihr gleicht nicht
Gold von Ofir oder kostbarer Onyx und
Saphir. 17 Gold und edles Glas kann man
ihr nicht gleichachten noch sie eintau-
schen um güldnes Kleinod. 18 Korallen
und Kristall achtet man gegen sie nicht;
wer Weisheit erwirbt, hat mehr als Per-
len. 19 Topas aus Kusch wird ihr nicht
gleichgeschätzt, und das reinste Gold
wiegt sie nicht auf. 20 Woher kommt denn
die Weisheit? Und wo ist die Stätte der
Einsicht?

21 Sie ist verhüllt vor den Augen aller
Lebendigen, auch verborgen den Vögeln
unter dem Himmel. 22 Der Abgrund und
der Tod sprechen: »Wir haben mit unsern
Ohren nur ein Gerücht von ihr gehört.«
23 [a]Gott weiß den Weg zu ihr, er allein
kennt ihre Stätte. 24 Denn er sieht die
Enden der Erde und schaut alles, was
unter dem Himmel ist. 25 Als er dem
Wind sein Gewicht gegeben und dem
Wasser sein Maß gesetzt, 26 als er dem
Regen ein Gesetz gegeben hat und dem
Blitz und Donner den Weg: 27 damals
schon sah er sie und verkündigte sie, be-
reitete sie und ergründete sie 28 und
sprach zum Menschen: **Siehe, [a]die Furcht**

27,8: *a* Lk 12,20 **27,13:** *a (13-17)* Spr 13,22; Pred 2,26 **27,14:** *a* Kap 21,19 **28,15:** *a* Spr 3,13-15 **28,23:** *a (23-28)* Spr 8,22-31 **28,28:** *a* Ps 111,10; Spr 1,7

**des Herrn, das ist Weisheit, und meiden
das Böse, das ist Einsicht.**

Hiobs früheres Glück

29 Und Hiob hob abermals an mit
seinem Spruch und sprach:
2 O dass ich wäre wie in den früheren
Monden, in den Tagen, da Gott mich
behütete, 3 da seine Leuchte über meinem
Haupt schien und ich [a]bei seinem Licht
durch die Finsternis ging! 4 Wie war ich
in der Blüte meines Lebens, [a]als Gottes
Freundschaft über meiner Hütte war,
5 als der Allmächtige noch mit mir war
und meine Kinder um mich her, 6 als ich
meine Tritte wusch in Milch und die Fel-
sen Ölbäche ergossen!

7 Wenn ich ausging zum Tor der Stadt
und meinen Platz auf dem Markt ein-
nahm, 8 dann sahen mich die Jungen und
verbargen sich scheu, und die Alten stan-
den vor mir auf, 9 die Oberen hörten auf
zu reden und legten ihre Hand auf ihren
Mund, 10 die Fürsten hielten ihre Stimme
zurück, und ihre Zunge klebte an ihrem
Gaumen. 11 Denn wessen Ohr mich
hörte, der pries mich glücklich, und wes-
sen Auge mich sah, der rühmte mich.

12 Denn ich errettete den Armen, der
da schrie, und die Waise, die keinen Hel-
fer hatte.[a] 13 Der Segen des Verlassenen
kam über mich, und ich erfreute das
Herz der Witwe. 14 Gerechtigkeit war
mein Kleid, das ich anzog, und mein
Recht war mir Mantel und Kopfbund.
15 Ich war des Blinden Auge und des
Lahmen Fuß. 16 Ich war [a]ein Vater der
Armen, und der Sache des Unbekannten
nahm ich mich an. 17 Ich zerbrach die
Kinnbacken des Ungerechten und riss
ihm den Raub aus den Zähnen. 18 Ich
dachte: Ich werde in meinem Nest ver-
scheiden und meine Tage so zahlreich
machen wie Sand am Meer; 19 meine
Wurzel reiche zum Wasser hin, und der
Tau bleibe auf meinen Zweigen; 20 meine
Ehre bleibe immer frisch bei mir, und
mein Bogen sei immer stark in meiner
Hand.

21 Sie hörten mir zu und schwiegen
und warteten auf meinen Rat. 22 Nach
meinen Worten redete niemand mehr,
und meine Rede troff auf sie nieder. 23 Sie
warteten auf mich wie auf den Regen
und sperrten ihren Mund auf wie nach
Spätregen. 24 Wenn ich ihnen zulachte, so
fassten sie Vertrauen, und das Licht mei-
nes Angesichts tröstete die Trauernden.
25 Wenn ich zu ihnen kommen wollte, so
musste ich obenan sitzen und thronte wie
ein König unter der Schar.

Hiobs jetziges Unglück

30 Jetzt aber [a]verlachen mich, die
jünger sind als ich, deren Väter ich
nicht wert geachtet hätte, sie zu meinen
Hunden bei der Herde zu stellen, 2 deren
Stärke ich für nichts hielt, denen die
Kraft dahinschwand; 3 die vor Hunger
und Mangel erschöpft sind, die das dürre
Land abnagen, die Wüste und Einöde;
4 die da Melde sammeln bei den Büschen,
und Ginsterwurzel ist ihre Speise. 5 Aus
der Menschen Mitte werden sie weg-
getrieben; man schreit ihnen nach wie
einem Dieb; 6 an den Hängen der Täler
wohnen sie, in den Löchern der Erde und
in Steinklüften; 7 zwischen den Büschen
schreien sie, und unter den Disteln sam-
meln sie sich – 8 gottloses Volk und Leute
ohne Namen, die man aus dem Lande
weggejagt hatte.

9 Jetzt bin ich [a]ihr Spottlied geworden
und muss ihnen zum Gerede dienen.
10 Sie verabscheuen mich und halten sich
ferne von mir und scheuen sich nicht,
[a]vor meinem Angesicht auszuspeien.
11 Er hat mein Seil gelöst und mich ge-
demütigt und den Zaum weggetan, an
dem er mich hielt. 12 Zur Rechten hat
sich eine Schar gegen mich erhoben, sie
haben meinen Fuß weggestoßen und ha-
ben gegen mich Wege angelegt, mich zu
verderben. 13 Sie haben meine Pfade auf-
gerissen, zu meinem Fall helfen sie; kei-
ner gebietet ihnen Einhalt. 14 Sie kommen
wie durch eine breite Bresche herein, wäl-
zen sich unter den Trümmern heran.
15 Schrecken hat sich gegen mich gekehrt
und hat verjagt wie der Wind meine
Herrlichkeit, und wie eine Wolke zog
mein Glück vorbei.

16 Jetzt aber zerfließt meine Seele in
mir, und Tage des Elends haben mich

29,3: *a* Ps 18,29 **29,4:** *a* Ps 25,14 **29,12:** *a* Kap 31,16; 2.Mose 22,21-22 **29,16:** *a* Kap 31,18 **30,1:** *a* Kap 19,18
30,9: *a* Ps 69,13; Klgl 3,63 **30,10:** *a* Kap 17,6; Mt 26,67

ergriffen. 17Des Nachts bohrt es in mei-
nem Gebein, und die Schmerzen, die an
mir nagen, schlafen nicht. 18Mit aller
Gewalt wird mein Kleid entstellt, wie der
Kragen meines Hemdes würgt es mich.[a]
19Man hat mich in den Dreck geworfen,
dass ich gleich bin dem Staub und der
Asche.

20Ich [a]schreie zu dir, aber du antwor-
test mir nicht; ich stehe da, aber du ach-
test nicht auf mich. 21Du hast dich mir
verwandelt in einen Grausamen und
streitest gegen mich mit der Stärke deiner
Hand. 22Du hebst mich auf und lässt
mich auf dem Winde dahinfahren und
vergehen im Sturm. 23Denn ich weiß, du
wirst mich zum Tod gehen lassen, zum
Haus, da alle Lebendigen zusammen-
kommen.

24Aber wird man nicht die Hand aus-
strecken unter Trümmern und nicht
schreien in der Not? 25Ich weinte ja über
die harte Zeit, und meine Seele grämte
sich über das Elend. 26Ich wartete auf
das Gute, und es kam das Böse; ich
hoffte auf Licht, und es kam Finsternis.
27In mir kocht es und hört nicht auf;
mich haben überfallen Tage des Elends.
28Ich gehe schwarz einher, doch nicht
von der Sonne; ich stehe auf in der Ge-
meinde und schreie. 29Ich bin ein Bruder
der Schakale geworden und ein Geselle
der Strauße. 30Meine Haut ist schwarz
geworden und löst sich ab von mir, und
meine Gebeine sind verdorrt vor hitzi-
gem Fieber. 31Mein Harfenspiel ist zur
Klage geworden und mein Flötenspiel
zum Trauerlied.

Hiobs Reinigungseid und Appell an Gott

31 Ich hatte einen Bund gemacht mit
meinen Augen, [a]dass ich nicht lüs-
tern blickte auf eine Jungfrau. 2Was gäbe
sonst mir Gott als Teil von oben und was
für ein Erbe der Allmächtige aus der
Höhe? 3Wäre es nicht Verderben für den
Ungerechten und Unglück für den Übel-
täter? 4Sieht er nicht meine Wege und
zählt alle meine Schritte?[a] 5Bin ich ge-
wandelt in Falschheit, oder ist mein Fuß
geeilt zum Betrug? 6Gott möge mich wie-
gen auf rechter Waage, so wird er erken-
nen meine Unschuld!

7Ist mein Gang gewichen vom Wege
und mein Herz meinen Augen nachge-
folgt und blieb etwas hängen an meinen
Händen, 8so [a]will ich säen, aber ein an-
derer soll es essen, und was mir gewach-
sen ist, soll entwurzelt werden.

9Hat sich mein Herz betören lassen
um einer Frau willen und hab ich an
meines Nächsten Tür gelauert, 10so soll
meine Frau einem andern mahlen, und
andere sollen sich über sie beugen.[a]
11Denn das ist eine Schandtat und eine
Schuld, [a]die vor die Richter gehört. 12Ja,
das ist ein Feuer, das bis in den Abgrund
frisst und all meine Habe bis auf die
Wurzel vernichtet.

13Hab ich missachtet das Recht meines
Knechts oder meiner Magd, wenn sie
eine Sache wider mich hatten, 14was
wollte ich tun, wenn Gott sich erhebt,
und was würde ich antworten, wenn er
nachforscht? 15Hat nicht [a]auch ihn er-
schaffen, der mich im Mutterleibe schuf,
hat nicht der **Eine** uns im Mutterschoß
bereitet?

16Hab ich [a]den Bedürftigen ihr Be-
gehren versagt und die Augen der Witwe
verschmachten lassen? 17[a]Hab ich mei-
nen Bissen allein gegessen, und hat nicht
die Waise auch davon gegessen? 18Nein,
ich habe sie von Jugend auf gehalten wie
ein Vater, und ich habe sie von Mutter-
leib an geleitet.[a] 19Hab ich zugesehen,
wie jemand ohne Kleid verkommen ist,
und den Armen ohne Decke gehen las-
sen? 20Hat er mich nicht gesegnet, wenn
er von der Wolle meiner Lämmer er-
wärmt wurde? 21Hab ich meine Hand
gegen eine Waise erhoben, weil ich sah,
dass ich [a]im Tor Helfer hatte, 22so falle
meine Schulter vom Nacken und mein
Arm breche aus dem Gelenk! 23Denn ich
müsste Gottes Strafe über mich fürchten
und könnte seine Hoheit nicht ertragen.

24Hab ich das Gold zu meiner Zuver-
sicht gemacht und [a]zum Feingold ge-
sagt: »Mein Trost«? 25Hab ich mich ge-
freut, dass ich großes Gut besaß und
meine Hand so viel erworben hatte?
26Hab ich das Licht angesehen, wenn es

30,18: *a* Kap 7,5; 16,8 **30,20:** *a* Kap 19,7; Ps 22,3 **31,1:** *a* Mt 5,28-29 **31,4:** *a* Kap 23,10 **31,8:** *a* 3.Mose 26,16 **31,10:** *a* 2.Sam 12,11 **31,11:** *a* 5.Mose 22,22 **31,15:** *a* Spr 14,31; Mt 25,40 **31,16:** *a* Kap 29,12 **31,17:** *a (17-20)* Jes 58,7 **31,18:** *a* Kap 29,16 **31,21:** *a* Rut 4,1-11 **31,24:** *a* Ps 52,9

hell leuchtete, und den Mond, wenn er
herrlich dahinzog,[a] 27 dass mich mein
Herz heimlich betört hätte, ihnen Küsse
zuzuwerfen mit meiner Hand? 28 Das
wäre auch eine Missetat, die vor die
Richter gehört; denn damit hätte ich ver-
leugnet Gott in der Höhe.

29 Hab ich mich [a]gefreut, wenn's mei-
nem Feinde übel ging, und [b]mich erho-
ben, weil ihn Unglück getroffen hatte?
30 Nein, ich ließ meinen Mund nicht sün-
digen, dass ich [a]verwünschte mit einem
Fluch seine Seele. 31 Haben nicht die
Männer in meinem Zelt sagen müssen:
»Wo ist einer, der nicht satt geworden
wäre von seinem Fleisch?« 32 Kein Frem-
der durfte draußen zur Nacht bleiben,
sondern meine Tür tat ich dem Wanderer
auf.[a]

33 Hab ich meine Übertretungen, wie
Menschen tun, zugedeckt, um heimlich
meine Schuld zu verbergen, 34 weil ich
mir grauen ließ vor der großen Menge
und die Verachtung der Sippen mich ab-
geschreckt hat, sodass ich still blieb und
nicht zur Tür hinausging?

38 *Hat mein Acker wider mich ge-
schrien und haben miteinander seine
Furchen geweint, 39 hab ich seine Früchte
unbezahlt gegessen und seinen Ackerleu-
ten das Leben sauer gemacht, 40a so sol-
len mir Disteln wachsen statt Weizen und
Unkraut statt Gerste.

35 O hätte ich einen, der mich anhört –
hier meine Unterschrift! Der Allmächtige
antworte mir! –, oder die Schrift, die
mein Verkläger geschrieben![a] 36 Wahr-
lich, dann wollte ich sie auf meine Schul-
ter nehmen und wie eine Krone tragen.
37 Ich wollte alle meine Schritte ihm an-
sagen und wie ein Fürst ihm nahen.

40b Die Worte Hiobs haben ein Ende.

Die Reden des Elihu
(Kapitel 32,1–37,24)

Elihus erste Rede

32 Da hörten die drei Männer auf,
Hiob zu antworten, weil er sich
für gerecht hielt.
2 Aber Elihu, der Sohn Barachels des
[a]Busiters, aus dem Geschlecht Ram,
ward zornig. Er ward zornig über Hiob,
weil [b]er sich selber für gerechter hielt als
Gott. 3 Auch ward er zornig über seine
drei Freunde, weil sie keine Antwort
fanden und [a]doch Hiob verdammten.
4 Elihu aber hatte gewartet, bis sie mit
Hiob geredet hatten, weil sie älter waren
als er. 5 Als Elihu nun sah, dass keine
Antwort war im Munde der drei Männer,
ward er zornig. 6 Und Elihu, der Sohn
Barachels des Busiters, hob an und
sprach:

Ich bin jung an Jahren, ihr aber seid
alt; darum hab ich mich gescheut und
gefürchtet, mein Wissen euch kundzu-
tun. 7 Ich dachte: [a]Lass das Alter reden,
und die Menge der Jahre lass Weisheit
beweisen. 8 Aber der Geist ist es in den
Menschen und der Odem des Allmächti-
gen, der sie verständig macht. 9 Die Be-
tagten sind nicht die Weisesten, und die
Alten verstehen nicht, was das Rechte ist.
10 Darum sage ich: Hört mir zu; auch ich
will mein Wissen kundtun.

11 Siehe, ich habe gewartet, bis ihr ge-
redet hattet; ich habe aufgemerkt auf
eure Einsicht, bis ihr die rechten Worte
treffen würdet, 12 und habe achtgehabt
auf euch; aber siehe, da war keiner unter
euch, der Hiob zurechtwies oder seiner
Rede antwortete. 13 Sagt nur nicht: »Wir
haben Weisheit gefunden; Gott muss ihn
schlagen und nicht ein Mensch.« 14 Mich
haben seine Worte nicht getroffen, und
mit euren Reden will ich ihm nicht ant-
worten.

15 Ach! Betroffen stehen sie da und
können nicht mehr antworten; sie wissen
nichts mehr zu sagen. 16 Und da soll ich
warten, weil sie nicht mehr reden, weil sie
dastehen und nicht mehr antworten?
17 Auch ich will mein Teil antworten und
will mein Wissen kundtun! 18 Denn ich
bin voll von Worten, weil mich der Geist
in meinem Inneren bedrängt. 19 Siehe,
mein Inneres ist wie der Most, den man
nicht herauslässt und der die neuen
Schläuche zerreißt. 20 Ich muss reden,
dass ich mir Luft mache, ich muss meine

* Der Zusammenhang erfordert die hier vorgenommene Umstellung der Verse 38-40a.

31,26: *a* 5.Mose 4,19 **31,29:** *a* Spr 24,17; *b* Ps 7,5; 35,13-14 **31,30:** *a* 1.Petr 3,9 **31,32:** *a* Ri 19,20-21; 1.Petr 4,9; Hebr 13,2 **31,35:** *a* Kap 23,3-7 **32,2:** *a* 1.Mose 22,21; *b* Kap 13,18; 19,6-7; 27,5-6 **32,3:** *a* Kap 15,4; 18,21; 20,29; 22,5 **32,7:** *a* Kap 12,12

Lippen auftun und antworten. 21 Vor mir
soll kein Ansehen der Person gelten, und
ich will keinem Menschen schmeicheln.
22 Denn ich weiß nicht zu schmeicheln;
sonst würde mich mein Schöpfer bald
dahinraffen.

33 Höre doch, Hiob, meine Rede und
merke auf alle meine Worte! 2 Sie-
he, ich tue meinen Mund auf, und meine
Zunge redet in meinem Munde. 3 Mein
Herz spricht aufrichtige Worte, und
meine Lippen reden lautere Erkenntnis.
4 Der Geist Gottes hat mich gemacht,
und der Odem des Allmächtigen hat mir
das Leben gegeben. 5 Kannst du, so ant-
worte mir; rüste dich gegen mich und
stelle dich. 6 Siehe, vor Gott bin ich wie
du, und [a]aus Erde bin auch ich gemacht.
7 Siehe, du brauchst vor mir nicht zu er-
schrecken, und mein Drängen soll nicht
auf dir lasten.

8 Du hast geredet vor meinen Ohren,
den Ton deiner Reden höre ich noch:
9 »Ich bin rein, ohne Missetat, unschuldig
und habe keine Sünde.[a] 10 Siehe, Gott
erfindet Vorwürfe wider mich, [a]er be-
trachtet mich als seinen Feind; 11 er [a]hat
meine Füße in den Block gelegt und hat
acht auf alle meine Wege.« 12 Siehe, darin
hast du nicht recht, muss ich dir antwor-
ten; denn Gott ist mehr als ein Mensch.
13 Warum willst du mit ihm hadern, weil
er auf Menschenworte nicht Antwort
gibt?

14 Denn auf eine Weise redet Gott und
auf eine zweite; nur beachtet man's nicht.
15 Im [a]Traum, im Nachtgesicht, wenn der
Schlaf auf die Menschen fällt, wenn sie
schlafen auf dem Bett, 16 da [a]öffnet er
das Ohr der Menschen und schreckt sie
auf und warnt sie, 17 damit er den Men-
schen von seinem Vorhaben abwende und
von ihm die Hoffart tilge 18 und bewahre
seine Seele vor dem Verderben und sein
Leben vor des Todes Geschoss. 19 Auch
warnt er ihn durch Schmerzen auf sei-
nem Bett und durch heftigen Kampf in
seinen Gliedern 20 und richtet ihm sein
Leben so zu, dass ihm vor der Speise
ekelt, und seine Seele, dass sie nicht Lust
hat zu essen. 21 Sein Fleisch schwindet
dahin, dass man's nicht ansehen kann,
und seine Knochen stehen heraus, dass
man lieber wegsieht; 22 so nähert er sich
der Grube und sein Leben den Toten.

23 Kommt dann zu ihm ein Engel, ein
Mittler, einer aus tausend, kundzutun
dem Menschen, was für ihn recht ist,
24 so wird er ihm gnädig sein und sagen:
»Erlöse ihn, dass er nicht hinunterfahre
zu den Toten; denn [a]ich habe ein Löse-
geld gefunden. 25 Sein Fleisch blühe wie-
der wie in der Jugend, und [a]er soll wie-
der jung werden.« 26 Er wird Gott bitten
und der wird ihm Gnade erweisen und
wird ihn sein Antlitz sehen lassen mit
Freuden und wird dem Menschen seine
Gerechtigkeit zurückgeben. 27 Er wird
vor den Leuten lobsingen und sagen:
»Ich hatte gesündigt und das Recht ver-
kehrt, aber es ist mir nicht vergolten wor-
den. 28 Gott hat mich erlöst, dass ich
nicht hinfahre zu den Toten, sondern
mein Leben das Licht sieht.«

29 Siehe, das alles tut Gott zwei- oder
dreimal mit einem jeden, 30 dass er sein
Leben zurückhole von den Toten und
erleuchte ihn mit dem Licht der Leben-
digen.[a]

31 Merk auf, Hiob, und höre mir zu
und schweige, damit ich reden kann!
32 Hast du aber etwas zu sagen, so ant-
worte mir. Sage an, ich will dir gern recht
geben! 33 Hast du aber nichts, so höre mir
zu und schweige; ich will dich Weisheit
lehren.

Elihus zweite Rede

34 Und Elihu hob an und sprach:
2 Höret, ihr Weisen, meine Rede,
und ihr Verständigen, merkt auf mich!
3 Denn das Ohr prüft die Rede, wie der
Gaumen die Speise schmeckt.[a] 4 Lasst
uns ein Urteil finden, dass wir mitein-
ander erkennen, was gut ist. 5 Denn Hiob
hat gesagt: [a]»Ich bin gerecht, doch
[b]Gott verweigert mir mein Recht; 6 ich
soll [a]lügen, obwohl ich recht habe, und
mich quält der [b]Pfeil, der mich traf, ob-
wohl ich doch ohne Schuld bin.« 7 Wo ist
so ein Mann wie Hiob, der [a]Hohn trinkt
wie Wasser 8 und [a]auf dem Wege geht
mit den Übeltätern und wandelt mit den

33,6: *a* Kap 10,9 **33,9:** *a* Kap 16,17; 27,6; 31,1-40 **33,10:** *a* Kap 13,24; 19,11 **33,11:** *a* Kap 13,27 **33,15:** *a* Kap 4,12-16 **33,16:** *a* Kap 36,10 **33,24:** *a* Ps 49,8-11 **33,25:** *a* Ps 103,5 **33,30:** *a* Ps 56,14; 103,4; 116,9 **34,3:** *a* Kap 12,11 **34,5:** *a* Kap 33,9; *b* Kap 27,2 **34,6:** *a* Kap 9,15.20; *b* Kap 6,4 **34,7:** *a* Kap 15,16 **34,8:** *a* Ps 1,1

gottlosen Leuten? 9 Denn er hat gesagt:
»Es nützt dem Menschen nichts, wenn er
Gottes Wohlgefallen sucht.«[a]
10 Darum hört mir zu, ihr weisen Män-
ner: [a]Es sei ferne, dass Gott sollte gott-
los handeln und der Allmächtige unge-
recht; 11 sondern **er vergilt dem Men-
schen, wie er verdient hat, und trifft einen
jeden nach seinem Tun.**[a] 12 Ohne Zweifel,
[a]**Gott tut niemals Unrecht, und der All-
mächtige beugt das Recht nicht.**
13 Wer hat ihm die Erde anvertraut?
Und wer hat den ganzen Erdkreis hinge-
stellt? 14 Wenn er nur an sich dächte, sei-
nen Geist und Odem an sich zöge, 15 so
würde alles Fleisch miteinander verge-
hen, und der Mensch würde wieder zu
Staub werden.[a]
16 Hast du nun Verstand, so höre das
und merke auf die Stimme meiner Reden!
17 Kann denn regieren, wer das Recht
hasst? Oder willst du den verdammen,
der gerecht und allmächtig ist, 18 der zum
König sagt: »Du heilloser Mann«, und
zu den Fürsten: »Ihr Gottlosen«, 19 der
nicht ansieht die Person der Fürsten und
achtet den Vornehmen nicht mehr als
den Armen? Denn sie sind alle seiner
Hände Werk.
20 Plötzlich müssen die Leute sterben
und zu Mitternacht erschrecken und ver-
gehen; die Mächtigen werden weggenom-
men ohne Menschenhand. 21 Denn seine
Augen sehen auf eines jeden Weg, und er
schaut auf alle ihre Schritte.[a] 22 Es [a]gibt
keine Finsternis und kein Dunkel, wo
sich verbergen könnten die Übeltäter.
23 Denn es wird niemand gesagt, wann er
vor Gott zum Gericht erscheinen muss.
24 Er bringt die Stolzen um, ohne sie erst
zu verhören, und stellt andere an ihre
Stelle; 25 denn er kennt ihre Werke und er
stürzt sie des Nachts, dass sie zerschlagen
werden. 26 Er urteilt sie ab wie die Gott-
losen an einem Ort, wo viele es sehen,
27 weil sie von ihm gewichen sind und
verstanden keinen seiner Wege, 28 sodass
das Schreien der Armen vor ihn kommen
musste und [a]er das Schreien der Elenden
hörte. 29 – Wenn er sich aber ruhig hält,
wer will ihn verdammen? Und wenn er
das Antlitz verbirgt, wer kann ihn
schauen unter allen Völkern und Leu-
ten? – 30 So lässt er denn nicht einen
Gottlosen regieren, der ein Fallstrick ist
für das Volk.
31 Wenn einer zu Gott sagt: »Ich hab's
getragen*, ich will kein Unrecht mehr
tun; 32 was ich nicht sehe, das lehre du
mich; hab ich unrecht gehandelt, ich
will's nicht mehr tun«, 33 soll er dann
nach deinem Sinn vergelten, weil du ja
widerrufen hast? Denn du hast zu wählen
und nicht ich, und was du erkannt, sage
an!
34 Verständige Leute werden zu mir
sagen und ein weiser Mann, der mir
zuhört: 35 »Hiob [a]redet mit Unverstand,
und seine Worte sind nicht klug.« 36 Oh,
Hiob sollte bis zum Äußersten geprüft
werden, weil er Antworten gibt wie fre-
che Sünder. 37 Denn zu seiner Sünde fügt
er noch Frevel hinzu. Er treibt Spott un-
ter uns und macht viele Worte wider
Gott.

Elihus dritte Rede

35 Und Elihu hob an und sprach:
2 Hältst du das für recht, nennst
du das [a]»meine Gerechtigkeit vor Gott«,
3 dass du sprichst: [a]»Was nützt sie mir?
Was habe ich davon, dass ich nicht sün-
dige?« 4 Ich will dir antworten ein Wort
und deinen Freunden mit dir.
5 Schau gen Himmel und sieh; und
schau die Wolken an hoch über dir!
6 Sündigst du, was kannst du ihm scha-
den? Und wenn deine Missetaten viel
sind, was kannst du ihm tun?[a] 7 Und
wenn du gerecht wärst, was kannst du
ihm geben oder was wird er von deinen
Händen nehmen?[a] 8 Nur einem Men-
schen wie dir kann deine Bosheit etwas
tun und einem Menschenkind deine Ge-
rechtigkeit.
9 Man schreit, dass viel Gewalt ge-
schieht, und ruft um Hilfe vor dem Arm
der Großen; 10 aber man fragt nicht: »Wo
ist Gott, mein Schöpfer, der [a]Lobge-
sänge gibt in der Nacht, 11 der uns klüger

* Bisherige Lutherbibel: Ich habe gebüßt. Anderer Vorschlag: Ich habe geirrt.

34,9: *a* Kap 9,22 **34,10:** *a* Kap 8,3; 5. Mose 32,4; 2. Chr 19,7 **34,11:** *a* Ps 18,26-27; Röm 2,6; Offb 22,12 **34,12:** *a* Kap 19,6 **34,15:** *a* Ps 104,29 **34,21:** *a* Kap 31,4; Spr 5,21 **34,22:** *a* Ps 139,11-12 **34,28:** *a* 1. Mose 16,11 **34,35:** *a* Kap 38,2 **35,2:** *a* Kap 32,2 **35,3:** *a* Kap 34,9 **35,6:** *a* Kap 7,20 **35,7:** *a* Kap 22,2-3; Röm 11,35 **35,10:** *a* Apg 16,25

macht als die Tiere auf Erden und weiser
als die Vögel unter dem Himmel?« 12 Da
schreien sie über den Hochmut der Bö-
sen, doch er erhört sie nicht. 13 Denn
[a]Gott wird Nichtiges nicht erhören, und
der Allmächtige wird es nicht ansehen.
14 Nun gar, wenn du sprichst, [a]du könn-
test ihn nicht sehen – der Rechtsstreit
liegt ihm vor, harre nur seiner! 15 Aber
nun, [a]da sein Zorn nicht heimsucht und
er sich um Frevel nicht viel kümmert,
16 sperrt Hiob seinen Mund auf um
nichts und hält stolze Reden mit Unver-
stand.

Elihus letzte Rede

36 Elihu hob noch einmal an und
sprach:
2 Warte noch ein wenig, ich will dich
lehren; denn ich habe noch etwas für
Gott zu sagen. 3 Ich will mein Wissen
weit herholen und meinem Schöpfer
Recht verschaffen. 4 Meine Reden sind
wahrlich nicht falsch; vor dir steht einer,
der es wirklich weiß.
5 Siehe, Gott ist mächtig und verwirft
niemand; er ist mächtig an Kraft des
Herzens. 6 Den Gottlosen erhält er nicht
am Leben, sondern hilft dem Elenden
zum Recht.[a] 7 Er wendet seine Augen
nicht von dem Gerechten, sondern [a]mit
Königen auf dem Thron lässt er sie sitzen
immerdar, dass sie groß werden. 8 Und
wenn sie gefangen liegen in Ketten und
elend, gebunden mit Stricken, 9 so hält er
ihnen vor, was sie getan haben, und ihre
Sünden, dass sie sich überhoben haben,
10 und [a]öffnet ihnen das Ohr zur War-
nung und sagt ihnen, dass sie sich von
dem Unrecht bekehren sollen. 11 Gehor-
chen sie und dienen ihm, so werden sie
bei guten Tagen alt werden und glücklich
leben. 12 Gehorchen sie nicht, so werden
sie dahinfahren durch des Todes Ge-
schoss und vergehen in Unverstand. 13 Die
Ruchlosen verhärten sich im Zorn. Sie
flehen nicht, auch wenn er sie gefangen
legt; 14 so wird ihre Seele in der Jugend
sterben und ihr Leben unter den Hurern
im Tempel. 15 Aber den Elenden wird er
durch sein Elend erretten und ihm das
Ohr öffnen durch Trübsal.
16 So reißt er auch dich aus dem Ra-
chen der Angst in einen weiten Raum,
wo keine Bedrängnis mehr ist; und an
deinem Tische, voll von allem Guten,
wirst du Ruhe haben. 17 Wenn du aber
richtest wie ein Gottloser, so halten dich
Gericht und Recht fest. 18 Sieh zu, dass
nicht dein Zorn dich verlockt oder die
Menge des Lösegeldes dich verleitet.
19 Wird dein Geschrei dich aus der Not
bringen oder alle kräftigen Anstrengun-
gen? 20 Sehne dich nicht nach der Nacht,
die Völker wegnimmt von ihrer Stätte!
21 Hüte dich und kehre dich nicht zum
Unrecht, denn Unrecht wählst du lieber
als Elend!
22 Siehe, Gott ist groß in seiner Kraft;
wo ist ein Lehrer, wie er ist?[a] 23 Wer will
ihm weisen seinen Weg, und wer will zu
ihm sagen: »Du tust Unrecht«? 24 Denk
daran, dass du sein Werk preisest, von
dem die Menschen singen. 25 Denn alle
Menschen schauen danach aus, aber sie
sehen's nur von ferne. 26 Siehe, Gott ist
groß und unbegreiflich; die Zahl seiner
Jahre kann niemand erforschen.
27 Er zieht empor die Wassertropfen
und treibt seine Wolken zusammen zum
Regen, 28 dass die Wolken überfließen
und Regen senden auf die Menge der
Menschen. 29 Wer versteht, wie er die
Wolken türmt und donnern lässt aus sei-
nem Gezelt? 30 Siehe, er breitet sein Licht
um sich und bedeckt alle Tiefen des Mee-
res. 31 Denn damit regiert er die Völker
und gibt Speise die Fülle. 32 Er bedeckt
seine Hände mit Blitzen und bietet sie
auf gegen den, der ihn angreift. 33 Ihn
kündet an sein Donnern, wenn er mit
Zorn eifert gegen den Frevel.
37 Darüber entsetzt sich mein Herz
und fährt bebend hoch. 2 O hört
doch, wie sein Donner rollt und was für
Gedröhn aus seinem Munde geht! 3 Er
lässt ihn hinfahren unter dem ganzen
Himmel und seinen Blitz über die Enden
der Erde. 4 Ihm nach brüllt der Donner,
und er donnert mit seinem großen Schall;
und wenn sein Donner gehört wird, hält
er die Blitze nicht zurück. 5 Gott donnert
mit seinem Donner wunderbar und tut
große Dinge, die wir nicht begreifen. 6 Er

35,13: *a* Joh 9,31 **35,14:** *a* Kap 23,8-9 **35,15:** *a* Pred 8,11 **36,6:** *a* Ps 72,4.12; 146,7-9 **36,7:** *a* Ps 113,7-8
36,10: *a* Kap 33,16 **36,22:** *a* Ps 25,9

spricht zum Schnee: »Falle zur Erde!«,
und zum Platzregen, so ist der Platzregen
da mit Macht. 7 So legt er alle Menschen
unter Siegel, dass die Leute erkennen,
was er tun kann. 8 Die wilden Tiere gehen
in die Höhle und legen sich auf ihr La-
ger.[a] 9 Aus seinen Kammern kommt der
Sturm und von Norden her die Kälte.
10 Vom Odem Gottes kommt Eis, und die
weiten Wasser liegen erstarrt. 11 Die Wol-
ken beschwert er mit Wasser, und aus der
Wolke bricht sein Blitz. 12 Er kehrt die
Wolken, wohin er will, dass sie alles tun,
was er ihnen gebietet auf dem Erdkreis:
13 Zur Züchtigung für ein Land oder zum
Segen lässt er sie kommen.

14 Das vernimm, Hiob, steh still und
merke auf die Wunder Gottes! 15 Weißt
du, wie Gott ihnen Weisung gibt und wie
er das Licht aus seinen Wolken hervor-
brechen lässt? 16 Weißt du, wie die Wol-
ken schweben, die Wunder des Allwissen-
den? 17 Du, dem schon die Kleider heiß
werden, wenn das Land still liegt unterm
Südwind, 18 kannst du gleich ihm die
Wolkendecke ausbreiten, die fest ist wie
ein gegossener Spiegel? 19 Zeige uns, was
wir ihm sagen sollen; denn wir können
nichts vorbringen vor Finsternis. 20 Wenn
jemand redet, muss es ihm gesagt wer-
den? Hat je ein Mensch gesagt, er wolle
vernichtet werden? 21 Eben sah man das
Licht nicht, das hinter den Wolken hell
leuchtet; als aber der Wind daherfuhr, da
wurde es klar. 22 Von Norden kommt gol-
dener Schein; um Gott her ist schreck-
licher Glanz. 23 Den Allmächtigen errei-
chen wir nicht, der so groß ist an Kraft
und reich an Gerechtigkeit. Das Recht
beugt er nicht. 24 Darum sollen ihn die
Menschen fürchten, und er sieht keinen
an, wie weise sie auch sind.

Die Antwort Gottes
(Kapitel 38,1–42,17)

Die erste Rede des Herrn aus dem Wettersturm

38 Und der Herr [a]antwortete Hiob
aus dem Wettersturm und sprach:
2 Wer ist's, der den Ratschluss verdun-
kelt [a]mit Worten ohne Verstand? 3 Gürte
deine Lenden wie ein Mann! [a]Ich will
dich fragen, lehre mich!

4 Wo warst du, als ich die Erde grün-
dete? Sage mir's, wenn du so klug bist!
5 Weißt du, [a]wer ihr das Maß gesetzt hat
oder wer über sie die Richtschnur ge-
zogen hat? 6 Worauf sind ihre Pfeiler ein-
gesenkt, oder wer hat ihren Eckstein
gelegt, 7 als mich [a]die Morgensterne mit-
einander lobten und jauchzten alle
[b]Gottessöhne?

8 [a]Wer hat das Meer mit Toren ver-
schlossen, als es herausbrach wie aus
dem Mutterschoß, 9 als ich's mit Wolken
kleidete und in Dunkel einwickelte wie in
Windeln, 10 als ich ihm seine Grenze be-
stimmte mit meinem Damm und setzte
ihm Riegel und Tore 11 und sprach: »**Bis
hierher sollst du kommen und nicht weiter;
hier sollen sich legen deine stolzen Wel-
len!**«?

12 Hast du zu deiner Zeit dem Morgen
geboten und der Morgenröte ihren Ort
gezeigt, 13 damit sie die Ecken der Erde
fasste und die Gottlosen herausgeschüt-
telt würden? 14 Sie wandelt sich wie Ton
unter dem Siegel und färbt sich bunt wie
ein Kleid. 15 Und den Gottlosen wird ihr
Licht genommen und der erhobene Arm
zerbrochen werden.

16 Bist du zu den Quellen des Meeres
gekommen und auf dem Grund der Tiefe
gewandelt? 17 Haben sich dir des Todes
Tore je aufgetan, oder hast du gesehen
die Tore der Finsternis? 18 Hast du er-
kannt, wie breit die Erde ist? Sage an,
weißt du das alles? 19 Welches ist der Weg
dahin, wo das Licht wohnt, und welches
ist die Stätte der Finsternis, 20 dass du sie
zu ihrem Gebiet bringen könntest und
kennen die Pfade zu ihrem Hause? 21 Du
weißt es ja, denn zu der Zeit wurdest du
geboren, und deine Tage sind sehr viel!

22 [a]Bist du gewesen, wo der Schnee
herkommt, oder hast du gesehen, wo der
Hagel herkommt, 23 die ich verwahrt
habe für die Zeit der Trübsal und für den
Tag des Streites und Krieges? 24 Welches
ist der Weg dahin, wo das Licht sich teilt
und der Ostwind hinfährt über die Erde?
25 Wer hat dem Platzregen seine Bahn

37,8: *a* Ps 104,21-22 **38,1:** *a* Kap 31,35 **38,2:** *a* Kap 34,35 **38,3:** *a* Kap 40,7 **38,5:** *a* Spr 30,4 **38,7:** *a* Ps 19,2; *b* Kap 1,6 **38,8:** *a (8-11)* Ps 104,8-9; Spr 8,29 **38,22:** *a (22-23)* Jos 10,11; Jes 30,30

gebrochen und den Weg dem Blitz und
Donner,[a] 26 dass es regnet aufs Land, wo
niemand ist, in der Wüste, wo kein
Mensch ist, 27 damit Einöde und Wildnis
gesättigt werden und das Gras wächst?
28 Wer ist des Regens Vater? Wer hat die
Tropfen des Taus gezeugt? 29 Aus wessen
Schoß geht das Eis hervor, und wer hat
den Reif unter dem Himmel gezeugt,
30 dass Wasser sich zusammenzieht wie
Stein und der Wasserspiegel gefriert?

31 Kannst du die Bande des Sieben-
gestirns zusammenbinden oder den Gür-
tel des [a]Orion auflösen? 32 Kannst du
die Sterne des Tierkreises aufgehen
lassen zur rechten Zeit oder die Bärin
samt ihren Jungen heraufführen? 33 Weißt
du [a]des Himmels Ordnungen, oder be-
stimmst du seine Herrschaft über die
Erde?

34 Kannst du deine Stimme zu der
Wolke erheben, damit dich die Menge
des Wassers überströme? 35 Kannst du
die Blitze aussenden, dass sie hinfahren
und sprechen zu dir: »Hier sind wir«?
36 Wer gibt die Weisheit in das Verbor-
gene? Wer gibt verständige Gedanken?
37 Wer ist so weise, dass er die Wolken
zählen könnte? Wer kann die Wasser-
schläuche am Himmel ausschütten,
38 wenn der Erdboden hart wird, als sei er
gegossen, und die Schollen fest anein-
anderkleben?

39 Kannst du der Löwin ihren Raub zu
jagen geben und die jungen Löwen sätti-
gen, 40 wenn sie sich legen in ihren Höh-
len und lauern in ihrem Versteck? 41 Wer
bereitet dem Raben die Speise, wenn
[a]seine Jungen zu Gott rufen und irre-
fliegen, weil sie nichts zu essen haben?

39 Weißt du die Zeit, wann die Gäm-
sen gebären, oder hast du aufge-
merkt, wann die Hirschkühe kreißen?
2 Zählst du die Monde, die sie erfüllen
müssen, oder weißt du die Zeit, wann sie
gebären? 3 Sie kauern sich nieder, werfen
ihre Jungen und werden los ihre Wehen.
4 Ihre Jungen werden stark und groß im
Freien und gehen davon und kommen
nicht wieder zu ihnen.

5 Wer hat dem Wildesel die Freiheit
gegeben, wer hat die Bande des Flüch-
tigen gelöst, 6 dem ich die Steppe zum
Hause gegeben habe und die Salzwüste
zur Wohnung? 7 Er verlacht das Lärmen
der Stadt, die Schreie des Treibers hört er
nicht; 8 er durchstreift die Berge, wo seine
Weide ist, und sucht, wo es grün ist.

9 Meinst du, der Wildstier wird dir die-
nen wollen und wird bleiben an deiner
Krippe? 10 Kannst du ihm das Seil an-
knüpfen, um Furchen zu machen, oder
wird er hinter dir in den Tälern den Pflug
ziehen? 11 Kannst du dich auf ihn ver-
lassen, weil er so stark ist, und überlässt
du ihm, was du erarbeitet hast? 12 Kannst
du ihm trauen, dass er dein Korn ein-
bringt und in deine Scheune sammelt?

13 Der Fittich der Straußin hebt sich
fröhlich; aber ist's ein Gefieder, das sorg-
sam birgt? 14 Lässt sie doch ihre Eier auf
der Erde liegen zum Ausbrüten auf dem
Boden 15 und vergisst, dass ein Fuß sie
zertreten und ein wildes Tier sie zerbre-
chen kann! 16 Sie ist so hart gegen ihre
Jungen, als wären es nicht ihre; es küm-
mert sie nicht, dass ihre Mühe umsonst
war. 17 Denn Gott hat ihr die Weisheit
versagt und hat ihr keinen Verstand zu-
geteilt. 18 Doch wenn sie aufgescheucht
wird, verlacht sie Ross und Reiter.

19 Kannst du dem Ross Kräfte geben
oder seinen Hals zieren mit einer Mäh-
ne? 20 Kannst du es springen lassen wie
die Heuschrecken? Schrecklich ist sein
prächtiges Schnauben. 21 Es stampft auf
den Boden und freut sich, mit Kraft zieht
es aus, den Geharnischten entgegen. 22 Es
spottet der Furcht und erschrickt nicht
und flieht nicht vor dem Schwert. 23 Auf
ihm klirrt der Köcher und glänzen Spieß
und Lanze. 24 Mit Donnern und Tosen
fliegt es über die Erde dahin und lässt
sich nicht halten beim Schall der Trom-
pete. 25 Sooft die Trompete erklingt, wie-
hert es »Hui!« und wittert den Kampf
von ferne, das Rufen der Fürsten und
Kriegsgeschrei.

26 Fliegt der Falke empor dank deiner
Einsicht und breitet seine Flügel aus,
dem Süden zu? 27 Fliegt der Adler auf
deinen Befehl so hoch und baut sein Nest
in der Höhe? 28 Auf Felsen wohnt er und
nächtigt auf Zacken der Felsen und stei-
len Klippen. 29 Von dort schaut er aus
nach Beute, und seine Augen sehen sie

38,25: *a* Kap 28,26 **38,31:** *a* Kap 9,9 **38,33:** *a* Jer 33,25 **38,41:** *a* Ps 147,9

von ferne. 30 Seine Jungen gieren nach
Blut, und [a]wo Erschlagene liegen, da ist er.

Hiobs erste Antwort an den HERRN

40 *Und der HERR antwortete Hiob
und sprach: 2 Wer [a]mit dem All-
mächtigen rechtet, kann der ihm etwas
vorschreiben? Wer Gott zurechtweist, der
antworte!

3 Hiob aber antwortete dem HERRN
und sprach: 4 Siehe, [a]ich bin zu gering,
was soll ich antworten? [b]Ich will meine
Hand auf meinen Mund legen. 5 Einmal
hab ich geredet und will nicht mehr ant-
worten, ein zweites Mal geredet und
will's nicht wieder tun.

Zweite Rede des HERRN aus dem Wettersturm

6 Und der HERR antwortete Hiob aus
dem Wettersturm und sprach:

7 Gürte wie ein Mann deine Lenden!
Ich will dich fragen; lehre mich![a] 8 Willst
du mein Urteil zunichtemachen und
mich schuldig sprechen, dass du recht
behältst? 9 Hast du einen Arm wie Gott,
und kannst du mit gleicher Stimme don-
nern wie er? 10 Schmücke dich mit Pracht
und Hoheit; zieh Majestät und Herrlich-
keit an! 11 Streu aus den Zorn deines
Grimmes; schau an alle Hochmütigen
und demütige sie! 12 Ja, schau alle Hoch-
mütigen an und beuge sie und zertritt die
Gottlosen in Grund und Boden! 13 Ver-
scharre sie miteinander in der Erde, und
versenke sie ins Verborgene, 14 so will
auch ich dich preisen, dass dir deine
rechte Hand helfen kann.

15 Siehe da den Behemot**, den ich
geschaffen habe wie auch dich! Er frisst
Gras wie ein Rind. 16 Siehe, welch eine
Kraft ist in seinen Lenden und welch eine
Stärke in den Muskeln seines Bauchs!
17 Sein Schwanz streckt sich wie eine Ze-
der; die Sehnen seiner Schenkel sind
dicht geflochten. 18 Seine Knochen sind
wie eherne Röhren, seine Gebeine wie
eiserne Stäbe. 19 Er ist das erste der
Werke Gottes; der ihn gemacht hat, gab
ihm sein Schwert. 20 Die Berge tragen
Futter für ihn, und alle wilden Tiere spie-
len dort. 21 Er liegt unter Lotosbüschen,
im Rohr und im Schlamm verborgen.
22 Lotosbüsche bedecken ihn mit Schat-
ten, und die Bachweiden umgeben ihn.
23 Siehe, der Strom schwillt gewaltig an:
er dünkt sich sicher, auch wenn ihm der
Jordan ins Maul dringt. 24 Kann man ihn
fangen Auge in Auge und ihm einen
Strick durch seine Nase ziehen?

25 Kannst du den [a]Leviatan[+] fangen
mit der Angel und seine Zunge mit einer
Fangschnur fassen? 26 Kannst du ihm ein
Binsenseil an die Nase legen und mit
einem Haken ihm die Backen durchboh-
ren? 27 Meinst du, er wird dich lang um
Gnade bitten oder dir süße Worte geben?
28 Meinst du, er wird einen Bund mit dir
schließen, dass du ihn für immer zum
Knecht bekommst? 29 Kannst du mit ihm
spielen wie mit einem Vogel oder ihn für
deine Mädchen anbinden? 30 Meinst du,
die Zunftgenossen werden um ihn feil-
schen und die Händler ihn verteilen?
31 Kannst du mit Spießen spicken sei-
ne Haut und mit Fischerhaken seinen
Kopf? 32 Lege deine Hand an ihn! An
den Kampf wirst du denken und es nicht
wieder tun!

41 ++Siehe, jede Hoffnung wird an
ihm zuschanden; schon wenn einer
ihn sieht, stürzt er zu Boden. 2 Niemand
ist so kühn, dass er ihn zu reizen wagt. –
Wer ist denn, der vor mir bestehen
könnte? 3 Wer kann mir entgegentreten
und ich lasse ihn unversehrt? Unter dem
ganzen Himmel ist keiner!

4 Ich will nicht schweigen von seinen
Gliedern, wie groß, wie mächtig und
wohlgeschaffen er ist. 5 Wer kann ihm
den Panzer ausziehen, und wer darf es
wagen, ihm zwischen die Zähne zu grei-
fen? 6 Wer kann die Tore seines Rachens
auftun? Um seine Zähne herum herrscht
Schrecken. 7 Stolz stehen sie wie Reihen
von Schilden, geschlossen und eng anein-
andergefügt. 8 Einer reiht sich an den
andern, dass nicht ein Lufthauch hin-
durchgeht. 9 Es haftet einer am andern,
sie schließen sich zusammen und lassen
sich nicht trennen. 10 Sein Niesen lässt

* Abweichende Verszählung statt 40,1-32: 39,31–40,27. ** d. i. ein Riesentier, nach der Art des Nilpferds.
\+ d. i. ein Riesentier, nach der Art des Krokodils. ++ Abweichende Verszählung statt 41,1-26: 40,28–41,25.

39,30: *a* Hab 1,8; Mt 24,28 **40,2:** *a* Jes 45,9 **40,4:** *a* 1. Mose 32,11; Jes 6,5; *b* Spr 30,32 **40,7:** *a* Kap 38,3 **40,25:** *a* Ps 74,14

Licht aufleuchten; seine Augen sind wie
die Wimpern der Morgenröte. 11Aus sei-
nem Rachen fahren Fackeln, und feurige
Funken schießen heraus. 12Aus seinen
Nüstern fährt Rauch wie von einem sie-
denden Kessel und Binsenfeuer. 13Sein
Odem ist wie lichte Lohe, und aus seinem
Rachen schlagen Flammen. 14Auf seinem
Nacken wohnt die Stärke, und vor ihm
her tanzt die Angst. 15Die Wampen sei-
nes Fleisches haften an ihm, fest ange-
gossen, ohne sich zu bewegen. 16Sein
Herz ist so hart wie ein Stein und so fest
wie der untere Mühlstein.

17Wenn er sich erhebt, so entsetzen
sich die Starken, und vor Schrecken wis-
sen sie nicht aus noch ein. 18Trifft man
ihn mit dem Schwert, so richtet es nichts
aus, auch nicht Spieß, Geschoss und
Speer. 19Er achtet Eisen wie Stroh und
Erz wie faules Holz. 20Kein Pfeil wird
ihn verjagen; die Schleudersteine sind
ihm wie Spreu. 21Die Keule achtet er wie
einen Strohhalm; er spottet der sausen-
den Lanze. 22Unter seinem Bauch sind
scharfe Spitzen; er fährt wie ein Dresch-
schlitten über den Schlamm. 23Er macht,
dass die Tiefe brodelt wie ein Topf, und
rührt das Meer um, wie man Salbe
mischt. 24Er lässt hinter sich eine leuch-
tende Bahn; man denkt, die Flut sei Sil-
berhaar. 25Auf Erden ist nicht seinesglei-
chen; er ist ein Geschöpf ohne Furcht.
26Er sieht allem ins Auge, was hoch ist;
er ist König über alle stolzen Tiere.

Hiobs letzte Antwort an den Herrn

42 Und Hiob antwortete dem Herrn
und sprach:

2Ich erkenne, dass du alles vermagst,
und nichts, das du dir vorgenommen, ist
dir zu schwer. 3»Wer ist der, der den
Ratschluss verhüllt mit Worten ohne Ver-
stand?« [a]Darum hab ich unweise gere-
det, was mir zu hoch ist und ich nicht
verstehe. 4»So höre nun, lass mich reden;
[a]ich will dich fragen, lehre mich!« 5Ich
hatte von dir nur vom Hörensagen ver-
nommen; aber [a]nun hat mein Auge dich
gesehen. 6Darum spreche ich mich schul-
dig und tue Buße in Staub und Asche.

Gott rechtfertigt Hiob gegenüber seinen Freunden

7Als nun der Herr diese Worte mit Hiob
geredet hatte, sprach er zu Elifas von
Teman: Mein Zorn ist entbrannt über
dich und über deine beiden Freunde;
denn ihr habt nicht recht von mir geredet
wie mein Knecht Hiob. 8So nehmt nun
[a]sieben junge Stiere und sieben Widder
und geht hin zu meinem Knecht Hiob
und opfert Brandopfer für euch; aber
mein Knecht Hiob soll für euch Fürbitte
tun; denn [b]ihn will ich erhören, dass ich
nicht töricht an euch handle. Denn ihr
habt nicht recht von mir geredet wie
mein Knecht Hiob.

9Da gingen hin Elifas von Teman,
Bildad von Schuach und Zofar von
Naama und taten, wie der Herr ihnen
gesagt hatte. Und der Herr erhörte
Hiob.

Hiobs gesegnetes Ende

10Und der Herr wandte das Geschick
Hiobs, als er für seine Freunde Fürbitte
tat. Und [a]der Herr gab Hiob doppelt so
viel, wie er gehabt hatte. 11Und [a]es ka-
men zu ihm alle seine Brüder und alle
seine Schwestern und alle, die ihn früher
gekannt hatten, und aßen mit ihm in
seinem Hause und sprachen ihm zu und
trösteten ihn über alles Unglück, das der
Herr über ihn hatte kommen lassen.
Und ein jeder gab ihm ein Goldstück
und einen goldenen Ring.

12Und der Herr segnete Hiob fortan
mehr als einst, sodass er vierzehntausend
Schafe kriegte und sechstausend Kamele
und tausend Joch Rinder und tausend
Eselinnen. 13Und er bekam sieben Söhne
und drei Töchter[a] 14und nannte die erste
Jemima, die zweite Kezia und die dritte
Keren-Happuch*. 15Und es gab keine so
schönen Frauen im ganzen Lande wie die
Töchter Hiobs. Und ihr Vater [a]gab ihnen
Erbteil unter ihren Brüdern.

16Und Hiob lebte danach [a]hundert-
undvierzig Jahre und sah Kinder und
Kindeskinder bis in das vierte Glied.
17Und Hiob starb [a]alt und lebenssatt.

* d. h. Täubchen, Zimmetblüte und Salbhörnchen.

42,3: *a* Kap 38,2 **42,4:** *a* Kap 38,3 **42,5:** *a* Kap 19,26-27 **42,8:** *a* 1. Chr 15,26; *b* Hes 14,14 **42,10:** *a* Kap 1,3; 8,7 **42,11:** *a* Kap 19,13-14.19 **42,13:** *a* Kap 1,2 **42,15:** *a* 4. Mose 27,8-11 **42,16:** *a* Ps 90,10 **42,17:** *a* 1. Mose 25,8; 35,29; 1. Chr 29,28

DER PSALTER

Inhaltsübersicht

ERSTES BUCH

Der Weg des Frommen – der Weg des Gottlosen

1 Wohl dem, der nicht wandelt im Rat der Gottlosen /
noch tritt auf den Weg der Sünder
noch sitzt, wo die Spötter sitzen,[a]
2 sondern hat Lust am Gesetz des HERRN
und [a]sinnt über seinem Gesetz Tag und Nacht!

3 Der ist [a]wie ein Baum, gepflanzt an den Wasserbächen, /
der seine Frucht bringt zu seiner Zeit,
und seine Blätter verwelken nicht.
Und was er macht, das gerät wohl.

4 Aber so sind die Gottlosen nicht,
sondern wie Spreu, die der Wind verstreut.
5 Darum bestehen die Gottlosen nicht im Gericht
noch die Sünder in der Gemeinde der Gerechten.
6 Denn **der HERR kennt den Weg der Gerechten,**
aber der Gottlosen Weg vergeht.

Gottes Sieg und die Herrschaft seines Sohnes

2 [a]Warum toben die Heiden
und [b]murren die Völker so vergeblich?
2 Die Könige der Erde lehnen sich auf, /
und die Herren halten Rat miteinander
wider den HERRN und seinen Gesalbten:
3 »Lasset uns [a]zerreißen ihre Bande
und von uns werfen ihre Stricke!«

4 Aber [a]der im Himmel wohnt, lachet ihrer,
und der Herr spottet ihrer.
5 Einst wird er mit ihnen reden in seinem [a]Zorn,
und mit seinem Grimm wird er sie schrecken:
6 »Ich aber habe meinen König eingesetzt
auf meinem [a]heiligen Berg Zion.«
7 Kundtun will ich den Ratschluss des HERRN. Er hat zu mir gesagt:
[a]»**Du bist mein Sohn, heute habe ich dich gezeugt.**
8 Bitte mich, so will ich dir Völker zum Erbe geben
und der Welt Enden zum Eigentum.[a]
9 Du sollst sie mit einem [a]eisernen Zepter zerschlagen,
wie Töpfe sollst du sie zerschmeißen.«

10 So seid nun verständig, ihr Könige,
und lasst euch warnen, ihr Richter auf Erden!
11 Dienet dem HERRN mit Furcht
und küsst seine Füße mit Zittern,[a]
12 dass er nicht zürne
und ihr umkommt auf dem Wege;

1,1: *a* Ps 26,4; 119,1; Spr 4,14; Jer 15,17 **1,2:** *a* Ps 119,148; Jos 1,8 **1,3:** *a* Ps 92,13-15; Jer 17,8 **2,1:** *a (1-2)* Apg 4,25-26; *b* Offb 11,18 **2,3:** *a* Jer 5,5 **2,4:** *a* Ps 59,9 **2,5:** *a* Jes 34,2; Offb 6,15-17 **2,6:** *a* Sach 8,3 **2,7:** *a* Ps 89,27-28; 2. Sam 7,14; Apg 13,33; Hebr 1,5; 5,5 **2,8:** *a* Dan 7,13-14; Hebr 1,2 **2,9:** *a* Offb 2,27; 12,5; 19,15 **2,11:** *a* Phil 2,12; Hebr 12,28

denn sein Zorn wird bald entbrennen.
Wohl allen, die auf ihn trauen!

Morgenlied in böser Zeit

3 EIN PSALM DAVIDS, [a] ALS ER VOR SEINEM SOHN ABSALOM FLOH.
2 Ach HERR, wie sind meiner Feinde so viel
und erheben sich so viele gegen mich!
3 Viele sagen von mir:
Er hat keine Hilfe bei Gott. SELA.
4 Aber du, HERR, bist [a] der Schild für mich,
du bist meine Ehre und hebst mein Haupt empor.

5 Ich rufe mit meiner Stimme zum HERRN,
so erhört er mich von seinem heiligen Berge. SELA.
6 Ich liege und schlafe und erwache;
denn der HERR hält mich. [a]
7 Ich [a] fürchte mich nicht vor vielen Tausenden,
die sich ringsum wider mich legen.

8 [a] Auf, HERR, und hilf mir, mein Gott! / Denn du schlägst alle meine Feinde auf die Backe
und zerschmetterst der Gottlosen Zähne.
9 Bei dem HERRN findet man Hilfe.
Dein Segen komme über dein Volk! SELA.

Ein Abendgebet

4 EIN PSALM DAVIDS, VORZUSINGEN, BEIM SAITENSPIEL.
2 Erhöre mich, wenn ich rufe,
Gott meiner Gerechtigkeit,
der du mich tröstest in Angst;
sei mir gnädig und erhöre mein Gebet!
3 Ihr Herren, wie lange soll meine Ehre geschändet werden?
Wie habt ihr das Eitle so lieb und die Lüge so gern! SELA.
4 Erkennet doch, dass der HERR seine Heiligen wunderbar führt;
der HERR hört, wenn ich ihn anrufe.
5 [a] Zürnet ihr, so sündiget nicht;
redet in eurem Herzen auf eurem Lager und seid stille. SELA.
6 [a] Opfert, was recht ist,
und hoffet auf den HERRN.
7 Viele sagen: »Wer wird uns Gutes sehen lassen?«
HERR, [a] lass leuchten über uns das Licht deines Antlitzes!
8 Du erfreust mein Herz,
ob jene auch viel Wein und Korn haben.
9 Ich liege und schlafe ganz mit Frieden;
denn allein du, HERR, hilfst mir, dass ich sicher wohne. [a]

Gebet um Leitung und Bewahrung

5 EIN PSALM DAVIDS, VORZUSINGEN, ZUM FLÖTENSPIEL.
2 HERR, höre meine Worte,
merke auf mein Reden!
3 Vernimm mein Schreien, mein König und mein Gott;
denn ich will zu dir beten.
4 HERR, frühe wollest du meine Stimme hören,
frühe will ich mich zu dir wenden und aufmerken.
5 Denn du bist nicht ein Gott, dem gottloses Wesen gefällt;
wer böse ist, bleibt nicht vor dir.
6 Die Ruhmredigen bestehen nicht vor deinen Augen;
du bist feind allen Übeltätern.
7 Du bringst die Lügner um;
dem HERRN sind ein Gräuel die Blutgierigen und Falschen.
8 Ich aber [a] darf in dein Haus gehen durch deine große Güte
und anbeten vor deinem heiligen Tempel in deiner Furcht.

9 HERR, leite mich in deiner Gerechtigkeit um meiner Feinde willen;
ebne vor mir deinen Weg!
10 Denn in ihrem Munde ist nichts Verlässliches;
ihr Inneres ist Bosheit.
[a] Ihr Rachen ist ein offenes Grab;

3,1: *a* 2. Sam 15,13-37 **3,4:** *a* 1. Mose 15,1 **3,6:** *a* Ps 4,9 **3,7:** *a* Ps 27,3 **3,8:** *a* 4. Mose 10,35 **4,5:** *a* Eph 4,26 **4,6:** *a* Ps 51,19.21; 1. Petr 2,5 **4,7:** *a* 4. Mose 6,25 **4,9:** *a* Ps 3,6 **5,8:** *a* Ps 26,8 **5,10:** *a* Röm 3,13

mit ihren Zungen heucheln sie.
11 Sprich sie schuldig, Gott,
dass sie zu Fall kommen durch ihre Ränke.
Stoße sie aus um ihrer vielen Übertretungen willen;
denn sie sind widerspenstig gegen dich.
12 Lass sich freuen alle, die auf dich trauen;
ewiglich lass sie rühmen, denn du beschirmest sie.
Fröhlich lass sein in dir,
die deinen Namen lieben!
13 Denn du, HERR, segnest die Gerechten,
du deckest sie mit Gnade wie mit einem Schilde.

Bußgebet in Anfechtung (Der erste Bußpsalm)

6 EIN PSALM DAVIDS, VORZUSINGEN, BEIM SAITENSPIEL AUF ACHT SAITEN.
2 Ach HERR, strafe mich nicht in deinem Zorn
und [a]züchtige mich nicht in deinem Grimm!
3 HERR, sei mir gnädig, denn ich bin schwach;
heile mich, HERR, denn meine Gebeine sind erschrocken
4 und meine Seele ist sehr erschrocken.
Ach du, HERR, wie lange!

5 Wende dich, HERR, und errette mich,
hilf mir um deiner Güte willen!
6 Denn im Tode gedenkt man deiner nicht;
[a]wer wird dir bei den Toten danken?
7 Ich bin so müde vom Seufzen; /
ich schwemme mein Bett die ganze Nacht
und netze mit meinen Tränen mein Lager.
8 Mein Auge ist trübe geworden vor Gram
und matt, weil meiner Bedränger so viele sind.

9 Weichet von mir, alle Übeltäter;
denn der HERR hört mein Weinen.
10 Der HERR hört mein Flehen;
mein Gebet nimmt der HERR an.
11 Es sollen alle meine Feinde zuschanden werden und sehr erschrecken;
sie sollen umkehren und zuschanden werden plötzlich.

Gebet eines unschuldig Verfolgten

7 EIN KLAGELIED DAVIDS, DAS ER DEM HERRN SANG WEGEN DER WORTE DES KUSCH, DES BENJAMINITERS.
2 Auf dich, HERR, mein Gott, traue ich!
Hilf mir von allen meinen Verfolgern und errette mich,
3 dass sie nicht wie Löwen mich packen
und zerreißen, weil kein Retter da ist.

4 HERR, mein Gott, hab ich solches getan
und ist [a]Unrecht an meinen Händen,
5 hab ich Böses vergolten denen, die friedlich mit mir lebten,
oder geschädigt, die mir ohne Ursache feind waren,
6 so verfolge mich der Feind und ergreife mich /
und trete mein Leben zu Boden
und lege meine Ehre in den Staub. SELA.
7 Steh auf, HERR, in deinem Zorn,
erhebe dich wider den Grimm meiner Feinde!
Wache auf, mir zu helfen,
der du Gericht verordnet hast,
8 so werden die Völker sich um dich sammeln;
du aber throne über ihnen in der Höhe!

9 Der HERR ist Richter über die Völker.
Schaffe mir Recht, HERR, nach [a]meiner Gerechtigkeit und Unschuld!
10 [a]Lass der Gottlosen Bosheit ein Ende nehmen,
aber die Gerechten lass bestehen;
denn [b]du, gerechter Gott,
prüfest Herzen und Nieren.
11 Gott ist der Schild über mir,

6,2: *a* Jer 10,24 **6,6:** *a* Ps 30,10; 88,11; 115,17-18; Jes 38,18 **7,4:** *a* Hiob 31,7-34 **7,9:** *a* Ps 18,21-27 **7,10:** *a* Ps 104,35; *b* Ps 139,1; Jer 11,20; Offb 2,23

er, der den frommen Herzen hilft.
12 Gott ist ein gerechter Richter
und ein Gott, der täglich strafen kann.

13 Wahrlich, wieder hat einer sein
[a]Schwert gewetzt
und seinen Bogen gespannt und zielt.
14 Doch sich selber hat er tödliche
Waffen gerüstet
und feurige Pfeile bereitet.
15 Siehe, er hat Böses im Sinn,
mit Unrecht ist er schwanger und wird Lüge gebären.
16 Er hat eine Grube gegraben und
ausgehöhlt –
und ist in die Grube gefallen, die er gemacht hat.[a]
17 Sein Unrecht wird auf seinen Kopf
kommen
und sein Frevel auf seinen Scheitel fallen.

18 Ich danke dem HERRN um seiner
Gerechtigkeit willen
und will loben den Namen des HERRN, des Allerhöchsten.

Offenbarung der Herrlichkeit Gottes am Menschen

8 EIN PSALM DAVIDS, VORZUSINGEN, AUF DER GITTIT.
2 HERR, unser Herrscher, wie herrlich ist
[a]dein Name in allen Landen,
der du zeigst deine Hoheit am Himmel!
3 [a]Aus dem Munde der jungen Kinder
und Säuglinge /
hast du eine Macht zugerichtet um deiner Feinde willen,
dass du vertilgest den Feind und den Rachgierigen.

4 Wenn ich sehe die Himmel, deiner
Finger Werk,
den Mond und die Sterne, die du bereitet hast:
5 [a]was ist der Mensch, dass du seiner
gedenkst,
und des Menschen Kind, dass du dich seiner annimmst?
6 Du hast ihn [a]wenig niedriger gemacht
als Gott,
mit Ehre und Herrlichkeit hast du ihn gekrönt.
7 Du hast ihn zum Herrn gemacht über
deiner Hände Werk,
[a]alles hast du unter seine Füße getan:
8 Schafe und Rinder allzumal,
dazu auch die wilden Tiere,
9 die Vögel unter dem Himmel und die
Fische im Meer
und alles, was die Meere durchzieht.

10 HERR, unser Herrscher,
wie herrlich ist dein Name in allen Landen!

Danklied für Rettung aus Bedrängnis

9 EIN PSALM DAVIDS, VORZUSINGEN, NACH DER WEISE »SCHÖNE JUGEND«.
2 Ich danke dem HERRN von ganzem
Herzen
und [a]erzähle alle deine Wunder.
3 Ich freue mich und bin fröhlich in dir
und lobe deinen Namen, du Allerhöchster,
4 dass meine Feinde zurückweichen
mussten;
sie sind gestürzt und umgekommen vor dir.

5 Denn du führst mein Recht und meine
Sache,
du sitzest auf dem Thron, ein rechter Richter.
6 Du schiltst die Heiden und bringst die
Gottlosen um;
ihren Namen vertilgst du auf immer und ewig.
7 Der Feind ist vernichtet, zertrümmert
für immer,
die Städte hast du zerstört; [a]jedes Gedenken an sie ist vergangen.

8 Der HERR aber bleibt ewiglich;
er hat seinen Thron bereitet zum Gericht,
9 er wird den Erdkreis richten mit
Gerechtigkeit

7,13: *a* 5. Mose 32,41 **7,16:** *a* Spr 26,27 **8,2:** *a* 2. Mose 3,13-15 **8,3:** *a* Mt 21,16 **8,5:** *a (5-7)* Hebr 2,6-8 **8,6:** *a* 1. Mose 1,27 **8,7:** *a* 1. Kor 15,27 **9,2:** *a* Ps 44,2 **9,7:** *a* Ps 34,17

und die Völker regieren, wie es
recht ist.
10 Der HERR ist des Armen Schutz,
ein Schutz in Zeiten der Not.
11 Darum hoffen auf dich, die deinen
Namen kennen;
denn du verlässest nicht, die dich,
HERR, suchen.
12 Lobet den HERRN, der zu Zion wohnt;
verkündigt unter den Völkern sein
Tun!
13 Denn der nach [a]Blutschuld fragt,
[b]gedenkt der Elenden
und vergisst nicht ihr Schreien.

14 HERR, sei mir gnädig; /
sieh an mein Elend unter meinen
Feinden,
der du mich erhebst aus den Toren
des Todes,
15 dass ich [a]erzähle all deinen Ruhm,
in den Toren der Tochter Zion
[b]fröhlich sei über deine Hilfe.
16 Die Heiden sind versunken in der
Grube, die sie gegraben,
ihr Fuß ist gefangen im Netz, das
sie gestellt hatten.
17 Der HERR hat sich kundgetan und
Gericht gehalten.
Der Gottlose ist verstrickt in dem
Werk seiner Hände.
ZWISCHENSPIEL. SELA.

18 Die Gottlosen sollen zu den Toten
fahren,
alle Heiden, die Gott vergessen!
19 Denn er [a]wird den Armen nicht für
immer vergessen;
die Hoffnung der [b]Elenden wird
nicht ewig verloren sein.
20 [a]HERR, steh auf, dass nicht Menschen
die Oberhand gewinnen;
lass alle Heiden vor dir gerichtet
werden!
21 Lege, HERR, einen Schrecken auf sie,
dass die Heiden erkennen, dass sie
Menschen sind. SELA.

Klage und Zuversicht beim Übermut der Gottlosen

10 HERR, warum stehst du so ferne,
verbirgst dich zur Zeit der
Not?
2 Weil der Gottlose Übermut treibt,
müssen die Elenden leiden;
sie werden gefangen in den Ränken,
die er ersann.
3 Denn der Gottlose rühmt sich seines
Mutwillens,
und der Habgierige sagt dem
HERRN ab und lästert ihn.
4 Der Gottlose meint in seinem Stolz,
Gott frage nicht danach.
»Es ist kein Gott«, sind alle seine
Gedanken.
5 Er fährt fort in seinem Tun immerdar. /
[a]Deine Gerichte sind ferne von ihm,
er handelt gewaltsam an allen
seinen Feinden.
6 Er spricht in seinem Herzen:
»Ich werde nimmermehr wanken,
es wird für und für keine Not
haben.«[a]
7 Sein [a]Mund ist voll Fluchens,
voll Lug und Trug;
seine Zunge richtet Mühsal und
Unheil an.
8 Er sitzt und lauert in den Höfen, /
er mordet die Unschuldigen heimlich,
seine Augen spähen nach den
Armen.
9 Er lauert im Verborgenen wie ein Löwe
im Dickicht, /
er lauert, dass er den Elenden fange;
er fängt ihn und zieht ihn in sein
Netz.
10 Er duckt sich, kauert nieder,
und durch seine Gewalt fallen die
Unglücklichen.
11 Er spricht in seinem Herzen:
»Gott hat's vergessen,
er hat sein Antlitz verborgen,
[a]er wird's nimmermehr sehen.«

12 [a]Steh auf, HERR! Gott, erhebe deine
Hand!
Vergiss die Elenden nicht!
13 Warum soll der Gottlose Gott lästern

9,13: *a* 1. Mose 4,10; 9,5; *b* Ps 72,4; 1. Mose 16,11 **9,15:** *a* Ps 22,23; *b* Ps 13,6 **9,19:** *a* Ps 22,25; *b* Ps 10,17 **9,20:** *a* 4. Mose 10,35 **10,5:** *a* Am 6,3 **10,6:** *a* Ps 73,6-8 **10,7:** *a* Röm 3,14 **10,11:** *a* Ps 73,11; 94,7; Jes 29,15 **10,12:** *a* 4. Mose 10,35

und in seinem Herzen sprechen:
»Du fragst doch nicht danach«?
14 Du siehst es doch, /
denn du schaust das Elend und den Jammer;
es steht in deinen Händen.
Die Armen befehlen es dir;
[a]du bist der Waisen Helfer.
15 [a]Zerbrich den Arm des Gottlosen und Bösen /
und suche seine Bosheit heim,
dass man nichts mehr davon finde.

16 Der HERR ist König immer und ewig;
die Heiden sollen aus seinem Lande verschwinden.
17 Das Verlangen der [a]Elenden hörst du, HERR;
du machst ihr Herz gewiss,
dein Ohr merkt darauf,
18 dass du Recht schaffest den Waisen und Armen,
dass der Mensch nicht mehr trotze auf Erden.

Vertrauen auf Gottes Gerechtigkeit

11 VON DAVID, VORZUSINGEN.
Ich traue auf den HERRN. Wie sagt ihr denn zu mir:
»Flieh wie ein Vogel auf die Berge!
2 Denn siehe, die Gottlosen spannen den Bogen /
und legen ihre Pfeile auf die Sehnen,
damit heimlich zu schießen auf die Frommen.
3 Ja, sie reißen die Grundfesten um;
was kann da der Gerechte ausrichten?«

4 [a]Der HERR ist in seinem heiligen Tempel,
[b]des HERRN Thron ist im Himmel.
[c]Seine Augen sehen herab,
seine Blicke prüfen die Menschenkinder.
5 Der HERR prüft den Gerechten und den Gottlosen;
wer Unrecht liebt, den hasst seine Seele.
6 Er wird [a]regnen lassen über die Gottlosen Feuer und Schwefel
und Glutwind ihnen zum Lohne geben.

7 Denn der HERR ist gerecht und hat Gerechtigkeit lieb.
[a]Die Frommen werden schauen sein Angesicht.

Klage über die Macht der Bösen

12 EIN PSALM DAVIDS, VORZUSINGEN, AUF ACHT SAITEN.
2 Hilf, HERR! Die Heiligen haben abgenommen,
und gläubig sind wenige unter den Menschenkindern.
3 Einer redet mit dem andern Lug und Trug,
sie heucheln und reden aus zwiespältigem Herzen.

4 Der HERR wolle ausrotten alle Heuchelei
und die Zunge, die hoffärtig redet,
5 die da sagen: [a]»Durch unsere Zunge sind wir mächtig,
uns gebührt zu reden! [b]Wer ist unser Herr?«

6 »Weil die Elenden Gewalt leiden
und die Armen seufzen,
will ich jetzt aufstehen«, spricht der HERR,
»ich will Hilfe schaffen dem, der sich danach sehnt.«

7 Die Worte des HERRN sind lauter wie Silber,
im Tiegel geschmolzen, geläutert siebenmal.
8 Du, HERR, wollest sie bewahren
und uns behüten vor diesem Geschlecht ewiglich!
9 Denn Gottlose gehen allenthalben einher,
weil Gemeinheit herrscht unter den Menschenkindern.

Hilferuf eines Angefochtenen

13 EIN PSALM DAVIDS, VORZUSINGEN.
2 HERR, wie lange willst du mich so ganz vergessen?

10,14: *a* Ps 68,6; 2. Mose 22,22 **10,15:** *a* Hiob 38,15 **10,17:** *a* Ps 9,19 **11,4:** *a* Hab 2,20; *b* Jes 66,1; *c* Ps 33,13-14 **11,6:** *a* 1. Mose 19,24 **11,7:** *a* Mt 5,8 **12,5:** *a* Ps 73,8-9; *b* Hiob 21,14-15

Wie lange verbirgst du dein Antlitz vor mir?[a]
3 Wie lange soll ich sorgen in meiner Seele /
und mich ängsten in meinem Herzen täglich?
Wie lange soll sich mein Feind über mich erheben?

4 Schaue doch und erhöre mich, HERR, mein Gott!
Erleuchte meine Augen, dass ich nicht im Tode entschlafe,
5 dass nicht mein Feind sich rühme,
er sei meiner mächtig geworden,
und meine Widersacher sich freuen, dass ich wanke.

6 Ich aber traue darauf, dass du so gnädig bist; /
mein Herz freut sich, dass du so gerne hilfst.
Ich will dem HERRN singen, dass er so wohl an mir tut.

Die Torheit der Gottlosen

(vgl. Ps 53,1-7)

14 VON DAVID, VORZUSINGEN.
Die Toren sprechen in ihrem Herzen:
»Es ist kein Gott.«
Sie taugen nichts; ihr Treiben ist ein Gräuel;
da ist keiner, der Gutes tut.
2 Der HERR schaut vom Himmel auf die Menschenkinder,
dass er sehe, ob jemand klug sei und nach Gott frage.
3 Aber sie sind alle abgewichen und allesamt verdorben;
da ist keiner, der Gutes tut, auch nicht **einer.**[a]

4 Will denn das keiner der Übeltäter begreifen, /
die [a]mein Volk fressen, dass sie sich nähren,
aber den HERRN rufen sie nicht an?
5 Da erschrecken sie sehr;
denn Gott ist bei dem Geschlecht der Gerechten.
6 Euer Anschlag wider den Armen wird zuschanden werden;
denn der HERR ist seine Zuversicht.[a]

7 Ach dass die Hilfe aus Zion über Israel käme /
und [a]der HERR sein gefangenes Volk erlöste!
So würde Jakob fröhlich sein und Israel sich freuen.

Wen nimmt Gott an?

(vgl. Ps 24,3-6; Jes 33,14-16)

15 EIN PSALM DAVIDS.
HERR, [a]wer darf weilen in deinem Zelt?
Wer darf wohnen auf deinem heiligen Berge?

2 Wer untadelig lebt und tut, was recht ist,
und die Wahrheit redet von Herzen,
3 wer mit seiner Zunge nicht verleumdet, /
wer seinem Nächsten nichts Arges tut
und seinen Nachbarn nicht schmäht;
4 wer die Verworfenen für nichts achtet, /
aber ehrt die Gottesfürchtigen;
wer seinen Eid hält, auch wenn es ihm schadet;
5 wer [a]sein Geld nicht auf Zinsen gibt /
und nimmt nicht Geschenke wider den Unschuldigen.

Wer das tut, wird nimmermehr wanken.

Das schöne Erbteil

16 EIN GÜLDENES KLEINOD DAVIDS.
Bewahre mich, Gott; denn ich traue auf dich. /
2 Ich habe gesagt zu dem HERRN:
Du bist ja der Herr!
[a]Ich weiß von keinem Gut außer dir.
3 An den Heiligen, die auf Erden sind,
an den Herrlichen hab ich all mein Gefallen.
4 Aber jene, die einem andern nachlaufen,
werden viel Herzeleid haben.

13,2: *a* Ps 77,8; Hab 1,2 **14,3:** *a* 1. Mose 6,12; Röm 3,10-12 **14,4:** *a* Mi 3,3 **14,6:** *a* Ps 12,6 **14,7:** *a* Ps 126,1 **15,1:** *a* Pred 4,17 **15,5:** *a* 2. Mose 22,24; 5. Mose 23,20-21 **16,2:** *a* Ps 73,25

Ich will das Blut ihrer Trankopfer nicht opfern
noch ihren Namen in meinem Munde führen.

5 Der HERR ist mein Gut und mein Teil;
du erhältst mir mein Erbteil.[a]
6 Das Los ist mir gefallen auf liebliches Land;
mir ist ein schönes Erbteil geworden.
7 Ich lobe den HERRN, der mich beraten hat;
auch mahnt mich mein Herz des Nachts.
8 Ich habe den HERRN allezeit vor Augen;
steht er mir zur Rechten, so werde ich festbleiben.
9 Darum freut sich mein Herz, und meine Seele ist fröhlich;
auch mein Leib wird sicher liegen.
10 Denn du wirst mich nicht dem Tode überlassen
und nicht zugeben, dass dein Heiliger die Grube sehe.*
11 **Du tust mir kund den Weg zum Leben:**
Vor dir ist Freude die Fülle
und Wonne zu deiner Rechten ewiglich.

Hilferuf eines Unschuldigen

17 EIN GEBET DAVIDS.
HERR, höre die gerechte Sache,
merk auf mein Schreien,
vernimm mein Gebet
von Lippen, die nicht trügen.
2 [a]Sprich du in meiner Sache;
deine Augen sehen, was recht ist.
3 Du [a]prüfst mein Herz und suchst es heim bei Nacht;
du läuterst mich und findest nichts.
Ich habe mir vorgenommen,
dass mein Mund sich nicht vergehe.
4 Im Treiben der Menschen bewahre ich mich /
vor gewaltsamen Wegen
durch das Wort deiner Lippen.
5 Erhalte meinen Gang auf deinen Wegen,
dass meine Tritte nicht gleiten.

6 Ich rufe zu dir, denn du, Gott, wirst mich erhören;
neige deine Ohren zu mir, höre meine Rede!
7 Beweise deine wunderbare Güte,
du Heiland derer,
die dir vertrauen gegenüber denen,
die sich gegen deine rechte Hand erheben.
8 Behüte mich [a]wie einen Augapfel im Auge,
beschirme mich [b]unter dem Schatten deiner Flügel
9 vor den Gottlosen, die mir Gewalt antun,
vor meinen Feinden, die mir von allen Seiten nach dem Leben trachten.
10 Ihr Herz haben sie verschlossen,
mit ihrem Munde reden sie stolz.
11 Wo wir auch gehen, da umgeben sie uns;
ihre Augen richten sie darauf,
dass sie uns zu Boden stürzen,
12 gleichwie ein Löwe, der nach Raub lechzt,
wie ein junger Löwe, der im Versteck sitzt.

13 [a]HERR, mache dich auf, tritt ihm entgegen und demütige ihn!
Errette mich vor dem Gottlosen mit deinem Schwert,
14 vor den Leuten, HERR, mit deiner Hand,
vor den Leuten dieser Welt,
die ihr Teil haben schon im Leben,
denen du den Bauch füllst mit deinen Gütern,
deren Söhne auch noch satt werden
und ihren Kindern ein Übriges hinterlassen.

15 Ich aber will schauen dein Antlitz in Gerechtigkeit,
ich will satt werden, wenn ich erwache, an deinem Bilde.

* Luther übersetzte: »dass dein Heiliger verwese« im Anschluss an die griechische Übersetzung des Alten Testaments und Apg 2,27 und 13,35.

16,5: *a* Ps 73,26; 4. Mose 18,20; Klgl 3,24 **17,2:** *a* Ps 43,1 **17,3:** *a* Ps 139,1 **17,8:** *a* 5. Mose 32,10; *b* Ps 61,5; 63,8; 2. Mose 37,7-9 **17,13:** *a* 4. Mose 10,35

Dank des Königs für Rettung und Sieg

(vgl. 2. Sam 22,1-51)

18 VON DAVID, DEM KNECHT DES HERRN, DER ZUM HERRN DIE WORTE DIESES LIEDES REDETE, ALS IHN DER HERR ERRETTET HATTE VON DER HAND ALLER SEINER FEINDE UND VON DER HAND SAULS; VORZUSINGEN.

2 UND ER SPRACH:
Herzlich lieb habe ich dich, HERR, meine Stärke!
3 HERR, mein [a] Fels, meine Burg, mein Erretter;
mein Gott, mein Hort, auf den ich traue,
mein Schild und Berg meines Heiles und mein Schutz!
4 Ich rufe an den HERRN, den Hochgelobten,
so werde ich vor meinen Feinden errettet.

5 [a] Es umfingen mich des Todes Bande,
und die Fluten des Verderbens erschreckten mich.
6 Des Totenreichs Bande umfingen mich,
und des Todes Stricke überwältigten mich.
7 Als mir angst war, rief ich den HERRN an
und schrie zu meinem Gott.
Da erhörte er meine Stimme von seinem Tempel,
und mein Schreien kam vor ihn zu seinen Ohren.

8 Die Erde bebte und wankte,
und die Grundfesten der Berge bewegten sich und bebten, da er zornig war.
9 [a] Rauch stieg auf von seiner Nase / und verzehrend Feuer aus seinem Munde;
Flammen sprühten von ihm aus.
10 [a] Er neigte den Himmel und fuhr herab,
und Dunkel war unter seinen Füßen.
11 Und er fuhr auf dem [a] Cherub und flog daher,
er schwebte auf den Fittichen des Windes.
12 Er machte Finsternis ringsum zu seinem Zelt;
in schwarzen, dicken Wolken war er verborgen.
13 Aus dem Glanz vor ihm zogen seine Wolken dahin
mit Hagel und Blitzen.
14 Der HERR donnerte im Himmel,
und der Höchste ließ seine Stimme erschallen mit Hagel und Blitzen.
15 Er schoss seine Pfeile und streute sie aus,
sandte Blitze in Menge und jagte sie dahin.
16 Da sah man die Tiefen der Wasser,
und des Erdbodens Grund ward aufgedeckt
vor deinem Schelten, HERR,
vor dem Odem und Schnauben deines Zornes.

17 Er streckte seine Hand aus von der Höhe und fasste mich
und zog mich aus großen Wassern.
18 Er errettete mich von meinen starken Feinden,
von meinen Hassern, die mir zu mächtig waren;
19 sie überwältigten mich zur Zeit meines Unglücks;
aber der HERR ward meine Zuversicht.
20 Er führte mich hinaus ins Weite,
er riss mich heraus; denn er hatte Lust zu mir.

21 Der HERR tut wohl an mir nach meiner Gerechtigkeit,
er vergilt mir nach der Reinheit meiner Hände.
22 Denn ich halte die Wege des HERRN
und bin nicht gottlos wider meinen Gott.
23 Denn alle seine Rechte hab ich vor Augen,
und seine Gebote werfe ich nicht von mir,
24 sondern ich bin ohne Tadel vor ihm
und hüte mich vor Schuld.
25 Darum vergilt mir der HERR nach meiner Gerechtigkeit,
nach der Reinheit meiner Hände vor seinen Augen.

18,3: *a* 5. Mose 32,18 **18,5:** *a (5-6)* Ps 116,3 **18,9:** *a* 2. Mose 19,18 **18,10:** *a (10-17)* Ps 144,5-7 **18,11:** *a* Ps 99,1

26 Gegen die Heiligen bist du heilig,
und gegen die Treuen bist du treu,
27 gegen die Reinen bist du rein,
und gegen die Verkehrten bist du verkehrt.
28 Denn [a] du hilfst dem elenden Volk,
aber stolze Augen erniedrigst du.
29 Ja, du machst hell meine Leuchte,
der HERR, mein Gott, macht meine Finsternis licht.
30 Denn mit dir kann ich Kriegsvolk zerschlagen
und mit meinem Gott über Mauern springen.
31 Gottes Wege sind vollkommen, /
die Worte des HERRN sind durchläutert.
Er ist ein Schild allen, die ihm vertrauen.

32 Denn wer ist Gott, wenn nicht der HERR,
oder ein Fels, wenn nicht unser Gott?
33 Gott rüstet mich mit Kraft
und macht meine Wege ohne Tadel.
34 Er macht meine Füße gleich den Hirschen
und stellt mich auf meine Höhen.
35 Er lehrt meine Hände streiten
und meinen Arm den ehernen Bogen spannen.
36 Du gibst mir den Schild deines Heils, /
und deine Rechte stärkt mich,
und deine Huld macht mich groß.*
37 Du gibst meinen Schritten weiten Raum,
dass meine Knöchel nicht wanken.

38 Ich will meinen Feinden nachjagen und sie ergreifen
und nicht umkehren, bis ich sie umgebracht habe.
39 Ich will sie zerschmettern, dass sie nicht mehr aufstehen können;
sie müssen unter meine Füße fallen.
40 Du rüstest mich mit Stärke zum Streit;
du wirfst unter mich, die sich gegen mich erheben.
41 Du treibst meine Feinde in die Flucht,
dass ich vernichte, die mich hassen.
42 Sie rufen – aber da ist kein Helfer –
zum HERRN, aber er antwortet ihnen nicht.[a]
43 Ich will sie zerstoßen zu Staub vor dem Winde,
ich werfe sie weg wie Unrat auf die Gassen.
44 Du hilfst mir aus dem Streit des Volkes /
und machst mich zum Haupt über Heiden;
ein Volk, das ich nicht kannte, dient mir.
45 Es gehorcht mir mit gehorsamen Ohren;
Söhne der Fremde müssen mir huldigen.
46 Die Söhne der Fremde verschmachten
und kommen mit Zittern aus ihren Burgen.

47 Der HERR lebt! Gelobt sei mein Fels!
Der Gott meines Heils sei hoch erhoben,
48 der Gott, der mir Vergeltung schafft
und zwingt die Völker unter mich,
49 der mich errettet von meinen Feinden. /
Du erhöhst mich über die, die sich gegen mich erheben;
du hilfst mir von den Frevlern.

50 Darum will ich dir danken, HERR, unter den Heiden
und deinem Namen lobsingen,[a]
51 der seinem Könige großes Heil gibt /
und Gnade erweist seinem Gesalbten,
[a] David, und seinem Hause ewiglich.

Gottes Herrlichkeit in seiner Schöpfung und in seinem Gesetz

19 EIN PSALM DAVIDS, VORZUSINGEN.
2 **Die Himmel erzählen die Ehre Gottes,**
und die Feste verkündigt seiner Hände Werk.[a]
3 Ein Tag sagt's dem andern,
und eine Nacht tut's kund der andern,
4 ohne Sprache und ohne Worte;
unhörbar ist ihre Stimme.
5 Ihr Schall geht aus in alle Lande

* Luther übersetzte: »Und wenn du mich demütigst, machst du mich groß.«

18,28: *a* Hiob 22,29 **18,42:** *a* Spr 1,28 **18,50:** *a* Röm 15,9 **18,51:** *a* 2.Sam 7,12-16 **19,2:** *a* Röm 1,19-20

und ihr Reden bis an die Enden der Welt.[a]

Er hat der Sonne ein Zelt am Himmel gemacht; /
6 sie geht heraus wie ein Bräutigam aus seiner Kammer
und freut sich wie ein Held, zu laufen ihre Bahn.
7 Sie geht auf an einem Ende des Himmels /
und läuft um bis wieder an sein Ende,
und nichts bleibt vor ihrer Glut verborgen.

8 Das Gesetz des HERRN ist vollkommen
und erquickt die Seele.
Das Zeugnis des HERRN ist gewiss
und macht die Unverständigen weise.
9 Die Befehle des HERRN sind richtig
und erfreuen das Herz.
Die Gebote des HERRN sind lauter
und erleuchten die Augen.
10 Die Furcht des HERRN ist rein und bleibt ewiglich.
Die Rechte des HERRN sind Wahrheit, allesamt gerecht.
11 Sie sind köstlicher als Gold und viel feines Gold,
sie sind süßer als Honig und Honigseim.

12 Auch lässt dein Knecht sich durch sie warnen;
und wer sie hält, der hat großen Lohn.
13 **Wer kann merken, wie oft er fehlet?**
[a] **Verzeihe mir die verborgenen Sünden!**
14 Bewahre auch deinen Knecht vor den Stolzen,
dass sie nicht über mich herrschen;
so werde ich ohne Tadel sein
und rein bleiben von großer Missetat.

15 Lass dir wohlgefallen die Rede meines Mundes /
und das Gespräch meines Herzens vor dir,
HERR, mein Fels und mein Erlöser.

Gebet des Volkes für seinen König in Kriegsnot

20 EIN PSALM DAVIDS, VORZUSINGEN.
2 Der HERR erhöre dich in der Not,
[a] der Name des Gottes Jakobs schütze dich!
3 Er sende dir Hilfe vom Heiligtum
und stärke dich aus Zion!
4 Er gedenke all deiner Speisopfer,
und dein Brandopfer sei ihm angenehm! SELA.
5 Er [a] gebe dir, was dein Herz begehrt,
und erfülle alles, was du vorhast!
6 Dann wollen wir jubeln, weil er dir hilft; /
im Namen unsres Gottes erheben wir das Banner.
Der HERR gewähre dir alle deine Bitten!

7 Nun weiß ich, dass der HERR seinem Gesalbten hilft /
und ihn erhört von seinem heiligen Himmel,
[a] seine rechte Hand hilft mit Macht.
8 Jene [a] verlassen sich auf Wagen und Rosse;
wir aber denken an den Namen des HERRN, unsres Gottes.
9 Sie sind niedergestürzt und gefallen,
wir aber stehen und halten stand.

10 Hilf, HERR, du König!
Er wird uns erhören, wenn wir rufen.

Gottes Hilfe für den König

21 EIN PSALM DAVIDS, VORZUSINGEN.
2 HERR, der König freut sich in deiner Kraft,
und wie sehr fröhlich ist er über deine Hilfe!
3 Du [a] erfüllst ihm seines Herzens Wunsch
und verweigerst nicht, [b] was sein Mund bittet. SELA.
4 Denn du überschüttest ihn mit gutem Segen,
du setzest eine goldene Krone auf sein Haupt.

19,5: *a* Röm 10,18 **19,13:** *a* Hiob 42,3-6 **20,2:** *a* Spr 18,10 **20,5:** *a* Ps 21,3 **20,7:** *a* 2. Mose 15,6 **20,8:** *a* Ps 33,17; 5. Mose 20,1; Jes 31,1 **21,3:** *a* Ps 20,5; *b* Ps 37,4

5 Er bittet dich um Leben; du gibst es ihm,
[a]langes Leben für immer und ewig.
6 Er hat große Herrlichkeit durch deine Hilfe;
Pracht und Hoheit legst du auf ihn.
7 Denn du setzest ihn zum Segen ewiglich,
du erfreust ihn mit Freude vor deinem Antlitz.

8 Denn der König hofft auf den HERRN
und wird durch die Güte des Höchsten festbleiben.
9 Deine Hand wird finden alle deine Feinde,
deine Rechte wird finden, die dich hassen.
10 Du wirst es mit ihnen machen wie im Feuerofen,
wenn du erscheinen wirst.
Der HERR wird sie verschlingen in seinem Zorn;
Feuer wird sie fressen.
11 Ihre Nachkommen wirst du tilgen vom Erdboden
und ihre Kinder aus der Zahl der Menschen.
12 Denn sie gedachten dir Übles zu tun,
und machten Anschläge, die sie nicht ausführen konnten.[a]
13 Denn du wirst machen, dass sie den Rücken kehren;
mit deinem Bogen wirst du auf ihr Antlitz zielen.

14 HERR, erhebe dich in deiner Kraft,
so wollen wir singen und loben deine Macht.

Leiden und Herrlichkeit des Gerechten

(Jesu Leidenspsalm; vgl. Jes 53,1-12; Mt 27,35-46)

22 EIN PSALM DAVIDS, VORZUSINGEN, NACH DER WEISE »DIE HIRSCHKUH, DIE FRÜH GEJAGT WIRD«.
2 **Mein Gott, mein Gott, warum hast du mich verlassen?**
Ich schreie, aber meine Hilfe ist ferne.
3 Mein Gott, des Tages rufe ich, doch antwortest du nicht,
und des Nachts, doch finde ich keine Ruhe.
4 Du aber bist heilig,
der du thronst über den Lobgesängen Israels.
5 Unsere Väter hofften auf dich;
und da sie hofften, halfst du ihnen heraus.
6 Zu dir schrien sie und wurden errettet,
sie hofften auf dich und [a]wurden nicht zuschanden.
7 Ich aber bin ein [a]Wurm und kein Mensch,
ein Spott der Leute und verachtet vom Volke.
8 Alle, die mich sehen, verspotten mich,
[a]sperren das Maul auf und schütteln den Kopf:
9 »Er klage es dem HERRN, der helfe ihm heraus
und rette ihn, hat er Gefallen an ihm.«

10 Du hast mich aus meiner Mutter Leibe gezogen;
du ließest mich geborgen sein an der Brust meiner Mutter.
11 Auf dich bin ich geworfen von Mutterleib an,
du bist mein Gott von meiner Mutter Schoß an.
12 Sei nicht ferne von mir, denn Angst ist nahe;
denn es ist hier kein Helfer.

13 Gewaltige Stiere haben mich umgeben,
mächtige Büffel haben mich umringt.
14 Ihren Rachen sperren sie gegen mich auf
wie ein brüllender und reißender Löwe.
15 Ich bin ausgeschüttet wie Wasser, /
alle meine Knochen haben sich voneinander gelöst;
mein Herz ist in meinem Leibe wie zerschmolzenes Wachs.
16 Meine Kräfte sind vertrocknet wie eine Scherbe, /
und [a]meine Zunge klebt mir am Gaumen,
und du legst mich in des Todes Staub.

21,5: *a* Ps 61,7 **21,12:** *a* Jes 8,10 **22,6:** *a* Ps 25,2-3 **22,7:** *a* Hiob 25,6; Jes 41,14 **22,8:** *a* Hiob 16,10 **22,16:** *a* Joh 19,28

17 Denn Hunde haben mich umgeben, /
und der Bösen Rotte hat mich umringt;
[a]sie haben meine Hände und Füße
durchgraben.
18 Ich kann alle meine Knochen zählen;
sie aber schauen zu und sehen auf
mich herab.
19 Sie [a]teilen meine Kleider unter sich
und werfen das Los um mein
Gewand.

20 Aber du, HERR, sei nicht ferne;
meine Stärke, eile, mir zu helfen!
21 Errette meine Seele vom Schwert,
mein Leben von den Hunden!
22 Hilf mir aus dem [a]Rachen des
Löwen /
und vor den Hörnern wilder Stiere –
du hast mich erhört!*

23 Ich will deinen Namen kundtun
meinen Brüdern,
ich will dich in der Gemeinde
rühmen:[a]
24 Rühmet den HERRN, die ihr ihn
fürchtet;
ehret ihn, ihr alle vom Hause
Jakob,
und vor ihm scheuet euch,
ihr alle vom Hause Israel!
25 Denn er hat nicht verachtet noch
[a]verschmäht
das Elend des Armen
und sein Antlitz vor ihm nicht
verborgen;
und als er zu ihm schrie, hörte er's.

26 Dich will ich preisen in der großen
Gemeinde,
ich will mein Gelübde erfüllen vor
denen, die ihn fürchten.
27 Die [a]Elenden sollen essen, dass sie
satt werden; /
und die nach dem HERRN fragen,
werden ihn preisen;
euer Herz soll ewiglich leben.
28 Es werden gedenken und sich zum
HERRN bekehren aller Welt Enden
und vor ihm anbeten alle
Geschlechter der Heiden.
29 Denn des HERRN ist das Reich,
und er herrscht unter den Heiden.
30 Ihn allein werden anbeten alle,
die in der Erde schlafen;
vor ihm werden die Knie beugen alle, /
die zum Staube hinabfuhren
und ihr Leben nicht konnten
erhalten.
31 Er wird Nachkommen haben, die ihm
dienen;
vom Herrn wird man verkündigen
Kind und Kindeskind.
32 Sie werden kommen und seine
Gerechtigkeit predigen
dem Volk, das geboren wird.
Denn er hat's getan.

Der gute Hirte

23 EIN PSALM DAVIDS.
Der HERR ist mein [a]Hirte,
mir wird nichts mangeln.
2 **Er [a]weidet mich auf einer grünen Aue**
und führet mich zum frischen
Wasser.
3 **Er erquicket meine Seele.**
Er führet mich auf rechter Straße
um seines Namens willen.
4 **Und ob ich schon wanderte im finstern**
Tal,
[a]fürchte ich kein Unglück;
denn du bist bei mir,
dein Stecken und Stab trösten mich.
5 **Du bereitest vor mir einen Tisch**
im Angesicht meiner Feinde.
Du salbest mein Haupt mit Öl
und [a]schenkest mir voll ein.
6 **Gutes und Barmherzigkeit werden mir**
folgen mein Leben lang,
und [a]ich werde bleiben im Hause
des HERRN immerdar.

Einzug in das Heiligtum

24 EIN PSALM DAVIDS.
[a]Die Erde ist des HERRN und
was darinnen ist,
der Erdkreis und die darauf
wohnen.
2 Denn er hat ihn über den Meeren
gegründet
und über den Wassern bereitet.

* Luther übersetzte: »und errette mich von den Einhörnern«.

22,17: *a* Joh 20,25.27 **22,19:** *a* Joh 19,24 **22,22:** *a* Dan 6,23 **22,23:** *a* Ps 26,12; Hebr 2,12 **22,25:** *a* Hebr 5,7 **22,27:** *a* Ps 69,33 **23,1:** *a* 1.Mose 48,15; Jes 40,11; Joh 10,11-30 **23,2:** *a* Hes 34,13-14; Offb 7,17 **23,4:** *a* Ps 46,3 **23,5:** *a* Ps 36,9 **23,6:** *a* Ps 84,5 **24,1:** *a* Joh 1,11; 1.Kor 10,26

3 [a]Wer darf auf des HERRN Berg gehen,
und wer darf stehen an seiner heiligen Stätte?
4 Wer unschuldige Hände hat
und reinen Herzens ist,
wer nicht bedacht ist auf Lug und Trug
und nicht falsche Eide schwört:
5 der wird den Segen vom HERRN empfangen
und [a]Gerechtigkeit von dem Gott seines Heiles.
6 Das ist das Geschlecht, das nach ihm fragt,
das da sucht dein Antlitz, Gott Jakobs. SELA.

7 Machet die Tore weit und die Türen in der Welt* hoch,
dass der König der Ehre einziehe![a]
8 Wer ist der König der Ehre?
Es ist der HERR, stark und mächtig,
der HERR, mächtig im Streit.
9 Machet die Tore weit und die Türen in der Welt hoch,
dass der König der Ehre einziehe!
10 Wer ist der König der Ehre?
Es ist der HERR Zebaoth; er ist der König der Ehre. SELA.

Gebet um Gottes Vergebung und Leitung

25 VON DAVID.
Nach dir, HERR, verlanget mich.
2 Mein Gott, ich hoffe auf dich;
lass mich nicht zuschanden werden,
dass meine Feinde nicht frohlocken über mich.
3 Denn keiner wird zuschanden, der auf dich harret;
aber zuschanden werden die leichtfertigen Verächter.

4 HERR, zeige mir deine Wege
und lehre mich deine Steige!
5 Leite mich in deiner Wahrheit und lehre mich!
Denn du bist der Gott, der mir hilft;
täglich harre ich auf dich.
6 Gedenke, HERR, an deine Barmherzigkeit und an deine Güte,
die von Ewigkeit her gewesen sind.
7 Gedenke nicht der Sünden meiner Jugend
und meiner Übertretungen,
gedenke aber meiner nach deiner Barmherzigkeit,
HERR, um deiner Güte willen!
8 Der HERR ist gut und gerecht;
darum weist er Sündern den Weg.
9 Er leitet die Elenden recht
und lehrt die Elenden seinen Weg.
10 Die Wege des HERRN sind lauter Güte und Treue
für alle, die seinen Bund und seine Gebote halten.
11 Um deines Namens willen, HERR,
[a]vergib mir meine Schuld, die so groß ist!

12 Wer ist der Mann, der den HERRN fürchtet?
Er wird ihm den Weg weisen,
den er wählen soll.
13 Er wird im Guten wohnen,
und [a]sein Geschlecht wird das Land besitzen.
14 Der HERR ist denen freund, die ihn fürchten;
und seinen Bund lässt er sie wissen.
15 Meine Augen sehen stets auf den HERRN;
denn er wird meinen Fuß aus dem Netze ziehen.

16 Wende dich zu mir und sei mir gnädig;
denn ich bin einsam und elend.
17 Die Angst meines Herzens ist groß;
führe mich aus meinen Nöten!
18 Sieh an meinen Jammer und mein Elend
und vergib mir alle meine Sünden!
19 Sieh, wie meiner Feinde so viel sind
und [a]zu Unrecht mich hassen.
20 Bewahre meine Seele und errette mich;
lass mich nicht zuschanden werden,
denn ich traue auf dich!
21 Unschuld und Redlichkeit mögen mich behüten;
denn ich harre auf dich.
22 Gott, [a]erlöse Israel
aus aller seiner Not!

* Gemeint sind die Tore des Tempels – vielleicht: uralte Pforten.

24,3: *a (3-6)* Ps 15,1-5 **24,5:** *a* Jes 48,18 **24,7:** *a* 2. Sam 6,1-19; Jes 40,3-4 **25,11:** *a* 2. Mose 34,6-7 **25,13:** *a* Ps 37,9 **25,19:** *a* Ps 35,19 **25,22:** *a* Ps 130,8

Bekenntnis und Bitte eines Unschuldigen

26 VON DAVID.
HERR, schaffe mir Recht, denn ich bin unschuldig!
Ich hoffe auf den HERRN, darum werde ich nicht fallen.
2 Prüfe mich, HERR, und erprobe mich,
erforsche meine Nieren und mein Herz!

3 Denn deine Güte ist mir vor Augen,
und ich wandle in deiner Wahrheit.
4 [a] Ich sitze nicht bei heillosen Leuten
und habe nicht Gemeinschaft mit den Falschen.
5 Ich hasse die Versammlung der Boshaften
und sitze nicht bei den Gottlosen.
6 Ich [a] wasche meine Hände in Unschuld
und halte mich, HERR, zu deinem Altar,
7 dir zu danken mit lauter Stimme
und zu verkündigen alle deine Wunder.
8 **HERR, ich habe lieb [a] die Stätte deines Hauses**
und den Ort, da deine Ehre wohnt.

9 Raffe meine Seele nicht hin mit den Sündern
noch mein Leben mit den Blutdürstigen,
10 an deren Händen Schandtat klebt
und die gern Geschenke nehmen.
11 Ich aber gehe meinen Weg in Unschuld.
Erlöse mich und sei mir gnädig!
12 Mein Fuß steht fest auf rechtem Grund.
[a] Ich will den HERRN loben in den Versammlungen.

Gemeinschaft mit Gott

27 VON DAVID.
[a] Der HERR ist mein Licht und mein Heil;
[b] vor wem sollte ich mich fürchten?
Der HERR ist meines Lebens Kraft;
vor wem sollte mir grauen?
2 Wenn die Übeltäter an mich wollen,
um mich zu verschlingen,
meine Widersacher und Feinde,
sollen sie selber straucheln und fallen.
3 Wenn sich auch ein Heer wider mich lagert,
so fürchtet sich dennoch mein Herz nicht;
wenn sich Krieg wider mich erhebt,
so verlasse ich mich auf **ihn.** [a]

4 Eines bitte ich vom HERRN, das hätte ich gerne:
dass ich [a] im Hause des HERRN bleiben könne mein Leben lang,
zu schauen die schönen Gottesdienste des HERRN*
und seinen Tempel zu betrachten.
5 Denn [a] er deckt mich in seiner Hütte zur bösen Zeit, /
er birgt mich im Schutz seines Zeltes
und erhöht mich auf einen Felsen.
6 Und nun erhebt sich mein Haupt
über meine Feinde, die um mich her sind;
darum will ich Lob opfern in seinem Zelt,
ich will singen und Lob sagen dem HERRN.

7 HERR, höre meine Stimme, wenn ich rufe;
sei mir gnädig und erhöre mich!
8 **Mein Herz hält dir vor dein Wort: /**
»Ihr sollt mein Antlitz suchen.«
Darum [a] suche ich auch, HERR, dein Antlitz.
9 Verbirg dein Antlitz nicht vor mir,
verstoße nicht im Zorn deinen Knecht!
Denn du bist meine Hilfe; verlass mich nicht
und tu die Hand nicht von mir ab,
Gott, mein Heil!
10 Denn mein Vater und meine Mutter verlassen mich,
aber der HERR nimmt mich auf.

11 HERR, [a] weise mir deinen Weg
und leite mich auf ebener Bahn um meiner Feinde willen.

* Wörtlich: zu schauen die Freundlichkeit des HERRN.

26,4: *a (4-5)* Ps 1,1 **26,6:** *a* 5.Mose 21,6-7; Mt 27,24 **26,8:** *a* Ps 27,4; 122,1-2 **26,12:** *a* Ps 22,23 **27,1:** *a* Mi 7,8; *b* Ps 56,5 **27,3:** *a* Ps 3,7 **27,4:** *a* Ps 26,8; 42,5; 63,3; 84,4-5.11 **27,5:** *a* Ps 31,21 **27,8:** *a* 5.Mose 4,29 **27,11:** *a* Ps 86,11; 139,24

12 Gib mich nicht preis dem Willen
meiner Feinde!
Denn es stehen falsche Zeugen
wider mich auf und tun mir
Unrecht ohne Scheu.
13 Ich glaube aber doch, dass ich [a]sehen
werde
die Güte des HERRN im Lande der
Lebendigen.
14 Harre des HERRN!
Sei getrost und unverzagt und harre
des HERRN!

Bitte um Verschonung – Dank für Errettung

28 VON DAVID.
Wenn ich rufe zu dir, HERR, mein
Fels,
so schweige doch nicht,
dass ich nicht, wenn du schweigst,
gleich werde denen, die in die
Grube fahren.
2 Höre die Stimme meines Flehens,
wenn ich zu dir schreie,
wenn ich meine Hände aufhebe
zu deinem heiligen Tempel.
3 Raffe mich nicht hin mit den Gottlosen
und mit den Übeltätern,
die [a]freundlich reden mit ihrem
Nächsten
und haben Böses im Herzen.
4 Gib ihnen nach ihrem Tun
und nach ihren bösen Taten;
gib ihnen nach den Werken ihrer Hände;
vergilt ihnen, wie sie es verdienen.
5 Denn [a]sie wollen nicht achten auf das
Tun des HERRN
noch auf die Werke seiner Hände;
darum wird er sie niederreißen
und nicht wieder aufbauen.

6 Gelobt sei der HERR; denn er hat
erhört
die Stimme meines Flehens.
7 Der HERR ist meine Stärke und mein
Schild;
auf ihn hofft mein Herz und mir ist
geholfen.
Nun ist mein Herz fröhlich,
und ich will ihm danken mit
meinem Lied.
8 Der HERR ist seines Volkes Stärke,
Hilfe und Stärke für seinen
Gesalbten.
9 Hilf deinem Volk und segne dein Erbe
und weide und trage sie ewiglich!

Der große Lobpreis der Herrlichkeit Gottes

29 EIN PSALM DAVIDS.
Bringet dar dem HERRN, ihr
Himmlischen,
bringet dar dem HERRN Ehre und
Stärke![a]
2 Bringet dar dem HERRN die Ehre
seines Namens,
betet an den HERRN in heiligem
Schmuck!
3 Die Stimme des HERRN erschallt über
den Wassern,
der Gott der Ehre donnert,
der HERR, über großen Wassern.
4 Die Stimme des HERRN ergeht mit
Macht,
die Stimme des HERRN ergeht
herrlich.
5 Die Stimme des HERRN zerbricht die
Zedern,
der HERR zerbricht die Zedern des
Libanon.
6 Er lässt hüpfen wie ein Kalb den
Libanon,
den [a]Sirjon wie einen jungen
Wildstier.
7 Die Stimme des HERRN sprüht
Feuerflammen; /
8 die Stimme des HERRN lässt die Wüste
erbeben;
der HERR lässt erbeben die Wüste
Kadesch.
9 Die Stimme des HERRN lässt Eichen
wirbeln* /
und reißt Wälder kahl.
In seinem Tempel ruft alles: »Ehre!«

10 Der HERR hat seinen Thron über der
Flut;
der HERR bleibt ein König in
Ewigkeit.
11 Der HERR wird seinem Volk Kraft
geben;
der HERR wird sein Volk segnen
mit Frieden.

* Luther übersetzte nach anderer Überlieferung: »erregt die Hinden«.

27,13: *a* Jes 38,11 **28,3:** *a* 2. Sam 20,9-10 **28,5:** *a* Jes 5,12-13 **29,1:** *a* Ps 103,20-21 **29,6:** *a* 5. Mose 3,8-9

Dank für Rettung aus Todesnot

30 EIN PSALM DAVIDS, EIN LIED ZUR [a]EINWEIHUNG DES TEMPELS.
2 Ich preise dich, HERR; denn du hast mich aus der Tiefe gezogen
und lässest meine Feinde sich nicht über mich freuen.
3 HERR, mein Gott, als ich schrie zu dir,
da [a]machtest du mich gesund.
4 HERR, du hast mich von den Toten heraufgeholt;
[a]du hast mich am Leben erhalten, aber sie mussten in die Grube fahren.

5 Lobsinget dem HERRN, ihr seine Heiligen,
und preiset seinen heiligen Namen!
6 Denn [a]sein Zorn währet einen Augenblick
und lebenslang seine Gnade.
Den Abend lang währet das Weinen,
aber des Morgens ist Freude.

7 Ich aber sprach, als es mir gut ging:
Ich werde nimmermehr wanken.
8 Denn, HERR, durch dein Wohlgefallen / hattest du mich auf einen hohen Fels gestellt.
Aber als du dein Antlitz verbargest, erschrak ich.
9 Zu dir, HERR, rief ich,
und zum Herrn flehte ich:
10 Was nützt dir mein Blut, wenn ich zur Grube fahre?
[a]Wird dir auch der Staub danken
und deine Treue verkündigen?
11 HERR, höre und sei mir gnädig!
HERR, sei mein Helfer!

12 Du hast mir meine Klage verwandelt in einen Reigen,
du hast mir den Sack der Trauer ausgezogen
und mich mit Freude gegürtet,
13 dass ich dir lobsinge und nicht stille werde.
HERR, mein Gott, ich will dir danken in Ewigkeit.

In Gottes Händen geborgen

31 EIN PSALM DAVIDS, VORZUSINGEN.
2 HERR, auf dich traue ich, / lass mich nimmermehr zuschanden werden,
errette mich durch deine Gerechtigkeit!
3 [a]Neige deine Ohren zu mir, hilf mir eilends!
Sei mir ein starker Fels und eine Burg, dass du mir helfest!
4 Denn du bist mein Fels und meine Burg,
und um deines Namens willen
wollest du mich leiten und führen.
5 Du wollest mich aus dem Netze ziehen, / das sie mir heimlich stellten;
denn du bist meine Stärke.
6 [a]**In deine Hände befehle ich meinen Geist;**
du hast mich erlöst, HERR, du treuer Gott.

7 Ich hasse, die sich halten an nichtige Götzen;
ich aber hoffe auf den HERRN.
8 Ich freue mich und bin fröhlich über deine Güte,
dass du mein Elend ansiehst
und nimmst dich meiner an in Not
9 und übergibst mich nicht in die Hände des Feindes;
du stellst meine Füße auf weiten Raum.

10 HERR, sei mir gnädig, denn mir ist angst!
Mein Auge ist trübe geworden vor Gram,
matt meine Seele und mein Leib.
11 Denn mein Leben ist hingeschwunden in Kummer
und meine Jahre in Seufzen.
Meine Kraft ist verfallen durch meine Missetat,
und meine Gebeine sind verschmachtet.
12 Vor all meinen Bedrängern bin ich ein Spott geworden,
eine Last meinen Nachbarn
und ein Schrecken meinen Bekannten.

30,1: *a* 1. Makk 4,52-54 **30,3:** *a* 2. Mose 15,26 **30,4:** *a* Ps 116,3-4.7-9 **30,6:** *a* Jes 54,7-8 **30,10:** *a* Ps 6,6 **31,3:** *a (3-4)* Ps 71,3 **31,6:** *a* Lk 23,46

Die mich sehen auf der Gasse,
fliehen vor mir.
13 Ich bin vergessen in ihrem Herzen wie ein Toter;
ich bin geworden wie ein zerbrochenes Gefäß.
14 Denn ich höre, wie viele über mich lästern:
[a]Schrecken ist um und um!
Sie halten Rat miteinander über mich
und trachten danach, mir das Leben zu nehmen.

15 Ich aber, HERR, hoffe auf dich
und spreche: Du bist mein Gott!
16 [a]**Meine Zeit steht in deinen Händen.**
Errette mich von der Hand meiner Feinde und von denen, die mich verfolgen.
17 [a]Lass leuchten dein Antlitz über deinem Knecht;
hilf mir durch deine Güte!
18 HERR, lass mich nicht zuschanden werden;
denn ich rufe dich an.
Die Gottlosen sollen zuschanden werden
und hinabfahren zu den Toten und schweigen.
19 Verstummen sollen die Lügenmäuler,
die da reden wider den Gerechten frech, stolz und höhnisch.

20 Wie groß ist deine Güte, HERR,
die du bewahrt hast denen, die dich fürchten,
und erweisest vor den Leuten
denen, die auf dich trauen!
21 Du [a]birgst sie in deinem Schutz vor den Rotten der Leute,
du deckst sie in der Hütte vor den zänkischen Zungen.

22 Gelobt sei der HERR; denn er hat seine wunderbare Güte
mir erwiesen in einer festen Stadt.
23 Ich sprach wohl in meinem Zagen:
Ich bin von deinen Augen verstoßen.
Doch du hörtest die Stimme meines Flehens,
als ich zu dir schrie.

24 Liebet den HERRN, alle seine Heiligen!
Die Gläubigen behütet der HERR
und vergilt reichlich dem, der Hochmut übt.
25 Seid getrost und unverzagt alle,
die ihr des HERRN harret!

Vom Segen der Sündenvergebung (Der zweite Bußpsalm)

32 EINE UNTERWEISUNG DAVIDS.
[a]**Wohl dem, dem die Übertretungen vergeben sind,
dem die Sünde bedeckt ist!**
2 **Wohl dem Menschen, dem der HERR die Schuld nicht zurechnet,
in dessen Geist kein Trug ist!**

3 Denn als ich es wollte verschweigen,
verschmachteten meine Gebeine
durch mein tägliches Klagen.
4 Denn deine Hand lag Tag und Nacht schwer auf mir,
dass mein Saft vertrocknete, wie es im Sommer dürre wird. SELA.
5 Darum [a]bekannte ich dir meine Sünde,
und meine Schuld verhehlte ich nicht.
Ich sprach: Ich will dem HERRN meine Übertretungen bekennen.
Da [b]vergabst du mir die Schuld meiner Sünde. SELA.

6 Deshalb werden alle Heiligen zu dir beten
zur Zeit der Angst.
Darum, wenn große Wasserfluten kommen,
werden sie nicht an sie gelangen.
7 Du bist mein Schirm, du wirst mich vor Angst behüten,
dass ich errettet gar fröhlich rühmen kann. SELA.
8 »Ich will dich unterweisen und dir den Weg zeigen, / den du gehen sollst;
ich will dich mit meinen Augen leiten.«
9 Seid nicht wie Rosse und Maultiere,
die ohne Verstand sind,
denen man Zaum und Gebiss anlegen muss;
sie werden sonst nicht zu dir kommen.

31,14: *a* Jer 20,3 **31,16:** *a* Ps 139,16; Pred 3,1-8 **31,17:** *a* Ps 80,4; 4Mose 6,25 **31,21:** *a* Ps 27,5 **32,1:** *a (1-2)* Röm 4,6-8 **32,5:** *a* Ps 38,19; Spr 28,13; Jak 5,16; *b* Jes 38,17

10 Der Gottlose hat viel Plage;
wer aber auf den HERRN hofft,
den wird die Güte umfangen.
11 Freuet euch des HERRN und seid
fröhlich, ihr Gerechten,
und jauchzet, alle ihr Frommen.

Ein Loblied auf Gottes Allmacht und Hilfe

33 Freuet euch des HERRN, ihr Gerechten;
die Frommen sollen ihn recht preisen.
2 Danket dem HERRN mit Harfen;
lobsinget ihm zum Psalter von zehn Saiten!
3 Singet ihm [a]ein neues Lied;
spielt schön auf den Saiten mit fröhlichem Schall!
4 Denn **des HERRN Wort ist wahrhaftig,**
und was er zusagt, das hält er gewiss.
5 Er liebt Gerechtigkeit und Recht;
die Erde ist voll der Güte des HERRN.

6 Der Himmel ist durch das Wort des
HERRN gemacht
und all sein Heer durch den Hauch seines Mundes.[a]
7 Er [a]hält die Wasser des Meeres
zusammen wie in einem Schlauch
und sammelt in Kammern die Fluten.
8 Alle Welt fürchte den HERRN,
und vor ihm scheue sich alles,
was auf dem Erdboden wohnet.
9 Denn **wenn er spricht, so geschieht's;**
[a]**wenn er gebietet, so steht's da.**
10 Der HERR macht zunichte der Heiden
Rat
und wehrt den Gedanken der Völker,
11 Aber der Ratschluss des HERRN bleibt
ewiglich,
seines Herzens Gedanken für und für.
12 Wohl dem Volk, [a]dessen Gott der
HERR ist,
dem Volk, das er zum Erbe erwählt hat!
13 Der HERR schaut vom Himmel
und sieht alle Menschenkinder.
14 Von seinem festen Thron sieht er auf
alle,
die auf Erden wohnen.
15 Er [a]lenkt ihnen allen das Herz,
er gibt acht auf alle ihre Werke.
16 Einem König hilft nicht seine große
Macht;
[a]ein Held kann sich nicht retten durch seine große Kraft.
17 [a]Rosse helfen auch nicht;
da wäre man betrogen;
und ihre große Stärke errettet nicht.
18 Siehe, des HERRN Auge achtet auf
alle, die ihn fürchten,
die auf seine Güte hoffen,
19 dass er sie errette vom Tode
und sie am Leben erhalte in Hungersnot.

20 Unsre Seele harrt auf den HERRN;
er ist uns Hilfe und Schild.
21 Denn unser Herz freut sich seiner,
und wir trauen auf seinen heiligen Namen.
22 Deine Güte, HERR, sei über uns,
wie wir auf dich hoffen.

Unter Gottes Schutz

34 VON DAVID, [a]ALS ER SICH WAHNSINNIG STELLTE VOR ABIMELECH UND DIESER IHN VON SICH TRIEB UND ER WEGGING.
2 **Ich will den HERRN loben allezeit;**
sein Lob soll immerdar in meinem Munde sein.
3 Meine Seele soll sich rühmen des
HERRN,
dass es die Elenden hören und sich freuen.
4 Preiset mit mir den HERRN
und lasst uns miteinander seinen Namen erhöhen!

5 **Als ich den HERRN suchte, antwortete**
er mir
und errettete mich aus aller meiner Furcht.
6 Die auf ihn sehen, werden strahlen vor
Freude,

33,3: *a* Ps 40,4; 96,1; 98,1; 144,9; 149,1; Jes 42,10; Offb 5,9 **33,6:** *a* 1. Mose 1,6.14 **33,7:** *a* Ps 104,9 **33,9:** *a* Ps 148,5 **33,12:** *a* 5. Mose 33,29 **33,15:** *a* Spr 21,1 **33,16:** *a* 1. Sam 17,1-58 **33,17:** *a* Ps 20,8 **34,1:** *a* 1. Sam 21,14-16

und ihr Angesicht soll nicht
schamrot werden.
7 Als einer im Elend rief, hörte der HERR
und half ihm aus allen seinen
Nöten.
8 Der [a] Engel des HERRN lagert sich um
die her,
die ihn fürchten, und hilft ihnen
heraus.
9 [a] **Schmecket und sehet, wie freundlich
der HERR ist.
Wohl dem, der auf ihn trauet!**
10 Fürchtet den HERRN, ihr seine
Heiligen!
Denn die ihn fürchten, haben
keinen Mangel.
11 [a] Reiche müssen darben und hungern;
aber die den HERRN suchen, haben
keinen Mangel an irgendeinem Gut.

12 Kommt her, ihr Kinder, höret mir zu!
Ich will euch die Furcht des HERRN
lehren.
13 [a] Wer möchte gern gut leben
und schöne Tage sehen?
14 Behüte deine Zunge vor Bösem
und deine Lippen, dass sie nicht
Trug reden.
15 Lass ab vom Bösen und tu Gutes;
suche Frieden und jage ihm nach!

16 Die Augen des HERRN merken auf die
Gerechten
und seine Ohren auf ihr Schreien.
17 Das Angesicht des HERRN steht wider
alle, die Böses tun,
dass er [a] ihren Namen ausrotte von
der Erde.
18 Wenn die Gerechten schreien, so hört
der HERR
und errettet sie aus all ihrer Not.
19 Der HERR ist nahe denen, die
zerbrochenen Herzens sind,
und hilft denen, die ein
zerschlagenes Gemüt haben. [a]
20 Der Gerechte muss viel erleiden,
aber aus alledem hilft ihm der
HERR. [a]
21 Er bewahrt ihm alle seine Gebeine,
dass nicht eines zerbrochen wird.
22 Den Gottlosen wird das Unglück
töten,
und die den Gerechten hassen,
fallen in Schuld.
23 Der HERR erlöst das Leben seiner
Knechte,
und alle, die auf ihn trauen, werden
frei von Schuld.

Gebet um Errettung von boshaften Feinden

35 VON DAVID.
HERR, führe meine Sache wider
meine Widersacher,
bekämpfe, die mich bekämpfen!
2 Ergreife Schild und Waffen
und mache dich auf, mir zu helfen!
3 Zücke Speer und Streitaxt wider meine
Verfolger!
Sprich zu mir: Ich bin deine Hilfe!
4 Es sollen sich schämen und zum Spott
werden,
die mir nach dem Leben trachten;
es sollen zurückweichen und zuschanden
werden,
die mein Unglück wollen.
5 Sie sollen werden wie Spreu vor dem
Winde,
und der Engel des HERRN stoße sie
weg.
6 Ihr Weg soll finster und schlüpfrig
werden,
und der Engel des HERRN verfolge
sie.
7 Denn ohne Grund haben sie mir ihr
Netz gestellt,
ohne Grund mir eine Grube
gegraben.

8 Unversehens soll ihn Unheil überfallen; /
sein Netz, das er gestellt hat, fange ihn
selber,
zum eigenen Unheil stürze er
hinein.
9 Aber meine Seele soll sich freuen des
HERRN
und fröhlich sein über seine Hilfe.
10 Alle meine Gebeine sollen sagen:
HERR, wer ist dir gleich?
Der du den Elenden rettest /
vor dem, der ihm zu stark ist,
und den Elenden und Armen vor
seinen Räubern.

34,8: *a* Ps 91,11; 1. Mose 32,2-3; 2. Kön 6,17 **34,9:** *a* 1. Petr 2,3 **34,11:** *a* Lk 1,53 **34,13:** *a (13-17)* 1. Petr 3,10-12 **34,17:** *a* Spr 10,7 **34,19:** *a* Ps 51,19 **34,20:** *a* 2. Kor 1,5

11 Es treten falsche Zeugen auf;
sie fordern von mir, wovon ich nichts weiß.
12 Sie vergelten mir Gutes mit Bösem,
um mich in Herzeleid zu bringen.
13 Ich aber [a]zog einen Sack an, wenn sie krank waren, /
tat mir wehe mit Fasten
und betete immer wieder von Herzen.
14 Als wäre es mein Freund und Bruder,
so ging ich einher;
wie einer Leid trägt über seine Mutter,
so beugte ich mich in Trauer.[a]
15 Sie aber freuen sich, wenn ich wanke,
und rotten sich zusammen;
sie rotten sich heimlich zum Schlag wider mich,
sie lästern und hören nicht auf.
16 Sie lästern und spotten immerfort
und knirschen wider mich mit ihren Zähnen.

17 Herr, wie lange willst du zusehen?
Errette doch meine Seele vor ihrem Unheil,
mein Leben vor den jungen Löwen!
18 Ich will dir danken in großer Gemeinde;
unter vielem Volk will ich dich rühmen.
19 Lass sich nicht über mich freuen,
die [a]mir zu Unrecht feind sind;
lass nicht mit den Augen spotten,
die [b]mich ohne Grund hassen!
20 Denn sie reden nicht, was zum Frieden dient,
und ersinnen falsche Anklagen
wider die Stillen im Lande.
21 Sie sperren das Maul weit auf wider mich
und sprechen: »Da, da, wir haben es gesehen!«
22 HERR, du hast es gesehen, schweige nicht;
HERR, sei nicht ferne von mir!
23 Wache auf, werde wach, mir Recht zu schaffen
und meine Sache zu führen,
mein Gott und Herr!
24 HERR, mein Gott, verhilf mir zum Recht nach deiner Gerechtigkeit,
dass sie sich nicht über mich freuen.
25 Lass sie nicht sagen in ihrem Herzen:
»Da, da! Das wollten wir.«
Lass sie nicht sagen:
»Wir haben ihn verschlungen.«

26 Sie sollen sich schämen und zuschanden werden,
alle, die sich meines Unglücks freuen;
sie sollen in Schmach und Schande sich kleiden,
die sich wider mich rühmen.
27 Jubeln und freuen sollen sich,
die mir gönnen, dass ich recht behalte,
und immer sagen: Der HERR sei hochgelobt,
der seinem Knecht so wohl will!
28 Und meine Zunge soll reden von deiner Gerechtigkeit
und dich täglich preisen.

Der Reichtum der Güte Gottes

36 VON DAVID, DEM KNECHT DES HERRN, VORZUSINGEN.
2 Es sinnen die Übertreter auf gottloses Treiben /
im Grund ihres Herzens.
[a]Es ist keine Gottesfurcht bei ihnen.
3 Und doch hat Gott den Weg vor ihnen geebnet,
um ihre Schuld aufzufinden und zu hassen.
4 Alle ihre Worte sind falsch und erlogen,
verständig und gut handeln sie nicht mehr.
5 Sie [a]trachten auf ihrem Lager nach Schaden
und stehen fest auf dem bösen Weg
und scheuen kein Arges.

6 HERR, deine Güte reicht, so weit der Himmel ist,
und deine Wahrheit, so weit die Wolken gehen.
7 Deine Gerechtigkeit steht wie die Berge Gottes /
und dein Recht wie die große Tiefe.
HERR, du hilfst Menschen und Tieren.
8 Wie köstlich ist deine Güte, Gott,

35,13: *a* Hiob 31,29 **35,14:** *a* Röm 12,15 **35,19:** *a* Ps 25,19; *b* Ps 69,5 **36,2:** *a* Röm 3,18 **36,5:** *a* Mi 2,1

dass Menschenkinder [a]unter dem
Schatten deiner Flügel Zuflucht
haben!
9 Sie werden satt von den reichen Gütern
deines Hauses,
und du tränkst sie mit Wonne wie
mit einem Strom.
10 **Denn bei dir ist [a]die Quelle des
Lebens,
und in deinem Lichte sehen wir
das Licht.**

11 Breite deine Güte über die, die dich
kennen,
und deine Gerechtigkeit über die
Frommen.
12 Lass mich nicht kommen unter den
Fuß der Stolzen,
und die Hand der Gottlosen
vertreibe mich nicht!
13 Sieh da, sie sind gefallen, die
Übeltäter,
sind gestürzt und können nicht
wieder aufstehen.

Das scheinbare Glück der Gottlosen

37 VON DAVID.
[a]Entrüste dich nicht über die
Bösen,
sei nicht neidisch auf die Übeltäter.
2 Denn wie das Gras werden sie bald
verdorren,
und wie das grüne Kraut werden
sie verwelken.
3 Hoffe auf den HERRN und tu Gutes,
bleibe im Lande und nähre dich
redlich.
4 Habe deine Lust am HERRN;
der [a]wird dir geben, was dein
Herz wünscht.
5 **Befiehl dem HERRN deine Wege
und hoffe auf ihn, er wird's
wohlmachen**
6 und wird deine [a]Gerechtigkeit
heraufführen wie das Licht
und dein Recht wie den Mittag.
7 **Sei stille dem HERRN und warte auf ihn.**
Entrüste dich nicht über den,
dem es gut geht,
der seinen Mutwillen treibt.
8 Steh ab vom Zorn und lass den
Grimm,
entrüste dich nicht, damit du nicht
Unrecht tust.
9 Denn die Bösen werden ausgerottet;
die aber des HERRN harren, werden
das Land erben.
10 Noch eine kleine Zeit, so ist der
Gottlose nicht mehr da;
und wenn du nach seiner Stätte
siehst, ist er weg.
11 Aber [a]die Elenden werden das Land
erben
und ihre Freude haben an großem
Frieden.

12 Der Gottlose droht dem Gerechten
und knirscht mit seinen Zähnen
wider ihn.
13 Aber der Herr lacht seiner;
denn er sieht, dass [a]sein Tag
kommt.
14 Die Gottlosen ziehen das Schwert
und spannen ihren Bogen,
dass sie fällen den Elenden und Armen
und morden die Frommen.
15 Aber ihr Schwert wird in ihr eigenes
Herz dringen,
und ihr Bogen wird zerbrechen.

16 Das Wenige, das ein Gerechter hat,
ist besser als der Überfluss vieler
Gottloser.[a]
17 Denn der Gottlosen Arm wird
zerbrechen,
aber der HERR erhält die
Gerechten.
18 Der HERR kennt die Tage der
Frommen,
und [a]ihr Gut wird ewiglich bleiben.
19 Sie werden nicht zuschanden in böser
Zeit,
und [a]in der Hungersnot werden sie
genug haben.
20 Denn die Gottlosen werden
umkommen;
und die Feinde des HERRN,
wenn sie auch sind wie prächtige Auen,
werden sie doch vergehen, wie der
Rauch vergeht.

21 Der Gottlose muss borgen und bezahlt
nicht,
aber der Gerechte ist barmherzig
und kann geben.

36,8: *a* Ps 17,8 **36,10:** *a* Jer 2,13; Joh 4,14 **37,1:** *a* Spr 24,19 **37,4:** *a* Ps 20,5 **37,6:** *a* Mi 7,9 **37,11:** *a* Mt 5,5 **37,13:** *a* Hiob 18,20 **37,16:** *a* Spr 15,16 **37,18:** *a* Pred 8,12 **37,19:** *a* Spr 10,3

22 Denn die Gesegneten des HERRN erben das Land;
aber die er verflucht, werden ausgerottet.
23 Von dem HERRN kommt es, wenn eines Mannes Schritte fest werden,
und er hat Gefallen an seinem Wege.
24 Fällt er, so stürzt er doch nicht;
denn der HERR hält ihn fest an der Hand.[a]

25 Ich bin jung gewesen und alt geworden
und habe noch nie den Gerechten verlassen gesehen
und seine Kinder um Brot betteln.
26 Er ist allezeit barmherzig und leiht gerne,
und sein Geschlecht wird zum Segen sein.
27 Lass ab vom Bösen und tu Gutes,
so bleibst du wohnen immerdar.
28 Denn der HERR hat das Recht lieb
und verlässt seine Heiligen nicht.
Ewiglich werden sie bewahrt,
aber das Geschlecht der Gottlosen wird ausgerottet.
29 Die Gerechten werden das Land ererben
und darin wohnen allezeit.[a]

30 Der Mund des Gerechten redet Weisheit,
und seine Zunge lehrt das Recht.
31 Das Gesetz seines Gottes ist in seinem Herzen;
seine Tritte gleiten nicht.
32 Der Gottlose lauert dem Gerechten auf
und gedenkt, ihn zu töten.
33 Aber der HERR lässt ihn nicht in seinen Händen
und lässt ihn vor Gericht nicht zum Schuldigen werden.
34 Harre auf den HERRN und halte dich auf seinem Weg, /
so wird er dich erhöhen,
dass du das Land erbest;
du wirst es sehen, dass die Gottlosen ausgerottet werden.
35 [a]Ich sah einen Gottlosen, der pochte auf Gewalt
und machte sich breit und grünte wie eine Zeder.
36 Dann kam ich wieder vorbei; siehe, da war er dahin.
Ich fragte nach ihm; doch ward er nirgends gefunden.
37 **Bleibe fromm und halte dich recht;**
denn einem solchen wird es zuletzt gut gehen.
38 Die Übertreter aber werden miteinander vertilgt,
und die Gottlosen werden zuletzt ausgerottet.
39 Aber der HERR hilft den Gerechten,
er ist ihre Stärke in der Not.
40 Und [a]der HERR wird ihnen beistehen und sie erretten;
er wird sie von den Gottlosen erretten und ihnen helfen; denn sie trauen auf ihn.

In schwerer Heimsuchung (Der dritte Bußpsalm)

38 EIN PSALM DAVIDS, ZUM GEDENKOPFER.
2 HERR, strafe mich nicht in deinem Zorn
und züchtige mich nicht in deinem Grimm!
3 Denn [a]deine Pfeile stecken in mir,
und deine Hand drückt mich.

4 Es ist nichts Gesundes an meinem Leibe wegen deines Drohens
und ist nichts Heiles an meinen Gebeinen wegen meiner Sünde.
5 Denn [a]meine Sünden gehen über mein Haupt;
wie eine schwere Last sind sie mir zu schwer geworden.
6 Meine Wunden stinken und eitern
um meiner Torheit willen.
7 Ich gehe krumm und sehr gebückt;
den ganzen Tag gehe ich traurig einher.
8 Denn meine Lenden sind ganz verdorrt;
es ist nichts Gesundes an meinem Leibe.

37,24: *a* Spr 24,16 **37,29:** *a* Jes 60,21 **37,35:** *a* *(35-36)* 1.Sam 25,2-38; Hes 31,3-14 **37,40:** *a* Lk 18,7-8 **38,3:** *a* Hiob 6,4 **38,5:** *a* Klgl 1,14

9 Ich bin matt geworden und ganz zerschlagen;
ich schreie vor Unruhe meines Herzens.

10 Herr, du kennst all mein Begehren,
und mein Seufzen ist dir nicht verborgen.
11 Mein Herz erbebt, meine Kraft hat mich verlassen,
und das Licht meiner Augen ist auch dahin.
12 Meine Lieben und Freunde scheuen zurück vor meiner Plage,
und meine Nächsten halten sich ferne.[a]
13 Die mir nach dem Leben trachten, stellen mir nach; /
und die mein Unglück suchen, bereden, wie sie mir schaden;
sie sinnen auf Trug den ganzen Tag.
14 Ich bin wie taub und höre nicht,
und [a]wie ein Stummer, der seinen Mund nicht auftut.
15 Ich muss sein wie einer, der nicht hört
und keine Widerrede in seinem Munde hat.
16 Aber ich harre, HERR, auf dich;
du, Herr, mein Gott, wirst erhören.
17 Denn ich denke: Dass sie sich ja nicht über mich freuen!
Wenn mein Fuß wankte, würden sie sich hoch rühmen wider mich.
18 Denn ich bin dem Fallen nahe,
und mein Schmerz ist immer vor mir.

19 So [a]bekenne ich denn meine Missetat
und sorge mich wegen meiner Sünde.
20 Aber meine Feinde leben und sind mächtig;
die mich zu Unrecht hassen, derer sind viele.
21 Die mir Gutes mit Bösem vergelten, feinden mich an,
weil ich mich an das Gute halte.
22 Verlass mich nicht, HERR,
mein Gott, sei nicht ferne von mir!
23 Eile, mir beizustehen,
Herr, du meine Hilfe!

Bittruf angesichts der menschlichen Vergänglichkeit

39 EIN PSALM DAVIDS, VORZUSINGEN, FÜR [a]JEDUTUN.
2 Ich habe mir vorgenommen: Ich will mich hüten,
dass ich nicht sündige mit meiner Zunge;
ich will meinem Mund einen Zaum anlegen,
solange ich den Gottlosen vor mir sehen muss.
3 Ich bin [a]verstummt und still und schweige fern der Freude
und muss mein Leid in mich fressen.
4 Mein Herz ist entbrannt in meinem Leibe; /
wenn ich daran denke, brennt es wie Feuer.
So rede ich denn mit meiner Zunge:

5 »HERR, lehre mich doch, /
dass es [a]ein Ende mit mir haben muss
und [b]mein Leben ein Ziel hat und ich davonmuss.
6 Siehe, [a]meine Tage sind eine Handbreit bei dir,
und mein Leben ist wie nichts vor dir.
WIE GAR NICHTS SIND ALLE MENSCHEN,
DIE DOCH SO SICHER LEBEN! SELA.
7 Sie gehen daher wie ein Schatten /
und machen sich viel vergebliche Unruhe;
sie sammeln und wissen nicht, wer es einbringen wird.«[a]

8 Nun, Herr, wessen soll ich mich trösten?
Ich hoffe auf dich.
9 Errette mich aus aller meiner Sünde
und lass mich nicht den Narren zum Spott werden.
10 Ich will schweigen und meinen Mund nicht auftun;
denn du hast es getan.
11 Wende deine Plage von mir;
ich vergehe, weil deine Hand nach mir greift.
12 Wenn du den Menschen züchtigst um der Sünde willen, /

38,12: *a* Ps 69,9; 88,9; Hiob 19,13-19 **38,14:** *a* Ps 39,3 **38,19:** *a* Ps 32,5 **39,1:** *a* 1.Chr 25,1.3 **39,3:** *a* Ps 38,14 **39,5:** *a* Ps 90,12; *b* Hiob 14,5 **39,6:** *a* Ps 90,5-6 **39,7:** *a* Ps 49,17-21; Pred 2,18.21; Lk 12,15-21

so verzehrst du seine Schönheit wie Motten ein Kleid.
Wie gar nichts sind doch alle Menschen. sela.

13 Höre mein Gebet, Herr, und vernimm mein Schreien,
schweige nicht zu meinen Tränen;
denn [a]ich bin ein Gast bei dir,
ein Fremdling wie alle meine Väter.
14 Lass ab von mir, dass ich mich erquicke,
ehe ich dahinfahre und nicht mehr bin.

Dank und Bitte

40 ein psalm davids, vorzusingen.
2 Ich harrte des Herrn,
und er neigte sich zu mir und hörte mein Schreien.
3 Er zog mich aus der grausigen Grube,
aus lauter Schmutz und Schlamm,
und stellte meine Füße auf einen Fels,
dass ich sicher treten kann;
4 er hat mir [a]ein neues Lied in meinen Mund gegeben,
zu loben unsern Gott.
Das werden viele sehen und sich fürchten
und auf den Herrn hoffen.
5 Wohl dem, der seine Hoffnung setzt auf den Herrn
und sich nicht wendet zu den Hoffärtigen und denen, die mit Lügen umgehen!

6 Herr, mein Gott, groß sind deine Wunder /
und deine Gedanken, die du an uns beweisest;
dir ist nichts gleich!
Ich will sie verkündigen und davon sagen,
wiewohl sie nicht zu zählen sind.[a]
7 [a]Schlachtopfer und Speisopfer gefallen dir nicht, /
aber die Ohren hast du mir aufgetan.
Du willst weder Brandopfer noch Sündopfer.
8 Da sprach ich: Siehe, ich komme;
im Buch ist von mir geschrieben:
9 Deinen Willen, mein Gott, tue ich gern,
und dein Gesetz hab ich in meinem Herzen.
10 Ich verkündige Gerechtigkeit in der großen Gemeinde.
Siehe, ich will mir meinen Mund nicht stopfen lassen;
Herr, das weißt du.
11 Deine Gerechtigkeit verberge ich nicht in meinem Herzen;
von deiner Wahrheit und von deinem Heil rede ich.
Ich verhehle deine Güte und Treue nicht
vor der großen Gemeinde.

12 Du aber, Herr, wollest deine Barmherzigkeit nicht von mir wenden;
lass deine Güte und Treue allewege mich behüten.
13 Denn es haben mich umgeben Leiden ohne Zahl.
Meine Sünden haben mich ereilt;
ich kann sie nicht überblicken.
Ihrer sind mehr als Haare auf meinem Haupt,
und mein Herz ist verzagt.
14 [a]Lass dir's gefallen, Herr, mich zu erretten;
eile, Herr, mir zu helfen!
15 Schämen sollen sich und zuschanden werden,
die mir nach dem Leben trachten,
mich umzubringen.
Es sollen zurückweichen und zuschanden werden,
die mir mein Unglück gönnen.
16 Sie sollen in ihrer Schande erschrecken,
die über mich schreien: Da, da!
17 Lass deiner sich freuen und fröhlich sein
alle, die nach dir fragen;
und die dein Heil lieben, lass allewege sagen:
Der Herr sei hochgelobt!
18 Denn ich bin arm und elend;
der Herr aber sorgt für mich.
Du bist mein Helfer und Erretter;
mein Gott, säume doch nicht!

39,13: *a* Ps 119,19; 3. Mose 25,23; 1. Petr 2,11; Hebr 11,13 **40,4:** *a* Ps 33,3 **40,6:** *a* Ps 139,17-18 **40,7:** *a* Ps 50,8-13; 51,18; 1. Sam 15,22; Hebr 10,5-10 **40,14:** *a (14-18)* Ps 70,2-6

Gebet in Krankheit

41 EIN PSALM DAVIDS, VORZUSINGEN.
2 Wohl dem, der [a]sich des Schwachen annimmt!
Den wird der HERR erretten zur bösen Zeit.
3 Der HERR wird ihn bewahren und beim Leben erhalten /
und es ihm lassen wohlgehen auf Erden
und ihn nicht preisgeben dem Willen seiner Feinde.
4 Der HERR wird ihn erquicken auf seinem Lager;
du hilfst ihm auf von aller seiner Krankheit.

5 Ich sprach: HERR, sei mir gnädig! Heile mich;
denn ich habe an dir gesündigt.
6 Meine Feinde reden Arges wider mich:
»Wann wird er sterben und sein Name vergehen?«
7 Sie kommen, nach mir zu schauen,
und meinen's doch nicht von Herzen;
sondern sie suchen etwas, dass sie lästern können,
gehen hin und tragen's hinaus auf die Gasse.
8 Alle, die mich hassen, flüstern miteinander über mich
und denken Böses über mich:
9 »Unheil ist über ihn ausgegossen;
wer so daliegt, wird nicht wieder aufstehen.«
10 Auch mein Freund, dem ich vertraute,
der mein Brot aß, tritt mich mit Füßen.[a]
11 Du aber, HERR, sei mir gnädig und hilf mir auf,
so will ich ihnen vergelten.

12 Daran merke ich, dass du Gefallen an mir hast,
dass mein Feind über mich nicht frohlocken wird.
13 Mich aber hältst du um meiner Frömmigkeit willen
und stellst mich vor dein Angesicht für ewig.
14 Gelobt sei der HERR, der Gott Israels,
von Ewigkeit zu Ewigkeit!
Amen! Amen![a]

ZWEITES BUCH

Verlangen nach Gott aus fremdem Land

42 EINE UNTERWEISUNG DER [a]SÖHNE KORACH, VORZUSINGEN.
2 Wie der Hirsch lechzt nach frischem Wasser,
so schreit meine Seele, Gott, zu dir.
3 [a]Meine Seele dürstet nach Gott,
nach dem lebendigen Gott.
Wann werde ich dahin kommen,
dass ich Gottes Angesicht schaue?
4 Meine Tränen sind meine Speise Tag und Nacht,
weil man täglich zu mir sagt:
[a]Wo ist nun dein Gott?
5 Daran will ich denken
und ausschütten mein Herz bei mir selbst:
[a]wie ich einherzog in großer Schar,
mit ihnen zu wallen zum Hause Gottes
mit Frohlocken und Danken
in der Schar derer, die da feiern.
6 WAS BETRÜBST DU DICH, MEINE SEELE,
UND BIST SO UNRUHIG IN MIR?
HARRE AUF GOTT; DENN ICH WERDE IHM NOCH DANKEN,
DASS ER MEINES ANGESICHTS HILFE UND MEIN GOTT IST.[a]

7 Mein Gott, betrübt ist meine Seele in mir, /
darum gedenke ich an dich
aus dem Land am Jordan und Hermon, vom Berge Misar.
8 Deine Fluten rauschen daher, /
und eine Tiefe ruft die andere;
alle deine Wasserwogen und Wellen gehen über mich.
9 Am Tage sendet der HERR seine Güte,
und des Nachts singe ich ihm
und bete zu dem Gott meines Lebens.
10 Ich sage zu Gott, meinem [a]Fels:

41,2: *a* Spr 14,21; Mt 5,7 **41,10:** *a* Ps 55,13-15; Joh 13,18; Apg 1,16 **41,14:** *a* Ps 72,18; 89,53; 106,48; 150,6 **42,1:** *a* 1. Chr 6,16.22; 2. Chr 20,19 **42,3:** *a* Ps 63,2; 84,3; 143,6 **42,4:** *a* Ps 79,10 **42,5:** *a* Ps 27,4 **42,6:** *a* Ps 116,7 **42,10:** *a* 5. Mose 32,4

Warum hast du mich vergessen?
Warum muss ich so traurig gehen,
wenn mein Feind mich dränget?
11 Es ist wie Mord in meinen Gebeinen, /
wenn mich meine Feinde schmähen
und täglich zu mir sagen: Wo ist nun dein Gott?
12 Was betrübst du dich, meine Seele,
und bist so unruhig in mir?
Harre auf Gott; denn ich werde ihm noch danken,
dass er meines Angesichts Hilfe und mein Gott ist.

43 Gott, schaffe mir Recht /
und führe meine Sache wider das unheilige Volk
und errette mich von den falschen und bösen Leuten!
2 Denn du bist der Gott meiner Stärke:
Warum hast du mich verstoßen?
Warum muss ich so traurig gehen,
wenn mein Feind mich dränget?
3 Sende dein Licht und deine Wahrheit,
dass sie mich leiten
und bringen zu deinem heiligen Berg und zu deiner Wohnung,
4 dass ich hineingehe zum Altar Gottes, /
zu dem Gott, der meine Freude und Wonne ist,
und dir, Gott, auf der Harfe danke, mein Gott.
5 Was betrübst du dich, meine Seele,
und bist so unruhig in mir?
Harre auf Gott; denn ich werde ihm noch danken,
dass er meines Angesichts Hilfe und mein Gott ist.

Hat Gott sein Volk verstoßen?

44 Eine Unterweisung der Söhne Korach, vorzusingen.
2 Gott, wir haben mit unsern Ohren gehört, /
[a] unsre Väter haben's uns erzählt,
was du getan hast zu ihren Zeiten,
in alten Tagen.
3 Du hast mit deiner Hand die Heiden vertrieben,
sie aber hast du eingesetzt;
du hast die Völker zerschlagen,
sie aber hast du ausgebreitet.
4 Denn sie haben das Land nicht eingenommen durch ihr Schwert,
und ihr Arm half ihnen nicht,
sondern deine Rechte, dein Arm
und das Licht deines Angesichts;
denn du hattest Wohlgefallen an ihnen.

5 Du bist es, mein König und mein Gott,
der du Jakob Hilfe verheißest.
6 Durch dich wollen wir unsre Feinde zu Boden stoßen,
in deinem Namen niedertreten, die sich gegen uns erheben.
7 Denn ich verlasse mich nicht auf meinen Bogen,
und mein Schwert kann mir nicht helfen;
8 sondern du hilfst uns von unsern Feinden
und machst zuschanden, die uns hassen.
9 Täglich [a] rühmen wir uns Gottes
und preisen deinen Namen ewiglich. Sela.

10 Warum verstößest du uns denn nun /
und lässest uns zuschanden werden
und ziehst nicht aus mit unserm Heer?
11 Du lässest uns fliehen vor unserm Feind,
dass uns berauben, die uns hassen.
12 Du gibst uns dahin wie Schlachtschafe
und zerstreust uns unter die Heiden.
13 Du verkaufst dein Volk um ein Nichts
und hast mit ihrem Kaufgeld nichts gewonnen.
14 Du machst uns zur Schmach bei unsern Nachbarn,
zu Spott und Hohn bei denen, die um uns her sind.[a]
15 Du machst uns zum Sprichwort unter den Heiden,
lässt die Völker das Haupt über uns schütteln.
16 Täglich ist meine Schmach mir vor Augen,
und mein Antlitz ist voller Scham,
17 weil ich sie höhnen und lästern höre

44,2: *a* 5. Mose 6,20-25 **44,9:** *a* Jer 9,22-23 **44,14:** *a* Ps 79,4; 1. Kön 9,7

und muss die Feinde und
Rachgierigen sehen.

18 Dies alles ist über uns gekommen;
und wir haben doch dich nicht vergessen,
an deinem Bund nicht untreu gehandelt.
19 Unser Herz ist nicht abgefallen
noch unser Schritt gewichen von deinem Weg,
20 dass du uns so zerschlägst am Ort der Schakale
und bedeckst uns mit Finsternis.
21 Wenn wir den Namen unsres Gottes vergessen hätten
und unsre Hände aufgehoben zum fremden Gott:
22 würde das Gott nicht erforschen?
Er kennt ja unsres Herzens Grund.
23 Doch um deinetwillen [a] werden wir täglich getötet
und sind geachtet wie Schlachtschafe.[b]

24 Wache auf, Herr! Warum schläfst du?
Werde wach und verstoß uns nicht für immer!
25 Warum verbirgst du dein Antlitz,
vergissest unser Elend und unsre Drangsal?
26 Denn unsre Seele ist gebeugt zum Staube,
unser Leib liegt am Boden.
27 Mache dich auf, hilf uns
und erlöse uns um deiner Güte willen!

Lied zur Hochzeit des Königs

45 EINE UNTERWEISUNG DER SÖHNE KORACH, VORZUSINGEN, NACH DER WEISE »LILIEN«, EIN BRAUTLIED.
2 Mein Herz dichtet ein feines Lied, /
einem König will ich es singen;
meine Zunge ist ein Griffel eines guten Schreibers:
3 Du bist der Schönste unter den Menschenkindern, /
voller Huld sind deine Lippen;
wahrlich, Gott hat dich gesegnet für ewig.
4 Gürte dein Schwert an die Seite, du Held, /
und schmücke dich herrlich!
5 Es möge dir gelingen in deiner Herrlichkeit.
Zieh einher für die Wahrheit /
in Sanftmut und Gerechtigkeit,
so wird deine rechte Hand Wunder vollbringen.
6 Scharf sind deine Pfeile, dass Völker vor dir fallen;
sie dringen ins Herz der Feinde des Königs.

7 [a] Gott, dein Thron bleibt immer und ewig;
das Zepter deines Reichs ist ein gerechtes Zepter.
8 Du liebst Gerechtigkeit
und hassest gottloses Treiben;
darum hat dich der Herr, dein Gott, gesalbt
mit Freudenöl wie keinen deinesgleichen.
9 Deine Kleider sind lauter Myrrhe, Aloe und Kassia;
aus Elfenbeinpalästen erfreut dich Saitenspiel.
10 In deinem Schmuck gehen Töchter von Königen;
die Braut steht zu deiner Rechten in Goldschmuck aus Ofir.

11 Höre, Tochter, sieh und neige dein Ohr:
Vergiss dein Volk und dein Vaterhaus!
12 Den König verlangt nach deiner Schönheit;
denn er ist dein Herr und du sollst ihm huldigen.
13 Die Tochter Tyrus kommt mit Geschenken;
die Reichen im Volk suchen deine Gunst.

14 Die Königstochter ist mit Perlen geschmückt;
sie ist mit goldenen Gewändern bekleidet.
15 Man führt sie in gestickten Kleidern zum König;
Jungfrauen folgen ihr,

44,23: *a* 1. Kor 15,31; *b* Röm 8,36 **45,7:** *a* (7-8) Hebr 1,8-9

ihre Gespielinnen führt man zu
dir.
16 Man führt sie hin mit Freude und
Jubel;
sie ziehen ein in des Königs Palast.

17 An deiner Väter statt werden deine
Söhne sein;
die wirst du zu Fürsten setzen in
aller Welt.
18 Ich will deinen Namen kundmachen
von Kind zu Kindeskind;
darum werden dir danken die
Völker immer und ewig.

Ein feste Burg ist unser Gott

46 EIN LIED DER SÖHNE KORACH, VORZUSINGEN, NACH DER WEISE »JUNGFRAUEN«.
2 **Gott ist unsre Zuversicht und Stärke,**
eine Hilfe in den großen Nöten,
die uns getroffen haben.
3 Darum fürchten wir uns nicht,
wenngleich die Welt unterginge
und die Berge mitten ins Meer
sänken,
4 wenngleich das Meer wütete und wallte
und von seinem Ungestüm die
Berge einfielen. SELA.*
5 Dennoch soll die Stadt Gottes fein
lustig bleiben
mit ihren [a]Brünnlein, da die
heiligen Wohnungen des Höchsten
sind.**
6 Gott ist bei ihr drinnen, darum wird
sie festbleiben;
Gott hilft ihr früh am Morgen.
7 Die Heiden müssen verzagen und die
Königreiche fallen,
das Erdreich muss vergehen, wenn
er sich hören lässt.
8 DER HERR ZEBAOTH IST MIT UNS,
DER GOTT JAKOBS IST UNSER SCHUTZ.
SELA.

9 [a]Kommt her und schauet die Werke
des HERRN,
der auf Erden solch ein Zerstören
anrichtet,
10 der den Kriegen steuert in aller Welt,
der [a]Bogen zerbricht,
Spieße zerschlägt und
Wagen mit Feuer verbrennt.
11 Seid stille und erkennet, dass ich Gott
bin!
Ich will der Höchste sein unter den
Heiden,
der Höchste auf Erden.
12 DER HERR ZEBAOTH IST MIT UNS,
DER GOTT JAKOBS IST UNSER
SCHUTZ. SELA.

Gott ist König über alle Völker

47 EIN PSALM DER SÖHNE KORACH, VORZUSINGEN.
2 Schlagt froh in die Hände, alle Völker,
und jauchzet Gott mit fröhlichem
Schall!
3 Denn der HERR, der Allerhöchste, ist
heilig,
ein großer König über die ganze
Erde.
4 Er beugt die Völker unter uns
und Völkerschaften unter unsere
Füße.
5 Er erwählt uns unser Erbteil,
die Herrlichkeit [a]Jakobs, den er lieb
hat. SELA.

6 Gott fährt auf unter Jauchzen,
der HERR beim Hall der Posaune.
7 Lobsinget, lobsinget Gott,
lobsinget, lobsinget unserm
Könige!
8 Denn [a]Gott ist König über die ganze
Erde;
lobsinget ihm mit Psalmen!

9 Gott ist König über die Völker,
Gott sitzt auf seinem heiligen
Thron.
10 Die Fürsten der Völker sind
versammelt
als Volk des Gottes Abrahams;
denn Gott gehören die Starken auf
Erden;
er ist hoch erhaben.

* Vermutlich stand der Kehrvers von Vers 8 und 12 auch an dieser Stelle.
** Luther übersetzte ursprünglich wörtlicher: »Der Strom mit seinen Bächen erfreut die Stadt Gottes, die heiligen Wohnungen des Höchsten.«

46,5: *a* Jes 12,3 **46,9:** *a (9-10)* 2. Kön 19,35 **46,10:** *a* Ps 76,4 **47,5:** *a* 5. Mose 32,9 **47,8:** *a* Ps 93,1

Gottes Stadt

48 EIN PSALMLIED DER SÖHNE KORACH.
2 Groß ist der HERR und hoch zu rühmen
in der Stadt unsres Gottes, auf seinem heiligen Berge.[a]
3 Schön ragt empor der Berg Zion,
daran sich freut die ganze Welt,
der Gottesberg* fern im Norden,
[a]die Stadt des großen Königs.
4 Gott ist in ihren Palästen,
er ist bekannt als Schutz.

5 Denn siehe, Könige waren versammelt
und miteinander herangezogen.[a]
6 Sie haben sich verwundert, als sie solches sahen;
sie haben sich entsetzt und sind davongestürzt.
7 Zittern hat sie da erfasst,
Angst wie eine Gebärende.
8 Du zerbrichst die großen Schiffe
durch den Sturm vom Osten.

9 Wie wir es gehört haben,
so sehen wir es
an der Stadt des HERRN Zebaoth,
an der Stadt unsres Gottes:
Gott erhält sie ewiglich. SELA.

10 Gott, wir gedenken deiner Güte
in deinem Tempel.
11 Gott, [a]wie dein Name, so ist auch dein Ruhm
bis an der Welt Enden.
Deine Rechte ist voll Gerechtigkeit.
12 Dessen freue sich der Berg Zion,
und die Töchter Juda seien fröhlich,
weil du recht richtest.

13 Ziehet um Zion herum und umschreitet es,
zählt seine Türme;
14 habt gut acht auf seine Mauern, /
durchwandert seine Paläste,
dass ihr den Nachkommen davon erzählt:
15 Wahrlich, [a]das ist Gott, unser Gott
für immer und ewig.
Er ist's, der uns führet.

Die Herrlichkeit der Reichen ist Trug und Schein

49 EIN PSALM DER SÖHNE KORACH, VORZUSINGEN, NACH DER WEISE »JUGEND«.
2 Höret zu, alle Völker;
merket auf, alle, die in dieser Zeit leben,
3 einfache Leute und Herren,
Reich und Arm, miteinander!
4 Mein Mund soll Weisheit reden,
und was mein Herz sagt, soll verständig sein.
5 Ich will einem Spruch mein Ohr neigen
und mein Rätselwort kundtun
beim Klang der Harfe.

6 Warum sollte ich mich fürchten in bösen Tagen,
wenn mich die Missetat meiner Widersacher umgibt,
7 die sich verlassen auf Hab und Gut
und pochen auf ihren großen Reichtum?
8 [a]Kann doch keiner einen andern auslösen
oder für ihn an Gott ein Sühnegeld geben
9 – denn es kostet zu viel, ihr Leben auszulösen;
er muss davon abstehen ewiglich –,
10 damit er immer weiterlebe
und die Grube nicht sehe.

11 Nein, er wird sehen:
[a]Auch die Weisen sterben, /
so wie die Toren und Narren umkommen;
[b]sie müssen ihr Gut andern lassen.
12 Gräber sind ihr Haus immerdar,
ihre Wohnung für und für,
und doch hatten sie große Ehre auf Erden.
13 EIN MENSCH IN SEINER HERRLICHKEIT KANN NICHT BLEIBEN,
SONDERN [a]MUSS DAVON WIE DAS VIEH.

14 Dies ist der Weg derer, die so voll Torheit sind,

* Siehe Sach- und Worterklärungen.

48,2: *a* Ps 46,5-6 **48,3:** *a* Klgl 2,15; Mt 5,35 **48,5:** *a* 2. Kön 18,17-18 **48,11:** *a* Mal 1,11 **48,15:** *a* Jes 25,9 **49,8:** *a (8-9)* Mi 6,6-8; Mt 16,26 **49,11:** *a* Pred 2,16; *b* Pred 6,2 **49,13:** *a* Pred 3,19

und das Ende aller, denen ihr
Gerede so wohl gefällt. SELA.
15 Sie liegen bei den Toten wie Schafe,
der Tod weidet sie;
aber die Frommen werden gar bald
über sie herrschen,
und ihr Trotz muss vergehen;
bei den Toten müssen sie bleiben.
16 Aber [a]Gott wird mich erlösen aus des
Todes Gewalt;
denn [b]er nimmt mich auf. SELA.

17 Lass es dich nicht anfechten,
wenn einer reich wird,
wenn die Herrlichkeit seines Hauses
groß wird.[a]
18 Denn [a]er wird nichts bei seinem
Sterben mitnehmen,
und seine Herrlichkeit wird ihm
nicht nachfahren.
19 Er [a]freut sich wohl dieses guten
Lebens,
und man preist dich, wenn es dir
gut geht.
20 Aber doch fahren sie ihren Vätern
nach
und sehen das Licht nimmermehr.
21 EIN MENSCH IN SEINER
HERRLICHKEIT KANN NICHT BLEIBEN,
SONDERN MUSS DAVON WIE DAS
VIEH.

Der rechte Gottesdienst

50 EIN PSALM [a]ASAFS.
Gott, der HERR, der Mächtige,
redet und ruft der Welt zu
vom Aufgang der Sonne bis zu
ihrem Niedergang.
2 **Aus Zion bricht an der schöne Glanz
Gottes.**[a]
3 **Unser Gott kommt und schweiget
nicht.**
Fressendes Feuer geht vor ihm her
und um ihn her ein mächtiges
Wetter.
4 Er [a]ruft Himmel und Erde zu,
dass er sein Volk richten wolle:
5 »Versammelt mir meine Heiligen,
die [a]den Bund mit mir schlossen
beim Opfer.«
6 Und die Himmel werden seine
Gerechtigkeit verkünden;
denn Gott selbst ist Richter. SELA.

7 »Höre, mein Volk, lass mich reden; /
Israel, ich will wider dich zeugen:
[a]Ich, Gott, bin dein Gott.
8 [a]Nicht deiner Opfer wegen klage ich
dich an
– sind doch deine Brandopfer
täglich vor mir.
9 Ich will von deinem Hause Stiere nicht
nehmen
noch Böcke aus deinen Ställen.
10 Denn alles Wild im Walde ist mein
und die Tiere auf den Bergen zu
Tausenden.
11 Ich kenne alle Vögel auf den Bergen;
und was sich regt auf dem Felde,
ist mein.
12 Wenn mich hungerte, wollte ich dir
nicht davon sagen;
denn der Erdkreis ist mein
und alles, was darauf ist.
13 Meinst du, dass ich Fleisch von
Stieren essen wolle
oder Blut von Böcken trinken?
14 Opfere Gott Dank
und erfülle dem Höchsten deine
Gelübde,[a]
15 und [a]**rufe mich an in der Not,
so will ich dich erretten und du sollst
mich preisen.«**

16 [a]Aber zum Gottlosen spricht Gott: /
»Was hast du von meinen Geboten zu
reden
und nimmst meinen Bund in deinen
Mund,
17 da du doch Zucht hassest
und wirfst meine Worte hinter dich?
18 Wenn du einen Dieb siehst, so läufst
du mit ihm
und hast Gemeinschaft mit den
Ehebrechern.
19 Deinen Mund lässest du Böses reden,
und deine Zunge treibt Falschheit.
20 [a]Du sitzest und redest wider deinen
Bruder;
deiner Mutter Sohn verleumdest
du.

49,16: *a* Hos 13,14; *b* Ps 73,24 **49,17:** *a* Hiob 21,7-15 **49,18:** *a* Pred 5,14; 1.Tim 6,7 **49,19:** *a* Lk 12,16-21; 16,19-31 **50,1:** *a* 1.Chr 25,1 **50,2:** *a* Jes 62,1 **50,4:** *a* 5.Mose 32,1; Jes 1,2 **50,5:** *a* 2.Mose 24,4-11 **50,7:** *a* 2.Mose 20,2 **50,8:** *a (8-13)* Ps 40,7; 1.Sam 15,22; Jes 1,11 **50,14:** *a* Jona 2,10 **50,15:** *a* Ps 91,15 **50,16:** *a (16-21)* Röm 2,21-23 **50,20:** *a (20-21)* 1.Mose 42,21

21 Das tust du und ich schweige;
da meinst du, ich sei so wie du.
Aber ich will dich zurechtweisen
und es dir vor Augen stellen.

22 Begreift es doch, die ihr Gott vergesset,
damit ich nicht hinraffe, und kein Retter ist da!
23 Wer Dank opfert, der preiset mich,
und da ist der Weg, dass ich ihm zeige das Heil Gottes.«

Gott, sei mir Sünder gnädig! (Der vierte Bußpsalm)

51 EIN PSALM DAVIDS, VORZUSINGEN, 2 ALS DER PROPHET [a] NATHAN ZU IHM KAM, NACHDEM ER ZU BATSEBA EINGEGANGEN WAR.
3 Gott, [a] sei mir gnädig nach deiner Güte,
und tilge meine Sünden nach deiner großen Barmherzigkeit.
4 Wasche mich rein von meiner Missetat,
und reinige mich von meiner Sünde;
5 denn [a] ich erkenne meine Missetat,
und meine Sünde ist immer vor mir.
6 An dir allein habe ich gesündigt
und übel vor dir getan,
[a] auf dass du recht behaltest in deinen Worten
und rein dastehst, wenn du richtest.
7 Siehe, [a] ich bin als Sünder geboren,
und meine Mutter hat mich in Sünden empfangen.
8 Siehe, dir gefällt Wahrheit, die im Verborgenen liegt,
und im Geheimen tust du mir Weisheit kund.

9 Entsündige mich mit [a] Ysop, dass ich rein werde;
wasche mich, [b] dass ich schneeweiß werde.
10 Lass mich hören Freude und Wonne,
dass die Gebeine fröhlich werden,
die du zerschlagen hast.[a]
11 Verbirg dein Antlitz vor meinen Sünden,
und tilge alle meine Missetat.
12 **Schaffe in mir, Gott, ein [a] reines Herz,**
und gib mir einen [b] neuen, beständigen Geist.
13 **Verwirf mich nicht von deinem Angesicht,**
und nimm deinen Heiligen Geist nicht von mir.
14 **Erfreue mich wieder mit deiner Hilfe,**
und mit einem willigen Geist rüste mich aus.
15 Ich will die Übertreter deine Wege lehren,
dass sich die Sünder zu dir bekehren.

16 Errette mich von Blutschuld, /
Gott, der du mein Gott und Heiland bist,
dass meine Zunge deine Gerechtigkeit rühme.
17 Herr, tu meine Lippen auf,
dass mein Mund deinen Ruhm verkündige.
18 Denn Schlachtopfer willst du nicht, /
ich wollte sie dir sonst geben,
und Brandopfer gefallen dir nicht.[a]
19 Die Opfer, die Gott gefallen, sind ein geängsteter Geist,
ein geängstetes, zerschlagenes Herz
wirst du, Gott, nicht verachten.[a]

20 Tu wohl an Zion nach deiner Gnade,
baue die Mauern zu Jerusalem.
21 Dann werden dir gefallen rechte Opfer, /
Brandopfer und Ganzopfer;
dann wird man Stiere auf deinem Altar opfern.

Trostpsalm gegen einen Gewalttäter

52 EINE UNTERWEISUNG DAVIDS, VORZUSINGEN, 2 [a] ALS DOËG, DER EDOMITER, KAM UND ZEIGTE ES SAUL AN UND SPRACH: DAVID IST IN AHIMELECHS HAUS GEKOMMEN.
3 Was rühmst du dich der Bosheit, du Tyrann,
da doch Gottes Güte noch täglich währt?
4 Deine Zunge trachtet nach Schaden

51,2: *a* 2. Sam 12,1-15 **51,3:** *a* Lk 18,13 **51,5:** *a* Ps 32,5 **51,6:** *a* Röm 3,4 **51,7:** *a* Joh 3,6 **51,9:** *a* 2. Mose 12,22-23; *b* Jes 1,18 **51,10:** *a* Ps 32,3-4 **51,12:** *a* Mt 5,8; *b* Hes 36,26-27 **51,18:** *a* Ps 40,7 **51,19:** *a* Ps 34,19 **52,2:** *a* 1. Sam 22,9-19

wie ein scharfes Schermesser, du
Betrüger!
5 Du liebst das Böse mehr als das Gute
und redest lieber Falsches als
Rechtes. SELA.
6 Du redest gern alles, was zum
Verderben dient,
mit falscher Zunge.

7 Darum wird dich auch Gott für immer
zerstören, /
dich zerschlagen und aus deinem Zelte
reißen
und aus dem Lande der Lebendigen
ausrotten. SELA.
8 [a] Und die Gerechten werden es sehen
und sich fürchten
und werden seiner lachen:
9 »Siehe, das ist der Mann,
der nicht auf Gott sein Vertrauen
setzte,
sondern verließ sich auf seinen großen
Reichtum
und war mächtig,
Schaden zu tun.«

10 Ich aber [a] werde bleiben wie ein
grünender Ölbaum im Hause Gottes;
ich verlasse mich auf Gottes Güte
immer und ewig.
11 Ich will dir danken ewiglich,
denn du hast es getan.
Ich will harren auf deinen Namen vor
deinen Heiligen,
denn du bist gütig.

Die Torheit der Gottlosen

(vgl. Ps 14,1-7)

53 EINE UNTERWEISUNG DAVIDS,
VORZUSINGEN, ZUM REIGENTANZ.
2 Die Toren sprechen in ihrem Herzen:
»Es ist kein Gott.«
Sie taugen nichts; ihr Freveln ist ein
Gräuel;
da ist keiner, der Gutes tut.
3 Gott schaut vom Himmel auf die
Menschenkinder,
dass er sehe, ob jemand klug sei
und nach Gott frage.
4 Aber sie sind alle abgefallen und
allesamt verdorben;
da ist keiner, der Gutes tut, auch
nicht **einer.**

5 Wollen denn die Übeltäter sich nichts
sagen lassen,
die mein Volk fressen, dass sie sich
nähren, Gott aber rufen sie nicht
an?
6 Sie fürchten sich da,
wo nichts zu fürchten ist;
doch Gott zerstreut die Gebeine derer,
die dich bedrängen.
Du machst sie zuschanden,
denn Gott hat sie verworfen.
7 Ach dass die Hilfe aus Zion über Israel
käme /
und Gott sein gefangenes Volk erlöste!
So würde Jakob sich freuen und
Israel fröhlich sein.

Hilferuf eines Bedrohten

54 EINE UNTERWEISUNG DAVIDS,
VORZUSINGEN, BEIM SAITENSPIEL,
2 [a] ALS DIE MÄNNER VON SIF KAMEN UND
ZU SAUL SPRACHEN: DAVID HÄLT SICH
BEI UNS VERBORGEN.
3 Hilf mir, Gott, durch deinen Namen
und schaffe mir Recht durch deine
Kraft.
4 Gott, erhöre mein Gebet,
vernimm die Rede meines Mundes.
5 Denn Stolze erheben sich gegen mich, /
und Gewalttäter trachten mir nach dem
Leben;
sie haben Gott nicht vor Augen.
SELA.

6 Siehe, Gott steht mir bei,
der Herr erhält mein Leben.
7 Er wird die Bosheit meinen Feinden
vergelten.
Vertilge sie um deiner Treue willen!
8 So will ich dir ein Freudenopfer
bringen
und deinen Namen, HERR, preisen,
dass er so tröstlich ist.
9 Denn du errettest mich aus aller meiner
Not,
dass mein Auge auf meine Feinde
herabsieht.

52,8: *a (8-9)* Ps 91,8 **52,10:** *a* Ps 92,13-16 **54,2:** *a* 1.Sam 23,19; 26,1

Klage über falsche Brüder

55 EINE UNTERWEISUNG DAVIDS, VORZUSINGEN, BEIM SAITENSPIEL.
2 Gott, höre mein Gebet
und verbirg dich nicht vor meinem Flehen.
3 Merke auf mich und erhöre mich,
wie ich so ruhelos klage und heule,
4 da der Feind so schreit
und der Gottlose mich bedrängt;
denn sie wollen Unheil über mich bringen
und sind mir heftig gram.
5 Mein Herz ängstet sich in meinem Leibe,
und Todesfurcht ist auf mich gefallen.
6 Furcht und Zittern ist über mich gekommen,
und Grauen hat mich überfallen.
7 Ich sprach: O hätte ich Flügel wie Tauben,
dass ich wegflöge und Ruhe fände!
8 Siehe, so wollte ich in die Ferne fliehen
und in der Wüste bleiben. SELA.
9 Ich wollte eilen, dass ich entrinne
vor dem Sturmwind und Wetter.

10 Mache ihre Zunge uneins, Herr, und verwirre sie;
denn ich sehe Frevel und Hader in der Stadt.
11 Das geht Tag und Nacht um auf ihren Mauern,
und Mühsal und Unheil ist drinnen.
12 Verderbnis regiert darin,
Lügen und Trügen weicht nicht aus ihren Gassen.
13 [a]Wenn mein **Feind** mich schmähte,
wollte ich es ertragen;
wenn einer, der mich hasst, großtut wider mich,
wollte ich mich vor ihm verbergen.
14 Aber nun bist du es, mein Gefährte,
mein Freund und mein Vertrauter,
15 die wir freundlich miteinander waren,
die wir in Gottes Haus gingen inmitten der Menge!
16 Der Tod übereile sie, dass sie [a]lebendig zu den Toten fahren;
denn es ist lauter Bosheit bei ihnen.
17 Ich aber will zu Gott rufen
und der HERR wird mir helfen.
18 Abends und morgens und mittags will ich klagen und heulen;
so wird er meine Stimme hören.
19 Er erlöst mich von denen, die an mich wollen,
und schafft mir Ruhe; denn ihrer sind viele wider mich.
20 Gott wird hören und sie demütigen,
[a]der allewege bleibet. SELA.
Denn sie werden nicht anders
und wollen Gott nicht fürchten.
21 Sie legen ihre Hände an ihre Freunde
und entheiligen ihren Bund.
22 Ihr Mund ist glatter als Butter
und haben doch Krieg im Sinn;
ihre Worte sind linder als Öl
und sind doch gezückte Schwerter.[a]

23 **Wirf dein Anliegen auf den HERRN; / [a]der wird dich versorgen**
und wird den Gerechten in Ewigkeit nicht wanken lassen.
24 Und du, Gott, wirst sie
hinunterstoßen in die tiefe Grube. /
Die Blutgierigen und Falschen werden
ihr Leben nicht [a]bis zur Hälfte bringen.
Ich aber hoffe auf dich.

Getrostes Vertrauen in schwerer Not

56 EIN GÜLDENES KLEINOD DAVIDS, VORZUSINGEN, NACH DER WEISE »DIE STUMME TAUBE UNTER DEN FREMDEN«, [a]ALS IHN DIE PHILISTER IN GAT ERGRIFFEN HATTEN.
2 Gott, sei mir gnädig, denn Menschen stellen mir nach;
täglich bekämpfen und bedrängen sie mich.
3 Meine Feinde stellen mir täglich nach;
denn viele kämpfen gegen mich voll Hochmut.
4 Wenn ich mich fürchte,
so hoffe ich auf dich.
5 ICH WILL GOTTES WORT RÜHMEN; / AUF GOTT WILL ICH HOFFEN UND [a]MICH NICHT FÜRCHTEN.
WAS KÖNNEN MIR MENSCHEN TUN?

6 Täglich fechten sie meine Sache an;

55,13: *a (13-15)* Ps 41,10 **55,16:** *a* 4. Mose 16,31-33 **55,20:** *a* Ps 102,27-28 **55,22:** *a* Jer 9,7 **55,23:** *a* 1. Petr 5,7 **55,24:** *a* Ps 102,25 **56,1:** *a* 1. Sam 21,11-16 **56,5:** *a* Ps 27,1; 118,6; Jes 12,2; 51,12; Mt 10,28

alle ihre Gedanken suchen mir
Böses zu tun.
7 Sie rotten sich zusammen, sie lauern /
und haben acht auf meine Schritte,
wie sie mir nach dem Leben
trachten.
8 Sollten sie mit ihrer Bosheit entrinnen?
Gott, stoß diese Leute ohne alle
Gnade hinunter!

9 Zähle die Tage meiner Flucht, /
sammle meine Tränen in deinen Krug;
ohne Zweifel, du zählst sie.
10 Dann werden meine Feinde
zurückweichen, /
wenn ich dich anrufe.
Das weiß ich, dass du mein Gott bist.
11 ICH WILL RÜHMEN GOTTES WORT;
ICH WILL RÜHMEN DES HERRN
WORT.
12 AUF GOTT HOFFE ICH UND FÜRCHTE
MICH NICHT;
WAS KÖNNEN MIR MENSCHEN TUN?

13 Ich habe dir, Gott, gelobt,
dass ich dir danken will.
14 Denn [a] du hast mich vom Tode
errettet,
meine Füße vom Gleiten,
dass ich wandeln kann vor Gott
im Licht der Lebendigen.

Vertrauensvolle Bitte in der Anfechtung

57 EIN GÜLDENES KLEINOD DAVIDS, VORZUSINGEN, NACH DER WEISE »VERTILGE NICHT«, [a] ALS ER VOR SAUL IN DIE HÖHLE FLOH.
2 Sei mir gnädig, Gott, sei mir gnädig!
Denn auf dich traut meine Seele,
und [a] unter dem Schatten deiner Flügel
habe ich Zuflucht,
bis das Unglück vorübergehe.
3 Ich rufe zu Gott, dem Allerhöchsten,
zu Gott, der meine Sache zum
guten Ende führt.
4 Er sende vom Himmel und helfe mir /
von der Schmähung dessen, der mir
nachstellt. SELA.
Gott sende seine Güte und Treue.
5 Ich liege mitten unter Löwen;
verzehrende Flammen sind die
Menschen,
ihre Zähne sind Spieße und Pfeile
und ihre Zungen scharfe Schwerter.
6 ERHEBE DICH, GOTT, ÜBER DEN
HIMMEL
UND DEINE HERRLICHKEIT ÜBER
ALLE WELT!

7 Sie haben meinen Schritten ein Netz
gestellt
und meine Seele gebeugt;
sie haben vor mir eine Grube gegraben –
und fallen doch selbst hinein. SELA.
8 [a] Mein Herz ist bereit, Gott,
mein Herz ist bereit, dass ich singe
und lobe.
9 Wach auf, meine Seele,
wach auf, Psalter und Harfe,
ich will das Morgenrot wecken!
10 Herr, ich will dir danken unter den
Völkern,
ich will dir lobsingen unter den
Leuten.
11 Denn deine Güte reicht, so weit der
Himmel ist,
und deine Wahrheit, so weit die
Wolken gehen.
12 ERHEBE DICH, GOTT, ÜBER DEN
HIMMEL
UND DEINE HERRLICHKEIT ÜBER
ALLE WELT!

Gott ist noch Richter auf Erden

58 EIN GÜLDENES KLEINOD DAVIDS, VORZUSINGEN, NACH DER WEISE »VERTILGE NICHT«.
2 [a] Sprecht ihr in Wahrheit Recht, ihr
Mächtigen?
Richtet ihr in Gerechtigkeit die
Menschenkinder?
3 Nein, mutwillig tut ihr Unrecht im
Lande,
und eure Hände treiben Frevel.
4 Die Gottlosen sind abtrünnig vom
Mutterschoß an,
die Lügner gehen irre von
Mutterleib an.
5 Sie sind voller Gift wie eine giftige
Schlange,
wie eine taube Otter, die ihr Ohr
verschließt,
6 dass sie nicht höre die Stimme des
Zauberers,

56,14: *a* Hiob 33,30 **57,1:** *a* 1.Sam 22,1 **57,2:** *a* Ps 17,8; 91,1-2 **57,8:** *a (8-12)* Ps 108,2-6 **58,2:** *a (2-3)* Ps 82,2-4

des Beschwörers, der gut
beschwören kann.

7 Gott, zerbrich ihnen die Zähne im Maul,
zerschlage, Herr, das Gebiss der jungen Löwen!
8 Sie werden vergehen wie Wasser, das verrinnt.
Zielen sie mit ihren Pfeilen,
so werden sie ihnen zerbrechen.
9 Sie gehen dahin, wie Wachs zerfließt,
wie eine Fehlgeburt, die die Sonne nicht sieht.
10 Ehe eure Töpfe das Dornfeuer spüren,
reißt alles der brennende Zorn hinweg.

11 Der Gerechte wird sich freuen, wenn er solche Vergeltung sieht,
und wird seine Füße baden in des Gottlosen Blut;
12 und die Leute werden sagen: /
Ja, der Gerechte empfängt seine Frucht,
ja, Gott ist noch Richter auf Erden.

Gebet mitten unter den Feinden

59 EIN GÜLDENES KLEINOD DAVIDS, VORZUSINGEN, NACH DER WEISE »VERTILGE NICHT«, [a] ALS SAUL HINSANDTE UND SEIN HAUS BEWACHEN LIESS, UM IHN ZU TÖTEN.
2 Errette mich, mein Gott, von meinen Feinden
und schütze mich vor meinen Widersachern.
3 Errette mich von den Übeltätern
und hilf mir von den Blutgierigen!
4 Denn siehe, Herr, sie lauern mir auf;
Starke rotten sich wider mich
zusammen ohne meine Schuld und Missetat.
5 Ich habe nichts verschuldet; /
sie aber laufen herzu und machen sich bereit.
Erwache, komm herbei und sieh darein!
6 Du, Herr, Gott Zebaoth, Gott Israels,
wache auf und suche heim alle Völker!
Sei keinem von ihnen gnädig,
die so verwegene Übeltäter sind.
SELA.

7 Jeden Abend kommen sie wieder,
heulen wie die Hunde und laufen
in der Stadt umher.
8 Siehe, sie geifern mit ihrem Maul;
Schwerter sind auf ihren Lippen:
»Wer sollte es hören?«
9 Aber du, Herr, wirst ihrer lachen
und aller Völker spotten.
10 MEINE STÄRKE, ZU DIR WILL ICH MICH HALTEN;
DENN [a] GOTT IST MEIN SCHUTZ.

11 Gott erzeigt mir reichlich seine Güte,
Gott lässt mich auf meine Feinde herabsehen.
12 Bringe sie nicht um,
dass es mein Volk nicht vergesse;
zerstreue sie aber mit deiner Macht, Herr, unser Schild,
und stoß sie hinunter!
13 Das Wort ihrer Lippen ist nichts als Sünde;
darum sollen sie sich fangen in ihrer Hoffart mit all ihren Flüchen und Lügen.
14 Vertilge sie ohne alle Gnade, vertilge sie,
dass sie nicht mehr da sind!
Lass sie innewerden, dass Gott Herrscher ist in Jakob,
bis an die Enden der Erde. SELA.

15 Jeden Abend kommen sie wieder,
heulen wie die Hunde und laufen
in der Stadt umher.
16 Sie laufen hin und her nach Speise
und murren, wenn sie nicht satt werden.

17 Ich aber will von deiner Macht singen /
und des Morgens rühmen deine Güte;
denn du bist mir Schutz
und Zuflucht in meiner Not.
18 MEINE STÄRKE, DIR WILL ICH LOBSINGEN;
DENN GOTT IST MEIN SCHUTZ,
MEIN GNÄDIGER GOTT.

59,1: *a* 1.Sam 19,11 59,10: *a* Ps 9,10-11

Gebet des verstoßenen Volkes

60 EIN GÜLDENES KLEINOD DAVIDS, VORZUSINGEN, NACH DER WEISE »LILIE DES ZEUGNISSES«, ZUR BELEHRUNG, 2 ALS ER MIT DEN ARAMÄERN VON MESOPOTAMIEN UND MIT DEN ARAMÄERN VON ZOBA KRIEG FÜHRTE; ALS JOAB UMKEHRTE UND DIE EDOMITER IM SALZTAL SCHLUG, ZWÖLFTAUSEND MANN.[a]

3 Gott, der du uns verstoßen und zerstreut hast
und zornig warst, tröste uns wieder;
4 der du die Erde erschüttert und zerrissen hast,
heile ihre Risse; denn sie wankt.
5 Du ließest deinem Volk Hartes widerfahren,
[a]du gabst uns einen Wein zu trinken, dass wir taumelten.
6 Du hast doch ein [a]Zeichen gegeben denen, die dich fürchten,
damit sie fliehen können vor dem Bogen. SELA.
7 [a]Dass deine Freunde errettet werden,
dazu hilf mit deiner Rechten und erhöre uns!

8 Gott hat in seinem Heiligtum geredet:
Ich will frohlocken;
ich will Sichem verteilen
und das Tal Sukkot ausmessen;
9 Gilead ist mein, mein ist Manasse, /
Ephraim ist der Schutz meines Hauptes,
[a]Juda ist mein Zepter.
10 Moab ist mein Waschbecken, /
meinen Schuh werfe ich auf Edom,
Philisterland, jauchze mir zu!

11 Wer wird mich führen in die feste Stadt?
Wer geleitet mich nach Edom?
12 Wirst du es nicht tun, Gott, der du uns verstoßen hast,
und ziehst nicht aus, Gott, mit unserm Heer?
13 Schaff uns Beistand in der Not;
denn Menschenhilfe ist nichts nütze.
14 Mit Gott wollen wir Taten tun.
Er wird unsre Feinde niedertreten.

Bitte und Fürbitte aus der Ferne

61 VON DAVID, VORZUSINGEN, BEIM SAITENSPIEL.

2 Höre, Gott, mein Schreien
und merke auf mein Gebet!
3 Vom Ende der Erde rufe ich zu dir,
denn mein Herz ist in Angst;
du wollest mich führen auf einen hohen Felsen.
4 Denn du bist meine Zuversicht,
ein starker Turm vor meinen Feinden.[a]
5 Lass mich wohnen in deinem Zelte ewiglich
und [a]Zuflucht haben unter deinen Fittichen. SELA.
6 Denn du, Gott, hörst mein Gelübde
und gibst mir teil am Erbe derer,
die deinen Namen fürchten.

7 Du wollest dem König [a]langes Leben geben,
dass seine Jahre währen für und für,
8 dass er [a]immer throne vor Gott.
Lass Güte und Treue ihn behüten!
9 So will ich deinem Namen lobsingen ewiglich,
dass ich meine Gelübde erfülle täglich.

Stille zu Gott

62 EIN PSALM DAVIDS, VORZUSINGEN, FÜR JEDUTUN.

2 MEINE SEELE IST [a]STILLE
ZU GOTT, DER MIR HILFT.
3 DENN ER IST MEIN [a]FELS,
MEINE HILFE, MEIN SCHUTZ,
DASS ICH GEWISS NICHT FALLEN WERDE.
4 Wie lange stellt ihr alle **einem** nach,
wollt alle ihn morden,
als wäre er eine hangende Wand
und eine rissige Mauer?
5 Sie denken nur, wie sie ihn stürzen,
haben Gefallen am Lügen;
mit dem Munde segnen sie,
aber im Herzen fluchen sie. SELA.

6 ABER SEI NUR STILLE ZU GOTT,
MEINE SEELE;

60,2: *a* 2. Sam 8,3.13; 10,13.18 **60,5:** *a* Ps 75,9 **60,6:** *a* 2. Mose 17,15 **60,7:** *a (7-14)* Ps 108,7-14 **60,9:** *a* 1. Mose 49,10 **61,4:** *a* Ps 71,3; Spr 18,10 **61,5:** *a* Ps 17,8 **61,7:** *a* Ps 21,5 **61,8:** *a* 2. Sam 7,16 **62,2:** *a* Jes 30,15 **62,3:** *a* Ps 18,3

DENN ER IST MEINE HOFFNUNG.
7 ER IST MEIN FELS, MEINE HILFE UND MEIN SCHUTZ,
DASS ICH NICHT FALLEN WERDE.
8 Bei Gott ist mein Heil und meine Ehre, / der Fels meiner Stärke,
meine Zuversicht ist bei Gott.
9 Hoffet auf ihn allezeit, liebe Leute, / schüttet euer Herz vor ihm aus;
Gott ist unsre Zuversicht. SELA.

10 Aber Menschen sind ja nichts, große Leute täuschen auch;
sie wiegen weniger als nichts, so viel ihrer sind.
11 Verlasst euch nicht auf Gewalt
und setzt auf Raub nicht eitle Hoffnung;
[a] fällt euch Reichtum zu,
so hängt euer Herz nicht daran.
12 Eines hat Gott geredet,
ein Zweifaches habe ich gehört:
Gott allein ist mächtig,
13 und du, Herr, bist gnädig;
denn [a] du vergiltst einem jeden,
wie er's verdient hat.

Sehnsucht nach Gott

63 EIN PSALM DAVIDS, [a] ALS ER IN DER WÜSTE JUDA WAR.
2 Gott, du bist mein Gott, den ich suche.
[a] Es dürstet meine Seele nach dir,
mein ganzer Mensch verlangt nach dir
aus trockenem, dürrem Land, wo kein Wasser ist.
3 So schaue ich aus nach dir in deinem Heiligtum,
wollte gerne sehen deine Macht und Herrlichkeit.
4 Denn deine Güte ist besser als Leben;
meine Lippen preisen dich.
5 So will ich dich loben mein Leben lang
und meine Hände in deinem Namen aufheben.

6 Das ist meines Herzens Freude und Wonne,
wenn ich dich mit fröhlichem Munde loben kann;
7 **wenn ich mich zu Bette lege, so denke ich an dich,**
wenn ich wach liege, sinne ich über dich nach.[a]
8 Denn du bist mein Helfer,
und [a] unter dem Schatten deiner Flügel frohlocke ich.
9 Meine Seele hängt an dir;
deine rechte Hand hält mich.

10 Sie aber trachten mir nach dem Leben, mich zu verderben;
sie werden in die Tiefen der Erde hinunterfahren.
11 Sie werden dem Schwert dahingegeben
und den Schakalen zur Beute werden.
12 Aber der König freut sich in Gott. / Wer bei ihm schwört, der darf sich rühmen;
denn die Lügenmäuler sollen verstopft werden.

Bitte um Schutz vor bösen Anschlägen

64 EIN PSALM DAVIDS, VORZUSINGEN.
2 Höre, Gott, meine Stimme in meiner Klage,
behüte mein Leben vor dem schrecklichen Feinde.
3 Verbirg mich vor den Anschlägen der Bösen,
vor dem Toben der Übeltäter,
4 die ihre Zunge schärfen wie ein Schwert,
mit ihren giftigen Worten zielen wie mit Pfeilen,
5 dass sie heimlich schießen auf den Frommen;
plötzlich schießen sie auf ihn ohne alle Scheu.

6 Sie verstehen sich auf ihre bösen Anschläge /
und reden davon, wie sie Stricke legen wollen,
und sprechen: [a] Wer kann sie sehen?
7 Sie haben Böses im Sinn und halten's geheim,
sind verschlagen und haben Ränke im Herzen.

62,11: *a* Mt 19,22; Lk 12,15-21; 1.Tim 6,9.17 **62,13:** *a* Röm 2,6-11 **63,1:** *a* 1.Sam 22,5 **63,2:** *a* Ps 42,3 **63,7:** *a* Jes 26,9 **63,8:** *a* Ps 17,8 **64,6:** *a* Ps 94,7

8 Da trifft sie Gott mit dem Pfeil,
plötzlich sind sie zu Boden
geschlagen.
9 Ihre eigene Zunge bringt sie zu Fall,
dass ihrer spotten wird, wer sie
siehet.
10 Und alle Menschen werden sich
fürchten /
und sagen: [a]Das hat Gott getan!,
und erkennen, dass es sein Werk ist.
11 Die Gerechten werden sich des HERRN
freuen /
und auf ihn trauen,
und alle frommen Herzen werden
sich seiner rühmen.

Danklied für geistlichen und leiblichen Segen

65 EIN PSALMLIED DAVIDS, VORZUSINGEN.
2 **Gott, man lobt dich in der Stille zu**
Zion,
und dir hält man Gelübde.
3 **Du erhörst Gebet;**
darum kommt alles Fleisch zu dir.
4 Unsre Missetat drückt uns hart;
du wollest unsre Sünde vergeben.
5 Wohl dem, den du erwählst und zu dir
lässest,
dass er in deinen Vorhöfen wohne;
der hat reichen Trost von deinem Hause,
deinem heiligen Tempel.[a]

6 Erhöre uns nach der wunderbaren
Gerechtigkeit, Gott, unser Heil,
der du bist die Zuversicht aller auf
Erden und fern am Meer;
7 der du die Berge festsetzest in deiner
Kraft
und gerüstet bist mit Macht;
8 der du [a]stillst das Brausen des Meeres,
das Brausen seiner Wellen und das
Toben der Völker,
9 dass sich entsetzen, die an den Enden
wohnen, vor deinen Zeichen.
Du machst fröhlich, was da lebet
im Osten wie im Westen.

10 Du [a]suchst das Land heim und
bewässerst es /
und machst es sehr reich;
Gottes Brünnlein hat Wasser die
Fülle.
Du lässest ihr Getreide gut geraten;
denn so baust du das Land.
11 Du [a]tränkst seine Furchen und
feuchtest seine Schollen;
mit Regen machst du es weich
und segnest sein Gewächs.
12 Du krönst das Jahr mit deinem Gut,
und deine Fußtapfen triefen von
Segen.
13 Es triefen auch die Auen in der
Steppe,
und die Hügel sind erfüllt mit
Jubel.
14 Die Anger sind voller Schafe, /
und die Auen stehen dick mit Korn,
dass man jauchzet und singet.

Danklied für Gottes wunderbare Führung

66 EIN PSALMLIED, VORZUSINGEN.
Jauchzet Gott, alle Lande! /
2 Lobsinget zur Ehre seines Namens;
rühmet ihn herrlich!
3 Sprecht zu Gott: Wie wunderbar sind
deine Werke!
Deine Feinde müssen sich beugen
vor deiner großen Macht.
4 Alles Land bete dich an und lobsinge
dir,
lobsinge deinem Namen. SELA.

5 Kommt her und sehet an die Werke
Gottes,
der so wunderbar ist in seinem Tun
an den Menschenkindern.
6 Er [a]verwandelte das Meer in trockenes
Land, /
sie konnten zu Fuß durch den Strom
gehen.
Darum freuen wir uns seiner.
7 Er herrscht mit seiner Gewalt ewiglich, /
seine Augen schauen auf die Völker.
Die Abtrünnigen können sich nicht
erheben. SELA.
8 Lobet, ihr Völker, unsern Gott,
lasst seinen Ruhm weit erschallen,
9 der unsre Seelen am Leben erhält
und lässt unsere Füße nicht gleiten.
10 Denn, Gott, du hast uns [a]geprüft und
geläutert,

64,10: *a* 2.Mose 8,15 **65,5:** *a* Ps 63,3-4; 84,2-5; 5.Mose 4,7 **65,8:** *a* Ps 89,10 **65,10:** *a* Ps 67,7 **65,11:** *a* Ps 104,13-16 **66,6:** *a* 2.Mose 14,21-22; Jos 3,16-17 **66,10:** *a* Spr 17,3

wie das Silber geläutert wird;
11 du hast uns in den Turm werfen lassen,
du hast auf unsern Rücken eine Last gelegt,
12 du hast Menschen über unser Haupt kommen lassen, /
[a]wir sind in Feuer und Wasser geraten.
Aber du hast uns herausgeführt
und uns erquickt.

13 Darum will ich in dein Haus gehen mit Brandopfern
und dir meine Gelübde erfüllen,
14 wie ich meine Lippen aufgetan habe
und mein Mund geredet hat in meiner Not.
15 Ich will dir Brandopfer bringen von fetten Schafen /
mit dem Opferrauch von Widdern;
ich will opfern Rinder mit Böcken.
SELA.

16 Kommt her, höret zu, alle, die ihr Gott fürchtet;
ich will erzählen, was er an mir getan hat.
17 Zu ihm rief ich mit meinem Munde
und pries ihn mit meiner Zunge.
18 Wenn ich Unrechtes vorgehabt hätte in meinem Herzen,
so hätte der Herr nicht gehört.[a]
19 Aber Gott hat mich erhört
und gemerkt auf mein Flehen.
20 Gelobt sei Gott, der mein Gebet nicht verwirft
noch seine Güte von mir wendet.

Gottes Segen über alle Welt

67 EIN PSALMLIED, VORZUSINGEN, BEIM SAITENSPIEL.
2 Gott sei uns gnädig und segne uns,
er lasse uns sein Antlitz leuchten,[a]
– SELA –
3 dass man auf Erden erkenne seinen Weg,
unter allen Heiden sein Heil.
4 ES DANKEN DIR, GOTT, DIE VÖLKER,
ES DANKEN DIR ALLE VÖLKER.

5 Die Völker freuen sich und jauchzen,
dass du die Menschen recht richtest
und regierst die Völker auf Erden.
SELA.
6 ES DANKEN DIR, GOTT, DIE VÖLKER,
ES DANKEN DIR ALLE VÖLKER.

7 Das [a]Land gibt sein Gewächs;
es segne uns Gott, unser Gott!
8 Es segne uns Gott,
und alle Welt fürchte ihn!

Der Sieg Gottes

68 EIN PSALMLIED DAVIDS, VORZUSINGEN.
2 [a]Gott steht auf; so werden seine Feinde zerstreut,
und die ihn hassen, fliehen vor ihm.
3 Wie Rauch verweht, so verwehen sie;
wie Wachs zerschmilzt vor dem Feuer, so kommen die Gottlosen um vor Gott.
4 Die Gerechten aber freuen sich /
und sind fröhlich vor Gott
und freuen sich von Herzen.

5 Singet Gott, lobsinget seinem Namen! /
[a]Macht Bahn dem, der durch die Wüste einherfährt;
er heißt HERR. Freuet euch vor ihm!
6 Ein [a]Vater der Waisen und ein Helfer der Witwen
ist Gott in seiner heiligen Wohnung,
7 ein Gott, der die Einsamen nach Hause bringt, /
der die Gefangenen herausführt, dass es ihnen wohlgehe;
aber die Abtrünnigen lässt er bleiben in dürrem Lande.

8 Gott, [a]als du vor deinem Volk herzogst,
als du einhergingst in der Wüste,
– SELA –
9 da [a]bebte die Erde, /
und die Himmel troffen vor Gott – am Sinai –,
vor Gott, dem Gott Israels.
10 Du gabst, Gott, einen gnädigen Regen,
und dein Erbe, das dürre war,
erquicktest du,

66,12: *a* Jes 43,2 **66,18:** *a* Spr 28,9 **67,2:** *a* 4. Mose 6,24-25 **67,7:** *a* Ps 65,10 **68,2:** *a* 4. Mose 10,35 **68,5:** *a* Jes 57,14 **68,6:** *a* Ps 10,14 **68,8:** *a* 2. Mose 13,21 **68,9:** *a* 2. Mose 19,16-18

11 dass deine Herde darin wohnen konnte.
Gott, du labst die Elenden in deiner Güte.
12 Der Herr gibt ein Wort –
der [a]Freudenbotinnen ist eine große Schar –:*
13 Die Könige der Heerscharen fliehen, sie fliehen,
und die Frauen teilen die Beute aus.
14 Wenn ihr zu Felde liegt, /
glänzt es wie Flügel der Tauben,
die wie Silber und Gold schimmern.
15 Als der Allmächtige dort Könige zerstreute,
damals fiel Schnee auf dem Zalmon.
16 Ein Gottesberg ist Baschans Gebirge,
ein Gebirge, reich an Gipfeln, ist Baschans Gebirge.
17 Was seht ihr scheel, ihr Berge, ihr Gipfel, /
[a]auf den Berg, wo es Gott gefällt zu wohnen?
Ja, dort wird der HERR immerdar wohnen.
18 Gottes Wagen sind vieltausendmal tausend;
der Herr zieht ein ins Heiligtum vom Sinai her.
19 Du [a]bist aufgefahren zur Höhe
und führtest Gefangne gefangen;
du hast Gaben empfangen unter den Menschen;
auch die Abtrünnigen müssen sich, Gott, vor dir bücken.

20 **Gelobt sei der Herr täglich.**
[a]Gott legt uns eine Last auf, aber er hilft uns auch. SELA.
21 Wir haben einen Gott, der da hilft,
und den HERRN, der vom Tode errettet.
22 Ja, Gott wird den Kopf seiner Feinde zerschmettern,
den Schädel der Gottlosen,
die da fortfahren in ihrer Sünde.
23 Der Herr hat gesagt:
Aus Baschan will ich sie wieder holen,
aus der Tiefe des Meeres will ich sie holen,
24 dass du deinen Fuß im Blut der Feinde badest
und deine Hunde es lecken.

25 Man sieht, Gott, [a]wie du einherziehst,
wie du, mein Gott und König,
[b]einherziehst im Heiligtum.
26 Die Sänger gehen voran, am Ende die Spielleute,
in der Mitte die Jungfrauen, die da [a]Pauken schlagen.
27 »Lobet Gott in den Versammlungen,
den HERRN, [a]die ihr von Israel herstammt.«
28 Benjamin, der Jüngste, geht ihnen voran, /
die Fürsten Judas mit ihren Scharen,
die Fürsten Sebulons, die Fürsten Naftalis.

29 Entbiete, Gott, deine Macht,
die Macht, Gott, die du an uns bewiesen hast
30 von deinem Tempel her;
um Jerusalems willen
werden dir [a]Könige Geschenke bringen.
31 Bedrohe das Tier im Schilf,
die Rotte der Mächtigen,
die Gebieter der Völker;
tritt nieder, die das Silber lieb haben,
zerstreue die Völker, die gerne Krieg führen.
32 Aus Ägypten werden Gesandte kommen;
Mohrenland wird seine Hände ausstrecken zu Gott.[a]

33 Ihr Königreiche auf Erden, singet Gott,
lobsinget dem Herrn! SELA.
34 Er fährt einher durch die Himmel,
die von Anbeginn sind.
Siehe, er lässt seine Stimme erschallen,
eine gewaltige Stimme.
35 Gebt Gott die Macht!
Seine Herrlichkeit ist über Israel
und seine Macht in den Wolken.
36 Wundersam ist Gott in seinem Heiligtum; / er ist Israels Gott.
Er wird dem Volke Macht und Kraft geben.
Gelobt sei Gott!

* Luther übersetzte: »Der Herr gibt das Wort mit großen Scharen Evangelisten.«

68,12: *a* Jes 52,7 **68,17:** *a* Ps 132,13 **68,19:** *a* Eph 4,8-10 **68,20:** *a* 1.Kor 10,13 **68,25:** *a* Ps 24,7; *b* 2.Sam 6,13-15 **68,26:** *a* 2.Mose 15,20 **68,27:** *a* Jes 48,1 **68,30:** *a* Ps 72,10 **68,32:** *a* Jes 18,7; 19,21; 45,14; Apg 8,27

In Anfechtung und Schmach

69

VON DAVID, VORZUSINGEN,
NACH DER WEISE »LILIEN«.

2 Gott, hilf mir!
Denn das Wasser geht mir bis an die Kehle.
3 Ich versinke in tiefem Schlamm,
wo kein Grund ist;
ich bin in tiefe Wasser geraten,
und die Flut will mich ersäufen.
4 Ich habe mich müde geschrien,
mein Hals ist heiser.
Meine Augen sind trübe geworden,
weil ich so lange harren muss auf meinen Gott.
5 Die [a] mich ohne Grund hassen,
sind mehr, als ich Haare auf dem Haupte habe.
Die mir zu Unrecht feind sind /
und mich verderben wollen, sind mächtig.
Ich soll zurückgeben, was ich nicht geraubt habe.

6 Gott, du kennst meine Torheit,
und meine Schuld ist dir nicht verborgen.
7 Lass an mir nicht zuschanden werden,
die deiner harren, Herr, HERR Zebaoth!
Lass an mir nicht schamrot werden,
die dich suchen, Gott Israels!
8 Denn [a] um deinetwillen trage ich Schmach,
mein Angesicht ist voller Schande.
9 Ich [a] bin fremd geworden meinen Brüdern
und unbekannt den Kindern meiner Mutter;
10 denn [a] der Eifer um dein Haus hat mich gefressen,
und [b] die Schmähungen derer, die dich schmähen, sind auf mich gefallen.
11 Ich weine bitterlich und faste,
und man spottet meiner dazu.
12 Ich habe einen Sack angezogen,
aber sie treiben ihren Spott mit mir.
13 Die im Tor sitzen, schwatzen von mir,
und beim Zechen singt man von mir.[a]
14 Ich aber bete zu dir, HERR, [a] zur Zeit der Gnade;
Gott, nach deiner großen Güte
erhöre mich mit deiner treuen Hilfe.
15 Errette mich aus dem Schlamm,
dass ich nicht versinke,
dass ich errettet werde vor denen, die mich hassen,
und aus den tiefen Wassern;
16 dass mich die Flut nicht ersäufe /
und die Tiefe nicht verschlinge
und [a] das Loch des Brunnens sich nicht über mir schließe.

17 [a] Erhöre mich, HERR, denn deine Güte ist tröstlich;
wende dich zu mir nach deiner großen Barmherzigkeit
18 und verbirg dein Angesicht nicht vor deinem Knechte,
denn mir ist angst; erhöre mich eilends.
19 Nahe dich zu meiner Seele und erlöse sie,
erlöse mich um meiner Feinde willen.
20 Du kennst meine Schmach,
meine Schande und Scham;
meine Widersacher sind dir alle vor Augen.
21 Die Schmach bricht mir mein Herz
und macht mich krank.
Ich warte, ob jemand Mitleid habe,
aber da ist niemand,
und auf Tröster, aber ich finde keine.
22 Sie geben mir Galle zu essen
und Essig zu trinken für meinen Durst.[a]

23 [a] Ihr Tisch werde ihnen zur Falle,
zur Vergeltung und zum Strick.
24 Ihre Augen sollen finster werden, dass sie nicht sehen,
und ihre Hüften lass immerfort wanken.
25 Gieß deine Ungnade über sie aus,
und dein grimmiger Zorn ergreife sie.
26 Ihre Wohnstatt soll verwüstet werden,
und niemand wohne in ihren Zelten.[a]

69,5: *a* Joh 15,25 **69,8:** *a* Ps 44,23 **69,9:** *a* Ps 38,12 **69,10:** *a* Ps 119,139; Joh 2,17; *b* Röm 15,3 **69,13:** *a* Hiob 30,9 **69,14:** *a* Jes 49,8 **69,16:** *a* 1. Mose 29,3 **69,17:** *a (17-18)* 4. Mose 6,26 **69,22:** *a* Mt 27,34.48 **69,23:** *a (23-24)* Röm 11,9-10 **69,26:** *a* Apg 1,20

27 Denn sie verfolgen, den du geschlagen hast,
und reden gern von dem Schmerz dessen, den du hart getroffen hast.
28 Lass sie aus einer Schuld in die andre fallen,
dass sie nicht kommen zu deiner Gerechtigkeit.
29 Tilge sie aus dem [a] Buch des Lebens,
dass sie nicht geschrieben stehen bei den Gerechten.
30 Ich aber bin elend und voller Schmerzen.
Gott, deine Hilfe schütze mich!

31 Ich will den Namen Gottes loben mit einem Lied
und will ihn hoch ehren mit Dank.
32 Das [a] wird dem HERRN besser gefallen
als ein Stier, der Hörner und Klauen hat.
33 Die Elenden sehen es und freuen sich,
und die Gott suchen, denen [a] wird das Herz aufleben.
34 Denn der HERR hört die Armen
und verachtet seine Gefangenen nicht.

35 Es lobe ihn Himmel und Erde,
die Meere mit allem, was sich darin regt.
36 Denn Gott wird Zion helfen /
und die Städte Judas bauen,
dass man dort wohne und sie besitze.
37 Und die Kinder seiner Knechte werden sie erben,
und die seinen Namen lieben, werden darin bleiben.

Hilferuf gegen Widersacher

(vgl. Ps 40,14-18)

70 VON DAVID, VORZUSINGEN, ZUM GEDENKOPFER.
2 Eile, Gott, mich zu erretten,
HERR, mir zu helfen!
3 Es sollen sich schämen und zuschanden werden,
die mir nach dem Leben trachten;
sie sollen zurückweichen und zum Spott werden,
die mir Übles wünschen;
4 sie sollen umkehren um ihrer Schande willen,
die über mich schreien: Da, da!
5 Lass deiner sich freuen und fröhlich sein
alle, die nach dir fragen;
und die dein Heil lieben, lass allewege sagen:
Hochgelobt sei Gott!
6 Ich aber bin elend und arm;
Gott, eile zu mir!
Du bist mein Helfer und Erretter;
HERR, säume nicht!

Bitte um Gottes Hilfe im Alter

71 HERR, ich traue auf dich,
lass mich nimmermehr zuschanden werden.
2 Errette mich durch deine Gerechtigkeit und hilf mir heraus,
neige deine Ohren zu mir und hilf mir!
3 Sei mir ein starker Hort, zu dem ich immer fliehen kann, /
der du zugesagt hast, mir zu helfen;
denn du bist mein [a] Fels und meine Burg.

4 Mein Gott, hilf mir aus der Hand des Gottlosen,
aus der Hand des Ungerechten und Tyrannen.
5 Denn du bist meine Zuversicht, HERR, mein Gott,
meine Hoffnung von meiner Jugend an.
6 Auf dich habe ich mich verlassen vom Mutterleib an; /
du hast mich aus meiner Mutter Leibe gezogen.
Dich rühme ich immerdar.
7 Ich bin für viele wie ein Zeichen;
aber du bist meine starke Zuversicht.
8 Lass meinen Mund deines Ruhmes
und deines Preises voll sein täglich.

9 Verwirf mich nicht in meinem Alter,
verlass mich nicht, wenn ich schwach werde.
10 Denn meine Feinde reden über mich,

69,29: *a* 2. Mose 32,32-33; Dan 12,1; Lk 10,20; Phil 4,3 **69,32:** *a* Ps 50,8-13 **69,33:** *a* Ps 22,27 **71,3:** *a* Ps 31,3-4

und die auf mich lauern, beraten sich miteinander
11 und sprechen: Gott hat ihn verlassen;
jagt ihm nach und ergreift ihn, denn da ist kein Erretter!

12 Gott, sei nicht ferne von mir;
mein Gott, eile, mir zu helfen!
13 Schämen sollen sich und umkommen,
die meiner Seele feind sind;
mit Schimpf und Schande sollen überschüttet werden,
die mein Unglück suchen.

14 Ich aber will immer harren
und mehren all deinen Ruhm.
15 Mein Mund soll verkündigen deine Gerechtigkeit,
täglich deine Wohltaten,
die ich nicht zählen kann.
16 Ich gehe einher in der Kraft Gottes des HERRN;
ich preise deine Gerechtigkeit allein.

17 Gott, du hast mich von Jugend auf gelehrt,
und noch jetzt verkündige ich deine Wunder.
18 Auch [a]im Alter, Gott, verlass mich nicht,
und wenn ich grau werde,
bis ich deine Macht verkündige Kindeskindern
und deine Kraft allen, die noch kommen sollen.
19 Gott, deine Gerechtigkeit reicht bis zum Himmel;
der du große Dinge tust, Gott, wer ist dir gleich?
20 Du lässest mich erfahren viele und große Angst
und [a]machst mich wieder lebendig
und holst mich wieder herauf
aus den Tiefen der Erde.
21 Du machst mich sehr groß
und tröstest mich wieder.

22 So will auch ich dir danken mit Saitenspiel
für deine Treue, mein Gott;
ich will dir zur Harfe lobsingen,
du [a]Heiliger Israels.
23 Meine Lippen und meine Seele, die du erlöst hast,
sollen fröhlich sein und dir lobsingen.
24 Auch meine Zunge soll täglich reden
von deiner Gerechtigkeit;
denn zu Schmach und Schande werden,
die mein Unglück suchen.

Der Friedefürst und sein Reich

72 VON SALOMO.
Gott, gib dein Gericht dem König
und deine Gerechtigkeit dem Königssohn,
2 dass er dein Volk richte mit Gerechtigkeit
und deine Elenden rette.
3 Lass die Berge Frieden bringen für das Volk
und die Hügel Gerechtigkeit.
4 Er soll den Elenden im Volk Recht schaffen
und den Armen helfen
und die Bedränger zermalmen.
5 Er soll leben, solange die Sonne scheint
und solange der Mond währt,
von Geschlecht zu Geschlecht.
6 Er soll herabfahren wie der Regen auf die Aue,
wie die Tropfen, die das Land feuchten.
7 Zu seinen Zeiten soll blühen die Gerechtigkeit
und großer Friede sein, bis der Mond nicht mehr ist.
8 Er soll herrschen von einem Meer bis ans andere
und von dem Strom* bis zu den Enden der Erde.[a]
9 Vor ihm sollen sich neigen die Söhne der Wüste,
und [a]seine Feinde sollen Staub lecken.
10 Die Könige von [a]Tarsis und auf den Inseln
sollen [b]Geschenke bringen,
die Könige aus [c]Saba und Seba
sollen Gaben senden.
11 Alle Könige sollen vor ihm niederfallen

* d. i. der Euphrat.

71,18: *a* Jes 46,4 **71,20:** *a* 1. Sam 2,6 **71,22:** *a* 2. Kön 19,22; Jes 43,3 **72,8:** *a* Sach 9,10 **72,9:** *a* Jes 49,23 **72,10:** *a* Jes 60,9; *b* Ps 68,30; *c* 1. Kön 10,1-2

und alle Völker ihm dienen.

12 Denn er wird den Armen erretten,
der um Hilfe schreit,
und den [a]Elenden, der keinen Helfer hat.
13 Er wird gnädig sein den Geringen und Armen,
und den Armen wird er helfen.
14 Er wird sie aus Bedrückung und Frevel erlösen,
und [a]ihr Blut ist wert geachtet vor ihm.

15 Er soll leben und man soll ihm geben
vom Gold aus Saba.
Man soll immerdar für ihn beten
und ihn täglich segnen.
16 Voll stehe das Getreide im Land
bis oben auf den Bergen;
wie am Libanon rausche seine Frucht.
In den Städten sollen sie grünen
wie das Gras auf Erden.
17 Sein Name bleibe ewiglich;
solange die Sonne währt, blühe sein Name.
Und [a]durch ihn sollen gesegnet sein alle Völker,
und sie werden ihn preisen.

18 [a]Gelobt sei Gott der HERR,
der Gott Israels,
der allein Wunder tut!
19 Gelobt sei sein herrlicher Name ewiglich,
und [a]alle Lande sollen seiner Ehre voll werden!
Amen! Amen!
20 ZU ENDE SIND DIE GEBETE DAVIDS, DES SOHNES ISAIS.

DRITTES BUCH

Anfechtung und Trost beim Glück des Gottlosen

73 EIN PSALM ASAFS.
Gott ist dennoch Israels Trost
für alle, die reinen Herzens sind.
2 Ich aber wäre fast gestrauchelt mit meinen Füßen;
mein Tritt wäre beinahe geglitten.
3 Denn ich ereiferte mich über die Ruhmredigen,
als ich sah, [a]dass es den Gottlosen so gut ging.

4 Denn für sie gibt es keine Qualen,
gesund und feist ist ihr Leib.
5 Sie sind nicht in Mühsal wie sonst die Leute
und werden nicht wie andere Menschen geplagt.
6 Darum prangen sie in Hoffart
und hüllen sich in Frevel.
7 Sie brüsten sich wie ein fetter Wanst,
sie tun, was ihnen einfällt.
8 Sie achten alles für nichts und reden böse,
sie reden und lästern hoch her.
9 Was sie reden, das soll vom Himmel herab geredet sein;
was sie sagen, das soll gelten auf Erden.
10 Darum fällt ihnen der Pöbel zu
und läuft ihnen zu in Haufen wie Wasser.
11 Sie sprechen: [a]Wie sollte Gott es wissen?
Wie sollte der Höchste etwas merken?
12 Siehe, das sind die Gottlosen;
die sind glücklich in der Welt und werden reich.

13 [a]Soll es denn umsonst sein,
dass ich mein Herz rein hielt
und meine Hände in Unschuld wasche?
14 Ich bin doch täglich geplagt,
und meine Züchtigung ist alle Morgen da.
15 Hätte ich gedacht: Ich will reden wie sie,
siehe, dann hätte ich das Geschlecht deiner Kinder verleugnet.
16 So sann ich nach, ob ich's begreifen könnte,
aber es war mir zu schwer,
17 bis ich ging in das Heiligtum Gottes
und merkte auf ihr Ende.

72,12: *a* Hiob 36,15 **72,14:** *a* Ps 9,13; 116,15 **72,17:** *a* 1. Mose 12,3; 22,18 **72,18:** *a (18-19)* Ps 41,14 **72,19:** *a* Jes 6,3 **73,3:** *a* Hiob 21,7 **73,11:** *a* Ps 10,11 **73,13:** *a (13-14)* Mal 3,14

18 Ja, du stellst sie auf schlüpfrigen Grund
und stürzest sie zu Boden.
19 Wie werden sie so plötzlich zunichte!
Sie gehen unter und nehmen ein Ende mit Schrecken.
20 Wie ein Traum verschmäht wird, wenn man erwacht,
so verschmähst du, Herr, ihr Bild, wenn du dich erhebst.
21 Als es mir wehe tat im Herzen
und mich stach in meinen Nieren,
22 da war ich ein Narr und wusste nichts,
ich war wie ein Tier vor dir.

23 **Dennoch [a] bleibe ich stets an dir;**
denn du hältst mich bei meiner rechten Hand,
24 **du leitest mich nach deinem Rat**
und [a] nimmst mich am Ende mit Ehren an.
25 **Wenn ich nur dich habe,**
so frage ich nichts nach Himmel und Erde.
26 **Wenn mir gleich Leib und Seele verschmachtet,**
so bist du doch, Gott, allezeit meines Herzens Trost und [a] mein Teil.

27 Denn siehe, die von dir weichen, werden umkommen;
du bringst um alle, die dir die Treue brechen.
28 Aber **das ist meine Freude, dass ich mich zu Gott halte /**
und meine Zuversicht setze auf Gott, den HERRN,
dass ich verkündige all dein Tun.

Klage vor dem entweihten Heiligtum

74 EINE UNTERWEISUNG ASAFS.
Gott, warum verstößest du uns für immer
und bist so zornig über die Schafe deiner Weide?
2 Gedenke an deine Gemeinde,
die du vorzeiten erworben
und dir zum Erbteil erlöst hast,
an den Berg [a] Zion, auf dem du wohnest.
3 Richte doch deine Schritte zu dem, /
was so lange wüste liegt.
Der Feind hat alles verheert im Heiligtum.
4 Deine Widersacher brüllen in deinem Hause
und stellen ihre Zeichen darin auf.
5 Hoch sieht man Äxte sich heben
wie im Dickicht des Waldes.
6 Sie zerschlagen all sein Schnitzwerk
mit Beilen und Hacken.
7 Sie [a] verbrennen dein Heiligtum,
bis auf den Grund entweihen sie
die Wohnung deines Namens.
8 Sie sprechen in ihrem Herzen: /
Lasst uns sie ganz unterdrücken!
Sie verbrennen alle Gotteshäuser im Lande.
9 Unsere Zeichen sehen wir nicht, /
kein Prophet ist mehr da,
und keiner ist bei uns, der etwas weiß.

10 Ach, Gott, wie lange soll der Widersacher noch schmähen
und der Feind deinen Namen immerfort lästern?
11 Warum ziehst du deine Hand zurück?
Nimm deine Rechte aus dem Gewand und mach ein Ende!

12 Gott ist ja mein König von alters her,
der alle Hilfe tut, die auf Erden geschieht.
13 Du hast [a] das Meer gespalten durch deine Kraft,
zerschmettert die Köpfe der [b] Drachen im Meer.
14 Du hast dem [a] Leviatan die Köpfe zerschlagen
und ihn zum Fraß gegeben dem wilden Getier.
15 Du hast Quellen und Bäche hervorbrechen lassen
und ließest starke Ströme versiegen.
16 Dein ist der Tag und dein ist die Nacht;
[a] du hast Gestirn und Sonne die Bahn gegeben.
17 Du hast dem Land seine Grenze gesetzt;
Sommer und Winter hast du gemacht.

73,23: *a* Röm 8,35-39 73,24: *a* Ps 49,16 73,26: *a* Ps 16,5 74,2: *a* Ps 76,3 74,7: *a* 2. Kön 25,9 74,13: *a* Ps 104,6-8; 2. Mose 14,21-22; *b* Jes 27,1 74,14: *a* Hiob 40,25 74,16: *a* Ps 104,19

18 So gedenke doch, HERR, wie der Feind schmäht
und ein törichtes Volk deinen Namen lästert.
19 Gib deine Taube* nicht den Tieren preis;
das Leben deiner Elenden vergiss nicht für immer.
20 Gedenke an den Bund;
denn die dunklen Winkel des Landes sind voll Frevel.
21 Lass den Geringen nicht beschämt davongehen,
lass die Armen und Elenden rühmen deinen Namen.
22 Mach dich auf, Gott, und führe deine Sache;
denk an die Schmach, die dir täglich [a]von den Toren widerfährt.
23 Vergiss nicht das Geschrei deiner Feinde;
das Toben deiner Widersacher wird je länger, je größer.

Gott ist Richter über die Stolzen

75 EIN PSALMLIED ASAFS, VORZUSINGEN, NACH DER WEISE »VERTILGE NICHT«.
2 Wir danken dir, Gott, wir danken dir
und verkündigen deine Wunder,
dass [a]dein Name so nahe ist.

3 »Wenn meine Zeit gekommen ist,
werde ich recht richten.
4 Die Erde mag wanken und alle, die darauf wohnen,
aber ich halte ihre Säulen fest.« SELA.

5 Ich sprach zu den Ruhmredigen: Rühmt euch nicht so!,
und zu den Gottlosen: Pochet nicht auf Gewalt!
6 Pocht nicht so hoch auf eure Gewalt,
redet nicht so halsstarrig!

7 Denn es kommt nicht vom Aufgang und nicht vom Niedergang,
nicht von der Wüste und nicht von den Bergen,
8 sondern Gott ist Richter,
der diesen [a]erniedrigt und jenen erhöht.

9 Denn der HERR hat einen Becher in der Hand,
mit starkem Wein voll eingeschenkt.
Er schenkt daraus ein, /
und [a]die Gottlosen auf Erden müssen alle trinken
und sogar die Hefe schlürfen.

10 Ich aber will verkündigen ewiglich
und lobsingen dem Gott Jakobs:
11 Er wird alle Gewalt der Gottlosen zerbrechen,
dass die Gewalt des Gerechten erhöht werde.

Gott, der furchtbare Richter

76 EIN PSALMLIED ASAFS, VORZUSINGEN, BEIM SAITENSPIEL.
2 Gott ist in Juda bekannt,
in Israel ist sein Name herrlich.
3 So erstand in Salem sein Zelt
und [a]seine Wohnung in Zion.
4 Dort [a]zerbricht er die Pfeile des Bogens,
Schild, Schwert und Streitmacht. SELA.

5 Du bist herrlicher und mächtiger
als die ewigen Berge.
6 Beraubt sind die Stolzen und in Schlaf gesunken,
und allen Kriegern versagen die Hände.
7 Von deinem Schelten, Gott Jakobs,
sinken in Schlaf Ross und Wagen.

8 Furchtbar bist du!
Wer kann vor dir bestehen, wenn du zürnest?
9 Wenn du das Urteil lässest hören vom Himmel,
erschrickt das Erdreich und wird [a]still,
10 wenn Gott sich aufmacht zu richten,
dass er helfe allen Elenden auf Erden. SELA.
11 Wenn Menschen wider dich wüten,
bringt es dir Ehre;

* d.i. Israel.

74,22: *a* Ps 14,1-3 **75,2:** *a* Jes 46,13 **75,8:** *a* 1.Sam 2,7 **75,9:** *a* Ps 60,5; Jer 25,15-16 **76,3:** *a* Ps 132,13 **76,4:** *a* Ps 46,10 **76,9:** *a* Ps 46,11; Hab 2,20

und wenn sie noch mehr wüten,
bist du auch noch gerüstet.

12 Tut Gelübde dem HERRN, eurem Gott, und haltet sie!
Alle, die ihr um ihn her seid,
bringt Geschenke dem Furchtbaren,
13 der den Fürsten den Mut nimmt
und furchtbar ist unter den Königen auf Erden.

Trost aus Gottes früheren Taten

77 EIN PSALM ASAFS, VORZUSINGEN, FÜR JEDUTUN.
2 Ich rufe zu Gott und schreie um Hilfe,
zu Gott rufe ich und er erhört mich.
3 In der Zeit meiner Not suche ich den Herrn; /
meine Hand ist des Nachts ausgereckt und lässt nicht ab;
denn meine Seele will sich nicht trösten lassen.
4 Ich denke an Gott – und bin betrübt;
ich sinne nach – und mein Herz ist in Ängsten. SELA.
5 Meine Augen hältst du, dass sie wachen müssen;
ich bin so voll Unruhe, dass ich nicht reden kann.

6 Ich [a] gedenke der alten Zeit,
der vergangenen Jahre.
7 Ich denke und sinne des Nachts /
und rede mit meinem Herzen,
mein Geist muss forschen.
8 Wird denn der Herr auf ewig verstoßen
und keine Gnade mehr erweisen?
9 Ist's denn ganz und gar aus mit seiner Güte,
und hat die Verheißung für immer ein Ende?
10 Hat Gott vergessen, gnädig zu sein,
oder sein Erbarmen im Zorn verschlossen? SELA.
11 Ich sprach: Darunter leide ich,
dass die rechte Hand des Höchsten sich so ändern kann.

12 Darum denke ich an die Taten des HERRN,
ja, ich denke an deine früheren Wunder
13 und sinne über alle deine Werke
und denke deinen Taten nach.
14 **Gott, dein Weg ist heilig.**
[a] Wo ist ein so mächtiger Gott,
wie du, Gott, bist?
15 Du bist der Gott, der Wunder tut,
du hast deine Macht bewiesen unter den Völkern.
16 Du hast dein Volk erlöst mit Macht,
die Kinder Jakobs und Josefs. SELA.

17 Die Wasser sahen dich, Gott,
die Wasser sahen dich und ängstigten sich,
ja, die Tiefen tobten.
18 Wasser ergossen sich aus dem Gewölk, /
die Wolken donnerten,
und deine Pfeile fuhren einher.
19 Dein Donner rollte, Blitze erhellten den Erdkreis,
die Erde erbebte und wankte.
20 [a] Dein Weg ging durch das Meer /
und dein Pfad durch große Wasser;
doch niemand sah deine Spur.
21 Du führtest dein Volk wie eine Herde
durch die Hand des Mose und Aaron.

Schuld, Gericht und Gnade in Israels Geschichte

(vgl. Ps 106,1-48)

78 EINE UNTERWEISUNG ASAFS.
Höre, mein Volk, meine Unterweisung,
neiget eure Ohren zu der Rede meines Mundes!
2 Ich [a] will meinen Mund auftun zu einem Spruch
und Geschichten verkünden aus alter Zeit.
3 [a] Was wir gehört haben und wissen
und unsre Väter uns erzählt haben,
4 das wollen wir nicht verschweigen ihren Kindern;
wir verkündigen dem kommenden Geschlecht
den Ruhm des HERRN und seine Macht
und seine Wunder, die er getan hat.

77,6: *a* Ps 143,5 **77,14:** *a* 2. Mose 15,11 **77,20:** *a (20-21)* 2. Mose 14,21-31 **78,2:** *a* Mt 13,35 **78,3:** *a (3-4)* 2. Mose 13,14; 5. Mose 4,9-10

5 Er richtete ein Zeugnis auf in Jakob
und gab ein Gesetz in Israel
und gebot unsern Vätern,
es ihre Kinder zu lehren,
6 damit es die Nachkommen lernten,
die Kinder, die noch geboren würden;
die sollten aufstehen
und es auch ihren Kindern verkündigen,
7 dass sie setzten auf Gott ihre Hoffnung /
und nicht vergäßen die Taten Gottes,
sondern seine Gebote hielten
8 und nicht würden wie ihre Väter,
[a]ein abtrünniges und ungehorsames Geschlecht,
dessen Herz nicht fest war
und dessen Geist sich nicht treu an Gott hielt,
9 [a]wie die Söhne Ephraim, die den Bogen führten,
abfielen zur Zeit des Streits;
10 sie hielten den Bund Gottes nicht
und wollten nicht in seinem Gesetz wandeln
11 und vergaßen seine Taten und seine Wunder,
die er ihnen erwiesen hatte.

12 Vor ihren Vätern tat er Wunder
in Ägyptenland, im Gefilde von Zoan.
13 Er [a]zerteilte das Meer und ließ sie hindurchziehen
und stellte das Wasser fest wie eine Mauer.
14 Er leitete sie am Tage mit einer Wolke
und die ganze Nacht mit einem hellen Feuer.[a]
15 [a]Er spaltete die Felsen in der Wüste
und tränkte sie mit Wasser in Fülle;
16 er ließ Bäche aus den Felsen kommen,
dass sie hinabflossen wie Wasserströme.

17 Dennoch sündigten sie weiter wider ihn
und empörten sich in der Wüste
gegen den Höchsten;
18 sie [a]versuchten Gott in ihrem Herzen,
[b]als sie Speise forderten für ihr Gelüste,
19 und redeten wider Gott und sprachen:
Kann Gott wohl einen Tisch
bereiten in der Wüste?
20 Siehe, er hat wohl den Felsen geschlagen,
dass Wasser strömten und Bäche sich ergossen;
kann er aber auch Brot geben
und seinem Volk Fleisch verschaffen?
21 Da der HERR das hörte, [a]entbrannte er im Grimm,
und Feuer brach aus in Jakob,
und Zorn kam über Israel,
22 weil sie nicht glaubten an Gott
und nicht hofften auf seine Hilfe.
23 Und er gebot den Wolken droben
und tat auf die Türen des Himmels
24 und [a]ließ Manna auf sie regnen zur Speise
und gab ihnen Himmelsbrot.
25 Brot der Engel aßen sie alle,
er sandte ihnen Speise in Fülle.
26 [a]Er ließ wehen den Ostwind unter dem Himmel
und erregte durch seine Stärke den Südwind
27 und ließ Fleisch auf sie regnen wie Staub
und Vögel wie Sand am Meer;
28 mitten in das Lager fielen sie ein,
rings um seine Wohnung her.
29 Da aßen sie und wurden sehr satt;
und was sie verlangten, gewährte er ihnen.
30 Sie hatten ihr Verlangen noch nicht gestillt,
ihre Speise war noch in ihrem Munde,
31 da kam der Zorn Gottes über sie /
und brachte ihre Vornehmsten um
und schlug die Besten in Israel nieder.

32 Zu dem allen sündigten sie noch mehr
und glaubten nicht an seine Wunder.
33 Darum [a]ließ er ihre Tage dahinschwinden ins Nichts

78,8: *a* 5. Mose 32,5-6 **78,9:** *a (9-11)* Ri 2,11-13 **78,13:** *a* 2. Mose 14,21-22 **78,14:** *a* 2. Mose 13,21 **78,15:** *a (15-16)* 2. Mose 17,6; 4. Mose 20,7-11; 5. Mose 32,18 **78,18:** *a* 2. Mose 16,3; *b* 4. Mose 11,4 **78,21:** *a* 4. Mose 11,1 **78,24:** *a* 2. Mose 16,4.14-15 **78,26:** *a (26-31)* 4. Mose 11,31-33 **78,33:** *a* 4. Mose 14,22-23; 1. Kor 10,5

und ihre Jahre in Schrecken.
34 Wenn er den Tod unter sie brachte, suchten sie Gott
und fragten wieder nach ihm
35 und dachten daran, dass Gott ihr Hort ist
und Gott, der Höchste,
ihr Erlöser.
36 Doch betrogen sie ihn mit ihrem Munde
und belogen ihn mit ihrer Zunge.
37 Ihr Herz hing nicht fest an ihm,
und sie hielten nicht treu an seinem Bunde.
38 Er aber war barmherzig und vergab die Schuld
und vertilgte sie nicht
und wandte oft seinen Zorn ab
und ließ nicht seinen ganzen Grimm an ihnen aus.
39 Denn er dachte daran,
dass sie Fleisch sind,
ein [a]Hauch, der dahinfährt und nicht wiederkommt.

40 Wie oft trotzten sie ihm in der Wüste
und betrübten ihn in der Einöde!
41 Sie versuchten Gott immer wieder
und kränkten den Heiligen Israels.
42 Sie dachten nicht an die Taten seiner Hand,
an den Tag, als er sie erlöste von den Feinden,
43 wie er seine Zeichen in Ägypten getan hatte
und seine Wunder im Lande Zoan;
44 als er [a]ihre Ströme in Blut verwandelte,
dass sie aus ihren Flüssen nicht trinken konnten;
45 als er [a]Ungeziefer unter sie schickte, das sie fraß,
und [b]Frösche, die ihnen Verderben brachten,
46 und ihr Gewächs den Raupen gab
und ihre Saat den [a]Heuschrecken;
47 als er ihre Weinstöcke mit [a]Hagel schlug
und ihre Maulbeerbäume mit Schloßen;
48 als er ihr Vieh preisgab dem Hagel
und ihre Herden dem Wetterstrahl;
49 als er die Glut seines Zornes unter sie sandte,
Grimm und Wut und Drangsal,
eine Schar Verderben bringender Engel;
50 als er seinem Zorn freien Lauf ließ /
und ihre Seele vor dem Tode nicht bewahrte
und [a]ihr Leben preisgab der Pest;
51 als er [a]alle Erstgeburt in Ägypten schlug,
die Erstlinge ihrer Kraft in den Zelten Hams.
52 Er ließ sein Volk ausziehen wie Schafe
und [a]führte sie wie eine Herde in der Wüste;
53 und er leitete sie sicher, /
dass sie sich nicht fürchteten;
[a]aber ihre Feinde bedeckte das Meer.
54 Er brachte sie zu seinem heiligen Lande,
zu diesem [a]Berge, den seine Rechte erworben hat,
55 und vertrieb vor ihnen her die Völker /
und verteilte ihr Land als Erbe
und ließ in ihren Zelten die Stämme Israels wohnen.

56 Aber sie versuchten Gott und trotzten dem Höchsten
und hielten seine Gebote nicht;
57 sie wichen zurück und waren treulos wie ihre Väter
und versagten wie ein schlaffer Bogen;
58 sie erzürnten ihn mit ihren Höhen
und [a]reizten ihn zum Zorn mit ihren Götzen.
59 Als das Gott hörte, entbrannte sein Grimm,
und er verwarf Israel so sehr,
60 dass er [a]seine Wohnung in Silo dahingab,
das Zelt, in dem er unter Menschen wohnte;
61 er gab seine Macht* in Gefangenschaft

* Gemeint ist die Bundeslade (Ps 132,8).

78,39: *a* Ps 103,14-16 **78,44:** *a* 2. Mose 7,19-20 **78,45:** *a* 2. Mose 8,20; *b* 2. Mose 8,2 **78,46:** *a* 2. Mose 10,13 **78,47:** *a* 2. Mose 9,25 **78,50:** *a* 2. Mose 9,8-12 **78,51:** *a* 2. Mose 12,29 **78,52:** *a* Ps 77,21 **78,53:** *a* 2. Mose 14,19.22.27 **78,54:** *a* 2. Mose 15,17 **78,58:** *a* 5. Mose 32,21 **78,60:** *a* 1. Sam 1,3; 4,11; Jer 7,12

und seine Herrlichkeit* in die Hand des Feindes;
62 er übergab sein Volk dem Schwert und ergrimmte über sein Erbe.
63 Ihre junge Mannschaft fraß das Feuer, und ihre Jungfrauen mussten ungefreit bleiben.
64 Ihre [a] Priester fielen durchs Schwert, und die Witwen konnten die Toten nicht beweinen.

65 Da erwachte der Herr wie ein Schlafender, wie ein Starker, der beim Wein fröhlich war,
66 und schlug seine Feinde hinten und hängte ihnen ewige Schande an. [a]
67 Er verwarf das Zelt Josefs und erwählte nicht den Stamm Ephraim,
68 sondern erwählte [a] den Stamm Juda, den Berg Zion, den er lieb hat.
69 Er baute sein Heiligtum wie Himmelshöhen, wie die Erde, die er gegründet hat für immer,
70 [a] und erwählte seinen Knecht David und nahm ihn von den Schafhürden;
71 von den säugenden Schafen holte er ihn, dass er sein Volk Jakob weide und sein Erbe Israel.
72 Und er weidete sie mit aller Treue und leitete sie mit kluger Hand.

Gebet des Volkes Gottes in schwerer Kriegsnot

79 EIN PSALM ASAFS.
Gott, es sind Heiden in dein Erbe eingefallen; /
die haben deinen heiligen Tempel entweiht
und aus Jerusalem einen Steinhaufen gemacht.
2 Sie haben die Leichname deiner Knechte /
den Vögeln unter dem Himmel zu fressen gegeben
und das Fleisch deiner Heiligen den Tieren im Lande.
3 Sie haben ihr Blut vergossen um Jerusalem her wie Wasser,
und da war niemand, der sie begrub.
4 Wir sind bei unsern Nachbarn eine Schmach geworden,
zu Spott und Hohn bei denen, die um uns her sind. [a]

5 HERR, wie lange willst du so sehr zürnen
und deinen Eifer brennen lassen wie Feuer?
6 [a] Schütte deinen Grimm auf die Völker, die dich nicht kennen,
und auf die Königreiche, die deinen Namen nicht anrufen.
7 Denn sie haben Jakob gefressen
und seine Stätte verwüstet.
8 Rechne uns die Schuld der Väter nicht an,
erbarme dich unser bald, denn wir sind sehr elend.

9 Hilf du uns, Gott, unser Helfer,
um deines Namens Ehre willen!
Errette uns und vergib uns unsre Sünden
um deines Namens willen!
10 Warum lässt du die Heiden sagen:
[a] »Wo ist nun ihr Gott?«
Lass unter den Heiden vor unsern Augen kundwerden
die Vergeltung für das Blut deiner Knechte, das vergossen ist.
11 Lass vor dich kommen das Seufzen der Gefangenen;
durch deinen starken Arm erhalte die Kinder des Todes
12 und [a] vergilt unsern Nachbarn siebenfach auf ihr Haupt
ihr Schmähen, mit dem sie dich, Herr, geschmäht haben.

13 Wir aber, dein Volk, die Schafe deiner Weide,
danken dir ewiglich und verkünden deinen Ruhm für und für.

* Gemeint ist die Bundeslade (1. Sam 4,21).

78,64: *a* 1. Sam 4,17-20 **78,66:** *a* 1. Sam 5,6-12 **78,68:** *a* 2. Chr 6,6 **78,70:** *a (70-71)* 1. Sam 16,11-12; 2. Sam 7,8
79,4: *a* Ps 44,14 **79,6:** *a* Jer 10,25 **79,10:** *a* Ps 115,12; Joel 2,17 **79,12:** *a* Ps 137,7-9

Gebet für den zerstörten »Weinstock Gottes«

80 EIN PSALM ASAFS, VORZUSINGEN, NACH DER WEISE »LILIEN DES ZEUGNISSES«.
2 Du Hirte Israels, höre, /
der du Josef hütest wie Schafe!
Erscheine, der du [a]thronst über den Cherubim,
3 vor Ephraim, Benjamin und Manasse!
Erwecke deine Kraft
und komm uns zu Hilfe!
4 GOTT, TRÖSTE UNS WIEDER
UND LASS LEUCHTEN DEIN ANTLITZ,
SO GENESEN WIR.

5 HERR, Gott Zebaoth, wie lange willst du zürnen,
während dein Volk zu dir betet?
6 Du speisest sie mit Tränenbrot
und tränkest sie mit einem großen Krug voll Tränen.
7 Du lässest unsre Nachbarn sich um uns streiten,
und unsre Feinde verspotten uns.
8 GOTT ZEBAOTH, TRÖSTE UNS WIEDER;
LASS LEUCHTEN DEIN ANTLITZ, SO GENESEN WIR.

9 Du hast einen [a]Weinstock aus Ägypten geholt,
hast vertrieben die Völker und ihn eingepflanzt.
10 Du hast vor ihm Raum gemacht /
und hast ihn lassen einwurzeln,
dass er das Land erfüllt hat.
11 Berge sind mit seinem Schatten bedeckt
und mit seinen Reben die Zedern Gottes.
12 Du hast [a]seine Ranken ausgebreitet bis an das Meer
und seine Zweige bis an den Strom.
13 Warum hast du denn seine Mauer zerbrochen,
dass jeder seine Früchte abreißt,
der vorübergeht?
14 Es haben ihn zerwühlt die wilden Säue
und die Tiere des Feldes ihn abgeweidet.
15 Gott Zebaoth, wende dich doch! /
Schaue vom Himmel und sieh darein,
nimm dich dieses Weinstocks an!
16 Schütze doch, was deine Rechte gepflanzt hat,
[a]den Sohn, den du dir großgezogen hast!
17 Sie haben ihn [a]mit Feuer verbrannt wie Kehricht;
vor dem Drohen deines Angesichts
sollen sie umkommen.

18 Deine Hand schütze den Mann deiner Rechten,
den Sohn, den du dir großgezogen hast.
19 So wollen wir nicht von dir weichen.
Lass uns leben, so wollen wir
deinen Namen anrufen.
20 HERR, GOTT ZEBAOTH, TRÖSTE UNS WIEDER;
LASS LEUCHTEN DEIN ANTLITZ, SO GENESEN WIR.

Die wahre Festfeier

81 VON ASAF, VORZUSINGEN, AUF DER GITTIT.
2 Singet fröhlich Gott, der unsre Stärke ist,
jauchzet dem Gott Jakobs!
3 Hebt an mit Psalmen und lasst hören die Pauken,
liebliche Zithern und Harfen!
4 [a]Blaset am Neumond die Posaune,
am Vollmond, am Tag unsres Festes!
5 Denn das ist eine Satzung für Israel
und eine Ordnung des Gottes Jakobs.
6 Das hat er zum Zeugnis gesetzt für Josef,
als Er auszog wider Ägyptenland.

Eine Sprache höre ich, die ich bisher nicht kannte:
7 Ich habe [a]ihre Schultern von der Last befreit
und ihre Hände vom Tragkorb erlöset.
8 Als du mich in der Not anriefst, half ich dir heraus

80,2: *a* Ps 18,11; 2 **80,9:** *a* Jes 5,1-7; Jer 2,21 **80,12:** *a* Hos 10,1 **80,16:** *a* Hos 11,1 **80,17:** *a* Hes 15,2-4 **81,4:** 3.Mose 23,24 **81,7:** *a* 2.Mose 6,6; Jes 9,3

und [a]antwortete dir aus der Wetterwolke
und prüfte dich am [b]Haderwasser.
SELA.
9 Höre, mein Volk, ich will dich ermahnen.
Israel, du sollst mich hören!
10 Kein andrer Gott sei unter dir,
und einen fremden Gott sollst du nicht anbeten![a]
11 Ich bin der HERR, dein Gott, /
der dich aus Ägyptenland geführt hat:
Tu deinen Mund weit auf,
lass mich ihn füllen!

12 Aber mein Volk gehorcht nicht meiner Stimme,
und Israel will mich nicht.
13 So hab ich sie dahingegeben
in die Verstocktheit ihres Herzens,
dass sie wandeln nach eigenem Rat.

14 Wenn doch mein Volk mir gehorsam wäre
und Israel auf meinem Wege ginge!
15 Dann wollte ich seine Feinde bald demütigen
und meine Hand gegen seine Widersacher wenden!
16 Und die den HERRN hassen, müssten sich vor ihm beugen,
aber Israels Zeit würde ewiglich währen,
17 und ich würde es mit dem besten Weizen speisen
und mit [a]Honig aus dem Felsen sättigen.

Der höchste Richter

82 EIN PSALM ASAFS.
Gott steht [a]in der Gottesgemeinde
und ist Richter unter den Göttern.
2 »Wie lange wollt ihr [a]unrecht richten
und die Gottlosen vorziehen?
SELA.
3 Schaffet Recht dem Armen und der Waise
und helft dem Elenden und Bedürftigen zum Recht.[a]
4 Errettet den Geringen und Armen
und erlöst ihn aus der Gewalt der Gottlosen.«

5 Sie lassen sich nichts sagen und sehen nichts ein, /
sie tappen dahin im Finstern.
Darum wanken alle Grundfesten der Erde.

6 »Wohl habe ich gesagt: [a]Ihr seid Götter
und allzumal Söhne des Höchsten;
7 aber ihr werdet sterben wie Menschen
und wie ein Tyrann zugrunde gehen.«

8 Gott, mache dich auf und [a]richte die Erde;
denn du bist Erbherr über alle Heiden!

Gebet gegen einen Bund von Feinden des Gottesvolkes

83 EIN PSALMLIED ASAFS.
2 Gott, schweige doch nicht!
Gott, bleib nicht so still und ruhig!

3 Denn siehe, deine Feinde toben,
und die dich hassen, erheben das Haupt.
4 Sie machen [a]listige Anschläge wider dein Volk
und halten Rat wider die, die bei dir sich bergen.
5 »Wohlan!«, sprechen sie. »Lasst uns sie ausrotten, /
dass sie kein Volk mehr seien
und des Namens Israel nicht mehr gedacht werde!«

6 Denn sie sind miteinander eins geworden
und haben einen Bund wider dich gemacht:
7 die in den Zelten von Edom und Ismael wohnen,
Moab und die Hagariter,
8 Gebal, Ammon und Amalek,
die Philister mit denen von Tyrus;
9 auch Assur hat sich zu ihnen geschlagen,
sie helfen den Söhnen Lot. SELA.

81,8: *a* 2. Mose 19,16; *b* 2. Mose 17,2.7; 4. Mose 20,13 **81,10:** *a* 2. Mose 20,2-3 **81,17:** *a* 5. Mose 32,13 **82,1:** *a* 1. Kön 22,19 **82,2:** *a* 5. Mose 1,17 **82,3:** *a* Jes 1,17 **82,6:** *a* Joh 10,34 **82,8:** *a* 1. Mose 18,25 **83,4:** *a* Ps 35,20

10 Mach's mit ihnen wie mit [a] Midian,
wie mit [b] Sisera, mit Jabin am Bach Kischon,
11 die vertilgt wurden bei En-Dor
und wurden zu Mist auf dem Acker.
12 Mache ihre Fürsten wie [a] Oreb und Seeb,
alle ihre Edlen wie [b] Sebach und Zalmunna,
13 die auch einmal sagten:
Wir wollen das Land Gottes einnehmen.

14 Mein Gott, mache sie wie verwehende Blätter,
wie Spreu vor dem Winde.
15 Wie ein Feuer den Wald verbrennt
und wie eine Flamme die Berge versengt,
16 so verfolge sie mit deinem Sturm
und erschrecke sie mit deinem Ungewitter.

17 Bedecke ihr Angesicht mit Schande,
dass sie, HERR, nach deinem Namen fragen müssen.
18 Schämen sollen sie sich und erschrecken für immer
und zuschanden werden und umkommen.
19 So werden sie erkennen, /
dass du allein [a] HERR heißest
und der Höchste bist in aller Welt.

Freude am Hause Gottes

84 EIN PSALM DER [a] SÖHNE KORACH, VORZUSINGEN, AUF DER GITTIT.
2 Wie lieb sind mir deine Wohnungen, HERR Zebaoth!
3 Meine Seele verlangt und sehnt sich nach den Vorhöfen des HERRN;
mein Leib und Seele freuen sich
in dem lebendigen Gott.[a]
4 Der Vogel hat ein Haus gefunden
und die Schwalbe ein Nest für ihre Jungen –
deine Altäre, HERR Zebaoth,
mein König und mein Gott.
5 Wohl denen, die [a] in deinem Hause wohnen;
die loben dich immerdar. SELA.
6 Wohl den Menschen, die dich für ihre Stärke halten
und von Herzen dir nachwandeln!
7 Wenn sie durchs dürre Tal ziehen, /
wird es ihnen zum Quellgrund,
und Frühregen hüllt es in Segen.
8 Sie gehen von einer Kraft zur andern
und schauen den wahren Gott in Zion.
9 HERR, Gott Zebaoth, höre mein Gebet;
vernimm es, Gott Jakobs! SELA.
10 Gott, unser Schild, schaue doch;
sieh doch an das Antlitz deines Gesalbten!

11 Denn **ein Tag in deinen Vorhöfen**
ist besser als sonst tausend.
Ich will lieber die Tür hüten in meines Gottes Hause
als wohnen in der Gottlosen Hütten.[a]
12 Denn Gott der HERR ist Sonne und Schild; /
der HERR gibt Gnade und Ehre.
Er wird kein Gutes mangeln lassen den Frommen.
13 HERR Zebaoth, wohl dem Menschen,
der sich auf dich verlässt!

Bitte um neuen Segen

85 EIN PSALM DER SÖHNE KORACH, VORZUSINGEN.
2 HERR, der du bist vormals gnädig gewesen deinem Lande
und hast erlöst die Gefangenen Jakobs;
3 der du die Missetat vormals vergeben hast deinem Volk
und alle seine Sünde bedeckt hast;
– SELA –
4 der du vormals hast all deinen Zorn fahren lassen
und dich abgewandt von der Glut deines Zorns:
5 hilf uns, Gott, unser Heiland,
und lass ab von deiner Ungnade über uns!
6 Willst du denn ewiglich über uns zürnen
und deinen Zorn walten lassen für und für?

83,10: *a* Ri 7,14-15; Jes 9,3; *b* Ri 4,2.12-24 **83,12:** *a* Ri 7,25; *b* Ri 8,21 **83,19:** *a* Hos 12,6 **84,1:** *a* 1.Chr 26,1 **84,3:** *a* Ps 42,3 **84,5:** *a* Ps 65,5 **84,11:** *a* Ps 27,4

7 Willst du uns denn nicht wieder erquicken,
dass dein Volk sich über dich freuen kann?
8 HERR, erweise uns deine Gnade
und gib uns dein Heil!

9 Könnte ich doch hören,
was Gott der HERR redet,
dass er [a]Frieden zusagte seinem Volk und seinen Heiligen,
damit sie nicht in Torheit geraten.
10 Doch ist ja seine Hilfe nahe denen, die ihn fürchten,
dass in unserm Lande Ehre wohne;
11 dass Güte und Treue einander begegnen,
Gerechtigkeit und Friede sich küssen;
12 dass Treue auf der Erde wachse
und Gerechtigkeit vom Himmel schaue;
13 dass uns auch der HERR Gutes tue
und unser Land seine Frucht gebe;
14 dass Gerechtigkeit vor ihm her gehe
und seinen Schritten folge.

Gebet in Bedrängnis

86 EIN GEBET DAVIDS.
HERR, neige deine Ohren und erhöre mich;
denn ich bin elend und arm.
2 Bewahre meine Seele, denn ich bin dein.
Hilf du, mein Gott, deinem Knechte, der sich verlässt auf dich.
3 Herr, sei mir gnädig;
denn ich rufe täglich zu dir.
4 Erfreue die Seele deines Knechts;
denn nach dir, Herr, verlangt mich.
5 Denn du, Herr, bist gut und gnädig,
von großer Güte allen, die dich anrufen.
6 Vernimm, HERR, mein Gebet
und merke auf die Stimme meines Flehens!
7 [a]In der Not rufe ich dich an;
du wollest mich erhören!

8 Herr, [a]es ist dir keiner gleich unter den Göttern,
und niemand kann tun, was du tust.
9 Alle Völker, die du gemacht hast, werden kommen
und vor dir anbeten, Herr,
und deinen Namen ehren,
10 dass du so groß bist und Wunder tust
und du allein Gott bist.

11 [a]**Weise mir, HERR, deinen Weg,**
dass ich wandle in deiner Wahrheit;
erhalte mein Herz bei dem einen,
dass ich deinen Namen fürchte.

12 Ich danke dir, Herr, mein Gott, von ganzem Herzen
und ehre deinen Namen ewiglich.
13 Denn deine Güte ist groß gegen mich,
du hast mich errettet aus der Tiefe des Todes.

14 Gott, es erheben sich die Stolzen gegen mich, /
und eine Rotte von Gewalttätern trachtet mir nach dem Leben
und haben dich nicht vor Augen.
15 Du aber, Herr, Gott, bist barmherzig und gnädig,
geduldig und von großer Güte und Treue.[a]
16 Wende dich zu mir und sei mir gnädig;
stärke deinen Knecht mit deiner Kraft und hilf dem Sohn deiner Magd!
17 Tu ein Zeichen an mir,
dass du's gut mit mir meinst,
dass es sehen, die mich hassen, und sich schämen,
weil du mir beistehst, HERR,
und mich tröstest.

Zion wird die Mutter der Völker

87 EIN PSALMLIED DER SÖHNE KORACH.
Sie ist fest gegründet auf den heiligen Bergen.
2 Der HERR liebt die Tore Zions
mehr als alle Wohnungen in Jakob.
3 Herrliche Dinge werden in dir gepredigt,
du Stadt Gottes. SELA.

85,9: *a* Jer 29,11; Mi 5,4 **86,7:** *a* Ps 50,15 **86,8:** *a* Ps 135,5; 2.Mose 15,11 **86,11:** *a* Joh 14,6 **86,15:** *a* Ps 103,8; 2.Mose 34,6

4 Ich zähle Ägypten und Babel
zu denen, die mich kennen,
auch die Philister und Tyrer samt den Mohren:
»Die sind hier geboren.«[a]
5 Doch von Zion wird man sagen: /
»Mann für Mann ist darin geboren«;
und er selbst, der Höchste, erhält es.
6 Der HERR spricht, wenn er aufschreibt die Völker:
»Die sind hier geboren.« SELA.
7 Und sie singen beim Reigen:
[a]Alle meine Quellen sind in dir!

Gebet in großer Verlassenheit und Todesnähe

88 EIN PSALMLIED DER SÖHNE KORACH, VORZUSINGEN, ZUM REIGENTANZ IM WECHSEL*, EINE UNTERWEISUNG [a]HEMANS, DES ESRACHITERS.
2 HERR, Gott, mein Heiland,
ich schreie Tag und Nacht vor dir.
3 Lass mein Gebet vor dich kommen,
neige deine Ohren zu meinem Schreien.
4 Denn meine Seele ist übervoll an Leiden,
und mein Leben ist nahe dem Tode.
5 Ich bin denen gleich geachtet, die in die Grube fahren,
ich bin wie ein Mann, der keine Kraft mehr hat.
6 Ich liege unter den Toten verlassen,
wie die Erschlagenen, die im Grabe liegen,
derer du nicht mehr gedenkst
und die von deiner Hand geschieden sind.
7 Du hast mich hinunter in die Grube gelegt,
in die Finsternis und in die Tiefe.
8 Dein Grimm drückt mich nieder,
du bedrängst mich mit allen deinen Fluten. SELA.

9 [a]Meine Freunde hast du mir entfremdet,
du hast mich ihnen zum Abscheu gemacht.
Ich liege gefangen und kann nicht heraus,
10 mein Auge sehnt sich aus dem Elend.
HERR, ich rufe zu dir täglich;
ich breite meine Hände aus zu dir.
11 [a]Wirst du an den Toten Wunder tun,
oder werden die Verstorbenen aufstehen und dir danken? SELA.
12 Wird man im Grabe erzählen deine Güte
und deine Treue bei den Toten?
13 Werden denn deine Wunder in der Finsternis erkannt
oder deine Gerechtigkeit im Lande des Vergessens?

14 Aber ich schreie zu dir, HERR,
und mein Gebet kommt frühe vor dich:
15 Warum verstößt du, HERR, meine Seele
und verbirgst dein Antlitz vor mir?
16 Ich bin elend und dem Tode nahe von Jugend auf;
ich erleide deine Schrecken, dass ich fast verzage.
17 Dein Grimm geht über mich,
deine Schrecken vernichten mich.
18 Sie umgeben mich täglich wie Fluten
und umringen mich allzumal.
19 Meine Freunde und Nächsten hast du mir entfremdet,
und meine Verwandten hältst du fern von mir.

Israels Not und die Verheißung an David

89 EINE UNTERWEISUNG ETANS, DES ESRACHITERS.
2 Ich will singen von der Gnade des HERRN ewiglich
und seine Treue verkünden mit meinem Munde für und für;
3 denn ich sage: Für ewig steht die Gnade fest;
du gibst deiner Treue sicheren Grund im Himmel.
4 »Ich [a]habe einen Bund geschlossen mit meinem Auserwählten,

* Die Übersetzung ist unsicher. Luther übersetzte: »von der Schwachheit der Elenden«.

87,4: *a* Ps 67,4-5 **87,7:** *a* Ps 36,10 **88,1:** *a* 1.Chr 6,18 **88,9:** *a* Ps 38,12 **88,11:** *a (11-12)* Ps 6,6; Jes 38,18 **89,4:** *a* Jes 55,3

[b]ich habe David, meinem Knechte,
geschworen:
5 Ich will deinem Geschlecht festen Grund geben auf ewig
und [a]deinen Thron bauen für und für.« SELA.
6 Und die Himmel werden, HERR, deine Wunder preisen
und deine Treue in der Gemeinde der Heiligen.

7 Denn wer in den Wolken könnte dem HERRN gleichen
und dem HERRN gleich sein unter [a]den Himmlischen?
8 Gott ist gefürchtet in der Versammlung der Heiligen,
groß und furchtbar über alle, die um ihn sind.
9 HERR, Gott Zebaoth, wer ist wie du?
Mächtig bist du, HERR, und deine Treue ist um dich her.
10 Du herrschest über das ungestüme Meer,
[a]du stillest seine Wellen, wenn sie sich erheben.
11 Du hast [a]Rahab* zu Tode geschlagen
und deine Feinde zerstreut mit deinem starken Arm.
12 [a]Himmel und Erde sind dein,
du hast gegründet den Erdkreis und was darinnen ist.
13 Nord und Süd hast du geschaffen,
Tabor und Hermon jauchzen über deinen Namen.
14 Du hast einen gewaltigen Arm,
stark ist deine Hand, und hoch ist deine Rechte.
15 Gerechtigkeit und Gericht sind deines Thrones Stütze,
Gnade und Treue gehen vor dir einher.

16 Wohl dem Volk, das jauchzen kann!
HERR, sie werden im Licht deines Antlitzes wandeln;
17 sie werden über deinen Namen täglich fröhlich sein
und in deiner Gerechtigkeit herrlich sein.
18 Denn du bist der Ruhm ihrer Stärke,
und durch deine Gnade wirst du unser Haupt erhöhen.
19 Denn dem HERRN gehört unser Schild**
und dem Heiligen in Israel unser König.

20 [a]Damals hast du geredet durch ein Gesicht
zu deinem Heiligen und gesagt:
Ich habe einen Helden erweckt, der helfen soll,
ich habe erhöht einen Auserwählten aus dem Volk.
21 Ich habe gefunden meinen Knecht David,
ich habe ihn gesalbt mit meinem heiligen Öl.
22 Meine Hand soll ihn erhalten,
und mein Arm soll ihn stärken.
23 Die Feinde sollen ihn nicht überwältigen
und die Ungerechten ihn nicht demütigen;
24 sondern ich will seine Widersacher vor ihm zerschlagen
und, die ihn hassen, zu Boden stoßen.
25 Aber meine Treue und Gnade soll bei ihm sein,
und sein Haupt soll erhöht sein in meinem Namen.
26 Seine Hand lass ich [a]herrschen über das Meer
und seine Rechte über die Ströme.
27 [a]Er wird mich nennen: Du bist mein Vater,
mein Gott und Hort, der mir hilft.
28 Und ich will ihn zum erstgeborenen Sohn machen,
zum Höchsten unter den Königen auf Erden.
29 Ich will ihm ewiglich bewahren meine Gnade,
und mein Bund soll ihm festbleiben.
30 Ich will ihm ewiglich Nachkommen geben
und seinen Thron erhalten, solange der Himmel währt.

* d.i. der Drache der Urzeit. ** Bezeichnung des Königs.

89,4: *b* Ps 132,11 **89,5:** *a* 2.Sam 7,16; Apg 2,30 **89,7:** *a* 1.Kön 22,19 **89,10:** *a* Ps 65,8; Mt 8,26 **89,11:** *a* Hiob 9,13; 26,12; Jes 30,7; 51,9 **89,12:** *a* Ps 24,1 **89,20:** *a (20-21)* 1.Sam 13,14; 16,13 **89,26:** *a* Ps 72,8 **89,27:** *a (27-28)* 2.Sam 7,14

31 Wenn aber seine Söhne mein Gesetz verlassen
und in meinen Rechten nicht wandeln,
32 wenn sie meine Ordnungen entheiligen
und meine Gebote nicht halten,
33 so will ich ihre Sünde mit der Rute heimsuchen
und ihre Missetat mit Plagen;
34 aber meine Gnade will ich nicht von ihm wenden
und meine Treue nicht brechen.
35 Ich will meinen Bund nicht entheiligen
und nicht ändern, was aus meinem Munde gegangen ist.
36 Ich habe **einmal** geschworen bei meiner Heiligkeit
und will David nicht belügen:
37 »Sein Geschlecht soll ewig bestehen
und [a]sein Thron vor mir wie die Sonne,
38 wie der Mond, der ewiglich bleibt,
und wie [a]der treue Zeuge in den Wolken.« SELA.

39 Aber nun hast du verstoßen und verworfen
und zürnst mit deinem Gesalbten!
40 Du hast zerbrochen den Bund mit deinem Knecht
und seine Krone entweiht in den Staub.
41 Du hast eingerissen alle seine Mauern
und hast zerstört seine Festungen.
42 Es berauben ihn alle, die vorübergehen;
er ist seinen Nachbarn ein Spott geworden.
43 Du erhöhst die Rechte seiner Widersacher
und erfreust alle seine Feinde.
44 Auch hast du die Kraft seines Schwerts weggenommen
und lässest ihn nicht siegen im Streit.
45 Du hast seinem Glanz ein Ende gemacht
und seinen Thron zu Boden geworfen.
46 Du hast die Tage seiner Jugend verkürzt
und ihn bedeckt mit Schande. SELA.

47 HERR, wie lange willst du dich so verbergen
und deinen Grimm wie Feuer brennen lassen?
48 Gedenke, wie kurz mein Leben ist,
wie vergänglich du alle Menschen geschaffen hast!
49 Wo ist jemand, der da lebt und den Tod nicht sähe,
der seine Seele errette aus des Todes Hand? SELA.

50 Herr, wo ist deine Gnade von einst,
die du David geschworen hast in deiner Treue?
51 Gedenke, Herr, an die [a]Schmach deiner Knechte,
die ich trage in meinem Herzen von all den vielen Völkern,
52 mit der, HERR, deine Feinde dich schmähen,
mit der sie schmähen hinter deinem Gesalbten her!

53 Gelobt sei der HERR ewiglich!
Amen! Amen![a]

VIERTES BUCH

Zuflucht in unserer Vergänglichkeit

90 EIN GEBET DES MOSE, DES MANNES GOTTES.
Herr, du bist unsre Zuflucht für und für. /
2 Ehe denn die Berge wurden und die Erde und die Welt geschaffen wurden,
bist du, Gott, von Ewigkeit zu Ewigkeit.

3 Der du [a]die Menschen lässest sterben
und sprichst: Kommt wieder, Menschenkinder![b]
4 Denn [a]tausend Jahre sind vor dir /
wie der Tag, der gestern vergangen ist,
und wie eine Nachtwache.
5 [a]Du lässest sie dahinfahren wie einen Strom, /

89,37: *a* Ps 72,17 **89,38:** *a* 1. Mose 9,13 **89,51:** *a* Ps 44,10-25 **89,53:** *a* Ps 41,14 **90,3:** *a* Ps 146,4; *b* Pred 1,4 **90,4:** *a* 2. Petr 3,8 **90,5:** *a (5-6)* Ps 102,12; 103,15; Hiob 14,2; Jes 40,6; 1. Petr 1,24-25

sie sind wie ein Schlaf,
wie ein Gras, das am Morgen noch sprosst,
6 das am Morgen blüht und sprosst
und des Abends welkt und verdorrt.

7 Das macht dein Zorn, dass wir so vergehen,
und dein Grimm, dass wir so plötzlich dahinmüssen.
8 Denn unsre Missetaten stellst du vor dich,
unsre unerkannte Sünde ins Licht vor deinem Angesicht.
9 Darum fahren alle unsre Tage dahin durch deinen Zorn,
wir bringen unsre Jahre zu wie ein Geschwätz.
10 Unser Leben währet siebzig Jahre,
und wenn's hoch kommt, so sind's achtzig Jahre,
und was daran köstlich scheint,
ist doch nur [a]vergebliche Mühe;*
denn es fähret schnell dahin,
als flögen wir davon.

11 Wer glaubt's aber, dass du so sehr zürnest,
und wer fürchtet sich vor dir in deinem Grimm?
12 [a]**Lehre uns bedenken, dass wir sterben müssen,**
auf dass wir klug werden.

13 HERR, kehre dich doch endlich wieder zu uns
und sei deinen Knechten gnädig!
14 Fülle uns frühe mit deiner Gnade,
so wollen wir rühmen und fröhlich sein unser Leben lang.
15 Erfreue uns nun wieder,
nachdem du uns so lange plagest,
nachdem wir so lange Unglück leiden.
16 Zeige deinen Knechten [a]deine Werke
und deine Herrlichkeit ihren Kindern.
17 Und der Herr, unser Gott, sei uns freundlich /
und fördere das Werk unsrer Hände bei uns.
Ja, das Werk unsrer Hände wollest du fördern!

Unter Gottes Schutz

91 **Wer unter dem Schirm des Höchsten sitzt**
und unter dem Schatten des Allmächtigen bleibt,
2 **der spricht zu dem HERRN: /**
Meine Zuversicht und meine Burg,
mein Gott, auf den ich hoffe.

3 Denn er errettet dich vom Strick des Jägers
und von der verderblichen Pest.
4 Er wird dich mit seinen Fittichen decken, /
und Zuflucht wirst du haben unter seinen Flügeln.
Seine Wahrheit ist Schirm und Schild,
5 dass du nicht erschrecken musst
vor dem Grauen der Nacht,
vor den Pfeilen, die des Tages fliegen,
6 vor der Pest, die im Finstern schleicht,
vor der Seuche, die am Mittag Verderben bringt.
7 Wenn auch tausend fallen zu deiner Seite /
und zehntausend zu deiner Rechten,
so wird es doch dich nicht treffen.
8 Ja, du wirst es mit eigenen Augen sehen
und schauen, wie den Gottlosen vergolten wird.

9 Denn der HERR ist deine Zuversicht,
der Höchste ist deine Zuflucht.
10 Es wird dir kein Übel begegnen,
und keine Plage wird sich deinem Hause nahen.
11 [a]Denn er hat seinen Engeln befohlen,
dass sie dich behüten auf allen deinen Wegen,
12 dass sie dich auf den Händen tragen
und du deinen Fuß nicht an einen Stein stoßest.
13 Über Löwen und Ottern wirst du gehen

* Luthers Übersetzung »und wenn's köstlich gewesen ist, so ist's Mühe und Arbeit gewesen« ist heute missverständlich.

90,10: *a* Pred 1,3 **90,12:** *a* Ps 39,5-7 **90,16:** *a* Jes 5,12 **91,11:** *a (11-12)* Mt 4,6

und junge Löwen und Drachen
niedertreten.[a]

14»Er liebt mich, darum will ich ihn erretten;
er kennt meinen Namen, darum will ich ihn schützen.
15Er [a]ruft mich an, darum will ich ihn erhören; /
ich bin bei ihm in der Not,
ich will ihn herausreißen
und zu Ehren bringen.
16Ich will ihn sättigen mit langem Leben
und will ihm zeigen mein [a]Heil.«

Freude am Lob Gottes

92 EIN PSALMLIED FÜR DEN SABBATTAG.
2**Das ist ein köstlich Ding, dem HERRN danken**
und [a]lobsingen deinem Namen, du Höchster,
3**des Morgens deine Gnade**
und des Nachts deine Wahrheit verkündigen
4auf dem Psalter mit zehn Saiten,
mit Spielen auf der Harfe.
5Denn, HERR, du lässest mich fröhlich singen von deinen Werken,
und ich rühme die Taten deiner Hände.

6HERR, wie sind [a]deine Werke so groß!
[b]Deine Gedanken sind sehr tief.
7Ein Törichter glaubt das nicht,
und ein Narr begreift es nicht.

8Die Gottlosen grünen wie das Gras, /
und die Übeltäter blühen alle –
nur um vertilgt zu werden für immer!
9Aber du, HERR, bist der Höchste
und bleibest ewiglich.

10Denn siehe, deine Feinde, HERR, /
siehe, deine Feinde werden umkommen,
und alle Übeltäter sollen zerstreut werden.
11Aber mich machst du stark wie den Wildstier
und [a]salbst mich mit frischem Öl.
12Mit Freude sieht mein Auge auf meine Feinde herab
und hört mein Ohr von den Boshaften, die sich gegen mich erheben.

13[a]Der Gerechte wird grünen wie ein Palmbaum,
er wird wachsen wie eine Zeder auf dem Libanon.
14Die gepflanzt sind im Hause des HERRN,
werden in den Vorhöfen unsres Gottes grünen.
15Und wenn sie auch alt werden,
werden sie dennoch blühen,
fruchtbar und frisch sein,
16dass sie verkündigen, wie der HERR es recht macht;
[a]er ist mein Fels und kein Unrecht ist an ihm.

Der ewige König

93 Der HERR ist [a]König und herrlich geschmückt; /
der HERR ist geschmückt und umgürtet mit Kraft.
Er hat den Erdkreis gegründet, dass er nicht wankt.
2Von Anbeginn steht dein Thron fest;
du bist ewig.

3HERR, die Wasserströme erheben sich, /
die Wasserströme erheben ihr Brausen,
die Wasserströme heben empor die Wellen;
4die Wasserwogen im Meer sind groß
und brausen mächtig;
der HERR aber ist noch größer in der Höhe.

5Dein Wort ist wahrhaftig und gewiss;
Heiligkeit ist die Zierde deines Hauses, HERR, für alle Zeit.

91,13: *a* Lk 10,19 **91,15:** *a* Ps 50,15 **91,16:** *a* Jes 52,10 **92,2:** *a* Ps 147,1 **92,6:** *a* Ps 104,24; *b* Jes 55,9 **92,11:** *a* Ps 23,5 **92,13:** *a (13-15)* Ps 1,3; 52,10 **92,16:** *a* 5. Mose 32,4 **93,1:** *a* Ps 47,8; 96,10; 97,1; 98,6; 99,1; 146,10; 2. Mose 15,18

Hilferuf gegen die Unterdrücker des Volkes Gottes

94 HERR, du [a]Gott der Vergeltung,
du Gott der Vergeltung,
erscheine!
2 Erhebe dich, du [a]Richter der Welt;
vergilt den Hoffärtigen, was sie
verdienen!

3 HERR, wie lange sollen die Gottlosen,
wie lange sollen die Gottlosen
prahlen?
4 Es reden so trotzig daher,
es rühmen sich alle Übeltäter.
5 HERR, sie zerschlagen dein Volk
und plagen dein Erbe.
6 Witwen und Fremdlinge bringen sie um
und töten die Waisen
7 und sagen: [a]Der HERR sieht's nicht,
und der Gott Jakobs beachtet's
nicht.

8 Merkt doch auf, ihr Narren im Volk!
Und ihr Toren, wann wollt ihr klug
werden?
9 Der das Ohr gepflanzt hat, sollte der
nicht hören?
Der das Auge gemacht hat, sollte
der nicht sehen?[a]
10 Der die Völker in Zucht hält, /
sollte der nicht Rechenschaft fordern –
er, der die Menschen Erkenntnis
lehrt?
11 Aber der HERR kennt die Gedanken
der Menschen:
Sie sind nur ein Hauch![a]

12 Wohl dem, den du, HERR, [a]in Zucht
nimmst
und lehrst ihn durch dein Gesetz,
13 ihm Ruhe zu schaffen vor bösen
Tagen,
bis dem Gottlosen die Grube
gegraben ist.
14 Denn [a]der HERR wird sein Volk nicht
verstoßen
noch sein Erbe verlassen.
15 Denn **Recht muss doch Recht bleiben,
und ihm werden alle frommen
Herzen zufallen.**

16 Wer steht mir bei wider die Boshaften?
Wer tritt zu mir wider die
Übeltäter?
17 Wenn der HERR mir nicht hülfe,
läge ich bald [a]am Orte des
Schweigens.
18 Wenn ich sprach: Mein Fuß ist
gestrauchelt,
so hielt mich, HERR, deine Gnade.
19 Ich hatte viel Kummer in meinem
Herzen,
aber [a]deine Tröstungen erquickten
meine Seele.

20 Du hast ja nicht Gemeinschaft mit
dem Richterstuhl der Bösen,
die das Gesetz missbrauchen und
Unheil schaffen.
21 Sie rotten sich zusammen wider den
Gerechten
und verurteilen unschuldiges Blut.

22 Aber der HERR ist mein Schutz,
mein Gott ist der Hort meiner
Zuversicht.
23 Und er wird ihnen ihr Unrecht
vergelten /
und sie um ihrer Bosheit willen
vertilgen;
der HERR, unser Gott, wird sie
vertilgen.

Aufruf zur Anbetung und zum Gehorsam

95 Kommt herzu, lasst uns dem
HERRN frohlocken
und jauchzen dem Hort unsres
Heils!
2 Lasst uns mit Danken vor sein
Angesicht kommen
und mit Psalmen ihm jauchzen!
3 Denn der HERR ist ein großer Gott
und [a]ein großer König über alle
Götter.
4 Denn in seiner Hand sind die Tiefen
der Erde,
und die Höhen der Berge sind auch
sein.
5 Denn sein ist das Meer, und er hat's
gemacht,
und seine Hände haben das
Trockene bereitet.

94,1: *a* 5. Mose 32,35 **94,2:** *a* 1. Mose 18,25 **94,7:** *a* Ps 10,11 **94,9:** *a* 2. Mose 4,11 **94,11:** *a* 1. Kor 3,20 **94,12:** *a* Hiob 5,17 **94,14:** *a* Jes 37,33-35 **94,17:** *a* Ps 115,17 **94,19:** *a* 2. Kor 1,4-5 **95,3:** *a* 2. Mose 15,11

6 Kommt, lasst uns anbeten und knien
und niederfallen vor dem HERRN,
der uns gemacht hat.
7 Denn er ist unser Gott
und wir das Volk seiner Weide
und Schafe seiner Hand.[a]

Wenn ihr doch heute auf seine Stimme
hören wolltet:
8 [a]»Verstocket euer Herz nicht,
wie zu Meriba geschah,
wie zu Massa in der Wüste,
9 wo mich eure Väter [a]versuchten und
prüften
und hatten doch mein Werk
gesehen.
10 Vierzig Jahre war dies Volk mir
zuwider, dass ich sprach: /
Es sind Leute, deren Herz immer den
Irrweg will
und die meine Wege nicht lernen
wollen,
11 sodass ich schwor in meinem Zorn:
Sie sollen nicht zu meiner Ruhe
kommen.«[a]

Der Schöpfer und Richter aller Welt

(vgl. 1. Chr 16,23-33)

96 Singet dem HERRN [a]ein neues
Lied;
singet dem HERRN, alle Welt!
2 Singet dem HERRN und lobet seinen
Namen,
verkündet von Tag zu Tag sein Heil!
3 Erzählet unter den Heiden von seiner
Herrlichkeit,
unter allen Völkern von seinen
Wundern!
4 Denn der HERR ist groß und hoch zu
loben,
mehr zu fürchten als alle Götter.
5 Denn alle Götter der Völker sind
Götzen;
aber der HERR hat den Himmel
gemacht.
6 Hoheit und Pracht sind vor ihm,
Macht und Herrlichkeit in seinem
Heiligtum.

7 Ihr Völker, bringet dar dem HERRN,
bringet dar dem HERRN Ehre und
Macht!
8 Bringet dar dem HERRN die Ehre
seines Namens,
bringet Geschenke und kommt in
seine Vorhöfe!
9 Betet an den HERRN in heiligem
Schmuck;
es fürchte ihn alle Welt!
10 Sagt unter den Heiden: Der HERR ist
[a]König.
Er hat den Erdkreis gegründet, dass
er nicht wankt.
Er richtet die Völker recht.

11 [a]Der Himmel freue sich, und die Erde
sei fröhlich,
das Meer brause und was darinnen
ist;
12 das Feld sei fröhlich und alles, was
darauf ist;
es sollen jauchzen alle Bäume im
Walde
13 vor dem HERRN; denn er kommt,
denn er kommt, [a]zu richten das
Erdreich.
Er [b]wird den Erdkreis richten mit
Gerechtigkeit
und die Völker mit seiner Wahrheit.

Freude am Königtum Gottes

97 Der HERR ist [a]König; des freue
sich das Erdreich
und seien fröhlich die Inseln, so viel
ihrer sind.
2 Wolken und Dunkel sind um ihn her,
Gerechtigkeit und Gericht sind
seines Thrones Stütze.
3 [a]Feuer geht vor ihm her
und verzehrt ringsum seine Feinde.
4 Seine Blitze erleuchten den Erdkreis,
das Erdreich sieht es und erschrickt.
5 Berge zerschmelzen wie Wachs vor dem
HERRN,
vor dem [a]Herrscher der ganzen Erde.
6 Die Himmel verkündigen seine
Gerechtigkeit,
und [a]seine Herrlichkeit sehen alle
Völker.

95,7: *a* Ps 100,3; Joh 10,27-28 **95,8:** *a (8-11)* Hebr 3,7-8; 4,7 **95,9:** *a* 2. Mose 17,2.7 **95,11:** *a* 4. Mose 14,22-23; Hebr 4,3 **96,1:** *a* Ps 33,3 **96,10:** *a* Ps 93,1 **96,11:** *a (11-13)* Ps 98,7-9; Jes 49,13 **96,13:** *a* Ps 82,8; *b* Apg 17,31 **97,1:** *a* Ps 93,1 **97,3:** *a (3-4)* Hab 3,4 **97,5:** *a* Jos 3,13 **97,6:** *a* Ps 67,5-6; Jes 24,21-22

7 Schämen sollen sich alle, die den Bildern dienen /
und [a] sich der Götzen rühmen.
[b] Betet ihn an, alle Götter!
8 Zion hört es und ist froh,
und die Töchter Juda sind fröhlich,
weil du, HERR, recht regierest.
9 Denn du, HERR, bist der Höchste über allen Landen,
[a] du bist hoch erhöht über alle Götter.

10 Die ihr den HERRN liebet, hasset das Arge!
Der Herr bewahrt die Seelen seiner Heiligen;
aus der Hand der Gottlosen wird er sie erretten.
11 Dem Gerechten muss das Licht immer wieder aufgehen
und Freude den frommen Herzen.
12 Ihr Gerechten, freut euch des HERRN
und danket ihm und preiset seinen heiligen Namen!

Der königliche Richter aller Welt

98 EIN PSALM.
Singet dem HERRN [a] ein neues Lied,
denn er tut Wunder.
[b] Er schafft Heil mit seiner Rechten
und mit seinem heiligen Arm.
2 Der HERR lässt sein Heil kundwerden;
vor den Völkern macht er seine Gerechtigkeit offenbar.
3 Er gedenkt an seine Gnade und Treue für das Haus Israel,
[a] aller Welt Enden sehen das Heil unsres Gottes.

4 Jauchzet dem HERRN, alle Welt,
singet, rühmet und lobet!
5 Lobet den HERRN mit Harfen,
mit Harfen und mit Saitenspiel!
6 Mit Trompeten und Posaunen
jauchzet vor dem HERRN, dem [a] König!
7 Das Meer brause
und was darinnen ist,
der Erdkreis und die darauf wohnen. [a]
8 Die Ströme sollen frohlocken,
und alle Berge seien fröhlich
9 vor dem HERRN; denn er kommt,
das Erdreich zu richten.
Er wird den Erdkreis richten mit Gerechtigkeit
und die Völker, wie es recht ist.

Der heilige Gott

99 Der HERR ist [a] König, darum zittern die Völker;
[b] er sitzt über den Cherubim,
darum bebt die Welt.
2 Der HERR ist groß in Zion
und erhaben über alle Völker.

3 Preisen sollen sie deinen großen und wunderbaren Namen,
– DENN ER IST HEILIG –,
4 und die Macht des Königs,
der das Recht lieb hat.*
[a] Du hast bestimmt, was richtig ist,
du schaffest Gericht und Gerechtigkeit in Jakob.
5 ERHEBET DEN HERRN, UNSERN GOTT, /
BETET AN [a] VOR DEM SCHEMEL SEINER FÜSSE;
DENN ER IST HEILIG.

6 Mose und Aaron unter seinen Priestern /
und Samuel unter denen, die seinen Namen anrufen,
die riefen den HERRN an und er erhörte sie.
7 Er redete mit ihnen in der Wolkensäule;
sie hielten seine Gesetze und Gebote, die er ihnen gab.

8 HERR, du bist unser Gott, du erhörtest sie;
du, Gott, [a] vergabst ihnen und straftest ihr Tun.
9 ERHEBET DEN HERRN, UNSERN GOTT, /
UND BETET AN AUF SEINEM HEILIGEN BERGE;
DENN DER HERR, UNSER GOTT, IST HEILIG.

* Luther übersetzte: »Im Reich dieses Königs hat man das Recht lieb.«

97,7: *a* Jer 46,25; *b* Hebr 1,6 **97,9:** *a* 2.Mose 15,11 **98,1:** *a* Ps 33,3; *b* Jes 59,16; 63,5 **98,3:** *a* Jes 52,10 **98,6:** *a* Ps 93,1 **98,7:** *a* Ps 96,11-13 **99,1:** *a* Ps 93,1; *b* Ps 18,11 **99,4:** *a* Jes 9,6 **99,5:** *a* Ps 132,7-8; 1.Chr 28,2; Klgl 2,1 **99,8:** *a* 2.Mose 34,7

Ein Aufruf zum Lobe Gottes

100 EIN PSALM ZUM DANKOPFER.
Jauchzet dem HERRN, alle Welt!
2 Dienet dem HERRN mit Freuden,
kommt vor sein Angesicht mit
Frohlocken!
3 Erkennet, dass der HERR Gott ist!
Er hat uns gemacht und nicht wir selbst
zu seinem Volk und [a] zu Schafen
seiner Weide.

4 [a] Gehet zu seinen Toren ein mit
Danken, /
zu seinen Vorhöfen mit Loben;
danket ihm, lobet seinen Namen!
5 Denn der HERR ist freundlich, /
und seine Gnade währet ewig
und seine Wahrheit für und für.

Regentenspiegel

101 EIN PSALM DAVIDS.
Von Gnade und Recht will ich
singen
und dir, HERR, Lob sagen.
2 Ich handle umsichtig und redlich, /
dass du mögest zu mir kommen;
ich wandle mit redlichem Herzen in
meinem Hause.
3 [a] Ich nehme mir keine böse Sache vor;
ich hasse den Übertreter
und lasse ihn nicht bei mir bleiben.
4 Ein falsches Herz muss von mir
weichen.
Den Bösen kann ich nicht leiden.
5 Wer seinen Nächsten heimlich
verleumdet,
den bring ich zum Schweigen.
Ich mag den nicht, der stolze Gebärde
und hoffärtige Art hat.
6 Meine Augen sehen nach den Treuen
im Lande, /
dass sie bei mir wohnen;
[a] ich habe gerne fromme Diener.
7 Falsche Leute dürfen in meinem Hause
nicht bleiben,
die Lügner gedeihen nicht bei mir.
8 Jeden Morgen bring ich zum Schweigen
alle Gottlosen im Lande,
[a] dass ich alle Übeltäter ausrotte
aus der Stadt des HERRN.

Gebet um Wiederherstellung Zions (Der fünfte Bußpsalm)

102 EIN GEBET FÜR DEN ELENDEN,
WENN ER VERZAGT IST UND
SEINE KLAGE VOR DEM HERRN
AUSSCHÜTTET.
2 HERR, höre mein Gebet
und lass mein Schreien zu dir
kommen!
3 Verbirg dein Antlitz nicht vor mir in
der Not, /
neige deine Ohren zu mir;
wenn ich dich anrufe, so erhöre
mich bald!

4 Denn meine Tage sind vergangen wie
ein Rauch,
und meine Gebeine sind verbrannt
wie von Feuer.
5 Mein Herz ist geschlagen und verdorrt
wie Gras,
dass ich sogar vergesse, mein Brot
zu essen.
6 Mein Gebein klebt an meiner Haut
vor Heulen und Seufzen.
7 Ich bin wie die Eule in der Einöde,
wie das Käuzchen in den
Trümmern.
8 Ich wache und klage
wie ein einsamer Vogel auf dem
Dache.

9 Täglich schmähen mich meine Feinde,
und die mich verspotten, fluchen
mit meinem Namen.
10 Denn ich esse Asche wie Brot
und mische meinen Trank mit
Tränen
11 vor deinem Drohen und Zorn,
weil du mich hochgehoben und
zu Boden geworfen hast.
12 Meine Tage sind dahin wie ein
Schatten,
und [a] ich verdorre wie Gras.

13 Du aber, HERR, bleibst ewiglich
und [a] dein Name für und für.
14 Du wollest dich aufmachen und über
Zion erbarmen;
denn es ist Zeit, dass du ihm gnädig
seist, und die Stunde ist gekommen

100,3: *a* Ps 95,7 **100,4:** *a (4-5)* Ps 106,1 **101,3:** *a (3-6)* Spr 20,8.28 **101,6:** *a* Spr 22,11 **101,8:** *a* Spr 20,26 **102,12:** *a* Ps 90,5-6 **102,13:** *a* Ps 135,13

15– denn deine Knechte wollten gerne,
dass es gebaut würde,
und es jammert sie, dass es in
Trümmern liegt –,
16 dass die Heiden den Namen des
HERRN fürchten
und alle Könige auf Erden deine
Herrlichkeit.

17 Ja, der HERR baut Zion wieder
und erscheint in seiner Herrlichkeit.
18 Er wendet sich zum Gebet der
Verlassenen
und verschmäht ihr Gebet nicht.
19 Das werde geschrieben für die
Nachkommen;
und das Volk, das er schafft, wird
den HERRN loben.
20 Denn er schaut von seiner heiligen
Höhe,
[a]der HERR sieht vom Himmel auf
die Erde,
21 dass er das Seufzen der Gefangenen
höre
und losmache die Kinder des Todes,
22 dass sie in Zion verkünden den
Namen des HERRN
und sein Lob in Jerusalem,
23 wenn die Völker zusammenkommen
und die Königreiche, dem HERRN
zu dienen.[a]

24 Er demütigt auf dem Wege meine
Kraft,
er verkürzt meine Tage.
25 Ich sage: Mein Gott, nimm mich nicht
weg /
[a]in der Hälfte meiner Tage!
Deine Jahre währen für und für.
26 [a]Du hast vorzeiten die Erde
gegründet,
und die Himmel sind deiner Hände
Werk.
27 Sie [a]werden vergehen, du aber bleibst;
sie werden alle veralten wie ein
Gewand;
wie ein Kleid wirst du sie wechseln,
und sie werden verwandelt werden.
28 Du aber bleibst, wie du bist,
und deine Jahre nehmen kein Ende.
29 Die Söhne deiner Knechte bleiben
wohnen,
und ihr Geschlecht wird vor dir
gedeihen.

Das Hohelied der Barmherzigkeit Gottes

103 VON DAVID.
Lobe den HERRN, meine Seele,
und was in mir ist, seinen heiligen
Namen!
2 Lobe den HERRN, meine Seele,
und [a]vergiss nicht, was er dir Gutes
getan hat:
3 der dir [a]alle deine Sünde vergibt
und heilet alle deine Gebrechen,
4 der dein Leben vom Verderben erlöst,
der dich krönet mit Gnade und
Barmherzigkeit,
5 der deinen Mund fröhlich macht
und du wieder jung wirst [a]wie ein
Adler.

6 Der HERR schafft Gerechtigkeit und
Recht
allen, die Unrecht leiden.
7 Er [a]hat seine Wege Mose wissen
lassen,
die Kinder Israel sein Tun.
8 Barmherzig und gnädig ist der HERR,
geduldig und von großer Güte.[a]
9 Er wird nicht für immer hadern
noch ewig zornig bleiben.[a]
10 Er handelt nicht mit uns nach unsern
Sünden
und vergilt uns nicht nach unsrer
Missetat.
11 Denn [a]so hoch der Himmel über der
Erde ist,
lässt er seine Gnade walten über
denen, die ihn fürchten.
12 So fern der Morgen ist vom Abend,
lässt er unsre Übertretungen von uns
sein.
13 Wie sich [a]ein Vater über Kinder
erbarmt,
so erbarmt sich der HERR über die,
die ihn fürchten.

14 Denn er weiß, was für ein Gebilde wir
sind;
er gedenkt daran, [a]dass wir Staub
sind.

102,20: *a* Ps 14,2 **102,23:** *a* Ps 87,4; Jes 60,3-10; Lk 13,29-30 **102,25:** *a* Ps 55,24 **102,26:** *a (26-28)* Hebr 1,10-12 **102,27:** *a* 2.Petr 3,10 **103,2:** *a* 5.Mose 4,9 **103,3:** *a* Ps 32,1 **103,5:** *a* Jes 40,31 **103,7:** *a* 2.Mose 33,13 **103,8:** *a* Ps 86,15 **103,9:** *a* Jes 57,16 **103,11:** *a* Ps 36,6; Jes 55,8-9 **103,13:** *a* Lk 15,11-24 **103,14:** *a* 1.Mose 2,7; 3,19

15 [a]Ein Mensch ist in seinem Leben wie
Gras,
er blüht wie eine Blume auf dem
Felde;
16 wenn der Wind darüber geht, so ist sie
nimmer da,
und ihre Stätte kennet sie nicht
mehr.
17 [a]Die Gnade aber des HERRN währt
von Ewigkeit zu Ewigkeit
über denen, die ihn fürchten,
und seine Gerechtigkeit auf Kindeskind
18 bei denen, die seinen Bund halten
und gedenken an seine Gebote,
dass sie danach tun.

19 Der HERR hat seinen Thron im
Himmel errichtet,
und sein Reich herrscht über alles.
20 [a]Lobet den HERRN, ihr seine Engel, /
ihr starken Helden, die ihr seinen Befehl
ausrichtet,
dass man höre auf die Stimme
seines Wortes!
21 Lobet den HERRN, alle seine
Heerscharen,
seine Diener, die ihr seinen Willen
tut!
22 Lobet den HERRN, alle seine Werke, /
an allen Orten seiner Herrschaft!

Lobe den HERRN, meine Seele!

Lob des Schöpfers

104 Lobe den HERRN, meine Seele!
HERR, mein Gott, du bist
sehr herrlich;
du bist schön und prächtig geschmückt.
2 Licht ist dein Kleid, das du
anhast.
Du breitest den Himmel aus wie einen
Teppich;
3 du baust deine Gemächer [a]über
den Wassern.
Du fährst auf den Wolken wie auf einem
Wagen
und [b]kommst daher auf den
Fittichen des Windes,
4 der du machst Winde zu deinen Boten
und Feuerflammen zu deinen
Dienern;[a]
5 der du das Erdreich gegründet hast auf
festen Boden,
dass es bleibt immer und ewiglich.[a]
6 Mit Fluten decktest du es wie mit
einem Kleide,
und die Wasser standen über den
Bergen.
7 Aber vor deinem Schelten flohen sie,
vor deinem Donner fuhren sie
dahin.
8 Die Berge stiegen hoch empor,
und die Täler senkten sich herunter
zum Ort, den du ihnen gegründet
hast.
9 Du hast [a]eine Grenze gesetzt,
darüber kommen sie nicht
und dürfen nicht wieder das
Erdreich bedecken.

10 Du lässest Wasser in den Tälern
quellen,
dass sie zwischen den Bergen
dahinfließen,
11 dass alle Tiere des Feldes trinken
und das Wild seinen Durst lösche.
12 Darüber sitzen die Vögel des
Himmels
und singen unter den Zweigen.
13 Du feuchtest die Berge von oben her,
du machst das Land voll Früchte,
die du schaffest.
14 Du lässest Gras wachsen
für das Vieh
und Saat zu Nutz den Menschen,
dass du Brot aus der Erde
hervorbringst,
15 dass der Wein erfreue des
Menschen Herz
und sein Antlitz schön werde vom Öl
und das Brot des Menschen Herz
stärke.
16 Die Bäume des HERRN stehen voll
Saft,
die Zedern des Libanon, die er
gepflanzt hat.
17 Dort nisten die Vögel,
und die Reiher wohnen in den
Wipfeln.
18 Die hohen Berge geben dem Steinbock
Zuflucht
und die Felsklüfte dem Klippdachs.

103,15: *a (15-16)* Ps 90,5-6; Hiob 7,10 **103,17:** *a* Lk 1,50 **103,20:** *a (20-22)* Jes 6,1-4; Ps 29,1; 148,1-14; Dan 7,10 **104,3:** *a* 1.Mose 1,6-8; *b* Ps 18,10-12 **104,4:** *a* Hebr 1,7 **104,5:** *a* Mt 24,35; Offb 21,1 **104,9:** *a* Hiob 38,8-11; Spr 8,29

19 Du hast den Mond gemacht, das Jahr danach zu teilen;
[a]die Sonne weiß ihren Niedergang.
20 Du machst Finsternis, dass es Nacht wird;
da regen sich alle wilden Tiere,
21 die jungen Löwen, die da brüllen nach Raub
und ihre Speise suchen von Gott.
22 Wenn aber die Sonne aufgeht, heben sie sich davon
und legen sich in ihre Höhlen.
23 So geht dann der Mensch aus an seine Arbeit
und an sein Werk bis an den Abend.

24 **HERR, wie sind deine Werke so groß und viel!**
Du hast sie alle weise geordnet,
und die Erde ist voll deiner Güter.[a]
25 Da ist das Meer, das so groß und weit ist,
da wimmelt's ohne Zahl, große und kleine Tiere.
26 Dort ziehen Schiffe dahin;
da sind große Fische, die du gemacht hast, damit zu spielen.

27 [a]**Es warten alle auf dich,**
dass du ihnen Speise gebest zur rechten Zeit.
28 **Wenn du ihnen gibst, so sammeln sie;**
wenn du deine Hand auftust,
so werden sie mit Gutem gesättigt.
29 Verbirgst du dein Angesicht,
so erschrecken sie;
nimmst du weg ihren Odem,
so vergehen sie
und [a]werden wieder Staub.
30 Du sendest aus deinen Odem,
so werden sie geschaffen,
und du machst neu die Gestalt der Erde.

31 Die Herrlichkeit des HERRN bleibe ewiglich,
der HERR freue sich seiner Werke!
32 Er schaut die Erde an, so bebt sie;
er rührt die Berge an, so rauchen sie.
33 Ich will dem HERRN singen mein Leben lang
und meinen Gott loben, solange ich bin.
34 Mein Reden möge ihm wohlgefallen.
Ich freue mich des HERRN.
35 Die Sünder sollen ein Ende nehmen auf Erden /
und die Gottlosen nicht mehr sein.

Lobe den HERRN, meine Seele!
Halleluja!

Lob Gottes für seine Heilstaten in Israels Frühzeit

105 [a]Danket dem HERRN und rufet an seinen Namen;
verkündigt sein Tun unter den Völkern!
2 Singet und spielet ihm,
redet von allen seinen Wundern!
3 Rühmet seinen heiligen Namen;
es freue sich das Herz derer, die den HERRN suchen!
4 Fraget nach dem HERRN und nach seiner Macht,
suchet sein Antlitz allezeit!
5 Gedenket seiner Wunderwerke, die er getan hat,
seiner Zeichen und der Urteile seines Mundes,
6 du Geschlecht Abrahams, seines Knechts,
ihr Söhne Jakobs, seine Auserwählten!

7 Er ist der HERR, unser Gott,
er richtet in aller Welt.
8 Er gedenkt ewiglich an seinen Bund,
an das Wort, das er verheißen hat für tausend Geschlechter,[a]
9 an den Bund, den er geschlossen hat mit Abraham,
und an den Eid, den er Isaak geschworen hat.
10 Er stellte ihn auf für Jakob als Satzung
und für Israel als ewigen Bund
11 und sprach: »Dir will ich das Land Kanaan geben,
das Los eures Erbteils«,[a]

104,19: *a* Ps 74,16 **104,24:** *a* 1. Mose 1,31 **104,27:** *a (27-28)* Ps 145,15-16 **104,29:** *a* 1. Mose 3,19 **105,1:** *a (1-15)* 1. Chr 16,8-22 **105,8:** *a* 5. Mose 7,9 **105,11:** *a* 1. Mose 12,7

12 als sie noch gering waren an Zahl,
nur wenige und Fremdlinge im Lande.

13 Und sie zogen von Volk zu Volk,
von einem Königreich zum andern.
14 Er ließ keinen Menschen ihnen Schaden tun
und wies Könige zurecht um ihretwillen:[a]
15 »Tastet meine Gesalbten nicht an,
und tut meinen Propheten kein Leid!«

16 Und er ließ eine [a]Hungersnot ins Land kommen
und nahm weg allen Vorrat an Brot.
17 Er sandte einen Mann vor ihnen hin;
[a]Josef wurde als Knecht verkauft.
18 Sie zwangen seine Füße in Fesseln,
sein Leib musste in Eisen liegen,
19 bis sein Wort eintraf
und die Rede des HERRN ihm recht gab.
20 Da [a]sandte der König hin und ließ ihn losgeben,
der Herr über Völker, er gab ihn frei.
21 Er setzte ihn zum Herrn über sein Haus,
zum Herrscher über alle seine Güter,
22 dass er seine Fürsten unterwiese nach seinem Willen
und seine Ältesten Weisheit lehrte.
23 Und Israel zog nach Ägypten,
und Jakob ward ein Fremdling im Lande Hams.[a]

24 Und der Herr [a]ließ sein Volk sehr wachsen
und machte sie mächtiger als ihre Feinde.
25 Diesen verwandelte er das Herz, /
dass sie seinem Volk gram wurden
und Arglist übten an seinen Knechten.
26 Er sandte seinen Knecht [a]Mose
und [b]Aaron, den er erwählt hatte.
27 Die taten seine Zeichen unter ihnen
und seine Wunder im Lande Hams.[a]
28 Er ließ Finsternis kommen und machte es finster;
doch sie blieben ungehorsam seinen Worten.
29 Er verwandelte ihre Wasser in Blut
und tötete ihre Fische.
30 Ihr Land wimmelte von Fröschen
bis in die Kammern ihrer Könige.
31 Er gebot, da kam Ungeziefer,
Stechmücken in all ihr Gebiet.
32 Er gab ihnen Hagel statt Regen,
Feuerflammen in ihrem Lande
33 und schlug ihre Weinstöcke und Feigenbäume
und zerbrach die Bäume in ihrem Gebiet.
34 Er gebot, da kamen Heuschrecken geflogen
und gekrochen ohne Zahl;
35 sie fraßen alles, was da wuchs in ihrem Lande,
und fraßen auch die Frucht ihres Ackers.
36 Er schlug alle Erstgeburt in Ägypten,
alle Erstlinge ihrer Kraft.

37 Er führte sie heraus [a]mit Silber und Gold;
es war kein Gebrechlicher unter ihren Stämmen.
38 Ägypten wurde froh, dass sie auszogen;
denn Furcht vor ihnen war auf sie gefallen.
39 Er breitete eine Wolke aus, sie zu decken,
und ein Feuer, des Nachts zu leuchten.[a]
40 Sie baten, da ließ er [a]Wachteln kommen,
und er sättigte sie mit Himmelsbrot.
41 Er [a]öffnete den Felsen, da flossen Wasser heraus,
dass Bäche liefen in der dürren Wüste.
42 Denn er gedachte an sein heiliges Wort
und an Abraham, seinen Knecht.

105,14: *a* 4. Mose 23,7-10 **105,16:** *a* 1. Mose 41,54 **105,17:** *a* 1. Mose 37,28 **105,20:** *a* 1. Mose 41,14 **105,23:** *a* 1. Mose 46,1.7 **105,24:** *a* 2. Mose 1,7.12 **105,26:** *a* 2. Mose 3,10; *b* 2. Mose 4,14-16 **105,27:** *a* 2. Mose 7,1–12,51 **105,37:** *a* 2. Mose 12,35 **105,39:** *a* 2. Mose 14,20 **105,40:** *a* 2. Mose 16,13-15 **105,41:** *a* 2. Mose 17,6

43 So führte er sein Volk in Freuden heraus
und seine Auserwählten mit Jubel
44 und gab ihnen die Länder der Heiden,
dass sie die Güter der Völker gewannen,
45 damit sie seine Gebote hielten
und seine Gesetze bewahrten.
Halleluja!

Gottes Gnade und Israels Undank

106 Halleluja!
[a] **Danket dem HERRN; denn er ist freundlich,**
und seine Güte währet ewiglich.
2 Wer kann [a] die großen Taten des HERRN alle erzählen
und sein Lob genug verkündigen?
3 Wohl denen, die das Gebot halten
und tun immerdar recht!

4 HERR, gedenke meiner nach der Gnade,
die du deinem Volk verheißen hast;
erweise an uns deine Hilfe,
5 dass wir sehen das Heil deiner Auserwählten
und uns freuen, dass es deinem Volke so gut geht,
und uns rühmen mit denen, die dein Eigen sind.

6 Wir haben gesündigt samt unsern Vätern,
wir haben unrecht getan und sind gottlos gewesen.[a]
7 Unsre Väter in Ägypten
wollten deine Wunder nicht verstehen.
Sie gedachten nicht an deine große Güte
und [a] waren ungehorsam am Meer, am Schilfmeer.
8 Er aber half ihnen um seines Namens willen,
dass er seine Macht beweise.
9 Er schalt das Schilfmeer, da wurde es trocken,
und führte sie durch die Tiefen wie durch trockenes Land
10 und half ihnen aus der Hand dessen, der sie hasste,
und erlöste sie von der Hand des Feindes.
11 Und die Wasser ersäuften ihre Widersacher,
dass nicht **einer** übrig blieb.
12 Da glaubten sie an seine Worte
und [a] sangen sein Lob.

13 Aber sie vergaßen bald seine Werke,
sie warteten nicht auf seinen Rat.
14 Und [a] sie wurden lüstern in der Wüste
und versuchten Gott in der Einöde.
15 Er aber gab ihnen, was sie erbaten,
und sandte ihnen genug, bis ihnen davor ekelte.
16 Und [a] sie empörten sich wider Mose im Lager,
wider Aaron, den Heiligen des HERRN.
17 [a] Die Erde tat sich auf und verschlang Datan
und deckte zu die Rotte Abirams,
18 und Feuer wurde unter ihrer Rotte angezündet,
die Flamme verbrannte die Gottlosen.

19 [a] Sie machten ein Kalb am Horeb
und beteten das gegossene Bild an
20 und [a] verwandelten die Herrlichkeit ihres Gottes
in das Bild eines Ochsen, der Gras frisst.
21 Sie [a] vergaßen Gott, ihren Heiland,
der so große Dinge in Ägypten getan hatte,
22 Wunder im Lande Hams
und schreckliche Taten am Schilfmeer.
23 Und er gedachte, sie zu vertilgen,
wäre nicht Mose gewesen, sein Auserwählter;
[a] der trat vor ihm in die Bresche,
seinen Grimm abzuwenden, dass er sie nicht verderbe.

24 Und sie achteten das köstliche Land gering;

106,1: *a* Ps 100,4-5; 107,1; 118,1; 136,1; 1.Chr 16,34 **106,2:** *a* Joh 21,25; Hebr 11,32 **106,6:** *a* Dan 9,5 **106,7:** *a* 2.Mose 14,11-12 **106,12:** *a* 2.Mose 15,21 **106,14:** *a* 4.Mose 11,4-6 **106,16:** *a* 4.Mose 16,1-3 **106,17:** *a (17-18)* 4.Mose 16,31-35 **106,19:** *a (19-20)* 2.Mose 32,1-6 **106,20:** *a* Röm 1,23 **106,21:** *a* 5.Mose 32,18 **106,23:** *a* 2.Mose 32,11.32; 5.Mose 9,25-29; Hes 13,4-5

sie glaubten seinem Worte nicht[a]
25 und murrten in ihren Zelten;
sie gehorchten der Stimme des HERRN nicht.
26 Da erhob er seine Hand wider sie,
dass er sie niederschlüge in der Wüste
27 und würfe ihre Nachkommen unter die Heiden
und zerstreute sie in die Länder.
28 Und [a]sie hängten sich an den Baal-Peor
und aßen von den Opfern für die Toten
29 und erzürnten den Herrn mit ihrem Tun.
Da brach die Plage herein über sie.
30 [a]Da trat Pinhas hinzu und vollzog das Gericht;
da wurde der Plage gewehrt;
31 das wurde ihm gerechnet zur Gerechtigkeit
von Geschlecht zu Geschlecht ewiglich.
32 Und sie erzürnten den Herrn am [a]Haderwasser,
und Mose ging es übel um ihretwillen;
33 denn sie erbitterten sein Herz,
dass ihm unbedachte Worte entfuhren.

34 [a]Auch vertilgten sie die Völker nicht,
wie ihnen der HERR doch geboten hatte,
35 sondern sie ließen sich ein mit den Heiden
und lernten ihre Werke
36 und dienten ihren Götzen;
die wurden ihnen zum Fallstrick.
37 [a]Und sie opferten ihre Söhne
und ihre Töchter den bösen Geistern
38 und vergossen unschuldig Blut,
das Blut ihrer Söhne und Töchter,
die sie opferten den Götzen Kanaans,
sodass das Land mit Blutschuld befleckt war.
39 Sie machten sich unrein mit ihren Werken
und wurden abtrünnig durch ihr Tun.
40 Da entbrannte der Zorn des HERRN über sein Volk,
und sein Erbe wurde ihm zum Abscheu.
41 Er [a]gab sie in die Hand der Heiden,
dass über sie herrschten, die ihnen gram waren.
42 Und ihre Feinde ängsteten sie,
und sie wurden gedemütigt unter ihre Hand.
43 Er rettete sie oftmals; /
aber sie erzürnten ihn mit ihrem Vorhaben
und schwanden dahin um ihrer Missetat willen.

44 Da sah er ihre Not an,
als er ihre Klage hörte,
45 und gedachte an seinen Bund mit ihnen,
und es reute ihn nach seiner großen Güte.
46 Und er ließ sie Barmherzigkeit finden
bei allen, die sie gefangen hielten.

47 Hilf uns, HERR, unser Gott,
und [a]bring uns zusammen aus den Heiden,
dass wir preisen deinen heiligen Namen
und uns rühmen, dass wir dich loben können!

48 Gelobt sei der HERR, der Gott Israels,
von Ewigkeit zu Ewigkeit,
und alles Volk spreche: Amen!
Halleluja![a]

FÜNFTES BUCH

Danklied der Erlösten

107 [a]**Danket dem HERRN; denn er ist freundlich,**
und seine Güte währet ewiglich.
2 So sollen sagen, die erlöst sind durch den HERRN,
die er aus der Not erlöst hat,
3 die er aus den Ländern zusammengebracht hat

106,24: *a* 4. Mose 14,2-4; 5. Mose 8,7-10 **106,28:** *a* 4. Mose 25,3 **106,30:** *a (30-31)* 4. Mose 25,12-13 **106,32:** *a* 4. Mose 20,2-13 **106,34:** *a (34-36)* 5. Mose 7,1-2; 12,2-3; Ri 1,28; 2,23–3,6 **106,37:** *a (37-38)* 3. Mose 18,21; 2. Kön 21,6.16 **106,41:** *a* Ri 2,14 **106,47:** *a* 5. Mose 30,3; 1. Chr 16,35 **106,48:** *a* Ps 41,14; 1. Chr 16,36 **107,1:** *a* Ps 106,1

von Osten und Westen, von Norden
und Süden.

4 Die irregingen in der Wüste, auf
ungebahntem Wege,
und fanden keine Stadt, in der sie
wohnen konnten,
5 die hungrig und durstig waren
und deren Seele verschmachtete,
6 DIE DANN ZUM HERRN RIEFEN IN
IHRER NOT
UND ER ERRETTETE SIE AUS IHREN
ÄNGSTEN
7 und führte sie den richtigen Weg,
dass sie kamen zur Stadt, in der sie
wohnen konnten:
8 DIE SOLLEN DEM HERRN DANKEN
FÜR SEINE GÜTE /
UND FÜR SEINE WUNDER,
DIE ER AN DEN
MENSCHENKINDERN TUT,
9 dass er sättigt die durstige Seele
und [a] die Hungrigen füllt mit
Gutem.
10 Die da sitzen mussten in Finsternis
und Dunkel,
gefangen in Zwang und Eisen,
11 weil sie Gottes Geboten ungehorsam
waren
und den Ratschluss des Höchsten
verachtet hatten,
12 sodass er ihr Herz durch Unglück
beugte
und sie dalagen und ihnen niemand
half,
13 DIE DANN ZUM HERRN RIEFEN IN
IHRER NOT
UND ER HALF IHNEN AUS IHREN
ÄNGSTEN
14 und führte sie aus Finsternis und
Dunkel
und zerriss ihre Bande:
15 DIE SOLLEN DEM HERRN DANKEN
FÜR SEINE GÜTE /
UND FÜR SEINE WUNDER,
DIE ER AN DEN
MENSCHENKINDERN TUT,
16 dass er zerbricht eherne Türen
und zerschlägt eiserne Riegel.

17 Die Toren, die geplagt waren
um ihrer Übertretung
und um ihrer Sünde willen,
18 dass ihnen ekelte vor aller Speise
und sie todkrank wurden,
19 DIE DANN ZUM HERRN RIEFEN IN
IHRER NOT
UND ER HALF IHNEN AUS IHREN
ÄNGSTEN,
20 er sandte sein Wort und machte sie
gesund
und errettete sie, dass sie nicht
starben:
21 DIE SOLLEN DEM HERRN DANKEN
FÜR SEINE GÜTE /
UND FÜR SEINE WUNDER,
DIE ER AN DEN
MENSCHENKINDERN TUT,
22 und sollen Dank opfern
und seine Werke erzählen mit
Freuden.

23 Die mit Schiffen auf dem Meere
fuhren
und trieben ihren Handel auf
großen Wassern,
24 die des HERRN Werke erfahren haben
und seine Wunder auf dem Meer,
25 wenn er sprach und einen Sturmwind
erregte,
der die Wellen erhob,
26 und sie gen Himmel fuhren und
in den Abgrund sanken,
dass ihre Seele vor Angst
verzagte,
27 dass sie taumelten und wankten
wie ein Trunkener
und wussten keinen Rat mehr,
28 DIE DANN ZUM HERRN SCHRIEN IN
IHRER NOT
UND ER FÜHRTE SIE AUS IHREN
ÄNGSTEN
29 und stillte das Ungewitter,
dass die Wellen sich legten
30 und sie froh wurden, dass es still
geworden war
und er sie zum erwünschten Lande
brachte:
31 DIE SOLLEN DEM HERRN DANKEN
FÜR SEINE GÜTE /
UND FÜR SEINE WUNDER,
DIE ER AN DEN
MENSCHENKINDERN TUT,
32 und ihn in der Gemeinde preisen
und bei den Alten rühmen.

107,9: *a* Lk 1,53

33 Er machte Bäche trocken
und ließ Wasserquellen versiegen,
34 dass [a]fruchtbares Land zur Salzwüste wurde
wegen der Bosheit derer, die dort wohnten.
35 Er machte das Trockene wieder wasserreich
und gab dem dürren Lande Wasserquellen
36 und ließ die Hungrigen dort bleiben,
dass sie eine Stadt bauten, in der sie wohnen konnten,
37 und Äcker besäten und Weinberge pflanzten,
die jährlich Früchte trugen.
38 Und er segnete sie, dass sie sich sehr mehrten,
und gab ihnen viel Vieh.
39 Aber sie wurden gering an Zahl und geschwächt
von der Last des Unglücks und des Kummers.
40 Er [a]schüttete Verachtung aus auf die Fürsten
und ließ sie irren in der Wüste, wo kein Weg ist;
41 aber die Armen schützte er vor Elend
und mehrte ihr Geschlecht wie eine Herde.
42 Das [a]werden die Frommen sehen und sich freuen,
und aller Bosheit wird das Maul gestopft werden.

43 Wer ist weise und behält dies?
Der wird merken, wie viel Wohltaten der HERR erweist.

Lob Gottes und Zuversicht in Kriegsnot

108 EIN PSALMLIED DAVIDS.
2 [a]Gott, mein Herz ist bereit,
ich will singen und spielen.
Wach auf, meine Seele!
3 Wach auf, Psalter und Harfe!
Ich will das Morgenrot wecken.
4 Ich will dir danken, HERR, unter den Völkern,
ich will dir lobsingen unter den Leuten.
5 Denn **deine Gnade reicht, so weit der Himmel ist,**
und deine Treue, so weit die Wolken gehen.[a]
6 Erhebe dich, Gott, über den Himmel
und deine Herrlichkeit über alle Lande!

7 [a]Lass deine Freunde errettet werden,
dazu hilf mit deiner Rechten und erhöre uns!
8 Gott hat in seinem Heiligtum geredet:
Ich will frohlocken;
ich will Sichem verteilen
und das Tal Sukkot ausmessen.
9 Gilead ist mein, Manasse ist auch mein, /
und Ephraim ist der Schutz meines Haupts,
Juda ist mein Zepter.
10 Moab ist mein Waschbecken, /
ich will meinen Schuh auf Edom werfen,
über die Philister will ich jauchzen.

11 Wer wird mich führen in die feste Stadt?
Wer wird mich nach Edom leiten?
12 Wirst du es nicht tun, Gott, der du uns verstoßen hast,
und ziehst nicht aus, Gott, mit unserm Heer?
13 Schaff uns Beistand vor dem Feind;
denn Menschenhilfe ist nichts nütze.

14 Mit Gott wollen wir Taten tun.
Er wird unsre Feinde niedertreten.

Ein Ruf zu Gott gegen erbarmungslose Widersacher

109 EIN PSALM DAVIDS, VORZUSINGEN.
Gott, mein Ruhm, schweige nicht!
2 Denn sie haben ihr gottloses
Lügenmaul wider mich aufgetan.
Sie reden wider mich mit falscher Zunge /
3 und reden giftig wider mich allenthalben
und streiten wider mich ohne Grund.
4 Dafür, dass ich sie liebe, feinden sie mich an;
ich aber bete.

107,34: *a* 1.Mose 19,24-25 **107,40:** *a* Hiob 12,21 **107,42:** *a* Hiob 22,19-20 **108,2:** *a (2-6)* Ps 57,8-12 **108,5:** *a* Ps 36,6; 57,11 **108,7:** *a (7-14)* Ps 60,7-14

5 Sie erweisen mir Böses für Gutes
und Hass für Liebe.

6 [a]Gib ihm einen Gottlosen zum Gegner,
und ein Verkläger stehe zu seiner Rechten.
7 Wenn er gerichtet wird, soll er schuldig gesprochen werden,
und sein Gebet werde zur Sünde.
8 Seiner Tage sollen wenige werden,
und [a]sein Amt soll ein andrer empfangen.
9 Seine Kinder sollen Waisen werden
und seine Frau eine Witwe.
10 Seine Kinder sollen umherirren und betteln
und vertrieben werden aus ihren Trümmern.
11 Es soll der Wucherer alles fordern, was er hat,
und Fremde sollen seine Güter rauben.
12 Und niemand soll ihm Gutes tun,
und niemand erbarme sich seiner Waisen.
13 Seine Nachkommen sollen ausgerottet werden,
ihr Name soll schon im zweiten Glied getilgt werden.[a]
14 [a]Der Schuld seiner Väter soll gedacht werden vor dem HERRN,
und seiner Mutter Sünde soll nicht getilgt werden.
15 Der HERR soll sie nie mehr aus den Augen lassen,
und ihr Andenken soll ausgerottet werden auf Erden,
16 weil er so gar keine Barmherzigkeit übte,
sondern verfolgte den Elenden und Armen und den Betrübten,
ihn zu töten.
17 Er liebte den Fluch,
so komme er auch über ihn;
er wollte den Segen nicht,
so bleibe er auch fern von ihm.
18 Er zog den Fluch an wie sein Hemd;
[a]der dringe in ihn hinein
wie Wasser
und wie Öl in seine Gebeine;
19 er werde ihm wie ein Kleid, das er anhat,
und wie ein Gürtel, mit dem er allezeit sich gürtet.
20 So geschehe denen vom HERRN, die wider mich sind
und die Böses reden wider mich.

21 Aber du, HERR, /
sei du mit mir um deines Namens willen;
denn deine Gnade ist mein Trost:
Errette mich!
22 Denn ich bin arm und elend;
mein Herz ist zerschlagen in mir.
23 Ich fahre dahin wie ein Schatten, der schwindet,
und werde abgeschüttelt wie Heuschrecken.
24 Meine Knie sind schwach vom Fasten,
und mein Leib ist mager und hat kein Fett.
25 Ich bin ihnen zum Spott geworden;
wenn sie mich sehen, schütteln sie den Kopf.

26 Steh mir bei, HERR, mein Gott!
Hilf mir nach deiner Gnade,
27 und lass sie innewerden, dass dies deine Hand ist
und du, HERR, das tust.
28 [a]Fluchen sie, so segne du. /
Erheben sie sich gegen mich, so sollen sie zuschanden werden;
aber dein Knecht soll sich freuen.
29 Meine Widersacher sollen mit Schmach angezogen
und mit ihrer Schande bekleidet werden wie mit einem Mantel.

30 Ich will dem HERRN sehr danken mit meinem Munde
und ihn rühmen vor der Menge.
31 Denn er steht dem Armen zur Rechten,
dass er ihm helfe von denen, die ihn verurteilen.

Der ewige König und Priester

110 EIN PSALM DAVIDS.
[a]Der HERR sprach zu meinem Herrn: /
»Setze dich zu meiner Rechten,

109,6: *a (6-20)* Mt 5,43-44; Lk 23,34 **109,8:** *a* Apg 1,20 **109,13:** *a* Hes 18,20-23 **109,14:** *a* 2. Mose 20,5 **109,18:** *a* 4. Mose 5,24 **109,28:** *a* Lk 6,27-28 **110,1:** *a* Mt 22,44; Apg 2,34-35; Hebr 1,13;

bis ich [b]deine Feinde zum Schemel deiner Füße mache.«
2 Der HERR wird das Zepter deiner Macht ausstrecken aus [a]Zion.
Herrsche mitten unter deinen Feinden!
3 Wenn du dein Heer aufbietest, wird dir dein Volk
willig folgen in heiligem Schmuck.
Deine Söhne werden dir geboren
wie der Tau aus der Morgenröte.

4 Der HERR hat geschworen und es wird ihn nicht gereuen:
»Du bist ein Priester ewiglich
[a]nach der Weise Melchisedeks.«
5 Der Herr zu deiner Rechten [a]wird zerschmettern
die Könige am Tage seines Zorns.
6 Er wird richten unter den Heiden, /
wird viele erschlagen,
[a]wird Häupter zerschmettern auf weitem Gefilde.
7 Er wird trinken vom Bach auf dem Wege,
darum wird er das Haupt emporheben.

Preis der Gottesgnade

111 Halleluja!
Ich danke dem HERRN von ganzem Herzen
im Rate der Frommen und in der Gemeinde.
2 Groß sind die Werke des HERRN;
wer sie erforscht, der hat Freude daran.
3 Was er tut, das ist herrlich und prächtig,
und seine Gerechtigkeit bleibt ewiglich.
4 Er hat [a]ein Gedächtnis gestiftet seiner Wunder,
der gnädige und barmherzige HERR.
5 Er [a]gibt Speise denen, die ihn fürchten;
er gedenkt ewig an seinen Bund.
6 Er lässt verkündigen seine gewaltigen Taten seinem Volk,
dass er ihnen gebe das Erbe der Heiden.
7 Die Werke seiner Hände sind Wahrheit und Recht;
alle seine Ordnungen sind beständig.
8 Sie stehen fest für immer und ewig;
sie sind recht und verlässlich.
9 Er sendet eine Erlösung seinem Volk; /
er verheißt, dass sein Bund ewig bleiben soll.
Heilig und hehr ist sein Name.
10 Die [a]Furcht des HERRN ist der Weisheit Anfang. /
Klug sind alle, die danach tun.
Sein Lob bleibet ewiglich.

Preis der Gottesfurcht

112 [a]Halleluja!
Wohl dem, der den HERRN fürchtet,
der große Freude hat an seinen Geboten!
2 Sein Geschlecht wird gewaltig sein im Lande;
die Kinder der Frommen werden gesegnet sein.
3 Reichtum und Fülle wird in ihrem Hause sein,
und ihre Gerechtigkeit bleibt ewiglich.
4 Den Frommen geht das Licht auf in der Finsternis
von dem Gnädigen, Barmherzigen und Gerechten.

5 Wohl dem, der barmherzig ist und gerne leiht
und das Seine tut, wie es recht ist!
6 Denn er wird ewiglich bleiben;
der Gerechte wird nimmermehr vergessen.
7 Vor schlimmer Kunde fürchtet er sich nicht;
sein Herz hofft unverzagt auf den HERRN.
8 Sein Herz ist getrost und fürchtet sich nicht,
[a]bis er auf seine Feinde herabsieht.
9 [a]Er streut aus und gibt den Armen; /
seine Gerechtigkeit bleibt ewiglich.
Seine Kraft wird hoch in Ehren stehen.

110,1: *b* 1. Kor 15,25; Phil 2,8-11; Hebr 10,12-13 **110,2:** *a* Ps 2,6 **110,4:** *a* 1. Mose 14,18-20; Hebr 5,6.10; 6,20; 7,17.21 **110,5:** *a* Ps 2,2.5.9 **110,6:** *a* Dan 2,44 **111,4:** *a* 2. Mose 12,1-28 **111,5:** *a* Ps 145,15 **111,10:** *a* Spr 1,7 **112,1:** *a (1-2)* Ps 1,2; Spr 20,7 **112,8:** *a* Ps 91,8 **112,9:** *a* 2. Kor 9,9

10 Der Gottlose wird's sehen und es wird ihn verdrießen; /
mit den Zähnen wird er knirschen und vergehen.
Denn was die Gottlosen wollen, das wird zunichte.

Gottes Hoheit und Huld

(Ps 113,1–118,29: vgl. Mt 26,30)

113 Halleluja!
Lobet, ihr Knechte des HERRN,
lobet den Namen des HERRN!
2 Gelobt sei der Name des HERRN
von nun an bis in Ewigkeit!
3 [a]Vom Aufgang der Sonne bis zu ihrem Niedergang
sei gelobet der Name des HERRN!

4 Der HERR ist hoch über alle Völker;
seine Herrlichkeit reicht, so weit der Himmel ist.
5 [a]Wer ist wie der HERR, unser Gott,
im Himmel und auf Erden?
6 Der oben thront in der Höhe,
der herniederschaut in die Tiefe,
7 [a]der den Geringen aufrichtet aus dem Staube
und erhöht den Armen aus dem Schmutz,
8 dass er ihn setze neben die Fürsten,
neben die Fürsten seines Volkes;
9 der [a]die Unfruchtbare im Hause zu Ehren bringt,
dass sie eine fröhliche Kindermutter wird.
Halleluja!

Gottes Wunder beim Auszug aus Ägypten

114 Als [a]Israel aus Ägypten zog,
das Haus Jakob aus dem fremden Volk,
2 da wurde [a]Juda sein Heiligtum,
Israel sein Königreich.

3 Das [a]Meer sah es und floh,
der [b]Jordan wandte sich zurück.
4 Die Berge hüpften wie die Lämmer,
die Hügel wie die jungen Schafe.
5 Was war mit dir, du Meer, dass du flohest,
und mit dir, Jordan, dass du dich zurückwandtest?[a]
6 Ihr Berge, dass ihr hüpftet wie die Lämmer,
ihr Hügel, wie die jungen Schafe?

7 Vor dem Herrn [a]erbebe, du Erde,
vor dem Gott Jakobs,
8 der den [a]Felsen wandelte in einen See
und die Steine in Wasserquellen!

Gott allein die Ehre!

(Verse 4-11: vgl. Ps 135,15-20)

115 Nicht uns, HERR, nicht uns, /
sondern deinem Namen gib Ehre
um deiner Gnade und Treue willen!
2 Warum sollen die Heiden sagen:
[a]Wo ist denn ihr Gott?
3 **Unser Gott ist im Himmel;**
er kann schaffen, was er will.

4 [a]Ihre Götzen aber sind Silber und Gold,
von Menschenhänden gemacht.
5 Sie haben Mäuler und reden nicht,
sie haben Augen und sehen nicht,
6 sie haben Ohren und hören nicht,
sie haben Nasen und riechen nicht,
7 sie haben Hände und greifen nicht, /
Füße haben sie und gehen nicht,
und kein Laut kommt aus ihrer Kehle.

8 Die solche Götzen machen, sind ihnen gleich,
alle, die auf sie hoffen.
9 Aber Israel hoffe auf den HERRN!
Er ist ihre Hilfe und Schild.
10 Das Haus Aaron hoffe auf den HERRN!
Er ist ihre Hilfe und Schild.
11 Die ihr den HERRN fürchtet, hoffet auf den HERRN!
Er ist ihre Hilfe und Schild.

12 **Der HERR denkt an uns und segnet uns;**
er segnet das Haus Israel,
er segnet das Haus Aaron.

113,3: *a* Ps 50,1 **113,5:** *a (5-6)* 2. Mose 15,11; Jes 57,15 **113,7:** *a (7-8)* 1. Sam 2,8; Lk 1,48; 1. Mose 41,40-41 **113,9:** *a* 1. Mose 21,2; 1. Sam 1,20; Lk 1,57-58 **114,1:** *a* 2. Mose 12,41 **114,2:** *a* 2. Mose 19,6 **114,3:** *a* 2. Mose 14,21-22; *b* Jos 3,13.16 **114,5:** *a* Jos 4,23-24 **114,7:** *a* 2. Mose 19,18 **114,8:** *a* 2. Mose 17,6 **115,2:** *a* Ps 42,4 **115,4:** *a (4-8)* 5. Mose 4,28; Jes 44,9-20

13 Er segnet, die den HERRN fürchten,
die Kleinen und die Großen.
14 Der HERR segne euch je mehr und mehr,
euch und eure Kinder!
15 Ihr seid die [a]Gesegneten des HERRN,
der Himmel und Erde gemacht hat.

16 Der Himmel ist der Himmel des HERRN;
aber die Erde hat er den Menschenkindern gegeben.
17 Die Toten werden dich, HERR, nicht loben,
keiner, der hinunterfährt in die Stille;[a]
18 aber **wir** loben den HERRN
von nun an bis in Ewigkeit.
Halleluja!

Dank für Rettung aus Todesgefahr

116 Ich liebe den HERRN, denn er hört
die Stimme meines Flehens.
2 Er neigte sein Ohr zu mir;
darum will ich mein Leben lang ihn anrufen.

3 Stricke des Todes hatten mich umfangen, /
des Totenreichs Schrecken hatten mich getroffen;
ich kam in Jammer und Not.
4 Aber ich rief an den Namen des HERRN:
Ach, HERR, errette mich!

5 Der HERR ist gnädig und gerecht,
und unser Gott ist barmherzig.
6 Der HERR behütet die Unmündigen;
wenn ich schwach bin, so hilft er mir.

7 Sei nun wieder zufrieden, meine Seele;
denn der HERR tut dir Gutes.[a]
8 Denn du hast meine Seele vom Tode errettet,
mein Auge von den Tränen,
meinen Fuß vom Gleiten.
9 Ich werde wandeln vor dem HERRN
[a]im Lande der Lebendigen.

10 Ich glaube, auch wenn ich sage:
Ich werde sehr geplagt.*
11 Ich sprach in meinem Zagen:
[a]Alle Menschen sind Lügner.
12 Wie soll ich dem HERRN vergelten
all seine Wohltat, die er an mir tut?

13 Ich will den Kelch des Heils nehmen
UND DES HERRN NAMEN ANRUFEN.
14 ICH WILL MEINE GELÜBDE DEM HERRN ERFÜLLEN
VOR ALL SEINEM VOLK.

15 Der Tod seiner Heiligen
wiegt schwer vor dem HERRN.[a]
16 Ach, HERR, ich bin dein Knecht, /
ich bin dein Knecht, der Sohn deiner Magd;
du hast meine Bande zerrissen.

17 [a]Dir will ich Dank opfern
UND DES HERRN NAMEN ANRUFEN.
18 ICH WILL MEINE GELÜBDE DEM HERRN ERFÜLLEN
VOR ALL SEINEM VOLK
19 in den Vorhöfen am Hause des HERRN,
in dir, Jerusalem.
Halleluja!

Aufruf an die Völker zum Lob Gottes

117 Lobet den HERRN, alle Heiden!
Preiset ihn, alle Völker![a]
2 Denn [a]seine Gnade und Wahrheit
waltet über uns in Ewigkeit.
Halleluja!

Dankbares Bekenntnis zur Hilfe Gottes

118 [a]Danket dem HERRN; denn er ist freundlich,
und seine Güte währet ewiglich.

2 Es sage nun Israel:
Seine Güte währet ewiglich.
3 Es sage nun das Haus Aaron:
Seine Güte währet ewiglich.

* Luther übersetzte: »Ich glaube, darum rede ich« (vgl. 2. Kor 4,13, wo Paulus der griechischen Übersetzung des Alten Testaments folgt).

115,15: *a* Ps 134,3 **115,17:** *a* Jes 38,18 **116,7:** *a* Ps 42,6 **116,9:** *a* Ps 142,6 **116,11:** *a* Röm 3,4 **116,15:** *a* Ps 72,14 **116,17:** *a (17-18)* Jona 2,10 **117,1:** *a* Röm 15,11 **117,2:** *a* 2. Mose 34,6 **118,1:** *a* Ps 106,1

4 Es sagen nun, die den HERRN fürchten:
Seine Güte währet ewiglich.

5 In der Angst rief ich den HERRN an;
und der HERR erhörte mich und tröstete mich.
6 [a]Der HERR ist mit mir,
darum [b]fürchte ich mich nicht;
was können mir Menschen tun?
7 Der HERR ist mit mir, mir zu helfen;
und ich werde herabsehen auf meine Feinde.
8 [a]Es ist gut, auf den HERRN vertrauen
und nicht sich verlassen auf Menschen.
9 Es ist gut, auf den HERRN vertrauen
und nicht sich verlassen auf Fürsten.

10 Alle Heiden umgeben mich;
aber im Namen des HERRN will ich sie abwehren.
11 Sie umgeben mich von allen Seiten;
aber im Namen des HERRN will ich sie abwehren.
12 Sie umgeben mich wie Bienen, /
sie entbrennen wie ein Feuer in Dornen;
aber im Namen des HERRN will ich sie abwehren.
13 Man stößt mich, dass ich fallen soll;
aber der HERR hilft mir.
14 **Der HERR ist meine Macht und mein Psalm**
und ist [a]mein Heil.

15 Man singt mit Freuden vom Sieg /
in den Hütten der Gerechten:
Die Rechte des HERRN behält den Sieg!
16 Die Rechte des HERRN ist erhöht;
die Rechte des HERRN behält den Sieg!
17 **Ich werde nicht sterben, sondern leben**
und des HERRN Werke verkündigen.
18 Der HERR züchtigt mich schwer;
aber [a]er gibt mich dem Tode nicht preis.

19 Tut mir auf die Tore der Gerechtigkeit,
dass ich durch sie einziehe
und dem HERRN danke.
20 Das ist das Tor des HERRN;
[a]die Gerechten werden dort einziehen.
21 Ich danke dir, dass du mich erhört hast
und hast mir geholfen.

22 [a]**Der Stein, den die Bauleute verworfen haben,**
ist zum Eckstein geworden.
23 Das ist vom HERRN geschehen
und ist ein Wunder vor unsern Augen.
24 **Dies ist der Tag, den der HERR macht;**
lasst uns freuen und fröhlich an ihm sein.
25 **O HERR, hilf!**
O HERR, lass wohlgelingen!
26 [a]Gelobt sei, der da kommt im Namen des HERRN!
Wir segnen euch, die ihr vom Hause des HERRN seid.
27 Der HERR ist Gott, der uns erleuchtet.
Schmückt das Fest mit Maien
bis an die [a]Hörner des Altars!

28 Du bist mein Gott und ich danke dir;
mein Gott, ich will dich preisen.
29 Danket dem HERRN; denn er ist freundlich,
und seine Güte währet ewiglich.

Die Herrlichkeit des Wortes Gottes (Das güldene ABC)

119 [a]Wohl denen, die ohne Tadel leben,
die im Gesetz des HERRN wandeln!
2 Wohl denen, die sich an seine Mahnungen halten,
die ihn von ganzem Herzen suchen,
3 die auf seinen Wegen wandeln
und kein Unrecht tun.
4 Du hast geboten, fleißig zu halten deine Befehle.
5 O dass mein Leben deine Gebote
mit ganzem Ernst hielte.
6 Wenn ich schaue allein auf deine Gebote,
so werde ich nicht zuschanden.
7 Ich danke dir mit aufrichtigem Herzen,

118,6: *a* Röm 8,31; *b* Ps 56,5; Hebr 13,6 **118,8:** *a (8-9)* Ps 146,3 **118,14:** *a* 2. Mose 15,2 **118,18:** *a* 2. Kor 6,9 **118,20:** *a* Jes 26,2 **118,22:** *a (22-23)* Jes 28,16; Mt 21,42 **118,26:** *a* Mt 21,9; 23,39 **118,27:** *a* 2. Mose 27,1-2 **119,1:** *a (1-3)* Ps 112,1-2

dass du mich lehrst die Ordnungen
deiner Gerechtigkeit.
8 Deine Gebote will ich halten;
verlass mich nimmermehr!

9 Wie wird ein junger Mann seinen Weg unsträflich gehen?
Wenn er sich hält an deine Worte.
10 Ich suche dich von ganzem Herzen;
lass mich nicht abirren von deinen Geboten.
11 Ich behalte dein Wort in meinem Herzen,
damit ich nicht wider dich sündige.
12 Gelobet seist du, HERR!
[a] Lehre mich deine Gebote!
13 Ich will mit meinen Lippen erzählen
alle Weisungen deines Mundes.
14 Ich freue mich über den Weg, den deine Mahnungen zeigen,
wie über großen Reichtum.
15 Ich rede von dem, was du befohlen hast,
und schaue auf deine Wege.
16 Ich habe Freude an deinen Satzungen
und vergesse deine Worte nicht.

17 Tu wohl deinem Knecht, dass ich lebe
und dein Wort halte.
18 Öffne mir die Augen, dass ich sehe
die Wunder an deinem Gesetz.
19 Ich bin [a] ein Gast auf Erden;
verbirg deine Gebote nicht vor mir.
20 Meine Seele verzehrt sich vor Verlangen
nach deinen Ordnungen allezeit.
21 Du schiltst die Stolzen;
[a] verflucht sind, die von deinen Geboten abirren.
22 Wende von mir Schmach und Verachtung;
denn ich halte mich an deine Mahnungen.
23 Fürsten sitzen da und reden wider mich;
aber dein Knecht sinnt nach über deine Gebote.
24 Ich habe Freude an deinen Mahnungen;
sie sind meine Ratgeber.

25 Meine Seele liegt im Staube;
erquicke mich nach deinem Wort.
26 Ich erzähle dir meine Wege und du erhörst mich;
lehre mich deine Gebote.
27 Lass mich verstehen den Weg deiner Befehle,
so will ich reden von deinen Wundern.
28 Ich gräme mich, dass mir die Seele verschmachtet;
stärke mich nach deinem Wort.
29 Halte fern von mir den [a] Weg der Lüge
und gib mir in Gnaden dein Gesetz.
30 Ich habe erwählt den Weg der Wahrheit,
deine Weisungen hab ich vor mich gestellt.
31 Ich halte an deinen Mahnungen fest;
HERR, lass mich nicht zuschanden werden!
32 Ich laufe den Weg deiner Gebote;
denn du tröstest mein Herz.

33 Zeige mir, HERR, den Weg deiner Gebote,
dass ich sie bewahre bis ans Ende.
34 Unterweise mich, dass ich bewahre dein Gesetz
und es halte von ganzem Herzen.
35 Führe mich auf dem Steig deiner Gebote;
denn ich habe Gefallen daran.
36 Neige mein Herz zu deinen Mahnungen
und nicht zur Habsucht.
37 Wende meine Augen ab, dass sie nicht sehen nach unnützer Lehre,
und erquicke mich auf deinem Wege.
38 Erfülle deinem Knecht dein Wort,
dass ich dich fürchte.
39 Wende von mir die Schmach, die ich scheue;
denn deine Ordnungen sind gut.
40 Siehe, ich begehre deine Befehle;
erquicke mich mit deiner Gerechtigkeit.

41 HERR, lass mir deine Gnade widerfahren,
deine Hilfe nach deinem Wort,
42 dass ich antworten kann dem, der mich schmäht;

119,12: *a* Verse 26.64.68 **119,19:** *a* Ps 39,13 **119,21:** *a* 5. Mose 27,26; Gal 3,10 **119,29:** *a* Verse 104.128

denn ich verlasse mich auf dein Wort.
43 Und nimm ja nicht von meinem Munde das Wort der Wahrheit;
denn ich hoffe auf deine Ordnungen.
44 Ich will dein Gesetz halten allezeit,
immer und ewiglich.
45 Und ich wandle fröhlich;
denn ich suche deine Befehle.
46 Ich [a] rede von deinen Zeugnissen vor Königen
und schäme mich nicht.
47 Ich habe Freude an deinen Geboten,
sie sind mir sehr lieb,
48 und hebe meine Hände auf zu deinen Geboten, die mir lieb sind,
und rede von deinen Weisungen.

49 Denke an das Wort, das du deinem Knecht gabst,
und lass mich darauf hoffen.
50 Das ist mein Trost in meinem Elend,
dass dein Wort mich erquickt.
51 Die Stolzen treiben ihren Spott mit mir;
dennoch weiche ich nicht von deinem Gesetz.
52 HERR, wenn ich an deine ewigen Ordnungen denke,
so werde ich getröstet.
53 Zorn erfasst mich über die Gottlosen,
die dein Gesetz verlassen.
54 Deine Gebote sind mein Lied
im Hause, in dem ich Fremdling bin.
55 HERR, ich denke des Nachts an deinen Namen
und halte dein Gesetz.
56 Das ist mein Schatz,
dass ich mich an deine Befehle halte.

57 Ich habe gesagt: HERR, das soll mein Erbe sein,
dass ich deine Worte halte.
58 Ich suche deine Gunst von ganzem Herzen;
sei mir gnädig nach deinem Wort.
59 Ich bedenke meine Wege
und lenke meine Füße zu deinen Mahnungen.
60 Ich eile und säume nicht,
zu halten deine Gebote.
61 Der Gottlosen Stricke umschlingen mich;
aber dein Gesetz vergesse ich nicht.
62 Zur Mitternacht stehe ich auf, dir zu danken
für die Ordnungen deiner Gerechtigkeit.[a]
63 Ich halte mich zu allen, die dich fürchten
und deine Befehle halten.
64 HERR, die Erde ist voll deiner Güte;
lehre mich deine Gebote.

65 Du tust Gutes deinem Knecht,
HERR, nach deinem Wort.
66 Lehre mich heilsame Einsicht und Erkenntnis;
denn ich glaube deinen Geboten.
67 **Ehe ich gedemütigt wurde, irrte ich;**
nun aber halte ich dein Wort.
68 Du bist gütig und freundlich,
lehre mich deine Weisungen.
69 Die Stolzen erdichten Lügen über mich,
ich aber halte von ganzem Herzen deine Befehle.
70 Ihr Herz ist völlig verstockt;
ich aber habe Freude an deinem Gesetz.
71 Es ist gut für mich, dass du mich gedemütigt hast,
damit ich deine Gebote lerne.
72 Das Gesetz deines Mundes ist mir lieber
als viel tausend Stück Gold und Silber.

73 Deine Hand hat mich gemacht und bereitet;
unterweise mich, dass ich deine Gebote lerne.
74 Die dich fürchten, sehen mich und freuen sich;
denn ich hoffe auf dein Wort.
75 HERR, ich weiß, dass deine Urteile gerecht sind;
in deiner Treue hast du mich gedemütigt.
76 Deine Gnade soll mein Trost sein,
wie du deinem Knecht zugesagt hast.

119,46: *a* Mt 10,18 **119,62:** *a* Ps 42,9

77 Lass mir deine Barmherzigkeit widerfahren, dass ich lebe;
denn ich habe Freude an deinem Gesetz.
78 Ach dass die Stolzen zuschanden würden, /
die mich mit Lügen niederdrücken!
Ich aber sinne nach über deine Befehle.
79 Ach dass sich zu mir hielten, die dich fürchten
und deine Mahnungen kennen!
80 Mein Herz bleibe rechtschaffen in deinen Geboten,
damit ich nicht zuschanden werde.

81 Meine Seele verlangt nach deinem Heil;
ich hoffe auf dein Wort.
82 Meine Augen sehnen sich nach deinem Wort
und sagen: Wann tröstest du mich?
83 Ich bin wie ein Weinschlauch im Rauch;
doch deine Gebote vergesse ich nicht.
84 Wie lange soll dein Knecht noch warten?
Wann willst du Gericht halten über meine Verfolger?
85 Die Stolzen graben mir Gruben,
sie, die nicht tun nach deinem Gesetz.
86 All deine Gebote sind Wahrheit;
sie aber verfolgen mich mit Lügen; hilf mir!
87 Sie haben mich fast umgebracht auf Erden;
ich aber verlasse deine Befehle nicht.
88 Erquicke mich nach deiner Gnade,
dass ich halte die Mahnung deines Mundes.

89 HERR, [a]dein Wort bleibt ewiglich,
so weit der Himmel reicht;
90 deine Wahrheit währet für und für.
Du hast die Erde fest gegründet und sie bleibt stehen.
91 Sie steht noch heute nach deinen Ordnungen;
denn es muss dir alles dienen.
92 **Wenn dein Gesetz nicht mein [a]Trost gewesen wäre,**
so wäre ich vergangen in meinem Elend.
93 Ich will deine Befehle nimmermehr vergessen;
denn du erquickst mich damit.
94 Ich bin dein, hilf mir;
denn ich suche deine Befehle.
95 Die Gottlosen lauern mir auf, dass sie mich umbringen;
ich aber merke auf deine Mahnungen.
96 Ich habe gesehen, dass alles ein Ende hat,
aber dein Gebot bleibt bestehen.

97 Wie habe ich dein Gesetz so lieb!
Täglich sinne ich ihm nach.[a]
98 Du machst mich mit deinem Gebot weiser, als meine Feinde sind;
denn es ist ewiglich mein Schatz.
99 Ich habe mehr Einsicht als alle meine Lehrer;
denn über deine Mahnungen sinne ich nach.
100 Ich bin klüger als die Alten;
denn ich halte mich an deine Befehle.
101 Ich verwehre meinem Fuß alle bösen Wege,
damit ich dein Wort halte.
102 Ich weiche nicht von deinen Ordnungen;
denn du lehrest mich.
103 Dein Wort ist meinem Munde
süßer als Honig.
104 Dein Wort macht mich klug;
darum [a]hasse ich alle falschen Wege.

105 **Dein Wort ist meines Fußes Leuchte**
und [a]ein Licht auf meinem Wege.
106 Ich schwöre und will's halten:
Die Ordnungen deiner Gerechtigkeit will ich bewahren.
107 Ich bin sehr gedemütigt;
HERR, erquicke mich nach deinem Wort!
108 [a]Lass dir gefallen, HERR, das Opfer meines Mundes,
und lehre mich deine Ordnungen.

119,89: *a* Jes 40,8 **119,92:** *a* Jer 15,16 **119,97:** *a* Ps 1,2 **119,104:** *a* Vers 29 **119,105:** *a* 2.Petr 1,19 **119,108:** *a* Ps 19,15

109 Mein Leben ist immer in Gefahr;
aber dein Gesetz vergesse ich nicht.
110 Die Gottlosen legen mir Schlingen;
ich aber irre nicht ab von deinen Befehlen.
111 Deine Mahnungen sind mein ewiges Erbe;
denn sie sind meines Herzens Wonne.
112 Ich neige mein Herz,
zu tun deine Gebote immer und ewiglich.

113 Ich [a]hasse die Wankelmütigen
und liebe dein Gesetz.
114 Du bist mein Schutz und mein Schild;
ich hoffe auf dein Wort.
115 Weichet von mir, ihr Übeltäter!
Ich will mich halten an die Gebote meines Gottes.
116 Erhalte mich durch dein Wort, dass ich lebe,
und lass mich nicht zuschanden werden in meiner Hoffnung.
117 Stärke mich, dass ich gerettet werde,
so will ich stets Freude haben an deinen Geboten.
118 Du verwirfst alle, die von deinen Geboten abirren;
denn ihr Tun ist Lug und Trug.
119 Du schaffst alle Gottlosen auf Erden weg [a]wie Schlacken,
darum liebe ich deine Mahnungen.
120 Ich fürchte mich vor dir, dass mir die Haut schaudert,
und ich entsetze mich vor deinen Gerichten.

121 Ich übe Recht und Gerechtigkeit;
übergib mich nicht denen, die mir Gewalt antun wollen.
122 Tritt ein für deinen Knecht und tröste ihn,
dass mir die Stolzen nicht Gewalt antun!
123 Meine Augen sehnen sich nach deinem Heil
und nach dem Wort deiner Gerechtigkeit.
124 Handle mit deinem Knechte nach deiner Gnade
und lehre mich deine Gebote.
125 Ich bin dein Knecht: Unterweise mich,
dass ich verstehe deine Mahnungen.
126 Es ist Zeit, dass der HERR handelt;
sie haben dein Gesetz zerbrochen.
127 Darum liebe ich deine Gebote
mehr als Gold und feines Gold.
128 Darum halte ich alle deine Befehle für recht,
[a]ich hasse alle falschen Wege.

129 Deine Mahnungen sind Wunderwerke;
darum hält sie meine Seele.
130 Wenn dein Wort offenbar wird, so erfreut es
und macht klug
die Unverständigen.
131 Ich tue meinen Mund weit auf und lechze,
denn mich verlangt nach deinen Geboten.
132 Wende dich zu mir und sei mir gnädig,
wie du pflegst zu tun denen,
die deinen Namen lieben.
133 Lass meinen Gang in deinem Wort fest sein
und lass kein Unrecht über mich herrschen.
134 Erlöse mich von der Bedrückung durch Menschen,
so will ich halten deine Befehle.
135 Lass dein Antlitz leuchten über deinen Knecht,
und lehre mich deine Gebote.
136 Meine Augen fließen von Tränen,
weil man dein Gesetz nicht hält.

137 HERR, du bist gerecht,
und deine Urteile sind richtig.
138 Du hast deine Mahnungen geboten
in Gerechtigkeit und großer Treue.
139 Ich habe mich fast zu Tode [a]geeifert,
weil meine Widersacher deine Worte vergessen.
140 Dein Wort ist ganz durchläutert,
und dein Knecht hat es lieb.
141 Ich bin gering und verachtet;
ich vergesse aber nicht deine Befehle.
142 Deine Gerechtigkeit ist eine ewige Gerechtigkeit,

119,113: *a* Ps 31,7; 1. Kön 18,21 **119,119:** *a* Jes 1,25 **119,128:** *a* Vers 29 **119,139:** *a* Ps 69,10

und dein Gesetz ist Wahrheit.
143 Angst und Not haben mich getroffen;
ich habe aber Freude an deinen Geboten.
144 Deine Mahnungen sind gerecht in Ewigkeit;
unterweise mich, so lebe ich.

145 Ich rufe von ganzem Herzen;
erhöre mich, HERR;
ich will deine Gebote halten.
146 Ich rufe zu dir, hilf mir;
ich will mich an deine Mahnungen halten.
147 Ich komme in der Frühe und rufe um Hilfe;
auf dein Wort hoffe ich.
148 Ich wache auf, wenn's noch Nacht ist,
nachzusinnen über dein Wort.
149 Höre meine Stimme nach deiner Gnade;
HERR, erquicke mich nach deinem Recht.
150 Meine arglistigen Verfolger nahen;
aber sie sind fern von deinem Gesetz.
151 HERR, du bist nahe,
und alle deine Gebote sind Wahrheit.
152 Längst weiß ich aus deinen Mahnungen,
dass du sie für ewig gegründet hast.

153 Sieh doch mein Elend und errette mich;
denn ich vergesse dein Gesetz nicht.
154 Führe meine Sache und erlöse mich;
erquicke mich durch dein Wort.
155 Das Heil ist fern von den Gottlosen;
denn sie achten deine Gebote nicht.
156 HERR, deine Barmherzigkeit ist groß;
erquicke mich nach deinem Recht.
157 Meiner Verfolger und Widersacher sind viele;
ich weiche aber nicht von deinen Mahnungen.
158 Ich sehe die Verächter und es tut mir wehe,
dass sie dein Wort nicht halten.
159 Siehe, ich liebe deine Befehle;
HERR, erquicke mich nach deiner Gnade.
160 [a] Dein Wort ist nichts als Wahrheit,
alle Ordnungen deiner Gerechtigkeit währen ewiglich.

161 Fürsten verfolgen mich ohne Grund;
aber mein Herz fürchtet sich nur vor deinen Worten.
162 Ich freue mich über dein Wort
wie einer, der große Beute macht.
163 Lügen bin ich feind, und sie sind mir ein Gräuel;
aber dein Gesetz habe ich lieb.
164 Ich lobe dich des Tages siebenmal
um deiner gerechten Ordnungen willen.
165 Großen Frieden haben, die dein Gesetz lieben;
sie werden nicht straucheln.
166 HERR, ich warte auf dein Heil
und tue nach deinen Geboten.
167 Meine Seele hält sich an deine Mahnungen
und liebt sie sehr.
168 Ich halte deine Befehle und deine Mahnungen;
denn alle meine Wege liegen offen vor dir.

169 HERR, lass mein Klagen vor dich kommen;
unterweise mich nach deinem Wort.
170 Lass mein Flehen vor dich kommen;
errette mich nach deinem Wort.
171 Meine Lippen sollen dich loben;
denn du lehrst mich deine Gebote.
172 Meine Zunge soll singen von deinem Wort;
denn alle deine Gebote sind gerecht.
173 Lass deine Hand mir beistehen;
denn ich habe erwählt deine Befehle.
174 HERR, mich verlangt nach deinem Heil,
und an deinem Gesetz habe ich Freude.
175 Lass meine Seele leben, dass sie dich lobe,
und dein Recht mir helfen.
176 Ich bin [a] wie ein verirrtes und verlorenes Schaf;
suche deinen Knecht,
denn ich vergesse deine Gebote nicht.

119,160: *a* Joh 17,17 **119,176:** *a* Jes 53,6

Hilferuf gegen Verleumder

120 EIN WALLFAHRTSLIED.
Ich rufe zu dem HERRN
in meiner Not
und er erhört mich.
2 HERR, errette mich von den Lügenmäulern,
von den falschen Zungen.

3 Was soll er dir antun, du falsche Zunge,
und was dir noch geben?
4 Scharfe Pfeile eines Starken
und feurige Kohlen!

5 Weh mir, dass ich weilen muss unter Meschech;
ich muss wohnen bei den Zelten Kedars!
6 Es wird meiner Seele lang,
zu wohnen bei denen,
die den Frieden hassen.
7 Ich [a] halte Frieden;
aber wenn ich rede,
so fangen sie Streit an.

Der treue Menschenhüter

121 EIN WALLFAHRTSLIED.
Ich hebe meine Augen auf
zu den Bergen.
Woher kommt mir Hilfe?*
2 Meine Hilfe kommt vom HERRN,
der Himmel und Erde gemacht hat.

3 Er wird deinen Fuß nicht gleiten lassen,
und der dich behütet, schläft nicht.
4 Siehe, der Hüter Israels
schläft und schlummert nicht.

5 Der HERR behütet dich;
der HERR ist dein Schatten
über deiner rechten Hand,
6 dass dich des Tages die Sonne nicht steche
noch der Mond des Nachts.

7 [a] **Der HERR behüte dich vor allem Übel,**
er behüte deine Seele.
8 **Der HERR behüte deinen Ausgang und Eingang**
von nun an bis in Ewigkeit! [a]

Ein Segenswunsch für Jerusalem

122 [a] VON DAVID,
EIN WALLFAHRTSLIED.
Ich freute mich über die, die mir sagten:
Lasset uns ziehen zum Hause des HERRN!
2 Nun stehen unsere Füße
in deinen Toren, Jerusalem.

3 Jerusalem ist gebaut als eine Stadt,
in der man zusammenkommen soll,
4 wohin die Stämme hinaufziehen,
die Stämme des HERRN,
wie es geboten ist dem Volke Israel,
zu preisen den Namen des HERRN.
5 Denn dort stehen die Throne zum Gericht,
die Throne des Hauses David.

6 Wünschet Jerusalem [a] Glück!
Es möge wohlgehen denen,
die dich lieben!
7 Es möge Friede sein in deinen Mauern
und Glück in deinen Palästen!
8 Um meiner Brüder und Freunde willen
will ich dir Frieden wünschen.
9 Um des Hauses des HERRN willen,
unseres Gottes,
will ich dein Bestes suchen.

Aufblick zu Gottes Gnade

123 EIN WALLFAHRTSLIED.
Ich hebe meine Augen auf
zu dir,
der du im Himmel wohnest.
2 Siehe, wie die Augen der Knechte
auf die Hände ihrer Herren sehen,
wie die Augen der Magd
auf die Hände ihrer Frau,
so sehen unsre Augen auf den HERRN,
unsern Gott,
bis er uns gnädig werde.

3 Sei uns gnädig, HERR, sei uns gnädig;
denn allzu sehr litten wir Verachtung.

* Luther übersetzte nach der lateinischen Übersetzung: »... zu den Bergen, von welchen mir Hilfe kommt.«

120,7: *a* Röm 12,18 **121,7:** *a (7-8)* 4. Mose 6,24-26 **121,8:** *a* 5. Mose 28,6 **122,1:** *a (1-2)* Ps 26,8; Hes 48,35 **122,6:** *a* Sach 4,7

4 Allzu sehr litt unsere Seele
den Spott der Stolzen
und die Verachtung der
Hoffärtigen.

Der Helfer in der Not

124 VON DAVID,
EIN WALLFAHRTSLIED.
Wäre der HERR nicht bei uns
– so sage Israel –,
2 wäre der HERR nicht bei uns,
wenn Menschen wider uns
aufstehen,
3 so verschlängen sie uns lebendig,
wenn ihr Zorn über uns entbrennt;
4 so [a]ersäufte uns Wasser,
Ströme gingen [b]über unsre Seele,
5 es gingen Wasser
hoch über uns hinweg.

6 Gelobt sei der HERR,
dass er uns nicht gibt
zum Raub in ihre Zähne!
7 Unsre Seele ist entronnen wie ein Vogel /
dem Netze des Vogelfängers;
das Netz ist zerrissen
und wir sind frei.

8 Unsre Hilfe steht im Namen des
HERRN,
der Himmel und Erde gemacht hat.

Der HERR ist um sein Volk her

125 EIN WALLFAHRTSLIED.
Die auf den HERRN hoffen,
werden nicht fallen,
sondern ewig bleiben wie der Berg
Zion.
2 Wie um Jerusalem Berge sind,
so ist der HERR um sein Volk her
von nun an bis in Ewigkeit.

3 Denn der Gottlosen Zepter wird nicht
bleiben /
über dem Erbteil der Gerechten,
damit die Gerechten ihre Hand
nicht ausstrecken zur
Ungerechtigkeit.

4 HERR, tu wohl den Guten
und denen, die frommen Herzens
sind.
5 Die aber abweichen auf ihre krummen
Wege, /
wird der HERR dahinfahren lassen mit
den Übeltätern.
[a]Friede sei über Israel!

Der HERR erlöst seine Gefangenen

126 [a]EIN WALLFAHRTSLIED.
Wenn der HERR die
Gefangenen Zions erlösen wird,
so werden wir sein wie die
Träumenden.
2 Dann wird unser Mund voll Lachens
und unsre Zunge voll Rühmens
sein.
Dann wird man sagen unter den
Heiden:
Der HERR hat Großes an ihnen
getan!

3 Der HERR hat Großes an uns getan;
des sind wir fröhlich.

4 HERR, bringe zurück unsre
Gefangenen,
wie du die Bäche wiederbringst
im Südland.
5 **Die mit Tränen säen,**
werden mit Freuden ernten.[a]
6 **Sie gehen hin und weinen**
und streuen ihren Samen
und [a]kommen mit Freuden
und bringen ihre Garben.

An Gottes Segen ist alles gelegen

127 VON SALOMO,
EIN WALLFAHRTSLIED.
Wenn der HERR nicht das Haus baut,
so arbeiten umsonst, die daran
bauen.
Wenn der HERR nicht die Stadt behütet,
so wacht der Wächter umsonst.
2 Es ist umsonst, dass ihr früh aufsteht
und hernach lange sitzet
und esset euer Brot mit Sorgen;
denn [a]seinen Freunden gibt er es
im Schlaf.

124,4: *a* Ps 69,16; *b* Ps 42,8 **125,5:** *a* Ps 128,6; Gal 6,16 **126,1:** *a (1-2)* Ps 14,7 **126,5:** *a* Mt 5,4 **126,6:** *a* Jes 35,10 **127,2:** *a* Spr 10,22

3 Siehe, Kinder sind eine Gabe des HERRN,
und Leibesfrucht ist ein Geschenk.[a]
4 Wie Pfeile in der Hand eines Starken,
so sind die Söhne der Jugendzeit.
5 Wohl dem, der seinen Köcher mit ihnen gefüllt hat!
Sie werden nicht zuschanden,
wenn sie mit ihren Feinden
verhandeln im Tor.

Gesegneter Hausstand

128 EIN WALLFAHRTSLIED.
Wohl dem, der den HERRN fürchtet
und auf seinen Wegen geht!
2 Du wirst dich nähren von deiner Hände Arbeit;
wohl dir, du hast's gut.

3 Deine Frau wird sein
wie ein fruchtbarer Weinstock
drinnen in deinem Hause,
deine Kinder wie junge Ölbäume
um deinen Tisch her.[a]
4 Siehe, so wird gesegnet der Mann,
der den HERRN fürchtet.

5 Der HERR wird dich segnen aus Zion,
dass du siehst das Glück Jerusalems
dein Leben lang
6 und [a]siehst Kinder deiner Kinder.
[b]Friede sei über Israel!

Hilferuf des bedrängten Israel

129 EIN WALLFAHRTSLIED.
Sie haben mich oft bedrängt
von meiner Jugend auf
– so sage Israel –,
2 sie haben mich oft bedrängt
von meiner Jugend auf;
aber sie haben mich nicht überwältigt.
3 Die Pflüger haben [a]auf meinem Rücken geackert
und ihre Furchen lang gezogen.
4 Der HERR, der gerecht ist,
hat der Gottlosen Stricke zerhauen.
5 Ach dass zuschanden würden und zurückwichen
alle, die Zion gram sind!
6 Ach dass sie würden wie das Gras auf den Dächern,
das verdorrt, ehe man es ausrauft,
7 mit dem der Schnitter seine Hand nicht füllt
noch der Garbenbinder seinen Arm;
8 und keiner, der vorübergeht, soll sprechen: /
[a]Der Segen des HERRN sei über euch!
Wir segnen euch im Namen des HERRN.

Aus tiefer Not
(Der sechste Bußpsalm)

130 EIN WALLFAHRTSLIED.
Aus der Tiefe rufe ich, HERR, zu dir. /
2 Herr, höre meine Stimme!
Lass deine Ohren merken
auf die Stimme meines Flehens!
3 Wenn du, HERR, Sünden anrechnen willst –
Herr, wer wird bestehen?
4 Denn bei dir ist die [a]Vergebung,
dass man dich fürchte.

5 [a]Ich harre des HERRN,
meine Seele harret,
und ich hoffe auf sein Wort.
6 Meine Seele wartet auf den Herrn
mehr als die Wächter auf den Morgen;*
mehr als die Wächter auf den Morgen
7 hoffe Israel auf den HERRN!
Denn bei dem HERRN ist die Gnade
und viel Erlösung bei ihm.
8 Und er wird Israel erlösen
aus allen seinen Sünden.[a]

Kindliche Ergebung

131 VON DAVID,
EIN WALLFAHRTSLIED.
HERR, mein Herz ist nicht hoffärtig,
und meine Augen sind nicht stolz.
Ich gehe nicht um mit großen Dingen,
die mir zu wunderbar sind.

* Luther übersetzte: »Meine Seele wartet auf den Herrn von einer Morgenwache bis zur andern.«

127,3: *a* Ps 128,3-4; 1.Mose 30,2; 33,5 **128,3:** *a* Ps 127,3 **128,6:** *a* 1.Mose 48,11; *b* Ps 125,5 **129,3:** *a* Jes 51,23 **129,8:** *a* Rut 2,4 **130,4:** *a* Jes 55,7; Röm 6,1-2 **130,5:** *a (5-6)* Jes 21,11; Lk 12,35-36 **130,8:** *a* Mt 1,21

2 Fürwahr, [a]meine Seele ist still und ruhig geworden
wie ein kleines Kind bei seiner Mutter;
wie ein kleines Kind,
so ist meine Seele in mir.

3 Israel, hoffe auf den HERRN
von nun an bis in Ewigkeit!

Davids Haus und das Heiligtum auf Zion

132 EIN WALLFAHRTSLIED.
Gedenke, HERR, an David
und all seine Mühsal,
2 der dem HERRN einen Eid schwor
und gelobte dem Mächtigen Jakobs:
3 [a]Ich will nicht in mein Haus gehen
noch mich aufs Lager meines Bettes legen,
4 ich will meine Augen nicht schlafen lassen
noch meine Augenlider schlummern,
5 bis ich eine Stätte finde für den HERRN,
eine Wohnung für den Mächtigen Jakobs.

6 Siehe, wir hörten von ihr in Efrata,
wir haben sie gefunden im Gefilde von Jaar.
7 Wir wollen in seine Wohnung gehen
und anbeten vor dem Schemel seiner Füße.
8 HERR, [a]mache dich auf zur Stätte deiner Ruhe,
du und [b]die Lade deiner Macht!
9 Deine Priester lass sich kleiden mit Gerechtigkeit
und deine Heiligen sich freuen.
10 Weise nicht ab das Antlitz deines Gesalbten
um deines Knechtes David willen!

11 Der HERR hat David [a]einen Eid geschworen,
davon wird er sich wahrlich nicht wenden:
Ich will dir auf deinen Thron setzen
einen, der von deinem Leibe kommt.
12 Werden deine Söhne meinen Bund halten
und mein Gebot, das ich sie lehren werde,
so sollen auch ihre Söhne
auf deinem Thron sitzen ewiglich.

13 Denn der HERR hat Zion erwählt,
und [a]es gefällt ihm,
dort zu wohnen.
14 »Dies ist die Stätte meiner Ruhe ewiglich;
hier will ich wohnen,
denn das gefällt mir.
15 Ich will ihre Speise segnen
und ihren Armen Brot genug geben.
16 Ihre Priester will ich mit Heil kleiden,
und ihre Heiligen sollen fröhlich sein.
17 Dort soll dem David aufgehen
ein mächtiger Spross,
ich habe [a]meinem Gesalbten
eine [b]Leuchte zugerichtet;
18 seine Feinde will ich in Schande kleiden,
aber über ihm soll blühen seine Krone.«

Segen der brüderlichen Eintracht

133 VON DAVID,
EIN WALLFAHRTSLIED.
Siehe, wie fein und lieblich ist's,
wenn [a]Brüder einträchtig beieinander wohnen!
2 Es ist wie das feine [a]Salböl
auf dem Haupte Aarons, /
das herabfließt in seinen Bart,
das herabfließt zum Saum seines Kleides,
3 wie der Tau, der vom Hermon herabfällt
auf die Berge Zions!
Denn dort verheißt der HERR den Segen
und Leben bis in Ewigkeit.

Nächtliches Loblied im Tempel

134 EIN WALLFAHRTSLIED.
Wohlan, lobet den HERRN, alle Knechte des HERRN,

131,2: *a* Ps 62,2 **132,3:** *a (3-5)* 2.Sam 7,2; Apg 7,46 **132,8:** *a* 4.Mose 10,35; 2.Chr 6,41; *b* Ps 78,61 **132,11:** *a* Ps 89,4-5; Hebr 6,17 **132,13:** *a* Ps 68,17; 76,3 **132,17:** *a* 1.Sam 2,10; *b* 1.Kön 11,36 **133,1:** *a* 1.Mose 13,8 **133,2:** *a* 2.Mose 29,7; 30,23-30

die ihr steht des Nachts im Hause
des HERRN!
2 Hebet eure Hände auf im Heiligtum
und lobet den HERRN!
3 Der HERR segne dich aus Zion,
der Himmel und Erde gemacht
hat![a]

Anbetung des lebendigen Gottes

135 Halleluja!
Lobet den Namen des HERRN,
lobet, ihr Knechte des HERRN,
2 die ihr steht im Hause des HERRN,
in den Vorhöfen am Hause unsres
Gottes!
3 Lobet den HERRN, denn der HERR ist
freundlich;
lobsinget seinem Namen, denn er
ist lieblich!
4 Denn der HERR hat sich Jakob erwählt,
Israel zu seinem Eigentum.[a]

5 Ja, ich weiß, dass der HERR groß ist
und [a]unser Herr über allen
Göttern.
6 Alles, was er will, das tut er
im Himmel und auf Erden,
im Meer und in allen Tiefen;
7 der die Wolken lässt aufsteigen vom
Ende der Erde, /
der die Blitze samt dem Regen macht,
der den Wind herausführt aus
seinen Kammern;[a]
8 der [a]die Erstgeburten schlug
in Ägypten
bei den Menschen und beim Vieh
9 und ließ [a]Zeichen und Wunder
kommen über dich, Ägyptenland,
über den Pharao und alle seine
Knechte;
10 [a]der viele Völker schlug
und tötete mächtige Könige,
11 Sihon, den König der Amoriter, /
und Og, den König von Baschan,
und alle Königreiche in Kanaan,
12 und [a]gab ihr Land zum Erbe,
zum Erbe seinem Volk Israel.

13 HERR, [a]dein Name währet ewiglich,
dein Ruhm, HERR, währet für und
für.
14 Denn [a]der HERR schafft Recht seinem
Volk
und wird seinen Knechten gnädig
sein.

15 [a]Die Götzen der Heiden sind Silber
und Gold,
gemacht von Menschenhänden.
16 Sie haben Mäuler und reden nicht,
sie haben Augen und sehen nicht,
17 sie haben Ohren und hören nicht,
auch ist kein Odem in ihrem
Munde.
18 Die solche Götzen machen, sind
ihnen gleich,
alle, die auf sie hoffen.

19 Das Haus Israel lobe den HERRN!
Lobet den HERRN, ihr vom Hause
Aaron!
20 Ihr vom Hause Levi, lobet den
HERRN!
Die ihr den HERRN fürchtet,
lobet den HERRN!
21 Gelobt sei der HERR aus Zion,
der zu Jerusalem wohnt!
Halleluja!

Gottes Wunder in seiner Schöpfung und in der Geschichte seines Volkes

136 [a]Danket dem HERRN; denn
er ist freundlich,
denn seine Güte währet ewiglich.
2 Danket dem Gott aller Götter,
denn seine Güte währet ewiglich.
3 Danket dem Herrn aller Herren,
denn seine Güte währet ewiglich.

4 Der allein große Wunder tut,
denn seine Güte währet ewiglich.
5 Der die Himmel mit Weisheit gemacht
hat,
denn seine Güte währet ewiglich.
6 Der die Erde über den Wassern
ausgebreitet hat,
denn seine Güte währet ewiglich.
7 [a]Der große Lichter gemacht hat,
denn seine Güte währet ewiglich:
8 die Sonne, den Tag zu regieren,
denn seine Güte währet ewiglich;

134,3: *a* Ps 115,15 **135,4:** *a* 2. Mose 19,5-6 **135,5:** *a* Ps 86,8 **135,7:** *a* Jer 10,13 **135,8:** *a* 2. Mose 12,29 **135,9:** *a* Ps 78,42-52 **135,10:** *a (10-12)* 4. Mose 21,21-35 **135,12:** *a* Jos 12,1-6 **135,13:** *a* Ps 102,13 **135,14:** *a* 5. Mose 32,36 **135,15:** *a (15-20)* Ps 115,4-11 **136,1:** *a* Ps 106,1 **136,7:** *a (7-9)* 1. Mose 1,14-18

9 den Mond und die Sterne, die Nacht zu regieren,
denn seine Güte währet ewiglich.

10 [a]Der die Erstgeborenen schlug in Ägypten,
denn seine Güte währet ewiglich;
11 und führte Israel von dort heraus,
denn seine Güte währet ewiglich;
12 mit starker Hand und ausgerecktem Arm,
denn seine Güte währet ewiglich.
13 Der das Schilfmeer teilte in zwei Teile,
denn seine Güte währet ewiglich;
14 und ließ Israel mitten hindurchgehen,
denn seine Güte währet ewiglich;
15 der den Pharao und sein Heer ins Schilfmeer stieß,
denn seine Güte währet ewiglich.

16 Der sein Volk führte durch die Wüste,
denn seine Güte währet ewiglich.
17 [a]Der große Könige schlug,
denn seine Güte währet ewiglich;
18 und brachte mächtige Könige um,
denn seine Güte währet ewiglich;
19 Sihon, den König der Amoriter,
denn seine Güte währet ewiglich;
20 und Og, den König von Baschan,
denn seine Güte währet ewiglich;
21 und gab ihr Land zum Erbe,
denn seine Güte währet ewiglich;
22 zum Erbe seinem Knecht Israel,
denn seine Güte währet ewiglich.
23 Der an uns dachte, als wir unterdrückt waren,
denn seine Güte währet ewiglich;
24 und uns erlöste von unsern Feinden,
denn seine Güte währet ewiglich.
25 Der [a]Speise gibt allem Fleisch,
denn seine Güte währet ewiglich.

26 Danket dem Gott des Himmels,
denn seine Güte währet ewiglich.

Klage der Gefangenen zu Babel

137 An den Wassern zu Babel saßen wir und weinten,
wenn wir an Zion gedachten.
2 Unsere Harfen hängten wir
an die Weiden dort im Lande.
3 Denn die uns gefangen hielten,
hießen uns dort singen
und in unserm Heulen fröhlich sein:
»Singet uns ein Lied von Zion!«

4 Wie könnten wir des HERRN Lied singen
in fremdem Lande?
5 [a]Vergesse ich dich, Jerusalem,
so verdorre meine Rechte.
6 Meine Zunge soll an meinem Gaumen kleben,
wenn ich deiner nicht gedenke,
wenn ich nicht lasse Jerusalem
meine höchste Freude sein.

7 HERR, [a]vergiss den Söhnen Edom nicht, /
was sie sagten am Tage Jerusalems:
»Reißt nieder, reißt nieder bis auf den Grund!«
8 Tochter Babel, du Verwüsterin,
wohl dem, der dir vergilt, was du uns angetan hast!
9 Wohl dem, der [a]deine jungen Kinder nimmt
und sie am Felsen zerschmettert![b]

Dank für Gottes Hilfe

138 VON DAVID.
Ich danke dir von ganzem Herzen,
vor den Göttern will ich dir lobsingen.
2 Ich will anbeten vor deinem heiligen Tempel
und deinen Namen preisen
für deine Güte und Treue;
denn du hast deinen Namen und dein Wort
herrlich gemacht über alles.
3 Wenn ich dich anrufe, so erhörst du mich
und gibst meiner Seele große Kraft.

4 Es danken dir, HERR, alle Könige auf Erden,
[a]dass sie hören das Wort deines Mundes;
5 sie singen von den Wegen des HERRN,
dass die Herrlichkeit des HERRN so groß ist.

136,10: *a (10-16)* Ps 135,8-12 **136,17:** *a (17-22)* 4. Mose 21,23-35 **136,25:** *a* Ps 145,15 **137,5:** *a* Jer 51,50 **137,7:** *a* Ps 79,12; Obd 10-15 **137,9:** *a* Jes 13,16; *b* Röm 12,19 **138,4:** *a* Jes 2,3

6 Denn der HERR ist hoch und sieht auf den Niedrigen
und kennt den Stolzen von ferne.

7 Wenn ich mitten in der Angst wandle,
so erquickest du mich
und reckst deine Hand gegen den Zorn meiner Feinde
und hilfst mir mit deiner Rechten.
8 Der HERR wird meine Sache hinausführen. /
HERR, deine Güte ist ewig.
Das Werk deiner Hände wollest du nicht lassen.

Gott der Allwissende und Allgegenwärtige

139 [a] EIN PSALM DAVIDS, VORZUSINGEN.
HERR, du erforschest mich
und kennest mich.
2 Ich sitze oder stehe auf,
so weißt du es;
du verstehst meine Gedanken von ferne.
3 Ich gehe oder liege, so bist du um mich
und siehst alle meine Wege.
4 Denn siehe, es ist kein Wort auf meiner Zunge,
das du, HERR, nicht schon wüsstest.
5 Von allen Seiten umgibst du mich
und hältst deine Hand über mir.
6 Diese Erkenntnis ist mir zu wunderbar und zu hoch,
ich kann sie nicht begreifen.

7 Wohin soll ich gehen vor deinem Geist,
und wohin soll ich fliehen vor deinem Angesicht?
8 Führe ich gen Himmel, so bist du da;
bettete ich mich bei den Toten,
siehe, so bist du auch da.[a]
9 Nähme ich Flügel der Morgenröte
und [a]bliebe am äußersten Meer,
10 so würde auch dort deine Hand mich führen
und deine Rechte mich halten.
11 [a]Spräche ich: Finsternis möge mich decken
und Nacht statt Licht um mich sein –,
12 so wäre auch Finsternis nicht finster bei dir,
und die Nacht leuchtete wie der Tag.
Finsternis ist wie das Licht.

13 Denn du hast meine Nieren bereitet
und hast mich gebildet im Mutterleibe.
14 Ich danke dir dafür,
dass ich wunderbar gemacht bin;
wunderbar sind deine Werke;
das erkennt meine Seele.
15 Es war dir mein Gebein nicht verborgen, /
als ich im Verborgenen gemacht wurde,
als ich gebildet wurde unten in der Erde.
16 Deine Augen sahen mich,
als ich noch nicht bereitet war,
und [a]alle Tage waren in dein Buch geschrieben,
die noch werden sollten
und von denen keiner da war.

17 Aber [a]wie schwer sind für mich, Gott, deine Gedanken!
Wie ist ihre Summe so groß!
18 Wollte ich sie zählen, so wären sie mehr als der Sand:
[a]Am Ende bin ich noch immer bei dir.

19 Ach Gott, wolltest du doch die Gottlosen töten!
Dass doch die Blutgierigen von mir wichen!
20 Denn sie reden von dir lästerlich,
und deine Feinde erheben sich mit frechem Mut.
21 Sollte ich nicht hassen, HERR, die dich hassen,
und verabscheuen, die sich gegen dich erheben?
22 Ich hasse sie mit ganzem Ernst;
sie sind mir zu Feinden geworden.

23 **Erforsche mich, Gott, und erkenne mein Herz;**
prüfe mich und erkenne, wie ich's meine.
24 **Und sieh, ob ich auf bösem Wege bin,**
und leite mich auf ewigem Wege.

139,1: *a (1-2)* Ps 7,10; Jer 17,10 **139,8:** *a* Am 9,2 **139,9:** *a* Jona 1,3 **139,11:** *a (11-12)* Hiob 34,22 **139,16:** *a* Ps 31,16 **139,17:** *a* Ps 40,6 **139,18:** *a* Ps 63,7

Bitte um Rettung vor boshaften Feinden

140 EIN PSALM DAVIDS, VORZUSINGEN.
2 Errette mich, HERR, von den bösen Menschen;
behüte mich vor den Gewalttätigen,
3 die Böses planen in ihrem Herzen
und täglich Streit erregen.
4 Sie haben scharfe Zungen wie Schlangen,
[a] Otterngift ist unter ihren Lippen.
SELA.
5 Bewahre mich, HERR, vor der Hand der Gottlosen;
behüte mich vor den Gewalttätigen,
die mich zu Fall bringen wollen.
6 Die Hoffärtigen legen mir Schlingen / und breiten Stricke aus zum Netz
und stellen mir Fallen auf den Weg.
SELA.

7 Ich aber sage zum HERRN:
[a] Du bist mein Gott;
HERR, vernimm die Stimme meines Flehens!
8 HERR, meine starke Hilfe,
du beschirmst mein Haupt zur Zeit des Streits.
9 HERR, gib dem Gottlosen nicht, was er begehrt!
Was er sinnt, lass nicht gelingen,
sie könnten sich sonst überheben.
SELA.
10 Das Unglück, über das meine Feinde beraten,
komme über sie selber.
11 Er möge feurige Kohlen über sie schütten;
er möge sie stürzen in Gruben,
dass sie nicht mehr aufstehen.

12 Ein böses Maul wird kein Glück haben auf Erden;
ein frecher, böser Mensch wird verjagt und gestürzt werden.
13 Denn ich weiß, dass der HERR des Elenden Sache führen
und den Armen Recht schaffen wird.
14 Ja, die Gerechten werden deinen Namen preisen,
und die Frommen werden vor deinem Angesicht bleiben.

Bitte um Bewahrung

141 EIN PSALM DAVIDS.
HERR, ich rufe zu dir, eile zu mir;
vernimm meine Stimme,
wenn ich dich anrufe.
2 Mein Gebet möge vor dir gelten als ein [a] Räucheropfer,
das Aufheben meiner Hände
als ein [b] Abendopfer.
3 HERR, behüte meinen Mund
und bewahre meine Lippen![a]
4 Neige mein Herz nicht zum Bösen, / gottlos zu leben mit den Übeltätern;
ich mag nicht essen von ihren leckeren Speisen.

5 Der Gerechte schlage mich freundlich und [a] weise mich zurecht;
das wird mir wohltun wie Balsam auf dem Haupte.
Mein Haupt wird sich dagegen nicht wehren.
Doch ich bete stets, dass jene mir nicht Schaden tun.
6 Ihre Anführer sollen hinabgestürzt werden vom Felsen;
dann wird man merken, wie richtig meine Worte gewesen sind.
7 Ihre Gebeine werden zerstreut bis zur Pforte des Todes,
wie wenn einer das Land pflügt und zerwühlt.
8 Ja, auf dich, HERR, sehen meine Augen;
ich traue auf dich,
gib mich nicht in den Tod dahin.
9 Bewahre mich vor der Schlinge, die sie mir gelegt haben,
und vor der Falle der Übeltäter.
10 Die Gottlosen sollen miteinander in ihr eigenes Netz fallen;
mich aber lass entrinnen.

Hilferuf in schwerer Bedrängnis

142 EINE UNTERWEISUNG DAVIDS, [a] ALS ER IN DER HÖHLE WAR, EIN GEBET.

140,4: *a* Röm 3,13 **140,7:** *a* Ps 22,11 **141,2:** *a* 2. Mose 30,7; *b* 2. Mose 29,39 **141,3:** *a* Ps 39,2; Jak 3,5-6 **141,5:** *a* 3. Mose 19,17; Spr 27,5-6 **142,1:** *a* 1. Sam 24,4

2 Ich schreie zum HERRN mit meiner Stimme,
ich flehe zum HERRN mit meiner Stimme.
3 Ich schütte meine Klage vor ihm aus
und zeige an vor ihm meine Not.
4 Wenn mein Geist in Ängsten ist,
so nimmst du dich meiner an.
Sie legen mir Schlingen
auf dem Wege, den ich gehe.
5 Schau zur Rechten und sieh:
da will niemand mich kennen.
Ich kann nicht entfliehen,
niemand nimmt sich meiner an.

6 HERR, zu dir schreie ich und sage: /
Du bist meine Zuversicht,
mein Teil [a] im Lande der Lebendigen.
7 Höre auf meine Klage,
denn ich werde sehr geplagt.
Errette mich von meinen Verfolgern,
denn sie sind mir zu mächtig.
8 Führe mich aus dem Kerker,
dass ich preise deinen Namen.
Die Gerechten werden sich zu mir sammeln,
wenn du mir wohltust.

Bitte um Verschonung und Leitung (Der siebente Bußpsalm)

143 EIN PSALM DAVIDS.
HERR, erhöre mein Gebet, /
vernimm mein Flehen um deiner Treue willen,
erhöre mich um deiner Gerechtigkeit willen,
2 und **geh nicht ins Gericht mit deinem Knecht;**
denn [a] vor dir ist kein Lebendiger gerecht.
3 Denn der Feind verfolgt meine Seele
und schlägt mein Leben zu Boden,
er legt mich ins Finstere
wie die, die lange schon tot sind.
4 Und mein Geist ist in Ängsten,
mein Herz ist erstarrt in meinem Leibe.

5 Ich [a] denke an die früheren Zeiten; /
ich sinne nach über all deine Taten
und spreche von den Werken deiner Hände.
6 Ich breite meine Hände aus zu dir,
[a] meine Seele dürstet nach dir
wie ein dürres Land. SELA.
7 HERR, erhöre mich bald,
mein Geist vergeht;
verbirg dein Antlitz nicht vor mir,
dass ich nicht gleich werde denen,
die in die Grube fahren.
8 Lass mich am Morgen hören deine Gnade;
denn ich hoffe auf dich.
Tu mir kund den Weg, den ich gehen soll;
denn mich verlangt nach dir.
9 Errette mich, mein Gott, von meinen Feinden;
zu dir nehme ich meine Zuflucht.

10 Lehre mich tun nach deinem Wohlgefallen, /
denn du bist mein Gott;
dein guter Geist führe mich auf ebner Bahn.
11 HERR, erquicke mich um deines Namens willen;
führe mich aus der Not um deiner Gerechtigkeit willen,
12 und vernichte meine Feinde um deiner Güte willen
und bringe alle um, die mich bedrängen;
denn ich bin dein Knecht.

Gebet um Rettung und Wohlstand

144 VON DAVID.
Gelobt sei der HERR, mein Fels,
der meine Hände kämpfen lehrt
und meine Fäuste, Krieg zu führen,
2 meine Hilfe und meine [a] Burg,
mein Schutz und mein Erretter,
mein Schild, auf den ich traue,
der Völker unter mich zwingt.

3 HERR, was ist der Mensch,
dass du dich seiner annimmst,
und des Menschen Kind,
dass du ihn so beachtest?
4 Ist doch der Mensch gleich wie nichts;
seine Zeit fährt dahin [a] wie ein Schatten.

142,6: *a* Ps 27,13 **143,2:** *a* Ps 130,3; Hiob 9,2; Röm 3,20 **143,5:** *a* Ps 77,6 **143,6:** *a* Ps 42,2-3 **144,2:** *a* Ps 18,3
144,4: *a* Hiob 14,2

5 [a]HERR, neige deinen Himmel
und fahre herab;
rühre die Berge an,
dass sie rauchen.
6 Sende Blitze und streue sie aus, /
schick deine Pfeile und jage sie dahin,
7 streck aus deine Hand von der
Höhe.
ERLÖSE MICH UND ERRETTE MICH AUS
GROSSEN WASSERN,
AUS DER HAND DER FREMDEN,
8 DEREN MUND UNNÜTZ REDET
UND DEREN RECHTE HAND TRÜGT.

9 Gott, ich will dir [a]ein neues Lied
singen,
ich will dir spielen auf dem Psalter
von zehn Saiten,
10 der du den Königen Sieg gibst
und erlösest deinen Knecht David
vom mörderischen Schwert.
11 ERLÖSE MICH UND ERRETTE MICH
AUS DER HAND DER FREMDEN,
DEREN MUND FALSCHES REDET
UND DEREN RECHTE HAND TRÜGT.

12 Unsere Söhne seien wie Pflanzen, /
die aufschießen in ihrer Jugendkraft –
unsere Töchter wie Säulen,
geschnitzt für Paläste –
13 unsere Kammern gefüllt,
dass sie Vorrat geben, einen nach
dem andern –
unsere Schafe, dass sie Tausende werfen
und Zehntausende auf unsern
Triften –
14 unsere Rinder, dass sie tragen ohne
Schaden und Verlust –
und kein Klagegeschrei sei auf
unsern Gassen. –
15 Wohl dem Volk, dem es so ergeht!
[a]Wohl dem Volk, dessen Gott
der HERR ist!

Gottes ewige Güte

145 EIN LOBLIED DAVIDS.
Ich will dich erheben,
mein Gott, du König,
und deinen Namen loben immer
und ewiglich.
2 Ich will dich täglich loben
und deinen Namen rühmen immer
und ewiglich.
3 Der HERR ist groß und sehr zu loben,
und seine Größe ist
unausforschlich.
4 Kindeskinder werden deine Werke
preisen
und deine gewaltigen Taten
verkündigen.
5 Sie sollen reden von deiner hohen,
herrlichen Pracht
und deinen Wundern nachsinnen;[a]
6 sie sollen reden von deinen mächtigen
Taten
und erzählen von deiner
Herrlichkeit;
7 sie sollen preisen deine große Güte
und deine Gerechtigkeit rühmen.

8 Gnädig und barmherzig ist der HERR,
geduldig und von großer Güte.[a]
9 [a]Der HERR ist allen gütig
und erbarmt sich aller seiner Werke.
10 Es sollen dir danken, HERR, alle deine
Werke
und deine Heiligen dich loben
11 und die Ehre deines Königtums
rühmen
und von deiner Macht reden,
12 dass den Menschen deine gewaltigen
Taten kundwerden
und die herrliche Pracht deines
Königtums.
13 Dein Reich ist ein ewiges Reich,
und deine Herrschaft währet für
und für.

Der HERR ist getreu in all seinen
Worten
und gnädig in allen seinen
Werken.*
14 Der HERR hält alle, die da fallen,
und [a]richtet alle auf,
die niedergeschlagen sind.
15 [a]Aller Augen warten auf dich,
und du gibst ihnen ihre Speise
zur rechten Zeit.
16 Du tust deine Hand auf
und sättigst alles, was lebt,
nach deinem Wohlgefallen.

* Die zweite Hälfte dieses Verses, die nur in einem Teil der Handschriften überliefert ist, stellt den N-Vers des im Hebräischen nach dem ABC geordneten Psalms dar.

144,5: *a (5-7)* Ps 18,10-17 **144,9:** *a* Ps 33,3 **144,15:** *a* 5. Mose 33,29 **145,5:** *a* Ps 19,2-7 **145,8:** *a* 2. Mose 34,6 **145,9:** *a (9-10)* Jes 64,7 **145,14:** *a* Ps 146,8 **145,15:** *a (15-16)* Ps 104,27-28; 136,25

17 Der HERR ist gerecht in allen seinen
Wegen
und gnädig in allen seinen Werken.
18 **Der HERR ist nahe allen,**
die ihn anrufen,
allen, die ihn ernstlich anrufen.
19 Er tut, [a]was die Gottesfürchtigen
begehren,
und hört ihr Schreien und hilft
ihnen.
20 Der HERR behütet alle, die ihn lieben,
und wird vertilgen alle Gottlosen.
21 Mein Mund soll des HERRN Lob
verkündigen,
und alles Fleisch lobe seinen
heiligen Namen immer und
ewiglich.

Gottes ewige Treue

146 Halleluja!
Lobe den HERRN, meine Seele! /
2 Ich will den HERRN loben, solange ich
lebe,
und meinem Gott lobsingen,
solange ich bin.
3 [a]Verlasset euch nicht auf Fürsten;
sie sind Menschen, die können ja
nicht helfen.
4 Denn des Menschen Geist muss davon, /
und [a]er muss wieder zu Erde werden;
dann sind verloren alle seine Pläne.

5 Wohl dem, dessen Hilfe der Gott
Jakobs ist,
der seine Hoffnung setzt auf den
HERRN, seinen Gott,[a]
6 der Himmel und Erde gemacht hat,
das Meer und alles, was darinnen
ist;
der Treue hält ewiglich, /
7 der Recht schafft denen, die Gewalt
leiden,
der die Hungrigen speiset.

Der HERR macht die Gefangenen frei.
8 Der HERR macht die Blinden
sehend.
[a]Der HERR richtet auf, die
niedergeschlagen sind.
Der HERR liebt die Gerechten.
9 [a]Der HERR behütet die Fremdlinge /
und erhält Waisen und Witwen;
aber die Gottlosen führt er in die
Irre.

10 Der HERR ist [a]König ewiglich,
dein Gott, Zion, für und für.
Halleluja!

Gottes Walten in der Schöpfung und in Israels Geschichte

147 Halleluja!
Lobet den HERRN! /
Denn [a]unsern Gott loben, das ist ein
köstlich Ding,
ihn loben ist lieblich und schön.

2 Der HERR baut Jerusalem auf
und bringt zusammen die
Verstreuten Israels.
3 Er heilt, die [a]zerbrochenen Herzens
sind,
und verbindet ihre Wunden.
4 Er zählt die Sterne
und [a]nennt sie alle mit Namen.
5 Unser Herr ist groß und von großer
Kraft,
und unbegreiflich ist, wie er regiert.
6 Der HERR richtet die Elenden auf
und stößt die Gottlosen zu Boden.[a]

7 Singt dem HERRN ein Danklied
und lobt unsern Gott mit Harfen,
8 der den Himmel mit Wolken bedeckt /
und Regen gibt auf Erden;
der Gras auf den Bergen wachsen
lässt,
9 der dem Vieh sein Futter gibt,
[a]den jungen Raben, die zu ihm
rufen.
10 Er hat keine Freude an der Stärke des
Rosses
und kein Gefallen an den Schenkeln
des Mannes.
11 Der HERR hat Gefallen an denen,
die ihn fürchten,
die auf seine Güte hoffen.

12 Preise, Jerusalem, den HERRN;
lobe, Zion, deinen Gott!
13 Denn er macht fest die Riegel deiner
Tore

145,19: *a* Spr 10,24 **146,3:** *a* Ps 118,8-9; Jer 17,5 **146,4:** *a* 1. Mose 3,19; Pred 3,20 **146,5:** *a* Jer 17,7 **146,8:** *a* Ps 145,14 **146,9:** *a* 2. Mose 22,20-21 **146,10:** *a* Ps 93,1 **147,1:** *a* Ps 92,2 **147,3:** *a* Jes 61,1 **147,4:** *a* Jes 40,26 **147,6:** *a* Lk 1,52 **147,9:** *a* Hiob 38,41

und segnet deine Kinder in deiner Mitte.
14 Er schafft deinen Grenzen Frieden
und sättigt dich mit dem besten Weizen.
15 [a]Er sendet sein Gebot auf die Erde,
sein Wort läuft schnell.
16 Er gibt Schnee wie Wolle,
er streut Reif wie Asche.
17 Er wirft seine Schloßen herab wie Brocken;
wer kann bleiben vor seinem Frost?
18 Er sendet sein Wort, da schmilzt der Schnee;
er lässt seinen Wind wehen,
da taut es.
19 [a]Er verkündigt Jakob sein Wort,
Israel seine Gebote und sein Recht.
20 So hat er an keinem Volk getan;
sein Recht kennen sie nicht.
Halleluja!

Gottes Lob im Himmel und auf Erden

148 [a]Halleluja!
Lobet im Himmel den HERRN,
lobet ihn in der Höhe!
2 Lobet ihn, alle seine Engel,
lobet ihn, all sein Heer!
3 [a]Lobet ihn, Sonne und Mond,
lobet ihn, alle leuchtenden Sterne!
4 Lobet ihn, ihr Himmel aller Himmel
und ihr Wasser über dem Himmel!
5 Die sollen loben den Namen des HERRN;
denn [a]er gebot, da wurden sie geschaffen.
6 Er lässt sie bestehen für immer und ewig;
er gab eine Ordnung, die dürfen sie nicht überschreiten.

7 Lobet den HERRN auf Erden,
ihr großen Fische und alle Tiefen des Meeres,
8 Feuer, Hagel, Schnee und Nebel,
Sturmwinde, die sein Wort ausrichten,
9 ihr Berge und alle Hügel,
fruchttragende Bäume und alle Zedern,
10 ihr Tiere und alles Vieh,
Gewürm und Vögel,
11 ihr Könige auf Erden und alle Völker,
Fürsten und alle Richter auf Erden,
12 Jünglinge und Jungfrauen,
Alte mit den Jungen!
13 Die sollen loben den Namen des HERRN;
denn sein Name allein ist hoch,
seine Herrlichkeit reicht, so weit Himmel und Erde ist.
14 Er erhöht die Macht seines Volkes.
[a]Alle seine Heiligen sollen loben,
die Kinder Israel, das Volk, das ihm dient.
Halleluja!

Zion lobe den HERRN!

149 Halleluja!
Singet dem HERRN [a]ein neues Lied;
die Gemeinde der Heiligen soll ihn loben.
2 Israel freue sich [a]seines Schöpfers,
die Kinder Zions seien fröhlich über ihren [b]König.
3 Sie sollen loben seinen Namen im Reigen,
mit Pauken und Harfen sollen sie ihm spielen.
4 Denn der HERR hat Wohlgefallen an seinem Volk,
er hilft den Elenden herrlich.

5 Die Heiligen sollen fröhlich sein und preisen
und rühmen auf ihren Lagern.
6 Ihr Mund soll Gott erheben;
sie sollen scharfe Schwerter in ihren Händen halten,
7 dass sie Vergeltung üben unter den Heiden,
Strafe unter den Völkern,
8 ihre Könige zu binden mit Ketten
und ihre Edlen mit eisernen Fesseln,
9 dass sie an ihnen [a]vollziehen das Gericht, wie geschrieben ist.
Solche Ehre werden alle seine Heiligen haben.
Halleluja!

147,15: *a (15-18)* Hiob 38,22-30 **147,19:** *a (19-20)* 5. Mose 4,8; Apg 14,16-17; Röm 3,2 **148,1:** *a (1-2)* Ps 103,20-22 **148,3:** *a (3-13)* 1. Mose 1,1-27 **148,5:** *a* Ps 33,9 **148,14:** *a* 5. Mose 4,7-8 **149,1:** *a* Ps 33,3 **149,2:** *a* Ps 100,3; *b* Ps 93,1 **149,9:** *a* Jes 34,1-17; 63,4-6; Joel 4,2-14

Das große Halleluja

150 Halleluja!
Lobet Gott in seinem Heiligtum,
lobet ihn in der Feste seiner Macht!
2 Lobet ihn für seine Taten,
lobet ihn in seiner großen Herrlichkeit!
3 Lobet ihn mit Posaunen,
lobet ihn mit Psalter und Harfen!
4 Lobet ihn mit Pauken und Reigen,
lobet ihn mit Saiten und Pfeifen!
5 Lobet ihn mit hellen Zimbeln,
lobet ihn mit klingenden Zimbeln!
6 **Alles, [a]was Odem hat, lobe den HERRN!**
Halleluja!

150,6: *a* Ps 41,14; Offb 5,13

DIE SPRÜCHE SALOMOS (SPRICHWÖRTER)

Inhaltsübersicht

1 Dies sind die Sprüche [a]Salomos, des
Sohnes Davids, des Königs von Israel,
2 um zu lernen Weisheit und Zucht und
zu verstehen verständige Rede, 3 dass
man annehme Zucht, die da klug macht,
Gerechtigkeit, Recht und Redlichkeit;
4 dass die Unverständigen klug werden
und die Jünglinge vernünftig und besonnen.
5 Wer weise ist, der höre zu und
wachse an Weisheit, und wer verständig
ist, der lasse sich raten, 6 dass er verstehe
Sprüche und Gleichnisse, die Worte der
Weisen und ihre Rätsel. **7 Die [a]Furcht des
HERRN ist der Anfang der Erkenntnis. Die
Toren verachten Weisheit und Zucht.**

Warnung vor Verführern

**8 Mein Sohn, gehorche der Zucht deines
Vaters und verlass nicht das Gebot deiner
Mutter;[a] 9 denn das ist ein schöner
Schmuck für dein Haupt und eine Kette an
deinem Halse. 10 Mein Sohn, wenn [a]dich
die bösen Buben locken, so folge nicht.**
11 Wenn sie sagen: »Geh mit uns! Wir
wollen auf Blut lauern und den Unschuldigen nachstellen ohne Grund;
12 wir
wollen sie verschlingen wie das Totenreich die Lebendigen, und die Frommen
sollen sein wie die, welche hinunter in die
Grube fahren; 13 wir wollen kostbares
Gut finden, wir wollen unsre Häuser mit
Raub füllen; 14 wage es mit uns! **Einen**
Beutel nur soll es für uns alle geben«:
15 mein Sohn, wandle den Weg nicht mit
ihnen, halte deinen Fuß fern von ihrem
Pfad; 16 denn ihre Füße laufen zum Bösen und eilen, Blut zu vergießen.
17 Man
spannt das Netz vor den Augen der Vögel, doch lassen sie sich nicht warnen;
18 so lauern jene auf ihr eigenes Blut und
trachten sich selbst nach dem Leben.
19 So geht es allen, die nach unrechtem
Gewinn trachten; er nimmt ihnen das
Leben.

Die Bußpredigt der Weisheit

20 [a]Die Weisheit ruft laut auf der Straße
und lässt ihre Stimme hören auf den
Plätzen. 21 Sie ruft im lautesten Getümmel, am Eingang der Tore, sie redet ihre
Worte in der Stadt: 22 Wie lange wollt ihr
Unverständigen unverständig sein und
ihr Spötter Lust zu Spötterei haben und
ihr Toren die Erkenntnis hassen? 23 Kehrt
euch zu meiner Zurechtweisung! Siehe,
ich will über euch strömen lassen meinen
Geist und euch meine Worte kundtun.
24 Wenn ich aber rufe und ihr euch
weigert, wenn ich [a]meine Hand ausstrecke und niemand darauf achtet,
25 wenn ihr fahren lasst all meinen Rat
und meine Zurechtweisung nicht wollt:
26 dann will ich auch lachen bei eurem
Unglück und euer spotten, wenn da
kommt, was ihr fürchtet;[a] 27 wenn über
euch kommt wie ein Sturm, was ihr
fürchtet, und euer Unglück wie ein Wetter; wenn über euch Angst und Not
kommt. 28 Dann werden sie nach mir rufen, aber ich werde nicht antworten; sie
werden mich suchen und nicht finden.[a]
29 Weil sie die Erkenntnis hassten und
die Furcht des HERRN nicht erwählten,
30 meinen Rat nicht wollten und all meine
Zurechtweisung verschmähten, 31 darum
sollen sie [a]essen von den Früchten ihres
Wandels und satt werden an ihren Ratschlägen.
32 Denn den Unverständigen
bringt ihre Abkehr den Tod, und die

1,1: *a* 1.Kön 5,9-12 **1,7:** *a* Kap 8,13; 9,10; Hiob 28,28; Ps 111,10 **1,8:** *a* Kap 6,20; 13,1; 5.Mose 21,18-21 **1,10:** *a* Kap 16,29; 5.Mose 13,7-9 **1,20:** *a (20-21)* Kap 8,1-3 **1,24:** *a* Jes 65,2.12 **1,26:** *a* 5.Mose 28,63 **1,28:** *a* Jes 59,2; Mi 3,4 **1,31:** *a* Jes 3,10-11

Toren bringt ihre Sorglosigkeit um; 33wer
aber mir gehorcht, wird sicher wohnen
und ohne Sorge sein und kein Unglück
fürchten.

Die Weisheit bewahrt vor dem Verderben

2 Mein Sohn, wenn du meine Rede an-
nimmst und meine Gebote behältst,
2sodass dein Ohr auf Weisheit achthat,
und du dein Herz der Einsicht zuneigst,
3[a]ja, wenn du nach Vernunft rufst und
deine Stimme nach Einsicht erhebst,
4wenn du sie suchst wie Silber und nach
ihr forschst wie nach Schätzen: 5dann
wirst du die Furcht des HERRN verstehen
und die Erkenntnis Gottes finden. 6Denn
[a]der HERR gibt Weisheit, und aus seinem
Munde kommt Erkenntnis und Einsicht.
7**Er lässt es den Aufrichtigen gelingen und**
[a]**beschirmt die Frommen.** 8Er behütet,
die recht tun, und bewahrt den Weg sei-
ner Frommen. 9Dann wirst du verstehen
Gerechtigkeit und Recht und Frömmig-
keit und jeden guten Weg.

10Denn [a]Weisheit wird in dein Herz
eingehen, und Erkenntnis wird deiner
Seele lieblich sein, 11Besonnenheit wird
dich bewahren und Einsicht dich behü-
ten, – 12dass du nicht gerätst auf den
Weg der Bösen noch unter Leute, die
Falsches reden, 13die da verlassen die
rechte Bahn und gehen finstere Wege,
14die sich freuen, Böses zu tun, und sind
fröhlich über böse Ränke, 15die krumme
Wege gehen und auf Abwege kommen, –
16dass du nicht gerätst an die Frau eines
andern, an eine Fremde, die glatte Worte
gibt 17und verlässt den Gefährten ihrer
Jugend und vergisst den Bund ihres Got-
tes; 18denn ihr Haus neigt sich zum Tode
und ihre Wege zum Ort der Toten; 19alle,
die zu ihr eingehen, kommen nicht wie-
der und erreichen den Weg des Lebens
nicht, – 20dass du wandelst auf dem
Wege der Guten und bleibst auf der
Bahn der Gerechten; 21denn die Gerech-
ten werden im Lande wohnen und die
Frommen darin bleiben,[a] 22aber die
[a]Gottlosen werden aus dem Land aus-
gerottet und die Treulosen daraus ver-
tilgt.

Vom Segen der Gottesfurcht und Weisheit

3 [a]Mein Sohn, vergiss meine Weisung
nicht, und dein Herz behalte meine
Gebote, 2denn sie werden dir langes Le-
ben bringen und gute Jahre und Frieden;
3Gnade und Treue sollen dich nicht ver-
lassen. [a]Hänge meine Gebote an deinen
Hals und [b]schreibe sie auf die Tafel dei-
nes Herzens, 4so wirst du Freundlichkeit
und Klugheit erlangen, die Gott und den
Menschen gefallen.

5**Verlass dich auf den HERRN von gan-**
zem Herzen, und verlass dich nicht auf
deinen Verstand, 6sondern gedenke an ihn
in allen deinen Wegen, so wird er dich
recht führen. 7[a]Dünke dich nicht, weise
zu sein, sondern fürchte den HERRN und
weiche vom Bösen. 8Das wird deinem
Leibe heilsam sein und deine Gebeine
erquicken.

9Ehre den HERRN mit deinem Gut
und mit den [a]Erstlingen all deines Ein-
kommens, 10so werden deine Scheunen
voll werden und deine Kelter von Wein
überlaufen.

11[a]**Mein Sohn,** [b]**verwirf die Zucht des**
HERRN nicht und sei nicht ungeduldig,
wenn er dich zurechtweist; 12denn wen der
HERR liebt, den [a]**weist er zurecht, und hat**
doch Wohlgefallen an ihm wie ein Vater
am Sohn.

13Wohl dem Menschen, der Weisheit
erlangt, und dem Menschen, der Einsicht
gewinnt! 14Denn es ist besser, **sie** zu er-
werben, als Silber, und ihr Ertrag ist bes-
ser als Gold.[a] 15Sie ist edler als Perlen,
und alles, was du wünschen magst, ist ihr
nicht zu vergleichen. 16Langes Leben ist
in ihrer rechten Hand, in ihrer Linken ist
Reichtum und Ehre. 17Ihre Wege sind
liebliche Wege, und alle ihre Steige sind
Frieden. 18Sie ist ein [a]Baum des Lebens
allen, die sie ergreifen, und glücklich
sind, die sie festhalten.

19[a]Der HERR hat die Erde durch
Weisheit gegründet und nach seiner Ein-
sicht die Himmel bereitet. 20Kraft seiner
Erkenntnis quellen die Wasser der Tiefe
hervor und triefen die Wolken von Tau.
21Mein Sohn, lass sie nicht aus deinen

2,3: *a (3-6)* Jak 1,5 **2,6:** *a* Dan 2,20-23 **2,7:** *a* Ps 7,11 **2,10:** *a* 1. Kor 1,30 **2,21:** *a* Ps 37,9; Mt 5,5 **2,22:** *a* Ps 37,10 **3,1:** *a (1-2)* 3. Mose 18,5 **3,3:** *a* 5. Mose 6,8; *b* Jer 31,33 **3,7:** *a* Jes 5,21 **3,9:** *a* 2. Mose 23,19 **3,11:** *a (11-12)* Hebr 12,5-6; *b* Hiob 5,17-19 **3,12:** *a* 1. Kor 11,32; Offb 3,19 **3,14:** *a* Kap 8,10 **3,18:** *a* Kap 11,30; 13,12; 15,4 **3,19:** *a (19-20)* Kap 8,22-31

Augen weichen, bewahre Umsicht und
Klugheit! 22 Das wird Leben sein für dein
Herz und ein Schmuck für deinen Hals.
23 Dann wirst du sicher wandeln auf dei-
nem Wege, sodass dein Fuß sich nicht
stoßen wird. 24 Legst du dich, so wirst du
dich nicht fürchten, und liegst du, so
wirst du süß schlafen.[a] 25 Fürchte dich
nicht vor plötzlichem Schrecken noch
vor dem Verderben der Gottlosen, wenn
es über sie kommt; 26 denn [a]der HERR ist
deine Zuversicht; er behütet deinen Fuß,
dass er nicht gefangen werde.

Ermahnung zum Wohltun und zur Friedfertigkeit

27 Weigere dich nicht, dem Bedürftigen
Gutes zu tun, wenn deine Hand es ver-
mag. 28 Sprich nicht zu deinem Nächsten:
Geh hin und komm wieder; morgen will
ich dir geben –, wenn du es doch hast.
29 Trachte nicht nach Bösem gegen dei-
nen Nächsten, der arglos bei dir wohnt.
30 Geh nicht mutwillig mit jemand vor
Gericht, wenn er dir kein Leid getan hat.
31 Sei nicht neidisch auf den Gewalt-
tätigen und erwähle seiner Wege keinen,
32 denn wer auf Abwegen geht, ist dem
HERRN ein Gräuel, aber [a]den Frommen
ist er freund.
33 Im Hause des Gottlosen ist der
Fluch des HERRN, aber das Haus der
Gerechten wird gesegnet. 34 Er wird der
Spötter spotten, aber [a]den Demütigen
wird er Gnade geben. 35 Die Weisen wer-
den Ehre erben, aber die Toren werden
Schande davontragen.

Väterliche Mahnung

4 Hört, meine Söhne, die Mahnung eu-
res Vaters; merkt auf, dass ihr lernt
und klug werdet! 2 Denn ich gebe euch
eine gute Lehre; verlasst meine Weisung
nicht. 3 Denn als ich noch Kind in meines
Vaters Hause war, ein zartes, das einzige
unter der Obhut meiner Mutter, 4 da
lehrte er mich und sprach: Lass dein
Herz meine Worte aufnehmen; [a]halte
meine Gebote, so wirst du leben. 5 Erwirb
Weisheit, erwirb Einsicht; vergiss sie
nicht und weiche nicht von der Rede mei-
nes Mundes; 6 verlass sie nicht, so wird
sie dich bewahren; liebe sie, so wird sie
dich behüten. 7 Denn der Weisheit An-
fang ist: Erwirb Weisheit und erwirb Ein-
sicht mit allem, was du hast. 8 Achte sie
hoch, so wird sie dich erhöhen und wird
dich zu Ehren bringen, wenn du sie
herzest. 9 Sie wird dein Haupt schön
schmücken und wird dich zieren mit
einer prächtigen Krone.
10 Höre, mein Sohn, und nimm an
meine Rede, so [a]werden deine Jahre viel
werden. 11 Ich will dich den Weg der
Weisheit führen; ich will dich auf rechter
Bahn leiten, 12 dass, wenn du gehst, dein
Gang dir nicht sauer werde, und wenn du
läufst, du nicht strauchelst. 13 Bleibe in
der Unterweisung, lass nicht ab davon;
bewahre sie, denn sie ist dein Leben.
14 Komm nicht auf den Pfad der Gott-
losen und tritt nicht auf den Weg der
Bösen.[a] 15 Lass ihn liegen und geh nicht
darauf; weiche von ihm und geh vorüber.
16 Denn jene können nicht schlafen, wenn
sie nicht übel getan, und [a]sie ruhen
nicht, wenn sie nicht Schaden getan.
17 Sie nähren sich vom Brot des Frevels
und trinken vom Wein der Gewalttat. –
**18 Der Gerechten Pfad glänzt wie das
Licht am Morgen, das immer heller leuch-
tet bis zum vollen Tag.** 19 [a]Der Gottlosen
Weg aber ist wie das Dunkel; sie wissen
nicht, wodurch sie zu Fall kommen wer-
den.
20 Mein Sohn, merke auf meine Rede
und neige dein Ohr zu meinen Worten.
21 Lass sie dir nicht aus den Augen kom-
men; behalte sie in deinem Herzen,
22 denn sie sind das Leben denen, die sie
finden, und [a]heilsam ihrem ganzen
Leibe. 23 Behüte dein Herz mit allem
Fleiß, denn daraus quillt das Leben.
24 Tu von dir die Falschheit des Mundes
und sei kein Lästermaul. 25 Lass [a]deine
Augen stracks vor sich sehen und deinen
Blick geradeaus gerichtet sein. 26 Lass
deinen Fuß auf ebener Bahn gehen, und
[a]alle deine Wege seien gewiss. 27 [a]Weiche
weder zur Rechten noch zur Linken;
wende deinen Fuß vom Bösen.

3,24: *a* Ps 3,6 **3,26:** *a* Kap 10,29 **3,32:** *a* Ps 25,14 **3,34:** *a* 1. Petr 5,5 **4,4:** *a* 3. Mose 18,5 **4,10:** *a* Kap 3,2 **4,14:** *a* Ps 1,1 **4,16:** *a* Ps 36,5; Mi 2,1 **4,19:** *a* Kap 24,20 **4,22:** *a* Kap 3,8 **4,25:** *a* Kap 17,24 **4,26:** *a* Hebr 12,13 **4,27:** *a* Jos 1,7

Warnung vor der Verführerin

5 Mein Sohn, merke auf meine Weis-
heit; neige dein Ohr zu meiner Lehre,
2 dass du behaltest guten Rat und dein
Mund wisse Erkenntnis zu bewahren!
3 [a]Denn die Lippen der fremden Frau
sind süß wie Honigseim, und ihre Kehle
ist glatter als Öl, 4 hernach aber ist sie
bitter wie Wermut und scharf wie ein
zweischneidiges Schwert. 5 Ihre Füße lau-
fen zum Tode hinab; ihre Schritte führen
ins Totenreich, 6 dass du den Weg des
Lebens nicht wahrnimmst; haltlos sind
ihre Tritte und du merkst es nicht.

7 So gehorcht mir nun, meine Söhne,
und weicht nicht von der Rede meines
Mundes. 8 Lass deine Wege ferne von ihr
sein und nahe nicht zur Tür ihres Hauses,
9 dass du nicht andern gebest deine Kraft
und deine Jahre einem Unbarmherzigen;
10 dass sich nicht Fremde von deinem
Vermögen sättigen und, was du mühsam
erworben, nicht komme in eines andern
Haus, 11 und müssest hernach seufzen,
wenn dir Leib und Leben vergehen,
12 und sprechen: »Ach, wie konnte ich die
Zucht hassen, und wie konnte mein Herz
die Warnung verschmähen, 13 dass ich
nicht gehorchte der Stimme meiner Leh-
rer und mein Ohr nicht kehrte zu denen,
die mich lehrten! 14 Ich wäre fast ganz ins
Unglück gekommen vor allen Leuten
und allem Volk.«[a]

15 Trinke Wasser aus **deiner** Zisterne
und was quillt aus **deinem** Brunnen.
16 Sollen deine Quellen herausfließen auf
die Straße und deine Wasserbäche auf
die Gassen? 17 Habe du sie allein und
kein Fremder mit dir. 18 Dein Born sei
gesegnet, und [a]freue dich der Frau dei-
ner Jugend. 19 Sie ist lieblich wie eine
Gazelle und holdselig wie ein Reh. Lass
dich von ihrer Anmut allezeit sättigen
und ergötze dich allewege an ihrer Liebe.

20 Mein Sohn, warum willst du dich an
der Fremden ergötzen und herzest eine
andere? 21 **Denn eines jeden Wege liegen
offen vor dem HERRN, und er hat acht auf
aller Menschen Gänge.** 22 Den Gottlosen
werden seine Missetaten fangen, und er
wird mit den Stricken seiner Sünde ge-
bunden. 23 Er wird sterben, weil er Zucht
nicht wollte, und um seiner großen Tor-
heit willen wird er hingerafft werden.

Warnung vor Bürgschaften, vor Faulheit und Falschheit

6 [a]Mein Sohn, hast du gebürgt für dei-
nen Nächsten und hast du Hand-
schlag gegeben für einen andern, 2 und
bist du gebunden durch deine Worte und
gefangen in der Rede deines Mundes, 3 so
tu doch dies, mein Sohn, damit du wie-
der frei wirst, denn du bist in deines
Nächsten Hand: Geh hin, dränge und
bestürme deinen Nächsten! 4 Lass deine
Augen nicht schlafen noch deine Augen-
lider schlummern. 5 Errette dich wie ein
Reh aus der Schlinge und wie ein Vogel
aus der Hand des Fängers.

6 **Geh hin zur Ameise, du Fauler, sieh an
ihr Tun und lerne von ihr!**[a] 7 **Wenn sie
auch keinen Fürsten noch Hauptmann
noch Herrn hat, 8 so bereitet sie doch ihr
Brot im Sommer und sammelt ihre Speise
in der Ernte.** 9 Wie lange liegst du, Fauler!
Wann willst du aufstehen von deinem
Schlaf? 10 [a]Ja, schlafe noch ein wenig,
schlummre ein wenig, schlage die Hände
ineinander ein wenig, dass du schläfst,
11 so wird dich die Armut übereilen wie
ein Räuber und der Mangel wie ein ge-
wappneter Mann.

12 Ein heilloser Mensch, ein nichtswür-
diger Mann, wer einhergeht mit [a]trüge-
rischem Munde, 13 wer [a]winkt mit den
Augen, gibt Zeichen mit den Füßen,
zeigt mit den Fingern, 14 trachtet nach
Bösem und Verkehrtem in seinem Her-
zen und richtet allezeit Hader an.
15 Darum wird plötzlich sein Verderben
über ihn kommen, und er wird schnell
zerschmettert werden, und keine Hilfe ist
da.

16 Diese sechs Dinge hasst der HERR,
diese sieben sind ihm ein Gräuel: 17 stolze
Augen, falsche Zunge, Hände, die un-
schuldiges Blut vergießen, 18 ein Herz,
das arge Ränke schmiedet, Füße, die be-
hände sind, Schaden zu tun, 19 ein fal-
scher Zeuge, der frech Lügen redet, und
wer Hader zwischen Brüdern anrichtet.

5,3: *a (3-6)* Kap 2,16-19 **5,14:** *a* 5. Mose 22,28-29 **5,18:** *a* Pred 9,9 **6,1:** *a (1-2)* Kap 11,15; 20,16; 22,26 **6,6:** *a* Kap 10,4; 20,4 **6,10:** *a (10-11)* Kap 24,33-34 **6,12:** *a* Kap 10,31-32 **6,13:** *a* Kap 10,10

Warnung vor Ehebruch

20 Mein Sohn, bewahre das Gebot deines
Vaters und lass nicht fahren die Weisung
deiner Mutter.[a] 21 Binde sie dir aufs Herz
allezeit und hänge sie um deinen Hals,
22 dass sie dich geleiten, wenn du gehst;
dass sie dich bewachen, wenn du dich
legst; [a]dass sie zu dir sprechen, wenn du
aufwachst. 23 Denn das Gebot ist eine
Leuchte und die Weisung ein Licht, und
die Vermahnung ist der Weg des Lebens,
24 auf dass du bewahrt werdest vor der
Frau deines Nächsten, vor der glatten
Zunge der Fremden.[a] 25 Lass dich nach
ihrer Schönheit nicht gelüsten in deinem
Herzen, und lass dich nicht fangen durch
ihre Augenlider. 26 Denn eine Hure bringt
einen nur ums Brot, aber eines andern
Ehefrau um das kostbare Leben.

27 Kann auch jemand ein Feuer un-
term Gewand tragen, ohne dass seine
Kleider brennen? 28 Oder könnte jemand
auf Kohlen gehen, ohne dass seine Füße
verbrannt würden? 29 So geht es dem, der
zu seines Nächsten Frau geht; es bleibt
keiner ungestraft, der sie berührt.[a] 30 Es
ist für einen Dieb nicht so schmachvoll,
wenn er stiehlt, um seine Gier zu stillen,
weil ihn hungert; 31 wenn er ergriffen
wird, [a]ersetzt er's siebenfach und gibt
her alles Gut seines Hauses. 32 Aber wer
mit einer Verheirateten die Ehe bricht,
der ist von Sinnen; wer sein Leben ins
Verderben bringen will, der tut das.
33 Schläge und Schande treffen ihn, und
seine Schmach ist nicht zu tilgen. 34 Denn
Eifersucht erweckt den Grimm des Man-
nes, und er schont nicht am Tage der
Vergeltung 35 und achtet kein Sühnegeld
und nimmt nichts an, wenn du auch viel
schenken wolltest.

7 Mein Sohn, behalte meine Rede und
verwahre meine Gebote bei dir. 2 **Be-
halte meine Gebote, so wirst du leben, und
hüte meine Weisung wie deinen Augapfel.**
3 Binde sie an deine Finger, schreibe sie
auf die Tafel deines Herzens. 4 Sprich zur
Weisheit: Du bist meine Schwester, und
nenne die Klugheit deine Freundin,
5 dass sie dich behüte vor der Frau des
andern, vor der Fremden, die glatte
Worte gibt.

6 Denn am Fenster meines Hauses
guckte ich durchs Gitter 7 und sah einen
unter den Unverständigen und erblickte
unter den jungen Leuten einen törichten
Jüngling. 8 Der ging über die Gasse zu
ihrer Ecke und schritt daher auf dem
Wege zu ihrem Hause 9 in der Dämme-
rung, am Abend des Tages, als es Nacht
wurde und dunkel war. 10 Und siehe, da
begegnete ihm eine Frau im Hurenge-
wand, listig, 11 wild und unbändig, dass
ihre Füße nicht in ihrem Hause bleiben
können. 12 Jetzt ist sie draußen, jetzt auf
der Gasse und lauert an allen Ecken.
13 Und sie erwischt ihn und küsst ihn,
wird dreist und spricht: 14 »Ich hatte
[a]Dankopfer zu bringen, heute habe ich
meine Gelübde erfüllt. 15 Darum bin ich
ausgegangen, dir entgegen, um nach dir
zu suchen, und habe dich gefunden.
16 Ich habe mein Bett schön geschmückt
mit bunten Decken aus Ägypten. 17 Ich
habe mein Lager mit Myrrhe besprengt,
mit Aloe und Zimt. 18 Komm, lass uns
kosen bis an den Morgen und lass uns
die Liebe genießen. 19 Denn der Mann ist
nicht daheim, er ist auf eine weite Reise
gegangen. 20 Er hat den Geldbeutel mit
sich genommen; er wird erst zum Voll-
mond wieder heimkommen.« 21 Sie über-
redet ihn mit vielen Worten und gewinnt
ihn mit ihrem glatten Munde. 22 Er folgt
ihr alsbald nach, wie ein Stier zur
Schlachtbank geführt wird, und wie ein
Hirsch, der ins Netz rennt, 23 bis ihm der
Pfeil die Leber spaltet; wie ein Vogel zur
Schlinge eilt und weiß nicht, dass es das
Leben gilt.

24 So hört nun auf mich, meine Söhne,
und merkt auf die Rede meines Mundes.
25 Lass dein Herz nicht abweichen auf
ihren Weg und irre nicht ab auf ihre
Bahn. 26 Denn zahlreich sind die Erschla-
genen, die sie gefällt hat, und viele sind,
die sie getötet hat. 27 Ihr Haus ist der
Weg ins Totenreich, da man hinunter-
fährt in des Todes Kammern.

6,20: *a* Kap 1,8 **6,22:** *a* Ps 119,172 **6,24:** *a* Kap 2,16 **6,29:** *a* Kap 5,8-14 **6,31:** *a* 2. Mose 21,37 **7,14:** *a* 3. Mose 7,15-17

Einladung und Verheißung der Weisheit

8 [a]Ruft nicht die Weisheit, und lässt
nicht die Klugheit sich hören? 2Öf-
fentlich am Wege steht sie und an der
Kreuzung der Straßen; 3an den Toren
am Ausgang der Stadt und am Eingang
der Pforte ruft sie: 4O ihr Männer, euch
rufe ich und erhebe meine Stimme zu den
Menschenkindern! 5Merkt, ihr Unver-
ständigen, auf Klugheit, und ihr Toren,
nehmt Verstand an! 6Hört, denn ich
rede, was edel ist, und meine Lippen
sprechen, was recht ist. 7Denn mein
Mund redet die Weisheit, und meine Lip-
pen hassen, was gottlos ist. 8Alle Reden
meines Mundes sind gerecht, es ist nichts
Verkehrtes noch Falsches darin. 9Sie sind
alle recht für die Verständigen und rich-
tig denen, die Erkenntnis gefunden ha-
ben. 10Nehmt meine Zucht an lieber als
Silber und achtet Erkenntnis höher als
kostbares Gold.[a] 11Denn Weisheit ist
besser als Perlen, und alles, was man
wünschen mag, kann ihr nicht gleichen.
12Ich, die Weisheit, wohne bei der
Klugheit und weiß guten Rat zu geben.
13Die Furcht des HERRN hasst das Arge;
Hoffart und Hochmut, bösem Wandel
und falschen Lippen bin ich feind.
14Mein ist beides, Rat und Tat, ich habe
Verstand und Macht. 15Durch mich re-
gieren die Könige und setzen die Rats-
herren das Recht.[a] 16Durch mich herr-
schen die Fürsten und die Edlen richten
auf Erden. 17**Ich liebe, die mich lieben,
und die mich suchen, finden mich.**
18Reichtum und Ehre ist bei mir, bleiben-
des Gut und Gerechtigkeit. 19Meine
Frucht ist besser als Gold und feines
Gold, und mein Ertrag besser als erlese-
nes Silber. 20Ich wandle auf dem Wege
der Gerechtigkeit, mitten auf der Straße
des Rechts, 21dass ich versorge mit Be-
sitz, die mich lieben, und ihre Schatz-
kammern fülle.

Die Weisheit als Gottes Liebling

22[a]Der HERR hat mich schon gehabt im
Anfang seiner Wege, ehe er etwas schuf,
von Anbeginn her. 23Ich bin eingesetzt
von Ewigkeit her, im Anfang, ehe die
Erde war. 24Als die Meere noch nicht
waren, ward ich geboren, als die Quellen
noch nicht waren, die von Wasser flie-
ßen. 25Ehe denn die Berge eingesenkt
waren, vor den Hügeln ward ich geboren,
26als er die Erde noch nicht gemacht
hatte noch die Fluren darauf noch die
Schollen des Erdbodens. 27Als er die
Himmel bereitete, war ich da, als er den
Kreis zog über den Fluten der Tiefe,
28als er die Wolken droben mächtig
machte, als er stark machte die Quellen
der Tiefe, 29als er [a]dem Meer seine
Grenze setzte und den Wassern, dass sie
nicht überschreiten seinen Befehl; als er
die Grundfesten der Erde legte, 30da war
ich als sein Liebling* bei ihm; ich war
seine Lust täglich und spielte vor ihm
allezeit; 31ich spielte auf seinem Erdkreis
und hatte meine Lust an den Menschen-
kindern.
32So hört nun auf mich, meine Söhne!
Wohl denen, die meine Wege einhalten!
33Hört die Mahnung und werdet weise
und schlagt sie nicht in den Wind!
34Wohl dem Menschen, der mir ge-
horcht, dass er wache an meiner Tür täg-
lich, dass er hüte die Pfosten meiner
Tore! 35Wer mich findet, der findet das
Leben und erlangt Wohlgefallen vom
HERRN. 36Wer aber mich verfehlt, zer-
stört sein Leben; alle, die mich hassen,
lieben den Tod.

Weisheit und Torheit laden zum Mahle

9 Die Weisheit hat ihr Haus gebaut
und ihre sieben Säulen behauen. 2Sie
hat ihr Vieh geschlachtet, ihren Wein ge-
mischt und ihren Tisch bereitet 3und
sandte ihre Mägde aus, zu rufen oben auf
den Höhen der Stadt: 4»Wer noch unver-
ständig ist, der kehre hier ein!«, und zum
Toren spricht sie: 5»Kommt, esst von
meinem Brot und trinkt von dem Wein,
den ich gemischt habe! 6Verlasst die Tor-
heit, so werdet ihr leben, und geht auf
dem Wege der Klugheit.«
7Wer den Spötter belehrt, der trägt
Schande davon, und wer den Gottlosen
zurechtweist, holt sich Schmach. 8Rüge
nicht den Spötter, dass er dich nicht
hasse; rüge den Weisen, der wird dich

* Luther übersetzte im Anschluss an die griechische und lateinische Bibel »der Werkmeister«.

8,1: *a (1-3)* Kap 1,20-23 **8,10:** *a* Kap 3,14 **8,15:** *a* Kap 16,12 **8,22:** *a (22-31)* Hiob 28,23-28 **8,29:** *a* Ps 104,9

lieben. 9 Gib dem Weisen, so wird er noch
weiser werden; lehre den Gerechten, so
wird er in der Lehre zunehmen.[a]

10 [a]**Der Weisheit Anfang ist die Furcht
des HERRN, und den Heiligen erkennen,
das ist Verstand.** 11 Denn durch mich wer-
den deine Tage viel werden und die Jahre
deines Lebens sich mehren. 12 Bist du
weise, so bist du's dir zugut; bist du ein
Spötter, so musst du's allein tragen.

13 Frau Torheit ist ein unbändiges
Weib, verführerisch, und weiß nichts von
Scham. 14 Sie sitzt vor der Tür ihres Hau-
ses auf einem Thron auf den Höhen der
Stadt, 15 einzuladen alle, die vorüberge-
hen und richtig auf ihrem Wege wandeln:
16 »Wer noch unverständig ist, der kehre
hier ein!«, und zum Toren spricht sie:
17 »Gestohlenes Wasser ist süß, und
heimliches Brot schmeckt fein.«[a] 18 Er
weiß aber nicht, dass dort nur die Schat-
ten wohnen, dass ihre Gäste in der Tiefe
des Todes hausen.

Salomos Lehren von Weisheit und Frömmigkeit

10 Dies sind die Sprüche Salomos.
[a]Ein weiser Sohn ist seines Va-
ters Freude; aber ein törichter Sohn ist
seiner Mutter Grämen.

2 Unrecht Gut hilft nicht; aber Gerech-
tigkeit errettet vom Tode.

3 Der HERR lässt [a]den Gerechten nicht
Hunger leiden; aber die Gier der Gott-
losen stößt er zurück.

4 Lässige Hand macht arm; aber [a]der
Fleißigen Hand macht reich.

5 Wer im Sommer sammelt, ist ein klu-
ger Sohn; wer aber in der Ernte schläft,
macht seinen Eltern Schande.

6 Segen ruht auf dem Haupt des Ge-
rechten; aber auf die Gottlosen wird ihr
Frevel fallen.

7 Das Andenken des Gerechten bleibt
im Segen; aber [a]der Name der Gottlosen
wird verwesen.

8 Wer weisen Herzens ist, nimmt Ge-
bote an; wer aber ein Narrenmaul hat,
kommt zu Fall.

9 Wer in Unschuld lebt, der lebt sicher;
wer aber verkehrte Wege geht, wird er-
tappt werden.

10 Wer mit den Augen winkt, schafft
Verdruss, und wer ein Narrenmaul hat,
kommt zu Fall.[a]

11 Des Gerechten Mund ist ein Brun-
nen des Lebens; aber auf die Gottlosen
wird ihr Frevel fallen.

12 **Hass erregt Hader; aber [a]Liebe deckt
alle Übertretungen zu.**

13 Auf den Lippen des Verständigen
findet man Weisheit; aber auf den Rü-
cken des Unverständigen gehört eine
Rute.

14 Die Weisen halten mit ihrem Wissen
zurück; aber der Toren Mund führt
schnell zum Verderben.

15 [a]Die Habe des Reichen ist seine fes-
te Stadt; aber das Verderben der Gerin-
gen ist ihre Armut.

16 Dem Gerechten gereicht sein Erwerb
zum Leben, aber dem Gottlosen sein
Einkommen zur Sünde.

17 Zucht bewahren ist der Weg zum
Leben; wer aber Zurechtweisung nicht
achtet, geht in die Irre.

18 Falsche Lippen bergen Hass und wer
verleumdet, ist ein Tor.

19 **Wo viel Worte sind, da geht's ohne
Sünde nicht ab; wer aber seine Lippen im
Zaum hält, ist klug.**

20 Des Gerechten Zunge ist kostbares
Silber; aber der Gottlosen Verstand ist
wie nichts.

21 Des Gerechten Lippen erquicken
viele; aber die Toren werden an ihrer Tor-
heit sterben.

22 Der Segen des HERRN allein macht
reich, und nichts tut eigene Mühe hin-
zu.[a]

23 Ein Tor hat Lust an Schandtat, aber
der einsichtige Mann an Weisheit.

24 **Was [a]der Gottlose fürchtet, das wird
ihm begegnen; und was [b]die Gerechten
begehren, wird ihnen gegeben.**

25 Wenn das Wetter daherfährt, ist der
Gottlose nicht mehr; der Gerechte aber
besteht ewiglich.[a]

26 Wie Essig den Zähnen und Rauch
den Augen tut, so tut der Faule denen,
die ihn senden.

27 Die Furcht des HERRN mehrt die
Tage; aber die Jahre der Gottlosen wer-
den verkürzt.

9,9: *a* Mt 13,12 **9,10:** *a* Kap 1,7 **9,17:** *a* Kap 20,17 **10,1:** *a* Kap 15,20 **10,3:** *a* Ps 37,19.25 **10,4:** *a* Kap 6,6 **10,7:** *a* Hiob 18,17; Ps 9,6 **10,10:** *a* Kap 6,12-13 **10,12:** *a* 1. Petr 4,8 **10,15:** *a* Kap 18,11 **10,22:** *a* Ps 127,2 **10,24:** *a* Kap 1,27; *b* Ps 37,4 **10,25:** *a* Kap 12,7

**28 Das [a]Warten der Gerechten wird
Freude werden; aber [b]der Gottlosen Hoff-
nung wird verloren sein.**
29 Das [a]Walten des HERRN ist des
Frommen Zuflucht; aber für den Übel-
täter ist es Verderben.
30 Der Gerechte wird nimmermehr
wanken; aber [a]die Gottlosen werden
nicht im Lande bleiben.
31 [a]Aus dem Munde des Gerechten
sprießt Weisheit; aber die falsche Zunge
wird ausgerottet.
32 Die Lippen der Gerechten lehren
heilsame Dinge; aber der Gottlosen
Mund ist Falschheit.

11 Falsche Waage ist dem HERRN ein
Gräuel; aber [a]ein volles Gewicht ist
sein Wohlgefallen.
2 Wo [a]Hochmut ist, da ist auch
Schande; aber Weisheit ist bei den De-
mütigen.
3 Ihre Unschuld wird die Frommen lei-
ten; aber ihre Falschheit wird die Ver-
ächter verderben.
4 [a]Reichtum hilft nicht am Tage des
Zorns; aber [b]Gerechtigkeit errettet vom
Tode.
5 Die Gerechtigkeit des Frommen
macht seinen Weg eben; aber der Gott-
lose wird fallen durch seine Gottlosig-
keit.
6 Die Gerechtigkeit der Frommen wird
sie erretten; aber die Verächter werden
gefangen durch ihre Gier.
7 Wenn [a]der gottlose Mensch stirbt, ist
seine Hoffnung verloren, und das Harren
der Ungerechten wird zunichte.
8 Der Gerechte wird aus der Not er-
löst, und der Gottlose kommt an seine
statt.
9 Durch den Mund des Gottesveräch-
ters wird sein Nächster verderbt; aber die
Gerechten werden durch Erkenntnis er-
rettet.
10 Eine Stadt freut sich, wenn's den Ge-
rechten wohlgeht, und wenn die Gott-
losen umkommen, wird man froh.
11 Durch den Segen der Frommen
kommt eine Stadt hoch; aber durch den
Mund der Gottlosen wird sie niederge-
rissen.[a]
12 Wer [a]seinen Nächsten schmäht, ist
ein Tor; aber ein verständiger Mann
schweigt stille.
**13 Ein Verleumder verrät, was er heim-
lich weiß; aber wer getreuen Herzens ist,
verbirgt es.**
14 Wo nicht weiser Rat ist, da geht das
Volk unter; wo aber viele Ratgeber sind,
findet sich Hilfe.
15 Wer für einen andern [a]bürgt, der
wird Schaden haben; wer aber sich hütet,
Bürge zu sein, geht sicher.
16 Eine holdselige Frau erlangt Ehre;
aber eine Schande ist eine Frau, die Red-
lichkeit hasst.
Den Faulen wird es mangeln an Hab
und Gut, die Fleißigen aber erlangen
Reichtum.*
17 Ein barmherziger Mann nützt auch
sich selber; aber ein herzloser schneidet
sich ins eigene Fleisch.
18 Der Gottlosen Arbeit bringt trüge-
rischen Gewinn; aber wer Gerechtigkeit
sät, hat sicheren Lohn.
19 Gerechtigkeit [a]führt zum Leben;
aber dem Bösen nachjagen führt zum
Tode.
20 Falsche Herzen sind dem HERRN ein
Gräuel; aber Wohlgefallen hat er an den
Frommen.
21 Die Hand darauf: Der Böse bleibt
nicht ungestraft; aber der Gerechten Ge-
schlecht wird errettet werden.
22 Eine schöne Frau ohne Zucht ist wie
eine Sau mit einem goldenen Ring durch
die Nase.[a]
23 Der Gerechten Wunsch führt zu lau-
ter Gutem; aber der Gottlosen Hoffen
führt zum Tage des Zorns.
**24 [a]Einer teilt reichlich aus und hat im-
mer mehr; ein andrer kargt, wo er nicht
soll, und wird doch ärmer.**
**25 Wer reichlich gibt, wird gelabt, und
wer reichlich tränkt, der wird auch ge-
tränkt werden.**
26 Wer Korn zurückhält, dem fluchen
die Leute; aber Segen kommt über den,
der es verkauft.

* Vervollständigt aus der griechischen Übersetzung.

10,28: *a* Ps 9,19; *b* Hiob 8,13 **10,29:** *a* Kap 3,26 **10,30:** *a* Kap 2,22 **10,31:** *a* Ps 37,30 **11,1:** *a* 3. Mose 19,35-36 **11,2:** *a* Kap 16,18 **11,4:** *a* Lk 12,20; *b* Kap 10,2 **11,7:** *a* Kap 10,28 **11,11:** *a* Kap 28,12 **11,12:** *a* Ps 15,3 **11,15:** *a* Kap 6,1-2 **11,19:** *a* Kap 19,23 **11,22:** *a* Kap 31,30 **11,24:** *a (24-25)* Mt 25,29; 2. Kor 9,6

27 Wer nach Gutem strebt, trachtet nach Gottes Wohlgefallen; wer aber das Böse sucht, dem wird es begegnen.

28 Wer sich auf seinen Reichtum verlässt, der wird untergehen; aber die Gerechten werden grünen wie das Laub.[a]

29 Wer sein eigenes Haus in Verruf bringt, wird Wind erben, und ein Tor muss des Weisen Knecht werden.

30 Die Frucht der Gerechtigkeit ist [a]ein Baum des Lebens; aber Gewalttat nimmt das Leben weg.

31 Siehe, dem Gerechten wird vergolten auf Erden, wie viel mehr dem Gottlosen und Sünder![a]

12 Wer [a]Zucht liebt, der wird klug; aber wer [b]Zurechtweisung hasst, der bleibt dumm.

2 Wer fromm ist, der erlangt Wohlgefallen vom HERRN; aber den Heimtückischen verdammt er.

3 Durch Gottlosigkeit kann der Mensch nicht bestehen; aber die Wurzel der Gerechten wird bleiben.

4 Eine [a]tüchtige Frau ist ihres Mannes Krone; aber eine schandbare ist wie Eiter in seinem Gebein.

5 Die Gedanken der Gerechten sind redlich; aber was die Gottlosen planen, ist lauter Trug.

6 Der Gottlosen Reden richten Blutvergießen an; aber die Frommen errettet ihr Mund.

7 Die Gottlosen werden gestürzt und nicht mehr sein; aber das Haus der Gerechten bleibt stehen.[a]

8 Ein Mann wird gelobt nach seiner Klugheit; aber wer verschrobenen Sinnes ist, wird verachtet.

9 Wer gering ist und geht seiner Arbeit nach, ist besser als einer, der groß sein will und an Brot Mangel hat.

10 Der Gerechte [a]erbarmt sich seines Viehs; aber das Herz der Gottlosen ist unbarmherzig.

11 Wer seinen Acker bebaut, wird Brot die Fülle haben; wer aber nichtigen Dingen nachgeht, ist ein Tor.[a]

12 Des Gottlosen Lust ist, Schaden zu tun; aber die Wurzel der Gerechten wird Frucht bringen.

13 Der Böse wird gefangen in seinen eigenen falschen Worten; aber der Gerechte entgeht der Not.

14 [a]Viel Gutes bekommt ein Mann durch die Frucht seines Mundes; und dem Menschen wird vergolten nach den Taten seiner Hände.

15 Den Toren dünkt sein Weg recht; aber wer auf Rat hört, der ist weise.

16 Ein Tor zeigt seinen Zorn alsbald; aber wer Schmähung überhört, der ist klug.

17 Wer wahrhaftig ist, der sagt offen, was recht ist; aber ein falscher Zeuge betrügt.

18 Wer unvorsichtig herausfährt mit Worten, sticht wie ein Schwert; aber die Zunge der Weisen bringt Heilung.[a]

19 Wahrhaftiger Mund besteht immerdar; aber die falsche Zunge besteht nicht lange.

20 Die Böses planen, haben Trug im Herzen; aber die zum Frieden raten, haben Freude.

21 Es wird dem Gerechten kein Leid geschehen; aber die Gottlosen werden voll Unglücks sein.

22 Lügenmäuler sind dem HERRN ein Gräuel; die aber treulich handeln, gefallen ihm.

23 Ein verständiger Mann trägt seine Klugheit nicht zur Schau; aber das Herz des Toren schreit seine Torheit hinaus.

24 Die fleißige Hand wird herrschen; die aber lässig ist, muss Frondienst leisten.

25 Sorge im Herzen bedrückt den Menschen; aber [a]ein freundliches Wort erfreut ihn.

26 Der Gerechte findet seine Weide; aber die Gottlosen führt ihr Weg in die Irre.

27 Einem Lässigen gerät sein Handel nicht; aber ein fleißiger Mensch wird reich.

28 Auf dem Wege der Gerechtigkeit ist Leben; aber böser Weg führt zum Tode.

13 Ein weiser Sohn [a]liebt Zucht; aber ein Spötter hört selbst auf Drohen nicht.

2 Die Frucht seiner Worte genießt der

11,28: *a* Ps 52,9-10 **11,30:** *a* Kap 3,18 **11,31:** *a* 1.Petr 4,17-18 **12,1:** *a* Kap 13,1; *b* Kap 13,18 **12,4:** *a* Kap 31,10-31 **12,7:** *a* Kap 10,25 **12,10:** *a* 2.Mose 23,5 **12,11:** *a* Kap 28,19 **12,14:** *a* Kap 18,20 **12,18:** *a* Kap 13,3 **12,25:** *a* Kap 16,24 **13,1:** *a* Kap 1,8; 12,1

Fromme; aber die Verächter sind gierig
nach Frevel.
3 Wer seine Zunge hütet, bewahrt sein
Leben; wer aber mit seinem Maul her-
ausfährt, über den kommt Verderben.[a]
4 Der Faule begehrt und kriegt's doch
nicht; aber die Fleißigen kriegen genug.
5 Der Gerechte ist der Lüge feind; aber
der Gottlose handelt schimpflich und
schändlich.
6 Die Gerechtigkeit behütet den Un-
schuldigen; aber die Gottlosigkeit bringt
den Sünder zu Fall.
7 Mancher stellt sich reich und hat
nichts, und mancher stellt sich arm und
hat großes Gut.[a]*
8 Mit Reichtum muss mancher sein Le-
ben erkaufen; aber ein Armer bekommt
keine Drohung zu hören.
9 **Das Licht der Gerechten brennt fröh-
lich; aber [a]die Leuchte der Gottlosen wird
verlöschen.**
10 Unter den Übermütigen ist immer
Streit; aber [a]Weisheit ist bei denen, die
sich raten lassen.
11 Hastig errafftes Gut zerrinnt; wer
aber ruhig sammelt, bekommt immer
mehr.
12 Hoffnung, die sich verzögert, ängstet
das Herz; wenn aber kommt, was man
begehrt, das ist ein Baum des Lebens.
13 **Wer das Wort verachtet, muss dafür
büßen; wer aber das Gebot fürchtet, dem
wird es gelohnt.**
14 Die Lehre des Weisen ist eine Quelle
des Lebens, zu meiden die Stricke des
Todes.
15 Rechte Einsicht schafft Gunst; aber
der Verächter Weg bringt Verderben.
16 Ein Kluger tut alles mit Vernunft;
ein Tor aber stellt Narrheit zur Schau.
17 Ein gottloser Bote bringt ins Un-
glück; aber ein getreuer Bote bringt
Hilfe.
18 Wer Zucht missachtet, hat Armut
und Schande; wer sich gern zurechtwei-
sen lässt, wird zu Ehren kommen.
19 Wenn kommt, was man begehrt, tut
es dem Herzen wohl; aber das Böse mei-
den ist den Toren ein Gräuel.
20 Wer mit den Weisen umgeht, der
wird weise; wer aber der Toren Geselle
ist, der wird Unglück haben.
21 Unheil verfolgt die Sünder; aber den
Gerechten wird mit Gutem vergolten.
22 Der Gute wird vererben auf Kindes-
kind; aber [a]des Sünders Habe wird ge-
spart für den Gerechten.
23 **Es ist viel Speise in den Furchen der
Armen; aber wo kein Recht ist, da ist
Verderben.**
24 Wer [a]seine Rute schont, der hasst
seinen Sohn; wer ihn aber lieb hat, der
züchtigt ihn beizeiten.
25 Der Gerechte kann essen, bis er satt
ist; der Gottlosen Bauch aber leidet
Mangel.

14 Die Weisheit der Frauen baut ihr
Haus; aber ihre Torheit reißt's nie-
der mit eigenen Händen.
2 Wer den HERRN fürchtet, der wandelt
auf rechter Bahn; wer ihn aber verachtet,
der geht auf Abwegen.
3 In des Toren Mund ist die Rute für
seinen Hochmut; aber die Weisen be-
wahrt ihr Mund.
4 Wo keine Rinder sind, da ist die
Krippe leer; aber die Kraft des Ochsen
bringt reichen Ertrag.
5 Ein treuer Zeuge lügt nicht; aber ein
falscher Zeuge redet frech Lügen.[a]
6 Der Spötter sucht Weisheit und findet
sie nicht; aber dem Verständigen ist die
Erkenntnis leicht.
7 Geh weg von dem Toren, denn du
lernst nichts von ihm.
8 Das ist des Klugen Weisheit, dass er
Acht gibt auf seinen Weg; aber der Toren
Torheit ist lauter Trug.
9 Auf dem Zelt der Spötter ruht
Schuld; aber auf dem Hause des From-
men ruht Wohlgefallen.
10 Das Herz allein kennt sein Leid, und
[a]auch in seine Freude kann sich kein
Fremder mengen.
11 Das Haus der Gottlosen wird ver-
tilgt; aber [a]die Hütte der Frommen wird
grünen.
12 Manchem scheint ein Weg recht;
aber zuletzt bringt er ihn zum Tode.
13 Auch beim Lachen kann das Herz

* Luther übersetzte: »Mancher ist arm bei großem Gut, und mancher ist reich bei seiner Armut.«

13,3: *a* Kap 12,18; 21,23 **13,7:** *a* Offb 2,9; 3,17 **13,9:** *a* Hiob 18,5-6 **13,10:** *a* Kap 1,5 **13,22:** *a* Kap 28,8; Hiob 27,13-17; Pred 2,26 **13,24:** *a* Kap 22,15 **14,5:** *a* 2.Mose 20,16; 23,1 **14,10:** *a* Röm 12,15 **14,11:** *a* Kap 12,7

trauern, und nach der Freude kommt
Leid.
14 Einem gottlosen Menschen wird's
gehen, wie er wandelt, und auch einem
guten nach seinen Taten.
15 Ein Unverständiger glaubt noch al-
les; aber ein Kluger gibt acht auf seinen
Gang.
16 Ein Weiser scheut sich und meidet
das Böse; ein Tor aber fährt trotzig hin-
durch.
17 Ein Jähzorniger handelt töricht; aber
ein Ränkeschmied wird gehasst.
18 Die Unverständigen erben Torheit;
aber Erkenntnis ist der Klugen Krone.
19 Die Bösen müssen sich bücken vor
den Guten und die Gottlosen an den
Toren der Gerechten.
20 Der [a]Arme ist verhasst auch seinem
Nächsten; aber die Reichen haben viele
Freunde.
21 Wer seinen Nächsten verachtet, ver-
sündigt sich; aber [a]wohl dem, der sich
der Elenden erbarmt!
22 Die nach Bösem trachten, werden
in die Irre gehen; die aber auf Gutes
bedacht sind, werden Güte und Treue
erfahren.
23 Wo man arbeitet, da ist Gewinn; wo
man aber nur mit Worten umgeht, da ist
Mangel.
24 Den Weisen ist ihr Reichtum eine
Krone; aber die Narrheit der Toren
bleibt Narrheit.
25 Ein wahrhaftiger Zeuge rettet man-
chem das Leben; aber wer Lügen aus-
spricht, übt Verrat.
26 Wer den HERRN fürchtet, hat [a]eine
sichere Festung, und auch seine Kinder
werden beschirmt.
27 Die Furcht des HERRN ist eine
Quelle des Lebens, dass man meide die
Stricke des Todes.
28 Wenn ein König viel Volk hat, das ist
seine Herrlichkeit; wenn aber wenig Volk
da ist, das bringt einen Fürsten ins Ver-
derben.
29 [a]Wer geduldig ist, der ist weise; wer
aber ungeduldig ist, offenbart seine Tor-
heit.
30 Ein gelassenes Herz ist des Leibes
Leben; aber Eifersucht ist Eiter in den
Gebeinen.
31 **Wer dem Geringen Gewalt tut, lästert
dessen Schöpfer; aber wer sich des Armen
erbarmt, der ehrt Gott.**[a]
32 Der Gottlose besteht nicht in seinem
Unglück; aber der Gerechte ist auch in
seinem Tode getrost.
33 Im Herzen des Verständigen ruht
Weisheit, und inmitten der Toren wird sie
offenbar.
34 **Gerechtigkeit erhöht ein Volk; aber
die Sünde ist der Leute Verderben.**
35 Ein [a]kluger Knecht gefällt dem Kö-
nig, aber einen schändlichen trifft sein
Zorn.

15 Eine [a]linde Antwort stillt den
Zorn; aber [b]ein hartes Wort erregt
Grimm.
2 Der Weisen Zunge bringt gute Er-
kenntnis; aber der Toren Mund speit nur
Torheit.
3 [a]Die Augen des HERRN sind an allen
Orten, sie schauen auf Böse und Gute.
4 Eine linde Zunge ist ein Baum des
Lebens; aber eine lügenhafte bringt Her-
zeleid.
5 Der Tor verschmäht die Zucht seines
Vaters; wer aber Zurechtweisung an-
nimmt, ist klug.
6 In des Gerechten Haus ist großes Gut;
aber in des Gottlosen Gewinn steckt
Verderben.
7 Der Weisen Mund breitet Einsicht
aus; aber der Toren Herz ist nicht recht.
8 Der Gottlosen [a]Opfer ist dem
HERRN ein Gräuel; aber das [b]Gebet der
Frommen ist ihm wohlgefällig.
9 Des Gottlosen Weg ist dem HERRN
ein Gräuel; wer aber der Gerechtigkeit
nachjagt, den liebt er.
10 Den Weg verlassen bringt böse
Züchtigung, und wer Zurechtweisung
hasst, der muss sterben.
11 [a]Unterwelt und Abgrund liegen of-
fen vor dem HERRN, wie viel mehr [b]die
Herzen der Menschen!
12 Der Spötter liebt den nicht, der ihn
zurechtweist, und geht nicht hin zu den
Weisen.

14,20: *a* Kap 19,4.7 **14,21:** *a* Ps 41,2 **14,26:** *a* Kap 18,10 **14,29:** *a* Kap 16,32; 19,11 **14,31:** *a* Kap 17,5; Hiob 31,13-15; Mt 25,40 **14,35:** *a* 1. Mose 41,37-40 **15,1:** *a* Kap 25,15; *b* 1. Kön 12,13-16 **15,3:** *a* 2. Chr 16,9 **15,8:** *a* Kap 21,27; Jes 1,11.15; *b* Kap 28,9; Lk 18,9-14 **15,11:** *a* Hiob 26,6; Ps 139,8; Offb 9,1.11; *b* Jer 17,10

13 Ein fröhliches Herz macht ein fröhliches Angesicht; aber wenn das Herz bekümmert ist, entfällt auch der Mut.

14 Des Klugen Herz sucht Erkenntnis; aber der Toren Mund geht mit Torheit um.

15 Ein Betrübter hat nie einen guten Tag; aber ein guter Mut ist ein tägliches Fest.[a]

16 Besser [a]wenig mit der Furcht des Herrn als ein großer Schatz, bei dem Unruhe ist.

17 Besser ein Gericht Kraut mit Liebe als ein gemästeter Ochse mit Hass.[a]

18 Ein zorniger Mann richtet Zank an; ein Geduldiger aber stillt den Streit.

19 [a]Der Weg des Faulen ist wie eine Dornenhecke; aber der Weg der Rechtschaffenen ist wohlgebahnt.

20 Ein weiser Sohn erfreut den Vater; aber ein törichter Mensch verachtet seine Mutter.[a]

21 Dem Toren ist die Torheit eine Freude; aber ein verständiger Mann bleibt auf dem rechten Wege.

22 Die Pläne werden zunichte, wo man nicht miteinander berät; [a]wo aber viele Ratgeber sind, gelingen sie.

23 Es ist einem Mann eine Freude, wenn er richtig antwortet, und wie wohl tut ein Wort zur rechten Zeit!

24 Der Weg des Lebens führt den Klugen aufwärts, dass er meide die Tiefen des Todes.

25 Der Herr wird das Haus der Hoffärtigen einreißen; aber den Grenzstein der Witwe wird er schützen.

26 Die Anschläge des Argen sind dem Herrn ein Gräuel; aber rein sind vor ihm freundliche Reden.

27 Wer [a]unrechtem Gewinn nachgeht, zerstört sein Haus; wer aber Bestechung hasst, der wird leben.

28 Das Herz des Gerechten bedenkt, was zu antworten ist; aber der Mund der Gottlosen schäumt Böses.

29 Der Herr ist ferne von den Gottlosen; aber [a]der Gerechten Gebet erhört er.

30 Ein freundliches Antlitz erfreut das Herz; eine gute Botschaft labt das Gebein.

31 Das Ohr, das da hört auf heilsame Weisung, wird unter den Weisen wohnen.

32 Wer Zucht verwirft, der macht sich selbst zunichte; wer sich aber etwas sagen lässt, der wird klug.

33 Die Furcht des Herrn ist Zucht, die zur Weisheit führt, und [a]ehe man zu Ehren kommt, muss man Demut lernen.

16 Der Mensch setzt sich's wohl vor im Herzen; aber vom Herrn kommt, was die Zunge reden wird.

2 Einen jeglichen dünken seine Wege rein; aber der Herr prüft die Geister.

3 Befiehl dem Herrn deine Werke, so wird dein Vorhaben gelingen.[a]

4 Der Herr macht alles zu seinem Zweck, [a]auch den Gottlosen für den bösen Tag.

5 Ein stolzes Herz ist dem Herrn ein Gräuel und wird gewiss nicht ungestraft bleiben.

6 Durch Güte und Treue wird Missetat gesühnt, und durch die Furcht des Herrn meidet man das Böse.

7 Wenn eines Menschen Wege dem Herrn wohlgefallen, so [a]lässt er auch seine Feinde mit ihm Frieden machen.

8 Besser [a]wenig mit Gerechtigkeit als viel Einkommen mit Unrecht.

9 **Des Menschen Herz erdenkt sich seinen Weg; aber der Herr allein lenkt seinen Schritt.**[a]

10 Gottes Spruch ist in dem Munde des Königs; sein Mund spricht nicht fehl im Gericht.

11 Waage und rechte Waagschalen sind vom Herrn; und alle Gewichte im Beutel sind sein Werk.[a]

12 Den Königen ist Unrecht tun ein Gräuel; denn [a]durch Gerechtigkeit wird der Thron befestigt.

13 Rechte Worte gefallen den Königen; und wer aufrichtig redet, wird geliebt.

14 [a]Des Königs Grimm ist ein Bote des Todes; aber ein weiser Mann wird ihn versöhnen.

15,15: *a* Kap 17,22 **15,16:** *a* Kap 16,8; Ps 37,16 **15,17:** *a* Kap 17,1 **15,19:** *a* Kap 24,30-31 **15,20:** *a* Kap 10,1 **15,22:** *a* Kap 11,14 **15,27:** *a* Ps 15,5 **15,29:** *a* Vers 8; Joh 9,31 **15,33:** *a* Kap 18,12; 22,4 **16,3:** *a* Ps 37,5 **16,4:** *a* Röm 9,22 **16,7:** *a* 1. Mose 31,24; 33,4 **16,8:** *a* Kap 15,16 **16,9:** *a* Kap 19,21; Jer 10,23 **16,11:** *a* Kap 11,1 **16,12:** *a* Kap 20,28; 25,5; 29,14 **16,14:** *a (14-15)* Kap 19,12; 20,2

15 Wenn des Königs Angesicht freund-
lich ist, das ist Leben, und seine Gnade
ist wie ein Spätregen.
16 Weisheit erwerben ist besser als
Gold und Einsicht erwerben edler als
Silber.
17 Der Frommen Weg meidet das Arge;
und wer auf seinen Weg achtet, bewahrt
sein Leben.
18 [a] **Wer zugrunde gehen soll, der wird
zuvor stolz; und Hochmut kommt vor dem
Fall.**
19 Besser niedrig sein mit den Demüti-
gen als Beute austeilen mit den Hoffärti-
gen.
20 Wer auf das Wort merkt, der findet
Glück; und wohl dem, der sich auf den
HERRN verlässt!
21 Ein Verständiger wird gerühmt als
ein weiser Mann, und liebliche Rede
mehrt die Erkenntnis.
22 Klugheit ist ein Brunnen des Lebens
dem, der sie hat; aber die Strafe der
Toren ist ihre Torheit.
23 Des Weisen Herz redet klug und
mehrt auf seinen Lippen die Lehre.
24 [a] Freundliche Reden sind Honig-
seim, trösten die Seele und erfrischen die
Gebeine.
25 Manchem scheint ein Weg recht;
aber zuletzt bringt er ihn zum Tode.
26 Der Hunger des Arbeiters arbeitet
für ihn; denn sein Mund treibt ihn an.
27 Ein heilloser Mensch gräbt nach
Unheil, und in seinem Munde ist's wie
brennendes Feuer.
28 Ein falscher Mensch richtet Zank
an, und ein Verleumder macht Freunde
uneins.
29 Ein Frevler verlockt seinen Nächsten
und führt ihn auf keinen guten Weg.
30 Wer mit den Augen winkt, denkt
nichts Gutes; und wer mit den Lippen
andeutet, vollbringt Böses.
31 [a] Graue Haare sind eine Krone der
Ehre; auf dem Weg der Gerechtigkeit
wird sie gefunden.
32 **Ein [a] Geduldiger ist besser als ein
Starker und wer sich selbst beherrscht,
besser als einer, der Städte gewinnt.**
33 Der Mensch wirft das Los; aber es
fällt, wie der HERR will.

17 Besser ein trockner Bissen mit Frie-
den als ein Haus voll Geschlachte-
tem mit Streit. [a]
2 Ein kluger Knecht wird herrschen
über einen schandbaren Sohn und wird
mit den Brüdern das Erbe teilen.
3 Wie der Tiegel das Silber und der
Ofen das Gold, so prüft der HERR die
Herzen. [a]
4 Ein Böser achtet auf böse Mäuler,
und ein Falscher hört gern auf schänd-
liche Zungen.
5 Wer [a] den Armen verspottet, ver-
höhnt dessen Schöpfer; und wer sich
über eines andern Unglück freut, wird
nicht ungestraft bleiben.
6 Der Alten Krone sind Kindeskinder,
und der Kinder Ehre sind ihre Väter.
7 Es steht einem Toren nicht wohl an,
von hohen Dingen zu reden, viel weniger
einem Edlen, dass er mit Lügen umgeht.
8 Bestechung ist wie ein Zauberstein
dem, der sie gibt; wohin er sich kehrt, hat
er Glück.
9 Wer Verfehlung zudeckt, stiftet
Freundschaft; wer aber eine Sache auf-
rührt, der macht Freunde uneins.
10 Ein Scheltwort dringt tiefer bei dem
Verständigen als hundert Schläge bei
dem Toren.
11 Ein böser Mensch trachtet stets zu
widersprechen; aber ein grausamer Bote
wird über ihn kommen.
12 Besser einer Bärin begegnen, der die
Jungen geraubt sind, als einem Toren in
seiner Torheit.
13 Wer Gutes mit Bösem vergilt, von
dessen Haus wird das Böse nicht wei-
chen.
14 Wer Streit anfängt, gleicht dem, der
dem Wasser den Damm aufreißt. Lass ab
vom Streit, ehe er losbricht!
15 Wer [a] den Schuldigen gerecht spricht
und den Gerechten schuldig, die sind bei-
de dem HERRN ein Gräuel.
16 Was soll dem Toren Geld in der
Hand, Weisheit zu kaufen, wo er doch
ohne Verstand ist?
17 Ein Freund liebt allezeit, und ein
Bruder wird für die Not geboren. [a]
18 Ein Tor ist, wer in die Hand gelobt
und [a] Bürge wird für seinen Nächsten.

16,18: *a* Kap 18,12 **16,24:** *a* Kap 12,25 **16,31:** *a* Kap 20,29 **16,32:** *a* Kap 14,29 **17,1:** *a* Kap 15,17 **17,3:** *a* Ps 66,10 **17,5:** *a* Kap 14,31 **17,15:** *a* Jes 5,23 **17,17:** *a* Kap 18,24 **17,18:** *a* Kap 6,1-5

19 Wer Zank liebt, der liebt die Sünde;
und wer seine Tür zu hoch macht, strebt
nach Einsturz.
20 Ein verkehrtes Herz findet nichts
Gutes; und wer falscher Zunge ist, wird
in Unglück fallen.
21 Wer einen Toren zeugt, muss sich
grämen, und eines Toren Vater hat keine
Freude.
22 Ein fröhliches Herz tut dem Leibe
wohl; aber ein betrübtes Gemüt lässt das
Gebein verdorren.[a]
23 Der Gottlose nimmt gern heimlich
Geschenke, zu beugen den Weg des
Rechts.[a]
24 Ein Verständiger hat die Weisheit
vor Augen; aber [a]ein Tor wirft die Augen
hin und her.
25 Ein törichter Sohn ist seines Vaters
Verdruss und ein Gram für die Mutter,
die ihn geboren hat.
26 Es ist schon nicht gut, dass man Un-
schuldige Strafe zahlen lässt; aber den
Edlen zu schlagen geht über alles Maß.
27 Ein Vernünftiger mäßigt seine Rede,
und ein verständiger Mann wird nicht
hitzig.[a]
28 Auch [a]ein Tor, wenn er schwiege,
würde für weise gehalten und für ver-
ständig, wenn er den Mund hielte.

18 Wer sich absondert, der sucht, was
ihn gelüstet, und gegen alles, was
gut ist, geht er an.
2 Ein Tor hat nicht Gefallen an Ein-
sicht, sondern will kundtun, was in sei-
nem Herzen steckt.
3 Wohin ein Frevler kommt, kommt
auch Verachtung; und wo Schande ist, da
ist Hohn.
4 Die Worte in eines Mannes Munde
sind wie tiefe Wasser, und die Quelle der
Weisheit ist ein sprudelnder Bach.
5 Es ist nicht gut, den Schuldigen vor-
zuziehen, dass man des Gerechten Sache
beuge im Gericht.[a]
6 Die Lippen des Toren bringen Zank,
und sein Mund ruft nach Schlägen.
7 Der Mund des Toren bringt ihn ins
Verderben, und seine Lippen bringen ihn
zu Fall.
8 Die Worte des Verleumders sind wie
Leckerbissen und gehen einem glatt
ein.[a]
9 Wer [a]lässig ist in seiner Arbeit, der
ist ein Bruder des Verderbers.
10 **Der Name des Herrn ist [a]eine feste
Burg; der Gerechte läuft dorthin und wird
beschirmt.**
11 [a]Des Reichen Habe ist ihm wie eine
feste Stadt und dünkt ihn eine hohe
Mauer.
12 [a]Wenn einer zugrunde gehen soll,
wird sein Herz zuvor stolz; und ehe man
zu Ehren kommt, muss man demütig
sein.
13 Wer antwortet, ehe er hört, dem ist's
Torheit und Schande.
14 Wer ein mutiges Herz hat, weiß sich
auch im Leiden zu halten; wenn aber der
Mut daniederliegt, wer kann's tragen?
15 Ein verständiges Herz erwirbt Ein-
sicht, und das Ohr der Weisen sucht Er-
kenntnis.
16 Das [a]Geschenk des Menschen
schafft ihm Raum und bringt ihn zu den
großen Herren.
17 Ein jeder hat zuerst in seiner Sache
recht; kommt aber der andere zu Wort,
so findet sich's.
18 Das Los schlichtet den Streit und
lässt Mächtige nicht aneinandergera-
ten.
19 Ein gekränkter Bruder ist abweisen-
der als eine feste Stadt, und Streitigkeiten
sind hart wie der Riegel einer Burg.
20 Einem Mann [a]wird vergolten, was
sein Mund geredet hat, und er wird ge-
sättigt mit dem, was seine Lippen ihm
einbringen.
21 [a]Tod und Leben stehen in der
Zunge Gewalt; wer sie liebt, wird ihre
Frucht essen.
22 Wer [a]eine Ehefrau gefunden hat, der
hat etwas Gutes gefunden und Wohlge-
fallen erlangt vom Herrn.
23 Ein Armer redet mit Flehen, aber
ein Reicher antwortet hart.
24 Es gibt Allernächste, die bringen ins
Verderben, und es gibt Freunde, die han-
gen fester an als ein Bruder.[a]

17,22: *a* Kap 15,13.15 **17,23:** *a* 2.Mose 23,8 **17,24:** *a* Kap 4,25 **17,27:** *a* Kap 10,19; Jak 1,19 **17,28:** *a* Hiob 13,5 **18,5:** *a* 5.Mose 1,17 **18,8:** *a* Kap 26,22 **18,9:** *a* Kap 10,4 **18,10:** *a* Kap 14,26; Ps 61,4 **18,11:** *a* Kap 10,15 **18,12:** *a* Kap 16,18 **18,16:** *a* 1.Mose 43,11 **18,20:** *a* Kap 12,14 **18,21:** *a* Kap 13,3 **18,22:** *a* Kap 19,14; 31,10 **18,24:** *a* Kap 17,17

19 Ein Armer, der in Unschuld wandelt, ist besser als einer, der Verkehrtes spricht und dabei reich ist.[a]
2 Wo man nicht mit Vernunft handelt, da ist auch Eifer nichts nütze; und wer hastig läuft, der tritt fehl.
3 Des Menschen Torheit führt ihn in die Irre, und doch tobt sein Herz wider den HERRN.[a]
4 [a]Reichtum macht viel Freunde; aber der Arme wird von seinem Freunde verlassen.
5 Ein [a]falscher Zeuge bleibt nicht ungestraft; und wer frech Lügen redet, wird nicht entrinnen.
6 Viele schmeicheln dem Vornehmen; und wer Geschenke gibt, hat alle zu Freunden.
7 Den Armen hassen alle seine Brüder; wie viel mehr halten sich seine Freunde von ihm fern!

Wer viel spricht, der tut Frevel; und wer Worten nachjagt, der wird nicht entrinnen.*
8 Wer Klugheit erwirbt, liebt sein Leben; und der Verständige findet Gutes.
9 Ein falscher Zeuge bleibt nicht ungestraft; und wer frech Lügen redet, wird umkommen.
10 Dem Toren steht nicht an, gute Tage zu haben, viel weniger einem Knecht, zu herrschen über Fürsten.
11 Klugheit macht den Mann langsam zum Zorn, und es ist seine Ehre, dass er Verfehlung übersehen kann.[a]
12 Die Ungnade des Königs ist wie das Brüllen eines Löwen; aber seine Gnade ist wie Tau auf dem Grase.[a]
13 Ein törichter Sohn ist seines Vaters Herzeleid, und [a]eine zänkische Frau wie ein ständig triefendes Dach.
14 Haus und Habe vererben die Eltern; aber [a]eine verständige Ehefrau kommt vom HERRN.
15 Faulheit macht schläfrig, und ein Lässiger wird Hunger leiden.
16 Wer das Gebot bewahrt, der bewahrt sein Leben; [a]wer aber auf seinen Weg nicht achtet, wird sterben.
17 **Wer sich des Armen erbarmt, der leiht dem HERRN, und der wird ihm vergelten, was er Gutes getan hat.**[a]
18 Züchtige deinen Sohn, solange Hoffnung da ist, aber [a]lass dich nicht hinreißen, ihn zu töten.
19 Großer Grimm muss Strafe leiden; denn willst du ihm steuern, so wird er noch größer.
20 Höre auf Rat und nimm Zucht an, dass du hernach weise seist.
21 In eines Mannes Herzen sind viele Pläne; aber zustande kommt der Ratschluss des HERRN.[a]
22 Ein gütiger Mensch ist der Liebe wert, und ein Armer ist besser als ein Lügner.
23 Die Furcht des HERRN führt zum Leben; man wird satt werden und sicher schlafen, von keinem Übel heimgesucht.
24 Der Faule steckt seine Hand in die Schüssel und bringt sie nicht wieder zum Munde.[a]
25 Schlägt man den Spötter, so werden Unverständige vernünftig; weist man den Verständigen zurecht, so gewinnt er an Einsicht.[a]
26 Wer den Vater misshandelt und die Mutter verjagt, der ist ein schandbarer und verfluchter Sohn.
27 Lässt du ab, mein Sohn, auf Ermahnung zu hören, so irrst du ab von vernünftiger Lehre.[a]
28 Ein nichtswürdiger Zeuge spottet des Rechts, und den Gottlosen mundet das Unrecht.
29 Den Spöttern sind Strafen bereitet und [a]Schläge für den Rücken der Toren.

20 Der Wein macht Spötter, und starkes Getränk macht wild; wer davon taumelt, wird niemals weise.[a]
2 Das [a]Drohen des Königs ist wie das Brüllen eines Löwen; wer ihn erzürnt, der sündigt wider das eigene Leben.
3 Eine Ehre ist es dem Mann, dem Streit fernzubleiben; aber die gerne streiten, sind allzumal Toren.
4 Im Herbst [a]will der Faule nicht pflü-

* Vervollständigt aus der griechischen Übersetzung.

19,1: *a* Kap 28,6 **19,3:** *a* Klgl 3,39 **19,4:** *a* Kap 14,20 **19,5:** *a* Kap 21,28; 5. Mose 19,18-21 **19,11:** *a* Kap 14,29 **19,12:** *a* Kap 16,14-15 **19,13:** *a* Kap 27,15-16 **19,14:** *a* Kap 18,22 **19,16:** *a* Kap 16,17 **19,17:** *a* Kap 14,31; Ps 41,2-4; Dan 4,24; Mt 5,7; 25,40; 2. Kor 9,6 **19,18:** *a* 5. Mose 21,18-21 **19,21:** *a* Kap 16,9 **19,24:** *a* Kap 26,15 **19,25:** *a* Kap 21,11 **19,27:** *a* Jak 1,22 **19,29:** *a* Kap 26,3 **20,1:** *a* Kap 23,29-35; 31,5; Hos 4,11 **20,2:** *a* Kap 16,14 **20,4:** *a* Kap 6,6-11

gen; so muss er in der Ernte betteln und
kriegt nichts.
5 Das Vorhaben im Herzen eines Man-
nes ist wie ein tiefes Wasser; aber ein
kluger Mann kann es schöpfen.
6 Viele Menschen rühmen ihre Güte;
aber wer findet einen, der zuverlässig ist?
7 Ein Gerechter, der unsträflich wan-
delt, [a]dessen Kindern wird's wohlgehen.
8 Ein König, der auf dem Thron sitzt,
um zu richten, sondert aus mit seinem
Blick alles Böse.[a]
9 Wer kann sagen: »Ich habe mein
Herz geläutert und [a]bin rein von meiner
Sünde«?
10 Zweierlei Gewicht und zweierlei
Maß ist beides dem HERRN ein Gräuel.
11 Schon einen Knaben erkennt man
an seinem Tun, ob er lauter und redlich
werden will.[a]
**12 Ein hörendes Ohr und ein sehendes
Auge, die macht beide der HERR.**
13 Liebe den Schlaf nicht, dass du nicht
arm wirst; lass deine Augen offen sein, so
wirst du Brot genug haben.
14 »Schlecht, schlecht!«, spricht man,
wenn man kauft; aber wenn man weg-
geht, so rühmt man sich.
15 Es gibt Gold und viel Perlen; aber
ein Mund, der Vernünftiges redet, ist ein
edles Kleinod.
16 Nimm dem sein Kleid, der für einen
andern [a]Bürge wurde, und pfände ihn
anstelle des Fremden!
17 Das [a]gestohlene Brot schmeckt dem
Manne gut; aber am Ende hat er den
Mund voller Kieselsteine.
18 Pläne kommen zum Ziel, wenn man
sich recht berät; und [a]Krieg soll man mit
Vernunft führen.
19 Wer Geheimnisse verrät, ist ein Ver-
leumder, und mit dem, der den Mund
nicht halten kann, lass dich nicht ein.
20 Wer seinem Vater und seiner Mutter
flucht, dessen Leuchte wird verlöschen in
der Finsternis.[a]
21 Das Erbe, nach dem man zuerst sehr
eilt, wird zuletzt nicht gesegnet sein.
**22 Sprich nicht: [a]»Ich will Böses ver-
gelten!« Harre des HERRN, der wird dir
helfen.**
23 Zweierlei Gewicht ist dem HERRN
ein Gräuel, und eine falsche Waage ist
nicht gut.
24 Jedermanns Schritte bestimmt der
HERR. Welcher Mensch versteht seinen
Weg?
25 Es ist dem Menschen ein Fallstrick,
unbedacht Gelübde zu tun und erst nach
dem Geloben zu überlegen.
26 Ein weiser König sondert die Gott-
losen aus und lässt das Rad über sie ge-
hen.
27 Eine Leuchte des HERRN ist [a]des
Menschen Geist; er durchforscht alle
Kammern des Innern.
28 Gütig und treu sein behütet den
König, und [a]sein Thron besteht durch
Güte.
29 Der Jünglinge Ehre ist ihre Stärke, und
[a]graues Haar ist der Alten Schmuck.
30 Man muss dem Bösen wehren mit
harter Strafe und mit ernsten Schlägen,
die man fühlt.

21 Des Königs Herz ist in der Hand
des HERRN wie Wasserbäche; [a]er
lenkt es, wohin er will.
**2 Einen jeglichen dünkt sein Weg recht;
aber der HERR prüft die Herzen.**
3 Recht und Gerechtigkeit tun ist dem
HERRN lieber als Opfer.[a]
4 Hoffärtige Augen und stolzer Sinn,
die Leuchte der Gottlosen, ist Sünde.
5 Das Planen eines Emsigen bringt
Überfluss; wer aber allzu rasch handelt,
dem wird's mangeln.
6 Wer Schätze sammelt mit Lügen, der
wird fehlgehen und ist unter denen, die
den Tod suchen.
7 Der Gottlosen Gewalt rafft sie selber
weg; denn sie wollen nicht tun, was recht
ist.
8 Wer mit Schuld beladen ist, geht
krumme Wege; wer aber rein ist, dessen
Tun ist gerade.
9 Besser im Winkel auf dem Dach woh-
nen als mit einer zänkischen Frau zu-
sammen in einem Hause.
10 Die Seele des Gottlosen gelüstet
nach Bösem und erbarmt sich nicht sei-
nes Nächsten.

20,7: *a* Ps 112,1-2 **20,8:** *a* Ps 101,3 **20,9:** *a* Kap 30,12; Hiob 4,17; 9,2-3 **20,11:** *a* Kap 22,6 **20,16:** *a* Kap 6,1-2 **20,17:** *a* Kap 9,17 **20,18:** *a* Kap 24,6 **20,20:** *a* Kap 30,17; 2.Mose 21,17 **20,22:** *a* Kap 24,29; Röm 12,17 **20,27:** *a* 1.Kor 2,11 **20,28:** *a* Kap 16,12 **20,29:** *a* Kap 16,31 **21,1:** *a* Ps 33,15 **21,3:** *a* 1.Sam 15,22; Hos 6,6

11 Wenn der Spötter gestraft wird, so
werden die Unverständigen weise, und
wenn man einen Weisen belehrt, so
nimmt er Erkenntnis an.[a]
12 Der Gerechte* achtet auf des Gott-
losen Haus, und er stürzt die Gottlosen
ins Verderben.
13 Wer seine Ohren verstopft vor dem
Schreien des Armen, der wird einst auch
rufen und nicht erhört werden.
14 Eine heimliche Gabe stillt den Zorn
und ein Geschenk im Verborgenen den
heftigen Grimm.[a]
15 Dem Gerechten ist es eine Freude,
wenn Recht geschieht, aber den Übel-
tätern ist es ein Schrecken.
16 Ein Mensch, der vom Wege der
Klugheit abirrt, wird weilen in der Schar
der Toten.
17 Wer gern in Freuden lebt, wird Man-
gel haben; und [a]wer Wein und Salböl
liebt, wird nicht reich.
18 Der Gottlose wird als Lösegeld ge-
geben für den Gerechten und der Ver-
ächter für die Frommen.
19 Besser in der Wüste wohnen als bei
einer zänkischen und zornigen Frau.
20 Im Hause des Weisen ist ein kostba-
rer Schatz an Öl; aber ein Tor vergeudet
ihn.
21 Wer der Gerechtigkeit und Güte
nachjagt, der findet Leben und Ehre.
22 Ein Weiser ersteigt die Stadt der
Starken und stürzt ihre Macht, auf die
sie sich verlässt.
23 Wer Mund und Zunge bewahrt, der
bewahrt sein Leben vor Not.[a]
24 Wer stolz und vermessen ist, heißt
ein Spötter; er treibt frechen Übermut.
25 Der [a]Faule stirbt über seinem Wün-
schen; denn seine Hände wollen nichts
tun.
26 Den ganzen Tag begehrt die Gier;
aber der Gerechte gibt und versagt
nichts.
27 [a]Der Gottlosen Opfer ist ein
Gräuel, wie viel mehr, wenn man's dar-
bringt für eine Schandtat.
28 Ein [a]lügenhafter Zeuge wird um-
kommen; aber wer recht gehört hat, des-
sen Wort bleibt.
29 Der Gottlose macht ein freches Ge-
sicht; aber wer fromm ist, macht seine
Wege fest.
30 Keine Weisheit, kein Verstand, [a]kein
Rat besteht vor dem HERRN.
31 [a]Rosse werden gerüstet zum Tage
der Schlacht; aber der Sieg kommt vom
HERRN.

22 Ein [a]guter Ruf ist köstlicher als
großer Reichtum und anziehendes
Wesen besser als Silber und Gold.
2 **Reiche und Arme begegnen einander;
der HERR hat sie alle gemacht.**[a]
3 Der Kluge sieht das Unglück kom-
men und verbirgt sich; die Unverstän-
digen laufen weiter und leiden Schaden.
4 Der Lohn der Demut und der Furcht
des HERRN ist Reichtum, Ehre und Le-
ben.[a]
5 Stacheln und Stricke sind auf dem
Wege des Verkehrten; wer sich aber da-
von fernhält, bewahrt sein Leben.
6 Gewöhne einen Knaben an seinen
Weg, so lässt er auch nicht davon, wenn
er alt wird.[a]
7 Der Reiche herrscht über die Armen;
und wer borgt, ist des Gläubigers
Knecht.
8 Wer [a]Unrecht sät, der wird Unglück
ernten, und die Rute seines Übermuts
wird ein Ende haben.
9 Wer ein gütiges Auge hat, wird ge-
segnet; denn [a]er gibt von seinem Brot
den Armen.
10 Treibe den Spötter hinaus, so geht
der Zank weg, und Hader und Schmä-
hung hören auf.[a]
11 Wer ein reines Herz und [a]liebliche
Rede hat, dessen Freund ist der König.[b]
12 Die Augen des HERRN behüten die
Erkenntnis; aber die Worte des Veräch-
ters bringt er zu Fall.
13 Der Faule spricht: [a]»Es ist ein Löwe
draußen; ich könnte getötet werden auf
der Gasse.«
14 [a]Der Mund unzüchtiger Frauen ist

* Der »Gerechte« ist wahrscheinlich Gott.

21,11: *a* Kap 19,25 **21,14:** *a* 1. Sam 25,18-35 **21,17:** *a* Kap 23,21 **21,23:** *a* Kap 13,3 **21,25:** *a* Kap 13,4 **21,27:** *a* Kap 15,8 **21,28:** *a* Kap 19,5.9 **21,30:** *a* Ps 33,10-11 **21,31:** *a* Ps 33,17 **22,1:** *a* Pred 7,1 **22,2:** *a* Kap 29,13 **22,4:** *a* Kap 15,33 **22,6:** *a* Kap 20,11 **22,8:** *a* Hiob 4,8 **22,9:** *a* Kap 19,17 **22,10:** *a* Kap 26,20 **22,11:** *a* Kol 4,6; *b* Ps 101,6 **22,13:** *a* Kap 26,13 **22,14:** *a* Kap 5,3

eine tiefe Grube; wem der HERR zürnt,
der fällt hinein.
15Torheit steckt dem Knaben im Her-
zen; aber [a]die Rute der Zucht treibt sie
ihm aus.
16Wer dem Armen Unrecht tut, mehrt
ihm seine Habe; wer einem Reichen gibt,
schafft ihm nur Mangel.

Worte der Weisen

17Neige deine Ohren und höre die
[a]Worte von Weisen und nimm zu Herzen
meine Lehre. 18Denn lieblich ist's, wenn
du sie im Sinne behältst; lass sie mitein-
ander auf deinen Lippen bleiben. 19Da-
mit deine Hoffnung sich gründe auf den
HERRN, erinnere ich daran heute gerade
dich. 20Hab ich dir's nicht mannigfach
aufgeschrieben als Rat und Erkenntnis,
21um dir kundzutun zuverlässige Worte
der Wahrheit, damit du rechte Antwort
bringen kannst dem, der dich gesandt
hat?
22[a]Beraube den Armen nicht, weil er
arm ist, und unterdrücke den Geringen
nicht im Gericht; 23denn der HERR wird
ihre Sache führen und wird ihre Bedrü-
cker bedrücken.
24Geselle dich nicht zum [a]Zornigen
und halt dich nicht zu einem wütenden
Mann; 25du könntest auf seinen Weg ge-
raten und dich selbst zu Fall bringen.
26Sei nicht einer von denen, die mit
ihrer Hand haften und für Schulden
[a]Bürge werden; 27denn wenn du nicht
bezahlen kannst, so wird man dir dein
Bett unter dir wegnehmen.
28[a]Verrücke nicht die uralten Gren-
zen, die deine Väter gemacht haben.
29Siehst du einen Mann, behände in
seinem Geschäft, der wird Königen
dienen; geringen Leuten wird er nicht
dienen.

23 Wenn du zu Tische sitzt mit einem
hohen Herrn, so bedenke wohl,
was du vor dir hast, 2und setze ein Mes-
ser an deine Kehle, wenn du gierig bist;
3wünsche dir nichts von seinen feinen
Speisen; denn es ist trügerisches Brot.
4Bemühe dich nicht, reich zu werden;
da spare deine Klugheit![a] 5Du richtest
deine Augen auf Reichtum und er ist
nicht mehr da; denn er macht sich Flügel
wie ein Adler und fliegt gen Himmel.
6Iss nicht bei einem Neidischen und
wünsche dir von seinen feinen Speisen
nichts; 7denn in seinem Herzen ist er
berechnend; er spricht zu dir: Iss und
trink!, und sein Herz ist doch nicht mit
dir. 8Die Bissen, die du gegessen hast,
musst du ausspeien, und deine freundli-
chen Worte sind verloren.
9Rede nicht vor des Unverständigen
Ohren; denn er verachtet die Klugheit
deiner Rede.
10[a]Verrücke nicht uralte Grenzen und
vergreife dich nicht an dem Acker der
Waisen, 11denn ihr Helfer ist mächtig;
der wird ihre Sache gegen dich führen.
12Wende dein Herz hin zur Zucht und
deine Ohren zu vernünftiger Rede.
13[a]Lass nicht ab, den Knaben zu
züchtigen; denn wenn du ihn mit der
Rute schlägst, so wird er sein Leben be-
halten; 14du schlägst ihn mit der Rute,
aber du errettest ihn vom Tode.
15Mein Sohn, wenn dein Herz weise
ist, so freut sich auch mein Herz, 16und
meine Seele ist froh, wenn deine Lippen
reden, was recht ist.
17Dein Herz sei nicht neidisch auf den
Sünder, sondern trachte täglich nach der
Furcht des HERRN; 18denn das Ende
kommt noch und dann wird deine Hoff-
nung nicht zuschanden.
19Höre, mein Sohn, und sei weise und
richte dein Herz auf den rechten Weg.
20Sei nicht unter den Säufern und
Schlemmern; 21denn die [a]Säufer und
Schlemmer verarmen, und ein Schläfer
muss zerrissene Kleider tragen.
22Gehorche deinem Vater, der dich ge-
zeugt hat, und verachte deine Mutter
nicht, wenn sie alt wird.
23Kaufe Wahrheit und verkaufe sie
nicht, die Weisheit, die Zucht und die
Einsicht.
24[a]Der Vater eines Gerechten freut
sich, und wer einen Weisen gezeugt hat,
ist fröhlich über ihn. 25Lass deinen Vater
und deine Mutter sich freuen, und fröh-
lich sein, die dich geboren hat.

22,15: *a* Kap 13,24; 23,13-14; 29,17 **22,17:** *a* Kap 24,23 **22,22:** *a (22-23)* 2. Mose 23,6 **22,24:** *a* Kap 15,18 **22,26:** *a* Kap 6,1 **22,28:** *a* Kap 23,10; 5. Mose 27,17 **23,4:** *a* Kap 28,22 **23,10:** *a* Kap 22,28 **23,13:** *a (13-14)* Kap 22,15 **23,21:** *a* Kap 21,17 **23,22:** *a* Kap 1,8 **23,24:** *a* Kap 10,1

26 **Gib mir, mein Sohn, dein Herz und
lass deinen Augen meine Wege wohlge-
fallen.** 27 [a]Denn die Hure ist eine tiefe
Grube, und die fremde Frau ist ein enger
Brunnen. 28 Auch lauert sie wie ein Räu-
ber und mehrt die Treulosen unter den
Menschen.

29 [a]Wo ist Weh? Wo ist Leid? Wo ist
Zank? Wo ist Klagen? Wo sind Wun-
den ohne jeden Grund? Wo sind trübe
Augen? 30 Wo man lange beim Wein sitzt
und kommt, auszusaufen, was einge-
schenkt ist. 31 Sieh den Wein nicht an,
wie er so rot ist und im Glase so schön
steht: Er geht glatt ein, 32 aber danach
beißt er wie eine Schlange und sticht wie
eine Otter. 33 Da werden deine Augen
seltsame Dinge sehen, und dein Herz
wird Verkehrtes reden, 34 und du wirst
sein wie einer, der auf hoher See sich
schlafen legt, und wie einer, der oben im
Mastkorb liegt. 35 »Sie schlugen mich,
aber es tat mir nicht weh; sie prügelten
mich, aber ich fühlte es nicht. Wann
werde ich aufwachen? Dann will ich's
wieder so treiben.«

24 Sei nicht neidisch auf böse Men-
schen und wünsche nicht, bei ih-
nen zu sein; 2 denn ihr Herz trachtet nach
Gewalt, und ihre Lippen raten zum Un-
glück.

3 Durch Weisheit wird ein Haus gebaut
und durch Verstand erhalten, 4 und
[a]durch ordentliches Haushalten werden
die Kammern voll kostbarer, lieblicher
Habe.

5 Ein weiser Mann ist stark und ein
vernünftiger Mann voller Kraft; 6 denn
[a]mit Überlegung soll man Krieg führen,
und wo [b]viele Ratgeber sind, da ist der
Sieg.

7 Weisheit ist dem Toren zu hoch; er
darf seinen Mund im Rat nicht auftun.

8 Wer sich vornimmt, Böses zu tun, den
nennt man einen Erzbösewicht. 9 Das
Vorhaben des Toren ist Sünde, und der
Spötter ist den Leuten ein Gräuel.

10 **Der ist nicht stark, der in der Not
nicht fest ist.**

11 Errette, die man zum Tode schleppt,
und entzieh dich nicht denen, die zur
Schlachtbank wanken.[a] 12 Sprichst du:
»Siehe, wir haben's nicht gewusst!«, für-
wahr, der die Herzen prüft, merkt es, und
der auf deine Seele achthat, weiß es und
vergilt dem Menschen nach seinem Tun.

13 Iss Honig, mein Sohn, denn er ist
gut, und Honigseim ist süß deinem Gau-
men. 14 So ist Weisheit gut für deine
Seele; wenn du sie findest, wird dir's am
Ende wohlgehen, und deine Hoffnung
wird nicht umsonst sein.

15 Laure nicht als Gottloser auf das
Haus des Gerechten; zerstöre seine Woh-
nung nicht, 16 denn [a]**ein Gerechter fällt
siebenmal und steht wieder auf, aber die
Gottlosen versinken im Unglück.**

17 Freue dich nicht über den Fall dei-
nes Feindes, und dein Herz sei nicht froh
über sein Unglück;[a] 18 der HERR könnte
es sehen und Missfallen daran haben und
seinen Zorn von ihm wenden.

19 Erzürne dich nicht über die Bösen
und ereifre dich nicht über die Gottlo-
sen;[a] 20 denn der Böse hat nichts zu hof-
fen, und [a]die Leuchte der Gottlosen
wird verlöschen.

21 Mein Sohn, [a]fürchte den HERRN
und den König und menge dich nicht
unter die Aufrührer; 22 denn plötzlich
wird sie das Verderben treffen und unver-
sehens von beiden her das Unheil kom-
men.

23 Auch dies sind Worte der Weisen:
[a]Die Person ansehen im Gericht ist
nicht gut. 24 Wer zum Schuldigen spricht:
»Du hast recht«, dem fluchen die Völker,
und die Leute verwünschen ihn. 25 Die
aber gerecht richten, denen geht es gut,
und reicher Segen kommt auf sie.

26 Eine [a]richtige Antwort ist wie ein
lieblicher Kuss.

27 Richte erst draußen deine Arbeit aus
und bearbeite deinen Acker; danach
gründe dein Haus.

28 Sei nicht [a]ein falscher Zeuge wider
deinen Nächsten und betrüge nicht mit
deinem Munde. 29 Sprich nicht: »Wie
einer mir tut, so will ich ihm auch tun
und [a]einem jeglichen sein Tun vergel-
ten.«

30 Ich ging am Acker des Faulen ent-

23,27: *a (27-28)* Kap 22,14; 7,10-14 **23,29:** *a (29-35)* Kap 20,1; Jes 56,12 **24,4:** *a* Kap 31,10-31 **24,6:** *a* Kap 20,18; *b* Kap 11,14 **24,11:** *a* Ps 82,4 **24,16:** *a* Ps 37,24 **24,17:** *a* Hiob 31,29 **24,19:** *a* Ps 37,1 **24,20:** *a* Kap 13,9 **24,21:** *a* 1.Petr 2,17 **24,23:** *a* 3.Mose 19,15 **24,26:** *a* Kap 15,23 **24,28:** *a* 2.Mose 20,16 **24,29:** *a* Kap 20,22

lang und am Weinberg des Toren, 31 und
siehe, lauter Nesseln waren darauf, und
er stand voll Disteln, und die Mauer war
eingefallen. 32 Als ich das sah, nahm ich's
zu Herzen, ich schaute und lernte daraus:
33 [a]Noch ein wenig schlafen und ein we-
nig schlummern und ein wenig die
Hände zusammentun, dass du ruhst,
34 so wird deine Armut kommen wie ein
Räuber und dein Mangel wie ein ge-
wappneter Mann.

Weitere Sprüche Salomos

25 Auch dies sind [a]Sprüche Salomos;
die Männer Hiskias, des Königs
von Juda, haben sie gesammelt.
2 Es ist Gottes Ehre, eine Sache zu ver-
bergen; aber der Könige Ehre ist es, eine
Sache zu erforschen.
3 Der Himmel ist hoch und die Erde
tief, und der Könige Herz ist unerforsch-
lich.
4 Man tue die Schlacken vom Silber, so
gelingt dem Goldschmied das Gefäß;
5 man tue den Gottlosen hinweg vom Kö-
nig, so wird [a]sein Thron durch Gerech-
tigkeit gefestigt.
6 Prange nicht vor dem Könige und
stelle dich nicht zu den Großen; 7 denn
[a]es ist besser, dass man zu dir sage: Tritt
hier herauf!, als dass du erniedrigt wirst
vor einem Edlen, den deine Augen ge-
sehen haben.
8 Laufe nicht zu schnell vor Gericht;
denn was willst du zuletzt machen, wenn
dich dein Nächster beschämt?
9 Trage deine Sache mit deinem Nächs-
ten aus, aber [a]verrate nicht eines andern
Geheimnis, 10 damit von dir nicht übel
spricht, wer es hört, und dann das böse
Gerede über dich nicht aufhört.
11 Ein Wort, geredet zu rechter Zeit, ist
wie goldene Äpfel auf silbernen Scha-
len.[a] 12 Ein Weiser, der mahnt, und ein
Ohr, das auf ihn hört, das ist wie ein
goldener Ring und ein goldenes Hals-
band.
13 Wie die Kühle des Schnees zur Zeit
der Ernte, so ist ein getreuer Bote dem,
der ihn gesandt hat, und erquickt seines
Herrn Seele.
14 Wer Geschenke verspricht und hält's
nicht, der ist wie Wolken und Wind ohne
Regen.
15 Durch Geduld wird ein Fürst über-
redet, und eine [a]linde Zunge zerbricht
Knochen.
16 Findest du Honig, so iss davon nur,
soviel du bedarfst, dass du nicht zu satt
wirst und speist ihn aus. 17 Halte deinen
Fuß zurück vom Hause deines Nächsten;
er könnte dich satt bekommen und dir
gram werden.
18 Wer wider seinen Nächsten falsch
Zeugnis redet, der ist wie ein Streitham-
mer, Schwert und scharfer Pfeil.
19 Auf einen Treulosen hoffen zur Zeit
der Not, das ist wie ein fauler Zahn und
gleitender Fuß.
20 Wer einem missmutigen Herzen Lie-
der singt, das ist, wie wenn einer das
Kleid ablegt an einem kalten Tag, und
wie Essig auf Lauge.
21 [a]**Hungert deinen Feind, so speise ihn
mit Brot, dürstet ihn, so tränke ihn mit
Wasser, 22 denn du wirst feurige Kohlen
auf sein Haupt häufen, und der HERR wird
dir's vergelten.**
23 Wind mit dunklen Wolken bringt
Regen, und heimliches Geschwätz schafft
saure Gesichter.
24 Besser im Winkel auf dem Dache
sitzen als mit einer zänkischen Frau zu-
sammen in einem Hause.
25 Eine [a]gute Botschaft aus fernen
Landen ist wie kühles Wasser für eine
durstige Kehle.
26 Ein Gerechter, der angesichts eines
Gottlosen wankt, ist wie ein getrübter
Brunnen und eine verderbte Quelle.
27 Zu viel Honig essen ist nicht gut;
aber wer nach schweren Dingen forscht,
dem bringt's Ehre.
28 Ein Mann, der [a]seinen Zorn nicht
zurückhalten kann, ist wie eine offene
Stadt ohne Mauern.

26 Wie Schnee zum Sommer und Re-
gen zur Ernte, so reimt sich Ehre
zum Toren.
2 Wie ein Vogel dahinfliegt und eine
Schwalbe enteilt, so ist ein unverdienter
Fluch: er trifft nicht ein.
3 Dem Ross eine Peitsche und dem Esel

24,33: *a (33-34)* Kap 6,9-11 **25,1:** *a* Kap 1,1; 10,1 **25,5:** *a* Kap 16,12 **25,7:** *a* Lk 14,7-11 **25,9:** *a* Kap 20,19 **25,11:** *a* Kap 15,23 **25,15:** *a* Kap 15,1 **25,21:** *a (21-22)* Röm 12,20 **25,25:** *a* Kap 15,30 **25,28:** *a* Kap 29,11

einen Zaum und [a]dem Toren eine Rute
auf den Rücken!
4 Antworte dem Toren nicht nach sei-
ner Torheit, dass du ihm nicht gleich
wirst. 5 Antworte aber dem Toren nach
seiner Torheit, dass er sich nicht weise
dünke.
6 Wer eine Sache durch einen törichten
Boten ausrichtet, der ist wie einer, der
sich selbst die Füße abhaut und Schaden
leidet.
7 Wie einem Gelähmten das Tanzen, so
steht dem Toren an, von Weisheit zu re-
den.
8 Einem Toren Ehre antun, das ist, wie
wenn einer einen edlen Stein auf einen
Steinhaufen wirft.
9 Ein Spruch in eines Toren Mund ist
wie ein Dornzweig in der Hand eines
Trunkenen.
10 Wie ein Schütze, der jeden verwun-
det, so ist, wer einen Toren oder einen
Vorübergehenden dingt.
11 Wie [a]ein Hund wieder frisst, was er
gespien hat, so ist der Tor, der seine Tor-
heit immer wieder treibt.
12 **Wenn du einen siehst, der sich [a]weise
dünkt, da ist für einen Toren mehr Hoff-
nung als für ihn.**
13 Der Faule spricht: [a]»Es ist ein Löwe
auf dem Wege, ein Löwe auf den Gas-
sen.«
14 Ein [a]Fauler wendet sich im Bett wie
die Tür in der Angel.
15 Der Faule steckt seine Hand in die
Schüssel, und es wird ihm sauer, dass er
sie zum Munde bringe.[a]
16 Ein Fauler dünkt sich weiser als sie-
ben, die da wissen, verständig zu ant-
worten.
17 Wer vorübergeht und sich mengt in
fremden Streit, der ist wie einer, der den
Hund bei den Ohren zwackt.
18 Wie ein Unsinniger, der mit Ge-
schoss und Pfeilen schießt und tötet, 19 so
ist ein Mensch, der seinen Nächsten be-
trügt und spricht: »Ich habe nur ge-
scherzt.«
20 Wenn kein Holz mehr da ist, so ver-
lischt das Feuer, und [a]wenn der Verleum-
der weg ist, so hört der Streit auf.
21 Wie die Kohlen die Glut und Holz
das Feuer, so [a]facht ein zänkischer
Mann den Streit an.
22 Die Worte des Verleumders sind wie
Leckerbissen und gehen einem glatt
ein.[a]
23 Glatte Lippen und ein böses Herz,
das ist wie Tongeschirr, mit Silberschaum
überzogen.
24 [a]Der Hasser verstellt sich mit seiner
Rede, aber im Herzen ist er falsch;
25 wenn er seine Stimme holdselig macht,
so glaube ihm nicht; denn es sind sieben
Gräuel in seinem Herzen. 26 Wer den
Hass trügerisch verbirgt, dessen Bosheit
wird doch vor der Gemeinde offenbar
werden.
27 Wer [a]eine Grube macht, der wird
hineinfallen; und wer einen Stein wälzt,
auf den wird er zurückkommen.
28 Eine falsche Zunge hasst den, dem
sie Arges getan hat, und glatte Lippen
richten Verderben an.

27 **Rühme dich nicht des morgigen
Tages; denn du weißt nicht, was
der Tag bringt.**[a]
2 Lass dich von einem andern loben
und nicht von deinem Mund, von einem
Fremden und nicht von deinen eignen
Lippen.
3 Stein ist schwer, und Sand ist Last;
aber der Ärger über einen Toren ist
schwerer als beide.
4 Zorn ist ein wütig Ding, und Grimm
ist ungestüm; aber wer kann vor der
Eifersucht bestehen?
5 Offene [a]Zurechtweisung ist besser als
Liebe, die verborgen bleibt.
6 Die [a]Schläge des Freundes meinen es
gut; aber die [b]Küsse des Hassers sind
trügerisch.
7 Ein Satter tritt Honigseim mit Füßen;
aber einem Hungrigen ist alles Bittre
süß.
8 Wie ein Vogel, der aus seinem Nest
flüchtet, so ist ein Mann, der aus seiner
Heimat flieht.
9 Das Herz freut sich an Salbe und
Räucherwerk, und süß ist der Freund,
der wohlgemeinten Rat gibt.
10 Von deinem [a]Freund und deines Va-
ters Freund lass nicht ab. Geh nicht ins

26,3: *a* Kap 19,29 **26,11:** *a* 2. Petr 2,22 **26,12:** *a* Kap 3,7 **26,13:** *a* Kap 22,13 **26,14:** *a* Kap 6,9-11 **26,15:** *a* Kap 19,24 **26,20:** *a* Kap 22,10 **26,21:** *a* Kap 15,18 **26,22:** *a* Kap 18,8 **26,24:** *a (24-25)* Mt 12,45 **26,27:** *a* Ps 7,16; Pred 10,8 **27,1:** *a* Jak 4,13-14 **27,5:** *a* 3. Mose 19,17 **27,6:** *a* Ps 141,5; *b* Mt 26,49 **27,10:** *a* Kap 18,24

Haus deines Bruders, wenn dir's übel
geht. Ein Nachbar in der Nähe ist besser
als ein Bruder in der Ferne.
11 Sei weise, mein Sohn, und erfreue
mein Herz, so kann ich antworten dem,
der mich schmäht.
12 Ein Kluger sieht das Unglück kom-
men und verbirgt sich; aber die Unver-
ständigen laufen weiter und leiden Scha-
den.
13 Nimm dem sein Kleid, der für einen
andern Bürge wurde, und pfände ihn an-
stelle des Fremden.
14 Wenn einer seinen Nächsten des
Morgens früh mit lauter Stimme segnet,
so wird ihm das für einen Fluch gerech-
net.
15 [a]Eine zänkische Frau und ein trie-
fendes Dach, wenn's sehr regnet, lassen
sich miteinander vergleichen: 16 wer sie
aufhalten will, der will den Wind auf-
halten und will Öl mit der Hand fassen.
17 Ein Messer wetzt das andre und ein
Mann den andern.
18 Wer seinen Feigenbaum pflegt, der
isst Früchte davon, und wer seinem
Herrn treu dient, wird geehrt.
19 Wie sich im Wasser das Angesicht
spiegelt, so ein Mensch im Herzen des
andern.
20 Unterwelt und Abgrund werden nie-
mals satt, und [a]der Menschen Augen
sind auch unersättlich.
21 Ein Mann bewährt sich in seinem
Ruf wie das Silber im Tiegel und das
Gold im Ofen.
22 Wenn du den Toren im Mörser zer-
stießest mit dem Stampfer wie Grütze, so
ließe doch seine Torheit nicht von ihm.
23 Auf deine Schafe hab acht und nimm
dich deiner Herden an; 24 denn Vorräte
währen nicht ewig, und auch eine Krone
währt nicht für und für. 25 Ist das Gras
abgeweidet und wiederum Grünes nach-
gewachsen und ist das Futter auf den
Bergen gesammelt, 26 dann kleiden dich
die Lämmer, und die Böcke geben dir das
Geld, einen Acker zu kaufen; 27 du hast
Ziegenmilch genug zu deiner Speise, zur
Speise deines Hauses und zur Nahrung
deiner Mägde.

28 [a]Der Gottlose flieht, auch wenn
niemand ihn jagt; der Gerechte
aber ist furchtlos wie ein junger Löwe.
2 Um des Landes Sünde willen wech-
seln häufig seine Herren; aber durch ei-
nen verständigen und vernünftigen
Mann gewinnt das Recht Bestand.
3 Ein gottloser Mann, der die Geringen
bedrückt, ist wie ein Platzregen, der die
Frucht verdirbt.
4 Wer die Weisung verlässt, rühmt den
Gottlosen; wer sie aber bewahrt, der be-
kämpft ihn.
5 Böse Leute verstehen nichts vom
Recht; die aber nach dem HERRN fragen,
verstehen alles.
6 Besser ein Armer, der in seiner Un-
sträflichkeit wandelt, als ein Reicher, der
auf verkehrten Wegen geht.[a]
7 Wer die Lehre bewahrt, ist ein ver-
ständiger Sohn; wer aber der Schlemmer
Geselle ist, macht seinem Vater Schande.
8 Wer sein Gut mehrt mit Zinsen und
Aufschlag, der sammelt es für den, der
sich der Armen erbarmt.[a]
9 Wer sein Ohr abwendet, um die Wei-
sung nicht zu hören, [a]dessen Gebet ist
ein Gräuel.
10 Wer die Frommen verführt auf einen
bösen Weg, wird selbst in seine Grube
fallen; aber die Frommen werden Gutes
ererben.
11 Ein Reicher meint weise zu sein, aber
ein verständiger Armer durchschaut ihn.
12 Wenn die Gerechten Oberhand ha-
ben, so ist herrliche Zeit; [a]wenn aber die
Gottlosen hochkommen, verbergen sich
die Leute.
13 Wer seine Sünde leugnet, dem wird's
nicht gelingen; [a]wer sie aber bekennt und
lässt, der wird Barmherzigkeit erlangen.
14 Wohl dem, der Gott allewege fürch-
tet! Wer aber sein Herz verhärtet, wird in
Unglück fallen.
15 Ein Gottloser, der über ein armes
Volk regiert, ist wie ein brüllender Löwe
und ein gieriger Bär.
16 Wenn ein Fürst ohne Verstand ist, so
geschieht viel Unrecht; wer aber unrech-
ten Gewinn hasst, wird lange leben.
17 Wer schuldig ist am Blut eines Men-

27,15: *a (15-16)* Kap 19,13 **27,20:** *a* Pred 1,8 **28,1:** *a* Jes 57,21 **28,6:** *a* Kap 19,1 **28,8:** *a* Kap 13,22; 3.Mose 25,35-37 **28,9:** *a* Kap 15,8 **28,12:** *a* Kap 11,11 **28,13:** *a* Ps 32,3-5; 1.Joh 1,8-9

schen, der wird flüchtig sein bis zum
Grabe, und niemand helfe ihm![a]
18 Wer ohne Tadel einhergeht, dem
wird geholfen; wer aber verkehrte Wege
geht, wird in eine Grube fallen.
19 Wer seinen Acker bebaut, wird Brot
genug haben; wer aber nichtigen Dingen
nachgeht, wird Armut genug haben.
20 Ein treuer Mann wird von vielen gesegnet; [a]wer aber eilt, reich zu werden,
wird nicht ohne Schuld bleiben.
21 Die [a]Person ansehen ist nicht gut;
aber mancher vergeht sich schon um ein
Stück Brot.
22 Wer habgierig ist, [a]jagt nach Reichtum und weiß nicht, dass Mangel über
ihn kommen wird.
23 Wer einen Menschen zurechtweist,
wird zuletzt Dank haben, mehr als der da
freundlich tut.
24 Wer [a]seinem Vater oder seiner Mutter etwas nimmt und spricht, es sei nicht
Sünde, der ist des Verderbers Geselle.
25 Ein Habgieriger erweckt Zank; wer
sich aber auf den HERRN verlässt, wird
gelabt.
26 **Wer [a]sich auf seinen Verstand verlässt, ist ein Tor; wer aber in der Weisheit
wandelt, wird entrinnen.**
27 Wer dem Armen gibt, dem wird
nichts mangeln; wer aber seine Augen
abwendet, der wird von vielen verflucht.
28 Wenn die Gottlosen hochkommen,
so verbergen sich die Leute; wenn sie
aber umkommen, werden der Gerechten
viel.

29 Wer [a]gegen alle Warnung halsstarrig ist, der wird plötzlich verderben ohne alle Hilfe.
2 Wenn [a]der Gerechten viel sind, freut
sich das Volk; wenn aber der Gottlose
herrscht, seufzt das Volk.
3 Wer Weisheit liebt, erfreut seinen Vater; [a]wer aber mit Huren umgeht, kommt
um sein Gut.
4 Ein König richtet das Land auf
durchs Recht; wer aber viel Steuern erhebt, richtet es zugrunde.
5 Wer seinem Nächsten schmeichelt,
der spannt ihm ein Netz über den Weg.
6 Wenn ein Böser sündigt, verstrickt er
sich selbst; aber ein Gerechter geht seinen Weg und ist fröhlich.
7 Der Gerechte weiß um die Sache der
Armen; der Gottlose aber weiß gar
nichts.
8 Die Spötter bringen leichtfertig eine
Stadt in Aufruhr; aber die Weisen stillen
den Zorn.
9 Wenn ein Weiser mit einem Toren
rechtet, so tobt der oder lacht, aber es
gibt keine Ruhe.
10 Die Blutgierigen hassen den Frommen; aber die Gerechten nehmen sich
seiner an.
11 [a]Ein Tor schüttet all seinen Unmut
aus, aber [b]ein Weiser beschwichtigt ihn
zuletzt.
12 Ein Herrscher, der auf Lügen hört,
hat nur gottlose Diener.
13 [a]Der Arme und sein Peiniger begegnen einander; der beiden [b]das Augenlicht gab, ist der HERR.
14 Ein König, der die Armen treulich
richtet, dessen Thron wird für immer bestehen.[a]
15 Rute und Tadel gibt Weisheit; aber
ein Knabe, sich selbst überlassen, macht
seiner Mutter Schande.[a]
16 Wo viele Gottlose sind, da ist viel
Sünde; aber [a]die Gerechten werden ihren
Fall erleben.
17 [a]Züchtige deinen Sohn, so wird er
dir Freude machen und deine Seele erquicken.
18 **Wo keine Offenbarung ist, wird das
Volk wild und wüst; aber wohl dem, der
auf die Weisung achtet!**
19 Ein Knecht lässt sich mit Worten
nicht in Zucht halten; denn wenn er sie
auch versteht, so nimmt er sie doch nicht
an.
20 Siehst du einen, der [a]schnell ist zu
reden, da ist für einen Toren mehr Hoffnung als für ihn.
21 Wenn ein Knecht von Jugend auf
verwöhnt wird, so wird er am Ende widerspenstig sein.
22 Ein [a]zorniger Mann richtet Streit
an, und ein Grimmiger tut viel Sünde.
23 [a]Die Hoffart des Menschen wird ihn

28,17: *a* 1. Mose 4,14 **28,20:** *a* Kap 13,11 **28,21:** *a* Kap 18,5; 5. Mose 1,17 **28,22:** *a* Kap 23,4; 1. Tim 6,9 **28,24:** *a* Mt 15,5 **28,26:** *a* Kap 3,5-6 **29,1:** *a* Kap 15,10 **29,2:** *a* Kap 11,10 **29,3:** *a* Lk 15,13.30 **29,11:** *a* Kap 12,23; *b* Kap 25,28 **29,13:** *a* Kap 22,2; *b* Hiob 33,30; Ps 13,4 **29,14:** *a* Kap 16,12 **29,15:** *a* Kap 22,15; 1. Kön 1,6 **29,16:** *a* Ps 37,35-36 **29,17:** *a* Kap 23,13 **29,20:** *a* Pred 5,1-2; Jak 1,19 **29,22:** *a* Kap 15,18; 22,24 **29,23:** *a* Mt 23,12

stürzen; aber [b]der Demütige wird Ehre
empfangen.

24 Wer mit Dieben gemeinsame Sache
macht, hasst sein Leben; [a]den Fluch
hört er aussprechen und zeigt's nicht an.

25 Menschenfurcht bringt zu Fall; wer
sich aber auf den Herrn verlässt, wird
beschützt.[a]

26 Viele suchen das Angesicht eines
Fürsten; aber eines jeglichen Recht
kommt vom Herrn.

27 Ein ungerechter Mensch ist dem Ge-
rechten ein Gräuel; und wer recht wan-
delt, ist dem Gottlosen ein Gräuel.

Die Sprüche Agurs

30 Dies sind die Worte Agurs, des
Sohnes des Jake, aus [a]Massa. Es
spricht der Mann: Ich habe mich ge-
müht, o Gott, ich habe mich gemüht, o
Gott, und muss davon lassen. 2 Denn ich
bin der Allertörichtste, und Menschen-
verstand habe ich nicht. 3 Weisheit hab
ich nicht gelernt, und Erkenntnis des
Heiligen habe ich nicht. 4 Wer ist hinauf-
gefahren zum Himmel und wieder herab?
Wer hat den Wind in seine Hände ge-
fasst? Wer hat die Wasser in ein Kleid
gebunden? Wer hat alle Enden der Welt
bestimmt? Wie heißt er? Und wie heißt
sein Sohn? Weißt du das?[a]

5 Alle [a]Worte Gottes sind durchläu-
tert; er ist ein Schild denen, die auf ihn
trauen. 6 [a]Tu nichts zu seinen Worten
hinzu, dass er dich nicht zur Rechen-
schaft ziehe und du als Lügner dastehst.

7 Zweierlei bitte ich von dir, das wollest
du mir nicht verweigern, ehe denn ich
sterbe: 8 Falschheit und Lüge lass ferne
von mir sein; Armut und Reichtum gib
mir nicht; [a]lass mich aber mein Teil
Speise dahinnehmen, das du mir beschie-
den hast. 9 Ich könnte sonst, wenn ich zu
satt würde, verleugnen und sagen: [a]Wer
ist der Herr? Oder wenn ich zu arm
würde, könnte ich stehlen und mich an
dem Namen meines Gottes vergreifen.

10 Verleumde nicht den Knecht bei sei-
nem Herrn, dass er dir nicht fluche und
du es büßen musst.

11 Es gibt eine Art, die ihrem Vater
flucht und ihre Mutter nicht segnet;
12 eine Art, die [a]sich rein dünkt und ist
doch von ihrem Schmutz nicht gewa-
schen; 13 eine Art, die ihre Augen hoch
trägt und ihre Augenlider emporhebt;
14 eine Art, die Schwerter als Zähne hat
und Messer als Backenzähne und ver-
zehrt die Elenden im Lande und die Ar-
men unter den Leuten.

15 Der Blutegel hat zwei Töchter, die
heißen: »Gib her, gib her!«

Drei sind nicht zu sättigen, und vier
sagen nie: »Es ist genug«: 16 das Toten-
reich und der Frauen verschlossner
Schoß, die Erde, die nicht des Wassers
satt wird, und das Feuer, das nie spricht:
»Es ist genug!«

17 Ein Auge, das den Vater verspottet,
und verachtet, der Mutter zu gehorchen,
das müssen die Raben am Bach aushacken
und die jungen Adler fressen.[a]

18 Drei sind mir zu wundersam, und
vier verstehe ich nicht: 19 des Adlers Weg
am Himmel, der Schlange Weg auf dem
Felsen, des Schiffes Weg mitten im Meer
und des Mannes Weg beim Weibe.

20 So ist der Weg der Ehebrecherin: sie
verschlingt und wischt sich den Mund
und spricht: Ich habe nichts Böses ge-
tan.

21 Ein Land wird durch dreierlei un-
ruhig, und viererlei kann es nicht ertra-
gen: 22 einen Knecht, wenn er König
wird; einen Toren, wenn er zu satt ist;[a]
23 eine [a]Verschmähte, wenn sie geehelicht
wird, und eine Magd, wenn sie ihre Her-
rin beerbt.

24 Vier sind die Kleinsten auf Erden
und doch klüger als die Weisen: 25 die
Ameisen – ein schwaches Volk, dennoch
schaffen sie im Sommer ihre Speise;[a]
26 die Klippdachse – ein schwaches Volk,
dennoch bauen sie ihr Haus in den Fel-
sen; 27 die Heuschrecken – sie haben kei-
nen König, dennoch ziehen sie aus in
Ordnung; 28 die Eidechse – man greift sie
mit den Händen, und sie ist doch in der
Könige Schlössern.

29 Drei haben einen stattlichen Gang,
und vier gehen stolz einher: 30 der Löwe,
mächtig unter den Tieren und kehrt um

29,23: *b* 1. Petr 5,5 **29,24:** *a* 3. Mose 5,1 **29,25:** *a* Mt 10,28 **30,1:** *a* 1. Mose 25,12.14 **30,4:** *a* Hiob 38,28-34 **30,5:** *a* Ps 12,7 **30,6:** *a* 5. Mose 4,2 **30,8:** *a* 1. Tim 6,6-8 **30,9:** *a* 2. Mose 5,2 **30,12:** *a* Kap 20,9 **30,17:** *a* Kap 20,20 **30,22:** *a* Pred 10,6-7 **30,23:** *a* 5. Mose 24,1-4 **30,25:** *a* Kap 6,6-8

vor niemandem; 31 der stolze Hahn, der
Widder und der König, wenn er einher-
geht vor seinem Heerbann.

32 Ob du töricht gehandelt und dich
überhoben hast oder ob du recht über-
legt hast: lege die Hand auf den Mund!
33 Denn wenn man Milch stößt, so wird
Butter daraus, und wer die Nase hart
schneuzt, zwingt Blut heraus, und wer
den Zorn reizt, ruft Streit hervor.

Die Worte an Lemuel

31 Dies sind die Worte Lemuels, des
Königs von [a]Massa, die ihn seine
Mutter lehrte.

2 Was, mein Auserwählter, soll ich dir
sagen, was, du Sohn meines Leibes, was,
mein erbetener Sohn? 3 Lass nicht den
Frauen deine Kraft und geh nicht die
Wege, auf denen sich die Könige ver-
derben![a] 4 Nicht den Königen, Lemuel,
ziemt es, [a]Wein zu trinken, nicht den
Königen, noch den Fürsten starkes Ge-
tränk! 5 Sie könnten beim Trinken des
Rechts vergessen und verdrehen die Sa-
che aller elenden Leute. 6 Gebt starkes
Getränk denen, die am Umkommen
sind, und Wein den betrübten Seelen,
7 dass sie trinken und ihres Elends ver-
gessen und ihres Unglücks nicht mehr
gedenken.

8 **Tu deinen Mund auf für die Stummen
und für die Sache aller, die verlassen
sind.**[a] 9 Tu deinen Mund auf und richte
in Gerechtigkeit und schaffe Recht dem
Elenden und Armen.

Lob der tüchtigen Hausfrau

10 Wem [a]eine tüchtige Frau beschert ist,
die ist viel edler als die köstlichsten Per-
len. 11 Ihres Mannes Herz darf sich auf
sie verlassen, und Nahrung wird ihm
nicht mangeln. 12 Sie tut ihm Liebes und
kein Leid ihr Leben lang.

13 Sie geht mit Wolle und Flachs um
und arbeitet gerne mit ihren Händen.
14 Sie ist wie ein Kaufmannsschiff; ihren
Unterhalt bringt sie von ferne. 15 Sie steht
vor Tage auf und gibt Speise ihrem
Hause, und dem Gesinde, was ihm zu-
kommt.

16 Sie trachtet nach einem Acker und
kauft ihn und pflanzt einen Weinberg
vom Ertrag ihrer Hände. 17 Sie gürtet ihre
Lenden mit Kraft und regt ihre Arme.
18 Sie merkt, wie ihr Fleiß Gewinn bringt;
ihr Licht verlischt des Nachts nicht. 19 Sie
streckt ihre Hand nach dem Rocken, und
ihre Finger fassen die Spindel.

20 Sie breitet ihre Hände aus zu dem
Armen und reicht ihre Hand dem Be-
dürftigen. 21 Sie fürchtet für die Ihren
nicht den Schnee; denn ihr ganzes Haus
hat wollene Kleider. 22 Sie macht sich
selbst Decken; feine Leinwand und Pur-
pur ist ihr Kleid.

23 Ihr Mann ist bekannt in den Toren,
wenn er sitzt bei den Ältesten des Lan-
des.

24 Sie macht einen Rock und verkauft
ihn, einen Gürtel gibt sie dem Händler.
25 Kraft und Würde sind ihr Gewand,
und sie lacht des kommenden Tages.
26 Sie tut ihren Mund auf mit Weisheit,
und auf ihrer Zunge ist gütige Weisung.
27 Sie schaut, wie es in ihrem Hause zu-
geht, und isst ihr Brot nicht mit Faul-
heit.

28 Ihre Söhne stehen auf und preisen
sie, ihr Mann lobt sie: 29 »Es sind wohl
viele tüchtige Frauen, du aber übertriffst
sie alle.«

30 **Lieblich und [a]schön sein ist nichts;
eine Frau, die den HERRN fürchtet, soll
man loben.** 31 Gebt ihr von den Früchten
ihrer Hände, und ihre Werke sollen sie
loben in den Toren!

31,1: *a* Kap 30,1 **31,3:** *a* 5.Mose 17,17; 1.Kön 11,1.4 **31,4:** *a* Kap 20,1 **31,8:** *a* Hiob 29,12 **31,10:** *a* Kap 18,22
31,30: *a* Kap 11,22

DER PREDIGER SALOMO
(KOHELET)

Inhaltsübersicht

Alles Irdische ist eitel

1 Dies sind die Reden des Predigers, des
Sohnes Davids, des Königs zu Jeru-
salem.
2 Es ist alles ganz eitel, sprach der Pre-
diger, es ist alles ganz eitel. 3 Was hat der
Mensch für Gewinn von all seiner Mühe,
die er hat unter der Sonne?[a] 4 [a]Ein Ge-
schlecht vergeht, das andere kommt; die
Erde aber bleibt immer bestehen. 5 Die
Sonne geht auf und geht unter und läuft
an ihren Ort, dass sie dort wieder auf-
gehe. 6 Der Wind geht nach Süden und
dreht sich nach Norden und wieder
herum an den Ort, wo er anfing. 7 Alle
Wasser laufen ins Meer, doch wird das
Meer nicht voller; an den Ort, dahin sie
fließen, fließen sie immer wieder.
8 Alles Reden ist so voll [a]Mühe, dass
niemand damit zu Ende kommt. [b]Das
Auge sieht sich niemals satt, und das Ohr
hört sich niemals satt. 9 Was geschehen
ist, eben das wird hernach sein. Was man
getan hat, eben das tut man hernach wie-
der, und es geschieht nichts Neues unter
der Sonne. 10 Geschieht etwas, von dem
man sagen könnte: »Sieh, das ist neu«?
Es ist längst vorher auch geschehen in
den Zeiten, die vor uns gewesen sind.
11 Man gedenkt derer nicht, die früher
gewesen sind, und derer, die hernach
kommen; man wird auch ihrer nicht ge-
denken bei denen, die noch später sein
werden.

Auch das Streben nach Weisheit ist eitel

12 Ich, der Prediger, war König über Is-
rael zu Jerusalem 13 und richtete mein
Herz darauf, die Weisheit zu suchen und
zu erforschen bei allem, was man unter
dem Himmel tut. Solch unselige Mühe
hat Gott den Menschenkindern gegeben,
dass sie sich damit quälen sollen. 14 Ich
sah an alles Tun, das unter der Sonne
geschieht, und siehe, es war alles eitel
und Haschen nach Wind. 15 [a]Krumm
kann nicht gerade werden, noch, was
fehlt, gezählt werden.
16 Ich sprach in meinem Herzen: Siehe,
ich bin herrlich geworden und habe mehr
Weisheit als alle, die vor mir gewesen
sind zu Jerusalem, und mein Herz hat
viel gelernt und erfahren. 17 Und ich rich-
tete mein Herz darauf, [a]dass ich lernte
Weisheit und erkennte Tollheit und Tor-
heit. Ich ward aber gewahr, dass auch
dies ein Haschen nach Wind ist. 18 Denn
wo viel Weisheit ist, da ist viel Grämen,
und wer viel lernt, der muss viel leiden.

Torheit und Weisheit sind beide eitel

2 Ich sprach in meinem Herzen:
Wohlan, ich will Wohlleben und gute
Tage haben! Aber siehe, das war auch
eitel. 2 Ich sprach zum Lachen: Du bist
toll!, und zur Freude: Was schaffst du?
3 Da dachte ich in meinem Herzen,
meinen Leib mit [a]Wein zu laben, doch
so, dass mein Herz mich mit Weisheit
leitete, und mich an Torheit zu halten, bis
ich sähe, was den Menschen zu tun gut
wäre, solange sie unter dem Himmel
leben. 4 Ich tat große Dinge: Ich baute
mir Häuser, ich pflanzte mir Weinberge,
5 ich machte mir Gärten und Lustgärten
und pflanzte allerlei fruchtbare Bäume
hinein; 6 ich machte mir Teiche, daraus zu

1,3: *a* Kap 2,23 **1,4:** *a* Ps 90,3 **1,8:** *a* Ps 90,10; *b* Spr 27,20 **1,15:** *a* Kap 7,13 **1,17:** *a* Kap 2,12; 7,25 **2,3:** *a* Spr 31,4

zu bewässern den Wald der grünenden
Bäume. 7Ich erwarb mir Knechte und
Mägde und hatte auch Gesinde, im
Hause geboren; ich hatte eine größere
Habe an Rindern und Schafen als alle,
die vor mir zu Jerusalem waren. 8Ich
sammelte mir auch Silber und Gold und
was Könige und Länder besitzen; ich be-
schaffte mir Sänger und Sängerinnen
und die Wonne der Menschen, Frauen in
Menge, 9und [a]war größer als alle, die
vor mir zu Jerusalem waren. Auch da
blieb meine Weisheit bei mir. 10Und al-
les, was meine Augen wünschten, das
gab ich ihnen und verwehrte meinem
Herzen keine Freude, sodass es fröhlich
war von aller meiner Mühe; und das war
mein Teil von aller meiner Mühe. 11Als
ich aber ansah alle meine Werke, die
meine Hand getan hatte, und die Mühe,
die ich gehabt hatte, siehe, da war es
alles eitel und Haschen nach Wind und
kein Gewinn unter der Sonne.

12Da wandte ich mich, zu betrachten
die Weisheit und die Tollheit und Tor-
heit. Denn was wird der Mensch tun, der
nach dem König kommen wird? Was
man schon längst getan hat. 13Da sah
ich, dass die Weisheit die Torheit über-
trifft wie das Licht die Finsternis; 14dass
der Weise seine Augen im Kopf hat, aber
die Toren in der Finsternis gehen; und
ich merkte doch, dass es dem einen geht
wie dem andern. 15Da dachte ich in mei-
nem Herzen: Wenn es denn mir geht wie
dem Toren, warum hab ich dann nach
Weisheit getrachtet? Da sprach ich in
meinem Herzen: Auch das ist eitel.
16Denn man gedenkt des Weisen nicht
für immer, ebenso wenig wie des Toren,
und in künftigen Tagen ist alles verges-
sen. Wie [a]stirbt doch der Weise samt
dem Toren!

17Darum verdross es mich zu leben,
denn es war mir zuwider, was unter der
Sonne geschieht, dass alles eitel ist und
Haschen nach Wind. 18Und mich ver-
dross alles, um das ich mich gemüht
hatte unter der Sonne, [a]weil ich es einem
Menschen lassen muss, der nach mir sein
wird. 19Denn wer weiß, ob er weise oder
töricht sein wird und soll doch herrschen
über alles, was ich mit Mühe und Weis-
heit geschafft habe unter der Sonne. Das
ist auch eitel.

20Da wandte ich mich dahin, dass ich
mein Herz verzweifeln ließ an allem, um
das ich mich mühte unter der Sonne.
21Denn es muss ein Mensch, der seine
Arbeit mit Weisheit, Verstand und Ge-
schicklichkeit mühsam getan hat, es
einem andern zum Erbteil überlassen,
der sich nicht darum gemüht hat. Das ist
auch eitel und ein großes Unglück.
22Denn was kriegt der Mensch von aller
seiner Mühe und dem Streben seines
Herzens, womit er sich abmüht unter der
Sonne? 23Alle seine Tage sind voller
Schmerzen, und voll Kummer ist sein
Mühen, dass auch sein Herz des Nachts
nicht Ruhe findet. Das ist auch eitel.

24Ist's nun [a]nicht besser für den Men-
schen, dass er esse und trinke und seine
Seele guter Dinge sei bei seinem Mühen?
Doch dies sah ich auch, dass es von
Gottes Hand kommt. 25Denn wer kann
fröhlich essen und genießen ohne ihn?
26Denn dem Menschen, der ihm gefällt,
gibt er Weisheit, Verstand und Freude;
[a]aber dem Sünder gibt er Mühe, dass er
sammle und häufe und es doch dem ge-
geben werde, der Gott gefällt. Auch das
ist eitel und Haschen nach Wind.

Alles hat seine Zeit

3 Ein [a]jegliches hat seine Zeit, und al-
les Vorhaben unter dem Himmel hat
seine Stunde: 2Geboren werden hat seine
Zeit, sterben hat seine Zeit; pflanzen hat
seine Zeit, ausreißen, was gepflanzt ist,
hat seine Zeit; 3töten hat seine Zeit, hei-
len hat seine Zeit; abbrechen hat seine
Zeit, bauen hat seine Zeit; 4weinen hat
seine Zeit, lachen hat seine Zeit; klagen
hat seine Zeit, tanzen hat seine Zeit;
5Steine wegwerfen hat seine Zeit, Steine
sammeln hat seine Zeit; herzen hat seine
Zeit, aufhören zu herzen hat seine Zeit;
6suchen hat seine Zeit, verlieren hat seine
Zeit; behalten hat seine Zeit, wegwerfen
hat seine Zeit; 7zerreißen hat seine Zeit,
zunähen hat seine Zeit; schweigen hat
seine Zeit, reden hat seine Zeit; 8lieben

2,9: *a* 1.Kön 10,23 **2,16:** *a* Ps 49,11 **2,18:** *a* Vers 21; Ps 39,7 **2,24:** *a* Kap 3,12.22; 5,17; 8,15; 9,7 **2,26:** *a* Spr 13,22; 28,8 **3,1:** *a* Kap 8,6; Ps 31,16

hat seine Zeit, hassen hat seine Zeit;
Streit hat seine Zeit, Friede hat seine
Zeit.
9 Man mühe sich ab, wie man will, so
hat man keinen Gewinn davon.
10 Ich sah die Arbeit, die Gott den
Menschen gegeben hat, dass sie sich da-
mit plagen. 11 Er hat alles schön gemacht
zu seiner Zeit, auch hat er die Ewigkeit in
ihr Herz gelegt; nur dass [a]der Mensch
nicht ergründen kann das Werk, das
Gott tut, weder Anfang noch Ende. 12 Da
merkte ich, dass es [a]nichts Besseres da-
bei gibt als fröhlich sein und sich gütlich
tun in seinem Leben. 13 Denn ein
Mensch, der da isst und trinkt und hat
guten Mut bei all seinem Mühen, das ist
eine Gabe Gottes.
14 Ich merkte, dass alles, was Gott tut,
das besteht für ewig; man kann nichts
dazutun noch wegtun. Das alles tut
Gott, dass man sich vor ihm fürchten
soll. 15 Was geschieht, das ist schon
längst gewesen, und was sein wird, ist
auch schon längst gewesen; und Gott
holt wieder hervor, was vergangen ist.

Vergänglichkeit des Menschen

16 Weiter sah ich unter der Sonne: An der
Stätte des Rechts war Gottlosigkeit, und
an der Stätte der Gerechtigkeit war Fre-
vel. 17 Da sprach ich in meinem Herzen:
[a]Gott wird richten den Gerechten und
den Gottlosen; denn alles Vorhaben und
alles Tun hat seine Zeit.
18 Ich sprach in meinem Herzen: Es
geschieht wegen der Menschenkinder,
damit Gott sie prüfe und sie sehen, dass
sie selber sind wie das Vieh. 19 Denn [a]es
geht dem Menschen wie dem Vieh: wie
dies stirbt, so stirbt auch er, und sie ha-
ben alle **einen** Odem, und der Mensch hat
nichts voraus vor dem Vieh; denn es ist
alles eitel. 20 Es fährt alles an **einen** Ort.
[a]Es ist alles aus Staub geworden und
wird wieder zu Staub. 21 Wer weiß, ob der
Odem der Menschen aufwärtsfahre und
der Odem des Viehes hinab unter die
Erde fahre? 22 So sah ich denn, dass
nichts Besseres ist, als dass ein Mensch
fröhlich sei in seiner Arbeit; denn das ist
sein Teil. Denn wer will ihn dahin brin-
gen, dass er sehe, was nach ihm gesche-
hen wird?

Bedrückung, Arbeitseifer, Vereinsamung

4 Wiederum sah ich alles Unrecht an,
das unter der Sonne geschieht, und
siehe, da waren Tränen derer, die Un-
recht litten und keinen Tröster hatten.
Und die ihnen Gewalt antaten, waren zu
mächtig, sodass sie keinen Tröster hat-
ten. 2 Da [a]pries ich die Toten, die schon
gestorben waren, mehr als die Leben-
digen, die noch das Leben haben. 3 Und
[a]besser daran als beide ist, wer noch
nicht geboren ist und des Bösen nicht
innewird, das unter der Sonne ge-
schieht.
4 Ich sah alles Mühen an und alles ge-
schickte Tun: da ist nur Eifersucht des
einen auf den andern. Das ist auch eitel
und Haschen nach Wind. 5 Ein Tor [a]legt
die Hände ineinander und verzehrt sein
eigenes Fleisch. 6 Besser eine Hand voll
mit Ruhe als beide Fäuste voll mit Mühe
und Haschen nach Wind.[a]
7 Wiederum sah ich Eitles unter der
Sonne: 8 Da ist einer, der steht allein und
hat weder Kind noch Bruder, doch ist
seiner Mühe kein Ende, und seine Augen
können nicht genug Reichtum sehen. Für
wen mühe ich mich denn und gönne mir
selber nichts Gutes? Das ist auch eitel
und eine böse Mühe.
9 [a]So ist's ja besser zu zweien als allein;
denn sie haben guten Lohn für ihre
Mühe. 10 Fällt einer von ihnen, so hilft
ihm sein Gesell auf. Weh dem, der allein
ist, wenn er fällt! Dann ist kein ande-
rer da, der ihm aufhilft. 11 Auch, wenn
zwei beieinanderliegen, wärmen sie sich;
wie kann ein Einzelner warm werden?
12 Einer mag überwältigt werden, aber
zwei können widerstehen, und eine drei-
fache Schnur reißt nicht leicht entzwei.

Volksgunst ist eitel

13 Ein Knabe, der arm, aber weise ist, ist
besser als ein König, der alt, aber töricht
ist und nicht versteht, sich raten zu las-
sen. 14 Denn aus dem Gefängnis ist er auf
den Thron gekommen und war doch arm
geboren, als jener noch König war.

3,11: *a* Kap 8,17 **3,12:** *a* Kap 2,24 **3,17:** *a* Kap 12,14 **3,19:** *a* Ps 49,13.21 **3,20:** *a* 1. Mose 3,19; Ps 146,4 **4,2:** *a* Hiob 3,11.13 **4,3:** *a* Kap 6,3 **4,5:** *a* Spr 24,33-34 **4,6:** *a* Spr 15,16 **4,9:** *a (9-12)* 1. Mose 2,18

15 Und ich sah alle Lebenden, die unter
der Sonne wandelten, bei dem zweiten
Knaben, der an jenes Stelle treten sollte.
16 Und es war kein Ende des Volks, vor
dem er herzog. Und doch wurden seiner
nicht froh, die später kamen. Das ist
auch eitel und Haschen nach Wind.

Warnung vor Unbedachtsamkeit beim Gottesdienst

17 [a]**Bewahre deinen Fuß, wenn du zum
Hause Gottes gehst, und komm, dass du
hörst.** Das ist besser, als wenn die Toren
[b]Opfer bringen; denn sie wissen nichts
5 als Böses zu tun. 1 Sei [a]nicht schnell
mit deinem Munde und lass dein
Herz nicht eilen, etwas zu reden vor
Gott; denn Gott ist im Himmel und du
auf Erden; darum [b]lass deiner Worte
wenig sein. 2 Denn wo viel Mühe ist, da
kommen Träume, und [a]wo viel Worte
sind, da hört man den Toren.

3 Wenn du Gott ein [a]Gelübde tust, so
zögere nicht, es zu halten; denn er hat
kein Gefallen an den Toren; was du ge-
lobst, das halte. 4 Es ist besser, du gelobst
nichts, als dass du nicht hältst, was du
gelobst. 5 Lass nicht zu, dass dein Mund
dich in Schuld bringe, und sprich vor
dem [a]Boten Gottes nicht: Es war ein
Versehen. Gott könnte zürnen über deine
Worte und verderben das Werk deiner
Hände. 6 Wo viel [a]Träume sind, da ist
Eitelkeit und viel Gerede; darum fürchte
Gott!

Warnung bei offenbarem Unrecht

7 Siehst du, wie im Lande der [a]Arme
Unrecht leidet und Recht und Gerechtig-
keit zum Raub geworden sind, dann
wundere dich nicht darüber; denn ein
Hoher schützt den andern, und noch
Höhere sind über beiden. 8 Aber immer
ist ein König, der dafür sorgt, dass das
Feld bebaut wird, ein Gewinn für das
Land.

Nichtigkeit des Reichtums

9 Wer Geld liebt, wird vom Geld niemals
satt, und [a]wer Reichtum liebt, wird kei-
nen Nutzen davon haben. Das ist auch
eitel. 10 Denn wo viele Güter sind, da
sind viele, die sie aufessen; und was hat
ihr Besitzer mehr davon als das Nach-
sehen? 11 Wer arbeitet, dem ist der Schlaf
süß, er habe wenig oder viel gegessen;
aber die Fülle lässt den Reichen nicht
schlafen.

12 Es ist ein böses Übel, das ich sah
unter der Sonne: [a]Reichtum, wohl ver-
wahrt, wird zum Schaden dem, der ihn
hat. 13 Denn der Reiche kommt um durch
ein böses Geschick, und wenn er einen
Sohn gezeugt hat, dem bleibt nichts in
der Hand. 14 Wie einer [a]nackt von seiner
Mutter Leibe gekommen ist, so fährt er
wieder dahin, wie er gekommen ist, und
trotz seiner Mühe [b]nimmt er nichts mit
sich in seiner Hand, wenn er dahinfährt.
15 Das ist ein böses Übel, dass er dahin-
fährt, wie er gekommen ist. Was hilft's
ihm denn, dass er in den Wind gearbeitet
hat? 16 Sein Leben lang hat er im Finstern
und in Trauer gesessen, in großem Grä-
men und Krankheit und Verdruss.

17 So habe ich nun das gesehen, dass es
gut und fein sei, wenn man isst und
trinkt und guten Mutes ist bei allem
Mühen, das einer sich macht unter der
Sonne in der kurzen Zeit seines Lebens,
die ihm Gott gibt; denn das ist sein Teil.
18 Denn wenn Gott einem Menschen
Reichtum und Güter gibt und lässt ihn
davon essen und trinken und sein Teil
nehmen und fröhlich sein bei seinem Mü-
hen, so ist das eine Gottesgabe. 19 Denn
er denkt nicht viel an die Kürze seines
Lebens, weil [a]Gott sein Herz erfreut.

6 Es ist ein Unglück, das ich sah unter
der Sonne, und es liegt schwer auf
den Menschen: 2 Da ist einer, dem Gott
Reichtum, Güter und Ehre gegeben hat,
und es mangelt ihm nichts, was sein Herz
begehrt; aber Gott gibt ihm doch nicht
Macht, es zu genießen, sondern ein
Fremder verzehrt es. Das ist auch eitel
und ein schlimmes Leiden. 3 Wenn einer
auch hundert Kinder zeugte und hätte
ein so langes Leben, dass er sehr alt
würde, aber er genösse das Gute nicht
und bliebe ohne Grab, von dem sage ich:
[a]Eine Fehlgeburt hat es besser als er.
4 Denn sie kommt ohne Leben, und in

4,17: *a* Ps 15,1; Jes 33,14-16; Mt 5,23-24; *b* 1.Sam 15,22 **5,1:** *a* Jak 1,19; *b* Mt 6,7 **5,2:** *a* Kap 10,14; Spr 10,19 **5,3:** *a* 5.Mose 23,22; 1.Sam 1,11.28; Ps 50,14 **5,5:** *a* Mal 2,7 **5,6:** *a* Jer 23,27-28 **5,7:** *a* 2.Mose 23,6 **5,9:** *a* Spr 28,22; Lk 12,15 **5,12:** *a* Mt 19,22 **5,14:** *a* Hiob 1,21; *b* Ps 49,18; 1.Tim 6,7 **5,19:** *a* Ps 73,26 **6,3:** *a* Kap 4,3

Finsternis fährt sie dahin, und ihr Name
bleibt von Finsternis bedeckt, 5auch hat
sie die Sonne nicht gesehen noch ge-
kannt; so hat sie mehr Ruhe als jener.
6Und ob er auch zweitausend Jahre lebte
und hätte nichts Gutes genossen: fährt
nicht alles dahin an **einen** Ort?

7Alles Mühen des Menschen ist für
seinen Mund, aber [a]sein Verlangen
bleibt ungestillt. 8Denn was hat ein Wei-
ser dem Toren voraus? Was hilft's dem
Armen, dass er versteht, unter den Le-
benden zu wandeln? 9Es ist besser, zu
gebrauchen, was vor Augen ist, als nach
anderm zu verlangen. Das ist auch eitel
und Haschen nach Wind.

Der Mensch hat keine Macht über sein Leben

10Was da ist, ist längst mit Namen ge-
nannt, und bestimmt ist, was ein Mensch
sein wird. [a]Darum kann er nicht hadern
mit dem, der ihm zu mächtig ist. 11Denn
je mehr Worte, desto mehr Eitelkeit; was
hat der Mensch davon? 12*Denn wer
weiß, was dem Menschen nützlich ist im
Leben, in seinen kurzen, eitlen Tagen, die
er verbringt [a]wie einen Schatten? Oder
wer will dem Menschen sagen, was nach
ihm kommen wird unter der Sonne?

Von der wahren Weisheit

7 **Ein [a]guter Ruf ist besser als gute
Salbe und der Tag des Todes besser
als der Tag der Geburt. 2Es ist besser, in
ein Haus zu gehen, wo man trauert, als
in ein Haus, wo man feiert; denn da zeigt
sich das Ende aller Menschen, und der
Lebende nehme es zu Herzen! 3Trauern
ist besser als Lachen; denn durch Trau-
ern wird das Herz gebessert. 4Das Herz
der Weisen ist dort, wo man trauert, aber
das Herz der Toren dort, wo man sich
freut.

5Es ist besser, das Schelten des Weisen
zu hören als den Gesang der Toren.
6Denn wie das Krachen der Dornen un-
ter den Töpfen, so ist das Lachen der
Toren; auch das ist eitel.

7Unrechter Gewinn macht den Weisen
zum Toren, und Bestechung verdirbt das
Herz. 8Der Ausgang einer Sache ist bes-
ser als ihr Anfang. Ein Geduldiger ist
besser als ein Hochmütiger. 9[a]Sei nicht
schnell, dich zu ärgern; denn Ärger ruht
im Herzen des Toren. 10Sprich nicht: Wie
kommt's, dass die früheren Tage besser
waren als diese? Denn du fragst das nicht
in Weisheit.

11Weisheit ist gut mit einem Erbgut
und hilft denen, die die Sonne sehen.
12Denn wie Geld beschirmt, so be-
schirmt auch Weisheit; aber [a]die Weis-
heit erhält das Leben dem, der sie hat.

13Sieh an die Werke Gottes; denn
[a]wer kann das gerade machen, was er
krümmt? 14Am guten Tage sei guter
Dinge, und am bösen Tag bedenke: Die-
sen hat Gott geschaffen wie jenen, damit
der Mensch nicht wissen soll, was künf-
tig ist.

15Dies alles hab ich gesehen in den
Tagen meines eitlen Lebens: [a]Da ist ein
Gerechter, der geht zugrunde in seiner
Gerechtigkeit, und da ist ein Gottloser,
der lebt lange in seiner Bosheit. 16Sei
nicht allzu gerecht und nicht allzu weise,
damit du dich nicht zugrunde richtest.[a]
17Sei nicht allzu gottlos und sei kein Tor,
damit du nicht stirbst vor deiner Zeit.
18Es ist gut, wenn du dich an das eine
hältst und auch jenes nicht aus der Hand
lässt; denn wer Gott fürchtet, der entgeht
dem allen.

19Die Weisheit macht den Weisen stär-
ker als zehn Gewaltige, die in der Stadt
sind. 20Denn es ist kein Mensch so ge-
recht auf Erden, dass er [a]nur Gutes tue
und nicht sündige. 21Nimm auch nicht
zu Herzen alles, was man sagt, dass du
nicht hören musst, wie dein Knecht dir
flucht; 22denn dein Herz weiß, dass du
andern auch oftmals geflucht hast. 23Das
alles hab ich versucht mit der Weisheit.
Ich dachte, ich will weise werden, sie
blieb aber ferne von mir. 24Alles, was da
ist, das ist fern und ist sehr tief; wer will's
finden?

25Ich richtete meinen Sinn darauf, zu
erfahren und zu erforschen und zu su-
chen Weisheit und Einsicht, zu erkennen,
dass [a]Gottlosigkeit Torheit ist und Narr-
heit Tollheit. 26Und ich fand, bitterer als
der Tod sei eine Frau, die ein Fangnetz

* Abweichende Verszählung statt 6,12: 7,1 ** Abweichende Verszählung statt 7,1-29: 7,2-30.

6,7: *a* Kap 1,8 **6,10:** *a* Hiob 9,2-4.32 **6,12:** *a* 1.Chr 29,15; Ps 144,4 **7,1:** *a* Spr 22,1 **7,9:** *a* Jak 1,19 **7,12:** *a* Spr 3,1-2 **7,13:** *a* Kap 1,15 **7,15:** *a* Kap 8,14; Ps 73,12-14 **7,16:** *a* Lk 18,11-12 **7,20:** *a* Ps 14,3 **7,25:** *a* Ps 14,1

ist und Stricke ihr Herz und Fesseln ihre
Hände. Wer Gott gefällt, der wird ihr
entrinnen; aber der Sünder wird durch
sie gefangen.[a] 27 Schau, das habe ich ge-
funden, spricht der Prediger, eins nach
dem andern, dass ich Erkenntnis fände.
28 Und ich suchte immerfort und hab's
nicht gefunden: unter tausend habe ich
einen Mann gefunden, aber eine Frau
hab ich unter allen nicht gefunden.
29 Schau, allein das hab ich gefunden:
[a]Gott hat den Menschen aufrichtig ge-
macht; aber sie suchen viele Künste.

8 Wer ist wie der Weise, und wer ver-
steht etwas zu deuten? Die Weisheit
des Menschen erleuchtet sein Angesicht;
aber ein freches Angesicht wird gehasst.

Das Unrecht in der Welt und das verborgene Walten Gottes

2 Achte auf das Wort des Königs; aber
wenn du einen Eid bei Gott leisten sollst,
3 so übereile dich nicht! Geh von seinem
Angesicht weg und halte dich nicht zu
einer bösen Sache; denn er tut alles, was
er will. 4 In des Königs Wort ist Gewalt,
und wer darf zu ihm sagen: Was machst
du?

5 Wer das Gebot hält, der will nichts
von einer bösen Sache wissen; denn des
Weisen Herz weiß um Zeit und Gericht.
6 Denn [a]jedes Vorhaben hat seine Zeit
und sein Gericht, und des Menschen
Bosheit liegt schwer auf ihm. 7 Denn er
weiß nicht, was geschehen wird, und
[a]wer will ihm sagen, wie es werden wird?
8 Der Mensch hat keine Macht, den
Wind aufzuhalten, und hat keine Macht
über den Tag des Todes, und keiner
bleibt verschont im Krieg, und das gott-
lose Treiben rettet den Gottlosen nicht.
9 Das alles hab ich gesehen und richtete
mein Herz auf alles Tun, das unter der
Sonne geschieht zur Zeit, da ein Mensch
herrscht über den andern zu seinem Un-
glück.

10 Und weiter sah ich Gottlose, die be-
graben wurden und zur Ruhe kamen;
aber die recht getan hatten, mussten hin-
weg von heiliger Stätte und wurden ver-
gessen in der Stadt. Das ist auch eitel.

11 Weil [a]das Urteil über böses Tun
nicht sogleich ergeht, wird das Herz der
Menschen voll Begier, Böses zu tun.
12 [a]Wenn ein Sünder auch hundertmal
Böses tut und lange lebt, so weiß ich
doch, dass es wohlgehen wird denen,
die Gott fürchten, die sein Angesicht
scheuen. 13 Aber dem Gottlosen wird es
nicht wohlgehen, und wie ein Schatten
werden nicht lange leben, die sich vor
Gott nicht fürchten.

14 Es ist eitel, was auf Erden geschieht:
[a]Es gibt Gerechte, denen geht es, als
hätten sie Werke der Gottlosen getan,
und es gibt Gottlose, denen geht es, als
hätten sie Werke der Gerechten getan.
Ich sprach: Das ist auch eitel. 15 Darum
pries ich die Freude, dass der Mensch
[a]nichts Besseres hat unter der Sonne, als
zu essen und zu trinken und fröhlich zu
sein. Das bleibt ihm bei seinem Mühen
sein Leben lang, das Gott ihm gibt unter
der Sonne.

16 Ich richtete mein Herz darauf, zu
erkennen die Weisheit und zu schauen
die Mühe, die auf Erden geschieht, dass
einer weder Tag noch Nacht Schlaf be-
kommt in seine Augen. 17 Und ich sah
alles Tun Gottes, dass [a]ein Mensch das
Tun nicht ergründen kann, das unter der
Sonne geschieht. Und je mehr der
Mensch sich müht zu suchen, desto we-
niger findet er. Und auch wenn der Weise
meint: »Ich weiß es«, so kann er's doch
nicht finden.

Aufruf zur Freude trotz der Eitelkeit des Lebens

9 Denn ich habe das alles zu Herzen
genommen, um dies zu erforschen:
Gerechte und Weise und ihr Tun sind in
Gottes Hand. Auch über Liebe und Hass
bestimmt der Mensch nicht; alles ist vor
ihm festgelegt. 2 [a]Es begegnet dasselbe
dem einen wie dem andern: dem Ge-
rechten wie dem Gottlosen, dem Guten
und Reinen wie dem Unreinen; dem, der
opfert, wie dem, der nicht opfert. Wie es
dem Guten geht, so geht's auch dem
Sünder. Wie es dem geht, der schwört, so
geht's auch dem, der den Eid scheut.
3 Das ist das Unglück bei allem, was

7,26: *a* Spr 2,16-22 **7,29:** *a* 1.Mose 1,27 **8,6:** *a* Kap 3,1 **8,7:** *a* Kap 10,14 **8,11:** *a* Hiob 35,15-16; Mal 3,14-15 **8,12:** *a (12-13)* Ps 37,18; 73,17-26 **8,14:** *a* Kap 7,15 **8,15:** *a* Kap 2,24 **8,17:** *a* Kap 3,11; Jes 55,8-9 **9,2:** *a* Kap 2,14; Hiob 9,22

unter der Sonne geschieht, dass es dem
einen geht wie dem andern. Und [a]dazu
ist das Herz der Menschen voll Bosheit,
und Torheit ist in ihrem Herzen, solange
sie leben; danach müssen sie sterben.
4 Denn wer noch bei den Lebenden weilt,
der hat Hoffnung; denn ein lebender
Hund ist besser als ein toter Löwe.
5 Denn die Lebenden wissen, dass sie
sterben werden, die Toten aber wissen
nichts; sie haben auch keinen Lohn mehr,
denn ihr Andenken ist vergessen. 6 Ihr
Lieben und ihr Hassen und ihr Eifern ist
längst dahin; sie haben kein Teil mehr
auf der Welt an allem, was unter der
Sonne geschieht.

7 So geh hin und [a]iss dein Brot mit
Freuden, trink deinen Wein mit gutem
Mut; denn dies dein Tun hat Gott schon
längst gefallen. 8 Lass deine Kleider im-
mer weiß sein und lass deinem Haupte
Salbe nicht mangeln. 9 [a]Genieße das Le-
ben mit deiner Frau, die du lieb hast,
solange du das eitle Leben hast, das dir
Gott unter der Sonne gegeben hat; denn
das ist dein Teil am Leben und bei deiner
Mühe, mit der du dich mühst unter der
Sonne. 10 Alles, was dir vor die Hände
kommt, es zu tun mit deiner Kraft, das
tu; denn bei den Toten, zu denen du
fährst, gibt es weder Tun noch Denken,
weder Erkenntnis noch Weisheit.

Wertlosigkeit der Weisheit

11 Wiederum sah ich, wie es unter der
Sonne zugeht: Zum Laufen hilft nicht
schnell sein, zum Kampf hilft nicht stark
sein, zur Nahrung hilft nicht geschickt
sein, zum Reichtum hilft nicht klug sein;
dass einer angenehm sei, dazu hilft nicht,
dass er etwas gut kann, sondern [a]alles
liegt an Zeit und Glück. 12 Auch weiß der
Mensch seine Zeit nicht, sondern wie die
Fische gefangen werden mit dem ver-
derblichen Netz und wie die Vögel mit
dem Garn gefangen werden, so werden
auch die Menschen verstrickt zur bösen
Zeit, wenn sie plötzlich über sie fällt.

13 Ich habe unter der Sonne auch diese
Weisheit gesehen, die mich groß dünkte:
14 Da war eine kleine Stadt und wenig
Männer darin, und es kam ein großer
König, der belagerte sie und baute große
Bollwerke gegen sie. 15 Und es fand sich
darin ein armer, weiser Mann, der hätte
die Stadt retten können durch seine Weis-
heit; aber kein Mensch dachte an diesen
armen Mann. 16 Da sprach ich: Weisheit
ist zwar besser als Stärke, doch des
Armen Weisheit wird verachtet, und auf
seine Worte hört man nicht. 17 Der Wei-
sen Worte, in Ruhe vernommen, sind
besser als des Herrschers Schreien unter
den Törichten. 18 Weisheit ist besser als
Kriegswaffen; aber ein einziger Böse-
wicht verdirbt viel Gutes.

Über Weisheit und Torheit

10 Tote Fliegen verderben gute Sal-
ben. Ein wenig Torheit wiegt
schwerer als Weisheit und Ehre. 2 Des
Weisen Herz ist zu seiner Rechten, aber
des Toren Herz ist zu seiner Linken.
3 Auch wenn der Tor auf der Straße geht,
fehlt es ihm an Verstand, doch er hält
jeden andern für einen Toren.

4 Wenn des Herrschers Zorn wider dich
ergeht, so verlass deine Stätte nicht; denn
Gelassenheit wendet großes Unheil ab.
5 Dies ist ein Unglück, das ich sah unter
der Sonne, gleich einem Versehen, das
vom Gewaltigen ausgeht: 6 Ein Tor sitzt
in großer Würde, und Reiche müssen in
Niedrigkeit sitzen. 7 Ich sah Knechte auf
Rossen und Fürsten zu Fuß gehen wie
Knechte.

8 [a]Wer eine Grube gräbt, der kann
selbst hineinfallen, und wer eine Mauer
einreißt, den kann eine Schlange beißen.
9 Wer Steine bricht, der kann sich dabei
wehe tun, und wer Holz spaltet, der kann
dabei verletzt werden. 10 Wenn ein Eisen
stumpf wird und an der Schneide unge-
schliffen bleibt, muss man mit ganzer
Kraft arbeiten. Aber Weisheit bringt
Vorteil und Gewinn. 11 Wenn die
Schlange beißt vor der Beschwörung, so
hat der Beschwörer keinen Vorteil.[a]

12 Die Worte aus dem Munde des Wei-
sen bringen ihm Gunst; aber des Toren
Lippen verschlingen ihn selber. 13 Der
Anfang seiner Worte ist Narrheit und
das Ende verderbliche Torheit. 14 Der Tor
macht [a]viele Worte; aber [b]der Mensch

9,3: *a* Kap 8,11 **9,7:** *a* Kap 2,24 **9,9:** *a* Spr 5,18-19 **9,11:** *a* Spr 16,9 **10,8:** *a* Spr 26,27 **10,11:** *a* Ps 58,5-6 **10,14:** *a* Kap 5,2; *b* Kap 8,7

weiß nicht, was sein wird, und wer will
ihm sagen, was nach ihm werden wird?
15 Die Arbeit ermüdet den Toren, der
nicht einmal weiß, in die Stadt zu gehen.
16 Weh dir, Land, dessen [a]König ein
Kind ist und dessen Fürsten schon [b]in
der Frühe tafeln! 17 Wohl dir, Land, des-
sen König ein Edler ist und dessen Fürs-
ten zur rechten Zeit tafeln als ehrbare
Männer und nicht als Zecher. 18 Durch
Faulheit sinken die Balken, und durch
lässige Hände tropft es im Haus.
19 Man hält Mahlzeiten, um zu lachen,
und [a]der Wein erfreut das Leben, und
das Geld muss alles zuwege bringen.
20 Fluche dem König auch nicht in Ge-
danken und fluche dem Reichen auch
nicht in deiner Schlafkammer; denn die
Vögel des Himmels tragen die Stimme
fort, und die Fittiche haben, sagen's
weiter.

**Berechne nicht die Zukunft,
sondern nütze den Tag!**

11 Lass dein Brot über das Wasser fah-
ren; denn du wirst es finden nach
langer Zeit. 2 Verteil es unter sieben oder
unter acht; denn du weißt nicht, was für
Unglück auf Erden kommen wird.
3 Wenn die Wolken voll sind, so geben
sie Regen auf die Erde, und wenn der
Baum fällt – er falle nach Süden oder
Norden zu –, wohin er fällt, da bleibt er
liegen. 4 Wer auf den Wind achtet, der sät
nicht, und wer auf die Wolken sieht, der
erntet nicht. 5 Gleichwie du nicht weißt,
[a]welchen Weg der Wind nimmt und wie
die [b]Gebeine im Mutterleibe bereitet
werden, so kannst du auch [c]Gottes Tun
nicht wissen, der alles wirkt.
6 Am Morgen säe deinen Samen, und
lass deine Hand bis zum Abend nicht
ruhen; denn du weißt nicht, was geraten
wird, ob dies oder das oder ob beides
miteinander gut gerät. 7 Es ist das Licht
süß, und den Augen lieblich, die Sonne
zu sehen. 8 Denn wenn ein Mensch viele
Jahre lebt, so sei er fröhlich in ihnen allen
und denke an die finstern Tage, dass es
viele sein werden; denn alles, was kommt,
ist eitel.

**Freue dich deiner Jugend,
ehe Alter und Tod kommen!**

9 So [a]freue dich, Jüngling, in deiner Ju-
gend und lass dein Herz guter Dinge sein
in deinen jungen Tagen. Tu, was dein
Herz gelüstet und deinen Augen gefällt;
aber wisse, dass dich Gott um das alles
vor Gericht ziehen wird. 10 Lass den Un-
mut fern sein von deinem Herzen und
halte fern das Übel von deinem Leibe;
denn Kindheit und Jugend sind eitel.

12 Denk an deinen Schöpfer in deiner
Jugend, ehe die bösen Tage kom-
men und die Jahre sich nahen, da du
wirst sagen: »Sie gefallen mir nicht«;
2 ehe die Sonne und das Licht, Mond und
Sterne finster werden und Wolken wie-
derkommen nach dem Regen, – 3 *zur
Zeit, wenn die Hüter des Hauses zittern
und die Starken sich krümmen und mü-
ßig stehen die Müllerinnen, weil es so
wenige geworden sind, und wenn finster
werden, die durch die Fenster sehen,
4 und wenn die Türen an der Gasse sich
schließen, dass die Stimme der Mühle
leiser wird, und wenn sie sich hebt, wie
wenn ein Vogel singt, und alle Töchter
des Gesanges sich neigen; 5 wenn man
vor Höhen sich fürchtet und sich ängstigt
auf dem Wege, wenn der Mandelbaum
blüht und die Heuschrecke sich belädt
und die Kaper aufbricht; denn der
Mensch fährt dahin, wo er ewig bleibt,
und die Klageleute gehen umher auf der
Gasse; – 6 ehe der silberne Strick zerreißt
und die goldene Schale zerbricht und der
Eimer zerschellt an der Quelle und das
Rad zerbrochen in den Brunnen fällt.
7 Denn [a]der Staub muss wieder zur Erde
kommen, wie er gewesen ist, und der
Geist wieder zu Gott, der ihn gegeben
hat.
8 Es ist alles ganz eitel, spricht der Pre-
diger, ganz eitel.

Nachwort über den Prediger

9 Es bleibt noch übrig zu sagen: Der Pre-
diger war ein Weiser und lehrte auch das
Volk gute Lehre, und er erwog und

* Bilder für das Altern der Menschen.

10,16: *a* Jes 3,4; *b* Jes 5,11 **10,19:** *a* Ps 104,15 **11,5:** *a* Joh 3,8; *b* Ps 139,13; *c* Kap 8,17 **11,9:** *a* Kap 2,24 **12,7:** *a* Kap 3,20; 1. Mose 3,19

forschte und dichtete viele Sprüche. 10 Er
suchte, dass er fände angenehme Worte
und schriebe recht die Worte der Wahr-
heit. 11 Die Worte der Weisen sind wie
Stacheln, und [a]wie eingeschlagene Nägel
sind die einzelnen Sprüche; sie sind von
einem Hirten gegeben.
12 Und über dem allen, mein Sohn, lass
dich warnen; denn des vielen Büchermachens ist kein Ende, und viel Studieren
macht den Leib müde. 13 **Lasst uns die
Hauptsumme aller Lehre hören: [a]Fürchte
Gott und halte seine Gebote; denn das gilt
für alle Menschen.** 14 **Denn Gott wird alle
Werke vor Gericht bringen, alles, was verborgen ist, es sei gut oder böse.**[a]

12,11: *a* Jes 22,23 **12,13:** *a* 5. Mose 6,2 **12,14:** *a* Röm 2,16; 2. Kor 5,10

DAS HOHELIED SALOMOS

(vgl. Ps 45,1-18)

Inhaltsübersicht

Eine Sammlung Liebeslieder *Kap 1–8*

1 Das Hohelied Salomos.
2 Er küsse mich mit dem Kusse sei-
nes Mundes; denn deine Liebe ist lieb-
licher als Wein. 3 Es riechen deine Salben
köstlich; dein Name ist eine ausgeschüt-
tete Salbe, darum lieben dich die Mäd-
chen. 4 Zieh mich dir nach, so wollen wir
laufen. Der König führte mich in seine
Kammern. Wir wollen uns freuen und
fröhlich sein über dich; wir preisen deine
Liebe mehr als den Wein. Herzlich lieben
sie dich.
5 Ich bin braun, aber gar lieblich, ihr
Töchter Jerusalems, wie die Zelte Kedars,
wie die Teppiche Salomos. 6 Seht mich
nicht an, dass ich so braun bin; denn die
Sonne hat mich so verbrannt. Meiner
Mutter Söhne zürnten mit mir. Sie haben
mich zur Hüterin der Weinberge gesetzt;
aber meinen eigenen Weinberg habe ich
nicht behütet.
7 Sage mir an, du, den meine Seele
liebt, wo du weidest, wo du ruhst am
Mittag, damit ich nicht herumlaufen
muss bei den Herden deiner Gesellen.
8 Weißt du es nicht, du Schönste unter
den Frauen, so geh hinaus auf die Spuren
der Schafe und weide deine Zicklein bei
den Zelten der Hirten.
9 Ich vergleiche dich, meine Freundin,
einer Stute an den Wagen des Pharao.
10 Deine Wangen sind lieblich mit den
Kettchen und dein Hals mit den Perlen-
schnüren. 11 Wir wollen dir goldene Kett-
chen machen mit kleinen silbernen Ku-
geln.
12 Als der König sich herwandte, gab
meine Narde ihren Duft. 13 Mein Freund
ist mir ein Büschel Myrrhen, das zwi-
schen meinen Brüsten hängt. 14 Mein
Freund ist mir eine Traube von Zyper-
blumen in den Weingärten von En-Gedi.
15 Siehe, meine Freundin, du bist
schön; schön bist du, deine Augen sind
wie Taubenaugen.
16 Siehe, mein Freund, du bist schön
und lieblich. Unser Lager ist grün. 17 Die
Balken unserer Häuser sind Zedern, un-
sere Täfelung Zypressen.

2 Ich bin eine Blume in Scharon und
eine Lilie im Tal.
2 Wie eine Lilie unter den Dornen, so
ist meine Freundin unter den Mädchen.
3 Wie ein Apfelbaum unter den wilden
Bäumen, so ist mein Freund unter den
Jünglingen. Unter seinem Schatten zu
sitzen begehre ich, und seine Frucht ist
meinem Gaumen süß.
4 Er führt mich in den Weinkeller, und
die Liebe ist sein Zeichen über mir. 5 Er
erquickt mich mit Traubenkuchen und
labt mich mit Äpfeln; denn ich bin krank
vor Liebe. 6 Seine Linke liegt unter mei-
nem Haupte, und seine Rechte herzt
mich.
7 Ich beschwöre euch, ihr Töchter Jeru-
salems, bei den Gazellen oder bei den
Hinden auf dem Felde, dass ihr die Liebe
nicht aufweckt und nicht stört, bis es ihr
selbst gefällt.
8 Da ist die Stimme meines Freundes!
Siehe, er kommt und hüpft über die
Berge und springt über die Hügel. 9 Mein
Freund gleicht einer Gazelle oder einem
jungen Hirsch. Siehe, er steht hinter uns-
rer Wand und sieht durchs Fenster und
blickt durchs Gitter. 10 Mein Freund ant-
wortet und spricht zu mir:
Steh auf, meine Freundin, meine
Schöne, und komm her! 11 Denn siehe,
der Winter ist vergangen, der Regen ist
vorbei und dahin. 12 Die Blumen sind
aufgegangen im Lande, der Lenz ist her-

beigekommen, und die Turteltaube lässt
sich hören in unserm Lande. 13 Der Fei-
genbaum hat Knoten gewonnen, und
die Reben duften mit ihren Blüten. Steh
auf, meine Freundin, und komm, meine
Schöne, komm her! 14 Meine Taube in
den Felsklüften, im Versteck der Fels-
wand, zeige mir deine Gestalt, lass mich
hören deine Stimme; denn deine Stimme
ist süß, und deine Gestalt ist lieblich.

15 Fangt uns die Füchse, die kleinen
Füchse, die die Weinberge verderben;
denn unsere Weinberge haben Blüten be-
kommen.

16 Mein Freund ist mein und ich bin
sein, der unter den Lilien weidet. 17 Bis
der Tag kühl wird und die Schatten
schwinden, wende dich her gleich einer
Gazelle, mein Freund, oder gleich einem
jungen Hirsch auf den Balsambergen.

3 Des Nachts auf meinem Lager suchte
ich, den meine Seele liebt. Ich suchte;
aber ich fand ihn nicht. 2 Ich will auf-
stehen und in der Stadt umhergehen auf
den Gassen und Straßen und suchen, den
meine Seele liebt. Ich suchte; aber ich
fand ihn nicht. 3 Es fanden mich die
Wächter, die in der Stadt umhergehen:
»Habt ihr nicht gesehen, den meine Seele
liebt?« 4 Als ich ein wenig an ihnen vor-
über war, da fand ich, den meine Seele
liebt. Ich hielt ihn und ließ ihn nicht los,
bis ich ihn brachte in meiner Mutter
Haus, in die Kammer derer, die mich
geboren hat. – 5 Ich beschwöre euch, ihr
Töchter Jerusalems, bei den Gazellen
oder bei den Hinden auf dem Felde, dass
ihr die Liebe nicht aufweckt und nicht
stört, bis es ihr selbst gefällt.

6 Was steigt da herauf aus der Wüste
wie ein gerader Rauch, wie ein Duft von
Myrrhe, Weihrauch und allerlei Gewürz
des Krämers? 7 Siehe, es ist die Sänfte
Salomos; sechzig Starke sind um sie her
von den Starken in Israel. 8 Alle halten sie
Schwerter und sind geübt im Kampf; ein
jeder hat sein Schwert an der Hüfte ge-
gen die Schrecken der Nacht. 9 Der Kö-
nig Salomo ließ sich eine Sänfte machen
aus Holz vom Libanon. 10 Ihre Säulen
machte er aus Silber, ihre Lehnen aus
Gold, ihren Sitz mit Purpur bezogen, ihr
Inneres mit Ebenholz eingelegt. – Ihr
Töchter Jerusalems, 11 kommt heraus und
seht, ihr Töchter Zions, den König Sa-
lomo mit der Krone, mit der ihn seine
Mutter gekrönt hat am Tage seiner
Hochzeit, am Tage der Freude seines
Herzens.

4 Siehe, meine Freundin, du bist schön!
Siehe, schön bist du! Deine Augen
sind wie Taubenaugen hinter deinem
Schleier. Dein Haar ist wie eine Herde
Ziegen, die herabsteigen vom Gebirge
Gilead. 2 Deine Zähne sind wie eine
Herde geschorener Schafe, die aus der
Schwemme kommen; alle haben sie Zwil-
linge, und keines unter ihnen ist un-
fruchtbar. 3 Deine Lippen sind wie eine
scharlachfarbene Schnur, und dein Mund
ist lieblich. Deine Schläfen sind hinter
deinem Schleier wie eine Scheibe vom
Granatapfel. 4 Dein Hals ist wie der
Turm Davids, mit Brustwehr gebaut, an
der tausend Schilde hangen, lauter
Schilde der Starken. 5 Deine beiden Brüs-
te sind wie junge Zwillinge von Gazellen,
die unter den Lilien weiden. 6 Bis der Tag
kühl wird und die Schatten schwinden,
will ich zum Myrrhenberge gehen und
zum Weihrauchhügel. 7 Du bist wunder-
bar schön, meine Freundin, und kein
Makel ist an dir.

8 Komm mit mir, meine Braut, vom
Libanon, komm mit mir vom Libanon,
steig herab von der Höhe des Amana,
von der Höhe des Senir und Hermon,
von den Wohnungen der Löwen, von den
Bergen der Leoparden!

9 Du hast mir das Herz genommen,
meine Schwester, liebe Braut, du hast mir
das Herz genommen mit einem einzigen
Blick deiner Augen, mit einer einzigen
Kette an deinem Hals. 10 Wie schön ist
deine Liebe, meine Schwester, liebe
Braut! Deine Liebe ist lieblicher als Wein,
und der Geruch deiner Salben übertrifft
alle Gewürze. 11 Von deinen Lippen,
meine Braut, träufelt Honigseim. Honig
und Milch sind unter deiner Zunge, und
der Duft deiner Kleider ist wie der Duft
des Libanon.

12 Meine Schwester, liebe Braut, du
bist ein verschlossener Garten, eine ver-
schlossene Quelle, ein versiegelter Born.
13 Du bist gewachsen wie ein Lustgarten
von Granatäpfeln mit edlen Früchten,
Zyperblumen mit Narden, 14 Narde und

Safran, Kalmus und Zimt, mit allerlei Weihrauchsträuchern, Myrrhe und Aloe, mit allen feinen Gewürzen. 15 Ein Gartenbrunnen bist du, ein Born lebendigen Wassers, das vom Libanon fließt.

16 Steh auf, Nordwind, und komm, Südwind, und wehe durch meinen Garten, dass der Duft seiner Gewürze ströme! Mein Freund komme in seinen Garten und esse von seinen edlen Früchten.

5 Ich bin gekommen, meine Schwester, liebe Braut, in meinen Garten. Ich habe meine Myrrhe samt meinen Gewürzen gepflückt; ich habe meine Wabe samt meinem Honig gegessen; ich habe meinen Wein samt meiner Milch getrunken. Esst, meine Freunde, und trinkt und werdet trunken von Liebe!

2 Ich schlief, aber mein Herz war wach. Da ist die Stimme meines Freundes, der anklopft: »Tu mir auf, liebe Freundin, meine Schwester, meine Taube, meine Reine! Denn mein Haupt ist voll Tau und meine Locken voll Nachttropfen.« 3 »Ich habe mein Kleid ausgezogen – wie soll ich es wieder anziehen? Ich habe meine Füße gewaschen – wie soll ich sie wieder schmutzig machen?« 4 Mein Freund steckte seine Hand durchs Riegelloch, und mein Innerstes wallte ihm entgegen. 5 Da stand ich auf, dass ich meinem Freunde auftäte; meine Hände troffen von Myrrhe und meine Finger von fließender Myrrhe am Griff des Riegels. 6 Aber als ich meinem Freund aufgetan hatte, war er weg und fortgegangen. Meine Seele war außer sich, dass er sich abgewandt hatte. Ich suchte ihn, aber ich fand ihn nicht; ich rief, aber er antwortete mir nicht. 7 Es fanden mich die Wächter, die in der Stadt umhergehen; die schlugen mich wund. Die Wächter auf der Mauer nahmen mir meinen Überwurf.

8 Ich beschwöre euch, ihr Töchter Jerusalems, findet ihr meinen Freund, so sagt ihm, dass ich vor Liebe krank bin.

9 Was hat dein Freund vor andern Freunden voraus, o du Schönste unter den Frauen? Was hat dein Freund vor andern Freunden voraus, dass du uns so beschwörst?

10 Mein Freund ist weiß und rot, auserkoren unter vielen Tausenden. 11 Sein Haupt ist das feinste Gold. Seine Locken sind kraus, schwarz wie ein Rabe. 12 Seine Augen sind wie Tauben an den Wasserbächen, sie baden in Milch und sitzen an reichen Wassern. 13 Seine Wangen sind wie Balsambeete, in denen Gewürzkräuter wachsen. Seine Lippen sind wie Lilien, die von fließender Myrrhe triefen. 14 Seine Finger sind wie goldene Stäbe, voller Türkise. Sein Leib ist wie reines Elfenbein, mit Saphiren geschmückt. 15 Seine Beine sind wie Marmorsäulen, gegründet auf goldenen Füßen. Seine Gestalt ist wie der Libanon, auserwählt wie Zedern. 16 Sein Mund ist süß, und alles an ihm ist lieblich. – So ist mein Freund; ja, mein Freund ist so, ihr Töchter Jerusalems!

6 »Wo ist denn dein Freund hingegangen, o du Schönste unter den Frauen? Wo hat sich dein Freund hingewandt? So wollen wir ihn mit dir suchen.«

2 Mein Freund ist hinabgegangen in seinen Garten, zu den Balsambeeten, dass er weide in den Gärten und Lilien pflücke. 3 Mein Freund ist mein und ich bin sein, der unter den Lilien weidet.

4 Du bist schön, meine Freundin, wie Tirza, lieblich wie Jerusalem, gewaltig wie ein Heer. 5 Wende deine Augen von mir; denn sie verwirren mich. Deine Haare sind wie eine Herde Ziegen, die herabsteigen vom Gebirge Gilead. 6 Deine Zähne sind wie eine Herde Schafe, die aus der Schwemme kommen; alle haben sie Zwillinge, und keines unter ihnen ist unfruchtbar. 7 Deine Schläfen sind hinter deinem Schleier wie eine Scheibe vom Granatapfel.

8 Sechzig Königinnen sind es und achtzig Nebenfrauen und Jungfrauen ohne Zahl. 9 Aber **eine** ist meine Taube, meine Reine; die Einzige ist sie für ihre Mutter, das Liebste für die, die sie geboren hat. Als die Töchter sie sahen, priesen sie sie glücklich; die Königinnen und Nebenfrauen rühmten sie.

10 Wer ist sie, die hervorbricht wie die Morgenröte, schön wie der Mond, klar wie die Sonne, gewaltig wie ein Heer?

11 Ich bin hinabgegangen in den Nussgarten, zu schauen die Knospen im Tal, zu schauen, ob der Weinstock sprosst, ob

die Granatbäume blühen. 12Ohne dass
ich's merkte, trieb mich mein Verlangen
zu der Tochter eines Fürsten.

7 Wende dich hin, wende dich her, o
Sulamith! Wende dich hin, wende
dich her, dass wir dich schauen!

Was seht ihr an Sulamith beim Reigen
im Lager?

2Wie schön ist dein Gang in den Schu-
hen, du Fürstentochter! Die Rundung
deiner Hüfte ist wie ein Halsgeschmeide,
das des Meisters Hand gemacht hat.
3Dein Schoß ist wie ein runder Becher,
dem nimmer Getränk mangelt. Dein
Leib ist wie ein Weizenhaufen, umsteckt
mit Lilien. 4Deine beiden Brüste sind
wie junge Zwillinge von Gazellen. 5Dein
Hals ist wie ein Turm von Elfenbein.
Deine Augen sind wie die Teiche von
Heschbon am Tor Bat-Rabbim. Deine
Nase ist wie der Turm auf dem Libanon,
der nach Damaskus sieht. 6Dein Haupt
auf dir ist wie der Karmel. Das Haar auf
deinem Haupt ist wie Purpur; ein König
liegt in deinen Locken gefangen.

7Wie schön und wie lieblich bist du,
du Liebe voller Wonne! 8Dein Wuchs ist
hoch wie ein Palmbaum, deine Brüste
gleichen den Weintrauben. 9Ich sprach:
Ich will auf den Palmbaum steigen und
seine Zweige ergreifen. Lass deine Brüste
sein wie Trauben am Weinstock und den
Duft deines Atems wie Äpfel; 10lass dei-
nen Mund sein wie guten Wein, der mei-
nem Gaumen glatt eingeht und Lippen
und Zähne mir netzt.

11Meinem Freund gehöre ich und
nach mir steht sein Verlangen. 12Komm,
mein Freund, lass uns aufs Feld hinaus-
gehen und unter Zyperblumen die Nacht
verbringen, 13dass wir früh aufbrechen
zu den Weinbergen und sehen, ob der
Weinstock sprosst und seine Blüten auf-
gehen, ob die Granatbäume blühen. Da
will ich dir meine Liebe schenken.

14Die Liebesäpfel geben den Duft, und
an unsrer Tür sind lauter edle Früchte,
heurige und auch vorjährige: Mein
Freund, für dich hab ich sie aufbewahrt.

8 O dass du mein Bruder wärest,
der meiner Mutter Brüste gesogen!
Fände ich dich draußen, so wollte ich
dich küssen und niemand dürfte mich
schelten! 2Ich wollte dich führen und
in meiner Mutter Haus bringen, in die
Kammer derer, die mich gebar. Da wollte
ich dich tränken mit gewürztem Wein
und mit dem Most meiner Granatäpfel.

3Seine Linke liegt unter meinem
Haupt, und seine Rechte herzt mich. –
4Ich beschwöre euch, ihr Töchter Jerusa-
lems, dass ihr die Liebe nicht aufweckt
und nicht stört, bis es ihr selbst gefällt.

5Wer ist sie, die heraufsteigt von der
Wüste und lehnt sich auf ihren Freund?

Unter dem Apfelbaum weckte ich
dich, wo deine Mutter mit dir in Wehen
kam, wo in Wehen kam, die dich gebar.
6[a]Lege mich wie ein Siegel auf dein
Herz, wie ein Siegel auf deinen Arm.
Denn Liebe ist stark wie der Tod und
Leidenschaft unwiderstehlich wie das To-
tenreich. Ihre Glut ist feurig und eine
Flamme des HERRN, 7sodass auch viele
Wasser die Liebe nicht auslöschen und
Ströme sie nicht ertränken können. Wenn
einer alles Gut in seinem Hause um die
Liebe geben wollte, so könnte das alles
nicht genügen.

8Unsre Schwester ist klein und hat
keine Brüste. Was sollen wir mit unsrer
Schwester tun, wenn man um sie werben
wird? 9Ist sie eine Mauer, so wollen wir
ein silbernes Bollwerk darauf bauen. Ist
sie eine Tür, so wollen wir sie sichern mit
Zedernbohlen.

10Ich bin eine Mauer, und meine Brüs-
te sind wie Türme. Da bin ich geworden
in seinen Augen wie eine, die Frieden
findet.

11Salomo hat einen Weinberg in Baal-
Hamon. Er gab den Weinberg den Wäch-
tern, dass jeder für seine Früchte brächte
tausend Silberstücke. 12Mein Weinberg
gehört mir. Die tausend lasse ich dir, Sa-
lomo, und zweihundert den Wächtern
seiner Früchte.

13Die du wohnst in den Gärten, lass
mich deine Stimme hören; die Gefährten
lauschen dir.

14Flieh, mein Freund! Sei wie eine Ga-
zelle oder wie ein junger Hirsch auf den
Balsambergen!

8,6: *a (6-7)* Mt 22,30; Röm 7,2; 1. Mose 2,24; Mt 19,5-6; Eph 5,28-33

DER PROPHET JESAJA

Inhaltsübersicht

1 Dies ist die Offenbarung, die Jesaja,
der Sohn des Amoz, geschaut hat
über Juda und Jerusalem zur Zeit des
[a]Usija, Jotam, Ahas und Hiskia, der
Könige von Juda.

Gottes Anklage gegen das abtrünnige Volk

2 [a]Höret, ihr Himmel, und Erde, nimm
zu Ohren, denn der HERR redet! [b]Ich
habe Kinder großgezogen und hochge-
bracht, und sie sind von mir abgefallen!
3 **Ein Ochse kennt seinen Herrn und ein
Esel die Krippe seines Herrn; aber Israel
kennt's nicht, und mein Volk versteht's
nicht.**
4 Wehe dem sündigen Volk, dem Volk
mit Schuld beladen, dem boshaften Ge-
schlecht, den verderbten Kindern, die
den HERRN verlassen, den Heiligen Is-
raels lästern, die abgefallen sind! 5 Wohin
soll man euch noch [a]schlagen, die ihr
doch weiter im Abfall verharrt? Das
ganze Haupt ist krank, das ganze Herz
ist matt. 6 Von der Fußsohle bis zum
Haupt ist nichts Gesundes an euch, son-
dern Beulen und Striemen und frische
Wunden, die nicht gereinigt noch ver-
bunden noch mit Öl gelindert sind.[a]
7 Euer Land ist verwüstet, eure Städte
sind mit Feuer verbrannt; Fremde ver-
zehren eure Äcker vor euren Augen; alles
ist verwüstet wie beim Untergang So-
doms. 8 Übrig geblieben ist allein die
Tochter Zion wie ein Häuslein im Wein-
berg, wie eine Nachthütte im Gurken-
feld, wie eine belagerte Stadt. 9 Hätte uns
der HERR Zebaoth nicht einen geringen
Rest übrig gelassen, so [a]wären wir wie
Sodom und gleich wie Gomorra.[b]
10 Höret des HERRN Wort, ihr Herren
von Sodom! Nimm zu Ohren die Wei-
sung unsres Gottes, du Volk von Go-
morra! 11 [a]Was soll mir die Menge eurer
Opfer?, spricht der HERR. Ich bin satt
der Brandopfer von Widdern und des
Fettes von Mastkälbern und habe kein
Gefallen am Blut der Stiere, der Lämmer
und Böcke. 12 Wenn ihr kommt, zu er-
scheinen vor mir – wer fordert denn von
euch, dass ihr meinen Vorhof zertretet?
13 Bringt nicht mehr dar so vergebliche
Speisopfer! Das Räucherwerk ist mir ein
Gräuel! [a]Neumonde und Sabbate, wenn
ihr zusammenkommt, Frevel und Fest-
versammlung mag ich nicht! 14 Meine
Seele ist feind euren Neumonden und
Jahresfesten; sie sind mir eine Last, ich
bin's müde, sie zu tragen. 15 Und wenn ihr
auch eure Hände ausbreitet, verberge ich
doch meine Augen vor euch; und [a]wenn
ihr auch viel betet, höre ich euch doch
nicht; denn eure Hände sind voll Blut.
16 Wascht euch, reinigt euch, tut eure
bösen Taten aus meinen Augen, lasst ab
vom Bösen! 17 Lernt Gutes tun, [a]trachtet
nach Recht, helft den Unterdrückten,
schafft den Waisen Recht, führt der Wit-
wen Sache!
18 So kommt denn und lasst uns mit-
einander rechten, spricht der HERR.
[a]**Wenn eure Sünde auch blutrot ist, soll sie
doch schneeweiß werden, und wenn sie rot
ist wie Scharlach, soll sie doch wie Wolle
werden.** 19 Wollt ihr mir gehorchen, so
sollt ihr des Landes Gut genießen.[a]

1,1: *a* 2. Chr 26,22 **1,2:** *a* 5. Mose 32,1; *b* 5. Mose 32,5-6 **1,5:** *a* Jer 2,30 **1,6:** *a* 5. Mose 28,35 **1,9:** *a* 1. Mose 19,24-25; *b* Röm 9,29 **1,11:** *a (11-14)* Ps 40,7-9; Spr 15,8; Jer 6,20; Am 5,22 **1,13:** *a* 4. Mose 10,10 **1,15:** *a* Spr 1,28; 15,29; Joh 9,31 **1,17:** *a* Jer 7,5-6 **1,18:** *a* Kap 44,22; Ps 51,9 **1,19:** *a* 3. Mose 25,18-19

20 Weigert ihr euch aber und seid unge-
horsam, so sollt ihr [a]vom Schwert ge-
fressen werden; denn der Mund des
HERRN sagt es.

Gottes Gericht zur Läuterung Jerusalems

21 Wie geht das zu, dass die treue Stadt
zur Hure geworden ist? Sie war voll
Recht, Gerechtigkeit wohnte darin; nun
aber – Mörder. 22 [a]Dein Silber ist
Schlacke geworden und dein Wein mit
Wasser verfälscht. 23 Deine Fürsten sind
Abtrünnige und Diebsgesellen, sie neh-
men alle gern Geschenke an und trachten
nach Gaben. Den Waisen schaffen sie
nicht Recht, und der Witwen Sache
kommt nicht vor sie.

24 Darum spricht der Herr, der HERR
Zebaoth, der Mächtige Israels: Wehe! Ich
werde mir Trost schaffen an meinen
Feinden und mich rächen an meinen Wi-
dersachern 25 und will meine Hand wider
dich kehren und wie mit Lauge [a]aus-
schmelzen, was Schlacke ist, und all dein
Zinn ausscheiden. 26 Und ich will dir
wieder Richter geben, wie sie vormals
waren, und Ratsherren wie im Anfang.
[a]Alsdann wirst du eine Stadt der Ge-
rechtigkeit und eine treue Stadt heißen.
27 Zion muss durch Gericht erlöst werden
und, die zu ihr zurückkehren, durch Ge-
rechtigkeit.[a] 28 Die Übertreter aber und
Sünder werden allesamt vernichtet wer-
den, und die den HERRN verlassen, wer-
den umkommen.

29 Denn ihr sollt zuschanden werden
wegen der [a]Eichen, an denen ihr eure
Lust habt, und ihr sollt schamrot werden
wegen der [b]Gärten, die ihr erwählt habt.
30 Denn ihr werdet sein wie eine Eiche
mit dürren Blättern und wie ein Garten
ohne Wasser; 31 und der Starke wird sein
wie Werg und sein Tun wie ein Funke,
und beides wird miteinander brennen
und niemand löscht.

In Zion finden alle Völker Heil und Frieden

2 Dies ist's, was Jesaja, der Sohn des
Amoz, geschaut hat über Juda und
Jerusalem: 2 [a]Es wird zur letzten Zeit der
Berg, da des HERRN Haus ist, fest ste-
hen, höher als alle Berge und über alle
Hügel erhaben, und alle Heiden werden
herzulaufen, 3 und viele Völker werden
hingehen und sagen: Kommt, lasst uns
auf den Berg des HERRN gehen, zum
Hause des Gottes Jakobs, dass er uns
lehre seine Wege und wir wandeln auf
seinen Steigen! Denn [a]von Zion wird
Weisung ausgehen und des HERRN Wort
von Jerusalem. 4 Und [a]er wird richten
unter den Heiden und zurechtweisen
viele Völker. Da werden sie ihre Schwer-
ter zu Pflugscharen und ihre Spieße zu
Sicheln machen. Denn es wird kein Volk
wider das andere das Schwert erheben,
und sie werden hinfort nicht mehr lernen,
Krieg zu führen.

5 Kommt nun, ihr vom Hause Jakob,
lasst uns wandeln im Licht des HERRN!

Der Tag des HERRN macht alles Hohe niedrig

6 Aber du hast dein Volk, das Haus Ja-
kob, verstoßen; denn sie treiben Wahr-
sagerei wie die im Osten und sind Zei-
chendeuter wie die Philister und hängen
sich an die Kinder der Fremden. 7 Ihr
Land ist voll Silber und Gold, und ihrer
Schätze ist kein Ende; [a]ihr Land ist voll
Rosse, und ihrer Wagen ist kein Ende.
8 Auch ist ihr Land voll Götzen; sie beten
an ihrer Hände Werk, das ihre Finger
gemacht haben. 9 Aber gebeugt wird der
Mensch, gedemütigt der Mann, und du
wirst ihnen nicht vergeben. 10 Geh in die
Felsen und verbirg dich in der Erde vor
dem Schrecken des HERRN und vor sei-
ner herrlichen Majestät! 11 Denn alle hof-
färtigen Augen werden erniedrigt wer-
den, und, die stolze Männer sind, werden
sich beugen müssen; der HERR aber wird
allein hoch sein an jenem Tage.[a]

12 Denn [a]der Tag des HERRN Zebaoth
wird kommen über alles Hoffärtige und
Hohe und über alles Erhabene, dass es
erniedrigt werde: 13 über alle hohen und
erhabenen Zedern auf dem Libanon und
über alle Eichen in Baschan, 14 über alle
hohen Berge und über alle erhabenen
Hügel, 15 über alle hohen Türme und
über alle festen Mauern, 16 über alle

1,20: *a* 3.Mose 26,25 **1,22:** *a (22-25)* Hes 22,18-22 **1,25:** *a* Ps 119,119 **1,26:** *a* Sach 8,3 **1,27:** *a* Kap 46,13 **1,29:** *a* Kap 57,5; *b* Kap 65,3 **2,2:** *a (2-4)* Mi 4,1-3; Kap 19,23; Jer 3,17 **2,3:** *a* 5.Mose 4,6; Joh 4,22 **2,4:** *a* Kap 9,4 **2,7:** *a* Mi 5,9 **2,11:** *a* Vers 17 **2,12:** *a* Jer 46,10; Hes 30,3; Joel 1,15; Am 5,18; Zef 1,14

Schiffe im Meer und über alle kostbaren
Boote, 17 dass sich beugen muss alle
Hoffart der Menschen und sich demü-
tigen müssen, die stolze Männer sind,
und der HERR allein hoch sei an jenem
Tage.[a]
18 Und mit den Götzen wird's ganz aus
sein. 19 Da wird man in die Höhlen der
Felsen gehen und in die Klüfte der Erde
vor dem Schrecken des HERRN und vor
seiner herrlichen Majestät, wenn er sich
aufmachen wird, zu schrecken die Erde.
20 An jenem Tage [a]wird jedermann weg-
werfen seine silbernen und goldenen
Götzen, die er sich hatte machen lassen,
um sie anzubeten, zu den Maulwürfen
und Fledermäusen, 21 damit er sich ver-
kriechen kann in die Felsspalten und
Steinklüfte vor dem Schrecken des
HERRN und [a]vor seiner herrlichen Ma-
jestät, wenn er sich aufmachen wird, zu
schrecken die Erde. 22 So lasst nun ab von
dem Menschen, der nur ein Hauch ist;
denn für was ist er zu achten?

Gottes Gericht über die Herren Jerusalems und seine eitlen Frauen

3 Siehe, der Herr, der HERR Zebaoth,
wird von Jerusalem und Juda weg-
nehmen Stütze und Stab: [a]allen Vorrat
an Brot und allen Vorrat an Wasser,
2 Helden und Kriegsleute, Richter und
Propheten, Wahrsager und Älteste,
3 Hauptleute und Vornehme, Ratsherren
und Weise, Zauberer und Beschwörer.
4 Und ich will ihnen [a]Knaben zu Fürs-
ten geben, und Mutwillige sollen über sie
herrschen. 5 Und im Volk wird einer den
andern bedrängen, ein jeder seinen
Nächsten. Der Junge geht los auf den
Alten und der Verachtete auf den Ge-
ehrten. 6 Dann wird einer seinen Nächs-
ten, der in seines Vaters Hause ist, drän-
gen: Du hast noch einen Mantel! Sei un-
ser Herr! Dieser Trümmerhaufe sei unter
deiner Hand! 7 Er aber wird sie zu der
Zeit beschwören und sagen: Ich bin kein
Arzt; es ist kein Brot und kein Mantel in
meinem Hause! Macht mich nicht zum
Herrn über das Volk!
8 Denn Jerusalem ist gestrauchelt, und
Juda liegt da, weil ihre Worte und ihr
Tun wider den HERRN sind, dass sie sei-
ner Majestät widerstreben. 9 Dass sie die
Person ansehen, zeugt gegen sie; ihrer
Sünde rühmen sie sich [a]wie die Leute in
Sodom und verbergen sie nicht. Wehe
ihnen! Denn damit bringen sie sich selbst
in alles Unglück. 10 Heil den Gerechten,
sie haben es gut! Denn sie werden die
Frucht ihrer Werke genießen. 11 Wehe
aber den Gottlosen, sie haben es
schlecht! Denn es wird ihnen vergolten
werden, wie sie es verdienen. 12 Kinder
sind Gebieter meines Volks, und Frauen
beherrschen es. Mein Volk, deine Führer
verführen dich und verwirren den Weg,
den du gehen sollst!
13 Der HERR steht da zum Gericht und
ist aufgetreten, sein Volk zu richten.
14 Der HERR geht ins Gericht mit den
Ältesten seines Volks und mit seinen
Fürsten: Ihr habt den [a]Weinberg abge-
weidet, und was ihr den Armen geraubt,
ist in eurem Hause. 15 Warum zertretet
ihr mein Volk und zerschlagt das Ange-
sicht der Elenden?, spricht Gott, der
HERR Zebaoth.
16 So hat der HERR gesprochen: Weil
die Töchter Zions stolz sind und gehen
mit aufgerecktem Halse, mit lüsternen
Augen, trippeln daher und tänzeln und
haben kostbare Schuhe an ihren Füßen,[a]
17 deshalb wird der Herr den Scheitel der
Töchter Zions kahl machen, und der
HERR wird ihre Schläfe entblößen. 18 Zu
der Zeit wird der Herr den Schmuck an
den kostbaren Schuhen wegnehmen und
die Stirnbänder, die Spangen, 19 die Ohr-
ringe, die Armspangen, die Schleier,
20 die Hauben, die Schrittkettchen, die
Gürtel, die Riechfläschchen, die Amu-
lette, 21 die Fingerringe, die Nasenringe,
22 die Feierkleider, die Mäntel, die Tü-
cher, die Täschchen, 23 die Spiegel, die
Hemden, die Kopftücher, die Überwürfe.
24 Und es wird Gestank statt Wohlgeruch
sein und ein Strick statt eines Gürtels
und eine Glatze statt lockigen Haars und
statt des Prachtgewandes ein Sack,
Brandmal statt Schönheit.
25 Deine Männer werden durchs
Schwert fallen und deine Krieger im
Kampf. 26 Und Zions Tore werden trau-

2,17: *a* Vers 11 **2,20:** *a* Kap 31,7 **2,21:** *a* 2.Thess 1,9-10 **3,1:** *a* 3.Mose 26,26; Hes 4,16 **3,4:** *a* Pred 10,16 **3,9:** *a* 1.Mose 19,5-9 **3,14:** *a* Kap 5,7 **3,16:** *a* 1.Tim 2,9

ern und klagen, und sie wird leer und
einsam auf der Erde sitzen.

4 Und sieben Frauen werden zu der
Zeit **einen** Mann ergreifen und spre-
chen: Wir wollen uns selbst ernähren und
kleiden, lass uns nur nach deinem Na-
men heißen, dass unsre Schmach von uns
genommen werde.

Das künftige Heil für die Geretteten in Jerusalem

2 Zu der Zeit wird, [a]was der HERR sprie-
ßen lässt, lieb und wert sein und die
Frucht des Landes herrlich und schön
bei denen, die erhalten bleiben in Israel.
3 Und wer da wird [a]übrig sein in Zion
und übrig bleiben in Jerusalem, der wird
heilig heißen, ein jeder, der [b]aufgeschrie-
ben ist zum Leben in Jerusalem. 4 Wenn
der Herr den Unflat der Töchter Zions
abwaschen wird und die Blutschuld Jeru-
salems wegnehmen durch den Geist, der
richten und ein Feuer anzünden wird,
5 dann wird der HERR über der ganzen
Stätte des Berges Zion und über ihren
Versammlungen eine [a]Wolke schaffen
am Tage und Rauch und Feuerglanz in
der Nacht. Ja, es wird ein Schutz sein
über allem, was herrlich ist, 6 und eine
Hütte zum Schatten am Tage vor der
Hitze und Zuflucht und Obdach vor dem
Wetter und Regen.

Das Lied vom unfruchtbaren Weinberg

5 Wohlan, ich will meinem lieben
Freunde singen, ein Lied von meinem
Freund und seinem Weinberg.

Mein Freund hatte einen [a]Weinberg
auf einer fetten Höhe. 2 Und er grub ihn
um und entsteinte ihn und pflanzte darin
edle Reben. Er baute auch einen Turm
darin und grub eine Kelter und wartete
darauf, dass er gute Trauben brächte;
aber er brachte schlechte.

3 Nun richtet, ihr Bürger zu Jerusalem
und ihr Männer Judas, zwischen mir und
meinem Weinberg! 4 Was sollte man noch
mehr tun an meinem Weinberg, das ich
nicht getan habe an ihm? Warum hat er
denn schlechte Trauben gebracht, wäh-
rend ich darauf wartete, dass er gute
brächte?

5 Wohlan, ich will euch zeigen, was ich
mit meinem Weinberg tun will! Sein
Zaun soll weggenommen werden, dass er
verwüstet werde, und seine Mauer soll
eingerissen werden, dass er zertreten
werde. 6 Ich will ihn wüst liegen lassen,
dass er nicht beschnitten noch gehackt
werde, sondern Disteln und Dornen dar-
auf wachsen, und will den Wolken ge-
bieten, dass sie nicht darauf regnen.

7 Des HERRN Zebaoth Weinberg aber
ist das Haus Israel und die Männer Judas
seine Pflanzung, an der sein Herz hing.
Er wartete auf Rechtsspruch, siehe,
da war Rechtsbruch, auf Gerechtigkeit,
siehe, da war Geschrei über Schlechtig-
keit.

Weherufe über die Sünden der Großen

8 Weh denen, [a]die ein Haus zum andern
bringen und einen Acker an den andern
rücken, bis kein Raum mehr da ist und
sie allein das Land besitzen! 9 Es ist in
meinen Ohren das Wort des HERRN Ze-
baoth: Fürwahr, die vielen Häuser sollen
veröden und die großen und feinen leer
stehen. 10 Denn zehn Morgen Weinberg
sollen nur **einen** Eimer geben und zehn
Scheffel Saat nur **einen** Scheffel.

11 Weh denen, die des Morgens früh
auf sind, dem Saufen nachzugehen, und
sitzen bis in die Nacht, dass sie der Wein
erhitzt, 12 und haben [a]Harfen, Zithern,
Pauken, Pfeifen und Wein in ihrem
Wohlleben, aber [b]sehen nicht auf das
Werk des HERRN und schauen nicht auf
das Tun seiner Hände! 13 Darum wird
mein Volk weggeführt werden unverse-
hens, und seine Vornehmen müssen Hun-
ger leiden und die lärmende Menge
Durst. 14 Daher hat das Totenreich den
Schlund weit aufgesperrt und den Ra-
chen aufgetan ohne Maß, dass hinunter-
fährt, was da prangt und lärmt, alle
Übermütigen und Fröhlichen. 15 So wird
gebeugt der Mensch und gedemütigt der
Mann, und die Augen der Hoffärtigen
werden erniedrigt, 16 aber [a]der HERR Ze-
baoth wird hoch sein im Gericht und
Gott, der Heilige, sich heilig erweisen in
Gerechtigkeit. 17 Da werden dann Läm-
mer weiden wie auf ihrer Trift und Zie-

4,2: *a* Jer 33,15 **4,3:** *a* Kap 6,13; *b* 2. Mose 32,32; Ps 69,29; Mal 3,16 **4,5:** *a* 2. Mose 13,21 **5,1:** *a* Kap 3,14; Jer 2,21; Mk 12,1-9 **5,8:** *a* 5. Mose 5,21 **5,12:** *a* Am 6,5-6; *b* Ps 44,2 **5,16:** *a* Kap 2,11.17

gen sich nähren in den Trümmerstätten
der Hinweggerafften.
18 Weh denen, die das Unrecht herbei-
ziehen mit Stricken der Lüge und die
Sünde mit Wagenseilen 19 und sprechen:
[a]Er lasse eilends und bald kommen sein
Werk, dass wir's sehen; es nahe und treffe
ein der Ratschluss des Heiligen Israels,
dass wir ihn kennenlernen!
20 **Weh denen, die Böses gut und Gutes
böse nennen, die aus Finsternis Licht und
aus Licht Finsternis machen, die aus sauer
süß und aus süß sauer machen!**
21 Weh denen, die [a]weise sind in ihren
eigenen Augen und [b]halten sich selbst
für klug!
22 Weh denen, die Helden sind, Wein
zu saufen, und wackere Männer, Rausch-
trank zu mischen, 23 die [a]den Schuldigen
gerecht sprechen für Geschenke und das
Recht nehmen denen, die im Recht sind!
24 Darum, wie des Feuers Flamme
Stroh verzehrt und Stoppeln vergehen in
der Flamme, so wird ihre Wurzel ver-
faulen und ihre Blüte auffliegen wie
Staub. Denn sie verachten die Weisung
des HERRN Zebaoth und lästern die
Rede des Heiligen Israels.

Gott ruft die Feinde ins Land zum Endgericht

25 *Darum ist der [a]Zorn des HERRN ent-
brannt über sein Volk, und er reckt seine
Hand wider sie und schlägt sie, dass die
Berge beben und ihre Leichen sind wie
Kehricht auf den Gassen. Und bei all
dem lässt sein Zorn nicht ab, sondern
seine Hand ist noch ausgereckt.
26 Er wird ein Feldzeichen aufrichten
für das Volk in der Ferne und pfeift es
herbei vom Ende der Erde. Und siehe,
eilends und schnell kommen sie daher.
27 Keiner unter ihnen ist müde oder
schwach, keiner schlummert noch
schläft; keinem geht der Gürtel auf von
seinen Hüften, und keinem zerreißt ein
Schuhriemen. 28 Ihre Pfeile sind scharf
und alle ihre Bogen gespannt; die Hufe
ihrer Rosse sind hart wie Kieselsteine,
und ihre Wagenräder sind wie ein Sturm-
wind. 29 Ihr Brüllen ist wie das der Lö-
wen, und sie brüllen wie junge Löwen.
Sie werden daherbrausen und den Raub
packen und davontragen, dass niemand
retten kann. 30 Und es wird über ihnen
brausen zu der Zeit wie das Brausen des
Meeres. Wenn man dann das Land an-
sehen wird, siehe, so ist's finster vor
Angst, und das Licht scheint nicht mehr
über ihnen.

Jesajas Berufung zum Propheten

6 In dem Jahr, als der König [a]Usija
starb, sah ich den Herrn sitzen auf
einem hohen und erhabenen Thron und
sein Saum füllte den Tempel. 2 Serafim
standen über ihm; ein jeder hatte sechs
Flügel: Mit zweien deckten sie ihr Ant-
litz, mit zweien deckten sie ihre Füße und
mit zweien flogen sie.[a] 3 Und einer rief
zum andern und sprach: [a]**Heilig, heilig,
heilig ist der HERR Zebaoth, alle Lande
sind seiner Ehre voll!** 4 Und die Schwellen
bebten von der Stimme ihres Rufens und
das Haus ward [a]voll Rauch.
5 Da sprach ich: Weh mir, ich vergehe!
Denn ich bin unreiner Lippen und
wohne unter einem Volk von unreinen
Lippen; denn [a]ich habe den König, den
HERRN Zebaoth, gesehen mit meinen
Augen. 6 Da flog einer der Serafim zu mir
und hatte eine glühende Kohle in der
Hand, die er mit der Zange vom Altar
nahm, 7 und rührte meinen Mund an und
sprach: Siehe, hiermit sind deine Lippen
berührt, dass deine Schuld von dir ge-
nommen werde und deine Sünde gesühnt
sei.
8 Und ich hörte die Stimme des Herrn,
wie er sprach: Wen soll ich senden? Wer
will unser Bote sein? Ich aber sprach:
Hier bin ich, sende mich! 9 [a]Und er
sprach: Geh hin und sprich zu diesem
Volk: Höret und verstehet's nicht; sehet
und merket's nicht! 10 Verstocke das Herz
dieses Volks und lass ihre Ohren taub
sein und ihre Augen blind, [a]dass sie
nicht sehen mit ihren Augen noch hören
mit ihren Ohren noch verstehen mit ih-
rem Herzen und sich nicht bekehren und
genesen.
11 Ich aber sprach: Herr, wie lange? Er

* Die Verse 25-30 gehören wahrscheinlich mit Kap 9,7–10,4 zusammen.

5,19: *a* Jer 17,15; 2. Petr 3,4 **5,21:** *a* Spr 3,7; *b* Röm 12,16 **5,23:** *a* 2. Mose 23,8 **5,25:** *a* Kap 9,11.16.20; 10,4 **6,1:** *a* 2. Chr 26,22 **6,2:** *a* 1. Kön 22,19 **6,3:** *a* Offb 4,8 **6,4:** *a* Hes 10,4; Offb 15,8 **6,5:** *a* 2. Mose 33,20 **6,9:** *a (9-10)* Mt 13,11-15; Joh 12,40; Apg 28,26-27 **6,10:** *a* 5. Mose 29,3; Röm 11,8

sprach: Bis die Städte wüst werden, ohne
Einwohner, und die Häuser ohne Menschen
und das Feld ganz wüst daliegt.
12 Denn der HERR wird die Menschen
weit wegtun, sodass das Land sehr verlassen
sein wird. 13 Auch [a]wenn nur der
zehnte Teil darin bleibt, so wird es abermals
verheert werden, doch wie bei einer
Eiche und Linde, von denen beim Fällen
noch ein [b]Stumpf bleibt. Ein heiliger
Same wird solcher Stumpf sein.

Jesaja ruft den König Ahas zum Glauben

7 Es begab sich zur Zeit des Ahas, des
Sohnes Jotams, des Sohnes Usijas,
des Königs von Juda, da zogen Rezin,
der König von Aram, und Pekach, der
Sohn Remaljas, der König von Israel,
herauf nach Jerusalem, um es zu bekämpfen;
sie konnten es aber nicht erobern.[a]*

2 Da wurde dem Hause David angesagt:
Die Aramäer haben sich gelagert in
Ephraim. Da bebte ihm das Herz und
das Herz seines Volks, wie die Bäume im
Walde beben vom Winde. 3 Aber der
HERR sprach zu Jesaja: Geh hinaus,
Ahas entgegen, du und dein Sohn
Schear-Jaschub**, an das Ende der Wasserleitung
des oberen Teiches, an der
Straße beim Acker des Walkers, 4 und
sprich zu ihm: Hüte dich und [a]bleibe
still; fürchte dich nicht, und dein Herz sei
unverzagt vor diesen beiden Brandscheiten,
die nur noch rauchen, vor dem Zorn
Rezins und der Aramäer und des Sohnes
Remaljas. 5 Weil die Aramäer gegen dich
Böses ersonnen haben samt Ephraim und
dem Sohn Remaljas und sagen: 6 »Wir
wollen hinaufziehen nach Juda und es
erschrecken und für uns erobern und
zum König darin machen den Sohn Tabeals«,
– 7 so spricht Gott der HERR: Es
soll nicht geschehen und nicht so gehen,
8 sondern wie Damaskus das Haupt ist
von Aram, so soll Rezin nur das Haupt
von Damaskus sein – und in fünfundsechzig
Jahren soll es mit Ephraim aus
sein, dass sie nicht mehr ein Volk seien –;
9 und wie Samaria das Haupt ist von
Ephraim, so soll der Sohn Remaljas nur
das Haupt von Samaria sein. [a]**Glaubt ihr
nicht, so bleibt ihr nicht.**

Das Zeichen des Immanuel und das Strafgericht durch die Assyrer

10 Und der HERR redete abermals zu
Ahas und sprach: 11 Fordere dir ein Zeichen
vom HERRN, deinem Gott, es sei
drunten in der Tiefe oder droben in der
Höhe! 12 Aber Ahas sprach: Ich will's
nicht fordern, damit ich den HERRN
nicht versuche.

13 Da sprach Jesaja: Wohlan, so hört,
ihr vom Hause David: Ist's euch zu wenig,
dass ihr Menschen müde macht?
Müsst ihr auch meinen Gott müde machen?
14 Darum wird euch der HERR
selbst ein Zeichen geben: [a]**Siehe, eine
Jungfrau+ ist schwanger und wird einen
Sohn gebären, den wird sie nennen Immanuel++.**
15 Butter und Honig wird er
essen, bis er weiß, Böses zu verwerfen
und Gutes zu erwählen. 16 Denn ehe [a]der
Knabe lernt Böses verwerfen und Gutes
erwählen, wird das Land verödet sein,
vor dessen zwei Königen dir graut. 17 Der
HERR wird über dich, über dein Volk
und über deines Vaters Haus Tage kommen
lassen, wie sie nicht gekommen sind
seit der Zeit, da Ephraim sich von Juda
schied, nämlich durch den König von
Assyrien.

18 Zu der Zeit wird der HERR herbeipfeifen
die Fliege am Ende der Ströme
Ägyptens und die Biene im Lande Assur,
19 dass sie kommen und sich alle niederlassen
in den tiefen Tälern und in den
Steinklüften und in allen Hecken und an
jeder Tränke. 20 Zu der Zeit wird der Herr
das Haupt und die Haare am Leib scheren
und den Bart abnehmen durch das
Schermesser, das gedungen ist jenseits
des Stroms, [a]durch den König von Assyrien.

21 Zu der Zeit wird ein Mann eine
junge Kuh und zwei Schafe aufziehen
22 und wird so viel zu melken haben, dass
er Butter essen wird; denn Butter und
Honig wird essen, wer übrig bleiben wird
im Lande. 23 Und es wird zu der Zeit
geschehen: Wo jetzt tausend Weinstöcke

* Siehe Sach- und Worterklärungen zu »Syrisch-Ephraimitischer Krieg«. ** d.h. ein Rest wird sich bekehren.
\+ Andere Übersetzung: »junge Frau«. ++ d.h. »Gott mit uns!«

6,13: *a* Am 5,3; *b* Kap 7,3; 10,20-21 **7,1:** *a* 2.Kön 16,5 **7,4:** *a* Kap 30,15 **7,9:** *a* 2.Chr 20,20 **7,14:** *a* Mt 1,23
7,16: *a* Kap 8,4 **7,20:** *a* 2.Kön 15,29

stehen, tausend Silberstücke wert, da
werden Dornen und Disteln sein, 24 dass
man mit Pfeil und Bogen dahin gehen
muss. Denn im ganzen Lande werden
Dornen und Disteln sein, 25 dass man
auch zu all den Bergen, die man jetzt mit
der Hacke zu behacken pflegt, nicht
kommen kann aus Scheu vor Dornen
und Disteln, sondern man wird Rinder
darüber treiben und Schafe es zertreten
lassen.

Der Sohn des Propheten als Zeichen des Gerichts über Aram und Israel

8 Und der HERR sprach zu mir: Nimm
dir eine große Tafel und schreib dar-
auf mit deutlicher Schrift: Raubebald-
Eilebeute! 2 Und ich nahm mir zwei treue
Zeugen, den Priester Uria und Secharja,
den Sohn Jeberechjas. 3 Und ich ging zu
der Prophetin; die ward schwanger und
gebar einen Sohn. Und der HERR sprach
zu mir: Nenne ihn Raubebald-Eilebeute!
4 Denn ehe [a]der Knabe rufen kann: Lie-
ber Vater! Liebe Mutter!, [b]soll die Macht
von Damaskus und die Beute aus Sama-
ria weggenommen werden durch den Kö-
nig von Assyrien.

Das Gericht über Juda und die Völker

5 Und der HERR redete weiter mit mir
und sprach: 6 Weil dies Volk verachtet die
Wasser von Siloah, die still dahinfließen,
und in Angst zerfließt vor Rezin und
dem Sohn Remaljas, 7 siehe, so wird der
Herr über sie kommen lassen die starken
und vielen Wasser des Stromes, nämlich
den König von Assyrien und alle seine
Macht, dass sie über alle ihre Ränder
fluten und über alle ihre Ufer gehen.
8 Und sie werden einbrechen in Juda und
wegschwemmen und überfluten, bis sie
an den Hals reichen. Und sie werden ihre
Flügel ausbreiten, dass sie dein Land, o
[a]Immanuel, füllen, so weit es ist.

9 Tobet, ihr Völker, ihr müsst doch flie-
hen! Höret's alle, die ihr in fernen Lan-
den seid! Rüstet euch, ihr müsst doch
fliehen; rüstet euch, ihr müsst doch flie-
hen! 10 Beschließt einen Rat und es werde
nichts daraus; beredet euch und es ge-
schehe nicht! Denn hier ist Immanuel!

11 Denn so sprach der HERR zu mir, als
seine Hand über mich kam und er mich
warnte, ich sollte nicht wandeln auf dem
Wege dieses Volks: 12 Ihr sollt nicht alles
Verschwörung nennen, was dies Volk
Verschwörung nennt, und vor dem, was
sie fürchten, fürchtet euch nicht und lasst
euch nicht grauen, 13 sondern verschwört
euch mit dem HERRN Zebaoth; [a]den
lasst eure Furcht und euren Schrecken
sein. 14 Er wird ein Fallstrick sein und ein
[a]Stein des Anstoßes und ein Fels des
Ärgernisses für die beiden Häuser Israel,
ein Fallstrick und eine Schlinge für die
Bürger Jerusalems, 15 dass viele von ihnen
sich daran stoßen, fallen, zerschmettern,
verstrickt und gefangen werden.

Der Prophet und seine Jünger

16 Ich soll [a]verschließen die Offenbarung,
versiegeln die Weisung in meinen Jün-
gern 17 und will hoffen auf den HERRN,
der sein Antlitz verborgen hat vor dem
Hause Jakob, und will auf ihn harren.
18 Siehe, [a]hier bin ich und die Kinder,
die mir der HERR gegeben hat als Zei-
chen und Weissagung in Israel vom
HERRN Zebaoth, der auf dem Berge Zion
wohnt.

19 Wenn sie aber zu euch sagen: Ihr
müsst die Totengeister und Beschwörer
befragen, die da flüstern und murmeln,
so sprecht: [a]Soll nicht ein Volk seinen
Gott befragen? Oder soll man für Le-
bendige die Toten befragen? 20 Hin zur
Weisung und hin zur Offenbarung! Wer-
den sie das nicht sagen, so wird ihnen
kein Morgenrot scheinen, 21 sondern sie
werden im Lande umhergehen, hart ge-
schlagen und hungrig. Und wenn sie
Hunger leiden, werden sie zürnen und
fluchen ihrem König und ihrem Gott,
und sie werden über sich blicken 22 und
unter sich die Erde ansehen und nichts
finden als Trübsal und Finsternis; denn
sie sind im Dunkel der Angst und gehen
irre im Finstern.

23 *Doch [a]**es wird nicht dunkel bleiben
über denen, die in Angst sind.** Hat er in
früherer Zeit in Schmach gebracht das
Land Sebulon und [b]das Land Naftali, so
wird er hernach zu Ehren bringen den

* Abweichende Verszählung statt 8,23: 9,1.

8,4: *a* Kap 7,16; *b* 2. Kön 16,9 **8,8:** *a* Kap 7,14 **8,13:** *a* Mt 10,28 **8,14:** *a* Röm 9,33 **8,16:** *a* Dan 12,4 **8,18:** *a* Vers 3; Kap 7,3; Hebr 2,13 **8,19:** *a* 2. Kön 1,3 **8,23:** *a* Ps 107,10-14; *b* 2. Kön 15,29; Mt 4,12-16

Weg am Meer, das Land jenseits des Jor-
dans, das Galiläa der Heiden.

Der Friedefürst wird verheißen

**9 *Das Volk, das [a]im Finstern wandelt,
sieht ein großes Licht, und über denen,
die da wohnen im finstern Lande, scheint
es hell.** 2 Du weckst lauten Jubel, du
machst groß die Freude. Vor dir wird
man sich freuen, wie man sich freut in
der Ernte, wie man fröhlich ist, wenn
man Beute austeilt. 3 Denn [a]du hast ihr
drückendes Joch, die Jochstange auf ih-
rer Schulter und den Stecken ihres Trei-
bers zerbrochen wie am [b]Tage Midians.
4 Denn jeder Stiefel, der mit Gedröhn da-
hergeht, und jeder Mantel, durch Blut
geschleift, wird verbrannt und vom Feuer
verzehrt.

**5 Denn uns ist ein Kind geboren, ein
Sohn ist uns gegeben, und [a]die Herrschaft
ruht auf seiner Schulter; und er heißt
Wunder-Rat, Gott-Held, Ewig-Vater,
[b]Friede-Fürst; 6 auf dass seine Herrschaft
groß werde und des Friedens kein Ende auf
dem [a]Thron Davids und in seinem König-
reich, dass er's stärke und stütze durch
[b]Recht und Gerechtigkeit von nun an bis
in Ewigkeit. Solches wird tun der Eifer des
HERRN Zebaoth.**

Gottes Gericht über das unbußfertige Nordreich

7 Der Herr hat ein Wort gesandt wider
Jakob, und es ist in Israel niedergefallen,
8 dass alles Volk es innewerde, Ephraim
und die Bürger Samarias, die da sagen in
Hochmut und stolzem Sinn: 9 Ziegel-
steine sind gefallen, aber wir wollen's mit
Quadern wieder bauen. Man hat Maul-
beerbäume abgehauen, aber wir wollen
Zedern an ihre Stelle setzen. 10 Doch der
HERR macht stark gegen sie ihre Bedrän-
ger, nämlich Rezin, und ihre Feinde sta-
chelt er auf, 11 die Aramäer von vorn und
die Philister von hinten, dass sie Israel
fressen mit vollem Maul.

BEI ALL DEM LÄSST SEIN ZORN NOCH
NICHT AB, SEINE HAND IST NOCH AUS-
GERECKT.

12 Aber das Volk kehrt nicht um zu
dem, der es schlägt, und fragt nicht nach
dem HERRN Zebaoth. 13 Darum [a]haut
der HERR von Israel Kopf und Schwanz
ab, Ast und Stumpf, auf **einen** Tag. 14 Die
Ältesten und die Vornehmen sind der
Kopf, die Propheten aber, die falsch leh-
ren, sind der Schwanz. 15 Denn die Leiter
dieses Volks sind Verführer, und die sich
leiten lassen, sind verloren. 16 Darum
kann der Herr ihre junge Mannschaft
nicht verschonen noch ihrer Waisen und
Witwen sich erbarmen; denn sie sind all-
zumal gottlos und böse, und aller Mund
redet Torheit.

BEI ALL DEM LÄSST SEIN ZORN NOCH
NICHT AB, SEINE HAND IST NOCH AUS-
GERECKT.

17 Denn die Bosheit lodert wie Feuer;
das verzehrt Dornen und Disteln und
zündet den dichten Wald an und gibt
hohen Rauch. 18 Vom Zorn des HERRN
Zebaoth brennt das Land, dass das Volk
wird wie ein Fraß des Feuers; keiner
schont den andern. 19 Sie verschlingen
zur Rechten und leiden Hunger; sie fres-
sen zur Linken und werden doch nicht
satt. Ein jeder frisst das Fleisch seines
Nächsten: 20 Manasse den Ephraim,
Ephraim den Manasse und sie beide mit-
einander sind gegen Juda.

BEI ALL DEM LÄSST SEIN ZORN NICHT
AB, SEINE HAND IST NOCH AUSGERECKT.

10 [a]Weh denen, die unrechte Gesetze
machen, und den Schreibern, die
unrechtes Urteil schreiben, 2 um die Sa-
che der Armen zu beugen und Gewalt zu
üben am Recht der Elenden in meinem
Volk, dass die Witwen ihr Raub und die
Waisen ihre Beute werden! 3 Was wollt
ihr tun am Tage der Heimsuchung und
des Unheils, das von ferne kommt? Zu
wem wollt ihr fliehen um Hilfe? Und wo
wollt ihr eure Herrlichkeit lassen? 4 Wer
sich nicht unter die Gefangenen bückt,
wird unter den Erschlagenen fallen.

BEI ALL DEM LÄSST SEIN ZORN NICHT
AB, SEINE HAND IST NOCH AUSGERECKT.

Gegen den Hochmut des Königs von Assyrien

5 Wehe Assur, der meines Zornes [a]Rute
und meines Grimmes Stecken ist! 6 Ich
sende ihn wider ein gottloses Volk und

* Abweichende Verszählung statt 9,1-20: 9,2-21.

9,1: *a* Lk 1,79 **9,3:** *a* Ps 81,7; *b* Ri 7,14-15.22 **9,5:** *a* Kap 22,22; Mi 5,1; *b* Mi 4,3 **9,6:** *a* 2.Sam 7,12-13; Lk 1,32; *b* Kap 11,1-5; Ps 72,3-4 **9,13:** *a* Kap 10,33 **10,1:** *a (1-4)* Kap 5,8-23 **10,5:** *a* Vers 15

gebe ihm Befehl wider das Volk, dem ich
zürne, dass er's beraube und ausplündere
und es zertrete wie Dreck auf der Gasse.
7 Aber er meint's nicht so, und sein Herz
denkt nicht so, sondern sein Sinn steht
danach, zu vertilgen und auszurotten
nicht wenige Völker. 8 Denn er spricht:
»Sind meine Fürsten nicht allesamt Kö-
nige? 9 Ist Kalne nicht wie Karkemisch?
Ist Hamat nicht wie Arpad? Ist nicht
Samaria wie Damaskus? 10 [a]Wie meine
Hand gefunden hat die Königreiche der
Götzen, obwohl ihre Götzen mehr wa-
ren, als die zu Jerusalem und Samaria
sind: 11 sollte ich nicht Jerusalem tun und
seinen Götzen, wie ich Samaria und sei-
nen Götzen getan habe?«

12 Wenn aber der Herr all sein Werk
ausgerichtet hat auf dem Berge Zion und
zu Jerusalem, wird er sprechen: [a]Ich will
heimsuchen die Frucht des Hochmuts
des Königs von Assyrien und den Stolz
seiner hoffärtigen Augen, 13 weil er
spricht: »Ich hab's durch meiner Hände
Kraft ausgerichtet und durch meine
Weisheit, denn ich bin klug. Ich habe die
Grenzen der Länder anders gesetzt und
ihre Schätze geraubt und wie ein Stier die
Bewohner zu Boden gestoßen. 14 Meine
Hand hat gefunden den Reichtum der
Völker wie ein Vogelnest, und ich habe
alle Länder zusammengerafft, wie man
Eier sammelt, die verlassen sind; kein
Flügel regte sich, und kein Schnabel
sperrte sich auf und zirpte.«

15 Vermag sich auch eine Axt zu rüh-
men wider den, der damit haut, oder eine
Säge großzutun wider den, der sie zieht?
Als ob [a]die Rute den schwänge, der sie
hebt; als ob der Stock den höbe, der kein
Holz ist! 16 Darum wird der Herr, der
HERR Zebaoth, unter die Fetten in Assur
die Auszehrung senden, und seine Herr-
lichkeit wird er anzünden, dass sie bren-
nen wird wie ein Feuer. 17 Und [a]das
Licht Israels wird ein Feuer sein, und
sein Heiliger wird eine Flamme sein, und
sie wird seine Dornen und Disteln an-
zünden und verzehren auf **einen** Tag.
18 Und die Herrlichkeit seiner Wälder
und Gärten soll zunichtewerden mit
Stumpf und Stiel und wird vergehen und
dahinschwinden, 19 dass die Bäume sei-
ner Wälder, die übrig bleiben, gezählt
werden können, und ein Knabe kann sie
aufschreiben.

Errettung eines Restes von Israel. Zions Errettung vor dem Ansturm der Assyrer

20 [a]Zu der Zeit werden die Übriggeblie-
benen von Israel und was entkommen ist
vom Hause Jakob sich nicht mehr ver-
lassen auf den, der sie schlägt, sondern
sie werden sich verlassen auf den HERRN,
den Heiligen Israels, in Treue. 21 Ein Rest
wird sich bekehren, ja, der Rest Jakobs,
zu Gott, dem Starken. 22 Denn wäre auch
dein Volk, o Israel, [a]wie Sand am Meer,
so soll doch nur ein Rest in ihm bekehrt
werden. Verderben ist beschlossen und
bringt Fluten von Gerechtigkeit. 23 Denn
Gott der HERR Zebaoth [a]wird Verder-
ben ergehen lassen, wie beschlossen ist,
im ganzen Lande.

24 Darum spricht Gott der HERR Ze-
baoth: Fürchte dich nicht, mein Volk,
das in Zion wohnt, vor Assur, der dich
mit dem Stecken schlägt und seinen Stab
gegen dich aufhebt, wie es in Ägypten
geschah. 25 Denn es ist nur noch eine
kleine Weile, so wird meine Ungnade ein
Ende haben, und mein Zorn wird sich
richten auf sein Verderben. 26 Alsdann
wird der HERR Zebaoth eine Geißel über
ihn schwingen wie in der [a]Schlacht Mi-
dians am Rabenfelsen und wird seinen
Stab, den er am Meer brauchte, [b]auf-
heben wie in Ägypten. 27 Zu der Zeit wird
seine Last von deiner Schulter weichen
müssen und sein Joch von deinem Halse.

Er zieht herauf von Rimmon, 28 er
kommt nach Aja. Er zieht durch Migron,
er lässt seinen Tross zu Michmas. 29 Sie
ziehen durch den engen Weg, bleiben in
Geba über Nacht. Rama erschrickt, das
Gibea Sauls flieht. 30 Du Tochter [a]Gal-
lim, schreie laut! Merke auf, Lajescha;
gib ihm Antwort, Anatot! 31 Madmena
weicht, die Bürger von Gebim laufen da-
von. 32 Noch heute wird er haltmachen in
[a]Nob; er wird seine Hand ausstrecken
gegen den Berg der Tochter Zion, gegen
den Hügel Jerusalems.

33 Aber siehe, der Herr, der HERR Ze-

10,10: *a (10-11)* 2. Kön 18,33-35 **10,12:** *a* Kap 37,36 **10,15:** *a* Vers 5 **10,17:** *a* 5. Mose 4,24 **10,20:** *a (20-21)* Kap 6,13; 7,3 **10,22:** *a* Röm 9,27 **10,23:** *a* Kap 28,22 **10,26:** *a* Ri 7,25; Ps 83,10; *b* 2. Mose 14,26-27 **10,30:** *a* 1. Sam 25,44 **10,32:** *a* 1. Sam 21,2

baoth, wird die Äste mit Macht abhauen
und was hoch aufgerichtet steht nieder-
schlagen, dass die Hohen erniedrigt wer-
den. 34 Und der dichte Wald wird mit
dem Eisen umgehauen werden, und der
Libanon wird fallen durch einen Mäch-
tigen.

Der Messias und sein Friedensreich

11 **Und es wird ein Reis hervorgehen aus
dem Stamm Isais und ein Zweig aus
seiner Wurzel Frucht bringen. 2 Auf ihm
wird ruhen der Geist des HERRN, der Geist
der Weisheit und des Verstandes, der Geist
des Rates und der Stärke, der Geist der
Erkenntnis und der Furcht des HERRN.**
3 Und Wohlgefallen wird er haben an der
Furcht des HERRN. Er wird nicht richten
nach dem, was seine Augen sehen, noch
Urteil sprechen nach dem, was seine Oh-
ren hören, 4 sondern wird mit Gerechtig-
keit richten die Armen und rechtes Urteil
sprechen den Elenden im Lande, und er
wird mit dem Stabe seines Mundes den
Gewalttätigen schlagen und [a]mit dem
Odem seiner Lippen den Gottlosen töten.
5 Gerechtigkeit wird der Gurt seiner
Lenden sein und die Treue der Gurt sei-
ner Hüften. 6 Da werden [a]die Wölfe bei
den Lämmern wohnen und die Panther
bei den Böcken lagern. Ein kleiner
Knabe wird Kälber und junge Löwen
und Mastvieh miteinander treiben.
7 Kühe und Bären werden zusammen
weiden, dass ihre Jungen beieinanderlie-
gen, und Löwen werden Stroh fressen
wie die Rinder. 8 Und ein Säugling wird
spielen am Loch der Otter, und ein ent-
wöhntes Kind wird seine Hand stecken
in die Höhle der Natter. 9 Man wird nir-
gends Sünde tun noch freveln auf mei-
nem ganzen heiligen Berge; denn das
Land wird voll Erkenntnis des HERRN
sein, wie Wasser das Meer bedeckt.
10 Und es wird geschehen zu der Zeit,
dass [a]das Reis aus der Wurzel Isais da-
steht als Zeichen für die Völker. Nach
ihm werden die Heiden fragen, und die
Stätte, da er wohnt, wird herrlich sein.
11 [a]Und der Herr wird zu der Zeit zum
zweiten Mal seine Hand ausstrecken,
dass er den Rest seines Volks loskaufe,
der übrig geblieben ist in Assur, Ägypten,
Patros, Kusch, Elam, Schinar, Hamat
und auf den Inseln des Meeres. 12 Und er
wird ein Zeichen aufrichten unter den
Völkern und zusammenbringen die Ver-
jagten Israels und die Zerstreuten Judas
sammeln von den vier Enden der Erde.
13 Und der Neid Ephraims wird aufhören
und die Feindschaft Judas ausgerottet
werden, dass Ephraim nicht mehr nei-
disch ist auf Juda und Juda nicht mehr
Ephraim feind ist. 14 Sie werden sich
stürzen auf das Land der Philister im
Westen und miteinander berauben alle,
die im Osten wohnen. Nach Edom und
Moab werden sie ihre Hände ausstre-
cken, die Ammoniter werden ihnen ge-
horsam sein. 15 Und der HERR wird aus-
trocknen die Zunge des Meeres von
Ägypten und wird seine Hand gehen las-
sen über den Euphrat mit seinem starken
Wind und ihn in sieben Bäche zerschla-
gen, sodass man mit Schuhen hindurch-
gehen kann. 16 Und [a]es wird eine Straße
da sein für den Rest seines Volks, das
übrig geblieben ist in Assur, wie sie für
Israel da war zur Zeit, als sie aus Ägyp-
tenland zogen.

Das Danklied der Erlösten

12 Zu der Zeit wirst du sagen:

Ich danke dir, HERR, dass du bist zornig
gewesen über mich
und dein Zorn sich gewendet hat
und du mich tröstest.
2 **Siehe, Gott ist mein Heil,
ich bin sicher und fürchte mich nicht;
denn [a]Gott der HERR ist meine Stärke
und mein Psalm
und ist mein Heil.**
3 **Ihr werdet mit Freuden Wasser schöpfen
aus den Heilsbrunnen.**[a]

4 Und ihr werdet sagen zu der Zeit:
[a]Danket dem HERRN,
rufet an seinen Namen!
Machet kund unter den Völkern sein Tun,
verkündiget, wie sein Name so hoch
ist!
5 Lobsinget dem HERRN, denn er hat
sich herrlich bewiesen.
Solches sei kund in allen Landen!

11,4: *a* 2.Thess 2,8 **11,6:** *a* Kap 65,25 **11,10:** *a* Röm 15,12 **11,11:** *a (11-13)* Hes 37,21-22 **11,16:** *a* 2.Mose 14,29
12,2: *a* 2.Mose 15,2 **12,3:** *a* Kap 55,1; Sach 13,1 **12,4:** *a* 1.Chr 16,8; Ps 105,1

6 Jauchze und rühme, du Tochter Zion;
denn der Heilige Israels ist groß bei
dir!

Gottes Gericht über Babel

(Kap 13,1–14,32: vgl. Kap 21,1-10; 47,1-15;
Jer 50,1–51,64)

13 Dies ist die [a]Last für Babel, die
Jesaja, der Sohn des Amoz, ge-
schaut hat:
2 Auf hohem Berge erhebt das Banner,
ruft laut ihnen zu, winkt mit der Hand,
dass sie einziehen durch die Tore der
Fürsten. 3 Ich habe meine Geheiligten
entboten zu meinem Zorngericht und
meine Starken gerufen, die da jauchzen
über meine Herrlichkeit. 4 Es ist Geschrei
und Lärm auf den Bergen wie von einem
großen Volk, Geschrei und Getümmel
von den versammelten Königreichen der
Völker. Der HERR Zebaoth rüstet ein
Heer zum Kampf. 5 Sie kommen aus fer-
nen Landen, vom Ende des Himmels, ja,
der HERR selbst samt den Werkzeugen
seines Zorns, um zu verderben die ganze
Erde.
6 Heulet, denn [a]des HERRN Tag ist
nahe; er kommt wie eine Verwüstung
vom Allmächtigen. 7 Darum werden alle
Hände schlaff, und aller Menschen Herz
wird feige sein. 8 Schrecken, Angst und
Schmerzen wird sie ankommen, es wird
ihnen bange sein wie einer Gebärenden.
Einer wird sich vor dem andern entset-
zen, feuerrot werden ihre Angesichter
sein.
9 Denn siehe, des HERRN Tag kommt
grausam, zornig, grimmig, die Erde zu
verwüsten und die Sünder von ihr zu
vertilgen. 10 Denn die Sterne am Himmel
und sein Orion scheinen nicht hell, die
Sonne geht finster auf, und der Mond
gibt keinen Schein.[a] 11 Ich will den Erd-
kreis heimsuchen um seiner Bosheit wil-
len und die Gottlosen um ihrer Missetat
willen und will dem Hochmut der Stol-
zen ein Ende machen und die Hoffart der
Gewaltigen demütigen, 12 dass ein Mann
kostbarer sein soll als feinstes Gold und
ein Mensch wertvoller als Goldstücke
aus Ofir.
13 Darum will ich den Himmel bewe-
gen, und die Erde soll beben und von
ihrer Stätte weichen durch den Grimm
des HERRN Zebaoth, am Tage seines
Zorns. 14 Und sie sollen sein wie ein ver-
scheuchtes Reh und wie eine Herde ohne
Hirten, dass sich ein jeder zu seinem Volk
kehren und ein jeder in sein Land fliehen
wird. 15 Wer da gefunden wird, wird er-
stochen, und wen man aufgreift, wird
durchs Schwert fallen. 16 Es [a]sollen auch
ihre Kinder vor ihren Augen zerschmet-
tert, ihre Häuser geplündert und ihre
Frauen geschändet werden.
17 Denn siehe, ich will die Meder gegen
sie erwecken, die nicht Silber suchen oder
nach Gold fragen, 18 sondern die Jüng-
linge mit Bogen erschießen und sich der
Frucht des Leibes nicht erbarmen und
die Kinder nicht schonen. 19 So soll Ba-
bel, das schönste unter den Königrei-
chen, die herrliche Pracht der Chaldäer,
zerstört werden von Gott [a]wie Sodom
und Gomorra, 20 dass man hinfort nicht
mehr da wohne noch jemand da bleibe
für und für, dass auch Araber dort keine
Zelte aufschlagen noch Hirten ihre Her-
den lagern lassen, 21 [a]sondern Wüsten-
tiere werden sich da lagern, und ihre
Häuser werden voll Eulen sein; Strauße
werden da wohnen, und Feldgeister wer-
den da hüpfen, 22 und wilde Hunde wer-
den in ihren Palästen heulen und Scha-
kale in den Schlössern der Lust. Ihre Zeit
wird bald kommen, und ihre Tage lassen
nicht auf sich warten.

Triumphlied über den Sturz des Weltherrschers

14 Denn der HERR wird sich über Ja-
kob erbarmen und Israel [a]noch
einmal erwählen und sie in ihr Land set-
zen. Und Fremdlinge werden sich zu
ihnen gesellen und dem Hause Jakob an-
hangen. 2 Und [a]die Völker werden Israel
nehmen und an seinen Ort bringen, und
dann wird das Haus Israel sie als
Knechte und Mägde besitzen [b]im Lande
des HERRN. Und sie werden gefangen
halten die, von denen sie gefangen waren,
und werden herrschen über ihre Bedrän-
ger. 3 Und zu der Zeit, wenn dir der
HERR Ruhe geben wird von deinem Jam-
mer und Leid und von dem harten
Dienst, in dem du gewesen bist, 4 wirst du

13,1: *a* Jer 23,33 **13,6:** *a* Joel 1,15 **13,10:** *a* Hes 32,7; Joel 2,10; Am 5,8; Mt 24,29 **13,16:** *a* Ps 137,8-9 **13,19:** *a* 1. Mose 19,24-25 **13,21:** *a (21-22)* Kap 34,13 **14,1:** *a* Sach 1,17 **14,2:** *a* Kap 49,22; *b* 3. Mose 25,23

dies Lied anheben gegen den König von
Babel und sagen:
Wie ist's mit dem Treiber so gar aus,
und das Toben hat ein Ende! 5 Der HERR
hat den Stock der Gottlosen zerbrochen,
die Rute der Herrscher. 6 Der schlug die
Völker im Grimm ohne Aufhören und
herrschte mit Wüten über die Nationen
und verfolgte ohne Erbarmen. 7 Nun hat
Ruhe und Frieden alle Welt und jubelt
fröhlich. 8 Auch freuen sich die Zypressen
über dich und die Zedern auf dem Liba-
non und sagen: »Seit du daliegst, kommt
niemand herauf, der uns abhaut.«
9 Das Totenreich drunten erzittert vor
dir, wenn du nun kommst. Es schreckt
auf vor dir die Toten, alle Gewaltigen der
Welt, und lässt alle Könige der Völker von
ihren Thronen aufstehen, 10 dass sie alle
anheben und zu dir sagen: »Auch du bist
schwach geworden wie wir, und es geht
dir wie uns. 11 Deine Pracht [a]ist herunter
zu den Toten gefahren samt dem Klang
deiner Harfen. Gewürm wird dein Bett
sein und Würmer deine Decke.«
12 Wie bist du vom Himmel gefallen,
du schöner Morgenstern! Wie wurdest
du zu Boden geschlagen, der du alle Völ-
ker niederschlugst! 13 Du aber gedachtest
in deinem Herzen: »Ich will in den Him-
mel steigen und meinen Thron über die
Sterne Gottes erhöhen, ich will mich set-
zen auf den [a]Berg der Versammlung im
fernsten Norden.* 14 Ich will auffahren
über die hohen Wolken und gleich sein
dem Allerhöchsten.« 15 Ja, hinunter zu
den Toten fuhrst du, zur tiefsten Grube!
16 Wer dich sieht, wird auf dich
schauen, wird dich ansehen und sagen:
»Ist das der Mann, der die Welt zittern
und die Königreiche beben machte, 17 der
den Erdkreis zur Wüste machte und seine
Städte zerstörte und seine Gefangenen
nicht nach Hause entließ?« 18 Alle Könige
der Völker ruhen doch in Ehren, ein je-
der in seiner Kammer; 19 du aber bist
[a]hingeworfen ohne Grab wie ein verach-
teter Zweig, bedeckt von Erschlagenen,
die mit dem Schwert erstochen sind, wie
eine zertretene Leiche. 20 Du wirst nicht
wie jene begraben werden, die hinab-
fahren in eine steinerne Gruft; denn du
hast dein Land verderbt und dein Volk
erschlagen. Man wird des Geschlechtes
der Bösen nicht mehr gedenken. 21 Rich-
tet die Schlachtbank zu für seine Söhne
[a]um der Missetat ihres Vaters willen,
dass sie nicht wieder hochkommen und
die Welt erobern und den Erdkreis voll
Trümmer machen.
22 Und ich will über sie kommen,
spricht der HERR Zebaoth, und von Ba-
bel ausrotten Name und Rest, Kind und
Kindeskind, spricht der HERR. 23 Und
ich will Babel machen zum Erbe für die
Igel und zu einem Wassersumpf und will
es mit dem Besen des Verderbens weg-
fegen, spricht der HERR Zebaoth.

Gegen Assyrien

24 Der HERR Zebaoth hat geschworen:
Was gilt's? Es soll gehen, wie ich denke,
und soll zustande kommen, wie ich's im
Sinn habe, 25 dass Assur zerschlagen
werde in meinem Lande und ich es zer-
trete auf meinen Bergen, damit sein Joch
von ihnen genommen werde und seine
Last von ihrem Halse komme. 26 Das ist
der Ratschluss, den er hat über alle
Lande, und das ist die Hand, die aus-
gereckt ist über alle Völker. 27 Denn der
HERR Zebaoth hat's beschlossen – wer
will's wehren? Und seine Hand ist aus-
gereckt – wer will sie wenden?

Gegen die Philister

(vgl. Jer 47,1-7)

28 Im Jahr, als König [a]Ahas starb, wurde
diese Last angekündigt: 29 Freue dich
nicht, ganz Philisterland, dass der Stock,
der dich schlug, zerbrochen ist! Denn aus
der Wurzel der Schlange wird eine giftige
Natter kommen, und ihre Frucht wird
ein feuriger fliegender Drache sein. 30 Die
Geringen werden auf meiner Aue weiden
und die Armen sicher ruhen; aber deine
Wurzel will ich durch Hunger töten, und
deine Übriggebliebenen werde ich mor-
den. 31 Heule, Tor! Schreie, Stadt! Erzit-
tere, ganz Philisterland! Denn von Nor-
den kommt Rauch und keiner sondert
sich ab von seinen Scharen. 32 Und was
wird man den Boten der Heiden sagen?
»Der HERR hat Zion gegründet, und hier

* Der Berg der Versammlung ist der Götterberg im höchsten Norden.

14,11: *a* Hes 32,18-19 **14,13:** *a* Ps 48,3; Hes 28,14 **14,19:** *a* Kap 34,3 **14,21:** *a* 2. Mose 20,5 **14,28:** *a* 2. Kön 16,20

werden die Elenden seines Volks Zu-
flucht haben.«

Gegen Moab

(vgl. Jer 48,1-47; Zef 2,8-11)

15 Dies ist die Last für Moab: Des
Nachts kommt Verheerung über Ar
in Moab, es ist dahin; des Nachts kommt
Verheerung über Kir in Moab, es ist da-
hin! 2 Es geht hinauf die Tochter Dibon
zu den Altären, um zu weinen; Moab
heult über Nebo und über Medeba. Jedes
Haupt ist kahl geschoren, jeder Bart ist
abgeschnitten. 3 Auf ihren Gassen gehen
sie mit dem Sack umgürtet, auf ih-
ren Dächern und Straßen heulen sie alle
und gehen weinend einher. 4 [a] Heschbon
und Elale schreien, dass man's zu Jahaz
hört. Darum wehklagen die Gerüsteten
Moabs, es verzagt ihre Seele.

5 Mein Herz schreit über Moab; seine
Flüchtigen fliehen bis nach Zoar, bis
Eglat-Schelischija. Denn sie gehen die
Steige von Luhit hinauf und weinen, und
auf dem Wege nach Horonajim erhebt
sich ein Jammergeschrei. 6 Denn die Was-
ser von Nimrim versiegen, dass das Gras
verdorrt und das Kraut verwelkt und
kein Grünes wächst. 7 Darum führen sie
das Gut, das sie gesammelt, und alles,
was sie verwahrt haben, über den Wei-
denbach. 8 Geschrei geht um in den
Grenzen Moabs, Geheul bis Eglajim und
Geheul bis Beer-Elim! 9 Denn die Wasser
von Dimon sind voll Blut. Dazu will ich
über Dimon noch mehr Unheil kommen
lassen, Löwen über die Entronnenen
Moabs und über die Übriggebliebenen
im Lande.

Moab sucht Hilfe bei Juda

16 »Schickt dem Landesherrn die
Lämmer von Sela aus der Wüste
zum Berge der Tochter Zion!« 2 Wie ein
Vogel dahinfliegt, der aus dem Nest ver-
trieben wird, so werden die Bewohner
Moabs an den Furten des Arnon sein.
3 »Gib Rat, schaffe Recht, mache deinen
Schatten des Mittags wie die Nacht; ver-
birg die Verjagten, und verrate die Flüch-
tigen nicht! 4 Lass Moabs Verjagte bei dir
herbergen, sei du für Moab eine Zuflucht
vor dem Verwüster!«
Der Dränger wird ein Ende haben, der
Verwüster aufhören und der Bedrücker
aus dem Lande müssen. 5 Dann wird ein
Thron bereitet werden aus Gnaden, dass
einer in Treue darauf sitze in der Hütte
Davids und richte und trachte nach
Recht und fördere Gerechtigkeit.

6 »Wir haben gehört von dem Hoch-
mut Moabs, der so groß ist, von seinem
Hochmut, seinem Stolz und Mutwillen
und seinem eitlen Geschwätz.« 7 Darum
wird ein Moabiter über den andern heu-
len, allesamt werden sie heulen. Über die
Traubenkuchen von Kir-Heres werden
sie seufzen, ganz zerschlagen. 8 Denn die
Fluren von Heschbon sind wüst gewor-
den, der Weinstock von Sibma ist ver-
derbt. Die Herren unter den Völkern
haben seine edlen Reben zerschlagen,
die bis nach Jaser reichten und sich zogen
bis in die Wüste; ihre Ranken breiteten
sich aus und gingen über das Meer.

9 [a] Darum weine ich mit Jaser um den
Weinstock von Sibma und vergieße viel
Tränen über dich, Heschbon und Elale.
Denn es ist Kriegsgeschrei in deinen
Herbst und deine Ernte gefallen, 10 dass
Freude und Wonne in den Gärten auf-
hören, und in den Weinbergen jauchzt
und ruft man nicht mehr. Man keltert
keinen Wein in den Keltern, dem Gesang
ist ein Ende gemacht.[a] 11 Darum klagt
mein Herz über Moab wie eine Harfe
und meine Seele über Kir-Heres. 12 Als-
dann, wenn Moab hingeht und sich ab-
müht bei den Altären und kommt zu
seinem Heiligtum, um zu beten, so wird's
doch nichts ausrichten.

Ein Nachwort

13 Das ist's, was der HERR damals gegen
Moab geredet hat. 14 Nun aber redet der
HERR und spricht: In drei Jahren, [a] wie
eines Tagelöhners Jahre sind, wird die
Herrlichkeit Moabs gering werden mit all
dem großen Gepränge, dass wenig übrig
bleibt, gar nicht viel.

Gegen Damaskus und das Nordreich Israel

(vgl. Jer 49,23-27; Am 1,3-5)

17 Dies ist die Last für Damaskus:
Siehe, Damaskus wird keine Stadt

15,4: *a (4-9)* Kap 16,9-11 **16,9:** *a (9-11)* Kap 15,4-9 **16,10:** *a* Jer 48,33 **16,14:** *a* Kap 21,16

mehr sein, sondern ein zerfallener Stein-
haufen; 2seine Städte werden verlassen
sein für immer, dass Herden dort weiden,
die niemand verscheucht. 3Und es wird
aus sein mit dem Bollwerk Ephraims und
mit dem Königtum von [a]Damaskus; und
dem Rest von Aram wird es gehen wie
der Herrlichkeit Israels, spricht der HERR
Zebaoth. 4Zu der Zeit wird die Herr-
lichkeit Jakobs gering sein, und sein fet-
ter Leib wird mager sein. 5Es wird sein,
wie wenn der Schnitter die Halme fasst
und mit seinem Arm die Ähren schnei-
det, wie wenn einer Ähren liest im Tal
Refaïm; 6wie wenn man Oliven herunter-
schlägt in der Ernte und eine Nachernte
bleibt, zwei oder drei oben in dem Wip-
fel, vier oder fünf Früchte an den Zwei-
gen, spricht der HERR, der Gott Israels.

7Zu der Zeit wird der Mensch blicken
auf den, der ihn gemacht hat, und seine
Augen werden auf den Heiligen Israels
schauen; 8und er wird nicht mehr blicken
auf die Altäre, die seine Hände gemacht
haben, und nicht schauen auf das, was
seine Finger gemacht haben, auf die Bil-
der der Aschera und auf die Rauch-
opfersäulen.

9Zu der Zeit werden ihre festen Städte
verlassen sein wie die Städte der Hiwiter
und Amoriter, die sie verließen vor Israel,
und zur Wüste werden. 10Denn [a]du hast
vergessen den Gott deines Heils und
nicht gedacht an den Felsen deiner
Stärke.

Darum setze nur Pflanzen zu deiner
Lust und lege Reben aus der Fremde!*
11Auch wenn du sie hochbringst am Tag,
da du sie pflanzt, und sie zum Sprießen
bringst an dem Morgen, da du sie säst, –
hin ist die Ernte, wenn du die Garben
einbringen willst, und du wirst Schmer-
zen haben, die niemand heilt.

Das brausende Völkermeer

12Ha, ein Brausen vieler Völker, wie das
Meer brausen sie, und ein Getümmel
mächtiger Nationen, wie große Wasser
tosen sie! 13Ja, wie große Wasser werden
die Nationen tosen. Aber er wird sie
schelten, da werden sie in die Ferne flie-
hen und werden gejagt wie Spreu auf den
Bergen vom Winde und wie wirbelnde
Blätter vom Ungewitter. 14Um den
Abend, siehe, da ist Schrecken, und [a]ehe
es Morgen wird, sind sie nicht mehr da.
Das ist der Lohn unsrer Räuber und das
Los derer, die uns das Unsre nehmen.

Gottes Botschaft an das Land Kusch

18 Weh dem Lande voll schwirrender
Flügel, [a]jenseits der Ströme von
Kusch, 2das Boten über das Meer sendet
und in leichten Schiffen auf den Wassern
fährt! Geht hin, ihr schnellen Boten, zum
Volk, das hochgewachsen und glatt ist,
zum Volk, das schrecklicher ist als sonst
irgendeins, zum Volk, das befiehlt und
zertritt, dessen Land Wasserströme
durchschneiden. 3Alle, die ihr auf Erden
wohnt und in den Ländern lebt – wenn
man das Banner auf den Bergen auf-
richtet, so sehet! Wenn man die Posaune
bläst, so höret! 4Denn so spricht der
HERR zu mir: Ich will schauen von mei-
ner Stätte und will still warten wie drü-
ckende Hitze am hohen Mittag und wie
Taugewölk in der Hitze der Ernte. 5Denn
vor der Ernte, wenn die Blüte vorüber ist
und die Traube noch reift, wird er die
Ranken mit Winzermessern abschneiden
und die Reben wegnehmen und abhauen,
6dass man's miteinander liegen lässt für
die Geier auf den Bergen und die Tiere
im Lande, dass im Sommer die Geier
darauf sitzen und im Winter allerlei Tiere
im Lande darauf liegen.

7Zu der Zeit wird das hochgewachsene
und glatte Volk, das schrecklicher ist als
sonst irgendeins, das befiehlt und zertritt,
dessen Land Wasserströme durchschnei-
den, [a]Geschenke bringen dem HERRN
Zebaoth an den Ort, da der Name des
HERRN Zebaoth wohnt, zum Berge
Zion.

Gegen Ägypten

(vgl. Jer 46,2-28; Hes 29,1–32,32)

19 Dies ist die Last für Ägypten:
Siehe, der HERR wird auf einer
schnellen Wolke fahren und über Ägyp-
ten kommen. Da werden die Götzen
Ägyptens vor ihm beben, und den Ägyp-
tern wird das Herz feige werden in ihrem

* Wahrscheinlich Gärten zur Verehrung des heidnischen Gottes Adonis.

17,3: *a* 2. Kön 16,9 **17,10:** *a* Kap 65,2-3; 5. Mose 32,15 **17,14:** *a* Kap 37,36 **18,1:** *a* Zef 3,10 **18,7:** *a* Ps 68,30.32; Apg 8,27

Leibe. 2Und ich will die Ägypter gegen-
einanderhetzen, dass ein Bruder wider
den andern, ein Freund wider den an-
dern, eine Stadt wider die andre, ein
Reich wider das andre kämpfen wird.
3Und der Mut soll den Ägyptern in ih-
rem Herzen vergehen, und ich will ihre
Anschläge zunichtemachen. Da werden
sie dann fragen ihre Götzen und Be-
schwörer, ihre Geister und Zeichendeu-
ter. 4Aber ich will die Ägypter übergeben
in die Hand eines grausamen Herrn, und
ein harter König soll über sie herrschen,
spricht der Herrscher, der HERR Ze-
baoth.

5Und das Wasser im Nil wird ver-
trocknen und der Strom wird versiegen
und verschwinden. 6Und die Wasser wer-
den stinkend werden, und die Flüsse
Ägyptens werden seicht und trocken wer-
den, dass Rohr und Schilf verwelken.
7Und das Gras an den Wassern wird
vergehen, und alle Saat am Wasser wird
verdorren und zunichtewerden. 8Und die
Fischer werden trauern, und alle, die An-
geln ins Wasser werfen, werden klagen;
und alle, die Netze auswerfen in den
Strom, werden betrübt sein. 9Es werden
zuschanden, die da Flachs kämmen und
verarbeiten, und die da weben, werden
erbleichen. 10Die Weber werden geschla-
gen sein, und alle, die um Lohn arbeiten,
sind bekümmert.

11Die Fürsten von Zoan sind Toren,
die weisen Räte des Pharao sind mit ih-
rem Rat zu Narren geworden. Wie könnt
ihr zum Pharao sagen: »Ich bin ein Sohn
von Weisen und komme von Königen der
Vorzeit her«? 12Wo sind denn nun deine
Weisen, dass sie dir's verkündigen und
anzeigen, was der HERR Zebaoth über
Ägypten beschlossen hat? 13Die Fürsten
von Zoan sind zu Toren geworden, die
Fürsten von Memfis sind betrogen; die
Häupter seiner Geschlechter verführen
Ägypten. 14Denn der HERR hat einen
Taumelgeist über sie ausgegossen, dass
sie Ägypten taumeln machen in all sei-
nem Tun, wie ein Trunkenbold taumelt,
wenn er speit. 15Und Ägypten wird
nichts gelingen, was Kopf oder Schwanz,
Ast oder Stumpf ausrichten wollen.

Gottes Plan über Ägypten

16Zu der Zeit werden die Ägypter sein
wie Weiber und sich fürchten und er-
schrecken, wenn der HERR Zebaoth die
Hand über sie schwingen wird. 17Und
die Ägypter werden sich fürchten vor
dem Lande Juda; wenn sie daran denken,
werden sie erschrecken wegen des Rates
des HERRN Zebaoth, den er über sie
beschlossen hat.

18Zu der Zeit werden fünf Städte in
Ägyptenland die Sprache Kanaans spre-
chen und [a]bei dem HERRN Zebaoth
schwören. Eine wird heißen Ir-Heres.

19Zu der Zeit wird für den HERRN ein
Altar mitten in Ägyptenland sein und ein
[a]Steinmal für den HERRN an seiner
Grenze; 20das wird ein Zeichen und
Zeugnis sein für den HERRN Zebaoth in
Ägyptenland. Wenn sie zum HERRN
schreien vor den Bedrängern, so wird er
ihnen einen Retter senden; der wird ihre
Sache führen und sie erretten. 21Denn
[a]der HERR wird den Ägyptern bekannt
werden, und die Ägypter werden den
HERRN erkennen zu der Zeit und werden
ihm dienen mit Schlachtopfern und
Speisopfern und werden dem HERRN
Gelübde tun und sie halten. 22Und der
HERR wird die Ägypter schlagen und
heilen; und sie werden sich bekehren zum
HERRN, und er wird sich erbitten lassen
und sie heilen.

23Zu der Zeit wird eine Straße sein
von Ägypten nach Assyrien, dass die
Assyrer nach Ägypten und die Ägypter
nach Assyrien kommen und die Ägypter
samt den Assyrern Gott dienen. 24[a]Zu
der Zeit wird Israel der Dritte sein mit
den Ägyptern und Assyrern, ein Segen
mitten auf Erden; 25denn der HERR Ze-
baoth wird sie segnen und sprechen: Ge-
segnet bist du, Ägypten, mein Volk, und
du, Assur, meiner Hände Werk, und du,
Israel, mein Erbe!

Weissagung des Sieges der Assyrer über Ägypten und Kusch

20 Im Jahr, da [a]der Tartan nach
Aschdod kam, als ihn gesandt hat-
te Sargon, der König von Assyrien, und

19,18: *a* Kap 65,16; Jer 12,16 **19,19:** *a* 3. Mose 26,1 **19,21:** *a* Kap 66,19 **19,24:** *a (24-25)* 5. Mose 4,20; Röm 15,10
20,1: *a* 2. Kön 18,17

er gegen Aschdod kämpfte und es er-
oberte, – 2zu der Zeit redete der HERR
durch Jesaja, den Sohn des Amoz, und
sprach: Geh hin und tu den härenen
Schurz von deinen Lenden und zieh die
Schuhe von deinen Füßen. Und er tat so
und ging nackt und barfuß.
3Da sprach der HERR: Gleichwie mein
Knecht Jesaja nackt und barfuß geht drei
Jahre lang als Zeichen und Weissagung
über Ägypten und Kusch, 4so wird der
König von Assyrien wegtreiben die Ge-
fangenen Ägyptens und die Verbannten
von Kusch, jung und alt, nackt und bar-
fuß, in schmählicher Blöße, zur Schande
Ägyptens. 5Und sie werden erschrecken
in Juda und zuschanden werden wegen
der Kuschiter, auf die sie sich verließen,
und wegen der Ägypter, deren sie sich
rühmten. 6Und die Bewohner dieser
Küste werden sagen zu der Zeit: Ist das
unsere Zuversicht, zu der wir um Hilfe
geflohen sind, dass wir errettet würden
vor dem König von Assyrien? Wie könn-
ten wir selber entrinnen?

Die Schau von Babels Fall

(vgl. Kap 13,1–14,23)

21 Dies ist die Last für die Wüste:
Wie ein Wetter vom Süden her-
fährt, so kommt's aus der Wüste, aus
einem schrecklichen Lande. 2Mir ist eine
harte Offenbarung angezeigt: »Der Räu-
ber raubt, und der Verwüster verwüstet.
Elam, zieh herauf! Medien, belagere! Ich
will allem Seufzen ein Ende machen.«
3Darum sind meine Lenden voll Schmer-
zen, und Angst hat mich ergriffen wie
eine Gebärende. Ich krümme mich, wenn
ich's höre, und erschrecke, wenn ich's
sehe. 4Mein Herz zittert, Grauen hat
mich erschreckt; auch am Abend, der
mir so lieb ist, habe ich keine Ruhe.
5Deckt den Tisch, breitet den Teppich
aus, esst und trinkt! Macht euch auf, ihr
Fürsten, salbt den Schild! 6Denn so hat
der Herr zu mir gesagt: »Geh hin, stelle
den Wächter auf; was er schaut, soll er
ansagen! 7Und sieht er einen Zug von
Wagen mit Rossen, einen Zug von Eseln
und Kamelen, so soll er darauf acht-
geben mit allem Eifer.«
8Da rief der Späher: Herr, ich stehe
auf der Warte bei Tage immerdar und
stelle mich auf meine Wacht jede Nacht.
9Und siehe, da kommen Männer, ein
Zug von Wagen mit Rossen; die heben an
und sprechen: [a]Gefallen ist Babel, es ist
gefallen, und alle Bilder seiner Götter
sind zu Boden geschlagen!
10Mein zerdroschenes und zertretenes
Volk! Was ich gehört habe vom HERRN
Zebaoth, dem Gott Israels, das verkün-
dige ich euch.

Sprüche über Edom und Arabien

(vgl. Jer 49,7-22; 49,28-33)

11Dies ist die Last für Duma: Man ruft
zu mir aus [a]Seïr: Wächter, ist die Nacht
bald hin? Wächter, ist die Nacht bald
hin? 12Der Wächter aber sprach: Wenn
auch der Morgen kommt, so wird es
doch Nacht bleiben. Wenn ihr fragen
wollt, so kommt wieder und fragt.
13Dies ist die Last für Arabien: Ihr
müsst im Gestrüpp, in der Steppe über
Nacht bleiben, ihr Karawanen der Deda-
niter. 14Bringt den Durstigen Wasser ent-
gegen, die ihr wohnt im Lande Tema;
bietet Brot den Flüchtigen. 15Denn sie
fliehen vor dem Schwert, ja, vor dem
bloßen Schwert, vor dem gespannten Bo-
gen, vor der Gewalt des Kampfes.
16Denn so hat der Herr zu mir gespro-
chen: Noch ein Jahr, [a]wie des Tagelöh-
ners Jahre sind, dann soll alle Herrlich-
keit Kedars untergehen. 17Und von den
Bogenschützen Kedars sollen nur wenige
übrig bleiben; denn der HERR, der Gott
Israels, hat's gesagt.

Gegen den Übermut Jerusalems

22 Dies ist die Last für das Schautal:
Was habt ihr denn, dass ihr alle
auf die Dächer steigt, 2du Stadt voller
Lärmen und Toben, du fröhliche Burg? –
Deine Erschlagenen sind nicht mit dem
Schwert erschlagen und nicht im Kampf
gefallen. 3Alle deine Hauptleute sind ge-
wichen, in die Ferne geflohen. Alle, die
man von dir gefunden hat, wurden ge-
fangen, ohne Bogen gefangen. 4Darum
sage ich: Schaut weg von mir, [a]lasst mich

21,9: *a* Offb 18,2 **21,11:** *a* 5. Mose 2,5 **21,16:** *a* Kap 16,14 **22,4:** *a* Jer 8,23

bitterlich weinen! Müht euch nicht, mich
zu trösten über die Zerstörung der Toch-
ter meines Volks!
5Denn es kommt ein Tag des Getüm-
mels und des Zertretens und der Verwir-
rung von Gott, dem HERRN Zebaoth, im
Schautal; es kracht die Mauer, sie
schreien am Berge. 6Elam fährt daher
mit Köchern, Wagen, Leuten und Ros-
sen, und Kir lässt seine Schilde glänzen.
7Und es wird geschehen, dass deine aus-
erlesenen Täler werden voll von Wagen
und Rossen sein; die stellen sich auf ge-
gen das Tor. 8Da wird der Schutz Judas
weggenommen werden.

Aber ihr schautet zu der Zeit auf die
Rüstungen im Waldhaus. 9Und ihr saht,
dass viele Risse in der Stadt Davids
waren, und sammeltet das Wasser des
[a]unteren Teiches. 10Ihr zähltet auch die
Häuser Jerusalems und [a]bracht sie ab,
um die Mauer zu befestigen, 11und mach-
tet ein Becken zwischen beiden Mauern
für das Wasser des alten Teiches. Doch
ihr saht nicht auf den, der solches tut,
und schautet nicht auf den, der solches
schafft von ferne her.

12Zu der Zeit rief Gott, der HERR Ze-
baoth, dass man [a]weine und klage und
sich das Haar abschere und den Sack
anlege. 13Aber siehe da, lauter Freude
und Wonne, Rinder töten, Schafe
schlachten, Fleisch essen, Wein trinken:
[a]»Lasst uns essen und trinken; wir ster-
ben doch morgen!« 14Aber meinen Oh-
ren ist vom HERRN Zebaoth offenbart:
»Wahrlich, diese Missetat soll euch nicht
vergeben werden, bis ihr sterbt«, spricht
Gott, der HERR Zebaoth.

Schebna und Eljakim

15So spricht Gott, der HERR Zebaoth:
Geh hinein zu dem Verwalter da, zu
[a]Schebna, dem Hofmeister, und sprich
zu ihm: 16Was hast du hier? Und wen
hast du hier, dass du dir hier ein Grab
aushauen lässt, dass du dein Grab in der
Höhe aushauen und deine Wohnung in
den Felsen machen lässt? 17Siehe, der
HERR wird dich wegwerfen, wie ein Star-
ker einen wegwirft, und wird dich packen
18und dich zum Knäuel machen und
dich wegschleudern wie eine Kugel in ein
weites Land. Dort wirst du sterben, dort
werden deine kostbaren Wagen bleiben,
du Schmach für das Haus deines Herrn!
19Und ich will dich aus deiner Stellung
stürzen und dich aus deinem Amt sto-
ßen.

20Und zu der Zeit will ich rufen mei-
nen Knecht Eljakim, den Sohn Hilkijas,
21und will ihm dein Amtskleid anziehen
und ihn mit deinem Gürtel gürten und
deine Herrschaft in seine Hand geben,
dass er [a]Vater sei für die, die in Jeru-
salem wohnen, und für das Haus Juda.
22Und ich will die Schlüssel des Hauses
Davids auf seine Schulter legen, dass er
[a]auftue und niemand zuschließe, dass er
zuschließe und niemand auftue. 23Und
ich will ihn als Nagel einschlagen an
einen festen Ort, und er soll werden
zum Thron der Ehre für seines Vaters
Haus.

24Aber wenn sich an ihn hängt die
ganze Schwere seines Vaterhauses, Kind
und Kindeskinder, alle kleinen Geräte,
Trinkgefäße und allerlei Krüge, 25dann,
spricht der HERR Zebaoth, soll der Na-
gel nachgeben, der am festen Ort steckt,
er soll abbrechen und fallen, sodass alles,
was daran hing, zerbricht; denn der
HERR sagt es.

Das Gericht über Tyrus und Sidon

(vgl. Hes 26,1–28,24)

23 Dies ist die Last für Tyrus:
Heult, ihr [a]Tarsisschiffe, denn
Tyrus ist zerstört, dass kein Haus mehr
da ist! Wenn sie heimkehren aus dem
Lande Kittim, werden sie dessen gewahr
werden. 2Die Bewohner der Küste sind
still geworden, die Kaufleute von Sidon.
Ihre Boten zogen übers Meer 3und was
von Früchten am Schihor und von Ge-
treide am Nil wuchs, brachte man nach
Sidon hin über große Wasser, und du
warst der Völker Markt geworden. 4Er-
schrick, Sidon, denn das Meer, ja, die
Feste am Meer spricht: Ich werde nicht
mehr Mutter, ich gebäre nicht mehr;
darum ziehe ich keine Jünglinge auf und

22,9: *a* Kap 7,3 **22,10:** *a* Jer 33,4 **22,12:** *a* Am 8,10 **22,13:** *a* 1.Kor 15,32 **22,15:** *a* Kap 36,3 **22,21:** *a* 1.Mose 45,8 **22,22:** *a* Offb 3,7 **23,1:** *a* Hes 27,12

erziehe keine Jungfrauen. 5Sobald es die
Ägypter hören, erschrecken sie über die
Kunde von Tyrus.

6Fahrt hin nach Tarsis, heult, ihr Be-
wohner der Küste! 7Ist das eure fröhliche
Stadt, die sich ihres Alters rühmte? Ihre
Füße führten sie weit weg, in der Ferne
zu weilen. 8Wer hat solches beschlossen,
dass es Tyrus, der Krone, so gehen sollte,
wo doch ihre Kaufleute Fürsten waren
und ihre Händler die Herrlichsten auf
Erden? 9Der HERR Zebaoth hat's so be-
schlossen, auf dass er erniedrigte die
Pracht und verächtlich machte die stolze
Stadt, alle Herrlichsten auf Erden. 10Be-
baue dein Land, du Tochter [a]Tarsis!
Denn es gibt keinen Hafen mehr.

11Der HERR hat seine Hand ausge-
reckt über das Meer und erschreckt die
Königreiche. Er hat Befehl gegeben über
Phönizien, dass seine Bollwerke zerstört
werden, 12und er hat gesagt: Du sollst
nicht mehr fröhlich sein, du geschändete
Jungfrau, du Tochter Sidon! Nach Kit-
tim mach dich auf und zieh fort, doch
wirst du auch da keine Ruhe haben.
13Siehe, die Chaldäer – dies Volk hat's
getan, nicht Assur – haben die Stadt zur
Wüste gemacht; sie haben Belagerungs-
türme aufgerichtet, ihre Paläste niederge-
rissen und die Stadt geschleift. 14Heult,
ihr Tarsisschiffe, denn euer Bollwerk ist
zerstört!

15Zu der Zeit wird Tyrus vergessen
werden siebzig Jahre, solange etwa ein
König lebt. Aber nach siebzig Jahren
wird es mit Tyrus gehen, wie es im Hu-
renlied heißt: 16Nimm die Harfe, geh in
der Stadt umher, du vergessene Hure!
Mach's gut auf dem Saitenspiel und singe
viel Lieder, auf dass dein wieder gedacht
werde! 17Denn nach siebzig Jahren wird
der HERR die Stadt Tyrus heimsuchen,
dass sie wieder zu ihrem Hurenlohn
komme und Hurerei treibe mit allen Kö-
nigreichen auf Erden. 18Aber ihr Gewinn
und Hurenlohn wird dem HERRN ge-
weiht werden. Man wird ihn nicht wie
Schätze sammeln und aufhäufen, son-
dern ihr Erwerb wird denen zufallen, die
vor dem HERRN wohnen, dass sie essen
und satt werden und wohlbekleidet
seien.

Das zukünftige Gottesgericht über die Erde

24 Siehe, der HERR macht die Erde
leer und wüst und wirft um, was
auf ihr ist, und zerstreut ihre Bewohner.
2Und es geht dem Priester wie dem Volk,
dem Herrn wie dem Knecht, der Frau
wie der Magd, dem Verkäufer wie dem
Käufer, dem Verleiher wie dem Borger,
dem Gläubiger wie dem Schuldner. 3Die
Erde wird leer und beraubt sein; denn
der HERR hat solches geredet.

4Das Land verdorrt und verwelkt, der
Erdkreis verschmachtet und verwelkt, die
Höchsten des Volks auf Erden ver-
schmachten. 5Die Erde ist entweiht von
ihren Bewohnern; denn sie übertreten
das Gesetz und ändern die Gebote und
brechen den ewigen Bund. 6Darum frisst
der Fluch die Erde, und büßen müssen's,
die darauf wohnen. Darum nehmen die
Bewohner der Erde ab, sodass wenig
Leute übrig bleiben.

7Der Wein ist dahin, der Weinstock
verschmachtet, und alle, die von Herzen
fröhlich waren, seufzen. 8Die Freude der
Pauken ist vorüber, das Jauchzen der
Fröhlichen ist aus, und die Freude der
Harfe hat ein Ende. 9Man singt nicht
beim Weintrinken, und das Getränk ist
bitter denen, die es trinken.

10Die Stadt ist zerstört und wüst, alle
Häuser sind verschlossen, dass niemand
hineingehen kann. 11Man klagt um den
Wein auf den Gassen, dass alle Freude
weg ist, alle Wonne des Landes dahin
ist. 12Nur Verwüstung ist in der Stadt ge-
blieben, und die Tore sind in Trümmer
geschlagen. 13Denn so geht es zu auf
Erden und unter den Völkern, wie wenn
ein Ölbaum leer geschlagen wird, wie bei
der Nachlese, wenn die Weinernte aus
ist.

14Sie erheben ihre Stimme und rüh-
men und jauchzen vom Meer her über
die Herrlichkeit des HERRN: 15»So
preiset nun den HERRN an den Gestaden,
auf den Inseln des Meeres den Namen
des HERRN, des Gottes Israels.« 16Wir
hören Lobgesänge vom Ende der Erde:
»Herrlichkeit dem Gerechten!«

Aber ich muss sagen: Wie bin ich so

23,10: *a* Hes 27,12

elend! Wie bin ich so elend! Weh mir!
Denn es rauben die Räuber, ja, immer-
fort rauben die Räuber. 17 Über euch, Be-
wohner der Erde, kommt Schrecken und
Grube und Netz. 18 Und [a]wer entflieht
vor dem Geschrei des Schreckens, der
fällt in die Grube; und wer entkommt
aus der Grube, der wird im Netz ge-
fangen. Denn [b]die Fenster in der Höhe
sind aufgetan, und die Grundfesten der
Erde beben. 19 Es wird die Erde mit
Krachen zerbrechen, zerbersten und zer-
fallen.[a] 20 Die Erde wird taumeln wie
ein Trunkener und wird hin und her
geworfen wie eine schwankende Hütte;
denn ihre Missetat drückt sie, dass sie
fallen muss und nicht wieder aufstehen
kann.
21 Zu der Zeit wird der HERR [a]das
Heer der Höhe heimsuchen in der Höhe
und [b]die Könige der Erde auf der Erde,
22 dass sie gesammelt werden als Gefan-
gene im Gefängnis und verschlossen wer-
den im Kerker und nach langer Zeit
heimgesucht werden. 23 Und der Mond
wird schamrot werden und die Sonne
sich schämen, wenn der HERR Zebaoth
König sein wird auf dem Berg Zion und
zu Jerusalem und vor seinen Ältesten in
Herrlichkeit.

Das Danklied der Erlösten nach dem Gottesgericht

25 HERR, du bist mein Gott, dich
preise ich; ich lobe deinen Namen.
Denn du hast Wunder getan; deine Rat-
schlüsse von alters her sind treu und
wahrhaftig. 2 Denn du hast die Stadt zum
Steinhaufen gemacht, die feste Stadt,
dass sie in Trümmern liegt, die Paläste
der Fremden, dass sie nicht mehr eine
Stadt seien und nie wieder aufgebaut
werden. 3 Darum ehrt dich ein mächtiges
Volk, die Städte gewalttätiger Völker
fürchten dich. 4 Denn du bist der Gerin-
gen Schutz gewesen, der Armen Schutz
in der Trübsal, [a]eine Zuflucht vor dem
Ungewitter, ein Schatten vor der Hitze,
wenn die Tyrannen wüten wie ein Un-
wetter im Winter, 5 wie die Hitze in der
Zeit der Dürre. Du demütigst der Frem-
den Ungestüm, wie du die Hitze brichst
durch den Schatten der Wolken; du
dämpfst der Tyrannen Siegesgesang.

Das große Freudenmahl

6 Und der HERR Zebaoth wird auf die-
sem Berge allen Völkern [a]ein fettes Mahl
machen, ein Mahl von reinem Wein, von
Fett, von Mark, von Wein, darin keine
Hefe ist. 7 Und er wird auf diesem Berge
die Hülle wegnehmen, mit der alle Völker
verhüllt sind, und die Decke, mit der alle
Heiden zugedeckt sind. 8 Er wird [a]den
Tod verschlingen auf ewig. Und Gott der
HERR [b]wird die Tränen von allen Ange-
sichtern abwischen und wird aufheben
die Schmach seines Volks in allen Lan-
den; denn der HERR hat's gesagt.
9 Zu der Zeit wird man sagen: »Siehe,
[a]das ist unser Gott, auf den wir hofften,
dass er uns helfe. Das ist der HERR, auf
den wir hofften; lasst uns jubeln und
fröhlich sein über sein Heil.« 10 Denn die
Hand des HERRN ruht auf diesem Berge.
Moab aber wird zertreten werden, wie
Stroh in die Mistlache getreten wird.
11 Und wenn es auch seine Hände darin
ausbreitet, wie sie ein Schwimmer aus-
breitet, um zu schwimmen, so wird doch
der Herr seinen Hochmut niederdrücken
trotz allen Mühens seiner Arme. 12 Und
deine hohen, steilen Mauern wird er beu-
gen, erniedrigen und in den Staub zu
Boden werfen.

Jubellied des Volkes Gottes

26 Zu der Zeit wird man dies Lied
singen im Lande Juda: Wir haben
eine feste Stadt, zum Schutze schafft er
Mauern und Wehr. 2 Tut auf die Tore,
dass hineingehe das gerechte Volk, das
den Glauben bewahrt![a] 3 Wer festen Her-
zens ist, dem bewahrst du Frieden; denn
er verlässt sich auf dich. 4 Darum verlasst
euch auf den HERRN immerdar; denn
Gott der HERR ist ein [a]Fels ewiglich. 5 Er
erniedrigt, die in der Höhe wohnen; die
hohe Stadt wirft er nieder, ja, er stößt sie
zur Erde, dass sie im Staube liegt. 6 Mit
Füßen wird sie zertreten, ja, mit den
Füßen der Armen, mit den Tritten der
Geringen.

24,18: *a* Jer 48,43-44; Am 5,19; *b* 1. Mose 7,11 **24,19:** *a* 2. Petr 3,10 **24,21:** *a* Dan 10,13; *b* Jer 46,25 **25,4:** *a* Kap 4,6
25,6: *a* Mt 22,2-4 **25,8:** *a* 1. Kor 15,55; *b* Offb 7,17 **25,9:** *a* Ps 48,15 **26,2:** *a* Ps 118,20 **26,4:** *a* 5. Mose 32,4

Gottes Gericht über die Welt und Israels Auferweckung

7Des Gerechten Weg ist eben, den Steig
des Gerechten machst du gerade. 8Wir
warten auf dich, HERR, auch auf dem
Wege deiner Gerichte; des Herzens Be-
gehren steht nach deinem Namen und
deinem Lobpreis. 9 [a]Von Herzen verlangt
mich nach dir des Nachts, ja, mit mei-
nem Geist suche ich dich am Morgen.
Denn wenn deine Gerichte über die Erde
gehen, so lernen die Bewohner des Erd-
kreises Gerechtigkeit.

10Aber wenn dem Gottlosen Gnade
widerfährt, so lernt er doch nicht Ge-
rechtigkeit, sondern tut nur übel im
Lande, wo das Recht gilt, und sieht des
HERRN Herrlichkeit nicht. 11HERR,
deine Hand ist erhoben, doch sie sehen
es nicht. Aber sie sollen sehen [a]den Eifer
um dein Volk und zuschanden werden.
Mit dem Feuer, mit dem du deine Feinde
verzehrst, wirst du sie verzehren. 12Aber
uns, HERR, wirst du [a]Frieden schaffen;
denn auch alles, was wir ausrichten, das
hast du für uns getan.

13HERR, unser Gott, es herrschen
wohl andere Herren über uns als du, aber
wir gedenken doch allein deiner und dei-
nes Namens. 14Tote werden nicht leben-
dig, Schatten stehen nicht auf; darum
hast du sie heimgesucht und vertilgt und
jedes Gedenken an sie zunichtegemacht.
15Du, HERR, mehrst das Volk, du mehrst
das Volk, beweist deine Herrlichkeit und
machst weit alle Grenzen des Landes.

16HERR, [a]wenn Trübsal da ist, so su-
chen wir dich; wenn du uns züchtigst,
sind wir in Angst und Bedrängnis.
17Gleich [a]wie eine Schwangere, wenn sie
bald gebären soll, sich ängstigt und
schreit in ihren Schmerzen, so geht's uns
auch, HERR, vor deinem Angesicht.
18Wir sind auch schwanger und uns ist
bange, und wenn wir gebären, so ist's
Wind. Wir können dem Lande nicht hel-
fen, und Bewohner des Erdkreises kön-
nen nicht geboren werden.

19Aber deine Toten werden leben,
[a]deine Leichname werden auferstehen.
Wachet auf und rühmet, die ihr liegt un-
ter der Erde! Denn ein Tau der Lichter
ist dein Tau, und die Erde wird die Toten
herausgeben.

20Geh hin, mein Volk, [a]in deine Kam-
mer und schließ die Tür hinter dir zu!
Verbirg dich einen kleinen Augenblick,
bis der Zorn vorübergehe. 21Denn siehe,
der HERR wird ausgehen von seinem Ort,
heimzusuchen die Bosheit der Bewohner
der Erde. Dann [a]wird die Erde offenbar
machen das Blut, das auf ihr vergossen
ist, und nicht weiter verbergen, die auf
ihr getötet sind.

Israels Erlösung

27 Zu der Zeit wird der HERR heim-
suchen mit seinem harten, großen
und starken Schwert den [a]Leviatan, die
flüchtige Schlange, und den Leviatan, die
gewundene Schlange, und wird den Dra-
chen im Meer töten.

2Zu der Zeit wird es heißen: Lieblicher
[a]Weinberg, singet ihm zu! 3Ich, der
HERR, behüte ihn und begieße ihn immer
wieder. Damit man ihn nicht verderbe,
will ich ihn Tag und Nacht behüten. 4Ich
zürne nicht. Sollten aber Disteln und
Dornen aufschießen, so wollte ich über
sie herfallen und sie alle miteinander an-
stecken, 5es sei denn, sie suchen Zuflucht
bei mir und machen Frieden mit mir, ja,
Frieden mit mir.

6Es wird einst dazu kommen, dass
Jakob wurzeln und Israel blühen und
grünen wird, dass sie den Erdkreis mit
Früchten erfüllen. 7 [a]Wird doch Israel
nicht geschlagen, wie seine Feinde ge-
schlagen werden, und nicht getötet, wie
seine Feinde getötet werden! 8Sondern,
indem du es wegschicktest und wegführ-
test, hast du es gerichtet, es verscheucht
mit rauem Sturm am Tage des Ostwinds.
9Darum wird die Sünde Jakobs dadurch
gesühnt werden, und das wird die Frucht
davon sein, dass seine Sünden wegge-
nommen werden: er wird alle Altarsteine
zerstoßenen Kalksteinen gleichmachen;
und keine Bilder der Aschera noch
[a]Rauchopfersäulen werden mehr blei-
ben.

10Denn die feste Stadt ist einsam ge-

26,9: *a* Ps 63,7 **26,11:** *a* Kap 37,32 **26,12:** *a* Kap 9,6 **26,16:** *a* Hos 5,15 **26,17:** *a* Joh 16,21; Offb 12,2 **26,19:** *a* Hes 37,1-14; Mt 27,52-53 **26,20:** *a* Mt 6,6 **26,21:** *a* 1. Mose 4,10-11; Offb 18,24 **27,1:** *a* Ps 74,14 **27,2:** *a* Kap 5,1-7 **27,7:** *a (7-8)* Jer 30,11 **27,9:** *a* 3. Mose 26,30

worden, die schönen Häuser verödet und
verlassen wie die Steppe, dass Kälber
dort weiden und ruhen und Zweige ab-
fressen. 11 Ihre Zweige werden vor Dürre
brechen, dass die Frauen kommen und
Feuer damit machen werden; denn [a]es
ist ein unverständiges Volk. Darum er-
barmt sich ihrer auch nicht, [b]der sie ge-
macht hat; und der sie geschaffen hat, ist
ihnen nicht gnädig.
12 Zu der Zeit wird der HERR Ähren
ausklopfen vom Ufer des Stromes bis an
den Bach Ägyptens, und ihr Israeliten
werdet aufgesammelt werden, einer nach
dem andern. 13 Zu der Zeit wird man
mit einer großen Posaune blasen, und
[a]es werden kommen die Verlorenen im
Lande Assur und die Verstoßenen im
Lande Ägypten und werden den HERRN
anbeten auf dem heiligen Berg zu Jeru-
salem.

Gericht über Samaria, die Hauptstadt des Nordreichs

28 Weh der prächtigen Krone der
Trunkenen von Ephraim, der wel-
ken Blume ihrer lieblichen Herrlichkeit,
die da prangt hoch über dem fetten Tal
derer, die vom Wein taumeln! 2 Siehe,
einen Starken und Mächtigen hält der
Herr bereit; wie Hagelsturm, wie ver-
derbliches Wetter, wie Wasserflut, die
mächtig einreißt, wirft er zu Boden mit
Gewalt.[a] 3 Mit Füßen wird zertreten die
prächtige Krone der Trunkenen von
Ephraim. 4 Und die welke Blume ihrer
lieblichen Herrlichkeit, die da prangt
hoch über dem fetten Tal, wird sein wie
eine Frühfeige vor dem Sommer, die
einer erspäht und flugs aus der Hand
verschlingt.
5 Zu der Zeit wird der HERR Zebaoth
eine liebliche Krone sein und ein herr-
licher Kranz für die Übriggebliebenen
seines Volks 6 und ein Geist des Rechts
für den, der zu Gericht sitzt, und eine
Kraft denen, die den Kampf zurücktrei-
ben zum Tor.

Gericht über die Priester und Propheten in Jerusalem

7 Aber auch diese sind vom Wein toll ge-
worden und taumeln von starkem Ge-
tränk. Priester und Propheten sind toll
von starkem Getränk, sind vom Wein
verwirrt. Sie taumeln von starkem Ge-
tränk, sie sind toll beim Weissagen und
wanken beim Rechtsprechen. 8 Denn alle
Tische sind voll Gespei und Unflat an
allen Orten! 9 »Wen«, sagen sie, »will der
denn Erkenntnis lehren? Wem will er Of-
fenbarung zu verstehen geben? Denen,
die entwöhnt sind von der Milch, denen,
die von der Brust abgesetzt sind? 10 Zaw-
lazaw zawlazaw, kawlakaw kawlakaw,*
hier ein wenig, da ein wenig!«
11 Jawohl, Gott wird einmal [a]mit un-
verständlicher Sprache und mit einer
fremden Zunge reden zu diesem Volk,
12 er, der zu ihnen gesagt hat: [a]»Das ist
die Ruhe; schafft Ruhe den Müden, und
das ist die Erquickung!« Aber sie wollten
nicht hören. 13 Darum soll so auch des
HERRN Wort an sie ergehen: »Zawlazaw
zawlazaw, kawlakaw kawlakaw, hier ein
wenig, da ein wenig«, dass sie hingehen
und rücklings fallen, zerbrochen, ver-
strickt und gefangen werden.
14 So höret nun des HERRN Wort, ihr
Spötter, die ihr herrscht über dies Volk,
das in Jerusalem ist. 15 Ihr sprecht: Wir
haben mit dem Tod einen Bund geschlos-
sen und mit dem Totenreich einen Ver-
trag gemacht. Wenn die brausende Flut
daherfährt, wird sie uns nicht treffen;
denn wir haben Lüge zu unsrer Zuflucht
und Trug zu unserm Schutz gemacht.
16 Darum spricht Gott der HERR: **Siehe,
ich lege in Zion einen Grundstein, einen
bewährten Stein, einen kostbaren [a]Eck-
stein, der fest gegründet ist. [b]Wer glaubt,
der flieht nicht.**** 17 Und ich will das
Recht zur Richtschnur und die Gerech-
tigkeit zur Waage machen.
So wird [a]Hagel die falsche Zuflucht
zerschlagen, und Wasser sollen den

* Die Worte, die das Lallen der Trunkenen nachahmen und nicht übersetzt werden können, sollen die Redeweise des Propheten verspotten.

** In der griechischen Übersetzung heißt es: »Wer glaubt, der wird nicht zuschanden« (vgl. Röm 9,33; 10,11; 1. Petr 2,6).

27,11: *a* Jer 4,22; *b* 5. Mose 32,18 **27,13:** *a* Kap 11,11-12; Joel 3,5 **28,2:** *a* 2. Kön 17,5-6 **28,11:** *a* 5. Mose 28,49; Jer 5,15; 1. Kor 14,21 **28,12:** *a* Kap 30,15; Mt 11,28-29 **28,16:** *a* Ps 118,22; Eph 2,20; *b* Kap 7,9 **28,17:** *a* Hiob 38,22-23

Schutz wegschwemmen, 18dass hinfalle
euer Bund mit dem Tode und euer Ver-
trag mit dem Totenreich nicht bestehen
bleibe. Wenn die Flut daherfährt, wird
sie euch zermalmen; 19sooft sie daher-
fährt, wird sie euch erfassen. Denn Mor-
gen für Morgen wird sie kommen, des
Tags und des Nachts. Da wird man nur
mit Entsetzen Offenbarung deuten.*
20Denn das Bett ist zu kurz, um sich
auszustrecken, und die Decke zu schmal,
um sich dreinzuschmiegen. 21Denn der
HERR wird sich aufmachen wie am Berge
[a]Perazim und toben wie im Tal [b]Gi-
beon, dass er sein Werk vollbringe, aber
fremd ist sein Werk, und dass er seine Tat
tue, aber seltsam ist seine Tat! 22So lasst
nun euer Spotten, auf dass eure Bande
nicht fester werden; denn [a]ich habe von
einem Verderben gehört, das von Gott,
dem HERRN Zebaoth, beschlossen ist
über alle Welt.

Ein Gleichnis für Gottes weisen Rat

23Nehmt zu Ohren und hört meine
Stimme, merkt auf und hört meine Rede:
24Pflügt oder gräbt oder bricht denn ein
Ackermann seinen Acker zur Saat im-
merfort um? 25Ist's nicht so: Wenn er ihn
geebnet hat, dann streut er Dill und wirft
Kümmel und sät Weizen und Gerste, ein
jedes, wohin er's haben will, und Spelt an
den Rand? 26So unterwies ihn sein Gott
und lehrte ihn, wie es recht sei. 27Auch
drischt man den Dill nicht mit Dresch-
schlitten und lässt auch nicht die Walze
über den Kümmel gehen, sondern den
Dill schlägt man aus mit einem Stabe
und den Kümmel mit einem Stecken.
28Zermalmt man etwa das Getreide?
Nein, man drischt es nicht ganz und gar,
wenn man's mit Dreschwalzen und ihrem
Gespann ausdrischt. 29Auch das kommt
her vom HERRN Zebaoth; sein Rat ist
wunderbar, und er führt es herrlich hin-
aus.

Jerusalems Belagerung und Errettung

29 Weh Ariel, Ariel, du Stadt, wo
David lagerte! Fügt Jahr zu Jahr
und feiert die Feste! 2Ich will den Ariel
ängstigen, dass er traurig und voll Jam-
mer sei, und er soll mir ein rechter Ariel
sein. 3Denn [a]ich will dich belagern rings-
umher und will dich ängstigen mit Boll-
werk und will Wälle um dich aufführen
lassen. 4Dann sollst du erniedrigt werden
und von der Erde her reden und aus dem
Staube mit deiner Rede murmeln, dass
deine Stimme sei wie die eines Toten-
geistes aus der Erde, und deine Rede
wispert aus dem Staube.

5Aber die Menge deiner Feinde soll
werden wie Staub und die Menge der
Tyrannen wie wehende Spreu. Und
plötzlich wird's geschehen, 6dass Heim-
suchung kommt vom HERRN Zebaoth
mit Wetter und Erdbeben und großem
Donner, mit Wirbelsturm und Ungewit-
ter und mit Flammen eines verzehrenden
Feuers. 7Und wie ein Traum, wie ein
Nachtgesicht, so soll die Menge aller
Völker sein, die gegen Ariel kämpfen, mit
ihrem ganzen Heer und Bollwerk, und
die ihn ängstigen. 8Denn wie ein Hung-
riger träumt, dass er esse – wenn er aber
aufwacht, so ist sein Verlangen nicht ge-
stillt; und wie ein Durstiger träumt, dass
er trinke – wenn er aber aufwacht, ist er
matt und durstig: so soll es der Menge
aller Völker ergehen, die gegen den Berg
Zion kämpfen.

Die Verblendung des Volkes

9Starrt hin und werdet bestürzt, seid ver-
blendet und werdet blind! Seid trunken,
doch nicht vom Wein, taumelt, doch
nicht von starkem Getränk! 10Denn der
HERR hat über euch einen Geist des tie-
fen Schlafs ausgegossen und eure Augen
– die Propheten – zugetan, und eure
Häupter – die Seher – hat er verhüllt.
11Darum sind euch alle Offenbarungen
wie die Worte eines versiegelten Buches,
das man einem gibt, der lesen kann, und
spricht: Lies doch das!, und er spricht:
»Ich kann nicht, denn es ist versiegelt«;
12oder das man einem gibt, der nicht
lesen kann, und spricht: Lies doch das!,
und er spricht: »Ich kann nicht lesen.«

13Und der Herr sprach: Weil dies Volk
mir naht mit seinem Munde und mit
seinen Lippen mich ehrt, aber ihr Herz
fern von mir ist und sie mich fürchten

* Luther übersetzte: »Denn allein die Anfechtung lehrt aufs Wort merken.«

28,21: *a* 2.Sam 5,20; 1.Chr 14,11; *b* 1.Chr 14,16 **28,22:** *a* Kap 10,22-23 **29,3:** *a* Lk 19,43

nur nach Menschengeboten, die man sie
lehrt,[a] 14 darum will ich auch hinfort mit
diesem Volk wunderlich umgehen, aufs
Wunderlichste und Seltsamste, dass [a]die
Weisheit seiner Weisen vergehe und [b]der
Verstand seiner Klugen sich verbergen
müsse.
15 Weh denen, die mit ihrem Plan ver-
borgen sein wollen vor dem HERRN und
mit ihrem Tun im Finstern bleiben und
sprechen: [a]»Wer sieht uns und wer kennt
uns?« 16 Wie kehrt ihr alles um! Als ob
der [a]Ton dem Töpfer gleich wäre, dass
das Werk spräche von seinem Meister: Er
hat mich nicht gemacht!, und ein Bild-
werk spräche von seinem Bildner: Er ver-
steht nichts!

Die große Wandlung

17 Wohlan, es ist noch eine kleine Weile,
so soll der Libanon fruchtbares Land
werden, und was jetzt fruchtbares Land
ist, soll wie ein Wald werden. 18 [a]Zu der
Zeit werden die Tauben hören die Worte
des Buches, und die Augen der Blinden
werden aus Dunkel und Finsternis sehen;
19 und die Elenden werden wieder Freude
haben am HERRN, und die Ärmsten un-
ter den Menschen werden fröhlich sein in
dem Heiligen Israels. 20 Denn es wird ein
Ende haben mit den Tyrannen und mit
den Spöttern aus sein, und es werden
vertilgt werden alle, die darauf aus sind,
Unheil anzurichten, 21 welche die Leute
schuldig sprechen vor Gericht und stellen
dem nach, der sie [a]zurechtweist im Tor,
und beugen durch Lügen das Recht des
Unschuldigen.
22 Darum spricht der HERR, der Ab-
raham erlöst hat, zum Hause Jakob: Ja-
kob soll nicht mehr beschämt dastehen,
und sein Antlitz soll nicht mehr erblas-
sen. 23 Denn wenn sie sehen werden die
Werke meiner Hände – seine Kinder – in
ihrer Mitte, werden sie meinen Namen
heiligen; sie werden den Heiligen Jakobs
heiligen und den Gott Israels fürchten.
24 Und die, welche irren in ihrem Geist,
werden Verstand annehmen, und die,
welche murren, werden sich belehren las-
sen.

Gegen das leichtfertige Vertrauen auf die Hilfe Ägyptens

30 Weh den [a]abtrünnigen Söhnen,
spricht der HERR, die ohne mich
Pläne fassen und ohne meinen Geist
Bündnisse eingehen, um eine Sünde auf
die andere zu häufen, 2 die hinabziehen
nach Ägypten und befragen meinen
Mund nicht, [a]um sich zu stärken mit der
Macht des Pharao und sich zu bergen im
Schatten Ägyptens! 3 Aber es soll euch
die Stärke des Pharao zur Schande ge-
raten und der Schutz im Schatten Ägyp-
tens zum Hohn. 4 Denn ihre Fürsten sind
zwar in Zoan, und ihre Boten sind nach
Hanes gekommen, 5 aber sie müssen doch
alle zuschanden werden an dem Volk,
das ihnen nichts nützen kann, weder zur
Hilfe noch sonst zu Nutz, sondern nur zu
Schande und Spott.
6 Dies ist die Last für die Tiere des
Südlandes: Im Lande der Trübsal und
Angst, wo Löwe und Löwin, wo Ottern
und [a]feurige fliegende Drachen sind, da
führen sie ihre Habe auf dem Rücken von
Eseln und ihre Schätze auf dem Höcker
von Kamelen zu dem Volk, das ihnen
nichts nützen kann. 7 Denn Ägypten ist
nichts, und sein Helfen ist vergeblich.
Darum nenne ich Ägypten [a]»Rahab, die
zum Schweigen gebracht ist«.

Gegen die Verächter des göttlichen Wortes

8 So geh nun hin und schreib es vor ihnen
nieder auf eine Tafel und zeichne es in
ein Buch, dass es bleibe für immer und
ewig. 9 Denn sie sind ein ungehorsames
Volk und verlogene Söhne, die nicht
hören wollen die Weisung des HERRN,
10 sondern sagen zu den [a]Sehern: »Ihr
sollt nicht sehen!«, und zu den Schauern:
»Was wahr ist, sollt ihr uns nicht
schauen! Redet zu uns, was angenehm
ist; schaut, was das Herz begehrt!
11 Weicht ab vom Wege, geht aus der
rechten Bahn! Lasst uns doch in Ruhe
mit dem Heiligen Israels!«
12 Darum spricht der Heilige Israels:
Weil ihr dies Wort verwerft und verlasst

29,13: *a* Kap 1,15; 58,2-3; Mt 15,8-9 **29,14:** *a* 1.Kor 1,19; *b* Mt 11,25 **29,15:** *a* Ps 10,11 **29,16:** *a* Kap 45,9 **29,18:** *a (18-19)* Kap 35,5; Mt 11,5 **29,21:** *a* Am 5,10 **30,1:** *a* Kap 1,2 **30,2:** *a* 2.Kön 18,21 **30,6:** *a* 5.Mose 8,15 **30,7:** *a* Ps 89,11 **30,10:** *a* Am 2,12

euch auf Frevel und Mutwillen und
trotzt darauf, 13 so soll euch diese Sünde
sein wie ein Riss, wenn es beginnt zu
rieseln an einer hohen Mauer, die plötz-
lich, unversehens einstürzt; 14 wie wenn
ein Topf zerschmettert wird, den man
zerstößt ohne Erbarmen, sodass man
von seinen Stücken nicht eine Scherbe
findet, darin man Feuer hole vom Herde
oder Wasser schöpfe aus dem Brunnen.

15 Denn so spricht Gott der HERR, der
Heilige Israels: Wenn ihr umkehrtet und
stille bliebet, so würde euch geholfen;
[a]**durch Stillesein und Hoffen würdet ihr
stark sein.** Aber ihr wollt nicht 16 und
sprecht: »Nein, sondern auf Rossen wol-
len wir dahinfliehen«, – darum werdet
ihr dahinfliehen, »und auf Rennern wol-
len wir reiten«, – darum werden euch
eure Verfolger überrennen. 17 Denn euer
[a]tausend werden fliehen vor eines Ein-
zigen Drohen; ja vor fünfen werdet ihr
alle fliehen, bis ihr übrig bleibt wie ein
Mast oben auf einem Berge und wie ein
Banner auf einem Hügel.

Gottes Erbarmen über sein Volk

18 Darum harrt der HERR darauf, dass er
euch gnädig sei, und er macht sich auf,
dass er sich euer erbarme; denn der
HERR ist ein Gott des Rechts. Wohl al-
len, die auf ihn harren! 19 Du Volk Zions,
das in Jerusalem wohnt, du wirst nicht
weinen! [a]Er wird dir gnädig sein, wenn
du rufst. Er wird dir antworten, sobald
er's hört. 20 Und der Herr wird euch in
Trübsal Brot und in Ängsten Wasser ge-
ben. Und dein Lehrer wird sich nicht
mehr verbergen müssen, sondern deine
Augen werden deinen Lehrer sehen.
21 Deine Ohren werden hinter dir das
Wort hören: [a]»Dies ist der Weg; den
geht! Sonst weder zur Rechten noch zur
Linken!« 22 Und ihr werdet entweihen
eure übersilberten Götzen und die gol-
denen Hüllen eurer Bilder und werdet sie
wegwerfen wie Unrat und zu ihnen sa-
gen: Hinaus![a]

23 Und er wird deinem Samen, den du
auf den Acker gesät hast, Regen geben
und dir Brot geben vom Ertrag des
Ackers in voller Genüge. Und dein Vieh
wird zu der Zeit weiden auf weiter Aue.
24 Die Rinder und Esel, die auf dem
Felde ackern, werden gesalzenes gemeng-
tes Futter fressen, das geworfelt ist mit
Schaufel und Wurfgabel. 25 Und es wer-
den auf allen großen Bergen und auf
allen hohen Hügeln Wasserbäche und
Ströme fließen zur Zeit der großen
Schlacht, wenn die Türme fallen werden.
26 Und des Mondes Schein wird sein wie
der Sonne Schein, und der Sonne Schein
wird siebenmal heller sein zu der Zeit,
wenn der HERR den Schaden seines
Volks verbinden und seine Wunden hei-
len wird.

Das Gericht über Assyrien

27 Siehe, des HERRN Name kommt von
ferne! Sein Zorn brennt und mächtig er-
hebt er sich, seine Lippen sind voll
Grimm und seine Zunge wie ein verzeh-
rendes Feuer 28 und sein Odem wie eine
Wasserflut, die bis an den Hals reicht, zu
schwingen die Völker in der Schwinge
des Verderbens. Und er wird die Völker
mit einem Zaum in ihren Backen hin und
her treiben. 29 Da [a]werdet ihr singen wie
in der Nacht des heiligen Festes und euch
von Herzen freuen, wie wenn man mit
Flötenspiel geht zum Berge des HERRN,
zum Hort Israels. 30 Und der HERR wird
seine herrliche Stimme erschallen lassen,
und man wird sehen, wie sein Arm her-
niederfährt mit zornigem Drohen und
mit Flammen verzehrenden Feuers, mit
Wolkenbruch und Hagelschlag.

31 [a]Da wird Assur erschrecken vor der
Stimme des HERRN, der ihn schlägt mit
dem Stock. 32 Jedes Mal, wenn ein Schlag
daherfährt, wird der Stock zur Zucht-
rute, die der HERR auf ihn niedersausen
lässt; und so bekämpft er ihn, dass er ihn
als Opfer schwingt unter Pauken und
Zitherspiel. 33 Denn die Feuergrube ist
längst hergerichtet, ja, sie ist auch dem
König bereitet, tief und weit genug. Der
Scheiterhaufen darin hat Feuer und Holz
die Menge; der Odem des HERRN wird
ihn anzünden wie ein Schwefelstrom.

30,15: *a* Kap 7,4; 2. Mose 14,14 **30,17:** *a* 5. Mose 32,30 **30,19:** *a* Kap 65,24 **30,21:** *a* 5. Mose 5,32 **30,22:** *a* Kap 27,9 **30,29:** *a* 5. Mose 16,14 **30,31:** *a (31-33)* 2. Kön 19,35-37

Nicht Ägypten, sondern der HERR rettet Jerusalem

31 [a]Weh denen, die hinabziehen nach
Ägypten um Hilfe und [b]sich ver-
lassen auf Rosse und hoffen auf Wagen,
weil ihrer viele sind, und auf Gespanne,
weil sie sehr stark sind! Aber sie halten
sich nicht zum Heiligen Israels und fra-
gen nichts nach dem HERRN. 2Aber auch
er ist weise und [a]bringt Unheil herbei und
[b]nimmt seine Worte nicht zurück, son-
dern wird sich aufmachen wider das Haus
der Bösen und wider die Hilfe der Übel-
täter. 3Denn Ägypten ist Mensch und
nicht Gott, und seine Rosse sind Fleisch
und nicht Geist. Und der HERR wird
seine Hand ausstrecken, sodass der Hel-
fer strauchelt und der, dem geholfen wird,
fällt und alle miteinander umkommen.

Das Gericht über Assyrien. Zions Errettung

4So hat der HERR zu mir gesprochen:
Gleich wie ein Löwe und ein junger Löwe
brüllt über seinem Raub, wenn man wi-
der ihn aufruft die Menge der Hirten – er
erschrickt vor ihrem Geschrei nicht und
es ist ihm auch nicht angst vor ihrer
Menge –, so wird der HERR Zebaoth her-
niederfahren auf den Berg Zion und auf
seinen Hügel, um zu kämpfen. 5Und der
HERR Zebaoth wird Jerusalem beschir-
men, [a]wie Vögel es tun mit ihren Flü-
geln, er wird schützen, erretten, schonen
und befreien.

6Kehrt um, ihr Israeliten, zu dem, von
welchem ihr so sehr abgewichen seid![a]
7Denn zu der Zeit wird ein jeder seine
[a]silbernen und goldenen Götzen verwer-
fen, die eure Hände gemacht hatten euch
zur Sünde.

8Und [a]Assur soll fallen, nicht durch
Mannes-Schwert, und soll verzehrt wer-
den, nicht durch Menschen-Schwert.
Und es wird vor dem Schwert fliehen,
und seine junge Mannschaft wird Fron-
dienste leisten müssen. 9Und sein [a]Fels
wird vor Furcht weichen, und seine Fürs-
ten werden das Banner verlassen, spricht
der HERR, der zu Zion ein Feuer und zu
Jerusalem einen Glutofen hat.

Das künftige Reich der Gerechtigkeit

32 Siehe, [a]es wird ein König regieren,
Gerechtigkeit aufzurichten, und
Fürsten werden herrschen, das Recht zu
handhaben, 2dass ein jeder von ihnen
sein wird wie eine Zuflucht vor dem
Wind und wie ein Schutz vor dem Platz-
regen, wie Wasserbäche am dürren Ort,
wie der Schatten eines großen Felsens im
trockenen Lande. 3Und die Augen der
Sehenden werden nicht mehr blind sein,
und die Ohren der Hörenden werden
aufmerken. 4Und die Unvorsichtigen
werden Klugheit lernen, und [a]die Zunge
der Stammelnden wird fließend und klar
reden. 5Es wird nicht mehr [a]ein Narr
Fürst heißen noch ein Betrüger edel ge-
nannt werden. 6Denn ein Narr redet
Narrheit, und sein Herz geht mit Unheil
um, dass er Ruchloses anrichte und rede
über den HERRN lauter Trug; dadurch
lässt er hungrig die hungrigen Seelen und
wehrt den Durstigen das Trinken. 7Und
des Betrügers Waffen sind böse, er sinnt
auf Tücke, um die Elenden zu verder-
ben mit falschen Worten, auch wenn
der Arme sein Recht vertritt. 8Aber der
Edle hat edle Gedanken und beharrt bei
Edlem.

Die wahre Sicherheit durch den Geist aus der Höhe

9Wohlan, [a]ihr stolzen Frauen, hört
meine Stimme! Ihr Töchter, die ihr so
sicher seid, nehmt zu Ohren meine Rede!
10Über Jahr und Tag, da werdet ihr Si-
cheren zittern; denn es wird keine Wein-
lese sein, auch keine Obsternte kommen.
11Erschreckt, ihr stolzen Frauen, zittert,
ihr Sicheren! Zieht euch aus, entblößt
euch und umgürtet eure Lenden! 12Man
wird klagen um die Äcker, ja, um die
lieblichen Äcker, um die fruchtbaren
Weinstöcke, 13um den Acker meines
Volks, auf dem Dornen und Hecken
wachsen, um alle Häuser voll Freude in
der fröhlichen Stadt. 14Denn die Paläste
werden verlassen sein, und die Stadt, die
voll Getümmel war, wird einsam sein,
dass Burg und Turm für immer zu Höh-
len werden, dem Wild zur Freude, den

31,1: *a* Kap 30,1-2; *b* Ps 20,8 **31,2:** *a* Am 3,6; *b* 4.Mose 23,19 **31,5:** *a* Mt 23,37 **31,6:** *a* Jer 7,3-5 **31,7:** *a* Kap 2,20 **31,8:** *a* Kap 37,36 **31,9:** *a* 5.Mose 32,31 **32,1:** *a* Kap 33,17; Jer 23,5 **32,4:** *a* Kap 35,6 **32,5:** *a* Spr 28,16 **32,9:** *a* Kap 3,16–4,1

Herden zur Weide, 15 so lange, bis über
uns ausgegossen wird [a]der Geist aus der
Höhe. Dann wird [b]die Wüste zum
fruchtbaren Lande und das fruchtbare
Land wie Wald geachtet werden. 16 Und
das Recht wird in der Wüste wohnen und
Gerechtigkeit im fruchtbaren Lande.
17 Und der Gerechtigkeit Frucht wird
Friede sein, und der Ertrag der Gerech-
tigkeit wird ewige Stille und Sicherheit
sein, 18 dass mein Volk in friedlichen
Auen wohnen wird, [a]in sicheren Woh-
nungen und in stolzer Ruhe. 19 Aber der
Wald wird niederbrechen, und die Stadt
wird versinken in Niedrigkeit. 20 Wohl
euch, die ihr säen könnt an allen Wassern
und könnt die Rinder und Esel frei gehen
lassen.

Die Rettung Zions vor dem Verwüster

33 Weh dir, du Verwüster, der du
selbst nicht verwüstet bist, und du
Räuber, der du selbst nicht beraubt bist!
[a]Wenn du das Verwüsten vollendet hast,
so wirst du auch verwüstet werden; wenn
du des Raubens ein Ende gemacht hast,
so wird man dich auch berauben.

2 HERR, sei uns gnädig, denn auf dich
harren wir! Sei unser Arm alle Morgen,
dazu unser Heil zur Zeit der Trübsal!
3 Es fliehen die Völker vor dem gewal-
tigen Tosen, und die Heiden werden zer-
streut, wenn du dich erhebst. 4 Da wird
man Beute wegraffen, wie die Heuschre-
cken wegraffen, und wie die Käfer her-
beistürzen, so stürzt man sich darauf.
5 Der HERR ist erhaben, denn er wohnt
in der Höhe. Er hat Zion mit Recht
und Gerechtigkeit erfüllt. 6 Und du wirst
sichere Zeiten haben: Reichtum an Heil,
Weisheit und Klugheit; die Furcht des
HERRN wird Zions Schatz sein.

7 Siehe, die Leute von [a]Ariel schreien
draußen, die Boten des Friedens weinen
bitterlich. 8 Die Wege sind verödet, es
geht niemand mehr auf der Straße. Man
hält nicht Treu und Glauben, man ver-
wirft die Zeugen und achtet der Leute
nicht. 9 Das Land sieht traurig und jäm-
merlich aus, der Libanon ist zuschanden
geworden und verdorrt. Scharon ist wie
eine Steppe, und Baschan und Karmel
stehen kahl.

10 Nun aber will ich mich aufmachen,
spricht der HERR; nun will ich mich erhe-
ben, nun will ich aufstehen. 11 Mit Stroh
geht ihr schwanger, Stoppeln gebärt ihr;
euer Zorn ist ein Feuer, das euch selbst
verzehren wird. 12 Und die Völker werden
zu Kalk verbrannt werden; wie abge-
hauene Dornen werden sie im Feuer ver-
zehrt.

13 So hört nun ihr, die ihr ferne seid,
was ich getan habe, und die ihr nahe seid,
erkennt meine Stärke!

14 In Zion sind die Sünder erschrocken,
Zittern hat die Heuchler befallen und sie
sprechen: »Wer ist unter uns, der [a]bei
verzehrendem Feuer wohnen kann? Wer
ist unter uns, der bei ewiger Glut wohnen
kann?« 15 [a]Wer in Gerechtigkeit wandelt
und redet, was recht ist; wer schändli-
chen Gewinn hasst und seine Hände be-
wahrt, dass er nicht Geschenke nehme;
wer seine Ohren zustopft, dass er nichts
von Blutschuld höre, und seine Augen
zuhält, dass er nichts Arges sehe: 16 der
wird in der Höhe wohnen, und Felsen
werden seine Feste und Schutz sein. Sein
Brot wird ihm gegeben, sein Wasser hat
er gewiss.

17 Deine Augen werden den König se-
hen in seiner Schönheit; du wirst ein wei-
tes Land sehen. 18 Dein Herz wird an den
Schrecken zurückdenken und sagen: »Wo
sind nun die Schreiber? Wo sind die
Vögte? Wo sind, die die Türme zählten?«
19 Du wirst das freche Volk nicht mehr
sehen, [a]das Volk von dunkler Sprache,
die man nicht verstehen kann, und von
stammelnder Zunge, die unverständlich
bleibt.

20 Schaue auf Zion, die Stadt unsrer
Feiern! Deine Augen werden Jerusalem
sehen, eine sichere Wohnung, ein Zelt,
das nicht mehr abgebrochen wird. Seine
Pflöcke sollen nie mehr herausgezogen
und keines seiner Seile zerrissen werden.
21 Denn der HERR wird dort bei uns
mächtig sein, und weite Wassergräben
wird es geben, auf denen kein Schiff
mehr fahren, kein stolzes Schiff mehr da-
hinziehen kann. 22 – **Denn der HERR ist**

32,15: *a* Kap 44,3; *b* Kap 29,17 **32,18:** *a* Jer 33,16 **33,1:** *a* Mt 7,2 **33,7:** *a* Kap 29,1 **33,14:** *a* Kap 10,17; Jer 23,29 **33,15:** *a (15-16)* Ps 15,1-5; 24,3-4 **33,19:** *a* Kap 28,11; 5. Mose 28,49-50

unser Richter, der HERR ist unser Meister,
der HERR ist unser König; der hilft uns! –
23 Seine Taue hängen lose, sie halten den
Mastbaum nicht fest, und die Segel span-
nen sich nicht. Dann wird viel Beute aus-
geteilt werden, und auch die Lahmen
werden plündern. 24 Und kein Bewohner
wird sagen: [a]»Ich bin schwach«; denn
das Volk, das darin wohnt, wird Ver-
gebung der Sünde haben.

Gottes Strafgericht über Edom

34 Kommt herzu, ihr Heiden, und
höret; ihr Völker, merkt auf! Die
Erde höre zu und was sie füllt, der Erd-
kreis und was darauf lebt! 2 Denn der
HERR ist zornig über alle Heiden und
ergrimmt über alle ihre Scharen. Er wird
an ihnen den Bann vollstrecken und sie
zur Schlachtung dahingeben. 3 Und ihre
Erschlagenen werden hingeworfen wer-
den, dass der Gestank von ihren Leich-
namen aufsteigen wird und die Berge von
ihrem Blut fließen. 4 Und alles Heer des
Himmels wird dahinschwinden, und
[a]der Himmel wird zusammengerollt wer-
den wie eine Buchrolle, und all sein Heer
wird hinwelken, wie ein Blatt verwelkt
am Weinstock und wie ein dürres Blatt
am Feigenbaum.

5 Denn mein Schwert ist trunken im
Himmel, und siehe, es wird hernieder-
fahren auf Edom und über das Volk, an
dem ich den Bann vollstrecke zum Ge-
richt.[a] 6 Des HERRN Schwert ist voll Blut
und trieft von Fett, vom Blut der Läm-
mer und Böcke, vom Nierenfett der Wid-
der. Denn [a]der HERR hält ein Schlachten
in Bozra und ein großes Opfer im Lande
Edom. 7 Da werden Wildstiere mit ihnen
niedersinken und junge Stiere samt den
Büffeln. Und ihr Land wird trunken wer-
den von Blut, und die Erde wird triefen
von Fett.

8 Denn es kommt [a]der Tag der Rache
des HERRN und das Jahr der Vergeltung,
um Zion zu rächen. 9 Da werden Edoms
Bäche zu Pech werden und seine Erde zu
[a]Schwefel; ja, sein Land wird zu bren-
nendem Pech werden, 10 das weder Tag
noch Nacht verlöschen wird, sondern im-
mer wird Rauch von ihm aufgehen. Und
[a]es wird verwüstet sein von Geschlecht
zu Geschlecht, dass niemand hindurch-
gehen wird auf ewige Zeiten, 11 sondern
Rohrdommeln und Igel werden's in Be-
sitz nehmen, Nachteulen und Raben wer-
den dort wohnen. Und er wird die Mess-
schnur darüberspannen, dass es verwüs-
tet werde, und das Bleilot werfen, dass es
öde sei. 12 Und Feldgeister werden darin
wohnen, und seine Edlen werden nicht
mehr sein. Man wird dort keinen König
mehr ausrufen, und alle seine Fürsten
werden ein Ende haben. 13 [a]Dornen wer-
den wachsen in seinen Palästen, Nesseln
und Disteln in seinen Schlössern; und es
wird eine Behausung sein der Schakale
und eine Stätte für die Strauße. 14 Da
werden Wüstentiere und wilde Hunde
einander treffen, und ein Feldgeist wird
dem andern begegnen. Das Nachtge-
spenst wird auch dort herbergen und
seine Ruhestatt dort finden. 15 Da wird
auch die Natter nisten und legen, ihre
Eier aufhäufen und ausbrüten. Auch die
Raubvögel werden dort zusammenkom-
men. Keines vermisst das andere.

16 Sucht nun in dem [a]Buch des HERRN
und lest! Keines von ihnen wird fehlen.
Denn sein Mund gebietet es, und sein
Geist bringt sie zusammen. 17 Er wirft
ihnen das Los, und seine Hand teilt aus
unter sie mit der Messschnur, dass sie das
Land besitzen auf ewige Zeiten und
darin wohnen von Geschlecht zu Ge-
schlecht.

Das zukünftige Heil

35 Die Wüste und Einöde wird froh-
locken, und die Steppe wird jubeln
und wird blühen wie die Lilien.[a] 2 Sie
wird blühen und jubeln in aller Lust und
Freude. Die Herrlichkeit des Libanon ist
ihr gegeben, die Pracht von Karmel und
Scharon. Sie sehen die Herrlichkeit des
HERRN, die Pracht unsres Gottes.
3 Stärkt die müden Hände und macht fest
die wankenden Knie![a] 4 Sagt den ver-
zagten Herzen: »Seid getrost, fürchtet
euch nicht! Seht, da ist euer Gott! Er

33,24: *a* Sach 12,8 **34,4:** *a* Offb 6,13-14 **34,5:** *a* 5. Mose 32,41-42; Jer 49,7-22 **34,6:** *a* Kap 63,1 **34,8:** *a* Kap 63,4 **34,9:** *a* 1. Mose 19,24 **34,10:** *a* Mal 1,4 **34,13:** *a (13-14)* Kap 13,21-22 **34,16:** *a* 2. Mose 32,32 **35,1:** *a* Kap 32,15 **35,3:** *a* Hebr 12,12

kommt zur Rache; Gott, der da vergilt,
kommt und wird euch helfen.«
5 Dann werden die Augen der Blinden
aufgetan und die Ohren der Tauben ge-
öffnet werden.[a] 6 Dann werden die Lah-
men springen wie ein Hirsch, und die
Zunge der Stummen wird frohlocken.
Denn es werden Wasser in der Wüste
hervorbrechen und Ströme im dürren
Lande. 7 Und [a]wo es zuvor trocken ge-
wesen ist, sollen Teiche stehen, und wo es
dürre gewesen ist, sollen Brunnquellen
sein. Wo zuvor die Schakale gelegen
haben, soll Gras und Rohr und Schilf
stehen.
8 [a]Und es wird dort eine Bahn sein, die
der heilige Weg heißen wird. Kein Un-
reiner darf ihn betreten; nur sie werden
auf ihm gehen; auch die Toren dürfen
nicht darauf umherirren. 9 Es wird da
kein Löwe sein und kein reißendes Tier
darauf gehen; sie sind dort nicht zu fin-
den, sondern die Erlösten werden dort
gehen. **10 Die Erlösten des HERRN werden
wiederkommen und nach Zion kommen
mit Jauchzen; ewige Freude wird über
ihrem Haupte sein; Freude und Wonne
werden sie ergreifen, und Schmerz und
Seufzen wird entfliehen.**[a]

Jerusalem von Sanherib bedroht und wunderbar errettet

(Kap 36,1–37,38: vgl. 2. Kön 18,13–19,37; 2. Chr 32,1-23)

36 Und es begab sich im vierzehnten
Jahr des Königs Hiskia, da zog
der König von Assyrien, Sanherib, her-
auf gegen alle festen Städte Judas und
nahm sie ein. 2 Und der König von Assy-
rien sandte den Rabschake von Lachisch
nach Jerusalem zu dem König Hiskia mit
großer Heeresmacht. Und er trat hin an
die [a]Wasserleitung des oberen Teiches,
an der Straße bei dem Acker des Wal-
kers. 3 Und es kamen zu ihm heraus der
Hofmeister [a]Eljakim, der Sohn Hilkijas,
und der Schreiber Schebna und der
Kanzler Joach, der Sohn Asafs.
4 Und der Rabschake sprach zu ihnen:
Sagt doch dem Hiskia: So spricht der
große König, der König von Assyrien:
Was ist das für ein Vertrauen, das du da
hast? 5 Meinst du, bloße Worte seien
schon Rat und Macht zum Kämpfen?
Auf wen verlässt du dich denn, dass du
von mir abgefallen bist? 6 Verlässt du dich
auf den [a]zerbrochenen Rohrstab Ägyp-
ten, der jedem, der sich darauf stützt, in
die Hand dringt und sie durchbohrt? So
tut der Pharao, der König von Ägypten,
allen, die sich auf ihn verlassen. 7 Willst
du mir aber sagen: Wir verlassen uns
auf den HERRN, unsern Gott, – ist's
denn nicht derselbe, dessen [a]Höhen und
Altäre Hiskia abgetan und zu Juda und
Jerusalem gesagt hat: »Nur vor diesem
Altar sollt ihr anbeten«? 8 Wohlan, nimm
eine Wette an mit meinem Herrn, dem
König von Assyrien: Ich will dir zwei-
tausend Rosse geben; lass sehen, ob du
die Reiter dazu stellen kannst! 9 Wie
willst du denn zurücktreiben auch nur
einen der geringsten Diener meines
Herrn? Und du verlässt dich auf Ägypten
um der Wagen und Gespanne willen!
10 Meinst du denn, dass ich ohne den
HERRN heraufgezogen bin in dies Land,
es zu verderben? Nein, sondern der
HERR sprach zu mir: Zieh hinauf in dies
Land und verdirb es!
11 Aber Eljakim und Schebna und
Joach sprachen zum Rabschake: Rede
doch mit deinen Knechten aramäisch,
denn wir verstehen's gut, und rede nicht
hebräisch mit uns vor den Ohren des
Volks, das auf der Mauer ist. 12 Da
sprach der Rabschake: Meinst du, dass
mein Herr mich nur zu deinem Herrn
oder zu dir gesandt habe, solche Worte
zu reden, und nicht vielmehr zu den
Männern, die auf der Mauer sitzen und
samt euch ihren eigenen Mist fressen und
ihren Harn saufen werden? 13 Und der
Rabschake trat hin und rief laut auf He-
bräisch und sprach: Hört die Worte des
großen Königs, des Königs von Assyrien!
14 So spricht der König: Lasst euch von
Hiskia nicht betrügen; denn er kann euch
nicht erretten. 15 Und lasst euch von His-
kia nicht vertrösten auf den HERRN,
wenn er sagt: Der HERR wird uns erret-
ten, und diese Stadt wird nicht in die
Hand des Königs von Assyrien gegeben
werden. 16 Hört nicht auf Hiskia! Denn
so spricht der König von Assyrien:

35,5: *a* Kap 29,18 **35,7:** *a* Kap 41,18 **35,8:** *a (8-10)* Kap 56,3-8; Jer 31,8 **35,10:** *a* Kap 51,11; Offb 21,4 **36,2:** *a* Kap 7,3 **36,3:** *a* Kap 22,20 **36,6:** *a* Hes 29,6-7 **36,7:** *a* 2. Kön 18,4

Schließt Freundschaft mit mir und
kommt zu mir heraus, so soll [a]ein jeder
von euch von seinem Weinstock und von
seinem Feigenbaum essen und aus sei-
nem Brunnen trinken, 17 bis ich komme
und hole euch in ein Land, das wie euer
Land ist, ein Land, darin Korn und Wein
ist, ein Land, darin Brot und Weinberge
sind. 18 Lasst euch von Hiskia nicht be-
reden, wenn er sagt: Der HERR wird uns
erretten! [a]Haben etwa die Götter der an-
dern Völker ihr Land errettet aus der
Hand des Königs von Assyrien? 19 Wo
sind die Götter von Hamat und Arpad?
Wo sind die Götter von Sefarwajim? Und
wo sind die Götter des Landes Samarien?
Haben sie Samaria errettet aus meiner
Hand? 20 Welcher unter allen Göttern
dieser Länder hat sein Land errettet aus
meiner Hand, dass allein der HERR Jeru-
salem erretten sollte aus meiner Hand?

21 Sie schwiegen aber still und ant-
worteten ihm nichts; denn der König
hatte geboten: Antwortet ihm nichts.
22 Da kamen der Hofmeister Eljakim, der
Sohn Hilkijas, und der Schreiber
Schebna und der Kanzler Joach, der
Sohn Asafs, mit zerrissenen Kleidern zu
Hiskia und sagten ihm die Worte des
Rabschake an.

37 Als aber der König Hiskia das
hörte, zerriss er seine Kleider und
legte einen Sack an und ging in das Haus
des HERRN. 2 Und er sandte den Hof-
meister Eljakim und den Schreiber
Schebna samt den Ältesten der Priester,
mit dem Sack angetan, zu dem Prophe-
ten Jesaja, dem Sohn des Amoz. 3 Und
sie sprachen zu ihm: So spricht Hiskia:
Das ist ein Tag der Trübsal, der Züchti-
gung und der Schmach – wie wenn Kin-
der eben geboren werden sollen, aber die
Kraft fehlt, sie zu gebären. 4 Vielleicht
hört der HERR, dein Gott, die Worte des
Rabschake, den sein Herr, der König von
Assyrien, gesandt hat, den lebendigen
Gott zu lästern, und straft die Worte, die
der HERR, dein Gott, gehört hat! So tu
Fürbitte für die Übriggebliebenen, die
noch vorhanden sind.

5 Und die Großen des Königs Hiskia
kamen zu Jesaja. 6 Jesaja aber sprach zu
ihnen: So sollt ihr eurem Herrn sagen: So
spricht der HERR: Fürchte dich nicht vor
den Worten, die du gehört hast, mit de-
nen mich die Knechte des Königs von
Assyrien geschmäht haben! 7 Siehe, ich
will ihn andern Sinnes machen; denn er
soll ein Gerücht hören, sodass er wieder
heimzieht in sein Land. Dann will ich ihn
durchs Schwert fällen in seinem Lande.

8 Als aber der Rabschake zurückkam,
fand er den König von Assyrien im
Kampf gegen Libna; denn er hatte ge-
hört, dass er von Lachisch abgezogen
war. 9 Er hatte nämlich gehört über Tir-
haka, den König von Kusch: Er ist aus-
gezogen, gegen dich zu kämpfen. Als er
das hörte, sandte er Boten zu Hiskia und
ließ ihm sagen: 10 Sagt Hiskia, dem Kö-
nig von Juda: Lass dich durch deinen
Gott nicht betrügen, auf den du dich
verlässt und sprichst: Jerusalem wird
nicht in die Hand des Königs von Assy-
rien gegeben werden. 11 Siehe, du hast
gehört, was die Könige von Assyrien
allen Ländern getan haben, dass sie den
Bann an ihnen vollstreckten, und du
allein solltest errettet werden? 12 [a]Haben
denn die Götter der Völker die Länder
errettet, die von meinen Vätern vernich-
tet wurden: Gosan, Haran, Rezef und die
von Eden in Telassar? 13 Wo ist der König
von Hamat und der König von Arpad
und der König der Stadt Sefarwajim,
Hena und Awa?

14 Und als Hiskia den Brief von den
Boten empfangen und gelesen hatte, ging
er hinauf in das Haus des HERRN und
breitete ihn aus vor dem HERRN. 15 Und
Hiskia betete zum HERRN und sprach:
16 HERR Zebaoth, du Gott Israels, der du
über den Cherubim thronst, du bist
allein Gott über alle Königreiche auf Er-
den, du hast Himmel und Erde gemacht.
17 HERR, neige deine Ohren und höre
doch, HERR, tu deine Augen auf und sieh
doch! Höre doch alle die Worte Sanhe-
ribs, die er gesandt hat, um den leben-
digen Gott zu schmähen. 18 Wahr ist's,
HERR, die Könige von Assyrien haben
alle Länder verwüstet 19 und haben ihre
Götter ins Feuer geworfen; denn sie wa-
ren nicht Götter, sondern Werk von
Menschenhänden, Holz und Stein. Die
haben sie vertilgt. 20 Nun aber, HERR,

36,16: *a* 1. Kön 5,5; Mi 4,4 **36,18:** *a* Kap 37,12 **37,12:** *a* Kap 36,18

unser Gott, errette uns aus seiner Hand,
damit [a]alle Königreiche auf Erden erfah-
ren, dass du, HERR, allein Gott bist!
21 Da sandte Jesaja, der Sohn des
Amoz, zu Hiskia und ließ ihm sagen: So
spricht der HERR, der Gott Israels: Was
du von mir erbeten hast wegen des Kö-
nigs Sanherib von Assyrien, habe ich ge-
hört. 22 Dies ist's, was der HERR über ihn
spricht:
Die Jungfrau, die Tochter Zion, ver-
achtet dich und spottet deiner, und die
Tochter Jerusalem schüttelt das Haupt
hinter dir her. 23 Wen hast du geschmäht
und gelästert? Über wen hast du die
Stimme erhoben? Du hobst deine Augen
empor wider den Heiligen Israels.
24 Durch deine Knechte hast du den
Herrn geschmäht und gesagt: »Ich bin
mit der Menge meiner Wagen herauf-
gezogen auf die Höhe der Berge in den
innersten Libanon und habe seine hohen
[a]Zedern abgehauen samt seinen auser-
wählten Zypressen und bin bis zu seiner
äußersten Höhe gekommen, in seinen
dichtesten Wald. 25 Ich habe gegraben
und getrunken fremde Wasser und habe
mit meinen Fußsohlen ausgetrocknet alle
Flüsse Ägyptens.«
26 Hast du nicht gehört, dass ich es
lange zuvor bereitet und von Anfang an
geplant habe? Jetzt aber habe ich's kom-
men lassen, dass du feste Städte zerstö-
ren solltest zu Steinhaufen, 27 und ihre
Einwohner sollten ohne Kraft werden
und sich fürchten und zuschanden wer-
den und wie Feldgras werden und wie
grünes Kraut, wie Gras auf den Dä-
chern, das verdorrt, ehe es reif wird.
28 Ich weiß von deinem Aufstehen und
Sitzen, von deinem Ausziehen und Ein-
ziehen und dass du tobst gegen mich.
29 Weil du nun gegen mich tobst und dein
Stolz vor meine Ohren gekommen ist,
will ich dir meinen Ring in die Nase
legen und meinen Zaum in dein Maul
und will dich den Weg wieder heimfüh-
ren, den du gekommen bist.
30 Und das sei dir, Hiskia, ein Zeichen:
In diesem Jahr iss, was von selber nach-
wächst, im nächsten Jahr, was auch dann
noch wächst; im dritten Jahr sät und
erntet, pflanzt Weinberge und esst ihre
Früchte. 31 Denn die Erretteten vom
Hause Juda und was übrig geblieben ist
werden von Neuem nach unten Wur-
zeln schlagen und oben Frucht tragen.
32 Denn von Jerusalem werden ausgehen,
die übrig geblieben sind, und die Erret-
teten vom Berge Zion. [a]Solches wird tun
der Eifer des HERRN Zebaoth.
33 Darum spricht der HERR über den
König von Assyrien: Er soll nicht in diese
Stadt kommen und soll auch keinen Pfeil
hineinschießen und mit keinem Schild
davor kommen und soll keinen Wall ge-
gen sie aufschütten, 34 sondern auf dem
Wege, den er gekommen ist, soll er wie-
der heimkehren, dass er in diese Stadt
nicht komme, spricht der HERR. 35 Denn
ich will diese Stadt schützen, dass ich sie
errette um meinetwillen und um meines
Knechtes David willen.
36 Da fuhr aus der Engel des HERRN
und schlug im assyrischen Lager hun-
dertfünfundachtzigtausend Mann. Und
[a]als man sich früh am Morgen auf-
machte, siehe, da lag alles voller Leichen.
37 Und der König von Assyrien, Sanhe-
rib, brach auf, zog weg und kehrte wieder
heim und blieb zu Ninive. 38 Es begab
sich aber, als er anbetete im Hause Nis-
rochs, seines Gottes, erschlugen ihn seine
Söhne Adrammelech und Sarezer mit
dem Schwert, und sie flohen ins Land
Ararat. Und sein Sohn Asarhaddon
wurde König an seiner statt.

Hiskias Krankheit, Genesung und Danklied

(vgl. 2. Kön 20,1-11; 2. Chr 32,24)

38 Zu der Zeit wurde Hiskia tod-
krank. Und der Prophet Jesaja,
der Sohn des Amoz, kam zu ihm und
sprach zu ihm: So spricht der HERR: Be-
stelle dein Haus, denn du wirst sterben
und nicht am Leben bleiben. 2 Da wandte
Hiskia sein Angesicht zur Wand und be-
tete zum HERRN 3 und sprach: Gedenke
doch, HERR, wie ich vor dir in Treue und
ungeteilten Herzens gewandelt bin und
[a]habe getan, was dir gefallen hat. Und
Hiskia weinte sehr. 4 Da geschah das
Wort des HERRN zu Jesaja: 5 Geh hin und
sage Hiskia: So spricht der HERR, der
Gott deines Vaters David: Ich habe dein

37,20: *a* Kap 40,5; Dan 6,27 **37,24:** *a* Kap 14,8 **37,32:** *a* Kap 9,6 **37,36:** *a* Kap 17,14; 31,8 **38,3:** *a* 2. Kön 18,3-6

Gebet gehört und deine Tränen gesehen.
Siehe, ich will deinen Tagen noch fünf-
zehn Jahre zulegen 6und will dich samt
dieser Stadt erretten aus der Hand des
Königs von Assyrien und will diese Stadt
beschirmen. 7Und dies sei dir das Zei-
chen von dem HERRN, dass der HERR
tun wird, was er zugesagt hat: 8Siehe, ich
will den Schatten an der Sonnenuhr des
Ahas zehn Striche zurückziehen, über die
er gelaufen ist. Und die Sonne lief zehn
Striche zurück an der Sonnenuhr, über
die sie gelaufen war.

9Dies ist das Lied Hiskias, des Königs
von Juda, als er krank gewesen und von
seiner Krankheit gesund geworden war:

10Ich sprach: Nun muss ich zu des
Totenreiches Pforten fahren in der
Mitte meines Lebens,
da ich doch gedachte, noch länger
zu leben.
11Ich sprach: Nun werde ich den HERRN
nicht mehr schauen
[a]im Lande der Lebendigen,
nun werde ich die Menschen nicht mehr
sehen
mit denen, die auf der Welt sind.
12Meine Hütte ist abgebrochen
und über mir weggenommen wie
eines Hirten Zelt.
Zu Ende gewebt hab ich mein Leben
wie ein Weber;
er schneidet mich ab vom Faden.
Tag und Nacht gibst du mich preis;
13bis zum Morgen schreie ich um
Hilfe;
aber er zerbricht mir alle meine
Knochen wie ein Löwe;
Tag und Nacht gibst du mich preis.
14Ich zwitschere wie eine Schwalbe
und gurre wie eine Taube.
Meine Augen sehen verlangend nach
oben:
Herr, ich leide Not, tritt für mich
ein!
15Was soll ich reden und was ihm sagen?
Er hat's getan!
Entflohen ist all mein Schlaf
bei solcher Betrübnis meiner Seele.
16Herr, lass mich wieder genesen
und leben!
17Siehe, um Trost war mir sehr bange.
Du aber hast dich meiner Seele
herzlich angenommen,
dass sie nicht verdürbe;
denn [a]du wirfst alle meine Sünden
hinter dich zurück.
18Denn [a]die Toten loben dich nicht,
und der Tod rühmt dich nicht,
und die in die Grube fahren,
warten nicht auf deine Treue;
19sondern allein, die da leben, loben
dich so wie ich heute.
Der Vater macht den Kindern deine
Treue kund.
20Der HERR hat mir geholfen,
darum wollen wir singen und
spielen,
solange wir leben,
im Hause des HERRN!

21*Und Jesaja sprach, man solle ein
Pflaster von Feigen nehmen und auf sein
Geschwür legen, dass er gesund würde.
22Hiskia aber sprach: Was ist das
Zeichen, dass ich wieder zum Hause des
HERRN hinaufgehen kann?

Hiskia und die Gesandten aus Babel

(vgl. 2. Kön 20,12-19; 2. Chr 32,27-31)

39 Zu der Zeit sandte Merodach-
Baladan, der Sohn Baladans, der
König von Babel, Briefe und Geschenke
an Hiskia; denn er hatte gehört, dass er
krank gewesen und wieder gesund ge-
worden sei. 2Darüber freute sich Hiskia
und zeigte den Gesandten das Schatz-
haus, Silber und Gold und Spezerei,
kostbare Salben und sein ganzes Zeug-
haus und alle Schätze, die er hatte. Es
gab nichts, was ihnen Hiskia nicht ge-
zeigt hätte in seinem Hause und in sei-
nem ganzen Reich.

3Da kam der Prophet Jesaja zum Kö-
nig Hiskia und sprach zu ihm: Was sagen
diese Männer und von woher kommen
sie zu dir? Hiskia sprach: Sie kommen
aus fernem Lande zu mir, nämlich aus
Babel. 4Er aber sprach: Was haben sie in
deinem Hause gesehen? Hiskia sprach:
Alles, was in meinem Hause ist, haben sie
gesehen, und es gibt nichts, das ich ihnen

* Die Verse 21 und 22 gehören zwischen Vers 6 und Vers 7 wie in 2. Kön 20,7-8.

38,11: *a* Ps 27,13 **38,17:** *a* Ps 32,5; Mi 7,18-19 **38,18:** *a* Ps 6,6; 115,17

nicht gezeigt hätte von meinen Schätzen.
5 Und Jesaja sprach zu Hiskia: Höre das
Wort des HERRN Zebaoth: 6 Siehe, es
kommt die Zeit, dass alles, [a]was in dei-
nem Hause ist und was deine Väter ge-
sammelt haben bis auf diesen Tag, nach
Babel gebracht werden wird, sodass
nichts zurückbleibt, spricht der HERR.
7 Dazu werden sie von deinen Söhnen,
die von dir kommen werden, die du zeu-
gen wirst, einige nehmen, dass sie Käm-
merer werden müssen am Hofe des Kö-
nigs von Babel. 8 Und Hiskia sprach zu
Jesaja: Das Wort des HERRN ist gut, das
du sagst. Denn er dachte: Es wird doch
Friede und Sicherheit sein, solange ich
lebe.

DAS TROSTBUCH VON DER ERLÖSUNG ISRAELS (Kapitel 40,1–55,13)

Des HERRN tröstendes Wort für sein Volk

40 Tröstet, tröstet mein Volk!, spricht
euer Gott. 2 [a]Redet mit Jerusalem
freundlich und predigt ihr, dass ihre
Knechtschaft ein Ende hat, dass ihre
Schuld vergeben ist; denn [b]sie hat dop-
pelte Strafe empfangen von der Hand des
HERRN für alle ihre Sünden.
3 [a]Es ruft eine Stimme: In der Wüste
bereitet dem HERRN den Weg, macht in
der Steppe eine ebene Bahn unserm
Gott! 4 Alle Täler sollen erhöht werden,
und [a]alle Berge und Hügel sollen ernied-
rigt werden, und was uneben ist, soll ge-
rade, und was hügelig ist, soll eben wer-
den; 5 denn die Herrlichkeit des HERRN
soll offenbart werden, und alles Fleisch
miteinander wird es sehen; denn des
HERRN Mund hat's geredet.
6 [a]Es spricht eine Stimme: Predige!,
und ich sprach: Was soll ich predigen?
**Alles Fleisch ist Gras, und alle seine Güte
ist wie eine Blume auf dem Felde.** 7 Das
Gras verdorrt, die Blume verwelkt; denn
des HERRN Odem bläst darein. Ja, Gras
ist das Volk! 8 **Das Gras verdorrt, die
Blume verwelkt, aber [a]das Wort unseres
Gottes bleibt ewiglich.**
9 Zion, du Freudenbotin, steig auf
einen hohen Berg; Jerusalem, du Freu-
denbotin, erhebe deine Stimme mit
Macht; erhebe sie und fürchte dich nicht!
Sage den Städten Judas: Siehe, da ist euer
Gott; 10 siehe, da ist Gott der HERR! Er
kommt gewaltig, und sein Arm wird
herrschen. [a]Siehe, was er gewann, ist bei
ihm, und was er sich erwarb, geht vor
ihm her. 11 Er wird seine Herde weiden
wie ein [a]Hirte. Er wird die Lämmer in
seinen Arm sammeln und im Bausch sei-
nes Gewandes tragen und die Mutter-
schafe führen.

Israels unvergleichlicher Gott

12 Wer misst die Wasser mit der hohlen
Hand, und wer bestimmt des Himmels
Weite mit der Spanne und fasst den
Staub der Erde mit dem Maß und wiegt
die Berge mit einem Gewicht und die
Hügel mit einer Waage? 13 Wer bestimmt
den Geist des HERRN, und welcher Rat-
geber unterweist ihn?[a] 14 Wen fragt er
um Rat, der ihm Einsicht gebe und lehre
ihn den Weg des Rechts und lehre ihn
Erkenntnis und weise ihm den Weg des
Verstandes? 15 Siehe, die Völker sind ge-
achtet wie ein Tropfen am Eimer und wie
ein Sandkorn auf der Waage. Siehe, die
Inseln sind wie ein Stäublein. 16 Der Li-
banon wäre zu wenig zum Feuer und
seine Tiere zu wenig zum Brandopfer.
17 Alle Völker sind vor ihm wie nichts
und gelten ihm als nichtig und eitel.
18 [a]Mit wem wollt ihr denn Gott ver-
gleichen? Oder was für ein [b]Abbild wollt
ihr von ihm machen? 19 Der Meister gießt
ein Bild und der Goldschmied vergoldet's
und macht silberne Ketten daran. 20 Wer
aber zu arm ist für eine solche Gabe, der
wählt ein Holz, das nicht fault, und sucht
einen klugen Meister dazu, ein Bild zu
fertigen, das nicht wackelt.
21 Wisst ihr denn nicht? Hört ihr denn
nicht? Ist's euch nicht von Anfang an
verkündigt? Habt ihr's nicht gelernt von
Anbeginn der Erde? 22 Er thront über
dem Kreis der Erde, und die darauf woh-
nen, sind wie Heuschrecken; er spannt
den Himmel aus wie einen Schleier und
breitet ihn aus wie ein Zelt, in dem man

39,6: *a* 2. Kön 24,13 **40,2:** *a* Hos 2,16; *b* Jer 16,18 **40,3:** *a (3-5)* Lk 3,4-6; Joh 1,23 **40,4:** *a* Kap 49,11 **40,6:** *a (6-8)* Ps 90,5-6; Jak 1,10-11 **40,8:** *a* Ps 119,89; Lk 21,33 **40,10:** *a* Kap 62,11 **40,11:** *a* Joh 10,11 **40,13:** *a* Röm 11,34; 1. Kor 2,16 **40,18:** *a* Kap 46,5; *b* 2. Mose 20,4; Apg 17,29

wohnt; 23er gibt die Fürsten preis, dass
sie nichts sind, und die Richter auf Erden
macht er zunichte: 24Kaum sind sie ge-
pflanzt, kaum sind sie gesät, kaum hat
ihr Stamm eine Wurzel in der Erde, da
lässt er einen Wind unter sie wehen, dass
sie verdorren, und ein Wirbelsturm führt
sie weg wie Spreu. 25Mit wem wollt ihr
mich also vergleichen, dem ich gleich
sei?, spricht der Heilige.

26Hebt eure Augen in die Höhe und
seht! Wer hat dies geschaffen? Er führt
ihr Heer vollzählig heraus und [a]ruft sie
alle mit Namen; seine Macht und starke
Kraft ist so groß, dass nicht eins von
ihnen fehlt.[b] 27Warum sprichst du denn,
Jakob, und du, Israel, sagst: »Mein Weg
ist dem HERRN verborgen, und mein
Recht geht vor meinem Gott vorüber«?
28Weißt du nicht? Hast du nicht gehört?
Der HERR, der ewige Gott, der die En-
den der Erde geschaffen hat, wird nicht
müde noch matt, sein Verstand ist unaus-
forschlich. **29Er gibt dem Müden Kraft,
und Stärke genug dem Unvermögenden.**
30Männer werden müde und matt, und
Jünglinge straucheln und fallen; 31aber
**die auf den HERRN harren, kriegen neue
Kraft, dass sie auffahren mit Flügeln
[a]wie Adler, dass sie laufen und nicht matt
werden, dass sie wandeln und nicht müde
werden.**

Der Gott Israels und die Götter der Völker

41 Die Inseln sollen vor mir schwei-
gen und die Völker neue Kraft ge-
winnen! Sie sollen herzutreten und dann
reden! Lasst uns miteinander rechten!
2Wer lässt [a]den von Osten her kommen,
dem Heil auf dem Fuße folgt, vor dem er
Völker und Könige dahingibt, dass er
ihrer mächtig wird? Sein Schwert macht
sie wie Staub und sein Bogen wie ver-
wehte Spreu. 3Er jagt ihnen nach und
zieht unversehrt hindurch und berührt
den Weg nicht mit seinen Füßen. 4Wer
tut und macht das? Wer ruft die Ge-
schlechter von Anfang her? Ich bin's, der
HERR, [a]der Erste, und bei den Letzten
noch derselbe. 5Als die Inseln das sahen,
fürchteten sie sich, und die Enden der
Erde erschraken; sie nahten sich und
kamen herzu.

6Einer will dem andern helfen und
spricht zu seinem Nächsten: Steh fest!
7Der Meister nimmt den Goldschmied
fest an die Hand, und sie machen mit
dem Hammer das Blech glatt auf dem
Amboss und sprechen: Das wird fein ste-
hen!, und machen's fest mit Nägeln, dass
es nicht wackeln soll.

Gott steht zu seinem erwählten Volk

8Du aber, Israel, mein [a]Knecht, Jakob,
den ich erwählt habe, du Spross Abra-
hams, meines [b]Geliebten, 9den ich fest
ergriffen habe von den Enden der Erde
her und berufen von ihren Grenzen, zu
dem ich sprach: Du sollst mein Knecht
sein; ich erwähle dich und verwerfe dich
nicht –, 10 **[a]fürchte dich nicht, ich bin mit
dir; weiche nicht, denn ich bin dein Gott.
Ich stärke dich, ich helfe dir auch, ich
halte dich durch die rechte Hand meiner
Gerechtigkeit.**

11Siehe, zu Spott und zuschanden sol-
len werden alle, die dich hassen; sie sollen
werden wie nichts und die Leute, die mit
dir hadern, sollen umkommen. 12Wenn
du nach ihnen fragst, wirst du sie nicht
finden. Die mit dir hadern, sollen werden
wie nichts, und die wider dich streiten,
sollen ein Ende haben. 13Denn ich bin
der HERR, dein Gott, der deine rechte
Hand fasst und zu dir spricht: Fürchte
dich nicht, ich helfe dir!

**14Fürchte dich nicht, du Würmlein
Jakob, du armer Haufe Israel. [a]Ich helfe
dir, spricht der HERR, und dein Erlöser ist
der Heilige Israels.** 15Siehe, ich habe dich
zum scharfen, neuen Dreschwagen ge-
macht, der viele Zacken hat, dass du
Berge zerdreschen und zermalmen sollst
und Hügel wie Spreu machen. 16Du
sollst sie worfeln, dass der Wind sie weg-
führt und der Wirbelsturm sie verweht.
Du aber wirst fröhlich sein über den
HERRN und wirst dich rühmen des Hei-
ligen Israels.

17Die Elenden und Armen suchen
Wasser und es ist nichts da, ihre Zunge
verdorrt vor Durst. Aber ich, der HERR,
will sie erhören; ich, der Gott Israels, will

40,26: *a* Ps 147,4; *b* 1.Mose 1,14-18 **40,31:** *a* Ps 103,5 **41,2:** *a* Kap 44,28; 45,1.13; 46,11; 48,14-15 **41,4:** *a* Kap 44,6; 48,12; Offb 1,8.17 **41,8:** *a* Kap 42,19; 43,10; 44,1.21; 45,4; Ps 135,4; *b* Jak 2,23 **41,10:** *a* Kap 43,1 **41,14:** *a* Kap 43,3

sie nicht verlassen. 18 Ich will Wasser-
bäche auf den Höhen öffnen und Quel-
len mitten auf den Feldern und [a]will die
Wüste zu Wasserstellen machen und das
dürre Land zu Wasserquellen. 19 Ich will
in der Wüste wachsen lassen Zedern,
Akazien, Myrten und Ölbäume; ich will
in der Steppe pflanzen miteinander Zy-
pressen, Buchsbaum und Kiefern, 20 da-
mit man zugleich sehe und erkenne und
merke und verstehe: Des HERRN Hand
hat dies getan, und der Heilige Israels hat
es geschaffen.

Die Götter sollen ihre Macht beweisen

21 Bringt eure Sache vor, spricht der
HERR; sagt an, womit ihr euch vertei-
digen wollt, spricht der König in Jakob.
22 Sie sollen herzutreten und uns verkün-
digen, was kommen wird. [a]Verkündigt es
doch, was früher geweissagt wurde, da-
mit wir darauf achten! Oder lasst uns
hören, was kommen wird, damit wir
merken, dass es eintrifft! 23 Verkündigt
uns, was hernach kommen wird, damit
wir erkennen, dass ihr Götter seid!
Wohlan, tut Gutes oder tut Schaden, da-
mit wir uns verwundern und erschrecken!
24 Siehe, ihr seid nichts und euer Tun ist
auch nichts, und euch erwählen ist ein
Gräuel.

25 Von Norden habe ich einen kommen
lassen und er ist gekommen, vom Auf-
gang der Sonne her den, der meinen Na-
men anruft. Er zerstampft die Gewal-
tigen wie Lehm und wie der Töpfer, der
den Ton tritt. 26 Wer hat es von Anfang
an verkündigt, dass wir's vernahmen?
Wer hat es vorher geweissagt, dass wir
sagen: Das ist recht! Aber da ist keiner,
der es verkündigte, keiner, der etwas hö-
ren ließ, keiner, der von euch ein Wort
hörte. 27 Ich bin der Erste, der zu Zion
sagt: Siehe, da sind sie!, und Jerusalem
gebe ich einen [a]Freudenboten. 28 Schau
ich mich um, da ist niemand, und seh ich
sie an, da ist kein Ratgeber, dass ich sie
fragen könnte und sie mir antworteten.
29 Siehe, sie sind alle nichts und nichtig
sind ihre Werke; ihre Götzen sind leerer
Wind.

Der Knecht Gottes das Licht der Welt

42 **[a]Siehe, das ist mein Knecht – ich
halte ihn – und mein Auserwählter,
an dem meine Seele Wohlgefallen hat.** Ich
habe ihm meinen Geist gegeben; er wird
das Recht unter die Heiden bringen. 2 Er
wird nicht schreien noch rufen, und seine
Stimme wird man nicht hören auf den
Gassen. 3 **[a]Das geknickte Rohr wird er
nicht zerbrechen, und den glimmenden
Docht wird er nicht auslöschen.** In Treue
trägt er das Recht hinaus. 4 Er selbst wird
nicht verlöschen und nicht zerbrechen,
[a]bis er auf Erden das Recht aufrichte;
und die Inseln warten auf seine Wei-
sung.

5 So spricht Gott, der HERR, [a]der die
Himmel schafft und ausbreitet, der die
Erde macht und ihr Gewächs, der dem
Volk auf ihr den Odem gibt und den
Geist denen, die auf ihr gehen: 6 Ich, der
HERR, habe dich gerufen in Gerechtig-
keit und halte dich bei der Hand und
behüte dich und [a]mache dich zum Bund
für das Volk, zum Licht der Heiden,
7 dass du [a]die Augen der Blinden öffnen
sollst und [b]die Gefangenen aus dem Ge-
fängnis führen und, die da sitzen in der
Finsternis, aus dem Kerker.

8 Ich, der [a]HERR, das ist mein Name,
[b]ich will meine Ehre keinem andern ge-
ben noch meinen Ruhm den Götzen.
9 Siehe, was ich früher verkündigt habe,
ist gekommen. So [a]verkündige ich auch
Neues; ehe denn es aufgeht, lasse ich's
euch hören.

Gott kommt zur Befreiung seines Volkes

10 Singet dem HERRN [a]ein neues Lied,
seinen Ruhm an den Enden der Erde, die
ihr auf dem Meer fahrt, und was im
Meer ist, ihr Inseln und die darauf woh-
nen! 11 Ruft laut, ihr Wüsten und die
Städte darin samt den Dörfern, wo Ke-
dar wohnt. Es sollen jauchzen, die in
Felsen wohnen, und rufen von den Hö-
hen der Berge! 12 Sie sollen dem HERRN
die Ehre geben und seinen Ruhm auf den
Inseln verkünden!

13 Der HERR zieht aus wie ein Held,

41,18: *a* Kap 35,1.7; 43,19; 2. Mose 17,6; Ps 107,35 **41,22:** *a* Kap 43,8-9; 44,7 **41,27:** *a* Kap 52,7 **42,1:** *a (1-4)* Kap 49,1-6; 50,4-11; 52,13–53,12; Mt 12,18-21; 3,17 **42,3:** *a* Ps 34,19 **42,4:** *a* Kap 51,5 **42,5:** *a* 1. Mose 1,1-31 **42,6:** *a* Kap 49,6.8 **42,7:** *a* Kap 35,5; *b* Kap 45,13; Ps 126,1-4 **42,8:** *a* 2. Mose 3,15; *b* Kap 48,11 **42,9:** *a* Kap 48,6 **42,10:** *a* Ps 33,3

wie ein Kriegsmann kommt er in Eifer;
laut erhebt er das Kampfgeschrei, zieht
wie ein Held wider seine Feinde. 14 Ich
schwieg wohl eine lange Zeit, war still
und hielt an mich. Nun aber will ich
schreien wie eine Gebärende, ich will laut
rufen und schreien. 15 Ich will Berge und
Hügel zur Wüste machen und all ihr
Gras verdorren lassen und will die Was-
serströme zu Land machen und die Seen
austrocknen. 16 Aber die Blinden will ich
auf dem Wege leiten, den sie nicht wis-
sen; ich will sie führen auf den Steigen,
die sie nicht kennen. Ich will die Finster-
nis vor ihnen her zum Licht machen und
[a] das Höckerige zur Ebene. Das alles will
ich tun und nicht davon lassen. 17 Aber
die sich auf Götzen verlassen und spre-
chen zum gegossenen Bilde: »Ihr seid
unsre Götter!«, die sollen zurückweichen
und zuschanden werden.[a]

18 Hört, ihr Tauben, und schaut her,
ihr Blinden, dass ihr seht![a] 19 Wer ist so
blind wie mein [a] Knecht, und wer ist so
taub wie mein Bote, den ich senden will?
Wer ist so blind wie der Vertraute und so
blind wie der Knecht des HERRN? 20 Du
sahst wohl viel, aber du hast's nicht be-
achtet; deine Ohren waren offen, aber du
hast nicht gehört.[a] 21 Dem HERRN hat es
gefallen um seiner Gerechtigkeit willen,
dass er sein Gesetz herrlich und groß
mache. 22 Dennoch ist es ein beraubtes
und geplündertes Volk; sie sind alle ge-
bunden in Gefängnissen und verschlos-
sen in Kerkern. Sie sind zur Beute ge-
worden und es ist kein Erretter da; sie
sind geplündert und es ist niemand da,
der sagt: Gib wieder her! 23 Wer ist unter
euch, der das zu Ohren nimmt, der auf-
merkt und es hört für künftige Zeiten?

24 Wer hat Jakob der Plünderung preis-
gegeben und Israel den Räubern? Hat es
nicht der HERR getan, an dem wir ge-
sündigt haben? Und sie wollten nicht auf
seinen Wegen wandeln, und sie gehorch-
ten seinen Weisungen nicht. 25 Darum hat
er über sie ausgeschüttet seinen grimmi-
gen Zorn und den Schrecken des Krieges,
dass er sie ringsumher versengte, aber sie
merken's nicht, und sie in Brand steckte,
aber sie nehmen's nicht zu Herzen.

Gott erlöst sein Volk

43 Und nun spricht der HERR, der
dich geschaffen hat, Jakob, und
dich gemacht hat, Israel: **Fürchte dich
nicht, denn ich habe dich erlöst; ich habe
dich bei deinem Namen gerufen; du bist
mein!** 2 Wenn [a] du durch Wasser gehst,
will ich bei dir sein, dass dich die Ströme
nicht ersäufen sollen; und [b] wenn du ins
Feuer gehst, sollst du nicht brennen, und
die Flamme soll dich nicht versengen.
3 Denn ich bin der HERR, dein Gott, der
Heilige Israels, dein [a] Heiland. Ich habe
Ägypten für dich als Lösegeld gegeben,
Kusch und Seba an deiner statt, 4 weil du
in meinen Augen so wert geachtet und
auch herrlich bist und weil ich dich lieb
habe. Ich gebe Menschen an deiner statt
und Völker für dein Leben. 5 So fürchte
dich nun nicht, denn ich bin bei dir. [a] Ich
will vom Osten deine Kinder bringen
und dich vom Westen her sammeln, 6 ich
will sagen zum Norden: Gib her!, und
zum Süden: Halte nicht zurück! Bring
her meine Söhne von ferne und meine
Töchter vom Ende der Erde, 7 alle, die
[a] mit meinem Namen genannt sind, die
ich zu meiner Ehre geschaffen und zube-
reitet und gemacht habe.

Israel Gottes Zeuge vor der Welt

8 Es soll hervortreten das blinde Volk, das
doch Augen hat, und die Tauben, die
doch Ohren haben! 9 Alle Heiden sollen
zusammenkommen und die Völker sich
versammeln. [a] Wer ist unter ihnen, der
dies verkündigen kann und uns hören
lasse, was früher geweissagt wurde? Sie
sollen ihre Zeugen aufstellen und bewei-
sen, so wird man's hören und sagen: Es
ist die Wahrheit.

10 Ihr seid meine Zeugen, spricht der
HERR, und mein Knecht, den ich erwählt
habe, damit ihr wisst und mir glaubt und
erkennt, dass ich's bin. [a] Vor mir ist kein
Gott gemacht, so wird auch nach mir
keiner sein. **11 Ich, ich bin der HERR, und
[a] außer mir ist kein Heiland.** 12 Ich hab's
verkündigt und habe auch geholfen und
hab's euch sagen lassen; und es war kein
fremder Gott unter euch. Ihr seid meine

42,16: *a* Kap 40,4 **42,17:** *a* Kap 44,11; Ps 97,7 **42,18:** *a* Kap 43,8 **42,19:** *a* Kap 41,8 **42,20:** *a* Kap 53,1 **43,2:** *a* 2. Mose 14,21; *b* Ps 66,12; Dan 3,25-27 **43,3:** *a* Kap 41,14 **43,5:** *a* Kap 11,11-16; Jer 30,10 **43,7:** *a* Jer 14,9 **43,9:** *a* Kap 41,22.26 **43,10:** *a* Kap 44,8 **43,11:** *a* Kap 45,21; 5. Mose 32,39

Zeugen, spricht der HERR, und ich bin
Gott. 13 Ich bin, ehe denn ein Tag war,
und niemand ist da, der aus meiner
Hand erretten kann. Ich wirke; wer will's
wenden?

Gott führt sein Volk aus Babel

14 So spricht der HERR, euer Erlöser, der
Heilige Israels: Um euretwillen habe ich
nach Babel geschickt und habe die Riegel
eures Gefängnisses zerbrochen, und zur
Klage wird der Jubel der Chaldäer. 15 Ich
bin der HERR, euer Heiliger, der ich
Israel geschaffen habe, euer König. 16 So
spricht der HERR, der [a]im Meer einen
Weg und [b]in starken Wassern Bahn
macht, 17 der [a]ausziehen lässt Wagen
und Rosse, Heer und Macht, dass sie auf
einem Haufen daliegen und nicht auf-
stehen, dass sie verlöschen, wie ein
Docht verlischt:

18 Gedenkt nicht an das Frühere und
achtet nicht auf das Vorige! 19 Denn
siehe, ich will ein Neues schaffen, jetzt
wächst es auf, erkennt ihr's denn nicht?
Ich mache einen Weg in der Wüste und
[a]Wasserströme in der Einöde. 20 Das
Wild des Feldes preist mich, die Schakale
und Strauße; denn ich will in der Wüste
Wasser und in der Einöde Ströme geben,
zu tränken mein Volk, meine Auserwähl-
ten; 21 das Volk, das ich mir bereitet habe,
soll meinen Ruhm verkündigen.[a]

Gott tilgt Israels Sünde

22 Nicht, dass du mich gerufen hättest,
Jakob, oder dass du dich um mich ge-
müht hättest, Israel. 23 Mir hast du nicht
die Schafe deines Brandopfers gebracht
noch mich geehrt mit deinen Schlacht-
opfern. Ich habe dir nicht Arbeit gemacht
mit Opfergaben, habe dich auch nicht
bemüht mit Weihrauch.[a] 24 Mir hast du
nicht für Geld köstliches Gewürz ge-
kauft, mich hast du mit dem Fett deiner
Opfer nicht gelabt. Aber [a]**mir hast du**
Arbeit gemacht mit deinen Sünden und
hast mir Mühe gemacht mit deinen Misse-
taten. 25 Ich, ich tilge deine Übertretungen
um meinetwillen und gedenke deiner Sün-
den nicht.[a]

26 Erinnere mich, lass uns miteinander
rechten! Zähle alles auf, damit du recht
bekommst! 27 Schon [a]dein Ahnherr hat
gesündigt, und deine Wortführer sind
von mir abgefallen. 28 Darum habe ich
die Fürsten des Heiligtums entheiligt und
Jakob dem Bann übergeben und Israel
dem Hohn.

Das wahre Israel

44 So höre nun, mein Knecht Jakob,
und Israel, den ich erwählt habe!
2 So spricht der HERR, der dich gemacht
und bereitet hat und der dir beisteht von
Mutterleibe an: Fürchte dich nicht, mein
Knecht Jakob, und du, [a]Jeschurun, den
ich erwählt habe! 3 Denn **ich will Wasser**
gießen auf das Durstige und Ströme auf
das Dürre: [a]ich will meinen Geist auf
deine Kinder gießen und meinen Segen auf
deine Nachkommen, 4 dass sie wachsen
sollen wie Gras zwischen Wassern, wie
die Weiden an den Wasserbächen. 5 Die-
ser wird sagen »Ich bin des HERRN«, und
jener wird genannt werden mit dem
Namen »Jakob«. Und wieder ein anderer
wird in seine Hand schreiben »Dem
HERRN eigen« und wird mit dem Namen
»Israel« genannt werden.

Der lebendige Gott und die toten Götzen

6 So spricht der HERR, der König Israels,
und sein Erlöser, der HERR Zebaoth:
[a]**Ich bin der Erste und ich bin der Letzte,**
und [b]außer mir ist kein Gott. 7 Und wer
ist mir gleich? Er rufe und verkünde es
und tue es mir dar! Wer hat vorzeiten
kundgetan das Künftige? [a]Sie sollen uns
verkündigen, was kommen wird! 8 Fürch-
tet euch nicht und erschreckt nicht! Habe
ich's dich nicht schon lange hören lassen
und es dir verkündigt? Ihr seid doch
meine Zeugen! Ist auch ein Gott außer
mir? [a]Es ist kein Fels, ich weiß ja kei-
nen.

9 [a]Die Götzenmacher sind alle nichtig;
woran ihr Herz hängt, das ist nichts
nütze. Und ihre Zeugen sehen nichts,
merken auch nichts, damit sie zuschan-
den werden. 10 Wer sind sie, die einen

43,16: *a* 2. Mose 14,22; *b* Jos 3,16 **43,17:** *a* 2. Mose 14,23-28 **43,19:** *a* Kap 41,18 **43,21:** *a* 1. Petr 2,9 **43,23:** *a* Kap 1,11-15 **43,24:** *a* 2. Kor 5,21 **43,25:** *a* Kap 44,22; Jer 31,34 **43,27:** *a* Kap 41,8; 1. Mose 35,11-12 **44,2:** *a* 5. Mose 32,15 **44,3:** *a* Kap 32,15; Joel 3,1 **44,6:** *a* Kap 41,4; *b* Kap 43,11 **44,7:** *a* Kap 41,22; 5. Mose 18,22 **44,8:** *a* 1. Sam 2,2 **44,9:** *a (9-11)* Kap 45,16; Ps 115,4-8; Jer 10,3-16

Gott machen und einen Götzen gießen,
der nichts nütze ist? 11 Siehe, alle ihre
Genossen [a]werden zuschanden; die
Meister sind auch nur Menschen. Wenn
sie auch alle zusammentreten, sollen sie
dennoch erschrecken und zuschanden
werden.

12 [a]Der Schmied macht ein Messer in
der Glut und formt es mit Hammerschlä-
gen. Er arbeitet daran mit der ganzen
Kraft seines Arms; dabei wird er hung-
rig, sodass er nicht mehr kann, und
trinkt auch kein Wasser, sodass er matt
wird. 13 Der Zimmermann spannt die
Schnur und zeichnet mit dem Stift. Er
behaut das Holz und zirkelt es ab und
macht es wie eines Mannes Gestalt, wie
einen schönen Menschen; in einem
Hause soll es thronen. 14 Er haut Zedern
ab und nimmt Kiefern und Eichen und
wählt unter den Bäumen des Waldes. Er
hatte Fichten gepflanzt und der Regen
ließ sie wachsen. 15 Das gibt den Leuten
Brennholz; davon nimmt er und wärmt
sich; auch zündet er es an und bäckt
Brot; aber daraus macht er auch einen
Gott und betet's an; er macht einen Göt-
zen daraus und kniet davor nieder. 16 Die
eine Hälfte verbrennt er im Feuer, auf ihr
brät er Fleisch und isst den Braten und
sättigt sich, wärmt sich auch und spricht:
Ah! Ich bin warm geworden, ich spüre
das Feuer. 17 Aber die andere Hälfte
macht er zum Gott, dass es sein Götze
sei, vor dem er kniet und niederfällt und
betet und spricht: Errette mich, denn du
bist mein Gott!

18 Sie wissen nichts und verstehen
nichts; denn sie sind verblendet, dass ihre
Augen nicht sehen und ihre Herzen
nichts merken können. 19 Er kommt nicht
zur Einsicht; keine Vernunft und kein
Verstand ist da, dass er dächte: Ich habe
die eine Hälfte mit Feuer verbrannt und
hab auf den Kohlen Brot gebacken und
Fleisch gebraten und gegessen, und sollte
die andere Hälfte zum Götzen machen
und sollte knien vor einem Klotz? 20 Wer
Asche hütet, den hat sein Herz getäuscht
und betört, sodass er sein Leben nicht
erretten und nicht zu sich sagen wird: Ist
das nicht Trug, woran meine Rechte sich
hält?

Freude über die Erlösung

21 Gedenke daran, Jakob, und du, Israel,
denn du bist mein [a]Knecht. Ich habe
dich bereitet, dass du mein Knecht seist.
Israel, ich vergesse dich nicht!* **22 Ich**
[a]tilge deine Missetat wie eine Wolke und
deine Sünden wie den Nebel. Kehre dich zu
mir, denn ich erlöse dich!

23 Jauchzet, ihr Himmel, denn der
HERR hat's getan! Jubelt, ihr Tiefen der
Erde! Ihr Berge, frohlocket mit Jauchzen,
der Wald und alle Bäume darin! Denn
der HERR hat Jakob erlöst und ist herr-
lich in Israel.[a]

Kyrus als Werkzeug Gottes

24 So spricht der HERR, dein Erlöser, der
dich von Mutterleibe bereitet hat: [a]Ich
bin der HERR, der alles schafft, der den
Himmel ausbreitet allein und die Erde
fest macht ohne Gehilfen; 25 der die Zei-
chen der Wahrsager zunichtemacht und
die Weissager zu Narren; [a]der die Weisen
zurücktreibt und ihre Kunst zur Torheit
macht; 26 der das Wort seiner Knechte
wahr macht und den Ratschluss voll-
führt, den seine Boten verkündigt haben;
der zu Jerusalem spricht: Werde be-
wohnt!, und zu den Städten Judas: Wer-
det wieder aufgebaut!, und ihre Trümmer
richte ich auf; 27 der zu der Tiefe spricht:
Versiege!, und [a]deine Fluten trockne ich
aus; 28 der zu Kyrus sagt: Mein Hirte! Er
soll all meinen Willen vollenden und [a]sa-
gen zu Jerusalem: Werde wieder gebaut!,
und zum Tempel: Werde gegründet!

45 So spricht der HERR zu seinem
Gesalbten, zu Kyrus, den ich bei
seiner rechten Hand ergriff, [a]dass ich
Völker vor ihm unterwerfe und Königen
das Schwert abgürte, damit vor ihm Tü-
ren geöffnet werden und Tore nicht ver-
schlossen bleiben: 2 Ich will vor dir her-
gehen und das Bergland eben machen,
ich will die ehernen Türen zerschlagen
und die eisernen Riegel zerbrechen 3 und
will dir heimliche Schätze geben und ver-
borgene Kleinode, damit du erkennst,

* Luther übersetzte im Anschluss an die alten Übersetzungen: »Israel, vergiss mein nicht!«

44,11: *a* Kap 42,17 **44,12:** *a (12-20)* Kap 40,18-20 **44,21:** *a* Kap 41,8 **44,22:** *a* Kap 43,25 **44,23:** *a* Kap 49,13; 55,12; Ps 96,11-13 **44,24:** *a* Kap 45,12 **44,25:** *a* Kap 29,14 **44,27:** *a* Jos 4,23 **44,28:** *a* 2.Chr 36,23; Esra 1,1-4 **45,1:** *a* Kap 41,2

dass ich der HERR bin, der dich beim
Namen ruft, der Gott Israels.
4 Um Jakobs, meines Knechts, und um
Israels, meines Auserwählten, willen rief
ich dich bei deinem Namen und gab dir
Ehrennamen, obgleich du mich nicht
kanntest. 5 [a]Ich bin der HERR, und sonst
keiner mehr, kein Gott ist außer mir. Ich
habe dich gerüstet, obgleich du mich
nicht kanntest, 6 damit man erfahre in
Ost und West, dass außer mir nichts ist.
Ich bin der HERR, und sonst keiner mehr,
7 der ich das Licht mache und schaffe die
Finsternis, der ich Frieden gebe und
[a]schaffe Unheil. Ich bin der HERR, der
dies alles tut.
8 Träufelt, ihr Himmel, von oben, und
ihr Wolken, regnet Gerechtigkeit! Die
Erde tue sich auf und bringe Heil, und
Gerechtigkeit wachse mit auf! Ich, der
HERR, habe es geschaffen.

Gegen die Vermessenen in Israel

9 Weh dem, der [a]mit seinem Schöpfer
hadert, eine Scherbe unter irdenen Scher-
ben! [b]Spricht denn der Ton zu seinem
Töpfer: Was machst du?, und sein Werk:
Du hast keine Hände! 10 Weh dem, der
zum Vater sagt: Warum zeugst du?, und
zur Frau: Warum gebierst du?
11 So spricht der HERR, der Heilige Is-
raels und sein Schöpfer: Wollt ihr mich
zur Rede stellen wegen meiner Söhne?
Und wollt ihr mir Befehl geben wegen
des Werkes meiner Hände? 12 Ich habe
die Erde gemacht und den Menschen auf
ihr geschaffen. [a]Ich bin's, dessen Hände
den Himmel ausgebreitet haben und der
seinem ganzen Heer geboten hat. 13 Ich
habe ihn erweckt in Gerechtigkeit, und
alle seine Wege will ich eben machen. Er
soll meine Stadt wieder aufbauen und
meine Gefangenen loslassen, nicht um
Geld und nicht um Geschenke, spricht
der HERR Zebaoth.[a]

Verheißung der Herrlichkeit Gottes in aller Welt

14 So spricht der HERR: Der Ägypter Er-
werb und der Kuschiter Gewinn und die
hochgewachsenen Leute von Seba wer-
den zu dir kommen und dein Eigen sein.
Sie werden dir folgen, in Fesseln werden
sie gehen und werden zu dir kommen
und niederfallen und zu dir flehen: Nur
bei dir ist Gott, und sonst ist kein Gott
mehr. 15 **Fürwahr, [a]du bist ein verborge-
ner Gott, du Gott Israels, der [b]Heiland.**
16 Aber die [a]Götzenmacher sollen alle in
Schmach und Schande geraten und mit-
einander schamrot einhergehen. 17 Israel
aber wird erlöst durch den HERRN mit
einer ewigen Erlösung und wird nicht
zuschanden noch zu Spott immer und
ewiglich.
18 Denn so spricht der HERR, der den
Himmel geschaffen hat – er ist Gott; der
die Erde bereitet und gemacht hat – er
hat sie gegründet; er hat sie nicht ge-
schaffen, dass sie leer sein soll, sondern
sie bereitet, dass man auf ihr wohnen
solle: Ich bin der HERR, und sonst keiner
mehr. 19 [a]Ich habe nicht im Verborgenen
geredet an einem finstern Ort der Erde;
ich habe nicht zu den Söhnen Jakobs
gesagt: »Sucht mich vergeblich!« Denn
ich bin der HERR, der von Gerechtigkeit
redet und verkündigt, was recht ist.
20 Versammelt euch und kommt mit-
einander herzu, ihr Entronnenen der
Heiden. Keine Erkenntnis haben, die sich
abschleppen mit den Klötzen ihrer Göt-
zen und zu einem Gott flehen, der nicht
helfen kann. 21 Tut es kund, bringt es vor,
beratet miteinander: Wer hat dies hören
lassen von alters her und vorzeiten ver-
kündigt? Hab ich's nicht getan, der
HERR? Es ist sonst kein Gott außer mir,
ein gerechter Gott und Heiland, und es
ist keiner außer mir.
22 **Wendet euch zu mir, so werdet ihr
gerettet, aller Welt Enden; denn ich bin
Gott, und sonst keiner mehr.** 23 [a]Ich habe
bei mir selbst geschworen, und Gerech-
tigkeit ist ausgegangen aus meinem
Munde, ein Wort, bei dem es bleiben
soll: **Mir sollen sich alle Knie beugen und
alle Zungen schwören 24 und sagen: [a]Im
HERRN habe ich Gerechtigkeit und Stär-
ke.** Aber alle, die ihm widerstehen, wer-
den zu ihm kommen und beschämt wer-
den. 25 Im HERRN wird gerecht werden

45,5: *a (5-6)* 2. Mose 20,3 **45,7:** *a* Am 3,6 **45,9:** *a* Hiob 40,2; *b* Kap 29,16; Jer 18,6; Röm 9,20 **45,12:** *a* Kap 44,24 **45,13:** *a* Kap 41,2 **45,15:** *a* Röm 11,33; *b* Kap 43,11 **45,16:** *a* Kap 44,9-11 **45,19:** *a* Kap 48,16 **45,23:** *a (23-24)* Röm 14,11; Phil 2,10-11 **45,24:** *a* Jer 23,6

Israels ganzes Geschlecht und [a]wird sich
seiner rühmen.

Die hilflosen Götter und der helfende Gott

46 [a]Bel bricht zusammen, Nebo ist
gefallen, ihre Götzenbilder sind
den Tieren und dem Vieh aufgeladen,
dass sie sich müde tragen an dem, was
eure Last war. 2Ja, sie können die Last
nicht wegbringen. Die Götzen sind gefallen und alle zusammengebrochen und
müssen in die Gefangenschaft gehen.
3Hört mir zu, ihr vom Hause Jakob
und alle, die ihr noch übrig seid vom
Hause Israel, die ihr von mir getragen
werdet von Mutterleibe an und vom
Mutterschoße an mir aufgeladen seid:
4Auch [a]bis in euer Alter bin ich derselbe,
und ich will euch tragen, bis ihr grau
werdet. Ich habe es getan; ich will heben
und tragen und erretten.
5[a]Wem wollt ihr mich gleichstellen,
und mit wem vergleicht ihr mich? An
wem messt ihr mich, dass ich ihm gleich
sein soll? 6Sie schütten das Gold aus dem
Beutel und wiegen das Silber mit der
Waage dar und dingen den Goldschmied,
dass er einen Gott daraus mache, vor
dem sie knien und anbeten. 7Sie heben
ihn auf die Schultern und tragen ihn und
setzen ihn nieder an seine Stätte, dass er
stehe und nicht von seinem Ort rücke.
[a]Schreit einer zu ihm, so antwortet er
nicht und hilft ihm nicht aus seiner Not.
8Gedenkt doch daran, ihr Abtrünnigen, und nehmt's zu Herzen! 9Gedenkt
des Vorigen, wie es von alters her war:
[a]Ich bin Gott, und sonst keiner mehr, ein
Gott, dem nichts gleicht. 10Ich habe von
Anfang an verkündigt, was hernach
kommen soll, und vorzeiten, was noch
nicht geschehen ist. Ich sage: Was ich
beschlossen habe, geschieht, und alles,
was ich mir vorgenommen habe, das tue
ich. 11Ich rufe einen Adler [a]vom Osten
her, aus fernem Lande den Mann, der
meinen Ratschluss ausführe. Wie ich's gesagt habe, so lasse ich's kommen; was ich
geplant habe, das tue ich auch.
12Hört mir zu, ihr trotzigen Herzen,
die ihr ferne seid von der Gerechtigkeit!
13Ich habe meine Gerechtigkeit nahe gebracht; sie ist nicht ferne und mein Heil
säumt nicht. Ich will zu Zion das Heil
geben und in Israel meine Herrlichkeit.

Das Gericht über Babel

47 Herunter, Jungfrau, du Tochter
Babel, setze dich in den Staub!
Setze dich auf die Erde, wo kein Thron
ist, du Tochter der Chaldäer. Man wird
nicht mehr zu dir sagen: »Du Zarte und
Verwöhnte«. 2Nimm die Mühle und
mahle Mehl, decke auf deinen Schleier!
Hebe die Schleppe, entblöße den Schenkel, wate durchs Wasser, 3dass [a]deine
Blöße aufgedeckt und deine Schande gesehen werde! Ich will mich rächen, unerbittlich, 4spricht unser Erlöser; der heißt
der Herr Zebaoth, der Heilige Israels.
5Setze dich stumm hin, geh in die
Finsternis, du Tochter der Chaldäer!
Denn du sollst nicht mehr heißen »Herrin über Königreiche«. 6Als ich [a]über
mein Volk zornig war und mein Erbe
entheiligte, gab ich sie in deine Hand;
aber du erwiesest ihnen keine Barmherzigkeit, auch über die Alten machtest du
dein Joch allzu schwer. 7Du dachtest: Ich
bin eine Herrin für immer. Du hattest
noch nicht zu Herzen genommen noch
daran gedacht, wie es hernach werden
könnte.
8[a]So höre nun dies, die du in Wollust
lebst und so sicher sitzt und sprichst in
deinem Herzen: »Ich bin's, und sonst
keine; ich werde keine Witwe werden
noch ohne Kinder sein«: 9Dies beides
wird plötzlich über dich kommen auf
einen Tag, dass du Witwe und ohne Kinder bist. Ja, es wird in vollem Maße über
dich kommen trotz der Menge deiner
Zaubereien und trotz der großen Macht
deiner Beschwörungen. 10Denn du hast
dich auf deine Bosheit verlassen, als du
dachtest: [a]Niemand sieht mich! Deine
Weisheit und Kunst hat dich verleitet,
dass du in deinem Herzen sprachst: Ich
bin's, und sonst keine! 11Aber nun wird
über dich Unglück kommen, das du
nicht wegzuzaubern weißt, und Unheil
wird auf dich fallen, das du nicht durch
Sühne abwenden kannst. Und es wird

45,25: *a* Jer 9,22-23 **46,1:** *a* Jer 50,2 **46,4:** *a* Ps 71,18 **46,5:** *a (5-8)* Kap 44,9-20 **46,7:** *a* 1. Kön 18,26 **46,9:** *a* Kap 44,6 **46,11:** *a* Kap 41,2 **47,3:** *a* Nah 3,5 **47,6:** *a* Sach 1,15 **47,8:** *a (8-9)* Zef 2,15; Offb 18,7 **47,10:** *a* Ps 10,11

plötzlich ein Verderben über dich kom-
men, dessen du dich nicht versiehst.
12 So tritt nun auf mit deinen Beschwö-
rungen und der Menge deiner Zaube-
reien, um die du dich von deiner Jugend
auf bemüht hast, ob du dir helfen und es
abwenden kannst.[a] 13 Du hast dich müde
gemacht mit der Menge deiner Pläne. Es
sollen hertreten und dir helfen die Meis-
ter des Himmelslaufs und die Sterngu-
cker, die an jedem Neumond kundtun,
was über dich kommen werde! 14 Siehe,
sie sind wie Stoppeln, die das Feuer ver-
brennt, sie können ihr Leben nicht erret-
ten vor der Flamme Gewalt. Denn es
wird nicht eine Glut sein, an der man
sich wärmen, oder ein Feuer, um das
man sitzen könnte. 15 So sind alle, um die
du dich bemüht hast, die mit dir Handel
trieben von deiner Jugend auf: ein jeder
wird hierhin und dorthin wanken, und
du hast keinen Retter.

Gnade für das abtrünnige Israel

48 Hört dies, ihr vom Hause Jakob,
die ihr nach dem Namen Israels
heißt und aus dem Wasser Judas gekom-
men seid; die ihr schwört bei dem Namen
des HERRN und den Gott Israels be-
kennt, aber nicht in Wahrheit und Ge-
rechtigkeit,[a] – 2 sie nennen sich nach der
heiligen Stadt und pochen auf den Gott
Israels, der da heißt der HERR Zebaoth.
3 Ich habe vorzeiten verkündigt, was
schon gekommen ist; aus meinem Munde
ist es gekommen, und ich habe es sagen
lassen. Ich tat es plötzlich und es kam.
4 Denn ich weiß, dass du hart bist und
dein Nacken eine eiserne Sehne ist und
deine Stirn ehern. 5 Darum habe ich dir's
vorzeiten verkündigt und es dir sagen
lassen, ehe es gekommen ist, damit du
nicht sagen könntest: Mein Götze tat es,
und mein Abgott, der geschnitzt und ge-
gossen wurde, hat's befohlen.
6 Das alles hast du gehört und siehst es
und verkündigst es doch nicht. Von nun
an lasse ich dich Neues hören und Ver-
borgenes, das du nicht wusstest. 7 Jetzt ist
es geschaffen und nicht vorzeiten, und
vorher hast du nicht davon gehört, auf
dass du nicht sagen könntest: Siehe, das
wusste ich schon. 8 Du hörtest es nicht
und wusstest es auch nicht, und dein
Ohr war damals nicht geöffnet. Ich aber
wusste sehr wohl, dass du treulos bist
und man dich nennt »Abtrünnig von
Mutterleib an«.
9 Um meines Namens willen halte ich
lange meinen Zorn zurück, und um mei-
nes Ruhmes willen bezähme ich mich dir
zugut, damit du nicht ausgerottet wirst.
10 Siehe, ich habe dich geläutert, aber
nicht wie Silber, sondern ich habe dich
geprüft im [a]Glutofen des Elends. 11 Um
meinetwillen, ja, um meinetwillen will
ich's tun, dass ich nicht gelästert werde;
denn [a]ich will meine Ehre keinem an-
dern lassen.

Die Stunde der Erlösung Israels ist gekommen

12 Höre mir zu, Jakob, und du, Israel, den
ich berufen habe: Ich bin's, ich bin der
Erste und auch der Letzte. 13 Meine
Hand hat die Erde gegründet, und meine
Rechte hat den Himmel ausgespannt. Ich
rufe und alles steht da.
14 Versammelt euch alle und hört: Wer
ist unter ihnen, der es verkündigt hat?
[a]Er, den der HERR liebt, wird seinen
Willen an Babel beweisen und seinen
Arm an den Chaldäern. 15 Ich, ja, ich
habe es gesagt, ich habe ihn gerufen, ich
habe ihn auch kommen lassen, und sein
Weg soll ihm gelingen. 16 Tretet her zu
mir und hört dies! [a]Ich habe von Anfang
an nicht im Verborgenen geredet; von der
Zeit an, da es geschieht, bin ich auf dem
Plan. – Und nun sendet mich Gott der
HERR und sein Geist.
17 So spricht der HERR, dein Erlöser,
der Heilige Israels: Ich bin der HERR,
dein Gott, der dich lehrt, was dir hilft,
und dich leitet auf dem Wege, den du
gehst. 18 **O [a]dass du auf meine Gebote
gemerkt hättest, so würde dein Friede sein
wie ein Wasserstrom und deine Gerechtig-
keit wie Meereswellen.** 19 Deine Kinder
würden [a]zahlreich sein wie Sand und
deine Nachkommen wie Sandkörner.
Dein Name würde nicht ausgerottet und
nicht vertilgt werden vor mir.
20 [a]Geht heraus aus Babel, flieht von

47,12: *a* Dan 2,2 **48,1:** *a* Kap 51,1 **48,10:** *a* 5. Mose 4,20 **48,11:** *a* Kap 42,8 **48,14:** *a* Kap 41,2 **48,16:** *a* Kap 45,19 **48,18:** *a* 5. Mose 5,29 **48,19:** *a* 1. Mose 22,17 **48,20:** *a* Jer 51,6; Offb 18,4

den Chaldäern! Mit fröhlichem Schall
verkündigt dies und lasst es hören, tragt's
hinaus bis an die Enden der Erde und
sprecht: Der HERR hat seinen Knecht
Jakob erlöst. 21 Sie litten keinen Durst,
als er sie leitete in der Wüste. [a]Er ließ
ihnen Wasser aus dem Felsen fließen, er
spaltete den Fels, dass Wasser heraus-
rann. **22 Aber die Gottlosen, spricht der**
HERR, haben keinen Frieden.[a]

Der Knecht Gottes das Heil Israels und das Licht der Heiden

(vgl. Kap 42,1-4)

49 Hört mir zu, ihr Inseln, und ihr
Völker in der Ferne, merkt auf!
Der HERR hat mich berufen von Mut-
terleibe an; er hat meines Namens ge-
dacht, als ich noch im Schoß der Mutter
war. 2 Er hat [a]meinen Mund wie ein
scharfes Schwert gemacht, [b]mit dem
Schatten seiner Hand hat er mich be-
deckt. Er hat mich zum spitzen Pfeil ge-
macht und mich in seinem Köcher ver-
wahrt. 3 Und er sprach zu mir: Du bist
mein Knecht, Israel, durch den ich mich
verherrlichen will. 4 Ich aber dachte, [a]ich
arbeitete vergeblich und verzehrte meine
Kraft umsonst und unnütz, wiewohl
mein Recht bei dem HERRN und mein
Lohn bei meinem Gott ist.
5 Und nun spricht der HERR, der mich
von Mutterleib an zu seinem Knecht be-
reitet hat, dass ich Jakob zu ihm zurück-
bringen soll und Israel zu ihm gesammelt
werde, – darum bin ich vor dem HERRN
wert geachtet und mein Gott ist meine
Stärke –, **6 er spricht: Es ist zu wenig, dass**
du mein Knecht bist, die Stämme Jakobs
aufzurichten und die Zerstreuten Israels
wiederzubringen, sondern [a]ich habe dich
auch zum Licht der Heiden gemacht, dass
du seist mein Heil bis an die Enden der
Erde.

Die Wiederherstellung Israels

7 So spricht der HERR, der Erlöser Is-
raels, sein Heiliger, zu dem, der verachtet
ist von den Menschen und verabscheut
von den Heiden, zu dem Knecht, der
unter Tyrannen ist: Könige sollen sehen
und aufstehen, und Fürsten sollen nie-
derfallen um des HERRN willen, der treu
ist, um des Heiligen Israels willen, der
dich erwählt hat.
8 So spricht der HERR: [a]Ich habe dich
erhört zur Zeit der Gnade und habe dir
am Tage des Heils geholfen und [b]habe
dich behütet und zum Bund für das Volk
bestellt, dass du das Land aufrichtest
und das verwüstete Erbe zuteilst, 9 zu sa-
gen den Gefangenen: Geht heraus!, und
zu denen in der Finsternis: Kommt her-
vor! Am Wege werden sie weiden und auf
allen kahlen Höhen ihre Weide haben.
10 Sie [a]werden weder hungern noch dürs-
ten, sie wird weder Hitze noch Sonne
stechen; denn ihr Erbarmer wird sie füh-
ren und sie an die Wasserquellen leiten.
11 Ich will alle meine Berge zum ebenen
Wege machen, und meine Pfade sollen
gebahnt sein.[a] 12 Siehe, diese werden von
ferne kommen, und siehe, jene vom Nor-
den und diese vom Meer und jene vom
Lande Sinim.[a]
13 [a]Jauchzet, ihr Himmel; freue dich,
Erde! Lobet, ihr Berge, mit Jauchzen!
Denn der HERR hat sein Volk getröstet
und erbarmt sich seiner Elenden.
14 Zion aber sprach: Der HERR hat
mich verlassen, der Herr hat meiner ver-
gessen. **15 Kann auch eine Frau ihr Kind-**
lein vergessen, [a]dass sie sich nicht er-
barme über den Sohn ihres Leibes? Und
ob sie seiner vergäße, [b]so will ich doch
deiner nicht vergessen. 16 Siehe, in die
Hände habe ich dich gezeichnet; deine
Mauern sind immerdar vor mir. 17 Deine
Erbauer eilen herbei, aber die dich zer-
brochen und zerstört haben, werden sich
davonmachen.
18 [a]Hebe deine Augen auf und sieh
umher: Diese alle sind versammelt und
kommen zu dir. So wahr ich lebe, spricht
der HERR: Du sollst mit diesen allen wie
mit einem Schmuck angetan werden und
wirst sie als Gürtel um dich legen, wie
eine Braut es tut. 19 Denn dein wüstes,
zerstörtes und verheertes Land wird dir
alsdann zu eng werden, um darin zu
wohnen, und deine Verderber werden vor
dir weichen, 20 sodass deine Söhne, du
Kinderlose, noch sagen werden vor dei-

48,21: *a* 2. Mose 17,6 **48,22:** *a* Kap 57,21 **49,2:** *a* Hebr 4,12; Offb 1,16; *b* Kap 51,16 **49,4:** *a* 1. Kor 15,58 **49,6:** *a* Kap 42,6; 60,3; Lk 2,32; Apg 13,47 **49,8:** *a* Ps 69,14; 2. Kor 6,2; *b* Kap 42,6 **49,10:** *a* Offb 7,16 **49,11:** *a* Kap 40,4 **49,12:** *a* Lk 13,29 **49,13:** *a* Kap 44,23 **49,15:** *a* 1. Mose 21,16; 1. Kön 3,26; *b* Jer 31,20 **49,18:** *a* Kap 60,4

nen Ohren: [a]Der Raum ist mir zu eng;
mach mir Platz, dass ich wohnen kann.
21 Du aber wirst sagen in deinem Her-
zen: Wer hat mir diese geboren? Ich war
unfruchtbar, einsam, vertrieben und ver-
stoßen. Wer hat mir diese aufgezogen?
Siehe, ich war allein gelassen – wo waren
denn diese?

22 So spricht Gott der HERR: Siehe, ich
will meine Hand zu den Heiden hin erhe-
ben und für die Völker mein Banner auf-
richten. [a]Dann werden sie deine Söhne
in den Armen herbringen und deine
Töchter auf der Schulter hertragen.
23 Und Könige sollen deine Pfleger und
ihre Fürstinnen deine Ammen sein. [a]Sie
werden vor dir niederfallen zur Erde aufs
Angesicht und deiner Füße Staub lecken.
Da [b]wirst du erfahren, dass ich der
HERR bin, an dem nicht zuschanden wer-
den, die auf mich harren.

24 Kann man auch einem Starken den
Raub wegnehmen? Oder kann man ei-
nem Gewaltigen seine Gefangenen ent-
reißen? 25 So aber spricht der HERR:
[a]Nun sollen die Gefangenen dem Star-
ken weggenommen werden, und der
Raub soll dem Gewaltigen entrissen wer-
den. Ich selbst will deinen Gegnern ent-
gegentreten und deinen Söhnen helfen.
26 Und ich will deine Schinder sättigen
mit ihrem eigenen Fleisch, und sie sollen
von ihrem eigenen Blut wie von süßem
Wein trunken werden. Und alles Fleisch
soll erfahren, dass ich, der HERR, dein
Heiland bin und dein Erlöser, der Mäch-
tige Jakobs.

Die Schuld liegt beim Volk

50 So spricht der HERR: Wo ist der
[a]Scheidebrief eurer Mutter, mit
dem ich sie entlassen hätte? Oder wer ist
mein Gläubiger, dem ich euch verkauft
hätte? Siehe, [b]ihr seid um eurer Sünden
willen verkauft, und eure Mutter ist um
eurer Abtrünnigkeit willen entlassen.
2 Warum kam ich und niemand war da?
Warum rief ich und niemand antwortete?
[a]Ist mein Arm nun so kurz geworden,
dass er nicht mehr erlösen kann? Oder ist
bei mir keine Kraft mehr, zu erretten?
Siehe, mit meinem Schelten [b]mache ich
das Meer trocken und die Wasserströme
zur Wüste, dass ihre Fische vor Mangel
an Wasser stinken und vor Durst sterben.
3 Ich kleide den Himmel mit Dunkel und
hülle ihn in Trauer.

Der Knecht Gottes im Leiden

(vgl. Kap 42,1-4)

4 Gott der HERR hat mir eine Zunge gege-
ben, wie sie Jünger haben, dass ich wisse,
mit den Müden zu rechter Zeit zu reden.
Alle Morgen weckt er mir das Ohr, dass
ich höre, wie Jünger hören. 5 [a]Gott der
HERR hat mir das Ohr geöffnet. Und ich
bin nicht ungehorsam und weiche nicht
zurück. **6 Ich [a]bot meinen Rücken dar de-**
nen, die mich schlugen, und meine Wangen
denen, die mich rauften. [b]Mein Angesicht
verbarg ich nicht vor Schmach und Spei-
chel.

7 Aber Gott der HERR hilft mir, darum
werde ich nicht zuschanden. Darum
[a]hab ich mein Angesicht hart gemacht
wie einen Kieselstein; denn ich weiß, dass
ich nicht zuschanden werde. 8 Er ist nahe,
der mich [a]gerecht spricht; wer will mit
mir rechten? Lasst uns zusammen vor-
treten! Wer will mein Recht anfechten?
Der komme her zu mir! 9 Siehe, Gott der
HERR hilft mir; wer will mich verdam-
men? Siehe, sie alle werden wie Kleider
zerfallen, die die Motten fressen.

10 Wer ist unter euch, der den HERRN
fürchtet, der der Stimme seines Knechts
gehorcht, der im Finstern wandelt und
dem kein Licht scheint? Der hoffe auf
den Namen des HERRN und verlasse sich
auf seinen Gott! 11 Siehe, ihr alle, die ihr
ein Feuer anzündet und Brandpfeile zu-
rüstet, geht hin in die Glut eures Feuers
und in die Brandpfeile, die ihr angezün-
det habt! Das widerfährt euch von mei-
ner Hand; in Schmerzen sollt ihr liegen.

Gottes ewiges Heil für Israel

51 Hört mir zu, [a]die ihr der Gerech-
tigkeit nachjagt, die ihr den
HERRN sucht: Schaut den Fels an, aus
dem ihr gehauen seid, und [b]des Brun-
nens Schacht, aus dem ihr gegraben seid.
2 Schaut Abraham an, euren Vater, und

49,20: *a* Kap 54,1 **49,22:** *a* Kap 60,4 **49,23:** *a* Ps 72,9; *b* Kap 60,16 **49,25:** *a* Mt 12,29 **50,1:** *a* Kap 54,6; 5. Mose 24,1; *b* Kap 52,3 **50,2:** *a* Kap 59,1; 4. Mose 11,23; *b* 2. Mose 14,21 **50,5:** *a* Ps 40,7 **50,6:** *a* Joh 19,1; *b* Mt 26,67-68 **50,7:** *a* Hes 3,8-9 **50,8:** *a* Röm 8,33 **51,1:** *a* Kap 48,1; *b* 5. Mose 33,28

Sara, von der ihr geboren seid. Denn
[a]als einen Einzelnen berief ich ihn, um
ihn zu segnen und zu mehren. 3 Ja, der
HERR tröstet Zion, er tröstet alle ihre
Trümmer und macht ihre Wüste wie
Eden und ihr dürres Land wie den [a]Gar-
ten des HERRN, dass man Wonne und
Freude darin findet, Dank und Lob-
gesang.

4 Merkt auf mich, ihr Völker, und ihr
Menschen, hört mir zu! Denn Weisung
wird von mir ausgehen, und mein Recht
will ich gar bald zum Licht der Völker
machen. 5 Denn meine Gerechtigkeit ist
nahe, mein Heil tritt hervor, und meine
Arme werden die Völker richten. [a]Die
Inseln harren auf mich und warten auf
meinen Arm. 6 Hebt eure Augen auf gen
Himmel und schaut unten auf die Erde!
Denn [a]der Himmel wird wie ein Rauch
vergehen und die Erde wie ein Kleid zer-
fallen, und die darauf wohnen, werden
wie Mücken dahinsterben. Aber mein
Heil bleibt ewiglich, und meine Gerech-
tigkeit wird nicht zerbrechen.

7 Hört mir zu, die ihr die Gerechtigkeit
kennt, du Volk, in dessen Herzen mein
Gesetz ist! [a]Fürchtet euch nicht, wenn
euch die Leute schmähen, und entsetzt
euch nicht, wenn sie euch verhöhnen!
8 Denn die Motten werden sie fressen wie
ein Kleid, und Würmer werden sie fres-
sen wie ein wollenes Tuch. Aber meine
Gerechtigkeit bleibt ewiglich und mein
Heil für und für.

Der HERR greift ein mit Macht und Trost

9 Wach auf, wach auf, zieh Macht an, du
Arm des HERRN! Wach auf, wie vor al-
ters zu Anbeginn der Welt! Warst du es
nicht, der [a]Rahab zerhauen und den
Drachen durchbohrt hat? 10 Warst du es
nicht, der das Meer austrocknete, die
Wasser der großen Tiefe, der den Grund
des Meeres zum Wege machte, dass die
Erlösten hindurchgingen?[a] 11 So werden
die Erlösten des HERRN heimkehren und
nach Zion kommen mit Jauchzen, und
ewige Freude wird auf ihrem Haupte
sein. Wonne und Freude werden sie er-
greifen, aber Trauern und Seufzen wird
von ihnen fliehen.[a]

12 Ich, ich bin euer Tröster! Wer bist du
denn, [a]dass du dich vor Menschen ge-
fürchtet hast, die doch sterben, und vor
Menschenkindern, die [b]wie Gras verge-
hen, 13 und hast des HERRN vergessen,
der dich gemacht hat, der [a]den Himmel
ausgebreitet und die Erde gegründet hat,
und hast dich ständig gefürchtet den
ganzen Tag vor dem Grimm des Bedrän-
gers, als er sich vornahm, dich zu ver-
derben? Wo ist nun der Grimm des Be-
drängers? 14 Der Gefangene wird eilends
losgegeben, dass er nicht sterbe und be-
graben werde und dass er keinen Mangel
an Brot habe. 15 Denn ich bin der HERR,
dein Gott, [a]der das Meer erregt, dass
seine Wellen wüten – sein Name heißt
HERR Zebaoth –; 16 ich habe mein Wort
in deinen Mund gelegt und habe dich
unter dem Schatten meiner Hände ge-
borgen, auf dass ich den Himmel von
Neuem ausbreite und die Erde gründe
und zu Zion spreche: Du bist mein Volk.

Weckruf Gottes an das erniedrigte Jerusalem

17 Werde wach, werde wach, steh auf,
Jerusalem, die du getrunken hast von
der Hand des HERRN den Kelch seines
Grimmes! [a]Den Taumelkelch hast du
ausgetrunken, den Becher geleert. 18 Es
war niemand von allen Söhnen, die sie
geboren hat, der sie leitete, niemand von
allen Söhnen, die sie erzogen hat, der sie
bei der Hand nahm. 19 Dies beides ist dir
begegnet – wer trug Leid um dich? –:
Verwüstung und Schaden, Hunger und
Schwert; – wer hat dich getröstet?
20 Deine Söhne [a]lagen auf allen Gassen
verschmachtet wie ein Hirsch im Netz,
getroffen vom Zorn des HERRN und vom
Schelten deines Gottes.

21 Darum höre dies, du Elende, die du
trunken bist, doch nicht von Wein! 22 So
spricht dein Herrscher, der HERR, und
dein Gott, der die Sache seines Volks
führt: Siehe, ich nehme den Taumelkelch
aus deiner Hand, den Becher meines
Grimmes. Du sollst ihn nicht mehr trin-
ken, 23 sondern ich will ihn deinen Peini-
gern in die Hand geben, die zu dir spra-
chen: Wirf dich nieder, dass wir darüber

51,2: *a* Kap 41,8; 1. Mose 12,1-2 **51,3:** *a* 1. Mose 2,8 **51,5:** *a* Kap 42,4 **51,6:** *a* Ps 102,26-27; Mt 24,35 **51,7:** *a* Mt 5,11 **51,9:** *a* Ps 89,11 **51,10:** *a* 2. Mose 14,21-22 **51,11:** *a* Kap 35,10 **51,12:** *a* Ps 56,5; Mt 10,28; *b* Kap 40,1.6 **51,13:** *a* Kap 44,24 **51,15:** *a* Jer 31,35 **51,17:** *a* Ps 60,5; 75,9; Jer 13,12-13; Offb 16,19 **51,20:** *a* Klgl 2,11.19

hin gehen! Und [a]du machtest deinen
Rücken dem Erdboden gleich und wie
eine Gasse, dass man darüber hin laufe.

Gott ruft sein Volk in die Freiheit

52 Wach auf, wach auf, Zion, zieh an
deine Stärke! Schmücke dich herr-
lich, Jerusalem, du heilige Stadt! Denn es
wird hinfort kein Unbeschnittener oder
Unreiner zu dir hineingehen. 2 Schüttle
den Staub ab, steh auf, Jerusalem, du
Gefangene! Mach dich los von den Fes-
seln deines Halses, du gefangene Tochter
Zion! 3 Denn so spricht der HERR: [a]Ihr
seid umsonst verkauft, ihr sollt auch
ohne Geld ausgelöst werden.

4 So spricht Gott der HERR: [a]Mein
Volk zog einst hinab nach Ägypten, dass
es dort ein Fremdling wäre; [b]auch Assur
hat ihm ohne Grund Gewalt angetan.
5 Aber nun, was habe ich hier zu schaf-
fen?, spricht der HERR. Mein Volk ist
umsonst weggeführt; seine Tyrannen
prahlen, spricht der HERR, und [a]mein
Name wird immer den ganzen Tag geläs-
tert. 6 Darum soll an jenem Tag mein
Volk meinen Namen erkennen, dass ich
es bin, der da spricht: Hier bin ich!

Die frohe Botschaft

**7 Wie [a]lieblich sind auf den Bergen die
Füße der Freudenboten, die da Frieden
verkündigen, Gutes predigen, Heil verkün-
digen, die da sagen zu Zion: Dein Gott ist
König!** 8 Deine [a]Wächter rufen mit lauter
Stimme und rühmen miteinander; denn
alle Augen werden es sehen, wenn der
HERR nach Zion zurückkehrt.

9 Seid fröhlich und rühmt miteinander,
ihr Trümmer Jerusalems; denn der HERR
hat sein Volk getröstet und Jerusalem er-
löst. 10 Der HERR hat offenbart seinen
heiligen Arm vor den Augen aller Völker,
dass aller Welt Enden sehen das Heil
unsres Gottes.

11 Weicht, weicht, zieht aus von dort
und rührt nichts Unreines an! Geht weg
aus ihrer Mitte, reinigt euch, die ihr des
HERRN Geräte tragt! 12 Denn [a]ihr sollt
nicht in Eile ausziehen und in Hast ent-
fliehen; denn [b]der HERR wird vor euch
herziehen und der Gott Israels euren Zug
beschließen.

Das stellvertretende Leiden und die Herrlichkeit des Knechtes Gottes

(vgl. Kap 42,1-4)

13 Siehe, meinem Knecht wird's gelingen,
er wird erhöht und sehr hoch erhaben
sein. 14 Wie sich viele über ihn entsetzten,
weil seine Gestalt hässlicher war als die
anderer Leute und sein Aussehen als das
der Menschenkinder, 15 so wird er viele
Heiden besprengen*, dass auch Könige
werden ihren Mund vor ihm zuhalten.
Denn [a]denen nichts davon verkündet ist,
die werden es nun sehen, und die nichts
davon gehört haben, die werden es mer-
ken.

53 Aber [a]wer glaubt dem, was uns
verkündet wurde, und wem ist der
[b]Arm des HERRN offenbart? 2 Er schoss
auf vor ihm [a]wie ein Reis und wie eine
Wurzel aus dürrem Erdreich. Er hatte
keine Gestalt und Hoheit. Wir sahen ihn,
aber da war keine Gestalt, die uns ge-
fallen hätte. 3 Er war der [a]Allerverach-
tetste und Unwerteste, voller Schmerzen
und Krankheit. Er war so verachtet, dass
man das Angesicht vor ihm verbarg;
darum haben wir ihn für nichts geachtet.

**4 Fürwahr, [a]er trug unsre Krankheit und
lud auf sich unsre Schmerzen. Wir aber
hielten ihn für den, der geplagt und von
Gott geschlagen und gemartert wäre.
5 Aber er ist um unsrer Missetat** willen
verwundet und [a]um unsrer Sünde willen
zerschlagen. [b]Die Strafe liegt auf ihm, auf
dass wir Frieden hätten, und durch seine
Wunden sind wir geheilt.**

6 Wir [a]gingen alle in die Irre wie
Schafe, ein jeder sah auf seinen Weg.
Aber [b]der HERR warf unser aller Sünde
auf ihn. 7 Als er gemartert ward, [a]litt er
doch willig und tat seinen Mund nicht
auf wie ein [b]Lamm, das zur Schlacht-

* Nach der griechischen Übersetzung: in Staunen setzen.

** Abfall, Abtrünnigkeit.

51,23: *a* Ps 129,3 **52,3:** *a* Kap 50,1 **52,4:** *a* 1. Mose 46,5-6; *b* 2. Kön 17,6 **52,5:** *a* Hes 36,20 **52,7:** *a* Kap 41,27; Nah 2,1; Röm 10,15 **52,8:** *a* Kap 62,6; Hes 3,17 **52,12:** *a* 2. Mose 12,11; 5. Mose 16,3; *b* 2. Mose 13,21 **52,15:** *a* Kap 65,1; Röm 15,21 **53,1:** *a* Joh 12,38; Röm 10,16; *b* Kap 52,10 **53,2:** *a* Kap 11,1 **53,3:** *a* Ps 22,7-8; Mk 9,12 **53,4:** *a* Mt 8,17 **53,5:** *a* Röm 4,25; *b* 1. Petr 2,24 **53,6:** *a* 1. Petr 2,25; *b* 2. Kor 5,21 **53,7:** *a* Mk 14,65; *b* Joh 1,29

bank geführt wird; und wie ein Schaf,
das verstummt vor seinem Scherer, tat er
seinen Mund nicht auf.[c]
8 Er ist aus Angst und Gericht hinweg-
genommen. Wer aber kann sein Geschick
ermessen? Denn er ist aus dem Lande der
Lebendigen weggerissen, da er für die
Missetat meines Volks geplagt war. 9 Und
man gab ihm sein Grab bei Gottlosen
und bei Übeltätern*, als er gestorben
war, wiewohl er niemand Unrecht getan
hat und [a]kein Betrug in seinem Munde
gewesen ist. 10 So wollte ihn der HERR
zerschlagen mit Krankheit.

Wenn er [a]sein Leben zum Schuldopfer
gegeben hat, [b]wird er Nachkommen ha-
ben und in die Länge leben, und des
HERRN Plan wird durch seine Hand ge-
lingen. 11 Weil seine Seele sich abgemüht
hat, wird er das Licht schauen und die
Fülle haben. Und [a]durch seine Erkennt-
nis wird er, mein Knecht, der Gerechte,
den Vielen Gerechtigkeit schaffen; denn
[b]er trägt ihre Sünden. 12 Darum will ich
ihm die Vielen zur Beute geben und er
soll die Starken zum Raube haben, dafür
dass er sein Leben in den Tod gegeben
hat und [a]den Übeltätern gleichgerechnet
ist und er die Sünde der Vielen getragen
hat und [b]für die Übeltäter gebeten.

Gott verheißt seinem Volk eine neue Gnadenzeit

54 Rühme, du Unfruchtbare, die du
nicht geboren hast! Freue dich mit
Rühmen und jauchze, die du nicht
schwanger warst! Denn die Einsame hat
mehr Kinder als die den Mann hat,
spricht der HERR.[a] 2 Mache den Raum
deines Zeltes weit und breite aus die De-
cken deiner Wohnstatt; spare nicht!
Spann deine Seile lang und stecke deine
Pflöcke fest! 3 Denn du wirst dich aus-
breiten zur Rechten und zur Linken, und
deine Nachkommen werden Völker be-
erben und verwüstete Städte neu bewoh-
nen.

4 Fürchte dich nicht, denn du sollst
nicht zuschanden werden; schäme dich
nicht, denn du sollst nicht zum Spott
werden, sondern [a]du wirst die Schande
deiner Jugend vergessen und [b]der
Schmach deiner Witwenschaft nicht
mehr gedenken. 5 Denn der dich gemacht
hat, ist dein Mann – HERR Zebaoth heißt
sein Name –, und dein Erlöser ist der
Heilige Israels, der aller Welt Gott ge-
nannt wird. 6 Denn der HERR hat dich zu
sich gerufen [a]wie eine verlassene und von
Herzen betrübte Frau; und die Frau der
Jugendzeit, wie könnte sie verstoßen blei-
ben!, spricht dein Gott. 7 **Ich habe dich
einen kleinen Augenblick verlassen, aber
mit großer Barmherzigkeit will ich dich
sammeln.**[a] 8 **Ich habe mein Angesicht [a]im
Augenblick des Zorns ein wenig vor dir
verborgen, aber mit ewiger Gnade will ich
mich deiner erbarmen, spricht der HERR,
dein Erlöser.**

9 Ich halte es wie zur Zeit Noahs, [a]als
ich schwor, dass die Wasser Noahs nicht
mehr über die Erde gehen sollten. So
habe ich geschworen, dass ich nicht mehr
über dich zürnen und dich nicht mehr
schelten will. 10 Denn **es sollen wohl Berge
weichen und Hügel hinfallen, aber meine
Gnade soll nicht von dir weichen, und [a]der
Bund meines Friedens soll nicht hinfallen,
spricht der HERR, dein Erbarmer.**

11 [a]Du Elende, über die alle Wetter ge-
hen, die keinen Trost fand! Siehe, ich will
deine Mauern auf Edelsteine stellen und
will deinen Grund mit Saphiren legen
12 und deine Zinnen aus Kristallen ma-
chen und deine Tore von Rubinen und
alle deine Grenzen von erlesenen Steinen.
13 Und alle deine Söhne [a]sind Jünger des
HERRN, und großen Frieden haben deine
Söhne.

14 Du sollst auf Gerechtigkeit gegrün-
det sein. Du wirst ferne sein von Be-
drückung, denn du brauchst dich nicht
zu fürchten, und von Schrecken, denn er
soll dir nicht nahen. 15 Siehe, wenn man
kämpft, dann kommt es nicht von mir;
wer gegen dich streitet, wird im Kampf
gegen dich fallen. 16 Siehe, ich habe den
Schmied geschaffen, der die Kohlen im
Feuer anbläst und Waffen macht nach
seinem Handwerk; und [a]ich habe auch

* Der überlieferte hebräische Text hat hier: »bei Reichen«.

53,7: *c* Apg 8,32 **53,9:** *a* 1.Petr 2,22; 1.Joh 3,5 **53,10:** *a* 3.Mose 5,15; Mt 20,28; *b* Ps 22,31 **53,11:** *a* 1.Kor 1,30; *b* Joh 1,29 **53,12:** *a* Mk 15,28; Lk 22,37; *b* Lk 23,33-34 **54,1:** *a* Kap 49,20; Gal 4,27 **54,4:** *a* Ps 25,7; *b* Jer 51,5 **54,6:** *a* Kap 50,1 **54,7:** *a* Ps 30,6 **54,8:** *a* Kap 60,10; Klgl 3,31-32 **54,9:** *a* 1.Mose 9,11-17 **54,10:** *a* Hes 37,26 **54,11:** *a (11-12)* Offb 21,18-21 **54,13:** *a* Joh 6,45 **54,16:** *a* 2.Sam 24,16

den Verderber geschaffen, um zu vernich-
ten. 17 Keiner Waffe, die gegen dich be-
reitet wird, soll es gelingen, und jede
Zunge, die sich gegen dich erhebt, sollst
du im Gericht schuldig sprechen. Das
ist das Erbteil der Knechte des HERRN,
und ihre Gerechtigkeit kommt von mir,
spricht der HERR.

Einladung zum Gnadenbunde Gottes

55 Wohlan, [a]alle, die ihr durstig seid,
kommt her zum Wasser! Und die
ihr kein Geld habt, kommt her, kauft und
esst! Kommt her und kauft ohne Geld
und umsonst Wein und Milch! 2 Warum
zählt ihr Geld dar für das, was kein Brot
ist, und sauren Verdienst für das, was
nicht satt macht? Hört doch auf mich, so
werdet ihr Gutes essen und euch am
Köstlichen laben. 3 Neigt eure Ohren her
und kommt her zu mir! Höret, so werdet
ihr leben! [a]Ich will mit euch einen ewi-
gen Bund schließen, euch die beständi-
gen Gnaden Davids zu geben. 4 Siehe, ich
habe ihn den Völkern zum Zeugen be-
stellt, zum Fürsten für sie und zum Ge-
bieter. 5 Siehe, du wirst Heiden rufen, die
du nicht kennst, und Heiden, die dich
nicht kennen, werden zu dir laufen um
des HERRN willen, deines Gottes, und
des Heiligen Israels, der dich herrlich ge-
macht hat.

Gottes wunderbarer Weg

6 [a]Suchet den HERRN, solange er zu fin-
den ist; ruft ihn an, solange er nahe ist.
7 Der Gottlose [a]lasse von seinem Wege
und der Übeltäter von seinen Gedanken
und bekehre sich zum HERRN, so wird er
sich seiner erbarmen, und zu unserm
Gott, denn [b]bei ihm ist viel Vergebung.
8 Denn **meine Gedanken sind nicht eure**
Gedanken, und [a]eure Wege sind nicht
meine Wege, spricht der HERR, 9 sondern
so viel der Himmel höher ist als die Erde,
so sind auch meine Wege höher als eure
Wege und meine Gedanken als eure Ge-
danken.

10 **Denn gleichwie der Regen und Schnee**
vom Himmel fällt und nicht wieder dahin
zurückkehrt, sondern feuchtet die Erde
und macht sie fruchtbar und lässt wach-
sen, dass sie gibt Samen zu säen und Brot
zu essen, 11 so soll das Wort, das aus mei-
nem Munde geht, auch sein: [a]Es wird
nicht wieder leer zu mir zurückkommen,
sondern wird tun, was mir gefällt, und ihm
wird gelingen, wozu ich es sende.

12 Denn ihr sollt in Freuden ausziehen
und im Frieden geleitet werden. [a]Berge
und Hügel sollen vor euch her froh-
locken mit Jauchzen und alle Bäume auf
dem Felde in die Hände klatschen. 13 Es
sollen Zypressen statt Dornen wachsen
und Myrten statt Nesseln. Und dem
HERRN soll es zum Ruhm geschehen und
zum ewigen Zeichen, das nicht vergehen
wird.[a]

Die Gemeinde Gottes wächst über ihre Grenzen

56 So spricht der HERR: Wahrt das
Recht und übt Gerechtigkeit; denn
mein Heil ist nahe, dass es komme, und
meine Gerechtigkeit, dass sie offenbart
werde. 2 Wohl dem Menschen, der dies
tut, und dem Menschenkind, das daran
festhält, das [a]den Sabbat hält und nicht
entheiligt und seine Hand hütet, nichts
Arges zu tun!

3 Und [a]der Fremde, der sich dem
HERRN zugewandt hat, soll nicht sagen:
Der HERR wird mich getrennt halten von
seinem Volk. Und der [b]Verschnittene
soll nicht sagen: Siehe, ich bin ein dürrer
Baum. 4 Denn so spricht der HERR: Den
Verschnittenen, die meine Sabbate halten
und erwählen, was mir wohlgefällt, und
an meinem Bund festhalten, 5 denen will
ich in meinem Hause und in meinen
Mauern ein Denkmal und einen Namen
geben; das ist besser als Söhne und Töch-
ter. Einen ewigen Namen will ich ihnen
geben, der nicht vergehen soll. 6 Und die
Fremden, die sich dem HERRN zuge-
wandt haben, ihm zu dienen und seinen
Namen zu lieben, damit sie seine
Knechte seien, alle, die den Sabbat hal-
ten, dass sie ihn nicht entheiligen, und
die an meinem Bund festhalten, 7 die will
ich zu meinem heiligen Berge bringen
und will sie erfreuen in meinem Bethaus,
und ihre Brandopfer und Schlachtopfer
sollen mir wohlgefällig sein auf meinem

55,1: *a* Joh 7,37; Offb 22,17 **55,3:** *a* 2.Sam 7,8-16; Jer 31,31-34; Apg 13,34 **55,6:** *a* Jer 29,13-14; Am 5,4 **55,7:** *a* Hes 18,27; 33,11; *b* Ps 130,4 **55,8:** *a* Röm 11,33 **55,11:** *a* Mt 13,8 **55,12:** *a* Kap 44,23 **55,13:** *a* Kap 41,19-20 **56,2:** *a* Kap 58,13; 1.Mose 2,2-3; 2.Mose 16,23; 20,8; Jer 17,21-22 **56,3:** *a* Kap 14,1; *b* 5.Mose 23,2

Altar; denn [a]mein Haus wird ein Bet-
haus heißen für alle Völker. 8Gott der
HERR, der die Versprengten Israels sam-
melt, spricht: Ich will noch mehr zu der
Zahl derer, die versammelt sind, sam-
meln.

Klage über die Hirten des Volkes

9Ihr [a]Tiere alle auf dem Felde, kommt
und fresst, ihr Tiere alle im Walde! 10Alle
ihre [a]Wächter sind blind, sie wissen alle
nichts. Stumme Hunde sind sie, die nicht
bellen können, sie liegen und jappen und
schlafen gerne. 11Aber es sind [a]gierige
Hunde, die nie satt werden können. Das
sind die Hirten, die keinen Verstand ha-
ben; ein jeder sieht auf seinen Weg, alle
sind auf ihren Gewinn aus und sagen:
12Kommt her, ich will Wein holen, wir
wollen uns vollsaufen, und es soll mor-
gen sein wie heute und noch viel herr-
licher!

Das Geschick der Frommen und der Gottlosen

57 Der Gerechte ist umgekommen
und niemand ist da, der es zu Her-
zen nimmt, und [a]fromme Leute sind hin-
gerafft und niemand achtet darauf. Ja,
der Gerechte ist weggerafft durch die
Bosheit 2und [a]geht zum Frieden ein. Es
ruhen auf ihren Lagern, die recht ge-
wandelt sind.

3Ihr aber, tretet herzu, ihr Söhne der
Zauberin, ihr [a]Kinder des Ehebrechers
und der Hure! 4[a]Mit wem wollt ihr
euren Spott treiben? Über wen wollt ihr
das Maul aufsperren und die Zunge her-
ausstrecken? Seid ihr nicht abtrünnige
Kinder, ein verkehrtes Geschlecht, 5die
ihr bei den Götzeneichen in Brunst ge-
ratet, unter allen grünen Bäumen, und
die Kinder opfert in den Tälern unter
den Felsklippen? 6Bei den glatten Steinen
im Tal ist dein Teil, sie sind dein Los.
Ihnen hast du dein Trankopfer ausge-
schüttet, hast du Speisopfer geopfert.
Deshalb kann ich mein Urteil nicht än-
dern. 7Du machtest dein Lager auf ho-
hem, erhabenem Berg und gingst dort
hinauf zu opfern. 8Und hinter die Tür
und den Pfosten setztest du dein Denk-
zeichen. Denn du hast dich von mir ab-
gewandt und aufgedeckt dein Lager, es
bestiegen und weit gemacht. Du hast
dich mit ihnen verbunden, liebtest ihr
Lager und buhltest mit ihnen. 9Du bist
mit Öl zum König gezogen und mit viel
köstlicher Salbe und hast deine Boten in
die Ferne gesandt und tief hinab bis zum
Totenreich. 10Du hast dich abgemüht mit
der Menge deiner Wege und sprachst
nicht: Das lasse ich; sondern du fandest
ja noch Leben in deinen Gliedern, so
wurdest du dessen nicht müde.[a]

11Wen hast du gescheut und gefürch-
tet, dass du treulos wurdest und nicht an
mich dachtest und es nicht zu Herzen
nahmst? Ist es nicht so: [a]Weil ich
schwieg und mich verbarg, hast du mich
nicht gefürchtet? 12Ich will aber deine
Gerechtigkeit kundtun und deine Werke,
dass sie dir nichts nütze sind. 13Wenn du
rufen wirst, so sollen dir deine vielen
Götzen helfen. Aber der Wind wird sie
alle wegführen, und ein Hauch wird sie
wegnehmen. Doch [a]wer auf mich traut,
wird das Land erben und meinen heiligen
Berg besitzen.

Gott will seinem Volke Heil geben

14Und er spricht: Machet Bahn, machet
Bahn! [a]Bereitet den Weg, räumt die
Anstöße aus dem Weg meines Volks!
15Denn **so spricht [a]der Hohe und Erha-
bene, der ewig wohnt, dessen Name heilig
ist: Ich wohne in der Höhe und im Heilig-
tum und [b]bei denen, die zerschlagenen und
demütigen Geistes sind, auf dass ich er-
quicke den Geist der Gedemütigten und
das Herz der Zerschlagenen.** 16Denn [a]ich
will nicht immerdar hadern und nicht
ewiglich zürnen; sonst würde ihr Geist
vor mir verschmachten und der Lebens-
odem, den ich geschaffen habe.

17Ich war zornig über die Sünde ihrer
Habgier und schlug sie, verbarg mich
und zürnte. Aber sie gingen treulos die
Wege ihres Herzens. 18Ihre Wege habe
ich gesehen, aber ich [a]will sie heilen und
sie leiten und ihnen wieder Trost geben;
und denen, die da Leid tragen, 19will ich

56,7: *a* Mk 11,17 **56,9:** *a* Jer 12,9 **56,10:** *a* Hes 3,17; 33,6-9 **56,11:** *a* Jer 6,13 **57,1:** *a* Mi 7,2 **57,2:** *a* 2. Kön 22,20; Dan 12,13 **57,3:** *a* Hos 2,4 **57,4:** *a (4-6)* 2. Kön 16,3-4; Jer 2,20.23-24 **57,10:** *a* Jer 2,25 **57,11:** *a* Ps 50,21 **57,13:** *a* Ps 37,9-11 **57,14:** *a* Kap 40,3; 62,10 **57,15:** *a* Ps 113,5-9; *b* Kap 66,1-2; Ps 51,19 **57,16:** *a* Ps 103,9 **57,18:** *a* 2. Mose 15,26

Frucht der Lippen schaffen. [a]Friede,
Friede denen in der Ferne und denen in
der Nähe, spricht der HERR; [b]ich will sie
heilen.
20 Aber die Gottlosen sind [a]wie das
ungestüme Meer, das nicht still sein kann
und dessen Wellen Schlamm und Unrat
auswerfen. 21 Die Gottlosen haben keinen
Frieden, spricht mein Gott.[a]

Falsches und echtes Fasten

58 Rufe getrost, halte nicht an dich!
Erhebe deine Stimme wie eine Po-
saune und [a]verkündige meinem Volk
seine Abtrünnigkeit und dem Hause Ja-
kob seine Sünden! 2 Sie suchen mich täg-
lich und begehren meine Wege zu wissen,
als wären sie ein Volk, das die Gerechtig-
keit schon getan und das Recht seines
Gottes nicht verlassen hätte. Sie fordern
von mir Recht, sie begehren, dass Gott
sich nahe.[a] 3 »Warum [a]fasten wir und du
siehst es nicht an? Warum kasteien wir
unseren Leib und du willst's nicht wis-
sen?«
Siehe, an dem Tag, da ihr fastet, geht
ihr doch euren Geschäften nach und be-
drückt alle eure Arbeiter. 4 Siehe, wenn
ihr fastet, hadert und zankt ihr und
schlagt mit gottloser Faust drein. Ihr
sollt nicht so fasten, wie ihr jetzt tut,
wenn eure Stimme in der Höhe gehört
werden soll. 5 Soll das ein [a]Fasten sein,
an dem ich Gefallen habe, ein Tag, an
dem man sich kasteit, wenn ein Mensch
seinen Kopf hängen lässt wie Schilf und
in Sack und Asche sich bettet? Wollt ihr
das ein Fasten nennen und einen Tag, an
dem der HERR Wohlgefallen hat?
6 Das aber ist ein Fasten, an dem ich
Gefallen habe: Lass los, die du mit Un-
recht gebunden hast, lass ledig, auf die
du das Joch gelegt hast! Gib frei, die du
bedrückst, reiß jedes Joch weg! 7 **Brich
dem Hungrigen dein Brot, und die im
Elend ohne Obdach sind, führe ins Haus!
Wenn du einen nackt siehst, so kleide ihn,
und entzieh dich nicht deinem Fleisch und
Blut!**[a] 8 Dann wird dein Licht hervor-
brechen wie die Morgenröte, und deine
Heilung wird schnell voranschreiten, und
[a]deine Gerechtigkeit wird vor dir her-
gehen, und [b]die Herrlichkeit des HERRN
wird deinen Zug beschließen. 9 Dann
wirst du rufen und der HERR wird dir
antworten. Wenn du schreist, wird er sa-
gen: Siehe, hier bin ich.[a]
Wenn du in deiner Mitte niemand un-
terjochst und nicht mit Fingern zeigst
und nicht übel redest, 10 sondern den
Hungrigen dein Herz finden lässt und
den Elenden sättigst, dann wird dein
Licht in der Finsternis aufgehen, und
dein Dunkel wird sein wie der Mittag.
11 Und der HERR wird dich immerdar
führen und dich sättigen in der Dürre
und dein Gebein stärken. Und du wirst
sein [a]wie ein bewässerter Garten und wie
eine Wasserquelle, der es nie an Wasser
fehlt. 12 Und es soll durch dich wieder
aufgebaut werden, was lange wüst ge-
legen hat, und du wirst wieder aufrich-
ten, was vorzeiten gegründet ward; [a]und
du sollst heißen: »Der die Lücken zu-
mauert und die Wege ausbessert, dass
man da wohnen könne«.

Segen der Sabbatheiligung

13 Wenn du deinen Fuß am [a]Sabbat zu-
rückhältst und nicht deinen Geschäften
nachgehst an meinem heiligen Tage und
den Sabbat »Lust« nennst und den hei-
ligen Tag des HERRN »Geehrt«; wenn du
ihn dadurch ehrst, dass du nicht deine
Gänge machst und nicht deine Geschäfte
treibst und kein leeres Geschwätz redest,
14 dann wirst du deine Lust haben am
HERRN, und ich will dich über die Höhen
auf Erden gehen lassen und will dich
speisen mit dem Erbe deines Vaters Ja-
kob; denn des HERRN Mund hat's ge-
redet.

Gott überwindet die Sünde seines Volkes

59 Siehe, [a]des HERRN Arm ist nicht
zu kurz, dass er nicht helfen könn-
te, und seine Ohren sind nicht hart ge-
worden, sodass er nicht hören könnte,
2 sondern eure Verschuldungen scheiden
euch von eurem Gott, und eure Sünden
verbergen sein Angesicht vor euch, dass
ihr nicht gehört werdet.

57,19: *a* 4. Mose 6,26; Lk 2,14; Eph 2,17; *b* 2. Mose 15,26; Jer 17,14 **57,20:** *a* Jud 13 **57,21:** *a* Kap 48,22; Spr 28,1 **58,1:** *a* Mi 3,8 **58,2:** *a* Kap 29,13-14 **58,3:** *a* Jer 14,12 **58,5:** *a* Sach 7,5-6; Mt 6,16-18 **58,7:** *a* 5. Mose 15,11; Hes 18,7; Mt 25,35-36 **58,8:** *a* Ps 37,6; *b* Kap 52,12 **58,9:** *a* Kap 30,19 **58,11:** *a* Jer 31,12 **58,12:** *a* Kap 61,4 **58,13:** *a* Kap 56,2.4 **59,1:** *a* Kap 50,2

3 Denn [a]eure Hände sind mit Blut be-
fleckt und eure Finger mit Verschuldung;
eure Lippen reden Falsches, eure Zunge
spricht Bosheit. 4 Es ist niemand, der eine
gerechte Sache vorbringt, und niemand,
der redlich richtet. Man vertraut auf
Nichtiges und redet Trug; [a]mit Unheil
sind sie schwanger und gebären Verder-
ben. 5 Sie brüten Natterneier und weben
Spinnweben. Isst man von ihren Eiern,
so muss man sterben, zertritt man sie
aber, so fährt eine Schlange heraus. 6 Ihre
Gewebe taugen nicht zu Kleidern, und
ihr Gespinst taugt nicht zur Decke. Ihre
Werke sind Unheilswerke, an ihren Hän-
den ist Frevel. 7 [a]Ihre Füße laufen zum
Bösen, und sie sind schnell dabei, [b]un-
schuldig Blut zu vergießen. Ihre Gedan-
ken sind Unheilsgedanken, auf ihren We-
gen wohnt Verderben und Schaden. 8 Sie
kennen den Weg des Friedens nicht, und
Unrecht ist auf ihren Pfaden. Sie gehen
auf krummen Wegen; wer auf ihnen geht,
der hat keinen Frieden.

9 Darum ist das Recht ferne von uns,
und die Gerechtigkeit kommt nicht zu
uns. Wir harren auf Licht, siehe, so ist's
finster, auf Helligkeit, siehe, so wandeln
wir im Dunkeln. 10 Wir tasten an der
Wand entlang wie die Blinden und tap-
pen wie die, die keine Augen haben. [a]Wir
stoßen uns am Mittag wie in der Däm-
merung, wir sind im Düstern wie die To-
ten. 11 Wir brummen alle wie die Bären
und gurren wie die Tauben; denn wir
harren auf Recht, so ist's nicht da, auf
Heil, so ist's ferne von uns. 12 Denn wir
sind zu oft von dir abgefallen, und unsre
Sünden zeugen gegen uns. [a]Unsre Ab-
trünnigkeit steht uns vor Augen, und wir
kennen unsre Sünden: 13 abtrünnig sein
und den HERRN verleugnen und abfal-
len von unserm Gott, Frevel reden und
Ungehorsam, Lügenworte ausbrüten
und bedenkenlos daherreden. 14 Und das
Recht ist zurückgewichen, und die Ge-
rechtigkeit hat sich entfernt; denn die
Wahrheit ist auf der Gasse zu Fall ge-
kommen, und die Aufrichtigkeit findet
keinen Eingang. 15 Und die Wahrheit ist
dahin, und wer vom Bösen weicht, muss
sich ausplündern lassen.
Das alles sieht der HERR und es miss-
fällt ihm sehr, dass kein Recht ist. 16 Und
[a]er sieht, dass niemand auf dem Plan ist,
und verwundert sich, dass niemand ins
Mittel tritt. Da hilft er sich selbst mit
seinem Arm, und seine Gerechtigkeit
steht ihm bei. 17 Er zieht Gerechtigkeit an
wie einen Panzer und setzt den Helm des
Heils auf sein Haupt und zieht an das
Gewand der Rache und kleidet sich mit
Eifer wie mit einem Mantel. 18 Nach den
Taten wird er vergelten, mit Grimm sei-
nen Widersachern, mit Vergeltung seinen
Feinden; ja, den Inseln will er heimzah-
len, 19 dass der Name des HERRN ge-
fürchtet werde bei denen vom Nieder-
gang der Sonne und seine Herrlichkeit
bei denen von ihrem Aufgang, wenn er
kommen wird wie ein reißender Strom,
den der Odem des HERRN treibt. 20 Aber
[a]**für Zion wird er als Erlöser kommen und**
für die in Jakob, die sich von der Sünde
abwenden, spricht der HERR.

21 Und dies ist mein Bund mit ihnen,
spricht der HERR: Mein Geist, der auf
dir ruht, und [a]meine Worte, die ich in
deinen Mund gelegt habe, sollen von dei-
nem Mund nicht weichen noch von dem
Mund deiner Kinder und Kindeskinder,
spricht der HERR, von nun an bis in
Ewigkeit.

Zions zukünftige Herrlichkeit

60 **Mache dich auf, werde licht; denn**
dein Licht kommt, und die Herr-
lichkeit des HERRN geht auf über dir!
2 **Denn siehe, Finsternis bedeckt das Erd-**
reich und Dunkel die Völker; aber über dir
geht auf der HERR, und seine Herrlichkeit
erscheint über dir. 3 Und [a]die Heiden
werden zu deinem Lichte ziehen und
[b]die Könige zum Glanz, der über dir
aufgeht.

4 [a]Hebe deine Augen auf und sieh um-
her: Diese alle sind versammelt und kom-
men zu dir. [b]Deine Söhne werden von
ferne kommen und deine Töchter auf
dem Arme hergetragen werden. 5 Dann
wirst du deine Lust sehen und vor
Freude strahlen, und dein Herz wird er-
beben und weit werden, wenn sich die
Schätze der Völker am Meer zu dir keh-

59,3: *a* Kap 1,15 **59,4:** *a* Ps 7,15 **59,7:** *a (7-8)* Röm 3,15-17; *b* Spr 1,16; Jer 2,34 **59,10:** *a* 5. Mose 28,29 **59,12:** *a* Jer 14,7 **59,16:** *a* Hes 13,4-5 **59,20:** *a* Röm 11,26 **59,21:** *a* Jer 1,9 **60,3:** *a* Kap 2,2-3; *b* Offb 21,24 **60,4:** *a* Kap 49,18; *b* Kap 49,22; 66,12

ren und der Reichtum der Völker zu dir
kommt. 6 Denn die Menge der Kamele
wird dich bedecken, die jungen Kamele
aus Midian und Efa. Sie werden aus
[a]Saba alle kommen, [b]Gold und Weih-
rauch bringen und des HERRN Lob ver-
kündigen. 7 Alle Herden von Kedar sol-
len zu dir gebracht werden, und die
Widder Nebajots sollen dir dienen. Sie
sollen als ein wohlgefälliges Opfer auf
meinen Altar kommen; denn ich will das
Haus meiner Herrlichkeit zieren.

8 Wer sind die, die da fliegen wie die
Wolken und wie die Tauben zu ihren
Schlägen? 9 Die [a]Inseln harren auf mich
und die Tarsisschiffe vor allem, dass sie
deine Söhne von ferne herbringen samt
ihrem Silber und Gold für den Namen
des HERRN, deines Gottes, und [b]für den
Heiligen Israels, der dich herrlich ge-
macht hat. 10 Fremde werden deine Mau-
ern bauen, und ihre Könige werden dir
dienen. Denn [a]in meinem Zorn habe ich
dich geschlagen, aber in meiner Gnade
erbarme ich mich über dich. 11 Deine
Tore sollen stets offen stehen und weder
Tag noch Nacht zugeschlossen werden,
dass der Reichtum der Völker zu dir ge-
bracht und ihre Könige herzugeführt
werden.[a] 12 Denn welche Völker oder
Königreiche dir nicht dienen wollen, die
sollen umkommen und die Völker ver-
wüstet werden. 13 Die Herrlichkeit des Li-
banon soll zu dir kommen, Zypressen,
Buchsbaum und Kiefern miteinander, zu
schmücken den Ort meines Heiligtums;
denn ich will die Stätte meiner Füße
herrlich machen. 14 Es werden gebückt zu
dir kommen, die dich unterdrückt haben,
und [a]alle, die dich gelästert haben, wer-
den niederfallen zu deinen Füßen und
dich nennen »Stadt des HERRN«, »Zion
des Heiligen Israels«.

15 Denn dafür, dass du [a]die Verlassene
und Ungeliebte gewesen bist, zu der nie-
mand hinging, will ich dich zur Pracht
ewiglich machen und zur Freude für und
für. 16 Du sollst Milch von den Völkern
saugen, und der Könige Brust soll dich
säugen, [a]auf dass du erfahrest, dass ich,
der HERR, dein Heiland bin und ich, der
Mächtige Jakobs, dein Erlöser. 17 Ich will
Gold anstatt des Erzes und Silber anstatt
des Eisens bringen und Erz anstatt des
Holzes und Eisen anstatt der Steine. Und
ich will zu deiner Obrigkeit den Frieden
machen und zu deinen Vögten die Ge-
rechtigkeit. 18 Man soll nicht mehr von
Frevel hören in deinem Lande noch von
Schaden oder Verderben in deinen Gren-
zen, sondern deine Mauern sollen »Heil«
und deine Tore »Lob« heißen.

19 [a]Die Sonne soll nicht mehr dein
Licht sein am Tage, und der Glanz des
Mondes soll dir nicht mehr leuchten,
sondern [b]der HERR wird dein ewiges
Licht und dein Gott wird dein Glanz
sein. 20 Deine Sonne wird nicht mehr
untergehen und dein Mond nicht den
Schein verlieren; denn [a]der HERR wird
dein ewiges Licht sein, und die Tage dei-
nes Leidens sollen ein Ende haben.
21 Und dein Volk sollen lauter Gerechte
sein. Sie werden das Land ewiglich be-
sitzen als der Spross meiner Pflanzung
und als ein Werk meiner Hände mir zum
Preise. 22 Aus dem Kleinsten sollen tau-
send werden und aus dem Geringsten ein
mächtiges Volk. Ich, der HERR, will es zu
seiner Zeit eilends ausrichten.

Die frohe Botschaft von der kommenden Herrlichkeit

61 Der [a]Geist Gottes des HERRN ist
auf mir, weil der HERR mich gesalbt
hat. [b]Er hat mich gesandt, den Elenden
gute Botschaft zu bringen, die zerbroche-
nen Herzen zu verbinden, zu verkündigen
den Gefangenen die Freiheit, den Gebun-
denen, dass sie frei und ledig sein sollen;
2 zu verkündigen [a]ein gnädiges Jahr des
HERRN und [b]einen Tag der Vergeltung
unsres Gottes, zu trösten alle Trauernden,
3 zu schaffen den Trauernden zu Zion,
dass ihnen Schmuck statt Asche, Freu-
denöl statt Trauerkleid, Lobgesang statt
eines betrübten Geistes gegeben werden,
dass sie genannt werden »Bäume der Ge-
rechtigkeit«, »Pflanzung des HERRN«,
ihm zum Preise.

4 Sie werden die alten Trümmer wieder
aufbauen und, was vorzeiten zerstört
worden ist, wieder aufrichten; sie werden
die verwüsteten Städte erneuern, die von

60,6: *a* Ps 72,10; *b* Mt 2,1-11 **60,9:** *a* Kap 42,4; *b* Kap 55,5 **60,10:** *a* Kap 54,8 **60,11:** *a* Offb 21,25-26 **60,14:** *a* Kap 14,2 **60,15:** *a* Kap 49,14 **60,16:** *a* Kap 49,23 **60,19:** *a* Kap 24,23; Offb 21,23; *b* Offb 22,5 **60,20:** *a* Joh 8,12; Jak 1,17 **61,1:** *a* Kap 11,2; *b* Mt 11,5; Lk 4,18-19 **61,2:** *a* 3.Mose 25,10.13; *b* Kap 63,4

Geschlecht zu Geschlecht zerstört gele-
gen haben.[a] 5 [a]Fremde werden hintreten
und eure Herden weiden, und Ausländer
werden eure Ackerleute und Weingärtner
sein. 6 Ihr aber sollt [a]Priester des HERRN
heißen, und man wird euch Diener uns-
res Gottes nennen. Ihr werdet der Völker
Güter essen und euch ihrer Herrlichkeit
rühmen. 7 Dafür, dass mein Volk dop-
pelte Schmach trug und Schande ihr Teil
war, sollen sie doppelten Anteil besitzen
in ihrem Lande und ewige Freude haben.

8 Denn ich bin der HERR, der das
Recht liebt und Raub und Unrecht hasst;
ich will ihnen den Lohn in Treue geben
und einen [a]ewigen Bund mit ihnen
schließen. 9 Und man soll ihr Geschlecht
kennen unter den Heiden und ihre Nach-
kommen unter den Völkern, dass, wer sie
sehen wird, erkennen soll, dass sie ein
Geschlecht sind, gesegnet vom HERRN.

10 **Ich freue mich im HERRN, und meine
Seele ist fröhlich in meinem Gott; denn er
hat mir die [a]Kleider des Heils angezogen
und mich mit dem Mantel der Gerechtig-
keit gekleidet,** wie einen Bräutigam mit
priesterlichem Kopfschmuck geziert und
wie eine Braut, die in ihrem Geschmeide
prangt. 11 Denn gleichwie Gewächs aus
der Erde wächst und Same im Garten
aufgeht, so lässt Gott der HERR Gerech-
tigkeit aufgehen und Ruhm vor allen
Heidenvölkern.

Die zukünftige Herrlichkeit Zions

62 Um Zions willen will ich nicht
schweigen, und um Jerusalems
willen will ich nicht innehalten, bis seine
Gerechtigkeit aufgehe wie ein Glanz und
sein Heil brenne wie eine Fackel, 2 dass
die Heiden sehen deine Gerechtigkeit
und alle Könige deine Herrlichkeit. Und
du sollst mit einem [a]neuen Namen ge-
nannt werden, welchen des HERRN
Mund nennen wird. 3 Und du wirst sein
eine schöne [a]Krone in der Hand des
HERRN und ein königlicher Reif in der
Hand deines Gottes. 4 Man soll dich
nicht mehr nennen [a]»Verlassene« und
dein Land nicht mehr »Einsame«, son-
dern du sollst heißen »Meine Lust« und
dein Land »Liebe Frau«; denn der HERR
hat Lust an dir, und [b]dein Land hat
einen lieben Mann. 5 Denn wie ein junger
Mann eine Jungfrau freit, so wird dich
dein Erbauer freien, und wie sich ein
Bräutigam freut über die Braut, so wird
sich dein Gott über dich freuen.

6 O Jerusalem, ich habe [a]Wächter über
deine Mauern bestellt, die den ganzen
Tag und die ganze Nacht nicht mehr
schweigen sollen. Die ihr den HERRN er-
innern sollt, ohne euch Ruhe zu gönnen,
7 lasst ihm keine Ruhe, bis er Jerusalem
wieder aufrichte und es setze zum Lob-
preis auf Erden!

8 Der HERR hat geschworen bei seiner
Rechten und bei seinem starken Arm:
[a]Ich will dein Getreide nicht mehr dei-
nen Feinden zu essen geben noch deinen
Wein, mit dem du so viel Arbeit hattest,
die Fremden trinken lassen, 9 sondern die
es einsammeln, sollen's auch essen und
den HERRN rühmen, und die ihn ein-
bringen, sollen ihn trinken in den Vor-
höfen meines Heiligtums.

10 Gehet ein, gehet ein durch die Tore!
Bereitet dem Volk den Weg! [a]Machet
Bahn, machet Bahn, räumt die Steine
hinweg! Richtet ein Zeichen auf für die
Völker! 11 Siehe, der HERR lässt es hören
bis an die Enden der Erde: Sagt der
[a]Tochter Zion: Siehe, dein Heil kommt!
[b]Siehe, was er gewann, ist bei ihm, und
was er sich erwarb, geht vor ihm her!
12 Man wird sie nennen »Heiliges Volk«,
[a]»Erlöste des HERRN«, und dich wird
man nennen »Gesuchte« und »Nicht
mehr verlassene Stadt«.

Gottes Gericht über Edom

63 Wer ist der, der von Edom kommt,
mit rötlichen Kleidern von [a]Boz-
ra, der so geschmückt ist in seinen Klei-
dern und einherschreitet in seiner großen
Kraft? »Ich bin's, der in Gerechtigkeit
redet, und bin mächtig zu helfen.«
2 Warum ist denn dein Gewand so rotfar-
ben und dein Kleid wie das eines Kelter-
treters?[a] 3 »Ich [a]trat die Kelter allein,
und niemand unter den Völkern war mit
mir. Ich habe sie gekeltert in meinem

61,4: *a* Kap 58,12 **61,5:** *a* Kap 60,10 **61,6:** *a* 2.Mose 19,6; 1.Petr 2,5.9 **61,8:** *a* Kap 54,10; 55,3 **61,10:** *a* Mt 22,11-12 **62,2:** *a* Kap 65,15; Offb 2,17 **62,3:** *a* 2.Tim 4,8 **62,4:** *a* Kap 54,6; 60,15; *b* Hos 2,21 **62,6:** *a* Kap 52,8 **62,8:** *a* Kap 65,21-22 **62,10:** *a* Kap 57,14 **62,11:** *a* Sach 9,9; *b* Kap 40,9-10 **62,12:** *a* Kap 35,10 **63,1:** *a* Kap 34,6 **63,2:** *a* Offb 19,13 **63,3:** *a* Joel 4,13; Offb 14,20

Zorn und zertreten in meinem Grimm.
Da ist ihr Blut auf meine Kleider ge-
spritzt, und ich habe mein ganzes Ge-
wand besudelt. 4 Denn ich hatte einen
[a]Tag der Vergeltung mir vorgenommen;
das Jahr, die Meinen zu erlösen, war ge-
kommen. 5 Und ich sah mich um, aber da
war kein Helfer, und ich verwunderte
mich, dass niemand mir beistand. Da
musste mein Arm mir helfen, und mein
Zorn stand mir bei. 6 Und ich habe die
Völker zertreten in meinem Zorn und
[a]habe sie trunken gemacht in meinem
Grimm und ihr Blut auf die Erde ge-
schüttet.«

Buß- und Bittgebet des Gottesvolkes

7 Ich will der Gnade des HERRN geden-
ken und der Ruhmestaten des HERRN in
allem, was uns der HERR getan hat, und
der großen Güte an dem Hause Israel,
die er ihnen erwiesen hat nach seiner
Barmherzigkeit und großen Gnade.
8 Denn er sprach: Sie sind ja mein Volk,
[a]Söhne, die nicht falsch sind. Darum
ward er ihr Heiland 9 in aller ihrer Not.
Nicht ein Engel und nicht ein Bote, son-
dern [a]sein Angesicht half ihnen. Er er-
löste sie, weil er sie liebte und Erbarmen
mit ihnen hatte. Er nahm sie auf und trug
sie allezeit von alters her. 10 Aber sie wa-
ren widerspenstig und betrübten seinen
Heiligen Geist; darum ward er ihr Feind
und stritt wider sie.

11 Da gedachte sein Volk wieder an die
vorigen Zeiten, an Mose: Wo ist denn
nun, der [a]aus dem Wasser zog den Hir-
ten seiner Herde? Wo ist, der [b]seinen
Heiligen Geist in ihn gab? 12 Der seinen
herrlichen Arm zur Rechten des Mose
gehen ließ? Der [a]die Wasser spaltete vor
ihnen her, auf dass er sich einen ewigen
Namen machte? 13 Der sie führte durch
die Fluten wie Rosse, die in der Wüste
nicht straucheln; 14 wie Vieh, das ins Tal
hinabsteigt, so brachte der Geist des
HERRN uns zur Ruhe. So hast du dein
Volk geführt, auf dass du dir einen herr-
lichen Namen machtest.

15 So schau nun vom Himmel und
[a]sieh herab von deiner heiligen, herrli-
chen Wohnung! Wo ist nun dein Eifer
und deine Macht? Deine große, herzliche
Barmherzigkeit hält sich hart gegen
mich. 16 **Bist du doch unser Vater; denn
Abraham weiß von uns nichts, und Israel
kennt uns nicht. [a]Du, HERR, bist unser
Vater; »Unser Erlöser«, das ist von alters
her dein Name.** 17 Warum [a]lässt du uns,
HERR, abirren von deinen Wegen und
unser Herz verstocken, dass wir dich
nicht fürchten? Kehr zurück um deiner
Knechte willen, um der Stämme willen,
die dein Erbe sind! 18 Kurze Zeit haben
sie dein heiliges Volk vertrieben, [a]unsre
Widersacher haben dein Heiligtum zer-
treten. 19 Wir sind geworden wie solche,
über die du niemals herrschtest, wie
Leute, über die dein Name nie genannt
wurde.

*Ach dass du den Himmel zerrissest
und führest herab, dass die Berge vor dir
64 zerflössen, 1 wie Feuer Reisig ent-
zündet und wie Feuer Wasser sie-
den macht, dass dein Name kundwürde
unter deinen Feinden und die Völker vor
dir zittern müssten, 2 wenn du Furcht-
bares tust, das wir nicht erwarten – und
führest herab, dass die Berge vor dir zer-
flössen! – 3 und das man von alters her
nicht vernommen hat. Kein Ohr hat ge-
hört, kein Auge hat gesehen einen Gott
außer dir, der so wohltut denen, die auf
ihn harren.[a] 4 Du begegnetest denen, die
Gerechtigkeit übten und auf deinen We-
gen deiner gedachten. Siehe, [a]du zürn-
test, als wir von alters her gegen dich
sündigten und abtrünnig wurden. 5 Aber
nun sind wir alle wie die Unreinen, und
alle unsre Gerechtigkeit ist wie ein be-
flecktes Kleid. Wir sind alle verwelkt wie
die Blätter, und unsre Sünden tragen uns
davon wie der Wind. 6 Niemand ruft dei-
nen Namen an oder macht sich auf, dass
er sich an dich halte; denn du hast dein
Angesicht vor uns verborgen und lässt
uns vergehen unter der Gewalt unsrer
Schuld.

7 Aber nun, HERR, [a]du bist doch unser
Vater! [b]Wir sind Ton, du bist unser Töp-

* Abweichende Verszählung statt 63,19b–64,11: 64,1-12.

63,4: *a* Kap 13,9; 34,8; 61,2 **63,6:** *a* Kap 51,17 **63,8:** *a* 5.Mose 32,5.20 **63,9:** *a* 2.Mose 33,14-15 **63,11:** *a* 2.Mose 2,5; *b* 4.Mose 11,17 **63,12:** *a* 2.Mose 14,29 **63,15:** *a* 5.Mose 26,15 **63,16:** *a* 5.Mose 32,6 **63,17:** *a* Kap 57,17 **63,18:** *a* Ps 79,1 **64,3:** *a* 1.Kor 2,9 **64,4:** *a* 2.Mose 32,8-10 **64,7:** *a* Kap 63,16; *b* Kap 45,9; Klgl 4,2; Röm 9,21

fer, und wir alle sind deiner Hände Werk.
8 HERR, zürne nicht so sehr und gedenke
nicht ewig der Sünde! Sieh doch an, dass
wir alle dein Volk sind! 9 Deine heiligen
Städte sind zur Wüste geworden, Zion ist
zur Wüste geworden, Jerusalem liegt zer-
stört. 10 [a]Das Haus unsrer Heiligkeit und
Herrlichkeit, in dem dich unsre Väter ge-
lobt haben, ist mit Feuer verbrannt, und
alles, was wir Schönes hatten, ist zu-
schanden gemacht. 11 HERR, willst du bei
alledem noch zögern und schweigen und
uns so sehr niederschlagen?

Verstoßung der Abtrünnigen, gnädige Annahme der Getreuen

65 Ich ließ mich suchen von denen,
die nicht nach mir fragten, [a]ich
ließ mich finden von denen, die mich
nicht suchten. Zu einem Volk, das mei-
nen Namen nicht anrief, sagte ich: Hier
bin ich, hier bin ich! 2 Ich streckte meine
Hände aus den ganzen Tag nach einem
ungehorsamen Volk, das nach seinen
eigenen Gedanken wandelt auf einem
Wege, der nicht gut ist;[a] 3 nach einem
Volk, das mich beständig ins Angesicht
kränkt: Sie opfern in den Gärten und
räuchern auf Ziegelsteinen, 4 sie sitzen in
Gräbern und bleiben über Nacht in Höh-
len, essen [a]Schweinefleisch und haben
Gräuelsuppen in ihren Töpfen 5 und spre-
chen: Bleib weg und rühr mich nicht an,
denn ich bin für dich heilig. Die sollen
ein Rauch werden in meiner Nase, ein
Feuer, das den ganzen Tag brennt.
6 Siehe, es steht vor mir geschrieben: Ich
will nicht schweigen, sondern heimzah-
len; ja, ich will es ihnen heimzahlen, 7 bei-
des, ihre Missetaten und ihrer Väter Mis-
setaten miteinander, spricht der HERR,
die auf den Bergen geräuchert und mich
auf den Hügeln geschändet haben. Ja, ich
will ihnen heimzahlen ihr früheres Tun.

8 So spricht der HERR: Wie wenn man
noch Saft in der Traube findet und
spricht: Verdirb es nicht, denn es ist ein
Segen darin!, so will ich um meiner
Knechte willen tun, [a]dass ich nicht alles
verderbe. 9 Ich will aus Jakob Nachkom-
men wachsen lassen und aus Juda Erben,
die meine Berge besitzen; meine Auser-
wählten sollen sie besitzen, und meine
Knechte sollen auf ihnen wohnen. 10 Und
meinem Volk, das nach mir fragt, soll
[a]Scharon eine Weide für die Herde wer-
den und das [b]Tal Achor ein Lagerplatz
für das Vieh.

11 Aber ihr, die ihr den HERRN verlasst
und meines heiligen Berges vergesst und
dem Gad* einen Tisch zurichtet und dem
Meni* vom Trankopfer voll einschenkt, –
12 wohlan, euch will ich dem Schwert
übergeben, dass ihr euch alle zur
Schlachtung hinknien müsst; denn [a]ich
rief und ihr habt nicht geantwortet, ich
redete und ihr habt nicht gehört, sondern
tatet, was mir nicht gefiel, und erwähltet,
wonach ich kein Verlangen hatte.

13 Darum spricht Gott der HERR:
Siehe, [a]meine Knechte sollen essen, ihr
aber sollt hungern; siehe, meine Knechte
sollen trinken, ihr aber sollt dürsten.
Siehe, meine Knechte sollen fröhlich
sein, ihr aber sollt zuschanden werden;
14 siehe, meine Knechte sollen vor Her-
zenslust jauchzen, ihr aber sollt vor Her-
zeleid schreien und vor Jammer heulen.
15 Und ihr sollt euren Namen meinen
Auserwählten zum Fluch überlassen
»Dass dich Gott der HERR töte«; aber
[a]meine Knechte wird man mit einem an-
dern Namen nennen. 16 Wer sich segnen
wird auf Erden, der wird sich im Namen
des wahrhaftigen Gottes segnen, und
[a]wer schwören wird auf Erden, der wird
bei dem wahrhaftigen Gott schwören.
Denn die früheren Ängste sind verges-
sen und vor meinen Augen entschwunden.

Verheißung eines neuen Himmels und einer neuen Erde

17 Denn siehe, [a]ich will einen neuen Him-
mel und eine neue Erde schaffen, dass man
der vorigen nicht mehr gedenken und sie
nicht mehr zu Herzen nehmen wird.
18 [a]Freuet euch und seid fröhlich immer-
dar über das, was ich schaffe. Denn siehe,
ich will Jerusalem zur Wonne machen
und sein Volk zur Freude, 19 und ich will
fröhlich sein über Jerusalem und mich
freuen über mein Volk.

* Gad und Meni sind Schicksalsgötter.

64,10: *a* Ps 74,7 **65,1:** *a* Röm 10,20 **65,2:** *a* Röm 10,21 **65,4:** *a* Kap 66,17; 3. Mose 11,7 **65,8:** *a* Kap 6,13; 1. Mose 18,26-32 **65,10:** *a* Kap 33,9; *b* Jos 7,26 **65,12:** *a* Kap 66,4; Jer 7,13 **65,13:** *a* Kap 55,1 **65,15:** *a* Kap 62,2 **65,16:** *a* Kap 19,18; Jer 4,2 **65,17:** *a* Kap 66,22; 2. Petr 3,13; Offb 21,1 **65,18:** *a (18-19)* Kap 35,10; 25,8; Offb 21,4

Man soll in ihm nicht mehr hören die
Stimme des Weinens noch die Stimme
des Klagens. 20 Es sollen keine Kinder
mehr da sein, die nur einige Tage leben,
oder Alte, die ihre Jahre nicht erfüllen,
sondern [a]als Knabe gilt, wer hundert
Jahre alt stirbt, und wer die hundert
Jahre nicht erreicht, gilt als verflucht.
21 Sie werden Häuser bauen und bewoh-
nen, sie werden Weinberge pflanzen und
[a]ihre Früchte essen. 22 Sie sollen nicht
[a]bauen, was ein anderer bewohne, und
nicht pflanzen, was ein anderer esse.
Denn die Tage meines Volks werden sein
[b]wie die Tage eines Baumes, und ihrer
Hände Werk werden meine Auserwählten
genießen. 23 Sie sollen nicht umsonst ar-
beiten und keine Kinder für einen frühen
Tod zeugen; denn sie sind das Geschlecht
der Gesegneten des HERRN, und ihre
Nachkommen sind bei ihnen. 24 Und es
soll geschehen: [a]Ehe sie rufen, will ich
antworten; wenn sie noch reden, will ich
hören. 25 [a]Wolf und Schaf sollen beiein-
ander weiden; der Löwe wird Stroh fres-
sen wie das Rind, aber [b]die Schlange
muss Erde fressen. Sie werden weder
Bosheit noch Schaden tun auf meinem
ganzen heiligen Berge, spricht der HERR.

Strafe für allen selbst erwählten Gottesdienst

66 So spricht der HERR: [a]Der Him-
mel ist mein Thron und die Erde
der [b]Schemel meiner Füße! [c]Was ist
denn das für ein Haus, das ihr mir bauen
könntet, oder welches ist die Stätte, da
ich ruhen sollte? 2 Meine Hand hat alles
gemacht, was da ist, spricht der HERR.
**Ich sehe aber auf den Elenden und auf
den, [a]der zerbrochenen Geistes ist und der
erzittert vor meinem Wort.**
3 Wer einen Stier schlachtet, gleicht
dem, der einen Mann erschlägt; wer ein
Schaf opfert, gleicht dem, der einem
Hund das Genick bricht; wer ein Speis-
opfer bringt, gleicht dem, der Schweine-
blut spendet; wer Weihrauch anzündet,
gleicht dem, der Götzen verehrt: Wahr-
lich, wie sie Lust haben an ihren eigenen
Wegen und ihre Seele Gefallen hat an
ihren Gräueln,[a] 4 so will auch ich Lust
daran haben, dass ich ihnen wehe tue,
und ich will über sie kommen lassen,
wovor ihnen graut. Denn [a]ich rief und
niemand antwortete, ich redete und sie
hörten nicht und taten, was mir nicht
gefiel, und hatten ihre Lust an dem,
woran ich kein Wohlgefallen hatte.

Das zukünftige Heil Jerusalems – das Gericht über die Gottlosen

5 Hört des HERRN Wort, die ihr erzittert
vor seinem Wort: Es sprechen eure Brü-
der, [a]die euch hassen und verstoßen um
meines Namens willen: »Lasst doch den
HERRN sich verherrlichen, dass wir eure
Freude mitansehen«, – doch sie sollen
zuschanden werden. 6 Horch, Lärm aus
der Stadt! Horch, vom Tempel her!
Horch, der HERR vergilt seinen Feinden!
7 Ehe sie Wehen bekommt, hat sie ge-
boren; ehe sie in Kindsnöte kommt, ist
sie eines Knaben genesen. 8 Wer hat sol-
ches je gehört? Wer hat solches je ge-
sehen? Ward ein Land an **einem** Tage
geboren? Ist ein Volk auf einmal zur Welt
gekommen? Kaum in Wehen, hat Zion
schon ihre Kinder geboren. 9 Sollte ich
das Kind den Mutterschoß durchbrechen
und nicht auch geboren werden lassen?,
spricht der HERR. Sollte ich, der gebären
lässt, den Schoß verschließen?, spricht
dein Gott.[a] 10 Freuet euch mit Jerusalem
und seid fröhlich über die Stadt, alle, die
ihr sie lieb habt! Freuet euch mit ihr, alle,
die ihr über sie traurig gewesen seid.
11 Denn nun [a]dürft ihr saugen und euch
satt trinken an den Brüsten ihres Trostes;
denn nun dürft ihr reichlich trinken und
euch erfreuen an dem Reichtum ihrer
Mutterbrust. 12 Denn so spricht der
HERR: Siehe, ich breite aus bei ihr den
Frieden wie einen Strom und [a]den
Reichtum der Völker wie einen überströ-
menden Bach. Ihre Kinder sollen auf
dem Arme getragen werden, und auf den
Knien wird man sie liebkosen. 13 **Ich will
euch trösten, [a]wie einen seine Mutter
tröstet;** ja, ihr sollt an Jerusalem getröstet
werden. 14 Ihr werdet's sehen und euer
Herz wird sich freuen, und euer

65,20: *a* Sach 8,4 **65,21:** *a* Kap 62,8 **65,22:** *a* 5. Mose 28,30; *b* Hiob 14,7 **65,24:** *a* Kap 30,19; 58,9 **65,25:** *a* Kap 11,6-9; *b* 1. Mose 3,14 **66,1:** *a* 1. Kön 8,27; *b* Klgl 2,1; Apg 7,49; *c* Apg 17,24 **66,2:** *a* Kap 57,15; Ps 51,19 **66,3:** *a* 1. Sam 15,22-23 **66,4:** *a* Kap 65,12 **66,5:** *a* Lk 6,22 **66,9:** *a* Kap 37,3 **66,11:** *a* Kap 60,16 **66,12:** *a* Kap 60,4 **66,13:** *a* Ps 131,2

Gebein soll grünen wie Gras. Dann wird
man erkennen die Hand des HERRN an
seinen Knechten und den Zorn an seinen
Feinden.
15 Denn siehe, [a]der HERR wird kom-
men mit Feuer und seine Wagen wie ein
Wetter, dass er vergelte im Grimm seines
Zorns und mit Schelten in Feuerflam-
men. 16 Denn der HERR wird durch
Feuer die ganze Erde richten und durch
sein Schwert alles Fleisch, und der vom
HERRN Getöteten werden viele sein.
17 Die sich heiligen und reinigen für [a]das
Opfer in den Gärten dem einen nach,
[b]der in der Mitte ist, und Schweine-
fleisch essen, gräuliches Getier und
Mäuse, die sollen miteinander weggerafft
werden, spricht der HERR.
18 Ich kenne ihre Werke und ihre Ge-
danken und komme, um alle Völker und
Zungen zu versammeln, dass sie kommen
und meine Herrlichkeit sehen. 19 Und ich
will ein Zeichen unter ihnen aufrichten
und einige von ihnen, die errettet sind, zu
den Völkern senden, nach Tarsis, nach
Put und Lud, nach Meschech und Rosch,
nach Tubal und Jawan und zu den fernen
Inseln, wo man nichts von mir gehört hat
und die meine Herrlichkeit nicht gesehen
haben; und [a]sie sollen meine Herrlich-
keit unter den Völkern verkündigen.
20 Und [a]sie werden alle eure Brüder
aus allen Völkern herbringen dem
HERRN zum Weihgeschenk auf Rossen
und Wagen, in Sänften, auf Maultieren
und Dromedaren nach Jerusalem zu mei-
nem heiligen Berge, spricht der HERR,
gleichwie Israel die Opfergaben in reinem
Gefäße zum Hause des HERRN bringt.
21 Und ich will auch aus ihnen Priester
und Leviten nehmen, spricht der HERR.
22 Denn wie [a]der neue Himmel und die
neue Erde, die ich mache, vor mir Be-
stand haben, spricht der HERR, so soll
auch euer Geschlecht und Name Bestand
haben. 23 Und alles Fleisch wird einen
Neumond nach dem andern und einen
Sabbat nach dem andern kommen, um
vor mir anzubeten, spricht der HERR.[a]
24 Und sie werden hinausgehen und
schauen die Leichname derer, die von
mir abtrünnig waren; denn [a]ihr Wurm
wird nicht sterben, und ihr Feuer wird
nicht verlöschen, und sie werden allem
Fleisch ein Gräuel sein.

DER PROPHET JEREMIA

Inhaltsübersicht

1 Dies sind die Worte Jeremias, des
Sohnes Hilkijas, aus dem Priester-
geschlecht zu [a]Anatot im Lande [b]Ben-
jamin. 2 Zu ihm geschah das Wort des
HERRN zur Zeit [a]Josias, des Sohnes
Amons, des Königs von Juda, im drei-
zehnten Jahr seiner Herrschaft 3 und her-
nach zur Zeit [a]Jojakims, des Sohnes Jo-
sias, des Königs von Juda, bis ans Ende
des elften Jahres [b]Zedekias, des Sohnes
Josias, des Königs von Juda, bis [c]Jeru-
salem weggeführt wurde im fünften
Monat.

Jeremias Berufung

4 Und des HERRN Wort geschah zu mir:
5 Ich kannte dich, ehe ich dich im Mut-
terleibe bereitete, und [a]sonderte dich
aus, ehe du von der Mutter geboren wur-

66,15: *a* Ps 50,3; Offb 19,11-15 **66,17:** *a* Kap 65,3-5; *b* Hes 8,11 **66,19:** *a* Mt 28,19 **66,20:** *a* Kap 60,3-7 **66,22:** *a* Kap 65,17 **66,23:** *a* 4. Mose 10,10 **66,24:** *a* Mk 9,48 **1,1:** *a* Kap 11,21; Jos 21,18; *b* 5. Mose 33,12 **1,2:** *a* 2. Kön 21,24; 22,1 **1,3:** *a* 2. Kön 23,34; *b* 2. Kön 24,17; 25,2-21; *c* Kap 39,9 **1,5:** *a* Jes 49,1; Gal 1,15

dest, und bestellte dich zum Propheten
für die Völker. 6 Ich aber sprach: Ach,
Herr HERR, [a]ich tauge nicht zu predi-
gen; denn ich bin zu jung. 7 Der HERR
sprach aber zu mir: Sage nicht: »Ich bin
zu jung«, sondern du sollst gehen, wohin
ich dich sende, und predigen alles, was
ich dir gebiete. 8 Fürchte dich nicht vor
ihnen; denn [a]ich bin bei dir und will dich
erretten, spricht der HERR.
9 Und der HERR streckte seine Hand
aus und rührte meinen Mund an und
sprach zu mir: Siehe, [a]ich lege meine
Worte in deinen Mund. 10 Siehe, ich setze
dich heute über Völker und Königreiche,
dass du [a]ausreißen und einreißen, zer-
stören und verderben sollst und bauen
und pflanzen.
11 Und es geschah des HERRN Wort zu
mir: Jeremia, was siehst du? Ich sprach:
Ich sehe einen erwachenden Zweig.
12 Und der HERR sprach zu mir: Du hast
recht gesehen; denn [a]ich will wachen
über meinem Wort, dass ich's tue.
13 Und es geschah des HERRN Wort
zum zweiten Mal zu mir: Was siehst du?
Ich sprach: Ich sehe einen siedenden Kes-
sel überkochen von Norden her. 14 Und
der HERR sprach zu mir: [a]Von Norden
her wird das Unheil losbrechen über alle,
die im Lande wohnen. 15 Denn siehe, ich
will rufen alle Völker der Königreiche des
Nordens, spricht der HERR, dass sie
kommen sollen und ihre Throne setzen
vor die Tore Jerusalems und rings um die
Mauern her und vor alle Städte Judas.
16 Und ich will mein Gericht über sie
ergehen lassen um all ihrer Bosheit wil-
len, dass sie mich verlassen und andern
Göttern opfern und ihrer Hände Werk
anbeten.
17 So gürte nun deine Lenden und ma-
che dich auf und predige ihnen alles, was
ich dir gebiete. Erschrick nicht vor ihnen,
auf dass ich dich nicht erschrecke vor
ihnen! 18 Denn ich will dich heute zur
festen Stadt, zur eisernen Säule, zur
[a]ehernen Mauer machen im ganzen
Lande wider die Könige Judas, wider
seine Großen, wider seine Priester, wider
das Volk des Landes, 19 dass, wenn sie
auch wider dich streiten, sie dir dennoch
nichts anhaben können; denn ich bin bei
dir, spricht der HERR, dass ich dich er-
rette.

Das untreue Gottesvolk

2 Und des HERRN Wort geschah zu
mir: 2 Geh hin und predige öffentlich
der Stadt Jerusalem und sprich: So
spricht der HERR: Ich gedenke der Treue
deiner Jugend und der Liebe deiner
Brautzeit, wie du mir folgtest [a]in der
Wüste, im Lande, da man nicht sät. 3 Da
war Israel [a]dem HERRN heilig, die
[b]Erstlingsfrucht seiner Ernte. Wer davon
essen wollte, machte sich schuldig, und
Unheil musste über ihn kommen, spricht
der HERR.
4 Hört des HERRN Wort, ihr vom Hau-
se Jakob und alle Geschlechter vom
Hause Israel! 5 So spricht der HERR:
[a]Was haben doch eure Väter Unrechtes
an mir gefunden, dass sie von mir wichen
und hingen den nichtigen Götzen an und
wurden so zunichte 6 und dachten nie-
mals: Wo ist der HERR, der uns aus
Ägyptenland führte und [a]leitete uns in
der Wüste, im wilden, ungebahnten
Lande, im dürren und finstern Lande, im
Lande, das niemand durchwandert und
kein Mensch bewohnt? 7 Und ich brachte
euch in ein fruchtbares Land, [a]dass ihr
äßet seine Früchte und Güter. Aber als
ihr hineinkamt, [b]machtet ihr mein Land
unrein und mein Eigentum mir zum
Gräuel. 8 Die Priester fragten nicht: Wo
ist der HERR?, und die Hüter des Ge-
setzes achteten meiner nicht, und die
Hirten des Volks wurden mir untreu, und
die Propheten weissagten im Namen des
Baal und hingen den Götzen an, die
nicht helfen können. 9 Darum muss ich
noch weiter mit euch und mit euren Kin-
deskindern rechten, spricht der HERR.
10 Denn geht hin zu den Inseln der
Kittäer und schaut, und sendet nach Ke-
dar und gebt genau acht und schaut,
ob's daselbst so zugeht: 11 ob die Heiden
ihre Götter wechseln, die doch keine
Götter sind. Aber mein Volk hat [a]seine
Herrlichkeit eingetauscht gegen einen
Götzen, der nicht helfen kann! 12 Ent-
setze dich, Himmel, darüber, erschrick

1,6: *a* 2.Mose 4,10; Jes 6,5-7 **1,8:** *a* 2.Mose 3,12 **1,9:** *a* 2.Mose 4,12 **1,10:** *a* Kap 18,7-10 **1,12:** *a* Kap 31,28 **1,14:** *a* Kap 4,6; 6,1.22; 10,22; 25,9; 50,41 **1,18:** *a* Kap 15,20; Hes 3,8-9 **2,2:** *a* Hos 2,16; 13,5 **2,3:** *a* 2.Mose 28,36; *b* Am 6,1; Jak 1,18 **2,5:** *a* Mi 6,3 **2,6:** *a* 5.Mose 8,15 **2,7:** *a* 5.Mose 1,25; *b* Ri 2,1-2 **2,11:** *a* Röm 1,23

und erbebe gar sehr, spricht der HERR.
**13 Denn mein Volk tut eine zwiefache
Sünde: Mich, [a]die lebendige Quelle, ver-
lassen sie und machen sich Zisternen, die
doch rissig sind und kein Wasser geben.**

14 Ist denn Israel ein Sklave oder unfrei
geboren, dass er jedermanns Raub sein
darf? 15 [a]Löwen brüllen über ihm, brül-
len laut und verwüsten sein Land, und
seine Städte werden verbrannt, sodass
niemand darin wohnt. 16 Dazu scheren
die Leute von [a]Memfis und Tachpanhes
dir den Kopf kahl. 17 Das alles hast du
dir doch selbst bereitet, weil du den
HERRN, deinen Gott, verlässt, sooft er
dich den rechten Weg leiten will. 18 Was
hilft's dir, dass du nach Ägypten ziehst
und willst vom Nil trinken? Und was
hilft's dir, dass du nach Assyrien ziehst
und willst vom Euphrat trinken? 19 Deine
Bosheit ist schuld, dass du so geschlagen
wirst, und dein Ungehorsam, dass du so
gestraft wirst. Und du musst innewerden
und erfahren, was es für Jammer und
Herzeleid bringt, den HERRN, deinen
Gott, zu verlassen und ihn nicht zu
fürchten, spricht Gott, der HERR Ze-
baoth.

20 Denn von jeher hast du dein Joch
zerbrochen und deine Bande zerrissen
und gesagt: Ich will nicht unterworfen
sein! Sondern [a]auf allen hohen Hügeln
und unter allen grünen Bäumen triebst
du Hurerei. 21 Ich aber [a]hatte dich ge-
pflanzt als einen edlen Weinstock, ein
ganz echtes Gewächs. [b]Wie bist du mir
denn geworden zu einem schlechten, wil-
den Weinstock? 22 Und wenn du dich
auch mit Lauge wüschest und nähmest
viel Seife dazu, so bleibt doch der
Schmutz deiner Schuld vor mir, spricht
Gott der HERR.

23 Wie wagst du denn zu sagen: Ich bin
nicht unrein, ich habe mich nicht an die
Baale gehängt? Sieh doch, wie du es
treibst im Tal, und bedenke, was du ge-
tan hast! Du läufst umher wie eine
Kamelstute in der Brunst, 24 wie eine
Wildeselin in der Wüste, wenn sie vor
großer Brunst lechzt und läuft, dass nie-
mand sie aufhalten kann. Wer sie haben
will, muss nicht weit laufen; er trifft sie
bald in dieser Zeit. 25 Schone doch deine
Füße, dass sie nicht wund werden, und
deine Kehle, dass sie nicht durstig werde.
Aber du sprichst: Da wird nichts draus;
ich muss diese Fremden lieben und ihnen
nachlaufen.

26 Wie ein Dieb zuschanden wird,
wenn man ihn ergreift, so wird das Haus
Israel zuschanden werden samt seinen
Königen, Fürsten, Priestern und Prophe-
ten, 27 die zum Holz sagen: »Du bist mein
Vater«, und zum Stein: »Du hast mich
geboren.« Denn [a]sie kehren mir den
Rücken zu und nicht das Angesicht.
Aber wenn die Not über sie kommt, spre-
chen sie: »Auf und hilf uns!« 28 [a]Wo sind
denn deine Götter, die du dir gemacht
hast? Lass sie aufstehen; lass sehen, ob
sie dir helfen können in deiner Not!
Denn [b]so viel Städte, so viel Götter hast
du, Juda.

29 Wie könnt ihr rechten mit mir? Ihr
seid alle von mir abgefallen, spricht der
HERR. 30 Alle [a]meine Schläge sind ver-
geblich an euren Söhnen, sie lassen sich
doch nicht erziehen; [b]euer Schwert frisst
eure Propheten wie ein wütender Löwe.

31 Du böses Geschlecht, merke auf des
HERRN Wort! Bin ich denn für Israel eine
Wüste oder ödes Land? Warum spricht
denn mein Volk: »Wir sind freie Herren
und brauchen dir nicht mehr nachzu-
laufen«? 32 Vergisst wohl eine Jungfrau
ihren Schmuck oder eine Braut ihren
Schleier? Mein Volk aber vergisst mich
seit endlos langer Zeit. 33 Wie fein findest
du Wege, dir Liebhaber zu suchen!
Darum hast du dich auch gewöhnt, auf
bösen Wegen zu wandeln. 34 Auch findet
man an deinen Kleidern [a]das Blut von
Armen und Unschuldigen, die du nicht
beim Einbruch ertappt hast, sondern die
alledem widerstanden. 35 Und doch
sprichst du: Ich bin unschuldig; [a]er hat
ja doch seinen Zorn von mir gewandt.
Siehe, ich will dich richten, weil du
sprichst: Ich habe nicht gesündigt. 36 Was
läufst du denn so leichtfertig bald dahin,
bald dorthin! Auch [a]an Ägypten wirst
du zuschanden werden, wie du an Assy-
rien zuschanden geworden bist. 37 Denn
du musst auch von dort wegziehen und

2,13: *a* Kap 17,13; Ps 36,10; Joh 7,38 **2,15:** *a* Kap 4,7 **2,16:** *a* Kap 44,1 **2,20:** *a* Jes 57,5; Hes 6,13 **2,21:** *a* Ps 80,9; *b* Jes 5,1-4 **2,27:** *a* Kap 7,24; 18,17; 32,33 **2,28:** *a* 5. Mose 32,37-38; Ri 10,14; *b* Kap 11,13 **2,30:** *a* Jes 1,5; *b* Mt 5,12; 22,6; 23,37; Mk 12,5 **2,34:** *a* Kap 26,20-23; 2. Mose 23,7 **2,35:** *a* Jes 43,25-26 **2,36:** *a* 2. Kön 23,33-35; Jes 30,3

deine Hände über dem Kopf zusammen-
legen; denn der HERR hat sie verworfen,
auf die du deine Hoffnung setztest, und
es wird dir nicht mit ihnen gelingen.

3 Und er sprach: [a]Wenn sich ein Mann
von seiner Frau scheidet und sie geht
von ihm und gehört einem andern, darf
er sie auch wieder annehmen? Ist's nicht
so, dass das Land unrein würde? Du aber
hast mit vielen gehurt und solltest wieder
zu mir kommen?, spricht der HERR.
2 Hebe deine Augen auf zu den Höhen
und sieh, wo du allenthalben dich preis-
gegeben hast! An den Wegen sitzt du und
lauerst auf sie wie ein Araber in der Wüs-
te und machst das Land unrein mit dei-
ner [a]Hurerei und Bosheit. 3 Darum muss
auch der Frühregen ausbleiben, und kein
Spätregen kommt. Aber du hast eine
Hurenstirn, du willst dich nicht mehr
schämen 4 und schreist jetzt zu mir:
[a]»Lieber Vater, du Vertrauter meiner Ju-
gend! 5 Willst du denn ewiglich zürnen
und nicht vom Grimm lassen?« Siehe, so
redest du und tust Böses und lässt dir
nicht wehren.

Schuldspruch und Verheißung über Israel und Juda

6 Und der HERR sprach zu mir zur Zeit
des Königs Josia: Hast du gesehen, was
Israel, die Abtrünnige, tat? Sie ging hin
[a]auf alle hohen Berge und unter alle grü-
nen Bäume und trieb dort Hurerei.
7 [a]Und ich dachte, nachdem sie das alles
getan, würde sie zu mir zurückkehren.
Aber sie kehrte nicht zurück. Und ob-
wohl ihre Schwester Juda, die Treulose,
gesehen hat, 8 wie ich Israel, die Abtrün-
nige, wegen ihres Ehebruchs gestraft und
sie entlassen und ihr einen Scheidebrief
gegeben habe, scheut sich dennoch ihre
Schwester, das treulose Juda, nicht, son-
dern geht hin und treibt auch Hurerei.
9 Und ihre leichtfertige Hurerei hat das
Land unrein gemacht; denn sie treibt
Ehebruch mit Stein und Holz. 10 Und
auch in diesem allen bekehrt sich das
treulose Juda, ihre Schwester, nicht zu
mir von ganzem Herzen, sondern nur mit
Heuchelei, spricht der HERR.

11 Und der HERR sprach zu mir: Das
abtrünnige Israel steht gerechter da als
das treulose Juda. 12 Geh hin und rufe
diese Worte nach Norden und sprich: Keh-
re zurück, du abtrünniges Israel, spricht
der HERR, so will ich nicht zornig auf euch
blicken. Denn [a]ich bin gnädig, spricht
der HERR, und will nicht ewiglich zürnen.
13 Allein erkenne deine Schuld, dass du
wider den HERRN, deinen Gott, gesün-
digt hast und bist hin und her gelaufen
zu den fremden Göttern unter allen grü-
nen Bäumen, und ihr habt meiner Stim-
me nicht gehorcht, spricht der HERR.

14 Kehrt um, ihr abtrünnigen Kinder,
spricht der HERR, denn ich bin euer
Herr! Und ich will euch holen, [a]einen
aus einer Stadt und zwei aus einem Ge-
schlecht, und will euch bringen nach
Zion. 15 Und ich will euch [a]Hirten geben
nach meinem Herzen, die euch weiden
sollen in Einsicht und Weisheit. 16 [a]Und
es soll geschehen, wenn ihr zahlreich ge-
worden seid und euch ausgebreitet habt
im Lande, so soll man, spricht der HERR,
in jenen Tagen nicht mehr reden von der
Bundeslade des HERRN, ihrer nicht mehr
gedenken oder nach ihr fragen und sie
nicht mehr vermissen; auch wird sie nicht
wieder gemacht werden. 17 Sondern zu
jener Zeit wird man Jerusalem nennen
[a]»Des HERRN Thron« und [b]es werden
sich dahin sammeln alle Heiden um des
Namens des HERRN willen zu Jerusalem,
und sie werden nicht mehr wandeln nach
ihrem verstockten und bösen Herzen.
18 In jenen Tagen wird das Haus Juda
zum Haus Israel gehen, und [a]sie werden
miteinander heimkommen von Norden
her in das Land, das ich euren Vätern
zum Erbe gegeben habe.

19 Und ich dachte: Wie will ich dich
halten, [a]als wärst du mein Sohn, und dir
das liebe Land geben, [b]den allerschöns-
ten Besitz unter den Völkern! Und ich
dachte, du würdest mich dann [c]»Lieber
Vater« nennen und nicht von mir wei-
chen. 20 Aber das Haus Israel hat mir
nicht die Treue gehalten, gleichwie eine
Frau wegen ihres Liebhabers nicht die
Treue hält, spricht der HERR.

3,1: *a* 5.Mose 24,1-4 **3,2:** *a* Hos 4,13 **3,4:** *a* Vers 19; Kap 31,9; Jes 63,16 **3,6:** *a* Kap 2,20 **3,7:** *a (7-9)* 2.Kön 17,18-19; Hes 23,2-11 **3,12:** *a* 2.Mose 34,6 **3,14:** *a* Jes 6,13 **3,15:** *a* Kap 23,3-4; Jes 44,28; Hes 34,23 **3,16:** *a (16-17)* 4.Mose 10,33-36; 2.Kön 25,8-9; Hebr 4,14-16 **3,17:** *a* 2.Mose 17,16; *b* Jes 2,2-4; Mi 4,2 **3,18:** *a* Jes 11,11-13 **3,19:** *a* 5.Mose 7,6; 32,6; *b* 5.Mose 8,7; *c* Vers 4

Israels Umkehr

21 Man hört ein klägliches Heulen und
Weinen der Israeliten [a]auf den Höhen,
weil sie übel getan und den HERRN, ihren
Gott, vergessen haben. 22 Kehrt zurück,
ihr abtrünnigen Kinder, so will ich euch
heilen von eurem Ungehorsam.

Siehe, wir kommen zu dir; denn du bist
der HERR, unser Gott. 23 Wahrlich, es ist
ja nichts als Betrug mit den Hügeln und
mit dem Lärm auf den Bergen. Wahrlich,
es hat Israel keine andere Hilfe als am
HERRN, unserm Gott. 24 Der schändliche
Baal hat gefressen, was unsere Väter er-
worben hatten, von unsrer Jugend an,
ihre Schafe und Rinder, Söhne und Töch-
ter. 25 So müssen wir uns betten in unsere
Schande, und unsre Schmach soll uns
bedecken. Denn [a]wir haben gesündigt
wider den HERRN, unsern Gott, wir und
unsere Väter, von unsrer Jugend an bis
auf den heutigen Tag, und haben nicht
gehorcht der Stimme des HERRN, unseres
Gottes.

4 Willst du dich, Israel, bekehren,
spricht der HERR, so kehre dich zu
mir! Und wenn du deine gräulichen Göt-
zen von meinem Angesicht wegtust, so
brauchst du nicht mehr umherzuschwei-
fen, 2 und wenn du ohne Heuchelei recht
und heilig [a]schwörst: »So wahr der
HERR lebt«, dann werden die Heiden
in ihm gesegnet werden und sich seiner
rühmen. 3 Denn so spricht der HERR zu
denen in Juda und zu Jerusalem: [a]Pflü-
get ein Neues und säet nicht unter die
Dornen! 4 [a]Beschneidet euch für den
HERRN und tut weg die Vorhaut eures
Herzens, ihr Männer von Juda und ihr
Leute von Jerusalem, auf dass nicht [b]um
eurer Bosheit willen mein Grimm aus-
fahre wie Feuer und brenne, sodass nie-
mand löschen kann.

Der Feind aus dem Norden wird das Land verheeren

5 Verkündet in Juda und schreit laut in
Jerusalem und sprecht: »Blast die Po-
saune im Lande!« Ruft mit voller Stimme
und sprecht: »Sammelt euch und lasst
uns in die festen Städte ziehen!« 6 Richtet
in Zion ein Fluchtzeichen auf; flieht und
säumet nicht! Denn ich bringe [a]von Nor-
den Unheil herzu und großen Jammer.
7 Es steigt herauf der [a]Löwe aus seinem
Dickicht, und der Verderber der Völker
hat sich aufgemacht und ist ausgezogen
von seiner Stätte, dein Land zu verwüs-
ten und deine Städte zu verbrennen, so-
dass niemand darin wohnt. 8 Darum
[a]zieht den Sack an, klagt und heult;
denn der grimmige Zorn des HERRN will
sich nicht von uns wenden.

9 Zu der Zeit, spricht der HERR, wird
dem König und den Fürsten der Mut
entfallen, die Priester werden bestürzt
und die Propheten erschrocken sein.
10 Ich aber sprach: Ach, Herr HERR, du
hast dies Volk und Jerusalem sehr ge-
täuscht, als du sagtest: »Es wird [a]Friede
bei euch sein«, wo doch das Schwert uns
ans Leben geht!

11 Zu der Zeit wird man diesem Volk
und Jerusalem sagen: »Es kommt ein hei-
ßer Wind von den kahlen Höhen aus
der Wüste, geraden Weges zu der Tochter
meines Volks, nicht zum Worfeln noch
zum Sichten.« 12 Ja, ein Wind kommt auf
mein Geheiß, der ihnen zu stark sein
wird; da will ich dann mit ihnen rechten.
13 Siehe, er fährt daher wie Wolken, und
seine Wagen sind wie ein Sturmwind,
seine Rosse sind schneller als Adler. Weh
uns! Wir sind verloren! 14 So [a]wasche
nun, Jerusalem, dein Herz von der Bos-
heit, auf dass dir geholfen werde. Wie
lange wollen bei dir bleiben deine heil-
losen Gedanken?

15 Horch! Es kommt ein Geschrei von
Dan her und eine böse Botschaft vom
Gebirge Ephraim. 16 Sagt an den Völ-
kern, verkündet in Jerusalem: Belagerer
kommen aus fernen Landen und erheben
Kriegsgeschrei gegen die Städte Judas.
17 Sie werden sich [a]um Jerusalem her
lagern wie die Wächter auf dem Felde;
denn es hat mich erzürnt, spricht der
HERR. 18 Das hast du zum Lohn für dei-
nen Wandel und dein Tun. Das kommt
von deiner Bosheit, dass es so bitter um
dich steht und dir bis ans Herz dringt.

19 Wie ist mir so weh! Mein Herz pocht

3,21: *a* Vers 2 **3,25:** *a* Kap 14,7.20 **4,2:** *a* 5. Mose 10,20; Jes 65,16 **4,3:** *a* Hos 10,12 **4,4:** *a* Kap 9,25; 5. Mose 10,16; Röm 2,29; Kol 2,11; *b* Kap 6,7.10 **4,6:** *a* Kap 1,14 **4,7:** *a* Kap 2,15; 5,6; 25,38; 49,19; 50,44 **4,8:** *a* Kap 6,26 **4,10:** *a* Kap 6,14 **4,14:** *a* Kap 6,8; Jes 1,16 **4,17:** *a* Kap 1,15; 6,3

mir im Leibe und ich habe keine Ruhe;
denn ich höre der Posaune Hall, den
Lärm der Feldschlacht; 20 Niederlage auf
Niederlage wird gemeldet. Denn das
ganze Land wird verheert, plötzlich sind
meine Hütten und meine Zelte zerstört.
21 Wie lange soll ich noch das Flucht-
zeichen sehen und der Posaune Hall hö-
ren? 22 Aber mein Volk ist toll und glaubt
mir nicht. Töricht sind sie und achten's
nicht; [a]weise sind sie genug, Übles zu
tun, aber recht tun wollen sie nicht ler-
nen.

23 Ich schaute das Land an, siehe, [a]es
war wüst und öde, und den Himmel und
er war finster. 24 Ich sah die Berge an,
und siehe, sie bebten und alle Hügel
wankten. 25 Ich sah, und siehe, da war
kein Mensch, und alle Vögel unter dem
Himmel waren weggeflogen. 26 Ich sah,
und siehe, das Fruchtland war eine Wüs-
te, und alle seine Städte waren zerstört
vor dem HERRN und vor seinem grimmi-
gen Zorn. 27 Denn so spricht der HERR:
Das ganze Land soll wüst werden, aber
[a]ich will mit ihm doch nicht ganz ein
Ende machen. 28 Darum wird das Land
betrübt und der Himmel droben traurig
sein; denn ich hab's geredet, ich hab's
beschlossen und es soll mich nicht ge-
reuen, ich will auch nicht davon ablas-
sen.

29 Aus allen Städten werden sie vor
dem Geschrei der Reiter und Schützen
fliehen und in die dichten Wälder laufen
und in die Felsen kriechen. Alle Städte
werden verlassen stehen, sodass niemand
darin wohnt. 30 Was willst du dann tun,
du Überwältigte? Wenn du dich schon
mit Purpur kleiden und mit goldenen
Kleinoden schmücken und dein Ange-
sicht schminken würdest, so schmückst
du dich doch vergeblich. Die dir jetzt den
Hof machen, werden dich verachten, sie
werden dir nach dem Leben trachten.
31 Denn ich höre ein Geschrei wie von
einer Gebärenden, Angstrufe wie von ei-
ner, die in den ersten Kindsnöten ist, ein
Geschrei der Tochter Zion, die da keucht
und die Hände ausbreitet: Ach, weh mir!
Ich muss vergehen vor den Würgern.

Dem sündigen Volk kann nicht mehr vergeben werden

5 Geht durch die Gassen Jerusalems
und schaut und merkt auf und
[a]sucht auf den Straßen der Stadt, ob ihr
jemand findet, der Recht übt und auf
Wahrheit hält, so will ich ihr gnädig sein.
2 Und wenn sie auch sprechen: Bei dem
lebendigen Gott!, so [a]schwören sie doch
falsch.

3 HERR, deine Augen sehen auf Wahr-
haftigkeit*. Du schlägst sie, aber sie füh-
len's nicht; [a]du machst fast ein Ende mit
ihnen, aber sie bessern sich nicht. [b]Sie
haben ein Angesicht, härter als ein Fels,
und wollen sich nicht bekehren. 4 Ich
aber dachte: Wohlan, es sind arme, un-
verständige Leute und wissen nicht um
des HERRN Weg und um ihres Gottes
Recht. 5 Ich will zu den Großen gehen
und mit ihnen reden; die werden um des
HERRN Weg und ihres Gottes Recht wis-
sen. Aber [a]sie alle haben das Joch zer-
brochen und die Seile zerrissen. 6 Darum
wird sie auch der [a]Löwe aus dem Walde
zerreißen, und der Wolf aus der Steppe
wird sie verderben, und der Panther wird
um ihre Städte lauern; alle, die von da
herausgehen, werden zerfleischt. Denn
ihrer Sünden sind zu viele, und sie blei-
ben in ihrem Ungehorsam.

7 Wie soll ich dir denn gnädig sein?
Deine Söhne haben mich verlassen und
schwören bei dem, der nicht Gott ist. Als
ich sie satt gemacht hatte, trieben sie
Ehebruch und liefen ins Hurenhaus. 8 Ein
jeder [a]wiehert nach seines Nächsten
Frau wie die vollen, müßigen Hengste.
9 Und ich sollte das an ihnen nicht heim-
suchen, spricht der HERR, und ich sollte
mich nicht rächen an einem Volk wie
diesem?[a]

10 Stürmt ihre Weinberge hinauf und
zerstört die stützenden Mauern; aber
verwüstet sie nicht ganz! Reißt ihre Wein-
ranken weg; denn sie gehören nicht dem
HERRN! 11 Sie verachten mich, spricht
der HERR, das Haus Israel und das Haus
Juda.

12 Sie verleugnen den HERRN und spre-

* Luther übersetzte: »sehen nach dem Glauben«.

4,22: *a* Jes 27,11 **4,23:** *a* 1. Mose 1,2 **4,27:** *a* Kap 5,18; 10,24; 18,3-8; Am 9,8 **5,1:** *a* 1. Mose 18,22-32 **5,2:** *a* Kap 4,2 **5,3:** *a* Kap 2,30; 7,28; 9,2; *b* Jes 48,4 **5,5:** *a* Kap 2,20 **5,6:** *a* Kap 4,7 **5,8:** *a* Hes 22,11 **5,9:** *a* Vers 29; Kap 9,8

chen: »Das tut er nicht; so übel wird es
uns nicht gehen; Schwert und Hunger
werden wir nicht sehen. 13 Die Prophe-
ten sind Schwätzer und haben Gottes
Wort nicht; es ergehe ihnen selbst so!«
14 Darum spricht der HERR, der Gott
Zebaoth: Weil ihr solche Reden führt,
siehe, so will ich meine Worte in deinem
Munde zu Feuer machen und dies Volk
zu Brennholz, dass es verzehrt werde.

15 Siehe, ich will über euch vom Hause
Israel [a]ein Volk von ferne her bringen,
spricht der HERR, ein Volk von uner-
schöpflicher Kraft, ein uraltes Volk, ein
Volk, [b]dessen Sprache du nicht ver-
stehst, und was sie reden, kannst du
nicht vernehmen. 16 Seine Köcher sind
wie offene Gräber; es sind lauter Helden.
17 Sie werden deine Ernte und dein Brot
verzehren, sie werden deine Söhne und
Töchter fressen, sie werden deine Schafe
und Rinder verschlingen, sie werden
deine Weinstöcke und Feigenbäume ver-
zehren; deine festen Städte, auf die du
dich verlässt, werden sie mit dem
Schwert einnehmen.

18 Doch will ich, spricht der HERR,
auch zu jener Zeit mit euch [a]nicht ganz
ein Ende machen. 19 Und wenn sie sagen:
Warum tut uns der HERR, unser Gott,
dies alles?, sollst du ihnen antworten:
Wie ihr mich verlasst und fremden Göt-
tern dient in eurem eigenen Lande, so
sollt ihr auch Fremden dienen in einem
Lande, das nicht euer ist.[a]

20 Verkündet im Hause Jakob und ruft
aus in Juda und sprecht: 21 Hört zu, ihr
tolles Volk, das keinen Verstand hat, [a]die
da Augen haben und sehen nicht, Ohren
haben und hören nicht! 22 Wollt ihr mich
nicht fürchten, spricht der HERR, und
vor mir nicht erschrecken, [a]der ich dem
Meere den Sand zur Grenze setze, darin
es allezeit bleiben muss, darüber es nicht
gehen darf? Und wenn es auch aufwallt,
so vermag es doch nichts; und wenn
seine Wellen auch toben, so dürfen sie
doch nicht darübergehen. 23 Aber dies
Volk hat ein abtrünniges, ungehorsames
Herz. Sie bleiben abtrünnig und gehen
ihrer Wege 24 und sprechen niemals in
ihrem Herzen: »Lasst uns doch den
HERRN, unsern Gott, fürchten, der uns
[a]Frühregen und Spätregen gibt zur rech-
ten Zeit und uns die Ernte treulich und
jährlich gewährt.« 25 Aber [a]eure Ver-
schuldungen verhindern das, und eure
Sünden halten das Gute von euch fern.

26 Man findet unter meinem Volk
Gottlose, die den Leuten nachstellen und
Fallen zurichten, um sie zu fangen, wie's
die Vogelfänger tun. 27 Ihre Häuser sind
voller Tücke, wie ein Vogelbauer voller
Lockvögel ist. Daher sind sie groß und
reich geworden, 28 fett und feist. Sie ge-
hen mit bösen Dingen um; sie halten kein
Recht, [a]der Waisen Sache fördern sie
nicht, dass ihnen ihr Recht werde, und
helfen den Armen nicht zum Recht.
29 Sollte ich das an ihnen nicht heim-
suchen, spricht der HERR, und sollte ich
mich nicht rächen an einem Volk wie
diesem?[a]

30 Es steht gräulich und grässlich
im Lande. 31 Die [a]Propheten weissagen
Lüge, und die Priester herrschen auf
eigene Faust, und mein Volk hat's gern
so. Aber was werdet ihr tun, wenn's da-
mit ein Ende hat?

Das wohlverdiente Gericht

6 Flieht, ihr Leute von Benjamin, aus
Jerusalem und blast die Posaune in
[a]Tekoa und richtet ein Fluchtzeichen auf
über Bet-Kerem! Denn es droht [b]von
Norden Unheil und großer Jammer.

2 Die Tochter Zion ist wie eine liebliche
Aue; 3 aber es werden Hirten über sie
kommen mit ihren Herden; [a]die werden
Zelte aufschlagen rings um sie her und
ein jeder seinen Platz abweiden. 4 »Rüstet
euch zum Krieg gegen sie! Wohlauf, lasst
uns hinaufziehen, solange es noch heller
Tag ist! Wehe, es will Abend werden, und
die Schatten werden lang! 5 Wohlan, lasst
uns hinaufziehen bei Nacht und ihre
Paläste zerstören!«

6 Denn so spricht der HERR Zebaoth:
Fällt Bäume und werft einen Wall auf
gegen Jerusalem; denn es ist eine Stadt,
die heimgesucht werden soll. [a]Ist doch
nichts als Unrecht darin! 7 Denn wie ein
Brunnen sein Wasser quellen lässt, so

5,15: *a* Kap 6,22; *b* Jes 28,11 **5,18:** *a* Kap 4,27 **5,19:** *a* Kap 16,10-14 **5,21:** *a* Jes 6,9-10; Mk 8,18 **5,22:** *a* Ps 104,9 **5,24:** *a* 5. Mose 11,14 **5,25:** *a* Jes 59,2 **5,28:** *a* 2. Mose 22,21; Jes 1,17 **5,29:** *a* Vers 9 **5,31:** *a* Hes 13,6 **6,1:** *a* Am 1,1; *b* Kap 1,14 **6,3:** *a* Kap 4,17 **6,6:** *a* Kap 5,1

quillt auch ihre Bosheit. Frevel und Ge-
walt hört man in ihr, und Morden und
Schlagen treiben sie täglich vor mir.
8 Bessre dich, Jerusalem, ehe sich mein
Herz von dir wende und ich dich zum
wüsten Lande mache, darin niemand
wohnt!
9 So spricht der HERR Zebaoth: Halte
Nachlese am Rest Israels wie am Wein-
stock, strecke deine Hand immer wieder
aus wie ein Winzer nach den Reben.
10 »Ach, mit wem soll ich noch reden,
und wem soll ich Zeugnis geben? Dass
doch jemand hören wollte! Aber [a]ihr
Ohr ist unbeschnitten; sie können's nicht
hören. Siehe, sie halten des HERRN Wort
für Spott und wollen es nicht haben.
11 Darum bin ich von des HERRN Zorn
so voll, dass ich ihn nicht zurückhalten
kann.« So schütte ihn aus über die Kin-
der auf der Gasse und über die Schar der
jungen Männer! Denn es sollen alle,
Mann und Frau, Alte und Hochbetagte,
gefangen weggeführt werden. 12 Ihre
Häuser sollen den Fremden zuteilwerden
samt den Äckern und Frauen; denn ich
will meine Hand ausstrecken, spricht der
HERR, wider die Bewohner des Landes.
13 [a]Denn sie gieren alle, Klein und Groß,
nach unrechtem Gewinn, und Propheten
und Priester gehen alle mit Lüge um
14 und heilen den Schaden meines Volks
nur obenhin, indem sie sagen: »Friede!
Friede!«, und ist doch nicht Friede. 15 Sie
werden mit Schande dastehen, weil sie
solche Gräuel getrieben haben; aber sie
wollen sich nicht schämen und wissen
nichts von Scham. Darum sollen sie fal-
len unter den Fallenden, und wenn ich sie
heimsuchen werde, sollen sie stürzen,
spricht der HERR.
16 So spricht der HERR: Tretet hin an
die Wege und schaut und fragt nach den
Wegen der Vorzeit, welches der gute Weg
sei, und wandelt darin, [a]so werdet ihr
Ruhe finden für eure Seele! Aber sie spre-
chen: Wir wollen's nicht tun! 17 Auch
habe ich [a]Wächter über euch gesetzt:
Achtet auf den Hall der Posaune! Aber
sie sprechen: Wir wollen's nicht tun!
18 Darum höret, ihr Völker, und merkt
auf samt euren Leuten! 19 Du, Erde, höre
zu! Siehe, ich will Unheil über dies Volk
bringen, ihren verdienten Lohn, weil sie
[a]auf meine Worte nicht achten und mein
Gesetz verwerfen.
20 Was frage ich nach dem Weihrauch
aus Saba und nach dem köstlichen Ge-
würz, das aus fernen Landen kommt?
[a]Eure Brandopfer sind mir nicht wohl-
gefällig, und eure Schlachtopfer gefallen
mir nicht. 21 Darum spricht der HERR:
Siehe, ich will diesem Volk Anstöße in
den Weg stellen, daran sich Väter und
Söhne zugleich stoßen und ein Nachbar
mit dem andern umkommen soll.
22 So spricht der HERR: Siehe, es
kommt ein Volk von Norden, und [a]ein
großes Volk wird sich erheben vom Ende
der Erde. 23 Sie führen Bogen und Speer,
sind grausam und ohne Erbarmen. Sie
brausen daher wie ein ungestümes Meer
und reiten auf Rossen, gerüstet als
Kriegsleute, gegen dich, du Tochter
Zion.[a]
24 Wir haben von ihnen gehört und
unsre Arme sind uns niedergesunken; es
ist uns angst und weh geworden wie einer
Gebärenden. 25 Niemand gehe hinaus auf
den Acker, niemand gehe über Land;
denn es ist [a]Schrecken um und um vor
dem Schwert des Feindes.
26 O Tochter meines Volks, [a]zieh den
Sack an und wälze dich im Staube! Trage
Leid wie um den einzigen Sohn und
klage bitterlich; denn der Verderber
kommt über uns plötzlich.

Jeremia als Prüfer des Volkes

27 Ich habe dich zum Prüfer gesetzt für
mein Volk, dass du seinen Wandel erken-
nen und prüfen sollst. 28 Sie sind ganz
und gar abtrünnig und wandeln verleum-
derisch; [a]Erz und Eisen sind sie; alle
bringen sie Verderben. 29 Der Blasebalg
schnaubte, das Blei wurde flüssig vom
Feuer; aber das Schmelzen war umsonst,
denn die Bösen sind nicht ausgeschie-
den. 30 Darum heißen sie »Verworfenes
Silber«; denn [a]der HERR hat sie ver-
worfen.

6,10: *a* Kap 4,4; Apg 7,51 **6,13:** *a (13-15)* Kap 8,10-12; Hes 13,10.16; 1.Thess 5,3 **6,16:** *a* Mt 11,29 **6,17:** *a* Hes 3,17 **6,19:** *a* Jes 1,2 **6,20:** *a* Ps 40,7; Jes 1,11-15 **6,22:** *a* Kap 5,15; 5.Mose 28,49 **6,23:** *a* Kap 50,42 **6,25:** *a* Kap 20,3 **6,26:** *a* Kap 4,8; Am 8,10 **6,28:** *a* Hes 22,18 **6,30:** *a* 1.Kön 9,7

Die Tempelrede

(vgl. Kap 26,1-19)

7 Dies ist das Wort, das vom HERRN
geschah zu Jeremia: 2 Tritt ins Tor am
Hause des HERRN und predige dort dies
Wort und sprich: Höret des HERRN
Wort, ihr alle von Juda, die ihr zu diesen
Toren eingeht, den HERRN anzubeten!
3 So spricht der HERR Zebaoth, der Gott
Israels: [a] **Bessert euer Leben und euer
Tun, so will ich bei euch wohnen an diesem
Ort.*** 4 Verlasst euch nicht auf Lügen-
worte, wenn sie sagen: Hier ist des
HERRN Tempel, hier ist des HERRN Tem-
pel, hier ist des HERRN Tempel! 5 Son-
dern bessert euer Leben und euer Tun,
dass ihr recht handelt einer gegen den
andern 6 und [a] keine Gewalt übt gegen
Fremdlinge, Waisen und Witwen und
nicht unschuldiges Blut vergießt an die-
sem Ort und nicht andern Göttern nach-
lauft zu eurem eigenen Schaden, 7 so will
ich immer und ewig bei euch wohnen an
diesem Ort, in dem Lande, das ich euren
Vätern gegeben habe.

8 Aber nun verlasst ihr euch auf Lügen-
worte, die zu nichts nütze sind. 9 Ihr seid
[a] Diebe, Mörder, Ehebrecher und Mein-
eidige und opfert dem Baal und lauft
fremden Göttern nach, die ihr nicht
kennt. 10 Und dann kommt ihr und tretet
vor mich in diesem Hause, das nach mei-
nem Namen genannt ist, und sprecht:
Wir sind geborgen, – und tut weiter sol-
che Gräuel. 11 Haltet ihr denn [a] dies
Haus, das nach meinem Namen genannt
ist, für eine Räuberhöhle? Siehe, ich sehe
es wohl, spricht der HERR.

12 Geht hin an meine Stätte zu [a] Silo,
wo früher mein Name gewohnt hat, und
schaut, was ich dort getan habe wegen
der Bosheit meines Volks Israel. 13 Weil
ihr denn lauter solche Dinge treibt,
spricht der HERR, und weil ich [a] immer
wieder zu euch redete und ihr nicht hö-
ren wolltet und ich euch rief und ihr
nicht antworten wolltet, 14 so will ich mit
dem Hause, das nach meinem Namen
genannt ist, auf das ihr euch verlasst,
und mit der Stätte, die ich euch und
euren Vätern gegeben habe, ebenso tun,
wie ich mit Silo getan habe, 15 und will
euch [a] von meinem Angesicht verstoßen,
wie ich verstoßen habe alle eure Brüder,
das ganze Geschlecht Ephraim.

Gegen falschen Gottesdienst

16 Du [a] sollst für dies Volk nicht bitten
und sollst für sie weder Klage noch Ge-
bet vorbringen, sie auch nicht vertreten
vor mir; denn ich will dich nicht hören.
17 [a] Siehst du nicht, was sie tun in den
Städten Judas und auf den Gassen Jeru-
salems? 18 Die Kinder lesen Holz, die Vä-
ter zünden das Feuer an und die Frauen
kneten den Teig, dass sie der Himmels-
königin Kuchen backen, und fremden
Göttern spenden sie Trankopfer mir zum
Verdruss. 19 Aber damit machen sie nicht
mir Verdruss, spricht der HERR, sondern
sich selbst zu ihrer eigenen Schande.
20 Darum spricht Gott der HERR: Siehe,
mein Zorn und mein Grimm wird aus-
geschüttet über diese Stätte, über Men-
schen und über Vieh, über die Bäume auf
dem Felde und über die Früchte des Lan-
des; der soll so brennen, dass niemand
löschen kann.

21 [a] So spricht der HERR Zebaoth, der
Gott Israels: Tut eure Brandopfer zu
euren Schlachtopfern und fresst Fleisch!
22 Ich aber habe euren Vätern an dem
Tage, als ich sie aus Ägyptenland führte,
nichts gesagt noch geboten von Brand-
opfern und Schlachtopfern; 23 sondern
dies habe ich ihnen geboten: Gehorcht
meinem Wort, so [a] will ich euer Gott sein
und ihr sollt mein Volk sein; wandelt
ganz auf dem Wege, den ich euch gebiete,
auf dass es euch wohlgehe.

24 Aber [a] sie wollten nicht hören noch
ihre Ohren mir zukehren, sondern wan-
delten nach ihrem eignen Rat und nach
ihrem verstockten und bösen Herzen und
kehrten mir den Rücken zu und nicht das
Angesicht. 25 [a] Ja, von dem Tage an, da
ich eure Väter aus Ägyptenland führte,

* Nach anderer Überlieferung: so will ich euch wohnen lassen an diesem Ort. (In gleicher Weise auch Vers 7.)

7,3: *a* Kap 18,11; 25,5; 26,13; Jes 1,16 **7,6:** *a* Kap 5,28 **7,9:** *a* Hos 4,2 **7,11:** *a* Mt 21,13 **7,12:** *a* Jos 18,1; 1.Sam 4,4.12; Ps 78,60 **7,13:** *a* Kap 25,3; Jes 65,12 **7,15:** *a* 2.Kön 17,18.20.23 **7,16:** *a* Kap 11,14; 14,11; 37,3; 42,2; 2.Mose 32,10-11; 1.Sam 12,23 **7,17:** *a (17-18)* Kap 19,13; 44,17.19; Jes 65,11 **7,21:** *a (21-22)* 1.Sam 15,22; Ps 50,7-15; Hos 8,13; Mi 6,6-8 **7,23:** *a* Kap 11,4; 24,7; 30,22; 31,1.33; 32,38; 3.Mose 26,12; Hes 11,20; 14,11; 34,30; 37,27 **7,24:** *a* Kap 11,8; Jes 65,2 **7,25:** *a (25-26)* Kap 25,4

bis auf diesen Tag habe ich immer wieder
zu euch gesandt alle meine Knechte,
die Propheten. 26 Aber [a]sie wollen mich
nicht hören noch ihre Ohren mir zukeh-
ren, sondern sind halsstarrig und treiben
es ärger als ihre Väter. 27 Und wenn du
schon ihnen dies alles sagst, so werden
sie doch nicht auf dich hören; rufst du
sie, so werden sie dir nicht antworten.
28 Darum sprich zu ihnen: Dies ist das
Volk, das auf die Stimme des HERRN,
seines Gottes, nicht hören noch sich bes-
sern will. [a]Die Wahrheit ist dahin und
ausgerottet aus ihrem Munde.

29 [a]Schere deine Haare ab und wirf sie
von dir und wehklage auf den Höhen;
denn der HERR hat dies Geschlecht, über
das er zornig ist, verworfen und versto-
ßen. 30 Denn die Leute von Juda tun, was
mir missfällt, spricht der HERR. [a]Sie
haben ihre Gräuelbilder gesetzt in das
Haus, das nach meinem Namen genannt
ist, um es unrein zu machen, 31 [a]und
haben die Höhen des Tofet im Tal Ben-
Hinnom gebaut, um ihre Söhne und
Töchter zu verbrennen, was ich nie
geboten habe und mir nie in den Sinn
gekommen ist.

32 Darum siehe, es kommt die Zeit,
spricht der HERR, dass man's nicht mehr
nennen wird »Tofet« und »Tal Ben-Hin-
nom«, sondern »Würgetal«. Und man
wird im Tofet begraben müssen, weil
sonst kein Raum mehr sein wird. 33 Und
die [a]Leichname dieses Volks sollen den
Vögeln des Himmels und den Tieren des
Feldes zum Fraß werden, ohne dass sie
jemand verscheuchen wird. 34 Und [a]ich
will in den Städten Judas und auf den
Gassen Jerusalems wegnehmen den Jubel
der Freude und Wonne und die Stimme
des Bräutigams und der Braut; denn das
Land soll wüst werden.

8 Zu dieser Zeit, spricht der HERR,
wird man die Gebeine der Könige
von Juda, die Gebeine seiner Fürsten, die
Gebeine der Priester, die Gebeine der
Propheten und die Gebeine der Bürger
Jerusalems aus ihren Gräbern werfen
2 und wird sie hinstreuen der Sonne, dem
Mond und dem ganzen Heer des Him-
mels, die sie geliebt und [a]denen sie ge-
dient haben, denen sie nachgelaufen sind,
die sie befragt und angebetet haben. Sie
sollen nicht wieder aufgelesen und be-
graben werden, sondern Dung auf dem
Felde sein. 3 Und alle, die übrig geblieben
sind von diesem bösen Volk, werden an
allen Orten, wohin ich sie verstoße, lieber
tot als lebendig sein wollen, spricht der
HERR Zebaoth.

Gegen das verblendete Volk und seine Verführer

4 Sprich zu ihnen: So spricht der HERR:
Wo ist jemand, wenn er fällt, der nicht
gern wieder aufstünde? Wo ist jemand,
wenn er irregeht, der nicht gern wieder
zurechtkäme? 5 Warum will denn dies
Volk zu Jerusalem irregehen für und für?
Sie halten so fest am falschen Gottes-
dienst, dass sie nicht umkehren wollen.
6 Ich sehe und höre, dass sie nicht die
Wahrheit reden. Es gibt niemand, dem
seine Bosheit leid wäre und der spräche:
Was hab ich doch getan! Sie laufen alle
ihren Lauf wie ein Hengst, der in der
Schlacht dahinstürmt. 7 **Der Storch unter
dem Himmel weiß seine Zeit, Turteltaube,
Kranich und Schwalbe halten die Zeit ein,
in der sie wiederkommen sollen; aber
[a]mein Volk will das Recht des HERRN
nicht wissen.**

8 Wie könnt ihr sagen: »Wir sind weise
und haben das Gesetz des HERRN bei
uns«? Ist's doch lauter Lüge, was die
Schreiber daraus machen. 9 Die Weisen
müssen zuschanden, erschreckt und ge-
fangen werden; denn was können sie
Weises lehren, wenn sie des HERRN Wort
verwerfen?

10 Darum will ich ihre Frauen den
Fremden geben und ihre Äcker denen,
durch die sie verjagt werden. Denn [a]sie
gieren alle, Klein und Groß, nach un-
rechtem Gewinn; Priester und Propheten
gehen mit Lüge um 11 und heilen den
Schaden meines Volks nur obenhin, in-
dem sie sagen: »Friede! Friede!«, und ist
doch nicht Friede. 12 Sie werden mit
Schande dastehen, weil sie solche Gräuel
getrieben haben; aber sie wollen sich
nicht schämen und wissen nichts von
Scham. Darum sollen sie fallen unter den

7,26: *a* Kap 16,12 **7,28:** *a* Kap 5,1 **7,29:** *a* Mi 1,16 **7,30:** *a* Kap 32,34; 2. Kön 21,4-5 **7,31:** *a (31-33)* Kap 19,5-7; 32,35; 3. Mose 18,21 **7,33:** *a* Kap 9,21 **7,34:** *a* Kap 16,9; 25,10; 33,11 **8,2:** *a* 5. Mose 4,19 **8,7:** *a* Jes 1,3 **8,10:** *a* Kap 6,13-15; Jes 56,11

Fallenden, und wenn ich sie heimsuchen
werde, sollen sie stürzen, spricht der
Herr. 13 Ich will unter ihnen Lese hal-
ten, spricht der Herr, sodass keine Trau-
ben am Weinstock und keine Feigen am
Feigenbaum übrig bleiben, ja, auch die
Blätter abfallen sollen; und was ich ihnen
gegeben habe, das soll ihnen genommen
werden.

Die Angst des Volkes und die Trauer des Propheten

14 »Wozu wollen wir noch da sitzen?
Sammelt euch und lasst uns in die festen
Städte ziehen, dass wir dort umkommen.
Denn der Herr, unser Gott, wird uns
umkommen lassen und [a]uns tränken mit
einem giftigen Trank, weil wir so gesün-
digt haben wider den Herrn. 15 Wir
hofften, es sollte Friede werden, aber es
kommt nichts Gutes; wir hofften, wir
sollten heil werden, aber siehe, es ist
Schrecken da.[a] 16 Man hört ihre [a]Rosse
schnauben von Dan her, vom Wiehern
ihrer Hengste erbebt das ganze Land. Sie
fahren daher und werden das Land auf-
fressen mit allem, was darin ist, die Stadt
samt allen, die darin wohnen.« 17 Denn
siehe, ich will Schlangen und Nattern un-
ter euch senden, die nicht zu beschwören
sind; die sollen euch stechen, spricht der
Herr.

18 Was kann mich in meinem Jammer
erquicken? [a]Mein Herz in mir ist krank.
19 Siehe, die Tochter meines Volks schreit
aus fernem Lande her: »Will denn der
Herr nicht mehr Gott sein in Zion oder
soll es keinen König mehr haben?« Ja,
warum haben sie mich so erzürnt durch
ihre Bilder und fremde, nichtige Götzen?

20 »Die Ernte ist vergangen, der Som-
mer ist dahin und uns ist keine Hilfe
gekommen!« 21 Mich jammert von Her-
zen, dass mein Volk so ganz zerschlagen
ist; ich gräme und entsetze mich. 22 Ist
denn [a]keine Salbe in Gilead oder ist kein
Arzt da? Warum ist denn die Tochter
meines Volks nicht geheilt? 23 *Ach dass
ich Wasser genug hätte in meinem
Haupte und [a]meine Augen Tränenquel-
len wären, dass ich Tag und Nacht [b]be-
weinen könnte die Erschlagenen meines
Volks!

Jeremias Klage über sein Volk

9 **Ach dass ich eine Herberge hätte
in der Wüste, so wollte ich mein Volk
verlassen und von ihnen ziehen! Denn es
sind lauter Ehebrecher und ein treuloser
Haufe. 2 Sie schießen mit ihren Zungen
lauter Lüge und [a]keine Wahrheit und
treiben's mit Gewalt im Lande und gehen
von einer Bosheit zur andern, mich aber
achten sie nicht, spricht der Herr. 3 [a]Ein
jeder hüte sich vor seinem Freunde und
traue auch seinem Bruder nicht; denn ein
Bruder überlistet den andern, und ein
Freund verleumdet den andern. 4 Ein
Freund täuscht den andern, sie reden
kein wahres Wort; sie haben sich daran
gewöhnt, dass einer den andern betrügt.
Sie freveln und es ist ihnen leid umzu-
kehren. 5 Es ist allenthalben nichts als
Trug unter ihnen, und vor lauter Trug
wollen sie mich nicht kennen, spricht der
Herr.

6 Darum spricht der Herr Zebaoth:
Siehe, ich will sie schmelzen und prüfen;
denn was soll ich sonst tun, wenn ich
ansehe die Tochter meines Volks? 7 Ihre
falschen Zungen sind tödliche Pfeile;
[a]mit dem Munde reden sie freundlich zu
ihrem Nächsten, aber im Herzen lauern
sie ihm auf. 8 Sollte ich das nicht heim-
suchen an ihnen, spricht der Herr, und
sollte ich mich nicht rächen an einem
Volk wie diesem?[a]

9 Ich muss über die Berge weinen und
heulen und über die Weidegründe in der
Steppe klagen; denn sie sind verödet,
dass niemand hindurchzieht und man
auch kein Vieh blöken hört. [a]Die Vögel
des Himmels und das Vieh sind geflohen
und fort. 10 Und ich will [a]Jerusalem zu
Steinhaufen und zur Wohnung der Scha-
kale machen und will die Städte Judas
zur Wüste machen, dass niemand darin
wohnen soll.

11 [a]Wer ist nun weise, dass er dies ver-
stünde, und zu wem spricht des Herrn
Mund, dass er verkündete, warum das
Land verdirbt und öde wird wie eine

* Abweichende Verszählung statt 8,23: 9,1. ** Abweichende Verszählung statt 9,1-25: 9,2-26.

8,14: *a* Kap 9,14 **8,15:** *a* Kap 14,19 **8,16:** *a* Kap 4,15 **8,18:** *a* Kap 4,19 **8,22:** *a* Kap 46,11 **8,23:** *a* Kap 13,17; *b* Lk 19,41 **9,2:** *a* Kap 5,1 **9,3:** *a (3-4)* Kap 12,6; Ps 41,10; Mi 7,5-6 **9,7:** *a* Ps 12,3 **9,8:** *a* Kap 5,9.29 **9,9:** *a* Kap 4,25; 12,4 **9,10:** *a* Kap 26,18 **9,11:** *a* Lk 19,42

Wüste, die niemand durchwandert?
12 Und der HERR sprach: Weil sie mein
Gesetz verlassen, das ich ihnen vorgelegt
habe, und meinen Worten nicht gehor-
chen, auch nicht danach leben, 13 son-
dern [a]folgen ihrem verstockten Herzen
und den Baalen, wie ihre Väter sie ge-
lehrt haben, 14 darum spricht der HERR
Zebaoth, der Gott Israels: Siehe, ich will
dies Volk [a]mit Wermut speisen und [b]mit
Gift tränken. 15 Ich will sie unter Völker
zerstreuen, die weder sie noch ihre Väter
gekannt haben, und [a]will das Schwert
hinter ihnen her schicken, bis es aus ist
mit ihnen.

16 So spricht der HERR Zebaoth: Gebt
Acht und bestellt Klageweiber, dass sie
kommen, und schickt nach denen, die
klagen können, 17 dass sie herbeieilen und
um uns klagen, dass unsre Augen von
Tränen rinnen und unsre Augenlider von
Wasser fließen. 18 Horch, man hört ein
Klagegeschrei in Zion: Ach, wie hat man
uns Gewalt angetan und wie sind wir
zuschanden geworden! Wir müssen das
Land räumen; denn sie haben unsre
Wohnungen geschleift.

19 Ja, höret, ihr Frauen, des HERRN
Wort, und nehmt zu Ohren die Rede sei-
nes Mundes! Lehrt eure Töchter klagen,
und eine lehre die andere dies Klagelied:
20 »Der Tod ist zu unsern Fenstern her-
eingestiegen und in unsere Häuser ge-
kommen. Er würgt die Kinder auf der
Gasse und die jungen Männer auf den
Plätzen.« 21 So spricht der HERR: [a]Die
Leichen der Menschen sollen liegen wie
Dung auf dem Felde und wie Garben
hinter dem Schnitter, die niemand sam-
melt.

Das rechte Rühmen

22 So spricht der HERR: **Ein Weiser rühme
sich nicht seiner Weisheit, ein Starker
rühme sich nicht seiner Stärke, ein Rei-
cher rühme sich nicht seines Reichtums.**
**23 Sondern [a]wer sich rühmen will, der
rühme sich dessen, dass er klug sei und
mich kenne, dass ich der HERR bin, der
Barmherzigkeit, Recht und Gerechtigkeit
übt auf Erden; denn solches gefällt mir,
spricht der HERR.**

Israel ein unbeschnittenes Volk

24 Siehe, es kommt die Zeit, spricht der
HERR, dass ich heimsuchen werde alle,
die an der Vorhaut beschnitten sind,
25 nämlich Ägypten, Juda, Edom, die
Ammoniter, Moab und alle, die [a]das
Haar rundherum abscheren, die in der
Wüste wohnen. Denn alle Heiden sind
nur unbeschnitten, aber [b]ganz Israel hat
ein unbeschnittenes Herz.

Die toten Götzen und der lebendige Gott

10 Höret, was der HERR zu euch redet,
ihr vom Hause Israel! 2 So spricht
der HERR: [a]Ihr sollt nicht den Gottes-
dienst der Heiden annehmen und sollt
euch nicht fürchten vor den [b]Zeichen des
Himmels, wie die Heiden sich fürchten.
3 Denn ihre Götter sind alle nichts. [a]Man
fällt im Walde einen Baum und der Bild-
hauer macht daraus mit dem Schnitz-
messer ein Werk von Menschenhänden,
4 und er schmückt es mit Silber und Gold
und befestigt es mit Nagel und Hammer,
dass es nicht umfalle. 5 Sie sind ja nichts
als Vogelscheuchen im Gurkenfeld. Sie
können nicht reden; auch muss man sie
tragen, denn [a]sie können nicht gehen.
Darum sollt ihr euch nicht vor ihnen
fürchten; denn sie können weder helfen
noch Schaden tun.

6 Aber [a]dir, HERR, ist niemand gleich;
du bist groß, und dein Name ist groß,
wie du es mit der Tat beweist. 7 Wer sollte
dich nicht fürchten, du König der Völ-
ker? Dir muss man gehorchen; denn un-
ter allen Weisen der Völker und in allen
ihren Königreichen ist niemand dir
gleich. 8 Sie sind alle Narren und Toren;
denn dem Holz zu dienen ist ein nich-
tiger Gottesdienst. 9 Silberblech bringt
man aus Tarsis, Gold aus Ufas; durch
den Bildhauer und Goldschmied werden
sie hergestellt; blauen und roten Purpur
zieht man ihnen an, und alles ist der
Künstler Werk. 10 Aber der HERR ist der
wahrhaftige Gott, der [a]lebendige Gott,
der ewige König. Vor seinem Zorn bebt
die Erde, und die Völker können sein
Drohen nicht ertragen.

11 So sagt nun zu ihnen: Die Götter, die

9,13: *a* Kap 7,24 **9,14:** *a* Kap 23,15; *b* Kap 8,14 **9,15:** *a* 3.Mose 26,33 **9,21:** *a* Kap 7,33; 14,16; 16,4; 25,33; Ps 79,2 **9,23:** *a* 1.Kor 1,31; 2.Kor 10,17 **9,25:** *a* 3.Mose 19,27; *b* Kap 4,4; 3.Mose 26,41; 5.Mose 30,6 **10,2:** *a* 2.Mose 23,24; *b* 2.Kön 21,6 **10,3:** *a* Jes 44,13-17 **10,5:** *a* Ps 115,7; Jes 46,7 **10,6:** *a* Ps 86,8 **10,10:** *a* Kap 5,2

Himmel und Erde nicht gemacht haben,
müssen vertilgt werden von der Erde und
unter dem Himmel. 12[a]Er aber hat die
Erde durch seine Kraft gemacht und den
Erdkreis bereitet durch seine Weisheit
und den Himmel ausgebreitet durch sei-
nen Verstand. 13Wenn er donnert, so ist
Wasser die Menge am Himmel; Wolken
lässt er heraufziehen vom Ende der Erde.
Er macht die Blitze, dass es regnet, und
lässt den Wind kommen aus seinen Vor-
ratskammern.[a]

14Alle Menschen aber sind Toren mit
ihrer Kunst, und [a]alle Goldschmiede ste-
hen beschämt da mit ihren Bildern; denn
ihre Götzen sind Trug und haben kein
Leben, 15sie sind nichts, ein Spottgebilde;
sie müssen zugrunde gehen, wenn sie
heimgesucht werden. 16Aber so ist der
nicht, der Jakobs Reichtum ist; sondern
er ist's, der alles geschaffen hat, und
[a]Israel ist sein Erbteil. Er heißt HERR
Zebaoth.

Worte des Gerichts und der Klage

17Raffe dein Bündel auf von der Erde,
die du sitzt in Bedrängnis! 18Denn so
spricht der HERR: Siehe, ich will die Be-
wohner des Landes diesmal wegschleu-
dern und will sie ängstigen, damit sie sich
finden lassen.

19Ach, was hab ich für Jammer und
Herzeleid! Ich dachte: Es ist nur eine
Plage, ich muss sie erleiden. 20Aber mein
Zelt ist zerstört, und alle meine Seile sind
zerrissen. Meine Kinder sind von mir ge-
gangen und nicht mehr da. Niemand
richtet meine Hütte wieder auf, und mein
Zelt schlägt keiner mehr auf. 21Denn die
Hirten sind zu Toren geworden und fra-
gen nicht nach dem HERRN. Darum
kann ihnen nichts Rechtes gelingen, und
[a]ihre ganze Herde ist zerstreut. 22Horch,
es kommt eine Kunde daher und ein gro-
ßes Getöse [a]aus dem Lande des Nor-
dens, dass die Städte Judas verwüstet
und zur Wohnung der Schakale werden
sollen.

23Ich weiß, HERR, dass des Menschen
Tun nicht in seiner Gewalt steht, und [a]es
liegt in niemandes Macht, wie er wandle
oder seinen Gang richte. 24[a]**Züchtige
mich, HERR, doch mit Maßen und nicht in
deinem Grimm, auf dass du mich nicht
ganz zunichtemachst.** 25Schütte aber dei-
nen Zorn aus über die Heiden, die dich
nicht kennen, und über die Geschlechter,
die deinen Namen nicht anrufen. Denn
sie haben Jakob aufgefressen und ver-
schlungen, sie haben ihn vernichtet und
seine Wohnung verwüstet.[a]

Der Bundesbruch des Volkes und Gottes Gericht

11 Dies ist das Wort, das zu Jeremia
geschah vom HERRN: 2Hört die
Worte dieses Bundes, dass ihr sie den
Leuten in Juda und den Bürgern von
Jerusalem sagt! 3Und sprich zu ihnen: So
spricht der HERR, der Gott Israels: [a]Ver-
flucht sei, wer nicht gehorcht den Worten
dieses Bundes, 4die ich euren Vätern ge-
bot an dem Tage, als ich sie aus Ägypten-
land führte, aus dem glühenden Ofen,
und sprach: Gehorcht meiner Stimme
und tut, wie ich euch geboten habe, so
[a]sollt ihr mein Volk sein und ich will
euer Gott sein, 5damit ich den Eid halten
kann, den ich euren Vätern geschworen
habe, ihnen [a]ein Land zu geben, darin
Milch und Honig fließt, so wie es heute
ist. Ich antwortete und sprach: HERR, ja,
so sei es!

6Und der HERR sprach zu mir: Pre-
dige alle diese Worte in den Städten Ju-
das und auf den Gassen Jerusalems und
sprich: Hört die Worte dieses Bundes
und tut danach! 7[a]Denn ich habe eure
Väter ermahnt von dem Tage an, als ich
sie aus Ägyptenland führte, bis auf den
heutigen Tag, und ich ermahnte sie im-
mer wieder und sprach: Gehorcht meiner
Stimme! 8Aber sie gehorchten nicht,
kehrten auch ihre Ohren mir nicht zu,
sondern [a]ein jeder wandelte nach seinem
bösen und verstockten Herzen. Darum
habe ich auch über sie kommen lassen
alle Worte dieses Bundes, den ich ge-
boten hatte zu halten und den sie doch
nicht gehalten haben.

9Und der HERR sprach zu mir: Ich
weiß sehr wohl, wie sie in Juda und in

10,12: *a (12-16)* Kap 51,15-19 **10,13:** *a* Ps 135,7 **10,14:** *a* Jes 45,16 **10,16:** *a* 5. Mose 32,9 **10,21:** *a* Kap 23,1 **10,22:** *a* Kap 1,14 **10,23:** *a* Spr 16,9 **10,24:** *a* Kap 30,11; 46,28; Ps 6,2; Hab 1,12 **10,25:** *a* Ps 79,6-7 **11,3:** *a* 5. Mose 27,26 **11,4:** *a* Kap 7,23 **11,5:** *a* 2. Mose 3,8 **11,7:** *a (7-8)* Kap 25,4 **11,8:** *a* Kap 3,17; 7,26; 13,10; 18,12; 5. Mose 28,15-68

Jerusalem sich verschworen haben. 10 Sie
kehren zurück zu den Sünden ihrer Väter,
die vor ihnen waren und die meinen Worten auch nicht gehorchen wollten und
andern Göttern nachfolgten und ihnen
dienten. So hat das Haus Israel und das
Haus Juda meinen Bund gebrochen, den
ich mit ihren Vätern geschlossen habe.
11 Darum siehe, spricht der HERR, ich
will Unheil über sie kommen lassen, dem
sie nicht entgehen sollen; und [a]wenn sie
zu mir schreien, will ich sie nicht hören.
12 [a]Dann werden die Städte Judas und
die Bürger Jerusalems hingehen und zu
den Göttern schreien, denen sie geopfert
haben; aber die werden ihnen nicht helfen in ihrer Not. 13 Denn so viel Städte,
so viel Götter hast du, Juda; und so viele
Gassen es in Jerusalem gibt, so viele
Schandaltäre habt ihr aufgerichtet, um
dem Baal zu opfern. 14 Du aber [a]bitte
nicht für dies Volk und bringe für sie
kein Flehen noch Gebet vor mich; denn
ich will sie nicht hören, wenn sie zu mir
schreien in ihrer Not.

15 Was macht [a]mein geliebtes Volk in
meinem Hause? Sie treiben lauter Bosheit und meinen, Gelübde und [b]heiliges
Opferfleisch könnten die Schuld von
ihnen nehmen; und wenn sie übel tun,
sind sie guter Dinge darüber. 16 Der
HERR nannte dich einen grünen, schönen, fruchtbaren Ölbaum; aber nun hat
er mit großem Brausen ein Feuer um ihn
anzünden lassen, sodass seine Äste verderben müssen. 17 Denn der HERR Zebaoth, der dich gepflanzt hat, hat dir
Unheil angedroht um der Bosheit willen
des Hauses Israel und des Hauses Juda,
die sie getrieben haben, um mich zu erzürnen mit ihren Räucheropfern, die sie
dem Baal darbrachten.

Der Anschlag der Leute von Anatot auf Jeremia

18 Der HERR tat mir kund ihr Vorhaben,
damit ich's wisse, und er zeigte es mir.
19 Denn ich war [a]wie ein argloses Lamm
gewesen, das zur Schlachtbank geführt
wird, und wusste nicht, dass sie gegen
mich beratschlagt und gesagt hatten:
Lasst uns den Baum in seinem Saft verderben und ihn aus dem Lande der Lebendigen ausrotten, dass seines Namens
nimmermehr gedacht werde. 20 Aber du,
HERR Zebaoth, [a]du gerechter Richter,
[b]der du Nieren und Herzen prüfst, lass
mich sehen, wie du ihnen vergiltst; denn
ich habe dir meine Sache befohlen.

21 Darum spricht der HERR über die
Männer von [a]Anatot, die dir nach dem
Leben trachten und sprechen: Weissage
nicht im Namen des HERRN, wenn du
nicht von unsern Händen sterben willst!
– 22 darum spricht der HERR Zebaoth:
Siehe, ich will sie heimsuchen. Ihre junge
Mannschaft soll mit dem Schwert getötet
werden, und ihre Söhne und Töchter sollen vor Hunger sterben, 23 dass keiner
von ihnen übrig bleibt; denn ich will über
die Männer von Anatot Unheil kommen
lassen in dem Jahr, da ich sie heimsuchen
werde.

Jeremias Anstoß am Glück der Gottlosen und Gottes Antwort

12 HERR, wenn ich auch mit dir rechten wollte, so behältst du doch
recht; dennoch muss ich vom Recht mit
dir reden. [a]Warum geht's doch den Gottlosen so gut, und die Abtrünnigen haben
alles in Fülle? 2 Du pflanzt sie ein, sie
schlagen Wurzeln und wachsen und bringen Frucht. Nahe bist du ihrem Munde,
aber ferne von ihrem Herzen. 3 [a]Mich
aber, HERR, kennst du und siehst mich
und prüfst mein Herz vor dir. Reiß sie
weg wie Schafe zum Schlachten, und
sondere sie aus, dass sie getötet werden!
4 Wie lange soll das Land so trocken stehen und das Gras überall auf dem Felde
verdorren? Wegen der Bosheit der Bewohner [a]schwinden Vieh und Vögel dahin; denn man sagt: Er weiß nicht, wie es
uns gehen wird.

5 Wenn es dich müde macht, mit Fußgängern zu gehen, wie wird es dir gehen,
wenn du mit Rossen laufen sollst? Und
wenn du schon im Lande, wo keine Gefahr ist, Sicherheit suchst, was willst du
tun im Dickicht des Jordans? 6 Denn
auch deine Brüder und deines Vaters
Haus sind treulos, sie schreien hinter dir

11,11: *a* Ps 18,42; Jes 1,15; Hes 8,18 **11,12:** *a (12-13)* Kap 2,28; 5.Mose 32,37-38 **11,14:** *a* Kap 7,16 **11,15:** *a* Röm 11,28; *b* Hos 8,13 **11,19:** *a* Jes 53,7 **11,20:** *a* Ps 7,10; *b* Kap 17,10; 20,12 **11,21:** *a* Kap 1,1 **12,1:** *a* Ps 73,3 **12,3:** *a* Ps 139,1 **12,4:** *a* Kap 9,9

her aus vollem Halse. Darum traue du
ihnen nicht, wenn sie auch freundlich mit
dir reden.

Gottes Klage über sein verwüstetes Land

7 Ich habe mein Haus verlassen und mein
Erbe verstoßen und was meine Seele liebt
in der Feinde Hand gegeben. 8 Mein Erbe
ist mir geworden wie ein Löwe im Walde
und brüllt wider mich; darum bin ich
ihm feind geworden. 9 Mein Erbe ist wie
der bunte Vogel, um den sich die Vögel
sammeln: Wohlauf und sammelt euch,
[a]alle Tiere des Feldes, kommt und fresst!
10 [a]Viele Hirten haben meinen Weinberg
verwüstet und meinen Acker zertreten;
sie haben meinen schönen Acker zur
Wüste gemacht. 11 Sie haben ihn jämmer-
lich verwüstet; verödet liegt er vor mir;
ja, das ganze Land ist verwüstet, aber
niemand will es zu Herzen nehmen.
12 Die Verwüster kommen daher über alle
kahlen Höhen der Steppe. Denn ein
Schwert hat der HERR, das frisst von
einem Ende des Landes bis zum andern,
und kein Geschöpf wird Frieden haben.
13 [a]Sie haben Weizen gesät, aber Dornen
geerntet; sie ließen's sich sauer werden,
aber sie konnten's nicht genießen. Sie
konnten ihres Ertrages nicht froh werden
vor dem grimmigen Zorn des HERRN.

Weissagung über benachbarte Völker

14 So spricht der HERR: Wider alle meine
bösen Nachbarn, die das Erbteil antas-
ten, das ich meinem Volk Israel ausgeteilt
habe: Siehe, ich will sie aus ihrem Lande
ausreißen und das Haus Juda aus ihrer
Mitte reißen. 15 Aber wenn ich sie ausge-
rissen habe, will ich mich wieder über sie
erbarmen und will einen jeden in sein
Erbteil und in sein Land zurückbringen.
16 Und es soll geschehen, wenn sie von
meinem Volk lernen werden, [a]bei mei-
nem Namen zu schwören: So wahr der
HERR lebt!, wie sie mein Volk gelehrt
haben, beim Baal zu schwören, so [b]sol-
len sie inmitten meines Volks wohnen.
17 Wenn sie aber nicht hören wollen, so
will ich solch ein Volk ausreißen und
vernichten, spricht der HERR.

Der verdorbene Gürtel

13 So sprach der HERR zu mir: Geh
hin und kaufe dir einen leinenen
Gürtel und gürte damit deine Lenden,
aber lass ihn nicht nass werden! 2 Und ich
kaufte einen Gürtel nach dem Befehl des
HERRN und gürtete ihn um meine Len-
den.

3 Da geschah des HERRN Wort ein
zweites Mal zu mir: 4 Nimm den Gürtel,
den du gekauft und um deine Lenden
gegürtet hast, und mache dich auf und
geh hin an den Euphrat und verstecke
ihn dort in einer Felsspalte! 5 Ich ging hin
und versteckte ihn am Euphrat, wie mir
der HERR geboten hatte. 6 Nach langer
Zeit aber sprach der HERR zu mir: Ma-
che dich auf und geh hin an den Euphrat
und hole den Gürtel wieder, den ich dich
dort verstecken ließ! 7 Ich ging hin an den
Euphrat und grub nach und nahm den
Gürtel von dem Ort, wo ich ihn versteckt
hatte; und siehe, der Gürtel war verdor-
ben, sodass er zu nichts mehr taugte.

8 Da geschah des HERRN Wort zu mir:
9 So spricht der HERR: Ebenso will ich
verderben den großen Hochmut Judas
und Jerusalems. 10 Dies böse Volk, das
[a]meine Worte nicht hören will, sondern
nach seinem verstockten Herzen wandelt
und andern Göttern folgt, um ihnen zu
dienen und sie anzubeten: es soll werden
wie der Gürtel, der zu nichts mehr taugt.
11 Denn gleichwie der Gürtel um die Len-
den des Mannes gebunden wird, so habe
ich, spricht der HERR, das ganze Haus
Israel und das ganze Haus Juda um mich
gegürtet, dass sie mein Volk sein sollten,
mir zum Ruhm, zu Lob und Ehren; aber
sie wollten nicht hören.

Die gefüllten Weinkrüge

12 Sage ihnen dies Wort: So spricht der
HERR, der Gott Israels: Alle Krüge wer-
den mit Wein gefüllt. Und wenn sie zu
dir sagen: Wer weiß das nicht, dass alle
Krüge mit Wein gefüllt werden?, 13 so
antworte ihnen: So spricht der HERR:
Siehe, ich will alle, die in diesem Lande
wohnen, die Könige, die auf dem Thron

12,9: *a* Jes 56,9 **12,10:** *a (10-11)* Kap 6,3 **12,13:** *a* Hos 8,7 **12,16:** *a* 5.Mose 6,13; *b* Kap 4,2 **13,10:** *a* Kap 11,8

Davids sitzen, die Priester und Propheten
und alle Einwohner Jerusalems [a]mit
Trunkenheit füllen 14und will einen am
andern, die Väter samt den Söhnen, zer-
schmettern, spricht der HERR, und will
weder schonen noch barmherzig sein und
sie ohne Mitleid verderben.

Mahnung zur Beugung vor Gott

15Hört und merkt auf und seid nicht so
hochfahrend, denn der HERR hat's ge-
redet. 16Gebt dem HERRN, eurem Gott,
die Ehre, ehe es finster wird und ehe eure
Füße sich an den dunklen Bergen stoßen
und ihr auf das Licht wartet, während er
es doch finster und dunkel machen wird.
17Wollt ihr das aber nicht hören, so muss
ich heimlich weinen über solchen Hoch-
mut; [a]meine Augen müssen von Tränen
überfließen, weil des HERRN Herde ge-
fangen weggeführt wird.
18Sage dem König und der Königin-
mutter: Setzt euch ganz nach unten; denn
[a]die Krone der Herrlichkeit ist euch vom
Haupt gefallen. 19Die Städte im Südland
sind verschlossen, und es ist niemand,
der sie auftut; ganz Juda ist weggeführt.

Die Schändung Jerusalems

20Hebt eure Augen auf und seht, wie sie
von Norden daherkommen. Wo ist nun
die Herde, die dir befohlen war, deine
herrliche Herde? 21Was willst du sagen,
wenn er die über dich zum Haupt be-
stellen wird, die du als Freunde an dich
gewöhnt hast? Was gilt's? Es wird dich
Angst ankommen wie eine Frau in
Kindsnöten. 22Und wenn du in deinem
Herzen sagen wirst: »Warum begegnet
mir das?« –: Um der Menge deiner Sün-
den willen [a]wird dir dein Gewand auf-
gehoben und wird dir Schande angetan.
23Kann etwa ein Mohr seine Haut
wandeln oder ein Panther seine Flecken?
So wenig könnt auch ihr Gutes tun, die
ihr ans Böse gewöhnt seid. 24Darum will
ich sie zerstreuen wie Spreu, die verweht
wird von dem Wind aus der Wüste.
25Das soll dein Lohn sein und dein Teil,
den ich dir zugemessen habe, spricht der
HERR: Weil du mich vergessen hast und
dich auf Lügen verlässt, 26will auch ich
dein Gewand hochheben, dass deine
Schande sichtbar werde. 27Denn ich habe
gesehen deine Ehebrecherei, deine Geil-
heit, deine freche Hurerei, ja, deine
Gräuel auf den Hügeln und im Felde.
Weh dir, Jerusalem! Wann wirst du doch
endlich rein werden?

Vergebliche Bitte bei Dürre und Kriegsnot

14 Dies ist das Wort, das der HERR zu
Jeremia sagte über die große Dürre:
2Juda liegt jämmerlich da, seine Städte
sind verschmachtet. Sie sitzen trauernd
auf der Erde, und in Jerusalem ist lau-
tes Klagen. 3Die Großen schicken ihre
Leute nach Wasser; aber wenn sie zum
Brunnen kommen, finden sie kein Wasser
und bringen ihre Gefäße leer zurück. Sie
sind traurig und betrübt und verhüllen
ihre Häupter. 4Die Erde lechzt, weil es
nicht regnet auf Erden. Darum sind die
[a]Ackerleute traurig und verhüllen ihre
Häupter. 5Ja, auch die Hirschkühe, die
auf dem Felde werfen, verlassen die Jun-
gen, weil kein Gras wächst. 6Die Wild-
esel stehen auf den kahlen Höhen und
schnappen nach Luft wie die Schakale;
ihre Augen erlöschen, weil nichts Grünes
wächst.
7Ach, HERR, wenn unsre Sünden uns
verklagen, so hilf doch um deines Namens
willen! Denn [a]unser Ungehorsam ist groß,
womit wir wider dich gesündigt haben.
8Du bist der Trost Israels und sein Not-
helfer. Warum stellst du dich, als wärst
du ein Fremdling im Lande und ein
Wanderer, der nur über Nacht bleibt?
9Warum stellst du dich wie einer, der
verzagt ist, und wie ein Held, der nicht
helfen kann? Du bist ja doch unter uns,
HERR, und [a]wir heißen nach deinem Na-
men; verlass uns nicht!
10So spricht der HERR von diesem
Volk: Sie laufen gern hin und her und
schonen ihre Füße nicht. Darum hat der
HERR kein Gefallen an ihnen, sondern er
denkt nun an ihre Missetat und will ihre
Sünden heimsuchen.
11Und der HERR sprach zu mir: [a]Du
sollst nicht für dies Volk um Gnade bit-

13,13: *a* Kap 25,15-28; Jes 51,17 **13,17:** *a* Kap 8,23; 14,17; Lk 19,41 **13,18:** *a* 2.Kön 24,10-16; Jes 62,3; Klgl 5,16
13,22: *a* Jes 47,2-3; Hes 16,37 **14,4:** *a* Joel 1,11 **14,7:** *a* Dan 9,4-9 **14,9:** *a* Kap 15,16; Jes 43,7 **14,11:** *a* Kap 7,16

ten. 12 Denn wenn sie auch [a]fasten, so
will ich doch ihr Flehen nicht erhören;
und wenn sie auch [b]Brandopfer und
Speisopfer bringen, so gefallen sie mir
doch nicht, sondern ich will sie durch
Schwert, Hunger und Pest aufreiben.
13 Da sprach ich: Ach, Herr HERR! Siehe,
die Propheten sagen ihnen: Ihr werdet
das Schwert nicht sehen und keine Hun-
gersnot bei euch haben, sondern ich will
euch beständigen Frieden geben an die-
sem Ort. 14 Aber der HERR sprach zu
mir: [a]Diese Propheten weissagen Lüge in
meinem Namen; ich habe sie nicht ge-
sandt und ihnen nichts befohlen und
nicht zu ihnen geredet. Sie predigen euch
falsche Offenbarungen, nichtige Wahr-
sagung und ihres Herzens Trug.

15 Darum spricht der HERR: Wider die
Propheten, die [a]in meinem Namen weis-
sagen, obgleich ich sie nicht gesandt
habe, und die dennoch predigen, es
werde weder Schwert noch Hungersnot
in dies Land kommen: Solche Propheten
sollen sterben durch Schwert und Hun-
ger. 16 Und die Leute, denen sie weis-
sagen, sollen auf den Gassen Jerusalems
liegen, vom Schwert und Hunger hinge-
streckt, und [a]niemand wird sie begraben,
sie und ihre Frauen, Söhne und Töchter;
und ich will ihre Bosheit über sie aus-
schütten.

17 Und du sollst zu ihnen dies Wort
sagen: [a]Meine Augen fließen über von
Tränen, unaufhörlich Tag und Nacht;
denn die Jungfrau, die Tochter meines
Volks, ist unheilbar verwundet und völlig
zerschlagen. 18 Gehe ich hinaus aufs
Feld, siehe, so liegen dort vom Schwert
Erschlagene; komme ich in die Stadt,
siehe, so liegen dort vor Hunger Ver-
schmachtete. Sogar Propheten und Pries-
ter müssen in ein Land ziehen, das sie
nicht kennen.

19 Hast du denn Juda verworfen oder
einen Abscheu gegen Zion? Warum hast
du uns denn so geschlagen, dass uns
niemand heilen kann? [a]Wir hofften, es
sollte Friede werden; aber es kommt
nichts Gutes. Wir hofften, wir sollten heil
werden; aber siehe, es ist Schrecken da.
20 HERR, wir erkennen unser gottloses
Leben und unsrer Väter Missetat; denn
[a]wir haben wider dich gesündigt. 21 Aber
um deines Namens willen verwirf uns
nicht! Lass den Thron deiner Herrlich-
keit nicht verspottet werden; gedenke
doch an deinen Bund mit uns und lass
ihn nicht aufhören! 22 Ist denn unter den
Götzen der Heiden einer, der Regen
geben könnte, oder gibt der Himmel
Regen? Du bist doch der HERR, unser
Gott, auf den wir hoffen; denn du hast
das alles gemacht.

15 Und der HERR sprach zu mir: Und
[a]wenn auch Mose und Samuel vor
mir stünden, so habe ich doch kein Herz
für dies Volk. Treibe sie weg von mir, und
lass sie weggehen! 2 Und wenn sie zu dir
sagen: Wo sollen wir hin?, dann antworte
ihnen: So spricht der HERR: [a]Wen der
Tod trifft, den treffe er; wen das Schwert
trifft, den treffe es; wen der Hunger trifft,
den treffe er; wen die Gefangenschaft
trifft, den treffe sie! 3 Denn ich will sie
heimsuchen mit [a]viererlei Plagen, spricht
der HERR: mit dem Schwert, dass sie
getötet werden; mit Hunden, die sie fort-
schleifen sollen; [b]mit den Vögeln des
Himmels und mit den Tieren des Feldes,
dass sie gefressen und vertilgt werden
sollen. 4 Und ich will sie zu einem Bild
des Entsetzens machen für alle König-
reiche auf Erden um [a]Manasses willen,
des Sohnes Hiskias, des Königs von
Juda, für alles, was er in Jerusalem be-
gangen hat.

5 Wer will sich denn deiner erbarmen,
Jerusalem? Wer wird denn Mitleid mit
dir haben? Wer wird denn kommen und
fragen, ob es dir gut geht? 6 Du hast mich
verlassen, spricht der HERR, und bist von
mir abgefallen; darum habe ich meine
Hand gegen dich ausgestreckt, um dich
zu verderben; ich bin des Erbarmens
müde. 7 Ich worfelte sie mit der [a]Worf-
schaufel in den Städten des Landes, und
mein Volk, das sich nicht bekehren wollte
von seinem Wandel, machte ich kinderlos
und brachte es um. 8 Es wurden mehr
Frauen zu Witwen unter ihnen, als Sand
am Meer ist. Ich ließ kommen über die

14,12: *a* Jes 58,3; *b* Kap 6,20 **14,14:** *a* Kap 23,21-22; 27,9.14-15; 29,8-9; Hes 13,6 **14,15:** *a* 5. Mose 18,20 **14,16:** *a* Kap 9,21 **14,17:** *a* Kap 13,17 **14,19:** *a* Kap 8,15 **14,20:** *a* Kap 3,25; Ps 51,5-7; 106,6 **15,1:** *a* 2. Mose 32,11; 1. Sam 7,9; Hes 14,14 **15,2:** *a* Kap 43,11; Sach 11,9 **15,3:** *a* Hes 14,21; *b* Kap 7,33 **15,4:** *a* 2. Kön 21,11-16; 23,26 **15,7:** *a* Mt 3,12

Mütter der jungen Mannschaft den Ver-
derber am hellen Mittag und ließ plötz-
lich über sie fallen Angst und Schrecken.
9 Die sieben Kinder hatte, welkte dahin,
und ihre Seele verschmachtete in ihr.
[a]Ihre Sonne ging unter am hellen Tag;
ihr Ruhm und ihre Freude hatte ein
Ende. Und was von ihnen übrig ist, will
ich dem Schwert hingeben vor ihren
Feinden, spricht der HERR.

Die Klage des Propheten über sein Amt. Gottes Zusage

10 Weh mir, meine Mutter, [a]dass du mich
geboren hast, gegen den jedermann ha-
dert und streitet im ganzen Lande! Hab
ich doch weder auf Wucherzinsen ausge-
liehen noch hat man mir geliehen, und
doch flucht mir jedermann.
11 Der HERR sprach: Wohlan, ich will
etliche von euch übrig lassen, denen es
wieder wohlgehen soll, und will euch zu
Hilfe kommen in der Not und Angst
unter den Feinden. 12 Kann man Eisen
zerbrechen, Eisen und Kupfer aus dem
Norden? 13 Ich will dein Gut und deine
Schätze zum Raube geben als Lohn für
alle deine Sünden, die du in deinem gan-
zen Gebiet begangen hast,[a] 14 und will
dich zum Knecht deiner Feinde machen
in einem Lande, das du nicht kennst;
denn es ist das Feuer meines Zorns über
euch angezündet.
15 Ach HERR, du weißt es! Gedenke an
mich und nimm dich meiner an und rä-
che mich an meinen Verfolgern! Lass
mich nicht hinweggerafft werden, wäh-
rend du deinen Zorn über sie noch zu-
rückhältst; denn du weißt, dass ich um
deinetwillen geschmäht werde. 16 [a]**Dein
Wort ward meine Speise, sooft ich's emp-
fing, und dein Wort ist meines Herzens
Freude und Trost; denn ich bin ja nach
deinem Namen genannt, HERR, Gott Ze-
baoth.** 17 Ich habe mich nicht zu den
Fröhlichen gesellt noch mich mit ihnen
gefreut, sondern saß einsam, gebeugt von
deiner Hand; denn du hattest mich er-
füllt mit Grimm. 18 Warum währt doch
mein Leiden so lange und sind meine
Wunden so schlimm, dass sie niemand
heilen kann? Du bist mir geworden wie
ein trügerischer Born, der nicht mehr
quellen will.
19 Darum spricht der HERR: Wenn du
dich zu mir hältst, so will ich mich zu dir
halten, und du sollst mein Prediger blei-
ben. Und wenn du recht redest und nicht
leichtfertig, so sollst du mein Mund sein.
Sie sollen sich zu dir kehren, doch du
kehre dich nicht zu ihnen! 20 Denn [a]ich
mache dich für dies Volk zur festen, eher-
nen Mauer. Wenn sie auch wider dich
streiten, sollen sie dir doch nichts an-
haben; denn ich bin bei dir, dass ich dir
helfe und dich errette, spricht der HERR,
21 und ich will dich erretten aus der Hand
der Bösen und erlösen aus der Hand der
Tyrannen.

Jeremias Einsamkeit als Vorzeichen des Gerichts

16 Und des HERRN Wort geschah zu
mir: 2 Du sollst dir keine Frau neh-
men und weder Söhne noch Töchter zeu-
gen an diesem Ort. 3 Denn so spricht der
HERR von den Söhnen und Töchtern, die
an diesem Ort geboren werden, und von
ihren Müttern, die sie gebären, und von
ihren Vätern, die sie zeugen in diesem
Lande: 4 Sie sollen an bösen Krankheiten
sterben und nicht beklagt noch begraben
werden, sondern sollen [a]Dung werden
auf dem Acker. Durch Schwert und Hun-
ger sollen sie umkommen, und ihre
Leichname sollen den Vögeln des Him-
mels und den Tieren des Feldes zum
Fraße werden.
5 So spricht der HERR: Du sollst in
kein Trauerhaus gehen, weder um zu kla-
gen noch um zu trösten; denn ich habe
meinen Frieden von diesem Volk weg-
genommen, die Gnade und die Barmher-
zigkeit, spricht der HERR. 6 Große und
Kleine sollen sterben in diesem Lande
und nicht begraben noch beklagt werden,
und [a]niemand wird sich ihretwegen
wund ritzen oder kahl scheren. 7 Auch
wird man keinem das Trauerbrot bre-
chen, um ihn zu trösten wegen eines To-
ten, und auch nicht den Trostbecher zu
trinken geben wegen seines Vaters oder
seiner Mutter. 8 Du sollst auch in kein

15,9: *a* Am 8,9 **15,10:** *a* Kap 20,14 **15,13:** *a* Kap 17,3 **15,16:** *a* 5.Mose 8,3; 32,46-47; Hes 3,1-3; Offb 10,8-9
15,20: *a* Kap 1,18-19 **16,4:** *a* Kap 9,21 **16,6:** *a* Kap 41,5; 47,5; 48,37; 3.Mose 19,27-28; 5.Mose 14,1

Hochzeitshaus gehen, um bei ihnen zu
sitzen zum Essen und zum Trinken.
9 Denn so spricht der HERR Zebaoth, der
Gott Israels: Siehe, [a]ich will an diesem
Ort vor euren Augen und zu euren Leb-
zeiten ein Ende machen dem Jubel der
Freude und Wonne, der Stimme des
Bräutigams und der Braut.
10 [a]Und wenn du das alles diesem Volk
gesagt hast und sie zu dir sprechen wer-
den: »Warum kündigt uns der HERR all
dies große Unheil an? Was ist die Misse-
tat und Sünde, womit wir wider den
HERRN, unsern Gott, gesündigt haben?«,
11 so sollst du ihnen sagen: Weil eure
Väter mich verlassen haben, spricht der
HERR, und andern Göttern nachgelaufen
sind, ihnen gedient und sie angebetet,
mich aber verlassen und mein Gesetz
nicht gehalten haben, 12 ihr aber noch
ärger tut als eure Väter; denn siehe, [a]ein
jeder lebt nach seinem verstockten und
bösen Herzen, sodass er mir nicht ge-
horcht. 13 Darum will ich euch aus die-
sem Lande verstoßen in ein Land, von
dem weder ihr noch eure Väter gewusst
haben. [a]Dort sollt ihr andern Göttern
dienen Tag und Nacht, weil ich euch
keine Gnade mehr erweisen will.

Heil und Gericht für Israel und für die Völker

14 [a]Darum siehe, es kommt die Zeit,
spricht der HERR, dass man nicht mehr
sagen wird: »So wahr der HERR lebt, der
die Israeliten aus Ägyptenland geführt
hat«, 15 sondern: »So wahr der HERR
lebt, der die Israeliten geführt hat aus
dem Lande des Nordens und aus allen
Ländern, wohin er sie verstoßen hatte.«
Denn ich will sie zurückbringen in das
Land, das ich ihren Vätern gegeben
habe.
16 Siehe, ich will viele Fischer aus-
senden, spricht der HERR, die sollen sie
fischen; und danach will ich viele Jäger
aussenden, die sollen sie fangen auf allen
Bergen und auf allen Hügeln und in allen
Felsklüften. 17 Denn [a]meine Augen sehen
auf alle ihre Wege, dass sie sich nicht vor
mir verstecken können, und ihre Missetat
ist vor meinen Augen nicht verborgen.
18 Aber zuvor will ich ihre Missetat und
Sünde [a]zwiefach vergelten, weil sie mein
Land mit ihren toten Götzen unrein ge-
macht und mein Erbland mit ihren
Gräueln angefüllt haben.
19 HERR, du bist meine Stärke und
Kraft und meine Zuflucht in der Not!
Die Heiden werden zu dir kommen von
den Enden der Erde und sagen: Nur
Lüge haben unsere Väter gehabt, nichtige
Götter, die nicht helfen können. 20 Wie
kann ein Mensch sich Götter machen?
Das sind doch keine Götter! 21 Darum
siehe, diesmal will ich sie lehren und
meine Kraft und Gewalt ihnen kundtun,
dass sie erfahren sollen: [a]Ich heiße der
HERR.

Judas Sünde und Strafe

17 [a]Die Sünde Judas ist geschrieben
mit eisernem Griffel und mit dia-
mantener Spitze gegraben auf die Tafel
ihres Herzens und auf die Hörner an
ihren Altären; 2 denn ihre Söhne denken
an ihre Altäre und Ascherabilder unter
den grünen Bäumen und auf den hohen
Hügeln. 3 Aber ich will deine Opferhöhen
auf Bergen und Feldern samt deiner
Habe und allen deinen Schätzen zum
Raube geben um der Sünde willen, die in
deinem ganzen Gebiet begangen ist.[a]
4 Und du sollst aus deinem Erbe versto-
ßen werden, das ich dir gegeben habe,
und ich will dich zum Knecht deiner
Feinde machen in einem Lande, das du
nicht kennst; denn ihr habt ein Feuer
meines Zorns angezündet, das ewiglich
brennen wird.

Falsche und wahre Sicherheit

5 So spricht der HERR: **Verflucht ist der
Mann, der [a]sich auf Menschen verlässt
und [b]hält Fleisch für seinen Arm und
weicht mit seinem Herzen vom HERRN.**
6 Der wird sein wie ein [a]Dornstrauch in
der Wüste und wird nicht sehen das
Gute, das kommt, sondern er wird blei-
ben in der Dürre der Wüste, im unfrucht-
baren Lande, wo niemand wohnt.
7 **Gesegnet aber ist der Mann, [a]der sich
auf den HERRN verlässt und dessen Zuver-**

16,9: *a* Kap 7,34 **16,10:** *a (10-13)* Kap 5,19 **16,12:** *a* Kap 7,26 **16,13:** *a* 5.Mose 28,64 **16,14:** *a (14-15)* Kap 23,7-8 **16,17:** *a* Hiob 34,21 **16,18:** *a* Jes 40,2 **16,21:** *a* 2.Mose 3,15 **17,1:** *a (1-3)* 2.Kön 23,4-18 **17,3:** *a* Kap 15,13 **17,5:** *a* Ps 118,8; 146,3; *b* 2.Chr 32,8 **17,6:** *a* Kap 48,6 **17,7:** *a* Ps 146,5

sicht der HERR ist. 8 Der ist [a]wie ein
Baum, am Wasser gepflanzt, der seine
Wurzeln zum Bach hin streckt. Denn ob-
gleich die Hitze kommt, fürchtet er sich
doch nicht, sondern seine Blätter bleiben
grün; und er sorgt sich nicht, wenn ein
dürres Jahr kommt, sondern bringt ohne
Aufhören Früchte.
9 **Es ist das Herz ein trotzig und verzagt
Ding; wer kann es ergründen?** 10 Ich, der
HERR, [a]kann das Herz ergründen und
die Nieren prüfen und [b]gebe einem jeden
nach seinem Tun, nach den Früchten sei-
ner Werke. 11 Wie ein Vogel, der sich über
Eier setzt, die er nicht gelegt hat, so ist,
wer unrecht Gut sammelt; denn [a]er muss
davon, wenn er's am wenigsten denkt,
und muss zuletzt noch Spott dazu
haben.
12 Aber die Stätte unseres Heiligtums
ist der [a]Thron der Herrlichkeit, erhaben
von Anbeginn. 13 Denn du, HERR, bist
die Hoffnung Israels. Alle, die dich ver-
lassen, müssen zuschanden werden, und
die Abtrünnigen müssen auf die Erde
geschrieben werden; denn sie verlassen
den HERRN, [a]die Quelle des lebendigen
Wassers.

Jeremias Gebet in Anfechtung

14 [a]**Heile du mich, HERR, so werde ich
heil; hilf du mir, so ist mir geholfen;** denn
du bist mein Ruhm. 15 Siehe, sie sprechen
zu mir: »Wo ist denn des HERRN Wort?
[a]Lass es doch kommen!« 16 Aber ich
habe dich nie gedrängt, Unheil kommen
zu lassen; auch hab ich den bösen Tag
nicht herbeigewünscht, das weißt du.
Was ich gepredigt habe, das liegt offen
vor dir.
17 Sei du mir nur nicht schrecklich,
meine Zuversicht in der Not! 18 [a]Lass die
zuschanden werden, die mich verfolgen,
und nicht mich; lass sie erschrecken, und
nicht mich. Lass den Tag des Unheils
über sie kommen und zerschlage sie
zwiefach!

Die Heiligung des Sabbats

19 [a]So sprach der HERR zu mir: Geh hin
und tritt ins Tor des Volks, durch das die
Könige von Juda aus und ein gehen, und
in alle Tore Jerusalems 20 und sprich zu
ihnen: Höret des HERRN Wort, ihr Kö-
nige Judas und ganz Juda und alle Ein-
wohner Jerusalems, die durch diese Tore
gehen! 21 [a]So spricht der HERR: Hütet
euch und tragt keine Last am Sabbattag
durch die Tore Jerusalems 22 und tragt
keine Last am Sabbattag aus euren Häu-
sern und tut keine Arbeit, sondern [a]hei-
ligt den Sabbattag, wie ich euren Vätern
geboten habe. 23 Aber [a]sie hörten nicht
und kehrten mir ihre Ohren nicht zu,
sondern blieben halsstarrig, dass sie ja
nicht auf mich hörten noch Zucht an-
nähmen.
24 Wenn ihr nun auf mich hören wer-
det, spricht der HERR, dass ihr am Sab-
battag keine Last durch die Tore dieser
Stadt tragt, sondern ihn heiligt, dass ihr
an diesem Tage keine Arbeit tut, 25 so
[a]sollen auch durch die Tore dieser Stadt
aus und ein gehen Könige, die auf dem
Thron Davids sitzen und die mit Ross
und Wagen fahren, sie und ihre Großen
samt allen, die in Juda und Jerusalem
wohnen; und es soll diese Stadt immer-
dar bewohnt werden. 26 Und sie sollen
kommen aus den Städten Judas und aus
der Gegend von Jerusalem und aus dem
Lande Benjamin, aus dem Hügelland
und vom Gebirge und vom Südland, die
da bringen Brandopfer, Schlachtopfer,
Speisopfer und Weihrauch und die da
Dankopfer bringen zum Hause des
HERRN. 27 Werdet ihr aber nicht auf mein
Gebot hören, [a]den Sabbattag zu heiligen
und keine Last am Sabbattag zu tragen
durch die Tore Jerusalems, so will ich ein
Feuer in ihren Toren anzünden, das die
festen Häuser Jerusalems verzehrt und
nicht gelöscht werden kann.

Das Gleichnis vom Töpfer

18 Dies ist das Wort, das geschah vom
HERRN zu Jeremia: 2 Mach dich auf
und geh hinab in des Töpfers Haus; dort
will ich dich meine Worte hören lassen.
3 Und ich ging hinab in des Töpfers
Haus, und siehe, er arbeitete eben auf der
Scheibe. 4 Und der Topf, den er aus dem
Ton machte, missriet ihm unter den Hän-

17,8: *a* Ps 1,3 **17,10:** *a* 1.Sam 16,7; Ps 7,10; Spr 15,11; *b* Röm 2,6 **17,11:** *a* Lk 12,20 **17,12:** *a* Kap 3,17 **17,13:** *a* Kap 2,13 **17,14:** *a* 2.Mose 15,26; Ps 6,3 **17,15:** *a* Jes 5,19 **17,18:** *a* Ps 35,4 **17,19:** *a (19-27)* Neh 13,15-22 **17,21:** *a (21-22)* 2.Mose 20,8-10 **17,22:** *a* Jes 56,2 **17,23:** *a* Kap 11,8 **17,25:** *a* Kap 22,4 **17,27:** *a* Hes 20,12-13

den. Da machte er einen andern Topf
daraus, wie es ihm gefiel.
5 Da geschah des HERRN Wort zu mir:
6 Kann ich nicht ebenso mit euch umge-
hen, ihr vom Hause Israel, wie dieser
Töpfer?, spricht der HERR. Siehe, [a]wie
der Ton in des Töpfers Hand, so seid
auch ihr vom Hause Israel in meiner
Hand.
7 [a]Bald rede ich über ein Volk und
Königreich, dass ich es ausreißen, ein-
reißen und zerstören will; 8 wenn es sich
aber bekehrt von seiner Bosheit, gegen
die ich rede, so [a]reut mich auch das
Unheil, das ich ihm gedachte zu tun.
9 Und bald rede ich über ein Volk und
Königreich, dass ich es bauen und pflan-
zen will; 10 wenn es aber tut, was mir
missfällt, dass es meiner Stimme nicht
gehorcht, so reut mich auch das Gute,
das ich ihm verheißen hatte zu tun.
11 Und nun sprich zu den Leuten in
Juda und zu den Bürgern Jerusalems: So
spricht der HERR: Siehe, ich bereite euch
Unheil und habe gegen euch etwas im
Sinn. So bekehrt euch doch, ein jeder
von seinen bösen Wegen, und [a]bessert
euern Wandel und euer Tun! 12 Aber sie
sprechen: [a]Daraus wird nichts! Wir wol-
len nach unsern Gedanken wandeln, und
ein jeder soll tun nach seinem [b]verstock-
ten und bösen Herzen.
13 Darum spricht der HERR: Fragt
doch unter den Heiden: Wer hat je der-
gleichen gehört? So gräuliche Dinge tut
die Jungfrau Israel! 14 Bleibt doch der
Schnee länger auf den Steinen im Felde,
wenn's vom Libanon herab schneit, und
das Regenwasser verläuft sich nicht so
schnell, 15 wie mein Volk meiner vergisst.
Sie opfern den nichtigen Göttern. Die
haben sie zu Fall gebracht auf den alten
Wegen und lassen sie nun gehen auf un-
gebahnten Straßen, 16 auf dass ihr Land
zur Wüste werde, ihnen zur ewigen
Schande, dass, wer vorübergeht, sich ent-
setze und den Kopf schüttle. 17 Denn ich
will sie wie durch einen Ostwind zer-
streuen vor ihren Feinden; [a]ich will
ihnen den Rücken und nicht das Antlitz
zeigen am Tag ihres Verderbens.

Jeremias Gebet gegen seine Feinde

18 Sie sprechen: »Kommt und lasst uns
gegen Jeremia Böses planen; denn dem
Priester wird's nicht fehlen an Weisung
noch dem Weisen an Rat noch dem Pro-
pheten am Wort! Kommt, lasst uns ihn
mit seinen eigenen Worten schlagen und
nichts geben auf alle seine Reden!«
19 HERR, hab acht auf mich und höre
die Stimme meiner Widersacher! 20 Ist's
recht, dass man Gutes mit Bösem vergilt?
Denn sie haben mir eine Grube gegra-
ben! Gedenke doch, wie ich vor dir ge-
standen bin, um für sie zum Besten zu
reden und deinen Grimm von ihnen ab-
zuwenden! 21 So strafe nun ihre Kinder
mit Hunger und gib sie dem Schwerte
preis, dass ihre Frauen kinderlos und
Witwen seien und ihre Männer vom Tode
getroffen und ihre junge Mannschaft im
Krieg durchs Schwert getötet werden;
22 dass Geschrei aus ihren Häusern ge-
hört werde, wenn du plötzlich Kriegsvolk
über sie kommen lässt. Denn sie haben
eine Grube gegraben, mich zu fangen,
und meinen Füßen Fallen gestellt.
23 Aber du, HERR, kennst alle ihre An-
schläge gegen mich, dass sie mich töten
wollen. So [a]vergib ihnen ihre Missetat
nicht und tilge ihre Sünde nicht aus vor
dir! Lass sie vor dir zu Fall kommen und
handle an ihnen zur Zeit deines Zorns![b]

Der zerschmetterte Krug

19 So sprach der HERR: Geh hin und
kaufe dir einen irdenen Krug vom
Töpfer und nimm mit etliche von den
Ältesten des Volks und von den Ältesten
der Priester 2 und geh hinaus ins Tal
[a]Ben-Hinnom, das vor dem Scherbentor
liegt, und predige dort die Worte, die ich
dir sage, 3 und sprich:
Höret des HERRN Wort, ihr Könige
von Juda und ihr Bürger Jerusalems!
So spricht der HERR Zebaoth, der Gott
Israels: [a]Siehe, ich will ein solches Un-
heil über diese Stätte bringen, dass je-
dem, der es hören wird, die Ohren gellen
sollen, 4 weil sie mich verlassen und diese

18,6: *a* Jes 45,9; Röm 9,21 **18,7:** *a (7-10)* Kap 1,10 **18,8:** *a* Kap 26,3; Hes 33,11; Jona 3,10 **18,11:** *a* Kap 7,3 **18,12:** *a* Kap 6,16; *b* Kap 11,8 **18,17:** *a* Kap 2,27 **18,23:** *a* Mt 6,15; *b* Lk 23,34 **19,2:** *a* Kap 7,31 **19,3:** *a* 2. Kön 21,12

Stätte einem fremden Gott gegeben und
dort andern Göttern geopfert haben, die
weder sie noch ihre Väter noch die Kö-
nige von Juda kannten, und weil sie die
Stätte voll unschuldigen Blutes gemacht
5 [a]und dem Baal Höhen gebaut haben,
um ihre Kinder dem Baal als Brandopfer
zu verbrennen, was ich weder geboten
noch geredet habe und was mir nie in den
Sinn gekommen ist.

6 Darum siehe, es wird die Zeit kom-
men, spricht der HERR, dass man diese
Stätte nicht mehr »Tofet« und »Tal Ben-
Hinnom«, sondern »Würgetal« nennen
wird. 7 Und ich will den Gottesdienst
Judas und Jerusalems an diesem Ort
zunichtemachen und will sie durchs
Schwert fallen lassen vor ihren Feinden
und durch die Hand derer, die ihnen
nach dem Leben trachten, und will ihre
Leichname den Vögeln des Himmels und
den Tieren auf dem Felde zum Fraße
geben. 8 Und ich will diese Stadt zum
Entsetzen und zum Spott machen, dass
alle, die vorübergehen, sich entsetzen und
spotten über alle ihre Plagen. 9 Ich will
sie [a]ihrer Söhne und Töchter Fleisch
essen lassen, und einer soll des andern
Fleisch essen in der Not und Angst, mit
der ihre Feinde und die, die ihnen nach
dem Leben trachten, sie bedrängen wer-
den.

10 Und du sollst den Krug zerbrechen
vor den Augen der Männer, die mit dir
gegangen sind, 11 und zu ihnen sagen: So
spricht der HERR Zebaoth: [a]Wie man
eines Töpfers Gefäß zerbricht, dass es
nicht wieder ganz werden kann, so will
ich dies Volk und diese Stadt zerbrechen.
Und man wird im [b]Tofet begraben, weil
sonst kein Raum dafür da sein wird. 12 So
will ich's mit dieser Stätte und ihren Be-
wohnern machen, spricht der HERR, dass
diese Stadt wie das Tofet werden soll.
13 Und die Häuser Jerusalems und die
Häuser der Könige von Juda sollen
ebenso unrein werden wie die Stätte To-
fet, alle Häuser, wo sie [a]auf den Dächern
dem ganzen Heer des Himmels geopfert
und andern Göttern Trankopfer darge-
bracht haben.

Die Misshandlung Jeremias durch Paschhur

14 Und als Jeremia vom Tofet zurück-
kam, wohin ihn der HERR gesandt hatte,
um zu weissagen, trat er in den Vorhof
am Hause des HERRN und sprach zu
allem Volk: 15 So spricht der HERR Ze-
baoth, der Gott Israels: Siehe, ich will
über diese Stadt und über alle ihre Ort-
schaften all das Unheil kommen lassen,
das ich gegen sie geredet habe, weil sie
halsstarrig sind und meine Worte nicht
hören wollen.

20 Als aber Paschhur, ein Sohn Im-
mers, der Priester, der zum Vor-
steher im Hause des HERRN bestellt war,
hörte, wie Jeremia solche Worte weis-
sagte, 2 schlug er den Propheten Jeremia
und [a]schloss ihn in den Block am oberen
Benjamintor, das am Hause des HERRN
ist. 3 Und am andern Morgen ließ Pasch-
hur den Jeremia aus dem Block los. Da
sprach Jeremia zu ihm: Der HERR nennt
dich nicht Paschhur, sondern [a]»Schre-
cken um und um«; 4 denn so spricht der
HERR: Siehe, ich will dich zum Schrecken
machen für dich selbst und alle deine
Freunde; sie sollen fallen durchs Schwert
ihrer Feinde, und du sollst es mit eigenen
Augen sehen. Und ich will ganz Juda in
die Hand des Königs von Babel geben;
der soll sie wegführen nach Babel und
mit dem Schwert töten. 5 Auch will ich
alle Güter dieser Stadt und allen Ertrag
ihrer Arbeit und alle Kleinode und alle
Schätze der Könige von Juda in die
Hand ihrer Feinde geben; die [a]werden sie
rauben, mitnehmen und nach Babel brin-
gen. 6 Und du, Paschhur, sollst mit allen
deinen Hausgenossen gefangen wegge-
führt werden und nach Babel kommen.
Dort sollst du sterben und begraben wer-
den samt allen deinen Freunden, denen
du Lügen gepredigt hast.

Die Last des Prophetenamts

7 HERR, [a]du hast mich überredet und ich
habe mich überreden lassen. Du bist mir
zu stark gewesen und hast gewonnen;

19,5: *a (5-7)* Kap 7,31-33; 3. Mose 18,21 **19,9:** *a* 3. Mose 26,29; 5. Mose 28,53 **19,11:** *a* Jes 30,12-14; *b* Kap 7,32 **19,13:** *a* Kap 32,29; 2. Kön 23,12; Zef 1,5 **20,2:** *a* Apg 16,24 **20,3:** *a* Vers 10; Kap 6,25; 46,5; 49,29; Ps 31,14 **20,5:** *a* Jes 39,6 **20,7:** *a* Kap 1,5-7

aber ich bin darüber zum Spott gewor-
den täglich, und jedermann verlacht
mich. 8 Denn sooft ich rede, muss ich
schreien; »Frevel und Gewalt!« muss ich
rufen. Denn des HERRN Wort ist mir zu
Hohn und Spott geworden täglich. 9 Da
dachte ich: Ich will nicht mehr an ihn
denken und nicht mehr in seinem Namen
predigen. Aber es ward in meinem Her-
zen wie ein brennendes Feuer, in meinen
Gebeinen verschlossen, dass ich's nicht
ertragen konnte; ich wäre schier vergan-
gen.[a]

10 Denn ich höre, wie viele heimlich
reden: [a]»Schrecken ist um und um!«
»Verklagt ihn!« »Wir wollen ihn verkla-
gen!« [b]Alle meine Freunde und Gesellen
lauern, ob ich nicht falle: »Vielleicht lässt
er sich überlisten, dass wir ihm beikom-
men können und uns an ihm rächen.«
11 Aber [a]der HERR ist bei mir wie ein
starker Held, darum werden meine Ver-
folger fallen und nicht gewinnen. Sie
müssen ganz zuschanden werden, weil es
ihnen nicht gelingt. Ewig wird ihre
Schande sein und nie vergessen werden.

12 Und nun, HERR Zebaoth, der du die
Gerechten prüfst, Nieren und Herz
durchschaust: [a]Lass mich deine Vergel-
tung an ihnen sehen; denn ich habe
dir meine Sache befohlen. 13 Singet dem
HERRN, rühmet den HERRN, der des
Armen Leben aus den Händen der Bos-
haften errettet!

14 Verflucht sei der Tag, an dem ich
geboren bin; der Tag soll ungesegnet
sein, an dem mich meine Mutter geboren
hat![a] 15 Verflucht sei, der meinem Vater
gute Botschaft brachte und sprach: »Du
hast einen Sohn«, sodass er ihn fröhlich
machte! 16 Der Tag soll sein [a]wie die
Städte, die der HERR vernichtet hat ohne
Erbarmen. Am Morgen soll er Wehklage
hören und am Mittag Kriegsgeschrei,
17 weil er mich nicht getötet hat im Mut-
terleibe, sodass meine Mutter mein Grab
geworden und ihr Leib ewig schwanger
geblieben wäre! 18 Warum bin ich doch
aus dem Mutterleib hervorgekommen,
wenn ich nur Jammer und Herzeleid se-
hen muss und meine Tage in Schmach
zubringe!

Jeremia kündigt Zedekia die Zerstörung Jerusalems an

21 Dies ist das Wort, das vom HERRN
geschah zu Jeremia, als der König
[a]Zedekia zu ihm sandte Paschhur, den
Sohn Malkijas, und [b]Zefanja, den Sohn
Maasejas, den Priester, und ihm sagen
ließ: 2 Befrage doch den HERRN für uns;
denn Nebukadnezar, der König von Ba-
bel, führt Krieg gegen uns. Vielleicht
wird der HERR doch an uns sein Wunder
tun wie so manches Mal, damit jener von
uns abzieht.

3 Jeremia sprach zu ihnen: So sagt zu
Zedekia: 4 Das spricht der HERR, der
Gott Israels: Siehe, ich will euch zum
Rückzug zwingen samt euren Waffen, die
ihr in euren Händen habt und mit denen
ihr kämpft gegen den König von Babel
und gegen die Chaldäer, die euch drau-
ßen vor der Mauer belagern, und will
euch versammeln mitten in dieser Stadt.
5 Und ich selbst will wider euch streiten
mit ausgestreckter Hand, mit starkem
Arm, mit Zorn und Grimm und ohne
Erbarmen 6 und will die Bürger dieser
Stadt schlagen, Menschen und Tiere,
dass sie sterben sollen durch eine große
Pest. 7 Und danach, spricht der HERR,
will ich Zedekia, den König von Juda,
samt seinen Großen und dem Volk, das
in dieser Stadt von Pest, Schwert und
Hunger übrig gelassen wird, in die
Hände Nebukadnezars, des Königs von
Babel, geben und in die Hände ihrer
Feinde und in die Hände derer, die ihnen
nach dem Leben trachten. Er wird sie mit
der Schärfe des Schwerts schlagen scho-
nungslos, ohne Gnade und Erbarmen.

8 Und zu diesem Volk sage: So spricht
der HERR: Siehe, [a]ich lege euch vor den
Weg zum Leben und den Weg zum Tode.
9 Wer in dieser Stadt bleibt, der wird ster-
ben müssen durch Schwert, Hunger und
Pest; wer sich aber hinausbegibt und
überläuft zu den Chaldäern, die euch be-
lagern, der soll am Leben bleiben und
soll sein Leben als Beute behalten.[a]
10 Denn ich habe mein Angesicht gegen
diese Stadt gerichtet zum Unheil und
nicht zum Heil, spricht der HERR. [a]Sie

20,9: *a* 1. Kor 9,16 **20,10:** *a* Vers 3; *b* Kap 18,18 **20,11:** *a* Kap 1,8.19 **20,12:** *a* Kap 11,20 **20,14:** *a* Kap 15,10; Hiob 3,3-11; 10,18 **20,16:** *a* 1. Mose 19,24-25 **21,1:** *a* Kap 39,1-10; *b* Kap 29,25-26; 37,3; 52,24 **21,8:** *a* 5. Mose 30,15 **21,9:** *a* Kap 38,2 **21,10:** *a* Kap 34,2

soll dem König von Babel übergeben
werden, dass er sie mit Feuer verbrenne.

Mahn- und Gerichtsworte an das Königshaus von Juda

11 Und zum Hause des Königs von Juda
sage: Höret des HERRN Wort, 12 ihr vom
Hause David! So spricht der HERR:
[a]Haltet alle Morgen gerechtes Gericht
und errettet den Bedrückten aus des Frev-
lers Hand, auf dass nicht [b]mein Grimm
ausfahre wie Feuer und brenne, ohne
dass jemand löschen kann, um eurer
bösen Taten willen.
13 Siehe, spricht der HERR, ich will an
dich, du Stadt, die du wohnst auf dem
Felsen im Tal und sprichst: Wer will uns
überfallen und wer will in unsere Feste
kommen? 14 Ich [a]will euch heimsuchen,
spricht der HERR, nach der Frucht eures
Tuns; [b]ich will ein Feuer in ihrem Wald
anzünden, das soll alles umher verzeh-
ren.
22 So sprach der HERR: Geh hinab in
das Haus des Königs von Juda
und rede dort dies Wort 2 und sprich:
Höre des HERRN Wort, du König von
Juda, der du auf dem Thron Davids
sitzt, du und deine Großen und dein
Volk, die durch diese Tore hineingehen.
3 So spricht der HERR: [a]Schafft Recht
und Gerechtigkeit und errettet den Be-
drückten von des Frevlers Hand und be-
drängt nicht die Fremdlinge, Waisen und
Witwen und tut niemand Gewalt an und
vergießt nicht unschuldiges Blut an
dieser Stätte. 4 Werdet ihr das tun, so
[a]sollen durch die Tore dieses Hauses ein-
ziehen Könige, die auf Davids Thron sit-
zen, und fahren mit Wagen und Rossen
samt ihren Großen und ihrem Volk.
5 Werdet ihr aber diesen Worten nicht ge-
horchen, so habe ich bei mir selbst ge-
schworen, spricht der HERR: [a]Dies Haus
soll zerstört werden.
6 Denn so spricht der HERR von dem
Hause des Königs von Juda: Ein Gilead
warst du mir, ein Gipfel im Libanon, –
was gilt's? Ich will dich zur Wüste, zur
Stadt ohne Einwohner machen! 7 Denn
ich habe Verderber wider dich bestellt,
einen jeden mit seinen Waffen; die sollen
deine auserwählten Zedern umhauen und
ins Feuer werfen. 8 Da werden viele Völ-
ker an dieser Stadt vorüberziehen und
zueinander sagen: Warum hat der HERR
an dieser großen Stadt so gehandelt?
9 Und man wird antworten: Weil sie den
Bund des HERRN, ihres Gottes, verlassen
und andere Götter angebetet und ihnen
gedient haben.

Worte über die Könige Schallum (Joahas), Jojakim und Konja (Jojachin)

10 [a]Weint nicht über den Toten und
grämt euch nicht um ihn; weint aber über
den, der fortgezogen ist; denn er wird
nicht mehr wiederkommen und sein Va-
terland nicht wiedersehen. 11 Denn so
spricht der HERR über [a]Schallum, den
Sohn [b]Josias, des Königs von Juda, der
König wurde an seines Vaters Josia statt:
Der von dieser Stätte fortgezogen ist,
wird nicht wieder herkommen, 12 sondern
muss sterben an dem Ort, wohin er ge-
fangen geführt ist, und wird dies Land
nicht mehr sehen.
13 [a]Weh dem, der [b]sein Haus mit Sün-
den baut und seine Gemächer mit Un-
recht, der seinen Nächsten umsonst ar-
beiten lässt und [c]gibt ihm seinen Lohn
nicht 14 und denkt: »Wohlan, ich will mir
ein großes Haus bauen und weite Ge-
mächer«, und lässt sich Fenster ausbre-
chen und mit Zedern täfeln und rot ma-
len. 15 Meinst du, du seist König, weil du
mit Zedern prangst? Hat dein Vater nicht
auch gegessen und getrunken und hielt
dennoch auf Recht und Gerechtigkeit,
und es ging ihm gut? 16 Er half dem Elen-
den und Armen zum Recht, und es ging
ihm gut. Heißt dies nicht, mich recht
erkennen?, spricht der HERR. 17 Aber
deine Augen und dein Herz sind auf
nichts anderes aus als auf unrechten
Gewinn und darauf, unschuldiges Blut
zu vergießen, zu freveln und zu unter-
drücken.
18 Darum spricht der HERR über [a]Jo-
jakim, den Sohn Josias, den König von

21,12: *a* Kap 22,3; *b* Kap 7,20 **21,14:** *a* Gal 6,7; *b* Hes 21,3 **22,3:** *a* Kap 21,12 **22,4:** *a* Kap 17,25 **22,5:** *a* 1. Kön 9,8 **22,10:** *a (10-12)* 2. Kön 23,29-34 **22,11:** *a* 1. Chr 3,15; *b* 2. Chr 36,1-4 **22,13:** *a (13-19)* 2. Kön 24,1-4; *b* Mi 3,10; *c* 3. Mose 19,13; Jak 5,4 **22,18:** *a* 2. Kön 23,34

Juda: Man wird ihn nicht beklagen:
»Ach, Bruder! Ach, Schwester!« Man
wird ihn nicht beklagen: »Ach, Herr!
Ach, Edler!« 19 Er soll wie ein Esel be-
graben werden, fortgeschleift und [a]hin-
ausgeworfen vor die Tore Jerusalems.

20 Geh hinauf auf den Libanon und
schreie und lass deine Klage hören in
Baschan und schreie vom Abarim her;
denn alle deine Liebhaber sind zunichte-
gemacht! 21 Ich habe dir's vorher gesagt,
als es noch gut um dich stand; aber du
sprachst: »Ich will nicht hören.« So hast
du es dein Lebtag getan, dass du mei-
ner Stimme nicht gehorchtest. 22 Alle
deine Hirten weidet der Sturmwind, und
deine Liebhaber müssen gefangen fort.
Ja, nun bist du zu Spott und zuschanden
geworden um aller deiner Bosheit willen.
23 Die du jetzt auf dem Libanon wohnst
und in Zedern nistest, wie wirst du stöh-
nen, wenn dir Schmerzen und Wehen
kommen werden wie einer in Kinds-
nöten!

24 [a]So wahr ich lebe, spricht der HERR:
Wenn [b]Konja, der Sohn Jojakims, der
König von Juda, ein Siegelring wäre an
meiner rechten Hand, so wollte ich dich
doch abreißen 25 und in die Hände derer
geben, die dir nach dem Leben trachten
und vor denen du dich fürchtest: in die
Hände Nebukadnezars, des Königs von
Babel, und der Chaldäer. 26 Und ich will
dich und deine Mutter, die dich geboren
hat, in ein anderes Land treiben, das
nicht euer Vaterland ist; dort sollt ihr
sterben. 27 Aber in das Land, wohin sie
von Herzen gern wiederkämen, sollen sie
nicht zurückkehren.

28 Ist denn Konja ein elender, verach-
teter, verstoßener Mann, ein Gefäß, das
niemand haben will? Ach, wie ist er doch
samt seinem Geschlecht vertrieben und
in ein unbekanntes Land geworfen! **29 O**
Land, Land, Land, höre des HERRN Wort!
30 So spricht der HERR: Schreibt diesen
Mann auf als einen, der [a]ohne Kinder
ist, einen Mann, dem sein Leben lang
nichts gelingt! Denn keiner seiner Nach-
kommen wird das Glück haben, dass er
auf dem Thron Davids sitze und in Juda
herrsche.

Gegen die bösen Hirten. Verheißung eines gerechten Königs

23 [a]Weh euch [b]Hirten, die ihr die
Herde meiner Weide umkommen
lasst und zerstreut!, spricht der HERR.
2 Darum spricht der HERR, der Gott Is-
raels, von den Hirten, die mein Volk wei-
den: Ihr habt meine Herde zerstreut und
verstoßen und nicht nach ihr gesehen.
Siehe, ich will euch heimsuchen um eures
bösen Tuns willen, spricht der HERR.
3 Und ich will die Übriggebliebenen mei-
ner Herde sammeln aus allen Ländern,
wohin ich sie verstoßen habe, und will sie
wiederbringen zu ihren Weideplätzen,
dass sie sollen wachsen und viel werden.
4 Und [a]ich will Hirten über sie setzen, die
sie weiden sollen, dass sie sich nicht mehr
fürchten noch erschrecken noch heim-
gesucht werden, spricht der HERR.

5 Siehe, es kommt die Zeit, spricht der
HERR, dass ich dem David einen gerechten
[a]Spross erwecken will. Der soll [b]ein Kö-
nig sein, der wohl regieren und Recht und
Gerechtigkeit im Lande üben wird. 6 Zu
seiner Zeit soll Juda geholfen werden und
[a]Israel sicher wohnen. Und dies wird sein
Name sein, mit dem man ihn nennen wird:
[b]»Der HERR unsere Gerechtigkeit«.

7 [a]Darum siehe, es wird die Zeit kom-
men, spricht der HERR, dass man nicht
mehr sagen wird: »So wahr der HERR
lebt, der die Israeliten aus Ägyptenland
geführt hat!«, 8 sondern: »So wahr der
HERR lebt, der die Nachkommen des
Hauses Israel herausgeführt und herge-
bracht hat aus dem Lande des Nordens
und aus allen Landen, wohin er sie ver-
stoßen hatte.« Und sie sollen in ihrem
Lande wohnen.

Worte über die falschen Propheten

(vgl. Hes 13,2-16)

9 Wider die Propheten. Mein Herz will
mir in meinem Leibe brechen, alle meine
Gebeine zittern; mir ist wie einem trun-
kenen Mann und wie einem, der vom
Wein taumelt, vor dem HERRN und vor
seinen heiligen Worten. 10 Denn das
Land ist voller Ehebrecher, und wegen
des Fluches [a]vertrocknet das Land und

22,19: *a* Kap 36,30 **22,24:** *a (24-30)* 2. Kön 24,8-16; *b* Kap 24,1 **22,30:** *a* 1. Chr 3,17-24 **23,1:** *a (1-4)* Hes 34,1-16; *b* Kap 10,21; Sach 11,5 **23,4:** *a* Kap 3,15 **23,5:** *a* Sach 3,8; *b* Jes 32,1 **23,6:** *a* 5. Mose 33,28; *b* Kap 33,16; Jes 45,24 **23,7:** *a (7-8)* Kap 16,14-15 **23,10:** *a* Kap 12,4

die Weideplätze in der Steppe verdorren.
Böse ist, wonach sie streben, und ihre
Stärke ist Unrecht. 11 Denn [a]Propheten
wie Priester sind ruchlos; auch in mei-
nem Hause finde ich ihre Bosheit, spricht
der HERR.

12 Darum ist ihr Weg [a]wie ein glatter
Weg, auf dem sie im Finstern gleiten und
fallen; denn ich will Unheil über sie kom-
men lassen, das Jahr ihrer Heimsuchung,
spricht der HERR. 13 [a]Auch bei den Pro-
pheten zu Samaria sah ich Anstößiges,
dass sie weissagten im Namen des Baal
und mein Volk Israel verführten; 14 aber
bei den Propheten zu Jerusalem sehe ich
Gräuel, wie sie ehebrechen und mit Lü-
gen umgehen und die Boshaften stärken,
auf dass sich ja niemand bekehre von
seiner Bosheit. Sie sind alle vor mir
gleichwie Sodom und die Bürger Jerusa-
lems wie Gomorra. 15 Darum spricht der
HERR Zebaoth über die Propheten:
Siehe, [a]ich will sie mit Wermut speisen
und mit Gift tränken; denn von den Pro-
pheten Jerusalems geht das ruchlose
Wesen aus ins ganze Land.

16 So spricht der HERR Zebaoth: Hört
nicht auf die Worte der Propheten, die
euch weissagen! [a]Sie betrügen euch;
denn [b]sie verkünden euch Gesichte aus
ihrem Herzen und nicht aus dem Mund
des HERRN. 17 Sie sagen denen, die des
HERRN Wort verachten: Es wird euch
wohlgehen –, und allen, [a]die nach ihrem
verstockten Herzen wandeln, sagen sie:
Es wird kein Unheil über euch kommen.

18 Aber wer hat [a]im Rat des HERRN
gestanden, dass er sein Wort gesehen und
gehört hätte? Wer hat sein Wort vernom-
men und gehört? 19 [a]Siehe, es wird ein
Wetter des HERRN kommen voll Grimm
und ein schreckliches Ungewitter auf den
Kopf der Gottlosen niedergehen. 20 Und
des HERRN Zorn wird nicht ablassen, bis
er tue und ausrichte, was er im Sinn
hat; zur letzten Zeit werdet ihr es klar
erkennen.

21 Ich sandte die Propheten nicht und
doch laufen sie; ich redete nicht zu ihnen
und doch weissagen sie.[a] 22 Denn wenn
sie in meinem Rat gestanden hätten, so
hätten sie meine Worte meinem Volk ge-
predigt, um es von seinem bösen Wandel
und von seinem bösen Tun zu bekehren.

23 Bin ich nur ein Gott, der nahe ist,
spricht der HERR, und nicht auch ein Gott,
der ferne ist? 24 Meinst du, dass [a]sich je-
mand so heimlich verbergen könne, dass
ich ihn nicht sehe?, spricht der HERR. Bin
ich es nicht, der Himmel und Erde erfüllt?,
spricht der HERR.

25 Ich höre es wohl, was die Propheten
reden, die Lüge weissagen in meinem Na-
men und sprechen: Mir hat geträumt,
mir hat geträumt. 26 Wann wollen doch
die Propheten aufhören, die Lüge weis-
sagen und ihres Herzens Trug weissagen
27 und wollen, dass mein Volk meinen
Namen vergesse über ihren Träumen, die
einer dem andern erzählt, [a]wie auch ihre
Väter meinen Namen vergaßen über dem
Baal? 28 Ein Prophet, der Träume hat, der
erzähle Träume; wer aber mein Wort hat,
der predige mein Wort recht. Wie reimen
sich Stroh und Weizen zusammen?,
spricht der HERR. **29 Ist mein Wort nicht**
wie ein Feuer, spricht der HERR, und wie
ein Hammer, der Felsen zerschmeißt?[a]

30 Darum siehe, ich will an die Pro-
pheten, spricht der HERR, die mein Wort
stehlen einer vom andern. 31 Siehe, ich
will an die Propheten, spricht der HERR,
die ihr eigenes Wort führen und spre-
chen: »Er hat's gesagt.« 32 Siehe, ich will
an die Propheten, spricht der HERR, die
falsche Träume erzählen und [a]verführen
mein Volk mit ihren Lügen und losem
Geschwätz, obgleich ich sie nicht gesandt
und ihnen nichts befohlen habe und sie
auch diesem Volk nichts nütze sind,
spricht der HERR.

33 [a]Wenn dich dies Volk oder ein Pro-
phet oder ein Priester fragen wird und
sagt: Was ist die Last, die der HERR jetzt
ankündigt?, sollst du zu ihnen sagen: Ihr
seid die Last, ich will euch wegwerfen,
spricht der HERR. – 34 Und wenn ein Pro-
phet oder Priester oder die Leute sagen
werden: »Das ist die Last des HERRN«,
den will ich heimsuchen und sein Haus
dazu. 35 Vielmehr sollt ihr einer mit dem
andern reden und zueinander sagen:

23,11: *a* Kap 5,31 **23,12:** *a* Kap 13,16; Ps 35,6 **23,13:** *a (13-15)* 5. Mose 18,20-22; Jes 1,10; Hes 13,22 **23,15:** *a* Kap 9,14 **23,16:** *a* Kap 6,13-14; *b* Kap 14,14 **23,17:** *a* Kap 7,24 **23,18:** *a* Jes 40,13 **23,19:** *a (19-20)* Kap 30,23-24 **23,21:** *a* Kap 14,14 **23,24:** *a* Ps 139,7-16 **23,27:** *a* Ri 3,7 **23,29:** *a* Hebr 4,12 **23,32:** *a* Kap 14,14 **23,33:** *a (33-40)* 2. Kön 9,25; Jes 13,1

»Was antwortet der HERR?«, und: »Was
sagt der HERR?« 36 Aber sagt nicht mehr
»Last des HERRN«; denn einem jeden
wird sein eigenes Wort zur Last werden,
weil ihr so die Worte des lebendigen Got-
tes, des HERRN Zebaoth, unseres Gottes,
verdreht. 37 Darum sollt ihr zum Prophe-
ten sagen: »Was antwortet dir der
HERR?«, und: »Was sagt der HERR?«

38 Wenn ihr aber sagt: »Last des
HERRN«, so spricht der HERR: Weil ihr
dies Wort Last des HERRN nennt, ob-
gleich ich zu euch gesandt habe und euch
sagen ließ, ihr sollt nicht »Last des
HERRN« sagen, – 39 siehe, so will ich euch
aufheben wie eine Last und euch samt
der Stadt, die ich euch und euren Vätern
gegeben habe, von meinem Angesicht
wegwerfen 40 und will euch [a]ewige
Schande und ewige Schmach zufügen,
die nie vergessen werden soll.

Die zwei Feigenkörbe

24 Siehe, der HERR zeigte mir zwei
Feigenkörbe, aufgestellt vor dem
Tempel des HERRN, [a]nachdem Nebu-
kadnezar, der König von Babel, den Je-
chonja*, den Sohn Jojakims, den König
von Juda, weggeführt hatte samt den
Großen Judas und den Zimmerleuten
und Schmieden und sie von Jerusalem
nach Babel gebracht hatte. 2 In dem einen
Korbe waren sehr gute Feigen, wie die
ersten reifen Feigen sind; im andern
Korbe waren sehr schlechte Feigen, dass
man sie nicht essen konnte, so schlecht
waren sie. 3 Und der HERR sprach zu mir:
Jeremia, was siehst du? Ich sprach: Fei-
gen; die guten Feigen sind sehr gut und
die schlechten sind sehr schlecht, dass
man sie nicht essen kann, so schlecht
sind sie.

4 [a]Da geschah des HERRN Wort zu
mir: 5 So spricht der HERR, der Gott
Israels: Wie auf diese guten Feigen, so
will ich blicken auf die Weggeführten aus
Juda, die ich von dieser Stätte habe fort-
ziehen lassen in der Chaldäer Land. 6 Ich
will sie gnädig ansehen und sie wieder in
dies Land bringen und [a]will sie bauen
und nicht verderben, ich will sie pflanzen
und nicht ausreißen. 7 Und ich will ihnen
ein Herz geben, [a]dass sie mich erkennen
sollen, dass ich der HERR bin. Und [b]sie
sollen mein Volk sein und ich will ihr
Gott sein; von ganzem Herzen werden
sie sich zu mir bekehren.

8 [a]Aber wie die schlechten Feigen, die
so schlecht sind, dass man sie nicht essen
kann, spricht der HERR, so will ich da-
hingeben Zedekia, den König von Juda,
samt seinen Großen und allen, die übrig
geblieben sind in Jerusalem und in die-
sem Lande und die in Ägyptenland woh-
nen. 9 Ich will sie zum Bild des Entset-
zens, ja des Unglücks machen für alle
Königreiche auf Erden, [a]zum Spott und
zum Sprichwort, zum Hohn und zum
Fluch an allen Orten, wohin ich sie ver-
stoßen werde, 10 und will Schwert, Hun-
ger und Pest unter sie schicken, bis sie
ganz vertilgt sind aus dem Lande, das ich
ihnen und ihren Vätern gegeben habe.

Die siebzigjährige Gefangenschaft bis zum Untergang Babels

25 Dies ist das Wort, das zu Jeremia
geschah über das ganze Volk von
Juda [a]im vierten Jahr Jojakims, des Soh-
nes Josias, des Königs von Juda; das ist
das erste Jahr Nebukadnezars, des Kö-
nigs von Babel.

2 Und der Prophet Jeremia sprach zu
dem ganzen Volk von Juda und zu allen
Bürgern Jerusalems: 3 Vom [a]dreizehnten
Jahr des Josia an, des Sohnes Amons, des
Königs von Juda, ist des HERRN Wort zu
mir geschehen bis auf diesen Tag, und ich
habe zu euch nun dreiundzwanzig Jahre
lang immer wieder gepredigt, aber ihr
habt nie hören wollen. 4 Und der HERR
hat zu euch [a]immer wieder alle seine
Knechte, die Propheten, gesandt; aber ihr
habt nie hören wollen und eure Ohren
mir nicht zugekehrt und mir nicht ge-
horcht, 5 wenn er sprach: [a]Bekehrt euch,
ein jeder von seinem bösen Wege und
von euren bösen Werken, so sollt ihr in
dem Lande, das der HERR euch und eu-
ren Vätern gegeben hat, für immer und
ewig bleiben. 6 Folgt nicht andern Göt-
tern, ihnen zu dienen und sie anzubeten,

* Der Name lautet in 2. Kön 24,6 u. ö. Jojachin, in Jer 22,24 u. ö. Konja.

23,40: *a* Kap 20,11 **24,1:** *a* 2. Kön 24,14-16 **24,4:** *a (4-10)* Hes 11,14-21 **24,6:** *a* Kap 1,10; 31,28 **24,7:** *a* Kap 31,33-34; *b* Kap 7,23 **24,8:** *a (8-10)* 2. Kön 24,17-20; 5. Mose 2,31; Kap 29,16-19 **24,9:** *a* 1. Kön 9,7 **25,1:** *a* Kap 36,1 **25,3:** *a* Kap 1,2; 36,2 **25,4:** *a* Kap 7,25-26; 11,7; 26,5; 28,8; 29,19; 44,4; 2. Chr 36,15-16 **25,5:** *a* Kap 7,3

und erzürnt mich nicht durch eurer
Hände Werk, damit ich euch nicht Un-
heil zufügen muss. 7 Aber ihr wolltet mir
nicht gehorchen, spricht der HERR, auf
dass ihr mich ja erzürntet durch eurer
Hände Werk zu eurem eigenen Unheil.

8 Darum spricht der HERR Zebaoth:
Weil ihr denn meine Worte nicht hören
wollt, 9 siehe, so will ich ausschicken und
kommen lassen alle Völker des Nordens,
spricht der HERR, auch meinen Knecht
[a]Nebukadnezar, den König von Babel,
und will sie bringen über dies Land und
über seine Bewohner und über alle diese
Völker ringsum und will an ihnen den
Bann vollstrecken und sie zum Bild des
Entsetzens und zum Spott und zur ewi-
gen Wüste machen 10 und [a]will wegneh-
men allen fröhlichen Gesang, die Stimme
des Bräutigams und der Braut, das Ge-
räusch der Mühle und das Licht der
Lampe, 11 [a]sodass dies ganze Land wüst
und zerstört liegen soll. Und [b]diese Völ-
ker sollen dem König von Babel dienen
siebzig Jahre.

12 Wenn aber die siebzig Jahre um sind,
will ich heimsuchen den König von Babel
und jenes Volk, spricht der HERR, um
ihrer Missetat willen, dazu das Land der
Chaldäer und will es zur ewigen Wüste
machen. 13 So lasse ich an diesem Lande,
gegen das ich geredet habe, alle meine
Worte in Erfüllung gehen, nämlich alles,
was in diesem Buch geschrieben steht,
was Jeremia geweissagt hat über alle Völ-
ker. 14 Und [a]auch sie sollen großen Völ-
kern und großen Königen dienen. So will
ich ihnen vergelten nach ihrem Verdienst
und nach den Werken ihrer Hände.

Der Zornbecher für alle Völker

15 Denn so sprach zu mir der HERR, der
Gott Israels: Nimm diesen [a]Becher mit
dem Wein meines Zorns aus meiner
Hand und lass daraus trinken alle Völker,
zu denen ich dich sende, 16 dass sie trin-
ken, taumeln und toll werden vor dem
Schwert, das ich unter sie schicken will.

17 Und ich nahm den Becher aus der
Hand des HERRN und ließ daraus trin-
ken alle Völker, zu denen mich der HERR
sandte, 18 nämlich Jerusalem, die Städte
Judas, ihre Könige und Fürsten, dass sie
wüst und zerstört liegen und ein Spott
und Fluch sein sollten – wie es denn
heutigentages steht –, 19 auch den Pha-
rao, den König von Ägypten, mit seinen
Großen und mit seinen Fürsten, mit sei-
nem ganzen Volk 20 und allem Misch-
volk, alle Könige im Lande Uz, alle Kö-
nige in der Philister Lande mit Aschke-
lon, Gaza, Ekron und denen, die übrig
geblieben sind in Aschdod; 21 die von
Edom, die von Moab, die Ammoniter;
22 alle Könige von Tyrus, alle Könige von
Sidon, die Könige auf den Inseln jenseits
des Meeres; 23 die von Dedan, die von
Tema, die von Bus und alle, die [a]das
Haar rundherum abscheren; 24 alle Kö-
nige Arabiens und die der Mischvölker,
die in der Wüste wohnen; 25 alle Könige
in Simri, alle Könige in Elam, alle Kö-
nige in Medien; 26 alle Könige des Nor-
dens, die in der Nähe und die in der
Ferne, einen wie den andern, alle König-
reiche der Welt, so viel ihrer auf Erden
sind. Und der König von [a]Scheschach*
soll nach ihnen trinken.

27 Und sprich zu ihnen: So spricht der
HERR Zebaoth, der Gott Israels: Trinkt,
dass ihr trunken werdet, und speit, dass
ihr niederfallt und nicht aufstehen könnt
vor dem Schwert, das ich unter euch
schicken will. 28 Und wenn sie den Becher
von deiner Hand nicht nehmen und nicht
trinken wollen, so sprich zu ihnen: So
spricht der HERR Zebaoth: Ihr müsst
trinken! 29 Denn siehe, [a]bei der Stadt, die
nach meinem Namen genannt ist, fange
ich an mit dem Unheil, und ihr solltet
ungestraft bleiben? [b]Ihr sollt nicht unge-
straft bleiben, denn ich rufe das Schwert
über alle herbei, die auf Erden wohnen,
spricht der HERR Zebaoth.

30 Und du sollst ihnen alle diese Worte
weissagen und zu ihnen sprechen: Der
HERR [a]wird brüllen aus der Höhe und
seinen Donner hören lassen aus seiner
heiligen Wohnung. Er wird brüllen über
seine Fluren hin; wie einer, der die Kelter
tritt, wird er seinen Ruf erschallen lassen
über alle Bewohner der Erde hin, 31 und

* d. i. ein Deckname für Babel.

25,9: *a* Dan 3,31-33 **25,10:** *a* Kap 7,34 **25,11:** *a* 2. Chr 36,21; *b* Kap 29,10; Esra 1,1-2 **25,14:** *a* Kap 27,7 **25,15:** *a* Kap 51,7; Jes 51,17; Offb 14,10 **25,23:** *a* Kap 9,25 **25,26:** *a* Kap 51,41 **25,29:** *a* Hes 9,6; 1. Petr 4,17; *b* Kap 49,12 **25,30:** *a* Hos 11,10; Joel 4,16; Am 1,2

sein Schall wird dringen bis an die Enden
der Erde. Der HERR will mit den Völkern
rechten und mit allem Fleisch Gericht
halten; die Schuldigen wird er dem
Schwert übergeben, spricht der HERR.
32 So spricht der HERR Zebaoth: Siehe,
es wird eine Plage kommen von einem
Volk zum andern, und ein großes Wetter
wird sich erheben von den Enden der
Erde. 33 Zu der Zeit werden die vom
HERRN Erschlagenen liegen von einem
Ende der Erde bis ans andere Ende; sie
werden nicht beklagt noch aufgehoben
noch begraben werden, sondern müssen
auf dem Felde liegen und [a]zu Dung wer-
den. 34 Heult, ihr [a]Hirten, und schreit,
wälzt euch in der Asche, ihr Herren der
Herde; denn die Zeit ist erfüllt, dass ihr
geschlachtet und zerstreut werdet und
zerbrechen müsst wie ein kostbares Ge-
fäß. 35 Und die Hirten werden nicht flie-
hen können, und die Herren der Herde
werden nicht entrinnen können. 36 Da
werden die Hirten schreien, und die Her-
ren der Herde werden heulen, dass der
HERR ihre Weide so verwüstet hat 37 und
ihre Auen, die so schön standen, ver-
nichtet sind von dem grimmigen Zorn
des HERRN. 38 Er hat sein Versteck ver-
lassen wie ein junger [a]Löwe, und ihr
Land ist verheert von seinem gewaltigen
Schwert und von seinem grimmigen
Zorn.

Jeremias Tempelrede, seine Gefangennahme und Freilassung

(vgl. Kap 7,1-34)

26 Im Anfang der Herrschaft [a]Joja-
kims, des Sohnes Josias, des Kö-
nigs von Juda, geschah dies Wort vom
HERRN: 2 So spricht der HERR: Tritt in
den Vorhof am Hause des HERRN und
predige denen, die aus allen Städten
Judas hereinkommen, um anzubeten im
Hause des HERRN, alle Worte, die ich dir
befohlen habe, ihnen zu sagen, und tu
nichts davon weg, 3 ob sie vielleicht hö-
ren wollen und [a]sich bekehren, ein jeder
von seinem bösen Wege, damit mich
auch reuen könne das Übel, das ich
gedenke, ihnen anzutun um ihrer bösen
Taten willen. 4 Und sprich zu ihnen: So
spricht der HERR: Werdet ihr mir nicht
gehorchen und nicht nach meinem Ge-
setz wandeln, das ich euch vorgelegt
habe, 5 und nicht hören auf die Worte
meiner Knechte, der Propheten, die ich
[a]immer wieder zu euch sende und auf
die ihr doch nicht hören wollt, 6 so [a]will
ich's mit diesem Hause machen wie mit
[b]Silo und diese Stadt zum Fluchwort für
alle Völker auf Erden machen.
7 Als aber die Priester, Propheten und
alles Volk Jeremia hörten, dass er solche
Worte redete im Hause des HERRN, 8 und
Jeremia nun alles gesagt hatte, was ihm
der HERR befohlen hatte, allem Volk zu
sagen, ergriffen ihn die Priester, Prophe-
ten und das ganze Volk und sprachen:
Du musst sterben! 9 Warum weissagst du
im Namen des HERRN: »Es wird diesem
Hause gehen wie Silo, und diese Stadt
soll so wüst werden, dass niemand mehr
darin wohnt«? Und das ganze Volk sam-
melte sich im Hause des HERRN wider
Jeremia.
10 Als das die Oberen von Juda hörten,
gingen sie aus des Königs Hause hinauf
ins Haus des HERRN und setzten sich
zum Gericht vor das neue Tor am Hause
des HERRN. 11 Und die Priester und Pro-
pheten sprachen vor den Oberen und
allem Volk: Dieser Mann ist des Todes
schuldig; denn [a]er hat geweissagt gegen
diese Stadt, wie ihr mit eigenen Ohren
gehört habt. 12 Aber Jeremia sprach zu
allen Oberen und zu allem Volk: Der
HERR hat mich gesandt, dass ich dies
alles, was ihr gehört habt, weissagen
sollte gegen dies Haus und gegen diese
Stadt. 13 So [a]bessert nun eure Wege und
euer Tun und gehorcht der Stimme des
HERRN, eures Gottes, dann wird den
HERRN auch gereuen das Übel, das er
gegen euch geredet hat. 14 Siehe, ich bin
in euren Händen, ihr könnt mit mir ma-
chen, wie es euch recht und gut dünkt.
15 Doch sollt ihr wissen: Wenn ihr mich
tötet, so [a]werdet ihr unschuldiges Blut
auf euch laden, auf diese Stadt und ihre
Einwohner. Denn wahrlich, der HERR
hat mich zu euch gesandt, dass ich dies
alles vor euren Ohren reden soll.
16 Da sprachen die Oberen und das

25,33: *a* Kap 9,21 **25,34:** *a* Kap 23,1 **25,38:** *a* Kap 4,7 **26,1:** *a* 2. Kön 23,34-37 **26,3:** *a* Kap 18,8; 36,3 **26,5:** *a* Kap 25,4 **26,6:** *a* 2. Kön 25,9; *b* Kap 7,12 **26,11:** *a* Apg 6,13 **26,13:** *a* Kap 7,3 **26,15:** *a* 2. Mose 23,7; Mt 27,4.25

ganze Volk zu den Priestern und Pro-
pheten: Dieser Mann ist des Todes nicht
schuldig; denn er hat zu uns geredet im
Namen des HERRN, unseres Gottes.
17 Und es standen auf etliche von den
Ältesten des Landes und sprachen zu
dem versammelten Volk: 18 Zur Zeit His-
kias, des Königs von Juda, war ein Pro-
phet, [a]Micha von Moreschet; der sprach
zum ganzen Volk Juda: »So spricht der
HERR Zebaoth: [b]Zion wird wie ein
Acker gepflügt werden, und [c]Jerusalem
wird zu Steinhaufen werden und der
Berg des Tempels zu einer Höhe wilden
Gestrüpps.« 19 Doch ließ ihn Hiskia, der
König von Juda, und das ganze Juda
deswegen nicht töten, vielmehr fürchte-
ten sie den HERRN und flehten zu ihm.
Da [a]reute auch den HERRN das Übel,
das er gegen sie geredet hatte. Wir aber
würden großes Unheil über uns bringen.

Hinrichtung des Propheten Uria

20 Da war noch einer, der im Namen des
HERRN weissagte, Uria, der Sohn Sche-
majas, von [a]Kirjat-Jearim. Der weissagte
gegen diese Stadt und gegen dies Land
ganz wie Jeremia. 21 Als aber der König
Jojakim und alle seine Gewaltigen und
die Oberen seine Worte hörten, wollte
ihn der König töten lassen. Und Uria
erfuhr das, fürchtete sich und floh und
kam nach Ägypten. 22 Aber der König
Jojakim schickte Leute nach Ägypten,
Elnatan, den Sohn Achbors, und andere
mit ihm. 23 Die holten ihn aus Ägypten
und brachten ihn zum König Jojakim.
Der ließ ihn mit dem Schwert töten und
ließ seinen Leichnam unter dem niederen
Volk begraben.

24 Aber mit Jeremia war die Hand
[a]Ahikams, des Sohnes Schafans, sodass
man ihn nicht dem Volk in die Hände
gab, das ihn getötet hätte.

Jeremias Predigt vom Joch Nebukadnezars

27 Im Anfang der Herrschaft [a]Zede-
kias, des Sohnes Josias, des Königs
von Juda, geschah dies Wort vom
HERRN zu Jeremia:

2 So spricht der HERR zu mir: Mache
dir ein [a]Joch und lege es auf deinen Na-
cken 3 und schicke Botschaft zum [a]König
von Edom, zum König von Moab, zum
König der Ammoniter, zum König von
Tyrus und zum König von Sidon durch
die Boten, die zu Zedekia, dem König
von Juda, nach Jerusalem gekommen
sind, 4 und befiehl ihnen, dass sie ihren
Herren sagen: So spricht der HERR
Zebaoth, der Gott Israels: So sollt ihr
euren Herren sagen: 5 Ich [a]habe die Erde
gemacht und Menschen und Tiere, die
auf Erden sind, durch meine große Kraft
und meinen ausgereckten Arm und gebe
sie, wem ich will. 6 [a]Nun aber habe ich
alle diese Länder in die Hand meines
Knechts Nebukadnezar, des Königs von
Babel, gegeben und auch die Tiere auf
dem Felde, dass sie ihm untertan sein
sollen. 7 Und es sollen alle Völker ihm
dienen und seinem Sohn und seines Soh-
nes Sohn, bis auch für sein Land die Zeit
kommt, dass es vielen Völkern und gro-
ßen Königen untertan sein muss. 8 Das
Volk aber und das Königreich, das dem
König von Babel, Nebukadnezar, nicht
untertan sein will und das seinen Nacken
nicht unter das Joch des Königs von Ba-
bel beugt, das will ich heimsuchen mit
Schwert, Hunger und Pest, spricht der
HERR, bis ich sie durch seine Hand um-
bringe.

9 So [a]hört doch nicht auf eure Pro-
pheten, Wahrsager, Traumdeuter, Zei-
chendeuter und Zauberer, die euch
sagen: Ihr werdet nicht untertan sein
müssen dem König von Babel. 10 Denn
sie weissagen euch Lüge, auf dass sie
euch aus eurem Lande fortbringen und
ich euch verstoße und ihr umkommt.
11 Aber das Volk, das seinen Nacken un-
ter das Joch des Königs von Babel beugt
und ihm untertan ist, das will ich in sei-
nem Lande lassen, dass es dasselbe be-
baue und bewohne, spricht der HERR.

12 Und ich redete alle diese Worte zu
Zedekia, dem König von Juda, und
sprach: Beugt euren Nacken unter das
Joch des Königs von Babel und seid ihm
und seinem Volk untertan, so sollt ihr am
Leben bleiben. 13 Warum wollt ihr ster-

26,18: *a* Mi 1,1; *b* Mi 3,12; *c* Kap 9,10 **26,19:** *a* Kap 18,8 **26,20:** *a* Jos 15,9 **26,24:** *a* 2. Kön 22,12 **27,1:** *a* 2. Kön 24,17-18 **27,2:** *a* Kap 28,10 **27,3:** *a* Kap 25,21-22 **27,5:** *a* Kap 32,17 **27,6:** *a (6-7)* Kap 25,9; Jes 45,1-8; Hes 26,7; Dan 2,38 **27,9:** *a* Kap 14,13-14

ben, du und dein Volk, durch Schwert,
Hunger und Pest, wie der HERR geredet
hat über das Volk, das dem König von
Babel nicht untertan sein will? 14Darum
hört nicht auf die Worte der Propheten,
die euch sagen: »Ihr werdet nicht unter-
tan sein müssen dem König von Babel!«
Denn [a]sie weissagen euch Lüge 15und
ich habe sie nicht gesandt, spricht der
HERR, sondern sie weissagen Lüge in
meinem Namen, auf dass ich euch ver-
stoße und ihr umkommt samt den Pro-
pheten, die euch weissagen.

16Und zu den Priestern und zu diesem
ganzen Volk redete ich und sprach: So
spricht der HERR: Hört nicht auf die
Worte eurer Propheten, die euch weis-
sagen und sprechen: »Siehe, [a]die Geräte
aus dem Hause des HERRN werden nun
bald von Babel wieder herkommen!«
Denn sie weissagen euch Lüge. 17Hört
nicht auf sie, sondern seid dem König
von Babel untertan, so werdet ihr am
Leben bleiben. Warum soll diese Stadt
zur Wüstenei werden? 18Sind sie aber
Propheten und haben sie des HERRN
Wort, so lasst sie den HERRN Zebaoth
bitten, dass die Geräte, die übrig geblie-
ben sind im Hause des HERRN und im
Hause des Königs von Juda und zu Jeru-
salem, nicht auch nach Babel geführt
werden.

19Denn so spricht der HERR Zebaoth
von [a]den Säulen und vom Meer und von
den Gestellen und von den Geräten, die
noch übrig geblieben sind in dieser Stadt,
20die Nebukadnezar, der König von Ba-
bel, nicht mitnahm, als er Jechonja, den
Sohn Jojakims, den König von Juda, von
Jerusalem wegführte nach Babel samt
allen Vornehmen in Juda und Jerusalem,
– 21so spricht der HERR Zebaoth, der
Gott Israels, von den Geräten, die übrig
geblieben sind im Hause des HERRN und
im Hause des Königs von Juda und zu
Jerusalem: 22Sie sollen nach Babel ge-
führt werden und dort bleiben bis auf
den Tag, an dem ich nach ihnen sehe,
spricht der HERR, und [a]ich sie wieder
zurückbringen lasse an diesen Ort.

Jeremia und Hananja

28 In demselben Jahr, im Anfang der
Herrschaft Zedekias, des Königs
von Juda, im fünften Monat des vierten
Jahrs, sprach Hananja, der Sohn Asurs,
ein Prophet von [a]Gibeon, zu mir im
Hause des HERRN in Gegenwart der
Priester und des ganzen Volks:

2So spricht der HERR Zebaoth, der
Gott Israels: Ich habe das Joch des
Königs von Babel zerbrochen, 3und ehe
zwei Jahre um sind, [a]will ich alle Geräte
des Hauses des HERRN, die Nebukadne-
zar, der König von Babel, von diesem Ort
weggenommen und nach Babel geführt
hat, wieder an diesen Ort bringen; 4auch
[a]Jechonja, den Sohn Jojakims, den Kö-
nig von Juda, samt allen Weggeführten
aus Juda, die nach Babel gekommen
sind, will ich wieder an diesen Ort brin-
gen, spricht der HERR, denn ich will das
Joch des Königs von Babel zerbrechen.

5Da sprach der Prophet Jeremia zu
dem Propheten Hananja in Gegenwart
der Priester und des ganzen Volks, die im
Hause des HERRN standen, 6und sagte:
Amen! Der HERR tue so; der HERR be-
stätige dein Wort, das du geweissagt hast,
dass er die Geräte aus dem Hause des
HERRN von Babel wiederbringe an die-
sen Ort und alle Weggeführten. 7Doch
höre dies Wort, das ich vor deinen Ohren
rede und vor den Ohren des ganzen
Volks: 8Die Propheten, die vor mir und
vor dir gewesen sind von alters her, die
haben gegen viele Länder und große
Königreiche geweissagt von Krieg, von
Unheil und Pest. 9Wenn aber ein Prophet
von Heil weissagt – [a]ob ihn der HERR
wahrhaftig gesandt hat, wird man daran
erkennen, dass sein Wort erfüllt wird.

10Da nahm der Prophet Hananja das
[a]Joch vom Nacken des Propheten Jere-
mia und zerbrach es. 11Und Hananja
sprach in Gegenwart des ganzen Volks:
So spricht der HERR: Ebenso [a]will ich
zerbrechen das Joch Nebukadnezars, des
Königs von Babel, ehe zwei Jahre um
sind, und es vom Nacken aller Völker
nehmen. Und der Prophet Jeremia ging
seines Weges.

27,14: *a* Kap 14,14 **27,16:** *a* Kap 28,3; 2. Chr 36,10 **27,19:** *a* 1. Kön 7,15-39; 2. Kön 25,13-17 **27,22:** *a* Esra 1,1-11 **28,1:** *a* 2. Chr 1,3.13 **28,3:** *a* Kap 27,16 **28,4:** *a* Kap 27,20 **28,9:** *a* 5. Mose 18,21-22 **28,10:** *a* Kap 27,2 **28,11:** *a* Kap 29,10

12 Aber des HERRN Wort geschah zu
Jeremia, nachdem der Prophet Hananja
das Joch auf dem Nacken des Propheten
Jeremia zerbrochen hatte: 13 Geh hin und
sage Hananja: So spricht der HERR: Du
hast das hölzerne Joch zerbrochen, aber
du hast nun ein eisernes Joch an seine
Stelle gesetzt. 14 Denn so spricht der
HERR Zebaoth, der Gott Israels: [a]Ein
eisernes Joch habe ich allen diesen Völ-
kern auf den Nacken gelegt, dass sie
[b]untertan sein sollen Nebukadnezar,
dem König von Babel, und ihm dienen,
und auch die Tiere habe ich ihm gege-
ben.

15 Und der Prophet Jeremia sprach
zum Propheten Hananja: Höre doch,
Hananja! Der HERR hat dich nicht ge-
sandt; aber du machst, dass dies Volk
sich auf Lügen verlässt. 16 Darum spricht
der HERR: Siehe, ich will dich vom Erd-
boden nehmen; dies Jahr sollst du ster-
ben, denn du hast sie mit deiner Rede
vom HERRN abgewendet. 17 Und der Pro-
phet Hananja starb im selben Jahr im
siebenten Monat.

Jeremias Brief an die Weggeführten in Babel

29 Dies sind die Worte des Briefes,
den der Prophet Jeremia von Jeru-
salem sandte an den Rest der Ältesten,
die weggeführt waren, an die Priester
und Propheten und an das ganze Volk,
das Nebukadnezar von Jerusalem nach
Babel weggeführt hatte 2 – nachdem der
König Jechonja und die Königinmutter
mit den Kämmerern und Oberen in Juda
und Jerusalem samt den Zimmerleuten
und Schmieden aus Jerusalem wegge-
führt waren[a] –, 3 durch Elasa, den Sohn
Schafans, und Gemarja, den Sohn Hilki-
jas, die Zedekia, der König von Juda,
nach Babel sandte zu Nebukadnezar,
dem König von Babel:

4 So spricht der HERR Zebaoth, der
Gott Israels, zu den Weggeführten, die
ich von Jerusalem nach Babel habe weg-
führen lassen: 5 Baut Häuser und wohnt
darin; pflanzt Gärten und esst ihre
Früchte; 6 nehmt euch Frauen und zeugt
Söhne und Töchter, nehmt für eure
Söhne Frauen und gebt eure Töchter
Männern, dass sie Söhne und Töchter
gebären; mehrt euch dort, dass ihr nicht
weniger werdet. 7 **Suchet der Stadt Bestes,**
dahin ich euch habe wegführen lassen,
und betet für sie zum HERRN; denn wenn's
ihr wohlgeht, so geht's auch euch wohl.

8 [a]Denn so spricht der HERR Zebaoth,
der Gott Israels: Lasst euch durch die
Propheten, die bei euch sind, und durch
die Wahrsager nicht betrügen, und hört
nicht auf die Träume, die sie träumen!
9 Denn sie weissagen euch Lüge in mei-
nem Namen. Ich habe sie nicht gesandt,
spricht der HERR.

10 Denn so spricht der HERR: [a]Wenn
für Babel siebzig Jahre voll sind, so will
ich euch heimsuchen und will mein gnädi-
ges Wort an euch erfüllen, dass ich euch
wieder an diesen Ort bringe. 11 Denn **ich**
weiß wohl, was ich für Gedanken über
euch habe, spricht der HERR: Gedanken
des Friedens und nicht des Leides, dass ich
euch gebe das Ende, des ihr wartet.*
12 Und ihr werdet mich anrufen und hin-
gehen und mich bitten und ich will euch
erhören. 13 [a]Ihr werdet mich suchen und
finden; denn **wenn ihr mich von ganzem**
Herzen suchen werdet, 14 so will ich mich
von euch finden lassen, spricht der HERR,
und will eure Gefangenschaft wenden
und euch sammeln aus allen Völkern und
von allen Orten, wohin ich euch versto-
ßen habe, spricht der HERR, und will
euch wieder an diesen Ort bringen, von
wo ich euch habe wegführen lassen.

15 Zwar meint ihr, der HERR habe euch
auch in Babel Propheten erstehen lassen.
– 16 Fürwahr, so spricht der HERR über
den König, der auf Davids Thron sitzt,
und über das ganze Volk, das in dieser
Stadt wohnt, über eure Brüder, die nicht
mit euch in die Gefangenschaft gezogen
sind, 17 [a]ja, so spricht der HERR Ze-
baoth: Siehe, ich will Schwert, Hunger
und Pest unter sie schicken und will sie
machen wie die schlechten Feigen, davor
einem ekelt zu essen, 18 und will hinter
ihnen her sein mit Schwert, Hunger und
Pest und [a]will sie zum Bild des Entset-
zens machen für alle Königreiche auf Er-

* Wörtlich: dass ich euch gebe Zukunft und Hoffnung.

28,14: *a* 5. Mose 28,48; *b* Kap 27,6 **29,2:** *a* 2. Kön 24,14-15 **29,8:** *a (8-9)* Kap 14,14 **29,10:** *a* Kap 25,11-13 **29,13:** *a (13-14)* Kap 30,3; 5. Mose 4,29; Jes 55,6 **29,17:** *a (17-18)* Kap 24,8-10 **29,18:** *a* 5. Mose 28,37

den, zum Fluch, zum Grauen, zum Hohn
und zum Spott unter allen Völkern, wo-
hin ich sie verstoßen werde, 19 weil sie
meinen Worten nicht gehorchten, spricht
der HERR, der ich meine Knechte, die
Propheten, [a]immer wieder zu euch ge-
sandt habe; aber ihr wolltet nicht hören,
spricht der HERR.

20 Aber ihr alle, die ihr gefangen weg-
geführt seid, die ich von Jerusalem habe
nach Babel ziehen lassen, höret des
HERRN Wort! 21 So spricht der HERR Ze-
baoth, der Gott Israels, wider Ahab, den
Sohn Kolajas, und wider Zidkija, den
Sohn Maasejas, die euch Lügen weissa-
gen in meinem Namen: Siehe, ich will sie
geben in die Hände Nebukadnezars, des
Königs von Babel. Der soll sie totschla-
gen lassen vor euren Augen, 22 sodass
man ihre Namen zum Fluchwort machen
wird unter allen Weggeführten aus Juda,
die in Babel sind, und sagen: Der HERR
tue an dir wie an Zidkija und Ahab, die
der König von Babel im Feuer rösten
ließ, 23 weil sie eine Schandtat in Israel
begingen und Ehebruch trieben mit den
Frauen ihrer Nächsten und in meinem
Namen Lüge predigten, was ich ihnen
nicht befohlen hatte. Solches weiß ich
und bezeuge es, spricht der HERR.

Jeremia und Schemaja

24 Und wider Schemaja von Nehelam
sollst du sagen: 25 So spricht der HERR
Zebaoth, der Gott Israels: Weil du unter
deinem Namen Briefe gesandt hast an
alles Volk, das in Jerusalem ist, an den
Priester [a]Zefanja, den Sohn Maasejas,
und an alle Priester und gesagt: 26 Der
HERR hat dich zum Priester bestellt an-
statt des Priesters Jojada, dass du Auf-
seher sein sollst im Hause des HERRN
[a]über alle Wahnsinnigen und Weissager,
dass du sie [b]in Block und Eisen legst, –
27 nun, warum strafst du dann nicht Jere-
mia von Anatot, der euch weissagt?
28 Hat er doch zu uns nach Babel ge-
schickt und sagen lassen: Es wird noch
lange währen; baut Häuser und wohnt
darin, pflanzt Gärten und esst ihre
Früchte.

29 Es hatte nämlich der Priester Ze-
fanja den Brief vorgelesen vor den Ohren
des Propheten Jeremia.

30 Da geschah des HERRN Wort zu
Jeremia: 31 Sende hin zu allen Wegge-
führten und lass ihnen sagen: So spricht
der HERR wider Schemaja von Nehelam:
Weil euch Schemaja weissagt – und ich
habe ihn doch nicht gesandt – und
macht, dass ihr auf Lügen vertraut,
32 darum spricht der HERR: Siehe, ich
will Schemaja von Nehelam heimsuchen
samt seinen Nachkommen, dass keiner
von den Seinen unter diesem Volk blei-
ben soll. Und er soll das Gute nicht
sehen, das ich meinem Volk tun will,
spricht der HERR; denn er hat es mit
seiner Rede vom HERRN abgewendet.

Israels Befreiung aus der Gefangenschaft

30 Dies ist das Wort, das vom
HERRN geschah zu Jeremia: 2 So
spricht der HERR, der Gott Israels:
Schreib dir alle Worte, die ich zu dir
geredet habe, in ein Buch. 3 Denn siehe,
es kommt die Zeit, spricht der HERR,
dass ich das Geschick meines Volks Is-
rael und Juda wenden will, spricht der
HERR; und [a]ich will sie wiederbringen in
das Land, das ich ihren Vätern gegeben
habe, dass sie es besitzen sollen.

4 Und dies sind die Worte, die der
HERR redete über Israel und Juda. 5 So
spricht der HERR: Wir hören ein Ge-
schrei des Schreckens; nur Furcht ist da
und kein Friede. 6 Forscht doch und seht,
ob dort Männer gebären! Wie kommt es
denn, dass ich sehe, wie alle Männer ihre
Hände an die Hüften halten wie Frauen
in Kindsnöten und alle Angesichter so
bleich sind? 7 Wehe, es ist [a]ein gewaltiger
Tag und seinesgleichen ist nicht gewesen,
und es ist eine Zeit der Angst für Jakob;
doch soll ihm daraus geholfen werden.

8 [a]Es soll aber geschehen zu dieser
Zeit, spricht der HERR Zebaoth, dass ich
das Joch auf deinem Nacken zerbrechen
will und deine Bande zerreißen. Sie wer-
den nicht mehr Fremden dienen, 9 son-
dern dem HERRN, ihrem Gott, und ihrem
König David, den ich ihnen erwecken
will.

10 Darum fürchte du dich nicht, mein

29,19: *a* Kap 25,4 **29,25:** *a* Kap 21,1 **29,26:** *a* Hos 9,7; *b* Kap 20,2 **30,3:** *a* Kap 29,14 **30,7:** *a* Joel 2,11; Zef 1,14-15 **30,8:** *a (8-9)* Kap 23,5; 27,12; Hes 34,23; Hos 3,5

Knecht Jakob, spricht der HERR, und
entsetze dich nicht, Israel. Denn siehe,
ich will dich erretten aus fernen Landen
und deine Nachkommen aus dem Lande
ihrer Gefangenschaft, dass Jakob zu-
rückkehren soll und in Frieden und Si-
cherheit leben, und niemand soll ihn
schrecken.[a] 11 Denn ich bin bei dir,
spricht der HERR, dass ich dir helfe.
Denn ich will mit allen Völkern ein Ende
machen, unter die ich dich zerstreut
habe; aber mit dir will ich nicht ein Ende
machen. [a]Ich will dich mit Maßen züch-
tigen, doch ungestraft kann ich dich
nicht lassen.

12 Denn so spricht der HERR: Dein
Schaden ist verzweifelt böse, und [a]deine
Wunden sind unheilbar. 13 Deine Sache
führt niemand; da ist keiner, der dich
verbindet, es kann dich niemand heilen.
14 Alle deine Liebhaber vergessen dich,
fragen nichts nach dir. Ich habe dich ge-
schlagen wie einen Feind mit unbarmher-
ziger Züchtigung um deiner großen
Schuld und um deiner vielen Sünden wil-
len. 15 Was schreist du über deinen Scha-
den und über dein verzweifelt böses Lei-
den? Habe ich dir doch solches getan um
deiner großen Schuld und um deiner vie-
len Sünden willen.

16 Doch alle, die dich gefressen haben,
sollen gefressen werden, und alle, die
dich geängstigt haben, sollen alle gefan-
gen weggeführt werden; und [a]die dich
beraubt haben, sollen beraubt werden,
und alle, die dich geplündert haben, sol-
len geplündert werden. 17 Aber dich will
ich [a]wieder gesund machen und deine
Wunden heilen, spricht der HERR, weil
man dich nennt: »die Verstoßene« und:
»Zion, nach der niemand fragt«.

18 So spricht der HERR: Siehe, ich will
das Geschick der Hütten Jakobs wenden
und mich über seine Wohnungen erbar-
men, und die Stadt soll wieder auf ihre
Hügel gebaut werden, und die Burg soll
stehen an ihrem rechten Platz. 19 Und es
soll aus ihr erschallen Lob- und Freuden-
gesang; denn ich will sie mehren und
nicht mindern, ich will sie herrlich ma-
chen und nicht geringer. 20 Ihre Söhne
sollen sein wie früher, und ihre Gemeinde
soll vor mir fest gegründet stehen; denn
ich will heimsuchen alle, die sie bedrän-
gen. 21 Und [a]ihr Fürst soll aus ihrer
Mitte kommen und ihr Herrscher von
ihnen ausgehen; und er soll zu mir na-
hen, denn wer dürfte sonst sein Leben
wagen und mir nahen?, spricht der
HERR. 22 Und ihr sollt mein Volk sein
und ich will euer Gott sein.[a]

23 [a]Siehe, es wird ein Wetter des
HERRN kommen voll Grimm, ein
schreckliches Ungewitter wird auf den
Kopf der Gottlosen niedergehen. 24 Des
HERRN grimmiger Zorn wird nicht ab-
lassen, bis er tue und ausrichte, was er im
Sinn hat; zur letzten Zeit werdet ihr es
erkennen.

Die Heimkehr der Versprengten

31 Zu derselben Zeit, spricht der
HERR, [a]will ich der Gott aller Ge-
schlechter Israels sein und sie sollen mein
Volk sein.

2 So spricht der HERR: Das Volk, das
dem Schwert entronnen ist, hat Gnade
gefunden in der Wüste; Israel zieht hin zu
seiner Ruhe. 3 Der HERR ist mir erschie-
nen von ferne: **Ich habe dich je und je
geliebt, darum habe ich dich zu mir ge-
zogen aus lauter Güte.** 4 Wohlan, ich will
dich wiederum bauen, dass du gebaut
sein sollst, du Jungfrau Israel; du sollst
dich wieder schmücken, Pauken schlagen
und herausgehen zum Tanz. 5 Du sollst
wiederum Weinberge pflanzen an den
Bergen Samarias; pflanzen wird man sie
und ihre Früchte genießen. 6 Denn es
wird die Zeit kommen, dass die Wächter
auf dem Gebirge Ephraim rufen: Wohl-
auf, lasst uns hinaufziehen nach Zion
zum HERRN, unserm Gott!

7 Denn so spricht der HERR: Jubelt
über Jakob mit Freuden und jauchzet
über das Haupt unter den Völkern. Ruft
laut, rühmt und sprecht: Der HERR hat
seinem Volk geholfen, dem Rest Israels!
8 Siehe, ich will sie aus dem Lande des
Nordens bringen und [a]will sie sammeln
von den Enden der Erde, auch Blinde
und Lahme, Schwangere und junge Müt-
ter, dass sie als große Gemeinde wieder
hierher kommen sollen. 9 Sie werden wei-

30,10: *a* Kap 46,27; Jes 43,5-6 **30,11:** *a* Kap 10,24; 5.Mose 8,5 **30,12:** *a* Kap 15,18 **30,16:** *a* Jes 33,1; Hes 39,10 **30,17:** *a* Kap 33,6; Jes 57,18-19 **30,21:** *a* Vers 9 **30,22:** *a* Kap 7,23 **30,23:** *a (23-24)* Kap 23,19-20 **31,1:** *a* Kap 7,23 **31,8:** *a* Jes 35,8-10; Hes 34,16

nend kommen, aber ich will sie trösten
und leiten. Ich will sie zu Wasserbächen
führen auf ebenem Wege, dass sie nicht
zu Fall kommen; denn [a]ich bin Israels
Vater und Ephraim ist mein erstgebore-
ner Sohn.

10 Höret, ihr Völker, des HERRN Wort
und verkündet's fern auf den Inseln und
sprecht: Der Israel zerstreut hat, der
wird's auch wieder sammeln und [a]wird
es hüten wie ein Hirte seine Herde;
11 denn der HERR wird Jakob erlösen und
von der Hand des Mächtigen erretten.
12 Sie werden kommen und auf der Höhe
des Zion jauchzen und sich freuen über
die Gaben des HERRN, über Getreide,
Wein, Öl und junge Schafe und Rinder,
dass ihre Seele sein wird [a]wie ein wasser-
reicher Garten und sie nicht mehr be-
kümmert sein sollen. 13 Alsdann werden
die Jungfrauen fröhlich beim Reigen sein,
die junge Mannschaft und die Alten mit-
einander; denn ich will ihr Trauern in
Freude verwandeln und sie trösten und
sie erfreuen nach ihrer Betrübnis. 14 Und
ich will der Priester Herz voller Freude
machen, und mein Volk soll meiner Ga-
ben die Fülle haben, spricht der HERR.

15 So spricht der HERR: Man hört Kla-
gegeschrei und bittres Weinen in Rama:
[a]Rahel weint über ihre Kinder und will
sich nicht trösten lassen über ihre Kin-
der; denn es ist aus mit ihnen. 16 Aber so
spricht der HERR: Lass dein Schreien
und Weinen und die Tränen deiner Au-
gen; denn deine Mühe wird noch belohnt
werden, spricht der HERR. Sie sollen wie-
derkommen aus dem Lande des Feindes,
17 und deine Nachkommen haben viel
Gutes zu erwarten, spricht der HERR,
denn deine Söhne sollen wieder in ihre
Heimat kommen.

18 Ich habe wohl gehört, wie Ephraim
klagt: »Du hast mich hart erzogen und
ich ließ mich erziehen wie ein junger
Stier, der noch nicht gelernt hat zu zie-
hen. Bekehre du mich, so will ich mich
bekehren; denn du, HERR, bist mein
Gott! 19 Nachdem ich bekehrt war, tat ich
Buße, und als ich zur Einsicht kam,
schlug ich an meine Brust. Ich bin zu-
schanden geworden und stehe schamrot
da; denn ich muss büßen die Schande
meiner Jugend.« 20 Ist nicht Ephraim
mein teurer Sohn und mein liebes Kind?
Denn [a]sooft ich ihm auch drohe, muss
ich doch seiner gedenken; darum [b]bricht
mir mein Herz, dass ich mich seiner er-
barmen muss, spricht der HERR.

21 Richte dir Wegzeichen auf, setze dir
Steinmale und richte deinen Sinn auf die
Straße, auf der du gezogen bist! Kehr
zurück, Jungfrau Israel, kehr zurück zu
diesen deinen Städten! 22 Wie lang willst
du in der Irre gehen, du abtrünnige Toch-
ter? Denn der HERR wird ein Neues im
Lande schaffen: Die Frau wird den
Mann umgeben.

23 So spricht der HERR Zebaoth, der
Gott Israels: »Man wird dies Wort wie-
der sagen im Lande Juda und in seinen
Städten, wenn ich ihr Geschick wenden
werde: Der HERR segne dich, du [a]Woh-
nung der Gerechtigkeit, du heiliger Berg!
24 Auch Juda samt allen seinen Städten
soll darin wohnen, die Ackerleute und
die mit Herden umherziehen; 25 denn ich
will die Müden erquicken und die Ver-
schmachtenden sättigen.« 26 Darüber bin
ich aufgewacht und sah auf und hatte so
sanft geschlafen. 27 Siehe, es kommt die
Zeit, spricht der HERR, dass ich das
Haus Israel und das Haus Juda besäen
will mit Menschen und mit Vieh. 28 Und
gleichwie ich über sie gewacht habe,
[a]auszureißen und einzureißen, zu verder-
ben und zu zerstören und zu plagen, so
will ich über sie wachen, zu bauen und zu
pflanzen, spricht der HERR. 29 [a]Zu der-
selben Zeit wird man nicht mehr sagen:
»Die Väter haben saure Trauben geges-
sen und den Kindern sind die Zähne
stumpf geworden«, 30 sondern ein jeder
wird um seiner Schuld willen sterben,
und wer saure Trauben gegessen hat,
dem sollen seine Zähne stumpf werden.

Die Verheißung eines neuen Bundes

31 [a]**Siehe, es kommt die Zeit, spricht der**
HERR, da will ich mit dem Hause Israel
und mit dem Hause Juda einen neuen
Bund schließen, 32 nicht wie der [a]Bund
gewesen ist, den ich mit ihren Vätern
schloss, als ich sie bei der Hand nahm,

31,9: *a* 2. Mose 4,22; 2. Kor 6,18 **31,10:** *a* Jes 40,11 **31,12:** *a* Jes 58,11 **31,15:** *a* 1. Mose 35,16-20; 1. Sam 10,2; Mt 2,18 **31,20:** *a* Jes 49,15; *b* Hos 11,8 **31,23:** *a* Sach 8,3 **31,28:** *a* Kap 1,10 **31,29:** *a (29-30)* Hes 18,2; 2. Mose 20,5; Klgl 5,7 **31,31:** *a (31-34)* Hebr 8,8-12 **31,32:** *a* 5. Mose 6,4-7

um sie aus Ägyptenland zu führen, ein
Bund, den sie nicht gehalten haben, ob
ich gleich ihr Herr war, spricht der
HERR; 33 sondern **das soll der Bund sein,**
den ich mit dem Hause Israel schließen
will nach dieser Zeit, spricht der HERR:
[a]Ich will mein Gesetz in ihr Herz geben
und in ihren Sinn schreiben, und [b]sie sol-
len mein Volk sein und ich will ihr Gott
sein. 34 Und es wird keiner den andern
noch ein Bruder den andern lehren und
sagen: »Erkenne den HERRN«, sondern sie
sollen mich alle erkennen, beide, Klein und
Groß, spricht der HERR; denn [a]ich will
ihnen ihre Missetat vergeben und ihrer
Sünde nimmermehr gedenken.

35 So spricht der HERR, der die Sonne
dem Tage zum Licht gibt und den Mond
und die Sterne der Nacht zum Licht be-
stellt; der das Meer bewegt, dass seine
Wellen brausen – HERR Zebaoth ist sein
Name –: 36 Wenn jemals diese Ordnungen
vor mir ins Wanken kämen, spricht der
HERR, so müsste auch das Geschlecht
Israels aufhören, ein Volk zu sein vor mir
ewiglich.[a]

37 So spricht der HERR: Wenn man den
Himmel oben messen könnte und den
Grund der Erde unten erforschen, dann
würde ich auch verwerfen das ganze Ge-
schlecht Israels für all das, was sie getan
haben, spricht der HERR.

38 Siehe, es kommt die Zeit, spricht der
HERR, dass die Stadt des HERRN gebaut
werden wird vom Turm Hananel an bis
ans Ecktor; 39 und die Messschnur wird
weiter geradeaus gehen bis an den Hügel
Gareb und sich nach Goa hin wenden.
40 Und das ganze Tal der Leichen und
der Asche und die Hänge bis zum Bach
Kidron, bis zu der Ecke am Rosstor im
Osten, wird dem HERRN heilig sein. Und
die Stadt wird niemals mehr eingerissen
und abgebrochen werden.

Der Ackerkauf

32 Dies ist das Wort, das vom
HERRN geschah zu Jeremia im
zehnten Jahr Zedekias, des Königs von
Juda, das ist das achtzehnte Jahr Nebu-
kadnezars. 2 Damals [a]belagerte das Heer
des Königs von Babel Jerusalem. Und
der Prophet Jeremia lag gefangen im
Wachthof am Hause des Königs von
Juda, 3 [a]wo Zedekia, der König von
Juda, ihn hatte gefangen setzen lassen,
indem er sagte: Warum weissagst du und
sprichst: So spricht der HERR: Siehe, ich
gebe diese Stadt in die Hände des Königs
von Babel und er soll sie erobern, 4 und
Zedekia, der König von Juda, soll den
Chaldäern nicht entrinnen, sondern ich
will ihn dem König von Babel in die
Hände geben, dass er von Mund zu
Mund mit ihm reden und mit eigenen
Augen ihn sehen soll? 5 Und [a]er wird
Zedekia nach Babel führen; da soll er
auch bleiben, bis ich ihn heimsuche,
spricht der HERR, denn wenn ihr auch
gegen die Chaldäer kämpft, soll euch
doch nichts gelingen.

6 Und Jeremia sprach: Es ist des
HERRN Wort zu mir geschehen: 7 Siehe,
Hanamel, der Sohn Schallums, deines
Oheims, wird zu dir kommen und sagen:
[a]Kaufe du meinen Acker in Anatot;
denn dir kommt es als Erstem zu, ihn
einzulösen und zu kaufen. 8 Da kam
Hanamel, meines Oheims Sohn, wie der
HERR gesagt hatte, zu mir in den Wacht-
hof und sprach zu mir: Kaufe doch mei-
nen Acker in Anatot, der im Lande Ben-
jamin liegt; denn dir kommt es zu, ihn zu
erwerben und einzulösen; kaufe du ihn!
Da merkte ich, dass es des HERRN Wort
war, 9 und kaufte den Acker von Hana-
mel, meines Oheims Sohn, in Anatot,
und wog ihm das Geld dar, siebzehn Lot
Silber. 10 Und ich schrieb einen Kaufbrief
und versiegelte ihn und nahm Zeugen
dazu und wog das Geld dar auf der
Waage nach Recht und Gewohnheit.

11 Und ich nahm den versiegelten
Kaufbrief und die offene Abschrift 12 und
gab beides Baruch, dem Sohn Nerijas,
des Sohnes Machsejas, in Gegenwart Ha-
namels, meines Vetters, und der Zeugen,
die unter dem Kaufbrief geschrieben
standen, und aller Judäer, die im Wacht-
hof sich aufhielten, 13 und befahl Baruch
vor ihren Augen: 14 So spricht der HERR
Zebaoth, der Gott Israels: Nimm diese
Briefe, den versiegelten Kaufbrief samt
dieser offenen Abschrift, und lege sie in

31,33: *a* Hes 11,19; Hebr 10,16-17; *b* Kap 7,23 **31,34:** *a* Kap 33,8; Jes 43,25; Röm 11,26-27 **31,36:** *a* Kap 33,25-26; Röm 11,1 **32,2:** *a* 2.Kön 25,1-2 **32,3:** *a (3-4)* Kap 21,7; 34,2 **32,5:** *a* Kap 52,11 **32,7:** *a* 3.Mose 25,25; Rut 4,3-4

ein irdenes Gefäß, dass sie lange erhalten
bleiben. 15Denn so spricht der HERR Ze-
baoth, der Gott Israels: Man wird wieder
Häuser, [a]Äcker und Weinberge kaufen in
diesem Lande.

16Und als ich den Kaufbrief Baruch,
dem Sohn Nerijas, gegeben hatte, betete
ich zum HERRN und sprach: 17Ach, Herr
HERR, siehe, du hast Himmel und [a]Erde
gemacht durch deine große Kraft und
durch deinen ausgereckten Arm, und [b]es
ist kein Ding vor dir unmöglich; 18der du
[a]Gnade erweist vielen Tausenden und
die Schuld der Väter kommen lässt auf
das Haupt ihrer Kinder, du großer und
starker Gott – HERR Zebaoth ist dein
Name –, 19groß von Rat und mächtig
von Tat, und deine Augen stehen offen
über allen Wegen der Menschenkinder,
[a]einem jeden zu geben nach seinen We-
gen und nach der Frucht seines Tuns;
20der du in Ägyptenland hast Zeichen
und Wunder getan bis auf diesen Tag an
Israel und an den Menschen und hast dir
einen Namen gemacht, wie es heute am
Tage ist, 21und hast dein Volk Israel aus
Ägyptenland geführt durch Zeichen und
Wunder, mit mächtiger Hand, mit aus-
gerecktem Arm und mit großem Schre-
cken,[a] 22und hast ihnen dies Land gege-
ben, wie du ihren Vätern geschworen hat-
test, dass du es ihnen geben wolltest, ein
Land, darin Milch und Honig fließt;
23aber als sie hineinkamen und es in
Besitz nahmen, gehorchten sie deiner
Stimme nicht, wandelten auch nicht nach
deinem Gesetz, und alles, was du ihnen
gebotest, dass sie es tun sollten, taten sie
nicht; darum ließest du ihnen auch all
dies Unheil widerfahren:

24Siehe, die Wälle reichen schon bis an
die Stadt, dass sie erobert werde, und sie
muss wegen Schwert, Hunger und Pest in
die Hände der Chaldäer gegeben werden,
die sie belagern; und wie du geredet hast,
so ist's geschehen; du siehst es ja selbst.
25Aber du, Herr HERR, sprichst zu mir:
»Kaufe dir einen Acker um Geld und
nimm Zeugen dazu«, obwohl doch die
Stadt in die Hände der Chaldäer gegeben
wird?

26Und des HERRN Wort geschah zu
Jeremia: 27Siehe, ich, der HERR, [a]bin der
Gott allen Fleisches, [b]sollte mir etwas
unmöglich sein? 28Darum so spricht der
HERR: Siehe, ich gebe diese Stadt in die
Hände der Chaldäer und in die Hand
Nebukadnezars, des Königs von Babel,
und er soll sie erobern. 29Und die Chal-
däer, die diese Stadt belagern, werden
hereinkommen und sie in Brand stecken
und verbrennen samt den Häusern, wo
man [a]auf den Dächern dem Baal Räu-
cheropfer gespendet und andern Göttern
Trankopfer dargebracht hat, um mich zu
erzürnen. 30Denn Israel und Juda haben
von ihrer Jugend auf getan, was mir
missfällt; ja, die Israeliten haben mich
erzürnt durch ihrer Hände Werk, spricht
der HERR. 31Denn seit diese Stadt ge-
baut ist, hat sie mich zornig und grimmig
gemacht bis auf diesen Tag, dass ich sie
von meinem Angesicht wegtun muss
32wegen all der Bosheit Israels und Ju-
das, die sie getan haben, um mich zu
erzürnen. Sie, ihre Könige, Oberen, Pries-
ter und Propheten und die in Juda und
Jerusalem wohnten, 33haben mir [a]den
Rücken und nicht das Angesicht zuge-
kehrt, und obwohl ich sie stets lehren
ließ, wollten sie nicht hören noch sich
bessern. 34Dazu haben sie ihre gräu-
lichen Götzen in das Haus gesetzt, das
nach meinem Namen genannt ist, dass
sie es unrein machten,[a] 35und haben
[a]die Höhen des Baal gebaut im Tal Ben-
Hinnom, um ihre Söhne und Töchter für
den Moloch durchs Feuer gehen zu las-
sen, was ich ihnen nicht befohlen habe,
und es ist mir nie in den Sinn gekommen,
dass sie solchen Gräuel tun sollten, um
Juda in Sünde zu bringen.

36Nun aber, so spricht der HERR, der
Gott Israels, von dieser Stadt, von der
ihr sagt, dass sie durch Schwert, Hunger
und Pest in die Hände des Königs von
Babel gegeben werde: 37Siehe, ich will sie
[a]sammeln aus allen Ländern, wohin ich
sie verstoße in meinem Zorn, Grimm
und großem Unmut, und will sie wieder
an diesen Ort bringen, dass sie sicher
wohnen sollen. 38Sie sollen mein Volk
sein und ich will ihr Gott sein.[a] 39Und
ich will ihnen [a]einerlei Sinn und einerlei

32,15: *a* Vers 44 **32,17:** *a* Kap 27,5; *b* 1. Mose 18,14; Lk 1,37 **32,18:** *a* 2. Mose 20,5-6 **32,19:** *a* Röm 2,6 **32,21:** *a* 5. Mose 26,8 **32,27:** *a* 4. Mose 16,22; *b* Vers 17 **32,29:** *a* Kap 19,13 **32,33:** *a* Kap 2,27 **32,34:** *a* Kap 7,30 **32,35:** *a* Kap 7,31; 19,5; Hes 20,25-26 **32,37:** *a* 5. Mose 30,3 **32,38:** *a* Kap 7,23 **32,39:** *a* Hes 36,27

Wandel geben, dass sie mich fürchten ihr
Leben lang, auf dass es ihnen wohlgehe
und ihren Kindern nach ihnen. 40 Und
ich will [a]einen ewigen Bund mit ihnen
schließen, dass ich nicht ablassen will,
ihnen Gutes zu tun, und will ihnen
Furcht vor mir ins Herz geben, dass sie
nicht von mir weichen. 41 Es [a]soll meine
Freude sein, ihnen Gutes zu tun, und
[b]ich will sie in diesem Lande einpflan-
zen, ganz gewiss, von ganzem Herzen
und von ganzer Seele.

42 Denn so spricht der HERR: Gleich-
wie ich über dies Volk all dies große
Unheil habe kommen lassen, so will ich
auch alles Gute über sie kommen lassen,
das ich ihnen zugesagt habe. 43 Und es
sollen Äcker gekauft werden in diesem
Lande, von dem ihr sagt: »Eine Wüste
ist's ohne Menschen und Vieh; es ist in
der Chaldäer Hände gegeben.« 44 Man
wird [a]Äcker um Geld kaufen und ver-
briefen, versiegeln und Zeugen dazu neh-
men im Lande Benjamin und um Jeru-
salem her und in den Städten Judas, in
den Städten auf dem Gebirge, in den
Städten des Hügellandes und in den
Städten des Südlandes; denn [b]ich will ihr
Geschick wenden, spricht der HERR.

Wiederherstellung Jerusalems und Judas

33 Und des HERRN Wort geschah zu
Jeremia zum zweiten Mal, als er
noch [a]im Wachthof gefangen war:

2 So spricht der HERR, der alles macht,
schafft und ausrichtet – HERR ist sein
Name –: 3 Rufe mich an, so will ich dir
antworten und will dir kundtun große
und unfassbare Dinge, von denen du
nichts weißt. 4 Denn so spricht der HERR,
der Gott Israels, von den [a]Häusern die-
ser Stadt und von den Häusern der Kö-
nige Judas, die abgebrochen wurden, um
Bollwerke zu machen zur Abwehr 5 im
Kampf gegen die Chaldäer und um sie zu
füllen mit den Leichnamen der Men-
schen, die ich in meinem Zorn und
Grimm erschlagen habe, als ich mein An-
gesicht vor dieser Stadt verbarg um all
ihrer Bosheit willen:

6 Siehe, ich will sie [a]heilen und gesund
machen und will ihnen dauernden Frie-
den gewähren. 7 Denn [a]ich will das Ge-
schick Judas und das Geschick Israels
wenden und [b]will sie bauen wie im An-
fang 8 und will sie reinigen von aller Mis-
setat, womit sie wider mich gesündigt
haben; und [a]will ihnen vergeben alle
Missetaten, womit sie wider mich gesün-
digt und gefrevelt haben. 9 Und das soll
mein Ruhm und meine Wonne, mein
Preis und meine Ehre sein unter allen
Völkern auf Erden, wenn sie all das Gute
hören, das ich Jerusalem tue. Und sie
werden sich verwundern und entsetzen
über all das Gute und über all das Heil,
das ich der Stadt geben will.

10 So spricht der HERR: An diesem
Ort, von dem ihr sagt: [a]»Er ist wüst,
ohne Menschen und Vieh«, in den Städ-
ten Judas und auf den Gassen Jerusa-
lems, die so verwüstet sind, dass niemand
mehr darin ist, weder Menschen noch
Vieh, 11 wird man dennoch wieder hören
[a]den Jubel der Freude und Wonne, die
Stimme des Bräutigams und der Braut
und die Stimme derer, die da sagen:
[b]»Danket dem HERRN Zebaoth; denn er
ist freundlich, und seine Güte währet
ewiglich«, wenn sie Dankopfer bringen
zum Hause des HERRN. Denn ich will
das Geschick des Landes wenden, dass es
werde, wie es im Anfang war, spricht der
HERR.

12 So spricht der HERR Zebaoth: An
diesem Ort, der so wüst ist, dass weder
Menschen noch Vieh darin sind, und in
allen ihren Städten werden dennoch wie-
der Auen sein für die Hirten, die da Her-
den weiden. 13 In den [a]Städten auf dem
Gebirge und in den Städten des Hügel-
landes und in den Städten des Südlandes,
im Lande Benjamin und um Jerusalem
her und in den Städten Judas sollen den-
noch wieder die Herden gezählt aus- und
einziehen, spricht der HERR.

Der ewige Bund mit dem Hause David und dem Hause Levi

14 [a]Siehe, es kommt die Zeit, spricht der
HERR, dass ich das gnädige Wort erfüllen
will, das ich zum Hause Israel und zum
Hause Juda geredet habe. **15 In jenen Ta-
gen und zu jener Zeit will ich dem David**

32,40: *a* Kap 31,31-34 **32,41:** *a* 5. Mose 28,63a; *b* Am 9,15 **32,44:** *a* Vers 15; *b* Kap 29,14; 30,3 **33,1:** *a* Kap 32,2 **33,4:** *a* Jes 22,10 **33,6:** *a* Kap 30,17 **33,7:** *a* Kap 29,14; *b* Kap 24,6 **33,8:** *a* Kap 31,34; 50,20 **33,10:** *a* Kap 32,43 **33,11:** *a* Kap 7,34; *b* Esra 3,11; Ps 106,1 **33,13:** *a* Kap 32,44 **33,14:** *a (14-16)* Kap 23,5-6; Sach 3,8

**einen gerechten Spross aufgehen lassen;
der soll Recht und Gerechtigkeit schaffen
im Lande. 16 Zu derselben Zeit soll Juda
geholfen werden und Jerusalem [a]sicher
wohnen, und man wird es nennen »Der
HERR unsere Gerechtigkeit«.**

17 Denn so spricht der HERR: Es soll
David niemals fehlen an einem, der [a]auf
dem Thron des Hauses Israel sitzt.
18 Und den levitischen Priestern soll's nie-
mals fehlen an einem, der täglich vor
meinem Angesicht Brandopfer darbringt
und Speisopfer in Rauch aufgehen lässt
und Opfer schlachtet.[a]

19 Und des HERRN Wort geschah zu
Jeremia: 20 [a]So spricht der HERR: Wenn
mein Bund mit Tag und Nacht aufhörte,
dass nicht mehr Tag und Nacht sind zu
ihrer Zeit, 21 so würde auch mein Bund
aufhören mit meinem Knecht David,
dass er keinen Sohn mehr hat zum König
auf seinem Thron, und mit den Leviten,
den [a]Priestern, meinen Dienern. 22 Wie
man [a]des Himmels Heer nicht zählen
noch den Sand am Meer messen kann, so
will ich mehren das Geschlecht Davids,
meines Knechts, und die Leviten, die mir
dienen.

23 Und des HERRN Wort geschah zu
Jeremia: 24 Hast du nicht gemerkt, was
diese Leute reden: »Die beiden Ge-
schlechter, die der HERR auserwählt
hatte, hat er verworfen«, und sie ver-
achten mein Volk und lassen es nicht
mehr ein Volk sein in ihren Augen. 25 So
spricht der HERR: Wenn ich jemals mei-
nen Bund nicht hielte mit Tag und Nacht
noch die Ordnungen des Himmels und
der Erde, 26 so wollte ich auch verwerfen
das Geschlecht Jakobs und Davids, mei-
nes Knechts, dass ich nicht mehr aus
ihrem Geschlecht Herrscher nehme über
die Nachkommen Abrahams, Isaaks und
Jakobs. Denn ich will ihr Geschick wen-
den und mich über sie erbarmen.

Zedekia vor der Entscheidung

34 Dies ist das Wort, das vom
HERRN geschah zu Jeremia, als
[a]Nebukadnezar, der König von Babel,
mit seinem ganzen Heer und allen Kö-
nigreichen auf Erden, die unter seiner
Gewalt waren, und allen Völkern Jeru-
salem und alle seine Städte belagerte. 2 So
spricht der HERR, der Gott Israels: Geh
hin und sprich mit Zedekia, dem König
von Juda, und sage zu ihm: So spricht
der HERR: Siehe, [a]ich will diese Stadt in
die Hände des Königs von Babel geben,
und er soll sie mit Feuer verbrennen.
3 Und auch du sollst seiner Hand nicht
entrinnen, sondern ergriffen und in seine
Hand gegeben werden. Du wirst ihn
[a]mit eigenen Augen sehen und von
Mund zu Mund mit ihm reden und nach
Babel kommen.

4 [a]Höre doch auf des HERRN Wort,
Zedekia, du König von Juda! So spricht
der HERR über dich: Du sollst nicht
durchs Schwert sterben, 5 sondern du
sollst im Frieden sterben. Und wie dei-
nen Vätern, den früheren Königen, die
vor dir gewesen sind, so wird man auch
dir zu Ehren [a]einen Brand anzünden
und dich [b]beklagen: »Ach, Herr!«; denn
ich habe es geredet, spricht der HERR.

6 Und der Prophet Jeremia sagte alle
diese Worte zu Zedekia, dem König von
Juda, in Jerusalem, 7 als das Heer des
Königs von Babel schon Jerusalem und
alle Städte Judas belagerte, die übrig ge-
blieben waren, nämlich Lachisch und
Aseka; denn diese waren noch übrig ge-
blieben von den festen Städten Judas.

Der Wortbruch an den freigelassenen Sklaven

8 Dies ist das Wort, das vom HERRN ge-
schah zu Jeremia, nachdem der König
Zedekia einen Bund geschlossen hatte
mit dem ganzen Volk zu Jerusalem, eine
[a]Freilassung auszurufen, 9 dass ein jeder
seinen Sklaven und ein jeder seine Skla-
vin, die Hebräer und Hebräerinnen wa-
ren, freilassen sollte, sodass kein Judäer
den andern als Sklaven hielte. 10 Da hat-
ten alle Oberen und alles Volk gehorcht,
die diesen Bund eingegangen waren, dass
ein jeder seinen Sklaven und seine Skla-
vin freilassen und sie nicht mehr als
Sklaven halten sollte, und hatten sie los-
gegeben. 11 Aber danach hatten sie die

33,16: *a* 5. Mose 33,28 **33,17:** *a* 2. Sam 7,12-13; 1. Kön 9,5; Ps 89,30 **33,18:** *a* 4. Mose 25,12-13; Neh 13,29 **33,20:** *a (20-21)* Kap 31,35-36; 1. Mose 8,22 **33,21:** *a* 4. Mose 25,12-13; Hebr 9,11-14 **33,22:** *a* 1. Mose 15,5 **34,1:** *a* Kap 52,4; 2. Kön 25,1-2 **34,2:** *a* Kap 21,10 **34,3:** *a* Kap 32,4 **34,4:** *a (4-5)* Kap 52,11 **34,5:** *a* 2. Chr 16,14; *b* Kap 22,18 **34,8:** *a* Vers 14

Sklaven und Sklavinnen wieder zurück-
gefordert, die sie freigegeben hatten, und
sie gezwungen, dass sie wieder Sklaven
und Sklavinnen sein mussten.
12 Da geschah des HERRN Wort zu Je-
remia: 13 So spricht der HERR, der Gott
Israels: Ich habe einen Bund geschlossen
mit euren Vätern, als ich sie aus Ägyp-
tenland, aus der Knechtschaft, führte
und sprach: 14 [a]Im siebenten Jahre soll
ein jeder seinen Bruder, der ein Hebräer
ist und sich ihm verkauft und sechs Jahre
gedient hat, freilassen. Aber eure Väter
gehorchten mir nicht und kehrten ihre
Ohren mir nicht zu. 15 Ihr aber hattet
euch nun bekehrt und getan, was mir
wohlgefiel, dass ihr [a]eine Freilassung
ausrufen ließet, ein jeder für seinen
Nächsten, und habt darüber einen Bund
geschlossen vor mir in dem Hause, das
nach meinem Namen genannt ist. 16 Jetzt
aber seid ihr umgeschlagen und habt
meinen Namen entheiligt! Ein jeder for-
dert seinen Sklaven und seine Sklavin zu-
rück, die ihr freigelassen hattet, sodass
sie gehen konnten, wohin sie wollten,
und zwingt sie jetzt, dass sie wieder eure
Sklaven und Sklavinnen sein müssen.
17 Darum spricht der HERR: Ihr ge-
horchtet mir nicht und rieft keine Frei-
lassung aus, ein jeder für seinen Bruder
und seinen Nächsten, – siehe, so rufe ich,
spricht der HERR, über euch eine Frei-
lassung aus für Schwert, für Pest, für
Hunger und will euch zum Bild des Ent-
setzens machen für alle Königreiche auf
Erden. 18 Und ich will die Leute, die mei-
nen Bund übertreten und die Worte des
Bundes nicht halten, den sie vor mir
geschlossen haben, so zurichten wie das
Kalb, das sie in zwei Stücke geteilt haben
und zwischen dessen Stücken sie hin-
durchgegangen sind, 19 nämlich die Obe-
ren von Juda und von Jerusalem, die
Kämmerer, die Priester und das ganze
Volk des Landes, alle, die zwischen den
Stücken des Kalbes hindurchgegangen
sind. 20 Und ich will sie geben in die
Hand ihrer Feinde und derer, die ihnen
nach dem Leben trachten, und [a]ihre
Leichname sollen den Vögeln unter dem
Himmel und den Tieren auf dem Felde
zum Fraße werden. 21 Auch Zedekia, den
König von Juda, und seine Oberen will
ich geben in die Hände ihrer Feinde und
derer, die ihnen nach dem Leben trach-
ten, und in die Hand des Heeres des
Königs von Babel, [a]das jetzt von euch
abgezogen ist. 22 Denn siehe, ich will ih-
nen befehlen, spricht der HERR, und will
sie wieder vor diese Stadt bringen. [a]Sie
sollen sie belagern und erobern und mit
Feuer verbrennen. Und ich will die
Städte Judas verwüsten, dass niemand
mehr darin wohnen soll.

Der Gehorsam der Rechabiter

35 Dies ist das Wort, das vom
HERRN geschah zu Jeremia zur
Zeit [a]Jojakims, des Sohnes Josias, des
Königs von Juda: 2 Geh hin zu den [a]Re-
chabitern, rede mit ihnen und führe sie in
des HERRN Haus, in eine der Hallen, und
schenke ihnen Wein ein. 3 Da nahm ich
Jaasanja, den Sohn Jirmejas, des Sohnes
Habazzinjas, samt seinen Brüdern und
allen seinen Söhnen, und das ganze Ge-
schlecht der Rechabiter 4 und führte sie in
des HERRN Haus, in die Halle der Söhne
Hanans, des Sohnes Jigdaljas, des Man-
nes Gottes, die neben der Halle der Obe-
ren ist, über der Halle Maasejas, des
Sohnes Schallums, des Torhüters. 5 Und
ich setzte den Männern vom Hause
Rechab Krüge voll Wein und Schalen vor
und sprach zu ihnen: Trinkt Wein!
6 Sie aber antworteten: Wir trinken kei-
nen Wein; denn unser Vater [a]Jonadab,
der Sohn Rechabs, hat uns geboten: Ihr
und eure Nachkommen sollt niemals
Wein trinken 7 und kein Haus bauen, kei-
nen Samen säen, keinen Weinberg pflan-
zen noch besitzen, sondern ihr sollt in
Zelten wohnen euer Leben lang, auf dass
ihr lange lebet in dem Lande, in dem ihr
umherzieht. 8 Also gehorchen wir der
Stimme unseres Vaters Jonadab, des Soh-
nes Rechabs, in allem, was er uns ge-
boten hat, dass wir keinen Wein trinken
unser Leben lang, weder wir noch unsere
Frauen noch unsere Söhne und Töchter;
9 und wir bauen auch keine Häuser, darin
zu wohnen, und haben weder Weinberge
noch Äcker noch Samen, 10 sondern wir

34,14: *a* 2. Mose 21,2; 3. Mose 25,39-41; 5. Mose 15,12 **34,15:** *a* 3. Mose 25,10 **34,20:** *a* Kap 7,33 **34,21:** *a* Kap 37,5 **34,22:** *a* Kap 37,8 **35,1:** *a* 2. Kön 23,34 **35,2:** *a* 1. Chr 2,55 **35,6:** *a* 2. Kön 10,15

wohnen in Zelten und gehorchen und tun
in allem, wie es unser Vater Jonadab ge-
boten hat. 11 Als aber Nebukadnezar, der
König von Babel, gegen das Land her-
aufzog, sprachen wir: Kommt, lasst uns
nach Jerusalem ziehen vor dem Heer der
Chaldäer und der Aramäer! Und so sind
wir in Jerusalem geblieben.

12 Da geschah des HERRN Wort zu Je-
remia: 13 So spricht der HERR Zebaoth,
der Gott Israels: Geh hin und sprich zu
den Männern von Juda und zu den Bür-
gern von Jerusalem: Wollt ihr euch denn
nicht bessern und meinen Worten gehor-
chen?, spricht der HERR. 14 Die Worte
Jonadabs, des Sohnes Rechabs, der sei-
nen Nachkommen geboten hat, dass sie
keinen Wein trinken sollen, werden ge-
halten und sie trinken keinen Wein bis
auf diesen Tag; denn sie gehorchen ihres
Vaters Gebot. Ich aber habe euch [a]im-
mer wieder predigen lassen, doch ge-
horchtet ihr mir nicht. 15 Ich habe auch
immer wieder alle meine Knechte, die
Propheten, zu euch gesandt und sagen
lassen: Kehrt um, ein jeder von seinem
bösen Wege, und bessert euer Tun und
folgt nicht andern Göttern nach, ihnen
zu dienen, so sollt ihr in dem Lande
bleiben, das ich euch und euren Vätern
gegeben habe. Aber [a]ihr wolltet eure Oh-
ren nicht zu mir kehren und mir nicht
gehorchen. 16 Ja, die Nachkommen Jona-
dabs, des Sohnes Rechabs, haben ihres
Vaters Gebot gehalten, das er ihnen ge-
boten hat. Aber dies Volk gehorcht mir
nicht!

17 Darum spricht der HERR, der Gott
Zebaoth, der Gott Israels: Siehe, ich will
über Juda und über alle Bürger Jerusa-
lems kommen lassen all das Unheil, das
ich gegen sie geredet habe, [a]weil ich zu
ihnen redete und sie nicht hören wollten,
weil ich rief und sie mir nicht antworten
wollten. 18 Aber zu den Rechabitern
sprach Jeremia: So spricht der HERR Ze-
baoth, der Gott Israels: Weil ihr dem
Gebot eures Vaters Jonadab gehorcht
habt und alle seine Gebote gehalten und
alles getan, was er euch geboten hat,
19 darum spricht der HERR Zebaoth, der
Gott Israels: Es soll dem Jonadab, dem
Sohn Rechabs, niemals an einem Manne
fehlen, der vor mir steht.

Die Schriftrolle Baruchs

36 Im [a]vierten Jahr Jojakims, des
Sohnes Josias, des Königs von
Juda, geschah dies Wort zu Jeremia vom
HERRN: 2 Nimm eine Schriftrolle und
schreibe darauf alle Worte, die ich zu dir
geredet habe über Israel, über Juda und
alle Völker von der Zeit an, da ich zu dir
geredet habe, nämlich [a]von der Zeit
Josias an bis auf diesen Tag. 3 Vielleicht
wird das Haus Juda, wenn sie hören von
all dem Unheil, das ich ihnen zu tun
gedenke, sich bekehren, ein jeder von sei-
nem bösen Wege, damit ich ihnen ihre
Schuld und Sünde vergeben kann.[a]

4 Da rief Jeremia [a]Baruch, den Sohn
Nerijas. Und Baruch schrieb auf eine
Schriftrolle alle Worte des HERRN, die er
zu Jeremia geredet hatte, wie Jeremia sie
ihm sagte. 5 Und Jeremia gebot Baruch
und sprach: Mir ist's verwehrt, ich kann
nicht in des HERRN Haus gehen. 6 Du
aber geh hin und lies die Schriftrolle, auf
die du des HERRN Worte, wie ich sie dir
gesagt habe, geschrieben hast, dem Volk
vor im Hause des HERRN am Fasttage,
und du sollst sie auch lesen vor den
Ohren aller Judäer, die aus ihren Städten
hereinkommen. 7 Vielleicht werden sie
sich mit Beten vor dem HERRN demüti-
gen und sich bekehren, ein jeder von sei-
nem bösen Wege; denn der Zorn und
Grimm ist groß, den der HERR diesem
Volk angedroht hat.

8 Und Baruch, der Sohn Nerijas, tat
alles, wie ihm der Prophet Jeremia be-
fohlen hatte, dass er die Worte des
HERRN aus der Schriftrolle vorläse im
Hause des HERRN.

9 Es begab sich aber im fünften Jahr
Jojakims, des Sohnes Josias, des Königs
von Juda, im neunten Monat, dass man
ein Fasten ausrief vor dem HERRN für
alles Volk zu Jerusalem und für alles
Volk, das aus den Städten Judas nach
Jerusalem kam. 10 Und Baruch las aus
der Schriftrolle die Worte Jeremias vor
im Hause des HERRN, in der Halle
Gemarjas, des Sohnes [a]Schafans, des

35,14: *a* Kap 25,4 **35,15:** *a* Mt 23,37 **35,17:** *a* Kap 7,13-15 **36,1:** *a* Kap 25,1 **36,2:** *a* Kap 25,3 **36,3:** *a* Kap 26,3
36,4: *a* Kap 32,12; 45,1 **36,10:** *a* 2.Kön 22,3

Schreibers, im oberen Vorhof bei dem
neuen Tor am Hause des HERRN, vor
dem ganzen Volk.
11 Als nun Michaja, der Sohn Gemar-
jas, des Sohnes Schafans, alle Worte des
HERRN gehört hatte aus der Schriftrolle,
12 ging er hinab in des Königs Haus in die
Kanzlei. Und siehe, dort saßen alle Obe-
ren: Elischama, der Schreiber, Delaja,
der Sohn Schemajas, [a]Elnatan, der Sohn
Achbors, Gemarja, der Sohn Schafans,
und Zidkija, der Sohn Hananjas, samt
allen andern Oberen. 13 Und Michaja be-
richtete ihnen alle Worte, die er gehört
hatte, als Baruch aus der Schriftrolle vor
den Ohren des Volks vorlas.
14 Da sandten alle Oberen Jehudi, den
Sohn Netanjas, des Sohnes Schelemjas,
des Sohnes Kuschis, zu Baruch und lie-
ßen ihm sagen: Nimm die Schriftrolle,
aus der du dem Volk vorgelesen hast, mit
dir und komm! Und Baruch, der Sohn
Nerijas, nahm die Schriftrolle mit sich
und kam zu ihnen. 15 Und sie sprachen
zu ihm: Setze dich und lies, dass wir's
hören! Und Baruch las vor ihren Ohren.
16 Und als sie alle die Worte hörten,
entsetzten sie sich untereinander und
sprachen zu Baruch: Wir müssen alle
diese Worte dem König mitteilen. 17 Und
sie fragten den Baruch: Sage uns, wie
hast du alle diese Worte aufgeschrieben?
18 Baruch sprach zu ihnen: Jeremia hat
mir alle diese Worte vorgesagt und ich
schrieb sie mit Tinte auf die Schriftrolle.
19 Da sprachen die Oberen zu Baruch:
Geh hin und verbirg dich mit Jeremia,
dass niemand wisse, wo ihr seid!
20 Sie aber gingen hinein zum König in
den Vorhof und ließen die Schriftrolle
verwahren in der Halle Elischamas, des
Schreibers, und teilten dem König alle
diese Worte mit. 21 Da sandte der König
den Jehudi, die Schriftrolle zu holen. Der
nahm sie aus der Halle Elischamas, des
Schreibers. Und Jehudi las dem König
vor und allen Oberen, die bei dem König
standen. 22 Der König aber saß im Win-
terhause vor dem Kohlenbecken; denn es
war im neunten Monat. 23 Wenn aber Je-
hudi drei oder vier Spalten gelesen hatte,
schnitt er sie ab mit einem Schreibmesser
und warf sie ins Feuer, das im Kohlen-
becken war, bis die Schriftrolle ganz ver-
brannt war im Feuer.
24 Und niemand entsetzte sich und
[a]zerriss seine Kleider, weder der König
noch seine Großen, die doch alle diese
Worte gehört hatten. 25 Und obwohl
Elnatan, Delaja und Gemarja den König
baten, er möge die Schriftrolle nicht ver-
brennen, hörte er nicht auf sie. 26 Dazu
gebot der König Jerachmeel, dem Kö-
nigssohn, und Seraja, dem Sohn Asriëls,
und Schelemja, dem Sohn Abdeels, sie
sollten Baruch, den Schreiber, und Jere-
mia, den Propheten, ergreifen. Aber der
HERR hatte sie verborgen.
27 Nachdem der König die Schriftrolle
verbrannt hatte, auf die Baruch die
Worte geschrieben hatte, wie Jeremia sie
ihm sagte, geschah des HERRN Wort zu
Jeremia: 28 Nimm dir eine neue Schrift-
rolle und schreibe auf sie alle vorigen
Worte, die auf der ersten Schriftrolle
standen, die Jojakim, der König von
Juda, verbrannt hat.
29 Über Jojakim aber, den König von
Juda, sollst du sagen: So spricht der
HERR: Du hast diese Schriftrolle ver-
brannt und gesagt: Warum hast du dar-
auf geschrieben, dass [a]der König von
Babel kommen und dies Land verderben
werde, sodass [b]weder Menschen noch
Vieh mehr darin sein werden? 30 Darum
spricht der HERR über Jojakim, den
König von Juda: [a]Es soll keiner von den
Seinen auf dem Thron Davids sitzen, und
[b]sein Leichnam soll hingeworfen liegen,
am Tag in der Hitze und nachts im Frost.
31 Und ich will ihn und seine Nachkom-
men und seine Großen heimsuchen um
ihrer Schuld willen, und ich will über sie
und über die Bürger Jerusalems und über
die in Juda kommen lassen all das Un-
heil, von dem ich zu ihnen geredet habe,
und sie gehorchten doch nicht.
32 Da nahm Jeremia eine andere
Schriftrolle und gab sie Baruch, dem
Sohn Nerijas, dem Schreiber. Der schrieb
darauf, so wie ihm Jeremia vorsagte, alle
Worte, die auf der Schriftrolle gestanden
hatten, die Jojakim, der König von Juda,
im Feuer hatte verbrennen lassen; und es
wurden zu ihnen noch viele ähnliche
Worte hinzugetan.

36,12: *a* Kap 26,22 **36,24:** *a* 2. Kön 22,11 **36,29:** *a* Kap 25,8-11; *b* Kap 7,20; 9,9-10 **36,30:** *a* Kap 22,30; *b* Kap 22,19

Jeremia warnt den König Zedekia

37 Und [a]Zedekia, der Sohn Josias,
wurde König anstatt Konjas,* des
Sohnes Jojakims; denn Nebukadnezar,
der König von Babel, machte ihn zum
König im Lande Juda. 2 Aber er und
seine Großen und das Volk des Landes
gehorchten nicht den Worten des
HERRN, die er durch den Propheten Jere-
mia redete. 3 Dennoch sandte der König
Zedekia Juchal, den Sohn Schelemjas,
und den Priester Zefanja, den Sohn
Maasejas, zum Propheten Jeremia und
ließ ihm sagen: [a]Bitte den HERRN, un-
sern Gott, für uns! 4 Denn Jeremia ging
noch unter dem Volk aus und ein und
man hatte ihn noch nicht ins Gefängnis
geworfen.

5 Es war aber das Heer des Pharao aus
Ägypten aufgebrochen, und als die Chal-
däer, die vor Jerusalem lagen, davon hör-
ten, waren sie von Jerusalem abgezogen.

6 Und des HERRN Wort geschah zum
Propheten Jeremia: 7 So spricht der
HERR, der Gott Israels: Sagt dem König
von Juda, der euch zu mir gesandt hat,
mich zu befragen: Siehe, das Heer des
Pharao, das euch zu Hilfe ausgezogen ist,
wird wieder heim nach Ägypten ziehen,
8 und die Chaldäer werden wiederkom-
men und [a]diese Stadt belagern und sie
erobern und mit Feuer verbrennen.
9 Darum spricht der HERR: Betrügt euch
nicht damit, dass ihr denkt: »Die Chal-
däer werden von uns abziehen.« Sie wer-
den nicht abziehen. 10 Und wenn ihr auch
das ganze Heer der Chaldäer schlüget,
die gegen euch kämpfen, und es blieben
von ihnen nur etliche Verwundete übrig,
so würde doch ein jeder in seinem Zelt
aufstehen und diese Stadt mit Feuer ver-
brennen.

Jeremia wird gefangen gesetzt

11 Als nun der Chaldäer Heer von Jeru-
salem abgezogen war vor dem Heere des
Pharao, 12 wollte Jeremia aus Jerusalem
herausgehen ins Land Benjamin, [a]um
mit seinen Verwandten ein Erbe zu teilen.
13 Und als er zum Benjamintor kam,
war dort ein Wachhabender mit Namen
Jirija, der Sohn Schelemjas, des Sohnes
Hananjas; der hielt den Propheten Jere-
mia an und sprach: Du willst zu den
Chaldäern überlaufen. 14 Jeremia sprach:
Das ist nicht wahr, ich will nicht zu den
Chaldäern überlaufen. Aber Jirija wollte
ihn nicht hören, sondern ergriff Jeremia
und brachte ihn zu den Oberen. 15 Und
die Oberen wurden zornig über Jeremia
und [a]ließen ihn schlagen und warfen ihn
ins Gefängnis im Hause Jonatans, des
Schreibers; denn das hatten sie zum Ker-
ker gemacht. 16 So kam Jeremia in den
überwölbten Raum einer Zisterne und
blieb dort lange Zeit.

Zedekia befragt heimlich den Propheten

17 Aber Zedekia, der König, sandte hin
und ließ ihn holen und fragte ihn heim-
lich in seinem Haus und sprach: Ist wohl
ein Wort vom HERRN vorhanden? Jere-
mia sprach: Ja! [a]Du wirst dem König
von Babel in die Hände gegeben werden.

18 Und Jeremia sprach zum König
Zedekia: Was hab ich gegen dich, gegen
deine Großen und gegen dies Volk ge-
sündigt, dass sie mich in den Kerker
geworfen haben? 19 Wo sind nun eure
Propheten, die euch weissagten und spra-
chen: Der König von Babel wird nicht
über euch noch über dies Land kommen?
20 Und nun, mein Herr und König, höre
mich und lass meine Bitte vor dir gelten!
Lass mich nicht wieder in Jonatans, des
Schreibers, Haus bringen, dass ich dort
nicht sterbe.

21 Da befahl der König Zedekia, dass
man Jeremia [a]im Wachthof behalten
sollte, und ließ ihm täglich aus der Bä-
ckergasse einen Laib Brot geben, bis alles
Brot in der Stadt aufgezehrt war. So
blieb Jeremia im Wachthof.

Jeremia in der Zisterne

38 Es hörten aber Schefatja, der
Sohn Mattans, und Gedalja, der
Sohn Paschhurs, und Juchal, der Sohn
Schelemjas, und [a]Paschhur, der Sohn
Malkijas, die Worte, die Jeremia zu allem
Volk redete. 2 So spricht der HERR: Wer

* Vgl. Anmerkung zu Jer 24,1.

37,1: *a* 2. Kön 24,17 **37,3:** *a* Kap 7,16; 42,2 **37,8:** *a* Kap 34,22 **37,12:** *a* Kap 32,8-9 **37,15:** *a* Kap 20,2 **37,17:** *a* Kap 34,21 **37,21:** *a* Kap 32,2 **38,1:** *a* Kap 21,1

in dieser Stadt bleibt, der wird durch
Schwert, Hunger und Pest sterben müssen; wer aber hinausgeht zu den Chaldäern, der soll am Leben bleiben und
wird sein Leben wie eine Beute davon-
bringen.[a] 3 Denn so spricht der HERR:
Diese Stadt soll übergeben werden dem
Heer des Königs von Babel und es soll sie
einnehmen.

4 Da sprachen die Oberen zum König:
Lass doch diesen Mann töten; denn auf
diese Weise nimmt er den Kriegsleuten,
die noch übrig sind in dieser Stadt, den
Mut, desgleichen dem ganzen Volk, weil
er solche Worte zu ihnen sagt. Denn [a]der
Mann sucht nicht, was diesem Volk zum
Heil, sondern was zum Unheil dient.
5 Der König Zedekia sprach: Siehe, er ist
in euren Händen; denn der König ver-
mag nichts wider euch. 6 Da nahmen sie
Jeremia und warfen ihn in die Zisterne
Malkijas, des Königssohnes, die im
Wachthof war, und ließen ihn an Seilen
hinab. In der Zisterne aber war kein Wasser, sondern Schlamm und Jeremia sank
in den Schlamm.

7 Als aber [a]Ebed-Melech, der Mohr,
ein Kämmerer in des Königs Haus,
hörte, dass man Jeremia in die Zisterne
geworfen hatte, und der König gerade im
Benjamintor saß, 8 da ging Ebed-Melech
aus des Königs Haus und redete mit dem
König und sprach: 9 Mein Herr und Kö-
nig, diese Männer handeln übel an dem
Propheten Jeremia, dass sie ihn in die
Zisterne geworfen haben; dort muss er
vor Hunger sterben; denn es ist kein Brot
mehr in der Stadt. 10 Da befahl der Kö-
nig Ebed-Melech, dem Mohren: Nimm
von hier drei Männer mit dir und zieh
den Propheten Jeremia aus der Zisterne,
ehe er stirbt. 11 Und Ebed-Melech nahm
die Männer mit sich und ging in des
Königs Haus in die Kleiderkammer und
nahm dort zerrissene, alte Lumpen und
ließ sie an einem Seil hinab zu Jeremia in
die Zisterne. 12 Und Ebed-Melech, der
Mohr, sprach zu Jeremia: Lege diese zer-
rissenen, alten Lumpen unter deine Ach-
seln um das Seil; und Jeremia tat es.
13 Und sie zogen Jeremia herauf aus der
Zisterne an den Stricken. Und so blieb
Jeremia im Wachthof.

Letztes Gespräch zwischen Zedekia und Jeremia

14 Und der König Zedekia sandte hin und
ließ den Propheten Jeremia zu sich holen
unter den dritten Eingang am Hause des
HERRN. Und der König sprach zu Jere-
mia: Ich will dich etwas fragen; verbirg
mir nichts! 15 Jeremia sprach zu Zedekia:
Sage ich dir etwas, so tötest du mich
doch; gebe ich dir aber einen Rat, so
gehorchst du mir nicht. 16 Da schwor der
König Zedekia dem Jeremia heimlich
und sprach: So wahr der HERR lebt, der
uns dies Leben gegeben hat: [a]Ich will
dich nicht töten noch den Männern in
die Hände geben, die dir nach dem
Leben trachten.

17 Und Jeremia sprach zu Zedekia: So
spricht der HERR, der Gott Zebaoth, der
Gott Israels: Wirst du hinausgehen zu
den Obersten des Königs von Babel, so
sollst du am Leben bleiben und diese
Stadt soll nicht verbrannt werden, sondern du und dein Haus sollen am Leben
bleiben; 18 wirst du aber nicht hinaus-
gehen zu den Obersten des Königs von
Babel, so wird diese Stadt den Chaldäern
in die Hände gegeben und sie werden sie
mit Feuer verbrennen, und auch du wirst
ihren Händen nicht entrinnen.

19 Der König Zedekia sprach zu Jere-
mia: Ich habe aber die Sorge, dass ich
den Judäern, die zu den Chaldäern übergelaufen sind, übergeben werden könnte,
dass sie mir übel mitspielen. 20 Jeremia
sprach: Man wird dich nicht übergeben.
Gehorche doch der Stimme des HERRN,
die ich dir verkünde, so wird dir's wohl-
gehen und du wirst am Leben bleiben.
21 Wirst du aber nicht hinausgehen, so ist
dies das Wort, das mir der HERR gezeigt
hat:

22 Siehe, alle Frauen, die noch vorhan-
den sind im Haus des Königs von Juda,
werden zu den Obersten des Königs von
Babel hinausmüssen und sie werden dann
sagen: »Ach, deine guten Freunde haben
dich überredet und in ihre Gewalt gebracht und in den Sumpf geführt und
lassen dich nun stecken.« 23 Ja, alle deine
Frauen und Kinder werden hinausmüs-
sen zu den Chaldäern, und [a]du selbst

38,2: *a* Kap 21,9 **38,4:** *a* Am 7,10 **38,7:** *a* Kap 39,15-18 **38,16:** *a* Verse 4-5 **38,23:** *a* Kap 32,4; 34,3

wirst ihren Händen nicht entgehen, son-
dern du wirst vom König von Babel er-
griffen und diese Stadt wird mit Feuer
verbrannt werden.
24 Und Zedekia sprach zu Jeremia:
Sieh zu, dass niemand diese Worte er-
fahre, so wirst du nicht sterben. 25 Und
wenn's die Oberen erfahren sollten, dass
ich mit dir geredet habe, und zu dir kom-
men und sprechen: »Sag an, was hast du
mit dem König geredet; verbirg es uns
nicht, so wollen wir dich nicht töten. Was
hat der König mit dir geredet?«, 26 so
sprich: Ich habe den König gebeten, dass
er mich nicht wieder in Jonatans Haus
führen lasse, ich müsste sonst dort ster-
ben.
27 Da kamen alle Oberen zu Jeremia
und fragten ihn und er antwortete ihnen,
wie ihm der König befohlen hatte. Da
ließen sie von ihm, weil sie nichts erfah-
ren konnten. 28 Und Jeremia [a]blieb im
Wachthof bis auf den Tag, da Jerusalem
eingenommen wurde.

Jeremia wird bei der Eroberung Jerusalems befreit

[b]Und es geschah, dass Jerusalem erobert
wurde.

39 Denn im neunten Jahr Zedekias,
des Königs von Juda, im zehnten
Monat kam Nebukadnezar, der König
von Babel, und sein ganzes Heer vor
Jerusalem und belagerten es. 2 Und im
elften Jahr Zedekias, am neunten Tage
des vierten Monats, brach man in die
Stadt ein. 3 Und alle Obersten des Königs
von Babel zogen hinein und hielten unter
dem Mitteltor, nämlich Nergal-Sarezer,
der Fürst von Sin-Magir, der Oberhof-
meister, und Nebuschasban, der Ober-
kämmerer, und alle andern Obersten des
Königs von Babel.
4 Als nun Zedekia, der König von
Juda, und seine Kriegsleute das sahen,
flohen sie bei Nacht zur Stadt hinaus auf
dem Wege zu des Königs Garten durchs
Tor zwischen den beiden Mauern und
entwichen zum Jordantal hin. 5 Aber die
Kriegsleute der Chaldäer jagten ihnen
nach und holten Zedekia ein im Jordan-
tal von Jericho und nahmen ihn gefangen
und brachten ihn zu Nebukadnezar, dem
König von Babel, nach Ribla, das im
Lande Hamat liegt. Der sprach das Ur-
teil über ihn. 6 Und der König von Babel
ließ die Söhne Zedekias vor seinen
Augen töten in Ribla und tötete auch alle
Vornehmen Judas. 7 Aber Zedekia ließ er
die Augen ausstechen und ihn in Ketten
legen, um ihn nach Babel zu führen.
8 Und die Chaldäer verbrannten das
Haus des Königs und die Häuser der
Bürger und rissen die Mauern Jerusalems
nieder. 9 Was aber noch an Volk in der
Stadt war und wer sonst zu ihnen über-
gelaufen war, die führte Nebusaradan,
der Oberste der Leibwache, alle mitein-
ander gefangen nach Babel. 10 Aber von
dem niederen Volk, das nichts hatte, ließ
zur selben Zeit Nebusaradan, der Obers-
te der Leibwache, etliche im Lande Juda
zurück und gab ihnen Weinberge und
Felder.
11 Aber Nebukadnezar, der König von
Babel, hatte Nebusaradan, dem Obersten
der Leibwache, Befehl gegeben wegen Je-
remia und gesagt: 12 Nimm ihn und lass
ihn dir befohlen sein und tu ihm kein
Leid, sondern [a]wie er's von dir begehrt,
so mach's mit ihm. 13 Da sandten hin
Nebusaradan, der Oberste der Leibwa-
che, und Nebuschasban, der Oberkäm-
merer, Nergal-Sarezer, der Oberhofmeis-
ter, und alle Obersten des Königs von
Babel 14 und [a]ließen Jeremia aus dem
Wachthof holen und übergaben ihn [b]Ge-
dalja, dem Sohn Ahikams, des Sohnes
Schafans, dass er ihn nach Hause gehen
ließe. Und so blieb er unter dem Volk.
15 [a]Es war auch des HERRN Wort ge-
schehen zu Jeremia, als er noch im
Wachthof lag: 16 Geh hin und sage Ebed-
Melech, dem Mohren: So spricht der
HERR Zebaoth, der Gott Israels: Siehe,
ich will meine Worte kommen lassen
über diese Stadt zum Unheil und nicht
zum Heil, und du sollst es sehen zur
selben Zeit. 17 Aber dich will ich erretten
zur selben Zeit, spricht der HERR, und
du sollst den Leuten nicht ausgeliefert
werden, vor denen du dich fürchtest.
18 Denn ich will dich entkommen lassen,

38,28: *a* Kap 37,21; *b* *(1-10)* Kap 52,4-16; 2. Kön 25,1-12 **39,12:** *a* Kap 40,4 **39,14:** *a* Kap 38,28; *b* Kap 40,5-6.14-16 **39,15:** *a* *(15-18)* Kap 38,7

dass du nicht durchs Schwert fällst, son-
dern du sollst dein Leben wie eine Beute
davonbringen, weil du mir vertraut hast,
spricht der HERR.

Jeremia bleibt im Lande. Gedaljas Statthalterschaft

40 Dies ist das Wort, das vom
HERRN geschah zu Jeremia, [a]als
ihn Nebusaradan, der Oberste der Leib-
wache, losließ in Rama, wo er ihn ge-
funden hatte; denn er war auch, mit Fes-
seln gebunden, unter allen Gefangenen
aus Jerusalem und Juda, die nach Babel
weggeführt werden sollten.
2Als nun der Oberste der Leibwache
Jeremia hatte zu sich holen lassen, sprach
er zu ihm: Der HERR, dein Gott, hat dies
Unglück über diese Stätte vorhergesagt
3und hat's auch kommen lassen und ge-
tan, wie er geredet hat; denn ihr habt
gesündigt wider den HERRN und seiner
Stimme nicht gehorcht; darum ist euch
solches widerfahren. 4Und nun siehe, ich
mache dich heute los von den Fesseln,
mit denen deine Hände gebunden waren.
[a]Gefällt dir's, mit mir nach Babel zu zie-
hen, so komm, du sollst mir befohlen
sein. Gefällt dir's aber nicht, mit mir
nach Babel zu ziehen, so lass es sein.
Siehe, du hast das ganze Land vor dir;
wo dich's gut dünkt und dir's gefällt, da
zieh hin. 5[a]Denn weiter hinaus wird kein
Wiederkehren möglich sein. Darum
magst du umkehren zu Gedalja, dem
Sohne Ahikams, des Sohnes Schafans,
den der König von Babel über die Städte
in Juda gesetzt hat, und bei ihm bleiben
unter dem Volk; oder geh, wohin dir's
gefällt. Und der Oberste der Leibwache
gab ihm Wegzehrung und Geschenke
und ließ ihn gehen. 6So kam Jeremia zu
Gedalja, dem Sohne Ahikams, nach
Mizpa und blieb bei ihm unter dem Volk,
das im Lande noch übrig geblieben war.
7Als nun die Hauptleute, die noch im
Lande verstreut waren, samt ihren Leu-
ten erfuhren, dass der König von Babel
[a]Gedalja, den Sohn Ahikams, über das
Land gesetzt hatte und über die Männer,
Frauen und Kinder und über die Gerin-
gen im Lande, die nicht nach Babel weg-
geführt waren, 8kamen sie zu Gedalja
nach Mizpa, nämlich [a]Jischmael, der
Sohn Netanjas, Johanan und Jonatan,
die Söhne Kareachs, und Seraja, der
Sohn Tanhumets, und die Söhne Efais
von Netofa und Jaasanja, der Sohn eines
Maachatiters, samt ihren Leuten. 9Und
Gedalja, der Sohn Ahikams, des Sohnes
Schafans, schwor ihnen und ihren Leuten
einen Eid und sprach: Fürchtet euch
nicht, den Chaldäern untertan zu sein;
bleibt im Lande und seid dem König von
Babel untertan, so wird's euch wohlge-
hen. 10Siehe, ich bleibe hier in Mizpa
und habe die Verantwortung vor den
Chaldäern, die zu uns kommen; ihr aber
sollt Wein und Feigen und Öl ernten und
in eure Gefäße tun und sollt in euren
Städten wohnen, die ihr wieder in Besitz
genommen habt.
11Und als die Judäer, die im Lande
Moab und Ammon und in Edom und in
allen Ländern waren, hörten, dass der
König von Babel einen Rest in Juda üb-
rig gelassen und über sie Gedalja gesetzt
hatte, den Sohn Ahikams, des Sohnes
Schafans, 12da kamen auch sie alle zu-
rück aus allen Orten, wohin sie verstreut
waren, in das Land Juda zu Gedalja nach
Mizpa und ernteten sehr viel Wein und
Sommerfrüchte.
13Aber Johanan, der Sohn Kareachs,
und alle Hauptleute, die im Lande ver-
streut gewesen waren, kamen zu Gedalja
nach Mizpa 14und sprachen zu ihm:
Weißt du auch, dass Baalis, der König
der Ammoniter, Jischmael, den Sohn Ne-
tanjas, gesandt hat, dass er dich erschla-
gen soll? Das wollte ihnen aber Gedalja,
der Sohn Ahikams, nicht glauben. 15Da
sprach Johanan, der Sohn Kareachs, zu
Gedalja heimlich in Mizpa: Ich will hin-
gehen und Jischmael, den Sohn Netan-
jas, erschlagen, dass es niemand erfahren
soll. Warum soll er dich erschlagen, so-
dass alle Judäer, die bei dir versammelt
sind, zerstreut werden und, die noch aus
Juda übrig geblieben sind, umkommen?
16Aber Gedalja, der Sohn Ahikams,
sprach zu Johanan, dem Sohn Kareachs:
Du sollst das nicht tun; es ist nicht wahr,
was du von Jischmael sagst.

40,1: *a* Kap 39,11-14 **40,4:** *a* Kap 39,12 **40,5:** *a (5-6)* Kap 39,14 **40,7:** *a* 2.Kön 25,22-24 **40,8:** *a* Kap 41,1.11

Gedaljas Ermordung durch Jischmael

(vgl. 2. Kön 25,25)

41 Aber im siebenten Monat kam
[a]Jischmael, der Sohn Netanjas,
des Sohnes Elischamas, aus königlichem
Stamm, einer von den Obersten des Kö-
nigs, und zehn Männer mit ihm zu Ge-
dalja, dem Sohn Ahikams, nach Mizpa
und sie aßen dort in Mizpa miteinander.
2 Und Jischmael, der Sohn Netanjas, er-
hob sich samt den zehn Männern, die bei
ihm waren, und sie erschlugen [a]Gedalja,
den Sohn Ahikams, des Sohnes Schafans,
mit dem Schwert, weil ihn der König von
Babel über das Land gesetzt hatte. 3 Auch
erschlug Jischmael alle Judäer, die bei
Gedalja waren in Mizpa, und die Chal-
däer, die dort waren, sämtliche Kriegs-
leute.
4 Am andern Tage, nachdem Gedalja
erschlagen war und es noch niemand
wusste, 5 kamen achtzig Männer von Si-
chem, von Silo und von Samaria und
hatten die Bärte abgeschoren und ihre
Kleider zerrissen und [a]sich wund geritzt
und trugen Speisopfer und Weihrauch
mit, um es zum Hause des HERRN zu
bringen. 6 Und Jischmael, der Sohn Ne-
tanjas, ging heraus von Mizpa ihnen ent-
gegen, ging und weinte. Als er nun an sie
herankam, sprach er zu ihnen: Ihr sollt
zu Gedalja, dem Sohn Ahikams, kom-
men. 7 Als sie aber mitten in die Stadt
kamen, ermordete sie Jischmael, der
Sohn Netanjas, er und die Männer, die
bei ihm waren, und warfen sie in die
Zisterne. 8 Aber es waren zehn Männer
darunter, die sprachen zu Jischmael: Töte
uns nicht; wir haben Vorrat im Acker
verborgen liegen an Weizen, Gerste, Öl
und Honig. Da ließ er ab und tötete sie
nicht mit den andern.
9 Die Zisterne aber, in die Jischmael die
Leichname der Männer warf, die er er-
schlagen hatte samt dem Gedalja, ist die,
welche der König [a]Asa hatte anlegen las-
sen im Krieg gegen Bascha, den König
von Israel. Die füllte Jischmael, der Sohn
Netanjas, mit den Erschlagenen. 10 Und
Jischmael, der Sohn Netanjas, führte das
Volk, das in Mizpa übrig geblieben war,
gefangen weg: die Königstöchter samt
allem Volk, über das Nebusaradan, der
Oberste der Leibwache, Gedalja, den
Sohn Ahikams, gesetzt hatte; und er zog
hin und wollte hinüber zu den Ammoni-
tern.
11 Als aber [a]Johanan, der Sohn Ka-
reachs, und alle Hauptleute des Heeres,
die bei ihm waren, von all dem Bösen
erfuhren, das Jischmael, der Sohn Ne-
tanjas, begangen hatte, 12 nahmen sie zu
sich alle Männer und zogen hin, um mit
Jischmael, dem Sohn Netanjas, zu kämp-
fen, und trafen ihn an dem [a]großen Was-
ser bei Gibeon. 13 Als nun alles Volk, das
bei Jischmael war, den Johanan, den
Sohn Kareachs, erblickte samt allen
Hauptleuten des Heeres, die bei ihm wa-
ren, da wurde es froh. 14 Und das ganze
Volk, das Jischmael von Mizpa wegge-
führt hatte, wandte sich um und ging zu
Johanan, dem Sohn Kareachs, über.
15 Aber Jischmael, der Sohn Netanjas,
entrann mit acht Männern dem Johanan
und zog zu den Ammonitern.
16 Und Johanan, der Sohn Kareachs,
samt allen Hauptleuten des Heeres, die
bei ihm waren, nahm zu sich das übrig
gebliebene Volk, das Jischmael, der Sohn
Netanjas, aus Mizpa weggeführt hatte,
nachdem er Gedalja, den Sohn Ahikams,
erschlagen hatte, nämlich die Kriegsleute,
die Frauen und Kinder und Hofleute, die
er von Gibeon zurückgebracht hatte.
17 Und sie zogen hin und kehrten ein in
der Herberge [a]Kimhams bei Bethlehem,
um von dort [b]nach Ägypten zu ziehen
18 aus Furcht vor den Chaldäern. Denn
sie fürchteten sich vor ihnen, weil Jisch-
mael, der Sohn Netanjas, Gedalja, den
Sohn Ahikams, erschlagen hatte, den der
König von Babel über das Land gesetzt
hatte.

Jeremia warnt vor der Auswanderung nach Ägypten

42 Da traten herzu alle Hauptleute
des Heeres, Johanan, der Sohn
Kareachs, Asarja, der Sohn Hoschajas,
samt dem ganzen Volk, Klein und Groß,
2 und sprachen zum Propheten Jeremia:
Lass doch unsere Bitte vor dir gelten und

41,1: *a* Kap 40,8 **41,2:** *a* Kap 40,5 **41,5:** *a* Kap 16,6 **41,9:** *a* 1. Kön 15,16-24 **41,11:** *a* Kap 40,8.13-16 **41,12:** *a* 2. Sam 2,13 **41,17:** *a* 2. Sam 19,38; *b* Kap 43,7

[a]bete für uns zum HERRN, deinem Gott,
für alle diese Übriggebliebenen – denn
leider sind wir von vielen nur wenige üb-
rig geblieben, wie du mit eigenen Augen
siehst –, 3 dass der HERR, dein Gott, uns
kundtun wolle, wohin wir ziehen und was
wir tun sollen. 4 Und der Prophet Jeremia
sprach zu ihnen: Wohlan, ich will gehor-
chen. Siehe, ich will zum HERRN, eurem
Gott, beten, wie ihr gesagt habt, und
alles, was euch der HERR antworten
wird, das will ich euch kundtun und will
euch nichts vorenthalten.

5 Und sie sprachen zu Jeremia: Der
HERR sei ein zuverlässiger und wahrhaf-
tiger Zeuge wider uns, wenn wir nicht
alles tun werden, was uns der HERR, dein
Gott, durch dich befehlen wird. 6 Es sei
Gutes oder Böses, so wollen wir gehor-
chen der Stimme des HERRN, unseres
Gottes, zu dem wir dich senden, auf dass
es uns wohlgehe, wenn wir der Stimme
des HERRN, unseres Gottes, gehorchen.

7 Und nach zehn Tagen geschah des
HERRN Wort zu Jeremia. 8 Da rief er
Johanan, den Sohn Kareachs, und alle
Hauptleute des Heeres, die bei ihm wa-
ren, und alles Volk, Klein und Groß,
9 und sprach zu ihnen: So spricht der
HERR, der Gott Israels, zu dem ihr mich
gesandt habt, dass ich euer Gebet vor ihn
bringen sollte:

10 Werdet ihr in diesem Lande bleiben,
so will ich euch [a]bauen und nicht ein-
reißen; ich will euch pflanzen und nicht
ausreißen; denn es hat mich gereut das
Unheil, das ich euch angetan habe. 11 Ihr
sollt euch nicht fürchten vor dem König
von Babel, vor dem ihr euch fürchtet,
spricht der HERR; ihr sollt euch vor ihm
nicht fürchten, denn ich will bei euch
sein, dass ich euch helfe und von seiner
Hand errette. 12 Ich will euch Barmher-
zigkeit erweisen und mich über euch er-
barmen und euch wieder auf eure Äcker
bringen.

13 [a]Werdet ihr aber sagen: »Wir wollen
nicht in diesem Lande bleiben«, und so
der Stimme des HERRN, eures Gottes,
nicht gehorchen 14 und werdet ihr sagen:
»Nein, wir wollen nach Ägyptenland zie-
hen, dass wir weder Krieg sehen noch
den Schall der Posaune hören noch Hun-
ger nach Brot leiden müssen; dort wollen
wir bleiben« –, 15 nun, so höret des
HERRN Wort, ihr Übriggebliebenen von
Juda! So spricht der HERR Zebaoth, der
Gott Israels: Werdet ihr euer Angesicht
nach Ägyptenland richten, um dorthin
zu ziehen und dort zu wohnen, 16 so soll
euch das Schwert, vor dem ihr euch
fürchtet, in Ägyptenland treffen, und der
Hunger, vor dem ihr euch sorgt, soll stets
hinter euch her sein in Ägypten, und ihr
sollt dort sterben. 17 Denn sie seien, wer
sie wollen: Wer sein Angesicht nach
Ägypten richtet, um dorthin zu ziehen
und dort zu wohnen, der soll sterben
durch Schwert, Hunger und Pest, und es
soll keiner übrig bleiben noch dem Un-
heil entrinnen, das ich über sie kommen
lassen will.

18 Denn so spricht der HERR Zebaoth,
der Gott Israels: Gleichwie mein Zorn
und Grimm über die Einwohner Jerusa-
lems ausgeschüttet wurde, so soll er auch
über euch ausgeschüttet werden, wenn
ihr nach Ägypten zieht; und [a]ihr sollt
zum Fluch, zum Bild des Entsetzens, zur
Verwünschung und zur Schande werden
und diese Stätte nicht mehr sehen. 19 Das
ist das Wort des HERRN an euch, die ihr
übrig geblieben seid von Juda, dass ihr
nicht nach Ägypten zieht. Darum er-
kennt, dass ich euch heute gewarnt habe;
20 denn ihr selbst habt euer Leben in Ge-
fahr gebracht, weil ihr mich gesandt habt
zum HERRN, eurem Gott, und gesagt:
Bete zum HERRN, unserm Gott, für uns,
und alles, was der HERR, unser Gott,
sagen wird, tu uns kund, so wollen wir
danach tun. 21 Das habe ich euch heute
wissen lassen; aber ihr wollt der Stimme
des HERRN, eures Gottes, nicht gehor-
chen noch allem, was er euch durch mich
befohlen hat. 22 So sollt ihr denn wissen,
dass ihr durch Schwert, Hunger und Pest
sterben müsst an dem Ort, wohin ihr zu
ziehen gedenkt, um dort zu wohnen.

Jeremia wird nach Ägypten verschleppt

43 Als Jeremia dem ganzen Volk alle
Worte des HERRN, ihres Gottes,
ausgerichtet hatte, wie ihm der HERR, ihr
Gott, alle diese Worte an sie befohlen
hatte, 2 sprachen Asarja, der Sohn Ho-

42,2: *a* Kap 37,3 **42,10:** *a* Kap 1,10 **42,13:** *a (13-17)* Kap 29,17-18 **42,18:** *a* Kap 25,9

schajas, und Johanan, der Sohn Ka-
reachs, und alle aufsässigen Männer zu
Jeremia: Du lügst! Der HERR, unser
Gott, hat dich nicht zu uns gesandt und
gesagt: »Ihr sollt nicht nach Ägypten zie-
hen, um dort zu wohnen«, 3sondern
[a]Baruch, der Sohn Nerijas, beredet dich
zu unserm Schaden, damit wir den Chal-
däern übergeben werden und sie uns
töten oder nach Babel wegführen.
4Da gehorchten Johanan, der Sohn
Kareachs, und alle Hauptleute des Hee-
res samt dem ganzen Volk der Stimme
des HERRN nicht, dass sie im Lande Juda
geblieben wären, 5sondern Johanan, der
Sohn Kareachs, und alle Hauptleute des
Heeres nahmen zu sich alle Übriggeblie-
benen von Juda, die von allen Völkern,
wohin sie geflohen, zurückgekommen
waren, um im Lande Juda zu wohnen,
6nämlich Männer, Frauen und Kinder,
dazu die Königstöchter und alle Übri-
gen, die Nebusaradan, der Oberste der
Leibwache, bei Gedalja, dem Sohn Ahi-
kams, des Sohnes Schafans, gelassen
hatte, und auch den Propheten Jeremia
und Baruch, den Sohn Nerijas. 7Und sie
[a]zogen nach Ägyptenland, denn sie woll-
ten der Stimme des HERRN nicht gehor-
chen, und kamen nach Tachpanhes.

Jeremia weissagt den Einfall Nebukadnezars

8Aber des HERRN Wort geschah zu Jere-
mia in Tachpanhes: 9Nimm große Steine
und vergrabe sie in dem Boden am Ein-
gang des Hauses des Pharao in Tachpan-
hes, sodass die Männer aus Juda es se-
hen, 10und sprich zu ihnen: So spricht
der HERR Zebaoth, der Gott Israels:
Siehe, ich will hinsenden und [a]meinen
Knecht Nebukadnezar, den König von
Babel, holen lassen und will seinen
Thron oben auf diese Steine setzen, die
ich eingraben ließ; und er soll seinen
Thronhimmel darüber ausspannen. 11Er
soll kommen und Ägyptenland schlagen
und [a]töten, wen es trifft, gefangen füh-
ren, wen es trifft, mit dem Schwert er-
schlagen, wen es trifft. 12Und ich will
[a]die Tempel Ägyptens in Brand stecken
und niederbrennen und ihre Götter weg-
führen. Und er soll Ägyptenland lausen,
wie ein Hirt sein Kleid laust, und mit
Frieden von dannen ziehen. 13Er soll die
Steinmale von Bet-Schemesch in Ägyp-
tenland zerbrechen und die Götzentem-
pel in Ägypten mit Feuer verbrennen.

Jeremia warnt vor der erneuten Verehrung der Himmelskönigin

44 Dies ist das Wort, das zu Jeremia
geschah an alle Judäer, die in
Ägyptenland wohnten, nämlich in Mig-
dol, [a]Tachpanhes und Memfis, und die
im Lande Patros wohnten. 2So spricht
der HERR Zebaoth, der Gott Israels:
Ihr habt gesehen all das Unheil, das
ich habe kommen lassen über Jerusa-
lem und über alle Städte in Juda; siehe,
heutigentags sind sie wüst und niemand
wohnt darin; 3und das um ihrer Bosheit
willen, die sie taten, als sie mich erzürn-
ten und hingingen und opferten und
dienten andern Göttern, die weder sie
noch ihr noch eure Väter kannten. 4Und
ich sandte [a]immer wieder zu euch alle
meine Knechte, die Propheten, und ließ
euch sagen: »Tut doch nicht solche
Gräuel, die ich hasse.« 5Aber sie ge-
horchten nicht und kehrten auch ihre
Ohren nicht zu mir, dass sie sich von
ihrer Bosheit bekehrt und andern Göt-
tern nicht geopfert hätten. 6Darum er-
goss sich auch mein Zorn und Grimm
und entbrannte über die Städte Judas
und die Gassen Jerusalems, dass sie zur
Wüste und Öde geworden sind, so wie es
heute ist.
7Nun, so spricht der HERR, der Gott
Zebaoth, der Gott Israels: Warum tut ihr
euch selbst ein so großes Unheil an, dass
bei euch ausgerottet werden aus Juda
Mann und Frau, Kind und Säugling und
nichts von euch übrig bleibt,[a] 8und er-
zürnt mich so durch eurer Hände Werke
und opfert andern Göttern in Ägypten-
land, wohin ihr gezogen seid, um dort zu
wohnen, auf dass ihr ausgerottet und
zum Fluch und zur Schmach werdet
unter allen Völkern auf Erden? 9Habt ihr
vergessen [a]die Sünden eurer Väter, die

43,3: *a* Kap 36,32 **43,7:** *a* Kap 42,14-17; 2. Kön 25,26 **43,10:** *a* Kap 25,9 **43,11:** *a* Kap 15,2 **43,12:** *a* Kap 46,25
44,1: *a* Kap 43,7 **44,4:** *a* Kap 25,4 **44,7:** *a* Kap 42,22 **44,9:** *a* Kap 7,17-18

Sünden der Könige von Juda, die Sünden
ihrer Frauen, dazu eure eigenen Sünden
und die Sünden eurer Frauen, die sie
getan haben im Lande Juda und auf den
Gassen Jerusalems? 10 Sie haben sich bis
auf diesen Tag nicht gedemütigt, fürch-
ten sich auch nicht und wandeln nicht in
meinem Gesetz und in den Rechtsord-
nungen, die ich euch und euren Vätern
gegeben habe.

11 Darum spricht der HERR Zebaoth,
der Gott Israels: Siehe, [a]ich will mein
Angesicht wider euch richten zum Un-
heil, und ganz Juda soll ausgerottet wer-
den. 12 Und ich will wegraffen, die übrig
geblieben sind von Juda, die ihr Ange-
sicht nach Ägyptenland gerichtet haben,
um dorthin zu ziehen und dort zu woh-
nen; es soll ein Ende mit ihnen allen
werden in Ägyptenland. Durchs Schwert
sollen sie fallen und durch Hunger sollen
sie umkommen, Klein und Groß; sie sol-
len durch Schwert und Hunger sterben
und sollen zur Verwünschung, zum Ent-
setzen, zum Fluch und zur Schmach wer-
den.[a] 13 Ich will auch die Einwohner in
Ägyptenland mit Schwert, Hunger und
Pest heimsuchen, gleichwie ich an Jeru-
salem getan habe, 14 sodass von denen,
die übrig geblieben sind von Juda und die
hierher gekommen sind nach Ägypten-
land, um hier zu wohnen, keiner ent-
rinnen und entkommen soll. Sie sollen
nicht mehr ins Land Juda zurückkehren,
wohin sie gerne wiederkämen und wohn-
ten, sondern es soll keiner dahin zurück-
kommen außer einigen Entronnenen.

15 Da antworteten dem Jeremia alle
Männer, die sehr wohl wussten, dass ihre
Frauen andern Göttern opferten, und
alle Frauen, die dabeistanden, eine große
Menge, samt allem Volk, das in Ägypten-
land und in [a]Patros wohnte, und spra-
chen: 16 Den Worten, die du im Namen
des HERRN uns sagst, wollen wir nicht
gehorchen, 17 sondern wir wollen all die
Worte halten, die aus unserm eigenen
Munde gekommen sind, und wollen der
[a]Himmelskönigin opfern und ihr Trank-
opfer darbringen, wie wir und unsere
Väter, unsere Könige und Oberen getan
haben in den Städten Judas und auf den
Gassen Jerusalems. Da [b]hatten wir auch
Brot genug und es ging uns gut, und wir
sahen kein Unglück. 18 Seit der Zeit aber,
da wir es unterlassen haben, der Him-
melskönigin zu opfern und Trankopfer
darzubringen, haben wir an allem Man-
gel gelitten und sind durch Schwert und
Hunger umgekommen. 19 Und wenn wir
Frauen der Himmelskönigin opfern und
Trankopfer darbringen, das [a]tun wir ja
nicht ohne den Willen unserer Männer,
wenn wir ihr Kuchen backen, um ein
Bild von ihr zu machen, und ihr Trank-
opfer darbringen.

20 Da sprach Jeremia zu dem ganzen
Volk, den Männern und Frauen und
allen Leuten, die ihm so geantwortet hat-
ten: 21 Nein, der HERR hat gedacht an
das Opfern, das ihr in den Städten Judas
und auf den Gassen Jerusalems getrieben
habt samt euren Vätern, Königen, Obe-
ren und allem Volk des Landes, und er
hat's zu Herzen genommen, 22 dass er
nicht mehr leiden konnte euren bösen
Wandel und die Gräuel, die ihr tatet;
daher ist auch euer Land zur Wüste, zum
Entsetzen und zum Fluch geworden, dass
niemand darin wohnt, so wie es heute ist.
23 Weil ihr der Himmelskönigin geopfert
habt und wider den HERRN sündigtet
und der Stimme des HERRN nicht ge-
horchtet und in seinem Gesetze, seinen
Rechten und Mahnungen nicht gewan-
delt seid, darum ist euch solches Unheil
widerfahren, so wie es heute ist.

24 Und Jeremia sprach zu allem Volk
und zu allen Frauen: Höret des HERRN
Wort, ihr alle aus Juda, die in Ägypten-
land sind! 25 So spricht der HERR Ze-
baoth, der Gott Israels: Ihr und eure
Frauen habt mit eurem Munde geredet
und mit euren Händen vollbracht, was
ihr sagt: »Wir wollen unsere Gelübde
halten, die wir der Himmelskönigin ge-
lobt haben, dass wir ihr opfern und
Trankopfer darbringen.« Wohlan, erfüllt
doch eure Gelübde und haltet eure Ge-
lübde!

26 So höret nun des HERRN Wort, ihr
alle aus Juda, die ihr in Ägyptenland
wohnt: Siehe, ich schwöre bei meinem
großen Namen, spricht der HERR, dass

44,11: *a* Am 9,4 **44,12:** *a* Kap 42,14-17 **44,15:** *a* Jes 11,11 **44,17:** *a* Kap 7,17-18; *b* Hos 2,7 **44,19:** *a* 4.Mose 30,11-13

mein Name nicht mehr genannt werden
soll durch irgendeines Menschen Mund
aus Juda in ganz Ägyptenland, der da
sagt: »So wahr Gott der HERR lebt!«
27 Siehe, [a]ich will über sie wachen zum
Unheil und nicht zum Heil, dass, wer aus
Juda in Ägyptenland ist, durch Schwert
und Hunger umkommen soll, bis es ein
Ende mit ihnen hat. 28 Die aber dem
Schwert entrinnen, werden aus Ägypten-
land ins Land Juda zurückkommen als
ein geringes Häuflein. So werden dann
alle, die übrig geblieben sind von Juda
und die nach Ägyptenland gezogen wa-
ren, dort zu wohnen, erkennen, wessen
Wort wahr geworden ist, meines oder
ihres.

29 Und dies sei das Zeichen, spricht der
HERR: Ich will euch an diesem Ort heim-
suchen, damit ihr wisst, dass mein Wort
wahr werden soll über euch zum Unheil.
30 So spricht der HERR: Siehe, ich will
den Pharao Hofra, den König von Ägyp-
ten, übergeben in die Hände seiner
Feinde und derer, die ihm nach dem
Leben trachten, [a]gleichwie ich Zedekia,
den König von Juda, übergeben habe in
die Hand Nebukadnezars, des Königs
von Babel, seines Feindes, der ihm nach
dem Leben trachtete.

Ein Wort für Baruch

45 Dies ist das Wort, das der Prophet
Jeremia zu Baruch, dem Sohn
Nerijas, redete, [a]als er die Worte, wie
Jeremia sie ihm sagte, auf eine Schrift-
rolle schrieb, im vierten Jahr Jojakims,
des Sohnes Josias, des Königs von Juda:
2 So spricht der HERR Zebaoth, der Gott
Israels, über dich, Baruch: 3 Du sprichst:
Weh mir, wie hat mir der HERR Jammer
zu meinem Schmerz hinzugefügt! Ich
seufze mich müde und finde keine Ruhe.
4 Sage ihm: So spricht der HERR: Siehe,
was ich gebaut habe, das reiße ich ein,
und was ich gepflanzt habe, das reiße ich
aus, nämlich dies mein ganzes Land.
5 Und du begehrst für dich große Dinge?
Begehre es nicht! Denn siehe, ich will
Unheil kommen lassen über alles Fleisch,
spricht der HERR, aber [a]dein Leben
sollst du wie eine Beute davonbringen, an
welchen Ort du auch ziehst.

GERICHTSWORTE GEGEN FREMDE VÖLKER

(Kapitel 46,1–51,64)

46 Dies ist das Wort des HERRN, das
zu dem Propheten Jeremia gesche-
hen ist wider alle Völker.

Weissagung gegen Ägypten: Niederlage bei Karkemisch

(vgl. Jes 19,1-25; Hes 29,1–32,32)

2 Wider Ägypten. Wider das Heer des
[a]Pharao Necho, des Königs von Ägyp-
ten, welches lagerte am Euphratstrom bei
Karkemisch und das Nebukadnezar, der
König von Babel, schlug im vierten Jahr
Jojakims, des Sohnes Josias, des Königs
von Juda:

3 Rüstet Rundschild und Langschild
und zieht in den Streit! 4 Spannt Rosse an
und lasst Reiter aufsitzen, setzt die
Helme auf und schärft die Spieße und
zieht Panzer an! 5 Wie kommt's aber, dass
ich sehe, dass sie verzagt sind und die
Flucht ergreifen und ihre Helden erschla-
gen sind? Sie fliehen und wenden sich
nicht mehr zurück. [a]Schrecken um und
um!, spricht der HERR. 6 Der Schnelle
kann nicht entfliehen noch der Starke
entrinnen. Im Norden am Euphratstrom
sind sie gefallen und niedergestreckt.

7 Wer ist's, der emporstieg wie der Nil,
und seine Wasser wälzten sich dahin wie
Ströme? 8 Ägypten stieg empor wie der
Nil, und seine Wasser wälzten sich daher
wie Ströme und es sprach: »Ich will hin-
aufziehen, das Land bedecken und die
Städte verderben samt denen, die darin
wohnen.« 9 Wohlan, setzt euch auf die
Rosse, rennt mit den Wagen, lasst die
Helden ausziehen, die von Kusch und
aus Put, die den Schild führen, und die
Schützen aus Lud! 10 Denn dies ist der
[a]Tag Gottes, des HERRN Zebaoth, ein
Tag der Vergeltung, dass [b]er sich an sei-
nen Feinden räche, wenn das Schwert
fressen und von ihrem Blut voll und
trunken werden wird. Denn sie müs-
sen Gott, dem HERRN Zebaoth, ein
Schlachtopfer werden im Lande des Nor-
dens am Euphratstrom.

11 Geh hinauf nach Gilead und hole
Balsam, Jungfrau, Tochter Ägypten!

44,27: *a* Am 9,4 **44,30:** *a* Hes 29,19 **45,1:** *a* Kap 36,4 **45,5:** *a* Kap 39,18; 43,4-6 **46,2:** *a* 2. Kön 23,29 **46,5:** *a* Kap 20,3 **46,10:** *a* Jes 2,12; *b* 5. Mose 32,41-42

Aber [a]es ist umsonst, dass du viel Heil-
mittel gebrauchst; du wirst doch nicht
heil. 12 Deine Schande ist unter den Völ-
kern erschollen, deines Heulens ist das
Land voll; denn ein Held fällt über den
andern und liegen beide miteinander da-
nieder.

Weissagung gegen Ägypten: Die Babylonier fallen ein

13 Dies ist das Wort des HERRN, das er zu
dem Propheten Jeremia redete, als Nebu-
kadnezar, der König von Babel, heran-
zog, um Ägyptenland zu schlagen: 14 Ver-
kündigt's in Ägypten und sagt's an in
Migdol, sagt's an in Memfis und Tach-
panhes und sprecht: Setze dich zur Wehr!
Denn das Schwert wird fressen, was um
dich her ist. 15 Wie geht's zu, dass deine
Gewaltigen zu Boden fallen und können
nicht standhalten? Der HERR hat sie so
gestürzt. 16 Er macht, dass ihrer viele fal-
len, dass einer mit dem andern danie-
derliegt. Da sprechen sie: Wohlauf, lasst
uns wieder zu unserm Volk ziehen, in
unser Vaterland vor dem mörderischen
Schwert! 17 Nennt den Namen des Pha-
rao, des Königs von Ägypten: »Prahl-
hans, der die Zeit versäumt hat«. 18 So
wahr ich lebe, spricht der König, der
HERR Zebaoth heißt: Er wird daherzie-
hen so hoch, wie der Berg Tabor unter
den Bergen ist und wie der Karmel am
Meer ist.

19 Mache dir Fluchtgepäck, du Ein-
wohnerin, Tochter Ägypten; denn Mem-
fis wird wüst und verbrannt werden, dass
niemand darin wohnen wird. 20 Ägypten
ist wie eine schöne junge Kuh; aber es
kommt von Norden der Schlächter.
21 Auch die darin um Sold dienen, sind
wie gemästete Kälber; aber sie müssen
sich dennoch wenden und miteinander
fliehen und werden nicht standhalten;
denn der Tag ihres Unheils wird über sie
kommen, die Zeit ihrer Heimsuchung.

22 Man hört sie heranziehen wie eine
zischende Schlange; ja, sie kommen mit
Heeresmacht und bringen Äxte über sie
wie die Holzhauer. 23 Die werden ihren
Wald umhauen, spricht der HERR, denn
sie sind nicht zu zählen; ihrer sind mehr
als Heuschrecken, die niemand zählen
kann. 24 Die Tochter Ägypten wird zu-
schanden; denn sie ist dem Volk aus dem
Norden in die Hände gegeben.

25 [a]Der HERR Zebaoth, der Gott Isra-
els, spricht: Siehe, ich will heimsuchen
den Amon zu No und den Pharao und
Ägypten samt seinen Göttern und Köni-
gen, ja, den Pharao mit allen, die sich auf
ihn verlassen, 26 dass ich sie gebe in die
Hände derer, die ihnen nach dem Leben
trachten, und in die Hände Nebukadne-
zars, des Königs von Babel, und seiner
Großen. Aber [a]danach soll das Land
bewohnt werden wie vor alters, spricht
der HERR.

Trostwort an Israel

27 Aber du, [a]mein Knecht Jakob, fürchte
dich nicht, und du, Israel, verzage nicht!
Denn siehe, ich will dir helfen aus fernen
Landen und deinen Nachkommen aus
dem Lande ihrer Gefangenschaft, dass
Jakob zurückkommen soll und in Frie-
den sein und ohne Sorge, und niemand
soll ihn schrecken. 28 Darum fürchte dich
nicht, du, Jakob, mein Knecht, spricht
der HERR, denn ich bin bei dir! Mit allen
Völkern, unter die ich dich verstoßen
habe, will ich ein Ende machen; aber mit
dir will ich nicht ein Ende machen.
[a]Züchtigen will ich dich mit Maßen,
doch ungestraft kann ich dich nicht
lassen.

Weissagung gegen die Philister

(vgl. Jes 14,29-32; Hes 25,15-17)

47 Dies ist das Wort des HERRN, das
zum Propheten Jeremia geschah
wider die Philister, ehe der Pharao Gaza
schlug.

2 So spricht der HERR: Siehe, es kom-
men Wasser heran von Norden, die zum
reißenden Strom werden und das Land
überfluten und was darin ist, die Städte
und die darin wohnen, dass die Leute
schreien und alle Einwohner im Lande
heulen. 3 Vor dem Stampfen ihrer starken
Rosse, die dahertraben, und vor dem
Rasseln ihrer Wagen und dem Poltern
ihrer Räder werden sich die Väter nicht
umsehen nach den Kindern, so verzagt

46,11: *a* Kap 8,22 **46,25:** *a (25-26)* Kap 43,12-13; Jes 24,21 **46,26:** *a* Hes 29,14 **46,27:** *a* Kap 30,10 **46,28:** *a* Kap 10,24; 30,11

werden sie sein 4über den Tag, der da
kommt, um zu verderben alle Philister
und auszurotten die letzten Helfer für
Tyrus und Sidon. Denn der HERR wird
die Philister verderben, den Rest derer,
die gekommen sind von der [a]Insel Kaf-
tor. 5Über [a]Gaza wird Trauer kommen,
und Aschkelon wird vernichtet, der Rest
der [b]Anakiter. Wie lange willst du dich
[c]wund ritzen? 6O du Schwert des
HERRN, wann willst du doch aufhören?
Fahre in deine Scheide und ruhe und sei
still! 7Aber wie kann es aufhören, da
doch der HERR ihm Befehl gegeben hat
wider Aschkelon und es wider das Ufer
des Meeres bestellt hat?

Weissagung gegen Moab

(vgl. Jes 15,1–16,14; Hes 25,8-11; Am 2,1-3; Zef 2,8-11)

48 Wider Moab. So spricht der HERR
Zebaoth, der Gott Israels: Wehe
der Stadt Nebo, denn sie ist zerstört!
Geschändet ist Kirjatajim und einge-
nommen, die hohe Feste ist zuschanden
geworden und zerbrochen. 2Der Stolz
Moabs auf Heschbon ist dahin; denn
man sinnt Böses gegen die Stadt:
»Kommt, wir wollen sie ausrotten, dass
sie ohne Volk sei.« Und du, Madmen,
musst auch vernichtet werden; das
Schwert wird hinter dir her sein. 3Man
hört ein Geschrei in Horonajim von Ver-
wüstung und großem Jammer. 4Moab ist
zerschlagen. Man hört ihre Kleinen
schreien; 5denn sie gehen mit Weinen die
Steige von Luhit hinauf, und die Feinde
hören ein Jammergeschrei den Weg von
Horonajim herab: 6»Flieht und rettet
euer Leben!« Aber ihr werdet sein [a]wie
ein Strauch in der Wüste.

7Weil du dich auf deine Bauwerke ver-
lässt und auf deine Schätze, sollst du
auch erobert werden, und [a]Kemosch
muss gefangen wegziehen samt seinen
Priestern und Fürsten. 8Denn der Ver-
wüster wird über alle Städte kommen,
dass nicht **eine** Stadt entrinnen wird. Es
sollen die Täler verwüstet und die Ebe-
nen verheert werden; denn der HERR
hat's gesagt. 9Gebt Moab Flügel, denn es
wird davonmüssen, als flöge es, und seine
Städte werden wüst liegen, dass niemand
darin wohnen wird.

10Verflucht sei, wer des HERRN Werk
lässig tut; verflucht sei, wer sein Schwert
aufhält, dass es nicht Blut vergießt!

11Moab ist von seiner Jugend an unge-
stört gewesen und [a]auf seinen Hefen still
gelegen und ist nie aus einem Fass ins
andre gegossen und ist nie in die Ge-
fangenschaft gezogen; darum ist sein Ge-
schmack ihm geblieben und sein Geruch
nicht verändert worden. 12Darum siehe,
spricht der HERR, es kommt die Zeit,
dass ich ihnen Küfer schicken will, die sie
ausschütten sollen und ihre Fässer aus-
leeren und ihre Krüge zerschmettern.
13Und Moab soll über dem Kemosch
zuschanden werden, gleichwie das Haus
Israel über Bethel zuschanden geworden
ist, worauf sie sich verließen.

14Wie könnt ihr sagen: Wir sind Hel-
den und rechte Kriegsleute? 15Moab
wird verwüstet und seine Städte werden
erstiegen, und seine beste Mannschaft
muss hinab zur Schlachtbank, spricht
der König, welcher heißt der HERR Ze-
baoth. 16Denn der Untergang Moabs
wird bald kommen, und sein Unglück
eilt herbei.

17Habt doch Mitleid mit ihnen, alle,
die ihr um sie her wohnt und ihren Na-
men kennt, und sprecht: »Wie ist das
starke Zepter und der herrliche Stab so
zerbrochen!« 18Herunter von der Herr-
lichkeit, du Tochter Dibon, und setz dich
in den Staub! Denn der Verwüster
Moabs wird zu dir hinaufkommen und
deine Bollwerke zerstören. 19Tritt an die
Straße und schaue, du Einwohnerin von
Aroër! Frage, die da fliehen und entrin-
nen, und sprich: »Was ist geschehen?«
20Ach, Moab ist verwüstet und verheert!
Heult und schreit; sagt's am Arnon, dass
Moab vernichtet ist! 21Die Strafe ist über
das ebene Land ergangen, nämlich über
Holon, Jahaz, Mefaat, 22Dibon, Nebo,
Bet-Diblatajim, 23Kirjatajim, Bet-Ga-
mul, Bet-Meon, 24Kerijot, Bozra und
über alle Städte im Lande Moab, sie
seien fern oder nahe. 25Das Horn Moabs
ist abgeschlagen, und sein Arm ist zer-
brochen, spricht der HERR.

47,4: *a* Am 9,7 **47,5:** *a* Am 1,6-7; Zef 2,4; Sach 9,5; *b* Jos 11,22; *c* Kap 16,6; 48,37 **48,6:** *a* Kap 17,6 **48,7:** *a* 4.Mose 21,29; Ri 11,24; 1.Kön 11,7 **48,11:** *a* Zef 1,12

Moabs Hochmut findet seine Strafe

26 [a]Macht es trunken; denn es hat sich
gegen den HERRN erhoben! Speien müsse
Moab, auf dass es auch zum Gespött
werde. 27 Oder ist Israel dir nicht ein
Gespött gewesen, als hätte man es unter
den Dieben gefunden? Sooft du von ihm
sprachst, hast du es verhöhnt. 28 O ihr
Bewohner von Moab, verlasst die Städte
und wohnt in den Felsen und tut wie die
Tauben, die da nisten in den Löchern!

29 Man hat immer gesagt von dem stol-
zen Moab, dass es sehr stolz sei, hof-
färtig, hochmütig, trotzig und übermü-
tig. 30 Aber der HERR spricht: Ich kenne
seinen Übermut wohl und sein böses Ge-
schwätz; Böses haben sie getan. 31 Darum
muss ich über Moab heulen und über
ganz Moab schreien und über die Leute
von Kir-Heres klagen. 32 Mehr als über
Jaser muss ich über dich weinen, du
Weinstock Sibma; denn deine Ranken
reichten über das Meer und kamen bis
nach Jaser. Der Verwüster ist über deine
Ernte und Weinlese hergefallen. 33 Freude
und Wonne sind hinweggenommen aus
dem Fruchtland und dem Lande Moab.
Dem Wein in den Kufen mache ich ein
Ende, der Kelterer wird nicht mehr kel-
tern, der Winzer wird nicht mehr sein
Lied singen. 34 Das Geschrei von Hesch-
bon wird gehört bis Elale, bis nach
Jahaz, von Zoar an bis nach Horonajim,
bis Eglat-Schelischija; denn auch die
Wasser Nimrims sollen versiegen. 35 Und
ich will, spricht der HERR, in Moab da-
mit ein Ende machen, dass sie auf den
Höhen opfern und ihren Göttern Opfer
darbringen.

36 Darum klagt mein Herz über Moab
wie Flötenklage, und über die Leute in
Kir-Heres klagt mein Herz wie Flöten-
klage; denn [a]das Gut, das sie gesammelt,
ist zugrunde gegangen. 37 Alle Köpfe wer-
den [a]kahl sein und alle Bärte abgescho-
ren, alle Hände wund geritzt, und jeder
wird den Sack anziehen. 38 Auf allen Dä-
chern und Gassen, überall in Moab wird
man klagen; denn ich habe Moab zerbro-
chen wie ein Gefäß, das niemand haben
will, spricht der HERR. 39 O wie ist es
zerschlagen, wie heulen sie! Wie haben
sie schimpflich den Rücken gewandt!
Moab ist zum Spott und zum Bild des
Schreckens geworden allen, die ringsum
wohnen.

40 Denn so spricht der HERR: Siehe,
[a]er fliegt daher wie ein Adler und breitet
seine Flügel aus über Moab. 41 Die Städte
sind erobert und die Festungen sind ein-
genommen, und das Herz der Helden in
Moab wird an jenem Tage sein wie das
Herz einer Frau in Kindsnöten. 42 Denn
Moab muss vertilgt werden, dass es kein
Volk mehr sei, weil es sich gegen den
HERRN erhoben hat. 43 [a]Schrecken,
Grube und Schlinge über dich, du Volk
von Moab!, spricht der HERR.

44 Wer dem Schrecken entflieht, der
wird in die Grube fallen, und wer aus der
Grube herauskommt, der wird in der
Schlinge gefangen werden; denn ich will
über Moab kommen lassen das Jahr sei-
ner Heimsuchung, spricht der HERR.
45 Erschöpft suchen die Entronnenen Zu-
flucht im Schatten von Heschbon; aber
[a]es wird ein Feuer aus Heschbon und
eine Flamme aus dem Hause Sihon aus-
gehen, welche die Schläfe Moabs verzeh-
ren wird und den Scheitel der kriegeri-
schen Leute.

46 Weh dir, Moab! Verloren ist das
Volk des Kemosch; denn man hat deine
Söhne und Töchter genommen und ge-
fangen weggeführt. 47 Aber in der letzten
Zeit will ich das Geschick Moabs wen-
den, spricht der HERR. Das sei gesagt
von der Strafe über Moab.

Weissagung gegen Ammon

(vgl. Hes 25,2-7; Am 1,13-15; Zef 2,8-11)

49 Wider die Ammoniter. So spricht
der HERR: Hat denn Israel keine
Kinder oder hat es keinen Erben?
Warum besitzt denn [a]Milkom das Land
Gad, und warum wohnt sein Volk in des-
sen Städten? 2 Darum siehe, es kommt die
Zeit, spricht der HERR, dass ich will ein
Kriegsgeschrei erschallen lassen über
Rabba, die Stadt der Ammoniter, und es
soll zu einem wüsten Schutthügel werden
und seine Tochterstädte sollen in Brand

48,26: *a* Kap 25,15 **48,36:** *a* Jes 15,7 **48,37:** *a* Kap 16,6 **48,40:** *a* Kap 49,22 **48,43:** *a (43-44)* Jes 24,17-18 **48,45:** *a* 4. Mose 21,28-29 **49,1:** *a* 1. Kön 11,5

gesteckt werden. Aber Israel soll seine
Besitzer besitzen, spricht der HERR.
3 Heule, Heschbon! denn Ai ist ver-
wüstet. Schreit, ihr Töchter von Rabba,
und zieht den Sack an; klagt und lauft
hin und her mit Ritzwunden! Denn Mil-
kom wird gefangen weggeführt samt sei-
nen Priestern und Fürsten. 4 Was rühmst
du dich deines Tales, deines wasserrei-
chen Tales, du ungehorsame Tochter, die
du dich auf deine Schätze verlässt und
sprichst in deinem Herzen: Wer darf sich
an mich machen? 5 Siehe, spricht Gott,
der HERR Zebaoth, ich will Schrecken
über dich kommen lassen von allen, die
um dich her wohnen; ihr sollt in alle
Richtungen versprengt werden, und nie-
mand wird die Flüchtigen sammeln.
6 Aber danach [a]will ich wieder wenden
das Geschick Ammons, spricht der
HERR.

Weissagungen gegen Edom

(vgl. Jes 21,11; 34,5-15; Hes 25,12-14;
Am 1,11-12; Obd 1-21)

7 Wider Edom. So spricht der HERR Ze-
baoth: Ist denn keine Weisheit mehr in
Teman? Ist denn kein Rat mehr bei den
Klugen? Ist ihnen die Weisheit ausge-
gangen? 8 Flieht, wendet euch und ver-
kriecht euch tief, ihr Bürger von Dedan!
Denn ich lasse Unheil über Esau kom-
men, die Zeit seiner Heimsuchung. 9 Es
sollen Winzer über dich kommen, die
keine Nachlese übrig lassen, und Diebe
sollen des Nachts über dich kommen, die
sollen nach Herzenslust verwüsten.
10 Denn ich habe Esau entblößt und seine
Verstecke aufgedeckt, dass er sich nicht
verbergen kann. Seine Söhne, seine Brü-
der und seine Nachbarn sind vernichtet,
dass keiner von ihnen mehr da ist. 11 Ver-
lass nur deine Waisen, ich will sie am
Leben erhalten, und deine Witwen sollen
auf mich hoffen.
12 Denn so spricht der HERR: Siehe, die
es nicht verdient hatten, den Kelch zu
trinken, müssen trinken, und du solltest
ungestraft bleiben? Du sollst nicht unge-
straft bleiben, sondern du musst auch
trinken.[a] 13 Denn ich habe bei mir selbst
geschworen, spricht der HERR, dass
Bozra zum Entsetzen, zur Schmach, zur
Wüste und zum Fluch werden soll und
alle seine Städte zur ewigen Wüste.
14 Ich hab eine Kunde vernommen vom
HERRN, ein Bote ist unter die Völker
gesandt: Sammelt euch und kommt her
wider Edom; macht euch auf zum
Kampf! 15 Denn siehe, ich will dich ge-
ring machen unter den Völkern und ver-
achtet unter den Menschen. 16 Dass die
andern dich fürchten, hat dich verführt,
und dein Herz ist hochmütig, weil du in
Felsenklüften wohnst und hohe Gebirge
innehast. Wenn du auch dein Nest so
hoch machtest wie der Adler, dennoch
will ich dich von dort herunterstürzen,
spricht der HERR. 17 Also soll Edom wüst
werden, dass alle, die vorübergehen, sich
entsetzen und spotten über alle seine Pla-
gen. 18 Gleichwie Sodom und Gomorra
samt ihren Nachbarn zerstört wurden,
spricht der HERR, so soll auch dort nie-
mand wohnen noch ein Mensch darin
hausen.[a] 19 [a]Siehe, er kommt herauf wie
ein Löwe aus dem Dickicht des Jordans
in die Auen; denn ich will sie eilends
daraus wegtreiben und den, der erwählt
ist, darüber setzen. Denn wer ist mir
gleich, wer will mich meistern und wer ist
der Hirte, der mir widerstehen kann?
20 So hört nun den Ratschluss des
HERRN, den er über Edom gefasst hat,
und seine Gedanken, die er über die Ein-
wohner von Teman hat. Was gilt's? Wird
man sie nicht fortschleifen mit den ge-
ringsten ihrer Schafe, werden ihretwegen
nicht ihre Auen veröden? 21 Vom Kra-
chen ihres Sturzes erbebt die Erde, und
ihr Geschrei wird man am Schilfmeer
hören. 22 Siehe, [a]er fliegt herauf wie ein
Adler und breitet seine Flügel aus über
Bozra. Zu der Zeit wird das Herz der
Helden in Edom sein wie das Herz einer
Frau in Kindsnöten.

Weissagung gegen Damaskus

(vgl. Jes 17,1-3; Am 1,3-5)

23 Wider Damaskus. Hamat und Arpad
sind zuschanden geworden; sie sind ver-
zagt, denn sie hören ein böses Gerücht.
Ihr Herz bebt vor Sorge; sie sind so er-
schrocken, dass sie nicht Ruhe finden

49,6: *a* Kap 48,47 **49,12:** *a* Kap 25,15.28-29; Ps 137,7 **49,18:** *a* Kap 50,40; Jes 1,9 **49,19:** *a (19-21)* Kap 50,44-46
49,22: *a* Kap 48,40

können. 24Damaskus ist verzagt und
wendet sich zur Flucht; es zittert und ist
in Ängsten und Schmerzen wie eine Frau
in Kindsnöten. 25Wie ist sie nun ver-
lassen, die berühmte und fröhliche Stadt!
26Darum wird ihre junge Mannschaft
auf ihren Gassen fallen, und alle ihre
Kriegsleute werden umkommen zur sel-
ben Zeit, spricht der HERR Zebaoth.
27Und ich will an die Mauern von Da-
maskus Feuer legen, dass es die Paläste
Ben-Hadads verzehren soll.

Weissagungen gegen arabische Stämme

28Wider [a]Kedar und die Königreiche
von [b]Hazor, die Nebukadnezar, der Kö-
nig von Babel, schlug. So spricht der
HERR: Wohlauf, zieht herauf gegen Ke-
dar und vernichtet, die im Osten woh-
nen! 29Man wird ihnen ihre Zelte und
Herden nehmen, ihre Zeltdecken, alle
Geräte und Kamele wegführen und über
sie rufen: [a]Schrecken um und um!

30Flieht, hebt euch eilends davon, ver-
kriecht euch tief, ihr Einwohner von Ha-
zor!, spricht der HERR; denn Nebukad-
nezar, der König von Babel, hat etwas im
Sinn wider euch und plant etwas gegen
euch. 31Wohlauf, zieht herauf wider ein
Volk, das ruhig und sicher wohnt!,
spricht der HERR; sie haben weder Tür
noch Riegel und wohnen allein. 32Ihre
Kamele sollen geraubt und die Menge
ihres Viehs genommen werden, und in
alle Winde will ich die zerstreuen, die
[a]das Haar rundherum abscheren, und
von allen Seiten her will ich ihr Unglück
über sie kommen lassen, spricht der
HERR; 33dass Hazor eine Wohnung der
Schakale und eine ewige Wüste werden
soll, sodass niemand dort wohne und
kein Mensch darin hause.[a]

Weissagung gegen Elam

34Dies ist das Wort des HERRN, das ge-
schah zu Jeremia, dem Propheten, wider
[a]Elam im Anfang der Herrschaft Zede-
kias, des Königs von Juda: 35So spricht
der HERR Zebaoth: Siehe, ich will den
[a]Bogen Elams zerbrechen, seine stärkste
Waffe, 36und will die vier Winde von den
vier Enden des Himmels über sie kom-
men lassen und will sie in alle diese
Winde zerstreuen, sodass es kein Volk
geben soll, wohin nicht Vertriebene aus
Elam kommen werden. 37Und ich will
Elam verzagt machen vor seinen Feinden
und vor denen, die ihnen nach dem Le-
ben trachten, und will Unheil über sie
kommen lassen in meinem grimmigen
Zorn, spricht der HERR, und will das
Schwert hinter ihnen her schicken, bis ich
sie aufreibe.[a] 38Meinen Thron will ich in
Elam aufstellen und will dort den König
und die Fürsten umbringen, spricht der
HERR.

39Aber in der letzten Zeit will ich das
Geschick Elams wieder wenden, spricht
der HERR.

Weissagung vom Untergang Babels und von der Erlösung Israels

(vgl. Jes 13,1–14,32)

50 [a]Dies ist das Wort, das der HERR
durch den Propheten Jeremia ge-
redet hat wider Babel und das Land der
Chaldäer:

2Verkündet's unter den Völkern und
lasst's erschallen, richtet das Banner auf!
Lasst's erschallen und verbergt es nicht
und sprecht: Babel ist genommen, Bel ist
zuschanden, Merodach ist zerschmettert;
ihre Götzen sind zuschanden, ihre Göt-
terbilder sind zerschmettert! 3Denn es
zieht von Norden ein Volk heran gegen
sie, das ihr Land zur Wüste macht, so-
dass niemand darin wohnen wird, son-
dern Menschen und Vieh daraus fliehen
werden.

4In jenen Tagen und zur selben Zeit,
spricht der HERR, [a]werden kommen die
Leute von Israel samt den Leuten von
Juda und weinend umherziehen und den
HERRN, ihren Gott, suchen. 5Sie werden
fragen nach dem Wege nach Zion und
sich dorthin kehren: »Kommt, wir wollen
uns dem HERRN zuwenden [a]zu einem
ewigen Bunde, der nimmermehr verges-
sen werden soll!« 6Denn mein Volk ist
wie [a]eine verlorne Herde. Ihre Hirten
haben sie verführt und auf den Bergen in
die Irre gehen lassen, dass sie über Berge
und Hügel gehen mussten und ihren Ru-
heplatz vergaßen. 7Es fraßen sie alle, die

49,28: *a* Jes 21,16-17; *b* Jos 11,10 **49,29:** *a* Kap 20,3 **49,32:** *a* Kap 25,23 **49,33:** *a* Vers 13 **49,34:** *a* Kap 25,25 **49,35:** *a* Jes 22,6 **49,37:** *a* Hes 32,24 **50,1:** *a (1-2)* Jes 46,1 **50,4:** *a* Kap 31,9 **50,5:** *a* Kap 32,40 **50,6:** *a* Kap 23,1

sie antrafen, und ihre Feinde sprachen:
Wir tun nicht unrecht! Denn sie haben
sich versündigt an dem HERRN, der rech-
ten Weide, und an dem HERRN, der ihrer
Väter Hoffnung war.
8 [a]Flieht aus Babel und zieht aus der
Chaldäer Lande und macht's wie die
Böcke vor der Herde! 9 Denn siehe, ich
will Völker in großen Scharen erwecken
und aus dem Lande des Nordens gegen
Babel heranführen; die sollen sich gegen
die Stadt rüsten und sie auch einnehmen.
Ihre Pfeile sind wie die eines guten Krie-
gers, der nicht mit leeren Händen zu-
rückkehrt. 10 Und das Chaldäerland soll
ein Raub werden; alle, die es berauben,
sollen satt werden, spricht der HERR.
11 Wenn ihr euch auch freut und
rühmt, dass ihr mein Erbteil geplündert
habt, und hüpft wie die Kälber im Grase
und wiehert wie die starken Rosse, 12 so
wird eure Mutter doch sehr zuschanden
und, die euch geboren hat, zum Spott
werden. Siehe, unter den Völkern soll sie
die Geringste sein, wüst, dürr und öde.
13 Denn vor dem Zorn des HERRN wird
sie unbewohnt und ganz wüst bleiben,
sodass [a]alle, die an Babel vorüberziehen,
sich entsetzen werden und spotten über
alle ihre Plagen.
14 Stellt euch ringsum gegen Babel auf,
all ihr Bogenschützen; schießt nach ihr,
spart nicht an Pfeilen; denn sie hat wider
den HERRN gesündigt. 15 Erhebt das
Kriegsgeschrei ringsum. Sie hat sich er-
geben, ihre Pfeiler sind gefallen, ihre
Mauern sind abgebrochen; denn so ver-
gilt der HERR. [a]Übt Vergeltung an Ba-
bel, tut ihr, wie sie getan hat. 16 Rottet
aus von Babel den Sämann und den
Schnitter in der Ernte! Vor dem mörderi-
schen Schwert wird sich jeder zu seinem
Volk wenden und in sein Land fliehen.
17 Israel war eine zerstreute Herde, die
die Löwen verscheucht haben. Zuerst
fraß sie der König von Assyrien, danach
nagte ihre Knochen ab Nebukadnezar,
der König von Babel. 18 Darum spricht
der HERR Zebaoth, der Gott Israels:
Siehe, ich will heimsuchen den König von
Babel und sein Land, [a]gleichwie ich den
König von Assyrien heimgesucht habe.
19 Israel aber will ich wieder heim zu sei-
ner Wohnung bringen, dass sie auf dem
Karmel und in Baschan weiden und sich
sättigen sollen auf dem Gebirge Ephraim
und Gilead.
**20 Zur selben Zeit und in jenen Tagen
wird man die Missetat Israels suchen,
spricht der HERR, aber es wird keine da
sein, und die Sünden Judas, aber es wird
keine gefunden werden; denn [a]ich will sie
vergeben denen, die ich übrig bleiben
lasse.**

Vergeltung für Babels Übermut

21 Zieh heran gegen das Land Meratajim;
zieh heran gegen die Einwohner von
Pekod*; vertilge sie und vollziehe den
Bann an ihren Nachkommen, spricht der
HERR, und tu alles, was ich dir befohlen
habe! 22 Es ist ein Kriegsgeschrei im
Lande und großer Jammer. 23 Wie ist der
[a]Hammer der ganzen Welt zerbrochen
und zerschlagen! Wie ist Babel zum Bild
des Entsetzens geworden unter allen Völ-
kern! 24 Ich habe dir Fallen gestellt, Ba-
bel, und du hast dich darin gefangen, ehe
du dich's versahst; du bist getroffen und
ergriffen, denn du hast den HERRN her-
ausgefordert.
25 Der HERR hat sein Zeughaus aufge-
tan und die Waffen seines Zorns hervor-
geholt; denn Gott, der HERR Zebaoth,
hat etwas auszurichten in der Chaldäer
Lande. 26 Kommt her gegen dies Land
von allen Enden, öffnet seine Kornhäu-
ser, werft alles auf einen Haufen und
vollzieht den Bann an ihm, dass nichts
übrig bleibe! 27 Tötet alle seine Stiere,
führt sie hinab zur Schlachtbank! Weh
ihnen, denn ihr Tag ist gekommen, die
Zeit ihrer Heimsuchung! 28 Man hört ein
Geschrei der Flüchtigen und derer, die
entronnen sind aus dem Lande Babel,
dass sie verkünden zu Zion die Vergel-
tung des HERRN, unseres Gottes, die Ver-
geltung für seinen Tempel.
29 Ruft viele wider Babel, belagert es
ringsum, all ihr Bogenschützen, und lasst
keinen davonkommen! [a]Vergeltet Babel,
wie es verdient hat; wie es getan hat, so
tut ihm wieder! Denn es hat stolz gehan-
delt wider den HERRN, den Heiligen Is-

* Meratajim bedeutet »Doppeltrotz«, Pekod »Heimsuchung«; gemeint ist Babel.

50,8: *a* Kap 51,6; Jes 48,20 **50,13:** *a* Kap 51,37 **50,15:** *a* Offb 18,6 **50,18:** *a* 2.Kön 19,35 **50,20:** *a* Kap 33,7-8 **50,23:** *a* Kap 51,20 **50,29:** *a* Vers 15

raels. 30 Darum soll seine junge Mann-
schaft fallen auf seinen Gassen, und alle
seine Kriegsleute sollen umkommen an
jenem Tage, spricht der HERR. 31 Siehe,
du Stolzer, ich will an dich, spricht Gott,
der HERR Zebaoth; denn dein Tag ist
gekommen, die Zeit deiner Heimsu-
chung. 32 Da soll der Stolze stürzen und
fallen, dass ihn niemand aufrichte. Ich
will an seine Städte Feuer legen; das soll
alles, was ringsumher ist, verzehren.

33 So spricht der HERR Zebaoth: Siehe,
die Leute von Israel samt den Leuten von
Juda müssen Gewalt und Unrecht leiden;
alle, die sie gefangen weggeführt haben,
halten sie fest und wollen sie nicht los-
lassen. 34 Aber ihr Erlöser ist stark, der
heißt HERR Zebaoth; der wird ihre Sache
so hinausführen, dass er das Land er-
beben und die Einwohner von Babel er-
zittern lässt.

Der Vernichter kommt über Babel

35 Das Schwert soll kommen, spricht der
HERR, über die Chaldäer und über die
Einwohner von Babel und über ihre
Fürsten und über ihre Weisen! 36 Das
Schwert soll kommen über ihre Wahr-
sager, dass sie zu Narren werden; das
Schwert soll kommen über ihre Starken,
dass sie verzagen! 37 Das Schwert soll
kommen über ihre Rosse und Wagen und
über alles fremde Volk, das darin ist,
dass sie [a]zu Weibern werden! Das
Schwert soll kommen über ihre Schätze,
dass sie geplündert werden! 38 Dürre soll
kommen über ihre Wasser, dass sie ver-
siegen! Denn es ist ein Götzenland, und
an ihren schrecklichen Götzen sind sie
toll geworden. 39 Darum sollen Wüsten-
tiere und wilde Hunde darin wohnen und
die Strauße, und es soll nie mehr be-
wohnt werden und niemand darin hau-
sen für und für. 40 Gleichwie Gott Sodom
und Gomorra samt ihren Nachbarn zer-
stört hat, spricht der HERR, soll niemand
darin wohnen noch ein Mensch darin
hausen.[a]

41 Siehe, es kommt ein Volk [a]von Nor-
den her; viele Völker und viele Könige
werden vom Ende der Erde sich aufma-
chen. 42 Die haben Bogen und Speer; sie
sind grausam und unbarmherzig; ihr Ge-
schrei ist wie das Brausen des Meeres; sie
reiten auf Rossen, gerüstet als Kriegs-
leute gegen dich, du Tochter Babel.[a]
43 Wenn der König von Babel die Kunde
von ihnen hören wird, so werden ihm die
Hände niedersinken; ihm wird so angst
und bange werden wie einer Frau in
Kindsnöten.

44 [a]Siehe, er kommt herauf wie ein
Löwe aus dem Dickicht des Jordans in
die Auen; denn ich will sie eilends daraus
wegtreiben und den, der erwählt ist, dar-
über setzen. Denn wer ist mir gleich, wer
will mich meistern und wer ist der Hirte,
der mir widerstehen kann?

45 So hört nun den Ratschluss des
HERRN, den er über Babel gefasst hat,
und seine Gedanken, die er hat über die
Einwohner im Lande der Chaldäer! Was
gilt's? Wird man sie nicht fortschleifen
mit den geringsten ihrer Schafe, werden
ihretwegen nicht ihre Auen veröden?
46 Und die Erde wird beben von dem Ruf:
Babel ist genommen!, und sein Wehge-
schrei wird unter den Völkern erschal-
len.

Weitere Weissagung vom Untergang Babels und von der Erlösung Israels

51 So spricht der HERR: Siehe, ich
will einen Verderben bringenden
Wind erwecken wider Babel und wider
seine Bewohner, die sich gegen mich er-
hoben haben. 2 Ich will [a]Worfler nach
Babel schicken, die sie worfeln sollen und
ihr Land ausfegen, die von allen Seiten
über sie kommen werden am Tage des
Unheils. 3 Ihre Schützen sollen nicht
schießen, und ihre Geharnischten sollen
sich nicht wehren können. Verschont
nicht ihre junge Mannschaft, vollstreckt
den Bann an ihrem ganzen Heer, 4 dass
die Erschlagenen daliegen im Lande der
Chaldäer und die Erstochenen auf ihren
Gassen! 5 Aber Israel und Juda sollen
nicht [a]Witwen werden, verlassen von
ihrem Gott, dem HERRN Zebaoth; denn
das Land der Chaldäer hat sich sehr ver-
schuldet [b]am Heiligen Israels. 6 [a]Flieht
aus Babel und rette ein jeder sein Leben,
dass ihr nicht untergeht in seiner Schuld.

50,37: *a* Kap 51,30 **50,40:** *a* Kap 49,18; 1.Mose 19,24-25 **50,41:** *a* Kap 1,14 **50,42:** *a* Kap 6,23 **50,44:** *a (44-46)* Kap 4,7 **51,2:** *a* Kap 15,7 **51,5:** *a* Jes 54,4; *b* Kap 50,29 **51,6:** *a* Kap 50,8; Offb 18,4

Denn dies ist für den HERRN die Zeit der
Rache, um ihm seine Taten zu vergelten.
7 Ein [a]goldener Kelch, der alle Welt
trunken gemacht hat, war Babel in der
Hand des HERRN. [b]Alle Völker haben
von seinem Wein getrunken; darum sind
die Völker so toll geworden. 8 Wie plötz-
lich ist [a]Babel gefallen und zerschmet-
tert! Heult über Babel, bringt Balsam für
seine Wunden, ob es vielleicht geheilt
werden könnte. 9 Wir wollten Babel hei-
len; aber es wollte nicht geheilt werden.
So lasst es fahren und lasst uns ein jeder
in sein Land ziehen! Denn seine Strafe
reicht bis an den Himmel und langt hin-
auf bis an die Wolken. 10 Der HERR hat
unsere Gerechtigkeit ans Licht gebracht.
Kommt, lasst uns in Zion erzählen die
Werke des HERRN, unseres Gottes!
11 Ja, schärft nun die Pfeile und ergreift
die Schilde! [a]Der HERR hat den Mut der
Könige von Medien erweckt; denn seine
Gedanken stehen wider Babel, dass er es
verderbe. Denn dies ist die [b]Vergeltung
des HERRN, die Vergeltung für seinen
Tempel. 12 Ja, erhebt nun das Banner ge-
gen die Mauern von Babel, macht stark
die Wachen, bestellt Wächter, legt einen
Hinterhalt! Denn der HERR hat sich's
vorgenommen und wird's auch tun, was
er gegen die Einwohner von Babel ge-
redet hat.
13 Die du [a]an großen Wassern wohnst
und große Schätze hast, dein Ende ist
gekommen, dein Lebensfaden wird abge-
schnitten! 14 Der HERR Zebaoth hat bei
sich geschworen: Wenn ich dich auch ge-
füllt habe mit Menschen wie mit Heu-
schrecken, so wird man doch über dich
anstimmen den Ruf des Keltertreters.

Größe und Grenze von Babels Macht

15 [a]Er hat die Erde durch seine Kraft
gemacht und den Erdkreis durch seine
Weisheit bereitet und den Himmel ausge-
breitet durch seinen Verstand. 16 Wenn er
donnert, so ist Wasser die Menge am
Himmel. [a]Er lässt die Wolken herauf-
ziehen vom Ende der Erde. Er macht die
Blitze, dass es regnet, und lässt den Wind
kommen aus seinen Vorratskammern.
17 Alle Menschen aber sind Toren mit
ihrer Kunst, und alle Goldschmiede ste-
hen beschämt da mit ihren Bildern; denn
ihre Götzen sind Trug und haben kein
Leben. 18 Sie sind nichts, ein Spottge-
bilde; sie müssen zugrunde gehen, wenn
sie heimgesucht werden. 19 Aber so ist der
nicht, der Jakobs Reichtum ist, sondern
er ist's, der alle Dinge schafft, und Israel
ist sein Erbteil. Er heißt HERR Zebaoth.
20 Du, Babel, warst [a]mein Hammer,
meine Kriegswaffe; durch dich habe ich
Völker zerschmettert und Königreiche zer-
stört. 21 Durch dich habe ich Rosse und
Reiter zerschmettert, Wagen und Fahrer.
22 Durch dich habe ich Männer und
Frauen zerschmettert, Alte und Junge,
Jünglinge und Jungfrauen. 23 Durch dich
habe ich Hirten und Herden zerschmet-
tert, Bauern und Gespanne und Fürsten
und Herren. 24 Aber nun will ich [a]Babel
und allen [b]Bewohnern von Chaldäa ver-
gelten alle ihre Bosheit, die sie an Zion
begangen haben, vor euren Augen,
spricht der HERR.
25 Siehe, ich will an dich, du Berg des
Verderbens, der du Verderben gebracht
hast über alle Welt, spricht der HERR.
Ich will meine Hand wider dich ausstre-
cken und dich von den Felsen herab-
wälzen und will einen verbrannten Berg
aus dir machen, 26 dass man weder Eck-
steine noch Grundsteine aus dir nehmen
kann, sondern eine ewige Wüste sollst du
sein, spricht der HERR.
27 Richtet auf das Banner auf Erden,
blast die Posaune unter den Völkern!
[a]Heiligt die Völker zum Kampf gegen
die Stadt Babel! Ruft wider sie die
Königreiche Ararat, Minni und [b]Asch-
kenas! Sammelt Kriegsleute gegen sie,
bringt Rosse herauf, zahlreich wie Heu-
schrecken! 28 Heiligt die Völker zum
Kampf gegen sie, die Könige von Medien
samt allen ihren Fürsten und Herren und
das ganze Land ihrer Herrschaft, 29 dass
das Land erbebt und erzittert; denn die
Gedanken des HERRN wollen erfüllt wer-
den wider Babel, dass er das Land Babel
zur Wüste mache, in der niemand
wohnt.
30 Die Helden zu Babel werden nicht

51,7: *a* Offb 17,4; *b* Kap 25,15; Offb 18,3 **51,8:** *a* Jes 21,9 **51,11:** *a* Jes 13,17; *b* Kap 50,28 **51,13:** *a* Offb 17,1 **51,15:** *a (15-19)* Kap 10,12-16 **51,16:** *a* Ps 135,7 **51,20:** *a* Kap 50,23 **51,24:** *a* Kap 50,29; *b* Hiob 1,17 **51,27:** *a* Jes 13,3; *b* 1. Mose 10,3

zu Felde ziehen, sondern in der Festung
bleiben. Mit ihrer Stärke ist's aus, [a]sie
sind Weiber geworden; ihre Wohnungen
sind in Brand gesteckt und ihre Riegel
zerbrochen. 31 Ein Läufer begegnet dem
andern und ein Bote dem andern, um
dem König von Babel anzusagen, dass
seine Stadt genommen sei an allen Enden
32 und die Furten besetzt seien und die
Bollwerke verbrannt und die Kriegsleute
verzagt. 33 Denn so spricht der HERR
Zebaoth, der Gott Israels: Die Tochter
Babel ist wie eine Tenne, wenn man sie
feststampft; es wird ihre Ernte gar bald
kommen.

Gott verhilft Jerusalem zu seinem Recht

34 »Nebukadnezar, der König von Babel,
hat mich gefressen und umgebracht, er
hat aus mir ein leeres Gefäß gemacht. Er
hat mich verschlungen wie ein Drache, er
hat seinen Bauch gefüllt mit meinen
Kostbarkeiten; er hat mich vertrieben.
35 Nun aber komme über Babel der Fre-
vel, der an mir begangen ist und an mei-
nem Fleische«, spricht die Einwohnerin
von Zion, »und mein Blut komme über
die Bewohner von Chaldäa«, spricht Je-
rusalem.

36 Darum spricht der HERR: Siehe, ich
will deine Sache führen und dich rächen.
Ich will ihr Meer austrocknen und ihre
Brunnen versiegen lassen. 37 Und Babel
soll zu Steinhaufen und zur Wohnung
der Schakale werden, [a]zum Bild des Ent-
setzens und zum Spott, dass niemand
darin wohne. 38 Sie sollen miteinander
brüllen wie die Löwen und knurren wie
die jungen Löwen. 39 Wenn sie vor Gier
brennen, will ich ihnen ein Mahl zurich-
ten und will sie trunken machen, dass sie
matt werden und zum ewigen Schlaf ein-
schlafen, von dem sie nimmermehr auf-
wachen sollen, spricht der HERR. 40 Ich
will sie hinabführen wie Lämmer zur
Schlachtbank, wie Widder und Böcke.

41 Wie ist [a]Scheschach gefallen und die
in aller Welt Berühmte eingenommen!
Wie ist Babel zum Bild des Entsetzens
geworden unter den Heiden! 42 Ein Meer
ist über Babel gegangen, und mit der
Menge seiner Wellen ist es bedeckt.
43 Seine Städte sind zur Wüste und zu
einem dürren, öden Lande geworden,
zum Lande, darin niemand wohnt und
das kein Mensch durchzieht. 44 Ja, ich
habe den [a]Bel zu Babel heimgesucht und
habe aus seinem Rachen gerissen, was er
verschlungen hatte. Und die Heiden sol-
len nicht mehr zu ihm laufen; denn es
sind auch die Mauern von Babel zer-
fallen.

Gottes Volk zieht aus Babel

45 Zieh aus von dort, mein Volk, und
rette ein jeder sein Leben vor dem grim-
migen Zorn des HERRN! 46 Euer Herz
könnte sonst weich werden und verzagen
vor den Gerüchten, die man im Lande
hören wird. Denn es wird in diesem Jahr
ein Gerücht umgehen und danach im
nächsten Jahr wieder ein Gerücht, und
Gewalt wird im Lande sein und ein Herr-
scher wider den andern.

47 Darum siehe, es kommt die Zeit,
dass ich die Götzen zu Babel heimsuchen
will und sein ganzes Land zuschanden
werden soll und seine Erschlagenen darin
liegen werden. 48 [a]Himmel und Erde und
alles, was darinnen ist, werden jauchzen
über Babel, weil seine Verwüster von
Norden gekommen sind, spricht der
HERR. 49 Und Babel muss fallen für die
Erschlagenen Israels, wie für Babel ge-
fallen sind die Erschlagenen der ganzen
Erde.

50 So zieht nun hin, die ihr dem
Schwert entronnen seid, und haltet euch
nicht auf! Gedenkt des HERRN in fernem
Lande und [a]lasst euch Jerusalem im
Herzen sein! 51 Wir waren zuschanden
geworden, weil wir die Schmach hören
mussten und Scham unser Angesicht be-
deckte, weil die Fremden über das Heilig-
tum des Hauses des HERRN kamen.

52 Darum siehe, die Zeit kommt,
spricht der HERR, dass ich die Götzen
Babels heimsuchen will, und im ganzen
Lande sollen die tödlich Verwundeten
stöhnen. 53 Und wenn [a]Babel zum Him-
mel emporstiege und seine Mauern uner-
steigbar hoch machte, so sollen doch
Verwüster von mir über sie kommen,
spricht der HERR.

51,30: *a* Kap 50,37 **51,37:** *a* Kap 50,13 **51,41:** *a* Kap 25,26 **51,44:** *a* Kap 50,2; Jes 46,1 **51,48:** *a* Offb 18,20
51,50: *a* Ps 137,5 **51,53:** *a* 1.Mose 11,4; Jes 14,13

Babels Untergang und das prophetische Todesurteil über Babel

54 Man hört ein Geschrei aus Babel und
einen großen Jammer aus der Chaldäer
Lande; 55 denn der HERR verwüstet Ba-
bel und vertilgt aus ihm das große Ge-
tümmel. Wellen brausen heran wie große
Wasser, es erschallt ihr lautes Tosen;
56 denn es ist über Babel der Verwüster
gekommen. Seine Helden werden gefan-
gen, seine Bogen werden zerbrochen;
denn [a]der Gott der Vergeltung, der
HERR, zahlt es ihnen heim. 57 Ich will
seine Fürsten, Weisen, Herren und
Hauptleute und seine Krieger trunken
machen, dass sie zu ewigem Schlaf ein-
schlafen sollen, von dem sie nie mehr
aufwachen, spricht der König, der da
heißt HERR Zebaoth.

58 So spricht der HERR Zebaoth: Die
Mauern des großen Babel sollen ge-
schleift und seine hohen Tore mit Feuer
verbrannt werden, dass die Arbeit der
Heiden umsonst sei und [a]dem Feuer ver-
falle, was die Völker mit Mühe erbaut
haben.

59 Dies ist das Wort, das der Prophet
Jeremia befahl Seraja, dem Sohn [a]Neri-
jas, des Sohnes Machsejas, als er mit Ze-
dekia, dem König von Juda, nach Babel
zog im vierten Jahr seiner Herrschaft.
Und Seraja war der Marschall für die
Reise. 60 Und Jeremia [a]schrieb all das
Unheil, das über Babel kommen sollte, in
ein Buch, nämlich alle diese Worte, die
wider Babel geschrieben sind. 61 Und Je-
remia sprach zu Seraja: Wenn du nach
Babel kommst, so schaue zu und lies laut
alle diese Worte 62 und sprich: HERR, du
hast geredet gegen diese Stätte, dass du
sie ausrotten willst, sodass niemand
darin wohne, weder Mensch noch Vieh,
sondern dass sie immerdar wüst sei.

63 [a]Und wenn du das Buch ausgelesen
hast, so binde einen Stein daran und
wirf's in den Euphrat 64 und sprich: So
soll Babel versinken und nicht wieder
aufkommen von dem Unheil, das ich
über sie bringen will, sondern soll ver-
gehen.

So weit hat Jeremia geredet.

Nochmaliger Bericht von der Zerstörung Jerusalems und der Wegführung in die Gefangenschaft

(vgl. Kap 39,1-10; 2. Kön 24,18–25,21; 2. Chr 36,11-21)

52 Zedekia war einundzwanzig Jahre
alt, als er König wurde; und er
regierte elf Jahre zu Jerusalem. Seine
Mutter hieß Hamutal, eine Tochter Jir-
mejas aus Libna. 2 Und er tat, was dem
HERRN missfiel, gleichwie Jojakim getan
hatte.

3 Denn so geschah es mit Jerusalem
und Juda um des Zornes des HERRN
willen, bis er sie von seinem Angesicht
wegstieß. Zedekia fiel ab vom König von
Babel. 4 Im neunten Jahr seiner Herr-
schaft, am zehnten Tage des zehnten
Monats kam Nebukadnezar, der König
von Babel, mit seinem ganzen Heer vor
Jerusalem, und sie belagerten es und
machten Bollwerke ringsumher. 5 Und
die Stadt blieb belagert bis ins elfte Jahr
des Königs Zedekia. 6 Aber am neunten
Tage des vierten Monats nahm der Hun-
ger überhand in der Stadt, und das Volk
des Landes hatte nichts mehr zu essen.
7 Da brach man in die Stadt und alle
Kriegsleute wandten sich zur Flucht und
zogen zur Stadt hinaus bei Nacht durch
das Tor zwischen den zwei Mauern auf
dem Wege, der zum Garten des Königs
geht. Aber die Chaldäer lagen rings um
die Stadt her. Und als sie den Weg zum
Jordantal nahmen, 8 jagte das Heer der
Chaldäer dem König nach, und sie hol-
ten Zedekia ein im Jordantal von Jericho.
Da zerstreute sich sein ganzes Heer.
9 Und sie nahmen den König gefangen
und brachten ihn hinauf zum König von
Babel nach Ribla, das im Lande Hamat
liegt; der sprach das Urteil über ihn.
10 Allda ließ der König von Babel die
Söhne Zedekias vor dessen Augen töten
und tötete auch alle Oberen von Juda in
Ribla. 11 Aber Zedekia ließ er die Augen
ausstechen und ihn in Ketten legen. So
[a]führte ihn der König von Babel nach
Babel und legte ihn ins Gefängnis, bis er
starb.

12 Am zehnten Tage des fünften Mo-
nats, das ist das neunzehnte Jahr Nebu-

51,56: *a* 5. Mose 32,39-41 **51,58:** *a* Hab 2,13 **51,59:** *a* Kap 36,4 **51,60:** *a* Kap 50,1–51,58 **51,63:** *a (63-64)* Offb 18,21 **52,11:** *a* Kap 32,5

kadnezars, des Königs von Babel, kam
Nebusaradan, der Oberste der Leibwa-
che, der stets um den König von Babel
war, nach Jerusalem 13 und verbrannte
das Haus des HERRN und das Haus des
Königs und alle Häuser von Jerusalem;
alle großen Häuser verbrannte er mit
Feuer. 14 Und das ganze Heer der Chal-
däer, das bei dem Obersten der Leib-
wache war, riss alle Mauern Jerusalems
ringsumher nieder. 15 Aber das niedere
Volk und was vom Volk noch übrig war
in der Stadt und die zum König von
Babel abgefallen waren und was übrig
geblieben war von den Werkleuten führte
Nebusaradan, der Oberste der Leib-
wache, gefangen weg. 16 Vom niederen
Volk auf dem Lande ließ Nebusaradan,
der Oberste der Leibwache, Weingärtner
und Ackerleute zurück.

17 Aber die kupfernen Säulen am
Hause des HERRN und die Gestelle und
das kupferne Meer am Hause des
HERRN zerbrachen die Chaldäer und
brachten alles Kupfer nach Babel.[a]
18 Und die Töpfe, Schaufeln, Messer,
Becken, Schalen und alle kupfernen Ge-
fäße, die man im Gottesdienst zu gebrau-
chen pflegte, nahmen sie weg. 19 [a]Dazu
nahm der Oberste der Leibwache, was
golden und silbern war an Bechern, Räu-
chergefäßen, Becken, Töpfen, Leuchtern,
Löffeln und Schalen. 20 Die zwei Säulen,
das Meer, die zwölf kupfernen Rinder
darunter und die Gestelle, welche der
König Salomo hatte machen lassen für
das Haus des HERRN – das Kupfer aller
dieser Geräte war unermesslich viel.
21 Von den zwei Säulen aber war jede
achtzehn Ellen hoch; eine Schnur, zwölf
Ellen lang, reichte um sie herum; jede
Säule war vier Finger dick und inwendig
hohl. 22 Auf jeder stand ein kupferner
Knauf, fünf Ellen hoch, und ein Gitter-
werk und Granatäpfel waren an jedem
Knauf ringsumher, alles aus Kupfer; und
eine Säule war wie die andere, die Gra-
natäpfel auch. 23 Es waren sechsund-
neunzig Granatäpfel daran; im Ganzen
waren es hundert Granatäpfel rings um
das Gitterwerk herum.

24 Und der Oberste der Leibwache
nahm den obersten Priester Seraja und
den zweitobersten Priester Zefanja und
die drei Hüter der Schwelle 25 und aus
der Stadt einen Kämmerer, der über die
Kriegsleute gesetzt war, und sieben Män-
ner, welche stets um den König sein
mussten, die man in der Stadt fand, dazu
den Schreiber des Feldhauptmanns, der
das Volk des Landes zum Heer aufbot,
und sechzig Mann vom Volk des Landes,
die man in der Stadt fand; 26 diese nahm
Nebusaradan, der Oberste der Leib-
wache, und brachte sie zum König von
Babel nach Ribla. 27 Und der König von
Babel schlug sie tot zu Ribla, das im
Lande Hamat liegt. So wurde Juda aus
seinem Lande weggeführt.

28 Dies ist das Volk, das Nebukadnezar
weggeführt hat: im siebenten Jahr 3023
Judäer; 29 im achtzehnten Jahr aber des
Nebukadnezar 832 Leute aus Jerusalem;
30 und im dreiundzwanzigsten Jahr des
Nebukadnezar führte Nebusaradan, der
Oberste der Leibwache, 745 Leute aus
Juda weg. Alle zusammen sind 4600.

Begnadigung des Königs Jojachin

(vgl. 2. Kön 25,27-30)

31 Aber im siebenunddreißigsten Jahr,
nachdem Jojachin, der König von Juda,
weggeführt war, am fünfundzwanzigsten
Tage des zwölften Monats ließ Ewil-Me-
rodach, der König von Babel, im Jahr, da
er König wurde, Jojachin, den König von
Juda, aus dem Kerker holen 32 und redete
freundlich mit ihm und setzte seinen Sitz
über die Sitze der Könige, die bei ihm in
Babel waren. 33 Und Jojachin legte die
Kleider seiner Gefangenschaft ab und aß
bei dem König sein Leben lang. 34 Und
ihm wurde stets sein Unterhalt vom Kö-
nig von Babel gegeben, wie es für ihn
verordnet war, sein ganzes Leben lang bis
an sein Ende.

52,17: *a* Kap 27,19-22 **52,19:** *a (19-23)* 1. Kön 7,15-37

DIE KLAGELIEDER JEREMIAS

Inhaltsübersicht

Jerusalem klagt und fleht um Hilfe

1 Wie liegt die Stadt so verlassen, die
voll Volks war! Sie ist [a]wie eine
Witwe, die Fürstin unter den Völkern,
und die eine Königin in den Ländern
war, muss nun dienen. 2 Sie weint des
Nachts, dass ihr die Tränen über die Ba-
cken laufen. Es ist [a]niemand unter allen
ihren Liebhabern, der sie tröstet. Alle
ihre Freunde sind ihr untreu und ihre
Feinde geworden. 3 Juda ist gefangen in
Elend und schwerem Dienst, es wohnt
unter den Heiden und findet keine Ruhe;
alle seine Verfolger kommen heran und
bedrängen es. 4 Die Straßen nach Zion
liegen wüst, weil niemand auf ein Fest
kommt. Alle Tore der Stadt stehen öde,
ihre Priester seufzen, ihre Jungfrauen se-
hen jammervoll drein, und sie ist betrübt.
5 Ihre Widersacher sind obenauf, ihren
Feinden geht's gut; denn der HERR hat
über die Stadt Jammer gebracht um ihrer
großen Sünden willen, und ihre Kinder
sind gefangen vor dem Feind dahinge-
zogen. 6 Es ist von der Tochter Zion aller
Schmuck dahin. Ihre Fürsten sind wie
Hirsche, die keine Weide finden und matt
vor dem Verfolger herlaufen.

7 Jerusalem denkt in dieser Zeit, da sie
elend und verlassen ist, wie viel Gutes sie
von alters her gehabt hat, wie aber all ihr
Volk daniedersank unter des Feindes
Hand und ihr niemand half. Ihre Feinde
sehen auf sie herab und spotten über
ihren Untergang. 8 Jerusalem hat sich ver-
sündigt; darum muss sie sein wie eine
unreine Frau. Alle, die sie ehrten, ver-
schmähen sie jetzt, weil sie [a]ihre Blöße
sehen; sie aber seufzt und hat sich abge-
wendet. 9 Ihr Unflat klebt an ihrem
Saum. Sie hätte nicht gemeint, dass es ihr
zuletzt so gehen würde. Sie ist ja gräulich
heruntergestoßen und hat dazu niemand,
der sie tröstet. »Ach HERR, sieh an mein
Elend; denn der Feind triumphiert!«
10 Der Feind [a]hat seine Hand gelegt an
alle ihre Kleinode. Ja, sie musste zusehen,
dass [b]die Heiden in ihr Heiligtum gin-
gen, während du geboten hast, sie sollten
nicht in deine Gemeinde kommen. 11 Alles
Volk seufzt und geht nach Brot, es gibt
seine Kleinode um Speise, um sein Leben
zu erhalten. »Ach HERR, sieh doch und
schau, wie verachtet ich bin!«

12 Euch allen, die ihr vorübergeht, sage
ich: »Schaut doch und seht, ob irgendein
Schmerz ist wie mein Schmerz, der mich
getroffen hat; denn der HERR hat Jam-
mer über mich gebracht am Tage seines
grimmigen Zorns. 13 Er hat ein Feuer aus
der Höhe in meine Gebeine gesandt und
lässt es wüten. Er hat meinen Füßen ein
Netz gestellt und mich rückwärts fallen
lassen; er hat mich zur Wüste gemacht,
dass ich für immer siech bin. 14 Schwer ist
das Joch meiner Sünden; durch seine
Hand sind sie zusammengeknüpft. Sie
sind mir auf den Hals gekommen, sodass
mir alle meine Kraft vergangen ist. Der
Herr hat mich in die Gewalt derer gege-
ben, gegen die ich nicht aufkommen
kann. 15 Der Herr hat zertreten alle
meine Starken, die ich hatte; er hat gegen
mich ein Fest ausrufen lassen, um meine
junge Mannschaft zu verderben. [a]Der
Herr hat die Kelter getreten der Jung-
frau, der Tochter Juda. 16 Darüber weine
ich so, und mein Auge fließt von Tränen;
denn der Tröster, der meine Seele erqui-
cken sollte, ist ferne von mir. Meine Kin-
der sind dahin; denn der Feind hat die
Oberhand gewonnen.«

17 Zion streckt ihre Hände aus, und
doch ist niemand da, der sie tröstet; denn

1,1: *a* Jer 51,5 **1,2:** *a* Ps 69,21 **1,8:** *a* Hes 16,37 **1,10:** *a* Jer 52,17-19; *b* 5. Mose 23,4 **1,15:** *a* Jes 63,3

der HERR hat gegen Jakob seine Feinde
ringsum aufgeboten, sodass Jerusalem
zwischen ihnen sein muss [a]wie eine un-
reine Frau.
18 Der HERR ist gerecht, denn [a]ich
bin seinem Worte ungehorsam gewesen.
Höret, alle Völker, und schaut meinen
Schmerz! Meine Jungfrauen und Jüng-
linge sind in die Gefangenschaft gegan-
gen. 19 Ich rief meine Freunde, aber sie
ließen mich im Stich. Meine Priester und
meine Ältesten sind in der Stadt ver-
schmachtet, sie gehen nach Brot, um ihr
Leben zu erhalten. 20 Ach HERR, sieh
doch, wie bange ist mir, dass mir's im
Leibe davon wehtut! Mir dreht sich das
Herz im Leibe um, weil ich so ungehor-
sam gewesen bin. Draußen hat mich das
Schwert und im Hause hat mich der Tod
meiner Kinder beraubt. 21 Man hört's
wohl, dass ich seufze, und doch habe ich
keinen Tröster; alle meine Feinde hören
mein Unglück und [a]freuen sich, dass du
es gemacht hast. So lass doch den Tag
kommen, den du verkündet hast, dass es
ihnen gehen soll wie mir. 22 Lass alle ihre
Bosheit vor dich kommen und richte sie
zu, wie du mich zugerichtet hast um aller
meiner Missetat willen; denn meiner
Seufzer sind viel, und mein Herz ist be-
trübt.

Klage über die Verwüstung Judas und Jerusalems

2 Wie hat der Herr die Tochter Zion
mit seinem Zorn überschüttet! Er hat
die Herrlichkeit Israels vom Himmel auf
die Erde geworfen; er hat nicht gedacht
an seinen [a]Fußschemel am Tage seines
Zorns. 2 Der Herr hat alle Wohnungen
Jakobs ohne Erbarmen vertilgt, er hat
die Burgen der Tochter Juda abgebro-
chen in seinem Grimm und geschleift. Er
hat entweiht ihr Königreich und ihre
Fürsten. 3 Er hat alle Macht Israels in
seinem grimmigen Zorn zerbrochen, er
hat seine rechte Hand zurückgezogen, als
der Feind kam, und hat in Jakob gewütet
wie ein flammendes Feuer, das alles
ringsum verzehrt. 4 Er hat seinen Bogen
gespannt wie ein Feind; seine rechte
Hand hat er geführt wie ein Widersacher
und hat alles getötet, was lieblich anzu-
sehen war im Zelt der Tochter Zion, und
hat seinen Grimm wie Feuer ausgeschüt-
tet. 5 Der Herr ist wie ein Feind gewor-
den, er hat Israel vertilgt. Er hat zerstört
alle Paläste und hat die Burgen vernich-
tet; er hat der Tochter Juda viel Jammer
und Leid gebracht.
6 Er hat sein eigenes Zelt zerwühlt wie
einen Garten und seine Wohnung ver-
nichtet. Der HERR hat in Zion [a]Feiertag
und Sabbat vergessen lassen, und in sei-
nem grimmigen Zorn [b]ließ er König und
Priester schänden. 7 Der Herr hat seinen
Altar verworfen und sein Heiligtum ent-
weiht. Er hat die Mauern ihrer Paläste
in des Feindes Hände gegeben, dass sie
im Hause des HERRN Geschrei erhoben
haben wie an einem Feiertag.
8 Der HERR gedachte zu vernichten die
Mauer der Tochter Zion; er hat die
[a]Messschnur über die Mauern gezogen
und seine Hand nicht abgewendet, bis er
sie vertilgte. Er ließ Mauer und Wall
trauern und miteinander fallen. 9 Ihre
Tore sind tief in die Erde gesunken; er
hat ihre Riegel zerbrochen und zunichte-
gemacht. Ihr König und ihre Fürsten
sind unter den Heiden, wo sie das Gesetz
nicht üben können, und ihre Propheten
haben keine Gesichte vom HERRN. 10 Die
Ältesten der Tochter Zion sitzen auf der
Erde und sind still, sie werfen Staub auf
ihre Häupter und haben den Sack ange-
zogen. Die Jungfrauen von Jerusalem
senken ihre Köpfe zur Erde.
11 Ich habe mir fast die Augen ausge-
weint, mein Leib tut mir weh, mein Herz
ist auf die Erde ausgeschüttet über dem
Jammer der Tochter meines Volks, weil
die Säuglinge und Unmündigen auf den
Gassen in der Stadt verschmachten. 12 Zu
ihren Müttern sprechen sie: Wo ist Brot
und Wein?, da sie auf den Gassen in der
Stadt verschmachten wie die tödlich Ver-
wundeten und in den Armen ihrer Müt-
ter den Geist aufgeben.
13 Ach du Tochter Jerusalem, wem soll
ich dich vergleichen und wie soll ich dir
zureden? Du Jungfrau, Tochter Zion,
wem soll ich dich vergleichen, damit ich
dich tröste? Denn dein Schaden ist groß

1,17: *a* Vers 8 **1,18:** *a* Kap 3,42; 5,16 **1,21:** *a* Kap 4,21 **2,1:** *a* Ps 132,7-8 **2,6:** *a* Hos 2,13; *b* Kap 5,12 **2,8:** *a* 2.Kön 21,13

wie das Meer. Wer kann dich heilen?
14 Deine Propheten haben dir trügerische
und törichte Gesichte verkündet und dir
deine Schuld nicht offenbart, wodurch
sie dein Geschick abgewandt hätten, son-
dern sie haben dich Worte hören lassen,
die Trug waren und dich verführten.[a]
15 Alle, die vorübergehen, klatschen in die
Hände, pfeifen und schütteln den Kopf
über die Tochter Jerusalem: [a]Ist das die
Stadt, von der man sagte, sie sei die aller-
schönste, an der sich alles Land freut?
16 Alle deine Feinde reißen ihr Maul auf
über dich, pfeifen und knirschen mit den
Zähnen und sprechen: »Ha! Wir haben
sie vertilgt! Das ist der Tag, den wir be-
gehrt haben; wir haben's erlangt, wir
haben's erlebt.« 17 Der HERR hat getan,
was er vorhatte; er hat sein Wort erfüllt,
das er längst zuvor geboten hat. Er hat
ohne Erbarmen zerstört, er hat den Feind
über dich frohlocken lassen und hat die
Macht deiner Widersacher erhöht.

18 Schreie laut zum Herrn, klage, du
Tochter Zion, lass Tag und Nacht Tränen
herabfließen wie einen Bach; höre nicht
auf damit, und dein Augapfel lasse nicht
ab! 19 Steh des Nachts auf und schreie zu
Beginn jeder Nachtwache, schütte dein
Herz aus vor dem Herrn wie Wasser.
Hebe deine Hände zu ihm auf um des
Lebens deiner jungen Kinder willen, die
vor Hunger verschmachten an allen
Straßenecken!

20 HERR, schaue und sieh doch, wen du
so verderbt hast! Sollen denn die Frauen
[a]ihres Leibes Frucht essen, die Kindlein,
die man auf Händen trägt? Sollen denn
Propheten und Priester in dem Heiligtum
des Herrn erschlagen werden? 21 Es lagen
in den Gassen auf der Erde Knaben und
Alte; meine Jungfrauen und Jünglinge
sind durchs Schwert gefallen. Du hast
getötet am Tage deines Zorns, du hast
ohne Erbarmen geschlachtet. 22 Du hast
von allen Seiten her meine Feinde ge-
rufen wie zu einem Feiertag, sodass nie-
mand am Tage des Zorns des HERRN
entronnen und übrig geblieben ist. Die
ich auf den Händen getragen und groß-
gezogen habe, die hat der Feind umge-
bracht.

Klage und Trost eines Leidenden

3 Ich bin der Mann, der Elend sehen
muss durch die Rute des Grimmes
Gottes. 2 Er hat mich geführt und gehen
lassen in die Finsternis und nicht ins
Licht. 3 Er hat seine Hand gewendet ge-
gen mich und erhebt sie gegen mich Tag
für Tag. 4 Er hat mir Fleisch und Haut alt
gemacht und mein Gebein zerschlagen.
5 Er hat mich ringsum eingeschlossen und
mich mit Bitternis und Mühsal umgeben.
6 Er hat mich in Finsternis versetzt wie
die, die längst tot sind. 7 Er hat mich
ummauert, dass ich nicht herauskann,
und mich in harte Fesseln gelegt. 8 Und
wenn ich auch schreie und rufe, so stopft
er sich die Ohren zu vor meinem Gebet.[a]
9 Er hat meinen Weg vermauert mit Qua-
dern und meinen Pfad zum Irrweg ge-
macht. 10 Er hat auf mich gelauert wie ein
Bär, wie ein Löwe im Verborgenen. 11 Er
lässt mich den Weg verfehlen, er hat mich
zerfleischt und zunichtegemacht. 12 Er
hat seinen Bogen gespannt und mich
dem Pfeil zum Ziel gegeben. 13 Er hat mir
seine Pfeile in die Nieren geschossen.
14 Ich bin ein Hohn für mein ganzes Volk
und täglich [a]ihr Spottlied. 15 Er hat mich
mit Bitterkeit gesättigt und mit Wermut
getränkt. 16 Er hat mich auf Kiesel bei-
ßen lassen, er drückte mich nieder in die
Asche. 17 Meine Seele ist aus dem Frieden
vertrieben; ich habe das Gute vergessen.

18 Ich sprach: Mein Ruhm und meine
Hoffnung auf den HERRN sind dahin.
19 Gedenke doch, wie ich so elend und
verlassen, mit Wermut und Bitterkeit ge-
tränkt bin!

20 Du wirst ja daran gedenken, denn
meine Seele sagt mir's. 21 Dies nehme ich
zu Herzen, darum hoffe ich noch: 22 **Die
Güte des HERRN ist's, dass wir nicht gar
aus sind, seine Barmherzigkeit hat noch
kein Ende,**[a] 23 **sondern sie ist alle Morgen
neu, und deine Treue ist groß.** 24 **Der HERR
[a]ist mein Teil, spricht meine Seele; darum
will ich auf ihn hoffen.** 25 Denn der HERR
ist freundlich dem, der auf ihn harrt, und
dem Menschen, der nach ihm fragt. 26 **Es
ist ein köstlich Ding, geduldig sein und
[a]auf die Hilfe des HERRN hoffen.** 27 **Es ist**

2,14: *a* Jer 14,14-16; 23,16-22 **2,15:** *a* Ps 48,3; Hes 16,14 **2,20:** *a* 5. Mose 28,53-57; Jer 19,9 **3,8:** *a* Ps 22,3; 69,4 **3,14:** *a* Hiob 30,9 **3,22:** *a* Neh 9,31 **3,24:** *a* Ps 16,5; 73,26 **3,26:** *a* Röm 8,25

ein köstlich Ding für einen Mann, dass er
das Joch in seiner Jugend trage. 28 Er sitze
einsam und schweige, wenn Gott es ihm
auferlegt, 29 und stecke seinen Mund in
den Staub; vielleicht ist noch Hoffnung.
30 Er [a]biete die Backe dar dem, der ihn
schlägt, und lasse sich viel Schmach an-
tun. 31 [a]**Denn der HERR verstößt nicht**
ewig; 32 **sondern er betrübt wohl und er-**
barmt sich wieder nach seiner großen
Güte. 33 **Denn nicht von Herzen plagt und**
betrübt er die Menschen.

34 Wenn man alle Gefangenen auf Er-
den unter die Füße tritt 35 und eines
Mannes Recht vor dem Allerhöchsten
beugt 36 und eines Menschen Sache ver-
dreht, – sollte das der Herr nicht sehen?
37 Wer darf denn sagen, dass solches ge-
schieht ohne des Herrn Befehl[a] 38 und
dass nicht Böses und Gutes kommt aus
dem Munde des Allerhöchsten? 39 **Was**
murren denn die Leute im Leben? Ein je-
der murre wider seine Sünde! 40 Lasst uns
erforschen und prüfen unsern Wandel
und uns zum HERRN bekehren! 41 Lasst
uns unser Herz samt den Händen auf-
heben zu Gott im Himmel! 42 Wir, [a]wir
haben gesündigt und sind ungehorsam
gewesen, darum hast du nicht vergeben.
43 Du hast dich in Zorn gehüllt und uns
verfolgt und ohne Erbarmen getötet.
44 Du hast dich mit einer Wolke verdeckt,
dass kein Gebet hindurchkonnte. 45 Du
hast uns zu Kehricht und Unrat gemacht
unter den Völkern. 46 Alle unsere Feinde
reißen ihr Maul auf über uns. 47 Wir wer-
den gedrückt und geplagt mit Schrecken
und Angst.

48 Wasserbäche rinnen aus meinen
Augen über den Jammer der Tochter mei-
nes Volks. 49 Meine Augen fließen und
können's nicht lassen, und es ist kein
Aufhören da, 50 bis der HERR vom Him-
mel herabschaut und darein sieht.[a]
51 Mein Auge macht mir Schmerzen we-
gen all der Töchter meiner Stadt.

52 Meine Feinde haben mich ohne
Grund gejagt wie einen Vogel. 53 Sie ha-
ben mein Leben in der Grube zunichte-
gemacht und Steine auf mich geworfen.
54 Wasser hat mein Haupt über-
schwemmt; da sprach ich: Nun bin ich
verloren. 55 Ich rief aber deinen Namen
an, HERR, unten aus der Grube, 56 und
du erhörtest meine Stimme: »Verbirg
deine Ohren nicht vor meinem Seufzen
und Schreien!« 57 Du nahtest dich zu mir,
als ich dich anrief, und sprachst: Fürchte
dich nicht! 58 Du führst, Herr, meine Sa-
che und erlöst mein Leben. 59 Du siehst,
HERR, wie mir Unrecht geschieht; hilf
mir zu meinem Recht! 60 Du siehst, wie
sie Rache üben wollen, und kennst alle
ihre Gedanken gegen mich. 61 HERR, du
hörst ihr Schmähen und alle ihre An-
schläge gegen mich, 62 die Reden meiner
Widersacher und ihr Geschwätz über
mich den ganzen Tag. 63 Sieh doch: Ob
sie sitzen oder aufstehen, singen sie
über mich [a]Spottlieder. 64 Vergilt ihnen,
HERR, wie sie verdient haben![a] 65 Lass
ihnen das Herz verstockt werden, lass sie
deinen Fluch fühlen! 66 Verfolge sie mit
Grimm und vertilge sie unter dem Him-
mel des HERRN.

Zions Elend und Schmach

4 Wie ist das Gold so ganz dunkel und
das feine Gold so hässlich geworden,
und wie liegen die Edelsteine an allen
Straßenecken zerstreut! 2 Die edlen Kin-
der Zions, dem Golde gleich geachtet,
wie sind sie nun den irdenen Töpfen
gleich, die ein Töpfer macht! 3 Auch
Schakale reichen ihren Jungen die Brüste
und säugen sie; aber die Tochter meines
Volks ist unbarmherzig [a]wie ein Strauß
in der Wüste. 4 Dem Säugling klebt seine
Zunge an seinem Gaumen vor Durst; die
kleinen Kinder verlangen nach Brot und
niemand ist da, der's ihnen bricht. 5 Die
früher leckere Speisen aßen, verschmach-
ten jetzt auf den Gassen; die früher auf
Purpur getragen wurden, die müssen
jetzt im Schmutz liegen. 6 Die Missetat
der Tochter meines Volks ist größer als
die [a]Sünde Sodoms, [b]das plötzlich un-
terging und keine Hand kam zu Hilfe.

7 Zions Fürsten waren reiner als der
Schnee und weißer als Milch; ihr Leib
war rötlicher als Korallen, ihr Aussehen
war wie Saphir. 8 Nun aber ist ihre Ge-
stalt so dunkel vor Schwärze, dass man

3,30: *a* Mt 5,39 **3,31:** *a (31-32)* Jes 54,8 **3,37:** *a* Jes 45,7; Am 3,6 **3,42:** *a* Ps 106,6 **3,50:** *a* Ps 102,20-21 **3,63:** *a* Vers 14 **3,64:** *a* Kap 1,21; Ps 137,8; 1.Petr 2,23; 3,9 **4,3:** *a* Hiob 39,14-16 **4,6:** *a* 1.Mose 18,20; *b* 1.Mose 19,24-25

sie auf den Gassen nicht erkennt; ihre
Haut hängt an den Knochen, und sie
sind so dürr wie ein Holzscheit. 9 Den
durchs Schwert Erschlagenen ging es
besser als denen, die vor Hunger starben,
die verschmachteten und umkamen aus
Mangel an Früchten des Ackers. 10 Es
haben die barmherzigsten Frauen [a]ihre
Kinder selbst kochen müssen, damit sie
zu essen hatten in dem Jammer der Toch-
ter meines Volks. 11 Der HERR hat seinen
Grimm austoben lassen, er hat seinen
grimmigen Zorn ausgeschüttet; er hat in
Zion ein Feuer angesteckt, das auch ihre
Grundfesten verzehrt hat.

12 Es hätten's die Könige auf Erden
nicht geglaubt noch alle Leute in der
Welt, dass der Widersacher und Feind
zum Tor Jerusalems einziehen könnte.
13 Es ist aber geschehen wegen der Sün-
den ihrer Propheten und wegen der
Missetaten ihrer Priester, die dort der
Gerechten Blut vergossen haben. 14 Sie
irrten hin und her auf den Gassen wie die
Blinden und waren mit Blut besudelt,
dass man ihre Kleider nicht anrühren
konnte; 15 man rief ihnen zu: [a]»Weicht,
ihr Unreinen! Weicht, weicht, rührt
nichts an!« Wenn sie flohen und umher-
irrten, so sagte man auch unter den Hei-
den: »Sie sollen nicht länger bei uns blei-
ben.« 16 Des HERRN Zorn hat sie zer-
streut; er will sie nicht mehr ansehen. Die
[a]Priester ehrte man nicht, und [b]an den
Alten übte man keine Barmherzigkeit.

17 Noch immer blickten unsre Augen
aus nach nichtiger Hilfe, bis sie müde
wurden; und wir warteten auf ein Volk,
das uns doch nicht helfen konnte. 18 Man
jagte uns, dass wir auf unsern Gassen
nicht gehen konnten. Da kam unser
Ende; unsere Tage sind aus, unser Ende
ist gekommen. 19 Unsre Verfolger waren
schneller als die Adler unter dem Him-
mel. Auf den Bergen haben sie uns ver-
folgt und in der Wüste auf uns gelauert.
20 Der Gesalbte des HERRN, der unser
Lebensodem war, ist gefangen worden in
ihren Gruben; wir aber dachten: »In sei-
nem Schatten wollen wir leben unter den
Völkern.«

21 Ja, freue dich nur und sei fröhlich,
du Tochter Edom, die du wohnst im
Lande Uz! Denn [a]der Kelch wird auch
zu dir kommen, dass du trunken wirst
und dich entblößt. 22 [a]Deine Schuld ist
abgetan, du Tochter Zion; der Herr wird
dich nicht mehr wegführen lassen. [b]Aber
deine Schuld, du Tochter Edom, wird
er heimsuchen und deine Sünden auf-
decken.

Gebet des Volkes in seiner tiefsten Erniedrigung

5 Gedenke, HERR, wie es uns geht;
schau und sieh an unsre Schmach!
2 Unser Erbe ist den Fremden zuteilge-
worden und unsre Häuser den Auslän-
dern. 3 Wir sind Waisen und haben kei-
nen Vater; unsre Mütter sind wie Wit-
wen. 4 Unser Wasser müssen wir um Geld
trinken; unser eigenes Holz müssen wir
bezahlen. 5 Mit dem Joch auf unserm
Hals treibt man uns, und wenn wir auch
müde sind, lässt man uns doch keine
Ruhe. 6 Wir mussten Ägypten und Assur
die Hand hinhalten, um uns an Brot zu
sättigen. 7 Unsre Väter haben gesündigt
und leben nicht mehr, wir aber müssen
ihre Schuld tragen.[a]

8 Knechte herrschen über uns und nie-
mand ist da, der uns von ihrer Hand
errettet. 9 Wir müssen unser Brot unter
Gefahr für unser Leben holen, bedroht
von dem Schwert in der Wüste. 10 Unsre
Haut ist verbrannt wie in einem Ofen
von dem schrecklichen Hunger. 11 Sie ha-
ben die Frauen in Zion geschändet und
die Jungfrauen in den Städten Judas.
12 Fürsten wurden von ihnen gehenkt,
und die Alten hat man nicht geehrt.[a]
13 Jünglinge mussten Mühlsteine tragen
und Knaben beim Holztragen strau-
cheln. 14 Es sitzen die Ältesten nicht mehr
im Tor und die Jünglinge nicht mehr
beim Saitenspiel. 15 Unsres Herzens
Freude hat ein Ende, unser Reigen ist in
Wehklagen verkehrt. 16 [a]Die Krone ist
von unserm Haupt gefallen. O weh, dass
wir so gesündigt haben! 17 Darum ist
auch unser Herz krank, und unsre Augen
sind trübe geworden 18 um des Berges
Zion willen, weil er so wüst liegt, dass die
Füchse darüberlaufen.

4,10: *a* Kap 2,20 **4,15:** *a* 3. Mose 13,45 **4,16:** *a* Kap 2,6; *b* Kap 5,12; 3. Mose 19,32 **4,21:** *a* Kap 3,64; Ps 137,7; Jer 25,15.21 **4,22:** *a* Jes 40,2; *b* Jes 34,8-10; Hes 35,14-15 **5,7:** *a* 2. Mose 20,5; Jer 31,29 **5,12:** *a* 2. Kön 25,19-21 **5,16:** *a* Jer 13,18

19 Aber du, HERR, der du ewiglich
bleibst und dein Thron von Geschlecht
zu Geschlecht, 20 warum willst du uns so
ganz vergessen und uns lebenslang so
ganz verlassen? 21 [a]Bringe uns, HERR, zu
dir zurück, dass wir wieder heimkom-
men; erneure unsre Tage wie vor alters!
22 Hast du uns denn ganz verworfen, und
bist du allzu sehr über uns erzürnt?

DER PROPHET HESEKIEL (EZECHIEL)

Inhaltsübersicht

Hesekiel schaut die Herrlichkeit des HERRN

(vgl. Kap 10,1-22)

1 Im dreißigsten Jahr am fünften Tage
des vierten Monats, als ich unter den
Weggeführten am [a]Fluss Kebar war, tat
sich der Himmel auf, und Gott zeigte mir
Gesichte. 2 Am fünften Tag des Monats –
es war das fünfte Jahr, nachdem der Kö-
nig [a]Jojachin gefangen weggeführt war –,
3 da geschah das Wort des HERRN zu
Hesekiel, dem Sohn des Busi, dem Pries-
ter, im Lande der Chaldäer am Fluss
Kebar. Dort [a]kam die Hand des HERRN
über ihn.

4 [a]Und ich sah, und siehe, es kam ein
ungestümer Wind von Norden her, eine
mächtige Wolke und loderndes Feuer,
und Glanz war rings um sie her, und
mitten im Feuer war es wie blinkendes
Kupfer. 5 Und mitten darin war etwas wie
vier Gestalten; die waren anzusehen wie
Menschen. 6 Und jede von ihnen hatte
vier Angesichter und vier Flügel. 7 Und
ihre Beine standen gerade, und ihre Füße
waren wie Stierfüße und glänzten wie
blinkendes, glattes Kupfer. 8 Und sie hat-
ten Menschenhände unter ihren Flügeln
an ihren vier Seiten; die vier hatten An-
gesichter und Flügel. 9 Ihre Flügel be-
rührten einer den andern.

Und wenn sie gingen, brauchten sie
sich nicht umzuwenden; immer gingen
sie in der Richtung eines ihrer Angesich-
ter. 10 Ihre Angesichter waren vorn gleich
einem Menschen und zur rechten Seite
gleich einem Löwen bei allen vieren und
zur linken Seite gleich einem Stier bei
allen vieren und hinten gleich einem
Adler bei allen vieren. 11 Und ihre Flügel
waren nach oben hin ausgebreitet; je zwei
Flügel berührten einander und mit zwei
Flügeln bedeckten sie ihren Leib. 12 Im-
mer gingen sie in der Richtung eines
ihrer Angesichter; wohin der Geist sie
trieb, dahin gingen sie; sie brauchten sich
im Gehen nicht umzuwenden.

13 Und in der Mitte zwischen den Ge-
stalten sah es aus, wie wenn feurige Koh-
len brennen, und wie Fackeln, die zwi-
schen den Gestalten hin und her fuhren.
Das Feuer leuchtete und aus dem Feuer
kamen Blitze. 14 Und die Gestalten liefen
hin und her, dass es aussah wie Blitze.

15 Als ich die Gestalten sah, siehe, da
stand je ein Rad auf der Erde bei den vier
Gestalten, bei ihren vier Angesichtern.
16 Die Räder waren anzuschauen wie ein
Türkis und waren alle vier gleich, und sie
waren so gemacht, dass ein Rad im an-
dern war. 17 Nach allen vier Seiten konn-
ten sie gehen; sie brauchten sich im Ge-
hen nicht umzuwenden. 18 Und sie hatten
Felgen, und ich sah, ihre Felgen waren
voller Augen ringsum bei allen vier Rä-
dern. 19 Und wenn die Gestalten gingen,

5,21: *a* Ps 126,1-6 **1,1:** *a* Vers 3; Kap 3,23; 10,15.20.22; 43,3 **1,2:** *a* 2.Kön 24,15 **1,3:** *a* Kap 3,22-23; 8,1; 33,22; 37,1; 40,1 **1,4:** *a (4-28)* Offb 4,2-8

so gingen auch die Räder mit, und wenn
die Gestalten sich von der Erde empor-
hoben, so hoben die Räder sich auch
empor. 20 Wohin der Geist sie trieb, dahin
gingen sie, und die Räder hoben sich mit
ihnen empor; denn es war der Geist der
Gestalten in den Rädern. 21 Wenn sie gin-
gen, so gingen diese auch; wenn sie stan-
den, so standen diese auch; und wenn sie
sich emporhoben von der Erde, so hoben
sich auch die Räder mit ihnen empor;
denn es war der Geist der Gestalten in
den Rädern.

22 Aber über den Häuptern der Ge-
stalten war es wie eine Himmelsfeste, wie
ein Kristall, unheimlich anzusehen, oben
über ihren Häuptern ausgebreitet, 23 dass
unter der Feste ihre Flügel gerade ausge-
streckt waren, einer an dem andern; und
mit zwei Flügeln bedeckten sie ihren
Leib. 24 Und wenn sie gingen, hörte ich
ihre Flügel rauschen wie große Wasser,
wie die Stimme des Allmächtigen, ein
Getöse wie in einem Heerlager. Wenn sie
aber stillstanden, ließen sie die Flügel
herabhängen 25 und es donnerte im Him-
mel über ihnen. Wenn sie stillstanden,
ließen sie die Flügel herabhängen.

26 Und über der Feste, die über ihrem
Haupt war, sah es aus [a]wie ein Saphir,
einem Thron gleich, und [b]auf dem
Thron saß einer, der aussah wie ein
Mensch. 27 Und ich sah, und es war wie
blinkendes Kupfer aufwärts von dem,
was aussah wie seine Hüften; und ab-
wärts von dem, was wie seine Hüften
aussah, erblickte ich etwas wie Feuer und
Glanz ringsumher. 28 Wie der Regen-
bogen steht in den Wolken, wenn es
geregnet hat, so glänzte es ringsumher.
So war [a]die Herrlichkeit des HERRN an-
zusehen.

Und als ich sie gesehen hatte, fiel ich
auf mein Angesicht und hörte einen reden.

Hesekiels Berufung zum Prophetenamt

2 Und er sprach zu mir: Du Menschen-
kind, tritt auf deine Füße, so will ich
mit dir reden. 2 Und als er so mit mir
redete, kam Leben in mich und stellte
mich auf meine Füße, und ich hörte dem
zu, der mit mir redete. 3 Und er sprach zu
mir: Du Menschenkind, ich sende dich
zu den Israeliten, zu dem abtrünnigen
Volk, das von mir abtrünnig geworden
ist. Sie und ihre Väter haben bis auf die-
sen heutigen Tag wider mich gesündigt.
4 Und die Söhne, zu denen ich dich sende,
haben harte Köpfe und verstockte Her-
zen. Zu denen sollst du sagen: »So
spricht Gott der HERR!« 5 [a]Sie gehor-
chen oder lassen es – denn sie sind ein
Haus des Widerspruchs –, dennoch sol-
len sie wissen, dass ein Prophet unter
ihnen ist.

6 Und du, Menschenkind, sollst dich
[a]vor ihnen nicht fürchten noch vor ihren
Worten fürchten. Es sind wohl wider-
spenstige und stachlige Dornen um dich,
und du wohnst unter Skorpionen; aber
du sollst dich nicht fürchten vor ihren
Worten und dich vor ihrem Angesicht
nicht entsetzen – denn sie sind ein Haus
des Widerspruchs –, 7 sondern du sollst
ihnen meine Worte sagen, sie gehorchen
oder lassen es; denn sie sind ein Haus des
Widerspruchs.

8 Aber du, Menschenkind, höre, was
ich dir sage, und widersprich nicht wie
das Haus des Widerspruchs. Tu deinen
Mund auf und iss, was ich dir geben
werde. 9 Und ich sah, und siehe, da war
eine Hand gegen mich ausgestreckt, die
hielt eine [a]Schriftrolle. 10 Die breitete sie
aus vor mir, und sie war außen und
innen beschrieben und darin stand ge-
schrieben Klage, Ach und Weh.

3 [a]Und er sprach zu mir: Du Men-
schenkind, iss, was du vor dir hast!
Iss diese Schriftrolle und geh hin und
rede zum Hause Israel! 2 Da tat ich mei-
nen Mund auf und er gab mir die Rolle
zu essen 3 und sprach zu mir: Du Men-
schenkind, du musst diese Schriftrolle,
die ich dir gebe, in dich hineinessen und
deinen Leib damit füllen. Da aß ich sie
und [a]sie war in meinem Munde so süß
wie Honig.

4 Und er sprach zu mir: Du Menschen-
kind, geh hin zum Hause Israel und ver-
kündige ihnen meine Worte. 5 Denn ich
sende dich ja nicht zu einem Volk, das
unbekannte Worte und eine fremde Spra-
che hat, sondern zum Hause Israel,

1,26: *a* 2. Mose 24,10; *b* Offb 4,2-3; Jes 6,1 **1,28:** *a* Kap 3,23; 8,4; 9,3; 10,4.18; 11,23; 43,4; 44,4 **2,5:** *a* Vers 7; Kap 3,11.27 **2,6:** *a* Jer 1,8 **2,9:** *a* Offb 10,8 **3,1:** *a (1-3)* Jer 15,16; 1,9; Offb 10,9-11 **3,3:** *a* Ps 119,103

6 nicht zu vielen Völkern, die unbekannte
Worte und eine fremde Sprache haben,
deren Worte du nicht verstehen könntest.
Und wenn ich dich zu solchen sendete,
würden **sie** dich gern hören. 7 Aber das
Haus Israel will **dich** nicht hören, denn
sie wollen **mich** nicht hören; denn das
ganze Haus Israel hat harte Stirnen und
verstockte Herzen. 8 Siehe, ich habe dein
[a]Angesicht so hart gemacht wie ihr An-
gesicht und deine Stirn so hart wie ihre
Stirn. 9 Ja, ich habe deine Stirn so hart
wie einen Diamanten gemacht, der här-
ter ist als ein Kieselstein. Darum fürchte
dich nicht, entsetze dich auch nicht vor
ihnen; denn sie sind ein Haus des
Widerspruchs.

10 Und er sprach zu mir: Du Men-
schenkind, alle meine Worte, die ich dir
sage, die fasse mit dem Herzen und
nimm sie zu Ohren! 11 Und geh hin zu
den Weggeführten deines Volks und ver-
kündige ihnen und sprich zu ihnen: »So
spricht Gott der HERR!«, [a]sie hören oder
lassen es.

Hesekiel wird zum Wächter über Israel bestellt

(vgl. Kap 33,1-9)

12 Und der Geist hob mich empor, und
ich hörte hinter mir ein Getöse wie von
einem großen Erdbeben, als [a]die Herr-
lichkeit des HERRN sich erhob von ihrem
Ort. 13 Und es war ein Rauschen von den
Flügeln der Gestalten, die aneinander-
schlugen, und auch ein Rasseln der Rä-
der neben ihnen wie das Getöse eines
großen Erdbebens. 14 Da hob mich der
Geist empor und führte mich weg. Und
ich fuhr dahin im bitteren Grimm mei-
nes Geistes, und die Hand des HERRN
lag schwer auf mir. 15 Und ich kam zu
den Weggeführten, die am Fluss Kebar
wohnten, nach Tel-Abib und setzte mich
zu denen, die dort wohnten, und blieb
dort unter ihnen sieben Tage ganz ver-
stört.

16 Und als die sieben Tage um waren,
geschah des HERRN Wort zu mir: 17 **Du
Menschenkind, ich habe dich zum [a]Wäch-
ter gesetzt über das Haus Israel. Du wirst
aus meinem Munde das Wort hören und
sollst sie in meinem Namen warnen.
18 Wenn ich dem Gottlosen sage: Du musst
des Todes sterben!, und du warnst ihn
nicht und sagst es ihm nicht, um den Gott-
losen vor seinem gottlosen Wege zu war-
nen, damit er am Leben bleibe, – so wird
der Gottlose um seiner Sünde willen ster-
ben, aber sein Blut will ich von deiner
Hand fordern.**[a] 19 **Wenn du aber den Gott-
losen warnst und er sich nicht bekehrt von
seinem gottlosen Wesen und Wege, so
wird er um seiner Sünde willen sterben,
aber du hast dein Leben errettet.**

20 Und [a]wenn sich ein Gerechter von
seiner Gerechtigkeit abwendet und Un-
recht tut, so werde ich ihn zu Fall brin-
gen und er muss sterben. Denn weil du
ihn nicht gewarnt hast, wird er um seiner
Sünde willen sterben müssen, und seine
Gerechtigkeit, die er getan hat, wird
nicht angesehen werden; aber sein Blut
will ich von deiner Hand fordern.
21 Wenn du aber den Gerechten warnst,
dass er nicht sündigen soll, und er sün-
digt auch nicht, so wird er am Leben
bleiben; denn er hat sich warnen lassen,
und du hast dein Leben errettet.

Der Prophet soll verstummen

22 [a]Und dort kam des HERRN Hand über
mich und er sprach zu mir: Mach dich
auf und geh hinaus in die Ebene; da will
ich mit dir reden. 23 Und ich machte mich
auf und ging hinaus in die Ebene; und
siehe, dort stand [a]die Herrlichkeit des
HERRN, wie ich sie am Fluss Kebar ge-
sehen hatte; und ich fiel nieder auf mein
Angesicht.

24 Und [a]der Geist kam in mich und
stellte mich auf meine Füße. Und er re-
dete mit mir und sprach zu mir: Geh hin
und schließ dich ein in deinem Hause!
25 Und du, Menschenkind, siehe, man
wird dir Stricke anlegen und dich damit
binden, dass du nicht unter die Leute
gehen kannst. 26 Und ich will dir die
Zunge an deinem Gaumen kleben lassen,
dass du stumm wirst und sie nicht mehr
zurechtweisen kannst; denn sie sind ein
Haus des Widerspruchs. 27 Wenn ich aber
mit dir reden werde, will ich dir den
Mund auftun, dass du zu ihnen sagen

3,8: *a* Jes 50,7; Jer 1,18 **3,11:** *a* Kap 2,5.7 **3,12:** *a* Kap 1,28 **3,17:** *a* Kap 33,7; Jes 52,8; Hebr 13,17 **3,18:** *a* Kap 14,10 **3,20:** *a* Kap 18,24 **3,22:** *a (22-23)* Kap 1,3 **3,23:** *a* Kap 1,28 **3,24:** *a* Kap 2,2

sollst: »So spricht Gott der HERR!«
[a]Wer es hört, der höre es; wer es lässt,
der lasse es; denn sie sind ein Haus des
Widerspruchs.

Bildliche Darstellung des Gerichts über Jerusalem

4 Und du, Menschenkind, nimm dir
einen Ziegelstein; den lege vor dich hin
und entwirf darauf die Stadt Jerusalem
2 und mache eine Belagerung: Baue ein
Bollwerk um sie und schütte einen Wall
gegen sie auf und schlag ein Heerlager
auf und stelle Sturmböcke rings um sie
her. 3 Nimm dir aber eine eiserne Platte
und lass sie eine eiserne Mauer sein zwi-
schen dir und der Stadt ,und richte dein
Angesicht gegen sie und belagere sie. Das
sei ein Zeichen dem Hause Israel.
4 Du sollst dich auch auf deine linke
Seite legen und die Schuld des Hauses
Israel auf dich legen. So viele Tage du so
daliegst, so lange sollst du auch ihre
Schuld tragen. 5 Ich will dir aber die
Jahre ihrer Schuld auflegen, für jedes
Jahr einen Tag, nämlich dreihundert-
neunzig Tage. So lange sollst du die
Schuld des Hauses Israel tragen.
6 Und wenn du dies vollbracht hast,
sollst du danach dich auf deine rechte
Seite legen und sollst tragen die Schuld
des Hauses Juda vierzig Tage lang; denn
ich gebe dir hier auch je einen Tag für ein
Jahr. 7 Richte aber dein Angesicht und
deinen bloßen Arm gegen das belagerte
Jerusalem und weissage gegen die Stadt.
8 Und siehe, ich will dir Stricke anlegen,
dass du dich nicht wenden kannst von
einer Seite zur andern, bis du die Tage
deiner Belagerung vollendet hast.
9 Nimm dir aber Weizen, Gerste, Boh-
nen, Linsen, Hirse und Spelt und tu alles
in **ein** Gefäß und mache dir Brot daraus,
dass du daran zu essen hast, solange du
auf deiner Seite liegen musst – dreihun-
dertneunzig Tage, 10 sodass deine Speise,
die du täglich essen sollst, abgewogen
zwanzig Lot sei; so viel darfst du von
einem Tag zum andern essen. 11 Das
Wasser sollst du auch abgemessen trin-
ken, nämlich den sechsten Teil von einer
Kanne; so viel darfst du von einem Tag
zum andern trinken. 12 Gerstenfladen
sollst du essen, die du vor den Augen der
Leute auf Menschenkot backen sollst.
13 Und der HERR sprach: So sollen die
Israeliten ihr [a]unreines Brot essen unter
den Heiden, zu denen ich sie verstoßen
werde.
14 Ich aber sprach: Ach, Herr HERR!
Siehe, ich bin noch nie unrein geworden;
denn ich habe von meiner Jugend an
bis auf diese Zeit niemals [a]Fleisch von
einem gefallenen oder zerrissenen Tier
gegessen, und nie ist [b]unreines Fleisch
in meinen Mund gekommen. 15 Er aber
sprach zu mir: Sieh, ich will dir Kuhmist
statt Menschenkot zulassen, dein Brot
darauf zu bereiten.
16 Und er sprach zu mir: Du Men-
schenkind, siehe, [a]ich will den Vorrat an
Brot in Jerusalem wegnehmen, dass sie
[b]das Brot abgewogen essen müssen und
mit Kummer, und das Wasser abgemes-
sen trinken müssen und mit Schaudern,
17 damit sie an Brot und Wasser Mangel
leiden und sie, einer wie der andere,
erschaudern und in ihrer Schuld ver-
schmachten sollen.

5 Und du, Menschenkind, nimm ein
scharfes Schwert und brauche es als
Schermesser und fahr damit über dein
Haupt und deinen Bart und nimm eine
Waage und teile das Haar: 2 Ein Drittel
sollst du mit Feuer verbrennen mitten in
der Stadt, wenn die Tage der Belagerung
um sind; ein anderes Drittel nimm und
schlag's mit dem Schwert ringsumher;
das letzte Drittel streue in den Wind, und
ich will hinter ihnen her das Schwert zie-
hen.[a] 3 Nimm aber ein klein wenig davon
und binde es in deinen Mantelzipfel.
4 Und nimm noch einmal etwas davon
und wirf's ins Feuer und verbrenne es;
davon soll ein Feuer ausbrechen über das
ganze Haus Israel.

Begründung und Beschreibung des Gerichts über Jerusalem

5 So spricht Gott der HERR: Das ist Jeru-
salem, das ich mitten unter die Heiden
gesetzt habe und unter die Länder rings-
umher! 6 Aber es widersprach meinen
Ordnungen und trieb es schlimmer als

3,27: *a* Kap 2,5.7 **4,13:** *a* Hos 9,3 **4,14:** *a* 2. Mose 22,30; *b* Apg 10,14 **4,16:** *a* Kap 5,16; *b* 3. Mose 26,26 **5,2:** *a* Vers 12

die Heiden und war gegen meine Gebote
ungehorsamer als die Länder, die rings-
umher liegen. Denn sie verwarfen meine
Ordnungen und wollten nicht nach mei-
nen Geboten leben.
7 Darum spricht Gott der HERR: Weil
ihr es schlimmer getrieben habt als die
Heiden, die um euch her sind, und nach
meinen Geboten nicht gelebt und meine
Ordnungen nicht gehalten habt und nicht
einmal nach den Ordnungen der Heiden
gelebt habt, die um euch her sind, 8 so
spricht Gott der HERR: Siehe, auch ich
will an dich und Gericht über dich er-
gehen lassen, dass die Heiden zusehen
sollen, 9 und will so mit dir umgehen, wie
ich es nie getan habe und auch nicht
mehr tun werde, um aller deiner Gräuel
willen. 10 Darum [a]sollen in deiner Mitte
Väter ihre Kinder und Kinder ihre Väter
fressen; und ich will solches Gericht über
dich ergehen lassen, dass alle, die von dir
übrig geblieben sind, in alle Winde zer-
streut werden. 11 Darum, so wahr ich
lebe, spricht Gott der HERR: Weil du
mein Heiligtum mit all deinen Götzen
und Gräueln unrein gemacht hast, will
auch ich dich zerschlagen, und [a]mein
Auge soll ohne Mitleid auf dich blicken,
und ich will nicht gnädig sein. 12 Es soll
ein Drittel von dir an der Pest sterben
und durch Hunger vernichtet werden in
deiner Mitte, und das zweite Drittel soll
durchs Schwert fallen rings um dich her,
und das letzte Drittel will ich in alle
Winde zerstreuen und will hinter ihnen
her das Schwert ziehen.[a]
13 So soll mein Zorn vollendet werden
und [a]mein Grimm über sie zum Ziel
kommen, dass ich meinen Mut kühle,
und sie sollen erfahren, dass ich, der
HERR, es in meinem Eifern geredet habe,
wenn ich meinen Grimm an ihnen voll-
ende. 14 [a]Ich will dich zur Wüste und zur
Schmach machen unter den Völkern, die
um dich her sind, vor den Augen aller,
die vorübergehen. 15 Und du sollst zur
Schmach, zum Hohn, zur Warnung und
zum Entsetzen werden für alle Völker, die
um dich her sind, wenn ich über dich
Gericht ergehen lasse mit Zorn, Grimm
und zornigem Schelten – das sage ich,
der HERR – 16 und wenn ich [a]böse Pfeile
des Hungers unter euch schießen werde,
die Verderben bringen und die ich schie-
ßen werde, um euch zu verderben, und
wenn ich den Hunger bei euch immer
größer werden lasse und euch den [b]Vor-
rat an Brot wegnehme. 17 Ja, Hunger und
wilde Tiere will ich unter euch schicken,
die sollen euch kinderlos machen, und es
soll Pest und Blutvergießen bei dir umge-
hen, und ich will das Schwert über dich
bringen. Ich, der HERR, habe es gesagt.[a]

Die kommende Verwüstung des Landes

6 Und des HERRN Wort geschah zu
mir: 2 Du Menschenkind, richte dein
Angesicht gegen die Berge Israels und
[a]weissage gegen sie 3 und sprich: Ihr
Berge Israels, höret das Wort Gottes des
HERRN! So spricht Gott der HERR zu
den Bergen und Hügeln, zu den Gründen
und Tälern: Siehe, ich will das Schwert
über euch bringen und eure Opferhöhen
zerstören, 4 dass eure Altäre verwüstet
und eure [a]Rauchopfersäulen zerbrochen
werden, und will eure Erschlagenen vor
eure Götzen werfen; 5 ja, ich will die
Leichname der Israeliten vor ihre Götzen
hinwerfen und [a]will eure Gebeine um
eure Altäre her verstreuen. 6 Überall, wo
ihr wohnt, sollen die Städte verwüstet
und die Opferhöhen zur Einöde werden;
denn man wird eure Altäre wüst und zur
Einöde machen und eure Götzen zerbre-
chen und zunichtemachen und eure
Rauchopfersäulen zerschlagen und eure
Machwerke vertilgen. 7 Und Erschlagene
sollen mitten unter euch daliegen, und
ihr sollt erfahren, dass ich der HERR
bin.
8 Ich [a]will aber einige von euch üb-
rig lassen, die dem Schwert entgehen,
unter den Völkern, wenn ich euch in die
Länder zerstreut habe. 9 Diese eure Ent-
ronnenen werden dann an mich denken
unter den Völkern, wohin sie gefangen
weggeführt sind, wenn ich ihr abgötti-
sches Herz, das von mir gewichen ist,
und ihre abgöttischen Augen, die nach
ihren Götzen sahen, zerschlagen habe.
Und es wird sie ekeln vor all dem Bösen,
das sie mit all ihren Gräueln begangen

5,10: *a* 5. Mose 28,53-55 **5,11:** *a* Kap 7,4; 8,7-18 **5,12:** *a* Vers 2 **5,13:** *a* Kap 16,42 **5,14:** *a (14-15)* 5. Mose 28,37; Jer 24,9 **5,16:** *a* 5. Mose 32,23-24; *b* Kap 4,16 **5,17:** *a* Kap 14,21 **6,2:** *a* Kap 36,1; Mi 6,1 **6,4:** *a* 3. Mose 26,30 **6,5:** *a* 2. Kön 23,14 **6,8:** *a* Jes 6,13

haben, 10 und sie werden erfahren, dass
ich der HERR bin; nicht umsonst habe
ich geredet, solches Unglück ihnen zu
tun.
11 So spricht Gott der HERR: Schlag
deine Hände zusammen und stampfe mit
deinem Fuße und sprich: Weh über alle
schlimmen Gräuel des Hauses Israel, de-
rentwegen sie durch Schwert, Hunger
und Pest fallen müssen! 12 Wer ferne ist,
wird an der Pest sterben, und wer nahe
ist, wird durchs Schwert fallen; wer aber
übrig bleibt und davor bewahrt ist, wird
vor Hunger sterben. So will ich meinen
Grimm unter ihnen vollenden, 13 dass ihr
erfahren sollt, dass ich der HERR bin,
wenn ihre Erschlagenen mitten unter
ihren Götzen liegen um ihre Altäre her,
oben [a]auf allen Hügeln und oben auf
allen Bergen und unter allen grünen Bäu-
men und unter allen dichten Eichen,
überall, wo sie all ihren Götzen lieblichen
Opferduft darbrachten. 14 Ich will meine
Hand gegen sie ausstrecken und das
Land wüst und öde machen von der
Wüste an bis nach [a]Ribla überall, wo sie
wohnen, und sie sollen erfahren, dass ich
der HERR bin.

Das Ende naht

7 Und des HERRN Wort geschah zu
mir: 2 Du Menschenkind, so spricht
Gott der HERR zum Land Israels: Das
Ende kommt, das Ende über alle vier
Enden des Landes. 3 Nun kommt das
Ende über dich; denn ich will meinen
Zorn über dich senden und will dich
richten, wie du verdient hast, und will
alle deine Gräuel über dich bringen.
4 [a]Mein Auge soll ohne Mitleid auf dich
blicken, und ich will nicht gnädig sein,
sondern ich will dir geben, wie du ver-
dient hast, und deine Gräuel sollen über
dich kommen, dass ihr erfahrt, dass ich
der HERR bin.
5 So spricht Gott der HERR: Siehe, es
kommt ein Unglück über das andere!
6 Das Ende kommt, es kommt das Ende,
es ist erwacht über dich; siehe, es kommt!
7 Es geht schon an und bricht herein über
dich, du Bewohner des Landes. Die Zeit
kommt, der Tag des Jammers ist nahe, an
dem kein Singen mehr auf den Bergen
sein wird. 8 Nun will ich bald meinen
Grimm über dich schütten und meinen
Zorn an dir vollenden und will dich rich-
ten, wie du verdient hast, und alle deine
Gräuel über dich bringen. 9 Mein Auge
soll ohne Mitleid auf dich blicken, und
ich will nicht gnädig sein, sondern ich
will dir geben, wie du verdient hast, und
deine Gräuel sollen über dich kommen,
dass ihr erfahrt, dass ich der HERR bin,
der euch schlägt.
10 Siehe, der [a]Tag, siehe, er kommt, er
bricht an! Unrecht blüht und Vermessen-
heit grünt. 11 Gewalttat hat sich erhoben
und wird zur Rute des Frevels; nichts ist
mehr von ihnen da und nichts von ihrem
Reichtum, nichts von ihrer Pracht und
nichts von ihrer Herrlichkeit. 12 Es
kommt die Zeit, es naht der Tag! Der
Käufer freue sich nicht und der Verkäu-
fer traure nicht; denn es kommt der Zorn
über all ihren Reichtum. 13 Denn der Ver-
käufer wird zum Verkaufen nicht zurück-
kehren, auch wenn er noch am Leben ist;
denn der Zorn über all ihren Reichtum
wird sich nicht wenden; um seiner Misse-
tat willen wird keiner sein Leben erhalten
können.
14 Lasst sie die Posaune nur blasen und
alles zurüsten; es wird doch niemand in
den Krieg ziehen, denn mein Zorn ist
entbrannt über all ihren Reichtum.
15 Draußen das Schwert, drinnen Pest
und Hunger! Wer auf dem Feld ist, der
wird vom Schwert sterben; wer in der
Stadt ist, den werden Pest und Hunger
fressen. 16 Und die von ihnen entrinnen,
die werden auf den Bergen sein wie gur-
rende Tauben in den Schluchten, sie alle,
ein jeder wegen seiner Missetat.
17 [a]Alle Hände werden herabsinken
und alle Knie werden weich. 18 Und [a]sie
werden Säcke anlegen und mit Furcht
überschüttet sein, und auf allen Gesich-
tern liegt Scham und alle Köpfe werden
kahl geschoren. 19 Sie werden ihr Silber
hinaus auf die Gassen werfen und ihr
Gold wie Unrat achten; denn [a]ihr Silber
und Gold kann sie nicht erretten am
Tage des Zorns des HERRN. Sie werden
sich damit nicht sättigen und ihren

6,13: *a* 1. Kön 14,23 **6,14:** *a* 2. Kön 25,21 **7,4:** *a* Kap 5,11; 8,18; 9,10 **7,10:** *a* Jes 2,12 **7,17:** *a* Jes 13,7 **7,18:** *a* Jer 48,37 **7,19:** *a* Spr 11,4; Zef 1,18

Bauch damit nicht füllen; denn es wurde
zum Anlass ihrer Missetat. 20 Sie haben
ihre edlen Kleinode zur Hoffart verwen-
det und Bilder ihrer gräulichen Götzen,
ihrer Scheusale, daraus gemacht. Darum
will ich ihnen all das zum Unrat machen
21 und will es Fremden in die Hände ge-
ben, dass sie es rauben, und den Gott-
losen auf Erden zur Beute, dass sie es
entheiligen. 22 Ich will mein Angesicht
von ihnen abwenden, und mein Kleinod
soll entheiligt werden; ja, Räuber sollen
darüber kommen und es entheiligen.

23 Mache Ketten! Denn das Land ist
voll Blutschuld und die Stadt voll Frevel.
24 So will ich die Schlimmsten unter
den Völkern herbringen, die sollen ihre
Häuser einnehmen; und ich will der Hof-
fart der Gewaltigen ein Ende machen,
und entheiligt werden ihre Heiligtümer.
25 Angst kommt; da werden sie Heil su-
chen, aber es wird nicht zu finden sein.
26 Ein Unglück wird über das andere
kommen, eine schlimme Kunde nach der
andern. So werden sie dann eine Offen-
barung bei den Propheten suchen; auch
wird nicht mehr Weisung bei den Pries-
tern noch Rat bei den Ältesten sein.
27 Der König wird trauern, und die Förs-
ten werden sich in Entsetzen kleiden,
und die Hände des Volks des Landes
werden kraftlos sein. Ich will mit ihnen
umgehen, wie sie gelebt haben, und will
sie richten, wie sie verdient haben, dass
sie erfahren sollen, dass ich der HERR
bin.

Die Gräuel des Götzendienstes im Tempel

8 Und es begab sich im sechsten Jahr
am fünften Tage des sechsten Mo-
nats. Ich saß in meinem Hause und [a]die
Ältesten von Juda saßen vor mir. Da fiel
die Hand Gottes des HERRN auf mich.
2 Und ich sah, und siehe, da war eine
Gestalt wie ein Mann, und abwärts von
dem, was wie seine Hüften aussah, war es
wie Feuer, aber oberhalb seiner Hüften
war ein Glanz zu sehen wie blinkendes
Kupfer.[a] 3 Und er streckte etwas wie eine
Hand aus und ergriff mich bei dem Haar
meines Hauptes. Da [a]führte mich der
Geist fort zwischen Himmel und Erde
und brachte mich nach Jerusalem in
göttlichen Gesichten zu dem Eingang des
inneren Tores, das gegen Norden liegt,
wo ein Bild stand zum Ärgernis für den
Herrn.

4 Und siehe, dort war [a]die Herrlichkeit
des Gottes Israels, so wie ich sie in der
Ebene gesehen hatte. 5 Und er sprach zu
mir: Du Menschenkind, hebe deine
Augen auf nach Norden. Und als ich meine
Augen aufhob nach Norden, siehe, da
stand nördlich vom Tor ein Altar, da, wo
es zu dem Bild geht, das für den Herrn
ein Ärgernis war. 6 Und er sprach zu mir:
Du Menschenkind, siehst du auch, was
diese tun? Große Gräuel sind es, die das
Haus Israel hier tut, um mich von mei-
nem Heiligtum zu vertreiben. Aber du
wirst noch größere Gräuel sehen.

7 Und er führte mich zur Tür des Vor-
hofes. Da sah ich, und siehe, da war ein
Loch in der Wand. 8 Und er sprach zu
mir: Du Menschenkind, brich ein Loch
durch die Wand. Und als ich ein Loch
durch die Wand gebrochen hatte, siehe,
da war eine Tür. 9 Und er sprach zu mir:
Geh hinein und schaue die schlimmen
Gräuel, die sie hier treiben. 10 Und als ich
hineinkam und schaute, siehe, da waren
[a]lauter Bilder von Gewürm und scheuß-
lichem Getier und allen Götzen des Hau-
ses Israel, ringsherum an den Wänden
eingegraben. 11 Davor standen [a]siebzig
Männer von den Ältesten des Hauses
Israel, und Jaasanja, der Sohn Schafans,
stand [b]mitten unter ihnen. Und ein jeder
hatte sein Räuchergefäß in der Hand und
der Duft einer Wolke von Weihrauch
stieg auf.

12 Und er sprach zu mir: Menschen-
kind, siehst du, was die Ältesten des
Hauses Israel tun in der Finsternis, ein
jeder in der Kammer seines Götzenbil-
des? Denn sie sagen: [a]Der HERR sieht
uns nicht, der HERR hat das Land ver-
lassen. 13 Und er sprach zu mir: Du sollst
noch größere Gräuel sehen, die sie tun.
14 Und er führte mich zum Eingang des
Tores am Hause des HERRN, das gegen
Norden liegt, und siehe, dort saßen
Frauen, die den Tammus beweinten.

8,1: *a* Kap 14,1 8,2: *a* Kap 1,4 8,3: *a* Kap 3,12 8,4: *a* Kap 1,28 8,10: *a* Röm 1,23 8,11: *a* 2. Mose 24,1; 4. Mose 11,16; Lk 10,1.17; *b* Jes 66,17 8,12: *a* Kap 9,9

15 Und er sprach zu mir: Menschenkind, siehst du das? Aber du sollst noch größere Gräuel sehen als diese.

16 Und er führte mich in den inneren Vorhof am Hause des HERRN; und siehe, vor dem Eingang zum Tempel des HERRN, zwischen der Vorhalle und dem Altar, standen etwa fünfundzwanzig Männer, die ihren Rücken gegen den Tempel des HERRN und ihr Gesicht gegen Osten gewendet hatten und [a]beteten
gegen Osten die Sonne an. 17 Und er
sprach zu mir: Menschenkind, siehst du das? Ist es dem Hause Juda nicht genug, diese Gräuel hier zu treiben, dass sie auch sonst das ganze Land mit Gewalt und Unrecht erfüllen und mich immer wieder reizen? Und siehe, sie halten sich
die Weinrebe an die Nase.* 18 Darum will
ich auch mit Grimm an ihnen handeln, und [a]mein Auge soll ohne Mitleid auf sie blicken, und ich will nicht gnädig sein. [b]Wenn sie auch mit lauter Stimme mir in die Ohren schreien, will ich sie doch nicht hören.

Die Heimsuchung Jerusalems

9 Und er rief mit lauter Stimme vor meinen Ohren und sprach: Gekommen ist die Heimsuchung der Stadt; ein jeder habe sein Werkzeug zur Zerstörung
in seiner Hand! 2 Und siehe, da kamen
sechs Männer auf dem Wege vom oberen Tor her, das gegen Norden liegt, und jeder hatte ein Werkzeug zum Zerschlagen in seiner Hand. Aber es war einer unter ihnen, [a]der hatte ein Kleid von Leinwand an und ein Schreibzeug an seiner Seite. Und sie kamen heran und traten neben den kupfernen Altar.

3 Und [a]die Herrlichkeit des Gottes Israels erhob sich von dem Cherub, über dem sie war, zu der Schwelle des Tempels am Hause, und der HERR rief dem, der das Kleid von Leinwand anhatte und das Schreibzeug an seiner
Seite, 4 und sprach zu ihm: Geh durch die
Stadt Jerusalem und [a]zeichne mit einem Zeichen an der Stirn die Leute, die da seufzen und jammern über alle Gräuel, die darin geschehen.

5 Zu den andern Männern aber sprach er, sodass ich es hörte: Geht ihm nach durch die Stadt und schlagt drein; eure Augen sollen ohne Mitleid blicken und
keinen verschonen. 6 Erschlagt Alte,
Jünglinge, Jungfrauen, Kinder und Frauen, schlagt alle tot; aber die das Zeichen an sich haben, von denen sollt ihr keinen anrühren. [a]Fangt aber an bei meinem Heiligtum! Und sie fingen an bei den Ältesten, die vor dem Tempel waren.
7 Und er sprach zu ihnen: Macht den Tempel unrein, füllt die Vorhöfe mit Erschlagenen; dann geht hinaus! Und sie gingen hinaus und erschlugen die Leute in der Stadt.

8 Und als sie die erschlagen hatten, war ich noch übrig. Und ich fiel auf mein Angesicht, schrie und sprach: [a]Ach, Herr HERR, willst du denn den ganzen Rest Israels verderben, dass du deinen Zorn so ausschüttest über Jerusalem?
9 Und er sprach zu mir: Die Missetat des Hauses Israel und Juda ist allzu groß; es ist lauter Blutschuld im Lande und lauter Unrecht in der Stadt. Denn sie sprechen: [a]Der HERR hat das Land verlassen, der
HERR sieht uns nicht. 10 Darum [a]soll
mein Auge ohne Mitleid auf sie blicken, ich will auch nicht gnädig sein, sondern will ihr Tun auf ihren Kopf kommen las-
sen. 11 Und siehe, der Mann, der das
Kleid von Leinwand anhatte und das Schreibzeug an seiner Seite, antwortete und sprach: Ich habe getan, wie du mir geboten hast.

Die Herrlichkeit Gottes über den Cherubim

(vgl. Kap 1,4-28)

10 Und ich sah, und siehe, an der Himmelsfeste über dem Haupt der Cherubim glänzte es wie ein Saphir, und über ihnen war etwas zu sehen wie ein
Thron. 2 Und er sprach zu dem [a]Mann
in dem Kleid von Leinwand: Geh hinein zwischen das Räderwerk unter dem Cherub und [b]fülle deine Hände mit glühenden Kohlen, die zwischen den Cherubim sind, und streue sie über die Stadt. Und er ging hinein vor meinen Augen.

* Gemeint ist ein abgöttischer Brauch.

8,16: *a* 5. Mose 4,19; 17,3; 2. Kön 23,5.11; Jer 8,2 **8,18:** *a* Kap 7,4; *b* Jes 1,15 **9,2:** *a* Kap 10,2; Dan 10,5 **9,3:** *a* Kap 1,28 **9,4:** *a* Offb 7,3 **9,6:** *a* Jer 25,29 **9,8:** *a* Kap 11,13 **9,9:** *a* Kap 8,12 **9,10:** *a* Kap 7,4 **10,2:** *a* Kap 9,2; *b* Offb 8,5

3Die Cherubim aber standen zur Rech-
ten am Hause des Herrn, als der Mann
hineinging, und die Wolke erfüllte den
inneren Vorhof.

4Und [a]die Herrlichkeit des HERRN er-
hob sich von dem Cherub zur Schwelle
des Hauses, und [b]das Haus wurde erfüllt
mit der Wolke und der Vorhof mit dem
Glanz der Herrlichkeit des HERRN. 5Und
man hörte die Flügel der Cherubim rau-
schen bis in den äußeren Vorhof wie die
Stimme des allmächtigen Gottes, wenn er
redet. 6Und als er dem Mann in dem
Kleid von Leinwand geboten hatte:
Nimm von dem Feuer zwischen dem Rä-
derwerk zwischen den Cherubim, ging
dieser hinein und trat neben das Rad.
7Und der Cherub streckte seine Hand
aus der Mitte der Cherubim hin zum
Feuer, das zwischen den Cherubim war,
nahm davon und gab es dem Mann in
dem Kleid von Leinwand in die Hände;
der empfing es und ging hinaus. 8Und
es erschien an den Cherubim etwas wie
eines Menschen Hand unter ihren
Flügeln.

9Und ich sah, und siehe, vier Räder
standen bei den Cherubim, bei jedem
Cherub ein Rad, und die Räder sahen
aus wie ein Türkis, 10und alle vier sahen
eins wie das andere aus; es war, als wäre
ein Rad im andern. 11Wenn sie gehen
sollten, so konnten sie nach allen ihren
vier Seiten gehen; sie brauchten sich im
Gehen nicht umzuwenden; sondern wo-
hin das erste ging, da gingen die andern
nach, ohne sich im Gehen umzuwenden.
12Und ihr ganzer Leib, Rücken, Hände
und Flügel und die Räder waren voller
Augen um und um bei allen vieren.
13Und die Räder wurden vor meinen Oh-
ren »das Räderwerk« genannt. 14Ein [a]je-
der hatte vier Angesichter; das erste An-
gesicht war das eines Cherubs, das zweite
das eines Menschen, das dritte das eines
Löwen, das vierte das eines Adlers.
15Und die Cherubim hoben sich empor.
Es war aber dieselbe Gestalt, die ich am
[a]Fluss Kebar gesehen hatte. 16Wenn die
Cherubim gingen, so gingen auch die Rä-
der mit, und wenn die Cherubim ihre
Flügel schwangen, dass sie sich von der
Erde erhoben, so wandten sich auch die
Räder nicht von ihrer Seite weg. 17Wenn
jene standen, so standen diese auch; er-
hoben sie sich, so erhoben sich diese
auch; denn es war der Geist der Ge-
stalten in ihnen.

18[a]Und die Herrlichkeit des HERRN
ging wieder hinaus von der Schwelle des
Tempels und stellte sich über die Cheru-
bim. 19Da schwangen die Cherubim ihre
Flügel und erhoben sich von der Erde
vor meinen Augen, und als sie hinausgin-
gen, gingen die Räder mit. Und sie traten
in den Eingang des östlichen Tores am
Hause des HERRN, und die Herrlichkeit
des Gottes Israels war oben über ihnen.
20Das waren die Gestalten, die ich unter
dem Gott Israels am Fluss Kebar ge-
sehen hatte; und ich merkte, dass es
Cherubim waren. 21Vier Angesichter
hatte jeder und vier Flügel und etwas wie
Menschenhände unter den Flügeln.
22Und ihre Angesichter waren so gestal-
tet, wie ich sie am Fluss Kebar gesehen
hatte; und sie gingen in der Richtung
eines ihrer Angesichter, wie sie wollten.

Gottes Gericht über die Obersten des Volkes

11 Und [a]der Geist hob mich empor
und brachte mich zum Tor am Hau-
se des HERRN, das gegen Osten liegt.
Und siehe, im Eingang des Tores waren
fünfundzwanzig Männer, und ich sah un-
ter ihnen die Obersten im Volk, Jaasanja,
den Sohn Asurs, und Pelatja, den Sohn
Benajas. 2Und er sprach zu mir: Men-
schenkind, das sind die Männer, die Un-
heil planen und schädlichen Rat geben in
dieser Stadt; 3denn sie sprechen: »Sind
nicht vor Kurzem die Häuser wieder auf-
gebaut worden? [a]Die Stadt ist der Topf,
wir sind das Fleisch.« 4Darum sollst du,
Menschenkind, gegen sie weissagen.

5Und der Geist des HERRN fiel auf
mich und er sprach zu mir: Sage: So
spricht der HERR: So habt ihr geredet,
ihr vom Hause Israel; und eures Geistes
Gedanken kenne ich wohl. 6Ihr habt
viele erschlagen in dieser Stadt, und ihre
Gassen liegen voll Toter. 7Darum spricht
Gott der HERR: Die ihr in der Stadt

10,4: *a* Kap 1,28; *b* 2. Mose 40,34; Jes 6,4 **10,14:** *a* Kap 1,10 **10,15:** *a* Kap 1,1 **10,18:** *a (18-19)* Kap 1,28
11,1: *a* Kap 3,12 **11,3:** *a* Kap 24,3-14

getötet habt, die sind das Fleisch, und sie
ist der Topf; aber ihr müsst hinaus. 8 Das
Schwert, das ihr fürchtet, das will ich
über euch kommen lassen, spricht Gott
der HERR. 9 Ich will euch aus der Stadt
hinaustreiben und Fremden in die Hand
geben und will Gericht über euch halten.
10 Ihr [a]sollt durchs Schwert fallen; an der
Grenze Israels will ich euch richten; und
ihr sollt erfahren, dass ich der HERR bin.
11 Die Stadt aber soll für euch nicht der
Topf sein noch ihr das Fleisch darin,
sondern an der Grenze Israels will ich
euch richten. 12 Und ihr sollt erfahren,
dass ich der HERR bin; denn ihr seid
nach meinen Geboten nicht gewandelt
und habt meine Ordnungen nicht gehal-
ten, sondern habt gelebt nach den Ord-
nungen der Heiden, die um euch her
sind.

13 Und als ich noch so weissagte, starb
Pelatja, der Sohn Benajas. Da fiel ich auf
mein Angesicht und schrie mit lauter
Stimme und sprach: [a]Ach, Herr HERR,
willst du dem Rest Israels ganz und gar
ein Ende machen?

Die Verheißung für die Weggeführten

14 Da geschah des HERRN Wort zu mir:
15 Du Menschenkind, die Leute, die noch
in Jerusalem wohnen, sagen von deinen
Brüdern und Verwandten und dem gan-
zen Haus Israel: Sie sind ferne vom
HERRN, aber uns ist das Land zum
Eigentum gegeben.

16 Darum sage: So spricht Gott der
HERR: Ja, [a]ich habe sie fern weg unter
die Heiden vertrieben und in die Länder
zerstreut und bin ihnen nur wenig zum
Heiligtum geworden in den Ländern, in
die sie gekommen sind. 17 Darum sage:
So spricht Gott der HERR: [a]Ich will euch
zusammenbringen aus den Völkern und
will euch sammeln aus den Ländern, in
die ihr zerstreut seid, und will euch das
Land Israels geben. 18 Dorthin sollen sie
kommen und alle seine Götzen und
Gräuel daraus wegtun. 19 Und **ich will
ihnen ein anderes Herz geben und einen
neuen Geist in sie geben und** [a]**will das
steinerne Herz wegnehmen aus ihrem
Leibe und ihnen** [b]**ein fleischernes Herz
geben,** 20 damit sie in meinen Geboten
wandeln und meine Ordnungen halten
und danach tun. Und [a]sie sollen mein
Volk sein und ich will ihr Gott sein.
21 Denen aber, die mit ihrem Herzen ih-
ren Götzen und ihren Gräueln nachwan-
deln, will ich ihr Tun auf ihren Kopf
kommen lassen, spricht Gott der HERR.

Die Herrlichkeit Gottes verlässt Jerusalem

22 [a]Da schwangen die Cherubim ihre
Flügel und die Räder gingen mit, und die
Herrlichkeit des Gottes Israels war oben
über ihnen. 23 Und die Herrlichkeit des
HERRN erhob sich aus der Stadt und
stellte sich auf den Berg, der im Osten
vor der Stadt liegt. 24 Und [a]der Geist
hob mich empor und brachte mich nach
Chaldäa zu den Weggeführten in einem
Gesicht durch den Geist Gottes. Und das
Gesicht, das ich geschaut hatte, ver-
schwand vor mir. 25 Und ich sagte den
Weggeführten alle Worte des HERRN, die
er mir in Gesichten gezeigt hatte.

Die Wegführung von König und Volk wird in Gleichnishandlungen dargestellt

12 Und des HERRN Wort geschah
zu mir: 2 Du Menschenkind, du
wohnst in einem Haus des Widerspruchs;
[a]sie haben wohl Augen, dass sie sehen
könnten, und wollen nicht sehen, und
Ohren, dass sie hören könnten, und wol-
len nicht hören; denn sie sind ein Haus
des Widerspruchs. 3 Du aber, Menschen-
kind, pack dir Sachen wie für die Ver-
bannung und zieh am hellen Tage fort
vor ihren Augen. Von deinem Ort sollst
du ziehen an einen andern Ort vor ihren
Augen. Vielleicht merken sie es, denn sie
sind ein Haus des Widerspruchs. 4 Du
sollst deine Sachen am hellen Tage vor
ihren Augen herausschaffen wie Gepäck
für die Verbannung und am Abend hin-
ausziehen vor ihren Augen, wie man zur
Verbannung auszieht, 5 und du sollst dir
vor ihren Augen ein Loch durch die
Wand brechen und da hinausziehen,
6 und du sollst deine Schulter vor ihren
Augen beladen und hinausziehen, wenn
es dunkel wird! Dein Angesicht sollst du

11,10: *a* 2.Kön 25,20-21 **11,13:** *a* Kap 9,8 **11,16:** *a* Kap 6,8-10 **11,17:** *a* Jer 24,5-6; 29,14 **11,19:** *a* Kap 36,26; *b* Jer 24,7 **11,20:** *a* Kap 14,11; Jer 7,23 **11,22:** *a (22-23)* Kap 1,28 **11,24:** *a* Kap 3,12 **12,2:** *a* Jer 5,21

verhüllen, damit du das Land nicht
siehst. Denn ich habe dich für das Haus
Israel zum [a]Wahrzeichen gesetzt.
7 Und ich tat, wie mir befohlen war,
und trug mein Gepäck hinaus wie Ge-
päck für die Verbannung am hellen Tage,
und am Abend brach ich mit der Hand
ein Loch durch die Wand. Und als es
dunkel wurde, belud ich meine Schulter
und zog hinaus vor ihren Augen.
8 Und frühmorgens geschah des
HERRN Wort zu mir: 9 Du Menschen-
kind, hat das Haus Israel, das Haus des
Widerspruchs, nicht zu dir gesagt: Was
machst du da? 10 Sage zu ihnen: So
spricht Gott der HERR: Diese Last trifft
den Fürsten zu Jerusalem und das ganze
Haus Israel, das dort wohnt. 11 Sprich:
Ich bin euer Wahrzeichen; wie ich getan
habe, so wird ihnen geschehen: Fortzie-
hen müssen sie und gefangen weggeführt
werden. 12 [a]Ihr Fürst wird seine Habe
auf die Schulter laden, wenn es dunkel
wird, und ein Loch durch die Wand bre-
chen und da hinausziehen; sein Ange-
sicht wird er verhüllen, dass er nicht mit
seinen Augen das Land sehe. 13 Und ich
will [a]mein Netz über ihn werfen, dass er
in meinem Garn gefangen werde, und
will ihn nach Babel bringen in der Chal-
däer Land, [b]das er jedoch nicht sehen
wird, und dort soll er sterben. 14 Und
alle, die um ihn her sind, seine Helfer
und seinen ganzen Anhang, will ich in
alle Winde zerstreuen und das Schwert
ziehen hinter ihnen her. 15 Dann sollen sie
erfahren, dass ich der HERR bin, wenn
ich sie unter die Heiden verstoße und in
die Länder zerstreue. 16 Aber [a]ich will
von ihnen einige wenige übrig lassen vor
dem Schwert, dem Hunger und der Pest.
Die sollen von all ihren Gräueltaten er-
zählen unter den Heiden, zu denen sie
kommen werden; und sie sollen erfahren,
dass ich der HERR bin.
17 Und des HERRN Wort geschah zu
mir: 18 Du Menschenkind, du sollst dein
Brot essen mit Beben und dein Wasser
trinken mit Zittern und Sorgen. 19 Und
sage zum Volk des Landes: So spricht
Gott der HERR zu den Einwohnern Jeru-
salems über das Land Israels: Sie müssen
ihr Brot essen mit Sorgen und ihr Wasser
trinken mit Schaudern; denn ihr Land
soll wüst werden und leer von allem, was
darin ist, um des Frevels willen all seiner
Bewohner. 20 Und die Städte, die be-
wohnt sind, sollen verwüstet werden und
das Land öde; und ihr werdet erfahren,
dass ich der HERR bin.

Gegen die Verächter der Weissagung

21 Und des HERRN Wort geschah zu mir:
22 Du Menschenkind, was habt ihr da für
ein Gerede im Lande Israels? Ihr sagt:
[a]»Es dauert so lange und es wird nichts
aus der Weissagung.« 23 Darum sage zu
ihnen: So spricht Gott der HERR: Ich
will diesem Gerede ein Ende machen,
dass man es nicht mehr im Munde füh-
ren soll in Israel. Sage vielmehr zu ihnen:
Die Zeit ist nahe und [a]alles kommt, was
geweissagt ist. 24 Denn es soll hinfort
keine trügenden Gesichte und keine fal-
sche Offenbarung mehr geben im Hause
Israel. 25 Denn ich bin der HERR. Was ich
rede, das soll geschehen und sich nicht
lange hinausziehen, sondern in eurer
Zeit, du Haus des Widerspruchs, rede ich
ein Wort und tue es auch, spricht Gott
der HERR.
26 Und des HERRN Wort geschah zu
mir: 27 Du Menschenkind, siehe, das
Haus Israel spricht: Mit den Gesichten,
die dieser schaut, dauert's noch lange,
und er weissagt auf Zeiten, die noch
ferne sind. 28 Darum sage ihnen: So
spricht Gott der HERR: Was ich rede, soll
sich nicht lange hinausziehen, sondern es
soll geschehen, spricht Gott der HERR.

Gegen die falschen Propheten

13 Und des HERRN Wort geschah zu
mir: 2 Du Menschenkind, weissage
gegen die Propheten Israels und sprich
zu denen, die aus eigenem Antrieb
heraus weissagen »Höret des HERRN
Wort!«: 3 So spricht Gott der HERR:
[a]Weh den törichten Propheten, die ihrem
eigenen Geist folgen und haben doch
keine Gesichte!
4 [a]O Israel, deine Propheten sind wie
die Füchse in den Trümmern! 5 Sie sind
nicht in die Bresche getreten und haben

12,6: *a* Kap 24,24.27 **12,12:** *a* 2.Kön 25,4 **12,13:** *a* Kap 17,20; *b* Jer 39,7 **12,16:** *a* Kap 6,8 **12,22:** *a* 2.Petr 3,4
12,23: *a* Hab 2,3 **13,3:** *a* Jer 14,14 **13,4:** *a (4-5)* Kap 22,30; Ps 106,23

sich nicht zur Mauer gemacht um das
Haus Israel, damit es fest steht im
Kampf am [a]Tage des HERRN. 6 Ihre Ge-
sichte sind nichtig und ihr Wahrsagen ist
Lüge. [a]Sie sprechen: »Der HERR hat's
gesagt«, und doch hat sie der HERR nicht
gesandt, und sie warten darauf, dass er
ihr Wort erfüllt. 7 Ist's nicht vielmehr so:
Eure Gesichte sind nichtig und euer
Wahrsagen ist lauter Lüge? Und ihr
sprecht doch: »Der HERR hat's geredet«,
wo ich doch nichts geredet habe.

8 Darum spricht Gott der HERR: Weil
ihr Trug redet und Lügen wahrsagt,
siehe, darum will ich an euch, spricht
Gott der HERR. 9 Und [a]meine Hand soll
über die Propheten kommen, die Trug
reden und Lügen wahrsagen. Sie sollen
in der Gemeinschaft meines Volks nicht
bleiben und in das Buch des Hauses
Israel nicht eingeschrieben werden und
ins Land Israels nicht kommen – und
ihr sollt erfahren, dass ich Gott der
HERR bin.

10 Weil sie mein Volk verführen und
sagen: [a]»Friede!«, wo doch kein Friede
ist, und weil sie, wenn das Volk sich eine
Wand baut, sie mit Kalk übertünchen,
11 so sprich zu den Tünchern, die mit
Kalk tünchen: »Die Wand wird einfal-
len!« Denn es wird ein Platzregen kom-
men und Hagel wie Steine fallen und ein
Wirbelwind losbrechen. 12 Siehe, da wird
die Wand einfallen. Was gilt's? Dann
wird man zu euch sagen: Wo ist nun der
Anstrich, den ihr darüber getüncht
habt?

13 Darum spricht Gott der HERR: Ich
will einen Wirbelwind losbrechen lassen
in meinem Grimm und einen Platzregen
in meinem Zorn und Hagel wie Steine in
vernichtendem Grimm. 14 So will ich die
Wand niederreißen, die ihr mit Kalk
übertüncht habt, und will sie zu Boden
stoßen, dass man ihren Grund sehen soll.
Wenn sie fällt, sollt ihr auch darin um-
kommen. Und ihr sollt erfahren, dass ich
der HERR bin. 15 Und ich will meinen
ganzen Grimm an der Wand auslassen
und an denen, die sie mit Kalk über-
tüncht haben, und will zu euch sagen:
Hier ist weder Wand noch Tüncher –
16 das sind die Propheten Israels, die
Jerusalem wahrsagen und predigen
»Friede!«, wo doch kein Friede ist,
spricht Gott der HERR.

Gegen falsche Prophetinnen

17 Und du, Menschenkind, richte dein
Angesicht gegen die Töchter deines
Volks, die aus eigenem Antrieb als Pro-
phetinnen auftreten, und weissage gegen
sie 18 und sprich: So spricht Gott der
HERR: Weh euch, die ihr Binden näht für
alle Handgelenke und Hüllen für die
Köpfe der Jungen und Alten, um Seelen
damit zu fangen! Wollt ihr Seelen fangen
in meinem Volk und Seelen für euch am
Leben erhalten? 19 Ihr entheiligt mich bei
meinem Volk für eine Hand voll Gerste
und einen Bissen Brot, dadurch dass ihr
Seelen tötet, die nicht sterben sollten,
und Seelen am Leben erhaltet, die nicht
leben sollten, durch euer Lügen unter
meinem Volk, das so gern Lügen hört.

20 Darum spricht Gott der HERR:
Siehe, ich will über eure Binden kommen,
mit denen ihr die Seelen fangt, und will
sie von euren Armen reißen und die See-
len, die ihr gefangen habt, befreien.
21 Und ich will eure Hüllen wegreißen
und mein Volk aus eurer Hand erretten,
dass ihr sie nicht mehr fangen könnt.
Und ihr sollt erfahren, dass ich der HERR
bin. 22 Weil ihr das Herz der Gerechten
betrübt habt, die ich nicht betrübt habe,
und [a]die Hände der Gottlosen gestärkt
habt, damit sie sich von ihrem bösen
Wandel nicht bekehren, um ihr Leben zu
retten: 23 darum sollt ihr nicht mehr Trug
predigen und wahrsagen, sondern ich
will mein Volk aus euren Händen erret-
ten und ihr sollt erfahren, dass ich der
HERR bin.

Gottes Antwort an Götzendiener

14 Und es kamen [a]einige von den
Ältesten Israels zu mir und setzten
sich vor mir nieder. 2 Da geschah des
HERRN Wort zu mir: 3 Du Menschen-
kind, diese Leute hängen mit ihrem Her-
zen an ihren Götzen und haben mit
Freuden vor Augen, was sie schuldig

13,5: *a* Jes 2,12 **13,6:** *a* Kap 22,28; Jer 5,31 **13,9:** *a* Kap 14,9 **13,10:** *a* Jer 6,14 **13,22:** *a* Jer 23,14 **14,1:** *a* Kap 20,1

werden lässt – sollte ich mich wirklich
von ihnen befragen lassen? 4 Darum rede
mit ihnen und sage zu ihnen: So spricht
Gott der HERR: Jedem vom Hause Is-
rael, der mit seinem Herzen an seinen
Götzen hängt und mit Freuden vor Au-
gen hat, was ihn schuldig werden lässt,
und dann zum Propheten kommt, dem
will ich, der HERR, antworten, wie er's
verdient hat mit seinen vielen Götzen,
5 damit ich so dem Hause Israels ans
Herz greife, weil sie von mir gewichen
sind mit all ihren Götzen.

6 Darum sollst du zum Hause Israel
sagen: So spricht Gott der HERR: Kehrt
um und wendet euch ab von euren Göt-
zen und wendet euer Angesicht von allen
euren Gräueln. 7 Denn jedem vom Hause
Israel oder von den Fremdlingen in Is-
rael, der von mir weicht und mit seinem
Herzen an seinen Götzen hängt und mit
Freuden vor Augen hat, was ihn schuldig
werden lässt, und der dann zum Pro-
pheten kommt, um durch ihn mich zu
befragen, dem will ich, der HERR, selbst
antworten. 8 Ich will mein Angesicht ge-
gen ihn richten und ihn zum Zeichen und
Sprichwort machen und will ihn aus mei-
nem Volk ausrotten. So sollt ihr erfah-
ren, dass ich der HERR bin.

9 Wenn aber ein Prophet [a]sich betören
lässt, etwas zu verkünden, so habe ich,
der HERR, diesen Propheten betört und
will meine Hand gegen ihn ausstrecken
und ihn aus meinem Volk Israel aus-
rotten. 10 [a]So sollen sie beide ihre Schuld
tragen: wie die Schuld des Befragenden,
so soll auch die Schuld des Propheten
sein, 11 damit das Haus Israel nicht mehr
von mir abirrt und sich nicht mehr un-
rein macht durch alle seine Übertretun-
gen; sondern [a]sie sollen mein Volk sein
und ich will ihr Gott sein, spricht Gott
der HERR.

Die Überlebenden bei Gottes vierfachem Gericht

12 Und des HERRN Wort geschah zu mir:
13 Du Menschenkind, wenn ein Land an
mir sündigt und Treubruch begeht und
wenn ich meine Hand dagegen aus-
strecke und [a]den Vorrat an Brot ihm
wegnehme und Hungersnot ins Land
schicke, um Menschen und Vieh darin
auszurotten, 14 und [a]wenn dann diese
drei Männer im Lande wären, Noah,
Daniel und Hiob, so würden sie durch
ihre Gerechtigkeit allein ihr Leben retten,
spricht Gott der HERR.

15 Und wenn ich wilde Tiere ins Land
bringen würde, die die Leute ausrotteten
und das Land zur Einöde machten, so-
dass niemand mehr hindurchziehen
könnte vor wilden Tieren, 16 und diese
drei Männer wären auch darin – so wahr
ich lebe, spricht Gott der HERR: Sie wür-
den weder Söhne noch Töchter retten,
sondern allein sich selbst, und das Land
müsste öde werden.

17 Oder wenn ich das Schwert kommen
ließe über dies Land und sprechen
würde: Schwert, fahre durchs Land!, und
würde Menschen und Vieh ausrotten,
18 und diese drei Männer wären darin –
so wahr ich lebe, spricht Gott der HERR:
Sie würden weder Söhne noch Töchter
retten, sondern sie allein würden errettet
werden.

19 Oder wenn ich die Pest in dies Land
schicken und meinen Grimm darüber
ausschütten würde mit Blutvergießen,
um Menschen und Vieh darin auszurot-
ten, 20 und Noah, Daniel und Hiob wä-
ren darin – so wahr ich lebe, spricht Gott
der HERR: Sie würden durch ihre Ge-
rechtigkeit weder Söhne noch Töchter
retten, sondern allein ihr eigenes Leben.

21 Denn so spricht Gott der HERR:
Wenn ich meine [a]vier schweren Strafen,
Schwert, Hunger, wilde Tiere und Pest,
über Jerusalem schicken werde, um darin
auszurotten Menschen und Vieh, 22 siehe,
so sollen einige übrig bleiben und da-
vonkommen, die Söhne und Töchter her-
ausbringen werden. Die sollen zu euch
kommen, und ihr werdet ihren Wandel
und ihre Taten sehen und euch trösten
über das Unheil, das ich über Jerusalem
habe kommen lassen, und über all das
andre, das ich über die Stadt habe kom-
men lassen. 23 Sie werden euer Trost sein,
wenn ihr sehen werdet ihren Wandel und
ihre Taten, und ihr werdet erfahren, dass
ich nicht ohne Grund getan habe, was ich
an Jerusalem getan habe, spricht Gott
der HERR.

14,9: *a* 1. Kön 22,20-23 **14,10:** *a (10-11)* Kap 3,17-20 **14,11:** *a* Kap 11,20 **14,13:** *a* Kap 4,16 **14,14:** *a* Jer 15,1
14,21: *a* Kap 5,17; 3. Mose 26,16-25; Jer 15,3; Offb 6,8

Das Gleichnis vom unbrauchbaren Rebholz

15 Und des HERRN Wort geschah zu
mir: 2 Du Menschenkind, was hat
das Holz des [a]Weinstocks voraus vor
anderm Holz, das Rebholz, das im Ge-
hölz wächst? 3 Nimmt man es denn und
macht etwas daraus? Macht man auch
nur einen Pflock daraus, an den man
etwas hängen kann? 4 Siehe, [a]man wirft's
ins Feuer, dass es verzehrt wird. Wenn
das Feuer seine beiden Enden verzehrt
hat und die Mitte versengt ist, wozu
sollte es dann noch taugen? 5 Siehe, als es
noch unversehrt war, konnte man nichts
daraus machen; wie viel weniger kann
dann noch daraus gemacht werden,
wenn es das Feuer verzehrt und versengt
hat!
6 Darum spricht Gott der HERR: Wie
ich das Holz des Weinstocks, das im Ge-
hölz wächst, dem Feuer zu verzehren
gebe, so will ich auch die Einwohner Je-
rusalems dahingeben 7 und will mein An-
gesicht gegen sie richten: Sie sind dem
Feuer entgangen, aber das Feuer soll sie
doch fressen! Und ihr sollt erfahren, dass
ich der HERR bin, wenn ich mein Ange-
sicht gegen sie richte 8 und das Land zur
Wüstenei mache, weil sie die Treue gebro-
chen haben, spricht Gott der HERR.

Jerusalem – eine treulose Frau

(vgl. Kap 23,1-49)

16 Und des HERRN Wort geschah zu
mir: 2 Du Menschenkind, tu kund
der Stadt Jerusalem ihre Gräuel 3 und
sprich: So spricht Gott der HERR zu
Jerusalem: Nach Geschlecht und Geburt
bist du aus dem Lande der Kanaaniter,
dein Vater war ein Amoriter, deine Mut-
ter eine Hetiterin. 4 Bei deiner Geburt
war es so: Am Tag, als du geboren wur-
dest, wurde deine Nabelschnur nicht ab-
geschnitten; auch hat man dich nicht mit
Wasser gebadet, damit du sauber wür-
dest, dich nicht mit Salz abgerieben und
nicht in Windeln gewickelt. 5 Denn nie-
mand sah mitleidig auf dich und er-
barmte sich, dass er etwas von all dem an
dir getan hätte, sondern du wurdest aufs
Feld geworfen. So verachtet war dein Le-
ben, als du geboren wurdest.
6 Ich aber ging an dir vorüber und sah
dich in deinem Blut liegen und sprach zu
dir, als du so in deinem Blut dalagst: Du
sollst leben! Ja, zu dir sprach ich, als du
so in deinem Blut dalagst: Du sollst leben
7 und heranwachsen; wie ein Gewächs
auf dem Felde machte ich dich. Und du
wuchsest heran und wurdest groß und
schön. Deine Brüste wuchsen und du be-
kamst lange Haare; aber du warst noch
nackt und bloß. 8 Und ich ging an dir
vorüber und sah dich an, und siehe, es
war die Zeit, um dich zu werben. Da
[a]breitete ich meinen Mantel über dich
und bedeckte deine Blöße. Und ich
schwor dir's und [b]schloss mit dir einen
Bund, spricht Gott der HERR, dass du
solltest mein sein. 9 Und ich badete dich
mit Wasser und wusch dich von deinem
Blut und salbte dich mit Öl 10 und klei-
dete dich mit bunten Kleidern und zog
dir Schuhe von feinem Leder an. Ich gab
dir einen Kopfbund aus kostbarer Lein-
wand und hüllte dich in seidene Schleier
11 und schmückte dich mit Kleinoden
und legte dir Spangen an deine Arme
und eine Kette um deinen Hals 12 und
gab dir einen Ring an deine Nase und
Ohrringe an deine Ohren und eine
schöne Krone auf dein Haupt. 13 So
warst du geschmückt mit Gold und Sil-
ber und gekleidet mit kostbarer Lein-
wand, Seide und bunten Kleidern. Du
aßest feinstes Mehl, Honig und Öl und
wurdest überaus schön und kamst zu
königlichen Ehren. 14 Und dein Ruhm
erscholl unter den Völkern deiner Schön-
heit wegen, die vollkommen war durch
den Schmuck, den ich dir angelegt hatte,
spricht Gott der HERR.
15 Aber du verließest dich auf deine
Schönheit. Und weil du so gerühmt wur-
dest, [a]triebst du Hurerei und botest dich
jedem an, der vorüberging, und warst
ihm zu Willen. 16 Du nahmst von deinen
Kleidern und machtest dir bunte Opfer-
höhen daraus und triebst dort deine Hu-
rerei, wie es nie geschehen ist noch ge-
schehen wird. 17 Du nahmst auch dein
schönes Geschmeide, das ich dir von

15,2: *a* Jer 2,21 **15,4:** *a* Joh 15,6 **16,8:** *a* Rut 3,9; *b* 2. Mose 19,5 **16,15:** *a* Jer 2,20

meinem Gold und Silber gegeben hatte,
und [a]machtest dir Götzenbilder daraus
und triebst deine Hurerei mit ihnen.
18 Und du nahmst deine bunten Kleider
und bedecktest sie damit, und mein Öl
und Räucherwerk legtest du ihnen vor.
19 Meine Speise, die ich dir zu essen gab,
feinstes Mehl, Öl und Honig, legtest du
ihnen vor zum lieblichen Geruch. Ja, es
kam dahin, spricht Gott der HERR,
20 [a]dass du deine Söhne und Töchter
nahmst, die du mir geboren hattest, und
opfertest sie ihnen zum Fraß. War es
denn noch nicht genug mit deiner Hu-
rerei, 21 dass du meine Kinder schlachte-
test und ließest sie für die Götzen ver-
brennen? 22 Und bei all deinen Gräueln
und deiner Hurerei hast du nie gedacht
an die Zeit deiner Jugend, wie du bloß
und nackt warst und in deinem Blute
lagst.

23 Und nach all diesen deinen Übel-
taten – o weh, weh dir!, spricht Gott der
HERR – 24 bautest du dir [a]einen Huren-
altar und machtest dir ein Lager darauf
an allen Plätzen. 25 An jeder Straßenecke
bautest du dein Hurenlager und mach-
test deine Schönheit zum Abscheu. Du
spreiztest deine Beine für alle, die vor-
übergingen, und triebst viel Hurerei.
26 Zuerst triebst du Hurerei mit den
Ägyptern, deinen Nachbarn voller Geil-
heit, und triebst viel Hurerei, um mich zu
reizen. 27 Ich aber streckte meine Hand
aus gegen dich und entzog dir einen Teil
meiner Gaben und gab dich preis der
Willkür deiner Feinde, der Töchter der
Philister, die sich schämten über dein
schamloses Treiben.

28 Danach [a]triebst du Hurerei mit den
Assyrern, weil du nicht satt geworden
warst; du triebst mit ihnen Hurerei und
wurdest auch hier nicht satt. 29 Da triebst
du noch mehr Hurerei mit dem Krämer-
land Chaldäa; doch auch da wurdest du
nicht satt. 30 Wie fieberte doch dein Herz,
spricht Gott der HERR, dass du alle diese
Werke einer großen Erzhure tatest:
31 dass du deinen Hurenaltar bautest an
allen Straßenecken und dir ein Huren-
lager machtest auf allen Plätzen! Dazu
warst du nicht wie sonst eine Hure; denn
du hast ja Geld dafür verschmäht. 32 Du
Ehebrecherin, die du dir Fremde anstelle
deines Mannes nimmst! 33 Allen andern
Huren gibt man Geld; du aber gibst allen
deinen Liebhabern noch Geld dazu und
kaufst sie, damit sie von überall her zu
dir kommen und mit dir Hurerei treiben.
34 So ist es bei dir mit deiner Hurerei
umgekehrt wie bei andern Frauen, weil
man dir nicht nachläuft und dir nicht
Geld gibt, sondern du noch Geld dazu-
gibst; bei dir ist es also umgekehrt.

35 Darum, du Hure, höre des HERRN
Wort! 36 So spricht Gott der HERR: Weil
du bei deiner Hurerei deine Scham ent-
blößtest und deine Blöße vor deinen
Liebhabern aufdecktest und wegen all
deiner gräulichen Götzen und wegen des
Blutes deiner Kinder, die du ihnen ge-
opfert hast: 37 Darum, siehe, ich will
sammeln alle deine Liebhaber, denen du
gefallen hast, alle, die du geliebt, samt
allen, die du nicht geliebt hast, und will
sie gegen dich versammeln von überall
her und [a]will ihnen deine Blöße auf-
decken, dass sie deine ganze Blöße sehen
sollen. 38 Und ich will dich richten, [a]wie
man Ehebrecherinnen und Mörderinnen
richtet; ich lasse Grimm und Eifer über
dich kommen. 39 Und ich will dich in ihre
Hände geben, dass sie deinen Hurenaltar
abbrechen und dein Lager einreißen und
dir deine Kleider ausziehen und dein
schönes Geschmeide dir nehmen und
dich nackt und bloß liegen lassen. 40 Und
sie sollen eine Versammlung gegen dich
einberufen und dich [a]steinigen und mit
ihren Schwertern zerhauen 41 und [a]deine
Häuser mit Feuer verbrennen und an dir
das Gericht vollstrecken vor den Augen
vieler Frauen. So will ich deiner Hurerei
ein Ende machen und auch Geld sollst
du nicht mehr dafür geben. 42 Dann
kommt mein Grimm gegen dich zum
Ziel, und mein Eifer lässt von dir ab,
sodass ich Ruhe habe und nicht mehr
zürnen muss. 43 Weil du nicht gedacht
hast an die Zeit deiner Jugend, sondern
mich mit all dem zum Zorn gereizt hast,
darum will ich auch all dein Tun auf
deinen Kopf kommen lassen, spricht
Gott der HERR. Hast du nicht Unzucht

16,17: *a* Hos 8,4 **16,20:** *a (20-21)* Kap 20,26; 23,37; 5. Mose 12,31; 2. Kön 16,3; Jer 7,31 **16,24:** *a* Jer 11,13
16,28: *a* Kap 23,12 **16,37:** *a* Jer 13,22 **16,38:** *a* 3. Mose 20,10 **16,40:** *a* 5. Mose 22,23-24 **16,41:** *a* 2. Kön 25,9

getrieben zu all deinen Gräueltaten
hinzu?
44 Siehe, wer gern in Sprichwörtern re-
det, wird von dir dies Sprichwort sagen:
»Wie die Mutter, so die Tochter.« 45 Du
bist die Tochter deiner Mutter, die ihren
Mann und ihre Kinder von sich stieß,
und bist die Schwester deiner Schwes-
tern, die ihre Männer und Kinder von
sich stießen. [a]Eure Mutter war eine von
den Hetitern und euer Vater ein Amo-
riter. 46 Deine große Schwester ist Sama-
ria mit ihren Töchtern, die dir zur Linken
wohnt, und deine kleine Schwester ist
Sodom mit ihren Töchtern, die zu deiner
Rechten wohnt. 47 Es war dir nicht ge-
nug, in ihren Wegen zu gehen und nach
ihren Gräueln zu tun; du hast es noch
ärger getrieben als sie in all deinem Tun.
48 So wahr ich lebe, spricht Gott der
HERR: [a]Sodom, deine Schwester, samt
ihren Töchtern hat's nicht so getrieben
wie du und deine Töchter. 49 Siehe, das
war die Schuld deiner Schwester Sodom:
Hoffart und alles in Fülle und sichere
Ruhe hatte sie mit ihren Töchtern; aber
dem Armen und Elenden halfen sie
nicht, 50 sondern waren stolz und taten
Gräuel vor mir. [a]Darum habe ich sie
auch hinweggetan, wie du gesehen hast.
51 So hat auch Samaria nicht die Hälfte
deiner Sünden getan, sondern du hast so
viel mehr Gräuel getan als sie, dass
[a]deine Schwester gerecht dasteht gegen-
über all den Gräueln, die du getan hast.
52 So trag du nun auch deine Schande,
weil du an die Stelle deiner Schwester
getreten bist durch deine Sünden, mit
denen du größere Gräuel getan hast als
sie; sie steht gerechter da als du. So
schäme du dich nun auch und trag deine
Schande, während deine Schwester ge-
recht dasteht.
53 Ich will aber [a]ihr Geschick wenden,
nämlich das Geschick Sodoms und ihrer
Töchter und das Geschick Samarias und
ihrer Töchter und auch dein Geschick in
ihrer Mitte, 54 dass du deine Schande tra-
gen musst und dich über all das schämst,
was du getan hast, ihnen zum Trost.
55 Und deine Schwestern, Sodom und
ihre Töchter, sollen wieder werden, wie
sie zuvor gewesen sind, und Samaria und
ihre Töchter sollen wieder werden, wie
sie zuvor gewesen sind; und auch du und
deine Töchter sollen wieder werden, wie
ihr zuvor gewesen seid. 56 Und doch
nahmst du den Namen Sodoms, deiner
Schwester, nicht in den Mund zur Zeit
deines Hochmuts, 57 als deine Blöße noch
nicht aufgedeckt war wie zur Zeit, als
dich die Töchter Edoms und die Töch-
ter der Philister überall schmähten und
dich ringsumher verachteten. 58 Deine
Schandtat und deine Gräuel – die musst
du tragen, spricht der HERR.
59 Denn so spricht Gott der HERR: Ich
will dir tun, wie du getan hast, als du den
Eid verachtet und den Bund gebrochen
hast. 60 Ich will aber [a]gedenken an mei-
nen Bund, den ich mit dir geschlossen
habe [b]zur Zeit deiner Jugend, und will
mit dir [c]einen ewigen Bund aufrichten.
61 Dann [a]wirst du an deine Wege denken
und dich schämen, wenn ich deine gro-
ßen und kleinen Schwestern nehmen und
sie dir zu Töchtern geben werde, aber
nicht um deines Bundes willen. 62 Und
ich will meinen Bund mit dir aufrichten,
sodass du erfahren sollst, dass ich der
HERR bin, 63 damit [a]du daran denkst
und dich schämst und vor Scham deinen
Mund nicht mehr aufzutun wagst, wenn
ich dir alles vergeben werde, was du ge-
tan hast, spricht Gott der HERR.

Das Gleichnis vom Zedernwipfel und vom Weinstock

17 Und des HERRN Wort geschah zu
mir: 2 Du Menschenkind, lege dem
Hause Israel ein Rätsel vor und ein
Gleichnis 3 und sprich:
So spricht Gott der HERR: Ein großer
Adler mit großen Flügeln und langen
Fittichen und vollen Schwingen, die bunt
waren, kam auf den Libanon und nahm
hinweg den Wipfel einer Zeder 4 und
brach die Spitze ab und führte sie [a]ins
Krämerland und setzte sie in die Händ-
lerstadt. 5 Dann nahm er ein Gewächs
des Landes und pflanzte es in gutes
Land, wo viel Wasser war, und setzte es
am Ufer ein. 6 Und es wuchs und wurde
ein ausgebreiteter [a]Weinstock mit niedri-

16,45: *a* Vers 3 16,48: *a* Mt 10,15 16,50: *a* 1.Mose 19,24 16,51: *a* Jer 3,11 16,53: *a* 5.Mose 30,3 16,60: *a* 3.Mose 26,45; *b* Hos 2,17; *c* Kap 37,26; Jer 31,31-34 16,61: *a* Kap 20,43 16,63: *a* Kap 36,31-32 17,4: *a* Kap 16,29 17,6: *a* Kap 19,10

gem Stamm; denn seine Ranken bogen
sich zu ihm und seine Wurzeln blieben
unter ihm; und so wurde es ein Wein-
stock, der Schösslinge hervortrieb und
Zweige. 7 Da kam ein anderer großer Ad-
ler mit großen Flügeln und starken
Schwingen. Und siehe, der Weinstock
bog seine Wurzeln zu diesem Adler hin
und streckte seine Ranken ihm entgegen;
der Adler sollte ihm mehr Wasser geben
als das Beet, in das er gepflanzt war.
8 Und er war doch auf guten Boden an
viel Wasser gepflanzt, sodass er wohl
hätte Zweige bringen können, Früchte
tragen und ein herrlicher Weinstock wer-
den.

9 So sage nun: So spricht Gott der
HERR: Sollte der geraten? Wird man
nicht seine Wurzeln ausreißen, dass seine
Früchte verderben? Und er wird verdor-
ren; alle Blätter, die ihm gewachsen sind,
werden verwelken. Ohne große Kraft
und ohne viel Volk wird man ihn mit
seinen Wurzeln ausreißen. 10 Siehe, er ist
zwar gepflanzt; aber sollte er geraten?
Sobald der Ostwind über ihn kommt,
wird er verdorren auf dem Beet, auf dem
er gewachsen ist.

11 Und des HERRN Wort geschah zu
mir: 12 Sprich doch zu dem Haus des Wi-
derspruchs: Wisst ihr nicht, was damit
gemeint ist? Und sprich: Siehe, [a]es kam
der König von Babel nach Jerusalem und
nahm seinen König und seine Oberen
und führte sie weg zu sich nach Babel.
13 [a]Und er nahm einen vom königlichen
Geschlecht und schloss einen Bund mit
ihm und nahm einen Eid von ihm; aber
die Gewaltigen im Lande führte er fort,
14 damit das Königtum niedrig bliebe und
sich nicht erheben könnte, sondern sein
Bund gehalten würde und bestünde.
15 Aber er fiel von ihm ab und sandte
seine Boten nach Ägypten, dass man ihm
Rosse und viel Kriegsvolk schicken
sollte. Sollte es ihm gelingen? Sollte er
davonkommen, wenn er das tut? Sollte
er, der den Bund bricht, davonkommen?
16 So wahr ich lebe, spricht Gott der
HERR: An dem Ort des Königs, der ihn
als König eingesetzt hat, dessen Eid er
verachtet und dessen Bund er gebrochen
hat, da soll er sterben, mitten in Babel.
17 Auch wird ihm der Pharao nicht bei-
stehen im Kriege mit einem großen Heer
und viel Volk, wenn man zum Sturm den
Wall aufwerfen und die Bollwerke bauen
wird, sodass viele umkommen. 18 Denn
weil er den Eid verachtet und den Bund
gebrochen hat, weil er seine Hand darauf
gegeben und doch dies alles getan hat,
wird er nicht davonkommen.

19 Darum spricht Gott der HERR: So
wahr ich lebe, will ich meinen Eid, den er
verachtet hat, und meinen Bund, den er
gebrochen hat, auf seinen Kopf kommen
lassen. 20 Ich will [a]mein Netz über ihn
werfen, und er soll in meinem Garn ge-
fangen werden, und ich will ihn nach
Babel bringen und will dort mit ihm ins
Gericht gehen, weil er mir die Treue ge-
brochen hat. 21 Und alle Auserlesenen
von seiner ganzen Streitmacht sollen
durchs Schwert fallen, und alle, die übrig
geblieben sind, sollen in alle Winde zer-
streut werden, und ihr sollt erfahren,
dass ich, der HERR, es geredet habe.

22 So spricht Gott der HERR: Dann
will ich selbst von dem Wipfel der Zeder
die Spitze wegnehmen und ihr einen
Platz geben; ich will oben von ihren
Zweigen [a]ein zartes Reis brechen und
will's auf einen hohen und erhabenen
Berg pflanzen. 23 [a]Auf den hohen Berg
Israels will ich's pflanzen, dass es Zweige
gewinnt und Früchte bringt und ein herr-
licher Zedernbaum wird, sodass [b]Vögel
aller Art in ihm wohnen und alles, was
fliegt, im Schatten seiner Zweige bleiben
kann. 24 Und alle Bäume auf dem Felde
sollen erkennen, dass ich der HERR bin:
Ich [a]erniedrige den hohen Baum und
erhöhe den niedrigen; ich lasse den grü-
nen Baum verdorren und den dürren
Baum lasse ich grünen. Ich, der HERR,
rede es und tue es auch.

Gott richtet jeden nach seinem Tun und fordert Umkehr

18 Und des HERRN Wort geschah zu
mir: 2 Was habt ihr unter euch im
Lande Israels für ein Sprichwort: [a]»Die
Väter haben saure Trauben gegessen,
aber den Kindern sind die Zähne davon

17,12: *a* 2.Kön 24,10.15-16 **17,13:** *a (13-15)* 2.Kön 24,17; 2.Chr 36,13 **17,20:** *a* Kap 12,13 **17,22:** *a* Jes 11,1
17,23: *a* Kap 20,40; *b* Dan 4,9; Mt 13,32 **17,24:** *a* Kap 21,31; 1.Sam 2,7-8 **18,2:** *a* Jer 31,29

stumpf geworden«? 3 So wahr ich lebe,
spricht Gott der HERR: Dies Sprichwort
soll nicht mehr unter euch umgehen in
Israel. 4 Denn siehe, alle Menschen ge-
hören mir; die Väter gehören mir so gut
wie die Söhne; jeder, der sündigt, soll
sterben.

5 Wenn nun einer gerecht ist und Recht
und Gerechtigkeit übt, 6 der von den Hö-
henopfern nicht isst und seine Augen
nicht aufhebt zu den Götzen des Hauses
Israel, der [a]seines Nächsten Frau nicht
befleckt und [b]nicht liegt bei einer Frau
in ihrer Unreinheit, 7 der niemand be-
drückt, der [a]dem Schuldner sein Pfand
zurückgibt und niemand etwas mit Ge-
walt nimmt, der [b]mit dem Hungrigen
sein Brot teilt und den Nackten kleidet,
8 der [a]nicht auf Zinsen gibt und keinen
Aufschlag nimmt, der seine Hand von
Unrecht zurückhält und rechtes Urteil
fällt unter den Leuten, 9 der nach meinen
Gesetzen lebt und meine Gebote hält,
dass er danach tut: das ist ein Gerechter,
der soll das Leben behalten, spricht Gott
der HERR.

10 Wenn er aber einen gewalttätigen
Sohn zeugt, der Blut vergießt oder eine
dieser Sünden tut, 11 während der Vater
all das nicht getan hat: wenn er von den
Höhenopfern isst und seines Nächsten
Frau befleckt, 12 die Armen und Elenden
bedrückt, mit Gewalt etwas nimmt, das
Pfand nicht zurückgibt, seine Augen zu
den Götzen aufhebt und Gräuel begeht,
13 auf Zinsen gibt und einen Aufschlag
nimmt – sollte der am Leben bleiben? Er
soll nicht leben, sondern weil er alle diese
Gräuel getan hat, soll er des Todes ster-
ben; seine Blutschuld komme über ihn.

14 [a]Wenn der dann aber einen Sohn
zeugt, der alle diese Sünden sieht, die
sein Vater tut – wenn er sie sieht und
doch nicht so handelt, 15 nicht von den
Höhenopfern isst, seine Augen nicht auf-
hebt zu den Götzen des Hauses Israel,
nicht seines Nächsten Frau befleckt,
16 niemand bedrückt, kein Pfand fordert,
nichts mit Gewalt nimmt, sein Brot mit
dem Hungrigen teilt und den Nackten
kleidet, 17 seine Hand von Unrecht zu-
rückhält, nicht Zinsen noch Aufschlag
nimmt, sondern meine Gebote hält und
nach meinen Gesetzen lebt: der soll nicht
sterben um der Schuld seines Vaters wil-
len, sondern soll am Leben bleiben.
18 Aber sein Vater, der Gewalt und Un-
recht geübt und unter seinem Volk getan
hat, was nicht taugt, siehe, der soll ster-
ben um seiner Schuld willen.

19 Doch ihr sagt: [a]»Warum soll denn
ein Sohn nicht die Schuld seines Vaters
tragen?« Weil der Sohn Recht und Ge-
rechtigkeit geübt und alle meine Gesetze
gehalten und danach getan hat, soll er
am Leben bleiben. 20 Denn nur wer sün-
digt, der soll sterben. [a]Der Sohn soll
nicht tragen die Schuld des Vaters, und
der Vater soll nicht tragen die Schuld des
Sohnes, sondern die Gerechtigkeit des
Gerechten soll ihm allein zugutekom-
men, und die Ungerechtigkeit des Unge-
rechten soll auf ihm allein liegen.

21 [a]Wenn sich aber der Gottlose be-
kehrt von allen seinen Sünden, die er
getan hat, und hält alle meine Gesetze
und übt Recht und Gerechtigkeit, so soll
er am Leben bleiben und nicht sterben.
22 Es [a]soll an alle seine Übertretungen,
die er begangen hat, nicht gedacht wer-
den, sondern er soll am Leben bleiben
um der Gerechtigkeit willen, die er getan
hat. **23 Meinst du, dass ich Gefallen habe
am Tode des Gottlosen, spricht Gott der
HERR, und nicht vielmehr daran, dass [a]er
sich bekehrt von seinen Wegen und am
Leben bleibt?**

24 Und [a]wenn sich der Gerechte ab-
kehrt von seiner Gerechtigkeit und tut
Unrecht und lebt nach allen Gräueln, die
der Gottlose tut, sollte der am Leben
bleiben? An alle seine Gerechtigkeit, die
er getan hat, soll nicht gedacht werden,
sondern in seiner Übertretung und
Sünde, die er getan hat, soll er sterben.

25 Und doch sagt ihr: »Der Herr han-
delt nicht recht.« So höret nun, ihr vom
Hause Israel: Handle denn **ich** unrecht?
Ist's nicht vielmehr so, dass **ihr** unrecht
handelt? 26 Denn wenn der Gerechte sich
abkehrt von seiner Gerechtigkeit und tut
Unrecht, so muss er sterben; um seines
Unrechts willen, das er getan hat, muss
er sterben. 27 Wenn sich dagegen [a]der

18,6: *a* 3. Mose 18,20; *b* 3. Mose 18,19 **18,7:** *a* 5. Mose 24,10-13; *b* Jes 58,7 **18,8:** *a* 2. Mose 22,24; Ps 15,5 **18,14:** *a (14-17)* 5. Mose 24,16 **18,19:** *a* 2. Mose 20,5 **18,20:** *a* 2. Kön 14,6 **18,21:** *a (21-32)* Kap 33,10-20 **18,22:** *a* Jes 43,25 **18,23:** *a* 1. Tim 2,4 **18,24:** *a* Kap 3,20 **18,27:** *a* Jes 55,7

Ungerechte abkehrt von seiner Unge-
rechtigkeit, die er getan hat, und übt nun
Recht und Gerechtigkeit, der wird sein
Leben erhalten. 28 Denn weil er es ge-
sehen und sich bekehrt hat von allen sei-
nen Übertretungen, die er begangen hat,
so soll er leben und nicht sterben. 29 Und
doch sprechen die vom Hause Israel:
»Der Herr handelt nicht recht.« Sollte
ich unrecht handeln, Haus Israel? Ist es
nicht vielmehr so, dass **ihr** unrecht han-
delt? 30 Darum will ich euch richten, ihr
vom Hause Israel, einen jeden nach sei-
nem Weg, spricht Gott der HERR. Kehrt
um und kehrt euch ab von allen euren
Übertretungen, damit ihr nicht durch sie
in Schuld fallt.

31 Werft von euch alle eure Übertretun-
gen, die ihr begangen habt, und macht
euch [a]ein neues Herz und einen neuen
Geist. Denn warum wollt ihr sterben, ihr
vom Haus Israel? 32 Denn ich habe kein
Gefallen am Tod des Sterbenden, spricht
Gott der HERR. Darum bekehrt euch,
so werdet ihr leben.

Klagelied über das Geschick des Königshauses

19 Und du, stimm ein Klagelied an
über die Fürsten Israels 2 und
sprich: Welch eine Löwin war deine Mut-
ter! [a]Unter Löwen lagerte sie, unter jun-
gen Löwen zog sie ihre Jungen auf. 3 Und
eins ihrer Jungen zog sie groß und es
wurde ein junger Löwe daraus; der
lernte, Tiere zu reißen, ja, Menschen fraß
er. 4 Da boten sie Völker gegen ihn auf,
fingen ihn in ihrer Grube und [a]führten
ihn in Ketten nach Ägyptenland.

5 [a]Als nun die Mutter sah, dass ihre
Hoffnung verloren war, nachdem sie
lange gehofft hatte, nahm sie ein andres
von ihren Jungen und machte einen jun-
gen Löwen daraus. 6 Der lebte unter den
Löwen, wurde ein junger Löwe und
lernte, Tiere zu reißen, ja, Menschen fraß
er. 7 Er zerstörte ihre Burgen und ver-
wüstete ihre Städte, dass das Land und
was darin war vor seinem lauten Brüllen
sich entsetzte. 8 Da stellten sie Völker aus
allen Ländern ringsumher gegen ihn auf
und warfen ihr Netz über ihn und fingen
ihn in ihrer Grube 9 und stießen ihn ge-
fesselt in einen Käfig und [a]führten ihn
zum König von Babel; und man brachte
ihn in Gewahrsam, damit seine Stimme
nicht mehr gehört würde auf den Bergen
Israels.

10 Deine Mutter war [a]wie ein Wein-
stock im Weingarten, am Wasser ge-
pflanzt; fruchtbar und voller Ranken war
er von dem vielen Wasser; 11 seine Ran-
ken wurden so stark, dass sie zu Zeptern
taugten; sein Wuchs wurde hoch bis an
die Wolken und man sah, dass er so
hoch war und so viele Ranken hatte.
12 Aber er wurde im Grimm ausgerissen
und zu Boden geworfen. Der Ostwind
ließ seine Frucht verdorren und seine
starken Ranken wurden zerbrochen, dass
sie verdorrten und verbrannt wurden.
13 Nun ist er gepflanzt in eine Wüste, in
ein dürres, durstiges Land, 14 und ein
Feuer ging aus von seinen starken Ran-
ken; das verzehrte seine Frucht. Es blieb
an ihm keine starke Ranke mehr für ein
Zepter.

Das ist ein Klagelied; zum Klagelied
ist es geworden.

Israels ständiger Ungehorsam – Gottes Ehre in Gnade und Gericht

20 Und es begab sich im siebenten
Jahr am zehnten Tage des fünften
Monats, da kamen [a]einige von den Äl-
testen Israels, den HERRN zu befragen,
und setzten sich vor mir nieder. 2 Da ge-
schah des HERRN Wort zu mir: 3 Du
Menschenkind, sage den Ältesten Israels
und sprich zu ihnen: So spricht Gott der
HERR: Seid ihr gekommen, mich zu be-
fragen? So wahr ich lebe: [a]Ich will mich
nicht von euch befragen lassen, spricht
Gott der HERR. 4 Willst du sie richten,
du Menschenkind? Willst du richten?
[a]Zeige ihnen die Gräueltaten ihrer Väter
5 und sprich zu ihnen:

So spricht Gott der HERR: Zu der
Zeit, [a]als ich Israel erwählte, erhob ich
meine Hand zum Schwur für das Ge-
schlecht des Hauses Jakob und gab mich
ihnen zu erkennen in Ägyptenland. Ja,
ich erhob meine Hand für sie und
schwor: Ich bin der HERR, euer Gott.

18,31: *a* Kap 11,19 **19,2:** *a* 1. Mose 49,9 **19,4:** *a* 2. Kön 23,31-33; Jer 22,11-12 **19,5:** *a (5-6)* 2. Kön 24,6.8-9 **19,9:** *a* 2. Kön 24,15 **19,10:** *a* Kap 17,6 **20,1:** *a* Kap 14,1 **20,3:** *a* Kap 14,3 **20,4:** *a* Kap 22,2; 23,36 **20,5:** *a* 2. Mose 6,7-8

6Ich erhob zur selben Zeit meine Hand
zum Schwur, dass [a]ich sie führen würde
aus Ägyptenland in ein Land, das ich für
sie ausersehen hatte, das von Milch und
Honig fließt, ein edles Land vor allen
Ländern, 7und sprach zu ihnen: [a]Ein
jeder werfe weg die Gräuelbilder vor sei-
nen Augen, und macht euch nicht unrein
mit den Götzen Ägyptens; denn ich bin
der HERR, euer Gott. 8Sie aber waren
mir ungehorsam und wollten mir nicht
gehorchen, und keiner von ihnen warf
die Gräuelbilder vor seinen Augen weg,
und sie verließen die Götzen Ägyptens
nicht. Da dachte ich, meinen Grimm
über sie auszuschütten und meinen gan-
zen Zorn an ihnen auszulassen noch in
Ägyptenland. 9Aber ich unterließ es [a]um
meines Namens willen, [b]damit er nicht
entheiligt würde vor den Heiden, unter
denen sie waren und vor deren Augen ich
mich ihnen zu erkennen gegeben hatte,
dass ich sie aus Ägyptenland führen
wollte.

10Und als ich sie aus Ägyptenland ge-
führt und in die Wüste gebracht hatte,
11gab ich ihnen meine Gebote und lehrte
sie meine Gesetze, [a]durch die der
Mensch lebt, der sie hält. 12Ich gab ihnen
auch [a]meine Sabbate zum Zeichen zwi-
schen mir und ihnen, damit sie erkann-
ten, dass ich der HERR bin, der sie hei-
ligt. 13[a]Aber das Haus Israel war mir
ungehorsam auch in der Wüste, und sie
lebten nicht nach meinen Geboten und
verachteten meine Gesetze, durch die der
Mensch lebt, der sie hält, und sie ent-
heiligten meine Sabbate sehr. Da ge-
dachte ich, meinen Grimm über sie aus-
zuschütten in der Wüste und sie ganz
und gar umzubringen. 14Aber ich unter-
ließ es um meines Namens willen, damit
er nicht entheiligt würde vor den Heiden,
vor deren Augen ich sie herausgeführt
hatte. 15Doch ich erhob meine Hand in
der Wüste und [a]schwor ihnen, sie nicht
in das Land zu bringen, das ich ihnen
bestimmt hatte, das von Milch und Ho-
nig fließt, ein edles Land vor allen Län-
dern, 16weil sie meine Gesetze verachtet
und nicht nach meinen Geboten gelebt
und meine Sabbate entheiligt hatten;
denn sie folgten den Götzen ihres Her-
zens nach. 17Aber mein Auge blickte
schonend auf sie, dass ich sie nicht ver-
tilgte; ich habe mit ihnen nicht ein Ende
gemacht in der Wüste.

18Und ich sprach zu ihren Söhnen in
der Wüste: Ihr sollt nicht nach den Ge-
boten eurer Väter leben und ihre Gesetze
nicht halten und mit ihren Götzen euch
nicht unrein machen; 19denn ich bin der
HERR, euer Gott. Nach meinen Geboten
sollt ihr leben, und meine Gesetze sollt
ihr halten und danach tun; 20und meine
Sabbate sollt ihr heiligen, dass sie ein
Zeichen seien zwischen mir und euch,
damit ihr wisst, dass ich, der HERR, euer
Gott bin. 21Aber auch die Söhne waren
mir ungehorsam, lebten nicht nach mei-
nen Geboten, hielten auch meine Gesetze
nicht, dass sie danach taten, durch die
der Mensch lebt, der sie hält, und ent-
heiligten meine Sabbate. Da gedachte
ich, meinen Grimm über sie auszuschüt-
ten und meinen ganzen Zorn an ihnen
auszulassen in der Wüste. 22Ich hielt aber
meine Hand zurück und unterließ es um
meines Namens willen, damit er nicht
entheiligt würde vor den Heiden, vor de-
ren Augen ich sie herausgeführt hatte.
23Doch ich erhob meine Hand in der
Wüste und schwor ihnen, [a]sie unter die
Heiden zu zerstreuen und in die Länder
zu versprengen, 24weil sie meine Gebote
nicht gehalten und meine Gesetze ver-
achtet und meine Sabbate entheiligt hat-
ten und nach den Götzen ihrer Väter
sahen. 25Darum gab auch ich ihnen Ge-
bote, die nicht gut waren, und Gesetze,
durch die sie kein Leben haben konnten,
26und ließ sie unrein werden durch ihre
Opfer, als sie [a]alle Erstgeburt durchs
Feuer gehen ließen, damit ich Entsetzen
über sie brachte und sie so erkennen
mussten, dass ich der HERR bin.

27Darum rede, du Menschenkind, mit
dem Hause Israel und sprich zu ihnen:
So spricht Gott der HERR: Eure Väter
haben mich auch damit gelästert, dass sie
mir die Treue gebrochen haben, 28als ich
sie in das Land gebracht hatte, über das
ich meine Hand erhoben hatte zu dem
Schwur, es ihnen zu geben: wo sie irgend-

20,6: *a* 2. Mose 3,8 **20,7:** *a* Jos 24,14.23 **20,9:** *a* Vers 14; Kap 36,21-22; *b* 2. Mose 32,12 **20,11:** *a* 3. Mose 18,5; Lk 10,28 **20,12:** *a* 2. Mose 31,13-17 **20,13:** *a (13-14)* 2. Mose 32,10-12 **20,15:** *a* 4. Mose 14,30 **20,23:** *a* 3. Mose 26,33 **20,26:** *a* Kap 16,20; 2. Mose 13,2.13; 22,28

einen hohen Hügel oder dichten Baum
sahen, da opferten sie ihre Opfer und
dahin brachten sie ihre Gaben mir zum
Ärgernis und da legten sie ihre Räucher-
opfer nieder und da gossen sie ihre
Trankopfer aus. 29 Ich aber sprach zu ih-
nen: Was ist das für eine Höhe, auf die
ihr geht? Daher heißt sie bis auf diesen
Tag »Höhe«.
30 Darum sprich zum Hause Israel: So
spricht Gott der HERR: Macht ihr euch
nicht unrein in der Weise eurer Väter und
treibt Abgötterei mit ihren Gräuelbil-
dern? 31 Ihr macht euch unrein mit euren
Götzen bis auf den heutigen Tag da-
durch, dass ihr eure Gaben opfert und
eure Söhne und Töchter durchs Feuer
gehen lasst. Und da sollte ich mich von
euch, Haus Israel, befragen lassen? So
wahr ich lebe, spricht Gott der HERR:
Ich will mich von euch nicht befragen
lassen. 32 Dazu soll euch fehlschlagen,
was euch in den Sinn kommt, wenn ihr
sagt: [a]Wir wollen sein wie die Heiden,
wie die Völker in den andern Ländern,
und Holz und Stein anbeten. 33 So wahr
ich lebe, spricht Gott der HERR: Ich will
über euch herrschen mit starker Hand
und ausgestrecktem Arm und mit ausge-
schüttetem Grimm 34 und will euch aus
den Völkern herausführen und aus den
Ländern, in die ihr zerstreut worden seid,
sammeln mit starker Hand, mit ausge-
strecktem Arm und mit ausgeschüttetem
Grimm 35 und will euch [a]in die Wüste
der Völker bringen und dort mit euch ins
Gericht gehen von Angesicht zu Ange-
sicht. 36 Wie ich [a]mit euren Vätern in der
Wüste von Ägypten ins Gericht gegan-
gen bin, ebenso will ich auch mit euch ins
Gericht gehen, spricht Gott der HERR.
37 Ich will euch [a]unter dem Stabe hin-
durchgehen lassen und [b]euch genau ab-
zählen 38 und will die Abtrünnigen und
die, die von mir abfielen, von euch aus-
sondern. Ja, aus dem Lande, in dem ihr
jetzt Fremdlinge seid, will ich sie heraus-
führen; aber ins Land Israels sollen sie
nicht hineinkommen, damit ihr erkennt:
Ich bin der HERR!
39 Aber ihr vom Hause Israel, so
spricht Gott der HERR: Weil ihr mir
denn nicht gehorchen wollt, so fahrt hin
und dient ein jeder seinem Götzen, aber
meinen heiligen Namen lasst hinfort un-
geschändet mit euren Opfern und Göt-
zen! 40 Denn so spricht Gott der HERR:
Auf meinem heiligen Berg, auf dem [a]ho-
hen Berge Israels, da wird mir das ganze
Haus Israel dienen, alle, die im Lande
sind. Da werde ich sie gnädig annehmen,
und da will ich eure Opfer und eure Erst-
lingsgaben fordern und alle eure heiligen
Gaben. 41 Ich will euch gnädig annehmen
beim lieblichen Geruch der Opfer, wenn
ich euch aus den Völkern bringen und
aus den Ländern sammeln werde, in die
ihr zerstreut worden seid, und ich werde
mich an euch als der Heilige erweisen vor
den Augen der Heiden. 42 Und ihr werdet
erfahren, dass ich der HERR bin, wenn
ich euch ins Land Israels bringe, in das
Land, über das ich meine Hand erhob zu
dem Schwur, es euren Vätern zu geben.
43 Dort werdet ihr gedenken an eure
Wege und alle eure Taten, mit denen ihr
euch unrein gemacht habt, und werdet
vor euch selbst Abscheu haben wegen all
der bösen Taten, die ihr getan habt.[a]
44 Und ihr werdet erfahren, dass ich der
HERR bin, wenn ich so an euch handle
zur Ehre meines Namens und nicht nach
euren bösen Wegen und verderblichen
Taten, du Haus Israel, spricht Gott der
HERR.

Das Gleichnis vom Waldbrand

21 *Und des HERRN Wort geschah
zu mir: 2 Du Menschenkind, richte
dein Angesicht nach Teman hin und rufe
nach Süden und weissage gegen den
Wald im Südland 3 und sprich zum Wald
im Südland: Höre des HERRN Wort! So
spricht Gott der HERR: Siehe, ich will in
dir ein Feuer anzünden, das soll grüne
und dürre Bäume verzehren, dass man
seine Flamme nicht wird löschen können,
sondern es soll durch sie jedes Angesicht
versengt werden vom Südland bis zum
Norden hin. 4 Und alles Fleisch soll se-
hen, dass ich, der HERR, es angezündet
habe und niemand es löschen kann. 5 Ich

* Abweichende Verszählung statt 21,1-37: 20,45–21,32.

20,32: *a* 2. Mose 23,24 **20,35:** *a* Hos 2,16 **20,36:** *a* 4. Mose 14,22-23 **20,37:** *a* 3. Mose 27,32; *b* Jer 33,13 **20,40:** *a* Kap 17,23 **20,43:** *a* Kap 36,31-32

aber sprach: Ach, Herr HERR, sie sagen
von mir: Redet der nicht immer in Rät-
seln?

Das Schwert ist bereit

6 Und des HERRN Wort geschah zu mir:
7 Du Menschenkind, richte dein Ange-
sicht gegen Jerusalem und rede gegen
sein Heiligtum und weissage gegen das
Land Israels 8 und sprich zum Land Is-
raels: So spricht der HERR: Siehe, ich will
an dich; ich will mein Schwert aus der
Scheide ziehen und will in dir ausrotten
Gerechte und Ungerechte. 9 Weil ich
denn in dir Gerechte und Ungerechte
ausrotte, darum soll mein Schwert aus
der Scheide fahren über alles Fleisch
vom Südland bis zum Norden hin.
10 Und alles Fleisch soll erfahren, dass
ich, der HERR, mein Schwert aus der
Scheide gezogen habe; es soll nicht wie-
der eingesteckt werden.

11 Und du, Menschenkind, sollst seuf-
zen, bis dir die Lenden wehtun, ja, bitter-
lich sollst du seufzen, dass sie es sehen!
12 Und wenn sie zu dir sagen werden:
Warum seufzest du?, so sollst du sagen:
Um einer Botschaft willen, die kommen
wird; vor ihr werden alle Herzen ver-
zagen und [a]alle Hände sinken, allen der
Mut entfallen und alle Knie weich wer-
den. Siehe, es kommt und wird gesche-
hen, spricht Gott der HERR.

13 Und des HERRN Wort geschah zu
mir: 14 Du Menschenkind, weissage und
sprich: So spricht der Herr: Sprich: Das
Schwert, ja, das Schwert ist geschärft
und blank gefegt. 15 Es ist geschärft, dass
es schlachten soll; es ist gefegt, dass es
blinken soll. Wie sollten wir uns da
freuen? Mein Sohn, du hast den Stock
verachtet und jeden Rat. 16 Und er hat
ein Schwert zum Fegen gegeben, dass
man's ergreifen soll; es ist geschärft und
gefegt, dass man's dem Henker in die
Hand gebe. 17 Schrei und heule, du Men-
schenkind; denn es geht über mein Volk
und über alle Regenten in Israel, die dem
Schwert verfallen sind samt meinem
Volk. Darum schlag auf deine Lenden;
18 denn die Prüfung ist da und wie sollte
es nicht geschehen, da du doch [a]den
Stock verachtet hast?, spricht Gott der
HERR.

19 Und du, Menschenkind, weissage
und schlag deine Hände zusammen!
Denn das Schwert wird zweifach, ja drei-
fach kommen, ein Schlachtschwert, ein
großes Schlachtschwert, das sie umkrei-
sen wird, 20 damit die Herzen verzagen
und viele fallen sollen; an allen ihren
Toren lasse ich das Schwert wüten. Wehe,
es ist zum Blitzen gemacht, zum Schlach-
ten geschärft! 21 Hau drein zur Rechten
und Linken, wohin deine Schneiden ge-
wandt sind! 22 Dann will auch ich meine
Hände zusammenschlagen und meinen
Zorn stillen. Ich, der HERR, habe es ge-
sagt.

Das Schwert des Königs von Babel

23 Und des HERRN Wort geschah zu mir:
24 Du Menschenkind, mach dir zwei
Wege, auf denen das Schwert des Königs
von Babel kommen kann; sie sollen aber
beide von einem Land ausgehen. Und
stelle einen Wegweiser an den Anfang
eines jeden Weges, der zu einer Stadt
weisen soll, 25 und mache den einen Weg,
damit das Schwert nach Rabba kommen
kann, der Stadt der Ammoniter, und den
andern nach Juda, zu der festen Stadt
Jerusalem. 26 Denn der König von Babel
wird an der Wegscheide stehen, am An-
fang der beiden Wege, um sich wahr-
sagen zu lassen: Er wirft mit den Pfeilen
das Los, befragt seinen Götzen und be-
schaut die Leber. 27 Und das Los in sei-
ner Rechten wird nach Jerusalem deuten:
Da soll er den Mund auftun mit großem
Geschrei, die Stimme erheben mit
Kriegsgeschrei, [a]Sturmböcke heranfüh-
ren gegen die Tore, einen Wall aufschüt-
ten und ein Bollwerk bauen. – 28 Aber
ihnen wird diese Wahrsagung trügerisch
scheinen; haben sie doch heilige Eide
empfangen. Er aber wird sie an ihre
Schuld erinnern, dass sie dabei behaftet
werden.

29 Darum spricht Gott der HERR: Weil
ihr an eure Schuld erinnert habt und euer
Ungehorsam offenbar geworden ist, so-
dass man eure Sünden sieht in all euren
Taten, ja, weil ihr daran erinnert habt,

21,12: *a* Kap 7,17 **21,18:** *a* Jes 1,5 **21,27:** *a* Kap 4,2

sollt ihr dabei behaftet werden. 30 Und
du, Fürst in Israel, du unheiliger Frevler,
dessen Tag kommen wird, wenn die
Schuld zum Ende geführt hat, – 31 so
spricht Gott der HERR: Tu weg den
[a]Kopfbund und nimm ab die Krone!
Denn nichts bleibt, wie es ist, sondern
[b]was hoch ist, soll erniedrigt werden,
und was niedrig ist, soll erhöht werden.
32 Zu Trümmern, zu Trümmern, zu
Trümmern will ich sie machen – aber
auch dies wird nicht bleiben –, [a]bis der
kommt, der das Recht hat; dem will ich
es geben.

Das Schwert über Ammon

33 Und du, Menschenkind, weissage und
sprich: So spricht Gott der HERR über
die [a]Ammoniter und über ihr Schmähen:
Du sollst sagen: Das Schwert, das
Schwert ist gezückt, dass es schlachten
soll; es ist gefegt, dass es töten soll, und
soll blinken, 34 während du dir trügeri-
sche Gesichte schauen und Lügen wahr-
sagen lässt; das Schwert soll an den Hals
unheiliger Frevler gesetzt werden, deren
Tag kommen wird, wenn die Schuld zum
Ende geführt hat. 35 Stecke es wieder in
die Scheide! Ich will dich richten an dem
Ort, an dem du geschaffen, und im Land,
in dem du geboren bist. 36 Und ich will
meinen Zorn über dich ausschütten; ich
will das Feuer meines Grimms über dich
entfachen und will dich rohen Leuten
preisgeben, die Verderben schmieden.
37 Du sollst dem Feuer zum Fraß werden,
und dein Blut soll im Lande vergossen
werden, und man wird nicht mehr an
dich denken; denn ich, der HERR, habe es
geredet.

Jerusalems Blutschuld und Schandtaten

22 Und des HERRN Wort geschah zu
mir: 2 Du Menschenkind, [a]willst
du nicht richten die mörderische Stadt?
[b]Zeige ihr alle ihre Gräueltaten 3 und
sprich: So spricht Gott der HERR: O
Stadt, die du das Blut der Deinen ver-
gießt, damit deine Zeit komme, und die
du dir Götzen machst, damit du unrein
werdest! 4 Durch das [a]Blut, das du ver-
gossen hast, wurdest du schuldig, und
durch die Götzen, die du dir machtest,
hast du dich unrein gemacht. Damit hast
du deine Tage herbeigezogen und be-
wirkt, dass deine Jahre kommen müssen.
Darum will ich dich zum Spott unter den
Heiden und [b]zum Hohn in allen Län-
dern machen. 5 In der Nähe wie in der
Ferne sollen sie über dich spotten; be-
fleckt ist dein Name und groß die Ver-
wirrung.

6 Siehe, die Fürsten in Israel, ein jeder
in dir pocht auf seine Macht, Blut zu
vergießen. 7 Vater und Mutter verachten
sie, den [a]Fremdlingen tun sie Gewalt
und Unrecht an, die [b]Witwen und Wai-
sen bedrücken sie. 8 Du verachtest, was
mir heilig ist, und entheiligst meine Sab-
bate. 9 Verleumder trachten bei dir da-
nach, Blut zu vergießen. Sie essen von
den Höhenopfern und treiben Schand-
taten in deiner Mitte. 10 Sie [a]decken
die Blöße der Väter auf und [b]nötigen
Frauen während ihrer Unreinheit. 11 Sie
[a]treiben Gräuel mit der Frau ihres
Nächsten; [b]sie entehren ihre eigene
Schwiegertochter durch Schandtat; [c]sie
tun ihren eigenen Schwestern Gewalt an,
den Töchtern ihres Vaters. 12 Sie lassen
sich bestechen, um Blut zu vergießen. Du
[a]nimmst Zinsen und Aufschlag und
suchst unrechten Gewinn an deinem
Nächsten mit Gewalt – und mich vergisst
du!, spricht Gott der HERR.

13 Siehe, ich schlage meine Hände zu-
sammen über den unrechten Gewinn,
den du gemacht hast, und über das Blut,
das in deiner Mitte vergossen ist.
14 Meinst du aber, dein Herz kann stand-
halten oder deine Hände werden fest-
bleiben zu der Zeit, wenn ich an dir
handle? Ich, der HERR, habe es geredet
und will's auch tun 15 und will dich zer-
streuen unter die Heiden und dich ver-
stoßen in die Länder und will mit deiner
Unreinheit ein Ende machen; 16 und du
wirst bei den Heiden als verflucht gelten.
Dann wirst du erfahren, dass ich der
HERR bin.

Das Gleichnis vom Schmelzofen

17 Und des HERRN Wort geschah zu mir:
18 [a]Du Menschenkind, das Haus Israel

21,31: *a* 2. Mose 28,4; *b* Lk 18,14 **21,32:** *a* 1. Mose 49,10 **21,33:** *a* Kap 25,2-7 **22,2:** *a* Kap 24,6; *b* Kap 20,4 **22,4:** *a* 2. Kön 21,16; *b* Kap 5,15 **22,7:** *a* 2. Mose 22,20; *b* 2. Mose 22,21 **22,10:** *a* 3. Mose 18,7-8; *b* 3. Mose 18,19 **22,11:** *a* 3. Mose 18,20; *b* 3. Mose 18,15; *c* 3. Mose 18,9 **22,12:** *a* 2. Mose 22,24 **22,18:** *a (18-22)* Jes 1,22-25; Jer 6,28

ist mir zu Schlacken geworden; sie alle
sind Kupfer, Zinn, Eisen und Blei im
Ofen; ja, zu Silberschlacken sind sie
geworden. 19 Darum spricht Gott der
HERR: Weil ihr denn alle Schlacken ge-
worden seid, siehe, so will ich euch alle
in Jerusalem zusammenbringen. 20 Wie
man Silber, Kupfer, Eisen, Blei und Zinn
im Ofen zusammenbringt, dass man ein
Feuer darunter anfacht und es zer-
schmelzen lässt, so will ich auch euch in
meinem Zorn und Grimm zusammen-
bringen, hineintun und schmelzen. 21 Ja,
ich will euch sammeln und das Feuer
meines Zorns gegen euch anfachen, dass
ihr darin zerschmelzen müsst. 22 Wie das
Silber im Ofen zerschmilzt, so sollt auch
ihr darin zerschmelzen und sollt erfah-
ren, dass ich, der HERR, meinen Grimm
über euch ausgeschüttet habe.

Die Schuld aller Stände im Lande

23 Und des HERRN Wort geschah zu mir:
24 Du Menschenkind, sprich zu ihnen:
Du bist ein Land, das nicht beregnet ist,
das nicht benetzt wurde zur Zeit des
Zorns, 25 [a]dessen Fürsten in seiner Mitte
sind wie brüllende Löwen, wenn sie rau-
ben; [b]sie fressen Menschen, reißen Gut
und Geld an sich und machen viele zu
Witwen im Lande. 26 [a]Seine Priester tun
meinem Gesetz Gewalt an und entwei-
hen, was mir heilig ist; sie [b]machen zwi-
schen heilig und unheilig keinen Unter-
schied und lehren nicht, was rein oder
unrein ist, und vor meinen Sabbaten
schließen sie die Augen; so werde ich
unter ihnen entheiligt. 27 Die Oberen in
seiner Mitte sind wie reißende Wölfe,
Blut zu vergießen und Menschen umzu-
bringen um ihrer Habgier willen. 28 Und
seine Propheten streichen ihnen mit Tün-
che darüber, haben Truggesichte und
wahrsagen ihnen Lügen; sie sagen: »So
spricht Gott der HERR«, wo doch der
HERR gar nicht geredet hat.[a] 29 Das Volk
des Landes übt Gewalt; sie rauben drauf-
los und bedrücken die Armen und Elen-
den und tun den Fremdlingen Gewalt an
gegen alles Recht.

30 Ich suchte unter ihnen, ob jemand
eine Mauer ziehen und [a]in die Bresche
vor mir treten würde für das Land, damit
ich's nicht vernichten müsste; aber ich
fand keinen. 31 Darum [a]schüttete ich
meinen Zorn über sie aus, und mit dem
Feuer meines Grimmes machte ich ihnen
ein Ende und ließ so ihr Treiben auf
ihren Kopf kommen, spricht Gott der
HERR.

Das Gleichnis von den zuchtlosen Schwestern Ohola und Oholiba

(vgl. Kap 16,1-63)

23 Und des HERRN Wort geschah zu
mir: 2 Du Menschenkind, es waren
zwei Frauen, Töchter **einer** Mutter. 3 Die
wurden Huren in Ägypten schon in ihrer
Jugend; dort ließen sie nach ihren Brüs-
ten greifen und ihren jungen Busen be-
tasten. 4 Die große hieß Ohola und ihre
Schwester Oholiba. Und ich nahm sie zu
Frauen und sie gebaren mir Söhne und
Töchter. Ohola ist Samaria und Oholiba
Jerusalem.

5 Ohola trieb Hurerei hinter meinem
Rücken und entbrannte für ihre Lieb-
haber, für die Assyrer, die zu ihr kamen,
6 für die Statthalter und Hauptleute, die
mit Purpur gekleidet waren, lauter junge
hübsche Leute, die auf Rossen ritten.
7 Und sie buhlte mit ihnen, lauter auser-
lesenen Söhnen Assurs, und bei allen, für
die sie entbrannte, machte sie sich auch
unrein mit ihren Götzen. 8 Dazu [a]ließ sie
auch nicht von ihrer Hurerei mit den
Ägyptern, die bei ihr gelegen hatten in
ihrer Jugend und ihre jungen Brüste be-
tastet und schlimme Hurerei mit ihr ge-
trieben hatten. 9 Da übergab ich sie in die
Hand ihrer Liebhaber, der Söhne Assurs,
für die sie entbrannt war. 10 Die deckten
ihre Blöße auf und nahmen ihre Söhne
und Töchter weg; sie selbst aber töteten
sie mit dem Schwert, und sie wurde zum
Gespött unter den Frauen. So vollzogen
sie das Gericht an ihr.

11 Als aber ihre Schwester Oholiba das
sah, entbrannte sie noch viel mehr als
ihre Schwester und trieb die Hurerei
noch schlimmer als sie. 12 Sie entbrannte
für die Söhne Assurs, Statthalter und
Hauptleute, die zu ihr kamen, herrlich
gekleidet, lauter junge hübsche Leute, die

22,25: *a* Kap 34,3.8; Zef 3,3; *b* Ps 14,4 **22,26:** *a (26-28)* Zef 3,4; Kap 44,23; Mt 23,25; *b* 3. Mose 10,10 **22,28:** *a* Kap 13,3.6.10 **22,30:** *a* Kap 13,5 **22,31:** *a* Kap 21,36 **23,8:** *a* 2. Kön 17,4

auf Rossen ritten. 13 Da sah ich, dass sie
beide auf gleiche Weise unrein geworden
waren. 14 Aber diese trieb ihre Hurerei
noch weiter. Denn sie sah Bilder von
Männern an der Wand in roter Farbe,
Bilder von Chaldäern, 15 um ihre Lenden
gegürtet und bunte Turbane auf ihren
Köpfen, ein Bild gewaltiger Kämpfer alle-
samt, wie eben die Söhne Babels sind,
deren Vaterland Chaldäa ist. 16 Da ent-
brannte sie für sie, sobald sie die Bilder
sah, und schickte Boten zu ihnen nach
Chaldäa. 17 Und die Söhne Babels kamen
zu ihr, um bei ihr zu schlafen, und mach-
ten sie unrein mit ihrer Hurerei, und sie
machte sich unrein mit ihnen, bis sie ih-
rer müde wurde. 18 Als sie ihre Hurerei so
offen trieb und ihre Schande so enthüllte,
da wurde ich auch ihrer überdrüssig, wie
ich ihrer Schwester müde geworden war.
19 Sie aber trieb ihre Hurerei immer
schlimmer und dachte an die Zeit ihrer
Jugend, als sie in Ägyptenland zur Hure
geworden war, 20 und entbrannte für ihre
Liebhaber, deren Brunst war wie die der
Esel und der Hengste. 21 Und du sehntest
dich nach der Unzucht deiner Jugend, als
die Ägypter nach deinen Brüsten griffen
und deinen Busen betasteten.

22 Darum, Oholiba, so spricht Gott der
HERR: Siehe, ich will deine Liebhaber,
deren du müde geworden bist, gegen dich
aufstehen lassen und will sie von über-
all her gegen dich zusammenbringen,
23 nämlich die Söhne Babels und alle
Chaldäer, die von Pekod, Schoa und Koa
und alle Assyrer mit ihnen, die schöne
junge Mannschaft, lauter Statthalter und
Hauptleute, Ritter und Edle, die alle auf
Rossen reiten. 24 Und sie werden über
dich kommen, gerüstet mit Rossen und
Wagen und mit viel Kriegsvolk und wer-
den dich ringsum belagern mit großen
und kleinen Schilden und Helmen. De-
nen will ich den Rechtsfall vorlegen, dass
sie dich richten sollen nach ihrem Recht.
25 Ich will meinen Eifer gegen dich rich-
ten, dass sie unbarmherzig an dir han-
deln sollen. Sie sollen dir Nase und Oh-
ren abschneiden, und was von dir übrig
bleibt, soll durchs Schwert fallen. Sie sol-
len deine Söhne und Töchter wegnehmen
und, was von dir übrig bleibt, mit Feuer
verbrennen. 26 Sie sollen dir deine Kleider
ausziehen und deinen Schmuck wegneh-
men. 27 So will ich deiner Unzucht und
deiner Hurerei, die du seit Ägyptenland
treibst, ein Ende machen, dass du deine
Augen nicht mehr nach ihnen aufheben
und an Ägypten nicht mehr denken
sollst.

28 Denn so spricht Gott der HERR:
Siehe, ich will dich denen preisgeben, de-
nen du feind geworden und deren du
müde bist. 29 Die sollen wie Feinde mit
dir umgehen und alles nehmen, was du
erworben hast, und dich nackt und bloß
liegen lassen. Da soll die Schande deiner
Hurerei und deine Unzucht und deine
Buhlerei aufgedeckt werden. 30 Das soll
dir angetan werden um deiner Hurerei
willen, die du mit den Heiden getrieben,
weil du dich mit ihren Götzen unrein
gemacht hast. 31 Du bist auf dem Wege
deiner Schwester gegangen, darum gebe
ich dir auch ihren Kelch in die Hand.

32 So spricht Gott der HERR: Du musst
den Kelch deiner Schwester trinken, so
tief und weit er ist; du sollst zu so gro-
ßem Spott und Hohn werden, dass es
unerträglich sein wird. 33 Du musst dich
[a]mit starkem Trank und Jammer voll-
trinken; denn der Kelch deiner Schwester
Samaria ist ein Kelch des Grauens und
Entsetzens. 34 Den musst du bis zur
Neige austrinken, danach die Scherben
ausschlürfen und deine Brüste zerreißen;
denn ich habe es geredet, spricht Gott
der HERR. 35 Darum spricht Gott der
HERR: Weil du [a]mich vergessen und
mich verworfen hast, so trage nun auch
du deine Unzucht und deine Hurerei!

36 Und der HERR sprach zu mir: Du
Menschenkind, willst du nicht Ohola
und Oholiba richten? [a]Zeige ihnen ihre
Gräueltaten: 37 wie sie Ehebruch getrie-
ben und Blut vergossen und die Ehe ge-
brochen haben mit ihren Götzen; und
[a]wie sie ihnen noch dazu ihre Kinder, die
sie mir geboren hatten, zum Fraß dar-
brachten. 38 Überdies haben sie mir das
angetan: Sie haben noch am gleichen Tag
[a]mein Heiligtum unrein gemacht und
meine Sabbate entheiligt. 39 Denn als sie
ihre Kinder den Götzen geschlachtet hat-
ten, gingen sie noch am gleichen Tag in

23,33: *a* Jes 51,17 **23,35:** *a* Jer 2,32 **23,36:** *a* Kap 20,4 **23,37:** *a* Kap 16,20 **23,38:** *a* Kap 8,5-18

mein Heiligtum, es zu entheiligen. Siehe,
so haben sie es in meinem Hause ge-
trieben.
40 Sie haben sogar Boten geschickt
nach Männern, die aus fernen Landen
kommen sollten. Und siehe, als sie ka-
men, da badetest du dich und schmink-
test dich und schmücktest dich mit Ge-
schmeide ihnen zu Ehren 41 und saßest
auf einem herrlichen Polster, und ein
Tisch war davor hergerichtet; darauf leg-
test du mein Räucherwerk und mein Öl.
42 Und es erhob sich in der Stadt ein
großes Freudengeschrei über die Männer,
weil solch eine Menge von Menschen
herbeigebracht war aus Saba, aus der
Wüste, und sie gaben ihnen Geschmeide
an ihre Arme und schöne Kronen auf
ihre Häupter. 43 Ich aber dachte: Sie ist
das Ehebrechen gewohnt von alters her,
sie kann das Huren nicht lassen. 44 Denn
man ging zu ihr, wie man zu einer Hure
geht; so ging man zu Ohola und Oho-
liba, den zuchtlosen Frauen. 45 Darum
werden gerechte Männer sie richten
[a]nach dem Recht, das für Ehebrecherin-
nen und für Mörderinnen gilt; denn sie
sind Ehebrecherinnen und ihre Hände
sind voll Blut.
46 Denn so spricht Gott der HERR:
Man berufe eine Versammlung gegen sie
ein und gebe sie als Raub und Beute
preis, 47 dass die Leute sie steinigen und
mit ihren Schwertern erstechen und ihre
Söhne und Töchter umbringen und ihre
Häuser mit Feuer verbrennen. 48 So will
ich der Unzucht im Lande ein Ende ma-
chen, dass alle Frauen sich warnen lassen
und nicht nach solcher Unzucht tun.
49 Und man wird die Strafe für eure Un-
zucht auf euch legen und ihr sollt tragen,
was ihr mit euren Götzen gesündigt habt,
und sollt erfahren, dass ich Gott der
HERR bin.

Das Gleichnis vom rostigen Topf

24 Und es geschah das Wort des
HERRN zu mir [a]im neunten Jahr
am zehnten Tage des zehnten Monats:
2 Du Menschenkind, schreib dir diesen
Tag auf, ja, eben diesen Tag; denn der
König von Babel hat sich an eben diesem
Tage vor Jerusalem gelagert. 3 Und gib
dem Haus des Widerspruchs ein Gleich-
nis und sprich zu ihnen: So spricht Gott
der HERR: Setze einen [a]Topf auf, setz
ihn auf und gieß Wasser hinein! 4 Tu
Fleisch hinein, lauter gute Stücke, Len-
den und Schultern, und fülle ihn mit den
besten Knochen. 5 Nimm das Beste von
der Herde und schichte Holzscheite dar-
unter und lass die Stücke tüchtig sieden
und auch die Knochen darin gut ko-
chen.
6 Darum spricht Gott der HERR:
[a]Wehe der Stadt voller Blutschuld, die
einem Topf gleicht, an dem Rost sitzt
und nicht abgehen will! Nimm ein Stück
nach dem andern heraus und lose nicht
darum, welches zuerst heraussoll. 7 Denn
das Blut, das sie vergossen hat, ist noch
in ihrer Mitte; auf den nackten Felsen
und nicht auf die Erde hat sie es ver-
schüttet, [a]sodass man's mit Erde hätte
zudecken können. 8 Und ich ließ sie dar-
um das Blut auf den nackten Felsen
schütten, damit es nicht zugedeckt wür-
de, sodass der Grimm über sie kommt
und es gerächt wird.
9 Darum spricht Gott der HERR: Wehe,
du Stadt voller Blutschuld, auch ich will
den Holzstoß groß machen!
10 Trage nur viel Holz her, bring das
Feuer zum Lodern, koche das Fleisch gar
und gieß die Brühe aus, dass die Kno-
chen anbrennen; 11 stelle den Topf leer
auf die Glut, damit er heiß wird und sein
Erz glüht und seine Unreinheit schmilzt
und sein Rost abgeht! 12 Aber sosehr der
Topf glüht, will doch der starke Rost von
ihm im Feuer nicht abgehen.
13 Weil du durch Unzucht dich unrein
gemacht hast und nicht rein wurdest von
deiner Unreinheit, obwohl ich dich reini-
gen wollte, darum sollst du hinfort nicht
wieder rein werden, bis [a]mein Grimm
sich an dir gekühlt hat. 14 Ich, der HERR,
habe es geredet! Es wird kommen, ich
will's tun und nicht säumen. [a]Ich will
nicht schonen und es wird mich nicht
reuen; sondern sie sollen dich richten,
wie du gelebt und getan hast, spricht
Gott der HERR.

23,45: *a* Kap 16,38.40 **24,1:** *a* 2. Kön 25,1 **24,3:** *a* Kap 11,3 **24,6:** *a* Kap 22,2; Nah 3,1 **24,7:** *a* 3. Mose 17,13; 1. Sam 14,32-34 **24,13:** *a* Kap 5,13 **24,14:** *a* Jer 13,14

Das Verhalten des Propheten beim Tod seiner Frau – ein Zeichen

15 Und des HERRN Wort geschah zu mir:
16 Du Menschenkind, siehe, ich will dir
deiner Augen Freude nehmen durch
einen plötzlichen Tod. Aber du sollst
nicht klagen und nicht weinen und keine
Träne vergießen. 17 Heimlich darfst du
seufzen, aber keine Totenklage halten,
sondern du sollst deinen Kopfbund an-
legen und deine Schuhe anziehen; du
sollst [a]deinen Bart nicht verhüllen und
nicht das [b]Trauerbrot essen.

18 Und als ich am Morgen zum Volk
geredet hatte, starb mir am Abend meine
Frau. Und ich tat am andern Morgen,
wie mir befohlen war. 19 Und das Volk
sprach zu mir: Willst du uns nicht er-
klären, was das für uns bedeutet, was du
tust? 20 Und ich sprach zu ihnen: Der
HERR hat mit mir geredet und gesagt:
21 Sage dem Hause Israel: So spricht
Gott der HERR: Siehe, ich will mein Hei-
ligtum, eure herrliche Zuflucht, die
Freude eurer Augen, das Verlangen eures
Herzens, entheiligen, und eure Söhne
und Töchter, die ihr dort zurücklassen
musstet, werden durchs Schwert fallen. –
22 Da werdet ihr dann tun, wie ich getan
habe: Euren Bart werdet ihr nicht ver-
hüllen und nicht das Trauerbrot essen,
23 sondern werdet euren Kopfbund auf
eurem Haupt behalten und eure Schuhe
an den Füßen; ihr werdet nicht klagen
und nicht weinen, sondern [a]in eurer
Schuld vergehen und untereinander seuf-
zen. – 24 So soll Hesekiel für euch [a]ein
Wahrzeichen sein, dass ihr tun werdet,
wie er getan hat, wenn es nun kommen
wird. Dann werdet ihr erfahren, dass ich
Gott der HERR bin.

25 Und du, Menschenkind, ist es nicht
so? An dem Tage, an dem ich von ihnen
nehme ihre Zuflucht und ganze Wonne,
die Freude ihrer Augen und das Verlan-
gen ihres Herzens, dazu ihre Söhne und
Töchter, 26 ja, an jenem Tage wird [a]einer,
der entronnen ist, zu dir kommen und
dir's kundtun. 27 An jenem Tage wird
dein Mund aufgetan werden, wenn der
kommt, der entronnen ist, sodass du re-
den kannst und nicht mehr stumm bist;
und du wirst für sie ein Wahrzeichen
sein, dass sie erfahren, dass ich der HERR
bin.

Gottes Gericht über die Nachbarn Judas

25 Und des HERRN Wort geschah zu
mir: 2 [a]Du Menschenkind, richte
dein Angesicht gegen die Ammoniter
und weissage gegen sie 3 und sprich zu
den Ammonitern: Hört das Wort Gottes
des HERRN! So spricht Gott der HERR:
[a]Weil ihr über mein Heiligtum ruft: »Ha!
es ist entweiht!«, und [b]über das Land
Israels: »Es ist verwüstet!«, und über das
Haus Juda: »Es ist weggeführt!«, 4 darum
siehe, ich will dich den Söhnen des
Ostens übergeben, dass sie ihre Zeltdör-
fer in dir aufschlagen und ihre Wohnun-
gen in dir bauen sollen; sie sollen deine
Früchte essen und deine Milch trinken.
5 Und ich will Rabba zur Kameltrift ma-
chen und das Land der Ammoniter zu
Schafhürden, und ihr sollt erfahren, dass
ich der HERR bin. 6 Denn so spricht Gott
der HERR: Weil du in die Hände ge-
klatscht und mit den Füßen gestampft
und über das Land Israels von ganzem
Herzen so höhnisch dich gefreut hast,
7 darum siehe, ich will meine Hand gegen
dich ausstrecken und dich den Völkern
zur Beute geben und dich aus den Na-
tionen ausrotten und aus den Ländern
austilgen und dich vernichten; und du
sollst erfahren, dass ich der HERR bin.

8 [a]So spricht Gott der HERR: Weil
Moab und Seïr sprechen: »Siehe, das
Haus Juda ist nichts anderes als alle Völ-
ker!«, 9 siehe, so will ich die Berghänge
Moabs bloßlegen, dass es ohne Städte sei
in seinem ganzen Gebiet, ohne den Stolz
des Landes: Bet-Jeschimot, Baal-Meon
und Kirjatajim, 10 und will es den Söhnen
des Ostens zum Erbe geben, zum Land
der Ammoniter hinzu, sodass man an sie
nicht mehr denken wird unter den Völ-
kern. 11 Und ich will das Gericht ergehen
lassen über Moab, und sie sollen erfah-
ren, dass ich der HERR bin.

12 [a]So spricht Gott der HERR: Weil
sich Edom am Hause Juda gerächt und
sich schwer verschuldet hat mit seiner

24,17: *a* Mi 3,7; *b* Hos 9,4 **24,23:** *a* 3. Mose 26,39-40 **24,24:** *a* Kap 12,6.11 **24,26:** *a* Kap 33,21 **25,2:** *a (2-7)* Kap 21,33-37; Jer 49,1-6; Am 1,13-15 **25,3:** *a* Kap 36,2; *b* Klgl 2,16 **25,8:** *a (8-11)* Jes 15,1-9; 16,1-4; Jer 48,1-47 **25,12:** *a (12-14)* Kap 35,1-15; Jer 49,7-22; Am 1,11-12; Obd 1-21; Ps 137,7

Rache, 13 darum spricht Gott der HERR:
Ich will meine Hand ausstrecken gegen
Edom und will von ihm ausrotten Men-
schen und Vieh und will es wüst machen
von Teman bis nach Dedan, und sie sol-
len durchs Schwert fallen. 14 Und ich will
mich an Edom rächen durch mein Volk
Israel, und sie sollen mit Edom umgehen
nach meinem Zorn und Grimm, dass sie
meine Vergeltung erfahren sollen, spricht
Gott der HERR.

15 [a]So spricht Gott der HERR: Weil die
Philister sich gerächt und mit bestän-
digem Hass so höhnisch Rache geübt
haben zum Verderben meines Volks,
16 darum spricht Gott der HERR: Siehe,
ich will meine Hand ausstrecken gegen
die Philister und will die Kreter ausrotten
und will umbringen, die übrig geblieben
sind am Ufer des Meeres, 17 und will bit-
tere Rache an ihnen üben und sie mit
Grimm strafen, dass sie erfahren sollen,
dass ich der HERR bin, wenn ich Vergel-
tung an ihnen übe.

Das Gericht über Tyrus

(vgl. Am 1,9-10; Jes 23,1-18)

26 Und es begab sich im elften Jahr
am ersten Tage des ersten Monats,
da geschah des HERRN Wort zu mir:

2 Du Menschenkind, weil Tyrus spricht
über Jerusalem: »Ha! [a]Die Pforte der
Völker ist zerbrochen; nun fällt es mir zu;
ich werde jetzt reich werden, weil Jeru-
salem wüst liegt!«, 3 darum spricht Gott
der HERR: Siehe, ich will an dich, Tyrus,
und will viele Völker gegen dich herauf-
führen, wie das Meer seine Wellen her-
aufführt. 4 Die sollen die Mauern von
Tyrus zerstören und seine Türme abbre-
chen; ja, ich will sogar seine Erde von
ihm wegfegen und will einen nackten
Fels aus ihm machen, 5 einen Platz im
Meer, an dem man Fischnetze aufspannt;
denn ich habe es geredet, spricht Gott
der HERR, und es soll den Völkern zum
Raub werden. 6 Und seine Tochterstädte
auf dem Festland sollen mit dem Schwert
geschlagen werden, und sie sollen erfah-
ren, dass ich der HERR bin.

7 Denn so spricht Gott der HERR:
Siehe, ich will über Tyrus kommen lassen
[a]Nebukadnezar, den König von Babel,
von Norden her, den [b]König der Könige,
mit Rossen, Wagen, Reitern und einem
großen Heer. 8 Der soll deine Tochter-
städte auf dem Festland mit dem
Schwert schlagen; aber gegen dich wird
er Bollwerke errichten und einen Wall
gegen dich aufschütten und ein Schild-
dach gegen dich erstellen. 9 Er wird mit
Sturmböcken deine Mauern umstoßen
und deine Türme mit seinen Werkzeugen
einreißen. 10 Von der Menge seiner Pferde
wird Staub dich bedecken. Deine Mau-
ern werden erbeben von dem Getümmel
seiner Rosse, Wagen und Reiter, wenn er
in deine Tore eindringt, wie man ein-
dringt in eine erstürmte Stadt. 11 Er wird
mit den Hufen seiner Rosse alle deine
Gassen zerstampfen. Dein Volk wird er
mit dem Schwert erschlagen und deine
stolzen Steinmale zu Boden reißen. 12 Sie
werden deine Schätze rauben und deine
Handelsgüter plündern. Deine Mauern
werden sie abbrechen und deine schönen
Häuser einreißen und werden deine
Steine und die Balken und den Schutt ins
Meer werfen. 13 Und ich will dem Getön
deiner Lieder ein Ende machen, und den
Klang deiner Harfen soll man nicht mehr
hören.[a] 14 Und ich will einen nackten
Fels aus dir machen, einen Platz, an dem
man Fischnetze aufspannt, und du sollst
nicht wieder gebaut werden. Denn ich
bin der HERR, der dies redet, spricht
Gott der HERR.

15 So spricht Gott der HERR gegen
Tyrus: Was gilt's? Die Inseln werden er-
beben, wenn du fallen wirst mit Getöse
und deine Verwundeten stöhnen werden
und das Schwert morden wird in deiner
Mitte. 16 Alle Fürsten am Meer werden
von ihren Thronen herabsteigen und ihre
Oberkleider ablegen und ihre bunten Ge-
wänder ausziehen und werden in Trau-
erkleidern gehen und auf der Erde sitzen
und immer von Neuem erzittern und sich
entsetzen über dich. 17 Sie werden über
dich ein Klagelied anstimmen und von
dir sagen: Ach, wie bist du zugrunde ge-
gangen, du berühmte Stadt, die du am
Meer lagst und so mächtig warst auf dem
Meer samt deinen Einwohnern, dass sich

25,15: *a (15-17)* Jes 14,29-32; Jer 47,1-7; Am 1,6-8; Zef 2,4-5 **26,2:** *a* Kap 25,3 **26,7:** *a* Jer 27,6; *b* Dan 2,37 **26,13:** *a* Am 5,23

das ganze Land vor dir fürchten musste!
18 Nun entsetzen sich die Inseln am Tag
deines Falls, und die Inseln im Meer er-
schrecken über deinen Untergang.
19 Denn so spricht Gott der HERR: Ich
will dich zu einer verödeten Stadt ma-
chen gleich den Städten, in denen nie-
mand wohnt, und will eine große Flut
über dich kommen lassen, dass hohe Wo-
gen dich bedecken, 20 und will dich [a]hin-
unterstoßen zu denen, die in die Grube
gefahren sind, zu dem Volk der Vorzeit.
Ich will dich wohnen lassen in den Tiefen
unter der Erde zwischen den Trümmern
der Vorzeit bei denen, die in die Grube
gefahren sind, dass du keine Wohnung
und keine Stätte mehr hast im Lande der
Lebendigen; 21 ja, tödlichem Schrecken
gebe ich dich preis, dass es aus ist mit dir
und man dich nie mehr findet, wenn man
nach dir sucht, spricht Gott der HERR.

Klagelied über Tyrus

(vgl. Jes 23,1-18)

27 Und des HERRN Wort geschah zu
mir: 2 Du Menschenkind, stimm
ein Klagelied an über Tyrus 3 und sprich
zu Tyrus: Die du wohnst am Zugang
zum Meer und für die Völker mit vielen
Inseln Handel treibst! So spricht Gott
der HERR: [a]O Tyrus, du sprichst: Ich bin
die Allerschönste! 4 Dein Gebiet liegt
mitten im Meer und deine Bauleute ha-
ben dich aufs Allerschönste erbaut. 5 Sie
haben all dein Plankenwerk aus Zypres-
senholz vom [a]Senir gemacht und die Ze-
dern vom Libanon geholt, um deine
Mastbäume daraus zu machen; 6 deine
Ruder haben sie aus Eichen von Baschan
gemacht und deine Wände mit Elfenbein
getäfelt, gefasst in Buchsbaumholz von
den Gestaden der Kittäer. 7 Dein Segel
war beste bunte Leinwand aus Ägypten
als dein Kennzeichen, und deine Decken
waren blauer und roter Purpur von den
Gestaden [a]Elischas. 8 Die Edlen von Si-
don und Arwad waren deine Ruder-
knechte und die kundigsten Männer von
Tyrus hattest du als deine Steuerleute.
9 Die Ältesten von [a]Gebal und seine
Kundigsten mussten deine Risse abdich-
ten. Alle Seeschiffe und ihre Schiffsleute
fanden sich bei dir ein, um mit deinen
Waren Handel zu treiben. 10 Perser, Ly-
der und Libyer waren dein Kriegsvolk;
ihre Schilde und Helme hängten sie bei
dir auf; sie waren dein Schmuck. 11 Die
Männer von Arwad waren in deinem
Heer rings auf deinen Mauern und waren
Wächter auf deinen Türmen. Sie haben
ihre Schilde ringsum an deinen Mauern
aufgehängt und haben dich so schön ge-
macht.
12 Tarsis hat für dich Handel getrieben
mit einer Fülle von Gütern aller Art und
Silber, Eisen, Zinn und Blei auf deine
Märkte gebracht. 13 Jawan, [a]Tubal und
Meschech haben mit dir gehandelt und
Sklaven und Geräte aus Kupfer als Ware
gebracht. 14 Die Leute von Togarma ha-
ben dir Rosse und Reitpferde und Maul-
esel auf deine Märkte gebracht. 15 Die
Leute von Rhodos sind deine Händler
gewesen und viele Inseln haben Handel
mit dir getrieben; sie haben mit Elfenbein
und Ebenholz gezahlt. 16 Die Edomiter
haben von dem vielen gekauft, das du
gefertigt hattest, und haben Malachit,
Purpur, bunte Stoffe, feine Leinwand,
Korallen und Rubine auf deine Märkte
gebracht. 17 Juda und das Land Israel ha-
ben mit dir gehandelt und haben Weizen
aus Minnit, Feigen, Honig, Öl und Harz
als Ware gebracht. 18 Damaskus hat von
dem vielen gekauft, das du gefertigt hat-
test, von der Fülle der Güter aller Art
gegen Wein von Helbon und gegen Wolle
von Zahar. 19 Wedan und Jawan haben
von Usal auf deine Märkte geformtes
Eisen, Zimt und Kalmus gebracht; die
kamen als Ware. 20 Dedan hat mit dir
gehandelt mit Decken zum Reiten.
21 Arabien und alle Fürsten von [a]Kedar
haben mit dir Handel getrieben mit Scha-
fen, Widdern und Böcken. 22 Die Kauf-
leute aus [a]Saba und Ragma haben mit
dir gehandelt; den besten Balsam und
Edelsteine aller Art und Gold haben sie
auf deine Märkte gebracht. 23 Haran und
Kanne und Eden samt den Kaufleuten
aus Assur und ganz Medien haben mit
dir gehandelt. 24 Sie waren deine Händler
mit Prachtgewändern, mit Mänteln von
Purpur und bunten Stoffen, mit Teppi-

26,20: *a* Jes 14,11.15; Eph 4,9; 1.Petr 3,19 **27,3:** *a* Hos 9,13 **27,5:** *a* 5.Mose 3,8-9 **27,7:** *a* 1.Mose 10,4 **27,9:** *a* Jos 13,5; 1.Kön 5,32 **27,13:** *a* Kap 38,2 **27,21:** *a* 1.Mose 25,13 **27,22:** *a* 1.Mose 10,7

chen von Purpur, mit geflochtenen und
gedrehten Tauen im Handel mit dir.
25 Tarsisschiffe waren die Käufer deiner
Ware. So bist du sehr reich und herrlich
geworden mitten im Meer.

26 Deine Ruderer haben dich auf die
hohe See geführt; aber ein Ostwind wird
dich mitten auf dem Meer zerschmettern,
27 sodass dein Reichtum, dein Handels-
gut, deine Ware, deine Schiffsleute, deine
Steuerleute, deine Zimmerleute, deine
Händler und alle deine Kriegsleute und
alles Volk in dir mitten auf dem Meer
umkommen werden am Tag deines Falls.
28 Da werden die Gestade erbeben von
dem Geschrei deiner Steuerleute. 29 Und
alle, die das Ruder führen, die Schiffs-
leute, alle Seefahrer werden von ihren
Schiffen herabsteigen, sie werden an
Land gehen 30 und laut über dich
schreien und bitterlich klagen, werden
Staub auf ihre Häupter werfen und sich
in der Asche wälzen. 31 Sie werden sich
kahl scheren deinetwegen und Säcke an-
legen und von Herzen bitterlich um dich
weinen und trauern. 32 Es werden auch
ihre Kinder ein Klagelied über dich an-
stimmen und um dich klagen: Ach! Wer
ist je auf dem Meer so still geworden wie
Tyrus? 33 Als du deinen Handel auf dem
Meer triebst, da machtest du viele Län-
der satt, mit der Menge deiner Güter und
Waren machtest du reich die Könige auf
Erden. 34 Nun aber bist du zerschmettert,
hinweg vom Meer in die tiefen Wasser
gestürzt, dass dein Handelsgut und all
dein Volk in dir umgekommen ist. 35 Alle,
die auf den Inseln wohnen, erschrecken
über dich, und ihre Könige entsetzen sich
und sehen jämmerlich drein. 36 Die Kauf-
leute unter den Völkern zischen über
dich, dass du [a]so plötzlich untergegan-
gen bist und nicht mehr aufkommen
kannst.

Das Gericht über den König von Tyrus

28 Und des HERRN Wort geschah
zu mir: 2 Du Menschenkind, sage
dem Fürsten zu Tyrus: So spricht Gott
der HERR: [a]Weil sich dein Herz überhebt
und spricht: »Ich bin ein Gott, ich sitze
auf einem Göttersitz mitten im Meer«,
während du doch ein Mensch und nicht
Gott bist; dennoch überhebt sich dein
Herz, als wäre es eines Gottes Herz, –
3 siehe, du hältst dich für klüger als [a]Da-
niel, dass dir nichts verborgen sei, 4 und
durch deine Klugheit und deinen Ver-
stand habest du dir Macht erworben und
Schätze von Gold und Silber gesammelt
5 und habest in deiner großen Weisheit
durch deinen Handel deine Macht ge-
mehrt; nun bist du so stolz geworden,
weil du so mächtig bist; – 6 darum spricht
Gott der HERR: Weil sich dein Herz
überhebt, als wäre es eines Gottes Herz,
7 darum siehe, ich will Fremde über dich
schicken, die Gewalttätigsten unter den
Völkern; [a]die sollen ihr Schwert zücken
gegen deine schöne Weisheit und sollen
deinen Glanz entweihen. 8 Sie sollen dich
[a]hinunterstoßen in die Grube, dass du
den Tod eines Erschlagenen stirbst mit-
ten auf dem Meer. 9 Was gilt's, wirst du
dann vor deinen Henkern noch sagen:
»Ich bin Gott«, während du doch nicht
Gott bist, sondern ein Mensch und in der
Hand deiner Henker? 10 Du sollst den
Tod von Unbeschnittenen sterben durch
die Hand von Fremden; denn ich habe es
geredet, spricht Gott der HERR.

Klagelied über den König von Tyrus

11 Und des HERRN Wort geschah zu mir:
12 Du Menschenkind, [a]stimm ein Klage-
lied an über den König von Tyrus und
sprich zu ihm: So spricht Gott der HERR:
Du warst das Abbild der Vollkommen-
heit, voller Weisheit und über die Maßen
schön. 13 In Eden warst du, im [a]Garten
Gottes, geschmückt mit Edelsteinen jeder
Art, mit Sarder, Topas, Diamant, Türkis,
Onyx, Jaspis, Saphir, Malachit, Smaragd.
Von Gold war die Arbeit deiner Ohrringe
und des Perlenschmucks, den du trugst;
am Tag, als du geschaffen wurdest, wur-
den sie bereitet. 14 Du warst ein glänzen-
der, schirmender Cherub und auf den
heiligen Berg hatte ich dich gesetzt; ein
Gott warst du und wandeltest inmitten
der feurigen Steine. 15 Du warst ohne Ta-
del in deinem Tun von dem Tage an, als
du geschaffen wurdest, bis an dir Misse-
tat gefunden wurde. 16 Durch deinen gro-

27,36: *a* Kap 28,19 **28,2:** *a* Jes 31,3; Dan 5,20; Apg 12,23 **28,3:** *a* Kap 14,14; Dan 1,17 **28,7:** *a* Kap 30,11 **28,8:** *a* Kap 26,20 **28,12:** *a* Kap 27,2 **28,13:** *a* Kap 31,8-9; 1. Mose 2,8

ßen Handel wurdest du voll Frevels und
hast dich versündigt. Da verstieß ich dich
vom Berge Gottes und tilgte dich, du
schirmender Cherub, hinweg aus der
Mitte der feurigen Steine. 17 Weil sich
dein Herz erhob, dass du so schön warst,
und du deine Weisheit verdorben hast in
all deinem Glanz, darum habe ich dich
zu Boden gestürzt und ein Schauspiel aus
dir gemacht vor den Königen. 18 Weil du
mit deiner großen Missetat durch un-
rechten Handel dein Heiligtum entweiht
hast, darum habe ich ein Feuer aus dir
hervorbrechen lassen, das dich verzehrte
und zu Asche gemacht hat auf der Erde
vor aller Augen. 19 Alle, die dich kannten
unter den Völkern, haben sich über dich
entsetzt, dass du [a]so plötzlich unterge-
gangen bist und nicht mehr aufkommen
kannst.

Das Gericht über Sidon

20 Und des HERRN Wort geschah zu mir:
21 Du Menschenkind, richte dein Ange-
sicht gegen [a]Sidon und weissage gegen
die Stadt 22 und sprich: So spricht Gott
der HERR: Siehe, ich will an dich, Sidon,
und will meine Herrlichkeit erweisen in
deiner Mitte, damit man erfahren soll,
dass ich der HERR bin, wenn ich das
Gericht über die Stadt ergehen lasse und
an ihr zeige, dass ich heilig bin. 23 Und
ich will Pest und Blutvergießen in ihre
Gassen schicken, und überall sollen in
ihr liegen vom Schwert Erschlagene, und
sie sollen erfahren, dass ich der HERR
bin. 24 Und forthin soll für das Haus Is-
rael von all seinen feindseligen Nachbarn
ringsum kein Dorn übrig bleiben, es zu
stechen, und kein Gestrüpp, ihm wehe zu
tun, damit sie erfahren, dass ich Gott der
HERR bin.

Israels Heil nach dem Gericht

25 So spricht Gott der HERR: Wenn ich
das Haus Israel wieder sammle aus den
Völkern, unter die sie zerstreut sind, so
will ich an ihnen vor den Augen der Hei-
den zeigen, dass ich heilig bin. Und sie
sollen wohnen in ihrem Lande, das ich
meinem Knecht Jakob gegeben habe,
26 und sollen darin sicher wohnen und
Häuser bauen und Weinberge pflanzen.
Ja, sicher sollen sie wohnen, wenn ich das
Gericht ergehen lasse über alle ihre
Feinde rings um sie her, und sie sollen er-
fahren, dass ich, der HERR, ihr Gott bin.

Das Schicksal Ägyptens

(vgl. Jes 19,1–20,6; Jer 46,2-28)

29 Im zehnten Jahr am zwölften Tag
des zehnten Monats geschah des
HERRN Wort zu mir: 2 Du Menschen-
kind, richte dein Angesicht gegen den
Pharao, den König von Ägypten, und
weissage gegen ihn und gegen ganz
Ägyptenland. 3 Rede und sprich:
So spricht Gott der HERR: Siehe, ich
will an dich, Pharao, du König von
Ägypten, du großer [a]Drache, der du in
deinem Strom liegst und sprichst: »Der
Strom ist mein und ich habe ihn mir
gemacht.« 4 Aber ich will dir einen Haken
ins Maul legen und die Fische in deinem
Strom an deine Schuppen hängen und
will dich aus deinem Strom herausziehen
samt allen Fischen in deinem Strom, die
an deinen Schuppen hängen. 5 Ich will
dich und alle Fische aus deinem Strom in
die Wüste werfen; du wirst aufs Land
fallen und nicht wieder aufgelesen und
gesammelt werden, sondern ich gebe dich
den Tieren auf dem Land und den Vö-
geln des Himmels zum Fraß. 6 Und alle,
die in Ägypten wohnen, sollen erfahren,
dass ich der HERR bin. Weil du dem
Hause Israel ein [a]Rohrstab gewesen bist
– 7 wenn sie dich mit der Hand anfassten,
so brachst du und stachst sie in die Seite;
und wenn sie sich auf dich lehnten, so
brachst du entzwei und alle Hüften
wankten –, 8 darum spricht Gott der
HERR: Siehe, ich will das Schwert über
dich kommen lassen und Menschen und
Vieh in dir ausrotten. 9 Und Ägyptenland
soll zur Wüste und Öde werden, und sie
sollen erfahren, dass ich der HERR bin.
Weil du sprichst: »Der Strom ist mein
und ich bin's, der ihn gemacht hat«, –
10 darum siehe, ich will an dich und an
deine Wasserströme und will Ägypten-
land zur Wüste und Öde machen [a]von
Migdol bis nach Syene und bis an die
Grenze von Kusch, 11 dass [a]vierzig Jahre

28,19: *a* Kap 27,36 **28,21:** *a* Jes 23,2-4 **29,3:** *a* Kap 32,2 **29,6:** *a* 2.Kön 18,21 **29,10:** *a* Kap 30,6 **29,11:** *a* 4.Mose 14,33-34

lang weder Mensch noch Tier das Land
durchziehen oder darin wohnen soll.
12 Denn ich will Ägyptenland zur Wüste
machen inmitten verwüsteter Länder und
ihre Städte in Trümmern liegen lassen
inmitten verwüsteter Städte vierzig Jahre
lang und will die Ägypter zerstreuen unter die Völker, und in die Länder will ich
sie verjagen.

13 Denn so spricht Gott der HERR:
Wenn die vierzig Jahre um sein werden,
will ich die Ägypter wieder sammeln aus
den Völkern, unter die sie zerstreut werden sollen,
14 und will das Geschick
Ägyptens wenden und sie wieder ins
Land Patros bringen, in ihr Vaterland;
aber sie sollen dort nur ein kleines Königreich sein.
15 Sie sollen kleiner sein als
andere Reiche und nicht mehr sich erheben über die Völker, und ich will sie gering machen, dass sie nicht über die Völker herrschen sollen,
16 damit sich das
Haus Israel nicht mehr auf sie verlässt
und sich damit versündigt, wenn es sich
an sie hängt; und sie sollen erfahren, dass
ich Gott der HERR bin.

Ägypten als Lohn für Nebukadnezar

17 Und es begab sich im siebenundzwanzigsten Jahr am ersten Tag des ersten
Monats, da geschah des HERRN Wort zu
mir:
18 Du Menschenkind! Nebukadnezar, der König von Babel, hat sein Heer
in hartem Dienst vor Tyrus arbeiten lassen, sodass alle Häupter kahl wurden
und alle Schultern wund gerieben waren;
und doch ist weder ihm noch seinem
Heer all die Arbeit vor Tyrus belohnt
worden.
19 Darum spricht Gott der
HERR: Siehe, ich will Nebukadnezar,
dem König von Babel, Ägyptenland geben, dass er all ihr Gut wegnehmen und
sie berauben und plündern soll, damit er
seinem Heer den Sold gebe.
20 Zum Lohn
für die Arbeit, die er vor Tyrus getan hat,
will ich ihm das Land Ägypten geben;
denn sie haben für mich gearbeitet,
spricht Gott der HERR.[a]

21 Zur selben Zeit will ich dem Hause
Israel wieder Macht geben und will deinen Mund unter ihnen auftun, damit sie
erfahren, dass ich der HERR bin.

Der Sturz Ägyptens

30 Und des HERRN Wort geschah zu
mir:
2 Du Menschenkind, weissage
und sprich: So spricht Gott der HERR:
Heulet! Wehe, was für ein Tag!
3 Denn
der Tag ist nahe, ja, [a]des HERRN Tag
ist nahe, ein finsterer Tag; die Zeit der
Heiden kommt.
4 Und das Schwert soll
über Ägypten kommen, und Kusch wird
erschrecken, wenn die Erschlagenen in
Ägypten fallen und sein Reichtum weggenommen und seine Grundfesten eingerissen werden.
5 Kusch und Put und Lud
mit allerlei fremdem Volk und Kub und
ihre Verbündeten sollen mit ihnen durchs
Schwert fallen.[a]

6 So spricht der HERR: Alle, die Ägypten stützen, müssen fallen, und seine
stolze Macht muss herunter. [a]Von
Migdol bis nach Syene sollen sie durchs
Schwert fallen, spricht Gott der HERR.
7 Und sie sollen inmitten verwüsteter
Länder zur Wüste werden und ihre
Städte inmitten verwüsteter Städte in
Trümmern liegen,
8 damit sie erfahren,
dass ich der HERR bin, wenn ich Feuer
an Ägypten lege, sodass alle, die ihnen
helfen, zunichtewerden.

9 Zur selben Zeit werden Boten von
mir ausziehen in Schiffen, [a]um Kusch zu
schrecken, das jetzt so sicher ist, und es
wird ein Schrecken über sie kommen am
Tage Ägyptens; denn siehe, er kommt
gewiss.

10 So spricht Gott der HERR: Ich will
dem Reichtum Ägyptens ein Ende machen durch Nebukadnezar, den König
von Babel.
11 Er und sein Volk, [a]die Gewalttätigsten unter den Völkern, werden
herangebracht werden, um das Land zu
verderben, und werden ihre Schwerter
ziehen gegen Ägypten, dass das Land
überall voll Erschlagener liegt.
12 Und
[a]ich will die Ströme austrocknen und das
Land an böse Leute verkaufen und will
das Land und was darin ist durch
Fremde verwüsten lassen. Ich, der HERR,
habe es geredet.

13 So spricht Gott der HERR: Ich will
von Memfis die Götzen ausrotten und
die Abgötter vertilgen, und Ägypten soll

29,20: *a* Kap 30,24 **30,3:** *a* Joel 1,15; Zef 1,14 **30,5:** *a* Jer 46,9 **30,6:** *a* Kap 29,10 **30,9:** *a* Jes 20,3-4 **30,11:** *a* Kap 28,7 **30,12:** *a* Jes 19,5

keinen Fürsten mehr haben, und ich will
Schrecken über Ägyptenland bringen.
14 Ich will Patros zur Wüste machen und
an Zoan Feuer legen und das Gericht
über [a]No ergehen lassen 15 und will mei-
nen Grimm ausschütten über Sin, die
Festung Ägyptens, und will den Reich-
tum von No vernichten. 16 Ich will Feuer
an Ägypten legen, und Sin soll es angst
und bange werden, und No soll erobert
und Memfis täglich geängstigt werden.
17 Die junge Mannschaft von On und
Pi-Beset soll durchs Schwert fallen und
die Frauen gefangen weggeführt werden.
18 In [a]Tachpanhes wird sich der Tag ver-
finstern, wenn ich dort das Zepter Ägyp-
tens zerbreche und seine stolze Macht ein
Ende nimmt. Die Stadt wird mit Wolken
bedeckt werden und ihre Töchter werden
gefangen weggeführt werden. 19 Und ich
will das Gericht über Ägypten ergehen
lassen, damit sie erfahren, dass ich der
HERR bin.

Der Arm des Pharao und der Arm Nebukadnezars

20 Und es begab sich im elften Jahr am
siebenten Tag des ersten Monats, da ge-
schah des HERRN Wort zu mir: 21 Du
Menschenkind, ich habe den Arm des
Pharao, des Königs von Ägypten, zerbro-
chen, und siehe, er ist nicht verbunden
worden, dass er wieder heilen könnte,
auch nicht mit Binden umwickelt, dass er
wieder stark würde und ein Schwert fas-
sen könnte.

22 Darum spricht Gott der HERR:
Siehe, ich will an den Pharao, den König
von Ägypten, und will seine Arme zer-
brechen, den gesunden und den zerbro-
chenen, dass ihm das Schwert aus der
Hand fallen muss, 23 und will die Ägypter
unter die Völker zerstreuen und in die
Länder verjagen. 24 Aber die Arme des
Königs von Babel will ich stärken und
ihm mein Schwert in die Hand geben und
will die Arme des Pharao zerbrechen,
dass er vor ihm stöhnen soll wie ein töd-
lich Verwundeter.[a] 25 Ja, ich will die
Arme des Königs von Babel stärken, aber
die Arme des Pharao sollen sinken, da-
mit sie erfahren, dass ich der HERR bin,
wenn ich mein Schwert dem König von
Babel in die Hand gebe, damit er's gegen
Ägyptenland zücke, 26 und ich die Ägyp-
ter unter die Völker zerstreue und in die
Länder verjage, damit sie erfahren, dass
ich der HERR bin.

Der Pharao – ein gestürzter Zedernbaum

31 Und es begab sich im elften Jahr
am ersten Tag des dritten Monats,
da geschah des HERRN Wort zu mir: 2 Du
Menschenkind, sage zum Pharao, dem
König von Ägypten, und zu seinem stol-
zen Volk: Wem bist du gleich in deiner
Herrlichkeit? 3 Siehe, einem Zedernbaum
auf dem Libanon, mit schönen Ästen
und dichtem Laub und sehr hoch, sodass
sein Wipfel in die Wolken ragte. 4 Wasser
ließ ihn groß werden und die Flut der
Tiefe in die Höhe wachsen. Ihre Ströme
gingen rings um seinen Stamm her, und
ihre Rinnsale sandte sie zu allen Bäumen
auf dem Felde. 5 Darum ist er höher ge-
worden als alle Bäume auf dem Felde
und trieb viele Äste und lange Zweige;
denn er hatte Wasser genug, sich auszu-
breiten. 6 Alle Vögel des Himmels niste-
ten auf seinen Ästen und alle Tiere des
Feldes hatten Junge unter seinen Zwei-
gen, und unter seinem Schatten wohnten
alle großen Völker. 7 Er war schön ge-
worden in seiner Größe mit seinen lan-
gen Ästen; denn seine Wurzeln hatten
viel Wasser. 8 So war ihm kein Zedern-
baum gleich in Gottes Garten, und die
Zypressen waren seinen Ästen nicht zu
vergleichen, und die Platanen waren
nichts gegen seine Zweige. Ja, er war so
schön wie kein Baum im Garten Gottes.
9 Ich hatte ihn so schön gemacht mit sei-
nen vielen Ästen, dass ihn alle Bäume
von Eden im Garten Gottes beneideten.

10 Darum – so spricht Gott der HERR:
Weil er so hoch geworden war, dass sein
Wipfel bis in die Wolken ragte, und weil
sein Herz sich erhob, da er so hoch ge-
worden war, 11 darum gab ich ihn dem
Mächtigsten unter den Völkern in die
Hände, dass der mit ihm umginge, wie er
verdient hat mit seinem gottlosen Tun,
und ihn vertriebe. 12 Fremde hieben ihn
um, die Gewalttätigsten unter den Völ-

30,14: *a* Nah 3,8-9 **30,18:** *a* Jer 43,9 **30,24:** *a* Kap 29,20

kern, und ließen ihn liegen. Seine Äste
fielen auf die Berge und in alle Täler, und
seine Zweige lagen zerbrochen an allen
Bächen im Lande, sodass alle Völker auf
Erden wegziehen mussten und ihn liegen
ließen, weil er keinen Schatten mehr gab.
13 Alle Vögel des Himmels saßen auf sei-
nem gefällten Stamm, und alle Tiere des
Feldes legten sich auf seine Äste, 14 damit
sich fortan kein Baum am Wasser wegen
seiner Höhe überhebe und seinen Wipfel
bis in die Wolken recke und kein Baum
am Wasser sich erhebe über die andern.
Denn sie müssen alle unter die Erde und
dem Tod übergeben werden zu den Men-
schen, die in die Grube fahren.

15 So spricht Gott der HERR: An dem
Tage, an dem er hinunter zu den Toten
fuhr, da ließ ich die Fluten der Tiefe um
ihn trauern und hielt ihre Ströme an,
dass die großen Wasser nicht fließen
konnten. Ich ließ den Libanon um ihn
trauern, dass alle Bäume auf dem Felde
um seinetwillen verdorrten. 16 [a]Ich er-
schreckte die Völker, als sie ihn fallen
hörten, da ich ihn hinunterstieß zu den
Toten, zu denen, die in die Grube ge-
fahren sind. Damit trösteten sich unter
der Erde alle Bäume von Eden, die edels-
ten und besten vom Libanon, alle, die
am Wasser gestanden hatten. 17 Denn sie
mussten auch mit ihm hinunter zu den
Toten, zu den mit dem Schwert Erschla-
genen, weil sie unter dem Schatten seines
Arms gewohnt hatten inmitten der Völ-
ker. 18 Wem bist du gleich, Pharao, mit
deiner Pracht und Herrlichkeit unter den
Bäumen von Eden? Und du musst mit
den Bäumen von Eden unter die Erde
hinabfahren und unter den Unbeschnit-
tenen liegen, die mit dem Schwert er-
schlagen sind. So soll es dem Pharao
gehen und seinem stolzen Volk, spricht
Gott der HERR.

Klagelieder über den Pharao und über Ägypten

32 Und es begab sich im elften Jahr
am ersten Tag des zwölften Mo-
nats, da geschah des HERRN Wort zu
mir: 2 Du Menschenkind, stimm ein Kla-
gelied an über den Pharao, den König
von Ägypten, und sprich zu ihm: Du
Löwe unter den Völkern, wie bist du da-
hin! Und doch warst du wie ein [a]Drache
im Meer und schnaubtest in deinen Strö-
men und rührtest das Wasser auf mit
deinen Füßen und machtest seine Ströme
trübe.

3 So spricht Gott der HERR: [a]Ich will
mein Netz über dich auswerfen durch
eine Menge Völker; die sollen dich in
meinem Garn heraufholen; 4 und ich will
dich an Land ziehen und aufs Feld wer-
fen, dass sich [a]alle Vögel des Himmels
auf dich setzen sollen und alle Tiere auf
Erden von dir satt werden. 5 Und ich will
dein Fleisch auf die Berge werfen und
mit deinem Aas die Täler füllen. 6 Das
Land will ich mit deinem Blut tränken
bis zu den Bergen, und die Bäche sollen
davon voll werden. 7 [a]Und wenn du dann
ganz dahin bist, so will ich den Himmel
verhüllen und seine Sterne verfinstern
und die Sonne mit Wolken überziehen
und der Mond soll nicht scheinen. 8 Alle
Lichter am Himmel lasse ich über dir
dunkel werden und bringe eine Finsternis
über dein Land, spricht Gott der HERR.
9 Dazu will ich die Herzen vieler Völker
erschrecken, wenn ich deine Gefangenen
unter die Völker bringe, in viele Länder,
die du nicht kennst. 10 Viele Völker sollen
sich über dich entsetzen, und ihren Köni-
gen soll vor dir grauen, wenn ich mein
Schwert vor ihnen blinken lasse; immer
wieder sollen sie zittern, ein jeder um sein
Leben, wenn der Tag deines Falls
kommt.

11 Denn so spricht Gott der HERR: Das
Schwert des Königs von Babel soll dich
treffen. 12 Ich will dein Volk fällen durch
das Schwert der Helden, die allesamt die
Gewalttätigsten unter den Völkern sind;
sie werden die Herrlichkeit Ägyptens ver-
heeren und sein stolzes Volk vernichten.
13 Und ich will alle seine Tiere umbringen
an den großen Wassern, dass keines
Menschen Fuß und keines Tieres Klaue
sie mehr trübe machen soll. 14 Alsdann
will ich seine Wasser klar machen, dass
seine Ströme fließen wie Öl, spricht Gott
der HERR, 15 wenn ich das Land Ägypten
verwüste und alles, was im Land ist, öde
mache und alle, die darin wohnen, er-

31,16: *a (16-17)* Kap 28,8 **32,2:** *a* Kap 29,3 **32,3:** *a* Kap 12,13 **32,4:** *a* Kap 29,5 **32,7:** *a (7-8)* Jes 13,10

schlage, und sie sollen erfahren, dass ich
der HERR bin.
16 Das ist ein Klagelied und man soll es
singen; ja, die Töchter der Völker sollen
es singen, über Ägypten und sein stolzes
Volk sollen sie klagen, spricht Gott der
HERR.
17 Und im elften Jahr am fünfzehnten
Tag desselben Monats geschah des
HERRN Wort zu mir: 18 Du Menschen-
kind, wehklage über das stolze Volk in
Ägypten und [a]stoß es hinab mit den
Töchtern der starken Völker, tief unter
die Erde zu denen, die in die Grube ge-
fahren sind. 19 Vor wem hast du nun et-
was voraus an Schönheit? [a]Hinunter mit
dir! Lege dich zu den Unbeschnittenen!
20 Sie werden fallen mitten unter denen,
die mit dem Schwert erschlagen sind.
Das Schwert ist schon gefasst und ge-
zückt über ihr stolzes Volk. 21 Von ihm
werden sagen unter der Erde die starken
Helden mit ihren Helfern: Sie sind hinun-
tergefahren und liegen da, die Unbe-
schnittenen und mit dem Schwert Er-
schlagenen.
22 Da liegt Assur mit seinem ganzen
Volk, ringsherum seine Gräber, sie alle
erschlagen und durchs Schwert gefallen!
23 Seine Gräber bekam es ganz hinten in
der Grube und sein Volk liegt ringsum-
her begraben, alle erschlagen und durchs
Schwert gefallen, von denen einst Schre-
cken ausging im Lande der Lebendigen.
24 Da liegt Elam mit seinem stolzen
Volk, ringsherum seine Gräber, sie alle
erschlagen und durchs Schwert gefallen,
hinuntergefahren als Unbeschnittene un-
ter die Erde, von denen einst Schrecken
ausging im Lande der Lebendigen; sie
müssen ihre Schande tragen mit denen,
die in die Grube gefahren sind.[a] 25 Man
hat sie mitten unter die Erschlagenen ge-
legt mit ihrem stolzen Volk, ringsherum
ihre Gräber, sie alle als Unbeschnittene
und mit dem Schwert Erschlagene, von
denen einst Schrecken ausging im Lande
der Lebendigen; sie müssen ihre Schande
tragen mit denen, die in die Grube ge-
fahren sind, und bei den Erschlagenen
liegen.
26 Da liegen [a]Meschech und Tubal mit
ihrem stolzen Volk, ringsherum ihre Grä-
ber, sie alle als Unbeschnittene und mit
dem Schwert Erschlagene, von denen
einst Schrecken ausging im Lande der
Lebendigen. 27 Sie liegen nicht bei den
Helden, die in der Vorzeit gefallen und
mit ihrer Kriegswehr zu den Toten ge-
fahren sind, denen man ihre Schwerter
unter ihre Häupter gelegt und ihre
Schilde über ihre Gebeine gedeckt hat,
die gefürchtete Helden waren im Lande
der Lebendigen. 28 Du aber musst inmit-
ten der Unbeschnittenen begraben sein
und bei denen liegen, die mit dem
Schwert erschlagen sind.
29 Da liegt [a]Edom mit seinen Königen
und allen seinen Fürsten, die in ihrer
Heldenkraft zu den vom Schwert Er-
schlagenen getan wurden; da liegen sie
bei den Unbeschnittenen und denen, die
in die Grube gefahren sind.
30 Da sind alle Fürsten des Nordens
und alle [a]Sidonier, die mit den Erschla-
genen hinabgefahren sind, und ihre
schreckliche Gewalt ist zuschanden ge-
worden; sie müssen als Unbeschnittene
bei denen liegen, die mit dem Schwert
erschlagen sind, und ihre Schande tragen
samt denen, die in die Grube gefahren
sind.
31 Diese alle wird der Pharao sehen
und sich trösten über sein stolzes Volk.
Mit dem Schwert erschlagen ist der Pha-
rao und sein ganzes Heer, spricht Gott
der HERR. 32 Denn ich setzte ihn zum
Schrecken im Lande der Lebendigen,
aber nun liegt er bei den Unbeschnitte-
nen und mit dem Schwert Erschlagenen,
der Pharao und sein stolzes Volk, spricht
Gott der HERR.

Das Wächteramt des Propheten

(vgl. Kap 3,16-21)

33 Und des HERRN Wort geschah zu
mir: 2 Du Menschenkind, rede zu
den Söhnen deines Volks und sprich zu
ihnen: Wenn ich das Schwert über ein
Land bringe und das Volk des Landes
nimmt einen Mann aus seiner Mitte und
macht ihn zu seinem Wächter 3 und er
sieht das Schwert kommen über das

32,18: *a* Kap 31,16 **32,19:** *a* Jes 14,11.15 **32,24:** *a* Jer 49,37 **32,26:** *a* Kap 27,13; 38,2 **32,29:** *a* Kap 25,12-14
32,30: *a* Kap 28,21-23

Land und bläst die Posaune und warnt
das Volk – 4 wer nun den Hall der Po-
saune hört und will sich nicht warnen
lassen und das Schwert kommt und
nimmt ihn weg, dessen Blut wird auf
seinen Kopf kommen. 5 Denn er hat den
Hall der Posaune gehört und sich den-
noch nicht warnen lassen; darum wird
sein Blut auf ihn kommen. Wer sich aber
warnen lässt, der wird sein Leben davon-
bringen. 6 Wenn aber der Wächter das
Schwert kommen sieht und nicht die Po-
saune bläst und sein Volk nicht warnt
und das Schwert kommt und nimmt
einen von ihnen weg, so wird der wohl
um seiner Sünde willen weggenommen;
aber sein Blut will ich von der Hand
des Wächters fordern.

7 Und nun, du Menschenkind, ich habe
dich zum [a]Wächter gesetzt über das
Haus Israel. Wenn du etwas aus meinem
Munde hörst, sollst du sie in meinem
Namen warnen. 8 Wenn ich nun zu dem
Gottlosen sage: Du Gottloser musst des
Todes sterben!, und du sagst ihm das
nicht, um den Gottlosen vor seinem
Wege zu warnen, so wird er, der Gott-
lose, um seiner Sünde willen sterben,
aber sein Blut will ich von deiner Hand
fordern. 9 Warnst du aber den Gottlosen
vor seinem Wege, dass er von ihm um-
kehre, und er will von seinem Wege nicht
umkehren, so wird er um seiner Sünde
willen sterben, aber du hast dein Leben
errettet.

Gott richtet jeden nach seinem Handeln

(vgl. Kap 18,21-32)

10 Und nun, du Menschenkind, sage dem
Hause Israel: Ihr sprecht: Unsere Sünden
und Missetaten liegen auf uns, dass wir
darunter vergehen; wie können wir denn
leben? 11 So sprich zu ihnen: [a]**So wahr ich
lebe, spricht Gott der HERR: Ich habe kein
Gefallen am Tode des Gottlosen, sondern
dass der Gottlose umkehre von seinem
Wege und lebe. So [b]kehrt nun um von
euren bösen Wegen. Warum wollt ihr ster-
ben, ihr vom Hause Israel?**

12 Und du, Menschenkind, sprich zu
deinem Volk: [a]Wenn ein Gerechter Bö-
ses tut, so wird's ihm nicht helfen, dass er
gerecht gewesen ist; und wenn ein Gott-
loser von seiner Gottlosigkeit umkehrt,
so soll's ihm nicht schaden, dass er gott-
los gewesen ist. Auch der Gerechte kann
nicht am Leben bleiben, wenn er sündigt.
13 Denn wenn ich zu dem Gerechten spre-
che: Du sollst leben!, und er verlässt sich
auf seine Gerechtigkeit und tut Böses, so
soll aller seiner Gerechtigkeit nicht mehr
gedacht werden, sondern er soll sterben
um des Bösen willen, das er getan hat.
14 Und wenn ich zum Gottlosen spreche:
Du sollst sterben!, und er bekehrt sich
von seiner Sünde und tut, was recht und
gut ist, 15 – sodass der Gottlose [a]das
Pfand zurückgibt und [b]erstattet, was er
geraubt hat, und nach den Satzungen des
Lebens wandelt und nichts Böses tut –,
so soll er am Leben bleiben und nicht
sterben, 16 und all seiner Sünden, die er
getan hat, soll nicht mehr gedacht wer-
den, denn er hat nun getan, was recht
und gut ist; darum soll er am Leben
bleiben.

17 Aber dein Volk spricht: »Der Herr
handelt nicht recht«, während doch sie
nicht recht handeln. 18 Wenn der Gerechte
sich abkehrt von seiner Gerechtigkeit und
Unrecht tut, so muss er deshalb sterben.
19 Und wenn sich der Gottlose von seiner
Gottlosigkeit bekehrt und tut, was recht
und gut ist, so soll er deshalb am Leben
bleiben. 20 Und doch sprecht ihr: »Der
Herr handelt nicht recht«, während ich
doch einen jeden von euch, ihr vom Hause
Israel, nach seinem Handeln richte.

Der Prophet erhält die Botschaft vom Fall Jerusalems

21 Und es begab sich im elften Jahr un-
serer Gefangenschaft am [a]fünften Tag
des zehnten Monats, da kam zu mir ein
[b]Entronnener von Jerusalem und sprach:
Die Stadt ist genommen. 22 Und die
Hand des HERRN war über mich gekom-
men am Abend, bevor der Entronnene
kam, und er tat mir meinen Mund auf,
als jener am Morgen zu mir kam. Und
mein Mund wurde aufgetan, sodass ich
nicht mehr stumm sein musste.

33,7: *a* Hebr 13,17 **33,11:** *a* 5. Mose 32,40; *b* Jes 55,7; Joel 2,12-13 **33,12:** *a* Kap 3,20 **33,15:** *a* 5. Mose 24,10-13; *b* Kap 18,7; Lk 19,8 **33,21:** *a* Kap 1,2; *b* Kap 24,26; 2. Kön 25,2-4

Gegen den Anspruch der im Lande Zurückgebliebenen

23 Und des HERRN Wort geschah zu mir:
24 Du Menschenkind, die Bewohner jener
Trümmer im Lande Israels sprechen:
[a]Abraham war ein einzelner Mann und
nahm dies Land in Besitz; wir aber sind
viele, so gehört uns das Land erst recht.
25 Darum sprich zu ihnen: So spricht
Gott der HERR: [a]Ihr habt das Fleisch
über dem Blut gegessen und eure Augen
zu den Götzen aufgehoben und Blut ver-
gossen – und dann wollt ihr das Land
besitzen? 26 Ihr verlasst euch auf euer
Schwert und übt Gräuel, und einer
schändet die Frau des andern – und
[a]dann wollt ihr das Land besitzen?
27 So sprich zu ihnen: So spricht Gott
der HERR: So wahr ich lebe, sollen alle,
die in den Trümmern wohnen, durchs
Schwert fallen, und die auf freiem Felde
sind, will ich den Tieren zum Fraß geben,
und die in den Festungen und Höhlen
sind, sollen an der Pest sterben. 28 Denn
ich will das Land ganz verwüsten und
seiner Hoffart und Macht ein Ende ma-
chen, dass das Gebirge Israel so zur Wüs-
te wird, dass niemand mehr hindurch-
zieht. 29 Und sie sollen erfahren, dass ich
der HERR bin, wenn ich das Land ganz
verwüste um aller ihrer Gräuel willen, die
sie verübt haben.

Gegen die leichtfertigen Hörer des prophetischen Wortes

30 Und du, Menschenkind, dein Volk re-
det über dich an den Mauern und in den
Haustüren und einer spricht zum andern:
Kommt doch und lasst uns hören, was
das für ein Wort ist, das vom HERRN
ausgeht. 31 Und sie werden zu dir kom-
men, wie das Volk so zusammenkommt,
und vor dir sitzen als mein Volk und
[a]werden deine Worte hören, aber nicht
danach tun, sondern ihr Mund ist voll
von Liebesweisen und danach tun sie,
und hinter ihrem Gewinn läuft ihr Herz
her. 32 Und siehe, du bist für sie wie einer,
der Liebeslieder singt, der eine schöne
Stimme hat und gut spielen kann. Sie
hören wohl deine Worte, aber sie tun
nicht danach. 33 Wenn es aber kommt –
und siehe, es kommt! –, so werden sie
erfahren, dass [a]ein Prophet unter ihnen
gewesen ist.

Die schlechten Hirten und der rechte Hirt

(vgl. Kap 37,24-28)

34 Und des HERRN Wort geschah zu
mir: 2 Du Menschenkind, weissage
gegen die Hirten Israels, weissage und
sprich zu ihnen: So spricht Gott der
HERR: [a]Wehe den Hirten Israels, die sich
selbst weiden! Sollen die Hirten nicht die
Herde weiden? 3 Aber ihr esst das Fett
und kleidet euch mit der Wolle und
schlachtet das Gemästete, aber die
Schafe wollt ihr nicht weiden. 4 [a]Das
Schwache stärkt ihr nicht und das
Kranke heilt ihr nicht, das Verwundete
verbindet ihr nicht, das Verirrte holt ihr
nicht zurück und das Verlorene sucht ihr
nicht; das Starke aber tretet ihr nieder
mit Gewalt.[b] 5 Und [a]meine Schafe sind
zerstreut, weil sie keinen Hirten haben,
und sind allen wilden Tieren zum Fraß
geworden und zerstreut. 6 Sie irren umher
auf allen Bergen und auf allen hohen
Hügeln und sind über das ganze Land
zerstreut und niemand ist da, der nach
ihnen fragt oder auf sie achtet.
7 Darum hört, ihr Hirten, des HERRN
Wort! 8 So wahr ich lebe, spricht Gott der
HERR: Weil meine Schafe zum Raub ge-
worden sind und meine Herde zum Fraß
für alle wilden Tiere, weil sie keinen Hir-
ten hatten und meine Hirten nach meiner
Herde nicht fragten, sondern die Hirten
sich selbst weideten, aber meine Schafe
nicht weideten, 9 darum, ihr Hirten, hört
des HERRN Wort! 10 So spricht Gott der
HERR: Siehe, [a]ich will an die Hirten und
will meine Herde von ihren Händen for-
dern; ich will ein Ende damit machen,
dass sie Hirten sind, und sie sollen sich
nicht mehr selbst weiden. Ich will meine
Schafe erretten aus ihrem Rachen, dass
sie sie nicht mehr fressen sollen.
11 Denn so spricht Gott der HERR:
Siehe, [a]ich will mich meiner Herde selbst
annehmen und sie suchen. 12 Wie [a]ein
Hirte seine Schafe sucht, wenn sie von
seiner Herde verirrt sind, so will ich

33,24: *a* Jes 51,2 **33,25:** *a* 1.Sam 14,32-34 **33,26:** *a* Kap 11,14-21 **33,31:** *a* Jes 53,1 **33,33:** *a* Kap 2,5 **34,2:** *a* Jer 23,1-4 **34,4:** *a* Sach 11,15-16; *b* Joh 10,11 **34,5:** *a* Mt 9,36 **34,10:** *a* Jer 23,2 **34,11:** *a* Jes 40,11 **34,12:** *a* Lk 15,4

meine Schafe suchen und will sie erretten
von allen Orten, wohin sie zerstreut wa-
ren zur Zeit, als es trüb und finster war.
13 Ich will sie aus allen Völkern heraus-
führen und aus allen Ländern sammeln
und will sie in ihr Land bringen und will
sie weiden auf den Bergen Israels, in den
Tälern und an allen Plätzen des Landes.
14 Ich will sie auf die beste Weide führen,
und auf den hohen Bergen in Israel sol-
len ihre Auen sein; da [a]werden sie auf
guten Auen lagern und fette Weide haben
auf den Bergen Israels. 15 Ich selbst will
meine Schafe weiden, und ich will sie
lagern lassen, spricht Gott der HERR.
16 [a]**Ich will das Verlorene wieder suchen
und das Verirrte zurückbringen und das
Verwundete verbinden und das Schwache
stärken und, was fett und stark ist, be-
hüten; ich will sie weiden, wie es recht
ist.***

17 Aber zu euch, meine Herde, spricht
Gott der HERR: Siehe, [a]ich will richten
zwischen Schaf und Schaf und Widdern
und Böcken. 18 Ist's euch nicht genug, die
beste Weide zu haben, dass ihr die übrige
Weide mit Füßen tretet, und klares Was-
ser zu trinken, dass ihr auch noch hin-
eintretet und es trübe macht, 19 sodass
meine Schafe fressen müssen, was ihr mit
euren Füßen zertreten habt, und trinken,
was ihr mit euren Füßen trübe gemacht
habt? 20 Darum spricht Gott der HERR:
Siehe, ich will selbst richten zwischen den
fetten und den mageren Schafen; 21 weil
ihr mit Seite und Schulter drängtet und
die Schwachen von euch stießt mit euren
Hörnern, bis ihr sie alle hinausgetrieben
hattet, 22 will ich meiner Herde helfen,
dass sie nicht mehr zum Raub werden
soll, und will richten zwischen Schaf und
Schaf.

23 Und [a]**ich will ihnen einen einzigen
Hirten erwecken, der sie weiden soll, näm-
lich meinen Knecht David. Der wird sie
weiden und soll ihr Hirte sein,** 24 und ich,
der HERR, will ihr Gott sein, aber mein
Knecht David soll der Fürst unter ihnen
sein; das sage ich, der HERR.

25 Und ich will einen [a]Bund des Frie-
dens mit ihnen schließen und [b]alle bösen
Tiere aus dem Lande ausrotten, dass sie
[c]sicher in der Steppe wohnen und in den
Wäldern schlafen können. 26 [a]Ich will sie
und alles, was um meinen Hügel her ist,
segnen und auf sie regnen lassen zu rech-
ter Zeit. Das sollen gnädige Regen sein,
27 dass die Bäume auf dem Felde ihre
Früchte bringen und das Land seinen Er-
trag gibt, und sie sollen sicher auf ihrem
Lande wohnen und sollen erfahren, dass
ich der HERR bin, wenn ich ihr Joch zer-
brochen und sie errettet habe aus der
Hand derer, denen sie dienen mussten.
28 Und sie sollen nicht mehr den Völkern
zum Raub werden und kein wildes Tier
im Lande soll sie mehr fressen, sondern
sie sollen sicher wohnen und [a]niemand
soll sie schrecken. 29 Und ich will ihnen
eine Pflanzung aufgehen lassen zum
Ruhm, dass sie nicht mehr Hunger leiden
sollen im Lande und die Schmähungen
der Heiden nicht mehr ertragen müs-
sen.[a] 30 Und sie sollen erfahren, dass ich,
[a]der HERR, ihr Gott, bei ihnen bin und
dass die vom Hause Israel mein Volk
sind, spricht Gott der HERR. 31 Ja, ihr
sollt meine Herde sein, [a]die Herde mei-
ner Weide, und ich will euer Gott sein,
spricht Gott der HERR.

Das Gericht über Edom

35 Und des HERRN Wort geschah zu
mir: 2 Du Menschenkind, richte
dein Angesicht gegen das Gebirge Seïr
und weissage gegen [a]Edom 3 und sprich
zu ihm:

So spricht Gott der HERR: Siehe, ich
will an dich, du Gebirge Seïr, und meine
Hand gegen dich ausstrecken und will
dich ganz und gar zur Wüste machen.
4 Ich will deine Städte öde machen, dass
du zur Wüste werden sollst, und du sollst
erfahren, dass ich der HERR bin. 5 [a]Weil
ihr ewige Feindschaft hattet gegen die
Israeliten und sie dem Schwert preisgege-
ben habt, als es ihnen übel ging und ihre
Schuld zum Ende führte, – 6 darum, so
wahr ich lebe, spricht Gott der HERR,
will ich auch dich bluten lassen, und du

* So auch Luther selbst; nach anderer Überlieferung: »aber was fett und stark ist, will ich vertilgen und will es weiden mit Gericht«.

34,14: *a* Ps 23,2 **34,16:** *a* Jer 31,8-9 **34,17:** *a* Mt 25,32 **34,23:** *a* Kap 37,24; Jer 30,9; Hos 3,5; Joh 10,14-16 **34,25:** *a* Kap 37,26; *b* 3. Mose 26,6; *c* Hos 2,20 **34,26:** *a (26-27)* 3. Mose 26,4 **34,28:** *a* Jer 30,10 **34,29:** *a* Kap 36,30 **34,30:** *a* Kap 11,20 **34,31:** *a* Ps 100,3 **35,2:** *a* Kap 25,12-14 **35,5:** *a (5-6)* Ps 137,7

sollst dem Blutbad nicht entrinnen. Weil
du dich mit Blut verschuldet hast, soll
auch dein Blut fließen. 7 Und ich will das
Gebirge Seïr wüst und öde machen und
alle ausrotten, die dort hin und her
ziehen. 8 Und ich will seine Berge mit
Erschlagenen füllen, seine Hügel, seine
Täler und alle seine Bachläufe – überall
sollen vom Schwert Erschlagene liegen.
9 Ja, zu einer ewigen Wüste will ich dich
machen, dass niemand mehr in deinen
Städten wohnt, und ihr sollt erfahren,
dass ich der HERR bin.

10 Weil du sprachst: »Diese beiden Völ-
ker mit ihren beiden Ländern müssen
mein werden und wir wollen sie in Besitz
nehmen« – obgleich der HERR dort
wohnt –, 11 darum, so wahr ich lebe,
spricht Gott der HERR, will ich an dir
handeln mit demselben Zorn und dersel-
ben Leidenschaft, mit denen du an ihnen
gehandelt hast in deinem Hass, und will
mich an ihnen kundtun, wenn ich dich
richte. 12 Und du sollst erfahren, dass ich,
der HERR, all deine Lästerreden gegen
die Berge Israels gehört habe, als du sag-
test: Sie sind verwüstet und uns zum
Fraß gegeben. 13 So habt ihr euch gegen
mich gerühmt und frech gegen mich ge-
redet; das habe ich gehört. 14 So spricht
Gott der HERR: Ich will dich zur Wüste
machen, dass sich alles Land freuen soll.
15 Und wie du dich gefreut hast über das
Erbe des Hauses Israel, weil es verwüstet
war, ebenso will ich mit dir tun: Das
Gebirge Seïr soll zur Wüste werden mit
ganz Edom, und sie sollen erfahren, dass
ich der HERR bin.

Die Verheißung für die Berge Israels

36 Und du, Menschenkind, [a]weis-
sage den Bergen Israels und
sprich: Hört des HERRN Wort, ihr Berge
Israels! 2 So spricht Gott der HERR:
[a]Weil der Feind über euch frohlockt:
»Ha, die ewigen Höhen sind nun unser
Besitz geworden!«, 3 darum weissage und
sprich: So spricht Gott der HERR: Weil
man euch allenthalben verwüstet und
vertilgt und ihr zum Besitz der übrig
gebliebenen Heiden geworden und übel
ins Gerede der Leute gekommen seid,
4 darum hört, ihr Berge Israels, das Wort
Gottes des HERRN! So spricht Gott der
HERR zu den Bergen und Hügeln, zu den
Bächen und Tälern, zu den öden Trüm-
mern und verlassenen Städten, die den
übrig gebliebenen Heiden ringsumher
zum Raub und Spott geworden sind, –
5 darum, so spricht Gott der HERR:
Wahrlich, ich habe in meinem feurigen
Eifer geredet gegen die Heiden, die übrig
geblieben sind, und gegen ganz [a]Edom,
die mein Land in Besitz genommen ha-
ben mit Freude von ganzem Herzen und
mit Hohnlachen, um es zu verheeren und
zu plündern.

6 Darum weissage über das Land
Israels und sprich zu den Bergen und
Hügeln, zu den Bächen und Tälern: So
spricht Gott der HERR: Siehe, ich rede
in meinem Eifer und Grimm, weil ihr
solche Schmach von den Heiden tragen
musstet. 7 Darum spricht Gott der HERR:
Ich hebe meine Hand auf zum Schwur:
Wahrlich, eure Nachbarn, die Heiden
ringsumher, sollen ihre Schande tragen.
8 Aber ihr Berge Israels sollt wieder grü-
nen und eure Frucht bringen meinem
Volk Israel, denn bald sollen sie heim-
kehren. 9 Denn siehe, ich will mich wieder
zu euch kehren und euch mein Angesicht
zuwenden, dass ihr angebaut und besät
werdet. 10 Und ich will viele Menschen
auf euch wohnen lassen, das ganze Haus
Israel insgesamt, und die Städte sollen
wieder bewohnt und die Trümmer aufge-
baut werden. 11 Ja, ich lasse Menschen
und Vieh auf euch zahlreich werden; sie
sollen sich mehren und fruchtbar sein.
Und ich will euch wieder bewohnt sein
lassen wie früher und [a]will euch mehr
Gutes tun als je zuvor, und ihr sollt er-
fahren, dass ich der HERR bin. 12 Ich will
wieder Menschen über euch ziehen las-
sen, nämlich mein Volk Israel; die wer-
den dich besitzen und du sollst ihr Erb-
teil sein und ihnen die Kinder nicht mehr
nehmen.

13 So spricht Gott der HERR: Weil man
das von euch sagt: »Du hast Menschen
gefressen und deinem Volk die Kinder
genommen«, 14 darum sollst du nun nicht
mehr Menschen fressen und deinem Volk
nicht mehr die Kinder nehmen, spricht

36,1: *a* Kap 6,2 **36,2:** *a* Kap 25,3 **36,5:** *a* Kap 35,15 **36,11:** *a* 3. Mose 26,9

Gott der HERR. 15 Und ich will dich nicht
mehr die Schmähungen der Heiden hö-
ren lassen, und du sollst den Spott der
Heiden nicht mehr tragen und sollst
deinem Volk nicht mehr die Kinder
nehmen, spricht Gott der HERR.

Die Erneuerung Israels durch Gottes Geist

16 Und des HERRN Wort geschah zu mir:
17 Du Menschenkind, als das Haus Israel
in seinem Lande wohnte und es [a]unrein
machte mit seinem Wandel und Tun,
dass ihr Wandel vor mir war wie die
Unreinheit einer Frau, wenn sie ihre Tage
hat, 18 da schüttete ich meinen Grimm
über sie aus um des Blutes willen, das sie
im Lande vergossen, und weil sie es un-
rein gemacht hatten durch ihre Götzen.
19 Und ich zerstreute sie unter die Heiden
und versprengte sie in die Länder und
richtete sie nach ihrem Wandel und Tun.
20 So kamen sie zu den Heiden; aber wo-
hin sie kamen, [a]entheiligten sie meinen
heiligen Namen, weil man von ihnen
sagte: »Sie sind des HERRN Volk und
haben doch aus ihrem Lande fortziehen
müssen!« 21 Da [a]tat es mir leid um mei-
nen heiligen Namen, den das Haus Israel
entheiligte unter den Heiden, wohin sie
auch kamen.

22 Darum sollst du zum Hause Israel
sagen: So spricht Gott der HERR: Ich tue
es nicht um euretwillen, ihr vom Hause
Israel, sondern [a]um meines heiligen Na-
mens willen, den ihr entheiligt habt unter
den Heiden, wohin ihr auch gekommen
seid. 23 Denn [a]ich will meinen großen
Namen, der vor den Heiden entheiligt
ist, den ihr unter ihnen entheiligt habt,
wieder heilig machen. [b]Und die Heiden
sollen erfahren, dass ich der HERR bin,
spricht Gott der HERR, wenn ich vor
ihren Augen an euch zeige, dass ich heilig
bin. 24 Denn ich will euch aus den Heiden
herausholen und euch aus allen Ländern
sammeln und wieder in euer Land brin-
gen, 25 und ich will [a]reines Wasser über
euch sprengen, dass ihr rein werdet; von
all eurer Unreinheit und von allen euren
Götzen will ich euch reinigen. 26 [a]**Und
ich will euch ein neues Herz und einen
neuen Geist in euch geben und will das
steinerne Herz aus eurem Fleisch wegneh-
men und euch ein fleischernes Herz geben.
27 Ich will [a]meinen Geist in euch geben
und will solche Leute aus euch machen,
die [b]in meinen Geboten wandeln und
meine Rechte halten und danach tun.**
28 Und ihr sollt wohnen im Lande, das
ich euren Vätern gegeben habe, und
[a]sollt mein Volk sein und ich will euer
Gott sein.

29 Ich will euch von all eurer Unrein-
heit erlösen und will das Korn rufen und
will es mehren und will keine Hungersnot
über euch kommen lassen. 30 Ich will die
Früchte auf den Bäumen und den Ertrag
auf dem Felde mehren, dass euch die
Heiden nicht mehr verspotten, weil ihr
hungern müsst.[a] 31 Dann werdet ihr an
euren bösen Wandel denken und an euer
Tun, das nicht gut war, und werdet euch
selbst zuwider sein um eurer Sünde und
eures Götzendienstes willen.[a] 32 Nicht
um euretwillen tue ich das, spricht Gott
der HERR, das sollt ihr wissen, sondern
ihr werdet euch schämen müssen und
schamrot werden, ihr vom Hause Israel,
über euren Wandel.

33 So spricht Gott der HERR: Zu der
Zeit, wenn ich euch reinigen werde von
allen euren Sünden, will ich die Städte
wieder bewohnt sein lassen, und die
Trümmer sollen wieder aufgebaut wer-
den. 34 Das verwüstete Land soll wieder
gepflügt werden, nachdem es verheert
war vor den Augen aller, die vorüber-
zogen. 35 Und man wird sagen: Dies
Land war verheert und jetzt ist's wie der
Garten Eden, und diese Städte waren
zerstört, öde und niedergerissen und ste-
hen nun fest gebaut und sind bewohnt.
36 Und die Heiden, die um euch her übrig
geblieben sind, sollen erfahren, dass [a]ich
der HERR bin, der da [b]baut, was nieder-
gerissen ist, und pflanzt, was verheert
war. Ich, der HERR, sage es und tue es
auch.

37 So spricht Gott der HERR: Auch
darin will ich mich vom Hause Israel

36,17: *a* 3. Mose 18,24-25 **36,20:** *a* Jes 52,5 **36,21:** *a* Kap 20,9 **36,22:** *a* Jes 48,11; Jer 14,7 **36,23:** *a* Mt 6,9; *b* Kap 37,28 **36,25:** *a* Sach 13,1; Hebr 10,22 **36,26:** *a (26-27)* Kap 11,19-20; Jer 31,33 **36,27:** *a* Kap 39,29; Jes 44,3; *b* Kap 37,24 **36,28:** *a* Kap 11,20 **36,30:** *a* Kap 34,29; Joel 2,19 **36,31:** *a* Kap 20,43 **36,36:** *a* Kap 17,24; *b* Jer 1,10; 18,7-8

bitten lassen, dass ich dies ihnen tue:
[a]Ich will die Menschen bei ihnen mehren
wie eine Herde. 38 Wie eine heilige Herde,
wie eine Herde in Jerusalem an ihren
Festen, so sollen die verwüsteten Städte
voll Menschenherden werden, und sie
sollen erfahren, dass ich der HERR bin.

Israel, das Totenfeld, wird durch Gottes Odem lebendig

37 [a]Des HERRN Hand kam über
mich und er führte mich hinaus im
Geist des HERRN und stellte mich mitten
auf ein weites Feld; das lag voller Toten-
gebeine. 2 Und er führte mich überall hin-
durch. Und siehe, es lagen sehr viele Ge-
beine über das Feld hin, und siehe, sie
waren ganz verdorrt.

3 Und er sprach zu mir: Du Menschen-
kind, meinst du wohl, dass diese Gebeine
wieder lebendig werden? Und ich sprach:
HERR, mein Gott, du weißt es. 4 Und er
sprach zu mir: Weissage über diese Ge-
beine und sprich zu ihnen: Ihr verdorrten
Gebeine, höret des HERRN Wort! 5 So
spricht Gott der HERR zu diesen Ge-
beinen: Siehe, [a]ich will Odem in euch
bringen, dass ihr wieder lebendig werdet.
6 Ich will euch Sehnen geben und lasse
Fleisch über euch wachsen und überziehe
euch mit Haut und will euch Odem ge-
ben, dass [a]ihr wieder lebendig werdet;
und ihr sollt erfahren, dass ich der HERR
bin.

7 Und ich weissagte, wie mir befohlen
war. Und siehe, da rauschte es, als ich
weissagte, und siehe, es regte sich und die
Gebeine rückten zusammen, Gebein zu
Gebein. 8 Und ich sah, und siehe, es
wuchsen Sehnen und Fleisch darauf und
sie wurden mit Haut überzogen; es war
aber noch kein Odem in ihnen. 9 Und er
sprach zu mir: Weissage zum Odem;
weissage, du Menschenkind, und sprich
zum Odem: So spricht Gott der HERR:
Odem, komm herzu von den vier Winden
und blase diese Getöteten an, dass sie
wieder lebendig werden! 10 Und ich weis-
sagte, wie er mir befohlen hatte. Da kam
der Odem in sie und sie wurden wieder
lebendig und stellten sich auf ihre Füße,
ein überaus großes Heer.

11 Und er sprach zu mir: Du Men-
schenkind, [a]diese Gebeine sind das
ganze Haus Israel. Siehe, jetzt sprechen
sie: Unsere Gebeine sind verdorrt und
unsere Hoffnung ist verloren und es ist
aus mit uns. 12 Darum weissage und
sprich zu ihnen: So spricht Gott der
HERR: Siehe, ich will eure Gräber auftun
und hole euch, mein Volk, aus euren
Gräbern herauf und bringe euch ins
Land Israels. 13 Und ihr sollt erfahren,
dass ich der HERR bin, wenn ich eure
Gräber öffne und euch, mein Volk, aus
euren Gräbern heraufhole. 14 Und ich
will meinen Odem in euch geben, dass ihr
wieder leben sollt, und will euch in euer
Land setzen, und ihr sollt erfahren, dass
ich der HERR bin. Ich rede es und tue es
auch, spricht der HERR.

Die Wiedervereinigung Israels unter dem einen Hirten

15 Und des HERRN Wort geschah zu mir:
16 Du Menschenkind, nimm dir ein Holz
und schreibe darauf: »Für Juda und Is-
rael, die sich zu ihm halten.« Und nimm
noch ein Holz und schreibe darauf:
»Holz Ephraims, für Josef und das ganze
Haus Israel, das sich zu ihm hält.«
17 Und füge eins an das andere, dass es
ein Holz werde in deiner Hand. 18 Wenn
nun dein Volk zu dir sprechen wird:
Willst du uns nicht zeigen, was du damit
meinst?, 19 so sprich zu ihnen: So spricht
Gott der HERR: Siehe, ich will das Holz
Josefs, das in der Hand Ephraims ist,
nehmen samt den Stämmen Israels, die
sich zu ihm halten, und will sie zu dem
Holz Judas tun und **ein** Holz daraus ma-
chen, und sie sollen **eins** sein in meiner
Hand.

20 Und so sollst du die Hölzer, auf die
du geschrieben hast, in deiner Hand hal-
ten vor ihren Augen 21 [a]und sollst zu
ihnen sagen: So spricht Gott der HERR:
Siehe, ich will die Israeliten herausholen
aus den Heiden, wohin sie gezogen sind,
und will sie von überall her sammeln und
wieder in ihr Land bringen 22 und will ein
einziges Volk aus ihnen machen im Land
auf den Bergen Israels, und [a]sie sollen
allesamt einen König haben und [b]sollen

36,37: *a* Mi 2,12 **37,1:** *a* Kap 1,3 **37,5:** *a* Ps 104,30 **37,6:** *a* Jes 26,19 **37,11:** *a* Vers 1 **37,21:** *a (21-22)* Jes 11,12-13 **37,22:** *a* Kap 34,23; *b* Jer 3,18; Hos 2,2

nicht mehr zwei Völker sein und nicht
mehr geteilt in zwei Königreiche. 23 Und
sie sollen sich nicht mehr unrein machen
mit ihren Götzen und Gräuelbildern und
allen ihren Sünden. Ich will sie retten von
allen ihren Abwegen, auf denen sie ge-
sündigt haben, und will sie reinigen, und
[a]sie sollen mein Volk sein und ich will
ihr Gott sein. **24 Und [a]mein Knecht David
soll ihr König sein und der einzige Hirte
für sie alle. Und [b]sie sollen wandeln in
meinen Rechten und meine Gebote halten
und danach tun.**

25 Und sie sollen wieder in dem Lande
wohnen, das ich meinem Knecht Jakob
gegeben habe, in dem eure Väter gewohnt
haben. Sie und ihre Kinder und Kindes-
kinder sollen darin wohnen für immer,
und [a]mein Knecht David soll für immer
ihr Fürst sein. 26 [a]Und ich will mit ihnen
einen [b]Bund des Friedens schließen, der
soll ein ewiger Bund mit ihnen sein. Und
ich will sie erhalten und mehren, und
mein Heiligtum soll unter ihnen sein für
immer. 27 Ich will unter ihnen wohnen
und [a]will ihr Gott sein und sie sollen
mein Volk sein, 28 damit auch [a]die Hei-
den erfahren, dass ich der HERR bin, der
Israel heilig macht, wenn mein Heiligtum
für immer unter ihnen sein wird.

Weissagung gegen Gog aus Magog

38 Und des HERRN Wort geschah zu
mir: 2 Du Menschenkind, richte
dein Angesicht auf Gog, der im Lande
[a]Magog ist und der Fürst von Rosch,
[b]Meschech und Tubal, und weissage ge-
gen ihn 3 und sprich: So spricht Gott der
HERR: Siehe, ich will an dich, Gog, der
du der Fürst bist von Rosch, Meschech
und Tubal! 4 Siehe, ich will dich herum-
lenken und dir einen Haken ins Maul
legen und will dich ausziehen lassen mit
deinem ganzen Heer, mit Ross und
Mann, die alle voll gerüstet sind; und sie
sind ein großer Heerhaufe, die alle kleine
und große Schilde und Schwerter tragen.
5 Du führst mit dir Perser, Kuschiter und
Libyer, die alle Schild und Helm tragen,
6 dazu Gomer und sein ganzes Heer, die
vom Hause [a]Togarma, die im Norden
wohnen, mit ihrem ganzen Heer; ja, du
führst viele Völker mit dir. 7 Wohlan, rüs-
te dich gut, du und alle deine Heerhau-
fen, die bei dir sind, und sei du ihr Heer-
führer! 8 Nach langer Zeit sollst du aufge-
boten werden; am Ende der Zeiten sollst
du in ein Land kommen, das dem
Schwert entrissen ist, und zu dem Volk,
das aus vielen Völkern gesammelt ist,
nämlich auf die Berge Israels, die lange
Zeit verwüstet gewesen sind, und nun ist
es herausgeführt aus den Völkern, und
sie alle wohnen sicher. 9 Du wirst herauf-
ziehen und daherkommen wie ein Sturm-
wetter und wirst sein wie eine Wolke, die
das Land bedeckt, du und dein ganzes
Heer und die vielen Völker mit dir.

10 So spricht Gott der HERR: Zu jener
Zeit werden dir Gedanken kommen und
du wirst auf Böses sinnen 11 und denken:
»Ich will das Land überfallen, das offen
daliegt, und über die kommen, die still
und sicher leben, die alle ohne Mauern
dasitzen und haben weder Riegel noch
Tore«, 12 damit du rauben und plündern
kannst und deine Hand an die zerstörten
Orte legst, die wieder bewohnt sind, und
an das Volk, das aus den Heiden ge-
sammelt ist und sich Vieh und Güter
erworben hat und [a]in der Mitte der Erde
wohnt. 13 Saba, Dedan und die Kaufleute
von Tarsis und alle seine Gewaltigen wer-
den zu dir sagen: Bist du gekommen, zu
rauben, und hast du deine Heerhaufen
versammelt, zu plündern, um Silber und
Gold wegzunehmen und Vieh und Güter
zu sammeln und große Beute zu ma-
chen?

14 Darum so weissage, du Menschen-
kind, und sprich zu Gog: So spricht Gott
der HERR: Ist's nicht so? Wenn mein
Volk Israel sicher wohnen wird, dann
wirst du aufbrechen. 15 Und wirst kom-
men aus deinem Ort, vom äußersten
Norden, du und viele Völker mit dir, alle
zu Ross, ein großer Heerhaufe und eine
gewaltige Macht, 16 du wirst heraufzie-
hen gegen mein Volk Israel wie eine
Wolke, die das Land bedeckt. Am Ende
der Zeit wird das geschehen. Ich will dich
aber dazu über mein Land kommen las-
sen, dass die Heiden mich erkennen,
wenn ich an dir, Gog, vor ihren Augen

37,23: *a* Kap 11,20 **37,24:** *a* Kap 34,23; *b* Kap 36,27 **37,25:** *a* Lk 1,32-33 **37,26:** *a (26-28)* 2.Mose 25,8; *b* Kap 34,25; Jes 54,10 **37,27:** *a* Kap 11,20 **37,28:** *a* Kap 36,23 **38,2:** *a* Kap 39,6; *b* Kap 27,13; 32,26; 1.Mose 10,2 **38,6:** *a* Kap 27,14 **38,12:** *a* Ri 9,37

zeige, dass ich heilig bin. 17 [a]So spricht
Gott der HERR: Du bist doch der, von
dem ich vorzeiten geredet habe durch
meine Diener, die Propheten in Israel, die
in jener Zeit weissagten, dass ich dich
über sie kommen lassen wollte?

18 Und es wird geschehen zu der Zeit,
wenn Gog kommen wird über das Land
Israels, spricht Gott der HERR, wird
mein Zorn in mir aufsteigen. 19 Und ich
sage in meinem Eifer und im Feuer mei-
nes Zorns: Wahrlich, zu der Zeit wird ein
großes Erdbeben sein im Lande Israels,
20 dass vor meinem Angesicht erbeben
sollen die Fische im Meer, die Vögel un-
ter dem Himmel, die Tiere auf dem Felde
und alles, was sich regt und bewegt auf
dem Lande, und alle Menschen, die auf
der Erde sind. Und die Berge sollen nie-
dergerissen werden und die Felswände
und alle Mauern zu Boden fallen.
21 [a]Und ich will über ihn das Schwert
herbeirufen auf allen meinen Bergen,
spricht Gott der HERR, dass jeder sein
Schwert gegen den andern erhebt. 22 Und
ich will ihn richten mit Pest und Blut-
vergießen und will Platzregen mit Hagel,
Feuer und Schwefel über ihn und sein
Heer und über die vielen Völker kommen
lassen, die mit ihm sind. 23 So will ich
mich herrlich und heilig erweisen und
mich zu erkennen geben vor vielen Hei-
den, dass sie erfahren, dass ich der HERR
bin.

39 Und du, Menschenkind, [a]weis-
sage gegen Gog und sprich: So
spricht Gott der HERR: Siehe, ich will an
dich, Gog, der du der Fürst bist von
Rosch, Meschech und Tubal. 2 Siehe, ich
will dich herumlenken und herbeilocken
aus dem äußersten Norden und auf die
Berge Israels bringen 3 und will dir den
Bogen aus deiner linken Hand schlagen
und die Pfeile aus deiner rechten Hand.
4 Auf den Bergen Israels sollst du fallen,
du mit deinem ganzen Heer und mit den
Völkern, die bei dir sind. Ich will dich
den Raubvögeln, allem was fliegt, und
den Tieren auf dem Felde zum Fraß ge-
ben. 5 Du sollst auf freiem Felde fallen;
denn ich habe es gesagt, spricht Gott der
HERR. 6 Und ich will Feuer werfen auf
Magog und auf die Bewohner der Inseln,
die so sicher wohnen, und sie sollen
erfahren, dass ich der HERR bin. 7 Und
ich will meinen heiligen Namen kund-
machen unter meinem Volk Israel und
will meinen heiligen Namen nicht länger
schänden lassen, sondern die Heiden sol-
len erfahren, dass ich der HERR bin, der
Heilige in Israel. 8 Siehe, es kommt und
geschieht, spricht Gott der HERR; das ist
der Tag, von dem ich geredet habe.

9 Und die Bürger in den Städten Israels
werden herausgehen und [a]Feuer anzün-
den und die Waffen verbrennen, kleine
und große Schilde, Bogen und Pfeile,
Keulen und Spieße. Und sie werden sie-
ben Jahre lang Feuer damit machen;
10 sie brauchen kein Holz auf dem Felde
zu holen oder im Walde zu schlagen,
sondern von den Waffen werden sie
Feuer machen und [a]werden die berau-
ben, von denen sie beraubt sind, und
plündern, von denen sie geplündert sind,
spricht Gott der HERR.

11 Und zu der Zeit soll es geschehen,
da will ich Gog einen Ort geben zum
Begräbnis in Israel, nämlich das Tal der
Wanderer östlich vom Meer, und das
wird den Wanderern den Weg versperren.
Dort wird man Gog mit seinem ganzen
Heerhaufen begraben; und es soll heißen
»Tal der Heerhaufen des Gog«. 12 Und
das Haus Israel wird sie sieben Monate
lang begraben, damit das Land gereinigt
werde. 13 Ja, alles Volk des Landes wird
an ihnen zu begraben haben; und sie wer-
den Ruhm davon haben an dem Tage, an
dem ich meine Herrlichkeit erweise,
spricht Gott der HERR. 14 Und sie wer-
den Leute aussondern, die ständig im
Lande umhergehen, die Leichen zu be-
graben, die noch auf dem Lande liegen,
damit es gereinigt werde. Nach sieben
Monaten sollen sie beginnen nachzufor-
schen. 15 Und wenn sie im Lande umher-
gehen und Menschengebeine sehen, sol-
len sie ein Zeichen aufrichten, bis die
Totengräber sie auch im »Tal der Heer-
haufen des Gog« begraben. 16 Auch soll
eine Stadt »Stadt der Heerhaufen« hei-
ßen. So werden sie das Land reinigen.

17 Du Menschenkind, so spricht Gott
der HERR: Sage den Vögeln, allem was
fliegt, und allen Tieren auf dem Felde:

38,17: *a (17-18)* Zef 3,8 **38,21:** *a (21-23)* Offb 20,8-9 **39,1:** *a* Kap 38,2 **39,9:** *a* Jes 9,4 **39,10:** *a* Jer 30,16

[a]Sammelt euch und kommt herbei, fin-
det euch zusammen von überall her zu
meinem Schlachtopfer, das ich euch
schlachte, einem großen Schlachtopfer
auf den Bergen Israels, und fresst Fleisch
und sauft Blut! 18 Fleisch der Starken
sollt ihr fressen, und Blut der Fürsten auf
Erden sollt ihr saufen, der Widder und
Lämmer, der Böcke und Stiere, all des
Mastviehs aus Baschan. 19 Und ihr sollt
Fett fressen, bis ihr satt werdet, und Blut
saufen, bis ihr trunken seid von dem
Schlachtopfer, das ich euch schlachte.
20 Sättigt euch von Rossen und Reitern,
von Starken und all den Kriegsleuten an
meinem Tisch, spricht Gott der HERR.

21 Und ich will meine Herrlichkeit un-
ter die Heiden bringen, dass alle Heiden
mein Gericht sehen sollen, das ich ge-
halten habe, und meine Hand, die ich an
sie gelegt habe. 22 Und das Haus Israel
soll erfahren, dass ich, der HERR, ihr
Gott bin, von dem Tage an und ferner-
hin, 23 und die Heiden sollen erkennen,
dass das Haus Israel um seiner Missetat
willen weggeführt worden ist. Weil sie
sich an mir versündigt hatten, darum
[a]habe ich mein Angesicht vor ihnen ver-
borgen und habe sie übergeben in die
Hände ihrer Widersacher, dass sie alle-
samt durchs Schwert fallen mussten.
24 Ich habe ihnen getan, was sie mit ihrer
Unreinheit und ihren Übertretungen ver-
dient haben, und habe mein Angesicht
vor ihnen verborgen.

25 Darum – so spricht Gott der HERR:
Nun [a]will ich das Geschick Jakobs wen-
den und mich des ganzen Hauses Israel
erbarmen und um meinen heiligen Na-
men eifern. 26 Sie aber sollen ihre
Schmach und alle ihre Sünde, mit der sie
sich an mir versündigt haben, vergessen,
wenn sie nun sicher in ihrem Lande woh-
nen und niemand sie schreckt 27 und ich
sie aus den Völkern zurückgebracht und
aus den Ländern ihrer Feinde gesammelt
und an ihnen vor den Augen vieler Hei-
den gezeigt habe, dass ich heilig bin.
28 Dann werden sie erkennen, dass ich,
der HERR, ihr Gott bin, der ich sie unter
die Heiden weggeführt habe und wieder
in ihr Land sammle und nicht **einen** von
ihnen dort zurücklasse. 29 Und ich will
mein Angesicht nicht mehr vor ihnen
verbergen; denn [a]ich habe meinen Geist
über das Haus Israel ausgegossen,
spricht Gott der HERR.

Die Visionen von der künftigen Gottesstadt
(Kapitel 40,1–48,35)

Der Beginn der Visionen

40 Im fünfundzwanzigsten Jahr un-
serer Gefangenschaft, im Anfang
des Jahres, am zehnten Tag des Monats,
im vierzehnten Jahr, nachdem die Stadt
eingenommen war, eben an diesem Tag
[a]kam die Hand des HERRN über mich
und führte mich dorthin, – 2 in göttlichen
Gesichten führte er mich ins Land Israel
und stellte mich auf einen sehr hohen
Berg; [a]darauf war etwas wie der Bau
einer Stadt gegen Süden. 3 Und als er
mich dorthin gebracht hatte, siehe, da
war ein Mann, der war anzuschauen wie
Erz. Er hatte eine leinene Schnur und
eine [a]Messrute in seiner Hand und stand
unter dem Tor. 4 Und er sprach zu mir:
Du Menschenkind, sieh her und höre
fleißig zu und merke auf alles, was ich dir
zeigen will; denn dazu bist du hierher
gebracht, dass ich dir dies zeige, damit
du alles, was du hier siehst, verkündigst
dem Hause Israel.

Die Umfassungsmauer des Tempelbezirks

5 [a]Und siehe, es ging eine Mauer außen
um das Gotteshaus ringsherum. Und der
Mann hatte die Messrute in der Hand;
die war sechs Ellen lang – jede Elle war
eine Handbreit länger als eine gewöhn-
liche Elle. Und er maß das Mauerwerk:
Es war eine Rute dick und auch eine
Rute hoch.

Der äußere Vorhof und seine Torbauten

6 Und er ging zum Tor, das an der Ost-
seite lag, und ging seine Stufen hinauf
und maß die Schwelle des Tores: eine
Rute tief. 7 Und jede Nische des Tores
war eine Rute lang und eine Rute breit,

39,17: *a* Offb 19,17-18 **39,23:** *a* Jes 54,8 **39,25:** *a* Kap 16,53-63 **39,29:** *a* Kap 36,26-27; Joel 3,1 **40,1:** *a* Kap 1,3
40,2: *a* Sach 14,10 **40,3:** *a* Kap 47,3; Sach 2,5; Offb 21,15 **40,5:** *a (40,5–42,20)* 1.Kön 6,1-38

und der Raum zwischen den Nischen des
Tores war fünf Ellen breit. Und auch die
Schwelle des Tores an der Vorhalle des
Tores gegen den Tempel hin maß eine
Rute. 8Und er maß die Vorhalle des To-
res: 9acht Ellen; und ihre Pfeiler: zwei
Ellen. Und die Vorhalle des Tores lag
gegen den Tempel hin. 10Und die Ni-
schen des Tores, das an der Ostseite lag,
waren drei auf jeder Seite, jede so weit
wie die andere, und die Pfeiler auf beiden
Seiten waren gleich breit. 11Und er maß
die Weite der Öffnung des Tores: zehn
Ellen; und die Länge des Torweges: drei-
zehn Ellen. 12Und vorn an den Nischen
war eine Schranke, auf beiden Seiten je
eine Elle; aber die Nischen waren je sechs
Ellen auf beiden Seiten. 13Dazu maß er
das Tor von der Rückwand der Nischen
auf der einen Seite bis zur Rückwand der
Nischen auf der andern Seite: fünfund-
zwanzig Ellen; eine Öffnung lag der an-
dern gegenüber. 14Und er maß die Öff-
nung der Vorhalle: zwanzig Ellen; und
bis zum Pfeiler des Tores reichte der Vor-
hof ringsum. 15Und vom Tor, wo man
von außen hineintritt, bis zur Vorhalle
am inneren Tor waren es fünfzig Ellen.
16Und es waren Fenster mit Stäben da-
vor an den Nischen nach innen am Tor
auf beiden Seiten. Ebenso waren auch
Fenster an der Vorhalle nach innen auf
beiden Seiten, und an den Pfeilern waren
Palmwedel dargestellt.

17Und er führte mich weiter zum
äußeren Vorhof, und siehe, da waren
Kammern und ein Pflaster rings um den
Vorhof angelegt. Dreißig Kammern la-
gen an dem Pflaster. 18Und das Pflaster
lief auch zur Seite der Tore, die ganze
Seitenwand der Tore entlang; das war
das untere Pflaster. 19Und er maß die
Breite des Vorhofs von dem unteren Tor
an bis außen vor den inneren Vorhof:
hundert Ellen. Das war der Osten. Und
nun der Norden!

20Er maß auch das Tor am äußeren
Vorhof, das an der Nordseite lag, nach
der Länge und Breite. 21Das hatte auf
jeder Seite drei Nischen, und seine Pfeiler
und seine Vorhalle waren ebenso groß
wie am ersten Tor: fünfzig Ellen lang und
fünfundzwanzig Ellen breit. 22Und seine
Fenster und seine Vorhalle und seine
Palmwedel waren gleich wie am Tor an
der Ostseite; und es hatte sieben Stufen,
die man hinaufging, und hatte seine Vor-
halle auf der Innenseite. 23Und ein Tor
zum inneren Vorhof lag gegenüber die-
sem Tor, das an der Nordseite lag, wie
bei dem Tor an der Ostseite; und er maß
hundert Ellen von einem Tor zum an-
dern.

24Danach führte er mich nach Süden,
und siehe, da war auch ein Tor an der
Südseite, und er maß seine Pfeiler und
seine Vorhalle; sie waren gleich den an-
dern. 25Und es waren Fenster an ihm
und an seiner Vorhalle ringsherum gleich
jenen Fenstern, und es war fünfzig Ellen
lang und fünfundzwanzig Ellen breit.
26Und sieben Stufen führten hinauf und
es hatte eine Vorhalle auf der Innenseite,
und Palmwedel waren an ihren Pfeilern
dargestellt auf jeder Seite. 27Und es gab
auch ein Tor zum inneren Vorhof an der
Südseite; und er maß hundert Ellen von
dem einen Südtor zum andern.

Der innere Vorhof und seine Torbauten

28Und er führte mich weiter durchs Süd-
tor in den inneren Vorhof und maß
dieses Tor: Es war gleich groß wie die
andern 29mit seinen Nischen, seinen
Pfeilern und seiner Vorhalle in gleicher
Größe und mit Fenstern an ihm und an
der Vorhalle ringsherum: Es war fünfzig
Ellen lang und fünfundzwanzig Ellen
breit. 30Und es gab eine Vorhalle rings-
herum: fünfundzwanzig Ellen lang und
fünf Ellen breit. 31Und die Vorhalle lag
gegen den äußeren Vorhof hin und Palm-
wedel waren an ihren Pfeilern darge-
stellt; es waren aber acht Stufen hinauf-
zugehen.

32Danach führte er mich in den in-
neren Vorhof auf die Ostseite und maß
das Tor: Es war gleich groß wie die an-
dern 33mit seinen Nischen, seinen Pfei-
lern und seiner Vorhalle in gleicher
Größe und mit Fenstern an ihm und an
der Vorhalle ringsherum: Es war fünfzig
Ellen lang und fünfundzwanzig Ellen
breit. 34Und seine Vorhalle lag gegen
den äußeren Vorhof hin und Palmwedel
waren an ihren Pfeilern dargestellt auf
beiden Seiten, und acht Stufen waren
hinaufzugehen.

35Danach führte er mich zum Nordtor

und maß es: Es war gleich groß wie die
andern 36 mit seinen Nischen, seinen Pfei-
lern und seiner Vorhalle und den Fens-
tern an ihm ringsherum: Es war fünfzig
Ellen lang und fünfundzwanzig Ellen
breit. 37 Und seine Vorhalle lag gegen
den äußeren Vorhof hin und Palmwedel
waren an ihren Pfeilern dargestellt auf
beiden Seiten, und acht Stufen waren
hinaufzugehen.

Die Tische für die Opfer und die Kammern für die Priester

38 Und am Tor – gegen Osten – war eine
Kammer und ihr Eingang war bei der
Vorhalle des Tores; dort wäscht man die
Brandopfer. 39 Und in der Vorhalle des
Tores standen auf beiden Seiten zwei
Tische, auf denen man die Brandopfer,
Sündopfer und Schuldopfer schlachtet.
40 Und außen, an der Seite, für den, der
zum Tor hinaufgeht, nach Norden hin,
standen zwei Tische und an der andern
Seite der Vorhalle des Tores auch zwei
Tische. 41 So standen auf jeder Seite des
Tores vier Tische; das sind zusammen
acht Tische, auf denen man schlach-
tet. 42 Und vier Tische zum Brandopfer
waren aus gehauenen Steinen, je andert-
halb Ellen lang und breit und eine Elle
hoch; darauf legt man die Geräte, mit
denen man Brandopfer und Schlacht-
opfer schlachtet. 43 Und Gabelhaken,
eine Hand breit, waren am Gebäude fest
angebracht an beiden Seiten, und über
den Tischen waren Dächer, um das
Opferfleisch gegen Regen und Hitze
zu schützen.

44 Und außen vor dem inneren Tor wa-
ren zwei Kammern im inneren Vorhof:
die eine an der Seite neben dem Nordtor,
die schaute nach Süden; die andere an
der Seite neben dem Südtor, die schaute
nach Norden. 45 Und er sprach zu mir:
Die Kammer, die nach Süden schaut, ge-
hört den Priestern, die im Hause Dienst
tun; 46 aber die Kammer, die nach Nor-
den schaut, gehört den Priestern, die am
Altar dienen. Dies sind die [a]Söhne Za-
dok, die als einzige unter den Söhnen
Levi vor den HERRN treten dürfen, um
ihm zu dienen. 47 Und er maß den Vor-
hof: hundert Ellen lang und hundert
Ellen breit im Geviert; und [a]der Altar
stand vor dem Tempel.

Der Tempel und seine Nebengebäude

48 Und er führte mich hinein zur Vorhalle
des Tempels und maß die Pfeiler der Vor-
halle: fünf Ellen auf jeder Seite; und das
Tor: vierzehn Ellen; und die Wände zu
beiden Seiten an der Tür: drei Ellen auf
jeder Seite. 49 Aber die Vorhalle war
zwanzig Ellen breit und zwölf Ellen tief
und hatte zehn Stufen, die man hinauf-
ging, und [a]Säulen standen an den Pfei-
lern, auf jeder Seite eine.

41 Und er führte mich hinein in die
Tempelhalle und maß die Pfeiler;
die waren auf jeder Seite sechs Ellen
breit, so weit das Heiligtum war. 2 Und
die Tür war zehn Ellen weit, aber die
Wände zu beiden Seiten an der Tür wa-
ren je fünf Ellen breit. Und er maß den
Raum der Tempelhalle: vierzig Ellen tief
und zwanzig Ellen breit. 3 Dann ging er
in den innersten Raum und maß die Pfei-
ler der Tür: zwei Ellen; und die Tür:
sechs Ellen; und die Breite zu beiden Sei-
ten an der Tür: je sieben Ellen. 4 Und er
maß: zwanzig Ellen tief und, wie die
Tempelhalle, zwanzig Ellen breit. Und er
sprach zu mir: Dies ist das Allerheiligste.

5 Und er maß die Wand des Tempel-
hauses: sechs Ellen dick. Und die Tiefe
des Anbaus betrug vier Ellen, rings um
das Haus herum. 6 Und Seitenräume gab
es, Stockwerk auf Stockwerk, dreimal
dreißig, und sie schlossen sich an die
Wand des Hauses so an, dass die Seiten-
räume ringsherum liefen und in sich Halt
hatten; aber sie hatten keinen Halt in der
Wand des Hauses. 7 Und der Umgang
wurde breiter von Stockwerk zu Stock-
werk für die Seitenräume, denn der Um-
gang des Hauses lief in jedem Stockwerk
rings um das Haus herum; deshalb nahm
die Breite am Haus nach oben hin zu,
und man stieg von dem unteren Stock-
werk auf zum mittleren und oberen.
8 Und ich sah am Hause ein erhöhtes
Pflaster ringsherum, den Unterbau für
die Seitenräume, eine volle Rute, sechs
Ellen hoch. 9 [a]Und die Dicke der Wand

40,46: *a* Kap 43,19; 44,15; 48,11; 1.Kön 1,8.39; 1.Chr 5,34-41 **40,47:** *a* Kap 43,13 **40,49:** *a* 1.Kön 7,21 **41,9:** *a (9-10)* Kap 42,1-3

außen am Anbau betrug fünf Ellen, und
der Raum, der frei blieb, zwischen den
Seitenräumen am Hause 10und den
Kammern betrug zwanzig Ellen rings um
das Haus herum. 11Und es gingen zwei
Türen vom Anbau auf den frei gelas-
senen Raum hin, eine nach Norden, die
andere nach Süden, und die Breite der
frei gelassenen Fläche auf dem Unterbau
betrug fünf Ellen auf jeder Seite.

12Und das Gebäude am Hofraum
nach Westen hin war siebzig Ellen tief
und die Mauer des Gebäudes war auf
allen Seiten fünf Ellen dick und es war
neunzig Ellen breit. 13Und er maß die
Länge des Tempels: hundert Ellen; und
der Hofraum mit jenem Gebäude und
seinen Mauern war auch hundert Ellen
lang. 14Und die Breite der Vorderseite
des Tempels und der Hofraum an seiner
Ostseite ergaben zusammen auch hun-
dert Ellen. 15Und er maß die Länge des
Gebäudes, das am Ende des Hofraums
liegt, und seine Mauern auf beiden Sei-
ten: hundert Ellen.

Und die Tempelhalle und das Innerste
und die Vorhalle draußen 16waren ge-
täfelt, und alle drei hatten sie Fenster mit
Stäben und einen Absatz am Dach rings-
herum; und es war Tafelwerk an allen
Seiten ringsherum. Und das Licht kam
durch die Fenster; aber die Fenster waren
verhängt. 17Bis oberhalb der Tür und bis
zum Allerheiligsten, draußen und auf
der ganzen Wand ringsherum, im Inne-
ren und draußen waren Schnitzereien;
18da waren Cherubim und Palmwedel
dargestellt, je eine Palme zwischen zwei
Cherubim, und jeder Cherub hatte zwei
Angesichter. 19Zur einen Palme wendete
er ein Menschengesicht, zur andern
Palme ein Löwengesicht; die Darstellun-
gen liefen rings um das ganze Haus.
20Vom Boden an bis oberhalb der Tür
waren Cherubim und Palmwedel an der
Wand geschnitzt.

21 [a]Und die Türpfosten im Tempel wa-
ren viereckig. Und vor dem Allerheiligs-
ten stand etwas, das aussah 22wie ein
Altar aus Holz; der war drei Ellen hoch
und zwei Ellen lang und breit und hatte
Ecken, und sein Fuß und seine Wände
waren aus Holz. Und er sprach zu mir:
Das ist der Tisch, der vor dem HERRN
steht.

23Und die Tempelhalle und das Aller-
heiligste hatten je zwei Türflügel; 24zwei
Türflügel hatten die Türen, beide Tür-
flügel konnten sich drehen, jede Tür
hatte zwei Türflügel. 25Und auch an den
Türflügeln der Tempelhalle waren Che-
rubim und Palmwedel dargestellt wie an
den Wänden. Und ein Gitter aus Holz
war außen vor der Vorhalle. 26Und Fens-
ter mit Stäben und Palmwedel waren auf
beiden Seiten an den Wänden der Vor-
halle.

42 [a]Und er führte mich hinaus zum
äußeren Vorhof nach Norden und
brachte mich zu den Kammern, die ge-
genüber dem Hofraum und gegenüber
jenem Gebäude an der Nordseite lagen,
2die Länge hundert Ellen, an der Nord-
seite, und die Breite fünfzig Ellen. 3Zwi-
schen den zwanzig Ellen des inneren Vor-
hofs und dem Pflaster im äußeren Vor-
hof war Absatz an Absatz, dreimal.
4Und ins Innere führte vor den Kam-
mern ein Gang, zehn Ellen breit und
hundert Ellen lang, und ihre Türen lagen
nach Norden. 5Und die oberen Kam-
mern des Baues waren kürzer als seine
unteren und mittleren Kammern; denn
die Absätze nahmen Raum von ihnen
weg. 6Denn sie waren drei Stockwerke
hoch und hatten keine Säulen, wie die
Vorhöfe Säulen hatten. Darum waren die
oberen Kammern gegenüber den unteren
und mittleren verkürzt vom Boden an.
7Und außen vor den Kammern nach
dem äußeren Vorhof hin lief eine Mauer
an den Kammern entlang, fünfzig Ellen
lang. 8Denn die Länge der Kammern
nach dem äußeren Vorhof zu betrug
fünfzig Ellen, aber am Tempel entlang
waren es hundert Ellen. 9Und unten an
diesen Kammern war der Zugang von
Osten her, wenn man vom äußeren Vor-
hof her zu ihnen hineinging, 10am An-
fang der äußeren Mauer.

In der Richtung nach Süden lagen
auch Kammern dem Hofraum und je-
nem Gebäude gegenüber. 11Und ein
Gang lief vor ihnen hin ganz wie vor
jenen Kammern an der Nordseite; ihre
Länge und ihre Breite, ihre Ausgänge

41,21: *a (21-22)* 2. Mose 25,23-30; 40,22-23 **42,1:** *a (1-3)* Kap 40,17; 41,9-10.13

und ihre Einrichtungen und ihre Türen
waren gleich. 12 Und wie die Türen der
Kammern nach Süden lagen, so war
auch eine Tür am Anfang des Ganges,
nämlich des Ganges am Bau entlang,
wenn man von Osten her kommt.

13 Und er sprach zu mir: Die Kam-
mern im Norden und die Kammern im
Süden gegenüber dem Hofraum, das sind
die heiligen Kammern, in denen die
Priester, die zum HERRN nahen, die
hochheiligen Opfer essen. Dort legen sie
die hochheiligen Opfer nieder, die Speis-
opfer, die Sündopfer und die Schuld-
opfer; denn die Stätte ist heilig. 14 Und
[a]wenn die Priester in das Heiligtum
hineingehen, dürfen sie von dort nicht
wieder in den äußeren Vorhof gehen,
sondern sollen zuvor in den Kammern
ihre Kleider ablegen, in denen sie Dienst
getan haben, denn die sind heilig; und
sie sollen ihre andern Kleider anlegen
und dann hinausgehen unter das Volk.

Der Umfang des Tempelbezirks

15 Und als er den Tempel im Inneren
ganz ausgemessen hatte, führte er mich
hinaus zum Osttor und maß den ganzen
Umfang des Tempels. 16 Er maß die
Ostseite mit der Messrute: fünfhundert
Ruten; 17 und die Nordseite maß er
auch: fünfhundert Ruten; 18 desgleichen
die Südseite auch: fünfhundert Ruten.
19 Und er wandte sich zur Westseite und
maß auch fünfhundert Ruten. 20 Nach al-
len vier Windrichtungen maß er. Und es
war eine Mauer ringsherum, fünfhundert
Ruten im Geviert, damit das Heilige von
dem Unheiligen geschieden sei.

Der Einzug der Herrlichkeit des HERRN in den Tempel

43 Und er führte mich wieder zum
Tor im Osten. 2 Und siehe, die
[a]Herrlichkeit des Gottes Israels kam von
Osten und brauste, wie ein großes Wasser
braust, und es ward sehr licht auf der
Erde von seiner Herrlichkeit. 3 Und es
war ganz so [a]wie das Gesicht, das ich
geschaut hatte, als der Herr kam, um die
Stadt zu zerstören, und [b]wie das Ge-
sicht, das ich gesehen hatte am Fluss
Kebar. Da fiel ich nieder auf mein Ange-
sicht. 4 Und die Herrlichkeit des HERRN
kam hinein ins Tempelhaus durch [a]das
Tor, das nach Osten liegt.

5 Da hob mich der Geist auf und
brachte mich in den inneren Vorhof; und
siehe, [a]die Herrlichkeit des HERRN er-
füllte das Haus. 6 Und ich hörte einen mit
mir reden vom Hause heraus, während
der Mann neben mir stand. 7 Und er
sprach zu mir: Du Menschenkind, das ist
der Ort meines Thrones und [a]die Stätte
meiner Fußsohlen; hier will ich für im-
mer wohnen unter den Israeliten. Und
das Haus Israel soll nicht mehr meinen
heiligen Namen entweihen, weder sie
noch ihre Könige, durch ihren Götzen-
dienst und durch die Leichen ihrer Kö-
nige, wenn sie sterben; 8 denn sie haben
ihre Schwelle an meine Schwelle und ihre
Pfosten neben meine Pfosten gesetzt, so-
dass nur eine Wand zwischen mir und
ihnen war, und haben so meinen heiligen
Namen entweiht [a]durch die Gräuel, die
sie taten; darum habe ich sie auch in
meinem Zorn vertilgt. 9 Nun aber sollen
sie ihren Götzendienst und die Leichen
ihrer Könige weit von mir wegtun, und
ich will für immer unter ihnen wohnen.

10 Und du, Menschenkind, beschreibe
dem Haus Israel den Tempel, sein Aus-
sehen und seinen Plan, damit [a]sie sich
schämen ihrer Missetaten. 11 Und wenn
sie sich all dessen schämen, was sie getan
haben, so zeige ihnen Plan und Gestalt
des Tempels und seine Ausgänge und
Eingänge und seinen ganzen Plan und
alle seine Ordnungen und alle seine Ge-
setze. Schreibe sie vor ihren Augen auf,
damit sie auf seinen ganzen Plan und alle
seine Ordnungen achthaben und danach
tun. 12 Das soll aber das Gesetz des Tem-
pels sein: Auf der Höhe des Berges soll
sein ganzes Gebiet ringsum hochheilig
sein. Siehe, das ist das Gesetz des Tem-
pels.

Der Altar und seine Weihe

13 [a]Das sind aber die Maße des Altars,
gemessen nach Ellen, die eine Handbreit
länger sind als die gewöhnliche Elle: Sein
Sockel ist eine Elle hoch und eine Elle

42,14: *a* Kap 44,19 **43,2:** *a* Kap 1,28 **43,3:** *a* Kap 8,1–11,24; *b* Kap 1,1-28 **43,4:** *a* Kap 10,19 **43,5:** *a* Kap 1,28; 2. Mose 40,34; 1. Kön 8,10-11 **43,7:** *a* Ps 132,7-8 **43,8:** *a* Kap 8,7-18 **43,10:** *a* Kap 36,32 **43,13:** *a (13-17)* Kap 40,47; 2. Mose 27,1-8

breit, und die Leiste an seinem Rand ist
eine Spanne hoch ringsherum. Und das
ist die Höhe des Altars: 14 Von dem So-
ckel auf der Erde bis an den unteren
Absatz sind es zwei Ellen in der Höhe
und eine Elle in der Breite, und von dem
niedrigeren Absatz bis zu dem höheren
Absatz sind es vier Ellen in der Höhe
und eine Elle in der Breite; 15 und der
Opferherd ist vier Ellen hoch, und auf
dem Opferherd stehen nach oben vier
Hörner. 16 Und der Opferherd ist zwölf
Ellen lang und zwölf Ellen breit im Ge-
viert. 17 Und der obere Absatz ist vier-
zehn Ellen lang und vierzehn Ellen breit
im Geviert, und eine Leiste geht rings-
herum, eine halbe Elle hoch; und sein
Sockel ist eine Elle hoch und seine Stufen
liegen nach Osten hin.

18 Und er sprach zu mir: Du Men-
schenkind, so spricht Gott der HERR:
Dies sollen die Ordnungen für den Altar
sein an dem Tage, an dem er gebaut ist,
um Brandopfer auf ihm zu opfern und
Blut an ihn zu sprengen. 19 [a]Da sollst du
den levitischen Priestern aus dem Ge-
schlecht Zadoks, die vor mich treten, um
mir zu dienen, spricht Gott der HERR,
einen jungen Stier zum Sündopfer geben.
20 Und von seinem Blut sollst du nehmen
und damit die vier Hörner besprengen
und die vier Ecken des Absatzes und die
Leiste, die ringsherum geht; damit sollst
du ihn entsündigen und Sühne für ihn
schaffen. 21 Und du sollst den Stier des
Sündopfers nehmen und ihn verbrennen
auf dem Platz am Tempel, wo man die
Opfertiere mustert, außerhalb des Hei-
ligtums.

22 Aber am nächsten Tag sollst du
einen Ziegenbock opfern, der ohne Feh-
ler ist, als Sündopfer und den Altar da-
mit entsündigen, wie er mit dem Stier
entsündigt ist. 23 Nachdem du den Altar
entsündigt hast, sollst du einen jungen
Stier opfern, der ohne Fehler ist, und
einen Widder von der Herde ohne Fehler
24 und sollst sie beide vor dem HERRN
opfern, und die Priester sollen Salz auf
sie streuen und sollen sie so dem HERRN
opfern als Brandopfer.

25 So sollst du sieben Tage lang täglich
einen Bock als Sündopfer opfern, und sie
sollen einen jungen Stier und einen Wid-
der von der Herde, die beide ohne Fehler
sind, opfern. 26 So sollen sie sieben Tage
lang für den Altar Sühne schaffen und
ihn reinigen und ihre Hände füllen.
27 Und nach diesen Tagen sollen die
Priester am achten Tag und danach im-
mer wieder auf dem Altar opfern eure
Brandopfer und eure Dankopfer, so will
ich euch gnädig sein, spricht Gott der
HERR.

Das verschlossene Osttor

44 [a]Und er führte mich wieder zu
dem äußeren Tor des Heiligtums
im Osten; es war aber zugeschlossen.
2 Und der HERR sprach zu mir: Dies
Tor soll zugeschlossen bleiben und nicht
aufgetan werden, und niemand soll dort
hineingehen. Denn der HERR, der Gott
Israels, ist dort eingezogen; darum soll
es zugeschlossen bleiben. 3 Nur der Fürst
darf sich, weil er der Fürst ist, dort nie-
derlassen und das Opfermahl essen vor
dem HERRN. [a]Durch die Vorhalle des
Tores soll er hineingehen und durch sie
wieder herausgehen.

Weisungen für den Dienst im Tempel

4 Danach führte er mich zum Tor im
Norden vor das Haus des HERRN. Und
ich sah, und siehe, das Haus war erfüllt
von der Herrlichkeit des HERRN, und ich
fiel auf mein Angesicht. 5 Und der HERR
sprach zu mir: Du Menschenkind, gib
acht und sieh mit deinen Augen und
höre mit deinen Ohren alles, was ich dir
sagen will von allen Ordnungen und Ge-
setzen im Haus des HERRN, und gib
acht, wie man es halten soll mit dem
Zutritt zum Heiligtum an allen Eingän-
gen. 6 Und sage dem Haus des Wider-
spruchs, dem Hause Israel: So spricht
Gott der HERR: Lasst's genug sein, ihr
vom Hause Israel, mit allen euren Gräu-
eltaten! 7 Denn ihr habt fremde Leute mit
unbeschnittenem Herzen und [a]unbe-
schnittenem Fleisch in mein Heiligtum
hineingelassen und so mein Haus ent-
heiligt, als ihr mir Brot, Fett und Blut
opfertet; so habt ihr meinen Bund gebro-

43,19: *a (19-21)* Kap 40,46; 3. Mose 4,1-12 **44,1:** *a (1-2)* Kap 43,4 **44,3:** *a* Kap 46,2 **44,7:** *a* Jes 52,1; Jer 9,25

chen mit allen euren Gräueltaten; 8 ihr habt nicht selbst den Dienst in meinem Heiligtum getan, sondern habt sie bestellt, um für euch den Dienst in meinem Heiligtum zu tun.

9 Darum spricht Gott der HERR: Es soll kein Fremder mit unbeschnittenem Herzen und unbeschnittenem Fleisch in mein Heiligtum kommen von allen Fremdlingen, die unter den Israeliten leben, 10 sondern die Leviten, die von mir abgewichen sind, als Israel von mir abfiel und irreging, ihren Götzen nach, die sollen ihre Sünde tragen 11 und sollen in meinem Heiligtum Dienst tun als Hüter an den Türen des Hauses und als Diener des Hauses. Sie sollen das Brandopfer und das Schlachtopfer für das Volk schlachten und sollen vor ihnen stehen und ihnen dienen. 12 Weil sie ihnen gedient haben vor ihren Götzen und dem Hause Israel einen Anlass zur Sünde gegeben haben, darum habe ich meine Hand gegen sie erhoben, spricht Gott der HERR, dass sie ihre Sünde tragen müssen. 13 Und sie sollen nicht zu mir nahen, um mir Priesterdienst zu tun, und sollen zu dem, was mir heilig ist, und an die hochheiligen Opfer nicht kommen, sondern sollen ihre Schande tragen für ihre Gräuel, die sie getan haben. 14 Darum habe ich sie bestellt, den Dienst an meinem Hause zu tun bei aller Arbeit und bei allem, was dort zu tun ist.

15 Aber die levitischen Priester, die [a]Söhne Zadok, die den Dienst an meinem Heiligtum getan haben, als die Israeliten von mir abfielen, die sollen vor mich treten, um mir zu dienen, und vor mir stehen, um mir Fett und Blut zu opfern, spricht Gott der HERR. 16 Sie sollen hineingehen in mein Heiligtum und vor meinen Tisch treten, um mir zu dienen, und sollen meinen Dienst tun.

17 Und wenn sie durch die Tore des inneren Vorhofs gehen wollen, sollen sie [a]leinene Kleider anziehen und nichts Wollenes anhaben, solange sie in den Toren des inneren Vorhofs und im Hause Dienst tun. 18 Und sie sollen einen leinenen Kopfbund auf ihrem Haupt haben und leinene Beinkleider um ihre Lenden und sollen sich nicht mit Zeug gürten, das Schweiß wirkt. 19 Und [a]wenn sie in den äußeren Vorhof zum Volk herausgehen, sollen sie die Kleider, in denen sie Dienst getan haben, ausziehen und in die Kammern des Heiligtums legen und andere Kleider anziehen, damit sie das Volk nicht durch ihre Kleider mit dem Heiligen in Berührung bringen.

Ordnungen für die Priester

20 [a]Ihr Haupt sollen sie nicht kahl scheren und auch nicht die Haare frei wachsen lassen, sondern sie sollen die Haare ringsherum abschneiden.

21 Und [a]die Priester sollen keinen Wein trinken, wenn sie in den inneren Vorhof gehen sollen.

22 Und [a]sie sollen keine Witwe oder Verstoßene zur Frau nehmen, sondern eine Jungfrau vom Hause Israel oder die Witwe eines Priesters.

23 Und [a]sie sollen mein Volk lehren, dass es zu unterscheiden wisse zwischen Heiligem und Unheiligem und zwischen Reinem und Unreinem.

24 Und wenn eine Streitsache vor sie kommt, [a]sollen sie Richter sein und nach meinem Recht das Urteil sprechen und sollen bei allen meinen Festen meine Gebote und Ordnungen halten und meine Sabbate heiligen.

25 Und [a]sie sollen zu keinem Toten gehen und sich unrein machen, [b]nur zu Vater und Mutter, Sohn oder Tochter, Bruder oder einer Schwester, die noch keinen Mann gehabt hat; an ihnen dürfen sie sich unrein machen. 26 Und nach seiner Reinigung soll man ihm zuzählen sieben Tage. 27 Und wenn er wieder hinein zum Heiligtum geht in den inneren Vorhof, um im Heiligtum Dienst zu tun, soll er sein Sündopfer opfern, spricht Gott der HERR.

28 Und [a]Erbbesitz sollen sie nicht haben; denn ich bin ihr Erbbesitz. Auch sollt ihr ihnen kein Eigentum an Land geben in Israel; denn ich bin ihr Eigentum. 29 Sie sollen ihre Nahrung haben vom Speisopfer, Sündopfer und Schuldopfer, und [a]alles dem Bann Verfallene in Israel soll ihnen gehören. 30 Und das Bes-

44,15: *a* Kap 40,46 **44,17:** *a* 3. Mose 16,4 **44,19:** *a* Kap 42,14 **44,20:** *a* 3. Mose 19,27 **44,21:** *a* 3. Mose 10,9 **44,22:** *a* 3. Mose 21,13-14 **44,23:** *a* Kap 22,26; 3. Mose 10,10 **44,24:** *a* 5. Mose 17,8-9 **44,25:** *a* 4. Mose 19,11; *b* 3. Mose 21,1-4 **44,28:** *a* 4. Mose 18,20 **44,29:** *a* 4. Mose 18,14

te von allen ersten Früchten und die
[a]Abgaben von allem, wovon ihr Abga-
ben leistet, sollen den Priestern gehören.
Ihr sollt den Priestern auch [b]die Erst-
linge eures Teiges geben, damit Segen auf
deinem Hause ruhe. 31Was aber verendet
oder zerrissen ist, es seien Vögel oder
andere Tiere, das sollen die Priester nicht
essen.[a]

Die Landabgabe für den heiligen Bezirk; die Landanteile der Stadt und des Fürsten

45 Wenn ihr nun das Land durchs
Los austeilt, sollt ihr eine Abgabe
vom Land absondern, die dem HERRN
heilig sein soll, fünfundzwanzigtausend
Ellen lang und zwanzigtausend breit; die-
ser Raum soll heilig sein, so weit er
reicht. 2Von ihm sollen auf das Heilig-
tum kommen je fünfhundert Ellen im
Geviert und dazu ein freier Raum rings-
herum von fünfzig Ellen.

3Und auf diesem abgemessenen Raum
sollst du abmessen eine Länge von fünf-
undzwanzigtausend Ellen und eine Breite
von zehntausend; und darin soll das Hei-
ligtum stehen, das Allerheiligste. 4Das
soll ein heiliges Gebiet im Lande sein
und den Priestern gehören, die im Heilig-
tum dienen und vor den HERRN treten,
um ihm zu dienen, damit sie Raum für
ihre Häuser haben, und es soll heilig
sein.

5Aber die Leviten, die am Tempel
Dienst tun, sollen auch einen Raum fünf-
undzwanzigtausend Ellen lang und zehn-
tausend breit als ihr Eigentum bekom-
men, damit sie da wohnen.

6Und [a]der Stadt sollt ihr als Eigentum
zuweisen einen Raum von fünftausend
Ellen Breite und fünfundzwanzigtausend
Ellen Länge, entlang der Abgabe für das
Heiligtum. Das soll dem ganzen Hause
Israel gehören.

7[a]Dem Fürsten aber sollt ihr auch
einen Raum geben zu beiden Seiten der
Abgabe für das Heiligtum und des
Eigentums der Stadt, neben der Abgabe
für das Heiligtum und dem Eigentum
der Stadt, im Westen westwärts und im
Osten ostwärts, und es soll die Länge
einem der Stammesgebiete entsprechen
von der Grenze im Westen bis zur
Grenze im Osten 8des Landes. Das soll
sein Eigentum sein in Israel, damit
[a]meine Fürsten nicht mehr meinem Volk
das Seine nehmen, sondern das Land dem
Hause Israel für seine Stämme lassen.

Mahnung an die Fürsten

9So spricht Gott der HERR: [a]Ihr habt's
lange genug schlimm getrieben, ihr Fürs-
ten Israels; lasst ab von Frevel und Ge-
walttat und tut, was recht und gut ist,
und hört auf, Leute in meinem Volk von
Haus und Hof zu vertreiben, spricht
Gott der HERR.

10Ihr sollt [a]rechtes Gewicht und rech-
ten Scheffel und rechtes Maß haben.
11Ein Scheffel und ein Eimer sollen
gleich sein, sodass ein Eimer den zehnten
Teil von einem Fass hat und ein Scheffel
auch den zehnten Teil von einem Fass;
nach dem Fass soll man sie beide messen.
12Und ein Lot soll zwanzig Gramm ha-
ben und ein Pfund fünfzig Lot.

Die Aufgaben des Fürsten im Opferdienst

13Das soll nun die Abgabe sein, die ihr
leisten sollt, nämlich den sechsten Teil
eines Scheffels von einem Fass Weizen
und den sechsten Teil eines Scheffels von
einem Fass Gerste. 14Und vom Öl sollt
ihr geben je den zehnten Teil eines
Eimers von einem Fass, das zehn Eimer
oder zehn Scheffel fasst; denn zehn
Eimer sind zehn Scheffel; 15und je ein
Lamm von zweihundert Schafen von den
Herden Israels zum Speisopfer und
Brandopfer und Dankopfer, um für sie
Sühne zu schaffen, spricht Gott der
HERR. 16Alles Volk des Landes soll diese
Abgaben zum Fürsten in Israel bringen.
17Und [a]der Fürst soll die Brandopfer,
Speisopfer und Trankopfer ausrichten an
den Festen, Neumonden und Sabbaten
und an allen Feiertagen des Hauses Is-
rael. Er soll die Sündopfer und Speis-
opfer, Brandopfer und Dankopfer dar-
bringen, um Sühne zu schaffen für das
Haus Israel.

18So spricht Gott der HERR: Am ers-
ten Tag des ersten Monats sollst du neh-

44,30: *a* 2. Mose 25,2; *b* 4. Mose 15,20; Neh 10,38 **44,31:** *a* 3. Mose 22,8 **45,6:** *a* Kap 48,15-20 **45,7:** *a* Kap 48,21-22 **45,8:** *a* Kap 46,18 **45,9:** *a* 1. Kön 12,4.11; 21,1-29; Jer 21,11-12; Mi 3,1-3 **45,10:** *a* 3. Mose 19,36; 5. Mose 25,15 **45,17:** *a* 2. Sam 6,17-18

men einen jungen Stier, der ohne Fehler
ist, und das Heiligtum entsündigen.
19 Und der Priester soll von dem Blut des
Sündopfers nehmen und die Pfosten am
Tempel damit besprengen und die vier
Ecken des Absatzes am Altar samt den
Pfosten am Tor des inneren Vorhofs.
20 So sollst du auch tun am ersten Tag
des siebenten Monats wegen derer, [a]die
sich verfehlt haben aus Versehen oder
Unwissenheit; damit entsühnt ihr den
Tempel.

21 Am vierzehnten Tag des ersten Mo-
nats sollt ihr [a]das Passa halten und sie-
ben Tage feiern und ungesäuertes Brot
essen. 22 An diesem Tag soll der Fürst für
sich und für alles Volk des Landes einen
Stier zum Sündopfer opfern. 23 Und an
den sieben Tagen des Festes soll er dem
HERRN täglich ein [a]Brandopfer darbrin-
gen, je sieben Stiere und sieben Widder,
die ohne Fehler sind, und je einen Zie-
genbock zum Sündopfer. 24 Zum [a]Speis-
opfer aber soll er je einen Scheffel zu
einem Stier und einen Scheffel zu einem
Widder opfern und je eine Kanne Öl zu
einem Scheffel.

25 Vom [a]fünfzehnten Tag des siebenten
Monats an soll er sieben Tage nachein-
ander feiern wie jene sieben Tage und es
ebenso halten mit Sündopfer, Brand-
opfer, Speisopfer samt dem Öl.

46 So spricht Gott der HERR: Das
Tor am inneren Vorhof im Osten
soll an den sechs Werktagen zugeschlos-
sen sein, aber am Sabbattag und am Neu-
mond soll man's auftun. 2 Und [a]der
Fürst soll von draußen unter die Vorhalle
des Tores treten und bei den Pfosten
am Tor stehen bleiben. Und die Priester
sollen sein Brandopfer und Dankopfer
opfern, er aber soll auf der Schwelle des
Tores anbeten und danach wieder hin-
ausgehen; das Tor aber soll offen bleiben
bis zum Abend. 3 Ebenso soll das Volk
des Landes an der Tür dieses Tores an-
beten vor dem HERRN an den Sabbaten
und Neumonden.

4 Das [a]Brandopfer aber, das der Fürst
dem HERRN opfern soll am Sabbattag,
sollen sechs Lämmer sein, die ohne Feh-
ler sind, und ein Widder ohne Fehler
5 und als [a]Speisopfer einen Scheffel zu
jedem Widder, als Speisopfer zu den
Lämmern aber, soviel seine Hand gibt,
und je eine Kanne Öl zu einem Scheffel.
6 Am Neumond aber soll er einen jungen
Stier opfern, der ohne Fehler ist, und
sechs Lämmer und einen Widder, auch
ohne Fehler, 7 und als Speisopfer je einen
Scheffel zum Stier und je einen Scheffel
zum Widder, aber zu den Lämmern so
viel, wie er geben mag, und je eine Kanne
Öl zu einem Scheffel. 8 Und wenn der
Fürst hineingeht, soll er durch die Vor-
halle des Tores hineingehen und auf
demselben Weg wieder hinausgehen.

9 Aber wenn das Volk des Landes vor
den HERRN kommt an den Feiertagen,
dann sollen die, die zum Tor im Norden
hineingehen, um anzubeten, durch das
Tor im Süden wieder hinausgehen, und
die, die zum Tor im Süden hineingehen,
sollen durch das Tor im Norden wieder
hinausgehen und sollen nicht wieder
durch das Tor hinausgehen, durch das
sie hineingegangen sind, sondern sollen
durch das Tor gegenüber hinausgehen.
10 Der Fürst aber soll mit ihnen sein,
wenn sie hinein- und wenn sie hinaus-
gehen.

11 Und an den Festen und Feiertagen
soll man als Speisopfer zu je einem Stier
einen Scheffel und zu je einem Widder
einen Scheffel opfern und zu den Läm-
mern, soviel seine Hand gibt, und je eine
Kanne Öl zu einem Scheffel.

12 Wenn aber der Fürst ein Brandopfer
oder Dankopfer als freiwillige Gabe dem
HERRN darbringen will, so soll man ihm
das Tor im Osten auftun, damit er sein
Brandopfer und Dankopfer opfern kann,
wie er es sonst am Sabbat zu opfern
pflegt. Und wenn er wieder hinausgeht,
soll man das Tor hinter ihm zuschließen.

13 Und er soll dem HERRN [a]täglich ein
Brandopfer darbringen, nämlich ein ein-
jähriges Schaf ohne Fehler; das soll er
alle Morgen opfern. 14 Und er soll alle
Morgen den sechsten Teil eines Scheffels
als Speisopfer dazu darbringen und den
dritten Teil einer Kanne Öl, um das Fein-
mehl zu besprengen, als ein Speisopfer
für den HERRN. Das soll eine ewige Ord-

45,20: *a* 3. Mose 4,22; 5,17-18 **45,21:** *a* 3. Mose 23,5 **45,23:** *a* 4. Mose 28,17-25 **45,24:** *a* Kap 46,5; 4. Mose 15,4-12 **45,25:** *a* 3. Mose 23,34 **46,2:** *a* Kap 44,3 **46,4:** *a* 4. Mose 28,9-10 **46,5:** *a* Kap 45,24 **46,13:** *a* 2. Mose 29,38-42; 4. Mose 28,3

nung sein über das tägliche Opfer. 15 Und
so sollen sie das Schaf mit dem Speis-
opfer und dem Öl alle Morgen opfern als
tägliches Brandopfer.

Bestimmungen über das Erbland des Fürsten

16 So spricht Gott der HERR: Wenn der
Fürst einem seiner Söhne ein Geschenk
gibt von seinem Erbe, soll es seinen Söh-
nen verbleiben und sie sollen es als ihr
Erbe besitzen. 17 Wenn er aber einem sei-
ner Großen von seinem Erbteil etwas
schenkt, so sollen sie es besitzen bis zum
[a]Jahr der Freilassung und dann soll es an
den Fürsten wieder zurückfallen; nur der
Anteil seiner Söhne soll diesen verblei-
ben. 18 Es [a]soll auch der Fürst dem Volk
nichts nehmen von seinem Erbteil, um
sie dadurch aus ihrem Eigentum zu ver-
drängen, sondern er soll sein Eigentum
auf seine Söhne vererben, damit nicht
jemand von meinem Volk aus seinem
Eigentum vertrieben wird.

Die Opferküchen

19 Und er führte mich durch den Eingang
an der Seite des Tores zu den heiligen
Kammern im Norden, die den Priestern
gehörten, und siehe, dort war ein Raum
in der Ecke im Westen. 20 Und er sprach
zu mir: Dies ist der Ort, wo die Priester
das Schuldopfer und das Sündopfer ko-
chen und das Speisopfer backen sollen,
damit sie es nicht in den äußeren Vorhof
hinaustragen müssen und so das Volk
mit dem Heiligen in Berührung bringen.
21 Danach führte er mich in den äußeren
Vorhof hinaus und ließ mich in die vier
Ecken des Vorhofs gehen. Und siehe, da
war in jeder Ecke des Vorhofs wieder ein
Vorhof. 22 In den vier Ecken des Vorhofs
waren kleine Vorhöfe, vierzig Ellen lang
und dreißig Ellen breit, alle vier von glei-
chem Maß. 23 Und es ging eine Mauer
um jeden der vier Vorhöfe herum; da
waren Herde ringsherum unten an den
Mauern. 24 Und er sprach zu mir: Dies
sind die Küchen, in denen die Tempel-
diener das Schlachtopfer des Volks ko-
chen sollen.

Der wunderbare Strom aus dem Tempel

47 [a]Und er führte mich wieder zu
der Tür des Tempels. Und siehe,
da [b]floss ein Wasser heraus unter der
Schwelle des Tempels nach Osten; denn
die vordere Seite des Tempels lag gegen
Osten. Und das Wasser lief unten an der
südlichen Seitenwand des Tempels hinab,
südlich am Altar vorbei. 2 Und er führte
mich hinaus durch das Tor im Norden
und brachte mich außen herum zum
äußeren Tor im Osten; und siehe, das
Wasser sprang heraus aus seiner süd-
lichen Seitenwand. 3 Und der Mann ging
heraus nach Osten und hatte eine [a]Mess-
schnur in der Hand, und er maß tausend
Ellen und ließ mich durch das Wasser
gehen; da ging es mir bis an die Knöchel.
4 Und er maß abermals tausend Ellen
und ließ mich durch das Wasser gehen:
da ging es mir bis an die Knie; und er
maß noch tausend Ellen und ließ mich
durch das Wasser gehen: da ging es mir
bis an die Lenden. 5 Da maß er noch
tausend Ellen: da war es ein Strom, so
tief, dass ich nicht mehr hindurchgehen
konnte; denn das Wasser war so hoch,
dass man schwimmen musste und nicht
hindurchgehen konnte.

6 Und er sprach zu mir: Du Menschen-
kind, hast du das gesehen? Und er führte
mich zurück am Ufer des Flusses ent-
lang. 7 Und als ich zurückkam, siehe, da
standen sehr viele Bäume am Ufer auf
beiden Seiten. 8 Und er sprach zu mir:
Dies Wasser fließt hinaus in das östliche
Gebiet und weiter hinab zum Jordantal
und mündet ins Tote Meer. Und wenn es
ins Meer fließt, soll dessen Wasser ge-
sund werden, 9 und alles, was darin lebt
und webt, wohin der Strom kommt, das
soll leben. Und es soll sehr viele Fische
dort geben, wenn dieses Wasser dorthin
kommt; und alles soll gesund werden und
leben, wohin dieser Strom kommt.[a]
10 Und es werden an ihm die Fischer ste-
hen. Von En-Gedi bis nach En-Eglajim
wird man die Fischgarne aufspannen;
denn es wird dort sehr viele Fische von
aller Art geben wie im großen Meer.
11 Aber die Teiche und Lachen daneben
werden nicht gesund werden, sondern

46,17: *a* 3. Mose 25,10; Jer 34,8 **46,18:** *a* Kap 45,8-9 **47,1:** *a (1-12)* 1. Mose 2,10-14; *b* Joel 4,18; Offb 22,1 **47,3:** *a* Kap 40,3 **47,9:** *a* 2. Mose 15,23

man soll daraus Salz gewinnen. 12 Und
an dem Strom werden an seinem Ufer
auf beiden Seiten [a]allerlei fruchtbare
Bäume wachsen; und ihre Blätter werden
nicht verwelken und mit ihren Früchten
hat es kein Ende. [b]Sie werden alle Mo-
nate neue Früchte bringen; denn ihr
Wasser fließt aus dem Heiligtum. Ihre
Früchte werden zur Speise dienen und
ihre Blätter zur Arznei.

Die Grenzen des Landes

13 So spricht Gott der HERR: Dies sind
die Grenzen, nach denen ihr das Land
den zwölf Stämmen Israels austeilen
sollt; [a]zwei Teile gehören dem Stamm
Josef. 14 Und ihr sollt es als Erbteil
bekommen, einer wie der andere; denn
ich habe meine Hand aufgehoben zum
Schwur, [a]dies Land euren Vätern zu ge-
ben, und so soll es euch als Erbteil zu-
fallen.

15 [a]Dies ist nun die Grenze des Landes
gegen Norden: von dem großen Meer an
auf Hetlon zu nach Zedad, 16 Hamat, Be-
rota, Sibrajim, das an Damaskus und
Hamat grenzt, und Hazar-Enan, das an
den Hauran grenzt. 17 Und so soll die
Grenze laufen vom Meer an bis nach
Hazar-Enan, und Damaskus und Hamat
sollen nördlich liegen bleiben. Das sei die
Grenze gegen Norden.

18 Aber die Grenze gegen Osten: von
Hazar-Enan, das zwischen dem Hauran
und Damaskus liegt, der Jordan zwi-
schen Gilead und dem Lande Israel bis
hinab ans östliche Meer nach Tamar.
Das soll die Grenze gegen Osten sein.

19 Aber die Grenze gegen Süden läuft
von Tamar bis an das [a]Haderwasser von
Kadesch und den [b]Bach Ägyptens hinab
bis an das große Meer. Das soll die
Grenze gegen Süden sein.

20 Und an der Seite gegen Westen ist
das große Meer die Grenze bis gegenüber
Hamat. Das sei die Grenze gegen Wes-
ten.

Die Verteilung des Landes

21 Und ihr sollt dies Land austeilen unter
die Stämme Israels, 22 und wenn ihr das
Los werft, um das Land unter euch zu
teilen, so sollt ihr [a]die Fremdlinge, die
bei euch wohnen und Kinder unter euch
zeugen, halten wie die Einheimischen un-
ter den Israeliten; mit euch sollen sie
ihren Erbbesitz erhalten unter den Stäm-
men Israels, 23 und ihr sollt auch ihnen
ihren Anteil am Lande geben, jedem bei
dem Stamm, bei dem er wohnt, spricht
Gott der HERR.

48 Dies sind die Namen der Stämme:
[a]Von Norden vom Meer an auf
dem Wege nach Hetlon zu nach Hamat
und Hazar-Enan, sodass Damaskus
nördlich liegen bleibt, gegen Hamat: das
soll Dan als seinen Anteil haben von
Osten bis nach Westen. 2 Neben Dan soll
Asser seinen Anteil haben von Osten bis
nach Westen. 3 Neben Asser soll Naftali
seinen Anteil haben von Osten bis nach
Westen. 4 Neben Naftali soll Manasse sei-
nen Anteil haben von Osten bis nach
Westen. 5 Neben Manasse soll Ephraim
seinen Anteil haben von Osten bis nach
Westen. 6 Neben Ephraim soll Ruben sei-
nen Anteil haben von Osten bis nach
Westen. 7 Neben Ruben soll Juda seinen
Anteil haben von Osten bis nach Wes-
ten.

8 [a]Neben Juda aber sollt ihr einen Teil
als Abgabe absondern von Osten bis
nach Westen, der fünfundzwanzigtau-
send Ellen breit und so lang ist wie sonst
ein Anteil von Osten bis nach Westen.
Mitten darin soll das Heiligtum stehen.
9 Das Land, das ihr als Abgabe dem
HERRN absondern sollt, soll fünfund-
zwanzigtausend Ellen lang und zehntau-
send Ellen breit sein. 10 Und diese Ab-
gabe für das Heiligtum soll den Priestern
gehören, nämlich fünfundzwanzigtau-
send Ellen lang an der Nordseite und an
der Südseite und zehntausend Ellen breit
an der Ostseite und an der Westseite.
Und das Heiligtum des HERRN soll mit-
ten darin stehen. 11 Es soll den geweihten
Priestern gehören, den [a]Söhnen Zadok,
die mir Dienst getan haben und nicht mit
den Israeliten abgefallen sind, wie die
Leviten abgefallen sind. 12 Und diese be-
sondere Abgabe von der Abgabe des
Landes soll ihnen gehören und hochhei-
lig sein, neben dem Gebiet der Leviten.

47,12: *a* Jes 32,15; *b* Offb 22,2 **47,13:** *a* 1.Mose 48,5; Jos 17,17 **47,14:** *a* 1.Mose 12,7 **47,15:** *a (15-20)* 4.Mose 34,2-12 **47,19:** *a* 4.Mose 20,13; *b* 4.Mose 34,5 **47,22:** *a* 3.Mose 19,33-34 **48,1:** *a* Kap 47,15-17 **48,8:** *a (8-20)* Kap 45,1-8 **48,11:** *a* Kap 40,46

13 Die Leviten aber sollen neben dem
Gebiet der Priester auch ein Gebiet
von fünfundzwanzigtausend Ellen in der
Länge und zehntausend Ellen in der
Breite haben; denn im Ganzen soll die
Länge fünfundzwanzigtausend Ellen und
die Breite zwanzigtausend Ellen sein.
14 Und sie dürfen nichts davon verkaufen
oder vertauschen, damit dieser beste Teil
des Landes nicht in andere Hände
kommt; denn er ist dem HERRN gehei-
ligt.

15 Aber die übrigen fünftausend Ellen
in der Breite entlang den fünfundzwan-
zigtausend Ellen sollen nicht heilig, son-
dern für die Stadt zum Wohnen und zur
Weidetrift bestimmt sein, und die Stadt
soll mitten darin stehen. 16 Und das sol-
len ihre Maße sein: viertausendfünfhun-
dert Ellen an der Nordseite und an der
Südseite, ebenso auch an der Ostseite
und an der Westseite viertausendfünf-
hundert Ellen.[a] 17 Die Weidetrift der
Stadt soll zweihundertfünfzig Ellen ge-
gen Norden und gegen Süden messen,
ebenso auch gegen Osten und gegen Wes-
ten zweihundertfünfzig Ellen. 18 Aber das
übrige Gebiet entlang der Abgabe für
das Heiligtum, nämlich zehntausend El-
len gegen Osten und zehntausend Ellen
gegen Westen, das soll dem Unterhalt
derer dienen, die in der Stadt arbeiten.
19 Und Arbeiter aus allen Stämmen Is-
raels sollen in der Stadt arbeiten. 20 So
soll die ganze Abgabe fünfundzwanzig-
tausend Ellen im Geviert sein. Ein Vier-
eck soll die Abgabe für das Heiligtum sein
mit dem, was Eigentum der Stadt ist.

21 [a]Was aber noch übrig ist, soll dem
Fürsten gehören, nämlich auf beiden Sei-
ten neben der Abgabe für das Heiligtum
und neben dem Eigentum der Stadt ent-
lang den fünfundzwanzigtausend Ellen
an der Ostseite und an der Westseite, so
weit wie die Anteile der Stämme reichen;
das soll dem Fürsten gehören. Die Ab-
gabe für das Heiligtum und der Tempel
sollen in der Mitte liegen. 22 Abgesehen
von dem Eigentum der Leviten und dem
Eigentum der Stadt, das mitten im Ge-
biet des Fürsten liegt, soll das Land zwi-
schen dem Gebiet Judas und dem Gebiet
Benjamins dem Fürsten gehören.

23 Danach sollen die übrigen Stämme
kommen: Benjamin soll seinen Anteil ha-
ben von Osten bis nach Westen. 24 Neben
dem Gebiet Benjamins soll Simeon sei-
nen Anteil haben von Osten bis nach
Westen. 25 Neben dem Gebiet Simeons
soll Issachar seinen Anteil haben von
Osten bis nach Westen. 26 Neben dem
Gebiet Issachars soll Sebulon seinen An-
teil haben von Osten bis nach Westen.
27 Neben dem Gebiet Sebulons soll Gad
seinen Anteil haben von Osten bis nach
Westen. 28 Neben dem Gebiet von Gad
soll [a]im Süden die Grenze von Tamar bis
an das Haderwasser von Kadesch laufen
und den Bach Ägyptens hinab bis an das
große Meer. 29 Das ist das Land, das ihr
austeilen sollt als Erbteil unter die
Stämme Israels, und das sollen ihre Erb-
teile sein, spricht Gott der HERR.

Die Tore der Stadt

30 [a]Und dies sollen die Ausgänge der
Stadt sein: an der Nordseite mit ihren
viertausendfünfhundert Ellen 31 drei
Tore: das erste Tor Ruben, das zweite
Juda, das dritte Levi; denn die Tore der
Stadt sollen nach den Namen der
Stämme Israels genannt werden. 32 So
auch an der Ostseite mit ihren viertau-
sendfünfhundert Ellen drei Tore: nämlich
das erste Tor Josef, das zweite Benjamin,
das dritte Dan. 33 An der Südseite mit
ihren viertausendfünfhundert Ellen auch
drei Tore: das erste Tor Simeon, das
zweite Issachar, das dritte Sebulon. 34 So
auch an der Westseite mit ihren viertau-
sendfünfhundert Ellen drei Tore: das ers-
te Tor Gad, das zweite Asser, das dritte
Naftali. 35 So soll der ganze Umfang
achtzehntausend Ellen sein. Und alsdann
soll die Stadt genannt werden [a]»Hier ist
der HERR«.

48,16: *a* Offb 21,16 **48,21:** *a (21-22)* Kap 45,7 **48,28:** *a* Kap 47,19 **48,30:** *a (30-35)* Offb 21,12-13 **48,35:** *a* Kap 43,7; Jes 60,14; Offb 21,3

DER PROPHET DANIEL

Inhaltsübersicht

Die Erziehung Daniels und seiner Freunde am babylonischen Hof

1 Im dritten Jahr der Herrschaft [a]Joja-
kims, des Königs von Juda, zog Nebu-
kadnezar, der König von Babel, vor Jeru-
salem und belagerte es. [2]Und der Herr
gab in seine Hand Jojakim, den König
von Juda, und einen Teil der Geräte aus
dem Hause Gottes. Die ließ er ins [a]Land
Schinar bringen, in den Tempel seines
Gottes, und tat die Geräte in die Schatz-
kammer seines Gottes.
[3]Und der König sprach zu Aschpenas,
seinem obersten Kämmerer, er sollte
[a]einige von den Israeliten auswählen, und
zwar von königlichem Stamm und von
edler Herkunft, [4]junge Leute, die keine
Gebrechen hätten, sondern schön, be-
gabt, weise, klug und verständig wären,
also fähig, an des Königs Hof zu dienen;
und er sollte sie in Schrift und Sprache
der Chaldäer unterrichten lassen. [5]Und
der König bestimmte, was man ihnen
täglich geben sollte von seiner Speise und
von dem Wein, den er selbst trank; so
sollten sie drei Jahre erzogen werden und
danach vor dem König dienen. [6]Unter
ihnen waren aus Juda Daniel, Hananja,
Mischaël und Asarja. [7]Und der oberste
Kämmerer gab ihnen andere Namen und
nannte Daniel Beltschazar und Hananja
Schadrach und Mischaël Meschach und
Asarja Abed-Nego.
[8]Aber Daniel nahm sich in seinem
Herzen vor, dass er sich mit des Königs
Speise und mit seinem Wein nicht [a]un-
rein machen wollte, und bat den obersten
Kämmerer, dass er sich nicht unrein ma-
chen müsste. [9]Und Gott gab es Daniel,
dass ihm der oberste Kämmerer günstig
und gnädig gesinnt wurde.[a] [10]Der
sprach zu ihm: Ich fürchte mich vor mei-
nem Herrn, dem König, der euch eure
Speise und euern Trank bestimmt hat.
Wenn er merken würde, dass euer Aus-
sehen schlechter ist als das der andern
jungen Leute eures Alters, so brächtet ihr
mich bei dem König um mein Leben.
[11]Da sprach Daniel zu dem Aufseher,
den der oberste Kämmerer über Daniel,
Hananja, Mischaël und Asarja gesetzt
hatte: [12]Versuch's doch mit deinen
Knechten zehn Tage und lass uns Ge-
müse zu essen und Wasser zu trinken
geben. [13]Und dann lass dir unser Aus-
sehen und das der jungen Leute, die von
des Königs Speise essen, zeigen; und da-
nach magst du mit deinen Knechten tun
nach dem, was du sehen wirst.
[14]Und er hörte auf sie und versuchte
es mit ihnen zehn Tage. [15]Und nach den
zehn Tagen sahen sie schöner und kräf-
tiger aus als alle jungen Leute, die von
des Königs Speise aßen. [16]Da tat der
Aufseher die Speise und den Trank, die
für sie bestimmt waren, weg und gab
ihnen Gemüse. [17]Und diesen vier jungen
Leuten gab Gott Einsicht und Verstand
für jede Art von Schrift und Weisheit.
[a]Daniel aber verstand sich auf Gesichte
und Träume jeder Art.
[18]Und als die Zeit um war, die der
König bestimmt hatte, dass sie danach
vor ihn gebracht werden sollten, brachte
sie der oberste Kämmerer vor Nebukad-
nezar. [19]Und der König redete mit ihnen,
und es wurde unter allen niemand ge-
funden, der Daniel, Hananja, Mischaël
und Asarja gleich war. Und sie wurden
des Königs Diener. [20]Und der König
fand sie in allen Sachen, die er sie fragte,
zehnmal klüger und verständiger als alle

1,1: *a* 2. Kön 24,1-2 **1,2:** *a* 1. Mose 11,2 **1,3:** *a* 2. Kön 20,18 **1,8:** *a* 3. Mose 11,1-47 **1,9:** *a* 1. Mose 39,21 **1,17:** *a* Hes 28,3

Zeichendeuter und Weisen in seinem
ganzen Reich. 21 Und Daniel blieb im
Dienst bis ins [a]erste Jahr des Königs
Kyrus.

Nebukadnezars Traum von den vier Weltreichen

(vgl. Kap 7,1-28)

2 Im zweiten Jahr seiner Herrschaft
hatte Nebukadnezar einen Traum,
über den er so erschrak, dass er auf-
wachte. 2 Und der König ließ alle Zei-
chendeuter und Weisen und [a]Zauberer
und Wahrsager zusammenrufen, dass sie
ihm seinen Traum sagen sollten. Und sie
kamen und traten vor den König. 3 Und
der König sprach zu ihnen: Ich hab einen
Traum gehabt; der hat mich erschreckt,
und ich wollte gerne wissen, was es mit
dem Traum gewesen ist.

4 Da sprachen die Wahrsager zum Kö-
nig auf Aramäisch: Der König lebe ewig!
Sage deinen Knechten den Traum, so
wollen wir ihn deuten. 5 Der König ant-
wortete und sprach zu den Wahrsagern:
Mein Wort ist deutlich genug. Werdet ihr
mir nun den Traum nicht kundtun und
deuten, so sollt ihr in Stücke gehauen
und eure Häuser sollen zu Schutthaufen
gemacht werden. 6 Werdet ihr mir aber
den Traum kundtun und deuten, so sollt
ihr Geschenke, Gaben und große Ehre
von mir empfangen. Darum sagt mir den
Traum und seine Deutung. 7 Sie ant-
worteten noch einmal und sprachen: Der
König sage seinen Knechten den Traum,
so wollen wir ihn deuten.

8 Der König antwortete und sprach:
Wahrlich, ich merke, dass ihr Zeit ge-
winnen wollt, weil ihr seht, dass mein
Wort deutlich genug ist. 9 Aber werdet ihr
mir den Traum nicht sagen, so ergeht ein
Urteil über euch alle, weil ihr euch vorge-
nommen habt, Lug und Trug vor mir zu
reden, bis die Zeiten sich ändern. Darum
sagt mir den Traum; so kann ich merken,
dass ihr auch die Deutung trefft. 10 Da
antworteten die Wahrsager vor dem Kö-
nig und sprachen zu ihm: Es ist kein
Mensch auf Erden, der sagen könnte,
was der König fordert. Ebenso gibt es
auch keinen König, wie groß oder mäch-
tig er sei, der solches von irgendeinem
Zeichendeuter, Weisen oder Wahrsager
fordern würde. 11 Denn was der König
fordert, ist zu hoch, und es gibt auch
sonst niemand, der es vor dem König
sagen könnte, ausgenommen die Götter,
die nicht bei den Menschen wohnen.

12 Da wurde der König sehr zornig und
befahl, alle Weisen von Babel umzubrin-
gen. 13 Und das Urteil ging aus, dass man
die Weisen töten sollte. Auch Daniel und
seine Gefährten suchte man, um sie zu
töten.

14 Da wandte sich Daniel [a]klug und
verständig an Arjoch, den Obersten der
Leibwache des Königs, der auszog, um
die Weisen von Babel zu töten. 15 Und er
fing an und sprach zu Arjoch, dem der
König Vollmacht gegeben hatte: Warum
ist ein so strenges Urteil vom König er-
gangen? Und Arjoch teilte es Daniel mit.
16 Da ging Daniel hinein und bat den
König, ihm eine Frist zu geben, damit er
die Deutung dem König sagen könne.

17 Und Daniel ging heim und teilte es
seinen Gefährten Hananja, Mischaël und
Asarja mit, 18 damit sie den Gott des
Himmels um Gnade bäten wegen dieses
Geheimnisses und Daniel und seine Ge-
fährten nicht samt den andern Weisen
von Babel umkämen.

19 Da wurde Daniel dies Geheimnis
durch ein Gesicht in der Nacht offen-
bart. Und Daniel lobte den Gott des
Himmels, 20 fing an und sprach: Gelobet
sei der Name Gottes von Ewigkeit zu
Ewigkeit, denn ihm gehören Weisheit
und Stärke! 21 Er ändert Zeit und Stunde;
[a]er setzt Könige ab und setzt Könige ein;
er gibt den Weisen ihre Weisheit und den
Verständigen ihren Verstand, 22 er offen-
bart, was tief und verborgen ist; er weiß,
was in der Finsternis liegt, denn bei ihm
ist lauter Licht. 23 Ich danke dir und lobe
dich, Gott meiner Väter, dass du mir
Weisheit und Stärke verliehen und jetzt
offenbart hast, was wir von dir erbeten
haben; denn du hast uns des Königs
Sache offenbart.

24 Da ging Daniel hinein zu Arjoch,
der vom König Befehl hatte, die Weisen
von Babel umzubringen, und sprach zu

1,21: *a* Esra 1,1 **2,2:** *a* Jes 47,12-13 **2,14:** *a* Kap 1,20 **2,21:** *a* Kap 4,14.22.29

ihm: Du sollst die Weisen von Babel
nicht umbringen, sondern führe mich
hinein zum König, ich will dem König
die Deutung sagen. 25 Arjoch brachte Da-
niel eilends hinein vor den König und
sprach zu ihm: Ich habe einen Mann
gefunden unter den Gefangenen aus
Juda, der dem König die Deutung sagen
kann. 26 Der König antwortete und
sprach zu Daniel, den sie Beltschazar
nannten: Bist du es, der mir den Traum,
den ich gesehen habe, und seine Deutung
kundtun kann?

27 Daniel fing an vor dem König und
sprach: Das Geheimnis, nach dem der
König fragt, vermögen die Weisen, Ge-
lehrten, Zeichendeuter und Wahrsager
dem König nicht zu sagen. 28 Aber [a]es ist
ein Gott im Himmel, der kann Geheim-
nisse offenbaren. Der hat dem König
Nebukadnezar kundgetan, was in künfti-
gen Zeiten geschehen soll. Mit deinem
Traum und deinen Gesichten, als du
schliefst, verhielt es sich so: 29 Du, König,
dachtest auf deinem Bett, was dereinst
geschehen würde; und der, der Geheim-
nisse offenbart, hat dir kundgetan, was
geschehen wird. 30 Mir aber ist dies Ge-
heimnis offenbart worden, [a]nicht als
wäre meine Weisheit größer als die Weis-
heit aller, die da leben, sondern damit
dem König die Deutung kundwürde und
du deines Herzens Gedanken erführest.

31 Du, König, hattest einen Traum,
und siehe, ein großes und hohes und hell
glänzendes Bild stand vor dir, das war
schrecklich anzusehen. 32 Das Haupt die-
ses Bildes war von feinem Gold, seine
Brust und seine Arme waren von Silber,
sein Bauch und seine Lenden waren von
Kupfer, 33 seine Schenkel waren von Ei-
sen, seine Füße waren teils von Eisen und
teils von Ton. 34 Das sahst du, bis ein
Stein herunterkam, ohne Zutun von
Menschenhänden; der traf das Bild an
seinen Füßen, die von Eisen und Ton
waren, und zermalmte sie. 35 Da wurden
miteinander zermalmt Eisen, Ton, Kup-
fer, Silber und Gold und wurden wie
Spreu auf der Sommertenne, und der
Wind verwehte sie, dass man sie nirgends
mehr finden konnte. Der Stein aber, der
das Bild zerschlug, wurde zu einem gro-
ßen Berg, sodass er die ganze Welt füllte.

36 Das ist der Traum. Nun wollen wir
die Deutung vor dem König sagen. 37 Du,
König, bist [a]ein König aller Könige, dem
der Gott des Himmels Königreich,
Macht, Stärke und Ehre gegeben hat
38 und dem er alle Länder, in denen Leute
wohnen, dazu [a]die Tiere auf dem Felde
und die Vögel unter dem Himmel in die
Hände gegeben und dem er über alles
Gewalt verliehen hat. Du bist das gol-
dene Haupt.

39 Nach dir wird ein anderes König-
reich aufkommen, geringer als deines,
danach das dritte Königreich, das aus
Kupfer ist und über alle Länder herr-
schen wird. 40 Und das vierte wird hart
sein wie Eisen; denn wie Eisen alles zer-
malmt und zerschlägt, ja, wie Eisen alles
zerbricht, so wird es auch alles zermal-
men und zerbrechen. 41 Dass du aber die
Füße und Zehen teils von Ton und teils
von Eisen gesehen hast, bedeutet: Das
wird ein zerteiltes Königreich sein; doch
wird etwas von des Eisens Härte darin
bleiben, wie du ja gesehen hast Eisen mit
Ton vermengt. 42 Und dass die Zehen an
seinen Füßen teils von Eisen und teils
von Ton sind, bedeutet: Zum Teil wird's
ein starkes und zum Teil ein schwaches
Reich sein. 43 Und dass du gesehen hast
Eisen mit Ton vermengt, bedeutet: Sie
werden sich zwar durch Heiraten mitein-
ander vermischen, aber sie werden doch
nicht aneinander festhalten, so wie sich
Eisen mit Ton nicht mengen lässt.

44 Aber **zur Zeit dieser Könige wird der**
Gott des Himmels [a]ein Reich aufrichten,
das nimmermehr zerstört wird; und sein
Reich wird auf kein anderes Volk kommen.
Es wird alle diese Königreiche zermalmen
und zerstören; aber es selbst wird ewig
bleiben, 45 wie du ja gesehen hast, dass
ein Stein ohne Zutun von Menschenhän-
den vom Berg herunterkam, der Eisen,
Kupfer, Ton, Silber und Gold zermalmte.
So hat der große Gott dem König kund-
getan, was dereinst geschehen wird. Der
Traum ist zuverlässig und die Deutung
ist richtig.

46 Da fiel der König Nebukadnezar auf

2,28: *a* 1. Mose 41,16 **2,30:** *a* 1. Mose 41,39 **2,37:** *a* Hes 26,7 **2,38:** *a* Jer 27,6; 28,14 **2,44:** *a* Kap 7,14.27; Jes 9,6; 1. Kor 15,24; Offb 11,15

sein Angesicht und warf sich nieder vor
Daniel und befahl, man sollte ihm Speis-
opfer und Räucheropfer darbringen.
47Und der König antwortete Daniel und
sprach: Es ist kein Zweifel, [a]euer Gott ist
ein Gott über alle Götter und ein Herr
über alle Könige, der Geheimnisse offen-
baren kann, wie du dies Geheimnis hast
offenbaren können. 48Und der König er-
höhte Daniel und [a]gab ihm große und
viele Geschenke und machte ihn zum
Fürsten über das ganze Land Babel und
setzte ihn zum Obersten über alle Weisen
in Babel. 49Und Daniel bat den König,
[a]über die einzelnen Bezirke im Lande
Babel Schadrach, Meschach und Abed-
Nego zu setzen. Daniel aber blieb am
Hof des Königs.

Die drei Männer im Feuerofen

3 Der König Nebukadnezar ließ ein
goldenes Bild machen sechzig Ellen
hoch und sechs Ellen breit und ließ es
aufrichten in der Ebene Dura im Lande
Babel. 2Und der König Nebukadnezar
sandte nach den Fürsten, Würdenträ-
gern, Statthaltern, Richtern, Schatzmeis-
tern, Räten, Amtleuten und allen Mäch-
tigen im Lande, dass sie zusammenkom-
men sollten, um das Bild zu weihen, das
der König Nebukadnezar hatte aufrich-
ten lassen.
3Da kamen zusammen die Fürsten,
Würdenträger, Statthalter, Richter,
Schatzmeister, Räte, Amtleute und alle
Mächtigen im Lande, um das Bild zu
weihen, das der König Nebukadnezar
hatte aufrichten lassen. Und sie mussten
sich vor dem Bild aufstellen, das Nebu-
kadnezar hatte aufrichten lassen. 4Und
der Herold rief laut: Es wird euch be-
fohlen, ihr Völker und Leute aus so vie-
len verschiedenen Sprachen: 5Wenn ihr
hören werdet den Schall der Posaunen,
Trompeten, Harfen, Zithern, Flöten,
Lauten und aller andern Instrumente,
dann sollt ihr niederfallen und das gol-
dene Bild anbeten, das der König Nebu-
kadnezar hat aufrichten lassen. 6Wer
aber dann nicht niederfällt und anbetet,
der soll sofort in den glühenden Ofen
geworfen werden. 7Als sie nun hörten
den Schall der Posaunen, Trompeten,
Harfen, Zithern, Flöten und aller andern
Instrumente, fielen nieder alle Völker
und Leute aus so vielen verschiedenen
Sprachen und beteten an das goldene
Bild, das der König Nebukadnezar hatte
aufrichten lassen.
8Da kamen einige chaldäische Männer
und verklagten die Juden, 9fingen an und
sprachen zum König Nebukadnezar: Der
König lebe ewig! 10Du hast [a]ein Gebot
ergehen lassen, dass alle Menschen nie-
derfallen und das goldene Bild anbeten
sollten, wenn sie den Schall der Posau-
nen, Trompeten, Harfen, Zithern, Flö-
ten, Lauten und aller andern Instru-
mente hören würden; 11wer aber nicht
niederfiele und anbetete, sollte in den
glühenden Ofen geworfen werden. 12Nun
sind da [a]jüdische Männer, die du über
die einzelnen Bezirke im Lande Babel
gesetzt hast, nämlich Schadrach, Me-
schach und Abed-Nego; die verachten
dein Gebot und ehren deinen Gott nicht
und beten das goldene Bild nicht an, das
du hast aufrichten lassen.
13Da befahl Nebukadnezar mit
Grimm und Zorn, Schadrach, Meschach
und Abed-Nego vor ihn zu bringen. Und
die Männer wurden vor den König ge-
bracht. 14Da fing Nebukadnezar an und
sprach zu ihnen: Wie? Wollt ihr, Schad-
rach, Meschach und Abed-Nego, meinen
Gott nicht ehren und das goldene Bild
nicht anbeten, das ich habe aufrichten
lassen? 15Wohlan, seid bereit! Sobald ihr
den Schall der Posaunen, Trompeten,
Harfen, Zithern, Flöten, Lauten und
aller andern Instrumente hören werdet,
so fallt nieder und betet das Bild an, das
ich habe machen lassen! Werdet ihr's
aber nicht anbeten, dann sollt ihr sofort
in den glühenden Ofen geworfen wer-
den. [a]Lasst sehen, wer der Gott ist, der
euch aus meiner Hand erretten könnte!
16Da fingen an Schadrach, Meschach
und Abed-Nego und sprachen zum Kö-
nig Nebukadnezar: Es ist nicht nötig,
dass wir dir darauf antworten. 17Wenn
unser Gott, den wir verehren, will, so
kann er uns erretten; aus dem [a]glühen-

2,47: *a* Kap 3,29; Jos 2,11; Ps 86,8; Jes 42,8 **2,48:** *a* Vers 6; Kap 5,29 **2,49:** *a* Kap 3,12 **3,10:** *a* Kap 6,13 **3,12:** *a* Kap 2,49 **3,15:** *a* 2. Mose 5,2; 2. Kön 18,35 **3,17:** *a* 5. Mose 4,20; Ps 66,12

den Ofen und aus deiner Hand, o König,
kann er erretten. 18 Und wenn er's nicht
tun will, so sollst du dennoch wissen,
[a]dass wir deinen Gott nicht ehren und
das goldene Bild, das du hast aufrichten
lassen, nicht anbeten wollen.

19 Da wurde Nebukadnezar voll
Grimm und der Ausdruck seines Ange-
sichts veränderte sich gegenüber Schad-
rach, Meschach und Abed-Nego, und er
befahl, man sollte den Ofen siebenmal
heißer machen, als man sonst zu tun
pflegte. 20 Und er befahl den besten
Kriegsleuten, die in seinem Heer waren,
Schadrach, Meschach und Abed-Nego
zu binden und in den glühenden Ofen zu
werfen. 21 Da wurden diese Männer in
ihren Mänteln, Hosen, Hüten, in ihrer
ganzen Kleidung, gebunden und in den
glühenden Ofen geworfen. 22 Weil das
Gebot des Königs so streng war, schürte
man das Feuer im Ofen so sehr, dass die
Männer, die Schadrach, Meschach und
Abed-Nego hinaufbrachten, von den
Feuerflammen getötet wurden. 23 Aber
die drei Männer, Schadrach, Meschach
und Abed-Nego, fielen hinab in den glü-
henden Ofen, gebunden wie sie waren.

24 Da entsetzte sich der König Nebu-
kadnezar, fuhr auf und sprach zu seinen
Räten: Haben wir nicht drei Männer ge-
bunden in das Feuer werfen lassen? Sie
antworteten und sprachen zum König:
Ja, König. 25 Er antwortete und sprach:
Ich sehe aber vier Männer [a]frei im Feuer
umhergehen und sie sind unversehrt; und
der vierte sieht aus, als wäre er ein Sohn
der Götter.

26 Und Nebukadnezar trat vor die Tür
des glühenden Ofens und sprach: Schad-
rach, Meschach und Abed-Nego, ihr
Knechte Gottes des Höchsten, tretet her-
aus und kommt her! Da traten Schad-
rach, Meschach und Abed-Nego heraus
aus dem Feuer. 27 Und die Fürsten, Wür-
denträger, Statthalter und Räte des Kö-
nigs kamen zusammen und sahen, dass
[a]das Feuer den Leibern dieser Männer
nichts hatte anhaben können und ihr
Haupthaar nicht versengt und ihre Män-
tel nicht versehrt waren; ja, man konnte
keinen Brand an ihnen riechen.

28 Da fing Nebukadnezar an und
sprach: Gelobt sei der Gott Schadrachs,
Meschachs und Abed-Negos, der [a]seinen
Engel gesandt und seine Knechte errettet
hat, die ihm vertraut und des Königs
Gebot nicht gehalten haben, sondern
ihren Leib preisgaben; denn sie wollten
keinen andern Gott verehren und anbe-
ten als allein ihren Gott! 29 So sei nun
dies mein Gebot: Wer unter allen Völ-
kern und Leuten aus so vielen verschie-
denen Sprachen den Gott Schadrachs,
Meschachs und Abed-Negos lästert, der
soll in Stücke gehauen und sein Haus zu
einem Schutthaufen gemacht werden.
Denn [a]es gibt keinen andern Gott als
den, der so erretten kann. 30 Und der
König gab Schadrach, Meschach und
Abed-Nego große Macht im Lande Ba-
bel.

Nebukadnezars Wahnsinn

31 König Nebukadnezar allen Völkern,
Leuten aus so vielen verschiedenen Spra-
chen auf der ganzen Erde: Viel Friede
zuvor! 32 Es gefällt mir, die Zeichen und
Wunder zu verkünden, die Gott der
Höchste an mir getan hat. 33 Denn seine
Zeichen sind groß, und seine Wunder
sind mächtig, und [a]sein Reich ist ein
ewiges Reich, und seine Herrschaft wäh-
ret für und für.

4 Ich, Nebukadnezar, hatte Ruhe in
meinem Hause und lebte zufrieden in
meinem Palast. 2 Da hatte ich einen
Traum, der erschreckte mich, und die
Gedanken, die ich auf meinem Bett hatte,
und die Gesichte, die ich gesehen hatte,
beunruhigten mich. 3 Und ich befahl,
dass alle Weisen Babels vor mich ge-
bracht würden, damit sie mir sagten, was
der Traum bedeutete. 4 Da brachte man
herein die Zeichendeuter, Weisen, Ge-
lehrten und Wahrsager, und ich erzählte
den Traum vor ihnen; aber sie konnten
mir nicht sagen, was er bedeutete, 5 bis
zuletzt Daniel vor mich trat, der Belt-
schazar heißt nach dem Namen meines
Gottes und [a]der den Geist der heiligen
Götter hat. Und ich erzählte vor ihm den
Traum: 6 Beltschazar, du Oberster unter
den Zeichendeutern, von dem ich weiß,

3,18: *a* 2. Mose 20,3-5 **3,25:** *a* Jes 43,2 **3,27:** *a* Hebr 11,33-34 **3,28:** *a* Kap 6,23 **3,29:** *a* Kap 2,47 **3,33:** *a* Kap 2,44; 4,31; 6,27; 7,14.27; Ps 145,13 **4,5:** *a* Kap 5,11.14

dass du den Geist der heiligen Götter
hast und dir nichts verborgen ist, sage,
was die Gesichte meines Traumes, die ich
gesehen habe, bedeuten.

7 Dies sind aber die Gesichte, die ich
gesehen habe auf meinem Bett: Siehe, es
stand ein Baum in der Mitte der Erde,
der war sehr hoch. 8 Und er wurde groß
und mächtig und seine Höhe reichte bis
an den Himmel, und er war zu sehen bis
ans Ende der ganzen Erde. 9 Sein Laub
war dicht und seine Frucht reichlich, und
er gab Nahrung für alle. Alle Tiere des
Feldes fanden Schatten unter ihm und
die Vögel des Himmels saßen auf seinen
Ästen, und alles Fleisch nährte sich von
ihm.

10 Und ich sah ein Gesicht auf meinem
Bett, und siehe, ein heiliger Wächter fuhr
vom Himmel herab. 11 Der rief laut und
sprach: Haut den Baum um und schlagt
ihm die Äste weg, streift ihm das Laub
ab und zerstreut seine Frucht, dass die
Tiere, die unter ihm liegen, weglaufen
und die Vögel von seinen Zweigen flie-
hen. 12 Doch lasst den Stock mit seinen
Wurzeln in der Erde bleiben; er soll in
eisernen und ehernen Ketten auf dem
Felde im Grase und unter dem Tau des
Himmels liegen und nass werden und soll
sein Teil haben mit den Tieren am Gras
auf der Erde. 13 Und das menschliche
Herz soll von ihm genommen und ein
tierisches Herz ihm gegeben werden, und
sieben Zeiten sollen über ihn hingehen.
14 Dies ist im Rat der Wächter beschlos-
sen und ist Gebot der Heiligen, damit die
Lebenden erkennen, dass [a]der Höchste
Gewalt hat über die Königreiche der
Menschen und sie geben kann, wem er
will, und einen Niedrigen darüber set-
zen.

15 Solch einen Traum hab ich, König
Nebukadnezar, gehabt; du aber, Belt-
schazar, sage, was er bedeutet. Denn alle
Weisen in meinem Königreich können
mir nicht kundtun, was er bedeutet; du
aber kannst es, denn der Geist der hei-
ligen Götter ist bei dir.

16 Da entsetzte sich Daniel, der auch
Beltschazar heißt, eine Zeit lang, und
seine Gedanken beunruhigten ihn. Aber
der König sprach: Beltschazar, lass dich
durch den Traum und seine Deutung
nicht beunruhigen.

Beltschazar fing an und sprach: Ach,
mein Herr, dass doch der Traum deinen
Feinden und seine Deutung deinen Wi-
dersachern gelte! 17 Der [a]Baum, den du
gesehen hast, der groß und mächtig
wurde und dessen Höhe an den Himmel
reichte und der zu sehen war auf der
ganzen Erde, 18 dessen Laub dicht und
dessen Frucht reichlich war, sodass er
Nahrung für alle gab, unter dem die
Tiere des Feldes wohnten und auf dessen
Ästen die Vögel des Himmels saßen –
19 das bist du, König, der du so groß und
mächtig bist; denn deine Macht ist groß
und reicht bis an den Himmel und deine
Gewalt bis ans Ende der Erde. 20 Dass
aber der König einen heiligen Wächter
gesehen hat vom Himmel herabfahren,
der sagte: »Haut den Baum um und zer-
stört ihn, doch den Stock mit seinen
Wurzeln lasst in der Erde bleiben; er soll
in eisernen und ehernen Ketten auf dem
Felde im Grase und unter dem Tau des
Himmels liegen und nass werden und mit
den Tieren des Feldes zusammenleben,
bis über ihn sieben Zeiten hingegangen
sind«; 21 das, König, bedeutet – und zwar
ergeht es als Ratschluss des Höchsten
über meinen Herrn, den König –: 22 Man
wird dich aus der Gemeinschaft der
Menschen verstoßen und du musst bei
den Tieren des Feldes bleiben, und man
wird dich Gras fressen lassen wie die
Rinder und du wirst unter dem Tau des
Himmels liegen und nass werden, und
sieben Zeiten werden über dich hingehen,
bis du erkennst, dass der Höchste Gewalt
hat über die Königreiche der Menschen
und sie gibt, wem er will. 23 Wenn aber
gesagt wurde, man solle dennoch den
Stock des Baumes mit seinen Wurzeln
übrig lassen, das bedeutet: Dein König-
reich soll dir erhalten bleiben, sobald
du erkannt hast, dass der Himmel die
Gewalt hat. 24 Darum, mein König, lass
dir meinen Rat gefallen und mache dich
los und ledig von deinen Sünden durch
Gerechtigkeit und von deiner Missetat
durch [a]Wohltat an den Armen, so wird
es dir lange wohlergehen.

25 Dies alles widerfuhr dem König Ne-

4,14: *a* Kap 2,21 **4,17:** *a* Hes 31,3-14 **4,24:** *a* Spr 19,17; Mt 5,7

bukadnezar. 26 Denn nach zwölf Mona-
ten, als der König auf dem Dach des
königlichen Palastes in Babel sich erging,
27 [a]hob er an und sprach: Das ist das
große Babel, das ich erbaut habe zur Kö-
nigsstadt durch meine große Macht zu
Ehren meiner Herrlichkeit. 28 Ehe noch
der König diese Worte ausgeredet hatte,
kam eine Stimme vom Himmel: Dir, Kö-
nig Nebukadnezar, wird gesagt: Dein
Königreich ist dir genommen, 29 man
wird dich aus der Gemeinschaft der
Menschen verstoßen und du sollst bei
den Tieren des Feldes bleiben; Gras wird
man dich fressen lassen wie die Rinder,
und sieben Zeiten sollen hingehen, bis du
erkennst, dass [a]der Höchste Gewalt hat
über die Königreiche der Menschen und
sie gibt, wem er will.

30 Im gleichen Augenblick wurde das
Wort erfüllt an Nebukadnezar, und er
wurde verstoßen aus der Gemeinschaft
der Menschen und er fraß Gras wie die
Rinder und sein Leib lag unter dem Tau
des Himmels und wurde nass, bis sein
Haar wuchs so groß wie Adlerfedern und
seine Nägel wie Vogelklauen wurden.

31 Nach dieser Zeit hob ich, Nebukad-
nezar, meine Augen auf zum Himmel,
und mein Verstand kam mir wieder und
ich lobte den Höchsten. Ich pries und
ehrte den, der ewig lebt, [a]dessen Gewalt
ewig ist und dessen Reich für und für
währt, 32 gegen den [a]alle, die auf Erden
wohnen, für nichts zu rechnen sind. Er
macht's, wie er will, mit den Mächten im
Himmel und mit denen, die auf Erden
wohnen. Und [b]niemand kann seiner
Hand wehren noch zu ihm sagen: Was
machst du? 33 Zur selben Zeit kehrte
mein Verstand zu mir zurück, und meine
Herrlichkeit und mein Glanz kamen wie-
der an mich zur Ehre meines König-
reichs. Und meine Räte und Mächtigen
suchten mich auf, und ich wurde wieder
über mein Königreich eingesetzt und
gewann noch größere Herrlichkeit.
34 Darum lobe, ehre und preise ich, Ne-
bukadnezar, den König des Himmels;
denn **all sein Tun ist Wahrheit, und seine
Wege sind recht, und [a]wer stolz ist, den
kann er demütigen.**

Belsazars Gastmahl

5 König Belsazar machte ein herrliches
Mahl für seine tausend Mächtigen
und soff sich voll mit ihnen. 2 Und als er
betrunken war, ließ er [a]die goldenen und
silbernen Gefäße herbringen, die sein Va-
ter Nebukadnezar aus dem Tempel zu
Jerusalem weggenommen hatte, damit
der König mit seinen Mächtigen, mit sei-
nen Frauen und mit seinen Nebenfrauen
daraus tränke. 3 Da wurden die goldenen
und silbernen Gefäße herbeigebracht, die
aus dem Tempel, aus dem Hause Gottes
zu Jerusalem, weggenommen worden wa-
ren; und der König, seine Mächtigen,
seine Frauen und Nebenfrauen tranken
daraus. 4 Und als sie so tranken, lobten
sie die goldenen, silbernen, ehernen, eiser-
nen, hölzernen und steinernen Götter.

5 Im gleichen Augenblick gingen her-
vor Finger wie von einer Menschenhand,
die schrieben gegenüber dem Leuchter
auf die getünchte Wand in dem könig-
lichen Saal. Und der König erblickte die
Hand, die da schrieb. 6 Da entfärbte sich
der König und seine Gedanken er-
schreckten ihn, sodass er wie gelähmt
war und ihm die Beine zitterten.

7 Und der König rief laut, dass man die
Weisen, Gelehrten und Wahrsager her-
beiholen solle. Und er ließ den Weisen
von Babel sagen: Welcher Mensch diese
Schrift lesen kann und mir sagt, was sie
bedeutet, der soll mit Purpur gekleidet
werden und eine goldene Kette um den
Hals tragen und der Dritte in meinem
Königreich sein. 8 Da wurden alle Weisen
des Königs hereingeführt, aber sie konn-
ten weder die Schrift lesen noch die Deu-
tung dem König kundtun. 9 Darüber er-
schrak der König Belsazar noch mehr
und verlor seine Farbe ganz, und seinen
Mächtigen wurde angst und bange.

10 Da ging auf die Worte des Königs
und seiner Mächtigen die Königinmutter
in den Saal hinein und sprach: Der
König lebe ewig! Lass dich von deinen
Gedanken nicht so erschrecken und
entfärbe dich nicht! 11 Es ist ein Mann
in deinem Königreich, der [a]den Geist
der heiligen Götter hat. Denn zu deines

4,27: *a (27-28)* Spr 16,18 **4,29:** *a* Kap 5,21 **4,31:** *a* Kap 3,33 **4,32:** *a* Jes 40,17; *b* Hiob 9,12 **4,34:** *a* Lk 1,51; 18,14 **5,2:** *a* Kap 1,2; 2.Chr 36,10; Esra 1,7-11 **5,11:** *a* Kap 4,5

Vaters Zeiten fand sich bei ihm Er-
leuchtung, Klugheit und Weisheit wie
der Götter Weisheit. Und dein Vater,
der König Nebukadnezar, [b]setzte ihn
über die Zeichendeuter, Weisen, Gelehr-
ten und Wahrsager, 12 weil ein [a]über-
ragender Geist bei ihm gefunden wurde,
dazu Verstand und Klugheit, Träume
zu deuten, dunkle Sprüche zu erraten
und Geheimnisse zu offenbaren. Das ist
Daniel, dem der König den Namen Belt-
schazar gab. So rufe man nun Daniel;
der wird sagen, was es bedeutet.

13 Da wurde Daniel vor den König ge-
führt. Und der König sprach zu Daniel:
Bist du Daniel, einer der Gefangenen aus
Juda, die der König, mein Vater, aus
Juda hergebracht hat? 14 Ich habe von dir
sagen hören, dass du den Geist der hei-
ligen Götter habest und Erleuchtung,
Verstand und hohe Weisheit bei dir zu
finden sei. 15 Nun hab ich vor mich rufen
lassen die Weisen und Gelehrten, damit
sie mir diese Schrift lesen und kundtun
sollen, was sie bedeutet; aber sie können
mir nicht sagen, was sie bedeutet. 16 Von
dir aber höre ich, dass du Deutungen zu
geben und Geheimnisse zu offenbaren
vermagst. Kannst du nun die Schrift le-
sen und mir sagen, was sie bedeutet, so
sollst du mit Purpur gekleidet werden
und eine goldene Kette um deinen Hals
tragen und der Dritte in meinem König-
reich sein.

17 Da fing Daniel an und sprach vor
dem König: Behalte deine Gaben und gib
dein Geschenk einem andern; ich will
dennoch die Schrift dem König lesen und
kundtun, was sie bedeutet. 18 Mein Kö-
nig, [a]Gott der Höchste hat deinem Vater
Nebukadnezar Königreich, Macht, Ehre
und Herrlichkeit gegeben. 19 Und um sol-
cher Macht willen, die ihm gegeben war,
fürchteten und scheuten sich vor ihm alle
Völker und Leute aus so vielen verschie-
denen Sprachen. Er tötete, wen er wollte;
er ließ leben, wen er wollte; er erhöhte,
wen er wollte; er demütigte, wen er
wollte. 20 Als sich aber sein Herz überhob
und er stolz und hochmütig wurde, da
wurde er vom königlichen Thron gesto-
ßen und verlor seine Ehre 21 und wurde
verstoßen aus der Gemeinschaft der
Menschen, und sein Herz wurde gleich
dem der Tiere und er musste bei dem
Wild hausen und fraß Gras wie die Rin-
der und sein Leib lag unter dem Tau des
Himmels und wurde nass, bis er lernte,
dass [a]Gott der Höchste Gewalt hat über
die Königreiche der Menschen und sie
gibt, wem er will. 22 Aber du, Belsazar,
sein Sohn, hast dein Herz nicht gedemü-
tigt, obwohl du das alles wusstest, 23 son-
dern hast dich gegen den Herrn des Him-
mels erhoben, und die Gefäße seines
Hauses hat man vor dich bringen müs-
sen, und du, deine Mächtigen, deine
Frauen und deine Nebenfrauen, ihr habt
daraus getrunken; dazu hast du die
silbernen, goldenen, ehernen, eisernen,
hölzernen, steinernen Götter gelobt, die
weder sehen noch hören noch fühlen
können. Den Gott aber, der deinen
Odem und alle deine Wege in seiner
Hand hat, hast du nicht verehrt.
24 Darum wurde von ihm diese Hand ge-
sandt und diese Schrift geschrieben.

25 [a]So aber lautet die Schrift, die dort
geschrieben steht: **Mene mene tekel
u-parsin.** 26 Und sie bedeutet dies: **Mene,**
das ist, Gott hat dein Königtum **gezählt**
und beendet. 27 **Tekel,** das ist, man hat
dich auf der Waage **gewogen** und zu
leicht befunden. 28 **Peres,** das ist, dein
Reich ist **zerteilt** und den Medern und
Persern gegeben. 29 Da befahl Belsazar,
dass man Daniel mit Purpur kleiden
sollte und ihm eine goldene Kette um
den Hals geben; und er ließ von ihm
verkünden, dass er der Dritte im König-
reich sei.[a]

30 Aber in derselben Nacht wurde Bel-
sazar, der König der Chaldäer, getötet.

Daniel in der Löwengrube

6 *Und [a]Darius aus [b]Medien über-
nahm das Reich, als er zweiundsech-
zig Jahre alt war. 2 Und es gefiel Darius,
über das ganze Königreich hundertund-
zwanzig Statthalter zu setzen. 3 Über sie
setzte er drei Fürsten, von denen einer

* Abweichende Verszählung statt 6,1-29: 5,31–6,28.

5,11: *b* Kap 2,48 **5,12:** *a* Kap 1,17 **5,18:** *a* Kap 2,37 **5,21:** *a* Kap 4,29 **5,25:** *a (25-28)* Jes 47,11 **5,29:** *a* Kap 2,48; 1.Mose 41,42-43 **6,1:** *a* Kap 9,1; *b* Jes 13,17

Daniel war. Ihnen sollten die Statthalter
Rechenschaft ablegen, damit der König
der Mühe enthoben wäre. 4 Daniel aber
übertraf alle Fürsten und Statthalter,
denn [a]es war ein überragender Geist in
ihm. Darum dachte der König daran, ihn
über das ganze Königreich zu setzen.
5 Da trachteten die Fürsten und Statt-
halter danach, an Daniel etwas zu fin-
den, das gegen das Königreich gerichtet
wäre. Aber sie konnten keinen Grund zur
Anklage und kein Vergehen finden; denn
er war treu, sodass man keine Schuld
und kein Vergehen bei ihm finden
konnte.

6 Da sprachen die Männer: Wir werden
keinen Grund zur Anklage gegen Daniel
finden, es sei denn wegen seiner Gottes-
verehrung. 7 Da kamen die Fürsten und
Statthalter eilends vor den König gelau-
fen und sprachen zu ihm: Der König
Darius lebe ewig! 8 Es haben die Fürsten
des Königreichs, die Würdenträger, die
Statthalter, die Räte und Befehlshaber
alle gedacht, es solle ein königlicher Be-
fehl gegeben und ein strenges Gebot er-
lassen werden, dass jeder, der in dreißig
Tagen etwas bitten wird von irgendeinem
Gott oder Menschen außer von dir, dem
König, allein, zu den Löwen in die Grube
geworfen werden soll. 9 Darum, o König,
wollest du ein solches Gebot ausgehen
lassen und ein Schreiben aufsetzen, das
nicht wieder geändert werden darf [a]nach
dem Gesetz der Meder und Perser, das
unaufhebbar ist. 10 So ließ der König
Darius das Schreiben und das Gebot
aufsetzen.

11 Als nun Daniel erfuhr, dass ein sol-
ches Gebot ergangen war, ging er hinein
in sein Haus. Er hatte aber an seinem
Obergemach [a]offene Fenster nach Jeru-
salem, und er fiel dreimal am Tag auf
seine Knie, betete, lobte und dankte sei-
nem Gott, wie er es auch vorher zu tun
pflegte. 12 Da kamen jene Männer eilends
gelaufen und fanden Daniel, wie er be-
tete und flehte vor seinem Gott.

13 Da traten sie vor den König und
redeten mit ihm über das königliche Ge-
bot: O König, [a]hast du nicht ein Gebot
erlassen, dass jeder, der in dreißig Tagen
etwas bitten würde von irgendeinem
Gott oder Menschen außer von dir, dem
König, allein, zu den Löwen in die Grube
geworfen werden solle? Der König ant-
wortete und sprach: Das ist wahr und
das Gesetz der Meder und Perser kann
niemand aufheben. 14 Sie antworteten
und sprachen vor dem König: Daniel,
einer der Gefangenen aus Juda, der ach-
tet weder dich noch dein Gebot, das du
erlassen hast; denn er betet dreimal am
Tage.

15 Als der König das hörte, wurde er
sehr betrübt und war darauf bedacht,
Daniel die Freiheit zu erhalten, und
mühte sich, bis die Sonne unterging, ihn
zu erretten. 16 Aber die Männer kamen
wieder zum König gelaufen und spra-
chen zu ihm: Du weißt doch, König, es
ist das Gesetz der Meder und Perser, dass
alle Gebote und Befehle, die der König
beschlossen hat, unverändert bleiben sol-
len.

17 Da befahl der König, Daniel herzu-
bringen. Und sie warfen ihn zu den Lö-
wen in die Grube. Der König aber sprach
zu Daniel: [a]Dein Gott, dem du ohne
Unterlass dienst, der helfe dir! 18 Und sie
brachten einen Stein, den legten sie vor
die Öffnung der Grube; den versiegelte
der König mit seinem eigenen Ring und
mit dem Ringe seiner Mächtigen, damit
nichts anderes mit Daniel geschähe.
19 Und der König ging weg in seinen Pa-
last und fastete die Nacht über und ließ
kein Essen vor sich bringen und konnte
auch nicht schlafen.

20 Früh am Morgen, als der Tag an-
brach, stand der König auf und ging
eilends zur Grube, wo die Löwen waren.
21 Und als er zur Grube kam, rief er Da-
niel mit angstvoller Stimme. Und der Kö-
nig sprach zu Daniel: Daniel, du Knecht
des lebendigen Gottes, [a]hat dich dein
Gott, dem du ohne Unterlass dienst,
auch erretten können von den Löwen?
22 Daniel aber redete mit dem König: Der
König lebe ewig! 23 Mein Gott hat [a]sei-
nen Engel gesandt, der [b]den Löwen den
Rachen zugehalten hat, sodass sie mir
kein Leid antun konnten; denn vor ihm
bin ich unschuldig, und auch gegen dich,

6,4: *a* Kap 5,12 **6,9:** *a* Est 1,19; 8,8 **6,11:** *a* 1.Kön 8,48 **6,13:** *a* Kap 3,10 **6,17:** *a* Kap 3,15 **6,21:** *a* Kap 3,17
6,23: *a* Kap 3,28; *b* Ps 22,22; Hebr 11,33

mein König, habe ich nichts Böses ge-
tan.
24 Da wurde der König sehr froh und
ließ Daniel aus der Grube herausziehen.
Und sie zogen Daniel aus der Grube her-
aus, und man fand keine Verletzung an
ihm; denn er hatte seinem Gott vertraut.
25 Da ließ der König die Männer, die Da-
niel verklagt hatten, holen und zu den
Löwen in die Grube werfen samt ihren
Kindern und Frauen. Und ehe sie den
Boden erreichten, ergriffen die Löwen sie
und zermalmten alle ihre Knochen.
26 Da ließ der König Darius allen Völ-
kern und Leuten aus so vielen verschie-
denen Sprachen auf der ganzen Erde
schreiben: Viel Friede zuvor! 27 Das ist
mein Befehl, dass man in meinem ganzen
Königreich den Gott Daniels fürchten
und sich vor ihm scheuen soll. Denn **er
ist der lebendige Gott, der ewig bleibt, und
[a]sein Reich ist unvergänglich, und seine
Herrschaft hat kein Ende.** 28 Er ist ein
Retter und Nothelfer, und er tut Zeichen
und Wunder im Himmel und auf Erden.
Der hat Daniel von den Löwen errettet.
29 Und Daniel hatte große Macht im
Königreich des Darius und auch im Kö-
nigreich des [a]Kyrus von Persien.

Daniels Vision von den vier Tieren und dem Menschensohn

(vgl. Kap 2,1-49)

7 Im ersten Jahr [a]Belsazars, des Kö-
nigs von Babel, hatte Daniel einen
Traum und Gesichte auf seinem Bett;
und er schrieb den Traum auf und dies
ist sein Inhalt:
2 Ich, Daniel, sah ein Gesicht in der
Nacht, und siehe, die vier Winde unter
dem Himmel wühlten das große Meer
auf. 3 [a]Und vier große Tiere stiegen her-
auf aus dem Meer, ein jedes anders als
das andere. 4 Das erste war wie ein Löwe
und hatte Flügel wie ein Adler. Ich sah,
wie ihm die Flügel genommen wurden.
Und es wurde von der Erde aufgehoben
und auf zwei Füße gestellt wie ein
Mensch, und es wurde ihm ein mensch-
liches Herz gegeben. 5 Und siehe, ein an-
deres Tier, das zweite, war gleich einem
Bären und war auf der einen Seite aufge-
richtet und hatte in seinem Maul zwi-
schen seinen Zähnen drei Rippen. Und
man sprach zu ihm: Steh auf und friss
viel Fleisch! 6 Danach sah ich, und siehe,
ein anderes Tier, gleich einem Panther,
das hatte vier Flügel wie ein Vogel auf
seinem Rücken und das Tier hatte vier
Köpfe, und ihm wurde große Macht ge-
geben.
7 Danach sah ich in diesem Gesicht in
der Nacht, und siehe, ein viertes Tier war
furchtbar und schrecklich und sehr stark
und hatte große eiserne Zähne, fraß um
sich und zermalmte, und was übrig blieb,
zertrat es mit seinen Füßen. Es war auch
ganz anders als die vorigen Tiere und
hatte zehn Hörner. 8 Als ich aber auf die
Hörner achtgab, siehe, da brach ein an-
deres kleines Horn zwischen ihnen her-
vor, vor dem drei der vorigen Hörner
ausgerissen wurden. Und siehe, das Horn
hatte Augen wie Menschenaugen und ein
Maul; [a]das redete große Dinge.
9 Ich sah, wie [a]Throne aufgestellt wur-
den, und [b]einer, der uralt war, setzte
sich. Sein Kleid war weiß wie Schnee und
das Haar auf seinem Haupt rein wie
Wolle; Feuerflammen waren sein Thron
und dessen Räder loderndes Feuer.
10 Und von ihm ging aus ein langer
feuriger Strahl. [a]Tausendmal Tausende
dienten ihm, und zehntausendmal Zehn-
tausende standen vor ihm. Das Gericht
wurde gehalten und [b]die Bücher wurden
aufgetan.
11 Ich merkte auf um der großen Reden
willen, die das Horn redete, und ich sah,
wie [a]das Tier getötet wurde und sein
Leib umkam und ins Feuer geworfen
wurde. 12 Und mit der Macht der andern
Tiere war es auch aus; denn [a]es war
ihnen Zeit und Stunde bestimmt, wie
lang ein jedes leben sollte.
13 Ich sah in diesem Gesicht in der
Nacht, **und siehe, es kam einer mit den
Wolken des Himmels [a]wie eines Men-
schen Sohn** und gelangte zu dem, der
uralt war, und wurde vor ihn gebracht.
14 Der gab ihm Macht, Ehre und Reich,
dass ihm alle Völker und Leute aus so
vielen verschiedenen Sprachen dienen
sollten. Seine Macht ist ewig und vergeht

6,27: *a* Kap 3,33 **6,29:** *a* Kap 1,21 **7,1:** *a* Kap 5,1 **7,3:** *a (3-7)* Offb 13,1-2 **7,8:** *a* Kap 11,36 **7,9:** *a* Hes 1,26; Offb 4,2; *b* Ps 90,2 **7,10:** *a* Offb 5,11; *b* Ps 69,29; Offb 20,12 **7,11:** *a* Offb 19,20 **7,12:** *a* Kap 2,21 **7,13:** *a* Lk 21,27; Offb 1,13; 14,14

nicht, und sein Reich hat kein Ende.
15Ich, Daniel, war entsetzt, und dies Ge-
sicht erschreckte mich.
16Und ich ging zu einem von denen,
die dastanden, und bat ihn, dass er mir
über das alles Genaueres berichtete. Und
er redete mit mir und sagte mir, was es
bedeutete. 17Diese vier großen Tiere sind
vier Königreiche, die auf Erden kommen
werden. 18Aber die Heiligen des Höchs-
ten werden das Reich empfangen und
werden's immer und ewig besitzen.
19Danach hätte ich gerne Genaueres
gewusst über das [a]vierte Tier, das ganz
anders war als alle andern, ganz furcht-
bar, mit eisernen Zähnen und ehernen
Klauen, das um sich fraß und zermalmte
und mit seinen Füßen zertrat, was übrig
blieb; 20und über die zehn Hörner auf
seinem Haupt und über das andere
Horn, das hervorbrach, vor dem drei
ausfielen; und es hatte Augen und ein
Maul, das große Dinge redete, und war
größer als die Hörner, die neben ihm
waren. 21Und ich sah das Horn [a]kämp-
fen gegen die Heiligen, und es behielt den
Sieg über sie, 22bis der kam, der uralt
war, und Recht schaffte den Heiligen des
Höchsten und bis die Zeit kam, dass die
Heiligen das Reich empfingen.
23Er sprach: Das vierte Tier wird das
vierte Königreich auf Erden sein; das
wird ganz anders sein als alle andern
Königreiche; es wird alle Länder fressen,
zertreten und zermalmen. 24Die [a]zehn
Hörner bedeuten zehn Könige, die aus
diesem Königreich hervorgehen werden.
Nach ihnen aber wird ein anderer auf-
kommen, der wird ganz anders sein als
die vorigen und wird drei Könige stür-
zen. 25Er wird [a]den Höchsten lästern
und die Heiligen des Höchsten vernich-
ten und wird sich unterstehen, Festzeiten
und Gesetz zu ändern. Sie werden in
seine Hand gegeben werden [b]eine Zeit
und zwei Zeiten und eine halbe Zeit.
26Danach wird das Gericht gehalten wer-
den; dann wird ihm seine Macht genom-
men und ganz und gar vernichtet wer-
den. 27Aber **das Reich und die Macht
und die Gewalt über die Königreiche unter
dem ganzen Himmel wird dem Volk der
Heiligen des Höchsten gegeben werden,
dessen Reich ewig ist, und alle Mächte
werden ihm dienen und gehorchen.**
28Das war das Ende der Rede. [a]Aber
ich, Daniel, wurde sehr beunruhigt in
meinen Gedanken und jede Farbe war
aus meinem Antlitz gewichen; doch be-
hielt ich die Rede in meinem Herzen.

Daniels Vision vom Widder und Ziegenbock

8 Im dritten Jahr der Herrschaft des
Königs [a]Belsazar erschien mir, Da-
niel, ein Gesicht, nach jenem, das mir
zuerst erschienen war. 2Ich hatte ein Ge-
sicht und während meines Gesichtes war
ich in der Festung Susa im Lande Elam
am Fluss Ulai. 3Und ich hob meine
Augen auf und sah, und siehe, ein Wid-
der stand vor dem Fluss, der hatte zwei
hohe Hörner, doch eins höher als das
andere, und das höhere war später her-
vorgewachsen. 4Ich sah, dass der [a]Wid-
der mit den Hörnern stieß nach Westen,
nach Norden und nach Süden hin. Und
kein Tier konnte vor ihm bestehen und
vor seiner Gewalt errettet werden, son-
dern er tat, was er wollte, und wurde
groß.
5Und indem ich darauf achthatte,
siehe, da kam ein [a]Ziegenbock vom Wes-
ten her über die ganze Erde, ohne den
Boden zu berühren, und der Bock hatte
ein ansehnliches Horn zwischen seinen
Augen. 6Und er kam bis zu dem Widder,
der zwei Hörner hatte, den ich vor dem
Fluss stehen sah, und er lief in gewal-
tigem Zorn auf ihn zu. 7Und ich sah,
dass er nahe an den Widder herankam,
und voller Grimm stieß er den Widder
und zerbrach ihm seine beiden Hörner.
Und der Widder hatte keine Kraft, dass
er vor ihm hätte bestehen können, son-
dern der Bock warf ihn zu Boden und
zertrat ihn, und niemand konnte den
Widder von seiner Gewalt erretten.
8Und der Ziegenbock wurde sehr
groß. Und als er am stärksten geworden
war, zerbrach das große Horn, und es
wuchsen an seiner Stelle vier andere Hör-
ner nach den vier Winden des Himmels

7,19: *a* Vers 7 **7,21:** *a* Offb 13,7 **7,24:** *a* Offb 17,12 **7,25:** *a* Offb 13,5-6; *b* Kap 12,7 **7,28:** *a* Kap 8,18; 10,8.16-18
8,1: *a* Kap 7,1 **8,4:** *a* Vers 20 **8,5:** *a* Vers 21

hin.[a] 9 Und aus einem von ihnen wuchs
[a]ein kleines Horn; das wurde sehr groß
nach Süden, nach Osten und nach dem
herrlichen Land hin. 10 Und es wuchs bis
an das Heer des Himmels und warf
einige von dem Heer und von den Ster-
nen zur Erde und zertrat sie. 11 Ja, es
wuchs bis zum Fürsten des Heeres und
[a]nahm ihm das tägliche Opfer weg und
verwüstete die Wohnung seines Heilig-
tums. 12 Und es wurde Frevel an dem
täglichen Opfer verübt, und das Horn
warf die Wahrheit zu Boden. Und was es
tat, gelang ihm.

13 Ich hörte aber einen Heiligen reden,
und ein anderer Heiliger sprach zu dem,
der da redete: Wie lange gilt dies Gesicht
vom täglichen Opfer und vom verwüs-
tenden Frevel und vom Heiligtum, das
zertreten wird? 14 Und er antwortete mir:
Bis zweitausenddreihundert Abende und
Morgen vergangen sind; dann wird das
Heiligtum wieder geweiht werden.

15 Und als ich, Daniel, dies Gesicht sah
und es gerne verstanden hätte, siehe, da
stand einer vor mir, der aussah wie ein
Mann, 16 und ich hörte eine Menschen-
stimme mitten über dem [a]Ulai rufen und
sprechen: [b]Gabriel, lege diesem das Ge-
sicht aus, damit er's versteht. 17 Und Ga-
briel trat nahe zu mir. Ich erschrak aber,
als er kam, und fiel auf mein Angesicht.
Er aber sprach zu mir: Merk auf, du
Menschenkind! Denn dies Gesicht geht
[a]auf die Zeit des Endes. 18 Und als er mit
mir redete, sank ich in Ohnmacht zur
Erde auf mein Angesicht. Er aber rührte
mich an und richtete mich auf, sodass ich
wieder stand. 19 Und er sprach: Siehe, ich
will dir kundtun, wie es gehen wird zur
letzten Zeit des Zorns; denn auf die Zeit
des Endes geht das Gesicht.

20 Der Widder mit den beiden Hör-
nern, den du gesehen hast, bedeutet die
Könige von Medien und Persien. 21 Der
Ziegenbock aber ist [a]der König von
Griechenland. Das große Horn zwischen
seinen Augen ist der erste König. 22 Dass
aber vier an seiner Stelle wuchsen, nach-
dem es zerbrochen war, bedeutet, dass
vier Königreiche aus seinem Volk ent-
stehen werden, aber nicht so mächtig wie
er. 23 [a]Aber gegen Ende ihrer Herrschaft,
wenn die Frevler überhandnehmen, wird
aufkommen ein frecher und verschlage-
ner König. 24 Der wird mächtig sein,
doch nicht so mächtig wie sie. Er wird
ungeheures Unheil anrichten und es wird
ihm gelingen, was er tut. Er wird die
Starken vernichten. Und gegen das hei-
lige Volk 25 richtet sich sein Sinnen, und
es wird ihm durch Betrug gelingen und er
wird überheblich werden, und unerwartet
wird er viele verderben und wird sich
auflehnen gegen den Fürsten aller Fürs-
ten; aber er wird zerbrochen werden ohne
Zutun von Menschenhand. 26 Dies Ge-
sicht von den Abenden und Morgen, das
dir hiermit kundgetan ist, das ist wahr;
aber [a]du sollst das Gesicht geheim hal-
ten; denn es ist noch eine lange Zeit bis
dahin.

27 Und ich, Daniel, war erschöpft und
lag einige Tage krank. Danach stand ich
auf und verrichtete meinen Dienst beim
König. Und ich wunderte mich über das
Gesicht und niemand konnte es mir aus-
legen.

Daniels Bußgebet und das Geheimnis der siebzig Jahre

9 Im ersten Jahr des [a]Darius, des Soh-
nes des Ahasveros*, aus dem Stamm
der Meder, der über das Reich der Chal-
däer König wurde, 2 in diesem ersten Jahr
seiner Herrschaft achtete ich, Daniel, in
den Büchern auf die Zahl der Jahre, von
denen der HERR geredet hatte zum Pro-
pheten Jeremia, dass nämlich Jerusalem
[a]siebzig Jahre wüst liegen sollte. 3 Und
ich kehrte mich zu Gott, dem Herrn, um
zu beten und zu flehen unter Fasten und
in Sack und Asche. 4 [a]Ich betete aber zu
dem HERRN, meinem Gott, und be-
kannte und sprach:

Ach, Herr, du großer und heiliger
Gott, der du [b]Bund und Gnade be-
wahrst denen, die dich lieben und deine
Gebote halten! 5 Wir haben gesündigt,
Unrecht getan, sind gottlos gewesen und
abtrünnig geworden; wir sind von deinen
Geboten und Rechten abgewichen. 6 Wir

* Griechisch: Xerxes.

8,8: *a* Kap 11,4 **8,9:** *a* Kap 7,8 **8,11:** *a* Kap 9,27 **8,16:** *a* Vers 2; *b* Kap 9,21; Lk 1,19.26 **8,17:** *a* Offb 10,6 **8,21:** *a* Kap 11,3 **8,23:** *a (23-24)* Kap 11,21 **8,26:** *a* Kap 12,4 **9,1:** *a* Kap 6,1 **9,2:** *a* Jer 25,11-12; 29,10 **9,4:** *a (4-19)* Jer 14,7; *b* 5. Mose 7,9; Neh 1,5

gehorchten nicht deinen Knechten, den
Propheten, die in deinem Namen zu un-
sern Königen, Fürsten, Vätern und zu
allem Volk des Landes redeten. 7 Du,
Herr, bist gerecht, wir aber müssen uns
alle heute schämen, die von Juda und
von Jerusalem und vom ganzen Israel,
die, die nahe sind, und die zerstreut sind
in allen Ländern, wohin du sie verstoßen
hast um ihrer Missetat willen, die sie an
dir begangen haben. 8 Ja, HERR, wir,
unsre Könige, unsre Fürsten und unsre
Väter müssen uns schämen, dass wir uns
an dir versündigt haben.[a] 9 Bei dir aber,
Herr, unser Gott, ist Barmherzigkeit und
[a]Vergebung. Denn wir sind abtrünnig
geworden 10 und gehorchten nicht der
Stimme des HERRN, unseres Gottes, und
wandelten nicht in seinem Gesetz, das er
uns vorlegte durch seine Knechte, die
Propheten; 11 sondern ganz Israel über-
trat dein Gesetz, und sie wichen ab und
gehorchten deiner Stimme nicht. [a]Dar-
um trifft uns auch der Fluch, den er
geschworen hat und der geschrieben
steht im Gesetz des Mose, des Knechtes
Gottes, weil wir an ihm gesündigt haben.
12 Und Gott hat seine Worte gehalten, die
er geredet hat gegen uns und unsere
Richter, die uns richten sollten, dass er
ein so großes Unglück über uns hat kom-
men lassen; denn unter dem ganzen
Himmel ist Derartiges nicht geschehen
wie in Jerusalem. 13 Wie es geschrieben
steht im Gesetz des Mose, so ist all dies
große Unglück über uns gekommen.
Aber wir beteten auch nicht vor dem
HERRN, unserm Gott, sodass wir uns
von unsern Sünden bekehrt und auf
deine Wahrheit geachtet hätten. 14 Dar-
um ist der HERR auch bedacht gewesen
auf dies Unglück und hat's über uns
kommen lassen. Denn der HERR, unser
Gott, ist gerecht in allen seinen Werken,
die er tut; aber wir gehorchten seiner
Stimme nicht.

15 Und nun, Herr, unser Gott, der du
dein Volk aus Ägyptenland geführt hast
mit starker Hand und hast dir einen Na-
men gemacht, so wie es heute ist: wir
haben gesündigt, wir sind gottlos gewe-
sen. 16 Ach Herr, um aller deiner Gerech-
tigkeit willen wende ab deinen Zorn und
Grimm von deiner Stadt Jerusalem und
deinem heiligen Berg. Denn wegen un-
serer Sünden und wegen der Missetaten
unserer Väter trägt Jerusalem und dein
Volk Schmach bei allen, die um uns her
wohnen. 17 Und nun, unser Gott, höre
das Gebet deines Knechtes und sein Fle-
hen. Lass leuchten dein Antlitz über dein
zerstörtes Heiligtum um deinetwillen,
Herr! 18 Neige dein Ohr, mein Gott, und
höre, tu deine Augen auf und sieh an
unsere Trümmer und die Stadt, die nach
deinem Namen genannt ist. Denn **wir
liegen vor dir mit unserm Gebet und ver-
trauen nicht auf unsre Gerechtigkeit, son-
dern auf deine große Barmherzigkeit.**
19 Ach Herr, höre! Ach Herr, sei gnädig!
Ach Herr, merk auf! Tu es und säume
nicht – um deinetwillen, mein Gott!
Denn deine Stadt und [a]dein Volk ist
nach deinem Namen genannt.

20 Als ich noch so redete und betete
und meine und meines Volkes Israel
Sünde bekannte und mit meinem Gebet
für den heiligen Berg meines Gottes vor
dem HERRN, meinem Gott, lag, 21 eben
als ich noch so redete in meinem Gebet,
da flog der Mann [a]Gabriel, den ich zu-
vor im Gesicht gesehen hatte, um die Zeit
des Abendopfers dicht an mich heran.
22 Und er unterwies mich und redete mit
mir und sprach: Daniel, jetzt bin ich aus-
gegangen, um dir zum rechten Verständ-
nis zu verhelfen. 23 Denn als du anfingst
zu beten, erging ein Wort, und ich
komme, um dir's kundzutun; denn du
bist von Gott geliebt. So merke nun auf
das Wort, damit du das Gesicht ver-
stehst.

24 Siebzig Wochen* sind verhängt über
dein Volk und über deine heilige Stadt;
dann wird dem Frevel ein Ende gemacht
und die Sünde abgetan und die Schuld
gesühnt, und es wird ewige Gerechtigkeit
gebracht und Gesicht und Weissagung
erfüllt und das Allerheiligste gesalbt wer-
den. 25 So wisse nun und gib acht: Von
der Zeit an, als das Wort erging, Jeru-
salem werde wieder aufgebaut werden,
bis ein Gesalbter, ein Fürst, kommt, sind
es sieben Wochen; und zweiundsechzig

* Gemeint sind Jahrwochen; jede umfasst sieben Jahre.

9,8: *a* Esra 9,7; Jes 43,27 **9,9:** *a* Ps 130,4 **9,11:** *a* 3. Mose 26,14-39; 5. Mose 28,15-68 **9,19:** *a* Jer 14,9 **9,21:** *a* Kap 8,16

Wochen lang wird es wieder aufgebaut
sein mit Plätzen und Gräben, wiewohl in
kummervoller Zeit. 26 Und nach den
zweiundsechzig Wochen wird ein Gesalb-
ter ausgerottet werden und nicht mehr
sein. Und das Volk eines Fürsten wird kom-
men und die Stadt und das Heiligtum
zerstören, aber dann kommt das Ende
durch eine Flut, und bis zum Ende wird
es Krieg geben und [a]Verwüstung, die
längst beschlossen ist. 27 Er wird aber vie-
len den Bund schwer machen eine Woche
lang. Und in der Mitte der Woche wird
er Schlachtopfer und Speisopfer abschaf-
fen. Und im Heiligtum wird stehen ein
[a]Gräuelbild, das Verwüstung anrichtet,
bis [b]das Verderben, das beschlossen ist,
sich über die Verwüstung ergießen wird.

Vorbereitung und Empfang einer letzten Offenbarung und Versiegelung des Buches

10 Im dritten Jahr des Königs [a]Kyrus
von Persien wurde dem Daniel, der
[b]Beltschazar heißt, etwas offenbart, was
gewiss ist und von großen Dingen han-
delt. Und er achtete darauf und verstand
das Gesicht.

2 Zu der Zeit trauerte ich, Daniel, drei
Wochen lang. 3 Ich aß keine leckere
Speise; Fleisch und Wein kamen nicht in
meinen Mund; und ich salbte mich auch
nicht, bis die drei Wochen um waren.
4 Und am vierundzwanzigsten Tage des
ersten Monats war ich an dem großen
Strom Tigris 5 [a]und hob meine Augen
auf und sah, und siehe, da stand ein
Mann, der hatte leinene Kleider an und
einen goldenen Gürtel um seine Lenden.
6 Sein Leib war wie ein Türkis, sein Ant-
litz sah aus wie ein Blitz, seine Augen wie
feurige Fackeln, seine Arme und Füße
wie helles, glattes Kupfer, und seine Rede
war wie ein großes Brausen.[a] 7 Aber ich,
Daniel, sah dies Gesicht allein, und die
Männer, die bei mir waren, sahen's nicht;
doch fiel ein großer Schrecken auf sie,
sodass sie flohen und sich verkrochen.

8 Ich blieb allein und sah dies große
Gesicht. Es blieb aber keine Kraft in mir;
jede Farbe wich aus meinem Antlitz und
ich hatte keine Kraft mehr. 9 Und ich
hörte seine Rede; und während ich sie
hörte, sank ich ohnmächtig auf mein An-
gesicht zur Erde. 10 Und siehe, eine Hand
rührte mich an und half mir auf die Knie
und auf die Hände, 11 und er sprach zu
mir: Daniel, du von Gott Geliebter, merk
auf die Worte, die ich mit dir rede, und
richte dich auf; denn ich bin jetzt zu dir
gesandt. Und als er dies mit mir redete,
richtete ich mich zitternd auf.

12 Und er sprach zu mir: Fürchte dich
nicht, Daniel; denn von dem ersten Tage
an, als du von Herzen begehrtest zu ver-
stehen und anfingst, dich zu demütigen
vor deinem Gott, wurden deine Worte
erhört, und ich wollte kommen um dei-
ner Worte willen. 13 Aber der Engelfürst
des Königreichs Persien hat mir einund-
zwanzig Tage widerstanden; und siehe,
Michael, einer der Ersten unter den En-
gelfürsten, kam mir zu Hilfe, und ihm
überließ ich den [a]Kampf mit dem Engel-
fürsten des Königreichs Persien. 14 Nun
aber komme ich, um dir Bericht zu ge-
ben, wie es deinem Volk gehen wird am
Ende der Tage; denn das Gesicht geht
auf ferne Zeit.

15 Und als er das alles mit mir redete,
neigte ich mein Angesicht zur Erde und
schwieg still. 16 Und siehe, einer, der
einem Menschen gleich war, [a]rührte
meine Lippen an. Da tat ich meinen
Mund auf und redete und sprach zu
dem, der vor mir stand: Mein Herr,
meine Glieder bebten, als ich das Gesicht
hatte, und es war keine Kraft mehr in
mir. 17 Wie kann der Knecht meines
Herrn mit meinem Herrn reden, da auch
jetzt noch keine Kraft in mir ist und mir
der Atem fehlt? 18 Da [a]rührte mich aber-
mals der an, der aussah wie ein Mensch,
und stärkte mich 19 und sprach: [a]Fürchte
dich nicht, du von Gott Geliebter! Friede
sei mit dir! Sei getrost, sei getrost! Und
als er mit mir redete, ermannte ich mich
und sprach: Mein Herr, rede; denn du
hast mich gestärkt.

20 Und er sprach: Weißt du, warum ich
zu dir gekommen bin? Und jetzt muss ich
wieder hin und mit dem Engelfürsten
von Persien kämpfen; und wenn ich das
hinter mich gebracht habe, siehe, dann
wird der Engelfürst von Griechenland

9,26: *a* Jes 28,22; Lk 21,23-24 **9,27:** *a* Kap 8,11; 11,31; 12,11; Mt 24,15; *b* Jes 10,22-23 **10,1:** *a* Kap 1,21; *b* Kap 1,7
10,5: *a (5-6)* Kap 8,15; 12,6; Hes 9,2; Offb 1,13-15 **10,6:** *a* Hes 1,27-28 **10,13:** *a* Jes 24,21 **10,16:** *a* Jes 6,7; Jer 1,9
10,18: *a* Kap 8,18 **10,19:** *a* Offb 1,17

kommen. 21 – Doch zuvor will ich dir
kundtun, was geschrieben ist im Buch
der Wahrheit. – Und es ist keiner, der mir
hilft gegen jene, außer eurem Engelfürs-
ten Michael.

11 Und ich stand auch bei ihm im ers-
ten Jahr des Darius des Meders, um
ihm zu helfen und ihn zu stärken.

2 Und nun [a]will ich dir kundtun, was
gewiss geschehen soll. Siehe, es werden
noch drei Könige in Persien aufstehen,
der vierte aber wird größeren Reichtum
haben als alle andern. Und wenn er in
seinem Reichtum am mächtigsten ist,
wird er alles gegen das Königreich Grie-
chenland aufbieten. 3 Danach wird [a]ein
mächtiger König aufstehen und mit gro-
ßer Macht herrschen, und was er will,
wird er ausrichten. 4 Aber wenn er empor-
gekommen ist, wird sein Reich zerbre-
chen und [a]in die vier Winde des Himmels
zerteilt werden, nicht auf seine Nach-
kommen, auch nicht mit solcher Macht,
wie er sie hatte; denn sein Reich wird
zerstört und Fremden zuteilwerden.

5 Und der König des Südens wird
mächtig werden; aber gegen ihn wird
einer seiner Fürsten noch mächtiger
werden und herrschen; dessen Herrschaft
wird groß sein. 6 Nach einigen Jahren
aber werden sie sich miteinander be-
freunden. Und die Tochter des Königs
des Südens wird kommen zum König des
Nordens, um die Einigkeit zu festigen.
Aber sie wird keinen Erfolg haben, und
auch ihr Nachkomme wird nicht bleiben,
sondern sie wird preisgegeben werden
samt denen, die sie gebracht haben, und
mit dem, der sie erzeugt hat, und mit
dem, der sie zur Frau genommen hat. Zu
der Zeit 7 wird einer aus ihrem Stamm
emporkommen; der wird gegen die Hee-
resmacht des Königs des Nordens ziehen
und in seine Festung eindringen und
wird an ihnen seine Macht zeigen. 8 Auch
wird er ihre Götter samt den Bildern und
den kostbaren Geräten aus Silber und
Gold wegführen nach Ägypten und
einige Jahre von dem König des Nordens
ablassen. 9 Aber der wird eindringen in
das Reich des Königs des Südens, jedoch
dann wieder in sein Land zurückkehren.

10 Aber seine Söhne werden Krieg füh-
ren und große Heere zusammenbringen;
und der eine wird kommen und wie eine
Flut heranbrausen und wiederum Krieg
führen bis vor seine Festung. 11 Dann
wird der König des Südens ergrimmen
und ausziehen und mit dem König des
Nordens kämpfen. Der wird ein großes
Heer zusammenbringen, aber das Heer
wird in die Hand des andern gegeben
12 und vernichtet werden.

Daraufhin wird sich dessen Herz über-
heben und er wird viele Tausende er-
schlagen; aber er wird nicht mächtig blei-
ben. 13 Denn der König des Nordens wird
wiederum ein Heer zusammenbringen,
größer als das vorige war; und nach eini-
gen Jahren wird er ausziehen mit großer
Heeresmacht und vielem Tross. 14 Und
zur selben Zeit werden viele aufstehen
gegen den König des Südens. Auch wer-
den sich Abtrünnige aus deinem Volk
erheben und eine Weissagung erfüllen
und werden fallen. 15 Und der König des
Nordens wird kommen und einen Wall
aufschütten und eine feste Stadt einneh-
men. Und die Heere des Südens können's
nicht verhindern, und sein bestes Kriegs-
volk kann nicht widerstehen; 16 sondern
der gegen ihn zieht, wird tun, was ihm
gut dünkt, und niemand wird ihm wider-
stehen können. Er wird auch in das
[a]herrliche Land kommen und Verderben
ist in seiner Hand.

17 Und er wird seinen Sinn darauf rich-
ten, dass er mit Macht sein ganzes Kö-
nigreich bekomme, und sich mit ihm ver-
tragen und wird ihm seine Tochter zur
Frau geben, um ihn zu verderben. Aber
es wird ihm nicht gelingen, und es wird
nichts daraus werden. 18 Danach wird er
sich gegen die Inseln wenden und viele
von ihnen gewinnen. Aber ein Mächtiger
wird ihn zwingen, mit Schmähen aufzu-
hören, und wird ihm seine Schmähungen
heimzahlen. 19 Danach wird er sich wen-
den gegen die Festungen seines eigenen
Landes; er wird straucheln und fallen,
dass man ihn nirgends finden wird.

20 Und an seiner statt wird einer em-
porkommen, der wird einen Kämmerer
das herrliche Land durchziehen lassen,
um Abgaben einzutreiben; doch nach
einigen Jahren wird er umgebracht wer-

11,2: *a* Kap 10,21 11,3: *a* Kap 8,21 11,4: *a* Kap 8,8.22 11,16: *a* Kap 8,9

den, aber weder öffentlich noch im
Kampf.

21 Dann wird an seiner statt [a]empor-
kommen ein verächtlicher Mensch, dem
die Ehre des Thrones nicht zugedacht
war. Der wird unerwartet kommen und
sich durch Ränke die Herrschaft erschlei-
chen. 22 Und heranflutende Heere werden
vor ihm hinweggeschwemmt und ver-
nichtet werden, dazu auch der Fürst des
Bundes. 23 Denn nachdem er sich mit ihm
angefreundet hat, wird er listig handeln
und heraufziehen und mit wenigen Leu-
ten Macht gewinnen. 24 Und unerwartet
wird er in die besten Städte des Landes
kommen und wird tun, was weder seine
Väter noch seine Vorväter getan haben,
und Raub, Beute und Güter an seine
Leute verteilen; er wird nach den aller-
festesten Städten trachten, aber nur für
eine befristete Zeit.

25 Und er wird seine Macht und seinen
Mut gegen den König des Südens auf-
bieten mit einem großen Heer. Dann
wird der König des Südens sich aufma-
chen zum Kampf mit einem großen,
mächtigen Heer, aber er wird nicht be-
stehen; denn es werden Pläne gegen ihn
geschmiedet. 26 Und die sein Brot essen,
die werden helfen, ihn zu verderben und
sein Heer zu verjagen, sodass viele er-
schlagen werden. 27 Und beide Könige
werden darauf bedacht sein, wie sie ein-
ander schaden können, und sie werden
an **einem** Tisch verlogen miteinander re-
den. Es wird ihnen aber nicht gelingen,
denn das Ende ist noch auf eine andere
Zeit bestimmt. 28 Danach wird er wieder
heimziehen mit großer Beute und dabei
seinen Sinn richten gegen den heiligen
Bund; er wird es ausführen und in sein
Land zurückkehren.

29 Und nach einer bestimmten Zeit
wird er wieder nach Süden ziehen; aber
es wird beim zweiten Mal nicht so sein
wie beim ersten Mal. 30 Denn es werden
Schiffe aus Kittim gegen ihn kommen,
sodass er verzagen wird und umkehren
muss. Dann wird er gegen den heiligen
Bund ergrimmen und danach handeln
und sich denen zuwenden, die den hei-
ligen Bund verlassen. 31 Und seine Heere
werden kommen und Heiligtum und
Burg entweihen und das tägliche Opfer
abschaffen und das Gräuelbild der Ver-
wüstung aufstellen.[a] 32 Und er wird mit
Ränken alle zum Abfall bringen, die den
Bund übertreten.

Aber die vom Volk, die ihren Gott
kennen, werden sich ermannen und da-
nach handeln. 33 Und die Verständigen
im Volk werden vielen zur Einsicht ver-
helfen; darüber werden sie verfolgt wer-
den mit Schwert, Feuer, Gefängnis und
Raub eine Zeit lang. 34 Während sie ver-
folgt werden, wird ihnen eine kleine Hilfe
zuteilwerden; aber viele werden sich nicht
aufrichtig zu ihnen halten. 35 Und einige
von den Verständigen werden fallen, da-
mit viele bewährt, rein und lauter werden
für die Zeit des Endes; denn es geht ja
um eine befristete Zeit.

36 Und der König wird tun, was er will,
und [a]wird sich überheben und großtun
gegen alles, was Gott ist. Und gegen den
Gott aller Götter [b]wird er Ungeheuer-
liches reden und es wird ihm gelingen,
bis sich der Zorn ausgewirkt hat; denn
es muss geschehen, was beschlossen ist.
37 Auch die Götter seiner Väter wird er
nicht achten; er wird weder den [a]Lieb-
lingsgott der Frauen noch einen andern
Gott achten; denn er wird sich über alles
erheben. 38 Dagegen wird er den Gott der
Festungen verehren; den Gott, von dem
seine Väter nichts gewusst haben, wird er
ehren mit Gold, Silber, Edelsteinen und
Kostbarkeiten. 39 Und er wird die starken
Festungen dem fremden Gott unterstel-
len. Denen, die ihn erwählen, wird er
große Ehre antun und sie zu Herren ma-
chen über viele und ihnen Land zum
Lohn austeilen.

40 Und zur Zeit des Endes wird sich
der König des Südens mit ihm messen,
und der König des Nordens wird mit
Wagen, Reitern und vielen Schiffen ge-
gen ihn anstürmen und wird in die Län-
der einfallen und sie überschwemmen
und überfluten. 41 Und er wird in das
[a]herrliche Land einfallen und viele wer-
den umkommen. Es werden aber seiner
Hand entrinnen Edom, Moab und der
Hauptteil der Ammoniter. 42 Und er wird

11,21: *a* Kap 8,23-24 **11,31:** *a* Kap 9,27 **11,36:** *a* 2.Thess 2,4; *b* Kap 7,8.25; Offb 13,5-6 **11,37:** *a* Hes 8,14
11,41: *a* Vers 16

seine Hand ausstrecken nach den Län-
dern und Ägypten wird ihm nicht ent-
rinnen, 43 sondern er wird Herr werden
über die goldenen und silbernen Schätze
und über alle Kostbarkeiten Ägyptens;
Libyer und Kuschiter werden ihm folgen
müssen. 44 Es werden ihn aber Gerüchte
erschrecken aus Osten und Norden, und
er wird mit großem Grimm ausziehen,
um viele zu vertilgen und zu verderben.
45 Und er wird seine prächtigen Zelte auf-
schlagen zwischen dem Meer und dem
herrlichen, heiligen Berg; aber es wird
mit ihm ein Ende nehmen und niemand
wird ihm helfen.

12 Zu jener Zeit wird [a]Michael, der
große Engelfürst, der für dein Volk
eintritt, sich aufmachen. Denn [b]es wird
eine Zeit so großer Trübsal sein, wie sie
nie gewesen ist, seitdem es Menschen
gibt, bis zu jener Zeit. Aber zu jener Zeit
wird dein Volk errettet werden, alle, die
[c]im Buch geschrieben stehen. 2 Und
viele, die unter der Erde schlafen liegen,
werden aufwachen, [a]die einen zum ewigen
Leben, die andern zu ewiger Schmach und
Schande. 3 Und [a]die da lehren, werden
leuchten wie des Himmels Glanz, und [b]die
viele zur Gerechtigkeit weisen, wie die
Sterne immer und ewiglich.

4 Und du, Daniel, verbirg diese Worte
und [a]versiegle dies Buch bis auf die letzte
Zeit. Viele werden es dann durchforschen
und große Erkenntnis finden.

5 Und ich, Daniel, sah, und siehe, es
standen zwei andere da, einer an diesem
Ufer des Stroms, der andere an jenem
Ufer. 6 Und er sprach zu dem Mann in
[a]leinenen Kleidern, der über den Was-
sern des Stroms stand: Wann sollen denn
diese großen Wunder geschehen? 7 Und
ich hörte den Mann in leinenen Kleidern,
der über den Wassern des Stroms stand.
Er hob seine rechte und linke Hand auf
gen Himmel und schwor bei dem, der
ewiglich lebt, dass es [a]eine Zeit und zwei
Zeiten und eine halbe Zeit währen soll;
und wenn die Zerstreuung des heiligen
Volks ein Ende hat, soll dies alles ge-
schehen.

8 Und ich hörte es, aber ich verstand's
nicht und sprach: Mein Herr, was wird
das Letzte davon sein? 9 Er aber sprach:
Geh hin, Daniel; denn es ist verborgen
und versiegelt bis auf die letzte Zeit.
10 Viele werden gereinigt, geläutert und
geprüft werden, aber die Gottlosen wer-
den gottlos handeln; alle Gottlosen wer-
den's nicht verstehen, aber die Verstän-
digen werden's verstehen. 11 Und von der
Zeit an, da [a]das tägliche Opfer abge-
schafft und das Gräuelbild der Verwüs-
tung aufgestellt wird, sind 1290 Tage.
12 Wohl dem, der da wartet und erreicht
1335 Tage! 13 Du aber, Daniel, geh hin,
bis das Ende kommt, und ruhe, bis du
auferstehst zu deinem Erbteil am Ende
der Tage!

12,1: *a* Kap 10,13; Offb 12,7; *b* Mt 24,21; *c* Kap 7,10 **12,2:** *a* Joh 5,29 **12,3:** *a* Kap 11,33; *b* Spr 4,18; Mt 13,43
12,4: *a* Offb 10,4 **12,6:** *a* Kap 10,5 **12,7:** *a* Kap 7,25; Offb 10,5-6 **12,11:** *a* Kap 9,27

DER PROPHET HOSEA

Inhaltsübersicht

Hoseas Ehe – das Zeichen für die Untreue Israels

1 Dies ist das Wort des HERRN, das
geschehen ist zu Hosea, dem Sohn
Beeris, zur Zeit des [a]Usija, Jotam, Ahas
und Hiskia, der Könige von Juda, und
zur Zeit [b]Jerobeams, des Sohnes des
Joasch, des Königs von Israel.
2 Als der HERR anfing zu reden durch
Hosea, sprach er zu ihm: Geh hin und
nimm ein [a]Hurenweib und Hurenkinder;
denn das Land läuft vom HERRN weg
der Hurerei nach.
3 Und er ging hin und nahm Gomer,
die Tochter Diblajims, zur Frau; die ward
schwanger und gebar ihm einen Sohn.
4 Und der HERR sprach zu ihm: Nenne
ihn Jesreel; denn es ist nur noch eine
kurze Zeit, dann will ich [a]die Blutschuld
von Jesreel heimsuchen am Hause Jehu
und will mit dem Königreich des Hauses
Israel ein Ende machen. 5 Zur selben Zeit
will ich den Bogen Israels zerbrechen in
der Ebene Jesreel.
6 Und sie ward abermals schwanger
und gebar eine Tochter. Und er sprach zu
ihm: Nenne sie [a]Lo-Ruhama*; denn ich
will mich nicht mehr über das Haus Is-
rael erbarmen, sondern ich will sie weg-
werfen. 7 Doch will ich mich erbarmen
über das Haus Juda und will ihnen helfen
durch den HERRN, ihren Gott; ich will
ihnen aber nicht helfen durch Bogen,
Schwert, Rüstung, Ross und Wagen.
8 Und als sie Lo-Ruhama entwöhnt
hatte, ward sie wieder schwanger und ge-
bar einen Sohn. 9 Und er sprach: Nenne
ihn Lo-Ammi**; denn ihr seid nicht
mein Volk, so will ich auch nicht der
Eure sein.

Die kommende Rettung

2 +Es wird aber [a]die Zahl der Israeli-
ten sein wie der Sand am Meer, den
man weder messen noch zählen kann.
Und [b]es soll geschehen, anstatt dass man
zu ihnen sagt: »Ihr seid nicht mein
Volk«, wird man zu ihnen sagen: »O ihr
Kinder des lebendigen Gottes!« 2 Denn
[a]es werden die Judäer und die Israeliten
zusammenkommen und werden sich ein
gemeinsames Haupt erwählen und aus
dem Lande heraufziehen; denn der Tag
Jesreels wird ein großer Tag sein. 3 Sagt
euren Brüdern, [a]sie seien mein Volk, und
zu euren Schwestern, [b]sie seien in Gna-
den.

Gott zieht das treulose Israel zur Rechenschaft

4 Fordert von eurer Mutter – sie ist ja
nicht meine Frau und ich bin nicht ihr
Mann! –, dass sie die [a]Zeichen ihrer Hu-
rerei von ihrem Angesichte wegtue und
die Zeichen ihrer Ehebrecherei zwischen
ihren Brüsten, 5 damit ich sie nicht nackt
ausziehe und hinstelle, wie sie war, als sie
geboren wurde, und ich sie nicht mache
wie eine Wüste und wie ein dürres Land
und sie nicht vor Durst sterben lasse!
6 Und ich will mich ihrer Kinder nicht
erbarmen, denn sie sind Hurenkinder.
7 Ihre Mutter ist eine Hure, und die sie
getragen hat, treibt es schändlich und
spricht: [a]Ich will meinen Liebhabern
nachlaufen, die mir mein Brot und Was-

* d. h. »Unbegnadigte«. ** d. h. »Nicht mein Volk«.
\+ Abweichende Verszählung statt 2,1-25: 1,10–2,23.

1,1: *a* Jes 1,1; *b* 2. Kön 14,23; Am 1,1 **1,2:** *a* Kap 3,1; 5. Mose 23,18 **1,4:** *a* 2. Kön 10,1-14 **1,6:** *a* Kap 2,3.25 **2,1:** *a* 1. Mose 22,17; *b* Röm 9,26 **2,2:** *a* Jes 11,11-13; Jer 3,18; Hes 37,22 **2,3:** *a* Kap 1,9; *b* Kap 1,6 **2,4:** *a* Hes 16,1-63; 23,1-49 **2,7:** *a* Jer 44,17

ser geben, Wolle und Flachs, Öl und
Trank. 8 Darum siehe, ich will ihr den
Weg mit Dornen versperren und eine
Mauer ziehen, dass sie ihren Pfad nicht
finden soll. 9 Und wenn sie ihren Lieb-
habern nachläuft und sie nicht einholen
kann und wenn sie nach ihnen sucht und
sie nicht finden kann, so wird sie sagen:
Ich will wieder zu meinem früheren
Mann gehen; denn damals ging es mir
besser als jetzt. 10 Aber sie will nicht er-
kennen, dass ich es bin, [a]der ihr Korn,
Wein und Öl gegeben hat und viel Silber
und Gold, das sie dem Baal zu Ehren
gebraucht haben.

11 Darum will ich mein Korn und mei-
nen Wein mir wieder nehmen zu seiner
Zeit und meine Wolle und meinen Flachs
ihr entreißen, womit sie ihre Blöße be-
deckt. 12 Dann will ich [a]ihre Scham auf-
decken vor den Augen ihrer Liebhaber,
und niemand soll sie aus meiner Hand
erretten. 13 Und ich will ein Ende machen
mit allen ihren Freuden, Festen, Neu-
monden, Sabbaten und allen ihren Fei-
ertagen. 14 Ich will ihre Weinstöcke und
Feigenbäume verwildern lassen, weil sie
sagt: »Das ist mein Lohn, den mir meine
Liebhaber gegeben haben.« Ich will eine
Wildnis aus ihnen machen, dass die Tiere
des Feldes sie fressen sollen. 15 So will ich
heimsuchen an ihr die Tage der Baale, an
denen sie Räucheropfer darbringt und
sich mit Stirnreifen und Halsbändern
schmückt und ihren Liebhabern nach-
läuft, mich aber vergisst, spricht der
HERR.

Gottes Treue überwindet Israels Untreue

16 Darum siehe, ich will sie locken und
will sie in die Wüste führen und [a]freund-
lich mit ihr reden. 17 Dann will ich ihr
von dorther ihre Weinberge geben und
das [a]Tal Achor* zum Tor der Hoffnung
machen. Und dorthin wird sie willig fol-
gen wie zur Zeit ihrer Jugend, als sie aus
Ägyptenland zog. 18 Alsdann, spricht der
HERR, wirst du mich nennen [a]»Mein
Mann« und nicht mehr »Mein Baal«.
19 Denn ich will die Namen der Baale von
ihrem Munde wegtun, dass man ihrer
Namen nicht mehr gedenken soll.

20 Und [a]ich will zur selben Zeit für sie
einen Bund schließen mit den Tieren auf
dem Felde, mit den Vögeln unter dem
Himmel und mit dem Gewürm des Erd-
bodens und will Bogen, Schwert und
Rüstung im Lande zerbrechen und [b]will
sie sicher wohnen lassen. **21 Ich will mich**
mit dir verloben für alle Ewigkeit, ich will
mich mit dir verloben in Gerechtigkeit und
Recht, in Gnade und Barmherzigkeit.[a]
22 Ja, in Treue will ich mich mit dir ver-
loben und du wirst [a]den HERRN erkennen.
23 Zur selben Zeit will ich erhören,
spricht der HERR, ich will den Himmel
erhören, und der Himmel soll die Erde
erhören, 24 und die Erde soll Korn, Wein
und Öl erhören, und diese sollen Jesreel
erhören.** 25 Und ich will ihn mir in das
Land einsäen und mich erbarmen über
[a]Lo-Ruhama, und [b]ich will sagen zu
Lo-Ammi: »Du bist mein Volk«, und er
wird sagen: »Du bist mein Gott.«

Gottes Langmut wird sein Volk zurückgewinnen

3 Und der HERR sprach zu mir: [a]Geh
noch einmal hin und wirb um eine
buhlerische und ehebrecherische Frau,
wie denn der HERR um die Israeliten
wirbt, obgleich sie sich zu fremden Göt-
tern kehren und [b]Traubenkuchen lieben.

2 Und ich kaufte sie mir für fünfzehn
Silberstücke und fünfzehn Scheffel Gers-
te 3 und sprach zu ihr: Lange Zeit sollst
du bleiben, ohne zu huren und ohne ei-
nem Mann anzugehören, und auch ich
will nicht zu dir eingehen. 4 Denn lange
Zeit werden die Israeliten ohne König
und ohne Obere bleiben, ohne Opfer,
ohne Steinmal, ohne Efod und ohne
Hausgott.[a] 5 Danach werden sich die Is-
raeliten bekehren und [a]den HERRN, ih-
ren Gott, und ihren König David suchen
und werden mit Zittern zu dem HERRN
und seiner Gnade kommen in letzter
Zeit.

* Siehe Sach- und Worterklärungen.

** »Jesreel« kann heißen »Gott sät ein« und meint die fruchtbare Ebene, zugleich aber (Vers 25) den Prophetensohn, der wiederum ganz Israel vertritt (vgl. Kap 1,4).

2,10: *a* 5. Mose 7,12-13 **2,12:** *a* Jer 13,22 **2,16:** *a* Jes 40,2 **2,17:** *a* Jos 7,24-26 **2,18:** *a* Jes 54,5 **2,20:** *a* 1. Mose 9,9-10; *b* Hes 34,25 **2,21:** *a* Offb 19,7 **2,22:** *a* Jer 31,34 **2,25:** *a* Kap 1,6; *b* Kap 1,9; Röm 9,25; 1. Petr 2,10 **3,1:** *a* Kap 1,2; *b* Jer 7,17-18 **3,4:** *a* 2. Chr 15,3 **3,5:** *a* Jer 30,9; Hes 34,23-24

Strafrede gegen die Priester und gegen den Götzendienst Israels

4 Höret, ihr Israeliten, des HERRN
Wort! Denn der HERR hat Ursache,
zu schelten, die im Lande wohnen; denn
es ist keine Treue, keine Liebe und keine
Erkenntnis Gottes im Lande, 2 sondern
Verfluchen, Lügen, Morden, Stehlen und
Ehebrechen haben überhandgenommen,
und eine Blutschuld kommt nach der an-
dern. 3 Darum wird das Land dürre ste-
hen und alle seine Bewohner werden da-
hinwelken; auch die Tiere auf dem Felde
und die Vögel unter dem Himmel und die
Fische im Meer werden weggerafft.

4 Doch soll man niemand schelten
noch zurechtweisen, sondern allein dich,
Priester, habe ich zu schelten. 5 Darum
sollst du bei Tage fallen, und der Prophet
soll des Nachts neben dir fallen; auch
deine Mutter will ich dahingeben. 6 Mein
Volk ist dahin, weil es ohne Erkenntnis
ist. Denn du hast die Erkenntnis verwor-
fen; darum will ich dich auch verwerfen,
dass du nicht mehr mein Priester sein
sollst. Du vergisst das Gesetz deines Got-
tes; darum will auch ich deine Kinder
vergessen.

7 Je mehr ihrer werden, desto mehr
sündigen sie gegen mich; darum will ich
ihre Ehre zuschanden machen. 8 Sie näh-
ren sich von den [a]Sündopfern meines
Volks und sind begierig nach seiner
Schuld. 9 Darum soll es dem Priester ge-
hen wie dem Volk; denn ich will sein Tun
heimsuchen und ihm vergelten, wie er's
verdient: 10 Sie werden essen und nicht
satt werden, Hurerei treiben und sich
nicht mehren, weil sie den HERRN ver-
lassen haben und ihn nicht achten. 11 Hu-
rerei, Wein und Trunk machen toll.

12 Mein Volk [a]befragt sein Holz, und
sein Stab soll ihm antworten; denn der
[b]Geist der Hurerei verführt sie, dass sie
mit ihrer Hurerei ihrem Gott weglaufen.
13 Oben [a]auf den Bergen opfern sie, und
auf den Hügeln räuchern sie unter den
Eichen, Linden und Buchen; denn ihr
Schatten erquickt. Darum werden eure
Töchter auch zu Huren und eure Bräute
zu Ehebrecherinnen. 14 Ich will's auch
nicht wehren, wenn eure Töchter zu Hu-
ren und eure Bräute zu Ehebrecherinnen
werden, weil [a]ihr selbst abseits geht mit
den Huren und mit den Tempeldirnen
opfert und so das törichte Volk zu Fall
kommt.

15 Willst du, Israel, schon huren, so soll
Juda sich nicht auch verschulden! [a]Geht
nicht hin nach Gilgal und kommt nicht
hinauf nach [b]Bet-Awen und [c]schwört
nicht: So wahr der HERR lebt!

16 Denn Israel läuft dahin wie eine tolle
Kuh; soll da der HERR sie weiden las-
sen wie ein Lamm auf freiem Feld?
17 Ephraim hat sich zu den Götzen ge-
sellt; so lass es hinfahren. 18 Sie haben
sich der Schwelgerei und Hurerei erge-
ben; ihre Schamlosen haben Lust an der
Schande. 19 Der Wind mit seinen Flügeln
wird sie fassen, und über ihrem Opfer
sollen sie zuschanden werden.

Drohung gegen die Führer Israels

5 So hört nun dies, ihr Priester, und
merke auf, du Haus Israel, und nimm
zu Ohren, du Haus des Königs! Denn
euch ist das Recht anvertraut! Ihr aber
seid eine Schlinge für Mizpa geworden
und ein ausgespanntes Netz auf dem Ta-
bor 2 und eine tiefe Grube zu Schittim;
darum muss ich sie allesamt strafen.

3 Ich kenne Ephraim gut, und Israel ist
vor mir nicht verborgen; [a]Ephraim ist
nun eine Hure und Israel unrein. 4 Ihre
bösen Taten lassen es nicht zu, dass sie
umkehren zu ihrem Gott; denn sie haben
einen [a]Geist der Hurerei in ihrem Her-
zen, und den HERRN kennen sie nicht.
5 Wider Israel zeugt seine Hoffart; darum
sollen Israel und Ephraim fallen um ihrer
Schuld willen; auch Juda soll mit ihnen
fallen. 6 Alsdann werden sie kommen mit
ihren Schafen und Rindern, den HERRN
zu suchen, aber ihn nicht finden; denn er
hat sich von ihnen gewandt.[a] 7 Sie sind
dem HERRN untreu und zeugen fremde
Kinder; darum wird sie auch der [a]Neu-
mond fressen samt ihrem Erbteil.

4,8: *a* 3.Mose 4,13-21.27-35; 6,19 **4,12:** *a* Jer 2,27; *b* Kap 5,4 **4,13:** *a* Hes 6,13 **4,14:** *a* Kap 1,2 **4,15:** *a* Am 5,5; *b* Kap 10,5; *c* Am 8,14 **5,3:** *a* Kap 1,2; 6,10 **5,4:** *a* Kap 4,12 **5,6:** *a* Jes 1,11-15 **5,7:** *a* Kap 2,13

Der Bruderkrieg zwischen Ephraim und Juda und Israels flüchtige Buße

8 [a]Blast die Posaune zu Gibea, ja, trom-
petet zu Rama, ja, ruft laut zu [b]Bet-
Awen: Man ist hinter dir her, Benjamin!
9 Denn Ephraim soll zur Wüste werden
zur Zeit, wenn ich sie strafen werde. Da-
vor habe ich die Stämme Israels treulich
gewarnt. 10 Die Oberen von Juda sind
denen gleich, die [a]die Grenze verrücken;
darum will ich meinen Zorn über sie aus-
schütten wie Wasser. 11 Ephraim leidet
Gewalt, zertreten ist das Recht; denn es
gefiel ihm, dem Nichtigen nachzulaufen.
12 Ich bin für Ephraim wie eine Motte
und für das Haus Juda wie eine Made.
13 Als aber Ephraim seine Krankheit und
Juda seine Wunde fühlte, [a]zog Ephraim
hin nach Assur und schickte zum König
Jareb. Aber der kann euch nicht helfen
noch eure Wunde heilen. 14 Denn ich bin
für Ephraim [a]wie ein Löwe und für das
Haus Juda wie ein junger Löwe. Ich, ich
[b]zerreiße sie und gehe davon; ich
schleppe sie weg und niemand kann sie
retten.
15 Ich will wieder an meinen Ort gehen,
bis sie ihre Schuld erkennen und mein
Angesicht suchen; [a]wenn's ihnen übel er-
geht, so werden sie mich suchen:
6 »Kommt, wir wollen wieder zum
HERRN; denn er hat uns [a]zerrissen,
er wird uns auch heilen, er hat uns ge-
schlagen, er wird uns auch verbinden.
2 Er [a]macht uns lebendig nach zwei Ta-
gen, er wird uns am dritten Tage auf-
richten, dass wir vor ihm leben werden.
3 Lasst uns darauf achthaben und danach
trachten, den HERRN zu erkennen; denn
er wird hervorbrechen wie die schöne
Morgenröte und wird zu uns kommen
wie ein Regen, wie ein Spätregen, der das
Land feuchtet.«
4 Was soll ich dir tun, Ephraim? Was
soll ich dir tun, Juda? Denn [a]eure Liebe
ist wie eine Wolke am Morgen und wie
der Tau, der frühmorgens vergeht.
5 Darum schlage ich drein durch die Pro-
pheten und [a]töte sie durch die Worte
meines Mundes, dass mein Recht wie das
Licht hervorkomme. 6 Denn [a]**ich habe
Lust an der Liebe und nicht am Opfer,
an der Erkenntnis Gottes und nicht am
Brandopfer.**

Gegen Israels Könige und ihre Bündnisse

7 Sie haben den Bund übertreten bei
Adam*; dort wurden sie mir untreu. 8 Gi-
lead ist eine Stadt voller Übeltäter, be-
fleckt von Blutschuld. 9 Und die Rotten
der Priester sind wie die Räuber, die da
lauern auf die Leute; sie morden auf dem
Wege, der nach Sichem geht, ja, Schand-
taten vollbringen sie. 10 Ich sehe im
Hause Israel, wovor mir graut; denn da
[a]treibt Ephraim Hurerei, und Israel
macht sich unrein. 11 Auch Juda wird
noch eine Ernte vor sich haben.
7 Wenn ich [a]meines Volkes Geschick
wenden und Israel heilen will, so
zeigt sich erst die Sünde Ephraims und
die Bosheit Samarias, wie sie Lug und
Trug treiben und die Diebe einsteigen
und die Räuber auf der Straße plündern.
2 Dennoch wollen sie nicht einsehen, dass
ich alle ihre Bosheit merke. Ich sehe aber
ihr böses Tun wohl, das sie allenthalben
treiben. 3 Sie erfreuen den König mit ih-
rer Bosheit und Obere mit ihren Lügen;
4 sie sind allesamt Ehebrecher, glühend
wie ein Backofen, den der Bäcker heizt,
wenn er den Teig ausgeknetet hat und
ihn durchsäuern und aufgehen lässt.
5 »Heute ist unseres Königs Fest!« Da
werden die Oberen toll vom Wein und er
zieht die Spötter zu sich. 6 Denn ihr Herz
ist in heißer Glut wie ein Backofen, wenn
sie Böses ersinnen. Ihr Grimm schläft die
ganze Nacht, aber am Morgen brennt er
lichterloh. 7 Allesamt sind sie erhitzt wie
ein Backofen, sodass sie ihre Richter
fressen; ja, alle ihre Könige fallen, und es
ist keiner unter ihnen, der mich anruft.
8 Ephraim mengt sich unter die Völker;
Ephraim ist wie ein Kuchen, den nie-
mand umwendet. 9 Fremde fressen seine
Kraft, doch er will es nicht merken; seine
Haare sind schon grau geworden, doch
er will es nicht merken. 10 Wider Israel
zeugt seine Hoffart, dennoch bekehren
sie sich nicht zum HERRN, ihrem Gott,

* d.i. der Name einer Stadt (vgl. Jos 3,16).

5,8: *a (5,8–6,6)* 2. Kön 15,37; Jes 7,1-9; *b* Kap 4,15 **5,10:** *a* 5. Mose 19,14 **5,13:** *a* Kap 7,11; 10,6; 12,2 **5,14:** *a* Kap 13,7; *b* Kap 6,1 **5,15:** *a* Jes 26,16 **6,1:** *a* Kap 5,14 **6,2:** *a* 5. Mose 32,39 **6,4:** *a* Kap 7,16 **6,5:** *a* Jer 23,29 **6,6:** *a* 1. Sam 15,22; Spr 21,3; Mt 9,13; 12,7 **6,10:** *a* Kap 5,3 **7,1:** *a* Joel 4,1

fragen auch trotz alledem nicht nach
ihm. 11 Denn Ephraim ist wie eine tö-
richte Taube, die sich leicht locken lässt.
Jetzt rufen sie Ägypten an, dann [a]laufen
sie nach Assur. 12 Aber indem sie hin und
her laufen, will ich mein Netz über sie
werfen und sie herunterholen wie Vögel
unter dem Himmel; ich will sie strafen,
wie es ihrer Gemeinde verkündet ist.

13 Weh ihnen, dass sie von mir wei-
chen! Sie sollen vertilgt werden; denn sie
sind abtrünnig geworden von mir. [a]Ich
wollte sie wohl erlösen; aber sie reden
Lügen wider mich. 14 Auch rufen sie mich
nicht von Herzen an, sondern machen
ein Geheul auf ihren Lagern. Sie ritzen
sich wund um Korn und Wein, aber mir
sind sie ungehorsam. 15 Ich lehre sie
Zucht und stärke ihren Arm; aber sie
sinnen Böses gegen mich. 16 Sie bekehren
sich, aber nicht recht, sondern [a]sind wie
ein schlaffer Bogen. Darum werden ihre
Oberen durchs Schwert fallen wegen der
Frechheit ihrer Zungen. Das soll ihnen in
Ägyptenland zum Spott werden.

Israels falscher Gottesdienst

8 Stoße laut in die [a]Posaune! Es
kommt über das Haus des HERRN
[b]wie ein Adler, weil sie [c]meinen Bund
übertreten und sich gegen meine Gebote
auflehnen. 2 Wohl schreien sie zu mir:
»Du bist mein Gott; wir, Israel, kennen
dich.« 3 Doch Israel verwirft das Gute;
darum soll der Feind sie verfolgen.

4 Sie [a]machen Könige, aber ohne mich;
sie setzen Obere ein und ich darf es nicht
wissen. Aus ihrem Silber und Gold ma-
chen sie Götzen, damit sie ja bald aus-
gerottet werden! 5 [a]Dein Kalb, Samaria,
verwerfe ich. Mein Zorn ist gegen sie
entbrannt. Wie lange soll das noch an-
dauern? Sie können doch nicht unge-
straft bleiben, die Söhne Israel. 6 Ein
Goldschmied hat das Kalb gemacht und
es kann doch kein Gott sein; darum soll
das Kalb Samarias zerpulvert werden.

7 Denn sie säen Wind und werden
Sturm ernten. [a]Ihre Saat soll nicht auf-
gehen; was dennoch aufwächst, bringt
kein Mehl; und wenn es etwas bringen
würde, sollen Fremde es verschlingen.
8 Verschlungen wird Israel; die Heiden
gehen mit ihnen um wie mit [a]einem Ge-
fäß, das niemand haben will; 9 denn [a]sie
laufen nach Assur, einsam wie ein Wild-
esel, und Ephraim buhlt mit Geschen-
ken. 10 Auch wenn sie unter den Heiden
austeilen, will ich sie doch jetzt einsam-
meln; sie sollen's bald müde werden,
Könige und Obere zu salben.

11 Ephraim hat sich viele Altäre ge-
macht; aber sie sind ihm zur Sünde ge-
worden. 12 Wenn ich ihm auch noch so
viele meiner Gebote aufschreibe, so wer-
den sie doch geachtet wie eine fremde
Lehre. 13 Wenn sie auch [a]viel opfern und
Fleisch herbringen und essen's, so hat
doch der HERR kein Gefallen daran, son-
dern er will ihrer Schuld gedenken und
ihre Sünden heimsuchen. Sie [b]sollen wie-
der zurück nach Ägypten! 14 Israel ver-
gisst seinen Schöpfer und baut Paläste,
und Juda macht viele feste Städte; aber
ich will [a]Feuer in seine Städte senden,
das soll seine Paläste verzehren.

Die Freude ist dahin, die Vergeltung ist da

9 Du darfst dich nicht freuen, Israel,
noch rühmen wie die Völker; denn du
läufst mit deiner [a]Hurerei deinem Gott
weg; gern nimmst du Hurenlohn auf
allen Tennen. 2 Darum sollen Tenne und
Kelter sie nicht nähren, und der Wein
soll ihnen fehlen. 3 Sie sollen nicht blei-
ben im Lande des HERRN; sondern
[a]Ephraim muss wieder nach Ägypten und
muss in Assyrien Unreines essen. 4 Dort
werden sie dem HERRN kein Trankopfer
vom Wein bringen, und ihre Schlacht-
opfer werden ihm nicht wohlgefällig sein.
Ihr Brot soll sein wie das Brot der Trau-
ernden, an dem unrein werden alle, die
davon essen; denn ihr Brot müssen sie für
sich allein essen, doch es soll nicht in des
HERRN Haus gebracht werden. 5 Was
wollt ihr dann in den Festzeiten und an
den Feiertagen des HERRN tun?

6 Siehe, sie müssen fort wegen der Ver-
wüstung. Ägypten wird sie sammeln und
Memfis sie begraben. [a]Nesseln werden

7,11: *a* Kap 5,13 **7,13:** *a* Ps 81,14-15 **7,16:** *a* Ps 78,57 **8,1:** *a* Jes 58,1; *b* 5. Mose 28,49; *c* Kap 6,7 **8,4:** *a* 2. Kön 15,10.14.25.30 **8,5:** *a (5-6)* 2. Mose 32,20; 1. Kön 12,28 **8,7:** *a* Jer 12,13 **8,8:** *a* Jer 22,28 **8,9:** *a* Kap 5,13 **8,13:** *a* Jes 1,11; *b* 5. Mose 28,68 **8,14:** *a* Jer 17,27; Am 2,5 **9,1:** *a* Kap 1,2 **9,3:** *a* Kap 8,13 **9,6:** *a* Kap 10,8

wachsen, wo jetzt ihr kostbares Silber ist,
und Dornen in ihren Hütten. 7 Die Zeit
der Heimsuchung ist gekommen, die Zeit
der Vergeltung; dessen wird Israel inne-
werden.
»Ein Narr ist der Prophet und wahn-
sinnig der Mann des Geistes!« Ja, um
deiner großen Schuld und um der großen
Anfeindung willen! 8 Ephraim spähte
wohl aus nach meinem Gott; aber nun
stellen sie dem Propheten Fallen auf
allen seinen Wegen, Anfeindung selbst
im Hause seines Gottes. 9 Tief verdorben
ist ihr Tun wie in den [a]Tagen von Gibea;
darum wird er ihrer Schuld gedenken
und ihre Sünden heimsuchen.

Israels Undank gegen Gottes Wohltaten

10 Ich [a]fand Israel wie Trauben in der
Wüste und sah eure Väter wie die ersten
Feigen am Feigenbaum; aber hernach
gingen sie zum [b]Baal-Peor und gelob-
ten sich dem schändlichen Abgott und
wurden so zum Gräuel wie ihre Lieb-
haber. 11 Darum muss die Herrlichkeit
Ephraims wie ein Vogel wegfliegen, dass
sie weder gebären noch tragen noch
schwanger werden sollen. 12 Und wenn
sie ihre Kinder auch großzögen, will ich
sie doch kinderlos machen, sodass kein
Mensch mehr da ist. Ja, weh ihnen, wenn
ich von ihnen gewichen bin!
13 Als ich Ephraim sah, war es [a]herr-
lich gepflanzt wie Tyrus; aber nun muss
es seine Kinder herausgeben dem Tot-
schläger. 14 HERR, gib ihnen – was willst
du ihnen geben? Gib ihnen unfruchtbare
Leiber und versiegende Brüste! 15 All ihre
Bosheit geschieht zu Gilgal; dort werde
ich ihnen feind. So will ich sie um ihres
bösen Tuns willen aus meinem Hause
stoßen und ihnen keine Liebe mehr er-
weisen; denn alle ihre Oberen sind ab-
trünnig.
16 Ephraim ist geschlagen, seine Wur-
zel ist verdorrt, sodass sie keine Frucht
mehr bringen können. Auch wenn sie ge-
bären würden, will ich doch die ersehnte
Frucht ihres Leibes töten. 17 Mein Gott
wird sie verwerfen, weil sie ihn nicht hö-
ren wollen, und sie sollen unter den Hei-
den umherirren.

Das Gericht über Königtum und Götzendienst

10 Israel ist ein [a]üppig rankender
Weinstock, der seine Frucht trägt.
Aber je mehr Früchte er hatte, desto
mehr Altäre machten sie; wo das Land
am besten war, da richteten sie die schöns-
ten [b]Steinmale auf. 2 Ihr Herz ist falsch;
nun wird sie ihre Schuld treffen. Ihre
Altäre sollen zerbrochen und ihre Stein-
male zerstört werden. 3 Schon müssen sie
sagen: Wir haben keinen König, denn wir
fürchteten den HERRN nicht. Was kann
uns der König nun helfen? 4 Sie reden und
schwören falsch und schließen Bünd-
nisse, und ihr Recht grünt wie giftiges
Kraut auf allen Furchen im Felde.
5 Die Einwohner von Samaria sorgen
sich um das Kalb zu [a]Bet-Awen. Sein
Volk trauert darum, und seine Götzen-
pfaffen zittern um seine Herrlichkeit;
denn sie wird von ihnen weggeführt. 6 Ja,
das Kalb wird nach Assyrien gebracht
[a]zum Geschenk für den König Jareb. So
muss Ephraim zuschanden werden und
Israel beschämt sein trotz seiner Klug-
heit. 7 Denn der König von Samaria ist
dahin wie Schaum auf dem Wasser. 8 Die
Höhen zu Awen sind verwüstet, auf de-
nen sich Israel versündigte; [a]Disteln und
Dornen wachsen auf ihren Altären. Und
sie werden sagen: [b]Ihr Berge, bedeckt
uns!, und: Ihr Hügel, fallt über uns!
9 Israel, du hast seit den [a]Tagen von
Gibea gesündigt; dort standen sie gegen
mich auf. Sollte darum nicht in Gibea
der Krieg über sie kommen wegen der
bösen Leute? 10 Ich werde sie züchtigen
nach meinem Willen; Völker sollen gegen
sie versammelt werden, wenn ich sie stra-
fen werde wegen ihrer zwiefachen Sünde.
11 Ephraim war eine junge Kuh, daran
gewöhnt, gern zu dreschen. Aber ich
habe ihm ein Joch auf seinen schönen
Nacken gelegt; ich will Ephraim einspan-
nen; Juda soll pflügen und Jakob eggen.
12 Säet Gerechtigkeit und erntet nach
dem Maße der Liebe! [a]Pflüget ein
Neues, [b]solange es Zeit ist, den HERRN
zu suchen, bis er kommt und Gerechtig-
keit über euch regnen lässt!

9,9: *a* Kap 10,9; Ri 19,22-30; 20,13 **9,10:** *a* 5.Mose 32,10; *b* 4.Mose 25,3 **9,13:** *a* Hes 27,3 **10,1:** *a* Jer 2,21; *b* 3.Mose 26,1 **10,5:** *a* Kap 4,15 **10,6:** *a* Kap 5,13 **10,8:** *a* Kap 9,6; *b* Lk 23,30; Offb 6,16 **10,9:** *a* Kap 9,9 **10,12:** *a* Jer 4,3; *b* Jes 55,6

13 Ihr aber [a]pflügt Böses und erntet
Übeltat und esst Lügenfrüchte. Weil du
dich nun verlässt auf deinen Weg und auf
die Menge deiner Helden, 14 darum soll
sich ein Getümmel erheben in deinem
Volk, dass alle deine Festungen zerstört
werden, gleichwie Schalman zerstörte Bet-
Arbeel damals im Krieg, als die Mutter
zerschmettert wurde samt den Kindern.
15 So soll's euch zu Bethel auch ergehen
um eurer großen Bosheit willen; schon
früh am Morgen wird der König von
Israel untergehen.

Gottes heilige Liebe

11 Als Israel jung war, [a]hatte ich ihn
lieb und [b]rief ihn, meinen Sohn,
aus Ägypten; 2 aber wenn man sie jetzt
ruft, so wenden sie sich davon und op-
fern den Baalen und räuchern den Bil-
dern. 3 Ich lehrte Ephraim gehen und
nahm ihn auf meine Arme; aber sie
merkten's nicht, wie ich ihnen half. 4 Ich
ließ sie ein menschliches Joch ziehen und
in Seilen der Liebe gehen und half ihnen
das Joch auf ihrem Nacken tragen und
gab ihnen Nahrung, 5 dass sie nicht wie-
der nach Ägyptenland zurückkehren
sollten.

Nun aber muss Assur ihr König sein;
denn sie wollen sich nicht bekehren.
6 Darum soll das Schwert über ihre
Städte kommen und soll ihre Riegel zer-
brechen und sie fressen um ihres Vor-
habens willen. 7 Mein Volk ist müde, sich
zu mir zu kehren, und wenn man ihnen
predigt, so richtet sich keiner auf.

8 Wie kann ich dich preisgeben,
Ephraim, und dich ausliefern, Israel?
Wie kann ich dich preisgeben gleich
[a]Adma und dich zurichten wie Zebojim?
[b]Mein Herz ist andern Sinnes, alle meine
Barmherzigkeit ist entbrannt. 9 Ich will
nicht tun nach meinem grimmigen Zorn
noch Ephraim wieder verderben. Denn
ich bin Gott und nicht ein Mensch und
bin der Heilige unter dir und will nicht
kommen, zu verheeren.[a] 10 Alsdann wird
man dem HERRN nachfolgen, und [a]er
wird brüllen wie ein Löwe. Und wenn er
brüllen wird, so werden zitternd herbei-
kommen [b]seine Söhne von Westen her.
11 Und auch aus Ägypten kommen sie
erschrocken wie Vögel und aus dem
Lande Assur wie Tauben; und ich will sie
wieder wohnen lassen in ihren Häusern,
spricht der HERR.

Der Stammvater Jakob als Urbild seines Volkes

12 In Ephraim ist allenthalben Lüge
wider mich und im Hause Israel
falscher Gottesdienst. Aber auch Juda
hält nicht fest an Gott und an dem Hei-
ligen, der treu ist. 2 Ephraim weidet Wind
und läuft dem Ostwind nach, und täglich
mehrt es die Lüge und Gewalttat. [a]Sie
schließen mit Assur einen Bund und
bringen Öl nach Ägypten. 3 Darum wird
der HERR mit Juda rechten. Er wird Ja-
kob heimsuchen nach seinem Wandel
und ihm vergelten nach seinem Tun.

4 Er hat schon [a]im Mutterleibe seinen
Bruder betrogen und [b]im Mannesalter
mit Gott gekämpft. 5 Er kämpfte mit
dem Engel und siegte, er weinte und bat
ihn. Dann hat er ihn zu [a]Bethel gefun-
den und dort mit ihm geredet 6 – der
HERR ist der Gott Zebaoth, [a]HERR ist
sein Name –. 7 So bekehre dich nun zu
deinem Gott, halte fest an Barmherzig-
keit und Recht und hoffe stets auf deinen
Gott!

8 Wie Kanaans Händler hat Ephraim
eine falsche Waage in seiner Hand und
betrügt gern; 9 denn er spricht: [a]Ich bin
reich, ich habe genug! Bei all meinen Mü-
hen wird man keine Schuld an mir fin-
den, die Sünde ist.

10 [a]Ich aber, der HERR, bin dein Gott
von Ägyptenland her und will dich wie-
der in Zelten wohnen lassen wie in der
Wüstenzeit. 11 Ich rede wieder zu den
Propheten, und ich bin's, der viel Offen-
barung gibt und durch die Propheten
sich kundtut.

Auf Israels Götzendienst folgt Israels Untergang

12 In [a]Gilead verüben sie Gräuel, dar-
um werden sie zunichte; und zu [b]Gilgal
opfern sie Stiere, darum sollen ihre
Altäre werden wie Steinhaufen an den
Furchen im Felde.

10,13: *a* Hiob 4,8 **11,1:** *a* 5. Mose 7,8; *b* 2. Mose 4,22-23; Mt 2,15 **11,8:** *a* 5. Mose 29,22; *b* Jer 31,20 **11,9:** *a* Klgl 3,31-36 **11,10:** *a* Jer 25,30; *b* Kap 2,1 **12,2:** *a* Kap 5,13 **12,4:** *a* 1. Mose 25,22.26; *b* 1. Mose 32,25-29 **12,5:** *a* 1. Mose 35,15 **12,6:** *a* Ps 83,19 **12,9:** *a* Offb 3,17 **12,10:** *a* Kap 13,4 **12,12:** *a* Kap 6,8; *b* Kap 9,15

13 [a]Jakob musste fliehen in das Land Aram, und [b]Israel musste um eine Frau dienen, um eine Frau musste er die Herde hüten. 14 Aber hernach [a]führte der HERR durch einen Propheten Israel aus Ägypten, und durch einen Propheten ließ er sie hüten.

15 Nun aber hat ihn Ephraim bitter erzürnt; darum wird ihr Blut über sie kommen, und ihr Herr wird ihnen vergelten die Schmach, die sie ihm antun.

Gottes Gericht über Ephraim

13 Solange Ephraim nach meinem Gebot redete, war er erhoben in Israel. Danach versündigte er sich durch Baal und starb dahin. 2 Dennoch sündigen sie weiter: Aus ihrem Silber [a]gießen sie Bilder, wie sie sich's erdenken, Götzen, die doch nur Schmiedewerk sind. Dann sagen sie von ihnen: Wer die Kälber küssen will, der soll Menschen opfern. 3 Darum werden sie sein [a]wie eine Wolke am Morgen und wie der Tau, der frühmorgens vergeht; ja, [b]wie Spreu, die von der Tenne verweht wird, und wie Rauch aus dem Fenster.

4 Ich aber [a]bin der HERR, dein Gott, von Ägyptenland her, und du solltest keinen andern Gott kennen als mich und keinen Heiland als allein mich. 5 Ich [a]nahm mich ja deiner an in der Wüste, im dürren Lande. 6 Aber als sie geweidet wurden, dass sie satt wurden und genug hatten, erhob sich ihr Herz; darum vergessen sie mich.[a]

7 So will ich für sie [a]wie ein Löwe werden und wie ein Panther am Wege auf sie lauern. 8 Ich will sie anfallen wie eine Bärin, der ihre Jungen genommen sind, und will ihr verstocktes Herz zerreißen und will sie dort wie ein Löwe fressen; die wilden Tiere sollen sie zerreißen.

9 Israel, [a]du bringst dich ins Unglück; denn dein Heil steht allein bei mir. 10 [a]Wo ist dein König, der dir helfen kann in allen deinen Städten, und deine Richter, von denen du sagtest: Gib mir einen König und Obere? 11 Ich gebe dir Könige in meinem Zorn und will sie dir nehmen in meinem Grimm.

12 Die Schuld Ephraims ist zusammengebunden, und seine Sünde ist sicher verwahrt. 13 Wehen kommen, dass er geboren werden soll, aber er ist ein unverständiges Kind: Wenn die Zeit gekommen ist, so will er den Mutterschoß nicht durchbrechen. 14 Aber ich will sie aus dem Totenreich erlösen und [a]vom Tode erretten. [b]Tod, ich will dir ein Gift sein; Totenreich, ich will dir eine Pest sein; Rache kenne ich nicht mehr.

Samarias Zerstörung

15 Denn wenn Ephraim auch zwischen Brüdern Frucht bringt, so wird doch ein Ostwind vom HERRN aus der Wüste herauffahren, dass sein Brunnen vertrocknet und seine Quelle versiegt, und er wird rauben seinen Schatz, alles kostbare Gerät.

14 Samaria wird wüst werden; denn es ist seinem Gott ungehorsam. Sie sollen durchs Schwert fallen und ihre kleinen Kinder zerschmettert und [a]ihre Schwangeren aufgeschlitzt werden.

Mahnung zur Umkehr und Verheißung des kommenden Heils

2 [a]Bekehre dich, Israel, zu dem HERRN, deinem Gott; denn du bist gefallen um deiner Schuld willen. 3 Nehmt diese Worte mit euch und bekehrt euch zum HERRN und sprecht zu ihm: Vergib uns alle Sünde und tu uns wohl, so wollen wir [a]opfern die Frucht unserer Lippen. 4 Assur soll uns nicht helfen; wir wollen nicht mehr auf Rossen reiten, auch nicht mehr sagen zu den Werken unserer Hände: »Ihr seid unser Gott.« Denn bei dir finden die Verwaisten Gnade.

5 So will ich ihre Abtrünnigkeit wieder heilen; gerne will ich sie lieben; denn mein Zorn soll sich von ihnen wenden. 6 Ich will für Israel wie ein Tau sein, dass es blühen soll wie eine Lilie, und seine Wurzeln sollen ausschlagen wie eine Linde 7 und seine Zweige sich ausbreiten, dass es so schön sei wie ein Ölbaum und so guten Geruch gebe wie die Linde.

12,13: *a* 1.Mose 27,43; 28,5; *b* 1.Mose 29,20 **12,14:** *a* 2.Mose 3,10 **13,2:** *a* Jes 44,10 **13,3:** *a* Kap 6,4; *b* Ps 1,4 **13,4:** *a* 2.Mose 20,2-3 **13,5:** *a* Kap 9,10 **13,6:** *a* 5.Mose 32,15 **13,7:** *a* Kap 5,14 **13,9:** *a* Jer 2,17 **13,10:** *a (10-11)* 1.Sam 8,5-9 **13,14:** *a* 2.Tim 1,10; Offb 20,14; 21,4; *b* 1.Kor 15,54-55 **14,1:** *a* 2.Kön 15,16 **14,2:** *a* Kap 12,7; Sach 1,4 **14,3:** *a* Hebr 13,15

8 Und sie sollen wieder unter meinem
Schatten sitzen; von Korn sollen sie sich
nähren und blühen wie ein Weinstock.
Man soll sie rühmen wie den Wein vom
Libanon.
9 Ephraim, was sollen dir weiter die
Götzen? **Ich** will dich erhören und führen,
ich will sein wie eine grünende Tanne;
von **mir** erhältst du deine Früchte.
10 Wer ist weise, dass er dies versteht,
und klug, dass er dies einsieht? Denn **die
Wege des HERRN sind richtig und die Ge-
rechten wandeln darauf; aber die Über-
treter kommen auf ihnen zu Fall.**

DER PROPHET JOEL

Inhaltsübersicht

Die Heuschreckenplage und der Tag des HERRN

1 Dies ist das Wort des HERRN,
das geschehen ist zu Joel, dem Sohn
Petuëls.
2 Hört dies, ihr Ältesten, und merkt
auf, alle Bewohner des Landes, ob sol-
ches geschehen sei zu euren Zeiten oder
zu eurer Väter Zeiten! 3 Sagt euren Kin-
dern davon und lasst's eure Kinder ihren
Kindern sagen und diese wiederum ihren
Nachkommen: 4 Was die Raupen übrig
lassen, das [a]fressen die Heuschrecken,
und was die Heuschrecken übrig lassen,
das fressen die Käfer, und was die Käfer
übrig lassen, das frisst das Geschmeiß.
5 Wacht auf, ihr Trunkenen, und weint,
und heult, alle Weinsäufer, um den süßen
Wein; denn er ist euch vor eurem Munde
weggenommen! 6 Denn [a]es zieht herauf
in mein Land ein Volk, mächtig und
ohne Zahl; das hat Zähne wie die Löwen
und Backenzähne wie die Löwinnen. 7 Es
verwüstet meinen Weinstock und frisst
meinen Feigenbaum kahl, schält ihn
ganz und gar ab, dass seine Zweige weiß
dastehen.
8 Heule wie eine Jungfrau, die Trauer
anlegt um ihres Bräutigams willen!
9 Denn [a]Speisopfer und Trankopfer gibt
es nicht mehr im Hause des HERRN, und
die Priester, des HERRN Diener, trauern.
10 Das Feld ist verwüstet und der Acker
ausgedörrt; das Getreide ist verdorben,
der Wein steht jämmerlich und das Öl
kläglich. 11 Die Ackerleute sehen traurig
drein, und die Weingärtner heulen um
den Weizen und um die Gerste, weil aus
der Ernte auf dem Felde nichts werden
kann, 12 weil der Weinstock verdorrt ist
und der Feigenbaum verwelkt, auch die
Granatbäume, Palmbäume und Apfel-
bäume, ja, alle Bäume auf dem Felde
sind verdorrt. So ist die Freude der Men-
schen zum Jammer geworden.
13 Umgürtet euch und klagt, ihr Pries-
ter, heult, ihr Diener des Altars! Kommt,
behaltet auch im Schlaf das Trauerge-
wand an, ihr Diener meines Gottes!
Denn Speisopfer und Trankopfer gibt es
nicht mehr im Hause eures Gottes.
14 [a]Sagt ein heiliges Fasten an, ruft die
Gemeinde zusammen! Versammelt die
Ältesten und alle Bewohner des Landes
zum Hause des HERRN, eures Gottes,
und schreit zum HERRN:
15 O weh des Tages! Denn [a]der Tag des
HERRN ist nahe und kommt wie ein Ver-
derben vom Allmächtigen. 16 Ist nicht die
Speise vor unsern Augen weggenommen
und [a]vom Hause unseres Gottes Freude
und Wonne? 17 Der Same ist unter der
Erde verdorrt, die Kornhäuser stehen
wüst, die Scheunen zerfallen; denn das
Getreide ist verdorben. 18 O wie seufzt
das Vieh! Die Rinder sehen kläglich

1,4: *a* Kap 2,25 **1,6:** *a* Kap 2,2 **1,9:** *a* Kap 2,14 **1,14:** *a* Kap 2,15 **1,15:** *a* Kap 2,1; Jes 13,6 **1,16:** *a* 5. Mose 16,11

drein, denn sie haben keine Weide, und
die Schafe verschmachten. 19 HERR, dich
rufe ich an; denn das Feuer hat die Auen
in der Steppe verbrannt, und [a]die
Flamme hat alle Bäume auf dem Felde
angezündet. 20 Es schreien auch die wil-
den Tiere zu dir; denn [a]die Wasserbäche
sind ausgetrocknet und das Feuer hat die
Auen in der Steppe verbrannt.

Schilderung des Heuschreckenheeres. Aufruf zur Buße

2 Blast die Posaune zu Zion, ruft laut
auf meinem heiligen Berge! Erzittert,
alle Bewohner des Landes! Denn [a]der
Tag des HERRN kommt und ist nahe,
2 ein finsterer Tag, ein dunkler Tag, ein
wolkiger Tag, ein nebliger Tag! Gleichwie
die Morgenröte sich ausbreitet über die
Berge, so [a]kommt ein großes und mäch-
tiges Volk, [b]desgleichen vormals nicht
gewesen ist und hinfort nicht sein wird
auf ewige Zeiten für und für.

3 Vor ihm her geht ein verzehrendes
Feuer und hinter ihm [a]eine brennende
Flamme. Das Land ist vor ihm wie der
Garten Eden, aber nach ihm wie eine
wüste Einöde, und niemand wird ihm
entgehen. 4 Sie sind gestaltet wie Pferde
und rennen wie die Rosse. 5 Sie sprengen
daher über die Höhen der Berge, wie die
Wagen rasseln und wie eine Flamme
prasselt im Stroh, wie ein mächtiges
Volk, das zum Kampf gerüstet ist. 6 Völ-
ker werden sich vor ihm entsetzen, und
jedes Angesicht erbleicht. 7 Sie werden
laufen wie Helden und die Mauern er-
steigen wie Krieger; ein jeder zieht unent-
wegt voran und weicht von seiner Rich-
tung nicht. 8 Keiner wird den andern
drängen, sondern ein jeder zieht auf sei-
nem Weg daher; sie durchbrechen die
feindlichen Waffen und dabei reißt ihr
Zug nicht ab. 9 Sie werden sich stürzen
auf die Stadt und die Mauern erstürmen,
in die Häuser steigen sie ein, wie ein Dieb
kommen sie durch die Fenster.

10 Vor ihm erzittert das Land und bebt
der Himmel, [a]Sonne und Mond werden
finster, und die Sterne halten ihren
Schein zurück. 11 Denn der HERR wird
seinen Donner vor seinem Heer erschal-
len lassen; denn sein Heer ist sehr groß
und mächtig und wird seinen Befehl aus-
richten. Ja, der Tag des HERRN ist groß
und voller Schrecken, wer kann ihn er-
tragen?

12 [a]**Doch auch jetzt noch, spricht der**
HERR, bekehrt euch zu mir von ganzem
Herzen mit Fasten, mit Weinen, mit Kla-
gen! 13 Zerreißt eure Herzen und nicht
eure Kleider und bekehrt euch zu dem
HERRN, eurem Gott! Denn [a]er ist gnädig,
barmherzig, geduldig und von großer
Güte, und es gereut ihn bald die Strafe.
14 Wer weiß, [a]ob es ihn nicht wieder ge-
reut und er einen Segen zurücklässt, so-
dass ihr opfern könnt Speisopfer und
Trankopfer dem HERRN, eurem Gott.

15 Blast die Posaune zu Zion, [a]sagt ein
heiliges Fasten an, ruft die Gemeinde zu-
sammen! 16 Versammelt das Volk, heiligt
die Gemeinde, sammelt die Ältesten,
bringt zusammen die Kinder und die
Säuglinge! Der Bräutigam gehe aus sei-
ner Kammer und die Braut aus ihrem
Gemach! 17 Lasst die Priester, des HERRN
Diener, weinen zwischen Vorhalle und
Altar und sagen: HERR, schone dein
Volk und lass dein Erbteil nicht zuschan-
den werden, dass Heiden über sie spot-
ten! [a]Warum willst du unter den Völkern
sagen lassen: Wo ist nun ihr Gott?

Gottes Gnadenzusage

18 Dann wird der HERR um sein Land
eifern und sein Volk verschonen. 19 Und
der HERR wird antworten und zu seinem
Volk sagen: Siehe, ich will euch Getreide,
Wein und Öl die Fülle schicken, dass ihr
genug daran haben sollt, und [a]will euch
nicht mehr unter den Heiden zuschanden
werden lassen. 20 Und ich will den Feind
aus Norden von euch wegtreiben und ihn
in ein dürres und wüstes Land verstoßen,
seine Spitze in das östliche Meer und sein
Ende in das westliche Meer; er soll ver-
faulen und stinken, denn er hat Gewal-
tiges getan.

21 Fürchte dich nicht, liebes Land, son-
dern sei fröhlich und getrost; denn der
HERR kann auch Gewaltiges tun. 22 Fürch-
tet euch nicht, ihr Tiere auf dem Felde;
denn die Auen in der Steppe sollen grü-

1,19: *a* Kap 2,3 **1,20:** *a* Ps 104,10-11 **2,1:** *a* Kap 1,15 **2,2:** *a* Kap 1,6; *b* 2.Mose 10,13-15 **2,3:** *a* Kap 1,19 **2,10:** *a* Kap 3,4; Jes 13,10 **2,12:** *a (12-13)* Hes 33,11 **2,13:** *a* 2.Mose 34,6 **2,14:** *a* Jona 3,9 **2,15:** *a* Kap 1,14 **2,17:** *a* Ps 79,10 **2,19:** *a* Verse 26-27

nen und die Bäume ihre Früchte bringen,
und die Feigenbäume und Weinstöcke
sollen reichlich tragen. 23 Und ihr, Kinder
Zions, freut euch und seid fröhlich im
HERRN, eurem Gott, der euch gnädigen
Regen gibt und euch herabsendet [a] Früh-
regen und Spätregen wie zuvor, 24 dass
die Tennen voll Korn werden und die
Keltern Überfluss an Wein und Öl haben
sollen. 25 Und ich will euch die Jahre er-
statten, deren Ertrag die [a] Heuschrecken,
Käfer, Geschmeiß und Raupen gefressen
haben, mein großes Heer, das ich unter
euch schickte. 26 Ihr sollt genug zu essen
haben und [a] den Namen des HERRN,
eures Gottes, preisen, der Wunder unter
euch getan hat, und mein Volk soll nicht
mehr zuschanden werden. 27 Und ihr
sollt's erfahren, dass ich mitten unter
Israel bin und dass ich, der HERR, euer
Gott bin, und sonst keiner mehr, und
mein Volk soll nicht mehr zuschanden
werden.

Ausgießung des Heiligen Geistes

(vgl. Apg 2,16-21)

3 **Und nach diesem will ich [a] meinen
Geist ausgießen über alles Fleisch, und
eure Söhne und Töchter sollen weissagen,
eure Alten sollen Träume haben, und eure
Jünglinge sollen Gesichte sehen.** 2 Auch
will ich zur selben Zeit über Knechte und
Mägde meinen Geist ausgießen. 3 Und
ich will Wunderzeichen geben am Him-
mel und auf Erden: Blut, Feuer und
Rauchdampf. 4 Die [a] Sonne soll in Fins-
ternis und der Mond in Blut verwandelt
werden, ehe denn der große und schreck-
liche Tag des HERRN kommt. 5 Und es
soll geschehen: [a] **Wer des HERRN Namen
anrufen wird, der soll errettet werden.**
Denn [b] auf dem Berge Zion und zu Jeru-
salem wird Errettung sein, wie der HERR
verheißen hat, und bei den Entronnenen,
die der HERR berufen wird.

Gottes Strafgericht über die Heiden. Israels Heil

4 *Denn siehe, in jenen Tagen und zur
selben Zeit, da ich [a] das Geschick Ju-
das und Jerusalems wenden werde, 2 will
ich alle Heiden zusammenbringen und
will sie ins [a] Tal Joschafat hinabführen
und will dort mit ihnen rechten wegen
meines Volks und meines Erbteils Israel,
weil sie es unter die Heiden zerstreut und
sich in mein Land geteilt haben; 3 sie ha-
ben das Los um mein Volk geworfen und
haben Knaben für eine Hure hingegeben
und Mädchen für Wein verkauft und
vertrunken.

4 Und ihr aus Tyrus und Sidon und aus
allen Gebieten der Philister, was habt ihr
mit mir zu tun? Wollt ihr mir's heim-
zahlen? Wohlan, zahlt mir's heim, so will
ich's euch eilends und bald heimzahlen
auf euren Kopf. 5 Mein Silber und Gold
habt ihr genommen und meine schönen
Kleinode in eure Tempel gebracht; 6 dazu
habt ihr auch die Leute von Juda und
Jerusalem den Griechen verkauft, um sie
weit weg von ihrem Lande zu bringen.
7 Siehe, ich will sie kommen lassen aus
dem Ort, wohin ihr sie verkauft habt,
und will's euch heimzahlen auf euren
Kopf 8 und will nun eure Söhne und eure
Töchter verkaufen in die Hand der Leute
von Juda; die sollen sie denen in Saba,
einem Volk in fernen Landen, verkaufen;
denn der HERR hat's geredet.

9 Ruft dies aus unter den Heiden! Be-
reitet euch zum heiligen Krieg! Bietet die
Starken auf! Lasst herzukommen und
hinaufziehen alle Kriegsleute! 10 [a] Macht
aus euren Pflugscharen Schwerter und
aus euren Sicheln Spieße! Der Schwache
spreche: Ich bin stark! 11 Auf, alle Heiden
ringsum, kommt und versammelt euch! –
Dahin führe du hinab, HERR, deine
Starken! – 12 Die Heiden sollen sich auf-
machen und heraufkommen zum Tal Jo-
schafat; denn dort will ich sitzen und
richten alle Heiden ringsum. 13 Greift
[a] zur Sichel, denn die Ernte ist reif!
Kommt und [b] tretet, denn die Kelter ist
voll, die Kufen laufen über, denn ihre
Bosheit ist groß!

14 Es werden Scharen über Scharen
von Menschen sein im [a] Tal der Entschei-
dung; denn des HERRN Tag ist nahe
im Tal der Entscheidung. 15 [a] Sonne und
Mond werden sich verfinstern, und die

* Abweichende Verszählung statt 4,1-21: 3,6-26.

2,23: *a* Jer 5,24 **2,25:** *a* Kap 1,4 **2,26:** *a* 5. Mose 8,10 **3,1:** *a* 4. Mose 11,29; Jes 44,3; Hes 39,29; Tit 3,5-6 **3,4:** *a* Kap 2,2.10-11; Mt 24,29; Offb 6,12 **3,5:** *a* Röm 10,13; *b* Obd 17 **4,1:** *a* Hos 7,1 **4,2:** *a* Verse 12.14 **4,10:** *a* Jes 2,4 **4,13:** *a* Offb 14,15; *b* Jes 63,3.6; Offb 14,18 **4,14:** *a* Vers 2 **4,15:** *a* Kap 2,10; 3,4

Sterne halten ihren Schein zurück.
16 Und [a]der HERR wird aus Zion brüllen
und aus Jerusalem seine Stimme hören
lassen, dass Himmel und Erde erbeben
werden. Aber seinem Volk wird der
HERR eine Zuflucht sein und eine Burg
den Israeliten. 17 Und [a]ihr sollt's erfah-
ren, dass ich, der HERR, euer Gott, zu
Zion auf meinem heiligen Berge wohne.
Dann wird Jerusalem heilig sein, und
kein Fremder wird mehr hindurchziehen.
18 Zur selben Zeit werden [a]die Berge
von süßem Wein triefen und die Hügel
von Milch fließen, und alle Bäche in
Juda werden voll Wasser sein. Und [b]es
wird eine Quelle ausgehen vom Hause
des HERRN, die wird das Tal Schittim
bewässern. 19 Aber Ägypten soll wüst
werden und Edom eine Einöde [a]um des
Frevels willen an den Leuten von Juda,
weil sie unschuldiges Blut in ihrem
Lande vergossen haben. 20 Aber Juda soll
für immer bewohnt werden und Jerusa-
lem für und für. 21 Und ich will [a]ihr Blut
nicht ungesühnt lassen. Und [b]der HERR
wird wohnen zu Zion.

DER PROPHET AMOS

Inhaltsübersicht

Gottes unabwendbares Gericht über Israels Nachbarn und über sein eigenes Volk

1 Dies ist's, was Amos, der unter den
[a]Schafzüchtern von Tekoa war, ge-
sehen hat über Israel zur Zeit [b]Usijas,
des Königs von Juda, und [c]Jerobeams,
des Sohnes des Joasch, des Königs von
Israel, zwei Jahre vor dem Erdbeben.
2 Und er sprach: [a]Der HERR wird aus
Zion brüllen und seine Stimme aus Jeru-
salem hören lassen, dass die Auen der
Hirten vertrocknen werden und der Kar-
mel oben verdorren wird.
3 [a]So spricht der HERR: Um drei, ja
um vier Frevel willen derer von **Damas-
kus** will ich sie nicht schonen, weil sie
Gilead mit eisernen Dreschschlitten ge-
droschen haben; 4 sondern ich will ein
Feuer schicken in das Haus Hasaëls, das
soll die Paläste Ben-Hadads verzehren.
5 Und ich will die Riegel von Damaskus
zerbrechen und die Einwohner aus Bikat-
Awen und den, der das Zepter hält, aus
Bet-Eden ausrotten, und das Volk von
Aram soll nach [a]Kir weggeführt werden,
spricht der HERR.
6 [a]So spricht der HERR: Um drei, ja
um vier Frevel willen derer von **Gaza** will
ich sie nicht schonen, weil sie die Ge-
fangenen alle weggeführt und an Edom
ausgeliefert haben; 7 sondern ich will ein
Feuer in die Mauern von Gaza schicken,
das soll seine Paläste verzehren. 8 Und
ich will die Einwohner aus Aschdod und
den, der das Zepter hält, aus Aschkelon
ausrotten und meine Hand gegen Ekron
wenden, und es soll umkommen, was von
den Philistern noch übrig ist, spricht
Gott der HERR.
9 [a]So spricht der HERR: Um drei, ja
um vier Frevel willen derer von **Tyrus**
will ich sie nicht schonen, weil sie die
Gefangenen alle an Edom ausgeliefert
und nicht an den Bruderbund gedacht
haben; 10 sondern ich will ein Feuer in die
Mauern von Tyrus schicken, das soll
seine Paläste verzehren.
11 [a]So spricht der HERR: Um drei, ja
um vier Frevel willen derer von **Edom**

4,16: *a* Am 1,2 **4,17:** *a* Hes 34,30 **4,18:** *a* Am 9,13; *b* Hes 47,1 **4,19:** *a* Obd 10 **4,21:** *a* 5. Mose 32,43; *b* Hes 48,35 **1,1:** *a* Kap 7,14; *b* 2. Kön 15,1; Sach 14,5; *c* 2. Kön 14,23 **1,2:** *a* Jer 25,30; Joel 4,16 **1,3:** *a (3-5)* Jes 17,1-3 **1,5:** *a* 2. Kön 16,9 **1,6:** *a (6-8)* 2. Chr 21,16-17; 28,18; Jer 47,1 **1,9:** *a (9-10)* Jes 23,1-18; Joel 4,4; 1. Kön 5,26 **1,11:** *a (11-12)* Obd 10; 5. Mose 23,8; Jer 49,7

will ich sie nicht schonen, weil sie ihren
Bruder mit dem Schwert verfolgt und
alles Erbarmen von sich getan haben und
immerfort wüten in ihrem Zorn und an
ihrem Grimm ewig festhalten; 12 sondern
ich will ein Feuer schicken nach Teman,
das soll die Paläste von Bozra verzehren.
13 [a]So spricht der HERR: Um drei, ja
um vier Frevel willen derer von **Ammon**
will ich sie nicht schonen, weil sie die
Schwangeren in Gilead aufgeschlitzt ha-
ben, um ihr Gebiet zu erweitern; 14 son-
dern ich will ein Feuer anzünden in den
Mauern Rabbas, das soll seine Paläste
verzehren, wenn man das Kriegsgeschrei
erhebt am Tage der Schlacht, wenn das
Wetter kommt am Tage des Sturms. 15 Da
wird dann ihr König samt seinen Oberen
gefangen weggeführt werden, spricht der
HERR.

2 [a]So spricht der HERR: Um drei, ja
um vier Frevel willen derer von **Moab**
will ich sie nicht schonen, weil sie die
Gebeine des Königs von Edom verbrannt
haben zu Asche; 2 sondern ich will ein
Feuer schicken nach Moab, das soll die
Paläste von Kerijot verzehren, und Moab
soll sterben im Getümmel und Geschrei
und Posaunenhall. 3 Und [a]ich will den
Herrscher unter ihnen ausrotten und alle
ihre Oberen samt ihm töten, spricht der
HERR.
4 So spricht der HERR: Um drei, ja um
vier Frevel willen derer von **Juda** will ich
sie nicht schonen, weil sie des HERRN
Gesetz verachten und seine Ordnungen
nicht halten und sich von ihren Lügen-
götzen verführen lassen, denen ihre Väter
nachgefolgt sind; 5 sondern [a]ich will ein
Feuer nach Juda schicken, das soll die
Paläste von Jerusalem verzehren.
6 So spricht der HERR: Um drei, ja
um vier Frevel willen derer von **Israel** will
ich sie nicht schonen, weil sie die Un-
schuldigen für Geld und die Armen [a]für
ein Paar Schuhe verkaufen. 7 Sie [a]treten
den Kopf der Armen in den Staub und
drängen die Elenden vom Wege. Sohn
und Vater gehen zu demselben Mädchen,
um meinen heiligen Namen zu enthei-
ligen. 8 Und bei allen Altären schlemmen
sie auf den [a]gepfändeten Kleidern und
trinken Wein vom Gelde der Bestraften
im Hause ihres Gottes.
9 Und dabei habe ich [a]den Amoriter
vor ihnen her vertilgt, der so hoch war
wie die Zedern und so stark wie die
Eichen, und ich vertilgte oben seine
Frucht und unten seine Wurzel. 10 Auch
habe ich euch aus Ägyptenland geführt
und vierzig Jahre in der Wüste geleitet,
damit ihr der Amoriter Land besäßet.
11 Und ich habe aus euren Söhnen Pro-
pheten erweckt und [a]Gottgeweihte aus
euren Jünglingen. Ist's nicht so, ihr Israe-
liten?, spricht der HERR. 12 Aber ihr gebt
den Gottgeweihten Wein zu trinken und
gebietet den Propheten und sprecht: [a]Ihr
sollt nicht weissagen!
13 Siehe, ich will's unter euch schwan-
ken machen, wie ein Wagen voll Garben
schwankt, 14 sodass, wer schnell ist, nicht
entfliehen noch der Starke etwas vermö-
gen soll, und der Mächtige soll nicht sein
Leben retten können. 15 Die Bogenschüt-
zen sollen nicht standhalten, und wer
schnell laufen kann, soll nicht entrinnen,
und wer da reitet, soll sein Leben nicht
retten, 16 und wer unter den Starken der
mannhafteste ist, soll nackt entfliehen
müssen an jenem Tage, spricht der
HERR.

Erwählung bewahrt nicht vor Gericht

3 Höret, was der HERR wider euch
redet, ihr Israeliten, wider alle
Geschlechter, die ich aus Ägyptenland
geführt habe: 2 [a]**Aus allen Geschlechtern
auf Erden habe ich allein euch erkannt, dar-
um will ich auch an euch heimsuchen all
eure Sünde.**

Wenn Gott redet, kann der Prophet nicht schweigen

3 Können etwa zwei miteinander wan-
dern, sie seien denn einig untereinander?
4 Brüllt etwa ein Löwe im Walde, wenn er
keinen Raub hat? Schreit etwa ein junger
Löwe aus seiner Höhle, er habe denn
etwas gefangen? 5 Fällt etwa ein Vogel zur
Erde, wenn kein Fangnetz da ist? Oder
springt eine Falle auf von der Erde, sie
habe denn etwas gefangen? 6 Bläst man
etwa die Posaune in einer Stadt und das

1,13: *a (13-15)* Jer 49,1-6 **2,1:** *a (1-3)* Jes 15,1-9; Jer 48,1-47 **2,3:** *a* 4.Mose 24,17 **2,5:** *a* Hos 8,14 **2,6:** *a* Kap 8,6 **2,7:** *a* Kap 8,4 **2,8:** *a* 2.Mose 22,25 **2,9:** *a* 4.Mose 21,21-28 **2,11:** *a* 4.Mose 6,2-13 **2,12:** *a* Kap 7,13.16; Jer 11,21 **3,2:** *a* 5.Mose 4,34

Volk entsetzt sich nicht? [a]Ist etwa ein
Unglück in der Stadt, das der HERR
nicht tut? 7 – Gott der HERR tut nichts, er
offenbare denn seinen Ratschluss den
Propheten, seinen Knechten.[a] – 8 Der
Löwe brüllt, wer sollte sich nicht fürch-
ten? Gott der HERR redet, wer sollte
nicht Prophet werden?

Ankündigung des Gerichts über Samaria

9 Verkündigt in den Palästen von Asch-
dod und in den Palästen im Lande Ägyp-
ten und sprecht: Sammelt euch auf den
Bergen um Samaria und seht, welch ein
großes Zetergeschrei und Unrecht darin
ist! 10 Sie achten kein Recht, spricht der
HERR; sie sammeln Schätze von Frevel
und Raub in ihren Palästen. 11 Darum
spricht Gott der HERR: Man wird dies
Land ringsumher bedrängen und dich
von deiner Macht herunterreißen und
deine Häuser plündern.

12 So spricht der HERR: Gleichwie ein
Hirte dem Löwen zwei Beine oder ein
Ohrläppchen aus dem Maul reißt, so sol-
len die Israeliten herausgerissen werden,
die zu Samaria sitzen in der Ecke des
Ruhebettes und auf dem Lager von Da-
mast.

13 Hört und bezeugt es dem Hause Ja-
kob, spricht Gott der HERR, der Gott
Zebaoth: 14 Zur Zeit, da ich die Sünden
Israels heimsuchen werde, will ich die
Altäre in Bethel heimsuchen und die
Hörner des Altars abbrechen, dass sie zu
Boden fallen sollen, 15 und will Winter-
haus und Sommerhaus zerschlagen, und
die [a]elfenbeingeschmückten Häuser sol-
len zugrunde gehen und viele Häuser ver-
nichtet werden, spricht der HERR.

Gegen die schwelgerischen Frauen in Samaria

4 Hört dies Wort, ihr fetten Kühe, die
ihr auf dem Berge Samarias seid und
den Geringen Gewalt antut und schindet
die Armen und sprecht zu euren Herren:
Bringt her, lasst uns saufen! 2 Gott der
HERR hat geschworen bei seiner Heilig-
keit: Siehe, es kommt die Zeit über euch,
dass man euch herausziehen wird mit
Angeln und, was von euch übrig bleibt,
mit Fischhaken. 3 Und ihr werdet zu den
Mauerlücken hinausmüssen, eine jede
vor sich hin, und zum Hermon wegge-
schleppt werden, spricht der HERR.

Gottes Züchtigungen werden missachtet

4 Ja, kommt her nach Bethel und treibt
Sünde, und nach [a]Gilgal, um noch viel
mehr zu sündigen! Bringt eure Schlacht-
opfer am Morgen und eure [b]Zehnten am
dritten Tage, 5 räuchert [a]Sauerteig zum
Dankopfer und ruft freiwillige Opfer aus
und verkündet sie; denn so habt ihr's
gern, ihr Israeliten, spricht Gott der
HERR!

6 Ich habe euch in allen euren Städten
müßige Zähne gegeben und Mangel an
Brot in allen euren Orten; DENNOCH BE-
KEHRT IHR EUCH NICHT ZU MIR, spricht
der HERR.

7 Auch habe ich euch den [a]Regen vor-
enthalten, als noch drei Monate waren
bis zur Ernte, und ich ließ regnen über
eine Stadt und auf die andere Stadt ließ
ich nicht regnen, ein Acker wurde be-
regnet und der andere Acker, der nicht
beregnet wurde, verdorrte. 8 Und es zo-
gen zwei, drei Städte zu **einer** Stadt, um
Wasser zu trinken, und konnten nicht
genug finden; DENNOCH BEKEHRT IHR
EUCH NICHT ZU MIR, spricht der HERR.

9 Ich plagte euch mit [a]dürrer Zeit und
mit Getreidebrand; auch fraßen die
[b]Raupen alles, was in euren Gärten und
Weinbergen, auf euren Feigenbäumen
und Ölbäumen wuchs; DENNOCH BE-
KEHRT IHR EUCH NICHT ZU MIR, spricht
der HERR.

10 Ich schickte unter euch die [a]Pest wie
in Ägypten; ich tötete eure junge Mann-
schaft durchs Schwert und ließ eure
Pferde gefangen wegführen, ich ließ den
Gestank eures Heerlagers in eure Nasen
steigen; DENNOCH BEKEHRT IHR EUCH
NICHT ZU MIR, spricht der HERR.

11 Ich richtete unter euch Zerstörung
an, wie Gott [a]Sodom und Gomorra zer-
störte, dass ihr wart wie ein [b]Brand-
scheit, das aus dem Feuer gerissen wird;
DENNOCH BEKEHRT IHR EUCH NICHT ZU
MIR, spricht der HERR.

12 Darum will ich's weiter so mit dir

3,6: *a* Jes 45,7; Klgl 3,37 **3,7:** *a* 1. Mose 18,17 **3,15:** *a* 1. Kön 22,39; Ps 45,9 **4,4:** *a* Hos 12,12; *b* 5. Mose 14,28 **4,5:** *a* 3. Mose 2,11 **4,7:** *a* 1. Kön 17,1 **4,9:** *a* Hag 1,11; *b* Joel 1,4 **4,10:** *a* 2. Mose 9,3 **4,11:** *a* 1. Mose 19,24-25; *b* Sach 3,2

machen, Israel! Weil ich's denn weiter so
mit dir machen will, so bereite dich, Is-
rael, und begegne deinem Gott! 13 Denn
siehe, er ist's, der die Berge macht und
den Wind schafft; er zeigt dem Men-
schen, was er im Sinne hat. Er macht die
Morgenröte und die Finsternis, [a]er tritt
einher auf den Höhen der Erde – er heißt
»HERR, Gott Zebaoth«.

Klagelied über Israel

5 Höret, ihr vom Hause Israel, dies
Wort; denn ich muss dies Klagelied
über euch anstimmen:
2 Die Jungfrau Israel ist gefallen, dass
sie nicht wieder aufstehen wird; sie ist zu
Boden gestoßen und niemand ist da, der
ihr aufhelfe. 3 Denn so spricht Gott der
HERR: Die Stadt, aus der tausend zum
Kampf ausziehen, soll nur hundert übrig
behalten, und aus der hundert ausziehen,
die soll nur zehn übrig behalten im
Hause Israel.

Gegen die Unterdrücker

4 Denn so spricht der HERR zum Hause
Israel: [a]**Suchet mich, so werdet ihr leben.**
5 [a]Suchet nicht Bethel und kommt nicht
nach Gilgal und geht nicht nach Beer-
scheba; denn Gilgal wird gefangen weg-
geführt werden, und Bethel wird zunich-
tewerden. 6 Suchet den HERRN, so werdet
ihr leben, dass er nicht daherfahre über
das Haus Josef wie ein verzehrendes
Feuer, das niemand löschen kann zu Be-
thel – 7 die ihr [a]das Recht in Wermut
verkehrt und die Gerechtigkeit zu Boden
stoßt.
8 Der das [a]Siebengestirn und den
Orion macht, der aus der Finsternis den
Morgen macht und aus dem Tag die fins-
tere Nacht, der [b]das Wasser im Meer
herbeiruft und schüttet es auf den Erd-
boden – er heißt »HERR« –, 9 der über
den Starken Verderben kommen lässt
und bringt Verderben über die feste
Stadt.
10 Sie sind dem gram, [a]der sie im Tor
zurechtweist, und verabscheuen den, der
ihnen die Wahrheit sagt.
11 Darum, weil ihr die Armen unter-
drückt und nehmt von ihnen hohe Ab-
gaben an Korn, so [a]sollt ihr in den Häu-
sern nicht wohnen, die ihr von Quader-
steinen gebaut habt, und den Wein nicht
trinken, den ihr in den feinen Weinbergen
gepflanzt habt. 12 Denn ich kenne eure
Freveltaten, die so viel sind, und eure
Sünden, die so groß sind, wie ihr die
Gerechten bedrängt und Bestechungs-
geld nehmt und die Armen im Tor unter-
drückt. 13 Darum muss der Kluge zu die-
ser Zeit schweigen; denn es ist eine böse
Zeit.
14 Suchet das Gute und nicht das Böse,
auf dass ihr leben könnt, so wird der
HERR, der Gott Zebaoth, bei euch sein,
wie ihr rühmt. 15 [a]Hasset das Böse und
liebet das Gute, richtet das Recht auf im
Tor, vielleicht wird der HERR, der Gott
Zebaoth, doch gnädig sein denen, die
von Josef übrig bleiben.
16 Darum spricht der HERR, der Gott
Zebaoth, der Herr: Es wird in allen Gas-
sen Wehklagen sein, und auf allen Stra-
ßen wird man sagen: »Wehe, wehe!« Und
man wird den Ackermann zum Trauern
rufen und zum Wehklagen, wer die To-
tenklage erheben kann. 17 In allen Wein-
bergen wird Wehklagen sein; denn ich
will unter euch fahren, spricht der
HERR.

Der Tag des HERRN ist ein Tag des Gerichts

18 [a]Weh denen, die des HERRN Tag her-
beiwünschen! Was soll er euch? Denn des
HERRN Tag ist Finsternis und nicht
Licht, 19 gleichwie wenn jemand vor dem
Löwen flieht und ein Bär begegnet ihm
und er kommt in ein Haus und lehnt sich
mit der Hand an die Wand, so sticht ihn
eine Schlange! 20 Ja, des HERRN Tag wird
finster und nicht licht sein, dunkel und
nicht hell.

Der äußerliche Gottesdienst tut's nicht

21 Ich bin euren Feiertagen gram und ver-
achte sie und [a]mag eure Versammlungen
nicht riechen. 22 Und wenn ihr mir auch
[a]Brandopfer und Speisopfer opfert, so
habe ich kein Gefallen daran und mag
auch eure fetten Dankopfer nicht an-
sehen. 23 Tu weg von mir das Geplärr

4,13: *a* Mi 1,3 **5,4:** *a* Jer 29,13 **5,5:** *a* Kap 4,4; Hos 4,15 **5,7:** *a* Kap 6,12; Jes 5,20 **5,8:** *a* Hiob 38,31; *b* Kap 9,6 **5,10:** *a* Jes 29,21 **5,11:** *a* Zef 1,13 **5,15:** *a* Ps 34,15; Röm 12,9 **5,18:** *a (18-20)* Joel 2,11 **5,21:** *a* Jes 1,11-15 **5,22:** *a* Mi 6,6-7

deiner Lieder; denn ich mag dein Harfen-
spiel nicht hören!
24 Es ströme aber das Recht wie Wasser
und die Gerechtigkeit wie ein nie ver-
siegender Bach.
25 [a]Habt ihr vom Hause Israel mir
in der Wüste die vierzig Jahre lang
Schlachtopfer und Speisopfer geopfert?
26 Ihr trugt den Sakkut, euren König,
und Kewan*, den Stern eures Gottes,
eure Bilder, welche ihr euch selbst ge-
macht habt; 27 so will ich euch wegführen
lassen bis jenseits von Damaskus, spricht
der HERR, der Gott Zebaoth heißt.

Gegen Selbstsicherheit und Schwelgerei der Vornehmen in Israel

6 Weh den Sorglosen zu Zion und weh
denen, die voll Zuversicht sind auf
dem Berge Samarias, den Vornehmen des
Erstlings unter den Völkern, zu denen
das Haus Israel kommt! 2 Geht hin nach
[a]Kalne und schaut und von da nach
Hamat, der großen Stadt, und zieht
hinab nach Gat der Philister! Seid ihr
besser als diese Königreiche, ist euer Ge-
biet größer als das ihre, 3 die ihr meint,
vom bösen Tag weit ab zu sein, und
[a]trachtet immer nach Frevelregiment,
4 die ihr schlaft auf elfenbeingeschmück-
ten Lagern und euch streckt auf euren
Ruhebetten? Ihr esst die Lämmer aus der
Herde und die gemästeten Kälber 5 [a]und
spielt auf der Harfe und erdichtet euch
Lieder wie David 6 und trinkt Wein aus
Schalen und salbt euch mit dem besten
Öl, aber bekümmert euch nicht um den
Schaden Josefs.
7 Darum sollen sie nun vorangehen un-
ter denen, die gefangen weggeführt wer-
den, und soll das Schlemmen der Über-
mütigen aufhören. 8 Denn Gott der
HERR hat geschworen bei sich: Mich ver-
drießt die Hoffart Jakobs, spricht der
HERR, der Gott Zebaoth, und ich hasse
seine Paläste. Darum will ich die Stadt
übergeben mit allem, was darin ist. 9 Und
wenn auch zehn Männer in einem Hause
übrig bleiben, sollen sie doch sterben.
10 Und nimmt dann einen sein Verwand-
ter, der ihn bestatten und seine Gebeine
aus dem Hause tragen will, so sagt er zu
dem, der drin im Hause ist: Sind ihrer
noch mehr da? Und der wird antworten:
Sie sind alle dahin! Und er wird sagen:
Still! Denn man darf des HERRN Namen
nicht nennen.[a] 11 Denn siehe, der HERR
hat geboten, dass man die großen Häuser
in Trümmer schlagen soll und die kleinen
Häuser in Stücke.
12 Wer kann auf Felsen mit Rossen ren-
nen oder mit Rindern pflügen? Denn
[a]ihr wandelt das Recht in Gift und die
Frucht der Gerechtigkeit in Wermut,
13 die ihr euch freut über Lo-Dabar und
sprecht: Haben wir nicht durch unsere
Kraft Karnajim genommen? 14 Darum
siehe, ich will gegen euch, ihr vom Hause
Israel, ein Volk aufstehen lassen, spricht
der HERR, der Gott Zebaoth, das soll
euch bedrängen von da an, wo man nach
Hamat geht, bis an den Bach in der
Wüste.

Die drei ersten Visionen: Heuschrecken, Feuer, Bleilot

7 Gott der HERR ließ mich schauen,
und siehe, da war einer, der machte
Heuschrecken zur Zeit, als das Grummet
aufging; und siehe, das Grummet war
gewachsen, nachdem der König hatte
mähen lassen. 2 Als sie nun alles Gras im
Lande abfressen wollten, sprach ich: Ach
Herr HERR, sei gnädig! Wer soll Jakob
wieder aufhelfen? Er ist ja so schwach.
3 Da reute es den HERRN und er sprach:
Wohlan, es soll nicht geschehen.
4 Gott der HERR ließ mich schauen,
und siehe, Gott der HERR rief das Feuer,
um damit zu strafen. Das verzehrte [a]die
große Tiefe und fraß das Ackerland. 5 Da
sprach ich: Ach Herr HERR, lass ab! Wer
soll Jakob wieder aufhelfen? Er ist ja so
schwach. 6 Da reute den HERRN das auch
und Gott der HERR sprach: Es soll auch
nicht geschehen.
7 Er ließ mich abermals schauen, und
siehe, der Herr stand auf der Mauer, die
mit einem Bleilot gerichtet war, und er
hatte ein Bleilot in seiner Hand. 8 Und
der HERR sprach zu mir: Was siehst du,
Amos? Ich sprach: Ein [a]Bleilot. Da

* Sakkut und Kewan (vgl. Sach- und Worterklärungen) sind Namen heidnischer Götter, die in Israel verehrt wurden.

5,25: *a (25-26)* Jer 7,22-23; Apg 7,42-43 **6,2:** *a* 1.Mose 10,10 **6,3:** *a* Ps 10,5 **6,5:** *a (5-6)* Jes 5,12 **6,10:** *a* Kap 8,3 **6,12:** *a* Kap 5,7 **7,4:** *a* 1.Mose 7,11 **7,8:** *a* Jes 34,11

sprach der Herr zu mir: Siehe, ich will
das Bleilot legen an mein Volk Israel und
[b]ihm nichts mehr übersehen, 9sondern
die Höhen Isaaks sollen verwüstet und
die Heiligtümer Israels zerstört werden,
und ich will mich mit dem Schwert über
das Haus Jerobeam hermachen.

Amos wird aus Bethel ausgewiesen

10 [a]Da sandte Amazja, der Priester in
Bethel, zu Jerobeam, dem König von Is-
rael, und ließ ihm sagen: Der Amos
macht einen Aufruhr gegen dich im
Hause Israel; das Land kann seine Worte
nicht ertragen. 11Denn so spricht Amos:
Jerobeam wird durchs Schwert ster-
ben, und Israel wird aus seinem Lande
gefangen weggeführt werden. 12Und
Amazja sprach zu Amos: Du [a]Seher, geh
weg und flieh ins Land Juda und iss dort
dein Brot und weissage daselbst. 13Aber
weissage nicht mehr in [a]Bethel; denn es
ist des Königs Heiligtum und der Tempel
des Königreichs.

14Amos antwortete und sprach zu
Amazja: Ich bin kein Prophet noch ein
Prophetenjünger, sondern [a]ich bin ein
Hirt, der Maulbeeren züchtet. 15Aber der
HERR nahm mich von der Herde und
sprach zu mir: Geh hin und weissage
meinem Volk Israel! 16So höre nun des
HERRN Wort! Du sprichst: [a]Weissage
nicht wider Israel und eifere nicht wider
das Haus Isaak! 17Darum spricht der
HERR: Deine Frau wird in der Stadt zur
Hure werden, und deine Söhne und
Töchter sollen durchs Schwert fallen,
und dein Acker soll mit der Messschnur
ausgeteilt werden. Du aber sollst in
einem unreinen Lande sterben, und
Israel soll aus seinem Lande vertrieben
werden.

Die vierte Vision: ein Korb mit reifem Obst

8 Gott der HERR ließ mich schauen,
und siehe, da stand ein Korb mit rei-
fem Obst. 2Und er sprach: Was siehst du,
Amos? Ich aber antwortete: Einen Korb
mit reifem Obst. Da sprach der HERR zu
mir: Reif zum Ende ist mein Volk Israel;
[a]ich will ihm nichts mehr übersehen.
3Und die Lieder im Tempel sollen in
Heulen verkehrt werden zur selben Zeit,
spricht Gott der HERR. [a]Es werden an
allen Orten viele Leichname liegen, die
man heimlich hinwirft.

Gegen den Wucher der Reichen

4Höret dies, die ihr [a]die Armen unter-
drückt und die Elenden im Lande zu-
grunde richtet 5und sprecht: Wann will
denn der Neumond ein Ende haben, dass
wir Getreide verkaufen, und der [a]Sab-
bat, dass wir Korn feilhalten können und
das Maß verringern und den Preis stei-
gern und die Waage fälschen, 6damit wir
die Armen um Geld und [a]die Geringen
um ein Paar Schuhe in unsere Gewalt
bringen und Spreu für Korn verkaufen?

7Der HERR hat bei sich, dem Ruhm
Jakobs, geschworen: Niemals werde ich
diese ihre Taten vergessen! 8Sollte nicht
um solcher Taten willen das Land er-
beben müssen und alle Bewohner trau-
ern? Ja, [a]es soll sich heben wie die Was-
ser des Nils und sich senken wie der
Strom Ägyptens.

9Zur selben Zeit, spricht Gott der
HERR, will ich [a]die Sonne am Mittag
untergehen und das Land am hellen Tage
finster werden lassen. 10 [a]Ich will eure
Feiertage in Trauer und alle eure Lieder
in Wehklagen verwandeln. Ich will über
alle Lenden den Sack bringen und alle
Köpfe kahl machen und will ein Trauern
schaffen, [b]wie man trauert über den ein-
zigen Sohn, und sie sollen ein bitteres
Ende nehmen.

Einst wird man vergeblich nach Gottes Wort verlangen

**11Siehe, es kommt die Zeit, spricht Gott
der HERR, dass ich einen Hunger ins Land
schicken werde, [a]nicht einen Hunger nach
Brot oder Durst nach Wasser, sondern
nach dem Wort des HERRN, es zu hören;
12dass sie hin und her von einem Meer
zum andern, von Norden nach Osten lau-
fen und des HERRN Wort suchen und
[a]doch nicht finden werden.** 13Zu der Zeit
werden die schönen Jungfrauen und die
Jünglinge verschmachten vor Durst,
14die jetzt schwören bei dem Abgott

7,8: *b* Kap 8,2 **7,10:** *a (10-11)* Jer 38,4 **7,12:** *a* 1.Sam 9,9 **7,13:** *a* 1.Kön 12,28-29 **7,14:** *a* Kap 1,1 **7,16:** *a* Kap 2,12 **8,2:** *a* Kap 7,8 **8,3:** *a* Kap 6,10 **8,4:** *a* Kap 2,7 **8,5:** *a* Neh 13,15 **8,6:** *a* Kap 2,6 **8,8:** *a* Kap 9,5 **8,9:** *a* Jer 15,9 **8,10:** *a* Tob 2,5-6; *b* Jer 6,26 **8,11:** *a* 1.Sam 3,1 **8,12:** *a* Mi 3,7

Samarias und sprechen: [a]»So wahr dein
Gott lebt, Dan!«, und: »So wahr dein
Gott lebt, Beerscheba!« Sie sollen so
fallen, dass sie nicht wieder aufstehen
können.

Die letzte Vision: Gott über dem Altar; dem Gericht kann niemand entrinnen

9 Ich sah den Herrn über dem Altar
stehen und er sprach: Schlage an den
Knauf, dass die Pfosten beben und die
Trümmer ihnen allen auf den Kopf fal-
len; und was noch übrig bleibt von ihnen,
will ich mit dem Schwert töten, dass kei-
ner von ihnen entfliehen noch irgend-
einer entkommen soll! 2 Und [a]wenn sie
sich auch unten bei den Toten vergrüben,
soll sie doch meine Hand von dort holen,
und wenn sie zum Himmel hinaufstiegen,
will ich sie doch herunterstoßen. 3 Und
wenn sie sich auch versteckten oben auf
dem Berge Karmel, will ich sie doch su-
chen und von dort herabholen; und wenn
sie sich vor meinen Augen verbärgen im
Grunde des Meeres, so will ich doch der
Schlange befehlen, sie dort zu beißen.
4 Und wenn sie vor ihren Feinden gefan-
gen einhergingen, so will ich doch dem
Schwert befehlen, sie dort zu töten. Denn
[a]ich will meine Augen auf sie richten
zum Bösen und nicht zum Guten.

5 Denn Gott, der HERR Zebaoth, ist es,
der die Erde anrührt, dass sie bebt und
alle ihre Bewohner trauern müssen und
dass sie [a]sich hebt wie die Wasser des
Nils und sich senkt wie der Strom Ägyp-
tens; 6 er ist es, der seinen Saal in den
Himmel baut und [a]seinen Palast über
der Erde gründet, der [b]das Wasser im
Meer herbeiruft und schüttet es auf das
Erdreich. Er heißt HERR!

7 Seid ihr Israeliten mir nicht [a]gleich-
wie die Mohren?, spricht der HERR.
Habe ich nicht Israel aus Ägyptenland
geführt und die [b]Philister aus Kaftor
und die Aramäer aus Kir? 8 Siehe, die
Augen Gottes des HERRN sehen auf das
sündige Königreich, dass ich's vom Erd-
boden vertilge, wiewohl ich das Haus Ja-
kob nicht ganz vertilgen will, spricht der
HERR. 9 Denn siehe, ich will befehlen und
das Haus Israel unter allen Heiden schüt-
teln lassen, gleichwie man mit einem Sieb
schüttelt und kein Stein zur Erde fällt.
10 Alle Sünder in meinem Volk sollen
durchs Schwert sterben, die da sagen:
[a]Es wird das Unglück nicht so nahe sein
noch uns begegnen.

Das künftige Heil des Gottesvolkes

11 **Zur selben Zeit will ich die [a]zerfallene
Hütte Davids wieder aufrichten und ihre
Risse vermauern und, was abgebrochen
ist, wieder aufrichten und will sie bauen,
wie sie vorzeiten gewesen ist,** 12 damit sie
in Besitz nehmen, was übrig ist von
Edom, und alle Heiden, über die mein
Name genannt ist, spricht der HERR, der
solches tut.

13 Siehe, es kommt die Zeit, spricht der
HERR, dass man [a]zugleich ackern und
ernten, zugleich keltern und säen wird.
Und [b]die Berge werden von süßem Wein
triefen, und alle Hügel werden fruchtbar
sein. 14 Denn ich [a]will die Gefangen-
schaft meines Volks Israel wenden, dass
sie [b]die verwüsteten Städte wieder auf-
bauen und bewohnen sollen, dass sie
Weinberge pflanzen und Wein davon
trinken, Gärten anlegen und Früchte
daraus essen. 15 Denn ich will sie in ihr
Land pflanzen, dass sie nicht mehr aus
ihrem Land ausgerottet werden, das ich
ihnen gegeben habe, spricht der HERR,
dein Gott.

8,14: *a* Ri 18,30 **9,2:** *a* Hiob 26,6; Ps 139,8 **9,4:** *a* Jer 44,11 **9,5:** *a* Kap 8,8 **9,6:** *a* Ps 104,3; *b* Kap 5,8 **9,7:** *a* 5.Mose 7,7; *b* Jer 47,4 **9,10:** *a* Kap 6,3 **9,11:** *a* 1.Kön 12,19; Apg 15,16-17 **9,13:** *a* 3.Mose 26,5; *b* Joel 4,18 **9,14:** *a* 5.Mose 30,3; *b* Jes 65,21

DER PROPHET OBADJA

Gottes Strafgericht über die Edomiter

(vgl. Jer 49,7-22)

1 Dies ist es, was Obadja geschaut hat.
So spricht Gott der HERR über Edom:
– Wir haben vom HERRN eine Botschaft
gehört, ein Bote ist unter die Heiden ge-
sandt: Wohlauf, lasst uns wider Edom
streiten! – 2 Siehe, ich habe dich gering
gemacht und sehr verachtet unter den
Völkern. 3 Der Hochmut deines Herzens
hat dich betrogen, weil du [a]in den Fel-
senklüften wohnst, in deinen hohen
Schlössern, und du sprichst in deinem
Herzen: Wer will mich zu Boden stoßen?
4 Wenn du auch in die Höhe führest wie
ein Adler und machtest dein Nest zwi-
schen den Sternen, dennoch will ich dich
von dort herunterstürzen, spricht der
HERR.
5 Wenn Diebe oder Räuber nachts über
dich kommen, wie sollst du dann zu-
nichtewerden! Ja, sie sollen stehlen, bis
sie genug haben. Und wenn die Weinleser
über dich kommen, so sollen sie dir keine
Nachlese übrig lassen. 6 Wie sollen sie
Esau durchsuchen und seine Schätze auf-
spüren! 7 Alle deine Bundesgenossen wer-
den dich zum Lande hinausstoßen; die
Leute, auf die du deinen Trost setzt, wer-
den dich betrügen und überwältigen; die
dein Brot essen, werden dich verraten,
ehe du es merken wirst.
8 Was gilt's?, spricht der HERR, ich will
zur selben Zeit die Weisen in Edom zu-
nichtemachen und die Klugheit auf dem
Gebirge Esau. 9 Auch deine Starken, [a]Te-
man, sollen verzagen, auf dass alle auf
dem Gebirge Esau ausgerottet werden
durch Morden.
10 [a]Um des Frevels willen, an deinem
Bruder Jakob begangen, sollst du zu-
schanden werden und für immer ausge-
rottet sein. 11 [a]Zu der Zeit, als du dabei-
standest und sahst, wie Fremde sein Heer
gefangen wegführten und Ausländer zu
seinen Toren einzogen und über Jeru-
salem das Los warfen, da warst auch du
wie einer von ihnen. 12 Du sollst nicht
mehr herabsehen auf deinen Bruder zur
Zeit seines Elends und sollst dich nicht
freuen über die Söhne Juda zur Zeit ihres
Jammers und sollst mit deinem Mund
nicht so stolz reden zur Zeit ihrer Angst.
13 Du sollst nicht zum Tor meines Volks
einziehen zur Zeit seines Jammers; du
sollst nicht herabsehen auf sein Unglück
zur Zeit seines Jammers; du sollst nicht
nach seinem Gut greifen zur Zeit seines
Jammers. 14 Du sollst nicht stehen an den
Fluchtwegen, um seine Entronnenen zu
morden; du sollst seine Übriggebliebenen
nicht verraten zur Zeit der Angst.

Die Rettung Israels

15 Denn [a]der Tag des HERRN ist nahe
über alle Heiden. [b]Wie du getan hast,
soll dir wieder geschehen, und wie du
verdient hast, so soll es auf deinen Kopf
kommen. 16 Denn wie ihr auf meinem
heiligen Berge getrunken habt, so [a]sollen
alle Heiden täglich trinken; ja, sie sollen's
saufen und ausschlürfen und sollen sein,
als wären sie nie gewesen.
17 Aber [a]auf dem Berge Zion werden
Gerettete sein, und er soll heilig sein, und
das Haus Jakob soll seine Besitzer be-
sitzen. 18 Und [a]das Haus Jakob soll ein
Feuer werden und das Haus Josef eine
Flamme, aber das Haus Esau Stroh; das
werden sie anzünden und verzehren, so-
dass vom Hause Esau nichts übrig bleibt;
denn der HERR hat's geredet. 19 Und sie
werden das Südland, das Gebirge Esaus,
besitzen und das Hügelland, das Land
der Philister. Ja, sie werden das Gefilde
Ephraims und das Gefilde Samarias be-

Vers **3**: *a* 4. Mose 24,21 Vers **9**: *a* Am 1,12 Vers **10**: *a* Joel 4,19 Vers **11**: *a (11-14)* Ps 137,7 Vers **15**: *a* Joel 1,15; *b* Jer 50,15.29 Vers **16**: *a* Jer 25,15 Vers **17**: *a* Joel 3,5; 4,17 Vers **18**: *a* Sach 12,6

sitzen und Benjamin das Gebirge Gilead.
20 Und die Weggeführten von Israel wer-
den die Städte der Kanaaniter bis nach
Zarpat besitzen, und die Weggeführten
von Jerusalem, die in Sefarad sind, wer-
den die Städte im Südland besitzen.
21 Und es werden die Geretteten vom
Berg Zion kommen, um das Gebirge
Esau zu richten, und die Königsherr-
schaft wird des HERRN sein.

DER PROPHET JONA

Inhaltsübersicht

Ein Prophet flieht vor Gott — *Kap 1–2*
Gott beschämt seinen Propheten — *3–4*

Jonas Berufung und Flucht vor Gott

1 Es geschah das Wort des HERRN zu
[a]Jona, dem Sohn Amittais: 2 Mache
dich auf und geh in die große Stadt Ni-
nive und predige wider sie; denn ihre
Bosheit ist vor mich gekommen.
3 Aber Jona machte sich auf und
[a]wollte vor dem HERRN nach Tarsis flie-
hen und kam hinab nach Jafo. Und als er
ein Schiff fand, das nach Tarsis fahren
wollte, gab er Fährgeld und trat hinein,
um mit ihnen nach Tarsis zu fahren und
dem HERRN aus den Augen zu kommen.
4 Da ließ der HERR einen großen Wind
aufs Meer kommen, und es erhob sich
ein großes Ungewitter auf dem Meer,
dass man meinte, das Schiff würde zer-
brechen. 5 Und die Schiffsleute fürchteten
sich und schrien, ein jeder zu seinem
Gott, und warfen die Ladung, die im
Schiff war, ins Meer, dass es leichter
würde. Aber Jona war hinunter in das
Schiff gestiegen, lag und schlief.
6 Da trat zu ihm der Schiffsherr und
sprach zu ihm: Was schläfst du? Steh auf,
rufe deinen Gott an! Ob vielleicht dieser
Gott an uns gedenken will, dass wir nicht
verderben. 7 Und einer sprach zum an-
dern: Kommt, wir wollen [a]losen, dass
wir erfahren, um wessentwillen es uns so
übel geht. Und als sie losten, traf's Jona.
8 Da sprachen sie zu ihm: Sage uns,
warum geht es uns so übel? Was ist dein
Gewerbe und wo kommst du her? Aus
welchem Lande bist du und von welchem
Volk bist du? 9 Er sprach zu ihnen: Ich
bin ein Hebräer und fürchte den HERRN,
den Gott des Himmels, der [a]das Meer
und das Trockene gemacht hat.
10 Da fürchteten sich die Leute sehr
und sprachen zu ihm: Warum hast du
das getan? Denn sie wussten, dass er vor
dem HERRN floh; denn er hatte es ihnen
gesagt. 11 Da sprachen sie zu ihm: Was
sollen wir denn mit dir tun, dass das
Meer stille werde und von uns ablasse?
Denn das Meer ging immer ungestümer.
12 Er sprach zu ihnen: Nehmt mich und
werft mich ins Meer, so wird das Meer
still werden und von euch ablassen. Denn
ich weiß, dass um meinetwillen dies
große Ungewitter über euch gekommen
ist.
13 Doch die Leute ruderten, dass sie
wieder ans Land kämen; aber sie konn-
ten nicht, denn das Meer ging immer
ungestümer gegen sie an. 14 Da riefen sie
zu dem HERRN und sprachen: Ach,
HERR, lass uns nicht verderben um des
Lebens dieses Mannes willen und rechne
uns nicht unschuldiges Blut zu; denn du,
HERR, tust, wie dir's gefällt.
15 Und sie nahmen Jona und warfen
ihn ins Meer. Da wurde das Meer still
und ließ ab von seinem Wüten. 16 Und
die Leute fürchteten den HERRN sehr
und brachten dem HERRN Opfer dar und
taten Gelübde.

Jonas Gebet

2 Aber der HERR ließ einen großen
Fisch kommen, Jona zu verschlingen.
Und [a]Jona war im Leibe des Fisches drei
Tage und drei Nächte.

1,1: *a* 2. Kön 14,25 **1,3:** *a* Ps 139,7.9-10 **1,7:** *a* Spr 16,33 **1,9:** *a* 1. Mose 1,9-10 **2,1:** *a* Mt 12,40; 16,4

2 Und Jona betete zu dem HERRN, sei-
nem Gott, im Leibe des Fisches 3 und
sprach:

[a]Ich rief zu dem HERRN in meiner Angst
und er antwortete mir.
Ich schrie aus dem Rachen des Todes
und du hörtest meine Stimme.
4 Du warfst mich in die Tiefe, mitten ins Meer,
dass die Fluten mich umgaben.
[a]Alle deine Wogen und Wellen
gingen über mich,
5 dass ich dachte, [a]ich wäre von deinen Augen verstoßen,
ich würde deinen heiligen Tempel
nicht mehr sehen.
6 [a]Wasser umgaben mich und gingen mir ans Leben,
die Tiefe umringte mich,
Schilf bedeckte mein Haupt.
7 Ich sank hinunter zu der Berge Gründen,
der Erde Riegel schlossen sich
hinter mir ewiglich.
Aber [a]du hast mein Leben aus dem Verderben geführt,
HERR, mein Gott!
8 Als meine Seele in mir verzagte,
gedachte ich an den HERRN,
und [a]mein Gebet kam zu dir
in deinen heiligen Tempel.
9 Die [a]sich halten an das Nichtige,
verlassen ihre Gnade.
10 Ich aber will mit Dank
dir Opfer bringen.
Meine Gelübde will ich erfüllen
dem HERRN, der mir geholfen hat.[a]

11 Und der HERR sprach zu dem Fisch
und der spie Jona aus ans Land.

Jonas Predigt und Ninives Buße

3 [a]Und es geschah das Wort des
HERRN zum zweiten Mal zu Jona:
2 Mach dich auf, geh in die große Stadt
Ninive und predige ihr, was ich dir sage!
3 Da machte sich Jona auf und ging
hin nach Ninive, wie der HERR gesagt
hatte. [a]Ninive aber war eine große Stadt
vor Gott, drei Tagereisen groß. 4 Und als
Jona anfing, in die Stadt hineinzugehen,
und eine Tagereise weit gekommen war,
predigte er und sprach: Es sind noch
vierzig Tage, so wird Ninive untergehen.
5 Da [a]glaubten die Leute von Ninive an
Gott und [b]ließen ein Fasten ausrufen
und zogen alle, Groß und Klein, den
Sack zur Buße an.
6 Und als das vor den König von Ni-
nive kam, stand er auf von seinem Thron
und legte seinen Purpur ab und hüllte
sich in den Sack und setzte sich in die
Asche 7 und ließ ausrufen und sagen in
Ninive als Befehl des Königs und seiner
Gewaltigen: Es sollen weder Mensch
noch Vieh, weder Rinder noch Schafe
Nahrung zu sich nehmen, und man soll
sie nicht weiden noch Wasser trinken las-
sen; 8 und sie sollen sich in den Sack
hüllen, Menschen und Vieh, und zu Gott
rufen mit Macht. Und ein jeder bekehre
sich von seinem bösen Wege und vom
Frevel seiner Hände! 9 Wer weiß? [a]Viel-
leicht lässt Gott es sich gereuen und wen-
det sich ab von seinem grimmigen Zorn,
dass wir nicht verderben.
10 Als aber Gott ihr Tun sah, wie sie
[a]sich bekehrten von ihrem bösen Wege,
reute ihn das Übel, das er ihnen ange-
kündigt hatte, und tat's nicht.

Jonas Unmut und Gottes Antwort

4 Das aber verdross Jona sehr und er
ward zornig 2 und betete zum HERRN
und sprach: Ach, HERR, das ist's ja, was
ich dachte, als ich noch in meinem Lande
war, weshalb ich auch eilends nach Tarsis
fliehen wollte; denn ich wusste, [a]dass du
gnädig, barmherzig, langmütig und von
großer Güte bist und lässt dich des Übels
gereuen. 3 So [a]nimm nun, HERR, meine
Seele von mir; denn ich möchte lieber tot
sein als leben. 4 Aber der HERR sprach:
Meinst du, dass du mit Recht zürnst?
5 Und Jona ging zur Stadt hinaus und
ließ sich östlich der Stadt nieder und
machte sich dort eine Hütte; darunter
setzte er sich in den Schatten, bis er sähe,
was der Stadt widerfahren würde. 6 Gott
der HERR aber ließ eine Staude wachsen;

2,3: *a* Ps 120,1 **2,4:** *a* Ps 42,8 **2,5:** *a* Ps 31,23 **2,6:** *a* Ps 18,5; 69,2 **2,7:** *a* Ps 103,4 **2,8:** *a* Ps 142,2-4 **2,9:** *a* Ps 31,7 **2,10:** *a* Ps 50,14; 116,17-18 **3,1:** *a (1-2)* Kap 1,2 **3,3:** *a* Kap 4,11 **3,5:** *a* Mt 12,41; *b* Joel 1,14 **3,9:** *a* Joel 2,14 **3,10:** *a* Jer 18,7-8 **4,2:** *a* 2.Mose 34,6 **4,3:** *a* 1.Kön 19,4

die wuchs über Jona, dass sie Schatten
gäbe seinem Haupt und ihm hülfe von
seinem Unmut. Und Jona freute sich
sehr über die Staude.
7Aber am Morgen, als die Morgenröte
anbrach, ließ Gott einen Wurm kommen;
der stach die Staude, dass sie verdorrte.
8Als aber die Sonne aufgegangen war,
ließ Gott einen heißen Ostwind kommen,
und die Sonne stach Jona auf den Kopf,
dass er matt wurde. Da wünschte er sich
den Tod und sprach: Ich möchte lieber
tot sein als leben.
9Da sprach Gott zu Jona: Meinst du,
dass du mit Recht zürnst um der Staude
willen? Und er sprach: Mit Recht zürne
ich bis an den Tod. 10Und der Herr
sprach: Dich jammert die Staude, um die
du dich nicht gemüht hast, hast sie auch
nicht aufgezogen, die in einer Nacht
ward und in einer Nacht verdarb, 11und
mich sollte nicht jammern Ninive, eine so
große Stadt, in der mehr als hundertund-
zwanzigtausend Menschen sind, die nicht
wissen, was rechts oder links ist, dazu
auch viele Tiere?

DER PROPHET MICHA

Inhaltsübersicht

Gott erscheint zum Gericht über Israel und Juda

1 Dies ist das Wort des Herrn, wel-
ches geschah zu [a]Micha aus More-
schet zur Zeit des [b]Jotam, Ahas und His-
kia, der Könige von Juda, das er ge-
schaut hat über Samaria und Jerusalem.
2Höret, alle Völker! Merk auf, Land
und alles, was darinnen ist! Denn Gott
der Herr hat mit euch zu reden, ja, der
Herr aus seinem heiligen Tempel. 3Denn
siehe, der Herr wird herausgehen aus
seiner Wohnung und herabfahren und
[a]treten auf die Höhen der Erde, 4dass
die Berge unter ihm schmelzen und die
Täler sich spalten, gleichwie Wachs vor
dem Feuer zerschmilzt, wie die Wasser,
die talwärts stürzen. 5Das alles um Ja-
kobs Übertretung willen und um der
Sünden willen des Hauses Israel.
Was ist aber die Übertretung Jakobs?
[a]Ist's nicht Samaria? Was sind aber die
Opferhöhen Judas? Ist's nicht Jerusalem?
6Und ich will [a]Samaria zu Steinhaufen
im Felde machen, die man für die Wein-
berge nimmt, und will seine Steine ins
Tal schleifen und es bis auf den Grund
bloßlegen. 7Alle seine Götzen sollen zer-
brochen und all sein [a]Hurenlohn soll mit
Feuer verbrannt werden. Und ich will
alle seine Götzenbilder zerstören; denn
sie sind von Hurenlohn zusammenge-
bracht und sollen auch wieder zu Huren-
lohn werden.

Unheil kommt über die Städte Judas

8Darüber muss ich klagen und heulen,
ich muss barfuß und bloß dahergehen;
ich muss klagen wie die Schakale und
jammern wie die Strauße: 9Denn unheil-
bar ist die Plage des Herrn: Sie kommt
bis nach Juda, sein Schlag reicht bis an
meines Volkes Tor, bis hin nach Jeru-
salem.
10*Verkündet's ja nicht in [a]Gat; lasst
euer Weinen nicht hören; in Bet-Leafra
wälzt euch im Staube! 11Ihr Einwohner
von Schafir müsst dahin mit allen Schan-
den; die Einwohner von Zaanan werden
nicht ausziehen; das Leid Bet-Ezels wird
euch wehren, dass ihr euch da lagert.
12Die Einwohner von Marot vermögen
sich nicht zu trösten; denn es wird das

* Verse 10-16: Die Wortspiele, die an die Namen judäischer Orte (vgl. Jos 15,33-47) anknüpfen, können im Deutschen nicht wiedergegeben werden. Der Text ist nur zum Teil verständlich überliefert.

1,1: *a* Jer 26,18; *b* Jes 1,1 1,3: *a* Am 4,13 1,5: *a* Jer 23,13-14 1,6: *a* 1.Kön 16,24; Hos 14,1 1,7: *a* Hos 2,7.14
1,10: *a* 2.Sam 1,20

Unglück vom HERRN kommen auch bis
an die Tore Jerusalems.
13Du Stadt Lachisch, spanne Rosse an
und fahre davon; denn du bist für die
Tochter Zion der Anfang zur Sünde, und
in dir finden sich die Übertretungen Is-
raels. 14Du wirst dich scheiden müssen
von Moreschet-Gat; die Häuser von
Achsib werden den Königen von Israel
zum Trug werden. 15Ich will über dich,
Marescha, den rechten Erben bringen,
und die Herrlichkeit Israels soll kommen
bis Adullam. 16Lass dir die Haare ab-
scheren und geh kahl um deiner verzär-
telten Kinder willen; ja, mach dich kahl
wie ein Geier, denn sie sind gefangen von
dir weggeführt.

Weheruf über die Machthaber, die das Volk berauben

2 Weh denen, die [a]Schaden zu tun
trachten und gehen mit bösen Ge-
danken um auf ihrem Lager, dass sie es
frühe, wenn's licht wird, vollbringen, weil
sie die Macht haben! 2Sie [a]reißen Äcker
an sich und nehmen Häuser, wie sie's
gelüstet. So treiben sie Gewalt mit eines
jeden Hause und mit eines jeden Erbe.
3Darum spricht der HERR: Siehe, ich
ersinne wider dies Geschlecht Böses, aus
dem ihr euren Hals nicht ziehen und un-
ter dem ihr nicht so stolz dahergehen
sollt; denn [a]es soll eine böse Zeit sein.
4Zur selben Zeit wird man einen Spruch
von euch machen und klagen: Es ist aus
– so wird man sagen –, wir sind ver-
nichtet! Meines Volkes Land kriegt einen
fremden Herrn! Wann wird er uns die
Äcker wieder zuteilen, die er uns genom-
men hat? 5Jawohl, ihr werdet keinen An-
teil behalten in der Gemeinde des
HERRN.
6»Geifert nicht!«, so geifern sie. [a]»Sol-
ches soll man nicht predigen! Wir werden
nicht so zuschanden werden! 7Ist denn
das Haus Jakob verflucht? Meinst du,
[a]der HERR sei schnell zum Zorn? Sollte
er solches tun wollen?« Es ist wahr,
meine Reden sind freundlich den From-
men.
8Aber ihr steht wider mein Volk wie
ein Feind; denn wie Leute, die aus dem
Kriege kommen, raubt ihr Rock und
Mantel denen, die sicher dahergehen.
9Ihr treibt die Frauen meines Volks aus
ihren lieben Häusern und nehmt von ih-
ren Kindern meinen Schmuck auf immer.
10Darum macht euch auf! Ihr müsst da-
von, ihr sollt an dieser Stätte nicht blei-
ben! Um der Unreinheit willen muss sie
unsanft zerstört werden.
11Wenn ich ein Irrgeist wäre und ein
Lügenprediger und predigte, wie sie sau-
fen und schwelgen sollen – das wäre ein
Prediger für dies Volk!

Verheißung des künftigen Heils

12»Ich [a]will dich, Jakob, sammeln ganz
und gar und, was übrig ist von Israel,
zusammenbringen. Ich will sie wie
Schafe miteinander in einen festen Stall
tun und [b]wie eine Herde in ihre Hürden,
dass es von Menschen dröhnen soll.«
13Er wird als ein Durchbrecher* vor
ihnen heraufziehen; sie werden durch-
brechen und durchs Tor hinausziehen,
und ihr König wird vor ihnen hergehen
und [a]der HERR an ihrer Spitze.

Gegen die führenden Männer in Juda

3 Und ich sprach: Höret doch, ihr
Häupter im Hause Jakob und ihr
Herren im Hause Israel! Ihr solltet die
sein, die [a]das Recht kennen. 2Aber ihr
hasst das Gute und liebt das Arge; ihr
schindet ihnen die Haut ab und das
Fleisch von ihren Knochen 3und [a]fresst
das Fleisch meines Volks. Und wenn ihr
ihnen die Haut abgezogen habt, zer-
brecht ihr ihnen auch die Knochen; ihr
zerlegt es wie in einen Topf und wie
Fleisch in einen Kessel. 4Darum, [a]wenn
ihr nun zum HERRN schreit, wird er euch
nicht erhören, sondern wird sein Ange-
sicht vor euch verbergen zur selben Zeit,
wie ihr mit eurem bösen Treiben verdient
habt.
5So spricht der HERR wider die Pro-
pheten, die mein Volk verführen, die da
predigen, es werde gut gehen, wenn man
ihnen zu fressen gibt; wer ihnen aber
nichts ins Maul gibt, dem predigen sie, es

* Gemeint ist im Gleichnis das Leittier der Herde.

2,1: *a* Ps 36,5 **2,2:** *a* 5. Mose 5,21; Spr 24,15; Jes 5,8 **2,3:** *a* Am 5,13 **2,6:** *a* Am 7,16 **2,7:** *a* Am 6,3 **2,12:** *a* Jer 31,10; *b* Hes 36,37 **2,13:** *a* Jes 52,12 **3,1:** *a* Jer 5,5 **3,3:** *a* Ps 14,4 **3,4:** *a* Spr 1,28; Hes 8,18

werde ein Krieg kommen: 6»Darum soll
euch die Nacht ohne Gesichte sein und
die Finsternis ohne Wahrsagung.« Die
Sonne soll über den Propheten unter-
gehen und der Tag über ihnen finster
werden. 7Und die Seher sollen zuschan-
den und die Wahrsager zu Spott werden;
sie müssen alle ihren Bart verhüllen, weil
[a]kein Gotteswort da sein wird.
8Ich aber bin voll Kraft, voll Geist des
HERRN, voll Recht und Stärke, dass ich
[a]Jakob seine Übertretung und Israel
seine Sünde anzeigen kann.
9So hört doch dies, ihr Häupter im
Hause Jakob und ihr Herren im Hause
Israel, die ihr das Recht verabscheut und
alles, was gerade ist, krumm macht; 10die
ihr [a]Zion mit Blut baut und Jerusalem
mit Unrecht 11– seine Häupter richten
für Geschenke, seine Priester lehren für
Lohn und seine Propheten wahrsagen für
Geld – und euch dennoch auf den
HERRN verlasst und sprecht: [a]»Ist nicht
der HERR unter uns? Es kann kein Un-
glück über uns kommen«: 12Darum wird
Zion um euretwillen wie ein Acker ge-
pflügt werden, und [a]Jerusalem wird zu
Steinhaufen werden und der Berg des
Tempels zu einer Höhe wilden Ge-
strüpps.

Das kommende Friedensreich Gottes

4 [a]In den letzten Tagen aber wird der
Berg, darauf des HERRN Haus ist,
fest stehen, höher als alle Berge und über
die Hügel erhaben. Und die Völker wer-
den herzulaufen, 2und viele Heiden wer-
den hingehen und sagen: Kommt, lasst
uns hinauf zum Berge des HERRN gehen
und zum Hause des Gottes Jakobs, dass
er uns lehre seine Wege und wir in seinen
Pfaden wandeln! Denn von Zion wird
Weisung ausgehen und [a]des HERRN
Wort von Jerusalem. 3Er wird unter gro-
ßen Völkern richten und viele Heiden
zurechtweisen in fernen Landen. Sie wer-
den ihre Schwerter zu Pflugscharen und
ihre Spieße zu Sicheln machen. Es wird
kein Volk wider das andere das Schwert
erheben, und sie werden hinfort nicht
mehr lernen, Krieg zu führen. 4Ein [a]je-
der wird unter seinem Weinstock und
Feigenbaum wohnen, und niemand wird
sie schrecken. Denn der Mund des
HERRN Zebaoth hat's geredet.
5Ein jedes Volk wandelt im Namen
seines Gottes, aber wir wandeln im Na-
men des HERRN, unseres Gottes, immer
und ewiglich!

Die Begnadigung des zerschlagenen Volkes

6Zur selben Zeit, spricht der HERR, will
ich [a]die Lahmen sammeln und [b]die Ver-
stoßenen zusammenbringen und die ich
geplagt habe. 7Und ich will den Lahmen
geben, dass sie viele Erben haben, und
will die Verstoßenen zum großen Volk
machen. Und der HERR wird König über
sie sein auf dem Berge Zion von nun an
bis in Ewigkeit. 8Und du, Turm der
Herde, du Feste der Tochter Zion, zu dir
wird kommen und wiederkehren die frü-
here Herrschaft, das Königtum der Toch-
ter Jerusalem.
9Warum [a]schreist du denn jetzt so
laut? Ist kein König bei dir? Und sind
deine Ratgeber alle hinweg, dass dich die
Wehen erfassen wie eine in Kindsnöten?
10Leide doch solche Wehen und stöhne,
du Tochter Zion, wie eine in Kindsnöten;
denn du musst zwar zur Stadt hinaus
und auf dem Felde wohnen und nach
Babel kommen. Aber von dort wirst du
wieder errettet werden, dort wird dich
der HERR erlösen von deinen Feinden.
11Nun aber werden sich viele Heiden
wider dich zusammenrotten und spre-
chen: Sie ist dahingegeben; wir wollen
auf Zion herabsehen! 12Aber sie wissen
des HERRN Gedanken nicht und kennen
seinen Ratschlag nicht, dass er sie zusam-
mengebracht hat wie Garben auf der
Tenne. 13Darum mache dich auf und
drisch, du Tochter Zion! Denn ich will
dir eiserne Hörner und eherne Klauen
machen, und du sollst viele Völker zer-
malmen und ihr Gut dem HERRN weihen
und ihre Habe dem Herrscher der ganzen
Welt.
14Aber nun zerraufe und zerkratze
dich, denn man wird uns belagern und
den Richter Israels mit der Rute auf die
Backe schlagen.

3,7: *a* Am 8,12 **3,8:** *a* Jes 58,1 **3,10:** *a* Hab 2,12 **3,11:** *a* Jer 7,4 **3,12:** *a* Ps 79,1; Jer 9,10; 26,18 **4,1:** *a (1-3)* Jes 2,2-4 **4,2:** *a* Lk 24,47 **4,4:** *a* 1. Kön 5,5; Sach 3,10 **4,6:** *a* Jer 31,8; *b* 5. Mose 30,4 **4,9:** *a* Jer 8,19

Der Herrscher aus Davids Geschlecht wird aus Bethlehem kommen

**5 Und du, [a]Bethlehem Efrata, die du
klein bist unter den Städten in Juda,
aus dir soll mir der kommen, der in Israel
Herr sei, [b]dessen Ausgang von Anfang
und von Ewigkeit her gewesen ist.** 2 Indes
lässt er sie plagen bis auf die Zeit, dass
die, [a]welche gebären soll, geboren hat.
Da wird dann [b]der Rest seiner Brüder
wiederkommen zu den Söhnen Israel.
3 Er aber wird auftreten und [a]weiden in
der Kraft des HERRN und in der Macht
des Namens des HERRN, seines Gottes.
Und sie werden sicher wohnen; denn er
wird zur selben Zeit herrlich werden, so
weit die Welt ist. 4 Und [a]er wird der
Friede sein.

Wenn Assur in unser Land fällt und in
unsere festen Häuser einbricht, so werden wir sieben Hirten und acht Fürsten
dagegen aufstellen, 5 die das Land Assur
verderben mit dem Schwert und das
Land Nimrods mit ihren bloßen Waffen.
So wird er uns von Assur erretten, wenn
es in unser Land fallen und in unsere
Grenzen einbrechen wird.

6 Und es werden die Übriggebliebenen
aus Jakob unter vielen Völkern sein [a]wie
Tau vom HERRN, wie Regen aufs Gras,
der auf niemand harrt noch auf Menschen wartet. 7 Ja, die Übriggebliebenen
aus Jakob werden unter den Heiden inmitten vieler Völker sein wie ein Löwe
unter den Tieren im Walde, wie ein junger Löwe unter einer Herde Schafe, dem
niemand wehren kann, wenn er einbricht, zertritt und zerreißt. 8 Denn deine
Hand wird siegen gegen alle deine Widersacher, dass alle deine Feinde ausgerottet werden.

9 Zur selben Zeit, spricht der HERR,
[a]will ich deine Rosse ausrotten und deine
Wagen zunichtemachen 10 und will die
Städte deines Landes vernichten und alle
deine Festungen zerbrechen. 11 Und ich
will die Zauberei bei dir ausrotten, dass
keine Zeichendeuter bei dir bleiben sollen. 12 [a]Ich will deine Götzenbilder und
Steinmale aus deiner Mitte ausrotten,
dass du nicht mehr anbeten sollst deiner
Hände Werk, 13 und will deine Ascherabilder ausreißen aus deiner Mitte und
deine Städte vertilgen. 14 Und ich will mit
Grimm und Zorn Vergeltung üben an allen Völkern, die nicht gehorchen wollen.

Der rechte Gottesdienst

6 Höret doch, was der HERR sagt:
»Mach dich auf, führe deine Sache
vor den Bergen und [a]lass die Hügel
deine Stimme hören!« 2 Höret, ihr Berge,
wie der HERR rechten will, und merkt
auf, ihr Grundfesten der Erde; denn der
HERR will mit seinem Volk rechten und
mit Israel ins Gericht gehen!

3 [a]»Was habe ich dir getan, mein Volk,
und womit habe ich dich beschwert? Das
sage mir! 4 Habe ich dich doch aus Ägyptenland geführt und aus der Knechtschaft erlöst und vor dir her gesandt
Mose, Aaron und [a]Mirjam. 5 Mein Volk,
denke doch daran, was Balak, der König
von Moab, vorhatte und was ihm [a]Bileam, der Sohn Beors, antwortete; wie du
hinüberzogst von [b]Schittim bis nach
[c]Gilgal, damit ihr erkennt, wie der HERR
euch alles Gute getan hat.«

6 »Womit soll ich mich dem HERRN
nahen, mich beugen vor dem hohen
Gott? Soll ich mich [a]ihm mit Brandopfern nahen und mit einjährigen Kälbern? 7 Wird wohl der HERR Gefallen
haben an viel tausend Widdern, an unzähligen Strömen von Öl? Soll ich meinen Erstgeborenen für meine Übertretung geben, meines Leibes Frucht für
meine Sünde?«

**8 Es ist dir gesagt, Mensch, was gut ist
und [a]was der HERR von dir fordert, nämlich Gottes Wort halten und Liebe üben
und demütig sein vor deinem Gott.**

Gegen Lug und Trug in Jerusalem

9 Des HERRN Stimme ruft über die Stadt
– wer deinen Namen fürchtet, dem wird's
gelingen –: Höret, ihr Stämme und Ratsleute! 10 Noch immer bleibt unrecht Gut
in des Gottlosen Hause und [a]das verfluchte falsche Maß. 11 Oder sollte ich
unrechte Waage und [a]falsche Gewichte

5,1: *a* 1.Mose 35,19; Mt 2,5-6; *b* Joh 1,1-2 **5,2:** *a* Jes 7,14; *b* Jes 11,12 **5,3:** *a* Hes 34,23 **5,4:** *a* Jes 9,5; Eph 2,14
5,6: *a* Ps 110,3 **5,9:** *a* Sach 9,10 **5,12:** *a (12-13)* Sach 13,2 **6,1:** *a* Hes 6,2 **6,3:** *a* Jer 2,5 **6,4:** *a* 2.Mose 15,20
6,5: *a* 4.Mose 22,1–24,25; *b* Jos 2,1; *c* Jos 4,19 **6,6:** *a* Ps 50,8-13; Am 5,22 **6,8:** *a* 5.Mose 10,12; 1.Sam 15,22
6,10: *a* 3.Mose 19,35 **6,11:** *a* Spr 20,10

im Beutel billigen? 12 Ihre Reichen tun
viel Unrecht, und ihre Einwohner gehen
mit Lügen um und haben falsche Zungen
in ihrem Halse.
13 Darum will auch ich anfangen, dich
zu plagen und dich um deiner Sünden
willen wüst zu machen. 14 Du sollst essen
und doch nicht satt werden. Und was du
beiseiteschaffst, wirst du doch nicht ret-
ten; und was du rettest, will ich doch
dem Schwert preisgeben. 15 Du sollst
säen und nicht ernten; du sollst Öl kel-
tern und dich damit nicht salben und
Wein keltern und ihn nicht trinken.[a]
16 Denn du hieltest dich an die Weisun-
gen Omris und alle Werke des Hauses
[a]Ahab und folgtest ihrem Rat. Darum
will ich dich zur Wüste machen und ihre
Einwohner, dass man sie auspfeifen soll,
und ihr sollt die Schmach meines Volks
tragen.

Klage über die Verderbnis des Volkes

7 Ach, es geht mir wie einem, der Obst
pflücken will, der im Weinberge
Nachlese hält, da man keine Trauben fin-
det zu essen, und ich wollte doch gerne
die besten Früchte haben! 2 [a]Die from-
men Leute sind weg in diesem Lande,
und die Gerechten sind nicht mehr unter
den Leuten. Sie lauern alle auf Blut, ein
jeder jagt den andern, dass er ihn fange.
3 Ihre Hände sind geschäftig, Böses zu
tun. Der Fürst und der Richter fordern
Geschenke. Die Gewaltigen reden nach
ihrem Mutwillen, um Schaden zu tun,
und drehen's, wie sie wollen. 4 Der Beste
unter ihnen ist wie ein Dornstrauch und
der Redlichste wie eine Hecke. Aber es
kommt der Tag, den deine Späher ge-
schaut haben, da sollst du heimgesucht
werden; da werden sie nicht wissen, wo
aus noch ein.
5 [a]Niemand glaube seinem Nächsten,
niemand verlasse sich auf einen Freund!
Bewahre die Tür deines Mundes vor der,
die in deinen Armen schläft! 6 Denn der
Sohn verachtet den Vater, die Tochter
widersetzt sich der Mutter, die Schwie-
gertochter ist wider die Schwiegermutter;
und des Menschen Feinde sind seine
eigenen Hausgenossen.[a]
7 Ich aber will auf den HERRN schauen
und harren auf den Gott meines Heils;
mein Gott wird mich erhören.

Die Hoffnung der Gemeinde auf Gottes Gnade

8 [a]Freue dich nicht über mich, meine
Feindin! Wenn ich auch daniederliege, so
werde ich wieder aufstehen; und wenn
ich auch im Finstern sitze, so [b]ist doch
der HERR mein Licht. 9 Ich will des
HERRN Zorn tragen – denn [a]ich habe
wider ihn gesündigt –, bis er meine Sache
führe und mir Recht schaffe. Er wird
mich ans Licht bringen, dass ich seine
Gnade schaue. 10 Meine Feindin wird's
sehen müssen und in Schande dastehen,
die jetzt zu mir sagt: [a]Wo ist der HERR,
dein Gott? Meine Augen werden's sehen,
dass sie dann wie Dreck auf der Gasse
zertreten wird.
11 Es kommt der Tag, da werden deine
Mauern gebaut werden, da wird weit
werden deine Grenze, 12 da werden sie
von Assur und von den Städten Ägyp-
tens zu dir kommen, von Ägypten bis an
den Euphrat, von einem Meer zum an-
dern, von einem Gebirge zum andern.
13 Denn die Erde wird wüst sein ihrer
Bewohner wegen, um der Frucht ihrer
Werke willen.
14 Du aber [a]weide dein Volk mit dei-
nem Stabe, die Herde deines Erbteils, die
da einsam wohnt im Walde, mitten im
fruchtbaren Lande; [b]lass sie in Baschan
und Gilead weiden wie vor alters! 15 Lass
uns Wunder sehen wie zur Zeit, als du
aus Ägyptenland zogst, 16 dass die Hei-
den es sehen und aller ihrer Macht sich
schämen sollen und die Hand auf ihren
Mund legen und ihre Ohren zuhalten.
17 Sie sollen [a]Staub lecken wie die
Schlangen, und wie das Gewürm auf Er-
den sollen sie zitternd hervorkommen
aus ihren Burgen. Sie werden sich fürch-
ten vor dem HERRN, unserm Gott, und
vor dir sich entsetzen.
18 Wo ist [a]solch ein Gott, wie du bist,
der die Sünde vergibt und erlässt die
Schuld denen, die übrig geblieben sind von
seinem Erbteil; der an seinem Zorn nicht

6,15: *a* 5. Mose 28,38-40; Am 5,11 **6,16:** *a* 1. Kön 16,29-33 **7,2:** *a* Ps 12,2; Jes 57,1 **7,5:** *a (5-6)* Jer 9,3-4 **7,6:** *a* Mt 10,35-36 **7,8:** *a* Obd 12; *b* Ps 27,1 **7,9:** *a* Jer 14,7 **7,10:** *a* Ps 79,10 **7,14:** *a* Kap 5,3; *b* Jer 50,19 **7,17:** *a* Ps 72,9 **7,18:** *a* Ps 103,3.8-13

ewig festhält, denn er ist barmherzig! 19 Er
wird sich unser wieder erbarmen, unsere
Schuld unter die Füße treten und alle
unsere Sünden in die Tiefen des Meeres
werfen. 20 Du wirst [a]Jakob die Treue hal-
ten und [b]Abraham Gnade erweisen, wie
du unsern Vätern vorzeiten geschworen
hast.

DER PROPHET NAHUM

Inhaltsübersicht

Gottes Gericht über Ninive *Kap 1–3*

Der vergeltende Gott: Gericht über Ninive

1 Dies ist die Last für Ninive, das Buch
der Weissagung Nahums aus Elkosch.
2 [a]Der HERR ist ein eifernder und ver-
geltender Gott, ja, ein Vergelter ist der
HERR und zornig. Der HERR vergilt sei-
nen Widersachern; er wird es seinen
Feinden nicht vergessen. 3 Der HERR [a]ist
geduldig und von großer Kraft, vor dem
niemand unschuldig ist. Er ist der HERR,
dessen Weg in Wetter und Sturm ist;
Wolken sind der Staub unter seinen Fü-
ßen. 4 Er schilt das Meer und macht es
trocken; alle Wasser lässt er versiegen.
Baschan und Karmel verschmachten,
und was auf dem Berge Libanon blüht,
verwelkt. 5 Die [a]Berge erzittern vor ihm,
und die Hügel zergehen; das Erdreich
bebt vor ihm, der Erdkreis und alle, die
darauf wohnen. 6 Wer kann vor seinem
Zorn bestehen, und wer kann vor seinem
Grimm bleiben? Sein Zorn brennt wie
Feuer, und die Felsen zerspringen vor
ihm. 7 **Der HERR ist [a]gütig und eine Feste
zur Zeit der Not und [b]kennt die, die auf
ihn trauen.** 8 Er schirmt sie, wenn die Flut
überläuft. Er macht ein Ende mit seinen
Widersachern, und seine Feinde verfolgt
er mit Finsternis.
9 Was wollt ihr ersinnen wider den
HERRN? Er führt doch das Ende herbei.
Es wird das Unglück nicht zweimal kom-
men. 10 Denn wenn sie auch sind wie die
Dornen, die noch ineinanderwachsen
und im besten Saft sind, so sollen sie
doch ganz verbrannt werden wie dürres
Stroh. 11 *Denn von dir ist gekommen,
der Arges ersann, der Böses wider den
HERRN plante.
12 So spricht der HERR: Sie mögen
kommen so gerüstet und mächtig, wie sie
wollen, sie sollen doch umgehauen wer-
den und dahinfahren. Ich habe dich ge-
demütigt, aber ich will dich nicht wie-
derum demütigen. 13 Jetzt will ich sein
Joch, das du trägst, zerbrechen und deine
Bande zerreißen.
14 Wider dich hat der HERR geboten,
dass von deinem Namen kein Nach-
komme mehr bleiben soll. Vom Hause
deines Gottes will ich ausrotten die Göt-
zen und Bilder; ein Grab will ich dir
machen, denn du bist zunichtegeworden.
2 Siehe [a]auf den Bergen die Füße eines
guten Boten, der da Frieden verkün-
digt! Feiere deine Feste, Juda, und erfülle
deine Gelübde! Denn [b]es wird der Arge
nicht mehr über dich kommen; er ist
ganz ausgerottet.

Weissagung der Zerstörung Ninives

2 Es wird gegen dich heraufziehen, der
dich zerstört. Bewahre die Festung! Gib
Acht auf die Straße, rüste dich aufs Beste
und stärke dich aufs Gewaltigste!
3 – Denn der HERR wird die Pracht Ja-
kobs erneuern wie die Pracht Israels,
denn man hat sie völlig verheert und ihre
Reben verderbt. –
4 Die Schilde seiner Starken sind rot,
sein Heervolk glänzt in Purpur, seine

* In den Versen 11 und 14 ist Ninive, in den Versen 12 und 13 Juda angeredet.

7,20: *a* 1. Mose 28,13-15; *b* 1. Mose 22,16-18; Lk 1,73 **1,2:** *a (2-3)* 2. Mose 20,5; 5. Mose 4,24 **1,3:** *a* 2. Mose 34,6-7 **1,5:** *a* Ps 97,5 **1,7:** *a* 5. Mose 4,31; *b* Ps 1,6 **2,1:** *a* Jes 52,7; *b* Kap 1,11

Wagen stellt er auf wie leuchtende Fa-
ckeln, seine Rosse rasen. 5 Die Wagen rol-
len auf den Gassen und rasseln auf den
Straßen; sie glänzen wie Fackeln und
fahren einher wie die Blitze.

6 Aufgeboten werden seine Gewaltigen,
sie stürzen heran auf ihren Wegen, sie
eilen zur Mauer, und aufgerichtet wird
das Schutzdach. 7 Da werden die Tore an
den Wassern geöffnet, und der Palast
vergeht in Angst. 8 Die Königin wird ge-
fangen weggeführt, und ihre Jungfrauen
werden seufzen wie die Tauben und an
ihre Brust schlagen. 9 Ninive ist wie ein
voller Teich, aber seine Wasser müssen
verrinnen. »Steht, steht!«, ruft man, aber
da wird sich niemand umwenden.

10 So raubt nun Silber, raubt Gold!
Denn hier ist der Schätze kein Ende und
die Menge aller kostbaren Kleinode.
11 Nun muss sie verheert und geplündert
werden, dass [a]aller Herzen verzagen und
die Knie schlottern, aller Lenden zittern
und aller Angesicht bleich wird.

12 Wo ist nun die Wohnung der Löwen
und die Höhle der jungen Löwen, wo der
Löwe und die Löwin mit den jungen Lö-
wen herumliefen und niemand wagte sie
zu scheuchen? 13 Der Löwe raubte genug
für seine Jungen und würgte für seine
Löwinnen. Seine Höhlen füllte er mit
Raub und seine Wohnung mit dem, was
er zerrissen hatte. 14 Siehe, ich will an
dich, spricht der HERR Zebaoth, und
deine Wagen anzünden, und das Schwert
soll deine jungen Löwen fressen. Und ich
will deinem Rauben ein Ende machen
auf Erden, dass man die Stimme deiner
Boten nicht mehr hören soll.

Der Untergang der großen Hure Ninive

3 [a]Weh der mörderischen Stadt, die
voll Lügen und Räuberei ist und von
ihrem Rauben nicht lassen will! 2 Denn
da wird man hören die Peitschen knallen
und die Räder rasseln und die Rosse ja-
gen und die Wagen rollen. 3 Reiter rücken
herauf mit glänzenden Schwertern und
mit blitzenden Spießen. Da liegen viele
Erschlagene, eine Unzahl von Leichen;
ihrer ist kein Ende, sodass man über sie
fallen muss. 4 Das alles um der großen
Hurerei willen [a]der schönen Hure, die
mit Zauberei umgeht, die mit ihrer Hu-
rerei die Völker und mit ihrer Zauberei
Land und Leute an sich gebracht hat.

5 Siehe, ich will an dich, spricht der
HERR Zebaoth; ich will dir den Saum
deines Gewandes aufdecken über dein
Angesicht und [a]will den Völkern deine
Blöße und den Königreichen deine
Schande zeigen. 6 Ich will Unrat auf dich
werfen und dich schänden und ein
Schauspiel aus dir machen, 7 dass alle, die
dich sehen, vor dir fliehen und sagen
sollen: Ninive ist verwüstet; wer will Mit-
leid mit ihr haben? Und wo soll ich dir
Tröster suchen?

8 Meinst du, du seist besser als die
Stadt [a]No-Amon, die da lag am Nil und
vom Wasser umgeben war, deren Mauern
und Bollwerk Wasserfluten waren?
9 Kusch und Ägypten waren ihre uner-
messliche Macht, Put und Libyen waren
ihre Hilfe. 10 Dennoch wurde sie vertrie-
ben und musste gefangen wegziehen. Ihre
Kinder sind auf allen Gassen zerschmet-
tert worden, und um ihre Edlen [a]warf
man das Los, und alle ihre Gewaltigen
wurden in Ketten und Fesseln gelegt.
11 Auch du [a]musst trunken werden und
von Sinnen kommen; auch du musst Zu-
flucht suchen vor dem Feinde!

12 Alle deine festen Städte sind wie Fei-
genbäume mit reifen Feigen: wenn man
sie schüttelt, so fallen sie dem in den
Mund, der sie essen will. 13 Siehe, dein
Kriegsvolk soll zu Weibern werden, und
die Tore deines Landes sollen deinen
Feinden geöffnet werden, und das Feuer
soll deine Riegel verzehren. 14 Schöpfe
dir Wasser, denn du wirst belagert wer-
den! Verstärke deine Bollwerke! Knete
den Ton und tritt den Lehm und mache
harte Ziegel! 15 Aber das Feuer wird dich
fressen und das Schwert töten – es wird
dich fressen, [a]wie Käfer fressen –, magst
du auch zahlreich werden wie Käfer,
magst du auch zahlreich werden wie
Heuschrecken.

16 Du hast mehr Händler, als Sterne
am Himmel sind; aber nun werden sie
ausschlüpfen wie Käfer und davonflie-

2,11: *a* Jes 13,7-8 **3,1:** *a* Hes 24,6.9 **3,4:** *a* Jes 23,16; Offb 17,1-6 **3,5:** *a* Jes 47,3 **3,8:** *a* Jer 46,25 **3,10:** *a* Joel 4,3
3,11: *a* Jer 25,15 **3,15:** *a* Joel 1,4

gen. 17 Deine Wachleute sind so viele wie
die Heuschrecken und deine Werber so
viele wie die Käfer, die sich an die Zäune
lagern in den kalten Tagen; wenn aber
die Sonne aufgeht, heben sie sich davon,
dass man nicht weiß, wo sie bleiben.
18 Deine Hirten werden schlafen, o Kö-
nig von Assur, deine Mächtigen schlum-
mern. Dein Volk wird auf den Bergen
zerstreut sein, und niemand wird sie sam-
meln. 19 Niemand wird deinen Schaden
lindern, und deine Wunde wird unheilbar
sein. Alle, die das von dir hören, werden
in die Hände klatschen über dich; denn
über wen ist nicht deine Bosheit ohne
Unterlass ergangen?

DER PROPHET HABAKUK

Inhaltsübersicht

Gott bleibt gerecht *Kap 1–3*

Klage über das Unglück in der Welt

1 Dies ist die Last, die der Prophet Ha-
bakuk geschaut hat.
2 HERR, wie lange soll ich schreien und
du willst nicht hören? Wie lange soll ich
zu dir rufen: »Frevel!«, und du willst
nicht helfen? 3 Warum lässt du mich Bos-
heit sehen und siehst dem Jammer zu?
Raub und Frevel sind vor mir; es geht
Gewalt vor Recht. 4 Darum ist das Ge-
setz ohnmächtig, und die rechte Sache
kann nie gewinnen; denn der Gottlose
übervorteilt den Gerechten; darum er-
gehen verkehrte Urteile.

Gottes Strafgericht durch die Chaldäer

5 Schaut hin unter die Heiden, seht und
verwundert euch! Denn ich will etwas
tun zu euren Zeiten, was ihr nicht glau-
ben werdet, wenn man davon sagen
wird.[a] 6 Denn siehe, ich will die Chaldäer
erwecken, ein grimmiges und schnelles
Volk, das hinziehen wird, so weit die
Erde ist, um Wohnstätten einzunehmen,
die ihm nicht gehören. 7 Grausam und
schrecklich ist es; es gebietet und zwingt,
wie es will. 8 Ihre Rosse sind schneller als
die Panther und bissiger als die [a]Wölfe
am Abend. Ihre Reiter fliegen in großen
Scharen von ferne daher, wie die Adler
eilen zum Fraß. 9 Sie kommen allesamt,
um Schaden zu tun; wo sie hinwollen,
stürmen sie vorwärts und raffen Gefan-
gene zusammen wie Sand. 10 Sie spotten
der Könige, und der Fürsten lachen sie.
Alle Festungen werden ihnen ein Scherz
sein; denn sie schütten Erde auf und er-
obern sie. 11 Alsdann brausen sie dahin
wie ein Sturm und jagen weiter; mit alle-
dem machen sie ihre Kraft zu ihrem
Gott.

Frage des Propheten nach Gottes Gerechtigkeit

12 Aber du, HERR, mein Gott, mein Hei-
liger, der du von Ewigkeit her bist, lass
uns nicht sterben; sondern lass sie uns, o
HERR, nur eine Strafe sein, und [a]lass sie,
o unser Fels, uns nur züchtigen.
13 Deine Augen sind zu rein, als dass
du Böses ansehen könntest, und dem
Jammer kannst du nicht zusehen!
Warum siehst du dann aber den Räubern
zu und schweigst, wenn der Gottlose den
verschlingt, der gerechter ist als er? 14 Du
lässt es den Menschen gehen wie den
Fischen im Meer, wie dem Gewürm, das
keinen Herrn hat. 15 Sie ziehen's alles mit
der Angel heraus und fangen's mit ihrem
Netze und sammeln's mit ihrem Garn.
Darüber freuen sie sich und sind fröh-
lich. 16 Darum opfern sie ihrem Netze
und räuchern ihrem Garn, weil durch
diese ihr Anteil so fett und ihre Speise so
üppig geworden ist. 17 Sollen sie darum
ihr Netz immerdar ausleeren und Völker
umbringen ohne Erbarmen?

1,5: *a* Apg 13,41 1,8: *a* Zef 3,3 1,12: *a* Jer 10,24

Gottes Antwort an den Propheten. Weherufe über den Unterdrücker

2 Hier [a]stehe ich auf meiner Warte und
stelle mich auf meinen Turm und
schaue und sehe zu, was er mir sagen und
antworten werde auf das, was ich ihm
vorgehalten habe. 2 Der HERR aber ant-
wortete mir und sprach: [a]Schreib auf,
was du geschaut hast, deutlich auf eine
Tafel, dass es lesen könne, wer vorüber-
läuft! 3 Die Weissagung wird ja noch er-
füllt werden zu ihrer Zeit und wird end-
lich frei an den Tag kommen und nicht
trügen. [a]Wenn sie sich auch hinzieht, so
harre ihrer; sie wird gewiss kommen und
nicht ausbleiben.

4 Siehe, [a]wer halsstarrig ist, der wird
keine Ruhe in seinem Herzen haben,
[b]**der Gerechte aber wird durch seinen
Glauben leben.** 5 So wird auch der treu-
lose Tyrann keinen Erfolg haben, der
stolze Mann nicht bleiben, der seinen
Rachen aufsperrt wie das Reich des To-
des und ist wie der Tod, der nicht zu
sättigen ist: Er rafft an sich alle Heiden
und sammelt zu sich alle Völker. 6 Was
gilt's aber? Diese alle werden einen
Spruch über ihn machen und ein Lied
und ein Sprichwort sagen:

WEH DEM, der sein Gut mehrt mit
fremdem Gut – wie lange wird's währen?
– und häuft viel Pfänder bei sich auf!
7 Wie plötzlich werden aufstehen, die
dich beißen, und erwachen, die dich pei-
nigen! Und du musst ihnen zum Raube
werden. 8 Denn du hast viele Völker be-
raubt. So werden dich wieder berauben
alle übrigen Völker [a]um des Menschen-
blutes willen und um des Frevels willen,
begangen am Lande und an der Stadt
und an allen, die darin wohnen.

9 WEH DEM, der unrechten Gewinn
macht zum Unglück seines Hauses, auf
dass er sein Nest in der Höhe baue, um
dem Unheil zu entrinnen! 10 Aber dein
Ratschlag wird zur Schande deines Hau-
ses geraten; denn du hast zu viele Völker
zerschlagen und damit gegen dein Leben
gesündigt. 11 Denn auch [a]die Steine in
der Mauer werden schreien, und die
Sparren am Gebälk werden ihnen ant-
worten.

12 WEH DEM, der [a]die Stadt mit Blut
baut und richtet die Burg auf mit Un-
recht! 13 Wird's nicht so vom HERRN
Zebaoth geschehen: Woran die Völker
sich abgearbeitet haben, muss mit Feuer
verbrennen, und wofür die Leute sich
müde gemacht haben, das muss verloren
sein?[a] – 14 Denn die Erde wird voll wer-
den von Erkenntnis der Ehre des HERRN,
wie Wasser das Meer bedeckt.[a]

15 WEH DEM, der seinen Nächsten trin-
ken lässt und seinen Grimm beimischt
und ihn trunken macht, dass er seine
Blöße sehe! 16 Du hast dich gesättigt mit
Schande und nicht mit Ehre. So [a]trinke
du nun auch, dass du taumelst! Denn an
dich wird kommen der Kelch in der
Rechten des HERRN, und du wirst
Schande haben statt Ehre. 17 Denn der
Frevel, den du am Libanon begangen,
wird über dich kommen, und die ver-
nichteten Tiere werden dich schrecken
um des Menschenblutes willen und um
des Frevels willen, begangen am Lande
und an der Stadt und an allen, die darin
wohnen. 18 Was wird dann das Bild hel-
fen, das sein Meister gebildet hat, und
das gegossene Bild, das da Lügen lehrt?
Dennoch verlässt sich sein Meister dar-
auf, obgleich er nur stumme Götzen
macht.[a]

19 WEH DEM, der zum Holz spricht:
»Wach auf!«, und zum stummen Steine:
»Steh auf!« Wie sollte ein Götze lehren
können? Siehe, er ist [a]mit Gold und
Silber überzogen und kein Odem ist in
ihm. 20 Aber [a]**der HERR ist in seinem hei-
ligen Tempel.** [b]**Es sei vor ihm stille alle
Welt!**

Der Psalm Habakuks

3 Dies ist das Gebet des Propheten Ha-
bakuk, nach Art eines Klageliedes:

2 HERR, ich habe die Kunde von dir
gehört,
ich habe dein Werk gesehen, HERR!
Mache es lebendig in naher Zeit,

2,1: *a* Jes 21,8 **2,2:** *a* Jes 30,8; Offb 1,11.19 **2,3:** *a* Hes 12,23; 2.Petr 3,9 **2,4:** *a* Jes 48,22; *b* Röm 1,17; Gal 3,11; Hebr 10,38 **2,8:** *a* Vers 17 **2,11:** *a* Lk 19,40 **2,12:** *a* Jer 22,13; Mi 3,10 **2,13:** *a* Jer 51,58 **2,14:** *a* Jes 11,9 **2,16:** *a* Jer 25,15.26 **2,18:** *a* Jes 44,10-20 **2,19:** *a* Ps 115,4-8 **2,20:** *a* Ps 11,4; *b* Ps 76,9; Sach 2,17; Offb 8,1

und lass es kundwerden in naher Zeit.
Im Zorne denke an Barmherzigkeit!
3 Gott kam von Teman
und der Heilige vom [a]Gebirge Paran. SELA.
Seines Lobes war der Himmel voll,
und seiner Ehre war die Erde voll.
4 Sein Glanz war wie Licht;
Strahlen gingen aus von seinen Händen.
Darin war verborgen seine Macht.

5 Pest ging vor ihm her,
und Seuche folgte, wo er hintrat.
6 Er stand auf und [a]ließ erbeben die Erde;
er schaute und ließ erzittern die Heiden.
Zerschmettert wurden die uralten Berge,
und bücken mussten sich die uralten Hügel,
als er wie vor alters einherzog.
7 Ich sah die Hütten von Kuschan in Not
und die Zelte der Midianiter betrübt.

8 Warst du zornig, HERR, auf die Flut?
Entbrannte dein Grimm wider die Wasser
und dein Zorn wider das Meer,
als du auf deinen Rossen rittest
und deine Wagen den Sieg behielten?
9 Du zogst deinen Bogen hervor,
legtest die Pfeile auf deine Sehne. SELA.
Du spaltetest das Land, dass Ströme flossen,
10 die Berge sahen dich und ihnen ward bange.
Der Wasserstrom fuhr dahin,
[a]die Tiefe ließ sich hören.
Ihren Aufgang vergaß die Sonne,
11 und [a]der Mond stand still;
beim Glänzen deiner Pfeile verblassen sie,
beim Leuchten deines blitzenden Speeres.
12 Du zertratest das Land im Zorn
und zerdroschest die Heiden im Grimm.

13 Du zogst aus, deinem Volk zu helfen,
zu helfen deinem Gesalbten.
Du zerschlugst das Dach vom Hause des Gottlosen
und [a]entblößtest die Grundfeste bis auf den Fels. SELA.
14 Du durchbohrtest mit seinen Pfeilen sein Haupt,
seine Scharen zerstoben wie Spreu,
denn ihre Freude war, zu zerstreuen
und zu fressen den Elenden im Verborgenen.
15 Du tratest nieder seine Rosse im Meer,
im Schlamm der Wasserfluten.

16 Weil ich solches höre, bebt mein Leib,
meine Lippen zittern von dem Geschrei.
Fäulnis fährt in meine Gebeine,
und meine Knie beben.
Aber ich will harren auf die Zeit der Trübsal,
dass sie heraufziehe über das Volk,
das uns angreift.
17 Da wird der Feigenbaum nicht grünen,
und es wird kein Gewächs sein an den Weinstöcken.
Der Ertrag des Ölbaums bleibt aus,
und die Äcker bringen keine Nahrung;
Schafe werden aus den Hürden gerissen,
und in den Ställen werden keine Rinder sein.
18 **Aber ich will mich freuen des HERRN**
und fröhlich sein in Gott, meinem Heil.[a]
19 Denn der HERR ist meine Kraft,
[a]er wird meine Füße machen wie Hirschfüße und wird mich über die Höhen führen.

VORZUSINGEN, BEIM SAITENSPIEL.

3,3: *a* 5. Mose 33,2 **3,6:** *a* Ps 104,32 **3,10:** *a* Ps 77,17 **3,11:** *a* Jos 10,13 **3,13:** *a* Ps 18,8.16 **3,18:** *a* Jes 61,10 **3,19:** *a* Ps 18,34

DER PROPHET ZEFANJA

Inhaltsübersicht

Der Tag des Zornes Gottes

1 Dies ist das Wort des HERRN, das
geschah zu Zefanja, dem Sohn Ku-
schis, des Sohnes Gedaljas, des Sohnes
Amarjas, des Sohnes Hiskias, zur Zeit
[a]Josias, des Sohnes Amons, des Königs
von Juda.
2 Ich will alles vom Erdboden wegraf-
fen, spricht der HERR. 3 Ich will Mensch
und Vieh, die Vögel des Himmels und die
Fische im Meer wegraffen; [a]ich will zu
Fall bringen die Gottlosen, ja, ich will die
Menschen ausrotten vom Erdboden,
spricht der HERR.
4 Ich will meine Hand ausstrecken ge-
gen Juda und gegen alle, die in Jerusalem
wohnen, und will ausrotten von dieser
Stätte, was vom Baal noch übrig ist, dazu
den Namen der [a]Götzenpfaffen und
Priester 5 und die [a]auf den Dächern an-
beten des Himmels Heer, die es anbeten
und schwören doch bei dem HERRN und
zugleich bei [b]Milkom 6 und die vom
HERRN abfallen und die nach dem
HERRN nichts fragen und ihn nicht ach-
ten.
7 Seid [a]stille vor Gott dem HERRN,
denn des HERRN Tag ist nahe; denn der
HERR hat ein Schlachtopfer zubereitet
und seine Gäste dazu geladen. 8 Und am
Tage des Schlachtopfers des HERRN will
ich heimsuchen die Oberen und die Söh-
ne des Königs und alle, die ein fremdlän-
disches Gewand tragen. 9 Auch will ich
zur selben Zeit die heimsuchen, die über
die Schwelle springen, die ihres Herrn
Haus füllen mit Rauben und Trügen.
10 Zur selben Zeit, spricht der HERR,
wird sich ein lautes Geschrei erheben
vom Fischtor her und ein Geheul von der
Neustadt und ein großer Jammer von
den Hügeln. 11 Heult, die ihr im »Mör-
ser« wohnt; denn das ganze Krämervolk
ist dahin, und alle, die Geld wechseln,
sind ausgerottet.
12 Zur selben Zeit will ich Jerusalem
mit der Lampe durchsuchen und auf-
schrecken die Leute, die sich durch nichts
aus der Ruhe bringen lassen und spre-
chen in ihrem Herzen: Der HERR wird
weder Gutes noch Böses tun. 13 Ihre Gü-
ter sollen zum Raub werden und ihre
Häuser verwüstet. [a]Sie werden Häuser
bauen und nicht darin wohnen, sie wer-
den Weinberge pflanzen und keinen Wein
davon trinken.
14 [a]Des HERRN großer Tag ist nahe, er
ist nahe und eilt sehr. Horch, der bittere
Tag des HERRN! Da werden die Starken
schreien. 15 Denn [a]dieser Tag ist ein Tag
des Grimmes, ein Tag der Trübsal und
der Angst, ein Tag des Wetters und des
Ungestüms, ein Tag der Finsternis und
des Dunkels, ein Tag der Wolken und des
Nebels, 16 ein Tag der Posaune und des
Kriegsgeschreis gegen die festen Städte
und die hohen Zinnen. 17 Und ich will die
Menschen ängstigen, dass sie umherge-
hen sollen wie die Blinden, weil sie wider
den HERRN gesündigt haben. Ihr Blut
soll vergossen werden, als wäre es Staub,
und ihre Eingeweide sollen weggeworfen
werden, als wären sie Kot. 18 Es [a]wird sie
ihr Silber und Gold nicht erretten kön-
nen am Tage des Zorns des HERRN, son-
dern das ganze Land soll durch das
Feuer seines Grimmes verzehrt werden;
denn er wird plötzlich ein Ende machen
mit allen, die im Lande wohnen.

Mahnung zur Demut

2 Sammelt euch und kommt her, du
Volk, das keine Scham kennt, 2 ehe
denn ihr werdet wie Spreu, die vom

1,1: *a* Jer 1,2 **1,3:** *a* Mt 13,41 **1,4:** *a* 2. Kön 23,5; Hos 10,5 **1,5:** *a* Jer 19,13; *b* Jer 49,1 **1,7:** *a* Hab 2,20 **1,13:** *a* 5. Mose 28,30.39; Am 5,11 **1,14:** *a* Joel 1,15 **1,15:** *a* Jer 30,7 **1,18:** *a* Hes 7,19

Winde dahinfährt; ehe denn des HERRN
grimmiger Zorn über euch kommt; ehe
der Tag des Zorns des HERRN über euch
kommt! 3 Suchet den HERRN, alle ihr
Elenden im Lande, die ihr seine Rechte
haltet! [a]Suchet Gerechtigkeit, suchet De-
mut! Vielleicht könnt ihr euch bergen am
Tage des Zorns des HERRN!

4 Denn Gaza wird verlassen und Asch-
kelon verwüstet werden. Aschdod soll
am Mittag vertrieben und Ekron ausge-
wurzelt werden. 5 Weh denen, die am
Meer hin wohnen, dem Volk der [a]Kre-
ter! Des HERRN Wort wird über euch
kommen, du Kanaan, der [b]Philister
Land; ich will dich umbringen, dass nie-
mand mehr da wohnen soll. 6 Dann sol-
len am Meer hin Hirtenfelder und Schaf-
hürden sein. 7 Und das Land am Meer
soll den Übriggebliebenen vom Hause
Juda zuteilwerden, dass sie darauf wei-
den, und am Abend sollen sie sich in den
Häusern von Aschkelon lagern, wenn
nun der HERR, ihr Gott, sie wiederum
heimsuchen und [a]ihre Gefangenschaft
wenden wird.

8 Ich habe das Schmähen [a]Moabs und
das Lästern der [b]Ammoniter gehört, wo-
mit sie mein Volk geschmäht und gegen
sein Land großgetan haben. 9 Wohlan, so
wahr ich lebe!, spricht der HERR Ze-
baoth, der Gott Israels: Moab soll wie
[a]Sodom und die Ammoniter wie Go-
morra werden, ein Unkrautfeld und eine
Salzgrube und ewige Wüste. Die Übrig-
gebliebenen meines Volks sollen sie be-
rauben, und der Rest von meinem Volk
soll sie beerben. 10 Das soll ihnen be-
gegnen für ihre Hoffart, weil sie das Volk
des HERRN Zebaoth geschmäht und ge-
gen es großgetan haben. 11 Heilig wird
über ihnen der HERR sein; denn er wird
alle Götter auf Erden vertilgen, und es
sollen ihn anbeten alle Inseln der Heiden,
ein jeder an seiner Stätte.

12 Auch ihr [a]Kuschiter sollt durch
mein Schwert erschlagen werden.

13 Und der Herr wird seine Hand aus-
strecken nach Norden und Assur um-
bringen. [a]Ninive wird er öde machen,
dürr wie eine Wüste, 14 dass [a]Herden
sich darin lagern werden, allerlei Tiere
des Feldes. Auch [b]Rohrdommeln und
Eulen werden wohnen in ihren Säulen-
knäufen, das Käuzchen wird im Fens-
ter schreien und auf der Schwelle der
Rabe. 15 Das ist die fröhliche Stadt, die so
sicher wohnte und in ihrem Herzen
sprach: [a]»Ich bin's und sonst keine
mehr.« Wie ist sie so wüst geworden,
dass Tiere darin lagern! Wer vorüber-
geht, pfeift über sie und klatscht in die
Hände.

Drohung gegen das gottlose Jerusalem

3 Weh der widerspenstigen, befleckten,
tyrannischen Stadt! 2 Sie will nicht ge-
horchen noch sich zurechtweisen lassen;
sie will auf den HERRN nicht trauen noch
sich zu ihrem Gott halten. 3 Ihre [a]Oberen
sind brüllende Löwen und ihre Richter
Wölfe am Abend, die nichts bis zum
Morgen übrig lassen. 4 Ihre Propheten
sind leichtfertig und voll Trug; ihre Pries-
ter entweihen das Heiligtum und deuten
das Gesetz freventlich.[a] 5 Der HERR han-
delt gerecht in ihrer Mitte und tut kein
Arges. Er bringt alle Morgen sein Recht
ans Licht, und es bleibt nicht aus; aber
der Frevler kennt keine Scham.

6 Ich habe Völker ausgerottet, ihre Bur-
gen verwüstet und ihre Gassen so leer
gemacht, dass niemand darauf geht; ihre
Städte sind zerstört, dass niemand mehr
darin wohnt. 7 Ich sprach: Mich sollst
du fürchten und dich zurechtweisen las-
sen –, so würde ihre Wohnung nicht aus-
gerottet und nichts von allem kommen,
womit ich sie heimsuchen wollte. Aber
sie sind von jeher eifrig dabei, alles Böse
zu tun. 8 Darum wartet auf mich, spricht
der HERR, bis auf den Tag, an dem ich
[a]zum letzten Gericht auftrete; denn mein
Beschluss ist es, die Völker zu versam-
meln und die Königreiche zusammenzu-
bringen, um [b]meinen Zorn über sie aus-
zuschütten, ja, alle Glut meines Grim-
mes; denn alle Welt soll durch meines
Eifers Feuer verzehrt werden.

Verheißung für das arme und geringe Volk in Israel

9 Dann aber will ich den Völkern reine
Lippen geben, dass sie alle des HERRN

2,3: *a* Am 5,15 **2,5:** *a* 1. Sam 30,14; *b* Jer 47,1-7 **2,7:** *a* Kap 3,20 **2,8:** *a* Jer 48,1-47; *b* Jer 49,1-6 **2,9:** *a* 1. Mose 19,24-25 **2,12:** *a* Hes 30,9 **2,13:** *a* Nah 1,1 **2,14:** *a* Jes 13,21; *b* Jes 34,11 **2,15:** *a* Jes 47,8 **3,3:** *a* Hes 22,27 **3,4:** *a* Mi 3,11 **3,8:** *a* Joel 4,2; *b* Ps 79,6

Namen anrufen sollen und ihm einträch-
tig dienen. 10 Von jenseits [a]der Ströme
von Kusch [b]werden meine Anbeter, mein
zerstreutes Volk, mir Geschenke brin-
gen.
11 Zur selben Zeit wirst du dich all dei-
ner Taten nicht mehr zu schämen brau-
chen, mit denen du dich gegen mich
empört hast; denn ich will deine stolzen
Prahler von dir tun, und du wirst dich
nicht mehr überheben auf meinem hei-
ligen Berge. 12 **Ich will in dir [a]übrig lassen
ein armes und geringes Volk; die werden
auf des HERRN Namen trauen.** 13 Und
diese Übriggebliebenen in Israel werden
nichts Böses tun noch Lüge reden, und
man wird in ihrem Munde keine betrüge-
rische Zunge finden, sondern sie sollen
weiden und lagern ohne alle Furcht.
14 [a]Jauchze, du Tochter Zion! Froh-
locke, Israel! Freue dich und sei fröhlich
von ganzem Herzen, du Tochter Jeru-
salem! 15 Denn der HERR hat deine Strafe
weggenommen und deine Feinde abge-
wendet. Der HERR, der König Israels,
ist bei dir, dass du dich vor keinem Un-
heil mehr fürchten musst. 16 Zur selben
Zeit wird man sprechen zu Jerusalem:
Fürchte dich nicht, Zion! Lass deine
Hände nicht sinken! 17 Denn der HERR,
dein Gott, ist bei dir, ein starker Heiland.
[a]Er wird sich über dich freuen und dir
freundlich sein, er wird dir vergeben in
seiner Liebe und wird über dich mit
Jauchzen fröhlich sein. 18 Wie an einem
festlichen Tage nehme ich von dir hinweg
das Unheil, dass du seinetwegen keine
Schmach mehr trägst.
19 Siehe, zur selben Zeit will ich mit
allen denen ein Ende machen, die dich
bedrängen, und [a]will den Hinkenden
helfen und die Zerstreuten sammeln und
will sie zu Lob und Ehren bringen in
allen Landen, wo man sie verachtet.
20 Zur selben Zeit will ich euch heim-
bringen und euch zur selben Zeit sam-
meln; denn ich will euch zu Lob und
Ehren bringen unter allen Völkern auf
Erden, [a]wenn ich eure Gefangenschaft
wenden werde vor euren Augen, spricht
der HERR.

DER PROPHET HAGGAI

Inhaltsübersicht

Aufruf zum Tempelbau

1 Im [a]zweiten Jahr des Königs Darius,
im sechsten Monat, am ersten Tage
des Monats, geschah des HERRN Wort
durch den Propheten [b]Haggai zu [c]Se-
rubbabel, dem Sohn Schealtiëls, dem
Statthalter von Juda, und zu Jeschua,
dem Sohn Jozadaks, dem Hohenpriester:
2 So spricht der HERR Zebaoth: Dies
Volk spricht: Die Zeit ist noch nicht da,
dass man des HERRN Haus baue. 3 Und
des HERRN Wort geschah durch den Pro-
pheten Haggai: 4 Aber eure Zeit ist da,
dass ihr in getäfelten Häusern wohnt,
und [a]dies Haus muss wüst stehen!
5 Nun, so spricht der HERR Zebaoth:
Achtet doch darauf, wie es euch geht:
6 Ihr [a]sät viel und bringt wenig ein; ihr
esst und werdet doch nicht satt; ihr trinkt
und bleibt doch durstig; ihr kleidet euch
und könnt euch doch nicht erwärmen;
und wer Geld verdient, der legt's in einen
löchrigen Beutel.
7 So spricht der HERR Zebaoth: Achtet
doch darauf, wie es euch geht! 8 Geht hin
auf das Gebirge und holt Holz und baut

3,10: *a* Ps 68,32; Jes 18,1; *b* Apg 8,27 **3,12:** *a* Hes 6,8 **3,14:** *a* Sach 9,9 **3,17:** *a* Jes 62,5 **3,19:** *a* Mi 4,7 **3,20:** *a* Kap 2,7; Jer 29,14 **1,1:** *a* Esra 4,24; *b* Esra 5,1; *c* Esra 5,2 **1,4:** *a* 2. Sam 7,2 **1,6:** *a* Kap 2,16; 5. Mose 28,38

das Haus! Das soll mir angenehm sein,
und ich will meine Herrlichkeit erweisen,
spricht der HERR. 9 Denn ihr erwartet
wohl viel, aber siehe, es wird wenig; und
wenn ihr's schon heimbringt, so blase
ich's weg. Warum das?, spricht der HERR
Zebaoth. Weil **mein** Haus so wüst dasteht
und ein jeder nur eilt, für **sein** Haus zu
sorgen. 10 Darum hat der Himmel über
euch [a]den Tau zurückgehalten und das
Erdreich sein Gewächs. 11 Und ich habe
die [a]Dürre gerufen über Land und
Berge, über Korn, Wein, Öl und über
alles, was aus der Erde kommt, auch
über Mensch und Vieh und über alle
Arbeit der Hände.

12 Da gehorchten Serubbabel, der Sohn
Schealtiëls, und Jeschua, der Sohn Joza-
daks, der Hohepriester, und alle Übrigen
vom Volk der Stimme des HERRN, ihres
Gottes, und den Worten des Propheten
Haggai, wie ihn der HERR, ihr Gott, ge-
sandt hatte; und das Volk fürchtete sich
vor dem HERRN. 13 Da sprach Haggai,
der [a]Bote des HERRN, der beauftragt
war mit der Botschaft des HERRN an das
Volk: Ich bin mit euch, spricht der
HERR.

14 Und der HERR erweckte den Geist
Serubbabels, des Sohnes Schealtiëls, des
Statthalters von Juda, und den Geist Je-
schuas, des Sohnes Jozadaks, des Hohen-
priesters, und den Geist aller Übrigen
vom Volk, dass sie kamen und arbeiteten
am Hause des HERRN Zebaoth, ihres
Gottes, 15 *am vierundzwanzigsten Tage
des sechsten Monats im zweiten Jahr des
Königs Darius.

Weissagung von der künftigen Herrlichkeit des Tempels

2 **Am einundzwanzigsten Tage des
siebenten Monats geschah des
HERRN Wort durch den Propheten Hag-
gai:

2 Sage zu Serubbabel, dem Sohn
Schealtiëls, dem Statthalter von Juda,
und zu Jeschua, dem Sohn Jozadaks,
dem Hohenpriester, und zu den Übrigen
vom Volk und sprich: 3 Wer ist unter
euch noch übrig, der dies Haus [a]in sei-
ner früheren Herrlichkeit gesehen hat?
Und wie seht ihr's nun? Sieht es nicht wie
nichts aus? 4 Aber nun, Serubbabel, sei
getrost, spricht der HERR, sei getrost,
Jeschua, du Sohn Jozadaks, du Hoher-
priester! Sei getrost, alles Volk im Lande,
spricht der HERR, und arbeitet! Denn ich
bin mit euch, spricht der HERR Zebaoth,
5 [a]nach dem Wort, das ich euch zusagte,
als ihr aus Ägypten zogt; und [b]mein
Geist soll unter euch bleiben. Fürchtet
euch nicht!

6 Denn so spricht der HERR Zebaoth:
Es ist nur noch eine kleine Weile, so
[a]werde ich Himmel und Erde, das Meer
und das Trockene erschüttern. 7 Ja, alle
Heiden will ich erschüttern. Da sollen
dann kommen aller Völker Kostbarkei-
ten, und ich will dies Haus voll Herr-
lichkeit machen, spricht der HERR Ze-
baoth. 8 Denn mein ist das Silber, und
mein ist das Gold, spricht der HERR
Zebaoth. 9 Es soll die Herrlichkeit die-
ses neuen Hauses größer werden, als
die des ersten gewesen ist, spricht der
HERR Zebaoth; und ich will Frieden ge-
ben an dieser Stätte, spricht der HERR
Zebaoth.

Können unheilige Menschen den Tempel bauen?

10 Am vierundzwanzigsten Tage des
neunten Monats, im zweiten Jahr des
Darius, geschah des HERRN Wort zu dem
Propheten Haggai:

11 So spricht der HERR Zebaoth: Frage
die Priester nach dem Gesetz und sprich:
12 Wenn jemand heiliges Fleisch trüge im
Zipfel seines Kleides und berührte da-
nach mit seinem Zipfel Brot, Gekochtes,
Wein, Öl oder was es für Speise wäre,
würde es auch heilig? Und die Priester
antworteten und sprachen: Nein. 13 Hag-
gai sprach: Wenn aber jemand [a]durch
Berührung eines Toten unrein wäre und
eins davon anrührte, würde es auch un-
rein? Die Priester antworteten und spra-
chen: Es würde unrein.

14 Da antwortete Haggai und sprach:
Ebenso ist es mit diesem Volk und mit
diesen Leuten vor mir, spricht der HERR,
und auch mit allem Werk ihrer Hände;
und [a]was sie dort opfern, ist unrein.

* Abweichende Verszählung statt 1,15: 2,1. ** Abweichende Verszählung statt 2,1-23: 2,2-24

1,10: *a* 1. Kön 17,1 **1,11:** *a* Kap 2,17; Am 4,9 **1,13:** *a* Mal 2,7 **2,3:** *a* Esra 3,12 **2,5:** *a* 2. Mose 19,5; *b* Sach 4,6
2,6: *a* Hebr 12,26 **2,13:** *a* 3. Mose 5,2; 4. Mose 19,22 **2,14:** *a* Esra 4,1-3

Ermutigung zum Weiterbau des Tempels

15Und jetzt achtet doch darauf, wie es
euch gehen wird von diesem Tage an und
fernerhin! Wie ging es euch denn, bevor
ein Stein auf den andern gelegt war am
Tempel des HERRN? 16Wenn einer [a]zum
Kornhaufen kam, der zwanzig Maß haben
sollte, so waren kaum zehn da; kam
er zur Kelter und meinte, fünfzig Eimer
zu schöpfen, so waren kaum zwanzig da.
17Ich [a]plagte euch mit Dürre, Getreidebrand
und Hagel in all eurer Arbeit; dennoch
bekehrtet ihr euch nicht zu mir,
spricht der HERR.

18Nun aber achtet doch darauf, wie es
euch ergehen wird von diesem Tag an
und fernerhin – vom vierundzwanzigsten
Tage des neunten Monats an –, nämlich
von dem Tag an, da der Tempel des
HERRN gegründet ist! Achtet darauf,
19ob noch der Same in der Scheune dahinschwindet
und ob Weinstock, Feigenbaum,
Granatbaum und Ölbaum noch
nicht tragen! Von diesem Tage an will ich
Segen geben.

Serubbabel – ein Siegelring Gottes

20Und des HERRN Wort geschah zum
zweiten Mal am vierundzwanzigsten
Tage des Monats zu Haggai:

21Sage Serubbabel, dem Statthalter
von Juda: [a]Ich will Himmel und Erde
erschüttern 22und will die Throne der
Königreiche umstürzen und die mächtigen
Königreiche der Heiden vertilgen
und will umwerfen die Wagen und die
darauf fahren; Ross und Reiter sollen
fallen, ein jeder durch des andern
Schwert. 23Zur selben Zeit, spricht der
HERR Zebaoth, [a]will ich dich, Serubbabel,
du Sohn Schealtiëls, meinen Knecht,
nehmen, spricht der HERR, und dich wie
einen Siegelring halten; denn ich habe
dich erwählt, spricht der HERR Zebaoth.

DER PROPHET SACHARJA

Inhaltsübersicht

Die Geschichte der Väter mahnt zur Buße

1 Im achten Monat des zweiten Jahrs
des Königs Darius geschah das Wort
des HERRN zu [a]Sacharja, dem Sohn Berechjas,
des Sohnes Iddos, dem Propheten:

2Der HERR ist zornig gewesen über
eure Väter. 3Aber sprich zum Volk: So
spricht der HERR Zebaoth: [a]Kehrt euch
zu mir, spricht der HERR Zebaoth, so
will ich mich zu euch kehren, spricht der
HERR Zebaoth. 4Seid nicht wie eure Väter,
denen die früheren Propheten predigten
und sprachen: »So spricht der HERR
Zebaoth: [a]Kehrt um von euren bösen
Wegen und von eurem bösen Tun!«, aber
sie gehorchten nicht und achteten nicht
auf mich, spricht der HERR. 5Wo sind
nun eure Väter? Und die Propheten, leben
sie noch? 6Aber haben nicht meine
Worte und meine Gebote, die ich durch
meine Knechte, die Propheten, gab, eure
Väter getroffen, dass sie haben umkehren
müssen und sagen: »Wie der HERR Zebaoth
vorhatte, uns zu tun nach unsern
Wegen und Taten, so hat er uns auch
getan«?

Die erste Vision: der Mann auf dem roten Pferd

7Am vierundzwanzigsten Tage des elften
Monats – das ist der Monat Schebat – im
zweiten Jahr des Königs Darius geschah

2,16: *a* Kap 1,6 **2,17:** *a* Kap 1,11 **2,21:** *a* Vers 6 **2,23:** *a* Sach 4,6-7 **1,1:** *a* Esra 5,1 **1,3:** *a* Mal 3,7; Jak 4,8 **1,4:** *a* Jer 3,12; Hes 33,11

das Wort des HERRN zu Sacharja, dem
Sohn Berechjas, des Sohnes Iddos, dem
Propheten:
8 Ich sah in dieser Nacht, und siehe, ein
Mann saß auf einem roten Pferde, und er
hielt zwischen den Myrten im Talgrund,
und hinter ihm waren [a]rote, braune und
weiße Pferde. 9 Und ich sprach: Mein
Herr, wer sind diese? Und der Engel, der
mit mir redete, sprach zu mir: Ich will dir
zeigen, wer diese sind. 10 Und der Mann,
der zwischen den Myrten hielt, ant-
wortete: Diese sind's, die der HERR aus-
gesandt hat, die Lande zu durchziehen.
11 Sie aber antworteten dem Engel des
HERRN, der zwischen den Myrten hielt,
und sprachen: Wir haben die Lande
durchzogen, und siehe, alle Lande liegen
ruhig und still.
12 Da hob der Engel des HERRN an
und sprach: HERR Zebaoth, wie lange
noch willst du dich nicht [a]erbarmen
über Jerusalem und über die Städte Ju-
das, über die du zornig bist schon [b]sieb-
zig Jahre? 13 Und der HERR antwortete
dem Engel, der mit mir redete, freund-
liche Worte und tröstliche Worte. 14 Und
der Engel, der mit mir redete, sprach zu
mir: Predige und sprich: So spricht der
HERR Zebaoth: Ich eifere für Jerusalem
und Zion mit großem Eifer 15 und bin
sehr [a]zornig über die stolzen Völker;
denn ich war nur ein wenig zornig, sie
aber halfen zum Verderben.
16 Darum spricht der HERR: [a]Ich will
mich wieder Jerusalem zuwenden mit
Barmherzigkeit, und mein Haus soll
darin wieder aufgebaut werden, spricht
der HERR Zebaoth, und die Messschnur
soll über Jerusalem gespannt werden.
17 Und weiter predige und sprich: So
spricht der HERR Zebaoth: Es sollen
meine Städte wieder Überfluss haben an
Gutem, und der HERR wird Zion wieder
[a]trösten und wird Jerusalem [b]wieder er-
wählen.

Die zweite Vision: die vier Hörner und die vier Schmiede

2 *Und ich hob meine Augen auf und
sah, und siehe, da waren vier Hörner.
2 Und ich sprach zu dem Engel, der mit
mir redete: Wer sind diese? Er sprach zu
mir: Es sind die Hörner, die Juda, das ist
Israel, und Jerusalem zerstreut haben.
3 Und der HERR zeigte mir vier
Schmiede. 4 Da sprach ich: Was wollen
die machen? Er sprach: Jene sind die
Hörner, die Juda so zerstreut haben, dass
niemand sein Haupt hat erheben können;
diese aber sind gekommen, jene abzu-
schrecken und die Hörner der Völker ab-
zuschlagen, die ihr Horn gegen das Land
Juda erhoben haben, um es zu zer-
streuen.

Die dritte Vision: der Mann mit der Messschnur

5 Und ich hob meine Augen auf und sah,
und siehe, ein Mann hatte eine [a]Mess-
schnur in der Hand. 6 Und ich sprach:
Wo gehst du hin? Er sprach zu mir: Jeru-
salem auszumessen und zu sehen, wie
lang und breit es werden soll. 7 Und
siehe, der Engel, der mit mir redete,
stand da, und ein anderer Engel ging
heraus ihm entgegen 8 und sprach zu
ihm: Lauf hin und sage diesem jungen
Mann: Jerusalem soll [a]ohne Mauern be-
wohnt werden wegen der großen Menge
der Menschen und des Viehs, die darin
sein wird. 9 Doch [a]ich will, spricht der
HERR, eine feurige Mauer rings um sie
her sein und will mich herrlich darin er-
weisen.

Die neue Zeit für Israel und die Völker

10 Auf, auf! Flieht aus dem Lande des
Nordens!, spricht der HERR; denn ich
habe euch in die vier Winde unter dem
Himmel zerstreut, spricht der HERR.
11 Auf, Zion, die du wohnst bei der Toch-
ter Babel, entrinne! 12 Denn so spricht
der HERR Zebaoth, der mich gesandt
hat, über die Völker, die euch beraubt
haben: Wer euch antastet, der [a]tastet
meinen Augapfel an. 13 Denn siehe, ich
will meine Hand über sie schwingen, dass
sie eine Beute derer werden sollen, die
ihnen haben dienen müssen. – Und ihr
sollt erkennen, dass mich der HERR Ze-
baoth gesandt hat.
14 **Freue dich und sei fröhlich, du Toch-
ter Zion! Denn siehe, ich komme und will**

* Abweichende Verszählung statt 2,1-17: 1,18-21; 2,1-13.

1,8: *a* Kap 6,1-8 **1,12:** *a* Ps 102,14; *b* Dan 9,2 **1,15:** *a* Jes 47,6 **1,16:** *a* Kap 8,3 **1,17:** *a* Jes 40,1-2; *b* Jes 14,1 **2,5:** *a* Hes 40,3 **2,8:** *a* Hes 38,11 **2,9:** *a* Kap 9,8 **2,12:** *a* 5. Mose 32,10

bei dir wohnen, spricht der HERR. 15 Und
es sollen zu der Zeit viele Völker sich
zum HERRN wenden und sollen mein
Volk sein, und [a]ich will bei dir wohnen.
– Und du sollst erkennen, dass mich der
HERR Zebaoth zu dir gesandt hat. –
16 Und der HERR wird Juda in Besitz
nehmen als sein Erbteil in dem heiligen
Lande und [a]wird Jerusalem wieder er-
wählen. 17 [a]Alles Fleisch sei stille vor
dem HERRN; denn er hat sich aufge-
macht von seiner heiligen Stätte!

Die vierte Vision: der Hohepriester Jeschua

3 Und er ließ mich sehen den Hohen-
priester [a]Jeschua, wie er vor dem En-
gel des HERRN stand, und der [b]Satan
stand zu seiner Rechten, um ihn zu [c]ver-
klagen. 2 Und der Engel des HERRN
sprach zu dem Satan: [a]Der HERR schelte
dich, du Satan! Ja, der HERR, der Jeru-
salem erwählt hat, schelte dich! Ist dieser
nicht ein Brandscheit, das aus dem Feuer
gerettet ist?
3 Jeschua aber hatte unreine Kleider an
und stand vor dem Engel, 4 der anhob
und sprach zu denen, die vor ihm stan-
den: Tut die unreinen Kleider von ihm!
Und er sprach zu ihm: Sieh her, ich
[a]nehme deine Sünde von dir und lasse
dir [b]Feierkleider anziehen. 5 Und er
sprach: Setzt ihm einen reinen [a]Kopf-
bund auf das Haupt! Und sie setzten ihm
einen reinen Kopfbund auf das Haupt
und zogen ihm reine Kleider an, und der
Engel des HERRN stand dabei.
6 Und der Engel des HERRN bezeugte
es Jeschua und sprach: 7 So spricht der
HERR Zebaoth: Wirst du in meinen We-
gen wandeln und meinen Dienst recht
versehen, so sollst du mein Haus regieren
und meine Vorhöfe bewahren. Und ich
will dir Zugang zu mir geben mit diesen,
die hier stehen.
8 Höre nun, Jeschua, du Hoherpriester:
Du und deine Brüder, die vor dir sitzen,
sind miteinander ein [a]Zeichen; denn
siehe, ich will meinen Knecht, »den
[b]Spross«, kommen lassen.
9 Siehe, auf dem einen [a]Stein, den ich
vor Jeschua hingelegt habe, sind [b]sieben
Augen. Siehe, ich will auf ihm eine In-
schrift eingraben, spricht der HERR Ze-
baoth, und will die Sünde des Landes
wegnehmen an einem einzigen Tag.
10 Zu derselben Zeit, spricht der HERR
Zebaoth, wird einer den andern einladen
[a]unter den Weinstock und unter den
Feigenbaum.

Die fünfte Vision: der goldene Leuchter und die zwei Ölbäume

4 Und der Engel, der mit mir redete,
weckte mich abermals auf, wie man
vom Schlaf erweckt wird, 2 und sprach zu
mir: [a]Was siehst du? Ich aber sprach: Ich
sehe, und siehe, da steht ein [b]Leuchter,
ganz aus Gold, mit einer Schale oben
darauf, auf der sieben Lampen sind und
sieben Schnauzen an jeder Lampe, 3 und
zwei Ölbäume dabei, einer zu seiner
Rechten, der andere zu seiner Linken.
4 Und ich hob an und sprach zu dem
Engel, der mit mir redete: Mein Herr,
was ist das? 5 Und der Engel, der mit mir
redete, antwortete und sprach zu mir:
Weißt du nicht, was das ist? Ich aber
sprach: Nein, mein Herr.

Verheißung über Serubbabel

6 Und er antwortete und sprach zu mir:
Das ist das Wort des HERRN an Serubba-
bel: **Es soll nicht durch Heer oder Kraft,
sondern durch meinen Geist geschehen,**
spricht der HERR Zebaoth. 7 Wer bist du,
du großer Berg, der du doch vor Se-
rubbabel zur Ebene werden musst? Er
wird hervorholen den Schlussstein, so-
dass man rufen wird: [a]Glück zu! Glück
zu!
8 Und es geschah zu mir das Wort des
HERRN: 9 Die Hände [a]Serubbabels ha-
ben dies Haus gegründet, seine Hände
[b]sollen's auch vollenden, damit ihr [c]er-
kennt, dass mich der HERR Zebaoth zu
euch gesandt hat. 10 Denn [a]wer immer
den Tag des geringsten Anfangs verach-
tet hat, wird doch mit Freuden sehen den
[b]Schlussstein in Serubbabels Hand.

2,15: *a* Jes 11,10 **2,16:** *a* Kap 1,17 **2,17:** *a* Hab 2,20 **3,1:** *a* Hag 1,1; *b* Hiob 1,9; *c* Offb 12,10 **3,2:** *a* Jud 9 **3,4:** *a* Jes 6,7; *b* Jes 61,3 **3,5:** *a* 2.Mose 28,39 **3,8:** *a* Jes 8,18; *b* Kap 6,12; Jer 23,5; 33,15 **3,9:** *a* 2.Mose 39,6-7; *b* Kap 4,10; Offb 5,6 **3,10:** *a* 1.Kön 5,5; Mi 4,4 **4,2:** *a* Jer 1,11-13; Am 8,2; *b* 2.Mose 25,31-40 **4,7:** *a* Ps 122,6 **4,9:** *a* Esra 3,8; *b* Esra 6,14-16; *c* Kap 2,13.15 **4,10:** *a* Hag 2,3; *b* Vers 7

Jene [c]sieben sind des HERRN Augen,
die alle Lande durchziehen.*

Deutung der fünften Vision

11 Und ich hob an und sprach zu ihm:
Was sind die zwei Ölbäume zur Rechten
und zur Linken des Leuchters? 12 Und
ich sprach weiter zu ihm: Was sind die
beiden Zweige der Ölbäume bei den zwei
goldenen Röhren, aus denen das goldene
Öl herabfließt? 13 Und er sprach zu mir:
Weißt du nicht, was sie sind? Ich aber
sprach: Nein, mein Herr. 14 Und er
sprach: Es sind die zwei Gesalbten, die
[a]vor dem Herrscher aller Lande stehen.

Die sechste Vision: die fliegende Schriftrolle

5 Und ich hob meine Augen abermals
auf und sah, und siehe, da war eine
fliegende Schriftrolle. 2 Und er sprach zu
mir: Was siehst du? Ich aber sprach: Ich
sehe eine fliegende Schriftrolle, die ist
zwanzig Ellen lang und zehn Ellen breit.
3 Und er sprach zu mir: Das ist der
Fluch, der ausgeht über das ganze Land;
denn alle Diebe werden nach dieser
Schrift von hier ausgefegt und alle Mein-
eidigen werden nach dieser Schrift von
hier ausgefegt. 4 Ich will ihn ausgehen
lassen, spricht der HERR Zebaoth, dass
er kommen soll über das Haus des Die-
bes und über das Haus dessen, der bei
meinem Namen falsch schwört. Und er
soll in dem Haus bleiben und soll's ver-
zehren samt seinem Holz und seinen
Steinen.

Die siebente Vision: die Frau in der Tonne

5 Und der Engel, der mit mir redete, trat
hervor und sprach zu mir: Hebe deine
Augen auf und sieh! Was kommt da her-
vor? 6 Und ich sprach: Was ist das? Er
aber sprach: Das ist eine Tonne, die da
hervorkommt – und sprach weiter: Das
ist die Sünde im ganzen Lande. 7 Und
siehe, es hob sich der Deckel aus Blei und
da war eine Frau, die saß in der Tonne.
8 Er aber sprach: Das ist die Gottlosig-
keit. Und er stieß sie in die Tonne und
warf den Deckel aus Blei oben auf die
Öffnung.
9 Und ich hob meine Augen auf und
sah, und siehe, zwei Frauen traten heran
und hatten Flügel, die der Wind trieb –
es waren aber Flügel wie Storchenflü-
gel –, und sie trugen die Tonne zwischen
Erde und Himmel dahin. 10 Und ich
sprach zum Engel, der mit mir redete:
Wo tragen diese die Tonne hin? 11 Er aber
sprach zu mir: Dass ihr ein Tempel ge-
baut werde [a]im Lande Schinar und sie
dort aufgestellt werde.

Die achte Vision: die vier Wagen

6 [a]Und ich hob meine Augen abermals
auf und sah, und siehe, da waren vier
Wagen, die kamen zwischen den zwei
Bergen hervor; die Berge aber waren
aus Kupfer. 2 Am ersten Wagen waren
rote Rosse, am zweiten Wagen waren
schwarze Rosse, 3 am dritten Wagen wa-
ren weiße Rosse, am vierten Wagen wa-
ren scheckige Rosse, allesamt stark.
4 Und ich hob an und sprach zum Engel,
der mit mir redete: Mein Herr, wer sind
diese? 5 Der Engel antwortete und sprach
zu mir: Es sind die vier Winde unter dem
Himmel, die hervorkommen, nachdem
sie gestanden haben [a]vor dem Herrscher
aller Lande. 6 **Die schwarzen Rosse zie-
hen nach Norden, die weißen ziehen
nach Westen und die scheckigen ziehen
nach Süden.
7 Und die starken Rosse wollten sich
aufmachen, um [a]die Lande zu durch-
ziehen. Und er sprach: Geht hin und
durchzieht die Lande! Und sie durch-
zogen die Lande. 8 Und er rief mich an
und redete mit mir und sprach: Sieh, die
nach Norden ziehen, lassen meinen Geist
ruhen im Lande des Nordens.

Die Krönung Jeschuas

9 Und des HERRN Wort geschah zu mir:
10 Nimm von den Weggeführten, von
Heldai und von Tobija und von Jedaja,
die von Babel gekommen sind, und geh
an diesem selben Tage ins Haus Joschi-
jas, des Sohnes Zefanjas, 11 [a]nimm von
ihnen Silber und Gold und mache Kro-

* Dieser Satz gehört wohl zu Kap 3,9.
** Vermutlich ist ausgefallen: »Die roten Rosse ziehen nach Osten.«

4,10: *c* Kap 3,9 **4,14:** *a* Kap 6,5; Offb 11,4 **5,11:** *a* 1. Mose 11,2 **6,1:** *a (1-8)* Offb 6,1-8; Kap 1,8 **6,5:** *a* Kap 4,14 **6,7:** *a* Kap 1,10 **6,11:** *a (11-12)* Kap 3,8

nen und kröne das Haupt Jeschuas, des
Hohenpriesters, des Sohnes Jozadaks,
12 und sprich zu ihm: So spricht der
Herr Zebaoth: Siehe, es ist ein Mann,
der heißt »Spross«; denn unter ihm
wird's sprossen, und er wird bauen des
Herrn Tempel. 13 Ja, den Tempel des
Herrn wird er bauen, und er wird herr-
lich geschmückt sein und wird sitzen und
herrschen auf seinem Thron. Und ein
[a]Priester wird sein zu seiner Rechten,
und es wird Friede sein zwischen den
beiden. 14 Und die Kronen sollen zum
Andenken an Heldai, Tobija, Jedaja und
den Sohn Zefanjas im Tempel des
Herrn bleiben. 15 Und [a]es werden kom-
men von ferne, die am Tempel des
Herrn bauen werden. Da werdet ihr er-
kennen, dass mich der Herr Zebaoth zu
euch gesandt hat; und das soll geschehen,
wenn ihr gehorchen werdet der Stimme
des Herrn, eures Gottes.

Am bloßen Fasten hat Gott kein Gefallen

7 Und es geschah im vierten Jahr des
Königs Darius am vierten Tag des
neunten Monats, der Kislew heißt, dass
des Herrn Wort zu Sacharja geschah.
2 Damals sandte Bethel den Sarezer und
den Regem-Melech mit seinen Leuten,
um den Herrn anzuflehen, 3 und ließ die
Priester, die zum Hause des Herrn Ze-
baoth gehörten, und die Propheten fra-
gen: Muss ich immer noch im [a]fünften
Monat weinen und Fasten halten, wie ich
es nun so viele Jahre getan habe? 4 Und
des Herrn Zebaoth Wort geschah zu
mir: 5 Sage allem Volk im Lande und den
Priestern und sprich: [a]Als ihr fastetet
und Leid trugt im fünften und siebenten
Monat diese siebzig Jahre lang, habt ihr
da für mich gefastet? 6 Und wenn ihr esst
und trinkt, esst und trinkt ihr da nicht
für euch selbst?

Gottes Gericht über die Unbrüderlichkeit

7 Ist's nicht das, was der Herr durch die
früheren Propheten predigen ließ, als Je-
rusalem bewohnt war und Frieden hatte
samt seinen Städten ringsum und Leute
im Südland und im Hügelland wohnten
8 – und des Herrn Wort geschah zu
Sacharja –, 9 dass der Herr Zebaoth
sprach: Richtet recht, und [a]**ein jeder
erweise seinem Bruder Güte und Barm-
herzigkeit, 10 und [a]tut nicht Unrecht den
Witwen, Waisen, Fremdlingen und Armen,
und denke keiner gegen seinen Bruder
etwas Arges in seinem Herzen!**

11 Aber sie wollten nicht aufmerken
und kehrten mir den Rücken zu und ver-
stockten ihre Ohren, um nicht zu hören,
12 und machten ihre Herzen [a]hart wie
Diamant, damit sie nicht hörten das Ge-
setz und die Worte, die der Herr Ze-
baoth durch seinen Geist sandte durch
die früheren Propheten. Daher ist so gro-
ßer Zorn vom Herrn Zebaoth gekom-
men. 13 Und es ist so ergangen: Gleich-
wie gepredigt wurde und sie nicht hörten,
so wollte ich auch nicht hören, als sie rie-
fen, spricht der Herr Zebaoth. 14 Darum
habe ich sie zerstreut unter alle Heiden,
die sie nicht kannten, und das Land blieb
verwüstet hinter ihnen liegen, sodass nie-
mand mehr darin hin und her zog; so
haben sie das liebliche Land zur Wüste
gemacht.

Das künftige Heil für das Volk Gottes

8 Und es geschah des Herrn Wort:
2 So spricht der Herr Zebaoth: [a]Ich
eifere für Zion mit großem Eifer und
eifere um seinetwillen in großem Zorn.

3 So spricht der Herr: Ich kehre wie-
der auf den Zion zurück und [a]will zu
Jerusalem wohnen, dass Jerusalem eine
[b]Stadt der Treue heißen soll und der
Berg des Herrn Zebaoth ein [c]heiliger
Berg.

4 So spricht der Herr Zebaoth: [a]Es
sollen hinfort wieder sitzen auf den Plät-
zen Jerusalems alte Männer und Frauen,
jeder mit seinem Stock in der Hand vor
hohem Alter, 5 und die Plätze der Stadt
sollen voll sein von Knaben und Mäd-
chen, die dort spielen.

6 So spricht der Herr Zebaoth: Er-
scheint dies auch unmöglich in den Au-
gen derer, die in dieser Zeit übrig geblie-
ben sind von diesem Volk, sollte es
darum auch [a]unmöglich erscheinen in
meinen Augen?, spricht der Herr Ze-
baoth.

6,13: *a* Ps 110,4 **6,15:** *a* Jes 60,10 **7,3:** *a* Kap 8,19; 2. Kön 25,8-9; Jer 52,12-13 **7,5:** *a* Jes 58,5 **7,9:** *a* Mi 6,8 **7,10:** *a* 2. Mose 22,20-21 **7,12:** *a* Jes 48,4 **8,2:** *a* Kap 1,14 **8,3:** *a* Kap 1,16; *b* Jes 1,21.26; *c* Ps 2,6 **8,4:** *a* Jes 65,20 **8,6:** *a* Lk 1,37

7 So spricht der HERR Zebaoth: Siehe,
ich will mein Volk erlösen aus dem
Lande gegen Aufgang und aus dem
Lande gegen Niedergang der Sonne 8 und
will sie heimbringen, dass sie in Jeru-
salem wohnen. Und [a]sie sollen mein
Volk sein und ich will ihr Gott sein in
Treue und Gerechtigkeit.
9 So spricht der HERR Zebaoth:
[a]Stärkt eure Hände, die ihr diese Worte
hört in dieser Zeit durch der Propheten
Mund – an dem Tage, da der Grund
gelegt wurde zum Hause des HERRN Ze-
baoth, auf dass der Tempel gebaut
würde. 10 Denn vor diesen Tagen war der
Menschen Arbeit vergebens, und auch
der Tiere Arbeit erbrachte nichts; und
vor lauter Feinden war kein Friede für
die, die aus- und einzogen, und ich ließ
alle Menschen aufeinander los, einen je-
den gegen seinen Nächsten.
11 Aber nun will ich nicht wie in den
vorigen Tagen verfahren mit denen, die
übrig geblieben sind von diesem Volk,
spricht der HERR Zebaoth, 12 sondern sie
sollen in Frieden säen. Der Weinstock
soll seine Frucht geben und das Land
sein Gewächs, und der Himmel soll sei-
nen Tau geben. Und ich will denen, die
übrig geblieben sind von diesem Volk,
das alles zum Besitz geben. 13 Und es soll
geschehen: Wie ihr vom Hause Juda und
vom Hause Israel ein Fluch gewesen seid
unter den Heiden, so will ich euch er-
lösen, dass ihr [a]ein Segen sein sollt.
Fürchtet euch nur nicht und stärkt eure
Hände!
14 So spricht der HERR Zebaoth:
Gleichwie ich euch zu plagen gedachte,
als mich eure Väter erzürnten, spricht der
HERR Zebaoth, und es mich nicht ge-
reute, 15 so gedenke ich nun wiederum in
diesen Tagen wohlzutun Jerusalem und
dem Hause Juda. Fürchtet euch nur
nicht! 16 Das ist's aber, was ihr tun sollt:
[a]**Rede einer mit dem andern Wahrheit und**
richtet recht, schafft Frieden in euren To-
ren, 17 **und** [a]**keiner ersinne Arges in seinem**
Herzen gegen seinen Nächsten, und liebt
nicht falsche Eide; denn das alles hasse
ich, spricht der HERR.
18 Und es geschah des HERRN Zebaoth
Wort zu mir: 19 So spricht der HERR Ze-
baoth: [a]Die Fasten des vierten, fünften,
siebenten und zehnten Monats sollen
dem Hause Juda zur Freude und Wonne
und zu fröhlichen Festzeiten werden.
Doch liebt Wahrheit und Frieden!

Das künftige Heil für die Völker

20 So spricht der HERR Zebaoth: Es wer-
den noch viele Völker kommen und Bür-
ger vieler Städte, 21 und die Bürger einer
Stadt werden zur andern gehen und sa-
gen: Lasst uns gehen, den HERRN anzu-
flehen und zu suchen den HERRN Ze-
baoth; wir selber wollen hingehen. 22 So
werden viele Völker, Heiden in Scharen,
kommen, den HERRN Zebaoth in Jeru-
salem zu suchen und den HERRN anzu-
flehen.
23 So spricht der HERR Zebaoth: Zu
der Zeit werden zehn Männer aus allen
Sprachen der Heiden **einen** jüdischen
Mann beim Zipfel seines Gewandes er-
greifen und sagen: Wir wollen mit euch
gehen, denn wir hören, dass Gott mit
euch ist.

Läuterung der heidnischen Nachbarn Judas

9 Die Last, die der HERR ankündigt,
kommt über das Land Hadrach, und
auf [a]Damaskus lässt sie sich nieder –
denn der HERR schaut auf die Menschen
und auf alle Stämme Israels –, 2 dazu auf
Hamat, das daran grenzt, auch auf [a]Ty-
rus und Sidon, die doch sehr weise sind.
3 Denn Tyrus baute sich ein Bollwerk und
sammelte Silber wie Sand und Gold wie
Dreck auf der Gasse. 4 Aber siehe, der
Herr wird es erobern und wird seine
Macht ins Meer stürzen, und die Stadt
wird mit Feuer verbrannt werden.
5 Wenn Aschkelon das sehen wird,
wird es erschrecken, und [a]Gaza wird
sehr angst werden, dazu Ekron, denn
seine Zuversicht wird zuschanden. Es
wird aus sein mit dem König von Gaza,
und in Aschkelon wird man nicht mehr
wohnen, 6 und in Aschdod werden [a]Misch-
linge wohnen.
Und ich will die Pracht der Philister
ausrotten. 7 Und ich will [a]das Blut von

8,8: *a* Jer 24,7 **8,9:** *a* Jes 35,3 **8,13:** *a* 1. Mose 12,2 **8,16:** *a* Eph 4,25 **8,17:** *a* Kap 7,10 **8,19:** *a* Kap 7,3-5 **9,1:** *a* Jes 17,1-6 **9,2:** *a* Jes 23,1-18; Jer 47,4; Hes 26,1–28,24 **9,5:** *a* Jer 47,1-7 **9,6:** *a* 5. Mose 23,3 **9,7:** *a* 1. Mose 9,4

ihrem Munde wegnehmen und das, was
mir ein Gräuel ist, von ihren Zähnen,
dass auch sie unserm Gott übrig bleiben
und wie ein Stamm in Juda werden und
die Bewohner Ekrons wie die [b]Jebusiter.
8 Und [a]ich will mich selbst als Wache um
mein Haus lagern, sodass keiner dort hin
und her ziehe und nicht mehr der Treiber
über sie komme; denn ich sehe nun darauf mit meinen Augen.

Verheißung des messianischen Friedensreiches

**9 Du, [a]Tochter Zion, freue dich sehr, und
du, Tochter Jerusalem, jauchze! Siehe,
[b]dein König kommt zu dir, ein Gerechter
und ein Helfer, arm und reitet auf einem
Esel, auf einem Füllen der Eselin.** 10 Denn
[a]ich will die Wagen wegtun aus Ephraim
und die Rosse aus Jerusalem, und der
Kriegsbogen soll zerbrochen werden.
Denn er wird Frieden gebieten den Völkern, und seine Herrschaft wird sein von
einem Meer bis zum andern und vom
Strom bis an die Enden der Erde.

11 Auch lasse ich [a]um des Blutes deines
Bundes willen deine Gefangenen frei aus
der Grube, in der kein Wasser ist; 12 so
[a]kehrt heim zur festen Stadt, die ihr auf
Hoffnung gefangen liegt. Denn heute
verkündige ich, dass ich dir [b]zweifach
erstatten will.

13 Denn ich habe mir Juda zum Bogen
gespannt und Ephraim darauf gelegt und
will deine Söhne, Zion, aufbieten gegen
deine Söhne, Griechenland, und will dich
zum Schwert eines Riesen machen.
14 Und der HERR wird über ihnen erscheinen, und seine Pfeile werden ausfahren wie der Blitz, und Gott der HERR
wird die Posaune blasen und wird einherfahren in den Stürmen vom Südland.
15 Der HERR Zebaoth wird sie schützen,
und die Schleudersteine werden fressen
und niederwerfen und Blut trinken wie
Wein und voll davon werden wie die Becken und wie die Ecken des Altars.
16 Und der HERR, ihr Gott, wird ihnen zu
der Zeit helfen, der Herde seines Volks;
denn wie edle Steine werden sie in seinem
Lande glänzen. 17 Denn wie groß ist seine
Güte und wie groß ist seine Huld! Korn
und Wein lässt er sprossen, Jünglinge
und Jungfrauen.

Der rechte Helfer

10 Bittet den HERRN, dass es regne zur
Zeit des Spätregens, so wird der
HERR, der die Wolken macht, euch auch
Regen genug geben für jedes Gewächs
auf dem Felde. 2 Denn die Götzen reden
Lüge, und die Wahrsager schauen Trug
und erzählen nichtige Träume, und ihr
Trösten ist nichts. Darum geht das Volk
in die Irre wie eine Herde und [a]ist verschmachtet, weil kein Hirte da ist.

Gott rüstet sein Volk zum Kampf und führt es heim

3 Mein Zorn ist entbrannt über [a]die Hirten, und ich will die Böcke heimsuchen;
denn der HERR Zebaoth wird seine
Herde heimsuchen, nämlich das Haus
Juda, und wird sie zurichten wie ein
Ross, das geschmückt ist zum Kampf.
4 Die Ecksteine, Pflöcke, Kriegsbogen,*
[a]alle Mächtigen sollen aus ihr hervorgehen. 5 Und sie sollen sein wie Riesen,
die im Kampf den Feind niedertreten in
den Dreck auf der Gasse, und sie sollen
kämpfen, denn der HERR wird mit ihnen
sein, dass die Reiter zuschanden werden.

6 Und ich will das Haus Juda stärken
und das Haus Josef erretten und will sie
wieder einsetzen; denn ich erbarme mich
ihrer. Und sie sollen sein, wie sie waren,
als ich sie nicht verstoßen hatte; denn
ich, der HERR, bin ihr Gott und will sie
erhören. 7 Und Ephraim soll sein wie ein
Riese, und ihr Herz soll fröhlich werden
wie vom Wein; ihre Söhne sollen's sehen
und sich freuen, ihr Herz soll fröhlich
sein über den HERRN.

8 Ich will sie locken und sie sammeln,
denn ich will sie erlösen, und sie sollen
sich mehren, wie sie sich vormals gemehrt haben. 9 Ich [a]säte sie unter die
Völker, dass sie [b]meiner gedächten in
fernen Landen und leben sollten mit ihren Kindern und wieder heimkehren.
10 Denn ich will sie zurückbringen aus
Ägyptenland und sie sammeln aus Assy-

* Bezeichnungen für die Großen des Volkes.

9,7: *b* Jos 15,63; 2. Sam 24,18 **9,8:** *a* Kap 2,9 **9,9:** *a* Zef 3,14; *b* Mt 21,5 **9,10:** *a* Mi 5,9 **9,11:** *a* 2. Mose 24,8 **9,12:** *a* Kap 10,9; *b* Jes 61,7 **10,2:** *a* Mt 9,36 **10,3:** *a* Kap 11,5 **10,4:** *a* Jer 30,21 **10,9:** *a* Jes 66,19; *b* Jer 51,50

rien und will sie ins Land Gilead und
zum Libanon bringen, dass man nicht
Raum genug für sie finden wird. 11 Und
wenn sie in Angst [a]durchs Meer gehen,
so wird er die Wellen im Meer schlagen,
dass alle Tiefen des Wassers vertrocknen
werden. Da soll dann zu Boden sinken
die Pracht Assyriens, und das Zepter
Ägyptens soll weichen. 12 Ich will sie stär-
ken in dem HERRN, dass sie wandeln
sollen in seinem Namen, spricht der
HERR.

11 Tu deine Türen auf, Libanon, dass
das Feuer deine Zedern verzehre!
2 Heult, ihr Zypressen; denn die Zedern
sind gefallen und die Herrlichen vernich-
tet. Heult, ihr Eichen Baschans; denn der
feste Wald ist umgehauen. 3 Man hört die
Hirten heulen, denn ihre Herrlichkeit ist
vernichtet; man hört die jungen Löwen
brüllen, denn die Pracht des Jordans ist
vernichtet.

Gegen die treulosen Hirten des Volkes

4 So sprach der HERR, mein Gott: Hüte
die Schlachtschafe! 5 Denn ihre Käufer
schlachten sie und halten's für keine
Sünde, und ihre Verkäufer sprechen: Ge-
lobt sei der HERR, ich bin nun reich! Und
[a]ihre Hirten schonen sie nicht. 6 Darum
will ich auch nicht mehr schonen die Be-
wohner des Landes, spricht der HERR.
Und siehe, ich will die Leute fallen las-
sen, einen jeden in die Hand des andern
und in die Hand seines Königs; sie wer-
den das Land zerschlagen und ich will sie
nicht erretten aus ihrer Hand.

7 Und ich hütete die Schlachtschafe für
die Händler der Schafe und nahm mir
zwei Stäbe; den einen nannte ich »Huld«,
den andern nannte ich »Eintracht« und
hütete die Schafe. 8 Und ich vertilgte die
drei Hirten in **einem** Monat.

Und ich mochte die Schafe nicht mehr
und sie wollten mich auch nicht mehr.
9 Und ich sprach: Ich will euch nicht hü-
ten; was da stirbt, das sterbe; was ver-
schmachtet, das verschmachte; und von
den Übriggebliebenen fresse ein jeder des
andern Fleisch![a] 10 Und ich nahm mei-
nen Stab »Huld« und zerbrach ihn, um
meinen Bund aufzuheben, den ich mit
allen Völkern geschlossen hatte. 11 Und er
wurde aufgehoben am selben Tage. Und
[a]die Händler der Schafe, die auf mich
achteten, erkannten daran, dass es des
HERRN Wort war.

12 Und ich sprach zu ihnen: [a]Gefällt's
euch, so gebt her meinen Lohn; wenn
nicht, so lasst's bleiben. Und sie wogen
mir den Lohn dar, dreißig Silberstücke.
13 Und der HERR sprach zu mir: Wirf's
hin dem Schmelzer! Ei, eine treffliche
Summe, deren ich wert geachtet bin von
ihnen! Und [a]ich nahm die dreißig Silber-
stücke und warf sie ins Haus des HERRN,
dem Schmelzer hin. 14 Und ich zerbrach
meinen andern Stab »Eintracht«, um die
[a]Bruderschaft zwischen Juda und Israel
aufzuheben.

15 Und der HERR sprach zu mir: Nimm
abermals zu dir das Gerät eines Hirten,
aber eines nichtsnutzigen! 16 Denn siehe,
ich werde einen Hirten im Lande erwe-
cken, der nach dem Verlorenen nicht se-
hen, das Verlaufene nicht suchen, der das
Zerbrochene nicht heilen und das Ge-
sunde nicht versorgen wird; aber das
Fleisch der Fetten wird er fressen und
ihre Klauen zerreißen. 17 Weh über mei-
nen nichtsnutzigen Hirten, der die Herde
verlässt! Das Schwert komme über seinen
Arm und über sein rechtes Auge! Sein
Arm soll verdorren und sein rechtes
Auge erlöschen.

Gottes Schutz für Jerusalem

12 Dies ist die Last, die der HERR an-
kündigt.

Von Israel spricht der HERR, der den
Himmel ausbreitet und die Erde gründet
und den Odem des Menschen in ihm
macht: 2 Siehe, ich will [a]Jerusalem zum
Taumelbecher zurichten für alle Völker
ringsumher, und auch Juda wird's gelten,
wenn Jerusalem belagert wird. 3 Zur sel-
ben Zeit will ich Jerusalem machen zum
Laststein für alle Völker. Alle, die ihn
wegheben wollen, sollen sich daran wund
reißen; denn es werden sich alle Völker
auf Erden gegen Jerusalem versam-
meln.[a]

4 Zu der Zeit, spricht der HERR, will
ich alle Rosse scheu und ihre Reiter irre

10,11: *a* 2. Mose 14,16; Jes 11,15 **11,5:** *a* Jer 23,1-4; Hes 13,13,1-6; 34,1-16 **11,9:** *a* Jer 15,2 **11,11:** *a* Vers 7 **11,12:** *a* Mt 26,15 **11,13:** *a* Mt 27,9-10 **11,14:** *a* Hes 37,22 **12,2:** *a* Jes 51,17; Jer 25,15-29 **12,3:** *a* Kap 14,3; Joel 4,12

machen, aber über das Haus Juda will
ich meine Augen offen halten und alle
Rosse der Völker mit Blindheit plagen.
5 Und die Fürsten in Juda werden sagen
in ihrem Herzen: Die Bürger Jerusalems
sollen getrost sein in dem HERRN Ze-
baoth, ihrem Gott! 6 Zu der Zeit will ich
die Fürsten Judas machen zum Feuer-
becken mitten im Holz und [a]zur Fackel
im Stroh, dass sie verzehren zur Rechten
und zur Linken alle Völker ringsumher.
Aber Jerusalem soll auch fernerhin blei-
ben an seinem Ort.
7 Und der HERR wird zuerst die Hüt-
ten Judas erretten, auf dass sich nicht zu
hoch rühme das Haus David noch die
Bürger Jerusalems wider Juda. 8 Zu der
Zeit wird der HERR die Bürger Jerusa-
lems beschirmen, und es wird zu dieser
Zeit geschehen, dass [a]der Schwache un-
ter ihnen sein wird wie David und das
Haus David wie Gott, wie der Engel des
HERRN vor ihnen her.

Klage über den Durchbohrten

9 Und zu der Zeit werde ich darauf be-
dacht sein, [a]alle Heiden zu vertilgen, die
gegen Jerusalem gezogen sind. 10 Aber
über das Haus David und über die Bür-
ger Jerusalems will ich [a]ausgießen den
Geist der Gnade und des Gebets. Und
[b]sie werden mich ansehen, den sie durch-
bohrt haben, und sie werden um ihn kla-
gen, wie man klagt um ein einziges Kind,
und werden sich um ihn betrüben, wie
man sich betrübt um den Erstgeborenen.
11 Zu der Zeit wird große Klage sein in
Jerusalem, wie die um [a]Hadad-Rimmon
in der Ebene von Megiddo war. 12 Und
das Land wird klagen, ein jedes Ge-
schlecht besonders: das Geschlecht des
Hauses David besonders und die Frauen
besonders, das Geschlecht des Hauses
Nathan besonders und die Frauen be-
sonders, 13 das Geschlecht des Hauses
Levi besonders und die Frauen beson-
ders, das Geschlecht Schimis besonders
und die Frauen besonders; 14 so auch alle
andern übrig gebliebenen Geschlechter,
ein jedes besonders und die Frauen be-
sonders.

Ausrottung des Götzendienstes und der falschen Propheten

13 Zu der Zeit werden das Haus David
und die Bürger Jerusalems einen
[a]offenen Quell haben gegen Sünde und
Befleckung.
2 Zu der Zeit, spricht der HERR Ze-
baoth, [a]will ich die Namen der Götzen
ausrotten aus dem Lande, dass man ihrer
nicht mehr gedenken soll; dazu will ich
auch die [b]Propheten und allen Geist der
Unreinheit aus dem Lande treiben. 3 Und
so soll es geschehen: Wenn jemand wei-
terhin als Prophet auftritt, dann sollen
sein Vater und seine Mutter, die ihn ge-
zeugt haben, zu ihm sagen: [a]Du sollst
nicht am Leben bleiben; denn du redest
Lüge im Namen des HERRN! Und es
werden Vater und Mutter, die ihn ge-
zeugt haben, ihn durchbohren, wenn er
als Prophet auftritt. 4 Denn es soll zu der
Zeit geschehen, dass die Propheten, wenn
sie weissagen, in Schande dastehen mit
dem, was sie geschaut haben, und sie
sollen nicht mehr einen härenen Mantel
anziehen, um zu betrügen; 5 sondern je-
der wird sagen müssen: Ich bin kein Pro-
phet, sondern ein Ackermann; denn vom
Acker habe ich meinen Erwerb von Jugend
auf. 6 Und wenn man zu ihm sagen wird:
Was sind das für Wunden auf deiner
Brust?, wird er sagen: So wurde ich ge-
schlagen im Hause derer, die mich lieben.

Der geläuterte Rest

7 Schwert, mach dich auf über meinen
Hirten, über den Mann, der mir der
nächste ist!, spricht der HERR Zebaoth.
[a]Schlage den Hirten, dass sich die Herde
zerstreue; und ich will meine Hand wen-
den gegen die Kleinen. 8 Und es soll ge-
schehen in dem ganzen Lande, spricht
der HERR, dass zwei Teile darin ausge-
rottet werden sollen und untergehen, und
nur der dritte Teil soll darin übrig
bleiben.[a] 9 Und ich will den dritten Teil
durchs Feuer gehen lassen und läutern,
wie man Silber läutert, und ihn prüfen,
wie man Gold prüft. Die werden dann
meinen Namen anrufen und ich will sie

12,6: *a* Obd 18 **12,8:** *a* Jes 33,24 **12,9:** *a* Offb 20,9 **12,10:** *a* Joel 3,1; *b* Joh 19,37; Offb 1,7 **12,11:** *a* 2. Kön 5,18
13,1: *a* Jes 12,3; 55,1 **13,2:** *a* Mi 5,12; *b* Jer 29,8-9 **13,3:** *a* 5. Mose 13,6 **13,7:** *a* Mt 26,31 **13,8:** *a* Jes 6,13

erhören. Ich will sagen: [a]Es ist mein
Volk; und sie werden sagen: HERR, mein
Gott!

Jerusalem und die Völkerwelt am Tage des HERRN

14 Siehe, es kommt für den HERRN die
Zeit, dass man in deiner Mitte un-
ter sich verteilen wird, [a]was man dir ge-
raubt hat. 2 Denn ich werde alle Heiden
sammeln zum Kampf gegen Jerusalem.
Und die Stadt wird erobert, die Häuser
werden geplündert und die Frauen ge-
schändet werden. Und die Hälfte der
Stadt wird gefangen weggeführt werden,
aber das übrige Volk wird nicht aus der
Stadt ausgerottet werden.
3 Und [a]der HERR wird ausziehen und
kämpfen gegen diese Heiden, wie er zu
kämpfen pflegt am Tage der Schlacht.
4 Und seine Füße werden stehen zu der
Zeit auf dem Ölberg, der vor Jerusalem
liegt nach Osten hin. Und der Ölberg
wird sich in der Mitte spalten, vom Osten
bis zum Westen, sehr weit auseinander,
sodass die eine Hälfte des Berges nach
Norden und die andere nach Süden wei-
chen wird. 5 Und das Tal Hinnom wird
verstopft werden, denn das Tal wird an
die Flanke des Berges stoßen. Und ihr
werdet fliehen, wie ihr vorzeiten geflohen
seid [a]vor dem Erdbeben zur Zeit Usijas,
des Königs von Juda. Da wird dann
kommen der HERR, mein Gott, und alle
Heiligen mit ihm. 6 Zu der Zeit wird we-
der Kälte noch Frost noch Eis sein.
7 Und es wird ein einziger Tag sein – [a]er
ist dem HERRN bekannt! –, es wird nicht
Tag und Nacht sein, und auch um den
Abend wird es licht sein.
8 Zu der Zeit werden [a]lebendige Was-
ser aus Jerusalem fließen, die eine Hälfte
zum Meer im Osten und die andere
Hälfte zum Meer im Westen, und so wird
es sein im Sommer und im Winter. 9 Und
[a]**der HERR wird König sein über alle
Lande.** Zu der Zeit wird der HERR der
einzige sein und sein Name der einzige.
10 Und das ganze Land wird verwandelt
werden in eine Ebene, von Geba bis nach
[a]Rimmon im Süden. Aber Jerusalem
wird hoch liegen und an seiner Stätte
bleiben, vom Tor Benjamin bis an die
Stelle des ersten Tors, [b]bis an das Eck-
tor, und vom Turm Hananel bis an des
Königs Kelter. 11 Und man wird darin
wohnen; es wird [a]keinen Bann mehr ge-
ben, denn [b]Jerusalem wird ganz sicher
wohnen.
12 Und dies wird die Plage sein, mit der
der HERR alle Völker schlagen wird, die
gegen Jerusalem in den Kampf gezogen
sind: Ihr Fleisch wird verwesen, während
sie noch auf ihren Füßen stehen, und
ihre Augen werden in ihren Höhlen ver-
wesen und ihre Zungen im Mund. 13 Zu
der Zeit wird der HERR eine große Ver-
wirrung unter ihnen anrichten, sodass
einer den andern bei der Hand packen
und seine Hand wider des andern Hand
erheben wird; 14 und auch Juda wird ge-
gen Jerusalem kämpfen. Und man wird
zusammenbringen die Güter aller Heiden
ringsumher: Gold, Silber und Kleider
über die Maßen viel. 15 Und so wird dann
diese Plage auch kommen über Rosse,
Maultiere, Kamele, Esel und alle Tiere,
die in diesem Heer sind; sie werden von
ihr geschlagen gleichwie jene.
16 Und alle, die übrig geblieben sind
von allen Heiden, die gegen Jerusalem
zogen, werden jährlich heraufkommen,
um anzubeten [a]den König, den HERRN
Zebaoth, und um das Laubhüttenfest zu
halten. 17 Aber über das Geschlecht auf
Erden, das nicht heraufziehen wird nach
Jerusalem, um anzubeten den König, den
HERRN Zebaoth, über das wird's nicht
regnen. 18 Und wenn das Geschlecht der
Ägypter nicht heraufzöge und käme, so
wird auch über sie die Plage kommen,
mit der der HERR alle Heiden schlagen
wird, wenn sie nicht heraufkommen, um
das Laubhüttenfest zu halten. 19 Darin
besteht die Sünde der Ägypter und aller
Heiden, dass sie nicht heraufkommen,
um das Laubhüttenfest zu halten.
20 Zu der Zeit wird auf den Schellen
der Rosse stehen [a]»Heilig dem HERRN«.
Und die Töpfe im Hause des HERRN
werden den Becken vor dem Altar gleich-
gestellt sein. 21 Und [a]es werden alle
Töpfe in Jerusalem und Juda dem

13,9: *a* Hos 2,25 **14,1:** *a* Jes 39,6 **14,3:** *a* Kap 12,3; Jes 42,13; Offb 19,19 **14,5:** *a* Am 1,1 **14,7:** *a* Mk 13,32 **14,8:** *a* Hes 47,1-8 **14,9:** *a* Ps 97,1; Offb 11,15 **14,10:** *a* Jos 15,32; *b* Jer 31,38 **14,11:** *a* Offb 22,3; *b* Jer 33,16 **14,16:** *a* Vers 9 **14,20:** *a* 2.Mose 28,36 **14,21:** *a* Offb 21,26-27

HERRN Zebaoth heilig sein, sodass alle,
die da opfern wollen, kommen werden
und sie nehmen und darin kochen wer-
den. Und [b]es wird keinen Händler mehr
geben im Hause des HERRN Zebaoth zu
der Zeit.

DER PROPHET MALEACHI

Inhaltsübersicht

Gottes Liebe zu Israel

1 Dies ist die Last, die der HERR an-
kündigt für Israel durch Maleachi.
2 Ich habe euch lieb, spricht der HERR.
Ihr aber sprecht: »Woran sehen wir, dass
du uns lieb hast?« Ist nicht Esau Jakobs
Bruder?, spricht der HERR; [a]und doch
hab ich Jakob lieb 3 und hasse Esau und
habe sein Gebirge öde gemacht und sein
Erbe [a]den Schakalen zur Wüste. 4 Und
wenn auch Edom spricht: Wir sind zer-
schlagen, aber wir wollen das Zerstörte
wieder bauen!, so spricht der HERR Ze-
baoth: Werden sie bauen, so will ich ab-
brechen, und man wird sie nennen »Land
des Frevels« und »Ein Volk, über das
der HERR ewiglich zürnt«. 5 Das sollen
eure Augen sehen und ihr werdet sagen:
Der HERR ist herrlich über die Grenzen
Israels hinaus.

Verachtung Gottes durch minderwertige Opfer

6 [a]Ein Sohn soll seinen Vater ehren und
ein Knecht seinen Herrn. Bin ich nun
Vater, wo ist meine Ehre? Bin ich Herr,
wo fürchtet man mich?, spricht der HERR
Zebaoth zu euch Priestern, die meinen
Namen verachten. Ihr aber sprecht:
»Wodurch verachten wir denn deinen
Namen?« 7 Dadurch dass ihr opfert auf
meinem Altar unreine Speise. Ihr aber
sprecht: »Womit opfern wir dir denn Un-
reines?« Dadurch dass ihr sagt: »Des
HERRN Tisch ist für nichts zu achten.«
8 Denn wenn ihr [a]ein blindes Tier opfert,
so haltet ihr das nicht für böse; und
wenn ihr ein lahmes oder ein krankes
opfert, so haltet ihr das auch nicht für
böse. Bring es doch deinem Fürsten!
Meinst du, dass du ihm gefallen werdest
oder dass er dich gnädig ansehen werde?,
spricht der HERR Zebaoth. 9 So bittet
doch Gott und seht, ob er uns gnädig sei!
Denn meint ihr, nachdem solches von
euch geschehen ist, er werde euch gnädig
ansehen?, spricht der HERR Zebaoth.
10 Dass doch einer unter euch die Tü-
ren zuschlösse, damit ihr nicht umsonst
auf meinem Altar Feuer anzündet! Ich
habe kein Gefallen an euch, spricht der
HERR Zebaoth, und [a]das Opfer von eu-
ren Händen ist mir nicht angenehm.
11 Denn vom Aufgang der Sonne bis zum
Niedergang ist mein Name herrlich unter
den Heiden, und an allen Orten wird
meinem Namen geopfert und ein reines
Opfer dargebracht; denn [a]mein Name ist
herrlich unter den Heiden, spricht der
HERR Zebaoth.
12 Ihr aber entheiligt ihn damit, dass
ihr sagt: »Des Herrn Tisch ist unheilig,
und sein Opfer ist für nichts zu achten.«
13 Und ihr sprecht: »Siehe, welch eine
Mühsal!«, und bringt mich in Zorn,
spricht der HERR Zebaoth, denn ihr
bringt herzu, was geraubt, lahm und
krank ist, und bringt es dar zum Opfer.
Sollte mir solches gefallen von eurer
Hand?, spricht der HERR. 14 Verflucht sei
der Betrüger, der in seiner Herde [a]ein
gutes männliches Tier hat und es gelobt,
aber dem Herrn ein fehlerhaftes opfert.
Denn ich bin ein großer König, spricht
der HERR Zebaoth, und mein Name ist
gefürchtet unter den Heiden.

14,21: *b* Mt 21,12 **1,2:** *a* 1. Mose 25,23; Röm 9,13 **1,3:** *a* Jes 34,13 **1,6:** *a* 2. Mose 20,12 **1,8:** *a* 3. Mose 22,20.23
1,10: *a* Kap 2,13; Jes 1,13 **1,11:** *a* Jes 60,1-7 **1,14:** *a* 3. Mose 22,19

Strafrede gegen die Priester

2 Und nun, ihr Priester, dies Wort gilt
euch: 2Wenn ihr's nicht hören noch
zu Herzen nehmen werdet, dass ihr mei-
nem Namen die Ehre gebt, spricht der
HERR Zebaoth, so [a]werde ich den Fluch
unter euch schicken und verfluchen, wo-
mit ihr gesegnet seid; ja, verfluchen
werde ich euren Segen, weil ihr's nicht
wollt zu Herzen nehmen. 3Siehe, ich will
euch den Arm zerbrechen und den Unrat
eurer Festopfer euch ins Angesicht wer-
fen, und er soll an euch kleben bleiben.
4So werdet ihr dann erfahren, dass ich
solches Wort über euch habe ergehen las-
sen, damit mein Bund mit Levi bestehen
bleibe, spricht der HERR Zebaoth. 5Denn
mein Bund mit ihm war, dass ich ihm
Leben und Frieden gab, und ich gab ihm
Furcht, dass er mich fürchtete und mei-
nen Namen scheute. 6Verlässliche Wei-
sung war in seinem Munde, und es wurde
nichts Böses auf seinen Lippen gefunden.
Er wandelte vor mir friedsam und auf-
richtig und hielt viele von Sünden zu-
rück. 7Denn [a]**des Priesters Lippen sollen
die Lehre bewahren, dass man aus seinem
Munde Weisung suche; denn [b]er ist ein
Bote des HERRN Zebaoth.**

8Ihr aber seid von dem Wege abge-
wichen und habt viele zu Fall gebracht
durch falsche Weisung und habt den
Bund mit Levi verdorben, spricht der
HERR Zebaoth. 9Darum habe auch ich
euch verächtlich und unwert gemacht vor
dem ganzen Volk, weil ihr meine Wege
nicht haltet und die Person anseht, wenn
ihr Weisung gebt.

Gegen Ehen mit heidnischen Frauen und gegen Ehescheidung

10Haben wir nicht [a]alle **einen** Vater? Hat
uns nicht [b]**ein** Gott geschaffen? Warum
verachten wir denn einer den andern und
entheiligen den Bund mit unsern Vätern?
11Juda ist treulos geworden, und in Israel
und in Jerusalem geschehen Gräuel.
Denn Juda entheiligt, was dem HERRN
heilig ist und was er lieb hat, und [a]freit
eines fremden Gottes Tochter. 12Aber der
HERR wird den, der solches tut, ausrot-
ten aus den Zelten Jakobs mit seinem
ganzen Geschlecht, auch wenn er noch
dem HERRN Zebaoth Opfer bringt.

13Weiter tut ihr auch das: Ihr bedeckt
den Altar des HERRN mit Tränen und
Weinen und Seufzen; aber [a]er mag das
Opfer nicht mehr ansehen noch etwas
Angenehmes von euren Händen empfan-
gen. 14Ihr aber sprecht: »Warum das?«
Weil der HERR Zeuge war zwischen dir
und der Frau deiner Jugend, der du treu-
los geworden bist, obwohl sie doch deine
Gefährtin und die Frau ist, mit der du
einen Bund geschlossen hast. 15Nicht
einer hat das getan, in dem noch ein Rest
von Geist war. Denn er sucht Nachkom-
men, die Gott geheiligt sind. Darum so
seht euch vor in eurem Geist, und werde
keiner treulos der Frau seiner Jugend.
16Wer ihr aber gram ist und [a]sie ver-
stößt, spricht der HERR, der Gott Israels,
der bedeckt mit Frevel sein Kleid, spricht
der HERR Zebaoth. Darum so seht euch
vor in eurem Geist und brecht nicht die
Treue!

Gottes Gericht kommt bald

17Ihr macht den HERRN unwillig [a]durch
euer Reden! Ihr aber sprecht: »Womit
machen wir ihn unwillig?« Dadurch dass
ihr sprecht: »Wer Böses tut, der gefällt
dem HERRN, und an solchen hat er
Freude«, oder: »Wo ist der Gott, der da
straft?«

3 **Siehe, [a]ich will meinen Boten senden,
der vor mir her den Weg bereiten soll.
Und bald wird kommen zu seinem Tempel
der Herr, den ihr sucht; und der Engel des
Bundes, den ihr begehrt, siehe, er kommt!,**
spricht der HERR Zebaoth.

2Wer wird aber den Tag seines Kom-
mens ertragen können und wer wird be-
stehen, wenn er erscheint? Denn [a]er ist
wie das Feuer eines Schmelzers und wie
die Lauge der Wäscher. 3Er wird sitzen
und schmelzen und das Silber reinigen,
er wird die Söhne Levi reinigen und
[a]läutern wie Gold und Silber. Dann wer-
den sie dem HERRN Opfer bringen in
Gerechtigkeit, 4und es wird dem HERRN
wohlgefallen das Opfer Judas und Jeru-
salems wie vormals und vor langen Jah-

2,2: *a* 5.Mose 28,15 **2,7:** *a* 5.Mose 33,10; *b* Hag 1,13 **2,10:** *a* Kap 1,6; *b* Hiob 31,15; Eph 4,6 **2,11:** *a* Esra 9,2 **2,13:** *a* Kap 1,10 **2,16:** *a* 5.Mose 24,1 **2,17:** *a* Kap 3,13-14 **3,1:** *a* Mt 11,10; Mk 1,2; Lk 1,17 **3,2:** *a* Jes 1,25 **3,3:** *a* Sach 13,9

ren. 5 Und ich will zu euch kommen zum
Gericht und will ein schneller Zeuge sein
gegen die Zauberer, Ehebrecher, Mein-
eidigen und gegen die, die Gewalt und
Unrecht tun den Tagelöhnern, Witwen
und Waisen und die den Fremdling drü-
cken und mich nicht fürchten, spricht der
HERR Zebaoth.

Gott hält seine Zusage

6 Ich, der HERR, wandle mich nicht; aber
ihr habt nicht aufgehört, Jakobs Söhne
zu sein: 7 Ihr seid von eurer Väter Zeit an
immerdar abgewichen von meinen Ge-
boten und habt sie nicht gehalten. So
[a]bekehrt euch nun zu mir, so will ich
mich auch zu euch kehren, spricht der
HERR Zebaoth.

Ihr aber sprecht: »Worin sollen wir uns
bekehren?« 8 Ist's recht, dass ein Mensch
Gott betrügt, wie ihr mich betrügt? Ihr
aber sprecht: »Womit betrügen wir
dich?« Mit dem Zehnten und der
[a]Opfergabe! 9 [a]Darum seid ihr auch ver-
flucht; denn ihr betrügt mich allesamt.
10 Bringt aber die Zehnten in voller Höhe
in mein Vorratshaus, auf dass in meinem
Hause Speise sei, und prüft mich hiermit,
spricht der HERR Zebaoth, ob ich euch
dann nicht des Himmels Fenster auftun
werde und Segen herabschütten die
Fülle. 11 Und ich will um euretwillen
[a]den »Fresser« bedrohen, dass er euch
die Frucht auf dem Acker nicht verder-
ben soll und der Weinstock auf dem
Felde euch nicht unfruchtbar sei, spricht
der HERR Zebaoth. 12 Dann werden euch
alle Heiden glücklich preisen, denn ihr
sollt ein herrliches Land sein, spricht der
HERR Zebaoth.

Der Tag des HERRN und sein Vorläufer

13 Ihr redet hart gegen mich, spricht der
HERR. Ihr aber sprecht: »Was reden wir
gegen dich?« 14 Ihr sagt: [a]»Es ist um-
sonst, dass man Gott dient; und was
nützt es, dass wir sein Gebot halten und
in Buße einhergehen vor dem HERRN
Zebaoth? 15 Darum preisen wir die Ver-
ächter; denn die Gottlosen gedeihen, und
die Gott versuchen, bleiben bewahrt.«

16 Aber die Gottesfürchtigen trösten
sich untereinander: Der HERR merkt und
hört es, und es wird vor ihm ein Ge-
denkbuch geschrieben für die, welche den
HERRN fürchten und an seinen Namen
gedenken. 17 Sie sollen, spricht der HERR
Zebaoth, an dem Tage, den ich machen
will, [a]mein Eigentum sein, und ich will
mich ihrer erbarmen, wie ein Mann sich
seines Sohnes erbarmt, der ihm dient.
18 Ihr werdet am Ende doch sehen, was
für ein Unterschied ist zwischen dem Ge-
rechten und dem Gottlosen, zwischen
dem, der Gott dient, und dem, der ihm
nicht dient.

19 *Denn siehe, es kommt ein Tag, der
brennen soll wie ein Ofen. Da werden
alle Verächter und Gottlosen Stroh sein,
und der kommende Tag wird sie anzün-
den, spricht der HERR Zebaoth, und er
wird ihnen weder Wurzel noch Zweig las-
sen. 20 **Euch aber, die ihr meinen Namen
fürchtet, [a]soll aufgehen die Sonne der Ge-
rechtigkeit und Heil unter ihren Flügeln.**
Und ihr sollt herausgehen und springen
wie die Mastkälber. 21 Ihr werdet die
Gottlosen zertreten; denn sie sollen
Staub unter euren Füßen werden [a]an
dem Tage, den ich machen will, spricht
der HERR Zebaoth.

22 Gedenkt an das Gesetz meines
Knechtes Mose, das ich ihm befohlen
habe auf dem Berge Horeb für ganz Is-
rael, an alle Gebote und Rechte! 23 **Siehe,
ich will euch senden den Propheten [a]Elia,
[b]ehe der große und schreckliche Tag des
HERRN kommt.** 24 Der soll [a]das Herz der
Väter bekehren zu den Söhnen und das
Herz der Söhne zu ihren Vätern, auf dass
ich nicht komme und das Erdreich mit
dem Bann schlage.

* Abweichende Verszählung statt 3,19-24: 4,1-6.

3,7: *a* Sach 1,3 **3,8:** *a* 2. Mose 25,2 **3,9:** *a (9-10)* Hag 1,5-6 **3,11:** *a* Joel 1,4 **3,14:** *a* Ps 73,13-14; Sach 7,3.5 **3,17:** *a* 2. Mose 19,5 **3,20:** *a* Lk 1,78 **3,21:** *a* Vers 17 **3,23:** *a* Mt 11,14; 17,11-13; *b* Joel 3,4 **3,24:** *a* Lk 1,17

DIE APOKRYPHEN

VORWORT

»Das sind Bücher, so der Heiligen Schrift nicht gleich gehalten und doch nützlich und gut zu lesen sind.« Mit diesen Worten kennzeichnete D. Martin Luther eine Reihe von Schriften, die im Inhaltsverzeichnis seiner Bibel zwar genannt, aber im Druck deutlich abgesetzt und nicht mitgezählt wurden. Sie kommen in der griechischen und lateinischen Übersetzung der Bibel vor, sind jedoch in der Sammlung der hebräischen Schriften des Alten Testaments nicht enthalten. Deshalb werden sie von den reformierten Kirchen nicht als biblisch im Vollsinn anerkannt, während die katholische Kirche sie im Konzil von Trient (1546) als vollwertige Bücher der Heiligen Schrift aufzählt.

Der Grund für den größeren Umfang der griechischen und lateinischen Bibelübersetzungen ist darin zu suchen, dass beim offiziellen Abschluss der hebräischen Schriftensammlung (um 100 n. Chr.) im griechisch sprechenden Judentum und im jungen Christentum noch weitere Bücher als heilige Schriften in Gebrauch waren. Für diese Bücher hat sich der Name Apokryphen, d. h. verborgene, von der öffentlichen Verbreitung ausgeschlossene Schriften, eingebürgert. Außer den in unsrer Ausgabe enthaltenen Apokryphen gibt es noch das 3. und 4. Buch Esra sowie das 3. Makkabäerbuch, die Luther aber nicht aufnahm, sondern die erst nach seinem Tod eine Zeit lang in einige Ausgaben der Lutherbibel Eingang fanden.

Weil die apokryphen Bücher nicht in einem einzigen »offiziellen« hebräischen Text vorliegen, sondern in verschiedenen griechischen und lateinischen Übersetzungen, und weil auch nicht alle von Luther selbst ins Deutsche übertragen wurden, sondern zum Teil von seinen Mitarbeitern, konnte hier die Revision nicht, wie im Alten und Neuen Testament, von einem allgemein anerkannten Grundtext ausgehen. Darum stellte der Rat der Evangelischen Kirche in Deutschland in seinem Arbeitsauftrag fest, es sollte bei der jeweiligen Textgrundlage Luthers (oder seiner Mitübersetzer) geblieben werden, auch wenn diese »zwischen Septuaginta, Septuaginta-Versionen, Vulgata u.a. wechselt«.

Dies hat dazu geführt, dass jetzt manchmal die lateinische, manchmal die griechische und gelegentlich auch die bruchstückhaft erhaltene hebräische Vorlage der Übersetzung ins Deutsche zugrunde liegt. Das erklärt auch, warum dieser Text zum Teil von anderen Übersetzungen, z.B. auch katholischen oder ökumenischen, beträchtlich abweicht und warum die bisherige Verszählung der Lutherbibel beibehalten werden musste.

Die Apokryphen vermitteln einen Einblick in die geistige und religiöse Lage des Judentums kurz vor den Ereignissen, die uns die Evangelien schildern. Sie bilden dadurch zu einem Teil eine Verbindung zwischen den »kanonischen« Büchern des Alten und des Neuen Testaments. Die besonders zahlreich angegebenen Verweisstellen wollen den Leser darauf aufmerksam machen, wo Aussagen der Apokryphen entweder auf die Verkündigung des Alten Testaments zurückgehen oder auf die des Neuen Testaments vorausdeuten oder sich von diesen in auffälliger Weise unterscheiden.

DAS BUCH JUDIT

Nebukadnezar besiegt Arphaxad

1 Arphaxad, der König der Meder,
hatte viele Völker unter seine Herr-
schaft gebracht und baute eine große,
gewaltige Stadt; die nannte er Ekbatana.
2 Ihre Mauern machte er aus Quader-
steinen, siebzig Ellen hoch und dreißig
Ellen dick. 3 Ihre Türme aber machte er
hundert Ellen hoch 4 und zwanzig Fuß
im Geviert. 5 Und die Stadttore machte
er so hoch wie die Türme. Und [a]er
rühmte sich seines mächtigen Heeres und
seiner gefürchteten Kriegswagen.
6 Nebukadnezar aber, der König von
Assyrien, regierte in der großen Stadt
Ninive und kämpfte im zwölften Jahr
seiner Herrschaft gegen Arphaxad. Und
die Völker, die am Euphrat, Tigris und
Choaspes wohnten, halfen ihm; und er
schlug ihn in der großen Ebene, Ragau
genannt, die vorzeiten [a]Arjoch, dem
König von Ellasar, gehört hatte.

Nebukadnezar beschließt einen Feldzug gegen die unbotmäßigen Völker

7 Da wurde das Reich des Nebukadnezar
mächtig und sein Herz stolz. Er hatte
aber auch Boten zu allen gesandt, die in
Zilizien, Damaskus und am Libanon
wohnten, 8 und zu den Völkern am Kar-
mel und von Kedar, auch zu den Be-
wohnern Galiläas und der großen Ebene
Jesreël, 9 und zu allen, die in Samarien
wohnten und jenseits des Jordans bis hin
nach Jerusalem; auch ins ganze Land
Goschen bis an die Grenzen des Landes
Kusch. 10 Zu ihnen allen hatte Nebukad-
nezar, der König von Assyrien, Boten
gesandt. Aber sie hatten sie alle einmütig
abgewiesen und hatten die Boten mit lee-
ren Händen schändlich zurückgeschickt.
11 Da war der König Nebukadnezar über
alle diese Länder sehr zornig geworden,
und er hatte bei seinem Thron und seiner
Königsmacht geschworen, dass er sich an
allen diesen Ländern rächen wollte.
2 Im dreizehnten Jahr des Königs Ne-
bukadnezar, am zweiundzwanzigsten
Tag des ersten Monats, wurde im Hause
Nebukadnezars, des Königs von Assy-
rien, der Beschluss gefasst, sich zu rä-
chen. 2 Und er rief alle seine Ältesten,
Fürsten und Hauptleute 3 und beriet sich
heimlich mit ihnen und eröffnete ihnen,
dass er daran dächte, die ganze Erde
unter seine Herrschaft zu bringen.[a] 4 Da
das ihnen allen gefiel, rief der König Ne-
bukadnezar seinen Feldhauptmann Ho-
lofernes und befahl ihm: 5 Zieh aus gegen
alle Reiche, die im Westen liegen, und
besonders gegen die, die mein Gebot ver-
achtet haben. 6 Du sollst kein Reich ver-
schonen, und alle befestigten Städte sollst
du mir unterwerfen.

Holofernes beginnt den Feldzug

7 Da rief Holofernes die Obersten und
Amtleute des assyrischen Heeres zusam-
men und wählte für den Kriegszug aus,
wie ihm der König befohlen hatte, hun-
dertzwanzigtausend Mann zu Fuß und
zwölftausend Bogenschützen zu Pferde.
8 Und er ließ sein ganzes Heer aufbre-
chen mit unzähligen Kamelen, die mit
reichen Vorräten für sein Heer beladen
waren, und mit Herden von Rindern und
Schafen ohne Zahl. 9 Aus ganz Syrien ließ
er Korn herbeifahren für seinen Durch-
zug. 10 Gold und Silber aber aus der
königlichen Schatzkammer nahm er un-
ermesslich viel mit sich. 11 Und so zog er
aus mit dem ganzen Heer, mit Wagen,
Reitern und Bogenschützen, die den Erd-
boden bedeckten wie Heuschrecken.
12 Als er nun über die Grenze des as-
syrischen Landes gezogen war, kam er
zu dem großen Gebirge Ange im Nor-
den Ziliziens. Dort erstürmte er alle ihre
Burgen, eroberte alle befestigten Städte,

1,5: *a* Ps 20,8 **1,6:** *a* 1. Mose 14,1 **2,3:** *a* Dan 4,19; Jes 14,13-17

13 zerstörte die stolze Stadt Melitene und
beraubte alle Leute von Tarsis und alle
Ismaeliter, die am Rande der Wüste und
im Süden des Landes der Cheleer wohn-
ten. 14 Er zog auch über den Euphrat und
kam nach Mesopotamien und zerstörte
alle wichtigen Städte, die dort waren,
zwischen dem Lauf des Mambre und
dem Meer. 15 Er nahm die Gebiete ein
von Zilizien bis an die Grenzen Jafets im
Süden. 16 Und er führte auch alle Mi-
dianiter weg und raubte ihren ganzen
Reichtum und schlug alle, die Wider-
stand leisteten, mit der Schärfe des
Schwerts. 17 Danach zog er hinab in die
Ebene von Damaskus zur Erntezeit und
verbrannte all ihr Getreide und [a] ließ alle
Bäume und Weinstöcke umhauen. 18 Und
das ganze Land fürchtete sich vor ihm.

Die meisten Völker unterwerfen sich

3 Da schickten die Könige und Fürsten
von allen Städten und Ländern, von
Syrien-Mesopotamien, Syrien-Zoba, Li-
byen und Zilizien ihre Boten. Die kamen
zu Holofernes und sagten: 2 Wende dei-
nen Zorn von uns ab! 3 Es ist doch besser,
dass wir am Leben bleiben und dem
Großkönig Nebukadnezar dienen und
dir gehorsam sind, als dass wir umkom-
men, ohne unser Land dadurch vor
schmählicher Knechtschaft zu bewahren.
4 [a] Unsre ganze Herrschaft und all unser
Besitz, alle Berge, Hügel, Äcker, Rinder,
Schafe, Ziegen, Pferde und Kamele und
alles, was wir haben, dazu auch unsere
Familien, gehören dir; verfüge darüber,
wie du willst. 5 Ja, auch wir mit unsern
Söhnen sind deine Knechte. Nahe dich
uns, gewähre uns Frieden und verlange
von uns alle Dienste, wie dir's gefällt.

6 Da zog Holofernes vom Gebirge
herab mit seinen Reitern und dem großen
Heer und unterwarf alle Städte und alle
Bewohner des Landes. 7 Aus allen Städ-
ten wählte er die Tapfersten aus und
nahm sie in seine Hilfstruppen auf. 8 Da
gerieten diese Länder so sehr in Furcht,
dass die Fürsten und Vornehmen samt
dem Volk ihm entgegenkamen und ihn
aufnahmen mit Kränzen und Fackeln, im
Reigentanz mit Pauken und Pfeifen.

9 Aber sie konnten ihn dennoch mit
solchen Ehrungen nicht milde stimmen;
10 denn er zerstörte ihre Städte und ließ
ihre [a] heiligen Haine umhauen. 11 Denn
der König Nebukadnezar hatte ihm be-
fohlen, alle Götterbilder des Landes zu
entfernen, [a] damit er allein als Gott ge-
priesen werde von den Völkern, die Ho-
lofernes unter seine Herrschaft bringen
würde. 12 Als er nun Syrien-Zoba, ganz
Apamea und ganz Mesopotamien durch-
zogen hatte, kam er zu den Edomitern
ins Land Gabaa, nahm ihre Städte ein
und lagerte dort dreißig Tage lang. Un-
terdessen sammelte er seine ganze Hee-
resmacht.

Die Juden wollen sich wehren und tun Buße

4 Als die Israeliten, die im Lande Juda
wohnten, dies hörten, [a] fürchteten sie
sich sehr vor ihm 2 und es befiel sie Angst
und Zittern, [a] dass er Jerusalem und dem
Tempel des Herrn das Gleiche antun
könnte, was er den andern Städten und
ihren Götzentempeln angetan hatte.
3 Darum sandten sie Leute durch ganz
Samarien bis nach Jericho und besetzten
alle Berghöhen 4 und bauten Mauern um
ihre Dörfer und legten Vorräte für den
Krieg an. 5 Und der Priester Jojakim
schrieb an alle, [a] die bei Jesreël wohnten,
der großen Ebene in der Nähe von Do-
tan, und an alle, bei denen die Feinde
durchziehen konnten, dass sie die Zu-
gänge ins Gebirge, die nach Jerusalem
führen, besetzen und an den Stellen, wo
der Weg durch Engpässe zwischen den
Bergen geht, bewachen sollten. 6 Und die
Israeliten taten, was ihnen Jojakim, der
Priester des Herrn, befohlen hatte.

7 [a] Das ganze Volk schrie inständig
und anhaltend zum Herrn, und sie und
ihre Frauen demütigten sich mit Fasten
und Beten. 8 Die Priester zogen Bußge-
wänder an, die Kinder warfen sich vor
dem Tempel des Herrn nieder, und den
Altar des Herrn verhüllte man mit einer
Bußdecke. 9 Und sie schrien einmütig
zum Gott Israels, dass ihre Kinder und
Frauen nicht den Feinden zum Raub und
zur Beute gegeben, ihre Städte nicht zer-

2,17: *a* 5. Mose 20,19 **3,4:** *a (4-5)* 1. Kön 20,3-4 **3,10:** *a* 5. Mose 12,2-3 **3,11:** *a* 2. Thess 2,4 **4,1:** *a* Kap 2,18 **4,2:** *a* Jes 10,10-11 **4,5:** *a* Kap 1,8 **4,7:** *a (7-8)* St zu Est 3,2; 2. Makk 3,19

stört werden sollten und dass ihr Heilig-
tum nicht entweiht und von den Heiden
nicht geschmäht und verspottet werden
sollte.

10 Und Jojakim, der Hohepriester des
Herrn, ging umher, [a] ermutigte ganz
Israel 11 und sprach: Das sollt ihr wis-
sen, [a] dass der Herr euer Gebet erhören
wird, wenn ihr nicht ablasst [b] vom Fasten
und Beten vor dem Herrn. 12 Denkt an
[a] Mose, den Diener des Herrn, der nicht
mit dem Schwert, sondern mit heiligem
Gebet die Amalekiter schlug, die sich auf
ihre Kraft und Macht, auf ihr Heer, auf
Schild, Wagen und Reiter verließen. 13 So
soll es auch allen Feinden Israels erge-
hen, wenn ihr so fortfahrt, wie ihr ange-
fangen habt. 14 Nach dieser Ermahnung
blieben sie weiterhin im Gebet vor dem
Herrn. Auch die [a] Priester trugen Buß-
gewänder und hatten Asche auf dem
Haupt, wenn sie dem Herrn Brandopfer
darbrachten. Und sie beteten alle zum
Herrn von ganzem Herzen, [b] er möge
sein Volk Israel gnädig heimsuchen.

Der Ammoniter Achior gibt Bericht über die Juden

5 Und es wurde dem Holofernes, dem
Feldhauptmann von Assyrien, ge-
sagt, dass die Israeliten sich rüsteten und
sich wehren wollten und die Wege im
Gebirge gesperrt hätten. Da entbrannte
sein grimmiger Zorn und er rief alle
Obersten und Hauptleute der Moabiter
und Ammoniter zu sich und fragte sie:
2 Sagt mir: Was ist das denn für ein Volk,
das im Gebirge wohnt? Wie viel Städte
haben sie? Was haben sie für ein Heer
und wie groß ist es? Welcher König führt
ihr Heer? Warum sind sie die Einzigen im
Morgenland, die uns verachten und uns
nicht [a] entgegengekommen sind, um uns
in Frieden zu empfangen?

3 Da antwortete Achior, der Oberste
aller Ammoniter, und sagte: 4 Will mein
Herr mich anhören, so will ich dir die
Wahrheit sagen über dies Volk, das im
Gebirge wohnt, und dich nicht belügen.
5 [a] Dies Volk stammt von den Chaldäern
ab. 6 Es hat zuerst in Mesopotamien ge-
wohnt. Weil sie aber nicht den Göttern
ihrer Väter in Chaldäa folgen wollten,
7 [a] verließen sie die Bräuche ihrer Väter,
die viele Götter verehrten, um dem ein-
zigen Gott des Himmels zu dienen, [b] der
ihnen auch gebot, fortzuziehen und in
Kanaan zu wohnen. 8 Als nun über das
ganze Land eine [a] Hungersnot kam, [b] zo-
gen sie nach Ägypten hinab. Dort sind
sie in [c] vierhundert Jahren [d] so viele ge-
worden, dass man sie nicht mehr zählen
konnte.

9 [a] Als aber der König von Ägypten
ihnen die Zwangsarbeit auferlegte, aus
Ton Ziegel zu streichen, um seine Städte
zu bauen, schrien sie zu ihrem Gott.
[b] Der schlug ganz Ägypten mit vielen
Plagen. 10 [a] Als nun die Ägypter sie aus
ihrem Land gestoßen hatten und die
Plage von ihnen abließ und man sie wie-
der fangen und zu ihrem Dienst zurück-
holen wollte, tat ihnen der Gott des Him-
mels auf ihrer Flucht das Meer auf, so-
dass das Wasser auf beiden Seiten stand
wie eine Mauer und sie trockenen Fußes
auf dem Grund des Meeres gingen und
hindurchkamen. 11 Als aber die Ägypter
ihnen mit einem unzählbaren Heer nach-
eilten, wurden sie im Meer ersäuft, so-
dass kein Einziger übrig blieb, der es den
Nachkommen hätte sagen können.

12 [a] Und als dies Volk aus dem Roten
Meer kam, lagerte es sich in der Wüste
des Berges Sinai, wo vorher kein Mensch
wohnen noch sich aufhalten konnte.
13 Dort wurde das bittre Wasser süß, so-
dass sie es trinken konnten, und sie be-
kamen Brot vom Himmel vierzig Jahre
lang; 14 und wohin sie auch zogen ohne
Bogen, Pfeil, Schild und Schwert, da
[a] stritt ihr Gott für sie und siegte. 15 Nie-
mand konnte diesem Volk Schaden tun,
[a] außer wenn es vom Dienst des Herrn,
seines Gottes, abwich.

16 [a] Sooft sie aber außer ihrem Gott
einen andern anbeteten, wurden sie weg-
geführt, erschlagen oder in Schande ge-
bracht. 17 Sooft sie es aber bereuten, vom
Dienst ihres Gottes abgefallen zu sein,

4,10: *a* 5. Mose 20,2-4 **4,11:** *a* Sir 35,21; *b* Mk 9,29 **4,12:** *a* 2. Mose 17,11 **4,14:** *a* Joel 1,13; *b* Joel 2,18 **5,2:** *a* Kap 3,8 **5,5:** *a (5-6)* 1. Mose 11,31 **5,7:** *a* Jos 24,14; *b* 1. Mose 12,1 **5,8:** *a* 1. Mose 41,54; *b* 1. Mose 46,5-6; *c* 1. Mose 15,13; *d* 2. Mose 1,7 **5,9:** *a* 2. Mose 1,11.14; *b* 2. Mose 7,14–12,30 **5,10:** *a (10-11)* 2. Mose 12,33; 14,5-31 **5,12:** *a (12-13)* 2. Mose 15,22-25; 16,2-35 **5,14:** *a* 2. Mose 17,8-13 **5,15:** *a* 4. Mose 14,40-45 **5,16:** *a (16-17)* Ri 2,11-18

gab ihnen der Gott des Himmels wieder
die Kraft, ihren Feinden zu widerstehen.
18 So [a]erschlugen sie die Könige der Ka-
naaniter, der Jebusiter, der Perisiter, der
Hetiter, der Hiwiter, der Amoriter und
alle Mächtigen von Heschbon und nah-
men ihr Land und ihre Städte ein. 19 Und
es ging ihnen gut, solange sie sich nicht
an ihrem Gott versündigten; denn ihr
Gott hasst das Unrecht. 20 Weil sie in
früheren Zeiten von dem Weg abgewi-
chen waren, auf dem sie gehen sollten,
wie Gott ihnen geboten hatte, darum
[a]wurden sie von vielen Völkern im
Kampf besiegt, und die meisten von ih-
nen wurden gefangen in ein fremdes
Land geführt. 21 Aber nachdem sie sich
zu ihrem Gott bekehrt hatten, sind sie
jüngst [a]aus den Ländern heimgekehrt, in
die sie zerstreut waren, und sind in dies
Gebirge hinaufgezogen und wohnen jetzt
wieder in Jerusalem, wo ihr Heiligtum
steht.

22 Darum, mein Herr, versuche zu er-
fahren, ob sie sich an ihrem Gott ver-
sündigt haben; dann wollen wir hinauf-
ziehen, und ihr Gott wird sie dir gewiss
in die Hände geben, sodass du sie be-
zwingst. 23 Haben sie sich aber nicht an
ihrem Gott versündigt, so richten wir
nichts gegen sie aus; denn ihr Gott wird
sie beschirmen, und wir werden vor aller
Welt zum Gespött werden.

24 Als Achior seine Rede beendet hatte,
wurden alle Hauptleute des Holofernes
zornig und dachten daran, ihn zu töten,
und sagten zueinander: 25 Wer wagt zu
sagen, dass die Israeliten sich wehren
könnten gegen den König Nebukadnezar
und sein Heer? Das sind doch nur waf-
fenlose Leute ohne Macht und Kriegs-
erfahrung! 26 Damit aber Achior sieht,
dass er gelogen hat, wollen wir ins Ge-
birge hinaufziehen; und wenn wir ihre
besten Leute gefangen nehmen, so wer-
den wir mit ihnen auch Achior erstechen,
[a]damit alle Völker erkennen, dass Nebu-
kadnezar der Gott des Landes ist und
sonst keiner.

Achior wird nach Betulia gebracht

6 Nun wurde auch Holofernes sehr un-
willig und sagte zu Achior: 2 [a]Wie
kannst du uns weissagen, dass das Volk
Israel von seinem Gott beschützt wird?
Ich werde dir zeigen, dass nur Nebu-
kadnezar Gott ist und sonst keiner.
Wenn wir sie nun alle schlagen wie **einen**
Mann, so sollst auch du mit ihnen durch
das Schwert der Assyrer sterben und
ganz Israel soll mit dir umkommen.
Dann wirst auch du erkennen, [b]dass Ne-
bukadnezar der Herr aller Welt ist. 3 Und
das Schwert meiner Leute soll dich
durchbohren, und du wirst unter den
Verwundeten Israels liegen und musst
sterben und verderben. 4 Meinst du aber,
dass deine Weissagung gewiss ist, so
brauchst du nicht zu erschrecken; und
wenn du glaubst, dass diese meine Worte
nicht erfüllt werden können, so brauchst
du nicht so blass zu werden. 5 Du sollst
aber wissen: Wie es ihnen ergeht, so wird
es dir auch ergehen; denn ich will dich
jetzt zu ihnen schicken, damit du mit
ihnen die verdiente Strafe durch mein
Schwert empfängst.

6 Da befahl Holofernes seinen Knech-
ten, dass sie Achior ergreifen, nach Be-
tulia führen und in die Hände Israels
geben sollten. 7 Und die Knechte des
Holofernes ergriffen ihn und führten ihn
über die Ebene. Als sie ins Gebirge ka-
men, zogen die Schleuderer ihnen entge-
gen. 8 Da wichen sie vom Abhang des
Berges zurück und banden Achior mit
Händen und Füßen an einen Baum; so
gefesselt verließen sie ihn und zogen wie-
der zu ihrem Herrn.

9 Aber die Israeliten kamen von Be-
tulia zu ihm herunter, banden ihn los und
brachten ihn nach Betulia hinein; dort
stellten sie ihn mitten unter das Volk und
fragten ihn, was geschehen wäre, dass die
Assyrer ihn gebunden zurückgelassen
hätten. 10 Zu dieser Zeit waren Usija, der
Sohn Michas, vom Stamm Simeon, und
Karmi, der auch Otniël hieß, die Obers-
ten in der Stadt. 11 Vor diesen Ältesten
und vor dem ganzen Volk sagte Achior
alles, was ihn Holofernes gefragt und was
er geantwortet hatte, und dass ihn die
Leute des Holofernes wegen seiner Ant-
wort töten wollten; aber Holofernes habe
voll Zorn befohlen, man sollte ihn aus
diesem Grunde den Israeliten übergeben.

5,18: *a* Jos 12,7-24 **5,20:** *a* 2. Kön 24,10-16; 25,8-11 **5,21:** *a* Esra 1,1-5 **5,26:** *a* Kap 3,11 **6,2:** *a* 2. Kön 18,28-35; *b* Kap 2,3

Sobald er Israel geschlagen hätte, wollte
er ihn, den Achior, auch martern und
umbringen lassen, 12 weil er gesagt hatte,
der Gott des Himmels würde ihr Schutz
sein.

13 Als Achior dies alles berichtet hatte,
fiel das ganze Volk aufs Angesicht; sie
beteten den Herrn an, klagten und wein-
ten alle zugleich und beteten inständig
zum Herrn: 14 Herr, Gott des Himmels
und der Erde, blicke auf ihren Hochmut
und sieh unser Elend an, sei deinen
[a]Heiligen gnädig und zeige, dass du
nicht verlässt, die auf dich trauen, aber
[b]die stürzt, die auf sich vertrauen und
auf ihre Macht.

15 So weinten und beteten sie den gan-
zen Tag. Und sie trösteten Achior und
sagten: 16 Der Gott unsrer Väter, dessen
Macht du gepriesen hast, wird dir's ver-
gelten, sodass nicht sie auf dich herab-
sehen, sondern dass du siehst, wie
sie geschlagen und vernichtet werden.
17 Und wenn uns der Herr, unser Gott,
errettet, so sei Gott auch mit dir unter
uns. Und willst du, so sollst du mit all
den Deinen bei uns wohnen. 18 Als nun
das Volk wieder auseinanderging, führte
ihn Usija mit sich in sein Haus, bereitete
ein großes Gastmahl für ihn 19 und lud
alle Ältesten dazu ein. Sie ließen sich's
wohl sein, nachdem sie so lange gefastet
hatten. 20 Danach wurde das ganze
Volk wieder zusammengerufen, und [a]die
ganze Nacht waren sie versammelt und
beteten um Hilfe von dem Gott Israels.

Holofernes belagert Betulia

7 Am nächsten Tag befahl Holofernes
seinem Heer, gegen Betulia hinauf-
zuziehen. 2 Und [a]er hatte hundertzwan-
zigtausend Mann zu Fuß und zwölftau-
send Reiter, dazu die [b]Hilfstruppen, die
er in den unterworfenen Gebieten ausge-
hoben und die man ihm aus der gesam-
ten waffenfähigen Jugend der Länder
und Städte zugeführt hatte. 3 Dies ganze
Heer rüstete sich zum Kampf gegen Is-
rael; sie zogen am Abhang des Gebirges
entlang bis zu einer Anhöhe; von dort
sieht man [a]Dotan und blickt von Belma
bis Chelmon, das gegenüber [b]Jesreël
liegt.

4 Als nun die Israeliten das große Heer
der Assyrer sahen, warfen sie sich auf die
Erde, [a]streuten sich Asche aufs Haupt
und [b]beteten alle miteinander, dass der
Gott Israels seine Barmherzigkeit bewei-
sen wolle an seinem Volk. 5 Dann nah-
men sie ihre Waffen und besetzten die
Engpässe der Gebirgswege und bewach-
ten sie Tag und Nacht.

6 Als aber Holofernes um die Stadt
herumzog, entdeckte er südlich davon
eine Quelle, die durch eine Wasserleitung
in die Stadt floss. Diese Wasserleitung
ließ er zerstören. 7 Sie hatten jedoch un-
weit der Mauer kleine Quellen, aus de-
nen sie heimlich Wasser holen wollten;
doch war es nicht genug, um den Durst
damit zu stillen. 8 Doch [a]die Ammoniter
und Moabiter kamen zu Holofernes und
sagten: 9 Die Israeliten wagen nicht, offen
zum Kampf anzutreten, sondern sie ver-
teidigen das Gebirge und befestigen die
Hügel, an deren Steilhang sie sitzen.
10 Damit du sie aber kampflos überwin-
den kannst, lass nur die Quellen bewa-
chen, sodass sie kein Wasser holen kön-
nen; dann müssen sie ohne Schwert-
streich sterben oder die Not bringt sie
dazu, ihre Stadt zu übergeben, von der
sie meinen, dass man sie nicht erobern
kann, weil sie in den Bergen liegt. 11 Die-
ser Rat gefiel Holofernes und seinem Ge-
folge und er legte hundert Mann an jede
Quelle.

12 Als man nun zwanzig Tage die Quel-
len bewacht hatte, hatten alle Bewohner
von Betulia kein Wasser mehr, weder in
Zisternen noch anderswo, sodass es nicht
mehr ausreichte, um auch nur einen Tag
den Durst richtig zu stillen; denn man
hatte ja täglich den Leuten das Wasser
zugemessen. 13 Da kamen alle, Mann und
Frau, Jung und Alt, zu Usija und den
Ältesten und klagten: Gott sei Richter
zwischen euch und uns. [a]Ihr habt uns in
diese große Not gebracht, weil ihr nicht
mit den Assyrern Frieden schließen woll-
tet; darum hat uns Gott nun in ihre
Hände gegeben 14 und wir haben keine
Hilfe zu erwarten, sondern müssen vor
ihren Augen vor Durst verschmachten
und jämmerlich umkommen. 15 Darum
ruft die ganze Stadt zusammen, damit

6,14: *a* Ps 37,28; Tob 2,17; *b* Lk 1,52 **6,20:** *a* Ps 42,9-10; Apg 12,5-12 **7,2:** *a* Kap 2,7; *b* Kap 3,6-7 **7,3:** *a* Kap 4,5; *b* Kap 1,8 **7,4:** *a* Est 4,3; *b* Kap 4,14 **7,8:** *a* Zef 2,8 **7,13:** *a* 2. Mose 5,21

wir uns alle den Leuten des Holofernes
freiwillig ergeben. 16 Denn [a]es ist besser,
dass wir uns ergeben und am Leben blei-
ben und darin Gott loben, als dass wir
umkommen und vor aller Welt zuschan-
den werden und sehen müssen, wie unsre
Frauen und Kinder so jämmerlich vor
unsern Augen sterben. 17 Wir [a]bezeugen
heute vor Himmel und Erde und vor dem
Gott unsrer Väter, der uns jetzt um uns-
rer Sünden willen bestraft, dass wir euch
gebeten haben, die Stadt dem Heer des
Holofernes zu übergeben, und dass wir
lieber rasch durchs Schwert umkommen
als langsam vor Durst verschmachten.

18 Darauf weinte und heulte das ganze
Volk viele Stunden lang und sie schrien
zu Gott: 19 Wir haben gesündigt samt un-
sern Vätern; wir haben unrecht getan
und sind gottlos gewesen.[a] 20 Aber du
bist barmherzig, darum sei uns gnädig
oder bestrafe du selbst uns; und weil wir
dich bekennen, übergib uns nicht den
Heiden, die dich nicht kennen, [a]damit
sie nicht sagen: Wo ist nun ihr Gott?

21 Als sie sich nun müde geschrien und
geweint hatten und es ein wenig still ge-
worden war, stand Usija auf und sagte
unter Tränen: 22 Liebe Brüder, habt doch
Geduld und [a]lasst uns noch fünf Tage
auf Hilfe von Gott warten, 23 ob er uns
nicht seine Gnade erweisen und [a]seinen
Namen herrlich machen will. 24 Wird uns
in diesen fünf Tagen nicht geholfen, so
wollen wir tun, was ihr erbeten habt.

Judit ruft auf zum Warten auf Gottes Hilfe

8 Davon hörte Judit. Sie war eine
Witwe, eine Tochter Meraris, des
Sohnes des Uz, des Sohnes Josefs, des
Sohnes Usijas, des Sohnes Hilkijas, des
Sohnes Jamnors, des Sohnes Gideons,
des Sohnes Rafains, des Sohnes Ahitubs,
des Sohnes Malkijas, des Sohnes Enans,
des Sohnes Natanjas, des Sohnes Scheal-
tiëls, des Sohnes Simeons, des Sohnes
Rubens. 2 Ihr Mann hatte Manasse gehei-
ßen und war zur Zeit der Gerstenernte
gestorben. 3 Denn als er auf dem Felde
die Arbeiter beim Garbenbinden beauf-
sichtigte, machte ihn die Hitze krank und
er starb in seiner Stadt Betulia und
wurde dort bei seinen Vätern begraben.

4 Der hinterließ Judit; die war nun seit
drei Jahren und sechs Monaten eine
Witwe. 5 [a]Sie hatte sich oben in ihrem
Hause einen besonderen Raum herge-
richtet, in dem sie sich mit ihren Mägden
eingeschlossen hielt. 6 Sie war bekleidet
mit einem Trauergewand und fastete täg-
lich, außer am Sabbat, am Neumond und
an den andern Festen des Hauses Israel.
Sie war wunderschön, und ihr Mann
hatte ihr großen Reichtum und einen
stattlichen Hausstand und ausgedehnten
Besitz mit Rinder- und Schafherden hin-
terlassen. 7 Auch hatte sie bei allen einen
guten Ruf, da sie den Herrn fürchtete;
und niemand konnte etwas Schlechtes
über sie sagen.

8 Als Judit nun hörte, dass Usija zuge-
sagt hatte, die Stadt nach fünf Tagen den
Assyrern zu übergeben, sandte sie eine
Botschaft an die Ältesten Kabri und
Karmi. 9 Als diese zu ihr kamen, sagte sie
zu ihnen: Was soll das sein? Hat Usija
eingewilligt, die Stadt den Assyrern zu
übergeben, wenn euch in fünf Tagen
nicht geholfen wird? 10 Wer seid ihr, dass
ihr [a]den Herrn versucht? Das dient nicht
dazu, Gnade zu finden, sondern vielmehr
Zorn und Ungnade. 11 **Wollt ihr dem**
Herrn nach eurem Gefallen [a]Zeit und Tag
bestimmen, wann er helfen soll? 12 [a]Doch
der Herr ist geduldig; darum wollen wir
das bereuen und seine Gnade suchen mit
Tränen. 13 **Denn Gott zürnt nicht wie ein**
Mensch, der sich nicht versöhnen lässt.
14 **Darum wollen wir uns von Herzen vor**
ihm demütigen und ihm dienen und mit
Tränen zum Herrn beten, dass er nach
seinem Gefallen Barmherzigkeit an uns
erweisen wolle.

15 Und wie wir jetzt trauern müssen
wegen des Hochmuts der Assyrer, so wol-
len wir beten, dass wir uns nach diesem
Jammer wieder freuen können, weil wir
nicht der Sünde unsrer Väter gefolgt
sind, die ihren Gott verließen und fremde
Götter anbeteten; [a]darum wurden sie
ihren Feinden übergeben und von ihnen
erschlagen, gefangen und misshandelt.

7,16: *a* Kap 3,1-3 **7,17:** *a* 5. Mose 4,26 **7,19:** *a* 1. Kön 8,47; Ps 106,6 **7,20:** *a* Ps 79,10 **7,22:** *a* 1. Sam 11,3 **7,23:** *a* 2. Makk 8,15 **8,5:** *a (5-6)* Dan 6,11; 1. Tim 5,5 **8,10:** *a* 5. Mose 6,16 **8,11:** *a* Mt 24,36 **8,12:** *a (12-13)* Ps 103,8-9; Hos 11,9; Tob 3,14; 2. Kor 5,19 **8,15:** *a* Kap 5,16

16 Wir aber kennen keinen andern Gott
als ihn allein und wollen mit Demut von
ihm Hilfe und Trost erwarten. 17 So wird
er, der Herr, unser Gott, uns das Leben
retten vor unsern Feinden und alle Hei-
den, die sich gegen uns erheben, demüti-
gen und zuschanden machen.

18 Und weil ihr, liebe Brüder, die Äl-
testen des Volkes Gottes seid und ihr
Leben in eurer Hand ist, tröstet das Volk
mit eurem Wort, dass sie bedenken, wie
unsre Väter auch [a]versucht wurden, da-
mit sie sich darin bewährten, dass sie
Gott von Herzen dienten. 19 Erinnert
sie, wie unser Vater Abraham [a]versucht
und [b]Gottes Freund geworden ist, nach-
dem er sich durch viele [c]Anfechtungen
bewährt hatte. 20 Ebenso sind [a]Isaak,
[b]Jakob, [c]Mose und alle, die Gott lieb
gewesen sind, standhaft geblieben und
[d]haben viel Trübsal überwinden müssen.
21 Andere aber wollten die Trübsal nicht
mit Gottesfurcht annehmen, sondern
haben in ihrem Leiden gegen Gott ge-
klagt und gelästert und sind darum vom
Verderber und durch die Schlangen um-
gebracht worden.[a] 22 Darum lasst uns
nicht ungeduldig werden in diesem Lei-
den, sondern erkennen, dass es [a]eine viel
geringere Strafe ist, als wir mit unsern
Sünden verdienen, und glauben, dass wir
wie Knechte [b]vom Herrn gezüchtigt wer-
den zur Besserung und nicht zum Verder-
ben. 23 Darauf antworteten Usija und die
Ältesten: Es ist alles wahr, was du ge-
sagt hast, und an deinen Worten ist nichts
zu tadeln. 24 Darum bete für uns; denn
du bist eine heilige Frau, die den Herrn
fürchtet.

25 Und Judit sagte: Wenn ihr erkennt,
[a]dass von Gott kommt, was ich gesagt
habe, so prüft nun, ob auch das von Gott
kommt, was ich vorhabe, und betet, dass
Gott es gelingen lässt. 26 In dieser Nacht
wartet am Tor, wenn ich mit meiner
Magd hinausgehe, und betet, dass der
Herr in diesen fünf Tagen, wie ihr gesagt
habt, sich seinem Volk Israel zuwendet.
27 Ihr sollt aber nicht dem nachforschen,
was ich vorhabe, sondern nur für mich
beten zum Herrn, unserm Gott; unter-
nehmt sonst nichts, bis ihr wieder von
mir hört. 28 Und Usija, der Fürst Judas,
sagte zu ihr: Geh hin in Frieden; der
Herr sei mit dir und bestrafe unsre
Feinde! Und sie gingen wieder von ihr
weg.

Judit betet um Gottes Hilfe

9 Danach [a]ging Judit in ihre Kammer
und zog ein Bußgewand an, [b]streute
Asche auf ihr Haupt und fiel nieder vor
dem Herrn, schrie zu ihm und sprach:
2 Herr, du Gott meines Vaters Simeon,
[a]du hast ihm das Schwert gegeben, die
Heiden zu bestrafen, die seine Schwester
vergewaltigt und geschändet hatten, du
hast ihre Frauen und Töchter gefangen
nehmen und ihre Habe plündern lassen
durch deine Knechte, die der Eifer um
dich getrieben hat. Hilf mir armen
Witwe, Herr, mein Gott! 3 Denn [a]alle
Hilfe, vorzeiten und immer wieder, hast
du erdacht und gebracht, und [b]was du
willst, das muss geschehen. 4 Wenn du
helfen willst, so kann's nicht fehlgehen;
und du weißt gut, wie du die Feinde
bestrafen sollst.

5 [a]Schau jetzt auf das Heer der Assy-
rer, wie du vorzeiten auf das Heer der
Ägypter geschaut hast, als sie schwer be-
waffnet deinen Knechten nachjagten und
sich auf ihre Wagen, Reiter und ihr gro-
ßes Kriegsvolk verließen. 6 Als du sie aber
ansahst, wurde es finster um sie, und sie
wurden verzagt, 7 die Tiefe des Meeres
hielt sie fest, und das Wasser ersäufte sie.
8 So geschehe jetzt auch denen, Herr, die
auf ihre große Zahl vertrauen und auf
ihre Wagen, Spieße, Pfeile und Lanzen
pochen, aber nicht wissen, dass du selbst,
Herr, unser Gott, es bist, [a]der den Krie-
gen wehrt von Anfang an, und dass
du mit Recht [b]›Herr‹ heißt. 9 [a]Strecke
deinen Arm aus wie vorzeiten, und
zerschmettere die Feinde durch deine
Macht; lass sie umkommen durch deinen
Zorn, die damit drohen, dein Heiligtum
zu zerstören und [b]den Ort, wo deine
Ehre wohnt, zu entheiligen und mit

8,18: *a* 5. Mose 8,2 **8,19:** *a* 1. Mose 22,1-19; 1. Makk 2,52; *b* Jak 2,21-23; *c* Tob 12,13 **8,20:** *a* 1. Mose 26,12-22; *b* 1. Mose 27,29-32; *c* 2. Mose 2,1-15; *d* 2. Mose 17,1-7; 4. Mose 16,1-35 **8,21:** *a* 4. Mose 14,1-3.26-30; 21,4-6; 1. Kor 10,9-10 **8,22:** *a* Hiob 11,5-6; Weish 11,9-10; *b* Hebr 12,4-11 **8,25:** *a* 1. Joh 4,1 **9,1:** *a* Kap 8,5-6; *b* Kap 7,4 **9,2:** *a* 1. Mose 34,1-2.25-29 **9,3:** *a* Ps 74,12; *b* Ps 33,9 **9,5:** *a (5-7)* 2. Mose 14,5-9.24-28 **9,8:** *a* Ps 46,10; *b* Ps 83,19 **9,9:** *a* Ps 79,1-13; *b* Ps 26,8

ihrem Schwert das Horn deines Altars
abzuhauen.
10 Herr, bestrafe ihn, den Hochmüti-
gen, durch sein eignes Schwert; lass ihn
durch seine eignen Augen gefangen wer-
den, wenn er mich ansieht, und lass ihn
durch meine freundlichen Worte betro-
gen werden. 11 Gib mir die Festigkeit, kei-
nen Ekel zu zeigen, und die Kraft, ihn zu
stürzen. 12 Das wird deinem Namen Ehre
bringen, dass ihn eine Frau getötet hat.[a]
13 Denn du, Herr, bist stark auch ohne
Heeresmacht, und [a]du hast keine Freude
an der Stärke der Rosse; **die Hoffärtigen**
haben dir noch nie gefallen; aber allezeit
hat dir gefallen das Gebet der Elenden
und [b]Demütigen. 14 Du Gott des Him-
mels, Schöpfer der Wasser und Herr aller
Dinge, [a]erhöre das Gebet einer armse-
ligen Frau, die allein auf deine Barmher-
zigkeit vertraut. 15 **Denke, Herr, an deinen**
Bund, und gib mir ein, was ich reden und
wie ich vorgehen soll, und gib mir Glück
dazu, damit dein Haus nicht entweiht
wird und [a]alle Heiden erkennen, dass du
Gott bist und sonst keiner.

Judit geht zu Holofernes

10 Als sie ihr Gebet beendet hatte,
stand sie auf von dem Ort, an dem
sie sich vor dem Herrn niedergeworfen
hatte, 2 rief ihre Magd und ging hinunter
ins Haus, legte das Bußgewand ab und
zog ihre Witwenkleider aus, 3 wusch sich
und salbte sich mit kostbarem Balsam,
flocht ihr Haar und setzte sich einen
Kopfputz auf, zog ihre schönen Kleider
an und tat Schuhe an ihre Füße,
4 schmückte sich mit Armbändern und
Spangen, Ohrringen und Fingerringen
und legte all ihren Schmuck an. 5 Dazu
gab ihr der Herr noch besondere Anmut;
denn sie schmückte sich nicht aus böser
Lust, sondern aus Gottesfurcht. Und der
Herr machte ihre Schönheit so groß, dass
sie allen unsagbar lieblich schien. 6 Und
sie gab ihrer Magd einen Schlauch voll
Wein und einen Krug mit Öl und einen
Sack, in dem sie Feigenkuchen, Mehl
und Brot hatte; so ging sie fort.
7 Und am Tor trafen die beiden Usija
und die Ältesten der Stadt, die auf sie
warteten. 8 Sie bewunderten sie sehr, weil
sie so schön war. 9 Doch fragten sie nicht,
was sie vorhätte, sondern ließen sie hin-
aus und sprachen: Der Gott unsrer Väter
gebe dir Gnade und lasse dir gelingen,
was du dir vorgenommen hast, damit
Israel sich über dich freut und dein
Name zu den [a]Heiligen und Gerechten
gezählt wird. 10 Und alle, die dort waren,
sagten laut: Amen, Amen. 11 Aber Judit
betete und ging mit ihrer Magd zum Tor
hinaus.
12 Und als sie frühmorgens den Berg
hinabging, begegneten ihr die Wächter
der Assyrer, hielten sie an und fragten sie,
woher sie käme und wohin sie wollte.
13 Da antwortete sie: Ich bin eine hebräi-
sche Frau und bin vor ihnen geflohen;
denn ich weiß, dass sie euch in die Hände
fallen werden, weil sie euch verachtet ha-
ben und nicht um Gnade bitten und sich
freiwillig ergeben wollen. 14 Darum hab
ich mir vorgenommen, zum Fürsten Ho-
lofernes zu gehen, um ihm ihre Geheim-
nisse zu offenbaren und ihm zu sagen,
wie er sie leicht überwältigen kann, so-
dass er nicht einen einzigen Mann ver-
liert. 15 Als die Männer das hörten, be-
trachteten sie die Frau näher und waren
ganz betroffen, dass sie so wunderschön
war, 16 und sagten zu ihr: Das rettet dir
das Leben, dass du dich entschlossen
hast, zu unserm Herrn herabzukommen.
17 Denn wenn du vor ihn trittst, wird er
dich gewiss gut behandeln und du wirst
seinem Herzen sehr gefallen. 18 Sie führ-
ten sie zum Zelt des Holofernes und sag-
ten ihm von ihr.
19 Als sie vor ihn trat, war Holofernes
sogleich von ihr eingenommen. 20 Und
seine Diener sagten zueinander: Die He-
bräer sind gewiss nicht zu verachten,
wenn sie so schöne Frauen haben.
Lohnte es sich für uns nicht schon um
ihretwillen, diesen Krieg zu führen? 21 Als
nun Judit den Holofernes unter seinem
Mückennetz sitzen sah, das aus Purpur-
und Goldfäden gewirkt und mit Sma-
ragden und Edelsteinen verziert war, ver-
neigte sie sich und fiel vor ihm nieder.
Aber Holofernes befahl seinen Dienern,
sie wieder aufzurichten.

9,12: *a* Ri 4,9; 5,26; 9,53 **9,13:** *a* Ps 33,16-18; 147,10; *b* 1.Petr 5,5 **9,14:** *a* Kap 7,17 **9,15:** *a* 2.Kön 19,19 **10,9:** *a* Ps 149,5-9

Judit redet mit Holofernes

11 Darauf sagte Holofernes zu ihr: Sei
getrost und fürchte dich nicht; denn
ich habe nie einem Menschen etwas zu-
leide getan, der sich dem König Nebu-
kadnezar ergeben hat.[a] 2 Hätte mich dein
Volk nicht verachtet, so hätte ich nie
meinen Spieß gegen sie erhoben. 3 Aber
nun sage mir, warum du von ihnen weg-
gegangen und zu uns gekommen bist.

4 Judit antwortete ihm: Höre deine
Magd gnädig an. Wirst du tun, was deine
Magd dir vorschlägt, so wird sicherlich
gelingen, was der Herr mit dir vorhat.
5 So wahr Nebukadnezar lebt, der König
über die ganze Erde, und so wahr er dir
seine Macht gegeben hat, alle Ungehor-
samen zu bestrafen: Nicht nur die Men-
schen werden ihm durch dich unterwor-
fen, sondern auch alle Tiere auf dem
Felde werden ihm gehorchen.[a] 6 Deine
mutigen Taten sind hochberühmt in aller
Welt und jeder weiß, dass du der mäch-
tigste Fürst in seinem ganzen Königreich
bist und deine Kriegskunst überall ge-
priesen wird. 7 Wir wissen auch, was
Achior geredet und wie du ihn behandelt
hast.[a] 8 Denn es ist wahr: Unser Gott ist
so erzürnt über unsre Sünden, dass er
[a]durch seine Propheten verkündet hat, er
wolle das Volk um seiner Sünden willen
dahingeben.

9 Weil nun das Volk Israel weiß, dass
sie ihren Gott erzürnt haben, sind sie voll
Furcht vor dir. 10 Dazu leiden sie großen
Hunger und müssen vor Durst ver-
schmachten 11 und haben jetzt vor, ihr
Vieh zu schlachten und sein [a]Blut zu
trinken. Sie [b]wollen sogar Korn, Wein
und Öl, das dem Herrn geweiht ist, für
sich verwenden und das essen, was sie
nicht einmal berühren dürfen. Weil sie
das tun, müssen sie ganz gewiss umkom-
men. 12 Als ich, deine Magd, das er-
kannte, bin ich von ihnen geflohen. So
hat mich der Herr zu dir gesandt, um es
dir zu berichten.

13 Denn obwohl ich zu dir gekommen
bin, so bin ich doch nicht von Gott abge-
fallen, sondern will meinem Gott auch
jetzt bei dir dienen. Darum wird deine
Magd hinausgehen und zu Gott beten;
der wird mir offenbaren, wann er die
Strafe für ihre Sünde an ihnen vollziehen
will. Dann will ich kommen und dir's
berichten. Mitten durch Jerusalem will
ich dich führen, und das ganze Volk
Israel wird dir gehören [a]wie Schafe,
die keinen Hirten haben, und kein
Hund wird dich anbellen. Denn das ist
mir durch Gottes Vorsehung offenbart,
14 und weil er über sie erzürnt ist, hat
er mich gesandt, dass ich dir's berichte.

15 Diese Rede gefiel Holofernes und
seinen Knechten; sie bewunderten ihre
Klugheit und sagten zueinander: 16 Diese
Frau hat auf Erden nicht ihresgleichen
an Schönheit und Klugheit. 17 Und Ho-
lofernes sagte zu ihr: Das hat Gott gut
gefügt, dass er dich vorausgesandt hat,
um durch dich das Volk in meine Hand
zu geben. Wenn dein Gott tut, was du
versprichst, so [a]soll er auch mein Gott
sein; du sollst hoch angesehen sein im
Hause Nebukadnezars, und dein Name
soll berühmt werden in aller Welt.

Judit darf jede Nacht das Lager zum Gebet verlassen

12 Da ließ er sie in seine Schatzkam-
mer hineinführen und bestimmte,
dass sie dort bleiben sollte, und [a]ordnete
an, was man ihr von seinem Tisch auf-
tragen sollte. 2 Aber Judit antwortete
ihm: [a]Ich darf noch nichts von deiner
Speise essen, damit ich mich nicht ver-
sündige; ich habe aber ein wenig mit mir
genommen; davon will ich essen. 3 Da
sagte Holofernes zu ihr: Wenn das aufge-
gessen ist, was du mitgebracht hast, wo-
her sollen wir dir dann anderes beschaf-
fen? 4 Judit antwortete: So gewiss mein
Herr lebt: Bevor deine Magd alles ver-
zehren wird, so wird Gott durch mich
ausrichten, was er vorhat.

5 Als die Knechte sie in das Gemach
führen wollten, wie er befohlen hatte,
6 bat sie, dass man ihr erlaubte, nachts,
[a]ehe es hell wird, hinauszugehen und
zum Herrn zu beten. 7 Da befahl Holo-
fernes seinen Kammerdienern, dass man
sie drei Tage frei aus und ein gehen las-
sen sollte, um zu ihrem Gott zu beten.

11,1: *a* Jer 21,9 **11,5:** *a* Dan 2,37-38 **11,7:** *a* Kap 5,3-6,8 **11,8:** *a* 2.Kön 17,13; 21,10-15 **11,11:** *a* 3.Mose 3,17; *b* 3.Mose 22,15-16 **11,13:** *a* 1.Kön 22,17 **11,17:** *a* Dan 6,26-27 **12,1:** *a* 2.Kön 25,30 **12,2:** *a* Dan 1,8; Tob 1,12 **12,6:** *a* Weish 16,28

8 [a]So ging sie nachts hinaus in das Tal
vor Betulia und wusch sich in einer
Quelle. 9 Danach betete sie zum Herrn,
dem Gott Israels, er möge sie so führen,
dass ihrem Volk die Freiheit geschenkt
werde. 10 Dann ging sie wieder in das
Zelt, vermied, sich unrein zu machen,
und aß nichts bis zum Abend.

Holofernes lässt Judit zum Festmahl holen

11 Am vierten Tage machte Holofernes
ein Festmahl für sein Gefolge und sagte
zu seinem Kämmerer Bagoas: Geh hin
und überrede die Hebräerin, zu mir zu
kommen; 12 denn es gilt als Schande bei
den Assyrern, wenn eine solche Frau uns
unberührt entgehen und einen Mann
zum Narren gehalten haben sollte. 13 Da
kam Bagoas zu Judit und sagte: Schöne
Frau, mein Herr will dich ehren; ver-
weigere es ihm nicht und komm, um mit
ihm zu essen, zu trinken und fröhlich zu
sein. 14 Da sagte Judit: Wie dürfte ich
meinem Herrn das abschlagen? 15 Alles,
was ihm lieb ist, das will ich von Herzen
gern tun mein ganzes Leben lang. 16 Sie
stand auf und schmückte sich, ging hin-
ein und trat vor ihn.

17 Da schlug das Herz des Holofernes
schneller und er entbrannte vor Begierde
nach ihr.[a] 18 Darum sagte er zu ihr: Lass
dich nieder, trink und sei fröhlich; denn
du hast bei mir Gnade gefunden. 19 Und
Judit antwortete: Ja, Herr, ich will fröh-
lich sein, denn ich bin in meinem ganzen
Leben nicht so hoch geehrt worden.
20 Und sie aß und trank mit ihm, aber
nur, was ihre Magd ihr bereitet hatte.
21 Und Holofernes war fröhlich mit ihr
und trank so viel, wie er in seinem Leben
noch nie getrunken hatte.

Judit tötet Holofernes

13 Als es nun sehr spät geworden war,
ging sein Gefolge fort in seine Zelte;
und sie waren alle betrunken. 2 Bagoas
aber machte die Kammer des Holofernes
zu und ging auch fort. Und Judit blieb
allein bei ihm in der Kammer. 3 Als nun
Holofernes auf seinem Bett lag, betrun-
ken war und schlief, 4 sagte Judit zu ihrer
Magd, sie sollte draußen vor der Kam-
mer warten. 5 Und Judit trat vor das Bett
und betete im Stillen unter Tränen:
6 Herr, Gott Israels, stärke mich; blick in
dieser Stunde gnädig auf das Tun meiner
Hände und [a]lass gelingen, was ich mir
im Vertrauen auf dich vorgenommen
habe, damit du [b]deine Stadt Jerusalem
erhöhst, wie du zugesagt hast.

7 Nach diesem Gebet trat sie zu der
Säule oben an seinem Bett und griff nach
seinem Schwert, das dort hing, 8 zog es
heraus, ergriff ihn beim Schopf und be-
tete abermals: 9 Herr, Gott Israels, stärke
mich in dieser Stunde! Darauf stach sie
ihn zweimal mit ganzer Kraft in den
Hals und schnitt ihm den Kopf ab. Da-
nach wälzte sie den Körper aus dem Bett
und nahm das [a]Netz von den Säulen
herunter. 10 Kurz darauf ging sie hinaus
und gab das Haupt des Holofernes ihrer
Magd, damit sie es in ihren Sack steckte.
11 Und sie gingen miteinander hinaus
und durch das Lager hindurch, wie es
ihre Gewohnheit war, als wollten sie zum
Beten gehen, bogen dann aber ab durchs
Tal und kamen ans Tor der Stadt.

Judit kehrt heim

12 Judit rief den Wächtern auf der Mauer
schon von Weitem zu: Macht die Tore
auf; denn [a]Gott ist mit uns; er hat an
Israel Großes getan! 13 Als nun die Wäch-
ter ihre Stimme hörten, riefen sie die
Ältesten der Stadt. 14 Da kamen alle her-
bei, Klein und Groß; denn sie hatten
schon die Hoffnung aufgegeben, dass sie
wiederkommen würde. 15 Sie zündeten
Fackeln an und alle umringten sie.

16 Sie aber trat auf einen erhöhten
Platz und forderte sie auf zu schweigen.
Und als alle still waren, sprach Judit:
17 Dankt dem Herrn, unserm Gott, [a]der
die nicht verlässt, die auf ihn trauen. Er
hat uns durch mich, seine Magd, [b]Barm-
herzigkeit erwiesen, wie er dem Hause
Israel verheißen hatte, und hat in dieser
Nacht den Feind seines Volkes durch
meine Hand umgebracht.

12,8: *a* (8-9) Apg 16,13 **12,17:** *a* Sir 9,9 **13,6:** *a* Neh 1,11; *b* 2.Kön 19,34; Tob 13,22 **13,9:** *a* Kap 10,21 **13,12:** *a* Ps 46,8; Jes 8,10 **13,17:** *a* Kap 6,14; St zu Dan 1,60; *b* Lk 1,68-74

18 Dann zog sie das Haupt des Holo-
fernes aus dem Sack, zeigte es ihnen und
sagte: 19 Seht, dies ist das Haupt des Ho-
lofernes, des Feldhauptmanns der Assy-
rer; und seht, das ist das Netz, unter dem
er lag, als er betrunken war. [a]Da hat ihn
der Herr, unser Gott, durch Frauenhand
umgebracht. 20 So wahr der Herr lebt,
hat er mich [a]durch seinen Engel behütet,
als ich hinging, als ich dort war und als
ich zurückkam; der Herr hat nicht zu-
gelassen, dass seine Magd unrein wurde,
und er hat mich ohne sündige Befleckung
zu euch zurückgebracht mit großer Freu-
de, dass er gesiegt, mich herausgeführt
und euch befreit hat. 21 Wir wollen ihm
alle danken; [a]denn er ist freundlich, und
seine Güte währet ewiglich.
22 Da dankten sie alle dem Herrn und
sprachen zu ihr: Gelobt sei der Herr, der
heute durch dich unsre Feinde zuschan-
den gemacht hat. 23 [a]Und Usija, der
Fürst des Volkes Israel, sprach zu ihr:
Gesegnet bist du, Tochter, vom Herrn,
dem höchsten Gott, mehr als alle Frauen
auf Erden; 24 und gelobt sei der Herr, der
Himmel und Erde geschaffen hat! Er hat
dir Glück gegeben, dass du dem Feld-
hauptmann unsrer Feinde den Kopf ab-
schlagen konntest. Er hat heute deinen
Namen so herrlich gemacht, dass dich
jederzeit alle preisen werden, die an die
Macht des Herrn denken; denn du hast
dein Leben nicht geschont in der Trübsal
und Not deines Volks, sondern es im
Angesicht Gottes vor dem Untergang ge-
rettet. 25 Und alles Volk sprach: Amen,
Amen.
26 Danach rief man Achior herbei und
Judit sagte zu ihm: [a]Der Gott Israels,
von dem du bezeugt hast, dass er sich an
seinen Feinden rächen wird, hat heute
Nacht das Oberhaupt aller Ungläubigen
durch meine Hand umgebracht. 27 [a]Da-
mit du siehst, dass es so ist – sieh hier
den Kopf des Holofernes, der den Gott
Israels in trotzigem Hochmut verachtet
und dir den Tod angedroht hatte, als er
sagte: 28 wenn das Volk Israel gefangen
würde, so wollte er mit ihnen auch dich
erstechen lassen. 29 Als Achior den Kopf
des Holofernes sah, entsetzte er sich,
wurde bleich vor Schrecken und stürzte
vornüber zu Boden. 30 Als er wieder zu
sich kam, fiel er ehrfürchtig ihr zu Füßen
und sprach: 31 Gepriesen seist du zur
Ehre deines Gottes in allen Hütten Ja-
kobs; denn der Gott Israels wird dei-
netwegen verherrlicht werden bei allen
Völkern, die deinen Namen hören.

Judit rät zum Angriff

14 Danach sagte Judit zum ganzen
Volk: Liebe Brüder, hört mich!
2 [a]Hängt diesen Kopf über die Mauer
und nehmt, sobald der Tag anbricht,
eure Waffen und macht einen Ausfall,
aber nur zum Schein; steigt nicht ins Tal
hinunter! 3 Dann werden ihre Wachen
fliehen, um den Feldherrn zur Schlacht
zu wecken. 4 Wenn ihre Hauptleute ins
Zelt des Holofernes kommen und den
Leichnam in seinem Blut liegen sehen,
werden sie erschrecken. 5 Und wenn ihr
merkt, dass sie fliehen, so jagt ihnen zu-
versichtlich nach; denn der Herr wird sie
unter euren Füßen sterben lassen.
6 Als nun Achior sah, wie mächtig der
Gott Israels geholfen hatte, verließ er die
heidnischen Bräuche, glaubte an Gott
und ließ sich beschneiden. Er wurde in
das Volk Israel aufgenommen, er und
alle seine Nachkommen, bis auf den heu-
tigen Tag.

Die Assyrer entdecken den Tod des Holofernes

7 Als der Tag anbrach, hängten sie den
Kopf des Holofernes über die Mauer,
nahmen ihre Waffen und machten einen
Ausfall mit großem Lärm und Geschrei.
8 Als die Wachen das sahen, liefen sie
zum Zelt des Holofernes. Und die darin
waren, fingen an, vor der Tür seiner
Kammer zu poltern, damit er durch den
Lärm und nicht durch Weckrufe aufwa-
chen sollte. 9 Denn niemand wagte es, an
der Kammer des assyrischen Fürsten an-
zuklopfen oder gar hineinzugehen. 10 Als
aber die Heerführer, Obersten und alle
Hauptleute des assyrischen Heeres ka-
men, befahlen sie den Kammerdienern:
11 Geht hinein und weckt ihn auf! Denn
die Mäuse sind [a]aus ihren Löchern
hervorgekommen und wagen, uns zum
Kampf herauszufordern.

13,19: *a* Kap 9,12 13,20: *a* Dan 3,28; Tob 5,22-23 13,21: *a* Ps 106,1 13,23: *a (23-24)* Ri 5,24-27; Lk 1,28-33
13,26: *a* Kap 5,3-23 13,27: *a (27-28)* Kap 6,1-3 14,2: *a* 2.Makk 15,35 14,11: *a* 1.Sam 14,11

12 Da ging Bagoas hinein in die Kam-
mer, trat vor den Vorhang und klatschte
in die Hände; denn er meinte, er schliefe
bei Judit. 13 Er horchte, ob sich etwas
regte, und als er nichts vernahm, trat er
näher an den Vorhang, hob ihn auf und
sah den Leichnam des Holofernes ohne
Kopf in seinem Blut auf der Erde liegen.
Da schrie und heulte er laut und zerriss
seine Kleider 14 und sah in Judits Kam-
mer nach. Als er sie dort nicht fand, lief
er hinaus zu den Kriegsleuten und rief:
Eine einzige hebräische Frau hat das
Haus des Königs Nebukadnezar [a]zu
Spott und Hohn gemacht vor aller Welt;
denn Holofernes liegt tot auf der Erde
und der Kopf ist ihm abgehauen.

15 Als das die assyrischen Hauptleute
hörten, zerrissen sie ihre Kleider und
eine schreckliche Angst befiel sie; 16 und
es erhob sich ein großes Wehgeschrei in
ihrem Lager.

Die Assyrer werden geschlagen

15 [a]Als nun das ganze Kriegsvolk
hörte, dass Holofernes der Kopf
abgehauen war, erschraken sie und wur-
den ganz verwirrt und konnten sich nicht
entscheiden, was sie tun sollten; denn
keiner hörte mehr auf den andern. So
sehr war ihnen der Mut entfallen.
2 Darum suchten sie ihr Heil in der
Flucht und ließen alles im Stich. Auf
allen Wegen in der Ebene und im Ge-
birge flohen sie, um den Hebräern zu
entrinnen; denn sie hatten gehört, dass
diese gegen sie heranrückten.

3 Als die Israeliten sahen, dass die
Feinde flohen, 4 eilten sie ihnen nach,
bliesen die [a]Trompeten und erhoben ein
großes Geschrei. 5 Weil die Assyrer in un-
geordneter Flucht davonjagten, die Israe-
liten ihnen aber in geschlossener Ord-
nung nachsetzten, erschlugen sie alle, die
sie einholen konnten. 6 [a]Und Usija
sandte Boten in alle Städte und Land-
schaften Israels, 7 und diese bewaffneten
ihre auserlesene junge Mannschaft und
schickten sie hinter den Feinden her. Sie
verfolgten sie mit dem Schwert bis zu den
Grenzen des Landes.

8 Aber die Bewohner von Betulia fielen
über das Lager der Assyrer her, schlepp-
ten weg, was die Assyrer zurückgelassen
hatten, und machten reiche Beute. 9 Als
die andern siegreich nach Betulia zurück-
kamen, brachten sie alles, was jene mit-
geführt hatten, mit sich, zahlloses Vieh
und andere Habe, und das ganze Land
wurde reich von dieser Beute.

10 Danach kam der Hohepriester [a]Jo-
jakim von Jerusalem nach Betulia mit
allen seinen Priestern, um Judit zu sehen.
11 Und sie kam zu ihnen heraus. Da prie-
sen sie sie alle mit lauter Stimme und
sprachen: 12 Du bist die Krone Jerusa-
lems, du bist die Wonne Israels, du bist
die Ehre unsres Volks! Mit eigner Hand
hast du alles getan und Israel eine so
große Heilstat erwiesen, und Gott hatte
sein Gefallen daran. Gepriesen seist du
vor Gott in Ewigkeit! 13 Und alles Volk
sprach: Amen, Amen.

14 Nachdem man nun dreißig Tage
lang die Beute eingesammelt hatte,
15 schenkten sie Judit alles, was Holofer-
nes gehört hatte an Gold, Silber, Klei-
dern, Edelsteinen und andern Schätzen;
alles wurde ihr vom Volk übergeben.
16 Und alle waren fröhlich, sangen und
sprangen, Mann und Frau, Jung und
Alt.

Judit dankt Gott und feiert den Sieg

16 [a]Da sang Judit dem Herrn dies
Lied:

2 Spielt dem Herrn mit Pauken
und jubelt ihm mit Zimbeln;
[a]singt ihm ein neues Lied,
preist seinen Namen und ruft ihn
an!
3 [a]Der Herr ist's, der den Kriegen
wehren kann;
Herr ist sein Name.
4 Er [a]schlug sein Lager auf in seinem
Volk,
[b]damit er uns errettet von allen
unsern Feinden.

5 Assur kam von den Bergen im Norden
mit großer Heeresmacht;

14,14: *a* Kap 12,12 **15,1:** *a (1-2)* 1.Sam 17,51 **15,4:** *a* 4.Mose 31,6 **15,6:** *a (6-7)* Ri 7,24; 1.Sam 11,7-8 **15,10:** *a* Kap 4,5 **16,1:** *a (1-2)* 2.Mose 15,20-21; Ri 5,1 **16,2:** *a* Ps 33,3 **16,3:** *a* Kap 9,8 **16,4:** *a* 5.Mose 23,15; *b* 4.Mose 10,35-36

die Schar seiner Krieger verstopfte die Bäche,
und seine Pferde bedeckten das Land.
6 Er drohte mir an, mein Land zu verbrennen
und meine Mannschaft mit dem Schwert zu töten,
meine Kinder zur Beute zu machen
und meine jungen Mädchen hinwegzuführen.
7 Der Herr, der allmächtige Gott, aber hat ihn bestraft,
ihn in die Hand einer Frau gegeben
und ihn zuschanden gemacht.
8 Denn kein Mann, kein Krieger hat ihn umgebracht,
und auch kein Riese hat ihn angegriffen,
sondern Judit, die Tochter Meraris,
hat ihn mit ihrer Schönheit überwunden.
9 Denn sie legte ihre Witwenkleider ab
und zog ihre Feierkleider an zur Freude Israels.
10 Sie salbte sich ihr Angesicht
und flocht ihr Haar, um ihn zu betrügen.
11 Ihre zierlichen Schuhe blendeten ihn,
und ihre Schönheit fing sein Herz,
aber sie schlug ihm den Kopf ab,
12 sodass sich die Perser und Meder entsetzten vor ihrer kühnen Tat.
13 Das ganze Heer der Assyrer heulte,
als meine Leute elend herauskamen,
die vor Durst fast verschmachtet waren.
14 Unmündige Knaben erstachen die Assyrer
und erschlugen sie auf der Flucht wie Kinder.
Sie kamen um im Kampf vor meinem Herrn.

15 Lasst uns singen ein neues Lied dem Herrn, unserm Gott!
16 Herr, Gott, du bist der [a]mächtige Gott,
der große Taten tut,
und niemand kann dir widerstehen.
17 [a]**Die ganze Schöpfung muss dir dienen;**
denn was du sprichst, das muss geschehen;
du [b]sendest deinen Geist und alles wird geschaffen;
und deinem Wort kann niemand widerstehen.
18 Die Berge müssen beben,
und die Felsen [a]zerschmelzen wie Wachs vor dir.
19 Aber denen, die dich fürchten,
schenkst du große Gnade.
Denn [a]alles Opfer und Fett ist viel zu gering vor dir;
aber den Herrn fürchten,
das übertrifft alles.
20 Weh den Heiden, die mein Volk verfolgen!
Denn der allmächtige Herr bestraft sie
und sucht sie heim am Tage des Gerichts.
21 Er wird ihren Leib plagen [a]mit Feuer und mit Würmern,
und sie werden brennen
und es fühlen in alle Ewigkeit.

22 Nach diesem Sieg [a]zog das ganze Volk
von Betulia nach Jerusalem, um den
Herrn anzubeten. Sie reinigten sich und
opferten Brandopfer und was sie [b]gelobt
und versprochen hatten. 23 Und Judit
hängte alle Waffen des Holofernes, die
das Volk ihr gegeben hatte, als Weih-
geschenk im Tempel auf, dazu das Netz,
das sie mitgenommen hatte.[a]
24 Und das Volk war fröhlich in
Jerusalem bei dem Heiligtum und feierte
mit Judit drei Monate lang den Sieg.
25 Danach zog jeder wieder heim. Und
auch Judit kehrte nach Betulia zurück
26 und wurde hoch geehrt im ganzen
Land Israel.
27 Und sie nahm, solange sie lebte,
keinen Mann nach dem Tode ihres ersten
Mannes Manasse.[a] 28 Sie wurde sehr alt
und lebte im Hause ihres Mannes, bis sie
hundertfünf Jahre alt war. Und [a]sie
hatte ihre Magd freigelassen. Danach
starb sie in Betulia und man begrub sie
bei ihrem Mann Manasse. 29 Das ganze
Volk [a]trauerte um sie sieben Tage lang.

16,16: *a* 2. Mose 15,11 **16,17:** *a* Weish 16,24; *b* Ps 104,30 **16,18:** *a* Ps 97,5 **16,19:** *a* Ps 40,7 **16,21:** *a* Jes 66,24; Sir 7,19 **16,22:** *a* 2. Chr 20,27-28; *b* 4. Mose 30,3; Ps 50,14-15 **16,23:** *a* 1. Sam 21,10 **16,27:** *a* 1. Tim 5,5 **16,28:** *a* Jer 34,8-14 **16,29:** *a* 1. Mose 50,10

Und [b]vor ihrem Tod hatte sie ihr Hab
und Gut unter ihre und ihres Mannes
Verwandte verteilt.
30 Während sie lebte und noch lange
danach, wagte niemand, Israel anzugrei-
fen.[a] 31 Der Tag dieses Sieges wurde von
den Hebräern als ein großes Fest gefeiert
und unter die heiligen Tage aufgenom-
men. So halten es die Juden bis auf den
heutigen Tag.

DIE WEISHEIT SALOMOS

Ruf zur Gerechtigkeit und Weisheit

1 Habt Gerechtigkeit lieb, die ihr Land
und Leute regiert! Denkt über den
Herrn nach in lauterem Sinn und sucht
ihn mit aufrichtigem Herzen! 2 Denn er
lässt sich [a]finden von denen, die ihn
nicht versuchen, und [b]erscheint denen,
die ihm nicht misstrauen. 3 Denn ver-
kehrtes Denken [a]scheidet von Gott; und
wird seine Macht herausgefordert, so be-
straft sie solche Narren.[b]
4 Denn die Weisheit kommt nicht in
eine arglistige Seele und [a]wohnt nicht in
einem Leibe, der der Sünde verfallen ist.
5 Denn der Heilige Geist, der ein Geist
der Zucht ist, flieht die Falschheit und
weicht von den ruchlosen Gedanken und
wird geschmäht, wenn Ungerechtigkeit
ihm naht.[a]
6 Die Weisheit ist ein Geist, der den
Menschen liebt; doch [a]lässt sie den Läs-
terer nicht unbestraft für seine Reden.
Denn [b]Gott ist Zeuge seiner heimlichs-
ten Gedanken und erkennt in Wahrheit
sein Herz und hört seine Worte. 7 Der
Erdkreis ist erfüllt vom Geist des Herrn,
und der das All umfasst, hat Kenntnis
von jedem Wort. 8 Darum kann keiner
verborgen bleiben, der Unrechtes redet;
und das Recht, das ihn bestrafen soll,
wird ihn nicht verfehlen. 9 Denn die
Pläne des Gottlosen müssen vor Gericht,
und seine Reden sollen vor den Herrn
kommen, damit seine Übertretungen
bestraft werden. 10 Denn das Ohr des
[a]eifernden Gottes hört alles, und das
Gerede der Murrenden bleibt nicht ver-
borgen.

Ruf zum Leben

11 So hütet euch nun vor unnützem Mur-
ren und bewahrt die Zunge vor böser
Nachrede. Denn was ihr heimlich ein-
ander in die Ohren redet, wird nicht un-
bestraft hingehen, und [a]der Mund, der
lügt, bringt sich den Tod. 12 [a]Strebt nicht
nach dem Tod durch euer verkehrtes Le-
ben, und [b]zieht nicht das Verderben her-
bei durch das Werk eurer Hände.
13 Denn Gott hat den Tod nicht ge-
macht und hat kein Gefallen am Unter-
gang der Lebenden; 14 sondern er hat al-
les geschaffen, dass es Bestand haben
sollte; und [a]was in der Welt geschaffen
ist, das ist gut und es gibt nichts darin,
was Verderben wirkt, und der Tod hat
auf der Erde kein Recht. 15 Denn die Ge-
rechtigkeit kennt keinen Tod; 16 aber die
Gottlosen zwingen ihn herbei mit Wor-
ten und mit Werken. Denn sie halten ihn
für ihren Freund und sehnen sich nach
ihm; sie [a]schließen mit ihm einen Bund,
weil sie es wert sind, ihm anzugehören.[b]

Gedanken der Gottlosen über das Leben und ihr Spott über den Gerechten

2 Denn diese Leute, die so verkehrt
denken, sagen untereinander: »Kurz
und voller Leid ist unser Leben, und
[a]wenn ein Mensch dahinsoll, so gibt es
keine Rettung; auch weiß man von kei-
nem, [b]der aus dem Totenreich befreit.

16,29: *b* 2. Kön 20,1 **16,30:** *a* Ri 2,18 **1,2:** *a* 5. Mose 4,29; *b* Joh 11,40 **1,3:** *a* Jes 59,2; *b* Röm 1,21 **1,4:** *a* Röm 7,18 **1,5:** *a* Eph 4,30 **1,6:** *a* Jer 17,10; *b* Ps 139,2; Hebr 4,13 **1,10:** *a* Jos 24,19 **1,11:** *a* Spr 19,5.9; Apg 5,1-11 **1,12:** *a (12-14)* Kap 2,23-24; Hes 33,11; Röm 6,23; *b* Jes 5,18 **1,14:** *a* 1. Mose 1,31 **1,16:** *a* Jes 28,15; *b* Spr 8,36 **2,1:** *a* Hiob 14,10-12; *b* Mt 20,28

2 Denn nur zufällig sind wir geworden,
und nachher werden wir sein, als wären
wir nie gewesen. Denn der Atem in uns-
rer Nase ist nur Rauch und unser Den-
ken nur ein Funke, der aus dem Pochen
unsres Herzens entsteht. 3 Wenn er ver-
loschen ist, so geht der Leib dahin wie
Asche, und der Geist zerflattert wie
Luft.[a] 4 Unser Name wird mit der Zeit
vergessen, und niemand denkt mehr an
unser Wirken. Unser Leben fährt dahin,
als wäre nur eine Wolke dagewesen, und
zergeht wie Nebel, der von den Strahlen
der Sonne verjagt und von ihrer Hitze zu
Boden gedrückt wird. 5 Unsre Zeit geht
vorbei wie ein Schatten, und wenn es mit
uns zu Ende ist, gibt es keine Wieder-
kehr; denn es steht unverbrüchlich fest,
dass niemand wiederkommt.

6 Kommt nun und lasst uns die Güter
genießen, solange sie da sind, und die
Welt geschwind noch auskosten, solange
wir jung sind.[a] 7 [a]Wir wollen mit bestem
Wein uns füllen und uns salben, und
keine Frühlingsblume soll uns entgehen.
8 Lasst uns Kränze tragen von Rosen-
knospen, ehe sie welk werden. 9 Keine
Wiese bleibe von unserm übermütigen
Treiben verschont, damit man überall
merkt, wie ausgelassen wir gewesen sind.
Denn das ist unser Teil und das ist unser
Los.

10 Lasst uns [a]den armen Gerechten un-
terdrücken und keine Witwe verschonen;
wir wollen uns nicht scheuen vor dem
altersgrauen Haar des Greises. 11 Alles,
was wir tun, das soll Recht sein; denn
[a]es zeigt sich, dass Schwäche nichts aus-
richtet.

12 So [a]lasst uns dem Gerechten auf-
lauern; denn er ist uns lästig und wider-
setzt sich unserm Tun und schilt uns, weil
wir gegen das Gesetz sündigen, und hält
uns vor, dass wir gegen die Zucht versto-
ßen.[b] 13 Er behauptet, Erkenntnis Gottes
zu haben, und rühmt sich, Gottes Kind
zu sein. 14 [a]Er wird uns zum Vorwurf bei
allem, was wir denken; 15 er ist uns un-
leidlich, wenn er sich nur sehen lässt.
Denn sein Leben unterscheidet sich von
dem der andern, und ganz anders sind
seine Wege. 16 Als falsche Münze gelten
wir ihm, und er meidet unsre Wege wie
Schmutz; er rühmt, [a]wie es die Gerech-
ten zuletzt gut haben werden, und prahlt
damit, dass Gott sein [b]Vater sei. 17 So
lasst doch sehen, ob sein Wort wahr ist,
und prüfen, was bei seinem Ende ge-
schehen wird. 18 [a]Ist der Gerechte Gottes
Sohn, so wird er ihm helfen und ihn
erretten aus der Hand der Widersacher.
19 Durch Schmach und Qual wollen wir
ihn auf die Probe stellen, damit wir er-
fahren, wie viel er ertragen kann, und
prüfen, wie geduldig er ist.[a] 20 Wir wol-
len ihn zu schimpflichem Tod verurteilen;
denn dann wird ihm gnädige Heimsu-
chung widerfahren, wie er sagt.«

21 Das alles denken sie – und irren;
denn ihre Bosheit hat sie verblendet,
22 sodass sie Gottes Geheimnisse nicht er-
kennen; auch haben sie nicht die Hoff-
nung, dass ein frommes Leben belohnt
wird, und sie achten die Ehre für nichts,
die untadeligen Seelen gegeben wird.
23 Denn Gott hat den Menschen [a]zur
Unvergänglichkeit geschaffen und ihn
[b]zum Abbild seines eignen Wesens ge-
macht. 24 [a]Aber durch des Teufels Neid
ist der Tod in die Welt gekommen, 25 und
es müssen ihn erfahren, die ihm ange-
hören.

Hoffnung des Gerechten – Hoffnungslosigkeit des Gottlosen

3 Aber die Seelen der Gerechten [a]sind
in Gottes Hand, und keine Qual
rührt sie an. 2 In den Augen der Unver-
ständigen gelten sie als tot, und ihr Ab-
scheiden wird für Strafe gehalten 3 und
ihr Weggehen von uns für Verderben;
aber sie sind im Frieden. 4 Denn wenn sie
auch nach Meinung der Menschen viel
zu leiden haben, so sind sie doch [a]erfüllt
von Hoffnung auf Unsterblichkeit. 5 [a]Sie
werden ein wenig gezüchtigt, aber viel
Gutes wird ihnen widerfahren; denn
Gott versucht sie und findet sie seiner
wert. 6 Er prüft sie wie Gold im Schmelz-
ofen und nimmt sie an wie ein Ganz-
opfer.

2,3: *a* Pred 3,20-21 **2,6:** *a* 1. Kor 15,32 **2,7:** *a* Jes 56,11-12 **2,10:** *a* Am 8,4-6 **2,11:** *a* Hab 1,11 **2,12:** *a* Jer 11,18-19; *b* Lk 11,54 **2,14:** *a (14-15)* 1. Petr 4,4 **2,16:** *a* Ps 37,37; *b* Sir 23,1; 51,14 **2,18:** *a (18-20)* Mt 27,43 **2,19:** *a* Jak 5,6 **2,23:** *a* Kap 6,18-19; 2. Tim 1,10; *b* 1. Mose 1,27 **2,24:** *a (24-25)* 1. Mose 3,4.19; Joh 8,44; Röm 5,12 **3,1:** *a* Joh 10,28-29 **3,4:** *a* 2. Makk 7,9.23.36; 2. Kor 4,17–5,1 **3,5:** *a (5-6)* Sir 2,5; 1. Petr 1,6-7

7 Und zur Zeit ihrer gnädigen Heim-
suchung werden sie aufleuchten und auf-
steigen wie Funken überm Stoppelfeld.[a]
8 Sie werden [a]die Heiden richten und
über die Völker herrschen, und der Herr
wird König sein über sie in Ewigkeit.
9 Die auf ihn vertrauen, werden seine Zu-
verlässigkeit erfahren, und [a]die treu sind
in der Liebe, werden bei ihm bleiben.
Denn [b]Gnade und Barmherzigkeit
wohnt bei seinen Heiligen, und er sucht
seine Auserwählten gnädig heim.

10 Aber die Gottlosen werden die
Strafe empfangen, die ihnen nach ihrer
Gesinnung zukommt; denn sie beachten
den Gerechten nicht und weichen vom
Herrn. 11 Denn wer Weisheit und Zucht
verachtet, ist ein unglückseliger Mensch.
Ihre Hoffnung ist nichtig und ihre Mühe
ist umsonst und ihr Tun ist unnütz.
12 Ihre Frauen sind töricht und ihre Kin-
der böse. Verflucht ist, was von ihnen
geboren wird.

Auch der Gerechte kann kinderlos sein

13 Selig ist die Unfruchtbare, wenn sie
[a]unbefleckt ist und keine verbotene Ehe*
kennengelernt hat; sie wird die Frucht
dafür genießen zu der Zeit, wenn die
Menschen gerichtet werden. 14 Selig ist
auch ein [a]Entmannter, der nichts Un-
rechtes tut und nichts Böses gegen den
Herrn erdenkt; dem wird für seine Treue
eine auserlesene Gabe und ein besseres
Los im Tempel des Herrn gegeben wer-
den. 15 Denn wer sich recht müht, emp-
fängt herrliche Frucht, und aus Einsicht
wächst hervor, was ohne Tadel ist.

16 Aber die Kinder der Ehebrecher
geraten nicht, und die Nachkommen
aus gesetzwidriger Ehe werden vertilgt.[a]
17 Denn wenn sie auch lange leben, wer-
den sie doch nichts gelten, und ihr Alter
wird zuletzt doch ohne Ehre sein. 18 Ster-
ben sie aber bald, so haben sie nichts zu
hoffen und keinen Trost am Tage des
Gerichts. 19 Denn die Ungerechten [a]neh-
men ein schlimmes Ende.

4 [a]Besser ist's, keine Kinder zu haben,
wenn man dabei in Tugend lebt; denn
sie bringt ewigen Ruhm und wird bei
Gott und den Menschen anerkannt. 2 Ist
sie da, nimmt man sie zum Vorbild; ist
sie aber nicht da, so sehnt man sich nach
ihr, und in der Ewigkeit zieht sie be-
kränzt einher; denn [a]sie hat im Ringen
um einen herrlichen Kampfpreis gesiegt.

3 Aber [a]die kinderreiche Menge der
Gottlosen ist nichts nütze und weil sie
aus unechten Schösslingen hervorge-
gangen ist, kann sie nicht tief wurzeln
und keinen festen Grund gewinnen.
4 Und wenn sie auch eine Zeit lang an
den Zweigen grünt, so wird sie doch, weil
sie auf lockerem Grund steht, vom Wind
geschüttelt und vom Sturm entwurzelt.
5 Die zu schwach gebliebenen Äste wer-
den zerbrochen, und so wird ihre Frucht
unbrauchbar, zu unreif zum Essen und
taugt zu nichts. 6 Denn die Kinder, die in
gesetzwidriger Ehe geboren werden, sind
Zeugen für die Schlechtigkeit ihrer Eltern
im Gericht.

Der früh vollendete Gerechte

7 Wenn aber der Gerechte zu frühzeitig
stirbt, so ist er doch in der Ruhe.[a] 8 Denn
ein ehrenvolles Alter muss nicht lange
währen und wird nicht nach der Zahl der
Jahre gemessen; 9 Einsicht ist für die
Menschen das wahre graue Haar und ein
unbeflecktes Leben das rechte Greisen-
alter.

10 [a]Der Gott wohlgefiel, wurde ihm
lieb und weil er unter Sündern lebte,
wurde er hinweggenommen; 11 er wurde
entrückt, damit nicht Schlechtigkeit sei-
nen Sinn verkehren und Trug seine Seele
verführen könnte. 12 Denn böse Beispiele
verderben das Gute, und die lockende
Begierde verkehrt den arglosen Sinn.
13 Obwohl früh vollendet, hat er doch
viele Jahre erfüllt. 14 Denn seine Seele ge-
fiel dem Herrn; darum eilte sie fort von
den bösen Menschen.

15 Aber die Leute, die es sahen, be-
achteten es nicht und [a]nahmen's nicht zu
Herzen, dass [b]Gnade und Barmherzig-
keit bei seinen Auserwählten wohnt und
dass er seine Heiligen gnädig heimsucht.
16 Es verurteilt aber der verstorbene Ge-
rechte die lebenden Gottlosen und der

* d.i. eine durchs Gesetz verbotene Ehe (vgl. 3. Mose 18,6-18; Esra 9,1-2).

3,7: *a* Dan 12,3 **3,8:** *a* 1. Kor 6,2 **3,9:** *a* 1. Joh 4,16; *b* Kap 4,15 **3,13:** *a* Hebr 13,4 **3,14:** *a* Jes 56,3-5 **3,16:** *a* Sir 23,32-35 **3,19:** *a* Ps 73,19 **4,1:** *a* Sir 16,1-3 **4,2:** *a* 1. Kor 9,24-25 **4,3:** *a* Sir 41,8-9 **4,7:** *a* Kap 3,1 **4,10:** *a (10-11)* 1. Mose 5,21-24; Sir 44,16 **4,15:** *a* Jes 57,1; *b* Kap 3,9

Frühvollendete den Ungerechten mit sei-
nem hohen Alter. **17** Sie sehen wohl das
Ende des Weisen, aber sie merken nicht,
was der Herr über ihn beschlossen und
wofür er ihn bewahrt hat. **18** Sie sehen's
wohl und achten's nicht.

Aber [a]der Herr wird sie verlachen,
und sie werden sterben, und man ehrt
ihren Leichnam nicht, und [b]sie werden
unter den Toten ewig zum Gespött.
19 Denn er wird sie zum Schweigen brin-
gen und zu Boden stürzen und aus ihrem
Grund reißen, sodass sie ganz und gar
vernichtet **20** und in der Qual sein werden;
und [a]die Erinnerung an sie wird verloren
gehen. Wenn ihre Sünden zusammenge-
rechnet werden, dann werden sie verzagt
daherkommen, und ihre Missetaten wer-
den ihnen gegenübertreten und sie über-
führen.

Der Gerechte und der Gottlose im Endgericht

5 Dann wird der Gerechte in großer
Zuversicht dastehen vor denen, die
ihn geängstigt haben und seine Mühen
nicht gelten ließen. **2** Wenn sie ihn dann
sehen, werden sie in Furcht und Schre-
cken geraten und außer sich sein über
seine Rettung, die sie nicht erwartet hat-
ten;[a] **3** [a]sie werden voller Reue unterein-
ander sprechen und in Herzensangst
seufzen: »Das ist der, über den wir frü-
her gelacht und gespottet haben, wir Nar-
ren! **4** Wir hielten sein Leben für unsinnig
und sein Ende für ehrlos. **5** Wie konnte er
nur zu den Söhnen Gottes gezählt wer-
den, sodass [a]sein Erbteil bei den Hei-
ligen ist?

6 Dann sind also wir vom Weg der
Wahrheit abgeirrt, und das Licht der Ge-
rechtigkeit hat uns nicht geleuchtet, und
die Sonne ist uns nicht aufgegangen.
7 Wir sind unrechte und verderbliche
Wege gegangen und haben unwegsame
Wüsten durchwandert, aber den Weg des
Herrn haben wir nicht erkannt.[a]

8 Was hilft uns nun der Übermut? Was
bringt uns nun der [a]Reichtum samt dem
Prahlen ein? **9** Es ist alles dahingefahren
wie ein Schatten und wie ein Gerücht,
das vorübergeht, **10** wie ein Schiff, das auf
den Wasserwogen dahinfährt: wenn es
vorüber ist, kann man seine Spur nicht
mehr finden und nicht die Bahn seines
Kiels in den Wellen. **11** Oder wie man bei
einem Vogel, der durch die Luft fliegt,
keine Spur seines Weges finden kann:
denn er regt sich und schlägt in die
leichte Luft, peitscht und zerteilt sie mit
seinen Flügeln; aber danach findet man
in ihr kein Anzeichen seines Fluges mehr.
12 Oder wie wenn ein Pfeil abgeschossen
wird zum Ziel: die durchschnittene Luft
schlägt sogleich wieder zusammen, so-
dass man seine Bahn nicht mehr erken-
nen kann.

13 So haben auch wir, nachdem wir ins
Leben gekommen sind und wieder ein
Ende genommen haben, **14** kein Zeichen
der Tugend vorzuweisen; wir haben uns
in unsrer Bosheit verzehrt.« **15** Denn die
Hoffnung des Gottlosen ist [a]wie Staub,
vom Winde zerstreut, und wie feiner
Schnee, vom Sturm getrieben, und wie
Rauch, vom Winde verweht, und wie
man einen vergisst, der nur einen Tag
lang Gast gewesen ist.

16 Aber die Gerechten werden ewig le-
ben, und [a]der Herr ist ihr Lohn, und der
Höchste sorgt für sie. **17** Darum werden
sie das [a]Reich der Herrlichkeit und eine
schöne [b]Krone aus der Hand des Herrn
empfangen. Denn er wird sie mit seiner
Rechten beschirmen und mit seinem
Arm verteidigen.

18 [a]Er wird seinen Eifer nehmen als
Rüstung und die Schöpfung bewaffnen
zur Abwehr der Feinde. **19** Er wird Ge-
rechtigkeit anziehen als Panzer und un-
bestechliches Gericht sich aufsetzen als
Helm. **20** Er wird unüberwindliche Heilig-
keit ergreifen als Schild, **21** er wird seinen
strengen Zorn schärfen zum Schwert; mit
ihm zusammen aber [a]wird die Welt
kämpfen gegen die Toren. **22** Die Ge-
schosse der Blitze werden gut gezielt da-
hinfliegen und aus den Wolken wie von
einem straff gespannten Bogen ins Ziel
treffen. **23** Und wie aus einer Steinschleu-
der werden zornige [a]Hagelschauer her-
abstürzen. Die Wasser des Meeres wer-
den toben gegen die Toren, und die
Ströme werden sie wild überfluten. **24** Der

4,18: *a* Ps 2,4; *b* Jes 14,4-21 **4,20:** *a* Spr 10,7 **5,2:** *a* Offb 1,7 **5,3:** *a (3-7)* Jes 53,3-9 **5,5:** *a* Kol 1,12 **5,7:** *a* Spr 22,5 **5,8:** *a* 1.Tim 6,17 **5,15:** *a* Ps 1,4 **5,16:** *a* 1.Mose 15,1 **5,17:** *a* Mt 25,34; *b* 2.Tim 4,8 **5,18:** *a (18-21)* Jes 59,16-18; Eph 6,11-17 **5,21:** *a* Ri 5,20-21; Kap 16,17; Lk 21,25 **5,23:** *a* Kap 16,16

Geist göttlicher Kraft wird sich gegen sie
erheben, und wie ein Wirbelwind wird er
sie zerstreuen.

6 Gesetzlosigkeit verwüstet das ganze
Land, und Freveltat stürzt die
Throne der Herrscher.[a]

Die Regenten werden zur Weisheit ermahnt

2 So hört nun, ihr Könige, und versteht;
lernt es, die ihr die ganze Erde richtet;[a]
3 horcht auf, die ihr herrscht über die
Menge und die ihr prahlt mit den Scha-
ren eurer Völker! 4 Denn [a]vom Herrn ist
euch die Macht gegeben und die Gewalt
vom Höchsten, der fragen wird, wie ihr
handelt, und erforschen, was ihr plant.
5 Denn obwohl ihr Diener seines Reiches
seid, habt ihr nicht recht regiert und das
Gesetz nicht gehalten und habt nicht
nach dem Willen Gottes gehandelt. 6 Er
wird schrecklich und schnell über euch
kommen, denn es ergeht ein strenges Ge-
richt über die Machthaber.[a] 7 Denn dem
Geringsten kann wohl Erbarmen wider-
fahren, aber die Gewaltigen werden mit
Gewalt zur Rechenschaft gezogen wer-
den.[a] 8 Denn der Herr des Alls wird
niemand begünstigen noch irgendeine
Macht scheuen. Er hat die Kleinen und
die Großen geschaffen und [a]sorgt für
alle gleich. 9 Die Mächtigen aber werden
streng verhört werden.

10 An euch nun, ihr Herrscher, ergehen
meine Worte, damit ihr Weisheit lernt
und nicht in Sünde fallt. 11 Denn wer das
Heilige heilig hält, der wird geheiligt wer-
den, und wer darin unterwiesen ist, der
wird im Gericht bestehen. 12 Verlangt
also nach meinen Worten; begehrt sie, so
werdet ihr Belehrung empfangen!

13 Die Weisheit ist strahlend und un-
vergänglich und [a]lässt sich gern erken-
nen von denen, die sie lieb haben, und
lässt sich von denen finden, die sie su-
chen. 14 Sie kommt denen entgegen, die
sie begehren, und gibt sich ihnen zu er-
kennen. 15 Wer sich früh zu ihr aufmacht,
braucht nicht viel Mühe; denn er findet
sie vor seiner Tür sitzen.[a] 16 Denn über
sie nachdenken, das ist vollkommene
Klugheit, und wer ihretwegen sich wach
hält, wird bald ohne Sorge sein. 17 Denn
sie geht umher und sucht, wer ihrer wert
ist, und erscheint ihm freundlich auf sei-
nen Wegen und begegnet ihm immer,
wenn er über sie nachsinnt.

18 Denn da ist Anfang der Weisheit,
[a]wo einer aufrichtig nach Unterweisung
verlangt; wer aber nach Unterweisung
trachtet, der hat die Weisheit lieb; 19 wer
sie lieb hat, der hält ihre Gebote; wo man
aber [a]die Gebote hält, da ist [b]unver-
gängliches Leben gewiss; 20 unvergängli-
ches Leben aber bewirkt, dass man Gott
nahe ist. 21 So führt das Verlangen nach
Weisheit zu rechter Herrschaft.

22 [a]Habt ihr nun Gefallen an Thron
und Zepter, ihr Herrscher der Völker,
23 so haltet die Weisheit in Ehren, damit
ihr für immer die Herrschaft behaltet.
24 Was aber [a]die Weisheit ist und wie sie
entstand, will ich verkündigen und euch
ihre Geheimnisse nicht verbergen, son-
dern nach ihr forschen [b]von Anfang der
Schöpfung an und will die Kenntnis von
ihr ans Licht bringen und will an der
Wahrheit nicht vorbeigehen. 25 Denn ich
will mit dem giftigen [a]Neid nichts zu tun
haben; denn er hat nichts gemein mit der
Weisheit. 26 Viele Weise aber sind Heil für
die Welt, und [a]ein kluger König ist das
Glück seines Volks. 27 Darum lasst euch
unterweisen durch meine Worte, so wer-
det ihr Nutzen haben.

Salomo empfängt und erfährt die Weisheit

7 Auch ich bin ein sterblicher Mensch
wie alle andern, ein Nachkomme des
ersten aus Erde geschaffenen Menschen,
2 und bin Fleisch, [a]im Mutterleib zehn
Monate lang gebildet, im Blut zusam-
mengeronnen aus Mannessamen und der
Lust, die im Beischlaf dazukam. 3 Auch
ich habe, als ich geboren war, Atem ge-
holt aus der Luft, die allen gemeinsam
ist, und bin gefallen auf die Erde, die alle
in gleicher Weise trägt; und Weinen ist
wie bei den andern mein erster Laut ge-
wesen 4 und bin in Windeln gelegt und
voll Fürsorge aufgezogen worden. 5 Denn

6,1: *a* Spr 14,34; 16,12; Jer 9,11-12 **6,2:** *a* Ps 2,10 **6,4:** *a* Dan 2,21; Röm 13,1 **6,6:** *a* Dan 5,30 **6,7:** *a* Jer 39,6-10 **6,8:** *a* Kap 12,13 **6,13:** *a* Spr 8,17; Kap 1,2 **6,15:** *a* Spr 8,1-3 **6,18:** *a* Kap 7,7 **6,19:** *a* Spr 4,4-8; Joh 14,15; *b* Mt 19,16-17 **6,22:** *a (22-23)* Spr 16,12 **6,24:** *a* Spr 8,22-31; *b* Kap 9,9; Sir 24,4-14 **6,25:** *a* Jak 3,14-17 **6,26:** *a* Pred 5,8 **7,2:** *a* Ps 139,13; Hiob 10,10-11

auch kein König hatte jemals einen an-
dern Anfang seines Lebens, 6 sondern sie
haben alle denselben Eingang in das Le-
ben und auch den gleichen Ausgang.[a]
7 Deshalb betete ich und mir wurde Ein-
sicht gegeben; ich rief den Herrn an und
der Geist der Weisheit kam zu mir.[a]

8 Ich achtete sie höher als Zepter und
Throne, und Reichtum hielt ich ihr ge-
genüber für nichts. 9 [a]Im Vergleich zu ihr
sah ich jeden Edelstein für wertlos an;
denn alles Gold ist vor ihren Augen nur
geringer Sand, und Silber wird vor ihr
für Schmutz gehalten.[b] 10 Ich hatte sie
lieber als Gesundheit und schöne Gestalt
und zog sie sogar dem Licht vor; denn
der Glanz, der von ihr ausgeht, erlischt
nicht. 11 Zugleich aber kamen mit ihr
alle Güter zu mir, und [a]unermesslicher
Reichtum war in ihrer Hand. 12 Ich
wurde über alle diese Dinge fröhlich, weil
die Weisheit sie mit sich führte; ich wuss-
te aber noch nicht, dass sie auch ihre
Schöpferin ist.

13 Arglos habe ich sie gelernt, neidlos
teile ich sie aus; ich will ihren Reichtum
nicht verbergen. 14 Denn sie ist für die
Menschen ein unerschöpflicher Schatz;
die ihn erwarben, erlangten [a]Gottes
Freundschaft, weil die Gaben sie emp-
fahlen, die die Unterweisung verleiht.

15 Gott aber gebe mir, nach seinem
Sinn zu reden und so zu denken, wie es
solcher Gaben würdig ist. Denn er ist's,
der auch die Weisheit den Weg führt und
den Weisen zurechthilft. 16 Denn in seiner
Hand sind wir selbst und unsre Worte,
dazu alle Klugheit und Kenntnisse in
mancherlei Fertigkeiten.

17 Denn er gab mir sichere [a]Erkenntnis
dessen, was ist, sodass ich den Bau der
Welt begreife und das Wirken der Ele-
mente: 18 Anfang, Ende und Mitte der
Zeiten; wie die Tage zu- und abnehmen;
wie die Jahreszeiten wechseln 19 und wie
das Jahr umläuft und wie die Sterne ste-
hen; 20 die Natur der Tiere und die Kraft
der Raubtiere; die Macht der Geister und
die Gedanken der Menschen; die Vielfalt
der Pflanzen und die Kräfte der Wur-
zeln.[a] 21 So erkannte ich alles, was ver-
borgen und was sichtbar ist; denn die
Weisheit, die alles kunstvoll gebildet hat,
lehrte mich's.

22 [a]Denn es wohnt in ihr ein Geist, der
verständig ist, heilig, einzigartig, viel-
fältig, fein, behänd, durchdringend, rein,
klar, unversehrt, freundlich, scharfsinnig,
ungehindert, wohltätig, 23 menschen-
freundlich, beständig, gewiss, ohne
Sorge; sie vermag alles, sieht alles und
durchdringt selbst alle Geister, die ver-
ständig, lauter und sehr fein sind.
24 Denn die Weisheit ist regsamer als
alles, was sich regt, sie geht und dringt
durch alles – so rein ist sie.

25 Denn sie ist ein Hauch der gött-
lichen Kraft und ein reiner Strahl der
Herrlichkeit des Allmächtigen; darum
kann nichts Unreines in sie hineinkom-
men. 26 Denn sie ist ein [a]Abglanz des
ewigen [b]Lichts und ein fleckenloser Spie-
gel des göttlichen Wirkens und ein Bild
seiner Güte. 27 Obwohl sie nur eine ist,
kann sie doch alles. Und obwohl sie bei
sich selbst bleibt, erneuert sie das All,
und von Geschlecht zu Geschlecht geht
sie in heilige Seelen ein und macht sie zu
[a]Freunden Gottes und zu Propheten.
28 Denn niemanden liebt Gott außer
dem, der mit der Weisheit lebt.[a]

29 Denn sie ist herrlicher als die Sonne
und übertrifft alle Sternbilder. Verglichen
mit dem Licht hat sie den Vorrang.
30 Denn das Licht muss der Nacht wei-
chen, aber die Bosheit kann die Weisheit
nicht überwältigen.

8 Kraftvoll erstreckt sie sich von einem
Ende zum andern und regiert das All
vortrefflich.

Der Lebensbund Salomos mit der Weisheit

2 Die Weisheit hab ich geliebt und ge-
sucht von meiner Jugend an und danach
getrachtet, sie mir zur Braut zu nehmen,
und ich hab ihre Schönheit lieb gewon-
nen. 3 Sie zeigt sich ihrer edlen Herkunft
würdig, indem sie bei Gott lebt; und [a]der
Herr aller Dinge hat sie lieb. 4 Denn [a]sie
ist in Gottes Wissen eingeweiht und
wählt aus, was Gott tut.

7,6: *a* Hiob 1,21 **7,7:** *a* 1. Kön 3,5-12 **7,9:** *a* Hiob 28,15-19; *b* Phil 3,8 **7,11:** *a* 1. Kön 3,13 **7,14:** *a* Vers 27 **7,17:** *a* Sir 17,6-8 **7,20:** *a* 1. Kön 5,13 **7,22:** *a (22-23)* Kap 8,7; Jak 3,17 **7,26:** *a* Hebr 1,3; *b* 1. Joh 1,5 **7,27:** *a* Vers 14; Jak 2,23 **7,28:** *a* Sir 4,15 **8,3:** *a* Spr 8,30 **8,4:** *a* Kap 9,9

5 Ist aber Reichtum ein Gut, das man
im Leben begehrt, was ist dann reicher
als die Weisheit, die alles schafft? 6 Ist's
aber Klugheit, die etwas schafft, wer in
aller Welt ist dann ein größerer Meister
als die Weisheit? 7 Hat aber jemand Ge-
rechtigkeit lieb – so ist es die Weisheit,
die die Tugenden wirkt; denn sie lehrt
Besonnenheit und Klugheit, Gerechtig-
keit und Tapferkeit, und nichts Nützli-
cheres als dies gibt es im Leben für die
Menschen. 8 Begehrt aber jemand Erfah-
rung und Wissen – so ist es die Weisheit,
die das Vergangene kennt und [a]das Zu-
künftige errät. Sie versteht sich auf ge-
wandte Rede und [b]weiß, Rätsel zu lösen.
Zeichen und Wunder erkennt sie im Vor-
aus und was Stunden und Zeiten bringen
werden.

9 Ich habe daher beschlossen, sie mir
zur [a]Gefährtin zu nehmen, denn ich
wusste, dass sie mir ein Ratgeber zum
Guten sein würde und ein Trost in Sor-
gen und Traurigkeit. 10 Ich werde ihret-
wegen Ruhm beim Volk und Ehre bei
den Alten haben, [a]obwohl ich jung bin.
11 Ich werde als scharfsinnig gelten,
[a]wenn ich Recht spreche, und [b]Bewun-
derung finden bei den Mächtigen.
12 Wenn ich schweige, werden sie auf
mich warten; wenn ich rede, werden sie
aufmerken; wenn ich weiterrede, werden
sie die Hand auf ihren Mund legen.[a]
13 Ich werde ihretwegen Unsterblichkeit
empfangen und ein ewiges Andenken bei
denen hinterlassen, die nach mir kom-
men.[a] 14 Ich werde Völker regieren, und
Nationen werden mir untertan sein.
15 Grausame Tyrannen werden sich
fürchten, wenn sie von mir hören; in der
Volksversammlung zeige ich mich tüchtig
und im Krieg tapfer. Kehre ich aber
heim, so werde ich bei der Weisheit ru-
hen. 16 Denn mit ihr Umgang zu haben,
bringt keinen Verdruss, und mit ihr zu-
sammenzuleben, keinen Schmerz, son-
dern Lust und Freude.

17 Das bedachte ich bei mir und erwog
es in meinem Herzen, dass die Verwand-
ten der Weisheit [a]Unsterblichkeit 18 und
ihre Freunde wahre Freude haben und
dass durch die Arbeit ihrer Hände uner-
schöpflicher Reichtum kommt und Klug-
heit durch steten Umgang mit ihr und
guter Ruf durch Teilnahme an ihren
Worten; darum ging ich umher und
suchte, wie ich sie zu mir nehmen
könnte.

19 [a]Ich war aber ein wohlgestalteter
junger Mann und hatte eine edle Seele
empfangen; 20 oder vielmehr, da ich edel
war, kam ich in einen unbefleckten Leib.
21 Als ich aber erkannte, dass ich die
Weisheit nicht anders erlangen könnte,
als dass Gott sie mir gibt – und es war
schon Klugheit zu wissen, von wem diese
Gnadengabe kommt –, da wandte ich
mich an den Herrn, betete zu ihm und
sprach von ganzem Herzen:

Salomos Gebet um Weisheit

9 Gott meiner Väter und Herr des Er-
barmens, der du [a]alle Dinge durch
dein Wort geschaffen 2 und den Men-
schen durch deine Weisheit bereitet hast,
damit er [a]herrschen soll über die Ge-
schöpfe, die von dir gemacht wurden,
3 und die Welt in Heiligkeit und Gerech-
tigkeit regieren und mit aufrichtigem
Herzen Gericht halten soll: 4 Gib mir die
Weisheit, die bei dir auf deinem Thron
sitzt, und verwirf mich nicht aus der
Schar deiner Kinder. 5 Denn ich bin dein
Knecht und der Sohn deiner Magd, ein
schwacher Mensch, der nur ein kurzes
Leben hat und dem es an Einsicht fehlt
für Recht und Gesetz. 6 Denn selbst wenn
einer unter den Menschenkindern voll-
kommen wäre, so wird er doch nichts
gelten, wenn ihm die Weisheit fehlt, die
von dir kommt. 7 [a]Du hast mich erwählt
zum König über dein Volk und zum
Richter über deine Söhne und Töchter;
8 du gebotest mir, einen Tempel zu bauen
auf deinem heiligen Berge und in der
Stadt, in der du wohnst, einen Altar, ein
[a]Abbild des heiligen Zeltes, das du schon
von Anfang an bereitet hast.

9 Und bei dir ist [a]die Weisheit, die
deine Werke kennt und die dabei war, als
du die Welt schufst, und die weiß, was dir

8,8: *a* 1. Mose 40,8; *b* 1. Kön 10,1-4 **8,9:** *a* Spr 7,4 **8,10:** *a* 1. Kön 3,7.12; Ps 119,100; St zu Dan 1,45-50 **8,11:** *a* 1. Kön 3,28; *b* 1. Kön 5,14; 10,7 **8,12:** *a* Hiob 29,9-11 **8,13:** *a* Dan 12,3 **8,17:** *a* Kap 6,18-19 **8,19:** *a (19-20)* Ps 51,7 **9,1:** *a* Ps 33,6; Joh 1,3 **9,2:** *a* 1. Mose 1,26-28 **9,7:** *a (7-8)* 2. Sam 7,12-13 **9,8:** *a* 2. Mose 25,8-9.40 **9,9:** *a* Kap 6,24

wohlgefällig ist und was recht ist nach
deinen Geboten. 10 Schick sie herab von
deinem heiligen Himmel, und sende sie
von dem Thron deiner Herrlichkeit, da-
mit sie mir tätig zur Seite stehe, sodass
ich erkenne, was dir wohlgefällt; 11 denn
sie weiß und versteht alles und wird mich
mit Besonnenheit leiten bei meinen Wer-
ken und mich behüten in ihrer Herrlich-
keit. 12 Dann werden meine Werke an-
genehm sein, und ich werde dein Volk
gerecht richten und des Thrones meines
Vaters würdig sein.

13 Denn welcher Mensch erkennt den
Ratschluss Gottes? Oder wer kann er-
gründen, was der Herr will?[a] 14 Denn die
Gedanken der sterblichen Menschen sind
armselig und unsre Vorsätze hinfällig.[a]
15 Denn der vergängliche Leib beschwert
die Seele, und die irdische [a]Hütte drückt
den viel überlegenden Geist nieder. 16 Wir
erfassen kaum, was auf Erden ist, und
begreifen nur schwer, was wir in Händen
haben. Was aber im Himmel ist, wer hat
es erforscht?[a] 17 Und wer hat deinen Rat-
schluss erkannt? Es sei denn, du hast
Weisheit gegeben und [a]deinen Heiligen
Geist aus der Höhe gesandt. 18 Und so
wurden die Erdenbewohner auf den rech-
ten Weg gebracht und die Menschen in
dem unterwiesen, was dir gefällt, 19 und
durch die Weisheit errettet.

Das rettende Walten der Weisheit von Adam bis Mose

10 Die Weisheit behütete den [a]Erst-
erschaffenen, den Vater der Welt,
als er noch als Einziger geschaffen war,
2 und errettete ihn aus seinem Fall und
gab ihm Kraft, [a]über alles zu herrschen.

3 Als aber ein Ungerechter in seinem
Zorn von ihr abfiel, ging er in [a]bruder-
mörderischem Grimm zugrunde. 4 Als
die Erde seinetwegen von der [a]Sintflut
überschwemmt wurde, rettete die Weis-
heit sie wieder, indem sie den Gerech-
ten auf einem [b]geringen Holz hindurch-
steuerte.

5 Sie [a]erwählte den Gerechten, [b]als die
Völker ihrer einhelligen Bosheit wegen
verwirrt worden waren, und bewahrte
ihn, sodass er vor Gott untadelig blieb,
und [c]ließ ihn festbleiben gegenüber dem
Erbarmen mit seinem Sohn.

6 [a]Die Weisheit rettete den Gerechten,
als er beim Untergang der Gottlosen vor
dem Feuer floh, das auf die fünf Städte
herabfiel; 7 von ihrer Bosheit ist als Zeug-
nis noch rauchendes und ödes Land vor-
handen und Gewächse, die zur Unzeit
Frucht bringen, und eine Salzsäule, die
dasteht als Denkmal einer ungläubigen
Seele. 8 Denn die, die an der Weisheit
vorbeigingen, schadeten nicht nur sich
selbst dadurch, dass sie das Gute nicht
erkannten, sondern hinterließen der Welt
auch ein Denkmal ihrer Torheit, damit
sie nicht verborgen bleiben könnten in
ihrem Irrtum. 9 Die Weisheit aber erret-
tete die aus allen Nöten, die ihr dienen.

10 [a]Sie leitete den Gerechten, der vor
dem Zorn seines Bruders fliehen musste,
auf geraden Wegen; sie zeigte ihm das
Reich Gottes und gab ihm zu erkennen,
was heilig ist; sie ließ es ihm wohlgehen
in seinem mühevollen Dienst und mehrte
den Ertrag seiner Arbeit. 11 Sie stand ihm
bei gegenüber denen, die stärker waren
und ihn übervorteilten, und machte ihn
reich; 12 sie bewahrte ihn vor seinen Fein-
den und [a]beschützte ihn vor denen, die
ihm nachstellten; sie entschied einen
schweren Kampf für ihn, damit er er-
kannte, dass [b]die Frömmigkeit mäch-
tiger ist als alles.

13 [a]Die Weisheit ließ den Gerechten
nicht im Stich, als er verkauft wurde,
sondern behütete ihn vor der Sünde; sie
stieg mit ihm hinab in die Grube 14 und
verließ ihn nicht, als er in Fesseln lag, bis
sie ihm das Zepter des Königreichs
brachte und Macht über die, die ihm
Gewalt angetan hatten; sie erwies die als
Lügner, die ihn geschmäht hatten, und
gab ihm ewigen Ruhm.

15 Die Weisheit [a]rettete das heilige
Volk und die untadelige Nachkommen-
schaft vor dem Volk, das sie [b]bedrückte.
16 Sie [a]ging ein in die Seele des Dieners

9,13: *a* Röm 11,34 **9,14:** *a* Ps 146,4 **9,15:** *a* Jes 38,12; 2. Kor 5,1-4 **9,16:** *a* Joh 3,12 **9,17:** *a* 1. Kor 2,9-16 **10,1:** *a* 1. Mose 2,7-18 **10,2:** *a* Kap 9,2 **10,3:** *a* 1. Mose 4,3-12 **10,4:** *a* 1. Mose 6,5–8,19; 2. Petr 2,5; *b* Kap 14,6 **10,5:** *a* 1. Mose 12,1-3; *b* 1. Mose 11,1-9; *c* 1. Mose 22,1-18 **10,6:** *a (6-7)* 1. Mose 19,1-29; 2. Petr 2,6-8 **10,10:** *a (10-11)* 1. Mose 27,41-45; 28,10-22; 30,25-43 **10,12:** *a* 1. Mose 31,1–32,33; *b* 1. Tim 4,8 **10,13:** *a (13-14)* 1. Mose 37,12-28; 39,7-23; 41,37-46 **10,15:** *a* 2. Mose 12,29-51; *b* 2. Mose 1,6-14 **10,16:** *a* 2. Mose 4,10-16

des Herrn und widerstand den grausa-
men Königen durch [b]Wunder und Zei-
chen. 17 Sie [a]belohnte die Heiligen für
ihre Mühe und [b]leitete sie auf wunder-
barem Wege und war ihnen am Tage ein
Schutz und bei Nacht ein Sternenlicht.
18 [a]Sie führte sie durchs Rote Meer und
leitete sie durch große Wasser; 19 aber
ihre Feinde ersäufte sie und warf sie wie-
der herauf aus der Tiefe des Abgrunds.
20 [a]Darum nahmen die Gerechten den
Gottlosen ihre Waffen ab und priesen,
Herr, deinen heiligen Namen und lobten
einmütig deine Hand, die für sie stritt.
21 Denn die Weisheit öffnete den Mund
der Stummen und machte die Sprache
der Unmündigen verständlich.

11 Sie ließ ihre Werke gelingen durch
einen heiligen [a]Propheten.

Die verschiedene Behandlung der Ägypter und der Israeliten bei der Durstplage
(11,2-16; Fortsetzung Kap 16,1–19,21)

2 Die Israeliten [a]zogen durch eine unbe-
wohnte Wüste und schlugen ihre Zelte
auf in der Einöde, 3 sie widerstanden ih-
ren Feinden und [a]erwehrten sich ihrer
Widersacher. 4 Als es sie dürstete, riefen
sie dich an und ihnen [a]wurde Wasser
gegeben aus schroffem Fels, und sie
löschten den Durst aus hartem Stein.

5 Denn wodurch [a]ihre Feinde bestraft
wurden, eben dadurch geschah ihnen
Gutes, als sie Not litten. 6 Jene nämlich
bestraftest du für den [a]Befehl, die Kin-
der zu töten, dadurch, dass du [b]das im-
mer fließende Wasser des Nils mit Blut
vermischtest; 7 ihnen aber gabst du ganz
unerwartet reichlich Wasser, 8 nachdem
du ihnen vorher durch ihren Durst ge-
zeigt hattest, wie du die Widersacher be-
strafst. 9 [a]Denn als sie zwar versucht, da-
bei aber nur mit Gnaden gezüchtigt wor-
den waren, erkannten sie, wie die Gott-
losen im Zorn gerichtet und gequält
wurden. 10 Denn du hast sie wie ein Vater
zurechtgewiesen und geprüft, jene aber
wie ein strenger König verhört und ver-
dammt.

11 Und es wurden die, die dabei waren,
wie die, die nicht dabei waren, in gleicher
Weise geplagt. 12 Denn es kam doppeltes
Leid über sie und Seufzen, wenn sie an
das Vergangene dachten. 13 Denn als sie
hörten, dass jenen Gutes durch das ge-
schah, wodurch sie selbst bestraft worden
waren, spürten sie das Walten des Herrn.
14 Denn [a]den sie einst ausgesetzt und ins
Wasser geworfen und später verspottet
und abgewiesen hatten, über den mussten
sie staunen, als es am Ende so ausging,
[b]während sie selbst ganz anders als die
Gerechten Durst gelitten hatten.

15 [a]Zur Strafe für die törichten Ge-
danken, die aus ihrer Ungerechtigkeit ka-
men und durch die sie verführt wurden,
unvernünftiges Gewürm und Ungeziefer
anzubeten, sandtest du unter sie eine
Menge unvernünftiger Tiere, 16 damit sie
erkennen sollten: **Womit jemand sündigt,
damit wird er auch bestraft**.

Gottes Erbarmen mit seiner Schöpfung

17 Denn deiner allmächtigen Hand, die
die Welt [a]aus ungestaltetem Stoff ge-
schaffen hat, fehlte es nicht an Macht,
über sie [b]eine Menge von Bären kom-
men zu lassen oder mutige [c]Löwen
18 oder neu geschaffene, grimmige unbe-
kannte Tiere, die [a]Feuer speien oder
stinkenden Rauch schnauben oder
schreckliche Funken aus den Augen blit-
zen ließen 19 und die ihnen nicht nur
durch Verletzungen Verderben bringen,
sondern sie auch mit ihrem furchtbaren
Anblick völlig vernichten können.
20 Aber sie könnten auch ohne dies alles
durch einen einzigen Hauch fallen, ver-
folgt von der strafenden Gerechtigkeit
und [a]weggerafft von dem Hauch deiner
Macht.

21 Aber du hast alles nach Maß, Zahl
und Gewicht geordnet. Denn deine Kraft
gewaltig zu erweisen ist dir allezeit mög-
lich, und wer kann der Macht deines
Arms widerstehen?[a] 22 Denn die ganze

10,16: *b* 2. Mose 7,1–11,10 **10,17:** *a* 2. Mose 12,35-36; *b* 2. Mose 13,21 **10,18:** *a (18-19)* 2. Mose 14,1-31 **10,20:** *a (20-21)* 2. Mose 15,1-21; Mt 21,16 **11,1:** *a* 5. Mose 34,10-12; Hos 12,14 **11,2:** *a* 2. Mose 15,22.27; 16,1 **11,3:** *a* 2. Mose 17,8-13 **11,4:** *a* 2. Mose 17,3-6 **11,5:** *a* Kap 18,8 **11,6:** *a* 2. Mose 1,22; *b* 2. Mose 7,19-21 **11,9:** *a (9-10)* 5. Mose 8,2-5; Jer 10,24-25; Hebr 12,4-11 **11,14:** *a* 2. Mose 2,3; *b* 2. Mose 7,21 **11,15:** *a (15-16)* Kap 12,24; 15,18–16,1; 2. Mose 7,26–8,28; Röm 1,18-32 **11,17:** *a* 1. Mose 1,2; *b* 3. Mose 26,22; 2. Kön 2,24; *c* 2. Kön 17,26 **11,18:** *a* Hiob 41,10-13 **11,20:** *a* Jes 11,4 **11,21:** *a* Jes 40,26

Welt ist vor dir wie ein [a]Stäublein an der
Waage und wie ein Tropfen des Morgen-
taus, der auf die Erde fällt.
23 Aber du erbarmst dich über alle;
denn du kannst alles und du [a]übersiehst
die Sünden der Menschen, damit sie
[b]sich bessern sollen. 24 Denn du liebst
alles, was ist, und verabscheust nichts
von dem, was du gemacht hast; denn du
hast ja nichts bereitet, gegen das du Hass
gehabt hättest.[a] 25 Wie könnte etwas blei-
ben, wenn du nicht wolltest? Oder wie
könnte erhalten werden, was du nicht
gerufen hättest? 26 Du [a]schonst aber al-
les; denn es gehört dir, Herr, du [b]Freund
12 des Lebens, 1 und dein unvergängli-
cher Geist ist in allem.

Gottes Nachsicht in der Bestrafung der Kanaaniter

2 Darum bestrafst du die, die fallen, nur
leicht und [a]warnst sie, indem du sie an
ihre Sünden erinnerst, damit sie von ihrer
Schlechtigkeit loskommen und an dich,
Herr, glauben.
3 [a]Denn als du den früheren Bewoh-
nern deines heiligen Landes feind warst,
4 weil sie die widerwärtigsten Dinge trie-
ben, Zauberei und gottlose Weihen,
5 wolltest du durch die Hände unsrer Vä-
ter die vertilgen, die unbarmherzige
Mörder ihrer Kinder waren 6 und die sich
zu Opfermahlen von Menschenfleisch
zusammentaten und die sich mit Blut
weihten in einer Opfergemeinde und die
als Eltern ihre hilflosen Kinder mit eig-
ner Hand töteten, 7 damit das Land, das
dir von allen das liebste ist, als würdige
Bewohner die Kinder Gottes aufnehmen
könnte.
8 Dennoch schontest du sie, weil auch
sie Menschen waren, und [a]sandtest dei-
nem Heer Hornissen voraus, damit sie sie
nur nach und nach vertilgen sollten. 9 Es
war dir zwar nicht unmöglich, die Gott-
losen in einer Schlacht den Gerechten zu
unterwerfen oder durch schreckliche
Tiere oder durch ein hartes Wort auf
einmal zu zerschmettern; 10 aber du rich-
tetest sie nur nach und nach und [a]gabst
ihnen so Gelegenheit zur Buße, obgleich
du wohl wusstest, dass ihr Ursprung
böse und ihre Schlechtigkeit angeboren
war und dass sich ihr Sinn niemals mehr
ändern würde. 11 Denn sie waren ein
[a]verfluchtes Geschlecht von Anfang an.
So hast du auch nicht darum, weil du
jemand gescheut hättest, ihre Sünden un-
bestraft gelassen. 12 Denn [a]wer darf zu
dir sagen: »Was tust du?« Oder wer kann
deinem Gericht widerstehen? Oder wer
darf dich beschuldigen wegen des Unter-
gangs von Völkern, die du geschaffen
hast? Oder wer darf kommen und vor
dich hintreten als Verteidiger für unge-
rechte Menschen? 13 Denn es gibt außer
dir keinen Gott, [a]der für alle sorgte, so-
dass du beweisen müsstest, dass du nicht
ungerecht richtest. 14 Es kann dir auch
weder ein König noch ein Tyrann die
Stirn bieten um derer willen, die du be-
strafst.
15 Weil du aber gerecht bist, so regierst
du alle Dinge gerecht und siehst es als
deiner Majestät nicht würdig an, [a]je-
mand zu verdammen, der die Strafe nicht
verdient hat. 16 Denn **deine Stärke ist der
Ursprung der Gerechtigkeit,** und weil du
über alle Herr bist, so [a]verschonst du
auch alle. 17 Denn an denen, die an die
Vollkommenheit deiner Macht nicht
glauben, beweist du deine Stärke, und an
denen, die davon wissen, bestrafst du
ihren Übermut. 18 Du aber, der du Herr
bist über die Stärke, richtest mit Milde
und regierst uns mit viel Verschonen;
denn du vermagst alles, wenn du willst.
19 Dein Volk aber lehrst du durch sol-
che Werke, dass [a]der Gerechte men-
schenfreundlich sein soll, und deine
Söhne lässt du voll guter Zuversicht sein,
dass du ihnen für die Sünden Gelegen-
heit zur Buße gibst. 20 [a]Denn wenn du
die Feinde deiner Kinder und die, die des
Todes schuldig waren, mit solcher Vor-
sicht und Schonung bestraft und ihnen
Zeit und Gelegenheit gegeben hast, von
ihrer Schlechtigkeit zu lassen: 21 mit wie
viel größerer Sorgfalt richtest du deine
Söhne, deren Vätern du Eid und Bund
voll guter Verheißungen gegeben hast!

11,22: *a* Jes 40,15 **11,23:** *a* Ps 130,4; *b* Röm 2,4 **11,24:** *a* Jak 1,17 **11,26:** *a* Kap 12,16; *b* Hes 18,23; Joh 3,16 **12,2:** *a* Hes 3,16-21 **12,3:** *a (3-6)* 5.Mose 18,9-12; Kap 14,23 **12,8:** *a* 2.Mose 23,28-30 **12,10:** *a* Kap 11,23 **12,11:** *a* 1.Mose 9,24-25 **12,12:** *a* Dan 4,32; Röm 9,20 **12,13:** *a* Kap 6,8 **12,15:** *a* Hes 18,20 **12,16:** *a* Kap 11,23.26 **12,19:** *a* Lk 6,35-36 **12,20:** *a* Apg 17,26-27

22[a]Während du also uns erziehst, plagst
du unsre Feinde tausendfach, damit wir
deine Güte bedenken, wenn wir richten,
und auf deine Barmherzigkeit trauen,
wenn wir gerichtet werden.

Schwere Bestrafung nach vergeblicher Warnung

23[a]Daher quältest du auch die Unge-
rechten, die ein unverständiges Leben
führten, mit ihren eignen Götzen.
24Denn sie waren so weit auf Irrwege
geraten, dass sie, betrogen wie unverstän-
dige Kinder, die Tiere für Götter hielten,
die unter den verabscheuten Tieren die
verächtlichsten sind. 25Darum hast du
ihnen wie unvernünftigen Kindern eine
Strafe geschickt, die sie zum Gespött
machte. 26Die sich aber durch Spott und
Strafe nicht warnen lassen, werden das
verdiente Gericht Gottes erfahren.
27Denn sie wurden eben durch die ge-
quält, die sie für Götter hielten, und als
sie unter ihnen litten, ärgerten sie sich
über sie und [a]erkannten nun deutlich
den als den wahren Gott, [b]den sie vorher
nicht erkennen wollten; darum kam auch
das Äußerste an Strafe über sie.

Die Torheit des Götzendienstes

13 Es sind von Natur alle Menschen
nichtig, die von Gott nichts wissen
und [a]an den sichtbaren Gütern den, der
wirklich Gott ist, nicht zu erkennen ver-
mögen und die, obwohl sie auf seine
Werke achten, nicht begreifen, wer der
Meister ist, 2sondern das Feuer oder den
Wind oder die flüchtige Luft oder die
Sterne oder mächtige Wasser oder [a]die
Lichter am Himmel für Götter halten,
die die Welt regieren. 3Wenn sie aber an
ihrer Schönheit sich freuten und sie
darum für Götter hielten, hätten sie wis-
sen sollen, [a]um wie viel herrlicher der ist,
der über das alles der Herr ist. Denn der
aller Schönheit Meister ist, hat das alles
geschaffen. 4Wenn sie aber schon über
ihre Macht und Kraft staunten, hätten
sie merken sollen, um wie viel mächtiger
der ist, der das alles bereitet hat. 5Denn
es wird an der Größe und Schönheit der
Geschöpfe ihr Schöpfer wie in einem
Bild erkannt.[a]

6Trotzdem sind sie nicht zu sehr zu
tadeln; denn sie irren vielleicht und [a]su-
chen doch Gott und hätten ihn gern ge-
funden. 7Denn sie gehen zwar mit seinen
Werken um und erforschen sie, aber sie
lassen sich durch das, was vor Augen ist,
gefangen nehmen, weil so schön ist, was
man sieht. 8Doch sind sie damit nicht
entschuldigt. 9Denn wenn sie so viel zu
erkennen vermochten, dass sie die Welt
durchdringen konnten, warum haben sie
nicht viel eher den Herrn über das alles
gefunden?

10[a]Aber die sind unglückselig und set-
zen ihre Hoffnung auf tote Dinge, die
Werke von Menschenhand als Götter an-
rufen, Gold und Silber, kunstvoll ver-
arbeitet, und Abbilder von Tieren oder
unnütze Steine, behauen in alter Zeit.
11Oder es sägt ein Holzschnitzer ein
handliches Stück Holz heraus, schabt ge-
schickt seine ganze Rinde ringsum ab,
bearbeitet es kunstgerecht und macht
daraus ein Gerät, das für den Gebrauch
im Leben nützlich ist. 12Die Abfälle von
solcher Arbeit aber verbraucht er, um
Speise zu kochen und sich zu sättigen.
13Ein Stück Abfall aber, das zu nichts
taugt, ein krummes, mit Ästen durch-
wachsenes Stück Holz nimmt er und
schnitzt es mit Sorgfalt, wenn er Muße
hat, und gestaltet es mit Geschick, wenn
er Ruhe hat, und macht's dem Bild eines
Menschen oder einem gewöhnlichen Tier
gleich. 14Er bemalt es mit roter Farbe
und färbt mit Schminke seine Oberfläche
rot, und wo ein Flecken daran ist, über-
malt er ihn. 15Und er macht ihm ein
Haus, das seiner würdig ist, und bringt es
an der Wand an und befestigt es mit
einem Stück Eisen. 16Er sorgt dafür, dass
es nicht umfällt; denn er weiß, dass es
sich selber nicht helfen kann, denn es ist
ein Bild und bedarf der Hilfe.

17Aber wenn er betet für sein Hab und
Gut, für seine Ehe und für seine Kinder,
schämt er sich nicht, mit etwas Leblosem
zu reden. 18Er ruft das Schwache um
Gesundheit an, bittet das Tote um Le-

12,22: *a* Kap 11,9-10 **12,23:** *a (23-24)* Kap 11,15-16 **12,27:** *a* 2.Mose 8,15; *b* 2.Mose 5,2 **13,1:** *a* Röm 1,18-21 **13,2:** *a* Hiob 31,26-28 **13,3:** *a* Sir 43,30 **13,5:** *a* Ps 104,1-2 **13,6:** *a* Apg 17,27 **13,10:** *a (10-19)* Ps 115,3-9; Bar 6,4-73; St zu Dan 2,4-6.22-26

ben, fleht zu dem Unfähigsten um Hilfe und zu dem um glückliche Reise, was nicht einmal den Fuß gebrauchen kann; 19 und für sein Geschäft und sein Gewerbe und das Glück seiner Hände ruft er das um Kraft an, dessen Hände ganz kraftlos sind.

14 Ebenso tut der, der sich einschiffen will und durch wilde Fluten zu fahren gedenkt und ein Holz anruft, das viel morscher ist als das Schiff, auf dem er fährt. 2 Denn es ist erfunden worden, um Handel zu treiben, und die Künstlerin Weisheit hat es gebaut. 3 [a]Aber deine Vorsehung, Vater, steuert es hindurch; denn du gibst auch im Meer Wege und mitten in den Wellen sichere Fahrt 4 und zeigst dadurch, wie du aus aller Not zu retten vermagst, damit man ein Schiff besteigen kann, auch ohne die Kunst des Seemanns zu verstehen.

5 [a]Du willst aber, dass nicht ungenutzt bleibt, was du durch deine Weisheit geschaffen hast. Deshalb vertrauen die Menschen ihr Leben auch ganz geringem Holz an und werden auf einem Floß gerettet, wenn sie durch die Meereswellen fahren. 6 Denn auch vor alters, als die hochmütigen Riesen umkamen, flüchteten die, an denen die Hoffnung der Welt hing, auf ein Floß, das deine Hand lenkte, und hinterließen so der Welt die Stammeltern für ein neues Geschlecht. 7 Denn ein solches [a]Holz, das einer gerechten Sache dient, soll gesegnet sein; 8 aber [a]verflucht soll das sein, was mit Händen geschnitzt ist, wie auch der, der es schnitzte; dieser, weil er's machte, jenes, weil es Gott genannt wird, obwohl es doch vergänglich ist.

9 Denn Gott sind beide gleich verhasst, der Gottlose und sein gottloses Werk; 10 denn das Werk wird samt dem Meister bestraft werden. 11 Darum werden auch [a]die Götzen der Heiden heimgesucht; denn sie sind in der Schöpfung Gottes zum Gräuel und zum Ärgernis für die Seelen der Menschen geworden und zum Fallstrick für die Füße der Unverständigen. 12 Denn [a]Götzenbilder zu ersinnen ist der Anfang der Hurerei, und sie zu erfinden ist des Lebens Verderben.

13 Von Anfang an sind sie nicht gewesen und werden auch nicht ewig bleiben; 14 sondern durch eitlen Wahn der Menschen sind sie in die Welt gekommen, und darum ist ihnen auch ein schnelles Ende zugedacht. 15 Denn als ein Vater über seinen Sohn, der ihm allzu früh genommen wurde, Leid und Schmerzen trug, ließ er ein Bild machen und [a]verehrte den, der längst tot war, jetzt als Gott und stiftete für die Seinen geheime Gottesdienste und Feiern. 16 Danach festigte sich mit der Zeit solch gottloser Brauch und wurde wie ein Gesetz gehalten.

Auch [a]musste man Bilder verehren auf das Gebot der Tyrannen hin. 17 Die Leute konnten sie nicht von Angesicht zu Angesicht ehren, weil sie zu ferne wohnten, und machten sich aus der Ferne eine Vorstellung von ihrem Aussehen und fertigten ein sichtbares Bild des Königs an, den sie ehren wollten, damit sie durch ihren Eifer dem Abwesenden schmeichelten, als ob er anwesend wäre. 18 Damit er noch mehr verehrt würde, lockte der Ehrgeiz der Künstler auch die an, die ihn nicht kannten. 19 Denn der, der vielleicht dem Fürsten gefallen wollte, machte das Bild durch seine Kunst so, dass es nicht nur ähnlich, sondern auch schön aussah. 20 Die Menge aber, die von der Anmut des Werkes angezogen wurde, hielt jetzt den für einen Gott, der kurz zuvor nur als Mensch geehrt worden war.

21 Dies wurde zu einer Gefahr für das Leben: [a]Wenn den Leuten etwas Schlimmes zugestoßen war oder wenn sie den Tyrannen dienen mussten, gaben sie den Steinen und dem Holz den Namen, der keinem andern gebührt.[b]

22 Sodann ließen sie sich nicht daran genügen, dass sie in der Erkenntnis Gottes irrten, sondern, obwohl sie in ihrer Unwissenheit wie im Kriege lebten, nannten sie das auch noch [a]Frieden. 23 Denn entweder [a]töten sie ihre Kinder zum Opfer oder kommen zu Gottesdiensten zusammen, die sie geheim halten müssen, oder feiern wilde Gelage nach absonderlichen Satzungen 24 und halten so weder ihren Wandel noch ihre Ehen

14,3: *a (3-4)* Ps 107,23-32; Mt 8,26 **14,5:** *a (5-6)* Kap 10,4 **14,7:** *a* 1. Petr 2,24 **14,8:** *a* 5. Mose 27,15 **14,11:** *a* Jer 46,25 **14,12:** *a* Hes 16,17 **14,15:** *a* 2. Makk 11,23 **14,16:** *a* Dan 3,1-7 **14,21:** *a* Jer 2,27; *b* Offb 9,20; 16,9 **14,22:** *a* Jer 6,13-15; 7,9-10 **14,23:** *a* Kap 12,3-6

rein, sondern einer tötet den andern mit
List oder kränkt ihn durch Ehebruch;
25 [a]und überall herrschen ohne Unter-
schied Blutvergießen, Mord, Diebstahl,
Betrug, Schändung, Untreue, Streit,
Meineid, Beunruhigung der Guten,
26 Undank, Befleckung der Seelen, wider-
natürliche Unzucht, Zerrüttung der
Ehen, Ehebruch und Ausschweifungen.

27 Denn den namenlosen Götzen zu
dienen, das ist Anfang, Ursache und
Ende alles Bösen. 28 Feiern sie ein Fest,
so geraten sie in Raserei; weissagen sie, so
ist's lauter Lüge. Sie leben nicht recht
und schwören leichtfertig falsche Eide.
29 Denn weil sie an leblose Götzen glau-
ben, fürchten sie keinen Schaden, wenn
sie falsch schwören.

30 Doch wird für beides gerechte Strafe
über sie kommen: dafür, dass sie nicht
recht von Gott denken, weil sie sich zu
den Götzen halten, und dafür, dass sie
unrecht und falsch schwören und Fröm-
migkeit verachten. 31 Denn über die Bos-
heit der Ungerechten kommt nicht die
Macht derer, [a]bei denen sie schwören,
sondern immer die Strafe, die sie mit
ihrem Sündigen verdienen.

15 Aber du, unser Gott, bist freund-
lich und treu und geduldig und re-
gierst alles mit Barmherzigkeit.[a] 2 Wenn
wir auch sündigen, gehören wir doch dir
und kennen deine Macht. [a]Weil wir aber
wissen, dass wir dir angehören, sündigen
wir nicht. 3 Denn dich kennen ist voll-
kommene Gerechtigkeit, und von deiner
Macht wissen ist die Wurzel der Unsterb-
lichkeit.[a] 4 Denn uns verführen nicht die
arglistigen Einfälle der Menschen noch
die unnütze Arbeit der Maler, nämlich
eine Gestalt, die mit mancherlei Farbe
beschmiert ist, 5 deren Anblick die Un-
verständigen reizt, sodass sie Verlangen
haben nach dem leblosen und toten
Bild.

6 Denn die es anfertigen und die da-
nach verlangen und die es verehren, lie-
ben das Böse und sind dessen wert, wor-
auf sie hoffen. 7 Denn auch ein Töpfer,
der den weichen Ton mühevoll knetet,
macht jedes Gefäß zu unserm Gebrauch.
Er macht aber aus demselben Ton Ge-
fäße, die zu sauberen Zwecken dienen,
und andere zu gegenteiligen Zwecken,
alle in gleicher Weise. Wozu aber jedes
einzelne von den Gefäßen dann ge-
braucht wird, darüber entscheidet der
Töpfer.[a] 8 Aber es ist ein böses Werk,
wenn er aus demselben Ton einen nich-
tigen Gott macht, wo er doch selbst nicht
lange zuvor aus Erde geschaffen worden
ist und [a]nach kurzer Zeit wieder dahin-
fährt, von wo er genommen worden ist,
[b]wenn die anvertraute Gabe der Seele
zurückgefordert wird.

9 Aber das macht ihm keine Sorge, dass
er [a]davonmuss und dass er ein kurzes
Leben hat, sondern er wetteifert mit den
Gold- und Silberschmieden und ahmt die
Erzgießer nach und hält es für eine Ehre,
Trugbilder zu machen. 10 Die Gedanken
seines Herzens sind wie [a]Asche, und
seine Hoffnung ist geringer als Erde und
sein Leben verächtlicher als Ton, 11 weil
er den nicht kennt, der ihn geschaffen
und der ihm die wirkende Seele einge-
haucht und den lebendigen Geist einge-
blasen hat; 12 er hält vielmehr unser
menschliches Leben für ein [a]Spiel und
unser menschliches Treiben für einen
Jahrmarkt; denn er gibt vor, [b]man müsse
überall Gewinn suchen, auch aus bösen
Dingen. 13 Solch einer weiß besser als alle
andern, dass er sündigt, wenn er zer-
brechliche Gefäße und Bilder aus irdi-
schem Stoff schafft.

14 Alle aber sind sie törichter und elen-
der als ein kleines Kind – nämlich die
Feinde deines Volks, die es unterdrü-
cken –,[a] 15 da sie alle Götzenbilder der
Heiden für Götter halten, die mit ihren
Augen nicht sehen, mit ihren Nasen nicht
Luft holen, mit ihren Ohren nicht hören,
mit ihren Fingern an den Händen nicht
fühlen können und deren Füße zu faul
zum Gehen sind.[a] 16 Denn ein Mensch
hat sie gemacht, und einer, dem der Geist
nur geliehen ist, hat sie gebildet.[a]

17 Ein Mensch kann ja nicht einmal
einen Gott machen, der wenigstens
einem lebendigen Menschen gleich ist;
sondern weil er sterblich ist, schafft er
nur etwas Lebloses mit seinen ruchlosen
Händen. Denn er selbst ist ja besser als

14,25: *a (25-26)* Röm 1,26-32 **14,31:** *a* Am 8,14 **15,1:** *a* 2. Mose 34,6 **15,2:** *a* 1. Joh 3,6 **15,3:** *a* Joh 17,3 **15,7:** *a* Röm 9,21 **15,8:** *a* Pred 12,7; *b* Lk 12,20 **15,9:** *a* Ps 39,5 **15,10:** *a* Hiob 13,12; Jes 44,20 **15,12:** *a* 1. Kor 10,7; *b* Apg 19,24-26 **15,14:** *a* Ps 8,3 **15,15:** *a* Ps 115,4-7 **15,16:** *a* Vers 8

das, was er verehrt; denn er lebt doch,
jenes aber nie. 18 Sie verehren sogar die
feindseligsten Tiere, die, an ihrem Ver-
stand gemessen, noch tiefer stehen als die
andern.[a] 19 Auch sind sie nicht schön wie
andre Tiere, sodass man an ihrem An-
blick Gefallen haben könnte; [a]vielmehr
ist ihnen das Lob und der Segen Gottes
verloren gegangen.

Die verschiedene Behandlung der Ägypter und der Israeliten bei sechs weiteren Plagen

(Kapitel 16,1–19,21)

Plage durch Hunger – Speisung mit Wachteln

16 Darum wurden die Ägypter mit
Recht durch solche Tiere geplagt
und durch eine Menge [a]Ungeziefer ge-
quält. 2 Statt solcher Plage tatest du dei-
nem Volk Gutes und bereitetest ihm, weil
es danach Verlangen trug, eine wunder-
bare Speise, nämlich [a]Wachteln, zur
Nahrung; 3 so sollte den Ägyptern, wenn
sie nach Nahrung verlangten, wegen des
scheußlichen Anblicks der [a]Tiere, die
ihnen gesandt wurden, die natürliche
Lust am Essen vergehen; die Israeliten
aber, die nur kurze Zeit Mangel litten,
sollten eine wunderbare Speise empfan-
gen. 4 Denn es sollte über die, die so ty-
rannisch handelten, ein unabwendbarer
Mangel kommen; diesen aber sollte nur
gezeigt werden, wie ihre Feinde gequält
wurden.

Tod durch Insektenstich – Rettung vom Schlangenbiss

5 [a]Es kamen zwar über die Israeliten
auch böse, zornige Tiere, und sie wurden
gebissen und vernichtet durch die sich
krümmenden Schlangen. 6 Doch blieb
dein Zorn nicht bis zum Ende, vielmehr
wurden sie nur kurze Zeit zur Warnung
erschreckt und erhielten ein rettendes
Zeichen, damit sie an das Gebot deines
Gesetzes denken sollten. 7 Denn die sich
zu diesem Zeichen hinwandten, die wur-
den errettet, nicht durch das, was sie an-
schauten, sondern durch dich, den [a]Hei-
land aller Menschen.

8 Und damit bewiesest du unsern Fein-
den, dass du es bist, der aus allem Unheil
erlösen kann.[a] 9 Denn über die Ägypter
kam durch [a]Heuschrecken und [b]Fliegen
Tod und Verderben, und sie konnten
keine Hilfe für ihr Leben finden; denn sie
hatten's verdient, von solchen Tieren ge-
plagt zu werden. 10 Aber deinen Kindern
konnten auch die Zähne der giftigen
Drachen nicht schaden; denn deine
Barmherzigkeit trat dazwischen und
machte sie gesund.[a] 11 Denn sie wurden
dadurch angestachelt, an deine Worte zu
denken, und wurden schnell wieder ge-
heilt, damit sie nicht in tiefes Vergessen
versinken, sondern deinen Wohltaten zu-
gewandt bleiben sollten. 12 Denn **es heilte
sie weder Kraut noch Pflaster, sondern
[a]dein Wort, Herr, das alles heilt.** 13 Denn
du [a]hast Gewalt über Leben und Tod;
und [b]du führst hinunter zu den Pforten
des Totenreichs und führst wieder her-
auf.

14 Wenn aber ein Mensch in seiner Bos-
heit jemanden tötet, so kann er den ent-
flohenen Geist nicht zurückholen und
die hingeraffte Seele nicht wieder be-
freien.

Plage mit Unwetter – Speisung mit Manna

15 Aber unmöglich ist's, deiner Hand zu
entfliehen.[a] 16 Denn die Gottlosen, die
dich nicht kennen wollten, sind durch
deinen mächtigen Arm gegeißelt worden,
als sie durch ungewöhnliche Regengüsse,
Hagelschläge und Unwetter, denen sie
nicht entgehen konnten, verfolgt und
vom Feuer verzehrt wurden.[a] 17 Und das
war das Verwunderlichste, dass [a]das
Feuer noch stärker im Wasser brannte,
das doch sonst alles auslöscht. Denn
[b]die Schöpfung streitet für die Gerech-
ten. 18 Zuweilen nämlich brannte die
Flamme schwächer, um nicht die [a]Tiere
zu verbrennen, die gegen die Gottlosen
geschickt worden waren; sie sollten ja

15,18: *a* Kap 11,15-16 **15,19:** *a* 1.Mose 3,14-15 **16,1:** *a* Kap 11,15-16 **16,2:** *a* 2.Mose 16,12-13 **16,3:** *a* 2.Mose 7,26-29 **16,5:** *a (5-7)* 4.Mose 21,4-9; Joh 3,14-15 **16,7:** *a* 1.Tim 4,10 **16,8:** *a* 2.Mose 15,26 **16,9:** *a* 2.Mose 10,12-15; Offb 9,3; *b* 2.Mose 8,16-20 **16,10:** *a* Verse 5-6 **16,12:** *a* Ps 107,20; Mt 8,8 **16,13:** *a* 5.Mose 32,39; *b* Tob 13,2 **16,15:** *a* Ps 139,7 **16,16:** *a* 2.Mose 9,22-26 **16,17:** *a* Kap 19,19; *b* Kap 5,18.21 **16,18:** *a* 2.Mose 8,1.12.20

sehen und erkennen, dass sie von Gottes
Gericht so bedrängt wurden. 19 Zuweilen
aber brannte die Flamme im Wasser stär-
ker als sonst, um die Früchte des unge-
rechten Landes zu verderben.

20 Dagegen nährtest du dein Volk mit
[a]Engelspeise, und unermüdlich gewähr-
test du ihnen [b]Brot vom Himmel, das
ihnen Genuss bereitete und jedem nach
seinem Geschmack war. 21 Denn deine
Gabe machte offenbar, wie freundlich du
zu deinen Kindern bist. Denn jedem, der
davon aß, verwandelte sie sich nach sei-
nem Verlangen in das, was er gern wollte.
22 Schnee und [a]Eis hielten das Feuer aus
und schmolzen nicht, damit man erken-
nen sollte, wie [b]die Früchte der Feinde
vom Feuer vernichtet wurden, das im
Hagel brannte und in den Regengüssen
aufblitzte, 23 und wie dasselbe Feuer seine
eigne Kraft vergessen musste, damit die
Gerechten sich nähren konnten.

24 Denn die Schöpfung, die dir als dem
Schöpfer dient, steigert ihre Kräfte, um
die Ungerechten zu bestrafen, und min-
dert sie, um denen wohlzutun, die dir
vertrauen.[a] 25 Darum ließ sie sich auch
damals in mancherlei verwandeln und
diente damit dir, der mit seinen Gaben
alle nährt, nach dem Wunsch und der
Bitte eines jeden, 26 damit deine Kinder,
die du, Herr, lieb hast, lernen, dass nicht
die verschiedenen Früchte den Menschen
ernähren, sondern dass dein Wort die
erhält, die an dich glauben.[a]

27 Denn das, was vom Feuer nicht ver-
zehrt wurde, zerschmolz, [a]sobald es von
einem flüchtigen Strahl der Sonne er-
wärmt wurde, 28 damit deutlich würde,
dass man, [a]ehe die Sonne aufgeht, dir
danken soll und vor dich treten, wenn es
hell wird. 29 Denn [a]die Hoffnung des
Undankbaren wird wie Reif und Frost
vergehen und wie unnützes Wasser weg-
fließen.

Finsternis – Licht und Feuersäule

17 [a]Groß und unaussprechbar sind
deine Gerichte, Herr; darum gingen
auch die Unbelehrbaren in die Irre.
2 Denn als die Ungerechten meinten, das
heilige Volk unterdrücken zu können,
wurden sie Gebundene der [a]Finsternis
und Gefangene einer langen Nacht und
lagen eingeschlossen unter ihren Dä-
chern, auf der Flucht vor der ewigen
Vorsehung. 3 Denn als sie meinten, sie
könnten sich bei ihren verborgenen Sün-
den verstecken unter der dunklen Decke
der Vergessenheit, wurden sie zerstreut,
furchtbar erschreckt und durch Gespens-
ter geängstigt.

4 Denn auch der versteckte Winkel, in
dem sie waren, konnte sie nicht vor der
Furcht bewahren: Getöse war um sie her,
das sie erschreckte, und gräuliche Ge-
stalten mit düsteren Mienen erschienen
ihnen. 5 Und die Macht des Feuers ver-
mochte ihnen nicht zu leuchten, noch
konnten die hell flammenden Sterne jene
furchtbare Nacht licht machen. 6 Es er-
schien ihnen nur ein von selbst brennen-
des Feuer voller Schrecken. Wenn sie
aber diese Erscheinung nicht mehr sahen,
hielten sie in ihrem Entsetzen das, was sie
gesehen hatten, für schlimmer, als es war.
7 [a]Auch das Gaukelwerk der Zauber-
kunst lag danieder, und das Pochen auf
ihre Kunst wurde, wenn sie sich nun er-
weisen sollte, zum Spott. 8 Denn die ver-
sprochen hatten, Furcht und Schrecken
von den kranken Seelen vertreiben zu
können, wurden selbst krank vor lächer-
licher Angst. 9 Denn wenn auch sonst
nichts Schreckliches sie ängstigte, so
wurden sie doch aufgescheucht durch
das Vorbeilaufen wilder Tiere und durch
das Zischen von Schlangen, und sie gin-
gen zitternd zugrunde, weil sie sich sogar
weigerten, die Luft auch nur anzusehen,
die man doch nicht entbehren kann.

10 Denn die Bosheit, die von Natur aus
[a]feige ist, bezeugt selbst, dass sie ver-
dammt ist, 11 und vom [a]Gewissen be-
drückt, nimmt sie immer das Schlimmste
an. 12 Denn Furcht ist nichts anderes, als
dass einer nicht wagt, sich von seinem
Verstand helfen zu lassen. 13 Wenn aber
die Hoffnung im Herzen zu schwach ist,
hält man die Ratlosigkeit für schlimmer
als die eigentliche Ursache der Plage.

14 In dieser wirklichen unentrinnbaren

16,20: *a* Ps 78,25; *b* 2.Mose 16,4.13-15.31 **16,22:** *a* Kap 19,20; 2.Mose 16,14.23; *b* 2.Mose 9,24-25 **16,24:** *a* Sir 39,29-32 **16,26:** *a* 5.Mose 8,3 **16,27:** *a* 2.Mose 16,21 **16,28:** *a* Ps 5,4; 57,9; Mk 1,35 **16,29:** *a* Kap 5,15 **17,1:** *a* 2.Mose 7,3-4; Röm 11,33 **17,2:** *a* 2.Mose 10,21-23; Mt 22,13 **17,7:** *a (7-8)* 2.Mose 9,11 **17,10:** *a* Jes 13,6-7 **17,11:** *a* Sir 14,2; Hebr 10,22-23

[a]Nacht, die aus den Schlupfwinkeln des
unentrinnbaren Totenreichs gekommen
war, lagen alle im gleichen Schlaf: 15 Die
einen wurden bedrängt durch schreckliche
Erscheinungen, die andern aber
wurden dadurch gelähmt, dass ihnen der
Mut entsank. Denn es kam plötzlich und
unversehens Furcht über sie; 16 und so
wurde, wer dort zusammenbrach, bewacht
und eingeschlossen wie in einem
Kerker ohne Eisen.

17 Ob es nun ein Bauer war oder ein
Hirte oder ein Arbeiter, der sich in der
Einsamkeit abmühte: er musste, plötzlich
erfasst, solch unvermeidliche Not tragen.
18 Denn sie waren alle zugleich mit ein
und derselben Kette der Finsternis gefangen.
19 Ob etwa ein Wind pfiff oder
die Vögel süß sangen in den dichten
Zweigen oder das Wasser gewaltig dahinschoss
oder die Felsen mit lautem Gepolter
herabstürzten oder Tiere, die man
nicht sehen konnte, vorbeisprangen oder
die grausamen wilden Tiere heulten oder
der Widerhall aus den Schluchten der
Berge schallte: es erschreckte sie und
machte sie verzagt. 20 Die ganze Welt
hatte helles Licht und ging ungehindert
ihren Geschäften nach; nur über die
Ägypter hatte sich tiefe Nacht ausgebreitet,
ein Bild der [a]Finsternis, die über sie
kommen sollte; aber sie waren sich selbst
noch mehr zur Last als die Finsternis.

18 Aber [a]deine Heiligen hatten hellstes
Licht, und die Feinde hörten
zwar ihre Stimme, aber sahen ihre Gestalt
nicht. 2 Und die Ägypter priesen sie
selig, dass sie nicht ebenso leiden mussten,
und dankten ihnen dafür, dass sie,
die vorher Unrecht erlitten hatten, ihnen
jetzt keinen Schaden zufügten, und baten
sie um Verzeihung, weil sie ihnen so
feindlich gewesen waren.

3 Dagegen gabst du den Deinen [a]eine
feurige Säule, die ihnen den unbekannten
Weg wies und ihnen eine unschädliche
Sonne war auf jener ruhmvollen Wanderung.
4 Denn die Ägypter waren's auch
wert, dass sie des Lichts beraubt und in
Finsternis gefangen gehalten wurden,
weil sie deine Kinder eingekerkert hielten,
[a]durch die der Welt das unvergängliche
Licht des Gesetzes gegeben werden
sollte.

Tod der Erstgeburt – Rettung aus Todesnot

5 Die Ägypter aber hatten beschlossen,
[a]die kleinen Kinder der Heiligen zu töten
– aber nur [b]eins von ihnen wurde
ausgesetzt und dadurch gerettet –: da
[c]nahmst du ihnen zur Strafe die Menge
ihrer Kinder weg und [d]ließest sie alle
zusammen umkommen in mächtigem
Wasser. 6 Jene Nacht aber [a]war unsern
Vätern vorher angekündigt worden, damit
ihnen die Verheißungen, an die sie
glaubten, gewiss würden und sie darüber
frohen Mutes wären. 7 So wartete dein
Volk auf das Heil der Gerechten und auf
das Verderben der Feinde. 8 Denn womit
du die Widersacher bestraftest, eben damit
hast du uns zu dir gerufen und uns
herrlich gemacht.[a] 9 Denn im Verborgenen
opferten die heiligen Kinder der
Frommen und nahmen einträchtig das
göttliche Gesetz an, dass die Heiligen in
gleicher Weise an denselben Gütern und
denselben Gefahren teilhaben sollten,
nachdem sie vorher bereits die Lobgesänge
der Väter angestimmt hatten.[a]

10 [a]Als Widerhall aber erscholl das
wirre Geschrei der Feinde, und man
hörte überall klägliches Weinen wegen
ihrer Kinder. 11 Denn es erging gleiche
Strafe über Herr und Knecht, und der
König musste ebenso wie der einfache
Mann leiden. 12 So hatten sie alle zusammen
unzählige Tote, die den gleichen
Tod gestorben waren, sodass es nicht genug
Lebende gab, um sie zu begraben;
denn in einem einzigen Augenblick waren
ihre edelsten Nachkommen dahingesunken.
13 Denn während sie vorher,
[a]durch ihre Zauberer verhindert, ganz
ungläubig waren, mussten sie jetzt beim
[b]Untergang ihrer Erstgeborenen bekennen,
dass dies Volk Gottes Sohn ist.

14 Denn als alles still war und ruhte
und eben Mitternacht war, 15 fuhr dein
allmächtiges [a]Wort vom Himmel herab,
vom königlichen Thron, ein harter

17,14: *a* Vers 2 **17,20:** *a* 1.Sam 2,9 **18,1:** *a* 2.Mose 10,23 **18,3:** *a* 2.Mose 13,21 **18,4:** *a* Jes 2,3 **18,5:** *a* 2.Mose 1,22; *b* 2.Mose 2,2-3; *c* 2.Mose 12,29; *d* 2.Mose 14,27-28 **18,6:** *a* 2.Mose 12,21-23 **18,8:** *a* Kap 11,5 **18,9:** *a* 2.Mose 12,1-28 **18,10:** *a (10-11)* 2.Mose 12,29-30 **18,13:** *a* 2.Mose 7,11-13; *b* 2.Mose 4,22-23 **18,15:** *a* Offb 19,11-13

Kriegsmann, mitten in das Land, das zu-
grunde gerichtet werden sollte. 16 Er trug
[a]ein scharfes Schwert, nämlich dein un-
erbittliches Gebot, und trat hin und er-
füllte alles mit Toten, und obwohl er auf
der Erde stand, berührte er doch den
Himmel. 17 Da erschreckten sie plötzlich
grauenhafte Träume, und unversehens
kam Furcht über sie 18 und sie lagen halb
tot da, der eine hier, der andre dort, und
zeigten damit, aus welchem Grund sie
sterben mussten. 19 Denn die Träume, die
sie erschreckten, hatten es ihnen vorher
angezeigt, damit sie nicht zugrunde gin-
gen, ohne zu wissen, warum sie so sehr
geplagt wurden.

20 [a]Aber auch die Gerechten mussten
die Anfechtung des Todes erfahren, und
eine Menge wurde in der Wüste dahin-
gerafft. Aber der Zorn währte nicht
lange. 21 Denn eilends kam der untadelige
Mann, der für sie stritt, mit der Waffe
seines Amts herbei, nämlich mit Gebet
und sühnendem Räucherwerk, und wi-
derstand dem Zorn und machte dem Un-
heil ein Ende. Damit bewies er, dass er
dein Diener war. 22 Er überwand die
Plage, nicht mit Körperkraft noch mit
Waffengewalt, sondern mit dem [a]Wort
unterwarf er den Züchtiger, indem er an
Gottes Eid und Bund mit den Vätern
erinnerte. 23 Denn als schon die Toten
haufenweise übereinanderlagen, trat er
dazwischen und hielt den Zorn auf und
schnitt ihm den Weg zu den Lebenden
ab. 24 Denn auf seinem langen Gewand
war die ganze Welt abgebildet, und die
Ehrennamen der Väter waren in die [a]vier
Reihen der Steine eingegraben und deine
Herrlichkeit auf dem [b]Stirnband seines
Haupts. 25 Davor musste der [a]Verderber
weichen, und davor musste er sich fürch-
ten; denn es war schon genug, dass sie
nur eine Probe des Zorns erfahren hatten.

Untergang der Ägypter im Roten Meer – Rettung der Israeliten

19 Aber die Gottlosen überfiel der
Zorn ohne Erbarmen bis zum En-
de. 2 [a]Denn Gott wusste im Voraus, was
sie künftig tun würden: dass sie, nach-
dem sie den Israeliten erlaubt hatten
wegzuziehen und sie eilig entlassen hat-
ten, es bereuen und ihnen nachjagen
würden. 3 Denn als sie noch Leid trugen
und an den Gräbern der Toten klagten,
verfielen sie auf ein anderes törichtes
Vorhaben und verfolgten jetzt die als
Flüchtlinge, die sie eben mit flehentlichen
Bitten fortgeschickt hatten. 4 [a]Aber es
musste so geschehen, damit sie zu einem
solchen Ende kämen, wie sie es verdient
hatten; und sie mussten vergessen, was
ihnen widerfahren war, damit sie noch
die Strafe erlitten, die bisher an ihren
Qualen gefehlt hatte, 5 und damit dein
Volk seine wunderbare Wanderung er-
lebte, jene aber einen ungewöhnlichen
Tod fänden.

6 Denn die ganze Schöpfung wurde in
ihrer Eigenart wieder neu gestaltet, um
deinen Geboten zu dienen, damit deine
Kinder unversehrt bewahrt blieben. 7 Da
zeigte sich die Wolke und überschattete
das Lager; wo vorher Wasser stand, sah
man trockenes Land hervorkommen; da
zeigte sich im Roten Meer ein Weg ohne
Hindernis, und aus den mächtigen Flu-
ten erhob sich ein grünes Feld. 8 Auf ihm
zog das ganze Volk dahin, alle, die von
deiner Hand beschirmt wurden, und da-
bei sahen sie wunderbare Wunder.

9 Sie gingen wie die [a]Rosse auf der
Weide und [b]hüpften wie die Lämmer
und [c]lobten dich, Herr, der sie erlöst
hatte. 10 Denn sie dachten noch daran,
wie es ihnen in der Fremde ergangen war,
wie anstatt der gewöhnlichen Tiere die
Erde [a]Mücken hervorbrachte und der
Fluss anstatt der Fische eine Menge
[b]Frösche ausspie. 11 [a]Danach aber sahen
sie auch, wie eine neue Art Vögel ent-
stand, als sie, von Gier getrieben, um
leckere Speise baten. 12 Denn es kamen
zu ihnen Wachteln aus dem Meer, um ihr
Verlangen zu stillen.

13 [a]Auch kamen die Strafen über die
Sünder nicht ohne Zeichen, die vorher
durch gewaltige Blitze geschahen; denn
mit Recht litten sie um ihrer Bosheit wil-
len, weil sie einen besonders schlimmen
Hass gegen Fremde gezeigt hatten. Denn

18,16: *a* Hebr 4,12; Offb 19,15 **18,20:** *a (20-23)* 4. Mose 17,6-15 **18,22:** *a* Vers 15 **18,24:** *a* 2. Mose 28,15-21; *b* 2. Mose 28,36-38 **18,25:** *a* 2. Mose 12,23; Jdt 8,21 **19,2:** *a (2-3)* 2. Mose 12,31-33; 14,5-8 **19,4:** *a (4-8)* 2. Mose 14,19-31; Jdt 9,5-7 **19,9:** *a* Jes 63,13-14; *b* Mal 3,20; *c* 2. Mose 15,1-21 **19,10:** *a* 2. Mose 8,13; *b* 2. Mose 8,2 **19,11:** *a (11-12)* 2. Mose 16,13 **19,13:** *a (13-16)* 1. Mose 19,1-11; 45,16-20; 2. Mose 1,8-14; 22,20

die Leute von Sodom hatten nur die Un-
bekannten, die zu ihnen kamen, nicht
aufgenommen; diese aber zwangen die
Gäste, die ihnen Gutes getan hatten, zum
Sklavendienst. 14 Und das nicht allein,
sondern sie werden gewiss auch für das
andere heimgesucht werden: 15 Denn jene
empfingen die Fremden gleich feindselig,
sie aber plagten mit schwerer Arbeit, die
sie festlich aufgenommen und denen sie
schon an ihren Rechten Anteil gewährt
hatten. 16 Sie wurden aber auch mit
Blindheit geschlagen, so wie jene an der
Tür des Gerechten, als sie von dichter
Finsternis überfallen wurden und jeder
den Zugang zu seiner Tür suchen musste.

Schlusswort

17 Denn wie auf dem Psalter die Töne
verschiedene Melodien hervorbringen,
obwohl sie im Klang immer gleich blei-
ben, so tauschten die Elemente sich
gegenseitig aus, wie man deutlich sehen
kann, wenn man das Geschehene be-
trachtet.[a] 18 Denn [a]was auf dem Lande
zu leben pflegt, das ging ins Wasser, und
[b]was im Wasser zu sein pflegt, stieg aufs
Land. 19 Das Feuer wuchs im Wasser
über seine natürliche Kraft hinaus, und
das Wasser vergaß seine Kraft zum Lö-
schen.[a] 20 Die [a]Flammen dagegen ver-
zehrten nicht das Fleisch der sterblichen
Tiere, die darin umherliefen, und [b]brach-
ten nicht die himmlische Speise zum
Schmelzen, die doch wie Eis leicht
schmilzt.

21 Herr, du hast dein Volk in allem
groß und herrlich gemacht und hast es
nicht verachtet, sondern ihm allezeit und
an allen Orten beigestanden.

DAS BUCH TOBIAS

Des alten Tobias Frömmigkeit, Unglück und Gebet

1 Es war ein Mann mit Namen Tobias
aus dem Stamme [a]Naftali, aus einer
Stadt in Obergaliläa, zu der man kommt,
wenn man von [b]Hazor nach Westen geht
und Safed zur Linken hat. 2 Der wurde
mit in die Gefangenschaft geführt zur
Zeit [a]Salmanassars, des Königs von As-
syrien; und obwohl er dort unter Frem-
den leben musste, ist er [b]dennoch von
Gottes Wort nicht abgefallen. 3 Darum
teilte er alles, was er hatte, Tag für Tag
mit seinen gefangenen Brüdern und Ver-
wandten.

4 Und als er noch einer der jüngsten
Männer des Stammes Naftali war, hatte
er bereits bewiesen, dass er kein Kind
mehr war: 5 Während alle andern [a]den
goldnen Kälbern dienten, die Jerobeam,
der König von Israel, hatte machen las-
sen, schied er sich von der Gemeinschaft
mit ihnen 6 [a]und hielt sich als Einziger
zum Tempel des Herrn in Jerusalem und
diente dort dem Herrn und betete den
Gott Israels an. Er gab auch alle Erst-
linge und Zehnten mit solcher Treue,
7 dass er sogar jedes dritte Jahr den
Fremdlingen, Witwen und Waisen ihren
Zehnten gab. 8 Das alles hielt er von Ju-
gend auf nach dem Gesetz des Herrn.
9 Als er nun erwachsen war, nahm er eine
Frau, [a]auch aus dem Stamm Naftali, mit
Namen Hanna und zeugte mit ihr einen
Sohn, den er auch Tobias nannte; 10 und
er lehrte ihn von Jugend auf Gott fürch-
ten und die Sünde meiden.[a]

11 Als er nun mit Frau und Sohn und
mit seinem ganzen Stamm in die Ge-
fangenschaft nach Ninive kam 12 und alle
[a]von den Speisen der Heiden aßen, hü-

19,17: *a* Vers 6 **19,18:** *a* 2.Mose 14,22; *b* 2.Mose 8,1 **19,19:** *a* Kap 16,17 **19,20:** *a* Kap 16,18; *b* Kap 16,22.27; 2.Mose 16,14.23 **1,1:** *a* Jos 19,32; *b* Jos 19,36 **1,2:** *a* 2.Kön 18,8-11; *b* Jdt 11,13 **1,5:** *a* 1.Kön 12,26-30 **1,6:** *a (6-7)* 5.Mose 12,4-6; 2.Mose 23,19; 5.Mose 14,22.28-29 **1,9:** *a* 4.Mose 36,6.7 **1,10:** *a* 5.Mose 6,6.7; 2.Tim 3,15 **1,12:** *a* Jdt 12,1; Dan 1,8

tete er sich und machte sich nicht unrein
mit solcher Speise. 13 [a]Und weil er von
ganzem Herzen den Herrn fürchtete, ließ
ihn der Herr bei König Salmanassar
Gnade finden, 14 sodass er ihm erlaubte,
überallhin zu gehen, wohin er wollte, und
zu tun, was ihm gut schien. 15 So [a]be-
suchte er nun alle, die in der Gefangen-
schaft lebten, und [b]ermahnte sie, Gottes
Wort treu zu bleiben. 16 Und er kam in
die Stadt Rages in Medien und hatte
zehn Talente Silber bei sich, mit denen
ihn der König beschenkt hatte. 17 Und als
er unter den vielen Israeliten einen Ar-
men aus seinem Stamm mit Namen Ga-
baël sah, lieh er ihm das Geld und nahm
einen Schuldschein von ihm.[a]

18 Lange danach aber, nach dem Tod
des Königs Salmanassar, als sein Sohn
Sanherib regierte, dem die Israeliten ver-
hasst waren, 19 ging Tobias wieder bei
allen Israeliten umher und tröstete sie
und gab ihnen von seinem Vermögen,
soviel er konnte: 20 [a]Die Hungrigen
speiste er, [b]die Nackten kleidete er, die
Toten und Erschlagenen begrub er.

21 Dann aber kam König Sanherib aus
Judäa zurück, als er hatte fliehen müs-
sen, [a]weil ihn Gott um seiner Lästerung
willen geschlagen hatte. Darüber war er
sehr zornig und ließ viele Israeliten töten.
Da war es Tobias, der sie begrub. 22 Als
aber der König das erfuhr, befahl er, ihn
zu töten, und nahm ihm all sein Hab und
Gut. 23 Tobias aber floh mit seinem Sohn
und seiner Frau und konnte sich, völlig
mittellos, verborgen halten, weil viele ihn
liebten und ihm halfen. 24 Aber nach
fünfundvierzig Tagen [a]wurde der König
von seinen eignen Söhnen erschlagen,
25 und Tobias kam wieder heim, und sein
ganzes Vermögen wurde ihm wiederge-
geben.

2 Als Tobias danach an einem Fest des
Herrn in seinem Hause ein herrliches
Mahl bereitet hatte, sagte er zu seinem
Sohn: Geh und [a]lade einige gottesfürch-
tige Männer aus unserm Stamme ein, mit
uns zu essen! 2 Und als er wieder heim-
kam, sagte er seinem Vater, einer der
Israeliten liege erschlagen auf der Gasse.
3 Da stand Tobias sogleich vom Tisch
auf, ließ das Essen stehen, ging zu dem
Toten, hob ihn auf und trug ihn unbe-
merkt in sein Haus, um ihn nachts heim-
lich zu begraben. 4 Und nachdem er die
Leiche versteckt hatte, [a]aß er sein Brot
voll Trauer und Entsetzen 5 [a]und dachte
an das Wort, das der Herr durch den
Propheten Amos geredet hatte: 6 Eure
Feiertage sollen zu Trauertagen werden.
7 Und in der Nacht ging er hin und be-
grub den Toten.

8 Alle seine Freunde aber schalten ihn
und sprachen: Erst neulich wollte dich
der König aus demselben Grunde töten
lassen und du bist seinem Mordbefehl
kaum entkommen; und doch begräbst du
schon wieder die Toten! 9 Tobias aber
[a]fürchtete Gott mehr als den König und
holte weiterhin die Erschlagenen weg
und verbarg sie in seinem Hause, bis er
sie tief in der Nacht [b]begraben konnte.

10 Es begab sich aber eines Tages, als er
Tote begraben hatte und müde heimkam,
dass er sich im Schutz einer Mauer nie-
derlegte und einschlief. 11 Da ließ eine
Schwalbe aus ihrem Nest ihren heißen
Dreck auf seine Augen fallen; davon
wurde er blind.

12 Diese Prüfung aber ließ Gott über
ihn kommen, damit die Nachwelt an ihm
ein [a]Beispiel der Geduld hätte wie an
dem heiligen Hiob. 13 Denn wie er von
Jugend auf Gott gefürchtet und seine
Gebote gehalten hatte, so wurde er auch
jetzt nicht bitter gegen Gott, weil er ihn
hatte blind werden lassen, sondern blieb
beständig in der Furcht Gottes und
dankte Gott sein ganzes Leben lang.
14 Und wie die Könige [a]den heiligen
Hiob verhöhnten, so verlachten den To-
bias seine nächsten Verwandten und sag-
ten: 15 Wo bleibt nun, worauf du gehofft
hast, wofür du deine Almosen gegeben
und so viele Tote begraben hast? 16 Aber
Tobias wies sie zurecht und sagte: 17 Re-
det nicht so! Denn **wir sind Kinder der**
[a]**Heiligen und warten auf ein Leben,**
18 **das Gott denen geben wird, die** [a]**im**
Glauben treu und fest an ihm bleiben.

19 Seine Frau Hanna aber ging alle

1,13: *a (13-14)* Dan 1,18-19 **1,15:** *a* Jak 1,27; *b* Offb 3,2 **1,17:** *a* 5.Mose 15,7-8 **1,20:** *a* Jes 58,7; Hiob 31,17; *b* Hiob 31,19 **1,21:** *a* 2.Kön 18,35; 19,35-36 **1,24:** *a* 2.Kön 19,37 **2,1:** *a* Sir 9,23 **2,4:** *a* Hes 24,17 **2,5:** *a (5-6)* Am 8,10 **2,9:** *a* Apg 5,29; *b* Apg 8,2 **2,12:** *a* Hiob 1,21; 2,10; Jak 5,11 **2,14:** *a* Hiob 12,4 **2,17:** *a* Jdt 6,14 **2,18:** *a* 2.Makk 7,14.36

Tage zum Weben und ernährte ihn mit
ihrer Hände Arbeit, so gut sie konnte.
20 So begab es sich, dass sie ein Ziegen-
böcklein heimbrachte, das sie bekommen
hatte. 21 Und als ihr Mann Tobias es blö-
ken hörte, sprach er: Wenn das nur nicht
gestohlen ist! Gebt's dem Besitzer zu-
rück; denn es ist uns nicht erlaubt, von
gestohlenem Gut zu essen oder es auch
nur anzurühren. 22 Über diese Worte
wurde seine Frau zornig und antwortete:
Da sieht man, dass deine Hoffnung nutz-
los war und dass deine Almosen uns
nichts einbringen.[a] 23 Mit solchen und
andern Worten mehr warf sie ihm sein
Elend vor.

3 Da seufzte Tobias tief auf, fing an zu
weinen und zu beten und sprach:
2 Herr, [a]du bist gerecht, und alle deine
Gerichte sind lauter Güte und Treue.
3 Und nun, mein Herr, sei mir gnädig und
strafe meine Sünden nicht, denke nicht
daran, was ich oder meine Väter Böses
getan haben.[a] 4 Denn weil wir deine Ge-
bote nicht gehalten haben, hast du uns
unsern Feinden preisgegeben, die uns be-
rauben, gefangen halten und töten, und
hast uns zu Spott und Hohn all der Völ-
ker gemacht, unter die du uns zerstreut
hast.[a] 5 Ach, Herr, schrecklich sind deine
Gerichte, weil wir deine Gebote nicht ge-
halten und nicht aufrichtig gelebt haben
vor dir. 6 Und nun, Herr, erweise mir
Gnade und nimm meinen Geist weg in
Frieden; denn [a]ich will viel lieber tot sein
als leben.

Saras Not und Gebet

7 Es begab sich nun an demselben Tage,
dass Sara, die Tochter Raguëls, in einer
Stadt der Meder von einer Magd ihres
Vaters auch geschmäht und gescholten
wurde. 8 Man hatte sie nämlich sieben
Männern nacheinander gegeben, aber ein
böser Geist, Aschmodai genannt, hatte
sie alle getötet, sobald sie zu ihr eingehen
wollten. 9 Als nun Sara die Magd wegen
eines Fehlers zurechtwies, gab die ihr zu-
rück: 10 Wenn wir nur von dir nicht auch
einen Sohn oder eine Tochter auf Erden
sehen müssen, du Männermörderin!
11 Willst du mich auch töten, wie du
schon sieben Männer getötet hast? 12 Auf
diese Worte hin ging Sara in eine Kam-
mer oben im Haus, aß nicht und trank
nicht drei Tage und drei Nächte lang,
[a]betete aber unablässig und flehte Gott
unter Tränen an, sie von ihrer Schmach
zu befreien.

13 Als sie aber am dritten Tage ihr Ge-
bet vollendete, lobte sie Gott und sprach:
14 Gelobt sei dein Name, Herr, du Gott
unsrer Väter; denn [a]wenn du gezürnt
hast, erweist du Gnade und Güte, und in
der Zeit der Trübsal vergibst du Sünde
denen, die dich anrufen. 15 Zu dir, mein
Herr, kehre ich mein Angesicht, zu dir
hebe ich meine Augen auf 16 und bitte
dich, dass du mich erlöst aus dieser
schweren Schmach oder mich von der
Erde wegnimmst. 17 Du weißt, Herr, dass
ich niemals einen Mann begehrt und
meine Seele rein erhalten habe von aller
[a]bösen Lust 18 und mich nie zu zucht-
loser und leichtfertiger Gesellschaft ge-
halten habe. 19 Ich war bereit, einen
Mann zu nehmen, weil ich dich fürchtete,
und nicht, weil ich nach Lust gierig war.[a]
20 Entweder bin ich ihrer oder sie sind
meiner nicht wert gewesen, und du hast
mich vielleicht einem andern Mann vor-
behalten. 21 Denn dein Ratschluss ist von
Menschen nicht zu ergründen.[a]

22 Das weiß ich aber fürwahr: **Jeder,
der dir dient, [a]wird nach der Anfechtung
gekrönt und aus der Trübsal erlöst, und
nach der Züchtigung findet er Gnade.**
23 Denn [a]du hast nicht Gefallen an un-
serm Verderben: Nach dem Gewitter
lässt du die Sonne wieder scheinen und
nach Klagen und Weinen überschüttest
du uns mit Freuden. Deinem Namen sei
ewig Ehre und Lob, du Gott Israels.

Die Erhörung

24 [a]In derselben Stunde wurden die Ge-
bete dieser beiden von dem Herrn im
Himmel erhört. 25 Und der heilige [a]Ra-
fael, der Engel des Herrn, wurde gesandt,
beiden zu helfen, weil ihr Gebet zu glei-
cher Zeit dem Herrn vorgebracht worden
war.

2,22: *a* Hiob 2,9 **3,2:** *a* Ps 119,137 **3,3:** *a* Ps 25,7; 79,8 **3,4:** *a* 5. Mose 28,15.37.48 **3,6:** *a* 1. Kön 19,4 **3,12:** *a* Jdt 9,1 **3,14:** *a* Jes 54,8; Hab 3,2 **3,17:** *a* Sir 23,5 **3,19:** *a* 1. Thess 4,3-5 **3,21:** *a* Hiob 15,8; Weish 9,13 **3,22:** *a* Jak 1,12 **3,23:** *a* Ps 30,6 **3,24:** *a (24-25)* Apg 10,3-4 **3,25:** *a* Kap 12,15

Das Vermächtnis des Tobias

4 Als nun Tobias dachte, sein Gebet
wäre erhört und er würde sterben,
rief er seinen Sohn Tobias zu sich und
sagte zu ihm: 2 Lieber Sohn, höre meine
Worte und behalte sie fest in deinem
Herzen. 3 Wenn Gott meine Seele zu sich
nehmen wird, so [a]begrabe meinen Leib
und [b]ehre deine Mutter, solange sie lebt;
4 denke daran, [a]was für Gefahren sie aus-
gestanden hat, als sie dich unter dem
Herzen trug; 5 und wenn sie gestorben ist,
so [a]begrabe sie neben mir.

6 Und **dein Leben lang habe Gott vor
Augen und im Herzen und hüte dich davor,
jemals in eine Sünde einzuwilligen und ge-
gen die Gebote unsres Gottes zu handeln.**
– 7 [a]Mit deinem Hab und Gut hilf den
Armen und wende dich auch nicht von
einem einzigen ab, dann wird sich das
Angesicht des Herrn auch von dir nicht
abwenden. 8 Wo du kannst, da hilf den
Bedürftigen.[a] 9 **Hast du viel, so gib reich-
lich; hast du wenig, so gib doch das We-
nige von Herzen.**[a] 10 Denn so wirst du dir
einen guten Lohn für den Tag der Not
sammeln.[a] 11 Denn [a]Almosen erlösen
von allen Sünden, auch vom Tode, und
lassen die Seele nicht in die Finsternis
geraten. 12 Almosen schaffen große Zu-
versicht vor dem höchsten Gott.[a]

13 Hüte dich, mein Sohn, vor aller Hu-
rerei, und außer mit deiner eignen Frau
lass dich mit keiner andern ein.[a]
14 [a]**Hoffart lass weder in deinem Herzen
noch in deinen Worten herrschen, denn mit
ihr hat alles Verderben seinen Anfang ge-
nommen.** 15 **Wer für dich arbeitet, dem
[a]gib sogleich seinen Lohn und [b]enthalte
dem Tagelöhner den Lohn nicht vor.**
16 Was du nicht willst, dass man dir tu,
das füg auch keinem andern zu.[a] 17 Teile
dein Brot mit den Hungrigen und be-
decke die Nackten mit Kleidern von
dir.[a] 18 Gib von deinem Brot und Wein
beim Begräbnis der Frommen; aber [a]iss
und trink nicht davon mit den Sündern.
19 Suche deinen Rat immer bei den Wei-
sen.[a] 20 Preise Gott allezeit und bete,
dass er dich leite und dass alles, was du
dir vornimmst, durch seine Hilfe gelingt.
21 Du sollst auch wissen, mein Sohn,
dass ich, als du noch ein Kind warst,
dem [a]Gabaël in der Stadt Rages in Me-
dien zehn Talente Silber geliehen habe;
seinen Schuldschein habe ich hier.
Darum überlege dir, wie du zu ihm ge-
langen, das Geld von ihm bekommen
und ihm seinen Schuldschein zurückge-
ben kannst! 22 Sorge dich nur nicht, mein
Sohn! Wir führen zwar jetzt ein armes
Leben, aber wir werden viel Gutes emp-
fangen, wenn wir Gott fürchten, die
Sünde meiden und Gutes tun.[a]

Der Begleiter des jungen Tobias

5 Da antwortete der junge Tobias sei-
nem Vater: Alles, was du mir gesagt
hast, mein Vater, das will ich tun. 2 Wie
ich aber versuchen soll, das Geld zu be-
kommen, weiß ich nicht. Dieser Gabaël
kennt mich nicht und ich kenne ihn auch
nicht. Was für ein Zeichen soll ich
ihm vorweisen, damit er mir Glauben
schenkt? Aber auch den Weg dorthin
kenne ich nicht. 3 Da antwortete ihm sein
Vater: Seinen Schuldschein habe ich hier;
wenn du ihm den vorlegst, wird er dir
sogleich das Geld geben. 4 Geh aber hin
und suche dir einen zuverlässigen Beglei-
ter, der gegen Entgelt mit dir geht, damit
du das Geld noch bei meinen Lebzeiten
zurückbekommst.

5 Da ging der junge Tobias hinaus und
fand einen stattlichen jungen Mann, der
stand da gegürtet und wie bereit zu rei-
sen. 6 Und er [a]wusste nicht, dass es ein
Engel Gottes war, grüßte ihn und fragte:
Woher bist du, guter Freund? 7 Er ant-
wortete: Von den Israeliten. 8 Und Tobias
fragte ihn: Kennst du den Weg nach Me-
dien? 9 Er antwortete: Ich kenne ihn gut
und bin ihn oft gegangen und habe Her-
berge genommen bei unserm Bruder Ga-
baël, der in der Stadt Rages in Medien
wohnt, die auf dem Gebirge von [a]Ekba-
tana liegt. 10 Und Tobias sagte zu ihm:
Warte doch einen Augenblick auf mich,
damit ich das meinem Vater sagen kann.

4,3: *a* 1. Mose 50,5; *b* 2. Mose 20,12; Spr 23,22; Sir 3,3.5.18 **4,4:** *a* Sir 7,29 **4,5:** *a* Jdt 16,28 **4,7:** *a (7-12)* 5. Mose 15,7-11; Sir 4,1-5; Mt 6,3-4 **4,8:** *a* Spr 3,27 **4,9:** *a* Sir 35,11-12 **4,10:** *a* Lk 16,9 **4,11:** *a* Dan 4,24; Sir 3,33; 1. Petr 4,8 **4,12:** *a* Spr 19,17 **4,13:** *a* Spr 6,23-24 **4,14:** *a* Sir 10,14-16; Spr 29,23 **4,15:** *a* 3. Mose 19,13; *b* Sir 34,27 **4,16:** *a* Mt 7,12 **4,17:** *a* Kap 1,20 **4,18:** *a* Mt 9,11 **4,19:** *a* Sir 9,21 **4,21:** *a* Kap 1,16-17 **4,22:** *a* Sir 11,21-23; 1. Tim 6,6 **5,6:** *a* Hebr 13,2 **5,9:** *a* Jdt 1,1

11 Da ging Tobias hinein und sagte das
alles seinem Vater; und der Vater wun-
derte sich und bat, der junge Mann solle
zu ihm hereinkommen. 12 So kam er her-
ein, grüßte ihn und sagte: [a]Gott gebe dir
allezeit Freude! 13 [a]Aber Tobias sagte:
Was soll ich für Freude haben, wenn ich
im Finstern sitzen muss und das Licht
des Himmels nicht sehen kann? 14 Und
der junge Mann sagte zu ihm: Hab Ge-
duld, Gott wird dir bald helfen. 15 Und
Tobias sagte zu ihm: Kannst du meinen
Sohn zu Gabaël hinführen, in die Stadt
Rages in Medien? Wenn du wieder-
kommst, will ich dir deinen Lohn geben.
16 Und der Engel sagte zu ihm: Ich will
ihn hinführen und wieder zu dir zurück-
bringen.

17 Und Tobias sagte zu ihm: Ich bitte
dich: Sage mir, aus welchem Geschlecht
oder aus welchem Stamme bist du?
18 Und der Engel Rafael sagte: Sei doch
zufrieden! Reicht es dir nicht, dass du
einen Begleiter für deinen Sohn gefunden
hast? Wozu willst du auch noch [a]wissen,
woher ich bin? 19 Doch um dir die Sorge
zu nehmen, will ich dir's sagen: Ich bin
Asarja, der Sohn des großen Hananja.
20 Und Tobias sagte: Du bist aus einem
guten Geschlecht; 21 ich bitte dich: Zürne
mir nicht, dass ich nach deiner Herkunft
gefragt habe. 22 Der Engel aber sagte zu
ihm: Ich will deinen Sohn wohlbehalten
hin- und zurückbringen.[a] 23 Tobias ant-
wortete: So zieht hin! Gott sei mit euch
auf dem Wege, und [a]sein Engel geleite
euch!

Der Abschied von den Eltern

24 Da rüstete sich Tobias mit allem aus,
was er mitnehmen wollte, nahm Ab-
schied von Vater und Mutter und zog mit
seinem Begleiter davon. 25 Und als sie
fort waren, fing seine Mutter an zu wei-
nen und klagte: Den [a]Trost unsres Alters
hast du uns genommen und wegge-
schickt. 26 Ich wollte, dass das Geld nie
gewesen wäre, dessentwegen du ihn weg-
geschickt hast. 27 Wir hätten wohl zu-
frieden sein können in unsrer Armut und
es für großen Reichtum halten sollen,
dass wir unsern Sohn bei uns hatten.
28 Aber Tobias sagte: Weine nicht! Unser
Sohn wird frisch und gesund hin- und
zurückkommen, und deine Augen wer-
den ihn sehen. 29 Denn ich glaube, dass
ein guter Engel Gottes ihn geleitet und
alles zum Besten lenkt, was ihm begeg-
net, sodass er in Freuden wieder heim-
kehren wird. Da schwieg seine Mutter
still und gab sich zufrieden.

Der große Fisch und der Rat des Engels

6 Tobias zog dahin und sein [a]Hündlein
lief mit ihm. Und nach der ersten
Tagereise blieb er über Nacht am Ufer
des Tigris. 2 Er ging zum Fluss, um seine
Füße zu waschen; und siehe, ein großer
Fisch schoss hervor und wollte ihn ver-
schlingen. 3 Tobias erschrak und schrie
mit lauter Stimme: O Herr, er will mich
fressen! 4 Und der Engel sagte zu ihm:
Pack ihn bei den Kiemen und zieh ihn
heraus! 5 Und er zog ihn aufs Land; da
zappelte er vor seinen Füßen.

6 Da sagte der Engel zu ihm: Nimm
den Fisch aus und behalte das Herz, die
Galle und die Leber; denn sie sind sehr
gut als Arznei. 7 Tobias tat das und einige
Stücke vom Fisch briet er für unterwegs,
das Übrige salzten sie ein, damit sie ge-
nug für die Reise hatten, bis sie in die
Stadt Rages in Medien kamen. 8 Da
fragte Tobias den Engel: Ich bitte dich,
mein Bruder Asarja, sage mir, welche
Heilkraft in den Stücken des Fisches
liegt, die ich von dem Fisch behalten
sollte. 9 Da antwortete der Engel: Wenn
du ein Stücklein vom Herzen oder von
der Leber auf glühende Kohlen legst, so
vertreibt der Rauch alle bösen Geister,
sodass sie weder Mann noch Frau mehr
schaden können. 10 Und die Galle des
Fisches ist eine gute Salbe für die Augen,
um sie vom Star zu heilen.

11 Und Tobias fragte: Wo wollen wir
einkehren? Und der Engel antwortete:
12 Hier wohnt ein Mann, der heißt [a]Ra-
guël; er ist ein Verwandter aus deinem
Stamm und hat nur eine einzige Tochter;
die heißt Sara; und sonst hat er kein
Kind. 13 Dir wird all ihr Hab und Gut
zufallen, denn du bist verpflichtet, die

5,12: *a* Jak 1,1; Phil 4,4 **5,13:** *a (13-14)* Jes 50,10 **5,18:** *a* Ri 13,18 **5,22:** *a* Jdt 13,20 **5,23:** *a* 1.Mose 24,7; Hebr 1,14 **5,25:** *a* Rut 4,14-15 **6,1:** *a* Kap 11,9 **6,12:** *a* Kap 3,7

Tochter zur Frau zu nehmen.[a] 14 Darum wirb um sie bei ihrem Vater, so wird er sie dir zur Frau geben. 15 Da antwortete Tobias: Ich habe gehört, dass sie bereits [a] sieben Männern angetraut war; die sind alle tot, und man sagt, ein böser Geist habe sie getötet. 16 Darum fürchte ich, dass mir's auch so gehen könnte; dann würden meine betagten Eltern vor Leid sterben, weil ich ihr einziger Sohn bin.

17 Da sprach der Engel Rafael: Hör auf mich! Ich will dir sagen, was das für Leute sind, über die der böse Geist Gewalt gewinnen kann: 18 nämlich solche, die ihre Ehe eingehen als Menschen, die von Gott nichts wissen wollen und sich [a] allein von ihrer Lust leiten lassen, [b] als wären sie ohne Verstand wie Rosse und Maultiere. Über solche Leute hat der böse Geist Gewalt. 19 Wenn du aber mit Sara ins Brautgemach kommst, dann sollst du sie drei Tage lang nicht berühren, sondern mit ihr zusammen nur [a] dem Gebet leben. 20 In der ersten Nacht sollst du die Leber des Fisches auf glühende Kohlen legen, dann wird der böse Geist vertrieben werden. 21 [a] Durch die zweite Nacht aber werden dir die Verheißungen der heiligen Patriarchen zuteil. 22 Durch die dritte Nacht wirst du den Segen erlangen, dass euch gesunde Kinder geboren werden. 23 Wenn aber die dritte Nacht vorüber ist, sollst du dich mit der Jungfrau verbinden in der Furcht des Herrn, mehr aus Liebe zu den Kindern als aus Lust, damit du mit deinen Kindern den Segen erlangst, der den Nachkommen Abrahams zugesagt ist.

Die Vermählung des Tobias mit Sara

7 Sie kehrten bei Raguël ein und der empfing sie mit Freuden. 2 Und er sah Tobias an und sagte zu Hanna, seiner Frau: Wie gleicht der junge Mann doch meinem Vetter! 3 Und als er das gesagt hatte, fragte er: Woher stammt ihr, liebe Brüder? 4 Sie sagten: Aus dem [a] Stamm Naftali sind wir, [b] Weggeführte, aus Ninive. 5 Raguël sagte zu ihnen: Kennt ihr Tobias, meinen Bruder? Sie antworteten: Ja, wir kennen ihn gut.

6 Als nun Raguël viel Gutes von Tobias redete, sagte der Engel zu ihm: Der Tobias, nach dem du fragst, ist sein Vater. 7 Und Raguël [a] eilte auf ihn zu, fiel ihm um den Hals, küsste ihn unter Tränen und sagte: O mein lieber Sohn, [b] gesegnet seist du, denn du bist der Sohn eines tüchtigen und frommen Mannes! 8 Und Hanna, seine Frau, und Sara, ihre Tochter, fingen auch an zu weinen.

9 Danach ließ Raguël einen Widder schlachten und das Mahl bereiten. 10 Als er sie bat, sich zu Tisch zu setzen, sagte Tobias: [a] Ich will heute weder essen noch trinken, ehe du mir nicht meine Bitte gewährst und zusagst, mir Sara, deine Tochter, zu geben. 11 Als das Raguël hörte, erschrak er; denn er dachte daran, was den sieben andern Männern widerfahren war, und er fürchtete, es könnte diesem auch so ergehen. 12 Und als er zögerte und ihm keine Antwort geben wollte, sagte der Engel zu ihm: Scheue dich nicht, diesem frommen Mann deine Tochter zu geben; denn [a] ihm ist sie zur Frau bestimmt; darum hat sie auch kein anderer bekommen können.

13 Da sagte Raguël: Ich zweifle nicht, dass Gott meine heißen Tränen und Gebete erhört hat, 14 und glaube, dass er euch hat zu mir kommen lassen, weil meine Tochter [a] nach dem Gesetz des Mose einen Mann aus ihrem Stamm heiraten sollte; nun sei gewiss: Ich will sie dir geben. 15 Und er nahm die rechte Hand seiner Tochter und legte sie Tobias in die rechte Hand und sprach: [a] Der Gott Abrahams, der Gott Isaaks und der Gott Jakobs sei mit euch! Er gebe euch zusammen und schenke euch seinen reichen Segen! 16 Und sie nahmen eine Schriftrolle und schrieben den Ehevertrag; 17 und sie lobten Gott und hielten das Mahl.

18 Und Raguël rief seine Frau Hanna zu sich und ließ sie eine zweite Kammer herrichten. 19 Und sie führte ihre Tochter Sara hinein; und sie weinte. 20 Und sie sagte zu ihr: Sei getrost, meine Tochter! Der Herr des Himmels gebe dir nun Freude, nachdem du so viel Leid erlitten hast.[a]

6,13: *a* Kap 7,14; 4. Mose 27,8; 36,8-9 **6,15:** *a* Kap 3,8 **6,18:** *a* Kap 3,17-19; *b* Ps 32,9 **6,19:** *a* 1. Kor 7,5 **6,21:** *a (21-23)* 1. Mose 12,2-3 **7,4:** *a* Kap 1,1; *b* Kap 1,11 **7,7:** *a* 1. Mose 24,31; *b* Ps 112,2 **7,10:** *a* 1. Mose 24,33 **7,12:** *a* Kap 3,20 **7,14:** *a* Kap 6,13 **7,15:** *a* 2. Mose 3,6 **7,20:** *a* Kap 3,22-23

Hochzeitsnacht und Freudenmahl

8 Nach dem Abendessen aber führten
sie den jungen Tobias zu ihr in die
Kammer. 2 Und Tobias dachte an den
Rat des Engels und nahm aus seiner Ta-
sche ein Stück von der Leber des Fisches
und legte es auf die glühenden Kohlen.[a]
3 Da [a]nahm der Engel Rafael den bösen
Geist gefangen und [b]band ihn fest in der
Wüste von Oberägypten.
4 Danach forderte Tobias die Jungfrau
auf: Sara, steh auf, wir wollen heute,
morgen und übermorgen zu Gott beten
und in diesen drei Nächten nur Gott ge-
hören; nach der dritten Nacht aber wol-
len wir als Eheleute einander gehören.[a]
5 Denn **wir sind [a]Kinder der Heiligen und
können unsere Ehe [b]nicht beginnen wie die
Heiden, die Gott nicht kennen.**
6 Und sie standen auf und beteten
beide inständig, dass Gott sie behüten
wolle. 7 Und Tobias sprach: Herr, du
Gott unsrer Väter, dich sollen loben
Himmel, Erde, Meer, alle Quellen und
Flüsse und alle deine Geschöpfe, die
darin leben.[a] 8 Du hast Adam aus Erde
vom Acker gemacht und hast ihm Eva
zur Gehilfin gegeben.[a] 9 Und nun, Herr,
du weißt, dass ich [a]nicht aus böser Lust
meine Schwester zur Frau nehme, son-
dern nur, weil ich gerne Kinder haben
möchte, durch die dein heiliger Name auf
ewig gepriesen werde. 10 Und Sara
sprach: Erbarme dich unser, Herr, er-
barme dich und lass uns beide gesund
bleiben und alt werden.
11 Und als der Hahn krähte, rief Ra-
guël seine Diener und ging mit ihnen, ein
Grab auszuheben. 12 Denn er dachte: Es
könnte dem Tobias vielleicht auch er-
gangen sein wie den sieben andern, die
mit ihr vermählt waren. 13 Und als sie das
Grab ausgehoben hatten, kam Raguël zu
seiner Frau zurück und sagte: 14 Schick
eine Magd hin und lass nachsehen, ob
auch er tot ist, damit ich ihn begraben
kann, bevor es Tag wird. 15 Da schickte
sie eine Magd; die trat leise in die Kam-
mer und fand sie beide gesund und frisch
im Schlaf.
16 Und sie kam zurück und brachte
ihnen die gute Nachricht. 17 Und Raguël
und seine Frau Hanna dankten Gott und
sprachen: Wir danken dir, Herr, du Gott
Israels, dass nicht geschehen ist, was wir
befürchtet haben. Denn du hast uns
deine [a]Barmherzigkeit erwiesen und den
Feind, der uns verfolgte, vertrieben. 18 Du
hast dich erbarmt über diese beiden ein-
zigen Kinder. Und nun, Herr, gib ihnen,
dass sie dir noch lange danken und dich
[a]loben können mit dem Leben, das du
ihnen erhältst, damit [b]alle Völker an ih-
nen erkennen, dass du allein Gott bist in
aller Welt. 19 Und sogleich befahl Raguël
seinen Dienern, das Grab wieder zuzu-
schütten, ehe es Tag würde.
20 Seiner Frau aber trug er auf, ein
Mahl herzurichten und alles vorzuberei-
ten, was man auf der Reise braucht. 21 Er
ließ auch zwei fette Rinder und vier
Schafe schlachten und ein Festmahl zu-
bereiten für alle seine Nachbarn und
Freunde. 22 Und Raguël bat Tobias drin-
gend, zwei Wochen bei ihm zu bleiben.[a]
23 Und von all seinen Gütern gab er dem
Tobias die Hälfte und legte schriftlich
fest, dass nach seinem Tode und dem
Tode seiner Frau auch die andre Hälfte
dem Tobias zufallen sollte.

Gabaël auf der Hochzeit

9 Da rief Tobias den Engel zu sich –
denn er hielt ihn für einen Menschen
– und sagte zu ihm: Asarja, mein Bruder,
ich bitte dich, höre mich an! 2 Selbst
wenn ich dein Sklave würde, könnte ich
dir doch deine Fürsorge nicht entgelten.
3 Dennoch bitte ich dich: Nimm dir
Knechte und Kamele und zieh zu Gabaël
nach Rages in Medien; gib ihm diesen
[a]Schuldschein zurück und nimm das
Geld entgegen und bitte ihn, zu meiner
Hochzeit zu kommen. 4 Denn du weißt,
mein Vater zählt die Tage; und wenn ich
einen Tag zu lange fortbliebe, so wäre er
betrübt. 5 Du siehst auch, wie sehr mich
Raguël gebeten hat, sodass ich's ihm
nicht abschlagen kann.
6 Da nahm Rafael vier Knechte Ra-
guëls und zwei Kamele und zog nach der
Stadt Rages in Medien und fand Gabaël

8,2: *a* Kap 6,9.20 **8,3:** *a* Kap 3,8.25; *b* Offb 20,1-2 **8,4:** *a* Kap 6,19-23 **8,5:** *a* Kap 2,17; *b* Kap 6,18 **8,7:** *a* Ps 148,1-14 **8,8:** *a* 1. Mose 2,7.18 **8,9:** *a* Kap 3,17 **8,17:** *a* Jdt 13,17 **8,18:** *a* Lk 8,39; Eph 1,12; *b* Jes 37,20 **8,22:** *a* 1. Mose 29,27 **9,3:** *a* Kap 4,21

und gab ihm den Schuldschein zurück
und empfing von ihm das ganze Geld.
7 Und er berichtete ihm alles, was der
jüngere Tobias erlebt hatte, und brachte
ihn mit auf die Hochzeit.
8 Und als Gabaël in das Haus Raguëls
kam, fand er Tobias bei Tisch; der
sprang auf und sie küssten sich. Und
Gabaël weinte und lobte Gott und
sprach: 9 Es segne dich der Gott Israels!
Denn [a]du bist der Sohn eines frommen,
gerechten und gottesfürchtigen Mannes,
der den Armen viel Gutes getan hat.
10 Gesegnet seien auch deine Frau und
eure Eltern! 11 Und Gott gebe, dass ihr
[a]eure Kinder und eure Kindeskinder
seht bis ins dritte und vierte Glied; und
eure Nachkommen seien gesegnet vom
Gott Israels, der in Ewigkeit herrscht
und regiert! 12 Und als alle Amen gesagt
hatten, setzten sie sich zu Tische; und
auch das Hochzeitsmahl feierten sie in
der Furcht des Herrn.

Die Sorge der Eltern um ihren Sohn

10 Als aber der junge Tobias wegen
seiner Hochzeit lange ausblieb, fing
sein Vater Tobias an, sich zu sorgen, und
sagte: Warum bleibt mein Sohn so lange
aus und was hält ihn auf? 2 Vielleicht ist
Gabaël gestorben und niemand will ihm
das Geld zurückgeben? 3 Und Tobias und
seine Frau Hanna wurden sehr traurig
und fingen beide an zu weinen, weil ihr
Sohn zur bestimmten Zeit nicht heim-
gekommen war. 4 Und seine Mutter
weinte und wollte sich nicht trösten las-
sen und klagte: 5 Ach, mein Sohn, ach,
mein Sohn! Warum haben wir dich auf
die Reise geschickt, du Licht unsrer
Augen, unsere [a]Stütze im Alter, du Trost
unsres Lebens, von dem wir uns Nach-
kommen erhofften! 6 Du warst unser Ein
und Alles; wir hätten dich nicht fort-
schicken dürfen.
7 Und Tobias sagte zu ihr: Sei still und
sorge dich nicht! Unserm Sohn geht's, so
Gott will, gut; er hat einen zuverlässigen
Begleiter. 8 Sie aber wollte sich nicht trös-
ten lassen, sondern lief alle Tage hinaus
und blickte dahin und dorthin und
suchte auf allen Straßen, auf denen er
kommen konnte, um ihn möglichst schon
von ferne zu sehen.

Abschied von Raguël

9 Raguël aber sagte zu seinem Schwieger-
sohn: Bleib bei uns; ich will einen Boten
zu deinem Vater Tobias schicken und ihn
wissen lassen, dass dir's gut geht. 10 Und
Tobias antwortete: Ich weiß, dass mein
Vater und meine Mutter jetzt die Tage
zählen und in großer Sorge um mich
sind. 11 Als Raguël Tobias mit vielen
Worten bat, ohne dass dieser einwilligte,
gab er ihm Sara mit und dazu die Hälfte
von all seinem Hab und Gut: Knechte
und Mägde, Vieh, Kamele und viel Geld;
dann ließ er ihn gesund und fröhlich zie-
hen und sprach: 12 [a]Der heilige Engel des
Herrn sei mit euch auf dem Wege und
bringe euch gesund ans Ziel! Gott gebe,
dass ihr eure Eltern wohlauf findet und
dass meine Augen eure Kinder sehen
dürfen, ehe ich sterbe. 13 Und die Eltern
umarmten ihre Tochter und küssten sie;
dann ließen sie sie ziehen und ermahnten
sie, die Eltern ihres Mannes zu ehren,
[a]ihren Mann zu lieben, Kinder und Ge-
sinde recht zu leiten, [b]dem Hause wohl
vorzustehen und sich selbst untadelig zu
halten.

Heimkehr und Heilung

11 Als sie auf dem Heimweg am elften
Tage nach Haran kamen, das auf
halbem Wege nach Ninive liegt, 2 sagte
der Engel: Tobias, mein Bruder, du
weißt, [a]wie es deinem Vater ging, als du
von ihm weggingst; 3 wenn es dir recht
ist, so wollen wir beide vorausziehen und
deine Frau mit dem Gesinde und dem
Vieh langsam nachkommen lassen. 4 Und
als Tobias das recht war, sagte Rafael zu
ihm: Nimm etwas von der Galle des Fi-
sches mit; denn du wirst es brauchen.
5 Da nahm Tobias etwas von der [a]Galle
des Fisches und sie zogen voraus.
6 Hanna aber saß täglich am Wege auf
einem Berge, von wo sie weit ins Land
blicken konnte. Und als sie dort nach der
Heimkehr ihres Sohnes ausschaute, sah
sie ihn von ferne und erkannte ihn so-

9,9: *a* Kap 7,7; Spr 17,6 **9,11:** *a* Hiob 42,16 **10,5:** *a* Kap 5,25 **10,12:** *a* Kap 5,22.29 **10,13:** *a* Tit 2,4-5; *b* Spr 31,10-31 **11,2:** *a* Kap 5,13 **11,5:** *a* Kap 6,10

gleich und lief zu ihrem Mann und sagte:
Siehe, dein Sohn kommt!
7 [a]Und Rafael sagte zu Tobias: Sobald
du ins Haus kommst, bete zu Gott, dei-
nem Herrn, und danke ihm! Darauf geh
zu deinem Vater und küsse ihn 8 und
salbe ihm sogleich die Augen mit der
Galle des Fisches, die du bei dir hast;
dann werden seine Augen bald geöffnet
werden, und dein Vater wird das Licht
des Himmels wieder schauen und über
deinen Anblick sich freuen.
9 Und der [a]Hund, den sie mitgenom-
men hatten, lief voraus und kam als
Bote, wedelte mit dem Schwanz, sprang
hoch und zeigte seine Freude. 10 Da stand
sein blinder Vater auf und stieß sich vor
lauter Eile; darum rief er einen Knecht,
der ihn bei der Hand führte, und lief
seinem Sohn entgegen. 11 Er schloss ihn
in die Arme und küsste ihn, ebenso auch
seine Mutter, und beide weinten vor
Freude.
12 Und als sie zum Herrn gebetet und
ihm gedankt hatten, setzten sie sich zu-
sammen nieder. 13 Da nahm Tobias von
der Galle des Fisches und salbte seinem
Vater die Augen. Und es dauerte fast eine
halbe Stunde, 14 da löste sich der Star
von seinen Augen wie das Häutlein von
einem Ei. 15 Und Tobias fasste es und zog
es ihm von den Augen; sogleich wurde er
wieder sehend. 16 Und sie priesen Gott,
er und seine Frau und alle, die ihn kann-
ten. 17 Und Tobias sprach: Ich danke dir,
Herr, du Gott Israels; denn [a]du hast
mich gezüchtigt und nun wieder geheilt,
und jetzt kann ich meinen lieben Sohn
Tobias wieder sehen.
18 Und nach sieben Tagen kam auch
Sara, die Frau seines Sohnes, wohlbehal-
ten an mit ihrem ganzen Gesinde, dem
Vieh und den Kamelen und brachte viel
Geld mit und auch das Geld, das er von
Gabaël empfangen hatte. Und Tobias er-
zählte seinen Eltern, wie viel Gutes Gott
an ihm getan hatte durch seinen Beglei-
ter. 19 Und Achior und Nabat, die Vet-
tern des Tobias, kamen zu ihm, beglück-
wünschten ihn und freuten sich mit ihm
über all das Gute, das ihm Gott erwiesen
hatte. 20 Und [a]sieben Tage lang feierten
sie miteinander und waren alle sehr
fröhlich.

Rafaels Geheimnis

12 Danach rief Tobias seinen Sohn zu
sich und sagte: Was sollen wir doch
[a]dem heiligen Manne geben, der mit dir
gezogen ist? 2 Und Tobias antwortete
ihm: Vater, welchen Lohn können wir
ihm geben oder womit all das Gute auf-
wiegen, das er mir erwiesen hat? 3 Er hat
mich gesund hin- und zurückgebracht; er
hat das Geld von Gabaël geholt und mir
zu dieser Frau verholfen; dazu hat er den
bösen Geist vertrieben und ihre Eltern
wieder froh gemacht. 4 Mich hat er ge-
rettet, als mich der große Fisch fressen
wollte, und dir hat er geholfen, dass du
das Licht des Himmels wieder sehen
kannst; so hat er uns unermesslich viel
Gutes getan. 5 Wie könnten wir ihm das
alles vergelten? Doch ich bitte dich, mein
Vater: Biete ihm die Hälfte aller Habe an,
die wir mitgebracht haben. Vielleicht
nimmt er sie an. 6 Und beide, Vater und
Sohn, riefen ihn, nahmen ihn beiseite
und baten ihn, die Hälfte aller Güter
anzunehmen, die sie mitgebracht hatten.
7 Er aber sagte zu ihnen im Vertrauen:
[a]**Lobt und preist den Gott des Himmels
vor jedermann, dass er euch solche Gnade
erwiesen hat!** 8 Geheimnisse eines Königs
soll man verschweigen; aber Gottes
Werke offenbar zu machen und zu prei-
sen bringt Ehre. 9 Beten, Fasten und
[a]Almosengeben ist besser, als goldene
Schätze zu sammeln; denn Almosen er-
lösen vom Tode, tilgen die Sünden und
führen zum ewigen Leben. 10 **Wer aber
Sünde und Unrecht tut, bringt sich selber
um sein Leben.**[a]
11 So will ich euch nun die Wahrheit
offenbaren und das verborgene Gesche-
hen euch nicht verheimlichen. 12 Als du
unter Tränen betetest und die Toten be-
grubst, als du [a]dein Essen stehen ließest,
die Leichen den Tag über heimlich in
deinem Hause verstecktest und sie bei
Nacht begrubst, da [b]brachte ich dein
Gebet vor den Herrn. 13 Und weil du
Gott lieb warst, hast du dich in der
Anfechtung bewähren müssen.[a] 14 Und

11,7: *a (7-8)* Ps 50,14-15 **11,9:** *a* Kap 6,1 **11,17:** *a* Kap 3,22 **11,20:** *a* Kap 8,22 **12,1:** *a* Kap 5,15 **12,7:** *a* Mk 5,19 **12,9:** *a* Kap 4,11 **12,10:** *a* Spr 14,34 **12,12:** *a* Kap 2,3; *b* Kap 3,24; Offb 8,3-4; Mt 18,10 **12,13:** *a* Spr 3,11-12; Jdt 8,19; Jak 1,12

dann hat mich der Herr geschickt, um
dich zu heilen und um deine Schwieger-
tochter Sara von dem bösen Geist zu
befreien. 15 [a]Denn ich bin Rafael, einer
von den [b]sieben Engeln, die vor dem
Herrn stehen.

16 Als sie das hörten, erschraken sie
und fielen zitternd zur Erde auf ihr An-
gesicht. 17 Der Engel aber sprach zu ih-
nen: Friede sei mit euch! Fürchtet euch
nicht! 18 Denn nach Gottes Willen ist es
geschehen, dass ich bei euch gewesen bin;
darum lobt und preist ihn! 19 Es schien
zwar so, als hätte ich mit euch gegessen
und getrunken; aber [a]ich genieße eine
unsichtbare Speise und einen Trank, den
kein Mensch sehen kann. 20 Und nun ist's
Zeit, dass ich wieder zu dem hingehe, der
mich gesandt hat; dankt ihr aber Gott
und verkündigt alle seine Wunder!

21 Und als er das gesagt hatte, ver-
schwand er vor ihren Augen, und sie
konnten ihn nicht mehr sehen. 22 Und sie
fielen nieder auf ihr Angesicht und dank-
ten Gott drei Stunden lang; danach stan-
den sie auf und verkündigten alle seine
großen Wunder.

Der Lobgesang des Tobias

13 Der alte Tobias aber tat seinen
Mund auf, lobte Gott und sprach:
2 Groß bist du, Herr, in Ewigkeit und
dein Reich währt immerdar; denn du
[a]züchtigst und heilst wieder; du [b]führst
hinab zu den Toten und wieder herauf,
und [c]deiner Hand kann niemand ent-
fliehen.

3 Ihr Israeliten, lobt den Herrn, und
vor den Heiden preist ihn! Denn darum
hat er euch zerstreut unter die Völker, die
ihn nicht kennen, damit ihr seine Wun-
der verkündigt und [a]die Heiden erken-
nen lasst, dass kein allmächtiger Gott ist
als er allein. 4 Er hat uns gezüchtigt um
unsrer Sünden willen, und um seines
Erbarmens willen wird er uns wieder
helfen.[a] 5 Darum bedenkt, was er an
uns getan hat; mit Furcht und Zittern
preist und rühmt ihn, der ewig herrscht,
[a]mit euren Werken! 6 Und auch ich will
ihn preisen in diesem Lande, in dem
ich gefangen bin; denn er hat seine
Macht erwiesen an einem sündigen Volk.
7 Darum bekehrt euch, ihr Sünder, und
tut, was recht ist vor Gott, und glaubt,
dass er euch sein Erbarmen erweist!
8 Ich aber will mich von Herzen freuen
in Gott.

9 Lobt den Herrn, all ihr seine [a]Auser-
wählten, haltet Freudentage und preist
ihn! 10 Jerusalem, du [a]Gottesstadt, Gott
hat dich gezüchtigt um deiner Werke wil-
len; aber er wird sich über dich wieder
erbarmen. 11 [a]Danke dem Herrn für dein
[b]Glück und preise den ewigen Gott; so
wird er seine Hütte in dir wieder bauen
und alle deine Gefangenen zurückrufen,
dass du dich ewig freuen kannst. 12 Du
wirst in hellem Glanze leuchten, und an
allen Enden der Erde wird man dich eh-
ren.[a] 13 Aus fernen Ländern [a]werden die
Völker zu dir kommen; sie werden Ge-
schenke bringen 14 und [a]in deiner Mitte
den Herrn anbeten, und dein Land wer-
den sie heilighalten; den großen Namen
des Herrn werden sie in dir anrufen.
15 [a]Verflucht werden alle sein, die dich
verachten; verdammt werden alle sein,
die dich lästern; gesegnet werden alle
sein, die dich bauen. 16 Du aber wirst
dich freuen über deine Kinder; denn [a]sie
werden alle gesegnet und versammelt
werden zum Herrn. 17 Wohl allen, die
dich lieben und sich über dein Heil
freuen!

18 Lobe den Herrn, meine Seele! Denn
er wird seine Stadt Jerusalem erlösen.
19 Wohl mir, wenn auch nur meine letzten
Nachkommen die Herrlichkeit Jerusa-
lems sehen werden! 20 [a]Die Tore Jerusa-
lems werden aus Saphir und Smaragd
gebaut werden und aus Edelsteinen
ringsum all seine Mauern. 21 Mit weißem
und reinem Marmor werden alle seine
Gassen gepflastert werden, und auf allen
seinen Straßen wird man Halleluja sin-
gen. 22 Gelobt sei der Herr, der seine
Stadt wieder gebaut hat, und er herrsche
über sie in Ewigkeit! Amen.

HIER ENDET DER LOBGESANG DES TOBIAS.

12,15: *a (15-16)* Jos 5,13-14; *b* Offb 8,2 **12,19:** *a* Ri 13,16 **13,2:** *a* Kap 11,17; 5. Mose 32,39; *b* Weish 16,13; *c* Weish 16,15 **13,3:** *a* Kap 8,18 **13,4:** *a* Kap 3,4.22 **13,5:** *a* 1. Petr 2,12 **13,9:** *a* 5. Mose 4,37; Ps 106,5 **13,10:** *a* Ps 46,5 **13,11:** *a (11-14)* Jes 60,3-9; *b* Ps 122,6-7 **13,12:** *a* Ps 126,2-3 **13,13:** *a* Jes 2,3 **13,14:** *a* Sach 8,20-22 **13,15:** *a* 4. Mose 24,9 **13,16:** *a* Bar 4,37; 5,5 **13,20:** *a (20-21)* Jes 54,11-12

Letzte Mahnungen des alten Tobias

14 Und nachdem Tobias wieder se-
hend geworden war, lebte er noch
zweiundvierzig Jahre und sah noch die
Kinder seiner Enkel. 2 Und als er hun-
dertundzwei Jahre alt war, wurde er mit
Ehren begraben in [a]Ninive. 3 Denn mit
sechsundfünfzig Jahren war er blind und
im sechzigsten Jahre wieder sehend ge-
worden. 4 Die restliche Zeit aber lebte er
im Glück, und seine Gottesfurcht nahm
noch zu, bis er in Frieden starb.
5 Vor seinem Tode aber [a]rief er Tobias,
seinen Sohn, zu sich und dessen sieben
Söhne und sagte zu ihnen: 6 [a]Ninive wird
nun bald zugrunde gehen; denn das Wort
des Herrn wird nicht unerfüllt bleiben;
aber in Medien wird dann noch eine Zeit
lang Friede sein. [b]Unsere Brüder aber,
die aus dem Land Israel vertrieben sind,
werden dorthin zurückkehren. 7 Und un-
ser ganzes Land, das jetzt verödet liegt,
wird wieder bewohnt werden. Und Got-
tes Haus, das jetzt niedergebrannt ist,
wird wieder aufgebaut werden, und alle,
die Gott fürchten, werden wieder dorthin
kommen. 8 [a]Und auch die Heiden wer-
den ihre Götzen verlassen und nach Jeru-
salem kommen und dort wohnen, 9 und
an Jerusalem werden sich alle freuen, die
den König Israels anbeten.
10 So hört nun, meine Söhne, euren Va-
ter! [a]Dient dem Herrn in der Wahrheit
und tut, was ihm gefällt. 11 [a]Lehrt eure
Kinder Gerechtigkeit üben und Almosen
geben, Gott vor Augen haben und ihn
allezeit preisen in Wahrheit und mit aller
Kraft! 12 [a]Und, liebe Kinder, hört auf
mich und bleibt nicht hier in Ninive; son-
dern sobald ihr eure Mutter [b]neben mir
begraben habt im selben Grabe, macht
euch noch am gleichen Tage auf und
zieht fort von hier! 13 Denn ich sehe, dass
Ninive an seiner Bosheit zugrunde gehen
wird.

Die letzten Jahre des jungen Tobias

14 Sogleich nach dem Tod seiner Mutter
zog Tobias mit seiner Frau und seinen
Söhnen von Ninive fort und [a]kehrte
nach Medien zurück zu seinen Schwie-
gereltern. 15 Er fand sie in ihrem hohen
Alter frisch und gesund und umsorgte
sie. Und als sie starben, drückte er ihnen
die Augen zu und [a]erbte alle Güter Ra-
guëls. [b]Und er sah Kinder und Kindes-
kinder bis ins fünfte Glied. 16 Und als er
neunundneunzig Jahre in Glück und
Gottesfurcht gelebt hatte, begrub ihn
seine ganze Verwandtschaft. 17 Und alle
seine Nachkommen führten ein frommes
Leben und einen heiligen Wandel. So
[a]fanden sie Gnade bei Gott und den
Menschen und allen, die im Lande
wohnten.

DAS BUCH JESUS SIRACH

Vorrede

1 Vieles und Großes ist uns gegeben
[a]durch das Gesetz und die Propheten
und die Schriften, die sich daran an-
schließen; daher [b]muss man Israel wegen
solcher Lehre und Weisheit mit Recht
loben. 2 Darum sollen, die sie haben und
lesen, nicht allein selbst daraus weise
werden, sondern die sich um Erkenntnis
mühen, sollen mit Lehren und Schreiben
auch denen dienen, die dazu nicht im-
stande sind.
3 So hat mein Großvater Jesus mit be-
sonderem Fleiß das Gesetz, die Prophe-
ten und die andern Bücher unserer Väter
gelesen, sich darin ein reiches Wissen
erworben und es unternommen, auch
etwas von rechtem und weisem Leben zu
schreiben,[a] 4 damit die, die sich um Er-

14,2: *a* Kap 1,11 **14,5:** *a* 1.Mose 49,1 **14,6:** *a* Nah 3,1-19; Zef 2,13; *b* Jer 30,10 **14,8:** *a (8-9)* Jes 2,2-3; Offb 15,4 **14,10:** *a* Ps 26,3; Joh 4,24 **14,11:** *a* Kap 4,6-7 **14,12:** *a (12-13)* 1.Mose 19,15.17; Jona 1,2; *b* Kap 4,5 **14,14:** *a* Kap 10,12; 3,7 **14,15:** *a* Kap 8,23; *b* Kap 9,11 **14,17:** *a* 2.Mose 20,6; Apg 2,47 Vers **1:** *a* Lk 24,44; *b* 5.Mose 4,6 Vers **3:** *a* Kap 39,1-3

kenntnis mühen, auch dazu angehalten
werden, im Lauf eines gesetzestreuen Le-
bens noch mehr in dieser Art zu schrei-
ben.

5 Darum bitte ich euch, dies Buch
freundlich aufzunehmen und aufmerk-
sam zu lesen und dort Nachsicht zu
üben, wo wir etwa einige Worte nicht
recht getroffen haben, obwohl wir uns
bemühten, gut zu übersetzen. 6 Denn was
in hebräischer Sprache geschrieben ist,
verliert viel, wenn man's in einer andern
Sprache wiedergibt. 7 Sogar das Gesetz
selber und die Propheten und die übrigen
Bücher lauten oft recht anders, wenn sie
in ihrer eignen Sprache gelesen werden.

8 Als ich nun im achtunddreißigsten
Jahr des Königs Ptolemäus Euergetes*
nach Ägypten kam und dort blieb, so-
lange er lebte, lernte ich ein Beispiel
hoher Bildung kennen. 9 Darum hielt
ich's für dringend geboten, mit großem
Eifer und viel Mühe dies Buch zu über-
setzen. 10 Und im Laufe der Zeit habe ich
viel Schlaf geopfert und viele Kenntnisse
daran gewendet, dies Büchlein fertigzu-
stellen und herauszubringen, damit auch
alle, die in der Fremde [a] aus der Schrift
lernen wollen, ihr Leben nach dem Ge-
setz des Herrn richten können.

Vom göttlichen Ursprung der Weisheit

1 [a] **Alle Weisheit kommt von Gott dem
Herrn und ist bei ihm in Ewigkeit.**
2 [a] Wer kann sagen, wie viel Sand das
Meer, wie viel Tropfen der Regen und
wie viel Tage die Welt hat? 3 Wer kann
erforschen, wie hoch der Himmel, wie
breit die Erde, wie tief das Meer ist? Wer
kann Gottes Weisheit ergründen, die
doch allem voraufgeht? 4 Denn seine
Weisheit ist [a] vor allem geschaffen; sein
Verstand und seine Einsicht sind von
Ewigkeit her. 5 Das Wort Gottes in der
Höhe ist die [a] Quelle der Weisheit, und
sie verzweigt sich in die ewigen Gebote.
6 [a] Wem sonst wäre die Wurzel der Weis-
heit aufgedeckt, und wer könnte ihre ge-
heimen Gedanken erkennen?
7 Einer ist's, der Allerhöchste, der Schöp-
fer, allmächtig, ein gewaltiger König und
sehr schrecklich, 8 der auf seinem Thron
sitzt als Herrscher und Gott. 9 Er hat die
Weisheit geschaffen durch seinen heiligen
Geist; [a] er hat sie gesehen, gezählt und
gemessen 10 und hat sie ausgeschüttet
über alle seine Werke und über alle Men-
schen nach seinem Gefallen und [a] gibt sie
denen, die ihn lieben.

Gottesfurcht als Wurzel menschlicher Weisheit

11 Die Furcht des Herrn ist Ehre und
Ruhm, Freude und eine schöne Krone.
12 Die Furcht des Herrn macht das Herz
fröhlich und gibt Freude und Wonne und
[a] langes Leben. 13 [a] Wer den Herrn fürch-
tet, dem wird's am Ende gut gehen, und
[b] am Tage seines Todes wird er den Segen
empfangen.

14 **Gott lieben, das ist die allerschönste
Weisheit,** 15 und wer sie erblickt, der liebt
sie; denn er sieht, welch große Wunder
sie tut.

16 [a] Die Furcht des Herrn ist der Weis-
heit Anfang, und seinen Getreuen ist sie
ins Herz gelegt. Sie geht einher mit den
auserwählten Frauen, und man findet sie
bei den Gerechten und Gläubigen. 17 Die
Furcht des Herrn ist der rechte Gottes-
dienst; 18 der behütet und macht das
Herz fromm und gibt Freude und
Wonne. 19 Wer den Herrn fürchtet, dem
wird's gut gehen; und am Ende seines
Lebens wird er gesegnet sein.

20 [a] Gott fürchten schenkt Weisheit in
Fülle und ihre Früchte machen satt.
21 Sie erfüllt das ganze Haus mit ihren
Gaben und die Scheunen mit ihren
Schätzen.

22 Die Furcht des Herrn ist eine Krone
der Weisheit 23 und [a] gibt reichen Frieden
und Heil. 24 Diese Weisheit macht die
Leute verständig und klug; und wer an
ihr festhält, dem gibt sie hohe Ehren.

25 Den Herrn fürchten ist die Wurzel
der Weisheit und daraus erwächst langes
Leben. 26 Die Furcht des Herrn [a] ver-

* 133/132 v. Chr.

Vers **10:** *a* Kap 38,25 **1,1:** *a* Spr 2,6; 8,22-23; Weish 9,4 **1,2:** *a (2-3)* Spr 30,4; Jes 40,12-14 **1,4:** *a* Kap 24,14 **1,5:** *a* Bar 3,12; Kap 24,34-37 **1,6:** *a (6-7)* Hiob 28,21-23 **1,9:** *a* Hiob 28,12.23-27 **1,10:** *a* Pred 2,26; Weish 1,4 **1,12:** *a* Spr 10,27 **1,13:** *a* Ps 37,37; *b* Kap 11,27 **1,16:** *a* Spr 1,7 **1,20:** *a (20-21)* Weish 7,11 **1,23:** *a* Spr 3,2 **1,26:** *a* 1. Mose 39,9; Spr 16,6

treibt die Sünde. 27 Denn wer ohne
Furcht lebt, der gefällt Gott nicht;
[a]wenn sein Zorn aufwallt, muss er stür-
zen. 28 Aber ein [a]Langmütiger kann war-
ten; es kommt die Zeit, in der ihm Freude
erwächst. 29 Bis zur rechten Zeit unter-
drückt er seine Worte; 30 dann aber wer-
den viele seine Weisheit rühmen.

Mahnung zum Gehorsam

31 Aus dem Schatz der Weisheit kommen
treffende Worte, aber dem Gottlosen ist
Gottes Wort ein Gräuel. 32 Mein Sohn,
willst du weise werden, so halte die Ge-
bote, dann wird dir Gott die Weisheit
geben. 33 Denn die Furcht des Herrn ist
die rechte Weisheit und Zucht; und Treue
und Demut gefallen Gott gut.[a]

34 Sei nicht ungehorsam dem Gebot
der Gottesfurcht, und diene Gott nicht
mit falschem Herzen. 35 Suche nicht
[a]Ruhm bei den Leuten durch Heuchelei
und achte darauf, was du redest. 36 Über-
hebe dich nicht, damit du nicht fällst und
zuschanden wirst[a] 37 und der Herr deine
geheimen Gedanken offenbart und dich
öffentlich vor den Leuten stürzt, 38 weil
du Gott nicht in rechter Furcht gedient
hast und dein Herz voller Falschheit ge-
wesen ist.

Vom Verhalten in der Anfechtung

2 Mein Kind, willst du Gottes Diener
sein, so bereite dich auf [a]Anfechtung
vor. 2 Mache dein Herz bereit und steh
fest und wanke nicht, wenn sie über dich
kommt. 3 Halt dich an Gott und weiche
nicht, damit du am Ende erhöht wirst.
4 Alles, was dir widerfährt, das nimm
auf dich, und sei geduldig bei jeder
neuen Demütigung. 5 **Denn [a]wie das Gold
durchs Feuer, so werden auch, die Gott
gefallen, durchs Feuer der Trübsal er-
probt.**

6 Vertraue Gott, so wird er sich deiner
annehmen; geh gerade Wege und [a]hoffe
auf ihn! 7 Die ihr den Herrn fürchtet,
vertraut ihm, und euer Lohn wird nicht
verloren gehen. 8 Die ihr den Herrn
fürchtet, hofft das Beste von ihm, hofft
auf ewige Freude und Gnade. 9 Die ihr
den Herrn fürchtet, wartet auf seine
Gnade und weicht nicht, damit ihr nicht
zugrunde geht. 10 [a]Blickt auf die frühe-
ren Geschlechter und besinnt euch:
11 Wer ist jemals zuschanden geworden,
der auf den Herrn gehofft hat?[a] 12 Wer
ist jemals verlassen worden, der in der
Furcht Gottes geblieben ist? Oder wer ist
jemals von ihm übersehen worden, der
ihn angerufen hat? 13 Denn der Herr ist
gnädig und barmherzig und [a]vergibt
Sünden und hilft in der Not.

14 Weh denen, die an Gott verzagen
und nicht an ihm festhalten, und dem
Gottlosen, der hin und her schwankt!
15 Weh den Verzagten! Denn sie glauben
nicht; darum werden sie auch nicht be-
schirmt.[a] 16 [a]Weh denen, die die Geduld
verloren haben: 17 Wie wird es ihnen er-
gehen, wenn sie der Herr heimsucht?

18 Die den Herrn fürchten, glauben sei-
nem Wort; und die ihn lieb haben, blei-
ben auf seinen Wegen.[a] 19 Die den Herrn
fürchten, tun, was ihm gefällt; 20 und die
ihn lieb haben, [a]freuen sich an seinem
Gesetz. 21 Die den Herrn fürchten, ma-
chen ihr Herz bereit und demütigen sich
vor ihm und sagen: 22 [a]Wir wollen lie-
ber in die Hände des Herrn fallen als in
die Hände der Menschen; 23 denn seine
[a]Barmherzigkeit ist ja so groß, wie er
selber ist.

Vom rechten Verhalten gegen die Eltern

3 [a]Liebe Kinder, gehorcht der Weisung
eures Vaters 2 und lebt nach ihr, da-
mit es euch gut geht. 3 Denn der Herr will
den Vater von den Kindern geehrt haben
und das Recht der Mutter von den Söh-
nen geachtet wissen.[a]

4 Wer seinen Vater ehrt, macht damit
Sünden gut, 5 und wer seine Mutter ehrt,
der sammelt sich einen bleibenden
Schatz. 6 Wer seinen Vater ehrt, der wird
auch Freude an seinen Kindern haben;
und wenn er betet, so wird er erhört.
7 Wer seinen Vater ehrt, der wird länger
leben; und wer dem Herrn gehorsam ist,
an dem hat seine Mutter einen Trost.

1,27: *a* Jak 1,19-20 **1,28:** *a* 1. Kor 13,4 **1,33:** *a* Spr 15,33 **1,35:** *a* Mt 6,1-2 **1,36:** *a* Spr 16,18; Mt 23,12 **2,1:** *a* Tob 12,13; Offb 2,10 **2,5:** *a* Weish 3,5-6 **2,6:** *a* Ps 37,5 **2,10:** *a (10-13)* Ps 22,5-6; Jdt 13,17; 1. Makk 2,50-61 **2,11:** *a* Hiob 4,7 **2,13:** *a* 2. Mose 34,6-7 **2,15:** *a* 5. Mose 1,28.34-35; Jes 7,9 **2,16:** *a (16-17)* Mt 24,13 **2,18:** *a* Spr 14,2; Joh 14,21 **2,20:** *a* Ps 119,47 **2,22:** *a (22-23)* 2. Sam 24,14 **2,23:** *a* Vers 13; Weish 11,23-24 **3,1:** *a (1-3)* 2. Mose 20,12; Spr 1,8 **3,3:** *a* Kap 7,29

8 Wer den Herrn fürchtet, der ehrt auch
den Vater und dient seinen Eltern, wie
man Herrschern dient. 9 **Ehre Vater und**
Mutter mit der Tat und mit Worten und
mit aller Geduld, 10 damit ihr Segen über
dich kommt. 11 Denn der Segen des Vaters
baut den Kindern Häuser, aber der Fluch
der Mutter reißt sie nieder.

12 Suche nicht Ehre auf Kosten deines
Vaters, denn das ehrt dich nicht.[a]
13 Denn [a]den Vater ehren bringt dir sel-
ber Ehre, und deine Mutter verachten
bringt dir selber Schande.

14 [a]Liebes Kind, nimm dich deines Va-
ters im Alter an und betrübe ihn ja nicht,
solange er lebt; 15 und habe Nachsicht
mit ihm, selbst wenn er kindisch wird,
und verachte ihn nicht im Gefühl deiner
Kraft. 16 Denn was du deinem Vater Gu-
tes getan hast, das wird nie mehr ver-
gessen werden, sondern dir für deine
Sünden zugutekommen. 17 Und in der
Not wird an dich gedacht werden, und
deine Sünden werden vergehen wie das
Eis vor der Sonne. 18 Wer seinen Vater
verlässt, der ist wie einer, der Gott läs-
tert; und wer seine Mutter betrübt, der
ist verflucht vom Herrn.[a]

Von der Demut

19 Liebes Kind, tu deine Arbeit in Demut;
das ist besser als alles, wonach die Welt
trachtet.[a] 20 Je größer du bist, desto mehr
demütige dich; so wirst du beim Herrn
Gnade finden.[a] 21 Denn groß ist allein
die Majestät des Herrn, und von den
Demütigen wird er gepriesen.

22 Strebe nicht nach dem, was zu hoch
ist für dich, und frage nicht nach dem,
was deine Kraft übersteigt,[a] 23 [a]sondern
was dir Gott befohlen hat, das halte dir
immer vor Augen; denn es nützt dir gar
nichts, wenn du nach seinen vielen Wer-
ken gaffst. 24 Mit dem, was dich nichts
angeht, gib dich nicht ab;* 25 denn dir ist
schon mehr gezeigt, als Menschenver-
stand fassen kann; 26 schon viele hat ihr
Denken irregeleitet, und gefährliche Vor-
stellungen haben sie gestürzt.[a]

Von starrköpfigem und vernünftigem Verhalten

27 Wer sich in Gefahr begibt, der kommt
darin um, 28 und ein starrköpfiger
Mensch nimmt zuletzt ein schlimmes
Ende.[a] 29 Ein starrköpfiger Mensch
macht es sich selber schwer, und [a]der
Sünder häuft Sünde auf Sünde. 30 Denn
[a]Hochmut tut niemals gut, und nichts
als Unheil kann daraus erwachsen. 31 Ein
vernünftiger Mensch lernt die Weisheit,
32 und wer sie lieb hat, der hört aufmerk-
sam zu.

33 Wie das Wasser ein brennendes
Feuer löscht, so [a]tilgt das Almosen die
Sünden. 34 Wer Wohltaten erweist, [a]dem
wird's Gott vergelten, der alles lenkt, und
wenn er fällt, wird er eine Stütze finden.

Vom rechten Verhalten gegen die Armen

4 [a]Liebes Kind, lass den Armen nicht
Not leiden, und sei nicht hart gegen
den Bedürftigen. 2 Verachte den [a]Hung-
rigen nicht, und betrübe den Menschen
nicht in seiner Armut. 3 Einem betrübten
Herzen füge nicht noch mehr Leid zu,
und [a]lass den Notleidenden auf deine
Gabe nicht warten. 4 Die Bitte des Elen-
den schlage nicht ab, und [a]wende dein
Angesicht nicht weg von dem Armen.
5 [a]Wende deine Augen nicht weg von
dem Bittenden, und gib ihm keinen An-
lass, dir zu fluchen. 6 Denn der ihn ge-
macht hat, [a]erhört sein Gebet, wenn er
mit bitterem Herzen dich verflucht.

7 Mach dich nicht unbeliebt in der Ge-
meinde, und vor einem Großen beuge
dein Haupt.

8 Höre den Armen an, und antworte
ihm freundlich auf seinen Gruß. 9 [a]**Rette**
den, dem Gewalt geschieht, vor dem, der
ihm Unrecht antut; und sei unerschrocken,
wenn du ein Urteil sprechen sollst. 10 [a]Sei
zu den Waisen wie ein Vater, und tritt für
ihre Mutter ein, als wärst du ihr Mann,[b]
11 dann wird der Höchste dich Sohn nen-
nen, und er wird dich lieber haben, als
dich deine Mutter hat.

* Luther übersetzte: Und was deines Amts nicht ist, da lass deinen Vorwitz.

3,12: *a* 2. Sam 15,1-6 **3,13:** *a* Spr 17,6 **3,14:** *a (14-15)* Spr 23,22 **3,18:** *a* Spr 19,26; 30,17; Mt 15,4-6 **3,19:** *a* Röm 12,16 **3,20:** *a* 4. Mose 12,3; 1. Kön 21,27-29 **3,22:** *a* Ps 131,1 **3,23:** *a (23-24)* 5. Mose 29,28 **3,26:** *a* 1. Tim 6,20-21 **3,28:** *a* Spr 28,14; Röm 2,5 **3,29:** *a* Jes 30,1 **3,30:** *a* Tob 4,14 **3,33:** *a* Kap 29,15; Dan 4,24 **3,34:** *a* Mt 6,3-4 **4,1:** *a (1-6)* Kap 7,36-40; 29,11-17; Tob 4,7-12 **4,2:** *a* Jes 58,7 **4,3:** *a* Spr 3,27-28 **4,4:** *a* Mt 5,42 **4,5:** *a* Lk 16,19-21 **4,6:** *a* 2. Mose 22,21-23 **4,9:** *a (9-10)* Hiob 29,12-17 **4,10:** *a (10-11)* Ps 68,6; *b* Jes 1,17

Vom Wert der Weisheit

12 Die Weisheit erhöht ihre Kinder und
nimmt die auf, die sie suchen. 13 Wer sie
lieb hat, der hat das Leben lieb; und wer
sie eifrig sucht, wird große Freude ha-
ben.[a] 14 Wer fest an ihr hält, der wird
große Ehre erlangen; und wo er einkehrt,
da segnet der Herr. 15 Wer ihr dient, der
dient dem heiligen Gott; und wer sie lieb
hat, den hat der Herr auch lieb. 16 [a]Wer
ihr gehorcht, der wird Völker regieren;
und wer sich zu ihr hält, der wird sicher
wohnen.

17 Wenn er ihr vertraut, wird er sie
erlangen; und auch seine Nachkommen
werden sie besitzen. 18 [a]Und wenn sie
sich auch anfangs verstellt 19 und ihm
Angst und Bange macht und ihn mit
Strenge erzieht und ihn mit ihren Forde-
rungen versucht, bis sie ihm vertrauen
kann, 20 so wird sie doch dann wieder zu
ihm kommen und sich nicht mehr ver-
stellen und ihn erfreuen 21 und ihm ihre
Geheimnisse offenbaren. 22 Wenn er aber
abirrt, wird sie ihn verlassen und ihn da-
hingeben, sodass er fallen muss.

Vom mutigen Auftreten

23 Liebes Kind, tu nichts zur Unzeit und
hüte dich vor Unrecht, 24 und um deines
Heiles willen schäme dich nicht, die
Wahrheit zu sagen. 25 Denn man kann
sich so schämen, dass man in Sünde ge-
rät, und [a]man kann sich auch so schä-
men, dass man Gnade und Ehre davon
hat.

26 [a]Sieh nicht die Person an zum Scha-
den deiner Seele, und weiche nicht vom
Recht dir zum Verderben. 27 Halt dein
Wort nicht zurück, 28 wenn du andern
damit helfen kannst; 29 denn im Wort
gibt sich die Weisheit kund und Einsicht
in dem, was die Zunge spricht.

30 Widersprich nicht der Wahrheit,
sondern dulde den Spott, wenn du die
Sache nicht getroffen hast. 31 Schäme
dich nicht zu [a]bekennen, wenn du ge-
sündigt hast, sonst versuchst du vergeb-
lich, den Lauf eines Stromes zu hem-
men.

32 Mach dich nicht zum Diener eines
Narren und nimm auf einen Mächtigen
keine Rücksicht, 33 sondern [a]**verteidige
die Wahrheit bis in den Tod, so wird Gott
der Herr für dich streiten.**

34 Sei nicht wie die, die große Worte
machen, aber träge und lässig sind in
ihren Taten. 35 Sei nicht wie ein Löwe in
deinem Hause und kein Wüterich gegen
deine Hausgenossen.

36 Deine Hand soll nicht offen sein,
wenn's ums Nehmen geht, aber auch
nicht geschlossen, wenn's ans Geben
geht.[a]

Warnung vor gefährlicher Sicherheit

5 [a]Verlass dich nicht auf deinen Reich-
tum und denke nicht: Ich habe genug
für mich.

2 Folge deinem Begehren nicht, auch
wenn du es könntest, und gehorche dei-
nen Trieben nicht[a] 3 und denke nicht:
Wer will mir's verwehren? Denn [a]der
Herr wird's zu strafen wissen.

4 [a]Denke nicht: [b]Ich habe schon oft
gesündigt und doch ist mir nichts Böses
widerfahren. Denn der Herr ist zwar ge-
duldig, aber er wird dich nicht unbestraft
lassen. 5 Rechne nicht so fest auf Ver-
gebung, dass du darum Sünde auf Sünde
häufst. 6 Denke auch nicht: Gott ist sehr
barmherzig; er wird sich versöhnen las-
sen, wenn ich auch noch so viel sündige.
7 Er kann sehr bald so zornig werden, wie
er gnädig ist; und sein Zorn über die
Gottlosen hört nicht auf.[a] 8 [a]Darum zö-
gere nicht, dich zum Herrn zu bekehren,
und verschieb es nicht von einem Tag auf
den andern; 9 denn sein Zorn kommt
plötzlich; dann wird er vergelten und
dich zugrunde richten.

10 Auf [a]unrechtes Gut verlass dich
nicht; denn es hilft dir nichts, wenn die
Anfechtungen kommen werden.

Warnung vor Verfehlungen der Zunge

11 Lass dich nicht [a]treiben von jedem
Wind, und folge nicht jedem Weg wie die
doppelzüngigen Sünder, 12 sondern bleibe
fest bei dem, was du erkannt hast, und
[a]rede nicht bald so, bald anders.

4,13: *a* Spr 3,16-18 **4,16:** *a* 1. Kön 3,9-12; Weish 6,22-23 **4,18:** *a (18-19)* Weish 10,5 **4,25:** *a* Kap 41,19 **4,26:** *a* Jak 2,9 **4,31:** *a* Spr 28,13 **4,33:** *a* 2. Makk 13,14 **4,36:** *a* Apg 20,35 **5,1:** *a* Ps 62,11 **5,2:** *a* Kap 18,30; Röm 6,12 **5,3:** *a* 5. Mose 32,35; 1. Thess 4,6 **5,4:** *a (4-6)* Kap 7,8-9; Röm 2,4-6; *b* Pred 8,11 **5,7:** *a* Kap 16,12 **5,8:** *a (8-9)* Kap 18,22-24; Ps 95,7-8 **5,10:** *a* Spr 10,2 **5,11:** *a* Eph 4,14 **5,12:** *a* Mt 5,37

13 Sei schnell bereit zum Hören und
lass dir Zeit, freundlich zu antworten.[a]
14 Verstehst du etwas von der Sache, so
erkläre es deinem Nächsten, wenn nicht,
so halt deinen Mund. 15 Denn Reden
bringt Ehre, aber Reden bringt auch
Schande; und [a]der Mensch kommt
durch seine eigne Zunge zu Fall.

16 Mache niemand heimlich schlecht,
und rede nicht hinterhältig! 17 Denn über
den Dieb kommt Schande, doch schlim-
mer Tadel über den Doppelzüngigen.

18 Achte nichts gering, es sei klein oder
groß;

6 sonst machst du dich deinem Freund
zum Feind; denn wer einen schlech-
ten Ruf hat, trägt Schimpf und Schande
davon und so ergeht es dem Doppel-
züngigen.

Warnung vor wilder Leidenschaft

2 [a]Lass dich nicht überwältigen von dei-
ner Leidenschaft, die deine Kraft an-
schwellen lässt und dich fortreißt. 3 Sie
wird dich zurücklassen wie einen ver-
dorrten Baum; denn deine Blätter wer-
den ihr zum Opfer fallen, und deine
Früchte wird sie dir rauben. 4 So richten
wilde Leidenschaften einen Menschen
zugrunde und machen ihn zum Gespött
seiner Feinde.

Vom Umgang mit Freunden

5 [a]Wer freundlich redet, der macht sich
viele Freunde; und wer wohlwollend
spricht, der verbreitet Güte um sich.

6 Lebe in Frieden mit vielen, aber zum
[a]Ratgeber nimm unter tausend nur
einen.

7 Willst du einen Freund finden, so er-
probe zuerst seine Treue und vertrau ihm
nicht allzu rasch. 8 Denn mancher ist ein
Freund, solange es ihm gefällt; aber in
der Not hält er nicht stand.[a] 9 Und man-
cher Freund wird bald zum Feind und
macht dir zur Schmach euren Streit be-
kannt. 10 Und mancher Freund ist nicht
mehr als dein Kostgänger und hält in der
Not nicht stand.[a] 11 Solange dir's gut
geht, tritt er auf wie du selbst und lebt in
deinem Hause, als wäre er der Hausherr;
12 geht dir's aber schlecht, so stellt er sich
gegen dich und lässt sich nirgends mehr
finden.[a]

13 Halte dich fern von deinen Feinden,
aber sei auch vor den Freunden auf der
Hut.

14 Ein treuer Freund ist ein starker
Schutz; wer den findet, der findet einen
großen Schatz. 15 Ein treuer Freund ist
nicht mit Geld oder Gut zu bezahlen,
und sein Wert ist nicht hoch genug zu
schätzen. **16 Ein [a]treuer Freund ist ein
Trost im Leben; wer Gott fürchtet, der
bekommt solchen Freund.** 17 Denn [a]wer
Gott fürchtet, der wird auch gute
Freundschaft halten; und sein Nächster
wird so werden, wie er selbst ist.

Vom Streben nach der Weisheit

18 Liebes Kind, [a]lass dich von der Weis-
heit erziehen von Jugend auf, so wirst du
sie gewinnen bis ins hohe Alter. 19 Geh an
sie heran wie einer, der ackert und sät,
und warte auf ihre guten Früchte. 20 Du
brauchst dich nur ein wenig um sie zu
mühen, dann wirst du bald ihre Früchte
genießen.[a] 21 Unzugänglich ist sie für
alle, die sich nicht erziehen lassen, und
ein Unverständiger hält es bei ihr nicht
aus. 22 Denn sie ist für ihn ein schwerer
Prüfstein, und er wirft sie bald von sich.
23 Denn von der Weisheit, wie ihr Name
sagt, wissen nur wenige.

24 Liebes Kind, gehorche meiner Lehre
und weise meinen Rat nicht zurück.
25 Lass deine Füße von der Weisheit fes-
seln und ihr Halseisen dir um den Hals
legen. 26 [a]Beuge deine Schultern, nimm
sie auf dich und sperre dich nicht gegen
ihre Bande. 27 Wende dich ihr zu [a]von
ganzer Seele, und halte ihre Wege ein mit
aller deiner Kraft. 28 Forsche nach ihr
und [a]suche sie, so wirst du sie finden;
und wenn du sie ergriffen hast, so lass sie
nicht mehr los. 29 Denn am Ende wirst du
Trost an ihr haben, und dein Leid wird in
Freude verwandelt werden, 30 [a]und ihre
Fesseln werden zum starken Schutz und
ihr Halseisen ein herrlicher Schmuck für
dich. 31 Denn ihr Joch wird zum golde-

5,13: *a* Jak 1,19 **5,15:** *a* Spr 13,3; Mt 12,36-37 **6,2:** *a (2-4)* Kap 18,30-31 **6,5:** *a (5-17)* Kap 7,13.20; 9,14-15; 12,7-8; 13,25; 14,13; 20,25; 22,25-32; 25,12; 27,17-21; 37,1-7 **6,6:** *a* Kap 37,8 **6,8:** *a* Spr 17,17 **6,10:** *a* Spr 19,4 **6,12:** *a* Hiob 19,19 **6,16:** *a* 1.Sam 18,3 **6,17:** *a* 1.Sam 20,30-34 **6,18:** *a* Kap 51,18; Spr 22,6 **6,20:** *a* Kap 51,35 **6,26:** *a* Kap 51,34 **6,27:** *a* 5.Mose 6,5 **6,28:** *a* Weish 6,13 **6,30:** *a (30-32)* Kap 21,23

nen Stab und ihre Bande zu Purpurbän-
dern. 32 Wie ein Festgewand wirst du sie
anziehen und als schöne [a]Krone sie dir
aufsetzen.

33 Liebes Kind, wenn dir daran liegt,
so wirst du weise; und setzt du dein Herz
daran, so wirst du klug. 34 Hörst du
gerne zu, so wirst du sie empfangen, und
neigst du deine Ohren, so wirst du weise
werden.[a] 35 Lerne gern von den Alten,
und wo ein weiser Mann ist, schließ dich
ihm an. Lass dir gern von Gottes Taten
erzählen, und lass dir keinen Weisheits-
spruch entgehen.[a] 36 Wo du einen ver-
ständigen Mann siehst, den suche häufig
auf, und geh stets ein und aus bei ihm.
37 [a]Betrachte immer Gottes Gebote und
denke stets an seine Befehle; der wird
[b]dein Herz verständig machen und dir
Weisheit geben, wie du begehrst.

Warnung vor Unrecht

**7 Tu nichts Böses, so widerfährt dir
nichts Böses. 2 Halt dich fern vom
Unrecht, so trifft dich kein Unglück.**
3 Säe nicht in die Furchen des Unrechts,
so brauchst du es nicht siebenfach zu
ernten.[a]

Warnung vor Ehrgeiz

4 Begehre vom Herrn nicht die Herr-
schaft und vom König keinen Ehren-
platz.[a] 5 Poche nicht auf dein Recht vor
Gott und nicht auf deine Weisheit vor
dem König. 6 Begehre nicht, Richter zu
werden, wenn du das Unrecht nicht aus
der Welt schaffen kannst; es könnte sonst
sein, [a]dass du vor einem Mächtigen zu-
rückschrickst und trotz all deiner Recht-
schaffenheit Anstoß gibst.

Warnung vor Hochmut

7 Setz dich nicht ins Unrecht vor deinen
Mitbürgern, und erniedrige dich nicht
vor der Menge. 8 [a]Spiel nicht mit dem
Gedanken, eine Sünde ein zweites Mal zu
tun; denn schon für das erste Mal bleibst
du nicht unbestraft. 9 Denke auch nicht:
[a]Gott wird dafür die Menge meiner
Opfergaben ansehen, und wenn ich dem
Allerhöchsten opfere, so wird er's anneh-
men.

10 [a]Wenn du betest, so [b]tu's nicht mit
halbem Herzen, 11 und lass nicht nach im
Almosengeben.[a]

12 [a]Einen bekümmerten Menschen
verlache nicht; denn es gibt einen, [b]der
erniedrigen und erhöhen kann. 13 Streu
keine Lügen über deinen Bruder aus und
auch nicht über deinen [a]Freund. 14 Ge-
wöhne dich nicht an die [a]Lüge; denn das
ist eine Gewohnheit, die dir Schaden
bringt.

15 Sei [a]nicht schwatzhaft im Kreis der
Alten, und wenn du betest, so [b]mache
nicht viele Worte.

16 Verachte die [a]beschwerliche Arbeit
nicht und den [b]Ackerbau, den der
Höchste gestiftet hat. 17 Halt dich nicht
für etwas Besseres unter der Masse der
Sünder, 18 sondern denke daran, dass
[a]Gottes Zorn nicht auf sich warten lässt.
19 Darum demütige dich von Herzen;
denn [a]Feuer und Würmer sind die Strafe
für die Gottlosen.

Von den Pflichten des Hausvaters

20 Gib deinen [a]Freund um keinen Preis
auf und auch deinen wahren Bruder
nicht um des besten Goldes willen.

21 [a]Trenne dich nicht von einer ver-
ständigen und tüchtigen Frau; denn ihre
Anmut ist schöner als alles Gold.[b]

22 [a]Behandle einen Sklaven nicht
schlecht, der treu arbeitet, und auch
einen Tagelöhner nicht, der sein Bestes
gibt. 23 Einen umsichtigen Sklaven habe
lieb und hindere ihn nicht, wenn er [a]frei
werden kann.

24 Hast du Vieh, so [a]kümmere dich
darum, und bringt dir's Nutzen, so be-
halte es.

25 Hast du [a]Söhne, so erziehe sie
streng, und beuge ihnen den Nacken von
Jugend auf.

26 Hast du [a]Töchter, so gib gut auf sie
acht, und zeige ihnen dein Wohlwollen

6,32: *a* Spr 4,9 **6,34:** *a* Spr 19,20 **6,35:** *a* Kap 8,9-10; 9,21-23 **6,37:** *a* 5. Mose 6,6-9; Ps 1,2; *b* 5. Mose 4,6 **7,3:** *a* Spr 22,8; Hos 10,12; Gal 6,7-8 **7,4:** *a* Spr 25,6-7 **7,6:** *a* 3. Mose 19,15 **7,8:** *a (8-9)* Kap 5,4-6 **7,9:** *a* Hos 8,13; Mi 6,6-8 **7,10:** *a (10-11)* Apg 10,31; *b* Jak 1,6 **7,11:** *a* Kap 29,15 **7,12:** *a* Spr 17,5; *b* 1. Sam 2,7 **7,13:** *a* Kap 6,5-17 **7,14:** *a* Kap 20,26-28 **7,15:** *a* Kap 32,10-11; *b* Mt 6,7 **7,16:** *a* 1. Mose 3,19; *b* Jes 28,24-26 **7,18:** *a* Kap 5,9 **7,19:** *a* Jes 66,24; Jdt 16,21 **7,20:** *a* Kap 6,5-17 **7,21:** *a* Mal 2,14-16; *b* Kap 26,1-4.16-21 **7,22:** *a (22-23)* Kap 33,30-31 **7,23:** *a* 2. Mose 21,2; 1. Kor 7,21 **7,24:** *a* Spr 12,10; 27,23 **7,25:** *a* Kap 30,1-13 **7,26:** *a* Kap 26,13-14

nicht allzu sehr. 27 Verheirate deine Toch-
ter, [a] dann hast du eine schwere Arbeit
hinter dir; aber gib sie einem verstän-
digen Mann.

28 Hast du eine Frau nach deinem Her-
zen, so verstoße sie nicht; aber einer un-
geliebten vertrau dich nicht an.

Von ganzer Hingabe

29 [a] **Ehre deinen Vater von ganzem Herzen
und vergiss nicht, [b] welche Schmerzen
deine Mutter um dich gelitten hat,** 30 und
denke daran, dass du von deinen Eltern
das Leben hast; womit kannst du ihnen
denn vergelten, was du ihnen verdankst?

31 Fürchte den Herrn von ganzer Seele,
und halte seine Priester in allen Ehren.
[a] Liebe den, der dich geschaffen hat, mit
allen Kräften; und vergiss seine Diener
nicht. 32 [a] Fürchte den Herrn und ehre
den Priester 33 und gib ihm seinen Anteil,
wie dir geboten ist: 34 Erstlinge und
Schuldopfer 35 und Schwingopfer und
alle Opfergaben und Zehnten.

Von der Anteilnahme am Nächsten

36 [a] Reiche dem Armen deine Hand, da-
mit du reich gesegnet wirst. [b] 37 Erfreue
jeden, der lebt, mit einer Gabe, ja, [a] er-
weise auch den Toten deine Freundlich-
keit. 38 Lass die Weinenden nicht ohne
Beistand, sondern [a] traure mit den Trau-
ernden. 39 Lass dich's nicht verdrießen,
[a] die Kranken zu besuchen; denn dafür
wird man dich lieben. **40 Was du auch
tust, so [a] bedenke dein Ende, dann wirst du
nie etwas Böses tun.**

Vom rechten Verhalten gegen die Mitmenschen

8 Streite nicht mit einem Mächtigen,
damit du ihm nicht in die Hände
fällst. 2 Zanke nicht mit einem [a] Reichen,
damit er sein Gewicht nicht gegen dich
geltend macht. 3 Denn viele lassen sich
mit Geld bestechen, und es bewegt sogar
das Herz der Könige. 4 Streite nicht mit
einem großmäuligen Schwätzer, damit du
nicht noch Holz zu seinem Feuer trägst.
5 Treibe nicht deinen Scherz mit einem
Ungebildeten, damit er nicht dich und
deine Vorfahren beschimpft.

6 **Halte dem nicht seine Sünde vor, der
sich bessert, und denke daran, [a] dass wir
alle auch Schuld tragen.** 7 [a] Verachte einen
Menschen nicht, weil er alt ist; denn wir
werden ja wohl auch alt werden. 8 [a] Freue
dich nicht, wenn dein Feind stirbt; denke
daran, [b] dass wir alle sterben müssen.

9 [a] Verachte nicht, was die Weisen vor-
tragen, sondern richte dich nach ihren
Weisheitssprüchen. 10 Denn von ihnen
kannst du Bildung empfangen und ler-
nen, wie du dich gegenüber großen Leu-
ten verhalten sollst. 11 [a] Sag dich nicht los
von der Unterweisung der Alten, denn
auch sie haben von ihren Vätern gelernt;
12 denn von ihnen kannst du lernen, wie
du verständig antworten sollst, wenn es
notwendig ist.

13 Blase nicht das Feuer des Gottlosen
an, damit du nicht darin verbrennst.
14 Setze dich nicht mit einem Streitsüchti-
gen auseinander, damit er dir nicht aus
deinen Worten einen Strick dreht.

15 Leihe keinem etwas, der mächtiger
ist als du; leihst du ihm aber etwas, so
[a] schreib es gleich ab. 16 Verbürge dich
nicht höher, als du kannst; wenn du aber
[a] bürgst, so rechne damit, dass du zahlen
musst.

17 Zieh einen Richter nicht vor Ge-
richt; denn man spricht das Urteil, wie er
will. 18 Mach dich nicht mit einem Wag-
hals auf den Weg, damit er dich nicht ins
Unglück bringt; denn er richtet sich nach
seinem eignen Kopf, und du musst um
seiner Torheit willen mit ihm Schaden
erleiden. 19 Fang nicht mit einem [a] Zorni-
gen Streit an, und reise nicht allein mit
ihm durch eine einsame Gegend; denn er
scheut sich nicht, Blut zu vergießen, und
wenn du keine Hilfe hast, so bringt er
dich um.

20 Mit einem Narren mach keine Pläne,
denn er kann dein Geheimnis nicht wah-
ren. 21 Vor einem Fremden tu nichts, was
geheim bleiben soll; denn du weißt nicht,

7,27: *a* Kap 42,9-10 **7,29:** *a* Kap 3,3; *b* Tob 4,3-4 **7,31:** *a* 5.Mose 6,5 **7,32:** *a (32-35)* 5.Mose 18,1-5 **7,36:** *a (36-40)* Kap 4,1-6; *b* 5.Mose 14,29; Spr 19,17 **7,37:** *a* 2.Sam 2,4-6; Tob 1,20; Mt 27,57-60 **7,38:** *a* Röm 12,15 **7,39:** *a* Mt 25,36 **7,40:** *a* Kap 18,24; 28,6-7 **8,2:** *a* Kap 13,2-3 **8,6:** *a* Gal 6,1; Ps 19,13 **8,7:** *a* Kap 3,15; 3.Mose 19,32 **8,8:** *a* Spr 24,17; *b* Kap 14,18 **8,9:** *a (9-10)* Kap 6,35 **8,11:** *a (11-12)* Hiob 8,8-10 **8,15:** *a* Kap 29,6-8 **8,16:** *a* Kap 29,18-27 **8,19:** *a* Spr 22,24-25

was er daraus macht. 22 Öffne dein Herz
nicht jedem; er könnte es dir schlecht
danken.

Vorsicht im Umgang mit Frauen

9 Wache nicht zu eifersüchtig über die
Frau in deinen Armen, sonst bringst
du sie dahin, dir Böses anzutun. 2 Lass
deiner Frau keine Gewalt über dich, da-
mit sie nicht über dich Herr wird.[a]

3 [a]Meide die Frau, die dich verführen
will, damit du ihr nicht ins Netz gehst.[b]
4 Lass dich nicht hinreißen von der Sän-
gerin, damit sie dich nicht mit ihren
Künsten fängt. 5 [a]Schau nicht zu viel
nach den Mädchen, es könnte dich teuer
zu stehen kommen. 6 Hänge dich nicht an
die Huren, damit du nicht um dein Ver-
mögen kommst.[a] 7 Gaffe nicht umher in
den Straßen der Stadt, und laufe nicht
durch alle einsamen Winkel.

8 Wende den Blick weg von schönen
Frauen, und [a]schau nicht nach Reizen,
die dich nichts angehn; 9 denn [a]schöne
Frauen haben schon viele betört, 10 und
Leidenschaft hat sie wie Feuer verzehrt.

11 Sitze nicht bei der Frau eines andern
12 und schmause nicht mit ihr 13 und
scherze nicht mit ihr beim Wein, damit
nicht dein Herz sich ihr zuneigt und
[a]dein Blut vergossen wird und du zur
Grube fährst.

Vorsicht im Umgang mit Menschen

14 [a]Gib einen alten Freund nicht auf;
denn du weißt nicht, was du am neuen
hast.[b] 15 Ein neuer Freund ist wie neuer
Wein; lass ihn erst alt werden, so wird er
dir gut schmecken.

16 Reg dich nicht auf, [a]wenn der Gott-
lose in hohen Ehren steht; denn du weißt
nicht, [b]welch schlimmes Ende er nehmen
wird. 17 Hab keinen Gefallen an dem, was
den Gottlosen gefällt; bedenke, dass sie
nicht bis in den Tod unbestraft bleiben.

18 [a]Halt dich fern von dem, der Ge-
walt hat zu töten, so brauchst du dich
nicht zu fürchten, dass er dich tötet.
19 Musst du aber um ihn sein, so tu kei-
nen Missgriff, damit er dir nicht das Le-
ben nimmt, ehe du dich's versiehst; 20 und
wisse, dass du zwischen Fußangeln leben
musst und dich auf hohen Zinnen be-
wegst.

21 [a]Sieh dir deinen Nächsten genau an,
und wenn du Rat brauchst, so suche ihn
nur bei weisen Leuten, 22 und besprich
dich mit den Verständigen, und richte all
das Deine nach Gottes Wort. 23 Lade dir
rechtschaffene Leute zu Gast und [a]dein
Ruhm sei, Gott zu fürchten.*

Von weisen Regenten

24 Das Werk lobt den Meister, und einen
weisen Fürsten ehrt weise Rede. 25 Es ist
gefährlich, wenn ein Schwätzer regiert,
und wer redet, bevor er denkt, der erntet
Hass.

10 Ein weiser Regent schafft seinem
Volk Bestand; und wo ein Verstän-
diger am Ruder ist, da herrscht Sicher-
heit.[a] 2 [a]Wie der Regent ist, so sind auch
seine Amtleute; wie der Rat ist, so sind
auch die Bürger. 3 Ein [a]zuchtloser König
richtet Land und Leute zugrunde; wenn
aber die Mächtigen klug sind, so gedeiht
die Stadt.

4 [a]Alle Herrschaft auf Erden liegt in
Gottes Händen; und zur rechten Zeit
schickt er den rechten Mann. 5 Es [a]liegt
in Gottes Händen, ob ein Mann Erfolg
hat, mit [b]dem Gesetzgeber gibt er seine
Würde.

Warnung vor Überheblichkeit

6 [a]Rechne deinem Nächsten seine Misse-
tat nicht an, und behandle ihn niemals
von oben herab! 7 Den [a]Hoffärtigen sind
Gott und die Welt feind; denn das Un-
recht ist allen beiden verhasst. 8 Durch
Gewalt, Unrecht und Habgier geht die
Königsherrschaft von einem Volk aufs
andre über. [a]

9 Was überhebt sich der Mensch, der
nur [a]Schmutz und Kot ist? 10 Nichts an-
deres scheiden ja seine Eingeweide aus,

* Luther übersetzte: und sei fröhlich, doch mit Gottesfurcht (vgl. Tob 9,12).

9,2: *a* 1. Kön 21,4-24 **9,3:** *a (3-13)* Kap 19,2-3; 42,12-14; *b* Spr 7,6-23 **9,5:** *a* Hiob 31,1 **9,6:** *a* Spr 29,3 **9,8:** *a* Spr 5,15-19 **9,9:** *a* 2. Sam 11,2-4; Jdt 12,17 **9,13:** *a* 3. Mose 20,10 **9,14:** *a (14-15)* Kap 6,5-17; *b* Spr 27,10 **9,16:** *a* Ps 37,1-2; 73,3; *b* Ps 73,16-20 **9,18:** *a (18-20)* Spr 16,14 **9,21:** *a (21-23)* Kap 6,35; 37,15 **9,23:** *a* Kap 10,25 **10,1:** *a* Weish 6,26; Spr 28,12 **10,2:** *a* Spr 29,12 **10,3:** *a* 2. Kön 21,9-12 **10,4:** *a* Spr 8,15; Jer 27,5; Dan 2,21 **10,5:** *a* 1. Chr 29,12; *b* Röm 13,4 **10,6:** *a* 3. Mose 19,18; Mt 18,21-22 **10,7:** *a* Jes 13,11 **10,8:** *a* Weish 6,1 **10,9:** *a* 1. Mose 18,27

solange er lebt. 11 Eine leichte Krankheit
– der Arzt scherzt; 12 und doch heißt's:
[a]Heute König, morgen tot! 13 Und wenn
der Mensch tot ist, so fressen ihn Maden
und [a]Würmer.

14 [a]**Daher kommt aller Hochmut: wenn
ein Mensch von Gott abfällt und [b]sein
Herz von seinem Schöpfer weicht.**
15 Hochmut treibt zu allen Sünden, und
wer an ihm festhält, der richtet viel
Gräuel an.[a] 16 Darum hat der Herr die
Hochmütigen schrecklich heimgesucht
und am Ende gestürzt.[a] 17 Gott hat die
hoffärtigen Fürsten vom Thron geworfen
und Demütige darauf gesetzt.[a] 18 Gott
hat die überheblichen Heiden mit der
Wurzel ausgerottet und Demütige an ihre
Stelle gesetzt.[a] 19 Gott hat das Land der
Heiden verheert und völlig zugrunde ge-
richtet. 20 Er hat viele von ihnen abster-
ben lassen und vernichtet und [a]ihren
Namen von der Erde getilgt. 21 Dass die
Menschen hoffärtig und bösartig sind,
das ist von Gott nicht geschaffen.[a] *

Vom rechten Ruhm

23 Wer [a]Gott fürchtet, der wird mit Eh-
ren bestehen; wer aber Gottes Gebote
übertritt, der verliert seine Ehre. 24 Unter
Brüdern steht der älteste in Ehren, aber
[a]der Herr sieht die an, die ihn fürchten.
25 Es sollen sich Reiche und Arme, Große
und Kleine allein [a]dessen rühmen, dass
sie Gott fürchten.

26 Es ist nicht recht, [a]einen Verstän-
digen zu verachten, weil er arm ist, und
einen Gottlosen zu ehren, weil er reich
ist. 27 **Fürsten, Herren und Regenten ste-
hen in hohem Ansehen; aber [a]so groß sind
sie doch nicht wie der, der Gott fürchtet.**
28 [a]Einem weisen Knecht muss sein Herr
dienen, und wenn er vernünftig ist, murrt
er nicht darüber.

29 Spiele nicht den Klugen, wenn du
nur deinem Verlangen nachgibst, und
spiele nicht den Starken, wenn du nicht
weiterweißt; 30 besser arbeiten und dabei
reich werden als aufschneiden und ein
Bettler bleiben.[a]

31 Mein Kind, in aller Demut achte
dich doch selbst, und halte dich nicht für
weniger, als du bist;[a] 32 wer wird dem
sein Recht geben, der sich selber schlecht
macht, und wer wird dem Ehre geben,
der sich selbst verachtet?

33 Der Arme wird geehrt um seiner
Klugheit willen und der Reiche um seiner
Güter willen. 34 Wird aber die Klugheit
schon an einem Armen gelobt, wie viel
mehr erst an einem Reichen! Und was
einem Reichen übel ansteht, das steht
dem Armen noch viel übler an.

11 Die Weisheit des Geringen bringt
ihn zu Ehren und setzt ihn mitten
unter die Fürsten.[a]

2 Du sollst niemand rühmen um seiner
Schönheit willen noch jemand verachten,
weil er hässlich aussieht. 3 Denn die Biene
ist klein unter allem, was Flügel hat, und
bringt doch die allersüßeste Frucht.

4 [a]Rühme dich nicht wegen deiner
herrlichen Kleider, und überhebe dich
nicht an deinem Ehrentag; denn nur der
Herr ist wunderbar in seinen Werken,
und niemand weiß, was er tun wird.
5 Viele Tyrannen haben sich auf die Erde
heruntersetzen müssen, und die Krone ist
dem aufgesetzt worden, an den man
nicht gedacht hätte.[a] 6 Viele große Her-
ren sind gestürzt worden, und hoch ange-
sehene Männer sind andern in die Hände
gefallen.

Vorsicht beim Richten

7 Verdamme niemand, bevor du die Sache
untersucht hast; wäge erst ab und tadle
dann. 8 Du sollst nicht urteilen, ehe du
die Sache gehört hast, und lass die Leute
erst ausreden.[a] 9 Misch dich nicht in
fremde Händel, und aus dem Streit der
Gottlosen halt dich heraus.

Von Wert und Unwert des Reichtums

10 **Mein Kind, verliere dich nicht in viele
Geschäfte; denn wenn du dir zu viel vor-
nimmst, bleibst du nicht ohne Schuld.**
Wenn du dich noch so sehr anstrengst, so
erlangst du doch nichts; und wenn du

* Vers 22 lautete bei Luther: »Der Mensch ist nicht böse geschaffen.« Möglicherweise ist eine Randbemerkung Luthers in den Text geraten.

10,12: *a* 1. Makk 11,13-18 **10,13:** *a* Hiob 17,14; Jes 14,11 **10,14:** *a (14-16)* Kap 3,30; *b* 5. Mose 8,14 **10,15:** *a* 1. Makk 1,17-26 **10,16:** *a* 1. Makk 2,7-8 **10,17:** *a* Kap 11,5; 1. Sam 2,7-8 **10,18:** *a* Ps 44,3 **10,20:** *a* Ps 9,6-7 **10,21:** *a* Pred 7,29 **10,23:** *a* Dan 3,16-18 **10,24:** *a* 1. Sam 16,7 **10,25:** *a* Jer 9,22-23 **10,26:** *a* Pred 9,14-16 **10,27:** *a* Kap 25,14 **10,28:** *a* Spr 17,2; 1. Mose 39,8-9 **10,30:** *a* Spr 12,9 **10,31:** *a* 2. Kor 11,5-6 **11,1:** *a* 1. Mose 41,37-46; Dan 2,48 **11,4:** *a* Apg 12,21-23 **11,5:** *a* Kap 10,17; Pred 4,14 **11,8:** *a* 5. Mose 17,6

auch davonlaufen möchtest, so kommst
du doch nicht heraus. 11 Mancher lässt
sich's sauer werden, müht sich und rennt
dem Reichtum nach und fällt doch im-
mer mehr zurück.[a] 12 Mancher aber lässt
sich Zeit, der wohl Hilfe nötig hätte, wird
immer schwächer und immer ärmer:
13 den sieht Gott an in Gnaden und hilft
ihm aus dem Elend und bringt ihn zu
Ehren, sodass sich viele über ihn wun-
dern.

14 Es kommt alles von Gott: Glück und
Unglück, Leben und Tod, Armut und
Reichtum.[a] 15 Den Frommen gibt Gott
Güter, die bleiben; 16 und was er verleiht,
das gedeiht immer und ewig.

17 [a]Mancher kargt und spart und wird
dadurch reich 18 und denkt, er habe es zu
etwas gebracht, 19 und sagt: Nun will ich
mir ein gutes Leben machen, essen und
trinken von dem, was ich habe –, doch er
weiß nicht, dass sein Stündlein so nahe
ist und dass er alles anderen lassen und
sterben muss.

20 [a]Bleibe bei dem, was dir anvertraut
ist, und übe dich darin, und halt aus in
deinem Beruf, und [b]lass dich nicht davon
beirren, wie die Gottlosen zu Geld kom-
men, 21 [a]sondern [b]vertraue du Gott und
bleibe in deinem Beruf; 22 denn dem
Herrn ist es ein Leichtes, einen Armen
plötzlich reich zu machen. 23 Der Segen
Gottes ist der Lohn des Frommen, und
in kurzer Zeit gibt er schönstes Gedei-
hen.

24 Sage nicht: Wie viel fehlt mir noch
und was werde ich künftig besitzen?
25 Sage aber auch nicht: [a]Ich habe genug,
was kann mir künftig zustoßen? 26 Wenn
dir's gut geht, so bedenke, dass dir's wie-
der schlecht gehen kann; und wenn dir's
schlecht geht, so bedenke, dass dir's wie-
der gut gehen kann.[a] 27 Denn der Herr
kann jedem im Tod leicht [a]vergelten, wie
er's verdient hat. 28 Eine böse Stunde
lässt alle Freude vergessen; und [a]wenn
der Mensch stirbt, tritt erst hervor, wie er
gelebt hat. 29 Darum rühme niemand vor
seinem Ende; denn was einer für ein
Mensch gewesen ist, das zeigt sich in
seiner Todesstunde.

Vorsicht gegenüber Fremden

30 Nimm nicht jeden bei dir auf; denn die
Welt ist voller List und Verleumdung.
31 Wer ein falsches Herz hat, ist wie ein
Lockvogel und wie ein Kundschafter, der
[a]nach einer schwachen Stelle späht.
32 Denn was er Gutes sieht, deutet er aufs
Schlimmste, und den Allerbesten sagt er
das Schändlichste nach.[a] 33 Aus einem
Funken macht er ein großes Feuer, und
der Gottlose lauert darauf, Blut zu ver-
gießen. 34 Hüte dich vor solchen [a]Buben
– sie haben nichts Gutes im Sinn –, dass
sie dir nicht ewige Schande anhängen.
35 Nimmst du einen Fremden bei dir auf,
so wird er dir Unruhe bringen und dich
in deinem eignen Haus zum Fremden
machen.

Vorsicht beim Wohltun

(vgl. Mt 5,43-48)

12 **Willst du Gutes tun, so sieh zu, wem
du es tust; dann verdienst du Dank
damit.** 2 Tu dem Frommen Gutes, so wird
dir's reichlich vergolten, wenn nicht von
ihm, so doch gewiss vom Herrn.[a] 3 Tu
denen nichts Gutes, die beharrlich Böses
tun und die selbst nicht gern Almosen
geben; 4 gib dem Gottesfürchtigen, doch
nimm dich des Gottlosen nicht an. 5 Tu
Gutes dem Demütigen, aber dem Gott-
losen gib nichts. [a]Verweigere ihm dein
Brot und gib ihm nichts, damit er da-
durch nicht stärker wird als du: 6 du wirst
doppelt so viel Schlechtes durch ihn
empfangen, wie du ihm Gutes getan
hast. Denn [a]auch der Allerhöchste ist
den Sündern Feind und wird die Gott-
losen bestrafen.

Vorsicht vor falschen Freunden

7 [a]Wenn's einem gut geht, so lernt man
keinen Freund richtig kennen; wenn's
einem aber schlecht geht, so wird sich der
Feind nicht verbergen. 8 Denn wenn's
einem gut geht, so macht das den Feind
verdrossen; [a]wenn's einem aber schlecht
geht, so ziehen auch die Freunde sich
zurück.

11,11: *a* Spr 10,22 **11,14:** *a* Hiob 1,21; 2,10; Spr 22,2; Klgl 3,37-38 **11,17:** *a (17-19)* Pred 2,21; Lk 12,16-21 **11,20:** *a* Ps 37,3; *b* Ps 49,17 **11,21:** *a (21-23)* Tob 4,22; *b* Kap 2,6-9 **11,25:** *a* Kap 5,1 **11,26:** *a* Kap 18,25 **11,27:** *a* Kap 17,19; Röm 2,6 **11,28:** *a* 1.Tim 5,24-25 **11,31:** *a* Lk 11,53-54 **11,32:** *a* Jes 5,20 **11,34:** *a* Spr 1,10 **12,2:** *a* Lk 14,12-14 **12,5:** *a* Spr 25,21-22; Röm 12,19-21 **12,6:** *a* Lk 6,35 **12,7:** *a (7-8)* Kap 6,5-17 **12,8:** *a* Spr 19,4

9 [a]Trau niemals deinem Feinde;
10 denn wie das Eisen immer wieder ros-
tet, so lässt auch er nicht von seiner Nie-
dertracht. 11 Und wenn er sich auch
verneigt und verbeugt, so halte dich
dennoch zurück und hüte dich vor ihm.
Und wenn du auch an ihm polierst wie
an einem Spiegel, so bleibt er doch ros-
tig. 12 Stelle ihn nicht neben dich, damit
er dich nicht wegstößt und an deinen
Platz tritt. Setze ihn auch nicht neben
dich, damit er sich nicht auf deinen Stuhl
setzt und du zuletzt an meine Worte den-
ken musst und es dich reuen wird, dass
du nicht auf sie gehört hast.[a]

13 Wer hat Mitleid mit einem Schlan-
genbeschwörer, der gebissen wird, oder
mit einem Tierbändiger, der zerrissen
wird? So geht's auch dem, der sich mit
den Gottlosen einlässt und sich in ihre
Sünden verwickelt. 14 Er bleibt wohl eine
Weile bei dir; aber wenn du strauchelst,
so hält er dich nicht fest.

15 [a]Der Feind gibt wohl gute Worte
und beklagt dich sehr und stellt sich
freundlich, 16 kann sogar dabei weinen;
aber im Herzen plant er schon, dich in
die Grube zu stürzen, und wenn er Gele-
genheit findet, bekommt er nicht genug
von deinem Blut. 17 Wenn dir Unheil
widerfährt, so ist er als Erster zur Stelle
18 und tut so, als wollte er dir helfen, aber
bringt dich hinterrücks zu Fall. 19 Mit
dem Kopf nickt er Beifall und klatscht in
die Hände; er beklagt dich höhnisch und
zeigt dir sein wahres Gesicht.[a]

Vorsicht im Umgang mit Reichen und Mächtigen

13 Wer Pech angreift, der besudelt sich
damit; und wer sich zum Hochmü-
tigen gesellt, der lernt Hochmut. 2 [a]Ge-
selle dich nicht zum Mächtigen und Rei-
chen; du lädst sonst eine schwere Last
auf dich. 3 Was soll der irdene Topf beim
ehernen Kessel? Denn wenn sie anein-
anderstoßen, so zerbricht er.

4 Der Reiche tut Unrecht und brüstet
sich noch damit; aber der Arme muss es
erleiden und sich dazu noch entschuldi-
gen. 5 Solange du dem Reichen nützlich
bist, lässt er dich für sich arbeiten; aber
wenn du nicht mehr kannst, so lässt er
dich fallen. 6 Solange du etwas hast,
bleibt er bei dir, und es bekümmert ihn
nicht, wenn er dir den Beutel leert.
7 Wenn er dich braucht, so täuscht er
dich geschickt: Er lächelt dich an, ver-
heißt dir viel, gibt dir die besten Worte
und fragt: Brauchst du etwas?, 8 und lädt
dich großzügig ein, um dich später zwei-
oder dreimal auszunehmen, und verspot-
tet dich noch zuletzt. 9 Und wenn er dann
deine Not sieht, lässt er dich fallen und
schüttelt den Kopf über dich.[a] 10 Darum
sieh zu, dass du dich nicht täuschen lässt
11 und deine Einfalt dich nicht ins Un-
glück bringt.

12 [a]Wenn dich ein Mächtiger zu sich
heranziehen will, so halte dich zurück,
dann sucht er dich umso mehr zu sich
heranzuziehen. 13 Dränge dich nicht
selbst zu ihm hin, damit du nicht versto-
ßen wirst; halte dich auch nicht zu fern,
damit man dich nicht vergisst. 14 Geh
nicht darauf aus, mit ihm zu reden wie
mit deinesgleichen, und traue seinen vie-
len Worten nicht; denn er versucht dich
damit und mit freundlichem Lächeln
horcht er dich aus. 15 Unbarmherzig ist,
wer unachtsam redet: 16 schwerlich ent-
geht er der Strafe und dem Gefängnis.
17 Darum gib gut acht und sieh dich vor:
18 du lebst in großer Gefahr!

19 [a]Jedes Tier liebt seinesgleichen und
jeder Mensch den, der ihm am nächsten
steht. 20 Jedes Geschöpf hält sich zu sei-
ner eignen Art; so soll auch der Mensch
sich gesellen zu seinesgleichen. 21 Wie
[a]wenn sich der Wolf zum Schaf gesellt,
gerade so ist es, wenn ein Gottloser sich
zum Frommen gesellt. 22 Wie die Hyäne
mit dem Hund nicht Frieden hält, so
auch der Reiche nicht mit dem Armen.
23 Wie der Löwe das Wild in der Steppe
frisst, so fressen die Reichen die Armen.
24 Wie der Hochmütige verachtet, was ge-
ring ist, so verachtet auch der Reiche den
Armen.[a]

25 Wenn der Reiche zu fallen droht, so
stützen ihn seine Freunde; [a]wenn der
Arme fällt, stoßen ihn selbst seine
Freunde zu Boden. 26 Wenn ein Reicher

12,9: *a (9-11)* Spr 26,24-25 **12,12:** *a* Kap 11,35 **12,15:** *a (15-16)* Jer 9,7; 41,6-7 **12,19:** *a* Kap 13,7-9 **13,2:** *a (2-3)* Kap 8,1-2 **13,9:** *a* Kap 12,17-19 **13,12:** *a (12-13)* Spr 25,6-7 **13,19:** *a* Kap 27,10 **13,21:** *a* Mt 10,16 **13,24:** *a* Spr 29,27 **13,25:** *a* Spr 19,4

den Halt verliert, so gibt es viele, die ihm
beistehen; wenn er sich mit Worten ver-
griffen hat, so gibt man ihm noch recht.
27 Wenn aber ein Armer den Halt verliert,
so bauscht man es noch auf; und [a]wenn
er auch verständig redet, so lässt man's
doch nicht gelten. 28 Wenn der Reiche
redet, so schweigen alle, und [a]seine
Worte hebt man in den Himmel. 29 Wenn
aber der Arme redet, so fragt man: Wer
ist denn das?, und wenn er Anstoß er-
regt, so fallen sie über ihn her.

Vom rechten und falschen Gebrauch des Reichtums

30 Reichtum ist nur dann gut, wenn keine
Sünde an ihm klebt, und allein der Gott-
lose nennt die Armut böse.

31 Was einer im Sinn hat, das sieht man
ihm an den Augen an, es sei Gutes oder
Böses.[a] 32 Hat er Gutes im Sinn, so blickt
er fröhlich auf; wer aber arglistige Ge-
danken hegt, dem sieht man an, wie er
sich damit quält.

14 Wohl dem, [a]der sich nicht mit Re-
den vergeht und davon ein böses
Gewissen hat! 2 Wohl dem, der kein böses
[a]Gewissen hat und der seine Zuversicht
nicht verloren hat!

3 Zu einem kleinlichen Kerl passt es
nicht recht, wenn er reich ist; und was
soll Geld und Gut einem Geizkragen?
4 Wer viel sammelt und sich selber nichts
Gutes gönnt, der sammelt's für andere
und andere werden's verprassen.[a] 5 Wer
sich selbst nichts Gutes gönnt, was sollte
der andern Gutes tun? Er wird aber auch
wenig Freude an seinem Eigentum ha-
ben. 6 Es ist nichts schlimmer, als wenn
einer sich selbst nichts Gutes gönnt; und
das ist die rechte Strafe für seinen Geiz.
7 Tut er etwas Gutes, so tut er's nur aus
Versehen; zuletzt kommt doch wieder
seine Habgier zum Vorschein. 8 Das ist
ein böser Mensch, der nicht mit ansehen
kann, dass man den Leuten Gutes tut,
sondern sein Angesicht wegwendet und
sich über niemand erbarmt. 9 [a]Ein hab-
gieriger Mensch hat nie genug an dem,
was ihm beschieden ist, und kann vor
lauter Geiz nicht gedeihen. 10 Ein Neid-
hammel missgönnt den andern das Brot,
und es tut ihm weh, wenn er auftischen
muss.[a]

11 Mein Kind, tu dir selbst so viel Gu-
tes an, wie du kannst, und gib dem
Herrn die Opfer, die ihm gebühren. 12 **Be-
denke, dass der Tod nicht auf sich warten
lässt und dass du keinen [a]Vertrag mit dem
Tod hast.** 13 Tu dem Freund Gutes [a]noch
vor deinem Ende, und gib dem Armen
nach deinen Kräften. 14 Versäume keinen
fröhlichen Tag, und lass dir die Freu-
den nicht entgehen, die dir beschieden
sind.[a]* 15 Denn du musst doch alles, was
du sauer erworben hast, andern lassen
und den Ertrag deiner Arbeit den Erben
geben.[a] 16 Schenke und lass dich be-
schenken, und gönne dir, was dir zusteht;
17 denn wenn du tot bist, so hast du
nichts mehr davon.

18 Alles Lebendige [a]veraltet wie ein
Kleid, denn es ist das uralte Gesetz: Du
musst sterben! 19 Wie mit den [a]grünen
Blättern auf einem schönen Baum – die
einen fallen ab, die andern wachsen wie-
der – so geht's mit dem Menschenge-
schlecht auch: [b]die einen sterben, die an-
dern werden geboren. 20 Alles vergäng-
liche Werk muss ein Ende nehmen; 21 und
die es bewirken, fahren auch mit dahin.[a]

Vom Trachten nach der Weisheit

22 [a]Wohl dem, der über die Weisheit
nachsinnt und sie aufnimmt in sein gan-
zes Denken; 23 der ihre Wege von Herzen
betrachtet und ihren Geheimnissen im-
mer weiter [a]nachforscht, ihr wie ein Spä-
her nachschleicht und auf ihren Wegen
auf sie wartet 24 und guckt zu ihrem
Fenster hinein und horcht an ihrer Tür,
25 sucht Herberge nahe bei ihrem Hause
und schlägt seine Pflöcke bei ihren Mau-
ern ein und richtet an ihrer Wand sein
Zelt auf, sodass er eine gute Herberge
hat. 26 [a]Er bringt auch seine Kinder un-

* Luther übersetzte frei: Vergiss der Armen nicht, wenn du den fröhlichen Tag hast, so wird dir auch Freude widerfahren, die du begehrst.

13,27: *a* Pred 9,16 **13,28:** *a* Ps 73,9 **13,31:** *a* Spr 15,13 **14,1:** *a* Kap 25,11; Jak 3,2 **14,2:** *a* Weish 17,11; Apg 23,1 **14,4:** *a* Pred 2,21-24 **14,9:** *a* Spr 27,20 **14,10:** *a* Spr 23,6-7 **14,12:** *a* Jes 28,15; Weish 1,16 **14,13:** *a* Spr 3,28 **14,14:** *a* Pred 2,24; 7,14 **14,15:** *a* Ps 49,11 **14,18:** *a* Ps 102,27; Kap 41,5 **14,19:** *a* Jes 40,6; *b* Pred 1,4 **14,21:** *a* Pred 9,6 **14,22:** *a (22-25)* Spr 8,34 **14,23:** *a* Kap 6,28 **14,26:** *a (26-27)* Jes 25,4

ter ihr Dach und bleibt unter ihrem
Schatten; 27da wird er vor der Hitze be-
schirmt und hat eine herrliche Wohnung.

15 Das alles tut nur, wer den Herrn
fürchtet; und wer sich an Gottes
Wort hält, der findet die Weisheit.[a]
2Und sie wird ihm begegnen wie eine
Mutter und [a]wird ihn empfangen wie
eine junge Frau. 3Sie reicht ihm die
Speise der Einsicht und den Trank der
Weisheit.[a] 4Er wird durch sie fest stehen,
dass er nicht fällt, und wird sich an sie
halten, dass er nicht zuschanden wird.
5[a]Sie wird ihn erhöhen über seine
Nächsten und ihm den Mund auftun in
der Gemeinde. 6Sie wird ihn [a]krönen mit
Freude und Wonne und ihm einen [b]ewi-
gen Namen verleihen.

7Aber die Narren finden die Weisheit
nicht, und die Gottlosen können sie nicht
entdecken. 8Sie ist weit weg von den
[a]Hochmütigen, und die Heuchler wissen
nichts von ihr.

9[a]Es schickt sich nicht für den Gott-
losen, Gott zu loben; denn es ist ihm
vom Herrn nicht gegeben. 10Denn **zu
rechtem Lob gehört die Weisheit, dann
gibt Gott Gnade dazu.**

Von der Verantwortung des Menschen

11Du darfst nicht sagen: Bin ich abtrün-
nig geworden, so hat's Gott getan –;
denn was er hasst, das solltest du nicht
tun.[a] 12Du darfst nicht sagen: Er selbst
hat mich verführt –; denn er braucht kei-
nen Gottlosen. 13Der Herr [a]hasst alles,
was ein Gräuel ist; und wer ihn fürchtet,
der scheut sich davor.

14Er hat im Anfang [a]den Menschen
geschaffen und [b]ihm die Entscheidung
überlassen. 15Wenn du willst, so [a]kannst
du die Gebote halten und in rechter
Treue tun, was ihm gefällt. 16Er hat dich
vor Feuer und Wasser gestellt; ergreife
das, was du willst! 17**Der Mensch [a]hat
vor sich Leben und Tod; was er davon will,
das wird ihm gegeben werden.**

18Denn die Weisheit des Herrn ist
groß, er ist stark und mächtig 19und
[a]sieht alles: 20[a]Seine Augen sehen auf
die, die ihn fürchten, und er weiß genau,
was recht getan oder Heuchelei ist. 21Er
hat niemand geboten, [a]gottlos zu sein,
und niemand erlaubt zu sündigen.

Vom Ernst der Vergeltung Gottes

16 Wünsche dir nicht viele Kinder,
wenn sie dann missraten, und freue
dich nicht über Söhne, wenn sie dann
gottlos werden, und freue dich nicht dar-
über, dass du viele Kinder hast, wenn sie
nicht den Herrn fürchten.[a] 2Verlass dich
nicht darauf, dass sie am Leben bleiben,
und vertraue nicht auf ihre große Zahl.
3Denn besser **ein** frommes Kind als tau-
send gottlose, 4und **besser ohne Kinder
sterben als gottlose Kinder haben.** 5**Ein**
frommer Mann kann einer Stadt zur
Blüte verhelfen, aber wie zahlreich die
Gottlosen auch sind, so wird ihre Stadt
doch veröden.[a]

6Das hab ich mit eignen Augen oft
gesehen und mit eignen Ohren noch
Schlimmeres gehört: 7Feuer bricht aus
im Haufen der Gottlosen, und Gottes
Zorn entbrannte über das ungehorsame
Volk.[a] 8Der Herr verschonte die [a]Rie-
sen der Vorzeit nicht, die auf ihre Stärke
pochten und abtrünnig wurden. 9Er
schonte auch die nicht, bei denen Lot als
Fremdling lebte, sondern verdammte sie
um ihres Übermuts willen.[a] 10Und er
erbarmte sich nicht über das Volk, das er
dem Untergang geweiht hatte, sondern
trieb sie aus ihrem Land um ihrer Sünde
willen.[a] 11So hat er auch die [a]sechshun-
derttausend hinweggerafft, weil sie alle-
samt ungehorsam waren. Wie sollte denn
ein einzelner Ungehorsamer unbestraft
bleiben?

12Denn [a]Gott ist zwar barmherzig,
aber er ist auch zornig. Er lässt sich ver-
söhnen, aber er straft auch schrecklich.
So groß, wie seine Barmherzigkeit ist, so
groß ist auch seine Strafe; und er [b]richtet
jeden, wie er's verdient. 13Der Gottlose
wird mit seinem Raub nicht entkommen,
doch was der Fromme erhofft, wird nicht

15,1: *a* Kap 19,18 **15,2:** *a* Weish 8,2.9 **15,3:** *a* Kap 24,28-29; Spr 9,5 **15,5:** *a (5-6)* Weish 8,10-15 **15,6:** *a* Kap 6,32; *b* Kap 39,13 **15,8:** *a* Spr 8,13 **15,9:** *a* Am 5,23 **15,11:** *a* Jak 1,13-14 **15,13:** *a* Kap 17,24 **15,14:** *a* 1.Mose 2,7; *b* 1.Mose 2,16-17 **15,15:** *a* 1.Joh 5,3 **15,17:** *a* 5.Mose 30,15-20; Jer 21,8 **15,19:** *a* Kap 17,16; 23,28; 39,24; 42,18 **15,20:** *a* Ps 33,18; 34,16; Kap 34,19 **15,21:** *a* Ps 5,5 **16,1:** *a* Spr 17,21; Weish 4,1.3 **16,5:** *a* Spr 2,21-22 **16,7:** *a* 4.Mose 11,1; 16,35 **16,8:** *a* 1.Mose 6,4-7; Bar 3,26-28 **16,9:** *a* 1.Mose 19,1-28 **16,10:** *a* 5.Mose 7,1-2 **16,11:** *a* 2.Mose 12,37; 4.Mose 14,21-23; 5.Mose 2,14; Kap 46,10 **16,12:** *a* Kap 5,7; *b* Jer 17,10

ausbleiben. 14 Jede Wohltat findet ihre
Stätte bei Gott, und [a]jedem wird wider-
fahren, wie er's verdient hat.

Gegen leichtsinnigen Zweifel an Gottes Vergeltung

15 [a]Sage nicht: Der Herr sieht nach mir
nicht; wer fragt im Himmel nach mir?
16 Unter dem großen Haufen bemerkt er
mich nicht; was bin ich gegen die ganze
große Welt? 17 Denn siehe, der ganze
Himmel, das Meer und die Erde erbeben,
wenn er sie heimsucht; 18 die Berge und
die Grundfesten der Erde erzittern, wenn
er sie nur anschaut. 19 Doch um mich
kann er sich dabei nicht kümmern, und
wer achtet schon auf meine Wege? Wenn
ich sündige, sieht mich kein Auge;
20 wenn ich ganz im Geheimen betrüge,
wer merkt es? Und wer macht schon be-
kannt, was an gerechten Taten geschieht?
21 Was soll einer da noch hoffen, wenn er
sich ans Gesetz hält?[a] – 22 Das meinen nur
Leute, denen es an Verstand fehlt, und
nur ein beschränkter Mensch denkt so.

Von Gottes Recht, den Menschen zur Verantwortung zu ziehen

23 Mein Kind, höre mir zu und lerne
Weisheit und beherzige meine Worte!
24 Ich will dir eine zuverlässige Lehre ge-
ben und dich mit Sorgfalt unterrichten:
25 Als der Herr im Anfang seine Werke
erschuf 26 und von ihrem Ursprung an
ihnen ihre Bestimmung gab, 27 [a]da hat er
für immer geordnet, was sie tun, und für
alle Zeit, wie weit ihre Herrschaft reichen
sollte, dass sie nicht müde noch matt
werden noch ihren Dienst versäumen
28 und keins das andere behindern, son-
dern dass alle immer seinem Befehl ge-
horsam sein sollten. 29 Danach hat er auf
die Erde geblickt und sie mit seinen
Gütern erfüllt 30 und das Erdreich mit
[a]Tieren bevölkert, die [b]wieder zur Erde
zurückkehren.

17 Gott hat die Menschen aus Erde
geschaffen[a] 2 und sie wieder zur Er-
de zurückkehren lassen;[a] 3 [a]er bestimmte
ihnen die [b]Zeit ihres Lebens und gab
ihnen Macht über das, was auf Erden ist,
und verlieh ihnen Kraft, wie er selber sie
hat, und schuf sie nach seinem Bilde. 4 Er
bestimmte, dass alle Geschöpfe sie fürch-
ten mussten und sie herrschen sollten
über Tiere und Vögel.[a] 5 Er gab ihnen
Vernunft, Sprache, Augen, Ohren und
Verstand zum Denken. 6 Er erfüllte sie
mit kluger Erkenntnis und [a]zeigte ihnen
Gutes und Böses. 7 [a]Er hat sein Licht in
ihre Herzen gegeben, 8 um ihnen die
Größe seiner Werke zu zeigen, damit sie
seinen heiligen Namen loben und seine
großen Taten erzählen sollten. 9 Er hat
sie gelehrt und ihnen [a]das Gesetz des
Lebens gegeben. 10 Er hat einen ewigen
[a]Bund mit ihnen geschlossen und ihnen
die Ordnungen seines Rechts offenbart.
11 Sie [a]haben mit ihren Augen seine hohe
Majestät gesehen und [b]mit ihren Ohren
seine herrliche Stimme gehört. 12 Und er
sprach zu ihnen: Hütet euch vor allem
Unrecht!, und befahl jedem, [a]für seinen
Nächsten zu sorgen.

13 Ihre Wege hat er immer vor Augen,
und nichts ist vor ihm verborgen. 14 [a]Je-
dem Volk hat er einen Herrscher gege-
ben, 15 aber über Israel ist er selbst Herr
geworden. 16 Alle ihre Werke sind ihm so
wenig verborgen wie die Sonne, und seine
Augen sehen ohne Unterlass all ihre We-
ge.[a] 17 Auch alle ihre Ungerechtigkeiten
sind ihm nicht verborgen, und alle ihre
Sünden sind vor ihm offenbar.[a] 18 Er hält
die Wohltaten eines Menschen so wert
wie einen [a]Siegelring und seine guten
Werke wie einen [b]Augapfel. 19 Und zu-
letzt wird er aufstehen und [a]jedem ver-
gelten auf seinen Kopf, wie er's verdient
hat. 20 Aber die [a]reumütig sind, lässt er
wieder zu Gnaden kommen, und die
müde werden, [b]tröstet er, dass sie nicht
verzagen.

21 So bekehre dich nun zum Herrn und

16,14: *a* Hiob 34,11 **16,15:** *a (15-22)* Kap 23,25.29; Ps 94,7; Jer 23,24 **16,21:** *a* Mal 3,14.16 **16,27:** *a (27-28)* 1.Mose 1,16-18; Ps 19,5-7; Jes 40,26 **16,30:** *a* 1.Mose 1,20-25; *b* Pred 3,19-20 **17,1:** *a* 1.Mose 2,7 **17,2:** *a* 1.Mose 3,19; Kap 40,11 **17,3:** *a (3-4)* 1.Mose 1,26-28; *b* 1.Mose 6,3; Ps 90,10; Kap 18,8 **17,4:** *a* 1.Mose 9,2; Weish 9,2 **17,6:** *a* 5.Mose 30,15 **17,7:** *a (7-8)* Ps 145,5; Röm 1,19-20 **17,9:** *a* Kap 45,6 **17,10:** *a* 2.Mose 19,5; Ps 111,9 **17,11:** *a* 2.Mose 24,10-11; *b* 2.Mose 20,18 **17,12:** *a* 3.Mose 19,18 **17,14:** *a (14-15)* 5.Mose 4,20; 1.Sam 8,5.7; Röm 13,1 **17,16:** *a* Kap 15,19 **17,17:** *a* Ps 90,8 **17,18:** *a* Kap 49,13; *b* 5.Mose 32,10 **17,19:** *a* Kap 11,27 **17,20:** *a* Jer 7,3; *b* Jes 40,1-2.29-31

lass dein sündiges Leben; 22 flehe zum
Herrn und gib kein Ärgernis mehr!
23 Kehre zum Höchsten zurück und
wende dich vom Unrecht ab 24 und hasse
unversöhnlich, was ihm ein Gräuel ist.[a]

Lob der Barmherzigkeit Gottes

25 [a]Wer kann den Höchsten loben bei
den Toten? 26 Denn allein die Lebendigen
können loben; die Toten, die kein Leben
haben, können nicht mehr loben.
27 Darum: wer lebt und gesund ist, der
lobe den Herrn!

28 [a]Wie ist die Barmherzigkeit des
Herrn so groß! Er zeigt sich denen gnä-
dig, die sich zu ihm bekehren. 29 Denn
der Mensch ist nicht vollkommen, da er
ja nicht unsterblich ist. 30 Was ist heller
als die Sonne? Und doch verfinstert sie
sich. So kann erst recht [a]nicht gut sein,
was Fleisch und Blut sich ausdenkt.
31 Das Heer der Himmelshöhe hält der
Herr in Ordnung; aber [a]alle Menschen
sind Erde und Staub.

18 Der ewig lebt, der hat alles mitein-
ander geschaffen. 2 Der Herr allein
ist gerecht. [a]Niemand kann seine Werke
aufzählen. Wer kann seine großen Taten
erforschen? 3 Wer kann seine große
Macht ermessen? 4 Wer kann seine große
Barmherzigkeit genug preisen? 5 Man
kann sie [a]weder vermindern noch ver-
mehren und kann [b]seine großen Wunder
nicht erforschen. 6 Selbst wenn ein
Mensch dabei sein Bestes getan hat, so
ist's noch kaum angefangen; und wenn er
aufhört, merkt er erst, wie viel noch
fehlt.[a]

7 Aber [a]was ist der Mensch? Wozu
taugt er? Was kann er nutzen oder scha-
den? 8 [a]Wenn er lange lebt, so lebt er
hundert Jahre. Wie ein Tröpflein Wasser
im Meer und wie ein Körnlein Sand, so
gering sind seine Jahre im Vergleich mit
der Ewigkeit.

9 [a]Darum hat Gott Geduld mit den
Menschen und schüttet seine Barmher-
zigkeit über sie aus. 10 Er sieht und weiß,
wie bitter ihr Ende ist; 11 darum erbarmt
er sich umso herzlicher über sie.

12 **Die Barmherzigkeit eines Menschen
gilt allein seinem Nächsten; aber [a]Gottes
Barmherzigkeit gilt der ganzen Welt.** 13 Er
weist zurecht, [a]erzieht und belehrt und
[b]führt zurück wie ein Hirt seine Herde.
14 Er erbarmt sich über alle, die sich er-
ziehen lassen und eifrig auf sein Wort
hören.

Vom Wohltun mit Worten und Werken

15 Mein Kind, wenn du jemand Gutes
tust, so tu's nicht mit tadelnden Worten;
und wenn du jemand etwas gibst, so
kränke ihn nicht dabei.[a] 16 Wie der Tau
die Hitze kühlt, so ist ein gutes Wort
besser als eine Gabe. 17 **Ja, ein Wort ist
oft wichtiger als eine große Gabe, und ein
freundlicher Mensch gibt sie beide.** 18 Ein
Narr aber macht lieblose Vorwürfe, und
eine unfreundliche Gabe führt zu Trä-
nen.

Mahnung zur Bereitschaft für die Zukunft

19 Unterrichte dich, bevor du das Wort
nimmst; 20 sorge für deine Gesundheit,
bevor du krank wirst; 21 [a]prüfe dich
selbst, bevor das Gericht kommt, so
wirst du in der Stunde der Heimsuchung
Gnade finden.

22 Demütige dich vor Gott, noch bevor
du krank wirst, und kehre um, [a]sobald
du gesündigt hast. Lass dich [b]nicht auf-
halten, dein Gelübde bald zu erfüllen,
und warte nicht bis an den Tod, um es
einzulösen. 23 Bevor du ein Gelübde tust,
[a]überlege dir's gut, damit du Gott nicht
versuchst. 24 Denk an den Zorn, der am
Ende kommen wird, und an die Stunde
der Strafe, in der er sein Antlitz abwen-
det. [a]

25 Wenn man satt ist, soll man beden-
ken, dass man vielleicht wieder hungern
muss; und wenn man reich ist, soll man
bedenken, dass man wieder arm werden
kann.[a] 26 Denn [a]es kann vor Abend
ganz anders werden, als es am Morgen
war; so schnell wandelt sich alles vor
Gott.

17,24: *a* Kap 15,13; 3. Mose 18,26; 5. Mose 7,25 **17,25:** *a (25-26)* Ps 6,6 **17,28:** *a (28-29)* Kap 18,8-11; Ps 103,13-14 **17,30:** *a* 1. Mose 8,21 **17,31:** *a* Kap 33,10 **18,2:** *a* Kap 42,17; Ps 106,2 **18,5:** *a* Kap 42,22; *b* Pred 8,17 **18,6:** *a* Ps 139,17-18 **18,7:** *a* Hiob 7,16-17; Ps 144,3-4 **18,8:** *a* Kap 17,3; Ps 90,10 **18,9:** *a (9-11)* Kap 17,28-29 **18,12:** *a* Ps 145,9; Weish 11,23 **18,13:** *a* Jer 31,18; Tit 2,11-12; *b* Jer 31,10 **18,15:** *a* Kap 41,28 **18,21:** *a* Gal 6,4 **18,22:** *a* Kap 5,8-9; *b* Pred 5,3 **18,23:** *a* Spr 20,25 **18,24:** *a* Kap 7,40 **18,25:** *a* Kap 11,26 **18,26:** *a* Hiob 1,13-22

Vom Leben des Weisen

27 Ein weiser Mensch ist in allem sorg-
sam, und wenn andre sündigen, hütet er
sich vor Verfehlungen.
28 Wer verständig ist, ehrt die Weisheit
und preist den, der sie gefunden hat.
29 Wer Weisheitslehren recht versteht, der
ist selbst ein Weiser und kann andere mit
trefflichen Sprüchen stärken.[a]

Warnung vor bösen Leidenschaften

30 [a]Folge deinen bösen Leidenschaften
nicht, sondern zügle dein Verlangen.
31 Denn wenn du deinen bösen Leiden-
schaften folgst, so wirst du dich deinen
Feinden selbst zum Spott machen.[a]
32 [a]Sei kein Prasser und gewöhne dich
nicht ans Schlemmen, 33 damit du nicht
zum Bettler wirst, der andre auf Borgen
bewirtet, weil er selber kein Geld mehr
im Beutel hat.
19 Ein Arbeiter, der sich gern voll-
säuft, der wird nicht reich; und wer
mit wenigem nicht haushält, der kommt
bald zu Fall. 2 [a]Wein und Weiber betören
die Weisen; 3 und wer sich an Huren
hängt, der wagt zu viel; den fressen Ma-
den und Würmer, und wer so verwegen
lebt, der wird hinweggerafft.

Vom bösen Gerede

4 Wer leichtgläubig ist, der ist leichtsin-
nig, und wer sündigt, der schadet sich
selbst. 5 Wer sich über eine Bosheit freut,
den wird man verachten, und wer etwas
nachschwatzt, dem fehlt es an Verstand.
6 **Hörst du etwas Böses, das schwatze nicht
nach, denn solches Schweigen schadet dir
nichts.** 7 Du sollst es weder Freund noch
Feind sagen; 8 und [a]offenbare es nicht,
wenn du es ohne böses Gewissen ver-
schweigen kannst. 9 Denn man hört dir
wohl zu, aber man hütet sich vor dir, und
zu gelegener Zeit lässt man dich den
Hass spüren.
10 **Hast du etwas gehört, so [a]lass es mit
dir sterben; sei ohne Sorge, du wirst ja
nicht davon platzen!** 11 Aber aus einem
Narren bricht es heraus wie ein Kind,
das geboren werden will. 12 Wenn ein
Wort im Narren steckt, dann ist's genau
so, wie wenn ein Pfeil in der Hüfte
steckt.
13 [a]Stell deinen Nächsten zur Rede:
Vielleicht hat er's nicht getan; oder wenn
er's getan hat, damit er's nicht wieder tut.
14 Stell deinen Nächsten zur Rede: Viel-
leicht hat er's nicht gesagt; wenn er's aber
gesagt hat, damit er's nicht wieder sagt.
15 Stell deinen Freund zur Rede, denn
man verleumdet die Leute gern; darum
glaube nicht alles, was du hörst. 16 Oft
entfährt einem ein Wort, das doch nicht
böse gemeint war; denn wem ist noch nie
ein böses Wort entfahren?[a] 17 Stell dei-
nen Nächsten zur Rede, bevor du ihm
drohst, und bedenke, was Gottes Gesetz
fordert.

Gottesfürchtige Weisheit und arglistige Schlauheit

18 Alle [a]Weisheit besteht in der Furcht
Gottes, und zu aller Weisheit gehört das
Tun des Gesetzes.[b] 19 Kenntnis des Bö-
sen ist nicht Weisheit, und die Pläne der
Gottlosen sind nicht Klugheit zu nennen.
20 Es gibt eine [a]Schlauheit, die man ver-
abscheuen muss, und ein Tor ist, dem es
an Weisheit fehlt. 21 **Besser ist geringe
Klugheit mit Gottesfurcht als große Klug-
heit mit Übertretung des Gesetzes.**[a]
22 Es ist mancher scharfsinnig, aber ein
Bösewicht, und kann eine Sache so dre-
hen, dass er recht behält. 23 Es kann einer
sehr ernsthaft aussehen und sein Herz ist
doch voll Arglist. 24 Er schlägt die Augen
nieder und stellt sich taub; und wenn du
nicht auf ihn achtgibst, so wird er dich
übervorteilen. 25 Und wenn er auch zu
schwach ist, um dir zu schaden, so wird
er's doch tun, wenn er seine Zeit ge-
kommen sieht.
26 Man [a]sieht's einem an, was für ein
Mann er ist, und einen Vernünftigen er-
kennt man an seinem Auftreten. 27 Denn
Kleidung, Lachen und Gang zeigen, was
an ihm ist.

Vom rechtzeitigen Reden und Schweigen

20 Es tadelt einer oft seinen Nächs-
ten zur [a]Unzeit, doch wäre es klü-

18,29: *a* Kap 50,29 **18,30:** *a* Kap 5,2 **18,31:** *a* Kap 6,4 **18,32:** *a (32-33)* Spr 23,20-21 **19,2:** *a (2-3)* Kap 9,3-13; 1. Kön 11,3; Hos 4,11; Spr 5,1-13 **19,8:** *a* Spr 25,9 **19,10:** *a* Spr 11,13 **19,13:** *a (13-17)* 3. Mose 19,17 **19,16:** *a* Pred 7,21-22; Jak 3,2 **19,18:** *a* Spr 1,7; Kap 15,1; *b* Kap 21,12-13 **19,20:** *a* Kap 21,15; Jak 3,15 **19,21:** *a* 1. Kor 1,21 **19,26:** *a* Kap 13,31 **20,1:** *a* Kap 22,6

ger, wenn er schwiege. 2 Es ist besser,
offen zu tadeln, als heimlich Hass zu
tragen; 3 und wer's mit Dank annimmt,
dem bringt's Nutzen.
4 Wer mit Gewalt ein Urteil erzwingen
möchte, der ist [a]wie ein Verschnittener,
der eine Jungfrau schänden will.
5 Der eine [a]schweigt und wird deshalb
für weise gehalten; der andere macht sich
unbeliebt, weil er viel redet. 6 [a]Der eine
schweigt, weil er nichts zu antworten
weiß; der andere aber schweigt und war-
tet auf seine Zeit. 7 Ein weiser Mann
schweigt, bis er seine Zeit gekommen
sieht; aber ein Prahler und Narr achtet
nicht auf die rechte Zeit. 8 Wer [a]viele
Worte macht, wird verabscheut; und
[b]wer sich zu viel anmaßt, macht sich
verhasst.

Von den Wendungen des Schicksals

9 Manches Unglück führt einen zum Gu-
ten, und [a]mancher Gewinn führt zum
Schaden. 10 Manche Gaben bringen kei-
nen Gewinn; andere dagegen werden
doppelt vergolten. 11 Mancher, [a]der in
hohem Ansehen steht, fällt tief; und
mancher, [b]der sich bücken muss, kommt
empor. 12 Mancher kauft zunächst viel
für wenig Geld; aber nachher muss er's
siebenfach bezahlen.

Eigennutz und Unbeliebtheit des Narren

13 Ein weiser Mann macht sich durch
seine Worte beliebt, aber die freundlichen
Worte der Narren haben keinen Wert.
14 Das Geschenk des Narren wird dir
nicht viel nützen; denn mit **einem** Auge
gibt er und mit sieben Augen wartet er,
was er dafür bekommt. 15 Er gibt wenig
und hält es einem vielfach vor und
schreit's aus wie ein Ausrufer. 16 Heute
leiht er, morgen will er's wiederhaben.
Das sind widerwärtige Leute.
17 Der Narr klagt: »Niemand ist mein
Freund; niemand dankt mir für meine
Wohltaten. 18 Auch die mein Brot essen,
reden nichts Gutes von mir.« 19 Wie oft
und von wie vielen wird er verspottet!

Unzeitiges Reden

20 Besser, es kommt einer auf schlüpfri-
gem Boden zu Fall als [a]durch sein Re-
den; so geht's den Bösen: plötzlich müs-
sen sie fallen. 21 Ein dummer Mensch
fällt auf durch unpassende Reden; im
Munde unerzogener Leute sind sie gang
und gäbe. 22 Auch wenn ein Narr etwas
Richtiges sagt, so findet es doch keinen
Anklang; denn er [a]redet's nicht zur rech-
ten Zeit.

Die Folgen von Armut und falscher Scham

23 Manchen hindert nur seine Armut
daran, Böses zu tun; kommt er zur Ruhe,
so hat er kein schlechtes Gewissen.
24 Mancher setzt sein Leben aufs Spiel
aus Furcht vor Schande; aber um tö-
richter Leute willen verliert er es. 25 Man-
cher macht aus Scham seinem Freund
Versprechungen, und eben dadurch be-
kommt er ihn zum Feinde.

Warnung vor Lügen

26 Die [a]Lüge ist ein hässlicher Schand-
fleck an einem Menschen und ist im
Munde unerzogener Leute gang und
gäbe. 27 Schlimmer als ein Dieb ist ein
Mensch, der ständig lügt; aber zuletzt
kommen sie beide an den Galgen.[a] 28 Ein
verlogener Mensch ist ehrlos, und sein
schändliches Verhalten hört nicht auf.

Rechtes und falsches Verhalten der Weisen

29 Ein weiser Mann bringt sich selbst zu
Ehren durch seine Worte, und [a]ein klu-
ger Mann gefällt den Mächtigen. 30 Wer
[a]einen Acker fleißig bebaut, der macht
seinen Garbenhaufen groß; und wer dem
Mächtigen gefällt, kann Unrecht gutma-
chen.
31 Geschenke und Gaben verblenden
die Weisen und legen ihnen einen Zaum
ins Maul, sodass sie niemand mehr zu-
rechtweisen können.[a] 32 Verheimlichte
Weisheit und ein vergrabener Schatz, was
nützen sie beide?[a] 33 Es ist besser, dass

20,4: *a* Kap 30,21 **20,5:** *a* Spr 17,28 **20,6:** *a (6-7)* Pred 3,7; Am 5,13 **20,8:** *a* Spr 10,19; *b* 1. Mose 37,5-11 **20,9:** *a* Mt 16,26 **20,11:** *a* 2. Sam 16,23; 17,23; 1. Mose 39,20; *b* 1. Mose 41,41 **20,20:** *a* Spr 12,13 **20,22:** *a* Verse 6-7 **20,26:** *a* Eph 4,25 **20,27:** *a* 3. Mose 19,11 **20,29:** *a* 1. Mose 41,37 **20,30:** *a* Spr 12,11 **20,31:** *a* 2. Mose 23,8; 5. Mose 16,19 **20,32:** *a* Kap 41,17; Mt 13,44

einer seine Torheit verbirgt, als dass einer
seine Weisheit verheimlicht.

Warnung vor mancherlei Sünden

21 Mein Kind, [a]hast du gesündigt, so
höre damit auf und bitte, dass dir
die bisherigen Sünden vergeben werden.
2 [a]**Fliehe vor der Sünde wie vor einer
Schlange; denn wenn du ihr zu nahe
kommst, so sticht sie dich.** 3 **Ihre Zähne
sind wie Löwenzähne und töten den Men-
schen.** 4 Jede Sünde ist wie ein zweischnei-
diges Schwert und verwundet so, dass
niemand heilen kann.

5 Wer Gewalt und Unrecht tut, [a]muss
zuletzt zum Bettler werden; und wer
hochmütig ist, kommt zuletzt von Haus
und Hof. 6 [a]Sobald der Elende ruft, so
hört's Gott, und seine Rache wird eilends
kommen.

7 Wer [a]sich nichts sagen lässt, der ist
schon auf der Bahn des Gottlosen; aber
wer Gott fürchtet, der nimmt es zu Her-
zen. 8 Wer zu reden versteht, ist weithin
bekannt, und ein Kluger merkt, wo er
entgleist.

9 Wer [a]sein Haus baut mit fremdem
Hab und Gut, der sammelt Steine für
sein Grab.

10 Die Schar der Gottlosen ist wie ein
Haufe [a]Werg, das vom Feuer verzehrt
wird. 11 Die Gottlosen gehen zwar auf
einem gepflasterten Weg; aber an seinem
Ende ist der Abgrund der Hölle.[a]

Unterschiede zwischen Weisen und Narren

12 Wer Gottes Gebot hält, der [a]folgt sei-
nem eignen Kopf nicht; 13 und Gott mit
Ernst fürchten ist Weisheit.[a] 14 Wer nicht
klug ist, der lässt sich nicht erziehen;[a]
15 es gibt aber eine Klugheit, die viel Bit-
terkeit schafft.[a]

16 Die Erkenntnis eines weisen Mannes
wächst wie eine Flut, und [a]sein Rat ist
wie eine lebendige Quelle. 17 Das Herz
des Narren ist wie ein Topf mit einem
Sprung: es kann keine Lehre behalten.
18 Wenn ein Vernünftiger eine gute Lehre
hört, so lobt er sie und fügt noch etwas
hinzu; hört sie aber einer, der üppig lebt,
so missfällt sie ihm und er kehrt ihr den
Rücken.

19 Die Rede des Narren [a]drückt wie
eine Last beim Gehen; aber wenn ein
Weiser redet, da hört man gern zu. 20 In
der Gemeinde gibt man auf das acht, was
der Weise redet; und was er rät, nimmt
man sich zu Herzen. 21 Für den Narren
ist Weisheit wie ein eingefallenes Haus;
und die Erkenntnis des Unverständigen
hüllt sich in leere Worte. 22 Wenn man
den Narren erziehen will, so stellt er sich
an, als wollte man ihm Fesseln an Hände
und Füße legen; 23 aber ein Weiser hält
Zucht für goldenen Schmuck und für ein
Geschmeide am rechten Arm.[a]

24 Ein Narr läuft einem ohne Weiteres
ins Haus; aber ein Besonnener scheut
sich davor. 25 Ein Narr guckt einem ohne
Weiteres zum Fenster hinein; aber ein
Guterzogener bleibt draußen stehen.
26 Der ist unerzogen, der an der Tür
horcht; für den Vernünftigen wäre es so-
gar eine große Schmach.

27 Die Schwätzer reden, wovon sie
nichts verstehen; die Weisen aber [a]wägen
ihre Worte mit der Goldwaage. 28 Die
Narren tragen ihr Herz auf der Zunge;
aber die Weisen haben ihren Mund im
Herzen.[a] 29 Ein Narr lacht überlaut; ein
Weiser lächelt nur ein wenig.

30 Wenn der Gottlose seinem Wider-
sacher flucht, so flucht er sich selber.[a]
31 Die Verleumder bringen sich selbst in
Schande, und niemand hat sie gern um
sich.[a]

Über Faulheit und ungeratene Kinder

22 Ein fauler Mensch ist wie ein
kotbeschmutzter Stein, und jeder
zischt ihn aus, weil er so ekelhaft ist. 2 Ein
fauler Mensch ist wie ein Mistklumpen;
wer ihn aufhebt, der muss sich die Hände
abwischen.

3 [a]Ein ungeratener Sohn ist für seinen
Vater eine Schande, und eine missratene
Tochter bringt ihm Schaden. 4 Eine ver-
nünftige Tochter kriegt einen Mann; aber
eine Tochter, die sich schändlich auf-

21,1: *a* Joh 8,11 **21,2:** *a* 1. Mose 39,7-12 **21,5:** *a* Hiob 20,10 **21,6:** *a* Ps 34,7 **21,7:** *a* Jak 3,17 **21,9:** *a* Hab 2,6-7 **21,10:** *a* Jes 1,31 **21,11:** *a* Ps 73,3-5.16-19; Mt 7,13 **21,12:** *a* Kap 10,29 **21,13:** *a* Hiob 28,28 **21,14:** *a* Kap 32,18; Spr 15,32 **21,15:** *a* Kap 19,20-22 **21,16:** *a* Spr 18,4 **21,19:** *a* Kap 22,17-18 **21,23:** *a* Kap 6,30-32 **21,27:** *a* Kap 28,29 **21,28:** *a* Spr 13,3 **21,30:** *a* Mt 5,22 **21,31:** *a* Kap 5,16-17 **22,3:** *a* Spr 17,25

führt, bleibt sitzen und sie macht ihrem
Vater Kummer; 5 und welche frech ist, die
ist für den Vater wie den Mann eine
Schande und wird von beiden verachtet.
6 Eine Rede, die zur Unzeit geschieht,
ist wie fröhliches Saitenspiel, wenn einer
traurig ist. Strenge Erziehung aber ist zu
jeder Zeit weise.

Vom Verhalten gegen Narren

7 Wer einen Narren lehrt, der leimt Scher-
ben zusammen oder handelt wie einer,
der jemand aus tiefem Schlaf weckt.
8 Wer mit einem Narren redet, der redet
mit einem Schlafenden, 9 der am Ende
fragt: Was ist denn?
10 [a] Über einen Toten soll man trauern,
denn das Licht ist ihm erloschen; und
über einen Narren soll man trauern,
denn der Verstand ist ihm erloschen.
11 Doch soll man über einen Toten nicht
zu sehr trauern; denn er ist zur Ruhe
gekommen; 12 aber das Leben des Narren
ist schlimmer als der Tod. 13 [a] Sieben
Tage trauert man über einen Toten, aber
über Narren und Gottlose ihr Leben
lang.
14 Rede nicht viel mit einem Narren;
und geh nicht zu einem Unverständigen.
15 Hüte dich vor ihm, dass du nicht Mühe
durch ihn hast und durch das befleckt
wirst, was er ausspeit. 16 Weiche ihm aus,
so bleibst du in Frieden und kommst
nicht in Angst und Not durch seine Tor-
heit. 17 Was ist schwerer als Blei? Wie
kann man ihn anders nennen als »Narr«?
18 Es ist leichter, Sand, Salz und Eisen
zu tragen, als einen unverständigen Men-
schen zu ertragen. [a]

Das Herz des Weisen und des Narren in der Bewährungsprobe

19 Wie [a] ein Haus, das mit Holzbalken
fest gefügt ist, im Sturmwind nicht zer-
fällt, so ist auch ein Herz, das seiner
Sache gewiss ist: das fürchtet sich vor
keinem Schrecken. 20 Wie eine gute Tün-
che an glatter Wand, so ist ein Herz, das
festhält an verständiger Erkenntnis.
21 Wie ein Zaun auf hohem Berge dem
Wind nicht standhalten kann, 22 so hält
ein zaghaftes Herz, das Törichtes vorhat,
keinem Schrecken stand.

Vom Verhalten gegen Freunde

23 Wenn man jemand ins Auge trifft, ruft
man Tränen hervor; 24 und wenn man
jemand ins Herz trifft, löst man Kummer
aus. 25 Wer einen Stein unter die Vögel
wirft, der scheucht sie weg; und wer sei-
nen Freund schmäht, der zerstört die
Freundschaft.
26 [a] Selbst wenn du ein Schwert ge-
zückt hast gegen deinen Freund, so gib
die Hoffnung nicht auf; denn ihr könnt
wieder Freunde werden. 27 Hast du gegen
deinen Freund den Mund aufgetan, so
sei ohne Sorge; denn ihr könnt euch wie-
der versöhnen; nur Schmähungen, Miss-
achtung, Preisgabe von Geheimnissen
und hinterlistige Nachrede: das verjagt
jeden Freund.
28 [a] Bleib deinem Freund in seiner Ar-
mut treu, damit du dich mit ihm freuen
kannst, wenn's ihm wieder gut geht.
29 Halt zu ihm, wenn's ihm schlecht geht,
damit du auch sein Glück mit ihm teilen
kannst.
30 Rauch und Qualm gehen voraus, ehe
ein Feuer brennt; so kommt's vom
Schmähen zum Blutvergießen. [a]
31 Ich schäme mich nicht, den Freund
zu schützen, und ziehe mich nicht von
ihm zurück. 32 Widerfährt mir aber etwas
Böses seinetwegen, dann wird sich jeder
vor ihm hüten, der davon hört.

Bitte um Bewahrung vor bösen Worten und Gedanken

33 Könnte doch [a] ein Schloss an meinen
Mund gelegt und ein Siegel fest auf
meine Lippen gedrückt werden, damit
ich nicht zu Fall komme und meine
Zunge mich nicht verdirbt!
23 Herr, Vater und Herrscher über
mein Leben, verlass mich nicht,
wenn sie mich verführen wollen, und lass
mich durch sie nicht zu Fall kommen.
2 Könnte doch jemand eine Geißel für
meine Gedanken beschaffen und eine

22,10: *a (10-11)* Kap 38,16-18 22,13: *a* 1. Mose 50,10 22,18: *a* Spr 27,3 22,19: *a* Mt 7,24-25 22,26: *a (26-27)* Kap 19,13-17; 27,17-24 22,28: *a (28-29)* Kap 12,7-8; 6,7 22,30: *a* Kap 28,13 22,33: *a* Kap 28,28; Ps 141,3

Zuchtrute zur Weisheit für mein Herz,
dass ich nicht geschont werde, wenn ich
falsch handle, und meine Sünden nicht
unbestraft bleiben, 3 damit meine Torhei-
ten nicht noch mehr werden und meine
Sünden nicht zunehmen, damit ich nicht
zu Fall komme vor meinen Feinden und
ihnen zum Spott werde!
4 Herr, [a]Vater und Gott meines Le-
bens, 5 behüte mich vor [a]lüsternem Blick
und wende von mir alle [b]bösen Begier-
den! 6 Lass mich nicht in Wollust und
Unkeuschheit geraten und behüte mich
vor schamlosem Sinn!

Warnung vor Zungensünden

7 [a]Liebe Kinder, lernt den Mund halten;
denn wer ihn hält, der wird sich mit sei-
nen Worten nicht verfangen, 8 wie der
Gottlose sich verfängt und der Lästerer
und Stolze durch sie zu Fall kommen.
**9 Gewöhne deinen Mund nicht ans
[a]Schwören und nicht daran, [b]den Namen
des Heiligen ständig zu nennen.** 10 Denn
wie ein Knecht, der beim Verhör oft ge-
schlagen wird, nicht ohne Striemen ist,
11 so kann auch der nicht rein von Sünde
bleiben, der oft schwört und Gottes Na-
men ständig nennt. 12 Wer oft schwört,
der sündigt oft, und die Plage wird sei-
nem Hause nicht fernbleiben. 13 Schwört
er [a]unbedacht, so sündigt er dennoch;
hält er's nicht, so sündigt er zweifach;
14 schwört er aber falsch, so wird er nicht
gerecht gesprochen; sein Haus wird hart
bestraft werden.
15 Es gibt eine Art zu reden, die dem
Tod gleicht; davor behüte Gott das Haus
Jakob! 16 Die Gottesfürchtigen fliehen
dies alles und besudeln sich nicht mit
dieser Sünde. 17 Gewöhne deinen Mund
nicht an rohe und schmutzige Reden;
denn dabei kommt es zur Sünde.
18 Denk an deinen Vater und deine
Mutter, wenn du unter vornehmen Leu-
ten sitzt, 19 damit du dich nicht vor ihnen
vergisst und nicht durch dein Benehmen
zum Narren wirst und schließlich
wünschst, du wärst nie geboren, und
[a]den Tag deiner Geburt verfluchst.
20 Wer sich daran gewöhnt, schändlich zu
reden, der nimmt sein Leben lang keine
Zucht an.

Warnung vor Unzucht

21 Zwei Arten von Menschen begehen
viele Sünden und die dritte bringt Strafe
über sich: 22 Wer voll brünstiger Gier ist,
der ist wie ein brennendes Feuer und
hört nicht auf, bis er sich selbst verzehrt
hat. 23 Ein Mann, der an sich selbst Un-
zucht treibt, hat keine Ruhe, bis das
Feuer ausgebrannt ist. 24 Einem sitten-
losen Menschen scheint alle Speise süß,
und er lässt nicht ab, bis er ein Ende
nimmt.
25 Ein Mann, der seine Ehe bricht und
denkt bei sich: [a]Wer sieht mich schon?
26 Es ist finster um mich und die Wände
verbergen mich, sodass mich [a]niemand
sieht; was soll ich scheuen? Der Aller-
höchste achtet auf meine Sünden nicht –,
27 der scheut nur die Augen der Men-
schen 28 und bedenkt nicht, dass die
Augen des Herrn vieltausendmal heller
sind als die Sonne und [a]alles sehen, was
die Menschen tun, und auch in die ver-
borgenen Winkel schauen; 29 alle Dinge
sind ihm bekannt, ehe sie geschaffen wer-
den, und ebenso, wenn sie vollbracht
sind. 30 [a]Dieser Mann wird öffentlich in
der Stadt bestraft werden, 31 und er wird
ergriffen werden, wenn er sich's am we-
nigsten versieht.
32 Ebenso wird's auch einer Frau er-
gehen, die ihren Mann betrügt und einen
Erben von einem andern bekommt.
33 Erstens ist sie dem Gebot des Höchs-
ten ungehorsam; zum andern versündigt
sie sich an ihrem Mann; zum Dritten
bekommt sie durch ihren Ehebruch Kin-
der von einem andern. 34 Eine solche
Frau wird man der Gemeinde vorführen,
und ihre Kinder müssen's büßen. 35 Ihre
Kinder werden nicht Wurzel schlagen,
und ihre Zweige werden nicht Frucht
bringen.[a] 36 Wenn man sich an sie erin-
nert, flucht man ihr, und ihre Schande

23,4: *a* Ps 89,27; Weish 2,16 **23,5:** *a* Hiob 31,1; *b* Tob 3,17 **23,7:** *a (7-8)* Spr 10,14.19 **23,9:** *a* Mt 5,33-37; *b* 2.Mose 20,7 **23,13:** *a* 3.Mose 5,4-6 **23,19:** *a* Jer 20,14 **23,25:** *a* Hiob 24,15 **23,26:** *a* St zu Dan 1,20 **23,28:** *a* Kap 15,19; Spr 15,11; Hebr 4,13 **23,30:** *a (30-34)* 2.Mose 20,14; 5.Mose 22,22 **23,35:** *a* Kap 40,15; Weish 3,16; 4,3

wird niemals ausgetilgt.[a] 37 Daran lernen
die Nachkommen, dass nichts besser ist,
als Gott zu fürchten, und nichts [a]süßer,
als auf Gottes Gebote zu achten.

Das Hohelied der Weisheit

24 [a]Die Weisheit preist sich selbst,
und unter dem Volk rühmt sie
sich. 2 Sie tut ihren Mund auf in der Ge-
meinde des Höchsten 3 und lobt sich vor
seinem himmlischen Heer und spricht:
4 »Ich ging vom Munde des Höchsten
aus[a] 5 und bedeckte wie Nebel die Erde.
6 Mein Zelt war in der Höhe und mein
Thron auf den Wolken.[a] 7 Ich allein
durchwanderte das Himmelsgewölbe
8 und durchzog die Tiefen des Abgrunds.
9 Auf den Wogen im Meer, überall auf
Erden, 10 unter allen Menschen und Völ-
kern gewann ich Besitz. 11 Bei diesen al-
len suchte ich Wohnung, um bei einem
von ihnen einen Erbbesitz zu finden.

12 Da gebot mir der Schöpfer aller
Dinge, und der mich geschaffen hat, gab
mir eine bleibende Wohnung 13 und
sprach: [a]In Jakob sollst du wohnen, und
in Israel soll dein Erbbesitz sein. 14 Vor
der Welt, [a]im Anfang bin ich geschaffen
und werde ewig bleiben. 15 Ich habe vor
[a]ihm im heiligen Zelt gedient und da-
nach [b]auf dem Zion eine feste Stätte
gefunden; so hat er mich in die geliebte
Stadt gesetzt, dass ich in Jerusalem regie-
ren sollte. 16 Ich bin eingewurzelt bei
einem geehrten Volk, das [a]Gottes Erbteil
ist.

17 [a]Ich bin hochgewachsen wie eine
Zeder auf dem Libanon und wie eine
Zypresse auf dem Gebirge Hermon.
18 Ich bin aufgewachsen wie ein Palm-
baum in En-Gedi und wie die Rosen-
stöcke in Jericho, 19 wie ein schöner Öl-
baum auf freiem Felde; ich bin aufge-
wachsen wie eine Platane. 20 Ich strömte
einen [a]lieblichen Geruch aus wie Zimt
und köstliche Würze und duftete wie die
beste Myrrhe, 21 wie Galbanum und
Onyx und Stakte und wie der Weihrauch
im Tempel.[a] 22 Ich breitete meine Zweige
aus wie eine Terebinthe, und meine
Zweige waren schön und prächtig. 23 Ich
sprosste lieblich wie der Weinstock,
24 und meine Blüte brachte herrliche und
reiche Frucht.

25 [a]Kommt her zu mir, alle, die ihr
nach mir verlangt, 26 und sättigt euch an
meinen Früchten! 27 Denn an mich zu
denken ist [a]süßer als Honig, und mich
zu besitzen süßer als Honigseim. 28 [a]Wer
von mir isst, den hungert immer nach
mir; 29 und wer von mir trinkt, den dürs-
tet immer nach mir. 30 Wer mir gehorcht,
der wird nicht zuschanden; 31 und wer
mir dient, der wird unschuldig bleiben.«

32 Dies alles ist das [a]Buch des Bundes,
den der höchste Gott aufgerichtet hat,
33 nämlich [a]das Gesetz, das uns Mose
befohlen hat, das Erbe der Gemeinde Ja-
kobs. 34 [a]Es lässt Weisheit fließen wie der
Pischon 35 und wie der Tigris im Früh-
ling; 36 es lässt Verstand überströmen wie
der Euphrat und wie der Jordan in der
Ernte. 37 Das Gesetz lässt Belehrung her-
vorbrechen wie der Nil, wie der Gihon
im Herbst. 38 [a]Es hat nie einen gegeben,
der mit dem Lernen der Weisheit zu
Ende gekommen wäre, und es wird nie
einer kommen, der sie ergründen könnte.
39 Denn ihr Sinn ist reicher als das Meer
und ihr Rat tiefer als der große Ab-
grund.

40 So ging auch ich, die Weisheit, her-
vor wie ein Seitenarm aus dem Strom
und wie ein Wassergraben, der in den
Lustgarten geleitet wird. 41 [a]Ich sprach:
Ich will meinen Garten bewässern 42 und
meine Beete tränken. 43 Da wurde mein
Wasserarm zum Strom 44 und mein
Strom zum Meer. 45 Nun lasse ich meine
Lehre leuchten weithin wie der lichte
Morgen und lasse sie scheinen bis in die
Ferne. 46 Auch schütte ich meine Lehre
aus wie Prophetenworte und hinterlasse
sie kommenden Geschlechtern. 47 Da
seht ihr, dass ich mich nicht für mich
allein gemüht habe, sondern für alle, die
Weisheit begehren.[a]

23,36: *a* Weish 10,8 **23,37:** *a* Ps 119,103 **24,1:** *a (1-47)* Spr 8,1-36; Hiob 28,1-28 **24,4:** *a* Weish 7,25; 6,24; Spr 2,6 **24,6:** *a* Bar 3,29 **24,13:** *a* Bar 3,37-38 **24,14:** *a* Kap 1,4 **24,15:** *a* 2. Mose 40,2-3; *b* 1. Kön 8,1.9.16 **24,16:** *a* 5. Mose 7,6 **24,17:** *a (17-18)* Ps 92,13 **24,20:** *a* Kap 39,17-18 **24,21:** *a* 2. Mose 30,34-35 **24,25:** *a* Kap 51,31; Spr 9,5; Jes 55,1; Mt 11,28; Joh 7,37 **24,27:** *a* Kap 23,37 **24,28:** *a (28-29)* Joh 4,13-14; 6,35 **24,32:** *a* 2. Kön 23,2; Bar 4,1 **24,33:** *a* 5. Mose 33,4 **24,34:** *a (34-37)* 1. Mose 2,10-14; Jos 3,15 **24,38:** *a (38-39)* Röm 11,33 **24,41:** *a (41-44)* Hes 47,1-12; Joh 7,38 **24,47:** *a* Kap 33,18

Drei gute und drei böse Dinge

25 Drei Dinge gefallen mir, die Gott
und den Menschen wohlgefallen:
2 wenn [a]Brüder eins sind und die [b]Nach-
barn sich lieb haben und wenn Mann
und Frau gut miteinander umgehen.
3 Drei Dinge gibt es, denen ich von
Herzen feind bin, und es missfällt mir
sehr, dass es sie gibt: 4 wenn ein Armer
hoffärtig ist und ein Reicher gern lügt
und ein alter Narr ein Ehebrecher ist.

Weisheit als Zierde des Alters

5 Wenn du in der Jugend nicht sammelst,
wie kannst du im Alter etwas finden?
6 [a]Wie schön ist's, wenn die grauen
Häupter urteilen können und die Alten
Rat wissen. 7 Wie schön ist bei Greisen
Weisheit und bei Angesehenen Überle-
gung und Rat. 8 Das ist die [a]Krone der
Alten, wenn sie viel erfahren haben; und
ihre Ehre ist's, wenn sie Gott fürchten.

Zehn gute Dinge

9 Neun Dinge kommen mir in den Sinn,
die ich in meinem Herzen lobe, und das
zehnte will ich mit meinem Munde prei-
sen: 10 ein Mann, der [a]Freude an seinen
Kindern hat. Wer erlebt, dass er [b]seine
Feinde untergehen sieht. 11 Wohl dem,
der eine [a]verständige Frau hat! Wer mit
seinen Reden nicht entgleist. Wer denen
nicht [b]dienen muss, die seiner nicht wert
sind. 12 Wohl dem, der einen [a]treuen
Freund hat! Wohl dem, der klug ist! Und
der da lehrt, wo man's gern hört! 13 Wie
groß ist der, der weise ist! 14 Aber [a]wer
Gott fürchtet, über dem ist niemand;
15 denn die Furcht Gottes geht über al-
les.[a] 16 Wer sie festhält, mit wem kann
man den vergleichen?

Die böse Frau

17 Es ist kein Leiden so groß wie Herze-
leid. 18 Es ist keine Bosheit so schlimm
wie [a]Frauenbosheit. 19 Es ist keine Heim-
suchung so schwer wie die Heimsuchung
durch Menschen, die hassen. 20 Es ist
keine Rachgier so maßlos wie Rachgier
von Feinden. 21 Es ist kein Gift so stark
wie Schlangengift und ist kein Zorn so
bitter wie Feindeszorn.
22 Ich wollte lieber bei Löwen und Dra-
chen wohnen als bei einer bösen Frau.[a]
23 Wenn sie böse wird, so verzerren sich
ihre Züge, und sie verfinstert ihr Gesicht
wie ein Bär. 24 Ihr Mann muss unwillkür-
lich vor Bitterkeit aufseufzen, wenn er
mitten unter seinen Freunden sitzt.
25 Alle Schlechtigkeit ist gering gegen die
[a]Schlechtigkeit einer Frau; [b]es geschehe
ihr das, was den Gottlosen geschieht!
26 Eine schwatzhafte Frau ist für einen
stillen Mann wie ein sandiger Weg berg-
auf für einen alten Mann. 27 Fall nicht
auf die Schönheit einer Frau herein, und
begehre sie nicht deswegen.[a] 28 Wenn die
Frau ihren Mann ernährt, 29 so gibt es
lauter Streit, Beschimpfung und große
Schande.
30 Eine böse Frau schafft ein betrübtes
Herz, ein trauriges Angesicht und Herze-
leid. 31 Eine Frau, die ihren Mann nicht
glücklich macht, lässt seine Hände
schlaff werden und lähmt seine Knie.
32 Die Sünde [a]nahm ihren Anfang bei
einer Frau, und [b]um ihretwillen müssen
wir alle sterben. 33 Wie man Wasser nicht
durchbrechen lassen soll, so soll man
einer bösen Frau ihren Willen nicht las-
sen. 34 Will sie dir nicht folgen, so scheide
dich von ihr.

Gute Frauen – böse Frauen

26 [a]Wohl dem, der eine gute Frau
hat! Der lebt noch einmal so lan-
ge. 2 Eine tüchtige Frau ist für ihren
Mann eine Freude, und er verbringt seine
Jahre in Frieden. 3 Eine gute Frau ist eine
köstliche Gabe und wird dem gegeben,
der Gott fürchtet.[a] 4 Ob er reich oder
arm ist, sein Herz ist guter Dinge, und er
ist allezeit fröhlich.
5 Vor drei Dingen scheut sich mein
Herz und vor dem vierten graut mir:
6 böse Gerüchte in der Stadt, Volksauf-
lauf, Verleumdung 7 – alles ärger als der
Tod –; 8 das aber ist Herzeleid und Kum-
mer, wenn eine Frau gegen die andre
eifert; doch die Geißel der Zunge ist allen
gemeinsam. 9 Eine böse Frau gleicht

25,2: *a* Ps 133,1; *b* 3.Mose 19,18 **25,6:** *a (6-7)* Hiob 32,7 **25,8:** *a* Spr 16,31 **25,10:** *a* Spr 23,24; *b* Mt 5,44 **25,11:** *a* Kap 26,1-4; *b* 1.Petr 2,18 **25,12:** *a* Kap 6,14-17 **25,14:** *a* Kap 10,27 **25,15:** *a* Kap 1,11-13 **25,18:** *a* Mt 14,8 **25,22:** *a* Spr 21,9.19 **25,25:** *a* 1.Kön 21,1-29; *b* 2.Kön 9,30-37 **25,27:** *a* Spr 6,25 **25,32:** *a* 1.Mose 3,6; *b* Röm 5,12 **25,34:** *a* 5.Mose 24,1; Mt 19,3-9 **26,1:** *a (1-4)* Kap 7,21; 25,11; Spr 19,14; 31,10-31 **26,3:** *a* 1.Mose 24,14

einem schlecht sitzenden Joch; 10 wer sie
nimmt, der fasst einen Skorpion an.
11 Eine betrunkene Frau erregt Ärger-
nis, sie wird auch ihre Scham nicht ver-
deckt lassen. 12 Eine lüsterne Frau er-
kennt man an ihrem Blick und an ihren
frechen Augen.[a] 13 [a]Wenn deine Tochter
nicht auf sich hält, so bewache sie scharf,
damit sie Nachgiebigkeit nicht ausnutzt.
14 Wenn du merkst, dass sie frech um sich
sieht, so pass gut auf; sonst wundere dich
nicht, wenn sie dir Schande macht. 15 Wie
ein Wanderer, der durstig ist, lechzt und
vom nächstbesten Wasser trinkt, das er
bekommen kann, so setzt sie sich vor
jedem Zelt nieder und bietet sich an.

16 Eine anmutige Frau erfreut ihren
Mann, und wenn sie verständig mit ihm
umgeht, mehrt sie sein Wohlergehen.
17 Eine Frau, die schweigen kann, ist eine
Gabe Gottes, 18 und eine wohlerzogene
Frau ist nicht zu bezahlen. 19 Es gibt
nichts Liebenswerteres auf Erden als eine
Frau, [a]die auf sich hält, 20 und nichts
kommt einer solchen Frau gleich.

21 Wie die Sonne, wenn sie aufgeht, an
dem hohen Himmel des Herrn eine
Zierde ist, so ist die Schönheit einer gu-
ten Frau eine Zierde in ihrem Hause.
22 Ein schönes Antlitz auf hoher Gestalt
ist wie die helle Lampe auf dem heiligen
Leuchter.[a] 23 Schöne Beine auf schlan-
ken Fesseln 24 sind wie goldene Säulen
auf silbernen Füßen.

Drei schlimme Dinge

25 Zwei Dinge sind's, die mich verdrie-
ßen, und das dritte erregt meinen Zorn:
26 wenn man einen tüchtigen Mann
schließlich Armut leiden lässt und [a]wenn
man einsichtsvolle Männer am Ende ver-
achtet 27 und wenn sich einer von der
Gerechtigkeit zur Sünde wendet – den
hat Gott zum Schwert verurteilt.[a]

Vom Betrug beim Handel

28 Ein Kaufmann kann sich schwer hüten
vor Unrecht und ein Händler frei bleiben
von Sünden.[a]

27 Wegen eines Vorteils tun viele Un-
recht; und [a]die reich werden wol-
len, nehmen es nicht immer genau. 2 Wie
ein Nagel in der Mauer zwischen zwei
Steinen steckt, 3 so steckt auch Sünde
zwischen Kauf und Verkauf. 4 Hält einer
sich nicht in der Furcht des Herrn, so
wird sein Haus sehr bald zerstört wer-
den.[a]

Von der Gesinnung des Menschen beim Reden

5 Wenn man siebt, so bleibt Unrat zu-
rück; ebenso haftet dem Nachdenken des
Menschen etwas Unreines an. 6 [a]Wie der
Ofen die neuen Töpfe erprobt, so kann
man den Menschen erproben an seiner
Rede. 7 An den Früchten merkt man, wie
der Baum gepflegt ist; ebenso merkt man
an der Rede, was das Herz denkt. 8 Du
sollst niemand loben, bevor du ihn ge-
hört hast; denn an der Rede erkennt man
den Menschen.

9 Folgst du der Gerechtigkeit nach, so
wirst du sie erlangen und [a]anziehen wie
einen schönen Rock. 10 Die [a]Vögel ge-
sellen sich zu ihresgleichen; ebenso hält
sich die Wahrheit zu denen, [b]die sie tun.
11 Wie der Löwe auf den Raub lauert,
so lauert die Sünde auf die, die Unrecht
tun.[a]

12 Ein Gottesfürchtiger redet allezeit,
was weise ist; ein Narr aber ist wandelbar
wie der Mond. 13 Wenn du unter Unver-
ständigen bist, so geize mit deiner Zeit;
aber unter Weisen kannst du jederzeit
bleiben. 14 Die Rede der Narren ist uner-
träglich, und sie lachen, wenn sie in Sün-
den schwelgen.

15 Wo man viel [a]schwören hört, da ste-
hen einem die Haare zu Berge; und wo es
Streit gibt, muss man sich die Ohren zu-
halten. 16 Wenn die Hoffärtigen mitein-
ander streiten, so gibt's [a]Blutvergießen,
und es ist widerlich zu hören, wenn sie
sich so beschimpfen.

Von der Preisgabe anvertrauter Geheimnisse

17 Wer [a]ein Geheimnis preisgibt, der ver-
liert das Vertrauen und wird nie mehr
einen treuen Freund finden. 18 Liebe dei-
nen Freund und halt ihm die Treue.

26,12: *a* Spr 6,25 **26,13:** *a (13-14)* Kap 42,11 **26,19:** *a* 1.Tim 2,9-10 **26,22:** *a* 2.Mose 25,31-37 **26,26:** *a* 1.Kön 12,8 **26,27:** *a* Ps 78,56.62.64 **26,28:** *a* Kap 37,12; 42,4 **27,1:** *a* Kap 31,5; Spr 28,20; 1.Tim 6,9-10 **27,4:** *a* Spr 15,25.27 **27,6:** *a (6-7)* Mt 12,33-37; 15,11.18-19 **27,9:** *a* Jes 61,10 **27,10:** *a* Kap 13,19; *b* Joh 7,17 **27,11:** *a* 1.Mose 4,7; 1.Petr 5,8 **27,15:** *a* Kap 23,9-16 **27,16:** *a* Kap 22,30 **27,17:** *a* Kap 22,27; Spr 25,9

19Wenn du aber preisgibst, was er dir
anvertraut hat, so wirst du ihm vergeb-
lich nachlaufen. 20Denn wie einer seinen
Feind vernichtet, so hast du die Freund-
schaft mit deinem Nächsten zerstört.
21Wie wenn du einen Vogel aus der Hand
lässt, so hast du deinen Freund verlassen
22und wirst ihn nicht wieder zurückho-
len. Lauf ihm nicht nach! Er ist zu weit
weg, er ist entsprungen wie ein Reh aus
der Schlinge. 23Wunden kann man ver-
binden, Scheltworte kann man sühnen;
24aber wenn man ein Geheimnis preis-
gibt, ist's ganz aus.

Falschheit und Hinterlist

25Wer [a]mit den Augen winkt, der hat
Böses im Sinn, und niemand bringt ihn
davon ab. 26[a]Vor dir versteht er, süß zu
reden, und lobt sehr, was du redest; aber
hinter deinem Rücken redet er anders
und verdreht dir deine Worte. 27Vieles
hasse ich, aber nichts so wie ihn, und der
Herr hasst ihn auch.

28[a]Wer einen Stein in die Höhe wirft,
dem fällt er auf den Kopf; wer hinter-
hältig sticht, der verwundet sich selbst.
29Wer eine Grube gräbt, der fällt selbst
hinein; wer eine Falle stellt, der fängt sich
selbst. 30Wer dem andern Schaden tun
will, dem kommt's selbst über den Hals,
ohne dass er weiß, woher es kommt.

31Die Hoffärtigen höhnen und spot-
ten; aber die Strafe lauert auf sie wie ein
Löwe. 32Die sich freuen, wenn's dem
Frommen schlecht geht, werden mit der
Schlinge gefangen; Schmerz wird sie ver-
zehren, ehe sie sterben.

Warnung vor Rachsucht, Streit und Verleumdung

33Zorn und Wüten sind Gräuel, und der
Gottlose hält an ihnen fest.

28 [a]Wer sich rächt, an dem wird sich
der Herr wieder rächen und wird
ihm seine Sünden auch anrechnen. 2Ver-
gib deinem Nächsten, was er dir zuleide
getan hat, so werden auch dir deine Sün-
den vergeben, wenn du darum betest.
3[a]Ein Mensch hält gegen den andern am
Zorn fest – und will bei dem Herrn
Gnade suchen? 4Er ist unbarmherzig ge-
gen seinesgleichen – und will für seine
Sünden bitten? 5Er ist nur Fleisch und
Blut und hält am Zorn fest – wer will
denn ihm seine Sünden vergeben?

6[a]Denk an das Ende und lass die
Feindschaft fahren. 7Denk an das Ver-
derben und an den Tod und bleibe bei
den Geboten. 8Denk an die Gebote und
lass deinen Groll gegen deinen Nächsten.
9Denk an den Bund des Höchsten und
vergib, was dein Nächster gefehlt hat,
ohne es zu wissen.

10[a]Halte dich fern vom Streit, so wirst
du weniger sündigen. 11Denn ein zorni-
ger Mensch entfacht Streit, und der
Gottlose bringt gute Freunde auseinan-
der und hetzt gegeneinander, die in Frie-
den leben. 12[a]Wenn viel Holz da ist, wird
das Feuer umso größer, und wenn der
Streit hart ist, entbrennt er umso hefti-
ger; wenn einer Macht hat, wird sein
Zorn umso größer, und wenn einer reich
ist, wird sein Zorn umso heftiger.

13Schnell sein zum Zank zündet ein
Feuer an, und schnell sein zum Streit
führt zu Blutvergießen.[a] 14Bläst du in
einen Funken, so wird ein Feuer daraus;
speist du aber darauf, so verlöscht er;
und beides kann aus deinem Munde
kommen.

15Den [a]Verleumder und Doppelzüngi-
gen soll man verfluchen; denn er richtet
viele zugrunde, die in Frieden leben.
16Ein Schandmaul* bringt viele Leute zu
Fall und vertreibt sie aus einem Land ins
andre. 17Es reißt feste Städte ein und
zerstört die Paläste der Fürsten. 18Ein
Schandmaul verstößt redliche Frauen
19und raubt ihnen, was sie sauer erwar-
ben. 20Wer darauf hört, hat keine Ruhe
mehr und kann nicht in Frieden leben.

21Die Geißel macht Striemen; aber die
Zunge zerschmettert die Knochen.
22Viele sind gefallen durch die Schärfe
des Schwerts, aber nirgends so viele wie
durch die [a]Zunge. 23Wohl dem, der vor
ihr bewahrt bleibt und von ihrem Zorn
verschont wird und ihr Joch nicht tragen
muss und mit ihren Fesseln nicht gebun-
den ist! 24Denn ihr Joch ist eisern und

* Verse 16 und 18: Schandmaul wörtlich: dritte Zunge.

27,25: *a* Spr 6,12-13 **27,26:** *a (26-27)* Sach 8,16-17 **27,28:** *a (28-29)* Ps 7,17.16 **28,1:** *a (1-2)* Mt 6,12.14-15 **28,3:** *a (3-5)* Mt 5,23-24; 18,21-35 **28,6:** *a (6-7)* Kap 7,40; Mt 5,25 **28,10:** *a (10-11)* Spr 29,22 **28,12:** *a* Spr 26,20 **28,13:** *a* Kap 22,30; Spr 26,21; Jak 1,19-20 **28,15:** *a* Spr 16,28 **28,22:** *a* Jak 3,5-8

ihre Fesseln ehern; 25 der Tod durch sie
ist ein bitterer Tod, doch immer noch
besser, als mit ihr zu leben; 26 aber den
Gottesfürchtigen wird sie nicht unter-
drücken, und er wird in ihrem Feuer
nicht verbrennen. 27 Wer aber den Herrn
verlässt, der wird hineinfallen und darin
verbrennen, und es wird nicht ausge-
löscht werden; es wird ihn überfallen wie
ein Löwe und ihn zerfleischen wie ein
Panther.

28 Du umzäunst dein Hab und Gut mit
Dornen; warum machst du nicht viel-
mehr [a]vor deinen Mund Tür und Riegel?
29 Du [a]wägst dein Silber und Gold, bevor
du es aufbewahrst; warum wägst du
nicht auch deine Worte auf der Gold-
waage? 30 Hüte dich, dass du nicht da-
durch ausgleitest und hinfällst vor denen,
die auf dich lauern.

Von Darlehen und ihrer Rückgabe

29 Der Barmherzige [a]leiht seinem
Nächsten, und wer ihm aufhilft,
der hält die Gebote. 2 [a]Leihe deinem
Nächsten, wenn er's nötig hat, und gib's
auch dem Nächsten wiederum zurück
zur bestimmten Zeit. 3 Halte, was du zu-
gesagt hast, und handle ehrlich mit ihm,
so findest du allezeit, was du brauchst.

4 Mancher meint, er habe gefunden,
was er doch geborgt hat, und macht dem
Ärger, der ihm geholfen hat. 5 Er küsst
einem die Hand, bis er's empfängt, und
redet unterwürfig, weil der Nächste Geld
hat; 6 aber wenn er's zurückgeben soll, so
verzögert er's und klagt sehr, es sei
schwere Zeit. 7 Und wenn er's auch kann,
gibt er kaum die Hälfte zurück und rech-
net's jenem als Gewinn an. 8 Kann er's
aber nicht, so bringt er jenen um sein
Geld und macht ihn schließlich sich zum
Feind nicht ohne Schuld; 9 denn er be-
zahlt ihn mit Fluchen und Schelten und
gibt ihm Schmähworte statt Dank.

10 Mancher leiht ungern, nicht aus
Bosheit, sondern weil er fürchtet, schuld-
los um das Seine zu kommen.[a] 11 [a]Doch
habe Geduld mit deinem Nächsten in der
Not, und lass ihm aus Barmherzigkeit
Zeit.[b] 12 Hilf dem Armen um des Gebots
willen, und lass ihn in der Not nicht
leer von dir weggehen.[a] 13 [a]Verlier lieber
dein Geld um deines Bruders und Freun-
des willen, und [b]vergrabe es nicht unter
einen Stein, wo es doch verrostet.
14 Sammle dir [a]einen Schatz nach dem
Gebot des Allerhöchsten; der [b]wird für
dich besser sein als Gold. 15 Lege dir
einen Schatz von Wohltaten an; der wird
dich erretten aus allem Unglück[a] 16 und
für dich streiten gegen deinen Feind
17 besser als ein starker Schild oder ein
schwerer Spieß.

Vom Bürgschaftleisten

18 Ein rechtschaffener Mann wird Bürge
für seinen Nächsten; 19 aber ein Scham-
loser lässt ihn im Stich. 20 Vergiss nicht,
was dein Bürge für dich getan hat;
21 denn er hat sich mit seinem Leben für
dich eingesetzt. 22 Der Gottlose bringt
seinen Bürgen um Hab und Gut, 23 und
ein Undankbarer lässt seinen Retter im
Stich.

24 [a]Bürge werden hat viele reiche Leute
zugrunde gerichtet und hin und her ge-
worfen wie die Wellen im Meer. 25 Es hat
mächtige Leute von Haus und Hof ver-
trieben, sodass sie in fremden Ländern
umherirren mussten.

26 Ein Gottloser, der sich zur Bürg-
schaft drängt und Gewinn davon haben
will, der wird der Strafe nicht entgehen.
27 Hilf deinem Nächsten aus, soviel du
kannst; doch [a]sieh dich vor, dass du nicht
selbst darüber zu Schaden kommst.

Vom Elend in der Fremde

28 Das Erste zum Leben sind Wasser und
Brot, Kleider und Haus – das braucht
man am nötigsten.[a] 29 Besser ein armes
Leben in der eignen Hütte als ein köst-
lich gedeckter Tisch in fremden Häusern.
30 Lass dir genügen, ob du wenig oder
viel hast; dann wirst du nicht die Schmä-
hung hören, dass du ein Fremder bist;
denn [a]es ist ein schlimmes Leben, von
Haus zu Haus zu ziehen. 31 Und wo du
fremd bist, darfst du deinen Mund nicht
auftun. 32 Ein Fremdling wirst du bleiben

28,28: *a* Kap 22,33 **28,29:** *a* Kap 21,27 **29,1:** *a* Ps 37,21.26; Tob 1,17 **29,2:** *a* Mt 5,42 **29,10:** *a* Kap 8,15 **29,11:** *a (11-17)* Kap 4,1-6; 7,36-40; *b* Mt 18,29 **29,12:** *a* 5. Mose 15,7-11 **29,13:** *a* Lk 6,30.35; *b* Mt 25,18 **29,14:** *a* Mt 6,20; *b* Jak 5,2-3 **29,15:** *a* Kap 3,33; Ps 41,2; Tob 4,11; 12,9-10; Lk 16,9 **29,24:** *a* Spr 6,1-2 **29,27:** *a* Kap 8,16 **29,28:** *a* Kap 39,31; 1. Tim 6,8 **29,30:** *a* Kap 40,29

und Schmähworte herunterschlucken
müssen; 33 dazu musst du bittere Worte
hören, nämlich: Du Fremder, geh hin
und bereite den Tisch und lass mich es-
sen, was du hast!, 34 oder: Zieh aus, du
Fremder, ich habe einen besseren Gast
gekriegt; mein Bruder zieht zu mir, ich
muss das Haus haben. 35 Das ist schwer
für einen vernünftigen Menschen, dass er
um der Bleibe willen gescholten und als
Gläubiger gekränkt wird.

Empfehlung strenger Erziehung

30 [a]Wer seinen Sohn lieb hat, der
hält für ihn die Rute bereit, damit
er später Freude an ihm erlebt. 2 Wer
seinen Sohn in Zucht hält, der wird sich
an ihm freuen und braucht sich bei den
Bekannten seinetwegen nicht zu schä-
men. 3 Wer seinen Sohn gut erzieht, der
macht seinen Feind neidisch, aber vor
seinen Freunden kann er über ihn froh-
locken; 4 denn wenn sein Vater stirbt, so
ist's, als wäre er nicht gestorben; denn er
hat sein Ebenbild hinterlassen. 5 Als er
noch lebte, sah er ihn mit Freuden an; als
er starb, brauchte er sich nicht zu sorgen;
6 denn er hat einen Sohn hinterlassen, der
an seinen Feinden Rache übt, aber den
Freunden wieder Gutes tut.[a]

7 Wer aber zu weich ist gegen seinen
Sohn, der verbindet ihm die Wunden und
erschrickt, wenn dieser weint. 8 Ein unge-
bändigtes Pferd wird störrisch, und ein
zügelloser Sohn wird ungebärdig. 9 [a]Ver-
hätschelst du dein Kind, so musst du
dich vor ihm fürchten; spielst du mit
ihm, so wird es dich betrüben. 10 Spotte
nicht gemeinsam mit ihm, damit du nicht
mit ihm trauern und zuletzt die Zähne
zusammenbeißen musst. 11 Lass ihm sei-
nen Willen nicht in der Jugend und ent-
schuldige seine Verfehlungen nicht.
12 Beuge ihm den Nacken, solange es
noch jung ist; bläue ihm den Rücken,
solange es noch klein ist, damit es nicht
halsstarrig und dir ungehorsam wird und
dir Herzeleid bereitet. 13 Erzieh deinen
Sohn und [a]lass ihn nicht müßiggehen,
damit du nicht über seiner Torheit zu-
schanden wirst.

Wert der Gesundheit

14 Es ist besser, arm zu sein und dabei
frisch und gesund als reich und nicht
gesund. 15 Gesund und frisch sein ist bes-
ser als alles Gold, und [a]ein gesunder
Körper ist besser als großes Gut. 16 Kein
Reichtum ist zu vergleichen mit einem
gesunden Körper, und kein Gut gleicht
der Freude des Herzens.

17 Der [a]Tod ist besser als ein bitteres
Leben und ewige Ruhe besser als stete
[b]Krankheit. 18 Ein gutes Gericht vor ei-
nem Mund, der nicht essen kann, ist wie
die Speise, die man einem Toten aufs
Grab stellt. 19 Was nützt einem Götzen
das Opfermahl, das er doch [a]weder essen
noch riechen kann? 20 So ist's mit dem,
der vom Herrn heimgesucht wird. 21 Er
sieht es zwar mit den Augen und seufzt,
aber ist [a]wie ein Verschnittener, der eine
Jungfrau in den Armen hält und seufzt.

Lob eines fröhlichen Herzens

22 Gib dich nicht der Traurigkeit hin, und
plage dich nicht selbst mit deinen eignen
Gedanken. 23 Denn [a]ein fröhliches Herz
ist des Menschen Leben, und seine
Freude verlängert sein Leben. 24 Ermun-
tere dich und tröste dein Herz, und ver-
treibe die Traurigkeit von dir.[a] 25 Denn
die [a]Traurigkeit tötet viele Leute und
dient doch zu nichts. 26 Eifer und Zorn
verkürzen das Leben, und Sorge macht
alt vor der Zeit. 27 Ein Herz, das heiter
und beim Mahl fröhlich ist, sorgt für
gutes Essen.[a]

Gefahren des Reichtums

31 [a]Wachen um des Reichtums willen
verzehrt den Leib, und sich darum
sorgen lässt nicht schlafen. 2 Wenn einer
wach liegt und sich sorgt, so kann er
nicht einschlafen, und schwere Krank-
heit verscheucht den Schlaf.

3 Der Reiche arbeitet und kommt dabei
zu Geld, und wenn er ausruht, kann er's
auch genießen. 4 Der Arme arbeitet und
lebt doch kärglich, und wenn er ausruht,
wird er zum Bettler.

5 [a]Wer Geld lieb hat, der bleibt nicht

30,1: *a (1-13)* Kap 7,25; Spr 22,15; Eph 6,4 **30,6:** *a* 1. Kön 2,5-9; Röm 12,19 **30,9:** *a* 1. Kön 1,5-6 **30,13:** *a* Kap 33,29 **30,15:** *a* Apg 3,6 **30,17:** *a* Kap 41,3-4; Hiob 3,20-22; *b* 2. Kor 12,9 **30,19:** *a* St zu Dan 2,6 **30,21:** *a* Kap 20,4 **30,23:** *a* Spr 17,22 **30,24:** *a* Phil 4,4 **30,25:** *a* Kap 38,19; 2. Kor 7,10 **30,27:** *a* Pred 2,24-25 **31,1:** *a (1-11)* Lk 12,15-31 **31,5:** *a* Kap 27,1; Spr 28,20

ohne Sünde; und wer Gewinn sucht, der
wird damit zugrunde gehen. 6 [a]Viele
kommen zu Fall um Geldes willen, und
ihr Verderben steht ihnen vor Augen;[b]
7 die danach trachten, stürzen darüber,
und die Unverständigen verfangen sich
darin.

8 Wohl dem Reichen, der untadelig ge-
blieben ist und nicht das Geld sucht!
9 Wo ist der? So wollen wir ihn loben;
denn er tut große Dinge unter seinem
Volk.[a] 10 Wer bewährt sich darin bis ans
Ende? Der soll gelobt werden. Wer
konnte das Gesetz übertreten und tat's
doch nicht, konnte Böses tun und tat's
auch nicht? 11 Seine Güter werden blei-
ben, und die Gemeinde wird seine Almo-
sen preisen.

Warnung vor Unmäßigkeit im Essen und Trinken

12 [a]Wenn du am Tisch eines reichen
Mannes sitzt, so sperr deinen Mund
nicht auf 13 und denke nicht: Hier gibt's
viel zu fressen!, 14 sondern bedenke, dass
ein neidisches Auge schlimm ist; 15 denn
was ist neidischer als das Auge? Darum
weint es schon beim geringsten Anlass.

16 Greif nicht nach dem, wohin der
andre sieht, 17 damit du nicht mit ihm in
der Schüssel zusammenstößt. 18 Überlege
dir, [a]was dein Nächster gern oder ungern
hat, und bedenke alles, was du tust. 19 Iss,
was dir vorgesetzt wird, wie ein Mensch,
und greif nicht gierig zu, damit man dich
nicht missachtet. 20 Um des Anstandes
willen höre du zuerst auf, und sei kein
unersättlicher Vielfraß, damit du keinen
Anstoß erregst. 21 Wenn du mit vielen zu
Tisch sitzt, so greif nicht zuerst zu.

22 Ein wohlerzogener Mensch ist mit
wenig zufrieden; darum braucht er in
seinem Bett nicht so zu stöhnen. 23 Und
wenn der Magen mäßig gehalten wird,
so schläft man gut und kann früh am
Morgen aufstehen und fühlt sich wohl.
24 [a]Aber ein unersättlicher Vielfraß
schläft unruhig und hat Leibschmerzen
und Bauchweh. 25 Wenn du genötigt wor-
den bist, viel zu essen, so steh auf,
erbrich dich und geh weg, dann wirst
du Ruhe haben.

26 Mein Kind, gehorche mir und ver-
achte mich nicht, so wirst du zuletzt
meine Worte wahr finden. 27 Bei allem,
was du tust, sei eifrig, so wirst du auch
nicht krank werden.

28 Einen [a]gastfreien Mann loben die
Leute und sagen, er sei ein trefflicher
Mann; und das stimmt; 29 aber von einem
Geizhals redet die ganze Stadt schlecht,
und man spricht mit Recht so von ihm.

30 Sei kein [a]Held beim Weinsaufen;
denn der Wein bringt viele Leute um.
31 Das Feuer prüft den Stahl, wenn er in
Wasser getaucht ist; so prüft der Wein
die Mutwilligen, wenn sie in Streit ge-
raten. 32 Der Wein erquickt die Men-
schen, [a]wenn man ihn mäßig trinkt.
33 Und was ist das Leben ohne Wein?
34 Denn er ist geschaffen, dass er die
Menschen [a]fröhlich machen soll. 35 Der
Wein, zu rechter Zeit und in rechtem
Maß getrunken, erfreut Herz und Seele.
36 Aber wenn man [a]zu viel davon trinkt,
bringt er Herzeleid, weil man [b]sich ge-
genseitig reizt und miteinander streitet.
37 Die Trunkenheit macht einen Narren
noch toller,[a] 38 bis er strauchelt und
kraftlos hinfällt und sich verletzt.

39 Schilt deinen Nächsten nicht beim
Wein und verachte ihn nicht, wenn er
lustig wird. 40 Gib ihm keine bösen Worte
und dränge ihn nicht, wenn er dir etwas
zurückzuzahlen hat.

Bescheidenheit beim Gastmahl

32 [a]Hat man dich zum Tischältesten
eingesetzt, so überhebe dich nicht
über die andern, sondern stelle dich ih-
nen gleich. Sorge erst für sie, dann magst
du dich setzen. 2 Und wenn du alles getan
hast, was notwendig war, dann setz dich
zu ihnen, 3 damit du dich über ihre Eh-
rung freuen kannst und einen Kranz er-
hältst, weil du alles so gut geordnet hast.

4 Du, der du zu den Älteren zählst,
kannst reden, weil es dir zukommt 5 und
du Erfahrung hast; aber hindere die
Spielleute nicht. 6 Und wenn man lauscht,

31,6: *a* Kap 8,3; *b* 1.Tim 6,9 **31,9:** *a* 2.Sam 19,33; Mt 27,57-60; 19,24 **31,12:** *a (12-21)* Spr 23,1-3.6-8 **31,18:** *a* Tob 4,16; Mt 7,12 **31,24:** *a (24-25)* Kap 37,33-34 **31,28:** *a* Hebr 13,2 **31,30:** *a* Jes 5,22 **31,32:** *a* 1.Tim 5,23 **31,34:** *a* Ri 9,13; Ps 104,15; Spr 31,6-7 **31,36:** *a* 1.Mose 9,20-21; *b* Spr 23,29-35 **31,37:** *a* Spr 20,1 **32,1:** *a (1-2)* Mt 23,6.11-12; Lk 12,37; 17,7-10

so schwatz nicht dazwischen und spare
dir deine Weisheit für andere Zeiten.
7 Wie ein Rubin auf einem Goldring
leuchtet, so ziert Musik das Festmahl.
8 Wie ein Smaragd auf schönem Golde,
9 so wirken Lieder beim guten Wein.

10 [a]Auch du, Jüngling, darfst reden,
wenn's nötig ist, aber höchstens zweimal,
11 wenn man dich fragt. Mach es kurz
und sage mit wenigen Worten viel; 12 und
mach es wie einer, der zwar Bescheid
weiß, aber doch schweigt. 13 Stell dich
nicht den Vornehmen gleich, und wo
Alte sind, schwatz nicht viel. 14 Vor dem
Donner leuchtet der Blitz; und [a]dem Be-
scheidenen geht große Gunst voraus.

15 Steh beizeiten auf und sei nicht der
Letzte; 16 sondern geh eilends heim und
sei nicht leichtsinnig. Dort freue dich
nach Herzenslust, doch sündige nicht im
Übermut; 17 sondern danke für das alles
dem, der dich geschaffen und [a]mit sei-
nen Gütern gesättigt hat.

Bereitschaft zum Vertrauen auf das Gesetz

18 [a]Wer den Herrn fürchtet, der nimmt
Belehrung an, und [b]wer frühzeitig da-
nach trachtet, der wird Gnade finden.
19 [a]Wer nach dem Gesetz fragt, der
wird's reichlich empfangen; wer's aber
nicht mit Ernst meint, der wird daran zu
Fall kommen. 20 Wer den Herrn fürchtet,
der findet das Recht, und [a]seine Urteile
leuchten wie ein Licht. 21 Ein Gottloser
lässt sich nicht zurechtweisen und findet
eine Begründung, wie er sie gerade
braucht.[a]

22 Ein vernünftiger Mann verachtet
nicht guten Rat; 23 aber ein übermütiger
fürchtet sich vor nichts. 24 Tu nichts ohne
[a]Rat, so gereut's dich nicht nach der Tat.

25 Geh nicht den Weg, auf dem du fal-
len oder dich an Steinen stoßen könntest.
26 Verlass dich nicht darauf, dass der Weg
eben ist; ja, [a]hüte dich auch vor deinen
eignen Kindern. 27 Bei allem, was du tust,
[a]hab acht auf dich selbst; denn auch so
hält man die Gebote.

28 Wer dem Gesetz vertraut, der achtet
auf die Gebote; und [a]wer dem Herrn
vertraut, dem wird nichts fehlen.

33 Wer den Herrn fürchtet, dem wi-
derfährt nichts Böses; sondern
[a]wenn er angefochten ist, wird er wieder
erlöst werden. 2 Ein Weiser lässt sich das
Gesetz nicht verleiden; aber ein Heuchler
treibt umher wie ein Schiff im Sturm.
3 Ein verständiger Mensch vertraut dem
Gesetz, und das Gesetz gibt ihm zuver-
lässige Weisung wie eine [a]Losentschei-
dung durch Gott.*

4 Überlege zuvor, was du sagen willst,
dann wird man dich anhören; lass dich
zuvor belehren, dann kannst du recht
antworten. 5 Des Narren Herz ist wie ein
Rad am Wagen, und seine Gedanken
drehen sich wie die Nabe.

6 Wie ein Hengst, der unter jedem Rei-
ter wiehert, so ist ein Freund, der Lust
zum Spott hat.

Die unterschiedlichen Ordnungen in Gottes Welt

7 [a]Warum muss ein Tag heiliger sein als
der andre, obwohl doch alle Tage im
Jahre gleichermaßen von der Sonne her-
kommen? 8 Die Weisheit des Herrn hat
sie so unterschieden, und er hat die Zei-
ten des Jahres und die Feiertage so ge-
ordnet: 9 Er hat einige ausgezeichnet und
geheiligt, und andere hat er in die Reihe
der übrigen Tage gestellt.

10 Wie [a]alle Menschen aus der Erde
und Adam aus dem Staube geschaffen
sind, 11 so hat sie doch der Herr unter-
schieden in seiner großen Weisheit und
ihre Wege verschieden bestimmt. 12 Ei-
nige hat er gesegnet, erhöht und geheiligt
und zu seinem Dienst bestellt; andere
aber hat er verflucht und erniedrigt und
aus ihrer Stellung gestürzt.[a] 13 Denn [a]sie
sind in seiner Hand wie Ton in des Töp-
fers Hand; er macht alle seine Werke, wie
es ihm gefällt. 14 So sind auch die Men-
schen in der Hand dessen, der sie ge-
macht hat, er gibt einem jeden, wie er es
für recht hält.

* Gemeint sind die Lose »Licht und Recht« (vgl. Sach- und Worterklärungen).

32,10: *a (10-11)* Kap 7,15; Hiob 32,6-7 **32,14:** *a* Spr 18,12 **32,17:** *a* 5.Mose 8,10; 1.Kor 10,31; 1.Tim 4,4 **32,18:** *a* Kap 21,12-14; *b* 1.Sam 2,26 **32,19:** *a* Spr 2,3-5; Lk 8,18 **32,20:** *a* 1.Kön 3,10-12.16-28 **32,21:** *a* 2.Tim 4,3 **32,24:** *a* Tob 4,19 **32,26:** *a* 2.Sam 15,1-6 **32,27:** *a* 1.Tim 4,16 **32,28:** *a* Ps 23,1 **33,1:** *a* 1.Kor 10,13 **33,3:** *a* 1.Sam 14,41 **33,7:** *a (7-9)* 1.Mose 2,3; 3.Mose 23,1-44 **33,10:** *a* Kap 17,31; 40,11; 1.Mose 2,7 **33,12:** *a* 1.Mose 4,4-5; 1.Sam 2,6-8 **33,13:** *a* Röm 9,21

15 [a]Wie das Gute dem Bösen und das
Leben dem Tod gegenübergestellt ist, so
der Gottesfürchtige dem Gottlosen. 16 So
schau alle Werke des Höchsten an: Es
sind immer jeweils zwei und dabei eins
dem andern gegenübergestellt.

Vom Verhalten gegenüber Familie und Gesinde

17 Als Letzter bin auch ich am Werk ge-
wesen wie einer, der im Herbst [a]Nach-
lese hält; und Gott hat mir den Segen
dazu gegeben, dass auch ich meine Kelter
füllen konnte wie bei der Hauptlese.
18 Schaut, wie ich nicht für mich allein
gearbeitet habe, sondern für alle, die gern
lernen wollen![a] 19 Gehorcht mir, ihr Vor-
nehmen im Volk, und ihr Vorsteher in
der Gemeinde, vernehmt es!

20 Lass den [a]Sohn, die Frau, den Bru-
der, den Freund nicht über dich ver-
fügen, solange du lebst; und übergib nie-
mand dein Hab und Gut, damit es dich
nicht reut und du sie darum bitten musst.
21 Solange du lebst und atmen kannst,
überlass deinen Platz keinem andern
Menschen. 22 Es ist besser, dass deine
Kinder dich brauchen, als dass du aus
ihren Händen nehmen musst. 23 Bei al-
lem, was du tust, behalte die Entschei-
dung in der Hand, und lass dir deine
Ehre nicht nehmen. 24 Wenn dein Ende
kommt, dass du davonmusst, dann teile
dein Erbe aus.

25 Der Esel braucht Futter, den Stock
und seine Last und der Sklave Brot,
Strafe und Arbeit. 26 Halte den Sklaven
zur Arbeit an, so hast du Ruhe vor ihm;
lässt du ihn müßiggehen, so will er frei
sein.

27 Joch und Riemen beugen den Na-
cken; ein böser Sklave gehört in den
Block und verdient Schläge![a] 28 Treibe
ihn zur Arbeit an, dass er nicht müßig-
geht; 29 denn Müßiggang lehrt viel Böses.
30 [a]Lege ihm Arbeiten auf, die einem
Sklaven gebühren; gehorcht er dann
nicht, so fessle seine Füße. Doch lege
keinem zu viel auf und tu nichts, ohne
ein Recht darauf zu haben. 31 Hast du
einen Sklaven, so halt's mit ihm wie mit
dir selbst; denn du hast ihn teuer erwor-
ben. Hast du einen Sklaven, so behandle
ihn wie einen Bruder; denn du hast ihn
nötig wie dein eignes Leben. 32 Behan-
delst du ihn aber schlecht, sodass er sich
aufmacht und davonläuft: wo willst du
ihn dann suchen?

Nichtigkeit der Träume

34 [a]Unweise Leute betrügen sich
selbst mit törichten Hoffnungen,
und Narren verlassen sich auf Träume.
2 Wer auf Träume hält, der greift nach
dem Schatten und will den Wind ha-
schen. 3 Träume sind nichts anderes als
Bilder ohne Wirklichkeit.

4 Was unrein ist, wie kann das rein
sein? Und was falsch ist, wie kann das
wahr sein? 5 [a]Eigne Weissagung und Zei-
chendeutung und Träume sind nichts,
und man sieht dabei Wahnbilder wie eine
Gebärende; 6 und wenn es nicht kommt
[a]durch Eingebung des Höchsten, so halt
nichts davon. 7 Denn Träume betrügen
viele Leute, und es schlägt denen fehl, die
darauf bauen. 8 Aber das Gesetz trügt
nicht und erfüllt sich, und was die Weis-
heit spricht mit wahrhaftigem Mund, das
geschieht auch.

Erfahrung des Weisen und Vertrauen des Frommen

9 Ein Mann, [a]der viel herumgekommen
ist, versteht viel, und einer mit viel Er-
fahrung kann Weisheit lehren. 10 Wer
nicht erfahren ist, der versteht wenig;
11 wer aber weit herumgekommen ist, der
ist voll Klugheit. 12 Weil ich weit her-
umgekommen bin, konnte ich viel lernen,
und ich weiß mehr, als ich sage. 13 Oft bin
ich in Todesgefahr gekommen, doch
durch mein Wissen daraus errettet wor-
den.

14 Der Geist der Gottesfürchtigen wird
am Leben bleiben; 15 denn ihre Hoffnung
richtet sich auf den, der ihnen helfen
kann. 16 [a]Wer den Herrn fürchtet, der
braucht vor nichts zu erschrecken noch

33,15: *a (15-16)* Kap 42,25; Pred 3,1-8 **33,17:** *a* 3. Mose 19,9-10 **33,18:** *a* Kap 24,47 **33,20:** *a* Kap 32,26 **33,27:** *a* Spr 29,19 **33,30:** *a (30-31)* 2. Mose 21,20-21; Kap 7,22-23; Phlm 16 **34,1:** *a (1-7)* Jer 23,25-32; Pred 5,6 **34,5:** *a* Jer 14,14 **34,6:** *a* 4. Mose 12,6; Hiob 33,15-18 **34,9:** *a* Apg 27,9-10 **34,16:** *a (16-17)* Ps 27,1; 112,1.7

zu verzagen; denn er ist seine Zuversicht.
17 Wohl dem, der den Herrn fürchtet!
18 Worauf verlässt er sich? Wer ist sein
Halt?

19 **Die [a] Augen des Herrn sehen auf die,
die ihn lieb haben.** Er ist ein gewaltiger
Schild, eine starke Stütze, [b] ein Schutz
gegen die Hitze, ein schützendes Dach
am heißen Mittag, er bewahrt vor dem
Straucheln, er hilft vor dem Fall; 20 er er-
freut das Herz und macht das Angesicht
fröhlich und [a] gibt Gesundheit, Leben
und Segen.

Von unrechten und rechten Opfern

21 [a] Wer von unrechtem Gut opfert, des-
sen Opfer ist eine Lästerung; 22 und sol-
che Gaben der Gottlosen sind nicht
wohlgefällig. 23 Die Gaben der Gottlosen
gefallen dem Höchsten gar nicht, auch
vergibt er Sünden nicht, selbst wenn man
viel opfert.

24 Wer vom Besitz der Armen opfert,
der ist wie einer, der den Sohn vor den
Augen des Vaters schlachtet. 25 Der Arme
hat nichts zum Leben als ein wenig Brot;
[a] wer ihn auch noch darum bringt, der ist
ein Mörder. 26 [a] Wer seinem Nächsten die
Nahrung nimmt, der tötet ihn. 27 Wer
dem Arbeiter seinen Lohn nicht gibt, der
ist ein Bluthund.

28 Wenn einer baut und der andre ein-
reißt: was haben sie davon anderes als
Mühe? 29 Wenn einer betet und der andre
flucht: wessen Stimme soll der Herr er-
hören? 30 Wer [a] sich wäscht, wenn er
einen Toten angerührt hat, und rührt ihn
wieder an: was hilft ihm sein Waschen?
31 So ist der Mensch, der für seine Sün-
den fastet und sündigt immer wieder: wer
soll sein Gebet erhören, und was hilft
ihm sein Fasten?[a]

35 [a] Gottes Gebote halten, das ist ein
reiches Opfer. 2 Gottes Gebote eh-
ren, das ist das rechte Dankopfer. 3 Gott
danken, das ist das rechte Speisopfer.[a]
4 Barmherzigkeit üben, das ist das rechte
Lobopfer.[a] 5 Von Sünden lassen, das ist
ein Gottesdienst, der dem Herrn gefällt;
und [a] aufhören, Unrecht zu tun, das ist
ein rechtes Sühnopfer.

6 Im Haus des Herrn aber sollst du
[a] nicht mit leeren Händen erscheinen;
7 denn das alles muss man tun [a] um des
Gebotes willen. 8 Des Gerechten Opfer
macht den Altar reich, und [a] Opfer-
geruch ist dem Höchsten wohlgefällig.
9 Des Gerechten Opfer ist angenehm und
wird nicht mehr vergessen. 10 Ehre Gott
mit deinen Opfern gern und reichlich,
und [a] gib deine Erstlingsgaben, ohne zu
geizen. 11 Was du gibst, das gib gern, und
bringe den [a] Zehnten fröhlich dar. 12 Gib
dem Höchsten, wie er dir gegeben hat,
und [a] gib gern und reichlich nach deinem
Vermögen. 13 Denn der Herr, der [a] vergilt,
wird dir's [b] siebenfach vergelten.

14 [a] Bring deine Gabe nicht, um Gott
zu bestechen; denn eine solche wird er
nicht annehmen. 15 Verlass dich nicht auf
ein ungerechtes Opfer; denn der Herr ist
ein Richter, und vor ihm gilt kein An-
sehen der Person.

Das Gebet der Rechtlosen und seine Erhörung

16 [a] Er hilft dem Armen ohne Ansehen
der Person und erhört das Gebet des
Unterdrückten. 17 Er verachtet das Gebet
der Waisen nicht noch die Witwe, wenn
sie klagt. 18 Die Tränen der Witwen flie-
ßen die Backen herab 19 und schreien ge-
gen den, der sie hervorgerufen hat. 20 Wer
Gott dient, wie es ihm gefällt, der ist ihm
angenehm, und [a] sein Gebet reicht bis in
die Wolken. 21 Das Gebet der Elenden
dringt durch die Wolken und lässt nicht
ab, bis es vor Gott kommt, und hört
nicht auf, bis der Höchste darauf achtet.

22 Und der Herr wird recht richten und
bestrafen und nicht säumen noch Lang-
mut zeigen, bis er den Unbarmherzigen
die Lenden zerschmettert 23 und an sol-
chen Leuten Vergeltung übt und alle Ge-
walttätigen vernichtet und die Macht der
Ungerechten zerschlägt. 24 Er [a] wird den
Menschen nach ihren Taten vergelten
und wird an ihnen handeln nach ihren

34,19: *a* Kap 15,20; *b* Jes 4,5-6 **34,20:** *a* Ps 103,3-5 **34,21:** *a (21-23)* Spr 15,8; 1.Sam 15,22 **34,25:** *a* 2.Sam 12,1-5 **34,26:** *a (26-27)* 3.Mose 19,13; Tob 4,15 **34,30:** *a* 4.Mose 19,11-12 **34,31:** *a* Jes 58,3-5 **35,1:** *a (1-2)* 1.Sam 15,22 **35,3:** *a* Ps 50,14.23 **35,4:** *a* Hebr 13,16 **35,5:** *a* Spr 21,3 **35,6:** *a* 5.Mose 16,16-17 **35,7:** *a* Mt 23,23 **35,8:** *a* 1.Mose 8,21 **35,10:** *a* 2.Mose 23,19 **35,11:** *a* 3.Mose 27,30; Mal 3,10 **35,12:** *a* 2.Kor 9,7 **35,13:** *a* 1.Sam 26,23; *b* Ps 79,12 **35,14:** *a (14-15)* Mal 1,8; 2.Chr 19,7 **35,16:** *a (16-19)* 5.Mose 10,17-18; 2.Mose 22,21-22; Lk 18,7 **35,20:** *a* Spr 15,29 **35,24:** *a* Jer 17,10

Plänen, 25 er wird seinem Volk Recht
schaffen und es erfreuen mit seiner
Barmherzigkeit. 26 Wie der [a]Regen er-
quickt, wenn es lange trocken gewesen
ist, so lieblich ist seine Barmherzigkeit in
der Zeit der Not.

Gebet des Gottesvolkes um Hilfe gegen seine Feinde

36 Herr, allmächtiger Gott, erbarme
dich unser, 2 [a]sieh hin und [b]ver-
setze alle Völker in Schrecken! 3 Erhebe
deine Hand gegen die fremden Völker,
dass sie deine Macht sehen. 4 Wie du vor
ihren Augen dich heilig erwiesen hast an
uns, so [a]zeige dich mächtig an ihnen vor
unsern Augen, 5 damit sie dich erkennen,
wie wir erkannt haben, dass es [a]keinen
andern Gott gibt als dich, Herr.

6 Tu neue Zeichen und neue Wun-
der.[a] 7 Verherrliche deine Hand und dei-
nen rechten Arm. 8 Errege Grimm und
schütte Zorn aus.[a] 9 Wirf den Wider-
sacher nieder und vertilge den Feind;
10 [a]führe bald die Zeit herbei und [b]denke
an deinen Eid, damit man deine Wunder-
taten preist. 11 Der Zorn des Feuers soll
die verzehren, die sich so sicher fühlen;
und die deinem Volk Leid antun, sollen
umkommen. 12 Zerschmettre die Köpfe
der Fürsten, die uns feind sind und sa-
gen: Außer uns gibt es niemand![a]

13 Versammle alle Stämme Jakobs und
lass sie dein Erbe sein wie am Anfang.[a]
14 Herr, erbarme dich über dein Volk, das
von dir den [a]Namen hat, und über Is-
rael, das du einen [b]Erstgeborenen ge-
nannt hast. 15 Erbarme dich über die
Stadt Jerusalem, wo dein Heiligtum ist
und wo du wohnst. 16 Erfülle Zion mit
deiner Majestät und dein Volk mit deiner
Herrlichkeit.

17 Bekenne dich zu denen, die von An-
fang an dein Eigentum gewesen sind; und
erfülle die [a]Verheißungen, die in dei-
nem Namen verkündigt worden sind.
18 Lohne es denen, die auf dich warten,
damit das [a]Wort deiner Propheten bestä-
tigt wird. 19 Nach dem [a]Segen Aarons
über dein Volk erhöre, Herr, das Gebet
derer, die dich anrufen, damit alle, die
auf Erden wohnen, erkennen, dass du der
Herr bist, der ewige Gott.

Ratschläge für die Wahl der Frau, der Freunde und der Ratgeber

20 Der Bauch nimmt verschiedene Spei-
sen zu sich; doch ist die eine Speise bes-
ser als die andre. 21 Wie die Zunge das
Wildbret schmeckt, so merkt ein verstän-
diges Herz die falschen Worte. 22 Ein tü-
ckischer Mensch kann einen ins Unglück
bringen; aber ein erfahrner weiß es ihm
zu vergelten.

23 Eine Frau wird jeden zum Manne
nehmen; aber [a]unter den Töchtern
nimmt man die eine lieber als die andre.
24 Eine schöne Frau erfreut den Mann,
und er sieht nichts lieber; 25 wenn sie
dazu freundliche und liebliche Worte
spricht, so ist ihr Mann nicht zu verglei-
chen mit andern.[a]

26 Wer eine Frau erwirbt, erwirbt da-
mit noch mehr: eine [a]Gehilfin, die zu
ihm passt, und eine [b]Säule, an die er sich
lehnt. 27 Wo kein Zaun ist, wird Hab und
Gut geraubt; und wo keine Frau ist, da
irrt der Mann seufzend umher.[a] 28 Wie
man einem bewaffneten Räuber nicht
traut, der von einer Stadt in die andre
schleicht, so traut man auch nicht einem
Mann, der kein Heim hat und dort blei-
ben muss, wo er am Abend hinkommt.[a]

37 Jeder Freund sagt zwar: Ich bin
auch dein Freund –; aber einige
sind nur dem Namen nach Freunde.
2 Wenn ein Gefährte und Freund einem
feind wird, so bleibt der Gram darüber
bis in den Tod. 3 Ach wo kommt doch das
Übel her, dass alle Welt so voll Falschheit
ist?[a] 4 Wenn's dem Freund gut geht, so
freuen sie sich mit ihm; [a]wenn's ihm aber
schlecht geht, werden sie seine Feinde.
5 Sie stehen ihm bei, wenn es um den
Bauch geht; aber wenn es Kampf gibt,
verstecken sie sich hinter dem Schild.
6 Vergiss den Freund nicht in deinem
Herzen, 7 und denke an ihn, wenn du
reich wirst.

8 Jeder [a]Ratgeber will raten, aber eini-

35,26: *a* Hos 6,3 **36,2:** *a* Ps 80,15; *b* 2. Mose 23,27 **36,4:** *a* Hes 28,22-23 **36,5:** *a* 5. Mose 4,35; Jdt 9,15 **36,6:** *a* Mi 7,15-16 **36,8:** *a* Ps 79,6 **36,10:** *a* 5. Mose 32,35; *b* 5. Mose 32,40-41 **36,12:** *a* Vers 5; Hab 1,11 **36,13:** *a* 5. Mose 30,3 **36,14:** *a* Jes 43,1; *b* 2. Mose 4,22 **36,17:** *a* Röm 15,8 **36,18:** *a* 2. Petr 1,19 **36,19:** *a* 4. Mose 6,23-26 **36,23:** *a* 1. Mose 29,16-18 **36,25:** *a* Kap 26,16 **36,26:** *a* 1. Mose 2,18; *b* Spr 31,10-11 **36,27:** *a* Kap 26,2 **36,28:** *a* Kap 29,30 **37,3:** *a* 2. Kor 11,3 **37,4:** *a* Kap 6,8 **37,8:** *a* Kap 6,6

ge raten zu ihrem eignen Nutzen.
9 Darum hüte dich vor dem Ratgeber:
Überlege zuvor, was ihm nützlich sein
kann, denn er denkt vielleicht daran, zu
seinem Vorteil zu raten; lass ihn nicht
über dich bestimmen, 10 damit er nicht
sagt: Du bist auf dem rechten Weg –,
selbst aber beiseite steht und achtgibt,
wie es dir ergehen wird.

11 Berate dich nicht mit dem, der dich
missgünstig betrachtet, und vor denen,
die dich beneiden, verbirg deinen Plan.
12 Man fragt ja auch nicht eine Frau um
Rat, wie man ihre Nebenbuhlerin freund-
lich behandeln soll, oder einen Ängst-
lichen, wie man Krieg führen soll, oder
einen Kaufmann, wie hoch er deine und
seine Ware schätzt, oder [a]einen Käufer,
wie teuer du etwas verkaufen sollst,
13 oder einen Missgünstigen, wie man
denken, oder einen Unbarmherzigen, wie
man barmherzig sein soll, oder einen
Faulen, wie man viel arbeiten kann,
14 oder einen für ein Jahr angeworbenen
Tagelöhner, ob seine Arbeit schon zu
Ende ist, oder einen trägen Hausknecht,
wie viel man leisten kann. Alle diese
Leute frag nicht um Rat, 15 sondern halte
dich stets zu gottesfürchtigen Leuten,
von denen du weißt, dass sie Gottes Ge-
bote halten;[a] 16 die gesinnt sind, wie du
bist, die Mitleid mit dir haben, wenn du
strauchelst.

17 Und bleibe bei dem, [a]was dir dein
Herz rät; denn du wirst keinen treueren
Ratgeber finden. 18 Denn mit seinem
Herzen kann ein Mann oft mehr erken-
nen als sieben Wächter, die oben auf der
Warte sitzen. 19 Doch bei alledem rufe
den Allerhöchsten an, dass er dein Tun
gelingen und nicht fehlschlagen lässt.[a]

20 Ehe du etwas anfängst, überleg dir's
zuvor; und ehe du etwas tust, geh mit dir
zurate. 21 Denn wenn man etwas Neues
vorhat, so treten vier Dinge auf: Gutes
und Böses, Leben und Tod; und darüber
[a]regiert allezeit die Zunge.

22 Mancher ist zwar fähig, vielen an-
dern zu raten, aber sich selbst kann er
nicht helfen. 23 Mancher möchte klug ra-
ten und wird doch nicht gern gehört, und
so bleibt er ein Bettler; 24 denn er hat
nicht vom Herrn die Gnade dazu, und es
ist keine Weisheit in ihm.

25 Mancher ist weise nur für sich selbst;
der schafft mit seinem Rat nur für sich
selbst Nutzen. 26 Ein weiser Mann lehrt
sein Volk und schafft mit seinem Rat
bleibenden Nutzen. 27 Ein weiser Mann
wird sehr gelobt, und alle, die ihn sehen,
preisen ihn. 28 Jeder hat eine [a]bestimmte
Zeit zu leben; aber [b]Israels Tage sind
nicht zu zählen. 29 Ein Weiser hat in sei-
nem Volk großes Ansehen, und sein
Name bleibt ewig.

Warnung vor Unmäßigkeit

30 Mein Kind, prüfe, was für deinen Leib
gesund ist; und sieh, was für ihn unge-
sund ist, das gib ihm nicht. 31 Denn nicht
alles ist jedem nützlich, auch mag nicht
jeder alles. 32 Überfriss dich nicht, wenn
es dir schmeckt, und sei nicht gierig bei
leckeren Speisen. 33 [a]Denn viel Fressen
macht krank, und ein unersättlicher Viel-
fraß wird sich erbrechen. 34 Viele haben
sich zu Tode gefressen; wer aber mäßig
isst, der lebt desto länger.

Lob des Arztes

38 Ehre den [a]Arzt mit gebührender
Verehrung, damit du ihn hast,
wenn du ihn brauchst; 2 denn der Herr
hat ihn geschaffen, und [a]die Heilung
kommt von dem Höchsten, und Könige
ehren ihn mit Geschenken. 3 Die Kunst
des Arztes erhöht ihn und macht ihn
groß bei Fürsten und Herren.

4 Der Herr lässt die [a]Arznei aus der
Erde wachsen, und ein Vernünftiger ver-
achtet sie nicht. 5 Wurde nicht [a]das bit-
tere Wasser süß durch Holz, damit man
seine Kraft erkennen sollte? 6 Und er hat
solche Kunst den Menschen gegeben, um
sich herrlich zu erweisen durch seine
wunderbaren Mittel. 7 Damit heilt er und
vertreibt die Schmerzen, und der Apo-
theker macht Arznei daraus, 8 damit
[a]Gottes Werke kein Ende nehmen und es
[b]Heilung durch ihn auf Erden gibt.

37,12: *a* Spr 20,14 **37,15:** *a* Kap 9,21-23 **37,17:** *a* Dan 1,8 **37,19:** *a* Tob 4,20 **37,21:** *a* Spr 18,21; Jak 3,5 **37,28:** *a* Hiob 14,5; *b* 5.Mose 11,21 **37,33:** *a (33-34)* Kap 31,24-25; Röm 13,13-14 **38,1:** *a* Kol 4,14 **38,2:** *a* 2.Mose 15,26 **38,4:** *a* Hes 47,12 **38,5:** *a* 2.Mose 15,23-25 **38,8:** *a* Joh 5,17; *b* Mt 4,23-24

9 [a]Mein Kind, wenn du krank bist, so
missachte dies nicht; sondern bitte den
Herrn, dann wird er dich gesund ma-
chen. 10 Lass ab von der Sünde und
handle rechtschaffen und reinige dein
Herz von aller Missetat. 11 Opfre liebli-
chen Geruch und [a]feinstes Mehl zum
Gedenkopfer, und gib ein fettes Opfer,
als müsstest du sterben.
12 Danach lass den Arzt zu dir, denn
der Herr hat ihn geschaffen; und weise
ihn nicht von dir, denn du brauchst auch
ihn. 13 Es kann die Stunde kommen, in
der dem Kranken allein durch die Hand
der Ärzte geholfen wird; 14 denn auch sie
werden den Herrn bitten, dass er's ihnen
gelingen lässt, damit es sich mit ihm bes-
sert und er gesund wird und wieder für
sich sorgen kann.
15 Wer vor seinem Schöpfer sündigt,
der soll dem Arzt in die Hände fallen![a]

Von der Trauer um einen Toten

16 Mein Kind, wenn einer stirbt, so
beweine ihn und klage wie einer, dem
großes Leid geschehen ist, und verhülle
seinen Leib, wie es ihm zukommt, und
bestatte ihn mit Ehren.[a] 17 [a]Du sollst
bitterlich weinen und von Herzen betrübt
sein und Leid tragen, wie er es verdient
hat, 18 etwa einen Tag oder zwei, damit
man nicht schlecht von dir redet; und
tröste dich auch wieder, damit du nicht
allzu traurig wirst. 19 Denn vom Trauern
kommt der Tod, und die Traurigkeit des
Herzens schwächt die Kräfte. 20 In der
Anfechtung bleibt die Traurigkeit, und
ein Leben in Armut tut dem Herzen
weh.
21 [a]Lass die Traurigkeit nicht in dein
Herz, sondern weise sie ab und denk ans
Ende und vergiss es nicht; 22 denn es gibt
kein Wiederkommen. Du hilfst ihm
nicht, und dir tust du Schaden. 23 Denke
daran: wie er gestorben, so musst du
auch sterben. Gestern war's an mir, heute
ist's an dir. 24 Weil der Tote nun seine
Ruhe hat, so höre auch du auf, ihn zu
beklagen, und tröste dich wieder, weil
sein Geist von ihm geschieden ist.[a]

Vom Erlernen der Weisheit

25 Wer Weisheit lernt, braucht viel Zeit,
und nur wer sonst nichts zu tun hat, wird
Weisheit gewinnen.
26 Wie kann der Weisheit erlernen, der
den Pflug führt und stolz die Ochsen mit
dem Stecken antreibt und nur mit sol-
chen Arbeiten umgeht und mit nichts
anderm als mit Ochsen zu reden weiß?
27 Er muss daran denken, wie er ackern
soll, und muss spät und früh den Kühen
Futter geben.
28 Ebenso geht es den Zimmerleuten
und Baumeistern, die Tag und Nacht ar-
beiten, oder denen, die Siegel stechen
und fleißig Bilder malen; die müssen
daran denken, dass das Bild ähnlich
wird, und früh und spät darauf bedacht
sein, dass sie es vollenden.
29 Ebenso geht es dem Schmied bei sei-
nem Amboss, der auf das Schmiedewerk
achtet und vom Feuer versengt wird und
sich in der Hitze des Ofens müde arbei-
tet. 30 Das Hämmern dröhnt ihm in die
Ohren, und er sieht darauf, wie er das
Werk richtig macht, 31 und muss daran
denken, wie er's fertig bringt, und früh
und spät darauf bedacht sein, dass es
schön aussieht.
32 Ebenso geht es dem [a]Töpfer; der
muss bei seiner Arbeit sitzen und die
Scheibe mit seinen Füßen drehen und
muss immer um sein Werk besorgt sein
und sein bestimmtes Maß an Arbeit tun.
33 Er muss mit seinen Armen aus dem
Ton sein Gefäß formen und muss sich
mit seinen Füßen abmühen. 34 Er muss
daran denken, wie er's fein glasiert, und
früh und spät den Ofen fegen.
35 Diese alle vertrauen auf ihre Hände,
und jeder versteht sich auf sein Hand-
werk. 36 Man kann sie beim Bau der
Stadt nicht entbehren, 37 sie sind weder
Beisassen noch brauchen sie umherzuzie-
hen – doch zur Beratung des Volks wer-
den sie nicht herangezogen, und in der
Gemeinde treten sie nicht hervor; 38 auf
dem Stuhl des Richters sitzen sie nicht,
auf Bund und [a]Gesetz verstehen sie sich
nicht; sie können Recht und Gerechtig-

38,9: *a (9-10)* Jes 38,1-5.16-17; Jak 5,14-16 **38,11:** *a* 3.Mose 2,1-2 **38,15:** *a* Ps 107,17-18; Joh 5,14 **38,16:** *a* Tob 2,2-9 **38,17:** *a (17-18)* Kap 22,11.13 **38,21:** *a (21-22)* 1.Thess 4,13-14 **38,24:** *a* 2.Sam 12,19-23 **38,32:** *a* Jer 18,3-4 **38,38:** *a* Joh 7,49

keit nicht lehren, 39und weise Sprüche
werden bei ihnen nicht gefunden: doch
sie [a]stützen den Bestand der Welt und
denken daran, wie sie ihre Arbeit ver-
richten können.

39 [a]Wer sich aber vorgenommen hat,
über das Gesetz des Höchsten
nachzusinnen, der muss die Weisheit aller
Alten erforschen und in den Propheten
studieren. 2Er muss die Geschichten be-
rühmter Leute kennen und über die
Sprüche nachdenken, was sie bedeuten
und lehren. 3Er muss den verborgenen
Sinn der Gleichnisse erforschen und mit
Rätselsprüchen vertraut sein. 4Der kann
den Fürsten dienen und vor den Herren
erscheinen. 5Er durchzieht fremde Län-
der; denn er sucht zu erfahren, was bei
den Menschen gut und böse ist.[a]

6Er denkt daran, [a]in der Frühe den
Herrn zu suchen, der ihn geschaffen hat,
und betet vor dem Höchsten. 7Er tut
seinen Mund getrost auf und betet für
seine Sünden. 8Und wenn es dem großen
Gott gefällt, so [a]gibt er ihm den Geist
der Weisheit reichlich. 9Er kann weisen
Rat und Lehre geben in Fülle, dafür
dankt er dem Herrn in seinem Gebet.
10Er richtet sein Wollen und sein Wissen
darauf, die [a]Geheimnisse des Herrn zu
verstehen. 11Danach gibt er seine Beleh-
rung und rühmt sich des Gesetzes des
Herrn.

12Und viele preisen seine Weisheit,
und sie wird niemals untergehen. 13Er
wird niemals mehr vergessen werden,
und [a]noch nach seinem Tode bleibt ihm
dieser Name. 14Was er gelehrt hat, wird
man in aller Welt verkünden, und die
Gemeinde wird ihn rühmen. 15Solange er
lebt, hat er einen größern Namen als tau-
send andre; und noch nach seinem Tode
bleibt er ihm.

Lobpreis der Werke Gottes

16Ich habe mir noch mehr überlegt und
will es sagen; denn rund wie der Voll-
mond bin ich [a]voll von Gedanken. 17Ge-
horcht mir, ihr frommen Söhne, und ihr
werdet wachsen wie die Rosen, [a]an den
Bächen gepflanzt, 18und werdet [a]liebli-
chen Duft geben wie Weihrauch und blü-
hen wie die Lilien. Verbreitet Wohlge-
ruch 19und singt ein Loblied! Lobt den
Herrn für alle seine Werke, preist seinen
Namen herrlich! 20Dankt ihm und lobt
ihn mit Singen und Klingen und stimmt
dies Danklied an:

21 [a]Alle Werke des Herrn sind sehr gut;
und was er gebietet, das geschieht [b]zur
rechten Zeit. 22Und man darf nicht sa-
gen: Was ist das? Was soll das? Denn
[a]zur rechten Zeit trifft alles ein, wie da-
mals, [b]als durch sein Gebot das Wasser
stand wie eine Mauer und durch sein
Wort die Wasser standen, wie in ein Ge-
fäß gefasst. 23 [a]Durch sein Gebot schafft
er alles, was er will, und [b]wenn er hilft,
kann's niemand hindern.

24Die Werke aller Menschen sind vor
ihm, und [a]vor seinen Augen ist nichts
verborgen. 25Er sieht alles vom Anfang
der Welt bis ans Ende der Welt, und vor
ihm ist kein Ding zu wunderbar. 26Man
darf nicht sagen: Was ist das? Was soll
das? Denn er hat alles geschaffen, damit
es zu etwas dienen soll. 27Denn sein Se-
gen fließt daher wie ein Strom und
[a]tränkt die Erde wie eine große Flut.
28Ebenso trifft sein Zorn die Heiden, wie
damals, als er [a]ein wasserreiches Land in
ein Salzmeer verwandelte.

29Sein Tun ist bei den Heiligen recht;
aber die Gottlosen stoßen sich daran.[a]
30 [a]Von Anfang an ist das Gute für die
Frommen geschaffen und ebenso das
Böse für die Gottlosen. 31Der Mensch
bedarf zu seinem Leben vor allem Was-
ser, Feuer, Eisen, Salz, Mehl, Milch, Ho-
nig, Wein, Öl und Kleider. 32Das alles
kommt den Frommen zugut, aber für die
Gottlosen wandelt es sich zum Bösen.
33 [a]Es gibt Winde, die sind zur Strafe
geschaffen, und durch ihr Stürmen rich-
ten sie schweren Schaden an; 34und wenn
die Strafe kommen soll, so toben sie und
besänftigen dadurch den Zorn dessen,
der sie geschaffen hat. 35Feuer, Hagel,
Hunger, Tod, das alles ist zur Strafe

38,39: *a* Spr 18,9 **39,1:** *a (1-3)* Ps 1,2; 78,2-3 **39,5:** *a* Kap 34,9 **39,6:** *a* Weish 16,28 **39,8:** *a* Jak 1,5; Joh 3,34 **39,10:** *a* Kol 2,2-3 **39,13:** *a* Kap 37,29; 41,15-16; Weish 8,13 **39,16:** *a* Hiob 32,18 **39,17:** *a* Ps 1,3 **39,18:** *a* Kap 24,20 **39,21:** *a* 1. Mose 1,31; Ps 104,24; *b* Ps 104,27 **39,22:** *a* Pred 3,11; *b* 2. Mose 14,21-22; Jos 3,14-16; 1. Mose 1,9 **39,23:** *a* Ps 33,9; *b* Dan 4,32 **39,24:** *a* Kap 15,19; Ps 33,13-15 **39,27:** *a* Ps 65,10 **39,28:** *a* 1. Mose 14,3; 19,24-26 **39,29:** *a* Ps 18,27 **39,30:** *a (30-32)* Weish 16,24; 1. Tim 4,4 **39,33:** *a (33-34)* Ps 104,4; Jes 2,12-17

geschaffen.[a] 36 Wilde Tiere, Skorpione,
Schlangen und das Schwert sind auch
zur Strafe geschaffen, [a]um die Gottlosen
zugrunde zu richten. 37 Mit Freuden [a]er-
füllen sie seinen Befehl und sind bereit,
wenn er sie auf Erden braucht; und wenn
ihre Zeit kommt, widersetzen sie sich ihm
nicht.
38 Darum war ich von Anfang an mei-
ner Sache gewiss und bedachte es und
schrieb's nieder, 39 dass [a]alle Werke des
Herrn gut sind und jedes zu seiner Zeit
einen Zweck erfüllt 40 und dass man nicht
sagen darf: Es ist nicht alles gut; denn
alles ist zu seiner Zeit sinnvoll. 41 Darum
soll man den Namen des Herrn loben
und danken mit Herz und Mund.

Vom Elend des Menschen

40 Großes Elend ist jedem Menschen
zugeteilt, und [a]ein schweres Joch
liegt auf den Menschenkindern von Mut-
terleib an, bis sie zur Erde zurückkehren,
die unser aller Mutter ist. 2 Da sind im-
mer Sorge, [a]Furcht, Hoffnung und zu-
letzt der Tod 3 [a]sowohl bei dem, der in
hohen Ehren sitzt, wie bei dem, der im
Staube liegt; 4 sowohl bei dem, der Pur-
pur und Krone trägt, wie bei dem, der
einen groben Kittel anhat. Da sind im-
mer Zorn, Eifersucht, Kummer, Unfriede
und Todesfurcht, Hass und Streit.
5 Und wenn einer des Nachts auf sei-
nem Bett ruhen und schlafen soll, beun-
ruhigen ihn allerlei Gedanken.[a] 6 Wenn
er schon ein wenig ruht, so ist's doch
nichts damit; denn bald ist ihm im
Schlaf, als wäre es Tag und er sähe die
Feinde kommen, und er erschrickt im
Traum, als fliehe er aus der Schlacht;
7 und im Augenblick der Not wacht er
auf und ist heilfroh, dass die Furcht um-
sonst war.
8 [a]Dies widerfährt allem Fleisch, so-
wohl Menschen wie Vieh, aber den Gott-
losen siebenmal mehr: 9 Mord, Blutver-
gießen, Streit, Schwert, Unglück, Hun-
ger, Verderben und Plage: 10 Das alles ist
den Gottlosen zugeteilt; denn auch die
[a]Sintflut musste um ihretwillen kom-
men. 11 Alles, [a]was aus der Erde kommt,
muss wieder zu Erde werden, wie [b]alle
Wasser wieder ins Meer fließen.

Unrecht Gut gedeihet nicht

12 Alle Geschenke und unrechten Zuwen-
dungen werden untergehen; aber die
Redlichkeit bleibt ewig.[a] 13 Die Güter
der Gottlosen versiegen wie ein Bach,
wie ein starker Donner im Regen ver-
hallt. 14 Sie sind fröhlich, solange sie Ge-
schenke nehmen; aber zuletzt gehen sie
doch zugrunde. 15 Die Nachkommen der
Gottlosen bringen keine Zweige hervor,
und die Wurzel der Ungerechten steht
auf einem nackten Felsen.[a] 16 Und selbst
wenn sie [a]wie das Riedgras sehr feucht
und am Wasser ständen, werden sie doch
ausgerottet eher als alles Gras.
17 [a]Wohltun aber ist wie ein gesegneter
Garten, und Barmherzigkeit bleibt ewig.

Vom Guten und vom Besseren im Leben des Menschen

18 Wer von seiner Arbeit lebt und wer
[a]bescheiden ist, der hat ein gutes Leben;
aber besser als beide hat es der, der einen
[b]Schatz findet. 19 Kinder zeugen und
Städte gründen machen einen bleibenden
Namen; aber eine untadelige [a]Frau wird
mehr geschätzt als beides.
20 Wein und Saitenspiel erfreuen das
Herz; aber die Weisheit ist liebenswerter
als sie beide. 21 Flöte und Harfe klingen
schön; aber [a]eine freundliche Rede ist
besser als sie beide. 22 Anmut und Schön-
heit sieht das Auge gern, aber eine grüne
Saat lieber als beides.
23 Einem Freund und einem Gefährten
begegnet man gern, aber lieber hat man
die Frau, mit der man lebt. 24 Brüder und
Helfer sind gut in der Not, aber mehr als
beide rettet Almosengeben.[a] 25 Gold und
Silber lassen einen Mann sicher stehen,
aber mehr als beides ein guter Rat.
26 Reichtum und Macht erhöhen den
Mut, aber mehr als beides die Furcht des

39,35: *a* 2. Mose 9,22-25; Weish 5,21-23 **39,36:** *a* Kap 40,8-10 **39,37:** *a* Ps 148,8 **39,39:** *a* Verse 21.26 **40,1:** *a* Hiob 7,1-4; Ps 90,10 **40,2:** *a* Hebr 2,15 **40,3:** *a (3-4)* Weish 7,1-6 **40,5:** *a* Pred 2,23; 1. Mose 41,8 **40,8:** *a (8-10)* Kap 39,35-36 **40,10:** *a* 1. Mose 6,13 **40,11:** *a* 1. Mose 3,19; Pred 3,20; *b* Pred 1,7 **40,12:** *a* 1. Chr 29,17 **40,15:** *a* Kap 23,35 **40,16:** *a* Hiob 8,11-13 **40,17:** *a* Vers 28; Jes 58,10-11 **40,18:** *a* 1. Tim 6,6-8; *b* Mt 6,19-21; 13,44 **40,19:** *a* Kap 36,26 **40,21:** *a* Spr 16,24 **40,24:** *a* Kap 29,15

Herrn.[a] 27 In der Furcht des Herrn
[a]fehlt einem nichts, und man braucht
keine Hilfe. 28 Die Furcht des Herrn ist
wie ein [a]gesegneter Garten, und nichts
ist so schön wie sie.

Warnung vor dem Betteln

29 Mein Kind, verleg dich nicht aufs Bet-
teln; es ist besser, zu sterben als zu bet-
teln.[a] 30 Wer sich nach fremden Tischen
umsieht, dessen Leben kann nicht als
rechtes Leben gelten; denn er [a]macht
sich unrein mit fremden Speisen; 31 aber
gerade davor hütet sich ein vernünftiger,
wohlerzogener Mann. 32 Betteln schmeckt
dem unverschämten Maul gut; aber im
Bauch wird es wie Feuer brennen.

Vom Tod

41 O Tod, [a]wie bitter bist du, wenn
an dich ein Mensch denkt, der gu-
te Tage und genug hat und ohne Sorgen
lebt 2 und dem es wohlgeht in allen Din-
gen und der noch gut essen kann!
3 [a]O Tod, wie wohl tust du dem Ar-
men, 4 der schwach und alt ist, der in
allen Sorgen steckt und nichts Besseres
zu hoffen noch zu erwarten hat!
5 Fürchte den Tod nicht! Denke an die,
die vor dir gewesen sind und nach dir
kommen werden. [a]So ist es vom Herrn
verordnet über alle Menschen. 6 Und was
wehrst du dich gegen den Willen des
Höchsten? Ob du zehn oder hundert
oder tausend Jahre lebst, 7 im Tod fragt
man nicht, wie lange einer gelebt hat.

Das Schicksal der Gottlosen

8 Die Kinder der Gottlosen und die sich
zu den Gottlosen gesellen, die werden
verworfen.[a] 9 Das Erbteil der Kinder von
Gottlosen geht verloren; und ihre Nach-
kommen werden immer verachtet sein.
10 Die Kinder werden den gottlosen Vater
anklagen; denn um seinetwillen sind sie
verachtet.
11 [a]Weh euch, ihr Gottlosen, die ihr
des Höchsten Gesetz verlasst! 12 Werdet
ihr geboren, so werdet ihr zum Fluch
geboren; und sterbt ihr, so fallt ihr dem
Fluch zum Opfer. 13 Wie [a]alles, was aus
der Erde kommt, wieder zu Erde wird, so
kommen die Gottlosen aus dem Fluch
zur [b]Verdammnis.

Der gute Name

14 Die Menschen trauern zwar um ihren
Leib, aber bei den Gottlosen wird auch
[a]der Name vertilgt, denn er taugt nichts.
15 **Sieh zu, dass du einen guten Namen
behältst; der [a]bleibt dir gewisser als tau-
send große Schätze Gold.** 16 Ein Leben, es
sei so gut, wie es wolle, währt nur eine
kurze Zeit; aber [a]ein guter Name bleibt
ewig.

Rechte und falsche Scham

17 Meine Kinder, bewahrt willig, was man
euch gelehrt hat. [a]Eine Weisheit, die
man verbirgt, und ein Schatz, der ver-
graben ist – was hat man von beiden?
Besser ist ein Mensch, der seine Torheit
verbirgt, als einer, der seine Weisheit ver-
birgt. 18 So schämt euch nun der Dinge,
die ich jetzt aufzähle.
19 Man [a]schämt sich oft, wo man sich
nicht zu schämen brauchte, und billigt
oft, was man nicht billigen sollte.
20 Schämt euch vor Vater und Mutter
der Unzucht; vor dem Fürsten und
Herrn der Lüge; 21 vor dem Richter und
Rat des Unrechts; vor Gemeinde und
Volk, das Gesetz zu übertreten; 22 vor
dem Nächsten und Freund, treulos zu
sein; vor den Nachbarn, zu stehlen.
23 Schäme dich, Eid und Vertrag zu
ändern und dich beim Essen mit deinem
Arm aufzustützen. 24 Schäme dich, dass
du schlecht bestehst, wenn du abrechnen
sollst, und nicht dankst, wenn man dich
grüßt. 25 Schäme dich, nach den Huren
zu sehen und dein Angesicht von deinen
Blutsfreunden abzuwenden. 26 Schäme
dich, Erbteil und Morgengabe an dich zu
bringen und [a]nach einer verheirateten
Frau zu blicken. 27 Schäme dich, die
Magd eines andern zu begehren und an
ihr Bett zu treten. 28 Schäme dich, deinen
Freund zu schmähen, und [a]wenn du ihm
etwas gegeben hast, so wirf es ihm nicht

40,26: *a* Ps 33,16-18; Jdt 9,11 **40,27:** *a* Ps 34,11 **40,28:** *a* Vers 17 **40,29:** *a* Kap 29,30; 1.Thess 4,11-12 **40,30:** *a* Dan 1,8; 1.Makk 1,65 **41,1:** *a* Jes 38,10 **41,3:** *a (3-4)* Kap 30,17; Hiob 3,20-22; Lk 16,22 **41,5:** *a* Kap 14,18; Hebr 9,27-28 **41,8:** *a* Kap 23,35 **41,11:** *a (11-12)* 5.Mose 27,26 **41,13:** *a* Kap 40,11; *b* Phil 3,19 **41,14:** *a* Kap 10,20; Spr 10,7 **41,15:** *a* Spr 22,1 **41,16:** *a* Kap 39,13-15; 46,15; Mt 26,13; Lk 10,20 **41,17:** *a* Kap 20,32-33; Mt 5,14-16 **41,19:** *a* Kap 4,25 **41,26:** *a* Kap 9,11-13 **41,28:** *a* Kap 18,15.18; 20,15

vor. 29Schäme dich, alles [a]weiterzusagen,
was du gehört hast, und auszuplaudern,
was dir anvertraut wurde. So schämst du
dich mit Recht und wirst allen Leuten
lieb und wert sein.

42 Aber über Folgendes schäme dich
nicht, und nimm keine falsche
Rücksicht, durch die du sündigen könn-
test: Schäme dich nicht, Gesetz und
Bund des Höchsten zu halten, 2den
Gottlosen, wenn er recht hat, gerecht zu
sprechen; 3mit dem Nächsten und Ge-
fährten genau abzurechnen; das Erbteil
der Freunde gerecht zu verteilen;[a] 4rech-
tes Maß und Gewicht zu halten; zufrie-
den zu sein, ob du viel oder wenig ge-
winnst;[a] 5Gewinn zu erzielen beim
[a]Handeln mit Kaufleuten; [b]die Kinder
streng zu erziehen; den bösen [c]Sklaven
kräftig zu züchtigen; 6auf eine schlechte
Frau gut aufzupassen; alles gut zu ver-
schließen, wo viele zugreifen können; 7al-
les zu zählen und abzuwiegen, was du
herausgibst; jede Ausgabe und Einnahme
aufzuschreiben; 8die Unverständigen und
Toren zurechtzuweisen, auch [a]die alten
Leute, dass sie nicht mit den jungen zan-
ken. So wirst du ein aufrechter Mann
sein und bei allen Leuten geachtet.

Von Töchtern und Frauen

9Eine Tochter bereitet dem Vater viele
unruhige Nächte, von denen niemand
weiß, und die [a]Sorge um sie nimmt ihm
den Schlaf: solange sie jung ist, dass sie
verblühen könnte, oder [b]wenn sie einen
Mann hat, dass er ihrer überdrüssig wird,
10oder solange sie noch unberührt ist,
dass sie verführt und im Haus ihres
Vaters schwanger werden könnte; oder
wenn sie bei ihrem Mann ist, dass sie sich
nicht ordentlich hält oder er kein Kind
von ihr haben kann. 11Wenn deine Toch-
ter nicht auf sich hält, so bewache sie
scharf, dass sie dich nicht vor deinen
Feinden zum Spott macht und die ganze
Stadt von dir redet und du in aller
Munde bist und dich vor allen Leuten
schämen musst.[a]

12Sieh dich nicht um nach schönen
Menschen, und [a]suche nicht die Gesell-
schaft von Frauen! 13Denn wie aus den
Kleidern Motten kommen, so kommt
von Frauen viel Schlechtigkeit. 14Es ist
besser, bei einem groben Mann zu sein
als [a]bei einer freundlichen Frau, die ei-
nen zu Hohn und Spott macht.

Gottes Herrlichkeit in der Natur

15Ich will nun preisen des Herrn Werke
und verkünden, was ich gesehen habe.
[a]Durch das Wort des Herrn sind seine
Werke geworden. 16Die Sonne blickt auf
alle Welt herab und gibt ihr Licht, und
des Herrn Werk ist seiner Herrlichkeit
voll. 17Es ist selbst den Engeln des Herrn
nicht gegeben, [a]alle seine Wunderwerke
zu verkünden, die der allmächtige Herr
geschaffen hat, damit das All durch seine
Herrlichkeit besteht.

18Er allein [a]erforscht den Abgrund
und das Herz der Menschen und
[b]durchschaut, was sie vorhaben. 19Denn
der Höchste weiß alle Dinge und sieht
voraus, was geschehen wird. 20Er ver-
kündet, was vergangen und was zukünf-
tig ist, und offenbart, was verborgen ist;
es entgeht ihm kein Gedanke, und nichts
ist ihm verborgen. 21Er hat die [a]Werke
seiner Weisheit fest gegründet, wie er
selber ist von Ewigkeit zu Ewigkeit.[b]
22Man [a]kann sie weder größer noch
geringer machen, und er [b]hat keinen
Ratgeber nötig.

23Wie herrlich sind alle seine Werke,
obwohl man [a]kaum einen Funken davon
erkennen kann. 24Dies alles lebt und
bleibt für immer, und wenn er sie
braucht, [a]sind sie alle gehorsam. 25Es
sind [a]immer zwei; eins steht dem andern
gegenüber, und dem, was er gemacht hat,
fehlt nichts. 26Er hat es so geordnet, dass
eins dem andern nützt.

43 Und wer kann sich an seiner Herr-
lichkeit satt sehen? Die Schönheit
der Höhe ist das helle Firmament, das
Bild des Himmels ist herrlich anzuse-
hen.[a] 2Wenn die Sonne aufgeht, verkün-
det sie den Tag; sie ist ein Wunderwerk
des Höchsten. 3Am Mittag trocknet sie

41,29: *a* Kap 27,17 **42,3:** *a* Lk 16,10-11 **42,4:** *a* Kap 26,28 **42,5:** *a* Spr 20,14; *b* Kap 30,1-13; *c* Kap 33,25-30 **42,8:** *a* Tit 2,2 **42,9:** *a* Kap 7,27; *b* 5. Mose 24,1-3 **42,11:** *a* Kap 26,13-14 **42,12:** *a* Kap 9,3-13 **42,14:** *a* Pred 7,26 **42,15:** *a* Kap 39,23; 1. Mose 1,3 **42,17:** *a* Kap 18,2 **42,18:** *a* Spr 15,11; *b* Joh 2,25 **42,21:** *a* Spr 3,19; *b* Jes 48,12-13 **42,22:** *a* Kap 18,5; Pred 3,14; *b* Jes 40,13 **42,23:** *a* Hiob 37,5.23 **42,24:** *a* Kap 39,37 **42,25:** *a* Kap 33,15-16 **43,1:** *a* Ps 104,1-2

das Land aus, und wer kann ihre Hitze
ertragen? 4 Ein Ofen erhitzt Werkstücke,
bis sie glühen, aber dreimal mehr [a]er-
hitzt die Sonne die Berge; sie verbreitet
Gluthauch und gibt so hellen Glanz von
sich, dass sie die Augen blendet. 5 Groß
ist der Herr, der sie gemacht und ihr
befohlen hat, ihre [a]Bahn zu durcheilen.

6 Und der Mond muss überall scheinen
zu seiner Zeit und [a]die Zeiten anzeigen
und ein Zeichen für immer sein. 7 [a]Nach
dem Mond rechnet man die Feste; er ist
ein Licht, das abnimmt und wieder zu-
nimmt. 8 Er gibt dem Monat seinen Na-
men; er wächst und verändert sich wun-
derbar 9 [a]und ist ein Feldzeichen für das
himmlische Heer, wenn er aufstrahlt am
Firmament des Himmels.

Die hellen Sterne zieren den Himmel,
10 ein leuchtender Schmuck an der Him-
melshöhe des Herrn. 11 [a]Durch Gottes
Wort halten sie ihre Ordnung ein und
werden nicht müde, wenn sie Wache hal-
ten.

12 Sieh den [a]Regenbogen an und lobe
den, der ihn gemacht hat! Denn er hat
sehr schöne Farben. 13 Er zieht am Him-
mel einen glänzenden Bogen; die Hand
des Höchsten hat ihn gespannt.

14 [a]Auf sein Wort hin fällt viel Schnee,
und er lässt Blitze herabfahren, mit de-
nen er richtet. Darum tut sich der Him-
mel auf, 15 und die Wolken ziehen, wie
die Vögel fliegen. 16 Er drückt durch
seine Kraft die Wolken zusammen, dass
Hagelkörner herausfallen. 17 Sein Donner
erschreckt die Erde, und Berge zittern
vor ihm.[a] 18 Durch seinen Willen wehen
der Südwind und der Nordwind und der
Wirbelsturm. 19 Und wie die Vögel flie-
gen, so streut er den Schnee; der fällt
herab, wie Heuschrecken sich niederlas-
sen. 20 Er ist so weiß, dass er die Augen
blendet, und das Herz muss sich wun-
dern über solch seltsamen Regen. 21 Er
schüttet den Reif auf die Erde wie Salz;
und wenn es friert, so wird er spitz wie
Dornen. 22 Und wenn der kalte Nord-
wind weht, so wird das Wasser zu Eis; wo
Wasser ist, da weht er darüber hin und
zieht dem Wasser einen Harnisch an.
23 Was auf den Bergen steht, verbrennt er
wie Gluthauch, und alles, was grün ist,
versengt er wie Feuer.[a] 24 Dagegen hilft
der feuchte Nebel; und der [a]Tau nach
der Hitze erquickt alles wieder.

25 Durch sein Wort brachte der Herr
das [a]Meer zur Ruhe und [b]säte Inseln
darein. 26 Die [a]auf dem Meer fahren, er-
zählen von seinen Gefahren, und wir, die
es hören, verwundern uns. 27 Dort gibt es
erstaunliche Dinge, [a]mancherlei Tiere
und große Fische. Durch den Herrn fin-
det jeder Weg sein Ziel, 28 und durch sein
Wort besteht alles.[a]

29 Wenn [a]wir auch viel sagen, so reicht
es doch nicht aus; mit einem Wort: [b]Er
ist alles. 30 Wenn wir auch alles hoch rüh-
men – was ist das? [a]Er ist doch noch viel
höher als alle seine Werke. 31 Der Herr ist
zu fürchten und unaussprechlich groß,
und seine Macht ist wunderbar.

32 Lobt und preist den Herrn, so hoch
ihr könnt; er ist doch noch höher.
33 Preist ihn aus allen Kräften und lasst
nicht ab; 34 dennoch reicht es nicht aus!
35 Wer [a]hat ihn gesehen, dass er von ihm
erzählen könnte? Wer kann ihn so hoch
preisen, wie er ist? 36 Wir [a]sehen von
seinen Werken nur das wenigste; denn
viele noch größere sind uns verborgen.
37 Denn alles, was da ist, das hat der Herr
gemacht, und [a]den Gottesfürchtigen gibt
er Weisheit.

Das Lob der Väter
(Kapitel 44,1–49,20)

Einleitung

44 Lasst uns loben die berühmten
Männer und unsre Väter, einen
nach dem andern! 2 Viel Herrliches hat
der Herr an ihnen getan von Anfang an
durch seine große Macht.

3 Es gab solche, die in ihren König-
reichen gut regiert haben, und Männer,
die wegen ihrer Macht gerühmt wurden,
die durch ihre Einsicht Rat erteilt und
Weissagungen verkündet haben, 4 die

43,4: *a* Ps 19,7 **43,5:** *a* Ps 74,16 **43,6:** *a* 1.Mose 1,14 **43,7:** *a (7-8)* 3.Mose 23,5; Ps 104,19 **43,9:** *a (9-11)* Bar 3,34-35 **43,11:** *a* Jes 40,26; Hiob 38,31-33 **43,12:** *a* 1.Mose 9,13; Hes 1,28 **43,14:** *a (14-22)* Hiob 38,22-30; Ps 147,16-18 **43,17:** *a* Ps 29,3.6 **43,23:** *a* Am 1,2 **43,24:** *a* 1.Mose 27,28.39 **43,25:** *a* Hiob 38,8-11; *b* Jes 40,15 **43,26:** *a* Ps 107,23-32 **43,27:** *a* Ps 104,25-26 **43,28:** *a* Kap 39,23; Kol 1,17 **43,29:** *a* Ps 106,2; *b* 1.Kor 15,28 **43,30:** *a* Weish 13,3 **43,35:** *a* Joh 1,18 **43,36:** *a* Hiob 26,14 **43,37:** *a* Kap 1,16

Land und Leute regiert haben mit Klug-
heit und Scharfsinn, die weise Lehren
gegeben haben in ihren Schriften und
kluge Sprüche in ihren Anordnungen,
5 die Lieder und Weisen ersonnen und
Gedichte geschrieben haben, 6 Männer,
die reich und mächtig gewesen sind und
in Frieden an ihrem Ort gelebt haben.
7 Sie alle sind zu ihren Zeiten gepriesen
und zu ihren Lebzeiten gerühmt worden.
8 Sie haben einen solchen Namen hinter-
lassen, dass man noch heute von ihnen
erzählt und sie lobt. 9 Aber andere haben
keinen Ruhm und sind umgekommen, als
wären sie nie gewesen. Und als sie noch
lebten, war es, als lebten sie nicht und
ebenso ihre Kinder nach ihnen.

10 Aber jene waren begnadete Leute,
deren Gerechtigkeit nicht vergessen wird;
bei ihren Nachkommen bleibt ihr Glück
und ihr Erbe bei ihren Kindeskindern.
11 Ihre Nachkommen sind im Bunde Got-
tes geblieben und um ihretwillen auch
ihre Kinder; für immer bleibt ihr Ge-
schlecht, 12 und ihr Lob wird nicht unter-
gehen. 13 Sie sind in Frieden begraben;
aber [a]ihr Name bleibt ewig. 14 Die Leute
reden von ihrer Weisheit, 15 und die Ge-
meinde verkündet ihr Lob.

Henoch, Noah, Abraham, Isaak und Jakob

16 Henoch gefiel dem Herrn und [a]wurde
hinweggenommen, um für die Welt ein
Beispiel der Buße zu sein.

17 Noah wurde als vollkommen gerecht
befunden, und zur Zeit des Zorns hat er
Gnade gefunden;[a] 18 seinetwegen ist ein
Rest übrig geblieben auf Erden, als die
Sintflut kam. 19 Ein ewiger Bund wurde
mit ihm geschlossen, dass nicht mehr al-
les Leben durch eine Sintflut vertilgt wer-
den sollte.[a]

20 Abraham war der hochberühmte
[a]Vater vieler Völker und wurde geehrt
wie kein andrer. 21 Er hielt das Gesetz des
Höchsten, und Gott schloss mit ihm
einen Bund und bestätigte diesen [a]Bund
an seinem Fleisch; und er wurde für treu
befunden, als er [b]versucht wurde. 22 Dar-
um verhieß ihm Gott mit einem Eid,
[a]dass durch sein Geschlecht die Völker
gesegnet werden sollten und er zahlreich
werden sollte wie der Staub der Erde
23 und seine Nachkommen wie die Sterne
erhöht und Erben werden sollten [a]von
einem Meer bis ans andre und vom
Euphrat bis an die Enden der Erde.

24 Er hat diesen Segen für alle Men-
schen und ebenso den Bund dem Isaak
bestätigt um seines Vaters Abraham wil-
len[a] 25 und hat ihn auf Jakob kommen
lassen.[a] 26 Ihn hat er gnädig gesegnet
und ihm das Erbe gegeben und [a]seine
Anteile bestimmt und in zwölf Stämme
aufgeteilt.

Mose

45 Er hat aus ihm kommen lassen
Mose, den begnadeten Mann, der
[a]aller Welt lieb und wert war und dem
Gott und Menschen zugetan waren, des-
sen Name hoch gepriesen wird. 2 Er hat
ihm [a]Glanz und Herrlichkeit wie den
Engeln gegeben und ihn hoch erhoben,
sodass die Feinde ihn fürchten mussten,
und [b]ließ ihn mit Worten viele Zeichen
tun. 3 Er machte ihn herrlich vor Königen
und gab ihm Befehle an sein Volk und
[a]zeigte ihm seine Herrlichkeit. 4 Er hat
ihn auserkoren um seiner Treue und
[a]Demut willen und aus allen Menschen
erwählt. 5 Er ließ ihn seine Stimme hören
und führte ihn [a]in die dunkle Wolke. 6 Er
hat ihm [a]die Gebote gegeben von Ange-
sicht zu Angesicht, das Gesetz des [b]Le-
bens und der [c]Weisheit, damit er Jakob
den Bund lehren sollte und Israel seine
Satzungen.

Aaron und Pinhas

7 Er hat Aaron, den Bruder des Mose,
aus dem Stamm Levi, gleich ihm auser-
koren und erhört.[a] 8 [a]Er schloss einen
ewigen Bund mit ihm und gab ihm das
Priestertum im Volk.

9 Er hat ihn prächtig und schön geklei-
det und zog ihm ein herrliches Gewand

44,13: *a* Kap 41,16 **44,16:** *a* 1.Mose 5,24 **44,17:** *a* 1.Mose 6,8-9; 7,1 **44,19:** *a* 1.Mose 9,8-11 **44,20:** *a* 1.Mose 17,4-5 **44,21:** *a* 1.Mose 17,10.13; *b* 1.Mose 22,12 **44,22:** *a* 1.Mose 22,15-18 **44,23:** *a* 1.Mose 15,18; Ps 72,8; 2,8 **44,24:** *a* 1.Mose 26,3-5 **44,25:** *a* 1.Mose 28,13-14 **44,26:** *a* Jos 14,1-5 **45,1:** *a* 2.Mose 11,3 **45,2:** *a* 2.Mose 34,29-35; *b* 2.Mose 7,2-3; Apg 7,22 **45,3:** *a* 2.Mose 33,18–34,8 **45,4:** *a* 4.Mose 12,3.6-8 **45,5:** *a* 2.Mose 24,15-18 **45,6:** *a* 2.Mose 31,18; *b* Kap 17,9; 5.Mose 30,19; *c* 5.Mose 4,6 **45,7:** *a* 2.Mose 4,14-15 **45,8:** *a (8-16)* 2.Mose 28,1-43

an und legte ihm prachtvollen Schmuck
an. 10 Er zierte ihn mit kostbarem Ge-
schmeide und legte ihm die Beinkleider
an, das Untergewand und das Oberge-
wand 11 und hängte ringsum viele Gra-
natäpfel und goldne Schellen daran, da-
mit es klingen sollte, wenn er aus- und
einging, und der Klang im Heiligtum ge-
hört und so seines Volkes vor Gott ge-
dacht würde; 12 die heiligen Gewänder,
mit Gold, blauem und rotem Purpur be-
stickt; 13 die Brusttasche für die Losent-
scheidungen, aus Scharlachfäden kunst-
voll gewirkt, mit den edlen Steinen, in
Gold gefasst durch die Arbeit eines
Steinschneiders, in die die Namen der
zwölf Stämme Israels eingegraben waren,
damit ihrer gedacht würde vor Gott;
14 das goldne Stirnblatt an dem Kopf-
bund, in das eingegraben war: »Heilig
dem Herrn«. Das alles war herrlich und
kostbar, schön und vollkommen. 15 Man
hat so Schönes nie zuvor gesehen. 16 Es
durfte sie niemals ein andrer anziehen,
außer allein seine Söhne und Nachkom-
men.

17 Seine Opfer sollten täglich zweimal
dargebracht werden.[a] 18 Mose füllte ihm
die Hände und salbte ihn mit dem hei-
ligen Öl.[a] 19 Es wurde ein [a]ewiger Bund
mit ihm und seinen Söhnen geschlossen,
dass sie Gott dienen und Priester sein
und sein Volk in seinem Namen [b]segnen
sollten, solange der Himmel besteht.
20 Der Herr hat ihn erwählt aus allen
Lebenden, damit er ihm Speisopfer und
wohlriechende Räucheropfer zum Ge-
dächtnis opfern sollte, um [a]für das Volk
Sühne zu schaffen. 21 Er übertrug ihm in
seinen Geboten das Amt des Gesetzes
und Rechts, [a]dass er Jakob seine Sat-
zungen lehren und Israel mit seinem Ge-
setz erleuchten sollte.

22 [a]Es rotteten sich zwar andere gegen
ihn zusammen und waren neidisch auf
ihn in der Wüste: die Leute um Dathan
und Abiram und die wütende Rotte Ko-
rach. 23 Aber der Herr sah es und es gefiel
ihm nicht; und sie wurden verschlungen
im grimmigen Zorn. 24 Er tat ein schreck-
liches Zeichen an ihnen und verschlang
sie mit seinem Feuer.

25 [a]Aaron aber verlieh er noch mehr
Herrlichkeit und gab ihm ein Erbteil:
nämlich alle Erstlinge teilte er ihm zu;
vor allem sicherte er ihm reichlich Nah-
rung. 26 Denn sie sollten die Opfer des
Herrn essen, die er ihm und seinen Nach-
kommen gab. 27 Aber sie durften keinen
Anteil am Landbesitz haben noch ein
Erbe gemeinsam mit dem Volk, sondern
der Herr selbst war ihr Erbteil.

28 [a]Pinhas, der Sohn Eleasars, kam als
Dritter zu solcher Herrlichkeit, weil er
sich aus Gottesfurcht voller Eifer für den
Herrn eingesetzt hatte. 29 Denn als das
Volk abfiel, stand er treu und entschlos-
sen und schaffte Sühne für Israel.
30 Darum wurde ihm der Bund des Frie-
dens gegeben, dem Heiligtum und dem
Volk vorzustehen, damit er und seine
Nachkommen das Hohepriestertum für
immer haben sollten. 31 Wie mit David,
dem Sohn Isais aus dem Stamm Juda,
der Bund geschlossen wurde, dass [a]allein
aus seinen Söhnen einer König sein soll:
32 so soll auch das Erbe Aarons seinen
Söhnen gehören. Er gebe euch Weisheit
in euer Herz, sein Volk zu regieren mit
Gerechtigkeit, damit euer Glück und
eure Herrlichkeit nicht untergehe, son-
dern für immer bei euch bleibe.

Josua und Kaleb

46 Josua, der Sohn Nuns, war ein
gewaltiger Kriegsheld und der
[a]Nachfolger des Mose im Prophetenamt,
2 der Großes tat zur Rettung der Auser-
wählten Gottes, [a]wie sein Name sagt,*
und sie rächte an den Feinden, von de-
nen sie angegriffen wurden, damit Israel
sein [b]Erbe bekäme. 3 Wie herrlich stand
er da, [a]als er die Hand ausreckte und das
Schwert zückte gegen die Städte. 4 Wer
konnte ihm standhalten? Denn er führte
die [a]Kriege des Herrn.

5 Auf seinen Befehl hin [a]stand die
Sonne still, und ein Tag wurde so lang
wie zwei. 6 Er rief den Höchsten und
Mächtigen an, als ihn seine Feinde rings-

* Josua heißt: Der Herr ist die Rettung.

45,17: *a* 2. Mose 29,38-42 **45,18:** *a* 2. Mose 28,41 **45,19:** *a* 2. Mose 40,15; *b* 4. Mose 6,23-27 **45,20:** *a* 3. Mose 16,34 **45,21:** *a* 5. Mose 33,10 **45,22:** *a (22-24)* 4. Mose 16,1-35 **45,25:** *a (25-27)* 4. Mose 18,8-20 **45,28:** *a (28-30)* 4. Mose 25,6-13 **45,31:** *a* 2. Sam 7,12 **46,1:** *a* 4. Mose 27,12-23 **46,2:** *a* Mt 1,21; *b* Jos 1,6 **46,3:** *a* Jos 8,18-19.26 **46,4:** *a* Jos 10,42; 1. Sam 18,17 **46,5:** *a* Jos 10,12-14

um bedrängten; und der Höchste erhörte
ihn und ließ [a]Hagel wie Steine auf die
Feinde fallen 7und schlug die Wider-
sacher tot, als sie herunterzogen. Und die
Heiden erkannten, was für Waffen er
hatte 8und dass der Herr selbst gegen-
wärtig war im Kampf, weil er dem All-
mächtigen treu nachgefolgt war.
9 [a]Und zur Zeit des Mose handelten
er und Kaleb, der Sohn Jefunnes, recht:
Sie stellten sich der Gemeinde entgegen,
um das Volk von der Sünde abzuhalten
und das böse Murren zu unterdrücken.
10Darum sind allein sie beide am Leben
geblieben unter [a]sechshunderttausend
Mann und haben das Volk in sein Erbteil
gebracht in ein Land, darin Milch und
Honig fließt. 11 [a]Und der Herr erhielt
den Kaleb in voller Kraft bis in sein
Alter, sodass er hinaufzog aufs Gebirge
im Lande; und seine Nachkommen besa-
ßen das Erbe, 12damit alle Israeliten se-
hen konnten, wie gut es ist, dem Herrn
zu gehorchen.

Die Richter und Samuel

13Und die Richter, jeder nach seinem
Namen, die nicht Abgötterei trieben
noch vom Herrn abfielen – auch ihr Ge-
dächtnis bleibe im Segen![a] 14Ihre Ge-
beine mögen grünen, wo sie liegen;[a]
15und ihr [a]Name, auf ihre Kinder ver-
erbt, werde gepriesen!
16Und Samuel, der [a]Prophet des
Herrn, von seinem Gott geliebt, richtete
ein Königreich auf und [b]salbte Fürsten
über sein Volk. 17Er [a]richtete die Ge-
meinde nach dem Gesetz des Herrn, und
der Herr sah Jakob wieder gnädig an.
18Und der Prophet erwies sich als treu
und gewissenhaft, und [a]man erkannte,
dass seine Weissagungen wahr wurden.
19 [a]Er rief den Herrn, den Mächtigen,
an, als seine Feinde ihn ringsum be-
drängten, und opferte ein Milchlamm.
20Und der Herr donnerte vom Himmel
herab und ließ seine Stimme hören im
Gewitter 21und zerschlug die Anführer
der Feinde und alle Fürsten der Philister.
22Und vor seinem Ende, ehe er starb,
bezeugte er vor dem Herrn und seinem
Gesalbten, dass er von keinem Menschen
Geld, auch nicht einen Schuh genommen
hätte; und kein Mensch konnte ihn an-
klagen.[a] 23Und nachdem er entschlafen
war, weissagte er und verkündete dem
König sein Ende; er ließ seine Stimme
hören aus der Erde, als er weissagte, dass
die gottlosen Leute umkommen wür-
den.[a]

David

47 Danach, zur Zeit Davids, weis-
sagte [a]Nathan.
2Und [a]David war unter den Israeliten
auserkoren, wie das Fett vom Opfer für
Gott bestimmt ist. 3Er [a]spielte mit Lö-
wen wie mit jungen Böcken und mit Bä-
ren wie mit Lämmern. 4 [a]In seiner Ju-
gend schlug er den Riesen tot und nahm
die Schmach von seinem Volk weg. 5Er
hob seine Hand mit der Steinschleuder
und zerbrach den Hochmut des Goliat.
6Denn er rief den Herrn, den Höchsten,
an; der stärkte ihm seine Hand, dass er
den erfahrenen Kriegsmann tötete und
seinem Volk den Sieg gab. 7Deshalb
rühmte man ihn als [a]Sieger über zehn-
tausend und ehrte ihn mit Lobliedern auf
den Herrn, als er die königliche Krone
empfing. 8Er schlug die Feinde ringsum-
her und [a]vernichtete die Philister, seine
Widersacher, und zerbrach ihre Macht
bis zum heutigen Tag.
9 [a]Bei jeder Tat dankte er dem Hei-
ligen, dem Höchsten, mit einem Lob-
preis. 10Von ganzem Herzen rühmte er
und liebte den, der ihn geschaffen hatte.
11Er ließ Sänger vor den Altar treten und
Psalmen singen 12und ordnete an, dass
man die Feiertage würdig begehen und
die Jahresfeste prächtig feiern sollte, da-
mit der heilige Name des Herrn gelobt
und vom frühen Morgen an das Heilig-
tum davon erfüllt würde.
13Der Herr [a]vergab ihm seine Sünden
und erhöhte seine Macht für alle Zeit
und schloss einen Bund mit ihm, [b]dass

46,6: *a* Jos 10,11 **46,9:** *a (9-10)* 4.Mose 14,6-9.28-30 **46,10:** *a* Kap 16,11 **46,11:** *a (11-12)* Jos 14,10-14 **46,13:** *a* Ri 2,6-18 **46,14:** *a* Kap 49,12 **46,15:** *a* Kap 41,16 **46,16:** *a* 1.Sam 3,20; *b* 1.Sam 10,1; 16,13 **46,17:** *a* 1.Sam 7,3-6.15-17 **46,18:** *a* 1.Sam 3,19; 9,6 **46,19:** *a (19-21)* 1.Sam 7,9-10 **46,22:** *a* 1.Sam 12,3-5 **46,23:** *a* 1.Sam 28,11-19 **47,1:** *a* 2.Sam 7,4; 12,1 **47,2:** *a* 1.Sam 13,14 **47,3:** *a* 1.Sam 17,34-35 **47,4:** *a (4-6)* 1.Sam 17,45-51 **47,7:** *a* 1.Sam 18,7 **47,8:** *a* 2.Sam 8,1 **47,9:** *a (9-12)* 1.Chr 16,7-42 **47,13:** *a* 2.Sam 12,13; *b* 2.Sam 7,16

das Königtum und der königliche Thron
in Israel bei ihm bleiben sollten.

Salomo

14 [a]Nach ihm wurde König sein kluger
Sohn Salomo, dem der Vater ein ge-
sichertes Reich hinterlassen hatte, sodass
er im Frieden regieren konnte. 15 Denn
Gott hatte ihm ringsumher Ruhe ver-
schafft, damit er seinem Namen ein Haus
baute und ein Heiligtum aufrichtete für
alle Zeit.

16 [a]Wie weise warst du in deiner Ju-
gend und voller Einsicht, wie der Strom
das Land bewässert! 17 So hast du alles
mit Weisheitssprüchen erfüllt. Und dein
Name drang bis zu den fernsten Inseln,
und wegen deiner Friedensherrschaft
wurdest du geliebt. 18 Alle Lande bewun-
derten deine Lieder, Sprüche, Gleichnisse
und Auslegungen. 19 Du wurdest [a]ge-
nannt mit dem Namen des Herrn, der da
heißt der Gott Israels. 20 Du brachtest so
viel Gold zusammen wie Zinn und so viel
Silber wie Blei.[a]

21 [a]Dein Herz hängte sich an die
Frauen, und du ließest dich durch sie
beherrschen und beflecktest deine Ehre
22 und vergeudetest deine Kraft, sodass
der Zorn über deine Nachkommen er-
ging und sie klagen mussten wegen dei-
ner Torheit, 23 als das Königreich geteilt
wurde und in Ephraim ein abgöttisches
Königreich entstand.

24 Aber der Herr ließ nicht ab von sei-
ner Barmherzigkeit und hob seine Ver-
heißungen nicht auf und rottete die
Nachkommen seines Auserwählten nicht
völlig aus und raffte die Söhne dessen
nicht weg, der ihn geliebt hatte, 25 son-
dern behielt einen Rest übrig aus Jakob
und eine Wurzel von David.

Rehabeam und Jerobeam

26 [a]Und Salomo wurde bestattet bei sei-
nen Vätern 27 und hinterließ als Nach-
folger Rehabeam, einen seiner Söhne,
einen Mann ohne Weisheit 28 und Ver-
stand, der das Volk durch seinen Eigen-
sinn zum Abfall brachte, 29 und Jero-
beam, den Sohn Nebats, der Israel zur
Abgötterei verleitete und Ephraim auf
den Weg der Sünde führte.[a] 30 [a]Und ihre
Sünden wurden so zahlreich, dass sie zu-
letzt aus ihrem Lande vertrieben wurden.
31 Denn sie versuchten es mit jeder Art
von Abgötterei, bis die Strafe über sie
kam.

Elia und Elisa

48 Und der Prophet Elia brach her-
vor wie ein Feuer, und sein Wort
brannte wie eine Fackel; 2 er brachte eine
Hungersnot über sie und verringerte
ihre Anzahl durch seinen Eifer. 3 [a]Denn
durch das Wort des Herrn schloss er den
Himmel zu; dreimal brachte er Feuer
herab.

4 Wie herrlich bist du gewesen, Elia,
mit deinen Wunderzeichen! Wer kann
sich rühmen, dir gleich zu sein? 5 Durch
das Wort des Höchsten hast du [a]einen
Toten auferweckt und aus dem Toten-
reich zurückgebracht. 6 Du hast Könige
und Hochangesehene von ihrem Lager
gestürzt und umgebracht.[a] 7 Du hast auf
dem Sinai die künftige Strafe gehört und
auf dem Horeb die Gerichtsurteile.[a] 8 Du
hast Könige, die die Strafe vollziehen
sollten, gesalbt und Propheten als Nach-
folger. 9 Du bist hinweggenommen wor-
den in einem Wetter auf einem Wagen
mit feurigen Rossen.[a] 10 Du bist be-
stimmt worden, zur gegebenen Zeit die
Strafe zu vollziehen, den Zorn zu stillen,
ehe der Grimm kommt, das Herz der
Väter den Kindern wieder zuzuwenden
und die Stämme Jakobs wieder aufzu-
richten.[a] 11 Wohl denen, die dich gesehen
haben und in Liebe zu dir entschlafen
sind! 12 Da werden auch wir das rechte
Leben haben.

13 Als Elia im Wetter hinweggenom-
men worden war, [a]kam sein Geist auf
Elisa. Zu seiner Zeit erschrak er vor kei-
nem Herrscher, und [b]niemand hatte Ge-
walt über ihn. 14 Nichts war ihm zu
schwer und als er tot war, [a]wirkte noch

47,14: *a (14-15)* 1.Kön 2,12; 5,17-19 **47,16:** *a (16-18)* 1.Kön 3,7-9; 5,9-14; 10,1-9 **47,19:** *a* 2.Sam 12,25 **47,20:** *a* 1.Kön 10,14-29 **47,21:** *a (21-25)* 1.Kön 11,1-13; Jes 11,1; Offb 22,16 **47,26:** *a (26-28)* 1.Kön 11,43; 12,1-19 **47,29:** *a* 1.Kön 12,26-30 **47,30:** *a (30-31)* 2.Kön 17,6-23 **48,3:** *a (1-3)* 1.Kön 17,1; 18,38; 2.Kön 1,10.12 **48,5:** *a* 1.Kön 17,17-24 **48,6:** *a* 1.Kön 21,17-21; 2.Kön 1,2-4.15-17 **48,7:** *a* 1.Kön 19,8.15-17 **48,9:** *a* 2.Kön 2,11 **48,10:** *a* Mal 3,23-24 **48,13:** *a* 2.Kön 2,9.15; *b* 2.Kön 6,16 **48,14:** *a* 2.Kön 13,20-21

sein Leichnam prophetische Taten. 15 Als
er lebte, tat er Zeichen, und als er tot war,
tat er Wunder.
16 Trotzdem besserte sich das Volk
nicht und ließ von seinen Sünden nicht
ab, bis es [a]aus seinem Lande vertrieben
und in alle Länder zerstreut wurde 17 und
nur ein kleines Häuflein übrig blieb und
ein Fürst im Hause David. 18 Unter ihnen
taten die einen, was Gott gefiel; die an-
dern aber sündigten schwer.

Hiskia und Jesaja

19 Hiskia befestigte seine Stadt und leitete
Wasser hinein; er ließ mit Eisen eine Lei-
tung in den Fels hauen und Brunnen
machen.[a] 20 Zu seiner Zeit zog Sanherib
herauf und sandte den Rabschake; der
erhob seine Hand gegen Zion und
prahlte lästerlich in seinem Hochmut.[a]
21 Da zitterten ihre Herzen und Hände,
und es wurde ihnen bange wie einer Frau
in Geburtswehen. 22 Und sie riefen den
barmherzigen Herrn an und hoben ihre
Hände zu ihm auf. 23 Und der Heilige
erhörte sie sogleich vom Himmel her und
erlöste sie durch [a]Jesaja. 24 Er schlug das
Heer der Assyrer, und sein Engel ver-
nichtete sie.[a]
25 Denn [a]Hiskia tat, was dem Herrn
wohlgefiel, und blieb beständig auf dem
Wege Davids, seines Vaters, wie ihn Je-
saja lehrte, der ein großer Prophet war
und in seiner Botschaft wahrhaftig. 26 Zu
dessen Zeit ging die Sonne wieder zu-
rück, und so verlängerte er dem König
das Leben.[a] 27 [a]Er schaute geisterfüllt,
was zuletzt geschehen sollte, und gab den
Betrübten in Zion Trost. 28 Für alle Zei-
ten verkündete er, was geschehen sollte,
und das Verborgene, ehe es kam.

Josia und Jeremia

49 [a]Der Name des Josia ist wie ein
edles Räucherwerk aus der Apo-
theke; 2 er ist süß wie Honig im Munde
und wie ein Saitenspiel beim Wein. 3 [a]Er
war dazu ausersehen, das Volk zu be-
kehren und die Gräuel der Abgötterei zu
beseitigen. 4 Er richtete sein Herz auf den
Herrn und stellte den rechten Gottes-
dienst wieder her, als das Land voll Ab-
götterei war.
5 Alle Könige, ausgenommen David,
Hiskia und Josia, sind schuldig gewor-
den; 6 denn sie verließen das Gesetz des
Höchsten. 7 Danach war es aus mit den
Königen von Juda; denn sie mussten ihr
Königreich andern überlassen und ihre
Hoheit einem fremden Volk. 8 Die ver-
brannten die auserwählte Stadt des Hei-
ligtums und machten ihre Straßen öde,
[a]wie Jeremia geweissagt hatte. 9 Den
[a]misshandelten sie schwer, der doch
schon [b]im Mutterleib zum Propheten
auserkoren war, dass er ausrotten, zer-
brechen und zerstören und wiederum
auch bauen und pflanzen sollte.

Hesekiel und die zwölf Kleinen Propheten

10 Hesekiel schaute die Herrlichkeit des
Herrn, die er ihm zeigte auf dem Wagen
der Cherubim.[a] 11 Er hat auch den Hiob
genannt, der auf den Wegen der Gerech-
tigkeit ging.
12 Und [a]die Gebeine der zwölf Pro-
pheten mögen grünen, wo sie liegen.
Denn sie haben Jakob getröstet und Er-
lösung verheißen, auf die er zuversicht-
lich hoffen sollte.

Serubbabel, Jeschua und Nehemia

13 Wie wollen wir [a]Serubbabel preisen,
der wie ein Siegelring an der rechten
Hand war, 14 und [a]Jeschua, den Sohn
Jozadaks, die zu ihrer Zeit den Tempel
bauten und das heilige Haus dem Herrn
wieder aufrichteten, das bestimmt war zu
ewiger Herrlichkeit!
15 Und [a]Nehemia ist allezeit zu loben,
der uns die zerstörten Mauern wieder
aufgerichtet und mit Toren und Riegeln
versehen und unsre Häuser wieder ge-
baut hat.

Rückblick auf die Urzeit

16 Niemand ist auf Erden geschaffen, der
Henoch gleich wäre; denn er ist von
der Erde [a]hinweggenommen worden.
17 Auch dem [a]Josef war keiner gleich, der

48,16: *a* 2.Kön 18,9-12 **48,19:** *a* 2.Kön 20,20 **48,20:** *a* 2.Kön 18,13.17.28-35 **48,23:** *a* 2.Kön 19,5-7 **48,24:** *a* 2.Kön 19,35 **48,25:** *a* 2.Kön 18,3 **48,26:** *a* 2.Kön 20,8-11 **48,27:** *a (27-28)* Jes 40,1; 46,10; 48,5 **49,1:** *a (1-2)* 2.Kön 22,1-2 **49,3:** *a (3-4)* 2.Kön 23,1-25 **49,8:** *a* Jer 21,10 **49,9:** *a* Jer 20,1-2; 37,15; *b* Jer 1,5.10 **49,10:** *a* Hes 1,1-28 **49,12:** *a* Kap 46,14 **49,13:** *a* Hag 2,23 **49,14:** *a* Esra 3,2.8 **49,15:** *a* Neh 2,17; 7,1 **49,16:** *a* Kap 44,16 **49,17:** *a* 1.Mose 42,6; 50,20

seine Brüder geführt und sein Volk erhalten hat. 18 Seine Gebeine wurden wieder mit heimgebracht.[a] 19 [a]Set und [b]Sem standen bei den Menschen in großen Ehren, 20 über allem aber, was lebt in der Schöpfung, steht Adam.[a]

Lob des Hohenpriesters Simon

50 Simon, der Sohn des Onias, der Hohepriester, besserte zu seiner Zeit das Haus des Herrn aus und befestigte den Tempel; 2 er errichtete ihn in doppelter Höhe und baute die hochragende Ringmauer des Heiligtums; 3 zu seiner Zeit wurde für das Wasser ein Teich ausgehauen, ein Becken fast so groß wie ein Meer; 4 er bewahrte sein Volk vor Schaden und befestigte die Stadt gegen eine Belagerung.

5 Wie herrlich war er, wenn das Volk einherzog! 6 Wenn er [a]hinter dem Vorhang hervortrat, so leuchtete er wie der Morgenstern durch die Wolken, wie der volle Mond an den Festtagen, 7 wie die Sonne scheint auf den Tempel des Höchsten, wie der [a]Regenbogen glänzt mit seinen schönen Farben, 8 wie eine Rosenblüte im Lenz, wie die Lilien am Wasser, wie das Grün des Libanon im Sommer, 9 wie angezündeter Weihrauch im Räuchergefäß, 10 wie ein Kelch von getriebenem Gold, mit vielerlei Edelsteinen verziert, 11 wie ein fruchtbarer Ölbaum und wie ein hochragender Zypressenbaum.

12 Wenn er [a]das herrliche Gewand anzog und den prachtvollen Schmuck anlegte und zum heiligen Altar hinaufschritt, so verlieh er dem Heiligtum herrlichen Glanz. 13 Wenn er aber aus den Händen der Priester die Opferstücke nahm und bei dem Feuer stand, das auf dem Altar brannte, 14 so standen seine Brüder rings um ihn her wie die Zedern auf dem Libanon, und wie Palmzweige umringten ihn 15 alle Söhne Aaron in ihrem Schmuck, mit dem Opfer für den Herrn in ihren Händen vor der ganzen Gemeinde Israel. 16 Und wenn er seinen Dienst am Altar verrichtet und dem Höchsten, dem Allmächtigen, ein Opfer dargebracht hatte, 17 dann streckte er seine Hand aus nach dem [a]Trankopfer und opferte roten Wein und goss ihn an den Fuß des Altars zum lieblichen Geruch dem Höchsten, der über alles König ist.

18 [a]Dann ließen sich die Söhne Aaron vernehmen und bliesen schallend mit silbernen [b]Trompeten, damit der Höchste an das Volk denken sollte. 19 Da fielen sogleich alle miteinander zur Erde auf ihr Angesicht und beteten zu ihrem Herrn, dem allmächtigen, höchsten Gott. 20 Und die Sänger lobten ihn mit Psalmen, und das ganze Haus hallte wider von wunderschönen Liedern. 21 Und das Volk betete zum Herrn, dem Höchsten, dem Barmherzigen, bis der Gottesdienst beendet war und sie ihre priesterlichen Pflichten vollbracht hatten. 22 Wenn er nun wieder herabschritt, so hob er seine Hand auf über die ganze Gemeinde Israel und [a]rief über sie den Segen des Herrn aus, und sein Ruhm war es, den Namen des Herrn auszusprechen. 23 Da beteten sie abermals und nahmen den Segen vom Höchsten an.

Nachwort zum Lob der Väter

24 Nun danket alle Gott,* der große Dinge tut an allen Enden, der uns von Mutterleib an lebendig erhält und uns alles Gute tut. 25 Er gebe uns ein fröhliches Herz und verleihe immerdar Frieden zu unsrer Zeit in Israel 26 und dass seine Gnade stets bei uns bleibe und uns erlöse, solange wir leben.

Drei schlimme Völker

27 Zwei Völker sind mir zuwider, das dritte aber ist für mich überhaupt kein Volk: 28 das Volk, das [a]auf dem Gebirge Seïr wohnt, die [b]Philister und die törichten Leute von [c]Sichem.

Schluss des Buches

29 Lehre zur Weisheit und zur Erkenntnis hat in dies Buch geschrieben Jesus, der Sohn Eleasars, des Sohnes Sirachs, aus

* Wörtlich: Nun dankt dem Gott des Alls.

49,18: *a* Jos 24,32 **49,19:** *a* 1.Mose 4,25-26; *b* 1.Mose 9,26 **49,20:** *a* 1.Mose 1,26-28; Röm 5,18; Kol 1,15-18 **50,6:** *a* 2.Mose 26,33; 3.Mose 16,11-17 **50,7:** *a* Kap 43,12 **50,12:** *a* Kap 45,8-16 **50,17:** *a* 2.Mose 29,40 **50,18:** *a (18-21)* 2.Chr 7,3.6; *b* 4.Mose 10,10 **50,22:** *a* 4.Mose 6,23-27 **50,28:** *a* 1.Mose 36,8-9; Obd 1; *b* Kap 46,21; 47,8; *c* 2.Kön 17,24-41; Joh 4,9

Jerusalem und hat aus seinem Herzen
Weisheit strömen lassen. 30 Wohl dem,
der sich darin übt! Und wer's zu Herzen
nimmt, der wird weise werden. 31 Denn
wenn er das tut, so wird er zu allen Din-
gen tüchtig sein; denn des Herrn Licht
leitet ihn.

Dankgebet

51 Ich danke dir, Herr, mein König,
und lobe dich, Gott, meinen
[a]Heiland.
2 Ich danke deinem Namen,
dass du mein Schutz und meine
Hilfe bist
3 und meinen Leib aus dem Verderben,
vom Strick der falschen Zunge und
den [a]Lügenmäulern erlöst hast;
4 und [a]du hast mir geholfen gegen die
Feinde
und mich errettet nach deiner
großen und hoch gerühmten
Barmherzigkeit
aus den Zähnen derer, die mich fressen
wollten;
5 aus der Hand derer, die mir nach
dem Leben trachteten;
aus vielen Trübsalen, in die ich geriet;
6 [a]aus der erstickenden Hitze,
die mich umgab,
mitten aus dem Feuer, das ich nicht
angezündet hatte,
aus dem tiefen Rachen des Todes;
7 von den Verleumdern und Lügnern,
von den Pfeilen der falschen Zunge.

8 Ich war dem Tod nahe,
und mein Leben war fast ins Grab
gesunken;
9 ich war umringt und niemand half mir;
10 ich suchte Hilfe bei den Menschen
und fand keine.
11 Da [a]dachte ich, Herr, an deine
Barmherzigkeit
und wie du allezeit geholfen hast;
12 denn du errettest alle, die auf dich
warten,
und erlöst sie aus den Händen der
Heiden.
13 Ich erhob von der Erde her mein
Flehen
und bat um Erlösung vom Tod
14 und rief den Herrn an, meinen Vater
und Herrscher,
dass er mich nicht verlassen sollte in
der Not,
wenn ich den Überheblichen
gegenüber hilflos bin.

15 Ich lobe deinen Namen ohne
Unterlass
und preise dich und danke dir;
denn mein Gebet ist erhört,
16 und du hast mich errettet aus
dem Verderben am Tage der Not.
17 Darum will ich dir danken, Herr,
und dich loben und deinen Namen
preisen.

Schlussvermahnung

18 Schon [a]als ich jung und noch nicht
[b]weit herumgekommen war, suchte ich
offen und ehrlich die Weisheit; 19 in mei-
nem Gebet am Tempel bat ich darum
und will sie bis an mein Ende suchen.
20 Mein Herz freute sich über sie von ih-
rer Blüte an, bis ihre Trauben reiften.
21 Ich ging geradewegs zu ihr und
forschte von Jugend auf nach ihr; ich
hörte auf sie und nahm sie an. 22 Da
lernte ich viel und hatte reichen Gewinn.
23 Darum danke ich dem, der mir Weis-
heit gab.
24 Ich nahm mir vor, danach zu tun
und dem Guten nachzueifern; und ich
[a]wurde dabei nicht zuschanden. 25 Ich
rang von Herzen nach ihr und achtete
genau darauf, danach zu leben. 26 Ich
hob meine Hände auf zum Himmel
27 und klagte, dass ich sie nicht oft genug
erkannt hatte. 28 Ich richtete aber meinen
Sinn auf sie und fand sie in Reinheit. Mit
ihr gewann ich von Anfang an Einsicht;
darum werde ich nicht verworfen wer-
den. 29 Mein Herz verlangte nach ihr, und
ich erwarb sie als einen guten Schatz.
30 Der Herr hat mir als Lohn eine neue
[a]Zunge gegeben; damit will ich ihn
loben.
31 [a]Kommt her zu mir, ihr Unerfah-
renen, und geht bei mir in die Schule!
32 Warum sagt ihr, dass es euch daran
fehlt und dass ihr sehr durstig seid? 33 Ich
habe meinen Mund aufgetan und gelehrt.
[a]Kauft euch nun Weisheit, weil ihr sie

51,1: *a* Weish 16,7 **51,3:** *a* Ps 120,2 **51,4:** *a* Ps 124,6 **51,6:** *a (6-7)* Ps 5,10 **51,11:** *a* Ps 25,6; Jona 2,8 **51,18:** *a* Kap 6,18; *b* Kap 34,9 **51,24:** *a* Kap 24,30; Ps 119,6 **51,30:** *a* Jes 50,4 **51,31:** *a* Kap 24,25 **51,33:** *a* Jes 55,1

ohne Geld haben könnt. 34 Beugt euren
Nacken unter ihr [a]Joch und lasst euch
erziehen; sie ist nahe und leicht zu fin-
den. 35 **Seht mich an: Ich habe [a]eine kurze
Zeit Mühe und Arbeit gehabt und habe
großen Trost gefunden.** 36 Nehmt die
Lehre an, auch wenn sie euch viel Silber
kostet, und ihr gewinnt viel Gold durch
sie.[a]
37 Freut euch an der Barmherzigkeit
Gottes und schämt euch nicht, ihn zu
loben. 38 Tut, was euch geboten ist, so-
lange ihr noch Zeit habt, so wird er euch
belohnen zu seiner Zeit.[a]

DAS BUCH BARUCH

1 Dies ist der Inhalt des Buches, das
[a]Baruch, der Sohn Nerijas, des Soh-
nes Machsejas, des Sohnes Zidkijas, des
Sohnes Hasadjas, des Sohnes Hilkijas,
niedergeschrieben hat in Babel 2 im fünf-
ten Jahr, am siebenten Tage des Monats,
in dem die Chaldäer [a]Jerusalem erobert
und mit Feuer verbrannt hatten.

Die Geldsammlung der Juden und ihr Brief nach Jerusalem

3 [a]Und Baruch las dies Buch vor den
Ohren Jechonjas,* des Sohnes Jojakims,
des Königs von Juda, und vor den Ohren
des ganzen Volks, das dazukam, 4 und
vor den Ohren der Oberen und der
Söhne der Könige und vor den Ältes-
ten und vor dem ganzen Volk, Klein
und Groß, das in Babel am Fluss Sud
wohnte.
5 Und sie weinten, fasteten und beteten
vor dem Herrn 6 und legten Geld zusam-
men, so viel wie jeder vermochte, 7 und
sandten es hin nach Jerusalem zu dem
Priester Jojakim, dem Sohn Hilkijas, des
Sohnes Schallums, und zu den andern
Priestern und zu dem ganzen Volk, das
bei ihm in Jerusalem war.
8 Das geschah, nachdem Baruch am
zehnten Tag des Monats Siwan die Ge-
fäße des Hauses des Herrn, die aus dem
Tempel weggenommen worden waren,
empfangen hatte, damit sie wieder ins
Land Juda gebracht würden: nämlich die
silbernen Gefäße, die [a]Zedekia, der Kö-
nig von Juda, der Sohn des Josia, hatte
machen lassen, 9 als Nebukadnezar, der
König von Babel, den Jechonja und die
Oberen und die Schmiede und die Mäch-
tigen und das Volk des Landes aus Jeru-
salem weggeführt und sie nach Babel ge-
bracht hatte.
10 Und sie schrieben ihnen: Siehe, wir
senden euch Geld; dafür kauft Brand-
opfer, Sündopfer und Weihrauch und
richtet Speisopfer zu und opfert auf dem
Altar des Herrn, unseres Gottes. 11 [a]Und
[b]betet für das Leben Nebukadnezars, des
Königs von Babel, und für das Leben
[c]Belsazars, seines Sohnes, dass ihre Tage
seien wie die Tage des Himmels über der
Erde. 12 So wird der Herr uns Kraft ge-
ben und unsere Augen hell machen, und
wir werden leben unter dem Schatten Ne-
bukadnezars, des Königs von Babel, und
unter dem Schatten Belsazars, seines
Sohnes, und ihnen lange Zeit dienen und
Gnade vor ihnen finden. 13 [a]Betet auch
für uns zu dem Herrn, unserm Gott;
denn wir haben uns versündigt an dem
Herrn, unserm Gott, und sein Grimm
und Zorn hat sich nicht von uns gewandt
bis auf den heutigen Tag.
14 Und lest dies Buch vor; denn wir
haben es darum zu euch gesandt, damit
ihr's im Hause des Herrn vorlesen sollt
am Feiertag und an andern Festtagen,
15 und sprecht:

Bußgebet

(vgl. Dan 9,4-19)

Der Herr, unser Gott, ist gerecht; wir

* Jechonja = Jojachin (2. Kön 24,6).

51,34: *a* Mt 11,29 **51,35:** *a* Kap 6,20 **51,36:** *a* Spr 4,7; 16,16 **51,38:** *a* Gal 6,9-10 **1,1:** *a* Jer 36,4 **1,2:** *a* 2. Kön 25,8-9 **1,3:** *a (3-4)* 2. Kön 24,6.10-16 **1,8:** *a* 2. Kön 24,17 **1,11:** *a (11-12)* 1. Tim 2,1-2; *b* Jer 29,7; *c* Dan 5,1-2 **1,13:** *a* Jak 5,14-16

aber tragen heute mit Recht unsre
Schande, wir, die Männer von Juda und
die Einwohner von Jerusalem 16und
unsre Könige, unsre Oberen, unsre Pries-
ter, unsre Propheten und unsre Väter,
17weil wir vor dem Herrn gesündigt und
ihm nicht geglaubt haben 18und nicht
gehorcht der Stimme des Herrn, unsres
Gottes, nach seinen Geboten zu leben,
die er uns gegeben hat. 19Ja, von der
Zeit an, da der Herr unsre Väter aus
Ägyptenland geführt hat, bis auf den
heutigen Tag sind wir dem Herrn, un-
serm Gott, ungehorsam gewesen und ha-
ben es verachtet, seiner Stimme zu ge-
horchen.[a]

20Darum sind nun über uns die Strafe
und der [a]Fluch gekommen, die der Herr
durch Mose, seinen Knecht, angekündigt
hat, als der Herr unsre Väter aus Ägyp-
tenland führte, um uns ein Land zu ge-
ben, in dem Milch und Honig fließt.
21Und wir gehorchten nicht der Stimme
des Herrn, unsres Gottes, wie sie uns die
Propheten sagten, die er zu uns sandte;[a]
22sondern jeder trieb es weiter nach den
Gedanken [a]seines bösen Herzens, und
wir dienten fremden Göttern und taten,
was böse war vor dem Herrn, unserm
Gott.

2 Und der Herr hat sein Wort gehalten,
das er gegen uns geredet hat und ge-
gen unsre Richter, Könige und Obere, die
Israel regierten, und gegen Israel und
Juda, 2[a]und er hat eine so große Strafe
über uns ergehen lassen, dass unter dem
ganzen Himmel nie geschehen ist, was
über Jerusalem ergangen ist, wie ge-
schrieben steht im Gesetz des Mose,
3dass jeder von uns das Fleisch seines
Sohnes und seiner Tochter essen soll.
4Und er machte sie zu Sklaven in allen
Königreichen ringsumher, zur Schmach
und zum Fluch bei allen Völkern um uns,
unter die sie der Herr zerstreut hat. 5Und
sie werden immer unterdrückt und kön-
nen nicht mehr hochkommen; denn wir
haben uns versündigt an dem Herrn, un-
serm Gott, indem wir seiner Stimme
nicht gehorcht haben.

6Der Herr, unser Gott, ist gerecht; wir
aber und unsre Väter tragen heute mit
Recht unsre Schande. 7Alles Unglück,
das der Herr gegen uns geredet hat, ist
über uns gekommen. 8Wir haben ja auch
nicht gefleht zu dem Herrn, dass sich
jeder abgewandt hätte von den Gedan-
ken seines bösen Herzens. 9Doch [a]der
Herr hat dies Unglück gewollt und hat's
über uns kommen lassen. Denn der Herr
ist gerecht in allen seinen Werken, die er
uns geboten hat; 10wir aber gehorchten
seiner Stimme nicht und lebten nicht
nach den Geboten des Herrn, die er uns
gegeben hat.

11Und nun, Herr, Gott Israels, der du
dein Volk aus Ägyptenland geführt hast
mit starker Hand, durch Zeichen und
Wunder, mit großer Macht und hoher
Gewalt, und dir einen Namen gemacht
hast, so wie es heute ist: 12Ach Herr,
unser Gott, wir haben ja gesündigt und
sind gottlos gewesen und haben Unrecht
getan gegen alle deine Gebote. 13Lass ab
von deinem Grimm über uns; denn nur
noch wenige von uns sind übrig geblie-
ben unter den Heiden, unter die du uns
zerstreut hast.

14Erhöre, Herr, unser Gebet und unser
Flehen und hilf uns um deinetwillen; lass
uns Gnade finden bei denen, die uns
weggeführt haben, 15damit alle Welt er-
kennt, dass du, Herr, unser Gott bist;
denn Israel und seine Nachkommen sind
ja nach dir genannt. 16[a]Sieh herab, Herr,
von deinem heiligen Haus und denke
doch an uns; neige, Herr, dein Ohr und
höre doch; 17tu deine Augen auf, Herr,
und sieh doch! Denn [a]nicht die Toten in
der Unterwelt, deren Lebensodem aus
ihrem Leibe gewichen ist, rühmen die
Herrlichkeit und Gerechtigkeit des
Herrn; 18sondern die leben und [a]sehr be-
trübt, gebeugt und schwach sind, mit aus-
geweinten Augen und hungriger Seele,
die rühmen, Herr, deine Herrlichkeit
und Gerechtigkeit.

19Und nun, Herr, unser Gott, liegen
wir vor dir mit unserm Gebet, nicht we-
gen der Gerechtigkeit unsrer Väter und
unsrer Könige; 20denn du hast deinen
Grimm und Zorn über uns ergehen las-
sen, wie du geredet hast durch die Pro-
pheten, deine Knechte: 21So spricht der

1,19: *a* Ps 106,6-43 **1,20:** *a* 5. Mose 28,15-68 **1,21:** *a* Jer 25,4 **1,22:** *a* Jer 11,8 **2,2:** *a (2-3)* 5. Mose 28,53 **2,9:** *a* Jer 44,27 **2,16:** *a* 5. Mose 26,15 **2,17:** *a* Ps 6,6 **2,18:** *a* Ps 74,21

Herr: [a]Beugt eure Schultern und seid
untertan dem König von Babel, so wer-
det ihr im Lande bleiben, das ich euren
Vätern gegeben habe; 22 [a]wenn ihr aber
der Stimme des Herrn nicht gehorchen
und dem König von Babel nicht untertan
sein werdet, 23 so will ich von den Städten
Judas und von Jerusalem den Jubel der
Freude und Wonne und die Stimme des
Bräutigams und der Braut wegnehmen,
und das ganze Land soll wüst werden
und niemand darin wohnen.

24 Wir aber gehorchten deiner Stimme
nicht und wurden dem König von Babel
nicht untertan. Darum hast du dein Wort
gehalten, das du geredet hast durch die
Propheten, deine Knechte, [a]dass man die
Gebeine unsrer Könige und die Gebeine
unsrer Väter aus ihren Gräbern geworfen
und zerstreut hat, 25 sodass sie am Tag in
der Sonne und des Nachts im Tau ge-
legen haben. So sind sie jämmerlich um-
gekommen durch Hunger, Schwert und
Pest. 26 Und um der Missetat willen des
Hauses Israel und des Hauses Juda hast
du dein Haus, das nach deinem Namen
genannt war, so zerstören lassen, wie es
jetzt ist.

27 Und du, Herr, unser Gott, bist sehr
gnädig und barmherzig mit uns umge-
gangen, 28 [a]wie du durch Mose, deinen
Knecht, geredet hast an dem Tag, als du
ihm gebotest, dein Gesetz vor den Israeli-
ten zu schreiben, und sprachst: 29 Wenn
ihr meiner Stimme nicht gehorchen wer-
det, so wird gewiss diese große und zahl-
reiche Menge ganz klein werden unter
den Heiden, unter die ich sie zerstreuen
will. 30 Denn ich weiß genau, dass sie mir
nicht gehorchen werden; denn es ist ein
halsstarriges Volk.

Sie werden aber in dem Land, in dem
sie gefangen sind, in sich gehen 31 und
erkennen, dass ich, der Herr, ihr Gott
bin. Und ich will ihnen ein verständiges
Herz geben und Ohren, die hören.
32 Dann werden sie mich preisen in dem
Land, in dem sie gefangen sind, und an
meinen Namen denken 33 und sich von
ihrer Hartnäckigkeit und von ihren Sün-
den abkehren. Denn sie werden daran
denken, wie es ihren Vätern ergangen ist,
die vor dem Herrn sündigten. 34 Und ich
will sie zurückbringen in das Land, das
ich ihren Vätern Abraham, Isaak und
Jakob zugeschworen habe, und sie sollen
darin herrschen, und ich will sie meh-
ren und nicht mindern. 35 Und ich will
[a]einen ewigen Bund mit ihnen aufrich-
ten, dass ich ihr Gott sein will und sie
mein Volk; und ich will mein Volk Israel
nicht mehr aus dem Land vertreiben,
das ich ihnen gegeben habe.

3 Allmächtiger Herr, du Gott Israels, in
Angst und Not schrei ich zu dir:
2 Höre und sei gnädig, Herr; denn wir
haben vor dir gesündigt! 3 Du regierst in
Ewigkeit; wir aber vergehen für immer.

4 Allmächtiger Herr, du Gott Israels,
höre nun das Gebet der Israeliten, die
dem Tod im Rachen stecken, und das
Gebet der Söhne, die sich an dir ver-
sündigt und der Stimme des Herrn, ihres
Gottes, nicht gehorcht haben; darum ist
auch die Strafe stets hinter uns her ge-
wesen. 5 Denke nicht an die Missetaten
unsrer Väter, sondern denke jetzt an die
Taten deiner Hand und an deinen Na-
men!

6 Denn du bist ja der Herr, unser Gott;
und wir wollen, Herr, dich loben. 7 Denn
darum hast du die Furcht vor dir in un-
ser Herz gegeben, damit wir deinen Na-
men anrufen und dich in unserer Ge-
fangenschaft loben. Denn alle Missetaten
unsrer Väter, die vor dir gesündigt haben,
haben wir aus unserm Herzen getilgt,
8 wir, die jetzt in Gefangenschaft sind, in
die du uns verstoßen hast zur Schmach,
zum Fluch und zur Strafe für alle Misse-
taten unsrer Väter, die von dem Herrn,
ihrem Gott, abgewichen sind.

Umkehr zur Weisheit

9 [a]Höre, Israel, die Gebote des Lebens;
achtet gut darauf, dass ihr Klugheit
lernt! 10 Wie kommt es, Israel, dass du im
Land deiner Feinde bist, 11 dass du in
einem fremden Land alt wirst, dass du
[a]dich unrein machst unter den Toten,
dass du zu denen gerechnet wirst, die in
die Grube fahren? 12 Das ist die Ursache:
weil du die [a]Quelle der Weisheit ver-

2,21: *a* Jer 27,11-12 **2,22:** *a (22-23)* Jer 25,8-11 **2,24:** *a* Jer 8,1-2 **2,28:** *a (28-35)* 5. Mose 31,24-29; 4,25-31; 30,1-6 **2,35:** *a* Jer 31,31-33 **3,9:** *a (9-13)* 5. Mose 30,15-20 **3,11:** *a* 4. Mose 19,11 **3,12:** *a* Sir 1,5; Spr 13,14; 14,27

lassen hast. 13 Wärst du auf Gottes Weg
geblieben, du hättest wohl immer im
Frieden gewohnt.
14 So lerne nun, wo es rechte Weisheit,
Tüchtigkeit und Einsicht gibt, damit du
zugleich erfährst, wo es langes Leben
und Glück, leuchtende Augen und Frie-
den gibt. 15 [a] Wer weiß, wo die Weisheit
wohnt? Wer ist in ihre Schatzkammern
gekommen? 16 Wo sind die Fürsten der
Völker und die, die über die Tiere auf
Erden herrschen, 17 die mit den Vögeln
unter dem Himmel spielen, die Silber
und Gold sammeln, worauf die Men-
schen ihr Vertrauen setzen und wovon sie
nie genug haben können, 18 die das Silber
bearbeiten und sich darum mühen und
deren Werke nicht zu begreifen sind?
19 Sie sind verschwunden und zu den
Toten gefahren, und andere sind an ihre
Stelle getreten. 20 Die Nachkommen sa-
hen zwar das Licht und wohnten auf
dem Erdboden und fanden doch den
Weg der Weisheit nicht 21 und erkannten
die Pfade nicht, die zu ihr führen; auch
ihre Kinder erfassten sie nicht und sind
irregegangen. 22 [a] In Kanaan hörte man
nichts von ihr; in Teman sah man sie
nicht. 23 Die Kinder Hagars forschten der
irdischen Weisheit zwar nach, die Kauf-
leute von Midian und Teman dichteten
zwar Fabeln und strebten nach Einsicht;
aber sie fanden doch den Weg zur Weis-
heit nicht, und an ihre Pfade dachten sie
nicht.
24 O Israel, wie groß ist das Haus Got-
tes! Wie weit ist die Stätte, die er besitzt![a]
25 Sie ist groß und hat kein Ende und ist
unermesslich hoch. 26 [a] Da waren vorzei-
ten Riesen, große, berühmte Leute und
gute Krieger; 27 die hat der Herr nicht
erwählt noch ihnen den Weg der Er-
kenntnis offenbart. 28 Und weil sie die
Weisheit nicht hatten, sind sie unterge-
gangen in ihrer Torheit.
29 [a] Wer ist zum Himmel gefahren und
hat sie geholt und aus den Wolken herab-
gebracht? 30 Wer ist übers Meer gefahren
und hat sie gefunden und für kostbares
Gold hergebracht? 31 Es gibt niemand,
der den Weg weiß, wo man die Weisheit
findet, noch über den Pfad zu ihr nach-
denkt.
32 Der aber alle Dinge weiß, kennt die
Weisheit und hat sie durch seinen Ver-
stand gefunden, er, der die Erde [a] auf
ewige Zeit gegründet und sie mit vielerlei
Tieren erfüllt hat, 33 [a] der den Blitz sendet
und er fährt dahin, und wenn er ihn
zurückruft, so gehorcht er mit Zittern.
34 Die Sterne leuchten in ihrer Ordnung
mit Freuden, und wenn er sie ruft, ant-
worten sie: 35 Hier sind wir!, und leuchten
mit Freuden für den, der sie geschaffen
hat. 36 Das ist unser Gott, und keiner ist
ihm zu vergleichen. 37 Er hat jeden Weg
der Erkenntnis gefunden und hat sie Ja-
kob, seinem Diener, und Israel, seinem
Geliebten, gegeben. 38 Danach ist sie auf
Erden erschienen und [a] hat bei den Men-
schen gewohnt.

4 Diese [a] Weisheit ist das Buch von den
Geboten Gottes und das Gesetz, das
ewig ist. Alle, die fest an ihr halten, wer-
den [b] leben; die sie aber verlassen, werden
sterben. 2 Kehre um, Jakob, und nimm sie
an; geh in ihrem [a] Licht, das dir ent-
gegenleuchtet! 3 Überlass nicht deine
Ehre einem andern und deinen Schatz
einem fremden Volk! 4 Selig sind wir,
Israel, denn Gott hat uns seinen Willen
offenbart![a]

Trost und Verheißung

5 [a] Sei getrost, mein Volk: An Israel wird
noch gedacht werden! 6 Ihr seid an die
Heiden verkauft, doch nicht ganz zum
Verderben. Weil ihr Gott erzürnt habt,
seid ihr euren Feinden übergeben. 7 Denn
ihr habt den, der euch erschaffen hat,
dadurch zum Zorn gereizt, dass ihr nicht
Gott, sondern den Teufeln geopfert
habt.[a]
8 Ihr habt den ewigen Gott vergessen,
der euch ernährt hat, und habt Jerusalem
betrübt, das euch großgezogen hat.
9 Denn es hat den Zorn Gottes gesehen,
der über euch gekommen ist, und hat
gesagt: Hört zu, ihr Nachbarn Zions!
Gott hat mir großes Leid geschickt;
10 denn ich habe die Gefangenschaft mei-
ner Söhne und Töchter gesehen, die der

3,15: *a (15-23)* Hiob 28,1-28 **3,22:** *a (22-23)* Jer 49,7; Hiob 4,1 **3,24:** *a* Jes 66,1-2 **3,26:** *a (26-28)* 1. Mose 6,4; 5. Mose 2,10-12.20-21 **3,29:** *a (29-30)* 5. Mose 30,11-14 **3,32:** *a* Jes 66,22 **3,33:** *a (33-35)* Hiob 38,35; Sir 43,9-11 **3,38:** *a* Sir 24,7-13 **4,1:** *a* Sir 24,32-34; Ps 119,98; *b* 3. Mose 18,5 **4,2:** *a* Joh 8,12 **4,4:** *a* 5. Mose 4,8 **4,5:** *a* Vers 27 **4,7:** *a* 5. Mose 32,15-18

Ewige über sie gebracht hat. 11 Ich habe sie mit Freuden großgezogen; mit Weinen aber und Herzeleid musste ich sie ziehen lassen. 12 Niemand mache sich lustig über mich, weil ich eine Witwe und von vielen verlassen bin; ich bin einsam geworden wegen der Sünden meiner Kinder. 13 Denn sie sind vom Gesetz Gottes abgewichen und haben sich um seine Rechte nicht gekümmert; sie haben nicht nach Gottes Geboten gelebt und sind nicht auf den Pfaden der Zucht in seiner Gerechtigkeit gegangen.

14 Kommt her, ihr Nachbarn Zions, und denkt an die Gefangenschaft meiner Söhne und Töchter, in die der Ewige sie gebracht hat! 15 [a]Denn er hat ein Volk von fern her über sie gebracht, ein freches Volk mit einer unbekannten Sprache, 16 die keine Rücksicht auf die Alten nehmen noch sich der Kinder erbarmen; die haben die geliebten Söhne der Witwe weggeführt und die Einsame ihrer Töchter beraubt.

17 Aber wie kann ich euch helfen? 18 Denn nur der dies Unglück über euch gebracht hat, wird euch aus der Hand eurer Feinde erretten.[a] 19 Zieht hin, liebe Kinder, zieht hin! Ich aber bin verlassen und einsam. 20 Ich habe mein Freudenkleid ausgezogen und das Trauerkleid angezogen; ich will zu dem Ewigen schreien, solange ich lebe.

21 Seid getrost, Kinder! Schreit zu Gott, so wird er euch aus der Gewalt und Hand der Feinde erlösen; 22 denn ich hoffe doch, dass der Ewige euch helfen wird, und ich werde Freude von dem Heiligen empfangen wegen der Barmherzigkeit, die euch von unserm ewigen Helfer bald widerfahren wird. 23 Ich habe euch ziehen lassen mit Trauern und Weinen; Gott aber wird euch mir wiedergeben mit Wonne und Freude für immer. 24 Denn wie die Nachbarn Zions nun eure Gefangenschaft gesehen haben, so werden sie auch bald die Hilfe eures Gottes sehen, die über euch kommen wird mit großer Herrlichkeit und dem Glanz des Ewigen.

25 Ihr Kinder, leidet geduldig den Zorn, der von Gott über euch kommt. Denn dein Feind hat dich verfolgt; aber du wirst in Kurzem sein Verderben sehen, und auf seinen Nacken wirst du treten. 26 Meine zarten Kinder mussten auf rauem Wege gehen; sie sind wie eine Herde weggeführt, vom Feinde geraubt. 27 Seid getrost, ihr Kinder, und schreit zu Gott! Denn der euch hat wegführen lassen, wird euch nicht vergessen.[a] 28 Denn wie ihr darauf aus wart, von Gott abzuweichen, so trachtet nun zehnmal mehr danach, ihn zu [a]suchen. 29 Denn der diese Strafe hat über euch kommen lassen, der wird euch helfen und erfreuen für alle Zeit.

30 Jerusalem, sei getrost! Der wird dich trösten, der dich [a]mit Namen genannt hat. 31 Unglücklich sollen werden, die dir Leid angetan und sich über deinen Fall gefreut haben.[a] 32 Unglücklich sollen die Städte werden, denen deine Kinder gedient haben, und unglücklich die Stadt, die deine Kinder gefangen hält. 33 Denn wie sie über deinen Fall gejauchzt und über dein Verderben sich gefreut hat, so soll sie betrübt sein, wenn sie selbst verwüstet wird. 34 Und ich will die Menge ihres Volkes, auf die sie stolz ist, wegnehmen und ihre Prahlerei in Klage verwandeln. 35 Denn ein Feuer wird von dem Ewigen über sie kommen viele Tage lang, und [a]Teufel werden ihre Wohnung in ihr haben lange Zeit.

36 Sieh umher, Jerusalem, nach Osten, und schaue den Trost, der dir von Gott kommt! 37 [a]Siehe, deine Kinder kommen, die du hast ziehen lassen müssen! Ja, sie kommen versammelt vom Osten und vom Westen durch das Wort des Heiligen und freuen sich über Gottes Herrlichkeit.

5 Zieh dein [a]Trauerkleid aus, Jerusalem, und zieh den herrlichen Schmuck von Gott an für immer! 2 Zieh den [a]Mantel der Gerechtigkeit Gottes an, und setze die Krone der Herrlichkeit des Ewigen auf dein Haupt! 3 Gott wird deinen Glanz unter dem ganzen Himmel offenbaren; 4 denn dein Name wird von Gott genannt werden für alle Zeit: »Friede der Gerechtigkeit; Lobpreis der Frömmigkeit«.[a] 5 Mache dich auf, Jeru-

4,15: *a (15-16)* 5. Mose 28,49-50 **4,18:** *a* Hos 6,1 **4,27:** *a* Jes 54,7-8 **4,28:** *a* 5. Mose 4,29 **4,30:** *a* Jes 43,1 **4,31:** *a* Ps 137,7 **4,35:** *a* Jes 34,12 **4,37:** *a* Jes 49,12.22 **5,1:** *a* Kap 4,20 **5,2:** *a* Jes 61,10 **5,4:** *a* Jes 61,3

salem, und tritt auf die Höhe und sieh
umher nach Osten und schaue deine Kin-
der, die vom Westen und vom Osten ver-
sammelt sind durch das Wort des Hei-
ligen und sich freuen, dass [a]Gott wieder
an sie gedacht hat! 6Sie zogen aus von dir
zu Fuß, weggeführt von den Feinden;
Gott aber bringt sie zu dir, in Ehren
getragen wie auf einem Königsthron.
7Denn Gott will alle hohen Berge und
die ewigen Hügel niedrig machen und die
Täler auffüllen, damit das Land eben
wird und Israel sicher heimziehen kann
unter Gottes Herrlichkeit.[a] 8Die Wälder
aber und alle wohlriechenden Bäume
werden Israel auf Gottes Befehl Schatten
geben.[a] 9Denn Gott wird Israel zurück-
bringen mit Freuden im Licht seiner
Herrlichkeit, mit seiner Barmherzigkeit
und Gerechtigkeit.

Der Brief des Jeremia

6 Dies ist die Abschrift des Briefes, den
Jeremia an die gesandt hat, die von
dem König von Babel nach Babel ge-
fangen weggeführt werden sollten, worin
er ihnen verkündigte, wie es ihm Gott
befohlen hatte.
2Wegen eurer Sünden, die ihr gegen
Gott begangen habt, werdet ihr nach Ba-
bel gefangen weggeführt werden von Ne-
bukadnezar, dem König von Babel. 3Und
ihr werdet in Babel bleiben müssen viele
Jahre und eine lange Zeit bis zum sieben-
ten Geschlecht; danach will ich euch von
dort wieder herausführen mit Frieden.[a]
4Nun werdet ihr aber in Babel sehen,
dass man auf den Schultern die silber-
nen, goldenen und hölzernen [a]Götzen
tragen wird, vor denen sich die Heiden
fürchten. 5Darum seht euch vor, dass ihr
ihnen das nicht nachtut und den Heiden
nicht gleich werdet und Furcht vor den
Götzen auch euch ergreift. 6Und wenn
ihr seht, wie das Volk vor und hinter den
Götzen hergeht und sie anbetet, so
sprecht in eurem Herzen: Herr, dich soll
man anbeten! 7Denn mein [a]Engel ist bei
euch und will euer Leben erhalten.
8Ihre Zunge ist vom Künstler fein ge-
macht; sie selbst sind mit Gold und Sil-
ber überzogen; aber sie sind Truggebilde
und können nicht reden. 9Sie schmücken
sie mit Gold wie ein putzsüchtiges Mäd-
chen und setzen ihnen Kronen aufs
Haupt. 10Es kommt aber auch vor, dass
die Priester das Gold und Silber von den
Götzen stehlen und es für sich verwen-
den, ja sogar den Huren im Freudenhaus
davon geben. 11Und sie schmücken die
silbernen, goldenen und hölzernen Göt-
zen mit Kleidern, als wären's Menschen.
12Die Götzen können sich aber nicht vor
Rost und Motten schützen. 13Und wenn
man ihnen ein Purpurkleid anzieht, so
muss man ihnen den Staub des Tempels
vom Gesicht abwischen, der dick auf ih-
nen liegt. 14Und der Götze trägt ein Zep-
ter in der Hand wie ein König und kann
doch niemand bestrafen, der ihm ein
Leid antut. 15Er hat auch ein Schwert
und eine Axt in der Hand; er kann sich
aber des Kriegsvolks und der Räuber
nicht erwehren. Daran sieht man deut-
lich, dass sie nicht Götter sind. Darum
fürchtet sie nicht![a]
16Wie ein Gefäß, das ein Mensch
braucht, nutzlos ist, wenn es zerbrochen
wird, so sind ihre Götzen, 17wenn man
sie in ihre Tempel setzt. Ihre Augen wer-
den voll Staub von den Füßen derer, die
hineingehen. 18Die Priester verwahren
die Tempel der Götzen mit Türen,
Schlössern und Riegeln, damit sie von
den Räubern nicht gestohlen werden, so
wie man einen gefangen setzt und ver-
wahrt, der sich am König vergriffen hat
und zum Tode verurteilt ist. 19Sie zünden
ihnen Lampen an, sogar mehr als für
sich selbst, von denen sie keine einzige
sehen können. 20Die Götzen sind wie die
Balken im Hause, deren Inneres, wie man
sagt, herausgefressen wird; von den Wür-
mern, die auf der Erde kriechen und sie
und ihre Kleider fressen, fühlen sie
nichts. 21In ihrem Angesicht sind sie
schwarz vom Rauch im Hause. 22Und
die Fledermäuse, Schwalben und andere
Vögel setzen sich auf ihre Leiber und auf
ihre Köpfe, ebenso auch die Katzen.
23Daran könnt ihr merken, dass es nicht
Götter sind. Darum fürchtet sie nicht!
24Das Gold, mit dem man sie behängt,
um sie damit zu schmücken, glänzt nicht,

5,5: *a* Kap 4,5 **5,7:** *a* Jes 40,3-5 **5,8:** *a* Jes 55,12-13 **6,3:** *a* Jer 29,10 **6,4:** *a* Ps 115,4-8; Jes 40,18-20; 44,6-20; 46,1-7; Jer 10,1-16; Weish 13,1–15,19; St zu Dan 2,1-21 **6,7:** *a* 2.Mose 23,20; Dan 3,28; 12,1 **6,15:** *a* Verse 23.29.50.52.65

wenn man den Rost nicht abwischt.
Nicht einmal, als sie gegossen wurden,
fühlten sie es. 25 Für teures Geld hat man
sie gekauft, und es ist doch kein Leben in
ihnen. 26 Weil sie nicht gehen können,
muss man sie auf den Schultern tragen;
daran können die Leute sehen, wie nich-
tig sie sind.

27 Es müssen sich auch die schämen,
die ihnen dienen. Denn wenn die Götter
zu Boden fallen, müssen sie von ihnen
wieder aufgerichtet werden; wenn man
sie aufrecht hinsetzt, können sie sich
nicht von selbst bewegen; wenn sie sich
zur Seite geneigt haben, können sie sich
nicht aufrichten. Und wie Toten setzt
man ihnen die Gaben vor. 28 Was ihnen
aber geopfert wird, das verkaufen und
verbrauchen ihre Priester; ähnlich han-
deln auch ihre Frauen: Sie salzen davon
ein und geben weder dem Armen noch
dem Kranken etwas davon. 29 [a]Unreine
Frauen und Wöchnerinnen rühren ihre
Opfer an. Daran könnt ihr merken, dass
es nicht Götter sind. Darum fürchtet sie
nicht!

30 Denn woher sollen sie Götter ge-
nannt werden? Denn Frauen setzen den
silbernen, goldenen und hölzernen Göt-
zen Speisen vor. 31 Und die Priester sitzen
in ihren Tempeln mit zerrissenen Gewän-
dern, [a]scheren den Bart ab und tragen
Glatzen, sitzen da mit bloßen Köpfen,
32 heulen und schreien vor ihren Götzen,
wie es bei einem Begräbnis Sitte ist.[a]
33 Die Priester stehlen ihnen die Kleider
und kleiden ihre Frauen und Kinder da-
mit. 34 Ob man ihnen Böses oder Gutes
tut, sie können es doch nicht vergelten.
Sie können einen König weder einsetzen
noch absetzen. 35 Ebenso können sie we-
der Geld noch Gut geben. [a]Gelobt ihnen
jemand etwas und hält es nicht, so wer-
den sie es gewiss nicht einfordern. 36 [a]Sie
können einen Menschen vom Tod nicht
erretten noch einen Schwächeren dem
Starken entreißen; 37 sie können keinen
Blinden sehend machen; sie können
einem Menschen in der Not nicht helfen;
38 sie erbarmen sich der Witwen nicht
und tun den Waisen nichts Gutes.[a]
39 Denn sie sind aus Holz, mit Gold und
Silber überzogen, den Steinen gleich, die
man aus dem Berg haut. Darum müssen,
die ihnen dienen, zuschanden werden.
40 Wie soll man sie denn für Götter hal-
ten oder so nennen?

Ja, selbst die Chaldäer halten nichts
von ihnen. 41 Wenn sie einen [a]Stummen
sehen, der nicht reden kann, bringen sie
den Bel herbei und fordern vom Stum-
men, er sollte zu ihm schreien, als ob Bel
das vernehmen könnte. 42 Und obwohl sie
das wissen, vermögen sie nicht, die Göt-
zen zu verlassen, die doch nichts ver-
nehmen können. 43 Die Jungfrauen aber
sitzen an den Wegen, mit Stricken um-
gürtet, und räuchern Kleie. 44 Und wenn
jemand vorübergeht und eine von ihnen
mitnimmt und bei ihr schläft, verspottet
sie die andere, weil diese nicht so wert
gewesen sei wie sie und ihr der Gürtel
nicht gelöst wurde. 45 Alles, was mit den
Götzen geschieht, ist nichts als Betrug.
Wie soll man sie denn für Götter halten
oder so nennen?

46 Von Künstlern und Goldschmieden
sind sie gemacht; und was die Hand-
werker wollen, das muss daraus werden
und nichts anderes. 47 Und die sie ge-
macht haben, leben nicht lange. Wie soll-
ten denn das Götter sein, die von ihnen
gemacht worden sind? 48 Sie hinterlassen
ja den Nachkommen nichts als Betrug
und Spott. 49 Denn wenn Krieg oder
sonst ein Unglück über sie kommt, be-
raten sich die Priester, wo sie sich zu-
gleich mit den Götzen verbergen können.
50 Wie sollte man da nicht merken, dass
es keine Götter sind, wenn sie sich selber
weder vor Krieg noch vor anderm Un-
glück schützen können? 51 Denn da sie
aus Holz und mit Gold und Silber über-
zogen sind, wird man zuletzt erkennen,
dass es Truggebilde sind; allen Heiden
und Königen wird offenbar werden, dass
sie nicht Götter, sondern von Menschen-
händen gemacht sind und dass keine
Gotteskraft in ihnen ist. 52 Darum kann
jeder deutlich merken, dass es nicht Göt-
ter sind.

53 Denn sie [a]erwecken keinen König
über ein Land, sie [b]geben den Menschen
nicht Regen 54 und [a]schaffen ihnen kein

6,29: *a* 3. Mose 12,2-5 **6,31:** *a* 3. Mose 21,5 **6,32:** *a* 1. Kön 18,28 **6,35:** *a* Mal 1,14 **6,36:** *a (36-37)* 5. Mose 32,37-39 **6,38:** *a* Ps 68,6 **6,41:** *a* Mk 7,32-37 **6,53:** *a* 1. Kön 14,14; *b* Jer 14,22 **6,54:** *a* Ps 103,6

Recht, noch retten sie den, dem Unrecht
geschieht; sie sind auch gar nicht dazu
imstande, so wenig wie die Krähen, die in
der Luft hin und her fliegen. 55 Wenn im
Hause der hölzernen, vergoldeten und
versilberten Götzen Feuer ausbricht, so
laufen die Priester davon und retten sich;
die Götzen aber verbrennen wie Balken.
56 Sie können weder Königen noch Fein-
den widerstehen. Wie soll man sie denn
für Götter halten oder so nennen?

57 Die hölzernen, versilberten und ver-
goldeten Götzen können sich vor Dieben
und Räubern nicht schützen. 58 Denn die
sie in ihre Gewalt bekommen, die ziehen
ihnen das Gold und Silber ab und das
Gewand, mit dem sie bekleidet sind, und
gehen damit fort; so können sie sich sel-
ber nicht helfen. 59 Darum ist's viel bes-
ser, ein König zu sein, der seine Macht
beweisen kann, oder ein nützlicher Haus-
rat zu sein, den der Besitzer gebrauchen
kann, oder eine Tür, die das Haus ver-
wahrt, oder eine hölzerne Säule in einem
königlichen Saal, als solche ohnmächti-
gen Götzen.

60 [a]Sonne, Mond und Sterne, die hell
scheinen und nützlich sein sollen, sind
gehorsam. 61 Ebenso ist auch der Blitz,
wenn er aufleuchtet, herrlich anzusehen;
ebenso weht der Wind in jedem Land;
62 und die Wolken ziehen über die ganze
Welt und tun, was Gott ihnen befiehlt.
63 Auch das Feuer, das von oben her ge-
sandt ist, um Berge und Wälder zu ver-
zehren, tut, was ihm geboten ist. 64 Die
Götzen aber sind ihnen allen weder an
Gestalt noch an Kräften zu vergleichen.
Darum soll man sie nicht für Götter hal-
ten oder so nennen; denn sie können we-
der strafen noch den Menschen helfen.

65 Weil ihr also wisst, dass es nicht
Götter sind, so fürchtet euch nicht vor
ihnen. 66 Denn sie können Könige weder
verfluchen noch segnen. 67 Sie können
auch keine [a]Zeichen am Himmel den
Heiden geben; sie können es nicht hell
machen wie die Sonne noch einen Schein
geben wie der Mond. 68 Die unvernünfti-
gen Tiere sind besser daran als sie; die
können doch in eine Höhle fliehen und
sich selber helfen. 69 Darum ist uns auf
jede Weise offenbar geworden, dass sie
keine Götter sind. Darum fürchtet sie
nicht!

70 Denn wie eine Vogelscheuche, die im
Garten nichts bewachen kann, so sind
auch ihre hölzernen, vergoldeten und
versilberten Götzen. 71 Und wie eine
Hecke im Garten ist, auf die sich man-
cherlei Vögel setzen, oder wie ein Toter,
der im Grabe liegt, so sind ihre hölzer-
nen, vergoldeten und versilberten Göt-
zen.

72 Auch daran kann man es merken,
dass sie nicht Götter sind: Der Scharlach
und die kostbare Leinwand, die sie um-
haben, werden zerfallen und sie selbst
endlich auch dazu, sodass alle über sie
spotten. 73 Wohl dem Menschen, der ge-
recht ist und keine Götzen hat! Der wird
nicht zu Spott.

6,60: *a (60-63)* Hiob 37,1-24 **6,67:** *a* Jes 7,11; Am 8,9; Lk 21,25-26

DAS ERSTE BUCH DER MAKKABÄER

Alexander der Große übergibt das Reich seinen Nachfolgern

1 Alexander, der Sohn Philipps, König
von Mazedonien, der zuerst über
Griechenland herrschte, ist aus dem
Lande Kittim ausgezogen und hat Da-
rius, den König der Perser und Meder,
geschlagen.[a] 2Er hat viele Kriege ge-
führt, befestigte Städte erobert und die
andern Könige der Erde umgebracht
3und ist immer weitergezogen bis an die
Enden der Erde und hat Beute bei vielen
Völkern gemacht; aber die Erde musste
still sein vor ihm. 4Er [a]brachte eine ge-
waltige Heeresmacht zusammen und sein
Herz wurde hochmütig. 5Denn er hatte
alle Länder und Königreiche eingenom-
men und sie mussten ihm Tribut zahlen.
6Als er aber krank wurde und merkte,
dass er sterben würde, 7rief er seine Fürs-
ten zu sich, die mit ihm von Jugend auf
erzogen worden waren, und [a]teilte sein
Reich noch zu seinen Lebzeiten unter sie
auf. 8Darauf ist Alexander gestorben,
nachdem er zwölf Jahre regiert hatte.*
9Dann übernahmen die Fürsten das
Reich, jeder in seinem Gebiet, 10machten
sich nach seinem Tode zu Königen, und
sie und ihre Nachkommen regierten lan-
ge Zeit. Und [a]die Schlechtigkeit nahm
immer mehr zu auf der Erde.

In Israel entsteht eine heidenfreundliche Partei

11Aus ihnen [a]schoss eine böse Wurzel
auf, [b]Antiochus Epiphanes, der in Rom
als [c]Geisel für seinen Vater Antiochus
den Großen gewesen war. Er fing an zu
regieren im 137. Jahr der griechischen
Herrschaft.** 12[a]Zu dieser Zeit traten in
Israel gottlose Leute auf; die überredeten
viele und sagten: Lasst uns ein Bündnis
mit den Heiden ringsum schließen; denn
wir haben viel leiden müssen seit der
Zeit, da wir uns von den Heiden abge-
sondert haben. 13Diese Meinung gefiel
ihnen gut. 14[a]Und einige aus dem Volk
entschlossen sich, zum König zu gehen;
der gestattete ihnen, heidnische Lebens-
weise einzuführen. 15Da richteten sie in
Jerusalem eine Kampfbahn her, wie sie
auch die Heiden hatten, 16stellten künst-
lich ihre Vorhaut wieder her und fielen
vom heiligen Bund ab, passten sich den
andern Völkern an und gaben sich dazu
her, allen Lastern zu frönen.

Antiochus IV. Epiphanes plündert den Tempel

(vgl. 2. Makk 5,1; 5,11-21)

17Als nun Antiochus seine Herrschaft
gefestigt hatte, gedachte er, auch das Kö-
nigreich Ägypten an sich zu bringen, da-
mit er über beide Königreiche herrschte,
18und zog nach Ägypten, gut gerüstet
mit großem Heer, mit Wagen, Elefanten,
Reitern und vielen Schiffen 19und führte
Krieg mit Ptolemäus, dem König von
Ägypten. Aber Ptolemäus wandte sich
vor ihm zur Flucht und viele Ägypter
sind umgekommen. 20Und Antiochus
hat die befestigten Städte in Ägypten ein-
genommen und große Beute gemacht.
21Als aber Antiochus in Ägypten ge-
siegt hatte und wieder heimzog im
143. Jahr,⁺ zog er hinauf gegen Israel
22und kam nach Jerusalem mit einem
großen Heer, 23ging frech und ohne
Scheu in das [a]Heiligtum und ließ weg-
nehmen den goldenen [b]Altar, den

* 336–323 v.Chr.

** 175 v.Chr. Die seleuzidische Zeitrechnung zählte die Jahre vom Regierungsantritt des Griechen Seleukus I. im Jahre 312 v.Chr. (vgl. die Zeittafel im Anhang).

⁺ 169 v.Chr.

1,1: *a* Dan 8,5-7.21 **1,4:** *a* Dan 8,8 **1,7:** *a* Dan 11,4 **1,10:** *a* 1. Mose 6,5 **1,11:** *a* Dan 8,23-24; *b* 2. Makk 4,7; *c* Kap 8,7 **1,12:** *a (12-13)* Esra 9,1-3.10-12 **1,14:** *a (14-15)* 2. Makk 4,7-15 **1,23:** *a* Dan 8,11-12; *b* 2. Mose 30,1-3

[c]Leuchter und alle Geräte, die dazuge-
hören, den [d]Tisch, auf dem die Schau-
brote lagen, die Kannen, die Schalen, die
goldenen Löffel, den [e]Vorhang, die Kro-
nen und den goldenen Schmuck vorn am
Tempel und ließ den Goldüberzug ab-
reißen. 24 Er nahm das Silber und Gold,
die kostbaren Gefäße und die verborge-
nen Schätze, die er fand, und führte alles
mit sich in sein Land. 25 Und er ließ viele
Leute töten und führte lästerliche Re-
den.

26 Da herrschte überall in ganz Israel
großes Herzeleid: 27 Die Oberen und
Ältesten trauerten, die jungen Mädchen
und jungen Männer wurden kraftlos,
28 die Schönheit der Frauen verfiel, jeder
Bräutigam wehklagte, und die im Braut-
gemach saßen, trauerten;[a] 29 und das
ganze Land war tief bewegt über die Un-
terdrückung seiner Bewohner; und das
ganze Haus Jakob war mit Schmach be-
deckt.

Antiochus IV. Epiphanes legt eine heidnische Besatzung in die Burg von Jerusalem

(vgl. 2. Makk. 5,24-26)

30 Nach zwei Jahren sandte der König
den obersten Steuereinnehmer in die
Städte Judas; der kam mit einer großen
Schar Bewaffneter nach Jerusalem 31 und
redete voll Hinterlist friedliche Worte zu
ihnen. 32 Als sie ihm nun glaubten, über-
fiel er die Stadt unversehens, hauste übel
in ihr und brachte viele aus Israel um,
33 plünderte die Stadt, verbrannte sie und
riss die Häuser und Mauern ringsum nie-
der. 34 Die Feinde führten Frauen und
Kinder und Vieh weg, 35 befestigten die
[a]Stadt Davids mit starken Mauern und
Türmen, und sie wurde ihre Burg.
36 Dann legten sie eine heidnische Besat-
zung dorthin, gottlose Leute, deren Zahl
immer größer wurde. 37 Sie brachten
Waffen und Nahrung hinein und was sie
aus der Stadt Jerusalem raubten, schaff-
ten sie auf die Burg; damit wurden sie zu
einer ständigen Gefahr.

38 So entstand eine Bedrohung für das
Heiligtum und eine schlimme Gefahr für
Israel. 39 Sie vergossen viel unschuldiges
Blut bei dem Heiligtum und entheiligten
es. 40 So flohen die Bürger Jerusalems
ihretwegen, aber die Fremden blieben in
Jerusalem, sodass die Stadt denen fremd
wurde, die in ihr geboren worden waren,
und ihre Kinder sie verließen. 41 Das Hei-
ligtum wurde öde wie die Wüste, die
[a]Feiertage wurden zu Trauertagen, die
Sabbate zur Schmach, und alle ihre Herr-
lichkeit wurde zunichte. 42 So herrlich
und hoch Jerusalem einst gewesen war,
so verachtet und elend musste es jetzt
sein.

Antiochus IV. Epiphanes befiehlt Maßnahmen gegen den Glauben Israels

(vgl. 2. Makk 6,1-7)

43 Antiochus ließ ein Gebot an sein gan-
zes Königreich ausgehen, dass nur noch
ein einziges Volk sein sollte. 44 Da gaben
alle Völker ihre Gesetze auf und willigten
in das Wort des Königs Antiochus ein.
45 Und auch viele aus Israel willigten ein
und opferten den Götzen und entheilig-
ten den Sabbat. 46 Antiochus sandte auch
Briefe nach Jerusalem und in alle Städte
Judas; in ihnen gebot er, dass sie die
Gebräuche der Heiden annehmen, 47 die
Brandopfer, Speisopfer und Sündopfer
im Heiligtum einstellen,[a] 48 [a]Sabbate
und [b]andere Feste abschaffen, 49 das
Heiligtum und das [a]heilige Volk Israel
entheiligen, 50 Altäre, Tempel und Göt-
zenbilder errichten, Schweinefleisch und
andere [a]unreine Tiere opfern sollten.
51 Auch die [a]Beschneidung verbot er und
gebot, die Leute an alle Unreinheiten
und heidnischen Bräuche zu gewöhnen,
damit sie Gottes Gesetz vergessen und
seine Rechtsordnungen abschaffen soll-
ten. 52 Und wer dem König Antiochus
nicht gehorsam sein würde, den sollte
man töten.

53 Dies Gebot ließ er ausgehen durch
sein ganzes Königreich und setzte Amt-
leute ein, die das ganze Volk zwingen
sollten, dies zu halten. 54 Die befahlen
den Städten Judas zu opfern. 55 Viele aus
dem Volk schlossen sich denen an, die
Gottes Gesetz verlassen hatten. 56 Lauter
gottlosen Frevel trieben sie im Lande
und verjagten das Volk Israel, sodass es

1,23: *c* 2. Mose 25,31-39; *d* 2. Mose 25,23-30; *e* 2. Mose 26,31-33 **1,28:** *a* Jer 7,34 **1,35:** *a* 2. Sam 5,7 **1,41:** *a* Am 8,10; Tob 2,6 **1,47:** *a* 5. Mose 12,1-7 **1,48:** *a* 2. Mose 20,8; *b* 5. Mose 16,16 **1,49:** *a* 3. Mose 19,2 **1,50:** *a* 3. Mose 11,1-47 **1,51:** *a* 3. Mose 12,3

sich an [a]verborgenen Fluchtorten verstecken musste.

Antiochus IV. Epiphanes bringt Israel in große Not

57Im 145. Jahr, am fünfzehnten Tage des Monats Kislew,* ließ König Antiochus das [a]Gräuelbild der Verwüstung** auf Gottes Altar setzen und in allen Städten Judas Altäre errichten, 58damit man öffentlich auf dem Markt und jeder vor seinem Haus räucherte und opferte; 59auch ließ er die Bücher des Gesetzes Gottes zerreißen und verbrennen 60und alle, bei denen man die Bücher des Bundes Gottes fand, und alle, die Gottes Gesetz hielten, totschlagen. 61So ließen sie Monat für Monat ihre Kraft an den Israeliten aus, die in den Städten entdeckt wurden. 62Am fünfundzwanzigsten Tage des Monats opferten sie auf dem Altar, der auf dem Altar des Herrn stand.

63Die [a]Frauen, die ihre Söhne hatten beschneiden lassen, wurden getötet, wie Antiochus befohlen hatte; 64man hängte ihnen die Knäblein an den Hals überall in ihren Häusern und tötete auch die, die sie beschnitten hatten. 65 [a]Aber viele vom Volk Israel blieben standhaft und wollten nichts Unreines essen 66und ließen sich lieber töten, als sich durch Speisen unrein zu machen, 67und wollten nicht vom heiligen Gesetz Gottes abfallen; darum wurden sie umgebracht. 68So lag Gottes Zorn auf Israel.

Mattatias klagt über die Unterdrückung Israels

2 Zu dieser Zeit trat der Priester Mattatias auf, der Sohn des Johannes, des Sohns Simeons, aus dem Geschlecht [a]Jojaribs von Jerusalem; der wohnte in Modeïn 2und hatte fünf Söhne: Johannes mit dem Zunamen Gaddi, 3Simon mit dem Zunamen Tassi, 4Judas mit dem Zunamen Makkabäus, 5Eleasar mit dem Zunamen Awaran und Jonatan mit dem Zunamen Aphus.

6Die sahen das schreckliche Elend in Juda und Jerusalem. 7Und Mattatias klagte: Ach, dass ich dazu geboren bin, die Zerstörung meines Volks und der heiligen Stadt mit ansehen zu müssen; ich aber muss stillsitzen und die Feinde ihren Mutwillen treiben lassen! 8Das Heiligtum ist in die Hände der Fremden gekommen, und der Tempel Gottes ist wie ein Mensch, dem die Ehre genommen ist. 9Seine kostbaren Geräte hat man weggeführt. Die Kinder sind auf den Gassen erschlagen, und die junge Mannschaft ist von den Feinden erstochen worden. 10Welches Volk hat uns nicht unterjocht, und wer hat unser Land nicht ausgeplündert? 11Alle seine Herrlichkeit ist weg. Es war eine [a]Königin, nun ist's eine Magd. 12Siehe, unser Heiligtum, unser Ruhm und Preis, ist verwüstet! Die Heiden haben's entweiht. 13Wer sollte da noch Lust haben zu leben? 14Und Mattatias zerriss seine Kleider, er und seine Söhne, und zogen Säcke an und trauerten sehr.

Mattatias lehnt sich gegen die Maßnahmen des Antiochus IV. Epiphanes auf

15Als nun die Abgesandten des Antiochus auch in die Stadt Modeïn kamen, um sie zu drängen, von Gottes Gesetz abzufallen und zu opfern und zu räuchern, 16da fielen ihnen viele vom Volk Israel zu. Aber Mattatias und seine Söhne blieben standhaft.

17Da sagten die Abgesandten des Antiochus zu Mattatias: Du bist der Vornehmste und Angesehenste in dieser Stadt und hast viele Söhne und eine große Verwandtschaft. 18Darum tritt du zuerst hin und tu, was der König befohlen hat, wie alle Völker getan haben und die Männer von Juda und die, die noch in Jerusalem sind; [a]so werden du und deine Söhne zu den Freunden des Königs gezählt werden und Gold und Silber und große Gaben bekommen. 19 [a]Da sagte Mattatias frei heraus: Wenn auch alle Völker dem König Antiochus gehorsam wären und alle von dem Glauben ihrer Väter abfielen und in das Gebot des Königs einwilligten, 20so wollen

* Dezember 168 v.Chr.
** Vgl. Sach- und Worterklärungen zu »Gräuelbild«.

1,56: *a* Hebr 11,38 **1,57:** *a* Dan 9,27 **1,63:** *a* 2.Makk 6,10 **1,65:** *a (65-66)* 2.Makk 6,18; 7,1 **2,1:** *a* 1.Chr 9,10; Neh 11,10 **2,11:** *a* Klgl 1,1 **2,18:** *a* 2.Makk 7,24 **2,19:** *a (19-20)* Jos 24,15

doch ich und meine Söhne und Brüder
nicht vom Gesetz unsrer Väter abfallen.
21 [a]Davor bewahre uns Gott! Das wäre
für uns nicht gut, dass wir von Gottes
Gesetz und Recht abfielen. 22 Wir wollen
nicht in den Befehl des Antiochus ein-
willigen und wollen nicht opfern und von
unserm Gesetz abfallen und damit einen
andern Weg einschlagen.[a]

23 Als er das gesagt hatte, trat ein Jude
hin vor aller Augen, um den Götzen zu
opfern auf dem Altar in Modeïn, wie der
König befohlen hatte. 24 [a]Das sah Matta-
tias und es ging ihm durchs Herz, und er
entbrannte voll Eifer für das Gesetz
25 und er lief hinzu und tötete am Altar
den Juden und auch den Mann, den der
König Antiochus gesandt hatte, um zum
Opfern zu zwingen, und warf den Altar
um. 26 So trat er voll Eifer für das Gesetz
ein wie [a]Pinhas, als er Simri tötete, den
Sohn Salus.

27 Und Mattatias schrie laut: Wer voll
Eifer für das Gesetz eintritt und den
Bund halten will, der [a]ziehe mit mir aus
der Stadt! 28 So flohen er und seine
Söhne aufs Gebirge und verließen alles,
was sie in der Stadt besaßen. 29 Und viele,
die nach Recht und Gerechtigkeit ver-
langten, zogen in die Wüste hinaus 30 und
blieben dort mit Frauen und Kindern
und ihrem Vieh; denn die Unterdrü-
ckung war ihnen allzu schwer geworden.

Die Aufständischen beschließen, auch am Sabbat zu kämpfen

31 Als aber den Amtleuten des Königs
und seinem Kriegsvolk in der Stadt Da-
vids in Jerusalem gemeldet wurde, dass
einige sich dem Befehl des Königs wider-
setzt hatten und hinabgezogen waren, um
sich heimlich in der Wüste zu verstecken,
und dass viel Volk ihnen nachgezogen
war, 32 da zogen sie eilends hinter ihnen
her und schickten sich an, sie am Sabbat
zu überfallen, 33 und ließen ihnen sagen:
Wollt ihr noch nicht gehorsam sein?
Kommt heraus und tut, was der König
befohlen hat, so werdet ihr am Leben
bleiben. 34 Darauf antworteten sie: Wir
wollen nicht herauskommen, auch [a]den
Sabbat nicht entheiligen, wie der König
befiehlt.

35 Da stürmten die Feinde gegen sie an;
36 aber sie wehrten sich nicht, verschanz-
ten auch die Höhlen nicht 37 und sagten:
Wir alle wollen lieber schuldlos sterben;
Himmel und Erde werden Zeuge sein,
dass ihr uns mit Gewalt und Unrecht
umbringt. 38 So wurden sie am Sabbat
überfallen und sie und ihre Frauen und
Kinder samt dem Vieh umgebracht, an
die tausend Personen.

39 Als Mattatias und seine Freunde das
hörten, hielten sie die Totenklage über sie
40 und sagten zueinander: Wenn wir alle
wie unsre Brüder tun und uns nicht ge-
gen die Heiden wehren, um unser Leben
und das Gesetz zu retten, so haben sie
uns bald von der Erde vertilgt. 41 Und am
selben Tag beschlossen sie: Wenn man
uns am Sabbat angreift, so wollen wir
uns wehren, damit wir nicht alle um-
kommen, wie unsere Brüder in den Höh-
len ermordet worden sind.

42 Da schlossen sich ihnen tapfere
Männer aus Israel an, die Gruppe der
[a]Hasidäer, alle treue Anhänger des Ge-
setzes, 43 und zu ihnen kamen alle, die vor
der Unterdrückung flohen, und verstärk-
ten sie. 44 So sammelten sie ein Heer und
erschlugen in ihrem Glaubenseifer und
ihrem Zorn viele Gottlose und Abtrün-
nige; die Übrigen aber flohen und ent-
kamen zu den Heiden.

45 Danach zogen Mattatias und seine
Freunde im Lande Israel umher und ris-
sen die Altäre wieder nieder 46 und be-
schnitten mit Gewalt die Kinder, die sie
noch unbeschnitten fanden, 47 und ver-
folgten die Partei der Abtrünnigen; und
es ist ihnen gelungen, 48 das Gesetz gegen
alle Macht der Heiden und Könige zu
erhalten, sodass die Gottlosen nicht über
sie Herr wurden.

Mattatias gibt vor seinem Tod die Führung an Judas Makkabäus ab

49 Als aber Mattatias sehr alt war, sagte er
vor seinem Tod zu seinen Söhnen: Es ist
große Unterdrückung und schwere Strafe
und Verfolgung und großer Zorn über
uns gekommen. 50 Darum, liebe Söhne,

2,21: *a (21-22)* 2. Makk 7,30 **2,22:** *a* 5. Mose 5,29 **2,24:** *a (24-25)* 5. Mose 13,7-10 **2,26:** *a* 4. Mose 25,7-13 **2,27:** *a* 2. Mose 32,26 **2,34:** *a* 2. Makk 6,11 **2,42:** *a* Kap 7,12; 2. Makk 14,6

setzt euch voll Eifer für das Gesetz ein
und wagt euer Leben für den Bund uns-
rer Väter; 51 und denkt daran, welche Ta-
ten unsre Väter zu ihren Zeiten getan
haben; so werdet ihr rechte Ehre und
einen ewigen Namen erlangen.

52 [a]Abraham wurde versucht und blieb
im Glauben fest; [b]das ist ihm zur Ge-
rechtigkeit angerechnet worden. 53 Josef
[a]hielt das Gebot, als er bedrängt wurde,
und ist [b]Herr in Ägypten geworden.
54 Unser Vater [a]Pinhas setzte sich voll
Eifer für die Ehre Gottes ein und er-
langte die Zusage, dass das Priestertum
ewig bei ihm bleiben sollte. 55 Josua
führte den Befehl aus, der ihm gegeben
war; darum wurde er der oberste Fürst in
Israel.[a] 56 [a]Kaleb legte in der Gemeinde
Zeugnis ab; darum hat er einen Erbanteil
erlangt. 57 David übte Barmherzigkeit;
darum [a]erbte er den Königsthron für
immer. 58 Elia [a]setzte sich voll Eifer für
das Gesetz ein und [b]wurde in den Him-
mel geholt. 59 Hananja, Asarja und
Mischaël glaubten und wurden aus dem
Feuer errettet.[a] 60 Daniel war ohne
Schuld und [a]wurde von den Löwen er-
rettet.

61 So denkt daran, was von Geschlecht
zu Geschlecht geschehen ist, und ihr wer-
det finden, dass [a]alle, die auf Gott ver-
trauen, erhalten werden. 62 Darum fürch-
tet euch nicht vor den Drohungen des
Gottlosen: denn seine Herrlichkeit wird
zu Dreck und von den Würmern gefres-
sen. 63 [a]Heute wird er erhöht und mor-
gen ist er nichts mehr, wenn er [b]wieder
zu Erde geworden ist; und sein Vorhaben
ist zunichte geworden. 64 Darum, liebe
Kinder, seid unerschrocken und haltet
fest am Gesetz, so wird euch Gott wieder
herrlich machen.

65 Ich weiß: euer Bruder Simon ist
weise im Rat; dem gehorcht allezeit als
eurem Vater. 66 Judas Makkabäus ist ein
starker Held von Jugend auf; der soll
euer Feldhauptmann sein und den Krieg
führen. 67 [a]Sammelt alle um euch, die
das Gesetz halten. Rächt die Gewalttat,
die an eurem Volk verübt wurde, 68 und
zahlt den Heiden heim, was sie verdient
haben; und haltet fest am Gesetz! 69 Da-
nach segnete er sie und wurde zu sei-
nen Vätern versammelt 70 und starb im
146. Jahr.* Und seine Söhne begruben
ihn im Grab seiner Väter in [a]Modeïn
und ganz Israel trauerte sehr um ihn.

Judas Makkabäus kämpft gegen die abtrünnigen Juden

(vgl. 2. Makk 8,1-7)

3 Judas Makkabäus trat nun an die
Stelle seines Vaters. 2 Und seine Brü-
der und alle, die sich zu seinem Vater
gehalten hatten, halfen ihm und kämpf-
ten für Israel mit Freuden.

3 Judas gewann seinem Volk großes
Ansehen. Er legte den Harnisch an wie
ein Held und gürtete sich mit seinen Waf-
fen und schützte sein Heerlager mit sei-
nem Schwert. 4 Er war mutig wie ein
Löwe, kühn wie [a]ein junger brüllender
Löwe, wenn er etwas jagt. 5 Er spürte die
Abtrünnigen auf und verfolgte sie, und
die, die das Volk verführten, bestrafte er
mit Feuer,[a] 6 sodass überall die Feinde
vor ihm erschraken und alle Abtrünnigen
niedergeworfen wurden; und er hatte
Glück und Sieg. 7 Das verdross viele Kö-
nige; aber Jakob war es eine Freude und
ewiger Ruhm und Ehre. 8 Er zog durch
die Städte Judas und erschlug die Gott-
losen, um den Zorn von Israel abzuwen-
den. 9 So wurde sein Name berühmt bis
an die Enden der Erde, sodass alle Un-
terdrückten ihm zuliefen.

Judas Makkabäus besiegt Apollonius und Seron

10 Da brachte [a]Apollonius ein großes
Heer zusammen von Heiden und Leuten
aus Samarien, um gegen Israel zu kämp-
fen. 11 Als Judas das hörte, zog er ihm
entgegen, kämpfte mit ihm und erschlug
ihn, und viele Feinde wurden verwundet
und getötet; die Übrigen aber flohen.

* 167/166 v.Chr.

2,52: *a* 1. Mose 22,1-12; *b* 1. Mose 15,6; Jdt 8,19 **2,53:** *a* 1. Mose 39,9; *b* 1. Mose 41,40 **2,54:** *a* Vers 26; Sir 45,28-30 **2,55:** *a* Jos 1,2.16; Sir 46,1-8 **2,56:** *a* 4. Mose 14,6; Jos 14,6; Sir 46,9-10 **2,57:** *a* 2. Sam 7,11-16 **2,58:** *a* 1. Kön 18,21.40; *b* 2. Kön 2,11 **2,59:** *a* Dan 1,6-7; 3,26 **2,60:** *a* Dan 6,21 **2,61:** *a* St zu Dan 2,37 **2,63:** *a* Sir 10,12; *b* Ps 146,4 **2,67:** *a (67-68)* 5. Mose 32,40-43 **2,70:** *a* Vers 1; Kap 13,25-30 **3,4:** *a* 1. Mose 49,9 **3,5:** *a* Kap 5,5.44 **3,10:** *a* Kap 1,30; 2. Makk 4,21; 5,24

12 Judas machte große Beute und nahm
sich das Schwert des Apollonius; das
führte er fortan sein Leben lang.

13 Als dann Seron, der Befehlshaber
des syrischen Heeres, hörte, dass die Par-
tei und Gemeinde der Frommen sich zu
Judas hielt, sagte er: 14 Ich will mir einen
[a]Namen machen, damit ich im ganzen
Königreich gepriesen werde, und will Ju-
das und seinen Haufen, der den Befehl
des Königs verachtet, schlagen. 15 Darum
rüstete er sich und mit ihm zog ein gro-
ßes Heer der Gottlosen, um ihm zu hel-
fen und sich an Israel zu rächen. Und sie
kamen bis nach [a]Bet-Horon.

16 Da zog Judas ihm mit einer kleinen
Schar entgegen. 17 Als sie aber das Heer
sahen, das ihnen entgegenkam, sagten sie
zu Judas: Wir sind nur wenige; auch sind
wir heute matt vom Fasten; wie sollen
wir gegen ein so großes und starkes Heer
kämpfen? 18 Aber Judas sagte: Es kann
leicht geschehen, dass wenige ein großes
Heer überwinden; denn [a]Gott kann
ebenso gut durch wenige den Sieg ver-
leihen wie durch viele. 19 Denn [a]der Sieg
kommt vom Himmel und wird nicht
durch eine große Zahl errungen. 20 Sie
ziehen gegen uns voller Frevel und Bos-
heit und wollen uns, unsre Frauen und
Kinder ermorden und berauben. 21 Wir
aber müssen uns wehren und für unser
Leben und Gesetz kämpfen. 22 Darum
wird sie Gott vor unsern Augen vernich-
ten; ihr sollt sie nicht fürchten.

23 Als er das gesagt hatte, griff er die
Feinde an, ehe sie sich's versahen, und
schlug den Seron und sein Heer in die
Flucht 24 und jagte sie von Bet-Horon
hinunter in die Ebene und erschlug acht-
hundert Mann; die Übrigen flohen ins
Philisterland. 25 So legte sich Furcht und
Schrecken vor Judas und seinen Brüdern
auf alle Völker ringsum. 26 Und in allen
Ländern sprach man von Judas und
seinen Taten und es kam auch vor den
König.

Lysias führt den Krieg gegen die Juden fort

27 Als nun König Antiochus das alles
hörte, wurde er sehr zornig und ließ aus
seinem ganzen Königreich ein großes
Heer zusammenbringen, 28 öffnete seine
Schatzkammer, gab dem Heer den Sold
für ein Jahr und befahl, dass man auf
alles gerüstet sein sollte. 29 Als er aber
sah, dass er nicht mehr genug Geld in der
Schatzkammer hatte und dass aus dem
Land wegen des Aufruhrs und des
Kriegs, den er gegen die althergebrachten
Gesetze führte, nicht viel Tribut einging,
30 wurde er besorgt, dass er, wie bisher
schon öfter, nichts mehr übrig behalten
könnte für die Kosten seines Hofes und
für die Geschenke, die er früher mit frei-
gebiger Hand mehr als alle Könige vor
ihm ausgegeben hatte. 31 Darüber war er
sehr bestürzt und beschloss, nach Persien
zu ziehen, von den Provinzen Tribut zu
erheben und dadurch viel Geld zusam-
menzubringen.

32 Und er ließ im Lande einen Fürsten
aus königlichem Stamm zurück mit Na-
men Lysias; den machte er zum Statt-
halter über das ganze Königreich vom
Euphrat bis an die Grenze Ägyptens
33 und vertraute ihm seinen Sohn, den
jungen Antiochus, zur Erziehung an, so-
lange er außer Landes sein würde. 34 Er
überließ ihm die Hälfte des Kriegsvolks
und die Elefanten und gab ihm den Be-
fehl, alles auszuführen, was er gegen die
Bewohner von Judäa und Jerusalem vor-
hatte: 35 Er sollte ein Heer gegen sie
schicken, um das Heer Israels und die
Überlebenden in Jerusalem auszurotten
und die Erinnerung an diesen Ort auszu-
tilgen; 36 auch sollte er in ihrem ganzen
Gebiet Leute aus fremdem Stamm an-
siedeln und das Land durchs Los an sie
verteilen.

Lysias rückt in Judäa ein

(vgl. 2. Makk 8,8-11)

37 Im 147. Jahr* nahm der König selbst
das übrige Kriegsvolk und zog von seiner
Stadt Antiochia aus über den Euphrat
hinauf in die oberen Länder. 38 Aber Ly-
sias bestimmte einige mächtige Männer
von den Freunden des Königs zu Haupt-
leuten, nämlich [a]Ptolemäus, den Sohn
des Dorymenes, [b]Nikanor und Gorgias,
39 und gab ihnen vierzigtausend Mann zu

* 166/165 v.Chr.

3,14: *a* Kap 2,51 **3,15:** *a* Jos 10,10 **3,18:** *a* 1.Sam 14,6 **3,19:** *a* Spr 21,31 **3,38:** *a* 2.Makk 4,45; 6,8; 8,8; *b* Kap 7,26

Fuß und siebentausend Reiter, damit sie
das Land Juda überfallen und es ver-
heeren sollten, wie der König befohlen
hatte. 40 Nachdem sie nun mit diesem
Heer ausgezogen waren, lagerten sie sich
bei Emmaus in der Ebene. 41 Als die
Kaufleute in der Umgegend davon hör-
ten, kamen sie in das Lager und brachten
sehr viel Silber und Gold und Fesseln mit
sich, um die Israeliten als Sklaven zu
kaufen. Auch aus Syrien und andern
fremden Ländern stieß viel Kriegsvolk zu
ihnen.

Judas Makkabäus rüstet sein Heer zur Abwehr

42 Als nun Judas und seine Brüder sahen,
dass die Verfolgung immer schlimmer
wurde und dass die Feinde an der Grenze
lagen, und erfuhren, dass der König be-
fohlen hatte, ganz Juda zu vertilgen,
43 sagten sie zueinander: Wir wollen der
Erniedrigung unsres Volks ein Ende ma-
chen und für unser Volk und für das
Heiligtum kämpfen. 44 Und die Ge-
meinde kam zusammen, um zum Kampf
bereit zu sein und um miteinander zu
beten und Gnade und Hilfe von Gott zu
erflehen.

45 Aber zu dieser Zeit wohnte niemand
mehr in Jerusalem, sondern es war [a]wie
eine Wüste, und keiner von ihren Bürgern
ging mehr aus und ein; das [b]Heiligtum
war zertreten, Fremde hatten die Burg
inne, und dort war ein Versammlungsort
der Heiden; die Freude war von Jakob
weggenommen, und man hörte dort we-
der Flöte noch Harfe. 46 Darum [a]kam
das Volk zusammen in Mizpa, gegenüber
von Jerusalem; denn Israel hatte vorzei-
ten in Mizpa angebetet.

47 An diesem Tag fasteten sie und zo-
gen Trauergewänder an, [a]streuten Asche
auf ihr Haupt und zerrissen ihre Kleider
48 und entrollten die Schriftrolle des Ge-
setzes, der die Heiden nachgespürt hat-
ten, um ihre Götzen darauf zu malen.
49 Sie brachten auch dorthin die priester-
lichen Kleider, die Erstlinge und Zehnten
und ließen die [a]Gottgeweihten herbei-
kommen, bei denen die Zeit ihres Ge-
lübdes vorüber war, 50 und schrien laut
zum Himmel: Was sollen wir mit diesen
machen, und wo sollen wir sie hinführen?
51 Denn dein Heiligtum ist zertreten und
entweiht, deine Priester leben in Trauer
und Niedrigkeit. 52 Und siehe, die Heiden
haben sich gegen uns versammelt, um
uns ganz zu vertilgen. Du weißt, was sie
gegen uns im Sinn haben. 53 Wie können
wir ihnen standhalten, wenn nicht du uns
hilfst? 54 Und sie [a]bliesen die Trompeten
und schrien mit lauter Stimme.

55 Danach setzte Judas Anführer für
das Kriegsvolk ein, [a]Oberste über tau-
send, über hundert, über fünfzig und
über zehn. 56 Auch ließ er ausrufen, dass
alle, die Häuser gebaut oder geheiratet
oder Weinberge gepflanzt hatten oder
alle, die voll Furcht waren, wieder heim-
ziehen möchten, wie das Gesetz es ihnen
erlaubt.[a] 57 Danach zogen sie fort und
schlugen ihr Lager im Süden von Em-
maus auf. 58 Und Judas sagte: Rüstet
euch und seid unerschrocken, damit ihr
morgen früh bereit seid, gegen diese Hei-
den zu kämpfen, die zusammengekom-
men sind, um uns und unser Heiligtum
zu vernichten! 59 Denn für uns ist es bes-
ser, im Krieg zu fallen, als das Unglück
unsres Volks und unsres Heiligtums zu
sehen. 60 Aber was Gott im Himmel will,
das geschehe!

Judas Makkabäus besiegt Gorgias

(vgl. 2. Makk 8,20-36)

4 Und Gorgias nahm fünftausend
Mann zu Fuß und tausend auserle-
sene Reiter und rückte bei Nacht gegen
das Lager der Juden vor, 2 um sie unver-
sehens zu vernichten; als Führer dienten
ihnen einige Leute von der Burg. 3 Als
Judas davon hörte, zog auch er mit den
besten Leuten aus, um das Heer des Kö-
nigs, das bei [a]Emmaus lag, zu schlagen,
4 solange es noch außerhalb des Lagers
zerstreut war. 5 Als nun Gorgias bei
Nacht an das Lager des Judas kam und
dort niemand fand, suchte er sie im Ge-
birge und meinte, sie wären vor ihm ge-
flohen.

6 Aber Judas kam morgens früh in die

3,45: *a* Klgl 5,18; *b* Dan 8,13 3,46: *a* 1. Sam 7,5 3,47: *a* Jdt 4,14 3,49: *a* 4. Mose 6,2-21 3,54: *a* 4. Mose 10,9
3,55: *a* 2. Mose 18,25 3,56: *a* 5. Mose 20,5-8 4,3: *a* Kap 3,40

Ebene mit dreitausend Mann; doch hat-
ten sie keine Harnische und Schwerter.
7Als sie nun sahen, dass das Heer der
Feinde gut gerüstet und von starker Rei-
terei umgeben war und dass sie erfahrene
Kriegsleute waren, 8sagte Judas zu sei-
nem Volk: Fürchtet euch nicht vor ihrer
großen Menge, und vor ihrem Ansturm
erschreckt nicht! 9Denkt daran, [a]wie
unsre Väter im Roten Meer errettet wor-
den sind, als ihnen der Pharao mit einem
großen Heer nacheilte. 10Lasst uns zum
Himmel rufen, so wird uns der Herr auch
gnädig sein und an den Bund denken,
den er mit unsern Vätern geschlossen
hat, und wird unsre Feinde heute vor
unsern Augen vernichten. 11Und alle Hei-
den sollen erkennen, dass einer ist, der
sich Israels annimmt, hilft und errettet.

12Als nun die Fremden aufblickten
und sahen, dass Judas gegen sie heran-
rückte, 13zogen auch sie aus dem Lager,
um Judas anzugreifen. Und die Leute des
Judas [a]bliesen die Trompeten 14und grif-
fen die Feinde an; und die Heiden wur-
den geschlagen, sodass sie alle in die
Ebene hinausflohen und die letzten er-
stochen wurden. 15Denn Judas jagte
ihnen nach bis nach Geser und bis ins
Gebiet von Idumäa, bis Aschdod und
Jamnia, und es fielen von ihnen an die
dreitausend Mann.

16Als aber Judas und sein Heer von
der Verfolgung zurückgekehrt waren, ge-
bot er seinem Volk: 17Ihr sollt nicht
plündern; denn es steht uns noch eine
Schlacht bevor. 18Gorgias und sein Heer
sind nahe vor uns im Gebirge; darum
tretet nun unsern Feinden entgegen und
schlagt sie. Danach könnt ihr plündern.
19Während Judas noch redete, erschien
eine Schar, die vom Gebirge herabspähte.
20Und sie sahen, dass ihre Leute geschla-
gen und das Lager angezündet war; denn
sie sahen den Rauch; daraus konnten sie
entnehmen, was geschehen war. 21Dazu
sahen sie Judas und sein Kriegsvolk in
der Ebene, gerüstet zur Schlacht; darüber
erschraken sie sehr 22und flohen alle ins
Gebiet der Fremden.

23Dann kehrte Judas wieder zurück,
um das Lager zu plündern, und sie er-
oberten viel Gold, Silber, blauen und ro-
ten Purpur und viele andere Schätze.
24Danach zogen sie heim, dankten und
lobten Gott mit Gesang und sprachen:
[a]Danket dem Herrn; denn er ist freund-
lich, und seine Güte währet ewiglich.
25An diesem Tag ist Israel großes Heil
widerfahren.

Judas Makkabäus besiegt Lysias

(vgl. 2. Makk 11,1-12)

26Die Heiden aber, die entronnen waren,
kamen zu [a]Lysias und sagten ihm, wie es
ihnen ergangen war. 27Als Lysias das
hörte, war er bestürzt und niedergeschla-
gen, weil nicht gelungen war, was er
Israel hatte antun wollen und was der
König befohlen hatte. 28Darum brachte
Lysias im folgenden Jahr wiederum viel
auserlesenes Kriegsvolk zusammen, sech-
zigtausend Mann zu Fuß und fünftau-
send Reiter, um die Juden zu vernich-
ten. 29Dies Heer zog nach Idumäa und
lagerte sich bei [a]Bet-Zur.

Doch Judas trat ihnen entgegen mit
zehntausend Mann. 30Als er aber sah,
dass die Feinde ein so großes Heer hat-
ten, betete er und sprach: Lob sei dir, du
Heiland Israels, der du [a]durch die Hand
deines Knechts David den Angriff des
Starken zunichtegemacht und das ganze
Heer der Heiden in die Hände [b]Jonatans,
des Sohnes Sauls, und seines Waffenträ-
gers gegeben hast. 31Ich bitte dich, du
wollest diese unsre Feinde auch in die
Hände deines Volks Israel geben, dass
sie mit ihrer Macht und ihren Reitern
zuschanden werden. 32Gib ihnen ein
erschrockenes und verzagtes Herz, dass
sie wanken und geschlagen werden;
33schlage sie nieder mit dem Schwert de-
rer, die dich lieben, dass dich alle loben
und preisen, die deinen Namen kennen!

34Als sie nun zusammenstießen, fielen
vom Heer des Lysias fünftausend Mann.
35Als aber Lysias sah, dass die Seinen
flohen, die Juden dagegen unerschrocken
und bereit waren, in Ehren zu leben oder
in Ehren zu sterben, zog er ab nach An-
tiochia, um Kriegsvolk anzuwerben und
mit noch stärkerer Heeresmacht wieder
nach Judäa zu ziehen.

4,9: *a* 2. Mose 14,30 **4,13:** *a* Kap 3,54 **4,24:** *a* Ps 106,1 **4,26:** *a* Kap 3,32 **4,29:** *a* 2. Makk 11,5 **4,30:** *a* 1. Sam 17,50; *b* 1. Sam 14,13-15

Judas Makkabäus weiht den Tempel neu

(vgl. 2. Makk 10,1-8)

36 Judas aber und seine Brüder sagten:
Weil unsre Feinde verjagt sind, lasst uns
hinaufziehen und das Heiligtum wieder
reinigen und weihen! 37 Darum kam das
ganze Kriegsvolk zusammen, und sie
zogen miteinander auf den Berg Zion.
38 Und als sie sahen, wie das Heiligtum
verwüstet, der [a]Altar entheiligt, die
[b]Tore verbrannt waren und dass der
Platz umher mit Unkraut bewachsen war
wie ein Wald oder Gebirge und die Pries-
terzellen zerfallen waren: 39 da zerrissen
sie ihre Kleider und hielten eine große
Klage, streuten Asche auf ihr Haupt,
40 fielen nieder auf ihr Angesicht und
bliesen die Trompeten und schrien zum
Himmel.

41 Und Judas stellte Männer auf, die
die Leute in der Burg abwehren sollten,
bis man das Heiligtum gereinigt hatte.
42 Und er nahm dazu Priester, die nicht
unrein geworden und beständig im Ge-
setz geblieben waren. 43 Die reinigten das
Heiligtum und trugen die unreinen Steine
weg an einen unheiligen Ort. 44 Weil nun
der Brandopferaltar [a]entheiligt war,
überlegten sie, was sie mit ihm machen
sollten. 45 Und sie hatten einen guten
Einfall, nämlich, dass man ihn ganz ein-
reißen sollte, damit kein Ärgernis von
ihm käme, weil ihn die Heiden entheiligt
hatten. Darum wurde er ganz eingeris-
sen. 46 Und sie verwahrten die Steine auf
dem Berge bei dem Tempel an einem
geeigneten Ort, [a]bis ein Prophet kom-
men und verkünden würde, was man da-
mit tun sollte.

47 Sie nahmen aber [a]unbehauene
Steine, wie das Gesetz lehrt, und bauten
einen neuen Altar ganz so, wie der frü-
here gewesen war. 48 Und sie bauten das
Heiligtum wieder auf und das Innere des
Hauses und weihten den Bau und die
Vorhöfe. 49 [a]Und sie ließen neue heilige
Gefäße machen und brachten den gol-
denen Leuchter, den Räucheraltar und
den Tisch in den Tempel. 50 Und sie leg-
ten Weihrauch auf den Altar und zün-
deten die Lampen auf dem Leuchter an,
damit sie im Tempel leuchteten. 51 Auf
den Tisch legten sie die Brote und häng-
ten die Vorhänge auf und richteten den
Tempel vollständig wieder her.

52 [a]Und am fünfundzwanzigsten Tage
des neunten Monats, der Kislew heißt,
im 148. Jahr,* 53 standen sie früh auf und
[a]opferten nach dem Gesetz auf dem
neuen Brandopferaltar, den sie aufge-
richtet hatten. 54 Zur gleichen Zeit und
am gleichen Tage, an dem die Heiden das
Heiligtum entweiht hatten, wurde es wie-
der geweiht mit Gesang und mit Zithern,
Harfen und Zimbeln. 55 Und alles Volk
fiel nieder auf das Angesicht, betete an
und lobte den Herrn im Himmel, der
ihnen Glück und Sieg gegeben hatte.

56 Und sie hielten das [a]Fest der Weihe
des neuen Altars acht Tage lang und
opferten mit Freuden Brandopfer, Dank-
opfer und Lobopfer; 57 und sie schmück-
ten die Vorderseite des Tempels mit gol-
denen Kränzen und Schilden und mach-
ten neue Tore und Zellen und setzten die
Türen ein. 58 Und es herrschte sehr große
Freude im Volk, dass die Schande von
ihnen genommen war, die ihnen die Hei-
den angetan hatten. 59 Und Judas und
seine Brüder und die ganze Gemeinde
Israel beschlossen, dass man jährlich
vom fünfundzwanzigsten Tage des Mo-
nats Kislew an acht Tage lang das Fest
der Weihe des neuen Altars mit Freude
und Fröhlichkeit halten sollte.[a]

60 Zu derselben Zeit bauten sie hohe
Mauern und feste Türme um das Heilig-
tum auf dem Berge Zion, damit die Hei-
den das Heiligtum nicht einnehmen und
zertreten könnten, wie sie es kurz zuvor
getan hatten. 61 Und Judas legte Kriegs-
volk hinein, um das Heiligtum zu schüt-
zen. Er befestigte auch Bet-Zur, damit
das Volk eine Festung gegen Idumäa
hätte, in der sie sich aufhalten und ver-
teidigen konnten.

Judas Makkabäus besiegt die Idumäer und andere Völker

5 Als aber die Heiden ringsum hörten,
dass der Altar wieder aufgerichtet
und das Heiligtum erneuert war, so wie
es früher gewesen war, wurden sie sehr

* Dezember 165 v.Chr.

4,38: *a* Kap 1,57; *b* 2. Makk 1,8; 8,33 **4,44:** *a* Kap 1,62 **4,46:** *a* Kap 9,27; 14,41 **4,47:** *a* 2. Mose 20,25 **4,49:** *a (49-51)* Kap 1,23 **4,52:** *a (52-54)* Kap 1,57.62 **4,53:** *a* 2. Mose 29,38-42 **4,56:** *a* 2. Chr 7,9 **4,59:** *a* Joh 10,22

zornig 2und nahmen sich vor, das Ge-
schlecht Jakobs, das unter ihnen wohnte,
auszurotten, und fingen an, die Juden zu
töten und zu vernichten. 3Aber Judas zog
gegen das Geschlecht Esaus in Idumäa
und in Akrabattene, wo sie die Israeliten
belagerten, schlug viele Idumäer tot und
demütigte sie und plünderte sie aus.[a]

4Weil auch die Beoniter auf den Stra-
ßen zu einer ständigen Gefahr und zu
einem Ärgernis für das Volk durch ihre
Nachstellungen geworden waren, 5dach-
te Judas an ihre Niedertracht, schloss sie
in ihren Burgen ein, belagerte sie und
vollstreckte den Bann an ihnen und ver-
brannte ihre Burgen mit allen, die darin
waren.

6Danach zog er gegen die Ammoniter;
die waren gut gerüstet und hatten viel
Kriegsvolk und einen Hauptmann [a]Ti-
motheus. 7Darum hatte Judas viele
Kämpfe mit ihnen zu bestehen und sie
wurden von ihm besiegt und geschlagen.
8Und er eroberte die Stadt [a]Jaser mit
ihren umliegenden Ortschaften. Danach
zog er wieder heim nach Judäa.

Die Juden aus dem Ostjordanland und aus Galiläa bitten um Hilfe

9Es versammelten sich aber die Heiden
auch in Gilead gegen die Israeliten, die
unter ihnen wohnten, um sie auszurot-
ten; aber das Volk floh auf die Burg Da-
tema. 10Und sie schrieben an Judas und
seine Brüder: 11Die Heiden ringsum ha-
ben sich gegen uns versammelt, um uns
alle umzubringen. Sie wollen kommen
und unsre Burg stürmen, in die wir ge-
flohen sind; und ihr Hauptmann ist Ti-
motheus. 12Darum bitten wir dich, uns
zu Hilfe zu kommen und uns aus ihrer
Hand zu retten; denn wir sind wenige,
weil die Feinde viele umgebracht haben;
13und im Lande [a]Tob sind alle unsre
Brüder, gegen tausend Mann, getötet
und ihre Frauen, Kinder und ihr Hab
und Gut weggeführt worden.

14Als man diesen Brief las, kamen an-
dere Boten aus Galiläa; die hatten [a]ihre
Kleider zerrissen und meldeten Ähnli-
ches 15und sagten, die Heiden aus Ptole-
mais, Tyrus und Sidon und ganz Galiläa
seien zusammengekommen, um die Is-
raeliten auszurotten.

16Als Judas und das Volk das hörten,
hielten sie eine große Versammlung ab,
um zu überlegen, wie sie ihren Brüdern
helfen könnten, die in solcher Not waren
und vom Feinde bedrängt wurden.
17Und Judas befahl seinem Bruder Si-
mon: Wähle dir Männer aus, zieh hin
und rette deine Brüder in Galiläa; ich
aber und mein Bruder Jonatan wollen
nach Gilead ziehen. 18Und er machte
Josef, den Sohn Secharjas, und Asarja zu
Hauptleuten über das übrige Kriegsvolk
daheim, um Judäa zu beschützen, 19und
befahl ihnen, sie sollten das Volk regieren
und sich nicht in einen Krieg mit den
Heiden einlassen, bis er zurückkäme.
20Und Simon zog nach Galiläa mit drei-
tausend Mann, Judas nach Gilead mit
achttausend.

Simon rettet die Juden aus Galiläa

21Als nun Simon nach Galiläa kam, be-
stand er viele Kämpfe mit den Heiden,
siegte und verfolgte sie bis zum Tor von
Ptolemais. 22So kamen gegen dreitau-
send Heiden um und Simon machte
große Beute. 23Danach nahm er die Ju-
den aus Galiläa und Arbatta mit Weib
und Kind und all ihr Hab und Gut mit
und führte sie mit großer Freude nach
Judäa.

Judas Makkabäus und Jonatan siegen im Ostjordanland

24Aber Judas Makkabäus und sein Bru-
der Jonatan zogen über den Jordan in die
Wüste drei Tagereisen weit. 25Da trafen
sie auf die Nabatäer. Die empfingen sie
freundlich und erzählten ihnen, wie es
ihren Brüdern in Gilead ging 26und dass
viele eingeschlossen waren in Bosora,
Bosor, Alema, Kaspin, Maked und Kar-
najim, alles große und befestigte Städte;
27dass auch viele in andern Städten in
Gilead eingeschlossen waren und die
Feinde beschlossen hatten, am andern
Tage die Befestigungen zu überfallen, zu
stürmen und alle Juden an einem Tage
umzubringen. 28Da kehrte Judas mit sei-
nem Heer sogleich um in die Wüste von

5,3: *a* 2. Makk 10,17 5,6: *a* 2. Makk 8,30 5,8: *a* 4. Mose 21,32 5,13: *a* Ri 11,3; 2. Sam 10,6 5,14: *a* Kap 2,14

Bosora, eroberte die Stadt und erschlug
alles, was männlich war, mit der Schärfe
des Schwerts und plünderte und ver-
brannte die Stadt.

29 Danach zogen sie bei Nacht fort zu
der Burg, wo seine Brüder belagert wur-
den. 30 Und als sie am Morgen aufblick-
ten, sahen sie eine große Menge Kriegs-
volk, die nicht zu zählen war, Leitern und
Sturmböcke tragen, um die Festung im
Sturm zu nehmen. 31 Und als Judas sah,
dass der Kampf anfing und in der Stadt
Trompeten und lautes Geschrei zum
Himmel schallten, 32 da [a]ermahnte Judas
sein Heer, für ihre Brüder zu kämpfen,
um sie zu retten. 33 Und er teilte es in drei
Heerhaufen ein und griff von hinten an
und ließ die Trompeten blasen; und das
Volk schrie laut im Gebet zu Gott. 34 Als
aber das Heer des Timotheus sah, dass
der Makkabäer hinter ihnen war, flohen
sie vor ihm und wurden vernichtend ge-
schlagen, sodass von ihnen an diesem
Tag gegen achttausend fielen.

35 Danach zog Judas nach Alema,
stürmte und eroberte es und ließ alles,
was männlich war, töten und plünderte
und verbrannte die Stadt.

36 Von dort zog er weiter und eroberte
[a]Kaspin, Maked, Bosor und die andern
Städte in Gilead.

37 Aber [a]Timotheus brachte ein neues
Heer zusammen und lagerte sich gegen-
über von Rafon jenseits des Bachs. 38 Da
schickte Judas Leute aus, die das Lager
erkunden sollten. Die meldeten ihm, dass
es eine sehr große Menge aus allen Hei-
den ringsum wäre, 39 dass sie auch
Kriegsleute aus Arabien bei sich hätten,
denen sie Sold geben müssten, und dass
sich das Heer jenseits des Bachs gelagert
hätte und zur Schlacht gerüstet wäre.
Darum zog Judas ihnen entgegen. 40 Und
Timotheus sagte zu seinen Hauptleuten:
Wenn Judas mit seinem Heer an den
Bach kommt und so mutig ist, dass er
zuerst zu uns herüberzieht, so können
wir ihm nicht widerstehen, sondern er
wird uns schlagen. 41 Wenn er sich aber
fürchtet und nicht über den Bach wagt,
so wollen wir über das Wasser und ihn
angreifen und schlagen.

42 Als nun Judas an den Bach kam,
stellte er die Amtleute an das Wasser und
befahl ihnen, dafür zu sorgen, dass kei-
ner zurückblieb, sondern dass alle in den
Kampf zogen. 43 [a]Als nun Judas und sein
Heer als Erste über das Wasser kamen,
wurden die Feinde alle von ihnen ge-
schlagen und warfen ihre Waffen weg
und flohen in einen Tempel in der Stadt
Karnajim. 44 Aber Judas eroberte die
Stadt und verbrannte den Tempel und
alle, die darin waren; so wurde Karnajim
unterworfen und konnte Judas nicht
widerstehen.

Judas Makkabäus holt die Juden aus Gilead nach Judäa

(vgl. 2. Makk 12,27-31)

45 Danach ließ Judas alle Israeliten, die in
Gilead waren, Klein und Groß, Frauen
und Kinder, eine sehr große Zahl, zusam-
menkommen, damit sie nach Judäa zo-
gen. 46 Und auf dem Wege kamen sie zu
einer großen, gut befestigten Stadt,
Efron, die an der Straße lag, durch die
man hindurchmusste und nicht rechts
oder links vorbeiziehen konnte. 47 Nun
wollten die Leute von Efron Judas nicht
durchlassen, 48 sondern zogen sich in die
Stadt zurück, verschlossen die Tore und
wälzten Steine davor. 49 Aber Judas
sandte zu ihnen, sagte ihnen Frieden zu
und bat freundlich, 50 dass man sie
[a]durchließe, damit sie in ihr Land kom-
men könnten; denn keiner von seinen
Leuten würde ihnen Schaden antun; er
begehre nichts anderes, als durch die
Stadt zu ziehen. Aber die Leute von
Efron wollten sie nicht einlassen.

51 Da ließ Judas im ganzen Heer aus-
rufen, dass das Kriegsvolk sich in
Schlachtordnung aufstellen sollte. So
stellten sie sich in Schlachtordnung auf,
stürmten den ganzen Tag und die ganze
Nacht gegen die Stadt an und eroberten
sie. 52 Und Judas ließ alles, was männlich
war, erstechen und plünderte und zer-
störte die Stadt und zog über die toten
Körper hinweg. Und sie kamen über den
Jordan in die Ebene gegenüber von Bet-
Schean. 53 Und Judas sammelte die Zu-
rückbleibenden und sprach dem Volk auf

5,32: *a* Kap 3,43 **5,36:** *a* 2. Makk 12,13 **5,37:** *a* 2. Makk 12,20 **5,43:** *a (43-44)* 2. Makk 12,26 **5,50:** *a* 4. Mose 20,17

dem ganzen Wege Mut zu, bis sie ins
Land Juda kamen. 54 Da zogen sie mit
großer Freude auf den Berg Zion und
opferten Brandopfer, weil keiner von ih-
nen gefallen und sie mit Frieden wieder
heimgekommen waren.

Josef und Asarja unterliegen bei Jamnia

55 Während aber Judas und Jonatan in
Gilead waren und ihr Bruder Simon in
Galiläa vor Ptolemaïs, 56 hörten die bei-
den Hauptleute Josef, der Sohn Sechar-
jas, und Asarja von ihren Siegen und
großen Taten und sagten: 57 Auch wir
wollen Ehre einlegen und die Heiden um
uns her angreifen. 58 Und sie befahlen
ihrem Kriegsvolk, nach Jamnia zu zie-
hen. 59 Da zog Gorgias mit seinem Heer
aus der Stadt, um gegen sie zu kämpfen,
60 und schlug Josef und Asarja in die
Flucht und jagte sie bis ins Land Juda.
Und Israel verlor an diesem Tag gegen
zweitausend Mann.

61 So erlitt das Volk eine schwere Nie-
derlage, [a]weil sie Judas und seinem Bru-
der nicht gehorcht und gemeint hatten,
sie könnten sich Ruhm erringen, 62 ob-
wohl sie doch nicht aus dem Geschlecht
der Männer waren, denen Gott verliehen
hatte, Israel die Rettung zu bringen.
63 Aber Judas und seine Brüder wurden
sehr hoch geachtet in ganz Israel und bei
allen Heiden, 64 wo man sie auch nannte.
Und viele kamen und huldigten ihnen.

Judas Makkabäus kämpft erfolgreich gegen Edomiter und Philister

65 Und Judas zog aus mit seinen Brüdern
gegen das Geschlecht Esaus im Südland
und eroberte Hebron und die Orte
ringsum und riss ihre Mauern nieder und
verbrannte ihre Türme 66 und kehrte um
ins Philisterland und zog durch Mare-
scha. 67 Damals sind viele Priester gefal-
len, die allzu kühn gewesen waren und
die Feinde ohne Rat und Befehl ange-
griffen hatten. 68 Darauf zog Judas nach
Aschdod ins Philisterland und riss ihre
Götzenaltäre ein und verbrannte ihre
Götzen und plünderte die Städte und
kam wieder heim ins Land Juda.

Antiochus IV. Epiphanes unterliegt in Elymaïs und stirbt

(vgl. 2. Makk 9,1-29)

6 Als aber König Antiochus durch die
[a]oberen Länder zog, hörte er von
einer berühmten Stadt Elymaïs in [b]Per-
sien, dass dort viel Gold und Silber und
großer Reichtum war 2 und dass im Tem-
pel reiche Schätze und die goldenen Klei-
der, Harnische und Schilde aufbewahrt
wurden, die [a]Alexander, der Sohn Phil-
ipps, der König von Mazedonien, der
zuerst über Griechenland herrschte, dort-
hin geschenkt hatte. 3 Darum zog An-
tiochus vor die Stadt, um sie zu erobern
und zu plündern; aber es gelang ihm
nicht, weil die Einwohner der Stadt ge-
warnt worden waren 4 und sich ihm zum
Kampf entgegenstellten. Und Antiochus
musste fliehen und zog mit großem Un-
mut wieder ab und kehrte nach Babylon
um.

5 Da kam ein Bote zu ihm nach Persien
und meldete, dass sein Heer, das er in das
Land Juda gesandt hatte, geschlagen
worden wäre 6 und dass [a]Lysias an der
Spitze eines starken Heeres ausgezogen
wäre, aber vor den Juden hätte fliehen
müssen, und dass die Juden in seinem
Lager viele Waffen und große Beute er-
obert hätten, mit der sie sich dann besser
gerüstet hätten und mächtiger geworden
wären; 7 und sie hätten das [a]Gräuelbild
der Verwüstung, das er auf den Altar in
Jerusalem gesetzt hatte, zerstört und das
Heiligtum wieder mit hohen Mauern
umgeben wie früher, dazu auch seine
Stadt Bet-Zur befestigt.[b] 8 Als Antiochus
das hörte, erschrak er heftig und wurde
sehr bestürzt, legte sich nieder und wurde
krank vor Kummer, weil sein Vorhaben
nicht gelungen war.

9 Und er blieb lange dort; denn der
Kummer wurde je länger umso größer
und machte ihn so schwach, dass er
meinte, er müsste sterben. 10 Darum rief
er alle seine Freunde zu sich und sagte zu
ihnen: Ich kann keinen Schlaf mehr fin-
den vor lauter Kummer und Herzeleid.
11 Ich dachte bei mir selbst: In welche
Trübsal und in was für Fluten von
Trauer bin ich jetzt geraten, während ich

5,61: *a* Vers 19 **6,1:** *a* Kap 3,37; *b* Kap 3,31 **6,2:** *a* Kap 1,1 **6,6:** *a* Kap 4,26-35 **6,7:** *a* Kap 1,57; *b* Kap 4,36-61

doch gütig und beliebt war, solange ich
regiert habe! 12 Aber nun denke ich an
das Böse, das ich in Jerusalem getan
habe, als ich [a]alle goldenen und silber-
nen Geräte aus dem Tempel wegführte
und die Bewohner Judäas ohne Grund
ausrotten wollte. 13 Jetzt weiß ich, woher
dies Unglück über mich kommt; und
darum muss ich in einem fremden Land
in großer Traurigkeit sterben.
14 Und er rief einen seiner Freunde,
[a]Philippus, zu sich; den setzte er zum
Statthalter über das ganze Königreich
ein, 15 übergab ihm Krone, Mantel und
Ring und befahl ihm, seinen Sohn,
den jungen Antiochus, zu erziehen und
zum Herrscher heranzubilden. 16 Danach
[a]starb König Antiochus dort im 149.
Jahr.*

Judas Makkabäus belagert die Burg von Jerusalem

17 Als nun Lysias hörte, dass der König
tot war, machte er den Sohn des An-
tiochus Epiphanes, [a]den jungen Antio-
chus, den er erzogen hatte, zum König
und nannte ihn [b]Eupator.
18 Nun verwehrten die Feinde, die die
[a]Burg besetzt hielten, dem Volk Israel
den Zugang zum Heiligtum von allen
Seiten; sie trachteten danach, ihm überall
Schaden zu tun, und waren den Heiden
eine starke Stütze. 19 Darum nahm Judas
sich vor, sie zu vernichten, und rief das
ganze Kriegsvolk zusammen, um sie zu
belagern. 20 Und sie kamen zusammen
und belagerten die Burg im 150. Jahr**
und stellten Geschütze und Sturmböcke
auf.
21 Aber einige von den Belagerten ent-
kamen. Zu ihnen stießen [a]Abtrünnige
aus Israel; die [b]zogen mit ihnen zum
König und sagten: 22 Wie lange willst du
sie ohne Strafe lassen und unsre Brüder
nicht rächen? 23 Wir nämlich haben be-
schlossen, deinem Vater untertan zu sein
und seinen Befehlen zu folgen und seinen
Geboten gehorsam zu sein. 24 Darum
wurden unsere Landsleute uns feind, und
wenn sie einen von uns fanden, töteten
sie ihn und verteilten unser Erbe unter
sich; 25 und sie streckten nicht allein ge-
gen uns ihre Hand aus, sondern auch
gegen alle Nachbarländer. 26 Und jetzt
belagern sie die Burg von Jerusalem, um
sie zu erobern, und haben das Heiligtum
und [a]Bet-Zur befestigt. 27 Wenn du dich
nicht beeilst, sie abzuwehren, werden sie
stärker werden und noch mehr Schaden
tun, und du wirst sie nicht mehr bezwin-
gen können.

Antiochus V. Eupator kämpft gegen die Juden

(vgl. 2. Makk 13,9-22)

28 Als der König das hörte, wurde er sehr
zornig und ließ alle seine Fürsten zusam-
menrufen und die Hauptleute über das
Fußvolk und über die Reiter 29 und nahm
fremde Söldner an aus andern König-
reichen und von den Inseln 30 und brach-
te zusammen hunderttausend Mann zu
Fuß, zwanzigtausend Reiter und zwei-
unddreißig kriegsgewohnte Elefanten.
31 Dies Heer zog durch Idumäa und bela-
gerte Bet-Zur und kämpfte viele Tage
lang und stellte Sturmböcke auf; aber die
Juden machten einen Ausfall und ver-
brannten die Sturmböcke und kämpften
tapfer.
32 Und Judas zog von der Burg ab und
lagerte mit dem Heer bei Bet-Sacharja
gegenüber dem Lager des Königs. 33 Da
brach der König morgens früh vor Tag
auf und führte das Heer zum Angriff an
die Straße nach Bet-Sacharja, stellte es in
Schlachtordnung auf und ließ die Trom-
peten blasen 34 und den Elefanten roten
Wein und Maulbeersaft vorhalten, um
sie zum Kampf anzureizen und wild zu
machen; 35 und sie verteilten die Elefan-
ten auf die Abteilungen, sodass jedem
Elefanten tausend Mann zu Fuß in Har-
nischen und eisernen Helmen und fünf-
hundert Reiter zugeordnet wurden.
36 Diese standen schon vorher an der
Stelle, wohin der Elefant geführt wurde;
und wohin er ging, da gingen sie auch
hin und wichen nicht von ihm. 37 Und
jeder Elefant trug einen starken hölzer-
nen Turm, der ihm kunstvoll angegürtet
war; darin standen je vier Krieger, die
auf ihm kämpften, und der Inder, der das
Tier leitete. 38 Die übrige Reiterei ordnete

* 164 v.Chr. ** 163/162 v.Chr.

6,12: *a* Kap 1,23-25 **6,14:** *a* Vers 55; 2. Makk 9,29; 13,23 **6,16:** *a* 2. Makk 1,13-16; Dan 8,25 **6,17:** *a* Kap 3,32-33; *b* 2. Makk 13,1-2 **6,18:** *a* Kap 1,35 **6,21:** *a* Kap 1,12; *b* Kap 1,14 **6,26:** *a* Kap 4,29.61

er auf beiden Seiten des Heeres an, um
das feindliche Heer ins Wanken zu brin-
gen und geschlossen in ihre Reihen ein-
zudringen.
39 Und als die Sonne aufging und auf
die goldenen und ehernen Schilde schien,
glänzte das ganze Gebirge davon und
leuchtete, als wäre es lauter Feuer. 40 Und
ein Teil des königlichen Heeres verbrei-
tete sich über die hohen Berge, ein an-
derer unten in der Ebene, und sie zogen
vorsichtig und in guter Ordnung heran.
41 Und wer sie hörte, der geriet in Angst
vor dem Lärm der großen Menge, dem
Aufmarsch der Truppen und dem Klirren
der Waffen; denn es war ein sehr großes
und gut gerüstetes Heer.
42 Und auch Judas zog gegen sie in
seiner Ordnung, und es fielen sechshun-
dert Mann vom königlichen Heer. 43 Und
[a]Eleasar Awaran bemerkte einen Elefan-
ten; der war größer als die andern und
mit königlichem Panzer angetan; und er
dachte, der König wäre darauf, 44 und
wollte sich opfern, um das Volk Israel zu
erretten und einen ewigen Namen zu er-
langen. 45 Er lief mit großer Kühnheit
herbei, drang durch die Feinde hindurch
und tötete viele von ihnen auf beiden
Seiten, sodass sie vor ihm auseinander-
wichen, 46 kroch unter den Elefanten und
erstach ihn, sodass der Elefant auf ihn
fiel und auch ihn totschlug.
47 Weil aber die Juden sahen, dass das
Heer des Königs mit so großer Macht
angriff, wichen sie vor ihnen zurück.
48 Darum zog das Heer des Königs gegen
sie nach Jerusalem und schlug in Judäa
am Berg Zion das Lager auf.
49 Aber die Leute von Bet-Zur konnten
vor Hunger nicht länger in ihrer Festung
bleiben; denn es war das [a]siebente Jahr,
in dem man die Felder im ganzen Lande
brachliegen lassen musste; und sie er-
langten Geleit vom König, damit sie
sicher herauskommen konnten. 50 Da
nahm der König Bet-Zur ein und legte
eine Besatzung hinein, um die Festung zu
bewachen.
51 Er belagerte das Heiligtum lange
Zeit und stellte die verschiedensten Ge-
schütze dagegen auf. 52 Aber das Volk
Israel im Heiligtum wehrte sich viele
Tage und stellte auch Geschütze gegen
die Feinde auf. 53 Aber auch sie hatten
nichts mehr zu essen, weil es das siebente
Jahr war; denn die auswärtigen Juden,
die vor den Heiden [a]nach Judäa geflüch-
tet waren, hatten den gesamten Vorrat
aufgezehrt. 54 Und es blieben sehr wenige
im Heiligtum, denn der Hunger nahm
überhand. Darum hatten sich die meisten
zerstreuen und auf andere Städte ver-
teilen müssen.

Antiochus V. Eupator gewährt den Juden Religionsfreiheit

(vgl. 2. Makk 13,23-24)

55 Mittlerweile hörte Lysias, dass [a]Philip-
pus, dem König Antiochus noch zu sei-
nen Lebzeiten [b]seinen Sohn Antiochus
zur Erziehung anvertraut hatte, damit er
König würde, 56 aus Persien und Medien
zurückgekommen war mit dem Kriegs-
volk, das der König dorthin geführt
hatte, und dass er nach der Herrschaft
trachtete. 57 Darum beeilte er sich, zum
König und zu den Hauptleuten zu sagen:
Wir verlieren täglich viele Leute und ha-
ben kaum zu essen, und der Ort, den wir
belagern, ist stark befestigt; wir haben
aber daheim Nötigeres zu tun, nämlich
den Frieden im Königreich zu erhalten.
58 Lasst uns Frieden mit den Leuten hier
und mit ihrem ganzen Volk schließen
59 und gestatten, dass sie ihr Gesetz hal-
ten wie früher; denn sie grollen und
kämpfen allein deswegen, [a]weil wir ihnen
ihr Gesetz nehmen wollen.
60 Diese Meinung gefiel dem König
und den Fürsten gut. Und der König
schickte zu den Juden, um mit ihnen
Frieden zu schließen; und sie nahmen ihn
an. 61 Und als der König und die Fürsten
ihnen einen Eid geleistet hatten, kamen
sie aus ihrer Festung heraus und der Kö-
nig zog hinein auf den Berg Zion. 62 Als
er aber sah, dass der Ort so stark befes-
tigt war, hielt er seinen Eid nicht, den er
geschworen hatte, sondern befahl, die
Mauer ringsum niederzureißen. 63 Da-
nach zog er eilends weg nach Antiochia.
Da erfuhr er, dass sich Philippus zum
Herrn der Stadt gemacht hatte. Mit dem
kämpfte er und eroberte die Stadt.

6,43: *a* Kap 2,5 **6,49:** *a* 2. Mose 23,10-11 **6,53:** *a* Kap 5,23.45 **6,55:** *a* Vers 14; *b* Vers 15 **6,59:** *a* Kap 1,43-56

Demetrius I. Soter bestimmt Bakchides zum Statthalter und Alkimus zum Hohenpriester

(vgl. 2. Makk 14,1-2)

7 Im 151. Jahr* floh Demetrius, der
Sohn des Seleukus, aus Rom und
kam mit einem kleinen Gefolge in eine
Stadt am Meer und regierte dort als Kö-
nig. 2 Und als er in den Palast seiner
Vorfahren kam, nahm das Kriegsvolk
Antiochus und Lysias gefangen, um sie
Demetrius zu übergeben. 3 Als das aber
Demetrius gemeldet wurde, befahl er, sie
nicht vor seine Augen kommen zu lassen.
4 [a]Darum tötete sie das Kriegsvolk.

Als nun [b]Demetrius auf den Thron
gelangt war, 5 kamen zu ihm gottlose und
abtrünnige Leute aus Israel; ihr Anführer
war [a]Alkimus; der wäre gern Hoher-
priester geworden. 6 Diese verklagten Ju-
das und ihr eigenes Volk beim König und
sagten: Judas und seine Brüder haben
alle, die dir gehorsam sein wollten, um-
gebracht und uns aus unserm Lande
verjagt. 7 Darum sende jemand, dem du
vertraust, dorthin; er soll sich ansehen,
welche Zerstörung Judas über uns und
das Land des Königs gebracht hat, und
soll ihn und seinen ganzen Anhang
bestrafen.

8 Darum wählte der König aus seinen
Freunden [a]Bakchides aus, der Statthal-
ter über das Land jenseits des Euphrat**
war und ein Mächtiger im Reich und
dem König treu. 9 Und er schickte mit
ihm den abtrünnigen Alkimus, den er
zum Hohenpriester gemacht hatte, und
befahl ihm, das Volk Israel zu bestrafen.

10 Und sie zogen ins Land Juda mit
einem großen Heer und schickten Boten
zu Judas und seinen Brüdern, um über
den Frieden zu verhandeln, und taten so,
als wollten sie Frieden mit ihnen halten.
11 Aber es war nichts als Betrug. Darum
glaubte ihnen Judas nicht; denn er sah,
dass sie gut gerüstet waren und ein gro-
ßes Heer mit sich führten.

12 Aber viele Schriftgelehrte kamen zu
Alkimus und Bakchides, um zu fragen,
was nun Recht sein sollte. Und die [a]Ha-
sidäer waren die Ersten in Israel, 13 die
Frieden begehrten. 14 Und sie sagten: Ein
Priester aus dem Geschlecht Aaron ist
mit dem Heer gekommen; er wird uns
nicht hintergehen. 15 Und Alkimus sagte
ihnen Frieden zu und schwor einen Eid:
Wir wollen euch und euren Freunden
kein Leid antun. 16 Und sie glaubten ihm.
Er aber ließ sechzig Mann von ihnen
gefangen nehmen und tötete sie alle an
einem einzigen Tag, wie die Schrift sagt:
17 »Das Fleisch deiner Heiligen haben sie
den Tieren gegeben; sie haben Blut ver-
gossen um Jerusalem her wie Wasser;
und da war niemand, der sie begrub.«[a]

18 Darum kam Furcht und Schrecken
über das ganze Volk und es klagte, dass
Alkimus nicht nach Treu und Glauben
gehandelt hätte; denn er hielt den Ver-
trag und seinen Eid nicht.

19 Und Bakchides zog weg von Jeru-
salem und belagerte Bet-Sajit und ließ
viele gefangen nehmen, die ihn vorher
anerkannt, aber wegen seiner Untreue
sich wieder von ihm abgewendet hatten;
einige vom Volk ließ er töten und in eine
große Grube werfen. 20 Danach übergab
Bakchides das Land dem Alkimus und
ließ Kriegsvolk bei ihm, um ihm zu hel-
fen; er aber zog wieder zum König.

Judas Makkabäus bekämpft Alkimus

21 Und Alkimus nahm sich vor, mit aller
Gewalt Hoherpriester zu werden. 22 Und
zu ihm stießen alle, die ihr Volk ver-
wirrten; und sie unterwarfen sich das
Land Juda mit Gewalt und unterdrück-
ten das Volk Israel schwer. 23 Als nun
Judas sah, dass Alkimus und die Ab-
trünnigen aus Israel viel größeren Scha-
den im Lande anrichteten als die Heiden,
24 durchzog er abermals das ganze Land
Juda, bestrafte die Abtrünnigen und hin-
derte sie, aufs Land hinauszugehen.

25 Als aber Alkimus sah, dass Judas
und sein Volk wieder stark waren, und
erkannte, dass er ihnen nicht widerstehen
konnte, zog er wieder zum König und
klagte sie vieler Verbrechen an.

* 162/161 v.Chr.

** Die Provinz des Seleuzidenreiches westlich des Euphrat; vgl. Esra 4,10.

7,4: *a (4-7)* 2. Makk 14,3-10; *b* Kap 9,1 **7,5:** *a* Kap 9,54; 2. Makk 14,3.13.26 **7,8:** *a* Kap 9,1; 10,13; 2. Makk 8,30 **7,12:** *a* Kap 2,42 **7,17:** *a* Ps 79,2-3

Judas Makkabäus besiegt Nikanor

(vgl. 2. Makk 14,11-36; 15,1-37)

26 Darum sandte der König einen hohen
Fürsten, [a]Nikanor, der dem Volk Israel
feindlich gesonnen war, und befahl ihm,
das Volk Israel auszurotten. 27 Und Ni-
kanor zog mit einem großen Heer nach
Jerusalem und schickte Boten zu Judas
und seinen Brüdern, die so tun sollten,
als ob er Frieden mit ihnen schließen
wollte, und sie sollten sagen: 28 Wir wol-
len Frieden miteinander halten, ich und
ihr, und ich will mit wenigen Leuten
kommen, um friedlich mit euch zu reden.
29 So kam Nikanor zu Judas und sie be-
grüßten sich friedlich; aber die Feinde
wollten Judas gefangen nehmen. 30 Es
wurde aber Judas berichtet, dass Nika-
nor zu ihm gekommen war, um ihn durch
diesen Betrug gefangen zu nehmen;
darum hütete er sich vor ihm und wollte
nicht mehr zu ihm kommen.

31 Und als Nikanor merkte, dass sein
Vorhaben bekannt geworden war, zog er
gegen Judas und kämpfte mit ihm bei
Kafar-Salama. 32 Da verlor Nikanor an
die fünfhundert Mann und sein Heer
musste auf die Davidsburg fliehen.

33 Danach kam Nikanor auch zum
Heiligtum auf den Berg Zion. Und einige
von den Priestern und den Ältesten des
Volks kamen heraus, um ihn friedlich zu
empfangen und ihm das [a]Brandopfer zu
zeigen, das sie für den König darbrach-
ten. 34 Aber Nikanor verspottete sie mit
ihrem Gottesdienst und lästerte und ent-
weihte ihre Opfer 35 und schwor voller
Zorn einen Eid: Werdet ihr mir Judas
und sein Heer nicht in meine Hand über-
geben, so will ich dieses Haus verbren-
nen, sobald ich glücklich wieder herkom-
me. Und er zog weg in heftigem Zorn.

36 Aber die Priester gingen hinein und
traten vor den Altar und den Tempel und
weinten und sprachen: 37 Ach Herr, weil
du [a]dieses Haus erwählt hast, damit man
dich dort anrufen und zu dir beten soll,
38 so bitten wir, du wollest diesen Nika-
nor und sein Heer bestrafen und sie
durchs Schwert umkommen lassen;
denke daran, dass sie dein Heiligtum und
dich gelästert haben, und verjage sie aus
dem Lande.

39 Und Nikanor zog von Jerusalem
weg und schlug sein Lager bei Bet-Horon
auf. Da kam noch ein Heer aus Syrien zu
ihm, um ihm zu helfen. 40 Aber Judas
lagerte bei Adasa mit dreitausend Mann
und betete zu Gott und sprach: 41 Herr,
Gott, [a]als dich die Boten des Königs
Sanherib lästerten, schicktest du einen
[b]Engel; der tötete von ihnen hun-
dertfünfundachtzigtausend Mann. 42 So
schlage diese unsre Feinde heute vor un-
sern Augen und richte diesen Nikanor
wegen seiner schweren Untat, damit die
andern erkennen, dass du ihn bestraft
hast, weil er dein Heiligtum gelästert hat.

43 Und am dreizehnten Tag des Mo-
nats Adar* kämpften sie miteinander. Da
wurde das Heer Nikanors geschlagen
und Nikanor kam als Allererster in der
Schlacht um. 44 Und als sein Heer das
sah, warfen sie die Waffen weg und flo-
hen. 45 Aber Judas jagte ihnen eine Tage-
reise nach von Adasa bis Geser und ließ
hinter ihnen die [a]Kriegstrompeten bla-
sen, 46 damit das Volk aus allen Ortschaf-
ten ringsum herbeikommen und die Flie-
henden von allen Seiten angreifen sollte;
und sie stürzten sich auf die Feinde, so-
dass alle durchs Schwert fielen und nie-
mand davonkam. 47 Und Judas plünderte
sie aus und nahm die Beute mit sich weg.
Dem Nikanor aber ließ er den Kopf ab-
hauen und die rechte Hand, die er zum
Eid ausgestreckt hatte, als er lästerte und
dem Heiligtum drohte; und [a]er ließ Kopf
und Hand mitnehmen und in Jerusalem
aufhängen.

48 Da wurde das Volk sehr fröhlich,
und sie feierten diesen Tag mit großer
Freude 49 und ordneten an, dass man
jährlich diesen Tag, nämlich den [a]drei-
zehnten Tag des Monats Adar, feiern
sollte. 50 So wurde wieder Friede im
Lande Juda für kurze Zeit.

Judas Makkabäus schließt ein Bündnis mit den Römern

8 Es hörte aber Judas von den Römern,
dass sie sehr mächtig waren und
fremde Völker gern in Schutz nahmen,

* März 161 v.Chr.

7,26: *a* Kap 3,38; 9,1; 2. Makk 8,9; 9,3; 12,2 **7,33:** *a* Esra 6,9-10; Jer 29,7; 1. Tim 2,2 **7,37:** *a* 1. Kön 8,29-30 **7,41:** *a* 2. Kön 18,28-35; *b* 2. Kön 19,35 **7,45:** *a* Kap 3,54 **7,47:** *a* 1. Sam 17,51-54 **7,49:** *a* Est 9,17

die Hilfe bei ihnen suchten, und dass sie
Treu und Glauben hielten. 2Und er hatte
auch gehört, welch tapfere Taten sie bei
den Galatern getan, die sie bezwun-
gen und tributpflichtig gemacht hatten;
3auch, welche schweren Kriege sie in
Spanien geführt und wie sie die Berg-
werke erobert hatten, in denen man nach
Gold und Silber gräbt, und dass sie viele
Länder fern von Rom durch ihre Klug-
heit und Beharrlichkeit gewonnen hatten;
4dass sie auch viele Könige, die von weit
her in ihr Land gezogen waren, besiegt
und schwer geschlagen hatten, während
die andern ihnen jährlich Tribut zahlen
mussten; 5und dass sie den König von
Kittim, Philippus, und seinen Sohn Per-
seus samt denen, die sich sonst noch ge-
gen sie aufgelehnt, im Krieg überwunden
und unterjocht hatten.

6[a]Auch hatte Judas von dem großen
Antiochus gehört, dem König in Vorder-
asien, der gegen die Römer gezogen war
mit hundertzwanzig Elefanten, mit Rei-
tern und Wagen und sehr viel Kriegs-
volk; aber die Römer hatten sein Heer
geschlagen 7und ihn gefangen; und sie
hatten ihm und seinen Erben einen gro-
ßen Tribut auferlegt, den sie jährlich den
Römern zahlen mussten; dazu musste er
den Römern Geiseln schicken. 8Sie nah-
men ihm auch Indien, Medien und Ly-
dien, seine besten Länder, und gaben sie
dem König Eumenes.

9Auch beschlossen die Griechen, in ihr
Land einzufallen und sie zu vernichten.
10Als die Römer davon hörten, schickten
sie einen Feldhauptmann gegen die Grie-
chen; der schlug sie, sodass viele von ih-
nen fielen, führte ihre Frauen und Kin-
der gefangen fort, plünderte sie aus und
nahm das Land ein, ließ in den Städten
die Mauern niederreißen und unterwarf
sie bis auf den heutigen Tag. 11Auch die
andern Königreiche und die Inseln, die
sich ihnen jemals widersetzt hatten, ver-
heerten und unterwarfen sie.

12Aber mit den Freunden und Bundes-
genossen hielten sie Frieden. Sie herrsch-
ten über die Könige nah und fern, und
von allen, die nur ihren Namen hörten,
waren sie gefürchtet. 13Wem sie nämlich
helfen wollen, der wird geschützt und
erhalten in seinem Königreich; wenn sie
aber wollen, wird er von Land und Leu-
ten verjagt. Auf diese Weise wurden sie
sehr mächtig. 14[a]Aber bei alldem hat
sich niemand von ihnen eine Krone auf-
gesetzt und sich in Purpur gekleidet, um
damit zu prangen, 15sondern einen Rat
hatten sie eingesetzt; der bestand aus
dreihundertzwanzig Männern; die berie-
ten sich täglich, um das Volk immer gut
zu regieren. 16Und jährlich wählte man
einen Mann, der in allen ihren Ländern
zu gebieten hatte; dem mussten sie alle
gehorsam sein. Und es herrschte weder
Neid noch Zwietracht bei ihnen.

17Und Judas wählte [a]Eupolemus, den
Sohn des Johannes, des Sohnes Jakobs,
und Jason, den Sohn [b]Eleasars, und
sandte sie nach Rom, um mit den Rö-
mern Freundschaft und ein Bündnis zu
schließen, 18damit die Römer ihnen hel-
fen sollten, dass Israel nicht von dem
Königreich der Griechen unterdrückt
würde. 19Die Abgesandten machten den
weiten Weg nach Rom, traten vor den
Rat und sagten: 20Judas Makkabäus und
seine Brüder und das jüdische Volk ha-
ben uns zu euch gesandt, um Frieden
und ein Bündnis mit euch zu schließen,
dass wir als eure Freunde und Bundes-
genossen eingeschrieben werden. 21Das
hießen die Römer gut 22und sie ließen
den Vertrag auf eherne Tafeln schreiben
und schickten die Abschrift nach Jeru-
salem zur Erinnerung an den Frieden
und das Bündnis, das sie geschlossen
hatten.

Und sie lautete so: 23Gott gebe den
Römern und den Juden Glück und Frie-
den zu Wasser und zu Lande und behüte
sie vor Krieg und Feinden auf ewig!
24Wenn aber die Römer zuerst in Krieg
verwickelt würden oder irgendeiner ihrer
Bundesgenossen in ihrem ganzen Gebiet,
25so sollen die Juden den Römern treue
Hilfe leisten, wie es die Not erfordert;
26doch brauchen die Juden den Kämp-
fenden nicht Nahrung, Waffen, Geld
oder Schiffe zu liefern oder zu verschaf-
fen; dies heißen die Römer gut und wer-
den diese Abmachungen halten, ohne Er-
satz zu verlangen. 27Dagegen auch, wenn
die Juden zuerst in Krieg verwickelt wür-

8,6: *a (6-7)* Kap 1,11 **8,14:** *a (14-15)* Ri 9,7-15 **8,17:** *a* 2. Makk 4,11; *b* Kap 2,5

den, sollen ihnen die Römer treue Hilfe
leisten, wie es die Not erfordert; 28 doch
brauchen ihren Hilfstruppen von den Ju-
den nicht Nahrung, Waffen, Geld oder
Schiffe geliefert zu werden; dies heißen
die Römer gut und wollen diese Abma-
chungen ohne Betrug halten.

29 Mit diesen Worten ist das Bündnis
zwischen den Römern und den Juden
festgelegt.[a] 30 Wenn aber später einer von
beiden Teilen etwas hinzufügen oder
streichen will, so sollen beide sich dar-
über einigen. Und was sie hinzufügen
oder streichen, soll eingehalten werden.

31 Weil nun [a]König Demetrius an
den Juden Gewalttaten verübt, haben wir
ihm geschrieben: Warum unterdrückst
du unsre Freunde und Bundesgenossen,
die Juden? 32 Wenn sie weiter über dich
klagen, so müssen wir sie schützen und
wollen dich zu Wasser und zu Lande
angreifen.

Judas Makkabäus fällt im Kampf gegen Bakchides

9 Als Demetrius mittlerweile hörte,
dass [a]Nikanor mit seinem Heer ge-
schlagen und umgekommen war, sandte
er [b]Bakchides und [c]Alkimus wieder
nach Judäa und mit ihnen die besten
Truppen, die auf dem rechten Flügel zu
kämpfen pflegten. 2 Sie zogen nach Gil-
gal und sperrten und eroberten die Zu-
wege in der Arbela und töteten viele.
3 Darauf zogen sie nach Jerusalem im
152. Jahr, im ersten Monat,* 4 und von
dort nach Berea mit zwanzigtausend
Mann zu Fuß und zweitausend Reitern.
5 Und Judas hatte sein Lager bei Elasa
aufgeschlagen mit dreitausend auserlese-
nen Männern.

6 Als aber sein Kriegsvolk sah, dass die
Feinde so zahlreich waren, erschraken sie
sehr und viele liefen vom Heer weg, so-
dass nicht mehr als achthundert Mann
bei Judas blieben. 7 Als Judas sah, dass
sein Heer nicht beieinanderblieb und es
doch zum Kampf kommen musste,
wurde ihm angst und bange; denn er
hatte keine Zeit, sein Kriegsvolk wieder
zusammenzubringen. 8 In dieser Angst
sagte er zu den Übriggebliebenen: Auf,
lasst uns versuchen, ob wir die Feinde
angreifen und schlagen können! 9 Aber
sie wollten nicht, wehrten ab und sagten:
Es ist nicht möglich, dass wir etwas errei-
chen; lasst uns diesmal unser Leben ret-
ten; dann wollen wir später zurückkeh-
ren und mit unsern Brüdern gegen die
Feinde ziehen und sie angreifen; jetzt
sind wir viel zu wenige. 10 Aber Judas
sagte: Das sei ferne, dass wir vor ihnen
fliehen! Ist unsre Zeit gekommen, so wol-
len wir ritterlich sterben für unsre Brüder
und unsrer Ehre keine Schande machen.

11 Und die Feinde zogen aus dem La-
ger und stellten sich in Schlachtordnung
auf. In der ersten Reihe waren die
Schleuderer und Bogenschützen, und die
besten Krieger standen alle vorn an der
Spitze; die Reiterei war in zwei Abteilun-
gen geteilt, auf jedem Flügel eine. 12 Der
Feldhauptmann Bakchides war beim
rechten Flügel. Und die Schlachtreihe
rückte von beiden Seiten mit Kriegsge-
schrei und Trompeten vor. 13 Da ließ
auch Judas die Trompeten blasen und
zog gegen sie, und die Schlacht dauerte
vom Morgen bis zum Abend und die
Erde erbebte von dem großen Getüm-
mel.

14 Als nun Judas sah, dass auf dem
rechten Flügel Bakchides selbst samt der
größten Heeresmacht war, da griff er
dort an, er und die andern alle, die ihr
Leben wagten, 15 und sie schlugen das
Heer auf der rechten Seite in die Flucht
und jagten ihnen nach bis an den Berg
bei Aschdod. 16 Als aber die auf dem lin-
ken Flügel sahen, dass der rechte Flügel
geschlagen war, eilten sie ihrerseits Judas
und seinen Leuten nach. 17 Da musste
sich Judas gegen sie wenden und es kam
zu einer blutigen Schlacht, sodass viele
von beiden Heeren verwundet wurden
und umkamen, 18 bis auch Judas zuletzt
umkam. Da flohen die Übrigen.

19 Und Jonatan und Simon nahmen
den Leichnam ihres Bruders Judas und
[a]begruben ihn im Grab seiner Väter in
Modeïn. 20 Und das ganze Volk Israel
weinte und klagte um Judas sehr und
trauerte um ihn lange Zeit und sprach:

* April 161 v.Chr.

8,29: *a* Joh 19,15 **8,31:** *a* Kap 7,1.4 **9,1:** *a* Kap 7,43; *b* Kap 7,8; *c* Kap 7,5 **9,19:** *a* Kap 2,69-70

21 Ach, dass der Held umgekommen ist,
der Israel geschützt und errettet hat![a]
22 Dies ist die Geschichte von Judas. Er
hat aber sonst noch viele große Taten
getan, die nicht alle beschrieben werden
können, weil es zu viele sind.

Jonatan übernimmt die Nachfolge seines Bruders

23 Nach dem Tode des Judas wurden die
[a]gottlosen und abtrünnigen Leute wie-
der mächtig im ganzen Land Israel.
24 Und zu dieser Zeit herrschte sehr gro-
ßer Hunger im Lande, sodass sich das
Volk dem Bakchides unterwarf. 25 Da
wählte Bakchides gottlose Männer aus,
die machte er zu Amtleuten. 26 Und er
ließ überall die Anhänger und Freunde
des Judas suchen und sich vorführen, um
sich an ihnen zu rächen und seinen Mut-
willen an ihnen auszulassen. 27 Und in
Israel war so viel Jammer, wie nicht ge-
wesen ist, seitdem man [a]keine Propheten
mehr gehabt hatte.

28 Darum kamen alle Anhänger des Ju-
das zusammen und sagten zu Jonatan:
29 Nach dem Tod deines Bruders Judas
haben wir niemand mehr, der ihm gleich
ist und uns schützen kann gegen unsre
Feinde und Bakchides und die, die un-
serm Volk feindlich gesonnen sind.
30 Darum wählen wir dich heute an seiner
statt zum Fürsten und Feldherrn, damit
du diesen Krieg für uns führst. 31 So
wurde Jonatan ihr Fürst und regierte an-
stelle seines Bruders.

32 Als das Bakchides erfuhr, ließ er ihn
suchen, um ihn umzubringen. 33 Als aber
Jonatan und sein Bruder Simon und alle,
die bei ihnen waren, das merkten, flohen
sie in die [a]Wüste Tekoa und schlugen ein
Lager auf am Wasser des Brunnens As-
far. 34 Das hörte Bakchides und zog am
[a]Sabbat mit seinem ganzen Heer über
den Jordan.

Jonatan rächt den Tod seines Bruders Johannes

35 Nun hatte Jonatan seinen Bruder Jo-
hannes, der Feldhauptmann war, zu sei-
nen Freunden, den [a]Nabatäern, gesandt,
um sie zu bitten, dass sie ihr ganzes Hab
und Gut bei ihnen aufbewahren dürften.
36 Aber die Männer von Jambri zogen aus
Medeba und überfielen den Johannes,
nahmen ihn gefangen und raubten alles,
was er mit sich führte, und zogen damit
ab.

37 Danach wurde Jonatan und seinem
Bruder Simon hinterbracht, dass die
Leute von Jambri eine große Hochzeit
feiern und die Braut mit großer Pracht
aus Nadabat abholen würden; denn sie
war die Tochter eines Fürsten aus Ka-
naan. 38 Nun dachten Jonatan und Si-
mon daran, dass diese ihren Bruder Jo-
hannes getötet hatten; darum zogen sie
hinauf und versteckten sich hinter dem
Berg und lauerten den Leuten von Jam-
bri auf. 39 Und sie blickten auf, und siehe,
da kam mit Geschrei ein großer Zug da-
her, und der Bräutigam zog ihnen entge-
gen mit seinen Freunden und mit viel
Volk und Gütern, mit Pauken und Pfei-
fen und mit vielen Waffen. 40 Da machten
Jonatan und Simon aus dem Gebirge
heraus einen Ausfall und griffen sie an
und erschlugen viele, sodass die Übrigge-
bliebenen ins Gebirge fliehen mussten,
und raubten all ihr Hab und Gut. 41 Da
wurde aus der Hochzeit Herzeleid und
aus dem Pfeifen Heulen. 42 So rächten sie
den Mord an ihrem Bruder und kehrten
wieder um und zogen an das Ufer des
Jordan.

Bakchides kämpft mit Jonatan am Jordan

43 Als Bakchides das hörte, kam auch er
an den Jordan mit einem großen Heer
am Sabbat. 44 Da sagte Jonatan zu sei-
nem Volk: Auf, rüstet euch zur Schlacht!
Denn heute ist es nicht wie gestern und
vorgestern. 45 Denn die Feinde sind da
und wir müssen uns wehren, weil wir
doch nicht entkommen können. Denn
wir haben Feinde vor uns und hinter uns,
und auf der einen Seite wie auf der an-
dern sind das Wasser des Jordans und
Sumpf und Wald. 46 Darum sollt ihr zum
Himmel schreien, damit ihr von den
Feinden errettet werdet.[a]

9,21: *a* 2.Sam 1,19-27 **9,23:** *a* Kap 1,12 **9,27:** *a* Kap 14,41; Ps 74,9; St zu Dan 3,14 **9,33:** *a* 2.Chr 20,20 **9,34:** *a* Kap 2,32 **9,35:** *a* Kap 5,25 **9,46:** *a* Kap 3,18-19

47 Und sie griffen an und Jonatan
streckte seine Hand aus und schlug nach
Bakchides; aber Bakchides wich vor ihm
zurück. 48 Da sprangen Jonatan und sein
Kriegsvolk in den Jordan und kamen
über das Wasser; aber die Leute des Bak-
chides waren nicht so kühn, dass sie
durchs Wasser gegangen wären. 49 An
diesem Tage sind aus dem Heer des Bak-
chides tausend Mann umgekommen.

50 Darum zog Bakchides wieder ab und
kam nach Jerusalem und fing an, die
Städte in Judäa zu befestigen. Er ließ
hohe Mauern mit Toren und Riegeln
um Jericho, Emmaus, Bet-Horon, Bethel,
Timna, Piraton, Tefon bauen 51 und legte
als Besatzung Kriegsvolk hinein, das
Israel niederhalten sollte. 52 Ebenso [a]ließ
er Bet-Zur, Geser und die Burg von Jeru-
salem befestigen und legte auch Kriegs-
volk hinein und versorgte sie mit Nah-
rung. 53 Und er nahm die Kinder der
vornehmsten Männer des Landes als
Geiseln und behielt sie auf der Burg von
Jerusalem.

Alkimus stirbt

54 Im 153. Jahr, im zweiten Monat,* be-
fahl Alkimus, auch die Mauer des in-
neren Vorhofs am Tempel, die [a]die hei-
ligen Propheten hatten bauen lassen, ein-
zureißen. 55 Und als man damit begon-
nen hatte, bestrafte Gott den Alkimus,
sodass die angefangene Arbeit wieder
abgebrochen und sein Mund gestopft
wurde; denn der Schlag rührte ihn, so-
dass er nicht mehr reden oder sein Haus
bestellen konnte. 56 Und Alkimus [a]starb
mit großen Schmerzen.

Bakchides schließt Frieden mit Jonatan

57 Als aber Bakchides sah, dass Alkimus
gestorben war, zog er wieder weg zum
König. Da herrschte Friede und Ruhe im
Lande zwei Jahre lang.

58 Aber die Abtrünnigen im Lande
hielten Rat und sagten: Jonatan und sei-
ne Anhänger leben jetzt in Frieden. Lasst
uns Bakchides wieder rufen, der könnte
sie jetzt in einer einzigen Nacht alle ge-
fangen nehmen. 59 So zogen sie zu Bak-
chides und sagten ihm ihren Plan.

60 Da machte sich Bakchides mit einem
großen Heer auf und schickte heimlich
Schreiben an alle seine Anhänger im
Lande Juda, dass sie Jonatan und alle,
die bei ihm waren, gefangen nehmen soll-
ten. Aber ihr Plan wurde Jonatan hinter-
bracht; darum erreichten sie nichts,
61 sondern Jonatan nahm fünfzig Männer
vom Volk des Landes, die die Anführer
der [a]Abtrünnigen waren, gefangen und
ließ sie töten.

62 Darauf zogen sich Jonatan und
Simon mit ihrem Kriegsvolk zurück in
einen zerstörten Ort in der Wüste, Bet-
Basi; den baute er wieder auf und be-
festigte ihn. 63 Als nun Bakchides das er-
fuhr, sammelte er sein ganzes Heer und
bot auch seine Leute in Judäa auf.
64 Dann zog er vor Bet-Basi, belagerte es
lange und stellte Sturmböcke davor auf.

65 Aber Jonatan übergab seinem Bru-
der Simon den Befehl über die Stadt und
zog mit einer kleinen Schar ins offene
Land 66 und schlug Odomera und dessen
Brüder und die Söhne Fasiron an ihrem
Wohnplatz. Weil ihm aber das geglückt
war, liefen ihm noch mehr Leute zu, so-
dass er stärker wurde.

67 Mittlerweile machte Simon mit sei-
nen Leuten einen Ausfall aus der Stadt
und verbrannte die Sturmböcke 68 und
schlug Bakchides in die Flucht.

Bakchides aber war sehr erbittert, weil
sein Plan und sein Feldzug vergeblich
gewesen waren, 69 und er wurde sehr
zornig auf die Abtrünnigen unter den Ju-
den, die ihm geraten hatten, wieder in
ihr Land zu kommen, und ließ viele von
ihnen töten und beschloss, wieder in
sein Land zu ziehen.

70 Als Jonatan das erfuhr, schickte er
Boten zu ihm, um den Frieden mit ihm
herzustellen und die Herausgabe der Ge-
fangenen zu erreichen. 71 Hierin willigte
Bakchides gern ein und tat, was Jonatan
begehrte, und schwor ihm einen Eid, ihm
sein Leben lang kein Leid mehr anzutun.
72 Und er gab ihm die [a]Gefangenen wie-
der heraus, die er aus Juda weggeführt

* Mai 160 v.Chr.

9,52: *a* Kap 4,60-61 9,54: *a* Esra 6,14; Hag 1,1.8; Sach 4,8-9 9,56: *a* 2. Makk 9,9 9,61: *a* Kap 7,5 9,72: *a* Kap 7,19

hatte, und kehrte um und zog in sein
Land und kam nicht wieder in das Land
Juda.
73 So wurde wieder [a]Friede in Israel.
Und Jonatan wohnte in Michmas und
regierte dort über das Volk und vernich-
tete die Abtrünnigen in Israel.

Alexander Balas und Demetrius I. Soter suchen im Kampf um die Krone Syriens Jonatans Freundschaft

10 Im 160. Jahr* kam Alexander, der
[a]Sohn des Antiochus Epiphanes,
und besetzte die Stadt Ptolemais; und sie
nahmen ihn auf und er regierte dort.
2 Als aber König [a]Demetrius das erfuhr,
brachte er ein sehr großes Heer zusam-
men und zog gegen Alexander, um mit
ihm zu kämpfen.
3 Darum schrieb Demetrius an Jonatan
und sagte ihm zu, er [a]wollte Frieden mit
ihm halten und ihm nur Gutes tun.
4 Denn er dachte: Es ist besser, dass wir
verabreden, Frieden mit ihm zu halten,
ehe er sich auf Alexanders Seite schlägt;
5 denn er wird an all das Böse denken,
das wir ihm, seinem Bruder und seinem
Volk angetan haben.[a] 6 Und Demetrius
schrieb an Jonatan, dass er ihm das
Recht zugestehen wollte, ein Heer zu un-
terhalten und Waffen herzustellen, und
dass er sein Bundesgenosse sein sollte;
und er befahl, dass man die [a]Geiseln auf
der Burg dem Jonatan wieder freigeben
sollte.
7 Darum kam Jonatan nach Jerusalem
und ließ diese Schreiben öffentlich dem
ganzen Volk und der Besatzung der Burg
vorlesen. 8 Als sie nun hörten, dass der
König ihm das Recht zugestand, ein
Heer zu unterhalten, und ihn als Bundes-
genossen anerkannt hatte, fürchteten sie
sich sehr vor ihm 9 und gaben ihm die
Geiseln frei; und Jonatan gab sie ihren
Eltern zurück. 10 Von jetzt an wohnte Jo-
natan in Jerusalem und begann, die Stadt
wieder aufzubauen und auszubessern,[a]
11 und er sagte den Handwerkern, sie soll-
ten die Mauern wieder aufrichten und
den Berg Zion ringsum mit Quaderstei-
nen wieder befestigen; 12 und sie machten
es so.
13 [a]Und die Heiden in den Ortschaf-
ten, die Bakchides hatte befestigen las-
sen, flüchteten in ihr Land. 14 Nur in Bet-
Zur blieben einige von den Abtrünnigen;
denn dort hatten sie eine [a]Freistadt.
15 Als nun König Alexander hörte, was
Demetrius dem Jonatan versprochen
hatte, und man ihm von den Kriegen und
Heldentaten erzählte, die Jonatan und
seine Brüder vollbracht, und von den
Mühen, die sie auf sich genommen hat-
ten, sagte er: 16 Solch einen tüchtigen
Mann findet man nur einmal; darum
wollen wir ihm schreiben, damit er unser
Freund und Bundesgenosse wird.
17 Und er schrieb ihm: 18 König Alex-
ander entbietet seinem Bruder Jonatan
seinen Gruß. 19 Wir hören von dir, dass
du ein tüchtiger Mann bist und halten
dich für wert, unser Freund zu sein.
20 [a]Darum setzen wir dich heute zum
Hohenpriester über dein Volk ein. Du
sollst [b]»Freund des Königs« heißen; und
wir schicken dir ein Purpurgewand und
eine goldene Krone. Du sollst dich dar-
um treu zu uns halten und uns Freund-
schaft bewahren. 21 So [a]zog Jonatan das
priesterliche Gewand an im 160. Jahr, im
siebenten Monat,** am Laubhüttenfest.
Und er sammelte ein Heer und ließ viele
Waffen herstellen.
22 Als aber Demetrius das hörte, war er
sehr niedergeschlagen 23 und dachte: Was
haben wir da falsch gemacht, dass Alex-
ander uns zuvorgekommen ist und die
Freundschaft der Juden gewonnen hat
und dadurch stärker geworden ist!
24 Auch ich will ihnen freundlich schrei-
ben und ihnen Ehrungen und Geschenke
versprechen, damit sie mir Hilfe zusa-
gen.
25 Und er schrieb ihnen: König Deme-
trius entbietet dem Volk der Juden seinen
Gruß. 26 Wir haben gern gehört und es ist
uns eine große Freude, dass ihr nicht von
uns abfallt zu unsern Feinden, sondern
den Vertrag mit uns haltet und in
Freundschaft mit uns bleibt. 27 Darum
bitten wir euch, auch weiterhin treu zu

* 153/152 v.Chr. ** September/Oktober 153 v.Chr.

9,73: *a* Vers 57 **10,1:** *a* Kap 6,17 **10,2:** *a* Kap 7,1-3 **10,3:** *a* Kap 9,70 **10,5:** *a* Kap 7,19; 9,11-18.50-53 **10,6:** *a* Kap 9,53 **10,10:** *a* Kap 9,52.73; 2.Sam 5,6-10 **10,13:** *a (13-14)* Kap 9,50-52 **10,14:** *a* 4.Mose 35,9-15; 2.Makk 4,33-34 **10,20:** *a (20-21)* Kap 9,30; 7,9; 9,56; *b* Kap 2,18 **10,21:** *a* 2.Mose 28,1-43

uns zu halten und euch nicht von uns
abzuwenden. 28 Diese eure Treue wollen
wir vergelten, euch Gutes erweisen und
viele Abgaben erlassen und mehr Frei-
heiten gewähren. 29 Und ich [a]erlasse jetzt
allen Juden den Tribut, die Steuer auf
Salz, die Beiträge zum Ehrenkranz, den
dritten Teil vom Getreide, die Hälfte, die
mir vom Obst zusteht. 30 Von diesen Ab-
gaben sollen nun das [a]Land Juda und
die drei Bezirke, die ihm von Samarien
zugeteilt sind, für alle Zeit befreit sein.
31 Und Jerusalem mit seiner Umgebung
soll heiliges Gebiet und frei sein, und die
Zehnten und Abgaben sollen ihm gehö-
ren. 32 Ich will auch die [a]Burg in Jeru-
salem wieder räumen und dem Hohen-
priester übergeben, dass er Leute hinein-
legt, die er selbst ausgewählt hat, damit
sie die Burg bewachen.

33 Und [a]alle Juden, die man aus Juda
weggeführt hat, sollen in meinem ganzen
Königreich ohne Lösegeld freigelassen
werden, und man soll ihnen die Abgaben
für sich und ihr Vieh erlassen. 34 Und
an [a]allen Festen, Sabbaten, Neumonden
und andern Feiertagen 35 und drei Tage
vor und nach einem Fest sollen die Juden
in meinem Reich frei von Zoll und Ab-
gaben sein, und niemand soll gestattet
sein, von ihnen etwas einzutreiben oder
sie wegen einer Forderung zu belästigen.
36 Und man soll dreißigtausend Mann
von den Juden für das Heer des Königs
ausheben; denen will ich Sold geben wie
meinem andern Kriegsvolk, und ein Teil
von ihnen soll in die großen Festungen
des Königs gelegt werden. 37 Und von
ihnen sollen einige eingesetzt werden, die
der König in seinen Staatsgeschäften als
Männer seines Vertrauens zurate ziehen
wird. Die Juden sollen auch nicht
fremde, sondern eigne Hauptleute haben,
aus ihrer Mitte gewählt, damit sie ihre
Gesetze halten können, wie es der König
für das Land Juda zugestanden hat.

38 Und die drei Bezirke, die Judäa vom
Lande Samarien zugeteilt sind, sollen zu
einem Gebiet mit Judäa verbunden wer-
den, sodass sie niemand untertan sind als
nur dem Hohenpriester. 39 [a]Die Stadt
Ptolemais und die Landschaft, die da-
zugehört, schenke ich dem Tempel in Je-
rusalem, damit aus ihren Einkünften die
Kosten, die für das Opfer nötig sind,
bezahlt werden. 40 Ich will auch jährlich
fünfzehntausend Lot Silber von meinem
eignen Einkommen dazugeben. 41 Und
was meine Amtleute in den früheren Jah-
ren mir nicht abgeliefert haben, sondern
schuldig geblieben sind, das soll jetzt für
die Bauarbeiten am Tempel verwendet
werden. 42 Und auch die fünftausend Lot
Silber, die aus dem jährlichen Einkom-
men des Tempels abgegeben werden
mussten, sollen nicht mehr erhoben wer-
den, sondern den Priestern zustehen, die
den Tempeldienst tun.

43 Auch soll der Tempel dies Recht ha-
ben: Wer beim König in irgendeiner Sa-
che eine Strafe verwirkt hat und in den
Tempel von Jerusalem oder in sein Ge-
biet flieht, der soll dort sicher sein mit
allem, was ihm in meinem ganzen König-
reich gehört.[a] 44 Zum Bau und zur Aus-
besserung des Tempels und der Mauern
und Türme in Jerusalem 45 und sonst in
Judäa will der König auch die Kosten
bezahlen aus seinem eignen Einkommen.

46 Als man aber dies Schreiben Jonatan
und dem Volk vorlas, [a]wollten sie ihm
nicht trauen und nahmen's nicht an;
denn sie wussten genau, wie viel böse
und grausame Taten Demetrius in Israel
verübt hatte. 47 Und sie wollten es lieber
mit Alexander halten, der schon früher
ihre Freundschaft gesucht und Frieden
zugesagt hatte; ihm leisteten sie Hilfe sein
Leben lang.

Jonatan wird von Alexander Balas in Ptolemais hoch geehrt

48 König Alexander sammelte ein großes
Heer und schlug ein Lager Demetrius
gegenüber auf. 49 Und als die beiden
Könige angriffen, da floh das Heer des
Alexander, und Demetrius verfolgte ihn
und gewann die Oberhand; 50 und die
Schlacht tobte erbittert vom Morgen bis
zum Abend; doch Demetrius wurde an
diesem Tag erschlagen.

51 Darauf sandte Alexander Boten zu
Ptolemäus, dem König von Ägypten, mit
der Botschaft: 52 Ich bin wieder in mein

10,29: *a* Kap 11,35 **10,30:** *a* Kap 11,34 **10,32:** *a* Kap 9,52 **10,33:** *a* Kap 9,72 **10,34:** *a* Neh 10,32 **10,39:** *a (39-42)* 2. Makk 3,3 **10,43:** *a* 2. Mose 21,13-14; 1. Kön 1,51-53 **10,46:** *a* Kap 7,8-11

Reich gekommen und sitze auf dem
Thron meiner Väter und habe die Herr-
schaft an mich gebracht und habe Deme-
trius vernichtet und mein Erbland wieder
erobert und habe gegen ihn gekämpft,
und er samt seinem Heer wurde von mir
überwunden, und ich habe mich auf sei-
nen Königsthron gesetzt. 53 Und nun be-
gehre ich, Freundschaft mit dir zu schlie-
ßen, und bitte dich, du wollest mir deine
Tochter zur Ehe geben. 54 Dann will ich
mich gegen dich als dein Schwiegersohn
verhalten und dir und ihr Geschenke ge-
ben, die deiner würdig sind.

55 Darauf antwortete König Ptole-
mäus: Glücklich der Tag, an dem du wie-
der in das Land deiner Väter gekommen
bist und dich auf ihren Königsthron ge-
setzt hast! 56 Und nun will ich gern tun,
was du geschrieben hast. Aber komm mir
entgegen nach Ptolemais, damit wir uns
selbst sehen und ich dir meine Tochter
zur Frau geben kann, wie du gewünscht
hast.

57 Im 162. Jahr* zog Ptolemäus mit sei-
ner Tochter Kleopatra aus Ägypten und
sie kamen nach Ptolemais. 58 Dahin kam
auch König Alexander. Und Kleopatra
wurde mit Alexander vermählt und die
Hochzeit wurde in Ptolemais mit großer
königlicher Pracht gefeiert.

59 König Alexander schrieb auch an
Jonatan und lud ihn zu sich ein. 60 Da
kam Jonatan mit großer Pracht nach
Ptolemais zu den beiden Königen und
schenkte ihnen und ihren Freunden Gold
und Silber und viele kostbare Gaben und
fand Gnade bei ihnen.

61 Doch einige [a]Abtrünnige aus Israel,
ruchlose Gesellen, kamen zum König,
um ihn zu verklagen; aber der wollte sie
nicht anhören, 62 [a]sondern befahl, dass
Jonatan seine Kleider ablegen und man
ihm ein Purpurgewand anziehen sollte;
und so geschah es. 63 Da setzte ihn der
König neben sich und befahl seinen obers-
ten Amtleuten, ihn mitten durch die
Stadt zu führen und ausrufen zu lassen,
dass niemand ihn verklagen oder ihm
sonst Schaden zufügen sollte, aus wel-
chem Anlass es auch sei. 64 Als aber seine
Ankläger sahen, dass ihn der König so
hoch ehrte, dass er das von ihm ausrufen
ließ, und ihn mit einem Purpurgewand
bekleidet hatte, flohen sie alle davon.

65 Und der König ehrte ihn hoch und
[a]ließ ihn unter seine ersten Freunde auf-
nehmen und machte ihn zum Feldherrn
und zum Vierfürsten. 66 Danach zog Jo-
natan wieder nach Jerusalem in Frieden
und mit Freuden.

Jonatan besiegt Apollonius, den Feldherrn des Demetrius II. Nikator

67 Im 165. Jahr** kam Demetrius, der
Sohn des gefallenen Demetrius, aus Kre-
ta in sein Erbkönigreich. 68 Als König
Alexander das hörte, da erschrak er sehr
und begab sich nach Antiochia.

69 Aber Demetrius gewann den Apol-
lonius, den Befehlshaber von Zölesyrien,
als Feldherrn; der brachte ihm ein großes
Kriegsvolk zusammen, schlug ein Lager
bei Jamnia auf und sandte zu Jonatan,
dem Hohenpriester, und ließ ihm sagen:
70 [a]Niemand leistet uns Widerstand als
du allein, sodass man mich deinetwegen
verlacht und schmäht. Du bist ja nur
stark im Gebirge; 71 aber wenn du auf
dein Kriegsvolk vertraust, so zieh herun-
ter in die Ebene, damit wir uns dort mit-
einander messen; denn mit mir ist die
Heeresmacht der Städte. 72 Wenn du fra-
gen wirst, wie stark wir sind, ich und die
andern, die mir helfen, so wird man dir
sagen: Ihr werdet diesen Leuten nicht
standhalten können, [a]von denen eure
Väter zweimal in ihrem eignen Lande
geschlagen worden sind. 73 Noch viel
weniger kannst du vor einem so großen
Heer an Reiterei und Fußvolk in der
Ebene bestehen, wo keine Berge und Fel-
sen sind oder sonst ein Ort, wohin man
fliehen könne.[a]

74 Als Jonatan diese Prahlerei des Apol-
lonius hörte, wurde er zornig und wählte
zehntausend Mann aus und brach von
Jerusalem auf; und sein Bruder Simon
kam ihm entgegen, um ihm zu helfen;
und sie schlugen ihr Lager vor Joppe auf.
75 Aber die Einwohner der Stadt Joppe
ließen ihn nicht ein, denn Apollonius
hatte Kriegsvolk als Besatzung hinein-
gelegt; darum griff Jonatan die Stadt an.

* 151/150 v.Chr. ** 148/147 v.Chr.

10,61: *a* Kap 1,12 **10,62:** *a (62-63)* Est 6,7-9 **10,65:** *a* Vers 20 **10,70:** *a (70-71)* 1.Kön 20,23-30 **10,72:** *a* Kap 7,8-20; 9,11-18 **10,73:** *a* Kap 2,27-30

76Da erschraken die Einwohner in der
Stadt und öffneten die Tore. So eroberte
Jonatan die Stadt Joppe.
77Als Apollonius das hörte, rückte er
mit dreitausend Reitern und viel Fußvolk
in Richtung auf Aschdod vor und tat so,
als ob er an Joppe vorbeiziehen wollte.
Doch er stieß in die Ebene vor; denn er
hatte viel Reiterei, auf die er sich verließ.
78Jonatan drängte ihn nach Aschdod ab
und beide Heere gerieten aneinander.
79Aber Apollonius hatte im Lager heim-
lich tausend Reiter zurückgelassen.
80Nun merkte Jonatan, dass Leute hinter
ihm heimlich versteckt waren; und sie
griffen von allen Seiten sein Heer an
81und schossen Pfeile auf das Kriegsvolk
den ganzen Tag vom Morgen bis zum
Abend; das Kriegsvolk aber hielt stand,
wie Jonatan es aufgestellt hatte, bis die
Pferde der Feinde müde wurden.

82Darauf warf Simon sein Heer in den
Kampf und griff die Feinde an. Da wur-
den die Reiter von ihm geschlagen und
flohen, denn sie waren müde; 83und sie
wurden zerstreut über die Ebene hin und
flohen nach [a]Aschdod und eilten in den
Tempel des Götzen [b]Dagon, um dort ihr
Leben zu retten. 84Aber Jonatan plün-
derte die Stadt Aschdod und die Orte
ringsum und zündete sie an. Er brannte
auch den Götzentempel nieder mit allen,
die hineingeflohen waren. 85Und die
Zahl der Erschlagenen und Verbrannten
betrug gegen achttausend Mann.

86Von dort zog Jonatan mit dem Heer
vor Aschkelon. Da gingen ihm die Bür-
ger aus der Stadt heraus entgegen und
empfingen ihn mit großer Pracht. 87So
zog Jonatan wieder nach Jerusalem mit
seinem Heer und großer Beute.

88Und als König Alexander dies hörte,
[a]ehrte er Jonatan noch mehr 89und
sandte ihm eine goldene Spange, wie
man sie nur den Verwandten des Königs
gibt; dazu schenkte er ihm Ekron und
sein Gebiet zum Eigentum.

Demetrius II. Nikator erlangt die Alleinherrschaft über Syrien

11 Und der König von Ägypten
brachte so viel Kriegsvolk wie Sand
am Meer zusammen und viele Schiffe;
und er wollte das Reich Alexanders
durch Betrug an sich bringen, [a]um beide
Königreiche zu besitzen. 2Darum zog er
nach Syrien unter dem Anschein, er
käme als Freund. Da öffnete man ihm
alle Tore und zog ihm entgegen und emp-
fing ihn ehrenvoll, wie König Alexander
befohlen hatte, weil er sein [a]Schwieger-
vater war. 3Aber wohin Ptolemäus kam,
ließ er eine Schar wachsamer Kriegsleute
in der Stadt zurück.

4Und als er [a]nach Aschdod kam, zeig-
ten sie ihm den Tempel Dagons, den
Jonatan niedergebrannt hatte, dazu die
Stadt Aschdod und die Orte ringsum, die
er verwüstet hatte, und die Leichname,
die überall verstreut umherlagen, und
die, die im Krieg verbrannt waren; denn
sie hatten sie in Haufen an seinen Weg
gelegt; 5und sie sagten dem König, dass
Jonatan dies alles getan hatte, um ihn
beim König verhasst zu machen. Aber
der König schwieg dazu still. 6Und auch
Jonatan zog dem König mit großer
Pracht entgegen nach Joppe; da begrüß-
ten sie sich und blieben dort über
Nacht. 7Und Jonatan geleitete den Kö-
nig bis an den Fluss, genannt Eleutherus.
Dann zog er wieder heim nach Jerusa-
lem.

8Und König Ptolemäus brachte die
Städte an der Küste an sich bis Seleuzia
am Meer und plante, Alexander zu ver-
treiben. 9Und er schickte Boten zu Kö-
nig [a]Demetrius, er sollte zu ihm kom-
men, um ein Bündnis mit ihm zu schlie-
ßen. Dann wollte er ihm seine Tochter
geben, die jetzt Alexander hatte, und
wollte ihm helfen, König im Reich seines
Vaters zu werden. 10Und er sagte, es
hätte ihn gereut, dass er Alexander seine
Tochter gegeben hätte, 11und beschul-
digte Alexander, er hätte ihm nach Leben
und Königreich getrachtet. 12Er zeigte
seinen Hass auch öffentlich und wandte
sich von Alexander ab und nahm ihm die
Tochter weg und gab sie Demetrius.
13Und als Ptolemäus nach Antiochia
kam, setzte er sich die Krone Vorder-
asiens auf; so trug er beide Kronen: die
des Reichs Ägypten und die des Reichs
Vorderasien.

14Aber König Alexander war damals

10,83: *a* 1.Sam 5,1; *b* 1.Sam 5,2 **10,88:** *a* Verse 61-62.65 **11,1:** *a* Kap 1,17 **11,2:** *a* Kap 10,57-58 **11,4:** *a* Kap 10,84 **11,9:** *a* Kap 10,67

in Zilizien; denn einige Städte waren dort
von ihm abgefallen. 15 Als er nun von
Ptolemäus hörte, zog er gegen ihn, um
mit ihm zu kämpfen. Aber König Ptole-
mäus war stark gerüstet, zog ihm ent-
gegen und verjagte ihn.
16 Und Alexander floh nach Arabien,
um dort sicher zu sein. Aber König Pto-
lemäus war sehr mächtig geworden;
17 darum ließ Sabdiël, der Araber, seinem
Gast Alexander den Kopf abhauen und
schickte ihn an Ptolemäus. 18 Und Ptole-
mäus starb am dritten Tag danach. Da
wurden auch die Kriegsleute, die Ptole-
mäus in den befestigten Städten zurück-
gelassen hatte, vom Volk dort umge-
bracht. 19 So fing Demetrius an zu regie-
ren im 167. Jahr.*

Jonatan erreicht die Steuerfreiheit für die Juden

20 Zu dieser Zeit brachte Jonatan das
Volk im Land Juda zusammen, um die
[a]Burg in Jerusalem zurückzuerobern,
und ließ viele Geschütze davor aufstellen.
21 Da zogen einige [a]Abtrünnige, die ihr
Volk hassten, zu König Demetrius und
verklagten Jonatan und sagten, dass er
die Burg belagerte. 22 Und als der König
das hörte, wurde er sehr zornig und zog
sogleich nach Ptolemais und schrieb an
Jonatan, dass er die Burg nicht belagern,
sondern eilends zu ihm nach Ptolemais
kommen sollte; da wollte er mit ihm dar-
über sprechen.
23 Als aber Jonatan diese Botschaft be-
kam, ließ er nicht ab von der Belagerung
und wählte einige von den Ältesten in
Israel und den Priestern aus, die mit ihm
ziehen sollten, und machte sich auf und
[a]wagte sein Leben. 24 Und er nahm
Gold, Silber und Gewänder mit und viele
andere Geschenke und zog nach Ptole-
mais zum König und fand Gnade bei
ihm. 25 Als ihn nun die Abtrünnigen sei-
nes Volks verklagten, 26 hielt der König
zu ihm, wie seine Vorgänger zu ihm ge-
halten hatten, und [a]erwies ihm große
Ehre vor allen seinen Fürsten 27 und be-
stätigte ihn in seinem Hohepriesteramt
und in allen andern Ehren, die er bisher
gehabt hatte, und machte ihn zu einem
seiner ersten [a]Freunde.
28 Jonatan bat auch den König, dass er
[a]ganz Judäa und den drei Bezirken in
Samarien die Steuer erlassen sollte, und
erbot sich, für diese Freiheit dreihundert
Zentner Silber zu geben. 29 Das bewilligte
der König und gab Jonatan Schreiben
darüber; die lauteten:
30 König Demetrius entbietet seinem
Bruder Jonatan und dem jüdischen Volk
seinen Gruß. 31 Wir senden euch eine Ab-
schrift des Briefs, den wir an »unsern
Verwandten«, den Lasthenes, euretwegen
geschrieben haben, damit ihr es auch
wisst.
32 König Demetrius entbietet Lasthe-
nes, »seinem Verwandten«, seinen Gruß.
33 Wir haben beschlossen, unsern Freun-
den und treuen Bundesgenossen, den Ju-
den, Gutes zu tun wegen ihrer Treue und
Freundschaft gegen uns. 34 [a]Darum be-
stätigen wir, dass ganz Judäa und die drei
Städte Ephraim, Lydda und Ramatajim
zu ihrem Land gehören sollen; sie und
ihr Gebiet sollen von Samarien an Judäa
übergehen. 35 Wir erlassen auch allen, die
in Jerusalem opfern, alles, was sie früher
dem König jährlich haben geben müssen:
vom Getreide und Obst, und ebenso von
jetzt an alles andere, was uns zusteht vom
Zehnten und Zoll, von der Salzgewin-
nung, und die Beiträge zum Ehrenkranz.
36 Von diesen allen sollen sie in Zukunft
befreit sein, und diese Freiheit soll ihnen
für alle Zeit bewahrt bleiben. 37 Lasst
nun eine Abschrift dieses Briefs anferti-
gen; die soll man Jonatan geben, damit
man sie auf dem heiligen Berg auf einem
öffentlichen Platz ausstellt.[a]

Tryphon verhilft Antiochus VI. Epiphanes zum Thron

38 Als nun König Demetrius sah, dass im
ganzen Königreich Friede herrschte und
sich niemand mehr ihm widersetzte, da
entließ er sein ganzes Kriegsvolk, das im
Königreich daheim war, jeden in seine
Stadt. Aber das [a]fremde Kriegsvolk, das
er auf den [b]Inseln der Heiden angewor-
ben hatte, behielt er bei sich; das zog ihm

* 146/145 v.Chr.

11,20: *a* Kap 10,32 **11,21:** *a* Kap 1,12 **11,23:** *a* Est 4,16 **11,26:** *a* Kap 10,6.88 **11,27:** *a* Kap 10,20 **11,28:** *a* Vers 34 **11,34:** *a (34-36)* Kap 10,29-31 **11,37:** *a* Kap 14,26 **11,38:** *a* Kap 6,29; *b* 1.Mose 10,2-5

die Feindschaft des ganzen einheimi-
schen Kriegsvolks zu.
39 Als aber Tryphon, der früher [a]Alex-
anders Freund gewesen war, sah, dass
das ganze Kriegsvolk Hass gegen König
Demetrius empfand, zog er zu dem Ara-
ber Jamliku, der den jungen Antiochus,
den Sohn Alexanders, erzog. 40 Den
drängte er, ihm den Knaben zu über-
geben, damit er ihn auf den Thron seines
Vaters setzen könnte. Und er sagte dem
Araber, wie und warum das Kriegsvolk
den König Demetrius hasste, und blieb
eine Zeit lang bei dem Araber.

Jonatan erntet von Demetrius II. Nikator Undank

41 Inzwischen schrieb Jonatan an König
Demetrius, er sollte denen, die auf der
[a]Burg von Jerusalem und in den Festun-
gen lagen, befehlen, sie zu räumen und
ihm zu übergeben; denn sie fügten Israel
viel Schaden zu. 42 Da schrieb Demetrius
an Jonatan: Nicht allein das, was du be-
gehrst, sondern viel mehr Ehre und Gu-
tes will ich dir und deinem Volk erweisen,
sobald ich kann. 43 Aber jetzt bin ich in
großer Gefahr. Darum kannst du mir
helfen, [a]wenn du mir Kriegsleute
schickst, die mich unterstützen; denn
mein ganzes Kriegsvolk ist von mir ab-
gefallen.
44 Darum schickte ihm Jonatan drei-
tausend tüchtige Kriegsleute; die kamen
nach Antiochia zum König und der Kö-
nig war über ihre Ankunft sehr erfreut.
45 Nun machte das Volk in der Stadt
einen Aufruhr, etwa hundertzwanzigtau-
send Mann, und man wollte den König
totschlagen. 46 Aber der König floh in
seine Burg. Da besetzte das Volk die
Straßen und wollte die Burg stürmen.
47 Darum forderte der König die Juden
auf, ihn zu schützen. Da sammelten sich
die Juden alle um ihn und verteilten sich
über die Stadt 48 und erschlugen an die-
sem Tag hunderttausend Mann und zün-
deten die Stadt an und plünderten sie. So
retteten sie den König.
49 Als nun das Volk in der Stadt sah,
dass die Juden sich der Stadt bemächtigt
hatten, so wie sie wollten, verzagte es,
schrie zum König und bat um Frieden,
50 damit die Juden aufhörten, das Volk zu
töten, und die Stadt nicht ganz zerstör-
ten. 51 Da legte es die Waffen nieder und
machte Frieden; die Juden aber wurden
hoch geehrt vom König und berühmt in
seinem ganzen Reich und zogen wieder
heim nach Jerusalem und brachten große
Beute mit, die sie im Krieg gewonnen
hatten.
52 Als nun König Demetrius wieder si-
cher auf seinem Königsthron saß und im
ganzen Reich Friede herrschte, 53 hielt er
nichts von dem, was er Jonatan verspro-
chen hatte, und wandte sich ganz von
ihm ab und war ihm undankbar für seine
Wohltaten und unterdrückte ihn sehr.[a]

Jonatan kämpft aufseiten des Antiochus VI. Epiphanes gegen Demetrius II. Nikator

54 Nicht lange danach kam Tryphon mit
dem jungen Antiochus zurück. Dieser
Antiochus wurde König und setzte sich
die Krone auf. 55 Und zu ihm kam alles
Kriegsvolk, das Demetrius entlassen
hatte. Als sie nun gegen Demetrius
kämpften, schlugen sie ihn in die Flucht
und verjagten ihn. 56 Und Tryphon be-
mächtigte sich der [a]Elefanten und er-
oberte Antiochia.
57 Der junge Antiochus schrieb an Jo-
natan und bestätigte ihn in seinem Hohe-
priesteramt und bewilligte, dass er die
vier Bezirke* behalten und »Freund des
Königs« sein sollte,[a] 58 und sandte ihm
goldenes Tafelgeschirr und erlaubte ihm,
aus goldenen Gefäßen zu trinken und
ein [a]Purpurgewand und eine [b]goldene
Spange zu tragen. 59 Und Simon, den
Bruder Jonatans, machte er zum Feld-
herrn über das Land von der tyrischen
Leiter** bis Ägypten.
60 Als nun Jonatan auszog und durch
die Städte im Gebiet jenseits des Eu-
phrat⁺ kam, sammelte sich bei ihm alles

* Die drei in Vers 34 genannten Bezirke und Judäa.
** Ein steiler, schwer zugänglicher Bergrücken nahe der Küste in der Mitte zwischen Ptolemais und Tyrus.
\+ Die Provinz des Seleuzidenreiches westlich des Euphrat; vgl. Esra 4,10.

11,39: *a* Verse 16-17 **11,41:** *a* Vers 20 **11,43:** *a* Kap 10,36 **11,53:** *a* Kap 10,46 **11,56:** *a* Kap 6,33-37 **11,57:** *a* Vers 27 **11,58:** *a* Kap 10,62; *b* Kap 10,89

Kriegsvolk aus Syrien, um ihm zu helfen.
Und als er vor [a]Aschkelon kam, gingen
ihm die Bürger entgegen und empfingen
ihn mit Ehren. 61 Danach zog er vor
Gaza; aber die Einwohner von Gaza
wollten ihn nicht einlassen; darum bela-
gerte er die Stadt und brannte die Ort-
schaften ringsum nieder und plünderte
sie. 62 Da baten die Einwohner von Gaza
um Frieden. Und Jonatan schloss Frie-
den mit ihnen und nahm die Söhne ihrer
Vornehmen als Geiseln und schickte sie
nach Jerusalem; er aber zog weiter
durchs Land bis Damaskus.
63 Als er aber hörte, dass die Haupt-
leute des Demetrius mit einem großen
Heer nach Kedesch in Galiläa gekom-
men waren, um ihn an seinem Vorhaben
zu hindern, 64 da zog er gegen sie. Er
hatte aber seinen Bruder Simon im
Lande zurückgelassen. 65 Der zog vor
[a]Bet-Zur und belagerte es lange Zeit und
schloss es ein. 66 Darum baten sie um
Frieden; und Simon schloss Frieden mit
ihnen; dennoch vertrieb er die Bewohner
aus der Stadt und nahm sie ein und legte
Kriegsvolk als Besatzung hinein.
67 Aber Jonatan schlug sein Lager am
See Genezareth auf und brach morgens
früh auf und kam in die Ebene bei Ha-
zor. 68 Da zogen die Heiden ihm in der
Ebene entgegen und hatten einen Hinter-
halt im Gebirge gelegt; sie selbst aber
rückten von vorn an. 69 Als nun die Schar
aus dem Hinterhalt hervorbrach und an-
griff, 70 floh das ganze Heer Jonatans und
niemand blieb zurück als die Hauptleute
Mattatias, der Sohn Abschaloms, und
Judas, der Sohn Halfis.
71 Da [a]zerriss Jonatan seine Kleider
und [b]streute Erde auf sein Haupt und
betete 72 und griff die Feinde wieder an
und schlug sie in die Flucht. 73 Als nun
sein Kriegsvolk, das vorher geflohen war,
das sah, kehrte es wieder um, um Jona-
tan zu helfen, und jagte den Feinden
nach bis Kedesch in ihr Lager; dort
schlugen sie auch ein Lager auf. 74 An
diesem Tag sind gegen dreitausend Hei-
den umgekommen. Darauf zog Jonatan
wieder nach Jerusalem.

Jonatan erneuert das Bündnis mit Rom und Sparta

12 Als aber Jonatan sah, dass die Zeit
ihm half, wählte er einige aus, die
er nach Rom sandte, um das Bündnis
mit den Römern zu erneuern und wieder
zu bestätigen.[a] 2 Er schrieb auch nach
Sparta und an andere Orte. 3 Als nun die
Boten nach Rom kamen, traten sie vor
den Rat und sagten: Der Hohepriester
Jonatan und das jüdische Volk haben uns
gesandt, um die Freundschaft und das
Bündnis, das zwischen uns früher einmal
geschlossen worden ist, wieder zu erneu-
ern. 4 Und die Römer gaben ihnen Ge-
leitbriefe für jeden Ort, damit sie wieder
sicher heimziehen konnten.
5 Und dies ist die Abschrift des Briefs,
den Jonatan an die Spartaner schrieb:
6 Der Hohepriester Jonatan und die Äl-
testen des Volks und die Priester und das
jüdische Volk entbieten ihren Brüdern,
den Spartanern, ihren Gruß. 7 Schon frü-
her hat euer König Arëus an unsern Ho-
henpriester Onias geschrieben, dass ihr
unsre Brüder seid, wie die Abschrift sei-
nes Briefs lautet.[a] 8 Und Onias empfing
euren Boten mit Ehren und nahm die
Freundschaft und das Bündnis an, von
denen im Brief geschrieben war.
9 Obwohl wir jetzt keine fremde Hilfe
brauchen und [a]Trost haben an den hei-
ligen Schriften in unsern Händen, 10 so
senden wir dennoch die Botschaft an
euch, dass wir die Bruderschaft und
Freundschaft zwischen uns erneuern und
bestätigen wollen, um sie nicht zu ver-
gessen; denn es ist schon lange Zeit her,
dass ihr zu uns geschickt habt. 11 Darum
wisst, dass wir allezeit an Feiertagen und
an allen andern Tagen, an denen man
opfert, bei unserm Opfer und Gebet an
euch denken, so wie sich's gebührt, an die
Brüder zu denken.[a] 12 Und eure Ehre
und euer Wohlergehen sind uns eine
Freude. 13 Aber wir haben große Not ge-
litten und viele schwere Kriege gehabt
mit den Königen ringsum. 14 Wir haben
aber euch und unsre andern Freunde und
Bundesgenossen in diesen unsern Krie-
gen nicht um Hilfe bitten wollen. 15 Denn

11,60: *a* Kap 10,86 **11,65:** *a* Kap 10,14 **11,71:** *a* Kap 2,14; *b* 2. Makk 10,25-27 **12,1:** *a* Kap 8,17-32 **12,7:** *a* Vers 21 **12,9:** *a* 2. Makk 15,9; Röm 15,4 **12,11:** *a* 1. Tim 2,1

[a]wir haben Hilfe vom Himmel gehabt;
und Gott hat uns befreit und die Feinde
unterdrückt.

16 Weil wir aber jetzt [a]Numenius, den
Sohn des Antiochus, und Antipater, den
Sohn Jasons, ausgewählt haben und als
unsre Boten zu den Römern senden, um
die Freundschaft und das Bündnis mit
ihnen wieder zu erneuern, 17 haben wir
ihnen dabei befohlen, dass sie auch zu
euch reisen, euch unsern Gruß sagen und
diesen Brief übergeben sollen, um unsre
Bruderschaft zu erneuern, 18 und bitten
um Antwort.

19 Dies aber ist die Abschrift des Briefs,
den Arëus, der König von Sparta, dem
Onias vorher gesandt hatte: 20 Arëus,
König von Sparta, entbietet dem Hohen-
priester Onias seinen Gruß. 21 Wir finden
in unsern alten Schriften, [a]dass die Spar-
taner und die Juden Brüder sind, weil
beide Völker von Abraham herkommen.
22 Nachdem wir das nun wissen, bitten
wir, uns zu schreiben, wie es euch geht.
23 Wir aber schreiben euch hiermit: [a]Un-
ser Vieh und unser Hab und Gut soll
sein, als wäre es euer eignes; und das eure
soll sein, als wäre es unser eignes. Das
lassen wir euch mitteilen.

Jonatan verteidigt das ganze Land Israels

24 Danach hörte Jonatan, dass [a]die
Hauptleute des Demetrius wieder mit
einem größeren Heer als vorher kamen
und gegen ihn kämpfen wollten. 25 Dar-
um zog er von Jerusalem gegen sie in das
Land Hamat; denn er wollte nicht war-
ten, dass sie zuerst in sein Land einfielen.
26 Als er nun Kundschafter in das La-
ger der Feinde sandte, kamen sie zurück
und sagten, dass die Feinde beschlossen
hätten, ihn diese Nacht zu überfallen.
27 Darum befahl Jonatan abends seinem
Heer, dass sie wachen und die ganze
Nacht unter Waffen zum Kampf bereit
sein sollten, und stellte Wachen rings um
das Lager.

28 Als aber die Feinde sahen, dass Jo-
natan und sein Heer zur Schlacht ge-
rüstet waren, packte sie die Angst, sodass
sie aufbrachen und wegzogen. Und da-
mit man es ja nicht merken sollte, ließen
sie überall im Lager viele Feuer machen.
29 Darum dachten Jonatan und sein Heer
bis zum frühen Morgen nicht, dass sie
weggezogen waren; denn sie sahen die
Feuer überall im Lager brennen. 30 Mor-
gens aber jagte Jonatan ihnen nach, doch
konnte er sie nicht mehr erreichen; denn
sie hatten bereits den [a]Fluss Eleutherus
überschritten.

31 Da wandte sich Jonatan gegen die
Araber, die Sabadäer heißen, schlug sie
und machte große Beute; 32 und er kam
nach Damaskus und durchzog das ganze
Land. 33 Simon aber brach auf und zog
durch das Land bis Aschkelon und zu
den befestigten Städten in der Nähe;
danach wandte er sich gegen [a]Joppe.
34 Denn er hatte gehört, dass sie die Fes-
tung den Hauptleuten des Demetrius
übergeben wollten. Darum kam er ihnen
zuvor, nahm Joppe ein und legte Kriegs-
volk hinein, um die Stadt zu schützen.

35 Danach kam Jonatan wieder heim
und versammelte die Ältesten des Volks
und hielt mit ihnen darüber Rat, dass
man einige Städte in Judäa befestigen
sollte. 36 Man sollte auch die Mauern von
Jerusalem höher machen und zwischen
der Burg und der Stadt eine hohe Mauer
bauen, die die Burg von der Stadt tren-
nen sollte, sodass die [a]Leute auf der
Burg keinen Ausfall in die Stadt machen
und auch nichts kaufen und verkaufen
könnten. 37 Da kam das Volk zusammen
und fing an zu bauen, und weil die
Mauer am Bach im Osten verfallen war,
bauten sie das Stück wieder auf, das Kaf-
nata heißt. 38 Und Simon baute die Burg
Hadid im Hügelland und befestigte sie
und schützte sie mit starken Toren und
Riegeln.

Tryphon nimmt Jonatan mit List gefangen

39 Nun hatte Tryphon vor, das König-
reich Vorderasien an sich zu bringen und
sich die Krone aufzusetzen und den jun-
gen König Antiochus zu töten.[a] 40 Weil
er aber befürchtete, Jonatan würde es
verhindern und gegen ihn ziehen, trach-
tete er auch danach, Jonatan gefangen zu
nehmen und umzubringen. Darum zog er

12,15: *a* Kap 3,18-24; 2. Makk 11,6-9 **12,16:** *a* Kap 14,22; 15,15 **12,21:** *a* 2. Makk 5,9 **12,23:** *a* 1. Kön 22,4 **12,24:** *a* Kap 11,63 **12,30:** *a* Kap 11,7 **12,33:** *a* Kap 10,74-76 **12,36:** *a* Kap 9,52; 11,41 **12,39:** *a* Kap 11,39.54

nach Bet-Schean. 41 Da zog Jonatan ihm mit vierzigtausend ausgesuchten Männern entgegen und kam auch nach Bet-Schean. 42 Als aber Tryphon sah, dass Jonatan ein so großes Heer bei sich hatte, fürchtete er sich, offen etwas gegen ihn zu unternehmen; 43 darum empfing er ihn mit Ehren und empfahl ihn allen seinen Freunden und gab ihm Geschenke und gebot seinen Freunden und seinem Heer, Jonatan gehorsam zu sein wie ihm selbst.

44 Und er sagte zu Jonatan: Warum bemühst du dein ganzes Kriegsvolk, da wir doch keinen Krieg haben? 45 Lass sie wieder heimziehen. Doch wähle dir einige Leute aus, die bei dir bleiben, und zieh mit mir nach [a]Ptolemais. Diese Stadt und die andern befestigten Städte und das übrige Kriegsvolk und alle Amtleute will ich dir übergeben; denn ich muss wieder wegziehen. Deshalb bin ich auch hierher gekommen; darum zieh doch mit mir. 46 Jonatan glaubte ihm und tat, wie er gesagt hatte, und ließ sein Kriegsvolk heimziehen ins Land Juda[a] 47 und behielt nur dreitausend Mann; davon ließ er zweitausend in Galiläa, tausend aber zogen mit ihm. 48 Als nun Jonatan in die Stadt Ptolemais kam, schlossen die Einwohner von Ptolemais die Tore und nahmen Jonatan gefangen, und alle, die mit ihm gekommen waren, erstachen sie.

49 Und Tryphon schickte Fußvolk und Reiterei nach Galiläa und in die große Ebene, um das übrige Kriegsvolk Jonatans auch umzubringen. 50 Als sie aber erfuhren, [a]dass Jonatan gefangen und umgekommen war samt seinen Leuten, sprachen sie sich Mut zu und rüsteten sich zur Schlacht und zogen getrost gegen die Feinde. 51 Als aber die Feinde sahen, dass es ihnen ans Leben ging, weil jene sich wehren wollten, 52 kehrten sie wieder um und zogen weg. Da zog das ganze Kriegsvolk auch wieder heim ins Land Juda mit Frieden und [a]hielt Totenklage um Jonatan und die andern, die mit ihm umgekommen waren; und ganz Israel trauerte sehr um Jonatan. 53 Und alle Heiden ringsum fingen an, das Volk zu bedrängen, und sagten: 54 Sie haben kein Haupt und keinen Schutz mehr; nun wollen wir sie bekämpfen und ausrotten und ihren Namen auf Erden vertilgen.

Simon tritt an die Stelle seines Bruders Jonatan

13 Als nun Simon hörte, dass Tryphon ein großes Heer beieinanderhatte, um das Land Juda anzugreifen und zugrunde zu richten, 2 und sah, dass dem Volk sehr angst und bange war, kam er nach Jerusalem und versammelte das Volk 3 und tröstete sie und sagte zu ihnen: Ihr wisst, welche schweren Kriege ich und meine Brüder und das ganze Haus meines Vaters für das Gesetz und das Heiligtum geführt haben, und habt die Not gesehen, in der ganz Israel gewesen ist; 4 in ihr sind [a]alle meine Brüder für Israel umgekommen, und es lebt keiner mehr außer mir. 5 Nun möchte ich in dieser Trübsal mein Leben gewiss nicht schonen; denn ich bin nicht besser als meine Brüder und möchte es nicht besser haben als sie; 6 sondern ich will mein Volk, unser Heiligtum und eure Frauen und Kinder rächen. Denn [a]alle Heiden ringsum hassen uns und rotten sich zusammen, um uns zu vernichten.

7 Als das Volk diese tröstlichen Worte hörte, fasste es neuen Mut 8 und antwortete darauf: Du sollst unser Hauptmann sein wie vorher deine Brüder Judas und Jonatan und unsern Krieg führen. 9 Und wir wollen dir gehorsam sein in allem, was du uns gebietest.

10 Da rief Simon das ganze Kriegsvolk zusammen. Auch sorgte er dafür, [a]dass man eilends die Mauern von Jerusalem ausbaute, damit die Stadt ringsumher gut geschützt und befestigt wäre. 11 Und er schickte Jonatan, den Sohn Abschaloms, mit einem neuen Heer nach [a]Joppe. Und Jonatan vertrieb die Feinde aus Joppe und blieb dort in der Stadt.

Tryphon lässt Jonatan und Antiochus VI. Epiphanes töten

12 Da zog Tryphon von [a]Ptolemais aus mit einem großen Heer, um ins Land Juda einzufallen, und führte Jonatan ge-

12,45: *a* Kap 10,39 **12,46:** *a* Kap 10,46 **12,50:** *a* Kap 13,23 **12,52:** *a* Kap 9,20-21 **13,4:** *a* Kap 2,2-5; 6,46; 9,18.36.38; 12,50 **13,6:** *a* Kap 12,53 **13,10:** *a* Kap 10,10-11 **13,11:** *a* Kap 12,33-34 **13,12:** *a* Kap 12,48

fangen mit. 13 Aber Simon zog gegen ihn
und lagerte sich bei [a]Hadid am Hügel-
land. 14 Als aber Tryphon erfuhr, dass
Simon anstelle seines Bruders Jonatan
Hauptmann geworden war und mit ihm
kämpfen wollte, sandte er Boten zu Si-
mon und ließ ihm sagen: 15 Ich habe dei-
nen Bruder Jonatan wegen des Geldes,
das er dem König aus seinen Ämtern
schuldig geblieben ist, gefangen genom-
men; 16 willst du mir nun hundert Zent-
ner Silber schicken und zwei seiner
Söhne als Geiseln geben, damit er nicht
von uns abfällt und sich dann gegen uns
stellt, wenn er frei geworden ist, so will
ich ihn dir losgeben.

17 Obwohl aber Simon genau merkte,
dass es nichts als Betrug war, ließ er
dennoch das Geld und die Kinder holen,
damit das Volk ihn nicht anklagte, 18 Jo-
natan hätte umkommen müssen, weil er
ihn nicht hätte auslösen wollen. 19 Dar-
um schickte er dem Tryphon die Kinder
samt den hundert Zentnern. Aber Try-
phon hielt nicht Wort und wollte Jonatan
nicht losgeben.

20 Danach kam Tryphon, um das Land
zu verheeren, und umging es auf der
Straße, die nach Adora führt. Aber Si-
mon war ihm mit seinem Heer stets an
der Seite; und wohin er auch zog, da
stellte sich ihm Simon in den Weg. 21 Es
schickten auch [a]die Leute auf der Burg
Boten zu Tryphon, er sollte, ehe sich's
Simon versähe, durch die Wüste zu ihnen
ziehen und ihnen Nahrung bringen.
22 Darum wollte Tryphon mit seiner gan-
zen Reiterei sich eilends aufmachen und
zu ihnen kommen. Aber in dieser Nacht
fiel ein sehr tiefer Schnee; und er kam
deswegen nicht durch. Deshalb brach er
auf und zog nach Gilead, 23 und bei Bas-
kama [a]ließ er Jonatan mit seinen Söhnen
töten; die wurden dort begraben. 24 Dar-
auf zog Tryphon wieder in sein Land.

25 Da schickte Simon dorthin und ließ
den Leichnam seines Bruders Jonatan
holen und [a]legte ihn ins Grab in Mo-
deïn, der Stadt seiner Väter. 26 Und ganz
Israel trauerte und klagte um Jonatan
lange Zeit. 27 Und Simon ließ über dem
Grab seines Vaters und seiner Brüder ein
Denkmal bauen, hoch und weithin sicht-
bar, hinten und vorn aus gehauenen Stei-
nen, 28 und darauf ließ er sieben Pyra-
miden setzen, eine der andern gegenüber:
dem Vater, der Mutter und den vier Brü-
dern. 29 Und er ließ um sie herum große
Säulen setzen und an den Säulen Harni-
sche anbringen zum ewigen Gedächtnis
und neben den Harnischen in Stein ge-
hauene Schiffe, sodass es alle, die auf
dem Meer fahren, sehen konnten. 30 Dies
Grab in Modeïn steht noch bis auf den
heutigen Tag.

31 Aber Tryphon führte den jungen
König Antiochus im Land herum und
tötete ihn hinterlistig.[a] 32 Darauf wurde
er selbst König an seiner statt und setzte
sich die Krone Vorderasiens auf; und er
bedrückte das Land schwer.

Simon erreicht die volle Freiheit für Israel

33 Aber Simon baute und [a]befestigte viele
Städte im Lande Juda mit hohen Türmen
und dicken Mauern und starken Toren
und schaffte Nahrung in die befestigten
Städte; 34 und er schickte Boten zu König
[a]Demetrius und bat um Erleichterung
der Lasten, die ihm Tryphon auferlegt
hatte; denn Tryphon hatte lauter Raub
und Mord im Lande verübt.

35 Darauf antwortete Demetrius und
schrieb: 36 König Demetrius entbietet
dem Hohenpriester Simon, dem Freund
der Könige, und den Ältesten und dem
jüdischen Volk seinen Gruß. 37 Die gol-
dene Krone samt der Palme, die ihr mir
geschickt habt, haben wir empfangen
und sind bereit, einen guten Frieden mit
euch zu schließen und den Amtleuten zu
schreiben, dass sie euch die Lasten er-
leichtern, wie wir zugestanden haben.
38 Und was wir euch versprochen haben,
das soll treu, stetig und fest gehalten wer-
den. Alle Festungen, die ihr gebaut habt,
sollt ihr behalten. 39 Und wir rechnen
euch nicht an, was ihr aus Versehen oder
mit Absicht inzwischen gegen uns getan
habt. Die [a]Beiträge zum Ehrenkranz
und andere Abgaben, die Jerusalem hat
geben müssen, erlassen wir euch. 40 Und
wer unter euch [a]geeignet ist, in unserm
Heer zu dienen, der soll bei uns eintreten.
Und es soll zwischen uns Friede und
Einigkeit herrschen.

13,13: *a* Kap 12,38 **13,21:** *a* Kap 12,36 **13,23:** *a* Kap 12,50 **13,25:** *a* Kap 2,70; 9,19 **13,31:** *a* Kap 12,39 **13,33:** *a* Kap 12,35 **13,34:** *a* Kap 11,55 **13,39:** *a* Kap 11,35 **13,40:** *a* Kap 10,36

41 Im 170. Jahr* wurde Israel befreit
vom Joch der Heiden, 42 und das Volk
schrieb von jetzt an in Briefen und Ver-
trägen: Im ersten Jahr Simons, des gro-
ßen Hohenpriesters und Feldhaupt-
manns und Fürsten der Juden.

43 Zu dieser Zeit belagerte Simon die
Stadt Geser und schloss sie ein; er stellte
Sturmböcke auf und führte sie an die
Stadt heran und eroberte einen Turm.
44 Und die, die auf den Turm kamen,
sprangen in die Stadt. Da erschrak das
Volk in der Stadt und verzagte völlig,
45 und sie liefen mit Frauen und Kindern
auf die Mauer und zerrissen ihre Kleider
und schrien laut und baten Simon um
Gnade und sagten: 46 Bestrafe uns nicht
für unsern Widerstand, sondern sei uns
gnädig, so wollen wir gern gehorsam
sein! 47 Das jammerte Simon, sodass er
sie nicht tötete. Aber er befahl ihnen, aus
der Stadt wegzuziehen, und [a]ließ die
Häuser wieder reinigen, in denen sie
Götzen aufgestellt hatten. 48 Darauf zog
er hinein in die Stadt und dankte und
lobte Gott und ließ alles wegtun und
ausrotten, was unrein macht, und setzte
Leute hinein, die Gottes Gesetz hielten,
und befestigte die Stadt und baute sich
selbst ein Haus darin.

49 Und die Leute auf der Burg von Je-
rusalem wurden belagert, sodass nie-
mand heraus- oder hineinkommen und
[a]weder kaufen noch verkaufen konnte;
und sie litten so großen Hunger, dass
viele vor Hunger sterben mussten.
50 Darum schrien sie zu Simon und baten
um Frieden. Da erwies ihnen Simon
Gnade und ließ sie leben, aber sie muss-
ten aus der Burg wegziehen. Und Simon
ließ die Burg wieder reinigen von allem,
was unrein macht, 51 und nahm sie ein
am dreiundzwanzigsten Tage des zweiten
Monats im 171. Jahr** und zog hinein
mit Lobgesang und Palmenzweigen und
Saitenspiel und dankte Gott, dass Israel
diesen starken Feind endlich losgewor-
den war.

52 Und er gebot, dass man diesen Tag
jährlich mit Freuden begehen sollte.
53 Auch befestigte er den Berg des Tem-
pels neben der Burg noch mehr und
wohnte dort oben, er und die er bei sich
hatte.[a] 54 Und weil Simon sah, dass sein
Sohn Johannes ein tüchtiger Mann war,
setzte er ihn zum Hauptmann über das
ganze Kriegsvolk ein und ließ ihn in Ge-
ser wohnen.

Demetrius II. Nikator gerät in Medien in Gefangenschaft

14 Im 172. Jahr⁺ rüstete sich König
Demetrius und zog nach Medien,
um Hilfe zum Kampf gegen Tryphon zu
holen. 2 Als aber Arsakes, der König von
Persien und Medien,⁺⁺ hörte, dass De-
metrius in sein Königreich eingefallen
war, ließ er einen seiner Hauptleute ge-
gen ihn ziehen und befahl ihm, ihn ge-
fangen zu nehmen und lebendig zu ihm
zu bringen. 3 Dieser Hauptmann zog hin,
schlug das Heer des Demetrius, nahm
ihn gefangen und brachte ihn seinem Kö-
nig Arsakes. Da hielt ihn Arsakes ge-
fangen und ließ ihn bewachen.

Simon regiert in Frieden

4 Da kam das Land Juda zur Ruhe und es
blieb Friede, solange Simon lebte. Und
Simon regierte sehr gut und tat dem
Lande viel Gutes, sodass sie ihn gern
zum Herrn hatten sein Leben lang. 5 Zu
dem, was er sonst Rühmliches tat,
machte er die Stadt [a]Joppe zum Hafen
und schuf eine Zufahrt für die Schiffe
nach den Inseln des Meeres. 6 Und er
erwarb seinem Volk mehr Land und [a]er-
weiterte seine Grenzen und befreite und
holte viele zusammen, die vorher unter-
drückt und gefangen waren. 7 Er besetzte
[a]Geser und [b]Bet-Zur und die [c]Burg von
Jerusalem und reinigte sie; und niemand
wagte sich ihm zu widersetzen. 8 Jeder
bebaute sein Feld in Frieden; und [a]das
Land gab sein Gewächs, und die Bäume
auf dem Felde brachten ihre Früchte.
9 Die Ältesten saßen im Rat und hielten
auf gute Ordnung, und die jungen Män-
ner gingen im Schmuck ihrer Kriegsrüs-

* 143/142 v. Chr. ** Mai 142 v. Chr. ⁺ 141/140 v. Chr. ⁺⁺ Gemeint ist der Partherkönig Mithridates, der Persien und Medien kürzlich besetzt hatte. Weil diese Länder bis dahin zum Seleuzidenreich gerechnet wurden, fühlte sich Demetrius noch berechtigt, in diesem Gebiet Truppen auszuheben.

13,47: *a* 2. Chr 34,3-7 **13,49:** *a* Kap 12,36 **13,53:** *a* Kap 10,10-11 **14,5:** *a* Kap 13,11 **14,6:** *a* 2. Mose 34,24 **14,7:** *a* Kap 13,43-48; *b* Kap 11,65-66; *c* Kap 13,50-51 **14,8:** *a* 3. Mose 26,4

tung einher.[a] 10 [a]Simon beschaffte auch
für die Städte Vorrat von Korn und rüs-
tete sie mit Bollwerken aus, und er war
berühmt in aller Welt.

11 Er hielt den [a]Frieden im Lande auf-
recht, sodass lauter Freude in Israël
herrschte. 12 Und [a]jeder saß unter seinem
Weinstock und unter seinem Feigen-
baum, und niemand brauchte sich zu
fürchten, denn niemand auf Erden wagte
sie anzugreifen. 13 Und die Könige von
Syrien konnten ihnen zu der Zeit keinen
Schaden mehr antun. 14 Und er sprach
Recht im Land und schützte alle Armen
unter seinem Volk gegen Gewalt und be-
strafte alles Unrecht und vernichtete die
Gottlosen.[a] 15 Dem Heiligtum gab er
neuen Glanz und ließ noch mehr heilige
Geräte anfertigen.

Simon bekräftigt die Verträge mit Rom und Sparta

16 Und als man in Rom und in Sparta
hörte, [a]wie Jonatan umgekommen war,
waren alle tief betrübt. 17 Als aber die
Römer hörten, dass sein Bruder Simon
an seiner Stelle Hoherpriester geworden
war und über das Land und seine Städte
herrschte und die Feinde verjagt hatte,
18 erneuerten sie die Freundschaft und
das [a]Bündnis, das sie früher mit seinen
Brüdern Judas und Jonatan geschlossen
hatten, und schrieben das auf eherne
Tafeln und schickten sie ihm. 19 Diese
Schrift las man in Jerusalem dem Volk
vor.

20 Auch die Spartaner schrieben an Si-
mon: Der Rat und die Bürger von Sparta
entbieten dem Hohenpriester Simon und
den Ältesten und den Priestern und dem
übrigen jüdischen Volk, ihren Brüdern,
ihren Gruß. 21 Eure [a]Boten sind zu uns
gekommen und haben uns berichtet, dass
ihr eure Feinde ehrenvoll überwunden
habt und nun in Frieden lebt; das ist uns
eine große Freude. 22 Wir haben auch in
unser öffentliches Stadtbuch schreiben
lassen, was sie gesagt haben: Die Boten
der Juden, [a]Numenius, der Sohn des An-
tiochus, und Antipater, der Sohn Jasons,
sind zu uns gekommen, um die Freund-
schaft zwischen den Juden und uns zu
erneuern. 23 Und wir haben beschlossen,
dass man diese Boten mit Ehren emp-
fangen und ihre Rede in unser Stadtbuch
schreiben lassen sollte dem Volk der
Spartaner zum Gedächtnis. Die Ab-
schrift davon schicken wir dem Hohen-
priester Simon.

24 Darauf sandte Simon den Numenius
wieder nach Rom, um einen großen gol-
denen Schild dorthin zu bringen, tausend
Pfund schwer, und das Bündnis mit
ihnen zu erneuern.

Die Juden danken Simon und übertragen ihm das Hohepriesteramt und das Fürstentum

25 Als nun das Volk davon hörte, sagte es:
Wie können wir Simon und seinen Söh-
nen Dank erweisen? 26 Denn er und seine
Brüder haben sich tapfer gehalten und
Israels Feinde vertrieben und ihm die
Freiheit verschafft.

Und [a]das alles ließen sie auf eherne
Tafeln schreiben, damit man sie an den
Pfeilern auf dem Berge Zion anbrachte.
27 Und die Schrift lautete: Am achtzehn-
ten Tag des Monats Elul im 172. Jahr,*
[a]im dritten Jahr des großen Hohenpries-
ters Simon, 28 des Fürsten des Volkes
Gottes, ist in der großen Versammlung
der Priester und des Volks und der Obe-
ren des Volks und der Ältesten aus dem
ganzen Lande Juda jedem kund und
offenbar gemacht worden: In den gro-
ßen, schweren Kriegen, die in unserm
Lande gewesen sind, 29 haben [a]Simon, der
Sohn des Mattatias, aus dem Geschlecht
Jojaribs, und seine Brüder ihr Leben ge-
wagt und den Feinden ihres Volks Wider-
stand geleistet, damit das Heiligtum und
Gottes Gesetz nicht vernichtet würden,
und haben ihrem Volk großen Ruhm
erworben.

30 Denn Jonatan [a]brachte das Volk
wieder zusammen und ergriff die Herr-
schaft und wurde [b]Hoherpriester. Als er
aber starb, 31 da kamen die Feinde wieder
und [a]wollten das Land zugrunde richten
und das Heiligtum verwüsten. 32 Da
setzte sich Simon zur Wehr und [a]führte

* September 141 v.Chr.

14,9: *a* Sach 8,4-5 **14,10:** *a* Kap 13,33 **14,11:** *a* 3.Mose 26,6 **14,12:** *a* Mi 4,4 **14,14:** *a* Ps 72,4 **14,16:** *a* Kap 13,23 **14,18:** *a* Kap 8,21-22; 12,1 **14,21:** *a* Kap 12,2 **14,22:** *a* Kap 12,16 **14,26:** *a* Kap 11,37 **14,27:** *a* Kap 13,42 **14,29:** *a* Kap 2,1-5 **14,30:** *a* Kap 9,73; *b* Kap 10,20 **14,31:** *a* Kap 12,53-54 **14,32:** *a* Kap 13,7-10

den Krieg für sein Volk und verschaffte
den Kriegsleuten seines Volks Waffen
und [b]gab ihnen Sold von seinem eignen
Geld und Gut; 33und er befestigte die
Städte im Lande Juda und [a]Bet-Zur an
der Grenze Judäas, wo die Feinde vorher
ihre Waffen und Kriegsrüstung verwahrt
hatten, und legte Juden als Besatzung
hinein. 34Er befestigte auch [a]Joppe am
Meer und [b]Geser an den Grenzen von
Aschdod; denn Geser war vorher eine
Festung der Feinde gewesen; aber Simon
eroberte es und legte Juden hinein, und
was für ihren Unterhalt nötig war, gab er
ihnen.

35Weil nun das Volk Simons große
Treue erfahren hatte und wusste, welchen
Ruhm er seinem Volk verschaffen wollte,
[a]wählten sie ihn zu ihrem Fürsten und
Hohenpriester wegen all dieser Taten
und seiner Frömmigkeit und der Treue,
die er seinem Volk erwiesen hatte, und
weil er auf jede Weise darum bemüht
gewesen war, sein Volk zu erhöhen.
36[a]Denn in seiner Zeit gab Gott Glück,
dass durch seine Hand die Heiden aus
unserm Lande vertrieben wurden, die
sich auf der Burg von Jerusalem, der
Stadt Davids, aufhielten, aus der sie Ausfälle
unternahmen und alles rings um das
Heiligtum unrein machten und den reinen
Gottesdienst störten. 37Aber Simon
eroberte die Burg und legte Juden hinein,
um das Land und die Stadt zu schützen,
und baute die Mauern Jerusalems noch
weiter aus.

38[a]Und König Demetrius bestätigte
ihn im Hohepriesteramt 39und ernannte
ihn zu seinem Freund und erwies ihm
große Ehre. 40Denn er hatte gehört, dass
[a]die Römer die Juden Freunde, Bundesgenossen
und Brüder genannt und Simons
Boten mit Ehren aufgenommen
hatten. 41Darum haben das jüdische
Volk und ihre Priester eingewilligt, dass
Simon für immer ihr Fürst und Hoherpriester
sein sollte, so lange, [a]bis ihnen
Gott einen rechten Propheten erwecken
würde; 42er sollte auch ihr Feldhauptmann
sein, für das Heiligtum sorgen und
Amtleute einsetzen über die öffentlichen
Arbeiten, über das Land und alle Kriegsrüstungen
und Festungen. 43Und alle
sollten ihm gehorsam sein, und alle Erlasse
sollten [a]in seinem Namen ausgehen;
und [b]er sollte Purpur und Gold
tragen dürfen. 44Das alles sollte treu und
fest gehalten werden vom ganzen Volk
und allen Priestern, und niemand dürfte
sich dem widersetzen, was er geboten
hatte. Es sollte auch niemand Macht haben,
ohne seinen Willen das Volk im
Lande zusammenzurufen oder Purpur
und eine goldene Spange zu tragen, als er
allein. 45Wer aber dagegen handeln oder
sich unterstehen würde, diese Ordnung
zu brechen, der machte sich schuldig.

46So gelobte das ganze Volk, Simon
gehorsam zu sein. 47Und Simon willigte
ein, dass er Hoherpriester und Feldhauptmann
und Fürst der Juden mit ihren
Priestern sein und alles regieren
wollte.

48Und das Volk beschloss, dass man
diese Entscheidung auf eherne Tafeln
schreiben, diese sichtbar im Vorhof des
Tempels anbringen 49und eine Abschrift
in die Schatzkammer legen sollte, damit
sie Simon und seine Nachkommen allezeit
zu finden wüssten.

Antiochus VII. Sidetes wirbt um die Freundschaft der Juden im Kampf gegen Tryphon

15 Es schrieb auch König Antiochus,
der Sohn des [a]Demetrius, von den
Inseln aus an Simon, den Hohenpriester
und Fürsten der Juden, und das ganze
jüdische Volk: 2König Antiochus entbietet
dem Hohenpriester und Fürsten
Simon und dem jüdischen Volk seinen
Gruß.

3Nachdem mir einige Aufrührer mein
Erbkönigtum genommen haben, 4gedenke
ich es wieder einzunehmen und so
wiederherzustellen, wie es früher war.
Und darum habe ich fremdes Kriegsvolk
angenommen und Kriegsschiffe bauen
lassen und will in das Königreich ziehen,
um die Aufrührer zu bestrafen, die
großen Schaden in meinem Königreich
angerichtet und viele Städte verwüstet
haben.

5Darum [a]erlasse auch ich dir alle Ab-

14,32: *b* Neh 5,14 **14,33:** *a* Vers 7 **14,34:** *a* Kap 13,11; *b* Kap 13,43-48 **14,35:** *a* Kap 13,42 **14,36:** *a (36-37)* Kap 13,50-53 **14,38:** *a (38-39)* Kap 13,36 **14,40:** *a* Vers 18 **14,41:** *a* Kap 4,46; 5.Mose 18,15 **14,43:** *a* Kap 13,42; *b* Kap 11,58 **15,1:** *a* Kap 14,3 **15,5:** *a* Kap 11,34-36

gaben, die dir die Könige früher erlassen
haben, und was sie dir sonst an Geschen-
ken erlassen haben, 6und gebe dir das
Recht, eigne Münze in deinem Lande zu
schlagen. 7Und [a]Jerusalem und das Hei-
ligtum sollen frei sein. Du sollst auch alle
Kriegsrüstung behalten, die du herge-
stellt hast, und alle Festungen, die du
gebaut und bisher besetzt gehalten hast.
8Und ich erlasse dir alles, was man dem
König schuldig ist oder künftig dem Kö-
nig schulden wird, von jetzt an für alle
Zeiten. 9Und wenn wir unser Königreich
wieder erobern, wollen wir dir und dei-
nem Volk und dem Tempel noch größere
Ehre erweisen, sodass ihr im ganzen Kö-
nigreich gerühmt werden sollt.

10Im 174. Jahr* kam Antiochus wieder
in sein Erbland. Und alles Kriegsvolk lief
von [a]Tryphon zu ihm über, sodass nur
sehr wenige bei Tryphon blieben. 11Als
ihm nun König Antiochus nachzog,
flüchtete er nach Dor ans Meer; 12denn
er sah, dass es mit ihm zu Ende war und
dass das Kriegsvolk von ihm abfiel.
13Aber Antiochus belagerte Dor mit
hundertzwanzigtausend Mann zu Fuß
und achttausend Reitern 14und schloss
die Stadt ringsum ein und die Schiffe
griffen vom Meer aus an, und er be-
drängte die Stadt zu Land und zu Was-
ser, sodass niemand heraus- oder hinein-
kommen konnte.

Die Römer stellen einen Schutzbrief für die Juden aus

15Um diese Zeit kamen [a]Numenius und
die andern, die mit ihm gesandt waren,
von Rom zurück und brachten Schreiben
an die Könige und Länder, die so laute-
ten: 16Luzius, Konsul der Römer, ent-
bietet dem König Ptolemäus seinen
Gruß.

17Simon, der Hohepriester, und das jü-
dische Volk, unsre Freunde, haben Boten
zu uns gesandt, um die Freundschaft und
das Bündnis zwischen uns zu erneuern,
18und haben uns dabei einen [a]goldenen
Schild von tausend Pfund geschickt.
19Darum schreiben wir an die Könige
und Länder, dass sie nichts gegen die
Juden unternehmen, auch nicht gegen sie
und ihre Städte und ihr Land kämpfen
sollen; dass sie auch niemand gegen sie
unterstützen sollen; 20denn wir haben
den Schild von ihnen angenommen.
21Wenn etwa einige Aufrührer aus ihrem
Lande zu euch geflohen sind, so sollt ihr
sie dem Hohenpriester Simon ausliefern,
damit er sie nach seinem Gesetz be-
straft.

22So schrieb Luzius auch an König
Demetrius, an Attalus, an Ariarathes, an
[a]Arsakes 23und in alle Länder, auch
nach Sampsame und an die Spartaner,
nach Delos, Myndos, Sikyon, Karien, Sa-
mos, Pamphylien, Lyzien, Halikarnass,
Rhodos, Phaselis, Kos, Side, Arados,
Gortyna, Knidos, Zypern und Kyrene.
24Und Abschriften von diesen Schreiben
sandten sie dem Hohenpriester Simon
und dem jüdischen Volk.

Antiochus VII. Sidetes wendet sich gegen die Juden

25König Antiochus aber begann die [a]Be-
lagerung von Dor am zweiten Tage; er
führte immerfort Kriegsleute heran und
machte Sturmböcke und schloss Try-
phon ein, sodass niemand heraus- und
hineinkommen konnte. 26Und Simon
schickte Antiochus zweitausend Mann
zu Hilfe, gutes, auserlesenes Kriegsvolk,
und viel Gold und Silber und Waffen.

27Aber Antiochus wollte das nicht an-
nehmen und hielt nicht, [a]was er ihm frü-
her zugesagt hatte, und wandte sich ganz
von Simon ab 28und sandte einen seiner
Freunde, der Athenobius hieß, zu ihm,
um mit ihm zu verhandeln. Der sollte
ihm sagen: Ihr habt Joppe und Geser und
die Burg von Jerusalem eingenommen,
was alles zu meinem Königreich gehört,
29und habt das Land ringsum verheert
und großen Schaden in meinem König-
reich angerichtet und viele Orte in mei-
nem Erbland eingenommen. 30Darum
fordere ich die Städte von euch zurück,
die ihr mir weggenommen habt, und den
Tribut der Orte, die ihr außerhalb des
Landes Juda besetzt haltet. 31Wenn ihr
mir aber das nicht wieder zurückgeben
wollt, so gebt mir für die Städte fünf-
hundert Zentner Silber und für den

* 139/138 v.Chr.

15,7: *a* Kap 10,31-32 **15,10:** *a* Kap 13,31-32 **15,15:** *a* Kap 12,16 **15,18:** *a* Kap 14,24 **15,22:** *a* Kap 14,2 **15,25:** *a* Verse 13-14 **15,27:** *a* Verse 5-9

Schaden, den ihr angerichtet habt, und
für den Tribut der Städte noch fünfhun-
dert Zentner dazu. Wenn ihr aber auch
das nicht tun wollt, so werden wir kom-
men und gegen euch Krieg führen.
32 Als nun Athenobius, der Freund des
Königs, nach Jerusalem kam und die
glänzende Hofhaltung Simons und die
prächtige Tafel mit den goldenen und
silbernen Geräten und die zahlreiche
Dienerschaft sah, wunderte er sich sehr
und richtete aus, was ihm der König be-
fohlen hatte. 33 Darauf gab ihm Simon
diese Antwort: Das Land, das wir wieder
erobert haben, ist [a]unser väterliches
Erbe und gehört sonst niemand. Unsre
Feinde haben es aber eine Zeit lang mit
Gewalt und Unrecht besetzt gehalten.
34 Wir aber haben das Unsere wieder an
uns gebracht, weil die Zeit für uns güns-
tig war, und haben niemand das Seine
genommen. 35 Wenn du aber darüber
Klage führst, [a]dass wir Joppe und Geser
eingenommen haben, so war der Grund
für unser Handeln dieser: Man [b]richtete
von dort in unserm Volk und unserm
Lande großen Schaden an. Doch wollen
wir für beide Städte hundert Zentner
bezahlen. Darauf gab Athenobius keine
Antwort, 36 sondern wurde zornig und
zog wieder davon zum König und sagte
ihm Simons Antwort und berichtete ihm
von seiner Pracht und von allem, was er
gesehen hatte. Da wurde der König sehr
zornig.
37 Tryphon aber flüchtete auf einem
Schiff nach Orthosia. 38 Da machte der
König den Kendebäus zum Hauptmann
über das Land am Meer und gab ihm
Reiter und Fußvolk 39 und befahl ihm,
sich an der Grenze Judäas zu lagern und
die Stadt Kidron zu befestigen und ihre
Tore zu verstärken und von dort Einfälle
ins Land der Juden zu machen. Der Kö-
nig aber jagte Tryphon nach, um ihn ge-
fangen zu nehmen. 40 Als nun Kendebäus
nach Jamnia kam, griff er die Juden an,
verheerte ihr Land und ließ eine Menge
Menschen umbringen und viele Leute ge-
fangen nehmen und führte sie weg; und
er befestigte die Stadt Kidron 41 und legte
Reiter und Fußvolk hinein, damit sie von
dort an der Grenze Ausfälle machen und
auf den Straßen Judäas umherstreifen
sollten, wie der König befohlen hatte.

Simons Söhne schlagen die Syrer

16 Darum zog [a]Johannes von Geser
zu seinem Vater Simon hinauf und
berichtete ihm, dass Kendebäus Einfälle
in ihr Land gemacht und Schaden ange-
richtet hätte. 2 Da rief Simon seine zwei
ältesten Söhne zu sich, Judas und Jo-
hannes, und sagte zu ihnen: Ich und
meine Brüder und das ganze Haus mei-
nes Vaters haben von Jugend auf bis zu
dieser Zeit gegen die Feinde des Volks
Israel Kriege geführt, und Gott hat uns
das Glück gegeben, dass Israel oft durch
unsre Hände errettet worden ist. 3 Weil
ich aber nun [a]alt und schwach bin, so
sollt ihr [b]an meine Stelle und an die
Stelle meiner Brüder treten und sollt aus-
ziehen und für unser Volk kämpfen.
[c]Gott möge euch vom Himmel helfen
und bei euch sein!
4 Und er ließ im Lande zwanzigtau-
send Kriegsleute und Reiter auswählen.
Mit diesem Heer zogen Johannes und
Judas gegen Kendebäus und lagerten
über Nacht in [a]Modeïn. 5 Morgens aber,
als sie von Modeïn in die Ebene kamen,
zog ihnen ein großes Heer zu Fuß und zu
Ross entgegen. Nun war ein reißender
Bach zwischen beiden Heeren. 6 Da zog
Johannes mit seinem Kriegsvolk an den
Bach und wandte sich gegen die Feinde.
Als er aber sah, dass das Kriegsvolk
Angst hatte, in das Wasser zu gehen, da
wagte er sich zuerst hinein und kam
durch das Wasser. Als seine Leute das
sahen, folgten sie ihm.
7 Danach stellte Johannes die Schlacht-
ordnung auf und ordnete die Reiter zwi-
schen dem Fußvolk an. Aber die Feinde
hatten eine viel stärkere Reiterei. 8 Als
aber Johannes die [a]Posaunen der Pries-
ter blasen ließ und die Feinde angriff, da
wandte sich [b]Kendebäus zur Flucht mit
seinem Heer, und viele wurden verwun-
det und erstochen; die Übrigen aber flo-
hen in die Festung. 9 In dieser Schlacht
wurde Judas, der Bruder des Johannes,

15,33: *a* Jos 14,1 **15,35:** *a* Kap 10,74-76; 13,43-48; *b* 2. Makk 12,3-4 **16,1:** *a* Kap 13,54 **16,3:** *a* Kap 2,49; *b* Kap 2,65-66; *c* Kap 3,19 **16,4:** *a* Kap 2,1.70 **16,8:** *a* 4. Mose 10,9; *b* Kap 15,38-41

verwundet; aber Johannes jagte den Fein-
den nach bis zur Festung Kidron. 10 Und
die Feinde flohen in die Türme im Gebiet
von Aschdod. Da verbrannte Johannes
die Türme, sodass zweitausend Mann
von den Feinden umkamen. Danach zog
Johannes wieder heim ins Land Juda mit
Frieden.

Simon wird von seinem Schwiegersohn ermordet

11 Es war aber ein Amtmann im Lande
Jericho, mit Namen Ptolemäus, der Sohn
Abubs; der war sehr reich 12 und der Ho-
hepriester Simon hatte ihm eine Tochter
zur Frau gegeben. 13 Darum war er stolz
und trachtete danach, Herr im Lande zu
werden, und er fasste einen Plan, wie er
Simon und seine Söhne hinterlistig um-
bringen könnte.

14 Als nun Simon im Lande Juda um-
herzog, um nach den Städten zu sehen
und für ihre Ordnung zu sorgen, und
nach Jericho kam mit zwei Söhnen, Mat-
tatias und Judas, im 177. Jahr, im elften
Monat, der Schebat* heißt, 15 da empfing
sie der Sohn Abubs in seiner Burg mit
Namen Dok, die er sich gebaut hatte,
und richtete ihnen ein herrliches Mahl
zu; aber es war nichts als Betrug, denn
heimlich versteckte er dort Kriegsvolk.
16 Und als Simon und seine Söhne fröh-
lich waren und viel getrunken hatten,
stand Ptolemäus mit seinen Leuten auf,
und sie nahmen ihre Waffen und kamen
hinein zu Simon beim Mahl und schlu-
gen ihn samt beiden Söhnen und einigen
von seinen Leuten tot. 17 So eine schänd-
liche Tat verübte Ptolemäus in Israel und
[a]vergalt Gutes mit Bösem.

Simons Nachfolger wird sein Sohn Johannes Hyrkanus

18 Danach schrieb Ptolemäus dies an Kö-
nig Antiochus und bat ihn, dass er ihm
Kriegsvolk zu Hilfe schicken und ihm
das Land und die Städte mit allen Ab-
gaben übertragen möchte. 19 Und er
sandte Leute nach Geser, um Johannes
umzubringen, und schrieb an die Haupt-
leute, dass sie zu ihm kommen sollten;
dann wollte er ihnen viel Sold und
Geschenke geben. 20 Auch schickte er
Kriegsvolk, um Jerusalem und das Hei-
ligtum einzunehmen.

21 Aber ein Bote kam vorher nach Ge-
ser; der sagte Johannes, dass sein Vater
und seine Brüder umgekommen waren
und dass Leute unterwegs wären, um
auch ihn umzubringen. 22 Als Johannes
das hörte, entsetzte er sich sehr und ließ
die Leute gefangen nehmen, die ge-
schickt worden waren, um ihn umzubrin-
gen. Und als er feststellte, dass sie ihn
wirklich hatten ermorden wollen, ließ er
sie töten.

23 Was aber Johannes danach weiter
getan hat und die Kriege, die er geführt,
und wie er regiert und wie er die Mauern
gebaut und was er sonst getan hat, 24 das
ist alles beschrieben in einem eignen
Buch über seine Regierung, von der Zeit
an, als er nach seinem Vater Hoherpries-
ter geworden war.

DAS ZWEITE BUCH DER MAKKABÄER

Auch die ägyptischen Juden sollen das Fest der Tempelweihe feiern

1 Wir Juden, eure Brüder, die in Jeru-
salem und im jüdischen Lande sind,
grüßen und wünschen euch Juden, un-
sern Brüdern, die [a]in Ägypten wohnen,
Glück und Heil. 2 Gott segne euch und
denke an [a]seinen Bund, den er Abra-
ham, Isaak und Jakob, seinen treuen
Knechten, zugesagt hat, 3 und gebe euch
allen ein Herz, das bereit ist, ihn zu
fürchten und seinen Weisungen gern und
willig zu folgen; 4 er tue euer Herz auf

* Februar 135 v.Chr.

16,17: *a* Jer 18,20 **1,1:** *a* Jer 43,7 **1,2:** *a* 2. Mose 2,24

durch sein Gesetz und seine Gebote und
schaffe Frieden; 5 er erhöre euer Gebet
und sei euch gnädig und verlasse euch
nicht in der Not! 6 Das alles erbitten wir
hier jetzt für euch.[a]

7 Zur Zeit des Königs Demetrius, im
169. Jahr,* haben wir in Judäa an euch
geschrieben in unsrer höchsten Not, die
uns in jenen Jahren betroffen hatte, als
[a]Jason und sein Anhang von dem heiligen Lande und von dem Königtum abtrünnig geworden waren,
8 [a]unsre Tore
verbrannt und unschuldiges Blut vergossen hatten. Damals beteten wir und der
Herr erhörte uns. Und [b]wir brachten
ihm Opfer und feinstes Mehl dar und
zündeten die Lampen an und legten die
Schaubrote auf. 9 Und nun möchten wir,
dass ihr das [a]Tempelweihfest** im Monat Kislew haltet wie wir. Gegeben im
188. Jahr.+

Den ägyptischen Juden wird die bevorstehende Tempelweihe angekündigt

10 Wir in Jerusalem und in Judäa, die
Ältesten und Judas Makkabäus wünschen dem Aristobulus, der ein Lehrer
des Königs Ptolemäus und von hohepriesterlichem Stamme ist, und den andern Juden, die in Ägypten wohnen,
Glück und Gesundheit. 11 Wir danken
Gott sehr, dass er uns, die wir uns gegen
einen so mächtigen König wehren mussten, aus großer Not erlöst hat. 12 Denn
Gott selbst hat unsere Feinde aus der
heiligen Stadt weggetrieben.

13 Als nämlich der Fürst mit seinem
scheinbar unüberwindlichen Heer nach
Persien gekommen war, wurde er im
Tempel der Nanäa durch List der Priester der Nanäa erschlagen.[a] 14 Denn Antiochus kam dorthin samt seinen Freunden, als wollte er die Göttin freien,
dachte aber nur daran, die reichen
Schätze aus dem Tempel als Mitgift zu
nehmen. 15 Als die Priester der Nanäa sie
hervortrugen und er mit wenigen Freunden in das Heiligtum gegangen war,
schlossen sie den Tempel zu. 16 Dann öffneten sie die geheime Tür in der Decke
und warfen den Fürsten mit Steinen zu
Tode. Danach hieben sie alle in Stücke,
schlugen ihnen die Köpfe ab und warfen
sie denen zu, die draußen standen. 17 Unser Gott sei für alles gelobt, der die Gottlosen so dahingegeben hat!

18 Weil wir nun gedenken, [a]am 25. Tag
des Monats Kislew die Reinigung des
Tempels zu begehen, haben wir's für unsere Pflicht gehalten, euch das mitzuteilen, damit auch ihr dies Fest so begeht,
wie man das [b]Laubhüttenfest und den
Tag begeht, an dem Nehemia das Feuer
gefunden hat, als er den Tempel und den
Altar baute und wieder opferte.

19 Denn als unsre Väter nach Persien
weggeführt wurden, haben die frommen
Priester jener Zeit [a]Feuer vom Altar genommen und es heimlich in der Höhlung
eines Brunnens versteckt, der eine wasserfreie Stelle besaß; dort verwahrten sie
es so, dass niemand den Ort erfuhr. 20 Als
nun [a]nach vielen Jahren Nehemia nach
dem Willen Gottes vom König von Persien heimgesandt wurde, schickte er
Nachkommen der Priester, die das Feuer
verborgen hatten, damit sie es wieder
suchten. Aber wie sie uns berichtet haben, haben sie kein Feuer, sondern dickflüssiges Wasser gefunden. 21 [a]Das gebot
er ihnen zu schöpfen und zu bringen. Als
nun alles zum Opfer zugerüstet war, hat
Nehemia den Priestern befohlen, sie sollten das Wasser über das Holz und das
Opfer, das auf dem Holz lag, gießen.
22 Als sie das getan hatten und nach einiger Zeit die Wolken vergangen waren
und die Sonne aufleuchtete, da entzündete sich ein großes Feuer. Darüber verwunderten sich alle. 23 Die Priester und
das Volk aber beteten, bis das Opfer verbrannt war. Und Jonatan stimmte an, die
andern aber antworteten ihm mit Nehemia.[a]

24 Dies aber war das Gebet: Herr, Herr,
Gott, der du alle Dinge geschaffen hast
und furchterregend, stark und gerecht
bist und barmherzig und allein der rechte

* 144/143 v. Chr.
** Wörtlich: »die Tage der Laubhütten«. Gemeint ist ein Fest mit so vielen Tagen wie das Laubhüttenfest.
\+ 125/124 v. Chr.

1,6: *a* Kol 1,9 **1,7:** *a* Kap 4,7-17 **1,8:** *a* 1. Makk 4,38; Ps 24,7; *b* 1. Makk 4,50-51; 2. Mose 25,23-39 **1,9:** *a* 1. Makk 4,59; Joh 10,22 **1,13:** *a* 1. Makk 6,1-16; Kap 9,1-29 **1,18:** *a* 1. Makk 4,59; *b* 3. Mose 23,34 **1,19:** *a* Kap 2,1 **1,20:** *a* Neh 2,1-8 **1,21:** *a (21-22)* 1. Kön 18,34-38 **1,23:** *a* Neh 8,6

König und Wohltäter, 25 der du allein alle
Gaben gibst, der du allein gerecht, all-
mächtig und ewig bist, der du Israel er-
löst aus allem Übel, der du unsere Väter
erwählt und sie geheiligt hast; 26 nimm
das Opfer an für dein ganzes Volk Israel
und bewahre und heilige dein Erbe.
27 Bring unsere Zerstreuten wieder zu-
sammen, erlöse, die den Heiden dienen
müssen, und sieh die Verachteten an, vor
denen alle ein Grauen haben: damit die
Heiden erfahren, dass du unser Gott bist.
28 Bestrafe, die uns unterdrücken und mit
großem Übermut uns alle Schande an-
tun. 29 Pflanze dein Volk wieder ein an
deinem heiligen Ort, wie Mose gesagt
hat.[a] 30 Die Priester aber sangen die Lob-
gesänge dazu.

Als aber das Opfer verzehrt war, 31 ließ
Nehemia das übrige Wasser auf große
Steine gießen. 32 Auch da ging eine
Flamme auf; aber sie wurde überstrahlt
vom Leuchten des Feuers auf dem Altar.

33 Dies alles ist bekannt geworden und
vor den König der Perser gekommen,
dass man nämlich an dem Ort, wo die
weggeführten Priester das Feuer ver-
steckt hatten, Wasser gefunden hätte, mit
dem dann die Leute Nehemias die Opfer
geheiligt hätten. 34 Da prüfte es der Kö-
nig nach und ließ den Ort einfriedigen
und zum Heiligtum erklären; 35 und de-
nen der König gnädig war, denen gab
er viele kostbare Geschenke aus seinem
Schatz. 36 Und die Leute Nehemias nann-
ten dies Wasser Neftar, auf Deutsch:
Reinigung; die meisten aber nennen es
Neftai.

2 Man findet auch in den Schriften,
dass der Prophet Jeremia denen, die
weggeführt wurden, geboten habe, sie
sollten [a]vom Feuer etwas verstecken, wie
oben berichtet, 2 und dass er ihnen das
Gesetz mitgegeben und befohlen habe,
sie sollten die Gebote des Herrn ja nicht
vergessen und [a]sich nicht verführen las-
sen, wenn sie die goldenen und silbernen
Götzen und ihren Schmuck sehen wür-
den; 3 und er habe ihnen noch anderes
dieser Art gesagt und sie ermahnt, sie
sollten das Gesetz nicht aus ihrem Her-
zen lassen.

4 Auch stand in derselben Schrift, der
Prophet habe auf göttlichen Befehl hin
geboten, die Stiftshütte und die Bundes-
lade sollten mit ihm kommen, 5 als er
auszog [a]an den Berg, auf den Mose ge-
stiegen war und von dem aus er das Erb-
land des Herrn gesehen hatte. Als Jere-
mia dorthin kam, fand er eine Höhle;
darin versteckte er die Stiftshütte und die
Lade und den Räucheraltar und ver-
schloss den Eingang. 6 Aber einige Män-
ner, die ihm nachgegangen waren, traten
hinzu und wollten sich an dem Zugang
ein Zeichen machen; sie konnten ihn aber
nicht finden. 7 Als das Jeremia erfuhr, ta-
delte er sie und sagte: Diese Stätte soll
kein Mensch kennen, bis Gott sein Volk
wieder zusammenbringen und ihm gnä-
dig sein wird. 8 Dann wird der Herr dies
alles wieder ans Licht bringen; und
[a]dann wird die Herrlichkeit des Herrn
und die Wolke erscheinen, wie sie sich
[b]zu Moses Zeiten gezeigt hat und [c]da-
mals, als Salomo bat, dass die Stätte über
die Maßen geheiligt würde.

9 In dieser Schrift wird auch erzählt,
[a]wie weise Salomo gewesen ist und [b]wie
er zur Einweihung und Vollendung des
Tempels geopfert hat. 10 Und ebenso, wie
[a]Mose den Herrn gebeten hatte und
Feuer vom Himmel fiel und die Opfer
verzehrte, so betete auch [b]Salomo und
das Feuer fiel herab und verzehrte die
Brandopfer. 11 Und Mose sagte, das
Sündopfer sei vom Feuer verzehrt wor-
den, weil man's nicht gegessen habe.[a]
12 Ebenso hat auch Salomo die acht Tage
gefeiert.[a]

13 Das alles findet man auch in den
Schriften und den Denkwürdigkeiten, die
zu Nehemias Zeiten geschrieben worden
sind; ferner, wie Nehemia die Bücher
über die Könige und Propheten, auch die
von David und die Briefe der Könige
über Weihgeschenke zusammengebracht
und eine Bibliothek eingerichtet hat.
14 Ebenso hat aber auch Judas die Bü-
cher, die verloren gegangen waren, weil
Kriege im Lande gewesen sind, alle wie-
der zusammengebracht; 15 und wir haben
sie hier. Solltet ihr sie also brauchen, so
lasst sie bei uns holen!

1,29: *a* 2. Mose 15,17; 5. Mose 30,3-5 **2,1:** *a* Kap 1,19 **2,2:** *a* Bar 6,7-72 **2,5:** *a* 5. Mose 34,1 **2,8:** *a* Hes 43,1-5; *b* 2. Mose 40,34-35; *c* 1. Kön 8,10-13.28-30 **2,9:** *a* 1. Kön 5,9-11.14; *b* 1. Kön 8,63 **2,10:** *a* 3. Mose 9,24; *b* 2. Chr 7,1 **2,11:** *a* 3. Mose 10,16-20 **2,12:** *a* 1. Kön 8,65-66

16 Weil wir nun die Tempelreinigung
begehen wollen, schreiben wir es euch
hiermit; ihr werdet also gut daran tun,
die Tage auch zu begehen. 17 Wir hoffen
aber zu Gott, der seinem ganzen Volk
geholfen und allen das Erbe verliehen
hat, [a]nämlich das Königtum und das
Priestertum und die Heiligkeit, 18 wie er's
im Gesetz verheißen hat: er wolle sich
unser bald erbarmen und uns aus der
weiten Welt an den heiligen Ort wieder
zusammenbringen,[a] 19 wie er uns ja bereits
aus großem Unglück errettet und
die heilige Stätte gereinigt hat.

Der Verfasser legt die Absicht seines Buches dar

20 Die Geschichten aber von Judas, dem
Makkabäer, und seinen Brüdern und von
der Reinigung des erhabenen Tempels
und der Weihe des Altars; 21 von den
Kriegen gegen Antiochus Epiphanes und
seinen Sohn Eupator; 22 von den Erscheinungen
vom Himmel her, die denen widerfuhren,
die für das Judentum redlich
gekämpft haben, sodass ihre kleine Schar
das ganze Land wiedererobert und eine
große Menge der Heiden in die Flucht
geschlagen und verfolgt hat; 23 und weiter
davon, wie sie den Tempel, der in aller
Welt berühmt ist, wiedergewonnen und
die Stadt befreit haben und wie sie die
Gesetze, die man auflösen wollte, wieder
aufgerichtet haben, weil der Herr ihnen
wohlwollte und gnädig war: 24 Dies alles,
das Jason von Kyrene in fünf Büchern
aufgezeichnet hat, gedenken wir, hier in
eins zusammenzuziehen.

25 Denn wir sehen, um wie viel Zahlen
es geht und wie schwer es wegen der
Fülle des Stoffs sein wird, wenn sich jemand
in die Erzählungen und Berichte
einarbeiten will. 26 Wir haben uns also
vorgenommen, denen, die gerne lesen,
Anregung zu verschaffen, denen, die ihrem
Gedächtnis etwas einprägen möchten,
leichtere Übersicht zu geben, allen
aber, die das Buch in die Hand nehmen,
Gewinn zu bringen. 27 Und wir merken
wohl, dass es uns nicht eben leicht werden
wird, uns der Mühe dieser Kürzung
zu unterziehen; denn es gehört viel Arbeit
und großer Fleiß dazu, 28 wie es auch
ohne Arbeit nicht zugeht, wenn man eine
Mahlzeit bereiten und den Gästen etwas
zugutetun will. Dennoch wollen wir
diese Mühe gern auf uns nehmen, um
vielen damit zu dienen, 29 dabei allerdings
die genaue Erforschung des Einzelnen
dem Geschichtsschreiber überlassen, uns
selbst aber darum bemühen, die Vorlagen
für unsere Zusammenfassung durchzugehen.

30 Denn wie ein Baumeister, der ein
neues Haus baut, sich um den gesamten
Bau zu kümmern hat, der aber, der es
übernimmt, das Haus auszumalen, nichts
weiter zu bedenken hat, als was man zur
Ausschmückung braucht, so, meine ich,
steht es auch bei uns. 31 In die Dinge
einzudringen und sie zu durchforschen
und sich mit den Einzelheiten genau
zu beschäftigen, das kommt dem Geschichtsschreiber
zu; 32 wer aber nur
nacherzählen will, der darf sich kürzer
fassen und sich von der eingehenden
Darstellung der Geschichte frei machen.
33 Und nun wollen wir mit der Erzählung
beginnen, nachdem wir so viel dem Voraufgeschickten
hinzugefügt haben; es
wäre ja töricht, wenn die Vorrede länger
würde als die ganze Erzählung.[a]

Der Tempelschatz wird vor Heliodor bewahrt

3 Als man in gutem Frieden in Jerusalem
wohnte und die Gesetze aufs
Beste gehalten wurden, weil der [a]Hohepriester
Onias fromm war und das Böse
hasste, 2 wurden sogar die Könige bewogen,
[a]die Stadt zu ehren und herrliche
Geschenke in den Tempel zu schicken.
3 So gewährte auch Seleukus, der König
in Vorderasien, aus seinen eignen Einkünften
alle Kosten, die der Opferdienst
mit sich brachte.

4 Nun lebte damals ein Vorsteher des
Tempels, der hieß Simon und war ein
Benjaminiter; der war mit dem Hohenpriester
verfeindet wegen der Amtsführung
des Marktvorstehers in der Stadt.
5 Weil ihm aber Onias zu mächtig war,
zog er zu Apollonius, dem Sohn des
Tharseas, der damals Befehlshaber in
Zölesyrien und Phönizien war, 6 und meldete
ihm, dass der Tempelschatz in Jeru-

2,17: *a* 2. Mose 19,5-6; 1. Petr 2,9 **2,18:** *a* 5. Mose 30,3-5 **2,33:** *a* Kap 1,1–2,19 **3,1:** *a* Kap 15,12 **3,2:** *a* Ps 68,30; Offb 21,24

salem unermesslich reich sei, sodass man
die Höhe der Gelder nicht errechnen
könne; man bedürfe ihrer auch nicht zum
Opfer; es sei möglich, dass diese Gelder
unter das Verfügungsrecht des Königs
fielen.

7 Als nun Apollonius zum König kam,
berichtete er ihm, was ihm über die Gel-
der bekannt war. Da bestimmte der Kö-
nig seinen Kanzler Heliodor, entsandte
ihn und gab ihm den Befehl, sich die
erwähnten Gelder ausliefern zu lassen.
8 Der machte sich sogleich auf und gab
an, er müsste die Städte in Zölesyrien
und Phönizien bereisen. Seine Absicht
aber war, den Befehl des Königs auszu-
führen.

9 Als Heliodor nun nach Jerusalem
kam und der Hohepriester und die Stadt
ihn freundlich empfangen hatten, er-
zählte er, was seinem Herrn berichtet
worden war, und teilte mit, wozu er da
wäre, und fragte, ob es in Wahrheit so
wäre oder nicht. 10 Da antwortete ihm
der Hohepriester: Es ist Geld, das Wit-
wen und Waisen gehört, hinterlegt zu
treuer Hand.[a] 11 Anderes aber gehört
dem Hyrkanus, dem Sohn des Tobias,
einem sehr bedeutenden Mann. Und es
verhält sich gar nicht so, wie der Verräter
Simon gesagt hat; denn es sind nicht
mehr als vierhundert Zentner Silber und
zweihundert Zentner Gold. 12 So würde
es ein großer Frevel sein, wenn man die
betrügen wollte, die auf die Heiligkeit der
Stätte vertraut haben und auf die Würde
des Tempels, der in aller Welt so hoch
geehrt wird, und auf seine Unverletzlich-
keit. 13 Aber Heliodor bestand auf dem
Befehl des Königs und sagte, er müsste
die Gelder für den königlichen Schatz
nehmen, 14 und bestimmte einen Tag und
kam in den Tempel, um sie zu besich-
tigen.

Da erhob sich großer Jammer in der
ganzen Stadt. 15 Die Priester warfen sich
in ihrem heiligen Schmuck vor den Altar
und riefen Gott im Himmel an, der zum
Schutz dessen, was hinterlegt worden
war, [a]geboten hat, den Leuten das Ihre
unversehrt zu erhalten. 16 Den Hohen-
priester aber konnte niemand ohne gro-
ßes Mitleid anblicken; denn sein Aus-
sehen und seine Gesichtsfarbe ließen
erkennen, dass er in großen Ängsten war.
17 Denn er war so tief erschrocken und
zitterte am ganzen Leibe, dass alle, die
ihn sahen, verspüren mussten, welches
Leid sein Herz erfüllte.

18 Die Leute aber liefen in Scharen aus
den Häusern und beteten miteinander,
weil sie sahen, dass die heilige Stätte in
Schmach und Schande gebracht werden
sollte. 19 Und die Frauen legten Säcke an,
entblößten die Brust und liefen auf die
Gassen; und sogar jene Jungfrauen, die
sonst nicht unter die Leute gingen, liefen
unter die Tore und auf die Mauern oder
schauten wenigstens aus den Fenstern;
20 alle aber hoben ihre Hände auf zum
Himmel und hielten das Bittgebet. 21 Es
war zum Erbarmen, wie das Volk in
einem großen Durcheinander niederfiel
und dem Hohenpriester so angst und
bange vor dem Kommenden war.

22 Während sie so den allmächtigen
Herrn anriefen, dass er das anvertraute
Gut denen, die es hinterlegt hatten, un-
versehrt und sicher erhalten wollte,
23 suchte Heliodor sein Vorhaben auszu-
führen. Und als er schon mit den Kriegs-
leuten in der Schatzkammer stand, 24 tat
der Herrscher über die Geister und alle
Mächte ein gewaltiges Zeichen, sodass
alle, die einzudringen sich erdreistet hat-
ten, von der Macht Gottes geschlagen in
lähmende Furcht und Verzagtheit fielen.
25 Denn es erschien ihnen ein Pferd, das
mit prächtigem Geschirr geschmückt
war, darauf saß ein furchterregender Rei-
ter; das rannte mit aller Macht auf Helio-
dor zu und drang mit den Vorderfüßen
auf ihn ein. Und der Reiter zeigte sich in
einer goldenen Rüstung. 26 Auch erschie-
nen dem Heliodor zwei junge Männer,
die stark und schön waren und prächtig
gekleidet; die traten auf beiden Seiten
neben ihn hin und geißelten ihn unab-
lässig mit vielen Schlägen, 27 sodass er im
Nu zu Boden fiel und in Ohnmacht
sank.

28 Da nahm man ihn, der eben noch
mit großem Gefolge und allen seinen
Kriegsleuten in die Schatzkammer ge-
gangen war, und trug ihn in einer Sänfte
davon, weil er sich selbst nicht mehr hel-

3,10: *a* 5. Mose 27,19 **3,15:** *a* 2. Mose 22,6-7

fen konnte, [29]sodass man deutlich die Macht Gottes erkennen musste. So lag er durch Gottes Wirken stumm da und war jeder Hoffnung und Hilfe beraubt; [30]die Juden aber lobten den Herrn, der seine heilige Stätte so geehrt hatte. Und den Tempel, der kurz zuvor voll Furcht und Schrecken gewesen war, erfüllte Freude und Wonne nach diesem Zeichen des allmächtigen Herrn.

[31]Aber einige Freunde des Heliodor kamen eilends und baten Onias, dass er doch den Höchsten anrufen und dem Heliodor, der jetzt in den letzten Zügen lag, das Leben gnädig erwirken sollte.[a] [32]Weil aber der Hohepriester die Sorge hatte, der König könnte den Argwohn haben, die Juden hätten dem Heliodor schändlich mitgespielt, opferte er für ihn, damit er gesund würde. [33]Und als der Hohepriester das Sühnopfer darbrachte, erschienen die beiden jungen Männer wieder in derselben Kleidung und sagten zu Heliodor: Dem Hohenpriester Onias hast du viel zu verdanken, denn um seinetwillen hat dir der Herr das Leben geschenkt; [34]doch weil du vom Himmel gegeißelt worden bist, so verkündige allen, wie groß die Gewalt Gottes ist. Und als sie dies gesagt hatten, entschwanden sie. [35]Heliodor aber ließ dem Herrn opfern und tat ihm sehr große Gelübde, weil er ihm das Leben wiedergegeben hatte, und empfing den Onias und kehrte danach mit der Streitmacht zum König zurück [36]und bezeugte allen, wie er mit eignen Augen die Taten des höchsten Gottes gesehen hätte.

[37]Als ihn aber der König fragte, welchen geeigneten Mann er sonst noch einmal nach Jerusalem schicken könnte, antwortete ihm Heliodor: [38]Wenn du einen Feind hast oder einen, der dich zu stürzen gedenkt, den schicke hin! Du wirst ihn dann zurückbekommen, nachdem er gegeißelt worden ist, wenn er überhaupt mit dem Leben davonkommt. [39]Denn es wirkt wahrhaftig eine Kraft Gottes an jener Stätte; [a]der seine Wohnung im Himmel hat, wacht darüber und hilft ihr; und alle, die ihr in böser Absicht nahen, schlägt und vernichtet er.

[40]Dies ist die Geschichte von Heliodor und der Bewahrung der Schatzkammer.

Onias wird von Simon verleumdet und reist zum König

4 Jener Simon aber, der den Schatz und sein Vaterland verraten hatte, verleumdete den Onias, kein anderer als er habe dem Heliodor übel mitgespielt und sein Unglück angestiftet; [2]ja, er beschuldigte ihn sogar, ein Feind von Land und Leuten zu sein, obwohl er doch der Stadt alles Gute tat und es mit seinem Volk treu meinte und voll Eifer an Gottes Geboten festhielt. [3]Als nun die Feindschaft so groß geworden war, dass einer von Simons Vertrauten mehrere Morde verübte, [4]und als Onias sah, dass viel Unheil aus solcher Uneinigkeit kommen würde, weil Apollonius, der Sohn des Menestheus, der Befehlshaber in Zölesyrien und Phönizien, den Simon in seiner Bosheit noch bestärkte, da machte Onias sich auf zum König, [5]nicht, um seine Mitbürger zu verklagen, sondern weil er in allem auf das Wohl des ganzen Volkes bedacht war. [6]Denn er sah: wenn der König nicht Vorsorge treffen würde, so wäre es nicht möglich, im öffentlichen Leben noch zum Frieden zu kommen und Simon von seiner Torheit abzubringen.

Jason erschleicht sich das Hohepriesteramt und führt griechische Sitten ein

[7]Als aber Seleukus gestorben und die Herrschaft an [a]Antiochus mit dem Beinamen Epiphanes* gekommen war, erschlich Jason, der Bruder des Onias, sich das Hohepriesteramt. [8]Er versprach dem König, als er mit ihm zusammentraf, dreihundertsechzig Zentner Silber und aus anderm Einkommen achtzig Zentner. [9]Und darüber hinaus versprach er, ihm noch hundertfünfzig Zentner zu überschreiben, wenn man gestatten wollte, dass er aus eigner Vollmacht eine Kampfbahn und einen Übungsplatz für junge Leute herrichtete und die Jerusalemer als Antiochener einschrieb.

[10]Als der König zustimmte und Jason die Macht ergriffen hatte, gewöhnte er

* d. h. der (in göttlichem Lichte) Strahlende.

3,31: *a* 1. Kön 13,6 3,39: *a* 1. Kön 8,30.43 4,7: *a* 1. Makk 1,11

sogleich seine Mitbürger an die griechi-
sche Lebensart. 11 Und die Vorrechte, die
der König aus Menschenfreundlichkeit
den Juden durch Vermittlung des Johan-
nes verliehen hatte, den Vater jenes
[a]Eupolemus, der als Gesandter nach
Rom gegangen war, um über Freund-
schaft und Waffenhilfe zu verhandeln,
die gab er auf, schaffte die alten gesetz-
mäßigen Einrichtungen ab und führte
Sitten ein, die dem Gesetz widerspra-
chen.

12 Ganz bewusst nämlich baute er un-
ter der Burg eine [a]Kampfbahn und
brachte die besten der jungen Leute
dazu, dort als Wettkämpfer aufzutreten.
13 Und das griechische Wesen und die
Aneignung fremder Sitten nahmen durch
die übergroße Ruchlosigkeit des gottlo-
sen falschen Hohenpriesters Jason so
überhand, 14 dass die Priester nicht mehr
eifrig im Dienst am Altar waren, viel-
mehr den Tempel verachteten und die
Opfer vernachlässigten und nach dem
Aufruf zum Diskuswerfen zur Kampf-
bahn liefen und an den gesetzwidrigen
Spielen teilnahmen; 15 und was den Vä-
tern eine Ehre war, galt ihnen nichts, aber
die griechischen Auszeichnungen hielten
sie für ungemein wertvoll. 16 Das wurde
ihnen freilich böse heimgezahlt; denn
Gott machte eben die, denen sie in ihren
Spielen und auch sonst ganz gleich wer-
den wollten, zu ihren Feinden, die sie
bestrafen mussten. 17 Denn [a]mit Gottes
Wort ist nicht zu scherzen – das wird sich
in der Folge zeigen.

18 Als man nun in Tyrus das Kampf-
spiel hielt, das alle fünf Jahre gefeiert
wurde, und der König selbst dabei war,
19 schickte der ruchlose Jason einige Jeru-
salemer, die Antiochener waren, als
Zuschauer und durch sie dreihundert
Drachmen Silber, um dem Herakles da-
von zu opfern. Als sie das überbrachten,
baten sie darum, [a]es nicht zum Opfer zu
verwenden, weil sich das nicht schicken
würde, sondern es für etwas anderes zu-
rückzulegen. 20 Obgleich er also das Geld
zum Opfer für Herakles gesendet hatte,
verwandte man es der Männer wegen,
die es überbracht hatten, zur Ausrüstung
von Kriegsschiffen.

21 Antiochus sandte Apollonius, den
Sohn des Menestheus, wegen der Thron-
besteigung des Königs Philometor nach
Ägypten. So erfuhr Antiochus, dass ihm
Philometor abgeneigt geworden war, und
daher war er auf seine Sicherheit be-
dacht; deshalb kam er nach Joppe und
begab sich nach Jerusalem. 22 Er wurde
von Jason und der ganzen Stadt prächtig
empfangen und mit Fackeln in großem
Triumph hineingeleitet. Danach zog er
mit seinem Heer wieder nach Phönizien.

Menelaus verdrängt Jason aus dem Hohepriesteramt

23 Aber nach drei Jahren schickte Jason
den Menelaus, den Bruder des oben ge-
nannten [a]Simon, um dem König das
Geld zu überbringen und notwendige
Regierungsgeschäfte schriftlich abzu-
schließen. 24 Und als er bei dem König zu
Gnaden kam, huldigte er ihm angesichts
seiner Macht und brachte das Hohe-
priesteramt dadurch an sich selber, dass
er dem König [a]dreihundert Zentner Sil-
ber mehr gab als Jason. 25 Und nachdem
er die königliche Beauftragung empfan-
gen hatte, kam er nach Jerusalem; aber er
hatte nichts von einem Hohenpriester an
sich, sondern die Leidenschaften eines
rohen Tyrannen und die Wut eines wil-
den Tieres.

26 So wurde Jason, der seinen Bruder
aus dem Amt gestoßen hatte, wieder
durch einen andern fortgestoßen und
musste in das Land der Ammoniter flie-
hen; 27 und Menelaus bemächtigte sich
der Herrschaft. Als er aber das Geld, das
er dem König versprochen hatte, nicht
entrichten konnte, obwohl es Sostratus,
der Burghauptmann, an den das Geld zu
zahlen war, von ihm forderte, 28 ließ der
König die beiden vor sich laden. 29 Und
Menelaus ließ als seinen Stellvertreter im
Hohenpriesteramt seinen Bruder Lysi-
machus zurück, Sostratus aber als seinen
Stellvertreter den Krates, den Haupt-
mann über die Kriegsleute aus Zypern.

Auf Anstiften des Menelaus wird Onias ermordet

30 Als die Dinge so standen, machten die
Leute von Tarsus und Mallus einen Auf-

4,11: *a* 1.Makk 8,17 **4,12:** *a* 1.Makk 1,15 **4,17:** *a* Gal 6,7 **4,19:** *a* 5.Mose 13,7-9 **4,23:** *a* Kap 3,4 **4,24:** *a* Vers 8

ruhr, weil der König sie seiner Nebenfrau
Antiochis geschenkt hatte. 31 Da machte
sich der König eilends auf, die Angele-
genheit in Ordnung zu bringen, und ließ
den Andronikus, einen seiner angesehens-
ten Würdenträger, als Statthalter zurück.
32 Menelaus aber dachte, dass er diese
gute Gelegenheit nützen müsste: Er stahl
einige goldene Geräte aus dem Tempel
und schenkte sie dem Andronikus; an-
dere konnte er nach Tyrus und in die
umliegenden Städte verkaufen.

33 Als das Onias erfuhr, begab er sich
an eine Freistatt in Daphne, das bei An-
tiochia liegt, und tadelte ihn scharf.
34 Daher nahm Menelaus den Androni-
kus beiseite und forderte ihn auf, Hand
an Onias zu legen. Der ging zu Onias,
beredete ihn mit List, gab ihm Hand-
schlag und Eid, und obwohl Onias Ver-
dacht hegte, überredete Andronikus ihn,
aus der Freistatt herauszukommen.
Dann aber brachte er ihn sogleich um
ohne alle Scheu vor dem Recht. 35 Das
fanden nicht allein die Juden entsetzlich,
sondern auch viele Heiden; sie waren
entrüstet über den ruchlosen Mord an
diesem Mann.

36 Als nun der König aus Zilizien wie-
der heimkehrte, wandten sich die Juden
in allen Städten an ihn, und auch die
Griechen zeigten sich mit ihnen darüber
empört, dass Onias gewissenlos ermordet
worden war. 37 Und Antiochus war in
tiefster Seele betrübt und von Mitleid
ergriffen und weinte, dass ein Mann von
so edler Gesinnung und so untadeliger
Haltung umgekommen war; 38 und er er-
grimmte voll Zorn und ließ dem An-
dronikus sogleich das Purpurkleid ab-
nehmen und die Kleider zerreißen, ihn so
in der ganzen Stadt umherführen und
zuletzt den Meuchelmörder an dem Ort
aus der Welt schaffen, wo er Onias fre-
ventlich umgebracht hatte. So hat Gott
ihn nach seinem Verdienst bestraft.

Das Volk erhebt sich gegen Lysimachus

39 Als aber Lysimachus in der Stadt mit
Wissen seines Bruders Menelaus viel aus
dem Tempel gestohlen hatte und die
Kunde davon unter die Leute gekommen
war, versammelte sich die Gemeinde ge-
gen Lysimachus, als schon viele goldene
Geräte weggebracht worden waren. 40 Als
nun die Massen sich erregten und sehr
zornig waren, bewaffnete Lysimachus an
die dreitausend Mann und begann mit
Gewalttaten; dabei war der Anführer ein
gewisser Auranus, der zwar [a]schon ein
älterer Mann, aber keineswegs schon ver-
nünftig war. 41 Als die Bürger sahen, dass
Lysimachus sie angreifen ließ, nahmen
die einen Steine, die andern dicke Holz-
stücke, wieder andre rafften etwas von
der daliegenden Asche zusammen und
warfen alles miteinander auf die Leute
des Lysimachus, 42 sodass viele von ihnen
verwundet, andre zu Boden geschlagen
wurden, alle aber davonliefen. Den Tem-
pelräuber selbst aber erschlugen sie bei
der Schatzkammer.

Durch Bestechung bleibt Menelaus Hoherpriester

43 Wegen dieser Vorgänge wurde Mene-
laus vor Gericht gezogen. 44 Und sobald
der König nach Tyrus gekommen war,
trugen drei Gesandte des Hohen Rats
ihm die Klage vor. 45 Als aber Menelaus
schon unterlegen war, versprach er [a]Pto-
lemäus, dem Sohn des Dorymenes, viel
Geld, damit er den König bereden sollte.
46 Da nahm Ptolemäus den König bei-
seite und ging mit ihm in einen Säulen-
gang, als wollte er ihm Kühlung ver-
schaffen, und stimmte ihn um, 47 sodass
er den Menelaus, der doch alles Unglück
angerichtet hatte, von der Anklage frei-
sprach, aber die armen Leute zum Tode
verurteilte, die doch sogar bei den [a]Sky-
then als unschuldig erkannt und freige-
lassen worden wären. 48 Sogleich mussten
die, die für die Stadt, das Volk und die
heiligen Geräte eingetreten waren, un-
schuldig sterben.

49 Darüber waren sogar Leute von Ty-
rus empört; und sie bereiteten ihnen ein
großartiges Begräbnis. 50 Menelaus aber
blieb an der Macht dank der Habsucht
der Herrschenden und trieb es je länger,
desto ärger und tat den Bürgern alles
Unrecht an.

4,40: *a* Sir 25,6-8 **4,45:** *a* 1.Makk 3,38 **4,47:** *a* Kap 7,4

Himmelserscheinungen beunruhigen Jerusalem

5 Um diese Zeit zog Antiochus zum
zweiten Mal gegen Ägypten. 2 Man
sah aber in der ganzen Stadt fast vierzig
Tage lang, wie Reiter in golddurchwirk-
ten Gewändern mit Lanzen und gezück-
ten Schwertern in Zügen geordnet durch
die Lüfte einhersprengten; 3 und man sah
Reiterscharen in Schlachtordnung auf-
einandertreffen und gegeneinander an-
rennen, eine Bewegung von Schilden,
eine Menge von Speeren, das Fliegen von
Geschossen, das Schimmern von golde-
nen Rüstungen und Harnische von vie-
lerlei Art. 4 Da beteten alle, dass dies
doch ja nichts Böses bedeuten sollte.

Jason nimmt ein schmähliches Ende

5 Nun kam das falsche Gerücht auf, dass
Antiochus tot sei. Da nahm Jason nicht
weniger als tausend Mann und griff un-
versehens die Stadt an. Als aber die Ver-
teidiger der Mauer zurückgetrieben wor-
den waren und die Stadt gerade erobert
wurde, 6 floh Menelaus auf die Burg. Ja-
son aber schlachtete seine Mitbürger
schonungslos ab und bedachte nicht,
dass Kriegsglück gegen Blutsverwandte
das größte Unglück ist, sondern er
meinte, er siegte gegen Feinde und nicht
gegen Landsleute. 7 Er konnte aber
gleichwohl die Macht nicht erlangen,
sondern erntete Schande für seinen An-
schlag und [a]floh wieder ins Land der
Ammoniter.

8 Schließlich kam es mit ihm zu einem
bösen Ende. Er wurde bei Aretas, dem
König der Araber, angeklagt und musste
von einer Stadt in die andere fliehen, von
allen verfolgt; er wurde gehasst, weil er
von den Gesetzen abtrünnig war, und
verabscheut als Verräter seines Vater-
lands und Henker seiner Mitbürger, so-
dass man ihn nach Ägypten verstieß.
9 Und wie er viele Leute aus ihrem Vater-
land vertrieben hatte, so musste er auch
selbst in der Fremde sterben, in Lazedä-
mon, wo er [a]um der Verwandtschaft wil-
len Sicherheit zu finden gehofft hatte.
10 Und wie er viele [a]unbegraben hatte
liegen lassen, so ist er auch hingestorben,
ohne dass jemand um ihn Leid getragen
hätte; er hat nicht nur das Glück ent-
behren müssen, bei seinen Vätern begra-
ben zu werden, sondern hat überhaupt
kein ehrliches Grab gefunden.

Antiochus IV. Epiphanes plündert den Tempel von Jerusalem

(vgl. 1. Makk 1,21-29)

11 Als diese Vorfälle dem König zu Ohren
kamen, dachte er, ganz Judäa würde von
ihm abfallen. Und er zog in wildem
Grimm von Ägypten herauf und nahm
Jerusalem mit Gewalt ein 12 und befahl
den Kriegsleuten, ohne Erbarmen alle zu
erschlagen, die ihnen in die Hände fielen,
und auch die abzuschlachten, die sich auf
die Häuser hinaufflüchteten. 13 Da mor-
dete man hin Junge und Alte, Jünglinge,
Frauen und Kinder, Jungfrauen und
auch die Kinder in der Wiege, 14 sodass
in drei Tagen achtzigtausend Menschen
zugrunde gingen, von denen vierzigtau-
send getötet und ebenso viele verkauft
wurden.

15 Aber dem Antiochus genügte selbst
das nicht, sondern er wagte sogar, in die
heiligste Stätte auf Erden einzudringen;
und [a]Menelaus, der Verräter der Gesetze
und des Vaterlands, führte ihn hinein.
16 Da [a]raubte er mit seinen unreinen
Händen die heiligen Geräte; und alles,
was andere Könige zu Mehrung, Glanz
und Ehre der Stätte gegeben hatten, das
raffte er mit seinen sündigen Händen
hinweg 17 und überhob sich sehr und sah
nicht, dass der Herr um der Sünden de-
rer willen, die in der Stadt wohnten, [a]für
kurze Zeit erzürnt war.

Das war der Grund, dass Gott dem
Schicksal der heiligen Stätte gegenüber
so gleichgültig blieb. 18 Wäre das Volk
nicht in so viele Sünden verstrickt ge-
wesen, so würde es dem Antiochus
ebenso ergangen sein wie dem [a]Heliodor,
der vom König Seleukus gesandt worden
war, um die Schatzkammer zu besich-
tigen; der wurde, als er eindrang, alsbald
gegeißelt, sodass er von seinem frevelhaf-

5,7: *a* Kap 4,26 **5,9:** *a* 1. Makk 12,21 **5,10:** *a* Tob 1,20-21 **5,15:** *a* Kap 4,23-25 **5,16:** *a* 2. Kön 25,13-17 **5,17:** *a* Jes 54,7-8 **5,18:** *a* Kap 3,22-29

ten Vorgehen ablassen musste. 19 Denn
der Herr hat das Volk nicht auserwählt
um der Stätte willen, sondern die Stätte
um des Volkes willen. 20 Darum musste
die heilige Stätte auch mit leiden, als das
Volk im Unglück war, wie sie auch an
den Wohltaten teilhatte, die dem Volk
später erwiesen wurden. Denn wie die
Stätte im Stich gelassen wurde, als der
Allmächtige zürnte, so ist sie mit aller
Herrlichkeit wieder zu Ehren gebracht
worden, als Gott, der große Herrscher,
seinem Volk wieder gnädig wurde.[a]

21 Als Antiochus nun achtzehnhundert
Zentner Silber aus dem Tempel geraubt
hatte, zog er eilends nach Antiochia; aus
Hoffart und Überheblichkeit dachte er,
er könnte schaffen, dass man auf dem
Land mit Schiffen fahren könnte wie auf
dem Meer und auf dem Meer gehen wie
auf dem Land. 22 Und er ließ Vögte zu-
rück, die das Volk quälen sollten: in Jeru-
salem den Philippus, einen Phrygier, der
noch ärger und wilder war als sein Herr;
23 auf dem Garizim den Andronikus; ne-
ben den beiden aber Menelaus, der noch
ärger als die andern sich über die Bürger
erhob und gegen seine jüdischen Mit-
bürger feindselig gesinnt war.

Judas Makkabäus zieht sich in die Wüste zurück

(vgl. 1. Makk 1,30-39)

24 Antiochus aber schickte den Erzböse-
wicht [a]Apollonius mit zweiundzwanzig-
tausend Mann ins Land und gebot ihm,
er sollte alle erwachsenen Männer er-
schlagen, die Frauen aber und die jungen
Leute verkaufen. 25 Als er nun nach Jeru-
salem kam, stellte er sich friedlich bis
zum heiligen Sabbattag; sobald er aber
sah, dass die Juden nicht arbeiteten, be-
fahl er seinen Leuten, sich zu rüsten.
26 Als nun alle herauskamen, um zu se-
hen, was da werden würde, ließ er sie alle
erstechen; dann stürmte er mit seinem
Heer in die Stadt und erschlug eine große
Zahl.

27 Aber Judas, der auch Makkabäus
heißt, machte sich mit neun andern da-
von in die Wildnis und ernährte sich im
[a]Gebirge mit seinen Gefährten nach Art
der Tiere von Kräutern, um nicht unter
Unreinen leben zu müssen.

Antiochus IV. Epiphanes zwingt die Juden, als Heiden zu leben

(vgl. 1. Makk 1,43-56)

6 Nicht lange danach sandte der König
einen alten Mann von Athen, damit
er die Juden dazu bringen sollte, dass sie
von den Gesetzen ihrer Väter abfielen
und nicht mehr nach Gottes Gesetzen
lebten. 2 Auch sollte er [a]den Tempel zu
Jerusalem entweihen und ihn Tempel des
Zeus Olympios nennen und den [b]auf
dem Garizim Tempel des Zeus Xenios,
weil gastfreie Leute dort wohnten.

3 Aber das wüste Treiben nahm so
überhand, dass es allen sehr wehtat.
4 Denn die Heiden schwelgten und prass-
ten im Tempel, gaben sich leichtfertig mit
Dirnen ab und sogar im heiligen Bezirk
wohnten sie Frauen bei; auch trugen sie
viel hinein, was sich nicht gehörte.
5 [a]Man opferte auf dem Altar Opfer, die
in den Gesetzen verboten sind; 6 es war
nicht mehr möglich, den Sabbat oder an-
dere altgewohnte Feiertage zu halten,
und niemand durfte bekennen, dass er
ein Jude wäre; 7 vielmehr trieb man die
Juden mit roher Gewalt alle Monate zum
Opferschmaus, wenn der König seinen
Geburtstag feierte. Wenn man aber das
Fest des Dionysos beging, zwang man
sie, dass sie mit Kränzen von Efeu dem
Dionysos zu Ehren einherziehen muss-
ten.

8 Man hatte auch auf Anraten des
[a]Ptolemäus an die benachbarten griechi-
schen Städte ein Gebot ausgehen lassen,
sie sollten die Juden ebenso zum Opfer-
schmaus zwingen; 9 wenn aber jemand
darauf bestehen würde, nicht zu den grie-
chischen Sitten überzugehen, den sollte
man niedermachen. Da sah man, welch
großer Jammer sich eingestellt hatte.
10 Zwei Frauen nämlich wurden vorge-
führt, weil sie ihre Söhne beschnitten hat-
ten. Denen [a]band man die Kindlein an
die Brust und führte sie öffentlich herum
durch die ganze Stadt und warf sie zu-

5,20: *a* Mi 3,12–4,2 **5,24:** *a* 1. Makk 3,10 **5,27:** *a* 1. Makk 2,28 **6,2:** *a* 1. Makk 1,57; *b* Joh 4,20-24 **6,5:** *a (5-6)* 1. Makk 1,46-52; Dan 7,25 **6,8:** *a* 1. Makk 3,38 **6,10:** *a* 1. Makk 1,63-64

letzt über die Mauer hinab. 11 Einige
Männer hatten sich in den nahen Höhlen
zusammengefunden, um heimlich den
Sabbat zu halten. Als das Philippus ange-
zeigt wurde, verbrannte man sie; denn
[a]sie wollten sich nicht wehren, damit sie
sich nicht gegen den hochheiligen Tag
vergingen.

Der Sinn der Leiden des jüdischen Volkes

12 [a]Ich möchte aber hier den Leser er-
mahnen, sich durch diesen Jammer nicht
entmutigen zu lassen, sondern zu beden-
ken, dass unserm Volk Strafen nicht zum
Verderben, sondern zur Erziehung wider-
fahren. 13 Denn das ist ein Zeichen gro-
ßer Gnade, wenn Gott die Sünder nicht
lange Zeit gewähren lässt, sondern sie
bald der Strafe anheimgibt. 14 Denn un-
ser Herrscher sieht uns nicht so lang-
mütig zu wie den andern Völkern, die er
hingehen lässt, bis sie das Maß ihrer
Sünden erfüllt haben, und sie dann be-
straft; sondern er wehrt uns, dass wir's
nicht so weit treiben mit unsern Sünden
und er uns zuletzt vernichtend bestrafen
müsste. 15 Deshalb nimmt er seine Barm-
herzigkeit nie ganz von uns; und wenn er
uns durch ein Unglück erzieht, [a]lässt er
doch sein Volk nie im Stich. 16 Das sei
gesagt, damit wir daran denken. 17 Nun
aber wollen wir rasch wieder auf die Ge-
schichte kommen.

Der greise Eleasar gibt ein Beispiel tapferen Sterbens

18 Eleasar war einer der angesehensten
Schriftgelehrten, ein schon betagter und
sehr schöner Mann; dem sperrte man mit
Gewalt den Mund auf, [a]weil er Schwei-
nefleisch essen sollte. 19 Aber er wollte
lieber in Ehren sterben als in Schande
leben und spie es aus 20 und ging frei-
willig zur Marter, wie es sich ziemt für
die, die sich standhaft weigern, aus Lie-
be zum zeitlichen Leben [a]Verbotenes zu
essen.

21 Weil nun die Männer, die zur Auf-
sicht beim gesetzwidrigen Opferschmaus
bestellt waren, ihn seit langer Zeit ge-
kannt hatten, nahmen sie ihn beiseite
und redeten ihm zu, er sollte sich Fleisch
besorgen, das er essen dürfte, und es
selbst zubereiten; er sollte aber so tun, als
wäre es das vom König befohlene Opfer-
fleisch, 22 damit er so am Leben bleiben
und wegen der alten Freundschaft mit
ihnen Freundlichkeit erfahren könnte.

23 Aber er dachte so edel, wie es seinen
hohen Jahren, dem Ansehen seines Grei-
senalters und seinem in Ehren ergrauten
Haupt wohl anstand, auch seinem un-
tadeligen Wandel von Jugend auf; und
mehr noch: er folgte der heiligen Gesetz-
gebung Gottes und sagte sogleich gerade-
heraus: Schickt mich nur immer unter die
Erde! 24 Denn es will meinem Alter übel
anstehen, dass ich heuchle, sodass viele
von den Jungen denken müssen: Eleasar,
der nun neunzig Jahre alt ist, sei auch
zum Heiden geworden, 25 und sie durch
mich verführt werden, weil ich vor den
Leuten heuchle und so mein Leben noch
eine winzig kleine Zeit friste. Das wäre
für mein Alter Schimpf und Schande.
26 Wenn ich auch jetzt der Strafe der
Menschen entgehen würde, so werde ich
doch den [a]Händen des Allmächtigen,
ich sei lebendig oder tot, nicht entfliehen
können. 27 Darum will ich jetzt tapfer
sterben, wie es mir altem Mann wohl
ansteht, 28 und den Jungen [a]ein gutes
Beispiel hinterlassen, damit auch sie freu-
dig und tapfer um der erhabenen, hei-
ligen Gesetze willen einen guten Tod
sterben.

29 Als er diese Worte gesagt hatte, ging
er sogleich zur Marter. Die ihn aber führ-
ten und ihm kurz vorher freundlich ge-
wesen waren, wurden ihm jetzt feind um
solcher Worte willen; denn sie meinten,
er hätte sie aus Trotz gesagt. 30 Als sie ihn
aber geschlagen hatten und er dem Tode
nahe war, seufzte er und sprach: Der
Herr, der die heilige Erkenntnis hat, der
weiß, dass ich die Schläge und großen
Schmerzen, die ich an meinem [a]Leibe
ertrage, und den Tod wohl hätte umge-
hen können, dass ich sie aber der Seele
nach gern erleide, weil ich Gott fürchte.
31 Und so ist er verschieden und hat mit
seinem Tod ein Beispiel edler Gesinnung
hinterlassen, das nicht allein die Jugend,
sondern alle zur Tapferkeit mahnen soll.

6,11: *a* 1. Makk 2,31-38 **6,12:** *a (12-17)* Spr 3,11-12 **6,15:** *a* Kap 7,16 **6,18:** *a* 3. Mose 11,7 **6,20:** *a* Dan 1,8 **6,26:** *a* Ps 139,7-10; Hebr 10,31 **6,28:** *a* Dan 12,3 **6,30:** *a* Mt 10,28

Sieben Brüder und ihre Mutter sterben den Märtyrertod

7 Es wurden auch sieben Brüder samt
ihrer Mutter gefangen und mit Gei-
ßeln und Riemen geschlagen und vom
König bedrängt, sie [a]sollten Schweine-
fleisch essen, was ihnen im Gesetz ver-
boten war. 2 Da sagte der Älteste unter
ihnen: Was willst du viel fragen und von
uns wissen? [a]Wir wollen eher sterben als
etwas gegen das Gesetz der Väter tun.
3 Da ergrimmte der König und gebot,
man sollte Pfannen und Kessel über das
Feuer setzen. 4 Als man das sogleich ge-
tan hatte, gebot er, man sollte dem, der
für sie das Wort geführt hatte, die Zunge
ausschneiden und die Haut vom Kopf
abziehen, wie das die Skythen tun, und
Hände und Füße abhauen, und die an-
dern Brüder und die Mutter sollten dabei
zusehen. 5 Als er nun so verstümmelt war,
ließ er ihn noch lebend zum Feuer brin-
gen und in der Pfanne braten. Und als
der Dampf aus der Pfanne sich weithin
verbreitete, ermahnten sie und die Mut-
ter sich untereinander, unverzagt zu ster-
ben, und sprachen: 6 Gott der Herr sieht
alles und wird sich unser ganz gewiss
erbarmen, wie Mose in seinem Gesang
den Feinden ins Angesicht bezeugt hat,
wenn er verkündigt: [a]»Und über seine
Knechte wird er sich erbarmen.«
7 Als der Erste so aus dem Leben ge-
schieden war, führten sie den Zweiten
auch hin, um ihren Mutwillen mit ihm zu
treiben; und sie zogen ihm vom Kopf
Haut und Haar ab und fragten ihn, ob er
Saufleisch essen wollte oder den ganzen
Leib Glied für Glied martern lassen. 8 Er
aber antwortete in seiner Sprache und
sagte: Ich will's nicht tun. 9 Daher mar-
terten sie ihn weiter wie den Ersten. Als
er nun in den letzten Zügen lag, sprach
er: Du verruchter Mensch, du nimmst
uns wohl das zeitliche Leben; aber der
König der Welt wird uns, die wir um
seiner Gesetze willen sterben, [a]wieder er-
wecken in der Auferstehung zum ewigen
Leben.
10 Danach nahmen sie den Dritten und
trieben auch mit ihm ihren Mutwillen.
Und als sie es von ihm forderten, streckte
er sogleich die Zunge heraus und hielt
unerschrocken die Hände hin und sagte
tapfer: 11 Diese Glieder sind mir vom
Himmel gegeben; darum will ich sie gern
gering achten um seiner Gesetze willen;
denn ich hoffe, er wird sie mir wieder-
geben. 12 Der König aber und seine Die-
ner wunderten sich darüber, dass der
Jüngling so mutig war und die Marter
für nichts achtete.
13 Als auch dieser aus dem Leben ge-
schieden war, peinigten sie den Vierten
ebenso und geißelten ihn. 14 Als es aber
mit ihm zum Sterben ging, sprach er:
Das ist für uns ein großer Trost: [a]Die
Menschen können uns töten, aber wir
hoffen auf Gottes Verheißung, dass er
uns wieder [b]auferwecken wird; du aber
wirst nicht auferweckt werden zum Le-
ben.
15 Gleich danach brachten sie den
Fünften und geißelten ihn. Der sah An-
tiochus an und sprach zu ihm: 16 [a]Du
bist zwar ein Mensch und musst sterben;
weil du aber unter den Menschen Gewalt
hast, tust du, was du willst. Du sollst
aber nicht meinen, [b]dass Gott unser
Volk im Stich gelassen hat. 17 Mach nur
so weiter, dann wirst du erfahren, wie
mächtig Gott ist, der dich und dein Ge-
schlecht plagen wird.[a]
18 Nach diesem führten sie den Sechs-
ten auch heran. Der sagte, als er sterben
sollte: Mach dir nichts vor! [a]Wir haben
ja unser Leiden sehr wohl verdient, da
wir uns an unserm Gott versündigt ha-
ben; und er handelt schrecklich an uns.
19 Du aber bilde dir nicht ein, du würdest
ungestraft bleiben, nachdem du gewagt
hast, so gegen Gott zu toben.[a]
20 Überaus bewundernswert aber war
die Mutter und wert, dass man mit
höchstem Lobe an sie denkt. Denn sie
sah, wie ihre Söhne alle sieben nachein-
ander an einem einzigen Tag zu Tode
gemartert wurden, und durchlitt es tapfer
um der Hoffnung willen, die sie zu Gott
hatte. 21 Dadurch wurde sie so hochge-
sinnt, dass sie einen Sohn nach dem an-
dern in ihrer Sprache tröstete, und fasste
sich, obwohl sie nur eine schwache Frau

7,1: *a* Kap 6,18 **7,2:** *a* Dan 3,16-18 **7,6:** *a* 5. Mose 32,36 **7,9:** *a* Dan 12,2 **7,14:** *a* Mt 16,25; *b* Hebr 11,35 **7,16:** *a (16-17)* Dan 5,18-30; *b* Kap 6,15 **7,17:** *a* Kap 9,5 **7,18:** *a* Bar 1,15 **7,19:** *a* Jes 10,5-7

war, ein männliches Herz und sprach zu
ihnen: 22 Ich weiß nicht, wie ihr in meinem Schoß entstanden seid, und den
Odem und das Leben habe ich euch nicht
gegeben noch habe ich zusammengefügt,
woraus jeder von euch besteht.[a] 23 Darum wird der, der die Welt geschaffen und
alle Menschen gemacht und das Werden aller Dinge erdacht hat, euch den
Odem und das Leben gnädig zurückgeben, weil ihr jetzt um seiner Gesetze willen keinerlei Rücksicht nehmt auf euch
selbst.

24 Antiochus meinte voll Argwohn, sie
verachtete und schmähte ihn in ihrer
Sprache; so redete er dem jüngsten Sohn,
der noch übrig war, nicht allein mit guten
Worten zu, sondern verhieß ihm sogar
mit einem Eide, wenn er sich von den
Gesetzen seiner Väter lossagen würde, so
wollte er ihn reich und glücklich machen,
ihn [a]unter seine Freunde aufnehmen und
ihm Ämter anvertrauen. 25 Als der Jüngling sich aber nicht bereden lassen wollte,
ließ der König die Mutter vor sich kommen und ermahnte sie, sie sollte den
Sohn doch zu seinem Besten beraten.

26 Als er sie mit vielen Worten ermahnt
hatte, nahm sie es auf sich, ihren Sohn zu
überreden. 27 Aber sie spottete nur über
den rohen Tyrannen. Denn sie neigte sich
zu ihrem Sohn und redete in ihrer Sprache mit ihm und sagte: 28 Mein lieber
Sohn, den ich neun Monate unter meinem Herzen getragen und drei Jahre gestillt und großgezogen und bis zu diesem
Alter geleitet und gepflegt habe, erbarme
dich doch über mich! Ich bitte dich, mein
Kind, sieh Himmel und Erde an und
alles, was darin ist, und bedenke: [a]dies
hat Gott alles aus nichts gemacht, und
wir Menschen sind auch so gemacht.
29 Darum fürchte dich nicht vor diesem
Henker, sondern [a]nimm den Tod auf
dich wie deine Brüder, damit dich Gott
zur Zeit des Erbarmens samt deinen Brüdern mir wiedergebe.

30 Während sie noch redete, sprach der
Jüngling: Auf wen wartet ihr noch? Ich
gehorche dem Gebot des Königs nicht,
sondern ich höre auf das Gebot des Gesetzes, das unsern Vätern durch Mose
gegeben ist.[a] 31 Du kannst dir zwar gegen die Hebräer alles Leid ausdenken,
wirst aber der Hand Gottes gewiss nicht
entrinnen. 32 Wir leiden ja um unsrer
Sünden willen; 33 aber [a]obwohl unser
lebendiger Herr eine Zeit lang zornig
ist und uns bestraft und züchtigt, so wird
er doch seinen Knechten wieder gnädig
werden. 34 Du Gottloser, Verruchtester
unter allen Menschen, überhebe dich
nicht in eitlen Hoffnungen und lege nicht
in deiner Wut Hand an die Kinder Gottes! 35 Denn du bist dem Gericht des allmächtigen Gottes, der alle Dinge sieht,
noch nicht entronnen. 36 Unsere Brüder,
[a]die eine kurze Zeit sich haben martern
lassen, die haben jetzt teil am ewigen
Leben nach der Verheißung Gottes: du
aber sollst nach dem Urteil Gottes bestraft werden, wie du es mit deinem
Hochmut verdient hast.

37 Ich will Leib und Leben um der Gesetze meiner Väter willen dahingeben wie
meine Brüder und zu Gott schreien, dass
er bald seinem Volk gnädig werde, du
aber [a]unter großer Marter und Qual bekennen musst, dass er allein Gott ist.
38 Der Zorn des Allmächtigen aber, der
mit Recht über unser ganzes Volk ergangen ist, möge an mir und meinen
Brüdern zum Stehen kommen. 39 Als dies
der König hörte, wurde er toll und töricht und ließ ihn noch schlimmer martern als die andern; denn es verdross ihn,
dass er so verächtlich von ihnen behandelt wurde. 40 So ist auch dieser, ohne
unrein geworden zu sein, gestorben und
hat sein ganzes Vertrauen auf den Herrn
gestellt.

41 Zuletzt, nach den Söhnen, wurde
auch die Mutter hingerichtet. 42 Dies sei
genug von den heidnischen Opferschmäusen und den grausamen Martern.

Judas Makkabäus beginnt den Kampf

(vgl. 1. Makk 3,1-9)

8 Aber Judas Makkabäus und seine
Gefährten gingen auf Schleichwegen
heimlich in die Ortschaften und riefen
ihre Blutsverwandten zusammen und
was sonst noch bei dem Glauben der

7,22: *a* Ps 139,13-15; Pred 11,5 **7,24:** *a* 1. Makk 2,18 **7,28:** *a* Hebr 11,3 **7,29:** *a* Mt 19,29 **7,30:** *a* Apg 5,29 **7,33:** *a* Jes 54,7-8 **7,36:** *a* 2. Kor 4,17 **7,37:** *a* Kap 9,13-17

Juden geblieben war und brachten an
sechstausend Mann zusammen.[a] 2Und
sie riefen den Herrn an, er wolle das Volk
ansehen, das von allen zu Boden getreten
worden war, und sich erbarmen über den
Tempel, den die gottlosen Menschen ent-
heiligt hatten, 3und über die Stadt, die
eben zugrunde ging und ganz dem Erd-
boden gleichgemacht werden sollte. Auch
wolle er doch [a]das unschuldige Blut, das
zu ihm rief, hören 4und [a]an die unschul-
digen Kindlein denken, die wider alles
Recht umgebracht wurden, und sich an
die Lästerung seines Namens erinnern
und seinen Hass gegen all dies Böse er-
weisen.

5Dem Makkabäus aber mit seiner
Heerschar konnten die Heiden schon
nicht mehr Widerstand leisten; denn der
Herr ließ von seinem Zorn ab und war
seinem Volk wieder gnädig. 6Judas aber
überfiel unversehens Städte und Dörfer
und steckte sie in Brand und brachte die
günstig gelegenen Orte an sich und
schlug nicht wenige Feinde in die Flucht;
7dabei nutzte er besonders die Nächte
aus. So sprach man weit und breit von
seinen tapferen Taten.

Judas Makkabäus siegt über Nikanor, Timotheus und Bakchides

(vgl. 1. Makk 3,37–4,25)

8Als aber [a]Philippus sah, dass Judas je
länger, desto stärker wurde, zumal ihm
oft das Glück beistand, schrieb er an
Ptolemäus, den Befehlshaber in Zölesy-
rien und Phönizien, er solle der Sache
des Königs zu Hilfe kommen. 9Der aber
bestimmte alsbald den Nikanor, den
Sohn des Patroklus, der zu den engsten
Freunden des Königs gehörte, und
schickte ihn mit nicht weniger als zwan-
zigtausend Mann aus den verschiedens-
ten Völkern, um die Juden vollständig
auszurotten; und er gab ihm einen
Hauptmann bei, mit Namen Gorgias, der
ein erfahrener Krieger war. 10Nikanor
aber hatte vor, mit den gefangenen Juden
den [a]Betrag hereinzubringen, den der
König den Römern jährlich zahlen muss-
te, nämlich zweitausend Zentner in Sil-
ber. 11Darum schickte er alsbald in die
Städte am Meer und forderte dazu auf,
[a]jüdische Sklaven zu kaufen, neunzig Ju-
den für einen Zentner. Er dachte aber
nicht daran, dass ihm die Strafe des All-
mächtigen so nahe wäre.

12Als nun Judas hörte, dass Nikanor
heranzog, gab er seinen Leuten bekannt,
dass ein Heer heranrückte. 13Da liefen
alle auseinander, die [a]verzagt waren und
nicht darauf vertrauten, dass Gott die
Feinde bestrafen würde, und machten
sich davon. 14Die andern aber verkauften
alles, was sie noch hatten, und baten den
Herrn, er wolle sie erretten, die der gott-
lose Nikanor schon vor dem Kampf ver-
kauft hatte; 15und wenn er sie schon
nicht um ihretwillen erretten wolle, so
möge er es doch tun um des [a]Bundes
willen, den er mit ihren Vätern geschlos-
sen hatte, und um seines heiligen und
herrlichen [b]Namens willen, nach dem sie
genannt sind.

16Als nun Makkabäus seine Leute ver-
sammelt hatte, sechstausend Mann, er-
mahnte er sie, sie sollten sich nicht ent-
setzen vor den Feinden noch sich fürch-
ten vor der großen Zahl der Heiden, die
ohne alles Recht gegen sie heranzogen,
17sondern sich tapfer wehren und an die
Schmach denken, die die Feinde der hei-
ligen Stätte freventlich angetan und wie
sie die Stadt verhöhnt und geplagt und
die ererbten Ordnungen zerstört hatten.

18Sie verlassen sich, sagte er, auf ihre
Waffen und auf ihre Kühnheit; aber [a]wir
verlassen uns auf den allmächtigen Gott,
der mit einem einzigen Wink nicht allein
die, die jetzt gegen uns ziehen, sondern
auch die ganze Welt zu Boden schlagen
kann. 19Er zählte ihnen aber auf, wie
Gott so oft ihren Vätern geholfen hätte
und wie zur Zeit Sanheribs [a]185000
Mann umgekommen wären; 20und wie
Gott in Babylon bei der Schlacht gegen
die Galater geholfen hätte, als im Gan-
zen nur achttausend Juden und viertau-
send Mazedonier in die Schlacht zogen;
als aber die Mazedonier in große Not
gekommen waren, erschlugen die acht-
tausend Juden allein durch die Hilfe vom
Himmel her 120000 Mann und erlangten
dadurch große Beute.

8,1: *a* Kap 5,27 **8,3:** *a* 1. Mose 4,10 **8,4:** *a* Kap 6,10; Mt 2,16 **8,8:** *a* Kap 5,22 **8,10:** *a* 1. Makk 8,7 **8,11:** *a* 3. Mose 25,42 **8,13:** *a* 1. Makk 3,56 **8,15:** *a* 3. Mose 26,42-45; *b* 4. Mose 6,27; Dan 9,18-19 **8,18:** *a* 1. Sam 17,45-47 **8,19:** *a* 2. Kön 19,35

21 Als er sie so wieder mutig und so-
gar bereit gemacht hatte, um der Gesetze
und des Vaterlands willen zu sterben,
22 [a]teilte er das Heer in vier Abteilungen
ein und stellte seine Brüder an ihre
Spitze, nämlich Simon, Josef und Jona-
tan, und unterstellte einem jeden tau-
sendfünfhundert Mann 23 und auch dem
Eleasar. Danach las er das heilige Buch
vor, gab ihnen die Losung: [a]Gott unsre
Hilfe!, zog selbst der ersten Schar voran
und griff Nikanor an. 24 Aber der all-
mächtige Gott stand ihnen bei, sodass sie
Nikanors ganzes Heer in die Flucht
schlugen, nachdem sie den größeren Teil
verwundet und verstümmelt und über
neuntausend erschlagen hatten. 25 Denen
aber, die gekommen waren, um die Juden
zu kaufen, nahmen sie das Geld ab.

26 Und nachdem sie den Feinden lange
nachgejagt hatten, mussten sie wieder
umkehren; denn es war der Abend vor
dem Sabbat. Darum hörten sie auf, jenen
nachzueilen. 27 Sie sammelten die Waffen
der Feinde und nahmen ihnen die Rüs-
tungen ab; dann [a]hielten sie den Sabbat
und lobten und priesen Gott aus vollem
Herzen, dass er ihnen bis zu diesem Tage
durchgeholfen und wieder angefangen
hatte, ihnen seine Gnade zu erweisen.
28 Nach dem Sabbat teilten sie von der
Beute aus unter die Bedrängten, Witwen
und Waisen; und das Übrige behielten sie
für sich und ihre Kinder.[a] 29 Als sie dies
alles vollbracht hatten, hielten sie ein ge-
meinsames Gebet und riefen den barm-
herzigen Herrn an, dass er seinen Knech-
ten bis ans Ende gnädig bleiben wolle.

30 Danach hatten sie viele Kämpfe mit
den Leuten des [a]Timotheus und [b]Bak-
chides, erschlugen über zwanzigtausend
Mann und eroberten starke Festungen;
sie teilten die große Beute gleichmäßig
unter sich und unter die Bedrängten,
Waisen, Witwen, aber auch die Alten.
31 Und als sie sich mit Waffen versorgt
hatten, lagerten sie diese alle sorgfältig
an günstig gelegenen Orten und brachten
den Rest der Rüstungen nach Jerusalem.
32 Sie töteten den Befehlshaber der Leute
des Timotheus, einen überaus gottlosen
Mann, der die Juden sehr geplagt hatte.

33 Sie feierten aber ihren Sieg daheim
in Jerusalem. Dabei verbrannten sie die
Männer, die [a]die heiligen Tore angezün-
det hatten, und Kallisthenes, der in ein
kleines Haus geflohen war; so empfing er
den verdienten Lohn für seine Gottlosig-
keit. 34 Der Erzfrevler Nikanor aber, der
die tausend Kaufleute mitgebracht hatte,
dass sie die Juden kaufen sollten,
35 wurde durch die Hilfe des Herrn von
denen gedemütigt, die er für die Aller-
geringsten gehalten hatte. Und nachdem
er sein prächtiges Gewand abgelegt hatte,
kam er ganz allein wie ein entlaufener
Knecht mitten durchs Land nach An-
tiochia und konnte darüber noch froh
sein, da doch sein Heer vernichtet war.
36 Und er, der den Römern versprochen
hatte, er werde von dem Erlös für die
Gefangenen Jerusalems den Tribut be-
zahlen, musste jetzt verkünden, dass ein
andrer für die Juden streite und dass die
Juden unverwundbar seien, [a]weil sie in
den Geboten wandelten, die jener ihnen
gegeben habe.

Antiochus IV. Epiphanes stirbt trotz später Reue eines schrecklichen Todes

(vgl. 1. Makk 6,1-16)

9 Um dieselbe Zeit musste Antiochus
mit Schanden aus Persien abziehen.
2 Denn als er in Persepolis eingerückt war
und den Tempel zu plündern und die
Stadt fest in die Hand zu bekommen
versuchte, machten sich die Einwohner in
Scharen auf und suchten Hilfe bei den
Waffen; so kam es, dass Antiochus von
ihnen zurückgeschlagen wurde und mit
Schimpf und Schande abziehen musste.
3 Als er nun in [a]Ekbatana war, kam
ihm zu Ohren, wie es Nikanor und den
Leuten des Timotheus ergangen war.
4 Zornentbrannt nahm er sich vor, die
Schmach, die ihm von denen widerfahren
war, die ihn in die Flucht geschlagen hat-
ten, nunmehr an den Juden zu rächen.
Darum gebot er dem Wagenlenker, Tag
und Nacht zu fahren, um die Reise rasch
hinter sich zu bringen. Doch das Gericht
vom Himmel her schwebte schon über
ihm. Denn in seiner Überheblichkeit
hatte er gesagt: Sobald ich nach Jeru-

8,22: *a (22-23)* 1. Makk 2,2-5 **8,23:** *a* Kap 13,15; Ps 46,2 **8,27:** *a* Kap 6,6 **8,28:** *a* 4. Mose 31,27; 5. Mose 24,19-21
8,30: *a* 1. Makk 5,6; *b* 1. Makk 7,8 **8,33:** *a* Kap 1,8; Ps 100,4 **8,36:** *a* 2. Mose 23,22 **9,3:** *a* Jdt 1,1

salem komme, mache ich aus der Stadt
einen Totenacker für die Juden.[a]
5 Darum bestrafte ihn [a]der Herr, der
alles sieht, der Gott Israels, mit einem
inneren Leiden, das niemand heilen
konnte. Denn sobald er das gesagt hatte,
kam ihn ein solches Reißen im Leib an
und ein so großes Grimmen in den Där-
men, dass man ihm nicht helfen konnte.[b]
6 So geschah ihm eben recht, weil er an-
dere Leute mit so vielen und bisher uner-
hörten Martern geplagt hatte. 7 Dennoch
ließ er von seinem wilden Trotz nicht ab,
sondern wurde noch überheblicher und
schnaubte Feuer und Flammen gegen die
Juden und befahl, noch schneller zu fah-
ren. Da stürzte er von dem dahinsausen-
den Wagen und tat einen so unglück-
lichen Fall, dass ihm alle Glieder seines
Leibes verrenkt wurden. 8 Da musste er,
der soeben noch [a]in übermenschlicher
Prahlerei meinte, er könnte den Wogen
des Meeres gebieten und [b]die hohen
Berge auf die Waagschale legen, nach
einem einzigen Fall sich auf einer Sänfte
tragen lassen, sodass alle an ihm die Ge-
walt Gottes erkannten.
9 Es kam so weit, dass auch unzählige
[a]Würmer aus dem Leibe des Gottlosen
hervorkrochen und dass ihm noch bei
lebendigem Leibe unter großen Schmer-
zen und Qualen ganze Stücke seines Flei-
sches abfielen und dass er so scheußlich
stank, dass das ganze Heer darunter litt.
10 Und ihn, der kurz zuvor noch gemeint
hatte, er [a]könnte nach den Sternen am
Himmel greifen, den konnte niemand
mehr tragen wegen des Gestanks, der
nicht auszuhalten war. 11 Da begann er,
schwer getroffen, von seiner Überheb-
lichkeit abzulassen und zur Erkenntnis
zu kommen, weil er von Gott so gegeißelt
wurde und die Schmerzen jeden Augen-
blick größer wurden. 12 Und als er zuletzt
den Gestank selbst nicht mehr ertragen
konnte, da sagte er: [a]Es ist recht, dass
man sich Gott unterwirft und dass ein
sterblicher Mensch nicht so vermessen
ist, zu meinen, er sei Gott gleich.
13 Und der Verruchte hob an und be-
tete zu dem Herrscher, [a]der sich nun
freilich nicht mehr über ihn erbarmen
wollte, 14 und versprach, dass er die hei-
lige Stadt, auf die er eilends zugefahren
war, um sie dem Erdboden gleichzuma-
chen und sie in einen Totenacker zu ver-
wandeln, für frei erklären wollte. 15 Und
die Juden, die er zuvor nicht wert ge-
achtet hatte, dass sie begraben würden,
sondern samt ihren Kindern den Vögeln
und wilden Tieren zu fressen geben
wollte, die wollte er alle den Bürgern von
Athen gleichstellen. 16 Und den heiligen
Tempel, den er zuvor beraubt hatte,
[a]wollte er mit den schönsten Weihge-
schenken schmücken und viel mehr hei-
lige Geräte dahin erstatten, als zuvor da
gewesen wären; und alle Zuwendungen,
die man für Opfer nötig hatte, wollte er
von seinen eignen Einkünften gewähren.
17 Darüber hinaus [a]wollte er selber ein
Jude werden und an allen Orten die Ge-
walt Gottes verkünden.
18 Als aber die Qualen nicht nachlassen
wollten – denn es war Gottes gerechtes
Gericht über ihn gekommen –, verzwei-
felte er an seinem Leben und schrieb an
die Juden wie in einer Bittschrift: 19 An-
tiochus, König und Feldherr, entbietet
seinen Bürgern, den redlichen Juden, sei-
nen Gruß und wünscht ihnen Gesund-
heit und Wohlergehen. 20 Wenn ihr samt
euren Kindern frisch und gesund seid
und es euch nach Wunsch geht, will ich
dafür Gott danken. Ich aber setze meine
Hoffnung auf den Himmel 21 und denke
in Liebe an eure Ehrerbietung und
Freundlichkeit.
Weil ich bei der Rückkehr aus Persien
schwer krank geworden bin, habe ich es
für nötig gehalten, für die gemeinsame
Sicherheit aller zu sorgen, 22 wiewohl ich
an meinem Aufkommen nicht verzweifle,
sondern fest hoffe, dass es besser mit mir
werden wird. 23 Aber wie mein Vater, als
er mit einem Heer in die oberen Länder
zog, seinen künftigen Nachfolger be-
stimmte, 24 damit man wüsste, falls sich
etwas Unerwartetes ereignete oder etwas
Schlimmes gemeldet würde, wer Herr
sein sollte, und das Reich nicht in Ver-
wirrung geriete; 25 so auch ich: Weil
ich überdies sehe, wie die angrenzenden
Fürsten und die Nachbarn des Reiches

9,4: *a* Spr 16,18 **9,5:** *a* Ps 33,13-16; *b* Kap 7,17 **9,8:** *a* Kap 5,21; *b* Jes 40,12 **9,9:** *a* Apg 12,23 **9,10:** *a* Jes 14,13-17
9,12: *a* Dan 4,27-34 **9,13:** *a* Kap 6,14 **9,16:** *a* Kap 3,2-3 **9,17:** *a* Kap 7,37

auf die Gelegenheit lauern und darauf warten, wie es ausgehen wird, habe ich meinen Sohn Antiochus zum König bestimmt, [a]den ich den meisten von euch schon oft anvertraut und anbefohlen habe, wenn ich in die oberen Provinzen gezogen bin. Im gleichen Sinn habe ich auch an ihn geschrieben. 26 Deshalb ermahne und bitte ich euch, an all die Wohltaten euch zu erinnern, die ich allen gemeinsam wie auch jedem Einzelnen erwiesen habe, und mir und meinem Sohn fortan wie bisher freundlich und treu zu sein. 27 Denn ich habe das Vertrauen zu ihm, er werde meine Milde und Menschenfreundlichkeit fortsetzen und so mit euch gut auskommen.

28 So litt denn der Mörder und Gotteslästerer so große Schmerzen, wie er sie andern angetan hatte, und starb eines jämmerlichen Todes in fremdem Lande in der Wildnis. 29 [a]Philippus aber, der mit ihm erzogen worden war, besorgte seine Bestattung. Das ist der Philippus, der später, weil er sich vor dem Sohn des Antiochus fürchtete, nach Ägypten zu Ptolemäus [b]Philometor geflohen ist.

Die Juden gewinnen den Tempel zurück und setzen das Fest der Tempelweihe ein

(vgl. 1. Makk 4,36-59)

10 Gott aber trieb Makkabäus und seine Leute dazu an, den Tempel und die Stadt wieder einzunehmen. 2 [a]Und sie zerstörten die Altäre, die die Heiden auf dem Marktplatz errichtet hatten, und die Götzenhaine. 3 Und nachdem sie den Tempel gereinigt hatten, bauten sie einen neuen Altar und nahmen Feuersteine, schlugen Feuer und brachten wieder Opfer dar – [a]das war zwei Jahre lang nicht geschehen –, opferten Räucherwerk, zündeten die Lampen an und legten die Schaubrote auf. 4 Als nun das alles geschehen war, warfen sie sich mit dem ganzen Körper auf die Erde nieder und baten den Herrn: er wolle sie ja nicht wieder in solchen Jammer kommen lassen, sondern, wenn sie sich auch einmal versündigen würden, sie [a]in Milde züchtigen und nicht in die Hände der Gotteslästerer, der grausamen Heiden, geben.

5 Und Gott schickte es so, dass an dem gleichen Tage, an dem die Fremden den Tempel unrein gemacht hatten, nämlich am fünfundzwanzigsten Tage des Monats Kislew, der Tempel gereinigt wurde. 6 Und sie feierten mit Freuden acht Tage lang, wie beim [a]Laubhüttenfest, und dachten daran, dass sie noch vor kurzer Zeit ihr Laubhüttenfest in der Wildnis und in den [b]Höhlen wie wilde Tiere gehalten hatten. 7 Sie trugen laubumwundene Stäbe und schöne Zweige und Palmwedel und priesen mit Lobgesängen den, der es gefügt hatte, dass seine heilige Stätte wieder gereinigt wurde. 8 Dann stimmten sie in der Gemeinde ab, fassten den Beschluss und ließen als Gebot für das ganze Volk der Juden ausgehen, dass man diese Tage jährlich feiern sollte.

Die Feindschaft der Syrer gegen die Juden hält an

9 So ging es zu, als [a]Antiochus mit dem Beinamen Epiphanes starb.

10 Nun kommen wir zu Antiochus [a]Eupator, dem Sohn des gottlosen Antiochus, und erzählen so kurz wie möglich die wichtigsten Kriegsnöte. 11 Als Eupator König wurde, setzte er [a]Lysias, den obersten Befehlshaber in Zölesyrien und Phönizien, zum Kanzler ein. 12 [a]Ptolemäus Makron nämlich, der die Juden gern in ihrem Recht geschützt hätte, weil sie bisher so viel Unrecht erlitten hatten, arbeitete darauf hin, sie in Frieden leben zu lassen. 13 Deshalb verklagten ihn die Freunde des Königs bei Eupator; auch nannte man ihn bei jeder Gelegenheit einen Verräter, weil er die Insel Zypern, die ihm Philometor anvertraut hatte, verlassen hatte und zu Antiochus Epiphanes übergegangen war; und da er nicht mehr mit Ehren sein Amt führen konnte, nahm er sich mit Gift das Leben. 14 Als nun [a]Gorgias in diesen Gebieten Befehlshaber wurde, nahm er Kriegsleute in Sold und hielt den Krieg mit den Juden beständig in Gang.

9,25: *a* 1. Makk 3,32-37 **9,29:** *a* 1. Makk 6,14-15; *b* Kap 4,21 **10,2:** *a (2-3)* 5. Mose 12,1-6 **10,3:** *a* 1. Makk 1,21-23 **10,4:** *a* Jer 10,24 **10,6:** *a* Kap 1,18; *b* Hebr 11,37-38 **10,9:** *a* Kap 4,7 **10,10:** *a* 1. Makk 6,17 **10,11:** *a* 1. Makk 3,32 **10,12:** *a* Kap 9,29; 1. Makk 1,19 **10,14:** *a* Kap 8,9; 1. Makk 5,59

Judas Makkabäus erobert idumäische Festungen

15 Gemeinsame Sache mit Gorgias mach-
ten auch die [a]Idumäer: Da sie günstig
gelegene Festungen innehatten, ließen sie
die Juden nicht zur Ruhe kommen; auch
nahmen sie die bei sich auf, die aus Jeru-
salem verjagt worden waren, und ließen
den Krieg immer wieder aufflammen.
16 Da kamen Makkabäus und seine Leute
zusammen und hielten ein Bittgebet, dass
ihnen Gott beistehen möchte; 17 dann
[a]brachen sie gegen die Festungen der
Idumäer auf, griffen kräftig an und er-
oberten sie; alle, die sich auf den Mauern
zur Gegenwehr stellten, vertrieben sie;
wer ihnen sonst in die Hände fiel, den
machten sie nieder und töteten nicht we-
niger als zwanzigtausend Menschen.

18 Es entrannen ihnen aber an die
neuntausend in zwei überaus starke Bur-
gen, die gegen eine Belagerung mit allem
ausgerüstet waren. 19 Da ließ Makkabäus
den Simon und Josef, dazu Zachäus und
seine Leute zurück, die zur Belagerung
stark genug waren; er selbst aber zog fort
vor andere Städte, wo man ihn notwen-
dig brauchte.

20 Gewisse Leute um Simon aber ließen
sich, geldgierig, wie sie waren, durch
einige von den Belagerten bestechen und
nahmen siebzigtausend Drachmen von
ihnen und ließen sie entkommen. 21 Als
das nun Makkabäus erfuhr, rief er die
Hauptleute zusammen und klagte jene
an, sie hätten [a]ihre Brüder für schnödes
Geld verkauft, indem sie die Feinde hat-
ten entkommen lassen. 22 Er ließ sie als
Verräter töten und stürmte alsbald die
beiden Burgen. 23 Und weil ihm alles
glückte, was er mit den Waffen unter-
nahm, brachte er in den beiden Festun-
gen mehr als zwanzigtausend Menschen
ums Leben.

Timotheus wird bei der Eroberung der Festung Geser getötet

24 Timotheus aber, [a]den die Juden einst
geschlagen hatten, rüstete sich mit einer
Menge fremden Kriegsvolks und sam-
melte viel Reiterei aus Asien und trat mit
der Absicht auf, Judäa mit Gewalt ein-
zunehmen. 25 Und als er sich dem Lande
näherte, streuten Makkabäus und seine
Leute zum gemeinsamen Gebet vor Gott
26 [a]Erde auf ihr Haupt und legten Säcke
an und fielen am Fuße des Altars nieder
und baten, dass Gott ihnen gnädig und
ihren Feinden ungnädig sein wolle und
[b]Widersacher ihrer Widersacher, wie es
im Gesetz verkündet ist.

27 Als sie nun gebetet hatten, nahmen
sie ihre Waffen auf und zogen ein gutes
Stück vor die Stadt hinaus, bis sie in die
Nähe der Feinde kamen; da machten sie
halt. 28 Und sobald die Sonne aufging,
stießen die beiden Heere aufeinander;
und die einen hatten neben ihrer Tapfer-
keit als Bürgschaft für Kriegsglück und
Sieg die Zuflucht, die sie zum Herrn ge-
nommen hatten; die andern aber ließen
sich im Kampf allein von ihrer mensch-
lichen Leidenschaft führen.

29 Als nun die Schlacht am heftigsten
war, [a]erschienen den Feinden vom Him-
mel her fünf strahlende Gestalten auf
Pferden mit goldenen Zäumen; die zogen
vor den Juden her 30 und zwei von ihnen
hielten sich zu beiden Seiten neben Mak-
kabäus und beschützten ihn mit ihren
Waffen, sodass ihn niemand verwunden
konnte, und schossen blitzende Pfeile auf
die Feinde, sodass sie geblendet, verwirrt
und niedergeschlagen wurden. 31 Und es
wurden erschlagen 20 500 Mann zu Fuß
und sechshundert Reiter. 32 Timotheus
selbst aber entfloh nach Geser, einem
stark befestigten Platz; dort führte der
Hauptmann Chäreas den Befehl.

33 Da belagerten Makkabäus und seine
Leute den festen Platz mit freudigem
Mut vier Tage lang. 34 Aber die Besat-
zung verließ sich auf die Stärke des Orts
und stieß ungeheuerliche Lästerungen
und Schmähungen aus. 35 Aber am fünf-
ten Tage wurden zwanzig junge Männer
von den Leuten des Makkabäus sehr zor-
nig über die dauernde Schmähung und
liefen mannhaft Sturm gegen die Mauer
und erschlugen in wilder Wut jeden, der
ihnen in den Weg kam. 36 Ebenso erstie-
gen andere den Ort auf einer andern

10,15: *a* Am 1,11-12 **10,17:** *a* 1. Makk 5,3 **10,21:** *a* 5. Mose 24,7 **10,24:** *a* Kap 8,30 **10,26:** *a* Jdt 4,14; *b* 2. Mose 23,22 **10,29:** *a* Kap 3,25

Seite, legten Feuer an die Türme und
verbrannten die Gotteslästerer bei leben-
digem Leibe. 37 Wieder andere hieben die
Tore auf, ließen das übrige Heer hinein
und eroberten so die Stadt. Sie erschlu-
gen Timotheus, der sich in einer Zisterne
versteckt hatte, und seinen Bruder Chä-
reas und Apollophanes. 38 Als sie das al-
les vollbracht hatten, priesen sie mit Lob-
gesängen und Dankliedern den Herrn,
der Israel eine so große Wohltat erwiesen
und ihnen den Sieg gegeben hatte.

Judas Makkabäus besiegt Lysias

(vgl. 1. Makk 4,26-35)

11 Als nun [a]Lysias, der Vormund und
Vetter und Kanzler des Königs, dies
alles erfuhr, ging es ihm sehr nahe. 2 Und
er zog in ganz kurzer Zeit achtzigtausend
Mann und die ganze Reiterei zusammen
und wandte sich gegen die Juden in der
Absicht, Griechen in der Stadt Jerusalem
anzusiedeln, 3 den Tempel nach Art der
andern Heidentempel abgabepflichtig zu
machen und das Hohepriesteramt jähr-
lich für Geld zu vergeben. 4 Er bedachte
aber nicht die Macht Gottes, sondern
[a]pochte auf die Zehntausende zu Fuß
und die Tausende zu Ross und auf die
achtzig Elefanten.

5 Als er nun nach Judäa kam, lagerte er
sich vor einen festen Ort, Bet-Zur ge-
nannt, der etwa fünf Stunden von Jeru-
salem entfernt lag, und setzte ihm hart
zu. 6 Als aber Makkabäus und seine
Leute hörten, dass er die Festungen bela-
gerte, baten sie mit dem ganzen Volk
unter Wehklagen und Tränen den Herrn,
[a]einen guten Engel zu senden, der Israel
helfen sollte. 7 Und Makkabäus war der
Erste, der die Waffen aufnahm, und er
mahnte die andern, es mit ihm zusam-
men zu wagen und ihren Brüdern Hilfe
zu bringen. 8 So zogen sie mutig mitein-
ander aus. Sobald sie aber hinaus aus der
Stadt Jerusalem kamen, erschien ihnen
einer hoch zu Ross in einem weißen Ge-
wand und goldene Waffen schwingend
und zog vor ihnen her. 9 Da lobten sie
alle den barmherzigen Gott und wurden
in ihrer Zuversicht so gestärkt, dass sie
bereit waren, nicht nur gegen Menschen,
sondern auch gegen die wildesten Tiere
und eiserne Mauern anzugehen.

10 Sie rückten in bester Ordnung vor;
denn sie hatten den Helfer, den ihnen der
barmherzige Gott vom Himmel her ge-
sandt hatte. 11 Und sie griffen ihre Feinde
an wie Löwen und erschlugen von ihnen
elftausend zu Fuß und sechzehnhundert
zu Ross 12 und trieben die andern alle in
die Flucht. Der größte Teil warf die Waf-
fen fort und kam verwundet davon; Ly-
sias selbst floh auch schimpflich und
entkam.

Vertrag des Lysias mit den Juden

(vgl. 1. Makk 6,58-60).

13 Lysias aber war kein uneinsichtiger
Mann. Als er nun über die Schlacht
nachdachte, die er verloren hatte, sah er
ein, dass die Hebräer unüberwindlich wa-
ren, weil ihnen Gott der Allmächtige bei-
stand. Deshalb sandte er zu ihnen und
bot ihnen Frieden unter gerechten Be-
dingungen an 14 und versprach ihnen,
den König dahin zu bringen, dass er ihr
guter Freund würde. 15 Makkabäus ging
auf alles ein, was Lysias anbot; denn er
erkannte, dass es das Beste war. Und der
König bewilligte alles, was Makkabäus
dem Lysias wegen der Juden schriftlich
vorgetragen hatte.

16 Denn das Schreiben des Lysias an
die Juden lautete: »Lysias entbietet dem
Volk der Juden seinen Gruß. 17 Johannes
und Abschalom, eure Gesandten, haben
das von euch unterzeichnete Schriftstück
überbracht und um Antwort auf die
darin gemachten Vorschläge gebeten.
18 Was nun auch dem König vorzulegen
gewesen ist, habe ich ihm berichtet, und
er hat alles bewilligt, was sich annehmen
ließ. 19 Werdet ihr nun der Regierung
Treue und Glauben halten, so will ich
auch weiterhin bemüht sein, zu eurem
Besten mitzuwirken. 20 Über dies alles
und über Einzelnes haben eure und
meine Gesandten Befehl, sich mit euch
zu besprechen. Gehabt euch wohl! 21 Ge-
geben im 148. Jahr, am vierundzwanzigs-
ten Tage des Monats Dioskorus.«*

* März 164 v.Chr.

11,1: *a* Kap 10,11 11,4: *a* Ps 147,10-11 11,6: *a* 2. Mose 23,20

Lysias vermittelt Frieden zwischen Antiochus V. Eupator und den Juden

(vgl. 1. Makk 6,60)

22 Das Schreiben des Königs lautete:
»König Antiochus entbietet seinem Bru-
der Lysias seinen Gruß. 23 Nachdem un-
ser Vater von hinnen geschieden und
[a]ein Gott geworden ist, ist uns nichts
lieber, als dass Friede in unserm Reich
herrscht, damit alle sich um das Ihre
kümmern können. 24 Nun hören wir, dass
die Juden [a]in den Übergang zu griechi-
schen Sitten, wie ihn mein Vater forderte,
nicht einwilligen, sondern bei ihrer Le-
bensweise bleiben wollen und deshalb
bitten, dass man ihnen ihre Gesetze lässt.
25 Weil wir es nun für gut ansehen, dass
auch dies Volk in aller Ruhe lebt, so ist
das unsre Meinung, dass man ihnen
ihren Tempel wiedergibt und sie ihr Ge-
meinwesen führen lässt, wie es ihre Vor-
fahren gehalten haben. 26 Du wirst also
gut daran tun, wenn du Gesandte zu
ihnen schickst und einen Vertrag mit
ihnen schließt, damit sie unsere Entschei-
dung erfahren, guten Mutes werden und
sich ihrer Angelegenheiten ohne alle
Sorge annehmen können.«

27 Das Schreiben des Königs an die Ju-
den lautete: »König Antiochus entbietet
dem Rat und der Gemeinde der Juden
seinen Gruß. 28 Wenn es euch allen gut
ginge, so wäre uns das lieb; uns geht es
auch gut. 29 [a]Menelaus hat uns berichtet,
dass ihr gern nach Haus und Hof zu-
rückkehren und wieder euer Gewerbe be-
treiben möchtet. 30 Darum soll für alle,
die zwischen heute und dem dreißigsten
Tag des Xanthikus zurückkehren wer-
den, die Zusicherung gelten, 31 dass die
Juden unter dem Schutz der Straflosig-
keit ihren eignen Tempeldienst und ihre
eignen Gesetze ganz wie früher halten
dürfen und dass niemand unter ihnen
irgendwie für Ungesetzlichkeiten belangt
werden soll, die er aus Unkenntnis be-
gangen hat. 32 Auch sende ich Menelaus,
um euch gut zuzureden. 33 Gehabt euch
wohl! Im 148. Jahr, am fünfzehnten Tage
des Xanthikus.«*

Die Römer bieten ebenfalls ihre Vermittlung an

34 Es schrieben aber auch die Römer den
Juden wie folgt: »Quintus Memmius und
Titus Manius, die Botschafter der Rö-
mer, entbieten dem Volk der Juden ihren
Gruß. 35 Allem, was euch Lysias, des Kö-
nigs Vetter, zugestanden hat, stimmen
auch wir zu. 36 Über die Fragen aber, die
er dem König vorlegen will, beratet euch
untereinander und sendet sogleich je-
mand zu uns, damit wir sie darlegen, wie
es für euch günstig ist; wir sind nämlich
unterwegs nach Antiochia. 37 Darum sen-
det eilends einige Leute, damit auch wir
erfahren, was eure Meinung ist. 38 Ge-
habt euch wohl! Im 148. Jahr, am fünf-
zehnten Tage des Xanthikus.«**

Die Juden werden weiterhin beunruhigt

12 Nachdem diese Verträge abge-
schlossen waren, begab sich Lysias
zum König; die Juden aber wandten sich
wieder dem Ackerbau zu. 2 Aber von den
Unterbefehlshabern ließen Timotheus
und Apollonius, der Sohn des Gennäus,
ferner Hieronymus und Demophon,
dazu Nikanor, der Hauptmann über die
Kriegsleute aus Zypern, sie nicht zu
Ruhe und friedlicher Arbeit kommen.

Judas Makkabäus bestraft die Städte Joppe und Jamnia

3 Leute von Joppe aber verübten eine
himmelschreiende Tat: Sie beredeten die
Juden, die bei ihnen wohnten, mit ihren
Frauen und Kindern in bereitgestellte
Boote zu steigen, als wären sie gut
Freund mit ihnen. 4 Das geschah aber auf
allgemeinen Beschluss der Stadt. Als nun
die Juden das annahmen, weil sie mög-
lichst Frieden halten wollten und keiner-
lei Verdacht hegten, führte man sie auf
die hohe See und ertränkte sie, nicht we-
niger als zweihundert Personen.

5 Als nun Judas hörte, wie gräulich
man an seinen Landsleuten gehandelt
hatte, bot er seine Männer auf 6 und rief
zu Gott, dem gerechten Richter, und zog

* April 164 v.Chr. ** Vgl. Vers 33.

11,23: *a* Weish 14,15-20 **11,24:** *a* 1. Makk 1,46-52 **11,29:** *a* Kap 5,15

gegen die aus, die seine Brüder ermor-
det hatten, und zündete bei Nacht den
Hafen an und verbrannte die Boote; und
alle, die dahin geflohen waren, tötete er
mit dem Schwert. 7 Weil aber die Stadt
selbst verschlossen war, zog er ab in der
Absicht, bald wiederzukommen und die
gesamte Bürgerschaft von Joppe aus-
zurotten.

8 Es wurde ihm aber mitgeteilt, dass
die Leute von Jamnia das Gleiche mit
den Juden vorhatten, die bei ihnen wohn-
ten. 9 Darum überfiel er auch sie bei
Nacht und verbrannte den Hafen und
alle Schiffe, sodass man das Feuer in
Jerusalem sah, das doch zweihundert-
vierzig Stadien davon entfernt lag.

Judas Makkabäus bekämpft arabische Nomaden und den Timotheus

10 Als Judas von dort neun Stadien wei-
tergezogen war, weil er sich gegen Timo-
theus wenden wollte, warfen sich ihm
Araber entgegen, nicht weniger als fünf-
tausend Mann und fünfhundert Reiter.
11 Es kam zu einem heftigen Kampf;
doch Judas mit seinen Leuten behielt
durch Gottes Hilfe den Sieg. Und da die
Araber unterlegen waren, baten sie ihn
um Frieden und versprachen, sie wollten
ihm Vieh liefern und auch sonst Hilfe
leisten. 12 Judas bedachte, wie sie ihm in
der Tat in vielem nützlich sein könnten,
und sagte ihnen Frieden zu. Und als er
ihnen das durch Handschlag besiegelt
hatte, kehrten sie zu ihren Zelten zurück.

13 Auch griff Judas eine Stadt an, die
mit Wällen gut gesichert und mit einer
Mauer umschlossen war und in der ein
bunt gemischtes Volk wohnte; die hieß
[a]Kaspin. 14 Ihre Einwohner verließen
sich auf ihre festen Mauern und den gro-
ßen Vorrat an Nahrung und benahmen
sich unverschämt gegen Judas und seine
Leute: Sie schmähten sie, ja, sie lästerten
und führten frevelhafte Reden. 15 Da rie-
fen Judas und seine Leute zu dem mäch-
tigen Herrscher aller Welt, der zu Josuas
Zeiten ohne Mauerbrecher und Sturm-
gerät Jericho zum Einsturz gebracht hat-
te.[a] 16 Sie stürmten in wilder Wut gegen
die Mauer an und eroberten nach Gottes
Willen die Stadt und töteten unsagbar
viele Menschen, sodass der Teich, der
dabei lag und wohl zwei Stadien breit
war, aussah wie lauter Blut.

17 Danach zogen sie siebenhundert-
fünfzig Stadien weiter und kamen nach
Charax zu den Juden, die man Tubianer
nennt. 18 Aber sie fanden Timotheus dort
nicht; denn er hatte die Gegend verlas-
sen, nachdem er dort nichts ausgerichtet,
sondern nur eine Ortschaft stark besetzt
hatte. 19 Da machten sich zwei Haupt-
leute aus der Schar des Makkabäus auf,
nämlich Dositheus und Sosipater, und
brachten alle um, die Timotheus in der
Festung zurückgelassen hatte, mehr als
zehntausend Mann.

20 Makkabäus aber stellte sein Kriegs-
volk in mehreren Abteilungen auf und
setzte jene beiden an ihre Spitze und zog
gegen [a]Timotheus, der 120000 Mann zu
Fuß und 2500 Reiter bei sich hatte. 21 Als
nun Timotheus erfuhr, dass Judas gegen
ihn heranzog, schickte er Frauen und
Kinder und den übrigen Tross fort nach
Karnajim, einem Ort, der so tief im Ge-
birge lag, dass man ihn nicht belagern
und nur schwer erreichen konnte.

22 Als aber die Feinde die erste Ab-
teilung des Judas sahen, überfiel sie
Furcht und Schrecken, weil zugleich der
vor ihnen erschien, der alle Dinge sieht;
und sie wandten sich zur Flucht, der eine
dahin, der andere dorthin, sodass sie sich
selbst oft untereinander verwundeten
und mit der Spitze des Schwerts durch-
bohrten. 23 Judas aber drückte ungestüm
nach und schlug die Gottlosen zusam-
men und brachte an die dreißigtausend
von ihnen um.

24 Timotheus selbst aber geriet den
Leuten des Dositheus und Sosipater in
die Hände und bat sie um Leben und
Freiheit; denn er hätte viele ihrer Väter
und Brüder in seiner Gewalt, und diese
müssten sterben, wie er mit großer Über-
treibung vorgab, wenn er getötet würde.
25 Nachdem er sich nun feierlich verbürgt
hatte, dass er sie bis zu einem bestimm-
ten Tag wohlbehalten ihnen übergeben
wollte, ließen sie ihn frei, um ihre Brüder
zu retten.

26 Danach zog Makkabäus gegen

12,13: *a* 1. Makk 5,26.36 **12,15:** *a* Jos 6,20 **12,20:** *a* 1. Makk 5,37

[a]Karnajim und den Tempel der Atarga-
tis und machte fünfundzwanzigtausend
Menschen nieder.

Judas Makkabäus erobert Efron und verschont Skythopolis

(vgl. 1. Makk 5,45-54)

27 Nachdem sie besiegt und vernichtet
waren, brach Judas gegen die feste Stadt
Efron auf, in der Lysias und eine Be-
völkerung aus mancherlei Stämmen
wohnte. Die kräftige junge Mannschaft
aber, die vor der Stadt stand, wehrte sich
tapfer und drinnen hatten sie Geschütze
und Geschosse genug. 28 Da riefen die
Juden zu dem Herrscher, der mit Gewalt
die Stärke der Feinde zerbricht, und er-
oberten die Stadt und erschlugen von
denen, die darin waren, an fünfundzwan-
zigtausend Menschen.
29 Von dort brachen sie auf und zogen
gegen Skythopolis, das sechshundert Sta-
dien von Jerusalem entfernt liegt. 30 Weil
aber die Juden, die dort wohnten, den
Bürgern von Skythopolis bezeugten, dass
sie ihnen wohlgesinnt gewesen wären und
ihnen in den schweren Zeiten alle
Freundschaft bewiesen hätten, 31 so
dankten sie den Bürgern dafür und leg-
ten ihnen ans Herz, auch weiterhin gegen
ihr Volk guten Willens zu sein. Dann
zogen sie wieder nach Jerusalem, als das
Wochenfest nahe bevorstand.

Judas Makkabäus siegt über Gorgias

(vgl. 1. Makk 5,65-66)

32 Nach dem Fest, das auch Pfingsten ge-
nannt wird, zogen sie gegen Gorgias, den
Befehlshaber von Idumäa. 33 Der begeg-
nete ihnen mit dreitausend Mann zu Fuß
und vierhundert Reitern. 34 Als man nun
handgemein wurde, fielen einige Juden.
35 Und Dositheus, ein Reiter aus der
Schar des Bakenor, ein mutiger Mann,
packte Gorgias und hielt ihn am Mantel
und zog ihn mit Gewalt fort und wollte
den Verfluchten lebendig gefangen neh-
men. Aber ein Reiter aus Thrazien
sprengte auf ihn zu und hieb ihm den
Arm ab. So entkam Gorgias nach Mare-
scha. 36 Als nun Esri und seine Schar vom
allzu langen Kampf müde wurden, rief
Judas zum Herrn, er möge ihnen als Hel-
fer erscheinen und an ihrer Spitze kämp-
fen, 37 stimmte in der [a]Sprache der Väter
unter Lobgesängen das Kriegsgeschrei
an und stürmte auf die Leute des Gor-
gias unerwartet los und jagte sie in die
Flucht.
38 Und Judas zog mit dem Heer in die
Stadt Adullam; und weil der siebente Tag
herbeigekommen war, reinigten sie sich
nach dem Gesetz und hielten dort den
Sabbat.

Sühnopfer für Gefallene, die Schuld auf sich geladen hatten

39 Am Tage danach zogen die Leute des
Judas aus, weil es schon höchste Zeit
geworden war, um die Toten zu holen
und in den Gräbern der Väter bei ihren
Verwandten zu bestatten. 40 Da fanden
sie bei jedem der Erschlagenen unter dem
Hemd Abbilder der Götzen von Jamnia,
die den Juden im Gesetz verboten sind.
Da wurde es allen deutlich, dass sie um
dieser Schuld willen gefallen waren.[a]
41 Da priesen alle den Herrn, den gerech-
ten Richter, der das Verborgene an den
Tag bringt. 42 Dann wandten sie sich zum
gemeinsamen Gebet und flehten, dass
diese Sünde gänzlich getilgt werden
möchte. Und der edle Judas ermahnte
die Menge, sich fortan vor Sünden zu
hüten, weil sie nun mit eignen Augen
sehen könnten, dass diese um ihrer
Sünde willen gefallen wären.
43 [a]Danach brachte er durch eine
Sammlung an die zweitausend Drach-
men in Silber zusammen; die schickte er
nach Jerusalem zum Sündopfer. Und er
tat gut und löblich daran, weil er an die
Auferstehung dachte. 44 Wenn er nicht
erwartet hätte, dass die Gefallenen auf-
erstehen würden, so wäre es überflüssig,
ja töricht gewesen, für Tote zu bitten.[a]
45 Sodann aber bedachte er auch, dass
denen, die als fromme Leute entschlafen,
die herrlichste Gnadengabe bereitet ist;
das ist ein frommer und heiliger Ge-
danke. 46 Darum hat er auch für diese
Toten ein Sühnopfer dargebracht, damit
sie von ihrer Sünde erlöst würden.

12,26: *a* 1. Makk 5,43-44 **12,37:** *a* Kap 7,8.27 **12,40:** *a* 2. Mose 20,4-5 **12,43:** *a (43-46)* Kap 7,9 **12,44:** *a* 1. Kor 15,29

Menelaus findet verdient einen schmählichen Tod

13 [a]Im 149. Jahr* kam es Judas und
seinen Leuten zu Ohren, dass An-
tiochus Eupator mit einer großen Hee-
resmacht gegen Judäa heranzöge 2und
Lysias, sein Vormund und Kanzler, mit
ihm, und zwar jeder mit einem griechi-
schen Heer von 110000 Mann zu Fuß
und 5300 zu Ross und zweiundzwanzig
Elefanten und dreihundert Sichelwagen.
3Und [a]Menelaus schlug sich auch auf
ihre Seite und redete auf Antiochus ein
zum Verderben seines Vaterlands und
verschwieg seine Hoffnung, dadurch das
Hohepriesteramt wieder zu erlangen.
4Aber der [a]König aller Könige erweckte
den Zorn des Antiochus gegen diesen
Frevler. Denn Lysias legte ihm dar, dass
Menelaus die Ursache aller dieser Un-
ruhen wäre; darum ließ der König ihn
nach Beröa führen und so, wie es dort
der Brauch ist, töten.
5Denn es war ein Turm da, fünfzig
Ellen hoch, voll glühender Asche; und
über der Asche war eine umlaufende
Rampe, die überall zur Asche hin steil
abfiel. 6Dorthin trieb die Volksmenge je-
den, der des Tempelraubs schuldig war
oder andere große Verbrechen begangen
hatte, sodass er umkam. 7Eines solchen
Todes musste auch der abtrünnige Mene-
laus sterben und ohne Grab bleiben.
8Und es geschah ihm recht. Denn weil er
sich so oft an dem Altar, dessen Feuer
und Asche heilig sind, versündigt hatte,
musste er auch in der Asche den Tod
finden.[a]

Judas Makkabäus siegt bei Modeïn durch einen Überfall

(vgl. 1. Makk 6,28; 6,32-46)

9Der König aber wurde so zornig wie ein
Wilder, zog heran und wollte den Juden
noch Schrecklicheres antun, als unter sei-
nem Vater geschehen war. 10Das erfuhr
Judas und gebot dem ganzen Volk, sie
sollten Tag und Nacht den Herrn an-
rufen, damit er ihnen jetzt, wie schon oft,
gegen die helfen möchte, die ihnen das
Gesetz, das Vaterland und den heiligen
Tempel rauben wollten, 11und dass er
das Volk, das sich kaum ein wenig erholt
hatte, nicht in die Hände der ruchlosen
Heiden geben möchte.
12Als sie das nun einhellig miteinander
taten und den barmherzigen Gott unter
Weinen und Fasten baten und drei Tage
unaufhörlich auf der Erde lagen, ermun-
terte sie Judas und befahl ihnen, sich
bereitzuhalten. 13Und als er und die
Ältesten beisammen waren, beschloss er
mit ihnen, er wollte, ehe der König mit
seinem Heer nach Judäa kommen und
die Stadt einnehmen könnte, ihm ent-
gegenziehen und die Sache mit Gottes
Hilfe enden. 14Und er vertraute sich dem
[a]Schöpfer der Welt an und ermahnte
seine Leute, sie sollten tapfer bis in den
Tod kämpfen, um die Gesetze, den Tem-
pel, die Stadt, das Vaterland und ihre
eigne Ordnung zu erhalten.
15Und er lagerte sich bei Modeïn und
gab ihnen diese Worte zur Losung: Gott
gibt Sieg! Danach machte er sich bei
Nacht auf mit den besten und auser-
lesensten jungen Kriegsleuten und über-
fiel die königliche Befestigung und er-
schlug im Lager an die zweitausend
Mann und den Leitelefanten und den,
der mit ihm im Stall war. 16Damit brach-
ten sie zum Schluss großen Schrecken
und Verwirrung in das ganze Lager und
zogen glücklich davon 17am Morgen, als
der Tag anbrach; denn Gott war ihr Hel-
fer gewesen.

Antiochus V. Eupator belagert Bet-Zur

(vgl. 1. Makk 6,29-31; 6,47-50)

18Als aber der König verspürt hatte, dass
die Juden so wagemutig waren, suchte er
die Orte mit List in seine Gewalt zu brin-
gen 19und zog vor die Festung der Juden
Bet-Zur. Aber er wurde in die Flucht
geschlagen, griff wieder an und richtete
nichts aus; 20denn Judas hatte alles Nö-
tige in die Festung geschickt. 21Es war
aber einer unter den Juden, Rhodokus,
der verriet den Feinden alles Geheime.
Man suchte nach ihm, nahm ihn fest und
warf ihn ins Gefängnis.
22Danach verhandelte der König wie-

* 164/163 v.Chr.

13,1: *a (1-2)* 1. Makk 6,17 13,3: *a* Kap 4,23-24 13,4: *a* 1. Tim 6,15 13,8: *a* Weish 11,16 13,14: *a* Kap 7,23

der und schloss Frieden mit der Besat-
zung von Bet-Zur und zog davon; dann
griff er Judas und seine Leute an und
verlor die Schlacht.

Antiochus V. Eupator schließt Frieden mit den Juden

(vgl. 1. Makk 6,55-63)

23 Und als Antiochus erfahren hatte, dass
[a]Philippus, den er in Antiochia als Statt-
halter zurückgelassen hatte, abgefallen
war, wurde er unsicher und sandte den
Juden eine freundliche Botschaft, unter-
handelte und schwor einen Eid und
einigte sich mit ihnen zu gerechten Be-
dingungen. Er opferte und ehrte den
Tempel und behandelte die Stadt freund-
lich. 24 Er empfing auch Makkabäus und
machte den Hegemonides zum Befehls-
haber über das Land von Ptolemais bis
zum Gebiet der Gerrener.
25 Als aber der König nach Ptolemais
kam, sahen die Ptolemaier den Vertrag
nicht gern; denn sie fanden ihn unerträg-
lich und wollten deswegen die Abma-
chungen aufheben. 26 Da trat Lysias öf-
fentlich auf und entschuldigte den König
so viel als möglich und beredete sie, dass
sie zufrieden waren, und beruhigte sie;
danach kehrte er wieder nach Antiochia
zurück.

So gingen Anmarsch und Abzug des
Königs vor sich.

Demetrius I. Soter schickt Nikanor gegen die Juden

(vgl. 1. Makk 7,1-7; 7,26)

14 Drei Jahre danach vernahmen Ju-
das und seine Leute, dass Deme-
trius, der Sohn des Seleukus, im Hafen
von Tripolis mit starker Heeresmacht
und vielen Schiffen angekommen war
2 und das Land eingenommen und An-
tiochus samt seinem Vormund Lysias er-
schlagen hatte.
3 Alkimus aber, der vorher Hoherpries-
ter gewesen war und zur Zeit des Wider-
standes schmählich nachgegeben hatte,
dachte nun, dass ihm sonst nichts helfen,
er auch nicht wieder zum Hohepriester-
amt kommen könnte. 4 So zog er im
151. Jahr* zu König Demetrius, brachte
ihm einen goldenen Kranz und einen
Palmwedel und dazu Ölzweige, die im
Tempel gebräuchlich waren; 5 und an die-
sem Tag verhielt er sich ruhig. Er fand
eine günstige Gelegenheit für seine Ruch-
losigkeit, als ihn Demetrius vor den
Kronrat fordern und fragen ließ, wie es
bei den Juden stünde und was sie vor-
hätten.
6 [a]Da antwortete er: Die unter den Ju-
den, die sich Hasidäer nennen und die
Judas Makkabäus anführt, halten Krieg
und Aufruhr immer in Gang und lassen
dein Reich nicht gedeihen, 7 haben auch
mir meine ererbte Würde, nämlich das
Hohepriesteramt, geraubt. Darum bin
ich hierher gekommen: 8 zum Ersten, weil
ich mich dem König aufrichtig verpflich-
tet weiß; zum andern, weil ich auch um
meine Landsleute Sorge habe; denn
durch ihre Unvernunft wird unser ganzes
Volk ins Unglück stürzen. 9 Darum wolle
der König, weil er dies alles erkannt
hat, nach seiner entgegenkommenden
Freundlichkeit zu jedermann unserm
Lande und unserm bedrängten Volk in
dieser Sache raten und helfen. 10 Denn
solange Judas lebt, ist es nicht möglich,
dass Friede im Lande wird.
11 Als er das gesagt hatte, hetzten auch
die andern Freunde des Königs, die dem
Judas feindlich gesinnt waren, Demetrius
gegen ihn auf. 12 Sogleich rief er Nikanor,
den Hauptmann über die Elefanten, zu
sich und machte ihn zum Befehlshaber
über Judäa und sandte ihn aus 13 mit dem
Auftrag, Judas unschädlich zu machen
und seine Leute zu zerstreuen und Alki-
mus zum Hohenpriester des erhabenen
Tempels einzusetzen. 14 Da schlugen sich
alle die scharenweise auf Nikanors Seite,
die als Heiden vor Judas aus Judäa ge-
flüchtet waren, und hofften, das Unglück
der Juden sollte ihr Glück sein.

Nikanor einigt sich mit Judas Makkabäus

(vgl. 1. Makk 7,27-29)

15 Als nun die Juden hörten, dass Nika-
nor heranzöge und die Heiden ihn unter-
stützten, [a]bestreuten sie sich mit Erde
und riefen Gott an, der sein Volk seit

* 162/161 v.Chr.

13,23: *a* 1. Makk 6,14 **14,6:** *a (6-10)* St zu Est 1,3-4 **14,15:** *a* Kap 10,26

ewigen Zeiten beschützt hat und den Sei-
nen immer offenkundig hilft. 16 Als nun
der Anführer Befehl gab, machten sie
sich sogleich auf und stießen auf die
Feinde beim Dorf Dessau. 17 Simon aber,
der Bruder des Judas, war schon auf Ni-
kanor getroffen und wäre fast geschlagen
worden, als ihn die Feinde so plötzlich
überraschten.

18 Doch als Nikanor hörte, dass Judas
so kühne Leute bei sich hatte, die Leib
und Gut getrost für ihr Vaterland wag-
ten, fürchtete er sich und wollte keine
Schlacht mit ihnen schlagen, 19 sondern
sandte Posidonius, Theodotus und Mat-
tatias zu ihm, um Frieden zu schließen.
20 Als man nun lange darüber beraten
und der Anführer dem Kriegsvolk die
Sache vorgetragen hatte und sie in der
Sache einig wurden, willigten sie in den
Vertrag 21 und bestimmten einen Tag, an
dem die beiden allein zusammenkommen
sollten. Als nun der Tag kam, stellte man
für jeden einen Stuhl auf. 22 Und Judas
verteilte einige Bewaffnete auf günstige
Plätze, falls die Feinde doch unerwartet
eine Falle stellen würden. Doch kamen
sie zu voller Übereinstimmung.

23 Nikanor blieb eine Zeit lang in Jeru-
salem und unternahm nichts Unrechtes
gegen sie und entließ die zusammenge-
strömten Scharen. 24 Und er hatte den
Judas allezeit bei sich und behandelte ihn
freundlich, 25 ermahnte ihn auch, dass er
eine Frau nehmen und Kinder zeugen
sollte. So nahm denn Judas eine Frau
und hatte guten Frieden und genoss das
Leben.[a]

Nikanor muss gegen Judas Makkabäus feindlich vorgehen

(vgl. 1. Makk 7,29-38)

26 Als nun Alkimus sah, dass diese beiden
miteinander eins waren, nahm er den
Vertrag, ging zu Demetrius und verklagte
den Nikanor, er wäre untreu geworden;
denn er hätte den Judas, einen Feind des
Reiches, zu seinem Nachfolger als Ho-
henpriester eingesetzt. 27 Da wurde der
König durch die Lüge des Verleumders
sehr erregt und zornig und schrieb an
Nikanor, es gefiele ihm gar nicht, dass er
Frieden mit den Juden geschlossen hätte,
und gebot ihm, er sollte eilends Makka-
bäus gefangen nehmen und nach Antio-
chia schicken.

28 Als nun dieser Befehl Nikanor er-
reichte, wurde er bestürzt und unwillig,
dass er den Vertrag brechen sollte, ob-
wohl doch Judas nichts verschuldet hatte.
29 Aber weil er nicht gegen den König zu
handeln wagte, wartete er auf eine Gele-
genheit, ihn mit List zu fangen. 30 Aber
Makkabäus merkte, dass er sich un-
freundlicher gegen ihn verhielt und ihm
nicht mehr so herzlich begegnete, und
erkannte, dass sein abweisendes Wesen
nichts Gutes bedeutete, und nahm einige
von seinen Leuten zu sich und verbarg
sich vor Nikanor.

31 Als nun Nikanor sah, dass ihn Mak-
kabäus geschickt überlistet hatte, ging er
hinauf zu dem erhabenen und heiligen
Tempel und befahl den Priestern, die die
gebotenen Opfer darbrachten, sie sollten
ihm den Mann herausgeben. 32 Als sie
aber hoch und heilig schworen, sie wüss-
ten nicht, wo er wäre, streckte er seine
rechte Hand gegen den Tempel aus
33 und schwor: Werdet ihr mir den Judas
nicht gebunden übergeben, so will ich
dies Gotteshaus dem Erdboden gleich-
machen und den Altar umreißen und
dem [a] Dionysos einen prächtigen Tempel
hinstellen. 34 Und als er das gesagt hatte,
ging er davon.

Die Priester aber hoben ihre Hände
empor zum Himmel und riefen den an,
der allezeit unser Volk beschützt hat,
35 [a] und sprachen: Herr, du brauchst kein
irdisches Haus; dennoch hat es dir wohl-
gefallen, dass dein Tempel, in dem du
wohnst, unter uns ist. 36 Darum, du hei-
liger Gott, der du allein heilig machst,
bewahre fortan dein Haus, das wir vor
Kurzem neu geweiht haben, damit es
nicht wieder unrein wird.

Rasi gibt ein Beispiel opfermütigen Sterbens

37 Es wurde aber Nikanor angezeigt, dass
ein Ältester von Jerusalem mit Namen
Rasi ein Mann sei, der seine Mitbürger
liebte, in hohem Ansehen stand und we-
gen seiner aufrechten Gesinnung ein Va-
ter der Juden genannt wurde. 38 Auch war

14,25: *a* Pred 9,9 14,33: *a* Kap 6,7 14,35: *a (35-36)* 1. Kön 8,27-30

er früher in der Zeit des Widerstandes
wegen seines jüdischen Glaubens ver-
klagt worden und hatte Leib und Leben
dafür beharrlich gewagt.
39 Als nun Nikanor zeigen wollte, wie
bitter feind er den Juden war, sandte er
über fünfhundert Kriegsleute, die Rasi
gefangen nehmen sollten. 40 Denn er
meinte, wenn er ihn gefangen hätte,
würde er den Juden dadurch großen
Schaden zufügen. 41 Als sie aber den
Turm, in dem er wohnte, erobern und
das Hoftor stürmen wollten, ließen sie
Feuer bringen und das Tor anzünden. Da
merkte er, dass er gefangen war, und
wollte sich selbst erstechen. 42 Denn [a]er
wollte lieber ehrenhaft sterben als den
Gottlosen in die Hände fallen und von
ihnen erniedrigt und verhöhnt werden.
Aber in der Hast traf er sich nicht recht.
43 Als nun die Menge in die Türen ein-
drang, zog er sich entschlossen auf die
Mauer zurück und stürzte sich mutig
hinab unter die Leute. 44 Sie wichen ihm
aber schnell aus, sodass ein freier Raum
entstand; und er fiel mitten auf den lee-
ren Platz. 45 Er lebte aber gleichwohl
noch und stand in glühendem Opfermut
auf, obwohl er sehr blutete und die Wun-
den ihn schmerzten, lief durch das Volk
hindurch und trat auf einen hohen Fel-
sen. 46 Und obwohl er schon fast ver-
blutet war, riss er sich noch die Därme
aus dem Leibe, fasste sie mit beiden Hän-
den und warf sie unter die Kriegsleute
und rief zu Gott, der über Leben und
Geist Herr ist, [a]dies alles möge er ihm
wiedergeben, und starb so.

Judas Makkabäus siegt über Nikanor

(vgl. 1. Makk 7,39-46)

15 Als aber Nikanor hörte, dass Judas
sich mit seinen Leuten in Samarien
aufhielt, dachte er, er könnte sie am Sab-
bat ohne jede Gefahr angreifen. 2 Und als
ihn die Juden, die er gezwungen hatte
mitzuziehen, baten, er möchte sie nicht
so grausam und unmenschlich umbrin-
gen, sondern den heiligen Tag achten,
den Gott selbst geehrt und geheiligt
hätte, 3 fragte sie der Erzfrevler: Gibt es
im Himmel den Herrscher, der den Sab-
bat geboten hat? 4 Und als sie ihm ant-
worteten: Ja, es gibt den lebendigen
Herrn; er ist im Himmel der Herrscher,
der [a]den siebenten Tag zu feiern geboten
hat –, 5 sagte er darauf: So bin ich [a]der
Herrscher auf Erden und gebiete euch,
ihr sollt die Waffen ergreifen und den
Befehl des Königs ausführen. 6 Aber er
konnte sein ruchloses Vorhaben trotzdem
nicht vollbringen. Und Nikanor prahlte
vermessen und hatte sich schon vorge-
nommen, für seinen Sieg über Judas ein
Denkmal öffentlich aufzustellen.
7 Aber Makkabäus hatte unablässig die
Zuversicht und Hoffnung, der Herr
würde ihm beistehen, 8 und ermunterte
seine Männer, sie sollten sich vor den
anrückenden Heiden nicht fürchten, son-
dern an die Hilfe denken, die ihnen frü-
her oft vom Himmel gesandt worden
war, und jetzt auch auf den Sieg hoffen,
den der Allmächtige ihnen schicken
würde. 9 Er sagte ihnen [a]ermutigende
Worte aus dem Gesetz und den Prophe-
ten und erinnerte sie an die Schlachten,
die sie früher gewonnen hatten, und
machte ihnen so Mut. 10 Als er sie so
angefeuert hatte, erzählte er ihnen auch,
wie die Heiden ihre Zusagen nicht ge-
halten und ihre Eide gebrochen hätten.
11 Dadurch rüstete er sie aus, dass sie
nicht durch Spieß oder Schild sicher
waren, sondern durch Gottes Wort Ver-
trauen gewannen. Er sagte ihnen auch
von einer Erscheinung, die glaubwürdig
war; davon bekamen alle Mut.
12 Und das war die Erscheinung: [a]Oni-
as, der frühere Hohepriester, ein treff-
licher, im Umgang bescheidener, gütiger,
beredter Mann, der von Jugend auf allem
Guten nachgestrebt hatte, der streckte
seine Hände aus und betete für die ganze
Gemeinde der Juden. 13 Danach erschien
ihm ein würdiger, alter Mann, und um
ihn war ein wunderbarer, herrlicher
Glanz. 14 Und Onias sagte zu Judas: Dies
ist Jeremia, der Prophet Gottes, der deine
Brüder sehr lieb hat und stets [a]für das
Volk und die heilige Stadt betet. 15 [a]Da-
nach gab Jeremia mit der Rechten dem
Judas ein goldenes Schwert 16 und sagte
zu ihm: Nimm hin das heilige Schwert,
das dir Gott schenkt; damit sollst du die
Feinde schlagen!

14,42: *a* 1. Sam 31,4 **14,46:** *a* Kap 7,11 **15,4:** *a* 2. Mose 20,8 **15,5:** *a* Dan 7,25 **15,9:** *a* 1. Makk 12,9; 2. Mose 14,13-14 **15,12:** *a* Kap 3,1 **15,14:** *a* Jer 37,3 **15,15:** *a (15-16)* Jer 47,6-7; Hes 30,24-25

17 Als sie nun Judas mit solchen guten
Worten, die zur Tapferkeit anfeuern und
den Jungen männlichen Mut geben
konnten, aufgerufen hatte, beschlossen
sie, kein Lager mehr aufzuschlagen, son-
dern mutig gegen die Feinde zu ziehen
und sie männlich anzugreifen und die
Sache zur Entscheidung zu bringen; denn
die Stadt, [a]der Gottesdienst und der
Tempel waren in Gefahr. 18 Denn sie
bangten nicht so sehr um ihre Frauen
und Kinder, Brüder und Freunde, son-
dern sie sorgten sich vor allem um den
heiligen Tempel. 19 Und die in der Stadt
blieben, waren in großer Sorge um ihr
Kriegsvolk draußen im Felde.

20 Als es nun zum Treffen kommen
sollte und die Feinde zusammengezogen
und in Schlachtordnung angetreten und
die Elefanten an einem günstigen Ort
aufgestellt und die Reiter auf beide Flü-
gel verteilt worden waren 21 und als Mak-
kabäus die Feinde sah und ihre vielfältige
Rüstung und die schrecklichen Tiere,
streckte er seine Hände zum Himmel em-
por und betete zum Herrn, der Wunder
tut; denn [a]er wusste wohl, dass der Sieg
nicht durch Waffen kommt, sondern
Gott ihn denen gibt, die er würdig findet.
22 Und er betete so: Herr, zur Zeit His-
kias, des Königs von Juda, hast du
deinen Engel gesandt; der erschlug in
Sanheribs Lager 185000 Mann.[a] 23 So
schicke nun auch, du Herrscher im Him-
mel, einen guten Engel vor uns her, die
Feinde zu erschrecken. 24 Lass die er-
schrecken vor deinem starken Arm, die
mit Gotteslästerung gegen dein heiliges
Volk ziehen. Und damit hörte Judas auf.

25 So zogen Nikanor und sein Heer
heran mit Trompeten und Kriegsge-
schrei. 26 Judas aber und seine Leute grif-
fen die Feinde an mit Gebet und Flehen.
Und mit den Händen führten sie das
Schwert, 27 mit dem Herzen aber schrien
sie zu Gott und erschlugen nicht weniger
als 35000 Mann; und sie freuten sich
sehr, dass Gott sich so mächtig gezeigt
hatte. 28 Als nun die Schlacht beendet war
und sie mit Freuden wieder abzogen,
sahen sie, wie Nikanor in seinem Har-
nisch gefallen dalag. 29 Da erhob sich ein
Freudengeschrei und Jauchzen, und sie
lobten Gott in ihrer Sprache.

Die Feier des Sieges über Nikanor veranlasst die Einführung eines jährlichen Gedenktages

(vgl. 1. Makk 7,47-49)

30 Judas, der Leib und Leben für sein
Volk eingesetzt und von Jugend auf sich
zu seinen Landsleuten gehalten hatte, ge-
bot, [a]man sollte dem Nikanor den Kopf
und die Hand samt der Schulter abhauen
und mit nach Jerusalem bringen. 31 Als er
nun dorthin kam, rief er seine Landsleute
zusammen und stellte die Priester vor
den Altar und schickte zu den Feinden
auf der Burg 32 und zeigte den Kopf des
verruchten Nikanor und die Hand des
Lästerers, die er gegen das heilige Haus
des Allmächtigen ausgestreckt und da-
bei Lästerworte ausgestoßen hatte. 33 Er
[a]schnitt auch dem gottlosen Nikanor die
Zunge aus und ließ sie in Stücken den
Vögeln vorwerfen und die Hand, mit der
er so unsinnig gehandelt hatte, gegenüber
dem Tempel aufhängen.

34 Und das ganze Volk lobte den
Herrn, der sichtbar geholfen hatte, und
sprach: Gelobt sei, der seine Stätte be-
wahrt hat, dass sie nicht unrein geworden
ist! 35 Und er steckte Nikanors Kopf auf,
sodass ihn alle aus der Burg sehen konn-
ten, zu einem öffentlichen Zeichen dafür,
dass ihnen der Herr geholfen hatte.

36 [a]Es wurde auch einträchtig von al-
len beschlossen, man sollte diesen Tag
niemals vergessen, 37 sondern ihn feiern
am dreizehnten Tag des zwölften Mo-
nats, der auf Syrisch Adar* heißt, einen
Tag vor dem Mordechai-Fest.

Schlusswort des Verfassers

38 So will ich nun hiermit dies Buch be-
schließen, nachdem Nikanor umgekom-
men ist und die Hebräer die Stadt seit
jener Zeit wieder in Besitz haben. 39 Und
wenn es gut gelungen und geschickt ge-
ordnet ist, so war das meine Absicht.
Ist's aber zu einfach geraten, so habe ich
doch getan, soviel ich vermochte. 40 Denn
immer nur Wein oder nur Wasser trinken

* Adar = März/April.

15,17: *a* Kap 4,13-15; 14,3-13 **15,21:** *a* Kap 12,22 **15,22:** *a* 2. Kön 19,35; Kap 8,19 **15,30:** *a* 1. Sam 17,54 **15,33:** *a* Kap 7,4 **15,36:** *a (36-37)* Est 9,17-19

wird einem zuwider; wenn aber Wein mit
Wasser vermischt erst wirklich Freude
macht, so erfreut die Art, wie man die
Worte setzt, die Ohren derer, die die Ge-
schichte hören. Damit bin ich am Ende
angelangt.

STÜCKE ZUM BUCH ESTER

Artaxerxes befiehlt, das jüdische Volk auszurotten

(zu Est 3,13)

1 So lautete aber das Schreiben: Der
Großkönig Artaxerxes* entbietet den
Statthaltern der hundertundsiebenund-
zwanzig Provinzen vom Indus bis zum
Nil und den Fürsten, die seiner Herr-
schaft untertan sind, seinen Gruß.
2 Obwohl ich über viele Völker herr-
sche und über die ganze Erde Gewalt
habe, wollte ich doch nicht überheblich
werden in meiner Macht, sondern war
darauf bedacht, meine Untertanen gnä-
dig und mild zu regieren, damit ein jeder
ohne Furcht [a]in Ruhe leben und den
lieben Frieden genießen könnte, nach
dem jedermann verlangt. 3 Daher über-
legte ich mit meinen Ratgebern, wie das
geschehen könnte. Da wies mich Haman,
mein besonnenster, ergebenster und ge-
treuester Ratgeber, der nach dem König
der Höchste ist, darauf hin, dass es ein
Volk gibt, über die ganze Erde zerstreut,
das seine besonderen Gesetze hält und
dadurch überall zu Land und Leuten im
Gegensatz steht, die Gebote der Könige
unablässig missachtet und Frieden und
Einigkeit im Reich durch seinen Eigen-
sinn verhindert.
4 Wir vernahmen also, dass sich ein
einziges Volk gegen alle Welt stellt, [a]ver-
kehrte Gesetze hält und [b]unsern Gebo-
ten ungehorsam ist, wodurch es großen
Schaden tut und [c]Frieden und Einigkeit
in unserm Reich stört. Deshalb haben
wir befohlen: Alle, die Haman, [d]der
Höchste nach dem König, der über alle
Provinzen gesetzt ist und den wir wie
einen Vater ehren, benennen wird, sollen
mit Weib und Kind durchs Schwert der
Feinde ohne alles Erbarmen umgebracht
und niemand verschont werden, und
zwar am vierzehnten Tag im Adar, dem
zwölften Monat, in diesem Jahr. So sol-
len diese ruchlosen Menschen an einem
einzigen Tag erschlagen werden und da-
mit unserm Reich den Frieden zurück-
geben, den sie gestört haben.

Das Gebet Mordechais

(zu Est 4,17)

2 Und Mordechai betete zum Herrn
und [a]dachte an alle seine Wunder-
werke und sprach: Herr, Herr, du bist der
allmächtige [b]König; es steht alles in dei-
ner Macht, und deinem Willen kann nie-
mand widerstehen, wenn du Israel retten
willst. 2 Du hast Himmel und Erde ge-
macht und alles, was unter dem Himmel
ist. 3 Du bist Herr über alle, und niemand
kann deiner Herrlichkeit widerstehen.[a]
4 Du [a]weißt alle Dinge; du, Herr, weißt
auch, dass es weder aus Hochmut noch
aus Stolz noch aus Ehrgeiz geschehen ist,
wenn ich vor diesem überheblichen Ha-
man nicht niedergefallen bin; denn [b]ich
wäre bereit, ihm sogar die Fußsohlen zu
küssen, wenn ich Israel damit retten
könnte. Ich habe es vielmehr aus Furcht
davor getan, [c]die Ehre, die meinem Gott
gebührt, einem Menschen zu geben und
einen andern anzubeten als meinen
Gott.
5 [a]Und nun, Herr, Gott, König, Gott

* Während das hebräische Buch Ester den König Ahasveros (griechisch = Xerxes, 485–465 v.Chr.) nennt, sprechen die griechische Übersetzung des Buches wie auch die Stücke zum Buch Ester von König Artaxerxes.

1,2: *a* 1.Tim 2,2 **1,4:** *a* 5.Mose 4,8; *b* Dan 3,8-12; *c* 2.Makk 14,6-10; Apg 17,6; *d* 1.Mose 41,40.43 **2,1:** *a* Ps 105,4-5; *b* Ps 93,1 **2,3:** *a* 2.Chr 20,6 **2,4:** *a* Joh 21,17; *b* Röm 9,3; *c* Dan 3,17-18; Apg 5,29 **2,5:** *a (5-6)* 5.Mose 9,26

Abrahams, erbarme dich über dein Volk!
Denn unsere Feinde wollen uns vertilgen
und dein Erbe ausrotten, das von Anfang
an dir gehört hat. 6 Verachte dein Eigen-
tum nicht, das du dir aus Ägypten erlöst
hast! 7 Erhöre mein Gebet und sei deinem
Erbteil gnädig und verwandle unser
Trauern in Freude, damit wir leben und
deinen Namen, Herr, preisen; und lass
denen nicht den Mund gestopft werden,
die dich loben!

8 Und ganz Israel rief mit aller Kraft
zum Herrn; denn sie hatten den sicheren
Tod vor Augen.

Das Gebet der Königin Ester

(zu Est 4, Fortsetzung des vorigen Stückes)

3 [a]Auch die Königin Ester nahm in
Todesangst zum Herrn ihre Zuflucht
2 und legte ihre königlichen Kleider ab
und zog Trauerkleider an, und statt der
kostbaren Salben tat sie Asche und Staub
auf ihr Haupt und demütigte ihren Leib
durch Fasten, und wo sie früher fröhlich
gewesen war, raufte sie sich jetzt die
Haare.

3 Und sie betete zum Herrn, dem Gott
Israels, und sprach: 4 Du mein Herr, der
du allein unser König bist, hilf mir; denn
ich bin allein und habe keinen andern
Helfer als dich und muss mich nun in
Gefahr stürzen. 5 Ich habe von meinem
Vater gehört, dass du, Herr, Israel von
allen Heiden abgesondert hast und [a]un-
sere Väter von all ihren Vorfahren, damit
sie dein ewiges Erbe sein sollten, und
[b]dass du ihnen gehalten hast, was du
zugesagt hattest. 6 Wir haben vor dir ge-
sündigt; darum hast du uns in die Hände
unserer Feinde gegeben, weil wir ihre
Götter geehrt haben; Herr, du bist ge-
recht! 7 Aber nun genügt es ihnen nicht,
uns in harter Knechtschaft zu halten;
sondern sie [a]schreiben die Gewalt, die
sie üben, der Macht ihrer Götzen zu,
wollen deine Verheißungen zunichtema-
chen und dein Erbe ausrotten und denen
den Mund stopfen, die dich loben, und
deinen herrlichen Tempel und Altar zer-
stören. Das Maul der Heiden aber wollen
sie auftun, die Macht der Götzen preisen
und einen sterblichen König rühmen im-
mer und ewig.

8 Herr, gib nicht dein Zepter denen,
[a]die doch nichts sind; lass sie nicht spot-
ten über unsern Untergang, sondern lass
ihr Vorhaben auf sie zurückschlagen und
brandmarke den, der das gegen uns an-
gezettelt hat! 9 Denk an uns, Herr, und
zeige dich in unsrer Not und gib mir
Mut, du König aller Götter und Herr-
scher über alle Gewalt! Lehre mich, [a]wie
ich recht reden soll vor dem [b]Löwen,
und verwandle sein Herz, dass er unserm
Feinde feind wird, damit der samt all
seinen Anhängern umkommt! 10 Uns
aber errette durch deine Hand und hilf
mir; denn ich habe keine andre Hilfe als
dich, Herr, allein, der du alle Dinge weißt
11 und erkennst, dass ich die Ehre hasse,
die ich bei den Gottlosen habe, und die
Ehe mit dem Unbeschnittenen wie über-
haupt mit einem Fremden verabscheue.

Du weißt, welche Not es mir macht,
dass ich das stolze Zeichen meiner Herr-
lichkeit, das ich verabscheue, doch auf
meinem Haupte trage, wenn ich mich zei-
gen muss; ich verabscheue es wie einen
beschmutzten Lappen und trag's nicht,
wenn ich mich nicht zu zeigen brauche.
Auch [a]hab ich nie an Hamans Tisch
gegessen noch an einem Gelage des Kö-
nigs Gefallen gehabt noch vom Opfer-
wein getrunken. Und deine Magd hat
sich [b]niemals gefreut, seit ich hierher
gebracht worden bin, bis auf diesen Tag,
12 außer an dir allein, Herr, du Gott Ab-
rahams.

Erhöre, Gott, der du Macht hast über
alle, die Stimme derer, die keine andre
Hoffnung haben, und errette uns aus der
Hand der Gottlosen und befreie mich
aus meinen Ängsten!

Ester geht zum König

(zu Est 5,1)

4 [a]Und am dritten Tage zog sie die
Bußkleider aus und legte ihren könig-
lichen Schmuck an. 2 Und als sie in ihrer
Herrlichkeit erschien, rief sie Gott, den
Heiland, an, der alles sieht, und nahm
zwei Dienerinnen mit sich und lehnte

3,1: *a (1-12)* Esra 9,3-15; Dan 9,3-19 **3,5:** *a* 1. Mose 12,1; *b* 5. Mose 6,20-23 **3,7:** *a* 5. Mose 32,26-27 **3,8:** *a* Ps 62,10 **3,9:** *a* Mt 10,19; *b* Spr 20,2 **3,11:** *a* Dan 1,8; Jdt 12,2; *b* Ps 137,1 **4,1:** *a (1-3)* Jdt 10,1-6

sich vornehm auf die eine; die andere
aber folgte ihr und trug ihr die Schleppe.
3 Und sie erstrahlte in voller Schönheit,
und ihr Angesicht war heiter und lieb-
lich, aber ihr Herz war wie abgeschnürt
vor Angst und Sorge.

4 Und als sie alle Türen durchschritten
hatte, trat sie vor den König, der auf
seinem königlichen Thron saß in seinen
königlichen Kleidern, übersät von Gold
und Edelsteinen; und er war furchterre-
gend anzusehen. 5 Als er nun aufblickte
und sie in höchstem Zorn ansah, er-
blasste die Königin und sank in Ohn-
macht und ließ das Haupt auf die Die-
nerin sinken.

6 Da wandelte Gott dem König das
Herz zur Milde und ihm wurde angst um
sie, und er sprang auf von seinem Thron
und umfing sie mit seinen Armen, bis sie
wieder zu sich kam, und sprach sie
freundlich an: Was ist dir, Ester? [a]Ich bin
dein Bruder; fürchte dich nicht! Du sollst
nicht sterben. Denn dies Verbot betrifft
alle andern, aber doch nicht dich! 7 Tritt
heran! 8 Und er [a]hob das goldene Zepter
auf und legte es auf ihre Schulter, küsste
sie und sagte: Sprich doch!

9 Und sie antwortete: Als ich dich an-
sah, Herr, war mir, als [a]sähe ich einen
Engel Gottes; darum erschrak ich vor
deiner Majestät. 10 Denn du bist bewun-
dernswürdig, Herr, und dein Angesicht
ist voller Huld. 11 Und als sie so redete,
sank sie abermals in Ohnmacht und fiel
zu Boden. 12 Der König aber erschrak
und all seine Diener sprachen ihr Mut
zu.

Artaxerxes befiehlt, dem jüdischen Volk beizustehen

(zu Est 8,12)

5 Artaxerxes, der Großkönig, entbietet
den Statthaltern der hundertund-
siebenundzwanzig Provinzen [a]vom Indus
bis zum Nil samt den Fürsten, die un-
serm Befehl gehorsam sind, seinen
Gruß.

2 Wir befinden, dass viele die Gnade
ihrer Fürsten missbrauchen und von der
Ehre, die ihnen widerfährt, so übermütig
werden, dass sie nicht allein darauf aus-
gehen, die Untertanen ihrer Könige zu
bedrücken, sondern auch nicht mehr er-
tragen können, dass ihnen Ehren ver-
liehen worden sind, und deshalb sogar
denen Schlingen legen, denen sie alles
verdanken. 3 Und sie begnügen sich nicht
damit, den empfangenen Wohltaten ge-
genüber undankbar zu sein und das zu
verletzen, was unter Menschen recht und
billig ist, sondern sie meinen sogar, sie
könnten dem Urteil Gottes entgehen, der
doch alles wahrnimmt. 4 Sie betrügen
auch arglose Fürsten, um unschuldiges
Blut vergießen und diejenigen, die treu
und redlich dienen, in alles Unglück
bringen zu können. [a]

5 Davon findet man Beispiele nicht al-
lein in den alten Überlieferungen, sondern
auch in dem, was sich täglich ereignet,
wie viel Unrecht solche ungetreuen Wür-
denträger in ihrer Verderbtheit anrichten.
6 Uns aber gebührt, darauf zu sehen, dass
hinfort Friede im Reich bleibe. 7 Dabei
[a]müssen wir je nach den Umständen und
Notwendigkeiten des Augenblicks unsere
Anweisungen ändern und über das, was
uns vor Augen kommt, mit größter Sorg-
falt urteilen.

8 So hat nun [a]Haman, der Sohn Ham-
medatas, ein Mazedonier, der in Wahr-
heit nicht persischen Blutes ist und daher
keinen Anspruch auf unsre Großmut hat,
bei uns gastliche Aufnahme gefunden
und all die Leutseligkeit erfahren, die wir
allen Nationen erweisen, und das so sehr,
dass wir ihn unsern Vater genannt haben
und er von jedermann als der Erste nach
dem König geehrt worden ist. Da ist er
so anmaßend geworden, dass er darauf
ausging, uns um Königreich und Leben
zu bringen. 9 Denn er hat [a]Mordechai,
der durch seine Treue und sein Verdienst
unser Leben errettet hat, und unsere un-
tadelige Gemahlin, die Königin Ester,
samt ihrem ganzen Volk mit einem Netz
hinterlistiger Anschläge verklagt, damit
sie umgebracht würden. Wenn sie dann
beseitigt und wir ohne Stütze wären, ge-
dachte er, auch uns nachzustellen und
das Reich der Perser an die Mazedonier
zu bringen.

10 Wir befinden aber, dass die Juden,

4,6: *a* 1. Kön 20,32 **4,8:** *a* Est 4,11 **4,9:** *a* 2. Sam 14,17.20 **5,1:** *a* Est 1,1 **5,4:** *a* Dan 6,5 **5,7:** *a* Est 1,19 **5,8:** *a* Kap 1,3-4 **5,9:** *a* Est 2,19-23

die dieser Erzfrevler töten lassen wollte,
völlig unschuldig sind, vielmehr [a]nach
gerechten Gesetzen leben und Kinder des
höchsten, größten und ewigen Gottes
sind, [b]der unsern Vorfahren und uns dies
Reich gegeben hat und noch erhält:
11 Darum sollt ihr euch nicht verhalten
nach dem [a]Schreiben, das Haman ausge-
sandt hat. 12 Denn um solcher Untat wil-
len ist er mit seinem ganzen Geschlecht
vor den Toren von Susa [a]an den Galgen
gehängt worden; und so hat ihm Gott
sehr bald vergolten, wie er's verdient
hat.

13 Aber dies Gebot, das wir euch jetzt
zuschicken, sollt ihr in allen Städten ver-
künden, damit die Juden frei nach ihren
Gesetzen leben können. 14 Und wo man
ihnen am Tag ihrer Not, [a]am dreizehn-
ten Tage des zwölften Monats, des Adar,
Gewalt antun will, da sollt ihr ihnen bei-
stehen, dass sie sich an eben diesem Tage
wehren können. Denn diesen Tag, an
dem sie, das [b]auserwählte Volk, umkom-
men sollten, hat ihnen der allmächtige
Gott zur Freude gemacht. 15 Darum sollt
auch ihr neben den andern Feiertagen
diesen Tag feiern mit aller Freude, damit
er uns und allen, die den Persern treu
sind, Heil bedeute, aber denen, die gegen
uns Ränke schmieden, eine Mahnung sei
an ihren sicheren Untergang.

16 Jedes Land aber und jede Stadt, die
dies Gebot nicht halten, die sollen mit
Schwert und Feuer vertilgt werden, so-
dass [a]weder Mensch noch Tier noch Vo-
gel hinfort darin wohnen können, zum
warnenden Beispiel, wie Verachtung und
Ungehorsam bestraft werden.

Der Traum Mordechais

(In der griechischen Übersetzung vor Est 1,1)

6 Im zweiten Jahr des Großkönigs Ar-
taxerxes, am ersten Tage des Monats
Nisan, hatte Mordechai, der Sohn Jaïrs,
des Sohnes Simeïs, des Sohnes des
[a]Kisch, vom Stamm Benjamin, einen
Traum. Er war ein Jude und wohnte in
der Stadt Susa und war ein vornehmer
Mann und einer der Ersten am König-
lichen Hofe. 2 Er war aber [a]einer der Ge-
fangenen, die Nebukadnezar, der König
von Babel, mit Jechonja,* dem König
von Juda, von Jerusalem weggeführt
hatte. Und das war sein Traum:

3 Es erhob sich Geschrei und Getüm-
mel, Donner und Erdbeben und ein
Schrecken auf Erden. Und siehe, da er-
schienen zwei große Drachen, die gingen
kampfbereit aufeinander los. 4 Und auf
ihr Geschrei hin machten alle Völker sich
auf, um gegen ein Volk von Gerechten zu
kämpfen.[a] 5 Und es war ein Tag großer
Finsternis, Trübsal und Angst; großer
Jammer und Schrecken war auf Erden.
6 Und das Volk der Gerechten war sehr
bestürzt, und sie befürchteten Unheil für
sich und machten sich auf den Tod ge-
fasst, 7 und sie schrien zu Gott. Und auf
ihr Schreien hin ergoss sich ein großer
Wasserstrom aus einer kleinen Quelle.
8 Und die Sonne ging auf und es wurde
hell; und die Geringen wurden erhöht
und brachten die Angesehenen um.

9 Als nun Mordechai nach dem Traum
erwachte, bedachte er, was Gott damit
meinte, und behielt den Traum in seinem
Herzen und dachte ihm nach bis in die
Nacht und hätte gern gewusst, was er
bedeutete.

Mordechai deutet seinen Traum

(zu Est 10,3)

7 Und Mordechai sagte: Gott hat das
alles geschickt. 2 Ich denke an meinen
Traum; denn nichts davon ist unerfüllt
geblieben. 3 Die kleine Quelle, die ein gro-
ßer Wasserstrom wurde, als die Sonne
schien und es hell wurde, das ist Ester,
die der König zur Gemahlin genommen
und zur Königin gemacht hat. 4 Die bei-
den Drachen sind ich und Haman. 5 Die
Völker, die zusammenkamen, sind die,
die den Namen der Juden austilgen woll-
ten. 6 Mein Volk, das ist Israel, das zum
Herrn rief; und der Herr half seinem
Volk und erlöste uns aus allen diesen
Nöten. Und er tat große Zeichen und
Wunder unter den Völkern.

So hatte denn Gott einst zwei Lose**
gemacht, eins für das Volk Gottes und
das andere für alle übrigen Völker. Und

* Jechonja = Jojachin (2. Kön 24,6).

** In dem Wort »Lose« (hebr. purim) liegt eine Anspielung auf das Purimfest vor; vgl. 7,8 und Est 9,24.

5,10: *a* 5. Mose 4,6-8; *b* Dan 4,14; 5,18 **5,11:** *a* Kap 1,4 **5,12:** *a* Est 7,10 **5,14:** *a* Est 3,13; *b* Jes 41,8 **5,16:** *a* Zef 1,3 **6,1:** *a* 1. Sam 9,1 **6,2:** *a* 2. Kön 24,15 **6,4:** *a* Ps 2,1

diese beiden Lose kamen vor Gott, zur
Zeit und zur Stunde und zum Tag des
Gerichts, und zwar für alle Völker. Und
Gott dachte an sein Volk und gab seinem
Erbteil den Sieg.
7 Und [a]diese Tage soll man halten im
Monat Adar, am vierzehnten und fünf-
zehnten Tag desselben Monats: mit allem
Eifer und mit Freuden soll das Volk zu-
sammenkommen; und es soll fortan so
gehalten werden von Geschlecht zu Ge-
schlecht im Volk Israel.

Die Nachschrift zur griechischen Übersetzung

(In früheren Bibelausgaben Kap 5)

8 Im vierten Jahr des Königs Ptolemäus
und der Kleopatra brachten Dositheus,
der sich als Priester aus dem Stamm Levi
vorstellte, und Ptolemäus, sein Sohn, dies
[a]Schreiben über das Purimfest und sag-
ten, dass es Lysimachus, ein Sohn des
Ptolemäus, in Jerusalem übersetzt hätte.

STÜCKE ZUM BUCH DANIEL

Die Geschichte von Susanna und Daniel

(Zusatz am Anfang des Buches)

1 Es war ein Mann in Babylon mit Na-
men Jojakim; 2 der hatte eine Frau, die
hieß Susanna, eine Tochter Hilkijas; die
war sehr schön und dazu gottesfürchtig.
3 Denn sie hatte fromme Eltern, [a]die sie
nach dem Gesetz des Mose unterwiesen
hatten. 4 Und Jojakim war sehr reich und
hatte einen schönen Garten an seinem
Hause. Und die Juden kamen stets bei
ihm zusammen, weil er der Angesehenste
von allen war.
5 Es wurden aber im selben Jahr zwei
Älteste aus dem Volk als Richter bestellt;
das waren solche Leute, von denen der
Herr gesagt hatte: [a]Bosheit ging aus von
Babylon von den Ältesten und Richtern.
In ihnen sah man die Führer des Volks.
6 Die kamen täglich zu Jojakim; und wer
eine Streitsache hatte, musste dorthin vor
sie kommen.
7 Und wenn das Volk mittags wegge-
gangen war, pflegte Susanna sich im
Garten ihres Mannes zu ergehen. 8 Und
als die beiden Ältesten sie täglich darin
umhergehen sahen, entbrannten sie in
Begierde nach ihr 9 und [a]wurden darüber
zu Narren und [b]warfen die Augen so
sehr auf sie, dass sie nicht mehr zum
Himmel aufsehen konnten und nicht
mehr an gerechte Urteile dachten. 10 Sie
waren beide zugleich für sie entbrannt,
verrieten jedoch einander ihre Leiden-
schaft nicht 11 und schämten sich, ein-
ander ihre Begierde zu verraten; denn
jeder hätte sich gern zu ihr gelegt. 12 Und
sie warteten täglich gespannt auf sie, um
sie nur sehen zu können.
13 Es sprach aber einer zum andern:
Komm, lass uns heimgehen! Denn es ist
nun Essenszeit. Und sie gingen hinaus
und trennten sich. 14 Danach kehrte jeder
wieder um und sie kamen an derselben
Stelle wieder zusammen. Als nun einer
den andern nach dem Grund fragte, be-
kannten sie beide ihre Begierde. Danach
kamen sie miteinander überein, darauf
zu warten, wann sie die Frau allein fin-
den könnten.
15 Und als sie auf einen günstigen Tag
lauerten, kam Susanna nur mit zwei
Mägden, wie es ihre Gewohnheit war, in
den Garten, um zu baden; denn es war
sehr heiß.[a] 16 Und es war kein Mensch
im Garten außer den beiden Ältesten, die
sich heimlich versteckt hatten und auf sie
lauerten. 17 Und sie sagte zu ihren Mäg-
den: Holt mir Öl und Salben und schließt
den Garten zu, damit ich baden kann!
18 Und die Mägde taten, wie sie befohlen
hatte, und schlossen den Garten zu und

7,7: *a* Est 9,27 7,8: *a* Est 9,29 1,3: *a* 5. Mose 6,6-7 1,5: *a* Jer 29,22-23 1,9: *a* Spr 6,32; *b* Mt 5,28-29 1,15: *a* 2. Sam 11,2

gingen zur hinteren Tür hinaus, um ihr
zu bringen, was sie haben wollte; aber sie
sahen die Ältesten nicht, denn die hatten
sich versteckt.

19 Als nun die Mägde hinausgegangen
waren, kamen die beiden Ältesten hervor,
liefen zu ihr und sagten: 20 Siehe, der
Garten ist zugeschlossen und [a]niemand
sieht uns, und wir sind in Liebe zu dir
entbrannt; darum sei uns zu Willen!
21 Willst du aber nicht, so [a]werden wir
dich beschuldigen, dass wir einen jungen
Mann allein bei dir gefunden haben und
dass du deine Mägde deshalb hinaus-
geschickt hast. 22 Da seufzte Susanna
und sagte: In wie großer Bedrängnis bin
ich! Denn [a]wenn ich das tue, so bin ich
des Todes; tu ich's aber nicht, so komme
ich nicht aus euren Händen. 23 Doch ich
will lieber unschuldig in eure Hände fal-
len als [a]gegen den Herrn sündigen.

24 Und Susanna fing an, laut zu
[a]schreien; aber die Ältesten schrien ge-
gen sie an. 25 Und der eine lief hin zu der
Tür des Gartens und öffnete sie. 26 Als
nun die Leute im Haus das Geschrei im
Garten hörten, liefen sie durch die hin-
tere Tür herbei, um zu sehen, was ihr
widerfahren wäre. 27 Und als die Ältesten
anfingen, gegen sie auszusagen, schäm-
ten sich die Diener ihretwegen sehr; denn
so etwas war bisher nie über Susanna
gesagt worden.

28 Und am andern Tag, als das Volk im
Hause Jojakims, ihres Mannes, zusam-
menkam, da kamen auch die beiden
Ältesten in der schändlichen Absicht,
Susanna dem Tod zu überliefern; 29 und
sie sagten vor allem Volk: Schickt hin
und lasst Susanna, die Tochter Hilkijas,
Jojakims Frau, herholen! Da schickten
sie hin. 30 Und sie kam mit ihren Eltern
und Kindern und ihrer ganzen Ver-
wandtschaft. 31 Sie aber war sehr schön
von Gestalt und Angesicht; 32 darum lie-
ßen die Bösewichte ihr den Schleier weg-
reißen, mit dem sie verhüllt war, um sich
an ihrer Schönheit zu ergötzen. 33 Und
alle, die bei ihr standen und sie sahen,
weinten um sie.

34 Und die beiden Ältesten traten auf
mitten unter dem Volk und [a]legten die
Hände auf ihr Haupt. 35 Sie aber weinte
und [a]hob die Augen auf zum Himmel;
denn ihr Herz vertraute auf den Herrn.
36 Und die Ältesten fingen an und sagten:
Als wir beide allein im Garten umher-
gingen, kam sie hinein mit zwei Mägden
und schloss den Garten zu und schickte
die Mägde fort. 37 Da kam ein junger
Mann zu ihr, der sich versteckt hatte,
und legte sich zu ihr. 38 Als wir aber in
einem Winkel im Garten solche Schande
sahen, liefen wir eilends hinzu und fan-
den sie beieinander. 39 Aber den jungen
Mann konnten wir nicht überwältigen;
denn er war uns zu stark und stieß die
Tür auf und sprang davon. 40 Sie aber
ergriffen wir und fragten, wer der junge
Mann wäre. Aber sie wollte es uns nicht
sagen. Das bezeugen wir.

41 Und das Volk glaubte den beiden als
Ältesten und Richtern im Volk, und man
verurteilte Susanna zum Tode. 42 Sie aber
schrie mit lauter Stimme: Herr, ewiger
Gott, [a]der du alle Heimlichkeiten kennst
und alle Dinge zuvor weißt, ehe sie ge-
schehen, 43 du weißt, dass diese mich zu
Unrecht beschuldigt haben. Und nun
siehe, ich muss sterben, obwohl ich doch
nicht begangen habe, was sie so bösartig
gegen mich zusammengelogen haben.
44 Und [a]Gott erhörte ihr Rufen.

45 Und als man sie zum Tode führte,
erweckte Gott den Heiligen Geist eines
jungen Mannes, der hieß [a]Daniel; der
fing an, laut zu rufen: 46 Ich will unschul-
dig sein an diesem Blut! 47 Und die
Menge wandte sich ihm zu und fragte
ihn, was er mit solchen Worten meinte.
48 Er aber trat unter sie und sprach: Seid
ihr Männer von Israel solche Narren,
dass ihr eine Tochter Israels verdammt,
[a]ehe ihr die Sache erforscht und Gewiss-
heit erlangt habt? 49 Kehrt wieder um
vors Gericht, denn diese haben sie zu
Unrecht beschuldigt! 50 Und die Menge
kehrte eilends wieder um.

Und alle Ältesten sagten zu Daniel:
Setze dich her zu uns und berichte uns;
denn [a]dir hat Gott gegeben, was er sonst
nur dem Alter gibt. 51 Und Daniel sagte
zu ihnen: Stellt die beiden weit ausein-
ander, so will ich jeden für sich verhören!

1,20: *a* Sir 23,25-28 **1,21:** *a* 5. Mose 19,15 **1,22:** *a* 3. Mose 20,10 **1,23:** *a* 1. Mose 39,9 **1,24:** *a* 5. Mose 22,24 **1,34:** *a* 3. Mose 24,14 **1,35:** *a* Vers 9 **1,42:** *a* Sir 42,18-20 **1,44:** *a* Ps 66,18-19 **1,45:** *a* Dan 4,5 **1,48:** *a* 5. Mose 19,18 **1,50:** *a* Hiob 32,7-9; Weish 8,10

52 Als nun der eine vom andern getrennt war, rief er den einen und sagte zu ihm: Du alter Bösewicht, jetzt treffen dich deine Sünden, die du bisher begangen hast, 53 als du ungerechte Urteile gesprochen und [a]die Unschuldigen verdammt, aber die Schuldigen losgesprochen hast, obwohl doch der Herr geboten hat: [b]Du sollst den Unschuldigen und Gerechten nicht töten. 54 Hast du nun diese Frau gesehen, so sag doch: Unter welchem Baum hast du die zwei beieinander gefunden? Er aber antwortete: Unter einer Linde.* 55 Da sagte Daniel: Ganz recht! [a]Mit deiner Lüge bringst du dich selbst um dein Leben. Denn schon hat [b]der Engel des Herrn von Gott dein Urteil empfangen und wird dich mittendurch spalten.

56 Und er ließ ihn wegbringen und den andern vor sich kommen und sagte zu ihm: Du [a]Mann nach Kanaans und nicht nach Judas Art, die Schönheit hat dich betört, und die Begierde hat dein Herz verkehrt. 57 So seid ihr mit den Töchtern Israels verfahren, und sie haben euch aus Furcht zu Willen sein müssen. Aber diese Tochter Judas hat nicht in eure Schlechtigkeit gewilligt. 58 Nun sage mir: Unter welchem Baum hast du sie beieinander ertappt? Er aber antwortete: Unter einer Eiche.** 59 Da sagte Daniel: Ganz recht! Mit deiner Lüge bringst du dich selbst um dein Leben. Der Engel des Herrn wartet schon mit seinem Schwert und wird dich mittendurch hauen, um euch so beide zu vernichten.

60 Da fing das ganze Volk an, mit lauter Stimme zu rufen, und sie priesen Gott, der denen hilft, die auf ihn hoffen und vertrauen. 61 Und sie erhoben sich gegen die beiden Ältesten, weil Daniel sie aus ihren eignen Worten überführt hatte, dass sie falsche Zeugen waren. 62 Und [a]man tat mit ihnen nach dem Gesetz des Mose, wie sie gedacht hatten, ihrem Nächsten zu tun, und tötete sie.

So wurde an diesem Tage unschuldiges Blut errettet. 63 Aber Hilkija und seine Frau lobten Gott um Susannas, ihrer Tochter, willen, mit Jojakim, ihrem Mann, und der ganzen Verwandtschaft, dass nichts Unehrenhaftes an ihr gefunden worden war. 64 Und Daniel wurde groß vor dem Volk von dem Tage an und blieb es auch weiterhin.

Vom Bel zu Babel

(Zusatz am Schluss des Buches Daniel)

2 Nach dem Tod des Königs Astyages kam das Königreich an [a]Kyrus aus Persien. Und Daniel war stets um den König und angesehener als alle »Freunde des Königs«. 2 Nun hatten die Babylonier einen Götzen, der hieß [a]Bel; dem musste man täglich opfern zwölf Sack Weizenmehl und vierzig Schafe und sechs Eimer Wein. 3 Selbst der König diente dem Götzen und ging täglich hin, um ihn anzubeten; aber Daniel betete seinen Gott an.

4 Und der König sagte zu ihm: Warum betest du nicht auch den Bel an? Er aber sagte: Ich diene nicht den Götzen, die mit Händen gemacht sind, sondern dem lebendigen Gott, der Himmel und Erde gemacht hat und ein Herr ist über alles, was lebt.[a] 5 Da sagte der König zu ihm: Hältst du denn den Bel nicht für einen lebendigen Gott? Siehst du nicht, wie viel er täglich isst und trinkt? 6 Aber Daniel lachte und sagte: Mein König, lass dich nicht täuschen; denn dieser Bel ist innen nur Ton und außen nur Kupfer und hat noch nie etwas gegessen oder getrunken.[a]

7 Da wurde der König zornig und ließ seine Priester rufen und sprach zu ihnen: Werdet ihr mir nicht sagen, wer dies Opfer verzehrt, so müsst ihr sterben! 8 Könnt ihr aber beweisen, dass der Bel es verzehrt, so muss Daniel sterben; denn er hat den Bel gelästert. Und Daniel sprach zum König: Es geschehe, wie du gesagt hast.

9 Es gab aber siebzig Priester des Bel, ohne ihre Frauen und Kinder. Und der König ging mit Daniel in den Tempel des Bel. 10 Da sagten die Priester des Bel:

* Um ein Wortspiel des griechischen Textes wiederzugeben, reimte Luther: »Unter einer Linden. (V. 55) … der Engel des Herrn wird dich finden.«

** Luther: »Unter einer Eichen. (V. 59) … der Engel des Herrn wird dich zeich(n)en«.

1,53: *a* Spr 17,15; *b* 2. Mose 23,7 **1,55:** *a* Apg 5,4-5; *b* 1. Chr 21,15-16 **1,56:** *a* 3. Mose 18,3.20.28 **1,62:** *a* 5. Mose 19,18-19 **2,1:** *a* Dan 6,29 **2,2:** *a* Jer 50,2 **2,4:** *a* Ps 115,3-9; Bar 6,4-6 **2,6:** *a* 1. Kön 18,27

Siehe, wir wollen hinausgehen; und du,
König, sollst die Speise selbst hinstellen
und den Trank selbst mischen und hin-
setzen und die Tür hinter dir zuschließen
und mit deinem eignen Ring versiegeln.
11 Und wenn du morgen früh wieder-
kommst und findest, dass der Bel nicht
alles verzehrt hat, so wollen wir gern
sterben; sonst muss Daniel getötet wer-
den, der uns verleumdet hat. 12 Sie verlie-
ßen sich aber darauf, dass sie einen ge-
heimen Gang bis unter den Opfertisch
gemacht hatten; durch den gingen sie im-
mer wieder hinein und verzehrten, was
da war.

13 Als nun die Priester hinausgegangen
waren, ließ der König dem Bel die Speise
vorsetzen. Aber Daniel befahl seinen
Dienern, Asche zu holen, und ließ sie
durch den ganzen Tempel streuen vor
dem König, als er nur noch allein drin
war. Danach gingen sie hinaus und
schlossen die Tür zu und versiegelten sie
mit dem Ring des Königs und gingen
davon. 14 Die Priester aber gingen in der
Nacht hinein nach ihrer Gewohnheit mit
ihren Frauen und Kindern und aßen und
tranken alles, was da war.

15 Und früh am Morgen stand der Kö-
nig auf und Daniel mit ihm. 16 Und der
König fragte: Ist das Siegel unversehrt,
Daniel? 17 Er aber antwortete: Ja, mein
König. Und sobald die Tür aufgetan war,
sah der König auf den Tisch und rief mit
lauter Stimme: Bel, du bist ein großer
Gott, und bei dir gibt es keinen Betrug,
auch nicht einen!

18 Aber Daniel lachte und hielt den
König zurück, damit er nicht hineinging,
und sagte: Sieh auf den Boden und er-
kenne, wessen Fußtapfen das sind. 19 Der
König sagte: Ich sehe die Fußtapfen von
Männern, Frauen und Kindern. 20 Da
wurde der König zornig und ließ die
Priester mit ihren Frauen und Kindern
ergreifen. Und sie mussten ihm die ge-
heimen Gänge zeigen, durch die sie ein
und aus gegangen waren und verzehrt
hatten, was auf dem Tisch lag. 21 Und der
König ließ sie töten und gab den Bel in
Daniels Gewalt; der zerstörte ihn und
seinen Tempel.

Vom Drachen zu Babel

(Fortsetzung des Vorigen)

22 Es gab da auch einen großen Drachen,
den die Babylonier anbeteten. 23 Und der
König sagte zu Daniel: Wie? Willst du
von dem auch behaupten, dass er nichts
als ein eherner Götze ist? Siehe, er lebt ja,
denn er isst und trinkt, und du kannst
nicht behaupten, dass er kein lebendiger
Gott ist. Darum bete ihn an! 24 Aber
Daniel antwortete: Ich will den Herrn,
meinen Gott, anbeten; denn **er** ist [a] der
lebendige Gott. 25 Du aber, mein König,
erlaube es mir, dann will ich diesen Dra-
chen umbringen [a] ohne Schwert und
Spieß. Und der König sagte: Ja, es sei dir
erlaubt. 26 Da nahm Daniel Pech, Fett
und Haare und kochte es zusammen,
machte Fladen daraus und warf sie dem
Drachen ins Maul; und der Drache barst
davon mitten entzwei. Und Daniel sagte:
Seht, das sind eure Götter!

27 [a] Als nun die Babylonier das hörten,
verdross es sie sehr, und sie machten
einen Aufruhr gegen den König und sag-
ten: Unser König ist ein Jude geworden;
denn er hat den Bel zerstört und den
Drachen getötet und die Priester umge-
bracht. 28 Und sie traten vor den König
und sagten: Gib uns Daniel heraus; sonst
werden wir dich und dein ganzes Haus
umbringen!

29 Als nun der König sah, dass sie mit
Gewalt auf ihn eindrangen, musste er
ihnen Daniel herausgeben. 30 Und sie
warfen ihn zu den Löwen in den Graben;
darin lag er sechs Tage lang. 31 Und es
waren sieben Löwen im Graben; denen
gab man täglich zwei Menschen und zwei
Schafe. Aber während dieser Tage gab
man ihnen nichts, damit sie Daniel fres-
sen sollten.

32 Es war aber ein Prophet, Habakuk,
in Judäa; der hatte einen Brei gekocht
und Brot eingebrockt in eine tiefe Schüs-
sel und ging damit aufs Feld, um es den
Schnittern zu bringen. 33 Und der Engel
des Herrn sprach zu Habakuk: Bring das
Essen, das du trägst, zu Daniel nach Ba-
bel in den Löwengraben. 34 Und Haba-
kuk antwortete: Herr, ich habe die Stadt

2,24: *a* Jes 37,17-20 **2,25:** *a* 1.Sam 17,45 **2,27:** *a (27-41)* Dan 6,15-28

Babel nie gesehen und weiß nicht, wo der
Graben ist.
35 Da [a]fasste ihn der Engel des Herrn
beim Schopf, trug ihn im Windesbrausen
an den Haaren nach Babel und setzte ihn
oben am Graben nieder. 36 Und Habakuk
rief: Daniel, Daniel, nimm das Essen, das
dir Gott gesandt hat![a] 37 Und Daniel
sprach: Gott, du denkst ja noch an mich
und [a]verlässt die nicht, die dich lieben!
38 Und er stand auf und aß. Aber der
Engel Gottes brachte Habakuk sogleich
wieder an seinen Ort.
39 Und der König kam am siebenten
Tage, um Daniel zu beklagen. Und als er
zum Graben kam und hineinschaute,
siehe, da saß Daniel mitten unter den
Löwen. 40 Und der König rief laut: Herr,
du Gott Daniels, du bist ein großer Gott,
und es gibt keinen andern außer dir!
41 Und er ließ ihn aus dem Graben zie-
hen; aber die andern, die seinen Tod ge-
wollt hatten, ließ er in den Graben wer-
fen; und sie wurden sofort vor seinen
Augen von den Löwen verschlungen.

Das Gebet Asarjas

(Zusatz zu Dan 3,23)

3 Und [a]Asarja stand mitten im glühen-
den Ofen und tat seinen Mund auf
und betete:

2 [a]Gelobt seist du, Herr, du Gott
unsrer Väter,
und dein Name soll gepriesen
und verherrlicht werden ewiglich!
3 [a]Denn du bist gerecht in allem, was du
an uns getan hast;
alle deine Werke sind beständig,
und deine Wege sind gerade,
und alle deine Gerichte sind
gerecht.
4 Du tust uns recht, dass du uns bestraft
hast
mit all den Strafen, die du über uns
hast ergehen lassen
und über Jerusalem, die heilige Stadt
unsrer Väter;
ja, du tust recht und billig mit
alledem um unsrer Sünden
willen.[a]
5 Denn wir haben gesündigt und böse
gehandelt,
weil wir von dir gewichen sind.
Und wir haben in allem schwer
gesündigt
6 und deinen Geboten nicht
gehorcht noch sie bewahrt
und haben nicht getan, wie du uns
befohlen hast,
damit es uns gut gehen sollte.
7 Darum hast du recht daran getan,
dass du das alles über uns hast
kommen lassen
und uns das alles angetan hast
8 und uns übergeben hast den Händen
unsrer Feinde,
der gottlosen, abtrünnigen
Widersacher,
und dem ungerechten,
grausamsten König auf Erden.
9 Und nun dürfen wir unsern Mund
nicht auftun:
so sehr sind deine Knechte und alle,
die dich fürchten, zuschanden und
zu Spott geworden.

10 Aber dennoch verstoße uns nicht ganz
um deines heiligen Namens willen,
und [a]verwirf deinen Bund nicht,
11 und nimm deine Barmherzigkeit nicht
von uns
um [a]Abrahams, deines geliebten
Freundes, willen
und deines Knechtes Isaak
und Israels, deines Heiligen,
12 denen du verheißen hast, ihre
Nachkommen zu [a]mehren
wie die Sterne am Himmel
und wie den Sand am Ufer des
Meers.
13 Denn, Herr, wir sind geringer
geworden als alle Heiden
und sind heute die Verachtetsten
auf Erden um unsrer Sünden willen.
14 Wir haben jetzt keinen Fürsten,
Propheten noch Vorsteher mehr
und weder Brandopfer
noch Schlachtopfer noch Speisopfer
noch Räucherwerk
und haben keine Stätte, wo wir vor dir
opfern
und Gnade finden könnten;[a]

2,35: *a* Hes 8,3 **2,36:** *a* Jer 15,16; Hab 2,4; Mt 4,4 **2,37:** *a* Sir 2,12 **3,1:** *a* Dan 1,7 **3,2:** *a* Apg 16,25 **3,3:** *a (3-9)* Dan 9,5-12 **3,4:** *a* Neh 9,33 **3,10:** *a* 3. Mose 26,42.45 **3,11:** *a* 2. Chr 20,7; Jes 41,8 **3,12:** *a* 1. Mose 22,17; 26,4; 28,14 **3,14:** *a* Hos 3,4

15 sondern [a] mit betrübtem Herzen und demütigem Geist
kommen wir vor dich,
16 als brächten wir Brandopfer von Widdern und Rindern
und viel tausend fetten Schafen.
So wollest du unser Opfer heute vor dir gelten
und wohlgefällig sein lassen;
denn du lässt nicht zuschanden werden,
die auf dich hoffen.

17 Und nun kommen wir [a] mit ganzem Herzen
und suchen dein Angesicht mit Furcht.
18 Darum lass uns nicht zuschanden werden;
sondern tu mit uns, Herr, nach deiner Gnade
und nach [a] deiner großen Barmherzigkeit!
19 Und errette uns nach deinen Wundertaten
und gib deinem Namen die Ehre,
dass sich alle schämen müssen,
die deinen Knechten Leid antun,
20 und alle zuschanden werden mit ihrer großen Macht
und ihre Gewalt zerstört wird,
21 [a] damit sie erfahren, dass du, Herr, allein Gott bist,
herrlich auf dem ganzen Erdkreis.

22 Und die Diener des Königs, die sie in
den Ofen geworfen hatten, hörten nicht
auf, ihn mit Erdharz, Pech, Werg und
dürren Reisern zu heizen, 23 und die
Flamme, etwa neunundvierzig Ellen
hoch, schlug oben aus dem Ofen, 24 fraß
um sich und [a] verbrannte die Chaldäer,
die sie vor dem Ofen erreichte. 25 Aber
der Engel des Herrn war zugleich mit
Asarja und denen, die bei ihm waren, in
den Ofen gestiegen;[a] 26 hatte die Feuer-
flamme aus dem Ofen herausgestoßen
und ließ es mitten im Ofen so sein, als ob
ein Wind wehte, der kühlen Tau bringt.
So rührte das Feuer sie überhaupt nicht
an und fügte ihnen weder Schmerz noch
Schaden zu.

Der Gesang der drei Männer im Feuerofen

(Fortsetzung des Zusatzes zu Dan 3,23)

27 Da fingen die drei wie mit **einem** Munde an zu singen, priesen und lobten Gott in dem Ofen und sprachen:

28 Gelobt seist du, Herr, du Gott unsrer Väter,
und sollst gepriesen und hoch gerühmt werden ewiglich!
29 Gelobt sei dein herrlicher und heiliger Name
und soll gepriesen und hoch gerühmt werden ewiglich!
30 Gelobt seist du in deinem heiligen, herrlichen Tempel
und sollst gepriesen und hoch gerühmt werden ewiglich!
31 Gelobt seist du, der du [a] sitzt über den Cherubim und siehst in die Tiefen,
und sollst gepriesen und hoch gerühmt werden ewiglich!
32 Gelobt seist du auf deinem königlichen Thron
und sollst gepriesen und hoch gerühmt werden ewiglich!
33 [a] Gelobt seist du in der Feste des Himmels
und sollst gepriesen und hoch gerühmt werden ewiglich!

34 Lobt den Herrn, alle seine Werke,
und preist und rühmt ihn ewiglich!
35 Ihr Himmel, lobt den Herrn,
preist und rühmt ihn ewiglich!
36 [a] Lobt den Herrn, ihr Engel des Herrn,
preist und rühmt ihn ewiglich!
37 Alle Wasser droben am Himmel, lobt den Herrn,
preist und rühmt ihn ewiglich!

38 Alle Heerscharen des Herrn, lobt den Herrn,
preist und rühmt ihn ewiglich!
39 Sonne und Mond, lobt den Herrn,
preist und rühmt ihn ewiglich!
40 Alle Sterne am Himmel, lobt den Herrn,
preist und rühmt ihn ewiglich!

3,15: *a* Ps 51,19 **3,17:** *a* Jer 29,13-14 **3,18:** *a* Dan 9,18 **3,21:** *a* Jes 37,20 **3,24:** *a* Dan 3,22 **3,25:** *a* Dan 3,24-25 **3,31:** *a* Ps 80,2 **3,33:** *a (33-63)* Ps 148,1-14 **3,36:** *a* Ps 103,20

41 Regen und Tau, lobt den Herrn,
preist und rühmt ihn ewiglich!
42 Alle Winde, lobt den Herrn,
preist und rühmt ihn ewiglich!
43 Feuer und Hitze, lobt den Herrn,
preist und rühmt ihn ewiglich!
44 Frost und Kälte, lobt den Herrn,
preist und rühmt ihn ewiglich!
Tropfen und Flocken, lobt den Herrn,
preist und rühmt ihn ewiglich!
45 Tag und Nacht, lobt den Herrn,
preist und rühmt ihn ewiglich!
46 Licht und Finsternis, lobt den Herrn,
preist und rühmt ihn ewiglich!
47 Eis und Frost, lobt den Herrn,
preist und rühmt ihn ewiglich!
48 Reif und Schnee, lobt den Herrn,
preist und rühmt ihn ewiglich!
49 Blitze und Wolken, lobt den Herrn,
preist und rühmt ihn ewiglich!

50 Die Erde lobe den Herrn,
sie preise und rühme ihn ewiglich!
51 Berge und Hügel, lobt den Herrn,
preist und rühmt ihn ewiglich!
52 Alles, was auf der Erde wächst,
lobe den Herrn,
preise und rühme ihn ewiglich!
53 Ihr Quellen, lobt den Herrn,
preist und rühmt ihn ewiglich!
54 Meer und Wasserströme, lobt den
Herrn,
preist und rühmt ihn ewiglich!
55 Walfische und alles, was sich im
Wasser regt, lobt den Herrn,
preist und rühmt ihn ewiglich!
56 Alle Vögel unter dem Himmel,
lobt den Herrn,
preist und rühmt ihn ewiglich!
57 Alle zahmen und wilden Tiere,
lobt den Herrn,
preist und rühmt ihn ewiglich!

58 Ihr Menschenkinder, lobt den Herrn,
preist und rühmt ihn ewiglich!
59 Israel, lobe den Herrn,
preise und rühme ihn ewiglich!
60 Ihr Priester des Herrn, lobt den
Herrn,
preist und rühmt ihn ewiglich!
61 Ihr [a] Knechte des Herrn, lobt den
Herrn,
preist und rühmt ihn ewiglich!
62 Ihr [a] Geister und Seelen der
Gerechten, lobt den Herrn,
preist und rühmt ihn ewiglich!
63 Ihr Heiligen und die ihr [a] von Herzen
demütig seid, lobt den Herrn,
preist und rühmt ihn ewiglich!

64 Hananja, Asarja und Mischaël,
lobt den Herrn,
preist und rühmt ihn ewiglich!
Denn er hat uns erlöst aus dem
Totenreich
und uns errettet vom Tode,
er hat uns befreit aus dem glühenden
Ofen
und hat uns mitten aus dem Feuer
gerissen.
65 [a] Danket dem Herrn; denn er ist
freundlich,
und seine Güte währet ewiglich.
66 Alle, die den Herrn fürchten,
lobt den Gott aller Götter,
preist ihn und rühmt, dass seine
Güte ewiglich währt!

3,61: *a* Ps 134,1 **3,62:** *a* Ps 103,1-5; Lk 1,46 **3,63:** *a* Mt 11,29 **3,65:** *a (65-66)* Ps 136,1-26

DAS GEBET MANASSES

Das Gebet Manasses, des Königs von Juda, als er in Babel gefangen war

(zu 2. Chr 33,12)

1 Herr, Allmächtiger, [a]Gott unsrer Väter,
Abrahams, Isaaks und Jakobs, und
ihrer [b]gerechten Nachkommen,
2 der du Himmel und Erde
und alles, was darinnen ist, gemacht
hast
3 und [a]hast das Meer gebunden durch
dein Gebot
und hast die Tiefe verschlossen und
versiegelt
4 durch [a]deinen furchterregenden
und herrlichen Namen,
dass jedermann vor dir erschrecken
und sich vor deiner großen Macht
fürchten muss!
5 Denn nicht zu ertragen ist dein Zorn,
mit dem du die Sünder bedrohst.
6 Aber die Barmherzigkeit, die du
verheißt,
ist unermesslich
und unausforschlich.
7 Denn du bist der Herr,
der Allerhöchste über dem ganzen
Erdkreis,
von [a]großer Geduld und sehr gnädig,
und du bestrafst die Menschen
nicht gern.

Du, Herr, hast nach deiner großen Güte
[b]Buße zur Vergebung der Sünden
verheißen.
8 Du hast aber, Herr, du Gott der
Gerechten,
die Buße nicht bestimmt den
Gerechten,
Abraham, Isaak und Jakob,
[a]die nicht an dir gesündigt haben.
9 Ich aber habe gesündigt,
und meine Sünden sind zahlreicher
als der Sand am Meer,
und ich gehe gekrümmt in schweren,
eisernen Banden
und finde keine Ruhe,
10 weil ich deinen Zorn erweckt
und viel Böses vor dir damit getan
habe,
[a]dass ich solche gräulichen
Götzenbilder aufgestellt
und so viele Ärgernisse angerichtet
habe.

11 Nun aber beuge ich die Knie meines
Herzens
und bitte dich, Herr, um Gnade.
12 Ach Herr, ich habe gesündigt,
ja, ich habe gesündigt
und erkenne meine Missetat.
13 Ich bitte und flehe: Vergib mir,
Herr, vergib mir!
14 Lass mich nicht in meinen Sünden
verderben
und lass die Strafe nicht auf mir
bleiben;
15 sondern du wollest mir Unwürdigem
helfen
[a]nach deiner großen
Barmherzigkeit;
so will ich mein Leben lang
dich loben.
16 Denn dich lobt das ganze
Himmelsheer,
ja, dich soll man preisen immer und
ewig.
Amen.

Vers **1:** *a* 2. Mose 3,6; *b* Jes 45,25 Vers **3:** *a* Hiob 38,8-11 Vers **4:** *a* 5. Mose 28,58-59 Vers **7:** *a* 2. Mose 34,6-7; *b* Mk 1,4 Vers **8:** *a* 1. Mose 15,6 Vers **10:** *a* 2. Chr 33,1-10 Vers **15:** *a* Ps 51,3

ZEITTAFELN DER APOKRYPHEN

	PTOLEMÄER	SELEUZIDEN	MAKKABÄER
	Ptolemäus I. Lagi	Seleukus I. Nikator	
283	Ptolemäus II. Philadelphus		
280		Antiochus I. Soter	
261		Antiochus II. Theos	
246	Ptolemäus III. Euergetes	Seleukus II.	
226		Seleukus III.	
223		Antiochus III. d. Große	
221	Ptolemäus IV. Philopator		
205	Ptolemäus V. Epiphanes ∞ Kleopatra I. Tochter Antiochus III.		
187		Seleukus IV. Philopator	
181	Ptolemäus VI. Philometor		
175		Antiochus IV. Epiphanes	
166			Judas Makkabäus
164		Lysias (Vormund Antiochus V.)	
162		Demetrius I. Soter	
160		Alexander Balas	Jonathan Appus
150		Alexander Balas	
		Demetrius II.	
145	Ptolemäus VII. Physkon	Demetrius II. Nikator / Tryphon (Vormund Antiochus VI.)	
143			Simon Tassi
140			
139		Antiochus VII. Sidetes	
134			Johannes I. Hyrkan

DIE SELEUZIDISCHEN HERRSCHER IN PALÄSTINA

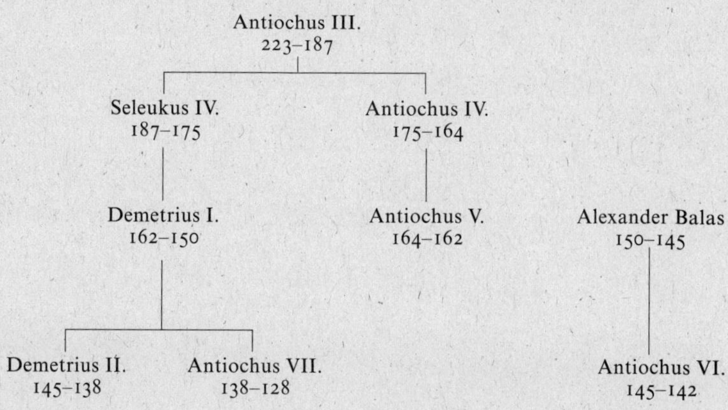

DAS NEUE TESTAMENT

DAS EVANGELIUM NACH MATTHÄUS

Inhaltsübersicht

Jesu Stammbaum

(Lk 3,23-38)

1 Dies ist das Buch von der Geschichte
Jesu Christi, des [a]Sohnes Davids, des
[b]Sohnes Abrahams.
2 Abraham zeugte [a]Isaak. Isaak zeug-
te [b]Jakob. Jakob zeugte [c]Juda und seine
Brüder. 3 [a]Juda zeugte [b]Perez und Se-
rach mit der Tamar. Perez zeugte Hez-
ron. Hezron zeugte Ram. 4 Ram zeugte
Amminadab. Amminadab zeugte Nach-
schon. Nachschon zeugte Salmon. 5 Sal-
mon zeugte Boas mit der [a]Rahab. [b]Boas
zeugte Obed mit der Rut. Obed zeugte
Isai. 6 Isai zeugte den König David.
David zeugte [a]Salomo mit der Frau
des Uria. 7 [a]Salomo zeugte Rehabeam.
Rehabeam zeugte Abija. Abija zeugte
Asa. 8 Asa zeugte Joschafat. Joschafat
zeugte Joram. Joram zeugte Usija. 9 Usija
zeugte Jotam. Jotam zeugte Ahas. Ahas
zeugte Hiskia. 10 Hiskia zeugte Manasse.
Manasse zeugte Amon. Amon zeugte
Josia. 11 Josia zeugte Jojachin und seine
Brüder um die Zeit der [a]babylonischen
Gefangenschaft.
12 Nach der babylonischen Gefan-
genschaft zeugte Jojachin [a]Schealtiël.
Schealtiël zeugte [b]Serubbabel. 13 Serub-
babel zeugte Abihud. Abihud zeugte
Eljakim. Eljakim zeugte Asor. 14 Asor
zeugte Zadok. Zadok zeugte Achim.
Achim zeugte Eliud. 15 Eliud zeugte Elea-
sar. Eleasar zeugte Mattan. Mattan
zeugte Jakob. 16 Jakob zeugte [a]Josef, den
Mann der Maria, von der geboren ist
Jesus, der da heißt Christus.
17 Alle Glieder von Abraham bis zu
David sind vierzehn Glieder. Von David
bis zur babylonischen Gefangenschaft
sind vierzehn Glieder. Von der babyloni-
schen Gefangenschaft bis zu Christus
sind vierzehn Glieder.

Jesu Geburt

18 Die Geburt Jesu Christi geschah aber
so: Als Maria, seine Mutter, dem Josef
vertraut* war, fand es sich, ehe er sie
heimholte, dass sie schwanger war [a]von
dem Heiligen Geist. 19 Josef aber, ihr
Mann, war fromm und wollte sie nicht in
Schande bringen, gedachte aber, sie
heimlich zu verlassen.
20 Als er das noch bedachte, siehe, da
erschien ihm der Engel des Herrn im
Traum und sprach: Josef, du Sohn Da-
vids, fürchte dich nicht, Maria, deine
Frau, zu dir zu nehmen; denn was sie
empfangen hat, das ist von dem Heiligen
Geist. 21 Und sie wird einen Sohn ge-
bären, [a]dem sollst du den Namen Jesus
geben, denn [b]**er wird sein Volk retten von
ihren Sünden.** 22 Das ist aber alles gesche-
hen, damit erfüllt würde, was der Herr
durch den Propheten gesagt hat, der da
spricht (Jesaja 7,14): 23 »Siehe, eine Jung-
frau wird schwanger sein und einen Sohn
gebären, und sie werden ihm den Namen

* Siehe Sach- und Worterklärungen unter »Verlobung«.

1,1: *a* 1. Chr 17,11; *b* 1. Mose 22,18 **1,2:** *a* 1. Mose 21,3.12; *b* 1. Mose 25,26; *c* 1. Mose 29,35; 49,10 **1,3:** *a (3-6)* Rut 4,18-22; *b* 1. Mose 38,29-30 **1,5:** *a* Jos 2,1; *b* Rut 4,13-17 **1,6:** *a* 2. Sam 12,24 **1,7:** *a (7-11)* 1. Chr 3,10-16 **1,11:** *a* 2. Kön 25,7.11.21 **1,12:** *a* 1. Chr 3,17; *b* Esra 3,2 **1,16:** *a* Lk 1,27 **1,18:** *a* Lk 1,35 **1,21:** *a* Lk 2,21; Apg 4,12; *b* Ps 130,8

Immanuel geben«, das heißt übersetzt:
Gott mit uns.
24 Als nun Josef vom Schlaf erwachte,
tat er, wie ihm der Engel des Herrn be-
fohlen hatte, und nahm seine Frau zu
sich. 25 Und er berührte sie nicht, bis sie
einen Sohn gebar; und er gab ihm den
Namen Jesus.

Die Weisen aus dem Morgenland

2 Als [a]Jesus geboren war in Bethlehem
in Judäa zur Zeit des Königs Hero-
des, siehe, da kamen Weise* aus dem
Morgenland nach Jerusalem und spra-
chen: 2 Wo ist der neugeborene König der
Juden? Wir [a]haben seinen Stern gesehen
im Morgenland und sind gekommen, ihn
anzubeten.
3 Als das der König Herodes hörte, er-
schrak er und mit ihm ganz Jerusalem,
4 und er ließ zusammenkommen alle Ho-
henpriester und Schriftgelehrten des Vol-
kes und erforschte von ihnen, wo der
Christus geboren werden sollte. 5 Und sie
sagten ihm: In [a]Bethlehem in Judäa;
denn so steht geschrieben durch den Pro-
pheten (Micha 5,1): 6 »Und du, Bethle-
hem im jüdischen Lande, bist keineswegs
die kleinste unter den Städten in Juda;
denn aus dir wird kommen der Fürst, der
mein Volk Israel weiden soll.«
7 Da rief Herodes die Weisen heimlich
zu sich und erkundete genau von ihnen,
wann der Stern erschienen wäre, 8 und
schickte sie nach Bethlehem und sprach:
Zieht hin und forscht fleißig nach dem
Kindlein; und wenn ihr's findet, so sagt
mir's wieder, dass auch ich komme und
es anbete. 9 Als sie nun den König gehört
hatten, zogen sie hin. Und siehe, der
Stern, den sie im Morgenland gesehen
hatten, ging vor ihnen her, bis er über
dem Ort stand, wo das Kindlein war.
10 Als sie den Stern sahen, wurden sie
hocherfreut 11 und gingen in das Haus
und fanden das Kindlein mit Maria, sei-
ner Mutter, und fielen nieder und beteten
es an und taten ihre Schätze auf und
[a]schenkten ihm Gold, Weihrauch und
Myrrhe.
12 Und Gott befahl ihnen im Traum,
nicht wieder zu Herodes zurückzukeh-
ren; und sie zogen auf einem andern Weg
wieder in ihr Land.

Die Flucht nach Ägypten

13 Als sie aber hinweggezogen waren,
siehe, da erschien der Engel des Herrn
dem Josef im Traum und sprach: Steh
auf, nimm das Kindlein und seine Mut-
ter mit dir und flieh nach Ägypten und
bleib dort, bis ich dir's sage; denn Hero-
des hat vor, das Kindlein zu suchen, um
es umzubringen.
14 Da stand er auf und nahm das
Kindlein und seine Mutter mit sich bei
Nacht und entwich nach Ägypten 15 und
blieb dort bis nach dem Tod des Herodes,
damit erfüllt würde, was der Herr durch
den Propheten gesagt hat, der da spricht
(Hosea 11,1): »Aus Ägypten habe ich
meinen Sohn gerufen.«

Der Kindermord des Herodes

16 Als Herodes nun sah, dass er von den
Weisen betrogen war, wurde er sehr zor-
nig und schickte aus und ließ alle Kinder
in Bethlehem töten und in der ganzen
Gegend, die zweijährig und darunter wa-
ren, nach der Zeit, die er von den Weisen
genau erkundet hatte. 17 Da wurde er-
füllt, was gesagt ist durch den Propheten
Jeremia, der da spricht (Jeremia 31,15):
18 »In Rama hat man ein Geschrei ge-
hört, viel Weinen und Wehklagen; [a]Ra-
hel beweinte ihre Kinder und wollte sich
nicht trösten lassen, denn es war aus mit
ihnen.«

Die Rückkehr aus Ägypten

19 Als aber Herodes gestorben war, siehe,
da erschien der Engel des Herrn dem
Josef im Traum in Ägypten 20 und
sprach: Steh auf, nimm das Kindlein und
seine Mutter mit dir und zieh hin in das
Land Israel; [a]sie sind gestorben, die dem
Kindlein nach dem Leben getrachtet ha-
ben.
21 Da stand er auf und nahm das
Kindlein und seine Mutter mit sich und
kam in das Land Israel. 22 Als er aber
hörte, dass Archelaus in Judäa König
war anstatt seines Vaters Herodes, fürch-
tete er sich, dorthin zu gehen. Und im

* Siehe Sach- und Worterklärungen.

2,1: *a* Lk 2,1-7 **2,2:** *a* 4.Mose 24,17 **2,5:** *a* Joh 7,42 **2,11:** *a* Ps 72,10.15; Jes 60,6 **2,18:** *a* 1.Mose 35,19 **2,20:** *a* 2.Mose 4,19

Traum empfing er Befehl von Gott und
zog ins galiläische Land 23und kam und
wohnte in einer Stadt mit Namen [a]Na-
zareth, damit erfüllt würde, was gesagt
ist durch die Propheten: Er soll Nazo-
räer* heißen.

Johannes der Täufer

(Mk 1,2-8; Lk 3,1-18)

3 Zu der Zeit kam [a]Johannes der Täu-
fer und predigte in der Wüste von
Judäa 2und sprach: [a]**Tut Buße, denn das
Himmelreich ist nahe herbeigekommen!**
3Denn dieser ist's, von dem der Prophet
Jesaja gesprochen und gesagt hat (Jesaja
40,3): »Es ist eine Stimme eines Predigers
in der Wüste: Bereitet dem Herrn den
Weg und macht eben seine Steige!« [a]
4Er aber, Johannes, hatte ein Gewand
aus Kamelhaaren an und [a]einen leder-
nen Gürtel um seine Lenden; seine Speise
aber waren Heuschrecken und wilder
Honig. 5Da ging zu ihm hinaus die Stadt
Jerusalem und ganz Judäa und alle Län-
der am Jordan 6und ließen sich taufen
von ihm im Jordan und bekannten ihre
Sünden.
7Als er nun viele Pharisäer und Saddu-
zäer sah zu seiner Taufe kommen, sprach
er zu ihnen: [a]Ihr Schlangenbrut, wer hat
denn euch gewiss gemacht, dass ihr dem
künftigen Zorn entrinnen werdet? 8Seht
zu, bringt rechtschaffene Frucht der
Buße! 9Denkt nur nicht, dass ihr bei
euch sagen könntet: [a]Wir haben Abra-
ham zum Vater. Denn ich sage euch:
Gott vermag dem Abraham aus diesen
Steinen Kinder zu erwecken. 10Es ist
schon die Axt den Bäumen an die Wurzel
gelegt. Darum: [a]jeder Baum, der nicht
gute Frucht bringt, wird abgehauen und
ins Feuer geworfen.
11Ich taufe euch mit Wasser zur Buße;
der aber nach mir kommt, ist stärker als
ich, und ich bin nicht wert, ihm die
Schuhe zu tragen; der wird euch mit dem
Heiligen Geist und mit Feuer taufen.[a]
12Er hat seine Worfschaufel in der Hand;
er wird seine Tenne fegen und seinen
Weizen in die Scheune sammeln; aber die
Spreu wird er verbrennen mit unaus-
löschlichem Feuer.[a]

Jesu Taufe

(Mk 1,9-11; Lk 3,21-22; Joh 1,32-34)

13Zu der Zeit kam Jesus aus Galiläa an
den Jordan zu Johannes, dass er sich von
ihm taufen ließe. 14Aber Johannes wehrte
ihm und sprach: Ich bedarf dessen, dass
ich von dir getauft werde, und du
kommst zu mir?[a] 15Jesus aber antwortete
und sprach zu ihm: Lass es jetzt gesche-
hen! Denn so gebührt es uns, alle Ge-
rechtigkeit zu erfüllen. Da ließ er's ge-
schehen.
16Und als Jesus getauft war, stieg er
alsbald herauf aus dem Wasser. Und
siehe, da tat sich ihm der Himmel auf,
und er sah [a]den Geist Gottes wie eine
Taube herabfahren und über sich kom-
men. 17Und siehe, eine [a]Stimme vom
Himmel herab sprach: **Dies ist mein lie-
ber Sohn, [b]an dem ich Wohlgefallen
habe.**

Jesu Versuchung

(Mk 1,12-13; Lk 4,1-13)

4 Da wurde Jesus vom Geist in die
Wüste geführt, damit er von dem
Teufel [a]versucht würde. 2Und da er
[a]vierzig Tage und vierzig Nächte gefastet
hatte, hungerte ihn. 3Und der Versucher
trat zu ihm und sprach: Bist du Gottes
Sohn, so sprich, dass diese Steine Brot
werden.[a] 4Er aber antwortete und
sprach: Es steht geschrieben (5. Mose
8,3): **»Der Mensch lebt nicht vom Brot
allein, sondern von einem jeden Wort, das
aus dem Mund Gottes geht.«**
5Da führte ihn der Teufel mit sich in
die heilige Stadt und stellte ihn auf die
Zinne des Tempels 6und sprach zu ihm:
Bist du Gottes Sohn, so wirf dich hin-
ab; denn es steht geschrieben (Psalm
91,11-12): »Er wird seinen Engeln dei-
netwegen Befehl geben; und sie werden
dich auf den Händen tragen, damit du
deinen Fuß nicht an einen Stein stößt.«
7Da sprach Jesus zu ihm: Wiederum
steht auch geschrieben (5. Mose 6,16):

* Siehe Sach- und Worterklärungen.

2,23: *a* Lk 2,39; Joh 1,46 **3,1:** *a* Lk 1,13 **3,2:** *a* Kap 4,17; Röm 12,2 **3,3:** *a* Joh 1,23 **3,4:** *a* 2. Kön 1,8 **3,7:** *a* Kap 23,33 **3,9:** *a* Joh 8,33.39; Röm 2,28-29; 4,12 **3,10:** *a* Lk 13,6-9 **3,11:** *a* Joh 1,26-27.33; Apg 1,5; 2,3-4 **3,12:** *a* Kap 13,30 **3,14:** *a* Joh 13,6 **3,16:** *a* Jes 11,2 **3,17:** *a* Kap 17,5; *b* Jes 42,1 **4,1:** *a* Hebr 4,15 **4,2:** *a* 2. Mose 34,28; 1. Kön 19,8 **4,3:** *a* 1. Mose 3,1-7

**»Du sollst den Herrn, deinen Gott, nicht
versuchen.«**
8Darauf führte ihn der Teufel mit sich
auf einen sehr hohen Berg und zeigte ihm
alle Reiche der Welt und ihre Herrlich-
keit 9und sprach zu ihm: Das alles will
ich dir geben, wenn du niederfällst und
mich anbetest.[a] 10Da sprach Jesus zu
ihm: Weg mit dir, Satan! Denn es steht
geschrieben (5. Mose 6,13): **»Du sollst an-
beten den Herrn, deinen Gott, und ihm
allein dienen.«** 11Da verließ ihn der Teu-
fel. Und siehe, da [a]traten Engel zu ihm
und dienten ihm.

Der Beginn des Wirkens Jesu in Galiläa

(Mk 1,14-15; Lk 4,14-15)

12Als nun Jesus hörte, dass [a]Johannes
gefangen gesetzt worden war, zog er sich
nach Galiläa zurück. 13Und er verließ
Nazareth, kam und wohnte in Kaper-
naum, das am See liegt im Gebiet von
Sebulon und Naftali, 14damit erfüllt
würde, was gesagt ist durch den Prophe-
ten Jesaja, der da spricht (Jesaja 8,23;
9,1): 15»Das Land Sebulon und das Land
Naftali, das Land am Meer, das Land
jenseits des Jordans, das heidnische Gali-
läa, 16das Volk, das in Finsternis saß, hat
ein großes Licht gesehen; und denen, die
saßen am Ort und im Schatten des Todes,
ist ein Licht aufgegangen.«[a]
17Seit der Zeit fing Jesus an zu pre-
digen: [a]**Tut Buße, denn das Himmelreich
ist nahe herbeigekommen!**

Die Berufung der ersten Jünger

(Mk 1,16-20; Lk 5,1-11; Joh 1,35-51)

18Als nun Jesus am Galiläischen Meer
entlangging, sah er zwei Brüder, Simon,
der Petrus genannt wird, und Andreas,
seinen Bruder; die warfen ihre Netze ins
Meer; denn sie waren Fischer. 19Und er
sprach zu ihnen: Folgt mir nach; [a]ich
will euch zu Menschenfischern machen!
20Sogleich verließen sie ihre Netze und
folgten ihm nach.[a]
21Und als er von dort weiterging, sah
er zwei andere Brüder, Jakobus, den
Sohn des Zebedäus, und Johannes, sei-
nen Bruder, im Boot mit ihrem Vater
Zebedäus, wie sie ihre Netze flickten.
Und er rief sie. 22Sogleich verließen sie
das Boot und ihren Vater und folgten
ihm nach.

Krankenheilungen in Galiläa

(Mk 1,39; 3,7-12; Lk 4,44; 6,17-19)

23Und Jesus zog umher in ganz Galiläa,
lehrte in ihren Synagogen und predigte
das Evangelium von dem Reich und
heilte alle Krankheiten und alle Gebre-
chen im Volk. 24Und die Kunde von ihm
erscholl durch ganz Syrien. Und sie
[a]brachten zu ihm alle Kranken, mit
mancherlei Leiden und Plagen behaftet,
Besessene, Mondsüchtige und Gelähmte;
und er machte sie gesund. 25Und es
folgte ihm eine große Menge aus Galiläa,
aus den Zehn Städten, aus Jerusalem,
aus Judäa und von jenseits des Jordans.

Die Bergpredigt
(Kapitel 5,1–7,29)

Die Seligpreisungen

(Lk 6,20-49)

5 Als er aber das Volk sah, ging er auf
einen Berg und setzte sich; und seine
Jünger traten zu ihm. 2Und er tat seinen
Mund auf, lehrte sie und sprach:
3**Selig sind, [a]die da geistlich arm sind;
denn ihrer ist das Himmelreich.**
4**Selig sind, die da Leid tragen; denn sie
sollen getröstet werden.**[a]
5**Selig sind die Sanftmütigen; denn sie
werden das Erdreich besitzen.**[a]
6**Selig sind, die da hungert und dürstet
nach der Gerechtigkeit; denn sie sollen
satt werden.**[a]
7**Selig sind die Barmherzigen; denn sie
werden Barmherzigkeit erlangen.**[a]
8**Selig sind, die reinen Herzens sind;
denn sie werden Gott schauen.**[a]
9**Selig sind die [a]Friedfertigen*; denn sie
werden Gottes Kinder heißen.**
10**Selig sind, die [a]um der Gerechtigkeit
willen verfolgt werden; denn ihrer ist das
Himmelreich.**

* Andere Übersetzung: »die Frieden stiften«.

4,9: *a* Kap 16,26 **4,11:** *a* Joh 1,51; Hebr 1,6.14 **4,12:** *a* Kap 14,3 **4,16:** *a* Joh 8,12 **4,17:** *a* Kap 3,2 **4,19:** *a* Kap 28,19-20 **4,20:** *a* Kap 19,27 **4,24:** *a* Mk 6,55 **5,3:** *a* Jes 57,15 **5,4:** *a* Ps 126,5; Offb 7,17 **5,5:** *a* Kap 11,29; Ps 37,11 **5,6:** *a* Lk 18,9-14; Joh 6,35 **5,7:** *a* Kap 25,35-46; Jak 2,13 **5,8:** *a* Ps 24,3-5; 51,12-13; 1.Joh 3,2-3 **5,9:** *a* Hebr 12,14 **5,10:** *a* 1.Petr 3,14

11 Selig seid ihr, wenn euch die Men-
schen [a]um meinetwillen schmähen und
verfolgen und reden allerlei Übles gegen
euch, wenn sie damit lügen. 12 Seid fröh-
lich und getrost; es wird euch im Himmel
reichlich belohnt werden. Denn ebenso
haben sie [a]verfolgt die Propheten, die vor
euch gewesen sind.

Salz und Licht

13 **Ihr seid das Salz der Erde.** Wenn nun
das Salz nicht mehr salzt, womit soll man
salzen? Es ist zu nichts mehr nütze, als
dass man es wegschüttet und lässt es von
den Leuten zertreten.[a]
14 **Ihr seid [a]das Licht der Welt.** Es kann
die Stadt, die auf einem Berge liegt, nicht
verborgen sein. 15 Man zündet auch nicht
ein Licht an und setzt es unter einen
Scheffel, sondern auf einen Leuchter; so
leuchtet es allen, die im Hause sind.[a]
16 So lasst [a]euer Licht leuchten vor den
Leuten, damit sie [b]eure guten Werke se-
hen und euren Vater im Himmel preisen.

Jesu Stellung zum Gesetz

17 Ihr sollt nicht meinen, dass ich gekom-
men bin, das Gesetz oder die Propheten
aufzulösen; ich bin nicht gekommen auf-
zulösen, sondern zu erfüllen.[a] 18 Denn
wahrlich, ich sage euch: Bis Himmel und
Erde vergehen, wird nicht vergehen der
kleinste Buchstabe noch ein [a]Tüpfelchen
vom Gesetz, bis es alles geschieht. 19 Wer
nun [a]eines von diesen kleinsten Geboten
auflöst und lehrt die Leute so, der wird
der Kleinste heißen im Himmelreich; wer
es aber tut und lehrt, der wird groß hei-
ßen im Himmelreich.
20 Denn ich sage euch: Wenn eure Ge-
rechtigkeit nicht besser ist als die der
Schriftgelehrten und Pharisäer, so werdet
ihr nicht in das Himmelreich kommen.[a]

Vom Töten

21 Ihr habt gehört, dass zu den Alten ge-
sagt ist (2. Mose 20,13; 21,12): »Du sollst
nicht töten«; wer aber tötet, der soll des
Gerichts schuldig sein. 22 Ich aber sage
euch: Wer mit seinem Bruder zürnt, der
ist des Gerichts schuldig; wer aber zu
seinem Bruder sagt: Du Nichtsnutz!, der
ist des Hohen Rats schuldig; wer aber
sagt: Du Narr!, der ist des höllischen
Feuers schuldig.[a]
23 Darum: wenn du deine Gabe auf
dem Altar opferst und dort kommt dir in
den Sinn, dass dein Bruder etwas gegen
dich hat, 24 so lass dort vor dem Altar
deine Gabe und geh zuerst hin und [a]ver-
söhne dich mit deinem Bruder, und dann
komm und opfere deine Gabe.
25 Vertrage dich mit deinem Gegner so-
gleich, solange du noch mit ihm auf dem
Weg bist, damit dich der Gegner nicht
dem Richter überantworte und der Rich-
ter dem Gerichtsdiener und du ins Ge-
fängnis geworfen werdest.[a] 26 Wahrlich,
ich sage dir: Du wirst nicht von dort
herauskommen, bis du auch den letzten
Pfennig bezahlt hast.

Vom Ehebrechen

27 Ihr habt gehört, dass gesagt ist
(2. Mose 20,14): »Du sollst nicht ehebre-
chen.« 28 Ich aber sage euch: [a]Wer eine
Frau ansieht, sie zu begehren, der hat
schon mit ihr die Ehe gebrochen in sei-
nem Herzen.
29 [a]Wenn dich aber dein rechtes Auge
zum Abfall verführt, so reiß es aus und
wirf's von dir. Es ist besser für dich, dass
eins deiner Glieder verderbe und nicht
der ganze Leib in die Hölle geworfen
werde. 30 Wenn dich deine rechte Hand
zum Abfall verführt, so hau sie ab und
wirf sie von dir. Es ist besser für dich,
dass eins deiner Glieder verderbe und
nicht der ganze Leib in die Hölle fahre.
31 Es ist auch gesagt (5. Mose 24,1):
»Wer sich von seiner Frau scheidet, der
soll ihr einen Scheidebrief geben.«[a] 32 Ich
aber sage euch: Wer sich von seiner Frau
scheidet, es sei denn wegen Ehebruchs,
der macht, dass sie die Ehe bricht; und
wer eine Geschiedene heiratet, der bricht
die Ehe.[a]

5,11: *a* Kap 10,22; Apg 5,41; 1. Petr 4,14 **5,12:** *a* Hebr 11,33-38; Jak 5,10 **5,13:** *a* Mk 9,50; Lk 14,34-35 **5,14:** *a* Joh 8,12 **5,15:** *a* Mk 4,21; Lk 8,16 **5,16:** *a* Phil 2,14-15; *b* Joh 15,8; Eph 5,8-9 **5,17:** *a* Kap 3,15; Röm 3,31; 10,4; 1. Joh 2,7 **5,18:** *a* Lk 16,17 **5,19:** *a* Jak 2,10 **5,20:** *a* Kap 23,2-33 **5,22:** *a* 1. Joh 3,15 **5,24:** *a* Mk 11,25 **5,25:** *a* Kap 18,23-35; Lk 12,58-59 **5,28:** *a* 2. Sam 11,2; Hiob 31,1; 2. Petr 2,14 **5,29:** *a (29-30)* Kap 18,8-9; Mk 9,47.43; Kol 3,5 **5,31:** *a* Kap 19,3-9; Mk 10,4-12 **5,32:** *a* Lk 16,18; 1. Kor 7,10-11

Vom Schwören

33 Ihr habt weiter gehört, dass zu den
Alten gesagt ist (3. Mose 19,12; 4. Mose
30,3): »Du sollst keinen falschen Eid
schwören und sollst dem Herrn deinen
Eid halten.« 34 [a]Ich aber sage euch, dass
ihr überhaupt nicht schwören sollt, weder
bei dem [b]Himmel, denn er ist Gottes
Thron; 35 noch bei der Erde, denn sie ist
der Schemel seiner Füße; noch bei Jerusalem,
denn [a]sie ist die Stadt des großen
Königs. 36 Auch sollst du nicht bei deinem
Haupt schwören; denn du vermagst
nicht ein einziges Haar weiß oder
schwarz zu machen. 37 Eure Rede aber
sei: Ja, ja; nein, nein. Was darüber ist,
das ist vom Übel.[a]

Vom Vergelten

38 Ihr habt gehört, dass gesagt ist (2. Mose
21,24): »Auge um Auge, Zahn um
Zahn.« 39 Ich aber sage euch, dass ihr
nicht widerstreben sollt dem Übel, sondern:
wenn dich jemand auf deine rechte
Backe schlägt, dem biete die andere auch
dar.[a] 40 Und [a]wenn jemand mit dir rechten
will und dir deinen Rock nehmen,
dem lass auch den Mantel.[b] 41 Und wenn
dich jemand nötigt, eine Meile mitzugehen,
so geh mit ihm zwei. 42 Gib dem,
der dich bittet, und wende dich nicht ab
von dem, der etwas von dir borgen will.

Von der Feindesliebe

43 Ihr habt gehört, dass gesagt ist: »Du
sollst deinen Nächsten lieben« (3. Mose
19,18) und deinen Feind hassen. 44 Ich
aber sage euch: [a]**Liebt eure Feinde und**
[b]**bittet für die, die euch verfolgen,*** 45 **damit
ihr** [a]**Kinder seid eures Vaters im Himmel.**
Denn er lässt seine Sonne aufgehen
über Böse und Gute und lässt regnen
über Gerechte und Ungerechte.

46 Denn wenn ihr liebt, die euch lieben,
was werdet ihr für Lohn haben? Tun
nicht dasselbe auch die Zöllner? 47 Und
wenn ihr nur zu euren Brüdern freundlich
seid, was tut ihr Besonderes? Tun
nicht dasselbe auch die Heiden? 48 **Darum
sollt ihr** [a]**vollkommen sein, wie euer Vater
im Himmel vollkommen ist.**

Vom Almosengeben

6 Habt acht auf eure Frömmigkeit,
dass ihr die nicht übt vor den Leuten,
um von ihnen gesehen zu werden; ihr
habt sonst keinen Lohn bei eurem Vater
im Himmel.

2 Wenn du nun Almosen gibst, sollst
du es nicht vor dir ausposaunen lassen,
wie es die Heuchler tun in den Synagogen
und auf den Gassen, damit sie von
den Leuten gepriesen werden. Wahrlich,
ich sage euch: Sie haben ihren Lohn
schon gehabt.[a] 3 Wenn du aber Almosen
gibst, so lass deine linke Hand nicht wissen,
was die rechte tut,[a] 4 damit dein
Almosen verborgen bleibe; und dein Vater,
der in das Verborgene sieht, wird dir's
vergelten.

Vom Beten. Das Vaterunser

5 Und wenn ihr betet, sollt ihr nicht sein
wie die Heuchler, die gern in den Synagogen
und an den Straßenecken stehen
und beten, damit sie von den Leuten gesehen
werden. Wahrlich, ich sage euch:
Sie haben ihren Lohn schon gehabt.
6 Wenn du aber betest, so geh in dein
Kämmerlein und schließ die Tür zu und
bete zu deinem Vater, der im Verborgenen
ist; und dein Vater, der in das Verborgene
sieht, wird dir's vergelten.

7 Und wenn ihr betet, sollt ihr nicht
viel plappern wie die Heiden; denn [a]sie
meinen, sie werden erhört, wenn sie viele
Worte machen. 8 Darum sollt ihr ihnen
nicht gleichen. Denn euer Vater weiß,
was ihr bedürft, bevor ihr ihn bittet.
9 [a]Darum sollt ihr so beten:

Unser Vater im Himmel!
[b]**Dein Name werde geheiligt.**
10 **Dein Reich komme.**
[a]**Dein Wille geschehe wie im Himmel so auf Erden.**
11 **Unser tägliches Brot gib uns heute.**

* In der späteren Überlieferung wird der Text erweitert: »Liebt eure Feinde, segnet, die euch fluchen, tut wohl denen, die euch hassen, und bittet für die, die euch beleidigen und verfolgen« (vgl. Lk 6,27-28). Den Feind zu hassen (Vers 43) wird im Alten Testament nirgends geboten.

5,34: *a (34-35)* Kap 23,16-22; *b* Jes 66,1 **5,35:** *a* Ps 48,3 **5,37:** *a* Jak 5,12 **5,39:** *a* Klgl 3,30; Joh 18,22-23; Röm 12,19.21; 1. Petr 2,20-23 **5,40:** *a* 1. Kor 6,7; *b* Hebr 10,34 **5,44:** *a* 2. Mose 23,4-5; Lk 6,27-28; Röm 12,14.20; *b* Lk 23,34; Apg 7,60 **5,45:** *a* Eph 5,1 **5,48:** *a* 3. Mose 19,2 **6,2:** *a* 1. Kor 13,3 **6,3:** *a* Kap 25,37-40; Röm 12,8 **6,7:** *a* Jes 1,15 **6,9:** *a (9-13)* Lk 11,2-4; *b* Hes 36,23 **6,10:** *a* Lk 22,42

12 Und vergib uns unsere Schuld,
wie auch wir vergeben unsern Schuldigern.[a]
13 Und [a]führe uns nicht in Versuchung,
sondern erlöse uns von dem Bösen.*
[Denn [b]dein ist das Reich und die
Kraft und die Herrlichkeit in Ewigkeit.
Amen.]**

14 Denn wenn ihr den Menschen ihre
Verfehlungen vergebt, so wird euch euer
himmlischer Vater auch vergeben.[a]
15 Wenn ihr aber den Menschen nicht ver-
gebt, so wird euch euer Vater eure Ver-
fehlungen auch nicht vergeben.

Vom Fasten

16 Wenn ihr fastet, sollt ihr nicht sauer
dreinsehen wie die Heuchler; denn sie
verstellen ihr Gesicht, um sich vor den
Leuten zu zeigen mit ihrem Fasten.
Wahrlich, ich sage euch: Sie haben ihren
Lohn schon gehabt.[a] 17 Wenn du aber
fastest, so salbe dein Haupt und wasche
dein Gesicht, 18 damit du dich nicht vor
den Leuten zeigst mit deinem Fasten,
sondern vor deinem Vater, der im Ver-
borgenen ist; und dein Vater, der in das
Verborgene sieht, wird dir's vergelten.

Vom Schätzesammeln und Sorgen

19 Ihr sollt euch nicht Schätze sammeln
auf Erden, wo sie die Motten und der
Rost fressen und wo die Diebe einbre-
chen und stehlen. 20 Sammelt euch aber
[a]Schätze im Himmel, wo sie weder Mot-
ten noch Rost fressen und wo die Diebe
nicht einbrechen und stehlen. 21 Denn wo
dein Schatz ist, da ist auch dein Herz.

22 Das Auge ist das Licht des Leibes.
Wenn dein Auge lauter ist, so wird dein
ganzer Leib licht sein.[a] 23 Wenn aber
dein Auge böse ist, so wird dein ganzer
Leib finster sein. Wenn nun das Licht,
das in dir ist, Finsternis ist, wie groß
wird dann die Finsternis sein![a]

24 Niemand kann zwei Herren dienen:
Entweder er wird den einen hassen und den
andern lieben, oder er wird an dem einen
hängen und den andern verachten. Ihr
könnt nicht Gott dienen und dem Mam-
mon.[a]

25 [a]Darum sage ich euch: [b]Sorgt nicht
um euer Leben, was ihr essen und trin-
ken werdet; auch nicht um euren Leib,
was ihr anziehen werdet. Ist nicht das
Leben mehr als die Nahrung und der
Leib mehr als die Kleidung? 26 Seht die
Vögel unter dem Himmel an: sie säen
nicht, sie ernten nicht, sie sammeln nicht
in die Scheunen; und euer himmlischer
Vater ernährt sie doch. Seid ihr denn
nicht viel mehr als sie?[a] 27 Wer ist unter
euch, der seines Lebens Länge eine
Spanne zusetzen könnte, wie sehr er sich
auch darum sorgt?

28 Und warum sorgt ihr euch um die
Kleidung? Schaut die Lilien auf dem
Feld an, wie sie wachsen: sie arbeiten
nicht, auch spinnen sie nicht. 29 Ich sage
euch, dass auch [a]Salomo in aller seiner
Herrlichkeit nicht gekleidet gewesen ist
wie eine von ihnen. 30 Wenn nun Gott das
Gras auf dem Feld so kleidet, das doch
heute steht und morgen in den Ofen
geworfen wird: sollte er das nicht viel
mehr für euch tun, ihr Kleingläubigen?
31 Darum sollt ihr nicht sorgen und sa-
gen: Was werden wir essen? Was werden
wir trinken? Womit werden wir uns klei-
den? 32 Nach dem allen trachten die Hei-
den. Denn euer himmlischer Vater weiß,
dass ihr all dessen bedürft.

33 Trachtet zuerst nach dem [a]Reich
Gottes und nach seiner Gerechtigkeit, [b]so
wird euch das alles zufallen. 34 Darum
sorgt nicht für morgen, denn [a]der mor-
gige Tag wird für das Seine sorgen. Es ist
genug, dass jeder Tag seine eigene Plage
hat.

Vom Richtgeist

7 Richtet nicht, damit ihr nicht gerich-
tet werdet.[a] 2 Denn nach welchem
Recht ihr richtet, werdet ihr gerichtet
werden; und [a]mit welchem Maß ihr
messt, wird euch zugemessen werden.

* Luther übersetzte: »erlöse uns von dem Übel«.
** Dieser Abschluss des Gebetes findet sich schon in einer Gemeindeordnung vom Anfang des 2. Jahrhunderts, wird aber in den neutestamentlichen Handschriften erst später bezeugt.

6,12: *a* Kap 18,21-35 **6,13:** *a* Joh 17,15; 1. Kor 10,13; *b* 1. Chr 29,11-13 **6,14:** *a* Mk 11,25 **6,16:** *a* Jes 58,5-6 **6,20:** *a* Kap 19,21; Lk 12,33-34; Kol 3,1-2 **6,22:** *a* Lk 11,34-36 **6,23:** *a* Joh 11,10 **6,24:** *a* Lk 16,13; Jak 4,4 **6,25:** *a (25-33)* Lk 12,22-31; *b* Phil 4,6; 1. Petr 5,7 **6,26:** *a* Kap 10,29-31; Lk 12,6-7 **6,29:** *a* 1. Kön 10,1-29 **6,33:** *a* Röm 14,17; *b* 1. Kön 3,13-14; Ps 37,4.25 **6,34:** *a* 2. Mose 16,19 **7,1:** *a* Röm 2,1; 1. Kor 4,5 **7,2:** *a* Jes 33,1; Mk 4,24

3Was siehst du aber den Splitter in
deines Bruders Auge und nimmst nicht
wahr den Balken in deinem Auge? 4Oder
wie kannst du sagen zu deinem Bruder:
Halt, ich will dir den Splitter aus deinem
Auge ziehen?, und siehe, ein Balken ist in
deinem Auge. 5Du Heuchler, zieh zuerst
den Balken aus deinem Auge; danach
sieh zu, wie du den Splitter aus deines
Bruders Auge ziehst.

6Ihr sollt das Heilige nicht den Hun-
den geben und eure Perlen sollt ihr nicht
vor die Säue werfen, damit die sie nicht
zertreten mit ihren Füßen und sich um-
wenden und euch zerreißen.[a]

Von der Gebetserhörung

(Lk 11,9-13)

7 [a]**Bittet, so wird euch gegeben;** [b]**suchet,**
so werdet ihr finden; klopfet an, so wird
euch aufgetan. 8**Denn wer da bittet, der**
empfängt; und wer da sucht, der findet;
und wer da anklopft, dem wird aufgetan.

9Wer ist unter euch Menschen, der sei-
nem Sohn, wenn er ihn bittet um Brot,
einen Stein biete? 10Oder, wenn er ihn
bittet um einen Fisch, eine Schlange
biete? 11Wenn nun ihr, die ihr doch böse
seid, dennoch euren Kindern gute Gaben
geben könnt, wie viel mehr [a]wird euer
Vater im Himmel Gutes geben denen, die
ihn bitten!

Vom Tun des göttlichen Willens

12**Alles nun, was ihr wollt, dass euch die**
Leute tun sollen, das tut ihnen auch! Das
ist das Gesetz und die Propheten.[a]

13 [a]**Geht hinein durch die enge Pforte.**
Denn die Pforte ist weit und der Weg ist
breit, der zur Verdammnis führt, und viele
sind's, die auf ihm hineingehen. 14**Wie eng**
ist die Pforte und wie schmal der Weg, der
zum Leben führt, und wenige sind's, die
ihn finden![a]

15Seht euch vor vor den [a]falschen Pro-
pheten, die in Schafskleidern zu euch
kommen, inwendig aber sind sie reißende
Wölfe. 16An ihren [a]Früchten sollt ihr sie
erkennen. Kann man denn Trauben lesen
von den Dornen oder Feigen von den
Disteln? 17So bringt jeder gute Baum
gute Früchte; aber ein fauler Baum
bringt schlechte Früchte.[a] 18Ein guter
Baum kann nicht schlechte Früchte brin-
gen und ein fauler Baum kann nicht gute
Früchte bringen. 19Jeder Baum, der nicht
gute Früchte bringt, wird abgehauen und
ins Feuer geworfen.[a] 20Darum: an ihren
Früchten sollt ihr sie erkennen.

21**Es werden nicht alle, die zu mir**
sagen: Herr, Herr!, in das Himmelreich
kommen, sondern [a]**die den Willen tun**
meines Vaters im Himmel. 22 [a]Es werden
viele zu mir sagen an jenem Tage: Herr,
Herr, [b]haben wir nicht in deinem Namen
geweissagt? Haben wir nicht in deinem
Namen böse Geister ausgetrieben? Ha-
ben wir nicht in deinem Namen viele
Wunder getan? 23Dann werde ich ihnen
bekennen: Ich habe euch noch nie ge-
kannt; weicht von mir, ihr Übeltäter![a]

Vom Hausbau

24Darum, wer diese meine Rede hört und
tut sie, der gleicht einem klugen Mann,
der sein Haus auf Fels baute. 25Als nun
ein Platzregen fiel und die Wasser kamen
und die Winde wehten und stießen an
das Haus, fiel es doch nicht ein; denn es
war auf Fels gegründet.

26Und wer diese meine Rede hört und
tut sie nicht, der gleicht einem törichten
Mann, der sein Haus auf Sand baute.
27Als nun ein Platzregen fiel und die
Wasser kamen und die Winde wehten
und stießen an das Haus, da fiel es ein
und sein Fall war groß.

28Und es begab sich, als Jesus diese
Rede vollendet hatte, dass sich das Volk
[a]entsetzte über seine Lehre; 29denn er
lehrte sie mit Vollmacht und nicht wie
ihre Schriftgelehrten.[a]

Die Heilung eines Aussätzigen

(Mk 1,40-44; Lk 5,12-14)

8 Als er aber vom Berge herabging,
folgte ihm eine große Menge. 2Und
siehe, ein Aussätziger kam heran und fiel
vor ihm nieder und sprach: Herr, wenn
du willst, kannst du mich reinigen. 3Und
Jesus streckte die Hand aus, rührte ihn
an und sprach: Ich will's tun; sei rein!

7,6: *a* Kap 10,11; Lk 23,9 **7,7:** *a* Mk 11,24; Joh 14,13; *b* Jer 29,13-14 **7,11:** *a* Jak 1,17 **7,12:** *a* Kap 22,36-40; Röm 13,8-10; Gal 5,14 **7,13:** *a* Lk 13,24 **7,14:** *a* Kap 19,24; Apg 14,22 **7,15:** *a* Kap 24,4-5.24; 2. Kor 11,13-15 **7,16:** *a* Gal 5,19-22 **7,17:** *a* Kap 12,33 **7,19:** *a* Kap 3,10; Joh 15,2.6 **7,21:** *a* Röm 2,13; Jak 1,22 **7,22:** *a (22-23)* Lk 13,25-27; *b* Jer 27,15 **7,23:** *a* Kap 25,12; 2. Tim 2,19 **7,28:** *a* Apg 2,12 **7,29:** *a* Joh 7,16.46

Und sogleich wurde er von seinem Aus-
satz rein. 4Und Jesus sprach zu ihm: Sieh
zu, [a]sage es niemandem, sondern geh hin
und [b]zeige dich dem Priester und opfere
die Gabe, die Mose befohlen hat, ihnen
zum Zeugnis.

Der Hauptmann von Kapernaum

(Lk 7,1-10; Joh 4,46-53)

5Als aber Jesus nach Kapernaum hinein-
ging, trat ein Hauptmann zu ihm; der bat
ihn 6und sprach: Herr, mein Knecht liegt
zu Hause und ist gelähmt und leidet
große Qualen. 7Jesus sprach zu ihm: Ich
will kommen und ihn gesund machen.
8Der Hauptmann antwortete und sprach:
Herr, ich bin nicht wert, dass du unter
mein Dach gehst, sondern sprich nur
ein Wort, so wird mein Knecht gesund.
9Denn auch ich bin ein Mensch, der
Obrigkeit untertan, und habe Soldaten
unter mir; und wenn ich zu einem sage:
Geh hin!, so geht er; und zu einem an-
dern: Komm her!, so kommt er; und zu
meinem Knecht: Tu das!, so tut er's.
10Als das Jesus hörte, wunderte er sich
und sprach zu denen, die ihm nachfolg-
ten: Wahrlich, ich sage euch: Solchen
Glauben habe ich in Israel bei keinem
gefunden![a] 11 [a]Aber ich sage euch: Viele
werden kommen von Osten und von
Westen und mit Abraham und Isaak und
Jakob im Himmelreich zu Tisch sitzen;
12aber die Kinder des Reichs werden hin-
ausgestoßen in die Finsternis; da wird
sein Heulen und Zähneklappern.
13Und Jesus sprach zu dem Haupt-
mann: Geh hin; [a]dir geschehe, wie du
geglaubt hast. Und sein Knecht wurde
gesund zu derselben Stunde.

Jesus im Haus des Petrus

(Mk 1,29-34; Lk 4,38-41)

14Und Jesus kam in das Haus des Petrus
und sah, dass dessen [a]Schwiegermutter
zu Bett lag und hatte das Fieber. 15Da
ergriff er ihre Hand und das Fieber ver-
ließ sie. Und sie stand auf und diente
ihm.
16Am Abend aber brachten sie viele
Besessene zu ihm; und er trieb die Geis-
ter aus durch sein Wort und machte alle
Kranken gesund, 17damit erfüllt würde,
was gesagt ist durch den Propheten Je-
saja, der da spricht (Jesaja 53,4): »Er hat
unsre Schwachheit auf sich genommen,
und unsre Krankheit hat er getragen.«

Vom Ernst der Nachfolge

(Lk 9,57-60)

18Als aber Jesus die Menge um sich sah,
befahl er, hinüber ans andre Ufer zu fah-
ren. 19Und es trat ein Schriftgelehrter
herzu und sprach zu ihm: Meister, ich
will dir folgen, wohin du gehst. 20Jesus
sagt zu ihm: **Die Füchse haben Gruben
und die Vögel unter dem Himmel haben
Nester; aber [a]der Menschensohn hat
nichts, wo er sein Haupt hinlege.**
21Und ein anderer unter den Jüngern
sprach zu ihm: Herr, erlaube mir, dass
ich zuvor hingehe und meinen Vater be-
grabe.[a] 22Aber Jesus spricht zu ihm:
**Folge du mir und lass die Toten ihre Toten
begraben!**

Die Stillung des Sturms

(Mk 4,35-41; Lk 8,22-25)

23Und er stieg in das Boot und seine
Jünger folgten ihm. 24Und siehe, da er-
hob sich ein gewaltiger Sturm auf dem
See, sodass auch das Boot von Wellen
zugedeckt wurde. Er aber schlief. 25Und
sie traten zu ihm, weckten ihn auf und
sprachen: Herr, hilf, wir kommen um!
26Da sagt er zu ihnen: Ihr Kleingläu-
bigen, warum seid ihr so furchtsam? Und
stand auf und bedrohte den Wind und
das Meer. Da wurde es ganz stille.[a]
27Die Menschen aber verwunderten
sich und sprachen: Was ist das für ein
Mann, dass ihm Wind und Meer gehor-
sam sind?

Die Heilung der zwei besessenen Gadarener

(Mk 5,1-17; Lk 8,26-37)

28Und er kam ans andre Ufer in die
Gegend der Gadarener. Da liefen ihm
entgegen zwei Besessene; die kamen aus
den Grabhöhlen und waren sehr gefähr-
lich, sodass niemand diese Straße gehen
konnte. 29Und siehe, sie schrien: Was
willst du von uns, du [a]Sohn Gottes? Bist

8,4: *a* Mk 8,30; *b* 3. Mose 14,2-32 **8,10:** *a* Mk 6,6; Lk 18,8 **8,11:** *a (11-12)* Lk 13,28-29 **8,13:** *a* Kap 9,29; 15,28
8,14: *a* 1. Kor 9,5 **8,20:** *a* 2. Kor 8,9 **8,21:** *a* Kap 10,37 **8,26:** *a* Ps 89,10; Apg 27,22.34 **8,29:** *a* Lk 4,41

du hergekommen, [b]uns zu quälen, ehe es
Zeit ist?
30 Es war aber fern von ihnen eine
große Herde Säue auf der Weide. 31 Da
baten ihn die bösen Geister und spra-
chen: Willst du uns austreiben, so lass
uns in die Herde Säue fahren. 32 Und er
sprach: Fahrt aus! Da fuhren sie aus und
fuhren in die Säue. Und siehe, die ganze
Herde stürmte den Abhang hinunter in
den See, und sie ersoffen im Wasser.
33 Und die Hirten flohen und gingen
hin in die Stadt und berichteten das alles
und wie es den Besessenen ergangen war.
34 Und siehe, da ging die ganze Stadt
hinaus Jesus entgegen. Und als sie ihn
sahen, baten sie ihn, dass er ihr Gebiet
verlasse.

Die Heilung eines Gelähmten (»Der Gichtbrüchige«)

(Mk 2,1-12; Lk 5,17-26)

9 Da stieg er in ein Boot und fuhr
hinüber und kam in [a]seine Stadt.
2 Und siehe, da brachten sie zu ihm einen
Gelähmten, der lag auf einem Bett. Als
nun Jesus ihren Glauben sah, sprach er
zu dem Gelähmten: **Sei getrost, mein
Sohn, [a]deine Sünden sind dir vergeben.**
3 Und siehe, einige unter den Schrift-
gelehrten sprachen bei sich selbst: [a]Die-
ser lästert Gott. 4 Als aber Jesus [a]ihre
Gedanken sah, sprach er: Warum denkt
ihr so Böses in euren Herzen? 5 Was ist
denn leichter, zu sagen: Dir sind deine
Sünden vergeben, oder zu sagen: Steh auf
und geh umher? 6 Damit ihr aber wisst,
dass [a]der Menschensohn Vollmacht hat,
auf Erden die Sünden zu vergeben –
sprach er zu dem Gelähmten: Steh auf,
hebe dein Bett auf und geh heim!
7 Und er stand auf und ging heim. 8 Als
das Volk das sah, fürchtete es sich und
pries Gott, der solche Macht den Men-
schen gegeben hat.

Die Berufung des Matthäus und das Mahl mit den Zöllnern

(Mk 2,13-17; Lk 5,27-32)

9 Und als Jesus von dort wegging, sah er
einen Menschen am Zoll sitzen, der hieß
[a]Matthäus; und er sprach zu ihm: Folge
mir! Und er stand auf und folgte ihm.
10 Und es begab sich, als er zu Tisch
saß im Hause, siehe, da kamen viele Zöll-
ner und Sünder und saßen zu Tisch mit
Jesus und seinen Jüngern. 11 Als das die
Pharisäer sahen, sprachen sie zu seinen
Jüngern: Warum isst euer Meister mit
den Zöllnern und Sündern? 12 Als das Je-
sus hörte, sprach er: Die Starken bedür-
fen des Arztes nicht, sondern die Kran-
ken.[a] 13 Geht aber hin und lernt, was das
heißt (Hosea 6,6): [a]»Ich habe Wohlge-
fallen an Barmherzigkeit und nicht am
Opfer.« [b]**Ich bin gekommen, die Sünder
zu rufen und nicht die Gerechten.**

Die Frage nach dem Fasten

(Mk 2,18-22; Lk 5,33-38)

14 Da kamen die Jünger des Johannes zu
ihm und sprachen: Warum [a]fasten wir
und die Pharisäer so viel und deine Jün-
ger fasten nicht? 15 Jesus antwortete ih-
nen: Wie können die Hochzeitsgäste Leid
tragen, solange der [a]Bräutigam bei ih-
nen ist? Es wird aber die Zeit kommen,
dass der Bräutigam von ihnen genom-
men wird; dann werden sie fasten.
16 Niemand flickt ein altes Kleid mit
einem Lappen von neuem Tuch; denn der
Lappen reißt doch wieder vom Kleid ab
und der Riss wird ärger.[a] 17 Man füllt
auch nicht neuen Wein in alte Schläuche;
sonst zerreißen die Schläuche und der
Wein wird verschüttet und die Schläuche
verderben. Sondern man füllt neuen
Wein in neue Schläuche, so bleiben beide
miteinander erhalten.

Die Heilung der blutflüssigen Frau und die Auferweckung der Tochter des Jaïrus

(Mk 5,21-43; Lk 8,40-56)

18 Als er dies mit ihnen redete, siehe, da
kam einer von den Vorstehern der Ge-
meinde, fiel vor ihm nieder und sprach:
Meine Tochter ist eben gestorben, aber
komm und lege deine Hand auf sie, so
wird sie lebendig. 19 Und Jesus stand auf
und folgte ihm mit seinen Jüngern.
20 Und siehe, eine Frau, die seit zwölf
Jahren den Blutfluss hatte, trat von hin-

8,29: *b* 2. Petr 2,4; Jak 2,19 **9,1:** *a* Kap 4,13 **9,2:** *a* 2. Mose 34,6-7; Ps 103,3 **9,3:** *a* Kap 26,65 **9,4:** *a* Joh 2,25 **9,6:** *a* Joh 17,2 **9,9:** *a* Kap 10,3 **9,12:** *a* Hes 34,16 **9,13:** *a* Kap 12,7; 1. Sam 15,22; *b* Kap 18,11 **9,14:** *a* Lk 18,12 **9,15:** *a* Joh 3,29 **9,16:** *a* Röm 7,6

ten an ihn heran und berührte den Saum
seines Gewandes. 21 Denn sie sprach bei
sich selbst: Könnte ich nur [a]sein Gewand
berühren, so würde ich gesund. 22 Da
wandte sich Jesus um und sah sie und
sprach: Sei getrost, meine Tochter, dein
Glaube hat dir geholfen. Und die Frau
wurde gesund zu derselben Stunde.
23 Und als er in das Haus des Vor-
stehers kam und sah die Flötenspieler
und das Getümmel des Volkes, 24 sprach
er: Geht hinaus! Denn [a]das Mädchen ist
nicht tot, sondern es schläft. Und sie
verlachten ihn. 25 Als aber das Volk hin-
ausgetrieben war, ging er hinein und er-
griff sie bei der Hand. Da stand das
Mädchen auf. 26 Und diese Kunde er-
scholl durch dieses ganze Land.

Die Heilung zweier Blinder und eines Stummen

27 Und als Jesus von dort weiterging,
folgten ihm zwei Blinde, die schrien: Ach,
du Sohn Davids, erbarme dich unser![a]
28 Und als er heimkam, traten die Blin-
den zu ihm. Und Jesus sprach zu ihnen:
[a]Glaubt ihr, dass ich das tun kann? Da
sprachen sie zu ihm: Ja, Herr. 29 Da be-
rührte er ihre Augen und sprach: Euch
[a]geschehe nach eurem Glauben! 30 Und
ihre Augen wurden geöffnet. Und Jesus
drohte ihnen und sprach: [a]Seht zu, dass
es niemand erfahre! 31 Aber sie gingen
hinaus und verbreiteten die Kunde von
ihm in diesem ganzen Lande.
32 Als diese nun hinausgegangen wa-
ren, siehe, da brachten sie zu ihm einen
Menschen, der war stumm und besessen.
33 Als aber der böse Geist ausgetrieben
war, redete der Stumme. Und das Volk
verwunderte sich und sprach: So etwas
ist noch nie in Israel gesehen worden.
34 Aber die Pharisäer sprachen: Er treibt
die bösen Geister aus durch ihren
Obersten.[a]

Die große Ernte

35 Und Jesus ging ringsum in alle Städte
und Dörfer, lehrte in ihren Synagogen
und predigte das Evangelium von dem
Reich und heilte alle Krankheiten und
alle Gebrechen. 36 Und als er das Volk
sah, jammerte es ihn; denn sie waren
verschmachtet und [a]zerstreut wie die
Schafe, die keinen Hirten haben.[b] 37 Da
sprach er zu seinen Jüngern: **Die Ernte
ist groß, aber wenige sind der Arbeiter.
38 Darum bittet den Herrn der Ernte, dass
er Arbeiter in seine Ernte sende.**[a]

Die Berufung der Zwölf

(Mk 6,7; 3,13-19; Lk 9,1; 6,12-16)

10 Und er rief seine zwölf Jünger zu
sich und gab ihnen Macht über die
unreinen Geister, dass sie die austrieben
und heilten alle Krankheiten und alle
Gebrechen.
2 [a]Die Namen aber der zwölf Apostel
sind diese: zuerst Simon, genannt Petrus,
und Andreas, sein Bruder; Jakobus, der
Sohn des Zebedäus, und Johannes, sein
Bruder; 3 Philippus und Bartholomäus;
Thomas und Matthäus, der Zöllner; Ja-
kobus, der Sohn des Alphäus, und
Thaddäus; 4 Simon Kananäus und Judas
Iskariot, der ihn verriet.

Die Aussendung der Zwölf

(Mk 6,7-13; Lk 9,2-6)

5 Diese Zwölf sandte Jesus aus, gebot ih-
nen und sprach: Geht nicht den Weg zu
den Heiden und zieht in keine Stadt der
Samariter, 6 sondern geht hin zu den ver-
lorenen Schafen aus dem Hause Israel.[a]
7 [a]Geht aber und predigt und sprecht:
[b]Das Himmelreich ist nahe herbeige-
kommen. 8 Macht Kranke gesund, weckt
Tote auf, macht Aussätzige rein, [a]treibt
böse Geister aus. Umsonst habt ihr's
empfangen, umsonst gebt es auch. 9 Ihr
sollt [a]weder Gold noch Silber noch Kup-
fer in euren Gürteln haben, 10 auch keine
Reisetasche, auch nicht zwei Hemden,
keine Schuhe, auch keinen Stecken. Denn
[a]ein Arbeiter ist seiner Speise wert.
11 Wenn ihr aber in eine Stadt oder ein
Dorf geht, da erkundigt euch, ob jemand
darin ist, der es wert ist; und bei dem
bleibt, bis ihr weiterzieht. 12 Wenn ihr
aber in ein Haus geht, so grüßt es; 13 und
wenn es das Haus wert ist, wird euer

9,21: *a* Kap 14,36 **9,24:** *a* Joh 11,11.14.25 **9,27:** *a* Kap 20,30 **9,28:** *a* Apg 14,9 **9,29:** *a* Kap 8,13 **9,30:** *a* Kap 8,4 **9,34:** *a* Kap 12,24-32 **9,36:** *a* 1.Kön 22,17; Hes 34,5; *b* Mk 6,34 **9,38:** *a* Lk 10,2 **10,2:** *a (2-4)* Mk 3,16-19; Lk 6,14-16; Apg 1,13 **10,6:** *a* Kap 15,24; Apg 13,46 **10,7:** *a (7-15)* Lk 10,1-12; *b* Kap 4,17 **10,8:** *a* Mk 16,17 **10,9:** *a* Apg 20,33 **10,10:** *a* 4.Mose 18,31; 1.Kor 9,14; 1.Tim 5,18

Friede auf sie kommen. Ist es aber nicht wert, so wird sich euer Friede wieder zu euch wenden. 14 Und wenn euch jemand nicht aufnehmen und eure Rede nicht hören wird, so geht heraus aus diesem Hause oder dieser Stadt und [a]schüttelt den Staub von euren Füßen. 15 Wahrlich, ich sage euch: Dem Land der [a]Sodomer und Gomorrer wird es erträglicher ergehen am Tage des Gerichts als dieser Stadt.

Die Ansage kommender Verfolgungen

(Mk 13,9-13; Lk 21,12-17)

16 [a]Siehe, ich sende euch wie Schafe mitten unter die Wölfe. Darum [b]**seid klug wie die Schlangen und ohne Falsch wie die Tauben.**

17 Hütet euch aber vor den Menschen; denn [a]sie werden euch den Gerichten überantworten und werden euch geißeln in ihren Synagogen. 18 Und man wird euch vor Statthalter und Könige führen um meinetwillen, [a]ihnen und den Heiden zum Zeugnis. 19 Wenn sie euch nun überantworten werden, so sorgt nicht, wie oder was ihr reden sollt; denn es soll euch zu der Stunde gegeben werden, was ihr reden sollt.[a] 20 Denn nicht ihr seid es, die da reden, sondern [a]eures Vaters Geist ist es, der durch euch redet. 21 Es wird aber ein Bruder den andern dem Tod preisgeben und der Vater den Sohn, und die Kinder werden sich empören gegen ihre Eltern und werden sie töten helfen.[a] 22 Und ihr werdet gehasst werden von jedermann um meines Namens willen. Wer aber [a]bis an das Ende beharrt, der wird selig werden.[b]

23 [a]Wenn sie euch aber in einer Stadt verfolgen, so flieht in eine andere. Wahrlich, ich sage euch: [b]Ihr werdet mit den Städten Israels nicht zu Ende kommen, bis der Menschensohn kommt.

24 Der Jünger steht nicht über dem Meister und der Knecht nicht über seinem Herrn.[a] 25 Es ist für den Jünger genug, dass er ist wie sein Meister und der Knecht wie sein Herr. Haben sie [a]den Hausherrn Beelzebul genannt, wie viel mehr werden sie seine Hausgenossen so nennen! 26 Darum fürchtet euch nicht vor ihnen.

Menschenfurcht und Gottesfurcht

(Lk 12,2-9)

Es ist nichts verborgen, was nicht offenbar wird, und nichts geheim, was man nicht wissen wird.[a] 27 Was ich euch sage in der Finsternis, das redet im Licht; und was euch gesagt wird in das Ohr, das predigt auf den Dächern.

28 Und fürchtet euch nicht vor denen, die den Leib töten, doch die Seele nicht töten können; [a]fürchtet euch aber viel mehr vor dem, der Leib und Seele verderben kann in der Hölle. 29 Kauft man nicht zwei Sperlinge für einen Groschen? Dennoch fällt keiner von ihnen auf die Erde ohne euren Vater. 30 Nun aber sind auch eure Haare auf dem Haupt alle gezählt.[a] 31 Darum fürchtet euch nicht; ihr seid besser als viele Sperlinge.[a]

32 **Wer nun mich bekennt vor den Menschen, den will ich auch bekennen vor meinem himmlischen Vater.**[a] 33 **Wer mich aber verleugnet vor den Menschen, den will ich auch verleugnen vor meinem himmlischen Vater.**[a]

Entzweiungen um Jesu willen

34 [a]Ihr sollt nicht meinen, dass ich gekommen bin, Frieden zu bringen auf die Erde. Ich bin nicht gekommen, Frieden zu bringen, sondern das Schwert. 35 Denn ich bin gekommen, den Menschen zu entzweien mit seinem Vater und die Tochter mit ihrer Mutter und die Schwiegertochter mit ihrer Schwiegermutter. 36 Und des Menschen Feinde werden seine eigenen Hausgenossen sein.

37 Wer Vater oder Mutter mehr liebt als mich, der ist meiner nicht wert; und wer Sohn oder Tochter mehr liebt als mich, der ist meiner nicht wert.[a] 38 Und wer nicht sein Kreuz auf sich nimmt und folgt mir nach, der ist meiner nicht

10,14: *a* Apg 13,51 **10,15:** *a* 1. Mose 19,1-29 **10,16:** *a* Lk 10,3; *b* Röm 16,19; Eph 5,15 **10,17:** *a* Apg 5,40; 2. Kor 11,24 **10,18:** *a* Apg 25,23; 27,24 **10,19:** *a* 2. Mose 4,12; Lk 12,11-12; Apg 4,8 **10,20:** *a* 1. Kor 2,4 **10,21:** *a* Mi 7,6 **10,22:** *a* 2. Tim 2,12; *b* Kap 24,9-13 **10,23:** *a* Apg 8,1; *b* Kap 16,28 **10,24:** *a* Lk 6,40; Joh 13,16; 15,20 **10,25:** *a* Kap 12,24 **10,26:** *a* Mk 4,22; Lk 8,17 **10,28:** *a* Hebr 10,31; Jak 4,12 **10,30:** *a* Apg 27,34 **10,31:** *a* Kap 6,26 **10,32:** *a* Offb 3,5 **10,33:** *a* Mk 8,38; Lk 9,26; 2. Tim 2,12 **10,34:** *a (34-36)* Lk 12,51-53; Mi 7,6 **10,37:** *a* 5. Mose 13,7-12; 33,9; Lk 14,26-27

wert.[a] 39 **Wer sein Leben findet, der wird's
verlieren; und wer sein Leben verliert um
meinetwillen, der wird's finden.**[a]

Aufnahme um Jesu willen

40 **Wer euch aufnimmt, der nimmt mich
auf; und wer mich aufnimmt, der nimmt
den auf, der mich gesandt hat.**[a] 41 Wer
einen Propheten aufnimmt, weil es ein
Prophet ist, der wird den Lohn eines Pro-
pheten empfangen. [a]Wer einen Gerech-
ten aufnimmt, weil es ein Gerechter ist,
der wird den Lohn eines Gerechten emp-
fangen. 42 Und wer einem dieser Gerin-
gen auch nur einen Becher kalten Was-
sers zu trinken gibt, weil es ein Jünger ist,
wahrlich, ich sage euch: Es wird ihm
nicht unbelohnt bleiben.[a]

Die Anfrage des Täufers

(Lk 7,18-23)

11 Und es begab sich, als Jesus diese
Gebote an seine zwölf Jünger be-
endet hatte, dass er von dort weiterging,
um in ihren Städten zu lehren und zu
predigen. 2 Als aber Johannes im [a]Ge-
fängnis von den Werken Christi hörte,
sandte er seine Jünger 3 und ließ ihn fra-
gen: [a]Bist du es, der da kommen soll,
oder sollen wir auf einen andern warten?
4 Jesus antwortete und sprach zu ihnen:
Geht hin und sagt Johannes wieder, was
ihr hört und seht: 5 Blinde sehen und
Lahme gehen, Aussätzige werden rein
und Taube hören, Tote stehen auf und
Armen wird das Evangelium gepredigt;[a]
6 und **selig ist, wer sich nicht an mir
ärgert.**[a]

Jesu Zeugnis über den Täufer

(Lk 7,24-35)

7 Als sie fortgingen, fing Jesus an, zu dem
Volk von Johannes zu reden: Was seid ihr
[a]hinausgegangen in die Wüste zu sehen?
Wolltet ihr ein Rohr sehen, das der Wind
hin und her weht? 8 Oder was seid ihr
hinausgegangen zu sehen? Wolltet ihr ei-
nen Menschen in weichen Kleidern se-
hen? Siehe, die weiche Kleider tragen,
sind in den Häusern der Könige. 9 Oder
was seid ihr hinausgegangen zu sehen?
Wolltet ihr einen [a]Propheten sehen? Ja,
ich sage euch: Er ist mehr als ein Pro-
phet. 10 Dieser ist's, von dem geschrieben
steht (Maleachi 3,1): »Siehe, ich sende
meinen Boten vor dir her, der deinen
Weg vor dir bereiten soll.«
11 Wahrlich, ich sage euch: Unter allen,
die von einer Frau geboren sind, ist kei-
ner aufgetreten, der größer ist als Jo-
hannes der Täufer; [a]der aber der Kleins-
te ist im Himmelreich, ist größer als er.
12 Aber von den Tagen Johannes des Täu-
fers bis heute leidet das Himmelreich Ge-
walt, und die Gewalttätigen reißen es an
sich.[a] 13 Denn alle Propheten und das
Gesetz haben geweissagt bis hin zu Jo-
hannes; 14 und wenn ihr's annehmen
wollt: er ist [a]Elia, der da kommen soll.
15 Wer Ohren hat, der höre!
16 Mit wem soll ich aber dieses Ge-
schlecht vergleichen? Es gleicht den Kin-
dern, die auf dem Markt sitzen und rufen
den andern zu: 17 Wir haben euch auf-
gespielt und ihr wolltet nicht tanzen;
wir haben Klagelieder gesungen und
ihr wolltet nicht weinen.[a] 18 Johannes ist
gekommen, [a]aß nicht und trank nicht;
so sagen sie: Er ist besessen. 19 Der
Menschensohn ist gekommen, [a]isst und
trinkt; so sagen sie: Siehe, was ist dieser
Mensch für ein Fresser und Weinsäufer,
ein Freund der Zöllner und Sünder! Und
doch ist die [b]Weisheit gerechtfertigt wor-
den aus ihren Werken.

Jesu Weheruf über galiläische Städte

(Lk 10,13-15)

20 Da fing er an, die Städte zu schelten, in
denen die meisten seiner Taten geschehen
waren; denn sie hatten nicht Buße ge-
tan:
21 Wehe dir, Chorazin! Weh dir, Bet-
saida! Wären solche Taten in Tyrus und
Sidon geschehen, wie sie bei euch ge-
schehen sind, sie hätten längst [a]in Sack
und Asche Buße getan. 22 Doch ich sage
euch: Es wird Tyrus und Sidon erträg-
licher ergehen am Tage des Gerichts als
euch. 23 Und du, [a]Kapernaum, wirst du

10,38: *a* Kap 16,24-25 **10,39:** *a* Lk 9,24; Joh 12,25 **10,40:** *a* Lk 9,48; Joh 13,20; Gal 4,14 **10,41:** *a* 1.Kön 17,8-24 **10,42:** *a* Kap 25,40; Mk 9,41 **11,2:** *a* Kap 14,3 **11,3:** *a* Kap 3,11; Mal 3,1 **11,5:** *a* Jes 35,5-6; 61,1 **11,6:** *a* Kap 13,57; 26,31 **11,7:** *a* Kap 3,1.5 **11,9:** *a* Lk 1,76; 20,6 **11,11:** *a* Kap 13,17 **11,12:** *a* Lk 16,16 **11,14:** *a* Kap 17,10-13; Mal 3,23 **11,17:** *a* Joh 5,35 **11,18:** *a* Kap 3,4 **11,19:** *a* Kap 9,10-15; Joh 2,2; *b* 1.Kor 1,24-30 **11,21:** *a* Jona 3,6 **11,23:** *a* Kap 4,13; 8,5; 9,1

[b]bis zum Himmel erhoben werden? Du
wirst bis in die Hölle hinuntergestoßen
werden. Denn wenn in Sodom die Taten
geschehen wären, die in dir geschehen
sind, es stünde noch heutigen Tages.
24 Doch ich sage euch: Es wird dem Land
der Sodomer erträglicher ergehen am
Tage des Gerichts als dir.[a]

Jesu Lobpreis und Heilandsruf

25 [a]Zu der Zeit fing Jesus an und sprach:
Ich preise dich, Vater, Herr des Himmels
und der Erde, weil du dies den Weisen
und Klugen verborgen hast und hast es
den Unmündigen offenbart.[b] 26 Ja, Vater;
denn so hat es dir wohlgefallen. 27 [a]Alles
ist mir übergeben von meinem Vater; und
niemand kennt den Sohn als nur der Va-
ter; und niemand kennt den Vater als nur
der Sohn und wem es der Sohn offen-
baren will.

28 **Kommt her zu mir, alle, die ihr müh-
selig und beladen seid; ich will euch er-
quicken.**[a] 29 **Nehmt auf euch mein Joch
und lernt von mir; denn ich bin sanftmütig
und von Herzen demütig; so werdet ihr
[a]Ruhe finden für eure Seelen.** 30 **Denn
mein Joch ist sanft, und meine Last ist
leicht.**[a]

Das Ährenraufen am Sabbat

(Mk 2,23-28; Lk 6,1-5)

12 Zu der Zeit ging Jesus durch ein
Kornfeld am Sabbat; und seine Jün-
ger waren hungrig und fingen an, [a]Äh-
ren auszuraufen und zu essen. 2 Als das
die Pharisäer sahen, sprachen sie zu ihm:
Siehe, deine Jünger tun, [a]was am Sabbat
nicht erlaubt ist.

3 [a]Er aber sprach zu ihnen: Habt ihr
nicht gelesen, was David tat, als ihn und
die bei ihm waren hungerte? 4 Wie er in
das Gotteshaus ging und aß die Schau-
brote, die doch weder er noch die bei ihm
waren essen durften, sondern [a]allein die
Priester? 5 Oder habt ihr nicht gelesen im
Gesetz, wie die Priester am Sabbat im
Tempel den Sabbat brechen und sind
doch ohne Schuld? 6 Ich sage euch aber:
Hier ist Größeres als der Tempel. 7 Wenn
ihr aber wüsstet, was das heißt (Hosea
6,6): [a]»Ich habe Wohlgefallen an Barm-
herzigkeit und nicht am Opfer«, dann
hättet ihr die Unschuldigen nicht ver-
dammt. 8 **Der Menschensohn ist ein Herr
über den Sabbat.**

Die Heilung eines Mannes am Sabbat

(Mk 3,1-6; Lk 6,6-11)

9 Und er ging von dort weiter und kam in
ihre Synagoge. 10 Und siehe, da war ein
Mensch, der hatte eine verdorrte Hand.
Und sie fragten ihn und sprachen: Ist's
erlaubt, am Sabbat zu heilen?, damit sie
ihn verklagen könnten. 11 Aber er sprach
zu ihnen: Wer ist unter euch, der sein
einziges Schaf, wenn es ihm am Sabbat in
eine Grube fällt, nicht ergreift und ihm
heraushilft?[a] 12 Wie viel mehr ist nun ein
Mensch als ein Schaf! Darum darf man
am Sabbat Gutes tun.

13 Da sprach er zu dem Menschen:
Strecke deine Hand aus! Und er streckte
sie aus; und sie wurde ihm wieder gesund
wie die andere. 14 Da gingen die Phari-
säer hinaus und hielten Rat über ihn, wie
sie ihn umbrächten.[a]

Der Gottesknecht

(Mk 3,7-12; Lk 6,17-19)

15 Aber als Jesus das erfuhr, entwich er
von dort. Und eine große Menge folgte
ihm, und er heilte sie alle 16 und gebot
ihnen, dass sie ihn nicht offenbar mach-
ten,[a] 17 damit erfüllt würde, was gesagt
ist durch den Propheten Jesaja, der da
spricht (Jesaja 42,1-4):

18 »Siehe, [a]das ist mein Knecht, den
ich erwählt habe, und mein Geliebter,
[b]an dem meine Seele Wohlgefallen hat;
ich will meinen Geist auf ihn legen, und
er soll den Heiden das Recht verkündi-
gen. 19 Er wird nicht streiten noch
schreien, und man wird seine Stimme
nicht hören auf den Gassen; 20 das ge-
knickte Rohr wird er nicht zerbrechen,
und den glimmenden Docht wird er nicht
auslöschen, bis er das Recht hinausführt
zum Sieg; 21 und die Heiden werden auf
seinen Namen hoffen.«

11,23: *b* Jes 14,13.15 **11,24:** *a* Kap 10,15 **11,25:** *a (25-27)* Jes 29,14; Lk 10,21-22; Joh 17,25; *b* 1.Kor 1,18-29 **11,27:** *a* Kap 28,18; Joh 3,35; 17,2; Phil 2,9 **11,28:** *a* Kap 12,20; 23,4; Jer 31,25 **11,29:** *a* Jes 28,12; Jer 6,16 **11,30:** *a* Lk 11,46; 1.Joh 5,3 **12,1:** *a* 5.Mose 23,26 **12,2:** *a* 2.Mose 20,10 **12,3:** *a (3-4)* 1.Sam 21,7 **12,4:** *a* 3.Mose 24,9 **12,7:** *a* Kap 9,13 **12,11:** *a* Lk 14,3-5 **12,14:** *a* Joh 5,16 **12,16:** *a* Kap 8,4 **12,18:** *a* Apg 3,13.26; *b* Kap 3,17

Jesu Macht über die bösen Geister

(Mk 3,22-27; Lk 11,14-23)

22 Da wurde ein Besessener zu Jesus ge-
bracht, der war blind und stumm; und er
heilte ihn, sodass der Stumme redete und
sah. 23 Und alles Volk entsetzte sich und
fragte: Ist dieser nicht [a]Davids Sohn?
24 Aber als die Pharisäer das hörten,
sprachen sie: [a]Er treibt die bösen Geister
nicht anders aus als durch Beelzebul, ih-
ren Obersten.
25 Jesus erkannte aber ihre Gedanken
und sprach zu ihnen: Jedes Reich, das
mit sich selbst uneins ist, wird verwüstet;
und jede Stadt oder jedes Haus, das mit
sich selbst uneins ist, kann nicht beste-
hen. 26 Wenn nun der Satan den Satan
austreibt, so muss er mit sich selbst un-
eins sein; wie kann dann sein Reich be-
stehen? 27 Wenn ich aber die bösen Geis-
ter durch Beelzebul austreibe, durch wen
treiben eure Söhne sie aus? Darum wer-
den sie eure Richter sein. 28 Wenn ich
aber [a]die bösen Geister durch den Geist
Gottes austreibe, so ist ja das Reich Got-
tes zu euch gekommen. 29 Oder wie kann
jemand in das Haus eines Starken ein-
dringen und ihm seinen Hausrat rauben,
wenn er nicht zuvor den Starken fesselt?
Erst dann kann er sein Haus berauben.[a]
30 [a]Wer nicht mit mir ist, der ist gegen
mich; und wer nicht mit mir sammelt,
der zerstreut.

Die Sünde gegen den Heiligen Geist

(Mk 3,28-30; Lk 12,10)

31 Darum sage ich euch: Alle Sünde und
Lästerung wird den Menschen vergeben;
aber die Lästerung gegen den Geist wird
nicht vergeben.[a] 32 Und [a]wer etwas redet
gegen den Menschensohn, dem wird es
vergeben; aber wer etwas redet gegen den
Heiligen Geist, dem wird's nicht verge-
ben, weder in dieser noch in jener Welt.

Vom Baum und seinen Früchten

(Lk 6,43-45)

33 Nehmt an, ein Baum ist gut, so wird
auch seine Frucht gut sein; oder nehmt
an, ein Baum ist faul, so wird auch seine
Frucht faul sein. Denn an der Frucht
erkennt man den Baum.[a] 34 Ihr [a]Schlan-
genbrut, wie könnt ihr Gutes reden, die
ihr böse seid? Wes das Herz voll ist, des
geht der Mund über. 35 Ein guter Mensch
bringt Gutes hervor aus dem guten
Schatz seines Herzens; und ein böser
Mensch bringt Böses hervor aus seinem
bösen Schatz. 36 **Ich sage euch aber, dass
die Menschen Rechenschaft geben müssen
am Tage des Gerichts von jedem nichts-
nutzigen Wort, das sie geredet haben.**[a]
37 Aus deinen Worten wirst du gerechtfer-
tigt werden, und aus deinen Worten wirst
du verdammt werden.

Die Zeichenforderung der Pharisäer

(Mk 8,11-12; Lk 11,29-32)

38 Da fingen einige von den Schriftge-
lehrten und Pharisäern an und sprachen
zu ihm: Meister, wir möchten gern ein
Zeichen von dir sehen. 39 Und er ant-
wortete und sprach zu ihnen: Ein böses
und abtrünniges Geschlecht fordert ein
Zeichen, aber es wird ihm kein Zeichen
gegeben werden, es sei denn das Zeichen
des Propheten Jona. 40 Denn [a]wie Jona
drei Tage und drei Nächte im Bauch des
Fisches war, so wird der Menschensohn
drei Tage und drei Nächte [b]im Schoß der
Erde sein.
41 Die Leute von Ninive werden auf-
treten beim Jüngsten Gericht mit diesem
Geschlecht und werden es verdammen;
denn [a]sie taten Buße nach der Predigt
des Jona. Und siehe, hier ist mehr als
Jona. 42 Die Königin vom Süden wird
auftreten beim Jüngsten Gericht mit die-
sem Geschlecht und wird es verdammen;
denn [a]sie kam vom Ende der Erde, um
Salomos Weisheit zu hören. Und siehe,
hier ist mehr als Salomo.

Von der Rückkehr des bösen Geistes

(Lk 11,24-26)

43 Wenn der unreine Geist von einem
Menschen ausgefahren ist, so durch-
streift er dürre Stätten, sucht Ruhe und
findet sie nicht. 44 Dann spricht er: Ich
will wieder zurückkehren in mein Haus,
aus dem ich fortgegangen bin. Und wenn

12,23: *a* Kap 21,9; Joh 7,42 **12,24:** *a* Kap 9,34 **12,28:** *a* 1.Joh 3,8 **12,29:** *a* Kap 4,1-11; Jes 49,24 **12,30:** *a* Mk 9,40 **12,31:** *a* 1.Joh 5,16; Hebr 6,4-6; 10,26 **12,32:** *a* 1.Tim 1,13 **12,33:** *a* Kap 7,16-18 **12,34:** *a* Kap 3,7 **12,36:** *a* Jak 3,6; Jud 15 **12,40:** *a* Jona 2,1; *b* Eph 4,9; 1.Petr 3,19 **12,41:** *a* Jona 3,5 **12,42:** *a* 1.Kön 10,1-10

er kommt, so findet er's leer, gekehrt und
geschmückt. 45 Dann geht er hin und
nimmt mit sich sieben andre Geister, die
böser sind als er selbst; und wenn sie
hineinkommen, wohnen sie darin; und
[a]es wird mit diesem Menschen hernach
ärger, als es vorher war. So wird's auch
diesem bösen Geschlecht ergehen.

Jesu wahre Verwandte

(Mk 3,31-35; Lk 8,19-21)

46 Als er noch zu dem Volk redete, siehe,
da standen [a]seine Mutter und seine Brü-
der draußen, die wollten mit ihm reden.
47 Da sprach einer zu ihm: Siehe, deine
Mutter und deine Brüder stehen draußen
und wollen mit dir reden.
48 Er antwortete aber und sprach zu
dem, der es ihm ansagte: Wer ist meine
Mutter und wer sind meine Brüder?[a]
49 Und er streckte die Hand aus über
seine Jünger und sprach: Siehe da, das ist
meine Mutter und das sind meine Brü-
der![a] 50 Denn **wer den Willen tut meines
Vaters im Himmel, [a]der ist mir Bruder
und Schwester und Mutter.**

Vom Sämann

(Mk 4,1-9; Lk 8,4-8)

13 An demselben Tage ging Jesus aus
dem Hause und setzte sich an den
See. 2 Und es versammelte sich eine große
Menge bei ihm, sodass er in ein Boot
stieg und sich setzte, und alles Volk stand
am Ufer. 3 Und er redete vieles zu ihnen
in Gleichnissen und sprach:
Siehe, es ging ein Sämann aus zu säen.
4 Und indem er säte, fiel einiges auf den
Weg; da kamen die Vögel und fraßen's
auf. 5 Einiges fiel auf felsigen Boden, wo
es nicht viel Erde hatte, und ging bald
auf, weil es keine tiefe Erde hatte. 6 Als
aber die Sonne aufging, verwelkte es, und
weil es keine Wurzel hatte, verdorrte es.
7 Einiges fiel unter die Dornen; und die
Dornen wuchsen empor und erstickten's.
8 Einiges fiel auf gutes Land und trug
Frucht, einiges hundertfach, einiges sech-
zigfach, einiges dreißigfach. 9 Wer Ohren
hat, der höre!

Vom Sinn der Gleichnisse

(Mk 4,10-12; Lk 8,9-10)

10 Und die Jünger traten zu ihm und
sprachen: Warum redest du zu ihnen
in Gleichnissen? 11 Er antwortete und
sprach zu ihnen: [a]Euch ist's gegeben, die
Geheimnisse des Himmelreichs zu ver-
stehen, diesen aber ist's nicht gegeben.
12 Denn [a]wer da hat, dem wird gegeben,
dass er die Fülle habe; wer aber nicht
hat, dem wird auch das genommen, was
er hat.[b] 13 Darum [a]rede ich zu ihnen
in Gleichnissen. Denn [b]mit sehenden
Augen sehen sie nicht und mit hörenden
Ohren hören sie nicht; und sie verstehen
es nicht. 14 Und an ihnen wird die Weis-
sagung Jesajas erfüllt, die da sagt (Jesaja
6,9-10): »Mit den Ohren werdet ihr hören
und werdet es nicht verstehen; und mit
sehenden Augen werdet ihr sehen und
werdet es nicht erkennen. 15 Denn das
Herz dieses Volkes ist verstockt: Ihre Oh-
ren hören schwer und ihre Augen sind
geschlossen, damit sie nicht etwa mit den
Augen sehen und mit den Ohren hören
und mit dem Herzen verstehen und sich
bekehren, und ich ihnen helfe.«[a] 16 Aber
selig sind eure Augen, dass sie sehen, und
eure Ohren, dass sie hören.[a] 17 Wahrlich,
ich sage euch: Viele Propheten und Ge-
rechte haben begehrt, zu sehen, was ihr
seht, und haben's nicht gesehen, und zu
hören, was ihr hört, und haben's nicht
gehört.[a]

Die Deutung des Gleichnisses vom Sämann

(Mk 4,13-20; Lk 8,11-15)

18 So hört nun ihr dies Gleichnis von dem
Sämann: 19 Wenn jemand das Wort von
dem Reich hört und nicht versteht, so
kommt der Böse und reißt hinweg, was in
sein Herz gesät ist; das ist der, bei dem
auf den Weg gesät ist. 20 Bei dem aber auf
felsigen Boden gesät ist, das ist, der das
Wort hört und es gleich mit Freuden auf-
nimmt; 21 aber er hat keine Wurzel in
sich, sondern er ist wetterwendisch; wenn
sich Bedrängnis oder Verfolgung erhebt
um des Wortes willen, so fällt er gleich
ab. 22 Bei dem aber unter die Dornen

12,45: *a* 2. Petr 2,20 **12,46:** *a* Kap 13,55 **12,48:** *a* Kap 10,37; Lk 2,49 **12,49:** *a* Hebr 2,11 **12,50:** *a* Röm 8,29 **13,11:** *a* 1. Kor 2,10 **13,12:** *a* Spr 9,9; *b* Kap 25,28-29; Mk 4,25; Lk 8,18 **13,13:** *a* Joh 16,25; *b* 5. Mose 29,3 **13,15:** *a* Joh 9,39 **13,16:** *a* Lk 10,23-24 **13,17:** *a* 1. Petr 1,10

gesät ist, das ist, der das Wort hört, und
[a]die Sorge der Welt und der betrüge-
rische Reichtum ersticken das Wort, und
er bringt keine Frucht. 23Bei dem aber
auf gutes Land gesät ist, das ist, der das
Wort hört und versteht und dann auch
Frucht bringt; und der eine trägt hun-
dertfach, der andere sechzigfach, der
dritte dreißigfach.

Vom Unkraut unter dem Weizen

24Er legte ihnen ein anderes Gleichnis
vor und sprach: Das Himmelreich gleicht
einem Menschen, der guten Samen auf
seinen Acker säte. 25Als aber die Leute
schliefen, kam sein Feind und säte Un-
kraut zwischen den Weizen und ging da-
von. 26Als nun die Saat wuchs und
Frucht brachte, da fand sich auch das
Unkraut. 27Da traten die Knechte zu
dem Hausvater und sprachen: Herr, hast
du nicht guten Samen auf deinen Acker
gesät? Woher hat er denn das Unkraut?
28Er sprach zu ihnen: Das hat ein Feind
getan. Da sprachen die Knechte: Willst
du denn, dass wir hingehen und es aus-
jäten? 29Er sprach: Nein! Damit ihr nicht
zugleich den Weizen mit ausrauft, wenn
ihr das Unkraut ausjätet. 30Lasst beides
miteinander wachsen bis zur Ernte; und
um die Erntezeit will ich zu den Schnit-
tern sagen: Sammelt zuerst das Unkraut
und bindet es in Bündel, damit man es
verbrenne; aber den Weizen sammelt mir
in meine Scheune.[a]

Von Senfkorn und Sauerteig

(Mk 4,30-32; Lk 13,18-21)

31Ein anderes Gleichnis legte er ihnen
vor und sprach: Das Himmelreich gleicht
einem Senfkorn, das ein Mensch nahm
und auf seinen Acker säte; 32das ist das
kleinste unter allen Samenkörnern; wenn
es aber gewachsen ist, so ist es größer als
alle Kräuter und [a]wird ein Baum, sodass
die Vögel unter dem Himmel kommen
und wohnen in seinen Zweigen.

33Ein anderes Gleichnis sagte er ihnen:
Das Himmelreich gleicht einem Sauer-
teig, den eine Frau nahm und unter einen
halben Zentner Mehl mengte, bis es ganz
durchsäuert war.[a]

Die Bedeutung der Gleichnisse

(Mk 4,33-34)

34Das alles redete Jesus in Gleichnissen
zu dem Volk, und ohne Gleichnisse re-
dete er nichts zu ihnen,[a] 35damit erfüllt
würde, was gesagt ist durch den Prophe-
ten, der da spricht (Psalm 78,2): »Ich will
meinen Mund auftun in Gleichnissen
und will aussprechen, was verborgen war
vom Anfang der Welt an.«

Die Deutung des Gleichnisses vom Unkraut

36Da ließ Jesus das Volk gehen und kam
heim. Und seine Jünger traten zu ihm
und sprachen: Deute uns das Gleichnis
vom Unkraut auf dem Acker.

37Er antwortete und sprach zu ihnen:
Der Menschensohn ist's, der den guten
Samen sät. 38Der [a]Acker ist die Welt.
Der gute Same sind die Kinder des
Reichs. Das Unkraut sind die [b]Kinder
des Bösen. 39Der Feind, der es sät, ist der
Teufel. Die Ernte ist das Ende der Welt.
Die Schnitter sind die Engel. 40Wie man
nun das Unkraut ausjätet und mit Feuer
verbrennt, so wird's auch am Ende der
Welt gehen. 41Der Menschensohn wird
seine Engel senden, und sie werden sam-
meln aus seinem Reich alles, was zum
Abfall verführt, und die da Unrecht
tun,[a] 42und werden sie in den Feuerofen
werfen; da wird Heulen und Zähneklap-
pern sein. 43Dann werden die Gerechten
[a]leuchten wie die Sonne in ihres Vaters
Reich. Wer Ohren hat, der höre!

Vom Schatz im Acker und der kostbaren Perle

44Das Himmelreich gleicht einem Schatz,
verborgen im Acker, den ein Mensch
fand und verbarg; und in seiner Freude
ging er hin und [a]verkaufte alles, was er
hatte, und kaufte den Acker.

45Wiederum gleicht das Himmelreich
einem Kaufmann, der gute Perlen suchte,
46und als er eine kostbare Perle fand,
ging er hin und verkaufte alles, was er
hatte, und kaufte sie.

13,22: *a* Kap 6,19-34; 1.Tim 6,9 **13,30:** *a* Kap 3,12; 15,13; Offb 14,15 **13,32:** *a* Hes 17,23 **13,33:** *a* Lk 13,20-21 **13,34:** *a* Mk 4,33-34 **13,38:** *a* 1.Kor 3,9; *b* Joh 8,44 **13,41:** *a* Kap 24,31 **13,43:** *a* Dan 12,3 **13,44:** *a* Kap 19,29; Lk 14,33; Phil 3,7

Vom Fischnetz

47 Wiederum gleicht das Himmelreich
einem Netz, das ins Meer geworfen ist
und Fische aller Art fängt.[a] 48 Wenn es
aber voll ist, ziehen sie es heraus an das
Ufer, setzen sich und lesen die guten in
Gefäße zusammen, aber die schlechten
werfen sie weg. 49 So wird es auch am
Ende der Welt gehen: Die Engel werden
ausgehen und [a]die Bösen von den Ge-
rechten scheiden 50 und werden sie in den
Feuerofen werfen; da wird Heulen und
Zähneklappern sein.

51 Habt ihr das alles verstanden? Sie
antworteten: Ja. 52 Da sprach er: Darum
gleicht jeder Schriftgelehrte, der ein Jün-
ger des Himmelreichs geworden ist,
einem Hausvater, der aus seinem Schatz
Neues und Altes hervorholt.

Die Verwerfung Jesu in Nazareth

(Mk 6,1-6; Lk 4,16-30)

53 Und es begab sich, als Jesus diese
Gleichnisse vollendet hatte, dass er da-
vonging 54 und kam in seine Vaterstadt
und lehrte sie in ihrer Synagoge, sodass
sie sich entsetzten und fragten: Woher
hat dieser solche Weisheit und solche Ta-
ten? 55 Ist er nicht der Sohn des Zimmer-
manns? Heißt nicht seine Mutter Maria
und seine Brüder Jakobus und Josef und
Simon und Judas? 56 Und seine Schwes-
tern, sind sie nicht alle bei uns? [a]Woher
kommt ihm denn das alles? 57 Und sie
ärgerten sich an ihm.

Jesus aber sprach zu ihnen: [a]Ein Pro-
phet gilt nirgends weniger als in seinem
Vaterland und in seinem Hause. 58 Und
er tat dort nicht viele Zeichen wegen
ihres Unglaubens.

Das Ende Johannes des Täufers

(Mk 6,14-29; Lk 3,19-20; 9,7-9)

14 Zu der Zeit kam die Kunde von
Jesus vor den Landesfürsten Hero-
des. 2 Und er sprach zu seinen Leuten:
Das ist Johannes der Täufer; er ist von
den Toten auferstanden, darum tut er
solche Taten. 3 Denn Herodes hatte Jo-
hannes ergriffen, gefesselt und [a]in das
Gefängnis geworfen wegen der Herodias,
der Frau seines Bruders Philippus.
4 Denn Johannes hatte zu ihm gesagt:
[a]Es ist nicht recht, dass du sie hast.
5 Und er hätte ihn gern getötet, fürchtete
sich aber vor dem Volk; denn [a]sie hielten
ihn für einen Propheten.

6 Als aber Herodes seinen Geburtstag
beging, da tanzte die Tochter der Hero-
dias vor ihnen. Das gefiel dem Herodes
gut. 7 Darum versprach er ihr mit einem
Eid, er wolle ihr geben, was sie fordern
würde. 8 Und wie sie zuvor von ihrer
Mutter angestiftet war, sprach sie: Gib
mir hier auf einer Schale das Haupt Jo-
hannes des Täufers! 9 Und der König
wurde traurig; doch wegen des Eides und
derer, die mit ihm zu Tisch saßen, befahl
er, es ihr zu geben, 10 und schickte hin
und ließ Johannes im Gefängnis ent-
haupten. 11 Und sein Haupt wurde her-
eingetragen auf einer Schale und dem
Mädchen gegeben; und sie brachte es
ihrer Mutter. 12 Da kamen seine Jünger
und nahmen seinen Leichnam und be-
gruben ihn; und sie kamen und verkün-
deten das Jesus.

Die Speisung der Fünftausend

(Mk 6,31-44; Lk 9,10-17; Joh 6,1-13)

13 Als das Jesus hörte, fuhr er von dort
weg in einem Boot in eine einsame Ge-
gend allein. Und als das Volk das hörte,
folgte es ihm zu Fuß aus den Städten.
14 Und Jesus stieg aus und sah die große
Menge; und sie jammerten ihn und er
heilte ihre Kranken.

15 Am Abend aber traten seine Jünger
zu ihm und sprachen: Die Gegend ist öde
und die Nacht bricht herein; lass das
Volk gehen, damit sie in die Dörfer ge-
hen und sich zu essen kaufen. 16 Aber
Jesus sprach zu ihnen: Es ist nicht nötig,
dass sie fortgehen; gebt ihr ihnen zu es-
sen. 17 Sie sprachen zu ihm: Wir haben
hier nichts als fünf Brote und zwei Fi-
sche. 18 Und er sprach: Bringt sie mir her!
19 Und er ließ das Volk sich auf das
Gras lagern und nahm die fünf Brote
und die zwei Fische, sah auf zum Him-
mel, dankte und brach's und gab die
Brote den Jüngern, und die Jünger gaben
sie dem Volk. 20 Und sie aßen alle und

13,47: *a* Kap 22,9-10 **13,49:** *a* Kap 25,32 **13,56:** *a* Joh 6,42; 7,15.52 **13,57:** *a* Joh 4,44 **14,3:** *a* Kap 11,2 **14,4:** *a* 2. Mose 20,14 **14,5:** *a* Kap 21,26

wurden satt und sammelten auf, was an
Brocken übrig blieb, zwölf Körbe voll.[a]
21 Die aber gegessen hatten, waren etwa
fünftausend Mann, ohne Frauen und
Kinder.

Jesus und der sinkende Petrus auf dem See

(Mk 6,45-52; Joh 6,15-21)

22 Und alsbald trieb Jesus seine Jünger, in
das Boot zu steigen und vor ihm hinüber-
zufahren, bis er das Volk gehen ließe.
23 Und als er das Volk hatte gehen lassen,
[a]stieg er allein auf einen Berg, um zu
beten. Und am Abend war er dort allein.
24 Und das Boot war schon weit vom
Land entfernt und kam in Not durch die
Wellen; denn der Wind stand ihm ent-
gegen.
25 Aber in der vierten Nachtwache kam
Jesus zu ihnen und ging auf dem See.
26 Und als ihn die Jünger sahen auf dem
See gehen, erschraken sie und riefen: [a]Es
ist ein Gespenst!, und schrien vor Furcht.
27 Aber sogleich redete Jesus mit ihnen
und sprach: **Seid getrost, ich bin's; fürch-
tet euch nicht!**
28 Petrus aber antwortete ihm und
sprach: Herr, bist du es, so befiehl mir, zu
dir zu kommen auf dem Wasser. 29 Und
er sprach: Komm her! Und Petrus stieg
aus dem Boot und ging auf dem Wasser
und kam auf Jesus zu. 30 Als er aber den
starken Wind sah, erschrak er und be-
gann zu sinken und schrie: Herr, hilf mir!
31 Jesus aber streckte sogleich die Hand
aus und ergriff ihn und sprach zu ihm:
Du Kleingläubiger, warum hast du ge-
zweifelt?
32 Und sie traten in das Boot und der
Wind legte sich. 33 Die aber im Boot wa-
ren, fielen vor ihm nieder und sprachen:
[a]Du bist wahrhaftig Gottes Sohn!

Krankenheilungen in Genezareth

(Mk 6,53-56)

34 Und sie fuhren hinüber und kamen ans
Land in Genezareth. 35 Und als die Leute
an diesem Ort ihn erkannten, schickten
sie Botschaft ringsum in das ganze Land
und brachten alle Kranken zu ihm 36 und
baten ihn, dass sie nur [a]den Saum seines
Gewandes berühren dürften. Und alle,
die ihn berührten, wurden gesund.

Von Reinheit und Unreinheit

(Mk 7,1-23)

15 Da kamen zu Jesus Pharisäer und
Schriftgelehrte aus Jerusalem und
sprachen: 2 Warum übertreten deine Jün-
ger die Satzungen der Ältesten? Denn sie
[a]waschen ihre Hände nicht, wenn sie
Brot essen.
3 Er antwortete und sprach zu ihnen:
Warum übertretet denn ihr Gottes Gebot
um eurer Satzungen willen? 4 Denn Gott
hat geboten (2. Mose 20,12; 21,17): »Du
sollst Vater und Mutter ehren; wer aber
Vater und Mutter flucht, der soll des
Todes sterben.« 5 [a]Aber ihr lehrt: Wer zu
Vater oder Mutter sagt: Eine Opfergabe
soll sein, was dir von mir zusteht, 6 der
braucht seinen Vater nicht zu ehren. Da-
mit habt ihr Gottes Gebot aufgehoben
um eurer Satzungen willen. 7 Ihr Heuch-
ler, wie fein hat Jesaja von euch geweis-
sagt und gesprochen (Jesaja 29,13):
8 »Dies Volk ehrt mich mit seinen Lip-
pen, aber ihr Herz ist fern von mir; 9 ver-
geblich dienen sie mir, weil sie lehren
solche Lehren, die nichts als Menschen-
gebote sind.«
10 Und er rief das Volk zu sich und
sprach zu ihnen: Hört zu und begreift's:
11 [a]Was zum Mund hineingeht, das
macht den Menschen nicht unrein; son-
dern was aus dem Mund herauskommt,
das macht den Menschen unrein. 12 Da
traten seine Jünger zu ihm und fragten:
Weißt du auch, dass die Pharisäer an
dem Wort Anstoß nahmen, als sie es hör-
ten? 13 Aber er antwortete und sprach:
Alle Pflanzen, die mein himmlischer Va-
ter nicht gepflanzt hat, die werden ausge-
rissen.[a] 14 Lasst sie, sie sind [a]blinde Blin-
denführer! Wenn aber ein Blinder den
andern führt, so fallen sie beide in die
Grube.
15 Da antwortete Petrus und sprach zu
ihm: Deute uns dies Gleichnis! 16 Und
Jesus sprach zu ihnen: Seid denn auch ihr
noch immer unverständig? 17 Merkt ihr
nicht, dass alles, was zum Mund hinein-
geht, das geht in den Bauch und wird

14,20: *a* 2. Kön 4,44 **14,23:** *a* Lk 6,12; 9,18 **14,26:** *a* Lk 24,37 **14,33:** *a* Kap 16,16; Joh 1,49 **14,36:** *a* Kap 9,21; Lk 6,19 **15,2:** *a* Lk 11,38 **15,5:** *a (5-6)* Spr 28,24; 1. Tim 5,8 **15,11:** *a* Apg 10,15; 1. Tim 4,4; Tit 1,15 **15,13:** *a* Apg 5,38 **15,14:** *a* Kap 23,24; Lk 6,39; Röm 2,19

danach in die Grube ausgeleert? 18 Was
aber aus dem Mund herauskommt, das
kommt aus dem Herzen, und das macht
den Menschen unrein. 19 Denn [a]aus dem
Herzen kommen böse Gedanken, Mord,
Ehebruch, Unzucht, Diebstahl, falsches
Zeugnis, Lästerung. 20 Das sind die Din-
ge, die den Menschen unrein machen.
Aber mit ungewaschenen Händen essen
macht den Menschen nicht unrein.

Die kanaanäische Frau

(Mk 7,24-30)

21 Und Jesus ging weg von dort und zog
sich zurück in die Gegend von Tyrus und
Sidon. 22 Und siehe, eine kanaanäische
Frau kam aus diesem Gebiet und schrie:
Ach Herr, du Sohn Davids, erbarme dich
meiner! Meine Tochter wird von einem
bösen Geist übel geplagt. 23 Und er ant-
wortete ihr kein Wort. Da traten seine
Jünger zu ihm, baten ihn und sprachen:
Lass sie doch gehen,* denn sie schreit
uns nach. 24 Er antwortete aber und
sprach: Ich bin nur gesandt zu den ver-
lorenen Schafen des Hauses Israel.[a]

25 Sie aber kam und fiel vor ihm nieder
und sprach: Herr, hilf mir! 26 Aber er ant-
wortete und sprach: Es ist nicht recht,
dass man den Kindern ihr Brot nehme
und werfe es vor die Hunde. 27 Sie
sprach: Ja, Herr; aber doch fressen die
Hunde von den Brosamen, die vom Tisch
ihrer Herren fallen. 28 Da antwortete Je-
sus und sprach zu ihr: **Frau, [a]dein Glaube
ist groß. Dir geschehe, wie du willst!** Und
ihre Tochter wurde gesund zu derselben
Stunde.

Weitere Heilungen

29 Und Jesus ging von dort weiter und
kam an das Galiläische Meer und ging
auf einen Berg und setzte sich dort.
30 Und es kam eine große Menge zu ihm;
die hatten bei sich Gelähmte, Verkrüp-
pelte, Blinde, Stumme und viele andere
Kranke und legten sie Jesus vor die Füße,
und er heilte sie, 31 sodass sich das Volk
verwunderte, als sie sahen, dass die
Stummen redeten, die Verkrüppelten ge-
sund waren, die Gelähmten gingen, die
Blinden sahen; und sie priesen den Gott
Israels.[a]

Die Speisung der Viertausend

(Mk 8,1-10)

32 [a]Und Jesus rief seine Jünger zu sich
und sprach: Das Volk jammert mich;
denn sie harren nun schon drei Tage bei
mir aus und haben nichts zu essen; und
ich will sie nicht hungrig gehen lassen,
damit sie nicht verschmachten auf dem
Wege. 33 Da sprachen seine Jünger zu
ihm: Woher sollen wir so viel Brot neh-
men in der Wüste, um eine so große
Menge zu sättigen? 34 Und Jesus sprach
zu ihnen: Wie viele Brote habt ihr? Sie
antworteten: Sieben und ein paar Fische.

35 Und er ließ das Volk sich auf die
Erde lagern 36 und nahm die sieben Brote
und die Fische, dankte, brach sie und
gab sie seinen Jüngern, und die Jünger
gaben sie dem Volk. 37 Und sie aßen alle
und wurden satt; und sie sammelten auf,
was an Brocken übrig blieb, sieben
Körbe voll. 38 Und die gegessen hatten,
waren viertausend Mann, ausgenommen
Frauen und Kinder. 39 Und als er das
Volk hatte gehen lassen, stieg er ins Boot
und kam in das Gebiet von Magadan.

Die Zeichenforderung der Pharisäer

(Mk 8,11-12; Lk 12,54-56)

16 Da traten die Pharisäer und Saddu-
zäer zu ihm; die versuchten ihn und
forderten ihn auf, sie [a]ein Zeichen vom
Himmel sehen zu lassen. 2 Aber er ant-
wortete und sprach: Des Abends sprecht
ihr: Es wird ein schöner Tag werden,
denn der Himmel ist rot. 3 Und des Mor-
gens sprecht ihr: Es wird heute ein Un-
wetter kommen, denn der Himmel ist rot
und trübe. Über das Aussehen des Him-
mels könnt ihr urteilen; könnt ihr dann
nicht auch über die [a]Zeichen der Zeit
urteilen?** 4 Ein böses und abtrünniges
Geschlecht fordert ein Zeichen; doch
[a]soll ihm kein Zeichen gegeben werden,
es sei denn das Zeichen des Jona⁺. Und
er ließ sie stehen und ging davon.

* Es kann auch übersetzt werden: »Stell sie zufrieden«.
** Verse 2b-3 (»Des Abends ... urteilen?«) finden sich bei einigen wichtigen Textzeugen nicht.
⁺ Siehe Sach- und Worterklärungen.

15,19: *a* 1. Mose 8,21 **15,24:** *a* Kap 10,5-6; Röm 15,8 **15,28:** *a* Kap 8,10.13 **15,31:** *a* Mk 7,37 **15,32:** *a (32-39)* Kap 14,13-21 **16,1:** *a* Kap 12,38 **16,3:** *a* Kap 11,4 **16,4:** *a* Kap 12,39-40

Warnung vor der Lehre der Pharisäer und Sadduzäer

(Mk 8,14-21)

5 Und als die Jünger ans andre Ufer ge-
kommen waren, hatten sie vergessen,
Brot mitzunehmen. 6 Jesus aber sprach zu
ihnen: [a]Seht zu und hütet euch vor dem
Sauerteig der Pharisäer und Sadduzäer!
7 Da dachten sie bei sich selbst und spra-
chen: Das wird's sein, dass wir kein Brot
mitgenommen haben.

8 Als das Jesus merkte, sprach er zu
ihnen: Ihr Kleingläubigen, was beküm-
mert ihr euch doch, dass ihr kein Brot
habt? 9 Versteht ihr noch nicht? Denkt ihr
nicht an die [a]fünf Brote für die fünftau-
send und wie viel Körbe voll ihr da auf-
gesammelt habt? 10 Auch nicht an die
[a]sieben Brote für die viertausend und
wie viel Körbe voll ihr da aufgesammelt
habt? 11 Wieso versteht ihr denn nicht,
dass ich nicht vom Brot zu euch gere-
det habe? Hütet euch vielmehr vor dem
Sauerteig der Pharisäer und Sadduzäer!
12 Da verstanden sie, dass er nicht ge-
sagt hatte, sie sollten sich hüten vor dem
Sauerteig des Brotes, sondern vor der
Lehre der Pharisäer und Sadduzäer.

Das Bekenntnis des Petrus und die Verheißung an ihn

(Mk 8,27-30; Lk 9,18-21)

13 Da kam Jesus in die Gegend von Cäsa-
rea Philippi und fragte seine Jünger und
sprach: Wer sagen die Leute, dass der
Menschensohn sei? 14 Sie sprachen:
Einige sagen, du seist [a]Johannes der
Täufer, andere, du seist [b]Elia, wieder an-
dere, du seist Jeremia oder [c]einer der
Propheten. 15 Er fragte sie: Wer sagt denn
ihr, dass ich sei? 16 Da antwortete Simon
Petrus und sprach: [a]**Du bist Christus, des
lebendigen Gottes Sohn!**

17 Und Jesus antwortete und sprach zu
ihm: Selig bist du, Simon, Jonas Sohn;
[a]denn Fleisch und Blut haben dir das
nicht offenbart, sondern mein Vater im
Himmel. 18 Und ich sage dir auch: Du
bist Petrus, und auf diesen [a]Felsen will
ich meine Gemeinde bauen, und die
Pforten der Hölle sollen sie nicht über-
wältigen. 19 **Ich will dir die Schlüssel des
Himmelreichs geben: [a]Alles, was du auf
Erden binden wirst, soll auch im Himmel
gebunden sein, und alles, was du auf Erden
lösen wirst, soll auch im Himmel gelöst
sein.**

20 Da gebot er seinen Jüngern, nieman-
dem zu sagen, dass er der Christus sei.[a]

Die erste Ankündigung von Jesu Leiden und Auferstehung

(Mk 8,31-33; Lk 9,22)

21 Seit der Zeit fing Jesus an, seinen Jün-
gern zu zeigen, wie er nach Jerusalem
gehen und viel leiden müsse von den Äl-
testen und Hohenpriestern und Schrift-
gelehrten und getötet werden und [a]am
dritten Tage auferstehen.

22 Und Petrus nahm ihn beiseite und
fuhr ihn an und sprach: Gott bewahre
dich, Herr! Das widerfahre dir nur nicht!
23 Er aber wandte sich um und sprach zu
Petrus: Geh weg von mir, Satan! Du bist
mir ein Ärgernis; denn du meinst nicht,
was göttlich, sondern was menschlich
ist.

Von der Nachfolge

(Mk 8,34–9,1; Lk 9,23-27)

24 [a]Da sprach Jesus zu seinen Jüngern:
**Will mir jemand nachfolgen, der verleugne
sich selbst und nehme sein Kreuz auf sich
und folge mir.**[b] 25 **Denn wer sein Leben
erhalten will, der wird's verlieren; [a]wer
aber sein Leben verliert um meinetwillen,
der wird's finden.** 26 **Was hülfe es dem
Menschen, [a]wenn er die ganze Welt ge-
wönne und nähme doch Schaden an seiner
Seele? Oder was kann der Mensch geben,
womit er [b]seine Seele auslöse?**

27 Denn es wird geschehen, dass der
Menschensohn kommt in der Herrlich-
keit seines Vaters mit seinen Engeln, und
dann wird er [a]einem jeden vergelten
nach seinem Tun. 28 Wahrlich, ich sage
euch: Es stehen einige hier, die werden
den Tod nicht schmecken, bis sie den
Menschensohn kommen sehen in seinem
Reich.[a]

16,6: *a* Lk 12,1 **16,9:** *a* Kap 14,17-21 **16,10:** *a* Kap 15,34-38 **16,14:** *a* Kap 14,2; *b* Kap 17,10; *c* Lk 7,16 **16,16:** *a* Joh 6,69 **16,17:** *a* Kap 11,27; Gal 1,15-16 **16,18:** *a* Joh 1,42; Eph 2,20 **16,19:** *a* Kap 18,18 **16,20:** *a* Kap 17,9 **16,21:** *a* Kap 12,40; Joh 2,19 **16,24:** *a (24-25)* Kap 10,38-39; *b* 1.Petr 2,21 **16,25:** *a* Offb 12,11 **16,26:** *a* Lk 12,20; *b* Ps 49,9 **16,27:** *a* Röm 2,6 **16,28:** *a* Kap 10,23

Die Verklärung Jesu

(Mk 9,2-13; Lk 9,28-36)

17 Und nach sechs Tagen [a]nahm Je-
sus mit sich Petrus und Jakobus
und Johannes, dessen Bruder, und führte
sie allein auf einen hohen Berg. 2 [a]Und er
wurde verklärt vor ihnen, und [b]sein An-
gesicht leuchtete wie die Sonne, und seine
Kleider wurden weiß wie das Licht.
3 Und siehe, da erschienen ihnen Mose
und Elia; die redeten mit ihm.

4 Petrus aber fing an und sprach zu
Jesus: Herr, hier ist gut sein! Willst du, so
will ich hier drei Hütten bauen, dir eine,
Mose eine und Elia eine. 5 Als er noch so
redete, siehe, da überschattete sie eine
lichte Wolke. Und siehe, eine Stimme aus
der Wolke sprach: [a]**Dies ist mein lieber
Sohn, an dem ich Wohlgefallen habe; den
sollt ihr hören!**

6 Als das die Jünger hörten, fielen sie
auf ihr Angesicht und erschraken sehr.
7 Jesus aber trat zu ihnen, rührte sie an
und sprach: Steht auf und fürchtet euch
nicht! 8 Als sie aber ihre Augen aufhoben,
sahen sie niemand als Jesus allein. 9 Und
als sie vom Berge hinabgingen, gebot ih-
nen Jesus und sprach: Ihr sollt von dieser
Erscheinung [a]niemandem sagen, bis der
Menschensohn von den Toten auferstan-
den ist.

10 Und seine Jünger fragten ihn und
sprachen: Warum sagen denn die Schrift-
gelehrten, zuerst müsse [a]Elia kommen?
11 Jesus antwortete und sprach zu ihnen:
Elia soll freilich kommen und alles zu-
rechtbringen. 12 Doch ich sage euch: Elia
ist schon gekommen, aber sie haben ihn
nicht erkannt, sondern [a]haben mit ihm
getan, was sie wollten. So wird auch der
Menschensohn durch sie leiden müssen.
13 Da verstanden die Jünger, dass er von
Johannes dem Täufer zu ihnen geredet
hatte.[a]

Die Heilung eines mondsüchtigen Knaben

(Mk 9,14-29; Lk 9,37-42)

14 Und als sie zu dem Volk kamen, trat
ein Mensch zu ihm, fiel ihm zu Füßen
15 und sprach: Herr, erbarme dich über
meinen Sohn! Denn er ist mondsüchtig
und hat schwer zu leiden; er fällt oft ins
Feuer und oft ins Wasser; 16 und ich habe
ihn zu deinen Jüngern gebracht und sie
konnten ihm nicht helfen. 17 Jesus aber
antwortete und sprach: O du ungläubiges
und verkehrtes Geschlecht, wie lange soll
ich bei euch sein? Wie lange soll ich euch
erdulden? Bringt ihn mir her! 18 Und Je-
sus bedrohte ihn; und der böse Geist fuhr
aus von ihm und der Knabe wurde ge-
sund zu derselben Stunde.

19 Da traten seine Jünger zu ihm, als
sie allein waren, und fragten: [a]Warum
konnten **wir** ihn nicht austreiben? 20 Er
aber sprach zu ihnen: Wegen eures Klein-
glaubens. Denn wahrlich, ich sage euch:
[a]Wenn ihr Glauben habt wie ein Senf-
korn, so könnt ihr sagen zu diesem
Berge: Heb dich dorthin!, so wird er sich
heben; und euch wird nichts unmöglich
sein.*

Die zweite Ankündigung von Jesu Leiden und Auferstehung

(Mk 9,30-32; Lk 9,43-45)

22 [a]Als sie aber beieinander waren in Ga-
liläa, sprach Jesus zu ihnen: Der Men-
schensohn wird überantwortet werden
in die Hände der Menschen 23 und sie
werden ihn töten, und am dritten Tag
wird er auferstehen. Und sie wurden sehr
betrübt.

Von der Zahlung der Tempelsteuer

24 Als sie nun nach Kapernaum kamen,
traten zu Petrus, die den Tempelgroschen
einnehmen, und sprachen: Pflegt euer
Meister nicht den [a]Tempelgroschen zu
geben? 25 Er sprach: Ja.

Und als er heimkam, kam ihm Jesus
zuvor und fragte: Was meinst du, Simon?
Von wem nehmen die Könige auf Erden
Zoll oder Steuern: von ihren Kindern
oder von den Fremden? 26 Als er ant-
wortete: Von den Fremden, sprach Jesus
zu ihm: So sind die Kinder frei. 27 Damit
wir ihnen aber keinen Anstoß geben, geh
hin an den See und wirf die Angel aus,

* Vers 21 findet sich erst in der späteren Überlieferung: »Aber diese Art fährt nur aus durch Beten und Fasten« (vgl. Mk 9,29).

17,1: *a* Kap 26,37; Mk 5,37; 13,3; 14,33; Lk 8,51 **17,2:** *a (2.5)* 2. Petr 1,16-18; *b* Offb 1,16 **17,5:** *a* Kap 3,17 **17,9:** *a* Kap 16,20 **17,10:** *a* Kap 11,14 **17,12:** *a* Kap 14,9-10 **17,13:** *a* Lk 1,17 **17,19:** *a* Kap 10,1 **17,20:** *a* Kap 21,21; Lk 17,6; 1. Kor 13,2 **17,22:** *a (22-23)* Kap 16,21; 20,18-19 **17,24:** *a* 2. Mose 30,13; 2. Kön 12,5-6

und den ersten Fisch, der heraufkommt,
den nimm; und wenn du sein Maul auf-
machst, wirst du ein Zweigroschenstück
finden; das nimm und gib's ihnen für
mich und dich.

Der Rangstreit der Jünger

(Mk 9,33-37; Lk 9,46-48)

18 Zu derselben Stunde traten die Jün-
ger zu Jesus und fragten: Wer ist
doch der Größte im Himmelreich? 2 Jesus
rief ein Kind zu sich und stellte es mitten
unter sie 3 und sprach: Wahrlich, ich sage
euch: **Wenn ihr nicht umkehrt und werdet
wie die Kinder, so werdet ihr nicht ins
Himmelreich kommen.**[a] 4 Wer nun sich
selbst erniedrigt und wird wie dies Kind,
der ist der Größte im Himmelreich.
5 Und wer ein solches Kind aufnimmt in
meinem Namen, der nimmt mich auf.[a]

Warnung vor Verführung zum Abfall

(Mk 9,42-48; Lk 17,1-3a)

6 Wer aber einen dieser Kleinen, die an
mich glauben, zum Abfall verführt, für
den wäre es besser, dass ein Mühlstein an
seinen Hals gehängt und er ersäuft
würde im Meer, wo es am tiefsten ist.
7 Weh der Welt der Verführungen wegen!
Es müssen ja Verführungen kommen;
doch weh dem Menschen, der zum Ab-
fall verführt!

8 [a]Wenn aber deine Hand oder dein
Fuß dich zum Abfall verführt, so hau sie
ab und wirf sie von dir. Es ist besser für
dich, dass du lahm oder verkrüppelt zum
Leben eingehst, als dass du zwei Hände
oder zwei Füße hast und wirst in das
ewige Feuer geworfen. 9 Und wenn dich
dein Auge zum Abfall verführt, reiß es
aus und wirf's von dir. Es ist besser für
dich, dass du einäugig zum Leben ein-
gehst, als dass du zwei Augen hast und
wirst in das höllische Feuer geworfen.

Vom verlorenen Schaf

(Lk 15,4-7)

10 Seht zu, dass ihr nicht einen von diesen
Kleinen verachtet. Denn ich sage euch:
[a]Ihre Engel im Himmel sehen allezeit
das Angesicht meines Vaters im Him-
mel.*

12 Was meint ihr? Wenn ein Mensch
hundert Schafe hätte und eins unter ih-
nen sich verirrte: lässt er nicht die neun-
undneunzig auf den Bergen, geht hin und
sucht das verirrte? 13 Und wenn es ge-
schieht, dass er's findet, wahrlich, ich
sage euch: Er freut sich darüber mehr als
über die neunundneunzig, die sich nicht
verirrt haben. 14 So ist's auch nicht der
Wille bei eurem Vater im Himmel, dass
auch nur eines von diesen Kleinen ver-
loren werde.

Zurechtweisung und Gebet in der Gemeinde

15 Sündigt aber dein Bruder an dir, so geh
hin und [a]weise ihn zurecht zwischen dir
und ihm allein. Hört er auf dich, so hast
du deinen Bruder gewonnen. 16 Hört er
nicht auf dich, so nimm noch einen oder
zwei zu dir, damit [a]jede Sache durch den
Mund von zwei oder drei Zeugen bestä-
tigt werde. 17 Hört er auf die nicht, so
sage es der Gemeinde. Hört er auch auf
die Gemeinde nicht, so sei er für dich wie
ein Heide und Zöllner.[a] 18 Wahrlich, ich
sage euch: **Was ihr auf Erden binden wer-
det, soll auch im Himmel gebunden sein,
und was ihr auf Erden lösen werdet, soll
auch im Himmel gelöst sein.**[a]

19 Wahrlich, ich sage euch auch: Wenn
zwei unter euch eins werden auf Erden,
worum sie bitten wollen, so soll es ihnen
widerfahren von meinem Vater im Him-
mel.[a] 20 Denn **wo zwei oder drei versam-
melt sind in meinem Namen, [a]da bin ich
mitten unter ihnen.**

Von der Vergebung (»Der Schalksknecht«)

21 Da trat Petrus zu ihm und fragte: Herr,
wie oft muss ich denn meinem Bruder,
der an mir sündigt, vergeben? Genügt es
siebenmal? 22 Jesus sprach zu ihm: Ich
sage dir: nicht siebenmal, sondern sieb-
zigmal siebenmal.[a]

* Vers 11 findet sich erst in der späteren Überlieferung: »Denn der Menschensohn ist gekommen, selig zu machen, was verloren ist« (vgl. Lk 19,10).

18,3: *a* Kap 19,14 **18,5:** *a* Kap 10,40 **18,8:** *a (8-9)* Kap 5,29-30 **18,10:** *a* Hebr 1,14 **18,15:** *a* 3. Mose 19,17; Lk 17,3; Gal 6,1 **18,16:** *a* 5. Mose 19,15 **18,17:** *a* 1. Kor 5,13; 2. Thess 3,6; Tit 3,10 **18,18:** *a* Kap 16,19; Joh 20,23 **18,19:** *a* Mk 11,24 **18,20:** *a* Kap 28,20 **18,22:** *a* 1. Mose 4,24; Lk 17,4; Eph 4,32

23 Darum gleicht das Himmelreich
einem König, der mit seinen Knechten
abrechnen wollte. 24 Und als er anfing
abzurechnen, wurde einer vor ihn ge-
bracht, der war ihm zehntausend Zent-
ner Silber schuldig. 25 Da er's nun nicht
bezahlen konnte, befahl der Herr, ihn
und seine Frau und [a]seine Kinder und
alles, was er hatte, zu verkaufen und da-
mit zu bezahlen. 26 Da fiel ihm der
Knecht zu Füßen und flehte ihn an und
sprach: Hab Geduld mit mir; ich will
dir's alles bezahlen. 27 Da hatte der Herr
Erbarmen mit diesem Knecht und ließ
ihn frei und die Schuld erließ er ihm
auch.

28 Da ging dieser Knecht hinaus und
traf einen seiner Mitknechte, der war ihm
hundert Silbergroschen schuldig; und er
packte und würgte ihn und sprach: Be-
zahle, was du mir schuldig bist! 29 Da fiel
sein Mitknecht nieder und bat ihn und
sprach: Hab Geduld mit mir; ich will
dir's bezahlen. 30 Er wollte aber nicht,
sondern ging hin und warf ihn ins Ge-
fängnis, bis er bezahlt hätte, was er schul-
dig war.

31 Als aber seine Mitknechte das sahen,
wurden sie sehr betrübt und kamen und
brachten bei ihrem Herrn alles vor, was
sich begeben hatte. 32 Da forderte ihn sein
Herr vor sich und sprach zu ihm: Du
böser Knecht! Deine ganze Schuld habe
ich dir erlassen, [a]weil du mich gebeten
hast; 33 hättest du dich da nicht auch
erbarmen sollen über deinen Mitknecht,
wie ich mich über dich erbarmt habe?[a]
34 Und sein Herr wurde zornig und über-
antwortete ihn den Peinigern, [a]bis er al-
les bezahlt hätte, was er ihm schuldig
war.

35 So wird auch mein himmlischer Va-
ter an euch tun, wenn ihr einander nicht
von Herzen vergebt, ein jeder seinem
Bruder.[a]

Von Ehe, Ehescheidung, Ehelosigkeit

(Mk 10,1-12)

19 Und es begab sich, als Jesus diese
Reden vollendet hatte, dass er sich
aufmachte aus Galiläa und kam in das
Gebiet von Judäa jenseits des Jordans;
2 und eine große Menge folgte ihm nach
und er heilte sie dort.

3 Da traten Pharisäer zu ihm und ver-
suchten ihn und sprachen: Ist's erlaubt,
dass sich ein Mann aus irgendeinem
Grund von seiner Frau scheidet? 4 Er
aber antwortete und sprach: Habt ihr
nicht gelesen: Der im Anfang den Men-
schen geschaffen hat, [a]schuf sie als
Mann und Frau 5 und sprach (1. Mose
2,24): »Darum wird ein Mann Vater und
Mutter verlassen und an seiner Frau
hängen, und die zwei werden **ein** Fleisch
sein«? 6 So sind sie nun nicht mehr zwei,
sondern **ein** Fleisch*. **Was nun Gott zu-
sammengefügt hat, das [a]soll der Mensch
nicht scheiden!**

7 Da fragten sie: Warum hat dann
Mose geboten, ihr einen [a]Scheidebrief zu
geben und sich von ihr zu scheiden? 8 Er
sprach zu ihnen: Mose hat euch erlaubt,
euch zu scheiden von euren Frauen, eu-
res Herzens Härte wegen; von Anfang an
aber ist's nicht so gewesen. 9 Ich aber sage
euch: Wer sich von seiner Frau scheidet,
es sei denn wegen Ehebruchs, und hei-
ratet eine andere, der bricht die Ehe.[a]

10 Da sprachen seine Jünger zu ihm:
Steht die Sache eines Mannes mit seiner
Frau so, dann ist's nicht gut zu heiraten.
11 Er sprach aber zu ihnen: Dies Wort
fassen nicht alle, sondern nur die, denen
es gegeben ist.[a] 12 Denn einige sind von
Geburt an zur Ehe unfähig; andere sind
von Menschen zur Ehe unfähig gemacht;
und wieder andere haben sich selbst zur
Ehe unfähig gemacht um des Himmel-
reichs willen. Wer es fassen kann, der
fasse es!

Die Segnung der Kinder

(Mk 10,13-16; Lk 18,15-17)

13 Da wurden Kinder zu ihm gebracht,
damit er die Hände auf sie legte und
betete. Die Jünger aber fuhren sie an.
14 Aber Jesus sprach: **Lasset die Kinder
und wehret ihnen nicht, zu mir zu kom-
men; denn solchen gehört das Himmel-
reich.**[a] 15 Und er legte die Hände auf sie
und zog von dort weiter.

* Siehe Sach- und Worterklärungen zu »Fleisch«.

18,25: *a* Neh 5,5 **18,32:** *a* Lk 6,36 **18,33:** *a* 1. Joh 4,11 **18,34:** *a* Kap 5,26 **18,35:** *a* Kap 6,14-15; Jak 2,13 **19,4:** *a* 1. Mose 1,27 **19,6:** *a* 1. Kor 7,10-11 **19,7:** *a* Kap 5,31 **19,9:** *a* Kap 5,32; Lk 16,18 **19,11:** *a* 1. Kor 7,7 **19,14:** *a* Kap 18,2-3

Die Gefahr des Reichtums (»Der reiche Jüngling«)

(Mk 10,17-27; Lk 18,18-27)

16 Und siehe, einer trat zu ihm und fragte:
Meister, was soll ich Gutes tun, damit ich
das ewige Leben habe? 17 Er aber sprach
zu ihm: Was fragst du mich nach dem,
was gut ist? Gut ist nur Einer. Willst
du aber zum Leben eingehen, so halte
die Gebote. 18 Da fragte er ihn: Welche?
Jesus aber sprach: »Du sollst nicht tö-
ten; du sollst nicht ehebrechen; du sollst
nicht stehlen; du sollst nicht falsch Zeug-
nis geben; 19 ehre Vater und Mutter«
(2. Mose 20,12-16); und: »Du sollst dei-
nen Nächsten lieben wie dich selbst«
(3. Mose 19,18).
20 Da sprach der Jüngling zu ihm: Das
habe ich alles gehalten; was fehlt mir
noch? 21 Jesus antwortete ihm: Willst du
vollkommen sein, so geh hin, verkaufe,
was du hast, und gib's den Armen, so
wirst du einen [a]Schatz im Himmel haben;
und komm und folge mir nach! 22 Als
der Jüngling das Wort hörte, ging er be-
trübt davon; denn er hatte viele Güter.[a]
23 Jesus aber sprach zu seinen Jüngern:
Wahrlich, ich sage euch: Ein Reicher
wird schwer ins Himmelreich kommen.
24 Und weiter sage ich euch: Es ist leich-
ter, dass ein Kamel durch ein Nadelöhr
gehe, als dass ein Reicher ins Reich Got-
tes komme. 25 Als das seine Jünger hör-
ten, entsetzten sie sich sehr und spra-
chen: Ja, wer kann dann selig werden?
26 Jesus aber sah sie an und sprach zu
ihnen: Bei den Menschen ist's unmöglich;
aber [a]bei Gott sind alle Dinge möglich.

Der Lohn der Nachfolge

(Mk 10,28-31; Lk 18,28-30)

27 Da fing Petrus an und sprach zu ihm:
Siehe, [a]wir haben alles verlassen und
sind dir nachgefolgt; was wird uns dafür
gegeben? 28 Jesus aber sprach zu ihnen:
Wahrlich, ich sage euch: Ihr, die ihr mir
nachgefolgt seid, werdet bei der Wieder-
geburt, wenn der Menschensohn sitzen
wird auf dem Thron seiner Herrlichkeit,
auch [a]sitzen auf zwölf Thronen und
[b]richten die zwölf Stämme Israels.
29 Und wer Häuser oder Brüder oder
Schwestern oder Vater oder Mutter oder
Kinder oder Äcker verlässt um meines
Namens willen, der wird's hundertfach
empfangen und das ewige Leben ererben.
30 Aber viele, die die Ersten sind, werden
die Letzten und die Letzten werden die
Ersten sein.

Von den Arbeitern im Weinberg

20 Denn das Himmelreich gleicht
einem Hausherrn, der früh am
Morgen ausging, um Arbeiter für seinen
Weinberg einzustellen. 2 Und als er mit
den Arbeitern einig wurde über einen Sil-
bergroschen als Tagelohn, sandte er sie in
seinen Weinberg.
3 Und er ging aus um die dritte Stunde
und sah andere müßig auf dem Markt
stehen 4 und sprach zu ihnen: Geht ihr
auch hin in den Weinberg; ich will euch
geben, was recht ist. 5 Und sie gingen hin.
Abermals ging er aus um die sechste und
um die neunte Stunde und tat dasselbe.
6 Um die elfte Stunde aber ging er aus
und fand andere und sprach zu ihnen:
Was steht ihr den ganzen Tag müßig da?
7 Sie sprachen zu ihm: Es hat uns nie-
mand eingestellt. Er sprach zu ihnen:
Geht ihr auch hin in den Weinberg.
8 Als es nun Abend wurde, sprach der
Herr des Weinbergs zu seinem Verwalter:
Ruf die Arbeiter und gib ihnen den Lohn
und fang an bei den letzten bis zu den
ersten. 9 Da kamen, die um die elfte
Stunde eingestellt waren, und jeder emp-
fing seinen Silbergroschen. 10 Als aber die
Ersten kamen, meinten sie, sie würden
mehr empfangen; und auch sie empfin-
gen ein jeder seinen Silbergroschen.
11 Und als sie den empfingen, murrten sie
gegen den Hausherrn 12 und sprachen:
Diese Letzten haben nur eine Stunde ge-
arbeitet, doch du hast sie uns gleichge-
stellt, die wir des Tages Last und Hitze
getragen haben.
13 Er antwortete aber und sagte zu
einem von ihnen: Mein Freund, ich tu dir
nicht Unrecht. Bist du nicht mit mir einig
geworden über einen Silbergroschen?
14 Nimm, was dein ist, und geh! Ich will
aber diesem Letzten dasselbe geben wie

19,21: *a* Kap 6,20; Lk 12,33 **19,22:** *a* Ps 62,11 **19,26:** *a* Hiob 42,2 **19,27:** *a* Kap 4,20-22 **19,28:** *a* Lk 22,30; Offb 3,21; *b* 1. Kor 6,2

dir. 15 Oder [a] habe ich nicht Macht zu tun,
was ich will, mit dem, was mein ist? Siehst
du scheel drein, weil ich so gütig bin?
16 **So werden die Letzten die Ersten und
die Ersten die Letzten sein.***

Die dritte Ankündigung von Jesu Leiden und Auferstehung

(Mk 10,32-34; Lk 18,31-33)

17 Und Jesus zog hinauf nach Jerusalem
und nahm die zwölf Jünger beiseite und
sprach zu ihnen auf dem Wege: 18 Siehe,
wir [a] ziehen hinauf nach Jerusalem, und
[b] der Menschensohn wird den Hohen-
priestern und Schriftgelehrten überant-
wortet werden; und sie werden ihn zum
Tode verurteilen 19 und werden ihn den
Heiden überantworten, damit sie ihn ver-
spotten und geißeln und kreuzigen; und
am dritten Tage wird er auferstehen.

Vom Herrschen und vom Dienen (»Die Söhne des Zebedäus«)

(Mk 10,35-45)

20 Da trat zu ihm die Mutter der [a] Söhne
des Zebedäus mit ihren Söhnen, fiel vor
ihm nieder und wollte ihn um etwas bit-
ten. 21 Und er sprach zu ihr: Was willst
du? Sie sprach zu ihm: Lass diese meine
beiden Söhne sitzen in deinem Reich,
einen zu deiner Rechten und den andern
zu deiner Linken.[a] 22 Aber Jesus ant-
wortete und sprach: Ihr wisst nicht, was
ihr bittet. Könnt ihr den [a] Kelch trinken,
den ich trinken werde?** Sie antworteten
ihm: Ja, das können wir. 23 Er sprach zu
ihnen: [a] Meinen Kelch werdet ihr zwar
trinken,⁺ aber das Sitzen zu meiner
Rechten und Linken zu geben steht mir
nicht zu. Das wird denen zuteil, für die es
bestimmt ist von meinem Vater.
24 [a] Als das die Zehn hörten, wurden
sie unwillig über die zwei Brüder. 25 Aber
Jesus rief sie zu sich und sprach: Ihr
wisst, dass die Herrscher ihre Völker nie-
derhalten und die Mächtigen ihnen Ge-
walt antun. 26 So soll es nicht sein unter
euch; sondern wer unter euch groß sein
will, der [a] sei euer Diener; 27 und wer un-
ter euch der Erste sein will, der sei euer
Knecht,[a] 28 so wie **der Menschensohn
nicht gekommen ist, dass er sich dienen
lasse, sondern [a] dass er diene und [b] gebe
sein Leben zu einer Erlösung für viele.**

Die Heilung von zwei Blinden bei Jericho

(Mk 10,46-52; Lk 18,35-43)

29 Und als sie von Jericho fortgingen,
folgte ihm eine große Menge. 30 Und
siehe, zwei Blinde saßen am Wege; und
als sie hörten, dass Jesus vorüberging,
schrien sie: Ach Herr, du Sohn Davids,
erbarme dich unser! 31 Aber das Volk
fuhr sie an, dass sie schweigen sollten.
Doch sie schrien noch viel mehr: Ach
Herr, du Sohn Davids, erbarme dich
unser!
32 Jesus aber blieb stehen, rief sie und
sprach: Was wollt ihr, dass ich für euch
tun soll? 33 Sie sprachen zu ihm: Herr,
dass unsere Augen aufgetan werden.
34 Und es jammerte Jesus und er berührte
ihre Augen; und sogleich wurden sie wie-
der sehend, und sie folgten ihm nach.

Jesu Einzug in Jerusalem

(Mk 11,1-10; Lk 19,29-38; Joh 12,12-19)

21 Als sie nun in die Nähe von Jeru-
salem kamen, nach Betfage an den
Ölberg, sandte Jesus zwei Jünger voraus
2 und sprach zu ihnen: Geht hin in das
Dorf, das vor euch liegt, und gleich wer-
det ihr eine Eselin angebunden finden
und ein Füllen bei ihr; bindet sie los und
führt sie zu mir! 3 Und wenn euch jemand
etwas sagen wird, so sprecht: Der Herr
bedarf ihrer. Sogleich wird er sie euch
überlassen.[a] 4 Das geschah aber, damit
erfüllt würde, was gesagt ist durch den
Propheten, der da spricht (Sacharja 9,9):
5 »Sagt der Tochter Zion: Siehe, dein Kö-
nig kommt zu dir sanftmütig und reitet
auf einem Esel und auf einem Füllen,
dem Jungen eines Lasttiers.«

* In der späteren Überlieferung finden sich zusätzlich die Worte: »Denn viele sind berufen, aber wenige sind auserwählt« (vgl. 22,14).

** In der späteren Überlieferung finden sich zusätzlich die Worte: »und euch taufen lassen mit der Taufe, mit der ich getauft werde?« (vgl. Mk 10,38).

⁺ In der späteren Überlieferung finden sich zusätzlich die Worte: »und mit der Taufe, mit der ich getauft werde, werdet ihr getauft werden« (vgl. Mk 10,39).

20,15: *a* Röm 9,16.21 **20,18:** *a* Joh 2,13; *b* Kap 16,21; 17,22-23 **20,20:** *a* Kap 10,2 **20,21:** *a* Kap 19,28 **20,22:** *a* Kap 26,39 **20,23:** *a* Apg 12,2; Offb 1,9 **20,24:** *a (24-28)* Lk 22,24-27 **20,26:** *a* Kap 23,11; 1. Kor 9,19 **20,27:** *a* Mk 9,35 **20,28:** *a* Phil 2,7; *b* 1. Petr 1,18-19 **21,3:** *a* Kap 26,18

6 Die Jünger gingen hin und taten, wie
ihnen Jesus befohlen hatte, 7 und brach-
ten die Eselin und das Füllen und legten
ihre Kleider darauf und er setzte sich
darauf. 8 Aber eine sehr große Menge
[a]breitete ihre Kleider auf den Weg; an-
dere hieben Zweige von den Bäumen und
streuten sie auf den Weg. 9 Die Menge
aber, die ihm voranging und nachfolgte,
schrie: [a]**Hosianna dem Sohn Davids! Ge-
lobt sei, der da kommt in dem Namen des
Herrn! Hosianna in der Höhe!**

10 Und als er in Jerusalem einzog, er-
regte sich die ganze Stadt und fragte:
Wer ist der? 11 Die Menge aber sprach:
Das ist Jesus, der Prophet aus Nazareth
in Galiläa.

Die Tempelreinigung

(Mk 11,15-19; Lk 19,45-48; Joh 2,13-16)

12 Und Jesus ging in den Tempel hinein
und trieb heraus alle Verkäufer und Käu-
fer im Tempel und stieß die Tische der
Geldwechsler um und die Stände der
Taubenhändler 13 und sprach zu ihnen:
Es steht geschrieben (Jesaja 56,7): »Mein
Haus soll ein Bethaus heißen«; ihr aber
macht eine [a]Räuberhöhle daraus.

14 Und es gingen zu ihm Blinde und
Lahme im Tempel und er heilte sie. 15 Als
aber die Hohenpriester und Schriftge-
lehrten die Wunder sahen, die er tat, und
die Kinder, die im Tempel schrien: Ho-
sianna dem Sohn Davids!, entrüsteten sie
sich 16 und sprachen zu ihm: Hörst du
auch, was diese sagen? Jesus antwortete
ihnen: Ja! Habt ihr nie gelesen (Psalm
8,3): »Aus dem Munde der Unmündigen
und Säuglinge hast du dir Lob bereitet«?
17 Und er ließ sie stehen und ging zur
Stadt hinaus nach Betanien und blieb
dort über Nacht.

Der verdorrte Feigenbaum

(Mk 11,12-14; 11,20-24)

18 Als er aber am Morgen wieder in die
Stadt ging, hungerte ihn. 19 Und er sah
einen Feigenbaum an dem Wege, ging
hin und [a]fand nichts daran als Blätter
und sprach zu ihm: Nun wachse auf dir
niemals mehr Frucht! Und der Feigen-
baum verdorrte sogleich.

20 Und als das die Jünger sahen, ver-
wunderten sie sich und fragten: Wie ist
der Feigenbaum so rasch verdorrt? 21 Je-
sus aber antwortete und sprach zu ihnen:
Wahrlich, ich sage euch: Wenn ihr Glau-
ben habt und nicht zweifelt, so werdet ihr
nicht allein Taten wie die mit dem Fei-
genbaum tun, sondern, [a]wenn ihr zu die-
sem Berge sagt: Heb dich und wirf dich
ins Meer!, so wird's geschehen. 22 Und
**alles, was ihr bittet im Gebet, wenn ihr
glaubt, so werdet ihr's empfangen.**

Die Frage nach Jesu Vollmacht

(Mk 11,27-33; Lk 20,1-8)

23 Und als er in den Tempel kam und
lehrte, traten die Hohenpriester und die
Ältesten des Volkes zu ihm und fragten:
[a]Aus welcher Vollmacht tust du das und
wer hat dir diese Vollmacht gegeben?
24 Jesus aber antwortete und sprach zu
ihnen: Ich will euch auch eine Sache fra-
gen; wenn ihr mir die sagt, will ich euch
auch sagen, aus welcher Vollmacht ich
das tue. 25 Woher war die Taufe des Jo-
hannes? War sie vom Himmel oder von
den Menschen?

Da bedachten sie's bei sich selbst und
sprachen: Sagen wir, sie war vom Him-
mel, so wird er zu uns sagen: Warum
habt ihr ihm dann nicht geglaubt? 26 Sa-
gen wir aber, sie war von Menschen, so
müssen wir uns vor dem Volk fürchten,
denn sie [a]halten alle Johannes für einen
Propheten. 27 Und sie antworteten Jesus
und sprachen: Wir wissen's nicht. Da
sprach er zu ihnen: So sage ich euch auch
nicht, aus welcher Vollmacht ich das tue.

Von den ungleichen Söhnen

28 Was meint ihr aber? Es hatte ein Mann
zwei Söhne und ging zu dem ersten und
sprach: Mein Sohn, geh hin und arbeite
heute im Weinberg. 29 Er antwortete aber
und sprach: Nein, ich will nicht. Danach
reute es ihn und er ging hin. 30 Und der
Vater ging zum zweiten Sohn und sagte
dasselbe. Der aber antwortete und
sprach: [a]Ja, Herr!, und ging nicht hin.
31 Wer von den beiden hat des Vaters Wil-
len getan?

21,8: *a* 2.Kön 9,13 **21,9:** *a* Ps 118,25-26 **21,13:** *a* Jer 7,11 **21,19:** *a* Lk 13,6 **21,21:** *a* Kap 17,20 **21,23:** *a* Joh 2,18; Apg 4,7 **21,26:** *a* Kap 14,5 **21,30:** *a* Kap 7,21

Sie antworteten: Der erste. Jesus
sprach zu ihnen: Wahrlich, ich sage euch:
Die [a]Zöllner und Huren kommen eher
ins Reich Gottes als ihr. 32Denn Johan-
nes kam zu euch und lehrte euch den
rechten Weg, und ihr glaubtet ihm nicht;
aber [a]die Zöllner und Huren glaubten
ihm. Und obwohl ihr's saht, tatet ihr
dennoch nicht Buße, sodass ihr ihm dann
auch geglaubt hättet.

Von den bösen Weingärtnern

(Mk 12,1-12; Lk 20,9-19)

33Hört ein anderes Gleichnis: Es war ein
Hausherr, der [a]pflanzte einen Weinberg
und zog einen Zaun darum und grub
eine Kelter darin und baute einen Turm
und verpachtete ihn an Weingärtner und
ging außer Landes. 34Als nun die Zeit der
Früchte herbeikam, sandte er seine
Knechte zu den Weingärtnern, damit sie
seine Früchte holten. 35Da nahmen die
Weingärtner seine Knechte: den einen
schlugen sie, den zweiten töteten sie, den
dritten steinigten sie. 36Abermals sandte
er andere Knechte, mehr als das erste
Mal; und sie taten mit ihnen dasselbe.
37Zuletzt aber sandte er seinen Sohn zu
ihnen und sagte sich: Sie werden sich vor
meinem Sohn scheuen. 38Als aber die
Weingärtner den Sohn sahen, sprachen
sie zueinander: Das ist der Erbe; kommt,
lasst uns ihn töten und sein Erbgut an
uns bringen![a] 39Und sie nahmen ihn und
stießen ihn zum Weinberg hinaus und
töteten ihn.

40Wenn nun der Herr des Weinbergs
kommen wird, was wird er mit diesen
Weingärtnern tun? 41Sie antworteten
ihm: Er wird den Bösen ein böses Ende
bereiten und seinen Weinberg andern
Weingärtnern verpachten, die ihm die
Früchte zur rechten Zeit geben.

42Jesus sprach zu ihnen: Habt ihr nie
gelesen in der Schrift (Psalm 118,22-23):
»Der [a]Stein, den die Bauleute verworfen
haben, der ist zum Eckstein geworden.
Vom Herrn ist das geschehen und ist ein
Wunder vor unsern Augen«? 43Darum
sage ich euch: Das Reich Gottes wird
von euch genommen und einem Volk ge-
geben werden, das seine Früchte bringt.
44Und wer auf diesen Stein fällt, der wird
zerschellen; auf wen aber er fällt, den
wird er zermalmen.*

45Und als die Hohenpriester und Pha-
risäer seine Gleichnisse hörten, erkann-
ten sie, dass er von ihnen redete. 46Und
sie trachteten danach, ihn zu ergreifen;
aber sie fürchteten sich vor dem Volk,
denn es hielt ihn für einen Propheten.

Die königliche Hochzeit

(Lk 14,16-24)

22 Und Jesus fing an und redete
abermals in Gleichnissen zu ihnen
und sprach: 2Das Himmelreich gleicht
einem König, der seinem Sohn die Hoch-
zeit ausrichtete.[a] 3Und er sandte seine
Knechte aus, die Gäste zur Hochzeit zu
laden; doch sie wollten nicht kommen.
4Abermals sandte er andere Knechte aus
und sprach: Sagt den Gästen: Siehe,
meine Mahlzeit habe ich bereitet, meine
Ochsen und mein Mastvieh ist geschlach-
tet und alles ist bereit; kommt zur Hoch-
zeit! 5Aber sie verachteten das und
gingen weg, einer auf seinen Acker, der
andere an sein Geschäft. 6Einige aber
ergriffen seine Knechte, verhöhnten und
töteten sie.[a] 7Da wurde der König zor-
nig und schickte seine Heere aus und
brachte diese Mörder um und zündete
ihre Stadt an.[a]

8Dann sprach er zu seinen Knechten:
Die Hochzeit ist zwar bereit, aber die
Gäste waren's nicht wert. 9Darum geht
hinaus auf die Straßen und ladet zur
Hochzeit ein, wen ihr findet. 10Und die
Knechte gingen auf die Straßen hinaus
und brachten zusammen, [a]wen sie fan-
den, Böse und Gute; und die Tische wur-
den alle voll.

11Da ging der König hinein, sich die
Gäste anzusehen, und sah da einen Men-
schen, der hatte [a]kein hochzeitliches Ge-
wand an, 12und sprach zu ihm: Freund,
wie bist du hier hereingekommen und
hast doch kein hochzeitliches Gewand
an? Er aber verstummte. 13Da sprach der
König zu seinen Dienern: Bindet ihm die
Hände und Füße und werft ihn in die
Finsternis hinaus! Da wird Heulen und
Zähneklappern sein.

* Dieser Vers findet sich bei einigen alten Textzeugen nicht.

21,31: *a* Lk 18,9-14 **21,32:** *a* Lk 7,29 **21,33:** *a* Jes 5,1-2 **21,38:** *a* Kap 26,3-5; Joh 1,11 **21,42:** *a* Apg 4,11; 1.Petr 2,4-8 **22,2:** *a* Joh 3,29 **22,6:** *a* Kap 21,35 **22,7:** *a* Kap 24,2 **22,10:** *a* Kap 13,47 **22,11:** *a* Offb 19,8

14 Denn **viele sind berufen, aber wenige
sind auserwählt.**

Die Frage nach der Steuer (»Der Zinsgroschen«)

(Mk 12,13-17; Lk 20,20-26)

15 Da gingen die Pharisäer hin und hiel-
ten Rat, wie sie ihn in seinen Worten
fangen könnten; 16 und sandten zu ihm
ihre Jünger samt den Anhängern des He-
rodes. Die sprachen: [a]Meister, wir wis-
sen, dass du wahrhaftig bist und lehrst
den Weg Gottes recht und fragst nach
niemand; denn du achtest nicht das An-
sehen der Menschen. 17 Darum sage uns,
was meinst du: Ist's recht, dass man dem
Kaiser Steuern zahlt, oder nicht?
18 Als nun Jesus ihre Bosheit merkte,
sprach er: Ihr Heuchler, was versucht ihr
mich? 19 Zeigt mir die Steuermünze! Und
sie reichten ihm einen Silbergroschen.
20 Und er sprach zu ihnen: Wessen Bild
und Aufschrift ist das? 21 Sie sprachen zu
ihm: Des Kaisers. Da sprach er zu ihnen:
**So gebt dem Kaiser, was des Kaisers ist,
und Gott, was Gottes ist!**[a] 22 Als sie das
hörten, wunderten sie sich, ließen von
ihm ab und gingen davon.

Die Frage nach der Auferstehung

(Mk 12,18-27; Lk 20,27-40)

23 An demselben Tage traten die Saddu-
zäer zu ihm, [a]die lehren, es gebe keine
Auferstehung, und fragten ihn 24 und
sprachen: Meister, Mose hat gesagt
(5. Mose 25,5-6): »Wenn einer stirbt und
hat keine Kinder, so soll sein Bruder die
Frau heiraten und seinem Bruder Nach-
kommen erwecken.« 25 Nun waren bei
uns sieben Brüder. Der erste heiratete
und starb; und weil er keine Nachkom-
men hatte, hinterließ er seine Frau sei-
nem Bruder; 26 desgleichen der zweite
und der dritte bis zum siebenten. 27 Zu-
letzt nach allen starb die Frau. 28 Nun in
der Auferstehung: wessen Frau wird sie
sein von diesen sieben? Sie haben sie ja
alle gehabt.
29 Jesus aber antwortete und sprach zu
ihnen: Ihr irrt, weil ihr weder die Schrift
kennt noch die Kraft Gottes. 30 Denn in
der Auferstehung werden sie weder heira-
ten noch sich heiraten lassen, sondern sie
sind wie Engel im Himmel. 31 Habt ihr
denn nicht gelesen von der Auferstehung
der Toten, was euch gesagt ist von Gott,
der da spricht (2. Mose 3,6): 32 »Ich bin
der Gott Abrahams und der Gott Isaaks
und der Gott Jakobs«? **Gott ist nicht ein
Gott der Toten, sondern der Lebenden.**
33 Und als das Volk das hörte, entsetz-
ten sie sich über seine Lehre.

Die Frage nach dem höchsten Gebot

(Mk 12,28-31; Lk 10,25-28)

34 Als aber die Pharisäer hörten, dass er
den Sadduzäern das Maul gestopft hatte,
versammelten sie sich. 35 Und einer von
ihnen, ein Schriftgelehrter, versuchte ihn
und fragte: 36 Meister, welches ist das
höchste Gebot im Gesetz? 37 Jesus aber
antwortete ihm: **»Du sollst den Herrn,
deinen Gott, lieben von ganzem Her-
zen, von ganzer Seele und von ganzem
Gemüt*«** (5. Mose 6,5). 38 Dies ist das
höchste und größte Gebot. 39 Das andere
aber ist dem gleich: **»Du sollst deinen
Nächsten lieben wie dich selbst«** (3. Mose
19,18). 40 In diesen beiden Geboten hängt
das ganze Gesetz und die Propheten.[a]

Die Frage nach dem Davidssohn

(Mk 12,35-37; Lk 20,41-44)

41 Als nun die Pharisäer beieinander wa-
ren, fragte sie Jesus: 42 Was denkt ihr von
dem Christus? Wessen Sohn ist er? Sie
antworteten: [a]Davids. 43 Da fragte er sie:
Wie kann ihn dann David durch den
Geist Herr nennen, wenn er sagt (Psalm
110,1): 44 »Der Herr sprach zu meinem
Herrn: [a]Setze dich zu meiner Rechten,
bis ich deine Feinde unter deine Füße
lege«? 45 Wenn nun David ihn Herr
nennt, wie ist er dann sein Sohn? 46 Und
niemand konnte ihm ein Wort antwor-
ten, auch wagte niemand von dem Tage
an, ihn hinfort zu fragen.

Gegen die Schriftgelehrten und Pharisäer

(Mk 12,38-40; Lk 20,45-47; 11,39-52)

23 Da redete Jesus zu dem Volk und
zu seinen Jüngern 2 und sprach:
Auf dem Stuhl des Mose sitzen die
Schriftgelehrten und Pharisäer. 3 Alles

* Siehe Sach- und Worterklärungen.

22,16: *a* Joh 3,2 **22,21:** *a* Röm 13,1.7 **22,23:** *a* Apg 4,2; 23,6.8 **22,40:** *a* Röm 13,9-10 **22,42:** *a* Jes 11,1; Joh 7,42
22,44: *a* Kap 26,64

nun, was sie euch sagen, das tut und
haltet; aber nach ihren Werken sollt ihr
nicht handeln; denn [a]sie sagen's zwar,
tun's aber nicht. 4 [a]Sie binden schwere
und unerträgliche Bürden und legen sie
den Menschen auf die Schultern; aber sie
selbst wollen keinen Finger dafür krüm-
men.

5 Alle ihre Werke aber tun sie, [a]damit
sie von den Leuten gesehen werden. Sie
machen ihre [b]Gebetsriemen* breit und
die Quasten* an ihren Kleidern groß.
6 Sie [a]sitzen gern obenan bei Tisch und
in den Synagogen 7 und haben's gern,
dass sie auf dem Markt gegrüßt und von
den Leuten Rabbi genannt werden.
8 Aber ihr sollt euch nicht Rabbi nennen
lassen; denn **einer ist euer Meister; ihr
aber seid alle Brüder.** 9 Und ihr sollt nie-
manden unter euch Vater nennen auf Er-
den; denn einer ist euer Vater, der im
Himmel ist. 10 Und ihr sollt euch nicht
Lehrer nennen lassen; denn einer ist euer
Lehrer: Christus. 11 Der Größte unter
euch soll euer Diener sein.[a] 12 Denn **wer
sich selbst erhöht, der wird erniedrigt; und
wer sich selbst erniedrigt, der wird er-
höht.**[a]

13 Weh euch, Schriftgelehrte und Pha-
risäer, ihr Heuchler, die ihr das Himmel-
reich zuschließt vor den Menschen! Ihr
geht nicht hinein und die hineinwollen,
lasst ihr nicht hineingehen.**

15 Weh euch, Schriftgelehrte und Pha-
risäer, ihr Heuchler, die ihr Land und
Meer durchzieht, damit ihr einen Juden-
genossen⁺ gewinnt; und wenn er's gewor-
den ist, macht ihr aus ihm ein Kind der
Hölle, doppelt so schlimm wie ihr.

16 [a]Weh euch, ihr [b]verblendeten Füh-
rer, die ihr sagt: Wenn einer schwört bei
dem Tempel, das gilt nicht; wenn aber
einer schwört bei dem Gold des Tempels,
der ist gebunden. 17 Ihr Narren und Blin-
den! Was ist mehr: das Gold oder der
Tempel, der das Gold heilig macht?
18 Oder: Wenn einer schwört bei dem
Altar, das gilt nicht; wenn aber einer
schwört bei dem Opfer, das darauf liegt,
der ist gebunden. 19 Ihr Blinden! Was ist
mehr: das Opfer oder der Altar, der das
Opfer heilig macht? 20 Darum, wer
schwört bei dem Altar, der schwört bei
ihm und bei allem, was darauf liegt.
21 Und wer schwört bei dem Tempel, der
schwört bei ihm und bei dem, der darin
wohnt. 22 Und wer schwört bei dem Him-
mel, der schwört bei dem Thron Gottes
und bei dem, der darauf sitzt.

23 Weh euch, Schriftgelehrte und Pha-
risäer, ihr Heuchler, die ihr den [a]Zehnten
gebt von Minze, Dill und Kümmel und
lasst das [b]Wichtigste im Gesetz beiseite,
nämlich das Recht, die Barmherzigkeit
und den Glauben! Doch dies sollte man
tun und jenes nicht lassen. 24 Ihr ver-
blendeten Führer, die ihr Mücken aus-
siebt, aber Kamele verschluckt!

25 Weh euch, Schriftgelehrte und Pha-
risäer, ihr Heuchler, [a]die ihr die Becher
und Schüsseln außen reinigt, innen aber
sind sie voller Raub und Gier! 26 Du
[a]blinder Pharisäer, reinige zuerst das In-
nere des Bechers, damit auch das Äußere
rein wird![b]

27 Weh euch, Schriftgelehrte und Pha-
risäer, ihr Heuchler, die ihr seid wie die
übertünchten Gräber, die von außen
hübsch aussehen, aber innen sind sie vol-
ler Totengebeine und lauter Unrat! 28 So
auch ihr: von außen scheint ihr vor den
Menschen fromm, aber innen seid ihr
voller Heuchelei und Unrecht.

29 Weh euch, Schriftgelehrte und Pha-
risäer, ihr Heuchler, die ihr den Prophe-
ten Grabmäler baut und die Gräber der
Gerechten schmückt 30 und sprecht: Hät-
ten wir zu Zeiten unserer Väter gelebt, so
wären wir nicht mit ihnen schuldig ge-
worden am Blut der Propheten! 31 Damit
bezeugt ihr von euch selbst, dass ihr Kin-
der derer seid, [a]die die Propheten getötet
haben. 32 Wohlan, macht auch ihr das
Maß eurer Väter voll! 33 Ihr Schlangen,

* Siehe Sach- und Worterklärungen.

** Vers 14 findet sich erst in der späteren Überlieferung: »Weh euch, Schriftgelehrte und Pharisäer, ihr Heuchler, die ihr die Häuser der Witwen fresst und zum Schein lange Gebete verrichtet! Darum werdet ihr ein umso härteres Urteil empfangen« (vgl. Mk 12,40).

⁺ Siehe Sach- und Worterklärungen zu »Gottesfürchtige«.

23,3: *a* Mal 2,7-8; Röm 2,21-23 **23,4:** *a* Kap 11,28-30; Apg 15,10.28 **23,5:** *a* Kap 6,1; *b* 4.Mose 15,38-39 **23,6:** *a* Lk 14,7 **23,11:** *a* Kap 20,26-27 **23,12:** *a* Hiob 22,29; Spr 29,23; Hes 21,31; Lk 18,14; 1.Petr 5,5 **23,16:** *a (16-22)* Kap 5,34-37; *b* Kap 15,14 **23,23:** *a* 3.Mose 27,30; Lk 18,12; *b* Mi 6,8 **23,25:** *a* Mk 7,4.8 **23,26:** *a* Joh 9,40; *b* Tit 1,15 **23,31:** *a* Jer 26,20-23; Kap 5,12; Apg 7,52

ihr Otternbrut! Wie wollt ihr der höl-
lischen Verdammnis entrinnen?
34 Darum: siehe, ich sende zu euch Pro-
pheten und Weise und Schriftgelehrte;
und von ihnen werdet ihr einige töten
und kreuzigen, und einige werdet ihr gei-
ßeln in euren Synagogen und werdet sie
verfolgen von einer Stadt zur andern,
35 damit über euch komme all das ge-
rechte Blut, das vergossen ist auf Erden,
von dem Blut des gerechten [a]Abel an bis
auf das Blut des [b]Secharja, des Sohnes
Berechjas, den ihr getötet habt zwischen
Tempel und Altar. 36 Wahrlich, ich sage
euch: Das alles wird über dieses Ge-
schlecht kommen.

Klage über Jerusalem

(Lk 13,34-35)

37 Jerusalem, Jerusalem, die du tötest die
Propheten und steinigst, die zu dir ge-
sandt sind! Wie oft habe ich deine Kin-
der versammeln wollen, wie eine Henne
ihre Küken versammelt unter ihre Flügel;
und ihr habt nicht gewollt! 38 Siehe, »euer
Haus soll euch wüst gelassen werden«
[a](Jeremia 22,5; Psalm 69,26). 39 Denn ich
sage euch: Ihr werdet mich von jetzt an
nicht sehen, bis ihr sprecht: [a]Gelobt sei,
der da kommt im Namen des Herrn!

Jesu Rede über die Endzeit
(Kapitel 24,1–25,46)

Das Ende des Tempels

(Mk 13,1-2; Lk 21,5-6)

24 Und Jesus ging aus dem Tempel
fort und seine Jünger traten zu
ihm und zeigten ihm die Gebäude des
Tempels. 2 Er aber sprach zu ihnen: Seht
ihr nicht das alles? Wahrlich, ich sage
euch: [a]Es wird hier nicht ein Stein auf
dem andern bleiben, der nicht zerbro-
chen werde.

Der Anfang der Wehen

(Mk 13,3-13; Lk 21,7-19)

3 Und als er auf dem Ölberg saß, traten
seine Jünger zu ihm und sprachen, als sie
allein waren: Sage uns, wann wird das
geschehen? Und was wird das Zeichen
sein für dein Kommen und für das Ende
der Welt?[a] 4 Jesus aber antwortete und
sprach zu ihnen: Seht zu, dass euch nicht
jemand verführe. 5 Denn es werden viele
[a]kommen unter meinem Namen und sa-
gen: [b]Ich bin der Christus, und sie wer-
den viele verführen. 6 Ihr werdet hören
von Kriegen und Kriegsgeschrei; seht zu
und erschreckt nicht. Denn das muss so
geschehen; aber es ist noch nicht das
Ende da. 7 Denn es wird sich ein Volk
gegen das andere erheben und ein König-
reich gegen das andere; und es werden
Hungersnöte sein und Erdbeben hier und
dort. 8 Das alles aber ist der Anfang der
Wehen.
9 [a]Dann werden sie euch der Bedräng-
nis preisgeben und euch töten. Und ihr
werdet gehasst werden um meines Na-
mens willen von allen Völkern. 10 Dann
werden viele abfallen und werden sich
untereinander verraten und werden sich
untereinander hassen. 11 Und es werden
sich viele [a]falsche Propheten erheben
und werden viele verführen. 12 Und weil
die Ungerechtigkeit überhandnehmen
wird, wird die Liebe in vielen erkalten.[a]
13 **Wer aber beharrt bis ans Ende, der wird
selig werden.**[a] 14 Und es wird gepredigt
werden dies Evangelium vom Reich in
der ganzen Welt zum Zeugnis für [a]alle
Völker, und dann wird das Ende kom-
men.

Die große Bedrängnis

(Mk 13,14-23; Lk 21,20-24)

15 Wenn ihr nun sehen werdet das Gräu-
elbild der Verwüstung stehen an der
heiligen Stätte, wovon gesagt ist durch
den Propheten Daniel (Daniel 9,27;
11,31) – wer das liest, der merke auf! –,
16 alsdann fliehe auf die Berge, wer in
Judäa ist; 17 [a]und wer auf dem Dach ist,
der steige nicht hinunter, etwas aus sei-
nem Hause zu holen; 18 und wer auf dem
Feld ist, der kehre nicht zurück, seinen
Mantel zu holen. 19 Weh aber den
Schwangeren und den Stillenden zu jener
Zeit![a] 20 Bittet aber, dass eure Flucht
nicht geschehe im Winter oder am Sab-

23,35: *a* 1. Mose 4,8; *b* 2. Chr 24,20-21 **23,38:** *a* 1. Kön 9,7-8 **23,39:** *a* Kap 21,9; 26,64 **24,2:** *a* Lk 19,44 **24,3:** *a* Apg 1,6-8 **24,5:** *a* Joh 5,43; *b* 1. Joh 2,18 **24,9:** *a (9-10)* Kap 10,21-22; Joh 16,2 **24,11:** *a* 2. Petr 2,1; 1. Joh 4,1 **24,12:** *a* 2. Tim 3,1-5 **24,13:** *a* Kap 10,22; Offb 13,10 **24,14:** *a* Kap 28,19 **24,17:** *a (17-18)* Lk 17,31 **24,19:** *a* Lk 23,29

bat. 21 Denn [a]es wird dann eine große
Bedrängnis sein, wie sie nicht gewesen ist
vom Anfang der Welt bis jetzt und auch
nicht wieder werden wird. 22 Und wenn
diese Tage nicht verkürzt würden, so
würde kein Mensch selig werden; aber
um der Auserwählten willen werden diese
Tage verkürzt.

23 Wenn dann jemand zu euch sagen
wird: Siehe, hier ist der Christus!, oder:
Da!, so sollt ihr's nicht glauben. 24 Denn
es werden falsche Christusse und [a]fal-
sche Propheten aufstehen und [b]große
Zeichen und Wunder tun, sodass sie,
wenn es möglich wäre, auch die Auser-
wählten verführten. 25 Siehe, ich habe es
euch vorausgesagt. 26 [a]Wenn sie also zu
euch sagen werden: Siehe, er ist in der
Wüste!, so geht nicht hinaus; siehe, er ist
drinnen im Haus!, so glaubt es nicht.
27 Denn wie der Blitz ausgeht vom Osten
und leuchtet bis zum Westen, so wird
auch das Kommen des Menschensohns
sein. 28 Wo das Aas ist, da sammeln sich
die Geier.[a]

Das Kommen des Menschensohns

(Mk 13,24-27; Lk 21,25-28)

29 Sogleich aber nach der Bedrängnis je-
ner Zeit wird die [a]Sonne sich verfinstern
und der Mond seinen Schein verlieren,
und die Sterne werden vom Himmel fal-
len und [b]die Kräfte der Himmel werden
ins Wanken kommen. 30 Und dann wird
erscheinen das Zeichen des Menschen-
sohns am Himmel. Und dann werden
[a]wehklagen alle Geschlechter auf Erden
und werden [b]sehen den Menschensohn
kommen auf den Wolken des Himmels
mit großer Kraft und Herrlichkeit.
31 Und er wird seine Engel senden mit
hellen [a]Posaunen, und sie werden seine
Auserwählten sammeln von den vier
Winden, von einem Ende des Himmels
bis zum andern.

Mahnung zur Wachsamkeit

(Mk 13,28-32; Lk 21,29-33; 12,39-40)

32 An dem Feigenbaum lernt ein Gleich-
nis: Wenn seine Zweige jetzt saftig wer-
den und Blätter treiben, so wisst ihr, dass
der Sommer nahe ist. 33 Ebenso auch:
Wenn ihr das alles seht, so wisst, dass er
nahe vor der Tür ist. 34 Wahrlich, ich sage
euch: Dieses Geschlecht wird nicht ver-
gehen, bis dies alles geschieht. 35 **Himmel
und Erde werden vergehen; aber meine
Worte werden nicht vergehen.**[a] 36 Von
dem Tage aber und von der Stunde weiß
niemand, auch die Engel im Himmel
nicht, auch der Sohn nicht, sondern al-
lein der Vater.[a]

37 [a]Denn wie es in den Tagen Noahs
war, so wird auch sein das Kommen des
Menschensohns. 38 Denn wie sie waren in
den Tagen vor der Sintflut – sie aßen, sie
tranken, sie heirateten und ließen sich
heiraten bis an den Tag, an dem Noah in
die Arche hineinging; 39 und sie beach-
teten es nicht, bis die Sintflut kam und
raffte sie alle dahin –, so wird es auch
sein beim Kommen des Menschensohns.
40 Dann werden zwei auf dem Felde sein;
der eine wird angenommen, der andere
wird preisgegeben. 41 Zwei Frauen wer-
den mahlen mit der Mühle; die eine wird
angenommen, die andere wird preisge-
geben.[a]

42 Darum **wachet; denn ihr wisst nicht,
an welchem Tag euer Herr kommt.**[a]
43 Das sollt ihr aber wissen: Wenn ein
Hausvater wüsste, [a]zu welcher Stunde in
der Nacht der Dieb kommt, so würde er
ja wachen und nicht in sein Haus ein-
brechen lassen. 44 Darum seid auch ihr
bereit! Denn der Menschensohn kommt
zu einer Stunde, da ihr's nicht meint.

Vom treuen und vom bösen Knecht

(Lk 12,41-46)

45 Wer ist nun der treue und kluge
Knecht, den der Herr über seine Leute
gesetzt hat, damit er ihnen zur rechten
Zeit zu essen gebe? 46 Selig ist der
Knecht, den sein Herr, wenn er kommt,
das tun sieht. 47 Wahrlich, ich sage euch:
Er wird ihn über alle seine Güter set-
zen.[a] 48 Wenn aber jener als ein böser
Knecht in seinem Herzen sagt: [a]Mein
Herr kommt noch lange nicht, 49 und

24,21: *a* Dan 12,1 **24,24:** *a* 5. Mose 13,2-4; *b* 2. Thess 2,8-9; Offb 13,13 **24,26:** *a (26-27)* Lk 17,23-24 **24,28:** *a* Lk 17,37; Offb 19,17-18 **24,29:** *a* Jes 13,10; Offb 6,12-13; *b* 2. Petr 3,10 **24,30:** *a* Offb 1,7; *b* Kap 26,64; Dan 7,13-14; Offb 19,11-13 **24,31:** *a* 1. Kor 15,52; Offb 8,2 **24,35:** *a* Kap 5,18; Jes 51,6 **24,36:** *a* Apg 1,7 **24,37:** *a (37-38)* Lk 17,26-27; 1. Mose 6,9–7,23 **24,41:** *a* Lk 17,35 **24,42:** *a* Kap 25,13 **24,43:** *a* 1. Thess 5,2 **24,47:** *a* Kap 25,21.23 **24,48:** *a* 2. Petr 3,4

fängt an, seine Mitknechte zu schlagen,
isst und trinkt mit den Betrunkenen:
50 dann wird der Herr dieses Knechts
kommen an einem Tage, an dem er's
nicht erwartet, und zu einer Stunde, die
er nicht kennt, 51 und er wird ihn in
Stücke hauen lassen und ihm sein Teil
geben bei den Heuchlern; da wird sein
Heulen und Zähneklappern.

Von den klugen und törichten Jungfrauen

25 Dann wird das Himmelreich glei-
chen zehn Jungfrauen, die ihre
Lampen nahmen und gingen hinaus, dem
Bräutigam entgegen.[a] 2 Aber fünf von ih-
nen waren töricht und fünf waren klug.
3 Die törichten nahmen ihre Lampen,
aber sie nahmen kein Öl mit. 4 Die klugen
aber nahmen Öl mit in ihren Gefäßen,
samt ihren Lampen.

5 Als nun der Bräutigam lange aus-
blieb, wurden sie alle schläfrig und
schliefen ein. 6 Um Mitternacht aber er-
hob sich lautes Rufen: Siehe, der Bräuti-
gam kommt! Geht hinaus, ihm entgegen!
7 Da standen diese Jungfrauen alle auf
und machten ihre Lampen fertig.

8 Die törichten aber sprachen zu den
klugen: Gebt uns von eurem Öl, denn
unsre Lampen verlöschen. 9 Da antworte-
ten die klugen und sprachen: Nein, sonst
würde es für uns und euch nicht genug
sein; geht aber zum Kaufmann und kauft
für euch selbst.

10 [a]Und als sie hingingen zu kaufen,
kam der Bräutigam; und die bereit wa-
ren, gingen mit ihm hinein zur Hochzeit,
und die Tür wurde verschlossen. 11 Später
kamen auch die andern Jungfrauen und
sprachen: Herr, Herr, tu uns auf! 12 Er
antwortete aber und sprach: Wahrlich,
ich sage euch: [a]Ich kenne euch nicht.

13 Darum wachet! Denn ihr wisst we-
der Tag noch Stunde.[a]*

Von den anvertrauten Zentnern

(Lk 19,12-27)

14 Denn es ist wie mit einem Menschen,
der außer Landes ging: Er rief seine
Knechte und vertraute ihnen sein Ver-
mögen an; 15 dem einen gab er fünf Zent-
ner Silber, dem andern zwei, dem dritten
einen, [a]jedem nach seiner Tüchtigkeit,
und zog fort. 16 Sogleich ging der hin, der
fünf Zentner empfangen hatte, und han-
delte mit ihnen und gewann weitere fünf
dazu. 17 Ebenso gewann der, der zwei
Zentner empfangen hatte, zwei weitere
dazu. 18 Der aber einen empfangen hatte,
ging hin, grub ein Loch in die Erde und
verbarg das Geld seines Herrn.

19 Nach langer Zeit kam der Herr die-
ser Knechte und forderte Rechenschaft
von ihnen. 20 Da trat herzu, der fünf
Zentner empfangen hatte, und legte wei-
tere fünf Zentner dazu und sprach: Herr,
du hast mir fünf Zentner anvertraut;
siehe da, ich habe damit weitere fünf
Zentner gewonnen. 21 Da sprach sein
Herr zu ihm: **Recht so, du tüchtiger und**
[a]treuer Knecht, du bist über wenigem treu
gewesen, ich will dich über viel setzen; geh
hinein zu deines Herrn Freude!

22 Da trat auch herzu, der zwei Zentner
empfangen hatte, und sprach: Herr, du
hast mir zwei Zentner anvertraut; siehe
da, ich habe damit zwei weitere gewon-
nen. 23 Sein Herr sprach zu ihm: Recht
so, du tüchtiger und treuer Knecht, du
bist über wenigem treu gewesen, ich will
dich über viel setzen; geh hinein zu
deines Herrn Freude!

24 Da trat auch herzu, der einen Zent-
ner empfangen hatte, und sprach: Herr,
ich wusste, dass du ein harter Mann bist:
Du erntest, wo du nicht gesät hast, und
sammelst ein, wo du nicht ausgestreut
hast; 25 und ich fürchtete mich, ging hin
und verbarg deinen Zentner in der Erde.
Siehe, da hast du das Deine. 26 Sein Herr
aber antwortete und sprach zu ihm: Du
böser und fauler Knecht! Wusstest du,
dass ich ernte, wo ich nicht gesät habe,
und einsammle, wo ich nicht ausgestreut
habe? 27 Dann hättest du mein Geld zu
den Wechslern bringen sollen, und wenn
ich gekommen wäre, hätte ich das Meine
wiederbekommen mit Zinsen. 28 Darum
nehmt ihm den Zentner ab und gebt ihn
dem, der zehn Zentner hat. 29 Denn wer
da hat, dem wird gegeben werden, und er
wird die Fülle haben; wer aber nicht hat,

* In der späteren Überlieferung finden sich zusätzlich die Worte: »in der der Menschensohn kommen wird« (vgl. 24,44).

25,1: *a* Lk 12,35-36; Offb 19,7 **25,10:** *a (10-12)* Lk 13,25 **25,12:** *a* Kap 7,23 **25,13:** *a* Kap 24,42.44 **25,15:** *a* Röm 12,6 **25,21:** *a* Kap 24,45-47

dem wird auch, was er hat, genommen
werden.[a] 30 Und den unnützen Knecht
werft in die Finsternis hinaus; da wird
sein Heulen und Zähneklappern.

Vom Weltgericht

31 Wenn aber [a]der Menschensohn kom-
men wird in seiner Herrlichkeit und alle
Engel mit ihm, dann [b]wird er sitzen auf
dem Thron seiner Herrlichkeit, 32 und
[a]alle Völker werden vor ihm versammelt
werden. Und [b]er wird sie voneinander
scheiden, wie ein Hirt die Schafe von den
Böcken scheidet, 33 und wird die Schafe
zu seiner Rechten stellen und die Böcke
zur Linken.[a]

34 Da wird dann der König sagen zu
denen zu seiner Rechten: Kommt her, ihr
Gesegneten meines Vaters, ererbt das
Reich, das euch bereitet ist von Anbe-
ginn der Welt! 35 [a]Denn ich bin hungrig
gewesen und ihr habt mir zu essen gege-
ben. Ich bin durstig gewesen und ihr habt
mir zu trinken gegeben. Ich bin ein
Fremder gewesen und ihr habt mich auf-
genommen. 36 Ich bin nackt gewesen und
ihr habt mich gekleidet. Ich bin krank
gewesen und ihr habt mich besucht. Ich
bin im Gefängnis gewesen und ihr seid
zu mir gekommen.

37 Dann werden ihm die Gerechten
antworten und sagen: Herr, wann haben
wir dich hungrig gesehen und haben dir
zu essen gegeben, oder durstig und haben
dir zu trinken gegeben? 38 Wann haben
wir dich als Fremden gesehen und haben
dich aufgenommen, oder nackt und ha-
ben dich gekleidet? 39 Wann haben wir
dich krank oder im Gefängnis gesehen
und sind zu dir gekommen? 40 Und der
König wird antworten und zu ihnen sa-
gen: Wahrlich, ich sage euch: [a]**Was ihr
getan habt einem von diesen meinen ge-
ringsten Brüdern, das habt ihr mir getan.**

41 Dann wird er auch sagen zu denen
zur Linken: Geht weg von mir, ihr Ver-
fluchten, in das [a]ewige Feuer, das be-
reitet ist dem Teufel und seinen Engeln!
42 Denn ich bin hungrig gewesen und ihr
habt mir nicht zu essen gegeben. Ich bin
durstig gewesen und ihr habt mir nicht
zu trinken gegeben. 43 Ich bin ein Frem-
der gewesen und ihr habt mich nicht auf-
genommen. Ich bin nackt gewesen und
ihr habt mich nicht gekleidet. Ich bin
krank und im Gefängnis gewesen und ihr
habt mich nicht besucht.

44 Dann werden sie ihm auch antwor-
ten und sagen: Herr, wann haben wir
dich hungrig oder durstig gesehen oder
als Fremden oder nackt oder krank oder
im Gefängnis und haben dir nicht ge-
dient? 45 Dann wird er ihnen antworten
und sagen: Wahrlich, ich sage euch: Was
ihr nicht getan habt einem von diesen
Geringsten, das habt ihr mir auch nicht
getan. 46 Und sie werden hingehen: diese
zur ewigen Strafe, aber die Gerechten in
das ewige Leben.[a]

Leiden, Sterben und Auferstehung Jesu
(Kapitel 26,1–28,20)

(Mk 14,1–16,20; Lk 22,1–24,53; Joh 18,1–21,25)

Der Plan der Hohenpriester und Ältesten

26 Und es begab sich, als Jesus alle
diese Reden vollendet hatte, dass
er zu seinen Jüngern sprach: 2 Ihr wisst,
dass in zwei Tagen [a]Passa ist; und [b]der
Menschensohn wird überantwortet wer-
den, dass er gekreuzigt werde.

3 Da versammelten sich die Hohen-
priester und die Ältesten des Volkes im
Palast des Hohenpriesters, der hieß
[a]Kaiphas, 4 und hielten Rat, wie sie Jesus
mit List ergreifen und töten könnten.
5 Sie sprachen aber: Ja nicht bei dem
Fest, damit es nicht einen Aufruhr gebe
im Volk.

Die Salbung in Betanien

(Lk 7,36-50; Joh 12,1-8)

6 Als nun Jesus in Betanien war im Hause
Simons des Aussätzigen, 7 trat zu ihm
eine Frau, die hatte ein Glas mit kostba-
rem Salböl und goss es auf sein Haupt,
als er zu Tisch saß. 8 Als das die Jünger
sahen, wurden sie unwillig und sprachen:
Wozu diese Vergeudung? 9 Es hätte teuer
verkauft und das Geld den Armen gege-
ben werden können.

10 Als Jesus das merkte, sprach er zu

25,29: *a* Kap 13,12; Spr 11,24-25 **25,31:** *a* Kap 16,27; *b* Offb 20,11-13 **25,32:** *a* Röm 14,10; *b* Kap 13,49 **25,33:** *a* Hes 34,17 **25,35:** *a (35-36)* Jes 58,7 **25,40:** *a* Kap 10,42; Spr 19,17; Hebr 2,11 **25,41:** *a* Offb 20,10.15 **25,46:** *a* Joh 5,29; Jak 2,13 **26,2:** *a* 2.Mose 12,1-20; *b* Kap 20,18 **26,3:** *a* Lk 3,1-2

ihnen: Was betrübt ihr die Frau? Sie hat
ein gutes Werk an mir getan. 11 Denn
[a]Arme habt ihr allezeit bei euch, mich
aber habt ihr nicht allezeit. 12 Dass sie
das Öl auf meinen Leib gegossen hat,
das hat sie für mein Begräbnis getan.
13 Wahrlich, ich sage euch: Wo dies Evan-
gelium gepredigt wird in der ganzen
Welt, da wird man auch sagen zu ihrem
Gedächtnis, was sie getan hat.

Der Verrat des Judas

14 Da ging einer von den Zwölfen, mit
Namen Judas Iskariot, hin zu den Ho-
henpriestern 15 und sprach: [a]Was wollt
ihr mir geben? Ich will ihn euch verraten.
Und sie boten ihm [b]dreißig Silberlinge.
16 Und von da an suchte er eine Gelegen-
heit, dass er ihn verriete.

Das Abendmahl

(Joh 13,21-26)

17 Aber am ersten [a]Tage der Ungesäu-
erten Brote traten die Jünger zu Jesus
und fragten: Wo willst du, dass wir dir
das Passalamm zum Essen bereiten? 18 Er
sprach: Geht hin in die Stadt zu einem
und sprecht zu ihm: Der Meister lässt dir
sagen: Meine Zeit ist nahe; ich will bei
dir das Passa feiern mit meinen Jün-
gern.[a] 19 Und die Jünger taten, wie ihnen
Jesus befohlen hatte, und bereiteten das
Passalamm.

20 Und am Abend setzte er sich zu
Tisch mit den Zwölfen. 21 Und als sie
aßen, sprach er: Wahrlich, ich sage euch:
Einer unter euch wird mich verraten.
22 Und sie wurden sehr betrübt und fin-
gen an, jeder einzeln, ihn zu fragen: Herr,
bin ich's? 23 Er antwortete und sprach:
Der die Hand mit mir in die Schüssel
taucht, der wird mich verraten. 24 Der
Menschensohn geht zwar dahin, wie von
ihm geschrieben steht; doch [a]weh dem
Menschen, durch den der Menschensohn
verraten wird! Es wäre für diesen Men-
schen besser, wenn er nie geboren wäre.
25 Da antwortete Judas, der ihn verriet,
und sprach: Bin ich's, Rabbi? Er sprach
zu ihm: Du sagst es.

26 [a]**Als sie aber aßen, nahm Jesus das**
Brot, dankte und brach's und gab's den
Jüngern und sprach: Nehmet, esset; das ist
mein Leib. 27 **Und er nahm den Kelch und**
dankte, gab ihnen den und sprach: Trinket
alle daraus; 28 **das ist mein** [a]**Blut des**
[b]**Bundes,* das vergossen wird für viele zur**
Vergebung der Sünden. 29 Ich sage euch:
Ich werde von nun an nicht mehr von
diesem Gewächs des Weinstocks trinken
bis an den Tag, an dem ich von Neuem
davon trinken werde mit euch in meines
Vaters Reich. 30 Und als sie den [a]Lobge-
sang gesungen hatten, gingen sie hinaus
an den Ölberg.

Die Ankündigung der Verleugnung des Petrus

31 Da sprach Jesus zu ihnen: In dieser
Nacht werdet ihr alle Ärgernis nehmen
an mir. Denn es steht geschrieben (Sa-
charja 13,7): »Ich werde den Hirten
schlagen, und [a]die Schafe der Herde
werden sich zerstreuen.« 32 Wenn ich aber
auferstanden bin, will ich vor euch hinge-
hen nach [a]Galiläa.

33 Petrus aber antwortete und sprach
zu ihm: Wenn sie auch alle Ärgernis neh-
men, so will ich doch niemals Ärgernis
nehmen an dir. 34 Jesus sprach zu ihm:
Wahrlich, ich sage dir: In dieser Nacht,
ehe der Hahn kräht, wirst du mich drei-
mal verleugnen.[a] 35 Petrus sprach zu
ihm: Und wenn ich mit dir sterben müss-
te, will ich dich nicht verleugnen. Das
Gleiche sagten auch alle Jünger.

Jesus in Gethsemane

36 Da kam Jesus mit ihnen zu einem Gar-
ten, der hieß Gethsemane, und sprach zu
den Jüngern: Setzt euch hier, solange ich
dorthin gehe und bete. 37 Und [a]er nahm
mit sich Petrus und die zwei Söhne des
Zebedäus und [b]fing an zu trauern und
zu zagen. 38 Da sprach Jesus zu ihnen:
[a]Meine Seele ist betrübt bis an den Tod;
bleibt hier und wacht mit mir!

39 Und er ging ein wenig weiter, fiel
nieder auf sein Angesicht und betete und

* Luther übersetzte: »des neuen Testaments«.

26,11: *a* 5. Mose 15,11 **26,15:** *a* Joh 11,57; *b* Sach 11,12 **26,17:** *a* 2. Mose 12,18-20 **26,18:** *a* Kap 21,3 **26,24:** *a* Lk 17,1-2 **26,26:** *a (26-28)* 1. Kor 10,16; 11,23-25 **26,28:** *a* 2. Mose 24,8; *b* Jer 31,31; Hebr 9,15-16 **26,30:** *a* Ps 113,1–118,29 **26,31:** *a* Joh 16,32 **26,32:** *a* Kap 28,7 **26,34:** *a* Joh 13,38 **26,37:** *a* Kap 17,1; *b* Hebr 5,7 **26,38:** *a* Joh 12,27

sprach: **Mein Vater, ist's möglich, so gehe**
dieser [a]Kelch an mir vorüber; doch [b]nicht
wie ich will, sondern wie du willst! 40 Und
er kam zu seinen Jüngern und fand sie
schlafend und sprach zu Petrus: Könnt
ihr denn nicht eine Stunde mit mir wa-
chen? 41 [a]**Wachet und betet, dass ihr nicht**
in [b]Anfechtung fallt! Der Geist ist willig;
aber das Fleisch ist schwach.

42 Zum zweiten Mal ging er wieder hin,
betete und sprach: Mein Vater, ist's nicht
möglich, dass dieser Kelch an mir vor-
übergehe, ohne dass ich ihn trinke, so
geschehe dein Wille! 43 Und er kam und
fand sie abermals schlafend, und ihre
Augen waren voller Schlaf. 44 Und er ließ
sie und ging abermals hin und [a]betete
zum dritten Mal und redete dieselben
Worte. 45 Dann kam er zu seinen Jüngern
und sprach zu ihnen: Ach, wollt ihr wei-
ter schlafen und ruhen? Siehe, die Stunde
ist da, dass der Menschensohn in die
Hände der Sünder überantwortet wird.
46 Steht auf, lasst uns gehen! Siehe, er ist
da, der mich verrät.

Jesu Gefangennahme

47 Und als er noch redete, siehe, da kam
Judas, einer von den Zwölfen, und mit
ihm eine große Schar mit Schwertern
und mit Stangen, von den Hohenpries-
tern und Ältesten des Volkes. 48 Und der
Verräter hatte ihnen ein Zeichen genannt
und gesagt: Welchen ich küssen werde,
der ist's; den ergreift. 49 Und alsbald trat
er zu Jesus und sprach: Sei gegrüßt,
Rabbi!, und küsste ihn. 50 Jesus aber
sprach zu ihm: Mein Freund, dazu bist
du gekommen? Da traten sie heran und
legten Hand an Jesus und ergriffen ihn.

51 Und siehe, einer von denen, die bei
Jesus waren, streckte die Hand aus und
zog sein Schwert und schlug nach dem
Knecht des Hohenpriesters und hieb ihm
ein Ohr ab. 52 Da sprach Jesus zu ihm:
Stecke dein Schwert an seinen Ort! Denn
[a]wer das Schwert nimmt, der soll durchs
Schwert umkommen. 53 Oder meinst du,
ich könnte meinen Vater nicht bitten,
dass er mir sogleich mehr als zwölf
Legionen [a]Engel schickte? 54 Wie würde
dann aber die Schrift erfüllt, dass es so
geschehen muss?

55 Zu der Stunde sprach Jesus zu der
Schar: Ihr seid ausgezogen wie gegen
einen Räuber mit Schwertern und mit
Stangen, mich zu fangen. Habe ich doch
täglich im Tempel gesessen und gelehrt,
und ihr habt mich nicht ergriffen. 56 Aber
das ist alles geschehen, damit erfüllt wür-
den die Schriften der Propheten. Da ver-
ließen ihn alle Jünger und flohen.

Jesus vor dem Hohen Rat

57 Die aber Jesus ergriffen hatten, führten
ihn zu dem Hohenpriester Kaiphas, wo
die Schriftgelehrten und Ältesten sich
versammelt hatten. 58 Petrus aber folgte
ihm von ferne bis zum Palast des Hohen-
priesters und ging hinein und setzte sich
zu den Knechten, um zu sehen, worauf es
hinauswollte.

59 Die Hohenpriester aber und der
ganze Hohe Rat suchten falsches Zeugnis
gegen Jesus, dass sie ihn töteten. 60 Und
obwohl viele falsche Zeugen herzutraten,
fanden sie doch nichts. Zuletzt traten
zwei herzu 61 und sprachen: Er hat ge-
sagt: Ich kann [a]den Tempel Gottes ab-
brechen und in drei Tagen aufbauen.[b]
62 Und der Hohepriester stand auf und
sprach zu ihm: Antwortest du nichts auf
das, was diese gegen dich bezeugen?
63 Aber Jesus [a]schwieg still. Und der Ho-
hepriester sprach zu ihm: **Ich beschwöre**
dich bei dem lebendigen Gott, [b]dass du
uns sagst, ob du der Christus bist, der
Sohn Gottes. 64 **Jesus sprach zu ihm: Du**
sagst es. Doch sage ich euch: Von nun an
werdet ihr sehen den Menschensohn [a]sit-
zen zur Rechten der Kraft und [b]kommen
auf den Wolken des Himmels.

65 [a]Da zerriss der Hohepriester seine
Kleider und sprach: Er hat Gott gelästert!
Was bedürfen wir weiterer Zeugen?
Siehe, jetzt habt ihr die Gotteslästerung
gehört. 66 Was ist euer Urteil? Sie ant-
worteten und sprachen: Er ist des Todes
schuldig. 67 Da spien sie ihm ins An-
gesicht und schlugen ihn mit Fäusten.
Einige aber schlugen ihn ins Angesicht[a]
68 und sprachen: Weissage uns, Christus,
wer ist's, der dich schlug?

26,39: *a* Joh 18,11; *b* Joh 6,38; Hebr 5,8 **26,41:** *a* Eph 6,18; *b* Hebr 2,18 **26,44:** *a* 2. Kor 12,8 **26,52:** *a* 1. Mose 9,6 **26,53:** *a* Kap 4,11 **26,61:** *a* Apg 6,14; *b* Joh 2,19-21 **26,63:** *a* Kap 27,12; *b* Joh 10,24 **26,64:** *a* Ps 110,1; *b* Kap 16,27; 24,30; Dan 7,13 **26,65:** *a (65-66)* 3. Mose 24,16; Joh 10,33; 19,7 **26,67:** *a* Jes 50,6

Die Verleugnung des Petrus

69 Petrus aber saß draußen im Hof; da
trat eine Magd zu ihm und sprach: Und
du warst auch mit dem Jesus aus Galiläa.
70 Er leugnete aber vor ihnen allen und
sprach: Ich weiß nicht, was du sagst.
71 Als er aber hinausging in die Torhalle,
sah ihn eine andere und sprach zu denen,
die da waren: Dieser war auch mit dem
Jesus von Nazareth. 72 Und er leugnete
abermals und schwor dazu: Ich kenne
den Menschen nicht.

73 Und nach einer kleinen Weile traten
hinzu, die da standen, und sprachen zu
Petrus: Wahrhaftig, du bist auch einer
von denen, denn deine Sprache verrät
dich. 74 Da fing er an, sich zu verfluchen
und zu schwören: Ich kenne den Men-
schen nicht. Und alsbald krähte der
Hahn. 75 Da dachte Petrus an das Wort,
das Jesus zu ihm gesagt hatte: Ehe der
Hahn kräht, wirst du mich dreimal ver-
leugnen. Und er ging hinaus und weinte
bitterlich.

Jesus vor Pilatus. Das Ende des Judas

27 Am Morgen aber fassten alle Ho-
henpriester und die Ältesten des
Volkes den Beschluss über Jesus, ihn zu
töten, 2 und sie banden ihn, führten ihn
ab und überantworteten ihn dem Statt-
halter Pilatus.

3 Als Judas, der ihn verraten hatte, sah,
dass er zum Tode verurteilt war, reute es
ihn, und er brachte die dreißig Silber-
linge den Hohenpriestern und Ältesten
zurück[a] 4 und sprach: Ich habe Unrecht
getan, dass ich unschuldiges Blut ver-
raten habe. Sie aber sprachen: Was geht
uns das an? Da sieh du zu! 5 Und er warf
die Silberlinge in den Tempel, ging fort
und [a]erhängte sich.

6 Aber die Hohenpriester nahmen die
Silberlinge und sprachen: [a]Es ist nicht
recht, dass wir sie in den Gotteskasten
legen; denn es ist Blutgeld. 7 Sie beschlos-
sen aber, den Töpferacker davon zu kau-
fen zum Begräbnis für Fremde. 8 Daher
heißt dieser Acker Blutacker bis auf den
heutigen Tag. 9 Da wurde erfüllt, was ge-
sagt ist durch den Propheten Jeremia, der
da spricht: »Sie haben die dreißig Silber-
linge genommen, den Preis für den Ver-
kauften, der geschätzt wurde bei den
Israeliten, 10 und sie haben das Geld für
den Töpferacker gegeben, wie mir der
Herr befohlen hat« (Jeremia 32,9; Sa-
charja 11,12-13).

11 Jesus aber stand vor dem Statthalter;
und der Statthalter fragte ihn und
sprach: Bist du der König der Juden?
Jesus aber sprach: Du sagst es. 12 Und als
er von den Hohenpriestern und Ältesten
verklagt wurde, [a]antwortete er nichts.
13 Da sprach Pilatus zu ihm: Hörst du
nicht, wie hart sie dich verklagen? 14 Und
er antwortete ihm nicht auf ein einziges
Wort, sodass sich der Statthalter sehr
verwunderte.[a]

Jesu Verurteilung und Verspottung

15 Zum Fest aber hatte der Statthalter die
Gewohnheit, dem Volk einen Gefange-
nen loszugeben, welchen sie wollten.
16 Sie hatten aber zu der Zeit einen be-
rüchtigten Gefangenen, der hieß Jesus
Barabbas. 17 Und als sie versammelt wa-
ren, sprach Pilatus zu ihnen: Welchen
wollt ihr? Wen soll ich euch losgeben,
Jesus Barabbas oder Jesus, von dem ge-
sagt wird, er sei der Christus? 18 Denn er
wusste, dass sie ihn [a]aus Neid überant-
wortet hatten.

19 Und als er auf dem Richterstuhl saß,
schickte seine Frau zu ihm und ließ ihm
sagen: Habe du nichts zu schaffen mit
diesem Gerechten; denn ich habe heute
viel erlitten im Traum um seinetwillen.

20 Aber die Hohenpriester und Ältesten
überredeten das Volk, dass sie um Bar-
abbas bitten, Jesus aber umbringen soll-
ten. 21 Da fing der Statthalter an und
sprach zu ihnen: Welchen wollt ihr? Wen
von den beiden soll ich euch losgeben?
Sie sprachen: Barabbas! 22 Pilatus sprach
zu ihnen: Was soll ich denn machen mit
Jesus, von dem gesagt wird, er sei der
Christus? Sie sprachen alle: Lass ihn
kreuzigen! 23 Er aber sagte: Was hat er
denn Böses getan? Sie schrien aber noch
mehr: Lass ihn kreuzigen! 24 Als aber Pi-
latus sah, dass er nichts ausrichtete, son-
dern das Getümmel immer größer wurde,

27,3: *a* Kap 26,15 **27,5:** *a* Apg 1,18-19 **27,6:** *a* 5. Mose 23,19 **27,12:** *a* Kap 26,63; Jes 53,7 **27,14:** *a* Joh 19,9
27,18: *a* Joh 12,19

nahm er Wasser und [a]wusch sich die
Hände vor dem Volk und sprach: Ich bin
unschuldig an seinem Blut; seht ihr zu!
25 Da antwortete das ganze Volk und
sprach: [a]Sein Blut komme über uns und
unsere Kinder!

26 Da gab er ihnen Barabbas los, aber
Jesus ließ er geißeln und überantwortete
ihn, dass er gekreuzigt werde.

27 Da nahmen die Soldaten des Statt-
halters Jesus mit sich in das Prätorium
und sammelten die ganze Abteilung um
ihn. **28** Und zogen ihn aus und legten ihm
einen Purpurmantel an **29** und flochten
eine Dornenkrone und setzten sie ihm
aufs Haupt und gaben ihm ein Rohr in
seine rechte Hand und beugten die Knie
vor ihm und verspotteten ihn und spra-
chen: Gegrüßet seist du, der Juden Kö-
nig!, **30** und spien ihn an und nahmen das
Rohr und schlugen damit sein Haupt.[a]

Jesu Kreuzigung und Tod

31 Und als sie ihn verspottet hatten, zo-
gen sie ihm den Mantel aus und zogen
ihm seine Kleider an und führten ihn ab,
um ihn zu kreuzigen. **32** Und als sie hin-
ausgingen, fanden sie einen Menschen
aus Kyrene mit Namen Simon; den
zwangen sie, dass er ihm sein Kreuz
trug.

33 Und als sie an die Stätte kamen mit
Namen Golgatha, das heißt: Schädel-
stätte, **34** gaben sie ihm Wein zu trinken
mit [a]Galle vermischt; und als er's
schmeckte, wollte er nicht trinken. **35** Als
sie ihn aber gekreuzigt hatten, [a]verteilten
sie seine Kleider und warfen das Los
darum.* **36** Und sie saßen da und be-
wachten ihn. **37** Und oben über sein
Haupt setzten sie eine Aufschrift mit der
Ursache seines Todes: Dies ist Jesus, der
Juden König.

38 Und da wurden zwei [a]Räuber mit
ihm gekreuzigt, einer zur Rechten und
einer zur Linken.

39 Die aber vorübergingen, lästerten
ihn und [a]schüttelten ihre Köpfe **40** und
sprachen: [a]Der du den Tempel abbrichst
und baust ihn auf in drei Tagen, hilf dir
selber, wenn du Gottes Sohn bist, und
steig herab vom Kreuz! **41** Desgleichen
spotteten auch die Hohenpriester mit
den Schriftgelehrten und Ältesten und
sprachen: **42** Andern hat er geholfen und
kann sich selber nicht helfen. Ist er der
König von Israel, so steige er nun vom
Kreuz herab. Dann wollen wir an ihn
glauben. **43** Er hat [a]Gott vertraut; der
erlöse ihn nun, wenn er Gefallen an ihm
hat; denn er hat gesagt: Ich bin Gottes
Sohn.[b] **44** Desgleichen schmähten ihn
auch die Räuber, die mit ihm gekreuzigt
waren.

45 Und von der sechsten Stunde an
kam eine Finsternis über das ganze Land
bis zur neunten Stunde. **46** Und um die
neunte Stunde schrie Jesus laut: Eli, Eli,
lama asabtani? Das heißt: [a]**Mein Gott,
mein Gott, warum hast du mich verlas-
sen?**

47 Einige aber, die da standen, als sie
das hörten, sprachen sie: Der ruft nach
Elia. **48** Und sogleich lief einer von ihnen,
nahm einen Schwamm und füllte ihn
mit [a]Essig und steckte ihn auf ein Rohr
und gab ihm zu trinken. **49** Die andern
aber sprachen: Halt, lass sehen, ob Elia
komme und ihm helfe! **50** Aber Jesus
schrie abermals laut und verschied.

51 Und siehe, der [a]Vorhang im Tempel
zerriss in zwei Stücke von oben an bis
unten aus. **52** Und die Erde erbebte und
die Felsen zerrissen, und die Gräber ta-
ten sich auf und viele Leiber der ent-
schlafenen Heiligen standen auf **53** und
gingen aus den Gräbern nach seiner Auf-
erstehung und kamen in die heilige Stadt
und erschienen vielen. **54** Als aber der
Hauptmann und die mit ihm Jesus be-
wachten das Erdbeben sahen und was da
geschah, erschraken sie sehr und spra-
chen: **Wahrlich, dieser ist Gottes Sohn
gewesen!**

55 Und es waren viele Frauen da, die
von ferne zusahen; die waren Jesus aus
Galiläa nachgefolgt und hatten ihm ge-
dient;[a] **56** unter ihnen war Maria von

* In der späteren Überlieferung finden sich zusätzlich die Worte: »damit erfüllt werde, was gesagt ist durch den Propheten (Psalm 22,19): Sie haben meine Kleider unter sich geteilt und haben über mein Gewand das Los geworfen« (vgl. Joh 19,24).

27,24: *a* 5. Mose 21,6 **27,25:** *a* Apg 5,28 **27,30:** *a* Jes 50,6 **27,34:** *a* Ps 69,22 **27,35:** *a* Joh 19,24 **27,38:** *a* Jes 53,12 **27,39:** *a* Ps 22,8 **27,40:** *a* Kap 26,61; Joh 2,19 **27,43:** *a* Ps 22,9; *b* Weish 2,13.16-20 **27,46:** *a* Ps 22,2 **27,48:** *a* Ps 69,22 **27,51:** *a* 2. Mose 26,31-33; 2. Chr 3,14 **27,55:** *a* Lk 8,2-3

Magdala und Maria, die Mutter des Ja-
kobus und Josef, und die Mutter der
Söhne des Zebedäus.

Jesu Grablegung

57 [a]Am Abend aber kam ein reicher
Mann aus Arimathäa, der hieß Josef und
war auch ein Jünger Jesu. 58 Der ging zu
Pilatus und bat um den Leib Jesu. Da
befahl Pilatus, man sollte ihm ihn geben.
59 Und Josef nahm den Leib und wickelte
ihn in ein reines Leinentuch 60 und legte
ihn in sein eigenes neues Grab, das er in
einen Felsen hatte hauen lassen, und
wälzte einen großen Stein vor die Tür des
Grabes und ging davon.
61 Es waren aber dort Maria von Mag-
dala und die andere Maria; die saßen
dem Grab gegenüber.

Die Bewachung des Grabes

62 Am nächsten Tag, der auf den [a]Rüst-
tag folgt, kamen die Hohenpriester mit
den Pharisäern zu Pilatus 63 und spra-
chen: Herr, wir haben daran gedacht,
dass dieser Verführer [a]sprach, als er
noch lebte: Ich will nach drei Tagen auf-
erstehen. 64 Darum befiehl, dass man das
Grab bewache bis zum dritten Tag, damit
nicht seine Jünger kommen und ihn steh-
len und zum Volk sagen: Er ist aufer-
standen von den Toten, und der letzte
Betrug ärger wird als der erste. 65 Pilatus
sprach zu ihnen: Da habt ihr die Wache;
geht hin und bewacht es, so gut ihr
könnt. 66 Sie gingen hin und sicherten das
Grab mit der Wache und versiegelten den
Stein.

Jesu Auferstehung

(Mk 16,1-10; Lk 24,1-10; Joh 20,1-18)

28 Als aber der Sabbat vorüber war
und [a]der erste Tag der Woche an-
brach, kamen Maria von Magdala und
die andere Maria, um nach dem Grab zu
sehen. 2 Und siehe, es geschah ein großes
Erdbeben. Denn der Engel des Herrn
kam vom Himmel herab, trat hinzu und
wälzte den Stein weg und setzte sich dar-
auf. 3 Seine Gestalt war wie der Blitz und
[a]sein Gewand weiß wie der Schnee. 4 Die
Wachen aber erschraken aus Furcht vor
ihm und wurden, als wären sie tot.
5 Aber der Engel sprach zu den
Frauen: Fürchtet euch nicht! Ich weiß,
dass ihr Jesus, den Gekreuzigten, sucht.
6 Er ist nicht hier; [a]er ist auferstanden,
wie er gesagt hat. Kommt her und seht
die Stätte, wo er gelegen hat; 7 und geht
eilends hin und sagt seinen Jüngern, dass
er auferstanden ist von den Toten. Und
siehe, er wird vor euch hingehen nach
[a]Galiläa; dort werdet ihr ihn sehen.
Siehe, ich habe es euch gesagt. 8 Und sie
gingen eilends weg vom Grab mit Furcht
und großer Freude und liefen, um es sei-
nen Jüngern zu verkündigen.
9 Und siehe, da begegnete ihnen Jesus
und sprach: Seid gegrüßt! Und sie traten
zu ihm und umfassten seine Füße und
fielen vor ihm nieder. 10 Da sprach Jesus
zu ihnen: Fürchtet euch nicht! Geht
hin und verkündigt es meinen [a]Brüdern,
dass sie nach Galiläa gehen: Dort werden
sie mich sehen.
11 Als sie aber hingingen, siehe, da ka-
men einige von der Wache in die Stadt
und verkündeten den Hohenpriestern al-
les, was geschehen war. 12 Und sie kamen
mit den Ältesten zusammen, hielten Rat
und gaben den Soldaten viel Geld 13 und
sprachen: Sagt, seine Jünger sind in der
Nacht gekommen und haben ihn gestoh-
len, während wir schliefen.[a] 14 Und wenn
es dem Statthalter zu Ohren kommt, wol-
len wir ihn beschwichtigen und dafür
sorgen, dass ihr sicher seid. 15 Sie nahmen
das Geld und taten, wie sie angewiesen
waren. Und so ist dies zum Gerede ge-
worden bei den Juden bis auf den heu-
tigen Tag.

Der Missionsbefehl

16 Aber die elf Jünger gingen nach Gali-
läa auf den Berg, wohin Jesus sie be-
schieden hatte. 17 Und als sie ihn sahen,
fielen sie vor ihm nieder; einige aber
zweifelten.
18 Und Jesus trat herzu und sprach zu
ihnen: [a]**Mir ist gegeben alle Gewalt im
Himmel und auf Erden.** 19 **Darum gehet**

27,57: *a* *(57-58)* 5.Mose 21,22-23 **27,62:** *a* Mk 15,42 **27,63:** *a* Kap 20,19 **28,1:** *a* Apg 20,7; 1.Kor 16,2; Offb 1,10 **28,3:** *a* Kap 17,2; Apg 1,10 **28,6:** *a* Kap 12,40; 16,21; 17,23; 20,19 **28,7:** *a* Kap 26,32 **28,10:** *a* Hebr 2,11 **28,13:** *a* Kap 27,64 **28,18:** *a* Kap 11,27; Eph 1,20-22

hin und [a]machet zu Jüngern alle Völker: Taufet sie auf den Namen des Vaters und des Sohnes und des Heiligen Geistes 20 und lehret sie halten alles, was ich euch befohlen habe. Und siehe, [a]ich bin bei euch alle Tage bis an der Welt Ende.

DAS EVANGELIUM NACH MARKUS

Inhaltsübersicht

Johannes der Täufer

(Mt 3,1-12; Lk 3,1-18; Joh 1,19-27)

1 Dies ist der Anfang des Evangeliums von Jesus Christus, dem Sohn Gottes. 2 Wie geschrieben steht im Propheten Jesaja: [a]»Siehe, ich sende meinen Boten vor dir her, der deinen Weg bereiten soll.« 3 »Es ist eine Stimme eines Predigers in der Wüste: Bereitet den Weg des Herrn, macht seine Steige eben!« (Maleachi 3,1; Jesaja 40,3):

4 Johannes der Täufer war in der Wüste und predigte die Taufe der Buße zur Vergebung der Sünden. 5 Und es ging zu ihm hinaus das ganze jüdische Land und alle Leute von Jerusalem und ließen sich von ihm taufen im Jordan und bekannten ihre Sünden.

6 Johannes aber trug ein Gewand aus Kamelhaaren und einen ledernen Gürtel um seine Lenden und aß Heuschrecken und wilden Honig 7 und predigte und sprach: Es kommt einer nach mir, der ist stärker als ich; und ich bin nicht wert, dass ich mich vor ihm bücke und die Riemen seiner Schuhe löse. 8 Ich taufe euch mit Wasser; aber er wird euch mit dem Heiligen Geist taufen.

Jesu Taufe und Versuchung

(Mt 3,13–4,11; Lk 3,21-22; 4,1-13; Joh 1,32-34)

9 Und es begab sich zu der Zeit, dass Jesus aus [a]Nazareth in Galiläa kam und ließ sich taufen von Johannes im Jordan. 10 Und alsbald, als er aus dem Wasser stieg, sah er, dass sich der Himmel auftat und der Geist wie eine Taube herabkam auf ihn. 11 Und da geschah eine Stimme vom Himmel: **Du bist mein lieber Sohn, an dir habe ich Wohlgefallen.**[a]

12 Und alsbald trieb ihn der Geist in die Wüste; 13 und er war in der Wüste vierzig Tage und wurde versucht von dem Satan und war bei den wilden Tieren, und die Engel dienten ihm.

Der Beginn des Wirkens Jesu in Galiläa

(Mt 4,12-17; Lk 4,14-15)

14 Nachdem aber Johannes gefangen gesetzt war, kam Jesus nach Galiläa und predigte das Evangelium Gottes 15 und sprach: [a]**Die Zeit ist erfüllt und das Reich Gottes ist herbeigekommen. Tut Buße und glaubt an das Evangelium!**

Die Berufung der ersten Jünger

(Mt 4,18-22; Lk 5,1-11; Joh 1,35-51)

16 Als er aber am Galiläischen Meer entlangging, sah er Simon und Andreas, Simons Bruder, wie sie ihre Netze ins Meer warfen; denn sie waren Fischer. 17 Und Jesus sprach zu ihnen: Folgt mir nach; ich will euch zu Menschenfischern machen! 18 Sogleich verließen sie ihre Netze und folgten ihm nach.

19 Und als er ein wenig weiterging, sah er Jakobus, den Sohn des Zebedäus, und Johannes, seinen Bruder, wie sie im Boot die Netze flickten. 20 Und alsbald rief er sie und sie ließen ihren Vater Zebedäus im Boot mit den Tagelöhnern und folgten ihm nach.

28,19: *a* Kap 24,14; Mk 16,15-16; 2. Kor 5,20 **28,20:** *a* Kap 18,20 **1,2:** *a* Mt 11,10 **1,9:** *a* Lk 2,51 **1,11:** *a* Kap 9,7 • **1,15:** *a* Gal 4,4

Jesus in Kapernaum

(Mt 8,14-17; Lk 4,31-44)

21 Und sie gingen hinein nach Kaper-
naum; und alsbald am Sabbat ging er in
die Synagoge und lehrte. 22 Und sie ent-
setzten sich über seine Lehre; denn er
lehrte mit Vollmacht und nicht wie die
Schriftgelehrten.[a]
23 Und alsbald war in ihrer Synagoge
ein Mensch, besessen von einem unrei-
nen Geist*; der schrie: 24 [a]Was willst du
von uns, Jesus von Nazareth? Du bist
gekommen, uns zu vernichten. Ich weiß,
wer du bist: der Heilige Gottes! 25 Und
Jesus bedrohte ihn und sprach: Ver-
stumme und fahre aus von ihm! 26 Und
der unreine Geist riss ihn und schrie laut
und fuhr aus von ihm.[a] 27 Und sie ent-
setzten sich alle, sodass sie sich unterein-
ander befragten und sprachen: Was ist
das? Eine neue Lehre in Vollmacht! Er
gebietet auch den unreinen Geistern und
sie gehorchen ihm! 28 Und die Kunde von
ihm erscholl alsbald überall im ganzen
galiläischen Land.
29 Und alsbald gingen sie aus der Syn-
agoge und kamen in das Haus des Simon
und Andreas mit Jakobus und Johannes.
30 Und die Schwiegermutter Simons lag
darnieder und hatte das Fieber; und als-
bald sagten sie ihm von ihr. 31 Da trat er
zu ihr, fasste sie bei der Hand und rich-
tete sie auf; und das Fieber verließ sie
und sie diente ihnen.
32 Am Abend aber, als die Sonne unter-
gegangen war, brachten sie zu ihm alle
Kranken und Besessenen. 33 Und die
ganze Stadt war versammelt vor der Tür.
34 Und er half vielen Kranken, die mit
mancherlei Gebrechen beladen waren,
und trieb viele böse Geister aus und [a]ließ
die Geister nicht reden; denn sie kannten
ihn.
35 Und am Morgen, noch vor Tage,
stand er auf und ging hinaus. Und [a]er
ging an eine einsame Stätte und betete
dort. 36 Simon aber und die bei ihm wa-
ren, eilten ihm nach. 37 Und als sie ihn
fanden, sprachen sie zu ihm: Jedermann
sucht dich. 38 Und er sprach zu ihnen:
Lasst uns anderswohin gehen, in die
nächsten Städte, dass ich auch dort pre-
dige; denn dazu bin ich gekommen.
39 Und er kam und predigte in ihren Syn-
agogen in ganz Galiläa und trieb die bö-
sen Geister aus.

Die Heilung eines Aussätzigen

(Mt 8,2-4; Lk 5,12-16)

40 Und es kam zu ihm ein Aussätziger,
der bat ihn, kniete nieder und sprach zu
ihm: Willst du, so kannst du mich reini-
gen. 41 Und es jammerte ihn und er
streckte die Hand aus, rührte ihn an und
sprach zu ihm: Ich will's tun; sei rein!
42 Und sogleich wich der Aussatz von
ihm und er wurde rein. 43 Und Jesus
drohte ihm und trieb ihn alsbald von
sich[a] 44 und sprach zu ihm: Sieh zu, dass
du [a]niemandem etwas sagst; sondern
geh hin und zeige dich dem Priester und
[b]opfere für deine Reinigung, was Mose
geboten hat, ihnen zum Zeugnis.
45 Er aber ging fort und fing an, viel
davon zu reden und die Geschichte be-
kannt zu machen, sodass Jesus hinfort
nicht mehr öffentlich in eine Stadt gehen
konnte; sondern er war draußen an ein-
samen Orten; doch sie kamen zu ihm von
allen Enden.

Die Heilung eines Gelähmten (»Der Gichtbrüchige«)

(Mt 9,1-8; Lk 5,17-26)

2 Und nach einigen Tagen ging er wie-
der nach Kapernaum; und es wurde
bekannt, dass er im Hause war. 2 Und es
versammelten sich viele, sodass sie nicht
Raum hatten, auch nicht draußen vor
der Tür; und er sagte ihnen das Wort.
3 Und es kamen einige zu ihm, die brach-
ten einen Gelähmten, von vieren getra-
gen. 4 Und da sie ihn nicht zu ihm brin-
gen konnten wegen der Menge, deckten
sie das Dach auf, wo er war, machten ein
Loch und ließen das Bett herunter, auf
dem der Gelähmte lag. 5 Als nun Jesus
ihren Glauben sah, sprach er zu dem
Gelähmten: **Mein Sohn, deine Sünden
sind dir vergeben.**
6 Es saßen da aber einige Schriftge-
lehrte und dachten in ihren Herzen: 7 Wie
redet der so? Er lästert Gott! [a]Wer kann

* Siehe Sach- und Worterklärungen.

1,22: *a* Mt 7,28-29 **1,24:** *a* Kap 5,7 **1,26:** *a* Kap 9,26 **1,34:** *a* Apg 16,17-18 **1,35:** *a* Mt 14,23; 26,36; Lk 5,16; 11,1 **1,43:** *a* Kap 3,12 **1,44:** *a* Kap 7,36; *b* 3. Mose 14,2-32 **2,7:** *a* Ps 130,4; Jes 43,25

Sünden vergeben als Gott allein? 8 Und
Jesus erkannte sogleich in seinem Geist,
dass sie so bei sich selbst dachten, und
sprach zu ihnen: Was denkt ihr solches in
euren Herzen? 9 Was ist leichter, zu dem
Gelähmten zu sagen: Dir sind deine Sün-
den vergeben, oder zu sagen: Steh auf,
nimm dein Bett und geh umher? 10 Damit
ihr aber wisst, dass der Menschensohn
Vollmacht hat, Sünden zu vergeben auf
Erden – sprach er zu dem Gelähmten:
11 Ich sage dir, steh auf, nimm dein Bett
und geh heim!

12 Und er stand auf, nahm sein Bett
und ging alsbald hinaus vor aller Augen,
sodass sie sich alle entsetzten und Gott
priesen und sprachen: Wir haben so et-
was noch nie gesehen.

Die Berufung des Levi und das Mahl mit den Zöllnern

(Mt 9,9-13; Lk 5,27-32)

13 Und er ging wieder hinaus an den See;
und alles Volk kam zu ihm und er lehrte
sie. 14 Und als er vorüberging, sah er
Levi, den Sohn des Alphäus, am Zoll
sitzen und sprach zu ihm: Folge mir
nach! Und er stand auf und folgte ihm
nach.

15 Und es begab sich, dass er zu Tisch
saß in seinem Hause, da setzten sich viele
Zöllner und Sünder zu Tisch mit Jesus
und seinen Jüngern; denn es waren viele,
die ihm nachfolgten. 16 Und als die
Schriftgelehrten unter den Pharisäern sa-
hen, dass er mit den Sündern und Zöll-
nern aß, sprachen sie zu seinen Jüngern:
Isst er mit den Zöllnern und Sündern?
17 Als das Jesus hörte, sprach er zu ihnen:
Die Starken bedürfen keines Arztes, son-
dern die Kranken. **Ich bin gekommen, die
Sünder zu rufen und nicht die Gerechten.**

Die Frage nach dem Fasten

(Mt 9,14-17; Lk 5,33-38)

18 Und die Jünger des Johannes und die
Pharisäer fasteten viel; und es kamen
einige, die sprachen zu ihm: Warum fas-
ten die Jünger des Johannes und die Jün-
ger der Pharisäer, und deine Jünger fas-
ten nicht? 19 Und Jesus sprach zu ihnen:
Wie können die Hochzeitsgäste fasten,
während der Bräutigam bei ihnen ist?
Solange der Bräutigam bei ihnen ist,
können sie nicht fasten. 20 Es wird aber
die Zeit kommen, dass der Bräutigam
von ihnen genommen wird; dann werden
sie fasten, an jenem Tage.

21 Niemand flickt einen Lappen von
neuem Tuch auf ein altes Kleid; sonst
reißt der neue Lappen vom alten ab und
der Riss wird ärger. 22 Und niemand füllt
neuen Wein in alte Schläuche; sonst zer-
reißt der Wein die Schläuche und der
Wein ist verloren und die Schläuche
auch; sondern man soll neuen Wein in
neue Schläuche füllen.

Das Ährenraufen am Sabbat

(Mt 12,1-8; Lk 6,1-5)

23 Und es begab sich, dass er am Sabbat
durch ein Kornfeld ging, und seine Jün-
ger fingen an, während sie gingen, Ähren
auszuraufen. 24 Und die Pharisäer spra-
chen zu ihm: Sieh doch! Warum tun
deine Jünger am Sabbat, was nicht er-
laubt ist?

25 Und er sprach zu ihnen: Habt ihr nie
gelesen, was David tat, als er in Not war
und ihn hungerte, ihn und die bei ihm
waren: 26 wie er [a]ging in das Haus Gottes
zur Zeit Abjatars, des Hohenpriesters,
und aß die Schaubrote, die [b]niemand
essen darf als die Priester, und gab sie
auch denen, die bei ihm waren? 27 Und er
sprach zu ihnen: [a]Der Sabbat ist um des
Menschen willen gemacht und nicht der
Mensch um des Sabbats willen. **28 So ist
der Menschensohn ein Herr auch über den
Sabbat.**

Die Heilung eines Mannes am Sabbat

(Mt 12,9-14; Lk 6,6-11)

3 Und er ging abermals in die Synago-
ge. Und es war dort ein Mensch, der
hatte eine verdorrte Hand. 2 Und sie lau-
erten darauf, ob er auch am Sabbat ihn
heilen würde, damit sie ihn verklagen
könnten. 3 Und er sprach zu dem Men-
schen mit der verdorrten Hand: Tritt her-
vor! 4 Und er sprach zu ihnen: Soll man
am Sabbat Gutes tun oder Böses tun,
Leben erhalten oder töten? Sie aber
schwiegen still.

5 Und er sah sie ringsum an mit Zorn
und war betrübt über ihr verstocktes

2,26: *a* 1.Sam 21,7; *b* 3.Mose 24,9 **2,27:** *a* 2.Mose 20,10

Herz und sprach zu dem Menschen:
Strecke deine Hand aus! Und er streckte
sie aus; und seine Hand wurde gesund.
6 Und die Pharisäer gingen hinaus und
hielten alsbald Rat über ihn mit den An-
hängern des Herodes, wie sie ihn um-
brächten.

Zulauf des Volkes und viele Heilungen

(Mt 12,15-16; Lk 6,17-19)

7 [a]Aber Jesus entwich mit seinen Jüngern
an den See und eine große Menge aus
Galiläa folgte ihm; auch aus Judäa 8 und
Jerusalem, aus Idumäa und von jenseits
des Jordans und aus der Umgebung von
Tyrus und Sidon kam eine große Menge
zu ihm, die von seinen Taten gehört
hatte. 9 Und er sagte zu seinen Jüngern,
sie sollten ihm ein kleines Boot bereit-
halten, damit die Menge ihn nicht be-
dränge. 10 Denn er heilte viele, sodass
alle, die geplagt waren, über ihn herfie-
len, um ihn anzurühren. 11 Und wenn ihn
die unreinen Geister sahen, fielen sie vor
ihm nieder und schrien: [a]Du bist Gottes
Sohn! 12 Und [a]er gebot ihnen streng,
dass sie ihn nicht offenbar machten.

Die Berufung der Zwölf

(Mt 10,1-4; Lk 6,12-16)

13 Und er ging auf einen Berg und rief zu
sich, welche er wollte, und die gingen hin
zu ihm. 14 Und er setzte zwölf ein, die er
auch Apostel nannte, dass sie bei ihm
sein sollten und dass er sie aussendete zu
predigen 15 und dass sie Vollmacht hät-
ten, die bösen Geister auszutreiben.
16 Und er setzte die Zwölf ein und gab
Simon den Namen Petrus; 17 weiter: Ja-
kobus, den Sohn des Zebedäus, und Jo-
hannes, den Bruder des Jakobus, und
[a]gab ihnen den Namen Boanerges, das
heißt: Donnersöhne; 18 weiter: Andreas
und Philippus und Bartholomäus und
Matthäus und Thomas und Jakobus, den
Sohn des Alphäus, und Thaddäus und
Simon Kananäus 19 und Judas Iskariot,
der ihn dann verriet.

Jesus und seine Angehörigen

20 Und er ging in ein Haus. Und da kam
abermals das Volk zusammen, sodass sie
nicht einmal essen konnten. 21 Und als es
die Seinen hörten, machten sie sich auf
und wollten ihn festhalten; denn sie spra-
chen: Er ist von Sinnen.[a]

Jesus und die bösen Geister

(Mt 12,24-32; Lk 11,14-23)

22 Die Schriftgelehrten aber, die von Jeru-
salem herabgekommen waren, sprachen:
Er hat den Beelzebul, und: [a]Er treibt die
bösen Geister aus durch ihren Obersten.

23 Jesus aber rief sie zusammen und
sprach zu ihnen in Gleichnissen: Wie
kann der Satan den Satan austreiben?
24 Wenn ein Reich mit sich selbst uneins
wird, kann es nicht bestehen. 25 Und
wenn ein Haus mit sich selbst uneins
wird, kann es nicht bestehen. 26 Erhebt
sich nun der Satan gegen sich selbst und
ist mit sich selbst uneins, so kann er nicht
bestehen, sondern es ist aus mit ihm.
27 Niemand kann aber in das Haus eines
Starken eindringen und seinen Hausrat
rauben, wenn er nicht zuvor den Starken
fesselt; erst dann kann er sein Haus be-
rauben.

28 Wahrlich, ich sage euch: Alle Sün-
den werden den Menschenkindern verge-
ben, auch die Lästerungen, wie viel sie
auch lästern mögen; 29 wer aber den Hei-
ligen Geist lästert, der hat keine Ver-
gebung in Ewigkeit, sondern ist ewiger
Sünde schuldig.[a] 30 Denn sie sagten: Er
hat einen unreinen Geist.[a]

Jesu wahre Verwandte

(Mt 12,46-50; Lk 8,19-21)

31 Und es kamen seine Mutter und seine
Brüder und standen draußen, schickten
zu ihm und ließen ihn rufen. 32 Und das
Volk saß um ihn. Und sie sprachen zu
ihm: Siehe, deine Mutter und deine Brü-
der und deine Schwestern draußen fragen
nach dir.

33 Und er antwortete ihnen und
sprach: Wer ist meine Mutter und meine
Brüder? 34 Und er sah ringsum auf die,
die um ihn im Kreise saßen, und sprach:
Siehe, das ist meine Mutter und das sind
meine Brüder! 35 Denn **wer Gottes Willen
tut, der ist mein Bruder und meine
Schwester und meine Mutter.**

3,7: *a (7-8)* Mt 4,25 **3,11:** *a* Lk 4,41 **3,12:** *a* Kap 1,43-44 **3,17:** *a* Lk 9,54 **3,21:** *a* Kap 6,4; Joh 7,5; 8,48 **3,22:** *a* Mt 9,34 **3,29:** *a* Hebr 6,4-6 **3,30:** *a* Joh 10,20

Vom Sämann

(Mt 13,1-9; Lk 8,4-8)

4 Und er fing abermals an, am See zu
lehren. Und es versammelte sich eine
sehr große Menge bei ihm, sodass er in
ein Boot steigen musste, das im Wasser
lag; er setzte sich, und alles Volk stand
auf dem Lande am See. 2 Und er lehrte
sie vieles in Gleichnissen; und in seiner
Predigt sprach er zu ihnen:
3 Hört zu! Siehe, es ging ein Sämann
aus zu säen. 4 Und es begab sich, indem
er säte, dass einiges auf den Weg fiel; da
kamen die Vögel und fraßen's auf. 5 Eini-
ges fiel auf felsigen Boden, wo es nicht
viel Erde hatte, und ging alsbald auf, weil
es keine tiefe Erde hatte. 6 Als nun die
Sonne aufging, verwelkte es, und weil es
keine Wurzel hatte, verdorrte es. 7 Und
einiges fiel unter die Dornen, und die
Dornen wuchsen empor und erstickten's,
und es brachte keine Frucht. 8 Und eini-
ges fiel auf gutes Land, ging auf und
wuchs und brachte Frucht, und einiges
trug dreißigfach und einiges sechzigfach
und einiges hundertfach. 9 Und er
sprach: Wer Ohren hat zu hören, der
höre!

Vom Sinn der Gleichnisse

(Mt 13,10-17; Lk 8,9-10)

10 Und als er allein war, fragten ihn, die
um ihn waren, samt den Zwölfen, nach
den Gleichnissen. 11 Und er sprach zu
ihnen: Euch ist das Geheimnis des Rei-
ches Gottes gegeben; denen aber draußen
widerfährt es alles in Gleichnissen, 12 da-
mit sie es mit sehenden Augen sehen und
doch nicht erkennen, und mit hörenden
Ohren hören und doch nicht verstehen,
damit sie sich nicht etwa bekehren und
ihnen vergeben werde.[a]

Die Deutung des Gleichnisses vom Sämann

(Mt 13,18-23; Lk 8,11-15)

13 Und er sprach zu ihnen: Versteht ihr
dies Gleichnis nicht, wie wollt ihr dann
die andern alle verstehen? 14 Der Sämann
sät das Wort. 15 Das aber sind die auf
dem Wege: wenn das Wort gesät wird
und sie es gehört haben, kommt sogleich
der Satan und nimmt das Wort weg, das
in sie gesät war. 16 Desgleichen auch die,
bei denen auf felsigen Boden gesät ist:
wenn sie das Wort gehört haben, nehmen
sie es sogleich mit Freuden auf, 17 aber sie
haben keine Wurzel in sich, sondern sind
wetterwendisch; wenn sich Bedrängnis
oder Verfolgung um des Wortes willen
erhebt, so fallen sie sogleich ab. 18 Und
andere sind die, bei denen unter die Dor-
nen gesät ist: die hören das Wort, 19 und
die Sorgen der Welt und der betrüge-
rische Reichtum und die Begierden nach
allem andern dringen ein und ersticken
das Wort, und es bleibt ohne Frucht.
20 Diese aber sind's, bei denen auf gutes
Land gesät ist: die hören das Wort und
nehmen's an und bringen Frucht, einige
dreißigfach und einige sechzigfach und
einige hundertfach.

Vom Licht und vom rechten Maß

(Lk 8,16-18)

21 Und er sprach zu ihnen: Zündet man
etwa ein Licht an, um es unter den Schef-
fel oder unter die Bank zu setzen? Kei-
neswegs, sondern um es auf den Leuchter
zu setzen.[a] 22 Denn es ist nichts verbor-
gen, was nicht offenbar werden soll, und
ist nichts geheim, was nicht an den Tag
kommen soll.[a] 23 Wer Ohren hat zu
hören, der höre!
24 Und er sprach zu ihnen: Seht zu,
was ihr hört! Mit welchem Maß ihr
messt, wird man euch wieder messen,
und man wird euch noch dazugeben.[a]
25 Denn wer da hat, dem wird gegeben;
und wer nicht hat, dem wird man auch
das nehmen, was er hat.[a]

Vom Wachsen der Saat

26 Und er sprach: Mit dem Reich Gottes
ist es so, wie wenn ein Mensch Samen
aufs Land wirft 27 und schläft und auf-
steht, Nacht und Tag; und der Same geht
auf und wächst – er weiß nicht wie.[a]
28 Denn von selbst bringt die Erde
Frucht, zuerst den Halm, danach die
Ähre, danach den vollen Weizen in der
Ähre. 29 Wenn sie aber die Frucht
gebracht hat, so schickt er alsbald die
Sichel hin; denn die Ernte ist da.

4,12: *a* Jes 6,9-10 **4,21:** *a* Mt 5,15 **4,22:** *a* Mt 10,26-27; Lk 12,2 **4,24:** *a* Mt 7,2 **4,25:** *a* Mt 13,12-13 **4,27:** *a* Jak 5,7

Vom Senfkorn

(Mt 13,31-32; 13,34; Lk 13,18-19)

30 Und er sprach: Womit wollen wir das
Reich Gottes vergleichen, und durch wel-
ches Gleichnis wollen wir es abbilden?
31 Es ist wie ein Senfkorn: wenn das gesät
wird aufs Land, so ist's das kleinste unter
allen Samenkörnern auf Erden; 32 und
wenn es gesät ist, so geht es auf und wird
größer als alle Kräuter und treibt große
Zweige, sodass die Vögel unter dem Him-
mel unter seinem Schatten wohnen kön-
nen.

33 Und durch viele solche Gleichnisse
sagte er ihnen das Wort so, wie sie es zu
hören vermochten. 34 Und ohne Gleich-
nisse redete er nicht zu ihnen; aber wenn
sie allein waren, legte er seinen Jüngern
alles aus.

Die Stillung des Sturmes

(Mt 8,23-27; Lk 8,22-25)

35 Und am Abend desselben Tages sprach
er zu ihnen: Lasst uns hinüberfahren.
36 Und sie ließen das Volk gehen und
nahmen ihn mit, wie er im Boot war, und
es waren noch andere Boote bei ihm.
37 Und es erhob sich ein großer Wind-
wirbel und die Wellen schlugen in das
Boot, sodass das Boot schon voll wurde.
38 Und er war hinten im Boot und schlief
auf einem Kissen. Und sie weckten ihn
auf und sprachen zu ihm: Meister, fragst
du nichts danach, dass wir umkommen?
39 Und er stand auf und bedrohte den
Wind und sprach zu dem Meer: Schweig
und verstumme! Und der Wind legte sich
und es entstand eine große Stille. 40 Und
er sprach zu ihnen: Was seid ihr so
furchtsam? Habt ihr noch keinen Glau-
ben?

41 Sie aber fürchteten sich sehr und
sprachen untereinander: Wer ist der?
Auch Wind und Meer sind ihm gehor-
sam!

Die Heilung des besessenen Geraseners

(Mt 8,28-34; Lk 8,26-39)

5 Und sie kamen ans andre Ufer des
Sees in die Gegend der Gerasener.
2 Und als er aus dem Boot trat, lief ihm
alsbald von den Gräbern her ein Mensch
entgegen mit einem unreinen Geist, 3 der
hatte seine Wohnung in den Grabhöhlen.
Und niemand konnte ihn mehr binden,
auch nicht mit Ketten; 4 denn er war oft
mit Fesseln und Ketten gebunden gewe-
sen und hatte die Ketten zerrissen und
die Fesseln zerrieben; und niemand
konnte ihn bändigen. 5 Und er war alle-
zeit, Tag und Nacht, in den Grabhöhlen
und auf den Bergen, schrie und schlug
sich mit Steinen. 6 Als er aber Jesus sah
von ferne, lief er hinzu und fiel vor ihm
nieder 7 und schrie laut: Was willst du
von mir, Jesus, du Sohn Gottes, des
Allerhöchsten? Ich beschwöre dich bei
Gott: Quäle mich nicht![a] 8 Denn er hatte
zu ihm gesagt: Fahre aus, du unreiner
Geist, von dem Menschen! 9 Und er
fragte ihn: Wie heißt du? Und er sprach:
Legion heiße ich; denn wir sind viele.
10 Und er bat Jesus sehr, dass er sie nicht
aus der Gegend vertreibe.

11 Es war aber dort an den Bergen eine
große Herde Säue auf der Weide. 12 Und
die unreinen Geister baten ihn und spra-
chen: Lass uns in die Säue fahren! 13 Und
er erlaubte es ihnen. Da fuhren die un-
reinen Geister aus und fuhren in die
Säue, und die Herde stürmte den Ab-
hang hinunter in den See, etwa zweitau-
send, und sie ersoffen im See.

14 Und die Sauhirten flohen und ver-
kündeten das in der Stadt und auf dem
Lande. Und die Leute gingen hinaus, um
zu sehen, was geschehen war, 15 und ka-
men zu Jesus und sahen den Besessenen,
wie er dasaß, bekleidet und vernünftig,
den, der die Legion unreiner Geister ge-
habt hatte; und sie fürchteten sich.
16 Und die es gesehen hatten, erzählten
ihnen, was mit dem Besessenen gesche-
hen war und das von den Säuen. 17 Und
sie fingen an und baten Jesus, aus ihrem
Gebiet fortzugehen.

18 Und als er in das Boot trat, bat ihn
der Besessene, dass er bei ihm bleiben
dürfe. 19 Aber er ließ es ihm nicht zu,
sondern sprach zu ihm: Geh hin in dein
Haus zu den Deinen und verkünde ih-
nen, welch große Wohltat dir der Herr
getan und wie er sich deiner erbarmt hat.
20 Und er ging hin und fing an, in den
[a]Zehn Städten auszurufen, welch große

5,7: *a* Kap 1,24 **5,20:** *a* Kap 7,31

Wohltat ihm Jesus getan hatte; und jeder-
mann verwunderte sich.

Die Heilung einer blutflüssigen Frau und die Auferweckung der Tochter des Jaïrus

(Mt 9,18-26; Lk 8,40-56)

21 Und als Jesus wieder herübergefahren
war im Boot, versammelte sich eine
große Menge bei ihm, und er war am See.
22 Da kam einer von den Vorstehern der
Synagoge, mit Namen Jaïrus. Und als er
Jesus sah, fiel er ihm zu Füßen 23 und bat
ihn sehr und sprach: Meine Tochter liegt
in den letzten Zügen; komm doch und
lege deine Hände auf sie, damit sie ge-
sund werde und lebe. 24 Und er ging hin
mit ihm.

Und es folgte ihm eine große Menge
und sie umdrängten ihn. 25 Und da war
eine Frau, die hatte den Blutfluss seit
zwölf Jahren 26 und hatte viel erlitten von
vielen Ärzten und all ihr Gut dafür auf-
gewandt; und es hatte ihr nichts gehol-
fen, sondern es war noch schlimmer mit
ihr geworden. 27 Als die von Jesus hörte,
kam sie in der Menge von hinten heran
und berührte sein Gewand. 28 Denn sie
sagte sich: Wenn ich nur seine Kleider
berühren könnte, so würde ich gesund.
29 Und sogleich versiegte die Quelle ihres
Blutes, und sie spürte es am Leibe, dass
sie von ihrer Plage geheilt war. 30 Und
Jesus spürte sogleich an sich selbst, dass
[a]eine Kraft von ihm ausgegangen war,
und wandte sich um in der Menge und
sprach: Wer hat meine Kleider berührt?
31 Und seine Jünger sprachen zu ihm: Du
siehst, dass dich die Menge umdrängt,
und fragst: Wer hat mich berührt? 32 Und
er sah sich um nach der, die das getan
hatte. 33 Die Frau aber fürchtete sich und
zitterte, denn sie wusste, was an ihr ge-
schehen war; sie kam und fiel vor ihm
nieder und sagte ihm die ganze Wahrheit.
34 Er aber sprach zu ihr: Meine Tochter,
dein Glaube hat dich gesund gemacht;
geh hin in Frieden und sei gesund von
deiner Plage!

35 Als er noch so redete, kamen einige
aus dem Hause des Vorstehers der Syn-
agoge und sprachen: Deine Tochter ist
gestorben; was bemühst du weiter den
Meister? 36 Jesus aber hörte mit an,* was
gesagt wurde, und sprach zu dem Vor-
steher: Fürchte dich nicht, glaube nur!
37 Und er ließ niemanden mit sich gehen
als Petrus und Jakobus und Johannes,
den Bruder des Jakobus.[a]

38 Und sie kamen in das Haus des Vor-
stehers, und er sah das Getümmel und
wie sehr sie weinten und heulten. 39 Und
er ging hinein und sprach zu ihnen: Was
lärmt und weint ihr? [a]Das Kind ist nicht
gestorben, sondern es schläft. 40 Und sie
verlachten ihn. Er aber trieb sie alle hin-
aus und nahm mit sich den Vater des
Kindes und die Mutter und die bei ihm
waren und ging hinein, wo das Kind lag,
41 und ergriff das Kind bei der Hand und
sprach zu ihm: Talita kum! – das heißt
übersetzt: Mädchen, [a]ich sage dir, steh
auf! 42 Und sogleich stand das Mädchen
auf und ging umher; es war aber zwölf
Jahre alt. Und sie entsetzten sich sogleich
über die Maßen.

43 Und er gebot ihnen streng, dass es
niemand wissen sollte, und sagte, sie soll-
ten ihr zu essen geben.

Die Verwerfung Jesu in Nazareth

(Mt 13,53-58; Lk 4,16-30)

6 Und er ging von dort weg und kam
in seine Vaterstadt, und seine Jünger
folgten ihm nach. 2 Und als der Sabbat
kam, fing er an zu lehren in der Synago-
ge. Und viele, die zuhörten, verwunder-
ten sich und sprachen: [a]Woher hat er
das? Und was ist das für eine Weisheit,
die ihm gegeben ist? Und solche mächti-
gen Taten, die durch seine Hände ge-
schehen? 3 Ist er nicht der Zimmermann,
Marias Sohn, und der Bruder des Jako-
bus und Joses und Judas und Simon?
Sind nicht auch seine Schwestern hier bei
uns? Und sie ärgerten sich an ihm.[a]

4 Jesus aber sprach zu ihnen: Ein Pro-
phet gilt nirgends weniger als in seinem
Vaterland und bei seinen Verwandten
und in seinem Hause. 5 Und er konnte
dort nicht eine einzige Tat tun, außer
dass er wenigen Kranken die Hände auf-
legte und sie heilte. 6 Und er wunderte
sich über ihren Unglauben. Und er ging
rings umher in die Dörfer und lehrte.

* Es kann auch übersetzt werden: »Jesus aber überhörte . . . «.

5,30: *a* Lk 6,19 **5,37:** *a* Mt 17,1 **5,39:** *a* Joh 11,11 **5,41:** *a* Lk 7,14; Apg 9,40 **6,2:** *a* Joh 7,15 **6,3:** *a* Joh 6,42

Die Aussendung der Zwölf

(Mt 10,1; 10,5-14; Lk 9,1-6)

7 Und er rief die Zwölf zu sich und fing
an, sie auszusenden [a]je zwei und zwei,
und gab ihnen Macht über die unreinen
Geister 8 und gebot ihnen, nichts mitzu-
nehmen auf den Weg als allein einen
Stab, kein Brot, keine Tasche, kein Geld
im Gürtel, 9 wohl aber Schuhe, und nicht
zwei Hemden anzuziehen.

10 Und er sprach zu ihnen: Wo ihr in
ein Haus gehen werdet, da bleibt, bis ihr
von dort weiterzieht. 11 Und wo man
euch nicht aufnimmt und nicht hört, da
geht hinaus und schüttelt den Staub von
euren Füßen zum Zeugnis gegen sie.
12 Und sie zogen aus und predigten, man
solle Buße tun, 13 und trieben viele böse
Geister aus und [a]salbten viele Kranke
mit Öl und machten sie gesund.

Das Ende Johannes des Täufers

(Mt 14,1-12; Lk 9,7-9; 3,19-20)

14 Und es kam dem König Herodes zu
Ohren; denn der Name Jesu war nun
bekannt. Und die Leute sprachen: Jo-
hannes der Täufer ist von den Toten auf-
erstanden; darum tut er solche Taten.
15 Einige aber sprachen: Er ist Elia; an-
dere aber: Er ist ein Prophet wie einer der
Propheten. 16 Als es aber Herodes hörte,
sprach er: Es ist Johannes, den ich ent-
hauptet habe, der ist auferstanden.

17 Denn er, Herodes, hatte ausgesandt
und Johannes ergriffen und ins Gefäng-
nis geworfen um der Herodias willen, der
Frau seines Bruders Philippus; denn er
hatte sie geheiratet. 18 Johannes hatte
nämlich zu Herodes gesagt: [a]Es ist nicht
recht, dass du die Frau deines Bruders
hast. 19 Herodias aber stellte ihm nach
und wollte ihn töten und konnte es nicht.
20 Denn Herodes fürchtete Johannes, weil
er wusste, dass er ein frommer und hei-
liger Mann war, und hielt ihn in Gewahr-
sam; und wenn er ihn hörte, wurde er
sehr unruhig; doch hörte er ihn gern.

21 Und es kam ein gelegener Tag, als
Herodes an seinem Geburtstag ein Fest-
mahl gab für seine Großen und die
Obersten und die Vornehmsten von Gali-
läa. 22 Da trat herein die Tochter der
Herodias und tanzte und gefiel Herodes
und denen, die mit am Tisch saßen. Da
sprach der König zu dem Mädchen: Bitte
von mir, was du willst, ich will dir's ge-
ben. 23 Und er schwor ihr einen Eid: Was
du von mir bittest, will ich dir geben,
[a]bis zur Hälfte meines Königreichs.

24 Und sie ging hinaus und fragte ihre
Mutter: Was soll ich bitten? Die sprach:
Das Haupt Johannes des Täufers. 25 Da
ging sie sogleich eilig hinein zum König,
bat ihn und sprach: Ich will, dass du mir
gibst, jetzt gleich auf einer Schale, das
Haupt Johannes des Täufers.

26 Und der König wurde sehr betrübt.
Doch wegen des Eides und derer, die mit
am Tisch saßen, wollte er sie keine Fehl-
bitte tun lassen. 27 Und sogleich schickte
der König den Henker hin und befahl,
das Haupt des Johannes herzubringen.
Der ging hin und enthauptete ihn im
Gefängnis 28 und trug sein Haupt herbei
auf einer Schale und gab's dem Mädchen
und das Mädchen gab's seiner Mutter.
29 Und als das seine Jünger hörten, ka-
men sie und nahmen seinen Leichnam
und legten ihn in ein Grab.

Die Speisung der Fünftausend

(Mt 14,13-21; Lk 9,10-17; Joh 6,1-13)

30 Und die Apostel kamen bei Jesus zu-
sammen und verkündeten ihm alles, was
sie getan und gelehrt hatten.[a] 31 Und er
sprach zu ihnen: Geht ihr allein an eine
einsame Stätte und ruht ein wenig. Denn
es waren viele, die kamen und gingen,
und sie hatten nicht Zeit genug zum Es-
sen. 32 Und sie fuhren in einem Boot an
eine einsame Stätte für sich allein. 33 Und
man sah sie wegfahren, und viele merk-
ten es und liefen aus allen Städten zu
Fuß dorthin zusammen und kamen ih-
nen zuvor. 34 Und Jesus stieg aus und sah
die große Menge; und [a]sie jammerten
ihn, denn sie waren wie Schafe, die kei-
nen Hirten haben. Und er fing eine lange
Predigt an.

35 [a]Als nun der Tag fast vorüber war,
traten seine Jünger zu ihm und sprachen:
Es ist öde hier und der Tag ist fast vor-
über; 36 lass sie gehen, damit sie in die

6,7: *a* Lk 10,1 **6,13:** *a* Jak 5,14-15 **6,18:** *a* 2. Mose 20,14; 3. Mose 18,16 **6,23:** *a* Est 5,3.6 **6,30:** *a* Lk 9,10; 10,17
6,34: *a* Mt 9,36 **6,35:** *a (35-44)* Kap 8,1-9

Höfe und Dörfer ringsum gehen und sich
Brot kaufen. 37 Er aber antwortete und
sprach zu ihnen: Gebt ihr ihnen zu essen!
Und sie sprachen zu ihm: Sollen wir
denn hingehen und für zweihundert Sil-
bergroschen Brot kaufen und ihnen zu
essen geben? 38 Er aber sprach zu ihnen:
Wie viel Brote habt ihr? Geht hin und
seht! Und als sie es erkundet hatten,
sprachen sie: Fünf und zwei Fische.
39 Und er gebot ihnen, dass sie sich alle
lagerten, tischweise, auf das grüne Gras.
40 Und sie setzten sich, in Gruppen zu
hundert und zu fünfzig.

41 Und er nahm die fünf Brote und
zwei Fische und [a]sah auf zum Himmel,
dankte und brach die Brote und gab sie
den Jüngern, damit sie unter ihnen aus-
teilten, und die zwei Fische teilte er unter
sie alle. 42 Und sie aßen alle und wurden
satt. 43 Und sie sammelten die Brocken
auf, zwölf Körbe voll, und von den Fi-
schen. 44 Und die die Brote gegessen hat-
ten, waren fünftausend Mann.

Jesus kommt zu seinen Jüngern auf dem See

(Mt 14,22-33; Joh 6,15-21)

45 Und alsbald trieb er seine Jünger, in
das Boot zu steigen und vor ihm hinüber-
zufahren nach Betsaida, bis er das Volk
gehen ließe. 46 Und als er sie fortgeschickt
hatte, ging er hin auf einen Berg, um zu
beten. 47 Und am Abend war das Boot
mitten auf dem See und er auf dem Land
allein. 48 Und er sah, dass sie sich ab-
plagten beim Rudern, denn der Wind
stand ihnen entgegen.

Um die vierte Nachtwache kam er zu
ihnen und ging auf dem See und wollte
an ihnen vorübergehen. 49 Und als sie ihn
sahen auf dem See gehen, meinten sie, es
wäre ein Gespenst, und schrien; 50 denn
sie sahen ihn alle und erschraken. Aber
sogleich redete er mit ihnen und sprach
zu ihnen: Seid getrost, ich bin's; fürchtet
euch nicht!, 51 und trat zu ihnen ins Boot,
und [a]der Wind legte sich. Und sie ent-
setzten sich über die Maßen; 52 denn sie
waren um nichts verständiger geworden
angesichts der Brote, sondern [a]ihr Herz
war verhärtet.

Krankenheilungen in Genezareth

(Mt 14,34-36)

53 Und als sie hinübergefahren waren ans
Land, kamen sie nach Genezareth und
legten an. 54 Und als sie aus dem Boot
stiegen, erkannten ihn die Leute alsbald
55 und liefen im ganzen Land umher und
fingen an, die Kranken auf Bahren über-
all dorthin zu tragen, wo sie hörten, dass
er war. 56 Und wo er in Dörfer, Städte
und Höfe hineinging, da legten sie die
Kranken auf den Markt und baten ihn,
dass diese auch nur [a]den Saum seines
Gewandes berühren dürften; und alle, die
ihn berührten, wurden gesund.

Von Reinheit und Unreinheit

(Mt 15,1-20)

7 Und es versammelten sich bei ihm die
Pharisäer und einige von den Schrift-
gelehrten, die aus Jerusalem gekommen
waren. 2 Und sie sahen einige seiner Jün-
ger mit unreinen, das heißt: ungewasche-
nen Händen das Brot essen. 3 Denn die
Pharisäer und alle Juden essen nicht,
wenn sie nicht die Hände mit einer Hand-
voll Wasser gewaschen haben, und halten
so die Satzungen der Ältesten*; 4 und
wenn sie vom Markt kommen, essen sie
nicht, wenn sie sich nicht gewaschen
haben. Und es gibt viele andre Dinge, die
sie zu halten angenommen haben, wie:
[a]Trinkgefäße und Krüge und Kessel und
Bänke zu waschen. 5 Da fragten ihn die
Pharisäer und Schriftgelehrten: Warum
leben deine Jünger nicht nach den Sat-
zungen der Ältesten, sondern essen das
Brot mit unreinen Händen?

6 Er aber sprach zu ihnen: Wie fein hat
von euch Heuchlern Jesaja geweissagt,
wie geschrieben steht (Jesaja 29,13):
»Dies Volk ehrt mich mit den Lippen;
aber ihr Herz ist fern von mir. 7 Vergeb-
lich dienen sie mir, weil sie lehren solche
Lehren, die nichts sind als Menschen-
gebote.« 8 Ihr verlasst Gottes Gebot und
haltet der Menschen Satzungen. 9 Und er
sprach zu ihnen: Wie fein hebt ihr Gottes
Gebot auf, damit ihr eure Satzungen auf-
richtet! 10 Denn Mose hat gesagt (2. Mose
20,12; 21,17): »Du sollst deinen Vater

* Siehe Sach- und Worterklärungen zu »Älteste«.

6,41: *a* Kap 7,34 **6,51:** *a* Kap 4,39 **6,52:** *a* Kap 8,17 **6,56:** *a* Kap 5,27-28; Apg 5,15; 19,11-12 **7,4:** *a* Mt 23,25

und deine Mutter ehren«, und: »Wer Va-
ter oder Mutter flucht, der soll des Todes
sterben.« 11 Ihr aber lehrt: Wenn einer zu
Vater oder Mutter sagt: Korban* – das
heißt: Opfergabe soll sein, was dir von
mir zusteht –, 12 so lasst ihr ihn nichts
mehr tun für seinen Vater oder seine
Mutter 13 und hebt so Gottes Wort auf
durch eure Satzungen, die ihr überliefert
habt; und dergleichen tut ihr viel.

14 Und er rief das Volk wieder zu sich
und sprach zu ihnen: Hört mir alle zu
und begreift's! 15 Es [a]gibt nichts, was von
außen in den Menschen hineingeht, das
ihn unrein machen könnte; sondern was
aus dem Menschen herauskommt, das
ist's, was den Menschen unrein macht.**

17 Und als er von dem Volk ins Haus
kam, fragten ihn seine Jünger nach die-
sem Gleichnis. 18 Und er sprach zu ihnen:
Seid ihr denn auch so unverständig?
Merkt ihr nicht, dass alles, was von
außen in den Menschen hineingeht, ihn
nicht unrein machen kann? 19 Denn es
geht nicht in sein Herz, sondern in den
Bauch und kommt heraus in die Grube.
Damit erklärte er alle Speisen für rein.
20 Und er sprach: Was aus dem Men-
schen herauskommt, das macht den
Menschen unrein; 21 denn von innen, aus
dem Herzen der Menschen, kommen
heraus böse Gedanken, Unzucht, Dieb-
stahl, Mord, 22 Ehebruch, Habgier, Bos-
heit, Arglist, Ausschweifung, Missgunst,
Lästerung, Hochmut, Unvernunft. 23 Alle
diese bösen Dinge kommen von innen
heraus und machen den Menschen un-
rein.

Die Frau aus Syrophönizien

(Mt 15,21-28)

24 Und er stand auf und ging von dort in
das Gebiet von Tyrus. Und er ging in ein
Haus und wollte es niemanden wissen
lassen und konnte doch nicht verborgen
bleiben, 25 sondern alsbald hörte eine
Frau von ihm, deren Töchterlein einen
unreinen Geist hatte. Und sie kam und
fiel nieder zu seinen Füßen 26 – die Frau
war aber eine Griechin aus Syrophöni-
zien – und bat ihn, dass er den bösen
Geist von ihrer Tochter austreibe.
27 Jesus aber sprach zu ihr: Lass zuvor
die Kinder satt werden; es ist nicht recht,
dass man den Kindern das Brot weg-
nehme und werfe es vor die Hunde. 28 Sie
antwortete aber und sprach zu ihm: Ja,
Herr; aber doch fressen die Hunde unter
dem Tisch von den Brosamen der Kin-
der. 29 Und er sprach zu ihr: Um dieses
Wortes willen geh hin, der böse Geist ist
von deiner Tochter ausgefahren. 30 Und
sie ging hin in ihr Haus und fand das
Kind auf dem Bett liegen, und der böse
Geist war ausgefahren.

Die Heilung eines Taubstummen

31 [a]Und als er wieder fortging aus dem
Gebiet von Tyrus, kam er durch Sidon an
das Galiläische Meer, mitten in das Ge-
biet der [b]Zehn Städte. 32 Und sie brach-
ten zu ihm einen, der taub und stumm
war, und baten ihn, dass er die Hand auf
ihn lege. 33 Und er nahm ihn aus der
Menge beiseite und legte ihm die Finger
in die Ohren und berührte seine Zunge
mit Speichel und 34 sah auf zum Himmel
und seufzte und sprach zu ihm: Hefata!,
das heißt: Tu dich auf! 35 Und sogleich
taten sich seine Ohren auf und die Fessel
seiner Zunge löste sich, und er redete
richtig.

36 Und er gebot ihnen, sie sollten's nie-
mandem sagen. Je mehr er's aber verbot,
desto mehr breiteten sie es aus.[a] 37 Und
sie wunderten sich über die Maßen und
sprachen: **Er hat alles wohl gemacht; die
Tauben macht er hörend und die Sprach-
losen redend.**

Die Speisung der Viertausend

(Mt 15,32-39)

8 Zu der Zeit, als wieder eine große
Menge da war und sie nichts zu essen
hatten, rief Jesus die Jünger zu sich und
sprach zu ihnen: 2 [a]Mich jammert das
Volk, denn sie haben nun drei Tage bei
mir ausgeharrt und haben nichts zu es-
sen. 3 Und wenn ich sie hungrig heim-
gehen ließe, würden sie auf dem Wege
verschmachten; denn einige sind von
ferne gekommen. 4 Seine Jünger ant-
worteten ihm: Wie kann sie jemand hier
in der Wüste mit Brot sättigen? 5 Und er

* Siehe Sach- und Worterklärungen.
** Vers 16 findet sich erst in der späteren Überlieferung: »Hat jemand Ohren zu hören, der höre!« (vgl. 4,9.23).

7,15: *a* Apg 10,14-15 **7,31:** *a (31-37)* Mt 15,29-31; *b* Kap 5,20 **7,36:** *a* Kap 1,43-45 **8,2:** *a (2-9)* Kap 6,34-44

fragte sie: Wie viel Brote habt ihr? Sie
sprachen: Sieben.
6 Und er gebot dem Volk, sich auf die
Erde zu lagern. Und er nahm die sieben
Brote, dankte und brach sie und gab sie
seinen Jüngern, damit sie sie austeilten,
und sie teilten sie unter das Volk aus.
7 Und sie hatten auch einige Fische, und
er dankte und ließ auch diese austeilen.
8 Sie aßen aber und wurden satt und sam-
melten die übrigen Brocken auf, sieben
Körbe voll. 9 Und es waren etwa viertau-
send; und er ließ sie gehen.

Die Zeichenforderung der Pharisäer

(Mt 16,1-4)

10 Und alsbald stieg er in das Boot mit
seinen Jüngern und kam in die Gegend
von Dalmanuta. 11 Und die Pharisäer ka-
men heraus und fingen an, mit ihm zu
streiten, versuchten ihn und [a]forderten
von ihm ein Zeichen vom Himmel.
12 Und er seufzte in seinem Geist und
sprach: Was fordert doch dieses Ge-
schlecht ein Zeichen? Wahrlich, ich sage
euch: Es wird diesem Geschlecht kein
Zeichen gegeben werden! 13 Und er ver-
ließ sie und stieg wieder in das Boot und
fuhr hinüber.

Warnung vor den Pharisäern und vor Herodes

(Mt 16,5-12)

14 Und sie hatten vergessen, Brot mitzu-
nehmen, und hatten nicht mehr mit sich
im Boot als ein Brot. 15 Und er gebot
ihnen und sprach: Schaut zu und [a]seht
euch vor vor dem Sauerteig der Pharisäer
und vor dem Sauerteig des [b]Herodes.
16 Und sie bedachten hin und her, dass sie
kein Brot hätten.
17 Und er merkte das und sprach zu
ihnen: Was bekümmert ihr euch doch,
dass ihr kein Brot habt? Versteht ihr
noch nicht, und begreift ihr noch nicht?
[a]Habt ihr noch ein verhärtetes Herz in
euch? 18 [a]Habt Augen und seht nicht,
und habt Ohren und hört nicht, und
denkt nicht daran: 19 Als ich die fünf
Brote brach für die fünftausend, wie viel
Körbe voll Brocken habt ihr da aufge-
sammelt? Sie sagten: Zwölf.[a] 20 Und als
ich die sieben brach für die viertausend,
wie viel Körbe voll Brocken habt ihr
da aufgesammelt? Sie sagten: Sieben.[a]
21 Und er sprach zu ihnen: Begreift ihr
denn noch nicht?

Die Heilung eines Blinden

22 Und sie kamen nach Betsaida. Und sie
brachten zu ihm einen Blinden und baten
ihn, dass er ihn [a]anrühre. 23 Und er
nahm den Blinden bei der Hand und
führte ihn hinaus vor das Dorf, [a]tat
Speichel auf seine Augen, legte seine
Hände auf ihn und fragte ihn: Siehst du
etwas? 24 Und er sah auf und sprach: Ich
sehe die Menschen, als sähe ich Bäume
umhergehen. 25 Danach legte er abermals
die Hände auf seine Augen. Da sah er
deutlich und wurde wieder zurechtge-
bracht, sodass er alles scharf sehen
konnte. 26 Und er schickte ihn heim und
sprach: Geh nicht hinein in das Dorf!

Das Bekenntnis des Petrus

(Mt 16,13-20; Lk 9,18-21; Joh 6,67-69)

27 Und Jesus ging fort mit seinen Jüngern
in die Dörfer bei Cäsarea Philippi. Und
auf dem Wege fragte er seine Jünger und
sprach zu ihnen: Wer, sagen die Leute,
dass ich sei? 28 Sie antworteten ihm:
Einige sagen, du seist Johannes der Täu-
fer; einige sagen, du seist Elia; andere, du
seist einer der Propheten.[a] 29 Und er
fragte sie: Ihr aber, wer, sagt ihr, dass ich
sei? Da antwortete Petrus und sprach zu
ihm: **Du bist der Christus!** 30 Und er gebot
ihnen, dass sie niemandem von ihm
sagen sollten.[a]

Die erste Ankündigung von Jesu Leiden und Auferstehung

(Mt 16,21-23; Lk 9,22)

31 Und er fing an, sie zu lehren: Der
Menschensohn muss viel leiden und ver-
worfen werden von den Ältesten und Ho-
henpriestern und Schriftgelehrten und
getötet werden und nach drei Tagen auf-
erstehen.[a] 32 Und er redete das Wort frei
und offen. Und Petrus nahm ihn beiseite
und fing an, ihm zu wehren. 33 Er aber
wandte sich um, sah seine Jünger an und
bedrohte Petrus und sprach: Geh weg

8,11: *a* Joh 6,30 **8,15:** *a* Lk 12,1; *b* Kap 3,6 **8,17:** *a* Kap 6,52 **8,18:** *a* Mt 13,13.16 **8,19:** *a* Kap 6,41-44 **8,20:** *a* Verse 8-9 **8,22:** *a* Kap 6,56 **8,23:** *a* Joh 9,6 **8,28:** *a* Kap 6,15 **8,30:** *a* Kap 9,9 **8,31:** *a* Kap 9,31; 10,32-34

von mir, Satan! Denn du meinst nicht, was göttlich, sondern was menschlich ist.

Von der Nachfolge

(Mt 16,24-28; Lk 9,23-27)

34 Und er rief zu sich das Volk samt seinen Jüngern und sprach zu ihnen: **Wer mir nachfolgen will, der verleugne sich selbst und nehme sein Kreuz auf sich und folge mir nach. 35 Denn wer sein Leben erhalten will, der wird's verlieren; und wer sein Leben verliert um meinetwillen und um des Evangeliums willen, der wird's erhalten.**[a] **36 Denn was hülfe es dem Menschen, wenn er die ganze Welt gewönne und nähme an seiner Seele Schaden? 37 Denn was kann der Mensch geben, womit er seine Seele auslöse?**

38 Wer sich aber meiner und meiner Worte schämt unter diesem abtrünnigen und sündigen Geschlecht, dessen wird sich auch der Menschensohn schämen, wenn er kommen wird in der Herrlichkeit seines Vaters mit den heiligen Engeln.[a]

9 Und er sprach zu ihnen: Wahrlich, ich sage euch: Es stehen einige hier, die werden den Tod nicht schmecken, bis sie sehen das Reich Gottes kommen mit Kraft.

Die Verklärung Jesu

(Mt 17,1-13; Lk 9,28-36)

2 Und nach sechs Tagen nahm Jesus mit sich Petrus, Jakobus und Johannes und führte sie auf einen hohen Berg, nur sie allein. Und er wurde vor ihnen verklärt; 3 und seine Kleider wurden hell und sehr weiß, wie sie kein Bleicher auf Erden so weiß machen kann. 4 Und es erschien ihnen Elia mit Mose und sie redeten mit Jesus.

5 Und Petrus fing an und sprach zu Jesus: Rabbi, hier ist für uns gut sein. Wir wollen drei Hütten bauen, dir eine, Mose eine und Elia eine. 6 Er wusste aber nicht, was er redete; denn sie waren ganz verstört. 7 Und es kam eine Wolke, die überschattete sie. Und eine Stimme geschah aus der Wolke: [a]**Das ist mein lieber Sohn; den sollt ihr hören!**

8 Und auf einmal, als sie um sich blickten, sahen sie niemand mehr bei sich als Jesus allein. 9 Als sie aber vom Berge hinabgingen, gebot ihnen Jesus, [a]dass sie niemandem sagen sollten, was sie gesehen hatten, bis der Menschensohn auferstünde von den Toten. 10 Und sie behielten das Wort und befragten sich untereinander: Was ist das, auferstehen von den Toten?

11 Und sie fragten ihn und sprachen: Sagen nicht die Schriftgelehrten, dass zuvor Elia kommen muss? 12 Er aber sprach zu ihnen: Elia [a]soll ja zuvor kommen und alles wieder zurechtbringen. Und wie steht dann geschrieben von dem Menschensohn, dass er [b]viel leiden und verachtet werden soll? 13 Aber ich sage euch: [a]Elia ist gekommen und sie haben ihm angetan, was sie wollten, wie [b]von ihm geschrieben steht.

Die Heilung eines besessenen Knaben

(Mt 17,14-20; Lk 9,37-42)

14 Und sie kamen zu den Jüngern und sahen eine große Menge um sie herum und Schriftgelehrte, die mit ihnen stritten. 15 Und sobald die Menge ihn sah, entsetzten sich alle, liefen herbei und grüßten ihn. 16 Und er fragte sie: Was streitet ihr mit ihnen? 17 Einer aber aus der Menge antwortete: Meister, ich habe meinen Sohn hergebracht zu dir, der hat einen sprachlosen Geist*. 18 Und wo er ihn erwischt, reißt er ihn; und er hat Schaum vor dem Mund und knirscht mit den Zähnen und wird starr. Und ich habe mit deinen Jüngern geredet, dass sie ihn austreiben sollen, und sie konnten's nicht. 19 Er aber antwortete ihnen und sprach: O du ungläubiges Geschlecht, wie lange soll ich bei euch sein? Wie lange soll ich euch ertragen? Bringt ihn her zu mir!

20 Und sie brachten ihn zu ihm. Und sogleich, als ihn der Geist sah, riss er ihn. Und er fiel auf die Erde, wälzte sich und hatte Schaum vor dem Mund. 21 Und Jesus fragte seinen Vater: Wie lange ist's, dass ihm das widerfährt? Er sprach: Von Kind auf. 22 Und oft hat er ihn ins Feuer und ins Wasser geworfen, dass er ihn umbrächte. Wenn du aber etwas kannst,

* Siehe Sach- und Worterklärungen (»Geister, böse«).

8,35: *a* Mt 10,39 **8,38:** *a* Mt 10,33 **9,7:** *a* Kap 1,11; 2. Petr 1,17 **9,9:** *a* Kap 8,30 **9,12:** *a* Mal 3,23; *b* Jes 53,3-5 **9,13:** *a* Mt 11,14; *b* 1. Kön 19,2.10

so erbarme dich unser und hilf uns! 23 Je-
sus aber sprach zu ihm: Du sagst: Wenn
du kannst – **alle Dinge sind möglich dem,
der da glaubt.** 24 Sogleich schrie der Vater
des Kindes: **Ich glaube; hilf meinem Un-
glauben!**

25 Als nun Jesus sah, dass das Volk
herbeilief, bedrohte er den unreinen
Geist und sprach zu ihm: Du sprachloser
und tauber Geist, ich gebiete dir: Fahre
von ihm aus und fahre nicht mehr in ihn
hinein! 26 Da [a]schrie er und riss ihn sehr
und fuhr aus. Und der Knabe lag da wie
tot, sodass die Menge sagte: Er ist tot.
27 Jesus aber ergriff ihn bei der Hand und
richtete ihn auf, und er stand auf.

28 Und als er heimkam, fragten ihn
seine Jünger für sich allein: Warum
konnten **wir** ihn nicht austreiben? 29 Und
er sprach: Diese Art kann durch nichts
ausfahren als durch Beten.*

Die zweite Ankündigung von Jesu Leiden und Auferstehung

(Mt 17,22-23; Lk 9,43-45)

30 Und sie gingen von dort weg und zo-
gen durch Galiläa; und er wollte nicht,
dass es jemand wissen sollte. 31 Denn er
lehrte seine Jünger und sprach zu ihnen:
Der Menschensohn wird überantwortet
werden in die Hände der Menschen und
sie werden ihn töten; und wenn er getötet
ist, so wird er nach drei Tagen aufer-
stehen.[a] 32 Sie aber [a]verstanden das
Wort nicht und fürchteten sich, ihn zu
fragen.

Der Rangstreit der Jünger

(Mt 18,1-5; Lk 9,46-48)

33 Und sie kamen nach Kapernaum. Und
als er daheim war, fragte er sie: Was habt
ihr auf dem Weg verhandelt? 34 Sie aber
schwiegen; denn sie hatten auf dem Weg
miteinander verhandelt, wer der Größte
sei. 35 Und er setzte sich und rief die
Zwölf und sprach zu ihnen: [a]Wenn je-
mand will der Erste sein, der soll der
Letzte sein von allen und aller Diener.
36 Und er nahm ein Kind, stellte es mit-
ten unter sie und herzte es und sprach zu
ihnen: 37 Wer ein solches Kind in meinem
Namen aufnimmt, der nimmt mich auf;
und wer mich aufnimmt, der nimmt
nicht mich auf, sondern den, der mich
gesandt hat.[a]

Der fremde Wundertäter

(Lk 9,49-50)

38 Johannes sprach zu ihm: Meister, wir
sahen einen, der trieb böse Geister in
deinem Namen aus, und wir verboten's
ihm, weil er uns nicht nachfolgt.[a] 39 Jesus
aber sprach: Ihr sollt's ihm nicht ver-
bieten. Denn [a]niemand, der ein Wunder
tut in meinem Namen, kann so bald übel
von mir reden. 40 Denn wer nicht gegen
uns ist, der ist für uns.[a]

41 Denn wer euch einen Becher Wasser
zu trinken gibt deshalb, weil ihr Christus
angehört, wahrlich, ich sage euch: Es
wird ihm nicht unvergolten bleiben.[a]

Warnung vor Verführung zum Abfall

(Mt 18,6-9; Lk 17,1-2)

42 Und wer einen dieser Kleinen, die an
mich glauben, zum Abfall verführt, für
den wäre es besser, dass ihm ein Mühl-
stein an den Hals gehängt und er ins
Meer geworfen würde.

43 Wenn dich aber deine Hand zum
Abfall verführt, so haue sie ab! Es ist
besser für dich, dass du verkrüppelt zum
Leben eingehst, als dass du zwei Hände
hast und fährst in die Hölle, in das Feuer,
das nie verlöscht.[a]** 45 Wenn dich dein
Fuß zum Abfall verführt, so haue ihn ab!
Es ist besser für dich, dass du lahm zum
Leben eingehst, als dass du zwei Füße
hast und wirst in die Hölle geworfen.**
47 Wenn dich dein Auge zum Abfall ver-
führt, so wirf's von dir! Es ist besser für
dich, dass du einäugig in das Reich Got-
tes gehst, als dass du zwei Augen hast
und wirst in die Hölle geworfen,[a] 48 wo
ihr Wurm nicht stirbt und das Feuer
nicht verlöscht.[a]

49 Denn jeder wird mit Feuer gesalzen
werden. 50 Das Salz ist gut; [a]wenn aber

* In der späteren Überlieferung finden sich zusätzlich die Worte: »und Fasten«.

** In der späteren Überlieferung wird als Vers 44 und 46 der Text von Vers 48 eingefügt.

9,26: *a* Kap 1,26 **9,31:** *a* Kap 8,31; 10,32-34 **9,32:** *a* Lk 18,34 **9,35:** *a* Kap 10,43-44; Mt 23,11; Lk 22,26-27 **9,37:** *a* Mt 10,40 **9,38:** *a* 4. Mose 11,27-28 **9,39:** *a* 1. Kor 12,3 **9,40:** *a* Mt 12,30; Lk 11,23 **9,41:** *a* Mt 10,42 **9,43:** *a* Mt 5,30 **9,47:** *a* Mt 5,29 **9,48:** *a* Jes 66,24 **9,50:** *a* Mt 5,13; Lk 14,34

das Salz nicht mehr salzt, womit wird
man's würzen? [b]Habt Salz bei euch und
habt Frieden untereinander!

Von der Ehescheidung

(Mt 19,1-9)

10 Und er machte sich auf und kam
von dort in das Gebiet von Judäa
und jenseits des Jordans. Und abermals
lief das Volk in Scharen bei ihm zusam-
men, und wie es seine Gewohnheit war,
lehrte er sie abermals.
2 Und Pharisäer traten zu ihm und
fragten ihn, ob ein Mann sich scheiden
dürfe von seiner Frau; und sie versuchten
ihn damit. 3 Er antwortete aber und
sprach zu ihnen: Was hat euch Mose
geboten? 4 Sie sprachen: Mose hat zu-
gelassen, einen Scheidebrief zu schreiben
und sich zu scheiden.[a] 5 Jesus aber sprach
zu ihnen: Um eures Herzens Härte willen
hat er euch dieses Gebot geschrieben;
6 aber von Beginn der Schöpfung an hat
Gott sie geschaffen als Mann und Frau.[a]
7 [a]Darum wird ein Mann seinen Vater
und seine Mutter verlassen und wird an
seiner Frau hängen, 8 und die zwei wer-
den **ein** Fleisch sein. So sind sie nun nicht
mehr zwei, sondern **ein** Fleisch*. 9 **Was
nun Gott zusammengefügt hat, soll der
Mensch nicht scheiden.**
10 Und daheim fragten ihn abermals
seine Jünger danach. 11 Und er sprach zu
ihnen: Wer sich scheidet von seiner Frau
und heiratet eine andere, der bricht ihr
gegenüber die Ehe;[a] 12 und wenn sich
eine Frau scheidet von ihrem Mann und
heiratet einen andern, bricht sie ihre Ehe.

Die Segnung der Kinder

(Mt 19,13-15; Lk 18,15-17)

13 Und sie brachten Kinder zu ihm, da-
mit er sie anrühre. Die Jünger aber fuh-
ren sie an. 14 Als es aber Jesus sah, wurde
er unwillig und sprach zu ihnen: **Lasst
die Kinder zu mir kommen und wehret
ihnen nicht; denn solchen gehört das Reich
Gottes.** 15 Wahrlich, ich sage euch: Wer
das Reich Gottes nicht empfängt wie ein
Kind, der wird nicht hineinkommen.[a]
16 Und [a]er herzte sie und legte die Hände
auf sie und segnete sie.

Die Gefahr des Reichtums (»Der reiche Jüngling«)

(Mt 19,16-26; Lk 18,18-27)

17 Und als er sich auf den Weg machte,
lief einer herbei, kniete vor ihm nieder
und fragte ihn: Guter Meister, was soll
ich tun, damit ich das ewige Leben er-
erbe? 18 Aber Jesus sprach zu ihm: Was
nennst du mich gut? Niemand ist gut als
Gott allein. 19 Du kennst die Gebote:
[a]»Du sollst nicht töten; du sollst nicht
ehebrechen; du sollst nicht stehlen; du
sollst nicht falsch Zeugnis reden; du
sollst niemanden berauben; ehre Vater
und Mutter.«
20 Er aber sprach zu ihm: Meister, das
habe ich alles gehalten von meiner Ju-
gend auf. 21 Und Jesus sah ihn an und
gewann ihn lieb und sprach zu ihm:
Eines fehlt dir. Geh hin, verkaufe alles,
was du hast, und gib's den Armen, so
wirst du einen Schatz im Himmel haben,
und komm und [a]folge mir nach!** 22 Er
aber wurde unmutig über das Wort und
ging traurig davon; denn er hatte viele
Güter.
23 Und Jesus sah um sich und sprach
zu seinen Jüngern: [a]Wie schwer werden
die Reichen in das Reich Gottes kom-
men! 24 Die Jünger aber entsetzten sich
über seine Worte. Aber Jesus antwortete
wiederum und sprach zu ihnen: Liebe
Kinder, wie schwer ist's, ins Reich Gottes
zu kommen! 25 Es ist leichter, dass ein
Kamel durch ein Nadelöhr gehe, als dass
ein Reicher ins Reich Gottes komme.
26 Sie entsetzten sich aber noch viel mehr
und sprachen untereinander: Wer kann
dann selig werden? 27 Jesus aber sah sie
an und sprach: Bei den Menschen ist's
unmöglich, aber nicht bei Gott; denn alle
Dinge sind möglich bei Gott.

Der Lohn der Nachfolge

(Mt 19,27-30; Lk 18,28-30)

28 Da fing Petrus an und sagte zu ihm:
Siehe, wir haben alles verlassen und sind

* Siehe Sach- und Worterklärungen zu »Fleisch«.
** In der späteren Überlieferung finden sich zusätzlich die Worte: »und nimm das Kreuz auf dich«.

9,50: *b* Kol 4,6 **10,4:** *a* 5.Mose 24,1; Mt 5,31-32 **10,6:** *a* 1.Mose 1,27 **10,7:** *a (7-8)* 1.Mose 2,24 **10,11:** *a* Lk 16,18; 1.Kor 7,10-11 **10,15:** *a* Mt 18,3 **10,16:** *a* Kap 9,36 **10,19:** *a* 2.Mose 20,12-17 **10,21:** *a* Kap 8,34; Mt 10,38 **10,23:** *a* Ps 62,11; 1.Tim 6,17

dir nachgefolgt. 29 Jesus sprach: Wahr-
lich, ich sage euch: Es ist niemand, der
Haus oder Brüder oder Schwestern oder
Mutter oder Vater oder Kinder oder
Äcker verlässt um meinetwillen und um
des Evangeliums willen, 30 der nicht hun-
dertfach empfange: jetzt in dieser Zeit
Häuser und Brüder und Schwestern und
Mütter und Kinder und Äcker mitten
unter Verfolgungen – und in der zukünf-
tigen Welt das ewige Leben. 31 Viele aber
werden die Letzten sein, die die Ersten
sind, und die Ersten sein, die die Letzten
sind.

Die dritte Ankündigung von Jesu Leiden und Auferstehung

(Mt 20,17-19; Lk 18,31-34)

32 Sie waren aber auf dem Wege hinauf
nach Jerusalem und Jesus ging ihnen
voran; und sie entsetzten sich; die ihm
aber nachfolgten, fürchteten sich. Und er
nahm abermals die Zwölf zu sich und
[a]fing an, ihnen zu sagen, was ihm wider-
fahren werde: 33 Siehe, wir gehen hinauf
nach Jerusalem, und der Menschensohn
wird überantwortet werden den Hohen-
priestern und Schriftgelehrten, und sie
werden ihn zum Tode verurteilen und
den Heiden überantworten. 34 Die wer-
den ihn verspotten und anspeien und gei-
ßeln und töten, und nach drei Tagen wird
er auferstehen.

Vom Herrschen und vom Dienen (»Die Söhne des Zebedäus«)

(Mt 20,20-28)

35 Da gingen zu ihm Jakobus und Jo-
hannes, die Söhne des Zebedäus, und
sprachen: Meister, wir wollen, dass du
für uns tust, um was wir dich bitten wer-
den. 36 Er sprach zu ihnen: Was wollt ihr,
dass ich für euch tue? 37 Sie sprachen zu
ihm: Gib uns, dass wir sitzen einer zu
deiner Rechten und einer zu deiner Lin-
ken in deiner Herrlichkeit. 38 Jesus aber
sprach zu ihnen: Ihr wisst nicht, was ihr
bittet. Könnt ihr den [a]Kelch trinken, den
ich trinke, oder [b]euch taufen lassen mit
der Taufe, mit der ich getauft werde?
39 Sie sprachen zu ihm: Ja, das können
wir. Jesus aber sprach zu ihnen: [a]Ihr
werdet zwar den Kelch trinken, den ich
trinke, und getauft werden mit der Taufe,
mit der ich getauft werde; 40 zu sitzen
aber zu meiner Rechten oder zu meiner
Linken, das steht mir nicht zu, euch zu
geben, sondern das wird denen zuteil, für
die es bestimmt ist.
41 Und als das die Zehn hörten, wur-
den sie unwillig über Jakobus und Jo-
hannes. 42 [a]Da rief Jesus sie zu sich und
sprach zu ihnen: Ihr wisst, die als Herr-
scher gelten, halten ihre Völker nieder,
und ihre Mächtigen tun ihnen Gewalt
an. 43 Aber so ist es unter euch nicht;
sondern wer groß sein will unter euch,
der soll euer Diener sein; 44 und wer un-
ter euch der Erste sein will, der soll aller
Knecht sein.[a] 45 Denn auch **der Men-
schensohn ist nicht gekommen, dass er
sich dienen lasse, sondern dass er diene
und sein Leben gebe als Lösegeld für
viele.**

Die Heilung eines Blinden bei Jericho

(Mt 20,29-34; Lk 18,35-43)

46 Und sie kamen nach Jericho. Und als
er aus Jericho wegging, er und seine Jün-
ger und eine große Menge, da saß ein
blinder Bettler am Wege, Bartimäus, der
Sohn des Timäus. 47 Und als er hörte,
dass es Jesus von Nazareth war, fing er
an, zu schreien und zu sagen: Jesus, du
Sohn Davids, erbarme dich meiner!
48 Und viele fuhren ihn an, er solle still-
schweigen. Er aber schrie noch viel mehr:
Du Sohn Davids, erbarme dich meiner!
49 Und Jesus blieb stehen und sprach:
Ruft ihn her! Und sie riefen den Blinden
und sprachen zu ihm: Sei getrost, steh
auf! Er ruft dich! 50 Da warf er seinen
Mantel von sich, sprang auf und kam zu
Jesus. 51 Und Jesus antwortete und
sprach zu ihm: Was willst du, dass ich für
dich tun soll? Der Blinde sprach zu ihm:
Rabbuni, dass ich sehend werde. 52 Jesus
aber sprach zu ihm: Geh hin, dein
Glaube hat dir geholfen. Und sogleich
wurde er sehend und folgte ihm nach auf
dem Wege.

Jesu Einzug in Jerusalem

(Mt 21,1-11; Lk 19,29-40; Joh 12,12-19)

11 Und als sie in die Nähe von Jeru-
salem kamen, nach Betfage und Be-

10,32: *a* Kap 9,31 **10,38:** *a* Kap 14,36; *b* Lk 12,50 **10,39:** *a* Apg 12,2; Offb 1,9 **10,42:** *a (42-45)* Lk 22,25-27
10,44: *a* Kap 9,35; 1.Petr 5,3

tanien an den Ölberg, sandte er zwei sei-
ner Jünger 2und sprach zu ihnen: Geht
hin in das Dorf, das vor euch liegt. Und
sobald ihr hineinkommt, werdet ihr ein
Füllen angebunden finden, auf dem noch
nie ein Mensch gesessen hat; bindet es los
und führt es her! 3Und wenn jemand zu
euch sagen wird: Warum tut ihr das?, so
sprecht: Der Herr bedarf seiner, und er
sendet es alsbald wieder her. 4Und sie
gingen hin und fanden das Füllen ange-
bunden an einer Tür draußen am Weg
und banden's los. 5Und einige, die dort
standen, sprachen zu ihnen: Was macht
ihr da, dass ihr das Füllen losbindet?
6Sie sagten aber zu ihnen, wie ihnen Je-
sus geboten hatte, und die ließen's zu.

7Und sie führten das Füllen zu Jesus
und legten ihre Kleider darauf, und er
setzte sich darauf. 8Und viele breiteten
ihre Kleider auf den Weg, andere aber
grüne Zweige, die sie auf den Feldern
abgehauen hatten. 9Und die vorangingen
und die nachfolgten, schrien: [a]**Hosianna!**
Gelobt sei, der da kommt in dem Namen
des Herrn! 10Gelobt sei das Reich un-
seres Vaters David, das da kommt! Ho-
sianna in der Höhe!

11Und Jesus ging hinein nach Jeru-
salem in den Tempel und er besah
ringsum alles, und spät am Abend ging
er hinaus nach Betanien mit den
Zwölfen.

Der verdorrte Feigenbaum. Die Tempelreinigung

(Mt 21,12-22; Lk 19,45-48; Joh 2,13-16)

12Und am nächsten Tag, als sie von Be-
tanien weggingen, hungerte ihn. 13Und
er sah einen Feigenbaum von ferne, der
Blätter hatte; da ging er hin, ob er etwas
darauf fände. Und als er zu ihm kam,
fand er nichts als Blätter; denn es war
nicht die Zeit für Feigen. 14Da fing Jesus
an und sprach zu ihm: Nun esse niemand
mehr eine Frucht von dir in Ewigkeit!
Und seine Jünger hörten das.

15Und sie kamen nach Jerusalem. Und
Jesus ging in den Tempel und fing an
auszutreiben die Verkäufer und Käufer
im Tempel; und die Tische der Geld-
wechsler und die Stände der Tauben-
händler stieß er um 16und ließ nicht zu,
dass jemand etwas durch den Tempel
trage. 17Und er lehrte und sprach zu
ihnen: Steht nicht geschrieben (Jesaja
56,7): »Mein Haus soll ein Bethaus hei-
ßen für alle Völker«? Ihr aber habt eine
[a]Räuberhöhle daraus gemacht. 18Und es
kam vor die Hohenpriester und Schrift-
gelehrten, und sie trachteten danach, wie
sie ihn umbrächten. Sie fürchteten sich
nämlich vor ihm; denn alles Volk ver-
wunderte sich über seine Lehre. 19Und
abends gingen sie hinaus vor die Stadt.

20Und als sie am Morgen an dem Fei-
genbaum vorbeigingen, sahen sie, dass er
verdorrt war bis zur Wurzel. 21Und Pe-
trus dachte daran und sprach zu ihm:
Rabbi, sieh, der Feigenbaum, den du ver-
flucht hast, ist verdorrt. 22Und Jesus ant-
wortete und sprach zu ihnen: Habt Glau-
ben an Gott! 23Wahrlich, ich sage euch:
Wer zu diesem Berge spräche: Heb dich
und wirf dich ins Meer!, und zweifelte
nicht in seinem Herzen, sondern glaubte,
dass geschehen werde, was er sagt, so
wird's ihm geschehen.[a] 24Darum sage
ich euch: **Alles, was ihr bittet in eurem**
Gebet, glaubt nur, dass ihr's empfangt, so
wird's euch zuteilwerden.[a] 25Und wenn
ihr steht und betet, so vergebt, wenn ihr
etwas gegen jemanden habt, damit auch
euer Vater im Himmel euch vergebe eure
Übertretungen.[a]*

Die Frage nach Jesu Vollmacht

(Mt 21,23-27; Lk 20,1-8)

27Und sie kamen wieder nach Jerusalem.
Und als er im Tempel umherging, kamen
zu ihm die Hohenpriester und Schrift-
gelehrten und Ältesten 28und fragten ihn:
Aus welcher Vollmacht tust du das? Oder
wer hat dir diese Vollmacht gegeben,
dass du das tust? 29Jesus aber sprach zu
ihnen: Ich will euch auch eine Sache fra-
gen; antwortet mir, so will ich euch sa-
gen, aus welcher Vollmacht ich das tue.
30Die Taufe des Johannes – war sie vom
Himmel oder von Menschen? Antwortet
mir!

31Und sie bedachten bei sich selbst

* Vers 26 findet sich erst in der späteren Überlieferung: »Wenn ihr aber nicht vergebt, so wird euer Vater, der im Himmel ist, eure Übertretungen auch nicht vergeben« (vgl. Mt 6,15).

11,9: *a* Ps 118,25-26 **11,17:** *a* Jer 7,11 **11,23:** *a* Kap 9,23; Mt 17,20 **11,24:** *a* Mt 7,7; Joh 14,13; 1.Joh 5,14-15 **11,25:** *a* Mt 5,23-24; 6,14-15

und sprachen: Sagen wir, sie war vom
Himmel, so wird er sagen: Warum habt
ihr ihm dann nicht geglaubt? 32 Oder sol-
len wir sagen, sie war von Menschen? –
da fürchteten sie sich vor dem Volk.
Denn [a]sie hielten alle Johannes wirklich
für einen Propheten. 33 Und sie antworte-
ten und sprachen zu Jesus: Wir wissen's
nicht. Und Jesus sprach zu ihnen: So
sage ich euch auch nicht, aus welcher
Vollmacht ich das tue.

Von den bösen Weingärtnern

(Mt 21,33-46; Lk 20,9-19)

12 Und er fing an, zu ihnen in Gleich-
nissen zu reden: Ein Mensch
[a]pflanzte einen Weinberg und zog einen
Zaun darum und grub eine Kelter und
baute einen Turm und verpachtete ihn an
Weingärtner und ging außer Landes.
2 Und er sandte, als die Zeit kam, einen
Knecht zu den Weingärtnern, damit er
von den Weingärtnern seinen Anteil an
den Früchten des Weinbergs hole. 3 Sie
nahmen ihn aber, schlugen ihn und
schickten ihn mit leeren Händen fort.
4 Abermals sandte er zu ihnen einen an-
dern Knecht; dem schlugen sie auf den
Kopf und [a]schmähten ihn. 5 Und er
sandte noch einen andern, den töteten
sie; und viele andere: die einen schlugen
sie, die andern töteten sie. 6 Da hatte er
noch einen, seinen geliebten Sohn; den
sandte er als Letzten auch zu ihnen und
sagte sich: Sie werden sich vor meinem
Sohn scheuen. 7 Sie aber, die Weingärtner,
sprachen untereinander: Dies ist der
Erbe; kommt, lasst uns ihn töten, so wird
das Erbe unser sein! 8 Und sie nahmen
ihn und töteten ihn und [a]warfen ihn hin-
aus vor den Weinberg.

9 Was wird nun der Herr des Weinbergs
tun? Er wird kommen und die Weingärt-
ner umbringen und den Weinberg andern
geben. 10 Habt ihr denn nicht dieses
Schriftwort gelesen (Psalm 118,22-23):
»Der Stein, den die Bauleute verworfen
haben, der ist zum Eckstein geworden.
11 Vom Herrn ist das geschehen und ist
ein Wunder vor unsern Augen«? 12 Und
sie trachteten danach, ihn zu ergreifen,
und fürchteten sich doch vor dem Volk;
denn sie verstanden, dass er auf sie hin
dies Gleichnis gesagt hatte. Und sie lie-
ßen ihn und gingen davon.

Die Frage nach der Steuer (»Der Zinsgroschen«)

(Mt 22,15-22; Lk 20,20-26)

13 Und sie sandten zu ihm einige von den
Pharisäern und von den Anhängern des
Herodes, dass sie ihn fingen in Worten.
14 Und sie kamen und sprachen zu ihm:
Meister, wir wissen, dass du wahrhaftig
bist und fragst nach niemand; denn du
achtest nicht das Ansehen der Menschen,
sondern du lehrst den Weg Gottes recht.
Ist's recht, dass man dem Kaiser Steuern
zahlt, oder nicht? Sollen wir sie zahlen
oder nicht zahlen?

15 Er aber merkte ihre Heuchelei und
sprach zu ihnen: Was versucht ihr mich?
Bringt mir einen Silbergroschen, dass ich
ihn sehe! 16 Und sie brachten einen. Da
sprach er: Wessen Bild und Aufschrift ist
das? Sie sprachen zu ihm: Des Kaisers.
17 Da sprach Jesus zu ihnen: So [a]**gebt
dem Kaiser, was des Kaisers ist, und Gott,
was Gottes ist!** Und sie wunderten sich
über ihn.

Die Frage nach der Auferstehung

(Mt 22,23-33; Lk 20,27-38)

18 Da traten die Sadduzäer zu ihm, die
lehren, es gebe keine Auferstehung; die
fragten ihn und sprachen: 19 Meister,
Mose hat uns vorgeschrieben (5. Mose
25,5-6): »Wenn jemand stirbt und hinter-
lässt eine Frau, aber keine Kinder, so soll
sein Bruder sie zur Frau nehmen und
seinem Bruder Nachkommen erwecken.«
20 Nun waren sieben Brüder. Der erste
nahm eine Frau; der starb und hinterließ
keine Kinder. 21 Und der zweite nahm sie
und starb und hinterließ auch keine Kin-
der. Und der dritte ebenso. 22 Und alle
sieben hinterließen keine Kinder. Zuletzt
nach allen starb die Frau auch. 23 Nun in
der Auferstehung, wenn sie auferstehen:
wessen Frau wird sie sein unter ihnen?
Denn alle sieben haben sie zur Frau ge-
habt.

24 Da sprach Jesus zu ihnen: Ist's nicht
so? Ihr irrt, weil ihr weder die Schrift

11,32: *a* Lk 7,29-30 **12,1:** *a* Jes 5,1-2 **12,4:** *a* 2. Chr 36,16 **12,8:** *a* Hebr 13,12 **12,17:** *a* Röm 13,1.7

kennt noch die Kraft Gottes. 25 Wenn sie
von den Toten auferstehen werden, so
werden sie weder heiraten noch sich heiraten lassen, sondern sie sind wie die
Engel im Himmel. 26 Aber von den Toten,
dass sie auferstehen, habt ihr nicht gelesen im Buch des Mose, bei dem Dornbusch, wie Gott zu ihm sagte und sprach
(2. Mose 3,6): »Ich bin der Gott Abrahams und der Gott Isaaks und der Gott
Jakobs«? 27 Gott ist nicht ein Gott der
Toten, sondern der Lebenden. Ihr irrt
sehr.

Die Frage nach dem höchsten Gebot

(Mt 22,35-40; Lk 10,25-28)

28 Und es trat zu ihm einer von den Schriftgelehrten, der ihnen zugehört hatte, wie sie miteinander stritten. Und als er sah, dass er ihnen gut geantwortet hatte, fragte er ihn: Welches ist das
höchste Gebot von allen? 29 Jesus aber
antwortete ihm: Das höchste Gebot ist das: »Höre, Israel, der Herr, unser Gott,
ist der Herr allein, 30 und **du sollst den Herrn, deinen Gott, lieben von ganzem Herzen, von ganzer Seele, von ganzem Gemüt* und von allen deinen Kräften**«
(5. Mose 6,4-5). 31 Das andre ist dies: »**Du sollst deinen Nächsten lieben wie dich selbst**« (3. Mose 19,18). Es ist kein anderes Gebot größer als diese.

32 [a]Und der Schriftgelehrte sprach zu ihm: Meister, du hast wahrhaftig recht geredet! Er ist nur **einer**, und ist kein
anderer außer ihm; 33 und ihn lieben von
ganzem Herzen, von ganzem Gemüt und von allen Kräften, und seinen Nächsten lieben wie sich selbst, [a]das ist mehr als
alle Brandopfer und Schlachtopfer. 34 Als
Jesus aber sah, dass er verständig antwortete, sprach er zu ihm: [a]Du bist nicht fern vom Reich Gottes. Und niemand wagte mehr, ihn zu fragen.

Die Frage nach dem Davidssohn

(Mt 22,41-46; Lk 20,41-44)

35 Und Jesus fing an und sprach, als er im Tempel lehrte: Wieso sagen die Schriftgelehrten, [a]der Christus sei Davids
Sohn? 36 David selbst hat [a]durch den
Heiligen Geist gesagt (Psalm 110,1): »Der Herr sprach zu meinem Herrn: Setze dich zu meiner Rechten, bis ich deine
Feinde unter deine Füße lege.« 37 Da
nennt ihn ja David selbst seinen Herrn. Woher ist er dann sein Sohn? Und alles Volk hörte ihn gern.

Warnung vor den Schriftgelehrten

(Mt 23,5-14; Lk 20,45-47)

38 Und er lehrte sie und sprach zu ihnen: Seht euch vor vor den Schriftgelehrten, die gern in langen Gewändern gehen und
lassen sich auf dem Markt grüßen 39 und
sitzen gern obenan in den Synagogen
und am Tisch beim Mahl; 40 sie [a]fressen
die Häuser der Witwen und verrichten zum Schein lange Gebete. Die werden ein umso härteres Urteil empfangen.

Das Scherflein der Witwe

(Lk 21,1-4)

41 Und Jesus setzte sich dem [a]Gotteskasten gegenüber und sah zu, wie das Volk Geld einlegte in den Gotteskasten.
Und viele Reiche legten viel ein. 42 Und
es kam eine arme Witwe und legte zwei Scherflein ein; das macht zusammen
einen Pfennig. 43 Und er rief seine Jünger
zu sich und sprach zu ihnen: Wahrlich, ich sage euch: Diese arme Witwe hat mehr in den Gotteskasten gelegt als alle,
die etwas eingelegt haben. 44 Denn sie haben alle etwas von ihrem Überfluss eingelegt; diese aber hat von ihrer Armut ihre ganze Habe eingelegt, alles, was sie zum Leben hatte.

Jesu Rede über die Endzeit (Kapitel 13,1-37)

(Mt 24,1-51; Lk 21,5-36; 17,23-37)

Das Ende des Tempels

13 Und als er aus dem Tempel ging, sprach zu ihm einer seiner Jünger: Meister, siehe, was für Steine und was für
Bauten! 2 Und Jesus sprach zu ihm:
Siehst du diese großen Bauten? Nicht ein Stein wird auf dem andern bleiben, der nicht zerbrochen werde.

* Siehe Sach- und Worterklärungen.

12,32: *a (32-34)* Lk 20,39-40 **12,33:** *a* 1. Sam 15,22; Hos 6,6; Mt 9,13 **12,34:** *a* Apg 26,27-29 **12,35:** *a* Jes 11,1; Joh 7,42; Röm 1,3 **12,36:** *a* 2. Sam 23,2 **12,40:** *a* Jak 1,27 **12,41:** *a* 2. Kön 12,10

Der Anfang der Wehen

3 Und als er auf dem Ölberg saß gegen-
über dem Tempel, fragten ihn [a]Petrus
und Jakobus und Johannes und Andreas,
als sie allein waren: 4 Sage uns, wann wird
das geschehen? Und was wird das Zei-
chen sein, wenn das alles vollendet wer-
den soll? 5 Jesus fing an und sagte zu
ihnen: Seht zu, dass euch nicht jemand
verführe! 6 Es werden viele kommen un-
ter meinem Namen und sagen: Ich bin's,
und werden viele verführen.[a] 7 Wenn ihr
aber hören werdet von Kriegen und
Kriegsgeschrei, so fürchtet euch nicht. Es
muss so geschehen. Aber das Ende ist
noch nicht da. 8 Denn es wird sich ein
Volk gegen das andere erheben und ein
Königreich gegen das andere. Es werden
Erdbeben geschehen hier und dort, es
werden Hungersnöte sein. Das ist der
Anfang der Wehen.

9 Ihr aber seht euch vor! Denn sie wer-
den euch den Gerichten überantworten,
und in den Synagogen werdet ihr gegei-
ßelt werden, und vor Statthalter und Kö-
nige werdet ihr geführt werden um mei-
netwillen, ihnen zum Zeugnis. 10 Und das
Evangelium muss zuvor gepredigt wer-
den unter allen Völkern.[a] 11 Und wenn
sie euch hinführen und überantworten
werden, so sorgt euch nicht vorher, was
ihr reden sollt; sondern was euch in jener
Stunde gegeben wird, das redet. Denn ihr
seid's nicht, die da reden, sondern der
Heilige Geist. 12 Und es wird ein Bruder
den andern dem Tod preisgeben und der
Vater den Sohn, und die Kinder werden
sich empören gegen die Eltern und wer-
den sie töten helfen. 13 Und [a]ihr werdet
gehasst sein von jedermann um meines
Namens willen. **Wer aber beharrt bis an
das Ende, der wird selig.**

Die große Bedrängnis

14 Wenn ihr aber sehen werdet das
[a]Gräuelbild der Verwüstung stehen, wo
es nicht soll – wer es liest, der merke
auf! –, alsdann, wer in Judäa ist, der
fliehe auf die Berge. 15 Wer auf dem Dach
ist, der steige nicht hinunter und gehe
nicht hinein, etwas aus seinem Hause zu
holen. 16 Und wer auf dem Feld ist, der
wende sich nicht um, seinen Mantel zu
holen. 17 Weh aber den Schwangeren und
den Stillenden zu jener Zeit! 18 Bittet
aber, dass es nicht im Winter geschehe.
19 Denn in diesen Tagen wird [a]eine sol-
che Bedrängnis sein, wie sie nie gewesen
ist bis jetzt vom Anfang der Schöpfung,
die Gott geschaffen hat, und auch nicht
wieder werden wird. 20 Und wenn der
Herr diese Tage nicht verkürzt hätte,
würde kein Mensch selig; aber um der
Auserwählten willen, die er auserwählt
hat, hat er diese Tage verkürzt.

21 Wenn dann jemand zu euch sagen
wird: Siehe, hier ist der Christus; siehe,
da ist er!, so glaubt es nicht. 22 Denn es
werden sich erheben falsche Christusse
und falsche Propheten, die Zeichen und
Wunder tun, sodass sie die Auserwählten
verführen würden, wenn es möglich wäre.
23 Ihr aber seht euch vor! Ich habe euch
alles zuvor gesagt!

Das Kommen des Menschensohns

24 Aber zu jener Zeit, nach dieser Be-
drängnis, wird die Sonne sich verfinstern
und der Mond seinen Schein verlieren,
25 und die Sterne werden vom Himmel
fallen, und die Kräfte der Himmel wer-
den ins Wanken kommen.[a] 26 Und dann
werden sie [a]sehen den Menschensohn
kommen in den Wolken mit großer Kraft
und Herrlichkeit. 27 Und dann [a]wird er
die Engel senden und wird seine Auser-
wählten versammeln von den vier Win-
den, vom Ende der Erde bis zum Ende
des Himmels.

Mahnung zur Wachsamkeit

28 An dem Feigenbaum aber lernt ein
Gleichnis: Wenn jetzt seine Zweige saftig
werden und Blätter treiben, so wisst ihr,
dass der Sommer nahe ist. 29 Ebenso
auch: wenn ihr seht, dass dies geschieht,
so wisst, dass er nahe vor der Tür ist.
30 Wahrlich, ich sage euch: Dieses Ge-
schlecht wird nicht vergehen, bis dies al-
les geschieht. 31 **Himmel und Erde werden
vergehen; meine Worte aber werden nicht
vergehen.** 32 Von dem Tage aber und der
Stunde weiß niemand, auch die Engel im

13,3: *a* Mt 17,1 **13,6:** *a* Joh 5,43 **13,10:** *a* Kap 16,15 **13,13:** *a* Joh 15,18.21 **13,14:** *a* Dan 9,27; 11,31 **13,19:** *a* Dan 12,1 **13,25:** *a* Hebr 12,26 **13,26:** *a* Dan 7,13 **13,27:** *a* Mt 13,41

Himmel nicht, auch der Sohn nicht, son-
dern allein der Vater.
33 Seht euch vor, wachet! Denn ihr
wisst nicht, wann die Zeit da ist.[a] 34 Wie
bei einem Menschen, der über Land zog
und verließ sein Haus und gab seinen
Knechten Vollmacht, einem jeden seine
Arbeit, und gebot dem Türhüter, er solle
wachen: 35 so wacht nun; denn ihr wisst
nicht, wann der Herr des Hauses kommt,
ob am Abend oder zu Mitternacht oder
um den Hahnenschrei oder am Morgen,[a]
36 damit er euch nicht schlafend finde,
wenn er plötzlich kommt. 37 Was ich aber
euch sage, das sage ich allen: Wachet!

Leiden, Sterben und Auferstehung Jesu
(Kapitel 14,1–16,20)

(Mt 26,1–28,20; Lk 22,1–24,53; Joh 18,1–21,25)

Der Plan der Hohenpriester und Schriftgelehrten

14 Es waren noch zwei Tage bis zum
Passafest und den Tagen der Unge-
säuerten Brote. Und die Hohenpriester
und Schriftgelehrten suchten, wie sie ihn
mit List ergreifen und töten könnten.
2 Denn sie sprachen: Ja nicht bei dem
Fest, damit es nicht einen Aufruhr im
Volk gebe.

Die Salbung in Betanien

3 Und als er in Betanien war im Hause
Simons des Aussätzigen und saß zu
Tisch, da kam eine Frau, die hatte ein
Glas mit unverfälschtem und kostbarem
Nardenöl, und sie zerbrach das Glas und
goss es auf sein Haupt. 4 Da wurden
einige unwillig und sprachen unterein-
ander: Was soll diese Vergeudung des
Salböls? 5 Man hätte dieses Öl für mehr
als dreihundert Silbergroschen verkaufen
können und das Geld den Armen geben.
Und sie fuhren sie an.
6 Jesus aber sprach: Lasst sie in Frie-
den! Was betrübt ihr sie? Sie hat ein
gutes Werk an mir getan. 7 Denn [a]ihr
habt allezeit Arme bei euch, und wenn
ihr wollt, könnt ihr ihnen Gutes tun;
mich aber habt ihr nicht allezeit. 8 Sie hat
getan, was sie konnte; sie hat meinen
Leib im Voraus gesalbt für mein Begräb-
nis. 9 Wahrlich, ich sage euch: Wo das
Evangelium gepredigt wird in aller Welt,
da wird man auch das sagen zu ihrem
Gedächtnis, was sie jetzt getan hat.

Der Verrat des Judas

10 Und Judas Iskariot, einer von den
Zwölfen, ging hin zu den Hohenpries-
tern, dass er ihn an sie verriete. 11 Als die
das hörten, wurden sie froh und verspra-
chen, ihm Geld zu geben. Und er suchte,
wie er ihn bei guter Gelegenheit verraten
könnte.

Das Abendmahl

12 Und am ersten Tage der Ungesäuerten
Brote, als man das Passalamm opferte,
sprachen seine Jünger zu ihm: Wo willst
du, dass wir hingehen und das Passa-
lamm bereiten, damit du es essen kannst?
13 Und er sandte zwei seiner Jünger und
sprach zu ihnen: Geht hin in die Stadt,
und es wird euch ein Mensch begegnen,
der trägt einen Krug mit Wasser; folgt
ihm 14 und wo er hineingeht, da sprecht
zu dem Hausherrn: Der Meister lässt dir
sagen: Wo ist der Raum, in dem ich das
Passalamm essen kann mit meinen Jün-
gern?[a] 15 Und er wird euch einen großen
Saal zeigen, der mit Polstern versehen
und vorbereitet ist; dort richtet für uns
zu. 16 Und die Jünger gingen hin und
kamen in die Stadt und fanden's, wie er
ihnen gesagt hatte, und bereiteten das
Passalamm.
17 Und am Abend kam er mit den
Zwölfen. 18 [a]Und als sie bei Tisch waren
und aßen, sprach Jesus: Wahrlich, ich
sage euch: Einer unter euch, der mit mir
isst, wird mich verraten. 19 Und sie wur-
den traurig und fragten ihn, einer nach
dem andern: Bin ich's? 20 Er aber sprach
zu ihnen: Einer von den Zwölfen, der mit
mir seinen Bissen in die Schüssel taucht.
21 Der Menschensohn geht zwar hin, wie
von ihm geschrieben steht; weh aber dem
Menschen, durch den der Menschensohn
verraten wird! Es wäre für diesen Men-
schen besser, wenn er nie geboren wäre.
22 [a]**Und als sie aßen, nahm Jesus das**

13,33: *a* Lk 12,35-40; 21,36 **13,35:** *a* Lk 12,38 **14,7:** *a* 5.Mose 15,11 **14,14:** *a* Kap 11,3 **14,18:** *a (18-20)* Joh 13,21-26 **14,22:** *a (22-24)* 1.Kor 11,23-25

Brot, dankte und brach's und gab's ihnen
und sprach: Nehmet; das ist mein Leib.
23 **Und er nahm den Kelch, dankte und gab**
ihnen den; und sie tranken alle daraus.
24 **Und er sprach zu ihnen: Das ist mein**
[a]**Blut des Bundes*, das für viele vergossen**
wird. 25 Wahrlich, ich sage euch, dass ich
nicht mehr trinken werde vom Gewächs
des Weinstocks bis an den Tag, an dem
ich aufs Neue davon trinke im Reich
Gottes.

Die Ankündigung der Verleugnung des Petrus

26 Und als sie den [a]Lobgesang gesungen
hatten, gingen sie hinaus an den Ölberg.
27 Und Jesus sprach zu ihnen: Ihr werdet
alle Ärgernis nehmen; denn es steht ge-
schrieben (Sacharja 13,7): »Ich werde den
Hirten schlagen, und [a]die Schafe werden
sich zerstreuen.« 28 Wenn ich aber aufer-
standen bin, will ich vor euch hingehen
nach [a]Galiläa.

29 Petrus aber sagte zu ihm: Und wenn
sie alle Ärgernis nehmen, so doch ich
nicht! 30 Und Jesus sprach zu ihm: Wahr-
lich, ich sage dir: Heute, in dieser Nacht,
ehe der Hahn zweimal kräht, wirst du
mich dreimal verleugnen.[a] 31 Er aber re-
dete noch weiter: Auch wenn ich mit dir
sterben müsste, werde ich dich nicht ver-
leugnen! Das Gleiche sagten sie alle.

Jesus in Gethsemane

32 Und sie kamen zu einem Garten mit
Namen Gethsemane. Und er sprach zu
seinen Jüngern: Setzt euch hierher, bis
ich gebetet habe. 33 Und er [a]nahm mit
sich Petrus und Jakobus und Johannes
und fing an zu zittern und zu zagen
34 und sprach zu ihnen: [a]Meine Seele ist
betrübt bis an den Tod; bleibt hier und
wachet!

35 Und er ging ein wenig weiter, warf
sich auf die Erde und betete, dass, wenn
es möglich wäre, die Stunde an ihm
vorüberginge, 36 und sprach: **Abba, mein**
Vater, alles ist dir möglich; nimm [a]diesen
Kelch von mir; doch nicht, was ich will,
sondern was du willst! 37 Und er kam und
fand sie schlafend und sprach zu Petrus:
Simon, schläfst du? Vermochtest du
nicht, **eine** Stunde zu wachen? 38 **Wachet**
und betet, dass ihr nicht in Versuchung
fallt! Der Geist ist willig; aber das Fleisch
ist schwach.

39 Und er ging wieder hin und betete
und sprach dieselben Worte 40 und kam
zurück und fand sie abermals schlafend;
denn ihre Augen waren voller Schlaf, und
sie wussten nicht, was sie ihm antworten
sollten. 41 Und er kam zum dritten Mal
und sprach zu ihnen: Ach, wollt ihr wei-
ter schlafen und ruhen? Es ist genug; die
Stunde ist gekommen. Siehe, der Men-
schensohn wird überantwortet in die
Hände der Sünder. 42 Steht auf, lasst uns
gehen! Siehe, der mich verrät, ist nahe.

Jesu Gefangennahme

43 Und alsbald, während er noch redete,
kam herzu Judas, einer von den Zwölfen,
und mit ihm eine Schar mit Schwertern
und mit Stangen, von den Hohenpries-
tern und Schriftgelehrten und Ältesten.
44 Und der Verräter hatte ihnen ein Zei-
chen genannt und gesagt: Welchen ich
küssen werde, der ist's; den ergreift und
führt ihn sicher ab. 45 Und als er kam,
trat er alsbald zu ihm und sprach:
Rabbi!, und küsste ihn. 46 Die aber legten
Hand an ihn und ergriffen ihn. 47 Einer
aber von denen, die dabeistanden, zog
sein Schwert und schlug nach dem
Knecht des Hohenpriesters und hieb ihm
ein Ohr ab.

48 Und Jesus antwortete und sprach zu
ihnen: Ihr seid ausgezogen wie gegen
einen Räuber mit Schwertern und mit
Stangen, mich zu fangen. 49 Ich bin täg-
lich bei euch im Tempel gewesen und
habe gelehrt, und ihr habt mich nicht
ergriffen. Aber so muss die Schrift erfüllt
werden. 50 Da verließen ihn alle und flo-
hen. 51 Ein junger Mann aber folgte ihm
nach, der war mit einem Leinengewand
bekleidet auf der bloßen Haut; und sie
griffen nach ihm. 52 Er aber ließ das Ge-
wand fahren und [a]floh nackt davon.

Jesus vor dem Hohen Rat

53 Und sie führten Jesus zu dem Hohen-
priester; und es versammelten sich alle
Hohenpriester und Ältesten und Schrift-

* Luther übersetzte: »des neuen Testaments«.

14,24: *a* 2. Mose 24,8; Hebr 9,15-16 **14,26:** *a* Ps 113,1–118,29 **14,27:** *a* Joh 16,32 **14,28:** *a* Kap 16,7 **14,30:** *a* Joh 13,38 **14,33:** *a* Mt 17,1 **14,34:** *a* Joh 12,27 **14,36:** *a* Kap 10,38 **14,52:** *a* Am 2,16

gelehrten. 54Petrus aber folgte ihm nach
von ferne, bis hinein in den Palast des
Hohenpriesters, und saß da bei den
Knechten und wärmte sich am Feuer.
55Aber die Hohenpriester und der
ganze Hohe Rat suchten Zeugnis gegen
Jesus, dass sie ihn zu Tode brächten, und
fanden nichts. 56Denn viele gaben fal-
sches Zeugnis ab gegen ihn; aber ihr
Zeugnis stimmte nicht überein. 57Und
einige standen auf und gaben falsches
Zeugnis ab gegen ihn und sprachen:
58Wir haben gehört, dass er gesagt hat:
[a]Ich will diesen Tempel, der mit Händen
gemacht ist, abbrechen und in drei Tagen
einen andern bauen, der nicht mit Hän-
den gemacht ist. 59Aber ihr Zeugnis
stimmte auch so nicht überein. 60Und
der Hohepriester stand auf, trat in die
Mitte und fragte Jesus und sprach: Ant-
wortest du nichts auf das, was diese ge-
gen dich bezeugen? 61Er aber [a]schwieg
still und antwortete nichts. Da fragte ihn
der Hohepriester abermals und sprach
zu ihm: **Bist du der Christus, der Sohn
des Hochgelobten? 62Jesus aber sprach:
Ich bin's; und [a]ihr werdet sehen den
Menschensohn sitzen zur Rechten der
Kraft und kommen mit den Wolken des
Himmels.**
63Da zerriss der Hohepriester seine
Kleider und sprach: Was bedürfen wir
weiterer Zeugen? 64Ihr habt die Gottes-
lästerung gehört. Was ist euer Urteil? Sie
aber verurteilten ihn alle, [a]dass er des
Todes schuldig sei. 65Da fingen einige an,
ihn anzuspeien und sein Angesicht zu
verdecken und ihn mit Fäusten zu schla-
gen und zu ihm zu sagen: Weissage uns!
Und die Knechte schlugen ihn ins Ange-
sicht.

Die Verleugnung des Petrus

66Und Petrus war unten im Hof. Da kam
eine von den Mägden des Hohenpries-
ters; 67und als sie Petrus sah, wie er sich
wärmte, schaute sie ihn an und sprach:
Und du warst auch mit dem Jesus von
Nazareth. 68Er leugnete aber und sprach:
Ich weiß nicht und verstehe nicht, was du
sagst. Und er ging hinaus in den Vorhof,
und der Hahn krähte. 69Und die Magd
sah ihn und fing abermals an, denen zu
sagen, die dabeistanden: Das ist einer
von denen. 70Und er leugnete abermals.
Und nach einer kleinen Weile sprachen
die, die dabeistanden, abermals zu Pe-
trus: Wahrhaftig, du bist einer von de-
nen; denn du bist auch ein Galiläer. 71Er
aber fing an, sich zu verfluchen und zu
schwören: Ich kenne den Menschen
nicht, von dem ihr redet. 72Und alsbald
krähte der Hahn zum zweiten Mal. Da
gedachte Petrus an das Wort, das Jesus
zu ihm gesagt hatte: Ehe der Hahn zwei-
mal kräht, wirst du mich dreimal ver-
leugnen. Und er fing an zu weinen.

Jesus vor Pilatus

15 Und alsbald am Morgen hielten die
Hohenpriester Rat mit den Ältesten
und Schriftgelehrten und dem ganzen
Hohen Rat, und sie banden Jesus, führ-
ten ihn ab und überantworteten ihn Pila-
tus. 2Und Pilatus fragte ihn: Bist du der
König der Juden? Er aber antwortete und
sprach zu ihm: Du sagst es. 3Und die
Hohenpriester beschuldigten ihn hart.
4Pilatus aber fragte ihn abermals: Ant-
wortest du nichts? Siehe, wie hart sie dich
verklagen! 5Jesus aber [a]antwortete nichts
mehr, sodass sich Pilatus verwunderte.

Jesu Verurteilung und Verspottung

6Er pflegte ihnen aber zum Fest einen
Gefangenen loszugeben, welchen sie er-
baten. 7Es war aber einer, genannt Bar-
abbas, gefangen mit den Aufrührern, die
beim Aufruhr einen Mord begangen hat-
ten. 8Und das Volk ging hinauf und bat,
dass er tue, wie er zu tun pflegte. 9Pilatus
aber antwortete ihnen: Wollt ihr, dass
ich euch den König der Juden losgebe?
10Denn er erkannte, dass ihn die Hohen-
priester aus Neid überantwortet hatten.[a]
11Aber die Hohenpriester reizten das
Volk auf, dass er ihnen viel lieber den
Barabbas losgebe. 12Pilatus aber fing
wiederum an und sprach zu ihnen: Was
wollt ihr denn, dass ich tue mit dem, den
ihr den König der Juden nennt? 13Sie
schrien abermals: Kreuzige ihn! 14Pilatus
aber sprach zu ihnen: Was hat er denn
Böses getan? Aber sie schrien noch viel
mehr: Kreuzige ihn! 15Pilatus aber wollte
dem Volk zu Willen sein und gab ihnen

14,58: *a* Joh 2,19-21 **14,61:** *a* Kap 15,5; Jes 53,7 **14,62:** *a* Ps 110,1; Dan 7,13-14 **14,64:** *a* Joh 19,7 **15,5:** *a* Kap 14,61; Jes 53,7 **15,10:** *a* Joh 11,48

Barabbas los und ließ Jesus geißeln und
überantwortete ihn, dass er gekreuzigt
werde.
16 Die Soldaten aber führten ihn hinein
in den Palast, das ist ins Prätorium, und
riefen die ganze Abteilung zusammen
17 und zogen ihm einen Purpurmantel an
und flochten eine Dornenkrone und setz-
ten sie ihm auf 18 und fingen an, ihn zu
grüßen: Gegrüßet seist du, der Juden Kö-
nig! 19 Und sie schlugen ihn mit einem
Rohr auf das Haupt und spien ihn an
und fielen auf die Knie und huldigten
ihm. 20 Und als sie ihn verspottet hatten,
zogen sie ihm den Purpurmantel aus und
zogen ihm seine Kleider an.

Jesu Kreuzigung und Tod

Und sie führten ihn hinaus, dass sie ihn
kreuzigten. 21 Und zwangen einen, der
vorüberging, mit Namen Simon von Ky-
rene, der vom Feld kam, den Vater des
Alexander und des [a]Rufus, dass er ihm
das Kreuz trage. 22 Und sie brachten ihn
zu der Stätte Golgatha, das heißt über-
setzt: Schädelstätte. 23 Und sie gaben ihm
Myrrhe in Wein zu trinken; aber er
nahm's nicht.
24 Und sie kreuzigten ihn. Und sie teil-
ten seine Kleider und warfen das Los,
wer was bekommen solle.[a] 25 Und es war
die dritte Stunde, als sie ihn kreuzigten.
26 Und es stand über ihm geschrieben,
welche Schuld man ihm gab, nämlich:
Der König der Juden.
27 Und sie kreuzigten mit ihm zwei
Räuber, einen zu seiner Rechten und
einen zu seiner Linken.*
29 Und die vorübergingen, lästerten ihn
und schüttelten ihre Köpfe und sprachen:
Ha, [a]der du den Tempel abbrichst und
baust ihn auf in drei Tagen, 30 hilf dir nun
selber und steig herab vom Kreuz! 31 Des-
gleichen verspotteten ihn auch die Ho-
henpriester untereinander samt den
Schriftgelehrten und sprachen: Er hat
andern geholfen und kann sich selber
nicht helfen. 32 Ist er der Christus, der
König von Israel, so steige er nun vom
Kreuz, [a]damit wir sehen und glauben.
Und die mit ihm gekreuzigt waren,
schmähten ihn auch.
33 Und zur sechsten Stunde kam eine
Finsternis über das ganze Land bis zur
neunten Stunde. 34 Und zu der neunten
Stunde rief Jesus laut: Eli, Eli, lama asab-
tani? Das heißt übersetzt: [a]**Mein Gott,
mein Gott, warum hast du mich verlas-
sen?**
35 Und einige, die dabeistanden, als sie
das hörten, sprachen sie: Siehe, er ruft
den Elia. 36 Da lief einer und füllte einen
Schwamm mit Essig, steckte ihn auf ein
Rohr, gab ihm zu trinken und sprach:
Halt, lasst sehen, ob Elia komme und ihn
herabnehme! 37 Aber Jesus schrie laut
und verschied.
38 Und der [a]Vorhang im Tempel zer-
riss in zwei Stücke von oben an bis unten
aus. 39 Der Hauptmann aber, der dabei-
stand, ihm gegenüber, und sah, dass er
so verschied, sprach: **Wahrlich, dieser
Mensch ist Gottes Sohn gewesen!**
40 Und es waren auch Frauen da, die
von ferne zuschauten, unter ihnen Maria
von Magdala und Maria, die Mutter Ja-
kobus' des Kleinen und des Joses, und
Salome, 41 [a]die ihm nachgefolgt waren,
als er in Galiläa war, und ihm gedient hat-
ten, und viele andere Frauen, die mit ihm
hinauf nach Jerusalem gegangen waren.

Jesu Grablegung

42 Und als es schon Abend wurde und
weil Rüsttag war, das ist der Tag vor dem
Sabbat, 43 kam Josef von Arimathäa, ein
angesehener Ratsherr, der auch auf das
Reich Gottes wartete, der wagte es und
ging hinein zu Pilatus und bat um den
Leichnam Jesu. 44 Pilatus aber wunderte
sich, dass er schon tot sei, und rief den
Hauptmann und fragte ihn, ob er schon
lange gestorben sei. 45 Und als er's er-
kundet hatte von dem Hauptmann, gab
er Josef den Leichnam. 46 Und der kaufte
ein Leinentuch und nahm ihn ab und
wickelte ihn in das Tuch und legte ihn in
ein Grab, das war in einen Felsen ge-
hauen, und wälzte einen Stein vor des
Grabes Tür.
47 Aber Maria von Magdala und Maria,

* Vers 28 findet sich erst in der späteren Überlieferung: »Da wurde die Schrift erfüllt: Er ist zu den Übeltätern gerechnet worden.«

15,21: *a* Röm 16,13 **15,24:** *a* Ps 22,19 **15,29:** *a* Kap 14,58 **15,32:** *a* Mt 16,1.4 **15,34:** *a* Ps 22,2 **15,38:** *a* 2.Mose 26,31-33; 2.Chr 3,14 **15,41:** *a* Lk 8,2-3

die Mutter des Joses, sahen, wo er hinge-
legt wurde.

Jesu Auferstehung

(Mt 28,1-10; Lk 24,1-12; Joh 20,1-10)

16 Und als der Sabbat vergangen war,
kauften Maria von Magdala und
Maria, die Mutter des Jakobus, und Sa-
lome wohlriechende Öle, um hinzugehen
und ihn zu salben. 2 Und sie kamen zum
Grab am ersten Tag der Woche, sehr früh,
als die Sonne aufging. 3 Und sie sprachen
untereinander: Wer wälzt uns den Stein
von des Grabes Tür? 4 Und sie sahen hin
und wurden gewahr, dass der Stein weg-
gewälzt war; denn er war sehr groß.

5 Und sie gingen hinein in das Grab
und sahen einen Jüngling zur rechten
Hand sitzen, der hatte ein langes weißes
Gewand an, und sie entsetzten sich. 6 Er
aber sprach zu ihnen: Entsetzt euch
nicht! Ihr sucht Jesus von Nazareth, den
Gekreuzigten. Er ist auferstanden, er ist
nicht hier. Siehe da die Stätte, wo sie ihn
hinlegten. 7 Geht aber hin und sagt seinen
Jüngern und Petrus, [a]dass er vor euch
hingehen wird nach Galiläa; dort werdet
ihr ihn sehen, wie er euch gesagt hat.
8 Und sie gingen hinaus und flohen von
dem Grab; denn Zittern und Entsetzen
hatte sie ergriffen. Und sie sagten nie-
mandem etwas; denn sie fürchteten sich.

Erscheinungen des Auferstandenen und Himmelfahrt

(Lk 24,36-49; Joh 20,19-23)

9 Als aber Jesus auferstanden war früh
am ersten Tag der Woche, erschien er
zuerst [a]Maria von Magdala, von der er
sieben böse Geister ausgetrieben hatte.
10 Und sie ging hin und verkündete es
denen, die mit ihm gewesen waren und
Leid trugen und weinten. 11 Und als diese
hörten, dass er lebe und sei ihr erschie-
nen, glaubten sie es nicht. 12 Danach of-
fenbarte er sich in anderer Gestalt zweien
von ihnen unterwegs, als sie über Land
gingen.[a] 13 Und die gingen auch hin und
verkündeten es den andern. Aber auch
denen glaubten sie nicht.

14 Zuletzt, als die Elf zu Tisch saßen,
[a]offenbarte er sich ihnen und schalt ih-
ren Unglauben und ihres Herzens Härte,
dass sie nicht geglaubt hatten denen, die
ihn gesehen hatten als Auferstandenen.
15 Und er sprach zu ihnen: **Gehet hin in
alle Welt und predigt das Evangelium aller
Kreatur.**[a] **16 Wer da [a]glaubt und getauft
wird, der wird selig werden; wer aber nicht
glaubt, der wird verdammt werden.** 17 Die
Zeichen aber, die folgen werden denen,
die da glauben, sind diese: In mei-
nem Namen werden sie [a]böse Geister
austreiben, [b]in neuen Zungen reden,
18 [a]Schlangen mit den Händen hochhe-
ben, und wenn sie etwas Tödliches trin-
ken, wird's ihnen nicht schaden; [b]auf
Kranke werden sie die Hände legen, so
wird's besser mit ihnen werden.

19 Nachdem der Herr Jesus mit ihnen
geredet hatte, [a]wurde er aufgehoben gen
Himmel und [b]setzte sich zur Rechten
Gottes. 20 Sie aber zogen aus und predig-
ten an allen Orten. Und der Herr [a]wirkte
mit ihnen und bekräftigte das Wort
durch die mitfolgenden Zeichen.*

* Nach den ältesten Textzeugen endet das Markus-Evangelium mit Vers 8. Die Verse 9-20 sind im 2. Jahrhundert hinzugefügt worden, vermutlich um dem Markus-Evangelium einen den andern Evangelien entsprechenden Abschluss zu geben.

16,7: *a* Kap 14,28 **16,9:** *a* Lk 8,2; Joh 20,11-18 **16,12:** *a* Lk 24,13-35 **16,14:** *a* 1. Kor 15,5 **16,15:** *a* Kap 13,10; Mt 28,18-20 **16,16:** *a* Apg 2,38; 16,31.33 **16,17:** *a* Apg 16,18; *b* Apg 10,46; 19,6 **16,18:** *a* Lk 10,19; Apg 28,3-6; *b* Jak 5,14-15 **16,19:** *a* Apg 1,2; *b* Ps 110,1; Apg 7,55 **16,20:** *a* Apg 14,3; Hebr 2,4

DAS EVANGELIUM NACH LUKAS

Inhaltsübersicht

1 Viele haben es schon unternommen,
Bericht zu geben von den Geschich-
ten, die unter uns geschehen sind, 2 wie
uns das überliefert haben, die es von An-
fang an selbst gesehen haben und Diener
des Worts gewesen sind.[a] 3 So habe auch
ich's für gut gehalten, nachdem ich alles
von Anfang an sorgfältig erkundet habe,
[a]es für dich, hochgeehrter Theophilus, in
guter Ordnung aufzuschreiben, 4 damit
du den sicheren Grund der Lehre er-
fährst, in der du unterrichtet bist.

Die Ankündigung der Geburt Johannes des Täufers

5 Zu der Zeit des Herodes, des Königs
von Judäa, lebte ein Priester von der
[a]Ordnung Abija, mit Namen Zacharias,
und seine Frau war aus dem Geschlecht
Aaron und hieß Elisabeth. 6 Sie waren
aber alle beide fromm vor Gott und leb-
ten in allen Geboten und Satzungen des
Herrn untadelig. 7 Und sie hatten kein
Kind; denn Elisabeth war unfruchtbar
und beide waren hochbetagt.

8 Und es begab sich, als Zacharias den
Priesterdienst vor Gott versah, da seine
Ordnung an der Reihe war, 9 dass ihn
nach dem Brauch der Priesterschaft das
Los traf, das [a]Räucheropfer darzubrin-
gen; und er ging in den Tempel des Herrn.

10 Und die ganze Menge des Volkes
stand draußen und betete zur Stunde des
Räucheropfers. 11 Da erschien ihm der
Engel des Herrn und stand an der rech-
ten Seite des Räucheraltars. 12 Und als
Zacharias ihn sah, erschrak er, und es
kam Furcht über ihn. 13 Aber der Engel
sprach zu ihm: Fürchte dich nicht, Za-
charias, denn dein Gebet ist erhört, und
deine Frau Elisabeth wird dir einen Sohn
gebären, und du sollst ihm den Namen
Johannes geben. 14 Und du wirst Freude
und Wonne haben, und viele werden sich
über seine Geburt freuen. 15 Denn er wird
groß sein vor dem Herrn; [a]Wein und
starkes Getränk wird er nicht trinken
und wird schon von Mutterleib an erfüllt
werden mit dem Heiligen Geist. 16 Und er
wird vom Volk Israel viele zu dem Herrn,
ihrem Gott, bekehren. 17 Und er wird vor
ihm hergehen im Geist und in der Kraft
[a]Elias, zu bekehren die Herzen der Väter
zu den Kindern und die Ungehorsamen
zu der Klugheit der Gerechten, zuzurich-
ten dem Herrn ein Volk, das wohl vorbe-
reitet ist.

18 Und Zacharias sprach zu dem En-
gel: Woran soll ich das erkennen? Denn
[a]ich bin alt und meine Frau ist betagt.
19 Der Engel antwortete und sprach zu
ihm: Ich bin [a]Gabriel, der vor Gott
steht, und bin gesandt, mit dir zu reden
und dir dies zu verkündigen. 20 Und
siehe, du wirst stumm werden und nicht
reden können bis zu dem Tag, an dem
dies geschehen wird, weil du meinen
Worten nicht geglaubt hast, die erfüllt
werden sollen zu ihrer Zeit.

21 Und das Volk wartete auf Zacharias
und wunderte sich, dass er so lange im
Tempel blieb. 22 Als er aber herauskam,
konnte er nicht mit ihnen reden; und sie
merkten, dass er eine Erscheinung gehabt
hatte im Tempel. Und er winkte ihnen
und blieb stumm.

23 Und es begab sich, als die Zeit seines
Dienstes um war, da ging er heim in sein

1,2: *a* 1.Joh 1,1-4 **1,3:** *a* Apg 1,1; Kol 4,14 **1,5:** *a* 1.Chr 24,10.19 **1,9:** *a* 2.Mose 30,7 **1,15:** *a* Ri 13,4-5 **1,17:** *a* Mal 3,1.23-24; Mt 17,11-13 **1,18:** *a* 1.Mose 18,11 **1,19:** *a* Dan 8,16

Haus. 24 Nach diesen Tagen wurde seine
Frau Elisabeth schwanger und hielt sich
fünf Monate verborgen und sprach: 25 So
hat der Herr an mir getan in den Tagen,
als er mich angesehen hat, [a]um meine
Schmach unter den Menschen von mir
zu nehmen.

Die Ankündigung der Geburt Jesu

26 Und im sechsten Monat wurde der En-
gel Gabriel von Gott gesandt in eine
Stadt in Galiläa, die heißt Nazareth, 27 zu
einer Jungfrau, die vertraut* war [a]einem
Mann mit Namen Josef vom Hause Da-
vid; und die Jungfrau hieß Maria. 28 Und
der Engel kam zu ihr hinein und sprach:
Sei gegrüßt, du Begnadete! Der Herr ist
mit dir! 29 Sie aber erschrak über die
Rede und dachte: Welch ein Gruß ist
das? 30 Und der Engel sprach zu ihr:
Fürchte dich nicht, Maria, du hast
Gnade bei Gott gefunden. 31 **Siehe, [a]du**
wirst schwanger werden und einen Sohn
gebären, und [b]du sollst ihm den Namen
Jesus geben. 32 **Der wird groß sein und**
Sohn des Höchsten genannt werden; und
Gott der Herr wird ihm den [a]Thron seines
Vaters David geben, 33 **und er wird König**
sein über das Haus Jakob in Ewigkeit, und
sein Reich wird kein Ende haben.
34 Da sprach Maria zu dem Engel: Wie
soll das zugehen, da ich doch von keinem
Mann weiß? 35 Der Engel antwortete und
sprach zu ihr: [a]Der Heilige Geist wird
über dich kommen, und die Kraft des
Höchsten wird dich überschatten; darum
wird auch das Heilige, das geboren wird,
Gottes Sohn genannt werden. 36 Und
siehe, Elisabeth, deine Verwandte, ist
auch schwanger mit einem Sohn, in ih-
rem Alter, und ist jetzt im sechsten Mo-
nat, von der man sagt, dass sie unfrucht-
bar sei. 37 Denn bei Gott ist kein Ding
unmöglich.[a] 38 Maria aber sprach: Siehe,
ich bin des Herrn Magd; mir geschehe,
wie du gesagt hast. Und der Engel schied
von ihr.

Marias Besuch bei Elisabeth

39 Maria aber machte sich auf in diesen
Tagen und ging eilends in das Gebirge zu
einer Stadt in Juda 40 und kam in das
Haus des Zacharias und begrüßte Elisa-
beth. 41 Und es begab sich, als Elisabeth
den Gruß Marias hörte, hüpfte das Kind
in ihrem Leibe. Und Elisabeth wurde
vom Heiligen Geist erfüllt 42 und rief laut
und sprach: Gepriesen bist du unter den
Frauen, und gepriesen ist die Frucht dei-
nes Leibes! 43 Und wie geschieht mir das,
dass die Mutter meines Herrn zu mir
kommt? 44 Denn siehe, als ich die Stimme
deines Grußes hörte, hüpfte das Kind
vor Freude in meinem Leibe. 45 Und [a]se-
lig bist du, die du geglaubt hast! Denn es
wird vollendet werden, was dir gesagt ist
von dem Herrn.

Marias Lobgesang

46 [a]Und Maria sprach:

Meine Seele erhebt den Herrn,
47 **und mein Geist freut sich Gottes,**
meines Heilandes;
48 denn er hat die Niedrigkeit seiner
Magd angesehen.
Siehe, von nun an werden mich
selig preisen alle Kindeskinder.
49 Denn er hat große Dinge an mir
getan,
der da mächtig ist und dessen
Name heilig ist.
50 Und seine Barmherzigkeit währt
von Geschlecht zu Geschlecht
bei denen, die ihn fürchten.[a]
51 Er übt Gewalt mit seinem Arm
und [a]zerstreut, die hoffärtig sind
in ihres Herzens Sinn.
52 Er stößt die Gewaltigen vom Thron
und erhebt die Niedrigen.[a]
53 Die Hungrigen füllt er mit Gütern
und lässt die Reichen leer
ausgehen.[a]
54 Er gedenkt der Barmherzigkeit
und hilft seinem Diener Israel auf,
55 wie er geredet hat zu unsern Vätern,
Abraham und seinen Kindern in
Ewigkeit.[a]

56 Und Maria blieb bei ihr etwa drei
Monate; danach kehrte sie wieder heim.

* Siehe Sach- und Worterklärungen zu »Verlobung«.

1,25: *a* 1. Mose 30,23 **1,27:** *a* Mt 1,16.18 **1,31:** *a* Jes 7,14; *b* Mt 1,21-23 **1,32:** *a* Jes 9,6 **1,35:** *a* Mt 1,18.20 **1,37:** *a* 1. Mose 18,14 **1,45:** *a* Kap 11,27-28 **1,46:** *a (46-55)* 1. Sam 2,1-10 **1,50:** *a* Ps 103,13.17 **1,51:** *a* 1. Mose 11,8 **1,52:** *a* Ps 147,6 **1,53:** *a* Ps 34,11; 107,9 **1,55:** *a* 1. Mose 17,7; 18,18

Die Geburt Johannes des Täufers

57 Und für Elisabeth kam die Zeit, dass
sie gebären sollte; und sie gebar einen
Sohn. 58 Und ihre Nachbarn und Ver-
wandten hörten, dass der Herr große
Barmherzigkeit an ihr getan hatte, und
freuten sich mit ihr. 59 Und es begab sich
[a]am achten Tag, da kamen sie, das
Kindlein zu beschneiden, und wollten es
nach seinem Vater Zacharias nennen.
60 Aber seine Mutter antwortete und
sprach: Nein, sondern er soll Johannes
heißen. 61 Und sie sprachen zu ihr: Ist
doch niemand in deiner Verwandtschaft,
der so heißt. 62 Und sie winkten seinem
Vater, wie er ihn nennen lassen wollte.
63 Und er forderte eine kleine Tafel und
schrieb: Er heißt Johannes. Und sie wun-
derten sich alle. 64 Und sogleich wurde
sein Mund aufgetan und seine Zunge ge-
löst, und er redete und lobte Gott.

65 Und es kam Furcht über alle Nach-
barn; und diese ganze Geschichte wurde
bekannt auf dem ganzen Gebirge Judäas.
66 Und alle, die es hörten, nahmen's zu
Herzen und sprachen: Was, meinst du,
will aus diesem Kindlein werden? Denn
die Hand des Herrn war mit ihm.

Der Lobgesang des Zacharias

67 Und sein Vater Zacharias wurde vom
Heiligen Geist erfüllt, weissagte und
sprach:

68 Gelobt sei der Herr, der Gott Israels!
Denn [a]er hat besucht und erlöst sein
Volk
69 und hat uns aufgerichtet eine Macht
des Heils
im Hause seines Dieners David
70 – wie er vorzeiten geredet hat
durch den Mund seiner heiligen
Propheten –,
71 dass er uns errettete von unsern
Feinden
und aus der Hand aller, die uns
hassen,
72 und Barmherzigkeit erzeigte unsern
Vätern
und gedächte [a]an seinen heiligen
Bund
73 und an den [a]Eid, den er geschworen
hat unserm Vater Abraham,
uns zu geben, 74 dass wir, erlöst aus
der Hand unsrer Feinde,
75 ihm dienten ohne Furcht unser Leben
lang
in Heiligkeit und Gerechtigkeit
vor seinen Augen.[a]
76 Und du, Kindlein, wirst ein Prophet
des Höchsten heißen.
Denn [a]du wirst dem Herrn
vorangehen, dass du seinen Weg
bereitest
77 und Erkenntnis des Heils gebest
seinem Volk
in der Vergebung ihrer Sünden,[a]
78 durch die herzliche Barmherzigkeit
unseres Gottes,
durch die uns besuchen wird [a]das
aufgehende Licht aus der Höhe,
79 damit es erscheine denen, die [a]sitzen
in Finsternis und Schatten des Todes,
und richte unsere Füße auf den
Weg des Friedens.

80 Und das Kindlein wuchs und wurde
stark im Geist. Und er [a]war in der Wüste
bis zu dem Tag, an dem er vor das Volk
Israel treten sollte.

Jesu Geburt

2 Es begab sich aber zu der Zeit, dass
ein Gebot von dem Kaiser Augustus
ausging, dass alle Welt geschätzt würde.
2 Und diese Schätzung* war die allererste
und geschah zur Zeit, da Quirinius Statt-
halter in Syrien war. 3 Und jedermann
ging, dass er sich schätzen ließe, ein jeder
in seine Stadt.

4 Da machte sich auf auch Josef aus
Galiläa, aus der Stadt Nazareth, in das
jüdische Land zur Stadt Davids, die da
heißt Bethlehem, weil er aus dem Hause
und Geschlechte Davids war, 5 damit er
sich schätzen ließe mit Maria, seinem
vertrauten Weibe**; die war schwanger.
6 Und als sie dort waren, kam die Zeit,
dass sie gebären sollte. 7 Und [a]sie gebar

* Siehe Sach- und Worterklärungen.
** Siehe Sach- und Worterklärungen zu »Verlobung«.

1,59: *a* 1.Mose 17,12 **1,68:** *a* Kap 7,16 **1,72:** *a* 1.Mose 17,7 **1,73:** *a* 1.Mose 22,16-18; Mi 7,20 **1,75:** *a* Tit 2,12.14
1,76: *a* Mal 3,1 **1,77:** *a* Jer 31,34 **1,78:** *a* Jes 60,1-2 **1,79:** *a* Jes 9,1 **1,80:** *a* Mt 3,1 **2,7:** *a* Mt 1,25

ihren ersten Sohn und wickelte ihn in
Windeln und legte ihn in eine Krippe;
denn sie hatten sonst keinen Raum in der
Herberge.

8 Und es waren Hirten in derselben
Gegend auf dem Felde bei den Hürden,
die hüteten des Nachts ihre Herde. 9 Und
der Engel des Herrn trat zu ihnen, und
die Klarheit des Herrn leuchtete um sie;
und sie fürchteten sich sehr. 10 Und der
Engel sprach zu ihnen: **Fürchtet euch
nicht! Siehe, ich verkündige euch große
Freude, die allem Volk widerfahren wird;
11 denn euch ist heute der Heiland geboren,
welcher ist Christus, der Herr, in der
Stadt Davids**. 12 Und das habt zum Zei-
chen: Ihr werdet finden das Kind in
Windeln gewickelt und in einer Krippe
liegen. 13 Und alsbald war da bei dem
Engel [a]die Menge der himmlischen Heer-
scharen, die lobten Gott und sprachen:
14 [a]**Ehre sei Gott in der Höhe und
[b]Friede auf Erden bei den Menschen sei-
nes Wohlgefallens.***

15 Und als die Engel von ihnen gen
Himmel fuhren, sprachen die Hirten un-
tereinander: Lasst uns nun gehen nach
Bethlehem und die Geschichte sehen, die
da geschehen ist, die uns der Herr kund-
getan hat. 16 Und sie kamen eilend und
fanden beide, Maria und Josef, dazu das
Kind in der Krippe liegen. 17 Als sie es
aber gesehen hatten, breiteten sie das
Wort aus, das zu ihnen von diesem Kinde
gesagt war. 18 Und alle, vor die es kam,
wunderten sich über das, was ihnen die
Hirten gesagt hatten. 19 Maria aber be-
hielt alle diese Worte und bewegte sie in
ihrem Herzen. 20 Und die Hirten kehrten
wieder um, priesen und lobten Gott für
alles, was sie gehört und gesehen hatten,
wie denn zu ihnen gesagt war.

21 Und als acht Tage um waren und
[a]man das Kind beschneiden musste,
[b]gab man ihm den Namen Jesus, wie er
genannt war von dem Engel, ehe er im
Mutterleib empfangen war.

Jesu Darstellung im Tempel. Simeon und Hanna

22 Und als die [a]Tage ihrer Reinigung
nach dem Gesetz des Mose um waren,
brachten sie ihn nach Jerusalem, [b]um
ihn dem Herrn darzustellen, 23 wie ge-
schrieben steht im Gesetz des Herrn
(2. Mose 13,2; 13,15): »Alles Männliche,
das zuerst den Mutterschoß durchbricht,
soll dem Herrn geheiligt heißen«, 24 und
um das Opfer darzubringen, wie es ge-
sagt ist im Gesetz des Herrn: »ein Paar
Turteltauben oder zwei junge Tauben«
(3. Mose 12,6-8).

25 Und siehe, ein Mann war in Jeru-
salem, mit Namen Simeon; und dieser
Mann war fromm und gottesfürchtig und
[a]wartete auf den Trost Israels, und der
Heilige Geist war mit ihm. 26 Und ihm
war ein Wort zuteilgeworden von dem
Heiligen Geist, er solle den Tod nicht
sehen, er habe denn zuvor den Christus
des Herrn gesehen. 27 Und er kam auf
Anregen des Geistes in den Tempel. Und
als die Eltern das Kind Jesus in den Tem-
pel brachten, um mit ihm zu tun, wie es
Brauch ist nach dem Gesetz, 28 da nahm
er ihn auf seine Arme und lobte Gott
und sprach:

29 **Herr, nun lässt du deinen Diener in
Frieden fahren,
wie du gesagt hast;
30 denn meine Augen haben deinen
Heiland gesehen,**
31 den du bereitet hast vor allen
Völkern,
32 ein [a]Licht, zu erleuchten die Heiden
und zum Preis deines Volkes Israel.

33 Und sein Vater und seine Mutter wun-
derten sich über das, was von ihm ge-
sagt wurde. 34 Und Simeon segnete sie
und sprach zu Maria, seiner Mutter:
Siehe, dieser ist gesetzt zum Fall und
zum Aufstehen für viele in Israel und
zu einem Zeichen, dem widersprochen
wird[a] 35 – und [a]auch durch deine Seele
wird ein Schwert dringen –, damit vieler
Herzen Gedanken offenbar werden.

36 Und es war eine Prophetin, Hanna,
eine Tochter Phanuëls, aus dem Stamm
Asser; die war hochbetagt. Sie hatte sie-
ben Jahre mit ihrem Mann gelebt, nach-

* Luther übersetzte nach anderer Überlieferung: »... und den Menschen ein Wohlgefallen«.

2,13: *a* Ps 103,20-21 **2,14:** *a* Kap 19,38; *b* 4. Mose 6,26; Eph 2,14.17 **2,21:** *a* Kap 1,59; 1. Mose 17,12; *b* Kap 1,31 **2,22:** *a* 3. Mose 12,1-4; *b* 4. Mose 18,15 **2,25:** *a* 1. Mose 49,18 **2,32:** *a* Jes 49,6 **2,34:** *a* Kap 20,17-18; Apg 28,22; 1. Kor 1,23 **2,35:** *a* Joh 19,25

dem sie geheiratet hatte, 37 und war nun
eine Witwe an die vierundachtzig Jahre;
die wich nicht vom Tempel und [a]diente
Gott mit Fasten und Beten Tag und
Nacht. 38 Die trat auch hinzu zu dersel-
ben Stunde und pries Gott und redete
von ihm zu allen, die auf die Erlösung
Jerusalems warteten.
39 Und als sie alles vollendet hatten
nach dem Gesetz des Herrn, kehrten sie
wieder zurück nach Galiläa in ihre Stadt
Nazareth. 40 Das Kind aber wuchs und
wurde stark, voller Weisheit, und Gottes
Gnade war bei ihm.

Der zwölfjährige Jesus im Tempel

41 Und seine Eltern [a]gingen alle Jahre
nach Jerusalem zum Passafest. 42 Und als
er zwölf Jahre alt war, gingen sie hinauf
nach dem Brauch des Festes. 43 Und als
[a]die Tage vorüber waren und sie wieder
nach Hause gingen, blieb der Knabe Je-
sus in Jerusalem und seine Eltern wuss-
ten's nicht. 44 Sie meinten aber, er wäre
unter den Gefährten, und kamen eine
Tagereise weit und suchten ihn unter den
Verwandten und Bekannten. 45 Und da
sie ihn nicht fanden, gingen sie wieder
nach Jerusalem und suchten ihn.
46 Und es begab sich nach drei Tagen,
da fanden sie ihn im Tempel sitzen, mit-
ten unter den Lehrern, wie er ihnen zu-
hörte und sie fragte. 47 Und alle, die ihm
zuhörten, verwunderten sich über seinen
Verstand und seine Antworten. 48 Und
als sie ihn sahen, entsetzten sie sich. Und
seine Mutter sprach zu ihm: Mein Sohn,
warum hast du uns das getan? Siehe, dein
Vater und ich haben dich mit Schmerzen
gesucht. 49 Und er sprach zu ihnen:
Warum habt ihr mich gesucht? Wisst ihr
nicht, dass ich sein muss in dem, [a]was
meines Vaters ist? 50 Und sie verstanden
das Wort nicht, das er zu ihnen sagte.
51 Und er ging mit ihnen hinab und kam
nach Nazareth und war ihnen untertan.
Und seine Mutter behielt alle diese
Worte in ihrem Herzen. 52 Und Jesus
nahm zu an Weisheit, Alter und Gnade
bei Gott und den Menschen.[a]

Johannes der Täufer

(Mt 3,1-12; Mk 1,1-8)

3 Im fünfzehnten Jahr der Herrschaft
des Kaisers Tiberius, als Pontius Pila-
tus Statthalter in Judäa war und Herodes
Landesfürst von Galiläa und sein Bruder
Philippus Landesfürst von Ituräa und
der Landschaft Trachonitis und Lysanias
Landesfürst von Abilene, 2 als Hannas
und Kaiphas Hohepriester waren, da
[a]geschah das Wort Gottes zu Johannes,
dem Sohn des Zacharias, in der Wüste.
3 Und er kam in die ganze Gegend um
den Jordan und predigte die Taufe der
Buße zur Vergebung der Sünden, 4 wie
geschrieben steht im Buch der Reden des
Propheten Jesaja (Jesaja 40,3-5): »Es ist
eine Stimme eines Predigers in der Wüs-
te: Bereitet den Weg des Herrn und
macht seine Steige eben! 5 Alle Täler sol-
len erhöht werden, und alle Berge und
Hügel sollen erniedrigt werden; und was
krumm ist, soll gerade werden, und was
uneben ist, soll ebener Weg werden.
6 Und alle Menschen werden den Heiland
Gottes sehen.«
7 Da sprach Johannes zu der Menge,
die hinausging, um sich von ihm taufen
zu lassen: Ihr Schlangenbrut, wer hat
denn euch gewiss gemacht, dass ihr dem
künftigen Zorn entrinnen werdet? 8 Seht
zu, bringt rechtschaffene Früchte der
Buße; und nehmt euch nicht vor zu sa-
gen: Wir haben Abraham zum Vater.
Denn ich sage euch: Gott kann dem Ab-
raham aus diesen Steinen Kinder erwe-
cken. 9 Es ist schon die Axt den Bäumen
an die Wurzel gelegt; jeder Baum, der
nicht gute Frucht bringt, wird abgehauen
und ins Feuer geworfen.
10 Und die Menge fragte ihn und
sprach: Was sollen wir denn tun? 11 Er
antwortete und sprach zu ihnen: Wer
zwei Hemden hat, der gebe dem, der kei-
nes hat; und wer zu essen hat, tue ebenso.
12 Es kamen auch die Zöllner, um sich
taufen zu lassen, und sprachen zu ihm:
Meister, was sollen denn wir tun? 13 Er
sprach zu ihnen: Fordert nicht mehr, als
euch vorgeschrieben ist! 14 Da fragten ihn
auch die Soldaten und sprachen: Was

2,37: *a* 1.Tim 5,5 **2,41:** *a* 5.Mose 16,1-8 **2,43:** *a* 2.Mose 12,18 **2,49:** *a* Joh 2,16 **2,52:** *a* 1.Sam 2,26 **3,2:** *a* Hes 1,3; Hos 1,1

sollen denn wir tun? Und er sprach zu
ihnen: Tut niemandem Gewalt oder Un-
recht und lasst euch genügen an eurem
Sold!

15 Als aber das Volk voll Erwartung
war und alle dachten in ihren Herzen von
Johannes, [a]ob er vielleicht der Christus
wäre, 16 antwortete Johannes und sprach
zu allen: Ich taufe euch mit Wasser; es
kommt aber einer, der ist stärker als ich,
und ich bin nicht wert, dass ich ihm die
Riemen seiner Schuhe löse; der wird
euch mit dem Heiligen Geist und mit
Feuer taufen. 17 In seiner Hand ist die
Worfschaufel, und er wird seine Tenne
fegen und wird den Weizen in seine
Scheune sammeln, die Spreu aber wird er
mit unauslöschlichem Feuer verbrennen.
18 Und mit vielem andern mehr ermahnte
er das Volk und verkündigte ihm das
Heil.

19 [a]Der Landesfürst Herodes aber, der
von Johannes zurechtgewiesen wurde we-
gen der Herodias, der Frau seines Bru-
ders, und wegen alles Bösen, das er getan
hatte, 20 fügte zu dem allen noch dies
hinzu: er warf Johannes ins Gefängnis.

Jesu Taufe

(Mt 3,13-17; Mk 1,9-11)

21 Und es begab sich, als alles Volk sich
taufen ließ und Jesus auch getauft wor-
den war und betete, da tat sich der Him-
mel auf, 22 und [a]der Heilige Geist fuhr
hernieder auf ihn in leiblicher Gestalt wie
eine Taube, und eine Stimme kam aus
dem Himmel: [b]**Du bist mein lieber Sohn,
an dir habe ich Wohlgefallen.**

Jesu Stammbaum

(Mt 1,1-17)

23 Und Jesus war, als er auftrat, etwa
dreißig Jahre alt und [a]wurde gehalten für
einen Sohn Josefs, der war ein Sohn Elis,
24 der war ein Sohn Mattats, der war ein
Sohn Levis, der war ein Sohn Melchis,
der war ein Sohn Jannais, der war ein
Sohn Josefs, 25 der war ein Sohn Mattit-
jas, der war ein Sohn des Amos, der war
ein Sohn Nahums, der war ein Sohn Hes-
lis, der war ein Sohn Naggais, 26 der war
ein Sohn Mahats, der war ein Sohn Mat-
titjas, der war ein Sohn Schimis, der war
ein Sohn Josechs, der war ein Sohn Jo-
das, 27 der war ein Sohn Johanans, der
war ein Sohn Resas, der war ein Sohn
Serubbabels, der war ein Sohn Scheal-
tiëls, der war ein Sohn Neris, 28 der war
ein Sohn Melchis, der war ein Sohn Ad-
dis, der war ein Sohn Kosams, der war
ein Sohn Elmadams, der war ein Sohn
Ers, 29 der war ein Sohn Joschuas, der
war ein Sohn Eliësers, der war ein Sohn
Jorims, der war ein Sohn Mattats, der
war ein Sohn Levis, 30 der war ein Sohn
Simeons, der war ein Sohn Judas, der
war ein Sohn Josefs, der war ein Sohn
Jonams, der war ein Sohn Eljakims,
31 der war ein Sohn Meleas, der war ein
Sohn Mennas, der war ein Sohn Matta-
tas, der war ein Sohn [a]Nathans, der war
ein Sohn Davids, 32 der war ein Sohn
[a]Isais, der war ein Sohn Obeds, der war
ein Sohn des Boas, der war ein Sohn
Salmons, der war ein Sohn Nachschons,
33 [a]der war ein Sohn Amminadabs, der
war ein Sohn Admins, der war ein Sohn
Arnis, der war ein Sohn Hezrons, der war
ein Sohn des Perez, der war ein Sohn
Judas, 34 der war ein Sohn Jakobs, der
war ein Sohn Isaaks, der war ein Sohn
Abrahams, der war ein Sohn Terachs, der
war ein Sohn Nahors, 35 der war ein Sohn
Serugs, der war ein Sohn Regus, der war
ein Sohn Pelegs, der war ein Sohn Ebers,
der war ein Sohn Schelachs, 36 der war
ein Sohn Kenans, der war ein Sohn Ar-
pachschads, der war ein Sohn Sems, der
war ein Sohn Noahs, der war ein Sohn
Lamechs, 37 der war ein Sohn Metusche-
lachs, der war ein Sohn Henochs, der war
ein Sohn Jereds, der war ein Sohn Maha-
lalels, der war ein Sohn Kenans, 38 der
war ein Sohn des Enosch, der war ein
Sohn Sets, der war ein Sohn Adams, der
war Gottes.

Jesu Versuchung

(Mt 4,1-11; Mk 1,12-13)

4 Jesus aber, voll Heiligen Geistes, kam
zurück vom Jordan und wurde vom
Geist in die Wüste geführt 2 und vierzig
Tage lang von dem Teufel versucht. Und
er aß nichts in diesen Tagen, und als sie

3,15: *a* Joh 1,19-28 **3,19:** *a (19-20)* Mt 14,3-4; Mk 6,17-18 **3,22:** *a* Joh 1,32; *b* Kap 9,35 **3,23:** *a* Kap 4,22
3,31: *a* 2.Sam 5,14 **3,32:** *a* Rut 4,17-22 **3,33:** *a (33-38)* 1.Mose 5,1-32; 11,10-26; 21,2-3; 29,35

ein Ende hatten, hungerte ihn. 3Der Teu-
fel aber sprach zu ihm: Bist du Gottes
Sohn, so sprich zu diesem Stein, dass er
Brot werde. 4Und Jesus antwortete ihm:
Es steht geschrieben (5. Mose 8,3): **»Der
Mensch lebt nicht allein vom Brot.«***

5Und der Teufel führte ihn hoch hin-
auf und zeigte ihm alle Reiche der Welt
in einem Augenblick 6und sprach zu ihm:
Alle diese Macht will ich dir geben und
ihre Herrlichkeit; denn sie ist mir über-
geben und ich gebe sie, wem ich will.
7Wenn du mich nun anbetest, so soll
sie ganz dein sein. 8Jesus antwortete
ihm und sprach: Es steht geschrieben
(5. Mose 6,13): **»Du sollst den Herrn, dei-
nen Gott, anbeten und ihm allein dienen.«**

9Und er führte ihn nach Jerusalem
und stellte ihn auf die Zinne des Tempels
und sprach zu ihm: Bist du Gottes Sohn,
so wirf dich von hier hinunter; 10denn es
steht geschrieben (Psalm 91,11-12): »Er
wird seinen Engeln deinetwegen befeh-
len, dass sie dich bewahren. 11Und sie
werden dich auf den Händen tragen, da-
mit du deinen Fuß nicht an einen Stein
stößt.« 12Jesus antwortete und sprach zu
ihm: Es ist gesagt (5. Mose 6,16): **»Du
sollst den Herrn, deinen Gott, nicht versu-
chen.«** 13Und [a]als der Teufel alle Ver-
suchungen vollendet hatte, wich er von
ihm eine Zeit lang.

Der Beginn des Wirkens Jesu in Galiläa

(Mt 4,12-17; Mk 1,14-15)

14Und Jesus kam in der Kraft des Geis-
tes wieder nach Galiläa und die Kunde
von ihm erscholl durch alle umliegenden
Orte. 15Und er lehrte in ihren Synagogen
und wurde von jedermann gepriesen.

Jesu Predigt in Nazareth

(Mt 13,53-58; Mk 6,1-6)

16Und er kam nach Nazareth, wo er auf-
gewachsen war, und ging nach seiner Ge-
wohnheit am Sabbat in die Synagoge und
stand auf und wollte lesen. 17Da wurde
ihm das Buch des Propheten Jesaja ge-
reicht. Und als er das Buch auftat, fand
er die Stelle, wo geschrieben steht (Jesaja
61,1-2): 18**»Der Geist des Herrn ist auf
mir, weil er mich gesalbt hat, zu verkündi-
gen das Evangelium den Armen; er hat
mich gesandt, [a]zu predigen den Gefan-
genen, dass sie frei sein sollen, und den
Blinden, dass sie sehen sollen, und den
Zerschlagenen, dass sie frei und ledig sein
sollen,** 19**zu verkündigen das [a]Gnadenjahr
des Herrn.«**

20Und als er das Buch zutat, gab er's
dem Diener und setzte sich. Und aller
Augen in der Synagoge sahen auf ihn.
21Und er fing an, zu ihnen zu reden:
**Heute ist dieses Wort der Schrift erfüllt
vor euren Ohren.**

22Und sie gaben alle Zeugnis von ihm
und wunderten sich, dass solche Worte
der Gnade aus seinem Munde kamen,
und sprachen: [a]Ist das nicht Josefs
Sohn? 23Und er sprach zu ihnen: Ihr
werdet mir freilich dies Sprichwort sagen:
Arzt, hilf dir selber! Denn wie große
Dinge haben wir gehört, die in Kaper-
naum geschehen sind! Tu so auch hier in
deiner Vaterstadt! 24Er sprach aber:
Wahrlich, ich sage euch: [a]Kein Prophet
gilt etwas in seinem Vaterland. 25[a]Aber
wahrhaftig, ich sage euch: Es waren viele
Witwen in Israel zur Zeit des Elia, als der
Himmel verschlossen war drei Jahre und
sechs Monate und eine große Hungers-
not herrschte im ganzen Lande, 26und zu
keiner von ihnen wurde Elia gesandt als
allein zu einer Witwe nach Sarepta im
Gebiet von Sidon. 27Und viele Aus-
sätzige waren in Israel zur Zeit des Pro-
pheten Elisa, und keiner von ihnen
wurde rein als allein [a]Naaman aus Sy-
rien.

28Und alle, die in der Synagoge waren,
wurden von Zorn erfüllt, als sie das hör-
ten. 29Und sie standen auf und stießen
ihn zur Stadt hinaus und führten ihn an
den Abhang des Berges, auf dem ihre
Stadt gebaut war, um ihn hinabzustürzen.
30Aber er ging mitten durch sie hinweg.

Jesus in Kapernaum

(Mt 8,14-17; Mk 1,21-39)

31Und er ging hinab nach [a]Kapernaum,
einer Stadt in Galiläa, und lehrte sie am

* In der späteren Überlieferung finden sich zusätzlich die Worte: »sondern von einem jeden Wort Gottes« (vgl. Mt 4,4).

4,13: *a* Hebr 4,15 **4,18:** *a* Jes 42,7 **4,19:** *a* 3. Mose 25,10 **4,22:** *a* Kap 3,23 **4,24:** *a* Joh 4,44 **4,25:** *a (25-26)* 1. Kön 17,1.9-24 **4,27:** *a* 2. Kön 5,1-14 **4,31:** *a* Mt 4,13; Joh 2,12

Sabbat. 32 Und sie verwunderten sich
über seine Lehre; denn [a]er predigte mit
Vollmacht.
33 Und es war ein Mensch in der Syn-
agoge, besessen von einem unreinen
Geist, und der schrie laut: 34 Halt, was
willst du von uns, Jesus von Nazareth?
Du bist gekommen, uns zu vernichten.
Ich weiß, wer du bist: der Heilige Gottes!
35 Und Jesus bedrohte ihn und sprach:
Verstumme und fahre aus von ihm! Und
der böse Geist warf ihn mitten unter sie
und fuhr von ihm aus und tat ihm keinen
Schaden. 36 Und es kam eine Furcht über
sie alle, und sie redeten miteinander und
sprachen: Was ist das für ein Wort? Er
gebietet mit Vollmacht und Gewalt den
unreinen Geistern und sie fahren aus.
37 Und die Kunde von ihm erscholl in alle
Orte des umliegenden Landes.
38 Und er machte sich auf aus der Syn-
agoge und kam in Simons Haus. Und
Simons Schwiegermutter hatte hohes
Fieber und sie baten ihn für sie. 39 Und er
trat zu ihr und gebot dem Fieber und es
verließ sie. Und sogleich stand sie auf
und diente ihnen.
40 Und als die Sonne untergegangen
war, brachten alle ihre Kranken mit man-
cherlei Leiden zu ihm. Und er legte die
Hände auf einen jeden und machte sie
gesund. 41 Von vielen fuhren auch die bö-
sen Geister aus und schrien: [a]Du bist der
Sohn Gottes! Und er bedrohte sie und
ließ sie nicht reden; denn sie wussten,
dass er der Christus war.
42 Als es aber Tag wurde, ging er hin-
aus an eine einsame Stätte; und das Volk
suchte ihn, und sie kamen zu ihm und
wollten ihn festhalten, damit er nicht von
ihnen ginge. 43 Er sprach aber zu ihnen:
Ich muss auch den andern Städten das
Evangelium predigen vom Reich Gottes;
denn dazu bin ich gesandt. 44 Und er
predigte in den Synagogen Judäas.[a]

Der Fischzug des Petrus

(Mt 4,18-22; Mk 1,16-20)

5 Es begab sich aber, als sich die Menge
zu ihm drängte, um das Wort Gottes
zu hören, da stand er am See Genezareth
2 und sah zwei Boote am Ufer liegen; die
Fischer aber waren ausgestiegen und wu-
schen ihre Netze. 3 Da stieg er in eines
der Boote, das Simon gehörte, und bat
ihn, ein wenig vom Land wegzufahren.
Und er setzte sich und lehrte die Menge
vom Boot aus.
4 Und als er aufgehört hatte zu reden,
sprach er zu Simon: Fahre hinaus, wo es
tief ist, und [a]werft eure Netze zum Fang
aus! 5 Und Simon antwortete und sprach:
Meister, wir haben die ganze Nacht gear-
beitet und nichts gefangen; aber auf dein
Wort will ich die Netze auswerfen. 6 Und
als sie das taten, fingen sie eine große
Menge Fische und ihre Netze begannen
zu reißen. 7 Und sie winkten ihren Ge-
fährten, die im andern Boot waren, sie
sollten kommen und mit ihnen ziehen.
Und sie kamen und füllten beide Boote
voll, sodass sie fast sanken. 8 Als das Si-
mon Petrus sah, fiel er Jesus zu Füßen
und sprach: Herr, geh weg von mir! [a]Ich
bin ein sündiger Mensch. 9 Denn ein
Schrecken hatte ihn erfasst und alle, die
bei ihm waren, über diesen Fang, den sie
miteinander getan hatten, 10 ebenso auch
Jakobus und Johannes, die Söhne des Ze-
bedäus, Simons Gefährten. Und Jesus
sprach zu Simon: Fürchte dich nicht!
Von nun an wirst du Menschen fangen.
11 Und sie brachten die Boote ans Land
und verließen alles und folgten ihm
nach.

Die Heilung eines Aussätzigen

(Mt 8,1-4; Mk 1,40-45)

12 Und es begab sich, als er in einer Stadt
war, siehe, da war ein Mann voller Aus-
satz. Als der Jesus sah, fiel er nieder auf
sein Angesicht und bat ihn und sprach:
Herr, willst du, so kannst du mich reini-
gen. 13 Und er streckte die Hand aus und
rührte ihn an und sprach: Ich will's tun,
sei rein! Und sogleich wich der Aussatz
von ihm. 14 Und er gebot ihm, dass er's
niemandem sagen sollte. [a]Geh aber hin
und zeige dich dem Priester und opfere
für deine Reinigung, wie Mose geboten
hat, ihnen zum Zeugnis.
15 Aber die Kunde von ihm breitete
sich immer weiter aus, und es kam eine
große Menge zusammen, zu hören und

4,32: *a* Mt 7,28-29; Joh 7,46 **4,41:** *a* Mt 8,29; Mk 3,11-12 **4,44:** *a* Mt 4,23 **5,4:** *a* Joh 21,6 **5,8:** *a* Kap 18,13 **5,14:** *a* 3. Mose 14,2-32

gesund zu werden von ihren Krankhei-
ten. 16 Er aber zog sich zurück in die
Wüste und betete.[a]

Die Heilung eines Gelähmten (»Der Gichtbrüchige«)

(Mt 9,1-8; Mk 2,1-12)

17 Und es begab sich eines Tages, als er
lehrte, dass auch Pharisäer und Schrift-
gelehrte dasaßen, die gekommen waren
aus allen Orten in Galiläa und Judäa und
aus Jerusalem. Und die Kraft des Herrn
war mit ihm, dass er heilen konnte.
18 Und siehe, einige Männer brachten
einen Menschen auf einem Bett; der war
gelähmt. Und sie versuchten, ihn hinein-
zubringen und vor ihn zu legen. 19 Und
weil sie wegen der Menge keinen Zugang
fanden, ihn hineinzubringen, stiegen sie
auf das Dach und ließen ihn durch die
Ziegel hinunter mit dem Bett mitten un-
ter sie vor Jesus. 20 Und als er ihren Glau-
ben sah, sprach er: **Mensch, deine Sünden
sind dir vergeben.**

21 Und die Schriftgelehrten und Phari-
säer fingen an zu überlegen und spra-
chen: Wer ist der, dass er Gotteslästerun-
gen redet? [a]Wer kann Sünden vergeben
als allein Gott? 22 Als aber Jesus ihre Ge-
danken merkte, antwortete er und sprach
zu ihnen: Was denkt ihr in euren Herzen?
23 Was ist leichter, zu sagen: Dir sind
deine Sünden vergeben, oder zu sagen:
Steh auf und geh umher? 24 [a]Damit ihr
aber wisst, dass der Menschensohn Voll-
macht hat, auf Erden Sünden zu verge-
ben – sprach er zu dem Gelähmten: Ich
sage dir, steh auf, nimm dein Bett und
geh heim!

25 Und sogleich stand er auf vor ihren
Augen und nahm das Bett, auf dem er
gelegen hatte, und ging heim und pries
Gott. 26 Und sie entsetzten sich alle und
priesen Gott und wurden von Furcht er-
füllt und sprachen: Wir haben heute selt-
same Dinge gesehen.

Die Berufung des Levi und das Mahl mit den Zöllnern

(Mt 9,9-13; Mk 2,13-17)

27 Und danach ging er hinaus und sah
einen Zöllner mit Namen Levi am Zoll
sitzen und sprach zu ihm: Folge mir
nach! 28 Und er verließ alles, stand auf
und folgte ihm nach.

29 Und Levi richtete ihm ein großes
Mahl zu in seinem Haus, und [a]viele Zöll-
ner und andre saßen mit ihm zu Tisch.
30 Und die Pharisäer und ihre Schrift-
gelehrten murrten und sprachen zu sei-
nen Jüngern: Warum esst und trinkt ihr
mit den Zöllnern und Sündern? 31 Und
Jesus antwortete und sprach zu ihnen:
**Die Gesunden bedürfen des Arztes nicht,
sondern die Kranken. 32 Ich bin gekom-
men, die Sünder zur Buße zu rufen und
nicht die Gerechten.**

Die Frage nach dem Fasten

(Mt 9,14-17; Mk 2,18-22)

33 Sie aber sprachen zu ihm: Die Jünger
des Johannes fasten oft und beten viel,
ebenso die Jünger der Pharisäer; aber
deine Jünger essen und trinken. 34 Jesus
sprach aber zu ihnen: Ihr könnt die
Hochzeitsgäste nicht fasten lassen, so-
lange der Bräutigam bei ihnen ist. 35 Es
wird aber die Zeit kommen, dass der
Bräutigam von ihnen genommen wird;
dann werden sie fasten, in jenen Tagen.

36 Und er sagte zu ihnen ein Gleichnis:
Niemand reißt einen Lappen von einem
neuen Kleid und flickt ihn auf ein altes
Kleid; sonst zerreißt man das neue und
der Lappen vom neuen passt nicht auf
das alte. 37 Und niemand füllt neuen
Wein in alte Schläuche; sonst zerreißt der
neue Wein die Schläuche und wird ver-
schüttet und die Schläuche verderben.
38 Sondern neuen Wein soll man in neue
Schläuche füllen. 39 Und niemand, der
vom alten Wein trinkt, will neuen; denn
er spricht: Der alte ist milder.

Das Ährenraufen am Sabbat

(Mt 12,1-8; Mk 2,23-28)

6 [a]Und es begab sich an einem Sabbat,
dass er durch ein Kornfeld ging; und
seine Jünger rauften Ähren aus und zer-
rieben sie mit den Händen und aßen.
2 Einige der Pharisäer aber sprachen:
Warum tut ihr, was am Sabbat nicht er-
laubt ist?

5,16: *a* Mk 1,35 **5,21:** *a* Kap 7,49; Ps 130,4; Jes 43,25 **5,24:** *a* Joh 5,36 **5,29:** *a* Kap 15,1 **6,1:** *a (1-11)* Kap 13,10-17; 14,1-6

3 Und Jesus antwortete und sprach zu
ihnen: Habt ihr nicht das gelesen, [a]was
David tat, als ihn hungerte, und die, die
bei ihm waren? 4 Wie er in das Haus
Gottes ging und die Schaubrote nahm
und aß, [a]die doch niemand essen durfte
als die Priester allein, und wie er sie auch
denen gab, die bei ihm waren? 5 Und er
sprach zu ihnen: Der Menschensohn ist
ein Herr über den Sabbat.

Die Heilung eines Mannes am Sabbat

(Mt 12,9-14; Mk 3,1-6)

6 Es geschah aber an einem andern Sab-
bat, dass er in die Synagoge ging und
lehrte. Und da war ein Mensch, dessen
rechte Hand war verdorrt. 7 Aber die
Schriftgelehrten und Pharisäer lauerten
darauf, ob er auch am Sabbat heilen
würde, damit sie etwas fänden, ihn zu
verklagen. 8 Er aber merkte ihre Gedan-
ken und sprach zu dem Mann mit der
verdorrten Hand: Steh auf und tritt her-
vor! Und er stand auf und trat vor. 9 Da
sprach Jesus zu ihnen: Ich frage euch:
Ist's erlaubt, am Sabbat Gutes zu tun
oder Böses, Leben zu erhalten oder zu
vernichten?
10 Und er sah sie alle ringsum an und
sprach zu ihm: Strecke deine Hand aus!
Und er tat's; da wurde seine Hand wieder
zurechtgebracht. 11 Sie aber wurden ganz
von Sinnen und beredeten sich mitein-
ander, was sie Jesus tun wollten.

Die Berufung der Zwölf

(Mt 10,1-4; Mk 3,13-19)

12 Es begab sich aber zu der Zeit, dass er
auf einen Berg ging, um zu beten; und er
blieb die Nacht über im Gebet zu Gott. [a]
13 [a]Und als es Tag wurde, rief er seine
Jünger und erwählte zwölf von ihnen, die
er auch Apostel nannte: 14 Simon, den er
auch Petrus nannte, und Andreas, seinen
Bruder, Jakobus und Johannes; Philippus
und Bartholomäus; 15 Matthäus und
Thomas; Jakobus, den Sohn des Al-
phäus, und Simon, genannt der Zelot;
16 Judas, den Sohn des Jakobus, und Ju-
das Iskariot, der zum Verräter wurde.

Die Predigt auf dem Felde

(Verse 17-49)

17 Und er ging mit ihnen hinab und trat
auf ein ebenes Feld. Und um ihn war
eine große Schar seiner Jünger und eine
große Menge des Volkes aus ganz Judäa
und Jerusalem und aus dem Küstenland
von Tyrus und Sidon, 18 die gekommen
waren, ihn zu hören und von ihren
Krankheiten geheilt zu werden; und die
von unreinen Geistern umgetrieben wa-
ren, wurden gesund. 19 Und alles Volk
suchte ihn anzurühren; denn es ging
Kraft von ihm aus und er heilte sie alle.

Die Seligpreisungen

(Mt 5,3-12)

20 Und er hob seine Augen auf über seine
Jünger und sprach:
[a]**Selig seid ihr Armen; denn das Reich
Gottes ist euer. 21 Selig seid ihr, die ihr
jetzt hungert; denn ihr sollt satt werden.
Selig seid ihr, die ihr jetzt weint; denn ihr
werdet lachen.** [a] **22 Selig seid ihr, wenn
euch die Menschen hassen und euch aus-
stoßen und schmähen und verwerfen euren
Namen als böse um des Menschensohnes
willen.** [a] 23 Freut euch an jenem Tage und
springt vor Freude; denn siehe, euer
Lohn ist groß im Himmel. Denn das
Gleiche haben ihre Väter den Propheten
getan.

Die Weherufe

24 Aber dagegen: Weh euch Reichen!
Denn ihr habt euren Trost schon ge-
habt. [a] 25 Weh euch, die ihr jetzt satt seid!
Denn ihr werdet hungern. Weh euch, die
ihr jetzt lacht! Denn ihr werdet weinen
und klagen. 26 Weh euch, wenn euch je-
dermann wohlredet! Denn das Gleiche
haben ihre Väter den falschen Propheten
getan.

Von der Feindesliebe

(Mt 5,39-48)

27 Aber ich sage euch, die ihr zuhört:
**Liebt eure Feinde; tut wohl denen, die euch
hassen; 28 segnet, die euch verfluchen; bit-
tet für die, die euch beleidigen.** [a] 29 Und

6,3: *a* 1. Sam 21,7 **6,4:** *a* 3. Mose 24,9 **6,12:** *a* Mk 1,35 **6,13:** *a (13-16)* Mt 10,2-4; Apg 1,13 **6,20:** *a* Jak 2,5 **6,21:** *a* Offb 7,16-17 **6,22:** *a* Joh 15,18-19 **6,24:** *a* Mt 19,23; Jak 5,1 **6,28:** *a* 1. Kor 4,12

wer dich auf die eine Backe schlägt, dem
biete die andere auch dar; und wer dir
den Mantel nimmt, dem verweigere auch
den Rock nicht. 30 Wer dich bittet, dem
gib; und wer dir das Deine nimmt, von
dem fordere es nicht zurück. 31 Und **wie**
ihr wollt, dass euch die Leute tun sollen,
so tut ihnen auch![a]

32 Und wenn ihr die liebt, die euch
lieben, welchen Dank habt ihr davon?
Denn auch die Sünder lieben ihre
Freunde. 33 Und wenn ihr euren Wohl-
tätern wohltut, welchen Dank habt ihr
davon? Denn die Sünder tun dasselbe
auch. 34 Und wenn ihr denen leiht, von
denen ihr etwas zu bekommen hofft, wel-
chen Dank habt ihr davon? Auch die
Sünder leihen den Sündern, damit sie das
Gleiche bekommen.[a] 35 Vielmehr liebt
eure Feinde; tut Gutes und leiht, wo ihr
nichts dafür zu bekommen hofft. So wird
euer Lohn groß sein und ihr werdet Kin-
der des Allerhöchsten sein; denn er ist
gütig gegen die Undankbaren und Bö-
sen.

Von der Stellung zum Nächsten

(Mt 7,1-5)

36 **Seid barmherzig, wie auch euer Vater**
barmherzig ist. 37 Und richtet nicht, so
werdet ihr auch nicht gerichtet. Ver-
dammt nicht, so werdet ihr nicht ver-
dammt. Vergebt, so wird euch verge-
ben.[a]

38 Gebt, so wird euch gegeben. Ein vol-
les, gedrücktes, gerütteltes und überflie-
ßendes Maß wird man in euren Schoß
geben; denn [a]eben mit dem Maß, mit
dem ihr messt, wird man euch wieder
messen.

39 Er sagte ihnen aber auch ein Gleich-
nis: Kann auch ein Blinder einem Blin-
den den Weg weisen? Werden sie nicht
alle beide in die Grube fallen?[a] 40 Der
Jünger steht nicht über dem Meister;
wenn er vollkommen ist, so ist er wie sein
Meister.[a]

41 Was siehst du aber den Splitter in
deines Bruders Auge und den Balken in
deinem Auge nimmst du nicht wahr?
42 Wie kannst du sagen zu deinem Bru-
der: Halt still, Bruder, ich will den Split-
ter aus deinem Auge ziehen, und du
siehst selbst nicht den Balken in deinem
Auge? Du Heuchler, zieh zuerst den Bal-
ken aus deinem Auge und sieh dann zu,
dass du den Splitter aus deines Bruders
Auge ziehst!

Vom Baum und seinen Früchten

(Mt 12,33-35)

43 [a]Denn es gibt keinen guten Baum, der
faule Frucht trägt, und keinen faulen
Baum, der gute Frucht trägt. 44 Denn je-
der Baum wird an seiner eigenen Frucht
erkannt. Man pflückt ja nicht Feigen
von den Dornen, auch liest man nicht
Trauben von den Hecken. 45 Ein guter
Mensch bringt Gutes hervor aus dem gu-
ten Schatz seines Herzens; und ein böser
bringt Böses hervor aus dem bösen.
Denn wes das Herz voll ist, des geht der
Mund über.

46 Was nennt ihr mich aber Herr, Herr,
und tut nicht, was ich euch sage?[a]

Vom Hausbau

(Mt 7,24-27)

47 Wer zu mir kommt und hört meine
Rede und tut sie – ich will euch zeigen,
wem er gleicht. 48 Er gleicht einem Men-
schen, der ein Haus baute und grub tief
und legte den Grund auf Fels. Als aber
eine Wasserflut kam, da riss der Strom
an dem Haus und konnte es nicht be-
wegen; denn es war gut gebaut.

49 Wer aber hört und nicht tut, der
gleicht einem Menschen, der ein Haus
baute auf die Erde, ohne Grund zu legen;
und der Strom riss an ihm und es fiel
gleich zusammen und sein Einsturz war
groß.

Der Hauptmann von Kapernaum

(Mt 8,5-13; Joh 4,46-53)

7 Nachdem Jesus seine Rede vor dem
Volk vollendet hatte, ging er nach
Kapernaum. 2 Ein Hauptmann aber hatte
einen Knecht, der ihm lieb und wert war;
der lag todkrank. 3 Als er aber von Jesus
hörte, sandte er die Ältesten der Juden zu
ihm und bat ihn, zu kommen und seinen

6,31: *a* Mt 7,12 **6,34:** *a* 5. Mose 15,7-8 **6,37:** *a* Mt 6,14 **6,38:** *a* Mk 4,24 **6,39:** *a* Mt 15,14 **6,40:** *a* Mt 10,24-25; Joh 15,20 **6,43:** *a (43-44)* Mt 7,16-18 **6,46:** *a* Mal 1,6; Mt 7,21

Knecht gesund zu machen. 4Als sie aber
zu Jesus kamen, baten sie ihn sehr und
sprachen: Er ist es wert, dass du ihm die
Bitte erfüllst; 5denn er hat unser Volk
lieb, und die Synagoge hat er uns erbaut.
6Da ging Jesus mit ihnen. Als er aber
nicht mehr fern von dem Haus war,
sandte der Hauptmann Freunde zu ihm
und ließ ihm sagen: Ach Herr, bemühe
dich nicht; ich bin nicht wert, dass du
unter mein Dach gehst; 7darum habe ich
auch mich selbst nicht für würdig ge-
achtet, zu dir zu kommen; sondern sprich
ein Wort, so wird mein Knecht gesund.
8Denn auch ich bin ein Mensch, der Ob-
rigkeit untertan, und habe Soldaten unter
mir; und wenn ich zu einem sage: Geh
hin!, so geht er hin; und zu einem an-
dern: Komm her!, so kommt er; und zu
meinem Knecht: Tu das!, so tut er's.
9Als aber Jesus das hörte, wunderte er
sich über ihn und wandte sich um und
sprach zu dem Volk, das ihm nachfolgte:
Ich sage euch: Solchen Glauben habe ich
in Israel nicht gefunden. 10Und als die
Boten wieder nach Hause kamen, fanden
sie den Knecht gesund.

Der Jüngling zu Nain

11Und es begab sich danach, dass er in
eine Stadt mit Namen Nain ging; und
seine Jünger gingen mit ihm und eine
große Menge. 12Als er aber nahe an das
Stadttor kam, siehe, da trug man einen
Toten heraus, der der einzige Sohn seiner
Mutter war, und sie war eine Witwe; und
eine große Menge aus der Stadt ging mit
ihr. 13Und als sie der Herr sah, jammerte
sie ihn und er sprach zu ihr: Weine nicht!
14Und trat hinzu und berührte den Sarg,
und die Träger blieben stehen. Und er
sprach: Jüngling, [a]ich sage dir, steh auf!
15Und der Tote richtete sich auf und fing
an zu reden, und [a]Jesus gab ihn seiner
Mutter.
16Und Furcht ergriff sie alle, und sie
priesen Gott und sprachen: [a]Es ist ein
großer Prophet unter uns aufgestanden,
und: [b]Gott hat sein Volk besucht. 17Und
diese Kunde von ihm erscholl in ganz
Judäa und im ganzen umliegenden
Land.

Die Anfrage des Täufers

(Mt 11,2-6)

18Und die Jünger des Johannes verkün-
deten ihm das alles. Und Johannes rief
zwei seiner Jünger zu sich 19und sandte
sie zum Herrn und ließ ihn fragen: Bist
du, der da kommen soll, oder sollen wir
auf einen andern warten? 20Als aber die
Männer zu ihm kamen, sprachen sie: Jo-
hannes der Täufer hat uns zu dir gesandt
und lässt dich fragen: Bist du, der da
kommen soll, oder sollen wir auf einen
andern warten? 21Zu der Stunde machte
Jesus viele gesund von Krankheiten und
Plagen und bösen Geistern, und vielen
Blinden schenkte er das Augenlicht.
22Und Jesus antwortete und sprach zu
ihnen: Geht und verkündet Johannes,
was ihr gesehen und gehört habt: Blinde
sehen, Lahme gehen, Aussätzige werden
rein, Taube hören, Tote stehen auf,
Armen wird das Evangelium gepredigt;
23und **selig ist, wer sich nicht ärgert an
mir.**

Jesu Zeugnis über den Täufer

(Mt 11,7-19)

24Als aber die Boten des Johannes fort-
gingen, fing Jesus an, zu dem Volk über
Johannes zu reden: Was seid ihr hinaus-
gegangen in die Wüste zu sehen? Wolltet
ihr ein Rohr sehen, das vom Wind be-
wegt wird? 25Oder was seid ihr hinaus-
gegangen zu sehen? Wolltet ihr einen
Menschen sehen in weichen Kleidern?
Seht, die herrliche Kleider tragen und
üppig leben, die sind an den königlichen
Höfen. 26Oder was seid ihr hinausgegan-
gen zu sehen? Wolltet ihr einen Prophe-
ten sehen? Ja, ich sage euch: Er ist mehr
als ein Prophet.[a] 27Er ist's, von dem ge-
schrieben steht (Maleachi 3,1): »Siehe,
ich sende meinen Boten vor dir her, der
deinen Weg vor dir bereiten soll.« 28Ich
sage euch, dass unter denen, die von
einer Frau geboren sind, [a]keiner größer
ist als Johannes; der aber der Kleinste ist
im Reich Gottes, der ist größer als er.
29Und alles Volk, das ihn hörte, und
[a]die Zöllner gaben Gott recht und
ließen sich taufen mit der Taufe des

7,14: *a* Mk 5,41 **7,15:** *a* 1.Kön 17,23; 2.Kön 4,36 **7,16:** *a* Mt 16,14; *b* Kap 1,68 **7,26:** *a* Kap 1,76 **7,28:** *a* Kap 1,15 **7,29:** *a* Kap 3,7.12; Mt 21,32

Johannes. 30 Aber [a]die Pharisäer und
Schriftgelehrten verachteten, was Gott
ihnen zugedacht hatte, und ließen sich
nicht von ihm taufen.
31 Mit wem soll ich die Menschen die-
ses Geschlechts vergleichen, und wem
sind sie gleich? 32 Sie sind den Kindern
gleich, die auf dem Markt sitzen und
rufen einander zu: Wir haben euch aufge-
spielt und ihr habt nicht getanzt; wir ha-
ben Klagelieder gesungen und ihr habt
nicht geweint. 33 Denn Johannes der Täu-
fer ist gekommen und [a]aß kein Brot und
trank keinen Wein; so sagt ihr: Er ist
besessen. 34 Der Menschensohn ist ge-
kommen, isst und trinkt; so sagt ihr:
Siehe, dieser Mensch ist ein Fresser und
Weinsäufer, ein [a]Freund der Zöllner und
Sünder! 35 Und doch ist die Weisheit ge-
rechtfertigt worden von allen ihren Kin-
dern.[a]

Jesu Salbung durch die Sünderin

36 Es bat ihn aber einer der Pharisäer, bei
ihm zu essen. Und er ging hinein in das
Haus des Pharisäers und setzte sich zu
Tisch.[a] 37 Und siehe, eine Frau war in
der Stadt, die war eine Sünderin. Als die
vernahm, dass er zu Tisch saß im Haus
des Pharisäers, [a]brachte sie ein Glas mit
Salböl 38 und trat von hinten zu seinen
Füßen, weinte und fing an, seine Füße
mit Tränen zu benetzen und mit den
Haaren ihres Hauptes zu trocknen, und
küsste seine Füße und salbte sie mit
Salböl.
39 Als aber das der Pharisäer sah, der
ihn eingeladen hatte, sprach er bei sich
selbst und sagte: Wenn dieser ein Prophet
wäre, so wüsste er, wer und was für eine
Frau das ist, die ihn anrührt; denn sie ist
eine Sünderin. 40 Jesus antwortete und
sprach zu ihm: Simon, ich habe dir etwas
zu sagen. Er aber sprach: Meister, sag es!
41 Ein Gläubiger hatte zwei Schuldner.
Einer war fünfhundert Silbergroschen
schuldig, der andere fünfzig. 42 Da sie
aber nicht bezahlen konnten, schenkte
er's beiden. Wer von ihnen wird ihn am
meisten lieben? 43 Simon antwortete und
sprach: Ich denke, der, dem er am meis-
ten geschenkt hat. Er aber sprach zu ihm:
Du hast recht geurteilt.
44 Und er wandte sich zu der Frau und
sprach zu Simon: Siehst du diese Frau?
Ich bin in dein Haus gekommen; [a]du
hast mir kein Wasser für meine Füße
gegeben; diese aber hat meine Füße mit
Tränen benetzt und mit ihren Haaren
getrocknet. 45 Du [a]hast mir keinen Kuss
gegeben; diese aber hat, seit ich herein-
gekommen bin, nicht abgelassen, meine
Füße zu küssen. 46 Du hast mein Haupt
nicht mit Öl gesalbt; sie aber hat meine
Füße mit Salböl gesalbt. 47 Deshalb sage
ich dir: Ihre vielen Sünden sind vergeben,
denn sie hat viel Liebe gezeigt; wem aber
wenig vergeben wird, der liebt wenig.
48 Und er sprach zu ihr: Dir sind deine
Sünden vergeben. 49 Da fingen die an, die
mit zu Tisch saßen, und sprachen bei
sich selbst: Wer ist dieser, [a]der auch die
Sünden vergibt? 50 Er aber sprach zu der
Frau: [a]**Dein Glaube hat dir geholfen; geh
hin in Frieden!**

Jüngerinnen Jesu

8 Und es begab sich danach, dass er
durch Städte und Dörfer zog und
predigte und verkündigte das Evange-
lium vom Reich Gottes; und die Zwölf
waren mit ihm, 2 dazu einige Frauen, die
er gesund gemacht hatte von bösen Geis-
tern und Krankheiten, nämlich [a]Maria,
genannt Magdalena, von der sieben böse
Geister ausgefahren waren, 3 und Jo-
hanna, die Frau des Chuzas, eines Ver-
walters des Herodes, und Susanna und
[a]viele andere, die ihnen dienten mit ihrer
Habe.

Vom Sämann

(Mt 13,1-9; Mk 4,1-9)

4 Als nun eine große Menge beieinander
war und sie aus den Städten zu ihm eil-
ten, redete er in einem Gleichnis: 5 Es
ging ein Sämann aus zu säen seinen Sa-
men. Und indem er säte, fiel einiges auf
den Weg und wurde zertreten, und die
Vögel unter dem Himmel fraßen's auf.
6 Und einiges fiel auf den Fels; und als
es aufging, verdorrte es, weil es keine

7,30: *a* Apg 13,46 **7,33:** *a* Mt 3,4 **7,34:** *a* Kap 15,2 **7,35:** *a* 1.Kor 1,24-30 **7,36:** *a* Kap 11,37 **7,37:** *a* Mk 14,3 **7,44:** *a* 1.Mose 18,4 **7,45:** *a* Röm 16,16 **7,49:** *a* Kap 5,21 **7,50:** *a* Kap 8,48; 17,19; 18,42 **8,2:** *a* Joh 20,1.11-18 **8,3:** *a* Mk 15,40-41

Feuchtigkeit hatte. 7 Und einiges fiel mit-
ten unter die Dornen; und die Dornen
gingen mit auf und erstickten's. 8 Und
einiges fiel auf gutes Land; und es ging
auf und trug hundertfach Frucht. Als
er das sagte, rief er: Wer Ohren hat zu
hören, der höre!

Vom Sinn der Gleichnisse

(Mt 13,10-17; Mk 4,10-12)

9 Es fragten ihn aber seine Jünger, was
dies Gleichnis bedeute. 10 Er aber sprach:
Euch ist's gegeben, die Geheimnisse des
Reiches Gottes zu verstehen, den andern
aber in Gleichnissen, [a]damit sie es nicht
sehen, auch wenn sie es sehen, und nicht
verstehen, auch wenn sie es hören.

Die Deutung des Gleichnisses vom Sämann

(Mt 13,18-23; Mk 4,13-20)

11 Das Gleichnis aber bedeutet dies: Der
Same ist das Wort Gottes. 12 Die aber auf
dem Weg, das sind die, die es hören;
danach kommt der Teufel und nimmt das
Wort aus ihrem Herzen, damit sie nicht
glauben und selig werden. 13 Die aber auf
dem Fels sind die: wenn sie es hören,
nehmen sie das Wort mit Freuden an.
Doch sie haben keine Wurzel; eine Zeit
lang glauben sie und zu der Zeit der
Anfechtung fallen sie ab. 14 Was aber un-
ter die Dornen fiel, sind die, die es hören
und gehen hin und ersticken unter den
Sorgen, dem Reichtum und den Freuden
des Lebens und bringen keine Frucht.
**15 Das aber auf dem guten Land sind
die, die das Wort hören und behalten [a]in
einem feinen, guten Herzen und bringen
Frucht in Geduld.**

Vom Licht und vom rechten Hören

(Mk 4,21-25)

16 Niemand aber zündet ein Licht an und
bedeckt es mit einem Gefäß oder setzt es
unter eine Bank; sondern er setzt es auf
einen Leuchter, damit, wer hineingeht,
das Licht sehe.[a] 17 Denn es ist nichts ver-
borgen, was nicht offenbar werden soll,
auch nichts geheim, was nicht bekannt
werden und an den Tag kommen soll.[a]
18 So seht nun darauf, wie ihr zuhört;
denn [a]wer da hat, dem wird gegeben; wer
aber nicht hat, dem wird auch das ge-
nommen, was er meint zu haben.

Jesu wahre Verwandte

(Mt 12,46-50; Mk 3,31-35)

19 Es kamen aber seine Mutter und seine
Brüder zu ihm und konnten wegen der
Menge nicht zu ihm gelangen. 20 Da
wurde ihm gesagt: Deine Mutter und
deine Brüder stehen draußen und wollen
dich sehen. 21 Er aber antwortete und
sprach zu ihnen: Meine Mutter und
meine Brüder sind diese, die Gottes Wort
hören und tun.

Die Stillung des Sturms

(Mt 8,23-27; Mk 4,35-41)

22 Und es begab sich an einem der Tage,
dass er in ein Boot stieg mit seinen Jün-
gern; und er sprach zu ihnen: Lasst uns
über den See fahren. Und sie stießen vom
Land ab. 23 Und als sie fuhren, schlief er
ein. Und es kam ein Windwirbel über
den See und die Wellen überfielen sie,
und sie waren in großer Gefahr. 24 Da
traten sie zu ihm und weckten ihn auf
und sprachen: Meister, Meister, wir kom-
men um! Da stand er auf und bedrohte
den Wind und die Wogen des Wassers,
und sie legten sich und es entstand eine
Stille. 25 Er sprach aber zu ihnen: Wo ist
euer Glaube?

Sie aber fürchteten sich und verwun-
derten sich und sprachen zueinander:
Wer ist dieser? Auch dem Wind und dem
Wasser gebietet er und sie sind ihm ge-
horsam.

Die Heilung des besessenen Geraseners

(Mt 8,28-34; Mk 5,1-20)

26 Und sie fuhren weiter in die Gegend
der Gerasener, die Galiläa gegenüber-
liegt. 27 Und als er ans Land trat, be-
gegnete ihm ein Mann aus der Stadt, der
hatte böse Geister; er trug seit langer Zeit
keine Kleider mehr und blieb in keinem
Hause, sondern in den Grabhöhlen.
28 Als er aber Jesus sah, schrie er auf und
fiel vor ihm nieder und rief laut: Was
willst du von mir, Jesus, du Sohn Gottes
des Allerhöchsten? Ich bitte dich: Quäle

8,10: *a* Jes 6,9-10 **8,15:** *a* Apg 16,14 **8,16:** *a* Mt 5,15 **8,17:** *a* Mt 10,26; 1. Kor 4,5 **8,18:** *a* Mt 25,29

mich nicht! 29 Denn er hatte dem un-
reinen Geist geboten, aus dem Menschen
auszufahren. Denn der hatte ihn lange
Zeit geplagt; und er wurde mit Ketten
und Fesseln gebunden und gefangen ge-
halten, doch er zerriss seine Fesseln und
wurde von dem bösen Geist in die Wüste
getrieben. 30 Und Jesus fragte ihn: Wie
heißt du? Er antwortete: Legion. Denn es
waren viele böse Geister in ihn gefahren.
31 Und sie baten ihn, dass er ihnen nicht
gebiete, in den Abgrund zu fahren.

32 Es war aber dort auf dem Berg eine
große Herde Säue auf der Weide. Und sie
baten ihn, dass er ihnen erlaube, in die
Säue zu fahren. Und er erlaubte es ihnen.
33 Da fuhren die bösen Geister von dem
Menschen aus und fuhren in die Säue;
und die Herde stürmte den Abhang hin-
unter in den See und ersoff.

34 Als aber die Hirten sahen, was da
geschah, flohen sie und verkündeten es in
der Stadt und in den Dörfern. 35 Da gin-
gen die Leute hinaus, um zu sehen, was
geschehen war, und kamen zu Jesus und
fanden den Menschen, von dem die bö-
sen Geister ausgefahren waren, sitzend
zu den Füßen Jesu, bekleidet und ver-
nünftig, und sie erschraken. 36 Und die
es gesehen hatten, verkündeten ihnen,
wie der Besessene gesund geworden war.
37 Und die ganze Menge aus dem um-
liegenden Land der Gerasener bat ihn,
von ihnen fortzugehen; denn es hatte sie
große Furcht ergriffen. Und er stieg ins
Boot und kehrte zurück.

38 Aber der Mann, von dem die bösen
Geister ausgefahren waren, bat ihn, dass
er bei ihm bleiben dürfe. Aber Jesus
schickte ihn fort und sprach: 39 Geh wie-
der heim und sage, wie große Dinge Gott
an dir getan hat. Und er ging hin und
verkündigte überall in der Stadt, wie
große Dinge Jesus an ihm getan hatte.

Die Heilung einer blutflüssigen Frau und die Auferweckung der Tochter des Jaïrus

(Mt 9,18-26; Mk 5,21-43)

40 Als Jesus zurückkam, nahm ihn das
Volk auf; denn sie warteten alle auf ihn.
41 Und siehe, da kam ein Mann mit Na-
men Jaïrus, der ein Vorsteher der Syn-
agoge war, und fiel Jesus zu Füßen und
bat ihn, in sein Haus zu kommen; 42 denn
er hatte eine einzige Tochter von etwa
zwölf Jahren, die lag in den letzten Zü-
gen. Und als er hinging, umdrängte ihn
das Volk.

43 Und eine Frau hatte den Blutfluss
seit zwölf Jahren; die hatte alles, was sie
zum Leben hatte, für die Ärzte aufge-
wandt und* konnte von keinem geheilt
werden. 44 Die trat von hinten an ihn
heran und berührte den Saum seines Ge-
wandes; und sogleich hörte ihr Blutfluss
auf. 45 Und Jesus fragte: Wer hat mich
berührt? Als es aber alle abstritten,
sprach Petrus: Meister, das Volk drängt
und drückt dich. 46 Jesus aber sprach: Es
hat mich jemand berührt; denn ich habe
gespürt, dass eine Kraft von mir ausge-
gangen ist. 47 Als aber die Frau sah, dass
es nicht verborgen blieb, kam sie mit Zit-
tern und fiel vor ihm nieder und ver-
kündete vor allem Volk, warum sie ihn
angerührt hatte und wie sie sogleich ge-
sund geworden war. 48 Er aber sprach zu
ihr: Meine Tochter, [a]dein Glaube hat dir
geholfen. Geh hin in Frieden!

49 Als er noch redete, kam einer von
den Leuten des Vorstehers der Synagoge
und sprach: Deine Tochter ist gestorben;
bemühe den Meister nicht mehr. 50 Als
aber Jesus das hörte, antwortete er ihm:
Fürchte dich nicht; glaube nur, so wird
sie gesund!

51 Als er aber in das Haus kam, ließ er
niemanden mit hineingehen [a]als Petrus
und Johannes und Jakobus und den Va-
ter und die Mutter des Kindes. 52 Sie
weinten aber alle und klagten um sie. Er
aber sprach: [a]Weint nicht! Sie ist nicht
gestorben, sondern sie schläft. 53 Und sie
verlachten ihn, denn sie wussten, dass sie
gestorben war. 54 Er aber nahm sie bei
der Hand und rief: Kind, steh auf!
55 Und ihr Geist kam wieder und sie
stand sogleich auf. Und er befahl, man
solle ihr zu essen geben. 56 Und ihre
Eltern entsetzten sich.

[a]Er aber gebot ihnen, niemandem zu
sagen, was geschehen war.

* Der Versteil »hatte alles … aufgewandt und« findet sich bei einigen wichtigen Textzeugen nicht.

8,48: *a* Kap 7,50 **8,51:** *a* Mt 17,1 **8,52:** *a* Kap 7,13 **8,56:** *a* Kap 5,14; Mk 7,36

Die Aussendung der Zwölf

(Mt 10,1; 10,5-14; Mk 6,7-13)

9 [a]Er rief aber die Zwölf zusammen
und gab ihnen Gewalt und Macht
über alle bösen Geister und dass sie
Krankheiten heilen konnten 2 und sandte
sie aus, zu predigen das Reich Gottes
und die Kranken zu heilen. 3 Und er
sprach zu ihnen: Ihr sollt nichts mit auf
den Weg nehmen, weder Stab noch Ta-
sche noch Brot noch Geld; es soll auch
einer nicht zwei Hemden haben. 4 Und
wenn ihr in ein Haus geht, dann bleibt
dort, bis ihr weiterzieht. 5 Und wenn sie
euch nicht aufnehmen, dann geht fort
aus dieser Stadt und schüttelt den Staub
von euren Füßen zu einem Zeugnis gegen
sie. 6 Und sie gingen hinaus und zogen
von Dorf zu Dorf, predigten das Evan-
gelium und machten gesund an allen
Orten.

Herodes und Jesus

(Mt 14,1-2; Mk 6,14-16)

7 Es kam aber vor Herodes, den Landes-
fürsten, alles, was geschah; und er wurde
unruhig, weil von einigen gesagt wurde:
Johannes ist von den Toten auferstanden;
8 von einigen aber: Elia ist erschienen;
von andern aber: Einer von den alten
Propheten ist auferstanden. 9 Und Hero-
des sprach: Johannes, den habe ich ent-
hauptet; wer ist aber dieser, über den ich
solches höre? Und [a]er begehrte ihn zu
sehen.

Die Speisung der Fünftausend

(Mt 14,13-21; Mk 6,31-44; Joh 6,1-13)

10 Und die Apostel kamen zurück und
erzählten Jesus, wie große Dinge sie ge-
tan hatten. Und er nahm sie zu sich, und
er zog sich mit ihnen allein in die Stadt
zurück, die heißt Betsaida. 11 Als die
Menge das merkte, zog sie ihm nach.
Und er ließ sie zu sich und sprach zu
ihnen vom Reich Gottes und machte ge-
sund, die der Heilung bedurften. 12 Aber
der Tag fing an, sich zu neigen.

Da traten die Zwölf zu ihm und spra-
chen: Lass das Volk gehen, damit sie
hingehen in die Dörfer und Höfe
ringsum und Herberge und Essen finden;
denn wir sind hier in der Wüste. 13 Er
aber sprach zu ihnen: Gebt ihr ihnen zu
essen. Sie sprachen: Wir haben nicht
mehr als fünf Brote und zwei Fische, es
sei denn, dass wir hingehen sollen und
für alle diese Leute Essen kaufen.
14 Denn es waren etwa fünftausend
Mann. Er sprach aber zu seinen Jüngern:
Lasst sie sich setzen in Gruppen zu je
fünfzig. 15 Und sie taten das und ließen
alle sich setzen.

16 Da nahm er die fünf Brote und zwei
Fische und sah auf zum Himmel und
dankte, brach sie und gab sie den Jün-
gern, damit sie dem Volk austeilten.
17 Und sie aßen und wurden alle satt; und
es wurde aufgesammelt, was sie an Bro-
cken übrig ließen, zwölf Körbe voll.

Das Bekenntnis des Petrus

(Mt 16,13-19; Mk 8,27-29; Joh 6,67-69)

18 Und es begab sich, als Jesus allein war
und betete und nur seine Jünger bei ihm
waren, da fragte er sie und sprach: Wer,
sagen die Leute, dass ich sei? 19 Sie ant-
worteten und sprachen: [a]Sie sagen, du
seist Johannes der Täufer; einige aber, du
seist Elia; andere aber, es sei einer der
alten Propheten auferstanden. 20 Er aber
sprach zu ihnen: Wer, sagt ihr aber,
dass ich sei? Da antwortete Petrus und
sprach: **Du bist der Christus Gottes!**

Die erste Ankündigung von Jesu Leiden und Auferstehung

(Mt 16,20-21; Mk 8,30-31)

21 Er aber gebot ihnen, dass sie das nie-
mandem sagen sollten, 22 und sprach:
Der Menschensohn muss viel leiden und
verworfen werden von den Ältesten und
Hohenpriestern und Schriftgelehrten und
getötet werden und am dritten Tag auf-
erstehen.[a]

Von der Nachfolge

(Mt 16,24-28; Mk 8,34–9,1)

23 Da sprach er zu ihnen allen: **Wer mir
folgen will, der verleugne sich selbst und
nehme sein Kreuz auf sich täglich und
folge mir nach. 24 Denn wer sein Leben
erhalten will, der wird es verlieren; wer
aber sein Leben verliert um meinetwillen,
der wird's erhalten.**[a] **25 Denn welchen Nut-**

9,1: *a (1-6)* Kap 10,1-12 **9,9:** *a* Kap 23,8 **9,19:** *a* Verse 7-8 **9,22:** *a* Verse 44-45; Kap 18,31-34 **9,24:** *a* Kap 17,33; Mt 10,39; Joh 12,25

**zen hätte der Mensch, wenn er die ganze
Welt gewönne und verlöre sich selbst oder
nähme Schaden an sich selbst?**
26 Wer sich aber meiner und meiner
Worte schämt, dessen wird sich der Men-
schensohn auch schämen, wenn er kom-
men wird in seiner Herrlichkeit und der
des Vaters und der heiligen Engel.[a] 27 Ich
sage euch aber wahrlich: Einige von
denen, die hier stehen, werden den Tod
nicht schmecken, bis sie das Reich Gottes
sehen.

Die Verklärung Jesu

(Mt 17,1-8; Mk 9,2-8)

28 Und es begab sich, etwa acht Tage
nach diesen Reden, dass er mit sich
nahm Petrus, Johannes und Jakobus und
ging auf einen Berg, um zu beten. 29 Und
als er betete, wurde das Aussehen seines
Angesichts anders, und sein Gewand
wurde weiß und glänzte. 30 Und siehe,
zwei Männer redeten mit ihm; das waren
Mose und Elia. 31 Sie erschienen verklärt
und redeten von seinem Ende, das er in
Jerusalem erfüllen sollte.
32 Petrus aber und die bei ihm waren,
waren voller Schlaf. Als sie aber auf-
wachten, sahen sie, wie er verklärt war,
und die zwei Männer, die bei ihm stan-
den. 33 Und es begab sich, als sie von ihm
schieden, da sprach Petrus zu Jesus:
Meister, hier ist für uns gut sein! Lasst
uns drei Hütten bauen, dir eine, Mose
eine und Elia eine. Er wusste aber nicht,
was er redete. 34 Als er aber dies redete,
kam eine Wolke und überschattete sie;
und sie erschraken, als sie in die Wolke
hineinkamen. 35 Und es geschah eine
Stimme aus der Wolke, die sprach: [a]**Die-
ser ist mein auserwählter Sohn; [b]den sollt
ihr hören!**
36 Und als die Stimme geschah, fanden
sie Jesus allein. Und sie schwiegen davon
und verkündeten in jenen Tagen nieman-
dem, was sie gesehen hatten.

Die Heilung eines besessenen Knaben

(Mt 17,14-21; Mk 9,14-29)

37 Es begab sich aber, als sie am nächsten
Tag von dem Berg kamen, da kam ihm
eine große Menge entgegen. 38 Und siehe,
ein Mann aus der Menge rief: Meister,
ich bitte dich, sieh doch nach meinem
Sohn; denn er ist mein einziger Sohn.
39 Siehe, ein Geist ergreift ihn, dass er
plötzlich aufschreit, und er reißt ihn,
dass er Schaum vor dem Mund hat, und
lässt kaum von ihm ab und reibt ihn ganz
auf. 40 Und ich habe deine Jünger ge-
beten, dass sie ihn austrieben, und sie
konnten es nicht. 41 Da antwortete Jesus
und sprach: O du ungläubiges und ver-
kehrtes Geschlecht, wie lange soll ich bei
euch sein und euch erdulden? Bring dei-
nen Sohn her!
42 Und als er zu ihm kam, riss ihn der
böse Geist und zerrte ihn. Jesus aber be-
drohte den unreinen Geist und machte
den Knaben gesund und [a]gab ihn seinem
Vater wieder. 43 Und sie entsetzten sich
alle über die Herrlichkeit Gottes.

Die zweite Ankündigung von Jesu Leiden und Auferstehung

(Mt 17,22-23; Mk 9,30-32)

Als sie sich aber alle verwunderten über
alles, was er tat, sprach er zu seinen Jün-
gern: 44 Lasst diese Worte in eure Ohren
dringen: Der Menschensohn wird über-
antwortet werden in die Hände der Men-
schen.[a] 45 Aber dieses Wort verstanden
sie nicht, und [a]es war vor ihnen ver-
borgen, sodass sie es nicht begriffen. Und
sie fürchteten sich, ihn nach diesem Wort
zu fragen.

Der Rangstreit der Jünger

(Mt 18,1-5; Mk 9,33-37)

46 Es kam aber unter ihnen der Gedanke
auf, wer von ihnen der Größte sei. 47 Als
aber Jesus den Gedanken ihres Herzens
erkannte, nahm er ein Kind und stellte
es neben sich 48 und sprach zu ihnen:
Wer dieses Kind aufnimmt in meinem
Namen, der nimmt mich auf; und [a]wer
mich aufnimmt, der nimmt den auf, der
mich gesandt hat. Denn wer der Kleinste
ist unter euch allen, der ist groß.

Der fremde Wundertäter

(Mk 9,38-40)

49 Da fing Johannes an und sprach: Meis-
ter, wir sahen einen, der trieb böse Geis-
ter aus in deinem Namen; und wir wehr-

9,26: *a* Mt 10,33; 2.Tim 1,8 **9,35:** *a* Kap 3,22; Ps 2,7; *b* 5.Mose 18,15 **9,42:** *a* Kap 7,15 **9,44:** *a* Vers 22; Kap 18,31-34 **9,45:** *a* Kap 24,45 **9,48:** *a* Mt 10,40

ten ihm, denn er folgt dir nicht nach mit
uns. 50 Und Jesus sprach zu ihm: Wehrt
ihm nicht! Denn [a]wer nicht gegen euch
ist, der ist für euch.

Aufbruch nach Jerusalem. Ablehnung Jesu durch Samariter

51 Es begab sich aber, als die Zeit erfüllt
war, dass er hinweggenommen werden
sollte, da wandte er sein Angesicht,
stracks [a]nach Jerusalem zu wandern.
52 Und er sandte Boten vor sich her;
die gingen hin und kamen in ein Dorf der
Samariter, ihm Herberge zu bereiten.
53 Und [a]sie nahmen ihn nicht auf, weil er
sein Angesicht gewandt hatte, nach Jeru-
salem zu wandern. 54 Als aber das seine
Jünger Jakobus und Johannes sahen,
sprachen sie: Herr, willst du, so wollen
wir sagen, [a]dass Feuer vom Himmel falle
und sie verzehre. 55 Jesus aber wandte
sich um und wies sie zurecht.* 56 Und sie
gingen in ein andres Dorf.

Vom Ernst der Nachfolge

(Mt 8,19-22)

57 Und als sie auf dem Wege waren,
sprach einer zu ihm: Ich will dir folgen,
wohin du gehst. 58 Und Jesus sprach zu
ihm: **Die Füchse haben Gruben und die**
Vögel unter dem Himmel haben Nester;
aber der Menschensohn hat nichts, wo er
sein Haupt hinlege.
59 Und er sprach zu einem andern:
Folge mir nach! Der sprach aber: Herr,
erlaube mir, dass ich zuvor hingehe und
meinen Vater begrabe. 60 Aber Jesus
sprach zu ihm: **Lass die Toten ihre Toten**
begraben; du aber geh hin und verkündige
das Reich Gottes!
61 Und ein andrer sprach: Herr, ich will
dir nachfolgen; aber erlaube mir zuvor,
dass ich Abschied nehme von denen, die
in meinem Haus sind.[a] 62 Jesus aber
sprach zu ihm: **Wer seine Hand an den**
Pflug legt und sieht zurück, der ist nicht
geschickt für das Reich Gottes.[a]

Die Aussendung der zweiundsiebzig Jünger

(Mt 10,7-16)

10 Danach setzte der Herr [a]weitere
zweiundsiebzig** Jünger ein und
sandte sie [b]je zwei und zwei vor sich her
in alle Städte und Orte, wohin er gehen
wollte, 2 und sprach zu ihnen: **Die Ernte**
ist groß, der Arbeiter aber sind wenige.
Darum bittet den Herrn der Ernte, dass er
Arbeiter aussende in seine Ernte.[a]
3 Geht hin; siehe, ich sende euch wie
Lämmer mitten unter die Wölfe. 4 [a]Tragt
keinen Geldbeutel bei euch, keine Tasche
und keine Schuhe, und [b]grüßt nieman-
den unterwegs. 5 Wenn ihr in ein Haus
kommt, sprecht zuerst: [a]Friede sei die-
sem Hause! 6 Und wenn dort ein Kind
des Friedens ist, so wird euer Friede auf
ihm ruhen; wenn aber nicht, so wird sich
euer Friede wieder zu euch wenden. 7 In
demselben Haus aber bleibt, esst und
trinkt, was man euch gibt; denn ein Ar-
beiter ist seines Lohnes wert. Ihr sollt
nicht von einem Haus zum andern ge-
hen.
8 Und wenn ihr in eine Stadt kommt
und sie euch aufnehmen, dann esst, was
euch vorgesetzt wird, 9 und heilt die
Kranken, die dort sind, und sagt ihnen:
Das Reich Gottes ist nahe zu euch ge-
kommen. 10 Wenn ihr aber in eine Stadt
kommt und sie euch nicht aufnehmen, so
geht hinaus auf ihre Straßen und sprecht:
11 Auch den Staub aus eurer Stadt, der
sich an unsre Füße gehängt hat, schüt-
teln wir ab auf euch. Doch sollt ihr wis-
sen: das Reich Gottes ist nahe herbei-
gekommen. 12 Ich sage euch: Es wird
[a]Sodom erträglicher ergehen an jenem
Tage als dieser Stadt.

Jesu Weherufe über galiläische Städte

(Mt 11,20-24)

13 Weh dir, Chorazin! Weh dir, Betsaida!
Denn wären solche Taten in Tyrus und
Sidon geschehen, wie sie bei euch ge-
schehen sind, sie hätten längst in Sack

* Die Versteile 55b und 56a finden sich erst in der späteren Überlieferung: »und sprach: Wisst ihr nicht, welches Geistes Kinder ihr seid? Der Menschensohn ist nicht gekommen, das Leben der Menschen zu vernichten, sondern zu erhalten.«

** Statt »zweiundsiebzig« haben andere Textzeugen »siebzig«.

9,50: *a* Kap 11,23; Phil 1,18 **9,51:** *a* Mk 10,32 **9,53:** *a* Joh 4,9 **9,54:** *a* 2. Kön 1,10-12 **9,61:** *a* 1. Kön 19,20 **9,62:** *a* Phil 3,13 **10,1:** *a* Kap 6,13-16; 9,1; *b* Mk 6,7 **10,2:** *a* Mt 9,37-38; Joh 4,35 **10,4:** *a (4-11)* Kap 9,3-5; *b* 2. Kön 4,29 **10,5:** *a* Joh 20,19 **10,12:** *a* 1. Mose 19,1-29

und Asche gesessen und Buße getan.
14 Doch es wird Tyrus und Sidon erträg-
licher ergehen im Gericht als euch.
15 Und du, Kapernaum, wirst du bis zum
Himmel erhoben werden? Du wirst bis in
die Hölle hinuntergestoßen werden.

16 **Wer euch hört, der hört mich; und wer
euch verachtet, der verachtet mich; wer
aber mich verachtet, der verachtet den, der
mich gesandt hat.**[a]

Jesu Jubelruf

(Mt 11,25-27)

17 Die Zweiundsiebzig* aber kamen zu-
rück voll Freude und sprachen: Herr,
auch die bösen Geister sind uns untertan
in deinem Namen. 18 Er sprach aber zu
ihnen: Ich sah den Satan vom Himmel
fallen wie einen Blitz.[a] 19 Seht, ich habe
euch Macht gegeben, [a]zu treten auf
Schlangen und Skorpione, und Macht
über alle Gewalt des Feindes; und nichts
wird euch schaden. 20 Doch **darüber freut
euch nicht, dass euch die Geister untertan
sind. Freut euch aber, dass [a]eure Namen
im Himmel geschrieben sind.**

21 Zu der Stunde freute sich Jesus im
Heiligen Geist und sprach: Ich preise
dich, Vater, Herr des Himmels und der
Erde, [a]weil du dies den Weisen und Klu-
gen verborgen hast und hast es den Un-
mündigen offenbart. Ja, Vater, so hat es
dir wohlgefallen. 22 Alles ist mir überge-
ben von meinem Vater. Und niemand
weiß, wer der Sohn ist, als nur der Vater,
noch, wer der Vater ist, als nur der Sohn
und wem es der Sohn offenbaren will.

23 Und er wandte sich zu seinen Jün-
gern und sprach zu ihnen allein: [a]Selig
sind die Augen, die sehen, was ihr seht.
24 Denn ich sage euch: [a]Viele Propheten
und Könige wollten sehen, was ihr seht,
und haben's nicht gesehen, und hören,
was ihr hört, und haben's nicht gehört.

Der barmherzige Samariter

25 [a]Und siehe, da stand ein Schriftgelehr-
ter auf, versuchte ihn und sprach: Meis-
ter, was muss ich tun, dass ich das ewige
Leben ererbe? 26 Er aber sprach zu ihm:
Was steht im Gesetz geschrieben? Was
liest du? 27 Er antwortete und sprach:
**»Du sollst den Herrn, deinen Gott, lieben
von ganzem Herzen, von ganzer Seele, von
allen Kräften und von ganzem Gemüt**,
und deinen Nächsten wie dich selbst«**
(5. Mose 6,5; 3. Mose 19,18). 28 Er aber
sprach zu ihm: Du hast recht geantwor-
tet; [a]tu das, so wirst du leben.

29 Er aber wollte sich selbst rechtferti-
gen und sprach zu Jesus: Wer ist denn
mein Nächster? 30 Da antwortete Jesus
und sprach: Es war ein Mensch, der ging
von Jerusalem hinab nach Jericho und
fiel unter die Räuber; die zogen ihn aus
und schlugen ihn und machten sich da-
von und ließen ihn halb tot liegen.

31 Es traf sich aber, dass ein Priester
dieselbe Straße hinabzog; und als er ihn
sah, ging er vorüber. 32 Desgleichen auch
ein Levit: Als er zu der Stelle kam und
ihn sah, ging er vorüber. 33 Ein Samariter
aber, der auf der Reise war, kam dahin;
und als er ihn sah, jammerte er ihn;
34 und er ging zu ihm, goss Öl und Wein
auf seine Wunden und verband sie ihm,
hob ihn auf sein Tier und brachte ihn in
eine Herberge und pflegte ihn. 35 Am
nächsten Tag zog er zwei Silbergroschen
heraus, gab sie dem Wirt und sprach:
Pflege ihn; und wenn du mehr ausgibst,
will ich dir's bezahlen, wenn ich wieder-
komme.

36 Wer von diesen dreien, meinst du, ist
der Nächste gewesen dem, der unter die
Räuber gefallen war? 37 Er sprach: Der
die Barmherzigkeit an ihm tat. Da
sprach Jesus zu ihm: So geh hin und tu
desgleichen![a]

Maria und Marta

38 Als sie aber weiterzogen, kam er in ein
Dorf. Da war [a]eine Frau mit Namen
Marta, die nahm ihn auf. 39 Und sie hatte
eine Schwester, die hieß Maria; die setzte
sich dem Herrn zu Füßen und hörte sei-
ner Rede zu. 40 Marta aber machte sich

* Statt »zweiundsiebzig« haben andere Textzeugen »siebzig«.
** Siehe Sach- und Worterklärungen.

10,16: *a* Mt 10,40; Joh 5,23 **10,18:** *a* Joh 12,31; Offb 12,8-9 **10,19:** *a* Ps 91,13; Mk 16,18 **10,20:** *a* 2. Mose 32,32; Jes 4,3; Phil 4,3; Offb 3,5 **10,21:** *a* 1. Kor 2,7 **10,23:** *a* Mt 13,16-17 **10,24:** *a* 1. Petr 1,10 **10,25:** *a (25-27)* Mt 22,35-40; Mk 12,28-34; Kap 18,18-20 **10,28:** *a* 3. Mose 18,5; Mt 19,17 **10,37:** *a* Joh 13,17 **10,38:** *a* Joh 11,1; 12,2-3

viel zu schaffen, ihm zu dienen. Und sie
trat hinzu und sprach: Herr, fragst du
nicht danach, dass mich meine Schwester
lässt allein dienen? Sage ihr doch, dass
sie mir helfen soll! 41 Der Herr aber ant-
wortete und sprach zu ihr: Marta,
Marta, du hast viel Sorge und Mühe.
42 **Eins aber ist Not. Maria hat das gute
Teil erwählt; das soll nicht von ihr ge-
nommen werden.**[a]

Das Vaterunser

(Mt 6,9-13)

11 Und es begab sich, dass er an einem
Ort war und betete. Als er aufge-
hört hatte, sprach einer seiner Jünger zu
ihm: Herr, lehre uns beten, wie auch
Johannes seine Jünger lehrte. 2 Er aber
sprach zu ihnen: Wenn ihr betet, so
sprecht:

Vater!
Dein Name werde geheiligt.
Dein Reich komme.*
3 **Unser tägliches Brot gib uns**
Tag für Tag
4 **und vergib uns unsre Sünden;**
denn auch wir vergeben allen,
die an uns schuldig werden.
Und führe uns nicht in Versuchung.*

Der bittende Freund

(Mt 7,7-11)

5 Und er sprach zu ihnen: Wenn jemand
unter euch einen Freund hat und ginge
zu ihm um Mitternacht und spräche zu
ihm: Lieber Freund, leih mir drei Brote;
6 denn mein Freund ist zu mir gekommen
auf der Reise, und ich habe nichts, was
ich ihm vorsetzen kann, 7 und der drin-
nen würde antworten und sprechen:
Mach mir keine Unruhe! Die Tür ist
schon zugeschlossen und meine Kinder
und ich liegen schon zu Bett; ich kann
nicht aufstehen und dir etwas geben.
8 Ich sage euch: Und wenn er schon nicht
aufsteht und ihm etwas gibt, weil er sein
Freund ist, dann wird er doch wegen
seines unverschämten Drängens aufste-
hen und ihm geben, so viel er bedarf.
9 Und ich sage euch auch: **Bittet, so
wird euch gegeben; suchet, so werdet ihr
finden; klopfet an, so wird euch aufgetan.**
10 **Denn wer da bittet, der empfängt; und
wer da sucht, der findet; und** [a]**wer da an-
klopft, dem wird aufgetan.**
11 Wo ist unter euch ein Vater, der sei-
nem Sohn, wenn der ihn** um einen
Fisch bittet, eine Schlange für den Fisch
biete? 12 Oder der ihm, wenn er um ein
Ei bittet, einen Skorpion dafür biete?
13 Wenn nun ihr, die ihr böse seid, euren
Kindern gute Gaben geben könnt, wie
viel mehr wird der Vater im Himmel
den Heiligen Geist geben denen, die ihn
bitten!

Jesus und die bösen Geister

(Mt 12,22-30; Mk 3,22-27)

14 Und er trieb einen bösen Geist aus, der
war stumm. Und es geschah, als der
Geist ausfuhr, da redete der Stumme.
Und die Menge verwunderte sich. 15 Eini-
ge aber unter ihnen sprachen: Er treibt
die bösen Geister aus durch Beelzebul,
ihren Obersten. 16 Andere aber versuch-
ten ihn und [a]forderten von ihm ein Zei-
chen vom Himmel.
17 Er aber erkannte ihre Gedanken und
sprach zu ihnen: Jedes Reich, das mit
sich selbst uneins ist, wird verwüstet und
ein Haus fällt über das andre. 18 Ist aber
der Satan auch mit sich selbst uneins, wie
kann sein Reich bestehen? Denn ihr sagt,
ich treibe die bösen Geister aus durch
Beelzebul. 19 Wenn aber ich die bösen
Geister durch Beelzebul austreibe, durch
wen treiben eure Söhne sie aus? Darum
werden sie eure Richter sein. 20 Wenn ich
aber [a]durch Gottes Finger die bösen
Geister austreibe, so ist ja das Reich Got-
tes zu euch gekommen. 21 Wenn ein Star-
ker gewappnet seinen Palast bewacht, so
bleibt, was er hat, in Frieden. 22 Wenn
aber ein Stärkerer über ihn kommt und
überwindet ihn, so nimmt er ihm seine
Rüstung, auf die er sich verließ, und ver-
teilt die Beute.[a] 23 Wer nicht mit mir ist,

* In der späteren Überlieferung finden sich zusätzliche Versteile: Vers 2: »Dein Wille geschehe auf Erden wie im Himmel«, Vers 4: »sondern erlöse uns von dem Bösen« (entsprechend Mt 6,10.13).

** In der späteren Überlieferung finden sich zusätzlich die Worte: »... ums Brot bittet, dafür einen Stein biete? Oder wenn er ...« (vgl. Mt 7,9).

10,42: *a* Mt 6,33 **11,10:** *a* Kap 13,25 **11,16:** *a* Mk 8,11 **11,20:** *a* 2. Mose 8,15 **11,22:** *a* Kol 2,15; 1. Joh 4,4

der ist gegen mich; und wer nicht mit mir
sammelt, der zerstreut.[a]

Von der Rückkehr des bösen Geistes

(Mt 12,43-45)

24 Wenn der unreine Geist von einem
Menschen ausgefahren ist, so durch-
streift er dürre Stätten, sucht Ruhe und
findet sie nicht; dann spricht er: Ich will
wieder zurückkehren in mein Haus, aus
dem ich fortgegangen bin. 25 Und wenn
er kommt, so findet er's gekehrt und ge-
schmückt. 26 Dann geht er hin und
nimmt sieben andre Geister mit sich, die
böser sind als er selbst; und wenn sie
hineinkommen, wohnen sie darin, und
[a]es wird mit diesem Menschen hernach
ärger als zuvor.

Eine Seligpreisung Jesu

27 Und es begab sich, als er so redete, da
erhob eine Frau im Volk ihre Stimme
und sprach zu ihm: [a]Selig ist der Leib,
der dich getragen hat, und die Brüste, an
denen du gesogen hast. 28 Er aber sprach:
**Ja, selig sind, die das Wort Gottes hören
und bewahren.**[a]

Ablehnung der Zeichenforderung

(Mt 12,38-42)

29 Die Menge aber drängte herzu. Da fing
er an und sagte: Dies Geschlecht ist ein
böses Geschlecht; [a]es fordert ein Zei-
chen, aber es wird ihm kein Zeichen ge-
geben werden als nur das Zeichen des
Jona. 30 Denn wie Jona ein Zeichen war
für die Leute von Ninive,* so wird es
auch der Menschensohn sein für dieses
Geschlecht. 31 Die Königin vom Süden
wird auftreten beim Jüngsten Gericht mit
den Leuten dieses Geschlechts und wird
sie verdammen; denn [a]sie kam vom
Ende der Welt, zu hören die Weisheit
Salomos. Und siehe, hier ist mehr als
Salomo. 32 Die Leute von Ninive werden
auftreten beim Jüngsten Gericht mit die-
sem Geschlecht und werden's verdam-
men; denn [a]sie taten Buße nach der Pre-
digt des Jona. Und siehe, hier ist mehr als
Jona.

Bildworte vom Licht

(Mt 5,15; 6,22-23)

33 Niemand zündet ein Licht an und setzt
es in einen Winkel, auch nicht unter
einen Scheffel, sondern auf den Leuchter,
damit, wer hineingeht, das Licht sehe.[a]
34 Dein Auge ist das Licht des Leibes.
Wenn nun dein Auge lauter ist, so ist
dein ganzer Leib licht; wenn es aber böse
ist, so ist auch dein Leib finster. 35 So
schaue darauf, dass nicht das Licht in dir
Finsternis sei. 36 Wenn nun dein Leib
ganz licht ist und kein Teil an ihm finster
ist, dann wird er ganz licht sein, wie
wenn dich das Licht erleuchtet mit hel-
lem Schein.

Weherufe gegen die Pharisäer und Schriftgelehrten

(Mt 23,1-36)

37 Als er noch redete, bat ihn ein Phari-
säer, mit ihm zu essen. Und er ging hin-
ein und setzte sich zu Tisch.[a] 38 Als das
der Pharisäer sah, wunderte er sich, dass
er sich nicht [a]vor dem Essen gewaschen
hatte. 39 Der Herr aber sprach zu ihm: Ihr
Pharisäer, ihr haltet die Becher und
Schüsseln außen rein; aber euer Inneres
ist voll Raubgier und Bosheit. 40 Ihr Nar-
ren, hat nicht der, der das Äußere ge-
schaffen hat, auch das Innere geschaffen?
41 Gebt doch, was drinnen ist, als Almo-
sen, siehe, dann ist euch alles rein.

42 Aber weh euch Pharisäern! Denn ihr
gebt den Zehnten von Minze und Raute
und allerlei Gemüse, aber am Recht und
[a]an der Liebe Gottes geht ihr vorbei.
Doch dies sollte man tun und jenes nicht
lassen.

43 Weh euch Pharisäern! Denn [a]ihr
sitzt gern obenan in den Synagogen und
wollt gegrüßt sein auf dem Markt.

44 Weh euch! Denn ihr seid wie die
verdeckten Gräber, über die die Leute
laufen und wissen es nicht.

45 Da antwortete einer von den Schrift-
gelehrten und sprach zu ihm: Meister,
mit diesen Worten schmähst du uns
auch. 46 Er aber sprach: Weh auch euch
Schriftgelehrten! Denn ihr beladet die

* Siehe Sach- und Worterklärungen zu »Jona«.

11,23: *a* Kap 9,50 **11,26:** *a* Joh 5,14 **11,27:** *a* Kap 1,28.48 **11,28:** *a* Kap 8,15.21 **11,29:** *a* Vers 16 **11,31:** *a* 1. Kön 10,1 **11,32:** *a* Jona 3,5 **11,33:** *a* Kap 8,16 **11,37:** *a* Kap 7,36; 14,1 **11,38:** *a* Mt 15,2 **11,42:** *a* Joh 5,42 **11,43:** *a* Kap 14,7

Menschen mit unerträglichen Lasten und
ihr selbst rührt sie nicht mit einem Fin-
ger an.
47 Weh euch! Denn ihr baut den Pro-
pheten Grabmäler; [a]eure Väter aber ha-
ben sie getötet. 48 So bezeugt ihr und
billigt die Taten eurer Väter; denn sie
haben sie getötet, und ihr baut ihnen
Grabmäler! 49 Darum spricht die Weis-
heit Gottes: Ich will Propheten und
Apostel zu ihnen senden, und einige von
ihnen werden sie töten und verfolgen,
50 damit gefordert werde von diesem Ge-
schlecht das Blut aller Propheten, das
vergossen ist seit Erschaffung der Welt,
51 von Abels Blut an bis hin zum Blut des
Secharja, der umkam zwischen Altar und
Tempel. Ja, ich sage euch: Es wird ge-
fordert werden von diesem Geschlecht.
52 Weh euch Schriftgelehrten! Denn ihr
habt den Schlüssel der Erkenntnis weg-
genommen. Ihr selbst seid nicht hinein-
gegangen und habt auch denen gewehrt,
die hineinwollten.
53 Und als er von dort hinausging, fin-
gen die Schriftgelehrten und Pharisäer
an, heftig auf ihn einzudringen und ihn
mit vielen Fragen auszuhorchen, 54 und
belauerten ihn, ob sie etwas aus seinem
Mund erjagen könnten.[a]

Mahnung zum furchtlosen Bekennen

(Mt 10,26-33)

12 Unterdessen kamen einige Tausend
Menschen zusammen, sodass sie
sich untereinander traten. Da fing er an
und sagte zuerst zu seinen Jüngern: [a]Hü-
tet euch vor dem Sauerteig der Pharisäer,
das ist die Heuchelei.
2 Es ist aber [a]nichts verborgen, was
nicht offenbar wird, und nichts geheim,
was man nicht wissen wird. 3 Darum, was
ihr in der Finsternis sagt, das wird man
im Licht hören; und was ihr ins Ohr
flüstert in der Kammer, das wird man
auf den Dächern predigen.
4 Ich sage aber euch, meinen Freunden:
Fürchtet euch nicht vor denen, die den
Leib töten und danach nichts mehr tun
können. 5 Ich will euch aber zeigen, vor
wem ihr euch fürchten sollt: Fürchtet
euch vor dem, der, nachdem er getötet
hat, auch Macht hat, in die Hölle zu
werfen. Ja, ich sage euch, vor dem fürch-
tet euch.[a] 6 Verkauft man nicht fünf
Sperlinge für zwei Groschen? Dennoch
ist vor Gott nicht einer von ihnen ver-
gessen. 7 Aber [a]auch die Haare auf eu-
rem Haupt sind alle gezählt. Darum
fürchtet euch nicht; ihr seid besser als
viele Sperlinge.
8 Ich sage euch aber: **Wer mich bekennt**
vor den Menschen, den wird auch der
Menschensohn bekennen vor den Engeln
Gottes. 9 **Wer mich aber verleugnet vor den**
Menschen, der wird verleugnet werden vor
den Engeln Gottes.[a] 10 Und wer ein Wort
gegen den Menschensohn sagt, dem soll
es vergeben werden; wer aber den Hei-
ligen Geist lästert, dem soll es nicht ver-
geben werden.[a]
11 [a]Wenn sie euch aber führen werden
in die Synagogen und vor die Macht-
haber und die Obrigkeit, so sorgt nicht,
wie oder womit ihr euch verantworten
oder was ihr sagen sollt; 12 denn der Hei-
lige Geist wird euch in dieser Stunde leh-
ren, was ihr sagen sollt.

Warnung vor Habgier

13 Es sprach aber einer aus dem Volk zu
ihm: Meister, sage meinem Bruder, dass
er mit mir das Erbe teile. 14 Er aber
sprach zu ihm: Mensch, wer hat mich
zum Richter oder Erbschlichter über
euch gesetzt? 15 Und er sprach zu ihnen:
Seht zu und [a]hütet euch vor aller Hab-
gier; denn **niemand lebt davon, dass er**
viele Güter hat.

Der reiche Kornbauer

16 Und er sagte ihnen ein Gleichnis und
sprach: Es war ein reicher Mensch, des-
sen Feld hatte gut getragen. 17 Und er
dachte bei sich selbst und sprach: Was
soll ich tun? Ich habe nichts, wohin ich
meine Früchte sammle. 18 Und sprach:
Das will ich tun: Ich will meine Scheunen
abbrechen und größere bauen und will
darin sammeln all mein Korn und meine
Vorräte 19 [a]und will sagen zu meiner
Seele: Liebe Seele, du hast einen großen
Vorrat für viele Jahre; habe nun Ruhe,
iss, trink und habe guten Mut! 20 Aber

11,47: *a* Apg 7,52 **11,54:** *a* Kap 20,20 **12,1:** *a* Mt 16,6; Mk 8,15 **12,2:** *a* Kap 8,17 **12,5:** *a* Hebr 12,29 **12,7:** *a* Kap 21,18 **12,9:** *a* Kap 9,26; 1.Sam 2,30 **12,10:** *a* Mt 12,32; Mk 3,28-29 **12,11:** *a (11-12)* Kap 21,12-15; Mt 10,17-20 **12,15:** *a* Pred 5,9; 1.Tim 6,9-10 **12,19:** *a (19-20)* Ps 49,17-20

Gott sprach zu ihm: Du Narr! Diese
Nacht wird man deine Seele von dir for-
dern; und wem wird dann gehören, was
du angehäuft hast? 21 So geht es dem, der
sich Schätze sammelt und ist nicht reich
bei Gott.[a]

Vom falschen und rechten Sorgen

(Mt 6,25-33; 6,20-21)

22 Er sprach aber zu seinen Jüngern:
Darum sage ich euch: Sorgt nicht um
euer Leben, was ihr essen sollt, auch
nicht um euren Leib, was ihr anziehen
sollt. 23 Denn das Leben ist mehr als die
Nahrung und der Leib mehr als die Klei-
dung. 24 Seht die Raben an: sie säen
nicht, sie ernten auch nicht, sie haben
auch keinen Keller und keine Scheune,
und Gott ernährt sie doch. Wie viel bes-
ser seid ihr als die Vögel! 25 Wer ist unter
euch, der, wie sehr er sich auch darum
sorgt, seines Lebens Länge eine Spanne
zusetzen könnte? 26 Wenn ihr nun auch
das Geringste nicht vermögt, warum
sorgt ihr euch um das andre?

27 Seht die Lilien an, wie sie wachsen:
sie spinnen nicht, sie weben nicht. Ich
sage euch aber, dass auch Salomo in aller
seiner Herrlichkeit nicht gekleidet gewe-
sen ist wie eine von ihnen. 28 Wenn nun
Gott das Gras, das heute auf dem Feld
steht und morgen in den Ofen geworfen
wird, so kleidet, wie viel mehr wird
er euch kleiden, ihr Kleingläubigen!
29 Darum auch ihr, fragt nicht danach,
was ihr essen oder was ihr trinken sollt,
und macht euch keine Unruhe. 30 Nach
dem allen trachten die Heiden in der
Welt; aber euer Vater weiß, dass ihr
dessen bedürft. 31 **Trachtet vielmehr nach
seinem Reich, so wird euch das alles
zufallen.**

32 **Fürchte dich nicht, du kleine Herde!
Denn es hat eurem Vater wohlgefallen,
euch [a]das Reich zu geben.**

33 Verkauft, was ihr habt, und gebt Al-
mosen. Macht euch Geldbeutel, die nicht
veralten, einen [a]Schatz, der niemals ab-
nimmt, im Himmel, wo kein Dieb hin-
kommt, und den keine Motten fressen.
34 Denn wo euer Schatz ist, da wird auch
euer Herz sein.

Vom Warten auf das Kommen Christi

(Mt 24,43-51)

35 [a]Lasst eure Lenden umgürtet sein und
[b]eure Lichter brennen 36 und seid gleich
den Menschen, die auf ihren Herrn war-
ten, wann er aufbrechen wird von der
Hochzeit, damit, [a]wenn er kommt und
anklopft, sie ihm sogleich auftun. 37 Selig
sind die Knechte, die der Herr, wenn er
kommt, wachend findet. Wahrlich, ich
sage euch: Er wird sich schürzen und
wird sie zu Tisch bitten und kommen
und ihnen dienen. 38 Und wenn er kommt
in der zweiten oder in der dritten Nacht-
wache und findet's so: selig sind sie.

39 Das sollt ihr aber wissen: Wenn ein
Hausherr wüsste, [a]zu welcher Stunde der
Dieb kommt, so ließe er nicht in sein
Haus einbrechen. 40 **Seid auch ihr bereit!
Denn der Menschensohn kommt zu einer
Stunde, da ihr's nicht meint.**

41 Petrus aber sprach: Herr, sagst du
dies Gleichnis zu uns oder auch zu allen?
42 Der Herr aber sprach: Wer ist denn der
treue und kluge Verwalter, den der Herr
über seine Leute setzt, damit er ihnen zur
rechten Zeit gibt, was ihnen zusteht?
43 Selig ist der Knecht, den sein Herr,
wenn er kommt, das tun sieht. 44 Wahr-
lich, ich sage euch: Er wird ihn über alle
seine Güter setzen. 45 Wenn aber jener
Knecht in seinem Herzen sagt: Mein
Herr kommt noch lange nicht, und fängt
an, die Knechte und Mägde zu schlagen,
auch zu essen und zu trinken und sich
vollzusaufen, 46 dann wird der Herr die-
ses Knechtes kommen an einem Tage, an
dem er's nicht erwartet, und zu einer
Stunde, die er nicht kennt, und wird ihn
in Stücke hauen lassen und wird ihm sein
Teil geben bei den Ungläubigen.

47 Der Knecht aber, der den Willen sei-
nes Herrn kennt, hat aber nichts vorbe-
reitet noch nach seinem Willen getan, der
wird viel Schläge erleiden müssen.[a]
48 Wer ihn aber nicht kennt und getan
hat, was Schläge verdient, wird wenig
Schläge erleiden. Denn **wem viel gegeben
ist, bei dem wird man viel suchen; und
wem viel anvertraut ist, von dem wird man
umso mehr fordern.**

12,21: *a* Mt 6,20 **12,32:** *a* Kap 22,29 **12,33:** *a* Kap 18,22 **12,35:** *a* 2. Mose 12,11; 1. Petr 1,13; *b* Mt 25,1-13 **12,36:** *a* Offb 3,20 **12,39:** *a* 1. Thess 5,2 **12,47:** *a* Jak 4,17

Entzweiungen um Jesu willen

(Mt 10,34-36)

49 **Ich bin gekommen, ein Feuer anzuzün-
den auf Erden; was wollte ich lieber, als
dass es schon brennte**! 50 Aber ich muss
mich zuvor taufen lassen mit einer Taufe,
und wie ist mir so bange, bis sie voll-
bracht ist![a]

51 Meint ihr, dass ich gekommen bin,
Frieden zu bringen auf Erden? Ich sage:
Nein, sondern Zwietracht. 52 Denn von
nun an werden fünf in einem Hause un-
eins sein, drei gegen zwei und zwei gegen
drei. 53 Es wird der Vater gegen den Sohn
sein und der Sohn gegen den Vater, die
Mutter gegen die Tochter und die Toch-
ter gegen die Mutter, die Schwiegermut-
ter gegen die Schwiegertochter und die
Schwiegertochter gegen die Schwieger-
mutter.

Beurteilung der Zeit

54 [a]Er sprach aber zu der Menge: Wenn
ihr eine Wolke aufsteigen seht vom Wes-
ten her, so sagt ihr gleich: Es gibt Regen.
Und es geschieht so. 55 Und wenn der
Südwind weht, so sagt ihr: Es wird heiß
werden. Und es geschieht so. 56 Ihr
Heuchler! Über das Aussehen der Erde
und des Himmels könnt ihr urteilen;
warum aber könnt ihr über diese Zeit
nicht urteilen?

57 Warum aber urteilt ihr nicht auch
von euch aus darüber, was recht ist?
58 [a]Denn wenn du mit deinem Gegner
zum Gericht gehst, so bemühe dich auf
dem Wege, von ihm loszukommen, damit
er nicht etwa dich vor den Richter ziehe,
und der Richter überantworte dich dem
Gerichtsdiener, und der Gerichtsdiener
werfe dich ins Gefängnis. 59 Ich sage dir:
Du wirst von dort nicht herauskommen,
bis du den allerletzten Heller bezahlt
hast.

Der Untergang der Galiläer. Der Turm von Siloah

13 Es kamen aber zu der Zeit einige,
die berichteten ihm von den Gali-
läern, deren Blut Pilatus mit ihren Op-
fern vermischt hatte. 2 Und Jesus ant-
wortete und sprach zu ihnen: Meint ihr,
dass diese Galiläer mehr gesündigt haben
als alle andern Galiläer, weil sie das er-
litten haben?[a] 3 Ich sage euch: Nein; son-
dern wenn ihr nicht Buße tut, werdet ihr
alle auch so umkommen. 4 Oder meint
ihr, dass die achtzehn, auf die der Turm
in Siloah fiel und erschlug sie, schuldiger
gewesen sind als alle andern Menschen,
die in Jerusalem wohnen? 5 Ich sage euch:
Nein; sondern wenn ihr nicht Buße tut,
werdet ihr alle auch so umkommen.

Das Gleichnis vom Feigenbaum

6 Er sagte ihnen aber dies Gleichnis: Es
hatte einer einen Feigenbaum, der war
gepflanzt in seinem Weinberg, und er
kam und [a]suchte Frucht darauf und
fand keine. 7 Da sprach er zu dem Wein-
gärtner: Siehe, ich bin nun drei Jahre
lang gekommen und habe Frucht gesucht
an diesem Feigenbaum und finde keine.
So hau ihn ab! Was nimmt er dem Boden
die Kraft? 8 Er aber antwortete und
sprach zu ihm: Herr, lass ihn noch dies
Jahr, bis ich um ihn grabe und ihn dün-
ge;[a] 9 vielleicht bringt er doch noch
Frucht; wenn aber nicht, so hau ihn ab.[a]

Die Heilung einer verkrümmten Frau am Sabbat

10 [a]Und er lehrte in einer Synagoge am
Sabbat. 11 Und siehe, eine Frau war da,
die hatte seit achtzehn Jahren einen
Geist, der sie krank machte; und sie war
verkrümmt und konnte sich nicht mehr
aufrichten. 12 Als aber Jesus sie sah, rief
er sie zu sich und sprach zu ihr: Frau, sei
frei von deiner Krankheit! 13 Und legte
die Hände auf sie; und sogleich richtete
sie sich auf und pries Gott.

14 Da antwortete der Vorsteher der
Synagoge, denn er war unwillig, dass Je-
sus am Sabbat heilte, und sprach zu dem
Volk: Es sind [a]sechs Tage, an denen man
arbeiten soll; an denen kommt und lasst
euch heilen, aber nicht am Sabbattag.
15 Da antwortete ihm der Herr und
sprach: Ihr Heuchler! Bindet nicht jeder
von euch am Sabbat seinen Ochsen oder
seinen Esel von der Krippe los und führt
ihn zur Tränke?[a] 16 Sollte dann nicht

12,50: *a* Kap 18,31; Mt 20,22; 26,38 **12,54:** *a (54-56)* Mt 16,2-3 **12,58:** *a (58-59)* Mt 5,25-26 **13,2:** *a* Joh 9,2 **13,6:** *a* Mt 21,19 **13,8:** *a* 2.Petr 3,9.15 **13,9:** *a* Kap 3,9 **13,10:** *a (10-17)* Kap 6,6-11 **13,14:** *a* 2.Mose 20,9-10 **13,15:** *a* Kap 14,5

diese, die doch [a]Abrahams Tochter ist,
die der Satan schon achtzehn Jahre ge-
bunden hatte, am Sabbat von dieser Fes-
sel gelöst werden? 17 Und als er das sagte,
mussten sich schämen alle, die gegen ihn
gewesen waren. Und alles Volk freute
sich über alle herrlichen Taten, die durch
ihn geschahen.

Vom Senfkorn und vom Sauerteig

(Mt 13,31-33; Mk 4,30-32)

18 Er aber sprach: Wem gleicht das Reich
Gottes, und womit soll ich's vergleichen?
19 Es gleicht einem Senfkorn, das ein
Mensch nahm und in seinen Garten säte;
und es wuchs und wurde ein Baum, und
die Vögel des Himmels wohnten in seinen
Zweigen.

20 Und wiederum sprach er: Womit soll
ich das Reich Gottes vergleichen? 21 Es
gleicht einem Sauerteig, den eine Frau
nahm und unter einen halben Zentner
Mehl mengte, bis es ganz durchsäuert
war.

Von der engen Pforte und der verschlossenen Tür

22 Und er ging durch Städte und Dörfer
und lehrte und nahm seinen Weg nach
Jerusalem. 23 Es sprach aber einer zu ihm:
Herr, meinst du, dass nur wenige selig
werden? Er aber sprach zu ihnen: 24 Ringt
darum, [a]dass ihr durch die enge Pforte
hineingeht; denn viele, das sage ich euch,
werden danach trachten, wie sie hinein-
kommen, und werden's nicht können.

25 Wenn der Hausherr aufgestanden ist
und die Tür verschlossen hat und ihr
anfangt, draußen zu stehen und an die
Tür zu klopfen und zu sagen: Herr, tu
uns auf!, dann wird er antworten und zu
euch sagen: [a]Ich kenne euch nicht; wo
seid ihr her? 26 [a]Dann werdet ihr an-
fangen zu sagen: Wir haben vor dir ge-
gessen und getrunken und auf unsern
Straßen hast du gelehrt. 27 Und er wird
zu euch sagen: Ich kenne euch nicht; wo
seid ihr her? Weicht alle von mir, ihr
Übeltäter!

28 [a]Da wird Heulen und Zähneklap-
pern sein, wenn ihr sehen werdet Ab-
raham, Isaak und Jakob und alle Pro-
pheten im Reich Gottes, euch aber hin-
ausgestoßen. 29 Und **es werden kommen
von Osten und von Westen, von Norden
und von Süden, die [a]zu Tisch sitzen wer-
den im Reich Gottes.** 30 Und siehe, es sind
Letzte, die werden die Ersten sein, und
sind Erste, die werden die Letzten sein.[a]

Die Feindschaft des Herodes

31 Zu dieser Stunde kamen einige Phari-
säer und sprachen zu ihm: Mach dich auf
und geh weg von hier; denn Herodes will
dich töten. 32 Und er sprach zu ihnen:
Geht hin und sagt diesem Fuchs: Siehe,
ich treibe böse Geister aus und mache
gesund heute und morgen, und am drit-
ten Tage werde ich vollendet sein.
33 Doch muss ich heute und morgen und
am folgenden Tage noch wandern; denn
es geht nicht an, dass ein Prophet um-
komme außerhalb von Jerusalem.

Jesu Klage über Jerusalem

(Mt 23,37-39)

34 [a]Jerusalem, Jerusalem, die du tötest
die Propheten und steinigst, die zu dir
gesandt werden, wie oft habe ich deine
Kinder versammeln wollen wie eine
Henne ihre Küken unter ihre Flügel und
ihr habt nicht gewollt! 35 Seht, »euer
Haus soll euch wüst gelassen werden«
(Jeremia 22,5; Psalm 69,26). Aber ich
sage euch: Ihr werdet mich nicht mehr
sehen, bis die Zeit kommt, da ihr sagen
werdet: [a]Gelobt ist, der da kommt in
dem Namen des Herrn!

Die Heilung eines Wassersüchtigen am Sabbat

14 Und es begab sich, dass er an einem
Sabbat in das Haus eines Oberen
der Pharisäer kam, das Brot zu essen,
und sie belauerten ihn.[a] 2 Und siehe, da
war ein Mensch vor ihm, der war wasser-
süchtig. 3 Und Jesus fing an und sagte zu
den Schriftgelehrten und Pharisäern: Ist's
erlaubt, am Sabbat zu heilen oder nicht?
4 Sie aber schwiegen still. Und er fasste
ihn an und heilte ihn und ließ ihn gehen.
5 Und er sprach zu ihnen: Wer ist unter
euch, dem sein Sohn oder sein Ochse
in den Brunnen fällt und der ihn nicht

13,16: *a* Kap 19,9 **13,24:** *a* Mt 7,13-14 **13,25:** *a* Mt 25,11-12 **13,26:** *a (26-27)* Mt 7,22-23 **13,28:** *a (28-29)* Mt 8,11-12 **13,29:** *a* Kap 14,15 **13,30:** *a* Mt 19,30 **13,34:** *a (34-35)* Kap 19,41-44 **13,35:** *a* Ps 118,26 **14,1:** *a* Kap 6,6-11; 11,37

alsbald herauszieht, auch am Sabbat?[a]
6 Und sie konnten ihm darauf keine Antwort geben.

Von Rangordnung und Auswahl der Gäste

7 Er sagte aber ein Gleichnis zu den Gästen, als er merkte, [a]wie sie suchten,
obenan zu sitzen, und sprach zu ihnen:
8 [a]Wenn du von jemandem zur Hochzeit
geladen bist, so setze dich nicht obenan;
denn es könnte einer eingeladen sein, der
vornehmer ist als du, 9 und dann kommt
der, der dich und ihn eingeladen hat, und
sagt zu dir: Weiche diesem!, und du
musst dann beschämt untenan sitzen.
10 Sondern wenn du eingeladen bist, so
geh hin und setz dich untenan, damit,
wenn der kommt, der dich eingeladen
hat, er zu dir sagt: Freund, rücke hinauf!
Dann wirst du Ehre haben vor allen, die
mit dir zu Tisch sitzen. 11 Denn **wer sich
selbst erhöht, der soll erniedrigt werden;
und wer sich selbst erniedrigt, der soll
erhöht werden.**[a]
12 Er sprach aber auch zu dem, der ihn
eingeladen hatte: Wenn du ein Mittags- oder Abendmahl machst, so lade weder
deine Freunde noch deine Brüder noch
deine Verwandten noch reiche Nachbarn
ein, damit sie dich nicht etwa wieder
einladen und dir vergolten wird. 13 [a]Sondern wenn du ein Mahl machst, so lade
Arme, Verkrüppelte, Lahme und Blinde
ein, 14 dann wirst du selig sein, denn sie
haben nichts, um es dir zu vergelten; es
wird dir aber vergolten werden bei der
[a]Auferstehung der Gerechten.

Das große Abendmahl

(Mt 22,1-10)

15 Als aber einer das hörte, der mit zu
Tisch saß, sprach er zu Jesus: Selig ist,
der das [a]Brot isst im Reich Gottes!
16 Er aber sprach zu ihm: Es war ein
Mensch, der machte ein großes Abendmahl und lud viele dazu ein. 17 Und er
sandte seinen Knecht aus zur Stunde des
Abendmahls, den Geladenen zu sagen:
Kommt, denn es ist alles bereit! 18 Und sie
fingen an alle nacheinander, sich zu entschuldigen. Der erste sprach zu ihm: Ich
habe einen Acker gekauft und muss hinausgehen und ihn besehen; ich bitte dich,
entschuldige mich. 19 Und der zweite
sprach: Ich habe fünf Gespanne Ochsen
gekauft und ich gehe jetzt hin, sie zu
besehen; ich bitte dich, entschuldige
mich. 20 Und der dritte sprach: Ich habe
eine Frau genommen; darum kann ich
nicht kommen.[a]
21 Und der Knecht kam zurück und
sagte das seinem Herrn. Da wurde der
Hausherr zornig und sprach zu seinem
Knecht: Geh schnell hinaus auf die Straßen und Gassen der Stadt und führe
die Armen, Verkrüppelten, Blinden und
Lahmen herein. 22 Und der Knecht
sprach: Herr, es ist geschehen, was du
befohlen hast; es ist aber noch Raum da.
23 Und der Herr sprach zu dem Knecht:
Geh hinaus auf die Landstraßen und an
die Zäune und nötige sie hereinzukommen, dass mein Haus voll werde. 24 Denn
ich sage euch, dass keiner der Männer,
die eingeladen waren, mein Abendmahl
schmecken wird.

Von Nachfolge und Selbstverleugnung

25 Es ging aber eine große Menge mit
ihm; und er wandte sich um und sprach
zu ihnen: 26 Wenn jemand zu mir kommt
und hasst nicht seinen Vater, Mutter,
Frau, Kinder, Brüder, Schwestern und
dazu sich selbst, der kann nicht mein
Jünger sein.[a] 27 Und wer nicht sein
Kreuz trägt und mir nachfolgt, der kann
nicht mein Jünger sein.[a]
28 Denn wer ist unter euch, der einen
Turm bauen will und setzt sich nicht zuvor hin und überschlägt die Kosten, ob
er genug habe, um es auszuführen, –
29 damit nicht, wenn er den Grund gelegt
hat und kann's nicht ausführen, alle, die
es sehen, anfangen, über ihn zu spotten,
30 und sagen: Dieser Mensch hat angefangen zu bauen und kann's nicht ausführen?
31 Oder welcher König will sich auf
einen Krieg einlassen gegen einen andern
König und setzt sich nicht zuvor hin
und hält Rat, ob er mit zehntausend
dem begegnen kann, der über ihn kommt
mit zwanzigtausend? 32 Wenn nicht, so
schickt er eine Gesandtschaft, solange je-

14,5: *a* Kap 13,15; Mt 12,11 **14,7:** *a* Mt 23,6 **14,8:** *a (8-10)* Spr 25,6-7 **14,11:** *a* Kap 18,14; Mt 23,12; Jak 4,6.10 **14,13:** *a (13-14)* 5. Mose 14,29 **14,14:** *a* Weish 5,16; 1. Kor 15,23; Apg 24,15 **14,15:** *a* Kap 13,29 **14,20:** *a* 1. Kor 7,33 **14,26:** *a* Kap 18,29-30; 5. Mose 33,9; 1. Kor 7,29 **14,27:** *a* Kap 9,23

ner noch fern ist, und bittet um Frieden.
33So auch jeder unter euch, der sich
nicht lossagt von allem, was er hat, der
kann nicht mein Jünger sein.[a]
34Das Salz ist etwas Gutes; wenn aber
das Salz nicht mehr salzt, womit soll man
würzen?[a] 35Es ist weder für den Acker
noch für den Mist zu gebrauchen, son-
dern man wird's wegwerfen. Wer Ohren
hat zu hören, der höre!

Vom verlorenen Schaf

15 Es nahten sich ihm aber allerlei
Zöllner und Sünder, um ihn zu hö-
ren. 2Und die Pharisäer und Schriftge-
lehrten murrten und sprachen: [a]Dieser
nimmt die Sünder an und isst mit ihnen.
3Er sagte aber zu ihnen dies Gleichnis
und sprach: 4[a]Welcher Mensch ist unter
euch, der hundert Schafe hat und, wenn
er **eins** von ihnen verliert, nicht die neun-
undneunzig in der Wüste lässt und geht
dem verlorenen nach, bis er's findet?[b]
5Und wenn er's gefunden hat, so legt er
sich's auf die Schultern voller Freude.
6Und wenn er heimkommt, ruft er seine
Freunde und Nachbarn und spricht zu
ihnen: Freut euch mit mir; denn ich habe
mein Schaf gefunden, das verloren war.
7Ich sage euch: So wird auch Freude im
Himmel sein über **einen** Sünder, der Buße
tut, mehr als über neunundneunzig Ge-
rechte, die der Buße nicht bedürfen.

Vom verlorenen Groschen

8Oder welche Frau, die zehn Silbergro-
schen hat und **einen** davon verliert, zün-
det nicht ein Licht an und kehrt das
Haus und sucht mit Fleiß, bis sie ihn
findet? 9Und wenn sie ihn gefunden hat,
ruft sie ihre Freundinnen und Nachba-
rinnen und spricht: Freut euch mit mir;
denn ich habe meinen Silbergroschen ge-
funden, den ich verloren hatte. 10**So, sage
ich euch, wird Freude sein vor den Engeln
Gottes über einen Sünder, der Buße tut.**

Vom verlorenen Sohn

11Und er sprach: Ein Mensch hatte zwei
Söhne. 12Und der jüngere von ihnen
sprach zu dem Vater: Gib mir, Vater, das
Erbteil, das mir zusteht. Und er teilte
Hab und Gut unter sie. 13Und nicht
lange danach sammelte der jüngere Sohn
alles zusammen und zog in ein fernes
Land; und dort [a]brachte er sein Erbteil
durch mit Prassen.
14Als er nun all das Seine verbraucht
hatte, kam eine große Hungersnot über
jenes Land und er fing an zu darben
15und ging hin und hängte sich an einen
Bürger jenes Landes; der schickte ihn auf
seinen Acker, die Säue zu hüten. 16Und
er begehrte, seinen Bauch zu füllen mit
den Schoten, die die Säue fraßen; und
niemand gab sie ihm.[a] 17Da ging er in
sich und sprach: Wie viele Tagelöhner
hat mein Vater, die Brot in Fülle haben,
und ich verderbe hier im Hunger! 18Ich
will mich aufmachen und zu meinem Va-
ter gehen und zu ihm sagen: Vater, ich
habe gesündigt gegen den Himmel und
vor dir.[a] 19Ich bin hinfort nicht mehr
wert, dass ich dein Sohn heiße; mache
mich zu einem deiner Tagelöhner! 20Und
er machte sich auf und kam zu seinem
Vater.

Als er aber noch weit entfernt war, sah
ihn sein Vater und es jammerte ihn; er
lief und fiel ihm um den Hals und küsste
ihn. 21Der Sohn aber sprach zu ihm: **Va-
ter, ich habe gesündigt gegen den Himmel
und vor dir; ich bin hinfort nicht mehr
wert, dass ich dein Sohn heiße.** 22Aber der
Vater sprach zu seinen Knechten: Bringt
schnell das beste Gewand her und zieht
es ihm an und gebt ihm einen Ring an
seine Hand und Schuhe an seine Füße
23und bringt das gemästete Kalb und
schlachtet's; lasst uns essen und fröhlich
sein! 24Denn **dieser [a]mein Sohn war tot
und ist wieder lebendig geworden; er war
verloren und ist gefunden worden.** Und sie
fingen an, fröhlich zu sein.
25Aber der ältere Sohn war auf dem
Feld. Und als er nahe zum Hause kam,
hörte er Singen und Tanzen 26und rief zu
sich einen der Knechte und fragte, was
das wäre. 27Der aber sagte ihm: Dein
Bruder ist gekommen und dein Vater hat
das gemästete Kalb geschlachtet, weil er
ihn gesund wiederhat. 28[a]Da wurde er
zornig und wollte nicht hineingehen. Da
ging sein Vater heraus und bat ihn. 29Er

14,33: *a* Kap 9,62 **14,34:** *a* Mt 5,13; Mk 9,50 **15,2:** *a* Kap 5,30; 19,7 **15,4:** *a (4-7)* Mt 18,12-14; *b* Kap 19,10; Hes 34,12; Joh 10,11-12 **15,13:** *a* Spr 29,3 **15,16:** *a* Spr 23,21 **15,18:** *a* Ps 51,6; Jer 3,12-13 **15,24:** *a* Eph 2,5 **15,28:** *a (28-32)* Mt 20,15

antwortete aber und sprach zu seinem
Vater: Siehe, so viele Jahre diene ich dir
und habe dein Gebot noch nie übertre-
ten, und du hast mir nie einen Bock
gegeben, dass ich mit meinen Freunden
fröhlich gewesen wäre. 30 Nun aber, da
dieser dein Sohn gekommen ist, der dein
Hab und Gut mit Huren verprasst hat,
hast du ihm das gemästete Kalb ge-
schlachtet. 31 Er aber sprach zu ihm:
Mein Sohn, du bist allezeit bei mir und
alles, was mein ist, das ist dein. 32 Du
solltest aber fröhlich und guten Mutes
sein; denn dieser dein Bruder war tot und
ist wieder lebendig geworden, er war ver-
loren und ist wiedergefunden.

Vom unehrlichen Verwalter

16 Er sprach aber auch zu den Jün-
gern: Es war ein reicher Mann, der
hatte einen Verwalter; der wurde bei ihm
beschuldigt, er verschleudere ihm seinen
Besitz. 2 Und er ließ ihn rufen und sprach
zu ihm: Was höre ich da von dir? Gib
Rechenschaft über deine Verwaltung;
denn du kannst hinfort nicht Verwalter
sein. 3 Der Verwalter sprach bei sich
selbst: Was soll ich tun? Mein Herr
nimmt mir das Amt; graben kann ich
nicht, auch schäme ich mich zu betteln.
4 Ich weiß, was ich tun will, damit sie
mich in ihre Häuser aufnehmen, wenn
ich von dem Amt abgesetzt werde. 5 Und
er rief zu sich die Schuldner seines Herrn,
einen jeden für sich, und fragte den ers-
ten: Wie viel bist du meinem Herrn
schuldig? 6 Er sprach: Hundert Eimer Öl.
Und er sprach zu ihm: Nimm deinen
Schuldschein, setz dich hin und schreib
flugs fünfzig. 7 Danach fragte er den
zweiten: Du aber, wie viel bist du schul-
dig? Er sprach: Hundert Sack Weizen.
Und er sprach zu ihm: Nimm deinen
Schuldschein und schreib achtzig.

8 Und der Herr lobte den ungetreuen
Verwalter, weil er klug gehandelt hatte;
denn die [a]Kinder dieser Welt sind unter
ihresgleichen klüger als die Kinder des
Lichts. 9 Und ich sage euch: Macht euch
Freunde mit dem ungerechten Mammon,
damit, wenn er zu Ende geht, sie euch
aufnehmen in die ewigen Hütten.[a]

Von der Treue

10 **Wer [a]im Geringsten treu ist, der ist
auch im Großen treu; und wer im Gerings-
ten ungerecht ist, der ist auch im Großen
ungerecht.** 11 Wenn ihr nun mit dem un-
gerechten Mammon nicht treu seid, wer
wird euch das wahre Gut anvertrauen?
12 Und wenn ihr mit dem fremden Gut
nicht treu seid, wer wird euch geben, was
euer ist? 13 Kein Knecht kann zwei Her-
ren dienen; entweder er wird den einen
hassen und den andern lieben, oder er
wird an dem einen hängen und den an-
dern verachten. Ihr könnt nicht Gott die-
nen und dem Mammon.[a]

**Die Selbstgerechtigkeit der Pharisäer.
Das Gesetz**

14 Das alles hörten die Pharisäer. Die wa-
ren geldgierig und spotteten über ihn.
15 Und er sprach zu ihnen: Ihr seid's, die
ihr [a]euch selbst rechtfertigt vor den
Menschen; aber Gott kennt eure Herzen;
denn was hoch ist bei den Menschen, das
ist ein Gräuel vor Gott.

16 [a]Das Gesetz und die Propheten rei-
chen bis zu Johannes. Von da an wird das
Evangelium vom Reich Gottes gepredigt,
und jedermann drängt sich mit Gewalt
hinein. 17 Es ist aber leichter, dass Him-
mel und Erde vergehen, als dass ein
[a]Tüpfelchen vom Gesetz fällt.

18 Wer sich scheidet von seiner Frau
und heiratet eine andere, der bricht die
Ehe; und wer die von ihrem Mann Ge-
schiedene heiratet, der bricht auch die
Ehe.[a]

Vom reichen Mann und armen Lazarus

19 Es war aber ein reicher Mann, der klei-
dete sich in Purpur und kostbares Leinen
und lebte alle Tage herrlich und in Freu-
den. 20 Es war aber ein Armer mit Na-
men Lazarus, der lag vor seiner Tür voll
von Geschwüren 21 und begehrte sich zu
sättigen mit dem, was von des Reichen
Tisch fiel; dazu kamen auch die Hunde
und leckten seine Geschwüre. 22 Es begab
sich aber, dass der Arme starb, und er
wurde von den Engeln getragen in Ab-
rahams Schoß. Der Reiche aber starb
auch und wurde begraben.

16,8: *a* Eph 5,8-9 **16,9:** *a* Kap 14,14; Mt 6,20; 19,21 **16,10:** *a* Kap 19,17 **16,13:** *a* Mt 6,24 **16,15:** *a* Kap 18,9-14
16,16: *a* Mt 11,12-13 **16,17:** *a* Mt 5,18 **16,18:** *a* Mt 5,32; 19,9

23 Als er nun in der Hölle war, hob er
seine Augen auf in seiner Qual und sah
Abraham von ferne und Lazarus in sei-
nem Schoß. 24 Und er rief: Vater Ab-
raham, erbarme dich meiner und sende
Lazarus, damit er die Spitze seines Fin-
gers ins Wasser tauche und mir die
Zunge kühle; denn ich leide Pein in die-
sen Flammen. 25 Abraham aber sprach:
Gedenke, Sohn, dass du [a]dein Gutes
empfangen hast in deinem Leben, Laza-
rus dagegen hat Böses empfangen; nun
wird er hier getröstet und du wirst ge-
peinigt. 26 Und überdies besteht zwischen
uns und euch eine große Kluft, dass nie-
mand, der von hier zu euch hinüberwill,
dorthin kommen kann und auch nie-
mand von dort zu uns herüber.
27 Da sprach er: So bitte ich dich, Va-
ter, dass du ihn sendest in meines Vaters
Haus; 28 denn ich habe noch fünf Brüder,
die soll er warnen, damit sie nicht auch
kommen an diesen Ort der Qual. 29 Ab-
raham sprach: Sie haben Mose und die
Propheten; die sollen sie hören.[a] 30 Er
aber sprach: Nein, Vater Abraham, son-
dern wenn einer von den Toten zu ihnen
ginge, so würden sie Buße tun. 31 Er
sprach zu ihm: Hören sie Mose und die
Propheten nicht, so werden sie sich auch
nicht überzeugen lassen, wenn jemand
von den Toten auferstünde.

Von Verführung zum Abfall. Von der Vergebung

(Mt 18,6-7; 18,15; 18,21-22; Mk 9,42)

17 [a]Er sprach aber zu seinen Jüngern:
Es ist unmöglich, dass keine Ver-
führungen kommen; aber weh dem,
durch den sie kommen! 2 Es wäre besser
für ihn, dass man einen Mühlstein an
seinen Hals hängte und würfe ihn ins
Meer, als dass er einen dieser Kleinen
zum Abfall verführt. 3 Hütet euch!
Wenn dein Bruder sündigt, so weise
ihn zurecht; und wenn er es bereut, ver-
gib ihm.[a] 4 Und wenn er siebenmal am
Tag an dir sündigen würde und sieben-
mal wieder zu dir käme und spräche: Es
reut mich!, so sollst du ihm vergeben.[a]

Von der Kraft des Glaubens

5 Und die Apostel sprachen zu dem
Herrn: Stärke uns den Glauben! 6 Der
Herr aber sprach: Wenn ihr Glauben hät-
tet so groß wie ein Senfkorn, dann könn-
tet ihr zu diesem Maulbeerbaum sagen:
Reiß dich aus und versetze dich ins
Meer!, und er würde euch gehorchen.[a]

Vom Knechtslohn

7 Wer unter euch hat einen Knecht, der
pflügt oder das Vieh weidet, und sagt
ihm, wenn der vom Feld heimkommt:
Komm gleich her und setz dich zu Tisch?
8 Wird er nicht vielmehr zu ihm sagen:
Bereite mir das Abendessen, schürze dich
und diene mir, bis ich gegessen und ge-
trunken habe; danach sollst du auch es-
sen und trinken? 9 Dankt er etwa dem
Knecht, dass er getan hat, was befohlen
war? 10 So auch ihr! Wenn ihr alles getan
habt, was euch befohlen ist, so sprecht:
Wir sind unnütze Knechte; [a]wir haben
getan, was wir zu tun schuldig waren.

Die zehn Aussätzigen

11 Und es begab sich, [a]als er nach Jeru-
salem wanderte, dass er durch Samarien
und Galiläa hin zog. 12 Und als er in ein
Dorf kam, begegneten ihm zehn aus-
sätzige Männer; [a]die standen von ferne
13 und erhoben ihre Stimme und spra-
chen: Jesus, lieber Meister, erbarme dich
unser! 14 Und als er sie sah, sprach er zu
ihnen: [a]Geht hin und zeigt euch den
Priestern! Und es geschah, als sie hin-
gingen, da wurden sie rein.
15 Einer aber unter ihnen, als er sah,
dass er gesund geworden war, kehrte er
um und pries Gott mit lauter Stimme
16 und fiel nieder auf sein Angesicht zu
Jesu Füßen und dankte ihm. Und das
war ein Samariter. 17 Jesus aber ant-
wortete und sprach: Sind nicht die zehn
rein geworden? Wo sind aber die neun?
18 Hat sich sonst keiner gefunden, der
wieder umkehrte, um Gott die Ehre zu
geben, als nur dieser Fremde? 19 Und er
sprach zu ihm: Steh auf, geh hin; [a]dein
Glaube hat dir geholfen.

16,25: *a* Kap 6,24 **16,29:** *a* 2.Tim 3,16 **17,1:** *a (1-2)* Mt 18,6-7 **17,3:** *a* Mt 18,15 **17,4:** *a* Mt 18,21-22 **17,6:** *a* Mt 17,20; 21,21 **17,10:** *a* 1.Kor 9,16 **17,11:** *a* Kap 9,51; 13,22 **17,12:** *a* 3.Mose 13,45-46 **17,14:** *a* Kap 5,14 **17,19:** *a* Kap 7,50

Vom Kommen des Gottesreiches

(Mt 24,1-51; Mk 13,1-37)

20 Als er aber von den Pharisäern gefragt wurde: Wann kommt das Reich Gottes?, antwortete er ihnen und sprach: [a]Das Reich Gottes kommt nicht so, dass man's beobachten kann; 21 man wird auch nicht sagen: Siehe, hier ist es!, oder: Da ist es! **Denn siehe, das Reich Gottes ist mitten unter euch.***

22 Er sprach aber zu den Jüngern: Es wird die Zeit kommen, in der ihr begehren werdet, zu sehen einen der Tage des Menschensohns, und werdet ihn nicht sehen. 23 Und sie werden zu euch sagen: Siehe, da!, oder: Siehe, hier! Geht nicht hin und lauft ihnen nicht nach![a] 24 Denn wie der Blitz aufblitzt und leuchtet von einem Ende des Himmels bis zum andern, so wird der Menschensohn an seinem Tage sein. 25 Zuvor aber muss er viel leiden und verworfen werden von diesem Geschlecht.[a]

26 Und wie es geschah [a]zu den Zeiten Noahs, so wird's auch geschehen in den Tagen des Menschensohns: 27 Sie aßen, sie tranken, sie heirateten, sie ließen sich heiraten bis zu dem Tag, an dem Noah in die Arche ging und die Sintflut kam und brachte sie alle um. 28 Ebenso, wie es geschah [a]zu den Zeiten Lots: Sie aßen, sie tranken, sie kauften, sie verkauften, sie pflanzten, sie bauten; 29 an dem Tage aber, als Lot aus Sodom ging, da regnete es Feuer und Schwefel vom Himmel und brachte sie alle um. 30 Auf diese Weise wird's auch gehen an dem Tage, wenn der Menschensohn wird offenbar werden.

31 Wer an jenem Tage auf dem Dach ist und seine Sachen im Haus hat, der steige nicht hinunter, um sie zu holen. Und ebenso, wer auf dem Feld ist, der wende sich nicht um nach dem, was hinter ihm ist. 32 Denkt an [a]Lots Frau! 33 Wer sein Leben zu erhalten sucht, der wird es verlieren; und wer es verlieren wird, der wird es gewinnen.[a] 34 Ich sage euch: In jener Nacht werden zwei auf **einem** Bett liegen; der eine wird angenommen, der andere wird preisgegeben werden. 35 Zwei Frauen werden miteinander Korn mahlen; die eine wird angenommen, die andere wird preisgegeben werden.** 37 Und sie fingen an und fragten ihn: Herr, wo? Er aber sprach zu ihnen: Wo das Aas ist, da sammeln sich auch die Geier.

Von der bittenden Witwe

18 Er sagte ihnen aber ein Gleichnis darüber, dass sie [a]allezeit beten und nicht nachlassen sollten, 2 und sprach: Es war ein Richter in einer Stadt, der fürchtete sich nicht vor Gott und scheute sich vor keinem Menschen. 3 Es war aber eine Witwe in derselben Stadt, die kam zu ihm und sprach: Schaffe mir Recht gegen meinen Widersacher! 4 Und er wollte lange nicht. Danach aber dachte er bei sich selbst: Wenn ich mich schon vor Gott nicht fürchte noch vor keinem Menschen scheue, 5 will ich doch dieser Witwe, [a]weil sie mir so viel Mühe macht, Recht schaffen, damit sie nicht zuletzt komme und mir ins Gesicht schlage.

6 Da sprach der Herr: Hört, was der ungerechte Richter sagt! **7 Sollte Gott nicht auch Recht schaffen seinen Auserwählten, die zu ihm Tag und Nacht rufen, und sollte er's bei ihnen lange hinziehen? 8 Ich sage euch: Er wird ihnen Recht schaffen in Kürze.** Doch wenn der Menschensohn kommen wird, meinst du, er werde Glauben finden auf Erden?

Vom Pharisäer und Zöllner

9 Er sagte aber zu einigen, die [a]sich anmaßten, fromm zu sein, und verachteten die andern, dies Gleichnis: 10 Es gingen zwei Menschen hinauf in den Tempel, um zu beten, der eine ein Pharisäer, der andere ein Zöllner. 11 [a]Der Pharisäer stand für sich und betete so: Ich danke dir, Gott, dass ich nicht bin wie die andern Leute, Räuber, Betrüger, Ehebre-

* Luther übersetzte die Verse 20b-21: »Das Reich Gottes kommt nicht mit äußerlichen Gebärden … sehet, das Reich Gottes ist inwendig in euch.«

** Vers 36 findet sich erst in der späteren Überlieferung: »Zwei werden auf dem Felde sein; der eine wird angenommen, der andere wird preisgegeben werden« (vgl. Mt 24,40).

17,20: *a* Joh 18,36 **17,23:** *a* Kap 21,8 **17,25:** *a* Kap 9,22 **17,26:** *a* 1. Mose 6,9–7,23 **17,28:** *a* 1. Mose 19,15.24-25 **17,32:** *a* 1. Mose 19,26 **17,33:** *a* Kap 9,24 **18,1:** *a* 1. Thess 5,17 **18,5:** *a* Kap 11,7-8 **18,9:** *a* Röm 10,3 **18,11:** *a (11-12)* Jes 58,2-3

cher oder auch wie dieser Zöllner. 12 Ich
faste zweimal in der Woche und [a] gebe
den Zehnten von allem, was ich ein-
nehme. 13 Der Zöllner aber stand ferne,
wollte auch die Augen nicht aufheben
zum Himmel, sondern schlug an seine
Brust und sprach: **Gott, sei mir Sünder
gnädig!** [a]
14 Ich sage euch: [a] Dieser ging gerecht-
fertigt hinab in sein Haus, nicht jener.
Denn **wer sich selbst erhöht, der wird
erniedrigt werden; und** [b] **wer sich selbst
erniedrigt, der wird erhöht werden.**

Die Segnung der Kinder

(Mt 19,13-15; Mk 10,13-16)

15 Sie brachten auch kleine Kinder zu
ihm, damit er sie anrühren sollte. Als das
aber die Jünger sahen, fuhren sie sie an.
16 Aber Jesus rief sie zu sich und sprach:
**Lasset die Kinder zu mir kommen und
wehret ihnen nicht, denn solchen gehört
das Reich Gottes.** 17 Wahrlich, ich sage
euch: Wer nicht das Reich Gottes an-
nimmt wie ein Kind, der wird nicht hin-
einkommen.

Die Gefahr des Reichtums (»Der reiche Jüngling«)

(Mt 19,16-26; Mk 10,17-27)

18 Und es fragte ihn ein Oberer und
sprach: Guter Meister, was muss ich tun,
damit ich das ewige Leben ererbe? [a] 19 Je-
sus aber sprach zu ihm: Was nennst
du mich gut? Niemand ist gut als Gott
allein. 20 Du kennst die Gebote: [a] »Du
sollst nicht ehebrechen; du sollst nicht
töten; du sollst nicht stehlen; du sollst
nicht falsch Zeugnis reden; du sollst dei-
nen Vater und deine Mutter ehren!« 21 Er
aber sprach: Das habe ich alles gehalten
von Jugend auf.
22 Als Jesus das hörte, sprach er zu
ihm: Es fehlt dir noch eines. Verkaufe
alles, was du hast, und gib's den Armen,
so wirst du einen [a] Schatz im Himmel
haben, und komm und folge mir nach!
23 Als er das aber hörte, wurde er traurig;
denn er war sehr reich.
24 Als aber Jesus sah, dass er traurig
geworden war, sprach er: Wie schwer
kommen die Reichen in das Reich Got-
tes! [a] 25 Denn es ist leichter, dass ein Ka-
mel durch ein Nadelöhr gehe, als dass ein
Reicher in das Reich Gottes komme.
26 Da sprachen, die das hörten: Wer kann
dann selig werden? 27 Er aber sprach:
Was bei den Menschen unmöglich ist,
das ist bei Gott möglich.

Der Lohn der Nachfolge

(Mt 19,27-30; Mk 10,28-31)

28 Da sprach Petrus: Siehe, wir haben,
was wir hatten, verlassen und sind dir
nachgefolgt. 29 Er aber sprach zu ihnen:
Wahrlich, ich sage euch: Es ist niemand,
der Haus oder Frau oder Brüder oder
Eltern oder Kinder verlässt um des Rei-
ches Gottes willen, 30 der es nicht vielfach
wieder empfange in dieser Zeit und in
der zukünftigen Welt das ewige Leben.

Die dritte Ankündigung von Jesu Leiden und Auferstehung

(Mt 20,17-19; Mk 10,32-34)

31 [a] Er nahm aber zu sich die Zwölf und
sprach zu ihnen: Seht, wir gehen hinauf
nach Jerusalem, und es wird alles voll-
endet werden, [b] was geschrieben ist durch
die Propheten von dem Menschensohn.
32 Denn er wird überantwortet werden
den Heiden, und er wird verspottet und
misshandelt und angespien werden,
33 und sie werden ihn geißeln und töten;
und am dritten Tage wird er auferstehen.
34 Sie aber begriffen nichts davon, und
[a] der Sinn der Rede war ihnen verborgen,
und sie verstanden nicht, was damit ge-
sagt war.

Die Heilung eines Blinden bei Jericho

(Mt 20,29-34; Mk 10,46-52)

35 Es begab sich aber, als er in die Nähe
von Jericho kam, dass ein Blinder am
Wege saß und bettelte. 36 Als er aber die
Menge hörte, die vorbeiging, forschte er,
was das wäre. 37 Da berichteten sie ihm,
Jesus von Nazareth gehe vorbei. 38 Und
er rief: Jesus, du Sohn Davids, erbarme
dich meiner! 39 Die aber vornean gingen,
fuhren ihn an, er solle schweigen. Er aber
schrie noch viel mehr: Du Sohn Davids,
erbarme dich meiner!
40 Jesus aber blieb stehen und ließ ihn

18,12: *a* Mt 23,23 **18,13:** *a* Ps 51,3.19 **18,14:** *a* Mt 21,31; *b* Kap 14,11; Mt 23,12 **18,18:** *a* Kap 10,25-28 **18,20:** *a* 2. Mose 20,12-16 **18,22:** *a* Mt 6,20 **18,24:** *a* Kap 19,9 **18,31:** *a (31-33)* Kap 9,22.44-45; *b* Jes 52,13–53,12 **18,34:** *a* Kap 9,45; 24,45

zu sich führen. Als er aber näher kam,
fragte er ihn: 41 Was willst du, dass ich
für dich tun soll? Er sprach: Herr, dass
ich sehen kann. 42 Und Jesus sprach zu
ihm: Sei sehend! [a]Dein Glaube hat dir
geholfen. 43 Und sogleich wurde er se-
hend und folgte ihm nach und pries
Gott. Und alles Volk, das es sah, lobte
Gott.

Zachäus

19 Und er ging nach Jericho hinein
und zog hindurch. 2 Und siehe, da
war ein Mann mit Namen Zachäus, der
war ein Oberer der Zöllner und war
reich. 3 Und er begehrte, Jesus zu sehen,
wer er wäre, und konnte es nicht wegen
der Menge; denn er war klein von Ge-
stalt. 4 Und er lief voraus und stieg auf
einen Maulbeerbaum, um ihn zu sehen;
denn dort sollte er durchkommen. 5 Und
als Jesus an die Stelle kam, sah er auf
und sprach zu ihm: Zachäus, steig eilend
herunter; denn ich muss heute in deinem
Haus einkehren. 6 Und er stieg eilend
herunter und nahm ihn auf mit Freuden.

7 Als sie das sahen, murrten sie alle und
sprachen: Bei einem Sünder ist er ein-
gekehrt.[a] 8 Zachäus aber trat vor den
Herrn und sprach: Siehe, Herr, die Hälfte
von meinem Besitz gebe ich den Armen,
und wenn ich jemanden betrogen habe,
so gebe ich es vierfach zurück.[a] 9 Jesus
aber sprach zu ihm: Heute ist diesem
Hause Heil widerfahren, denn [a]auch er
ist Abrahams Sohn. 10 Denn **der Men-
schensohn ist gekommen, zu suchen und
selig zu machen, was verloren ist.**[a]

Von den anvertrauten Pfunden

(Mt 25,14-30)

11 Als sie nun zuhörten, sagte er ein wei-
teres Gleichnis; denn er war nahe bei
Jerusalem und sie meinten, das Reich
Gottes werde sogleich offenbar werden.
12 Und er sprach: Ein Fürst zog in ein
fernes Land, um ein Königtum zu er-
langen und dann zurückzukommen.
13 Der ließ zehn seiner Knechte rufen und
gab ihnen zehn Pfund und sprach zu
ihnen: Handelt damit, bis ich wieder-
komme! 14 Seine Bürger aber waren ihm
feind und schickten eine Gesandtschaft
hinter ihm her und ließen sagen: [a]Wir
wollen nicht, dass dieser über uns herr-
sche.

15 Und es begab sich, als er wiederkam,
nachdem er das Königtum erlangt hatte,
da ließ er die Knechte rufen, denen er
das Geld gegeben hatte, um zu erfahren,
was ein jeder erhandelt hätte. 16 Da trat
der erste herzu und sprach: Herr, dein
Pfund hat zehn Pfund eingebracht.
17 Und er sprach zu ihm: Recht so, du
tüchtiger Knecht; [a]weil du im Gerings-
ten treu gewesen bist, sollst du Macht
haben über zehn Städte.

18 Der zweite kam auch und sprach:
Herr, dein Pfund hat fünf Pfund er-
bracht. 19 Zu dem sprach er auch: Und
du sollst über fünf Städte sein.

20 Und der dritte kam und sprach:
Herr, siehe, hier ist dein Pfund, das ich in
einem Tuch verwahrt habe; 21 denn ich
fürchtete mich vor dir, weil du ein harter
Mann bist; du nimmst, was du nicht an-
gelegt hast, und erntest, was du nicht
gesät hast. 22 Er sprach zu ihm: Mit dei-
nen eigenen Worten richte ich dich, du
böser Knecht. Wusstest du, dass ich ein
harter Mann bin, nehme, was ich nicht
angelegt habe, und ernte, was ich nicht
gesät habe: 23 warum hast du dann mein
Geld nicht zur Bank gebracht? Und
wenn ich zurückgekommen wäre, hätte
ich's mit Zinsen eingefordert. 24 Und er
sprach zu denen, die dabeistanden:
Nehmt das Pfund von ihm und gebt's
dem, der zehn Pfund hat. 25 Und sie spra-
chen zu ihm: Herr, er hat doch schon
zehn Pfund. 26 Ich sage euch aber: Wer da
hat, dem wird gegeben werden; von dem
aber, der nicht hat, wird auch das ge-
nommen werden, was er hat.[a] 27 Doch
diese meine Feinde, die nicht wollten,
dass ich ihr König werde, bringt her und
macht sie vor mir nieder.

Jesu Einzug in Jerusalem

(Mt 21,1-11; Mk 11,1-10; Joh 12,12-16)

28 Und als er das gesagt hatte, ging er
voran und zog hinauf nach Jerusalem.
29 Und es begab sich, als er nahe von
Betfage und Betanien an den Berg kam,
der Ölberg heißt, da sandte er zwei Jün-
ger 30 und sprach: Geht hin in das Dorf,

18,42: *a* Kap 17,19 **19,7:** *a* Kap 15,2 **19,8:** *a* 2. Mose 21,37; Hes 33,14-16 **19,9:** *a* Kap 13,16 **19,10:** *a* Kap 5,32; Hes 34,16; 1. Tim 1,15 **19,14:** *a* Joh 1,11 **19,17:** *a* Kap 16,10 **19,26:** *a* Kap 8,18; Mt 13,12

das vor uns liegt. Und wenn ihr hinein-
kommt, werdet ihr ein Füllen angebun-
den finden, auf dem noch nie ein Mensch
gesessen hat; bindet es los und bringt's
her! 31 Und wenn euch jemand fragt:
Warum bindet ihr es los?, dann sagt: Der
Herr bedarf seiner. 32 Und die er gesandt
hatte, gingen hin und fanden's, wie er
ihnen gesagt hatte. 33 Als sie aber das
Füllen losbanden, sprachen seine Herren
zu ihnen: Warum bindet ihr das Füllen
los? 34 Sie aber sprachen: Der Herr be-
darf seiner.

35 Und sie brachten's zu Jesus und war-
fen ihre Kleider auf das Füllen und setz-
ten Jesus darauf. 36 Als er nun hinzog,
breiteten sie ihre Kleider auf den Weg.
37 Und als er schon nahe am Abhang des
Ölbergs war, fing die ganze Menge der
Jünger an, mit Freuden Gott zu loben
mit lauter Stimme über alle Taten, die sie
gesehen hatten, 38 und sprachen: [a] **Gelobt
sei, der da kommt, der König, in dem
Namen des Herrn!** [b] Friede sei im Him-
mel und Ehre in der Höhe!

39 Und einige Pharisäer in der Menge
sprachen zu ihm: Meister, weise doch
deine Jünger zurecht! 40 Er antwortete
und sprach: Ich sage euch: Wenn diese
schweigen werden, so werden die Steine
schreien.

Jesus weint über Jerusalem

41 Und als er nahe hinzukam, sah er die
Stadt und weinte über sie 42 und sprach:
[a] Wenn doch auch du erkenntest zu die-
ser Zeit, was zum Frieden dient! [b] Aber
nun ist's vor deinen Augen verborgen.
43 Denn es wird eine Zeit über dich kom-
men, da werden deine Feinde um dich
einen Wall aufwerfen, dich belagern und
von allen Seiten bedrängen 44 und werden
dich dem Erdboden gleichmachen samt
deinen Kindern in dir und [a] keinen Stein
auf dem andern lassen in dir, weil du die
Zeit nicht erkannt hast, in der du heim-
gesucht worden bist.

Die Tempelreinigung

(Mt 21,12-16; Mk 11,15-18; Joh 2,13-16)

45 Und er ging in den Tempel und fing
an, die Händler auszutreiben, 46 und
sprach zu ihnen: Es steht geschrieben
(Jesaja 56,7): »Mein Haus soll ein Bet-
haus sein«; ihr aber habt es zur [a] Räuber-
höhle gemacht. 47 Und er lehrte täglich
im Tempel. Aber die Hohenpriester und
Schriftgelehrten und die Angesehensten
des Volkes trachteten danach, dass sie
ihn umbrächten, 48 und fanden nicht, wie
sie es machen sollten; denn das ganze
Volk hing ihm an und hörte ihn.

Die Frage nach Jesu Vollmacht

(Mt 21,23-27; Mk 11,27-33)

20 Und es begab sich eines Tages, als
er das Volk lehrte im Tempel und
predigte das Evangelium, da traten zu
ihm die Hohenpriester und Schriftgelehr-
ten mit den Ältesten 2 und sprachen zu
ihm: Sage uns, aus welcher Vollmacht
tust du das? Oder wer hat dir diese Voll-
macht gegeben? 3 Er aber antwortete und
sprach zu ihnen: Ich will euch auch eine
Sache fragen; sagt mir: 4 Die Taufe des
Johannes – war sie vom Himmel oder
von Menschen?

5 Sie aber bedachten's bei sich selbst
und sprachen: Sagen wir, vom Himmel,
so wird er sagen: Warum habt ihr ihm
nicht geglaubt?[a] 6 Sagen wir aber, von
Menschen, so wird uns alles Volk stei-
nigen; denn sie sind überzeugt, dass Jo-
hannes ein Prophet war. 7 Und sie ant-
worteten, sie wüssten nicht, wo sie her
wäre. 8 Und Jesus sprach zu ihnen: So
sage ich euch auch nicht, aus welcher
Vollmacht ich das tue.

Von den bösen Weingärtnern

(Mt 21,33-46; Mk 12,1-12)

9 Er fing aber an, dem Volk dies Gleich-
nis zu sagen: Ein Mensch pflanzte einen
Weinberg und verpachtete ihn an Wein-
gärtner und ging außer Landes für eine
lange Zeit. 10 [a] Und als die Zeit kam,
sandte er einen Knecht zu den Wein-
gärtnern, damit sie ihm seinen Anteil gä-
ben an der Frucht des Weinbergs. Aber
die Weingärtner schlugen ihn und schick-
ten ihn mit leeren Händen fort. 11 Und er
sandte noch einen zweiten Knecht; sie
aber schlugen den auch und verhöhnten
ihn und schickten ihn mit leeren Händen

19,38: *a* Ps 118,26; *b* Kap 2,14 **19,42:** *a* Kap 13,34; *b* Mt 13,13-14 **19,44:** *a* Kap 21,6 **19,46:** *a* Jer 7,11 **20,5:** *a* Kap 7,29-30 **20,10:** *a (10-12)* 2.Chr 36,15-16

fort. 12 Und er sandte noch einen dritten;
sie aber schlugen auch den blutig und
stießen ihn hinaus. 13 Da sprach der Herr
des Weinbergs: Was soll ich tun? Ich will
meinen lieben Sohn senden; vor dem
werden sie sich doch scheuen.

14 Als aber die Weingärtner den Sohn
sahen, dachten sie bei sich selbst und
sprachen: Das ist der Erbe; lasst uns ihn
töten, damit das Erbe unser sei! 15 Und
sie stießen ihn hinaus vor den Weinberg
und töteten ihn. Was wird nun der Herr
des Weinbergs mit ihnen tun? 16 Er wird
kommen und diese Weingärtner umbrin-
gen und seinen Weinberg andern geben.

Als sie das hörten, sprachen sie: Nur das
nicht! 17 Er aber sah sie an und sprach:
Was bedeutet dann das, was geschrieben
steht (Psalm 118,22): »Der Stein, den die
Bauleute verworfen haben, der ist zum
Eckstein geworden«? 18 Wer auf diesen
Stein fällt, der wird zerschellen; [a] auf wen
er aber fällt, den wird er zermalmen.

19 Und die Schriftgelehrten und Ho-
henpriester trachteten danach, Hand an
ihn zu legen noch in derselben Stunde,
und [a] fürchteten sich doch vor dem Volk;
denn sie hatten verstanden, dass er auf
sie hin dies Gleichnis gesagt hatte.

Die Frage nach der Steuer (»Der Zinsgroschen«)

(Mt 22,15-22; Mk 12,13-17)

20 Und sie belauerten ihn und sandten
Leute aus, die sich stellen sollten, als wä-
ren sie fromm; [a] die sollten ihn fangen in
seinen Worten, damit man ihn überant-
worten könnte der Obrigkeit und Gewalt
des Statthalters. 21 Und sie fragten ihn
und sprachen: Meister, wir wissen, dass
du aufrichtig redest und lehrst und ach-
test nicht das Ansehen der Menschen,
sondern du lehrst den Weg Gottes recht.
22 Ist's recht, dass wir dem Kaiser Steuern
zahlen, oder nicht?

23 Er aber merkte ihre List und sprach
zu ihnen: 24 Zeigt mir einen Silbergro-
schen! Wessen Bild und Aufschrift hat er?
Sie sprachen: Des Kaisers. 25 Er aber
sprach zu ihnen: **So gebt dem Kaiser, was
des Kaisers ist, und Gott, was Gottes ist!** [a]
26 Und sie konnten ihn in seinen Worten
nicht fangen vor dem Volk und wunder-
ten sich über seine Antwort und schwie-
gen still.

Die Frage nach der Auferstehung

(Mt 22,23-33; 22,46; Mk 12,18-27; 12,34)

27 Da traten zu ihm einige der Sadduzäer,
die lehren, es gebe keine Auferstehung,
und fragten ihn und sprachen: 28 Meister,
Mose hat uns vorgeschrieben (5. Mose
25,5-6): »Wenn jemand stirbt, der eine
Frau hat, aber keine Kinder, so soll sein
Bruder sie zur Frau nehmen und seinem
Bruder Nachkommen erwecken.« 29 Nun
waren sieben Brüder. Der erste nahm
eine Frau und starb kinderlos. 30 Und der
zweite nahm sie 31 und der dritte; des-
gleichen alle sieben, sie hinterließen keine
Kinder und starben. 32 Zuletzt starb auch
die Frau. 33 Nun in der Auferstehung:
wessen Frau wird sie sein unter ihnen?
Denn alle sieben haben sie zur Frau ge-
habt.

34 Und Jesus sprach zu ihnen: Die Kin-
der dieser Welt heiraten und lassen sich
heiraten; 35 welche aber gewürdigt wer-
den, jene Welt zu erlangen und die Aufer-
stehung von den Toten, die werden weder
heiraten noch sich heiraten lassen.
36 Denn sie können hinfort auch nicht
sterben; denn sie sind den Engeln gleich
und [a] Gottes Kinder, weil sie Kinder der
Auferstehung sind. 37 Dass aber die Toten
auferstehen, darauf hat auch Mose ge-
deutet beim Dornbusch, wo er den Herrn
nennt Gott Abrahams und Gott Isaaks
und Gott Jakobs (2. Mose 3,6). 38 **Gott
aber ist nicht ein Gott der Toten, sondern
der Lebenden; denn** [a] **ihm leben sie alle.**

39 Da antworteten einige der Schrift-
gelehrten und sprachen: Meister, du hast
recht geredet. 40 Und sie wagten nicht
mehr, ihn etwas zu fragen.

Die Frage nach dem Davidssohn

(Mt 22,41-44; Mk 12,35-37)

41 Er sprach aber zu ihnen: Wieso sagen
sie, der Christus sei Davids Sohn?
42 Denn David selbst sagt im Psalmbuch
(Psalm 110,1): »Der Herr sprach zu mei-
nem Herrn: Setze dich zu meiner Rech-
ten, 43 bis ich deine Feinde zum Schemel

20,18: *a* Dan 2,34-35.44-45 **20,19:** *a* Kap 19,48 **20,20:** *a* Kap 11,54; 23,2 **20,25:** *a* Röm 13,1.7 **20,36:** *a* 1. Joh 3,1-2 **20,38:** *a* Röm 14,8

deiner Füße mache.« 44 David nennt ihn
also einen Herrn; wie ist er dann sein
Sohn?

Warnung vor den Schriftgelehrten

(Mt 23,5-7)

45 Als aber alles Volk zuhörte, sprach er
zu seinen Jüngern: 46 Hütet euch vor den
Schriftgelehrten, die es lieben, in langen
Gewändern einherzugehen, und lassen
sich gern grüßen auf dem Markt und
[a]sitzen gern obenan in den Synagogen
und bei Tisch; 47 sie fressen die Häuser
der Witwen und verrichten zum Schein
lange Gebete. Die werden ein umso härteres Urteil empfangen.

Das Scherflein der Witwe

(Mk 12,41-44)

21 Er blickte aber auf und sah, wie
die Reichen ihre Opfer in den Gotteskasten einlegten. 2 Er sah aber auch
eine arme Witwe, die legte dort zwei
Scherflein ein. 3 Und er sprach: Wahrlich,
ich sage euch: Diese arme Witwe hat
mehr als sie alle eingelegt. 4 Denn diese
alle haben etwas von ihrem Überfluss zu
den Opfern eingelegt; sie aber hat von
ihrer Armut alles eingelegt, was sie zum
Leben hatte.[a]

Jesu Rede über die Endzeit (Verse 5-36)

(Mt 24,1-36; Mk 13,1-32)

Das Ende des Tempels

5 Und als einige von dem Tempel sagten,
dass er mit schönen Steinen und Kleinoden geschmückt sei, sprach er: 6 Es wird
die Zeit kommen, in der von allem, was
ihr seht, nicht ein Stein auf dem andern gelassen wird, der nicht zerbrochen
werde.[a]

Die Vorzeichen

7 Sie fragten ihn aber: Meister, wann wird
das geschehen? Und was wird das Zeichen sein, wenn das geschehen wird? 8 Er
aber sprach: Seht zu, lasst euch nicht
verführen. Denn viele werden kommen
unter meinem Namen und sagen: Ich
bin's, und: Die Zeit ist herbeigekommen.
– Folgt ihnen nicht nach! 9 Wenn ihr aber
hören werdet von Kriegen und Aufruhr,
so entsetzt euch nicht. Denn das muss
zuvor geschehen; aber das Ende ist noch
nicht so bald da. 10 Dann sprach er zu
ihnen: Ein Volk wird sich erheben gegen
das andere und ein Reich gegen das andere, 11 und es werden geschehen große
Erdbeben und hier und dort Hungersnöte und Seuchen; auch werden Schrecknisse und vom Himmel her große Zeichen geschehen.

Die Verfolgung der Gemeinde

12 [a]Aber vor diesem allen werden sie
Hand an euch legen und euch verfolgen
und werden euch überantworten den
Synagogen und Gefängnissen und euch
vor Könige und Statthalter führen um
meines Namens willen. 13 Das wird euch
widerfahren zu einem Zeugnis. 14 So
nehmt nun zu Herzen, [a]dass ihr euch
nicht vorher sorgt, wie ihr euch verantworten sollt. 15 Denn ich will euch Mund
und Weisheit geben, der alle eure Gegner
nicht widerstehen noch widersprechen
können.[a] 16 Ihr werdet aber verraten werden von Eltern, Brüdern, Verwandten und
Freunden; und man wird einige von euch
töten. 17 Und ihr werdet gehasst sein von
jedermann um meines Namens willen.
18 Und kein Haar von eurem Haupt soll
verloren gehen.[a] 19 Seid standhaft und
ihr werdet euer Leben gewinnen.[a]*

Das Ende Jerusalems

20 Wenn ihr aber sehen werdet, dass Jerusalem von einem Heer belagert wird,
dann erkennt, dass seine Verwüstung
nahe herbeigekommen ist. 21 Alsdann,
wer in Judäa ist, der fliehe ins Gebirge,
und wer in der Stadt ist, gehe hinaus,
und wer auf dem Lande ist, komme nicht
herein. 22 Denn das sind die [a]Tage der
Vergeltung, dass erfüllt werde alles, was
geschrieben ist. 23 Weh aber den Schwangeren und den Stillenden in jenen Tagen!
Denn es wird große Not auf Erden sein
und Zorn über dies Volk kommen, 24 und
sie werden fallen durch die Schärfe des

* Luther übersetzte: »Fasset eure Seelen mit Geduld.«

20,46: *a* Kap 11,43 **21,4:** *a* 2. Kor 8,12 **21,6:** *a* Kap 19,44 **21,12:** *a (12-18)* Mt 10,18-22.30 **21,14:** *a* Kap 12,11
21,15: *a* Apg 6,10 **21,18:** *a* Kap 12,7 **21,19:** *a* Hebr 10,36 **21,22:** *a* 5. Mose 32,35

Schwertes und gefangen weggeführt un-
ter alle Völker, und [a]Jerusalem wird zer-
treten werden von den Heiden, [b]bis die
Zeiten der Heiden erfüllt sind.

Das Kommen des Menschensohns

25 [a]Und es werden Zeichen geschehen an
Sonne und Mond und Sternen, und auf
Erden wird den Völkern bange sein, und
sie werden verzagen vor dem Brausen
und Wogen des Meeres, 26 und die Men-
schen werden vergehen vor Furcht und in
Erwartung der Dinge, die kommen sollen
über die ganze Erde; denn die Kräfte der
Himmel werden ins Wanken kommen.
27 Und alsdann [a]werden sie sehen den
Menschensohn kommen in einer Wol-
ke mit großer Kraft und Herrlichkeit.
28 Wenn aber dieses anfängt zu geschehen,
dann seht auf und erhebt eure Häupter,
[a]weil sich eure Erlösung naht.

Vom Feigenbaum

29 Und er sagte ihnen ein Gleichnis: Seht
den Feigenbaum und alle Bäume an:
30 wenn sie jetzt ausschlagen und ihr seht
es, so wisst ihr selber, dass jetzt der Som-
mer nahe ist. 31 So auch ihr: wenn ihr
seht, dass dies alles geschieht, so wisst,
dass das Reich Gottes nahe ist.

Ermahnung zur Wachsamkeit

32 Wahrlich, ich sage euch: Dieses Ge-
schlecht wird nicht vergehen, bis es alles
geschieht. **33 Himmel und Erde werden**
vergehen; aber meine Worte vergehen
nicht.

34 Hütet euch aber, dass [a]eure Herzen
nicht beschwert werden mit Fressen und
Saufen und mit täglichen Sorgen und
dieser Tag nicht [b]plötzlich über euch
komme wie ein Fallstrick; 35 denn er wird
über alle kommen, die auf der ganzen
Erde wohnen. 36 So seid allezeit wach
und betet, dass ihr stark werdet, zu ent-
fliehen diesem allen, was geschehen soll,
und zu stehen vor dem Menschensohn.

37 Er lehrte des Tags im Tempel; des
Nachts aber ging er hinaus und blieb an
dem Berg, den man den Ölberg nennt.
38 Und alles Volk machte sich früh auf zu
ihm, ihn im Tempel zu hören.

Leiden, Sterben und Auferstehung Jesu

(Kapitel 22,1–24,53)

(Mt 26,1–28,20; Mk 14,1–16,20; Joh 18,1–21,25)

Der Verrat des Judas

22 Es war aber nahe das Fest der
Ungesäuerten Brote, das Passa
heißt. 2 Und [a]die Hohenpriester und
Schriftgelehrten trachteten danach, wie
sie ihn töten könnten; denn sie fürchteten
sich vor dem Volk.

3 Es fuhr aber [a]der Satan in Judas,
genannt Iskariot, der zur Zahl der Zwölf
gehörte. 4 Und er ging hin und redete mit
den Hohenpriestern und mit den Haupt-
leuten darüber, wie er ihn an sie verraten
könnte. 5 Und sie wurden froh und ver-
sprachen, ihm Geld zu geben. 6 Und er
sagte es zu und suchte eine Gelegenheit,
dass er ihn an sie verriete ohne Auf-
sehen.

Das Abendmahl

7 Es kam nun der [a]Tag der Ungesäuer-
ten Brote, an dem man das Passalamm
opfern musste. 8 Und er sandte Petrus
und Johannes und sprach: Geht hin und
bereitet uns das Passalamm, damit
wir's essen. 9 Sie aber fragten ihn: Wo
willst du, dass wir's bereiten? 10 Er
sprach zu ihnen: Siehe, wenn ihr hinein-
kommt in die Stadt, wird euch ein
Mensch begegnen, der trägt einen Was-
serkrug; folgt ihm in das Haus, in das er
hineingeht, 11 und sagt zu dem Haus-
herrn: Der Meister lässt dir sagen: Wo ist
der Raum, in dem ich das Passalamm
essen kann mit meinen Jüngern? 12 Und
er wird euch einen großen Saal zeigen,
der mit Polstern versehen ist; dort be-
reitet es. 13 Sie gingen hin und [a]fanden's,
wie er ihnen gesagt hatte, und bereiteten
das Passalamm.

14 Und als die Stunde kam, setzte er
sich nieder und die Apostel mit ihm.
15 Und er sprach zu ihnen: Mich hat
herzlich verlangt, dies Passalamm mit
euch zu essen, ehe ich leide. 16 Denn ich
sage euch, dass ich es nicht mehr essen
werde, bis es erfüllt wird im Reich Got-

21,24: *a* Jes 63,18; Offb 11,2; *b* Röm 11,25 **21,25:** *a* Offb 6,12-13 **21,27:** *a* Dan 7,13 **21,28:** *a* Phil 4,4-5 **21,34:** *a* Mk 4,19; *b* 1.Thess 5,3 **22,2:** *a* Kap 20,19 **22,3:** *a* Joh 13,2.27 **22,7:** *a* 2.Mose 12,18-20 **22,13:** *a* Kap 19,32

tes.[a] 17 Und er nahm den Kelch, dankte
und sprach: Nehmt ihn und teilt ihn un-
ter euch; 18 denn ich sage euch: Ich werde
von nun an nicht trinken von dem Ge-
wächs des Weinstocks, bis das Reich
Gottes kommt.

19 [a] **Und er nahm das Brot, dankte und
brach's und gab's ihnen und sprach: Das
ist mein Leib, der für euch gegeben wird;
das tut zu meinem Gedächtnis. 20 Desglei-
chen auch den Kelch nach dem Mahl und
sprach: Dieser Kelch ist der neue Bund* in
meinem Blut, das für euch vergossen
wird!**

21 Doch siehe, die Hand meines Verrä-
ters ist mit mir am Tisch.[a] 22 Denn der
Menschensohn geht zwar dahin, wie es
beschlossen ist; doch weh dem Men-
schen, durch den er verraten wird! 23 Und
sie fingen an, untereinander zu fragen,
wer es wohl wäre unter ihnen, der das
tun würde.

Gespräche mit den Jüngern

24 [a] Es erhob sich auch ein Streit unter
ihnen, [b] wer von ihnen als der Größte
gelten solle. 25 Er aber sprach zu ihnen:
Die Könige herrschen über ihre Völker,
und ihre Machthaber lassen sich Wohl-
täter nennen. 26 Ihr aber nicht so! Son-
dern der Größte unter euch soll sein wie
der Jüngste und der Vornehmste wie ein
Diener. 27 Denn wer ist größer: der zu
Tisch sitzt oder der dient? Ist's nicht der,
der zu Tisch sitzt? [a] Ich aber bin unter
euch wie ein Diener.

28 Ihr aber seid's, die ihr ausgeharrt
habt bei mir in meinen Anfechtungen.[a]
29 Und ich will euch das Reich zueignen,
wie mir's mein Vater zugeeignet hat,
30 dass ihr essen und trinken sollt an mei-
nem Tisch in meinem Reich und [a] sitzen
auf Thronen und richten die zwölf
Stämme Israels.

31 Simon, Simon, siehe, der Satan hat
begehrt, euch zu sieben wie den Weizen.[a]
32 **Ich aber habe [a] für dich gebeten, dass
dein Glaube nicht aufhöre.** Und wenn du
dereinst dich bekehrst, so stärke deine
Brüder. 33 Er aber sprach zu ihm: Herr,
ich bin bereit, mit dir ins Gefängnis und
in den Tod zu gehen. 34 Er aber sprach:
Petrus, ich sage dir: Der Hahn wird heute
nicht krähen, ehe du dreimal geleugnet
hast, dass du mich kennst.

35 Und er sprach zu ihnen: [a] Als ich
euch ausgesandt habe ohne Geldbeutel,
ohne Tasche und ohne Schuhe, habt ihr
da je Mangel gehabt? Sie sprachen: Nie-
mals. 36 Da sprach er zu ihnen: Aber nun,
wer einen Geldbeutel hat, der nehme ihn,
desgleichen auch die Tasche, und wer's
nicht hat, verkaufe seinen Mantel und
kaufe ein Schwert. 37 Denn ich sage euch:
Es muss das an mir vollendet werden,
was geschrieben steht (Jesaja 53,12): »Er
ist zu den Übeltätern gerechnet worden.«
Denn was von mir geschrieben ist, das
wird vollendet. 38 Sie sprachen aber:
Herr, siehe, hier sind zwei Schwerter. Er
aber sprach zu ihnen: Es ist genug.

Jesus in Gethsemane

39 Und er ging nach seiner Gewohnheit
hinaus an den Ölberg. Es folgten ihm
aber auch die Jünger. 40 Und als er dahin
kam, sprach er zu ihnen: **Betet, damit ihr
nicht in Anfechtung fallt!**

41 Und er riss sich von ihnen los, etwa
einen Steinwurf weit, und kniete nieder,
betete 42 und sprach: Vater, willst du, so
nimm diesen Kelch von mir; **doch nicht
mein, sondern [a] dein Wille geschehe!** 43 Es
erschien ihm aber ein Engel vom Himmel
und stärkte ihn. 44 Und er rang mit dem
Tode und betete heftiger. Und sein
Schweiß wurde wie Blutstropfen, die auf
die Erde fielen.**

45 Und er stand auf von dem Gebet
und kam zu seinen Jüngern und fand sie
schlafend vor Traurigkeit 46 und sprach
zu ihnen: Was schlaft ihr? Steht auf und
betet, damit ihr nicht in Anfechtung
fallt!

Jesu Gefangennahme

47 Als er aber noch redete, siehe, da kam
eine Schar; und einer von den Zwölfen,

* Luther übersetzte: »das neue Testament«.

** Die Verse 43-44 finden sich in einigen wichtigen Textzeugen nicht.

22,16: *a* Kap 13,29 **22,19:** *a (19-20)* 1.Kor 11,23-25 **22,21:** *a* Joh 13,21-22 **22,24:** *a (24-30)* Mt 20,25-28; Mk 10,42-45; *b* Kap 9,46 **22,27:** *a* Joh 13,4-14 **22,28:** *a* Joh 6,67-68 **22,30:** *a* Mt 19,28 **22,31:** *a* 2.Kor 2,11 **22,32:** *a* Joh 17,11.15 **22,35:** *a* Kap 9,3; 10,4 **22,42:** *a* Mt 6,10

der mit dem Namen Judas, ging vor
ihnen her und nahte sich zu Jesus, um
ihn zu küssen. 48 Jesus aber sprach zu
ihm: Judas, verrätst du den Menschen-
sohn mit einem Kuss? 49 Als aber, die um
ihn waren, sahen, was geschehen würde,
sprachen sie: Herr, sollen wir mit dem
Schwert dreinschlagen? 50 Und einer von
ihnen schlug nach dem Knecht des Ho-
henpriesters und hieb ihm sein rechtes
Ohr ab. 51 Da sprach Jesus: Lasst ab!
Nicht weiter! Und er rührte sein Ohr an
und heilte ihn.

52 Jesus aber sprach zu den Hohen-
priestern und Hauptleuten des Tempels
und den Ältesten, die zu ihm hergekom-
men waren: Ihr seid wie gegen einen
Räuber mit Schwertern und mit Stangen
ausgezogen. 53 Ich bin täglich bei euch im
Tempel gewesen und [a]ihr habt nicht
Hand an mich gelegt. Aber dies ist eure
Stunde und die Macht der Finsternis.

Die Verleugnung des Petrus

54 Sie ergriffen ihn aber und führten ihn
ab und brachten ihn in das Haus des
Hohenpriesters. Petrus aber folgte von
ferne. 55 Da zündeten sie ein Feuer an
mitten im Hof und setzten sich zusam-
men; und Petrus setzte sich mitten unter
sie. 56 Da sah ihn eine Magd am Feuer
sitzen und sah ihn genau an und sprach:
Dieser war auch mit ihm. 57 Er aber leug-
nete und sprach: Frau, ich kenne ihn
nicht. 58 Und nach einer kleinen Weile
sah ihn ein anderer und sprach: Du bist
auch einer von denen. Petrus aber
sprach: Mensch, ich bin's nicht.

59 Und nach einer Weile, etwa nach
einer Stunde, bekräftigte es ein anderer
und sprach: Wahrhaftig, dieser war auch
mit ihm; denn er ist ein Galiläer. 60 Petrus
aber sprach: Mensch, ich weiß nicht, was
du sagst. Und alsbald, während er noch
redete, krähte der Hahn. 61 Und der Herr
wandte sich und sah Petrus an. Und Pe-
trus gedachte an des Herrn Wort, wie er
zu ihm gesagt hatte: Ehe heute der Hahn
kräht, wirst du mich dreimal verleugnen.
62 Und Petrus ging hinaus und weinte
bitterlich.[a]

Jesus vor dem Hohen Rat

63 Die Männer aber, die Jesus gefangen
hielten, verspotteten ihn und schlugen
ihn, 64 verdeckten sein Angesicht und
fragten: Weissage, wer ist's, der dich
schlug? 65 Und noch mit vielen andern
Lästerungen schmähten sie ihn.

66 Und als es Tag wurde, versammelten
sich die Ältesten des Volkes, die Hohen-
priester und Schriftgelehrten und führten
ihn vor ihren Rat 67 und sprachen: Bist
du der Christus, so sage es uns! Er sprach
aber zu ihnen: [a]Sage ich's euch, so glaubt
ihr's nicht; 68 frage ich aber, so antwortet
ihr nicht. 69 Aber von nun an wird der
Menschensohn [a]sitzen zur Rechten der
Kraft Gottes. 70 Da sprachen sie alle: **Bist
du denn Gottes Sohn? Er sprach zu ihnen:
Ihr sagt es, ich bin es.** 71 Sie aber spra-
chen: Was bedürfen wir noch eines Zeug-
nisses? Wir haben's selbst gehört aus sei-
nem Munde.

Jesus vor Pilatus

23 Und die ganze Versammlung
stand auf, und sie führten ihn vor
Pilatus 2 und fingen an, ihn zu verklagen,
und sprachen: [a]Wir haben gefunden,
dass dieser unser Volk aufhetzt und [b]ver-
bietet, dem Kaiser Steuern zu geben, und
spricht, er sei Christus, ein König. 3 Pila-
tus aber fragte ihn und sprach: Bist du
der Juden König? Er antwortete ihm und
sprach: Du sagst es. 4 Pilatus sprach zu
den Hohenpriestern und zum Volk: Ich
finde keine Schuld an diesem Menschen.
5 Sie aber wurden noch ungestümer und
sprachen: Er wiegelt das Volk auf damit,
dass er lehrt hier und dort in ganz Judäa,
angefangen von Galiläa bis hierher.

Jesus vor Herodes

6 Als aber Pilatus das hörte, fragte er, ob
der Mensch aus Galiläa wäre. 7 Und als
er vernahm, dass er ein [a]Untertan des
Herodes war, sandte er ihn zu Herodes,
der in diesen Tagen auch in Jerusalem
war. 8 Als aber Herodes Jesus sah, freute
er sich sehr; denn [a]er hätte ihn längst
gerne gesehen; denn er hatte von ihm

22,53: *a* Joh 7,30; 8,20 **22,62:** *a* Ps 51,19 **22,67:** *a* Joh 3,12 **22,69:** *a* Ps 110,1 **23,2:** *a* Apg 24,5; *b* Kap 20,25
23,7: *a* Kap 3,1 **23,8:** *a* Kap 9,9

gehört und hoffte, er würde ein Zeichen
von ihm sehen. 9 Und er fragte ihn viel.
Er aber antwortete ihm nichts. 10 Die
Hohenpriester aber und Schriftgelehrten
standen dabei und verklagten ihn hart.
11 Aber Herodes mit seinen Soldaten ver-
achtete und verspottete ihn, legte ihm ein
weißes Gewand an und sandte ihn zu-
rück zu Pilatus.

12 An dem Tag wurden Herodes und
Pilatus Freunde; denn vorher waren sie
einander feind.

Jesu Verurteilung

13 Pilatus aber rief die Hohenpriester und
die Oberen und das Volk zusammen
14 und sprach zu ihnen: Ihr habt diesen
Menschen zu mir gebracht als einen, der
das Volk aufwiegelt; und siehe, ich habe
ihn vor euch verhört und habe an diesem
Menschen keine Schuld gefunden, de-
rentwegen ihr ihn anklagt; 15 Herodes
auch nicht, denn er hat ihn uns zurück-
gesandt. Und siehe, er hat nichts getan,
was den Tod verdient. 16 Darum will ich
ihn schlagen lassen und losgeben.*

18 Da schrien sie alle miteinander: Hin-
weg mit diesem, gib uns Barabbas los!
19 Der war wegen eines Aufruhrs, der in
der Stadt geschehen war, und wegen
eines Mordes ins Gefängnis geworfen
worden. 20 Da redete Pilatus abermals
auf sie ein, weil er Jesus losgeben wollte.
21 Sie riefen aber: Kreuzige, kreuzige ihn!
22 Er aber sprach zum dritten Mal zu
ihnen: Was hat denn dieser Böses getan?
Ich habe nichts an ihm gefunden, was
den Tod verdient; darum will ich ihn
schlagen lassen und losgeben. 23 Aber sie
setzten ihm zu mit großem Geschrei und
forderten, dass er gekreuzigt würde. Und
ihr Geschrei nahm überhand. 24 Und
Pilatus urteilte, dass ihre Bitte erfüllt
werde, 25 und ließ den los, der wegen Auf-
ruhr und Mord ins Gefängnis geworfen
war, um welchen sie baten; aber Jesus
übergab er ihrem Willen.

Jesu Weg nach Golgatha

26 Und als sie ihn abführten, ergriffen sie
einen Mann, Simon von Kyrene, der vom
Feld kam, und legten das Kreuz auf ihn,
dass er's Jesus nachtrüge.

27 Es folgte ihm aber eine große Volks-
menge und Frauen, die klagten und be-
weinten ihn. 28 Jesus aber wandte sich um
zu ihnen und sprach: Ihr Töchter von
Jerusalem, weint nicht über mich, son-
dern weint über euch selbst und über
eure Kinder. 29 Denn siehe, es wird die
Zeit kommen, in der man sagen wird:
Selig sind die Unfruchtbaren und die
Leiber, die nicht geboren haben, und
die Brüste, die nicht genährt haben![a]
30 Dann werden sie anfangen zu sagen zu
den Bergen: Fallt über uns!, und zu den
Hügeln: Bedeckt uns![a] 31 Denn wenn
man das tut am grünen Holz, was wird
am dürren werden?[a]

Jesu Kreuzigung und Tod

32 Es wurden aber auch andere hinge-
führt, zwei Übeltäter, dass sie mit ihm
hingerichtet würden.

33 Und als sie kamen an die Stätte, die
da heißt Schädelstätte, kreuzigten sie ihn
dort und die Übeltäter mit ihm, einen
zur Rechten und einen zur Linken. 34 Je-
sus aber sprach: [a]**Vater, vergib ihnen;
denn** [b]**sie wissen nicht, was sie tun!** Und
[c]sie verteilten seine Kleider und warfen
das Los darum.

35 Und das Volk stand da und sah zu.
Aber die Oberen spotteten und sprachen:
Er hat andern geholfen; er helfe sich sel-
ber, ist er der Christus, der Auserwählte
Gottes. 36 Es verspotteten ihn auch die
Soldaten, traten herzu und brachten ihm
Essig 37 und sprachen: Bist du der Juden
König, so hilf dir selber! 38 Es war aber
über ihm auch eine Aufschrift: Dies ist
der Juden König.

39 Aber einer der Übeltäter, die am
Kreuz hingen, lästerte ihn und sprach:
Bist du nicht der Christus? Hilf dir selbst
und uns! 40 Da wies ihn der andere zu-
recht und sprach: Und du fürchtest dich
auch nicht vor Gott, der du doch in glei-
cher Verdammnis bist? 41 Wir sind es
zwar mit Recht, denn wir empfangen,
was unsre Taten verdienen; dieser aber

* Vers 17 findet sich erst in der späteren Überlieferung: »Er musste ihnen aber zum Fest einen Gefangenen losgeben.«

23,29: *a* Kap 21,23 **23,30:** *a* Hos 10,8; Offb 6,16; 9,6 **23,31:** *a* 1.Petr 4,17 **23,34:** *a* Jes 53,12; Apg 7,60; *b* Apg 3,17; *c* Ps 22,19

hat nichts Unrechtes getan. 42 Und er
sprach: Jesus, gedenke an mich, [a]wenn
du in dein Reich kommst! 43 Und Jesus
sprach zu ihm: **Wahrlich, ich sage dir:
Heute wirst du mit mir [a]im Paradies
sein.**
44 Und es war schon um die sechste
Stunde, und es kam eine Finsternis über
das ganze Land bis zur neunten Stunde,
45 und die Sonne verlor ihren Schein, und
der [a]Vorhang des Tempels riss mitten
entzwei. 46 Und Jesus rief laut: **Vater,
[a]ich befehle meinen Geist in deine Hände!**
Und als er das gesagt hatte, verschied er.
47 Als aber der Hauptmann sah, was
da geschah, pries er Gott und sprach:
Fürwahr, dieser ist ein frommer Mensch
gewesen! 48 Und als alles Volk, das dabei
war und zuschaute, sah, was da geschah,
schlugen sie sich an ihre Brust und kehr-
ten wieder um.
49 Es standen aber alle seine Bekannten
von ferne, auch die [a]Frauen, die ihm aus
Galiläa nachgefolgt waren, und sahen
das alles.

Jesu Grablegung

50 Und siehe, da war ein Mann mit Na-
men Josef, ein Ratsherr, der war ein gu-
ter, frommer Mann 51 und hatte ihren Rat
und ihr Handeln nicht gebilligt. Er war
aus Arimathäa, einer Stadt der Juden,
und [a]wartete auf das Reich Gottes.
52 Der ging zu Pilatus und bat um den
Leib Jesu 53 und nahm ihn ab, wickelte
ihn in ein Leinentuch und legte ihn in ein
Felsengrab, in dem noch nie jemand ge-
legen hatte. 54 Und es war Rüsttag und
der Sabbat brach an.
55 Es folgten aber die Frauen nach, die
mit ihm gekommen waren aus Galiläa,
und beschauten das Grab und wie sein
Leib hineingelegt wurde. 56 Sie kehrten
aber um und bereiteten wohlriechende
Öle und Salben. [a]Und den Sabbat über
ruhten sie nach dem Gesetz.

Jesu Auferstehung

(Mt 28,1-10; Mk 16,1-8; Joh 20,1-10)

24 Aber am ersten Tag der Woche
sehr früh kamen sie zum Grab
und trugen bei sich die wohlriechenden
Öle, die sie bereitet hatten. 2 Sie fanden
aber den Stein weggewälzt von dem Grab
3 und gingen hinein und fanden den Leib
des Herrn Jesus nicht.
4 Und als sie darüber bekümmert wa-
ren, siehe, da traten zu ihnen zwei Män-
ner mit glänzenden Kleidern. 5 Sie aber
erschraken und neigten ihr Angesicht zur
Erde. Da sprachen die zu ihnen: **Was
sucht ihr den Lebenden bei den Toten? 6 Er
ist nicht hier, er ist auferstanden.** Gedenkt
daran, wie er euch gesagt hat, als er noch
in Galiläa war: 7 Der Menschensohn
muss überantwortet werden in die Hände
der Sünder und gekreuzigt werden und
am dritten Tage auferstehen.[a] 8 Und sie
gedachten an seine Worte.
9 Und sie gingen wieder weg vom Grab
und verkündigten das alles den elf Jün-
gern und den andern allen. 10 Es waren
aber [a]Maria von Magdala und Johanna
und Maria, des Jakobus Mutter, und die
andern mit ihnen; die sagten das den
Aposteln. 11 Und es erschienen ihnen
diese Worte, als wär's Geschwätz, und sie
glaubten ihnen nicht. 12 Petrus aber stand
auf und lief zum Grab und bückte sich
hinein und sah nur die Leinentücher und
ging davon und wunderte sich über das,
was geschehen war.[a]

Die Emmausjünger

(Mk 16,12-13)

13 Und siehe, zwei von ihnen gingen an
demselben Tage in ein Dorf, das war von
Jerusalem etwa zwei Wegstunden ent-
fernt; dessen Name ist Emmaus. 14 Und
sie redeten miteinander von allen diesen
Geschichten. 15 Und es geschah, als sie so
redeten und sich miteinander bespra-
chen, da nahte sich Jesus selbst und ging
mit ihnen. 16 Aber ihre Augen wurden
gehalten, dass sie ihn nicht erkannten.
17 Er sprach aber zu ihnen: Was sind
das für Dinge, die ihr miteinander ver-
handelt unterwegs? Da blieben sie traurig
stehen. 18 Und der eine, mit Namen
Kleopas, antwortete und sprach zu ihm:
Bist du der Einzige unter den Fremden in
Jerusalem, der nicht weiß, was in diesen
Tagen dort geschehen ist? 19 Und er
sprach zu ihnen: Was denn? Sie aber

23,42: *a* Mt 20,21 **23,43:** *a* 2. Kor 12,4 **23,45:** *a* 2. Mose 26,31-33; 2. Chr 3,14 **23,46:** *a* Ps 31,6; Apg 7,59 **23,49:** *a* Kap 8,2-3 **23,51:** *a* Kap 2,25.38 **23,56:** *a* 2. Mose 20,10 **24,7:** *a* Kap 9,22 **24,10:** *a* Kap 8,2-3 **24,12:** *a* Joh 20,6-10

sprachen zu ihm: Das mit Jesus von Na-
zareth, der [a]ein Prophet war, mächtig in
Taten und Worten vor Gott und allem
Volk; 20 wie ihn unsre Hohenpriester und
Oberen zur Todesstrafe überantwortet
und gekreuzigt haben. 21 Wir aber hoff-
ten, er sei es, der [a]Israel erlösen werde.
Und über das alles ist heute der dritte
Tag, dass dies geschehen ist. 22 Auch ha-
ben uns erschreckt einige Frauen aus un-
serer Mitte, die sind früh bei dem Grab
gewesen, 23 haben seinen Leib nicht ge-
funden, kommen und sagen, sie haben
eine Erscheinung von Engeln gesehen,
die sagen, er lebe. 24 Und einige von uns
gingen hin zum Grab und fanden's so,
wie die Frauen sagten; aber ihn sahen sie
nicht.

25 Und er sprach zu ihnen: O ihr To-
ren, zu trägen Herzens, all dem zu glau-
ben, was die Propheten geredet haben!
26 **Musste nicht Christus dies erleiden und
in seine Herrlichkeit eingehen**? 27 Und er
fing an bei Mose und allen Propheten
und legte ihnen aus, was in der ganzen
Schrift von ihm gesagt war.[a] 28 Und sie
kamen nahe an das Dorf, wo sie hin-
gingen. Und er stellte sich, als wollte er
weitergehen. 29 Und sie nötigten ihn und
sprachen: [a]**Bleibe bei uns; denn es will
Abend werden und der Tag hat sich ge-
neigt.** Und er ging hinein, bei ihnen zu
bleiben.

30 Und es geschah, als er mit ihnen zu
Tisch saß, nahm er das Brot, dankte,
brach's und gab's ihnen.[a] 31 Da wurden
ihre Augen geöffnet und sie erkannten
ihn. Und er verschwand vor ihnen.
32 Und sie sprachen untereinander:
Brannte nicht unser Herz in uns, als er
mit uns redete auf dem Wege und uns die
Schrift öffnete?

33 Und sie standen auf zu derselben
Stunde, kehrten zurück nach Jerusalem
und fanden die Elf versammelt und die
bei ihnen waren; 34 die sprachen: **Der
Herr ist wahrhaftig auferstanden** und
Simon erschienen.[a] 35 Und sie erzählten
ihnen, was auf dem Wege geschehen
war und wie er von ihnen erkannt wurde,
als er das Brot brach.

Jesu Erscheinung vor den Jüngern

(Mk 16,14-19; Joh 20,19-23; Apg 1,1-14; 1.Kor 15,5)

36 Als sie aber davon redeten, trat er
selbst, Jesus, mitten unter sie und sprach
zu ihnen: Friede sei mit euch! 37 Sie er-
schraken aber und fürchteten sich und
[a]meinten, sie sähen einen Geist. 38 Und
er sprach zu ihnen: Was seid ihr so er-
schrocken, und warum kommen solche
Gedanken in euer Herz? 39 Seht meine
Hände und meine Füße, ich bin's selber.
Fasst mich an und seht; denn ein Geist
hat nicht Fleisch und Knochen, wie ihr
seht, dass ich sie habe. 40 Und als er das
gesagt hatte, zeigte er ihnen die Hände
und Füße.[a] 41 Als sie aber noch nicht
glaubten vor Freude und sich verwunder-
ten, sprach er zu ihnen: Habt ihr hier
etwas zu essen? 42 Und sie legten ihm ein
Stück gebratenen Fisch vor.[a] 43 Und er
nahm's und aß vor ihnen.

44 Er sprach aber zu ihnen: Das sind
meine Worte, [a]die ich zu euch gesagt
habe, als ich noch bei euch war: [b]Es
muss alles erfüllt werden, was von mir
geschrieben steht im Gesetz des Mose, in
den Propheten und in den Psalmen. 45 Da
öffnete er ihnen das Verständnis, sodass
sie die Schrift verstanden,[a] 46 und sprach
zu ihnen: **So steht's geschrieben, dass
Christus leiden wird und auferstehen von
den Toten [a]am dritten Tage; 47 und [a]dass
gepredigt wird in seinem Namen Buße zur
Vergebung der Sünden unter allen Völ-
kern.** Fangt an in Jerusalem 48 und seid
dafür Zeugen. 49 Und siehe, ich will [a]auf
euch herabsenden, was mein Vater ver-
heißen hat. Ihr aber sollt in der Stadt
bleiben, bis ihr ausgerüstet werdet [b]mit
Kraft aus der Höhe.

Jesu Himmelfahrt

50 Er führte sie aber hinaus bis nach Be-
tanien und hob die Hände auf und seg-
nete sie. 51 Und es geschah, als er sie
segnete, schied er von ihnen und fuhr auf
gen Himmel. 52 Sie aber beteten ihn an
und kehrten zurück nach Jerusalem mit
großer Freude 53 und waren allezeit im
Tempel und priesen Gott.

24,19: *a* Mt 21,11 **24,21:** *a* Apg 1,6 **24,27:** *a* 5.Mose 18,15; Ps 22,1-32; Jes 52,13–53,12 **24,29:** *a* Ri 19,9 **24,30:** *a* Kap 9,16; 22,19 **24,34:** *a* 1.Kor 15,4-5 **24,37:** *a* Mt 14,26 **24,40:** *a* Joh 20,20 **24,42:** *a* Joh 21,5.10; Apg 10,41 **24,44:** *a* Kap 18,31-33; *b* Verse 26-27; Kap 18,31 **24,45:** *a* Kap 9,45; Joh 12,16 **24,46:** *a* Hos 6,2 **24,47:** *a* Apg 2,38; 17,30 **24,49:** *a* Joh 15,26; 16,7; *b* Apg 2,1-4

DAS EVANGELIUM NACH JOHANNES

Inhaltsübersicht

Das Wort ward Fleisch

1 Im Anfang war das Wort, und das
Wort war bei Gott, und Gott war das
Wort.[a] 2 Dasselbe war im Anfang bei
Gott. 3 Alle Dinge sind durch dasselbe
gemacht, und ohne dasselbe ist nichts
gemacht, was gemacht ist.[a]* 4 In ihm
war das Leben, und das Leben war das
[a]Licht der Menschen. 5 Und das Licht
scheint in der Finsternis, und die Finster-
nis hat's nicht ergriffen.[a]

6 Es war ein Mensch, von Gott ge-
sandt, der hieß [a]Johannes. 7 Der kam zum
Zeugnis, um von dem Licht zu zeugen,
damit sie alle durch ihn glaubten.[a] 8 Er
war nicht das Licht, sondern er sollte zeu-
gen von dem Licht.

9 Das war das wahre Licht, das alle
Menschen erleuchtet, die in diese Welt
kommen. 10 Er war in der Welt, und die
Welt ist durch ihn gemacht; aber die Welt
erkannte ihn nicht. 11 Er kam [a]in sein
Eigentum; und die Seinen nahmen ihn
nicht auf. 12 Wie viele ihn aber aufnah-
men, denen gab er Macht, [a]Gottes Kin-
der zu werden, denen, die an seinen Na-
men glauben, 13 die nicht [a]aus dem Blut
noch aus dem Willen des Fleisches noch
aus dem Willen eines Mannes, sondern
[b]von Gott geboren sind.

14 **Und [a]das Wort ward Fleisch** und
wohnte unter uns, und wir sahen [b]seine
Herrlichkeit, eine Herrlichkeit als des ein-
geborenen Sohnes vom Vater, voller Gnade
und Wahrheit.**

15 Johannes gibt Zeugnis von ihm und
ruft: Dieser war es, von dem ich gesagt
habe: Nach mir wird kommen, der vor
mir gewesen ist; denn er war eher als
ich.

16 **Und von [a]seiner Fülle haben wir alle
genommen Gnade um Gnade. 17 Denn [a]das
Gesetz ist durch Mose gegeben; die Gnade
und Wahrheit ist durch Jesus Christus
geworden.** 18 [a]Niemand hat Gott je ge-
sehen; der Eingeborene, der Gott ist und
in des Vaters Schoß ist,⁺ [b]der hat ihn
uns verkündigt.

Das Zeugnis des Täufers über sich selbst

(Mt 3,1-12; Mk 1,1-8; Lk 3,1-18)

19 Und dies ist das Zeugnis des Johannes,
als die Juden zu ihm sandten Priester und
Leviten von Jerusalem, dass sie ihn frag-
ten: Wer bist du? 20 Und er bekannte und
leugnete nicht, und er bekannte: Ich bin
nicht der Christus. 21 Und sie fragten ihn:
Was dann? Bist du [a]Elia? Er sprach: Ich
bin's nicht. Bist du der [b]Prophet? Und er
antwortete: Nein. 22 Da sprachen sie zu
ihm: Wer bist du dann?, dass wir Ant-
wort geben denen, die uns gesandt ha-
ben. Was sagst du von dir selbst? 23 Er
sprach: »Ich bin eine Stimme eines Predi-
gers in der Wüste: Ebnet den Weg des
Herrn!«, wie der Prophet Jesaja gesagt
hat (Jesaja 40,3).

24 Und sie waren von den Pharisäern
abgesandt 25 und sie fragten ihn und
sprachen zu ihm: Warum taufst du denn,
wenn du nicht der Christus bist noch
Elia noch der Prophet? 26 Johannes ant-
wortete ihnen und sprach: Ich taufe mit

* Mögliche andere Satzeinteilung aufgrund alter Überlieferung: »Was geworden ist – in ihm war das Leben.«

** Siehe Sach- und Worterklärungen.

⁺ Luther übersetzte aufgrund anderer Textzeugen: »der eingeborene Sohn, der in des Vaters Schoß ist«.

1,1: *a* Kap 17,5; 1. Mose 1,1; 1. Joh 1,1-2; Offb 19,13 **1,3:** *a* 1. Kor 8,6; Kol 1,16-17; Hebr 1,2 **1,4:** *a* Kap 8,12 **1,5:** *a* Kap 3,19 **1,6:** *a* Mt 3,1; Mk 1,4 **1,7:** *a* Apg 19,4 **1,11:** *a* Ps 24,1 **1,12:** *a* Gal 3,26 **1,13:** *a* Weish 7,2; *b* Kap 3,5-6 **1,14:** *a* 1. Tim 3,16; *b* 2. Mose 33,18; Jes 60,1; 2. Petr 1,16-17 **1,16:** *a* Kap 3,34; Kol 1,19 **1,17:** *a* Röm 10,4 **1,18:** *a* Kap 6,46; *b* Mt 11,27 **1,21:** *a* Mal 3,23; Mt 17,10-13; *b* 5. Mose 18,15

Wasser; aber er ist [a]mitten unter euch
getreten, den ihr nicht kennt. 27 Der wird
nach mir kommen, und ich bin nicht
wert, dass ich seine Schuhriemen löse.
28 Dies geschah in Betanien jenseits des
Jordans, wo Johannes taufte.

Das Zeugnis des Täufers vom Lamm Gottes

(Mt 3,13-17; Mk 1,9-11; Lk 3,21-22)

29 Am nächsten Tag sieht Johannes, dass
Jesus zu ihm kommt, und spricht: **Sie-**
he, das ist [a]Gottes Lamm, das der Welt
Sünde trägt! 30 Dieser ist's, von dem ich
gesagt habe: Nach mir kommt ein Mann,
der vor mir gewesen ist, denn er war eher
als ich. 31 Und ich kannte ihn nicht. Aber
damit er Israel offenbart werde, darum
bin ich gekommen zu taufen mit Wasser.
32 Und Johannes bezeugte und sprach:
Ich sah, dass der Geist herabfuhr wie
eine Taube vom Himmel und blieb auf
ihm. 33 Und ich kannte ihn nicht. Aber
der mich sandte zu taufen mit Wasser,
der sprach zu mir: Auf wen du siehst den
Geist herabfahren und auf ihm bleiben,
der ist's, der mit dem Heiligen Geist
tauft. 34 Und ich habe es gesehen und
bezeugt: Dieser ist Gottes Sohn.

Die ersten Jünger

35 Am nächsten Tag stand Johannes aber-
mals da und zwei seiner Jünger; 36 und als
er Jesus vorübergehen sah, sprach er:
Siehe, das ist Gottes Lamm! 37 Und die
zwei Jünger hörten ihn reden und folgten
Jesus nach. 38 Jesus aber wandte sich um
und sah sie nachfolgen und sprach zu
ihnen: Was sucht ihr? Sie aber sprachen
zu ihm: Rabbi – das heißt übersetzt:
Meister –, wo ist deine Herberge? 39 Er
sprach zu ihnen: Kommt und seht! Sie
kamen und sahen's und blieben diesen
Tag bei ihm. Es war aber um die zehnte
Stunde.
40 Einer von den zweien, die Johannes
gehört hatten und Jesus nachgefolgt wa-
ren, war [a]Andreas, der Bruder des Simon
Petrus. 41 Der findet zuerst seinen Bruder
Simon und spricht zu ihm: Wir haben
den Messias gefunden, das heißt über-
setzt: der Gesalbte. 42 Und er führte ihn
zu Jesus. Als Jesus ihn sah, sprach er: Du
bist Simon, der Sohn des Johannes; du
sollst [a]Kephas heißen, das heißt über-
setzt: Fels.
43 Am nächsten Tag wollte Jesus nach
Galiläa gehen und findet Philippus und
spricht zu ihm: Folge mir nach! 44 Phil-
ippus aber war aus Betsaida, der Stadt
des Andreas und Petrus. 45 [a]Philippus
findet Nathanael und spricht zu ihm: Wir
haben den gefunden, [b]von dem Mose im
Gesetz und die Propheten geschrieben
haben, Jesus, Josefs Sohn, aus Nazareth.
46 Und Nathanael sprach zu ihm: [a]Was
kann aus Nazareth Gutes kommen! Phil-
ippus spricht zu ihm: Komm und sieh es!
47 Jesus sah Nathanael kommen und
sagt von ihm: Siehe, ein rechter Israelit,
in dem kein Falsch ist. 48 Nathanael
spricht zu ihm: Woher kennst du mich?
Jesus antwortete und sprach zu ihm: Be-
vor Philippus dich rief, als du unter dem
Feigenbaum warst, sah ich dich. 49 Na-
thanael antwortete ihm: Rabbi, du bist
Gottes Sohn, du bist der König von Is-
rael![a] 50 Jesus antwortete und sprach zu
ihm: Du glaubst, weil ich dir gesagt habe,
dass ich dich gesehen habe unter dem
Feigenbaum. Du wirst noch Größeres als
das sehen. 51 Und er spricht zu ihm:
Wahrlich, wahrlich, ich sage euch: Ihr
werdet den Himmel offen sehen und [a]die
Engel Gottes hinauf- und herabfahren
über dem Menschensohn.

Die Hochzeit zu Kana

2 Und am dritten Tage war eine Hoch-
zeit in Kana in Galiläa, und die Mut-
ter Jesu war da. 2 Jesus aber und seine
Jünger waren auch zur Hochzeit geladen.
3 Und als der Wein ausging, spricht die
Mutter Jesu zu ihm: Sie haben keinen
Wein mehr. 4 Jesus spricht zu ihr: Was
geht's dich an, Frau, was ich tue? Meine
Stunde ist noch nicht gekommen. 5 Seine
Mutter spricht zu den Dienern: Was er
euch sagt, das tut. 6 Es standen aber dort
sechs steinerne Wasserkrüge [a]für die
Reinigung nach jüdischer Sitte, und in
jeden gingen zwei oder drei Maße*.

* Siehe Sach- und Worterklärungen.

1,26: *a* Lk 17,21 **1,29:** *a* Jes 53,7 **1,40:** *a* Mt 4,18-20 **1,42:** *a* Mt 16,18 **1,45:** *a (45-46)* Jes 53,2; *b* 5. Mose 18,18; Jer 23,5; Hes 34,23 **1,46:** *a* Kap 7,41 **1,49:** *a* Kap 6,69; Ps 2,7; Jer 23,5; Mt 14,33; 16,16 **1,51:** *a* 1. Mose 28,12; Mt 4,11 **2,6:** *a* Mk 7,3-4

7 Jesus spricht zu ihnen: Füllt die Was-
serkrüge mit Wasser! Und sie füllten sie
bis obenan. 8 Und er spricht zu ihnen:
Schöpft nun und bringt's dem Speise-
meister! Und sie brachten's ihm. 9 Als
aber der Speisemeister den Wein kostete,
der Wasser gewesen war, und nicht wuss-
te, woher er kam – die Diener aber wuss-
ten's, die das Wasser geschöpft hatten –,
ruft der Speisemeister den Bräutigam
10 und spricht zu ihm: Jedermann gibt
zuerst den guten Wein und, wenn sie be-
trunken werden, den geringeren; du aber
hast den guten Wein bis jetzt zurück-
behalten. 11 Das ist das erste Zeichen, das
Jesus tat, geschehen in Kana in Galiläa,
und [a]er offenbarte seine Herrlichkeit.
Und seine Jünger glaubten an ihn.

12 Danach [a]ging Jesus hinab nach Ka-
pernaum, er, [b]seine Mutter, seine Brüder
und seine Jünger, und sie blieben nicht
lange da.

Die Tempelreinigung

(Mt 21,12-17; Mk 11,15-19; Lk 19,45-48)

13 Und das Passafest der Juden war nahe,
und Jesus zog hinauf nach Jerusalem.[a]
14 Und er fand im Tempel die Händler,
die Rinder, Schafe und Tauben verkauf-
ten, und die Wechsler, die da saßen.
15 Und er machte eine Geißel aus Stri-
cken und trieb sie alle zum Tempel hin-
aus samt den Schafen und Rindern und
schüttete den Wechslern das Geld aus
und stieß die Tische um 16 und sprach zu
denen, die die Tauben verkauften: Tragt
das weg und macht nicht meines Vaters
Haus zum Kaufhaus! 17 Seine Jünger
aber dachten daran, dass geschrieben
steht (Psalm 69,10): »Der Eifer um dein
Haus wird mich fressen.«

18 Da fingen die Juden an und spra-
chen zu ihm: [a]Was zeigst du uns für ein
Zeichen, dass du dies tun darfst? 19 Jesus
antwortete und sprach zu ihnen: Brecht
diesen Tempel ab und in drei Tagen will
ich ihn aufrichten.[a] 20 Da sprachen die
Juden: Dieser Tempel ist in sechsund-
vierzig Jahren erbaut worden, und du
willst ihn in drei Tagen aufrichten? 21 Er
aber redete von dem Tempel seines Lei-
bes.[a] 22 Als er nun auferstanden war von
den Toten, dachten seine Jünger daran,
dass er dies gesagt hatte, und glaubten
der [a]Schrift und dem Wort, das Jesus
gesagt hatte.

23 Als er aber am Passafest in Jeru-
salem war, glaubten viele an seinen Na-
men, da sie die Zeichen sahen, die er tat.
24 Aber Jesus vertraute sich ihnen nicht
an; denn er kannte sie alle 25 und be-
durfte nicht, dass ihm jemand Zeugnis
gab vom Menschen; denn [a]er wusste,
was im Menschen war.

Jesus und Nikodemus

3 Es war aber ein Mensch unter den
Pharisäern mit Namen Nikodemus,
einer von den Oberen der Juden.[a] 2 Der
kam zu Jesus bei Nacht und sprach zu
ihm: Meister, wir wissen, du bist ein Leh-
rer, von Gott gekommen; denn niemand
kann die Zeichen tun, die du tust, es sei
denn Gott mit ihm. 3 Jesus antwortete
und sprach zu ihm: Wahrlich, wahrlich,
ich sage dir: **Es sei denn, dass jemand**
[a]**von Neuem geboren werde,* so kann er**
das Reich Gottes nicht sehen.

4 Nikodemus spricht zu ihm: Wie kann
ein Mensch geboren werden, wenn er alt
ist? Kann er denn wieder in seiner Mut-
ter Leib gehen und geboren werden? 5 Je-
sus antwortete: Wahrlich, wahrlich, ich
sage dir: **Es sei denn, dass jemand geboren**
werde [a]**aus Wasser und Geist, so kann er**
nicht in das Reich Gottes kommen. 6 Was
[a]vom Fleisch geboren ist, das ist Fleisch;
und was vom Geist geboren ist, das ist
Geist.[b] 7 Wundere dich nicht, dass ich dir
gesagt habe: Ihr müsst von Neuem ge-
boren werden. 8 Der Wind bläst, wo er
will, und du hörst sein Sausen wohl; aber
du weißt nicht, woher er kommt und
wohin er fährt. So ist es bei jedem, der
aus dem Geist geboren ist.

9 Nikodemus antwortete und sprach zu
ihm: Wie kann dies geschehen? 10 Jesus
antwortete und sprach zu ihm: Bist du
Israels Lehrer und weißt das nicht?
11 Wahrlich, wahrlich, ich sage dir: Wir
reden, was wir wissen, und bezeugen,
was wir gesehen haben; ihr aber nehmt

* d.h.: Wenn jemand nicht von Neuem geboren wird (ebenso V. 5).

2,11: *a* Kap 1,14 **2,12:** *a* Kap 7,3; *b* Mt 13,55 **2,13:** *a* Kap 5,1; 7,10; Mt 20,18; Mk 11,1; Lk 19,28 **2,18:** *a* Mt 21,23 **2,19:** *a* Mt 26,61; 27,40 **2,21:** *a* 1.Kor 6,19 **2,22:** *a* Hos 6,2 **2,25:** *a* Mk 2,8 **3,1:** *a* Kap 7,50; 19,39 **3,3:** *a* 1.Petr 1,23 **3,5:** *a* Hes 36,25-27; Mt 3,11; Tit 3,5 **3,6:** *a* Kap 1,13; *b* Röm 8,5-9

unser Zeugnis nicht an. 12 Glaubt ihr
nicht, wenn ich euch von irdischen Din-
gen sage, wie werdet ihr glauben, wenn
ich euch von himmlischen Dingen sage?
13 Und niemand ist gen Himmel auf-
gefahren außer dem, der vom Himmel
herabgekommen ist, nämlich der Men-
schensohn.

14 Und wie [a]Mose in der Wüste die
Schlange erhöht hat, so muss der Men-
schensohn erhöht werden, 15 damit alle,
die an ihn glauben, das ewige Leben ha-
ben. 16 Denn **also hat Gott die Welt ge-
liebt, dass er seinen eingeborenen Sohn
gab, damit alle, die an ihn glauben, nicht
verloren werden, sondern das ewige Leben
haben.**[a] 17 Denn Gott hat seinen Sohn
nicht in die Welt gesandt, dass er die
Welt richte, sondern [a]dass die Welt
durch ihn gerettet werde.

18 Wer an ihn glaubt, der wird nicht
gerichtet; wer aber nicht glaubt, der ist
schon gerichtet, denn er glaubt nicht an
den Namen des eingeborenen Sohnes
Gottes.[a] 19 Das ist aber das Gericht, dass
das Licht in die Welt gekommen ist, und
die Menschen liebten die Finsternis mehr
als das Licht, denn ihre Werke waren
böse.[a] 20 Wer Böses tut, der hasst das
Licht und [a]kommt nicht zu dem Licht, da-
mit seine Werke nicht aufgedeckt werden.
21 Wer aber die Wahrheit tut, der kommt
zu dem Licht, damit offenbar wird, dass
seine Werke in Gott getan sind.[a]

Das letzte Zeugnis des Täufers von Jesus

22 Danach kam Jesus mit seinen Jüngern
in das Land Judäa und blieb dort eine
Weile mit ihnen und [a]taufte. 23 Johannes
aber taufte auch noch in Änon, nahe bei
Salim, denn es war da viel Wasser; und
sie kamen und ließen sich taufen. 24 Denn
Johannes war noch nicht ins Gefängnis
geworfen.[a]

25 Da erhob sich ein Streit zwischen
den Jüngern des Johannes und einem Ju-
den über die Reinigung. 26 Und sie ka-
men zu Johannes und sprachen zu ihm:
Meister, der bei dir war jenseits des Jor-
dans, [a]von dem du Zeugnis gegeben
hast, siehe, der tauft, und jedermann
kommt zu ihm. 27 Johannes antwortete
und sprach: Ein Mensch kann nichts
nehmen, wenn es ihm nicht vom Himmel
gegeben ist.[a] 28 Ihr selbst seid meine Zeu-
gen, dass ich gesagt habe: Ich bin nicht
der Christus, sondern vor ihm her ge-
sandt.[a] 29 Wer die Braut hat, der ist der
[a]Bräutigam; der Freund des Bräutigams
aber, der dabeisteht und ihm zuhört,
freut sich sehr über die Stimme des Bräu-
tigams. Diese meine Freude ist nun er-
füllt. 30 **Er muss wachsen, ich aber muss
abnehmen.**

31 Der [a]von oben her kommt, ist über
allen. Wer von der Erde ist, der ist von
der Erde und redet von der Erde. Der
vom Himmel kommt, der ist über allen
32 und bezeugt, was er gesehen und ge-
hört hat; und sein Zeugnis nimmt nie-
mand an. 33 Wer es aber annimmt, der
besiegelt, dass Gott wahrhaftig ist.
34 Denn der, den Gott gesandt hat, redet
Gottes Worte; denn [a]Gott gibt den Geist
ohne Maß. 35 [a]Der Vater hat den Sohn
lieb und [b]hat ihm alles in seine Hand
gegeben. 36 **Wer an den Sohn glaubt, der
hat das ewige Leben.** Wer aber dem Sohn
nicht gehorsam ist, der wird das Leben
nicht sehen, sondern der Zorn Gottes
bleibt über ihm.

Jesus und die Samariterin

4 Als nun Jesus erfuhr, dass den Phari-
säern zu Ohren gekommen war, dass
er mehr zu Jüngern machte und [a]taufte
als Johannes 2 – obwohl Jesus nicht selber
taufte, sondern seine Jünger –, 3 verließ er
Judäa und ging wieder nach Galiläa. 4 Er
musste aber durch Samarien reisen.

5 Da kam er in eine Stadt Samariens,
die heißt Sychar, nahe bei dem Feld, das
[a]Jakob seinem Sohn Josef gab. 6 Es war
aber dort Jakobs Brunnen. Weil nun Je-
sus müde war von der Reise, setzte er sich
am Brunnen nieder; es war um die sechs-
te Stunde. 7 Da kommt eine Frau aus
Samarien, um Wasser zu schöpfen. Jesus
spricht zu ihr: Gib mir zu trinken! 8 Denn
seine Jünger waren in die Stadt gegan-
gen, um Essen zu kaufen. 9 Da spricht die
samaritische Frau zu ihm: Wie, du bittest

3,14: *a* 4. Mose 21,8-9 **3,16:** *a* Röm 5,8; 8,32; 1. Joh 4,9 **3,17:** *a* Lk 19,10 **3,18:** *a* Kap 5,24 **3,19:** *a* Kap 1,5.9-11 **3,20:** *a* Eph 5,13 **3,21:** *a* 1. Joh 1,6-7 **3,22:** *a* Kap 4,1-2 **3,24:** *a* Mk 1,14 **3,26:** *a* Kap 1,26-34 **3,27:** *a* Hebr 5,4 **3,28:** *a* Kap 1,20.23.27 **3,29:** *a* Mt 9,15 **3,31:** *a* Kap 8,23 **3,34:** *a* Kap 1,16 **3,35:** *a* Kap 5,20; *b* Mt 11,27 **4,1:** *a* Kap 3,22.26 **4,5:** *a* 1. Mose 48,22; Jos 24,32

mich um etwas zu trinken, der du ein
Jude bist und ich eine samaritische Frau?
[a]Denn die Juden haben keine Gemein-
schaft mit den Samaritern. – 10 Jesus ant-
wortete und sprach zu ihr: Wenn du er-
kenntest die Gabe Gottes und wer der ist,
der zu dir sagt: Gib mir zu trinken!, du
bätest ihn und er gäbe dir [a]lebendiges
Wasser.

11 Spricht zu ihm die Frau: Herr, hast
du doch nichts, womit du schöpfen könn-
test, und der Brunnen ist tief; woher hast
du dann lebendiges Wasser? 12 Bist du
mehr als unser Vater Jakob, der uns die-
sen Brunnen gegeben hat? Und er hat
daraus getrunken und seine Kinder und
sein Vieh. 13 Jesus antwortete und sprach
zu ihr: Wer von diesem Wasser trinkt,
den wird wieder dürsten;[a] 14 wer aber
von dem Wasser trinken wird, das ich
ihm gebe, den wird in Ewigkeit nicht
dürsten, sondern das Wasser, das ich ihm
geben werde, das wird in ihm eine Quelle
des Wassers werden, das in das ewige
Leben quillt.[a]

15 Spricht die Frau zu ihm: Herr, gib
mir solches Wasser, damit mich nicht
dürstet und ich nicht herkommen muss,
um zu schöpfen! 16 Jesus spricht zu ihr:
Geh hin, ruf deinen Mann und komm
wieder her! 17 Die Frau antwortete und
sprach zu ihm: Ich habe keinen Mann.
Jesus spricht zu ihr: Du hast recht geant-
wortet: Ich habe keinen Mann. 18 Fünf
Männer hast du gehabt, und der, den du
jetzt hast, ist nicht dein Mann; das hast
du recht gesagt.

19 Die Frau spricht zu ihm: Herr, ich
sehe, dass du ein Prophet bist. 20 Unsere
Väter haben auf diesem Berge angebetet,
und ihr sagt, in Jerusalem sei die Stätte,
wo man anbeten soll.[a] 21 Jesus spricht zu
ihr: Glaube mir, Frau, es kommt die Zeit,
dass ihr weder auf diesem Berge noch in
Jerusalem den Vater anbeten werdet.
22 Ihr [a]wisst nicht, was ihr anbetet; wir
wissen aber, was wir anbeten; denn [b]das
Heil kommt von den Juden. 23 Aber es
kommt die Zeit und ist schon jetzt, in der
die wahren Anbeter den Vater anbeten
werden im Geist und in der Wahrheit;
denn auch der Vater will solche Anbeter
haben. 24 [a]**Gott ist Geist, und die ihn an-
beten, die [b]müssen ihn im Geist und in der
Wahrheit anbeten.** 25 Spricht die Frau zu
ihm: Ich weiß, dass der [a]Messias kommt,
der da Christus heißt. Wenn dieser
kommt, wird er uns alles verkündigen.
26 Jesus spricht zu ihr: Ich bin's, der mit
dir redet.

27 Unterdessen kamen seine Jünger,
und sie wunderten sich, dass er mit einer
Frau redete; doch sagte niemand: Was
fragst du?, oder: Was redest du mit ihr?
28 Da ließ die Frau ihren Krug stehen
und ging in die Stadt und spricht zu den
Leuten: 29 Kommt, seht einen Menschen,
der mir alles gesagt hat, was ich getan
habe, ob er nicht der Christus sei! 30 Da
gingen sie aus der Stadt heraus und ka-
men zu ihm.

31 Inzwischen mahnten ihn die Jünger
und sprachen: Rabbi, iss! 32 Er aber
sprach zu ihnen: Ich habe eine Speise zu
essen, von der ihr nicht wisst. 33 Da spra-
chen die Jünger untereinander: Hat ihm
jemand zu essen gebracht? 34 Jesus spricht
zu ihnen: Meine Speise ist die, dass ich
[a]tue den Willen dessen, der mich gesandt
hat, und [b]vollende sein Werk. 35 Sagt ihr
nicht selber: Es sind noch vier Monate,
dann kommt die Ernte? Siehe, ich sage
euch: Hebt eure Augen auf und seht auf
die Felder, denn [a]sie sind reif zur Ernte.
36 Wer erntet, empfängt schon seinen
Lohn und sammelt Frucht zum ewigen
Leben, damit sich miteinander freuen,
der da sät und der da erntet. 37 Denn hier
ist der Spruch wahr: Der eine sät, der
andere erntet. 38 Ich habe euch gesandt
zu ernten, wo ihr nicht gearbeitet habt;
andere haben gearbeitet, und euch ist
ihre Arbeit zugutegekommen.

39 Es glaubten aber an ihn viele der
Samariter aus dieser Stadt um der Rede
der Frau willen, die bezeugte: Er hat mir
alles gesagt, was ich getan habe. 40 Als
nun die Samariter zu ihm kamen, baten
sie ihn, bei ihnen zu bleiben; und er blieb
zwei Tage da. 41 Und noch viel mehr
glaubten um seines Wortes willen 42 und
sprachen zu der Frau: Von nun an glau-
ben wir nicht mehr um deiner Rede wil-
len; denn [a]wir haben selber gehört und

4,9: *a* Lk 9,52-53 **4,10:** *a* Kap 7,38-39 **4,13:** *a* Kap 6,58 **4,14:** *a* Kap 6,35; 7,38-39; Ps 36,10 **4,20:** *a* 5. Mose 12,5; Ps 122,1-9 **4,22:** *a* 2. Kön 17,29-41; *b* Jes 2,3 **4,24:** *a* 2. Kor 3,17; *b* Röm 12,1 **4,25:** *a* Kap 1,41 **4,34:** *a* Kap 6,38; *b* Kap 17,4 **4,35:** *a* Mt 9,37 **4,42:** *a* Apg 8,5-8

erkannt: **Dieser ist wahrlich der Welt
Heiland.**

Heilung des Sohnes eines königlichen Beamten

(Mt 8,5-13; Lk 7,1-10)

43 Aber nach zwei Tagen ging er von dort
weiter [a]nach Galiläa. 44 Denn er selber,
Jesus, bezeugte, dass ein Prophet daheim
nichts gilt.[a] 45 Als er nun nach Galiläa
kam, nahmen ihn die Galiläer auf, die
[a]alles gesehen hatten, was er in Jeru-
salem auf dem Fest getan hatte; denn sie
waren auch zum Fest gekommen.

46 Und Jesus kam abermals nach Kana
in Galiläa, [a]wo er das Wasser zu Wein
gemacht hatte. Und es war ein Mann im
Dienst des Königs; dessen Sohn lag
krank in Kapernaum. 47 Dieser hörte,
dass Jesus aus Judäa nach Galiläa kam,
und ging hin zu ihm und bat ihn, herab-
zukommen und seinem Sohn zu helfen;
denn der war todkrank. 48 Und Jesus
sprach zu ihm: Wenn ihr nicht Zeichen
und Wunder seht, so glaubt ihr nicht.[a]

49 Der Mann sprach zu ihm: Herr,
komm herab, ehe mein Kind stirbt! 50 Je-
sus spricht zu ihm: Geh hin, dein Sohn
lebt! Der Mensch glaubte dem Wort, das
Jesus zu ihm sagte, und ging hin. 51 Und
während er hinabging, begegneten ihm
seine Knechte und sagten: Dein Kind
lebt. 52 Da erforschte er von ihnen die
Stunde, in der es besser mit ihm gewor-
den war. Und sie antworteten ihm: Ges-
tern um die siebente Stunde verließ ihn
das Fieber. 53 Da merkte der Vater, dass
es die Stunde war, in der Jesus zu ihm
gesagt hatte: Dein Sohn lebt. Und er
glaubte mit seinem ganzen Hause.

54 Das ist nun [a]das zweite Zeichen, das
Jesus tat, als er aus Judäa nach Galiläa
kam.

Die Heilung eines Kranken am Teich Betesda

5 Danach war ein Fest der Juden, und
Jesus zog hinauf nach Jerusalem.[a]
2 Es ist aber in Jerusalem beim [a]Schaftor
ein Teich, der heißt auf Hebräisch Be-
tesda. Dort sind fünf Hallen; 3 in denen
lagen viele Kranke, Blinde, Lahme, Aus-
gezehrte.*

5 Es war aber dort ein Mensch, der lag
achtunddreißig Jahre krank. 6 Als Jesus
den liegen sah und vernahm, dass er
schon so lange gelegen hatte, spricht er
zu ihm: Willst du gesund werden? 7 Der
Kranke antwortete ihm: Herr, ich habe
keinen Menschen, der mich in den Teich
bringt, wenn das Wasser sich bewegt;
wenn ich aber hinkomme, so steigt ein
anderer vor mir hinein. 8 Jesus spricht zu
ihm: Steh auf, nimm dein Bett und geh
hin! 9 Und sogleich wurde der Mensch
gesund und nahm sein Bett und ging hin.

Es war aber an dem Tag Sabbat. 10 Da
sprachen die Juden zu dem, der gesund
geworden war: Es ist heute Sabbat; du
darfst dein Bett nicht tragen.[a] 11 Er ant-
wortete ihnen: Der mich gesund gemacht
hat, sprach zu mir: Nimm dein Bett und
geh hin! 12 Da fragten sie ihn: Wer ist der
Mensch, der zu dir gesagt hat: Nimm
dein Bett und geh hin? 13 Der aber ge-
sund geworden war, wusste nicht, wer es
war; denn Jesus war entwichen, da so viel
Volk an dem Ort war.

14 Danach fand ihn Jesus im Tempel
und sprach zu ihm: Siehe, du bist gesund
geworden; [a]sündige hinfort nicht mehr,
dass dir nicht etwas Schlimmeres wider-
fahre. 15 Der Mensch ging hin und be-
richtete den Juden, es sei Jesus, der ihn
gesund gemacht habe. 16 Darum verfolg-
ten die Juden Jesus, weil er dies am Sab-
bat getan hatte.[a] 17 Jesus aber antwortete
ihnen: Mein Vater wirkt bis auf diesen
Tag, und [a]ich wirke auch. 18 Darum
[a]trachteten die Juden noch viel mehr da-
nach, ihn zu töten, weil er nicht allein
den Sabbat brach, sondern auch sagte,
Gott sei sein Vater, und machte sich
selbst Gott gleich.

Die Vollmacht des Sohnes

19 Da antwortete Jesus und sprach zu ih-
nen: Wahrlich, wahrlich, ich sage euch:

* Die Verse 3b und 4 finden sich erst in der späteren Überlieferung: »Sie warteten darauf, dass sich das Wasser bewegte. 4 Denn der Engel des Herrn fuhr von Zeit zu Zeit herab in den Teich und bewegte das Wasser. Wer nun zuerst hineinstieg, nachdem sich das Wasser bewegt hatte, der wurde gesund, an welcher Krankheit er auch litt.«

4,43: *a* Mt 4,12 **4,44:** *a* Mt 13,57 **4,45:** *a* Kap 2,23 **4,46:** *a* Kap 2,1.9 **4,48:** *a* Kap 2,18; 1.Kor 1,22 **4,54:** *a* Kap 2,11 **5,1:** *a* Kap 2,13 **5,2:** *a* Neh 3,1 **5,10:** *a* 2.Mose 20,10; Jer 17,21-22 **5,14:** *a* Kap 8,11 **5,16:** *a* Mt 12,14 **5,17:** *a* Kap 9,4 **5,18:** *a* Kap 7,30; 10,33

Der Sohn kann nichts von sich aus tun,
sondern nur, [a]was er den Vater tun sieht;
denn was dieser tut, das tut gleicherweise
auch der Sohn. 20 Denn [a]der Vater hat
den Sohn lieb und zeigt ihm alles, was er
tut, und wird ihm noch größere Werke
zeigen, sodass ihr euch verwundern wer-
det. 21 Denn wie der Vater die Toten auf-
erweckt und macht sie lebendig, so
macht auch der Sohn lebendig, welche er
will. 22 [a]Denn der Vater richtet niemand,
sondern [b]hat alles Gericht dem Sohn
übergeben, 23 damit sie [a]alle den Sohn
ehren, wie sie den Vater ehren. [b]Wer den
Sohn nicht ehrt, der ehrt den Vater nicht,
der ihn gesandt hat.

24 Wahrlich, wahrlich, ich sage euch:
**Wer mein Wort hört und glaubt dem, der
mich gesandt hat, der hat das ewige Leben
und kommt nicht in das Gericht, sondern
er ist vom Tode zum Leben hindurchge-
drungen.**[a] 25 Wahrlich, wahrlich, ich sage
euch: Es kommt die Stunde und [a]ist
schon jetzt, dass die Toten hören werden
die Stimme des Sohnes Gottes, und die
sie hören werden, die werden leben.
26 Denn wie der Vater das Leben hat in
sich selber, so hat er auch dem Sohn
gegeben, das Leben zu haben in sich sel-
ber;[a] 27 und er hat ihm Vollmacht gege-
ben, das Gericht zu halten, weil er [a]der
Menschensohn ist. 28 Wundert euch dar-
über nicht. Denn **es kommt die Stunde, in
der alle, die in den Gräbern sind, seine
Stimme hören werden 29 und werden her-
vorgehen, die Gutes getan haben, zur Auf-
erstehung des Lebens, die aber Böses
getan haben, zur Auferstehung des Ge-
richts.**[a]

30 Ich kann nichts von mir aus tun.
Wie ich höre, so richte ich und mein
Gericht ist gerecht; denn [a]ich suche
nicht meinen Willen, sondern den Willen
dessen, der mich gesandt hat.

Das Zeugnis für den Sohn

31 Wenn ich von mir selbst zeuge, so ist
mein Zeugnis nicht wahr. 32 Ein anderer
ist's, der von mir zeugt; und ich weiß,
dass das Zeugnis wahr ist, das er von mir
gibt. 33 Ihr habt zu Johannes geschickt,
und er hat die Wahrheit bezeugt.[a] 34 Ich
aber nehme nicht Zeugnis von einem
Menschen; sondern ich sage das, damit
ihr selig werdet. 35 Er war ein brennendes
und scheinendes Licht; ihr aber wolltet
eine kleine Weile fröhlich sein in seinem
Licht. 36 Ich aber habe ein größeres Zeug-
nis als das des Johannes; denn [a]die
Werke, die mir der Vater gegeben hat,
damit ich sie vollende, eben diese Werke,
die ich tue, bezeugen von mir, dass mich
der Vater gesandt hat. 37 Und der Vater,
der mich gesandt hat, hat von mir Zeug-
nis gegeben.

Ihr habt niemals [a]seine Stimme gehört
noch seine Gestalt gesehen 38 und sein
Wort habt ihr nicht in euch wohnen;
denn ihr glaubt dem nicht, den er ge-
sandt hat. 39 Ihr sucht in der Schrift,
denn ihr meint, ihr habt das ewige Leben
darin; und sie ist's, die von mir zeugt;[a]
40 aber ihr wollt nicht zu mir kommen,
dass ihr das Leben hättet.

41 Ich nehme nicht Ehre von Men-
schen; 42 aber ich kenne euch, dass ihr
nicht Gottes Liebe in euch habt. 43 Ich
bin gekommen in meines Vaters Namen
und ihr nehmt mich nicht an. Wenn ein
anderer kommen wird in seinem eigenen
Namen, den werdet ihr annehmen.[a]
44 Wie könnt ihr glauben, [a]die ihr Ehre
voneinander annehmt, und die Ehre, die
von dem alleinigen Gott ist, sucht ihr
nicht?

45 Ihr sollt nicht meinen, dass ich euch
vor dem Vater verklagen werde; [a]es ist
einer, der euch verklagt: Mose, auf den
ihr hofft. 46 Wenn ihr Mose glaubtet, so
glaubtet ihr auch mir; denn [a]er hat von
mir geschrieben. 47 Wenn ihr aber seinen
Schriften nicht glaubt, wie werdet ihr
meinen Worten glauben?[a]

Die Speisung der Fünftausend

(Mt 14,13-21; Mk 6,30-44; Lk 9,10-17)

6 Danach fuhr Jesus weg über das Ga-
liläische Meer, das auch See von Ti-
berias heißt. 2 Und es zog ihm viel Volk
nach, weil sie die Zeichen sahen, die er

5,19: *a* Kap 3,11.32 **5,20:** *a* Kap 3,35 **5,22:** *a (22-23)* Dan 7,13-14; *b* Apg 10,42 **5,23:** *a* Phil 2,10-11; *b* 1.Joh 2,23 **5,24:** *a* Kap 3,16.18 **5,25:** *a* Eph 2,5-6 **5,26:** *a* Kap 1,1-4 **5,27:** *a* Dan 7,13-14 **5,29:** *a* Dan 12,2; Mt 25,46; 2.Kor 5,10 **5,30:** *a* Kap 6,38 **5,33:** *a* Kap 1,19-34 **5,36:** *a* Kap 3,2; 10,25.38 **5,37:** *a* Mt 3,17 **5,39:** *a* Lk 24,27.44; 2.Tim 3,15-17 **5,43:** *a* Mt 24,5 **5,44:** *a* Kap 12,42-43; 1.Thess 2,6 **5,45:** *a* 5.Mose 31,24-27 **5,46:** *a* 1.Mose 3,15; 49,10; 5.Mose 18,15 **5,47:** *a* Lk 16,31

an den Kranken tat. 3Jesus aber ging auf
einen Berg und setzte sich dort mit seinen
Jüngern. 4Es war aber kurz vor dem
Passa, dem Fest der Juden.[a]
5Da hob Jesus seine Augen auf und
sieht, dass viel Volk zu ihm kommt, und
spricht zu Philippus: Wo kaufen wir
Brot, damit diese zu essen haben? 6Das
sagte er aber, um ihn zu prüfen; denn er
wusste wohl, was er tun wollte. 7Phil-
ippus antwortete ihm: Für zweihundert
Silbergroschen Brot ist nicht genug für
sie, dass jeder ein wenig bekomme.
8Spricht zu ihm einer seiner Jünger, An-
dreas, der Bruder des Simon Petrus: 9Es
ist ein Kind hier, das hat fünf Gersten-
brote und zwei Fische; aber was ist das
für so viele? 10Jesus aber sprach: Lasst
die Leute sich lagern. Es war aber viel
Gras an dem Ort. Da lagerten sich etwa
fünftausend Männer.
11Jesus aber nahm die Brote, dankte
und gab sie denen, die sich gelagert hat-
ten; desgleichen auch von den Fischen,
so viel sie wollten. 12Als sie aber satt
waren, sprach er zu seinen Jüngern: Sam-
melt die übrigen Brocken, damit nichts
umkommt. 13Da sammelten sie und füll-
ten von den fünf Gerstenbroten zwölf
Körbe mit Brocken, die denen übrig blie-
ben, die gespeist worden waren.
14Als nun die Menschen das Zeichen
sahen, das Jesus tat, sprachen sie: Das ist
wahrlich [a]der Prophet, der in die Welt
kommen soll. 15Als Jesus nun merkte,
dass sie kommen würden und ihn er-
greifen, [a]um ihn zum König zu machen,
entwich er wieder auf den Berg, er selbst
allein.

Jesus auf dem See

(Mt 14,22-33; Mk 6,45-52)

16Am Abend aber gingen seine Jünger
hinab an den See, 17stiegen in ein Boot
und fuhren über den See nach Kaper-
naum. Und es war schon finster gewor-
den und Jesus war noch nicht zu ihnen
gekommen. 18Und der See wurde aufge-
wühlt von einem starken Wind. 19Als sie
nun etwa eine Stunde gerudert hatten,
sahen sie Jesus auf dem See gehen und
nahe an das Boot kommen; und sie
fürchteten sich. 20Er aber sprach zu ih-
nen: Ich bin's; fürchtet euch nicht! 21Da
wollten sie ihn ins Boot nehmen; und
sogleich war das Boot am Land, wohin
sie fahren wollten.

Jesus das Brot des Lebens

22Am nächsten Tag sah das Volk, das am
andern Ufer des Sees stand, dass kein
anderes Boot da war als das eine und
dass Jesus nicht mit seinen Jüngern in
das Boot gestiegen war, sondern seine
Jünger waren allein weggefahren. 23Es
kamen aber andere Boote von Tiberias
nahe an den Ort, wo sie das Brot ge-
gessen hatten unter der Danksagung des
Herrn. 24Als nun das Volk sah, dass Je-
sus nicht da war und seine Jünger auch
nicht, stiegen sie in die Boote und fuhren
nach Kapernaum und suchten Jesus.
25Und als sie ihn fanden am andern Ufer
des Sees, fragten sie ihn: Rabbi, wann
bist du hergekommen? 26Jesus antwortete
ihnen und sprach: Wahrlich, wahrlich,
ich sage euch: Ihr sucht mich nicht, weil
ihr Zeichen gesehen habt, sondern weil
ihr von dem Brot gegessen habt und satt
geworden seid. 27Schafft euch Speise, die
nicht vergänglich ist, sondern die bleibt
zum ewigen Leben. Die wird euch der
Menschensohn geben; denn [a]auf dem ist
das Siegel Gottes des Vaters.
28Da fragten sie ihn: Was sollen wir
tun, dass wir Gottes Werke wirken? 29Je-
sus antwortete und sprach zu ihnen: **Das
ist Gottes Werk, dass ihr an den glaubt,
den er gesandt hat.** 30Da sprachen sie zu
ihm: Was tust du für ein Zeichen, damit
wir sehen und dir glauben? Was für ein
Werk tust du? 31Unsre Väter haben in
der Wüste das Manna gegessen, wie ge-
schrieben steht (Psalm 78,24): »Er gab
ihnen Brot vom Himmel zu essen.«[a]
32Da sprach Jesus zu ihnen: Wahrlich,
wahrlich, ich sage euch: Nicht Mose hat
euch das Brot vom Himmel gegeben,
sondern mein Vater gibt euch das wahre
Brot vom Himmel. 33Denn Gottes Brot
ist das, das vom Himmel kommt und gibt
der Welt das Leben. 34Da sprachen sie zu
ihm: Herr, gib uns allezeit solches Brot.
35Jesus aber sprach zu ihnen: **Ich bin
das Brot des Lebens. Wer zu mir kommt,**

6,4: *a* Kap 2,13; 11,55 **6,14:** *a* 5. Mose 18,15 **6,15:** *a* Kap 18,36 **6,27:** *a* Kap 5,36 **6,31:** *a* 2. Mose 16,13-15

den wird nicht hungern; und wer an mich
glaubt, den wird nimmermehr dürsten.[a]
36 Aber ich habe euch gesagt: Ihr habt
mich gesehen und glaubt doch nicht.
37 Alles, was mir mein Vater gibt, das
kommt zu mir; und [a]**wer zu mir kommt,**
den werde ich nicht hinausstoßen. 38 Denn
ich bin vom Himmel gekommen, nicht
damit ich meinen Willen tue, sondern
[a]den Willen dessen, der mich gesandt
hat. 39 Das ist aber der Wille dessen, der
mich gesandt hat, [a]dass ich nichts ver-
liere von allem, was er mir gegeben hat,
sondern dass ich's auferwecke am Jüngs-
ten Tage. 40 Denn das ist der Wille meines
Vaters, dass, wer den Sohn sieht und
glaubt an ihn, das ewige Leben habe; und
[a]ich werde ihn auferwecken am Jüngsten
Tage.

41 Da murrten die Juden über ihn, weil
er sagte: Ich bin das Brot, das vom Him-
mel gekommen ist, 42 und sprachen: Ist
dieser nicht Jesus, [a]Josefs Sohn, dessen
Vater und Mutter wir kennen? Wieso
spricht er dann: Ich bin vom Himmel ge-
kommen? 43 Jesus antwortete und sprach
zu ihnen: Murrt nicht untereinander.
44 Es kann niemand zu mir kommen, es
sei denn, ihn ziehe der Vater, der mich
gesandt hat, und ich werde ihn auferwe-
cken am Jüngsten Tage. 45 Es steht geschrie-
ben in den Propheten (Jesaja 54,13): »Sie
werden alle von Gott gelehrt sein.« Wer es
vom Vater hört und lernt, der kommt zu
mir. 46 Nicht als ob jemand den Vater ge-
sehen hätte außer dem, der von Gott
gekommen ist; der hat den Vater gese-
hen.[a] 47 Wahrlich, wahrlich, ich sage euch:
Wer glaubt, der hat das ewige Leben.[a]

48 Ich bin das Brot des Lebens.[a]
49 Eure Väter haben in der Wüste das
Manna gegessen und sind gestorben.[a]
50 Dies ist das Brot, das vom Himmel
kommt, damit, wer davon isst, nicht
sterbe. 51 Ich bin das lebendige Brot, das
vom Himmel gekommen ist. Wer von
diesem Brot isst, der wird leben in Ewig-
keit. Und [a]dieses Brot ist mein Fleisch,
das ich geben werde für das Leben der
Welt.

52 Da stritten die Juden untereinander
und sagten: Wie kann der uns sein
Fleisch zu essen geben? 53 Jesus sprach zu
ihnen: Wahrlich, wahrlich, ich sage euch:
Wenn ihr nicht das Fleisch des Men-
schensohns esst und sein Blut trinkt, so
habt ihr kein Leben in euch. 54 Wer
[a]mein Fleisch isst und mein Blut trinkt,
der hat das ewige Leben, und ich werde
ihn am Jüngsten Tage auferwecken.
55 Denn mein Fleisch ist die wahre Speise,
und mein Blut ist der wahre Trank.
56 Wer mein Fleisch isst und mein Blut
trinkt, der [a]bleibt in mir und ich in ihm.
57 Wie mich der lebendige Vater gesandt
hat und ich lebe um des Vaters willen, so
wird auch, wer mich isst, leben um mei-
netwillen. 58 Dies ist das Brot, das vom
Himmel gekommen ist. Es ist nicht wie
bei den Vätern, die gegessen haben und
gestorben sind. Wer dies Brot isst, der
wird leben in Ewigkeit.

59 Das sagte er in der Synagoge, als er
in Kapernaum lehrte.

Scheidung unter den Jüngern

60 Viele nun seiner Jünger, die das hörten,
sprachen: Das ist eine harte Rede; wer
kann sie hören? 61 Da Jesus aber bei sich
selbst merkte, dass seine Jünger darüber
murrten, sprach er zu ihnen: Ärgert euch
das? 62 Wie, wenn ihr nun sehen werdet
den Menschensohn [a]auffahren dahin,
wo er zuvor war? 63 [a]Der Geist ist's, der
lebendig macht; das Fleisch* ist nichts
nütze. Die Worte, die ich zu euch geredet
habe, die sind Geist und sind Leben.
64 Aber es gibt einige unter euch, die
glauben nicht. Denn Jesus wusste von
Anfang an, wer die waren, die nicht
glaubten, und wer ihn verraten würde.
65 Und er sprach: Darum habe ich euch
gesagt: Niemand kann zu mir kommen,
es sei ihm denn vom Vater gegeben.

Das Bekenntnis des Petrus

66 Von da an wandten sich viele seiner
Jünger ab und gingen hinfort nicht mehr
mit ihm. 67 Da fragte Jesus die Zwölf:
Wollt ihr auch weggehen? 68 Da ant-

* Siehe Sach- und Worterklärungen.

6,35: *a* Kap 4,14; 7,37 **6,37:** *a* Mt 11,28 **6,38:** *a* Kap 4,34 **6,39:** *a* Kap 10,28-29; 17,12 **6,40:** *a* Kap 5,29; 11,24 **6,42:** *a* Lk 4,22 **6,46:** *a* Kap 1,18 **6,47:** *a* Kap 3,16 **6,48:** *a* Vers 35 **6,49:** *a* 1.Kor 10,3-5 **6,51:** *a* Mk 14,22 **6,54:** *a* Mt 26,26-28 **6,56:** *a* Kap 15,4; 1.Joh 3,24 **6,62:** *a* Lk 24,50-51 **6,63:** *a* Kap 3,6; 2.Kor 3,6

wortete ihm Simon Petrus: **Herr, wohin
sollen wir gehen? Du hast Worte des ewi-
gen Lebens; 69 und wir haben geglaubt und
erkannt: Du bist der Heilige Gottes.**[a]

70 Jesus antwortete ihnen: Habe ich
nicht euch Zwölf erwählt? Und einer von
euch ist ein Teufel. 71 Er redete aber von
Judas, dem Sohn des Simon Iskariot.
Der verriet ihn hernach und war einer
der Zwölf.

Die Reise zum Laubhüttenfest

7 Danach zog Jesus umher in [a]Galiläa;
denn er wollte nicht in Judäa umher-
ziehen, weil ihm die Juden nach dem Le-
ben trachteten. 2 Es war aber nahe das
[a]Laubhüttenfest der Juden. 3 Da spra-
chen seine [a]Brüder zu ihm: Mach dich
auf von hier und geh nach Judäa, damit
auch deine Jünger die Werke sehen, die
du tust. 4 Niemand tut etwas im Verbor-
genen und will doch öffentlich etwas gel-
ten. Willst du das, so offenbare dich vor
der Welt. 5 Denn auch seine Brüder
glaubten nicht an ihn.

6 Da spricht Jesus zu ihnen: [a]Meine
Zeit ist noch nicht da, eure Zeit ist alle-
wege. 7 Die Welt kann euch nicht hassen.
[a]Mich aber hasst sie, denn ich bezeuge
von ihr, dass ihre Werke böse sind. 8 Geht
ihr hinauf zum Fest! Ich will nicht hin-
aufgehen zu diesem Fest, denn meine
Zeit ist noch nicht erfüllt. 9 Das sagte er
und blieb in Galiläa.

10 Als aber seine Brüder hinaufgegan-
gen waren zum Fest, da ging auch er
hinauf, nicht öffentlich, sondern heim-
lich.[a] 11 Da suchten ihn die Juden auf
dem Fest und fragten: Wo ist er? 12 Und
es war ein großes Gemurmel über ihn im
Volk. Einige sprachen: Er ist gut; andere
aber sprachen: Nein, sondern er verführt
das Volk. 13 Niemand aber redete offen
über ihn [a]aus Furcht vor den Juden.

Jesus auf dem Fest

14 Aber mitten im Fest ging Jesus hinauf
in den Tempel und lehrte. 15 Und die Ju-
den verwunderten sich und sprachen:
Wie kann dieser die Schrift verstehen,
wenn er es doch nicht gelernt hat?[a] 16 Je-
sus antwortete ihnen und sprach: **Meine
Lehre ist nicht von mir, sondern von dem,
der mich gesandt hat. 17 Wenn jemand des-
sen Willen tun will, wird er innewerden, ob
diese Lehre von Gott ist oder ob ich von
mir selbst aus rede. 18** Wer von sich selbst
aus redet, der [a]sucht seine eigene Ehre;
wer aber die Ehre dessen sucht, der ihn
gesandt hat, der ist wahrhaftig, und keine
Ungerechtigkeit ist in ihm.

19 Hat euch nicht Mose das Gesetz
gegeben? Und [a]niemand unter euch tut
das Gesetz. [b]Warum sucht ihr mich zu
töten? 20 Das Volk antwortete: [a]Du bist
besessen; wer sucht dich zu töten? 21 Jesus
antwortete und sprach zu ihnen: Ein ein-
ziges Werk habe ich getan und es wun-
dert euch alle.[a] 22 Mose hat euch doch
die [a]Beschneidung gegeben – nicht dass
sie von Mose kommt, sondern von den
Vätern –, und ihr beschneidet den Men-
schen auch am Sabbat. 23 Wenn nun ein
Mensch am Sabbat die Beschneidung
empfängt, damit nicht das Gesetz des
Mose gebrochen werde, was zürnt ihr
dann mir, weil ich am Sabbat den ganzen
Menschen gesund gemacht habe? 24 Rich-
tet nicht nach dem, was vor Augen ist,
sondern richtet gerecht.

25 Da sprachen einige aus Jerusalem:
Ist das nicht der, den sie zu töten suchen?
26 Und siehe, er redet frei und offen und
sie sagen ihm nichts. Sollten unsere Obe-
ren nun wahrhaftig erkannt haben, dass
er der Christus ist? 27 Doch wir wissen,
woher dieser ist; wenn aber der Christus
kommen wird, so wird niemand wissen,
woher er ist.[a] 28 Da rief Jesus, der im
Tempel lehrte: Ihr kennt mich und wisst,
woher ich bin. Aber nicht von mir selbst
aus bin ich gekommen, sondern es ist ein
Wahrhaftiger, der mich gesandt hat, den
ihr nicht kennt. 29 [a]Ich aber kenne ihn;
denn ich bin von ihm, und er hat mich
gesandt. 30 Da suchten sie ihn zu ergrei-
fen; aber niemand legte Hand an ihn,
denn seine Stunde war noch nicht ge-
kommen.[a] 31 Aber viele aus dem Volk
glaubten an ihn und sprachen: Wenn der
Christus kommen wird, wird er etwa
mehr Zeichen tun, als dieser getan hat?

6,69: *a* Mt 16,16 **7,1:** *a* Kap 4,43 **7,2:** *a* 3. Mose 23,34-36 **7,3:** *a* Kap 2,12; Mt 12,46; Apg 1,14 **7,6:** *a* Kap 2,4 **7,7:** *a* Kap 15,18 **7,10:** *a* Kap 2,13 **7,13:** *a* Kap 9,22; 12,42; 19,38 **7,15:** *a* Mt 13,56 **7,18:** *a* Kap 5,41.44 **7,19:** *a* Röm 2,17-24; *b* Kap 5,16.18 **7,20:** *a* Kap 10,20 **7,21:** *a* Kap 5,16 **7,22:** *a* 1. Mose 17,10-12; 3. Mose 12,3 **7,27:** *a* Hebr 7,3 **7,29:** *a* Mt 11,27 **7,30:** *a* Kap 8,20; Lk 22,53

32 Und es kam den Pharisäern zu Oh-
ren, dass im Volk solches Gemurmel
über ihn war. Da sandten die Hohen-
priester und Pharisäer Knechte aus, die
ihn ergreifen sollten. 33 Da sprach Jesus
zu ihnen: [a]Ich bin noch eine kleine Zeit
bei euch, und dann gehe ich hin zu dem,
der mich gesandt hat. 34 [a]Ihr werdet
mich suchen und nicht finden; und wo
ich bin, könnt ihr nicht hinkommen.
35 Da sprachen die Juden untereinander:
Wo will dieser hingehen, dass wir ihn
nicht finden könnten? Will er zu denen
gehen, die in der Zerstreuung unter den
Griechen wohnen, und die Griechen leh-
ren? 36 Was ist das für ein Wort, dass er
sagt: Ihr werdet mich suchen und nicht
finden; und wo ich bin, da könnt ihr
nicht hinkommen?

37 Aber [a]am letzten Tag des Festes,
der der höchste war, trat Jesus auf und
rief: [b]Wen da dürstet, der komme zu mir
und trinke! 38 **Wer an mich glaubt,** [a]**wie**
die Schrift sagt, von dessen Leib werden
Ströme lebendigen Wassers fließen. 39 Das
sagte er aber von dem Geist, den die
empfangen sollten, die an ihn glaubten;
denn [a]der Geist war noch nicht da; denn
Jesus war noch nicht verherrlicht.

Zwiespalt im Volk

40 Einige nun aus dem Volk, die diese
Worte hörten, sprachen: [a]Dieser ist
wahrhaftig der Prophet. 41 Andere spra-
chen: Er ist der Christus. Wieder andere
sprachen: [a]Soll der Christus aus Galiläa
kommen? 42 Sagt nicht die Schrift: [a]Aus
dem Geschlecht Davids und [b]aus dem
Ort Bethlehem, wo David war, soll der
Christus kommen? 43 So entstand seinet-
wegen Zwietracht im Volk.[a] 44 Es wollten
aber einige ihn ergreifen; aber niemand
legte Hand an ihn.

45 Die Knechte kamen zu den Hohen-
priestern und Pharisäern; und die fragten
sie: Warum habt ihr ihn nicht gebracht?
46 Die Knechte antworteten: Noch nie
hat ein Mensch [a]so geredet wie dieser.
47 Da antworteten ihnen die Pharisäer:
Habt ihr euch auch verführen lassen?
48 Glaubt denn einer von den Oberen
oder Pharisäern an ihn? 49 Nur das Volk
tut's, das nichts vom Gesetz weiß; ver-
flucht ist es. 50 Spricht zu ihnen [a]Nikode-
mus, der vormals zu ihm gekommen war
und der einer von ihnen war: 51 Richtet
denn unser Gesetz einen Menschen, ehe
man ihn verhört und erkannt hat, was er
tut?[a] 52 Sie antworteten und sprachen zu
ihm: Bist du auch ein Galiläer? Forsche
und sieh: Aus Galiläa steht kein Prophet
auf.

Jesus und die Ehebrecherin

53 Und jeder ging heim.*
8 Jesus aber ging zum Ölberg. 2 Und
frühmorgens kam er wieder in den
Tempel, und alles Volk kam zu ihm, und
er setzte sich und lehrte sie.

3 Aber die Schriftgelehrten und Phari-
säer brachten eine Frau, beim Ehebruch
ergriffen, und stellten sie in die Mitte
4 und sprachen zu ihm: Meister, diese
Frau ist auf frischer Tat beim Ehebruch
ergriffen worden. 5 [a]Mose aber hat uns
im Gesetz geboten, solche Frauen zu stei-
nigen. Was sagst du? 6 Das sagten sie
aber, ihn zu versuchen, damit sie ihn ver-
klagen könnten. Aber Jesus bückte sich
und schrieb mit dem Finger auf die Erde.
7 Als sie nun fortfuhren, ihn zu fragen,
richtete er sich auf und sprach zu ihnen:
[a]**Wer unter euch ohne Sünde ist, der werfe**
den ersten Stein auf sie. 8 Und er bückte
sich wieder und schrieb auf die Erde.
9 Als sie aber das hörten, gingen sie weg,
einer nach dem andern, die Ältesten zu-
erst; und Jesus blieb allein mit der Frau,
die in der Mitte stand.

10 Jesus aber richtete sich auf und
fragte sie: Wo sind sie, Frau? Hat dich
niemand verdammt? 11 Sie antwortete:
Niemand, Herr. Und Jesus sprach: So
verdamme ich dich auch nicht; geh hin
und [a]sündige hinfort nicht mehr.

Jesus das Licht der Welt

12 Da redete Jesus abermals zu ihnen und
sprach: **Ich bin das** [a]**Licht der Welt. Wer**

* Der Bericht 7,53–8,11 ist in den ältesten Textzeugen des Johannes-Evangeliums nicht enthalten.

7,33: *a* Kap 13,33 **7,34:** *a* Kap 8,21 **7,37:** *a* 3. Mose 23,36; *b* Kap 4,10; Jes 55,1; Offb 22,17 **7,38:** *a* Jes 58,11 **7,39:** *a* Kap 16,7 **7,40:** *a* Kap 6,14 **7,41:** *a* Kap 1,46 **7,42:** *a* Mt 22,42; *b* Mi 5,1; Mt 2,5-6 **7,43:** *a* Kap 9,16 **7,46:** *a* Mt 7,28-29 **7,50:** *a* Kap 3,1-2 **7,51:** *a* 5. Mose 1,16 **8,5:** *a* 3. Mose 20,10 **8,7:** *a* Röm 2,1 **8,11:** *a* Kap 5,14 **8,12:** *a* Kap 1,5.9; Jes 49,6; 60,20; Mt 5,14-16

**mir nachfolgt, der wird nicht wandeln in
der Finsternis, sondern wird das Licht des
Lebens haben.**
13 Da sprachen die Pharisäer zu ihm:
Du gibst Zeugnis von dir selbst; dein
Zeugnis ist nicht wahr. 14 Jesus ant-
wortete und sprach zu ihnen: Auch
[a]wenn ich von mir selbst zeuge, ist mein
Zeugnis wahr; denn [b]ich weiß, woher ich
gekommen bin und wohin ich gehe; ihr
aber wisst nicht, woher ich komme oder
wohin ich gehe. 15 Ihr richtet nach dem
Fleisch*, [a]ich richte niemand. 16 Wenn
ich aber richte, so ist mein Richten ge-
recht; denn ich bin's nicht allein, sondern
ich und der Vater, der mich gesandt hat.
17 Auch steht in eurem Gesetz geschrie-
ben, dass zweier Menschen Zeugnis wahr
sei.[a] 18 Ich bin's, der von sich selbst
zeugt; und der Vater, der mich gesandt
hat, zeugt auch von mir. 19 Da fragten sie
ihn: Wo ist dein Vater? Jesus antwortete:
Ihr kennt weder mich noch meinen Vater;
[a]wenn ihr mich kenntet, so kenntet ihr
auch meinen Vater.
20 Diese Worte redete Jesus an dem
Gotteskasten, als er lehrte im Tempel;
[a]und niemand ergriff ihn, denn seine
Stunde war noch nicht gekommen.

Jesu Weg zur Erhöhung

21 [a]Da sprach Jesus abermals zu ihnen:
Ich gehe hinweg und ihr werdet mich
suchen und in eurer Sünde sterben. Wo
ich hingehe, da könnt ihr nicht hinkom-
men. 22 Da sprachen die Juden: Will er
sich denn selbst töten, dass er sagt: Wo-
hin ich gehe, da könnt ihr nicht hin-
kommen? 23 Und er sprach zu ihnen: Ihr
seid von unten her, ich bin [a]von oben
her; ihr seid von dieser Welt, ich bin nicht
von dieser Welt. 24 Darum habe ich euch
gesagt, dass ihr sterben werdet in euren
Sünden; denn [a]wenn ihr nicht glaubt,
dass ich es bin, werdet ihr sterben in
euren Sünden.
25 Da fragten sie ihn: Wer bist du
denn? Und Jesus sprach zu ihnen: Zuerst
das, was ich euch auch sage. 26 Ich habe
viel von euch zu reden und zu richten.
Aber der mich gesandt hat, ist wahr-
haftig, und was ich von ihm gehört habe,
das rede ich zu der Welt. 27 Sie verstan-
den aber nicht, dass er zu ihnen vom
Vater sprach. 28 Da sprach Jesus zu ih-
nen: [a]Wenn ihr den Menschensohn erhö-
hen werdet, dann werdet ihr erkennen,
dass ich es bin und nichts von mir selber
tue, sondern, wie mich der Vater gelehrt
hat, so rede ich. 29 Und der mich gesandt
hat, ist mit mir. Er lässt mich nicht allein;
denn ich tue allezeit, was ihm gefällt.

Die wahre Freiheit

30 Als er das sagte, glaubten viele an ihn.
31 Da sprach nun Jesus zu den Juden,
die an ihn glaubten: [a]**Wenn ihr bleiben
werdet an meinem Wort, so seid ihr
wahrhaftig meine Jünger 32 und werdet
die Wahrheit erkennen, und die Wahrheit
wird euch frei machen.**
33 Da antworteten sie ihm: [a]Wir sind
Abrahams Kinder und sind niemals je-
mandes Knecht gewesen. Wie sprichst du
dann: Ihr sollt frei werden? 34 Jesus ant-
wortete ihnen und sprach: Wahrlich,
wahrlich, ich sage euch: **Wer Sünde tut,
der ist der Sünde Knecht.** 35 Der Knecht
bleibt nicht ewig im Haus; der Sohn
bleibt ewig. 36 **Wenn euch nun der Sohn
frei macht, so seid ihr wirklich frei.**[a]

Abrahamskinder und Teufelskinder

37 Ich weiß wohl, dass ihr Abrahams Kin-
der seid; aber ihr sucht mich zu töten,
denn mein Wort findet bei euch keinen
Raum. 38 Ich rede, was ich von meinem
Vater gesehen habe; und ihr tut, was ihr
von eurem Vater gehört habt. 39 Sie ant-
worteten und sprachen zu ihm: Abraham
ist unser Vater. Spricht Jesus zu ihnen:
Wenn ihr Abrahams Kinder wärt, so tä-
tet ihr Abrahams Werke. 40 Nun aber
sucht ihr mich zu töten, einen Menschen,
der euch die Wahrheit gesagt hat, wie ich
sie von Gott gehört habe. Das hat Ab-
raham nicht getan. 41 Ihr tut die Werke
eures Vaters.
Da sprachen sie zu ihm: Wir sind nicht

* Siehe Sach- und Worterklärungen.

8,14: *a* Kap 5,31; *b* Kap 7,28 **8,15:** *a* Kap 3,17 **8,17:** *a* 5. Mose 19,15 **8,19:** *a* Kap 14,7 **8,20:** *a* Kap 7,30 **8,21:** *a (21-22)* Kap 7,34-35; 13,33 **8,23:** *a* Kap 3,31 **8,24:** *a* Jes 43,10 **8,28:** *a* Kap 3,14; 12,32 **8,31:** *a* Kap 15,7 **8,33:** *a* Mt 3,9 **8,36:** *a* Röm 6,16.18.22

unehelich geboren; wir haben **einen** Va-
ter: Gott. 42 Jesus sprach zu ihnen: Wäre
Gott euer Vater, so liebtet ihr mich; denn
ich bin von Gott ausgegangen und
komme von ihm; denn ich bin nicht von
selbst gekommen, sondern er hat mich
gesandt. 43 Warum versteht ihr denn
meine Sprache nicht? [a]Weil ihr mein
Wort nicht hören könnt! 44 Ihr [a]habt den
Teufel zum Vater, und nach eures Vaters
Gelüste wollt ihr tun. Der ist [b]ein Mör-
der von Anfang an und steht nicht in der
Wahrheit; denn die Wahrheit ist nicht in
ihm. Wenn er Lügen redet, so spricht er
aus dem Eigenen; denn er ist ein Lügner
und der Vater der Lüge. 45 Weil ich aber
die Wahrheit sage, glaubt ihr mir nicht.

Der Streit um Jesu Ehre

46 [a]Wer von euch kann mich einer Sünde
zeihen? Wenn ich aber die Wahrheit sage,
warum glaubt ihr mir nicht? 47 [a]Wer von
Gott ist, der hört Gottes Worte; ihr hört
darum nicht, weil ihr nicht von Gott
seid.

48 Da antworteten die Juden und spra-
chen zu ihm: Sagen wir nicht mit Recht,
dass du ein Samariter bist und [a]einen
bösen Geist hast? 49 Jesus antwortete: Ich
habe keinen bösen Geist, sondern ich
ehre meinen Vater, aber ihr nehmt mir
die Ehre. 50 Ich suche nicht meine Ehre;
es ist aber einer, der sie sucht, und er
richtet. 51 Wahrlich, wahrlich, ich sage
euch: **Wer mein Wort hält, der [a]wird den
Tod nicht sehen in Ewigkeit.**

52 Da sprachen die Juden zu ihm: Nun
erkennen wir, dass du einen bösen Geist
hast. Abraham ist gestorben und die Pro-
pheten, und du sprichst: Wer mein Wort
hält, der wird den Tod nicht schmecken
in Ewigkeit. 53 Bist du mehr als unser
Vater Abraham, der gestorben ist? Und
die Propheten sind gestorben. Was
machst du aus dir selbst? 54 Jesus ant-
wortete: Wenn ich mich selber ehre, so ist
meine Ehre nichts. Es ist aber mein Vater,
der mich ehrt, von dem ihr sagt: [a]Er ist
unser Gott; 55 und [a]ihr kennt ihn nicht;
ich aber kenne ihn. Und wenn ich sagen
wollte: Ich kenne ihn nicht, so würde ich
ein Lügner, wie ihr seid. Aber ich kenne
ihn und halte sein Wort. 56 Abraham,
euer Vater, wurde froh, dass er meinen
Tag sehen sollte, und er sah ihn und
freute sich.

57 Da sprachen die Juden zu ihm: Du
bist noch nicht fünfzig Jahre alt und hast
Abraham gesehen? 58 Jesus sprach zu ih-
nen: Wahrlich, wahrlich, ich sage euch:
[a]Ehe Abraham wurde, bin ich. 59 Da
[a]hoben sie Steine auf, um auf ihn zu
werfen. Aber Jesus verbarg sich und ging
zum Tempel hinaus.

Die Heilung eines Blindgeborenen

9 Und Jesus ging vorüber und sah
einen Menschen, der blind geboren
war. 2 Und seine Jünger fragten ihn und
sprachen: Meister, [a]wer hat gesündigt,
dieser oder seine Eltern, dass er blind
geboren ist? 3 Jesus antwortete: Es hat
weder dieser gesündigt noch seine Eltern,
sondern [a]es sollen die Werke Gottes of-
fenbar werden an ihm. 4 Wir [a]müssen die
Werke dessen wirken, der mich gesandt
hat, solange es Tag ist; [b]es kommt die
Nacht, da niemand wirken kann. 5 So-
lange ich in der Welt bin, bin ich das
[a]Licht der Welt. 6 Als er das gesagt hatte,
spuckte er auf die Erde, machte daraus
einen [a]Brei und strich den Brei auf die
Augen des Blinden. 7 Und er sprach zu
ihm: Geh zum Teich Siloah – das heißt
übersetzt: gesandt – und wasche dich! Da
ging er hin und wusch sich und kam
sehend wieder.

8 Die Nachbarn nun und die, die ihn
früher als Bettler gesehen hatten, spra-
chen: Ist das nicht der Mann, der dasaß
und bettelte? 9 Einige sprachen: Er ist's;
andere: Nein, aber er ist ihm ähnlich. Er
selbst aber sprach: Ich bin's. 10 Da fragten
sie ihn: Wie sind deine Augen aufgetan
worden? 11 Er antwortete: Der Mensch,
der Jesus heißt, machte einen Brei und
strich ihn auf meine Augen und sprach:
Geh zum Teich Siloah und wasche dich!
Ich ging hin und wusch mich und wurde
sehend. 12 Da fragten sie ihn: Wo ist er?
Er antwortete: Ich weiß es nicht.

8,43: *a* 1.Kor 2,14 **8,44:** *a* 1.Joh 3,8-10; *b* 1.Mose 3,4.19 **8,46:** *a* 2.Kor 5,21; 1.Petr 2,22; 1.Joh 3,5; Hebr 4,15 **8,47:** *a* Kap 18,37 **8,48:** *a* Kap 7,20 **8,51:** *a* Kap 6,40.47 **8,54:** *a* Jes 63,16 **8,55:** *a* Kap 7,28-29 **8,58:** *a* Kap 1,1-2 **8,59:** *a* Kap 10,31 **9,2:** *a* Lk 13,2 **9,3:** *a* Kap 11,4 **9,4:** *a* Kap 5,17; *b* Jer 13,16 **9,5:** *a* Kap 8,12; 12,35 **9,6:** *a* Mk 8,23

13 Da führten sie ihn, der vorher blind
gewesen war, zu den Pharisäern. 14 Es
war aber Sabbat an dem Tag, als Jesus
den Brei machte und seine Augen öff-
nete. 15 Da fragten ihn auch die Phari-
säer, wie er sehend geworden wäre. Er
aber sprach zu ihnen: Einen Brei legte er
mir auf die Augen, und ich wusch mich
und bin nun sehend. 16 Da sprachen
einige der Pharisäer: Dieser Mensch ist
nicht von Gott, weil er den Sabbat nicht
hält. Andere aber sprachen: Wie kann
ein sündiger Mensch solche Zeichen tun?
Und es entstand Zwietracht unter ihnen.
17 Da sprachen sie wieder zu dem Blin-
den: Was sagst du von ihm, dass er deine
Augen aufgetan hat? Er aber sprach: Er
ist ein Prophet.

18 Nun glaubten die Juden nicht von
ihm, dass er blind gewesen und sehend
geworden war, bis sie die Eltern dessen
riefen, der sehend geworden war, 19 und
sie fragten sie und sprachen: Ist das euer
Sohn, von dem ihr sagt, er sei blind ge-
boren? Wieso ist er nun sehend? 20 Seine
Eltern antworteten ihnen und sprachen:
Wir wissen, dass dieser unser Sohn ist
und dass er blind geboren ist. 21 Aber
wieso er nun sehend ist, wissen wir nicht,
und wer ihm seine Augen aufgetan hat,
wissen wir auch nicht. Fragt ihn, er ist alt
genug; lasst ihn für sich selbst reden.
22 Das sagten seine Eltern, denn [a]sie
fürchteten sich vor den Juden. Denn die
Juden hatten sich schon geeinigt: wenn
jemand ihn als den Christus bekenne, der
solle [b]aus der Synagoge ausgestoßen
werden. 23 Darum sprachen seine Eltern:
Er ist alt genug, fragt ihn selbst.

24 Da riefen sie noch einmal den Men-
schen, der blind gewesen war, und spra-
chen zu ihm: Gib Gott die Ehre! Wir
wissen, dass dieser Mensch ein Sünder
ist. 25 Er antwortete: Ist er ein Sünder?
Das weiß ich nicht; eins aber weiß ich:
dass ich blind war und bin nun sehend.
26 Da fragten sie ihn: Was hat er mit dir
getan? Wie hat er deine Augen aufgetan?
27 Er antwortete ihnen: Ich habe es euch
schon gesagt und ihr habt's nicht gehört!
Was wollt ihr's abermals hören? Wollt ihr
auch seine Jünger werden? 28 Da schmäh-
ten sie ihn und sprachen: Du bist sein
Jünger; wir aber sind Moses Jünger.
29 Wir wissen, dass Gott mit Mose ge-
redet hat; woher aber dieser ist, wissen
wir nicht.

30 Der Mensch antwortete und sprach
zu ihnen: Das ist verwunderlich, dass ihr
nicht wisst, woher er ist, und er hat
meine Augen aufgetan. 31 Wir wissen,
[a]dass Gott die Sünder nicht erhört; son-
dern [b]den, der gottesfürchtig ist und sei-
nen Willen tut, den erhört er. 32 Von An-
beginn der Welt an hat man nicht gehört,
dass jemand einem Blindgeborenen die
Augen aufgetan habe. 33 Wäre dieser nicht
von Gott, er könnte nichts tun. 34 Sie ant-
worteten und sprachen zu ihm: Du bist
ganz in Sünden geboren und lehrst uns?
Und sie stießen ihn hinaus.

35 Es kam vor Jesus, dass sie ihn ausge-
stoßen hatten. Und als er ihn fand, fragte
er: Glaubst du an den Menschensohn?
36 Er antwortete und sprach: Herr, wer
ist's?, dass ich an ihn glaube. 37 Jesus
sprach zu ihm: Du hast ihn gesehen, und
[a]der mit dir redet, der ist's. 38 Er aber
sprach: Herr, ich glaube, und betete ihn
an.

39 Und Jesus sprach: Ich bin zum Ge-
richt in diese Welt gekommen, damit, die
nicht sehen, sehend werden, und die se-
hen, blind werden.[a] 40 Das hörten einige
der Pharisäer, die bei ihm waren, und
fragten ihn: Sind wir denn auch blind?
41 Jesus sprach zu ihnen: Wärt ihr blind,
so hättet ihr keine Sünde; weil ihr aber
sagt: Wir sind sehend, bleibt eure Sünde.[a]

Der gute Hirte

10 Wahrlich, wahrlich, ich sage euch:
Wer nicht zur Tür hineingeht in den
Schafstall, sondern steigt anderswo hin-
ein, der ist ein Dieb und ein Räuber.
2 Der aber zur Tür hineingeht, der ist der
Hirte der Schafe. 3 Dem macht der Tür-
hüter auf, und die Schafe hören seine
Stimme; und er ruft seine Schafe mit
Namen und führt sie hinaus. 4 Und wenn
er alle seine Schafe hinausgelassen hat,
geht er vor ihnen her, und die Schafe
folgen ihm nach; denn sie kennen seine
Stimme. 5 Einem Fremden aber folgen sie

9,22: *a* Kap 7,13; *b* Kap 12,42 9,31: *a* Ps 66,18; Jes 1,15; *b* Spr 15,29 9,37: *a* Kap 4,26 9,39: *a* Mt 13,11-15 9,41: *a* Kap 15,22

nicht nach, sondern fliehen vor ihm;
denn sie kennen die Stimme der Fremden
nicht. 6Dies Gleichnis sagte Jesus zu ih-
nen; sie verstanden aber nicht, was er
ihnen damit sagte.

7Da sprach Jesus wieder: Wahrlich,
wahrlich, ich sage euch: Ich bin die Tür
zu den Schafen. 8Alle, die vor mir ge-
kommen sind, die sind Diebe und Räu-
ber; aber die Schafe haben ihnen nicht
gehorcht. 9**Ich bin die Tür; wenn jemand
durch mich hineingeht, wird er selig wer-
den** und wird ein und aus gehen und
Weide finden.[a] 10Ein Dieb kommt nur, um
zu stehlen, zu schlachten und umzubrin-
gen. Ich bin gekommen, damit sie das
Leben und volle Genüge haben sollen.

11**Ich bin** [a]**der gute Hirte. Der gute
Hirte** [b]**lässt sein Leben für die Schafe.**
12Der Mietling aber, der nicht Hirte ist,
dem die Schafe nicht gehören, sieht den
Wolf kommen und verlässt die Schafe
und flieht – und der Wolf stürzt sich auf
die Schafe und zerstreut sie –, 13denn er
ist ein Mietling und kümmert sich nicht
um die Schafe. 14**Ich bin der gute Hirte
und** [a]**kenne die Meinen und die Meinen
kennen mich,** 15**wie mich mein Vater kennt
und ich kenne den Vater.** Und ich lasse
mein Leben für die Schafe.

16Und ich habe noch andere Schafe,
die sind nicht aus diesem Stall; auch
sie muss ich herführen, und sie werden
meine Stimme hören, und es wird **eine**
Herde und **ein** Hirte werden.[a] 17Darum
liebt mich mein Vater, weil ich mein Le-
ben lasse, dass ich's wieder nehme. 18Nie-
mand nimmt es von mir, sondern ich
selber lasse es. [a]Ich habe Macht, es zu
lassen, und habe Macht, es wieder zu
nehmen. Dies Gebot habe ich empfangen
von meinem Vater.

19Da entstand abermals Zwietracht
unter den Juden wegen dieser Worte.[a]
20Viele unter ihnen sprachen: [a]Er hat
einen bösen Geist und ist von Sinnen;
was hört ihr ihm zu? 21Andere sprachen:
Das sind nicht Worte eines Besessenen;
kann denn ein böser Geist die Augen der
Blinden auftun?

22Es war damals das Fest der Tempel-
weihe in Jerusalem und es war Winter.
23Und Jesus ging umher im Tempel in
der [a]Halle Salomos. 24Da umringten ihn
die Juden und sprachen zu ihm: Wie
lange hältst du uns im Ungewissen? Bist
du der Christus, so sage es frei heraus.
25Jesus antwortete ihnen: Ich habe es
euch gesagt und ihr glaubt nicht. [a]Die
Werke, die ich tue in meines Vaters Na-
men, die zeugen von mir. 26Aber [a]ihr
glaubt nicht, denn ihr seid nicht von mei-
nen Schafen. 27[a]**Meine Schafe hören
meine Stimme, und ich kenne sie und sie
folgen mir;** 28**und ich gebe ihnen das ewige
Leben, und sie werden nimmermehr um-
kommen, und niemand wird sie aus meiner
Hand reißen.** 29Mein Vater, der mir sie
gegeben hat, ist größer als alles, und nie-
mand kann sie aus des Vaters Hand rei-
ßen. 30**Ich und der Vater sind eins.**

Der Vorwurf der Gotteslästerung

31Da [a]hoben die Juden abermals Steine
auf, um ihn zu steinigen. 32Jesus sprach
zu ihnen: Viele gute Werke habe ich euch
erzeigt vom Vater; um welches dieser
Werke willen wollt ihr mich steinigen?
33Die Juden antworteten ihm und spra-
chen: Um eines guten Werkes willen stei-
nigen wir dich nicht, sondern [a]um der
Gotteslästerung willen, [b]denn du bist ein
Mensch und machst dich selbst zu Gott.

34Jesus antwortete ihnen: Steht nicht
geschrieben in eurem Gesetz (Psalm
82,6): »Ich habe gesagt: Ihr seid Götter«?
35Wenn er **die** Götter nennt, zu denen
das Wort Gottes geschah – und die
Schrift kann doch nicht [a]gebrochen wer-
den –, 36wie sagt ihr dann zu dem, den
der Vater geheiligt und in die Welt ge-
sandt hat: Du lästerst Gott –, weil ich
sage: Ich bin Gottes Sohn?[a] 37Tue ich
nicht die Werke meines Vaters, so glaubt
mir nicht; 38tue ich sie aber, so glaubt
doch den Werken, wenn ihr mir nicht
glauben wollt, damit ihr erkennt und
wisst, dass der Vater in mir ist und ich
in ihm. 39Da [a]suchten sie abermals, ihn
zu ergreifen. Aber [b]er entging ihren
Händen.

10,9: *a* Kap 14,6 **10,11:** *a* Ps 23,1-6; Jes 40,11; Hes 34,11-23; *b* Kap 15,13; Hebr 13,20 **10,14:** *a* 2.Tim 2,19 **10,16:** *a* Kap 11,52; Apg 10,34-35 **10,18:** *a* Kap 5,26 **10,19:** *a* Kap 7,43; 9,16 **10,20:** *a* Kap 7,20; Mk 3,21 **10,23:** *a* Apg 3,11 **10,25:** *a* Kap 5,36 **10,26:** *a* Kap 8,45.47 **10,27:** *a (27-28)* Ps 95,7 **10,31:** *a* Kap 8,59 **10,33:** *a* Mt 9,3; 26,65; *b* Kap 5,18 **10,35:** *a* Mt 5,17 **10,36:** *a* Kap 5,17-20 **10,39:** *a* Kap 8,59; *b* Lk 4,30

40 Dann ging er wieder fort auf die
andere Seite des Jordans an den Ort, [a]wo
Johannes zuvor getauft hatte, und blieb
dort. 41 Und viele kamen zu ihm und
sprachen: Johannes hat kein Zeichen ge-
tan; aber alles, was Johannes von diesem
gesagt hat, das ist wahr. 42 Und es glaub-
ten dort viele an ihn.

Die Auferweckung des Lazarus

11 Es lag aber einer krank, Lazarus
aus Betanien, dem Dorf [a]Marias
und ihrer Schwester Marta. 2 Maria aber
war es, die [a]den Herrn mit Salböl gesalbt
und seine Füße mit ihrem Haar getrock-
net hatte. Deren Bruder Lazarus war
krank. 3 Da sandten die Schwestern zu
Jesus und ließen ihm sagen: Herr, siehe,
der, den du lieb hast, liegt krank. 4 Als
Jesus das hörte, sprach er: Diese Krank-
heit ist nicht zum Tode, sondern [a]zur
Verherrlichung Gottes, damit der Sohn
Gottes dadurch verherrlicht werde. 5 Je-
sus aber hatte Marta lieb und ihre
Schwester und Lazarus.

6 Als er nun hörte, dass er krank war,
blieb er noch zwei Tage an dem Ort, wo
er war; 7 danach spricht er zu seinen Jün-
gern: Lasst uns wieder nach Judäa zie-
hen! 8 Seine Jünger aber sprachen zu ihm:
Meister, [a]eben noch wollten die Juden
dich steinigen, und du willst wieder dort-
hin ziehen? 9 Jesus antwortete: Hat nicht
der Tag zwölf Stunden? Wer bei Tag um-
hergeht, der stößt sich nicht; denn er
sieht [a]das Licht dieser Welt. 10 Wer aber
bei Nacht umhergeht, der stößt sich;
denn es ist kein Licht in ihm.[a]

11 Das sagte er und danach spricht
er zu ihnen: Lazarus, unser Freund,
[a]schläft, aber ich gehe hin, ihn aufzu-
wecken. 12 Da sprachen seine Jünger:
Herr, wenn er schläft, wird's besser mit
ihm. 13 Jesus aber sprach von seinem
Tode; sie meinten aber, er rede vom leib-
lichen Schlaf. 14 Da sagte es ihnen Jesus
frei heraus: Lazarus ist gestorben; 15 und
ich bin froh um euretwillen, dass ich
nicht da gewesen bin, damit ihr glaubt.
Aber lasst uns zu ihm gehen! 16 Da
sprach [a]Thomas, der Zwilling genannt
wird, zu den Jüngern: Lasst uns mit ihm
gehen, dass wir mit ihm sterben!

17 Als Jesus kam, fand er Lazarus
schon vier Tage im Grabe liegen. 18 Be-
tanien aber war nahe bei Jerusalem, etwa
eine halbe Stunde entfernt. 19 Und viele
Juden waren zu Marta und Maria ge-
kommen, sie zu trösten wegen ihres Bru-
ders.

20 Als Marta nun hörte, dass Jesus
kommt, geht sie ihm entgegen; Maria
aber blieb daheim sitzen. 21 Da sprach
Marta zu Jesus: Herr, wärst du hier ge-
wesen, mein Bruder wäre nicht gestor-
ben. 22 Aber auch jetzt weiß ich: Was du
bittest von Gott, das wird dir Gott ge-
ben. 23 Jesus spricht zu ihr: Dein Bruder
wird auferstehen. 24 Marta spricht zu
ihm: Ich weiß wohl, dass er auferstehen
wird – bei der [a]Auferstehung am Jüngs-
ten Tage. 25 Jesus spricht zu ihr: **Ich bin
die Auferstehung und das Leben. Wer an
mich glaubt, der wird leben, auch wenn
er stirbt; 26 und wer da lebt und glaubt
an mich, der [a]wird nimmermehr sterben.**
Glaubst du das? 27 Sie spricht zu ihm: Ja,
Herr, ich glaube, dass du der Christus
bist, der Sohn Gottes, der in die Welt
gekommen ist.[a]

28 Und als sie das gesagt hatte, ging sie
hin und rief ihre Schwester Maria heim-
lich und sprach zu ihr: Der Meister ist da
und ruft dich. 29 Als Maria das hörte,
stand sie eilend auf und kam zu ihm.
30 Jesus aber war noch nicht in das Dorf
gekommen, sondern war noch dort, wo
ihm Marta begegnet war. 31 Als die Ju-
den, die bei ihr im Hause waren und sie
trösteten, sahen, dass Maria eilend auf-
stand und hinausging, folgten sie ihr, weil
sie dachten: Sie geht zum Grab, um dort
zu weinen.

32 Als nun Maria dahin kam, wo Jesus
war, und sah ihn, fiel sie ihm zu Füßen
und sprach zu ihm: Herr, wärst du hier
gewesen, mein Bruder wäre nicht gestor-
ben. 33 Als Jesus sah, wie sie weinte und
wie auch die Juden weinten, die mit ihr
gekommen waren, ergrimmte er im Geist
und wurde [a]sehr betrübt 34 und sprach:
Wo habt ihr ihn hingelegt? Sie antworte-
ten ihm: Herr, komm und sieh es! 35 Und

10,40: *a* Kap 1,28 **11,1:** *a* Lk 10,38-39 **11,2:** *a* Kap 12,3 **11,4:** *a* Kap 9,3 **11,8:** *a* Kap 10,31 **11,9:** *a* Kap 9,4-5 **11,10:** *a* Kap 12,35 **11,11:** *a* Mt 9,24 **11,16:** *a* Kap 20,24-28 **11,24:** *a* Kap 5,28-29; 6,40; Mt 22,23-33 **11,26:** *a* Kap 8,51 **11,27:** *a* Mt 16,16 **11,33:** *a* Kap 13,21

Jesus gingen die Augen über. 36Da spra-
chen die Juden: Siehe, wie hat er ihn lieb
gehabt! 37Einige aber unter ihnen spra-
chen: [a]Er hat dem Blinden die Augen
aufgetan; konnte er nicht auch machen,
dass dieser nicht sterben musste? 38Da
ergrimmte Jesus abermals und kam zum
Grab. Es war aber eine Höhle und
[a]ein Stein lag davor. 39Jesus sprach: Hebt
den Stein weg! Spricht zu ihm Marta,
die Schwester des Verstorbenen: Herr, er
stinkt schon; denn er liegt seit vier Tagen.
40Jesus spricht zu ihr: Habe ich dir nicht
gesagt: Wenn du glaubst, wirst du die
Herrlichkeit Gottes sehen? 41Da hoben
sie den Stein weg.

Jesus aber hob seine Augen auf und
sprach: Vater, ich danke dir, dass du mich
erhört hast. 42Ich weiß, dass du mich
allezeit hörst; aber [a]um des Volkes wil-
len, das umhersteht, sage ich's, damit sie
glauben, dass du mich gesandt hast.
43Als er das gesagt hatte, rief er mit lau-
ter Stimme: Lazarus, komm heraus!
44Und der Verstorbene kam heraus, ge-
bunden mit Grabtüchern an Füßen und
Händen, und sein Gesicht war verhüllt
mit einem Schweißtuch. Jesus spricht zu
ihnen: Löst die Binden und lasst ihn ge-
hen! 45Viele nun von den Juden, die zu
Maria gekommen waren und sahen, was
Jesus tat, glaubten an ihn.

Der Entschluss zur Tötung Jesu

46Einige aber von ihnen gingen hin zu
den Pharisäern und sagten ihnen, was
Jesus getan hatte. 47Da [a]versammelten
die Hohenpriester und die Pharisäer den
Hohen Rat und sprachen: Was tun wir?
Dieser Mensch tut viele Zeichen. 48Las-
sen wir ihn so, dann werden sie alle an
ihn glauben, und dann kommen die Rö-
mer und nehmen uns Land und Leute.
49Einer aber von ihnen, Kaiphas, der in
dem Jahr Hoherpriester war, sprach zu
ihnen: Ihr wisst nichts; 50ihr bedenkt
auch nicht: Es ist besser für euch, ein
Mensch sterbe für das Volk, als dass das
ganze Volk verderbe.[a]

51Das sagte er aber nicht von sich aus,
sondern weil er in dem Jahr Hoherpries-
ter war, weissagte er. Denn Jesus sollte
sterben für das Volk 52und nicht für das
Volk allein, sondern auch, um die [a]ver-
streuten Kinder Gottes [b]zusammenzu-
bringen. 53Von dem Tage an war es für
sie beschlossen, dass sie ihn töteten. 54Je-
sus aber ging nicht mehr frei umher unter
den Juden, sondern ging von dort weg in
eine Gegend nahe der Wüste, in eine
Stadt mit Namen [a]Ephraim, und blieb
dort mit den Jüngern.

55Es war aber nahe das Passafest der
Juden; und viele aus der Gegend gingen
hinauf nach Jerusalem vor dem Fest,
[a]dass sie sich reinigten. 56Da fragten sie
nach Jesus und redeten miteinander, als
sie im Tempel standen: Was meint ihr? Er
wird doch nicht zum Fest kommen?
57Die Hohenpriester und Pharisäer aber
hatten Befehl gegeben: Wenn jemand
weiß, wo er ist, soll er's anzeigen, damit
sie ihn ergreifen könnten.

Die Salbung in Betanien

(Mt 26,6-13; Mk 14,3-9)

12 Sechs Tage vor dem Passafest kam
Jesus nach Betanien, wo Lazarus
war, den Jesus auferweckt hatte von den
Toten.[a] 2Dort machten sie ihm ein Mahl
und Marta diente ihm; Lazarus aber war
einer von denen, die mit ihm zu Tisch
saßen. 3Da nahm Maria ein Pfund Salb-
öl von unverfälschter, kostbarer Narde
und salbte die Füße Jesu und trocknete
mit ihrem Haar seine Füße; das Haus
aber wurde erfüllt vom Duft des Öls.[a]

4Da sprach einer seiner Jünger, Judas
Iskariot, der ihn hernach verriet: 5War-
um ist dieses Öl nicht für dreihundert
Silbergroschen verkauft worden und den
Armen gegeben? 6Das sagte er aber
nicht, weil er nach den Armen fragte,
sondern er war ein Dieb, denn [a]er hatte
den Geldbeutel und nahm an sich, was
gegeben war. 7Da sprach Jesus: Lass sie
in Frieden! Es soll gelten für den Tag
meines Begräbnisses. 8Denn [a]Arme habt
ihr allezeit bei euch; mich aber habt ihr
nicht allezeit.

9Da erfuhr eine große Menge der Ju-
den, dass er dort war, und sie kamen

11,37: *a* Kap 9,7 **11,38:** *a* Mt 27,60 **11,42:** *a* Kap 12,30 **11,47:** *a* Mt 26,3-4 **11,50:** *a* Kap 18,14 **11,52:** *a* Kap 7,35; *b* Kap 10,16; 1.Joh 2,2 **11,54:** *a* 2.Sam 13,23; 1.Makk 11,34 **11,55:** *a* 2.Chr 30,17-18 **12,1:** *a* Kap 11,1.43 **12,3:** *a* Lk 7,38 **12,6:** *a* Kap 13,29 **12,8:** *a* 5.Mose 15,11

nicht allein um Jesu willen, sondern um
auch Lazarus zu sehen, den er von den
Toten erweckt hatte. 10Aber die Hohen-
priester beschlossen, auch Lazarus zu tö-
ten; 11denn um seinetwillen gingen viele
Juden hin und glaubten an Jesus.

Der Einzug in Jerusalem

(Mt 21,1-11; Mk 11,1-10; Lk 19,29-40)

12Als am nächsten Tag die große Menge,
die aufs Fest gekommen war, hörte, dass
Jesus nach Jerusalem käme, 13nahmen
sie Palmzweige und gingen hinaus ihm
entgegen und riefen: [a]**Hosianna! Gelobt**
sei, der da kommt in dem Namen des
Herrn, der König von Israel! 14Jesus aber
fand einen jungen Esel und ritt darauf,
wie geschrieben steht (Sacharja 9,9):
15»Fürchte dich nicht, du Tochter Zion!
Siehe, dein König kommt und reitet auf
einem Eselsfüllen.« 16Das verstanden
seine Jünger zuerst nicht; doch als Jesus
verherrlicht war, da dachten sie daran,
dass dies von ihm geschrieben stand und
man so mit ihm getan hatte.

17Das Volk aber, das bei ihm war, als
er Lazarus aus dem Grabe rief und von
den Toten auferweckte, rühmte die Tat.
18Darum ging ihm auch die Menge ent-
gegen, weil sie hörte, er habe dieses Zei-
chen getan. 19Die Pharisäer aber spra-
chen untereinander: Ihr seht, dass ihr
nichts ausrichtet; siehe, [a]alle Welt läuft
ihm nach.

Die Ankündigung der Verherrlichung

20Es waren aber einige Griechen unter
denen, die heraufgekommen waren, um
anzubeten auf dem Fest. 21Die traten zu
[a]Philippus, der von Betsaida aus Galiläa
war, und baten ihn und sprachen: Herr,
wir wollten Jesus gerne sehen. 22Philip-
pus kommt und sagt es Andreas, und
Philippus und Andreas sagen's Jesus wei-
ter. 23Jesus aber antwortete ihnen und
sprach: Die Zeit ist gekommen, dass
der Menschensohn verherrlicht werde.
24Wahrlich, wahrlich, ich sage euch:
Wenn das Weizenkorn nicht in die Erde
fällt und erstirbt, bleibt es allein; [a]**wenn es**
aber erstirbt, bringt es viel Frucht. 25**Wer**
sein Leben lieb hat, der wird's verlieren;
und wer sein Leben auf dieser Welt hasst,
der wird's erhalten zum ewigen Leben.[a]
26**Wer mir dienen will, der folge mir nach;**
und [a]**wo ich bin, da soll mein Diener auch**
sein. Und wer mir dienen wird, den wird
mein Vater ehren.

27Jetzt [a]ist meine Seele betrübt. Und
was soll ich sagen? Vater, hilf mir aus
dieser Stunde? Doch darum bin ich in
diese Stunde gekommen. 28Vater, ver-
herrliche deinen Namen! Da kam eine
Stimme vom Himmel: Ich habe ihn ver-
herrlicht und will ihn abermals verherr-
lichen.[a]

29Da sprach das Volk, das dabeistand
und zuhörte: Es hat gedonnert. Die an-
dern sprachen: Ein Engel hat mit ihm
geredet. 30Jesus antwortete und sprach:
Diese Stimme ist nicht um meinetwil-
len geschehen, sondern [a]um euretwillen.
31Jetzt ergeht das Gericht über diese
Welt; nun [a]wird der Fürst dieser Welt
ausgestoßen werden. 32**Und ich, wenn ich**
[a]**erhöht werde von der Erde, so will ich**
alle zu mir ziehen. 33Das sagte er aber,
um anzuzeigen, welchen Todes er sterben
würde.

34Da antwortete ihm das Volk: Wir
haben aus dem Gesetz gehört, dass [a]der
Christus in Ewigkeit bleibt; wieso sagst
du dann: Der Menschensohn muss er-
höht werden? Wer ist dieser Menschen-
sohn? 35Da sprach Jesus zu ihnen: Es ist
das Licht noch eine kleine Zeit bei euch.
Wandelt, solange ihr das Licht habt, da-
mit euch die Finsternis nicht überfalle.
[a]Wer in der Finsternis wandelt, der weiß
nicht, wo er hingeht. 36**Glaubt an das**
Licht, solange ihr's habt, damit ihr [a]**Kin-**
der des Lichtes werdet. Das redete Jesus
und ging weg und verbarg sich vor
ihnen.

Der Unglaube des Volkes

37Und obwohl er solche Zeichen vor ih-
ren Augen tat, glaubten sie doch nicht an
ihn, 38damit erfüllt werde der Spruch des
Propheten Jesaja, den er sagte (Jesaja
53,1): »Herr, wer glaubt unserm Predi-
gen? Und wem ist der Arm des Herrn

12,13: *a* Ps 118,25-26 **12,19:** *a* Kap 11,48 **12,21:** *a* Kap 1,44 **12,24:** *a* Röm 14,9; 1.Kor 15,36 **12,25:** *a* Mt 10,39; 16,25; Lk 17,33 **12,26:** *a* Kap 17,24 **12,27:** *a* Mt 26,38 **12,28:** *a* Kap 13,31; Mt 3,17; 17,5 **12,30:** *a* Kap 11,42 **12,31:** *a* Kap 14,30; 16,11; Lk 10,18 **12,32:** *a* Kap 8,28 **12,34:** *a* Ps 110,4; Dan 7,14 **12,35:** *a* Kap 11,10 **12,36:** *a* Eph 5,8

offenbart?« 39 Darum konnten sie nicht
glauben, denn Jesaja hat wiederum ge-
sagt (Jesaja 6,9-10): 40 »Er hat ihre Augen
verblendet und ihr Herz verstockt, damit
sie nicht etwa mit den Augen sehen und
mit dem Herzen verstehen und sich be-
kehren und ich ihnen helfe.«[a] 41 Das hat
Jesaja gesagt, [a]weil er seine Herrlichkeit
sah und redete von ihm. 42 Doch auch
von den Oberen glaubten viele an ihn;
aber um der Pharisäer willen bekannten
sie es nicht, um nicht [a]aus der Synagoge
ausgestoßen zu werden. 43 Denn [a]sie hat-
ten lieber Ehre bei den Menschen als
Ehre bei Gott.

44 Jesus aber rief: Wer an mich glaubt,
der glaubt nicht an mich, sondern an
den, der mich gesandt hat. 45 Und [a]wer
mich sieht, der sieht den, der mich ge-
sandt hat. **46 Ich bin in die Welt gekom-
men als ein [a]Licht, damit, wer an mich
glaubt, nicht in der Finsternis bleibe.**
47 Und wer meine Worte hört und be-
wahrt sie nicht, den werde ich nicht rich-
ten; denn [a]ich bin nicht gekommen, dass
ich die Welt richte, sondern dass ich die
Welt rette. 48 Wer mich verachtet und
nimmt meine Worte nicht an, der hat
schon seinen Richter: Das Wort, das ich
geredet habe, das wird ihn richten am
Jüngsten Tage. 49 Denn ich habe nicht aus
mir selbst geredet, sondern der Vater, der
mich gesandt hat, der hat mir ein Gebot
gegeben, was ich tun und reden soll.
50 Und ich weiß: sein Gebot ist das ewige
Leben. Darum: was ich rede, das rede ich
so, wie es mir der Vater gesagt hat.

Jesu Abschiedsreden
(Kapitel 13,1–17,26)

Die Fußwaschung

13 Vor dem Passafest aber erkannte
Jesus, [a]dass seine Stunde gekom-
men war, dass er aus dieser Welt ginge
zum Vater; und wie er die Seinen geliebt
hatte, die in der Welt waren, so liebte er
sie bis ans Ende. 2 Und beim Abendessen,
als schon [a]der Teufel dem Judas, Simons
Sohn, dem Iskariot, ins Herz gegeben
hatte, ihn zu verraten, 3 Jesus aber wusste,
dass ihm [a]der Vater alles in seine Hände
gegeben hatte und dass er [b]von Gott
gekommen war und zu Gott ging, 4 da
stand er vom Mahl auf, legte sein Ober-
gewand ab und nahm einen Schurz und
umgürtete sich. 5 Danach goss er Wasser
in ein Becken, fing an, den Jüngern die
Füße zu waschen, und trocknete sie mit
dem Schurz, mit dem er umgürtet war.

6 Da kam er zu Simon Petrus; der
sprach zu ihm: Herr, solltest du mir die
Füße waschen? 7 Jesus antwortete und
sprach zu ihm: Was ich tue, das verstehst
du jetzt nicht; du wirst es aber hernach
erfahren. 8 Da sprach Petrus zu ihm:
Nimmermehr sollst du mir die Füße wa-
schen! Jesus antwortete ihm: Wenn ich
dich nicht wasche, so hast du kein Teil an
mir. 9 Spricht zu ihm Simon Petrus: Herr,
nicht die Füße allein, sondern auch die
Hände und das Haupt! 10 Spricht Jesus
zu ihm: Wer gewaschen ist, bedarf nichts,
als dass ihm die Füße gewaschen werden;
denn er ist ganz rein. Und [a]ihr seid rein,
aber nicht alle. 11 Denn er kannte seinen
Verräter; darum sprach er: Ihr seid nicht
alle rein.

12 Als er nun ihre Füße gewaschen
hatte, nahm er seine Kleider und setzte
sich wieder nieder und sprach zu ihnen:
Wisst ihr, was ich euch getan habe? 13 Ihr
nennt mich Meister und Herr und sagt es
mit Recht, denn ich bin's auch.[a] 14 Wenn
nun ich, euer Herr und Meister, euch
[a]die Füße gewaschen habe, so sollt auch
ihr euch untereinander die Füße wa-
schen. **15 Ein Beispiel habe ich euch gege-
ben, damit ihr tut, wie ich euch getan
habe.**[a] 16 Wahrlich, wahrlich, ich sage
euch: [a]Der Knecht ist nicht größer als
sein Herr und der Apostel nicht größer
als der, der ihn gesandt hat. 17 Wenn ihr
dies wisst – selig seid ihr, wenn ihr's
tut.[a]

18 Das sage ich nicht von euch allen;
ich weiß, welche ich erwählt habe. Aber
es muss die Schrift erfüllt werden (Psalm
41,10): »Der mein Brot isst, tritt mich
mit Füßen.« 19 Jetzt sage ich's euch, ehe
es geschieht, damit ihr, wenn es gesche-

12,40: *a* Mt 13,14-15 **12,41:** *a* Jes 6,1 **12,42:** *a* Kap 9,22 **12,43:** *a* Kap 5,44 **12,45:** *a* Kap 14,9 **12,46:** *a* Kap 8,12 **12,47:** *a* Kap 3,17; Lk 9,56 **13,1:** *a* Kap 7,30; 17,1 **13,2:** *a* Lk 22,3 **13,3:** *a* Kap 3,35; *b* Kap 16,28 **13,10:** *a* Kap 15,3 **13,13:** *a* Mt 23,8.10 **13,14:** *a* Lk 22,27 **13,15:** *a* Phil 2,5; 1.Petr 2,21 **13,16:** *a* Mt 10,24 **13,17:** *a* Mt 7,24

hen ist, glaubt, dass ich es bin. 20 Wahr-
lich, wahrlich, ich sage euch: Wer jeman-
den aufnimmt, den ich senden werde, der
nimmt mich auf; wer aber mich auf-
nimmt, der nimmt den auf, der mich ge-
sandt hat.[a]

Jesus und der Verräter

(Mt 26,21-25; Mk 14,18-21; Lk 22,21-23)

21 Als Jesus das gesagt hatte, wurde er
[a]betrübt im Geist und bezeugte und
sprach: Wahrlich, wahrlich, ich sage
euch: Einer unter euch wird mich ver-
raten. 22 Da sahen sich die Jünger unter-
einander an, und ihnen wurde bange, von
wem er wohl redete. 23 Es war aber [a]einer
unter seinen Jüngern, den Jesus lieb
hatte, der lag bei Tisch an der Brust Jesu.
24 Dem winkte Simon Petrus, dass er fra-
gen sollte, wer es wäre, von dem er re-
dete. 25 Da lehnte der sich an die Brust
Jesu und fragte ihn: Herr, wer ist's? 26 Je-
sus antwortete: Der ist's, dem ich den
Bissen eintauche und gebe. Und er nahm
den Bissen, tauchte ihn ein und gab ihn
Judas, dem Sohn des Simon Iskariot.
27 Und als der den Bissen nahm, fuhr der
Satan in ihn. Da sprach Jesus zu ihm:
Was du tust, das tue bald!

28 Aber niemand am Tisch wusste,
wozu er ihm das sagte. 29 Einige meinten,
weil Judas den Beutel hatte, spräche Je-
sus zu ihm: Kaufe, was wir zum Fest
nötig haben!, oder dass er den Armen
etwas geben sollte. 30 Als er nun den Bis-
sen genommen hatte, ging er alsbald hin-
aus. Und es war Nacht.

Die Verherrlichung und das neue Gebot

31 Als Judas nun hinausgegangen war,
spricht Jesus: [a]Jetzt ist der Menschen-
sohn verherrlicht, und Gott ist verherr-
licht in ihm. 32 Ist Gott verherrlicht in
ihm, so [a]wird Gott ihn auch verherrli-
chen in sich und wird ihn bald verherrli-
chen. 33 Liebe Kinder, ich bin noch eine
kleine Weile bei euch. Ihr werdet mich
suchen. Und [a]wie ich zu den Juden sagte,
sage ich jetzt auch zu euch: Wo ich hin-
gehe, da könnt ihr nicht hinkommen.

34 **Ein neues Gebot gebe ich euch, dass
ihr euch untereinander liebt, wie ich euch
geliebt habe, damit auch ihr einander lieb
habt.**[a] 35 **Daran wird jedermann erkennen,
dass ihr meine Jünger seid, wenn ihr Liebe
untereinander habt.**

Die Ankündigung der Verleugnung des Petrus

(Mt 26,33-35; Mk 14,29-31; Lk 22,31-34)

36 Spricht Simon Petrus zu ihm: Herr, wo
gehst du hin? Jesus antwortete ihm: Wo
ich hingehe, kannst du mir diesmal nicht
folgen; aber [a]du wirst mir später folgen.
37 Petrus spricht zu ihm: Herr, warum
kann ich dir diesmal nicht folgen? Ich
will mein Leben für dich lassen. 38 Jesus
antwortete ihm: Du willst dein Leben für
mich lassen? Wahrlich, wahrlich, ich sage
dir: Der Hahn wird nicht krähen, bis du
mich dreimal verleugnet hast.

Jesus der Weg zum Vater

14 **Euer Herz erschrecke nicht! Glaubt
an Gott und glaubt an mich!** 2 In
meines Vaters Hause sind viele Wohnun-
gen. Wenn's nicht so wäre, hätte ich dann
zu euch gesagt: Ich gehe hin, euch die
Stätte zu bereiten? 3 Und wenn ich hin-
gehe, euch die Stätte zu bereiten, will ich
wiederkommen und [a]euch zu mir neh-
men, damit ihr seid, wo ich bin. 4 Und wo
ich hingehe, den Weg wisst ihr.

5 Spricht zu ihm Thomas: Herr, wir
wissen nicht, wo du hingehst; wie können
wir den Weg wissen? 6 Jesus spricht zu
ihm: **Ich bin der Weg und die Wahrheit
und das Leben; [a]niemand kommt zum Va-
ter denn durch mich.** 7 Wenn ihr mich er-
kannt habt, so werdet ihr auch meinen
Vater erkennen. Und von nun an kennt
ihr ihn und habt ihn gesehen.

8 Spricht zu ihm Philippus: Herr, zeige
uns den Vater und es genügt uns. 9 Jesus
spricht zu ihm: So lange bin ich bei euch
und du kennst mich nicht, Philippus?
[a]**Wer mich sieht, der sieht den Vater!** Wie
sprichst du dann: Zeige uns den Vater?
10 Glaubst du nicht, dass ich im Vater bin
und der Vater in mir? [a]Die Worte, die ich
zu euch rede, die rede ich nicht von mir
selbst aus. Und der Vater, der in mir
wohnt, der tut seine Werke. 11 Glaubt

13,20: *a* Mt 10,40 **13,21:** *a* Kap 12,27 **13,23:** *a* Kap 19,26; 20,2; 21,20 **13,31:** *a* Kap 12,23.28 **13,32:** *a* Kap 17,1-5 **13,33:** *a* Kap 8,21 **13,34:** *a* Kap 15,12-13.17 **13,36:** *a* Kap 21,18-19 **14,3:** *a* Kap 12,26; 17,24 **14,6:** *a* Kap 10,9; Mt 11,27; Röm 5,1-2; Hebr 10,20 **14,9:** *a* Kap 12,45; Hebr 1,3 **14,10:** *a* Kap 12,49

mir, dass ich im Vater bin und der Vater
in mir; wenn nicht, so [a]glaubt doch um
der Werke willen.
12 Wahrlich, wahrlich, ich sage euch:
Wer an mich glaubt, der [a]wird die Werke
auch tun, die ich tue, und er wird noch
größere als diese tun; denn ich gehe zum
Vater. 13 [a]Und was ihr bitten werdet in
meinem Namen, das will ich tun, damit
der Vater verherrlicht werde im Sohn.
14 Was ihr mich bitten werdet in meinem
Namen, das will ich tun.

Die Verheißung des Heiligen Geistes

15 Liebt ihr mich, so werdet ihr meine
Gebote halten.[a] 16 Und ich will den Va-
ter bitten und er wird euch einen andern
[a]Tröster* geben, dass er bei euch sei in
Ewigkeit: 17 den [a]Geist der Wahrheit,
den die Welt nicht empfangen kann,
denn sie sieht ihn nicht und kennt ihn
nicht. Ihr kennt ihn, denn er bleibt bei
euch und wird in euch sein.
18 Ich will euch nicht als Waisen zu-
rücklassen; ich komme zu euch. 19 Es ist
noch eine kleine Zeit, dann wird mich die
Welt nicht mehr sehen. [a]Ihr aber sollt
mich sehen, denn **ich lebe und ihr sollt
auch leben**. 20 An jenem Tage werdet ihr
erkennen, dass ich in meinem Vater bin
und ihr in mir und ich in euch. 21 Wer
[a]meine Gebote hat und hält sie, der ist's,
der mich liebt. Wer mich aber liebt, der
[b]wird von meinem Vater geliebt werden,
und ich werde ihn lieben und mich ihm
offenbaren.
22 Spricht zu ihm Judas, nicht der Iska-
riot: Herr, was bedeutet es, dass du dich
uns offenbaren willst und nicht der Welt?
23 Jesus antwortete und sprach zu ihm:
[a]**Wer mich liebt, der wird mein Wort hal-
ten; und mein Vater wird ihn lieben, und
wir werden zu ihm kommen und Wohnung
bei ihm nehmen.** 24 Wer aber mich nicht
liebt, der hält meine Worte nicht. Und
[a]das Wort, das ihr hört, ist nicht mein
Wort, sondern das des Vaters, der mich
gesandt hat.
25 Das habe ich zu euch geredet, so-
lange ich bei euch gewesen bin. 26 Aber
**der Tröster, der Heilige Geist, den mein
Vater senden wird in meinem Namen, der
wird euch alles lehren und euch an alles
erinnern, was ich euch gesagt habe.**

Der Friede Christi

27 **Den Frieden lasse ich euch, [a]meinen
Frieden gebe ich euch. Nicht gebe ich
euch, wie die Welt gibt. Euer Herz er-
schrecke nicht und fürchte sich nicht.**
28 Ihr habt gehört, dass ich euch gesagt
habe: Ich gehe hin und komme wieder zu
euch. Hättet ihr mich lieb, so würdet ihr
euch freuen, dass ich zum Vater gehe;
denn der Vater ist größer als ich. 29 Und
jetzt habe ich's euch gesagt, ehe es ge-
schieht, damit ihr glaubt, wenn es nun
geschehen wird.
30 Ich werde nicht mehr viel mit euch
reden, denn es kommt [a]der Fürst dieser
Welt. Er hat keine Macht über mich;
31 aber die Welt soll erkennen, dass ich
den Vater liebe und [a]tue, wie mir der
Vater geboten hat. Steht auf und lasst
uns von hier weggehen.

Der wahre Weinstock

15 [a]Ich bin der wahre Weinstock und
mein Vater der Weingärtner. 2 Eine
jede Rebe an mir, die keine Frucht bringt,
wird er wegnehmen; und eine jede, die
Frucht bringt, wird er reinigen, dass sie
mehr Frucht bringe. 3 Ihr seid schon rein
um des Wortes willen, das ich zu euch
geredet habe.[a] 4 Bleibt in mir und ich in
euch. Wie die Rebe keine Frucht bringen
kann aus sich selbst, wenn sie nicht am
Weinstock bleibt, so auch ihr nicht, wenn
ihr nicht in mir bleibt.
5 **Ich bin der Weinstock, ihr seid die
Reben. Wer in mir bleibt und ich in ihm,
der bringt viel Frucht; denn [a]ohne mich
könnt ihr nichts tun.** 6 Wer nicht in mir
bleibt, der wird weggeworfen wie eine
Rebe und verdorrt, und man sammelt sie
und wirft sie ins Feuer und sie müssen
brennen. 7 Wenn ihr in mir bleibt und
meine Worte in euch bleiben, [a]werdet ihr

* Andere Übersetzungen: »Fürsprecher«, »Beistand« (vgl. 15,26; 16,7).

14,11: *a* Kap 10,25.38 **14,12:** *a* Mt 28,19 **14,13:** *a (13-14)* Kap 15,7; 16,24; Mk 11,24; 1.Joh 5,14-15 **14,15:** *a* Kap 15,10; 1.Joh 5,3 **14,16:** *a* Kap 15,26; 16,7 **14,17:** *a* Kap 16,13 **14,19:** *a* Kap 20,20 **14,21:** *a* 1.Joh 5,3; *b* Kap 16,27 **14,23:** *a* Spr 8,17; Eph 3,17 **14,24:** *a* Kap 7,16-17 **14,27:** *a* Kap 16,33; Phil 4,7 **14,30:** *a* Kap 12,31; Eph 2,2 **14,31:** *a* Kap 10,18 **15,1:** *a (1-6)* Ps 80,9-12; Jes 5,1-7; Jer 2,21 **15,3:** *a* Kap 13,10; 1.Petr 1,23 **15,5:** *a* 2.Kor 3,5-6 **15,7:** *a* Mk 11,24

bitten, was ihr wollt, und es wird euch
widerfahren. 8 Darin wird mein Vater
verherrlicht, dass ihr viel Frucht bringt
und werdet meine Jünger.[a]

Das Gebot der Liebe

9 Wie mich mein Vater liebt, so liebe ich
euch auch. Bleibt in meiner Liebe!
10 Wenn ihr meine Gebote haltet, so
bleibt ihr in meiner Liebe, wie ich meines
Vaters Gebote halte und bleibe in seiner
Liebe. 11 Das sage ich euch, damit meine
Freude in euch bleibe und eure Freude
vollkommen werde.[a]

12 **Das ist mein Gebot, dass ihr euch**
untereinander liebt, wie ich euch liebe.[a]
13 Niemand hat größere Liebe als die,
[a]dass er sein Leben lässt für seine
Freunde. 14 Ihr seid meine Freunde, wenn
ihr tut, was ich euch gebiete.[a] 15 Ich sage
hinfort nicht, dass ihr Knechte seid; denn
ein Knecht weiß nicht, was sein Herr tut.
Euch aber habe ich gesagt, dass ihr
Freunde seid; denn alles, was ich von
meinem Vater gehört habe, habe ich euch
kundgetan.

16 **Nicht ihr habt mich erwählt, sondern**
ich habe euch erwählt und bestimmt, dass
ihr hingeht und Frucht bringt und eure
Frucht bleibt, damit, wenn ihr den Vater
bittet in meinem Namen, er's euch gebe.

17 Das gebiete ich euch, dass ihr euch
untereinander liebt.

Der Hass der Welt

18 Wenn euch die Welt hasst, so wisst,
dass sie mich vor euch gehasst hat.[a]
19 Wäret ihr von der Welt, so hätte die
Welt das Ihre lieb. Weil ihr aber nicht von
der Welt seid, sondern ich euch aus der
Welt erwählt habe, darum hasst euch die
Welt.[a] 20 Gedenkt an das Wort, das ich
euch gesagt habe: [a]Der Knecht ist nicht
größer als sein Herr. Haben sie mich ver-
folgt, so werden sie euch auch verfolgen;
haben sie mein Wort gehalten, so werden
sie eures auch halten. 21 Aber das alles
werden sie euch tun um meines Namens
willen; denn [a]sie kennen den nicht, der
mich gesandt hat.

22 Wenn ich nicht gekommen wäre und
hätte es ihnen gesagt, so hätten sie keine
Sünde; nun aber können sie nichts vor-
wenden, um ihre Sünde zu entschuldi-
gen.[a] 23 Wer mich hasst, der hasst auch
meinen Vater.[a] 24 Hätte ich nicht die
Werke getan unter ihnen, die kein an-
derer getan hat, so hätten sie keine
Sünde. Nun aber haben sie es gesehen,
und doch hassen sie mich und meinen
Vater. 25 Aber es muss das Wort erfüllt
werden, das in ihrem Gesetz geschrieben
steht: »Sie hassen mich ohne Grund«
(Psalm 69,5).

26 Wenn aber der [a]Tröster kommen
wird, [b]den ich euch senden werde vom
Vater, der Geist der Wahrheit, der vom
Vater ausgeht, der wird Zeugnis geben
von mir. 27 Und auch ihr seid [a]meine
Zeugen, denn ihr seid von Anfang an bei
mir gewesen.

16 Das habe ich zu euch geredet,
damit ihr nicht abfallt. 2 Sie wer-
den euch [a]aus der Synagoge ausstoßen.
Es kommt aber die Zeit, dass, wer euch
[b]tötet, meinen wird, er tue Gott einen
Dienst damit. 3 Und das werden sie
darum tun, weil sie weder meinen Vater
noch mich erkennen.[a] 4 Aber dies habe
ich zu euch geredet, damit, wenn ihre
Stunde kommen wird, ihr daran denkt,
dass ich's euch gesagt habe. Zu Anfang
aber habe ich es euch nicht gesagt, denn
ich war bei euch.

Das Werk des Heiligen Geistes

5 Jetzt aber gehe ich hin zu dem, der mich
gesandt hat; und niemand von euch fragt
mich: Wo gehst du hin? 6 Doch weil ich
das zu euch geredet habe, ist euer Herz
voll Trauer. 7 Aber ich sage euch die
Wahrheit: Es ist gut für euch, dass ich
weggehe. Denn wenn ich nicht weggehe,
kommt der [a]Tröster nicht zu euch. Wenn
ich aber gehe, will ich ihn zu euch sen-
den. 8 Und wenn er kommt, wird er der
Welt die Augen auftun über die Sünde
und über die Gerechtigkeit und über das
Gericht; 9 über die Sünde: dass sie nicht
an mich glauben;[a] 10 über die [a]Gerech-

15,8: *a* Mt 5,16 **15,11:** *a* Kap 17,13 **15,12:** *a* Kap 13,34 **15,13:** *a* Kap 10,11; 1. Joh 3,16 **15,14:** *a* Kap 8,31; Mt 12,50 **15,18:** *a* Kap 7,7 **15,19:** *a* Kap 17,14; 1. Joh 4,4-5 **15,20:** *a* Kap 13,16; Mt 10,24-25 **15,21:** *a* Kap 16,3 **15,22:** *a* Kap 9,41 **15,23:** *a* Lk 10,16 **15,26:** *a* Kap 14,16.26; *b* Lk 24,49 **15,27:** *a* Apg 1,8.21-22; 5,32 **16,2:** *a* Mt 10,17.22; *b* Mt 24,9 **16,3:** *a* Kap 15,21 **16,7:** *a* Kap 14,16.26 **16,9:** *a* Kap 15,22.24 **16,10:** *a* Apg 5,31; Röm 4,25

tigkeit: dass ich zum Vater gehe und ihr
mich hinfort nicht seht; 11 über das Ge-
richt: dass der Fürst dieser Welt gerichtet
ist.[a]

12 Ich habe euch noch viel zu sagen;
aber ihr könnt es jetzt nicht ertragen.[a]
13 Wenn aber jener, der Geist der Wahr-
heit, kommen wird, [a]wird er euch in alle
Wahrheit leiten. Denn er wird nicht aus
sich selber reden; sondern was er hören
wird, das wird er reden, und was zukünf-
tig ist, wird er euch verkündigen. 14 Er
wird mich verherrlichen; denn von dem
Meinen wird er's nehmen und euch ver-
kündigen. 15 [a]Alles, was der Vater hat,
das ist mein. Darum habe ich gesagt: Er
wird's von dem Meinen nehmen und
euch verkündigen.

Trauer und Hoffnung bei Jesu Abschied

16 Noch eine kleine Weile, dann werdet
ihr mich nicht mehr sehen; und abermals
eine kleine Weile, dann werdet ihr mich
sehen.[a] 17 Da sprachen einige seiner Jün-
ger untereinander: Was bedeutet das, was
er zu uns sagt: Noch eine kleine Weile,
dann werdet ihr mich nicht sehen; und
abermals eine kleine Weile, dann werdet
ihr mich sehen; und: Ich gehe zum Vater?
18 Da sprachen sie: Was bedeutet das, was
er sagt: Noch eine kleine Weile? Wir wis-
sen nicht, was er redet.

19 Da merkte Jesus, dass sie ihn fragen
wollten, und sprach zu ihnen: Danach
fragt ihr euch untereinander, dass ich ge-
sagt habe: Noch eine kleine Weile, dann
werdet ihr mich nicht sehen; und aber-
mals eine kleine Weile, dann werdet ihr
mich sehen? 20 Wahrlich, wahrlich, ich
sage euch: Ihr werdet weinen und klagen,
aber die Welt wird sich freuen; ihr werdet
traurig sein, doch eure Traurigkeit soll
in Freude verwandelt werden.[a] 21 Eine
Frau, wenn sie gebiert, so [a]hat sie
Schmerzen, denn ihre Stunde ist gekom-
men. Wenn sie aber das Kind geboren
hat, denkt sie nicht mehr an die Angst
um der Freude willen, dass ein Mensch
zur Welt gekommen ist. 22 **Und auch ihr
habt nun Traurigkeit; aber ich will euch
wiedersehen, und euer Herz soll sich
freuen, und eure Freude soll niemand von
euch nehmen.** 23 An dem Tag werdet ihr
mich nichts fragen.

Wahrlich, wahrlich, ich sage euch:
[a]Wenn ihr den Vater um etwas bitten
werdet in meinem Namen, wird er's euch
geben. 24 Bisher habt ihr um nichts ge-
beten in meinem Namen. Bittet, so wer-
det ihr nehmen, dass [a]eure Freude voll-
kommen sei.

25 Das habe ich euch in Bildern gesagt.
Es kommt die Zeit, dass ich nicht mehr
in Bildern mit euch reden werde, sondern
euch frei heraus verkündigen von mei-
nem Vater. 26 An jenem Tage werdet ihr
bitten in meinem Namen. Und ich sage
euch nicht, dass ich den Vater für euch
bitten will; 27 denn [a]er selbst, der Vater,
hat euch lieb, weil ihr mich liebt und
glaubt, dass ich von Gott ausgegangen
bin. 28 Ich bin vom Vater ausgegangen
und in die Welt gekommen; ich verlasse
die Welt wieder und gehe zum Vater.

29 Sprechen zu ihm seine Jünger: Siehe,
nun redest du frei heraus und nicht mehr
in Bildern. 30 Nun wissen wir, dass du alle
Dinge weißt und bedarfst dessen nicht,
dass dich jemand fragt. Darum glauben
wir, dass du von Gott ausgegangen bist.
31 Jesus antwortete ihnen: Jetzt glaubt
ihr? 32 Siehe, es kommt die Stunde und ist
schon gekommen, dass ihr [a]zerstreut
werdet, ein jeder in das Seine, und mich
allein lasst. Aber ich bin nicht allein,
denn der Vater ist bei mir. 33 Das habe
ich mit euch geredet, damit ihr in mir
[a]Frieden habt. **In der Welt habt ihr Angst;
aber seid getrost, [b]ich habe die Welt über-
wunden.**

Das hohepriesterliche Gebet

17 So redete Jesus und hob seine
Augen auf zum Himmel und sprach:
Vater, die Stunde ist da: verherrliche dei-
nen Sohn, damit der Sohn dich verherr-
liche; 2 denn du hast ihm [a]Macht gege-
ben über alle Menschen, damit er das
ewige Leben gebe allen, die du ihm gege-
ben hast. 3 **Das ist aber das ewige Leben,
dass sie dich, der du allein [a]wahrer Gott
bist, und den du gesandt hast, Jesus Chris-
tus, erkennen.** 4 Ich habe dich verherrlicht
auf Erden und das Werk vollendet, das

16,11: *a* Kap 12,31 **16,12:** *a* 1.Kor 3,1 **16,13:** *a* Kap 14,26; 1.Joh 2,27 **16,15:** *a* Kap 3,35; 17,10 **16,16:** *a* Kap 14,19 **16,20:** *a* Mk 16,10 **16,21:** *a* Jes 26,17 **16,23:** *a* Kap 14,13-14 **16,24:** *a* Kap 15,11 **16,27:** *a* Kap 14,21 **16,32:** *a* Sach 13,7; Mt 26,31 **16,33:** *a* Kap 14,27; Röm 5,1; *b* 1.Joh 5,4 **17,2:** *a* Mt 11,27 **17,3:** *a* 1.Joh 5,20

du mir gegeben hast, damit ich es tue.
5 Und nun, Vater, verherrliche du mich
bei dir mit der Herrlichkeit, die ich bei
dir hatte, ehe die Welt war.[a]
6 Ich habe deinen Namen den Men-
schen offenbart, die du mir aus der Welt
gegeben hast. Sie waren dein und du hast
sie mir gegeben, und sie haben dein Wort
bewahrt. 7 Nun wissen sie, dass alles, was
du mir gegeben hast, von dir kommt.
8 Denn die Worte, die du mir gegeben
hast, habe ich ihnen gegeben, und sie
haben sie angenommen und wahrhaftig
[a]erkannt, dass ich von dir ausgegangen
bin, und sie glauben, dass du mich ge-
sandt hast. 9 Ich bitte für sie und bitte
nicht für die Welt, sondern für die, [a]die
du mir gegeben hast; denn sie sind dein.
10 Und alles, [a]was mein ist, das ist dein,
und was dein ist, das ist mein; und ich
bin in ihnen verherrlicht. 11 Ich bin nicht
mehr in der Welt; sie aber sind in der
Welt, und ich komme zu dir.

Heiliger Vater, erhalte sie in deinem
Namen, den du mir gegeben hast, dass
sie eins seien wie wir. 12 Solange ich bei
ihnen war, erhielt ich sie in deinem Na-
men, den du mir gegeben hast, und ich
habe sie bewahrt, und [a]keiner von ihnen
ist verloren [b]außer dem Sohn des Ver-
derbens, damit die Schrift erfüllt werde.
13 Nun aber komme ich zu dir und rede
dies in der Welt, damit meine Freude in
ihnen vollkommen sei.[a] 14 Ich habe ihnen
dein Wort gegeben und die Welt hat sie
gehasst; denn [a]sie sind nicht von der
Welt, wie auch ich nicht von der Welt
bin. 15 Ich bitte dich nicht, dass du sie aus
der Welt nimmst, sondern [a]dass du sie
bewahrst vor dem Bösen. 16 Sie sind nicht
von der Welt, wie auch ich nicht von der
Welt bin.

17 **Heilige sie in der Wahrheit; [a]dein
Wort ist die Wahrheit.** 18 Wie du mich
gesandt hast in die Welt, so sende ich sie
auch in die Welt.[a] 19 Ich heilige mich
selbst für sie, [a]damit auch sie geheiligt
seien in der Wahrheit.

20 Ich bitte aber nicht allein für sie,
sondern auch für die, [a]die durch ihr
Wort an mich glauben werden, 21 **damit
sie alle [a]eins seien.** Wie du, Vater, in mir
bist und ich in dir, so sollen auch sie in
uns sein, damit die Welt glaube, dass du
mich gesandt hast. 22 Und ich habe ihnen
die Herrlichkeit gegeben, die du mir ge-
geben hast, [a]damit sie eins seien, wie wir
eins sind, 23 [a]ich in ihnen und du in mir,
damit sie vollkommen eins seien und die
Welt erkenne, dass du mich gesandt hast
und sie liebst, wie du mich liebst.

24 Vater, ich will, [a]dass, wo ich bin,
auch die bei mir seien, die du mir gege-
ben hast, damit sie meine Herrlichkeit
sehen, die du mir gegeben hast; denn [b]du
hast mich geliebt, ehe der Grund der
Welt gelegt war. 25 Gerechter Vater, die
Welt kennt dich nicht; ich aber kenne
dich und diese haben erkannt, dass du
mich gesandt hast. 26 Und ich habe ihnen
deinen Namen kundgetan und werde ihn
kundtun, damit die Liebe, mit der du
mich liebst, in ihnen sei und ich in ihnen.

Leiden, Sterben und Auferstehung Jesu

(Kapitel 18,1–21,25; vgl. Kapitel 13,1-35)

(Mt 26,1–28,20; Mk 14,1–16,20; Lk 22,1–24,53)

Jesu Gefangennahme

18 Als Jesus das geredet hatte, ging
er hinaus mit seinen Jüngern über
den Bach Kidron; da war ein Garten, in
den gingen Jesus und seine Jünger.
2 Judas aber, der ihn verriet, kannte den
Ort auch, denn Jesus versammelte sich
oft [a]dort mit seinen Jüngern. 3 Als nun
Judas die Schar der Soldaten mit sich
genommen hatte und Knechte von den
Hohenpriestern und Pharisäern, kommt
er dahin mit Fackeln, Lampen und
mit Waffen.

4 Da nun Jesus alles wusste, was ihm
begegnen sollte, ging er hinaus und
sprach zu ihnen: Wen sucht ihr? 5 Sie ant-
worteten ihm: Jesus von Nazareth. Er
spricht zu ihnen: Ich bin's! Judas aber,
der ihn verriet, stand auch bei ihnen.
6 Als nun Jesus zu ihnen sagte: Ich bin's!,
wichen sie zurück und fielen zu Boden.

7 Da fragte er sie abermals: Wen sucht

17,5: *a* Kap 1,1; Phil 2,6 **17,8:** *a* Kap 16,30 **17,9:** *a* Kap 6,37.44 **17,10:** *a* Kap 16,15 **17,12:** *a* Kap 6,39; *b* Ps 41,10 **17,13:** *a* Kap 15,11 **17,14:** *a* Kap 15,19 **17,15:** *a* Mt 6,13; 2.Thess 3,3 **17,17:** *a* Ps 119,160 **17,18:** *a* Kap 20,21 **17,19:** *a* Hebr 10,10 **17,20:** *a* Röm 10,17 **17,21:** *a* Gal 3,28 **17,22:** *a* Apg 4,32 **17,23:** *a* 1.Kor 6,17 **17,24:** *a* Kap 12,26; *b* Spr 8,22-31 **18,2:** *a* Lk 21,37

ihr? Sie aber sprachen: Jesus von Naza-
reth. 8 Jesus antwortete: Ich habe euch
gesagt, dass ich es bin. Sucht ihr mich, so
lasst diese gehen! 9 Damit sollte das Wort
erfüllt werden, das er gesagt hatte: Ich
habe keinen von denen verloren, die du
mir gegeben hast.[a]

10 Simon Petrus aber hatte ein Schwert
und zog es und schlug nach dem Knecht
des Hohenpriesters und hieb ihm sein
rechtes Ohr ab. Und der Knecht hieß
Malchus. 11 Da sprach Jesus zu Petrus:
Steck dein Schwert in die Scheide! Soll
ich den Kelch nicht trinken, den mir
mein Vater gegeben hat?

Jesu Verhör vor Hannas und Kaiphas und die Verleugnung des Petrus

12 Die Schar aber und ihr Anführer und
die Knechte der Juden nahmen Jesus und
banden ihn 13 und führten ihn zuerst zu
Hannas; der war der Schwiegervater des
Kaiphas, der in jenem Jahr Hoherpries-
ter war. 14 [a]Kaiphas aber war es, der
den Juden geraten hatte, es wäre gut, **ein**
Mensch stürbe für das ganze Volk.[b]

15 Simon Petrus aber folgte Jesus nach
und ein anderer Jünger. Dieser Jünger
war dem Hohenpriester bekannt und
ging mit Jesus hinein in den Palast des
Hohenpriesters. 16 Petrus aber stand drau-
ßen vor der Tür. Da kam der andere
Jünger, der dem Hohenpriester bekannt
war, heraus und redete mit der Tür-
hüterin und führte Petrus hinein. 17 Da
sprach die Magd, die Türhüterin, zu Pe-
trus: Bist du nicht auch einer von
den Jüngern dieses Menschen? Er sprach:
Ich bin's nicht. 18 Es standen aber die
Knechte und Diener und hatten ein Koh-
lenfeuer gemacht, denn es war kalt und
sie wärmten sich. Aber auch Petrus stand
bei ihnen und wärmte sich.

19 Der Hohepriester befragte nun Jesus
über seine Jünger und über seine Lehre.
20 Jesus antwortete ihm: Ich habe frei und
offen vor aller Welt geredet. Ich habe
allezeit gelehrt in der Synagoge und im
Tempel, wo alle Juden zusammenkom-
men, und habe nichts im Verborgenen
geredet.[a] 21 Was fragst du mich? Frage
die, die gehört haben, was ich zu ihnen
geredet habe. Siehe, sie wissen, was ich
gesagt habe. 22 Als er so redete, schlug
einer von den Knechten, die dabeistan-
den, Jesus ins Gesicht und sprach: Sollst
du dem Hohenpriester so antworten?
23 Jesus antwortete: Habe ich übel gere-
det, so beweise, dass es böse ist; habe ich
aber recht geredet, was schlägst du mich?
24 Und Hannas sandte ihn gebunden zu
dem Hohenpriester Kaiphas.

25 Simon Petrus aber stand da und
wärmte sich. Da sprachen sie zu ihm:
Bist du nicht einer seiner Jünger? Er
leugnete und sprach: Ich bin's nicht.
26 Spricht einer von den Knechten des
Hohenpriesters, ein Verwandter dessen,
dem Petrus das Ohr abgehauen hatte:
Sah ich dich nicht im Garten bei ihm?
27 Da leugnete Petrus abermals, und als-
bald krähte der Hahn.

Jesu Verhör vor Pilatus

28 Da führten sie Jesus von Kaiphas zum
Prätorium; es war früh am Morgen. Und
sie gingen nicht hinein, damit sie nicht
unrein würden, sondern das Passamahl
essen könnten. 29 Da kam Pilatus zu
ihnen heraus und fragte: Was für eine
Klage bringt ihr gegen diesen Menschen
vor? 30 Sie antworteten und sprachen zu
ihm: Wäre dieser nicht ein Übeltäter, wir
hätten ihn dir nicht überantwortet. 31 Da
sprach Pilatus zu ihnen: So nehmt ihr ihn
hin und [a]richtet ihn nach eurem Gesetz.
Da sprachen die Juden zu ihm: Wir dür-
fen niemand töten. 32 So sollte das Wort
Jesu erfüllt werden, das er gesagt hatte,
[a]um anzuzeigen, welchen Todes er ster-
ben würde.

33 Da ging Pilatus wieder hinein ins
Prätorium und rief Jesus und fragte ihn:
Bist du der König der Juden? 34 Jesus
antwortete: Sagst du das von dir aus oder
haben dir's andere über mich gesagt?
35 Pilatus antwortete: Bin ich ein Jude?
Dein Volk und die Hohenpriester haben
dich mir überantwortet. Was hast du ge-
tan? 36 Jesus antwortete: **Mein Reich ist
nicht von dieser Welt.** Wäre mein Reich
von dieser Welt, meine Diener würden
darum kämpfen, dass ich den Juden
nicht überantwortet würde; nun aber ist

18,9: *a* Kap 17,12 **18,14:** *a* Lk 3,1-2; *b* Kap 11,49-50 **18,20:** *a* Kap 7,14.26 **18,31:** *a* Kap 19,6-7 **18,32:** *a* Kap 12,32-33; Mt 20,19

mein Reich nicht von dieser Welt. 37 Da
fragte ihn Pilatus: So bist du dennoch ein
König? Jesus antwortete: Du sagst es, **ich
bin ein König. Ich bin dazu geboren und in
die Welt gekommen, dass ich die Wahrheit
bezeugen soll. Wer aus der Wahrheit ist,
der hört meine Stimme.**[a] 38 Spricht Pila-
tus zu ihm: Was ist Wahrheit?

Und als er das gesagt hatte, ging er
wieder hinaus zu den Juden und spricht
zu ihnen: Ich finde keine Schuld an ihm.
39 Es besteht aber die Gewohnheit bei
euch, dass ich euch einen zum Passafest
losgebe; wollt ihr nun, dass ich euch den
König der Juden losgebe? 40 Da schrien
sie wiederum: Nicht diesen, sondern Bar-
abbas! Barabbas aber war ein Räuber.

Jesu Geißelung und Verspottung

19 Da nahm Pilatus Jesus und ließ ihn
geißeln. 2 Und die Soldaten floch-
ten eine Krone aus Dornen und setzten
sie auf sein Haupt und legten ihm ein
Purpurgewand an 3 und traten zu ihm
und sprachen: Sei gegrüßt, König der
Juden!, und schlugen ihm ins Gesicht.

4 Da ging Pilatus wieder hinaus und
sprach zu ihnen: Seht, ich führe ihn her-
aus zu euch, damit ihr erkennt, dass ich
keine Schuld an ihm finde. 5 Und Jesus
kam heraus und trug die Dornenkrone
und das Purpurgewand. Und Pilatus
spricht zu ihnen: Seht, welch ein
Mensch!

Jesu Verurteilung

6 Als ihn die Hohenpriester und die Knech-
te sahen, schrien sie: Kreuzige! Kreuzige!
Pilatus spricht zu ihnen: Nehmt ihr ihn
hin und kreuzigt ihn, denn ich finde
keine Schuld an ihm. 7 Die Juden ant-
worteten ihm: Wir haben ein Gesetz und
nach dem Gesetz muss er sterben, denn
[a]er hat sich selbst zu Gottes Sohn ge-
macht.

8 Als Pilatus dies Wort hörte, fürchtete
er sich noch mehr 9 und ging wieder hin-
ein in das Prätorium und spricht zu Je-
sus: Woher bist du? Aber Jesus gab ihm
keine Antwort. 10 Da sprach Pilatus zu
ihm: Redest du nicht mit mir? Weißt du
nicht, dass ich Macht habe, dich loszuge-
ben, und Macht habe, dich zu kreuzigen?
11 Jesus antwortete: Du hättest keine
Macht über mich, wenn es dir nicht von
oben her gegeben wäre. Darum: der mich
dir überantwortet hat, der hat größere
Sünde.

12 Von da an trachtete Pilatus danach,
ihn freizulassen. Die Juden aber schrien:
Lässt du diesen frei, so bist du [a]des Kai-
sers Freund nicht; denn [b]wer sich zum
König macht, der ist gegen den Kaiser.
13 Als Pilatus diese Worte hörte, führte er
Jesus heraus und setzte sich auf den
Richterstuhl an der Stätte, die da heißt
Steinpflaster, auf Hebräisch Gabbata.
14 Es war aber am Rüsttag für das Passa-
fest um die sechste Stunde. Und er
spricht zu den Juden: Seht, das ist euer
König! 15 Sie schrien aber: Weg, weg mit
dem! Kreuzige ihn! Spricht Pilatus zu
ihnen: [a]Soll ich euren König kreuzigen?
Die Hohenpriester antworteten: Wir ha-
ben keinen König als den Kaiser. 16 Da
überantwortete er ihnen Jesus, dass er
gekreuzigt würde.

Jesu Kreuzigung und Tod

Sie nahmen ihn aber 17 und er trug sein
Kreuz und ging hinaus zur Stätte, die da
heißt Schädelstätte, auf Hebräisch Gol-
gatha. 18 Dort kreuzigten sie ihn und mit
ihm zwei andere zu beiden Seiten, Jesus
aber in der Mitte.

19 Pilatus aber schrieb eine Aufschrift
und setzte sie auf das Kreuz; und es war
geschrieben: Jesus von Nazareth, der Kö-
nig der Juden. 20 Diese Aufschrift lasen
viele Juden, denn die Stätte, wo Jesus
gekreuzigt wurde, war nahe bei der
Stadt. Und es war geschrieben in he-
bräischer, lateinischer und griechischer
Sprache. 21 Da sprachen die Hohenpries-
ter der Juden zu Pilatus: Schreib nicht:
Der König der Juden, sondern dass er
gesagt hat: Ich bin der König der Juden.
22 Pilatus antwortete: Was ich geschrie-
ben habe, das habe ich geschrieben.

23 Als aber die Soldaten Jesus gekreu-
zigt hatten, nahmen sie seine Kleider und
machten vier Teile, für jeden Soldaten
einen Teil, dazu auch das Gewand. Das
war aber ungenäht, von oben an gewebt

18,37: *a* 1.Tim 6,13 **19,7:** *a* Kap 10,33; 3.Mose 24,16 **19,12:** *a* St zu Dan 2,1; *b* Apg 17,7 **19,15:** *a* Kap 18,37

in einem Stück. 24 Da sprachen sie unter-
einander: Lasst uns das nicht zerteilen,
sondern darum losen, wem es gehören
soll. So sollte die Schrift erfüllt werden,
die sagt (Psalm 22,19): »Sie haben meine
Kleider unter sich geteilt und haben über
mein Gewand das Los geworfen.« Das
taten die Soldaten.

25 Es standen aber bei dem Kreuz Jesu
seine Mutter und seiner Mutter Schwes-
ter, Maria, die Frau des Klopas, und Ma-
ria von Magdala. 26 Als nun Jesus seine
Mutter sah und bei ihr den Jünger, [a]den
er lieb hatte, spricht er zu seiner Mutter:
Frau, siehe, das ist dein Sohn! 27 Danach
spricht er zu dem Jünger: **Siehe, das ist
deine Mutter!** Und von der Stunde an
nahm sie der Jünger zu sich.

28 Danach, als Jesus wusste, dass schon
alles vollbracht war, spricht er, [a]damit
die Schrift erfüllt würde: **Mich dürstet.**
29 Da stand ein Gefäß voll Essig. Sie aber
[a]füllten einen Schwamm mit Essig und
steckten ihn auf ein Ysoprohr und hielten
es ihm an den Mund. 30 Als nun Jesus den
Essig genommen hatte, sprach er: **Es ist
vollbracht!,** und neigte das Haupt und
verschied.

31 Weil es aber Rüsttag war und [a]die
Leichname nicht am Kreuz bleiben soll-
ten den Sabbat über – denn dieser Sabbat
war ein hoher Festtag –, baten die Juden
Pilatus, dass ihnen die Beine gebrochen
und sie abgenommen würden. 32 Da ka-
men die Soldaten und brachen dem ers-
ten die Beine und auch dem andern, der
mit ihm gekreuzigt war. 33 Als sie aber zu
Jesus kamen und sahen, dass er schon
gestorben war, brachen sie ihm die Beine
nicht; 34 sondern einer der Soldaten stieß
mit dem Speer in seine Seite, und so-
gleich kam Blut und Wasser heraus.

35 Und der das gesehen hat, der hat es
bezeugt, und sein Zeugnis ist wahr, und
er weiß, dass er die Wahrheit sagt, damit
auch ihr glaubt. 36 Denn das ist gesche-
hen, damit die Schrift erfüllt würde
(2. Mose 12,46): »Ihr sollt ihm kein Bein
zerbrechen.« 37 Und wiederum sagt die
Schrift an einer andern Stelle (Sacharja
12,10): [a]»Sie werden den sehen, den sie
durchbohrt haben.«

Jesu Grablegung

38 Danach bat Josef von Arimathäa, der
ein Jünger Jesu war, doch heimlich, [a]aus
Furcht vor den Juden, den Pilatus, dass
er den Leichnam Jesu abnehmen dürfe.
Und Pilatus erlaubte es. Da kam er und
nahm den Leichnam Jesu ab. 39 Es kam
aber auch [a]Nikodemus, der vormals in
der Nacht zu Jesus gekommen war, und
brachte Myrrhe gemischt mit Aloe, etwa
hundert Pfund. 40 Da nahmen sie den
Leichnam Jesu und banden ihn in Lei-
nentücher mit wohlriechenden Ölen, wie
die Juden zu begraben pflegen. 41 Es war
aber an der Stätte, wo er gekreuzigt
wurde, ein Garten und im Garten ein
neues Grab, in das noch nie jemand ge-
legt worden war. 42 Dahin legten sie Jesus
wegen des Rüsttags der Juden, weil das
Grab nahe war.

Der Ostermorgen

(Mt 28,1-10; Mk 16,1-8; Lk 24,1-12)

20 Am ersten Tag der Woche kommt
Maria von Magdala früh, als es
noch finster war, zum Grab und sieht,
dass der Stein vom Grab weg war. 2 Da
läuft sie und kommt zu Simon Petrus
und zu dem andern Jünger, [a]den Jesus
lieb hatte, und spricht zu ihnen: Sie ha-
ben den Herrn weggenommen aus dem
Grab, und wir wissen nicht, wo sie ihn
hingelegt haben.

3 Da ging Petrus und der andere Jün-
ger hinaus und sie kamen zum Grab. 4 Es
liefen aber die zwei miteinander und der
andere Jünger lief voraus, schneller als
Petrus, und kam zuerst zum Grab,
5 schaut hinein und sieht die Leinen-
tücher liegen; er ging aber nicht hinein.
6 Da kam Simon Petrus ihm nach und
ging in das Grab hinein und sieht die
Leinentücher liegen, 7 aber das [a]Schweiß-
tuch, das Jesus um das Haupt gebunden
war, nicht bei den Leinentüchern liegen,
sondern daneben, zusammengewickelt an
einem besonderen Ort. 8 Da ging auch
der andere Jünger hinein, der zuerst zum
Grab gekommen war, und sah und
glaubte. 9 Denn [a]sie verstanden die
Schrift noch nicht, dass er von den Toten

19,26: *a* Kap 13,23 **19,28:** *a* Ps 22,16 **19,29:** *a* Ps 69,22 **19,31:** *a* 5. Mose 21,23 **19,37:** *a* Offb 1,7 **19,38:** *a* Kap 7,13 **19,39:** *a* Kap 3,2 **20,2:** *a* Kap 13,23 **20,7:** *a* Kap 11,44 **20,9:** *a* Lk 24,25-27; Apg 2,24-32; 1. Kor 15,4

auferstehen müsste. 10 Da gingen die Jün-
ger wieder heim.

Maria von Magdala

11 Maria aber stand draußen vor dem
Grab und weinte. Als sie nun weinte,
schaute sie in das Grab 12 und sieht zwei
Engel in weißen Gewändern sitzen, einen
zu Häupten und den andern zu den Fü-
ßen, wo sie den Leichnam Jesu hingelegt
hatten. 13 Und die sprachen zu ihr: Frau,
was weinst du? Sie spricht zu ihnen: Sie
haben meinen Herrn weggenommen, und
ich weiß nicht, wo sie ihn hingelegt
haben.

14 Und als sie das sagte, wandte sie sich
um und sieht Jesus stehen und weiß
nicht, dass es Jesus ist. 15 Spricht Jesus zu
ihr: Frau, was weinst du? Wen suchst du?
Sie meint, es sei der Gärtner, und spricht
zu ihm: Herr, hast du ihn weggetragen,
so sage mir, wo du ihn hingelegt hast;
dann will ich ihn holen. 16 Spricht Jesus
zu ihr: Maria! Da wandte sie sich um
und spricht zu ihm auf Hebräisch: Rab-
buni!, das heißt: Meister!

17 Spricht Jesus zu ihr: Rühre mich
nicht an! Denn ich bin noch nicht aufge-
fahren zum Vater. Geh aber hin zu mei-
nen [a]Brüdern und sage ihnen: Ich fahre
auf zu meinem Vater und zu eurem Vater,
zu meinem Gott und zu eurem Gott.
18 Maria von Magdala geht und verkün-
digt den Jüngern: Ich habe den Herrn
gesehen, und das hat er zu mir gesagt.

Die Vollmacht der Jünger

(Mk 16,14-18; Lk 24,36-49)

19 Am Abend aber dieses ersten Tages der
Woche, als die Jünger versammelt und
die Türen verschlossen waren aus Furcht
vor den Juden, kam Jesus und trat mitten
unter sie und spricht zu ihnen: Friede sei
mit euch! 20 Und als er das gesagt hatte,
[a]zeigte er ihnen die Hände und seine
Seite. Da wurden die Jünger froh, dass
sie den Herrn sahen.

21 Da sprach Jesus abermals zu ihnen:
**Friede sei mit euch! [a]Wie mich der Vater
gesandt hat, so sende ich euch.** 22 Und als
er das gesagt hatte, blies er sie an und
spricht zu ihnen: **Nehmt hin den Heiligen
Geist!** 23 **Welchen ihr die Sünden erlasst,
denen sind sie erlassen; und welchen ihr sie
behaltet, denen sind sie behalten.** [a]

Thomas

24 [a]Thomas aber, der Zwilling genannt
wird, einer der Zwölf, war nicht bei ih-
nen, als Jesus kam. 25 Da sagten die an-
dern Jünger zu ihm: Wir haben den
Herrn gesehen. Er aber sprach zu ihnen:
Wenn ich nicht in seinen Händen die
Nägelmale sehe und meinen Finger in die
Nägelmale lege und meine Hand in seine
[a]Seite lege, kann ich's nicht glauben.

26 Und nach acht Tagen waren seine
Jünger abermals drinnen versammelt und
Thomas war bei ihnen. Kommt Jesus, als
die Türen verschlossen waren, und tritt
mitten unter sie und spricht: **Friede sei
mit euch**! 27 Danach spricht er zu Tho-
mas: Reiche deinen Finger her und sieh
meine Hände, und reiche deine Hand her
und lege sie in meine Seite, und sei nicht
ungläubig, sondern gläubig! 28 Thomas
antwortete und sprach zu ihm: **Mein
Herr und [a]mein Gott!** 29 Spricht Jesus zu
ihm: Weil du mich gesehen hast, Tho-
mas, darum glaubst du. **Selig sind, [a]die
nicht sehen und doch glauben!**

30 Noch viele andere Zeichen tat Jesus
vor seinen Jüngern, die nicht geschrieben
sind in diesem Buch.[a] 31 Diese aber sind
geschrieben, damit ihr glaubt, dass Jesus
der Christus ist, der Sohn Gottes, und
damit ihr [a]durch den Glauben das Le-
ben habt in seinem Namen.

Der Auferstandene am See Tiberias

21 Danach offenbarte sich Jesus aber-
mals den Jüngern am See Tiberias.
Er offenbarte sich aber so:

2 Es waren beieinander Simon Petrus
und Thomas, der Zwilling genannt wird,
und [a]Nathanael aus Kana in Galiläa
und die Söhne des Zebedäus und zwei
andere seiner Jünger. 3 Spricht Simon
Petrus zu ihnen: Ich will fischen gehen.
Sie sprechen zu ihm: So wollen wir mit
dir gehen. Sie gingen hinaus und stiegen
in das Boot, und in dieser Nacht fingen
sie nichts.

4 Als es aber schon Morgen war, stand

20,17: *a* Hebr 2,11-12 **20,20:** *a* 1.Joh 1,1 **20,21:** *a* Kap 17,18 **20,23:** *a* Mt 18,18 **20,24:** *a* Kap 11,16; 14,5; 21,2 **20,25:** *a* Kap 19,34 **20,28:** *a* Kap 1,1 **20,29:** *a* 1.Petr 1,8; Hebr 11,1 **20,30:** *a* Kap 21,24-25 **20,31:** *a* 1.Joh 5,13 **21,2:** *a* Kap 1,45

Jesus am Ufer, aber [a]die Jünger wussten
nicht, dass es Jesus war. 5 Spricht Jesus
zu ihnen: Kinder, [a]habt ihr nichts zu
essen? Sie antworteten ihm: Nein. 6 Er
aber sprach zu ihnen: Werft das Netz aus
zur Rechten des Bootes, so werdet ihr
finden. Da warfen sie es aus und konn-
ten's nicht mehr ziehen wegen der Menge
der Fische.[a]

7 Da spricht der Jünger, [a]den Jesus lieb
hatte, zu Petrus: Es ist der Herr! Als
Simon Petrus hörte, dass es der Herr war,
gürtete er sich das Obergewand um, denn
er war nackt, und warf sich ins Wasser.
8 Die andern Jünger aber kamen mit dem
Boot, denn sie waren nicht fern vom
Land, nur etwa zweihundert Ellen, und
zogen das Netz mit den Fischen.

9 Als sie nun ans Land stiegen, sahen
sie ein Kohlenfeuer und Fische darauf
und Brot. 10 Spricht Jesus zu ihnen:
Bringt von den Fischen, die ihr jetzt ge-
fangen habt! 11 Simon Petrus stieg hinein
und zog das Netz an Land, voll großer
Fische, hundertdreiundfünfzig. Und ob-
wohl es so viele waren, zerriss doch das
Netz nicht.

12 Spricht Jesus zu ihnen: Kommt und
haltet das Mahl! Niemand aber unter
den Jüngern wagte, ihn zu fragen: Wer
bist du? Denn sie wussten, dass es der
Herr war. 13 Da kommt Jesus und
[a]nimmt das Brot und gibt's ihnen, des-
gleichen auch die Fische.

14 Das ist nun das dritte Mal, dass Je-
sus den Jüngern offenbart wurde, nach-
dem er von den Toten auferstanden war.

Petrus und Johannes

15 Als sie nun das Mahl gehalten hatten,
spricht Jesus zu Simon Petrus: [a]Simon,
Sohn des Johannes, hast du mich lieber,
als mich diese haben? Er spricht zu ihm:
Ja, Herr, du weißt, dass ich dich lieb
habe. Spricht Jesus zu ihm: Weide meine
Lämmer!

16 Spricht er zum zweiten Mal zu ihm:
Simon, Sohn des Johannes, hast du mich
lieb? Er spricht zu ihm: Ja, Herr, du
weißt, dass ich dich lieb habe. Spricht
Jesus zu ihm: [a]Weide meine Schafe!

17 Spricht er zum dritten Mal zu ihm:
Simon, Sohn des Johannes, hast du mich
lieb? Petrus wurde traurig, weil er [a]zum
dritten Mal zu ihm sagte: Hast du mich
lieb?, und sprach zu ihm: Herr, du weißt
alle Dinge, [b]du weißt, dass ich dich lieb
habe. Spricht Jesus zu ihm: Weide meine
Schafe!

18 Wahrlich, wahrlich, ich sage dir: Als
du jünger warst, gürtetest du dich selbst
und gingst, wo du hinwolltest; wenn du
aber alt wirst, wirst du deine Hände aus-
strecken und ein anderer wird dich gür-
ten und führen, wo du nicht hinwillst.
19 Das sagte er aber, um anzuzeigen, mit
welchem Tod er Gott preisen würde. Und
als er das gesagt hatte, spricht er zu ihm:
Folge mir nach![a]

20 Petrus aber wandte sich um und sah
den Jünger folgen, [a]den Jesus lieb hatte,
der auch beim Abendessen an seiner
Brust gelegen und gesagt hatte: Herr, wer
ist's, der dich verrät? 21 Als Petrus diesen
sah, spricht er zu Jesus: Herr, was wird
aber mit diesem? 22 Jesus spricht zu ihm:
Wenn ich will, dass er bleibt, bis ich
komme, was geht es dich an? Folge du
mir nach! 23 Da kam unter den Brüdern
die Rede auf: Dieser Jünger stirbt nicht.
Aber Jesus hatte nicht zu ihm gesagt: Er
stirbt nicht, sondern: Wenn ich will, dass
er bleibt, bis ich komme, was geht es dich
an?

24 Dies ist der Jünger, [a]der dies alles
bezeugt und aufgeschrieben hat, und wir
wissen, dass sein Zeugnis wahr ist. 25 Es
sind noch viele andere Dinge, die Jesus
getan hat. Wenn aber eins nach dem an-
dern aufgeschrieben werden sollte, so
würde, meine ich, die Welt die Bücher
nicht fassen, die zu schreiben wären.[a]

21,4: *a* Kap 20,14; Lk 24,16 **21,5:** *a* Lk 24,41 **21,6:** *a* Lk 5,4-7 **21,7:** *a* Kap 13,23 **21,13:** *a* Kap 6,11 **21,15:** *a* Kap 1,42 **21,16:** *a* 1.Petr 5,2.4 **21,17:** *a* Kap 13,38; *b* Kap 16,30 **21,19:** *a* Kap 13,36 **21,20:** *a* Kap 13,23.25 **21,24:** *a* Kap 15,27 **21,25:** *a* Kap 20,30; Ps 106,2

DIE APOSTELGESCHICHTE DES LUKAS

Inhaltsübersicht

Christi Himmelfahrt

1 Den [a]ersten Bericht habe ich gegeben, lieber Theophilus, von all dem, was Jesus von Anfang an tat und lehrte 2 bis zu dem Tag, an dem er aufgenommen wurde, [a]nachdem er den Aposteln, die er erwählt hatte, durch den Heiligen Geist Weisung gegeben hatte. 3 Ihnen zeigte er sich nach seinem Leiden durch viele Beweise als der Lebendige und ließ sich sehen unter ihnen vierzig Tage lang und redete mit ihnen vom Reich Gottes.

4 Und als er mit ihnen zusammen war, befahl er ihnen, Jerusalem nicht zu verlassen, sondern [a]zu warten auf die Verheißung des Vaters, die ihr, so sprach er, von mir gehört habt; 5 denn Johannes hat mit Wasser getauft, ihr aber sollt mit dem Heiligen Geist getauft werden nicht lange nach diesen Tagen.[a]

6 Die nun zusammengekommen waren, fragten ihn und sprachen: Herr, wirst du in dieser Zeit [a]wieder aufrichten das Reich für Israel? 7 Er sprach aber zu ihnen: Es gebührt euch nicht, Zeit oder Stunde zu wissen, die der Vater in seiner Macht bestimmt hat;[a] 8 aber **ihr werdet die Kraft des Heiligen Geistes empfangen, der auf euch kommen wird, und [a]werdet meine Zeugen sein** in Jerusalem und [b]in ganz Judäa und Samarien und bis an das Ende der Erde.

9 Und als er das gesagt hatte, [a]wurde er zusehends aufgehoben, und eine Wolke nahm ihn auf vor ihren Augen weg. 10 Und als sie ihm nachsahen, wie er gen Himmel fuhr, siehe, da standen bei ihnen [a]zwei Männer in weißen Gewändern. 11 Die sagten: Ihr Männer von Galiläa, was steht ihr da und seht zum Himmel? Dieser Jesus, der von euch weg gen Himmel aufgenommen wurde, wird so [a]wiederkommen, wie ihr ihn habt gen Himmel fahren sehen.

12 Da kehrten sie nach Jerusalem zurück von dem Berg, der heißt Ölberg und liegt nahe bei Jerusalem, einen Sabbatweg entfernt. 13 Und als sie hineinkamen, stiegen sie hinauf in das Obergemach des Hauses, wo sie sich aufzuhalten pflegten: [a]Petrus, Johannes, Jakobus und Andreas, Philippus und Thomas, Bartholomäus und Matthäus, Jakobus, der Sohn des Alphäus, und Simon der Zelot und Judas, der Sohn des Jakobus. 14 Diese alle waren stets beieinander einmütig im Gebet samt den Frauen und Maria, der Mutter Jesu, und [a]seinen Brüdern.

Die Nachwahl des zwölften Apostels

15 Und in den Tagen trat [a]Petrus auf unter den Brüdern – es war aber eine Menge beisammen von etwa hundertzwanzig – und sprach: 16 Ihr Männer und Brüder, es musste das Wort der Schrift erfüllt werden, das der Heilige Geist durch den Mund Davids vorausgesagt hat über Judas, der denen den Weg zeigte, die Jesus gefangen nahmen;[a] 17 denn er gehörte zu uns und hatte dieses

1,1: *a* Lk 1,3 **1,2:** *a* Mt 28,19-20 **1,4:** *a* Lk 24,29; Joh 15,26 **1,5:** *a* Mt 3,11 **1,6:** *a* Lk 19,11; 24,21 **1,7:** *a* Mt 24,36 **1,8:** *a* Lk 24,48; *b* Kap 8,1 **1,9:** *a* Mk 16,19; Lk 24,51 **1,10:** *a* Lk 24,4 **1,11:** *a* Lk 21,27 **1,13:** *a* Lk 6,13-16 **1,14:** *a* Joh 7,3 **1,15:** *a* Joh 21,15-19 **1,16:** *a* Ps 41,10

Amt mit uns empfangen. 18Der hat einen
Acker erworben mit dem Lohn für seine
Ungerechtigkeit. Aber er ist vornüber-
gestürzt und mitten entzweigeborsten,
sodass alle seine Eingeweide hervorquol-
len.[a] 19Und es ist allen bekannt gewor-
den, die in Jerusalem wohnen, sodass
dieser Acker in ihrer Sprache genannt
wird: Hakeldamach, das heißt Blutacker.
20Denn es steht geschrieben im Psalm-
buch (Psalm 69,26; 109,8): »Seine Behau-
sung soll verwüstet werden, und niemand
wohne darin«, und: »Sein Amt empfange
ein andrer.« 21So muss nun einer von
diesen Männern, die bei uns gewesen
sind [a]die ganze Zeit über, als der Herr
Jesus unter uns ein und aus gegangen ist
22– von der Taufe des Johannes an bis zu
dem Tag, an dem er von uns genommen
wurde –, mit uns Zeuge seiner Auferste-
hung werden.

23Und sie stellten zwei auf: Josef, ge-
nannt Barsabbas, mit dem Beinamen Jus-
tus, und Matthias, 24und [a]beteten und
sprachen: Herr, der du aller Herzen
kennst, zeige an, welchen du erwählt hast
von diesen beiden, 25damit er diesen
Dienst und das Apostelamt empfange,
das Judas verlassen hat, um an den Ort
zu gehen, wohin er gehört. 26Und sie
[a]warfen das Los über sie und das Los
fiel auf Matthias; und er wurde zuge-
ordnet zu den elf Aposteln.[b]

Das Pfingstwunder

2 Und als der [a]Pfingsttag gekommen
war, waren sie alle an **einem** Ort bei-
einander. 2Und es geschah plötzlich ein
Brausen vom Himmel wie von einem ge-
waltigen Wind und erfüllte das ganze
Haus, in dem sie saßen. 3Und es erschie-
nen ihnen Zungen, zerteilt wie von
Feuer; und er setzte sich auf einen jeden
von ihnen,[a] 4und [a]sie wurden alle erfüllt
von dem Heiligen Geist und fingen an zu
predigen in andern Sprachen*, wie der
Geist ihnen gab auszusprechen.

5Es wohnten aber in Jerusalem Juden,
die waren [a]gottesfürchtige Männer aus
allen Völkern unter dem Himmel. 6Als
nun dieses Brausen geschah, kam die
Menge zusammen und wurde bestürzt;
denn ein jeder hörte sie in seiner eigenen
Sprache reden. 7Sie entsetzten sich aber,
verwunderten sich und sprachen: Siehe,
sind nicht diese alle, die da reden, aus
Galiläa? 8Wie hören wir denn jeder seine
eigene Muttersprache? 9Parther und Me-
der und Elamiter und die wir wohnen
in Mesopotamien und Judäa, Kappa-
dozien, Pontus und der Provinz Asien,
10Phrygien und Pamphylien, Ägypten
und der Gegend von Kyrene in Libyen
und Einwanderer aus Rom, 11Juden und
Judengenossen, Kreter und Araber: wir
hören sie in unsern Sprachen von den
großen Taten Gottes reden.

12Sie entsetzten sich aber alle und wur-
den ratlos und sprachen einer zu dem
andern: Was will das werden? 13Andere
aber hatten ihren Spott und sprachen: Sie
sind voll von süßem Wein.

Die Pfingstpredigt des Petrus

14Da trat Petrus auf mit den Elf, erhob
seine Stimme und redete zu ihnen: Ihr
Juden, liebe Männer, und alle, die ihr in
Jerusalem wohnt, das sei euch kundge-
tan, und lasst meine Worte zu euren Oh-
ren eingehen! 15Denn diese sind nicht
betrunken, wie ihr meint, ist es doch erst
die dritte Stunde am Tage; 16sondern das
ist's, was durch den Propheten Joel ge-
sagt worden ist (Joel 3,1-5):

17»Und es soll geschehen in den letz-
ten Tagen, spricht Gott, da will ich aus-
gießen von meinem Geist auf alles
Fleisch; und eure Söhne und eure Töch-
ter sollen weissagen, und eure Jünglinge
sollen Gesichte sehen, und eure Alten
sollen Träume haben; 18und auf meine
Knechte und auf meine Mägde will ich in
jenen Tagen von meinem Geist ausgie-
ßen, und sie sollen weissagen. 19Und ich
will Wunder tun oben am Himmel und
Zeichen unten auf Erden, Blut und Feuer
und Rauchdampf; 20die Sonne soll in
Finsternis und der Mond in Blut ver-
wandelt werden, ehe der große Tag der
Offenbarung des Herrn kommt. 21Und
es soll geschehen: wer den Namen des
Herrn anrufen wird, der soll gerettet
werden.«

22Ihr Männer von Israel, hört diese

* Wörtlich: »in andern Zungen«; vgl. Sach- und Worterklärungen unter »Zungenrede« (siehe auch 10,46; 19,6).

1,18: *a* Mt 27,3-10 **1,21:** *a* Joh 15,27 **1,24:** *a* Kap 6,6 **1,26:** *a* Spr 16,33; *b* Ri 21,17 **2,1:** *a* 3.Mose 23,15-21 **2,3:** *a* Mt 3,11 **2,4:** *a* Kap 4,31; 10,44-46 **2,5:** *a* Kap 13,26

Worte: Jesus von Nazareth, von Gott un-
ter euch ausgewiesen durch Taten und
Wunder und Zeichen, die Gott durch ihn
in eurer Mitte getan hat, wie ihr selbst
wisst – 23 diesen Mann, der [a]durch Got-
tes Ratschluss und Vorsehung dahingege-
ben war, habt ihr durch die Hand der
Heiden ans Kreuz geschlagen und umge-
bracht. 24 Den hat Gott auferweckt und
hat aufgelöst die Schmerzen des Todes,
wie es denn unmöglich war, dass er vom
Tode festgehalten werden konnte. 25 Denn
David spricht von ihm (Psalm 16,8-11):
»Ich habe den Herrn allezeit vor Augen,
denn er steht mir zur Rechten, damit ich
nicht wanke. 26 Darum ist mein Herz
fröhlich, und meine Zunge frohlockt;
auch mein Leib wird ruhen in Hoffnung.
27 Denn du wirst mich nicht dem Tod
überlassen und nicht zugeben, dass dein
Heiliger die Verwesung sehe. 28 Du hast
mir kundgetan die Wege des Lebens; du
wirst mich erfüllen mit Freude vor dei-
nem Angesicht.«

29 Ihr Männer, liebe Brüder, lasst mich
freimütig zu euch reden von dem Erz-
vater David. [a]Er ist gestorben und be-
graben, und sein Grab ist bei uns bis auf
diesen Tag. 30 Da er nun ein Prophet war
und wusste, dass ihm Gott verheißen
hatte mit einem Eid, dass [a]ein Nach-
komme von ihm auf seinem Thron sitzen
sollte, 31 hat er's vorausgesehen und von
der Auferstehung des Christus gesagt: Er
ist nicht dem Tod überlassen, und sein
Leib hat die Verwesung nicht gesehen.
32 Diesen Jesus hat Gott auferweckt; des-
sen sind wir alle Zeugen. 33 Da er nun
durch die rechte Hand Gottes erhöht ist
und empfangen hat den verheißenen Hei-
ligen Geist vom Vater, [a]hat er diesen
ausgegossen, wie ihr hier seht und hört.
34 Denn David ist nicht gen Himmel ge-
fahren; sondern er sagt selbst (Psalm
110,1): »Der Herr sprach zu meinem
Herrn: Setze dich zu meiner Rechten,
35 bis ich deine Feinde zum Schemel dei-
ner Füße mache.« 36 So wisse nun das
ganze Haus Israel gewiss, dass Gott die-
sen Jesus, den ihr gekreuzigt habt, zum
Herrn und Christus gemacht hat.[a]

Die erste Gemeinde

37 Als sie aber das hörten, ging's ihnen
durchs Herz und sie sprachen zu Petrus
und den andern Aposteln: Ihr Männer,
liebe Brüder, [a]was sollen wir tun? 38 Pe-
trus sprach zu ihnen: [a]**Tut Buße und
jeder von euch lasse sich taufen auf den
Namen Jesu Christi zur Vergebung eurer
Sünden, so werdet ihr empfangen die Gabe
des Heiligen Geistes.** 39 Denn euch und
euren Kindern gilt diese Verheißung und
allen, die fern sind, so viele der Herr,
unser Gott, herzurufen wird.[a]

40 Auch mit vielen andern Worten be-
zeugte er das und ermahnte sie und
sprach: Lasst euch erretten aus diesem
[a]verkehrten Geschlecht! 41 Die nun sein
Wort annahmen, ließen sich taufen; und
an diesem Tage wurden hinzugefügt etwa
dreitausend Menschen.

42 **Sie blieben aber beständig in der
Lehre der Apostel und in der Gemein-
schaft und im [a]Brotbrechen und im Gebet.**
43 Es kam aber Furcht über alle Seelen
und es geschahen auch viele Wunder und
Zeichen durch die Apostel. 44 Alle aber,
die gläubig geworden waren, waren bei-
einander und hatten alle Dinge gemein-
sam.[a] 45 Sie verkauften Güter und Habe
und teilten sie aus unter alle, je nachdem
es einer nötig hatte. 46 Und sie waren täg-
lich einmütig beieinander im Tempel und
brachen das Brot hier und dort in den
Häusern, hielten die Mahlzeiten mit
Freude und lauterem Herzen 47 und lob-
ten Gott und fanden Wohlwollen beim
ganzen Volk. [a]Der Herr aber fügte täg-
lich zur Gemeinde hinzu, die gerettet
wurden.

Die Heilung des Gelähmten

3 Petrus aber und Johannes gingen hin-
auf in den Tempel um die neunte
Stunde, zur Gebetszeit. 2 Und es wurde
ein Mann herbeigetragen, lahm von
Mutterleibe; den setzte man täglich vor
die Tür des Tempels, die da heißt die
Schöne, damit er um Almosen bettelte
bei denen, die in den Tempel gingen. 3 Als
er nun Petrus und Johannes sah, wie sie

2,23: *a* Kap 4,28 **2,29:** *a* 1. Kön 2,10 **2,30:** *a* 2. Sam 7,12-13; Ps 89,4-5 **2,33:** *a* Joh 15,26 **2,36:** *a* Kap 5,31 **2,37:** *a* Kap 16,30; Lk 3,10 **2,38:** *a* Kap 3,17-19; Lk 24,47 **2,39:** *a* Joel 3,5 **2,40:** *a* Mt 17,17; Phil 2,15 **2,42:** *a* Kap 20,7 **2,44:** *a* Kap 4,32-35 **2,47:** *a* Kap 4,4; 5,14; 6,7; 11,21; 14,1

in den Tempel hineingehen wollten, bat
er um ein Almosen.
4 Petrus aber blickte ihn an mit Jo-
hannes und sprach: Sieh uns an! 5 Und er
sah sie an und wartete darauf, dass er
etwas von ihnen empfinge. 6 Petrus aber
sprach: Silber und Gold habe ich nicht;
was ich aber habe, das gebe ich dir: Im
Namen Jesu Christi von Nazareth steh
auf und geh umher! 7 Und er ergriff ihn
bei der rechten Hand und richtete ihn
auf. Sogleich wurden seine Füße und
Knöchel fest, 8 er sprang auf, konnte ge-
hen und stehen und ging mit ihnen in
den Tempel, lief und sprang umher und
lobte Gott.
9 Und es sah ihn alles Volk umher-
gehen und Gott loben. 10 Sie erkannten
ihn auch, dass er es war, der vor der
Schönen Tür des Tempels gesessen und
um Almosen gebettelt hatte; und Ver-
wunderung und Entsetzen erfüllte sie
über das, was ihm widerfahren war. 11 Als
er sich aber zu Petrus und Johannes hielt,
lief alles Volk zu ihnen in die [a]Halle, die
da heißt Salomos, und sie wunderten sich
sehr.
12 Als Petrus das sah, sprach er zu dem
Volk: Ihr Männer von Israel, was wun-
dert ihr euch darüber oder was seht ihr
auf uns, als hätten wir durch eigene
Kraft oder Frömmigkeit bewirkt, dass
dieser gehen kann? 13 Der Gott Abra-
hams und Isaaks und Jakobs, der Gott
unsrer Väter, hat seinen Knecht Jesus
verherrlicht, den ihr überantwortet und
verleugnet habt vor Pilatus, als der ihn
loslassen wollte. 14 Ihr aber habt den Hei-
ligen und Gerechten verleugnet und
darum [a]gebeten, dass man euch den
Mörder schenke; 15 aber den Fürsten des
Lebens habt ihr getötet. Den hat Gott
auferweckt von den Toten; dessen sind
wir Zeugen. 16 Und durch den Glauben
an seinen Namen hat sein Name diesen,
den ihr seht und kennt, stark gemacht;
und der Glaube, der durch ihn gewirkt
ist, hat diesem die Gesundheit gegeben
vor euer aller Augen.
17 Nun, liebe Brüder, ich weiß, dass
ihr's aus Unwissenheit getan habt wie
auch eure Oberen.[a] 18 Gott aber hat er-
füllt, was er durch den Mund aller seiner
Propheten zuvor verkündigt hat: dass
sein Christus leiden sollte.[a] 19 So tut nun
Buße und bekehrt euch, dass eure Sün-
den getilgt werden,[a] 20 damit die Zeit der
Erquickung komme von dem Angesicht
des Herrn und er den sende, der euch
zuvor zum Christus bestimmt ist: Jesus.
21 Ihn muss der Himmel aufnehmen bis
zu der Zeit, in der alles wiedergebracht
wird, wovon Gott geredet hat durch den
Mund seiner heiligen Propheten von An-
beginn. 22 Mose hat gesagt (5. Mose
18,15; 18,19): »Einen Propheten wie mich
wird euch der Herr, euer Gott, erwecken
aus euren Brüdern; den sollt ihr hören in
allem, was er zu euch sagen wird. 23 Und
es wird geschehen, wer diesen Propheten
nicht hören wird, der soll vertilgt werden
aus dem Volk.« 24 Und alle Propheten
von Samuel an, wie viele auch danach
geredet haben, die haben auch diese Tage
verkündigt. 25 Ihr seid die Söhne der Pro-
pheten und des Bundes, den Gott ge-
schlossen hat mit euren Vätern, als er zu
Abraham sprach (1. Mose 22,18): »Durch
dein Geschlecht sollen gesegnet werden
alle Völker auf Erden.« 26 [a]Für euch zu-
erst hat Gott seinen Knecht Jesus er-
weckt und hat ihn zu euch gesandt, euch
zu segnen, dass ein jeder sich bekehre
von seiner Bosheit.

Petrus und Johannes vor dem Hohen Rat

4 Während sie zum Volk redeten, tra-
ten zu ihnen die Priester und der
[a]Hauptmann des Tempels und die Sad-
duzäer, 2 die verdross, dass sie das Volk
lehrten und [a]verkündigten an Jesus die
Auferstehung von den Toten. 3 Und sie
legten Hand an sie und setzten sie ge-
fangen bis zum Morgen; denn es war
schon Abend. 4 Aber viele von denen, die
das Wort gehört hatten, wurden gläubig;
und die Zahl der Männer stieg auf etwa
fünftausend.[a]
5 Als nun der Morgen kam, versam-
melten sich ihre Oberen und Ältesten
und Schriftgelehrten in Jerusalem, 6 auch
[a]Hannas, der Hohepriester, und Kaiphas
und Johannes und Alexander und alle,
die vom Hohenpriestergeschlecht waren;

3,11: *a* Kap 5,12; Joh 10,23 **3,14:** *a* Mt 27,20-21 **3,17:** *a* Lk 23,34 **3,18:** *a* Lk 24,44 **3,19:** *a* Kap 2,38 **3,26:** *a* Kap 13,46 **4,1:** *a* Lk 22,4.52 **4,2:** *a* Kap 23,8 **4,4:** *a* Kap 2,47 **4,6:** *a* Lk 3,1-2

7 und sie stellten sie vor sich und fragten
sie: Aus welcher Kraft oder in welchem
Namen habt ihr das getan?[a] 8 Petrus,
[a]voll des Heiligen Geistes, sprach zu
ihnen: Ihr Oberen des Volkes und ihr
Ältesten! 9 Wenn wir heute verhört wer-
den wegen dieser Wohltat an dem kran-
ken Menschen, durch wen er gesund ge-
worden ist, 10 so sei euch und dem ganzen
Volk Israel kundgetan: [a]Im Namen Jesu
Christi von Nazareth, den ihr gekreuzigt
habt, den Gott von den Toten auf-
erweckt hat; durch ihn steht dieser hier
gesund vor euch. 11 Das ist der Stein, von
euch Bauleuten verworfen, der zum Eck-
stein geworden ist.[a] 12 Und **in keinem
andern ist das Heil, auch ist [a]kein andrer
Name unter dem Himmel den Menschen
gegeben, durch den wir sollen selig wer-
den.**

13 Sie sahen aber den Freimut des Pe-
trus und Johannes und wunderten sich;
denn sie merkten, dass sie ungelehrte und
einfache Leute waren, und wussten auch
von ihnen, dass sie mit Jesus gewesen
waren. 14 Sie sahen aber den Menschen,
[a]der gesund geworden war, bei ihnen ste-
hen und wussten nichts dagegen zu sa-
gen. 15 Da hießen sie sie hinausgehen aus
dem Hohen Rat und verhandelten mit-
einander und sprachen: 16 Was wollen wir
mit diesen Menschen tun? Denn dass ein
offenkundiges Zeichen durch sie gesche-
hen ist, ist allen bekannt, die in Jeru-
salem wohnen, und wir können's nicht
leugnen.[a] 17 Aber damit es nicht weiter
einreiße unter dem Volk, wollen wir ih-
nen drohen, dass sie hinfort zu keinem
Menschen in diesem Namen reden.
18 Und sie riefen sie und geboten ihnen,
keinesfalls zu reden oder zu lehren in
dem Namen Jesu. 19 Petrus aber und Jo-
hannes antworteten und sprachen zu ih-
nen: Urteilt selbst, [a]ob es vor Gott recht
ist, dass wir euch mehr gehorchen als
Gott. 20 **Wir können's ja nicht lassen, von
dem zu reden, was wir gesehen und gehört
haben.**

21 Da drohten sie ihnen und ließen sie
gehen um des Volkes willen, weil sie
nichts fanden, was Strafe verdient hätte;
denn alle lobten Gott für das, was ge-
schehen war. 22 Denn der Mensch war
über vierzig Jahre alt, an dem dieses Zei-
chen der Heilung geschehen war.

Das Gebet der Gemeinde

23 Und als man sie hatte gehen lassen,
kamen sie zu den Ihren und berichteten,
was die Hohenpriester und Ältesten zu
ihnen gesagt hatten. 24 Als sie das hörten,
erhoben sie ihre Stimme einmütig zu
Gott und sprachen: Herr, du hast Him-
mel und Erde und das Meer und alles,
was darin ist, gemacht, 25 du hast durch
den Heiligen Geist, durch den Mund un-
seres Vaters David, deines Knechtes, ge-
sagt (Psalm 2,1-2): »Warum toben die
Heiden, und die Völker nehmen sich vor,
was umsonst ist? 26 Die Könige der Erde
treten zusammen, und die Fürsten ver-
sammeln sich wider den Herrn und sei-
nen Christus.« 27 Wahrhaftig, sie haben
sich versammelt in dieser Stadt gegen
deinen heiligen Knecht Jesus, den du ge-
salbt hast, [a]Herodes und Pontius Pilatus
mit den Heiden und den Stämmen Is-
raels, 28 zu tun, was deine Hand und dein
Ratschluss zuvor bestimmt hatten, dass
es geschehen solle.[a] 29 Und nun, Herr,
sieh an ihr Drohen und **gib deinen Knech-
ten, [a]mit allem Freimut zu reden dein
Wort;** 30 strecke deine Hand aus, dass
Heilungen und Zeichen und Wunder ge-
schehen durch den Namen deines hei-
ligen Knechtes Jesus.

31 Und als sie gebetet hatten, erbebte
die Stätte, wo sie versammelt waren; und
sie wurden alle vom Heiligen Geist erfüllt
und redeten das Wort Gottes mit Frei-
mut.

Die Gütergemeinschaft der ersten Christen

32 Die Menge der Gläubigen aber war ein
Herz und eine Seele; auch nicht einer
sagte von seinen Gütern, dass sie sein
wären, sondern [a]es war ihnen alles ge-
meinsam. 33 Und mit großer Kraft be-
zeugten die Apostel die Auferstehung des
Herrn Jesus, und große [a]Gnade war bei
ihnen allen. 34 Es war auch [a]keiner unter
ihnen, der Mangel hatte; denn wer von
ihnen Äcker oder Häuser besaß, ver-

4,7: *a* Mt 21,23 **4,8:** *a* Mt 10,19-20 **4,10:** *a* Kap 3,6.13-16 **4,11:** *a* Mt 21,42 **4,12:** *a* Kap 10,43; Mt 1,21 **4,14:** *a* Kap 3,8-9 **4,16:** *a* Joh 11,47 **4,19:** *a* Kap 5,28-29 **4,27:** *a* Lk 23,12 **4,28:** *a* Kap 2,23 **4,29:** *a* Eph 6,19 **4,32:** *a* Kap 2,44 **4,33:** *a* Kap 2,47 **4,34:** *a* Kap 2,45

kaufte sie und brachte das Geld für das
Verkaufte 35 und legte es den Aposteln zu
Füßen; und man gab einem jeden, was er
nötig hatte.
36 Josef aber, der von den Aposteln [a] Bar-
nabas genannt wurde – das heißt über-
setzt: Sohn des Trostes –, ein Levit, aus
Zypern gebürtig, 37 der hatte einen Acker
und verkaufte ihn und brachte das Geld
und legte es den Aposteln zu Füßen.

Hananias und Saphira

5 Ein Mann aber mit Namen Hananias
samt seiner Frau Saphira verkaufte
einen Acker, 2 doch er hielt mit Wissen
seiner Frau etwas von dem Geld zurück
und brachte nur einen Teil und [a] legte ihn
den Aposteln zu Füßen. 3 Petrus aber
sprach: Hananias, warum hat der Satan
dein Herz erfüllt, dass du den Heiligen
Geist belogen und etwas vom Geld für
den Acker zurückbehalten hast? 4 Hättest
du den Acker nicht behalten können, als
du ihn hattest? Und konntest du nicht
auch, als er verkauft war, noch tun, was
du wolltest? Warum hast du dir dies in
deinem Herzen vorgenommen? Du hast
nicht Menschen, sondern Gott belogen.
5 Als Hananias diese Worte hörte, fiel er
zu Boden und gab den Geist auf. Und es
kam eine große Furcht über alle, die dies
hörten. 6 Da standen die jungen Männer
auf und deckten ihn zu und trugen ihn
hinaus und begruben ihn.
7 Es begab sich nach einer Weile, etwa
nach drei Stunden, da kam seine Frau
herein und wusste nicht, was geschehen
war. 8 Aber Petrus sprach zu ihr: Sag mir,
habt ihr den Acker für diesen Preis ver-
kauft? Sie sprach: Ja, für diesen Preis.
9 Petrus aber sprach zu ihr: Warum seid
ihr euch denn einig geworden, den Geist
des Herrn zu versuchen? Siehe, die Füße
derer, die deinen Mann begraben haben,
sind vor der Tür und werden auch dich
hinaustragen. 10 Und sogleich fiel sie zu
Boden, ihm vor die Füße, und gab den
Geist auf. Da kamen die jungen Männer
und fanden sie tot, trugen sie hinaus und
begruben sie neben ihrem Mann. 11 Und
es kam eine große Furcht über die ganze
Gemeinde und über alle, die das hörten.

Wundertaten der Apostel

12 Es geschahen aber viele Zeichen und
Wunder im Volk durch die Hände der
Apostel; und sie waren alle in der [a] Halle
Salomos einmütig beieinander. 13 Von
den andern aber wagte keiner, ihnen zu
nahe zu kommen; doch das Volk hielt
viel von ihnen. 14 Desto mehr aber wuchs
die Zahl derer, die an den Herrn glaubten
– eine Menge Männer und Frauen –, [a]
15 sodass sie die Kranken sogar auf die
Straßen hinaustrugen und sie auf Betten
und Bahren legten, damit, wenn Petrus
käme, wenigstens sein Schatten auf einige
von ihnen fiele. [a] 16 Es kamen auch viele
aus den Städten rings um Jerusalem und
brachten Kranke und solche, die von un-
reinen Geistern geplagt waren; und alle
wurden gesund.

Die Apostel vor dem Hohen Rat

17 Es erhoben sich aber [a] der Hohepries-
ter und alle, die mit ihm waren, nämlich
die Partei der Sadduzäer, von Eifersucht
erfüllt, 18 und legten Hand an die Apostel
und warfen sie in das öffentliche Gefäng-
nis. 19 Aber [a] der Engel des Herrn tat in
der Nacht die Türen des Gefängnisses
auf und führte sie heraus und sprach:
20 Geht hin und tretet im Tempel auf und
redet zum Volk alle Worte des Lebens.
21 Als sie das gehört hatten, gingen sie
frühmorgens in den Tempel und lehrten.
Der Hohepriester aber und die mit
ihm waren, kamen und riefen den Hohen
Rat und alle Ältesten in Israel zusammen
und sandten zum Gefängnis, sie zu ho-
len. 22 Die Knechte gingen hin und fan-
den sie nicht im Gefängnis, kamen zu-
rück und berichteten: 23 Das Gefängnis
fanden wir fest verschlossen und die
Wächter vor den Türen stehen; aber als
wir öffneten, fanden wir niemanden
darin. 24 Als der Hauptmann des Tempels
und die Hohenpriester diese Worte hör-
ten, wurden sie betreten und wussten
nicht, was daraus werden sollte. 25 Da
kam jemand, der berichtete ihnen: Siehe,
die Männer, die ihr ins Gefängnis gewor-
fen habt, stehen im Tempel und lehren
das Volk. 26 Da ging der Hauptmann mit

4,36: *a* Kap 11,22-26; 12,25; 15,2; Gal 2,1; Kol 4,10 **5,2:** *a* Kap 4,34-37 **5,12:** *a* Kap 3,11 **5,14:** *a* Kap 2,47 **5,15:** *a* Kap 19,11-12 **5,17:** *a* Kap 4,1.6 **5,19:** *a* Kap 12,7

den Knechten hin und holte sie, doch
nicht mit Gewalt; denn sie fürchteten
sich vor dem Volk, dass sie gesteinigt
würden.
27 Und sie brachten sie und stellten sie
vor den Hohen Rat. Und der Hohepries-
ter fragte sie 28 und sprach: [a]Haben wir
euch nicht streng geboten, in diesem Na-
men nicht zu lehren? Und seht, ihr habt
Jerusalem erfüllt mit eurer Lehre und
[b]wollt das Blut dieses Menschen über
uns bringen. 29 Petrus aber und die Apos-
tel antworteten und sprachen: **Man muss
Gott mehr gehorchen als den Menschen.**[a]
30 Der Gott unsrer Väter hat Jesus aufer-
weckt, den ihr an das Holz gehängt und
getötet habt.[a] 31 Den hat Gott [a]durch
seine rechte Hand erhöht zum Fürsten
und Heiland, um Israel Buße und Ver-
gebung der Sünden zu geben. 32 Und
[a]wir sind Zeugen dieses Geschehens und
mit uns [b]der Heilige Geist, den Gott
denen gegeben hat, die ihm gehorchen.
33 Als sie das hörten, ging's ihnen durchs
Herz und sie wollten sie töten.

Der Rat des Gamaliel

34 Da stand aber im Hohen Rat ein Pha-
risäer auf mit Namen [a]Gamaliel, ein
Schriftgelehrter, vom ganzen Volk in
Ehren gehalten, und ließ die Männer
für kurze Zeit hinausführen. 35 Und er
sprach zu ihnen: Ihr Männer von Israel,
seht genau zu, was ihr mit diesen Men-
schen tun wollt. 36 Denn vor einiger Zeit
stand Theudas auf und gab vor, er wäre
etwas, und ihm hing eine Anzahl Männer
an, etwa vierhundert. Der wurde erschla-
gen und alle, die ihm folgten, wurden
zerstreut und vernichtet. 37 Danach stand
Judas der Galiläer auf in den Tagen der
Volkszählung und brachte eine Menge
Volk hinter sich zum Aufruhr; und der ist
auch umgekommen und alle, die ihm
folgten, wurden zerstreut. 38 Und nun
sage ich euch: Lasst ab von diesen Men-
schen und lasst sie gehen! [a]Ist dies Vor-
haben oder dies Werk von Menschen, so
wird's untergehen; 39 ist es aber von Gott,
so könnt ihr sie nicht vernichten – damit
ihr nicht dasteht als solche, die gegen
Gott streiten wollen.
Da stimmten sie ihm zu 40 und riefen
die Apostel herein, [a]ließen sie geißeln
und geboten ihnen, sie sollten nicht mehr
im Namen Jesu reden, und ließen sie
gehen. 41 Sie gingen aber [a]fröhlich von
dem Hohen Rat fort, weil sie würdig ge-
wesen waren, um Seines Namens willen
Schmach zu leiden, 42 und sie hörten
nicht auf, alle Tage im Tempel und hier
und dort in den Häusern zu lehren und
zu predigen das Evangelium von Jesus
Christus.

Die Wahl der sieben Armenpfleger

6 In diesen Tagen aber, als die Zahl der
Jünger zunahm, erhob sich ein Mur-
ren unter den griechischen Juden in der
Gemeinde gegen die hebräischen, weil
ihre Witwen übersehen wurden bei der
[a]täglichen Versorgung. 2 Da riefen die
Zwölf die Menge der Jünger zusammen
und sprachen: Es ist nicht recht, dass
wir für die Mahlzeiten sorgen und dar-
über das Wort Gottes vernachlässigen.
3 Darum, ihr lieben Brüder, seht euch um
nach sieben Männern in eurer Mitte, die
[a]einen guten Ruf haben und voll Hei-
ligen Geistes und Weisheit sind, die wir
bestellen wollen zu diesem Dienst. 4 Wir
aber wollen ganz beim Gebet und beim
Dienst des Wortes bleiben.
5 Und die Rede gefiel der ganzen
Menge gut; und sie wählten Stephanus,
einen Mann voll Glaubens und Heiligen
Geistes, und [a]Philippus und Prochorus
und Nikanor und Timon und Parmenas
und Nikolaus, den Judengenossen aus
Antiochia. 6 Diese Männer stellten sie
vor die Apostel; die [a]beteten und legten
die Hände auf sie. 7 Und das Wort Gottes
breitete sich aus und die Zahl der Jünger
wurde sehr groß in Jerusalem. Es wurden
auch viele Priester dem Glauben gehor-
sam.[a]

Stephanus vor dem Hohen Rat

8 Stephanus aber, voll Gnade und Kraft,
tat Wunder und große Zeichen unter
dem Volk. 9 Da standen einige auf von
der Synagoge der Libertiner und der Ky-
renäer und der Alexandriner und einige
von denen aus Zilizien und der Provinz

5,28: *a* Kap 4,18; *b* Mt 27,25 **5,29:** *a* Kap 4,19; Dan 3,17-18 **5,30:** *a* Kap 3,15 **5,31:** *a* Kap 2,33 **5,32:** *a* Lk 24,48; *b* Joh 15,26-27 **5,34:** *a* Kap 22,3 **5,38:** *a* Mt 15,13 **5,40:** *a* Mt 10,17 **5,41:** *a* Mt 5,10-12; 1.Petr 4,13 **6,1:** *a* Kap 4,35 **6,3:** *a* 1.Tim 3,8-10 **6,5:** *a* Kap 8,5 **6,6:** *a* Kap 1,24; 13,3; 14,23 **6,7:** *a* Kap 2,47; 19,20

Asien und stritten mit Stephanus.
10 Doch sie vermochten nicht zu wider-
stehen der Weisheit und dem Geist, in
dem er redete.[a]
11 Da stifteten sie einige Männer an,
die sprachen: Wir haben ihn Lästerworte
reden hören gegen Mose und gegen
Gott.[a] 12 Und sie brachten das Volk und
die Ältesten und die Schriftgelehrten auf,
traten herzu und ergriffen ihn und führ-
ten ihn vor den Hohen Rat 13 und stellten
falsche Zeugen auf, die sprachen: Dieser
Mensch hört nicht auf, zu reden [a]gegen
diese heilige Stätte und das Gesetz.
14 Denn wir haben ihn sagen hören: Die-
ser Jesus von Nazareth [a]wird diese Stätte
zerstören und die Ordnungen ändern, die
uns Mose gegeben hat. 15 Und alle, die im
Rat saßen, blickten auf ihn und sahen
sein Angesicht wie eines Engels Ange-
sicht.

Die Rede des Stephanus

7 Da fragte der Hohepriester: Ist das
so? 2 [a]Er aber sprach: Liebe Brüder
und Väter, hört zu. Der Gott der Herr-
lichkeit erschien unserm Vater Abraham,
als er noch in Mesopotamien war, ehe er
in Haran wohnte, 3 und sprach zu ihm
(1. Mose 12,1): »Geh aus deinem Land
und von deiner Verwandtschaft und zieh
in das Land, das ich dir zeigen will.« 4 Da
ging er aus dem Land der Chaldäer und
wohnte in Haran. Und als sein Vater
gestorben war, brachte Gott ihn von dort
herüber in dies Land, in dem ihr nun
wohnt, 5 aber er gab ihm kein Eigentum
darin, auch nicht einen Fußbreit, und
verhieß ihm, er wolle es ihm und seinen
Nachkommen zum Besitz geben, obwohl
er noch kein Kind hatte. 6 Denn so
sprach Gott (1. Mose 15,13-14): »Deine
Nachkommen werden Fremdlinge sein in
einem fremden Lande, und man wird sie
knechten und misshandeln [a]vierhundert
Jahre lang. 7 Aber das Volk, dem sie als
Knechte dienen müssen, will ich rich-
ten«, sprach Gott, »und danach werden
sie ausziehen und mir dienen an dieser
Stätte.« 8 Und er gab ihm den Bund der
Beschneidung. Und so zeugte er Isaak
und beschnitt ihn am achten Tage, und
Isaak den Jakob, und Jakob die zwölf
Erzväter.
9 Und die Erzväter beneideten Josef
und verkauften ihn nach Ägypten. Aber
Gott war mit ihm 10 und errettete ihn aus
aller seiner Bedrängnis und gab ihm
Gnade und Weisheit vor dem Pharao,
dem König von Ägypten; der setzte ihn
zum Regenten über Ägypten und über
sein ganzes Haus. 11 Es kam aber eine
Hungersnot über ganz Ägypten und Ka-
naan und eine große Bedrängnis, und
unsre Väter fanden keine Nahrung. 12 Ja-
kob aber hörte, dass es in Ägypten Ge-
treide gäbe, und sandte unsre Väter aus
zum ersten Mal. 13 Und beim zweiten
Mal gab sich Josef seinen Brüdern zu
erkennen; so wurde dem Pharao Josefs
Herkunft bekannt. 14 Josef aber sandte
aus und ließ seinen Vater Jakob holen
und seine ganze Verwandtschaft, fünf-
undsiebzig Menschen. 15 Und Jakob zog
hinab nach Ägypten und starb, er und
unsre Väter; 16 und sie wurden nach Si-
chem herübergebracht und in das Grab
gelegt, das Abraham für Geld gekauft
hatte von den Söhnen Hamors in Si-
chem.
17 [a]Als nun die Zeit der Verheißung
sich nahte, die Gott dem Abraham zuge-
sagt hatte, wuchs das Volk und mehrte
sich in Ägypten, 18 bis ein andrer König
über Ägypten aufkam, der nichts wusste
von Josef. 19 Dieser ging mit Hinterlist
vor gegen unser Volk und misshandelte
unsre Väter und ließ ihre kleinen Kinder
aussetzen, damit sie nicht am Leben blie-
ben. 20 Zu der Zeit wurde Mose geboren
und er war ein schönes Kind vor Gott
und wurde drei Monate ernährt im
Hause seines Vaters. 21 Als er aber ausge-
setzt wurde, nahm ihn die Tochter des
Pharao auf und zog ihn auf als ihren
Sohn. 22 Und Mose wurde in aller Weis-
heit der Ägypter gelehrt und war mäch-
tig in Worten und Werken.
23 Als er aber vierzig Jahre alt wurde,
gedachte er, nach seinen Brüdern, den
Israeliten, zu sehen. 24 Und sah einen
Unrecht leiden; da stand er ihm bei und
rächte den, dem Leid geschah, und er-
schlug den Ägypter. 25 Er meinte aber,

6,10: *a* Lk 21,15 **6,11:** *a* Mt 26,60-66 **6,13:** *a* Jer 26,9.11 **6,14:** *a* Joh 2,19 **7,2:** *a (2-16)* 1. Mose 11,27–50,26; Jos 24,32 **7,6:** *a* 2. Mose 12,40 **7,17:** *a (17-35)* 2. Mose 1,6–3,22

seine Brüder sollten's verstehen, dass
Gott durch seine Hand ihnen Rettung
bringe; aber sie verstanden's nicht. 26 Und
am nächsten Tag kam er zu ihnen, als sie
miteinander stritten, und ermahnte sie,
Frieden zu halten, und sprach: Liebe
Männer, ihr seid doch Brüder; warum tut
einer dem andern Unrecht? 27 Der aber
seinem Nächsten Unrecht getan hatte,
stieß ihn von sich und sprach (2. Mose
2,14): »Wer hat dich zum Aufseher und
Richter über uns gesetzt? 28 Willst du
mich auch töten, wie du gestern den
Ägypter getötet hast?« 29 Mose aber floh
wegen dieser Rede und lebte als Fremd-
ling im Lande Midian; dort [a]zeugte er
zwei Söhne.

30 Und nach vierzig Jahren erschien
ihm in der Wüste am Berge Sinai ein
Engel in einer Feuerflamme im Dorn-
busch. 31 Als aber Mose das sah, wun-
derte er sich über die Erscheinung. Als er
aber hinzuging zu schauen, geschah die
Stimme des Herrn zu ihm (2. Mose
3,5-10): 32 »Ich bin der Gott deiner Väter,
der Gott Abrahams und Isaaks und Ja-
kobs.« Mose aber fing an zu zittern und
wagte nicht hinzuschauen. 33 Aber der
Herr sprach zu ihm: »Zieh die Schuhe
aus von deinen Füßen; denn die Stätte,
auf der du stehst, ist heiliges Land! 34 Ich
habe gesehen das Leiden meines Volkes,
das in Ägypten ist, und habe sein Seuf-
zen gehört und bin herabgekommen, es
zu erretten. Und nun komm her, ich will
dich nach Ägypten senden.« 35 Diesen
Mose, den sie verleugnet hatten, als sie
sprachen: »Wer hat dich als Aufseher
und Richter eingesetzt?«, den sandte
Gott als Anführer und Retter durch den
Engel, der ihm im Dornbusch erschienen
war. 36 Dieser Mose führte sie heraus und
tat Wunder und Zeichen [a]in Ägypten,
[b]im Roten Meer und in der Wüste vier-
zig Jahre lang. 37 Dies ist der Mose, der
zu den Israeliten gesagt hat (5. Mose
18,15): »Einen Propheten wie mich wird
euch der Herr, euer Gott, erwecken aus
euren Brüdern.« 38 Dieser ist's, der in der
Gemeinde in der Wüste stand zwischen
dem Engel, der mit ihm redete [a]auf dem
Berge Sinai, und unsern Vätern. [b]Dieser
empfing Worte des Lebens, um sie uns
weiterzugeben.

39 Ihm wollten unsre Väter nicht gehor-
sam werden, sondern sie stießen ihn von
sich und wandten sich in ihrem Herzen
wieder Ägypten zu 40 und sprachen zu
Aaron (2. Mose 32,1): »Mache uns Göt-
ter, die vor uns hergehen; denn wir wis-
sen nicht, was diesem Mose, der uns aus
dem Lande Ägypten geführt hat, wider-
fahren ist.« 41 Und sie machten zu der
Zeit ein Kalb und opferten dem Götzen-
bild und freuten sich über das Werk ihrer
Hände. 42 Aber Gott wandte sich ab und
gab sie dahin, sodass sie dem Heer des
Himmels dienten, wie geschrieben steht
im Buch der Propheten (Amos 5,25-27):
»Habt ihr vom Hause Israel die vierzig
Jahre in der Wüste mir je Opfer und
Gaben dargebracht? 43 Ihr trugt die
Hütte Molochs umher und den Stern des
Gottes Räfan, die Bilder, die ihr gemacht
hattet, sie anzubeten. Und ich will euch
wegführen bis über Babylon hinaus.«

44 Es hatten unsre Väter die Stiftshütte
in der Wüste, wie der es angeordnet
hatte, der zu Mose redete, [a]dass er sie
machen sollte nach dem Vorbild, das er
gesehen hatte. 45 Diese übernahmen unsre
Väter und [a]brachten sie mit Josua in das
Land, das die Heiden innehatten, die
Gott vertrieb vor dem Angesicht unsrer
Väter, bis zur Zeit Davids. 46 Der fand
Gnade bei Gott und bat darum, [a]dass er
eine Stätte finden möge für das Haus
Jakob. 47 Salomo aber baute ihm ein
Haus. [a]

48 Aber der Allerhöchste wohnt nicht
in Tempeln, die mit Händen gemacht
sind, wie der Prophet spricht (Jesaja
66,1-2): 49 »Der Himmel ist mein Thron
und die Erde der Schemel meiner Füße;
was wollt ihr mir denn für ein Haus
bauen«, spricht der Herr, »oder was ist
die Stätte meiner Ruhe? 50 Hat nicht
meine Hand das alles gemacht?«

51 Ihr [a]Halsstarrigen, mit [b]verstockten
Herzen und tauben Ohren,* ihr wider-
strebt allezeit dem Heiligen Geist, wie
eure Väter, so auch ihr. 52 Welchen Pro-

* Luther übersetzte wörtlich: »unbeschnitten an Herzen und Ohren«.

7,29: *a* 2. Mose 18,3-4 **7,36:** *a* 2. Mose 7,10; *b* 2. Mose 14,21 **7,38:** *a* 2. Mose 19,16-25; 20,18-21; *b* 5. Mose 9,10 **7,44:** *a* 2. Mose 25,9 **7,45:** *a* Jos 3,14; 18,1 **7,46:** *a* 2. Sam 7,1-16; Ps 132,3-5 **7,47:** *a* 1. Kön 6,1-38 **7,51:** *a* 2. Mose 32,9; *b* 3. Mose 26,41; Röm 2,28-29

pheten haben eure Väter nicht verfolgt?
Und [a]sie haben getötet, die zuvor ver-
kündigten das Kommen des Gerechten,
dessen Verräter und Mörder ihr nun ge-
worden seid. 53 Ihr habt [a]das Gesetz
empfangen [b]durch Weisung von Engeln
und habt's nicht gehalten.

Der Tod des Stephanus

54 Als sie das hörten, ging's ihnen durchs
Herz und sie knirschten mit den Zähnen
über ihn. 55 Er aber, voll Heiligen Geistes,
sah auf zum Himmel und sah die Herr-
lichkeit Gottes und Jesus stehen zur
Rechten Gottes 56 und sprach: Siehe, ich
sehe den Himmel offen und [a]den Men-
schensohn zur Rechten Gottes stehen.
57 Sie schrien aber laut und hielten sich
ihre Ohren zu und stürmten einmütig auf
ihn ein, 58 stießen ihn zur Stadt hinaus
und [a]steinigten ihn. Und die Zeugen leg-
ten ihre Kleider ab zu den Füßen eines
jungen Mannes, der hieß [b]Saulus, 59 und
sie steinigten Stephanus; der rief den
Herrn an und sprach: [a]**Herr Jesus, nimm
meinen Geist auf!** 60 Er fiel auf die Knie
und schrie laut: **Herr, [a]rechne ihnen diese
Sünde nicht an!** Und als er das gesagt
hatte, verschied er.

8 Saulus aber hatte Gefallen an seinem
Tode.

Die Verfolgung der Gemeinde in Jerusalem

Es erhob sich aber an diesem Tag eine
große Verfolgung über die Gemeinde in
Jerusalem; da [a]zerstreuten sich alle in die
Länder Judäa und Samarien, außer den
Aposteln. 2 Es bestatteten aber den Ste-
phanus gottesfürchtige Männer und hiel-
ten eine große Klage über ihn. 3 Saulus
aber suchte die Gemeinde zu zerstören,
ging von Haus zu Haus, schleppte Män-
ner und Frauen fort und warf sie ins
Gefängnis.[a]

Philippus in Samaria. Der Zauberer Simon

4 Die nun zerstreut worden waren, zogen
umher und predigten das Wort. 5 [a]Philip-
pus aber kam hinab in die Hauptstadt
Samariens und predigte ihnen von Chris-
tus. 6 Und das Volk neigte einmütig dem
zu, was Philippus sagte, als sie ihm zu-
hörten und die Zeichen sahen, die er tat.
7 Denn [a]die unreinen Geister fuhren aus
mit großem Geschrei aus vielen Beses-
senen, auch viele Gelähmte und Verkrüp-
pelte wurden gesund gemacht; 8 und es
entstand große Freude in dieser Stadt.
9 Es war aber ein Mann mit Namen
Simon, der zuvor in der Stadt Zauberei
trieb und das Volk von Samaria in seinen
Bann zog, weil er vorgab, er wäre etwas
Großes. 10 Und alle hingen ihm an, Klein
und Groß, und sprachen: Dieser ist die
Kraft Gottes, die die Große genannt
wird. 11 Sie hingen ihm aber an, weil er
sie lange Zeit mit seiner Zauberei in sei-
nen Bann gezogen hatte. 12 Als sie aber
den Predigten des Philippus von dem
Reich Gottes und von dem Namen Jesu
Christi glaubten, ließen sich taufen Män-
ner und Frauen. 13 Da wurde auch Simon
gläubig und ließ sich taufen und hielt
sich zu Philippus. Und als er die Zeichen
und großen Taten sah, die geschahen,
geriet er außer sich vor Staunen.
14 Als aber die Apostel in Jerusalem
hörten, dass Samarien das Wort Gottes
angenommen hatte, sandten sie zu ihnen
Petrus und Johannes. 15 Die kamen hinab
und beteten für sie, dass sie den Heiligen
Geist empfingen. 16 Denn er war noch
auf keinen von ihnen gefallen, sondern
sie waren allein getauft auf den Namen
des Herrn Jesus. 17 Da legten sie die
Hände auf sie und sie empfingen den
Heiligen Geist.
18 Als aber Simon sah, dass der Geist
gegeben wurde, wenn die Apostel die
Hände auflegten, bot er ihnen Geld an
19 und sprach: Gebt auch mir die Macht,
damit jeder, dem ich die Hände auflege,
den Heiligen Geist empfange. 20 Petrus
aber sprach zu ihm: Dass du verdammt
werdest mitsamt deinem Geld, weil du
meinst, Gottes Gabe werde durch Geld
erlangt. 21 Du hast weder Anteil noch
Anrecht an dieser Sache; denn dein Herz
ist nicht rechtschaffen vor Gott. 22 Dar-
um tu Buße für diese deine Bosheit und
flehe zum Herrn, ob dir das Trachten
deines Herzens vergeben werden könne.

7,52: *a* 2. Chr 36,16; Mt 23,31 **7,53:** *a* 2. Mose 20,1-21; *b* Gal 3,19; Hebr 2,2 **7,56:** *a* Lk 22,69 **7,58:** *a* 3. Mose 24,16; *b* Kap 22,20 **7,59:** *a* Lk 23,46 **7,60:** *a* Lk 23,34 **8,1:** *a* Kap 1,8; 11,19 **8,3:** *a* Kap 9,1; 22,4; 1. Kor 15,9 **8,5:** *a* Kap 6,5 **8,7:** *a* Mk 16,17

23 Denn ich sehe, dass du voll bitterer
Galle bist und verstrickt in Ungerechtig-
keit. 24 Da antwortete Simon und sprach:
Bittet ihr den Herrn für mich, dass nichts
von dem über mich komme, was ihr ge-
sagt habt.
25 Als sie nun das Wort des Herrn be-
zeugt und geredet hatten, kehrten sie wie-
der um nach Jerusalem und predigten
das Evangelium in vielen Dörfern der
Samariter.

Der Kämmerer aus Äthiopien

26 Aber der Engel des Herrn redete zu
Philippus und sprach: Steh auf und geh
nach Süden auf die Straße, die von Jeru-
salem nach Gaza hinabführt und öde ist.
27 Und er stand auf und ging hin. Und
siehe, ein Mann aus Äthiopien, ein Käm-
merer und Mächtiger am Hof der Kan-
dake, der Königin von Äthiopien, wel-
cher ihren ganzen Schatz verwaltete, der
war nach Jerusalem gekommen, um an-
zubeten. 28 Nun zog er wieder heim und
saß auf seinem Wagen und las den Pro-
pheten Jesaja.
29 Der Geist aber sprach zu Philippus:
Geh hin und halte dich zu diesem Wa-
gen! 30 Da lief Philippus hin und hörte,
dass er den Propheten Jesaja las, und
fragte: Verstehst du auch, was du liest?
31 Er aber sprach: Wie kann ich, wenn
mich nicht jemand anleitet? Und er bat
Philippus, aufzusteigen und sich zu ihm
zu setzen. 32 Der Inhalt aber der Schrift,
die er las, war dieser (Jesaja 53,7-8): »Wie
ein Schaf, das zur Schlachtung geführt
wird, und wie ein Lamm, das vor seinem
Scherer verstummt, so tut er seinen
Mund nicht auf. 33 In seiner Erniedri-
gung wurde sein Urteil aufgehoben. Wer
kann seine Nachkommen aufzählen?
Denn sein Leben wird von der Erde weg-
genommen.« 34 Da antwortete der Käm-
merer dem Philippus und sprach: Ich
bitte dich, von wem redet der Prophet
das, von sich selber oder von jemand
anderem? 35 Philippus aber tat seinen
Mund auf und fing mit diesem Wort der
Schrift an und predigte ihm das Evange-
lium von Jesus.
36 Und als sie auf der Straße dahin-
fuhren, kamen sie an ein Wasser. Da
sprach der Kämmerer: Siehe, da ist Was-
ser; was hindert's, dass ich mich taufen
lasse?* 38 Und er ließ den Wagen halten
und beide stiegen in das Wasser hinab,
Philippus und der Kämmerer, und er
taufte ihn. 39 Als sie aber aus dem Wasser
heraufstiegen, [a]entrückte der Geist des
Herrn den Philippus und der Kämmerer
sah ihn nicht mehr; er zog aber seine
Straße fröhlich. 40 Philippus aber fand
sich in Aschdod wieder und zog umher
und predigte in allen Städten das Evan-
gelium, bis er nach [a]Cäsarea kam.

Die Bekehrung des Saulus

9 [a]Saulus aber [b]schnaubte noch mit
Drohen und Morden gegen die Jün-
ger des Herrn und ging zum Hohenpries-
ter 2 und bat ihn um Briefe nach Damas-
kus an die Synagogen, damit er Anhän-
ger des neuen Weges, Männer und
Frauen, wenn er sie dort fände, gefesselt
nach Jerusalem führe.
3 [a]Als er aber auf dem Wege war und
in die Nähe von Damaskus kam, um-
leuchtete ihn plötzlich ein Licht vom
Himmel; 4 und er fiel auf die Erde und
hörte eine Stimme, die sprach zu ihm:
Saul, Saul, was verfolgst du mich? 5 Er
aber sprach: Herr, wer bist du? Der
sprach: Ich bin Jesus, den du verfolgst.
6 Steh auf und geh in die Stadt; da wird
man dir sagen, was du tun sollst. 7 Die
Männer aber, die seine Gefährten waren,
standen sprachlos da; denn sie hörten
zwar die Stimme, aber sahen niemanden.
8 Saulus aber richtete sich auf von der
Erde; und als er seine Augen aufschlug,
sah er nichts. Sie nahmen ihn aber bei der
Hand und führten ihn nach Damaskus;
9 und er konnte drei Tage nicht sehen und
aß nicht und trank nicht.
10 Es war aber ein Jünger in Damaskus
mit Namen Hananias; dem erschien der
Herr und sprach: Hananias! Und er
sprach: Hier bin ich, Herr. 11 Der Herr
sprach zu ihm: Steh auf und geh in die
Straße, die die Gerade heißt, und frage in
dem Haus des Judas nach einem Mann
mit Namen Saulus von Tarsus. Denn
siehe, er betet 12 und hat in einer Erschei-

* Vers 37 findet sich erst in der späteren Überlieferung: »Philippus aber sprach: Wenn du von ganzem Herzen glaubst, so kann es geschehen. Er aber antwortete und sprach: Ich glaube, dass Jesus Christus Gottes Sohn ist.«

8,39: *a* 1.Kön 18,12 **8,40:** *a* Kap 21,8-9 **9,1:** *a (1-19)* Kap 22,3-16; 26,9-18; *b* Kap 8,3 **9,3:** *a (3-6)* 1.Kor 15,8

nung einen Mann gesehen mit Namen
Hananias, der zu ihm hereinkam und die
Hand auf ihn legte, damit er wieder se-
hend werde. 13 Hananias aber antwortete:
Herr, ich habe von vielen gehört über
diesen Mann, wie viel Böses er deinen
Heiligen in Jerusalem angetan hat; 14 und
hier hat er Vollmacht von den Hohen-
priestern, alle gefangen zu nehmen, die
deinen Namen anrufen. 15 Doch der Herr
sprach zu ihm: Geh nur hin; denn dieser
ist mein auserwähltes Werkzeug, dass er
meinen Namen trage [a]vor Heiden und
[b]vor Könige und vor das Volk Israel.
16 Ich will ihm zeigen, wie viel er leiden
muss um meines Namens willen.[a]

17 Und Hananias ging hin und kam in
das Haus und legte die Hände auf ihn
und sprach: Lieber Bruder Saul, der Herr
hat mich gesandt, Jesus, der dir auf dem
Wege hierher erschienen ist, dass du wie-
der sehend und mit dem Heiligen Geist
erfüllt werdest. 18 Und sogleich fiel es von
seinen Augen wie Schuppen und er
wurde wieder sehend; und er stand auf,
ließ sich taufen 19 und nahm Speise zu
sich und stärkte sich.

Saulus in Damaskus und Jerusalem

Saulus blieb aber einige Tage bei den
Jüngern in Damaskus. 20 Und alsbald
predigte er in den Synagogen von Jesus,
dass dieser Gottes Sohn sei. 21 Alle aber,
die es hörten, entsetzten sich und spra-
chen: Ist das nicht der, [a]der in Jerusalem
alle vernichten wollte, die diesen Namen
anrufen, und ist er nicht deshalb hierher
gekommen, dass er sie gefesselt zu den
Hohenpriestern führe? 22 Saulus aber
[a]gewann immer mehr an Kraft und trieb
die Juden in die Enge, die in Damaskus
wohnten, und bewies, dass Jesus der
Christus ist. 23 Nach mehreren Tagen
aber hielten die Juden Rat und beschlos-
sen, ihn zu töten. 24 Aber es wurde Saulus
bekannt, dass sie ihm nachstellten. Sie
bewachten Tag und Nacht auch die Tore,
um ihn zu töten. 25 Da nahmen ihn seine
Jünger bei Nacht und [a]ließen ihn in
einem Korb die Mauer hinab.

26 Als er aber nach Jerusalem kam, ver-
suchte er, sich zu den Jüngern zu halten;
doch sie fürchteten sich alle vor ihm und
glaubten nicht, dass er ein Jünger wäre.[a]
27 Barnabas aber nahm ihn zu sich und
führte ihn zu den Aposteln und erzählte
ihnen, wie Saulus auf dem Wege den
Herrn gesehen und dass der mit ihm ge-
redet und wie er in Damaskus im Namen
Jesu frei und offen gepredigt hätte.
28 Und er ging bei ihnen in Jerusalem ein
und aus und predigte im Namen des
Herrn frei und offen. 29 Er redete und
stritt auch mit den griechischen Juden;
aber sie stellten ihm nach, um ihn zu
töten. 30 Als das die Brüder erfuhren, ge-
leiteten sie ihn nach Cäsarea und schick-
ten ihn weiter [a]nach Tarsus.

31 So hatte nun die Gemeinde Frieden
in ganz Judäa und Galiläa und Samarien
und baute sich auf und lebte in der
Furcht des Herrn und mehrte sich unter
dem Beistand des Heiligen Geistes.

Petrus in Lydda

32 Es geschah aber, als Petrus überall im
Land umherzog, dass er auch zu den
Heiligen kam, die in Lydda wohnten.
33 Dort fand er einen Mann mit Namen
Äneas, seit acht Jahren ans Bett gebun-
den; der war gelähmt. 34 Und Petrus
sprach zu ihm: Äneas, Jesus Christus
macht dich gesund; steh auf und mach
dir selber das Bett. Und sogleich stand er
auf. 35 Da sahen ihn alle, die in Lydda
und in Scharon wohnten, und bekehrten
sich zu dem Herrn.

Die Auferweckung der Tabita

36 In Joppe war eine Jüngerin mit Namen
Tabita, das heißt übersetzt: Reh. Die tat
viele gute Werke und gab reichlich Almo-
sen. 37 Es begab sich aber zu der Zeit,
dass sie krank wurde und starb. Da wu-
schen sie sie und legten sie in das Ober-
gemach. 38 Weil aber Lydda nahe bei
Joppe ist, sandten die Jünger, als sie hör-
ten, dass Petrus dort war, zwei Männer
zu ihm und baten ihn: Säume nicht, zu
uns zu kommen! 39 Petrus aber stand auf
und ging mit ihnen. Und als er hinge-
kommen war, führten sie ihn hinauf in
das Obergemach und es traten alle Wit-
wen zu ihm, weinten und zeigten ihm die

9,15: *a* Kap 13,46; *b* Kap 26,2; 27,24 **9,16:** *a* 2.Kor 11,23-28 **9,21:** *a* Kap 8,1; 26,10 **9,22:** *a* Kap 18,28 **9,25:** *a* 2.Kor 11,32-33 **9,26:** *a* Gal 1,17-19 **9,30:** *a* Gal 1,21

Röcke und Kleider, die Tabita gemacht
hatte, als sie noch bei ihnen war.
40 Und als Petrus sie alle hinausgetrie-
ben hatte, kniete er nieder, betete und
wandte sich zu dem Leichnam und
sprach: Tabita, [a]steh auf! Und sie schlug
ihre Augen auf; und als sie Petrus sah,
setzte sie sich auf. 41 Er aber gab ihr die
Hand und ließ sie aufstehen und rief die
Heiligen und die Witwen und stellte sie
lebendig vor sie. 42 Und das wurde in
ganz Joppe bekannt und viele kamen zum
Glauben an den Herrn. 43 Und es geschah,
dass Petrus lange Zeit in Joppe blieb bei
einem Simon, der ein Gerber war.

Der Hauptmann Kornelius

10 Es war aber ein Mann in Cäsarea
mit Namen Kornelius, ein Haupt-
mann der Abteilung, die die Italische ge-
nannt wurde. 2 Der war fromm und got-
tesfürchtig mit seinem ganzen Haus und
gab dem Volk viele Almosen und betete
immer zu Gott. 3 Der hatte eine Erschei-
nung um die neunte Stunde am Tage und
sah deutlich einen Engel Gottes bei sich
eintreten; der sprach zu ihm: Kornelius!
4 Er aber sah ihn an, erschrak und fragte:
Herr, was ist? Der sprach zu ihm: [a]Deine
Gebete und deine Almosen sind vor Gott
gekommen und er hat ihrer gedacht.
5 Und nun sende Männer nach Joppe und
lass holen Simon mit dem Beinamen Pe-
trus. 6 Der ist zu Gast bei einem [a]Gerber
Simon, dessen Haus am Meer liegt.
7 Und als der Engel, der mit ihm redete,
hinweggegangen war, rief Kornelius zwei
seiner Knechte und einen frommen Sol-
daten von denen, die ihm dienten, 8 und
erzählte ihnen alles und [a]sandte sie nach
Joppe.
9 Am nächsten Tag, als diese auf dem
Wege waren und in die Nähe der Stadt
kamen, stieg Petrus auf das Dach, zu
beten um die sechste Stunde. 10 Und als
er hungrig wurde, wollte er essen. Wäh-
rend sie ihm aber etwas zubereiteten, ge-
riet er in Verzückung 11 und sah den
Himmel aufgetan und etwas wie ein gro-
ßes leinenes Tuch herabkommen, an vier
Zipfeln niedergelassen auf die Erde.
12 Darin waren allerlei vierfüßige und
kriechende Tiere der Erde und Vögel des
Himmels. 13 Und es geschah eine Stimme
zu ihm: Steh auf, Petrus, schlachte und
iss! 14 Petrus aber sprach: O nein, Herr;
denn ich habe noch nie etwas Verbotenes
und Unreines gegessen.[a] 15 Und die
Stimme sprach zum zweiten Mal zu ihm:
Was Gott rein gemacht hat, das nenne du
nicht verboten.[a] 16 Und das geschah
dreimal; und alsbald wurde das Tuch
wieder hinaufgenommen gen Himmel.
17 Als aber Petrus noch ratlos war, was
die Erscheinung bedeute, die er gesehen
hatte, siehe, da fragten die Männer, von
Kornelius gesandt, nach dem Haus Si-
mons und standen an der Tür, 18 riefen
und fragten, ob Simon mit dem Bei-
namen Petrus hier zu Gast wäre. 19 Wäh-
rend aber Petrus nachsann über die Er-
scheinung, sprach der Geist zu ihm:
Siehe, drei Männer suchen dich; 20 so
steh auf, steig hinab und geh mit ihnen
und zweifle nicht, denn ich habe sie ge-
sandt.
21 Da stieg Petrus hinab zu den Män-
nern und sprach: Siehe, ich bin's, den ihr
sucht; warum seid ihr hier? 22 Sie aber
sprachen: Der Hauptmann Kornelius,
ein frommer und gottesfürchtiger Mann
mit gutem Ruf bei dem ganzen Volk der
Juden, hat Befehl empfangen von einem
heiligen Engel, dass er dich sollte holen
lassen in sein Haus und hören, was du zu
sagen hast. 23 Da rief er sie herein und
beherbergte sie.
Am nächsten Tag machte er sich auf
und zog mit ihnen, und einige Brüder aus
Joppe gingen mit ihm. 24 Und am folgen-
den Tag kam er nach Cäsarea. Kornelius
aber wartete auf sie und hatte seine Ver-
wandten und nächsten Freunde zusam-
mengerufen. 25 Und als Petrus herein-
kam, ging ihm Kornelius entgegen und
fiel ihm zu Füßen und betete ihn an.
26 Petrus aber richtete ihn auf und
sprach: Steh auf, [a]ich bin auch nur ein
Mensch. 27 Und während er mit ihm
redete, ging er hinein und fand viele,
die zusammengekommen waren. 28 Und
er sprach zu ihnen: Ihr wisst, dass es
einem jüdischen Mann nicht erlaubt ist,
mit einem Fremden umzugehen oder zu

9,40: *a* Mk 5,41 **10,4:** *a* Tob 3,24-25 **10,6:** *a* Kap 9,43 **10,8:** *a* Kap 11,5-17 **10,14:** *a* 3. Mose 11,1-47; Hes 4,14
10,15: *a* Röm 14,14 **10,26:** *a* Kap 14,15; Offb 19,10

ihm zu kommen; aber Gott hat mir ge-
zeigt, dass ich keinen Menschen meiden
oder unrein nennen soll. 29 Darum habe
ich mich nicht geweigert zu kommen, als
ich geholt wurde. So frage ich euch nun,
warum ihr mich habt holen lassen.

30 Kornelius sprach: Vor vier Tagen um
diese Zeit betete ich um die neunte
Stunde in meinem Hause. Und siehe, da
stand ein Mann vor mir in einem leuch-
tenden Gewand 31 und sprach: Kornelius,
dein Gebet ist erhört und deiner Almo-
sen ist gedacht worden vor Gott. 32 So
sende nun nach Joppe und lass herrufen
Simon mit dem Beinamen Petrus, der zu
Gast ist im Hause des Gerbers Simon am
Meer. 33 Da sandte ich sofort zu dir; und
du hast recht getan, dass du gekommen
bist. Nun sind wir alle hier vor Gott
zugegen, um alles zu hören, was dir vom
Herrn befohlen ist.

34 Petrus aber tat seinen Mund auf und
sprach: **Nun erfahre ich in Wahrheit,**
[a] **dass Gott die Person nicht ansieht;**
35 **sondern in jedem Volk, wer ihn fürchtet**
und recht tut, der ist ihm angenehm.[a]
36 Er hat das Wort dem Volk Israel ge-
sandt und [a] Frieden verkündigt durch Je-
sus Christus, welcher ist Herr über alle.

37 Ihr wisst, was in ganz Judäa gesche-
hen ist, [a] angefangen von Galiläa nach
der Taufe, die Johannes predigte, 38 wie
Gott Jesus von Nazareth [a] gesalbt hat
mit Heiligem Geist und Kraft; der ist
umhergezogen und hat Gutes getan und
alle gesund gemacht, die in der Gewalt
des Teufels waren, denn Gott war mit
ihm. 39 Und wir sind Zeugen für alles,
was er getan hat im jüdischen Land und
in Jerusalem. Den haben sie an das Holz
gehängt und getötet. 40 Den hat Gott auf-
erweckt am dritten Tag und [a] hat ihn
erscheinen lassen, 41 [a] nicht dem ganzen
Volk, sondern uns, den von Gott vorher
erwählten Zeugen, die wir [b] mit ihm ge-
gessen und getrunken haben, nachdem er
auferstanden war von den Toten. 42 Und
er hat uns geboten, dem Volk zu predigen
und zu bezeugen, [a] dass er von Gott be-
stimmt ist zum Richter der Lebenden
und der Toten. 43 Von diesem [a] bezeugen
alle Propheten, dass durch seinen Namen
alle, die an ihn glauben, Vergebung der
Sünden empfangen sollen.

44 Während Petrus noch diese Worte
redete, fiel der Heilige Geist auf alle, die
dem Wort zuhörten. 45 Und die gläubig
gewordenen Juden, die mit Petrus ge-
kommen waren, entsetzten sich, weil
auch auf die Heiden die Gabe des Hei-
ligen Geistes ausgegossen wurde; 46 denn
sie hörten, dass sie in [a] Zungen redeten
und Gott hoch priesen. Da antwortete
Petrus: 47 Kann auch jemand denen das
Wasser zur Taufe verwehren, die den
Heiligen Geist empfangen haben ebenso
wie wir? 48 Und er befahl, sie zu taufen in
dem Namen Jesu Christi. Da baten sie
ihn, noch einige Tage dazubleiben.

Petrus in Jerusalem

11 Es kam aber den Aposteln und Brü-
dern in Judäa zu Ohren, dass auch
die Heiden Gottes Wort angenommen
hatten. 2 Und als Petrus hinaufkam nach
Jerusalem, stritten die gläubig geworde-
nen Juden mit ihm 3 und sprachen: Du
bist zu Männern gegangen, die nicht Ju-
den sind, und hast mit ihnen gegessen![a]

4 Petrus aber fing an und erzählte es
ihnen der Reihe nach und sprach: 5 [a] Ich
war in der Stadt Joppe im Gebet und
geriet in Verzückung und hatte eine Er-
scheinung; ich sah etwas wie ein großes
leinenes Tuch herabkommen, an vier
Zipfeln niedergelassen vom Himmel; das
kam bis zu mir. 6 Als ich hineinsah, er-
blickte ich vierfüßige Tiere der Erde und
wilde Tiere und kriechende Tiere und
Vögel des Himmels. 7 Ich hörte aber auch
eine Stimme, die sprach zu mir: Steh auf,
Petrus, schlachte und iss! 8 Ich aber
sprach: O nein, Herr; denn es ist nie
etwas Verbotenes oder Unreines in mei-
nen Mund gekommen. 9 Aber die Stimme
antwortete zum zweiten Mal vom Him-
mel: Was Gott rein gemacht hat, das
nenne du nicht verboten. 10 Das geschah
aber dreimal; und alles wurde wieder gen
Himmel hinaufgezogen. 11 Und siehe, auf
einmal standen drei Männer vor dem
Hause, in dem wir waren, von Cäsarea zu
mir gesandt. 12 Der Geist aber sprach zu
mir, ich solle mit ihnen gehen und nicht

10,34: *a* 5.Mose 10,17; 1.Sam 16,7; Röm 2,11 **10,35:** *a* Joh 10,16 **10,36:** *a* Eph 2,17 **10,37:** *a* Mt 4,12-17 **10,38:** *a* Mt 3,16 **10,40:** *a* 1.Kor 15,4-7 **10,41:** *a* Joh 14,19.22; *b* Lk 24,30.43 **10,42:** *a* Joh 5,22 **10,43:** *a* Jes 53,5-6; Jer 31,34 **10,46:** *a* Kap 2,4 **11,3:** *a* Gal 2,12 **11,5:** *a (5-17)* Kap 10,9-48

zweifeln. Es kamen aber mit mir auch
diese sechs Brüder und wir gingen in das
Haus des Mannes. 13 Der berichtete uns,
wie er den Engel in seinem Haus gesehen
habe, der zu ihm sagte: Sende Männer
nach Joppe und lass holen Simon, mit
dem Beinamen Petrus; 14 der wird dir die
Botschaft sagen, durch die du selig wirst
und dein ganzes Haus. 15 Als ich aber
anfing zu reden, fiel der Heilige Geist auf
sie [a]ebenso wie am Anfang auf uns.
16 Da dachte ich an das Wort des Herrn,
als er sagte: Johannes hat mit Wasser
getauft; ihr aber sollt mit dem Heiligen
Geist getauft werden.[a] 17 Wenn nun Gott
ihnen die gleiche Gabe gegeben hat wie
auch uns, die wir zum Glauben gekom-
men sind an den Herrn Jesus Christus:
wer war ich, dass ich Gott wehren
konnte?

18 Als sie das hörten, schwiegen sie still
und lobten Gott und sprachen: So hat
Gott auch den Heiden die Umkehr gege-
ben, die zum Leben führt!

Erste Christen in Antiochia

19 Die aber [a]zerstreut waren wegen der
Verfolgung, die sich wegen Stephanus er-
hob, gingen bis nach Phönizien und Zy-
pern und Antiochia und verkündigten
das Wort niemandem als allein den Ju-
den. 20 Es waren aber einige unter ihnen,
Männer aus Zypern und Kyrene, die ka-
men nach Antiochia und redeten auch zu
den Griechen und predigten das Evange-
lium vom Herrn Jesus. 21 Und die Hand
des Herrn war mit ihnen und eine große
Zahl wurde gläubig und bekehrte sich
zum Herrn.[a]

22 Es kam aber die Kunde davon der
Gemeinde von Jerusalem zu Ohren; und
sie sandten [a]Barnabas, dass er nach An-
tiochia ginge. 23 Als dieser dort hinge-
kommen war und die Gnade Gottes sah,
wurde er froh und ermahnte sie alle, mit
festem Herzen an dem Herrn zu bleiben;
24 denn er war ein bewährter Mann, voll
Heiligen Geistes und Glaubens. Und
[a]viel Volk wurde für den Herrn gewon-
nen. 25 Barnabas aber zog aus nach Tar-
sus, [a]Saulus zu suchen. 26 Und als er ihn
fand, brachte er ihn nach [a]Antiochia.
Und sie blieben ein ganzes Jahr bei der
Gemeinde und lehrten viele. In Antiochia
wurden die Jünger zuerst Christen ge-
nannt.

27 In diesen Tagen kamen [a]Propheten
von Jerusalem nach Antiochia. 28 Und
einer von ihnen mit Namen [a]Agabus
trat auf und sagte durch den Geist eine
große Hungersnot voraus, die über den
ganzen Erdkreis kommen sollte; dies
geschah unter dem Kaiser Klaudius.
29 Aber unter den Jüngern beschloss ein
jeder, nach seinem Vermögen den Brü-
dern, die in Judäa wohnten, eine Gabe zu
senden. 30 Das taten sie auch und schick-
ten sie zu den Ältesten durch Barnabas
und Saulus.[a]

Der Tod des Jakobus und die Befreiung des Petrus

12 Um diese Zeit legte der König He-
rodes Hand an einige von der Ge-
meinde, sie zu misshandeln. 2 Er tötete
aber [a]Jakobus, den Bruder des Johannes,
mit dem Schwert.

3 Und als er sah, dass es den Juden
gefiel, fuhr er fort und nahm auch Petrus
gefangen. Es waren aber eben die Tage
der Ungesäuerten Brote. 4 Als er ihn nun
ergriffen hatte, warf er ihn ins Gefängnis
und überantwortete ihn vier Wachen von
je vier Soldaten, ihn zu bewachen. Denn
er gedachte, ihn nach dem Fest vor das
Volk zu stellen. 5 So wurde nun Petrus im
Gefängnis festgehalten; aber die Ge-
meinde betete ohne Aufhören für ihn zu
Gott.

6 Und in jener Nacht, als ihn Herodes
vorführen lassen wollte, schlief Petrus
zwischen zwei Soldaten, mit zwei Ketten
gefesselt, und die Wachen vor der Tür
bewachten das Gefängnis. 7 Und siehe,
der Engel des Herrn kam herein und
Licht leuchtete auf in dem Raum; und er
stieß Petrus in die Seite und weckte ihn
und sprach: Steh schnell auf! Und die
Ketten fielen ihm von seinen Händen.[a]
8 Und der Engel sprach zu ihm: Gürte
dich und zieh deine Schuhe an! Und er
tat es. Und er sprach zu ihm: Wirf deinen
Mantel um und folge mir!

9 Und er ging hinaus und folgte ihm

11,15: *a* Kap 2,1-4 **11,16:** *a* Kap 1,5 **11,19:** *a* Kap 8,1-4 **11,21:** *a* Kap 2,47 **11,22:** *a* Kap 4,36 **11,24:** *a* Kap 5,14 **11,25:** *a* Kap 9,30 **11,26:** *a* Gal 2,11 **11,27:** *a* Kap 13,1; 15,32 **11,28:** *a* Kap 21,10 **11,30:** *a* Kap 12,25; 1.Kor 16,1-4 **12,2:** *a* Mt 20,20-23 **12,7:** *a* Kap 5,19

und wusste nicht, dass ihm das wahr-
haftig geschehe durch den Engel, son-
dern meinte, eine Erscheinung zu sehen.
10 Sie gingen aber durch die erste und
zweite Wache und kamen zu dem eiser-
nen Tor, das zur Stadt führt; das tat sich
ihnen von selber auf. Und sie traten hin-
aus und gingen eine Straße weit, und
alsbald verließ ihn der Engel. 11 Und als
Petrus zu sich gekommen war, sprach er:
Nun weiß ich wahrhaftig, dass der Herr
seinen Engel gesandt und mich aus der
Hand des Herodes errettet hat und von
allem, was das jüdische Volk erwartete.

12 Und als er sich besonnen hatte, ging
er zum Haus Marias, der Mutter des
[a]Johannes mit dem Beinamen Markus,
wo viele beieinander waren und beteten.
13 Als er aber an das Hoftor klopfte, kam
eine Magd mit Namen Rhode, um zu
hören, wer da wäre. 14 Und als sie die
Stimme des Petrus erkannte, tat sie vor
Freude das Tor nicht auf, lief hinein und
verkündete, Petrus stünde vor dem Tor.
15 Sie aber sprachen zu ihr: Du bist von
Sinnen. Doch sie bestand darauf, es wäre
so. Da sprachen sie: Es ist sein Engel.
16 Petrus aber klopfte weiter an. Als sie
nun aufmachten, sahen sie ihn und ent-
setzten sich. 17 Er aber winkte ihnen mit
der Hand, dass sie schweigen sollten, und
erzählte ihnen, wie ihn der Herr aus dem
Gefängnis geführt hatte, und sprach:
Verkündet dies dem Jakobus und den
Brüdern. Dann ging er hinaus und zog
an einen andern Ort.

Das Ende des Herodes Agrippa

18 Als es aber Tag wurde, entstand eine
nicht geringe Verwirrung unter den Sol-
daten, was wohl mit Petrus geschehen
sei.[a] 19 Als aber Herodes ihn holen lassen
wollte und ihn nicht fand, verhörte er die
Wachen und ließ sie abführen. Dann zog
er von Judäa hinab nach Cäsarea und
blieb dort eine Zeit lang.

20 Er war aber zornig auf die Einwoh-
ner von Tyrus und Sidon. Sie aber kamen
einmütig zu ihm und überredeten Blas-
tus, den Kämmerer des Königs, und ba-
ten um Frieden, [a]weil ihr Land seine
Nahrung aus dem Land des Königs be-
kam. 21 Und an einem festgesetzten Tag
legte Herodes das königliche Gewand an,
setzte sich auf den Thron und hielt eine
Rede an sie. 22 Das Volk aber rief ihm
zu: Das ist Gottes Stimme und nicht die
eines Menschen![a] 23 Alsbald schlug ihn
der Engel des Herrn, [a]weil er Gott nicht
die Ehre gab. Und [b]von Würmern zer-
fressen, gab er den Geist auf.

24 Und das Wort Gottes wuchs und
breitete sich aus.[a] 25 Barnabas und Sau-
lus aber kehrten zurück, nachdem sie in
Jerusalem [a]die Gabe überbracht hatten,
und [b]nahmen mit sich Johannes, der den
Beinamen Markus hat.

Der Beginn der ersten Missionsreise

13 Es waren aber in Antiochia in der
Gemeinde [a]Propheten und Lehrer,
nämlich Barnabas und Simeon, genannt
Niger, und Luzius von Kyrene und Ma-
naën, der mit dem Landesfürsten Hero-
des erzogen worden war, und Saulus.
2 Als sie aber dem Herrn dienten und
fasteten, sprach der Heilige Geist: Son-
dert mir aus Barnabas und Saulus zu
dem Werk, [a]zu dem ich sie berufen habe.
3 Da fasteten sie und [a]beteten und legten
die Hände auf sie und ließen sie ziehen.

Auf der Insel Zypern

4 Nachdem sie nun ausgesandt waren
vom Heiligen Geist, kamen sie nach Se-
leuzia und von da zu Schiff nach Zypern.
5 Und als sie in die Stadt Salamis kamen,
verkündigten sie das Wort Gottes in den
Synagogen der Juden; sie hatten aber
auch [a]Johannes als Gehilfen bei sich.

6 Als sie die ganze Insel bis nach Pa-
phos durchzogen hatten, trafen sie einen
Zauberer und falschen Propheten, einen
Juden, der hieß Barjesus; 7 der war bei
dem Statthalter Sergius Paulus, einem
verständigen Mann. Dieser rief Barnabas
und Saulus zu sich und begehrte, das
Wort Gottes zu hören. 8 Da widerstand
ihnen der Zauberer Elymas – denn so
wird sein Name übersetzt – und ver-
suchte, den Statthalter vom Glauben ab-
zuhalten. 9 Saulus aber, der auch Paulus
heißt, voll Heiligen Geistes, sah ihn an
10 und sprach: Du Sohn des Teufels, voll

12,12: *a* Vers 25; Kap 13,5.13; 15,37 **12,18:** *a* Kap 5,21-22 **12,20:** *a* Hes 27,17 **12,22:** *a* Hes 28,2 **12,23:** *a* Dan 5,20; *b* 2. Makk 9,9 **12,24:** *a* Kap 6,7 **12,25:** *a* Kap 11,29-30; *b* Kap 13,5 **13,1:** *a* Kap 11,27; 1. Kor 12,28 **13,2:** *a* Kap 9,15 **13,3:** *a* Kap 6,6 **13,5:** *a* Kap 12,12.25

aller List und aller Bosheit, du Feind
aller Gerechtigkeit, hörst du nicht auf,
krumm zu machen die geraden Wege des
Herrn? 11 Und nun siehe, die Hand des
Herrn kommt über dich, und du sollst
blind sein und die Sonne eine Zeit lang
nicht sehen! Auf der Stelle fiel Dunkel-
heit und Finsternis auf ihn, und er ging
umher und suchte jemanden, der ihn an
der Hand führte.

12 Als der Statthalter sah, was gesche-
hen war, wurde er gläubig und verwun-
derte sich über die Lehre des Herrn.

In Antiochia in Pisidien

13 Paulus aber und die um ihn waren,
fuhren von Paphos ab und kamen nach
Perge in Pamphylien. [a]Johannes aber
trennte sich von ihnen und kehrte zurück
nach Jerusalem. 14 Sie aber zogen von
Perge weiter und kamen nach Antiochia
in Pisidien und gingen am Sabbat in die
Synagoge und setzten sich. 15 Nach der
[a]Lesung des Gesetzes und der Propheten
aber schickten die Vorsteher der Syn-
agoge zu ihnen und ließen ihnen sagen:
Liebe Brüder, wollt ihr etwas reden und
das Volk ermahnen, so sagt es.

16 Da stand Paulus auf und winkte mit
der Hand und sprach: Ihr Männer von
Israel und ihr Gottesfürchtigen*, hört
zu! 17 Der Gott dieses Volkes Israel hat
unsre Väter erwählt und das Volk groß
gemacht, als sie Fremdlinge waren im
Lande Ägypten, und [a]mit starkem Arm
führte er sie von dort heraus. 18 Und vier-
zig Jahre lang ertrug er sie in der Wüste[a]
19 und [a]vernichtete sieben Völker in dem
Land Kanaan und [b]gab ihnen deren
Land zum Erbe; 20 das geschah in etwa
vierhundertfünfzig Jahren. Danach gab
er ihnen [a]Richter bis zur Zeit des [b]Pro-
pheten Samuel. 21 Und von da an [a]baten
sie um einen König; und Gott gab ihnen
[b]Saul, den Sohn des Kisch, einen Mann
aus dem Stamm Benjamin, für vierzig
Jahre. 22 Und als er diesen verstoßen
hatte, erhob er David zu ihrem König,
von dem er bezeugte (1. Samuel 13,14):
»Ich habe David gefunden, den Sohn
Isais, einen Mann nach meinem Herzen,
der soll meinen ganzen Willen tun.«
23 Aus dessen Geschlecht hat Gott, [a]wie
er verheißen hat, Jesus kommen lassen
als Heiland für das Volk Israel, 24 nach-
dem Johannes, bevor Jesus auftrat, dem
ganzen Volk Israel die Taufe der Buße
gepredigt hatte.[a] 25 Als aber Johannes
seinen Lauf vollendete, sprach er: [a]Ich
bin nicht der, für den ihr mich haltet;
aber siehe, er kommt nach mir, [b]dessen
Schuhriemen zu lösen ich nicht wert bin.

26 Ihr Männer, liebe Brüder, ihr Söhne
aus dem Geschlecht Abrahams und ihr
Gottesfürchtigen, uns ist das Wort dieses
Heils gesandt. 27 Denn die Einwohner
von Jerusalem und ihre Oberen haben,
[a]weil sie Jesus nicht erkannten, die
Worte der Propheten, die an jedem Sab-
bat vorgelesen werden, mit ihrem Urteils-
spruch erfüllt. 28 Und obwohl sie nichts
an ihm fanden, das den Tod verdient
hätte, [a]baten sie doch Pilatus, ihn zu
töten. 29 Und als sie alles vollendet hat-
ten, was von ihm geschrieben steht, nah-
men sie ihn von dem Holz und [a]legten
ihn in ein Grab. 30 Aber Gott hat ihn
auferweckt von den Toten;[a] 31 und er ist
[a]an vielen Tagen denen erschienen, die
mit ihm von Galiläa hinauf nach Jeru-
salem gegangen waren; die sind jetzt
seine Zeugen vor dem Volk. 32 Und wir
verkündigen euch die Verheißung, die an
die Väter ergangen ist, 33 dass Gott sie
uns, ihren Kindern, erfüllt hat, indem er
Jesus auferweckte; wie denn im zweiten
Psalm geschrieben steht (Psalm 2,7): »Du
bist mein Sohn, heute habe ich dich ge-
zeugt.« 34 Dass er ihn aber von den Toten
auferweckt hat und ihn nicht der Verwe-
sung überlassen wollte, hat er so gesagt
(Jesaja 55,3): »Ich will euch die Gnade,
die David verheißen ist, treu bewahren.«
35 Darum sagt er auch an einer andern
Stelle (Psalm 16,10): [a]»Du wirst nicht
zugeben, dass dein Heiliger die Verwe-
sung sehe.« 36 Denn nachdem David zu
seiner Zeit dem Willen Gottes gedient
hatte, ist er entschlafen und zu seinen
Vätern versammelt worden und hat die

* Siehe Sach- und Worterklärungen.

13,13: *a* Kap 15,38 **13,15:** *a* Kap 15,21 **13,17:** *a* 2. Mose 12,37.40-41; 14,8 **13,18:** *a* Ps 106,13-33 **13,19:** *a* 5. Mose 7,1; *b* Jos 14,2 **13,20:** *a* Ri 2,16; *b* 1. Sam 3,20 **13,21:** *a* 1. Sam 8,5; *b* 1. Sam 10,21-24 **13,23:** *a* Jes 11,1 **13,24:** *a* Lk 3,3 **13,25:** *a* Joh 1,20; *b* Mk 1,7; Lk 3,16; Joh 1,27 **13,27:** *a* Joh 16,3 **13,28:** *a* Mt 27,22-23 **13,29:** *a* Mt 27,59-60 **13,30:** *a* Kap 3,15 **13,31:** *a* Kap 1,3 **13,35:** *a* Kap 2,27

Verwesung gesehen. 37Der aber, den Gott
auferweckt hat, der hat die Verwesung
nicht gesehen.

38So sei euch nun kundgetan, liebe
Brüder, dass euch durch ihn Vergebung
der Sünden verkündigt wird; und in all
dem, worin ihr durch das Gesetz des
Mose nicht gerecht werden konntet,[a]
39ist der [a]gerecht gemacht, der an ihn
glaubt. 40Seht nun zu, dass nicht über
euch komme, was in den Propheten ge-
sagt ist (Habakuk 1,5): 41»Seht, ihr Ver-
ächter, und wundert euch und werdet zu-
nichte! Denn ich tue ein Werk zu euren
Zeiten, das ihr nicht glauben werdet,
wenn es euch jemand erzählt.«

42Als sie aber aus der Synagoge hin-
ausgingen, baten die Leute, dass sie am
nächsten Sabbat noch einmal von diesen
Dingen redeten. 43Und als die Gemeinde
auseinanderging, folgten viele Juden und
gottesfürchtige Judengenossen dem Pau-
lus und Barnabas. Diese sprachen mit
ihnen und ermahnten sie, dass sie bleiben
sollten in der Gnade Gottes.

44Am folgenden Sabbat aber kam fast
die ganze Stadt zusammen, das Wort
Gottes zu hören. 45Als aber die Juden die
Menge sahen, wurden sie neidisch und
widersprachen dem, was Paulus sagte,
und lästerten. 46Paulus und Barnabas
aber sprachen frei und offen: [a]Euch
musste das Wort Gottes zuerst gesagt
werden; da ihr es aber von euch stoßt
und haltet euch selbst nicht für würdig
des ewigen Lebens, siehe, so wenden wir
uns zu den Heiden. 47Denn so hat uns
der Herr geboten (Jesaja 49,6): »Ich habe
dich zum Licht der Heiden gemacht, da-
mit du das Heil seist bis an die Enden der
Erde.«

48Als das die Heiden hörten, wurden
sie froh und priesen das Wort des Herrn,
und alle wurden gläubig, [a]die zum ewi-
gen Leben bestimmt waren. 49Und das
Wort des Herrn breitete sich aus in
der ganzen Gegend. 50Aber die Juden
hetzten die gottesfürchtigen vornehmen
Frauen und die angesehensten Männer
der Stadt auf und stifteten eine Verfol-
gung an gegen Paulus und Barnabas und
vertrieben sie aus ihrem Gebiet. 51Sie
aber [a]schüttelten den Staub von ihren
Füßen zum Zeugnis gegen sie und kamen
nach Ikonion. 52Die Jünger aber wurden
erfüllt von Freude und Heiligem Geist.

In Ikonion

14 Es geschah aber in Ikonion, dass sie
wieder in die Synagoge der Juden
gingen und so predigten, dass eine große
Menge Juden und Griechen gläubig
wurde. 2Die Juden aber, die ungläubig
blieben, stifteten Unruhe und hetzten die
Seelen der Heiden auf gegen die Brüder.
3Dennoch blieben sie eine lange Zeit dort
und lehrten frei und offen im Vertrauen
auf den Herrn, der das Wort seiner
Gnade bezeugte und [a]ließ Zeichen und
Wunder geschehen durch ihre Hände.
4Die Menge in der Stadt aber spaltete
sich; die einen hielten's mit den Juden
und die andern mit den Aposteln. 5Als
sich aber ein Sturm erhob bei den Hei-
den und Juden und ihren Oberen und sie
sie misshandeln und steinigen wollten,[a]
6merkten sie es und entflohen in die
Städte Lykaoniens, nach Lystra und
Derbe, und in deren Umgebung 7und
predigten dort das Evangelium.

In Lystra

8Und es war ein Mann in Lystra, der
hatte schwache Füße und konnte nur sit-
zen; er war gelähmt von Mutterleib an
und hatte noch nie gehen können. 9Der
hörte Paulus reden. Und als dieser ihn
ansah und merkte, dass [a]er glaubte, ihm
könne geholfen werden, 10sprach er mit
lauter Stimme: Stell dich aufrecht auf
deine Füße! Und er sprang auf und ging
umher. 11Als aber das Volk sah, was Pau-
lus getan hatte, erhoben sie ihre Stimme
und riefen auf Lykaonisch: [a]Die Götter
sind den Menschen gleich geworden und
zu uns herabgekommen. 12Und sie nann-
ten Barnabas Zeus und Paulus Hermes,
weil er das Wort führte. 13Und der Pries-
ter des Zeus aus dem Tempel vor ihrer
Stadt brachte Stiere und Kränze vor das
Tor und wollte opfern samt dem Volk.

14Als das die Apostel Barnabas und
Paulus hörten, zerrissen sie ihre Kleider
und sprangen unter das Volk und

13,38: *a* Röm 8,3-4 **13,39:** *a* Röm 10,4 **13,46:** *a* Kap 3,25-26; Mt 10,5-6 **13,48:** *a* Röm 8,29-30 **13,51:** *a* Kap 18,6; Mt 10,14 **14,3:** *a* Kap 19,11; Hebr 2,4 **14,5:** *a* 2.Tim 3,11 **14,9:** *a* Mt 9,28 **14,11:** *a* Kap 28,6

schrien: 15 Ihr Männer, was macht ihr da? [a]Wir sind auch sterbliche Menschen wie ihr und predigen euch das Evangelium, dass ihr euch bekehren sollt von diesen falschen Göttern zu dem lebendigen Gott, der Himmel und Erde und das Meer und alles, was darin ist, gemacht hat. 16 Zwar hat er in den vergangenen Zeiten alle Heiden ihre eigenen Wege gehen lassen;[a] 17 und doch hat er sich selbst nicht unbezeugt gelassen, hat viel Gutes getan und euch vom Himmel Regen und fruchtbare Zeiten gegeben, hat euch ernährt und eure Herzen mit Freude erfüllt. – 18 Und obwohl sie das sagten, konnten sie kaum das Volk davon abbringen, ihnen zu opfern.

19 Es kamen aber von Antiochia und Ikonion Juden dorthin und überredeten das Volk und [a]steinigten Paulus und schleiften ihn zur Stadt hinaus und meinten, er wäre gestorben. 20 Als ihn aber die Jünger umringten, stand er auf und ging in die Stadt.

Die Rückkehr nach Antiochia in Syrien

Am nächsten Tag zog er mit Barnabas weiter nach Derbe; 21 und sie predigten dieser Stadt das Evangelium und machten viele zu Jüngern. Dann kehrten sie zurück nach Lystra und Ikonion und Antiochia, 22 stärkten die Seelen der Jünger und ermahnten sie, im Glauben zu bleiben, und sagten: **Wir müssen durch viele [a]Bedrängnisse in das Reich Gottes eingehen.** 23 Und sie setzten in jeder Gemeinde Älteste ein, [a]beteten und fasteten und befahlen sie dem Herrn, an den sie gläubig geworden waren. 24 Und sie zogen durch Pisidien und kamen nach Pamphylien 25 und sagten das Wort in Perge und zogen hinab nach Attalia.

26 Und von da fuhren sie mit dem Schiff nach Antiochia, [a]wo sie der Gnade Gottes befohlen worden waren zu dem Werk, das sie nun ausgerichtet hatten. 27 Als sie aber dort ankamen, versammelten sie die Gemeinde und verkündeten, wie viel Gott durch sie getan und wie er den Heiden [a]die Tür des Glaubens aufgetan hätte. 28 Sie blieben aber dort eine nicht geringe Zeit bei den Jüngern.

Die Apostelversammlung in Jerusalem

15 Und einige kamen herab von Judäa und lehrten die Brüder: Wenn ihr euch nicht beschneiden lasst nach der Ordnung des Mose, könnt ihr nicht selig werden.[a] 2 Als nun Zwietracht entstand und Paulus und Barnabas einen nicht geringen Streit mit ihnen hatten, ordnete man an, [a]dass Paulus und Barnabas und einige andre von ihnen nach Jerusalem hinaufziehen sollten zu den Aposteln und Ältesten um dieser Frage willen. 3 Und sie wurden von der Gemeinde geleitet und zogen durch Phönizien und Samarien und erzählten von der Bekehrung der Heiden und machten damit allen Brüdern große Freude.

4 Als sie aber nach Jerusalem kamen, wurden sie empfangen von der Gemeinde und von den Aposteln und von den Ältesten. Und sie verkündeten, wie viel Gott durch sie getan hatte. 5 Da traten einige von der Partei der Pharisäer auf, die gläubig geworden waren, und sprachen: Man muss sie beschneiden und ihnen gebieten, das Gesetz des Mose zu halten. 6 Da kamen die Apostel und die Ältesten zusammen, über diese Sache zu beraten.

7 Als man sich aber lange gestritten hatte, stand Petrus auf und sprach zu ihnen: Ihr Männer, liebe Brüder, ihr wisst, dass Gott vor langer Zeit unter euch bestimmt hat, dass [a]durch meinen Mund die Heiden das Wort des Evangeliums hörten und glaubten. 8 Und Gott, der die Herzen kennt, hat es bezeugt und ihnen den Heiligen Geist gegeben wie auch uns, 9 und er hat keinen Unterschied gemacht zwischen uns und ihnen, nachdem er ihre Herzen gereinigt hatte durch den Glauben. 10 Warum versucht ihr denn nun Gott dadurch, dass ihr [a]ein Joch auf den Nacken der Jünger legt, das weder unsre Väter noch wir haben tragen können? 11 Vielmehr glauben wir, [a]durch die Gnade des Herrn Jesus selig zu werden, ebenso wie auch sie.

14,15: *a* Kap 10,26 **14,16:** *a* Kap 17,30 **14,19:** *a* 2.Kor 11,25; 2.Tim 3,11 **14,22:** *a* Röm 5,3-5; 1.Thess 3,3 **14,23:** *a* Kap 6,6 **14,26:** *a* Kap 13,1-2 **14,27:** *a* 1.Kor 16,9 **15,1:** *a* Gal 5,2 **15,2:** *a* Gal 2,1 **15,7:** *a* Kap 10,44; 11,15 **15,10:** *a* Mt 23,4; Gal 5,1 **15,11:** *a* Gal 2,16; Eph 2,4-10

12 Da schwieg die ganze Menge still und
hörte Paulus und Barnabas zu, die er-
zählten, wie große Zeichen und Wunder
Gott durch sie getan hatte unter den
Heiden.
13 Danach, als sie schwiegen, ant-
wortete [a]Jakobus und sprach: Ihr Män-
ner, liebe Brüder, hört mir zu! 14 Simon
hat erzählt, wie Gott zum ersten Mal die
Heiden gnädig heimgesucht hat, um aus
ihnen ein Volk für seinen Namen zu ge-
winnen. 15 Und dazu stimmen die Worte
der Propheten, wie geschrieben steht
(Amos 9,11-12): 16 »Danach will ich mich
wieder zu ihnen wenden und will die zer-
fallene Hütte Davids wieder bauen, und
ihre Trümmer will ich wieder aufbauen
und will sie aufrichten, 17 damit die Men-
schen, die übrig geblieben sind, nach dem
Herrn fragen, dazu alle Heiden, über die
mein Name genannt ist, spricht der Herr,
18 der tut, was von alters her bekannt
ist.« 19 Darum meine ich, dass man denen
von den Heiden, die sich zu Gott be-
kehren, nicht Unruhe mache, 20 sondern
ihnen vorschreibe, dass sie sich enthalten
sollen [a]von Befleckung durch Götzen
und [b]von Unzucht* und vom Erstick-
ten* und [c]vom Blut. 21 Denn Mose hat
von alten Zeiten her in allen Städten sol-
che, die ihn predigen, und [a]wird alle Sab-
battage in den Synagogen gelesen.

Die Beschlüsse der Apostelversammlung

22 Und die Apostel und Ältesten be-
schlossen samt der ganzen Gemeinde,
aus ihrer Mitte Männer auszuwählen
und mit Paulus und Barnabas nach An-
tiochia zu senden, nämlich Judas mit
dem Beinamen Barsabbas und Silas, an-
gesehene Männer unter den Brüdern.
23 Und sie gaben ein Schreiben in ihre
Hand, also lautend:
Wir, die Apostel und Ältesten, eure
Brüder, wünschen Heil den Brüdern aus
den Heiden in Antiochia und Syrien und
Zilizien. 24 Weil wir gehört haben, dass
einige von den Unsern, denen wir doch
nichts befohlen hatten, euch mit Lehren
irregemacht und eure Seelen verwirrt
haben, 25 so haben wir, einmütig versam-
melt, beschlossen, Männer auszuwählen
und zu euch zu senden mit unsern ge-
liebten Brüdern Barnabas und Paulus,
26 Männer, die ihr Leben eingesetzt haben
für den Namen unseres Herrn Jesus
Christus. 27 So haben wir Judas und Silas
gesandt, die euch mündlich dasselbe mit-
teilen werden. 28 Denn es gefällt dem Hei-
ligen Geist und uns, euch weiter keine
Last aufzuerlegen als nur diese notwen-
digen Dinge: 29 dass ihr euch enthaltet
vom Götzenopfer und vom Blut und vom
Erstickten und von Unzucht. Wenn ihr
euch davor bewahrt, tut ihr recht. Lebt
wohl!

Die Benachrichtigung der Gemeinde in Antiochia

30 Als man sie hatte gehen lassen, kamen
sie nach Antiochia und versammelten die
Gemeinde und übergaben den Brief.
31 Als sie ihn lasen, wurden sie über den
Zuspruch froh. 32 Judas aber und Silas,
die selbst [a]Propheten waren, ermahnten
die Brüder mit vielen Reden und stärkten
sie. 33 Und als sie eine Zeit lang dort
verweilt hatten, ließen die Brüder sie mit
Frieden gehen zu denen, die sie gesandt
hatten.** 35 Paulus und Barnabas aber
blieben in Antiochia, lehrten und predig-
ten mit vielen andern das Wort des
Herrn.

Der Beginn der zweiten Missionsreise

36 Nach einigen Tagen sprach Paulus zu
Barnabas: Lass uns wieder aufbrechen
und nach unsern Brüdern sehen in allen
Städten, in denen wir das Wort des
Herrn verkündigt haben, wie es um sie
steht. 37 Barnabas aber wollte, dass sie
auch [a]Johannes mit dem Beinamen Mar-
kus mitnähmen. 38 Paulus aber hielt es
nicht für richtig, jemanden mitzuneh-
men, der sie [a]in Pamphylien verlassen
hatte und nicht mit ihnen ans Werk ge-
gangen war. 39 Und sie kamen scharf an-
einander, sodass sie sich trennten. Barna-
bas nahm Markus mit sich und fuhr
nach Zypern. 40 Paulus aber wählte Silas
und zog fort, von den Brüdern der

* Siehe Sach- und Worterklärungen.

** Vers 34 findet sich erst in der späteren Überlieferung: »Es gefiel aber Silas, dort zu bleiben.«

15,13: *a* Kap 21,18; Gal 2,9 **15,20:** *a* 3. Mose 19,4; *b* 3. Mose 19,29; *c* 3. Mose 3,17 **15,21:** *a* Kap 13,15 **15,32:** *a* Kap 11,27; 13,1 **15,37:** *a* Kap 12,12.25 **15,38:** *a* Kap 13,13

Gnade Gottes befohlen. 41 Er zog aber
durch Syrien und Zilizien und stärkte die
Gemeinden.

In Kleinasien

16 Er kam auch nach Derbe und Lys-
tra; und siehe, dort war ein Jünger
mit Namen [a]Timotheus, der Sohn [b]einer
jüdischen Frau, die gläubig war, und
eines griechischen Vaters. 2 Der hatte
einen guten Ruf bei den Brüdern in Lys-
tra und Ikonion. 3 Diesen wollte Paulus
mit sich ziehen lassen und er nahm ihn
und [a]beschnitt ihn wegen der Juden, die
in jener Gegend waren; denn sie wussten
alle, dass sein Vater ein Grieche war.
4 Als sie aber durch die Städte zogen,
übergaben sie ihnen [a]die Beschlüsse, die
von den Aposteln und Ältesten in Jeru-
salem gefasst worden waren, damit sie
sich daran hielten. 5 Da wurden die Ge-
meinden im Glauben gefestigt und nah-
men täglich zu an Zahl.
6 Sie zogen aber [a]durch Phrygien und
das Land Galatien, da ihnen vom Hei-
ligen Geist verwehrt wurde, das Wort zu
predigen in der Provinz Asien. 7 Als sie
aber bis nach Mysien gekommen waren,
versuchten sie, nach Bithynien zu reisen;
doch der Geist Jesu ließ es ihnen nicht
zu. 8 Da zogen sie durch Mysien und ka-
men hinab nach Troas.

Der Ruf nach Mazedonien

9 Und Paulus sah eine Erscheinung bei
Nacht: Ein Mann aus Mazedonien stand
da und bat ihn: Komm herüber nach
Mazedonien und hilf uns! 10 Als er aber
die Erscheinung gesehen hatte, da such-
ten wir sogleich nach Mazedonien zu rei-
sen, gewiss, dass uns Gott dahin berufen
hatte, ihnen das Evangelium zu predi-
gen.

In Philippi

11 Da fuhren wir von Troas ab und ka-
men geradewegs nach Samothrake, am
nächsten Tag nach Neapolis 12 und von
da nach Philippi, das ist eine Stadt des
ersten Bezirks von Mazedonien, eine rö-
mische Kolonie. Wir blieben aber einige
Tage in dieser Stadt. 13 Am Sabbattag
gingen wir hinaus vor die Stadt an den
Fluss, wo wir dachten, dass man zu beten
pflegte, und wir setzten uns und redeten
mit den Frauen, die dort zusammen-
kamen.

Die Bekehrung der Lydia

14 Und eine gottesfürchtige Frau mit Na-
men Lydia, eine Purpurhändlerin aus der
Stadt Thyatira, hörte zu; der tat der Herr
das Herz auf, sodass sie darauf acht-
hatte, was von Paulus geredet wurde.
15 Als sie aber mit ihrem Hause getauft
war, bat sie uns und sprach: Wenn ihr
anerkennt, dass ich an den Herrn glaube,
so kommt in mein Haus und bleibt da.
Und sie nötigte uns.

Die Magd mit dem Wahrsagegeist

16 Es geschah aber, als wir zum Gebet
gingen, da begegnete uns eine Magd, die
hatte einen Wahrsagegeist und brachte
ihren Herren viel Gewinn ein mit ihrem
Wahrsagen. 17 Die folgte Paulus und uns
überall hin und schrie: Diese Menschen
sind Knechte des allerhöchsten Gottes,
die euch den Weg des Heils verkündi-
gen.[a] 18 Das tat sie viele Tage lang. Pau-
lus war darüber so aufgebracht, dass er
sich umwandte und zu dem Geist sprach:
Ich gebiete dir im Namen Jesu Christi,
dass du von ihr ausfährst. [a]Und er fuhr
aus zu derselben Stunde.
19 Als aber ihre Herren sahen, dass da-
mit ihre Hoffnung auf Gewinn ausge-
fahren war, ergriffen sie Paulus und Silas,
schleppten sie auf den Markt vor die
Oberen 20 [a]und führten sie den Stadt-
richtern vor und sprachen: Diese Men-
schen bringen unsre Stadt in Aufruhr; sie
sind Juden 21 und verkünden Ordnungen,
die wir weder annehmen noch einhalten
dürfen, weil wir Römer sind. 22 Und das
Volk wandte sich gegen sie; und die
Stadtrichter ließen ihnen die Kleider her-
unterreißen und befahlen, sie [a]mit Stö-
cken zu schlagen.

Paulus und Silas im Gefängnis

23 Nachdem man sie hart geschlagen
hatte, warf man sie ins Gefängnis und
befahl dem Aufseher, sie gut zu bewa-

16,1: *a* Kap 17,14; 19,22; 20,4; Phil 2,19-22; 1.Thess 3,2.6; *b* 2.Tim 1,5 **16,3:** *a* Gal 2,3 **16,4:** *a* Kap 15,23-29 **16,6:** *a* Kap 18,23 **16,17:** *a* Mk 1,24.34 **16,18:** *a* Mk 16,17 **16,20:** *a* Kap 17,6 **16,22:** *a* 2.Kor 11,25; Phil 1,30; 1.Thess 2,2

chen. 24 Als er diesen Befehl empfangen
hatte, warf er sie in das innerste Gefäng-
nis und legte ihre Füße in den Block.

25 Um Mitternacht aber beteten Paulus
und Silas und lobten Gott. Und die Ge-
fangenen hörten sie. 26 Plötzlich aber ge-
schah ein großes Erdbeben, sodass die
Grundmauern des Gefängnisses wank-
ten. Und sogleich öffneten sich alle
Türen und von allen fielen die Fesseln ab.
27 Als aber der Aufseher aus dem Schlaf
auffuhr und sah die Türen des Gefäng-
nisses offen stehen, zog er das Schwert
und wollte sich selbst töten; denn er
meinte, die Gefangenen wären entflohen.
28 Paulus aber rief laut: Tu dir nichts an;
denn wir sind alle hier!

29 Da forderte der Aufseher ein Licht
und stürzte hinein und fiel zitternd Pau-
lus und Silas zu Füßen. 30 Und er führte
sie heraus und sprach: Liebe Herren,
[a]was muss ich tun, dass ich gerettet
werde? 31 Sie sprachen: **Glaube an den
Herrn Jesus, so wirst du und dein Haus
selig!** 32 Und sie sagten ihm das Wort des
Herrn und allen, die in seinem Hause
waren. 33 Und er nahm sie zu sich in
derselben Stunde der Nacht und wusch
ihnen die Striemen. Und er ließ sich und
alle die Seinen sogleich taufen 34 und
führte sie in sein Haus und deckte ihnen
den Tisch und freute sich mit seinem
ganzen Hause, dass er zum Glauben an
Gott gekommen war.

35 Als es aber Tag geworden war, sand-
ten die Stadtrichter die Amtsdiener und
ließen sagen: Lass diese Männer frei!
36 Und der Aufseher überbrachte Paulus
diese Botschaft: Die Stadtrichter haben
hergesandt, dass ihr frei sein sollt. Nun
kommt heraus und geht hin in Frieden!
37 Paulus aber sprach zu ihnen: Sie haben
uns ohne Recht und Urteil öffentlich ge-
schlagen, die wir doch [a]römische Bürger
sind, und in das Gefängnis geworfen,
und sollten uns nun heimlich fortschi-
cken? Nein! Sie sollen selbst kommen
und uns hinausführen! 38 Die Amtsdiener
berichteten diese Worte den Stadtrich-
tern. Da fürchteten sie sich, als sie hör-
ten, dass sie römische Bürger seien,
39 und kamen und redeten ihnen zu, führ-
ten sie heraus und baten sie, die Stadt zu
verlassen. 40 Da gingen sie aus dem Ge-
fängnis und gingen zu der Lydia. Und als
sie die Brüder gesehen und sie getröstet
hatten, zogen sie fort.

In Thessalonich

17 Nachdem sie aber durch Amphipo-
lis und Apollonia gereist waren, ka-
men sie nach [a]Thessalonich; da war eine
Synagoge der Juden. 2 Wie nun Paulus
gewohnt war, ging er zu ihnen hinein und
redete mit ihnen an drei Sabbaten von
der Schrift, 3 tat sie ihnen auf und legte
ihnen dar, [a]dass Christus leiden musste
und von den Toten auferstehen und dass
dieser Jesus, den ich – so sprach er – euch
verkündige, der Christus ist. 4 Einige von
ihnen ließen sich überzeugen und schlos-
sen sich Paulus und [a]Silas an, auch eine
große Menge von gottesfürchtigen Grie-
chen, dazu nicht wenige von den angese-
hensten Frauen.

5 Aber die Juden ereiferten sich und
holten sich einige üble Männer aus dem
Pöbel, rotteten sich zusammen und rich-
teten einen Aufruhr in der Stadt an und
zogen vor das Haus Jasons und suchten
sie, um sie vor das Volk zu führen. 6 Sie
fanden sie aber nicht. Da schleiften sie
Jason und einige Brüder vor die Oberen
der Stadt und schrien: Diese, [a]die den
ganzen Weltkreis erregen, sind jetzt auch
hierher gekommen; 7 die beherbergt Ja-
son. Und diese alle handeln gegen des
Kaisers Gebote und sagen, [a]ein anderer
sei König, nämlich Jesus. 8 So brachten
sie das Volk auf und die Oberen der
Stadt, die das hörten. 9 Und erst nach-
dem ihnen von Jason und den andern
Bürgschaft geleistet war, ließen sie sie
frei.

In Beröa

10 Die Brüder aber schickten noch in der-
selben Nacht Paulus und Silas nach Be-
röa. Als sie dahin kamen, gingen sie in
die Synagoge der Juden. 11 Diese aber
waren freundlicher als die in Thessalo-
nich; sie nahmen das Wort bereitwillig
auf und [a]forschten täglich in der Schrift,
ob sich's so verhielte. 12 So glaubten nun

16,30: *a* Kap 2,37 **16,37:** *a* Kap 22,25 **17,1:** *a* 1. Thess 2,2 **17,3:** *a* Lk 24,26-27.45-46 **17,4:** *a* 1. Thess 1,1; 2. Thess 1,1 **17,6:** *a* Kap 16,20 **17,7:** *a* Lk 23,2 **17,11:** *a* Joh 5,39

viele von ihnen, darunter nicht wenige
von den vornehmen griechischen Frauen
und Männern. 13 Als aber die Juden von
Thessalonich erfuhren, dass auch in Be-
röa das Wort Gottes von Paulus ver-
kündigt wurde, kamen sie und erregten
Unruhe und verwirrten auch dort das
Volk.

14 Da schickten die Brüder Paulus so-
gleich weiter bis an das Meer; Silas und
[a]Timotheus aber blieben zurück. 15 Die
aber Paulus geleiteten, brachten ihn bis
nach Athen. Und nachdem sie den Auf-
trag empfangen hatten, dass Silas und
Timotheus so schnell wie möglich zu ihm
kommen sollten, kehrten sie zurück.

In Athen

16 Als aber Paulus in Athen auf sie war-
tete, ergrimmte sein Geist in ihm, als er
die Stadt voller Götzenbilder sah. 17 Und
er redete zu den Juden und den Gottes-
fürchtigen in der Synagoge und täglich
auf dem Markt zu denen, die sich ein-
fanden. 18 Einige Philosophen aber, Epi-
kureer und Stoiker, stritten mit ihm. Und
einige von ihnen sprachen: Was will die-
ser Schwätzer sagen? Andere aber: Es
sieht so aus, als wolle er fremde Götter
verkündigen. Er hatte ihnen nämlich
[a]das Evangelium von Jesus und von der
Auferstehung verkündigt. 19 Sie nahmen
ihn aber mit und führten ihn auf den
Areopag* und sprachen: Können wir er-
fahren, was das für eine neue Lehre ist,
die du lehrst? 20 Denn du bringst etwas
Neues vor unsere Ohren; nun wollen wir
gerne wissen, was das ist. 21 Alle Athener
nämlich, auch die Fremden, die bei ihnen
wohnten, hatten nichts anderes im Sinn,
als etwas Neues zu sagen oder zu hören.

22 Paulus aber stand mitten auf dem
Areopag und sprach: Ihr Männer von
Athen, ich sehe, dass ihr die Götter in
allen Stücken sehr verehrt. 23 Ich bin um-
hergegangen und habe eure Heiligtümer
angesehen und fand einen Altar, auf dem
stand geschrieben: Dem unbekannten
Gott. Nun verkündige ich euch, was ihr
unwissend verehrt.

24 Gott, der die Welt gemacht hat und
alles, was darin ist, er, der Herr des Him-
mels und der Erde, [a]wohnt nicht in Tem-
peln, die mit Händen gemacht sind.
25 Auch lässt er sich nicht von Menschen-
händen dienen wie einer, [a]der etwas nö-
tig hätte, da er doch selber jedermann
Leben und Odem und alles gibt. 26 Und
er hat aus einem Menschen das ganze
Menschengeschlecht gemacht, damit sie
auf dem ganzen Erdboden wohnen, und
[a]er hat festgesetzt, wie lange sie bestehen
und in welchen Grenzen sie wohnen sol-
len, 27 damit sie Gott suchen sollen, ob
sie ihn wohl fühlen und finden könnten;
und **fürwahr, [a]er ist nicht ferne von einem
jeden unter uns. 28 Denn in ihm leben, we-
ben und sind wir;** wie auch einige Dichter
bei euch gesagt haben: Wir sind seines
Geschlechts. 29 Da wir nun [a]göttlichen
Geschlechts sind, sollen wir nicht mei-
nen, [b]die Gottheit sei gleich den gol-
denen, silbernen und steinernen Bildern,
durch menschliche Kunst und Gedanken
gemacht.

30 Zwar hat Gott über die [a]Zeit der
Unwissenheit hinweggesehen; nun aber
[b]gebietet er den Menschen, dass alle an
allen Enden Buße tun. 31 Denn er hat
einen Tag festgesetzt, an dem er den Erd-
kreis [a]richten will mit Gerechtigkeit
durch einen Mann, den er dazu bestimmt
hat, und hat jedermann den Glauben an-
geboten, indem er ihn von den Toten
auferweckt hat.

32 Als sie von der Auferstehung der
Toten hörten, begannen die einen zu
spotten; die andern aber sprachen: Wir
wollen dich darüber ein andermal weiter-
hören. 33 So ging Paulus von ihnen.
34 Einige Männer schlossen sich ihm an
und wurden gläubig; unter ihnen war
auch Dionysius, einer aus dem Rat, und
eine Frau mit Namen Damaris und an-
dere mit ihnen.

In Korinth

18 Danach verließ Paulus Athen und
kam nach Korinth 2 und fand einen
Juden mit Namen [a]Aquila, aus Pontus
gebürtig; der war mit seiner Frau Pris-

* Siehe Sach- und Worterklärungen.

17,14: *a* Kap 16,1 **17,18:** *a* 1. Kor 4,12 **17,24:** *a* 1. Kön 8,27 **17,25:** *a* Ps 50,9-12 **17,26:** *a* 5. Mose 32,8 **17,27:** *a* Jes 55,6 **17,29:** *a* 1. Mose 1,27; *b* Jes 40,18 **17,30:** *a* Kap 14,16; *b* Lk 24,47 **17,31:** *a* Kap 10,42; Mt 25,31-33 **18,2:** *a* Röm 16,3

zilla kürzlich aus Italien gekommen, weil
Kaiser Klaudius allen Juden geboten
hatte, Rom zu verlassen. Zu denen ging
Paulus. 3 Und weil er das gleiche Hand-
werk hatte, blieb er bei ihnen und [a]ar-
beitete mit ihnen; sie waren nämlich von
Beruf Zeltmacher. 4 Und er lehrte in der
Synagoge an allen Sabbaten und über-
zeugte Juden und Griechen. 5 Als aber
[a]Silas und Timotheus aus Mazedonien
kamen, richtete sich Paulus ganz auf die
Verkündigung des Wortes und bezeugte
den Juden, dass Jesus der Christus ist.
6 Als sie aber widerstrebten und lästerten,
[a]schüttelte er die Kleider aus und sprach
zu ihnen: Euer Blut komme über euer
Haupt; [b]ohne Schuld gehe ich von nun
an zu den Heiden.
7 Und er machte sich auf von dort und
kam in das Haus eines Mannes mit Na-
men Titius Justus, eines Gottesfürchti-
gen; dessen Haus war neben der Syn-
agoge. 8 [a]Krispus aber, der Vorsteher der
Synagoge, kam zum Glauben an den
Herrn mit seinem ganzen Hause, und
auch viele Korinther, die zuhörten, wur-
den gläubig und ließen sich taufen.
9 [a]Es sprach aber der Herr durch eine
Erscheinung in der Nacht zu Paulus:
[b]**Fürchte dich nicht, sondern rede und
schweige nicht!** 10 **Denn ich bin mit dir, und
niemand soll sich unterstehen, dir zu scha-
den; denn** [a]**ich habe ein großes Volk in
dieser Stadt.** 11 Er blieb aber dort ein Jahr
und sechs Monate und lehrte unter ihnen
das Wort Gottes.
12 Als aber Gallio Statthalter in Achaja
war, empörten sich die Juden einmütig
gegen Paulus und führten ihn vor den
Richterstuhl 13 und sprachen: Dieser
Mensch überredet die Leute, Gott zu die-
nen dem Gesetz zuwider. 14 [a]Als aber
Paulus den Mund auftun wollte, sprach
Gallio zu den Juden: Wenn es um einen
Frevel oder ein Vergehen ginge, ihr Ju-
den, so würde ich euch anhören, wie es
recht ist; 15 weil es aber Fragen sind über
Lehre und Namen und das Gesetz bei
euch, so seht ihr selber zu; ich gedenke,
darüber nicht Richter zu sein.[a] 16 Und er
trieb sie weg von dem Richterstuhl. 17 Da
ergriffen sie alle Sosthenes, den Vorsteher
der Synagoge, und schlugen ihn vor dem
Richterstuhl und Gallio kümmerte sich
nicht darum.

Die Rückkehr nach Antiochia

18 Paulus aber blieb noch eine Zeit lang
dort. Danach nahm er Abschied von den
Brüdern und wollte nach Syrien fahren
und mit ihm Priszilla und Aquila. Zuvor
[a]ließ er sich in Kenchreä sein Haupt
scheren, denn er hatte ein Gelübde ge-
tan.
19 Und sie kamen nach Ephesus und er
ließ die beiden dort zurück; er aber ging
in die Synagoge und redete mit den Ju-
den. 20 Sie baten ihn aber, dass er längere
Zeit bei ihnen bleibe. Doch er willigte
nicht ein, 21 sondern nahm Abschied von
ihnen und sprach: [a]Will's Gott, so will
ich wieder zu euch kommen. Und er fuhr
weg von Ephesus 22 und kam nach Cäsa-
rea und [a]ging hinauf nach Jerusalem und
grüßte die Gemeinde und zog hinab nach
Antiochia.

Der Beginn der dritten Missionsreise

23 Und nachdem er einige Zeit geblieben
war, brach er wieder auf und durchzog
nacheinander das galatische Land und
Phrygien und stärkte alle Jünger.

Apollos in Ephesus

24 Es kam aber nach Ephesus ein Jude
mit Namen [a]Apollos, aus Alexandria ge-
bürtig, ein beredter Mann und gelehrt in
der Schrift. 25 Dieser war unterwiesen im
Weg des Herrn und redete brennend im
Geist und lehrte richtig von Jesus, wusste
aber nur von der [a]Taufe des Johannes.
26 Er fing an, frei und offen zu predigen
in der Synagoge. Als ihn Aquila und
Priszilla hörten, nahmen sie ihn zu sich
und legten ihm den Weg Gottes noch
genauer aus. 27 Als er aber nach Achaja
reisen wollte, schrieben die Brüder an die
Jünger dort und empfahlen ihnen, ihn
aufzunehmen. Und als er dahin gekom-
men war, half er denen viel, die gläubig
geworden waren durch die Gnade.

18,3: *a* Kap 20,34; 1. Kor 4,12 **18,5:** *a* Kap 17,14-15; 2. Kor 1,19 **18,6:** *a* Kap 13,51; Neh 5,15; *b* Kap 20,26 **18,8:** *a* 1. Kor 1,14 **18,9:** *a (9-10)* Jer 1,8; *b* 1. Kor 2,3 **18,10:** *a* Joh 10,16 **18,14:** *a (14-15)* Kap 25,18-20 **18,15:** *a* Joh 18,31 **18,18:** *a* Kap 21,24.26 **18,21:** *a* Jak 4,15 **18,22:** *a* Kap 21,15 **18,24:** *a* 1. Kor 3,5-6 **18,25:** *a* Kap 19,3

28 Denn er widerlegte die Juden kräftig
und [a]erwies öffentlich durch die Schrift,
dass Jesus der Christus ist.

Paulus in Ephesus

19 Es geschah aber, als Apollos in Ko-
rinth war, dass Paulus durch das
Hochland zog und nach Ephesus kam
und einige Jünger fand. 2 Zu denen
sprach er: [a]Habt ihr den Heiligen Geist
empfangen, als ihr gläubig wurdet? Sie
sprachen zu ihm: Wir haben noch nie
gehört, dass es einen Heiligen Geist gibt.
3 Und er fragte sie: Worauf seid ihr denn
getauft? Sie antworteten: Auf die Taufe
des Johannes. 4 Paulus aber sprach: Jo-
hannes hat getauft mit der Taufe der
Buße und dem Volk gesagt, sie sollten an
den glauben, der nach ihm kommen
werde, nämlich an Jesus.[a] 5 Als sie das
hörten, ließen sie sich taufen auf den
Namen des Herrn Jesus. 6 Und als Paulus
die Hände auf sie legte, kam der Heilige
Geist auf sie und sie redeten in Zungen
und weissagten.[a] 7 Es waren aber zusam-
men etwa zwölf Männer.

8 Er ging aber in die Synagoge und
predigte frei und offen drei Monate lang,
lehrte und überzeugte sie von dem Reich
Gottes. 9 Als aber einige verstockt waren
und nicht glaubten und vor der Menge
übel redeten von der Lehre, trennte er
sich von ihnen und sonderte auch die
Jünger ab und redete täglich in der
Schule des Tyrannus. 10 Und das geschah
zwei Jahre lang, sodass alle, die in der
Provinz Asien wohnten, das Wort des
Herrn hörten, Juden und Griechen.

11 Und Gott wirkte nicht geringe Taten
durch die Hände des Paulus.[a] 12 So hiel-
ten sie auch die Schweißtücher und an-
dere Tücher, die er auf seiner Haut ge-
tragen hatte, über die Kranken, und die
Krankheiten wichen von ihnen und die
bösen Geister fuhren aus.[a]

13 Es [a]unterstanden sich aber einige
von den Juden, die als Beschwörer um-
herzogen, den Namen des Herrn Jesus zu
nennen über denen, die böse Geister hat-
ten, und sprachen: Ich beschwöre euch
bei dem Jesus, den Paulus predigt. 14 Es
waren aber sieben Söhne eines jüdischen
Hohenpriesters mit Namen Skevas, die
dies taten. 15 Aber der böse Geist ant-
wortete und sprach zu ihnen: Jesus kenne
ich wohl und von Paulus weiß ich wohl;
aber wer seid ihr? 16 Und der Mensch, in
dem der böse Geist war, stürzte sich auf
sie und überwältigte sie alle und richtete
sie so zu, dass sie nackt und verwundet
aus dem Haus flohen. 17 Das aber wurde
allen bekannt, die in Ephesus wohnten,
Juden und Griechen; und Furcht befiel
sie alle und der Name des Herrn Jesus
wurde hochgelobt.

18 Es kamen auch viele von denen, die
gläubig geworden waren, und bekannten
und verkündeten, was sie getan hatten.
19 Viele aber, die Zauberei getrieben hat-
ten, brachten die Bücher zusammen und
verbrannten sie öffentlich und berechne-
ten, was sie wert waren, und kamen auf
fünfzigtausend Silbergroschen. 20 So brei-
tete sich das Wort aus durch die Kraft
des Herrn und wurde mächtig.[a]

21 Als das geschehen war, nahm sich
Paulus im Geist vor, durch Mazedonien
und Achaja zu ziehen und nach Jeru-
salem zu reisen, und sprach: Wenn ich
dort gewesen bin, muss ich auch [a]Rom
sehen. 22 Und er sandte zwei, die ihm
dienten, Timotheus und [a]Erastus, nach
Mazedonien; er aber blieb noch eine
Weile in der Provinz Asien.

Der Aufruhr des Demetrius

23 Es erhob sich aber um diese Zeit [a]eine
nicht geringe Unruhe über den neuen
Weg. 24 Denn einer mit Namen Deme-
trius, ein Goldschmied, machte silberne
Tempel der Diana* und verschaffte de-
nen vom Handwerk nicht geringen Ge-
winn. 25 Diese und die Zuarbeiter dieses
Handwerks versammelte er und sprach:
Liebe Männer, ihr wisst, dass wir großen
Gewinn von diesem Gewerbe haben;
26 und ihr seht und hört, dass nicht allein
in Ephesus, sondern auch fast in der gan-
zen Provinz Asien dieser Paulus viel Volk
abspenstig macht, überredet und spricht:
Was mit Händen gemacht ist, das sind
keine Götter. 27 Aber es droht nicht nur

* Siehe Sach- und Worterklärungen.

18,28: *a* Kap 9,22; 17,3 **19,2:** *a* Kap 2,38 **19,4:** *a* Mt 3,11 **19,6:** *a* Kap 8,17; 10,44.46 **19,11:** *a* Kap 14,3; 2. Kor 12,12 **19,12:** *a* Kap 5,15 **19,13:** *a* Lk 9,49 **19,20:** *a* Kap 12,24 **19,21:** *a* Kap 23,11 **19,22:** *a* 2. Tim 4,20 **19,23:** *a* 2. Kor 1,8-9

unser Gewerbe in Verruf zu geraten, son-
dern auch der Tempel der großen Göttin
Diana wird für nichts geachtet werden
und zudem wird ihre göttliche Majestät
untergehen, der doch die ganze Provinz
Asien und der Weltkreis Verehrung er-
weist. 28Als sie das hörten, wurden sie
von Zorn erfüllt und schrien: Groß ist
die Diana der Epheser! 29Und die ganze
Stadt wurde voll Getümmel; sie stürmten
einmütig zum Theater und ergriffen
[a]Gajus und Aristarch aus Mazedonien,
die Gefährten des Paulus.

30Als aber Paulus unter das Volk ge-
hen wollte, ließen's ihm die Jünger nicht
zu. 31Auch einige der Oberen der Provinz
Asien, die ihm freundlich gesinnt waren,
sandten zu ihm und ermahnten ihn, sich
nicht zum Theater zu begeben. 32Dort
schrien die einen dies, die andern das, und
die Versammlung war in Verwirrung,
und die meisten wussten nicht, warum
sie zusammengekommen waren. 33Einige
aber aus der Menge unterrichteten den
Alexander, den die Juden vorschickten.
Alexander aber winkte mit der Hand und
wollte sich vor dem Volk verantworten.
34Als sie aber innewurden, dass er ein
Jude war, schrie alles wie aus einem
Munde fast zwei Stunden lang: Groß ist
die Diana der Epheser!

35Als aber der Kanzler das Volk be-
ruhigt hatte, sprach er: Ihr Männer von
Ephesus, wo ist ein Mensch, der nicht
weiß, dass die Stadt Ephesus eine Hü-
terin der großen Diana ist und ihres Bil-
des, das vom Himmel gefallen ist? 36Weil
das nun unwidersprechlich ist, sollt ihr
euch ruhig verhalten und nichts Unbe-
dachtes tun. 37Ihr habt diese Menschen
hergeführt, die weder Tempelräuber noch
Lästerer unserer Göttin sind. 38Haben
aber Demetrius und die mit ihm vom
Handwerk sind einen Anspruch an je-
manden, so gibt es Gerichte und Statt-
halter; da lasst sie sich untereinander ver-
klagen. 39Wollt ihr aber darüber hinaus
noch etwas, so kann man es in einer
ordentlichen Versammlung entscheiden.
40Denn wir stehen in Gefahr, wegen der
heutigen Empörung verklagt zu werden,
ohne dass ein Grund vorhanden ist, mit
dem wir diesen Aufruhr entschuldigen
könnten. Und als er dies gesagt hatte,
ließ er die Versammlung gehen.

Paulus in Mazedonien und Griechenland

20 Als nun das Getümmel aufgehört
hatte, rief Paulus die Jünger zu
sich und tröstete sie, nahm Abschied und
brach auf, um nach [a]Mazedonien zu rei-
sen. 2Und als er diese Gegenden durch-
zogen und die Gemeinden mit vielen
Worten ermahnt hatte, kam er nach
Griechenland 3und blieb dort drei Mo-
nate. Da ihm aber die Juden nachstellten,
als er zu Schiff nach Syrien fahren wollte,
beschloss er, durch Mazedonien zurück-
zukehren. 4Es zogen aber mit ihm So-
pater aus [a]Beröa, der Sohn des Pyrrhus,
aus Thessalonich aber Aristarch und
Sekundus und [b]Gajus aus Derbe und
[c]Timotheus, aus der Provinz Asien aber
[d]Tychikus und [e]Trophimus. 5Diese reis-
ten voraus und warteten auf uns in
Troas.

In Troas

6Wir aber fuhren nach den Tagen der
Ungesäuerten Brote mit dem Schiff von
Philippi ab und kamen am fünften Tag
zu ihnen nach Troas und blieben dort
sieben Tage.

7[a]Am ersten Tag der Woche aber, als
wir versammelt waren, [b]das Brot zu bre-
chen, predigte ihnen Paulus, und da er
am nächsten Tag weiterreisen wollte, zog
er die Rede hin bis Mitternacht. 8Und es
waren viele Lampen in dem Oberge-
mach, wo wir versammelt waren. 9Es saß
aber ein junger Mann mit Namen Euty-
chus in einem Fenster und sank in einen
tiefen Schlaf, weil Paulus so lange redete;
und vom Schlaf überwältigt fiel er hinun-
ter vom dritten Stock und wurde tot auf-
gehoben. 10Paulus aber ging hinab und
[a]warf sich über ihn, umfing ihn und
sprach: Macht kein Getümmel; denn es
ist Leben in ihm. 11Dann ging er hinauf
und brach das Brot und aß und redete
viel mit ihnen, bis der Tag anbrach; und
so zog er hinweg. 12Sie brachten aber den
jungen Mann lebend herein und wurden
nicht wenig getröstet.

19,29: *a* Kap 20,4 **20,1:** *a* 2. Kor 2,13 **20,4:** *a* Kap 17,10; *b* Kap 19,29; *c* Kap 16,1; *d* Eph 6,21; *e* Kap 21,29 **20,7:** *a* Mt 28,1; *b* Kap 2,42.46 **20,10:** *a* 1. Kön 17,21

Die Reise nach Milet

13 Wir aber zogen voraus zum Schiff und fuhren nach Assos und wollten dort Paulus zu uns nehmen; denn er hatte es so befohlen, weil er selbst zu Fuß gehen wollte. 14 Als er uns nun traf in Assos, nahmen wir ihn zu uns und kamen nach Mitylene. 15 Und von dort fuhren wir weiter und kamen am nächsten Tag auf die Höhe von Chios; am folgenden Tag gelangten wir nach Samos und am nächsten Tag kamen wir nach Milet. 16 Denn Paulus hatte beschlossen, an [a]Ephesus vorüberzufahren, um in der Provinz Asien keine Zeit zu verlieren; denn er eilte, am Pfingsttag in Jerusalem zu sein, wenn es ihm möglich wäre.

Die Abschiedsrede des Paulus an die Ältesten von Ephesus

17 Aber von Milet sandte er nach Ephesus und ließ die Ältesten der Gemeinde rufen. 18 Als aber die zu ihm kamen, sprach er zu ihnen: Ihr wisst, wie ich mich vom ersten Tag an, als ich in die Provinz Asien gekommen bin, die ganze Zeit bei euch verhalten habe,[a] 19 wie ich dem Herrn gedient habe in aller Demut und mit Tränen und unter Anfechtungen, die mir durch die Nachstellungen der Juden widerfahren sind. 20 Ich habe euch nichts vorenthalten, was nützlich ist, dass ich's euch nicht verkündigt und gelehrt hätte, öffentlich und in den Häusern, 21 und habe Juden und Griechen bezeugt die Umkehr zu Gott und den Glauben an unsern Herrn Jesus.

22 Und nun siehe, durch den Geist gebunden, [a]fahre ich nach Jerusalem und weiß nicht, was mir dort begegnen wird, 23 nur dass der Heilige Geist in allen Städten mir bezeugt, dass Fesseln und Bedrängnisse auf mich warten.[a] 24 Aber [a]ich achte mein Leben nicht der Rede wert, wenn ich nur [b]meinen Lauf vollende und das Amt ausrichte, das ich von dem Herrn Jesus empfangen habe, zu bezeugen das Evangelium von der Gnade Gottes. 25 Und nun siehe, ich weiß, dass ihr mein Angesicht nicht mehr sehen werdet, ihr alle, zu denen ich hingekommen bin und das Reich gepredigt habe. 26 [a]Darum bezeuge ich euch am heutigen Tage, [b]dass ich rein bin vom Blut aller; 27 denn ich habe nicht unterlassen, euch den ganzen Ratschluss Gottes zu verkündigen.

28 So [a]**habt nun acht auf euch selbst und** [b]**auf die ganze Herde, in der euch der Heilige Geist eingesetzt hat zu Bischöfen*, zu weiden die Gemeinde Gottes, die er durch sein eigenes Blut erworben hat.** 29 Denn das weiß ich, dass nach meinem Abschied reißende [a]Wölfe zu euch kommen, die die Herde nicht verschonen werden. 30 Auch aus eurer Mitte werden Männer aufstehen, die Verkehrtes lehren, um die Jünger an sich zu ziehen.[a] 31 Darum seid wachsam und denkt daran, dass ich drei Jahre lang Tag und Nacht nicht abgelassen habe, einen jeden unter Tränen zu ermahnen.

32 Und nun befehle ich euch Gott und dem Wort seiner Gnade, der da mächtig ist, euch zu erbauen und euch das Erbe zu geben mit allen, die geheiligt sind. 33 Ich habe von niemandem Silber oder Gold oder Kleidung begehrt. 34 Denn ihr wisst selber, dass mir diese Hände zum Unterhalt gedient haben für mich und die, die mit mir gewesen sind.[a] 35 Ich habe euch in allem gezeigt, dass man so arbeiten und sich der Schwachen annehmen muss im Gedenken an das Wort des Herrn Jesus, der selbst gesagt hat: **Geben ist seliger als nehmen.**

36 Und als er das gesagt hatte, [a]kniete er nieder und betete mit ihnen allen. 37 Da begannen alle laut zu weinen und sie fielen Paulus um den Hals und küssten ihn, 38 am allermeisten betrübt über das Wort, das er gesagt hatte, sie würden sein Angesicht nicht mehr sehen. Und sie geleiteten ihn auf das Schiff.

Von Milet nach Cäsarea

21 Als wir uns nun von ihnen losgerissen hatten und abgefahren waren, kamen wir geradewegs nach Kos

* Siehe Sach- und Worterklärungen.

20,16: *a* Kap 18,21 **20,18:** *a* Kap 18,19; 19,10 **20,22:** *a* Kap 19,21 **20,23:** *a* Kap 9,16; 21,4.11 **20,24:** *a* Kap 21,13; *b* 2.Tim 4,7 **20,26:** *a (26-27)* Hes 3,17-19; *b* Kap 18,6 **20,28:** *a* 1.Tim 4,16; *b* 1.Petr 5,2-4 **20,29:** *a* Mt 7,15 **20,30:** *a* 1.Joh 2,18-19 **20,34:** *a* Kap 18,3; 1.Kor 4,12; 1.Thess 2,9 **20,36:** *a* Kap 21,5

und am folgenden Tage nach Rhodos
und von da nach Patara. 2 Und als wir
ein Schiff fanden, das nach Phönizien
fuhr, stiegen wir ein und fuhren ab. 3 Als
aber Zypern in Sicht kam, ließen wir es
linker Hand liegen und fuhren nach Sy-
rien und kamen in Tyrus an, denn dort
sollte das Schiff die Ware ausladen. 4 Als
wir nun die Jünger fanden, blieben wir
sieben Tage dort. Die sagten Paulus
[a]durch den Geist, er solle nicht nach
Jerusalem hinaufziehen.

5 Und es geschah, als wir die Tage zu-
gebracht hatten, da machten wir uns auf
und reisten weiter. Und sie geleiteten uns
alle mit Frauen und Kindern bis hinaus
vor die Stadt, und [a]wir knieten nieder
am Ufer und beteten. 6 Und als wir von-
einander Abschied genommen hatten,
stiegen wir ins Schiff; jene aber wandten
sich wieder heimwärts. 7 Wir beendeten
die Seefahrt und kamen von Tyrus nach
Ptolemaïs, begrüßten die Brüder und
blieben einen Tag bei ihnen.

8 Am nächsten Tag zogen wir weiter
und kamen nach Cäsarea und gingen in
das Haus des [a]Philippus, des Evangelis-
ten, der einer von den sieben war, und
blieben bei ihm. 9 Der hatte vier Töchter,
die waren Jungfrauen und weissagten.

10 Und als wir mehrere Tage dablieben,
kam ein Prophet mit Namen [a]Agabus
aus Judäa herab. 11 Und als er zu uns
kam, nahm er den Gürtel des Paulus und
band sich die Füße und Hände und
sprach: Das sagt der Heilige Geist: [a]Den
Mann, dem dieser Gürtel gehört, werden
die Juden in Jerusalem so binden und
überantworten in die Hände der Heiden.
12 Als wir aber das hörten, baten wir und
die aus dem Ort, dass er nicht hinauf
nach Jerusalem zöge.[a] 13 Paulus aber ant-
wortete: Was macht ihr, dass ihr weint
und brecht mir mein Herz? Denn [a]ich
bin bereit, nicht allein mich binden zu
lassen, sondern auch zu sterben in Jeru-
salem für den Namen des Herrn Jesus.
14 Da er sich aber nicht überreden ließ,
schwiegen wir und sprachen: [a]Des Herrn
Wille geschehe.

Die Ankunft in Jerusalem

15 Und nach diesen Tagen machten wir
uns fertig und zogen hinauf nach Jeru-
salem. 16 Es kamen aber mit uns auch
einige Jünger aus Cäsarea und führten
uns zu einem alten Jünger mit Namen
Mnason aus Zypern, bei dem wir zu
Gast sein sollten. 17 Als wir nun nach
Jerusalem kamen, nahmen uns die Brü-
der gerne auf.

18 Am nächsten Tag aber ging Paulus
mit uns zu [a]Jakobus und es kamen die
Ältesten alle dorthin. 19 Und als er sie
begrüßt hatte, erzählte er eins nach dem
andern, was Gott unter den Heiden
durch seinen Dienst getan hatte. 20 Als sie
aber das hörten, lobten sie Gott und
sprachen zu ihm: Bruder, du siehst, wie
viel tausend Juden gläubig geworden sind
und alle sind [a]Eiferer für das Gesetz.
21 Ihnen ist aber berichtet worden über
dich, dass du alle Juden, die unter den
Heiden wohnen, den Abfall von Mose
lehrst und sagst, sie sollen ihre Kinder
nicht beschneiden und auch nicht nach
den Ordnungen leben.[a] 22 Was nun? Auf
jeden Fall werden sie hören, dass du ge-
kommen bist.

23 So tu nun das, was wir dir sagen.
Wir haben vier Männer, die haben [a]ein
Gelübde auf sich genommen; 24 die nimm
zu dir und lass dich reinigen mit ihnen
und trage die Kosten für sie, dass sie ihr
Haupt scheren können;* so werden alle
erkennen, dass es nicht so ist, wie man
ihnen über dich berichtet hat, sondern
dass du selber auch nach dem Gesetz
lebst und es hältst. 25 Wegen der gläubig
gewordenen Heiden aber haben wir be-
schlossen und geschrieben, dass sie sich
hüten sollen vor dem Götzenopfer, vor
Blut, vor Ersticktem und vor Unzucht.[a]
26 Da nahm Paulus die Männer zu sich
und reinigte sich am nächsten Tag mit
ihnen und ging in den Tempel und zeigte
an, dass die Tage der Reinigung beendet
sein sollten, sobald für jeden von ihnen
das Opfer dargebracht wäre.[a]

* Siehe Sach- und Worterklärungen zu »Gottgeweihter«.

21,4: *a* Kap 20,23 **21,5:** *a* Kap 20,36 **21,8:** *a* Kap 6,5; 8,40 **21,10:** *a* Kap 11,28 **21,11:** *a* Kap 20,23 **21,12:** *a* Mt 16,22 **21,13:** *a* Kap 20,24 **21,14:** *a* Lk 22,42 **21,18:** *a* Kap 15,13 **21,20:** *a* Kap 15,1 **21,21:** *a* Kap 16,3 **21,23:** *a* Kap 18,18 **21,25:** *a* Kap 15,20.29 **21,26:** *a* 4.Mose 6,13-21; 1.Kor 9,20

Die Verhaftung des Paulus

27 Als aber die sieben Tage zu Ende gin-
gen, sahen ihn die Juden aus der Provinz
Asien im Tempel und erregten das ganze
Volk, legten die Hände an ihn 28 und
schrien: Ihr Männer von Israel, helft!
Dies ist der Mensch, der alle Menschen
an allen Enden lehrt gegen unser Volk,
[a]gegen das Gesetz und gegen diese
Stätte; dazu [b]hat er auch Griechen in
den Tempel geführt und diese heilige
Stätte entweiht. 29 Denn sie hatten [a]Tro-
phimus, den Epheser, mit ihm in der
Stadt gesehen; den, meinten sie, hätte
Paulus in den Tempel geführt. 30 Und die
ganze Stadt wurde erregt und es entstand
ein Auflauf des Volkes. Sie ergriffen aber
Paulus und zogen ihn zum Tempel hin-
aus. Und sogleich wurden die Tore zuge-
schlossen.

31 Als sie ihn aber töten wollten, kam
die Nachricht hinauf vor den Oberst der
Abteilung, dass ganz Jerusalem in Auf-
ruhr sei. 32 Der nahm sogleich Soldaten
und Hauptleute und lief hinunter zu ih-
nen. Als sie aber den Oberst und die
Soldaten sahen, hörten sie auf, Paulus zu
schlagen. 33 Als nun der Oberst herange-
kommen war, nahm er ihn fest und [a]ließ
ihn fesseln mit zwei Ketten und fragte,
wer er wäre und was er getan hätte.
34 Einer aber rief dies, der andre das im
Volk. Da er aber nichts Gewisses er-
fahren konnte wegen des Getümmels, ließ
er ihn in die Burg führen. 35 Und als er
an die Stufen kam, mussten ihn die Sol-
daten tragen wegen des Ungestüms des
Volkes; 36 denn die Menge folgte und
schrie: Weg mit ihm![a]

37 Als nun Paulus in die Burg geführt
werden sollte, fragte er den Oberst: Darf
ich mit dir reden? Er aber sprach: Kannst
du Griechisch? 38 Bist du nicht der Ägyp-
ter, der vor diesen Tagen einen Aufruhr
gemacht und viertausend von den Auf-
rührern in die Wüste hinausgeführt hat?
39 Paulus aber sprach: Ich bin ein jüdi-
scher Mann aus Tarsus in Zilizien, Bür-
ger einer namhaften Stadt. Ich bitte dich,
erlaube mir, zu dem Volk zu reden. 40 Als
er es ihm aber erlaubte, trat Paulus auf
die Stufen und winkte dem Volk mit der
Hand. Da entstand eine große Stille und
er redete zu ihnen auf Hebräisch und
sprach:

Die Verteidigungsrede des Paulus

22 Ihr Männer, liebe Brüder und Vä-
ter, hört mir zu, wenn ich mich
jetzt vor euch verantworte. 2 Als sie aber
hörten, dass er [a]auf Hebräisch zu ihnen
redete, wurden sie noch stiller. Und er
sprach: 3 [a]Ich bin ein jüdischer Mann,
geboren in Tarsus in Zilizien, aufgewach-
sen aber in dieser Stadt und mit aller
Sorgfalt unterwiesen im väterlichen Ge-
setz zu Füßen [b]Gamaliels, und war ein
Eiferer für Gott, wie ihr es heute alle
seid. 4 Ich habe die neue Lehre verfolgt
bis auf den Tod; ich band Männer und
Frauen und warf sie ins Gefängnis,[a] 5 wie
mir auch der Hohepriester und alle
Ältesten bezeugen. Von ihnen empfing
ich auch Briefe an die Brüder und reiste
nach Damaskus, um auch die, die dort
waren, gefesselt nach Jerusalem zu füh-
ren, damit sie bestraft würden.

6 Es geschah aber, als ich dorthin zog
und in die Nähe von Damaskus kam, da
umleuchtete mich plötzlich um die Mit-
tagszeit ein großes Licht vom Himmel.
7 Und ich fiel zu Boden und hörte eine
Stimme, die sprach zu mir: Saul, Saul,
was verfolgst du mich? 8 Ich antwortete
aber: Herr, wer bist du? Und er sprach zu
mir: Ich bin Jesus von Nazareth, den du
verfolgst. 9 Die aber mit mir waren, sahen
zwar das Licht, aber die Stimme dessen,
der mit mir redete, hörten sie nicht. 10 Ich
fragte aber: Herr, was soll ich tun? Und
der Herr sprach zu mir: Steh auf und geh
nach Damaskus. Dort wird man dir alles
sagen, was dir zu tun aufgetragen ist.
11 Als ich aber, geblendet von der Klar-
heit dieses Lichtes, nicht sehen konnte,
wurde ich an der Hand geleitet von de-
nen, die bei mir waren, und kam nach
Damaskus.

12 Da war aber ein gottesfürchtiger
Mann, der sich an das Gesetz hielt, mit
Namen Hananias, der einen guten Ruf
bei allen Juden hatte, die dort wohnten.
13 Der kam zu mir, trat vor mich hin und

21,28: *a* Kap 6,13; *b* Hes 44,7 **21,29:** *a* Kap 20,4; 2. Tim 4,20 **21,33:** *a* Kap 20,23 **21,36:** *a* Kap 22,22; Lk 23,18
22,2: *a* Kap 21,40 **22,3:** *a (3-21)* Kap 9,1-29; 26,9-20; *b* Kap 5,34 **22,4:** *a* Kap 8,3

sprach zu mir: Saul, lieber Bruder, sei
sehend. Und zur selben Stunde konnte
ich ihn sehen. 14 Er aber sprach: Der
Gott unserer Väter hat dich erwählt, dass
du seinen Willen erkennen sollst und den
Gerechten sehen und die Stimme aus sei-
nem Munde hören; 15 denn du wirst für
ihn vor allen Menschen Zeuge sein von
dem, was du gesehen und gehört hast.
16 Und nun, was zögerst du? Steh auf und
rufe seinen Namen an und lass dich tau-
fen und deine Sünden abwaschen.

17 Es geschah aber, als ich wieder nach
Jerusalem kam und im Tempel betete,
dass ich in Verzückung geriet 18 und ihn
sah. Da sprach er zu mir: Eile und mach
dich schnell auf aus Jerusalem; denn dein
Zeugnis von mir werden sie nicht an-
nehmen. 19 Und ich sprach: Herr, sie wis-
sen doch, dass ich die, die an dich glaub-
ten, gefangen nahm und in den Synago-
gen geißeln ließ. 20 Und als das Blut des
Stephanus, deines Zeugen, vergossen
wurde, [a]stand ich auch dabei und hatte
Gefallen daran und bewachte denen die
Kleider, die ihn töteten. 21 Und er sprach
zu mir: Geh hin; denn ich will dich in die
Ferne zu den Heiden senden.[a]

Paulus vor dem römischen Oberst

22 Sie hörten ihm aber zu bis zu diesem
Wort; dann erhoben sie ihre Stimme und
riefen: [a]Hinweg mit diesem von der
Erde! Denn er darf nicht mehr leben.

23 Als sie aber schrien und ihre Kleider
abwarfen und Staub in die Luft wirbel-
ten, 24 befahl der Oberst, ihn in die Burg
zu führen, und sagte, dass man ihn gei-
ßeln und verhören sollte, um zu erfahren,
aus welchem Grund sie so gegen ihn
schrien. 25 Als man ihn aber zum Geißeln
festband, sprach Paulus zu dem Haupt-
mann, der dabeistand: [a]Ist es erlaubt bei
euch, einen Menschen, der römischer
Bürger ist, ohne Urteil zu geißeln?

26 Als das der Hauptmann hörte, ging
er zu dem Oberst und berichtete ihm und
sprach: Was willst du tun? Dieser
Mensch ist römischer Bürger. 27 Da kam
der Oberst zu ihm und fragte ihn: Sage
mir, bist du römischer Bürger? Er aber
sprach: Ja. 28 Da sagte der Oberst: Ich
habe dies Bürgerrecht für viel Geld er-
worben. Paulus aber sprach: Ich aber bin
schon als römischer Bürger geboren.
29 Da ließen sogleich von ihm ab, die ihn
verhören sollten. Und der Oberst fürch-
tete sich, als er vernahm, dass es ein
römischer Bürger war, den er hatte fest-
binden lassen.

30 Am nächsten Tag wollte er genau
erkunden, warum Paulus von den Juden
verklagt wurde. Er ließ ihn von den Ket-
ten lösen und befahl den Hohenpriestern
und dem ganzen Hohen Rat zusammen-
zukommen und führte Paulus hinab und
stellte ihn vor sie.

Paulus vor dem Hohen Rat

23 Paulus aber sah den Hohen Rat an
und sprach: Ihr Männer, liebe
Brüder, ich habe mein Leben [a]mit gutem
Gewissen vor Gott geführt bis auf diesen
Tag. 2 Der Hohepriester Hananias aber
befahl denen, die um ihn standen, ihn
auf den Mund zu schlagen. 3 Da sprach
Paulus zu ihm: Gott wird dich schlagen,
[a]du getünchte Wand! Sitzt du da und
richtest mich nach dem Gesetz und lässt
mich schlagen gegen das Gesetz? 4 Aber
die dabeistanden, sprachen: Schmähst du
den Hohenpriester Gottes? 5 Und Paulus
sprach: Liebe Brüder, ich wusste es nicht,
dass er der Hohepriester ist. Denn es
steht geschrieben (2. Mose 22,27): »Dem
Obersten deines Volkes sollst du nicht
fluchen.«

6 Als aber Paulus erkannte, dass ein
Teil Sadduzäer war und der andere Teil
Pharisäer, rief er im Rat: Ihr Männer,
liebe Brüder, [a]ich bin ein Pharisäer und
ein Sohn von Pharisäern. Ich werde an-
geklagt um der Hoffnung und um der
Auferstehung der Toten willen. 7 Als er
aber das sagte, entstand Zwietracht zwi-
schen Pharisäern und Sadduzäern und
die Versammlung spaltete sich. 8 Denn
[a]die Sadduzäer sagen, es gebe keine Auf-
erstehung noch Engel und Geister; die
Pharisäer aber lehren beides. 9 Es ent-
stand aber ein großes Geschrei; und
einige Schriftgelehrte von der Partei der
Pharisäer standen auf, stritten und spra-
chen: [a]Wir finden nichts Böses an die-

22,20: *a* Kap 7,58; 8,1 **22,21:** *a* Kap 13,2 **22,22:** *a* Kap 21,36 **22,25:** *a* Kap 16,37; 23,27 **23,1:** *a* Kap 24,16 **23,3:** *a* Mt 23,27 **23,6:** *a* Kap 22,3; 26,5; Gal 1,14 **23,8:** *a* Mt 22,23 **23,9:** *a* Kap 25,25

sem Menschen; vielleicht hat ein Geist
oder ein Engel mit ihm geredet. 10 Als
aber die Zwietracht groß wurde, befürch-
tete der Oberst, sie könnten Paulus zer-
reißen, und ließ Soldaten hinabgehen
und Paulus ihnen entreißen und in die
Burg führen.
11 In der folgenden Nacht aber stand
der Herr bei ihm und sprach: Sei getrost!
Denn wie du für mich in Jerusalem
Zeuge warst, so musst du auch [a]in Rom
Zeuge sein.

Der Mordanschlag gegen Paulus

12 Als es aber Tag wurde, rotteten sich
einige Juden zusammen und verschworen
sich, weder zu essen noch zu trinken, bis
sie Paulus getötet hätten. 13 Es waren
aber mehr als vierzig, die diese Verschwö-
rung machten. 14 Die gingen zu den Ho-
henpriestern und Ältesten und sprachen:
Wir haben uns durch einen Eid gebun-
den, nichts zu essen, bis wir Paulus ge-
tötet haben. 15 So wirkt nun ihr mit dem
Hohen Rat bei dem Oberst darauf hin,
dass er ihn zu euch herunterführen lässt,
als wolltet ihr ihn genauer verhören; wir
aber sind bereit, ihn zu töten, ehe er vor
euch kommt.
16 Als aber der Sohn der Schwester des
Paulus von dem Anschlag hörte, ging er
und kam in die Burg und berichtete es
Paulus. 17 Paulus aber rief einen von den
Hauptleuten zu sich und sprach: Führe
diesen jungen Mann zu dem Oberst,
denn er hat ihm etwas zu sagen. 18 Der
nahm ihn und führte ihn zum Oberst und
sprach: Der Gefangene Paulus hat mich
zu sich rufen lassen und mich gebeten,
diesen jungen Mann zu dir zu führen, der
dir etwas zu sagen hat. 19 Da nahm ihn
der Oberst bei der Hand und führte ihn
beiseite und fragte ihn: Was ist's, das du
mir zu sagen hast? 20 Er aber sprach: Die
Juden sind übereingekommen, dich zu
bitten, dass du Paulus morgen vor den
Hohen Rat hinunterbringen lässt, so als
wollten sie ihn genauer verhören. 21 Du
aber traue ihnen nicht; denn mehr als
vierzig Männer von ihnen lauern ihm
auf; die haben sich verschworen, weder
zu essen noch zu trinken, bis sie ihn ge-
tötet hätten; und jetzt sind sie bereit und
warten auf deine Zusage. 22 Da ließ der
Oberst den jungen Mann gehen und ge-
bot ihm, niemandem zu sagen, dass er
ihm das eröffnet hätte.

Die Überführung des Paulus nach Cäsarea

23 Und der Oberst rief zwei Hauptleute
zu sich und sprach: Rüstet zweihundert
Soldaten, dass sie nach Cäsarea ziehen,
und siebzig Reiter und zweihundert
Schützen für die dritte Stunde der Nacht;
24 und haltet Tiere bereit, Paulus drauf-
zusetzen und wohlverwahrt zu bringen
zum Statthalter Felix. 25 Und er schrieb
einen Brief, der lautete:
26 Klaudius Lysias dem edlen Statthal-
ter Felix: Gruß zuvor! 27 Diesen Mann
hatten die Juden ergriffen und wollten
ihn töten. Da [a]kam ich mit Soldaten
dazu und entriss ihnen den und [b]erfuhr,
dass er ein römischer Bürger ist. 28 Da ich
aber erkunden wollte, weshalb sie ihn an-
klagten, führte ich ihn hinunter vor ihren
Hohen Rat.[a] 29 Da fand ich, dass er be-
schuldigt wird [a]wegen Fragen ihres Ge-
setzes, aber keine Anklage gegen sich
hatte, auf die Tod oder Gefängnis steht.
30 Und als vor mich kam, dass ein An-
schlag gegen den Mann geplant sei,
sandte ich ihn sogleich zu dir und [a]wies
auch die Kläger an, vor dir zu sagen, was
sie gegen ihn hätten.
31 Die Soldaten nahmen Paulus, wie ih-
nen befohlen war, und führten ihn in der
Nacht nach Antipatris. 32 Am nächsten
Tag aber ließen sie die Reiter mit ihm
ziehen und kehrten wieder in die Burg
zurück. 33 Als aber jene nach Cäsarea ka-
men, übergaben sie den Brief dem Statt-
halter und führten ihm auch Paulus vor.
34 Als der Statthalter den Brief gelesen
hatte, fragte er, aus welchem Land er sei.
Und als er erfuhr, dass er aus [a]Zilizien
sei, sprach er: 35 Ich will dich verhören,
wenn deine Ankläger auch da sind. Und
er ließ ihn in Gewahrsam halten im Pa-
last des Herodes.

Vor dem Statthalter Felix

24 Nach fünf Tagen kam der Hohe-
priester Hananias mit einigen Äl-
testen und dem Anwalt Tertullus herab;

23,11: *a* Kap 1,8; 25,11-12; 27,23-24 **23,27:** *a* Kap 21,33; *b* Kap 22,25 **23,28:** *a* Kap 22,30 **23,29:** *a* Kap 18,14-15
23,30: *a* Kap 24,8 **23,34:** *a* Kap 22,3

die erschienen vor dem Statthalter gegen
Paulus. 2 Als der aber herbeigerufen wor-
den war, fing Tertullus an, ihn anzukla-
gen, und sprach: Dass wir in großem
Frieden leben unter dir und dass diesem
Volk viele Wohltaten widerfahren sind
durch deine Fürsorge, edelster Felix,
3 das erkennen wir allezeit und überall
mit aller Dankbarkeit an. 4 Damit ich
dich aber nicht zu lange aufhalte, bitte
ich dich, du wollest uns kurz anhören in
deiner Güte. 5 Wir haben erkannt, dass
dieser Mann schädlich ist und [a]dass er
Aufruhr erregt unter allen Juden auf dem
ganzen Erdkreis und dass er ein Anfüh-
rer der Sekte der Nazarener ist. 6 Er hat
auch versucht, [a]den Tempel zu entwei-
hen. Ihn haben wir ergriffen.* 8 Wenn du
ihn verhörst, kannst du selbst das alles
von ihm erkunden, dessentwegen wir ihn
verklagen. 9 Auch die Juden bekräftigten
das und sagten, es verhielte sich so.

10 Paulus aber antwortete, als ihm der
Statthalter winkte zu reden: Weil ich
weiß, dass du in diesem Volk nun viele
Jahre Richter bist, will ich meine Sache
unerschrocken verteidigen. 11 Du kannst
feststellen, dass es nicht mehr als zwölf
Tage sind, [a]seit ich nach Jerusalem hin-
aufzog, um anzubeten. 12 Und sie haben
mich weder im Tempel noch in den Syn-
agogen noch in der Stadt dabei gefunden,
wie ich mit jemandem gestritten oder
einen Aufruhr im Volk gemacht hätte.
13 Sie können dir auch nicht beweisen,
wessen sie mich jetzt verklagen. 14 Das
bekenne ich dir aber, dass ich nach dem
Weg, den sie eine Sekte nennen, dem
Gott meiner Väter so diene, dass ich al-
lem glaube, was geschrieben steht im Ge-
setz und in den Propheten. 15 Ich habe die
Hoffnung zu Gott, die auch sie selbst
haben, nämlich dass es [a]eine Auferste-
hung der Gerechten wie der Ungerechten
geben wird. 16 **Darin übe ich mich, allezeit
ein [a]unverletztes Gewissen zu haben vor
Gott und den Menschen.**

17 Nach mehreren Jahren aber bin ich
gekommen, um [a]Almosen für mein Volk
zu überbringen und zu opfern. 18 [a]Als
ich mich im Tempel reinigte, ohne Auf-
lauf und Getümmel, fanden mich dabei
19 einige Juden aus der Provinz Asien.
Die sollten jetzt hier sein vor dir und
mich verklagen, wenn sie etwas gegen
mich hätten. 20 Oder lass diese hier selbst
sagen, was für ein Unrecht sie gefunden
haben, als ich vor dem Hohen Rat stand;
21 es sei denn dies **eine** Wort, das ich rief,
als ich unter ihnen stand: Um der Aufer-
stehung der Toten willen werde ich von
euch heute angeklagt.[a]

Die Verschleppung des Prozesses

22 Felix aber zog die Sache hin, denn er
wusste recht gut um diese Lehre und
sprach: Wenn der Oberst [a]Lysias herab-
kommt, so will ich eure Sache entschei-
den. 23 Er befahl aber dem Hauptmann,
Paulus gefangen zu halten, doch in leich-
tem Gewahrsam, und niemandem von
den Seinen zu wehren, ihm zu dienen.[a]

24 Nach einigen Tagen aber kam Felix
mit seiner Frau Drusilla, die eine Jüdin
war, und ließ Paulus kommen und hörte
ihn über den Glauben an Christus Jesus.
25 Als aber Paulus von Gerechtigkeit und
Enthaltsamkeit und von dem zukünfti-
gen Gericht redete, erschrak Felix und
antwortete: Für diesmal geh! Zu gelege-
ner Zeit will ich dich wieder rufen las-
sen.

26 Er hoffte aber nebenbei, dass ihm
von Paulus Geld gegeben werde; darum
ließ er ihn auch oft kommen und be-
sprach sich mit ihm. 27 Als aber zwei
Jahre um waren, kam Porzius Festus als
Nachfolger des Felix. Felix aber wollte
den Juden eine Gunst erweisen und ließ
Paulus gefangen zurück.

Die Verhandlung vor Festus

25 Als nun Festus ins Land gekom-
men war, zog er nach drei Tagen
von Cäsarea hinauf nach Jerusalem. 2 Da
[a]erschienen die Hohenpriester und die
Angesehensten der Juden vor ihm gegen

* Die Verse 6b-8a finden sich erst in der späteren Überlieferung: »und wollten ihn richten nach unserm Gesetz. [7]Aber der Oberst Lysias kam dazu und riss ihn mit großer Gewalt aus unsern Händen [8]und wies seine Ankläger an dich.«

24,5: *a* Kap 17,6 **24,6:** *a* Kap 21,28-29 **24,11:** *a* Kap 21,17 **24,15:** *a* Dan 12,2; Joh 5,28-29 **24,16:** *a* Kap 23,1 **24,17:** *a* Röm 15,25-26; Gal 2,10 **24,18:** *a (18-19)* Kap 21,27 **24,21:** *a* Kap 23,6 **24,22:** *a* Kap 23,26 **24,23:** *a* Kap 27,3 **25,2:** *a* Kap 24,1

Paulus und drangen in ihn **3**und baten
ihn um die Gunst, dass er Paulus nach
Jerusalem kommen ließe; denn sie woll-
ten ihm einen Hinterhalt legen, um ihn
unterwegs umzubringen.[a] **4**Da antwor-
tete Festus, Paulus werde weiter in Ge-
wahrsam gehalten in Cäsarea; er selber
aber werde in Kürze wieder dahin ziehen.
5Die nun unter euch ermächtigt sind,
sprach er, die lasst mit hinabziehen und
den Mann verklagen, wenn etwas Un-
rechtes an ihm ist.

6Nachdem aber Festus bei ihnen nicht
mehr als acht oder zehn Tage gewesen
war, zog er hinab nach Cäsarea. Und am
nächsten Tag setzte er sich auf den Rich-
terstuhl und ließ Paulus holen. **7**Als der
aber vor ihn kam, umringten ihn die Ju-
den, die von Jerusalem herabgekommen
waren, und brachten viele und schwere
Klagen gegen ihn vor, die sie aber nicht
beweisen konnten. **8**Paulus aber vertei-
digte sich: Ich habe mich weder am Ge-
setz der Juden noch am Tempel noch am
Kaiser versündigt.

Die Berufung auf den Kaiser

9Festus aber wollte den Juden eine Gunst
erweisen und antwortete Paulus und
sprach: Willst du hinauf nach Jerusalem
und dich dort in dieser Sache von mir
richten lassen? **10**Paulus aber sprach: Ich
stehe vor des Kaisers Gericht; da muss
ich gerichtet werden. Den Juden habe ich
kein Unrecht getan, wie auch du sehr
wohl weißt. **11**Habe ich aber Unrecht ge-
tan und todeswürdig gehandelt, so wei-
gere ich mich nicht zu sterben; ist aber
nichts an dem, dessentwegen sie mich
verklagen, so darf mich ihnen niemand
preisgeben. [a]Ich berufe mich auf den
Kaiser! **12**Da besprach sich Festus mit
seinen Ratgebern und antwortete: Auf
den Kaiser hast du dich berufen, zum
Kaiser sollst du ziehen.

König Agrippa beim Statthalter Festus

13Nach einigen Tagen kamen König
Agrippa und Berenike nach Cäsarea,
Festus zu begrüßen. **14**Und als sie meh-
rere Tage dort waren, legte Festus dem
König die Sache des Paulus vor und
sprach: [a]Da ist ein Mann von Felix
als Gefangener zurückgelassen worden;
15um dessentwillen erschienen die Ho-
henpriester und Ältesten der Juden vor
mir, als ich in Jerusalem war, und baten,
ich solle ihn richten lassen. **16**Denen ant-
wortete ich: Es ist der Römer Art nicht,
einen Angeklagten preiszugeben, bevor
er seinen Klägern gegenüberstand und
Gelegenheit hatte, sich gegen die An-
klage zu verteidigen.[a] **17**Als sie aber hier
zusammenkamen, duldete ich keinen
Aufschub, sondern hielt am nächsten Tag
Gericht und ließ den Mann vorführen.
18Als seine Ankläger auftraten, brachten
sie keine Anklage vor wegen Vergehen,
wie ich sie erwartet hatte. **19**Sie hatten
aber Streit mit ihm über einige Fragen
ihres Glaubens und über einen verstorbe-
nen Jesus, von dem Paulus behauptete, er
lebe.[a] **20**Da ich aber von diesem Streit
nichts verstand, fragte ich, ob er nach
Jerusalem reisen und sich dort deswegen
richten lassen wolle. **21**Als aber Paulus
sich auf sein Recht berief, bis zur Ent-
scheidung des Kaisers in Gewahrsam zu
bleiben, ließ ich ihn gefangen halten, bis
ich ihn zum Kaiser senden könnte.
22Agrippa sprach zu Festus: [a]Ich möchte
den Menschen auch gerne hören. Er aber
sprach: Morgen sollst du ihn hören.

23Und am nächsten Tag kamen
Agrippa und Berenike mit großem Ge-
pränge und gingen in den Palast mit den
Hauptleuten und vornehmsten Männern
der Stadt. Und als Festus es befahl,
wurde Paulus gebracht. **24**Und Festus
sprach: König Agrippa und all ihr Män-
ner, die ihr mit uns hier seid, da seht ihr
den, um dessentwillen die ganze Menge
der Juden in Jerusalem und auch hier in
mich drang und [a]schrie, er dürfe nicht
länger leben. **25**Als ich aber erkannte,
dass er nichts getan hatte, das des Todes
würdig war, und er auch selber sich auf
den Kaiser berief, beschloss ich, ihn dort-
hin zu senden. **26**Etwas Sicheres über ihn
aber habe ich nicht, das ich meinem
Herrn schreiben könnte. Darum habe ich
ihn vor euch bringen lassen, vor allem
aber vor dich, König Agrippa, damit ich
nach geschehenem Verhör etwas hätte,
was ich schreiben könnte. **27**Denn es er-
scheint mir unsinnig, einen Gefangenen

25,3: *a* Kap 23,15 **25,11:** *a* Kap 23,11; 28,19 **25,14:** *a* Kap 24,27 **25,16:** *a* Kap 22,25 **25,19:** *a* Kap 18,15 **25,22:** *a* Lk 23,8 **25,24:** *a* Kap 22,22

zu schicken und keine Beschuldigung ge-
gen ihn anzugeben.

Paulus vor Agrippa und Festus

26 Agrippa aber sprach zu Paulus: Es
ist dir erlaubt, für dich selbst zu
reden. Da streckte Paulus die Hand aus
und verantwortete sich: 2 Es ist mir sehr
lieb, König Agrippa, dass ich mich heute
vor dir verantworten soll wegen all der
Dinge, deren ich von den Juden beschul-
digt werde, 3 vor allem weil du alle Ord-
nungen und Streitfragen der Juden
kennst. Darum bitte ich dich, mich ge-
duldig anzuhören.

4 Mein Leben von Jugend auf, wie ich
es von Anfang an unter meinem Volk
und in Jerusalem zugebracht habe, ist
allen Juden bekannt, 5 die mich von frü-
her kennen, wenn sie es bezeugen woll-
ten. Denn [a]nach der allerstrengsten
Richtung unsres Glaubens habe ich ge-
lebt als Pharisäer. 6 Und nun stehe ich
hier und werde angeklagt [a]wegen der
Hoffnung auf die Verheißung, die unsern
Vätern von Gott gegeben ist. 7 Auf ihre
Erfüllung hoffen die zwölf Stämme uns-
res Volkes, wenn sie Gott bei Tag und
Nacht beharrlich dienen. Wegen dieser
Hoffnung werde ich, o König, von den
Juden beschuldigt.[a] 8 Warum wird das
bei euch für unglaublich gehalten, [a]dass
Gott Tote auferweckt?

9 [a]Zwar meinte auch ich selbst, ich
müsste viel gegen den Namen Jesu von
Nazareth tun. 10 Das habe ich in Jeru-
salem auch getan; dort brachte ich viele
Heilige ins Gefängnis, wozu ich Voll-
macht von den Hohenpriestern empfan-
gen hatte. Und wenn sie getötet werden
sollten, gab ich meine Stimme dazu.
11 Und in allen Synagogen zwang ich sie
oft durch Strafen zur Lästerung und ich
wütete maßlos gegen sie, verfolgte sie
auch bis in die fremden Städte.

12 Als ich nun nach Damaskus reiste
mit Vollmacht und im Auftrag der Ho-
henpriester, 13 sah ich mitten am Tage, o
König, auf dem Weg ein Licht vom Him-
mel, heller als der Glanz der Sonne, das
mich und die mit mir reisten um-
leuchtete. 14 Als wir aber alle zu Boden
stürzten, hörte ich eine Stimme zu mir
reden, die sprach auf Hebräisch: Saul,
Saul, was verfolgst du mich? Es wird dir
schwer sein, wider den Stachel zu lö-
cken.* 15 Ich aber sprach: Herr, wer bist
du? Der Herr sprach: Ich bin Jesus, den
du verfolgst; 16 steh nun auf und stell dich
auf deine Füße. Denn dazu bin ich dir
erschienen, um dich zu erwählen zum
Diener und zum Zeugen für das, was du
von mir gesehen hast und was ich dir
noch zeigen will. 17 Und ich will dich
erretten von deinem Volk und von den
Heiden, zu denen ich dich sende, 18 um
ihnen die Augen aufzutun, dass sie sich
bekehren von der Finsternis zum Licht
und von der Gewalt des Satans zu Gott.
So werden sie Vergebung der Sünden
empfangen und [a]das Erbteil samt denen,
die geheiligt sind durch den Glauben an
mich.

19 Daher, König Agrippa, war ich der
himmlischen Erscheinung nicht ungehor-
sam,[a] 20 sondern verkündigte zuerst de-
nen in Damaskus und in Jerusalem und
im ganzen jüdischen Land und dann
auch den Heiden, sie sollten Buße tun
und sich zu Gott bekehren und recht-
schaffene Werke der Buße tun. 21 Des-
wegen haben mich die Juden im Tempel
ergriffen und versucht, mich zu töten.[a]
22 Aber Gottes Hilfe habe ich erfahren bis
zum heutigen Tag und stehe nun hier
und bin sein Zeuge bei Groß und Klein
und [a]sage nichts, als was die Propheten
und Mose vorausgesagt haben: 23 dass
Christus müsse leiden und [a]als Erster
auferstehen von den Toten und verkün-
digen das Licht seinem Volk und den
Heiden.

24 Als er aber dies zu seiner Verteidi-
gung sagte, sprach Festus mit lauter
Stimme: Paulus, du bist von Sinnen! Das
große Wissen macht dich wahnsinnig.
25 Paulus aber sprach: Edler Festus, ich
bin nicht von Sinnen, sondern ich rede
wahre und vernünftige Worte. 26 Der Kö-
nig, zu dem ich frei und offen rede, ver-
steht sich auf diese Dinge. Denn ich bin
gewiss, dass ihm nichts davon verborgen

* Dahinter steht das Bild widerspenstiger Zugtiere, die gegen den Treiber ausschlagen.

26,5: *a* Kap 23,6; Phil 3,5 **26,6:** *a* Kap 28,20 **26,7:** *a* Kap 24,15 **26,8:** *a* Kap 23,8 **26,9:** *a (9-20)* Kap 9,1-29; 22,3-21 **26,18:** *a* Kap 20,32 **26,19:** *a* Gal 1,16 **26,21:** *a* Kap 21,30-31 **26,22:** *a* Lk 24,44-47 **26,23:** *a* 1 Kor 15,20

ist; denn [a]dies ist nicht im Winkel ge-
schehen. 27Glaubst du, König Agrippa,
den Propheten? Ich weiß, dass du
glaubst. 28Agrippa aber sprach zu Pau-
lus: Es fehlt nicht viel, so wirst du mich
noch überreden und einen Christen aus
mir machen. 29Paulus aber sprach: Ich
wünschte vor Gott, dass über kurz oder
lang nicht allein du, sondern alle, die
mich heute hören, das würden, was ich
bin, ausgenommen diese Fesseln.

30Da stand der König auf und der
Statthalter und Berenike und die bei
ihnen saßen. 31Und als sie sich zurück-
zogen, redeten sie miteinander und spra-
chen: Dieser Mensch hat nichts getan,
was Tod oder Gefängnis verdient hätte.
32Agrippa aber sagte zu Festus: Dieser
Mensch könnte freigelassen werden,
wenn er sich nicht [a]auf den Kaiser be-
rufen hätte.

Paulus auf der Fahrt nach Rom

27 Als es aber [a]beschlossen war, dass
wir nach Italien fahren sollten,
übergaben sie Paulus und einige andre
Gefangene einem Hauptmann mit Na-
men Julius von einer kaiserlichen Ab-
teilung. 2Wir bestiegen aber ein Schiff
aus Adramyttion, das die Küstenstädte
der Provinz Asien anlaufen sollte, und
fuhren ab; mit uns war auch [a]Aristarch,
ein Mazedonier aus Thessalonich. 3Und
am nächsten Tag kamen wir in Sidon an;
und [a]Julius verhielt sich freundlich gegen
Paulus und erlaubte ihm, zu seinen
Freunden zu gehen und sich pflegen zu
lassen.

4Und von da stießen wir ab und fuh-
ren im Schutz von Zypern hin, weil uns
die Winde entgegen waren, 5und fuhren
über das Meer längs der Küste von Zili-
zien und Pamphylien und kamen nach
Myra in Lyzien. 6Und dort fand der
Hauptmann ein Schiff aus Alexandria,
das nach Italien ging, und ließ uns dar-
auf übersteigen. 7Wir kamen aber viele
Tage nur langsam vorwärts und gelang-
ten mit Mühe bis auf die Höhe von Kni-
dos, denn der Wind hinderte uns; und
wir fuhren im Schutz von Kreta hin, bis
auf die Höhe von Salmone, 8und gelang-
ten kaum daran vorbei und kamen an
einen Ort, der »Guthafen« heißt; nahe
dabei lag die Stadt Lasäa.

9Da nun viel Zeit vergangen war und
die Schifffahrt bereits [a]gefährlich wurde,
weil auch die [b]Fastenzeit schon vorüber
war, ermahnte sie Paulus 10und sprach
zu ihnen: Liebe Männer, ich sehe, dass
diese Fahrt nur mit Leid und großem
Schaden vor sich gehen wird, nicht allein
für die Ladung und das Schiff, sondern
auch für unser Leben. 11Aber der Haupt-
mann glaubte dem Steuermann und dem
Schiffsherrn mehr als dem, was Paulus
sagte. 12Und da der Hafen zum Über-
wintern ungeeignet war, bestanden die
meisten von ihnen auf dem Plan, von
dort weiterzufahren und zu versuchen,
ob sie zum Überwintern bis nach Phönix
kommen könnten, einem Hafen auf
Kreta, der gegen Südwest und Nordwest
offen ist.

Seesturm und Schiffbruch

13Als aber der Südwind wehte, meinten
sie, ihr Vorhaben ausführen zu können,
lichteten die Anker und fuhren nahe an
Kreta entlang. 14Nicht lange danach
aber brach von der Insel her ein Sturm-
wind los, den man Nordost nennt. 15Und
da das Schiff ergriffen wurde und nicht
mehr gegen den Wind gerichtet werden
konnte, gaben wir auf und ließen uns
treiben.

16Wir fuhren aber vorbei an einer In-
sel, die Kauda heißt, da konnten wir mit
Mühe das Beiboot in unsre Gewalt be-
kommen. 17Sie zogen es herauf und um-
spannten zum Schutz das Schiff mit Sei-
len. Da sie aber fürchteten, in die Syrte
zu geraten, ließen sie den Treibanker her-
unter und trieben so dahin. 18Und da wir
großes Ungewitter erlitten, warfen sie am
nächsten Tag Ladung ins Meer. 19Und
am dritten Tag warfen sie mit eigenen
Händen das Schiffsgerät hinaus. 20Da
aber viele Tage weder Sonne noch Sterne
schienen und ein gewaltiges Ungewitter
uns bedrängte, war all unsre Hoffnung
auf Rettung dahin.

21Und als man lange nichts gegessen
hatte, trat Paulus mitten unter sie und
sprach: Liebe Männer, man hätte auf
mich hören sollen und nicht von Kreta

26,26: *a* Joh 18,20 **26,32:** *a* Kap 25,11 **27,1:** *a* Kap 25,12 **27,2:** *a* Kap 20,4 **27,3:** *a* Kap 24,23; 28,16 **27,9:** *a* 2. Kor 11,25-26; *b* 3. Mose 16,29

aufbrechen, dann wäre uns Leid und
Schaden erspart geblieben. 22 Doch nun
ermahne ich euch: Seid unverzagt; denn
keiner von euch wird umkommen, nur
das Schiff. 23 Denn diese Nacht trat zu
mir der Engel des Gottes, dem ich gehöre
und dem ich diene, 24 und sprach:
Fürchte dich nicht, Paulus, [a]du musst
vor den Kaiser gestellt werden; und siehe,
Gott hat dir geschenkt alle, die mit dir
fahren. 25 Darum, liebe Männer, seid un-
verzagt; denn ich glaube Gott, es wird so
geschehen, wie mir gesagt ist. 26 Wir wer-
den aber auf eine Insel auflaufen.[a]

27 Als aber die vierzehnte Nacht kam,
seit wir in der Adria trieben, wähnten die
Schiffsleute um Mitternacht, sie kämen
an ein Land. 28 Und sie warfen das Senk-
blei aus und fanden es zwanzig Faden
tief; und ein wenig weiter loteten sie
abermals und fanden es fünfzehn Faden
tief. 29 Da fürchteten sie, wir würden auf
Klippen geraten, und warfen hinten vom
Schiff vier Anker aus und wünschten,
dass es Tag würde. 30 Als aber die Schiffs-
leute vom Schiff zu fliehen suchten und
das Beiboot ins Meer herabließen und
vorgaben, sie wollten auch vorne die An-
ker herunterlassen, 31 sprach Paulus zu
dem Hauptmann und zu den Soldaten:
Wenn diese nicht auf dem Schiff bleiben,
könnt ihr nicht gerettet werden. 32 Da
hieben die Soldaten die Taue ab und lie-
ßen das Beiboot ins Meer fallen.

33 Und als es anfing, hell zu werden,
ermahnte Paulus sie alle, Nahrung zu
sich zu nehmen, und sprach: Es ist heute
der vierzehnte Tag, dass ihr wartet und
ohne Nahrung geblieben seid und nichts
zu euch genommen habt. 34 Darum er-
mahne ich euch, etwas zu essen; denn das
dient zu eurer Rettung; [a]es wird keinem
von euch ein Haar vom Haupt fallen.
35 Und als er das gesagt hatte, nahm er
Brot, [a]dankte Gott vor ihnen allen und
brach's und fing an zu essen. 36 Da wur-
den sie alle guten Mutes und nahmen
auch Nahrung zu sich. 37 Wir waren aber
alle zusammen im Schiff zweihundert-
sechsundsiebzig. 38 Und nachdem sie satt
geworden waren, erleichterten sie das
Schiff und warfen das Getreide in das
Meer.

39 Als es aber Tag wurde, kannten sie
das Land nicht; eine Bucht aber wurden
sie gewahr, die hatte ein flaches Ufer.
Dahin wollten sie das Schiff treiben las-
sen, wenn es möglich wäre. 40 Und sie
hieben die Anker ab und ließen sie im
Meer, banden die Steuerruder los und
richteten das Segel nach dem Wind und
hielten auf das Ufer zu. 41 Und als sie auf
eine Sandbank gerieten, ließen sie das
Schiff auflaufen und das Vorderschiff
bohrte sich ein und saß fest, aber das
Hinterschiff zerbrach unter der Gewalt
der Wellen.

42 Die Soldaten aber hatten vor, die
Gefangenen zu töten, damit niemand
fortschwimmen und entfliehen könne.
43 Aber der Hauptmann wollte Paulus am
Leben erhalten und wehrte ihrem Vor-
haben und ließ die, die schwimmen konn-
ten, als Erste ins Meer springen und sich
ans Land retten, 44 die andern aber einige
auf Brettern, einige auf dem, was noch
vom Schiff da war. Und so geschah es,
[a]dass sie alle gerettet ans Land kämen.

Auf der Insel Malta

28 Und als wir gerettet waren, erfuh-
ren wir, dass die Insel Malta hieß.
2 Die Leute aber erwiesen uns nicht ge-
ringe Freundlichkeit, zündeten ein Feuer
an und nahmen uns alle auf wegen des
Regens, der über uns gekommen war,
und wegen der [a]Kälte.

3 Als nun Paulus einen Haufen Reisig
zusammenraffte und aufs Feuer legte,
fuhr wegen der Hitze eine Schlange her-
aus und biss sich an seiner Hand fest.
4 Als aber die Leute das Tier an seiner
Hand hängen sahen, sprachen sie unter-
einander: Dieser Mensch muss ein Mör-
der sein, den die Göttin der Rache nicht
leben lässt, obgleich er dem Meer ent-
kommen ist. 5 Er aber schlenkerte das
Tier ins Feuer und [a]es widerfuhr ihm
nichts Übles. 6 Sie aber warteten, dass er
anschwellen oder plötzlich tot umfallen
würde. Als sie nun lange gewartet hatten
und sahen, dass ihm nichts Schlimmes
widerfuhr, änderten sie ihre Meinung
und sprachen: [a]Er ist ein Gott.

7 In dieser Gegend hatte der angese-
henste Mann der Insel, mit Namen Pu-

27,24: *a* Kap 23,11 **27,26:** *a* Kap 28,1 **27,34:** *a* Mt 10,30 **27,35:** *a* Joh 6,11 **27,44:** *a* Verse 22-25 **28,2:** *a* 2. Kor 11,27 **28,5:** *a* Mk 16,18 **28,6:** *a* Kap 14,11

blius, Landgüter; der nahm uns auf und
beherbergte uns drei Tage lang freund-
lich. 8 Es geschah aber, dass der Vater des
Publius am Fieber und an der Ruhr dar-
niederlag. Zu dem ging Paulus hinein
und betete und legte die Hände auf ihn
und machte ihn gesund. 9 Als das gesche-
hen war, kamen auch die andern Kran-
ken der Insel herbei und ließen sich ge-
sund machen. 10 Und sie erwiesen uns
große Ehre; und als wir abfuhren, gaben
sie uns mit, was wir nötig hatten.

Von Malta nach Rom

11 Nach drei Monaten aber fuhren wir ab
mit einem Schiff aus Alexandria, das bei
der Insel überwintert hatte und das Zei-
chen der Zwillinge führte. 12 Und als wir
nach Syrakus kamen, blieben wir drei
Tage da. 13 Von da fuhren wir die Küste
entlang und kamen nach Rhegion; und
da am nächsten Tag der Südwind sich
erhob, kamen wir in zwei Tagen nach
Puteoli. 14 Dort fanden wir Brüder und
wurden von ihnen gebeten, sieben Tage
dazubleiben. Und so kamen wir nach
Rom. 15 Dort hatten die Brüder von uns
gehört und kamen uns entgegen bis
Forum Appii und Tres-Tabernae. Als
Paulus sie sah, dankte er Gott und ge-
wann Zuversicht.

16 Als wir nun nach Rom hinein-
kamen,* [a]wurde dem Paulus erlaubt, für
sich allein zu wohnen mit dem Soldaten,
der ihn bewachte.

Paulus in Rom

17 Es geschah aber nach drei Tagen, dass
Paulus die Angesehensten der Juden bei
sich zusammenrief. Als sie zusammenge-
kommen waren, sprach er zu ihnen: Ihr
Männer, liebe Brüder, [a]ich habe nichts
getan gegen unser Volk und die Ordnun-
gen der Väter und bin doch als Gefan-
gener aus Jerusalem überantwortet in die
Hände der Römer. 18 Diese wollten mich
losgeben, nachdem sie mich verhört hat-
ten, weil nichts gegen mich vorlag, das
den Tod verdient hätte. 19 Da aber die
Juden widersprachen, war ich genötigt,
[a]mich auf den Kaiser zu berufen, nicht
als hätte ich mein Volk wegen etwas zu
verklagen. 20 Aus diesem Grund habe ich
darum gebeten, dass ich euch sehen und
zu euch sprechen könnte; denn [a]um der
Hoffnung Israels willen trage ich diese
Ketten.

21 Sie aber sprachen zu ihm: Wir haben
deinetwegen weder Briefe aus Judäa
empfangen noch ist ein Bruder gekom-
men, der über dich etwas Schlechtes be-
richtet oder gesagt hätte. 22 Doch wollen
wir von dir hören, was du denkst; denn
von dieser [a]Sekte ist uns bekannt, dass
ihr an allen Enden [b]widersprochen wird.
23 Und als sie ihm einen Tag bestimmt
hatten, kamen viele zu ihm in die Her-
berge. Da erklärte und bezeugte er ihnen
das Reich Gottes und predigte ihnen von
Jesus aus dem Gesetz des Mose und aus
den Propheten vom frühen Morgen bis
zum Abend. 24 Die einen stimmten dem
zu, was er sagte, die andern aber glaub-
ten nicht.

25 Sie waren aber untereinander uneins
und gingen weg, als Paulus dies eine
Wort gesagt hatte: Mit Recht hat der
Heilige Geist durch den Propheten Jesaja
zu euren Vätern gesprochen (Jesaja
6,9-10): 26 »Geh hin zu diesem Volk und
sprich: Mit den Ohren werdet ihr's hören
und nicht verstehen; und mit den Augen
werdet ihr's sehen und nicht erkennen.
27 Denn das Herz dieses Volkes ist ver-
stockt und ihre Ohren hören schwer und
ihre Augen sind geschlossen, damit sie
nicht etwa mit den Augen sehen und mit
den Ohren hören und mit dem Herzen
verstehen und sich bekehren, und ich ih-
nen helfe.« 28 **So [a]sei es euch kundgetan,
dass den Heiden dies Heil Gottes gesandt
ist; und sie werden es hören.****

30 Paulus aber blieb zwei volle Jahre in
seiner eigenen Wohnung und nahm alle
auf, die zu ihm kamen, 31 predigte das
Reich Gottes und lehrte von dem Herrn
Jesus Christus [a]mit allem Freimut unge-
hindert.

* In der späteren Überlieferung finden sich zusätzlich die Worte: »übergab der Hauptmann die Gefangenen dem Oberst; aber es (wurde)«.

** Vers 29 findet sich erst in der späteren Überlieferung: »Und als er das gesagt hatte, gingen die Juden weg und stritten heftig untereinander.«

28,16: *a* Kap 27,3 **28,17:** *a* Kap 23,1 **28,19:** *a* Kap 25,11 **28,20:** *a* Kap 26,6-7 **28,22:** *a* Kap 24,14; *b* Lk 2,34
28,28: *a* Kap 13,46 **28,31:** *a* Eph 6,20

DER BRIEF DES PAULUS AN DIE RÖMER

Inhaltsübersicht

Paulus der Apostel der Heiden

1 Paulus, ein Knecht Christi Jesu, be-
rufen zum Apostel, [a]ausgesondert zu
predigen das Evangelium Gottes, 2 das er
zuvor verheißen hat durch seine Prophe-
ten in der Heiligen Schrift,[a] 3 von seinem
Sohn Jesus Christus, unserm Herrn, der
geboren ist [a]aus dem Geschlecht Davids
nach dem Fleisch, 4 und nach dem Geist,
der heiligt, [a]eingesetzt ist als Sohn Got-
tes in Kraft durch die Auferstehung von
den Toten. 5 Durch ihn haben wir emp-
fangen Gnade und Apostelamt, in sei-
nem Namen den [a]Gehorsam des Glau-
bens aufzurichten [b]unter allen Heiden,
6 zu denen auch ihr gehört, die ihr be-
rufen seid von Jesus Christus.
7 An alle Geliebten Gottes und [a]be-
rufenen Heiligen in Rom: [b]Gnade sei mit
euch und Friede von Gott, unserm Vater,
und dem Herrn Jesus Christus!

Der Wunsch des Paulus, nach Rom zu kommen

8 Zuerst danke ich meinem Gott durch
Jesus Christus für euch alle, [a]dass man
von eurem Glauben in aller Welt spricht.
9 Denn Gott ist mein Zeuge, dem ich in
meinem Geist diene am Evangelium von
seinem Sohn, dass ich [a]ohne Unterlass
euer gedenke 10 und allezeit in meinem
Gebet flehe, ob sich's wohl einmal fügen
möchte durch Gottes Willen, [a]dass ich
zu euch komme. 11 Denn mich verlangt
danach, euch zu sehen, damit ich euch
etwas mitteile an [a]geistlicher Gabe, um
euch zu stärken, 12 das heißt, damit ich
zusammen mit euch getröstet werde
[a]durch euren und meinen Glauben, den
wir miteinander haben.
13 Ich will euch aber nicht verschwei-
gen, liebe Brüder, dass ich mir oft vor-
genommen habe, zu euch zu kommen –
wurde aber bisher gehindert –, damit ich
auch unter euch Frucht schaffe wie unter
andern Heiden. 14 Ich bin ein Schuldner
der Griechen und der Nichtgriechen, der
Weisen und der Nichtweisen; 15 darum,
soviel an mir liegt, bin ich willens, auch
euch in Rom das Evangelium zu pre-
digen.

Das Evangelium als Kraft Gottes

16 Denn [a]**ich schäme mich des Evange-
liums nicht; denn es ist eine** [b]**Kraft Gottes,
die selig macht alle, die daran glauben, die
Juden zuerst und ebenso die Griechen.**
17 **Denn darin wird offenbart die Gerech-
tigkeit, die vor Gott gilt,** [a]**welche kommt
aus Glauben in Glauben;* wie geschrieben
steht** (Habakuk 2,4): **»Der Gerechte wird
aus Glauben leben.«**

Die Gottlosigkeit der Heiden

18 Denn Gottes Zorn wird vom Himmel
her offenbart über alles gottlose Wesen
und alle Ungerechtigkeit der Menschen,
die die Wahrheit durch Ungerechtigkeit
niederhalten. 19 Denn [a]was man von

* Wörtlich: »Denn die Gerechtigkeit Gottes wird in ihm offenbart aus Glauben zum Glauben« (vgl. 3,21). Siehe Sach- und Worterklärungen unter »Gerechtigkeit Gottes«.

1,1: *a* Apg 9,15; 13,2; Gal 1,15 **1,2:** *a* Kap 16,25-26; Lk 1,70; Tit 1,2 **1,3:** *a* Kap 9,5; 2. Sam 7,12; Mt 22,42 **1,4:** *a* Mt 28,18; Apg 13,33 **1,5:** *a* Kap 15,18; *b* Apg 26,16-18; Gal 2,7.9 **1,7:** *a* 1. Kor 1,2; 2. Kor 1,1-2; Eph 1,1; *b* 4. Mose 6,24-26 **1,8:** *a* Kap 16,19 **1,9:** *a* Eph 1,16 **1,10:** *a* Kap 15,23.32; Apg 19,21 **1,11:** *a* Kap 15,29 **1,12:** *a* 2. Petr 1,1 **1,16:** *a* Ps 119,46; 2. Tim 1,8; *b* 1. Kor 1,18.24 **1,17:** *a* Kap 3,21-22; Gal 3,11 **1,19:** *a* Apg 14,15-17; 17,24-28

Gott erkennen kann, ist unter ihnen of-
fenbar; denn Gott hat es ihnen offenbart.
20 Denn Gottes unsichtbares Wesen, das
ist seine ewige Kraft und Gottheit, wird
seit der Schöpfung der Welt ersehen [a]aus
seinen Werken, wenn man sie wahr-
nimmt, sodass sie keine Entschuldigung
haben. 21 Denn obwohl sie von Gott
wussten, haben sie ihn nicht als Gott
gepriesen noch ihm gedankt, sondern
sind dem Nichtigen verfallen in ihren
Gedanken, und [a]ihr unverständiges Herz
ist verfinstert. 22 Da sie sich für Weise
hielten, sind sie zu [a]Narren geworden
23 und haben die Herrlichkeit des unver-
gänglichen Gottes vertauscht mit einem
Bild gleich dem eines vergänglichen
Menschen und der Vögel und der vier-
füßigen und der kriechenden Tiere.[a]

24 Darum hat Gott sie in den Begier-
den ihrer Herzen dahingegeben in die
Unreinheit, sodass ihre Leiber durch sie
selbst geschändet werden,[a] 25 sie, die
Gottes Wahrheit in Lüge verkehrt und
das Geschöpf verehrt und ihm gedient
haben statt dem Schöpfer, der gelobt ist
in Ewigkeit. Amen.

26 Darum hat sie Gott dahingegeben in
schändliche Leidenschaften; denn ihre
Frauen haben den natürlichen Verkehr
vertauscht mit dem widernatürlichen;
27 desgleichen haben auch [a]die Männer
den natürlichen Verkehr mit der Frau
verlassen und sind in Begierde zueinan-
der entbrannt und haben Mann mit
Mann Schande getrieben und den Lohn
ihrer Verirrung, wie es ja sein musste, an
sich selbst empfangen.

28 Und wie sie es für nichts geachtet
haben, Gott zu erkennen, hat sie Gott
dahingegeben in verkehrten Sinn, sodass
sie tun, was nicht recht ist, 29 voll von
aller Ungerechtigkeit, Schlechtigkeit,
Habgier, Bosheit, voll Neid, Mord, Ha-
der, List, Niedertracht; Zuträger, 30 Ver-
leumder, Gottesverächter, Frevler, hoch-
mütig, prahlerisch, erfinderisch im Bö-
sen, den Eltern ungehorsam, 31 unver-
nünftig, treulos, lieblos, unbarmherzig.
32 Sie wissen, dass, die solches tun, nach
Gottes Recht den Tod verdienen; aber sie
tun es nicht allein, sondern haben auch
Gefallen an denen, die es tun.

Der Maßstab des göttlichen Gerichts

2 Darum, o Mensch, kannst du dich
nicht entschuldigen, wer du auch
bist, der du richtest. Denn [a]worin du den
andern richtest, verdammst du dich
selbst, weil du ebendasselbe tust, was du
richtest. 2 Wir wissen aber, dass Gottes
Urteil recht ist über die, die solches tun.
3 Denkst du aber, o Mensch, der du die
richtest, die solches tun, und tust auch
dasselbe, dass du dem Urteil Gottes ent-
rinnen wirst? 4 Oder verachtest du den
Reichtum seiner Güte, [a]Geduld und
Langmut? **Weißt du nicht, dass dich Got-
tes Güte zur Buße leitet?**

5 Du aber mit deinem verstockten und
unbußfertigen Herzen häufst dir selbst
Zorn an auf den Tag des Zorns und der
Offenbarung des gerechten Gerichtes
Gottes, 6 [a]der einem jeden geben wird
nach seinen Werken: 7 ewiges Leben de-
nen, die in aller Geduld mit guten Wer-
ken trachten nach Herrlichkeit, Ehre und
unvergänglichem Leben; 8 Ungnade und
Zorn aber denen, die streitsüchtig sind
und der Wahrheit nicht gehorchen,
gehorchen aber der Ungerechtigkeit;[a]
9 Trübsal und Angst über alle Seelen der
Menschen, die Böses tun, zuerst der Ju-
den und ebenso der Griechen; 10 Herr-
lichkeit aber und Ehre und Frieden allen
denen, die Gutes tun, zuerst den Juden
und ebenso den Griechen.

11 Denn [a]**es ist kein Ansehen der Per-
son vor Gott.** 12 Alle, die ohne Gesetz ge-
sündigt haben, werden auch ohne Gesetz
verloren gehen; und alle, die unter dem
Gesetz gesündigt haben, werden durchs
Gesetz verurteilt werden. 13 Denn vor
Gott sind nicht gerecht, die das Gesetz
hören, sondern [a]die das Gesetz **tun,** wer-
den gerecht sein. 14 Denn wenn Heiden,
die das Gesetz nicht haben, doch [a]von
Natur tun, was das Gesetz fordert, so
sind sie, obwohl sie das Gesetz nicht ha-
ben, sich selbst Gesetz. 15 Sie beweisen
damit, dass in ihr Herz geschrieben ist,

1,20: *a* Ps 19,2; Hebr 11,3 **1,21:** *a* Eph 4,18 **1,22:** *a* 1.Kor 1,20 **1,23:** *a* 2.Mose 20,4; 5.Mose 4,15-19; Ps 106,19-20; Jer 2,11 **1,24:** *a* Apg 14,16 **1,27:** *a* 3.Mose 18,22; 20,13; 1.Kor 6,9 **2,1:** *a* Mt 7,2; Joh 8,7; Jak 4,12 **2,4:** *a* 2.Petr 3,9.15 **2,6:** *a* Jer 32,19; Mt 16,27; 2.Kor 5,10 **2,8:** *a* 2.Thess 1,8 **2,11:** *a* 2.Chr 19,7; Apg 10,34; Kol 3,25; 1.Petr 1,17 **2,13:** *a* 5.Mose 6,25; Mt 7,21; Jak 1,22 **2,14:** *a* Apg 10,35

was das Gesetz fordert, zumal ihr Ge-
wissen es ihnen bezeugt, dazu auch die
Gedanken, die einander anklagen oder
auch entschuldigen –[a] 16 an dem Tag,
[a]an dem Gott das Verborgene der Men-
schen durch Christus Jesus richten wird,
wie es mein Evangelium bezeugt.

Die Anklage gegen die Juden

17 Wenn du dich aber Jude nennst und
verlässt dich aufs Gesetz und rühmst
dich Gottes 18 und kennst seinen Willen
und prüfst, weil du aus dem Gesetz un-
terrichtet bist, was das Beste zu tun sei,
19 und maßt dir an, ein Leiter der Blinden
zu sein, ein Licht derer, die in Finsternis
sind,[a] 20 ein Erzieher der Unverständi-
gen, ein Lehrer der Unmündigen, weil du
im Gesetz die Richtschnur der Erkennt-
nis und Wahrheit hast –: 21 Du lehrst nun
andere und lehrst dich selber nicht? Du
predigst, man solle nicht stehlen, und du
stiehlst?[a] 22 Du sprichst, man solle nicht
ehebrechen, und du brichst die Ehe? Du
verabscheust die Götzen und beraubst
ihre Tempel? 23 Du rühmst dich des Ge-
setzes und schändest Gott durch Über-
tretung des Gesetzes? 24 Denn »euret-
wegen wird Gottes Name gelästert unter
den Heiden«, wie geschrieben steht (Je-
saja 52,5).

25 Die Beschneidung nützt etwas, wenn
du das Gesetz hältst; hältst du aber das
Gesetz nicht, so bist du aus einem Be-
schnittenen schon ein Unbeschnittener
geworden. 26 Wenn nun der Unbeschnit-
tene hält, was nach dem Gesetz recht ist,
meinst du nicht, [a]dass dann der Unbe-
schnittene vor Gott als Beschnittener
gilt? 27 Und so wird der, der von Natur
unbeschnitten ist und das Gesetz erfüllt,
dir ein Richter sein, der du unter dem
Buchstaben und der Beschneidung stehst
und das Gesetz übertrittst. 28 [a]Denn
nicht der ist ein Jude, der es äußerlich ist,
auch ist nicht das die Beschneidung, die
äußerlich am Fleisch geschieht; 29 son-
dern der ist ein Jude, der es inwendig
verborgen ist, und [a]das ist die Beschnei-
dung des Herzens, die im Geist und nicht
im Buchstaben geschieht. Das Lob eines
solchen ist nicht von Menschen, sondern
von Gott.

Gottes unwandelbare Treue

3 Was haben dann die Juden für einen
Vorzug oder was nützt die Beschnei-
dung? 2 Viel in jeder Weise! Zum Ersten:
ihnen ist anvertraut, was Gott geredet
hat.[a] 3 Dass aber einige nicht treu waren,
was liegt daran? [a]Sollte ihre Untreue
Gottes Treue aufheben? 4 Das sei ferne!
Es bleibe vielmehr so: Gott ist wahr-
haftig und [a]alle Menschen sind Lügner;
wie geschrieben steht (Psalm 51,6): »Da-
mit du recht behältst in deinen Worten
und siegst, wenn man mit dir rechtet.«

5 Ist's aber so, dass unsre Ungerechtig-
keit Gottes Gerechtigkeit ins Licht stellt,
was sollen wir sagen? Ist Gott dann nicht
ungerecht, wenn er zürnt? – Ich rede
nach Menschenweise. – 6 Das sei ferne!
Wie könnte sonst Gott die Welt richten?
7 Wenn aber die Wahrheit Gottes durch
meine Lüge herrlicher wird zu seiner
Ehre, warum sollte ich dann noch als ein
Sünder gerichtet werden? 8 Ist es etwa so,
wie wir verlästert werden und einige
behaupten, dass wir sagen: [a]Lasst uns
Böses tun, damit Gutes daraus komme?
Deren Verdammnis ist gerecht.

Die Schuld aller vor Gott

9 Was sagen wir denn nun? Haben wir
Juden einen Vorzug? Gar keinen. Denn
[a]wir haben soeben bewiesen, dass alle,
Juden wie Griechen, unter der Sünde
sind, 10 wie geschrieben steht: [a]»Da ist
keiner, der gerecht ist, auch nicht einer.
11 Da ist keiner, der verständig ist; da ist
keiner, der nach Gott fragt. 12 Sie sind
alle abgewichen und allesamt verdorben.
Da ist keiner, der Gutes tut, auch nicht
einer (Psalm 14,1-3). 13 Ihr Rachen ist ein
offenes Grab; mit ihren Zungen betrügen
sie (Psalm 5,10), Otterngift ist unter ih-
ren Lippen (Psalm 140,4); 14 ihr Mund ist
voll Fluch und Bitterkeit (Psalm 10,7).
15 Ihre Füße eilen, Blut zu vergießen;
16 auf ihren Wegen ist lauter Schaden und
Jammer, 17 und [a]den Weg des Friedens
kennen sie nicht (Jesaja 59,7-8). 18 Es

2,15: *a* Kap 1,32 **2,16:** *a* Lk 8,17 **2,19:** *a* Mt 15,14 **2,21:** *a* Ps 50,16-21; Mt 23,3-4 **2,26:** *a* Gal 5,6 **2,28:** *a (28-29)* Jer 4,4 **2,29:** *a* 5. Mose 30,6; Phil 3,3; Kol 2,11 **3,2:** *a* Kap 9,4; 5. Mose 4,7-8; Ps 147,19-20 **3,3:** *a* Kap 9,6; 11,29; 2. Tim 2,13 **3,4:** *a* Ps 116,11 **3,8:** *a* Kap 6,1 **3,9:** *a* Kap 1,18–2,24 **3,10:** *a* Hiob 4,17 **3,17:** *a* Lk 1,79

ist keine Gottesfurcht bei ihnen (Psalm 36,2).«

19 Wir wissen aber: was das Gesetz sagt, das sagt es denen, die unter dem Gesetz sind, damit allen der Mund gestopft werde und [a]alle Welt vor Gott schuldig sei, 20 weil [a]kein Mensch durch die Werke des Gesetzes vor ihm gerecht sein kann. Denn [b]**durch das Gesetz kommt Erkenntnis der Sünde.**

Die Rechtfertigung allein durch Glauben

21 Nun aber ist ohne Zutun des Gesetzes die Gerechtigkeit, die vor Gott gilt, offenbart, bezeugt durch das Gesetz und die Propheten.[a] 22 Ich rede aber von der Gerechtigkeit vor Gott, [a]die da kommt durch den Glauben an Jesus Christus zu allen, die glauben. **Denn es ist hier kein Unterschied: 23 [a]sie sind allesamt Sünder und ermangeln des Ruhmes, den sie bei Gott haben sollten,* 24 und werden ohne Verdienst gerecht aus seiner Gnade durch die Erlösung, die durch Christus Jesus geschehen ist.**[a]

25 Den hat Gott für den Glauben hingestellt als [a]Sühne in seinem Blut zum Erweis seiner Gerechtigkeit, indem er die Sünden vergibt, die früher 26 begangen wurden in der Zeit seiner Geduld, um nun in dieser Zeit seine Gerechtigkeit zu erweisen, dass er selbst gerecht ist und gerecht macht den, der da ist aus dem Glauben an Jesus.

27 Wo bleibt nun [a]das Rühmen? Es ist ausgeschlossen. Durch welches Gesetz? Durch das Gesetz der Werke? Nein, sondern durch das Gesetz des Glaubens. 28 **So halten wir nun dafür, dass der Mensch gerecht wird ohne des Gesetzes Werke, allein durch den Glauben.**[a] 29 Oder ist Gott allein der Gott der Juden? Ist er nicht auch der Gott der Heiden? Ja gewiss, auch der Heiden.[a] 30 Denn es ist der eine Gott, [a]der gerecht macht die Juden aus dem Glauben und die Heiden durch den Glauben. 31 Wie? Heben wir denn das Gesetz auf durch den Glauben? Das sei ferne! Sondern [a]wir richten das Gesetz auf.

Abraham der Vater des Glaubens

4 Was sagen wir denn von Abraham, unserm leiblichen Stammvater? Was hat er erlangt? 2 Das sagen wir: Ist Abraham durch Werke gerecht, so kann er sich wohl rühmen, aber nicht vor Gott. 3 Denn was sagt die Schrift? [a]»Abraham hat Gott geglaubt und das ist ihm zur Gerechtigkeit gerechnet worden.« (1. Mose 15,6) 4 Dem aber, der mit Werken umgeht, wird der Lohn nicht aus Gnade zugerechnet, sondern aus Pflicht.[a] 5 **Dem aber, der nicht mit Werken umgeht, glaubt aber an den, der die Gottlosen gerecht macht, [a]dem wird sein Glaube gerechnet zur Gerechtigkeit.**

6 Wie ja auch David den Menschen seligpreist, dem Gott zurechnet die Gerechtigkeit ohne Zutun der Werke (Psalm 32,1-2): 7 »Selig sind die, denen die Ungerechtigkeiten vergeben und denen die Sünden bedeckt sind! 8 Selig ist der Mann, dem der Herr die Sünde nicht zurechnet!«

9 Diese Seligpreisung nun, gilt sie den Beschnittenen oder auch den Unbeschnittenen? Wir sagen doch: »Abraham ist sein Glaube zur Gerechtigkeit gerechnet worden.« 10 Wie ist er ihm denn zugerechnet worden? Als er beschnitten oder als er unbeschnitten war? Ohne Zweifel: nicht als er beschnitten, sondern als er unbeschnitten war. 11 Das Zeichen der Beschneidung aber empfing er [a]als Siegel der Gerechtigkeit des Glaubens, den er hatte, als er noch nicht beschnitten war. So sollte er ein Vater werden aller, die glauben, ohne beschnitten zu sein, damit auch ihnen der Glaube gerechnet werde zur Gerechtigkeit; 12 und ebenso ein Vater der Beschnittenen, wenn sie nicht nur beschnitten sind, sondern auch gehen in den Fußtapfen des Glaubens, den [a]unser Vater Abraham hatte, als er noch nicht beschnitten war.

13 Denn die Verheißung, dass er der Erbe der Welt sein solle, ist Abraham oder seinen Nachkommen nicht zuteilgeworden durchs Gesetz, sondern durch

* Wörtlich: »Alle haben gesündigt und die Herrlichkeit verloren, die Gott ihnen zugedacht hatte.«

3,19: *a* Kap 2,12; Gal 3,22 **3,20:** *a* Ps 143,2; Gal 2,16; *b* Kap 7,7 **3,21:** *a* Kap 1,17; 4,1-25; Apg 10,43 **3,22:** *a* Phil 3,9 **3,23:** *a* 1. Mose 8,21 **3,24:** *a* Kap 5,1; 2. Kor 5,19; Eph 2,8 **3,25:** *a* Mt 26,28; Kol 1,20; Hebr 9,26-28 **3,27:** *a* 1. Kor 1,29.31 **3,28:** *a* Gal 2,16 **3,29:** *a* Kap 10,12 **3,30:** *a* Kap 4,11-12 **3,31:** *a* Mt 5,17 **4,3:** *a* Gal 3,6 **4,4:** *a* Kap 11,6 **4,5:** *a* Kap 3,26 **4,11:** *a* 1. Mose 17,10-11 **4,12:** *a* Mt 3,9

die Gerechtigkeit des Glaubens.[a] 14 Denn
wenn die vom Gesetz Erben sind, dann
ist der Glaube nichts und die Verheißung
ist dahin. 15 Denn das Gesetz richtet nur
Zorn an; [a]wo aber das Gesetz nicht ist,
da ist auch keine Übertretung. 16 Deshalb
muss die Gerechtigkeit durch den Glau-
ben kommen, damit sie aus Gnaden sei
und die Verheißung festbleibe für alle
Nachkommen, nicht allein für die, die
unter dem Gesetz sind, sondern auch für
die, die wie Abraham aus dem Glauben
leben.

Der ist unser aller Vater 17 – wie ge-
schrieben steht (1. Mose 17,5): »Ich habe
dich gesetzt zum Vater vieler Völker« –
vor Gott, dem er geglaubt hat, der [a]die
Toten lebendig macht und ruft das, was
nicht ist, dass es sei. 18 Er hat geglaubt
auf Hoffnung, wo nichts zu hoffen war,
dass er der Vater vieler Völker werde, wie
zu ihm gesagt ist (1. Mose 15,5): »So
zahlreich sollen deine Nachkommen
sein.« 19 Und er wurde nicht schwach im
Glauben, als er auf seinen eigenen Leib
sah, der schon erstorben war, weil er fast
hundertjährig war, und auf den erstorbe-
nen Leib der Sara.[a] 20 Denn er zweifelte
nicht an der Verheißung Gottes durch
Unglauben, sondern wurde stark im
Glauben und gab Gott die Ehre 21 und
wusste aufs Allergewisseste: [a]Was Gott
verheißt, das kann er auch tun. 22 Darum
ist es ihm auch »zur Gerechtigkeit ge-
rechnet worden« (1. Mose 15,6). 23 Dass
es ihm zugerechnet worden ist, ist aber
nicht allein um seinetwillen geschrieben,
24 sondern auch um unsertwillen, denen
es zugerechnet werden soll, wenn wir
glauben an den, der unsern Herrn Jesus
auferweckt hat von den Toten, 25 [a]**wel-
cher ist um unsrer Sünden willen dahin-
gegeben und um unsrer Rechtfertigung
willen auferweckt.**

Frieden mit Gott

5 **Da wir nun [a]gerecht geworden sind
durch den Glauben, haben wir [b]Frie-
den mit Gott durch unsern Herrn Jesus
Christus;** 2 durch ihn haben wir auch
[a]den Zugang im Glauben zu dieser
Gnade, in der wir stehen, und rühmen
uns der Hoffnung der zukünftigen Herr-
lichkeit, die Gott geben wird. 3 Nicht al-
lein aber das, sondern [a]wir rühmen uns
auch der Bedrängnisse, weil **wir wissen,
dass Bedrängnis Geduld bringt, 4 Geduld
aber [a]Bewährung, Bewährung aber Hoff-
nung, 5 [a]Hoffnung aber lässt nicht zu-
schanden werden; denn die Liebe Gottes
ist ausgegossen in unsre Herzen durch den
Heiligen Geist, der uns gegeben ist.**

6 Denn Christus ist schon zu der Zeit,
als wir noch schwach waren, für uns
Gottlose gestorben. 7 Nun stirbt kaum
jemand um eines Gerechten willen; um
des Guten willen wagt er vielleicht sein
Leben. 8 Gott aber erweist seine Liebe zu
uns darin, dass Christus für uns gestor-
ben ist, als wir noch Sünder waren.[a]
9 Um wie viel mehr werden wir nun durch
ihn bewahrt werden vor dem [a]Zorn,
nachdem wir jetzt durch sein Blut ge-
recht geworden sind! 10 Denn wenn wir
[a]mit Gott versöhnt worden sind durch
den Tod seines Sohnes, als wir noch
[b]Feinde waren, um wie viel mehr werden
wir selig werden durch sein Leben, nach-
dem wir nun versöhnt sind. 11 Nicht al-
lein aber das, sondern wir rühmen uns
auch Gottes durch unsern Herrn Jesus
Christus, durch den wir jetzt die Versöh-
nung empfangen haben.

Adam und Christus

12 Deshalb, wie durch **einen** Menschen
[a]die Sünde in die Welt gekommen ist
und [b]der Tod durch die Sünde, so ist der
Tod zu allen Menschen durchgedrungen,
weil sie alle gesündigt haben. 13 Denn die
Sünde war wohl in der Welt, ehe das
Gesetz kam; aber [a]wo kein Gesetz ist, da
wird Sünde nicht angerechnet. 14 Den-
noch herrschte der Tod von Adam an bis
Mose auch über die, die nicht gesündigt
hatten durch die gleiche Übertretung wie
Adam, welcher ist ein Bild dessen, der
kommen sollte.

4,13: *a* 1. Mose 22,17-18 **4,15:** *a* Kap 3,20; 5,13; 7,8.10 **4,17:** *a* 2. Kor 1,9; Hebr 11,19 **4,19:** *a* 1. Mose 17,17 **4,21:** *a* Hebr 11,11 **4,25:** *a* Kap 8,32.34; Jes 53,4-6 **5,1:** *a* Kap 3,24.28; *b* Jes 53,5 **5,2:** *a* Joh 14,6; Eph 3,12 **5,3:** *a* Jak 1,2-3 **5,4:** *a* Jak 1,12 **5,5:** *a* Ps 22,6; 25,3.20; Hebr 6,18-19 **5,8:** *a* Joh 3,16; 1. Joh 4,10 **5,9:** *a* Kap 1,18; 2,5.8 **5,10:** *a* 2. Kor 5,18; *b* Kap 8,7; Kol 1,21 **5,12:** *a* 1. Mose 3,19; *b* Kap 6,23; 1. Mose 2,17 **5,13:** *a* Kap 4,15

15 Aber nicht verhält sich's mit der
Gabe wie mit der Sünde. Denn wenn
durch die Sünde des Einen die Vielen
gestorben sind, um wie viel mehr ist Got-
tes Gnade und Gabe den Vielen über-
reich zuteilgeworden durch die Gnade
des einen Menschen Jesus Christus.
16 Und nicht verhält es sich mit der Gabe
wie mit dem, was durch den einen Sün-
der geschehen ist. Denn das Urteil hat
von dem Einen her zur Verdammnis ge-
führt, die Gnade aber hilft aus vielen
Sünden zur Gerechtigkeit. 17 Denn wenn
wegen der Sünde des Einen der Tod ge-
herrscht hat durch den Einen, um wie
viel mehr werden die, welche die Fülle
der Gnade und der Gabe der Gerechtig-
keit empfangen, herrschen im Leben
durch den Einen, Jesus Christus.

18 Wie nun durch die Sünde des Einen
die Verdammnis über alle Menschen ge-
kommen ist, so ist auch durch die Gerech-
tigkeit des Einen für alle Menschen die
Rechtfertigung gekommen, die zum Leben
führt.[a] 19 Denn wie durch den Ungehor-
sam des einen Menschen die Vielen zu
Sündern geworden sind, so [a]werden auch
durch den Gehorsam des Einen die Vie-
len zu Gerechten.

20 [a]Das Gesetz aber ist dazwischen
hineingekommen, damit die Sünde
mächtiger würde. Wo aber die Sünde
mächtig geworden ist, da ist doch die
Gnade noch viel mächtiger geworden,
21 damit, wie die Sünde geherrscht hat
zum Tode, [a]so auch die Gnade herrsche
durch die Gerechtigkeit zum ewigen Le-
ben durch Jesus Christus, unsern Herrn.

Taufe und neues Leben

6 Was sollen wir nun sagen? Sollen wir
denn in der Sünde beharren, damit
die Gnade umso mächtiger werde?[a]
2 Das sei ferne! Wie sollten wir in der
Sünde leben wollen, der wir doch ge-
storben sind? 3 Oder **wisst ihr nicht, dass**
alle, die wir [a]auf Christus Jesus getauft
sind, die sind in seinen Tod getauft? 4 So
sind wir ja mit ihm begraben durch die
Taufe in den Tod, damit, wie Christus
auferweckt ist von den Toten durch die
Herrlichkeit des Vaters, auch wir in einem
neuen Leben wandeln.[a]

5 Denn wenn wir mit ihm verbunden
und ihm gleich geworden sind in seinem
Tod, so werden wir ihm auch in der Auf-
erstehung gleich sein. 6 Wir wissen ja,
dass [a]unser alter Mensch mit ihm ge-
kreuzigt ist, damit der Leib der Sünde
vernichtet werde, sodass wir hinfort der
Sünde nicht dienen. 7 Denn wer gestor-
ben ist, der ist frei geworden von der
Sünde. 8 Sind wir aber mit Christus ge-
storben, so glauben wir, dass wir auch
mit ihm leben werden, 9 und wissen, dass
Christus, von den Toten erweckt, hinfort
nicht stirbt; der Tod kann hinfort über
ihn nicht herrschen. 10 Denn was er ge-
storben ist, das ist er der Sünde gestor-
ben [a]ein für alle Mal; was er aber lebt,
das lebt er Gott. 11 So auch ihr, haltet
dafür, dass ihr der Sünde gestorben seid
und lebt Gott in Christus Jesus.[a]

12 So lasst nun die Sünde nicht herr-
schen in eurem sterblichen Leibe, und
leistet seinen Begierden keinen Gehor-
sam.[a] 13 Auch gebt nicht der Sünde eure
Glieder hin als Waffen der Ungerechtig-
keit, sondern gebt euch selbst Gott hin
als solche, die tot waren und nun leben-
dig sind, und [a]eure Glieder Gott als
Waffen der Gerechtigkeit. 14 Denn die
Sünde wird nicht herrschen können über
euch, weil ihr ja nicht unter dem Gesetz
seid, sondern [a]unter der Gnade.[b]

15 Wie nun? Sollen wir sündigen, weil
wir nicht unter dem Gesetz, sondern un-
ter der Gnade sind? Das sei ferne!
16 Wisst ihr nicht: wem ihr euch zu
Knechten macht, um ihm zu gehorchen,
dessen Knechte seid ihr und müsst ihm
gehorsam sein, es sei der Sünde zum
Tode oder dem Gehorsam zur Gerechtig-
keit?[a] 17 Gott sei aber gedankt, dass ihr
Knechte der Sünde **gewesen** seid, aber
nun von Herzen gehorsam geworden der
Gestalt der Lehre, der ihr ergeben seid.
18 Denn indem ihr nun [a]frei geworden
seid von der Sünde, seid ihr Knechte ge-
worden der Gerechtigkeit.

19 Ich muss menschlich davon reden

5,18: *a* 1. Kor 15,21-22 **5,19:** *a* Kap 3,26; Jes 53,11 **5,20:** *a* Kap 7,8.13; Gal 3,19 **5,21:** *a* Kap 6,23 **6,1:** *a* Kap 3,5-8 **6,3:** *a* Gal 3,27 **6,4:** *a* Kol 2,12; 1. Petr 3,21 **6,6:** *a* Gal 5,24 **6,10:** *a* Hebr 9,26-28 **6,11:** *a* 2. Kor 5,15; 1. Petr 2,24 **6,12:** *a* 1. Mose 4,7 **6,13:** *a* Kap 12,1 **6,14:** *a* Kap 7,4-6; 1. Joh 3,6; *b* Kap 5,17.21 **6,16:** *a* Joh 8,34 **6,18:** *a* Joh 8,32

um der Schwachheit eures Fleisches wil-
len: Wie ihr eure Glieder hingegeben hat-
tet an den Dienst der Unreinheit und
Ungerechtigkeit zu immer neuer Unge-
rechtigkeit, so gebt nun eure Glieder hin
an den Dienst der Gerechtigkeit, dass sie
heilig werden. 20 Denn als ihr Knechte
der Sünde wart, da wart ihr frei von der
Gerechtigkeit. 21 Was hattet ihr nun da-
mals für Frucht? Solche, deren ihr euch
jetzt schämt; denn das Ende derselben ist
der [a]Tod. 22 Nun aber, da ihr von der
Sünde frei und Gottes Knechte geworden
seid, habt ihr darin eure Frucht, dass ihr
heilig werdet; das Ende aber ist das ewige
Leben. 23 Denn [a]**der Sünde Sold ist der**
Tod; die Gabe Gottes aber ist das ewige
Leben in Christus Jesus, unserm Herrn.

Freiheit vom Gesetz

7 Wisst ihr nicht, liebe Brüder – denn
ich rede mit denen, die das Gesetz
kennen –, dass das Gesetz nur herrscht
über den Menschen, solange er lebt?
2 Denn [a]eine Frau ist an ihren Mann
gebunden durch das Gesetz, solange der
Mann lebt; wenn aber der Mann stirbt,
so ist sie frei von dem Gesetz, das sie an
den Mann bindet. 3 Wenn sie nun bei
einem andern Mann ist, solange ihr
Mann lebt, wird sie eine Ehebrecherin
genannt; wenn aber ihr Mann stirbt, ist
sie frei vom Gesetz, sodass sie nicht eine
Ehebrecherin ist, wenn sie einen andern
Mann nimmt. 4 Also seid auch ihr, meine
Brüder, dem Gesetz getötet durch den
Leib Christi, sodass ihr einem andern
angehört, nämlich dem, der von den Toten
auferweckt ist, damit wir Gott Frucht
bringen.

5 Denn solange wir dem Fleisch ver-
fallen waren, da waren die sündigen Lei-
denschaften, die durchs Gesetz erregt
wurden, kräftig in unsern Gliedern, so-
dass wir [a]dem Tode Frucht brachten.
6 Nun aber sind wir [a]vom Gesetz frei
geworden und ihm abgestorben, das uns
gefangen hielt, sodass wir dienen [b]im
neuen Wesen des Geistes und nicht im
alten Wesen des Buchstabens.

Der Mensch unter dem Gesetz

7 Was sollen wir denn nun sagen? Ist das
Gesetz Sünde? Das sei ferne! Aber die
Sünde erkannte ich nicht außer durchs
Gesetz. Denn ich wusste nichts von der
Begierde, wenn das Gesetz nicht gesagt
hätte (2. Mose 20,17): »Du sollst nicht
begehren!« 8 Die Sünde aber nahm das
Gebot zum Anlass und erregte in mir
Begierden aller Art; denn [a]ohne das Ge-
setz war die Sünde tot. 9 Ich lebte einst
ohne Gesetz; als aber das Gebot kam,
wurde die Sünde lebendig, 10 ich aber
starb. Und so fand sich's, [a]dass das Ge-
bot mir den Tod brachte, das doch [b]zum
Leben gegeben war. 11 Denn die Sünde
nahm das Gebot zum Anlass und [a]be-
trog mich und tötete mich durch das Ge-
bot. 12 So ist also das Gesetz heilig, und
das Gebot ist heilig, gerecht und gut.[a]
13 Ist dann, was doch gut ist, mir zum
Tod geworden? Das sei ferne! Sondern
die Sünde, [a]damit sie als Sünde sichtbar
werde, hat mir durch das Gute den Tod
gebracht, damit die Sünde überaus sün-
dig werde durchs Gebot.

14 Denn wir wissen, dass das Gesetz
geistlich ist; [a]ich aber bin fleischlich, un-
ter die Sünde verkauft. 15 Denn ich weiß
nicht, was ich tue. Denn ich tue nicht,
was ich will; sondern was ich hasse, das
tue ich. 16 Wenn ich aber das tue, was ich
nicht will, so gebe ich zu, dass das Gesetz
gut ist. 17 So tue nun nicht ich es, sondern
die Sünde, die in mir wohnt. 18 Denn ich
weiß, dass in mir, das heißt in meinem
Fleisch*, [a]nichts Gutes wohnt. **Wollen**
habe ich wohl, aber das Gute vollbringen
kann ich nicht. 19 **Denn das Gute, das ich**
will, das tue ich nicht; sondern das Böse,
das ich nicht will, das tue ich. 20 Wenn ich
aber tue, was ich nicht will, so tue nicht
ich es, sondern die Sünde, die in mir
wohnt.

21 So finde ich nun das Gesetz, dass
mir, der ich das Gute tun will, das Böse
anhängt. 22 Denn ich habe Lust an Got-
tes Gesetz nach dem inwendigen Men-
schen. 23 Ich sehe aber ein anderes Gesetz
in meinen Gliedern, das widerstreitet

* Siehe Sach- und Worterklärungen (vgl. 7,25; 8,3-9).

6,21: *a* Kap 8,6.13 **6,23:** *a* Kap 5,12; 1. Mose 2,17; Jak 1,15 **7,2:** *a* 1. Kor 7,39 **7,5:** *a* Kap 6,21 **7,6:** *a* Kap 8,1-2; *b* Kap 6,2.4 **7,8:** *a* Kap 5,13; 1. Kor 15,56 **7,10:** *a* 3. Mose 18,5; *b* Jak 1,15 **7,11:** *a* Hebr 3,13 **7,12:** *a* 1. Tim 1,8 **7,13:** *a* Kap 5,20 **7,14:** *a* Joh 3,6 **7,18:** *a* 1. Mose 6,5; 8,21

dem Gesetz in meinem Gemüt* und hält
mich gefangen im Gesetz der Sünde,
das in meinen Gliedern ist.[a] 24 **Ich elen-**
der Mensch! Wer wird mich erlösen von
diesem todverfallenen Leibe? 25 **Dank sei**
Gott durch Jesus Christus, unsern Herrn![a]
So diene ich nun mit dem Gemüt dem
Gesetz Gottes, aber mit dem Fleisch dem
Gesetz der Sünde.

Das Leben im Geist

8 **So gibt es nun keine Verdammnis für**
die, die in Christus Jesus sind.[a]
2 Denn das Gesetz des Geistes, der leben-
dig macht in Christus Jesus, hat dich frei
gemacht von dem Gesetz der Sünde und
des Todes. 3 Denn was [a]dem Gesetz un-
möglich war, weil es durch das Fleisch
geschwächt war, das tat Gott: Er sandte
seinen Sohn [b]in der Gestalt des sündigen
Fleisches und um der Sünde willen und
verdammte die Sünde im Fleisch, 4 damit
die Gerechtigkeit, vom Gesetz gefordert,
in uns erfüllt würde, die wir nun nicht
nach dem Fleisch leben, sondern [a]nach
dem Geist.
5 Denn die da fleischlich sind, die sind
fleischlich gesinnt; die aber geistlich sind,
die sind geistlich gesinnt. 6 Aber fleisch-
lich gesinnt sein ist der [a]Tod, und geist-
lich gesinnt sein ist [b]Leben und Friede.
7 Denn fleischlich gesinnt sein ist [a]Feind-
schaft gegen Gott, weil das Fleisch dem
Gesetz Gottes nicht untertan ist; denn es
vermag's auch nicht. 8 Die aber fleischlich
sind, können Gott nicht gefallen. 9 Ihr
aber seid nicht fleischlich, sondern geist-
lich, wenn denn Gottes Geist in euch
wohnt. Wer aber Christi Geist nicht hat,
der ist nicht sein. 10 Wenn aber [a]Christus
in euch ist, so ist der Leib zwar tot um
der Sünde willen, der Geist aber ist Le-
ben um der Gerechtigkeit willen. 11 Wenn
nun der Geist dessen, der Jesus von den
Toten auferweckt hat, in euch wohnt, so
wird er, der Christus von den Toten auf-
erweckt hat, auch eure sterblichen Leiber
lebendig machen durch seinen Geist, der
in euch wohnt.
12 So sind wir nun, liebe Brüder, nicht
dem Fleisch schuldig, dass wir nach dem
Fleisch leben.[a] 13 Denn wenn ihr nach
dem Fleisch lebt, so werdet ihr sterben
müssen; wenn ihr aber durch den Geist
die Taten des Fleisches tötet, so werdet
ihr leben.[a]
14 Denn **welche der Geist Gottes treibt,**
die sind Gottes Kinder. 15 Denn ihr habt
nicht einen knechtischen Geist empfan-
gen, dass ihr euch abermals fürchten
müsstet; sondern ihr habt einen kindli-
chen Geist empfangen, durch den wir
rufen: Abba, lieber Vater![a] 16 Der [a]Geist
selbst gibt Zeugnis unserm Geist, dass
wir Gottes Kinder sind. 17 Sind wir aber
[a]Kinder, so sind wir auch [b]Erben, näm-
lich Gottes Erben und Miterben Christi,
wenn wir denn mit ihm leiden, damit wir
auch mit zur Herrlichkeit erhoben wer-
den.

Hoffnung für die Schöpfung und Gewissheit des Heils

18 Denn ich bin überzeugt, dass dieser
Zeit Leiden nicht ins Gewicht fallen ge-
genüber der Herrlichkeit, die an uns of-
fenbart werden soll.[a] 19 Denn das ängst-
liche Harren der Kreatur wartet darauf,
dass [a]die Kinder Gottes offenbar wer-
den. 20 [a]Die Schöpfung ist ja unterwor-
fen der Vergänglichkeit – ohne ihren Wil-
len, sondern durch den, der sie unterwor-
fen hat –, doch auf Hoffnung; 21 denn
auch die Schöpfung wird frei werden von
der Knechtschaft der Vergänglichkeit zu
der herrlichen Freiheit der Kinder Got-
tes.[a] 22 Denn wir wissen, dass die ganze
Schöpfung bis zu diesem Augenblick mit
uns seufzt und sich ängstet.
23 Nicht allein aber sie, sondern auch
wir selbst, die wir den Geist als Erst-
lingsgabe haben, [a]seufzen in uns selbst
und sehnen uns nach der Kindschaft, der
Erlösung unseres Leibes. 24 Denn **wir sind**
zwar gerettet, doch auf Hoffnung. Die
Hoffnung aber, die man sieht, ist nicht
Hoffnung; denn wie kann man auf das
hoffen, was man sieht?[a] 25 Wenn wir aber
auf das hoffen, was wir nicht sehen, so
warten wir darauf in Geduld.[a]

* Siehe Sach- und Worterklärungen.

7,23: *a* Gal 5,17 **7,25:** *a* 1.Kor 15,57 **8,1:** *a* Verse 33-34 **8,3:** *a* Apg 13,38; 15,10; *b* Hebr 2,17 **8,4:** *a* Gal 5,16.25 **8,6:** *a* Kap 6,21; *b* Gal 6,8 **8,7:** *a* Jak 4,4 **8,10:** *a* Gal 2,20 **8,12:** *a* Kap 6,7.18 **8,13:** *a* Kap 7,24; Gal 6,8; Eph 4,22-24 **8,15:** *a* Gal 4,5-6; 2.Tim 1,7 **8,16:** *a* 2.Kor 1,22 **8,17:** *a* Gal 4,7; *b* Offb 21,7 **8,18:** *a* 2.Kor 4,17 **8,19:** *a* Kol 3,4; 1.Joh 3,2 **8,20:** *a* Pred 1,4 **8,21:** *a* 2.Petr 3,13 **8,23:** *a* 2.Kor 5,2 **8,24:** *a* 2.Kor 5,7 **8,25:** *a* Gal 5,5

26 Desgleichen hilft auch der Geist uns-
rer Schwachheit auf. Denn wir wissen
nicht, was wir beten sollen, wie sich's
gebührt; sondern der Geist selbst vertritt
uns mit unaussprechlichem Seufzen.
27 Der aber die Herzen erforscht, der
weiß, worauf der Sinn des Geistes ge-
richtet ist; denn er vertritt die Heiligen,
wie es Gott gefällt.

28 Wir wissen aber, dass denen, die Gott
lieben, alle Dinge zum Besten dienen, de-
nen, die nach seinem [a]Ratschluss berufen
sind. 29 Denn die er ausersehen hat, die
hat er auch vorherbestimmt, dass sie
gleich sein sollten dem Bild seines Soh-
nes, damit dieser der [a]Erstgeborene sei
unter vielen Brüdern. 30 [a]Die er aber
vorherbestimmt hat, die hat er auch be-
rufen; die er aber berufen hat, die [b]hat
er auch gerecht gemacht; die er aber ge-
recht gemacht hat, die hat er auch ver-
herrlicht.

31 Was wollen wir nun hierzu sagen?
[a]Ist Gott für uns, wer kann wider uns
sein? 32 Der auch [a]seinen eigenen Sohn
nicht verschont hat, sondern hat ihn für
uns alle dahingegeben – wie sollte er uns
mit ihm nicht alles schenken?

33 Wer will die Auserwählten Gottes be-
schuldigen? Gott ist hier, der gerecht
macht.[a] 34 Wer will verdammen? Christus
Jesus ist hier, der gestorben ist, ja viel-
mehr, der auch auferweckt ist, der zur
Rechten Gottes ist und [a]uns vertritt.

35 [a]Wer will uns scheiden von der
Liebe Christi? Trübsal oder Angst oder
Verfolgung oder Hunger oder Blöße oder
Gefahr oder Schwert? 36 Wie geschrieben
steht (Psalm 44,23): »Um deinetwillen
[a]werden wir getötet den ganzen Tag; wir
sind geachtet wie Schlachtschafe.«

37 Aber [a]in dem allen überwinden wir
weit durch den, der uns geliebt hat.
38 Denn **ich bin gewiss, dass weder Tod**
noch Leben, weder Engel noch [a]Mächte
noch Gewalten, weder Gegenwärtiges
noch Zukünftiges, 39 weder Hohes noch
Tiefes noch eine andere Kreatur uns schei-
den kann von der Liebe Gottes, die in
Christus Jesus ist, unserm Herrn.

Gottes Weg mit Israel
(Kapitel 9,1–11,36)

Israels Gotteskindschaft

9 Ich sage die Wahrheit in Christus und
lüge nicht, wie mir mein Gewissen
bezeugt im Heiligen Geist, 2 dass ich
große Traurigkeit und Schmerzen ohne
Unterlass in meinem Herzen habe. 3 Ich
selber [a]wünschte, verflucht und von
Christus getrennt zu sein für meine Brü-
der, die meine Stammverwandten sind
nach dem Fleisch, 4 die Israeliten sind,
denen die [a]Kindschaft gehört und die
[b]Herrlichkeit und die [c]Bundesschlüsse
und das [d]Gesetz und der Gottesdienst
und die Verheißungen, 5 denen auch die
Väter gehören und aus denen [a]Christus
herkommt nach dem Fleisch, der da ist
Gott über alles, gelobt in Ewigkeit.
Amen.

Die Kinder der Verheißung als das wahre Israel

6 Aber ich sage damit nicht, dass [a]Gottes
Wort hinfällig geworden sei. Denn [b]nicht
alle sind Israeliten, die von Israel stam-
men; 7 auch nicht alle, die Abrahams
Nachkommen sind, sind darum seine
Kinder. Sondern nur »was von Isaak
stammt, soll dein Geschlecht genannt
werden« (1. Mose 21,12), 8 das heißt: nicht
das sind Gottes Kinder, die nach dem
Fleisch Kinder sind; sondern nur die
Kinder der [a]Verheißung werden als seine
Nachkommenschaft anerkannt. 9 Denn
dies ist ein Wort der Verheißung, da er
spricht (1. Mose 18,10): »Um diese Zeit
will ich kommen und Sara soll einen
Sohn haben.«

10 Aber nicht allein hier ist es so, son-
dern auch bei Rebekka, die von dem ei-
nen, unserm Vater Isaak, schwanger
wurde. 11 Ehe die Kinder geboren waren
und weder Gutes noch Böses getan hat-
ten, da wurde, damit der Ratschluss Got-
tes bestehen bliebe und seine freie Wahl –
12 nicht aus Verdienst der Werke, sondern
durch die Gnade des Berufenden –, zu
ihr gesagt: »Der Ältere soll dienstbar

8,28: *a* Eph 1,11 **8,29:** *a* Kol 1,18; Hebr 1,6 **8,30:** *a* 2. Thess 2,13-14; *b* Kap 3,26 **8,31:** *a* Ps 118,6 **8,32:** *a* Joh 3,16 **8,33:** *a* Jes 50,8 **8,34:** *a* 1. Joh 2,1; Hebr 7,25 **8,35:** *a (35-39)* Ps 73,23-26 **8,36:** *a* 2. Kor 4,11 **8,37:** *a* 1. Joh 5,4 **8,38:** *a* Eph 6,12 **9,3:** *a* 2. Mose 32,32 **9,4:** *a* 2. Mose 4,22; 5. Mose 7,6; *b* 2. Mose 40,34; *c* 1. Mose 17,7; *d* 2. Mose 20,1-17 **9,5:** *a* Kap 1,3; Mt 1,1-16; Lk 3,23-34 **9,6:** *a* 4. Mose 23,19; *b* Kap 2,28 **9,8:** *a* Gal 4,23

werden dem Jüngeren« (1. Mose 25,23),
13 wie geschrieben steht (Maleachi 1,2-3):
»Jakob habe ich geliebt, aber Esau habe
ich gehasst.«

Gottes freie Gnadenwahl

14 Was sollen wir nun hierzu sagen? Ist
denn Gott ungerecht? Das sei ferne!
15 Denn er spricht zu Mose (2. Mose
33,19): »Wem ich gnädig bin, dem bin
ich gnädig; und wessen ich mich erbar-
me, dessen erbarme ich mich.« 16 **So liegt
es nun nicht an jemandes Wollen oder
Laufen, sondern an Gottes Erbarmen.**[a]
17 Denn die Schrift sagt zum Pharao
(2. Mose 9,16): »Eben dazu habe ich dich
erweckt, damit ich an dir meine Macht
erweise und damit mein Name auf der
ganzen Erde verkündigt werde.« 18 So er-
barmt er sich nun, wessen er will, und
[a]verstockt, wen er will.

19 Nun sagst du zu mir: Warum be-
schuldigt er uns dann noch? Wer kann
seinem Willen widerstehen? 20 Ja, lieber
Mensch, wer bist du denn, dass du mit
Gott rechten willst? [a]Spricht auch ein
Werk zu seinem Meister: Warum machst
du mich so? 21 Hat nicht ein Töpfer
Macht über den Ton, aus demselben
Klumpen ein Gefäß zu ehrenvollem und
ein anderes zu nicht ehrenvollem Ge-
brauch zu machen?[a] 22 Da Gott seinen
Zorn erzeigen und seine Macht kundtun
wollte, hat er [a]mit großer Geduld er-
tragen die Gefäße des Zorns, [b]die zum
Verderben bestimmt waren, 23 damit er
[a]den Reichtum seiner Herrlichkeit kund-
tue an den Gefäßen der Barmherzigkeit,
[b]die er zuvor bereitet hatte zur Herr-
lichkeit.

24 Dazu hat er uns berufen, nicht allein
aus den Juden, sondern auch aus den
Heiden. 25 Wie er denn auch durch Hosea
spricht (Hosea 2,25; 2,1): »Ich will das
mein Volk nennen, das nicht mein Volk
war, und meine Geliebte, die nicht meine
Geliebte war.« 26 »Und es soll geschehen:
Anstatt dass zu ihnen gesagt wurde: ›Ihr
seid nicht mein Volk‹, sollen sie Kinder
des lebendigen Gottes genannt werden.«
27 Jesaja aber ruft aus über Israel (Jesaja
10,22-23): »Wenn die Zahl der Israeliten
wäre wie der Sand am Meer, so wird
doch nur ein [a]Rest gerettet werden;
28 denn der Herr wird sein Wort, indem
er vollendet und scheidet, ausrichten auf
Erden.« 29 Und wie Jesaja vorausgesagt
hat (Jesaja 1,9): »Wenn uns nicht der
Herr Zebaoth Nachkommen übrig ge-
lassen hätte, so wären wir wie Sodom
geworden und wie Gomorra.«

Gesetzesgerechtigkeit und Glaubensgerechtigkeit

30 Was sollen wir nun hierzu sagen? Das
wollen wir sagen: [a]Die Heiden, die nicht
nach der Gerechtigkeit trachteten, haben
die Gerechtigkeit erlangt; ich rede aber
von der Gerechtigkeit, die aus dem Glau-
ben kommt. 31 Israel aber hat nach dem
Gesetz der Gerechtigkeit getrachtet und
hat es doch nicht erreicht.[a] 32 Warum
das? Weil es die Gerechtigkeit nicht aus
dem Glauben sucht, sondern als komme
sie aus den Werken. Sie haben sich gesto-
ßen an dem [a]Stein des Anstoßes, 33 wie
geschrieben steht (Jesaja 8,14; 28,16):
»Siehe, ich lege in Zion einen Stein des
Anstoßes und einen Fels des Ärgernisses;
und wer an ihn glaubt, der soll nicht
zuschanden werden.«

10 Liebe Brüder, meines Herzens
Wunsch ist und ich flehe auch zu
Gott für sie, dass sie gerettet werden.
2 Denn ich bezeuge ihnen, dass sie Eifer
für Gott haben, aber ohne Einsicht.
3 Denn sie erkennen die [a]Gerechtigkeit
nicht, die vor Gott gilt, und suchen ihre
eigene Gerechtigkeit aufzurichten und
sind so der Gerechtigkeit Gottes nicht
untertan. 4 Denn [a]**Christus ist des Ge-
setzes Ende;** [b]**wer an den glaubt, der ist
gerecht.**

5 Mose nämlich schreibt von der Ge-
rechtigkeit, die aus dem Gesetz kommt
(3. Mose 18,5): »Der Mensch, der das tut,
wird dadurch leben.« 6 Aber die Gerech-
tigkeit aus dem Glauben spricht so
(5. Mose 30,11-14): »Sprich nicht in dei-
nem Herzen: Wer will hinauf gen Him-
mel fahren?« – nämlich um Christus her-
abzuholen –, 7 oder: »Wer will hinab in
die Tiefe fahren?« – nämlich um Christus
von den Toten heraufzuholen –, 8 son-

9,16: *a* Eph 2,8 **9,18:** *a* 2. Mose 4,21; 1. Petr 2,8 **9,20:** *a* Jes 45,9 **9,21:** *a* Jer 18,4-6 **9,22:** *a* Kap 2,4; *b* Spr 16,4 **9,23:** *a* Eph 1,3-12; *b* Kap 8,29 **9,27:** *a* Kap 11,5 **9,30:** *a* Kap 10,20 **9,31:** *a* Kap 10,2-3 **9,32:** *a* Mt 21,42.44; 1. Petr 2,8 **10,3:** *a* Kap 1,17 **10,4:** *a* Mt 5,17; Hebr 8,13; *b* Joh 3,18; Gal 3,24-25

dern was sagt sie? »Das Wort ist dir nahe,
in deinem Munde und in deinem Her-
zen.« Dies ist das Wort vom Glauben,
das wir predigen.
9 Denn wenn du mit deinem Munde
[a]bekennst, dass Jesus der Herr ist, und in
deinem Herzen glaubst, dass ihn Gott
von den Toten auferweckt hat, so wirst
du gerettet. 10 Denn **wenn man von Her-
zen glaubt, so wird man gerecht; und wenn
man mit dem Munde bekennt, so wird man
gerettet.** 11 Denn die Schrift spricht (Je-
saja 28,16): »Wer an ihn glaubt, wird
nicht zuschanden werden.« 12 Es ist hier
[a]kein Unterschied zwischen Juden und
Griechen; es ist über alle derselbe Herr,
reich für alle, die ihn anrufen. 13 Denn
»wer den Namen des Herrn anrufen
wird, soll gerettet werden« (Joel 3,5).

Israel hat keine Entschuldigung

14 Wie sollen sie aber den anrufen, an den
sie nicht glauben? Wie sollen sie aber an
den glauben, von dem sie nichts gehört
haben? Wie sollen sie aber hören ohne
Prediger? 15 Wie sollen sie aber predigen,
wenn sie nicht gesandt werden? Wie denn
geschrieben steht (Jesaja 52,7): »Wie lieb-
lich sind die Füße der Freudenboten, die
das Gute verkündigen!« 16 Aber nicht alle
sind dem Evangelium gehorsam. Denn
Jesaja spricht (Jesaja 53,1): »Herr, wer
glaubt unserm Predigen?« **17 So [a]kommt
der Glaube aus der Predigt, das Predigen
aber durch das Wort Christi.**
18 Ich frage aber: Haben sie es nicht
gehört? Doch, [a]es ist ja »in alle Lande
ausgegangen ihr Schall und ihr Wort bis
an die Enden der Welt« (Psalm 19,5).
19 Ich frage aber: Hat es Israel nicht
verstanden? Als Erster spricht Mose
(5. Mose 32,21): »Ich will euch eifersüch-
tig machen auf ein Nicht-Volk; und über
ein unverständiges Volk will ich euch zor-
nig machen.« 20 Jesaja aber wagt zu sagen
(Jesaja 65,1): »Ich ließ mich finden von
denen, die mich nicht suchten, und er-
schien denen, die nicht nach mir frag-
ten.«[a] 21 Zu Israel aber spricht er (Jesaja
65,2): »Den ganzen Tag habe ich meine
Hände ausgestreckt nach dem Volk, das
sich nichts sagen lässt und widerspricht.«

Nicht ganz Israel ist verstockt

11 So frage ich nun: [a]Hat denn Gott
sein Volk verstoßen? Das sei ferne!
Denn [b]ich bin auch ein Israelit, vom
Geschlecht Abrahams, aus dem Stamm
Benjamin. 2 Gott hat sein Volk nicht ver-
stoßen, das er zuvor erwählt hat. Oder
wisst ihr nicht, was die Schrift sagt von
Elia, wie er vor Gott tritt gegen Israel
und spricht (1. Könige 19,10): 3 »Herr, sie
haben deine Propheten getötet und ha-
ben deine Altäre zerbrochen, und ich bin
allein übrig geblieben und sie trachten
mir nach dem Leben«? 4 Aber was sagt
ihm die göttliche Antwort? (1. Könige
19,18): »Ich habe mir übrig gelassen sie-
bentausend Mann, die ihre Knie nicht
gebeugt haben vor dem Baal.« 5 So geht
es auch jetzt zu dieser Zeit, dass [a]einige
übrig geblieben sind nach der Wahl der
Gnade. 6 Ist's aber aus Gnade, so ist's
nicht aus Verdienst der Werke; sonst
wäre Gnade nicht Gnade.
7 Wie nun? [a]Was Israel sucht, das hat
es nicht erlangt; die Auserwählten aber
haben es erlangt. Die andern sind ver-
stockt, 8 wie geschrieben steht (Jesaja
29,10): »Gott hat ihnen einen Geist der
Betäubung gegeben, [a]Augen, dass sie
nicht sehen, und Ohren, dass sie nicht
hören, bis auf den heutigen Tag.« 9 Und
David spricht (Psalm 69,23-24): »Lass
ihren Tisch zur Falle werden und zu einer
Schlinge und ihnen zum Anstoß und zur
Vergeltung. 10 Ihre Augen sollen finster
werden, dass sie nicht sehen, und ihren
Rücken beuge allezeit.«

Die Berufung der Heiden als Hoffnung für Israel

11 So frage ich nun: Sind sie gestrauchelt,
damit sie fallen? Das sei ferne! Sondern
[a]durch ihren Fall ist den Heiden das Heil
widerfahren, damit Israel ihnen [b]nachei-
fern sollte. 12 Wenn aber schon ihr Fall
Reichtum für die Welt ist und ihr Schade
Reichtum für die Heiden, wie viel mehr
wird es Reichtum sein, wenn ihre Zahl
voll wird.
13 Euch Heiden aber sage ich: Weil ich
Apostel der Heiden bin, preise ich mein

10,9: *a* Mt 10,32; 2. Kor 4,5 **10,12:** *a* Apg 10,34-35; 15,9 **10,17:** *a* Joh 17,20 **10,18:** *a* Kap 15,19 **10,20:** *a* Kap 9,30 **11,1:** *a* Ps 94,14; Jer 31,37; *b* Phil 3,5 **11,5:** *a* Kap 9,27 **11,7:** *a* Kap 9,31 **11,8:** *a* 5. Mose 29,3 **11,11:** *a* Apg 13,46; *b* Kap 10,19

Amt, 14 ob ich vielleicht meine Stammver-
wandten zum Nacheifern reizen und eini-
ge von ihnen retten könnte.[a] 15 Denn wenn
ihre Verwerfung die Versöhnung der Welt
ist, was wird ihre Annahme anderes sein
als Leben aus den Toten! 16 Ist die [a]Erst-
lingsgabe vom Teig heilig, so ist auch der
ganze Teig heilig; und wenn die Wurzel
heilig ist, so sind auch die Zweige heilig.

Warnung an die Heidenchristen vor Überheblichkeit

17 Wenn aber nun einige von den Zweigen
ausgebrochen wurden und du, der du
[a]ein wilder Ölzweig warst, in den Öl-
baum eingepfropft worden bist und teil-
bekommen hast an der Wurzel und dem
Saft des Ölbaums, 18 so rühme dich nicht
gegenüber den Zweigen. Rühmst du dich
aber, so sollst du wissen, dass [a]nicht du
die Wurzel trägst, sondern die Wurzel
trägt dich.

19 Nun sprichst du: Die Zweige sind
ausgebrochen worden, damit ich einge-
pfropft würde. 20 Ganz recht! Sie wurden
ausgebrochen um ihres Unglaubens wil-
len; du aber stehst fest durch den Glau-
ben. Sei nicht stolz, sondern fürchte
dich![a] 21 Hat Gott die natürlichen Zweige
nicht verschont, wird er dich doch wohl
auch nicht verschonen. 22 Darum sieh die
Güte und den Ernst Gottes: den Ernst
gegenüber denen, die gefallen sind, die
Güte Gottes aber dir gegenüber, [a]sofern
du bei seiner Güte bleibst; sonst wirst du
auch abgehauen werden. 23 Jene aber, so-
fern sie nicht im Unglauben bleiben, wer-
den eingepfropft werden; denn Gott
kann sie wieder einpfropfen. 24 Denn
wenn du aus dem Ölbaum, der von Na-
tur wild war, abgehauen und wider die
Natur in den edlen Ölbaum eingepfropft
worden bist, wie viel mehr werden die
natürlichen Zweige wieder eingepfropft
werden in ihren eigenen Ölbaum.

Israels endliche Errettung

25 Ich will euch, liebe Brüder, dieses Ge-
heimnis nicht verhehlen, damit ihr euch
nicht selbst für klug haltet: Verstockung
ist einem Teil Israels widerfahren, so
lange [a]bis die Fülle der Heiden zum Heil
gelangt ist; 26 [a]und so wird ganz Israel
gerettet werden, wie geschrieben steht
(Jesaja 59,20; Jeremia 31,33): [b]»Es wird
kommen aus Zion der Erlöser, der ab-
wenden wird alle Gottlosigkeit von Ja-
kob. 27 Und dies ist mein Bund mit ihnen,
wenn ich ihre Sünden wegnehmen
werde.«

28 Im Blick auf das Evangelium sind sie
zwar Feinde um euretwillen; aber im
Blick auf die Erwählung sind sie Ge-
liebte um der Väter willen. 29 Denn **Gottes
Gaben und Berufung können ihn nicht
gereuen.**[a] 30 Denn wie ihr zuvor Gott un-
gehorsam gewesen seid, nun aber Barm-
herzigkeit erlangt habt wegen ihres Un-
gehorsams,* 31 so sind auch jene jetzt
ungehorsam geworden wegen der Barm-
herzigkeit, die euch widerfahren ist, da-
mit auch sie jetzt Barmherzigkeit erlan-
gen. 32 Denn [a]Gott hat alle eingeschlos-
sen in den Ungehorsam, damit er sich
[b]aller erbarme.

Lobpreis der Wunderwege Gottes

33 **O [a]welch eine Tiefe des Reichtums, bei-
des, der Weisheit und der Erkenntnis Got-
tes! [b]Wie unbegreiflich sind seine Gerich-
te und unerforschlich seine Wege!** 34 Denn
[a]»wer hat des Herrn Sinn erkannt, oder
[b]wer ist sein Ratgeber gewesen«? (Jesaja
40,13) 35 Oder »wer hat ihm etwas zu-
vor gegeben, dass Gott es ihm vergelten
müsste«? (Hiob 41,3) 36 **Denn von ihm
und durch ihn und zu ihm sind alle Dinge.
Ihm sei Ehre in Ewigkeit! Amen.**

Das Leben als Gottesdienst

12 Ich ermahne euch nun, liebe Brü-
der, durch die Barmherzigkeit Got-
tes, dass ihr [a]eure Leiber hingebt als ein
Opfer, das lebendig, heilig und Gott
wohlgefällig ist. Das sei euer vernünftiger
Gottesdienst. 2 Und stellt euch nicht die-
ser Welt gleich, sondern ändert euch
[a]durch Erneuerung eures Sinnes, [b]damit

* Luther übersetzte in den Versen 30-32 »ungehorsam sein« bzw. »Ungehorsam« mit »nicht glauben« bzw. »Unglaube«.

11,14: *a* 1. Kor 9,20-22; 1. Tim 4,16 **11,16:** *a* 4. Mose 15,20 **11,17:** *a* Eph 2,11-14 **11,18:** *a* Joh 4,22 **11,20:** *a* 1. Kor 10,12 **11,22:** *a* Joh 15,2.4; Hebr 3,14 **11,25:** *a* Joh 10,16 **11,26:** *a* Mt 23,39; *b* Ps 14,7 **11,29:** *a* 4. Mose 23,19 **11,32:** *a* Gal 3,22; *b* 1. Tim 2,4 **11,33:** *a* Jes 45,15; *b* Jes 55,8-9 **11,34:** *a* 1. Kor 2,16; *b* Jer 23,18 **12,1:** *a* Kap 6,13 **12,2:** *a* Eph 4,23; *b* Eph 5,10.17

ihr prüfen könnt, was Gottes Wille ist,
nämlich das Gute und Wohlgefällige und
Vollkommene.

Die Gnadengaben im Dienst der Gemeinde

3 Denn ich sage durch die Gnade, die mir
gegeben ist, jedem unter euch, dass nie-
mand [a]mehr von sich halte, als sich's
gebührt zu halten, sondern dass er maß-
voll von sich halte, ein jeder, [b]wie Gott
das Maß des Glaubens ausgeteilt hat.
4 Denn [a]wie wir an **einem** Leib viele
Glieder haben, aber nicht alle Glieder
dieselbe Aufgabe haben, 5 so sind wir
viele **ein** Leib in Christus, aber unterein-
ander ist einer des andern Glied,[a] 6 und
[a]haben verschiedene Gaben nach der
Gnade, die uns gegeben ist. Ist jemand
prophetische Rede gegeben, so übe er sie
dem Glauben gemäß. 7 Ist jemand ein
Amt gegeben, so diene er. Ist jemand
Lehre gegeben, so lehre er.[a] 8 Ist jemand
Ermahnung gegeben, so ermahne er.
[a]Gibt jemand, so gebe er mit lauterem
Sinn. Steht jemand der Gemeinde vor, so
sei er sorgfältig. Übt jemand Barmher-
zigkeit, [b]so tue er's gern.

Das Leben der Gemeinde

9 Die [a]Liebe sei ohne Falsch. [b]Hasst das
Böse, hängt dem Guten an. 10 [a]Die brü-
derliche Liebe untereinander sei herzlich.
[b]Einer komme dem andern mit Ehr-
erbietung zuvor. 11 [a]Seid nicht träge in
dem, was ihr tun sollt. [b]Seid brennend
im Geist. [c]Dient dem Herrn. 12 **Seid fröh-
lich in Hoffnung, geduldig in Trübsal,
[a]beharrlich im Gebet.** 13 Nehmt euch der
Nöte der Heiligen an. [a]Übt Gastfreund-
schaft.
14 Segnet, die euch verfolgen; [a]segnet,
und flucht nicht. 15 **Freut euch mit den
Fröhlichen und [a]weint mit den Weinen-
den.** 16 Seid [a]eines Sinnes untereinander.
Trachtet nicht nach hohen Dingen, son-
dern haltet euch herunter zu den gerin-
gen. [b]Haltet euch nicht selbst für klug.
17 [a]Vergeltet niemandem Böses mit
Bösem. [b]Seid auf Gutes bedacht gegen-
über jedermann. 18 **Ist's möglich, soviel an
euch liegt, so [a]habt mit allen Menschen
Frieden.** 19 [a]Rächt euch nicht selbst,
meine Lieben, sondern gebt Raum dem
Zorn Gottes; denn es steht geschrieben
(5. Mose 32,35): »Die Rache ist mein; ich
will vergelten, spricht der Herr.« 20 Viel-
mehr, [a]»wenn deinen Feind hungert, gib
ihm zu essen; dürstet ihn, gib ihm zu
trinken. Wenn du das tust, so wirst du
feurige Kohlen auf sein Haupt sammeln«
(Sprüche 25,21-22). 21 **Lass dich nicht vom
Bösen überwinden, sondern überwinde das
Böse mit Gutem.**

Die Stellung zur staatlichen Gewalt

13 **[a]Jedermann sei untertan der Obrig-
keit*, die Gewalt über ihn hat. Denn
[b]es ist keine Obrigkeit außer von Gott; wo
aber Obrigkeit ist, die ist von Gott an-
geordnet.** 2 Wer sich nun der Obrigkeit
widersetzt, der widerstrebt der Anord-
nung Gottes; die ihr aber widerstreben,
ziehen sich selbst das Urteil zu. 3 Denn
vor denen, die Gewalt haben, muss man
sich nicht fürchten wegen guter, son-
dern wegen böser Werke. [a]Willst du dich
aber nicht fürchten vor der Obrigkeit,
so tue Gutes; so wirst du Lob von ihr er-
halten. 4 Denn sie ist Gottes Dienerin, dir
zugut. Tust du aber Böses, so fürchte
dich; denn sie trägt das Schwert nicht
umsonst: Sie ist Gottes Dienerin und
vollzieht das Strafgericht an dem, der
Böses tut.[a]
5 Darum ist es notwendig, sich unter-
zuordnen, nicht allein um der Strafe,
sondern auch um des Gewissens willen.
6 Deshalb zahlt ihr ja auch Steuer; denn
sie sind Gottes Diener, auf diesen Dienst
beständig bedacht. 7 So gebt nun jedem,
was ihr schuldig seid: Steuer, dem die
Steuer gebührt; Zoll, dem der Zoll ge-
bührt; Furcht, dem die Furcht gebührt;
Ehre, dem die Ehre gebührt.[a]

* Siehe Sach- und Worterklärungen.

12,3: *a* Mt 20,26; 1. Kor 4,6; *b* 1. Kor 12,11; Eph 4,7 **12,4:** *a* 1. Kor 12,12 **12,5:** *a* 1. Kor 12,27; Eph 4,4.25 **12,6:** *a* 1. Kor 4,7; 12,4; 1. Petr 4,10 **12,7:** *a* 1. Petr 4,11 **12,8:** *a* Mt 6,3; *b* 2. Kor 8,2; 9,7 **12,9:** *a* 1. Tim 1,5; *b* Am 5,15 **12,10:** *a* Joh 13,4-15; *b* Phil 2,3 **12,11:** *a* Offb 3,15; *b* Apg 18,25; *c* Kol 3,23 **12,12:** *a* Lk 18,1-8; Kol 4,2; 1. Thess 5,17 **12,13:** *a* 3. Joh 5-8; Hebr 13,2 **12,14:** *a* Mt 5,44; Apg 7,59; 1. Kor 4,12 **12,15:** *a* Ps 35,13-14; 2. Kor 11,29 **12,16:** *a* Kap 15,5; Phil 2,2; *b* Jes 5,21 **12,17:** *a* Spr 20,22; 1. Thess 5,15; *b* 2. Kor 8,21 **12,18:** *a* Mk 9,50; Hebr 12,14 **12,19:** *a (19-21)* 3. Mose 19,18; Mt 5,38-44 **12,20:** *a* 2. Kön 6,22 **13,1:** *a* Tit 3,1; *b* Spr 8,15; Joh 19,11 **13,3:** *a* 1. Petr 2,13-14 **13,4:** *a* 2. Chr 19,6-7 **13,7:** *a* Mt 22,21

Die Liebe als Erfüllung des Gesetzes

8 Seid niemandem etwas schuldig, außer dass ihr euch untereinander liebt; denn [a]wer den andern liebt, der hat das Gesetz erfüllt. 9 Denn was da gesagt ist (2. Mose 20,13-17): »Du sollst nicht ehebrechen; du sollst nicht töten; du sollst nicht stehlen; du sollst nicht begehren«, und was da sonst an Geboten ist, das wird in diesem Wort zusammengefasst (3. Mose 19,18): »Du sollst deinen Nächsten lieben wie dich selbst.« 10 Die Liebe [a]tut dem Nächsten nichts Böses. **So ist nun die Liebe [b]des Gesetzes Erfüllung.**

Leben im Licht des kommenden Tages

11 [a]Und das tut, weil ihr die Zeit erkennt, nämlich dass die Stunde da ist, [b]aufzustehen vom Schlaf, denn unser Heil ist jetzt näher als zu der Zeit, da wir gläubig wurden. **12 Die Nacht ist vorgerückt, [a]der Tag aber nahe herbeigekommen. So [b]lasst uns ablegen die Werke der Finsternis und anlegen die Waffen des Lichts.** 13 Lasst uns ehrbar leben wie am Tage, [a]nicht in Fressen und Saufen, nicht in Unzucht und Ausschweifung, nicht in Hader und Eifersucht; 14 sondern [a]zieht an den Herrn Jesus Christus und [b]sorgt für den Leib nicht so, dass ihr den Begierden verfallt.

Von den Schwachen und Starken im Glauben

14 Den Schwachen im Glauben nehmt an und streitet nicht über Meinungen.*[a] 2 Der eine glaubt, er dürfe alles essen; wer aber schwach ist, der isst kein Fleisch.[a] 3 Wer isst, der verachte den nicht, der nicht isst; und [a]wer nicht isst, der richte den nicht, der isst; denn Gott hat ihn angenommen. 4 Wer bist du, dass du einen fremden Knecht [a]richtest? Er steht oder fällt seinem Herrn. Er wird aber stehen bleiben; denn der Herr kann ihn aufrecht halten.

5 Der eine [a]hält einen Tag für höher als den andern; der andere aber hält alle Tage für gleich. Ein jeder sei in seiner Meinung gewiss. 6 Wer auf den Tag achtet, der tut's im Blick auf den Herrn; wer isst, der isst im Blick auf den Herrn, denn er dankt Gott; und wer nicht isst, der isst im Blick auf den Herrn nicht und dankt Gott auch.

7 Denn **unser keiner lebt sich selber, und keiner stirbt sich selber. 8 Leben wir, so leben wir dem Herrn; sterben wir, so sterben wir dem Herrn. Darum: wir leben oder sterben, so sind wir des Herrn.**[a] **9 Denn dazu ist Christus gestorben und wieder lebendig geworden, dass er über Tote und Lebende Herr sei.**

10 Du aber, was richtest du deinen Bruder? Oder du, was verachtest du deinen Bruder? [a]Wir werden alle vor den Richterstuhl Gottes gestellt werden. 11 Denn es steht geschrieben (Jesaja 45,23): »So wahr ich lebe, spricht der Herr, [a]mir sollen sich alle Knie beugen, und alle Zungen sollen Gott bekennen.« 12 So wird nun jeder von uns für sich selbst Gott Rechenschaft geben.[a] 13 Darum lasst uns nicht mehr einer den andern richten; sondern [a]richtet vielmehr darauf euren Sinn, dass niemand seinem Bruder einen Anstoß oder Ärgernis bereite.

14 Ich weiß und bin gewiss in dem Herrn Jesus, dass [a]nichts unrein ist an sich selbst; nur für den, der es für unrein hält, ist es unrein. 15 Wenn aber dein Bruder wegen deiner Speise betrübt wird, so handelst du nicht mehr nach der Liebe. [a]Bringe nicht durch deine Speise den ins Verderben, für den Christus gestorben ist. 16 Es soll doch nicht verlästert werden, was ihr Gutes habt. 17 Denn [a]**das Reich Gottes ist nicht Essen und Trinken, sondern Gerechtigkeit und Friede und Freude in dem Heiligen Geist.** 18 Wer darin Christus dient, der ist Gott wohlgefällig und bei den Menschen geachtet.

19 Darum lasst uns dem nachstreben, was [a]zum Frieden dient und [b]zur Erbauung untereinander. 20 Zerstöre nicht um der Speise willen Gottes Werk. Es ist zwar alles rein; aber es ist nicht gut für

* Luther übersetzte: »und verwirrt die Gewissen nicht«.

13,8: *a* Gal 5,14; 1. Tim 1,5 **13,10:** *a* 1. Kor 13,4; *b* Mt 22,40 **13,11:** *a (11-12)* 1. Thess 5,6-8; *b* Eph 5,14 **13,12:** *a* 1. Joh 2,8; *b* Eph 5,11 **13,13:** *a* Lk 21,34; Eph 5,18 **13,14:** *a* Gal 3,27; *b* 1. Kor 9,27; Kol 2,23 **14,1:** *a* Kap 15,1; 1. Kor 8,9 **14,2:** *a* 1. Mose 1,29; 9,3 **14,3:** *a* Kol 2,16 **14,4:** *a* Mt 7,1; Jak 4,11-12 **14,5:** *a* Gal 4,10 **14,8:** *a* 2. Kor 5,15; Gal 2,20 **14,10:** *a* Mt 25,31-32; Apg 17,31; 2. Kor 5,10 **14,11:** *a* Phil 2,10-11 **14,12:** *a* Gal 6,5 **14,13:** *a* 1. Kor 10,33 **14,14:** *a* Mt 15,11; Apg 10,15; Tit 1,15 **14,15:** *a* 1. Kor 8,11-13 **14,17:** *a* 1. Kor 8,8; Hebr 13,9 **14,19:** *a* Kap 12,18; *b* Kap 15,2

den, der es mit schlechtem Gewissen isst.
21 Es ist besser, du isst kein Fleisch und
trinkst keinen Wein und tust nichts,
woran sich dein Bruder stößt.[a] 22 Den
Glauben, den du hast, behalte bei dir
selbst vor Gott. Selig ist, der sich selbst
nicht zu verurteilen braucht, wenn er sich
prüft. 23 Wer aber dabei zweifelt und den-
noch isst, der ist gerichtet, denn es
kommt nicht aus dem Glauben. **Was aber
nicht aus dem Glauben kommt, das ist
Sünde.**

15 Wir aber, die wir stark sind, sollen
[a]das Unvermögen der Schwachen
tragen und nicht Gefallen an uns selber
haben. 2 Jeder von uns lebe so, dass er
seinem Nächsten gefalle zum Guten und
zur Erbauung.[a] 3 Denn auch Christus
hatte nicht an sich selbst Gefallen, son-
dern wie geschrieben steht (Psalm 69,10):
»Die Schmähungen derer, die dich
schmähen, sind auf mich gefallen.«
4 Denn was zuvor geschrieben ist, [a]das
ist uns zur Lehre geschrieben, damit wir
durch Geduld und den Trost der Schrift
Hoffnung haben. 5 Der Gott aber der Ge-
duld und des Trostes gebe euch, dass ihr
[a]einträchtig gesinnt seid untereinander,
Christus Jesus gemäß, 6 damit ihr ein-
mütig mit **einem** Munde Gott lobt, den
Vater unseres Herrn Jesus Christus.

7 Darum **nehmt einander an, wie Chris-
tus euch angenommen hat zu Gottes Lob.**
8 Denn ich sage: [a]Christus ist ein Diener
der Juden geworden um der Wahrhaftig-
keit Gottes willen, [b]um die Verheißun-
gen zu bestätigen, die den Vätern gege-
ben sind; 9 die Heiden aber sollen Gott
loben um der Barmherzigkeit willen, wie
geschrieben steht (Psalm 18,50): »Darum
will ich dich loben unter den Heiden und
deinem Namen singen.« 10 Und wie-
derum heißt es (5. Mose 32,43): »Freut
euch, ihr Heiden, mit seinem Volk!«
11 Und wiederum (Psalm 117,1): »Lobet
den Herrn, alle Heiden, und preist ihn,
alle Völker!« 12 Und wiederum spricht Je-
saja (Jesaja 11,10): »Es wird kommen der
Spross aus der [a]Wurzel Isais und wird
aufstehen, um zu herrschen über die Hei-
den; auf den werden die Heiden hoffen.«
13 Der Gott der Hoffnung aber erfülle
euch mit aller Freude und Frieden im
Glauben, dass ihr immer reicher werdet
an Hoffnung durch die Kraft des Hei-
ligen Geistes.

Die Vollmacht des Apostels

14 Ich weiß aber selbst sehr wohl von
euch, liebe Brüder, dass auch ihr selber
voll Güte seid, erfüllt mit aller Erkennt-
nis, sodass ihr euch untereinander ermah-
nen könnt. 15 Ich habe es aber dennoch
gewagt und euch manches geschrieben,
um euch zu erinnern [a]kraft der Gnade,
die mir von Gott gegeben ist, 16 damit
ich ein [a]Diener Christi Jesu unter den
Heiden sei, um das Evangelium Gottes
priesterlich auszurichten, damit die Hei-
den ein Opfer werden, das Gott wohl-
gefällig ist, geheiligt durch den Heiligen
Geist.

17 Darum kann ich mich rühmen in
Christus Jesus vor Gott. 18 Denn ich
werde nicht wagen, von etwas zu reden,
[a]das nicht Christus durch mich gewirkt
hat, um die Heiden zum [b]Gehorsam zu
bringen durch Wort und Werk, 19 in der
Kraft von [a]Zeichen und Wundern und in
der Kraft des Geistes Gottes. So habe ich
von Jerusalem aus ringsumher bis nach
Illyrien das Evangelium von Christus voll
ausgerichtet. 20 Dabei habe ich meine
Ehre dareingesetzt, das Evangelium zu
predigen, wo Christi Name noch nicht
bekannt war, damit ich nicht auf einen
fremden Grund baute,[a] 21 sondern ich
habe getan, wie geschrieben steht (Jesaja
52,15): »Denen nichts von ihm verkün-
digt worden ist, die sollen sehen, und die
nichts gehört haben, sollen verstehen.«

Reisepläne des Apostels

22 Das ist auch der Grund, warum ich so
viele Male daran gehindert worden bin,
zu euch zu kommen.[a] 23 Nun aber habe
ich keine Aufgabe mehr in diesen Län-
dern, habe aber seit vielen Jahren das
[a]Verlangen, zu euch zu kommen, 24 wenn
ich nach Spanien reisen werde. Denn

14,21: *a* Vers 2; 1. Kor 10,25-27 **15,1:** *a* Kap 14,1 **15,2:** *a* 1. Kor 9,19; 10,24.33 **15,4:** *a* 1. Kor 10,11 **15,5:** *a* Phil 2,2 **15,8:** *a* Mt 15,24; *b* Apg 3,25 **15,12:** *a* Offb 5,5 **15,15:** *a* Kap 1,5; 12,3 **15,16:** *a* Kap 11,13 **15,18:** *a* 2. Kor 3,5; *b* Kap 1,5 **15,19:** *a* Mk 16,17; 2. Kor 12,12 **15,20:** *a* 2. Kor 10,15-16 **15,22:** *a* Kap 1,13 **15,23:** *a* Kap 1,10-11

ich hoffe, dass ich bei euch durchreisen
und euch sehen kann und von euch
dorthin weitergeleitet werde, doch so,
dass ich mich zuvor ein wenig an euch
erquicke.
25 Jetzt aber fahre ich hin nach Jeru-
salem, um den Heiligen zu dienen.[a]
26 Denn die in Mazedonien und Achaja
haben willig eine gemeinsame Gabe zu-
sammengelegt für die Armen unter den
Heiligen in Jerusalem.[a] 27 Sie haben's wil-
lig getan und sind auch ihre Schuldner.
[a]Denn wenn die Heiden an ihren geist-
lichen Gütern Anteil bekommen haben,
ist es recht und billig, dass sie ihnen auch
mit leiblichen Gütern Dienst erweisen.
28 Wenn ich das nun ausgerichtet und ih-
nen diesen Ertrag zuverlässig übergeben
habe, will ich von euch aus nach Spanien
ziehen. 29 Ich weiß aber, wenn ich zu euch
komme, dass ich mit dem vollen Segen
Christi kommen werde.
30 Ich ermahne euch aber, liebe Brüder,
durch unsern Herrn Jesus Christus und
durch die Liebe des Geistes, [a]dass ihr
mir kämpfen helft durch eure Gebete für
mich zu Gott, 31 damit ich [a]errettet
werde von den Ungläubigen in Judäa
und mein Dienst, den ich für Jerusalem
tue, den Heiligen willkommen sei, 32 da-
mit ich mit Freuden zu euch komme
nach Gottes Willen und mich mit euch
erquicke. 33 Der Gott des Friedens aber
sei mit euch allen! Amen.

Empfehlung der Phöbe. Grüße

16 Ich befehle euch unsere Schwester
Phöbe an, die im Dienst der Ge-
meinde von Kenchreä ist, 2 dass ihr sie
aufnehmt in dem Herrn, wie sich's ziemt
für die Heiligen, und ihr beisteht in jeder
Sache, in der sie euch braucht; denn auch
sie hat vielen beigestanden, auch mir
selbst.
3 Grüßt die [a]Priska und den Aquila,
meine Mitarbeiter in Christus Jesus, 4 die
für mein Leben ihren Hals hingehalten
haben, denen nicht allein ich danke, son-
dern alle Gemeinden unter den Heiden.
5 Grüßt auch die Gemeinde in ihrem
Hause.
Grüßt Epänetus, meinen Lieben, der
aus der Provinz Asien der Erstling für
Christus ist. 6 Grüßt Maria, die viel
Mühe und Arbeit um euch gehabt hat.
7 Grüßt Andronikus und Junias*, meine
Stammverwandten und Mitgefangenen,
die berühmt sind unter den Aposteln und
schon vor mir in Christus gewesen sind.
8 Grüßt Ampliatus, meinen Lieben in
dem Herrn. 9 Grüßt Urbanus, unsern
Mitarbeiter in Christus, und Stachys,
meinen Lieben. 10 Grüßt Apelles, den Be-
währten in Christus. Grüßt die aus dem
Haus des Aristobul. 11 Grüßt Herodion,
meinen Stammverwandten. Grüßt die
aus dem Haus des Narzissus, die in dem
Herrn sind. 12 Grüßt die Tryphäna und
die Tryphosa, die in dem Herrn arbeiten.
Grüßt die Persis, meine Liebe, die sich
viel gemüht hat im Dienst des Herrn.
13 Grüßt [a]Rufus, den Auserwählten in
dem Herrn, und seine Mutter, die auch
mir eine Mutter geworden ist. 14 Grüßt
Asynkritus, Phlegon, Hermes, Patrobas,
Hermas und die Brüder bei ihnen.
15 Grüßt Philologus und Julia, Nereus
und seine Schwester und Olympas und
alle Heiligen bei ihnen.
16 Grüßt euch untereinander mit dem
heiligen Kuss. Es grüßen euch alle Ge-
meinden Christi.[a]

Warnung vor Irrlehrern

17 Ich ermahne euch aber, liebe Brüder,
dass ihr euch in Acht nehmt vor denen,
die Zwietracht und Ärgernis anrichten
entgegen der Lehre, die ihr gelernt habt,
und euch von ihnen abwendet.[a] 18 Denn
solche dienen nicht unserm Herrn Chris-
tus, sondern [a]ihrem Bauch; und durch
[b]süße Worte und prächtige Reden ver-
führen sie die Herzen der Arglosen.
19 Denn euer [a]Gehorsam ist bei allen be-
kannt geworden. Deshalb freue ich mich
über euch; ich will aber, dass ihr [b]weise
seid zum Guten, aber geschieden vom
Bösen. 20 Der Gott des Friedens aber

* Wahrscheinlich lautete der Name ursprünglich (weiblich) Junia. In der alten Kirche und noch bis ins 13. Jahrhundert wurde er als Frauenname verstanden (vgl. das Ehepaar Priska und Aquila in Vers 3).

15,25: *a* Apg 18,21; 19,21; 20,22; 24,17 **15,26:** *a* 1. Kor 16,1; 2. Kor 8,1-4 **15,27:** *a* 1. Kor 9,11; Gal 6,6 **15,30:** *a* 2. Kor 1,11; 2. Thess 3,1 **15,31:** *a* 1. Thess 2,15 **16,3:** *a* Apg 18,2.18.26 **16,13:** *a* Mk 15,21 **16,16:** *a* 1. Kor 16,20 **16,17:** *a* Mt 7,15; 2. Thess 3,6; Tit 3,10 **16,18:** *a* Phil 3,19; *b* Kol 2,4 **16,19:** *a* Kap 1,8; *b* 1. Kor 14,20

wird den Satan unter eure Füße treten in
Kürze. Die Gnade unseres Herrn Jesus
Christus sei mit euch!

Grüße der Mitarbeiter

21 Es grüßen euch [a]Timotheus, mein
Mitarbeiter, und Luzius, [b]Jason und
[c]Sosipater, meine Stammverwandten.
22 Ich, Tertius, der ich diesen Brief ge-
schrieben habe, grüße euch in dem
Herrn. 23 Es grüßt euch [a]Gajus, mein
und der ganzen Gemeinde Gastgeber. Es
grüßt euch Erastus, der Stadtkämmerer,
und Quartus, der Bruder.*

Lobpreis Gottes

25 Dem aber, der euch stärken kann ge-
mäß meinem Evangelium und der Pre-
digt von Jesus Christus, durch die das
[a]Geheimnis offenbart ist, das seit ewigen
Zeiten verschwiegen war, 26 nun aber of-
fenbart und kundgemacht ist durch die
Schriften der Propheten nach dem Befehl
des ewigen Gottes, den [a]Gehorsam des
Glaubens aufzurichten unter allen Hei-
den: 27 dem Gott, der allein weise ist, sei
Ehre durch Jesus Christus in Ewigkeit!
Amen.

DER ERSTE BRIEF DES PAULUS AN DIE KORINTHER

Inhaltsübersicht

1 Paulus, berufen zum Apostel Christi
Jesu durch den Willen Gottes, und
Sosthenes, unser Bruder, 2 an die Ge-
meinde Gottes in Korinth, an die [a]Ge-
heiligten in Christus Jesus, die berufenen
Heiligen samt allen, die [b]den Namen
unsres Herrn Jesus Christus anrufen an
jedem Ort, bei ihnen und bei uns:
3 Gnade sei mit euch und Friede von
Gott, unserm Vater, und dem Herrn Je-
sus Christus!

Dank für Gottes reiche Gaben in Korinth

4 Ich danke meinem Gott allezeit euret-
wegen für die Gnade Gottes, die euch
gegeben ist in Christus Jesus, 5 dass ihr
durch ihn in allen Stücken reich gemacht
seid, in aller Lehre und in aller Erkennt-
nis. 6 Denn die Predigt von Christus ist in
euch kräftig geworden, 7 sodass ihr kei-
nen Mangel habt an irgendeiner Gabe
und [a]wartet nur auf die Offenbarung un-
seres Herrn Jesus Christus. 8 Der wird
euch auch [a]fest erhalten bis ans Ende,
dass ihr [b]untadelig seid am Tag unseres
Herrn Jesus Christus. 9 Denn [a]**Gott ist
treu, durch den ihr berufen seid zur Ge-
meinschaft seines Sohnes Jesus Christus,
unseres Herrn.**

Spaltungen in der Gemeinde

10 Ich ermahne euch aber, liebe Brüder,
im Namen unseres Herrn Jesus Christus,
dass ihr alle mit einer Stimme redet und
lasst keine [a]Spaltungen unter euch sein,
sondern haltet aneinander fest [b]in **einem**
Sinn und in **einer** Meinung. 11 Denn es ist
mir bekannt geworden über euch, liebe
Brüder, durch die Leute der Chloë, dass
Streit unter euch ist. 12 Ich meine aber
dies, dass unter euch der eine sagt: [a]Ich
gehöre zu Paulus, der andere: Ich zu
[b]Apollos, der Dritte: Ich zu [c]Kephas,
der Vierte: Ich zu Christus.
13 Wie? Ist Christus etwa zerteilt? Ist

* Der Schluss des Römerbriefes ist uneinheitlich überliefert: Der Vers 24 und die Verse 25-27 finden sich bei den Textzeugen an verschiedenen Stellen des Briefes. Vers 24 fehlt bei den ältesten Textzeugen an dieser Stelle; er lautet: »Die Gnade unseres Herrn Jesus Christus sei mit euch allen! Amen.«

16,21: *a* Apg 16,1-3; 19,22; Phil 2,19-22; *b* Apg 17,6; *c* Apg 20,4 **16,23:** *a* 1. Kor 1,14 **16,25:** *a* 1. Kor 2,7; Eph 1,9; 3,4-9 **16,26:** *a* Kap 1,5 **1,2:** *a* Kap 6,11; *b* Apg 9,14; 18,1-17 **1,7:** *a* Tit 2,13; 2. Petr 3,13-14 **1,8:** *a* Phil 1,6; *b* 1. Thess 3,13 **1,9:** *a* 1. Thess 5,24 **1,10:** *a* Kap 11,18; *b* Röm 15,5; Phil 2,2 **1,12:** *a* Kap 3,4; *b* Apg 18,24-27; *c* Joh 1,42

denn Paulus für euch gekreuzigt? Oder
seid ihr auf den Namen des Paulus ge-
tauft? 14 Ich danke Gott, dass ich nie-
manden unter euch getauft habe außer
[a]Krispus und [b]Gajus, 15 damit nicht je-
mand sagen kann, ihr wäret auf meinen
Namen getauft. 16 Ich habe aber auch
[a]Stephanas und sein Haus getauft; sonst
weiß ich nicht, ob ich noch jemanden
getauft habe. 17 Denn Christus hat mich
nicht gesandt zu taufen, sondern das
Evangelium zu predigen – nicht mit klu-
gen Worten, damit nicht das Kreuz
Christi zunichtewerde.

Die Weisheit der Welt ist Torheit vor Gott

18 Denn **das Wort vom Kreuz ist eine Tor-
heit denen, [a]die verloren werden; uns aber,
die wir selig werden, ist's [b]eine Gottes-
kraft.** 19 Denn es steht geschrieben (Jesaja
29,14): »Ich will zunichtemachen die
Weisheit der Weisen, und den Verstand
der Verständigen will ich verwerfen.«
20 Wo sind die Klugen? Wo sind die
Schriftgelehrten? Wo sind die Weisen die-
ser Welt? [a]Hat nicht Gott die Weisheit
der Welt zur Torheit gemacht? 21 Denn
weil die Welt, umgeben von der Weisheit
Gottes, Gott durch ihre Weisheit nicht
erkannte, gefiel es Gott wohl, durch die
Torheit der Predigt selig zu machen, die
daran glauben.
22 Denn [a]die Juden fordern Zeichen
und [b]die Griechen fragen nach Weisheit,
23 wir aber predigen den gekreuzigten
Christus, den Juden ein [a]Ärgernis und den
Griechen eine [b]Torheit; 24 denen aber, die
berufen sind, Juden und Griechen, pre-
digen wir Christus als Gottes Kraft und
[a]Gottes Weisheit. 25 Denn die Torheit
Gottes ist weiser, als die Menschen sind,
und die Schwachheit Gottes ist stärker,
als die Menschen sind.
26 Seht doch, liebe Brüder, auf eure Be-
rufung. Nicht viele Weise nach dem
Fleisch, nicht viele Mächtige, nicht viele
Angesehene sind berufen.[a] 27 Sondern
was töricht ist vor der Welt, das hat Gott
erwählt, damit er die Weisen zuschanden
mache; und was schwach ist vor der
Welt, das hat Gott erwählt, damit er zu-
schanden mache, was stark ist; 28 und das
Geringe vor der Welt und das Verachtete
hat Gott erwählt, das, was nichts ist, da-
mit er zunichtemache, was etwas ist,
29 damit sich kein Mensch vor Gott rüh-
me.[a] 30 Durch ihn aber seid ihr in Chris-
tus Jesus, **der uns von Gott gemacht ist zur
Weisheit und zur [a]Gerechtigkeit und zur
[b]Heiligung und zur [c]Erlösung,** 31 damit,
wie geschrieben steht (Jeremia 9,22-23):
[a]»Wer sich rühmt, der rühme sich des
Herrn!«

Die Predigt des Apostels vom Gekreuzigten

2 Auch ich, liebe Brüder, als ich zu
euch kam, kam ich nicht mit hohen
Worten und hoher Weisheit, euch das
Geheimnis Gottes zu verkündigen.
2 Denn ich hielt es für richtig, unter euch
nichts zu wissen als allein Jesus Christus,
den Gekreuzigten.[a] 3 Und ich war bei
euch [a]in Schwachheit und [b]in Furcht
und mit großem Zittern; 4 und mein
Wort und meine Predigt geschahen nicht
mit überredenden Worten menschlicher
Weisheit, sondern [a]in Erweisung des
Geistes und der Kraft, 5 damit euer
Glaube nicht stehe auf Menschenweis-
heit, sondern auf [a]Gottes Kraft.

Von der Weisheit Gottes

6 Wovon wir aber reden, das ist dennoch
Weisheit bei den Vollkommenen; nicht
eine Weisheit dieser Welt, auch nicht der
Herrscher dieser Welt, die vergehen.
7 Sondern wir reden von der Weisheit
Gottes, die [a]im Geheimnis verborgen ist,
die Gott vorherbestimmt hat vor aller
Zeit zu unserer Herrlichkeit, 8 die keiner
von den Herrschern dieser Welt erkannt
hat; denn wenn sie die erkannt hätten, so
hätten sie den Herrn der Herrlichkeit
nicht gekreuzigt. 9 Sondern es ist gekom-
men, wie geschrieben steht (Jesaja 64,3):
»Was kein Auge gesehen hat und kein
Ohr gehört hat und in keines Menschen

1,14: *a* Apg 18,8; *b* Röm 16,23 **1,16:** *a* Kap 16,15 **1,18:** *a* 2.Kor 4,3; *b* Röm 1,16 **1,20:** *a* Mt 11,25; Röm 1,22 **1,22:** *a* Mt 12,38; Joh 4,48; *b* Apg 17,18-21 **1,23:** *a* Apg 17,32; Gal 5,11; *b* Kap 2,14 **1,24:** *a* Kol 2,3 **1,26:** *a* Joh 7,48; Jak 2,1-5 **1,29:** *a* Röm 3,27; Eph 2,9 **1,30:** *a* Jer 23,5-6; 2.Kor 5,21; *b* Joh 17,19; *c* Mt 20,28 **1,31:** *a* 2.Kor 10,17 **2,2:** *a* Gal 6,14 **2,3:** *a* Gal 4,13; *b* Apg 18,9; 2.Kor 10,1 **2,4:** *a* Mt 10,20 **2,5:** *a* 1.Thess 1,5 **2,7:** *a* Mt 11,25; Röm 16,25

Herz gekommen ist, was Gott bereitet
hat denen, die ihn lieben.«
10 Uns aber [a]hat es Gott offenbart
durch seinen Geist; denn der Geist er-
forscht alle Dinge, auch die Tiefen der
Gottheit. 11 Denn welcher Mensch weiß,
was im Menschen ist, als allein der Geist
des Menschen, der in ihm ist? So weiß
auch niemand, was in Gott ist, als allein
der Geist Gottes. 12 Wir aber haben nicht
empfangen den Geist der Welt, sondern
[a]den Geist aus Gott, dass wir wissen
können, was uns von Gott geschenkt ist.
13 Und davon reden wir auch nicht mit
Worten, wie sie menschliche Weisheit leh-
ren kann, sondern mit Worten, die der
Geist lehrt, und deuten geistliche Dinge
für geistliche Menschen. 14 Der natür-
liche Mensch aber vernimmt nichts vom
Geist Gottes; es ist ihm eine [a]Torheit
und er kann es nicht erkennen; denn es
muss geistlich beurteilt werden. 15 Der
geistliche Mensch aber beurteilt alles und
wird doch selber von niemandem beur-
teilt. 16 Denn [a]»wer hat des Herrn Sinn
erkannt, oder wer will ihn unterweisen«?
(Jesaja 40,13) Wir aber haben Christi
Sinn.

Unmündigkeit der Korinther

3 Und ich, liebe Brüder, konnte nicht
zu euch reden wie zu geistlichen
Menschen, sondern wie zu fleischlichen,
[a]wie zu unmündigen Kindern in Chris-
tus. 2 [a]Milch habe ich euch zu trinken
gegeben und nicht feste Speise; denn ihr
konntet sie noch nicht vertragen. Auch
jetzt könnt ihr's noch nicht, 3 weil ihr
noch fleischlich seid. Denn [a]wenn Eifer-
sucht und Zank unter euch sind, seid ihr
da nicht fleischlich und lebt nach Men-
schenweise? 4 Denn wenn der eine sagt:
Ich gehöre zu Paulus, der andere aber:
Ich zu Apollos –, ist das nicht nach Men-
schenweise geredet?[a]

Mitarbeiter Gottes

5 Wer ist nun Apollos? Wer ist Paulus?
Diener sind sie, durch die ihr gläubig
geworden seid, und das, wie es der Herr
einem jeden gegeben hat: 6 Ich habe ge-
pflanzt, [a]Apollos hat begossen; aber
Gott hat das Gedeihen gegeben. 7 So ist
nun weder der pflanzt noch der begießt
etwas, sondern Gott, der das Gedeihen
gibt. 8 Der aber pflanzt und der begießt,
sind einer wie der andere. [a]Jeder aber
wird seinen Lohn empfangen nach seiner
Arbeit.
9 Denn wir sind Gottes Mitarbeiter;
ihr seid Gottes [a]Ackerfeld und Gottes
[b]Bau. 10 Ich nach Gottes Gnade, die mir
gegeben ist, habe den Grund gelegt als
ein weiser Baumeister; ein anderer baut
darauf. Ein jeder aber sehe zu, wie er
darauf baut. 11 **Einen andern Grund kann
niemand legen als den, der gelegt ist, wel-
cher ist Jesus Christus.**[a]
12 Wenn aber jemand auf den Grund
baut Gold, Silber, Edelsteine, Holz, Heu,
Stroh, 13 so wird das Werk eines jeden
offenbar werden. [a]Der Tag des Gerichts
wird's klarmachen; denn mit Feuer wird
er sich offenbaren. Und von welcher Art
eines jeden Werk ist, wird das Feuer er-
weisen. 14 Wird jemandes Werk bleiben,
das er darauf gebaut hat, so wird er
Lohn empfangen. 15 Wird aber jemandes
Werk verbrennen, so wird er Schaden
leiden; er selbst aber wird gerettet wer-
den, doch so wie durchs Feuer hindurch.
16 Wisst ihr nicht, dass ihr Gottes Tem-
pel seid und der Geist Gottes in euch
wohnt?[a] 17 Wenn jemand den Tempel
Gottes verdirbt, den wird Gott verder-
ben, denn der Tempel Gottes ist heilig;
der seid ihr.

Kein Grund zum Ruhm

18 Niemand betrüge sich selbst. Wer un-
ter euch meint, weise zu sein in dieser
Welt, der werde ein Narr, dass er weise
werde.[a] 19 Denn die Weisheit dieser Welt
ist Torheit bei Gott. Denn es steht ge-
schrieben (Hiob 5,13): »Die Weisen fängt
er in ihrer Klugheit«, 20 und wiederum
(Psalm 94,11): »Der Herr kennt die Ge-
danken der Weisen, dass sie nichtig
sind.« 21 Darum rühme sich niemand ei-
nes Menschen; denn alles ist euer: 22 Es
sei Paulus oder Apollos oder Kephas, es
sei Welt oder Leben oder Tod, es sei
Gegenwärtiges oder Zukünftiges, **alles ist**

2,10: *a* Mt 13,11; Kol 1,26 **2,12:** *a* Joh 14,16-17 **2,14:** *a* Kap 1,23; Joh 8,47 **2,16:** *a* Röm 11,34 **3,1:** *a* Joh 16,12 **3,2:** *a* 1. Petr 2,2 **3,3:** *a* Kap 1,10-11; 11,18 **3,4:** *a* Kap 1,12 **3,6:** *a* Apg 18,24-28 **3,8:** *a* Kap 4,5 **3,9:** *a* Mt 13,3-9; *b* Eph 2,20 **3,11:** *a* 1. Petr 2,4-6 **3,13:** *a* Kap 4,5 **3,16:** *a* Kap 6,19; 2. Kor 6,16 **3,18:** *a* Offb 3,17-18

euer, 23 ihr aber seid Christi, Christus aber
ist Gottes.[a]

Kein Recht zum Richten

4 Dafür halte uns jedermann: für Die-
ner Christi und [a]Haushalter über
Gottes Geheimnisse. 2 Nun fordert man
nicht mehr von den Haushaltern, als dass
sie für [a]treu befunden werden. 3 Mir aber
ist's ein Geringes, dass ich von euch ge-
richtet werde oder von einem mensch-
lichen Gericht; auch richte ich mich
selbst nicht. 4 Ich bin mir zwar nichts
bewusst, aber darin bin ich nicht gerecht-
fertigt; der Herr ist's aber, der mich rich-
tet. 5 Darum richtet nicht vor der Zeit,
bis der Herr kommt, der auch ans Licht
bringen wird, was im Finstern verborgen
ist, und wird das Trachten der Herzen
offenbar machen. Dann [a]wird einem je-
den von Gott sein Lob zuteilwerden.

Gegen die Überheblichkeit der Korinther

6 Dies aber, liebe Brüder, habe ich im
Blick auf mich selbst und Apollos gesagt
um euretwillen, damit ihr an uns lernt,
was das heißt: Nicht über das hinaus,
was geschrieben steht!, [a]damit sich kei-
ner für den einen gegen den andern auf-
blase. 7 Denn wer gibt dir einen Vorrang?
Was hast du, das du nicht empfangen
hast? Wenn du es aber empfangen hast,
was rühmst du dich dann, als hättest du
es nicht empfangen? 8 Ihr [a]seid schon
satt geworden? Ihr seid schon reich ge-
worden? Ihr [b]herrscht ohne uns? Ja,
wollte Gott, ihr würdet schon herrschen,
damit auch wir mit euch herrschen
könnten!

9 Denn ich denke, Gott hat uns Apostel
als die Allergeringsten hingestellt, wie
[a]zum Tode Verurteilte. Denn wir sind ein
[b]Schauspiel geworden der Welt und den
Engeln und den Menschen. 10 Wir sind
[a]Narren um Christi willen, ihr aber seid
klug in Christus; wir schwach, ihr aber
stark; ihr herrlich, wir aber verachtet.
11 Bis auf diese Stunde leiden wir Hunger
und Durst und Blöße und werden ge-
schlagen und haben keine feste Bleibe[a]
12 und [a]mühen uns ab mit unsrer Hände
Arbeit. Man schmäht uns, so [b]segnen
wir; man verfolgt uns, so dulden wir's;
13 man verlästert uns, so reden wir
freundlich. Wir sind geworden wie der
Abschaum der Menschheit, jedermanns
Kehricht, bis heute.

Paulus der Vater der Gemeinde in Korinth

14 Nicht um euch zu beschämen, schreibe
ich dies; sondern ich ermahne euch als
meine lieben Kinder. 15 Denn wenn ihr
auch zehntausend Erzieher hättet in
Christus, so habt ihr doch nicht viele
Väter; denn [a]ich habe euch gezeugt in
Christus Jesus durchs Evangelium.
16 Darum ermahne ich euch: [a]Folgt mei-
nem Beispiel!

17 Aus demselben Grund habe ich [a]Ti-
motheus zu euch gesandt, der mein lieber
und getreuer Sohn ist in dem Herrn, da-
mit er euch erinnere an meine Weisungen
in Christus Jesus, wie ich sie überall in
allen Gemeinden lehre.

18 Es haben sich einige aufgebläht, als
würde ich nicht zu euch kommen. 19 Ich
werde aber, wenn der Herr will, recht
bald zu euch kommen und nicht die
Worte der Aufgeblasenen kennenlernen,
sondern ihre Kraft. 20 Denn das Reich
Gottes steht nicht in Worten, sondern in
[a]Kraft. 21 Was wollt ihr? Soll ich mit dem
Stock zu euch kommen oder mit Liebe
und sanftmütigem Geist?[a]

Ausschluss der Unzüchtigen aus der Gemeinde

5 Überhaupt geht die Rede, dass Un-
zucht unter euch ist, und zwar eine
solche Unzucht, wie es sie nicht einmal
unter den Heiden gibt: dass einer [a]die
Frau seines Vaters hat. 2 Und ihr seid
[a]aufgeblasen und seid nicht vielmehr
traurig geworden, sodass ihr den aus
eurer Mitte verstoßen hättet, der diese
Tat begangen hat? 3 Ich aber, [a]der ich
nicht leiblich bei euch bin, doch mit dem
Geist, habe schon, als wäre ich bei euch,
beschlossen über den, der solches getan
hat: 4 Wenn ihr in dem Namen unseres
Herrn Jesus versammelt seid und mein

3,23: *a* Kap 11,3 **4,1:** *a* Tit 1,7 **4,2:** *a* Lk 12,42 **4,5:** *a* Kap 3,8 **4,6:** *a* Röm 12,3 **4,8:** *a* Offb 3,17; *b* Offb 3,21 **4,9:** *a* Röm 8,36; *b* Hebr 10,33 **4,10:** *a* Kap 3,18 **4,11:** *a* 2.Kor 11,23-27 **4,12:** *a* Kap 9,15; Apg 18,3; *b* Mt 5,44; Röm 12,14 **4,15:** *a* Kap 9,2; Gal 4,19 **4,16:** *a* Kap 11,1 **4,17:** *a* Apg 16,1-3 **4,20:** *a* Kap 2,4 **4,21:** *a* 2.Kor 10,2 **5,1:** *a* 3.Mose 18,8 **5,2:** *a* Kap 4,6-8 **5,3:** *a* Kol 2,5

Geist [a]samt der Kraft unseres Herrn
Jesus bei euch ist, 5 soll dieser Mensch
[a]dem Satan übergeben werden zum Ver-
derben des Fleisches, damit der Geist ge-
rettet werde am Tage des Herrn.
6 Euer Rühmen ist nicht gut. Wisst ihr
nicht, dass [a]ein wenig Sauerteig den gan-
zen Teig durchsäuert? 7 [a]Darum schafft
den alten Sauerteig weg, damit ihr ein
neuer Teig seid, wie ihr ja ungesäuert
seid. Denn **auch wir haben ein Passa-
lamm, das ist Christus, der geopfert ist.**
8 Darum lasst uns das Fest feiern nicht
im alten Sauerteig, auch nicht im Sau-
erteig der Bosheit und Schlechtigkeit,
sondern im ungesäuerten Teig der Lau-
terkeit und Wahrheit.
9 Ich habe euch in dem Brief geschrie-
ben, dass ihr nichts zu schaffen haben
sollt mit den Unzüchtigen. 10 Damit
meine ich nicht allgemein die Unzüchti-
gen in dieser Welt oder die Geizigen oder
Räuber oder Götzendiener; sonst müss-
tet ihr ja die Welt räumen. 11 Vielmehr
habe ich euch geschrieben: Ihr sollt
nichts mit einem zu schaffen haben, der
sich Bruder nennen lässt und ist ein
Unzüchtiger oder ein Geiziger oder ein
Götzendiener oder ein Lästerer oder
ein Trunkenbold oder ein Räuber; mit so
einem sollt ihr auch nicht essen.[a] 12 Denn
was gehen mich die draußen an, dass ich
sie richten sollte? Habt ihr nicht die zu
richten, die drinnen sind? 13 Gott aber
wird die draußen sind richten. [a]Verstoßt
ihr den Bösen aus eurer Mitte!

Rechtssachen unter Christen

6 Wie kann jemand von euch wagen,
wenn er einen Streit hat mit einem
andern, sein Recht zu suchen vor den
Ungerechten und nicht vor den Heiligen?
2 Wisst ihr nicht, dass [a]die Heiligen die
Welt richten werden? Wenn nun die Welt
von euch gerichtet werden soll, seid ihr
dann nicht gut genug, geringe Sachen zu
richten? 3 Wisst ihr nicht, dass wir über
Engel richten werden? Wie viel mehr
über Dinge des täglichen Lebens.
4 Ihr aber, wenn ihr über diese Dinge
rechtet, nehmt solche, die in der Ge-
meinde nichts gelten, und setzt sie zu
Richtern. 5 Euch zur Schande muss ich
das sagen. Ist denn gar kein Weiser unter
euch, auch nicht einer, der zwischen Bru-
der und Bruder richten könnte? 6 Viel-
mehr rechtet ein Bruder mit dem andern,
und das vor Ungläubigen! 7 Es ist schon
schlimm genug, dass ihr miteinander
rechtet. Warum lasst ihr euch nicht lieber
Unrecht tun? Warum lasst ihr euch nicht
lieber übervorteilen?[a] 8 Vielmehr tut ihr
Unrecht und übervorteilt, und das unter
Brüdern!
9 [a]Oder wisst ihr nicht, dass die Unge-
rechten das Reich Gottes nicht ererben
werden? Lasst euch nicht irreführen! We-
der Unzüchtige noch Götzendiener, Ehe-
brecher, Lustknaben, Knabenschänder,
10 Diebe, Geizige, Trunkenbolde, Lästerer
oder Räuber werden das Reich Gottes
ererben. 11 Und solche sind einige von
euch gewesen. Aber ihr seid [a]reingewa-
schen, ihr seid [b]geheiligt, ihr seid [c]ge-
recht geworden durch den Namen des
Herrn Jesus Christus und durch den
Geist unseres Gottes.

Der Leib ein Tempel des Heiligen Geistes

12 [a]**Alles ist mir erlaubt, aber nicht alles
dient zum Guten. Alles ist mir erlaubt,
aber es soll mich nichts gefangen nehmen.**
13 Die Speise dem Bauch und der Bauch
der Speise; aber Gott wird das eine wie
das andere zunichtemachen. [a]Der Leib
aber nicht der Hurerei, sondern dem
Herrn, und der Herr dem Leibe. 14 Gott
aber [a]hat den Herrn auferweckt und
[b]wird auch uns auferwecken durch seine
Kraft.
15 Wisst ihr nicht, dass eure Leiber
Glieder Christi sind? Sollte ich nun die
Glieder Christi nehmen und Hurenglie-
der daraus machen? Das sei ferne!
16 Oder wisst ihr nicht: wer sich an die
Hure hängt, der ist **ein** Leib mit ihr?
Denn die Schrift sagt: »Die zwei werden
ein Fleisch sein« (1. Mose 2,24). 17 Wer
aber dem Herrn anhängt, der ist [a]**ein**
Geist mit ihm. 18 Flieht die Hurerei! Alle
Sünden, die der Mensch tut, bleiben
außerhalb des Leibes; wer aber Hurerei

5,4: *a* Mt 16,19; 18,18; 2. Kor 13,10 **5,5:** *a* 1. Tim 1,20 **5,6:** *a* Gal 5,9 **5,7:** *a (7-8)* 2. Mose 12,3-20; 13,7; Jes 53,7; 1. Petr 1,19 **5,11:** *a* 2. Thess 3,6 **5,13:** *a* 5. Mose 13,6; Mt 18,17 **6,2:** *a* Mt 19,28 **6,7:** *a* Mt 5,38-41; 1. Thess 5,15; 1. Petr 3,9 **6,9:** *a (9-11)* 1. Tim 1,9-11; Gal 5,19-21 **6,11:** *a* Tit 3,3-7; *b* Kap 1,2; *c* Röm 3,26 **6,12:** *a* Kap 10,23 **6,13:** *a* 1. Thess 4,3-5 **6,14:** *a* Kap 15,20; *b* 2. Kor 4,14 **6,17:** *a* Joh 17,21-22

treibt, der sündigt am eigenen Leibe.
19 Oder wisst ihr nicht, dass [a]euer Leib
ein Tempel des Heiligen Geistes ist, der
in euch ist und den ihr von Gott habt,
und dass ihr nicht euch selbst gehört?
20 Denn [a]**ihr seid teuer erkauft; darum**
[b]**preist Gott mit eurem Leibe.**

Ehe und Ehelosigkeit

7 Wovon ihr aber geschrieben habt,
darauf antworte ich: Es ist gut für
den Mann, keine Frau zu berühren.
2 Aber um Unzucht zu vermeiden, soll
jeder seine eigene Frau haben und jede
Frau ihren eigenen Mann. 3 Der Mann
leiste der Frau, was er ihr schuldig ist,
desgleichen die Frau dem Mann. 4 Die
Frau verfügt nicht über ihren Leib, son-
dern der Mann. Ebenso verfügt der
Mann nicht über seinen Leib, sondern
die Frau. 5 Entziehe sich nicht eins dem
andern, es sei denn eine Zeit lang, wenn
beide es wollen, damit ihr zum Beten
Ruhe habt; und dann kommt wieder zu-
sammen, damit euch der Satan nicht ver-
sucht, weil ihr euch nicht enthalten
könnt.

6 Das sage ich aber als Erlaubnis und
nicht als Gebot. 7 Ich wollte zwar lieber,
alle Menschen wären, wie ich bin, aber
jeder hat seine eigene Gabe von Gott, der
eine so, der andere so.[a]

8 Den Ledigen und Witwen sage ich:
Es ist gut für sie, wenn sie bleiben wie
ich. 9 Wenn sie sich aber nicht enthalten
können, sollen sie heiraten; denn es ist
besser zu heiraten, als sich in Begierde zu
verzehren.[a]

Ehescheidung

10 Den Verheirateten aber gebiete nicht
ich, sondern [a]der Herr, dass die Frau
sich nicht von ihrem Manne scheiden soll
11 – hat sie sich aber geschieden, soll sie
ohne Ehe bleiben oder sich mit ihrem
Mann versöhnen – und dass der Mann
seine Frau nicht verstoßen soll.

12 Den andern aber sage ich, nicht der
Herr: Wenn ein Bruder eine ungläubige
Frau hat und es gefällt ihr, bei ihm zu
wohnen, so soll er sich nicht von ihr
scheiden. 13 Und wenn eine Frau einen
ungläubigen Mann hat und es gefällt
ihm, bei ihr zu wohnen, so soll sie sich
nicht von ihm scheiden. 14 Denn der un-
gläubige Mann ist geheiligt durch die
Frau und die ungläubige Frau ist ge-
heiligt durch den gläubigen Mann. Sonst
wären eure Kinder unrein; [a]nun aber
sind sie heilig. 15 Wenn aber der Ungläu-
bige sich scheiden will, so lass ihn sich
scheiden. Der Bruder oder die Schwester
ist nicht gebunden in solchen Fällen.
[a]Zum Frieden hat euch Gott berufen.
16 Denn [a]was weißt du, Frau, ob du den
Mann retten wirst? Oder du, Mann, was
weißt du, ob du die Frau retten wirst?

Gottes Ruf und der Stand der Berufenen

17 Nur soll jeder so leben, wie der Herr es
ihm zugemessen, wie Gott einen jeden
berufen hat. Und so ordne ich es an in
allen Gemeinden. 18 Ist jemand als Be-
schnittener berufen, der bleibe bei der
Beschneidung. Ist jemand als Unbe-
schnittener berufen, der lasse sich nicht
beschneiden. 19 Beschnitten sein ist nichts
und unbeschnitten sein ist nichts, son-
dern: Gottes Gebote halten.[a] 20 Jeder
bleibe in der Berufung, in der er berufen
wurde.

21 Bist du als Knecht berufen, so sorge
dich nicht; doch kannst du frei werden,
so nutze es umso lieber. 22 Denn [a]wer als
Knecht berufen ist in dem Herrn, der ist
ein Freigelassener des Herrn; desgleichen
wer als Freier berufen ist, der ist ein
[b]Knecht Christi. 23 **Ihr seid teuer erkauft;**
werdet nicht der Menschen Knechte.[a]
24 Liebe Brüder, ein jeder bleibe vor Gott,
worin er berufen ist.

Von den Unverheirateten

25 Über die Jungfrauen habe ich kein Ge-
bot des Herrn; ich sage aber meine Mei-
nung als einer, der durch die Barmherzig-
keit des Herrn Vertrauen verdient. 26 So
meine ich nun, es sei gut [a]um der kom-
menden Not willen, es sei gut für den
Menschen, ledig zu sein. 27 Bist du an
eine Frau gebunden, so suche nicht, von
ihr loszukommen; bist du nicht gebun-
den, so suche keine Frau. 28 Wenn du

6,19: *a* Kap 3,16 **6,20:** *a* Kap 7,23; 1. Petr 1,18-19; *b* Phil 1,20 **7,7:** *a* Mt 19,12 **7,9:** *a* 1. Tim 5,14 **7,10:** *a* Mt 5,32 **7,14:** *a* Röm 11,16 **7,15:** *a* Röm 14,19 **7,16:** *a* 1. Petr 3,1 **7,19:** *a* Gal 5,6; 6,15 **7,22:** *a* Phlm 16; *b* Eph 6,6 **7,23:** *a* Kap 6,20 **7,26:** *a* Kap 10,11

aber doch heiratest, sündigst du nicht,
und wenn eine Jungfrau heiratet, sündigt
sie nicht; doch werden solche in äußere
Bedrängnis kommen. Ich aber möchte
euch gerne schonen.
29 Das sage ich aber, liebe Brüder: [a]**Die
Zeit ist kurz. Fortan sollen auch die, die
Frauen haben, sein, [b]als hätten sie keine;
und die weinen, als weinten sie nicht;
30 und die sich freuen, als freuten sie sich
nicht; und die kaufen, als behielten sie es
nicht; 31 und die diese Welt gebrauchen, als
brauchten sie sie nicht. [a]Denn das Wesen
dieser Welt vergeht.**
32 Ich möchte aber, dass ihr ohne Sorge
seid. Wer ledig ist, der sorgt sich um die
Sache des Herrn, wie er dem Herrn ge-
falle; 33 [a]wer aber verheiratet ist, der
sorgt sich um die Dinge der Welt, wie er
der Frau gefalle, und so ist er geteilten
Herzens. 34 Und die Frau, die keinen
Mann hat, und die Jungfrau sorgen sich
um die Sache des Herrn, dass sie heilig
seien am Leib und auch am Geist; aber
die verheiratete Frau sorgt sich um die
Dinge der Welt, wie sie dem Mann ge-
falle. 35 Das sage ich zu eurem eigenen
Nutzen; nicht um euch einen Strick um
den Hals zu werfen, sondern damit es
recht zugehe und ihr stets und ungehin-
dert dem Herrn dienen könnt.
36 Wenn aber jemand meint, er handle
unrecht an seiner Jungfrau*, wenn sie
erwachsen ist, und es kann nicht anders
sein, so tue er, was er will; er sündigt
nicht, sie sollen heiraten. 37 Wenn einer
aber in seinem Herzen fest ist, weil er
nicht unter Zwang ist und seinen freien
Willen hat, und beschließt in seinem Her-
zen, seine Jungfrau unberührt zu lassen,
so tut er gut daran. 38 Also, wer seine
Jungfrau heiratet, der handelt gut; wer
sie aber nicht heiratet, der handelt besser.

Von den Witwen

39 Eine Frau ist gebunden, solange ihr
Mann lebt; wenn aber der Mann ent-
schläft, ist sie frei, zu heiraten, wen sie
will; nur dass es in dem Herrn geschehe![a]
40 Seliger ist sie aber, nach meiner Mei-
nung, wenn sie ledig bleibt. Ich meine
aber: ich habe auch den Geist Gottes.

Vom Essen des Götzenopferfleisches

8 Was aber das [a]Götzenopfer angeht,
so wissen wir, dass wir alle die Er-
kenntnis haben. Die Erkenntnis bläht
auf; aber die Liebe baut auf. 2 Wenn [a]je-
mand meint, er habe etwas erkannt, der
hat noch nicht erkannt, wie man erken-
nen soll. 3 Wenn aber jemand Gott liebt,
der ist [a]von ihm erkannt.
4 Was nun das Essen von Götzenopfer-
fleisch angeht, so wissen wir, dass es kei-
nen Götzen gibt in der Welt und [a]keinen
Gott als den einen. 5 Und [a]obwohl es
solche gibt, die Götter genannt werden,
es sei im Himmel oder auf Erden, wie es
ja viele Götter und viele Herren gibt, 6 **so
haben wir doch nur [a]einen Gott, den
Vater, von dem alle Dinge sind und wir zu
ihm; und einen Herrn, Jesus Christus,
[b]durch den alle Dinge sind und wir durch
ihn.**
7 Aber nicht jeder hat die Erkenntnis.
Denn einige, weil sie bisher an die Göt-
zen gewöhnt waren, essen's als Götzen-
opfer; dadurch [a]wird ihr Gewissen, weil
es schwach ist, befleckt. 8 Aber Speise
wird uns nicht vor Gottes Gericht brin-
gen. Essen wir nicht, so werden wir
darum nicht weniger gelten; essen wir, so
werden wir darum nicht besser sein.[a]
9 Seht aber zu, dass diese eure Freiheit
für die Schwachen nicht zum Anstoß
wird![a] 10 Denn wenn jemand dich, der du
die Erkenntnis hast, im Götzentempel zu
Tisch sitzen sieht, wird dann nicht sein
Gewissen, da er doch schwach ist, ver-
leitet, das Götzenopfer zu essen? 11 Und
so wird durch deine Erkenntnis der
Schwache [a]zugrunde gehen, der Bruder,
für den doch Christus gestorben ist.
12 Wenn ihr aber so sündigt an den Brü-
dern und verletzt ihr schwaches Gewis-
sen, so sündigt ihr an Christus. 13 Darum,
wenn Speise meinen Bruder zu Fall
bringt, will ich nie mehr Fleisch essen,
damit ich meinen Bruder nicht zu Fall
bringe.[a]

* Siehe Sach- und Worterklärungen.

7,29: *a* Röm 13,11; *b* Lk 14,26 **7,31:** *a* 1. Joh 2,15-17 **7,33:** *a* Lk 14,20 **7,39:** *a* Röm 7,2 **8,1:** *a* Apg 15,29 **8,2:** *a* Gal 6,3 **8,3:** *a* Kap 13,12; Gal 4,9 **8,4:** *a* 5. Mose 6,4 **8,5:** *a* Kap 10,19-20; Ps 136,2-3; Röm 8,38-39 **8,6:** *a* Kap 12,5-6; 2. Mose 20,3; Mal 2,10; Eph 4,5-6; *b* Joh 1,3; Kol 1,16 **8,7:** *a* Kap 10,28 **8,8:** *a* Röm 14,17 **8,9:** *a* Gal 5,13 **8,11:** *a* Röm 14,15 **8,13:** *a* Röm 14,21

Recht und Freiheit des Apostels

9 Bin ich nicht frei? Bin ich nicht ein
Apostel? [a]Habe ich nicht unsern
Herrn Jesus gesehen? Seid nicht ihr mein
Werk in dem Herrn? **2**Bin ich für andere
kein Apostel, so bin ich's doch für euch;
denn [a]das Siegel meines Apostelamts
seid ihr in dem Herrn. **3**Denen, die mich
verurteilen, antworte ich so: **4**Haben wir
nicht das Recht, zu essen und zu trin-
ken?[a] **5**Haben wir nicht auch das Recht,
eine Schwester als Ehefrau mit uns zu
führen wie die andern Apostel und die
Brüder des Herrn und [a]Kephas? **6**Oder
haben allein ich und [a]Barnabas nicht das
Recht, nicht zu [b]arbeiten?
7Wer zieht denn in den Krieg und
zahlt sich selbst den Sold? Wer pflanzt
einen Weinberg und isst nicht von seiner
Frucht? Oder wer weidet eine Herde und
nährt sich nicht von der Milch der
Herde? **8**Rede ich das nach menschli-
chem Gutdünken? Sagt das nicht auch
das Gesetz? **9**Denn im Gesetz des Mose
steht geschrieben (5. Mose 25,4): [a]»Du
sollst dem Ochsen, der da drischt, nicht
das Maul verbinden.« Sorgt sich Gott
etwa um die Ochsen? **10**Oder redet er
nicht überall um unsertwillen? Ja, um
unsertwillen ist es geschrieben: Wer
pflügt, soll auf Hoffnung pflügen; und
wer drischt, soll in der Hoffnung dre-
schen, dass er seinen Teil empfangen
wird. **11**Wenn wir euch zugut Geistliches
säen, ist es dann zu viel, wenn wir Leib-
liches von euch ernten?[a] **12**Wenn andere
dieses Recht an euch haben, warum nicht
viel mehr wir? Aber [a]wir haben von die-
sem Recht nicht Gebrauch gemacht, son-
dern wir ertragen alles, damit wir nicht
dem Evangelium von Christus ein Hin-
dernis bereiten. **13**Wisst ihr nicht, dass,
[a]die im Tempel dienen, vom Tempel le-
ben, und die am Altar dienen, vom Altar
ihren Anteil bekommen? **14**So hat auch
der Herr befohlen, dass, die das Evange-
lium verkündigen, sich vom Evangelium
nähren sollen.[a]
15Ich aber habe [a]von alledem keinen
Gebrauch gemacht. Ich schreibe auch
nicht deshalb davon, damit es nun mit
mir so gehalten werden sollte. Lieber
würde ich sterben – nein, meinen Ruhm
soll niemand zunichtemachen! **16**Denn
dass ich das Evangelium predige, dessen
darf ich mich nicht rühmen; denn ich
muss es tun. Und [a]**wehe mir, wenn ich das
Evangelium nicht predigte!** **17**Täte ich's
aus eigenem Willen, so erhielte ich Lohn.
Tue ich's aber nicht aus eigenem Willen,
so [a]ist mir doch das Amt anvertraut.
18Was ist denn nun mein Lohn? Dass ich
das Evangelium predige ohne Entgelt
und von meinem Recht am Evangelium
nicht Gebrauch mache.
19Denn obwohl ich frei bin von jeder-
mann, [a]habe ich doch mich selbst jeder-
mann zum Knecht gemacht, damit ich
möglichst viele gewinne. **20**[a]Den Juden
bin ich wie ein Jude geworden, damit ich
die Juden gewinne. Denen, die unter dem
Gesetz sind, bin ich wie einer unter dem
Gesetz geworden – obwohl ich selbst
nicht unter dem Gesetz bin –, damit ich
die, die unter dem Gesetz sind, gewinne.
21Denen, die ohne Gesetz sind, [a]bin ich
wie einer ohne Gesetz geworden – ob-
wohl ich doch nicht ohne Gesetz bin vor
Gott, sondern bin in dem Gesetz Chris-
ti –, damit ich die, die ohne Gesetz sind,
gewinne. **22**Den Schwachen bin ich ein
Schwacher geworden, [a]damit ich die
Schwachen gewinne. Ich bin allen alles
geworden, damit ich auf alle Weise einige
rette. **23**Alles aber tue ich um des Evan-
geliums willen, um an ihm teilzuhaben.
24Wisst ihr nicht, dass die, die [a]in der
Kampfbahn laufen, die laufen alle, aber
einer empfängt den [b]Siegespreis? Lauft
so, dass ihr ihn erlangt. **25**[a]Jeder aber,
der kämpft, enthält sich aller Dinge; jene
nun, damit sie einen vergänglichen Kranz
empfangen, wir aber einen [b]unvergäng-
lichen. **26**Ich aber laufe nicht wie aufs
Ungewisse; ich kämpfe mit der Faust,
nicht wie einer, der in die Luft schlägt,
27sondern [a]ich bezwinge meinen Leib
und zähme ihn, damit ich nicht andern
predige und selbst verwerflich werde.

9,1: *a* Kap 15,8; Apg 9,3-5.15 **9,2:** *a* Kap 4,15; 2. Kor 3,2-3 **9,4:** *a* Lk 10,8 **9,5:** *a* Mt 8,14; Joh 1,42 **9,6:** *a* Apg 4,36; *b* 2. Thess 3,7-9 **9,9:** *a* 1. Tim 5,18 **9,11:** *a* Röm 15,27 **9,12:** *a* Apg 20,33-35; 2. Kor 11,9 **9,13:** *a* 4. Mose 18,18-19.31; 5. Mose 18,1-3 **9,14:** *a* Lk 10,7; Gal 6,6 **9,15:** *a* Apg 18,3 **9,16:** *a* Jer 20,9 **9,17:** *a* Kap 4,1 **9,19:** *a* Mt 20,27; Röm 15,2 **9,20:** *a (20-22)* Kap 10,33; Apg 16,3; 21,20-26 **9,21:** *a* Gal 2,3 **9,22:** *a* Röm 11,14 **9,24:** *a* 2. Tim 4,7; *b* Phil 3,14 **9,25:** *a* 2. Tim 2,4-5; *b* 1. Petr 5,4 **9,27:** *a* Röm 13,14

Das warnende Beispiel Israels

10 Ich will euch aber, liebe Brüder,
nicht in Unwissenheit darüber las-
sen, dass unsre Väter alle [a]unter der
Wolke gewesen und alle [b]durchs Meer
gegangen sind; 2und alle sind auf Mose
getauft worden durch die Wolke und
durch das Meer 3und haben alle dieselbe
geistliche Speise gegessen[a] 4und haben
alle denselben geistlichen Trank getrun-
ken; sie tranken nämlich von dem geist-
lichen [a]Felsen, der ihnen folgte; der Fels
aber war Christus. 5Aber an den meisten
von ihnen hatte Gott kein Wohlgefallen,
denn sie wurden in der Wüste erschlagen.[a]
6Das ist aber geschehen uns zum Vor-
bild, damit wir nicht am Bösen unsre
Lust haben, [a]wie jene sie hatten. 7Werdet
auch nicht Götzendiener, wie einige von
ihnen es wurden, wie geschrieben steht
(2. Mose 32,6): »Das Volk setzte sich nie-
der, um zu essen und zu trinken, und
stand auf, um zu tanzen.« 8Auch lasst
uns nicht Hurerei treiben, [a]wie einige
von ihnen Hurerei trieben: und an einem
einzigen Tag kamen dreiundzwanzigtau-
send um. 9Lasst uns auch nicht Christus
versuchen, wie einige von ihnen ihn ver-
suchten und [a]wurden von den Schlangen
umgebracht. 10Murrt auch nicht, wie ei-
nige von ihnen murrten und wurden um-
gebracht durch den Verderber.[a] 11Dies
widerfuhr ihnen als ein Vorbild. Es ist
aber geschrieben uns zur Warnung, auf
die [a]das Ende der Zeiten gekommen ist.
12Darum, **wer meint, er stehe, mag zu-
sehen, dass er nicht falle.** 13Bisher hat
euch nur menschliche Versuchung getrof-
fen. Aber **Gott ist treu, [a]der euch nicht
versuchen lässt über eure Kraft, sondern
macht, dass die Versuchung so ein Ende
nimmt, dass ihr's ertragen könnt.**

Die Unvereinbarkeit von Abendmahl und Götzendienst

14Darum, meine Lieben, flieht den Göt-
zendienst![a] 15Ich rede doch zu verstän-
digen Menschen; beurteilt ihr, was ich
sage. 16**Der gesegnete Kelch, den wir seg-
nen, ist der nicht die Gemeinschaft des
Blutes Christi? Das Brot, das wir brechen,
ist das nicht die Gemeinschaft des Leibes
Christi?**[a] 17**Denn ein Brot ist's: So [a]sind
wir viele ein Leib, weil wir alle an einem
Brot teilhaben.**
18Seht an das Israel nach dem Fleisch!
Welche [a]die Opfer essen, stehen die nicht
in der Gemeinschaft des Altars? 19Was
will ich nun damit sagen? Dass das Göt-
zenopfer etwas sei? Oder [a]dass der
Götze etwas sei? 20Nein, sondern was
man da opfert, das opfert man den bösen
Geistern und nicht Gott. Nun will ich
nicht, dass ihr in der Gemeinschaft der
bösen Geister seid. 21Ihr könnt nicht zu-
gleich den Kelch des Herrn trinken und
den Kelch der bösen Geister; ihr könnt
nicht zugleich am Tisch des Herrn teil-
haben und am Tisch der bösen Geister.[a]
22Oder wollen wir den Herrn herausfor-
dern? Sind wir stärker als er?

Rücksicht auf das Gewissen

23**Alles ist erlaubt, aber nicht alles dient
zum Guten. Alles ist erlaubt, aber nicht
alles baut auf.**[a] 24**Niemand suche das
Seine, sondern was dem andern dient.**[a]
25Alles, was auf dem Fleischmarkt ver-
kauft wird, das esst und forscht nicht
nach, damit ihr das Gewissen nicht
beschwert.[a] 26Denn »die Erde ist des
Herrn und was darinnen ist« (Psalm
24,1). 27Wenn euch einer von den Un-
gläubigen einlädt und ihr wollt hingehen,
so esst alles, was euch vorgesetzt wird,
und forscht nicht nach, damit ihr das
Gewissen nicht beschwert. 28Wenn aber
jemand zu euch sagen würde: Das ist
[a]Opferfleisch, so esst nicht davon, um
dessentwillen, der es euch gesagt hat, und
damit ihr das Gewissen nicht beschwert.
29Ich rede aber nicht von deinem eigenen
Gewissen, sondern von dem des andern.
Denn warum sollte ich das Gewissen
eines andern über meine Freiheit urtei-
len lassen? 30Wenn ich's [a]mit Danksa-
gung genieße, was soll ich mich dann

10,1: *a* 2. Mose 13,21; *b* 2. Mose 14,22 **10,3:** *a* 2. Mose 16,4.35; 5. Mose 8,3 **10,4:** *a* 2. Mose 17,6 **10,5:** *a* 4. Mose 14,22-32 **10,6:** *a* 4. Mose 11,4 **10,8:** *a* 4. Mose 25,1.9 **10,9:** *a* 4. Mose 21,4-6 **10,10:** *a* 4. Mose 14,2.35-36; Hebr 3,11.17 **10,11:** *a* 1. Petr 4,7 **10,13:** *a* Ps 68,20; 2. Petr 2,9 **10,14:** *a* 1. Joh 5,21 **10,16:** *a* Kap 11,23-26; Mt 26,27; Apg 2,42 **10,17:** *a* Kap 12,27; Röm 12,5 **10,18:** *a* 3. Mose 7,6 **10,19:** *a* Kap 8,4 **10,21:** *a* Mt 6,24; 2. Kor 6,15-16 **10,23:** *a* Kap 6,12 **10,24:** *a* Röm 15,2; Phil 2,4 **10,25:** *a* Röm 14,2-10.22 **10,28:** *a* Kap 8,7 **10,30:** *a* 1. Tim 4,4

wegen etwas verlästern lassen, wofür
ich danke?
**31 Ob ihr nun esst oder trinkt oder was
ihr auch tut, das tut alles zu Gottes Ehre.**[a]
32 [a]Erregt keinen Anstoß, weder bei den
Juden noch bei den Griechen noch bei
der Gemeinde Gottes, 33 so wie [a]auch ich
jedermann in allem zu Gefallen lebe und
suche nicht, was mir, sondern was vielen
dient, damit sie gerettet werden.

11 Folgt meinem Beispiel wie ich dem
Beispiel Christi!

Die Frau im Gottesdienst

2 Ich lobe euch, weil ihr in allen Stücken
an mich denkt und an den Überlieferun-
gen festhaltet, wie ich sie euch gegeben
habe. 3 Ich lasse euch aber wissen, dass
Christus das Haupt eines jeden Mannes
ist; [a]der Mann aber ist das Haupt der
Frau; [b]Gott aber ist das Haupt Christi.
4 Ein jeder Mann, der betet oder pro-
phetisch redet und hat etwas auf dem
Haupt, der schändet sein Haupt. 5 Eine
Frau aber, die betet oder prophetisch re-
det mit unbedecktem Haupt, die schän-
det ihr Haupt; denn es ist gerade so, als
wäre sie geschoren. 6 Will sie sich nicht
bedecken, so soll sie sich doch das Haar
abschneiden lassen! Weil es aber für die
Frau eine Schande ist, dass sie das Haar
abgeschnitten hat oder geschoren ist, soll
sie das Haupt bedecken.

7 Der Mann aber soll das Haupt nicht
bedecken, denn er ist Gottes Bild und
Abglanz; die Frau aber ist des Mannes
Abglanz. 8 Denn der Mann ist nicht von
der Frau, sondern [a]die Frau von dem
Mann. 9 Und der Mann ist nicht geschaf-
fen um der Frau willen, sondern [a]die
Frau um des Mannes willen. 10 Darum
soll die Frau eine Macht* auf dem Haupt
haben um der Engel willen. 11 Doch in
dem Herrn ist weder die Frau etwas ohne
den Mann noch der Mann etwas ohne
die Frau; 12 denn wie die Frau von dem
Mann, so kommt auch der Mann durch
die Frau; aber alles von Gott.

13 Urteilt bei euch selbst, ob es sich
ziemt, dass eine Frau unbedeckt vor Gott
betet. 14 Lehrt euch nicht auch die Natur,
dass es für einen Mann eine Unehre ist,
wenn er langes Haar trägt, 15 aber für
eine Frau eine Ehre, wenn sie langes
Haar hat? Das Haar ist ihr als Schleier
gegeben. 16 Ist aber jemand unter euch,
der Lust hat, darüber zu streiten, so soll
er wissen, dass wir diese Sitte nicht ha-
ben, die Gemeinden Gottes auch nicht.

Vom Abendmahl des Herrn

17 Dies aber muss ich befehlen: Ich kann's
nicht loben, dass ihr nicht zu eurem Nut-
zen, sondern zu eurem Schaden zusam-
menkommt. 18 Zum Ersten höre ich:
Wenn ihr in der Gemeinde zusammen-
kommt, sind [a]Spaltungen unter euch;
und zum Teil glaube ich's. 19 Denn [a]es
müssen ja Spaltungen unter euch sein,
damit die Rechtschaffenen unter euch of-
fenbar werden. 20 Wenn ihr nun zusam-
menkommt, so hält man da nicht das
Abendmahl des Herrn. 21 Denn ein jeder
nimmt beim Essen sein eigenes Mahl
vorweg und der eine ist hungrig, der an-
dere ist betrunken.[a] 22 Habt ihr denn
nicht Häuser, wo ihr essen und trinken
könnt? Oder verachtet ihr die Gemeinde
Gottes und [a]beschämt die, die nichts ha-
ben? Was soll ich euch sagen? Soll ich
euch loben? Hierin lobe ich euch nicht.

23 [a]Denn ich habe von dem Herrn
empfangen, was ich euch weitergegeben
habe: **Der Herr Jesus, in der Nacht, da er
verraten ward, nahm er das Brot, 24 dankte
und brach's und sprach:** Das ist mein
Leib, der für euch gegeben wird; das tut zu
meinem Gedächtnis. 25 Desgleichen nahm
er auch den Kelch nach dem Mahl und
sprach: Dieser Kelch ist der neue Bund+ in
meinem Blut; das tut, sooft ihr daraus
trinkt, zu meinem Gedächtnis.** 26 Denn so-
oft ihr von diesem Brot esst und aus dem
Kelch trinkt, verkündigt ihr den Tod des
Herrn, [a]bis er kommt.

27 Wer nun [a]unwürdig++ von dem Brot

* »Macht« bedeutet wohl »Schleier«.
** Spätere Textzeugen haben entsprechend Mt 26,26 die Worte »Nehmet, esset« eingefügt.
\+ Luther übersetzte: »das neue Testament«.
\++ »Unwürdig«: d.h. in einer Weise, die die Heilstat Christi durch liebloses Verhalten missachtet (vgl. 11,21-22).

10,31: *a* Kol 3,17 **10,32:** *a* Röm 14,13 **10,33:** *a* Kap 9,20-22 **11,3:** *a* 1.Mose 3,16; Eph 5,23; *b* Kap 3,23 **11,8:** *a* 1.Mose 2,21-23 **11,9:** *a* 1.Mose 2,18 **11,18:** *a* Kap 1,12; 3,3 **11,19:** *a* Mt 18,7; 1.Joh 2,19 **11,21:** *a* Jud 12 **11,22:** *a* Jak 2,5-6 **11,23:** *a (23-25)* Mt 26,26-28; Mk 14,22-24; Lk 22,19-20 **11,26:** *a* Mt 26,29 **11,27:** *a* Verse 21-22

isst oder aus dem Kelch des Herrn trinkt,
der wird schuldig sein am Leib und Blut
des Herrn. 28 Der Mensch [a]prüfe aber
sich selbst, und so esse er von diesem
Brot und trinke aus diesem Kelch.
29 Denn wer so isst und trinkt, dass er
[a]den Leib des Herrn nicht achtet, der
isst und trinkt sich selber zum Gericht.
30 Darum sind auch viele Schwache und
Kranke unter euch, und nicht wenige
sind entschlafen. 31 Wenn wir uns selber
richteten, so würden wir nicht gerichtet.
32 Wenn wir aber von dem Herrn gerich-
tet werden, so werden wir gezüchtigt, da-
mit wir nicht samt der Welt verdammt
werden.[a]

33 Darum, meine lieben Brüder, wenn
ihr zusammenkommt, um zu essen, so
wartet aufeinander. 34 Hat jemand Hun-
ger, so esse er daheim, damit ihr nicht
zum Gericht zusammenkommt.

Das andre will ich ordnen, wenn ich
komme.

Viele Gaben – ein Geist

12 Über die Gaben des Geistes aber
will ich euch, liebe Brüder, nicht in
Unwissenheit lassen. 2 Ihr wisst: als ihr
Heiden wart, zog es euch mit Macht zu
den [a]stummen Götzen. 3 Darum tue ich
euch kund, dass niemand Jesus verflucht,
der durch den Geist Gottes redet; und
[a]niemand kann Jesus den Herrn nennen
außer durch den Heiligen Geist.

4 [a]**Es sind [b]verschiedene Gaben; aber es
ist ein Geist. 5 Und es sind [a]verschiedene
Ämter; aber es ist ein Herr. 6 Und es sind
verschiedene Kräfte; aber es ist ein Gott,
der da wirkt alles in allen.** 7 In einem
jeden offenbart sich der Geist zum Nut-
zen aller;[a] 8 dem einen wird durch den
Geist gegeben, von der Weisheit zu re-
den; dem andern wird gegeben, von der
Erkenntnis zu reden, nach demselben
Geist; 9 einem andern Glaube, in demsel-
ben Geist; einem andern die Gabe, ge-
sund zu machen, in dem **einen** Geist;
10 einem andern die Kraft, Wunder zu
tun; einem andern prophetische Rede;
einem andern die Gabe, die Geister zu
unterscheiden; einem andern mancherlei
[a]Zungenrede; einem andern die Gabe,
sie auszulegen. 11 Dies alles aber wirkt
derselbe **eine** Geist und [a]teilt einem jeden
das Seine zu, wie er will.

Viele Glieder – ein Leib

12 Denn wie der Leib **einer** ist und doch
viele Glieder hat, alle Glieder des Leibes
aber, obwohl sie viele sind, doch **ein** Leib
sind: so auch Christus. 13 Denn [a]wir sind
durch **einen** Geist alle zu **einem** Leib ge-
tauft, wir seien Juden oder Griechen,
Sklaven oder Freie, und sind alle mit
einem Geist getränkt.

14 Denn auch der Leib ist nicht **ein**
Glied, sondern viele. 15 Wenn aber der
Fuß spräche: Ich bin keine Hand, darum
bin ich nicht Glied des Leibes, sollte er
deshalb nicht Glied des Leibes sein?
16 Und wenn das Ohr spräche: Ich bin
kein Auge, darum bin ich nicht Glied des
Leibes, sollte es deshalb nicht Glied des
Leibes sein? 17 Wenn der ganze Leib
Auge wäre, wo bliebe das Gehör? Wenn
er ganz Gehör wäre, wo bliebe der Ge-
ruch? 18 Nun aber hat Gott die Glieder
eingesetzt, ein jedes von ihnen im Leib,
so wie er gewollt hat. 19 Wenn aber alle
Glieder **ein** Glied wären, wo bliebe der
Leib? 20 Nun aber sind es viele Glieder,
aber der Leib ist **einer.**

21 Das Auge kann nicht sagen zu der
Hand: Ich brauche dich nicht; oder auch
das Haupt zu den Füßen: Ich brauche
euch nicht. 22 Vielmehr sind die Glieder
des Leibes, die uns die schwächsten zu
sein scheinen, die nötigsten; 23 und die
uns am wenigsten ehrbar zu sein schei-
nen, die umkleiden wir mit besonderer
Ehre; und bei den unanständigen achten
wir besonders auf Anstand; 24 denn die
anständigen brauchen's nicht. Aber Gott
hat den Leib zusammengefügt und dem
geringeren Glied höhere Ehre gegeben,
25 damit im Leib keine Spaltung sei, son-
dern die Glieder in gleicher Weise fürein-
ander sorgen. 26 **Und wenn ein Glied lei-
det, so leiden alle Glieder mit, und wenn
ein Glied geehrt wird, so freuen sich alle
Glieder mit.**

27 Ihr aber seid der Leib Christi und
jeder von euch ein Glied.[a] 28 Und Gott

11,28: *a* Mt 26,22 **11,29:** *a* Kap 10,16-17 **11,32:** *a* Spr 3,11-12 **12,2:** *a* Hab 2,18-19 **12,3:** *a* Mk 9,39; 1.Joh 4,2-3 **12,4:** *a (4-6)* Eph 4,4-6.11; *b* Röm 12,6 **12,5:** *a* Vers 28 **12,7:** *a* Kap 14,26 **12,10:** *a* Kap 14,1-40; Apg 2,4 **12,11:** *a* Röm 12,3; Eph 4,7 **12,13:** *a* Gal 3,28 **12,27:** *a* Röm 12,5

hat in der Gemeinde eingesetzt erstens
Apostel, zweitens Propheten, drittens
Lehrer, dann Wundertäter, dann Gaben,
gesund zu machen, zu helfen, zu leiten
und mancherlei Zungenrede.[a] 29 Sind alle
Apostel? Sind alle Propheten? Sind alle
Lehrer? Sind alle Wundertäter? 30 Haben
alle die Gabe, gesund zu machen? Reden
alle in Zungen? Können alle auslegen?
31 Strebt aber nach den größeren Ga-
ben![a]

Und ich will euch einen noch besseren
Weg zeigen.

Das Hohelied der Liebe

13 Wenn ich mit Menschen- und mit
Engelzungen redete und hätte die
Liebe nicht, so wäre ich ein tönendes Erz
oder eine klingende Schelle. 2 Und wenn
ich [a]prophetisch reden könnte und wüss-
te alle Geheimnisse und alle Erkenntnis
und [b]hätte allen Glauben, sodass ich
Berge versetzen könnte, und hätte die
Liebe nicht, so wäre ich nichts. 3 Und
[a]wenn ich alle meine Habe den Armen
gäbe und ließe meinen Leib verbrennen*
und hätte die Liebe nicht, so wäre mir's
nichts nütze.

4 Die Liebe ist langmütig und freund-
lich, die Liebe eifert nicht, die Liebe
treibt nicht Mutwillen, sie bläht sich
nicht auf, 5 sie verhält sich nicht ungehö-
rig, sie [a]sucht nicht das Ihre, sie lässt
sich nicht erbittern, sie rechnet das Böse
nicht zu, 6 sie freut sich nicht über die
Ungerechtigkeit, sie freut sich aber an
der Wahrheit;[a] 7 sie erträgt alles, sie
glaubt alles, sie hofft alles, sie duldet
alles.[a]

8 Die Liebe hört niemals auf, wo doch
das prophetische Reden aufhören wird
und das Zungenreden aufhören wird und
die Erkenntnis aufhören wird. 9 Denn un-
ser Wissen ist Stückwerk und unser pro-
phetisches Reden ist Stückwerk. 10 Wenn
aber kommen wird das Vollkommene, so
wird das Stückwerk aufhören.

11 Als ich ein Kind war, da redete ich
wie ein Kind und dachte wie ein Kind
und war klug wie ein Kind; als ich aber
ein Mann wurde, tat ich ab, was kindlich
war. 12 Wir [a]sehen jetzt durch einen Spie-
gel ein dunkles Bild; dann aber von An-
gesicht zu Angesicht. Jetzt erkenne ich
stückweise; dann aber werde ich erken-
nen, [b]wie ich erkannt bin.

**13 Nun aber bleiben [a]Glaube, Hoffnung,
[b]Liebe, diese drei; aber die Liebe ist die
größte unter ihnen.**

Zungenrede und prophetische Rede

14 Strebt nach der Liebe! Bemüht
euch um die Gaben des Geistes, am
meisten aber um die Gabe der propheti-
schen Rede! 2 Denn wer [a]in Zungen**
redet, der redet nicht für Menschen, son-
dern für Gott; denn niemand versteht
ihn, vielmehr redet er im Geist von Ge-
heimnissen. 3 Wer aber prophetisch redet,
der redet den Menschen zur Erbauung
und zur Ermahnung und zur Tröstung.
4 Wer in Zungen redet, der erbaut sich
selbst; wer aber prophetisch redet, der
erbaut die Gemeinde. 5 Ich wollte, [a]dass
ihr alle in Zungen reden könntet; aber
noch viel mehr, dass ihr prophetisch re-
den könntet. Denn wer prophetisch re-
det, ist größer als der, der in Zungen
redet; es sei denn, er legt es auch aus,
damit die Gemeinde dadurch erbaut
werde.

6 Nun aber, liebe Brüder, wenn ich zu
euch käme und redete in Zungen, was
würde ich euch nützen, wenn ich nicht
mit euch redete in Worten der Offen-
barung oder der [a]Erkenntnis oder der
Prophetie oder der Lehre? 7 Verhält sich's
doch auch so mit leblosen Dingen, die
Töne hervorbringen, es sei eine Flöte
oder eine Harfe: wenn sie nicht unter-
schiedliche Töne von sich geben, wie
kann man erkennen, was auf der Flöte
oder auf der Harfe gespielt wird? 8 Und
wenn die Posaune einen undeutlichen
Ton gibt, wer wird sich zum Kampf rüs-
ten? 9 So auch ihr: wenn ihr in Zungen
redet und nicht mit deutlichen Worten,
wie kann man wissen, was gemeint ist?

* Alte wichtige Textzeugen haben: »und meinen Leib hingäbe, um Ruhm zu gewinnen«.
** Siehe Sach- und Worterklärungen zu »Zungenrede«.

12,28: *a* Eph 4,11-12 **12,31:** *a* Kap 14,1.12 **13,2:** *a* Mt 7,22; *b* Mt 17,20 **13,3:** *a* Mt 6,2 **13,5:** *a* Phil 2,4 **13,6:** *a* Röm 12,9 **13,7:** *a* Spr 10,12; Mt 18,21-22; Röm 15,1 **13,12:** *a* 4. Mose 12,8; 2. Kor 5,7; *b* Kap 8,3 **13,13:** *a* 1. Thess 1,3; *b* 1. Joh 4,16 **14,2:** *a* Apg 2,4; 10,46 **14,5:** *a* Kap 12,10 **14,6:** *a* Kap 12,8

Ihr werdet in den Wind reden. 10 Es gibt
so viele Arten von Sprache in der Welt
und nichts ist ohne Sprache. 11 Wenn ich
nun die Bedeutung der Sprache nicht
kenne, werde ich den nicht verstehen, der
redet, und der redet, wird mich nicht
verstehen.

12 So auch ihr: da ihr euch bemüht um
die Gaben des Geistes, so trachtet da-
nach, dass ihr die Gemeinde erbaut und
alles reichlich habt. 13 Wer also in Zungen
redet, der bete, dass er's auch auslegen
könne.[a] 14 Denn wenn ich in Zungen
bete, so betet mein Geist; aber was ich im
Sinn habe, bleibt ohne Frucht. 15 Wie soll
es denn nun sein? Ich will beten mit dem
Geist und will auch beten mit dem Ver-
stand; ich will [a]Psalmen singen mit dem
Geist und will auch Psalmen singen mit
dem Verstand. 16 Wenn du Gott lobst im
Geist, wie soll der, der als Unkundiger
dabeisteht, das Amen sagen auf dein
Dankgebet, da er doch nicht weiß, was
du sagst? 17 Dein Dankgebet mag schön
sein; aber der andere wird dadurch nicht
erbaut.

18 Ich danke Gott, dass ich mehr in
Zungen rede als ihr alle. 19 Aber ich will
in der Gemeinde lieber fünf Worte reden
mit meinem Verstand, damit ich auch
andere unterweise, als zehntausend Wor-
te in Zungen.

20 Liebe Brüder, seid nicht [a]Kinder,
wenn es ums Verstehen geht; sondern
seid Kinder, wenn es um Böses geht;
im Verstehen aber seid vollkommen.
21 Im Gesetz steht geschrieben (Jesaja
28,11-12): »Ich will in andern Zungen
und mit andern Lippen reden zu diesem
Volk, und sie werden mich auch so nicht
hören, spricht der Herr.« 22 Darum ist die
Zungenrede ein Zeichen nicht für die
Gläubigen, sondern für die Ungläubigen;
die prophetische Rede aber ein Zeichen
nicht für die Ungläubigen, sondern für
die Gläubigen.

23 Wenn nun die ganze Gemeinde an
einem Ort zusammenkäme und alle rede-
ten in Zungen, es kämen aber Unkundige
oder Ungläubige hinein, würden sie nicht
sagen, ihr seid von Sinnen? 24 Wenn sie
aber alle prophetisch redeten und es
käme ein Ungläubiger oder Unkundiger
hinein, der würde von allen geprüft und
von allen überführt; 25 [a]was in seinem
Herzen verborgen ist, würde offenbar,
und so würde er niederfallen auf sein
Angesicht, Gott anbeten und bekennen,
dass Gott wahrhaftig unter euch ist.

26 Wie ist es denn nun, liebe Brüder?
Wenn ihr zusammenkommt, [a]so hat ein
jeder einen Psalm, er hat eine Lehre, er
hat eine Offenbarung, er hat eine Zun-
genrede, er hat eine Auslegung. **Lasst es
alles geschehen [b]zur Erbauung!** 27 Wenn
jemand in Zungen redet, so seien es zwei
oder höchstens drei und einer nach dem
andern; und einer lege es aus. 28 Ist aber
kein Ausleger da, so schweige er in der
Gemeinde und rede für sich selber und
für Gott. 29 Auch von den Propheten lasst
zwei oder drei reden, und die andern
lasst [a]darüber urteilen. 30 Wenn aber
einem andern, der dabeisitzt, eine Offen-
barung zuteilwird, so schweige der
Erste. 31 Ihr könnt alle prophetisch reden,
doch einer nach dem andern, damit alle
lernen und alle ermahnt werden. 32 Die
Geister der Propheten sind den Prophe-
ten untertan. 33 Denn Gott ist nicht
ein Gott der [a]Unordnung, sondern des
Friedens.

Wie in allen Gemeinden der Heiligen
34 sollen [a]die Frauen schweigen in der
Gemeindeversammlung; denn es ist ih-
nen nicht gestattet zu reden, sondern [b]sie
sollen sich unterordnen, wie auch das
Gesetz sagt. 35 Wollen sie aber etwas ler-
nen, so sollen sie daheim ihre Männer
fragen. Es steht der Frau schlecht an, in
der Gemeinde zu reden. 36 Oder ist das
Wort Gottes von euch ausgegangen?
Oder ist's allein zu euch gekommen?

37 Wenn einer meint, er sei ein Prophet
oder vom Geist erfüllt, [a]der erkenne,
dass es des Herrn Gebot ist, was ich
euch schreibe. 38 Wer aber das nicht aner-
kennt, der wird auch nicht anerkannt.
39 Darum, liebe Brüder, bemüht euch um
die prophetische Rede und wehrt nicht
der Zungenrede. 40 Lasst aber alles ehr-
bar und [a]ordentlich zugehen.

14,13: *a* Kap 12,10 **14,15:** *a* Eph 5,19 **14,20:** *a* Eph 4,14 **14,25:** *a* Joh 16,8 **14,26:** *a* Kap 12,8-10; *b* Eph 4,12
14,29: *a* Apg 17,11; 1.Thess 5,21 **14,33:** *a* Vers 40 **14,34:** *a* 1.Tim 2,11-12; *b* 1.Mose 3,16 **14,37:** *a* 1.Joh 4,6
14,40: *a* Vers 33; Kol 2,5

Von der Auferstehung
(Kapitel 15,1-58)

Das Zeugnis von der Auferstehung Christi

15 Ich erinnere euch aber, liebe Brü-
der, an das Evangelium, das ich
euch verkündigt habe, das ihr auch ange-
nommen habt, in dem ihr auch fest steht,
2 durch das ihr auch selig werdet, wenn
ihr's festhaltet in der Gestalt, in der ich
es euch verkündigt habe; es sei denn,
dass ihr umsonst gläubig geworden wärt.
3 Denn als Erstes habe ich euch weiter-
gegeben, was ich auch empfangen habe:
Dass Christus gestorben ist für unsre Sün-
den [a]nach der Schrift; 4 und dass er be-
graben worden ist; und dass er auferstan-
den ist am dritten Tage [a]nach der Schrift;
5 und dass er [a]gesehen worden ist von Ke-
phas, [b]danach von den Zwölfen.
6 Danach ist er gesehen worden von
mehr als fünfhundert Brüdern auf ein-
mal, von denen die meisten noch heute
leben, einige aber sind entschlafen. 7 Da-
nach ist er gesehen worden von Jakobus,
danach [a]von allen Aposteln. 8 Zuletzt von
allen ist er [a]auch von mir als einer un-
zeitigen Geburt gesehen worden. 9 Denn
[a]ich bin der geringste unter den Apos-
teln, der ich nicht wert bin, dass ich ein
Apostel heiße, [b]weil ich die Gemeinde
Gottes verfolgt habe. 10 Aber [a]durch
Gottes Gnade bin ich, was ich bin. Und
seine Gnade an mir ist nicht vergeblich
gewesen, sondern ich habe viel mehr gear-
beitet als sie alle; nicht aber ich, sondern
Gottes Gnade, die mit mir ist. 11 Es sei
nun ich oder jene: so predigen wir und so
habt ihr geglaubt.

Gegen die Leugnung der Auferstehung der Toten

12 Wenn aber Christus gepredigt wird,
dass er von den Toten auferstanden ist,
wie sagen dann einige unter euch: Es gibt
keine Auferstehung der Toten? 13 Gibt es
keine Auferstehung der Toten, so ist auch
Christus nicht auferstanden. **14 Ist aber**
Christus nicht auferstanden, so ist unsre
Predigt vergeblich, so ist auch euer
Glaube vergeblich. 15 Wir würden dann
auch als falsche [a]Zeugen Gottes befun-
den, weil wir gegen Gott bezeugt hätten,
er habe Christus auferweckt, den er nicht
auferweckt hätte, wenn doch die Toten
nicht auferstehen. 16 Denn wenn die To-
ten nicht auferstehen, so ist Christus
auch nicht auferstanden. 17 Ist Christus
aber nicht auferstanden, so ist euer
Glaube nichtig, so seid ihr noch in euren
Sünden; 18 so sind auch die, die in Chris-
tus entschlafen sind, verloren. **19 Hoffen**
wir allein in diesem Leben auf Christus, so
sind wir die elendesten unter allen Men-
schen.

Christus ist auferstanden

20 Nun aber [a]ist Christus auferstanden von
den Toten als [b]Erstling unter denen, die
entschlafen sind. 21 Denn da durch **einen**
Menschen [a]der Tod gekommen ist, so
kommt auch durch **einen** Menschen die
Auferstehung der Toten.[b] 22 Denn wie sie
in Adam alle sterben, so werden sie in
Christus alle lebendig gemacht werden.
23 Ein jeder aber in seiner Ordnung: als
Erstling Christus; [a]danach, wenn er
kommen wird, die, die Christus ange-
hören; 24 danach das Ende, wenn er das
Reich Gott, dem Vater, übergeben wird,
nachdem er [a]alle Herrschaft und alle
Macht und Gewalt vernichtet hat.
25 Denn er muss herrschen, bis Gott
ihm [a]»alle Feinde unter seine Füße legt«
(Psalm 110,1). **26 Der letzte Feind, der ver-**
nichtet wird, ist der Tod.[a] 27 Denn »alles
hat er unter seine Füße getan« (Psalm
8,7). Wenn es aber heißt, **alles** sei ihm
unterworfen, so ist offenbar, dass der
ausgenommen ist, der ihm alles unter-
worfen hat. 28 Wenn aber alles ihm unter-
tan sein wird, dann wird auch der Sohn
selbst untertan sein dem, der ihm alles
unterworfen hat, damit Gott sei alles in
allem.

Leben aus der Auferstehung

29 Was soll es sonst, dass sich einige für
die Toten taufen lassen? Wenn die Toten
gar nicht auferstehen, was lassen sie sich

15,3: *a* Jes 53,12 **15,4:** *a* Hos 6,2; Lk 24,27.44-46 **15,5:** *a* Lk 24,34; *b* Joh 20,19.26 **15,7:** *a* Lk 24,50 **15,8:** *a* Kap 9,1; Apg 9,3-6 **15,9:** *a* Eph 3,8; *b* Apg 8,3 **15,10:** *a* 2.Kor 11,5.23 **15,15:** *a* Apg 1,22 **15,20:** *a* Kap 6,14; *b* Kol 1,18 **15,21:** *a* 1.Mose 3,17-19; *b* Röm 5,18 **15,23:** *a* 1.Thess 4,16-17 **15,24:** *a* Röm 8,38 **15,25:** *a* Mt 22,44 **15,26:** *a* Offb 20,14; 21,4

dann für sie taufen? 30 Und was stehen
wir dann jede Stunde in Gefahr?[a] 31 So
wahr ihr, liebe Brüder, mein Ruhm seid,
den ich in Christus Jesus, unserm Herrn,
habe: [a]Ich sterbe täglich. 32 Habe ich nur
im Blick auf dieses Leben in Ephesus mit
wilden Tieren gekämpft, was hilft's mir?
Wenn die Toten nicht auferstehen, dann
»lasst uns essen und trinken; denn mor-
gen sind wir tot!« (Jesaja 22,13) 33 **Lasst
euch nicht verführen! Schlechter Umgang
verdirbt gute Sitten.** 34 Werdet doch ein-
mal recht [a]nüchtern und sündigt nicht!
Denn einige wissen nichts von Gott; das
sage ich euch zur Schande.

Der neue Leib bei der Auferstehung

35 Es könnte aber jemand fragen: Wie
werden die Toten auferstehen und mit
was für einem Leib werden sie kommen?
36 Du Narr: Was du säst, wird nicht le-
bendig, [a]wenn es nicht stirbt. 37 Und was
du säst, ist ja nicht der Leib, der wer-
den soll, sondern ein bloßes Korn, sei es
von Weizen oder etwas anderem. 38 Gott
aber gibt ihm einen Leib, wie er will,
einem jeden Samen seinen eigenen Leib.
39 Nicht alles Fleisch ist das gleiche
Fleisch, sondern ein anderes Fleisch ha-
ben die Menschen, ein anderes das Vieh,
ein anderes die Vögel, ein anderes die
Fische. 40 Und es gibt himmlische Körper
und irdische Körper; aber eine andere
Herrlichkeit haben die himmlischen und
eine andere die irdischen. 41 Einen andern
Glanz hat die Sonne, einen andern Glanz
hat der Mond, einen andern Glanz haben
die Sterne; denn ein Stern unterscheidet
sich vom andern durch seinen Glanz.

42 So auch die Auferstehung der Toten.
**Es wird gesät verweslich und wird auf-
erstehen unverweslich.** 43 **Es wird gesät
in Niedrigkeit und wird auferstehen in
[a]Herrlichkeit. Es wird gesät in Armselig-
keit und wird auferstehen in Kraft.** 44 **Es
wird gesät ein natürlicher Leib und wird
auferstehen ein geistlicher Leib.** Gibt es
einen natürlichen Leib, so gibt es auch
einen geistlichen Leib. 45 Wie geschrieben
steht: Der erste Mensch, Adam, »wurde
zu einem lebendigen Wesen« (1. Mose
2,7), und der letzte Adam zum [a]Geist,
der lebendig macht.

46 Aber der geistliche Leib ist nicht der
erste, sondern der natürliche; danach der
geistliche. 47 Der erste Mensch ist von der
Erde und irdisch; der zweite Mensch ist
vom Himmel. 48 Wie der irdische ist, so
sind auch die irdischen; und wie der
himmlische ist, so sind auch die himmli-
schen. 49 Und wie wir getragen haben
[a]das Bild des irdischen, so werden wir
auch tragen das Bild des himmlischen.

Verwandlung der Gläubigen und Sieg über den Tod

50 Das sage ich aber, liebe Brüder, dass
Fleisch und Blut das Reich Gottes nicht
ererben können; auch wird das Verwes-
liche nicht erben die Unverweslichkeit.
51 Siehe, ich sage euch ein Geheimnis:
Wir werden nicht alle entschlafen, [a]wir
werden aber alle verwandelt werden;
52 und das plötzlich, in einem Augen-
blick, zur Zeit der letzten Posaune. Denn
[a]es wird die Posaune erschallen und die
Toten werden auferstehen unverweslich,
und wir werden verwandelt werden.
53 Denn dies Verwesliche muss anziehen
die Unverweslichkeit, und dies Sterbliche
muss anziehen die Unsterblichkeit.[a]

54 Wenn aber dies Verwesliche anziehen
wird die Unverweslichkeit und dies Sterb-
liche anziehen wird die Unsterblichkeit,
dann wird erfüllt werden das Wort, das
geschrieben steht (Jesaja 25,8; Hosea
13,14): »Der Tod ist verschlungen vom
Sieg. 55 **Tod, wo ist dein Sieg? Tod, wo ist
dein Stachel?«*** 56 Der Stachel des Todes
aber ist die Sünde, [a]die Kraft aber der
Sünde ist das Gesetz. 57 **Gott aber sei
Dank, der uns den [a]Sieg gibt durch un-
sern Herrn Jesus Christus!**

58 Darum, meine lieben Brüder, seid
fest, unerschütterlich und nehmt immer
zu in dem Werk des Herrn, weil ihr wisst,
dass eure Arbeit nicht vergeblich ist in
dem Herrn.

* Luther übersetzte die Verse 54b-55 nach anderer Überlieferung: »Der Tod ist verschlungen in den Sieg. Tod, wo ist dein Stachel? Hölle, wo ist dein Sieg?«

15,30: *a* Röm 8,36; Gal 5,11 **15,31:** *a* 2. Kor 4,10 **15,34:** *a* 1. Thess 5,8 **15,36:** *a* Joh 12,24 **15,43:** *a* Phil 3,21; Kol 3,4 **15,45:** *a* 2. Kor 3,17 **15,49:** *a* 1. Mose 5,3 **15,51:** *a* 1. Thess 4,15-17 **15,52:** *a* Mt 24,31 **15,53:** *a* 2. Kor 5,4 **15,56:** *a* Röm 7,8.11.13 **15,57:** *a* 1. Joh 5,4

Geldsammlung für die Gemeinde in Jerusalem

16 Was aber die [a]Sammlung für die
Heiligen angeht: Wie ich in den
Gemeinden in Galatien angeordnet habe,
so sollt auch ihr tun! 2 An jedem [a]ersten
Tag der Woche lege ein jeder von euch
bei sich etwas zurück und sammle an,
so viel ihm möglich ist, damit die Samm-
lung nicht erst dann geschieht, wenn ich
komme. 3 Wenn ich aber gekommen bin,
will ich die, die ihr für bewährt haltet,
mit Briefen senden, damit sie eure Gabe
nach Jerusalem bringen. 4 Wenn es aber
die Mühe lohnt, dass ich auch hinreise,
sollen sie mit mir reisen.

Reisepläne

5 Ich will aber zu euch kommen, sobald
ich [a]durch Mazedonien gezogen bin;
denn durch Mazedonien werde ich nur
durchreisen. 6 Bei euch aber werde ich,
wenn möglich, eine Weile bleiben oder
auch den Winter zubringen, damit ihr
mich dann dahin geleitet, wohin ich zie-
hen werde. 7 Ich will euch jetzt nicht nur
sehen, wenn ich durchreise; denn ich
hoffe, [a]ich werde einige Zeit bei euch
bleiben, wenn es der Herr zulässt. 8 Ich
werde aber in [a]Ephesus bleiben bis
Pfingsten. 9 Denn mir ist [a]eine Tür auf-
getan zu reichem Wirken; aber auch viele
Widersacher sind da.

10 Wenn [a]Timotheus kommt, so seht
zu, dass er ohne Furcht bei euch sein
kann; denn [b]er treibt auch das Werk des
Herrn wie ich. 11 Dass ihn nur nicht je-
mand verachte! Geleitet ihn aber in Frie-
den, dass er zu mir komme; denn ich
warte auf ihn mit den Brüdern. 12 Von
[a]Apollos, dem Bruder, aber sollt ihr wis-
sen, dass ich ihn oft ermahnt habe, mit
den Brüdern zu euch zu kommen; aber es
war durchaus nicht sein Wille, jetzt zu
kommen; er wird aber kommen, wenn es
ihm gelegen sein wird.

Ermahnungen und Grüße

13 Wachet, steht im Glauben, seid mutig
und [a]seid stark! 14 Alle eure Dinge lasst in
der Liebe geschehen!

15 Ich ermahne euch aber, liebe Brüder:
Ihr kennt [a]das Haus des Stephanas, dass
sie die Erstlinge in Achaja sind und ha-
ben sich selbst bereitgestellt zum Dienst
für die Heiligen. 16 Ordnet auch ihr euch
solchen unter und allen, die mitarbeiten
und sich mühen! 17 Ich freue mich über
die Ankunft des Stephanas und Fortuna-
tus und Achaikus; denn sie haben mir
euch, die ihr nicht hier sein könnt, er-
setzt. 18 Sie haben meinen und euren
Geist erquickt. [a]Erkennt solche Leute
an!

19 Es grüßen euch die Gemeinden in
der Provinz Asien. Es grüßen euch viel-
mals in dem Herrn [a]Aquila und Priska
samt der Gemeinde in ihrem Hause. 20 Es
grüßen euch alle Brüder. Grüßt euch un-
tereinander mit dem heiligen Kuss.

21 Hier [a]mein, des Paulus, eigenhändiger
Gruß. 22 Wenn jemand den Herrn nicht
lieb hat, der sei verflucht. [a]Maranata!*
23 Die Gnade des Herrn Jesus sei mit
euch! 24 Meine Liebe ist mit euch allen in
Christus Jesus!

* Maranata bedeutet: »Unser Herr, komm!«, oder: »Unser Herr kommt!«

16,1: *a* 2. Kor 8,1–9,15; Gal 2,10 **16,2:** *a* Apg 20,7 **16,5:** *a* Apg 19,21 **16,7:** *a* Apg 20,2 **16,8:** *a* Apg 19,1.10 **16,9:** *a* 2. Kor 2,12; Kol 4,3 **16,10:** *a* Kap 4,17; *b* Phil 2,19-22 **16,12:** *a* Kap 1,12 **16,13:** *a* Eph 6,10 **16,15:** *a* Kap 1,16 **16,18:** *a* 1. Thess 5,12; Phil 2,29 **16,19:** *a* Apg 18,2; Röm 16,3.5 **16,21:** *a* Gal 6,11; Kol 4,18; 2. Thess 3,17 **16,22:** *a* Offb 22,20

DER ZWEITE BRIEF DES PAULUS AN DIE KORINTHER

Inhaltsübersicht

1 Paulus, ein [a]Apostel Christi Jesu
durch den Willen Gottes, und Timo-
theus, unser Bruder, an die Gemeinde
Gottes in Korinth samt allen Heiligen in
ganz Achaja:
2 Gnade sei mit euch und Friede von
Gott, unserm Vater, und dem Herrn Je-
sus Christus!

Dank für Gottes Trost in Trübsal

**3 Gelobt sei Gott, der Vater unseres Herrn
Jesus Christus, der Vater der Barmher-
zigkeit und [a]Gott allen Trostes, 4 der uns
tröstet in aller unserer Trübsal, damit wir
auch trösten können, die in allerlei Trübsal
sind, mit dem Trost, mit dem wir selber
getröstet werden von Gott.** 5 Denn wie die
[a]Leiden Christi reichlich über uns kom-
men, so werden wir auch [b]reichlich ge-
tröstet durch Christus.
6 [a]Haben wir aber Trübsal, so ge-
schieht es euch zu Trost und Heil. Haben
wir Trost, so geschieht es zu eurem Trost,
der sich wirksam erweist, wenn ihr mit
Geduld dieselben Leiden ertragt, die
auch wir leiden. 7 Und unsre Hoffnung
steht fest für euch, weil wir wissen: wie
ihr an den Leiden teilhabt, so werdet ihr
auch am Trost teilhaben.
8 Denn wir wollen euch, liebe Brüder,
nicht verschweigen die [a]Bedrängnis, die
uns in der Provinz Asien widerfahren ist,
wo wir über die Maßen beschwert waren
und über unsere Kraft, sodass wir auch
am Leben verzagten 9 und es bei uns
selbst für beschlossen hielten, wir müss-
ten sterben. Das geschah aber, damit wir
unser Vertrauen nicht auf uns selbst setz-
ten, sondern auf Gott, der die Toten auf-
erweckt, 10 der uns aus solcher Todesnot
errettet hat und erretten wird. Auf ihn
hoffen wir, er werde uns auch hinfort
erretten. 11 Dazu helft auch ihr durch
[a]eure Fürbitte für uns, damit unsert-
wegen für die Gabe, die uns gegeben ist,
durch viele Personen viel Dank darge-
bracht werde.

Gegen den Vorwurf der Unwahrhaftigkeit

12 Denn dies ist unser Ruhm: das [a]Zeug-
nis unseres Gewissens, dass wir in Ein-
falt und göttlicher Lauterkeit, nicht in
[b]fleischlicher Weisheit, sondern in der
Gnade Gottes unser Leben in der Welt
geführt haben, und das vor allem bei
euch. 13 Denn wir schreiben euch nichts
anderes, als was ihr lest und auch ver-
steht. Ich hoffe aber, ihr werdet es noch
völlig verstehen, 14 wie ihr uns zum Teil
auch schon verstanden habt, nämlich,
dass [a]wir euer Ruhm sind, wie auch [b]ihr
unser Ruhm seid am Tage unseres Herrn
Jesus.
15 Und in solchem Vertrauen wollte ich
zunächst zu euch kommen, damit ihr
abermals eine Wohltat empfinget. 16 Von
euch aus wollte ich nach Mazedonien
reisen, aus Mazedonien wieder zu euch
kommen und mich von euch geleiten las-
sen nach Judäa.[a] 17 Bin ich etwa leicht-
fertig gewesen, als ich dies wollte? Oder
ist mein Vorhaben fleischlich, sodass das
Ja Ja bei mir auch ein Nein Nein ist?
18 Gott ist mein Zeuge, dass unser
Wort an euch nicht Ja und Nein zugleich
ist. 19 Denn der Sohn Gottes, Jesus Chris-
tus, der unter euch durch uns gepredigt
worden ist, durch mich und [a]Silvanus
und Timotheus, der war nicht Ja und

1,1: *a* 1. Kor 1,1 **1,3:** *a* Röm 15,5 **1,5:** *a* Ps 34,20; Röm 8,17; *b* Ps 94,19 **1,6:** *a* Kap 4,8-11.15 **1,8:** *a* Apg 19,23-40; 1. Kor 15,32 **1,11:** *a* Phil 1,19 **1,12:** *a* Kap 2,17; Hebr 13,18; *b* 1. Kor 1,17 **1,14:** *a* Kap 5,12; *b* Phil 2,16 **1,16:** *a* 1. Kor 16,5-6 **1,19:** *a* Apg 18,5

Nein, sondern es war Ja in ihm. 20 Denn
auf alle Gottesverheißungen ist in ihm das
Ja; darum sprechen wir auch durch ihn das
[a]**Amen, Gott zum Lobe.** 21 Gott ist's aber,
der uns fest macht samt euch in Christus
und uns [a]gesalbt 22 und [a]versiegelt und
in unsre Herzen [b]als Unterpfand den
Geist gegeben hat.

23 Ich rufe aber Gott zum Zeugen an
bei meiner Seele, dass ich euch schonen
wollte und darum nicht wieder nach Ko-
rinth gekommen bin. 24 Nicht dass wir
[a]Herren wären über euren Glauben, son-
dern wir sind Gehilfen eurer Freude;
denn ihr steht im Glauben.

2 Ich hatte aber dies bei mir beschlos-
sen, dass ich nicht abermals in Trau-
rigkeit zu euch käme.[a] 2 Denn wenn ich
euch traurig mache, wer soll mich dann
fröhlich machen? Doch nur der, der von
mir betrübt wird. 3 Und eben dies habe
ich geschrieben, damit ich nicht, wenn
ich komme, über die traurig sein müsste,
über die ich mich freuen sollte. Habe ich
doch zu euch allen das Vertrauen, dass
meine Freude euer aller Freude ist.
4 Denn ich schrieb euch aus großer Trüb-
sal und Angst des Herzens unter vielen
Tränen; nicht damit ihr betrübt werden
sollt, sondern damit ihr die Liebe er-
kennt, die ich habe besonders zu euch.

Vergebung für ein bestraftes Gemeindeglied

5 Wenn aber jemand Betrübnis angerich-
tet hat, der hat nicht mich betrübt, son-
dern zum Teil – damit ich nicht zu viel
sage – euch alle. 6 Es ist aber genug, dass
derselbe von den meisten gestraft ist,
7 sodass ihr nun ihm desto mehr vergeben
und ihn trösten sollt, damit er nicht in
allzu große Traurigkeit versinkt. 8 Darum
ermahne ich euch, dass ihr ihm Liebe
erweist. 9 Denn darum habe ich auch ge-
schrieben, um eure Bewährung zu erken-
nen, ob ihr gehorsam seid in allen Stü-
cken. 10 Wem aber ihr etwas vergebt, dem
vergebe ich auch. Denn auch ich habe,
wenn ich etwas zu vergeben hatte, es ver-
geben um euretwillen [a]vor Christi Ange-
sicht, 11 damit wir nicht übervorteilt wer-
den vom Satan; denn uns ist wohl be-
wusst, [a]was er im Sinn hat.

Die Verkündigung des Evangeliums als Siegeszug Christi

12 Als ich aber nach Troas kam, zu pre-
digen das Evangelium Christi, und mir
[a]eine Tür aufgetan war in dem Herrn,
13 da hatte ich keine Ruhe in meinem
Geist, weil ich [a]Titus, meinen Bruder,
nicht fand; sondern [b]ich nahm Abschied
von ihnen und fuhr nach Mazedonien.

14 Gott aber sei gedankt, der uns alle-
zeit Sieg gibt in Christus und offenbart
den Wohlgeruch seiner Erkenntnis durch
uns an allen Orten! 15 Denn wir sind für
Gott ein Wohlgeruch Christi unter de-
nen, die gerettet werden, und unter de-
nen, die verloren werden:[a] 16 [a]diesen ein
Geruch des Todes zum Tode, jenen aber
ein Geruch des Lebens zum Leben. [b]Wer
aber ist dazu tüchtig? 17 Wir sind ja nicht
wie die vielen, die mit dem Wort Gottes
Geschäfte machen; sondern wie man
[a]aus Lauterkeit und aus Gott reden
muss, so reden wir vor Gott in Christus.

Die Herrlichkeit des Dienstes im neuen Bund

3 Fangen wir denn abermals an, [a]uns
selbst zu empfehlen? Oder brauchen
wir, wie gewisse Leute, Empfehlungs-
briefe an euch oder von euch? 2 Ihr seid
unser Brief, in unser Herz geschrieben,
erkannt und gelesen von allen Men-
schen![a] 3 Ist doch offenbar geworden,
dass ihr ein Brief Christi seid, durch un-
sern Dienst zubereitet, geschrieben nicht
mit Tinte, sondern mit dem Geist des
lebendigen Gottes, nicht auf [a]steinerne
Tafeln, sondern auf fleischerne Tafeln,
nämlich eure Herzen.

4 Solches Vertrauen aber haben wir
durch Christus zu Gott. 5 Nicht dass wir
tüchtig sind von uns selber, uns etwas
zuzurechnen als von uns selber; sondern
[a]dass wir tüchtig sind, ist von Gott, 6 der
uns auch tüchtig gemacht hat zu Dienern
des [a]neuen Bundes, nicht des [b]Buch-

1,20: *a* Offb 3,14 **1,21:** *a* 1. Joh 2,27 **1,22:** *a* Eph 1,13; *b* Kap 5,5; Röm 8,16 **1,24:** *a* Kap 4,5; 1. Petr 5,3 **2,1:** *a* Kap 12,21; 1. Kor 4,21 **2,10:** *a* Joh 20,23 **2,11:** *a* Lk 22,31; 1. Petr 5,8 **2,12:** *a* Apg 14,27; 1. Kor 16,9 **2,13:** *a* Kap 7,6; *b* Apg 20,1 **2,15:** *a* 1. Kor 1,18 **2,16:** *a* Lk 2,34; *b* Kap 3,5 **2,17:** *a* Kap 1,12; 4,2; 1. Petr 4,11 **3,1:** *a* Kap 5,12 **3,2:** *a* 1. Kor 9,2 **3,3:** *a* 2. Mose 24,12 **3,5:** *a* Kap 2,16 **3,6:** *a* Jer 31,31; 1. Kor 11,25; *b* Röm 7,6

stabens, sondern des Geistes. Denn **der
Buchstabe tötet, aber der [c]Geist macht
lebendig.**
7 [a]Wenn aber schon das Amt, das den
Tod bringt und das mit Buchstaben in
Stein gehauen war, Herrlichkeit hatte, so-
dass die Israeliten das Angesicht des
Mose nicht ansehen konnten wegen der
Herrlichkeit auf seinem Angesicht, die
doch aufhörte, 8 wie sollte nicht viel mehr
das Amt, das den Geist gibt, Herrlichkeit
haben?[a] 9 Denn wenn das Amt, das zur
Verdammnis führt, Herrlichkeit hatte,
wie viel mehr hat das Amt, das [a]zur
Gerechtigkeit führt, überschwängliche
Herrlichkeit. 10 Ja, jene Herrlichkeit ist
nicht für Herrlichkeit zu achten gegen-
über dieser überschwänglichen Herrlich-
keit. 11 Denn wenn das Herrlichkeit hatte,
was aufhört, wie viel mehr wird das
Herrlichkeit haben, was bleibt.

12 Weil wir nun solche Hoffnung ha-
ben, sind wir voll großer Zuversicht
13 und tun nicht wie Mose, der eine
Decke vor sein Angesicht hängte, damit
die Israeliten nicht sehen konnten das
Ende der Herrlichkeit, die aufhört.
14 Aber [a]ihre Sinne wurden verstockt.
Denn bis auf den heutigen Tag bleibt
diese Decke unaufgedeckt über dem
Alten Testament, wenn sie es lesen, weil
sie nur in Christus abgetan wird. 15 Aber
bis auf den heutigen Tag, wenn Mose
gelesen wird, hängt die Decke vor ihrem
Herzen. 16 Wenn Israel aber [a]sich be-
kehrt zu dem Herrn, so [b]wird die Decke
abgetan.
**17 Der Herr ist der Geist; wo aber der
Geist des Herrn ist, da ist Freiheit.** 18 Nun
aber schauen wir alle mit aufgedecktem
Angesicht die [a]Herrlichkeit des Herrn
wie in einem Spiegel, und wir werden
verklärt in sein Bild von einer Herrlich-
keit zur andern von dem Herrn, der der
Geist ist.

Das Licht des Evangeliums im Amt des Apostels

4 Darum, weil wir dieses [a]Amt haben
nach der [b]Barmherzigkeit, die uns
widerfahren ist, werden wir nicht müde,
2 sondern wir meiden schändliche Heim-
lichkeit und [a]gehen nicht mit List um,
fälschen auch nicht Gottes Wort, son-
dern durch Offenbarung der Wahrheit
empfehlen wir uns dem Gewissen aller
Menschen vor Gott. 3 Ist nun aber unser
Evangelium verdeckt, so ist's denen ver-
deckt, [a]die verloren werden, 4 den Un-
gläubigen, denen der Gott dieser Welt
den Sinn verblendet hat, dass sie nicht
sehen das helle Licht des Evangeliums
von der Herrlichkeit Christi, welcher ist
[a]das Ebenbild Gottes.
5 Denn wir predigen nicht uns selbst,
sondern Jesus Christus, dass er der Herr
ist, [a]wir aber eure Knechte um Jesu wil-
len. 6 Denn [a]**Gott, der sprach: Licht soll
aus der Finsternis hervorleuchten, der hat
einen [b]hellen Schein in unsre Herzen ge-
geben, dass durch uns entstünde die Er-
leuchtung zur Erkenntnis der Herrlichkeit
Gottes in dem Angesicht Jesu Christi.**

Leidensgemeinschaft mit Christus

7 [a]Wir haben aber diesen Schatz in irde-
nen Gefäßen, damit die überschwängli-
che Kraft von Gott sei und nicht von
uns. 8 Wir sind von allen Seiten bedrängt,
aber wir ängstigen uns nicht. Uns ist
bange, aber wir verzagen nicht. 9 Wir lei-
den Verfolgung, aber wir werden nicht
verlassen. Wir werden unterdrückt, aber
wir kommen nicht um. 10 Wir [a]tragen
allezeit das Sterben Jesu an unserm
Leibe, damit auch das Leben Jesu an
unserm Leibe offenbar werde. 11 Denn
wir, die wir leben, [a]werden immerdar in
den Tod gegeben um Jesu willen, [b]damit
auch das Leben Jesu offenbar werde an
unserm sterblichen Fleisch.
12 So ist nun der Tod mächtig in uns,
aber das Leben in euch. 13 Weil wir aber
denselben Geist des Glaubens haben, wie
geschrieben steht (Psalm 116,10): **»Ich
glaube, darum rede ich«,** so glauben wir
auch, darum reden wir auch; 14 denn wir
wissen, dass der, der den Herrn Jesus
auferweckt hat, wird uns auch auferwe-
cken mit Jesus und wird uns vor sich

3,6: *c* Joh 6,63 **3,7:** *a (7-13)* 2. Mose 34,29-35 **3,8:** *a* Gal 3,2.5 **3,9:** *a* Röm 1,17; 3,21 **3,14:** *a* Apg 28,27; Röm 11,25 **3,16:** *a* Röm 11,23.26; *b* 2. Mose 34,34 **3,18:** *a* Kap 4,6 **4,1:** *a* Kap 3,6; *b* 1. Kor 7,25 **4,2:** *a* Kap 2,17; 1. Thess 2,5 **4,3:** *a* 1. Kor 1,18 **4,4:** *a* Hebr 1,3 **4,5:** *a* Kap 1,24 **4,6:** *a* 1. Mose 1,3; *b* Kap 3,18 **4,7:** *a (7-10)* 1. Kor 4,11-13; Kap 11,23-27 **4,10:** *a* 1. Kor 15,31; Gal 6,17 **4,11:** *a* Röm 8,36; *b* Phil 3,21

stellen samt euch.[a] 15Denn [a]es geschieht
alles um euretwillen, damit die über-
schwängliche Gnade durch die Danksa-
gung vieler noch reicher werde zur Ehre
Gottes.
16Darum werden wir nicht müde; son-
dern wenn auch unser äußerer Mensch
verfällt, so wird doch [a]der innere von
Tag zu Tag erneuert. 17Denn **unsre Trüb-**
sal, die zeitlich und leicht ist, schafft eine
ewige und über alle Maßen gewichtige
Herrlichkeit,[a] 18**uns, die wir nicht sehen**
auf das Sichtbare, sondern [a]**auf das Un-**
sichtbare. Denn was sichtbar ist, das ist
zeitlich; was aber unsichtbar ist, das ist
ewig.

Sehnsucht nach der himmlischen Heimat

5 Denn wir wissen: wenn unser irdi-
sches Haus, diese [a]Hütte, abgebro-
chen wird, so haben wir einen Bau, von
Gott erbaut, ein Haus, nicht mit Händen
gemacht, das ewig ist im Himmel. 2Denn
darum seufzen wir auch und sehnen uns
danach, dass wir mit unserer Behausung,
die vom Himmel ist, überkleidet werden,
3weil wir dann bekleidet und nicht nackt
befunden werden. 4Denn solange wir in
dieser Hütte sind, seufzen wir und sind
beschwert, weil wir lieber nicht entklei-
det, sondern [a]überkleidet werden wollen,
damit das Sterbliche verschlungen werde
von dem Leben. 5Der uns aber dazu be-
reitet hat, das ist Gott, der uns [a]als Un-
terpfand den Geist gegeben hat.
6So sind wir denn allezeit getrost und
wissen: solange wir im Leibe wohnen,
[a]weilen wir fern von dem Herrn; 7denn
wir wandeln im Glauben und nicht im
Schauen.[a] 8Wir sind aber getrost und
haben vielmehr Lust, den Leib zu ver-
lassen und daheim zu sein bei dem
Herrn.[a] 9Darum setzen wir auch unsre
Ehre darein, ob wir daheim sind oder in
der Fremde, dass wir ihm wohlgefallen.
10Denn [a]**wir müssen alle offenbar werden**
vor dem Richterstuhl Christi, damit [b]**jeder**
seinen Lohn empfange für das, was er ge-
tan hat bei Lebzeiten, es sei gut oder
böse.

Botschafter der Versöhnung

11Weil wir nun wissen, dass der Herr zu
fürchten ist, suchen wir Menschen zu ge-
winnen; aber vor Gott sind wir offenbar.
Ich hoffe aber, dass wir auch vor eurem
Gewissen offenbar sind. 12Damit [a]emp-
fehlen wir uns nicht abermals bei euch,
sondern geben euch Anlass, euch unser
zu rühmen, damit ihr antworten könnt
denen, die sich des Äußeren rühmen und
nicht des Herzens. 13Denn wenn wir
außer uns waren, so war es für Gott; sind
wir aber besonnen, so sind wir's für euch.
14Denn die Liebe Christi drängt uns, zu-
mal wir überzeugt sind, dass, wenn **einer**
für alle gestorben ist, so sind sie **alle**
gestorben. 15Und er ist darum für alle
gestorben, damit, die da leben, hinfort
[a]nicht sich selbst leben, sondern dem,
der für sie gestorben und auferstanden
ist.
16Darum kennen wir von nun an nie-
manden mehr nach dem Fleisch; und
auch wenn wir Christus gekannt haben
nach dem Fleisch, so kennen wir ihn
doch jetzt so nicht mehr. 17Darum: [a]**Ist**
jemand in Christus, so ist er eine neue
Kreatur; das Alte ist vergangen, siehe,
[b]**Neues ist geworden.** 18Aber das alles
von Gott, der uns [a]mit sich selber ver-
söhnt hat durch Christus und uns das
Amt gegeben, das die Versöhnung pre-
digt. 19Denn **Gott war in Christus und**
versöhnte die Welt mit sich selber und
rechnete ihnen ihre Sünden nicht zu und
hat unter uns aufgerichtet das Wort von
der Versöhnung.[a]
20**So sind wir nun** [a]**Botschafter an**
Christi statt, denn Gott ermahnt durch
uns; so bitten wir nun an Christi statt:
Lasst euch versöhnen mit Gott! 21Denn er
hat den, der [a]von keiner Sünde wusste,
[b]für uns zur Sünde gemacht, damit wir
in ihm die [c]Gerechtigkeit würden, die
vor Gott gilt.

4,14: *a* 1.Kor 6,14 **4,15:** *a* Kap 1,6.11 **4,16:** *a* Eph 3,16 **4,17:** *a* Röm 8,17-18; 1.Petr 1,6 **4,18:** *a* Hebr 11,1 **5,1:** *a* 2.Petr 1,14 **5,4:** *a* 1.Kor 15,51-53 **5,5:** *a* Kap 1,22; Röm 8,16.23; Eph 1,13-14 **5,6:** *a* Hebr 11,13 **5,7:** *a* Röm 8,24; 1.Petr 1,8 **5,8:** *a* Phil 1,23 **5,10:** *a* Apg 17,31; Röm 2,16; 14,10; *b* Joh 5,29; Eph 6,8 **5,12:** *a* Kap 3,1; 10,12 **5,15:** *a* Röm 14,7-8 **5,17:** *a* Röm 8,10; Gal 2,20; 6,15; *b* Offb 21,5 **5,18:** *a* Röm 5,10 **5,19:** *a* Röm 3,24-25; Kol 1,19-20 **5,20:** *a* Lk 10,16 **5,21:** *a* Joh 8,46; *b* Jes 53,4-6; Gal 3,13; *c* Röm 1,17; 1.Kor 1,30

Die Bewährung des Apostels in seinem Dienst

6 Als [a]Mitarbeiter aber ermahnen wir
euch, dass ihr die Gnade Gottes nicht
vergeblich empfangt. 2Denn er spricht
(Jesaja 49,8): »Ich habe dich zur Zeit der
Gnade erhört und habe dir am Tage des
Heils geholfen.« **Siehe, [a]jetzt ist die Zeit
der Gnade, siehe, jetzt ist der Tag des
Heils!**
3Und wir geben in nichts irgendeinen
Anstoß, damit unser Amt nicht verlästert
werde; 4sondern in allem erweisen wir
uns als Diener Gottes: in großer Geduld,
in Trübsalen, in Nöten, in Ängsten, 5in
Schlägen, in Gefängnissen, in Verfolgun-
gen, in Mühen, im Wachen, im Fasten,[a]
6in [a]Lauterkeit, in Erkenntnis, in Lang-
mut, in Freundlichkeit, im Heiligen
Geist, in ungefärbter Liebe, 7in dem
[a]Wort der Wahrheit, in der [b]Kraft Got-
tes, mit den [c]Waffen der Gerechtigkeit
zur Rechten und zur Linken, 8in Ehre
und Schande; in bösen Gerüchten und
guten Gerüchten, als Verführer und doch
wahrhaftig; **9als die Unbekannten und
doch bekannt; als die [a]Sterbenden, und
siehe, wir leben; als die [b]Gezüchtigten und
doch nicht getötet; 10als die Traurigen,
aber allezeit fröhlich; [a]als die Armen,
aber die doch viele reich machen; als die
nichts haben und doch alles haben.**

Werbung um die Gemeinde und Warnung vor Götzendienst

11O ihr Korinther, unser Mund hat sich
euch gegenüber aufgetan, unser Herz ist
weit geworden. 12Eng ist nicht der
Raum, den ihr in uns habt; eng aber ist's
in euren Herzen. 13Ich rede mit euch als
[a]mit meinen Kindern; stellt euch doch
zu mir auch so und macht auch ihr euer
Herz weit.
14Zieht nicht am fremden Joch mit den
Ungläubigen. Denn was hat die Gerech-
tigkeit zu schaffen mit der Ungerechtig-
keit? [a]Was hat das Licht für Gemein-
schaft mit der Finsternis? 15Wie stimmt
Christus überein mit Beliar? Oder was
für ein Teil hat der Gläubige mit dem
Ungläubigen? 16Was hat der Tempel
Gottes gemein mit den Götzen? [a]Wir
aber sind der Tempel des lebendigen
Gottes; wie denn Gott spricht (3. Mose
26,11-12; Hesekiel 37,27): »Ich will unter
ihnen wohnen und wandeln und will ihr
Gott sein und sie sollen mein Volk sein.«
17Darum [a]»geht aus von ihnen und son-
dert euch ab«, spricht der Herr; »und
rührt nichts Unreines an, so will ich euch
annehmen 18und euer Vater sein und ihr
sollt [a]meine Söhne und Töchter sein«,
spricht der allmächtige Herr (Jesaja
52,11; Hesekiel 20,41; 2. Samuel 7,14).

7 Weil wir nun solche Verheißungen
haben, meine Lieben, so lasst uns von
aller Befleckung des Fleisches und des
Geistes uns reinigen und die Heiligung
vollenden in der Furcht Gottes.
2Gebt uns Raum in euren Herzen! Wir
haben niemand Unrecht getan, wir haben
niemand verletzt, [a]wir haben niemand
übervorteilt. 3Nicht sage ich das, um
euch zu verurteilen; denn ich habe schon
zuvor gesagt, dass ihr in unserm Herzen
seid, mitzusterben und mitzuleben.[a] 4Ich
rede mit großer Zuversicht zu euch; ich
rühme viel von euch; ich bin erfüllt mit
Trost; ich habe überschwängliche Freude
in aller unsrer Bedrängnis.

Die Freude des Paulus über die Reue der Gemeinde

5Denn als wir nach [a]Mazedonien ka-
men, fanden wir keine Ruhe; sondern
von allen Seiten [b]waren wir bedrängt,
von außen mit Streit, von innen mit
Furcht. 6Aber Gott, der die Geringen
tröstet, der tröstete uns durch die An-
kunft des [a]Titus; 7nicht allein aber durch
seine Ankunft, sondern auch durch den
Trost, mit dem er bei euch getröstet wor-
den war. Er berichtete uns von eurem
Verlangen, eurem Weinen, eurem Eifer
für mich, sodass ich mich noch mehr
freute.
8Denn wenn ich euch auch durch den
Brief traurig gemacht habe, reut es mich
nicht. Und wenn es mich reute – ich sehe
ja, dass jener Brief euch wohl eine Weile
betrübt hat –,[a] 9so freue ich mich doch

6,1: *a* Kap 1,24 **6,2:** *a* Lk 4,19.21 **6,5:** *a* Kap 11,23-27; 1. Kor 4,11-13 **6,6:** *a* 1. Tim 4,12 **6,7:** *a* Kap 4,2; *b* 1. Kor 2,4; *c* Eph 6,14-17 **6,9:** *a* Kap 4,10-11; *b* Ps 118,18; Apg 14,19 **6,10:** *a* Phil 4,12-13 **6,13:** *a* 1. Kor 4,14 **6,14:** *a* Eph 5,11 **6,16:** *a* 1. Kor 3,16 **6,17:** *a* Offb 18,4 **6,18:** *a* Jes 43,6; Hos 2,1 **7,2:** *a* Kap 12,17; Apg 20,33 **7,3:** *a* Kap 6,11-13; Röm 6,8 **7,5:** *a* Apg 20,1-2; *b* Kap 4,8 **7,6:** *a* Kap 2,13 **7,8:** *a* Kap 2,4

jetzt nicht darüber, dass ihr betrübt wor-
den seid, sondern darüber, dass ihr be-
trübt worden seid zur Reue. Denn ihr
seid betrübt worden nach Gottes Willen,
sodass ihr von uns keinen Schaden er-
litten habt. 10 Denn [a]**die Traurigkeit nach
Gottes Willen wirkt zur Seligkeit eine
Reue, die niemanden reut; [b]die Traurig-
keit der Welt aber wirkt den Tod.**

11 Siehe: eben dies, dass ihr betrübt
worden seid nach Gottes Willen, welches
Mühen hat das in euch gewirkt, dazu
Verteidigung, Unwillen, Furcht, Verlan-
gen, Eifer, Bestrafung! Ihr habt in allen
Stücken bewiesen, dass ihr rein seid in
dieser Sache. 12 Darum, wenn ich euch
auch geschrieben habe, so ist's doch nicht
geschehen um dessentwillen, der belei-
digt hat, auch nicht um dessentwillen,
der beleidigt worden ist, sondern damit
euer Mühen für uns offenbar werde bei
euch vor Gott. 13 Dadurch sind wir ge-
tröstet worden.

Außer diesem unserm Trost aber ha-
ben wir uns noch überschwänglicher ge-
freut über die Freude des Titus; denn
sein Geist ist erquickt worden von euch
allen. 14 Denn was ich vor ihm von euch
gerühmt habe, darin bin ich nicht zu-
schanden geworden; sondern wie alles
wahr ist, was wir mit euch geredet haben,
so hat sich auch unser Rühmen vor Titus
als wahr erwiesen. 15 Und er ist überaus
herzlich gegen euch gesinnt, wenn er an
den Gehorsam von euch allen denkt,
wie ihr ihn mit Furcht und Zittern auf-
genommen habt. 16 Ich freue mich, dass
ich mich in allem auf euch verlassen
kann.

Die Geldsammlung für die Gemeinde in Jerusalem

8 Wir tun euch aber kund, liebe Brü-
der, die Gnade Gottes, die in den
Gemeinden Mazedoniens gegeben ist.[a]
2 Denn ihre Freude war überschwänglich,
als sie durch viel Bedrängnis bewährt
wurden, und obwohl sie sehr arm sind,
haben sie doch reichlich gegeben in aller
Einfalt. 3 Denn nach Kräften, das be-
zeuge ich, und sogar über ihre Kräfte
haben sie willig gegeben 4 und haben uns
mit vielem Zureden gebeten, dass sie mit-
helfen dürften an der Wohltat und der
Gemeinschaft des [a]Dienstes für die Hei-
ligen; 5 und das nicht nur, wie wir hoff-
ten, sondern sie gaben sich selbst, zuerst
dem Herrn und danach uns, nach dem
Willen Gottes. 6 So haben wir Titus zuge-
redet, dass er, wie er zuvor angefangen
hatte, nun auch diese Wohltat unter euch
vollends ausrichte.

7 Wie ihr aber [a]in allen Stücken reich
seid, im Glauben und im Wort und in der
Erkenntnis und in allem Eifer und in der
Liebe, die wir in euch erweckt haben, so
[b]gebt auch reichlich bei dieser Wohltat.
8 Nicht sage ich das als Befehl; sondern
weil andere so eifrig sind, prüfe ich auch
eure Liebe, ob sie rechter Art sei. 9 Denn
**ihr kennt die Gnade unseres Herrn Jesus
Christus: obwohl er reich ist, wurde er
doch [a]arm um euretwillen, damit ihr
durch seine Armut reich würdet.**

10 Und darin sage ich meine Meinung;
denn das ist euch nützlich, die ihr seit
vorigem Jahr angefangen habt nicht al-
lein mit dem Tun, sondern auch mit dem
Wollen. 11 Nun aber vollbringt auch das
Tun, damit, wie ihr geneigt seid zu wol-
len, ihr auch geneigt seid zu vollbringen
nach dem Maß dessen, was ihr habt.
12 Denn wenn der gute Wille da ist, so ist
er willkommen nach dem, was einer hat,
nicht nach dem, was er nicht hat.[a]
13 Nicht, dass die andern gute Tage haben
sollen und ihr Not leidet, sondern dass es
zu einem Ausgleich komme. 14 Jetzt helfe
euer Überfluss ihrem Mangel ab, damit
danach auch ihr Überfluss eurem Man-
gel abhelfe und so ein Ausgleich ge-
schehe, 15 wie geschrieben steht (2. Mose
16,18): »Wer viel sammelte, hatte keinen
Überfluss, und wer wenig sammelte,
hatte keinen Mangel.«

16 Gott aber sei Dank, der dem Titus
solchen Eifer für euch ins Herz gegeben
hat. 17 Denn [a]er ließ sich gerne zureden;
ja, weil er so sehr eifrig war, ist er von
selber zu euch gereist. 18 Wir haben aber
[a]den Bruder mit ihm gesandt, dessen
Lob wegen seines Dienstes am Evange-
lium durch alle Gemeinden geht. 19 Nicht
allein aber das, sondern er ist auch von

7,10: *a* Mt 26,75; Lk 15,17-24; *b* Mt 27,3-5 **8,1:** *a* Röm 15,26 **8,4:** *a* Apg 11,29 **8,7:** *a* 1. Kor 1,5; *b* 1. Kor 16,1-2 **8,9:** *a* Mt 8,20; Phil 2,7 **8,12:** *a* Spr 3,27-28; Mk 12,43 **8,17:** *a* Vers 6; Kap 7,7.15 **8,18:** *a* Kap 12,18

den Gemeinden dazu eingesetzt, uns zu
begleiten, [a]wenn wir diese Gabe über-
bringen dem Herrn zur Ehre und zum
Erweis unsres guten Willens. 20 So ver-
hüten wir, dass uns jemand übel nach-
redet wegen dieser reichen Gabe, die
durch uns überbracht wird. 21 Denn wir
sehen darauf, dass es redlich zugehe
nicht allein vor dem Herrn, sondern auch
vor den Menschen.

22 Auch haben wir mit ihnen unsern
Bruder gesandt, dessen Eifer wir oft in
vielen Stücken erprobt haben, nun aber
ist er noch viel eifriger aus großem Ver-
trauen zu euch. 23 Es sei nun [a]Titus, der
mein Gefährte und mein Mitarbeiter un-
ter euch ist, oder es seien unsere Brüder,
die Abgesandte der Gemeinden sind und
eine Ehre Christi: 24 Erbringt den Beweis
eurer Liebe und zeigt, dass wir euch zu
Recht vor ihnen [a]gerühmt haben öffent-
lich vor den Gemeinden.

Der Segen der Geldsammlung

9 Von dem Dienst, der für die Heiligen
geschieht, brauche ich euch nicht zu
schreiben. 2 Denn ich weiß von eurem
[a]guten Willen, den ich an euch rühme
bei denen aus Mazedonien, wenn ich
sage: Achaja ist schon voriges Jahr bereit
gewesen! Und euer Beispiel hat die meis-
ten angespornt. 3 Ich habe aber die Brü-
der gesandt, damit nicht unser Rühmen
über euch zunichtewerde in diesem Stück
und damit ihr vorbereitet seid, wie ich
von euch gesagt habe, 4 dass nicht, wenn
die aus Mazedonien mit mir kommen
und euch nicht vorbereitet finden, wir,
um nicht zu sagen: ihr, zuschanden wer-
den mit dieser unsrer Zuversicht. 5 So
habe ich es nun für nötig angesehen, die
Brüder zu ermahnen, dass sie voranzö-
gen zu euch, um die von euch angekün-
digte Segensgabe vorher fertig zu ma-
chen, sodass sie bereitliegt als eine Gabe
des Segens und nicht des Geizes.

6 Ich meine aber dies: **Wer da kärglich
sät, der wird auch kärglich ernten; und
wer da sät im Segen, der wird auch ernten
im Segen.**[a] 7 Ein jeder, wie er's sich im
Herzen vorgenommen hat, [a]nicht mit
Unwillen oder aus Zwang; denn **einen
fröhlichen Geber hat Gott lieb.** 8 Gott aber
kann machen, dass alle Gnade unter
euch reichlich sei, damit ihr in allen Din-
gen allezeit volle Genüge habt und noch
reich seid zu jedem guten Werk; 9 wie
geschrieben steht (Psalm 112,9): »Er hat
ausgestreut und den Armen gegeben;
seine Gerechtigkeit bleibt in Ewigkeit.«

10 Der aber Samen gibt dem Sämann
und Brot zur Speise, der wird auch euch
Samen geben und ihn mehren und wach-
sen lassen die Früchte eurer Gerechtig-
keit.[a] 11 So werdet ihr reich sein in allen
Dingen, zu geben in aller Einfalt, die
durch uns wirkt Danksagung an Gott.
12 Denn der Dienst dieser Sammlung hilft
nicht allein dem Mangel der Heiligen ab,
sondern wirkt auch überschwänglich
darin, dass viele Gott danken. 13 Denn
für diesen treuen Dienst preisen sie Gott
über eurem Gehorsam im Bekenntnis
zum Evangelium Christi und über der
Einfalt eurer Gemeinschaft mit ihnen
und allen. 14 Und in ihrem Gebet für
euch sehnen sie sich nach euch wegen der
überschwänglichen Gnade Gottes bei
euch. 15 **Gott aber sei Dank für seine un-
aussprechliche Gabe!**

Verteidigung des Apostels gegen persönliche Angriffe

10 Ich selbst aber, Paulus, ermahne
euch bei der Sanftmut und Güte
Christi, der ich in eurer Gegenwart un-
terwürfig sein soll, aber mutig, wenn ich
fern von euch bin. 2 Ich bitte aber, dass
ihr mich nicht zwingt, wenn ich bei euch
bin, mutig zu sein und [a]die Kühnheit zu
gebrauchen, mit der ich gegen einige vor-
zugehen gedenke, die unsern Wandel für
fleischlich halten.

3 Denn obwohl wir im Fleisch leben,
kämpfen wir doch nicht auf fleischliche
Weise. 4 Denn die [a]Waffen unsres Kamp-
fes sind nicht fleischlich, sondern mäch-
tig im Dienste Gottes, Festungen zu zer-
stören. 5 Wir zerstören damit Gedanken
und alles Hohe, das sich erhebt gegen die
Erkenntnis Gottes, und nehmen gefan-
gen alles Denken in den Gehorsam gegen
Christus. 6 So sind wir bereit, zu strafen

8,19: *a* Gal 2,10 **8,23:** *a* Kap 7,13; 12,18 **8,24:** *a* Kap 7,14 **9,2:** *a* Kap 8,19 **9,6:** *a* Spr 11,24-25; 19,17 **9,7:** *a* Röm 12,8 **9,10:** *a* Hos 10,12 **10,2:** *a* Kap 13,1-2; 1. Kor 4,21 **10,4:** *a* Eph 6,13-17

allen Ungehorsam, sobald euer Gehor-
sam vollkommen geworden ist.
7 Seht, was vor Augen liegt! Verlässt
sich jemand darauf, dass er Christus an-
gehört, der bedenke wiederum auch dies
bei sich, dass, wie er Christus angehört,
so auch wir! 8 Auch wenn ich mich noch
mehr [a] der Vollmacht rühmen würde, die
uns der Herr gegeben hat, euch zu er-
bauen und nicht euch zu zerstören, so
würde ich nicht zuschanden werden.
9 Das sage ich aber, damit es nicht
scheint, als hätte ich euch mit den Brie-
fen schrecken wollen. 10 Denn seine
Briefe, sagen sie, wiegen schwer und sind
stark; aber wenn er selbst anwesend ist,
ist er schwach und seine Rede kläglich.
11 Wer so redet, der bedenke: wie wir aus
der Ferne in den Worten unsrer Briefe
sind, so werden wir, wenn wir anwesend
sind, auch mit der Tat sein.[a]

Der Maßstab für die Beurteilung des Apostels

12 Denn wir wagen nicht, uns unter die zu
rechnen oder mit denen zu vergleichen,
die [a] sich selbst empfehlen; aber weil sie
sich nur an sich selbst messen und mit
sich selbst vergleichen, verstehen sie
nichts. 13 [a] Wir aber wollen uns [b] nicht
über alles Maß hinaus rühmen, sondern
nur nach dem Maß, das uns Gott zuge-
messen hat, nämlich dass wir auch bis zu
euch gelangen sollten. 14 Denn es ist nicht
so, dass wir uns zu viel anmaßen, als
wären wir nicht bis zu euch gelangt; denn
wir sind ja mit dem Evangelium Christi
bis zu euch gekommen 15 und rühmen
uns nicht über alles Maß hinaus mit
dem, was andere gearbeitet haben.
Wir haben aber die Hoffnung, dass
wir, wenn euer Glaube in euch wächst,
nach dem Maß, das uns zugemessen ist,
überschwänglich zu Ehren kommen.
16 Denn wir wollen das Evangelium auch
denen predigen, die jenseits von euch
wohnen, und rühmen uns nicht mit
dem, was andere nach ihrem Maß voll-
bracht haben. 17 »Wer sich aber rühmt,
der rühme sich des Herrn« (Jeremia
9,22-23).[a] 18 Denn nicht der ist tüchtig,
der sich selbst empfiehlt, sondern der,
[a] den der Herr empfiehlt.

Paulus und die falschen Apostel

11 Wollte Gott, ihr hieltet mir ein we-
nig Torheit zugut! Doch ihr haltet
mir's wohl zugut. 2 Denn ich eifere um
euch mit göttlichem Eifer; denn ich habe
euch verlobt mit einem einzigen Mann,
damit ich Christus [a] eine reine Jungfrau
zuführte. 3 Ich fürchte aber, dass wie [a] die
Schlange Eva verführte mit ihrer List, so
auch eure Gedanken abgewendet werden
von der Einfalt und Lauterkeit gegen-
über Christus. 4 Denn wenn einer zu euch
kommt und [a] einen andern Jesus predigt,
den wir nicht gepredigt haben, oder ihr
einen andern Geist empfangt, den ihr
nicht empfangen habt, oder ein anderes
Evangelium, das ihr nicht angenommen
habt, so ertragt ihr das recht gern!
5 Ich meine doch, ich sei nicht weniger
als die Überapostel.[a] 6 Und wenn ich
schon [a] ungeschickt bin in der Rede, so
[b] bin ich's doch nicht in der Erkenntnis;
sondern in jeder Weise und vor allen ha-
ben wir sie bei euch kundgetan.
7 Oder habe ich gesündigt, als ich mich
erniedrigt habe, damit ihr erhöht würdet?
Denn [a] ich habe euch das Evangelium
Gottes ohne Entgelt verkündigt. 8 Andere
Gemeinden habe ich beraubt und Geld
von ihnen genommen, um euch dienen
zu können.[a] 9 Und als ich bei euch war
und Mangel hatte, fiel ich niemandem
zur Last. Denn meinem Mangel halfen
die Brüder ab, die aus Mazedonien ka-
men. So bin ich euch in keiner Weise zur
Last gefallen und will es auch weiterhin
so halten. 10 So gewiss die Wahrheit
Christi in mir ist, so soll mir dieser Ruhm
im Gebiet von Achaja nicht verwehrt
werden. 11 Warum das? Weil ich euch
nicht lieb habe? Gott weiß es.
12 Was ich aber tue, das will ich auch
weiterhin tun und denen den Anlass neh-
men, die einen Anlass suchen, sich zu
rühmen, sie seien wie wir. 13 Denn solche
sind falsche Apostel, betrügerische Ar-

10,8: *a* Kap 13,10; 1. Kor 5,4-5 **10,11:** *a* Kap 13,2.10 **10,12:** *a* Kap 3,1; 5,12 **10,13:** *a (13-16)* Röm 15,20; *b* Röm 12,3 **10,17:** *a* 1. Kor 1,31 **10,18:** *a* 1. Kor 4,5 **11,2:** *a* Eph 5,26-27 **11,3:** *a* 1. Mose 3,4.13 **11,4:** *a* Gal 1,8-9 **11,5:** *a* Kap 12,11 **11,6:** *a* 1. Kor 2,1-2.13; *b* Eph 3,4 **11,7:** *a* Kap 12,13; Mt 10,8; 1. Kor 9,12-18 **11,8:** *a* Phil 4,10.15

beiter und verstellen sich als Apostel
Christi.[a] 14 Und das ist auch kein Wun-
der; denn er selbst, der Satan, verstellt
sich als Engel des Lichts. 15 Darum ist es
nichts Großes, wenn sich auch seine Die-
ner verstellen als Diener der Gerechtig-
keit; deren Ende wird sein nach ihren
Werken.

Die Leiden und Mühen des Apostels

16 Ich sage abermals: Niemand halte
mich für töricht; wenn aber doch, so
nehmt mich an als einen Törichten, da-
mit auch ich mich ein wenig rühme.[a]
17 Was ich jetzt rede, das rede ich nicht
dem Herrn gemäß, sondern wie in Tor-
heit, weil wir so ins Rühmen gekommen
sind. 18 Da viele sich rühmen nach dem
Fleisch, will ich mich auch rühmen.
19 Denn ihr ertragt gerne die [a]Narren,
ihr, die ihr klug seid! 20 Ihr ertragt es,
wenn euch jemand knechtet, wenn euch
jemand ausnützt, wenn euch jemand ge-
fangen nimmt, wenn euch jemand er-
niedrigt, wenn euch jemand ins Gesicht
schlägt. 21 Zu meiner Schande muss ich
sagen, dazu waren wir zu schwach!

Wo einer kühn ist – ich rede in Tor-
heit –, da bin ich auch kühn. 22 Sie sind
Hebräer – ich auch! Sie sind Israeliten –
ich auch! Sie sind Abrahams Kinder –
ich auch![a] 23 Sie sind Diener Christi – ich
rede töricht: ich bin's weit mehr! [a]Ich
habe mehr gearbeitet, ich bin [b]öfter ge-
fangen gewesen, ich habe mehr Schläge
erlitten, ich bin oft in Todesnöten ge-
wesen. 24 Von den Juden habe ich fünf-
mal erhalten [a]vierzig Geißelhiebe weni-
ger einen; 25 ich bin dreimal [a]mit Stöcken
geschlagen, einmal [b]gesteinigt worden;
dreimal habe ich Schiffbruch erlitten,
einen Tag und eine Nacht trieb ich auf
dem tiefen Meer. 26 Ich bin oft gereist, ich
bin in Gefahr gewesen durch Flüsse, in
Gefahr unter Räubern, in Gefahr unter
Juden, in Gefahr unter Heiden, in Ge-
fahr in Städten, in Gefahr in Wüsten, in
Gefahr auf dem Meer, in Gefahr unter
falschen Brüdern; 27 in Mühe und Arbeit,
in viel Wachen, in Hunger und Durst, in
viel Fasten, in Frost und Blöße;[a] 28 und
außer all dem noch das, was täglich auf
mich einstürmt, und [a]die Sorge für alle
Gemeinden. 29 Wer ist schwach, und ich
werde nicht schwach? Wer wird zu Fall
gebracht, und ich brenne nicht?

30 Wenn ich mich denn rühmen soll,
[a]will ich mich meiner Schwachheit rüh-
men. 31 Gott, der Vater des Herrn Jesus,
der gelobt sei in Ewigkeit, weiß, dass ich
nicht lüge. 32 In Damaskus bewachte der
Statthalter des Königs Aretas die Stadt
der Damaszener und wollte mich gefan-
gen nehmen, 33 und ich wurde in einem
Korb durch ein Fenster die Mauer hin-
untergelassen und entrann seinen Hän-
den.[a]

Die Offenbarungen des Herrn und die Schwachheit des Apostels

12 Gerühmt muss werden; wenn es
auch nichts nützt, so will ich doch
kommen auf die Erscheinungen und Of-
fenbarungen des Herrn. 2 Ich kenne einen
Menschen in Christus; vor vierzehn Jah-
ren – ist er im Leib gewesen? Ich weiß es
nicht; oder ist er außer dem Leib ge-
wesen? Ich weiß es auch nicht; Gott weiß
es –, da wurde derselbe entrückt bis in
den dritten Himmel. 3 Und ich kenne
denselben Menschen – ob er im Leib
oder außer dem Leib gewesen ist, weiß
ich nicht; Gott weiß es –, 4 der wurde
entrückt in das Paradies und hörte un-
aussprechliche Worte, die kein Mensch
sagen kann. 5 Für denselben will ich mich
rühmen; für mich selbst aber will ich
mich nicht rühmen, [a]außer meiner
Schwachheit. 6 [a]Und wenn ich mich rüh-
men wollte, wäre ich nicht töricht; denn
ich würde die Wahrheit sagen. Ich ent-
halte mich aber dessen, damit nicht je-
mand mich höher achte, als er an mir
sieht oder von mir hört.

7 Und damit ich mich wegen der hohen
Offenbarungen nicht überhebe, ist mir
gegeben ein Pfahl ins Fleisch, nämlich
des Satans Engel, der mich mit Fäusten
schlagen soll, damit ich mich nicht über-
hebe. 8 Seinetwegen habe ich dreimal zum
Herrn gefleht, dass er von mir weiche.
9 Und er hat zu mir gesagt: **Lass dir an
meiner Gnade genügen; denn meine Kraft
ist in den Schwachen mächtig.** Darum will

11,13: *a* Kap 2,17 **11,16:** *a* Kap 12,6 **11,19:** *a* 1. Kor 4,10 **11,22:** *a* Phil 3,5 **11,23:** *a* 1. Kor 15,10; *b* Kap 6,4-5 **11,24:** *a* 5. Mose 25,3 **11,25:** *a* Apg 16,22; *b* Apg 14,19 **11,27:** *a* Kap 6,5 **11,28:** *a* Apg 20,18-21.31 **11,30:** *a* Kap 12,5 **11,33:** *a* Apg 9,24-25 **12,5:** *a* Kap 11,30 **12,6:** *a* Kap 10,8

ich mich am allerliebsten rühmen meiner
Schwachheit, damit die Kraft Christi bei
mir wohne. 10 Darum bin ich guten Mu-
tes in Schwachheit, in Misshandlungen,
in Nöten, in Verfolgungen und Ängsten
um Christi willen; denn wenn ich
schwach bin, so bin ich stark.[a]

Das Ringen des Apostels um seine Gemeinde

11 Ich bin ein Narr geworden! Dazu habt
ihr mich gezwungen. Denn ich sollte von
euch gelobt werden, da ich doch [a]nicht
weniger bin als die Überapostel, obwohl
ich nichts bin. 12 Denn es sind ja die Zei-
chen eines Apostels unter euch geschehen
in aller Geduld, mit Zeichen und mit
Wundern und mit Taten.[a] 13 Was ist's,
worin ihr zu kurz gekommen seid gegen-
über den andern Gemeinden, außer
[a]dass ich euch nicht zur Last gefallen
bin? Vergebt mir dieses Unrecht!

14 Siehe, ich bin jetzt bereit, zum drit-
ten Mal zu euch zu kommen, und will
euch nicht zur Last fallen; denn ich suche
nicht das Eure, sondern euch. Denn es
sollen nicht die Kinder den Eltern
Schätze sammeln, sondern die Eltern den
Kindern. 15 Ich aber will gern hingeben
und [a]hingegeben werden für eure Seelen.
Wenn ich euch mehr liebe, soll ich darum
weniger geliebt werden?

16 Nun gut, ich bin euch nicht zur Last
gefallen. Aber bin ich etwa heimtückisch
und habe euch mit Hinterlist gefangen?
17 Habe ich euch etwa übervorteilt durch
einen von denen, die ich zu euch gesandt
habe? 18 [a]Ich habe Titus zugeredet und
den Bruder mit ihm gesandt. Hat euch
etwa Titus übervorteilt? Haben wir nicht
beide in demselben Geist gehandelt? Sind
wir nicht in denselben Fußtapfen gegan-
gen?

19 Schon lange werdet ihr denken, dass
wir uns vor euch verteidigen. Wir reden
jedoch in Christus vor Gott! Aber das
alles geschieht, meine Lieben, zu eurer
Erbauung. 20 Denn ich fürchte, [a]wenn
ich komme, finde ich euch nicht, wie ich
will, und ihr findet mich auch nicht, wie
ihr wollt, sondern es gibt Hader, Neid,
Zorn, Zank, üble Nachrede, Verleum-
dung, Aufgeblasenheit, Unordnung. 21 Ich
fürchte, wenn ich abermals komme, wird
mein Gott mich demütigen bei euch und
ich muss Leid tragen über viele, die [a]zu-
vor gesündigt und nicht Buße getan
haben für die Unreinheit und Unzucht
und Ausschweifung, die sie getrieben
haben.

Mahnungen vor dem dritten Besuch

13 Jetzt komme ich zum dritten Mal
zu euch. [a]»Durch zweier oder drei-
er Zeugen Mund soll jede Sache bestätigt
werden.« (5. Mose 19,15) 2 Ich habe es
vorausgesagt und sage es abermals vor-
aus – wie bei meinem zweiten Besuch, so
auch nun aus der Ferne – denen, die
zuvor gesündigt haben, und den andern
allen: Wenn ich noch einmal komme,
dann will ich nicht schonen. 3 Ihr ver-
langt ja einen Beweis dafür, dass Christus
in mir redet, der euch gegenüber nicht
schwach ist, sondern ist mächtig unter
euch. 4 Denn wenn er auch gekreuzigt
worden ist in Schwachheit, so lebt er
doch in der Kraft Gottes. Und wenn wir
auch schwach sind in ihm, so werden wir
uns doch mit ihm lebendig erweisen an
euch in der Kraft Gottes.

5 Erforscht euch selbst, ob ihr im Glau-
ben steht; prüft euch selbst! Oder erkennt
ihr euch selbst nicht, dass Jesus Christus
in euch ist? Wenn nicht, dann wärt ihr ja
untüchtig. 6 Ich hoffe aber, ihr werdet er-
kennen, dass wir nicht untüchtig sind.

7 Wir bitten aber Gott, dass ihr nichts
Böses tut; nicht damit wir als tüchtig
angesehen werden, sondern damit ihr das
Gute tut und wir wie die Untüchtigen
seien. 8 Denn wir vermögen nichts wider
die Wahrheit, sondern nur etwas für die
Wahrheit. 9 Wir freuen uns ja, wenn wir
schwach sind und ihr mächtig seid. Um
dies beten wir auch, um eure Vollkom-
menheit. 10 Deshalb schreibe ich auch
dies aus der Ferne, [a]damit ich nicht,
wenn ich anwesend bin, Strenge gebrau-
chen muss nach der [b]Vollmacht, die mir
der Herr gegeben hat, zu erbauen, nicht
zu zerstören.

11 Zuletzt, liebe Brüder, [a]freut euch,
lasst euch zurechtbringen, lasst euch

12,10: *a* Phil 4,13 **12,11:** *a* Kap 11,5 **12,12:** *a* Röm 15,19; Hebr 2,4 **12,13:** *a* Kap 11,7-9 **12,15:** *a* Phil 2,17 **12,18:** *a* Kap 8,6.16-18 **12,20:** *a* Kap 10,2 **12,21:** *a* Kap 13,2 **13,1:** *a* Mt 18,16 **13,10:** *a* Kap 10,11; *b* Kap 10,8 **13,11:** *a* Phil 4,4

mahnen, habt einerlei Sinn, haltet Frie-
den! So [b]wird der Gott der Liebe und
des Friedens mit euch sein. 12 Grüßt euch
untereinander mit dem heiligen Kuss.
Es grüßen euch alle Heiligen. 13 **Die Gnade
unseres Herrn Jesus Christus und die
Liebe Gottes und die Gemeinschaft des
Heiligen Geistes sei mit euch allen!**

DER BRIEF DES PAULUS AN DIE GALATER

Inhaltsübersicht

1 Paulus, ein Apostel [a]nicht von Men-
schen, auch nicht durch einen Men-
schen, sondern durch Jesus Christus und
Gott, den Vater, der ihn auferweckt hat
von den Toten, 2 und alle Brüder, die bei
mir sind, an die Gemeinden in Galatien:
3 Gnade sei mit euch und Friede von
Gott, unserm Vater, und dem Herrn Je-
sus Christus, 4 der [a]sich selbst für unsre
Sünden dahingegeben hat, dass er uns
errette von dieser gegenwärtigen, [b]bösen
Welt nach dem Willen Gottes, unseres
Vaters; 5 dem sei Ehre von Ewigkeit zu
Ewigkeit! Amen.

Gegen die Verfälschung des Evangeliums

6 Mich wundert, dass ihr euch so bald
abwenden lasst von dem, der euch be-
rufen hat in die Gnade Christi, zu einem
andern Evangelium, 7 obwohl es doch
kein andres gibt; nur dass einige da
sind, die euch [a]verwirren und wollen
das Evangelium Christi verkehren. 8 Aber
auch wenn wir oder ein Engel vom Him-
mel euch ein Evangelium predigen wür-
den, das anders ist, als wir es euch ge-
predigt haben, der sei verflucht. 9 Wie wir
eben gesagt haben, so sage ich abermals:
[a]Wenn jemand euch ein Evangelium pre-
digt, anders als ihr es empfangen habt,
der sei verflucht.
10 Predige ich denn jetzt Menschen
oder Gott zuliebe? Oder [a]suche ich Men-
schen gefällig zu sein? Wenn ich noch
Menschen gefällig wäre, so wäre ich
Christi Knecht nicht.

Die Berufung des Paulus zum Apostel

11 Denn ich tue euch kund, liebe Brü-
der, dass das Evangelium, das von mir
gepredigt ist, nicht von menschlicher
Art ist. 12 [a]Denn ich habe es nicht von
einem Menschen empfangen oder ge-
lernt, sondern durch eine Offenbarung
Jesu Christi.
13 Denn ihr habt ja gehört von meinem
Leben früher im Judentum, wie ich über
die Maßen die Gemeinde Gottes ver-
folgte und sie zu zerstören suchte 14 und
übertraf im Judentum viele meiner Al-
tersgenossen in meinem Volk weit und
eiferte über die Maßen [a]für die Satzun-
gen der Väter.
15 Als es aber Gott wohlgefiel, der
mich [a]von meiner Mutter Leib an ausge-
sondert und durch seine Gnade berufen
hat, 16 dass er [a]seinen Sohn offenbarte in
mir, damit ich ihn durchs Evangelium
verkündigen sollte [b]unter den Heiden,
da besprach ich mich nicht erst mit
Fleisch und Blut, 17 ging auch nicht hin-
auf nach Jerusalem zu denen, die vor mir
Apostel waren, sondern zog nach Ara-
bien und kehrte wieder zurück nach Da-
maskus.
18 Danach, drei Jahre später, kam ich
hinauf nach Jerusalem, um [a]Kephas
kennenzulernen, und blieb fünfzehn
Tage bei ihm. 19 Von den andern Apos-
teln aber sah ich keinen außer [a]Jakobus,
des Herrn Bruder. 20 Was ich euch aber

13,11: *b* Röm 15,33 **1,1:** *a* Verse 11-12 **1,4:** *a* Kap 2,20; 1.Tim 2,6; Tit 2,14; *b* 1.Joh 5,19 **1,7:** *a* Apg 15,1.24 **1,9:** *a* 1.Tim 6,3 **1,10:** *a* 1.Thess 2,4-6 **1,12:** *a (12-16)* Apg 9,1-15 **1,14:** *a* Apg 23,6; 26,5 **1,15:** *a* Jer 1,5; Röm 1,1 **1,16:** *a* Mt 16,17; *b* Kap 2,7 **1,18:** *a* Joh 1,42; Apg 9,26-27 **1,19:** *a* Mt 13,55

schreibe – siehe, Gott weiß, ich lüge
nicht! 21 Danach kam ich in die Länder
Syrien und Zilizien.[a] 22 Ich war aber un-
bekannt von Angesicht den christlichen
Gemeinden in Judäa. 23 Sie hatten nur
gehört: Der uns früher verfolgte, der pre-
digt jetzt den Glauben, den er früher zu
zerstören suchte, 24 und priesen Gott
über mir.

Die Anerkennung des Paulus durch die anderen Apostel

2 [a]Danach, vierzehn Jahre später, zog
ich abermals hinauf nach Jerusalem
mit Barnabas und nahm auch Titus mit
mir. 2 Ich zog aber hinauf aufgrund einer
Offenbarung und besprach mich mit ih-
nen über das Evangelium, das ich pre-
dige unter den Heiden, besonders aber
mit denen, die das Ansehen hatten, da-
mit ich nicht etwa vergeblich liefe oder
gelaufen wäre. 3 Aber selbst Titus, der bei
mir war, ein Grieche, wurde nicht ge-
zwungen, sich beschneiden zu lassen.[a]
4 Denn es hatten sich einige falsche Brü-
der mit eingedrängt und neben einge-
schlichen, um unsere Freiheit auszu-
kundschaften, die wir in Christus Jesus
haben, und uns zu knechten. 5 Denen
wichen wir auch nicht eine Stunde und
unterwarfen uns ihnen nicht, [a]damit
die Wahrheit des Evangeliums bei euch
bestehen bliebe.

6 Von denen aber, die das Ansehen hat-
ten – was sie früher gewesen sind, daran
liegt mir nichts; denn Gott achtet das
Ansehen der Menschen nicht –, mir ha-
ben die, die das Ansehen hatten, nichts
weiter auferlegt. 7 Im Gegenteil, da sie
sahen, dass mir [a]anvertraut war das
Evangelium an die Heiden so wie Petrus
das Evangelium an die Juden 8 – denn der
in Petrus wirksam gewesen ist zum Apos-
telamt unter den Juden, der ist auch in
mir wirksam gewesen unter den Heiden –,
9 und da sie die Gnade erkannten, die mir
gegeben war, gaben Jakobus und [a]Ke-
phas und Johannes, die als Säulen ange-
sehen werden, mir und Barnabas die
rechte Hand und wurden mit uns eins,
dass wir unter den Heiden, sie aber unter
den Juden predigen sollten, 10 nur dass
wir an die Armen dächten, was ich mich
auch eifrig bemüht habe zu tun.[a]

Die Auseinandersetzung des Paulus mit Petrus in Antiochia

11 Als aber Kephas nach Antiochia kam,
widerstand ich ihm ins Angesicht, denn
es war Grund zur Klage gegen ihn.
12 Denn bevor einige von Jakobus kamen,
[a]aß er mit den Heiden; als sie aber ka-
men, zog er sich zurück und sonderte
sich ab, weil er die aus dem Judentum
fürchtete. 13 Und mit ihm heuchelten
auch die andern Juden, sodass selbst
Barnabas verführt wurde, mit ihnen zu
heucheln. 14 Als ich aber sah, dass sie
nicht richtig handelten nach der Wahr-
heit des Evangeliums, sprach ich zu Ke-
phas öffentlich vor allen: Wenn du, der
du ein Jude bist, heidnisch lebst und
nicht jüdisch, warum zwingst du dann
die Heiden, jüdisch zu leben?

15 Wir sind von Geburt Juden und
nicht Sünder aus den Heiden. 16 Doch
weil wir wissen, dass [a]der Mensch durch
Werke des Gesetzes nicht gerecht wird,
sondern durch den Glauben an Jesus
Christus, sind auch wir zum Glauben an
Christus Jesus gekommen, damit wir ge-
recht werden durch den Glauben an
Christus und nicht durch Werke des Ge-
setzes; denn durch Werke des Gesetzes
wird kein Mensch gerecht. 17 Sollten wir
aber, die wir durch Christus gerecht zu
werden suchen, auch selbst als Sünder
befunden werden – ist dann Christus ein
Diener der Sünde? Das sei ferne! 18 Denn
wenn ich das, was ich abgebrochen habe,
wieder aufbaue, dann mache ich mich
selbst zu einem Übertreter.

19 Denn [a]ich bin durchs Gesetz dem
Gesetz gestorben, damit ich Gott lebe.
Ich bin mit Christus gekreuzigt. **20 Ich**
lebe, doch nun nicht ich, sondern [a]Chris-
tus lebt in mir. Denn was ich jetzt lebe im
Fleisch, das lebe ich im Glauben an den
Sohn Gottes, der mich geliebt hat und
[b]sich selbst für mich dahingegeben. 21 Ich
werfe nicht weg die Gnade Gottes; denn
wenn die Gerechtigkeit durch das Gesetz

1,21: *a* Apg 9,30 **2,1:** *a (1-10)* Apg 15,1-29; 4,36 **2,3:** *a* Apg 16,3; 1.Kor 9,21 **2,5:** *a* Kap 3,1 **2,7:** *a* Eph 3,1-2 **2,9:** *a* Joh 1,42 **2,10:** *a* Apg 11,29-30; 2.Kor 8,1–9,15 **2,12:** *a* Apg 11,2-3 **2,16:** *a* Röm 3,20.28; Eph 2,8 **2,19:** *a* Röm 7,6 **2,20:** *a* Joh 17,23; *b* Kap 1,4

kommt, so ist Christus vergeblich gestorben.

Die Gerechtigkeit aus dem Glauben

3 O ihr unverständigen Galater! Wer
hat euch bezaubert, denen doch Jesus
Christus vor die Augen gemalt war als
der Gekreuzigte? 2 Das allein will ich von
euch erfahren: Habt ihr den Geist empfangen durch des Gesetzes Werke oder
durch die Predigt vom Glauben? 3 Seid
ihr so unverständig? Im Geist habt ihr
angefangen, wollt ihr's denn nun im
Fleisch vollenden? 4 Habt ihr denn so vieles vergeblich erfahren? Wenn es denn
vergeblich war! 5 Der euch nun den Geist
darreicht und tut solche Taten unter
euch, tut er's durch des Gesetzes Werke
oder durch die Predigt vom Glauben?

6 So war es mit Abraham: »Er hat Gott
geglaubt und es ist ihm zur Gerechtigkeit
gerechnet worden« (1. Mose 15,6).[a] 7 Erkennt also: die aus dem Glauben sind,
das sind Abrahams Kinder. 8 Die Schrift
aber hat es vorausgesehen, dass Gott die
Heiden durch den Glauben gerecht
macht. Darum verkündigte sie dem Abraham (1. Mose 12,3): »In dir sollen alle
Heiden gesegnet werden.« 9 So werden
nun die, die aus dem Glauben sind, [a]gesegnet mit dem gläubigen Abraham.

10 Denn die aus den Werken des Gesetzes leben, die sind unter dem Fluch.
Denn es steht geschrieben (5. Mose
27,26): »Verflucht sei jeder, der nicht
bleibt bei alledem, was geschrieben steht
in dem Buch des Gesetzes, dass er's tue!«
11 Dass aber durchs Gesetz niemand gerecht wird vor Gott, ist offenbar; denn
[a]»der Gerechte wird aus Glauben leben«
(Habakuk 2,4). 12 Das Gesetz aber ist
nicht »aus Glauben«, sondern: »der
Mensch, der es tut, wird dadurch leben«
(3. Mose 18,5). 13 **Christus aber hat uns
erlöst von dem Fluch des Gesetzes, da er
[a]zum Fluch wurde für uns;** denn es steht
geschrieben (5. Mose 21,23): »Verflucht
ist jeder, der am Holz hängt«, 14 damit
der Segen Abrahams unter die Heiden
komme in Christus Jesus und wir den verheißenen Geist empfingen durch den Glauben.

Verheißung und Gesetz

15 Liebe Brüder, ich will nach menschlicher Weise reden: Man hebt doch das Testament eines Menschen nicht auf,
wenn es bestätigt ist, und setzt auch
nichts dazu. 16 Nun ist die Verheißung
Abraham zugesagt und seinem Nachkommen. Es heißt nicht: und den Nachkommen, als gälte es vielen, sondern es
gilt einem: »und deinem Nachkommen«
(1. Mose 22,18), welcher ist Christus.
17 Ich meine aber dies: Das Testament,
das von Gott zuvor bestätigt worden ist,
wird nicht aufgehoben durch das Gesetz,
das [a]vierhundertdreißig Jahre danach gegeben worden ist, sodass die Verheißung
zunichtewürde. 18 Denn wenn das Erbe
durch das Gesetz erworben würde, so
würde es nicht durch Verheißung gegeben; Gott aber hat es Abraham durch
Verheißung frei geschenkt.

19 Was soll dann das Gesetz? Es ist
[a]hinzugekommen um der Sünden willen,
bis der Nachkomme da sei, dem die Verheißung gilt, und zwar ist es von [b]Engeln
verordnet durch die Hand eines [c]Mittlers. 20 Ein Mittler aber ist nicht Mittler
eines Einzigen, Gott aber ist Einer.
21 Wie? Ist dann das Gesetz gegen Gottes
Verheißungen? Das sei ferne! Denn nur,
wenn ein Gesetz gegeben wäre, das [a]lebendig machen könnte, käme die Gerechtigkeit wirklich aus dem Gesetz.
22 Aber die Schrift [a]hat alles eingeschlossen unter die Sünde, damit die Verheißung durch den Glauben an Jesus Christus gegeben würde denen, die glauben.

23 Ehe aber der Glaube kam, waren wir
unter dem Gesetz verwahrt und verschlossen auf den Glauben hin, der dann
offenbart werden sollte.[a] 24 So ist das
Gesetz unser Zuchtmeister gewesen auf
Christus hin, damit wir durch den Glauben gerecht würden.

25 Nachdem aber der Glaube gekommen ist, [a]sind wir nicht mehr unter dem
Zuchtmeister. 26 Denn **ihr seid alle durch
den Glauben [a]Gottes Kinder in Christus
Jesus.** 27 Denn ihr alle, die ihr [a]auf Christus getauft seid, habt [b]Christus angezogen. 28 **Hier ist [a]nicht Jude noch Grie-**

3,6: *a* Röm 4,3 **3,9:** *a* Röm 4,16 **3,11:** *a* Röm 1,17; Hebr 10,38 **3,13:** *a* 2. Kor 5,21 **3,17:** *a* 2. Mose 12,40 **3,19:** *a* Röm 5,20; *b* Apg 7,38.53; Hebr 2,2; *c* 5. Mose 5,5 **3,21:** *a* Röm 8,2-4 **3,22:** *a* Röm 3,9-20; 11,32 **3,23:** *a* Kap 4,3 **3,25:** *a* Röm 10,4 **3,26:** *a* Joh 1,12; Röm 8,17 **3,27:** *a* Röm 6,3; *b* Röm 13,14 **3,28:** *a* Röm 10,12

che, hier ist nicht Sklave noch Freier, hier
ist nicht Mann noch Frau; denn [b]ihr seid
allesamt einer in Christus Jesus. 29 Gehört
ihr aber Christus an, so seid ihr ja Ab-
rahams Kinder und nach der Verheißung
Erben.

Befreiung vom Gesetz durch Christus

4 Ich sage aber: Solange der Erbe un-
mündig ist, ist zwischen ihm und
einem Knecht kein Unterschied, obwohl
er Herr ist über alle Güter; 2 sondern er
untersteht Vormündern und Pflegern bis
zu der Zeit, die der Vater bestimmt hat.
3 So auch wir: Als wir unmündig waren,
waren wir in der Knechtschaft der
[a]Mächte der Welt.

4 **Als aber [a]die Zeit erfüllt war, sandte**
Gott seinen Sohn, geboren von einer Frau
und unter das Gesetz getan, 5 **damit er die,**
die unter dem Gesetz waren, erlöste, damit
wir die Kindschaft empfingen. 6 Weil ihr
nun Kinder seid, hat Gott den Geist sei-
nes Sohnes gesandt in unsre Herzen, der
da ruft: [a]Abba, lieber Vater! 7 So bist du
nun nicht mehr Knecht, sondern Kind;
wenn aber Kind, dann auch [a]Erbe durch
Gott.

Warnung vor Rückfall in die Gesetzlichkeit

8 Aber zu der Zeit, als ihr Gott noch
nicht kanntet, dientet ihr denen, die in
Wahrheit nicht Götter sind. 9 Nachdem
ihr aber Gott erkannt habt, ja vielmehr
von Gott erkannt seid, wie wendet ihr
euch dann wieder den schwachen und
dürftigen Mächten zu, denen ihr von
Neuem dienen wollt? 10 Ihr haltet be-
stimmte Tage ein und Monate und Zei-
ten und Jahre.[a] 11 Ich fürchte für euch,
dass ich vielleicht [a]vergeblich an euch
gearbeitet habe.

12 Werdet doch wie ich, denn ich wurde
wie ihr, liebe Brüder, ich bitte euch. Ihr
habt mir kein Leid getan. 13 Ihr wisst
doch, dass ich euch [a]in Schwachheit des
Leibes das Evangelium gepredigt habe
[b]beim ersten Mal. 14 Und obwohl meine
leibliche Schwäche euch ein Anstoß war,
habt ihr mich nicht verachtet oder vor
mir ausgespuckt, sondern wie einen En-
gel Gottes nahmt ihr mich auf, ja wie
Christus Jesus. 15 Wo sind nun eure Selig-
preisungen geblieben? Denn ich bezeuge
euch, ihr hättet, wenn es möglich ge-
wesen wäre, eure Augen ausgerissen und
mir gegeben. 16 Bin ich denn damit euer
Feind geworden, dass ich euch die Wahr-
heit vorhalte?

17 Es ist nicht recht, wie sie [a]um euch
werben; sie wollen euch nur von mir ab-
spenstig machen, damit ihr um sie wer-
ben sollt. 18 Umworben zu werden ist gut,
wenn's im Guten geschieht, und zwar im-
mer und nicht nur in meiner Gegenwart,
wenn ich bei euch bin. 19 Meine lieben
Kinder, [a]die ich abermals unter Wehen
gebäre, bis Christus in euch Gestalt ge-
winne! – 20 Ich wollte aber, dass ich jetzt
bei euch wäre und mit andrer Stimme zu
euch reden könnte; denn ich bin irre an
euch.

Knechtschaft und Freiheit

21 Sagt mir, die ihr unter dem Gesetz sein
wollt: Hört ihr das Gesetz nicht? 22 Denn
es steht geschrieben, dass Abraham zwei
Söhne hatte, [a]den einen von der Magd,
[b]den andern von der Freien. 23 Aber der
von der Magd ist nach dem Fleisch ge-
zeugt worden, [a]der von der Freien aber
kraft der Verheißung.

24 Diese Worte haben tiefere Bedeu-
tung. Denn die beiden Frauen bedeuten
zwei Bundesschlüsse: einen vom Berg Si-
nai, der zur [a]Knechtschaft gebiert, das
ist Hagar; 25 denn Hagar bedeutet den
Berg Sinai in Arabien und ist ein Gleich-
nis für das jetzige Jerusalem, das mit
seinen Kindern in der Knechtschaft lebt.
26 Aber [a]das Jerusalem, das droben ist,
das ist die Freie; das ist unsre Mutter.
27 Denn es steht geschrieben (Jesaja 54,1):
»Sei fröhlich, du Unfruchtbare, die du
nicht gebierst! Brich in Jubel aus und
jauchze, die du nicht schwanger bist.
Denn die Einsame hat viel mehr Kinder,
als die den Mann hat.« 28 Ihr aber, liebe
Brüder, seid wie Isaak Kinder der Ver-
heißung.

29 Aber wie zu jener Zeit der, der nach

3,28: *b* 1.Kor 12,13 **4,3:** *a* Verse 8-10; Kap 5,1; Kol 2,20 **4,4:** *a* Mk 1,15; Eph 1,10 **4,6:** *a* Röm 8,15 **4,7:** *a* Röm 8,16-17 **4,10:** *a* Röm 14,5; Kol 2,16.20-21 **4,11:** *a* 2.Joh 8 **4,13:** *a* 1.Kor 2,3; *b* Apg 16,6 **4,17:** *a* Kap 1,7 **4,19:** *a* 1.Kor 4,15 **4,22:** *a* 1.Mose 16,15; *b* 1.Mose 21,2 **4,23:** *a* Röm 9,7-9 **4,24:** *a* Kap 5,1; Röm 8,15 **4,26:** *a* Hebr 12,22; Offb 21,2

dem Fleisch gezeugt war, den verfolgte,
der nach dem Geist gezeugt war, so geht
es auch jetzt. 30 Doch was spricht die
Schrift? »Stoß die Magd hinaus mit ih-
rem Sohn; denn der Sohn der Magd soll
nicht erben mit dem Sohn der Freien«
(1. Mose 21,10). 31 So sind wir nun, liebe
Brüder, nicht Kinder der Magd, sondern
der Freien.

Aufruf zur rechten Freiheit

5 **Zur [a] Freiheit hat uns Christus befreit!
So steht nun fest und [b] lasst euch nicht
wieder das Joch der Knechtschaft aufle-
gen!** 2 Siehe, ich, Paulus, sage euch: Wenn
ihr euch beschneiden lasst, so wird euch
Christus nichts nützen. 3 Ich bezeuge
abermals einem jeden, der sich beschnei-
den lässt, dass er das ganze Gesetz zu tun
schuldig ist. 4 Ihr habt Christus verloren,
die ihr durch das Gesetz gerecht werden
wollt, und seid aus der Gnade gefallen.
5 Denn wir warten im Geist durch den
Glauben auf die Gerechtigkeit, auf die
man hoffen muss. 6 Denn [a] **in Christus
Jesus gilt weder Beschneidung noch Unbe-
schnittensein etwas, sondern der Glaube,
der durch die Liebe tätig ist.**

7 Ihr lieft so gut. Wer hat euch aufge-
halten, der Wahrheit nicht zu gehorchen?
8 Solches Überreden kommt nicht von
dem, der euch berufen hat. 9 Ein wenig
Sauerteig durchsäuert den ganzen Teig. [a]
10 Ich habe das Vertrauen zu euch in dem
Herrn, ihr werdet nicht anders gesinnt
sein. Wer euch aber [a] irremacht, der wird
sein Urteil tragen, er sei, wer er wolle.

11 Ich aber, liebe Brüder, wenn ich die
Beschneidung noch predige, warum
[a] leide ich dann Verfolgung? Dann wäre
das [b] Ärgernis des Kreuzes aufgehoben.
12 Sollen sie sich doch gleich verschnei-
den lassen, die euch aufhetzen!

13 Ihr aber, liebe Brüder, seid zur Frei-
heit berufen. Allein [a] seht zu, dass ihr
durch die Freiheit nicht dem Fleisch*
Raum gebt; sondern durch die Liebe
diene einer dem andern. 14 Denn **das
ganze Gesetz ist in einem Wort erfüllt,
in dem** (3. Mose 19,18): **»Liebe deinen
Nächsten wie dich selbst!«** 15 Wenn ihr
euch aber untereinander beißt und fresst,
so seht zu, dass ihr nicht einer vom an-
dern aufgefressen werdet. [a]

Das Leben im Geist

16 Ich sage aber: Lebt im Geist, so werdet
ihr die Begierden des Fleisches nicht voll-
bringen. 17 Denn das Fleisch begehrt auf
gegen den Geist und der Geist gegen das
Fleisch; die sind gegeneinander, sodass
ihr nicht tut, was ihr wollt. [a] 18 Regiert
euch aber der Geist, so seid ihr nicht
unter dem Gesetz.

19 [a] Offenkundig sind aber die Werke
des Fleisches, als da sind: Unzucht, Un-
reinheit, Ausschweifung, 20 Götzendienst,
Zauberei, Feindschaft, Hader, Eifer-
sucht, Zorn, Zank, Zwietracht, Spaltun-
gen, 21 Neid, Saufen, Fressen und der-
gleichen. Davon habe ich euch voraus-
gesagt und sage noch einmal voraus:
[a] Die solches tun, werden das Reich Got-
tes nicht erben. 22 **Die [a] Frucht aber des
Geistes ist Liebe, Freude, Friede, Geduld,
Freundlichkeit, Güte, Treue,** 23 **Sanftmut,
Keuschheit;** gegen all dies ist das Gesetz
nicht. [a]

24 Die aber Christus Jesus angehören,
die [a] haben ihr Fleisch gekreuzigt samt
den Leidenschaften und Begierden.
25 **Wenn wir [a] im Geist leben, so lasst uns
auch im Geist wandeln.** 26 Lasst uns nicht
nach [a] eitler Ehre trachten, einander
nicht herausfordern und beneiden.

Mahnung zur Brüderlichkeit

6 Liebe Brüder, [a] wenn ein Mensch
etwa von einer Verfehlung ereilt wird,
so helft ihm wieder zurecht mit sanftmü-
tigem Geist, ihr, die ihr geistlich seid; und
sieh auf dich selbst, dass du nicht auch
versucht werdest. 2 **Einer trage des andern
Last, so werdet ihr das Gesetz Christi
erfüllen.** [a]

3 Denn wenn jemand meint, er sei
etwas, obwohl er doch nichts ist, der
betrügt sich selbst. 4 Ein jeder aber
[a] prüfe sein eigenes Werk; und dann wird

* Siehe Sach- und Worterklärungen zu »Fleisch«.

5,1: *a* Kap 4,5; *b* Apg 15,10 **5,6:** *a* Kap 6,15; Röm 2,26; 1. Kor 7,19 **5,9:** *a* 1. Kor 5,6 **5,10:** *a* Kap 1,7 **5,11:** *a* 1. Kor 15,30; *b* Kap 6,12; 1. Kor 1,23 **5,13:** *a* 1. Petr 2,16; 2. Petr 2,19 **5,15:** *a* Jak 4,2 **5,17:** *a* Röm 7,15.23 **5,19:** *a (19-21)* 1. Kor 6,9-10 **5,21:** *a* Eph 5,5; Offb 22,15 **5,22:** *a* Eph 5,9 **5,23:** *a* 1. Tim 1,9 **5,24:** *a* Röm 6,6 **5,25:** *a* Röm 8,4 **5,26:** *a* Phil 2,3 **6,1:** *a* Mt 18,15; Jak 5,19 **6,2:** *a* 2. Kor 11,29 **6,4:** *a* 2. Kor 13,5

er seinen Ruhm bei sich selbst haben
und nicht gegenüber einem andern.
5 Denn ein jeder wird seine eigene Last
tragen.[a]
6 Wer aber unterrichtet wird im Wort,
der gebe dem, der ihn unterrichtet, An-
teil an allem Guten.[a] 7 **Irret euch nicht!
Gott lässt sich nicht spotten. Denn** [a]**was
der Mensch sät, das wird er ernten.** 8 Wer
auf sein Fleisch sät, der wird von dem
Fleisch das Verderben ernten; wer aber
auf den Geist sät, der wird von dem
Geist das ewige Leben ernten.[a] 9 Lasst
uns aber [a]Gutes tun und nicht müde
werden; denn zu seiner Zeit werden wir
auch ernten, wenn wir nicht nachlassen.
10 Darum, solange wir noch Zeit haben,
**lasst uns Gutes tun an jedermann, aller-
meist aber an des Glaubens Genossen.**[a]

Eigenhändiger Briefschluss

11 Seht, mit wie großen Buchstaben ich
euch schreibe mit eigener Hand! 12 Die
Ansehen haben wollen nach dem Fleisch,
die zwingen euch zur Beschneidung, nur
[a]damit sie nicht um des Kreuzes Christi
willen verfolgt werden. 13 Denn auch sie
selbst, die sich beschneiden lassen, halten
das Gesetz nicht, sondern sie wollen,
dass ihr euch beschneiden lasst, damit sie
sich dessen rühmen können. 14 **Es sei aber
fern von mir,** [a]**mich zu rühmen als allein
des Kreuzes unseres Herrn Jesus Christus,
durch den mir die Welt gekreuzigt ist und
ich der Welt.** 15 Denn [a]in Christus Jesus
gilt weder Beschneidung noch Unbe-
schnittensein etwas, sondern [b]eine neue
Kreatur. 16 Und alle, die sich nach diesem
Maßstab richten – [a]Friede und Barm-
herzigkeit über sie und über das Israel
Gottes! 17 Hinfort mache mir niemand
weiter Mühe; denn [a]ich trage die Mal-
zeichen Jesu an meinem Leibe.
18 Die Gnade unseres Herrn Jesus
Christus sei mit eurem Geist, liebe Brü-
der! Amen.

DER BRIEF DES PAULUS AN DIE EPHESER

Inhaltsübersicht

1 Paulus, ein Apostel Christi Jesu durch
den Willen Gottes, an die Heiligen in
Ephesus*, die Gläubigen in Christus Je-
sus:
2 Gnade sei mit euch und Friede von
Gott, unserm Vater, und dem Herrn Je-
sus Christus!

Lobpreis Gottes für die Erlösung durch Christus

3 **Gelobt sei Gott, der Vater unseres Herrn
Jesus Christus, der uns gesegnet hat mit
allem geistlichen Segen im Himmel durch
Christus.** 4 Denn in ihm [a]hat er uns er-
wählt, ehe der Welt Grund gelegt war,
dass wir [b]heilig und untadelig vor ihm
sein sollten; in seiner Liebe 5 hat er uns
dazu vorherbestimmt, seine Kinder zu
sein durch Jesus Christus nach dem
Wohlgefallen seines Willens, 6 zum Lob
seiner herrlichen Gnade, mit der er uns
begnadet hat in dem [a]Geliebten.
7 In ihm haben wir die [a]Erlösung
durch sein Blut, die Vergebung der Sün-
den, nach dem [b]Reichtum seiner Gnade,
8 die er uns reichlich hat widerfahren las-
sen in aller Weisheit und Klugheit.
9 Denn Gott hat uns wissen lassen das
[a]Geheimnis seines Willens nach seinem
Ratschluss, den er zuvor in Christus ge-
fasst hatte, 10 um ihn auszuführen, [a]wenn

* In wichtigen alten Handschriften fehlt »in Ephesus«, aber auch sie haben die Briefüberschrift »An die Epheser«.

6,5: *a* Röm 14,12 **6,6:** *a* 1. Kor 9,14 **6,7:** *a* Jer 21,14 **6,8:** *a* Röm 8,13 **6,9:** *a* 2. Thess 3,13 **6,10:** *a* 2. Petr 1,7 **6,12:** *a* Kap 5,11 **6,14:** *a* 1. Kor 1,31; 2,2 **6,15:** *a* Kap 5,6; 1. Kor 7,19; *b* 2. Kor 5,17 **6,16:** *a* Ps 125,5 **6,17:** *a* 2. Kor 4,10 **1,4:** *a* Röm 8,28-30; *b* Kap 5,27 **1,6:** *a* Mt 3,17 **1,7:** *a* Kol 1,14; *b* Kap 2,7; 3,8.16 **1,9:** *a* Kap 3,3-6.9; Röm 16,25; Kol 1,26-27 **1,10:** *a* Gal 4,4

die Zeit erfüllt wäre, dass alles zusam-
mengefasst würde in Christus, was im
Himmel und auf Erden ist.
11 In ihm sind wir auch zu [a]Erben ein-
gesetzt worden, die wir dazu vorherbe-
stimmt sind nach dem Vorsatz dessen,
der alles wirkt nach dem Ratschluss sei-
nes Willens; 12 damit wir etwas seien zum
Lob seiner Herrlichkeit, die wir zuvor
auf Christus gehofft haben.
13 In ihm seid auch ihr, die ihr das
Wort der Wahrheit gehört habt, nämlich
das Evangelium von eurer Seligkeit – in
ihm seid auch ihr, als ihr gläubig wurdet,
[a]versiegelt worden mit dem Heiligen
Geist, der verheißen ist, 14 welcher ist das
[a]Unterpfand unsres Erbes, zu unsrer Er-
lösung, dass wir sein Eigentum würden
zum Lob seiner Herrlichkeit.

Gebet um Erkenntnis der Herrlichkeit Christi

15 Darum auch ich, nachdem ich gehört
habe von dem Glauben bei euch an den
Herrn Jesus und von eurer Liebe zu allen
Heiligen, 16 [a]höre ich nicht auf, zu dan-
ken für euch, und gedenke euer in mei-
nem Gebet, 17 dass der Gott unseres
Herrn Jesus Christus, der Vater der Herr-
lichkeit, euch gebe den Geist der Weisheit
und der Offenbarung, ihn zu erkennen.
18 Und er gebe euch erleuchtete Augen
des Herzens, damit ihr erkennt, zu wel-
cher Hoffnung ihr von ihm berufen seid,
wie reich die Herrlichkeit seines Erbes
für die Heiligen ist 19 und wie über-
schwänglich groß seine Kraft an uns, die
wir glauben, weil die Macht seiner Stärke
bei uns wirksam wurde, 20 mit der er in
Christus gewirkt hat.
Durch sie hat er ihn von den Toten
auferweckt und [a]eingesetzt zu seiner
Rechten im Himmel 21 über alle Reiche,
Gewalt, Macht, Herrschaft und alles,
was sonst einen Namen hat, nicht allein
in dieser Welt, sondern auch in der zu-
künftigen.[a] 22 [a]Und alles hat er unter
seine Füße getan und hat ihn gesetzt der
Gemeinde zum [b]Haupt über alles, 23 wel-
che sein [a]Leib ist, nämlich die [b]Fülle
dessen, der alles in allem erfüllt.

Das neue Leben als Geschenk der Gnade

2 Auch ihr wart tot durch eure Über-
tretungen und Sünden,[a] 2 in denen
ihr [a]früher gelebt habt nach der Art die-
ser Welt, unter dem [b]Mächtigen, der in
der Luft herrscht, nämlich dem Geist,
der zu dieser Zeit am Werk ist in den
Kindern des Ungehorsams. 3 Unter ihnen
haben auch wir alle einst unser Leben
geführt [a]in den Begierden unsres Flei-
sches und taten den Willen des Fleisches
und der Sinne und waren Kinder des
[b]Zorns von Natur wie auch die andern.
4 Aber Gott, der reich ist an Barmher-
zigkeit, hat in seiner großen Liebe, mit
der er uns geliebt hat, 5 auch uns, die wir
tot waren in den Sünden, mit Christus
lebendig gemacht – aus Gnade seid ihr
selig geworden –; 6 und er hat uns mit
auferweckt und mit eingesetzt im Him-
mel in Christus Jesus,[a] 7 damit er in den
kommenden Zeiten erzeige den über-
schwänglichen [a]Reichtum seiner Gnade
durch seine Güte gegen uns in Christus
Jesus. 8 Denn [a]**aus Gnade seid ihr selig**
geworden durch Glauben, und [b]**das nicht**
aus euch: Gottes Gabe ist es, 9 [a]**nicht aus**
Werken, [b]**damit sich nicht jemand rühme.**
10 Denn wir sind sein Werk, geschaffen in
Christus Jesus [a]zu guten Werken, die
Gott zuvor bereitet hat, dass wir darin
wandeln sollen.

Die Einheit der Gemeinde aus Juden und Heiden

11 Darum denkt daran, dass ihr, die ihr
von Geburt [a]einst Heiden wart und Un-
beschnittene genannt wurdet von denen,
die äußerlich beschnitten sind, 12 dass ihr
zu jener Zeit ohne Christus wart, [a]ausge-
schlossen vom Bürgerrecht Israels und
Fremde außerhalb des Bundes der Ver-
heißung; daher hattet ihr [b]keine Hoff-
nung und wart ohne Gott in der Welt.
13 Jetzt aber in Christus Jesus seid ihr, die
ihr einst Ferne wart, Nahe geworden
durch das Blut Christi.

1,11: *a* Kol 1,12 **1,13:** *a* Kap 4,30 **1,14:** *a* 2. Kor 1,22; 5,5 **1,16:** *a (16-17)* Kol 1,4.9 **1,20:** *a* Ps 110,1 **1,21:** *a* Röm 8,38-39; Phil 2,9; Kol 2,10 **1,22:** *a* Ps 8,7; Mt 28,18; *b* Kap 4,15 **1,23:** *a* Kap 5,30; 1. Kor 12,27; *b* Kol 1,19 **2,1:** *a* Lk 15,24.32; Kol 2,13 **2,2:** *a* Tit 3,3; *b* Kap 6,12; Joh 12,31 **2,3:** *a* 1. Petr 4,3; *b* Kol 3,6 **2,6:** *a* Phil 3,20 **2,7:** *a* Kap 1,7 **2,8:** *a* Röm 3,23-24; *b* Gal 2,16 **2,9:** *a* Röm 3,28; *b* 1. Kor 1,29 **2,10:** *a* Tit 2,14 **2,11:** *a* Kap 5,8 **2,12:** *a* Röm 9,4; *b* 1. Thess 4,13

14 Denn **er ist unser** [a]**Friede**, der aus beiden [b]**eines** gemacht hat und den Zaun abgebrochen hat, der dazwischen war, nämlich die Feindschaft. Durch das Opfer seines Leibes 15 hat er [a]abgetan das Gesetz mit seinen Geboten und Satzungen, damit er in sich selber aus den zweien **einen neuen** Menschen schaffe und Frieden mache 16 und die beiden versöhne mit Gott in **einem** Leib durch das Kreuz, indem er die Feindschaft tötete durch sich selbst. 17 Und er ist gekommen und hat im Evangelium [a]Frieden verkündigt euch, die ihr fern wart, und Frieden denen, die nahe waren. 18 Denn durch ihn haben wir alle beide in **einem** Geist den [a]Zugang zum Vater.

19 So seid ihr nun nicht mehr Gäste und Fremdlinge, sondern [a]Mitbürger der Heiligen und Gottes Hausgenossen, 20 erbaut auf den [a]Grund der Apostel und Propheten, da Jesus Christus der [b]Eckstein ist, 21 auf welchem der ganze Bau ineinandergefügt wächst zu einem heiligen Tempel in dem Herrn. 22 Durch ihn werdet auch ihr mit erbaut zu einer Wohnung Gottes im Geist.

Das Amt des Apostels für die Heiden

3 Deshalb sage ich, Paulus, der [a]Gefangene Christi Jesu für euch Heiden – 2 ihr habt ja gehört, welches Amt die Gnade Gottes mir [a]für euch gegeben hat: 3 Durch Offenbarung ist mir [a]das Geheimnis kundgemacht worden, wie ich eben aufs Kürzeste geschrieben habe. 4 Daran könnt ihr, wenn ihr's lest, meine Einsicht in das Geheimnis Christi erkennen. 5 Dies war in früheren Zeiten den Menschenkindern nicht kundgemacht, wie es jetzt offenbart ist seinen heiligen Aposteln und Propheten durch den Geist;[a] 6 nämlich dass [a]die Heiden Miterben sind und mit zu seinem Leib gehören und Mitgenossen der Verheißung in Christus Jesus sind durch das Evangelium, 7 dessen Diener ich geworden bin durch die Gabe der Gnade Gottes, die mir nach seiner mächtigen Kraft gegeben ist.

8 Mir, dem [a]allergeringsten unter allen Heiligen, ist die Gnade gegeben worden, [b]den Heiden zu verkündigen den unausforschlichen [c]Reichtum Christi 9 und für alle ans Licht zu bringen, wie Gott seinen geheimen Ratschluss ausführt, der von Ewigkeit her verborgen war in ihm, der alles geschaffen hat;[a] 10 damit jetzt kundwerde die mannigfaltige Weisheit Gottes den [a]Mächten und Gewalten im Himmel durch die Gemeinde. 11 Diesen ewigen Vorsatz hat Gott ausgeführt in Christus Jesus, unserm Herrn, 12 durch den wir [a]Freimut und Zugang haben in aller Zuversicht durch den Glauben an ihn. 13 Darum bitte ich, dass ihr nicht müde werdet wegen der Bedrängnisse, die ich [a]für euch erleide, die für euch eine Ehre sind.

Die Fürbitte des Apostels für die Gemeinde

14 Deshalb beuge ich meine Knie vor dem Vater, 15 der der rechte Vater ist über alles, was da Kinder heißt im Himmel und auf Erden, 16 dass er euch Kraft gebe nach dem [a]Reichtum seiner Herrlichkeit, [b]stark zu werden durch seinen Geist an dem [c]inwendigen Menschen, 17 dass [a]Christus durch den Glauben in euren Herzen wohne und ihr in der Liebe [b]eingewurzelt und gegründet seid.

18 So könnt ihr mit allen Heiligen begreifen, welches die Breite und die Länge und die Höhe und die Tiefe ist, 19 auch die [a]Liebe Christi erkennen, die alle Erkenntnis übertrifft, damit ihr erfüllt werdet mit der ganzen Gottesfülle. 20 Dem aber, der überschwänglich tun kann über alles hinaus, was wir bitten oder verstehen, nach der Kraft, die in uns wirkt, 21 dem sei Ehre in der Gemeinde und in Christus Jesus zu aller Zeit, von Ewigkeit zu Ewigkeit! Amen.

Die Einheit im Geist und die Vielfalt der Gaben

4 So ermahne ich euch nun, ich, der Gefangene in dem Herrn, dass ihr [a]der Berufung würdig lebt, mit der ihr

2,14: *a* Jes 9,5; *b* Gal 3,28 **2,15:** *a* Kol 2,14 **2,17:** *a* Jes 57,19 **2,18:** *a* Kap 3,12 **2,19:** *a* Kap 3,6; Hebr 12,22-23 **2,20:** *a* Mt 16,18; *b* Jes 28,16; 1.Petr 2,4-6 **3,1:** *a* Phil 1,7.13 **3,2:** *a* Gal 2,7 **3,3:** *a* Kap 1,9-10; Gal 1,12 **3,5:** *a* Kol 1,26 **3,6:** *a* Kap 2,13.18-19; Apg 15,7-9 **3,8:** *a* 1.Kor 15,9-10; *b* Gal 1,16; *c* Kap 1,7 **3,9:** *a* Kap 1,9-10; Röm 16,25-26; Kol 1,16 **3,10:** *a* 1.Petr 1,12 **3,12:** *a* Röm 5,2 **3,13:** *a* Kol 1,24 **3,16:** *a* Kap 1,7; *b* Kap 6,10; *c* 2.Kor 4,16 **3,17:** *a* Joh 14,23; *b* Kol 2,7 **3,19:** *a* Kol 2,2-3 **4,1:** *a* Kol 1,10; 1.Thess 2,12

berufen seid, 2 in aller Demut und Sanft-
mut, in Geduld. [a]Ertragt einer den an-
dern in Liebe 3 [a]und **seid darauf bedacht,**
zu wahren die [b]Einigkeit im Geist durch
das Band des Friedens: 4 [a]ein Leib und
ein Geist, wie ihr auch berufen seid zu
einer Hoffnung eurer Berufung; 5 [a]ein
Herr, ein Glaube, eine Taufe; 6 ein Gott
und Vater aller, der da ist über allen und
durch alle und in allen.[a]

7 Einem jeden aber von uns ist die
[a]Gnade gegeben nach dem Maß der
Gabe Christi. 8 Darum heißt es (Psalm
68,19): »Er ist aufgefahren zur Höhe und
hat [a]Gefangene mit sich geführt* und
hat den Menschen Gaben gegeben.«
9 Dass er aber [a]aufgefahren ist, was heißt
das anderes, als dass er auch hinabge-
fahren ist in die Tiefen der Erde? 10 Der
hinabgefahren ist, das ist derselbe, der
aufgefahren ist über alle Himmel, damit
er alles erfülle.

11 Und er hat einige als [a]Apostel ein-
gesetzt, einige als Propheten, einige als
[b]Evangelisten, einige als Hirten und
Lehrer, 12 damit die Heiligen zugerüstet
werden zum Werk des Dienstes. Dadurch
soll der Leib Christi [a]erbaut werden,
13 bis wir alle hingelangen zur Einheit des
Glaubens und der Erkenntnis des Sohnes
Gottes, zum vollendeten Mann, zum vol-
len Maß der Fülle Christi, 14 damit wir
[a]nicht mehr unmündig seien und uns
[b]von jedem Wind einer Lehre bewegen
und umhertreiben lassen durch trügeri-
sches Spiel der Menschen, mit dem sie
uns arglistig verführen.

15 **Lasst uns aber wahrhaftig sein in der**
Liebe und wachsen in allen Stücken zu
dem hin, der [a]das Haupt ist, Christus,
16 [a]von dem aus der ganze Leib zusam-
mengefügt ist und ein Glied am andern
hängt durch alle Gelenke, wodurch jedes
Glied das andere unterstützt nach dem
Maß seiner Kraft und macht, dass der
Leib wächst und sich selbst aufbaut in
der Liebe.

Der alte und der neue Mensch

17 So sage ich nun und bezeuge in dem
Herrn, dass ihr nicht mehr leben dürft,
wie die Heiden leben [a]in der Nichtigkeit
ihres Sinnes. 18 Ihr Verstand ist verfins-
tert, und sie sind [a]entfremdet dem Le-
ben, das aus Gott ist, durch die Unwis-
senheit, die in ihnen ist, und durch die
Verstockung ihres Herzens. 19 Sie sind ab-
gestumpft und haben sich der Ausschwei-
fung ergeben, um allerlei unreine Dinge
zu treiben in Habgier.

20 Ihr aber habt Christus nicht so ken-
nengelernt; 21 ihr habt doch von ihm ge-
hört und seid in ihm unterwiesen, wie es
Wahrheit in Jesus ist. 22 [a]Legt von euch
ab den alten Menschen mit seinem frü-
heren Wandel, der sich [b]durch trügeri-
sche Begierden zugrunde richtet. 23 Er-
neuert euch aber in eurem Geist und
Sinn[a] 24 und **zieht den neuen Menschen**
an, [a]der nach Gott geschaffen ist in wah-
rer Gerechtigkeit und Heiligkeit.

Weisungen für das neue Leben

25 Darum legt die Lüge ab und [a]redet die
Wahrheit, ein jeder mit seinem Nächsten,
weil wir untereinander Glieder sind.
26 [a]Zürnt ihr, so sündigt nicht; [b]**lasst die**
Sonne nicht über eurem Zorn untergehen
27 und gebt nicht Raum dem Teufel.
28 Wer gestohlen hat, der [a]stehle nicht
mehr, sondern [b]arbeite und schaffe mit
eigenen Händen das nötige Gut, damit er
dem Bedürftigen abgeben kann. 29 Lasst
kein [a]faules Geschwätz aus eurem Mund
gehen, sondern redet, [b]was gut ist, was
erbaut und was notwendig ist, damit es
Segen bringe denen, die es hören.
30 [a]Und betrübt nicht den Heiligen Geist
Gottes, mit dem ihr [b]versiegelt seid für
den Tag der Erlösung. 31 Alle Bitterkeit
und Grimm und Zorn und Geschrei und
Lästerung seien fern von euch samt aller
Bosheit.[a] 32 Seid aber untereinander
freundlich und herzlich und [a]vergebt

* Luther übersetzte: »und hat das Gefängnis gefangen geführt«.

4,2: *a* Kol 3,12-13 **4,3:** *a (3-4)* Kol 3,15; *b* Phil 2,2 **4,4:** *a* Röm 12,5 **4,5:** *a* 1.Kor 8,6 **4,6:** *a* 1.Kor 12,6 **4,7:** *a* Röm 12,3.6; 1.Kor 12,11 **4,8:** *a* Kol 2,15 **4,9:** *a* Joh 3,13 **4,11:** *a* 1.Kor 12,28; *b* Apg 21,8 **4,12:** *a* 1.Kor 14,26; 1.Petr 2,5 **4,14:** *a* 1.Kor 14,20; *b* Hebr 13,9; Jak 1,6 **4,15:** *a* Kap 1,22; 5,23; Kol 1,18 **4,16:** *a* Kol 2,19 **4,17:** *a* Röm 1,21-24 **4,18:** *a* Kap 2,12 **4,22:** *a (22-25)* Kol 3,9-10; *b* Röm 8,13; Gal 6,8 **4,23:** *a* Röm 12,2 **4,24:** *a* 1.Mose 1,26-27 **4,25:** *a* Sach 8,16 **4,26:** *a* Ps 4,5; *b* Jak 1,19-20 **4,28:** *a* 2.Mose 20,15; *b* 1.Thess 4,11 **4,29:** *a* Kap 5,4; *b* Kol 4,6 **4,30:** *a* Jes 63,10; *b* Kap 1,13-14 **4,31:** *a* Kol 3,8 **4,32:** *a* Mt 6,14; 18,22-35; Kol 3,13

einer dem andern, wie auch Gott euch vergeben hat in Christus.

Das Leben im Licht

5 So [a]folgt nun Gottes Beispiel als die geliebten Kinder 2und lebt in der Liebe, [a]wie auch Christus uns geliebt hat und hat sich selbst für uns gegeben als Gabe und Opfer, Gott zu einem lieblichen Geruch.

3Von Unzucht aber und jeder Art Unreinheit oder Habsucht soll bei euch nicht einmal die Rede sein, wie es sich für die Heiligen gehört.[a] 4Auch [a]schandbare und närrische oder lose Reden stehen euch nicht an, sondern vielmehr Danksagung. 5Denn das sollt ihr wissen, dass kein Unzüchtiger oder Unreiner oder Habsüchtiger – das sind Götzendiener – ein Erbteil hat im Reich Christi und Gottes.[a] 6Lasst euch von niemandem verführen mit leeren Worten; denn [a]um dieser Dinge willen kommt der Zorn Gottes über die Kinder des Ungehorsams. 7Darum seid nicht ihre Mitgenossen.

8Denn ihr wart früher Finsternis; nun aber seid ihr Licht in dem Herrn.[a] Lebt als [b]Kinder des Lichts; 9[a]**die Frucht des Lichts ist lauter Güte und Gerechtigkeit und Wahrheit.** 10Prüft, was dem Herrn wohlgefällig ist,[a] 11und habt nicht Gemeinschaft mit den unfruchtbaren Werken der Finsternis; deckt sie vielmehr auf. 12Denn was von ihnen heimlich getan wird, davon auch nur zu reden ist schändlich.[a] 13Das alles aber wird offenbar, wenn's vom Licht aufgedeckt wird; 14denn alles, was offenbar wird, das ist Licht.[a] Darum heißt es: [b]**Wach auf, der du schläfst, und steh auf von den Toten, so wird dich Christus** [c]**erleuchten.**

15So seht nun sorgfältig darauf, wie ihr euer Leben führt, nicht als Unweise, sondern als Weise,[a] 16und **kauft die Zeit aus; denn es ist böse Zeit.** 17Darum werdet nicht unverständig, sondern versteht, was der Wille des Herrn ist. 18Und [a]sauft euch nicht voll Wein, woraus ein unordentliches Wesen folgt, sondern lasst euch vom Geist erfüllen. 19Ermuntert einander mit Psalmen und Lobgesängen und geistlichen Liedern, singt und spielt dem Herrn in eurem Herzen[a] 20und [a]sagt Dank Gott, dem Vater, allezeit für alles, im Namen unseres Herrn Jesus Christus.

Die christliche Haustafel

(Kol 3,18–4,1; 1. Petr 2,18–3,7)

21[a]Ordnet euch einander unter in der Furcht Christi. 22Ihr Frauen, ordnet euch euren Männern unter wie dem Herrn.[a] 23Denn [a]der Mann ist das Haupt der Frau, wie auch [b]Christus das Haupt der Gemeinde ist, die er als seinen Leib erlöst hat. 24Aber wie nun die Gemeinde sich Christus unterordnet, so sollen sich auch die Frauen ihren Männern unterordnen in allen Dingen.

25Ihr Männer, liebt eure Frauen, wie auch Christus die Gemeinde geliebt hat und hat sich selbst für sie dahingegeben, 26um sie zu heiligen. Er hat sie [a]gereinigt durch das Wasserbad im Wort, damit er 27sie vor sich stelle als eine Gemeinde, die herrlich sei und keinen Flecken oder Runzel oder etwas dergleichen habe, sondern die heilig und untadelig sei.[a] 28So sollen auch die Männer ihre Frauen lieben wie ihren eigenen Leib. Wer seine Frau liebt, der liebt sich selbst. 29Denn niemand hat je sein eigenes Fleisch gehasst; sondern er nährt und pflegt es wie auch Christus die Gemeinde. 30Denn wir sind [a]Glieder seines Leibes. 31»Darum wird ein Mann Vater und Mutter verlassen und an seiner Frau hängen, und die zwei werden **ein** Fleisch sein« (1. Mose 2,24). 32Dies Geheimnis ist groß; ich deute es aber auf Christus und die Gemeinde. 33Darum auch ihr: ein jeder habe lieb seine Frau wie sich selbst; die Frau aber ehre den Mann.

6 [a]Ihr Kinder, seid gehorsam euren Eltern in dem Herrn; denn das ist recht. 2»Ehre Vater und Mutter«, das ist das

5,1: *a* Lk 6,36 **5,2:** *a* Gal 2,20 **5,3:** *a* Kol 3,5 **5,4:** *a* Kap 4,29 **5,5:** *a* 1. Kor 6,9-10; Offb 21,8; 22,15 **5,6:** *a* Kol 3,6 **5,8:** *a* Kap 2,11; 1. Petr 2,9; *b* Mt 5,14; Joh 12,36; 1. Thess 5,5 **5,9:** *a* Gal 5,22; Phil 1,11 **5,10:** *a* Röm 12,2; Phil 1,10 **5,12:** *a* Röm 1,24 **5,14:** *a* Joh 3,20-21; *b* Röm 13,11; *c* Jes 60,1; Joh 8,12 **5,15:** *a* Mt 10,16; Kol 4,5 **5,18:** *a* Lk 21,34 **5,19:** *a* Ps 33,2-3; Kol 3,16 **5,20:** *a* 1. Thess 5,18 **5,21:** *a* 1. Petr 5,5 **5,22:** *a* 1. Mose 3,16; 1. Tim 2,11-12; Tit 2,5 **5,23:** *a* 1. Kor 11,3; *b* Kap 1,22-23 **5,26:** *a* Tit 3,5; Hebr 10,22 **5,27:** *a* 2. Kor 11,2; Kol 1,22 **5,30:** *a* Kap 1,23 **6,1:** *a (1-3)* Mk 7,10-13

erste Gebot, das [a]eine Verheißung hat:
3»auf dass dir's wohlgehe und du lange
lebest auf Erden« (5. Mose 5,16).

4Und ihr Väter, reizt eure Kinder nicht
zum Zorn, sondern [a]erzieht sie in der
Zucht und Ermahnung des Herrn.

5[a]Ihr Sklaven, seid gehorsam euren ir-
dischen Herren mit Furcht und Zittern,
in Einfalt eures Herzens als dem Herrn
Christus; 6nicht mit Dienst allein vor
Augen, um den Menschen zu gefallen,
sondern als Knechte Christi, die den Wil-
len Gottes tun von Herzen. 7Tut euren
Dienst mit gutem Willen als dem Herrn
und nicht den Menschen; 8denn ihr
wisst: Was ein jeder Gutes tut, das wird
er vom Herrn empfangen, er sei Sklave
oder Freier.[a]

9Und ihr Herren, tut ihnen gegenüber
das Gleiche und lasst das Drohen; denn
ihr wisst, dass euer und ihr Herr im Him-
mel ist, und bei ihm gilt kein Ansehen
der Person.

Die geistliche Waffenrüstung

10Zuletzt: [a]**Seid stark in dem Herrn und
in der Macht seiner Stärke.** 11Zieht an die
Waffenrüstung Gottes, damit ihr beste-
hen könnt gegen die listigen Anschläge
des Teufels. 12Denn wir haben nicht mit
Fleisch und Blut zu kämpfen, sondern
mit [a]Mächtigen und Gewaltigen, näm-
lich mit den Herren der Welt, die in die-
ser Finsternis herrschen, mit den bösen
Geistern unter dem Himmel. 13Deshalb
ergreift die Waffenrüstung Gottes, damit
ihr an dem bösen Tag Widerstand leisten
und alles überwinden und das Feld be-
halten könnt.

14So steht nun fest, [a]umgürtet an eu-
ren Lenden mit Wahrheit und [b]angetan
mit dem Panzer der Gerechtigkeit 15und
an den Beinen gestiefelt, bereit einzutre-
ten für das Evangelium des Friedens.
16**Vor allen Dingen aber ergreift den
Schild des [a]Glaubens, mit dem ihr aus-
löschen könnt alle feurigen Pfeile des Bö-
sen,** 17**und nehmt den [a]Helm des Heils
und das [b]Schwert des Geistes, welches ist
das Wort Gottes.**

18Betet allezeit mit Bitten und Flehen
im Geist und wacht dazu mit aller Be-
harrlichkeit im Gebet für alle Heiligen
19und [a]für mich, dass mir das Wort ge-
geben werde, wenn ich meinen Mund
auftue, [b]freimütig das Geheimnis des
Evangeliums zu verkündigen, 20dessen
[a]Bote ich bin in Ketten, dass ich mit
[b]Freimut davon rede, wie ich es muss.

Grüße und Segenswünsche

21Damit aber auch ihr wisst, wie es um
mich steht und was ich mache, wird euch
[a]Tychikus alles berichten, mein lieber
Bruder und treuer Diener in dem Herrn,
22den ich eben dazu gesandt habe zu
euch, dass ihr erfahrt, wie es um uns
steht, und dass er eure Herzen tröste.

23Friede sei mit den Brüdern und
Liebe mit Glauben von Gott, dem Vater,
und dem Herrn Jesus Christus! 24Die
Gnade sei mit allen, die lieb haben un-
sern Herrn Jesus Christus, in Unver-
gänglichkeit.

6,2: *a* 2. Mose 20,12 **6,4:** *a* 5. Mose 6,20-25 **6,5:** *a (5-6)* 1. Tim 6,1-2; Tit 2,9-10; 1. Petr 2,18 **6,8:** *a* 2. Kor 5,10 **6,10:** *a* Kap 3,16; 1. Kor 16,13; 2. Tim 2,1; 1. Joh 2,14 **6,12:** *a* Kap 2,2; Lk 22,31 **6,14:** *a* Lk 12,35; 1. Petr 1,13; *b* 1. Thess 5,8 **6,16:** *a* 1. Petr 5,9; 1. Joh 5,4 **6,17:** *a* 1. Thess 5,8; *b* Hebr 4,12 **6,19:** *a* Kol 4,3; 2. Thess 3,1; *b* Apg 4,29 **6,20:** *a* 2. Kor 5,20; *b* Apg 28,31 **6,21:** *a* Apg 20,4; Kol 4,7-8; 2. Tim 4,12; Tit 3,12

DER BRIEF DES PAULUS AN DIE PHILIPPER

Inhaltsübersicht

1 Paulus und [a]Timotheus, Knechte
Christi Jesu, an alle Heiligen in Chris-
tus Jesus in Philippi samt den Bischöfen
und Diakonen:*
2 Gnade sei mit euch und Friede von
Gott, unserm Vater, und dem Herrn Je-
sus Christus!

Dank und Fürbitte für die Gemeinde

3 Ich danke meinem Gott, sooft ich euer
gedenke – [a] 4 was ich allezeit tue in allen
meinen Gebeten für euch alle, und ich
tue das Gebet mit Freuden –, 5 für eure
Gemeinschaft am Evangelium vom ers-
ten Tage an bis heute; 6 und **ich bin darin
guter Zuversicht, dass der in euch ange-
fangen hat das gute Werk, der wird's auch
vollenden bis an den Tag Christi Jesu.**[a]
7 Wie es denn recht und billig ist, dass
ich so von euch allen denke, weil ich euch
in meinem Herzen habe, die ihr alle mit
mir an der Gnade teilhabt in meiner Ge-
fangenschaft und wenn ich das Evange-
lium verteidige und bekräftige. 8 Denn
Gott ist mein Zeuge, wie mich nach euch
allen verlangt von Herzensgrund in
Christus Jesus. 9 Und ich bete darum,
dass eure Liebe immer noch reicher
werde an Erkenntnis und aller Erfah-
rung,[a] 10 sodass ihr [a]prüfen könnt, was
das Beste sei, [b]damit ihr lauter und un-
anstößig seid für den Tag Christi, 11 er-
füllt mit [a]Frucht der Gerechtigkeit durch
Jesus Christus zur Ehre und zum Lobe
Gottes.

Die Gefangenschaft des Paulus und die Verkündigung des Evangeliums

12 Ich lasse euch aber wissen, liebe Brü-
der: [a]Wie es um mich steht, das ist nur
mehr zur Förderung des Evangeliums ge-
raten. 13 Denn dass ich meine Fesseln für
Christus trage, das ist [a]im ganzen Präto-
rium und bei allen andern offenbar ge-
worden, 14 und die meisten Brüder in
dem Herrn haben durch meine Gefan-
genschaft Zuversicht gewonnen und sind
umso kühner geworden, das Wort zu re-
den ohne Scheu.
15 Einige zwar predigen Christus aus
Neid und Streitsucht, einige aber auch in
guter Absicht: 16 diese aus Liebe, denn sie
wissen, dass ich zur Verteidigung des
Evangeliums hier liege; 17 jene aber ver-
kündigen Christus aus Eigennutz und
nicht lauter, denn sie möchten mir Trüb-
sal bereiten in meiner Gefangenschaft.
18 Was tut's aber? Wenn nur Christus ver-
kündigt wird auf jede Weise, es geschehe
zum Vorwand oder in Wahrheit, [a]so
freue ich mich darüber.
Aber ich werde mich auch weiterhin
freuen; 19 denn ich weiß, dass mir dies
zum Heil ausgehen wird [a]durch euer Ge-
bet und durch den Beistand des Geistes
Jesu Christi, 20 wie ich sehnlich warte und
hoffe, dass ich in keinem Stück zuschan-
den werde, sondern dass frei und offen,
wie allezeit so auch jetzt, Christus ver-
herrlicht werde an meinem Leibe, es sei
durch Leben oder durch Tod. 21 Denn
[a]**Christus ist mein Leben und Sterben ist
mein Gewinn.**
22 Wenn ich aber weiterleben soll im
Fleisch, so dient mir das dazu, mehr
Frucht zu schaffen; und so weiß ich
nicht, was ich wählen soll. 23 Denn es
setzt mir beides hart zu: [a]Ich habe Lust,

* Siehe Sach- und Worterklärungen zu »Bischof« und »Diakon«.

1,1: *a* Apg 16,1 **1,3:** *a* Röm 1,8; 1. Kor 1,4 **1,6:** *a* Kap 2,13; 1. Kor 1,8 **1,9:** *a* Phlm 6 **1,10:** *a* Röm 12,2; Eph 5,10; *b* 1. Thess 5,23 **1,11:** *a* Eph 5,9 **1,12:** *a* 2. Tim 2,9 **1,13:** *a* Kap 4,22 **1,18:** *a* Kap 2,17-18 **1,19:** *a* 2. Kor 1,11 **1,21:** *a* Gal 2,20 **1,23:** *a* 2. Kor 5,8

aus der Welt zu scheiden und bei Chris-
tus zu sein, was auch viel besser wäre;
24 aber es ist nötiger, im Fleisch zu blei-
ben um euretwillen. 25 Und in solcher
Zuversicht weiß ich, dass ich bleiben und
[a]bei euch allen sein werde, euch zur För-
derung und zur Freude im Glauben,
26 damit euer Rühmen in Christus Jesus
größer werde durch mich, wenn ich wie-
der zu euch komme.

Bereitschaft der Gemeinde zum Leiden für Christus

27 Wandelt nur würdig des Evangeliums
Christi, damit – ob ich komme und euch
sehe oder abwesend von euch höre – ihr
in **einem** Geist steht und einmütig mit
uns kämpft für den Glauben des Evan-
geliums 28 und euch in keinem Stück er-
schrecken lasst von den Widersachern,
was ihnen [a]ein Anzeichen der Verdamm-
nis ist, euch aber der Seligkeit, und das
von Gott. 29 Denn euch ist es gegeben
um Christi willen, nicht allein an ihn zu
glauben, sondern auch um seinetwillen
zu leiden, 30 habt ihr doch denselben
Kampf, den ihr an mir gesehen habt und
nun von mir hört.[a]

Leben in der Gemeinschaft mit Christus

2 Ist nun bei euch Ermahnung in
Christus, ist Trost der Liebe, ist Ge-
meinschaft des Geistes, ist herzliche Lie-
be und Barmherzigkeit, 2 so macht meine
Freude dadurch vollkommen, dass ihr
eines Sinnes seid, gleiche Liebe habt, ein-
mütig und einträchtig seid. 3 Tut nichts
aus Eigennutz oder [a]um eitler Ehre wil-
len, sondern in Demut [b]achte einer den
andern höher als sich selbst, 4 und ein
jeder sehe nicht auf das Seine, sondern
auch auf das, was dem andern dient.[a]

**5 Seid so unter euch gesinnt, wie es auch
der Gemeinschaft in Christus Jesus
entspricht:***

6 Er, der [a]in göttlicher Gestalt war,
hielt es nicht für einen Raub,
Gott gleich zu sein,
7 sondern entäußerte sich selbst
und nahm [a]Knechtsgestalt an,
[b]ward den Menschen gleich
und der Erscheinung nach als
Mensch erkannt.
8 Er [a]erniedrigte sich selbst
und ward [b]gehorsam bis zum Tode,
ja zum Tode am Kreuz.
9 Darum hat ihn auch Gott [a]erhöht
und hat ihm den Namen gegeben,
der über alle Namen ist,
10 dass in dem Namen Jesu sich beugen
sollen aller derer Knie,
die im Himmel und auf Erden
und unter der Erde sind,[a]
11 und alle Zungen bekennen sollen,
dass Jesus Christus der Herr ist,
zur Ehre Gottes, des Vaters.[a]

Sorge um das Heil

12 Also, meine Lieben, – wie ihr allezeit
gehorsam gewesen seid, nicht allein in
meiner Gegenwart, sondern jetzt noch
viel mehr in meiner Abwesenheit – **schaf-
fet, dass ihr selig werdet, [a]mit Furcht und
Zittern. 13 Denn Gott ist's, der in euch
wirkt beides, das Wollen und das Voll-
bringen, nach seinem Wohlgefallen.**[a]
14 Tut alles ohne Murren und ohne
Zweifel, 15 damit ihr ohne Tadel und
[a]lauter seid, Gottes Kinder, ohne Makel
mitten unter einem verdorbenen und ver-
kehrten Geschlecht, unter dem ihr
scheint als [b]Lichter in der Welt, 16 da-
durch dass ihr festhaltet am Wort des
Lebens, mir zum [a]Ruhm an dem Tage
Christi, sodass ich nicht vergeblich ge-
laufen bin noch vergeblich gearbeitet
habe. 17 Und wenn ich auch [a]geopfert
werde bei dem Opfer und Gottesdienst
eures Glaubens, so freue ich mich und
freue mich mit euch allen. 18 Darüber
[a]sollt ihr euch auch freuen und sollt
euch mit mir freuen.

Sendung des Timotheus und Rückkehr des Epaphroditus

19 Ich hoffe aber in dem Herrn Jesus, dass
ich Timotheus bald zu euch senden

* Luther übersetzte: »Ein jeder sei gesinnt, wie Jesus Christus auch war.«

1,25: *a* Kap 2,24 **1,28:** *a* 2. Thess 1,5 **1,30:** *a* Apg 16,22; 1. Thess 2,2 **2,3:** *a* Gal 5,26; *b* Röm 12,10 **2,4:** *a* 1. Kor 10,24; 13,5 **2,6:** *a* Joh 1,1-2; 17,5 **2,7:** *a* Jes 53,3; Mt 20,28; 2. Kor 8,9; *b* Hebr 2,14.17 **2,8:** *a* Lk 14,11; Hebr 12,2; *b* Hebr 5,8 **2,9:** *a* Apg 2,33; Eph 1,21; Hebr 1,3-4 **2,10:** *a* Jes 45,23; Joh 5,23; Offb 5,12-13 **2,11:** *a* Offb 5,13 **2,12:** *a* 1. Petr 1,17 **2,13:** *a* Kap 1,6 **2,15:** *a* Kap 1,10; *b* Mt 5,14; Eph 5,8-9 **2,16:** *a* 2. Kor 1,14; 1. Thess 2,19 **2,17:** *a* 2. Tim 4,6 **2,18:** *a* Kap 4,4

werde, damit ich auch erquickt werde,
wenn ich erfahre, wie es um euch steht.
20 Denn ich habe keinen, der [a]so ganz
meines Sinnes ist, der so herzlich für
euch sorgen wird. 21 Denn [a]sie suchen
alle das Ihre, nicht das, was Jesu Christi
ist. 22 Ihr aber wisst, dass er sich bewährt
hat; denn wie ein Kind dem Vater hat er
mit mir dem Evangelium gedient. 23 Ihn
hoffe ich zu senden, sobald ich erfahren
habe, wie es um mich steht. 24 Ich ver-
traue aber in dem Herrn darauf, dass
auch ich selbst bald kommen werde.[a]

25 Ich habe es aber für nötig angesehen,
den Bruder [a]Epaphroditus zu euch zu
senden, der mein Mitarbeiter und Mit-
streiter ist und euer Abgesandter und
Helfer in meiner Not; 26 denn er hatte
nach euch allen Verlangen und war tief
bekümmert, weil ihr gehört hattet, dass
er krank geworden war. 27 Und er war
auch todkrank, aber Gott hat sich über
ihn erbarmt; nicht allein aber über ihn,
sondern auch über mich, damit ich nicht
eine Traurigkeit zu der anderen hätte.
28 Ich habe ihn nun umso eiliger gesandt,
damit ihr ihn seht und wieder fröhlich
werdet und auch ich weniger Traurigkeit
habe. 29 So nehmt ihn nun auf in dem
Herrn mit aller Freude und haltet solche
Menschen in Ehren.[a] 30 Denn um des
Werkes Christi willen ist er dem Tode so
nahe gekommen, da er sein Leben nicht
geschont hat, um mir zu dienen an eurer
statt.

Warnung vor Rückfall in die Gesetzesgerechtigkeit

3 Weiter, liebe Brüder: [a]Freut euch in
dem Herrn! Dass ich euch immer
dasselbe schreibe, verdrießt mich nicht
und macht euch umso gewisser.

2 Nehmt euch in Acht vor den [a]Hun-
den, nehmt euch in Acht vor den bös-
willigen Arbeitern, nehmt euch in Acht
vor der [b]Zerschneidung*! 3 Denn **wir**
sind die Beschneidung, die wir [a]im Geist
Gottes dienen und uns Christi Jesu rüh-
men und uns nicht verlassen auf
Fleisch**, 4 obwohl ich mich auch des
Fleisches rühmen könnte. Wenn ein an-
derer meint, er könne sich auf Fleisch
verlassen, so könnte ich es viel mehr,[a]
5 der ich am achten Tag beschnitten bin,
[a]aus dem Volk Israel, vom Stamm Ben-
jamin, ein Hebräer von Hebräern, nach
dem Gesetz ein [b]Pharisäer, 6 nach dem
Eifer ein [a]Verfolger der Gemeinde, nach
der Gerechtigkeit, die das Gesetz fordert,
untadelig gewesen.

7 Aber **was mir Gewinn war, das habe
ich um Christi willen für Schaden erach-
tet.**[a] 8 Ja, ich erachte es noch alles für
Schaden gegenüber der überschwängli-
chen Erkenntnis Christi Jesu, meines
Herrn. Um seinetwillen ist mir das alles
ein Schaden geworden, und ich erachte es
für Dreck, damit ich Christus gewinne
9 und in ihm gefunden werde, dass ich
nicht habe meine Gerechtigkeit, die aus
dem Gesetz kommt, sondern die durch
den Glauben an Christus kommt, näm-
lich [a]die Gerechtigkeit, die von Gott
dem Glauben zugerechnet wird.+ 10 Ihn
möchte ich erkennen und die Kraft seiner
[a]Auferstehung und die [b]Gemeinschaft
seiner Leiden und so seinem Tode gleich
gestaltet werden, 11 damit ich gelange zur
Auferstehung von den Toten.

Das Ziel

12 Nicht, dass ich's schon ergriffen habe
oder schon vollkommen sei; [a]ich jage
ihm aber nach, ob ich's wohl ergreifen
könnte, weil ich [b]von Christus Jesus er-
griffen bin. 13 Meine Brüder, ich schätze
mich selbst noch nicht so ein, dass ich's
ergriffen habe. Eins aber sage ich: [a]**Ich
vergesse, was dahinten ist, und strecke
mich aus nach dem, was da vorne ist,**
14 **und [a]jage nach dem vorgesteckten Ziel,
dem Siegespreis der himmlischen Beru-
fung Gottes in Christus Jesus.**

15 Wie viele nun von uns vollkommen
sind, die lasst uns so gesinnt sein. Und
solltet ihr in einem Stück anders denken,

* Siehe Sach- und Worterklärungen zu »Beschneidung«.
** Siehe Sach- und Worterklärungen.
\+ Wörtlich: »… die Gerechtigkeit von Gott aufgrund des Glaubens.«

2,20: *a* 1.Kor 16,10 **2,21:** *a* 2.Tim 4,10.16 **2,24:** *a* Kap 1,25 **2,25:** *a* Kap 4,18 **2,29:** *a* 1.Kor 16,16 **3,1:** *a* Kap 2,18; 4,4 **3,2:** *a* Offb 22,15; *b* Gal 5,12 **3,3:** *a* Röm 2,29 **3,4:** *a* 2.Kor 11,18.22 **3,5:** *a* 2.Tim 1,3; *b* Apg 26,5 **3,6:** *a* Apg 8,3 **3,7:** *a* Mt 13,44-46 **3,9:** *a* Röm 3,22 **3,10:** *a* Röm 6,3-5; *b* Röm 8,17; Gal 6,17 **3,12:** *a* Kol 1,29; 1.Tim 6,12; *b* Apg 9,3-6 **3,13:** *a* Lk 9,62 **3,14:** *a* 1.Kor 9,24

so wird euch Gott auch das offenbaren.
16 Nur, was wir schon erreicht haben,
darin lasst uns auch leben.

17 Folgt mir, liebe Brüder, und seht auf
die, die so leben, wie ihr uns zum Vorbild
habt.[a] 18 Denn viele leben so, dass ich
euch oft von ihnen gesagt habe, nun aber
sage ich's auch unter Tränen: [a]Sie sind
die Feinde des Kreuzes Christi. 19 Ihr
Ende ist die Verdammnis, [a]ihr Gott ist
der Bauch und ihre Ehre ist in ihrer
Schande; sie sind irdisch gesinnt. 20 [a]Un-
ser Bürgerrecht aber ist im Himmel; wo-
her wir auch [b]erwarten den Heiland, den
Herrn Jesus Christus, 21 der [a]unsern
nichtigen Leib verwandeln wird, dass er
gleich werde seinem verherrlichten Leibe
nach der Kraft, mit der er sich alle Dinge
untertan machen kann.

Mahnung zur Einigkeit und zur Freude im Herrn

4 Also, meine lieben Brüder, nach de-
nen ich mich sehne, [a]meine Freude
und meine Krone, steht fest in dem
Herrn, ihr Lieben. 2 Evodia ermahne ich
und Syntyche ermahne ich, dass sie **eines**
Sinnes seien in dem Herrn. 3 Ja, ich bitte
auch dich, mein treuer Gefährte, steh
ihnen bei; sie haben mit mir für das
Evangelium gekämpft, zusammen mit
Klemens und meinen andern Mitarbei-
tern, [a]deren Namen im Buch des Lebens
stehen.

4 **Freuet euch in dem Herrn allewege,**
und abermals sage ich: Freuet euch![a]
5 **Eure [a]Güte lasst kund sein allen Men-**
schen! Der Herr ist nahe! 6 [a]**Sorgt euch**
um nichts, sondern in allen Dingen lasst
eure Bitten in Gebet und Flehen mit
Danksagung vor Gott kundwerden! 7 **Und**
der [a]Friede Gottes, der höher ist als alle
Vernunft, bewahre eure Herzen und Sinne
in Christus Jesus.

8 Weiter, liebe Brüder: Was wahrhaftig
ist, was ehrbar, was gerecht, was rein,
was liebenswert, was einen guten Ruf hat,
sei es eine Tugend, sei es ein Lob – dar-
auf seid bedacht! 9 Was ihr gelernt und
empfangen und gehört und gesehen habt
an mir, das tut; so wird der Gott des
Friedens mit euch sein.

Dank für die Gabe der Gemeinde

10 Ich bin aber hocherfreut in dem Herrn,
dass ihr wieder eifrig geworden seid, für
mich zu sorgen; ihr wart zwar immer
darauf bedacht, aber die Zeit hat's nicht
zugelassen. 11 Ich sage das nicht, weil ich
Mangel leide; denn ich habe gelernt, mir
[a]genügen zu lassen, wie's mir auch geht.
12 Ich kann niedrig sein und kann hoch
sein; mir ist alles und jedes vertraut: bei-
des, satt sein und hungern, beides, Über-
fluss haben und Mangel leiden;[a] 13 **ich**
vermag alles durch den, der mich mächtig
macht.[a]

14 Doch ihr habt wohl daran getan,
dass ihr euch meiner Bedrängnis an-
genommen habt. 15 Denn ihr Philipper
wisst, dass am Anfang meiner Predigt
des Evangeliums, als ich auszog aus Ma-
zedonien, [a]keine Gemeinde mit mir Ge-
meinschaft gehabt hat im Geben und
Nehmen als ihr allein. 16 Denn auch nach
Thessalonich habt ihr etwas gesandt für
meinen Bedarf, einmal und danach noch
einmal. 17 Nicht, dass ich das Geschenk
suche, sondern ich suche die Frucht,
damit sie euch reichlich angerechnet
wird. 18 Ich habe aber alles erhalten und
habe Überfluss. Ich habe in Fülle, nach-
dem ich durch [a]Epaphroditus empfan-
gen habe, was von euch gekommen ist:
ein lieblicher Geruch, ein angenehmes
Opfer, Gott gefällig. 19 Mein Gott aber
wird all eurem Mangel abhelfen nach sei-
nem Reichtum in Herrlichkeit in Chris-
tus Jesus. 20 Gott aber, unserm Vater, sei
Ehre von Ewigkeit zu Ewigkeit! Amen.

Grüße und Segenswunsch

21 Grüßt alle Heiligen in Christus Jesus.
Es grüßen euch die Brüder, die bei mir
sind. 22 Es grüßen euch alle Heiligen,
besonders aber [a]die aus dem Haus des
Kaisers. 23 Die Gnade des Herrn Jesus
Christus sei mit eurem Geist!

3,17: *a* 1.Kor 11,1 **3,18:** *a* 1.Kor 1,23; Gal 6,12 **3,19:** *a* Röm 16,18 **3,20:** *a* Eph 2,6; Kol 3,1; Hebr 12,22; *b* Tit 2,13 **3,21:** *a* 1.Kor 15,49; 2.Kor 5,1; 1.Joh 3,2 **4,1:** *a* 2.Kor 1,14; 1.Thess 2,19-20 **4,3:** *a* Lk 10,20 **4,4:** *a* Kap 3,1; 2.Kor 13,11; 1.Thess 5,16 **4,5:** *a* Tit 3,2 **4,6:** *a* Mt 6,25-34; 1.Petr 5,7 **4,7:** *a* Joh 14,27; Kol 3,15 **4,11:** *a* 1.Tim 6,6 **4,12:** *a* 2.Kor 6,10 **4,13:** *a* 2.Kor 12,10 **4,15:** *a* 2.Kor 11,9 **4,18:** *a* Kap 2,25 **4,22:** *a* Kap 1,13

DER BRIEF DES PAULUS AN DIE KOLOSSER

Inhaltsübersicht

In Christus haben wir alles *Kap 1–2*
Das rechte Leben der Christen *3–4*

1 Paulus, ein Apostel Christi Jesu durch den Willen Gottes, und Bruder Timotheus **2** an die Heiligen in Kolossä, die gläubigen Brüder in Christus:

Gnade sei mit euch und Friede von Gott, unserm Vater!

Dank und Fürbitte für die Gemeinde

3 Wir danken Gott, dem Vater unseres Herrn Jesus Christus, allezeit, wenn wir für euch beten, **4** da wir gehört haben von eurem Glauben an Christus Jesus und von der Liebe, die ihr zu allen Heiligen habt, **5** um der [a]Hoffnung willen, die für euch bereit ist im Himmel. Von ihr habt ihr schon zuvor gehört durch das Wort der Wahrheit, das Evangelium, **6** das zu euch gekommen ist, wie es auch in aller Welt Frucht bringt und auch bei euch wächst von dem Tag an, da ihr's gehört und die Gnade Gottes erkannt habt in der Wahrheit. **7** So habt ihr's gelernt von [a]Epaphras, unserm lieben Mitknecht, der ein treuer Diener Christi für euch ist, **8** der uns auch berichtet hat von eurer Liebe im Geist.

9 Darum [a]lassen wir auch von dem Tag an, an dem wir's gehört haben, nicht ab, für euch zu beten und zu bitten, dass ihr erfüllt werdet mit der Erkenntnis seines Willens in aller geistlichen Weisheit und Einsicht, **10** dass ihr [a]des Herrn würdig lebt, ihm in allen Stücken gefallt und Frucht bringt in jedem guten Werk und wachst in der Erkenntnis Gottes **11** und gestärkt werdet mit aller Kraft durch seine herrliche Macht zu aller Geduld und Langmut.

12 Mit Freuden sagt Dank dem Vater, der euch tüchtig gemacht hat zu dem [a]Erbteil der Heiligen im Licht. **13** Er hat uns errettet von der [a]Macht der Finsternis und hat uns versetzt in das Reich seines lieben Sohnes, **14** in dem wir die Erlösung haben, nämlich die Vergebung der Sünden.[a]

Christus, der Erste in Schöpfung und Erlösung

15 Er ist das [a]Ebenbild des unsichtbaren Gottes,
der [b]Erstgeborene vor aller Schöpfung.
16 Denn **in ihm ist alles geschaffen,**
was im Himmel und auf Erden ist,
das Sichtbare und das Unsichtbare,
es seien Throne oder Herrschaften
oder Mächte oder Gewalten;
es ist alles durch ihn und zu ihm
geschaffen.[a]
17 Und er ist vor allem,
und es besteht alles in ihm.
18 Und er ist das [a]Haupt des Leibes,
nämlich der Gemeinde.

Er ist der Anfang,
der [b]Erstgeborene von den Toten,
damit er in allem der Erste sei.
19 [a]Denn es hat Gott wohlgefallen,
dass in ihm alle [b]Fülle wohnen sollte
20 und er durch ihn [a]alles mit sich
versöhnte,
es sei auf Erden oder im Himmel,
indem er Frieden machte durch sein
Blut am Kreuz.

21 Auch euch, die ihr einst [a]fremd und [b]feindlich gesinnt wart in bösen Werken, **22** hat er nun versöhnt durch den Tod seines sterblichen Leibes, damit er euch [a]heilig und untadelig und makellos vor sein Angesicht stelle; **23** wenn ihr nur

1,5: *a* 1.Petr 1,3-4 **1,7:** *a* Kap 4,12; Phlm 23 **1,9:** *a* Eph 1,15-17 **1,10:** *a* Eph 4,1; Phil 1,27 **1,12:** *a* Eph 1,11; 1.Petr 1,4 **1,13:** *a* Kap 2,15 **1,14:** *a* Eph 1,7 **1,15:** *a* Hebr 1,3; *b* Offb 3,14 **1,16:** *a* Joh 1,3.10; Hebr 1,2 **1,18:** *a* Eph 1,22; *b* Apg 26,23; 1.Kor 15,20; Offb 1,5 **1,19:** *a (19-20)* 2.Kor 5,19; *b* Kap 2,9; Joh 1,16; Eph 1,23 **1,20:** *a* 1.Joh 2,2 **1,21:** *a* Eph 2,12-13; 4,18; *b* Röm 5,10 **1,22:** *a* Eph 5,27

bleibt im Glauben, gegründet und fest,
und nicht weicht von der Hoffnung des
Evangeliums, das ihr gehört habt und
das gepredigt ist allen Geschöpfen unter
dem Himmel. Sein Diener bin ich,
Paulus, geworden.

Das Amt des Apostels unter den Heiden

24 Nun freue ich mich in den Leiden, die
ich [a]für euch leide, und erstatte an mei-
nem Fleisch, was an den Leiden Christi
noch fehlt, für seinen Leib, das ist die
Gemeinde. 25 Ihr Diener bin ich gewor-
den durch das Amt, das Gott mir gege-
ben hat, dass ich euch sein Wort reichlich
predigen soll, 26 nämlich das [a]Geheimnis,
das verborgen war seit ewigen Zeiten und
Geschlechtern, nun aber ist es offenbart
seinen Heiligen, 27 denen Gott kundtun
wollte, was der herrliche Reichtum dieses
Geheimnisses unter den Heiden ist, näm-
lich Christus in euch, die [a]Hoffnung der
Herrlichkeit. 28 Den verkündigen wir und
ermahnen alle Menschen und lehren alle
Menschen in aller Weisheit, damit wir
einen jeden Menschen in Christus voll-
kommen machen. 29 Dafür mühe ich
mich auch ab und ringe in der Kraft
dessen, der in mir kräftig wirkt.

Warnung vor den Irrlehrern

2 Ich will euch nämlich wissen lassen,
welchen Kampf ich um euch führe
und um die in Laodizea und um alle, die
mich nicht von Angesicht gesehen haben,
2 damit ihre Herzen gestärkt und zusam-
mengefügt werden in der Liebe und zu
allem Reichtum an Gewissheit und Ver-
ständnis, zu erkennen das Geheimnis
Gottes, das Christus ist, 3 **in welchem ver-
borgen liegen alle Schätze der [a]Weisheit
und der Erkenntnis.**

4 Ich sage das, damit euch niemand
[a]betrüge mit verführerischen Reden.
5 Denn obwohl ich leiblich abwesend bin,
so bin ich doch im Geist bei euch und
freue mich, wenn ich [a]eure Ordnung und
euren festen Glauben an Christus sehe.
6 Wie ihr nun den Herrn Christus Jesus
angenommen habt, so lebt auch in ihm
7 und seid in ihm [a]verwurzelt und ge-
gründet und fest im Glauben, wie ihr
gelehrt worden seid, und seid reichlich
dankbar.

8 Seht zu, dass euch niemand einfange
durch Philosophie und leeren Trug, ge-
gründet auf die Lehre von Menschen und
auf die Mächte der Welt und nicht auf
Christus. 9 Denn **in ihm wohnt die ganze
Fülle der Gottheit leibhaftig**[a] 10 und an
dieser Fülle habt ihr teil in ihm, der das
[a]Haupt aller Mächte und Gewalten ist.

11 In ihm seid ihr auch beschnitten
worden mit einer Beschneidung, die nicht
mit Händen geschieht, als ihr nämlich
euer fleischliches Wesen ablegtet in der
[a]Beschneidung durch Christus. 12 Mit
ihm seid ihr [a]begraben worden durch die
Taufe; mit ihm seid ihr auch [b]auferstan-
den durch den Glauben aus der Kraft
Gottes, der ihn auferweckt hat von den
Toten. 13 Und er hat euch mit ihm leben-
dig gemacht, die ihr [a]tot wart in den
Sünden und in der Unbeschnittenheit
eures Fleisches, und hat uns vergeben
alle Sünden. 14 **Er hat den Schuldbrief ge-
tilgt, der [a]mit seinen Forderungen gegen
uns war,** und hat ihn weggetan und an
das Kreuz geheftet. 15 Er hat die Mächte
und Gewalten ihrer Macht entkleidet
und sie öffentlich zur Schau gestellt und
hat einen Triumph aus ihnen gemacht in
Christus.[a]

16 [a]So lasst euch nun von niemandem
ein schlechtes Gewissen machen wegen
Speise und Trank oder wegen eines be-
stimmten Feiertages, Neumondes oder
Sabbats. 17 Das alles ist nur ein [a]Schatten
des Zukünftigen; leibhaftig aber ist es in
Christus. 18 Lasst euch den Siegespreis
von niemandem nehmen, der sich gefällt
in falscher Demut und Verehrung der
Engel und sich dessen rühmt, was er ge-
schaut hat, und ist ohne Grund aufge-
blasen in seinem fleischlichen Sinn 19 und
hält sich nicht an das Haupt, von dem
her der ganze Leib durch Gelenke und
Bänder gestützt und zusammengehalten
wird und wächst durch Gottes Wirken.[a]

20 Wenn ihr nun mit Christus den
Mächten der Welt gestorben seid, [a]was
lasst ihr euch dann Satzungen auferle-

1,24: *a* Eph 3,13; 2.Tim 2,10 **1,26:** *a* Röm 16,25; Eph 3,3-6 **1,27:** *a* 1.Tim 1,1 **2,3:** *a* 1.Kor 1,24.30 **2,4:** *a* Röm 16,18 **2,5:** *a* 1.Kor 14,40 **2,7:** *a* Eph 3,17 **2,9:** *a* Joh 1,14.16 **2,10:** *a* Eph 1,21 **2,11:** *a* Röm 2,29; 6,5; 1.Petr 3,21 **2,12:** *a* Röm 6,4; *b* Kap 3,1 **2,13:** *a* Eph 2,1.5 **2,14:** *a* Eph 2,15 **2,15:** *a* Kap 1,13; Eph 4,8 **2,16:** *a (16-19)* Röm 14,1-12 **2,17:** *a* Hebr 8,5; 10,1 **2,19:** *a* Eph 4,15-16 **2,20:** *a* Gal 4,9-10

gen, als lebtet ihr noch in der Welt: 21 Du sollst das nicht anfassen, du sollst das nicht kosten, du sollst das nicht anrühren? 22 Das alles soll doch verbraucht und verzehrt werden. Es sind [a]Gebote und Lehren von Menschen, 23 die zwar einen Schein von Weisheit haben durch [a]selbst erwählte Frömmigkeit und Demut und dadurch, dass sie [b]den Leib nicht schonen; sie sind aber nichts wert und befriedigen nur das Fleisch.

Der alte und der neue Mensch

3 Seid ihr nun [a]mit Christus auferstanden, so sucht, was droben ist, wo Christus ist, sitzend zur Rechten Gottes. 2 [a]**Trachtet nach dem, was droben ist, nicht nach dem, was auf Erden ist. 3 Denn [a]ihr seid gestorben, und euer Leben ist verborgen mit Christus in Gott. 4 Wenn aber Christus, euer Leben, sich offenbaren wird, dann werdet ihr auch offenbar werden mit ihm [a]in Herrlichkeit.**

5 So tötet nun die Glieder, die auf Erden sind, Unzucht, Unreinheit, schändliche Leidenschaft, böse Begierde und die Habsucht, die Götzendienst ist.[a] 6 Um solcher Dinge willen kommt der Zorn Gottes über die Kinder des Ungehorsams.[a] 7 In dem allen seid auch ihr einst gewandelt, als ihr noch darin lebtet. 8 Nun aber legt alles ab von euch: Zorn, Grimm, Bosheit, Lästerung, schandbare Worte aus eurem Munde;[a] 9 belügt einander nicht; denn ihr habt [a]den alten Menschen mit seinen Werken ausgezogen 10 und [a]den neuen angezogen, der erneuert wird zur Erkenntnis nach dem [b]Ebenbild dessen, der ihn geschaffen hat.

11 Da ist nicht mehr Grieche oder Jude, Beschnittener oder Unbeschnittener, Nichtgrieche, Skythe, Sklave, Freier, sondern alles und in allen Christus.[a]

12 So zieht nun an als die Auserwählten Gottes, als die Heiligen und Geliebten, herzliches Erbarmen, Freundlichkeit, Demut, Sanftmut, Geduld; 13 [a]und ertrage einer den andern und [b]vergebt euch untereinander, wenn jemand Klage hat gegen den andern; wie der Herr euch vergeben hat, so vergebt auch ihr! 14 Über alles aber zieht an die Liebe, die da ist das Band der Vollkommenheit.[a] 15 [a]Und der Friede Christi, zu dem ihr auch berufen seid [b]in **einem** Leibe, regiere in euren Herzen; und seid dankbar.

16 Lasst das Wort Christi reichlich unter euch wohnen: Lehrt und ermahnt einander in aller Weisheit; [a]mit Psalmen, Lobgesängen und geistlichen Liedern singt Gott dankbar in euren Herzen. 17 Und [a]alles, was ihr tut mit Worten oder mit Werken, das tut alles im Namen des Herrn Jesus und dankt Gott, dem Vater, durch ihn.

Die christliche Haustafel

(Eph 5,22–6,9; 1.Petr 2,18–3,7)

18 Ihr Frauen, ordnet euch euren Männern unter, wie sich's gebührt in dem Herrn. 19 Ihr Männer, liebt eure Frauen und seid nicht bitter gegen sie.[a]

20 Ihr Kinder, seid gehorsam den Eltern in allen Dingen; denn das ist wohlgefällig in dem Herrn. 21 Ihr Väter, erbittert eure Kinder nicht, damit sie nicht scheu werden.

22 Ihr Sklaven, seid gehorsam in allen Dingen euren irdischen Herren, nicht mit Dienst vor Augen, um den Menschen zu gefallen, sondern in Einfalt des Herzens und in der Furcht des Herrn. 23 **Alles, was ihr tut, das tut von Herzen als dem Herrn und nicht den Menschen,** 24 denn ihr wisst, dass ihr von dem Herrn als Lohn das Erbe empfangen werdet. Ihr dient dem Herrn Christus! 25 Denn wer unrecht tut, der wird empfangen, was er unrecht getan hat; und [a]es gilt kein Ansehen der Person.

4 Ihr Herren, was recht und billig ist, das gewährt den Sklaven und bedenkt, dass auch ihr einen Herrn im Himmel habt.[a]

Ermahnung zum Gebet und zum rechten Wort

2 [a]Seid beharrlich im Gebet und wacht in ihm mit Danksagung! 3 [a]Betet zugleich auch für uns, dass Gott uns eine [b]Tür für das Wort auftue und wir das [c]Ge-

2,22: *a* Mt 15,9 **2,23:** *a* 1.Tim 4,3; *b* Röm 13,14 **3,1:** *a* Kap 2,12 **3,2:** *a* Mt 6,33 **3,3:** *a* Röm 6,2 **3,4:** *a* 1.Kor 15,43 **3,5:** *a* Eph 5,3 **3,6:** *a* Eph 5,6 **3,8:** *a* Eph 4,29.31 **3,9:** *a* Eph 4,22-25 **3,10:** *a* Eph 4,24; *b* 1.Mose 1,26-27 **3,11:** *a* Gal 3,28 **3,13:** *a* Eph 4,2; *b* Mt 6,14; Eph 4,32 **3,14:** *a* Röm 13,8.10 **3,15:** *a* Phil 4,7; *b* 1.Kor 12,13.27; Eph 4,3-4 **3,16:** *a* Eph 5,19 **3,17:** *a* 1.Kor 10,31 **3,19:** *a* 1.Petr 3,7 **3,25:** *a* Röm 2,11 **4,1:** *a* 3.Mose 25,43.53 **4,2:** *a* Röm 12,12; 1.Thess 5,17 **4,3:** *a* Röm 15,30; Eph 6,19; 2.Thess 3,1; *b* 1.Kor 16,9; *c* Kap 1,26-27

heimnis Christi sagen können, um des-
sentwillen ich auch in Fesseln bin, 4da-
mit ich es offenbar mache, wie ich es
sagen muss.
5Verhaltet euch weise gegenüber de-
nen, die draußen sind, und kauft die Zeit
aus.[a] 6Eure Rede sei allezeit freundlich
und [a]mit Salz gewürzt, dass ihr wisst,
wie ihr einem jeden antworten sollt.[b]

Grüße und Segenswünsche

7Wie es um mich steht, wird euch alles
Tychikus berichten, der liebe Bruder und
treue Diener und Mitknecht in dem
Herrn, 8den ich darum zu euch sende,
dass ihr erfahrt, wie es uns ergeht, und
damit er eure Herzen tröste.[a] 9Mit ihm
sende ich [a]Onesimus, den treuen und lie-
ben Bruder, der einer der Euren ist. Alles,
wie es hier steht, werden sie euch be-
richten.
10Es grüßt euch [a]Aristarch, mein Mit-
gefangener, und [b]Markus, der Vetter des
Barnabas – seinetwegen habt ihr schon
Weisungen empfangen; wenn er zu euch
kommt, nehmt ihn auf –, 11und Jesus mit
dem Beinamen Justus. Von den Juden
sind diese allein meine Mitarbeiter am
Reich Gottes, und sie sind mir ein Trost
geworden.
12Es grüßt euch [a]Epaphras, der einer
von den Euren ist, ein Knecht Christi
Jesu, der allezeit in seinen Gebeten für
euch ringt, damit ihr fest steht, vollkom-
men und erfüllt mit allem, was Gottes
Wille ist. 13Ich bezeuge ihm, dass er viel
Mühe hat um euch und um die in [a]Lao-
dizea und in Hierapolis. 14Es grüßt euch
Lukas, der Arzt, der Geliebte, und De-
mas.[a]
15Grüßt die Brüder in Laodizea und
die Nympha und die Gemeinde in ihrem
Hause. 16Und wenn der Brief bei euch
gelesen ist, so sorgt dafür, dass er auch in
der Gemeinde von Laodizea gelesen wird
und dass ihr auch den von Laodizea lest.
17Und sagt dem [a]Archippus: Sieh auf
das Amt, das du empfangen hast in dem
Herrn, dass du es ausfüllst!
18[a]Mein Gruß mit meiner, des Paulus,
Hand. Gedenkt meiner Fesseln! Die
Gnade sei mit euch!

DER ERSTE BRIEF DES PAULUS AN DIE THESSALONICHER

Inhaltsübersicht

1 [a]Paulus und Silvanus und Timotheus
an die Gemeinde in Thessalonich in
Gott, dem Vater, und dem Herrn Jesus
Christus:
Gnade sei mit euch und Friede!

Der vorbildliche Glaube der Gemeinde

2Wir danken Gott allezeit für euch alle
und gedenken euer in unserm Gebet
3und denken ohne Unterlass vor Gott,
unserm Vater, an euer Werk im Glauben
und an eure Arbeit in der Liebe und an
eure Geduld in der Hoffnung auf unsern
Herrn Jesus Christus.[a]
4Liebe Brüder, von Gott geliebt, wir
wissen, dass ihr erwählt seid; 5denn un-
sere Predigt des Evangeliums kam zu
euch nicht allein im Wort, sondern auch
in der [a]Kraft und in dem Heiligen Geist
und in großer Gewissheit. Ihr wisst ja,
wie wir uns unter euch verhalten haben
um euretwillen. 6Und ihr seid [a]unserm
Beispiel gefolgt und dem des Herrn und
habt das Wort aufgenommen in großer
Bedrängnis mit Freuden im Heiligen

4,5: *a* Eph 5,15-16; 1.Thess 4,12 **4,6:** *a* Mk 9,50; *b* Eph 4,29 **4,8:** *a* Eph 6,21-22 **4,9:** *a* Phlm 10 **4,10:** *a* Apg 19,29; 27,2; *b* Apg 12,12.25 **4,12:** *a* Kap 1,7; Phlm 23 **4,13:** *a* Offb 1,11; 3,14 **4,14:** *a* 2.Tim 4,10-11; Phlm 24 **4,17:** *a* Phlm 2 **4,18:** *a* 1.Kor 16,21; Gal 6,11; 2.Thess 3,17 **1,1:** *a* Apg 15,40; 16,1-3.19; 17,1-9; 2.Thess 1,1 **1,3:** *a* 1.Kor 13,13 **1,5:** *a* 1.Kor 2,5 **1,6:** *a* 2.Thess 3,7

Geist, 7 sodass ihr ein Vorbild geworden
seid für alle Gläubigen in Mazedonien
und Achaja. 8 Denn von euch aus ist das
Wort des Herrn erschollen nicht allein in
Mazedonien und Achaja, sondern [a]an
allen Orten ist euer Glaube an Gott
bekannt geworden, sodass wir es nicht
nötig haben, etwas darüber zu sagen.
9 Denn sie selbst berichten von uns, wel-
chen Eingang wir bei euch gefunden ha-
ben und [a]wie ihr euch bekehrt habt zu
Gott von den Abgöttern, zu dienen dem
lebendigen und wahren Gott 10 und [a]zu
warten auf seinen Sohn vom Himmel,
den er auferweckt hat von den Toten,
Jesus, der uns von dem zukünftigen Zorn
errettet.

Das Wirken des Apostels bei der Gründung der Gemeinde

2 Denn ihr wisst selbst, liebe Brüder,
wie wir Eingang gefunden haben bei
euch: Es war nicht vergeblich; 2 denn ob-
gleich wir zuvor [a]in Philippi gelitten hat-
ten und misshandelt worden waren, wie
ihr wisst, fanden wir dennoch in unserm
Gott den Mut, [b]bei euch das Evange-
lium Gottes zu sagen unter viel Kampf.
3 [a]Denn unsre Ermahnung kam nicht
aus betrügerischem oder unlauterem
Sinn noch geschah sie mit List, 4 sondern
weil Gott uns für wert geachtet hat, uns
das Evangelium anzuvertrauen, darum
reden wir, [a]nicht, als wollten wir den
Menschen gefallen, sondern Gott, der
unsere Herzen prüft.

5 Denn wir sind nie mit Schmeichel-
worten umgegangen, wie ihr wisst, noch
mit [a]versteckter Habsucht – Gott ist
Zeuge –; 6 wir haben auch nicht Ehre ge-
sucht bei den Leuten, weder bei euch
noch bei andern 7 – obwohl wir unser
Gewicht als Christi Apostel hätten ein-
setzen können –, sondern wir sind unter
euch mütterlich gewesen: Wie eine Mut-
ter ihre Kinder pflegt, 8 so hatten wir
Herzenslust an euch und waren bereit,
euch nicht allein am Evangelium Gottes
teilzugeben, sondern auch an unserm Le-
ben; denn [a]wir hatten euch lieb gewon-
nen. 9 Ihr erinnert euch doch, liebe Brü-
der, an unsre Arbeit und unsre Mühe;
Tag und Nacht [a]arbeiteten wir, um nie-
mand unter euch zur Last zu fallen, und
predigten unter euch das Evangelium
Gottes. 10 Ihr und Gott seid Zeugen, wie
heilig und gerecht und untadelig wir bei
euch, den Gläubigen, gewesen sind.
11 Denn ihr wisst, dass wir, wie ein Vater
seine Kinder, einen jeden von euch 12 er-
mahnt und getröstet und beschworen ha-
ben, [a]euer Leben würdig des Gottes zu
führen, der euch berufen hat zu seinem
Reich und zu seiner Herrlichkeit.

Die Aufnahme des Evangeliums in der Gemeinde

13 Und darum danken wir auch Gott
ohne Unterlass dafür, dass ihr das Wort
der göttlichen Predigt, das ihr von uns
empfangen habt, [a]nicht als Menschen-
wort aufgenommen habt, sondern als
das, was es in Wahrheit ist, als Gottes
Wort, das in euch wirkt, die ihr glaubt.
14 Denn, liebe Brüder, ihr seid den Ge-
meinden Gottes in Judäa nachgefolgt,
die in Christus Jesus sind; denn [a]ihr habt
dasselbe erlitten von euren Landsleuten,
was jene von den Juden erlitten haben.
15 Die haben [a]den Herrn Jesus getötet
und [b]die Propheten und haben uns ver-
folgt und gefallen Gott nicht und sind
allen Menschen feind, 16 indem sie, um
[a]das Maß ihrer Sünden allewege vollzu-
machen, uns wehren, den Heiden zu pre-
digen zu ihrem Heil. Aber der Zorn Got-
tes ist schon in vollem Maß über sie
gekommen.

17 Wir aber, liebe Brüder, nachdem wir
eine Weile von euch geschieden waren –
von Angesicht, nicht im Herzen –, haben
wir uns umso mehr bemüht, euch von
Angesicht zu sehen mit großem Verlan-
gen. 18 Darum wollten wir zu euch kom-
men, ich, Paulus, einmal und noch ein-
mal, doch der Satan hat uns gehindert.
19 Denn wer ist unsre Hoffnung oder
Freude oder unser [a]Ruhmeskranz – seid
nicht auch ihr es vor unserm Herrn Jesus,
wenn er kommt? 20 Ihr seid ja unsre Ehre
und Freude.

1,8: *a* Röm 1,8 **1,9:** *a* Apg 14,15; 1. Kor 12,2 **1,10:** *a* Tit 2,13 **2,2:** *a* Apg 16,20-24; *b* Apg 17,1-5 **2,3:** *a (3-7)* 2. Kor 4,2; 11,7; Joh 5,44 **2,4:** *a* Gal 1,10 **2,5:** *a* Mk 12,40; Apg 20,33 **2,8:** *a* 2. Kor 12,15 **2,9:** *a* Apg 18,3; 20,33-34; 1. Kor 4,12; 2. Thess 3,8 **2,12:** *a* Eph 4,1-2; Phil 1,27 **2,13:** *a* Gal 1,11-12 **2,14:** *a* Apg 8,1; 17,5-6 **2,15:** *a* Apg 2,23; *b* Mt 23,37; Apg 7,52 **2,16:** *a* Mt 23,32-33 **2,19:** *a* Phil 2,16; 4,1

Die Sendung des Timotheus

3 Darum ertrugen wir's nicht länger
und beschlossen, [a]in Athen allein
zurückzubleiben, 2 und [a]sandten Timo-
theus, unsern Bruder und Gottes Mitar-
beiter am Evangelium Christi, euch zu
stärken und zu ermahnen in eurem Glau-
ben, 3 damit [a]nicht jemand wankend
würde in diesen Bedrängnissen. Denn ihr
wisst selbst, dass uns das [b]bestimmt ist.
4 Denn schon als wir bei euch waren,
sagten wir's euch voraus, dass Bedräng-
nisse über uns kommen würden, wie es
auch geschehen ist und wie ihr wisst.
5 Darum habe ich's auch nicht länger
ertragen und habe ihn gesandt, um zu
erfahren, wie es mit eurem Glauben
steht, ob der Versucher euch etwa versucht
hätte und [a]unsre Arbeit vergeblich
würde.

6 Nun aber ist [a]Timotheus von euch
wieder zu uns gekommen und hat uns
Gutes berichtet von eurem Glauben und
eurer Liebe und dass ihr uns allezeit in
gutem Andenken habt und euch danach
sehnt, uns zu sehen, wie auch wir uns
nach euch sehnen. 7 Dadurch sind wir,
liebe Brüder, euretwegen getröstet wor-
den in aller unsrer Not und Bedrängnis
durch euren Glauben; 8 denn nun sind
wir wieder lebendig, wenn ihr fest steht
in dem Herrn.

9 Denn wie können wir euretwegen
Gott genug danken für all die Freude, die
wir an euch haben vor unserm Gott?
10 Wir bitten Tag und Nacht inständig,
dass wir euch von Angesicht sehen, um
zu ergänzen, was an eurem Glauben
noch fehlt. 11 Er selbst aber, Gott, unser
Vater, und unser Herr Jesus lenke unsern
Weg zu euch hin. 12 Euch aber lasse der
Herr wachsen und immer reicher werden
in der Liebe untereinander und zu jeder-
mann, wie auch wir sie zu euch haben,
13 damit eure Herzen gestärkt werden
und [a]untadelig seien in Heiligkeit vor
Gott, unserm Vater, wenn unser Herr Je-
sus kommt mit allen seinen Heiligen.
Amen.

Ermahnung zur Heiligung

4 Weiter, liebe Brüder, bitten und er-
mahnen wir euch in dem Herrn Jesus
– da ihr von uns empfangen habt, wie ihr
leben sollt, um Gott zu gefallen, was ihr
ja auch tut –, dass ihr darin immer voll-
kommener werdet. 2 Denn ihr wisst, wel-
che Gebote wir euch gegeben haben
durch den Herrn Jesus.

3 Denn **das ist der Wille Gottes, eure
Heiligung,** dass ihr meidet die Unzucht
4 und ein jeder von euch seine eigene
Frau zu gewinnen suche in Heiligkeit
und Ehrerbietung, 5 nicht in gieriger Lust
wie die Heiden, die von Gott nichts wis-
sen. 6 Niemand gehe zu weit und [a]über-
vorteile seinen Bruder im Handel; denn
der Herr ist ein Richter über das alles,
wie wir euch schon früher gesagt und
bezeugt haben. 7 Denn Gott hat uns nicht
berufen zur Unreinheit, sondern zur Hei-
ligung. 8 Wer das nun verachtet, der [a]ver-
achtet nicht Menschen, sondern Gott,
der seinen Heiligen Geist in euch gibt.

9 Von der [a]brüderlichen Liebe aber ist
es nicht nötig, euch zu schreiben; denn
[b]ihr selbst seid von Gott gelehrt, euch
untereinander zu lieben. 10 Und das tut
ihr auch an allen Brüdern, die in ganz
Mazedonien sind. Wir ermahnen euch
aber, liebe Brüder, dass ihr darin noch
vollkommener werdet, 11 und setzt eure
Ehre darein, dass ihr ein stilles Leben
führt und [a]das Eure schafft und mit
euren eigenen Händen arbeitet, wie wir
euch geboten haben, 12 damit ihr ehrbar
lebt vor denen, [a]die draußen sind, und
auf niemanden angewiesen seid.

Von der Auferstehung der Toten

13 Wir wollen euch aber, liebe Brüder,
nicht im Ungewissen lassen über die, die
[a]entschlafen sind, damit ihr nicht traurig
seid wie die andern, die [b]keine Hoffnung
haben. 14 Denn wenn wir glauben, dass
Jesus gestorben und auferstanden ist, so
wird Gott auch die, die entschlafen sind,
durch Jesus mit ihm einherführen.[a]

15 [a]Denn das sagen wir euch mit einem
Wort des Herrn, dass wir, die wir leben

3,1: *a* Apg 17,14-16 **3,2:** *a* Apg 16,1-3 **3,3:** *a* Apg 14,22; Eph 3,13; Hebr 10,39; *b* 2.Tim 3,12 **3,5:** *a* Phil 2,16 **3,6:** *a* Apg 18,5 **3,13:** *a* 1.Kor 1,8; Phil 1,10 **4,6:** *a* 3.Mose 19,11 **4,8:** *a* Lk 10,16 **4,9:** *a* Joh 13,34; *b* 3.Mose 19,18 **4,11:** *a* Kap 2,9; Eph 4,28; 2.Thess 3,8.12 **4,12:** *a* Kol 4,5 **4,13:** *a* 1.Kor 15,20; *b* Eph 2,12 **4,14:** *a* Röm 14,9; 1.Kor 15,3-4.12 **4,15:** *a (15-17)* Mt 16,28; 24,30-31; 1.Kor 15,51-52; Joh 17,24

und übrig bleiben bis zur Ankunft des
Herrn, denen nicht zuvorkommen wer-
den, die entschlafen sind. 16 Denn er
selbst, der Herr, wird, wenn der Befehl
ertönt, wenn die Stimme des Erzengels
und die Posaune Gottes erschallen, her-
abkommen vom Himmel, und zuerst
werden die Toten, die in Christus ge-
storben sind, auferstehen. 17 Danach wer-
den wir, die wir leben und übrig bleiben,
zugleich mit ihnen entrückt werden auf
den Wolken in die Luft, dem Herrn ent-
gegen; und [a]so werden wir bei dem
Herrn sein allezeit. 18 So tröstet euch mit
diesen Worten untereinander.

Leben im Licht des kommenden Tages

5 Von den [a]Zeiten und Stunden aber,
liebe Brüder, ist es nicht nötig, euch
zu schreiben; 2 denn ihr selbst wisst ge-
nau, dass der Tag des Herrn kommen
wird [a]wie ein Dieb in der Nacht. 3 Wenn
sie sagen werden: [a]Es ist Friede, es hat
keine Gefahr –, dann [b]wird sie das Ver-
derben schnell überfallen wie die Wehen
eine schwangere Frau und sie werden
nicht entfliehen.

4 Ihr aber, liebe Brüder, seid nicht in
der Finsternis, dass der Tag wie ein Dieb
über euch komme. 5 Denn ihr alle seid
[a]Kinder des Lichtes und Kinder des Ta-
ges. Wir sind nicht von der Nacht noch
von der Finsternis. 6 So lasst uns nun
nicht schlafen wie die andern, sondern
[a]lasst uns wachen und nüchtern sein.
7 Denn die schlafen, die schlafen des
Nachts, und die betrunken sind, die sind
des Nachts betrunken. 8 Wir aber, die wir
Kinder des Tages sind, wollen nüchtern
sein, angetan mit dem Panzer des Glau-
bens und der Liebe und mit dem Helm
der Hoffnung auf das Heil.[a] 9 Denn Gott
hat uns nicht bestimmt zum Zorn, son-
dern dazu, das Heil zu erlangen durch
unsern Herrn Jesus Christus, 10 der für
uns gestorben ist, damit, [a]ob wir wachen
oder schlafen, wir zugleich mit ihm le-
ben. 11 Darum [a]ermahnt euch unterein-
ander und einer erbaue den andern, wie
ihr auch tut.

Ermahnungen und Grüße

12 Wir bitten euch aber, liebe Brüder, [a]er-
kennt an, die an euch arbeiten und euch
vorstehen in dem Herrn und euch er-
mahnen; 13 habt sie umso lieber um ihres
Werkes willen. Haltet Frieden unterein-
ander. 14 Wir ermahnen euch aber, liebe
Brüder: [a]Weist die Unordentlichen zu-
recht, tröstet die Kleinmütigen, tragt die
Schwachen, seid geduldig gegen jeder-
mann. 15 Seht zu, dass keiner dem andern
[a]Böses mit Bösem vergelte, sondern jagt
allezeit dem Guten nach untereinander
und gegen jedermann.

16 **Seid allezeit fröhlich,**[a] 17 **betet ohne
Unterlass,**[a] 18 **seid** [a]**dankbar in allen Din-
gen;** denn das ist der Wille Gottes in
Christus Jesus an euch.

19 [a]Den Geist dämpft nicht. 20 Prophe-
tische Rede verachtet nicht. 21 [a]**Prüft
aber alles und das Gute behaltet.** 22 Mei-
det das Böse in jeder Gestalt.

23 **Er aber, der Gott des Friedens, hei-
lige euch durch und durch und bewahre
euren Geist samt Seele und Leib unver-
sehrt, untadelig für die Ankunft unseres
Herrn Jesus Christus.** 24 [a]Treu ist er, der
euch ruft; er wird's auch tun.

25 Liebe Brüder, betet auch für uns.
26 Grüßt alle Brüder mit dem heiligen
Kuss. 27 Ich beschwöre euch bei dem
Herrn, dass ihr diesen Brief lesen lasst
vor allen Brüdern.

28 Die Gnade unseres Herrn Jesus
Christus sei mit euch!

4,17: *a* Joh 12,26 **5,1:** *a* Mt 24,36 **5,2:** *a* Mt 24,42-44; 2. Petr 3,10; Offb 3,3; 16,15 **5,3:** *a* Jer 6,14; *b* Mt 24,39 **5,5:** *a* Röm 13,12; Eph 5,8 **5,6:** *a* 1. Petr 5,8 **5,8:** *a* Eph 6,14-17 **5,10:** *a* Röm 14,8-9 **5,11:** *a* Hebr 3,13 **5,12:** *a* 1. Kor 16,18 **5,14:** *a* 2. Thess 3,15 **5,15:** *a* Spr 20,22; Röm 12,17.21; 1. Petr 3,9 **5,16:** *a* Phil 4,4 **5,17:** *a* Lk 18,1-8; Röm 12,12; Eph 6,18; Kol 4,2 **5,18:** *a* Eph 5,20 **5,19:** *a (19-20)* 1. Kor 14,1.39 **5,21:** *a* 1. Kor 14,29 **5,24:** *a* 1. Kor 1,9; 2. Thess 3,3

DER ZWEITE BRIEF DES PAULUS AN DIE THESSALONICHER

Inhaltsübersicht

1 Paulus und Silvanus und Timotheus
an die Gemeinde in Thessalonich in
Gott, unserm Vater, und dem Herrn Je-
sus Christus:[a]
2 Gnade sei mit euch und Friede von
Gott, unserm Vater, und dem Herrn Je-
sus Christus!

Die Bedrängnis der Gemeinde und das gerechte Gericht Gottes

3 Wir müssen Gott allezeit für euch dan-
ken, liebe Brüder, wie sich's gebührt.
Denn euer Glaube wächst sehr und eure
gegenseitige Liebe nimmt zu bei euch al-
len.[a] 4 Darum [a]rühmen wir uns euer un-
ter den Gemeinden Gottes wegen eurer
Geduld und eures Glaubens in allen Ver-
folgungen und Bedrängnissen, die ihr er-
duldet, 5 ein Anzeichen dafür, dass Gott
recht richten wird und ihr gewürdigt wer-
det des Reiches Gottes, für das ihr auch
leidet.[a]
6 Denn [a]es ist gerecht bei Gott, mit
Bedrängnis zu vergelten denen, die euch
bedrängen, 7 [a]euch aber, die ihr Bedräng-
nis leidet, Ruhe zu geben mit uns, wenn
der Herr Jesus sich offenbaren wird vom
Himmel her mit den Engeln seiner
Macht 8 in Feuerflammen, Vergeltung zu
üben an denen, die Gott nicht kennen
und die [a]nicht gehorsam sind dem Evan-
gelium unseres Herrn Jesus. 9 Die werden
Strafe erleiden, das ewige Verderben,
vom Angesicht des Herrn her und von
seiner herrlichen Macht, 10 wenn er kom-
men wird, dass er verherrlicht werde bei
seinen Heiligen und wunderbar erscheine
bei allen Gläubigen an jenem Tage; denn
was wir euch bezeugt haben, das habt ihr
geglaubt.
11 Deshalb beten wir auch allezeit
für euch, dass unser Gott euch würdig
mache der Berufung und vollende alles
Wohlgefallen am Guten und das Werk
des Glaubens in Kraft, 12 damit in euch
verherrlicht werde der Name unseres
Herrn Jesus und ihr in ihm nach der
Gnade unseres Gottes und des Herrn
Jesus Christus.

Das Auftreten des Widersachers vor dem Kommen Christi

2 Was nun [a]das Kommen unseres
Herrn Jesus Christus angeht und
unsre Vereinigung mit ihm, so bitten wir
euch, liebe Brüder, 2 dass ihr euch in
eurem Sinn nicht so schnell wankend
machen noch erschrecken lasst – weder
durch eine Weissagung noch durch ein
Wort oder [a]einen Brief, die von uns sein
sollen –, als sei der Tag des Herrn schon
da. 3 Lasst euch [a]von niemandem ver-
führen, in keinerlei Weise; denn zuvor
muss der Abfall kommen und der
[b]Mensch der Bosheit offenbart werden,
der Sohn des Verderbens. 4 Er ist der Wi-
dersacher, der [a]sich erhebt über alles,
was Gott oder Gottesdienst heißt, sodass
er [b]sich in den Tempel Gottes setzt und
vorgibt, er sei Gott.
5 Erinnert ihr euch nicht daran, dass
ich euch dies sagte, als ich noch bei euch
war? 6 Und ihr wisst, was ihn noch auf-
hält, bis er offenbart wird zu seiner Zeit.
7 Denn es regt sich schon das Geheimnis
der Bosheit; nur muss der, der es jetzt
noch aufhält, weggetan werden, 8 und
dann wird der Böse offenbart werden.
Ihn wird der Herr Jesus [a]umbringen mit
dem Hauch seines Mundes und wird ihm

1,1: *a* 1.Thess 1,1 **1,3:** *a* 1.Thess 1,2-3 **1,4:** *a* 2.Kor 7,4 **1,5:** *a* Phil 1,28 **1,6:** *a* Röm 12,19; Offb 18,6-7 **1,7:** *a (7-10)* Mt 16,27; 25,31-46; 1.Thess 4,16 **1,8:** *a* Röm 2,8 **2,1:** *a* 1.Thess 4,13-17 **2,2:** *a* 2.Petr 3,15-16 **2,3:** *a* 1.Tim 4,1; *b* 1.Joh 2,18 **2,4:** *a* Dan 11,36; *b* Mt 24,15 **2,8:** *a* Jes 11,4; Offb 19,15.20

ein Ende machen durch seine Erscheinung, wenn er kommt. 9 Der Böse aber wird in der Macht des Satans auftreten mit großer Kraft und lügenhaften Zeichen und Wundern[a] 10 und mit jeglicher Verführung zur Ungerechtigkeit bei denen, die verloren werden, weil sie die Liebe zur Wahrheit nicht angenommen haben, dass sie gerettet würden. 11 Darum sendet ihnen Gott die Macht der Verführung, sodass sie der Lüge glauben,[a] 12 damit gerichtet werden alle, die der Wahrheit nicht glaubten, sondern Lust hatten an der Ungerechtigkeit.

Mahnung zum Festhalten an der Lehre

13 [a]Wir aber müssen Gott allezeit für euch danken, vom Herrn geliebte Brüder, dass Gott euch als Erste zur Seligkeit erwählt hat in der Heiligung durch den Geist und im Glauben an die Wahrheit, 14 wozu er euch auch berufen hat durch unser Evangelium, damit ihr die Herrlichkeit unseres Herrn Jesus Christus erlangt.

15 So steht nun fest, liebe Brüder, und [a]haltet euch an die Lehre, in der ihr durch uns unterwiesen worden seid, es sei durch Wort oder Brief von uns. 16 Er aber, unser Herr Jesus Christus, und Gott, unser Vater, der uns geliebt und uns einen ewigen Trost gegeben hat und eine gute Hoffnung durch Gnade, 17 der tröste eure Herzen und stärke euch in allem guten Werk und Wort.

Wünsche des Apostels für sich selbst und die Gemeinde

3 Weiter, liebe Brüder, betet für uns, dass das Wort des Herrn laufe und gepriesen werde wie bei euch[a] 2 und dass wir erlöst werden von den falschen und bösen Menschen; denn der Glaube ist nicht jedermanns Ding. 3 Aber [a]**der Herr ist treu; der wird euch stärken und [b]bewahren vor dem Bösen.** 4 Wir haben aber das Vertrauen zu euch in dem Herrn, dass ihr tut und tun werdet, was wir gebieten.[a] 5 Der Herr aber richte eure Herzen aus auf die Liebe Gottes und auf die Geduld Christi.

Warnung vor Müßiggang

6 Wir gebieten euch aber, liebe Brüder, im Namen unseres Herrn Jesus Christus, dass ihr euch zurückzieht von jedem Bruder, der unordentlich lebt und nicht [a]nach der Lehre, die ihr von uns empfangen habt.

7 Denn ihr wisst, [a]wie ihr uns nachfolgen sollt. Denn wir haben nicht unordentlich bei euch gelebt, 8 haben auch nicht umsonst Brot von jemandem genommen, sondern [a]mit Mühe und Plage haben wir Tag und Nacht gearbeitet, um keinem von euch zur Last zu fallen. 9 Nicht, dass wir dazu nicht das Recht hätten, sondern [a]wir wollten uns selbst euch zum Vorbild geben, damit ihr uns nachfolgt. 10 Denn schon als wir bei euch waren, geboten wir euch: Wer nicht arbeiten will, der soll auch nicht essen. 11 Denn wir hören, dass einige unter euch unordentlich leben und nichts arbeiten, sondern unnütze Dinge treiben. 12 Solchen aber gebieten wir und ermahnen sie in dem Herrn Jesus Christus, dass sie [a]still ihrer Arbeit nachgehen und ihr eigenes Brot essen. 13 Ihr aber, liebe Brüder, lasst's euch nicht verdrießen, Gutes zu tun.[a]

14 Wenn aber jemand unserm Wort in diesem Brief nicht gehorsam ist, den merkt euch und habt nichts mit ihm zu schaffen, damit er schamrot werde. 15 Doch haltet ihn nicht für einen Feind, sondern [a]weist ihn zurecht als einen Bruder.

16 [a]Er aber, der Herr des Friedens, gebe euch Frieden allezeit und auf alle Weise. Der Herr sei mit euch allen!

Gruß und Segenswunsch

17 Der Gruß mit meiner, des Paulus, Hand. Das ist das Zeichen in allen Briefen; so schreibe ich.[a] 18 Die Gnade unseres Herrn Jesus Christus sei mit euch allen!

2,9: *a* Mt 24,24; Offb 13,11-14 **2,11:** *a* 2. Tim 4,4 **2,13:** *a (13-14)* Röm 8,30 **2,15:** *a* Kap 3,6 **3,1:** *a* Eph 6,18-19; Kol 4,3; 1. Thess 5,25 **3,3:** *a* 1. Thess 5,24; *b* Joh 17,15 **3,4:** *a* 2. Kor 7,16; Gal 5,10 **3,6:** *a* Kap 2,15; Mt 18,17; Röm 16,17 **3,7:** *a* 1. Thess 1,6 **3,8:** *a* 1. Thess 2,9 **3,9:** *a* Mt 10,10; Apg 20,35; Phil 3,17 **3,12:** *a* 1. Thess 4,11 **3,13:** *a* Gal 6,9 **3,15:** *a* 1. Thess 5,14 **3,16:** *a* Joh 14,27 **3,17:** *a* 1. Kor 16,21; Gal 6,11; Kol 4,18

DER ERSTE BRIEF DES PAULUS AN TIMOTHEUS

Inhaltsübersicht

1 Paulus, ein Apostel Christi Jesu nach
dem Befehl Gottes, unseres Heilands,
und Christi Jesu, der [a]unsre Hoffnung
ist, 2 an [a]Timotheus, [b]meinen rechten
Sohn im Glauben:
Gnade, Barmherzigkeit, Friede von
Gott, dem Vater, und unserm Herrn
Christus Jesus!

Gegen falsche Gesetzeslehrer

3 Du weißt, wie ich dich ermahnt habe, in
Ephesus zu bleiben, als ich nach [a]Maze-
donien zog, und einigen zu gebieten, dass
sie nicht anders lehren, 4 auch nicht acht-
haben auf die [a]Fabeln und Geschlechts-
register, die kein Ende haben und eher
Fragen aufbringen, als dass sie dem Rat-
schluss Gottes im Glauben dienen.
5 Die [a]Hauptsumme aller Unterwei-
sung aber ist Liebe aus reinem Herzen
und aus gutem Gewissen und aus unge-
färbtem Glauben. 6 Davon sind einige
abgeirrt und haben sich hingewandt
zu [a]unnützem Geschwätz, 7 wollen die
Schrift meistern und verstehen selber
nicht, was sie sagen oder was sie so fest
behaupten.
8 Wir wissen aber, dass [a]das Gesetz gut
ist, wenn es jemand recht gebraucht,
9 [a]weil er weiß, dass dem Gerechten kein
Gesetz gegeben ist, sondern den Unge-
rechten und Ungehorsamen, den Gott-
losen und Sündern, den Unheiligen und
Ungeistlichen, den Vatermördern und
Muttermördern, den Totschlägern, 10 den
Unzüchtigen, den Knabenschändern, den
Menschenhändlern, den Lügnern, den
Meineidigen und wenn noch etwas an-
deres der heilsamen Lehre zuwider ist,
11 nach dem Evangelium von der Herr-
lichkeit des seligen Gottes, das mir anver-
traut ist.

Lobpreis der göttlichen Barmherzigkeit

12 [a]Ich danke unserm Herrn Christus Je-
sus, der mich stark gemacht und für treu
erachtet hat und in das Amt eingesetzt,
13 mich, der ich früher ein Lästerer und
ein Verfolger und ein Frevler war; aber
mir ist Barmherzigkeit widerfahren, denn
ich habe es unwissend getan, im Unglau-
ben. 14 Es ist aber desto reicher geworden
die Gnade unseres Herrn samt dem
Glauben und der Liebe, die in Christus
Jesus ist.
15 **Das ist gewisslich wahr und ein Wort,
des Glaubens wert, dass Christus Jesus in
die Welt gekommen ist, [a]die Sünder selig
zu machen, unter denen ich der erste bin.**
16 Aber darum ist mir Barmherzigkeit wi-
derfahren, dass Christus Jesus an mir als
Erstem alle Geduld erweise, zum Vorbild
denen, die an ihn glauben sollten zum
ewigen Leben. 17 Aber Gott, dem ewigen
König, dem Unvergänglichen und Un-
sichtbaren, der allein Gott ist, sei Ehre
und Preis in Ewigkeit! Amen.
18 Diese Botschaft vertraue ich dir an,
mein Sohn Timotheus, nach den [a]Weis-
sagungen, die früher über dich ergangen
sind, damit du in ihrer Kraft [b]einen gu-
ten Kampf kämpfst 19 und den [a]Glauben
und ein gutes Gewissen hast. Das haben
einige von sich gestoßen und [b]am Glau-
ben Schiffbruch erlitten. 20 Unter ihnen
sind [a]Hymenäus und Alexander, die ich
[b]dem Satan übergeben habe, damit sie in
Zucht genommen werden und nicht
mehr lästern.

1,1: *a* Kol 1,27 **1,2:** *a* Apg 16,1-2; *b* Tit 1,4 **1,3:** *a* Apg 20,1 **1,4:** *a* Kap 4,7 **1,5:** *a* Mt 22,37-40; Röm 13,10; Gal 5,6 **1,6:** *a* Kap 6,4.20 **1,8:** *a* Röm 7,12 **1,9:** *a (9-11)* 1.Kor 6,9-11 **1,12:** *a (12-16)* Apg 9,15; 1.Kor 15,9-10; Gal 1,13-16 **1,15:** *a* Lk 19,10 **1,18:** *a* Kap 4,14; *b* Kap 6,12; Jud 3 **1,19:** *a* Kap 3,9; *b* Kap 6,10 **1,20:** *a* 2.Tim 2,17; *b* 1.Kor 5,5

Das Gemeindegebet

2 So ermahne ich nun, dass man vor
allen Dingen tue Bitte, Gebet, Für-
bitte und Danksagung für alle Men-
schen, 2für die Könige und für alle Ob-
rigkeit, damit wir ein ruhiges und stilles
Leben führen können in aller Frömmig-
keit und Ehrbarkeit. 3Dies ist gut und
wohlgefällig vor Gott, unserm Heiland,
4welcher will, dass allen Menschen ge-
holfen werde und sie zur Erkenntnis der
Wahrheit kommen.[a] **5Denn es ist ein**
Gott und ein [a]**Mittler zwischen Gott und**
den Menschen, nämlich der Mensch Chris-
tus Jesus, 6der [a]**sich selbst gegeben hat**
für alle zur Erlösung, dass dies zu seiner
Zeit gepredigt werde. 7Dazu bin ich ein-
gesetzt [a]als Prediger und Apostel – ich
sage die Wahrheit und lüge nicht –, [b]als
Lehrer der Heiden im Glauben und in
der Wahrheit.

Männer und Frauen im Gottesdienst

8So will ich nun, dass die Männer beten
an allen Orten und aufheben heilige
Hände ohne Zorn und Zweifel. 9Des-
gleichen, dass die Frauen in schicklicher
Kleidung sich schmücken mit Anstand
und Zucht, nicht mit Haarflechten und
Gold oder Perlen oder kostbarem Ge-
wand,[a] 10sondern, wie sich's ziemt für
Frauen, die ihre Frömmigkeit bekunden
wollen, [a]mit guten Werken.
11Eine Frau lerne in der Stille [a]mit
aller Unterordnung. 12[a]Einer Frau ge-
statte ich nicht, dass sie lehre, auch nicht,
[b]dass sie über den Mann Herr sei, son-
dern sie sei still. 13Denn Adam wurde
zuerst gemacht, danach Eva. 14Und
Adam wurde nicht verführt, die Frau
aber hat sich zur Übertretung verführen
lassen.[a] 15Sie wird aber selig werden da-
durch, dass sie Kinder zur Welt bringt,
wenn sie bleiben mit Besonnenheit im
Glauben und in der Liebe und in der
Heiligung.[a]

Von den Bischöfen

3 [a]Das ist gewisslich wahr: Wenn je-
mand ein Bischofsamt* begehrt, der
begehrt eine hohe Aufgabe. 2Ein Bischof
aber soll untadelig sein, Mann einer ein-
zigen Frau, nüchtern, maßvoll, würdig,
gastfrei, geschickt im Lehren, 3kein Säu-
fer, nicht gewalttätig, sondern gütig, nicht
streitsüchtig, nicht geldgierig, 4einer, der
seinem eigenen Haus gut vorsteht und
gehorsame Kinder hat in aller Ehrbar-
keit. 5Denn wenn jemand seinem eigenen
Haus nicht vorzustehen weiß, wie soll
er für die Gemeinde Gottes sorgen? 6Er
soll kein Neugetaufter sein, damit er
sich nicht aufblase und dem Urteil des
Teufels verfalle. 7Er muss aber auch einen
guten Ruf haben bei denen, die drau-
ßen sind, damit er nicht geschmäht werde
und sich nicht fange in der Schlinge
des Teufels.

Von den Diakonen

8Desgleichen sollen die [a]Diakone ehrbar
sein, nicht doppelzüngig, keine Säufer,
nicht schändlichen Gewinn suchen; 9sie
sollen das Geheimnis des Glaubens
mit reinem Gewissen bewahren.[a] 10Und
man soll sie zuvor prüfen und wenn sie
untadelig sind, sollen sie den Dienst ver-
sehen. 11Desgleichen sollen ihre Frauen
ehrbar sein, [a]nicht verleumderisch, nüch-
tern, treu in allen Dingen. 12Die Diakone
sollen ein jeder der Mann einer einzigen
Frau sein und ihren Kindern und ihrem
eigenen Haus gut vorstehen. 13Welche
aber ihren Dienst gut versehen, die er-
werben sich selbst ein gutes Ansehen und
große Zuversicht im Glauben an Chris-
tus Jesus.

Das Geheimnis des Glaubens

14Dies schreibe ich dir und hoffe, bald zu
dir zu kommen; 15wenn ich aber erst spä-
ter komme, sollst du wissen, wie man
sich verhalten soll im [a]Hause Gottes, das
ist die Gemeinde des lebendigen Gottes,

* Siehe Sach- und Worterklärungen zu »Bischof«.

2,4: *a* Hes 18,23; Röm 11,32; 2. Petr 3,9 **2,5:** *a* Hebr 9,15 **2,6:** *a* Gal 1,4; 2,20; Tit 2,14 **2,7:** *a* 2. Tim 1,11; *b* Gal 2,7-8 **2,9:** *a* 1. Petr 3,3-5 **2,10:** *a* Kap 5,10 **2,11:** *a* Eph 5,22 **2,12:** *a* 1. Kor 14,34; *b* 1. Mose 3,16 **2,14:** *a* 1. Mose 3,6 **2,15:** *a* Kap 5,14; Tit 2,4-5 **3,1:** *a (1-7)* Apg 20,28; Tit 1,5-9 **3,8:** *a* Apg 6,3; Phil 1,1 **3,9:** *a* Kap 1,19 **3,11:** *a* Tit 2,3 **3,15:** *a* Eph 2,19-22

ein Pfeiler und eine Grundfeste der
Wahrheit. 16 Und groß ist, wie jedermann
bekennen muss, das Geheimnis des
Glaubens:

Er ist [a]offenbart im Fleisch,
gerechtfertigt [b]im Geist,
erschienen den Engeln,
[c]gepredigt den Heiden,
geglaubt in der Welt,
[d]aufgenommen in die Herrlichkeit.

Falsche Enthaltsamkeit

4 Der Geist aber sagt deutlich, dass [a]in
den letzten Zeiten einige von dem
Glauben abfallen werden und verführeri-
schen Geistern und teuflischen Lehren
anhängen, 2 verleitet durch Heuchelei der
Lügenredner, die ein Brandmal in ihrem
Gewissen haben. 3 Sie gebieten, nicht zu
heiraten und [a]Speisen zu meiden, die
Gott geschaffen hat, dass sie mit Dank-
sagung empfangen werden von den
Gläubigen und denen, die die Wahrheit
erkennen. 4 **Denn alles, was Gott geschaf-**
fen hat, ist gut, und nichts ist verwerflich,
was mit Danksagung empfangen wird;[a]
5 **denn es wird geheiligt durch das Wort**
Gottes und Gebet.

Der Dienst des Timotheus

6 Wenn du die Brüder dies lehrst, so wirst
du [a]ein guter Diener Christi Jesu sein,
auferzogen in den Worten des Glaubens
und der guten Lehre, bei der du immer
geblieben bist. 7 [a]Die ungeistlichen Alt-
weiberfabeln aber weise zurück; **übe dich**
selbst aber in der Frömmigkeit! 8 Denn die
leibliche Übung ist wenig nütze; aber
[a]die Frömmigkeit ist zu allen Dingen
nütze und hat die Verheißung dieses und
des zukünftigen Lebens. 9 Das ist gewiss-
lich wahr und ein Wort, des Glaubens
wert. 10 Denn dafür arbeiten und kämp-
fen wir, weil wir unsre Hoffnung auf den
lebendigen Gott gesetzt haben, welcher
ist der Heiland aller Menschen, beson-
ders der Gläubigen. 11 Dies gebiete und
lehre.
12 [a]Niemand verachte dich wegen dei-
ner Jugend; du aber [b]sei den Gläubigen
ein Vorbild im Wort, im Wandel, in der
Liebe, im Glauben, in der Reinheit.
13 Fahre fort mit Vorlesen, mit Ermah-
nen, mit Lehren, bis ich komme. 14 Lass
nicht außer Acht die Gabe in dir, die
dir gegeben ist durch [a]Weissagung mit
[b]Handauflegung der Ältesten. 15 Dies
lass deine Sorge sein, damit gehe um,
damit dein Fortschreiten allen offenbar
werde. 16 Hab acht auf dich selbst und
auf die Lehre; beharre in diesen Stücken!
Denn wenn du das tust, wirst du dich
selbst [a]retten und die, die dich hören.

Verhalten gegen Männer und Frauen in der Gemeinde

5 [a]Einen Älteren fahre nicht an, son-
dern ermahne ihn wie einen Vater, die
jüngeren Männer wie Brüder, 2 die älte-
ren Frauen wie Mütter, die jüngeren wie
Schwestern, mit allem Anstand.

Von den Witwen

3 Ehre die Witwen, die rechte Witwen
sind. 4 Wenn aber eine Witwe Kinder
oder Enkel hat, so sollen diese lernen,
zuerst im eigenen Hause fromm zu leben
und sich den Eltern dankbar zu erweisen;
denn das ist wohlgefällig vor Gott. 5 Das
ist aber eine rechte Witwe, die allein-
steht, die ihre Hoffnung auf Gott setzt
und [a]beharrlich fleht und betet Tag und
Nacht. 6 Eine aber, die ausschweifend
lebt, ist lebendig tot. 7 Dies gebiete, damit
sie untadelig seien. 8 Wenn aber jemand
die Seinen, besonders seine Hausgenos-
sen, nicht versorgt, hat er den Glau-
ben verleugnet und ist schlimmer als ein
Heide.[a]
9 Es soll keine Witwe auserwählt wer-
den unter sechzig Jahren; sie soll eines
einzigen Mannes Frau gewesen sein
10 und ein Zeugnis guter Werke haben:
wenn sie Kinder aufgezogen hat, wenn
sie [a]gastfrei gewesen ist, wenn sie [b]den
Heiligen die Füße gewaschen hat, wenn
sie den Bedrängten beigestanden hat,

3,16: *a* Joh 1,14; *b* Röm 1,4; *c* Apg 28,28; *d* Mk 16,19; Eph 1,20-21 **4,1:** *a* Mt 24,24; 2. Thess 2,3; 2. Tim 3,1; 2. Petr 3,3; 1. Joh 2,18; Jud 18 **4,3:** *a* 1. Mose 9,3; 1. Kor 10,30-31; Kol 2,23 **4,4:** *a* 1. Mose 1,31; Mt 15,11; Apg 10,15 **4,6:** *a* 2. Tim 2,15 **4,7:** *a* Kap 6,20; 2. Tim 2,16.23; 4,4; Tit 1,14; 3,9 **4,8:** *a* Kap 6,6 **4,12:** *a* Tit 2,15; *b* 2. Tim 2,22 **4,14:** *a* Kap 1,18; *b* Kap 5,22; Apg 6,6; 8,17; 2. Tim 1,6 **4,16:** *a* Röm 11,14 **5,1:** *a* 3. Mose 19,32; Tit 2,2 **5,5:** *a* Lk 2,37 **5,8:** *a* Mt 15,5-6 **5,10:** *a* Hebr 13,2; *b* Joh 13,14

wenn sie allem guten Werk nachgekom-
men ist.
11 Jüngere Witwen aber weise ab; denn
wenn sie ihrer Begierde nachgeben Chris-
tus zuwider, so wollen sie heiraten 12 und
stehen dann unter dem Urteil, dass sie
die erste Treue gebrochen haben. 13 Da-
neben sind sie faul und lernen, von Haus
zu Haus zu laufen; und nicht nur faul
sind sie, sondern auch geschwätzig und
vorwitzig und reden, was nicht sein soll.
14 So will ich nun, dass die jüngeren Wit-
wen heiraten, [a]Kinder zur Welt bringen,
den Haushalt führen, [b]dem Widersacher
keinen Anlass geben zu lästern. 15 Denn
schon haben sich einige abgewandt und
folgen dem Satan. 16 Wenn aber einer
gläubigen Frau Witwen anbefohlen sind,
so versorge sie diese, die Gemeinde aber
soll nicht beschwert werden, [a]damit sie
für die rechten Witwen sorgen kann.

Von den Vorstehern der Gemeinde

17 Die [a]Ältesten, die der Gemeinde gut
vorstehen, die halte man zwiefacher Ehre
wert, besonders, die sich mühen im Wort
und in der Lehre. 18 Denn die Schrift sagt
(5. Mose 25,4): [a]»Du sollst dem Ochsen,
der da drischt, nicht das Maul verbin-
den«; und: [b]»Ein Arbeiter ist seines Loh-
nes wert«. 19 Gegen einen Ältesten nimm
keine Klage an ohne [a]zwei oder drei
Zeugen. 20 Die da sündigen, die [a]weise
zurecht vor allen, damit sich auch die
andern fürchten. 21 Ich ermahne dich in-
ständig vor Gott und Christus Jesus und
den auserwählten Engeln, dass du dich
daran hältst ohne Vorurteil und nieman-
den begünstigst. 22 [a]Die Hände lege nie-
mandem zu bald auf; habe nicht teil an
fremden Sünden! Halte dich selber rein!
23 Trinke nicht mehr nur Wasser, son-
dern nimm ein wenig Wein dazu um des
Magens willen und weil du oft krank
bist.
24 Bei einigen Menschen sind die Sün-
den offenbar und gehen ihnen zum Ge-
richt voran; bei einigen aber werden sie
hernach offenbar. 25 Desgleichen sind
auch die guten Werke einiger Menschen
zuvor offenbar, und wenn es anders ist,
können sie doch nicht verborgen blei-
ben.

Von den Sklaven

6 [a]Alle, die als Sklaven unter dem Joch
sind, sollen ihre Herren aller Ehre
wert halten, damit nicht der Name Got-
tes und [b]die Lehre verlästert werde.
2 Welche aber gläubige Herren haben,
sollen diese nicht weniger ehren, weil sie
[a]Brüder sind, sondern sollen ihnen umso
mehr dienstbar sein, weil sie gläubig und
geliebt sind und sich bemühen, Gutes zu
tun.

Mahnung an Timotheus und alle Brüder

Dies lehre und dazu ermahne! 3 Wenn
jemand anders lehrt und bleibt nicht bei
den [a]heilsamen Worten unseres Herrn
Jesus Christus und bei der Lehre, die
dem Glauben gemäß ist, 4 der ist aufge-
blasen und weiß nichts, sondern hat die
Seuche der Fragen und [a]Wortgefechte.
Daraus entspringen Neid, Hader, Läste-
rung, böser Argwohn, 5 Schulgezänk sol-
cher Menschen, die zerrüttete Sinne ha-
ben und der Wahrheit beraubt sind, die
meinen, Frömmigkeit sei ein Gewerbe.
6 **Die [a]Frömmigkeit aber ist ein großer
Gewinn für den, der [b]sich genügen lässt.**
7 **Denn [a]wir haben nichts in die Welt ge-
bracht; darum [b]werden wir auch nichts
hinausbringen.** 8 **Wenn wir aber Nahrung
und Kleider haben, so wollen wir uns
daran genügen lassen.**[a] 9 Denn die reich
werden wollen, die fallen in Versuchung
und Verstrickung und in viele törichte
und schädliche Begierden, welche die
Menschen versinken lassen in Verderben
und Verdammnis.[a] 10 Denn [a]Geldgier ist
eine Wurzel alles Übels; danach hat
einige gelüstet und sie sind [b]vom Glau-
ben abgeirrt und machen sich selbst viel
Schmerzen.
11 Aber du, [a]Gottesmensch, fliehe das!
[b]Jage aber nach der Gerechtigkeit, der
Frömmigkeit, dem Glauben, der Liebe,
der Geduld, der Sanftmut! 12 [a]**Kämpfe
den guten Kampf des Glaubens; ergreife**

5,14: *a* Kap 2,15; *b* 1. Kor 7,9 **5,16:** *a* Apg 6,1 **5,17:** *a* Apg 14,23; Röm 12,8 **5,18:** *a* 1. Kor 9,9; *b* Lk 10,7 **5,19:** *a* 5. Mose 19,15; Mt 18,16 **5,20:** *a* Gal 2,14; Mt 18,15-17 **5,22:** *a* Kap 4,14 **6,1:** *a (1-2)* Eph 6,5-8; *b* Tit 2,9-10 **6,2:** *a* Phlm 16 **6,3:** *a* 2. Tim 1,13 **6,4:** *a* 2. Tim 2,14; Tit 3,10-11 **6,6:** *a* Kap 4,8; *b* Mt 6,25-34; Phil 4,11-12; Hebr 13,5 **6,7:** *a* Hiob 1,21; *b* Ps 49,18; Pred 5,14 **6,8:** *a* Spr 30,8 **6,9:** *a* Spr 28,22; Mt 13,22 **6,10:** *a* Eph 5,5; *b* Kap 1,19 **6,11:** *a* 2. Tim 3,17; *b* 2. Tim 2,22 **6,12:** *a* Kap 1,18; 1. Kor 9,25-26; 2. Tim 4,7

**das ewige Leben, wozu du [b]berufen bist
und bekannt hast [c]das gute Bekenntnis
vor vielen Zeugen.**
13 Ich gebiete dir vor Gott, der alle
Dinge lebendig macht, und vor Christus
Jesus, der [a]unter Pontius Pilatus bezeugt
hat das gute Bekenntnis, 14 dass du das
Gebot unbefleckt, untadelig haltest bis
zur Erscheinung unseres Herrn Jesus
Christus, 15 welche uns zeigen wird zu
seiner Zeit der Selige und allein Gewal-
tige, [a]der König aller Könige und
Herr aller Herren, 16 der allein Unsterb-
lichkeit hat, der da wohnt in einem Licht,
zu dem niemand kommen kann, den
[a]kein Mensch gesehen hat noch sehen
kann. Dem sei Ehre und ewige Macht!
Amen.

Mahnung an die Reichen

17 Den Reichen in dieser Welt gebiete,
dass sie nicht stolz seien, auch [a]nicht
hoffen auf den unsicheren Reichtum,
sondern auf Gott, der uns alles reichlich
darbietet, es zu genießen; 18 dass sie Gu-
tes tun, reich werden an guten Werken,
gerne geben, behilflich seien, 19 sich selbst
einen Schatz sammeln als guten Grund
für die Zukunft, damit sie das wahre
Leben ergreifen.[a]
20 O Timotheus! [a]Bewahre, was dir
anvertraut ist, und [b]meide das ungeist-
liche lose Geschwätz und das Gezänk
der fälschlich so genannten Erkenntnis*,
21 zu der sich einige bekannt haben und
sind [a]vom Glauben abgeirrt. Die Gnade
sei mit euch!

DER ZWEITE BRIEF DES PAULUS AN TIMOTHEUS

Inhaltsübersicht

1 Paulus, ein Apostel Christi Jesu durch
den Willen Gottes nach der Verhei-
ßung des Lebens in Christus Jesus, 2 an
meinen lieben Sohn Timotheus:
Gnade, Barmherzigkeit, Friede von
Gott, dem Vater, und Christus Jesus, un-
serm Herrn!

Treue zum Evangelium

3 Ich danke Gott, [a]dem ich diene von
meinen Vorfahren her mit [b]reinem Ge-
wissen, wenn ich ohne Unterlass deiner
gedenke in meinem Gebet, Tag und
Nacht. 4 Und wenn ich an deine Tränen
denke, [a]verlangt mich, dich zu sehen, da-
mit ich mit Freude erfüllt werde. 5 Denn
ich erinnere mich an den ungefärbten
Glauben in dir, der zuvor schon gewohnt
hat in deiner Großmutter Lois und in
deiner Mutter Eunike; ich bin aber ge-
wiss, auch in dir.[a]
6 Aus diesem Grund erinnere ich dich
daran, dass du erweckest die Gabe Got-
tes, die in dir ist [a]durch die Auflegung
meiner Hände. 7 Denn **Gott hat uns nicht
gegeben den Geist der Furcht, sondern der
Kraft und der Liebe und der Besonnen-
heit.**[a] 8 Darum [a]schäme dich nicht des
Zeugnisses von unserm Herrn noch mei-
ner, der ich sein Gefangener bin, sondern
leide mit mir für das Evangelium in der
Kraft Gottes.
9 Er hat uns selig gemacht und berufen
mit einem heiligen Ruf, [a]nicht nach un-
sern Werken, sondern nach seinem Rat-
schluss und nach der Gnade, die uns ge-
geben ist in Christus Jesus vor der Zeit
der Welt, 10 jetzt aber offenbart ist durch
die Erscheinung unseres Heilands **Chris-
tus Jesus, [a]der dem Tode die Macht ge-
nommen und das Leben und ein unver-**

* Siehe Sach- und Worterklärungen.

6,12: *b* Kap 4,14; *c* Hebr 3,1 **6,13:** *a* Joh 18,36-37; Offb 1,5 **6,15:** *a* 5.Mose 10,17; Offb 17,14 **6,16:** *a* 2.Mose 33,20; Joh 1,18 **6,17:** *a* Ps 62,11; Lk 12,15-21 **6,19:** *a* Mt 6,20; Lk 16,9 **6,20:** *a* 2.Tim 1,12-14; *b* Kap 4,7 **6,21:** *a* Kap 1,6; 2.Tim 2,18 **1,3:** *a* Phil 3,5; *b* Apg 23,1; 24,16 **1,4:** *a* Kap 4,9 **1,5:** *a* Apg 16,1-3 **1,6:** *a* 1.Tim 4,14 **1,7:** *a* Röm 8,15 **1,8:** *a* Röm 1,16; 1.Petr 4,16 **1,9:** *a* Tit 3,5 **1,10:** *a* 1.Kor 15,55-57; Hebr 2,14

**gängliches Wesen ans Licht gebracht hat
durch das Evangelium,** 11für das ich ein-
gesetzt bin als Prediger und Apostel und
Lehrer.[a]

12Aus diesem Grund leide ich dies al-
les; aber ich schäme mich dessen nicht;
denn ich weiß, an wen ich glaube, und
bin gewiss, er kann mir bewahren, was
mir anvertraut ist, bis an jenen Tag.
13Halte dich an das Vorbild der [a]heil-
samen Worte, die du von mir gehört hast,
im Glauben und in der Liebe in Christus
Jesus. 14Dieses kostbare Gut, das dir an-
vertraut ist, [a]bewahre durch den Hei-
ligen Geist, der in uns wohnt.

15Das weißt du, dass sich von mir ab-
gewandt haben alle, die in der Provinz
Asien sind, unter ihnen Phygelus und
Hermogenes.[a] 16Der Herr gebe Barm-
herzigkeit dem Hause des [a]Onesiphorus;
denn er hat mich oft erquickt und hat
sich meiner Ketten nicht geschämt,
17sondern als er in Rom war, suchte er
mich eifrig und fand mich. 18Der Herr
gebe ihm, dass er Barmherzigkeit finde
bei dem Herrn an jenem Tage. Und wel-
che Dienste er in Ephesus geleistet hat,
weißt du am besten.

Kampf und Leiden

2 So [a]sei nun stark, mein Sohn, durch
die Gnade in Christus Jesus. 2Und
was du von mir gehört hast vor vielen
Zeugen, das befiehl treuen Menschen an,
die tüchtig sind, auch andere zu lehren.
3[a]Leide mit als ein guter Streiter Christi
Jesu. 4Wer in den Krieg zieht, verwickelt
sich nicht in Geschäfte des täglichen Le-
bens, damit er dem gefalle, der ihn an-
geworben hat. 5Und **wenn jemand auch
kämpft, wird er doch nicht [a]gekrönt, er
kämpfe denn recht.** 6Es soll der Bauer,
der den Acker bebaut, die Früchte als
Erster genießen. 7Bedenke, was ich sage!
Der Herr aber wird dir in allen Dingen
Verstand geben.

8Halt im Gedächtnis Jesus Christus,
der [a]auferstanden ist von den Toten,
[b]aus dem Geschlecht Davids, nach mei-
nem Evangelium, 9für welches ich leide
bis dahin, dass ich gebunden bin wie ein
Übeltäter; aber [a]Gottes Wort ist nicht
gebunden. 10Darum [a]dulde ich alles um
der Auserwählten willen, damit auch sie
die Seligkeit erlangen in Christus Jesus
mit ewiger Herrlichkeit. 11Das ist gewiss-
lich wahr:

**Sterben wir mit, so werden wir mit
leben;**[a]
**12dulden wir, so werden wir mit
herrschen;**
[a]**verleugnen wir, so wird er uns auch
verleugnen;**
**13sind wir untreu, so bleibt er doch treu;
denn er kann sich selbst nicht
verleugnen.**[a]

Warnung vor unnützem Streit

14Daran erinnere sie und ermahne sie
inständig vor Gott, dass sie [a]nicht um
Worte streiten, was zu nichts nütze ist,
als die zu verwirren, die zuhören. 15Be-
mühe dich darum, dich vor Gott zu er-
weisen [a]als einen rechtschaffenen und
untadeligen Arbeiter, der das Wort der
Wahrheit recht austeilt. 16Halte dich fern
von [a]ungeistlichem losem Geschwätz;
denn es führt mehr und mehr zu un-
göttlichem Wesen, 17und ihr Wort frisst
um sich wie der Krebs. Unter ihnen sind
[a]Hymenäus und Philetus, 18die von der
Wahrheit abgeirrt sind und sagen, die
Auferstehung sei schon geschehen, und
bringen einige vom Glauben ab. 19Aber
**der feste Grund Gottes besteht und hat
dieses Siegel: [a]Der Herr kennt die Seinen;
und: Es lasse ab von Ungerechtigkeit, wer
den Namen des Herrn nennt.**

20In einem großen Haus aber sind
nicht allein goldene und silberne Gefäße,
sondern auch hölzerne und irdene, die
einen zu ehrenvollem, die andern zu
nicht ehrenvollem Gebrauch. 21Wenn
nun jemand sich reinigt von solchen Leu-
ten, der wird ein Gefäß sein zu ehren-
vollem Gebrauch, geheiligt, für den
Hausherrn brauchbar und zu allem gu-
ten Werk bereitet.

1,11: *a* 1.Tim 2,7 **1,13:** *a* 1.Tim 6,3; Tit 2,1 **1,14:** *a* 1.Tim 6,20 **1,15:** *a* Kap 4,16 **1,16:** *a* Kap 4,19 **2,1:** *a* Eph 6,10 **2,3:** *a* Kap 1,8; 4,5 **2,5:** *a* Kap 4,8; 1.Kor 9,24-27 **2,8:** *a* 1.Kor 15,4.20; *b* Röm 1,3 **2,9:** *a* Phil 1,12-14 **2,10:** *a* Kol 1,24 **2,11:** *a* 2.Kor 4,11 **2,12:** *a* Mt 10,33 **2,13:** *a* 4.Mose 23,19; Ps 89,31-34; Röm 3,3-4; Tit 1,2 **2,14:** *a* 1.Tim 6,4; Tit 3,9 **2,15:** *a* 1.Tim 4,6; Tit 2,7-8 **2,16:** *a* 1.Tim 4,7 **2,17:** *a* 1.Tim 1,20 **2,19:** *a* 4.Mose 16,5; Mt 7,22-23; Joh 10,14.27

22 Fliehe die Begierden der Jugend!
[a]Jage aber nach der Gerechtigkeit, dem
Glauben, der Liebe, dem Frieden mit al-
len, die den Herrn anrufen aus reinem
Herzen.
23 Aber die törichten und unnützen
Fragen [a]weise zurück; denn du weißt,
dass sie nur Streit erzeugen. 24 Ein
Knecht des Herrn aber soll nicht streit-
süchtig sein, sondern freundlich gegen
jedermann, im Lehren geschickt, der
Böses ertragen kann[a] 25 und mit Sanft-
mut die Widerspenstigen zurechtweist,
ob ihnen Gott vielleicht Buße gebe, die
Wahrheit zu erkennen 26 und wieder
nüchtern zu werden aus der Verstrickung
des Teufels, von dem sie gefangen sind,
zu tun seinen Willen.

Der Verfall der Frömmigkeit in der Endzeit

3 Das sollst du aber wissen, dass in den
letzten Tagen schlimme Zeiten kom-
men werden.[a] 2 Denn die Menschen wer-
den viel von sich halten, geldgierig sein,
prahlerisch, hochmütig, Lästerer, den El-
tern ungehorsam, undankbar, gottlos,
3 lieblos, unversöhnlich, verleumderisch,
zuchtlos, wild, dem Guten feind, 4 Ver-
räter, unbedacht, aufgeblasen. Sie lieben
die Wollust mehr als Gott; 5 sie haben
den [a]Schein der Frömmigkeit, aber de-
ren Kraft verleugnen sie; solche Men-
schen meide!
6 Zu ihnen gehören auch die, die sich in
die Häuser einschleichen und gewisse
Frauen einfangen, die mit Sünden be-
laden sind und von mancherlei Begierden
getrieben werden, 7 die immer auf neue
Lehren aus sind und nie zur Erkenntnis
der Wahrheit kommen können. 8 Wie
[a]Jannes und Jambres dem Mose wider-
standen, so widerstehen auch diese der
Wahrheit: Es sind Menschen mit zerrüt-
teten Sinnen, untüchtig zum Glauben.
9 Aber sie werden damit nicht weit kom-
men; denn ihre Torheit wird jedermann
offenbar werden, wie es auch bei jenen
geschah.

Das Vorbild des leidenden Apostels

10 Du aber bist mir gefolgt in der Lehre,
im Leben, im Streben, im Glauben, in der
Langmut, in der Liebe, in der Geduld,
11 in den Verfolgungen, in den Leiden,
die mir widerfahren sind [a]in Antiochia,
in Ikonion, in Lystra. Welche Verfol-
gungen ertrug ich da! Und [b]aus allen
hat mich der Herr erlöst.
12 Und **alle, die fromm leben wollen in
Christus Jesus, müssen Verfolgung lei-
den.**[a] 13 Mit den bösen Menschen aber
und Betrügern wird's je länger, desto är-
ger: [a]Sie verführen und werden verführt.

Die Bedeutung der Heiligen Schrift

14 Du aber bleibe bei dem, was du gelernt
hast und was dir anvertraut ist; du weißt
ja, von wem du gelernt hast 15 und dass
du von Kind auf die Heilige Schrift
kennst, [a]die dich unterweisen kann zur
Seligkeit durch den Glauben an Christus
Jesus. 16 [a]Denn **alle Schrift, von Gott ein-
gegeben, ist nütze zur Lehre, zur Zurecht-
weisung, zur Besserung, zur Erziehung in
der Gerechtigkeit,** 17 dass [a]der Mensch
Gottes vollkommen sei, zu allem guten
Werk geschickt.

Treue bis zum Ende

4 So ermahne ich dich inständig vor
Gott und Christus Jesus, der da kom-
men wird [a]zu richten die Lebenden und
die Toten, und bei seiner Erscheinung
und seinem Reich: 2 [a]Predige das Wort,
steh dazu, es sei zur Zeit oder zur Unzeit;
weise zurecht, drohe, ermahne mit aller
Geduld und Lehre. 3 Denn es wird eine
Zeit kommen, da sie die heilsame Lehre
nicht ertragen werden; sondern nach ih-
ren eigenen Gelüsten werden sie sich
selbst Lehrer aufladen, nach denen ihnen
die Ohren jucken,[a] 4 und werden die Oh-
ren von der Wahrheit abwenden und sich
den [a]Fabeln zukehren.
5 Du aber sei nüchtern in allen Dingen,
[a]leide willig, tu das Werk eines Predigers
des Evangeliums, richte dein Amt redlich

2,22: *a* 1.Tim 4,12; 6,11; Hebr 12,14 **2,23:** *a* 1.Tim 4,7 **2,24:** *a* Tit 1,7-9 **3,1:** *a* 1.Tim 4,1 **3,5:** *a* Mt 7,15.21; Tit 1,16 **3,8:** *a* 2.Mose 7,11.22 **3,11:** *a* Apg 13,13–14,22; *b* Ps 34,20 **3,12:** *a* Mt 16,24; Apg 14,22; 1.Thess 3,3 **3,13:** *a* 1.Tim 4,1 **3,15:** *a* Joh 5,39 **3,16:** *a* 2.Petr 1,19-21 **3,17:** *a* 1.Tim 6,11 **4,1:** *a* 1.Petr 4,5 **4,2:** *a* Apg 20,20.31 **4,3:** *a* 1.Tim 4,1 **4,4:** *a* 1.Tim 4,7; 2.Thess 2,11 **4,5:** *a* Kap 2,3

aus. 6 Denn [a]ich werde schon geopfert,
und die Zeit meines Hinscheidens ist ge-
kommen. 7 Ich habe [a]den guten Kampf
gekämpft, ich habe [b]den Lauf vollendet,
ich habe Glauben gehalten; 8 hinfort liegt
für mich bereit die [a]Krone der Gerech-
tigkeit, die mir der Herr, [b]der gerechte
Richter, an jenem Tag geben wird, nicht
aber mir allein, sondern auch allen, die
seine Erscheinung lieb haben.

Der Apostel und seine Mitarbeiter

9 Beeile dich, dass du [a]bald zu mir
kommst. 10 [a]Denn Demas hat mich ver-
lassen und diese Welt lieb gewonnen und
ist nach Thessalonich gezogen, Kreszens
nach Galatien, Titus nach Dalmatien.
11 Lukas ist allein bei mir. [a]Markus
nimm zu dir und bringe ihn mit dir; denn
er ist mir nützlich zum Dienst. 12 [a]Tychi-
kus habe ich nach Ephesus gesandt.
13 Den Mantel, den ich in Troas ließ bei
Karpus, bringe mit, wenn du kommst,
und die Bücher, besonders die Perga-
mente. 14 [a]Alexander, der Schmied, hat
mir viel Böses angetan; der Herr wird
ihm vergelten nach seinen Werken. 15 Vor
dem hüte du dich auch; denn er hat sich
unsern Worten sehr widersetzt.

16 Bei meinem ersten Verhör stand mir
niemand bei, sondern [a]sie verließen mich
alle. Es sei ihnen nicht zugerechnet.
17 [a]Der Herr aber stand mir bei und
stärkte mich, damit durch mich die Bot-
schaft ausgebreitet würde und alle Hei-
den sie hörten, so wurde ich erlöst aus
dem Rachen des Löwen. 18 Der Herr aber
wird mich erlösen von allem Übel und
mich retten in sein himmlisches Reich.
Ihm sei Ehre von Ewigkeit zu Ewigkeit!
Amen.

19 Grüße [a]Priska und Aquila und [b]das
Haus des Onesiphorus. 20 [a]Erastus blieb
in Korinth, [b]Trophimus aber ließ ich
krank in Milet. 21 Beeile dich, dass du
vor dem Winter kommst. Es grüßen dich
Eubulus und Pudens und Linus und
Klaudia und alle Brüder.

22 Der Herr sei mit deinem Geist! Die
Gnade sei mit euch!

DER BRIEF DES PAULUS AN TITUS

Inhaltsübersicht

1 Paulus, ein Knecht Gottes und ein
Apostel Jesu Christi, nach dem Glau-
ben der Auserwählten Gottes und der
Erkenntnis der Wahrheit, die dem Glau-
ben gemäß ist, 2 in der Hoffnung auf das
ewige Leben, das Gott, [a]der nicht lügt,
verheißen hat vor den Zeiten der Welt;
3 aber [a]zu seiner Zeit hat er sein Wort
offenbart durch die Predigt, die mir an-
vertraut ist nach dem Befehl Gottes, un-
seres Heilands;
4 an Titus, [a]meinen rechten Sohn nach
unser beider Glauben:
Gnade und Friede von Gott, dem Va-
ter, und Christus Jesus, unserm Heiland!

Von den Ältesten und Bischöfen

5 Deswegen ließ ich dich in Kreta, dass
du vollends ausrichten solltest, was noch
fehlt, und [a]überall in den Städten Älteste
einsetzen, wie ich dir befohlen habe:
6 [a]wenn einer untadelig ist, Mann einer
einzigen Frau, der gläubige Kinder hat,
die nicht im Ruf stehen, liederlich oder
ungehorsam zu sein. 7 Denn ein Bischof*
soll untadelig sein als ein [a]Haushalter
Gottes, nicht eigensinnig, nicht jähzor-

* Siehe Sach- und Worterklärungen.

4,6: *a* Phil 2,17 **4,7:** *a* 1. Kor 9,25; 1. Tim 6,12; *b* Apg 20,24; Phil 3,14 **4,8:** *a* Kap 2,5; 1. Petr 5,4; Jak 1,12; Offb 2,10; *b* Mt 25,21 **4,9:** *a* Kap 1,4 **4,10:** *a (10-12)* Kol 4,7.10.14 **4,11:** *a* Apg 15,37; Kol 4,10 **4,12:** *a* Eph 6,21 **4,14:** *a* 1. Tim 1,20 **4,16:** *a* Kap 1,15 **4,17:** *a* Apg 23,11; 27,23 **4,19:** *a* Apg 18,2; *b* Kap 1,16 **4,20:** *a* Apg 19,22; *b* Apg 20,4 **1,2:** *a* 2. Tim 2,13 **1,3:** *a* Eph 1,9-10 **1,4:** *a* 1. Tim 1,2 **1,5:** *a* Apg 14,23 **1,6:** *a (6-9)* 1. Tim 3,1-7 **1,7:** *a* 1. Kor 4,1

nig, kein Säufer, nicht streitsüchtig, nicht
schändlichen Gewinn suchen;[b] 8 son-
dern gastfrei, gütig, besonnen, gerecht,
fromm, enthaltsam; 9 er halte sich an das
Wort der Lehre, das gewiss ist, damit er
die Kraft habe, zu ermahnen mit der heil-
samen Lehre und zurechtzuweisen, die
widersprechen.

Gegen die Irrlehrer

10 Denn es gibt viele Freche, unnütze
Schwätzer und Verführer, besonders die
aus den Juden, 11 denen man das Maul
stopfen muss, weil sie ganze Häuser ver-
wirren und lehren, was nicht sein darf,
um schändlichen Gewinns willen. 12 Es
hat einer von ihnen gesagt, ihr eigener
Prophet: Die Kreter sind immer Lügner,
böse Tiere und faule Bäuche. 13 Dieses
Zeugnis ist wahr. Aus diesem Grund
[a]weise sie scharf zurecht, damit sie ge-
sund werden im Glauben 14 und nicht
achten auf die jüdischen [a]Fabeln und die
Gebote von Menschen, die sich von der
Wahrheit abwenden.

15 Den [a]Reinen ist alles rein; den Un-
reinen aber und Ungläubigen ist nichts
rein, sondern unrein ist beides, ihr Sinn
und ihr Gewissen. 16 Sie sagen, sie ken-
nen Gott, aber [a]mit den Werken ver-
leugnen sie ihn; ein Gräuel sind sie und
gehorchen nicht und sind zu allem guten
Werk untüchtig.

Das Zusammenleben in der Gemeinde

2 Du aber rede, [a]wie sich's ziemt nach
der heilsamen Lehre. 2 Den alten
Männern sage, dass sie nüchtern seien,
ehrbar, besonnen, gesund im Glauben, in
der Liebe, in der Geduld;[a] 3 desgleichen
den alten Frauen, dass sie sich verhal-
ten, wie es sich für Heilige ziemt, [a]nicht
verleumderisch, nicht dem Trunk erge-
ben. Sie sollen aber Gutes lehren 4 und
die jungen Frauen anhalten, dass sie
ihre Männer lieben, ihre Kinder lieben,
5 besonnen seien, keusch, häuslich, gütig
und [a]sich ihren Männern unterordnen,
damit nicht das Wort Gottes verlästert
werde.

6 Desgleichen ermahne die jungen
Männer, dass sie besonnen seien 7 [a]in
allen Dingen. Dich selbst aber mache
zum [b]Vorbild guter Werke mit unver-
fälschter Lehre, mit Ehrbarkeit, 8 mit
heilsamem und untadeligem Wort, damit
der Widersacher beschämt werde und
nichts Böses habe, das er uns nachsagen
kann.

9 [a]Den Sklaven sage, dass sie sich ihren
Herren in allen Dingen unterordnen, ih-
nen gefällig seien, nicht widersprechen,
10 nichts veruntreuen, sondern sich in
allem als gut und treu erweisen, damit sie
der Lehre Gottes, unseres Heilands, Ehre
machen in allen Stücken.

Die heilsame Gnade

11 Denn **es ist erschienen die heilsame
Gnade Gottes allen Menschen**[a] 12 und
nimmt uns in Zucht, dass wir absagen
dem ungöttlichen Wesen und den welt-
lichen Begierden und besonnen, gerecht
und fromm in dieser Welt leben 13 und
[a]warten auf die selige Hoffnung und
Erscheinung der Herrlichkeit des großen
Gottes und unseres Heilands Jesus Chris-
tus, 14 der [a]sich selbst für uns gegeben
hat, damit er uns erlöste von aller Unge-
rechtigkeit und reinigte sich selbst ein
Volk [b]zum Eigentum, das eifrig wäre [c]zu
guten Werken.

15 Das sage und ermahne und weise
zurecht mit ganzem Ernst. [a]Niemand
soll dich verachten.

Der Christ in der Welt

3 Erinnere sie daran, dass sie [a]der
Gewalt der Obrigkeit* untertan und
gehorsam seien, zu allem guten Werk be-
reit, 2 niemanden verleumden, nicht strei-
ten, [a]gütig seien, alle Sanftmut beweisen
gegen alle Menschen.

3 Denn auch wir waren [a]früher unver-
ständig, ungehorsam, gingen in die Irre,
waren mancherlei Begierden und Gelüs-

* Siehe Sach- und Worterklärungen.

1,7: *b* 2.Tim 2,24 **1,13:** *a* 2.Tim 4,2 **1,14:** *a* 1.Tim 4,7; 2.Tim 4,4 **1,15:** *a* Mt 15,11; Röm 14,20 **1,16:** *a* 2.Tim 3,5 **2,1:** *a* 2.Tim 1,13 **2,2:** *a* 1.Tim 5,1 **2,3:** *a* 1.Tim 3,11 **2,5:** *a* Eph 5,22 **2,7:** *a (7-8)* 2.Tim 2,15; 1.Petr 2,15; *b* 1.Tim 4,12; 1.Petr 5,3 **2,9:** *a (9-10)* Eph 6,5-6; 1.Tim 6,1-2; 1.Petr 2,18 **2,11:** *a* Kap 3,4 **2,13:** *a* 1.Kor 1,7; Phil 3,20; 1.Thess 1,10 **2,14:** *a* Gal 1,4; 1.Tim 2,6; *b* 2.Mose 19,5; *c* Eph 2,10 **2,15:** *a* 1.Tim 4,12 **3,1:** *a* Röm 13,1; 1.Petr 2,13 **3,2:** *a* Phil 4,5 **3,3:** *a* 1.Kor 6,11; Eph 2,2; 5,8; 1.Petr 4,3

ten dienstbar und lebten in Bosheit und
Neid, waren verhasst und hassten uns
untereinander. 4 Als aber [a]erschien die
Freundlichkeit und Menschenliebe Got-
tes, unseres Heilands, 5 [a]machte er uns
selig – nicht [b]um der Werke der Gerech-
tigkeit willen, die wir getan hatten, son-
dern nach seiner Barmherzigkeit – durch
das [c]Bad der Wiedergeburt und Erneue-
rung im Heiligen Geist, 6 den er über uns
reichlich ausgegossen hat durch Jesus
Christus, unsern Heiland, 7 damit wir,
[a]durch dessen Gnade gerecht geworden,
Erben des ewigen Lebens würden nach
unsrer Hoffnung. 8 Das ist gewisslich
wahr.

Und ich will, dass du dies mit Ernst
lehrst, damit alle, die zum Glauben an
Gott gekommen sind, darauf bedacht
sind, sich mit guten Werken hervorzutun.
Das ist gut und nützt den Menschen.
9 Von törichten Fragen aber, von [a]Ge-
schlechtsregistern, von [b]Zank und Streit
über das Gesetz halte dich fern; denn sie
sind unnütz und nichtig. 10 Einen [a]ketze-
rischen Menschen meide, wenn er einmal
und [b]noch einmal ermahnt ist, 11 und
wisse, dass ein solcher ganz verkehrt ist
und sündigt und sich selbst damit das
Urteil spricht.[a]

Aufträge und Grüße

12 Wenn ich Artemas oder [a]Tychikus zu
dir senden werde, so komm eilends zu
mir nach Nikopolis; denn ich habe be-
schlossen, dort den Winter über zu blei-
ben. 13 Zenas, den Rechtsgelehrten, und
[a]Apollos rüste gut aus zur Reise, damit
ihnen nichts fehle.

14 Lass aber auch die Unseren lernen,
[a]sich hervorzutun mit guten Werken, wo
sie nötig sind, damit sie kein fruchtloses
Leben führen.

15 Es grüßen dich alle, die bei mir sind.
Grüße alle, die uns lieben im Glauben.
Die Gnade sei mit euch allen!

DER BRIEF DES PAULUS AN PHILEMON

Inhaltsübersicht

Fürsprache für einen Sklaven *Verse 1-25*

1 Paulus, ein [a]Gefangener Christi Jesu,
und Timotheus, der Bruder, an Philemon,
den Lieben, unsern Mitarbeiter, 2 und an
Aphia, die Schwester, und [a]Archippus,
unsern Mitstreiter, und an die Gemeinde
in deinem Hause:

3 Gnade sei mit euch und Friede von
Gott, unserm Vater, und dem Herrn Je-
sus Christus!

Glaube und Liebe des Philemon

4 Ich danke meinem Gott allezeit, wenn
ich deiner gedenke in meinen Gebeten
5 – denn ich höre von der Liebe und dem
Glauben, die du hast an den Herrn Jesus
und gegenüber allen Heiligen –, 6 dass
der Glaube, den wir miteinander haben,
[a]in dir kräftig werde in Erkenntnis all
des Guten, das wir haben, in Christus.
7 Denn ich hatte [a]große Freude und
Trost durch deine Liebe, weil die Herzen
der Heiligen erquickt sind durch dich,
lieber Bruder.

Fürsprache für Onesimus

8 Darum, obwohl ich in Christus volle
Freiheit habe, dir zu gebieten, was sich
gebührt, 9 will ich um der Liebe willen
doch nur bitten, so wie ich bin: Paulus,
ein alter Mann, nun aber auch ein Ge-
fangener Christi Jesu. 10 So bitte ich dich
für meinen Sohn [a]Onesimus*, den ich

* »Onesimus« bedeutet »der Nützliche«.

3,4: *a* Kap 2,11 **3,5:** *a (5-6)* Joel 3,1; *b* 2.Tim 1,9; *c* Joh 3,5; Eph 5,26 **3,7:** *a* Röm 3,26 **3,9:** *a* 1.Tim 1,4; *b* 1.Tim 4,7; 2.Tim 2,14 **3,10:** *a* 2.Joh 10; *b* Mt 18,15-17 **3,11:** *a* 1.Tim 6,4-5 **3,12:** *a* Eph 6,21 **3,13:** *a* Apg 18,24; 1.Kor 3,5-6 **3,14:** *a* Kap 2,14; *b* Mt 7,19 Vers **1:** *a* Eph 3,1 Vers **2:** *a* Kol 4,17 Vers **6:** *a* Phil 1,9 Vers **7:** *a* 2.Kor 7,4 Vers **10:** *a* Kol 4,9

[b]gezeugt habe in der Gefangenschaft,
11 der dir früher unnütz war, jetzt aber dir
und mir sehr nützlich ist.

12 Den sende ich dir wieder zurück und
damit mein eigenes Herz. 13 Ich wollte
ihn gern bei mir behalten, [a]damit er mir
an deiner statt diene in der Gefangen-
schaft um des Evangeliums willen.
14 Aber ohne deinen Willen wollte ich
nichts tun, [a]damit das Gute dir nicht
abgenötigt wäre, sondern freiwillig ge-
schehe. 15 Denn vielleicht war er darum
eine Zeit lang von dir getrennt, damit
du ihn auf ewig wiederhättest, 16 nun
nicht mehr als einen Sklaven, sondern
als einen, der mehr ist als ein Sklave:
ein geliebter [a]Bruder, besonders für
mich, wie viel mehr aber für dich, sowohl
im leiblichen Leben wie auch in dem
Herrn.

17 Wenn du mich nun für deinen
Freund hältst, so nimm ihn auf wie mich
selbst. 18 Wenn er aber dir Schaden an-
getan hat oder etwas schuldig ist, das
rechne mir an. 19 Ich, Paulus, schreibe es
mit eigener Hand: Ich will's bezahlen; ich
schweige davon, dass du dich selbst mir
schuldig bist. 20 Ja, lieber Bruder, gönne
mir, dass ich mich an dir erfreue in dem
Herrn; erquicke mein Herz in Christus.

21 Im Vertrauen auf deinen Gehorsam
schreibe ich dir; denn ich weiß, du wirst
mehr tun, als ich sage. 22 Zugleich bereite
mir die Herberge; denn ich hoffe, [a]dass
ich durch eure Gebete euch geschenkt
werde.

Grüße und Segenswunsch

23 [a]Es grüßt dich Epaphras, mein Mitge-
fangener in Christus Jesus, 24 Markus,
Aristarch, Demas, Lukas, meine Mit-
arbeiter.

25 Die Gnade des Herrn Jesus Christus
sei mit eurem Geist!

Vers **10:** *b* 1. Kor 4,15; Gal 4,19 Vers **13:** *a* Phil 2,30 Vers **14:** *a* 2. Kor 9,7 Vers **16:** *a* 1. Tim 6,2 Vers **22:** *a* Phil 1,25; 2,24 Vers **23:** *a (23-24)* Kol 1,7; 4,10-14

DER ERSTE BRIEF DES PETRUS

Inhaltsübersicht

1 Petrus, ein Apostel Jesu Christi, an die
auserwählten [a]Fremdlinge, die ver-
streut wohnen in Pontus, Galatien, Kap-
padozien, der Provinz Asien und Bithy-
nien, 2 die Gott, der Vater, [a]ausersehen
hat durch die Heiligung des Geistes zum
Gehorsam und zur Besprengung mit dem
Blut Jesu Christi:
Gott gebe euch viel Gnade und Frieden!

Lebendige Hoffnung

3 **Gelobt sei Gott, der Vater unseres Herrn
Jesus Christus, der uns nach seiner großen
Barmherzigkeit wiedergeboren hat zu
einer lebendigen [a]Hoffnung durch die
Auferstehung Jesu Christi von den Toten,**
4 zu einem unvergänglichen und unbe-
fleckten und unverwelklichen [a]Erbe, das
aufbewahrt wird im Himmel für euch,
5 die ihr aus Gottes Macht durch den
Glauben [a]bewahrt werdet zur Seligkeit,
die bereit ist, dass sie offenbar werde zu
der letzten Zeit.
6 Dann werdet ihr euch freuen, [a]die ihr
jetzt eine kleine Zeit, wenn es sein soll,
traurig seid in mancherlei Anfechtungen,
7 damit euer Glaube als echt und viel
kostbarer befunden werde als das ver-
gängliche [a]Gold, das durchs Feuer ge-
läutert wird, zu Lob, Preis und Ehre,
wenn offenbart wird Jesus Christus. 8 Ihn
habt ihr nicht gesehen und habt ihn doch
lieb; und nun [a]glaubt ihr an ihn, obwohl
ihr ihn nicht seht; ihr werdet euch aber
freuen mit unaussprechlicher und herr-
licher Freude, 9 wenn ihr das Ziel eures
Glaubens erlangt, nämlich der Seelen
Seligkeit.
10 Nach dieser Seligkeit [a]haben ge-
sucht und geforscht die Propheten, die
von der Gnade geweissagt haben, die für
euch bestimmt ist, 11 und haben ge-
forscht, auf welche und was für eine Zeit
der Geist Christi deutete, der in ihnen
war und zuvor bezeugt hat [a]die Leiden,
die über Christus kommen sollten, und
die Herrlichkeit danach. 12 Ihnen ist of-
fenbart worden, dass sie nicht sich selbst,
sondern euch dienen sollten mit dem,
was euch nun verkündigt ist durch die,
die euch das Evangelium verkündigt ha-
ben durch den Heiligen Geist, der vom
Himmel gesandt ist, – [a]was auch die
Engel begehren zu schauen.

Geheiligtes Leben

13 Darum [a]umgürtet die Lenden eures
Gemüts, seid nüchtern und setzt eure
Hoffnung ganz auf die Gnade, die euch
angeboten wird in der Offenbarung Jesu
Christi. 14 [a]Als gehorsame Kinder gebt
euch nicht den Begierden hin, denen ihr
früher in der Zeit eurer Unwissenheit
dientet; 15 sondern wie der, der euch be-
rufen hat, heilig ist, sollt auch ihr heilig
sein in eurem ganzen Wandel.
16 Denn es steht geschrieben (3. Mose
19,2): »Ihr sollt heilig sein, denn ich
bin heilig.« 17 Und da ihr den als Vater
anruft, der [a]ohne Ansehen der Person
einen jeden richtet nach seinem Werk, so
[b]führt euer Leben, solange ihr hier in der
Fremde weilt, in Gottesfurcht; 18 [a]denn
**ihr wisst, dass ihr nicht mit vergänglichem
Silber oder Gold erlöst seid von eurem
[b]nichtigen Wandel nach der Väter Weise,**
19 **sondern mit dem teuren [a]Blut Christi
als eines unschuldigen und unbefleckten
[b]Lammes.** 20 Er ist zwar zuvor auserse-

1,1: *a* Hebr 13,14 **1,2:** *a* Röm 8,29 **1,3:** *a* Kol 1,5 **1,4:** *a* Kol 1,12 **1,5:** *a* Joh 10,28 **1,6:** *a* Kap 5,10; 2. Kor 4,17 **1,7:** *a* Spr 17,3; Jes 48,10 **1,8:** *a* Joh 20,29; 2. Kor 5,7 **1,10:** *a* Lk 10,24 **1,11:** *a* Ps 22,2-32; Jes 52,13–53,12 **1,12:** *a* Eph 3,10 **1,13:** *a* Lk 12,35-36 **1,14:** *a* Röm 12,2 **1,17:** *a* Röm 2,11; *b* Phil 2,12 **1,18:** *a (18-19)* 1. Kor 6,20; 7,23; *b* Kap 4,3 **1,19:** *a* Hebr 9,14; *b* Jes 53,7; Joh 1,29

hen, ehe der Welt Grund gelegt wurde,
aber offenbart am Ende der Zeiten um
euretwillen,[a] 21 die ihr durch ihn glaubt
an Gott, der ihn auferweckt hat von den
Toten und ihm die Herrlichkeit gegeben,
damit ihr Glauben und Hoffnung zu
Gott habt.

22 Habt ihr eure Seelen gereinigt im
Gehorsam der Wahrheit zu ungefärbter
Bruderliebe, so habt euch untereinan-
der beständig lieb aus reinem Herzen.
23 Denn ihr seid [a]wiedergeboren nicht
aus vergänglichem, sondern aus unver-
gänglichem Samen, nämlich [b]aus dem
lebendigen Wort Gottes, das da bleibt.
24 Denn »alles Fleisch ist wie Gras und
alle seine Herrlichkeit wie des Grases
Blume. [a]Das Gras ist verdorrt und die
Blume abgefallen; 25 **aber des Herrn Wort
bleibt in Ewigkeit**« (Jesaja 40,6-8). Das ist
aber das Wort, welches unter euch ver-
kündigt ist.

Das neue Gottesvolk

2 So [a]legt nun ab alle Bosheit und al-
len Betrug und Heuchelei und Neid
und alle üble Nachrede 2 und [a]seid begie-
rig nach der vernünftigen lauteren Milch
wie die neugeborenen [b]Kindlein, damit
ihr durch sie zunehmt zu eurem Heil, 3 da
ihr ja geschmeckt habt, dass der Herr
freundlich ist.[a] 4 Zu ihm kommt als zu
dem lebendigen [a]Stein, der von den
Menschen verworfen ist, aber bei Gott
auserwählt und kostbar. 5 Und auch ihr
[a]als lebendige Steine erbaut euch zum
geistlichen Hause und zur heiligen Pries-
terschaft, zu opfern [b]geistliche Opfer,
die Gott wohlgefällig sind durch Jesus
Christus.

6 Darum steht in der Schrift (Jesaja
28,16): »Siehe, ich lege in Zion einen aus-
erwählten, kostbaren Eckstein; und wer
an ihn glaubt, der soll nicht zuschanden
werden.« 7 Für euch nun, die ihr glaubt,
ist er kostbar; für die Ungläubigen aber
ist »der Stein, den die Bauleute verwor-
fen haben und der zum Eckstein gewor-
den ist, 8 ein [a]Stein des Anstoßes und
ein Fels des Ärgernisses« (Psalm 118,22;
Jesaja 8,14); [b]sie stoßen sich an ihm, weil
sie nicht an das Wort glauben, wozu sie
auch bestimmt sind. 9 **Ihr aber seid das
auserwählte Geschlecht, die [a]königliche
Priesterschaft, das heilige Volk, das [b]Volk
des Eigentums, dass ihr verkündigen sollt
die Wohltaten dessen, der euch berufen
hat [c]von der Finsternis zu seinem wunder-
baren Licht;** 10 die ihr einst »nicht ein
Volk« wart, nun aber »Gottes Volk« seid,
und einst nicht in Gnaden wart, nun aber
in Gnaden seid (Hosea 2,25).[a]

Das Verhalten in der Welt

11 Liebe Brüder, ich ermahne euch als
[a]Fremdlinge und Pilger: Enthaltet euch
von fleischlichen Begierden, die gegen die
Seele streiten, 12 und führt ein rechtschaf-
fenes Leben unter den Heiden, damit die,
die euch verleumden als Übeltäter, [a]eure
guten Werke sehen und Gott preisen am
Tag der Heimsuchung.

13 [a]Seid untertan aller menschlichen
Ordnung um des Herrn willen, es sei dem
König als dem Obersten 14 oder den
Statthaltern als denen, die von ihm ge-
sandt sind zur Bestrafung der Übeltäter
und zum Lob derer, die Gutes tun.
15 Denn das ist der Wille Gottes, dass ihr
mit guten Taten den unwissenden und
törichten Menschen das Maul stopft –[a]
16 als die [a]Freien und nicht als hättet ihr
die Freiheit zum Deckmantel der Bos-
heit, sondern als die Knechte Gottes.
17 [a]**Ehrt jedermann, habt die Brüder lieb,
[b]fürchtet Gott, ehrt den König!**

Mahnungen an die Sklaven

18 Ihr [a]Sklaven, ordnet euch in aller
Furcht den Herren unter, nicht allein den
gütigen und freundlichen, sondern auch
den wunderlichen. 19 Denn das ist Gnade,
wenn jemand vor Gott um des Gewissens
willen das Übel erträgt und leidet das
Unrecht. 20 Denn was ist das für ein
Ruhm, wenn ihr um schlechter Taten wil-
len geschlagen werdet und es geduldig
ertragt? Aber [a]wenn ihr um guter Taten
willen leidet und es ertragt, das ist Gnade
bei Gott.

1,20: *a* Röm 16,25-26 **1,23:** *a* Joh 1,13; 3,5; *b* Jak 1,18 **1,24:** *a* Jak 1,10-11 **2,1:** *a* Jak 1,21 **2,2:** *a* Hebr 5,12-13; *b* Mt 18,3 **2,3:** *a* Ps 34,9 **2,4:** *a* Ps 118,22; Mt 21,42 **2,5:** *a* Eph 2,21-22; Hebr 3,6; *b* Röm 12,1 **2,8:** *a* Röm 9,33; *b* Lk 2,34 **2,9:** *a* 2. Mose 19,6; Jes 43,21; Offb 1,6; *b* 5. Mose 4,20; 7,6; *c* Eph 5,8 **2,10:** *a* Röm 9,24-26 **2,11:** *a* Ps 39,13 **2,12:** *a* Mt 5,16 **2,13:** *a* Röm 13,1-7; Tit 3,1 **2,15:** *a* Kap 3,16; Tit 2,8 **2,16:** *a* Gal 5,13; 2. Petr 2,19 **2,17:** *a* Röm 12,10; *b* Spr 24,21 **2,18:** *a* Eph 6,5; Tit 2,9 **2,20:** *a* Kap 3,14; Mt 5,10

21 [a]Denn dazu seid ihr berufen, da
auch Christus gelitten hat für euch und
euch ein Vorbild hinterlassen, dass ihr
sollt nachfolgen seinen Fußtapfen; 22 er,
der [a]keine Sünde getan hat und in dessen
Mund sich [b]kein Betrug fand; 23 der
nicht widerschmähte, als er geschmäht
wurde, nicht drohte, als er litt, er stellte
es aber dem anheim, der gerecht richtet;
24 **der [a]unsre Sünde selbst hinaufgetragen**
hat an seinem Leibe [b]auf das Holz, damit
wir, [c]der Sünde abgestorben, der Gerech-
tigkeit leben. Durch seine Wunden seid ihr
heil geworden. 25 **Denn ihr wart [a]wie die**
irrenden Schafe; aber ihr seid nun bekehrt
zu dem [b]Hirten und Bischof eurer See-
len.

Mahnungen an die Frauen und Männer

3 Desgleichen [a]sollt ihr Frauen euch
eure Männern unterordnen, damit
auch die, die nicht an das Wort glauben,
[b]durch das Leben ihrer Frauen ohne
Worte gewonnen werden, 2 wenn sie se-
hen, wie ihr in Reinheit und Gottesfurcht
lebt. 3 Euer Schmuck soll nicht äußerlich
sein wie Haarflechten, goldene Ketten
oder prächtige Kleider,[a] 4 sondern der
verborgene Mensch des Herzens im un-
vergänglichen Schmuck des sanften und
stillen Geistes: das ist köstlich vor Gott.
5 Denn so haben sich vorzeiten auch die
heiligen Frauen geschmückt, die ihre
Hoffnung auf Gott setzten und sich ihren
Männern unterordneten, 6 wie Sara Ab-
raham gehorsam war und ihn [a]Herr
nannte; deren Töchter seid ihr geworden,
wenn ihr recht tut und euch durch nichts
beirren lasst.

7 Desgleichen ihr Männer, wohnt ver-
nünftig mit ihnen zusammen und gebt
dem weiblichen Geschlecht als dem
schwächeren seine Ehre. Denn auch die
Frauen sind Miterben der Gnade des Le-
bens, und euer gemeinsames Gebet soll
nicht behindert werden.[a]

Mahnungen an die ganze Gemeinde

8 Endlich aber seid allesamt gleich ge-
sinnt, mitleidig, brüderlich, barmherzig,
demütig. 9 [a]**Vergeltet nicht Böses mit Bö-**
sem oder Scheltwort mit Scheltwort, son-
dern segnet vielmehr, weil ihr dazu berufen
seid, dass ihr den Segen ererbt. 10 Denn
»wer das Leben lieben und gute Tage
sehen will, der [a]hüte seine Zunge, dass
sie nichts Böses rede, und seine Lippen,
dass sie nicht betrügen. 11 Er wende sich
ab vom Bösen und tue Gutes; er suche
Frieden und jage ihm nach. 12 Denn die
Augen des Herrn sehen auf die Gerech-
ten, und seine Ohren hören auf ihr
Gebet; das Angesicht des Herrn aber
steht wider die, die Böses tun« (Psalm
34,13-17).

13 Und wer ist's, der euch schaden
könnte, wenn ihr dem Guten nacheifert?
14 Und wenn ihr auch [a]leidet um der
Gerechtigkeit willen, so seid ihr doch se-
lig. Fürchtet euch nicht vor ihrem Dro-
hen und erschreckt nicht; 15 heiligt aber
den Herrn Christus in euren Herzen.
Seid allezeit bereit zur Verantwortung vor
jedermann, der von euch Rechenschaft for-
dert über die Hoffnung, die in euch ist,
16 und das mit Sanftmut und Gottes-
furcht, und habt ein gutes Gewissen, da-
mit die, die euch verleumden, zuschan-
den werden, wenn sie euren guten Wan-
del in Christus schmähen. 17 Denn es ist
besser, wenn es Gottes Wille ist, dass ihr
um guter Taten willen leidet als um böser
Taten willen.

Die Herrschaft Christi über alle

18 Denn auch Christus hat **einmal** [a]für
die Sünden gelitten, der Gerechte für die
Ungerechten, damit er euch zu Gott
führte, und ist getötet nach dem Fleisch,
aber lebendig gemacht nach dem Geist.
19 In ihm ist er auch hingegangen und hat
[a]gepredigt den Geistern im Gefängnis*,
20 die einst ungehorsam waren, als Gott
harrte und Geduld hatte zur Zeit Noahs,
als man die Arche baute, [a]in der wenige,
nämlich acht Seelen, gerettet wurden
durchs Wasser hindurch.

21 Das ist ein Vorbild der [a]Taufe, die
jetzt auch euch rettet. Denn in ihr wird

* Siehe Sach- und Worterklärungen zu »Gefängnis«.

2,21: *a (21-24)* Kap 3,18; Mt 16,24 **2,22:** *a* Joh 8,46; *b* Jes 53,9 **2,24:** *a* 1. Joh 3,5; *b* Gal 3,13; *c* Röm 6,8.11 **2,25:** *a* Jes 53,6; *b* Joh 10,11 **3,1:** *a* Eph 5,22; *b* 1. Kor 7,16 **3,3:** *a* Jes 3,18-23; 1. Tim 2,9 **3,6:** *a* 1. Mose 18,12 **3,7:** *a* 1. Kor 7,5; Eph 5,25 **3,9:** *a* 1. Thess 5,15 **3,10:** *a* Jak 1,26 **3,14:** *a* Kap 2,20; Mt 5,10 **3,18:** *a* Kap 2,21-24 **3,19:** *a* Kap 4,6 **3,20:** *a* 1. Mose 7,7; 2. Petr 2,5 **3,21:** *a* Eph 5,26

nicht der Schmutz vom Leib abgewa-
schen, sondern wir bitten Gott um [b]ein
gutes Gewissen, durch die Auferstehung
Jesu Christi, 22 welcher ist [a]zur Rechten
Gottes, aufgefahren gen Himmel, und es
sind ihm untertan die Engel und die
Gewaltigen und die Mächte.

Vom Leiden und Leben des Christen

4 Weil nun Christus im Fleisch gelitten
hat, so wappnet euch auch mit dem-
selben Sinn; denn wer im Fleisch gelitten
hat, der hat aufgehört mit der Sünde,
2 dass er hinfort die noch übrige Zeit im
Fleisch nicht den Begierden der Men-
schen, sondern dem Willen Gottes lebe.
3 Denn es ist genug, dass ihr [a]die vergan-
gene Zeit zugebracht habt nach heidni-
schem Willen, als ihr ein Leben führtet in
Ausschweifung, Begierden, Trunkenheit,
Fresserei, Sauferei und gräulichem Göt-
zendienst.

4 Das befremdet sie, dass ihr euch nicht
mehr mit ihnen stürzt in dasselbe wüste,
unordentliche Treiben, und sie lästern;
5 aber sie werden Rechenschaft geben
müssen dem, [a]der bereit ist, zu richten
die Lebenden und die Toten. 6 Denn dazu
ist auch [a]den Toten das Evangelium ver-
kündigt, dass sie zwar nach Menschen-
weise gerichtet werden im Fleisch, aber
nach Gottes Weise das Leben haben im
Geist.

7 Es ist aber nahe gekommen das Ende
aller Dinge. [a] So seid nun besonnen und
nüchtern zum Gebet. 8 Vor allen Dingen
habt untereinander beständige Liebe;
denn »die Liebe [a]deckt auch der Sünden
Menge« (Sprüche 10,12). 9 Seid [a]gastfrei
untereinander ohne Murren. 10 Und **dient
einander, ein jeder mit der Gabe, die er
empfangen hat, als die guten Haushalter
der mancherlei Gnade Gottes:** 11 Wenn je-
mand predigt, dass er's rede als Gottes
Wort; [a]wenn jemand dient, dass er's tue
aus der Kraft, die Gott gewährt, damit in
allen Dingen Gott gepriesen werde durch
Jesus Christus. Sein ist die Ehre und Ge-
walt von Ewigkeit zu Ewigkeit! Amen.

Vom Ausharren in der Verfolgung

12 Ihr Lieben, lasst euch durch die [a]Hitze
nicht befremden, die euch widerfährt zu
eurer Versuchung, als widerführe euch
etwas Seltsames, 13 sondern [a]freut euch,
dass ihr mit Christus leidet, [b]damit ihr
auch zur Zeit der Offenbarung seiner
Herrlichkeit Freude und Wonne haben
mögt. 14 [a]Selig seid ihr, wenn ihr ge-
schmäht werdet um des Namens Christi
willen, denn [b]der Geist, der ein Geist der
Herrlichkeit und Gottes ist, ruht auf
euch.

15 Niemand aber unter euch leide als
ein Mörder oder Dieb oder Übeltäter
oder als einer, der in ein fremdes Amt
greift. 16 Leidet er aber als ein Christ, so
schäme er sich nicht, sondern [a]ehre Gott
mit diesem Namen. 17 Denn die Zeit ist
da, dass das Gericht [a]anfängt an dem
Hause Gottes. Wenn aber zuerst an uns,
was wird es für ein Ende nehmen mit
denen, die dem Evangelium Gottes nicht
glauben? 18 Und wenn der Gerechte
kaum gerettet wird, wo wird dann der
Gottlose und Sünder bleiben?[a] 19 Darum
sollen auch die, die nach Gottes Willen
leiden, ihm [a]ihre Seelen anbefehlen als
dem treuen Schöpfer und Gutes tun.

Mahnungen an die Ältesten und die Gemeinde

5 Die Ältesten unter euch ermahne ich,
der [a]Mitälteste und [b]Zeuge der Lei-
den Christi, der ich auch [c]teilhabe an
der Herrlichkeit, die offenbart werden
soll: 2 [a]Weidet die Herde Gottes, die
euch anbefohlen ist; achtet auf sie, nicht
gezwungen, sondern freiwillig, wie es
Gott gefällt; [b]nicht um schändlichen
Gewinns willen, sondern von Herzens-
grund; 3 [a]nicht als Herren über die Ge-
meinde, sondern als [b]Vorbilder der Her-
de. 4 So werdet ihr, wenn erscheinen wird
der [a]Erzhirte, die unvergängliche [b]Kro-
ne der Herrlichkeit empfangen.

5 Desgleichen ihr Jüngeren, [a]ordnet
euch den Ältesten unter.

Alle aber miteinander haltet fest an

3,21: *b* Hebr 10,22 **3,22:** *a* Eph 1,20-21 **4,3:** *a* Eph 2,2-3; Tit 3,3 **4,5:** *a* 2.Tim 4,1 **4,6:** *a* Kap 3,19 **4,7:** *a* 1.Kor 10,11; 1.Joh 2,18 **4,8:** *a* Jak 5,20 **4,9:** *a* Hebr 13,2 **4,11:** *a* Röm 12,7 **4,12:** *a* Kap 1,6-7 **4,13:** *a* Apg 5,41; Jak 1,2; *b* Röm 8,17 **4,14:** *a* Mt 5,11; *b* Eph 1,13 **4,16:** *a* Phil 1,20 **4,17:** *a* Jer 25,29; Hes 9,6 **4,18:** *a* Spr 11,31 **4,19:** *a* Ps 31,6 **5,1:** *a* 2.Joh 1; *b* Mt 26,37.69; *c* Röm 8,17 **5,2:** *a* Joh 21,16; Apg 20,28; *b* 1.Tim 3,2-7 **5,3:** *a* Hes 34,2-4; 2.Kor 1,24; *b* Tit 2,7 **5,4:** *a* Hebr 13,20; *b* 1.Kor 9,25; 2.Tim 4,8 **5,5:** *a* Eph 5,21

der Demut; denn [b]**Gott widersteht den
Hochmütigen, aber den Demütigen gibt er
Gnade.** 6 So demütigt euch nun unter die
gewaltige Hand Gottes, damit er euch
erhöhe zu seiner Zeit.[a] 7 **Alle eure Sorge
werft auf ihn; denn er sorgt für euch.**[a]

8 Seid [a]nüchtern und wacht; denn euer
Widersacher, [b]der Teufel, geht umher
wie ein brüllender Löwe und sucht, wen
er verschlinge. 9 Dem widersteht, fest im
Glauben, und wisst, dass ebendieselben
Leiden über eure Brüder in der Welt
gehen.

Segenswunsch und Grüße

10 Der Gott aller Gnade aber, der euch
berufen hat zu seiner ewigen Herrlich-
keit in Christus Jesus, der wird euch, die
ihr [a]eine kleine Zeit leidet, aufrichten,
stärken, kräftigen, gründen. 11 Ihm sei
die Macht von Ewigkeit zu Ewigkeit!
Amen.

12 Durch [a]Silvanus, den treuen Bruder,
wie ich meine, habe ich euch wenige
Worte geschrieben, zu ermahnen und zu
bezeugen, dass das die rechte Gnade
Gottes ist, in der ihr steht. 13 Es grüßt
euch aus Babylon die Gemeinde, die mit
euch auserwählt ist, und mein Sohn
[a]Markus. 14 Grüßt euch untereinander
mit dem Kuss der Liebe. Friede sei mit
euch allen, die ihr in Christus seid!

DER ZWEITE BRIEF DES PETRUS

Inhaltsübersicht

Warnung vor falschen Lehrern	*Kap 1–2*
Christus kommt gewiss wieder	*3*

1 Simon Petrus, ein Knecht und Apostel
Jesu Christi, an alle, die mit uns den-
selben teuren Glauben empfangen haben
durch die Gerechtigkeit, die unser Gott
gibt und der Heiland Jesus Christus:

2 Gott gebe euch viel Gnade und Frie-
den durch die Erkenntnis Gottes und
Jesu, unseres Herrn!

Mahnung zu christlichem Leben

3 Alles, was zum Leben und zur Fröm-
migkeit dient, hat uns seine göttliche
Kraft geschenkt durch die Erkenntnis
dessen, [a]der uns berufen hat durch seine
Herrlichkeit und Kraft. 4 Durch sie sind
uns die teuren und allergrößten Verhei-
ßungen geschenkt, damit ihr dadurch
Anteil bekommt an der göttlichen Natur,
die ihr entronnen seid der verderblichen
Begierde in der Welt.

5 So wendet alle Mühe daran und er-
weist in eurem [a]Glauben Tugend und in
der Tugend Erkenntnis 6 und in der Er-
kenntnis Mäßigkeit und in der Mäßigkeit
Geduld und in der Geduld Frömmigkeit
7 und in der Frömmigkeit brüderliche
Liebe und in der brüderlichen Liebe die
Liebe zu allen Menschen.[a] 8 Denn wenn
dies alles reichlich bei euch ist, wird's
euch nicht faul und unfruchtbar sein las-
sen in der Erkenntnis unseres Herrn Je-
sus Christus. 9 Wer dies aber nicht hat,
der ist blind und [a]tappt im Dunkeln und
hat vergessen, dass er rein geworden ist
von seinen früheren Sünden. 10 Darum,
liebe Brüder, bemüht euch desto mehr,
eure Berufung und Erwählung festzu-
machen. Denn wenn ihr dies tut, werdet
ihr nicht straucheln 11 und so wird euch
reichlich gewährt werden der Eingang in
das ewige Reich unseres Herrn und Hei-
lands Jesus Christus.

12 Darum will ich's nicht lassen, euch
allezeit daran zu erinnern, obwohl ihr's
wisst und gestärkt seid in der Wahrheit,
die unter euch ist. 13 Ich halte es aber
für richtig, solange ich in dieser [a]Hütte
bin, euch zu erwecken und zu erinnern;
14 denn ich weiß, dass ich meine Hütte

5,5: *b* Hiob 22,29; Spr 3,34; Mt 23,12; Jak 4,6 **5,6:** *a* Jak 4,10 **5,7:** *a* Ps 55,23; Mt 6,25; Phil 4,6 **5,8:** *a* 1. Thess 5,6; *b* Lk 22,31; 2. Kor 2,11 **5,10:** *a* Kap 1,6 **5,12:** *a* Apg 15,22 **5,13:** *a* 2. Tim 4,11 **1,3:** *a* 1. Petr 2,9 **1,5:** *a* Gal 5,6.22 **1,7:** *a* Gal 6,10 **1,9:** *a* 1. Joh 2,9.11 **1,13:** *a* 2. Kor 5,1

bald verlassen muss, [a]wie es mir auch
unser Herr Jesus Christus eröffnet hat.
15 Ich will mich aber bemühen, dass ihr
dies allezeit auch nach meinem Hinschei-
den im Gedächtnis behalten könnt.

**Die Verklärung Jesu
und das prophetische Wort**

16 Denn wir sind nicht ausgeklügelten Fa-
beln gefolgt, als wir euch kundgetan ha-
ben die Kraft und das Kommen unseres
Herrn Jesus Christus; sondern wir haben
seine Herrlichkeit selber gesehen. 17 Denn
er empfing von Gott, dem Vater, Ehre
und Preis durch eine Stimme, die zu ihm
kam von der großen Herrlichkeit: [a]Dies
ist mein lieber Sohn, an dem ich Wohl-
gefallen habe. 18 Und diese Stimme haben
wir gehört vom Himmel kommen, als wir
mit ihm waren auf dem heiligen Berge.

19 **Umso fester haben wir das prophe-
tische Wort, und ihr tut gut daran, dass ihr
darauf achtet als auf ein [a]Licht, das da
scheint an einem dunklen Ort, bis der Tag
anbreche und der Morgenstern aufgehe in
euren Herzen.** 20 Und das sollt ihr vor
allem wissen, dass keine Weissagung in
der Schrift eine Sache eigener Auslegung
ist. 21 Denn es ist noch nie eine Weis-
sagung aus menschlichem Willen hervor-
gebracht worden, sondern [a]getrieben von
dem Heiligen Geist haben Menschen im
Namen Gottes geredet.

Gottes Gericht über die Irrlehrer

(vgl. Jud 3-19)

2 Es waren aber auch falsche Prophe-
ten unter dem Volk, wie auch unter
euch sein werden [a]falsche Lehrer, die
verderbliche Irrlehren einführen und ver-
leugnen den Herrn, der sie erkauft hat;
die werden über sich selbst herbeiführen
ein schnelles Verderben. 2 Und viele wer-
den ihnen folgen in ihren Ausschweifun-
gen; um ihretwillen wird der Weg der
Wahrheit verlästert werden. 3 Und aus
Habsucht werden sie euch mit erdichte-
ten Worten zu gewinnen suchen. Das Ge-
richt über sie bereitet sich seit Langem
vor, und ihr Verderben schläft nicht.
4 Denn Gott hat selbst die Engel, die
gesündigt haben, nicht verschont, son-
dern hat sie mit Ketten der Finsternis in
die Hölle gestoßen und übergeben, damit
sie für das Gericht festgehalten werden;
5 und hat die frühere Welt nicht ver-
schont, sondern [a]bewahrte allein Noah,
den Prediger der Gerechtigkeit, mit sie-
ben andern, als er die [b]Sintflut über die
Welt der Gottlosen brachte; 6 und [a]hat
die Städte Sodom und Gomorra zu
Schutt und Asche gemacht und zum Un-
tergang verurteilt und damit ein Beispiel
gesetzt den Gottlosen, die hernach kom-
men würden; 7 und hat den gerechten Lot
errettet, dem die schändlichen Leute viel
Leid antaten mit ihrem ausschweifenden
Leben. 8 Denn der Gerechte, der unter
ihnen wohnte, musste alles mit ansehen
und anhören und seine gerechte Seele
von Tag zu Tag quälen lassen durch ihre
bösen Werke.

9 Der Herr [a]weiß die Frommen aus der
Versuchung zu erretten, die Ungerechten
aber festzuhalten für den Tag des Ge-
richts, um sie zu strafen, 10 am meisten
aber die, die nach dem Fleisch leben in
unreiner Begierde und jede Herrschaft
verachten. Frech und eigensinnig schre-
cken sie nicht davor zurück, himmlische
Mächte zu lästern, 11 wo doch die Engel,
die größere Stärke und Macht haben,
kein Verdammungsurteil gegen sie vor
den Herrn bringen.

12 Aber sie sind wie die unvernünftigen
Tiere, die von Natur dazu geboren sind,
dass sie gefangen und geschlachtet wer-
den; sie lästern das, wovon sie nichts ver-
stehen, und werden auch in ihrem ver-
dorbenen Wesen umkommen 13 und den
Lohn der Ungerechtigkeit davontragen.
Sie halten es für eine Lust, am hellen Tag
zu schlemmen, sie sind Schandflecken,
schwelgen in ihren Betrügereien, wenn
sie mit euch prassen, 14 haben Augen voll
Ehebruch, nimmer satt der Sünde, locken
an sich leichtfertige Menschen, haben ein
Herz getrieben von Habsucht – ver-
fluchte Leute! 15 [a]Sie verlassen den rich-
tigen Weg und gehen in die Irre und
folgen dem Weg Bileams, des Sohnes Be-
ors, der den Lohn der Ungerechtigkeit

1,14: *a* Joh 21,18-19 **1,17:** *a* Mt 17,5 **1,19:** *a* Ps 119,105 **1,21:** *a* 2. Tim 3,16-17 **2,1:** *a* Mt 24,11; 1. Tim 4,1 **2,5:** *a* 1. Mose 8,18; 1. Petr 3,20; *b* Kap 3,6 **2,6:** *a* 1. Mose 19,24-25 **2,9:** *a* 1. Kor 10,13 **2,15:** *a (15-16)* 4. Mose 22,7-35

liebte, 16 empfing aber eine Strafe für seine Übertretung: Das stumme Lasttier redete mit Menschenstimme und wehrte der Torheit des Propheten.

17 Das sind Brunnen ohne Wasser und Wolken, vom Wirbelwind umhergetrieben, ihr Los ist die dunkelste Finsternis. 18 Denn sie reden stolze Worte, hinter denen nichts ist, und reizen durch Unzucht zur fleischlichen Lust diejenigen, die kaum entronnen waren denen, die im Irrtum ihr Leben führen, 19 und versprechen ihnen [a]Freiheit, obwohl sie selbst Knechte des Verderbens sind. Denn von wem jemand überwunden ist, dessen Knecht ist er geworden. 20 Denn wenn sie durch die Erkenntnis unseres Herrn und Heilands Jesus Christus entflohen sind dem Unrat der Welt, werden aber wiederum in diesen verstrickt und von ihm überwunden, dann [a]ist's mit ihnen am Ende ärger geworden als vorher. 21 Denn es wäre besser für sie gewesen, dass sie den Weg der Gerechtigkeit nicht erkannt hätten, als dass sie ihn kennen und sich abkehren von dem heiligen Gebot, das ihnen gegeben ist.[a] 22 An ihnen hat sich erwiesen die Wahrheit des Sprichworts: [a]Der Hund frisst wieder, was er gespien hat; und: Die Sau wälzt sich nach der Schwemme wieder im Dreck.

Gewissheit über das Kommen des Herrn

3 Dies ist nun der zweite Brief, den ich euch schreibe, ihr Lieben, in welchem ich euren lauteren Sinn erwecke und [a]euch erinnere, 2 dass ihr gedenkt an die Worte, die zuvor gesagt sind von den heiligen Propheten, und an das Gebot des Herrn und Heilands, das verkündet ist durch eure Apostel. 3 Ihr sollt vor allem wissen, dass [a]in den letzten Tagen Spötter kommen werden, die ihren Spott treiben, ihren eigenen Begierden nachgehen 4 und sagen: [a]Wo bleibt die Verheißung seines Kommens? Denn nachdem die Väter entschlafen sind, bleibt es alles, wie es von Anfang der Schöpfung gewesen ist.

5 Denn [a]sie wollen nichts davon wissen, dass der Himmel vorzeiten auch war, dazu die [b]Erde, die aus Wasser und durch Wasser Bestand hatte durch Gottes Wort; 6 dennoch wurde damals die Welt dadurch in der Sintflut vernichtet.[a] 7 So werden auch der Himmel, der jetzt ist, und die Erde durch dasselbe Wort aufgespart für das Feuer, bewahrt für den Tag des Gerichts und der Verdammnis der gottlosen Menschen.

8 Eins aber sei euch nicht verborgen, ihr Lieben, dass [a]**ein** Tag vor dem Herrn wie tausend Jahre ist und tausend Jahre wie ein Tag. 9 Der Herr [a]verzögert nicht die Verheißung, wie es einige für eine Verzögerung halten; sondern er hat Geduld mit euch und [b]will nicht, dass jemand verloren werde, sondern dass jedermann zur Buße finde. 10 [a]Es wird aber des Herrn Tag kommen wie ein Dieb; dann [b]werden die Himmel zergehen mit großem Krachen; die Elemente aber werden vor Hitze schmelzen, und [c]die Erde und die Werke, die darauf sind, werden ihr Urteil finden.

11 Wenn nun das alles so zergehen wird, wie müsst ihr dann dastehen in heiligem Wandel und frommem Wesen, 12 die ihr das Kommen des Tages Gottes erwartet und erstrebt, an dem die Himmel vom Feuer zergehen und die Elemente vor Hitze zerschmelzen werden. 13 **Wir warten aber auf [a]einen neuen Himmel und eine neue Erde nach seiner Verheißung, [b]in denen Gerechtigkeit wohnt.**

Folgerung und Ermahnung

14 Darum, meine Lieben, während ihr darauf wartet, seid bemüht, dass ihr vor ihm unbefleckt und untadelig im Frieden befunden werdet,[a] 15 und [a]die Geduld unseres Herrn erachtet für eure Rettung, wie auch unser lieber Bruder Paulus nach der Weisheit, die ihm gegeben ist, euch geschrieben hat. 16 Davon redet er in allen Briefen, in denen einige Dinge schwer zu verstehen sind, welche die Unwissenden und Leichtfertigen verdrehen, wie auch die andern Schriften, zu ihrer eigenen Verdammnis.

17 Ihr aber, meine Lieben, weil ihr das

2,19: *a* Gal 5,13; 1. Petr 2,16 **2,20:** *a* Mt 12,45 **2,21:** *a* Lk 12,47-48 **2,22:** *a* Spr 26,11 **3,1:** *a* Kap 1,13 **3,3:** *a* 1. Tim 4,1; Jud 18 **3,4:** *a* Jes 5,19; Hes 12,22; Mt 24,48 **3,5:** *a* Mt 24,38; *b* 1. Mose 1,2.6.9; Ps 24,2 **3,6:** *a* Kap 2,5; 1. Mose 7,21 **3,8:** *a* Ps 90,4 **3,9:** *a* Hab 2,3; *b* 1. Tim 2,4 **3,10:** *a* 1. Thess 5,2-3; *b* Mt 24,29; Offb 20,11; *c* Jes 24,19 **3,13:** *a* Jes 65,17; Offb 21,1; *b* Offb 21,27 **3,14:** *a* 1. Kor 1,7-8 **3,15:** *a* Röm 2,4

im Voraus wisst, so hütet euch, dass ihr
nicht durch den Irrtum dieser ruchlosen
Leute samt ihnen verführt werdet und
fallt aus eurem festen Stand. 18 Wachset
aber in der Gnade und Erkenntnis un-
seres Herrn und Heilands Jesus Christus.
Ihm sei Ehre jetzt und für ewige Zeiten!
Amen.

DER ERSTE BRIEF DES JOHANNES

Wahre und falsche Christen	*Kap 1–4*
Bruderliebe. Sieghafter Glaube	*4–5*

Die Grundlage christlicher Gemeinschaft

1 Was [a]von Anfang an war, was wir
gehört haben, was wir [b]gesehen haben
mit unsern Augen, was wir betrachtet
haben und unsre Hände betastet haben,
vom Wort des [c]Lebens – 2 und das Leben
ist erschienen, und wir haben gesehen
und bezeugen und verkündigen euch das
Leben, das ewig ist, das beim Vater war
und uns erschienen ist –, 3 was wir ge-
sehen und gehört haben, das verkündi-
gen wir auch euch, damit auch ihr mit
uns Gemeinschaft habt; und unsere Ge-
meinschaft ist mit dem Vater und mit
seinem Sohn Jesus Christus. 4 Und [a]das
schreiben wir, damit [b]unsere Freude voll-
kommen sei.

Das Leben im Licht

5 Und das ist die Botschaft, die wir von
ihm gehört haben und euch verkündigen:
[a]Gott ist Licht, und in ihm ist keine
Finsternis. 6 Wenn wir sagen, dass wir
Gemeinschaft mit ihm haben, und wan-
deln in der Finsternis, so lügen wir und
tun nicht die Wahrheit.[a] 7 Wenn wir aber
im Licht wandeln, wie er im Licht ist, so
haben wir Gemeinschaft untereinander,
und [a]das Blut Jesu, seines Sohnes, macht
uns rein von aller Sünde.

8 Wenn wir sagen, wir haben keine
Sünde, so betrügen wir uns selbst, und die
Wahrheit ist nicht in uns. 9 Wenn wir aber
[a]unsre Sünden bekennen, so ist er treu und
gerecht, dass er uns die Sünden vergibt
und reinigt uns von aller Ungerechtigkeit.
10 Wenn wir sagen, wir haben nicht ge-
sündigt, so machen wir ihn zum Lügner,
und sein Wort ist nicht in uns.[a]

Christus der Versöhner

2 Meine Kinder, dies schreibe ich euch,
damit ihr nicht sündigt. Und **wenn**
jemand sündigt, so haben wir einen [a]Für-
sprecher bei dem Vater, Jesus Christus,
der gerecht ist. 2 Und er ist die [a]Versöh-
nung für unsre Sünden, nicht allein aber
für die unseren, sondern [b]auch für die der
ganzen Welt.

3 Und daran merken wir, dass wir ihn
kennen, wenn wir seine Gebote halten.
4 Wer sagt: Ich kenne ihn, und hält seine
Gebote nicht, der ist ein Lügner, und in
dem ist die Wahrheit nicht. 5 Wer aber
sein Wort hält, in dem ist wahrlich die
Liebe Gottes vollkommen. Daran erken-
nen wir, dass wir in ihm sind.[a] 6 Wer
sagt, dass er in ihm bleibt, der soll auch
leben, wie er gelebt hat.[a]

Die Bruderliebe

7 Meine Lieben, ich schreibe euch nicht
ein neues Gebot, sondern das alte Gebot,
[a]das ihr von Anfang an gehabt habt.
Das alte Gebot ist das Wort, das ihr
gehört habt. 8 Und doch schreibe ich
euch ein neues Gebot, das wahr ist in
ihm und in euch; denn die Finsternis
vergeht und [a]das wahre Licht scheint
jetzt. 9 Wer sagt, er sei im Licht, und
[a]hasst seinen Bruder, der ist noch in der
Finsternis. 10 Wer seinen Bruder liebt, der

1,1: *a* Joh 1,1; *b* Joh 1,14; *c* Joh 1,4 **1,4:** *a* Kap 5,13; *b* Joh 15,11; 16,24 **1,5:** *a* Jak 1,17 **1,6:** *a* Kap 2,4 **1,7:** *a* Hebr 9,14; Offb 1,5 **1,9:** *a* Spr 28,13 **1,10:** *a* Röm 3,10-18 **2,1:** *a* Röm 8,34; Hebr 7,25 **2,2:** *a* Kap 4,10; Kol 1,20; *b* Joh 11,51-52 **2,5:** *a* Joh 14,21.23 **2,6:** *a* Joh 13,15; 1. Petr 2,21-23 **2,7:** *a* Joh 13,34; 2. Joh 5 **2,8:** *a* Joh 8,12; Röm 13,12 **2,9:** *a* Kap 4,20

bleibt im Licht, und durch ihn kommt
niemand zu Fall. 11 Wer aber seinen Bru-
der hasst, der ist in der Finsternis und
wandelt in der Finsternis und weiß nicht,
wo er hingeht; denn die Finsternis hat
seine Augen verblendet.

Absage an die Welt

12 Liebe Kinder, ich schreibe euch, dass
euch die Sünden vergeben sind um seines
Namens willen. 13 Ich schreibe euch Vä-
tern; denn ihr kennt den, der [a]von An-
fang an ist. Ich schreibe euch jungen
Männern; denn ihr habt den Bösen über-
wunden. 14 Ich habe euch Kindern ge-
schrieben; denn ihr kennt den Vater. Ich
habe euch Vätern geschrieben; denn ihr
kennt den, der von Anfang an ist. Ich
habe euch jungen Männern geschrieben;
denn [a]ihr seid stark und das Wort Got-
tes bleibt in euch, und ihr habt den Bö-
sen überwunden.

15 Habt nicht lieb die Welt noch was in
der Welt ist. [a]Wenn jemand die Welt lieb
hat, in dem ist nicht die Liebe des Vaters.
16 Denn alles, was in der Welt ist, des
Fleisches Lust und der Augen Lust und
hoffärtiges Leben, ist nicht vom Vater,
sondern von der Welt. 17 Und **die Welt
vergeht mit ihrer Lust; wer aber den Wil-
len Gottes tut, der bleibt in Ewigkeit.**

Die Verführung durch den Antichrist

18 Kinder, [a]es ist die letzte Stunde! Und
wie ihr gehört habt, dass [b]der Antichrist
kommt, so sind nun schon viele Anti-
christen gekommen; daran erkennen wir,
dass es die letzte Stunde ist. 19 Sie sind
[a]von uns ausgegangen, aber sie waren
nicht von uns. Denn [b]wenn sie von uns
gewesen wären, so wären sie ja bei uns
geblieben; aber es sollte offenbar werden,
dass sie nicht alle von uns sind. 20 Doch
ihr habt die Salbung von dem, der heilig
ist, und habt alle das Wissen. 21 Ich habe
euch nicht geschrieben, als wüsstet ihr
die Wahrheit nicht, sondern ihr wisst sie
und wisst, dass keine Lüge aus der Wahr-
heit kommt. 22 Wer ist ein Lügner, wenn
nicht der, der leugnet, dass Jesus der
Christus ist? Das ist der Antichrist, der
den Vater und den Sohn leugnet. 23 [a]Wer
den Sohn leugnet, der hat auch den Vater
nicht; [b]wer den Sohn bekennt, der hat
auch den Vater.

24 Was ihr gehört habt von Anfang an,
das bleibe in euch. Wenn in euch bleibt,
was ihr von Anfang an gehört habt, so
werdet ihr auch im Sohn und im Vater
bleiben. 25 Und das ist die Verheißung,
die er uns verheißen hat: das ewige Le-
ben. 26 Dies habe ich euch geschrieben
von denen, die euch verführen. 27 Und
[a]die Salbung, die ihr von ihm empfangen
habt, bleibt in euch, und [b]ihr habt nicht
nötig, dass euch jemand lehrt; sondern
wie euch seine Salbung alles lehrt, so ist's
wahr und ist keine Lüge, und wie sie
euch gelehrt hat, so bleibt in ihm.

28 Und nun, Kinder, bleibt in ihm, da-
mit wir, wenn er offenbart wird, Zuver-
sicht haben und [a]nicht zuschanden wer-
den vor ihm, wenn er kommt. 29 Wenn ihr
wisst, dass er gerecht ist, so erkennt ihr
auch, dass, [a]wer recht tut, der ist von
ihm geboren.

Die Herrlichkeit der Gotteskindschaft

3 **Seht, welch eine Liebe hat uns der
Vater erwiesen, dass wir [a]Gottes Kin-
der heißen sollen – und wir sind es auch!**
Darum kennt uns die Welt nicht; denn
[b]sie kennt ihn nicht. 2 Meine Lieben, **wir
sind schon Gottes [a]Kinder; es ist aber
noch nicht offenbar geworden, was wir
sein werden. Wir wissen aber: wenn es
offenbar wird, [b]werden wir ihm gleich
sein; denn wir werden ihn sehen, wie er
ist.**

3 Und ein jeder, der solche Hoffnung
auf ihn hat, der reinigt sich, wie auch
jener rein ist. 4 Wer Sünde tut, der tut
auch Unrecht, und die Sünde ist das Un-
recht. 5 Und ihr wisst, dass er erschienen
ist, [a]damit er die Sünden wegnehme, und
[b]in ihm ist keine Sünde. 6 Wer in ihm
bleibt, der sündigt nicht; wer sündigt, der
hat ihn nicht gesehen und nicht er-
kannt.[a]

7 Kinder, lasst euch von niemandem
verführen! [a]Wer recht tut, der ist ge-

2,13: *a* Joh 1,1 **2,14:** *a* Eph 6,10 **2,15:** *a* Jak 4,4 **2,18:** *a* 1. Petr 4,7; *b* Mt 24,24; 2. Thess 2,3-4 **2,19:** *a* Apg 20,30; *b* 1. Kor 11,19 **2,23:** *a* Joh 5,23; *b* Kap 4,15 **2,27:** *a* Joh 16,13; 2. Kor 1,21-22; *b* Jer 31,34 **2,28:** *a* Kap 4,17 **2,29:** *a* Kap 3,7.10 **3,1:** *a* Joh 1,12; *b* Joh 16,3 **3,2:** *a* Röm 8,17; *b* Phil 3,21; Kol 3,4 **3,5:** *a* Jes 53,4-6; Joh 1,29; 1. Petr 2,24; *b* Jes 53,9; Joh 8,46 **3,6:** *a* Röm 6,11.14 **3,7:** *a* Kap 2,29

recht, wie auch jener gerecht ist. 8 Wer
Sünde tut, der ist vom Teufel; denn [a]der
Teufel sündigt von Anfang an. **Dazu ist**
erschienen der Sohn Gottes, dass er die
Werke des Teufels zerstöre. 9 [a]Wer aus
Gott geboren ist, der tut keine Sünde;
denn Gottes Kinder bleiben in ihm und
können nicht sündigen; denn sie sind von
Gott geboren. 10 Daran wird offenbar,
welche die Kinder Gottes und welche die
Kinder des Teufels sind: Wer nicht recht
tut, der ist nicht von Gott, und wer nicht
seinen Bruder lieb hat.

11 Denn das ist die Botschaft, die ihr
gehört habt von Anfang an, dass wir uns
untereinander lieben sollen,[a] 12 nicht wie
Kain, der von dem Bösen stammte und
[a]seinen Bruder umbrachte. Und warum
brachte er ihn um? Weil seine Werke böse
waren und die seines Bruders gerecht.

13 Wundert euch nicht, meine Brüder,
wenn euch die Welt hasst.[a] **14 Wir wissen,**
dass wir [a]aus dem Tod in das Leben ge-
kommen sind; denn wir lieben die Brüder.
Wer nicht liebt, der bleibt im Tod. 15 Wer
[a]seinen Bruder hasst, der ist ein Tot-
schläger, und ihr wisst, dass kein Tot-
schläger das ewige Leben bleibend in sich
hat.

16 Daran haben wir die Liebe erkannt,
dass er sein Leben für uns gelassen hat;
und wir sollen auch das Leben für die
Brüder lassen.[a] 17 Wenn aber jemand die-
ser Welt Güter hat und sieht seinen Bru-
der darben und [a]schließt sein Herz vor
ihm zu, wie bleibt dann die Liebe Gottes
in ihm?[b] 18 Meine Kinder, lasst uns nicht
lieben mit Worten noch mit der Zunge,
sondern mit der Tat und mit der Wahr-
heit.[a]

19 Daran erkennen wir, dass wir aus der
Wahrheit sind, und können unser Herz vor
ihm damit zum Schweigen bringen, 20 dass,
wenn uns unser Herz verdammt, Gott grö-
ßer ist als unser Herz und erkennt alle
Dinge.[a]

21 Ihr Lieben, wenn uns unser Herz
nicht verdammt, so haben wir Zuversicht
zu Gott, 22 und [a]was wir bitten, werden
wir von ihm empfangen; denn wir halten
seine Gebote und tun, was vor ihm wohl-
gefällig ist. 23 Und das ist sein Gebot,
dass wir [a]glauben an den Namen seines
Sohnes Jesus Christus und [b]lieben uns
untereinander, wie er uns das Gebot ge-
geben hat. 24 Und wer seine Gebote hält,
der bleibt in Gott und Gott in ihm. Und
daran erkennen wir, dass er in uns bleibt:
[a]an dem Geist, den er uns gegeben hat.

Der Geist der Wahrheit und der Geist des Irrtums

4 Ihr Lieben, glaubt nicht einem jeden
Geist, sondern prüft die Geister, ob
sie von Gott sind; denn es sind viele
[a]falsche Propheten ausgegangen in die
Welt. 2 Daran sollt ihr den Geist Gottes
erkennen: Ein jeder Geist, der bekennt,
dass Jesus Christus in das Fleisch ge-
kommen ist, der ist von Gott; 3 und ein
jeder Geist, der Jesus nicht bekennt, der
ist nicht von Gott. Und das ist der Geist
des Antichrists, von dem ihr gehört habt,
dass er kommen werde, und er ist jetzt
schon in der Welt.

4 Kinder, ihr seid von Gott und habt
jene überwunden; denn der in euch ist,
ist größer als der, der in der Welt ist. 5 Sie
sind von der Welt; darum reden sie, wie
die Welt redet, und die Welt hört sie.[a]
6 Wir [a]sind von Gott, und wer Gott er-
kennt, der hört uns; wer nicht von Gott
ist, der hört uns nicht. Daran [b]erkennen
wir den Geist der Wahrheit und den
Geist des Irrtums.

Die Liebe Gottes und die Liebe zum Bruder

7 Ihr Lieben, lasst uns einander lieb ha-
ben; denn die Liebe ist von Gott, und
wer liebt, der ist von Gott geboren und
kennt Gott. 8 Wer nicht liebt, der kennt
Gott nicht; denn Gott ist die Liebe.

9 Darin ist erschienen die Liebe Gottes
unter uns, dass Gott seinen eingebornen
Sohn gesandt hat in die Welt, damit wir
durch ihn leben sollen.[a] **10 Darin besteht**
die Liebe: nicht dass wir Gott geliebt ha-
ben, sondern dass er uns geliebt hat und
gesandt seinen Sohn zur Versöhnung für
unsre Sünden.

11 Ihr Lieben, hat uns Gott so geliebt,

3,8: *a* Joh 8,44 **3,9:** *a* Kap 5,18 **3,11:** *a* Joh 13,34 **3,12:** *a* 1. Mose 4,8 **3,13:** *a* Mt 5,11; Joh 15,18-19 **3,14:** *a* Joh 5,24 **3,15:** *a* Mt 5,21-22 **3,16:** *a* Joh 15,13 **3,17:** *a* 5. Mose 15,7; *b* Kap 4,20 **3,18:** *a* Jak 2,15-16 **3,20:** *a* Lk 15,20-22 **3,22:** *a* Mk 11,24 **3,23:** *a* Joh 6,29; *b* Joh 15,17 **3,24:** *a* Kap 4,13; Röm 8,9 **4,1:** *a* Mt 7,15 **4,5:** *a* Joh 15,19 **4,6:** *a* Joh 8,47; *b* 1. Kor 14,37 **4,9:** *a* Joh 3,16

so sollen wir uns auch untereinander
lieben. 12 [a]Niemand hat Gott jemals
gesehen. Wenn wir uns untereinander
lieben, so bleibt Gott in uns, und seine
Liebe ist in uns vollkommen. 13 Daran
erkennen wir, dass wir in ihm bleiben
und er in uns, dass er uns von seinem
Geist gegeben hat.[a] 14 Und wir haben
gesehen und bezeugen, dass der Vater
den Sohn gesandt hat [a]als Heiland der
Welt. 15 Wer nun [a]bekennt, dass Jesus
Gottes Sohn ist, in dem bleibt Gott und
er in Gott. 16 Und wir haben erkannt und
geglaubt die Liebe, die Gott zu uns hat.

**Gott ist die Liebe; und wer in der Liebe
bleibt, der bleibt in Gott und Gott in ihm.**
17 Darin ist die Liebe bei uns vollkom-
men, dass wir [a]Zuversicht haben am Tag
des Gerichts; denn wie er ist, so sind
auch wir in dieser Welt. 18 **Furcht ist nicht
in der Liebe,** sondern die vollkommene
Liebe treibt die Furcht aus; denn die
Furcht rechnet mit Strafe. Wer sich aber
fürchtet, der ist nicht vollkommen in der
Liebe.

19 **Lasst uns lieben, denn er hat uns zu-
erst geliebt.** 20 Wenn jemand spricht: Ich
liebe Gott, und hasst seinen Bruder, der
ist ein Lügner. Denn [a]wer seinen Bruder
nicht liebt, den er sieht, der kann nicht
Gott lieben, den er nicht sieht. 21 Und
**dies Gebot haben wir von ihm, dass, wer
Gott liebt, dass der auch seinen Bruder
liebe.**[a]

Die Kraft des Glaubens

5 Wer glaubt, dass Jesus der Christus
ist, der ist von Gott geboren; und wer
den liebt, der ihn geboren hat, der liebt
auch den, der von ihm geboren ist.
2 Daran erkennen wir, dass wir Gottes
Kinder lieben, wenn wir Gott lieben und
seine Gebote halten. 3 Denn das ist die
Liebe zu Gott, dass wir [a]seine Gebote
halten; und seine Gebote [b]sind nicht
schwer. 4 Denn alles, was von Gott ge-
boren ist, [a]überwindet die Welt; **und un-
ser Glaube ist [b]der Sieg, der die Welt
überwunden hat.** 5 Wer ist es aber, der
[a]die Welt überwindet, wenn nicht der,
der glaubt, dass Jesus Gottes Sohn ist?

Gottes Zeugnis von seinem Sohn

6 Dieser ist's, der [a]gekommen ist durch
Wasser und Blut, Jesus Christus; nicht im
Wasser allein, sondern im Wasser und im
Blut; und der [b]Geist ist's, der das be-
zeugt, denn der Geist ist die Wahrheit.
7 Denn drei sind, die das bezeugen: 8 der
Geist und das Wasser und das Blut; und
die drei stimmen überein.

9 Wenn wir der Menschen Zeugnis an-
nehmen, so ist Gottes Zeugnis doch grö-
ßer; denn das ist Gottes Zeugnis, dass er
Zeugnis gegeben hat von seinem Sohn.
10 Wer an den Sohn Gottes glaubt, der
hat dieses Zeugnis in sich. Wer Gott
nicht glaubt, der macht ihn zum Lügner;
denn er glaubt nicht dem Zeugnis, das
Gott gegeben hat von seinem Sohn.[a]
11 Und das ist das Zeugnis, dass uns Gott
das ewige Leben gegeben hat, und dieses
Leben ist in seinem Sohn. 12 Wer den
Sohn hat, der hat das Leben; wer den
Sohn Gottes nicht hat, der hat das Leben
nicht.

Bitte und Fürbitte

13 Das habe ich euch geschrieben, damit
ihr wisst, dass ihr das ewige Leben habt,
die ihr glaubt an den Namen des Sohnes
Gottes.[a]

14 Und das ist die Zuversicht, die wir
haben zu Gott: [a]Wenn wir um etwas
bitten nach seinem Willen, so hört er uns.
15 Und wenn wir wissen, dass er uns hört,
worum wir auch bitten, so wissen wir,
dass wir erhalten, was wir von ihm er-
beten haben.

16 Wenn jemand seinen Bruder sündi-
gen sieht, eine Sünde nicht zum Tode, so
mag er bitten und Gott wird ihm das
Leben geben – denen, die nicht sündigen
zum Tode. [a]Es gibt aber eine Sünde zum
Tode; bei der sage ich nicht, dass jemand
bitten soll. 17 Jede Ungerechtigkeit ist
Sünde; aber es gibt Sünde nicht zum
Tode.

Die Bewahrung in Christus

18 Wir wissen, dass, [a]wer von Gott ge-
boren ist, der sündigt nicht, sondern wer

4,12: *a* Joh 1,18 **4,13:** *a* Kap 3,24 **4,14:** *a* Joh 3,17 **4,15:** *a* Kap 5,5 **4,17:** *a* Kap 2,28 **4,20:** *a* Kap 3,17 **4,21:** *a* Mk 12,29-31 **5,3:** *a* Joh 14,15.23-24; *b* Mt 11,30 **5,4:** *a* Joh 16,33; *b* 1.Kor 15,57 **5,5:** *a* Kap 4,4 **5,6:** *a* Kap 4,2; Mk 1,9; Joh 19,34-35; *b* Joh 1,33 **5,10:** *a* Joh 3,32-34; Röm 8,16 **5,13:** *a* Joh 20,31 **5,14:** *a* Joh 14,13 **5,16:** *a* Mk 3,28-30 **5,18:** *a* Kap 3,9

von Gott geboren ist, den [b]bewahrt er
und der Böse tastet ihn nicht an. 19 Wir
wissen, dass wir von Gott sind, und [a]die
ganze Welt liegt im Argen. 20 Wir wissen
aber, dass der Sohn Gottes gekommen ist
und uns den Sinn dafür gegeben hat,
dass wir den Wahrhaftigen erkennen.
Und wir sind in dem Wahrhaftigen, in
seinem Sohn Jesus Christus. Dieser ist
[a]der wahrhaftige Gott und das ewige
Leben.

21 Kinder, hütet euch vor den Abgöttern![a]

DER ZWEITE BRIEF DES JOHANNES

Inhaltsübersicht

Ermahnung zur Bruderliebe und Warnung vor Irrlehrern *Verse 1-13*

1 Der Älteste an die auserwählte Her-
rin und ihre Kinder, [a]die ich lieb habe in
der Wahrheit, und nicht allein ich, son-
dern auch alle, die die Wahrheit erkannt
haben, 2 um der Wahrheit willen, die in
uns bleibt und bei uns sein wird in
Ewigkeit:

3 Gnade, Barmherzigkeit, Friede von
Gott, dem Vater, und von Jesus Christus,
dem Sohn des Vaters, sei mit uns in
Wahrheit und in Liebe!

Leben in Wahrheit und Liebe

4 Ich bin sehr erfreut, dass ich unter dei-
nen Kindern solche gefunden habe, die in
der Wahrheit leben, nach dem Gebot,
das wir vom Vater empfangen haben.
5 Und nun bitte ich dich, Herrin – ich
schreibe dir [a]kein neues Gebot, sondern
das, was wir gehabt haben von Anfang
an –, dass wir uns untereinander lieben.
6 Und das ist die Liebe, dass wir leben
nach seinen Geboten; das ist das Gebot,
wie ihr's gehört habt von Anfang an,
dass ihr darin lebt.

Warnung vor Irrlehrern

7 Denn viele Verführer sind in die Welt
ausgegangen, die nicht bekennen, dass
Jesus Christus in das Fleisch gekommen
ist. Das ist der Verführer und der [a]Anti-
christ.

8 Seht euch vor, [a]dass ihr nicht verliert,
was wir erarbeitet haben, sondern vollen
Lohn empfangt. 9 Wer darüber hinaus-
geht und [a]bleibt nicht in der Lehre
Christi, der hat Gott nicht; wer in dieser
Lehre bleibt, der hat den Vater und den
Sohn. 10 Wenn jemand zu euch kommt
und bringt diese Lehre nicht, so [a]nehmt
ihn nicht ins Haus und grüßt ihn auch
nicht. 11 Denn wer ihn grüßt, der hat teil
an seinen bösen Werken.

Schlussworte

12 Ich hätte euch viel zu schreiben, aber
[a]ich wollte es nicht mit Brief und Tinte
tun, sondern ich hoffe, zu euch zu kom-
men und mündlich mit euch zu reden,
damit unsre Freude vollkommen sei.
13 Es grüßen dich die Kinder deiner
Schwester, der Auserwählten.

5,18: *b* Joh 17,15 **5,19:** *a* Gal 1,4 **5,20:** *a* Joh 17,3 **5,21:** *a* 1.Kor 10,14 Vers **1:** *a* 3.Joh 1 Vers **5:** *a* 1.Joh 2,7 Vers **7:** *a* 1.Joh 2,18; 4,1-3 Vers **8:** *a* Gal 4,11 Vers **9:** *a* 1.Joh 2,23 Vers **10:** *a* 2.Thess 3,6 Vers **12:** *a* 3.Joh 13

DER DRITTE BRIEF DES JOHANNES

Inhaltsübersicht

Klage über einen herrschsüchtigen Gemeindeleiter *Verse 1-15*

1 Der Älteste an Gajus, den Lieben,
[a] den ich lieb habe in der Wahrheit.
2 Mein Lieber, ich wünsche, dass es dir
in allen Dingen gut gehe und du gesund
seist, so wie es deiner Seele gut geht.
3 Denn ich habe mich sehr gefreut, als
die Brüder kamen und Zeugnis gaben
von deiner Wahrheit, wie du ja [a] lebst in
der Wahrheit. 4 Ich habe keine größere
Freude als die, zu hören, dass meine Kinder in der Wahrheit leben.

Die Gastfreundschaft des Gajus

5 Mein Lieber, du handelst treu in dem,
was du an den Brüdern tust, zumal an
fremden, 6 die deine Liebe bezeugt haben
vor der Gemeinde; und du wirst gut
daran tun, wenn du sie weitergeleitest,
wie es würdig ist vor Gott.[a] 7 Denn um
seines Namens willen sind sie ausgezogen
und [a] nehmen von den Heiden nichts an.
8 Solche [a] sollen wir nun aufnehmen, damit wir Gehilfen der Wahrheit werden.

Diotrephes und Demetrius

9 Ich habe der Gemeinde kurz geschrieben; aber Diotrephes, der unter ihnen der
Erste sein will, nimmt uns nicht auf.
10 Darum will ich ihn, wenn ich komme,
erinnern an seine Werke, die er tut; denn
er macht uns schlecht mit bösen Worten
und begnügt sich noch nicht damit: Er
selbst nimmt die Brüder nicht auf und
hindert auch die, die es tun wollen, und
stößt sie aus der Gemeinde.
11 Mein Lieber, folge nicht dem Bösen
nach, sondern dem Guten. Wer Gutes
tut, der ist von Gott; wer Böses tut, der
hat Gott nicht gesehen. 12 Demetrius hat
ein gutes Zeugnis von jedermann und
von der Wahrheit selbst; und auch wir
sind Zeugen und du weißt, dass unser
Zeugnis wahr ist.

Schlussworte

13 Ich hätte dir viel zu schreiben; aber
[a] ich wollte nicht mit Tinte und Feder an
dich schreiben. 14 Ich hoffe aber, dich
bald zu sehen; dann wollen wir mündlich
miteinander reden. 15 Friede sei mit dir!
Es grüßen dich die Freunde. Grüße die
Freunde, jeden mit Namen.

Vers **1:** *a* 2. Joh 1 Vers **3:** *a* 2. Joh 4 Vers **6:** *a* Tit 3,13 Vers **7:** *a* 1. Kor 9,12 Vers **8:** *a* Hebr 13,2 Vers **13:** *a* 2. Joh 12

DER BRIEF AN DIE HEBRÄER

Inhaltsübersicht

1 **Nachdem Gott vorzeiten vielfach und
auf vielerlei Weise geredet hat zu den
Vätern durch die Propheten, 2 hat er in
diesen letzten Tagen zu uns geredet durch
den Sohn,** den er eingesetzt hat zum [a]Er-
ben über alles, [b]durch den er auch die
Welt gemacht hat. 3 Er ist der Abglanz
seiner Herrlichkeit und das [a]Ebenbild
seines Wesens und trägt alle Dinge mit
seinem kräftigen Wort und [b]hat voll-
bracht die Reinigung von den Sünden
und [c]hat sich gesetzt zur Rechten der
Majestät in der Höhe 4 und ist [a]so viel
höher geworden als die Engel, wie der
Name, den er ererbt hat, [b]höher ist als
ihr Name.

Der Sohn höher als die Engel

5 Denn zu welchem Engel hat Gott jemals
gesagt (Psalm 2,7): »Du bist mein Sohn,
heute habe ich dich gezeugt«? Und wie-
derum (2. Samuel 7,14): »Ich werde sein
Vater sein und er wird mein Sohn sein«?
6 Und wenn er den [a]Erstgeborenen wie-
der einführt in die Welt, spricht er (Psalm
97,7): »Und es sollen ihn alle Engel Got-
tes anbeten.«
7 Von den Engeln spricht er zwar
(Psalm 104,4): »Er macht seine Engel zu
Winden und seine Diener zu Feuerflam-
men«, 8 aber von dem Sohn (Psalm
45,7-8): »Gott, dein Thron währt von
Ewigkeit zu Ewigkeit, und das Zepter der
Gerechtigkeit ist das Zepter deines Rei-
ches. 9 Du hast geliebt die Gerechtigkeit
und gehasst die Ungerechtigkeit; darum
hat dich, o Gott, dein Gott gesalbt mit
Freudenöl wie keinen deinesgleichen.«
10 Und (Psalm 102,26-28): »Du, Herr,
hast am Anfang die Erde gegründet, und
die Himmel sind deiner Hände Werk.
11 Sie werden vergehen, du aber bleibst.
Sie werden alle veralten wie ein Gewand;
12 und wie einen Mantel wirst du sie zu-
sammenrollen, wie ein Gewand werden
sie gewechselt werden. Du aber bist der-
selbe, und deine Jahre werden nicht auf-
hören.« 13 Zu welchem Engel aber hat er
jemals gesagt (Psalm 110,1): »Setze dich
zu meiner Rechten, bis ich deine Feinde
zum Schemel deiner Füße mache«?
14 Sind sie nicht allesamt [a]dienstbare
Geister, ausgesandt zum Dienst um derer
willen, die das Heil ererben sollen?

2 Darum sollen wir desto mehr achten
auf das Wort, das wir hören, damit
wir nicht am Ziel vorbeitreiben. 2 Denn
wenn das Wort fest war, das [a]durch die
Engel gesagt ist, und jede Übertretung
und jeder Ungehorsam den rechten Lohn
empfing, 3 wie wollen wir entrinnen,
[a]wenn wir ein so großes Heil nicht ach-
ten, das seinen Anfang nahm mit der
Predigt des Herrn und bei uns bekräftigt
wurde durch die, die es gehört haben?
4 Und Gott hat dazu Zeugnis gegeben
durch [a]Zeichen, Wunder und [b]mancher-
lei mächtige Taten und durch die [c]Aus-
teilung des Heiligen Geistes nach seinem
Willen.

Die Erniedrigung und Erhöhung Christi

5 Denn nicht den Engeln hat er untertan
gemacht die zukünftige Welt, von der wir
reden. 6 Es bezeugt aber einer an einer
Stelle und spricht (Psalm 8,5-7): »Was ist
der Mensch, dass du seiner gedenkst,
und des Menschen Sohn, dass du auf ihn
achtest? 7 Du hast ihn eine kleine Zeit
niedriger sein lassen als die Engel; mit

1,2: *a* Ps 2,8; *b* Joh 1,3; Kol 1,16 **1,3:** *a* Weish 7,26; 2. Kor 4,4; Kol 1,15; *b* Kap 9,14.26; *c* Mk 16,19 **1,4:** *a* 1. Petr 3,22; *b* Phil 2,9 **1,6:** *a* Röm 8,29 **1,14:** *a* Ps 34,8; 91,11-12 **2,2:** *a* Apg 7,53; Gal 3,19 **2,3:** *a* Kap 10,29; 12,25 **2,4:** *a* Mk 16,20; 2. Kor 12,12; *b* 1. Kor 12,4-11; *c* Apg 2,1-13; 10,44-45

Preis und Ehre hast du ihn gekrönt; [8]al-
les hast du unter seine Füße getan.«
Wenn er ihm alles unter die Füße getan
hat, so hat er nichts ausgenommen, was
ihm nicht untertan wäre. Jetzt aber sehen
wir noch nicht, dass ihm alles untertan
ist. [9]Den aber, der »eine kleine Zeit nied-
riger gewesen ist als die Engel«, Jesus,
sehen wir durch das Leiden des Todes
»gekrönt mit Preis und Ehre«; denn
durch Gottes Gnade sollte er für alle den
Tod schmecken.[a] [10]Denn es ziemte sich
für den, um dessentwillen alle Dinge sind
und durch den alle Dinge sind, dass er
den, der viele Söhne zur Herrlichkeit ge-
führt hat, [a]den Anfänger ihres Heils,
durch Leiden vollendete.

[11]Denn weil sie alle von **einem** kom-
men, beide, [a]der heiligt und die geheiligt
werden, darum schämt er sich auch
nicht, [b]sie Brüder zu nennen, [12]und
spricht (Psalm 22,23): »Ich will deinen
Namen verkündigen meinen Brüdern
und mitten in der Gemeinde dir lobsin-
gen.« [13]Und wiederum (Jesaja 8,17): »Ich
will mein Vertrauen auf ihn setzen«; und
wiederum (Jesaja 8,18): »Siehe, hier bin
ich und die Kinder, die mir Gott gegeben
hat.« [14]Weil nun die Kinder von Fleisch
und Blut sind, hat auch er's gleicher-
maßen angenommen, damit er durch sei-
nen Tod [a]die Macht nähme dem, der
Gewalt über den Tod hatte, nämlich dem
Teufel, [15]und die erlöste, die durch
Furcht vor dem Tod im ganzen Leben
Knechte sein mussten. [16]Denn er nimmt
sich nicht der Engel an, sondern der Kin-
der Abrahams nimmt er sich an. [17]**Daher
musste er in allem [a]seinen Brüdern gleich
werden, damit er barmherzig würde und
ein treuer Hoherpriester vor Gott, zu süh-
nen die Sünden des Volkes.** [18]Denn worin
er selber gelitten hat und [a]versucht wor-
den ist, kann er helfen denen, die ver-
sucht werden.

Christus höher als Mose

3 Darum, ihr heiligen Brüder, die ihr
teilhabt an der himmlischen Beru-
fung, schaut auf den Apostel und [a]Ho-
henpriester, den wir bekennen, Jesus,
[2]der da treu ist dem, der ihn gemacht
hat, wie auch [a]Mose in Gottes ganzem
Hause. [3]Er ist aber größerer Ehre wert
als Mose, so wie der Erbauer des Hauses
größere Ehre hat als das Haus. [4]Denn
jedes Haus wird von jemandem erbaut;
der aber alles erbaut hat, das ist Gott.
[5]Und Mose zwar war treu in Gottes gan-
zem Hause als Knecht, zum Zeugnis für
das, was später gesagt werden sollte,
[6]Christus aber war treu als Sohn über
Gottes Haus. [a]Sein Haus sind wir, wenn
wir das Vertrauen und den Ruhm der
Hoffnung festhalten.

Die verwirkte Gottesruhe

[7]Darum, wie der Heilige Geist spricht
(Psalm 95,7-11): [a]»**Heute, wenn ihr seine
Stimme hören werdet, [8]so verstockt eure
Herzen nicht,** wie es geschah bei der Ver-
bitterung am Tage der [a]Versuchung in
der Wüste, [9]wo mich eure Väter versuch-
ten und prüften und hatten doch meine
Werke gesehen vierzig Jahre lang.
[10]Darum wurde ich zornig über dieses
Geschlecht und sprach: Immer irren sie
im Herzen! Aber sie verstanden meine
Wege nicht, [11]sodass ich schwor in mei-
nem Zorn: Sie sollen nicht zu meiner
Ruhe kommen.«[a]

[12]Seht zu, liebe Brüder, dass keiner
unter euch ein böses, ungläubiges Herz
habe, das abfällt von dem lebendigen
Gott; [13]sondern [a]ermahnt euch selbst
alle Tage, solange es »heute« heißt, dass
nicht jemand unter euch verstockt werde
durch den Betrug der Sünde. [14]Denn wir
haben an Christus Anteil bekommen,
wenn wir die Zuversicht [a]vom Anfang
bis zum Ende festhalten. [15]Wenn es
heißt: »Heute, wenn ihr seine Stimme
hören werdet, so verstockt eure Herzen
nicht, wie es bei der Verbitterung ge-
schah« – [16]wer hat sie denn gehört und
sich verbittert? Waren's nicht alle, die von
Ägypten auszogen mit Mose? [17]Und
über wen war Gott zornig vierzig Jahre
lang? War's nicht über die, die sündigten
und [a]deren Leiber in der Wüste zerfie-
len? [18]Wem aber schwor er, dass sie nicht

2,9: *a* Phil 2,8-9 **2,10:** *a* Kap 12,2 **2,11:** *a* Joh 17,19; *b* Mk 3,34-35; Joh 20,17 **2,14:** *a* 2.Tim 1,10; 1.Joh 3,8 **2,17:** *a* Phil 2,7 **2,18:** *a* Kap 4,15 **3,1:** *a* Kap 4,14 **3,2:** *a* 4.Mose 12,7 **3,6:** *a* Eph 2,19; 1.Petr 2,5 **3,7:** *a* Kap 4,7 **3,8:** *a* 2.Mose 17,7; 4.Mose 20,2-5 **3,11:** *a* Kap 4,3; 4.Mose 14,21-23 **3,13:** *a* 1.Thess 5,11 **3,14:** *a* Kap 6,11 **3,17:** *a* 4.Mose 14,29; 1.Kor 10,10

zu seiner Ruhe kommen sollten, wenn
nicht den Ungehorsamen? 19Und wir se-
hen, dass sie nicht dahin kommen konn-
ten wegen des Unglaubens.

Die verheißene Gottesruhe

4 So lasst uns nun mit Furcht darauf
achten, dass keiner von euch etwa
zurückbleibe, solange die Verheißung
noch besteht, dass wir zu seiner Ruhe
kommen. 2Denn es ist auch uns verkün-
digt wie jenen. Aber das Wort der Pre-
digt half jenen nichts, weil sie nicht
glaubten, als sie es hörten. 3Denn wir,
die wir glauben, gehen ein in die Ruhe,
wie er gesprochen hat (Psalm 95,11):
[a]»Ich schwor in meinem Zorn: Sie sollen
nicht zu meiner Ruhe kommen.« Nun
waren ja die Werke von Anbeginn der
Welt fertig; 4denn so hat er an einer an-
dern Stelle gesprochen vom siebenten
Tag (1. Mose 2,2): »Und Gott ruhte am
siebenten Tag von allen seinen Werken.«
5Doch an dieser Stelle wiederum: »Sie
sollen nicht zu meiner Ruhe kommen.«

6Da es nun bestehen bleibt, dass einige
zu dieser Ruhe kommen sollen, und die,
denen es zuerst verkündigt ist, nicht da-
hin gekommen sind wegen des Ungehor-
sams, 7bestimmt er abermals einen Tag,
ein [a]»Heute«, und spricht nach so langer
Zeit durch David, wie eben gesagt:
»Heute, wenn ihr seine Stimme hören
werdet, so verstockt eure Herzen nicht.«
8Denn [a]wenn Josua sie zur Ruhe geführt
hätte, würde Gott nicht danach von
einem andern Tag geredet haben. 9**Es ist
also noch eine Ruhe vorhanden für das
Volk Gottes.** 10Denn wer zu Gottes Ruhe
gekommen ist, [a]der ruht auch von seinen
Werken so wie Gott von den seinen. 11So
lasst uns nun bemüht sein, [a]zu dieser
Ruhe zu kommen, damit nicht jemand zu
Fall komme durch den gleichen Unge-
horsam.

12Denn **das Wort Gottes ist lebendig
und kräftig und [a]schärfer als jedes zwei-
schneidige Schwert und dringt durch, bis
es scheidet Seele und Geist, auch Mark
und Bein, und ist ein Richter der Gedan-
ken und Sinne des Herzens.**[b] 13Und kein
Geschöpf ist vor ihm verborgen, sondern
es ist alles bloß und aufgedeckt vor den
Augen Gottes, dem wir Rechenschaft ge-
ben müssen.

Christus der wahre Hohepriester

14Weil wir denn einen großen [a]Hohen-
priester haben, Jesus, den Sohn Gottes,
der die Himmel durchschritten hat, so
[b]lasst uns festhalten an dem Bekenntnis.
15Denn **wir haben nicht einen Hohenpries-
ter, der nicht könnte mit leiden mit unserer
Schwachheit, sondern der [a]versucht wor-
den ist in allem wie wir, [b]doch ohne
Sünde. 16Darum lasst uns hinzutreten mit
Zuversicht zu dem Thron der Gnade, da-
mit wir Barmherzigkeit empfangen und
Gnade finden zu der Zeit, wenn wir Hilfe
nötig haben.**[a]

5 Denn jeder Hohepriester, der von den
Menschen genommen wird, der wird
eingesetzt für die Menschen zum Dienst
vor Gott, damit er Gaben und Opfer
darbringe für die Sünden. 2Er kann mit-
fühlen mit denen, die unwissend sind und
irren, weil er auch selber Schwachheit an
sich trägt. 3Darum muss er wie für das
Volk, so [a]auch für sich selbst opfern für
die Sünden. 4Und niemand nimmt sich
selbst die hohepriesterliche Würde, son-
dern [a]er wird von Gott berufen wie auch
Aaron. 5So hat auch Christus sich nicht
selbst die Ehre beigelegt, Hoherpriester
zu werden, sondern der, der zu ihm ge-
sagt hat (Psalm 2,7): »Du bist mein
Sohn, heute habe ich dich gezeugt.« 6Wie
er auch an anderer Stelle spricht (Psalm
110,4): [a]»Du bist ein Priester in Ewigkeit
nach der Ordnung Melchisedeks.«

7Und [a]er hat in den Tagen seines irdi-
schen Lebens Bitten und Flehen mit lau-
tem Schreien und mit Tränen dem darge-
bracht, der ihn vom Tod erretten konnte;
und er ist auch erhört worden, weil er
Gott in Ehren hielt. 8So hat er, obwohl er
Gottes Sohn war, doch an dem, was er
litt, [a]Gehorsam gelernt. 9Und als er voll-
endet war, ist er für alle, die ihm gehor-
sam sind, der Urheber des ewigen Heils
geworden, 10genannt von Gott ein Ho-
herpriester nach der Ordnung Melchi-
sedeks.[a]

4,3: *a* Kap 3,11 **4,7:** *a* Kap 3,7 **4,8:** *a* 5. Mose 31,7; Jos 22,4 **4,10:** *a* Offb 14,13 **4,11:** *a* Kap 3,16-19 **4,12:** *a* Offb 2,12; *b* Jer 23,29 **4,14:** *a* Kap 3,1; 9,11-12; *b* Kap 10,23 **4,15:** *a* Kap 2,18; *b* Joh 8,46 **4,16:** *a* Röm 3,25; 5,2 **5,3:** *a* 3. Mose 9,7 **5,4:** *a* 2. Mose 28,1 **5,6:** *a* Kap 6,20 **5,7:** *a* Mt 26,39-46 **5,8:** *a* Phil 2,8 **5,10:** *a* Kap 7,1-28

Das Festhalten an der Verheißung

11Darüber hätten wir noch viel zu sagen;
aber es ist schwer, weil ihr so harthörig
geworden seid. 12Und ihr, die ihr längst
Lehrer sein solltet, habt es wieder nötig,
dass man euch die Anfangsgründe der
göttlichen Worte lehre und dass man
euch [a]Milch gebe und nicht feste Speise.
13Denn wem man noch Milch geben
muss, der ist unerfahren in dem Wort der
Gerechtigkeit, denn [a]er ist ein kleines
Kind. 14Feste Speise aber ist für die Voll-
kommenen, die durch den Gebrauch ge-
übte Sinne haben und Gutes und Böses
unterscheiden können.

6 Darum wollen wir jetzt lassen, was
am Anfang über Christus zu lehren
ist, und uns zum Vollkommenen wenden;
wir wollen nicht abermals den Grund
legen mit der Umkehr von den toten
Werken, mit dem Glauben an Gott, 2mit
der Lehre vom Taufen, vom Händeauf-
legen, von der Auferstehung der Toten
und vom ewigen Gericht. 3Das wollen
wir tun, wenn Gott es zulässt.

4[a]Denn es ist unmöglich, die, die ein-
mal erleuchtet worden sind und ge-
schmeckt haben die himmlische Gabe
und Anteil bekommen haben am Hei-
ligen Geist und geschmeckt haben 5das
gute Wort Gottes und die Kräfte der
zukünftigen Welt 6und dann doch abge-
fallen sind, wieder zu erneuern zur Buße,
da sie für sich selbst den Sohn Gottes
abermals kreuzigen und zum Spott ma-
chen. 7Denn die Erde, die den Regen
trinkt, der oft auf sie fällt, und nützliche
Frucht trägt denen, die sie bebauen,
empfängt Segen von Gott. 8Wenn sie
aber Dornen und Disteln trägt, bringt sie
keinen Nutzen und ist dem Fluch nahe,
sodass man sie zuletzt abbrennt.

9Obwohl wir aber so reden, ihr Lieben,
sind wir doch überzeugt, dass es besser
mit euch steht und ihr gerettet werdet.
10Denn Gott ist nicht ungerecht, dass er
[a]vergäße euer Werk und die Liebe, die
ihr seinem Namen erwiesen habt, indem
ihr den Heiligen dientet und noch dient.
11Wir wünschen aber, dass jeder von
euch denselben Eifer beweise, [a]die Hoff-
nung festzuhalten bis ans Ende, 12damit
ihr nicht träge werdet, sondern Nach-
folger derer, die durch Glauben und Ge-
duld die Verheißungen ererben.

13Denn als Gott dem Abraham die
Verheißung gab, schwor er bei sich selbst,
da er bei keinem Größeren schwören
konnte, 14und sprach (1. Mose 22,16-17):
»Wahrlich, ich will dich segnen und meh-
ren.« 15Und so wartete Abraham in Ge-
duld und erlangte die Verheißung. 16Die
Menschen schwören ja bei einem Grö-
ßeren, als sie selbst sind; und [a]der Eid
dient ihnen zur Bekräftigung und macht
aller Widerrede ein Ende. 17Darum hat
Gott, als er den Erben der Verheißung
noch kräftiger beweisen wollte, dass sein
Ratschluss nicht wankt, sich noch mit
einem Eid verbürgt. 18So sollten wir
durch zwei Zusagen, die nicht wanken –
denn es ist unmöglich, dass Gott lügt –,
einen starken Trost haben, die wir unsre
Zuflucht dazu genommen haben, festzu-
halten an der angebotenen Hoffnung.
19Diese haben wir als einen sicheren und
festen Anker unsrer Seele, der auch hin-
einreicht bis in das Innere [a]hinter dem
Vorhang. 20Dahinein ist der Vorläufer
für uns gegangen, Jesus, der ein [a]Hoher-
priester geworden ist in Ewigkeit nach
der Ordnung Melchisedeks.

Christus, der Hohepriester nach der Ordnung Melchisedeks

7 [a]Dieser Melchisedek aber war König
von Salem, Priester Gottes des
Höchsten; er ging Abraham entgegen,
als der vom Sieg über die Könige zu-
rückkam, und segnete ihn; 2ihm gab
Abraham auch den Zehnten von allem.
Erstens heißt er übersetzt: König der
Gerechtigkeit; dann aber auch: König
von Salem, das ist: König des Friedens.
3Er ist ohne Vater, ohne Mutter, ohne
Stammbaum und hat weder Anfang der
Tage noch Ende des Lebens. [a]So gleicht
er dem Sohn Gottes und bleibt Priester
in Ewigkeit.

4Seht aber, wie groß der ist, dem auch
Abraham, der Erzvater, den Zehnten gab
von der eroberten Beute. 5Zwar [a]haben

5,12: *a* 1. Kor 3,1-3; 1. Petr 2,2 **5,13:** *a* Eph 4,14 **6,4:** *a (4-6)* Kap 10,26-29; 2. Petr 2,20 **6,10:** *a* Kap 10,32-34 **6,11:** *a* Kap 3,14; Phil 1,6 **6,16:** *a* 2. Mose 22,10 **6,19:** *a* 3. Mose 16,2.12 **6,20:** *a* Kap 5,6 **7,1:** *a (1-2)* 1. Mose 14,18-20 **7,3:** *a* Joh 7,27 **7,5:** *a* 4. Mose 18,21

auch die von den Söhnen Levis, die das
Priestertum empfangen, nach dem Ge-
setz das Recht, den Zehnten zu nehmen
vom Volk, also von ihren eigenen Brü-
dern, obwohl auch diese von Abraham
abstammen. 6 Der aber, der nicht von ih-
rem Stamm war, der nahm den Zehnten
von Abraham und segnete den, der die
Verheißungen hatte. 7 Nun ist aber un-
widersprochen, dass das Geringere vom
Höheren gesegnet wird. 8 Und hier neh-
men den Zehnten sterbliche Menschen,
dort aber einer, dem bezeugt wird, dass
er lebt. 9 Und sozusagen ist auch Levi,
der doch selbst den Zehnten nimmt, in
Abraham mit dem Zehnten belegt wor-
den. 10 Denn er sollte seinem Stammvater
ja erst noch geboren werden, als Mel-
chisedek diesem entgegenging.

11 Wäre nun die Vollendung durch das
levitische Priestertum gekommen – denn
unter diesem hat das Volk das Gesetz
empfangen –, wozu war es dann noch
nötig, einen andern als Priester nach der
Ordnung Melchisedeks einzusetzen, an-
statt einen nach der Ordnung Aarons zu
benennen? 12 Denn wenn das Priestertum
verändert wird, dann muss auch das Ge-
setz verändert werden. 13 Denn der, von
dem das gesagt wird, der ist von einem
andern Stamm, von dem nie einer am
Altar gedient hat. 14 Denn es ist ja offen-
bar, dass unser Herr [a]aus Juda hervor-
gegangen ist, zu welchem Stamm Mose
nichts gesagt hat vom Priestertum.

15 Und noch klarer ist es, wenn, in glei-
cher Weise wie Melchisedek, ein anderer
als Priester eingesetzt wird, 16 der es nicht
geworden ist nach dem Gesetz äußer-
licher Gebote, sondern nach der Kraft
unzerstörbaren Lebens. 17 Denn es wird
bezeugt (Psalm 110,4): [a]»Du bist ein
Priester in Ewigkeit nach der Ordnung
Melchisedeks.« 18 Denn damit wird das
frühere Gebot aufgehoben – weil es zu
schwach und nutzlos war; 19 denn das
Gesetz konnte nichts zur Vollendung
bringen –, und eingeführt wird eine bes-
sere Hoffnung, durch die wir uns zu Gott
nahen. 20 Und das geschah nicht ohne
Eid. Denn jene sind ohne Eid Priester
geworden, 21 dieser aber durch den Eid
dessen, der zu ihm spricht (Psalm 110,4):
»Der Herr hat geschworen und es wird
ihn nicht gereuen: Du bist ein Priester in
Ewigkeit.« 22 So ist Jesus Bürge eines
[a]viel besseren Bundes geworden.

23 Auch sind es viele, die Priester wur-
den, weil der Tod keinen bleiben ließ;
24 dieser aber hat, weil er ewig bleibt, ein
unvergängliches Priestertum. 25 Daher
kann er auch für immer selig machen, die
durch ihn zu Gott kommen; denn er lebt
für immer und [a]bittet für sie. 26 Denn
einen solchen Hohenpriester mussten wir
auch haben, der heilig, unschuldig, un-
befleckt, von den Sündern geschieden
und höher ist als der Himmel. 27 Er hat
es nicht nötig wie jene Hohenpriester,
täglich [a]zuerst für die eigenen Sünden
Opfer darzubringen und dann für die des
Volkes; denn das hat er ein für alle Mal
getan, als er sich selbst opferte. 28 Denn
das Gesetz macht Menschen zu Hohen-
priestern, die Schwachheit an sich haben;
dies Wort des Eides aber, das erst nach
dem Gesetz gesagt worden ist, setzt den
Sohn ein, der ewig und vollkommen ist.

Der Mittler des neuen Bundes

8 Das ist nun die Hauptsache bei dem,
wovon wir reden: Wir haben einen
solchen [a]Hohenpriester, der da sitzt zur
Rechten des Thrones der Majestät im
Himmel 2 und ist ein Diener am Heilig-
tum und an der wahren Stiftshütte, die
Gott aufgerichtet hat und nicht ein
Mensch. 3 Denn jeder Hohepriester wird
eingesetzt, um Gaben und Opfer darzu-
bringen. Darum muss auch dieser etwas
haben, was er opfern kann. 4 Wenn er
nun auf Erden wäre, so wäre er nicht
Priester, weil da schon solche sind, die
nach dem Gesetz die Gaben opfern. 5 Sie
dienen aber nur [a]dem Abbild und Schat-
ten des Himmlischen, wie die göttliche
Weisung an Mose erging, als er die Stifts-
hütte errichten sollte (2. Mose 25,40):
»Sieh zu«, sprach er, »dass du alles
machst nach dem Bilde, das dir auf dem
Berge gezeigt worden ist.«

6 Nun aber hat er ein höheres Amt
empfangen, wie er ja auch der Mittler
eines [a]besseren Bundes ist, der auf bes-
sere Verheißungen gegründet ist. 7 Denn
wenn der erste Bund untadelig gewesen

7,14: *a* 1. Mose 49,10; Mt 1,1-3 **7,17:** *a* Kap 5,6 **7,22:** *a* Kap 8,6; 12,24 **7,25:** *a* Röm 8,34; 1. Joh 2,1 **7,27:** *a* 3. Mose 9,7; 16,6.15 **8,1:** *a* Kap 4,14 **8,5:** *a* Kol 2,17 **8,6:** *a* Kap 7,22

wäre, würde nicht Raum für einen an-
dern gesucht.
8 Denn Gott tadelt sie und sagt (Jere-
mia 31,31-34): »Siehe, es kommen Tage,
spricht der Herr, da will ich mit dem
Haus Israel und mit dem Haus Juda
[a]einen neuen Bund schließen, 9 nicht wie
der Bund gewesen ist, [a]den ich mit ihren
Vätern schloss an dem Tage, als ich sie
bei der Hand nahm, um sie aus Ägypten-
land zu führen. Denn sie sind nicht ge-
blieben in meinem Bund; darum habe ich
auch nicht mehr auf sie geachtet, spricht
der Herr. 10 Denn **das ist der Bund, den
ich schließen will mit dem Haus Israel
nach diesen Tagen, spricht der Herr: Ich
will mein Gesetz geben in ihren Sinn, und
in ihr Herz will ich es schreiben und will
ihr Gott sein und sie sollen mein Volk sein.**
11 Und es wird keiner seinen Mitbürger
lehren oder seinen Bruder und sagen: Er-
kenne den Herrn! Denn sie werden mich
alle kennen von dem Kleinsten an bis zu
dem Größten. 12 Denn ich will gnädig
sein ihrer Ungerechtigkeit, und ihrer
Sünden will ich nicht mehr gedenken.«
13 Indem er sagt: »einen neuen Bund«,
erklärt er den ersten für veraltet. Was
aber veraltet und überlebt ist, das ist sei-
nem Ende nahe.[a]

Das einmalige Opfer Christi

9 Es hatte zwar auch der erste Bund
seine Satzungen für den Gottesdienst
und sein irdisches Heiligtum. 2 Denn es
war da aufgerichtet die Stiftshütte: der
vordere Teil, worin der [a]Leuchter war
und der [b]Tisch und die [c]Schaubrote,
und er heißt das Heilige; 3 hinter dem
zweiten Vorhang aber war der Teil der
Stiftshütte, der das [a]Allerheiligste heißt.
4 [a]Darin waren das goldene Räucherge-
fäß und die Bundeslade, ganz mit Gold
überzogen; in ihr waren der goldene
Krug mit dem Himmelsbrot und der
Stab Aarons, der gegrünt hatte, und die
Tafeln des Bundes. 5 Oben darüber aber
waren die Cherubim der Herrlichkeit, die
überschatteten den Gnadenthron. Von
diesen Dingen ist jetzt nicht im Einzelnen
zu reden.
6 Da dies alles so eingerichtet war,
[a]gingen die Priester allezeit in den vorde-
ren Teil der Stiftshütte und richteten den
Gottesdienst aus. 7 In den andern Teil
aber ging nur [a]**einmal** im Jahr allein der
Hohepriester, und das nicht ohne [b]Blut,
das er opferte für die unwissentlich be-
gangenen Sünden, die eigenen und die
des Volkes. 8 Damit macht der Heilige
Geist deutlich, dass der [a]Weg ins Heilige
noch nicht offenbart sei, solange der vor-
dere Teil der Stiftshütte noch bestehe;
9 der ist ein Gleichnis für die gegenwär-
tige Zeit: Es werden da Gaben und Opfer
dargebracht, [a]die nicht im Gewissen
vollkommen machen können den, der
den Gottesdienst ausrichtet. 10 Dies sind
nur äußerliche Satzungen über [a]Speise
und Trank und verschiedene [b]Waschun-
gen, die bis zu der Zeit einer besseren
Ordnung auferlegt sind.
11 Christus aber ist gekommen als ein
Hoherpriester der zukünftigen Güter
durch die größere und vollkommenere
Stiftshütte, die nicht mit Händen ge-
macht ist, das ist: die nicht von dieser
Schöpfung ist. 12 Er ist auch nicht durch
das Blut von Böcken oder Kälbern, son-
dern durch sein eigenes Blut ein für alle
Mal in das Heiligtum eingegangen und
hat eine ewige Erlösung erworben.
13 Denn wenn schon das Blut von Böcken
und Stieren und die [a]Asche von der Kuh
durch Besprengung die Unreinen heiligt,
sodass sie äußerlich rein sind, 14 um wie
viel mehr wird dann das [a]Blut Christi,
der sich selbst als Opfer ohne Fehl durch
den ewigen Geist Gott dargebracht hat,
unser Gewissen [b]reinigen von den toten
Werken, zu dienen dem lebendigen Gott!
15 Und darum ist er auch der [a]Mittler
des neuen Bundes, damit durch seinen
Tod, der geschehen ist zur Erlösung von
den Übertretungen unter dem ersten
Bund, die Berufenen das verheißene
ewige Erbe empfangen.
16 Denn wo ein Testament* ist, da

* Das griechische Wort für »Testament« und »Bund« ist das gleiche.

8,8: *a* Kap 10,16-17 **8,9:** *a* 2.Mose 19,5-6 **8,13:** *a* Röm 10,4 **9,2:** *a* 2.Mose 25,31; *b* 2.Mose 25,23; *c* 2.Mose 25,30 **9,3:** *a* 2.Mose 26,33 **9,4:** *a (4-5)* 2.Mose 16,33; 25,10-22; 4.Mose 17,23-25 **9,6:** *a* 4.Mose 18,3-4 **9,7:** *a* 2.Mose 30,10; *b* 3.Mose 16,2.14-15 **9,8:** *a* Kap 10,20 **9,9:** *a* Kap 7,19; 10,1-2 **9,10:** *a* 3.Mose 11,1-47; *b* 4.Mose 19,1-22 **9,13:** *a* 4.Mose 19,2.9.17 **9,14:** *a* 1.Petr 1,18-19; 1.Joh 1,7; Offb 1,5; *b* Kap 1,3 **9,15:** *a* Kap 12,24; 1.Tim 2,5

muss der Tod dessen geschehen sein, der
das Testament gemacht hat. 17 Denn ein
Testament tritt erst in Kraft mit dem
Tode; es ist noch nicht in Kraft, solange
der noch lebt, der es gemacht hat. 18 Da-
her wurde auch der erste Bund nicht
ohne Blut gestiftet. 19 Denn als Mose alle
Gebote gemäß dem Gesetz allem Volk
gesagt hatte, nahm er das Blut von Käl-
bern und Böcken mit Wasser und Schar-
lachwolle und Ysop und besprengte das
Buch und alles Volk[a] 20 und sprach
(2. Mose 24,8): »Das ist das Blut des
Bundes, den Gott euch geboten hat.«
21 Und die Stiftshütte und alle Geräte für
den Gottesdienst [a]besprengte er desglei-
chen mit Blut. 22 Und es wird fast alles
mit Blut gereinigt nach dem Gesetz, und
[a]ohne Blutvergießen geschieht keine
Vergebung.

23 So also mussten die Abbilder der
himmlischen Dinge gereinigt werden; die
himmlischen Dinge selbst aber müssen
bessere Opfer haben als jene. 24 Denn
Christus ist nicht eingegangen in das
Heiligtum, das mit Händen gemacht und
nur ein Abbild des wahren Heiligtums
ist, sondern in den Himmel selbst, um
jetzt [a]für uns vor dem Angesicht Gottes
zu erscheinen; 25 auch nicht, um sich oft-
mals zu opfern, wie der Hohepriester alle
Jahre mit fremdem Blut in das Heiligtum
geht; 26 sonst hätte er oft leiden müssen
vom Anfang der Welt an. Nun aber,
[a]am Ende der Welt, ist er ein für alle
Mal erschienen, durch sein eigenes Opfer
[b]die Sünde aufzuheben. 27 Und wie [a]den
Menschen bestimmt ist, **einmal** zu ster-
ben, danach aber das Gericht: 28 so ist
auch Christus **einmal** [a]geopfert worden,
die Sünden vieler wegzunehmen; zum
zweiten Mal wird er nicht der Sünde we-
gen erscheinen, sondern denen, die auf
ihn warten, zum Heil.

10 Denn das Gesetz hat nur einen
[a]Schatten von den zukünftigen
Gütern, nicht das Wesen der Güter
selbst. Deshalb kann es die, die opfern,
nicht für immer vollkommen machen, da
man alle Jahre die gleichen Opfer brin-
gen muss. 2 Hätte nicht sonst das Opfern
aufgehört, wenn die, die den Gottes-
dienst ausrichten, ein für alle Mal rein
geworden wären und sich kein Gewissen
mehr gemacht hätten über ihre Sünden?
3 Vielmehr geschieht dadurch [a]alle Jahre
nur eine Erinnerung an die Sünden.
4 Denn es ist unmöglich, durch das Blut
von Stieren und Böcken Sünden weg-
zunehmen.

5 Darum spricht er, wenn er in die Welt
kommt (Psalm 40,7-9): »Opfer und Ga-
ben hast du nicht gewollt; einen Leib
aber hast du mir geschaffen. 6 Brand-
opfer und Sündopfer gefallen dir nicht.
7 Da sprach ich: Siehe, ich komme – im
Buch steht von mir geschrieben –, dass
ich tue, Gott, deinen Willen.« 8 Zuerst
hatte er gesagt: »Opfer und Gaben,
Brandopfer und Sündopfer hast du nicht
gewollt, sie gefallen dir auch nicht«, ob-
wohl sie doch nach dem Gesetz geopfert
werden. 9 Dann aber sprach er: »Siehe,
ich komme, zu tun deinen Willen.« Da
hebt er das Erste auf, damit er das
Zweite einsetze. 10 Nach diesem Willen
sind wir [a]geheiligt ein für alle Mal durch
das Opfer des Leibes Jesu Christi.

11 Und jeder Priester steht [a]Tag für
Tag da und versieht seinen Dienst und
bringt oftmals die gleichen Opfer dar, die
doch niemals die Sünden wegnehmen
können. 12 Dieser aber hat **ein** Opfer für
die Sünden dargebracht und sitzt nun für
immer zur Rechten Gottes 13 und wartet
hinfort, bis [a]seine Feinde zum Schemel
seiner Füße gemacht werden. 14 Denn **mit
einem Opfer hat er für immer die voll-
endet, die geheiligt werden.**

15 Das bezeugt uns aber auch der Hei-
lige Geist. Denn nachdem der Herr ge-
sagt hat (Jeremia 31,33-34): 16 »Das ist
der [a]Bund, den ich mit ihnen schließen
will nach diesen Tagen«, spricht er: »Ich
will mein Gesetz in ihr Herz geben, und
in ihren Sinn will ich es schreiben, 17 und
ihrer Sünden und ihrer Ungerechtigkeit
will ich nicht mehr gedenken.« 18 [a]Wo
aber Vergebung der Sünden ist, da ge-
schieht kein Opfer mehr für die Sünde.

Das Bekenntnis der Hoffnung

19 Weil wir denn nun, liebe Brüder, durch
das Blut Jesu die Freiheit haben zum

9,19: *a* 4. Mose 19,6 **9,21:** *a* 3. Mose 8,15 **9,22:** *a* 3. Mose 17,11 **9,24:** *a* Kap 7,25; 1. Joh 2,1 **9,26:** *a* 1. Kor 10,11; Gal 4,4; *b* Kap 1,3 **9,27:** *a* 1. Mose 3,19 **9,28:** *a* Kap 10,10.12.14 **10,1:** *a* Kap 8,5 **10,3:** *a* 3. Mose 16,34 **10,10:** *a* Joh 17,19 **10,11:** *a* 2. Mose 29,38 **10,13:** *a* Ps 110,1 **10,16:** *a* Kap 8,10 **10,18:** *a* Kap 8,12

[a]Eingang in das Heiligtum, 20den er uns
aufgetan hat als neuen und lebendigen
[a]Weg durch den Vorhang, das ist: durch
das Opfer seines Leibes, 21und haben
einen Hohenpriester über das Haus Got-
tes, 22so [a]**lasst uns hinzutreten mit wahr-
haftigem Herzen in vollkommenem Glau-
ben, besprengt in unsern Herzen und los
von dem bösen Gewissen und** [b]**gewaschen
am Leib mit reinem Wasser.** 23[a]**Lasst uns
festhalten an dem Bekenntnis der Hoff-
nung und nicht wanken; denn er ist treu,
der sie verheißen hat;** 24und lasst uns auf-
einander achthaben und uns anreizen zur
Liebe und zu guten Werken 25und nicht
verlassen unsre Versammlungen, wie ei-
nige zu tun pflegen, sondern [a]einander
ermahnen, und das umso mehr, als ihr
seht, [b]dass sich der Tag naht.

26[a]Denn wenn wir mutwillig sündi-
gen, nachdem wir die Erkenntnis der
Wahrheit empfangen haben, haben wir
hinfort kein andres Opfer mehr für
die Sünden,[b] 27sondern nichts als ein
schreckliches Warten auf das Gericht
und das gierige Feuer, das die Wider-
sacher verzehren wird. 28Wenn jemand
das Gesetz des Mose bricht, [a]muss er
sterben ohne Erbarmen auf zwei oder
drei Zeugen hin. 29Eine wie viel härtere
Strafe, meint ihr, wird der verdienen, der
den Sohn Gottes mit Füßen tritt und das
Blut des Bundes für unrein hält, durch
das er doch geheiligt wurde, und den
Geist der Gnade schmäht?[a] 30Denn wir
kennen den, der gesagt hat (5. Mose
32,35-36): »Die Rache ist mein, ich will
vergelten«, und wiederum: »Der Herr
wird sein Volk richten.« 31Schrecklich
ist's, in die Hände des lebendigen Gottes
zu fallen.[a]

32Gedenkt aber der früheren Tage, an
denen ihr, [a]nachdem ihr erleuchtet wart,
erduldet habt einen großen Kampf des
Leidens, 33indem ihr zum Teil selbst
durch Schmähungen und Bedrängnisse
zum [a]Schauspiel geworden seid, zum
Teil Gemeinschaft hattet mit denen, wel-
chen es so erging. 34Denn ihr habt mit
den Gefangenen gelitten und den Raub
eurer Güter mit Freuden erduldet, weil
ihr wisst, dass ihr [a]eine bessere und blei-
bende Habe besitzt.

35Darum **werft euer Vertrauen nicht
weg, welches eine große Belohnung hat.**
36[a]**Geduld aber habt ihr nötig, damit ihr
den Willen Gottes tut und das Verheißene
empfangt.** 37Denn »nur noch eine kleine
Weile, so wird kommen, der da kommen
soll, und wird nicht lange ausbleiben.
38Mein [a]Gerechter aber wird aus Glau-
ben leben. Wenn er aber zurückweicht,
hat meine Seele kein Gefallen an ihm«
(Habakuk 2,3-4). 39Wir aber [a]sind nicht
von denen, die zurückweichen und ver-
dammt werden, sondern von denen, die
glauben und die Seele erretten.

Der Glaubensweg im alten Bund

11 **Es ist aber der Glaube eine feste
Zuversicht auf das, was man hofft,
und ein Nichtzweifeln an dem, was man
nicht sieht.**[a] 2Durch diesen Glauben
haben die Vorfahren Gottes Zeugnis
empfangen. 3Durch den Glauben erken-
nen wir, dass [a]die Welt durch Gottes
Wort geschaffen ist, sodass alles, was
man sieht, aus nichts geworden ist.

4Durch den Glauben [a]hat **Abel** Gott
ein besseres Opfer dargebracht als Kain;
deshalb wurde ihm bezeugt, dass er ge-
recht sei, da Gott selbst es über seinen
Gaben bezeugte; und durch den Glauben
redet er noch, obwohl er gestorben ist.

5Durch den Glauben [a]wurde **Henoch**
entrückt, damit er den Tod nicht sehe,
und wurde nicht mehr gefunden, weil
Gott ihn entrückt hatte; denn vor sei-
ner Entrückung ist ihm bezeugt worden,
dass er Gott gefallen habe. 6Aber **ohne
Glauben ist's unmöglich, Gott zu gefallen;**
denn wer zu Gott kommen will, der muss
glauben, dass er ist und dass er denen,
die ihn suchen, ihren Lohn gibt.

7Durch den Glauben [a]hat **Noah** Gott
geehrt und die Arche gebaut zur Rettung
seines Hauses, als er ein göttliches Wort
empfing über das, was man noch nicht
sah; durch den Glauben sprach er der
Welt das Urteil und hat ererbt die Ge-

10,19: *a* Mt 27,51; Röm 5,2 **10,20:** *a* Kap 9,8 **10,22:** *a* Kap 4,16; *b* Eph 5,26; 1. Petr 3,21 **10,23:** *a* Kap 4,14 **10,25:** *a* Kap 3,13; *b* Röm 13,11-12 **10,26:** *a (26-29)* Kap 6,4-8; *b* 4. Mose 15,30 **10,28:** *a* 5. Mose 17,6 **10,29:** *a* Kap 2,3; 12,25 **10,31:** *a* Kap 12,29 **10,32:** *a* Kap 6,4 **10,33:** *a* 1. Kor 4,9 **10,34:** *a* Mt 6,20; 19,21.29 **10,36:** *a* Lk 21,19; Jak 5,7 **10,38:** *a* Röm 1,17 **10,39:** *a* 1. Thess 3,3 **11,1:** *a* 2. Kor 5,7 **11,3:** *a* 1. Mose 1,1–2,4; 2. Makk 7,28 **11,4:** *a* 1. Mose 4,3-4 **11,5:** *a* 1. Mose 5,24 **11,7:** *a* 1. Mose 6,8-9.13-22

rechtigkeit, die durch den Glauben
kommt.

8 [a]Durch den Glauben wurde **Abra-
ham** gehorsam, als er berufen wurde, in
ein Land zu ziehen, das er erben sollte;
und er zog aus und wusste nicht, wo er
hinkäme. 9 Durch den Glauben ist er ein
Fremdling gewesen in dem verheißenen
Lande wie in einem fremden und wohnte
in Zelten mit Isaak und Jakob, den Mit-
erben derselben Verheißung. 10 Denn er
wartete auf die Stadt, die einen festen
Grund hat, deren Baumeister und Schöp-
fer Gott ist.

11 Durch den Glauben empfing auch
Sara, die unfruchtbar war, Kraft, Nach-
kommen hervorzubringen trotz ihres Al-
ters; denn sie hielt den für treu, der es
verheißen hatte. 12 Darum sind auch von
dem einen, dessen Kraft schon erstorben
war, so viele gezeugt worden wie die
Sterne am Himmel und wie der Sand am
Ufer des Meeres, der unzählbar ist.

13 Diese alle sind gestorben im Glau-
ben und haben das Verheißene nicht er-
langt, sondern es nur von ferne gesehen
und gegrüßt und haben bekannt, dass sie
[a]Gäste und Fremdlinge auf Erden sind.
14 Wenn sie aber solches sagen, geben sie
zu verstehen, dass sie ein Vaterland su-
chen. 15 Und wenn sie das Land gemeint
hätten, von dem sie ausgezogen waren,
hätten sie ja Zeit gehabt, wieder umzu-
kehren. 16 Nun aber sehnen sie sich nach
einem besseren Vaterland, nämlich dem
himmlischen. Darum schämt sich Gott
ihrer nicht, ihr Gott zu heißen; denn er
hat ihnen eine Stadt gebaut.

17 Durch den Glauben [a]opferte **Abra-
ham** den Isaak, als er versucht wurde,
und gab den einzigen Sohn dahin, als er
schon die Verheißung empfangen hatte
18 und ihm gesagt worden war (1. Mose
21,12): »Was von Isaak stammt, soll
dein Geschlecht genannt werden.« 19 Er
dachte: Gott kann auch von den Toten
erwecken; deshalb bekam er ihn auch als
Gleichnis dafür wieder.

20 [a]Durch den Glauben segnete **Isaak**
den Jakob und den Esau im Blick auf die
zukünftigen Dinge.

21 Durch den Glauben segnete **Jakob,**
als er starb, die beiden Söhne Josefs und
[a]neigte sich anbetend über die Spitze sei-
nes Stabes.

22 Durch den Glauben redete **Josef,** als
er starb, vom Auszug der Israeliten und
befahl, was mit seinen Gebeinen gesche-
hen solle.

23 [a]Durch den Glauben wurde **Mose,**
als er geboren war, drei Monate verbor-
gen von seinen Eltern, weil sie sahen,
dass er ein schönes Kind war; und sie
fürchteten sich nicht vor des Königs Ge-
bot. 24 Durch den Glauben wollte Mose,
als er groß geworden war, nicht mehr als
Sohn der Tochter des Pharao gelten,
25 sondern wollte viel lieber mit dem Volk
Gottes zusammen misshandelt werden
als eine Zeit lang den Genuss der Sünde
haben, 26 und hielt die Schmach Christi
für größeren Reichtum als die Schätze
Ägyptens; denn er sah auf die Beloh-
nung. 27 Durch den Glauben verließ er
Ägypten und fürchtete nicht den Zorn
des Königs; denn er hielt sich an den, den
er nicht sah, als sähe er ihn. 28 Durch den
Glauben hielt er das Passa und das Be-
sprengen mit Blut, damit der Verderber
ihre Erstgeburten nicht anrühre. 29 Durch
den Glauben gingen sie durchs Rote
Meer wie über trockenes Land; das ver-
suchten die Ägypter auch und ertranken.

30 [a]Durch den Glauben fielen die
Mauern Jerichos, als Israel sieben Tage
um sie herumgezogen war. 31 Durch den
Glauben kam die [a]Hure **Rahab** nicht mit
den Ungehorsamen um, weil sie die
Kundschafter freundlich aufgenommen
hatte.

32 [a]Und was soll ich noch mehr sagen?
Die Zeit würde mir zu kurz, wenn ich
erzählen sollte von Gideon und Barak
und Simson und Jeftah und David und
Samuel und den Propheten. 33 Diese
haben durch den Glauben Königreiche
bezwungen, Gerechtigkeit geübt, Verhei-
ßungen erlangt, Löwen den Rachen ge-
stopft, 34 des Feuers Kraft ausgelöscht,
sind der Schärfe des Schwerts entronnen,
aus der Schwachheit zu Kräften gekom-
men, sind stark geworden im Kampf und

11,8: *a (8-12)* 1. Mose 12,1–21,7 **11,13:** *a* 1. Mose 23,4; 47,9; 1. Chr 29,15 **11,17:** *a* 1. Mose 22,1-19; Jak 2,21 **11,20:** *a (20-22)* 1. Mose 27,1-40; 48,1-20; 50,24-26 **11,21:** *a* 1. Mose 47,31 **11,23:** *a (23-29)* 2. Mose 2,1-15; 12,21-23; 14,13-31 **11,30:** *a (30-31)* Jos 2,1-24; 6,1-25 **11,31:** *a* Jak 2,25 **11,32:** *a (32-34)* Ri 6,11–8,32; 4,4-24; 13,1–16,31; 11,1–12,7; 1. Sam 17,12-54; Dan 6,2-28

haben fremde Heere in die Flucht ge-
schlagen. 35 Frauen haben [a]ihre Toten
durch Auferstehung wiederbekommen.
Andere aber sind [b]gemartert worden und
haben die Freilassung nicht angenom-
men, damit sie die Auferstehung, die bes-
ser ist, erlangten. 36 Andere haben Spott
und Geißelung erlitten, dazu [a]Fesseln
und Gefängnis. 37 Sie sind [a]gesteinigt,
zersägt, durchs Schwert getötet worden;
sie sind umhergezogen in Schafpelzen
und Ziegenfellen; sie haben Mangel, Be-
drängnis, Misshandlung erduldet. 38 Sie,
deren die Welt nicht wert war, sind um-
hergeirrt in Wüsten, auf Bergen, in Höh-
len und Erdlöchern.

39 Diese alle [a]haben durch den Glau-
ben Gottes Zeugnis empfangen und doch
nicht erlangt, was verheißen war, 40 weil
Gott etwas Besseres für uns vorgesehen
hat; denn sie sollten nicht ohne uns voll-
endet werden.

Der Glaubensweg der Christen

12 Darum auch wir: Weil wir eine sol-
che Wolke von Zeugen um uns ha-
ben, [a]lasst uns ablegen alles, was uns
beschwert, und die Sünde, die uns stän-
dig umstrickt, und **lasst uns laufen mit
Geduld in dem Kampf, der uns bestimmt
ist, 2 und aufsehen zu Jesus, dem Anfänger
und Vollender des Glaubens,** der, obwohl
er hätte Freude haben können, das Kreuz
erduldete und die Schande gering achtete
und sich gesetzt hat zur Rechten des
Thrones Gottes.[a] 3 Gedenkt an den, der
so viel [a]Widerspruch gegen sich von den
Sündern erduldet hat, damit ihr nicht
matt werdet und den Mut nicht sinken
lasst.

4 Ihr habt noch nicht bis aufs Blut wi-
derstanden im Kampf gegen die Sünde
5 und habt bereits den Trost vergessen,
der zu euch redet wie zu seinen Kindern
(Sprüche 3,11-12): »Mein Sohn, achte
nicht gering die Erziehung des Herrn und
verzage nicht, wenn du von ihm gestraft
wirst. 6 Denn [a]**wen der Herr lieb hat, den
züchtigt er,** und er schlägt jeden Sohn,
den er annimmt.«

7 Es dient zu eurer Erziehung, wenn ihr
dulden müsst. Wie mit seinen Kindern
geht Gott mit euch um; denn wo ist ein
Sohn, den der Vater nicht züchtigt? 8 Seid
ihr aber ohne Züchtigung, die doch alle
erfahren haben, so seid ihr Ausgestoßene
und nicht Kinder. 9 Wenn unsre leib-
lichen Väter uns gezüchtigt haben und
wir sie doch geachtet haben, sollten wir
uns dann nicht viel mehr unterordnen
dem geistlichen Vater, damit wir leben?
10 Denn jene haben uns gezüchtigt für
wenige Tage nach ihrem Gutdünken, die-
ser aber tut es zu unserm Besten, damit
wir an seiner Heiligkeit Anteil erlangen.
11 Jede Züchtigung aber, wenn sie da ist,
scheint uns nicht Freude, sondern Leid
zu sein; danach aber bringt sie als Frucht
denen, die dadurch geübt sind, Frieden
und Gerechtigkeit.[a]

12 Darum stärkt die müden Hände und
die wankenden Knie[a] 13 und [a]macht
sichere Schritte mit euren Füßen, damit
nicht jemand strauchle wie ein Lahmer,
sondern vielmehr gesund werde. 14 Jagt
dem [a]Frieden nach mit jedermann und
der Heiligung, ohne die niemand den
Herrn sehen wird, 15 und seht darauf,
dass nicht jemand Gottes Gnade ver-
säume; dass nicht etwa eine [a]bittere
Wurzel aufwachse und Unfrieden an-
richte und viele durch sie unrein werden;
16 dass nicht jemand sei ein Abtrünniger
oder Gottloser wie [a]Esau, der um der
einen Speise willen seine Erstgeburt ver-
kaufte. 17 Ihr wisst ja, dass er [a]hernach,
als er den Segen ererben wollte, verwor-
fen wurde, denn er fand keinen Raum
zur Buße, obwohl er sie mit Tränen
suchte.

18 Denn ihr seid nicht gekommen zu
dem Berg, den man anrühren konnte und
der mit Feuer brannte, und nicht in Dun-
kelheit und Finsternis und Ungewitter[a]
19 und nicht zum Schall der Posaune und
zum Ertönen der Worte, bei denen [a]die
Hörer baten, dass ihnen keine Worte
mehr gesagt würden; 20 denn sie konn-
ten's nicht ertragen, was da gesagt wurde
(2. Mose 19,13): »Und auch wenn ein

11,35: *a* 1. Kön 17,17-24; 2. Kön 4,8-37; *b* 2. Makk 6,18-31; 7,1-42 **11,36:** *a* 1. Kön 22,27; Jer 20,1-3; 37,11-16 **11,37:** *a* 2. Chr 24,21 **11,39:** *a* Verse 4-5 **12,1:** *a* 1. Kor 9,24 **12,2:** *a* Kap 5,8-9; Phil 2,8.10 **12,3:** *a* Mt 26,67; Lk 2,34 **12,6:** *a* Offb 3,19 **12,11:** *a* 2. Kor 4,17-18 **12,12:** *a* Jes 35,3 **12,13:** *a* Spr 4,26-27 **12,14:** *a* Röm 12,18; 2. Tim 2,22 **12,15:** *a* 5. Mose 29,17 **12,16:** *a* 1. Mose 25,33-34 **12,17:** *a* 1. Mose 27,30-40 **12,18:** *a* 2. Mose 19,12.16.18; 5. Mose 4,11 **12,19:** *a* 2. Mose 20,19

Tier den Berg anrührt, soll es gesteinigt
werden.« 21 Und so schrecklich war die
Erscheinung, dass Mose sprach (5. Mose
9,19): »Ich bin erschrocken und zittere.«

22 Sondern ihr seid gekommen zu dem
Berg Zion und zu der Stadt des leben-
digen Gottes, dem [a]himmlischen Jeru-
salem, und zu den [b]vielen tausend En-
geln und zu der Versammlung 23 und Ge-
meinde der Erstgeborenen, die [a]im Him-
mel aufgeschrieben sind, und zu Gott,
dem Richter über alle, und zu den Geis-
tern der vollendeten Gerechten 24 und zu
dem [a]Mittler des neuen Bundes, Jesus,
und zu dem Blut der Besprengung, das
besser [b]redet als Abels Blut.

25 Seht zu, dass ihr den nicht abweist,
der da redet. Denn wenn jene nicht ent-
ronnen sind, die den abwiesen, der auf
Erden redete, wie viel weniger werden wir
entrinnen, wenn wir den abweisen, der
vom Himmel redet.[a] 26 Seine Stimme hat
zu jener Zeit die Erde erschüttert, jetzt
aber verheißt er und spricht (Haggai 2,6):
»Noch einmal will ich erschüttern nicht
allein die Erde, sondern auch den Him-
mel.« 27 Dieses »Noch einmal« aber zeigt
an, dass das, was erschüttert werden
kann, weil es geschaffen ist, verwandelt
werden soll, damit allein das bleibe, was
nicht erschüttert werden kann. 28 Darum,
weil wir ein unerschütterliches Reich
empfangen, lasst uns dankbar sein und
so Gott dienen mit Scheu und Furcht,
wie es ihm gefällt; 29 denn unser Gott ist
ein verzehrendes Feuer.[a]

Letzte Ermahnungen

13 Bleibt fest in der [a]brüderlichen
Liebe. 2 [a]Gastfrei zu sein vergesst
nicht; denn dadurch haben einige ohne
ihr Wissen [b]Engel beherbergt. 3 Denkt
an die [a]Gefangenen, als wärt ihr Mitge-
fangene, und an die Misshandelten, weil
ihr auch noch im Leibe lebt.

4 Die Ehe soll in Ehren gehalten wer-
den bei allen und das Ehebett unbefleckt;
denn die Unzüchtigen und die Ehebre-
cher wird Gott richten.

5 Seid nicht geldgierig, und [a]lasst euch
genügen an dem, was da ist. Denn der
Herr hat gesagt (Josua 1,5): »Ich will
dich nicht verlassen und nicht von dir
weichen.« 6 So können auch wir getrost
sagen (Psalm 118,6): »Der Herr ist mein
Helfer, ich will mich nicht fürchten; was
kann mir ein Mensch tun?«

7 Gedenkt an eure Lehrer, die euch das
Wort Gottes gesagt haben; ihr Ende
schaut an und folgt ihrem Glauben nach.
8 **Jesus Christus gestern und heute und
derselbe auch in Ewigkeit.**[a]

9 Lasst euch nicht [a]durch mancherlei
und fremde Lehren umtreiben, denn **es
ist ein köstlich Ding, dass das Herz** [b]**fest
werde, welches geschieht durch Gnade,**
[c]nicht durch Speisegebote, von denen
keinen Nutzen haben, die damit umge-
hen.

10 Wir haben einen Altar, von dem zu
essen kein Recht haben, die der Stifts-
hütte dienen. 11 Denn die Leiber der
Tiere, deren Blut durch den Hohenpries-
ter als Sündopfer in das Heilige getragen
wird, werden [a]außerhalb des Lagers ver-
brannt. 12 Darum hat auch Jesus, damit
er das Volk heilige durch sein eigenes
Blut, gelitten [a]draußen vor dem Tor.
13 So lasst uns nun zu ihm hinausgehen
aus dem Lager und seine [a]Schmach
tragen. 14 Denn **wir haben hier keine
bleibende Stadt, sondern** [a]**die zukünftige
suchen wir.**

15 So lasst uns nun durch ihn Gott alle-
zeit [a]das Lobopfer darbringen, das ist die
[b]Frucht der Lippen, die seinen Namen
bekennen. 16 **Gutes zu tun und mit andern
zu teilen vergesst nicht; denn solche
Opfer gefallen Gott.**

17 [a]Gehorcht euren Lehrern und folgt
ihnen, denn sie wachen über eure Seelen
– und dafür müssen sie [b]Rechenschaft
geben –, damit sie das mit Freuden tun
und nicht mit Seufzen; denn das wäre
nicht gut für euch.

18 [a]Betet für uns. Unser Trost ist, dass
wir [b]ein gutes Gewissen haben, und wir
wollen in allen Dingen ein ordentliches

12,22: *a* Gal 4,26; Eph 2,6; Phil 3,20; Offb 21,2; *b* Offb 5,11 **12,23:** *a* Lk 10,20 **12,24:** *a* Kap 9,15; *b* 1. Mose 4,10 **12,25:** *a* Kap 2,2; 10,28-29 **12,29:** *a* Kap 10,31; 5. Mose 4,24 **13,1:** *a* Joh 13,34; 2. Petr 1,7 **13,2:** *a* Röm 12,13; 1. Petr 4,9; 3. Joh 5-8; *b* 1. Mose 18,2-3; 19,2-3 **13,3:** *a* Mt 25,36 **13,5:** *a* 1. Tim 6,6 **13,8:** *a* Jes 41,4; 1. Kor 3,11; Offb 1,17-18; 22,13 **13,9:** *a* Eph 4,14; *b* 2. Kor 1,21; *c* Röm 14,17; 1. Tim 4,8 **13,11:** *a* 3. Mose 16,27 **13,12:** *a* Mt 21,39; Joh 19,17 **13,13:** *a* Kap 11,26; 12,2 **13,14:** *a* Kap 11,10; 12,22 **13,15:** *a* Ps 50,14.23; *b* Hos 14,3 **13,17:** *a* 1. Thess 5,12; *b* Hes 3,17-19 **13,18:** *a* Röm 15,30; *b* 2. Kor 1,11-12

Leben führen. 19 Umso mehr aber er-
mahne ich euch, dies zu tun, damit ich
euch möglichst bald wiedergegeben
werde.

Segenswunsch und Grüße

20 Der Gott des Friedens aber, der den
großen [a] Hirten der Schafe, unsern Herrn
Jesus, von den Toten heraufgeführt hat
durch das Blut des ewigen Bundes, 21 der
mache euch tüchtig in allem Guten, zu
tun seinen Willen, und schaffe in uns,
was ihm gefällt, durch Jesus Christus,
welchem sei Ehre von Ewigkeit zu Ewig-
keit! Amen.

22 Ich ermahne euch aber, liebe Brüder,
nehmt dies Wort der Ermahnung an; ich
habe euch ja nur kurz geschrieben.
23 Wisst, dass unser Bruder Timotheus
wieder frei ist; mit ihm will ich euch,
wenn er bald kommt, besuchen. 24 Grüßt
alle eure Lehrer und alle Heiligen. Es
grüßen euch die Brüder aus Italien.
25 Die Gnade sei mit euch allen!

DER BRIEF DES JAKOBUS

Inhaltsübersicht

1 Jakobus, ein Knecht Gottes und des
Herrn Jesus Christus, an die zwölf
Stämme in der Zerstreuung: Gruß zu-
vor!

Der Christ in der Anfechtung

2 Meine lieben Brüder, erachtet es für lau-
ter Freude, wenn ihr in mancherlei An-
fechtungen fallt,[a] 3 und wisst, dass euer
Glaube, wenn er bewährt ist, Geduld
wirkt. 4 Die Geduld aber soll ihr Werk
tun bis ans Ende, damit ihr vollkommen
und unversehrt seid und kein Mangel an
euch sei.

5 Wenn es aber jemandem unter euch
an Weisheit mangelt, so bitte er Gott,
[a] der jedermann gern gibt und nieman-
den schilt; so wird sie ihm gegeben wer-
den. 6 Er [a] bitte aber im Glauben und
zweifle nicht; denn [b] wer zweifelt, der
gleicht einer Meereswoge, die vom Winde
getrieben und bewegt wird. 7 Ein solcher
Mensch denke nicht, dass er etwas von
dem Herrn empfangen werde. 8 Ein
Zweifler ist unbeständig auf allen seinen
Wegen.
9 Ein Bruder aber, der niedrig ist,
rühme sich seiner Höhe;[a] 10 [a] wer aber
reich ist, rühme sich seiner Niedrigkeit,
denn [b] wie eine Blume des Grases wird er
vergehen. 11 Die Sonne geht auf mit ihrer
Hitze und [a] das Gras verwelkt, und die
Blume fällt ab und ihre schöne Gestalt
verdirbt: so wird auch der Reiche dahin-
welken in dem, was er unternimmt.

12 **Selig ist der Mann, der die Anfech-
tung erduldet; denn nachdem er bewährt
ist, wird er die [a] Krone des Lebens emp-
fangen, die Gott verheißen hat denen, die
ihn lieb haben.**

Der Ursprung der Versuchung

13 Niemand sage, wenn er versucht wird,
dass er von Gott versucht werde. Denn
Gott kann nicht versucht werden zum
Bösen, und er selbst versucht niemand.
14 [a] Sondern ein jeder, der versucht wird,
wird [b] von seinen eigenen Begierden ge-
reizt und gelockt. 15 Danach, wenn die
Begierde empfangen hat, gebiert sie die
Sünde; die Sünde aber, wenn sie voll-
endet ist, [a] gebiert den Tod.

16 Irrt euch nicht, meine lieben Brüder.
17 **Alle [a] gute Gabe und alle vollkommene
Gabe kommt von oben herab, von dem
[b] Vater des Lichts, bei dem keine Verände-
rung ist noch Wechsel des Lichts und der**

13,20: *a* Joh 10,11; 1. Petr 2,25 **1,2:** *a* Röm 5,3-5; 1. Petr 4,13 **1,5:** *a* Kap 3,15; Spr 2,3-6 **1,6:** *a* Mk 11,24; *b* 1. Tim 2,8 **1,9:** *a* Kap 2,5 **1,10:** *a* 1. Tim 6,17; *b* 1. Petr 1,24 **1,11:** *a* Jes 40,6-7 **1,12:** *a* 2. Tim 4,8 **1,14:** *a (14-15)* 1. Mose 3,6; *b* Röm 7,7-8 **1,15:** *a* Röm 7,10 **1,17:** *a* Mt 7,11; *b* 1. Joh 1,5

Finsternis. 18 Er hat uns [a]geboren nach
seinem Willen durch das Wort der Wahr-
heit, damit wir Erstlinge seiner Ge-
schöpfe seien.

Hörer und Täter des Wortes

19 Ihr sollt wissen, meine lieben Brüder:
Ein jeder Mensch sei [a]schnell zum Hö-
ren, langsam zum Reden, langsam zum
Zorn. 20 Denn [a]des Menschen Zorn tut
nicht, was vor Gott recht ist. 21 Darum
[a]legt ab alle Unsauberkeit und alle Bos-
heit und nehmt das Wort an mit Sanft-
mut, das in euch gepflanzt ist und Kraft
hat, eure Seelen selig zu machen.
22 [a]**Seid aber Täter des Worts und nicht
Hörer allein;** sonst betrügt ihr euch
selbst. 23 Denn wenn jemand ein Hörer
des Worts ist und nicht ein Täter, der
gleicht einem Mann, der sein leibliches
Angesicht im Spiegel beschaut; 24 denn
nachdem er sich beschaut hat, geht er
davon und vergisst von Stund an, wie er
aussah. 25 Wer aber durchschaut in das
vollkommene [a]Gesetz der Freiheit und
dabei beharrt und ist nicht ein vergess-
licher Hörer, sondern ein Täter, [b]der
wird selig sein in seiner Tat.
26 Wenn jemand meint, er diene Gott,
und [a]hält seine Zunge nicht im Zaum,
sondern betrügt sein Herz, so ist sein
Gottesdienst nichtig. 27 Ein reiner und
unbefleckter Gottesdienst vor Gott, dem
Vater, ist der: die Waisen und Witwen in
ihrer Trübsal besuchen und sich selbst
von der Welt unbefleckt halten.

Kein Ansehen der Person in der Gemeinde

2 Liebe Brüder, haltet den Glauben an
Jesus Christus, unsern Herrn der
Herrlichkeit, frei von allem Ansehen der
Person. 2 Denn wenn in eure Versamm-
lung ein Mann käme mit einem goldenen
Ring und in herrlicher Kleidung, es
käme aber auch ein Armer in unsauberer
Kleidung, 3 und ihr sähet auf den, der
herrlich gekleidet ist, und sprächet zu
ihm: Setze du dich hierher auf den guten
Platz!, und sprächet zu dem Armen: Stell
du dich dorthin!, oder: Setze dich unten
zu meinen Füßen!, 4 ist's recht, dass ihr
solche Unterschiede bei euch macht und
urteilt mit bösen Gedanken?
5 Hört zu, meine lieben Brüder! Hat
nicht Gott [a]erwählt die Armen in der
Welt, die [b]im Glauben reich sind und
Erben des Reichs, das er verheißen hat
denen, die ihn lieb haben? 6 Ihr aber habt
dem Armen Unehre angetan. Sind es
nicht die Reichen, die Gewalt gegen euch
üben und euch vor Gericht ziehen? 7 Ver-
lästern sie nicht den guten [a]Namen, der
über euch genannt ist? 8 Wenn ihr das
königliche Gesetz erfüllt nach der Schrift
(3. Mose 19,18): »Liebe deinen Nächsten
wie dich selbst«, so tut ihr recht; 9 wenn
ihr aber [a]die Person anseht, tut ihr
Sünde und werdet überführt vom Gesetz
als Übertreter.
10 Denn wenn jemand das ganze Ge-
setz hält und sündigt gegen ein einziges
Gebot, der ist am ganzen Gesetz schul-
dig.[a] 11 Denn der gesagt hat (2. Mose
20,13-14): »Du sollst nicht ehebrechen«,
der hat auch gesagt: »Du sollst nicht tö-
ten.« Wenn du nun nicht die Ehe brichst,
tötest aber, bist du ein Übertreter des
Gesetzes. 12 Redet so und handelt so wie
Leute, die durchs Gesetz der Freiheit ge-
richtet werden sollen. 13 Denn es wird ein
unbarmherziges Gericht über den erge-
hen, [a]der nicht Barmherzigkeit getan
hat; Barmherzigkeit aber triumphiert
über das Gericht.

Glaube ohne Werke ist tot

14 [a]Was hilft's, liebe Brüder, [b]wenn je-
mand sagt, er habe Glauben, und hat
doch keine Werke? Kann denn der
Glaube ihn selig machen? 15 Wenn ein
Bruder oder eine Schwester Mangel hätte
an Kleidung und an der täglichen Nah-
rung 16 und jemand unter euch spräche
zu ihnen: Geht hin in Frieden, wärmt
euch und sättigt euch!, ihr gäbet ihnen
aber nicht, was der Leib nötig hat – was
könnte ihnen das helfen?[a] 17 **So ist auch
der Glaube, wenn er nicht Werke hat, tot
in sich selber.**
18 Aber es könnte jemand sagen: Du
hast Glauben und ich habe Werke. Zeige

1,18: *a* Joh 1,13; 1. Petr 1,23 **1,19:** *a* Spr 29,20; Pred 5,1-2; 7,9 **1,20:** *a* Spr 29,22; Eph 4,26 **1,21:** *a* 1. Petr 2,1 **1,22:** *a* Mt 7,21; Röm 2,13 **1,25:** *a* Kap 2,12; Röm 8,2; *b* Joh 13,17 **1,26:** *a* 1. Petr 3,10 **2,5:** *a* 1. Kor 1,26; 11,22; *b* Lk 12,21 **2,7:** *a* 1. Petr 4,14 **2,9:** *a* 5. Mose 1,17 **2,10:** *a* Mt 5,19 **2,13:** *a* Mt 5,7; 18,30.34; 25,45-46 **2,14:** *a (14-26)* Röm 3,21-31; *b* Mt 7,21 **2,16:** *a* 1. Joh 3,18

mir deinen Glauben ohne die Werke, so
[a]will ich dir meinen Glauben zeigen aus
meinen Werken. 19 Du glaubst, dass nur
einer Gott ist? Du tust recht daran; die
Teufel glauben's auch und zittern.
20 Willst du nun einsehen, du törichter
Mensch, dass der Glaube ohne Werke
nutzlos ist?
21 Ist nicht Abraham, unser Vater,
durch Werke gerecht geworden, als er
seinen Sohn Isaak auf dem Altar opfer-
te?[a] 22 Da siehst du, dass der Glaube
zusammengewirkt hat mit seinen Wer-
ken, und durch die Werke ist der Glaube
vollkommen geworden. 23 So ist die
Schrift erfüllt, die da spricht (1. Mose
15,6): »Abraham hat Gott geglaubt und
das ist ihm zur Gerechtigkeit gerechnet
worden«, und er wurde »ein Freund Got-
tes« genannt (Jesaja 41,8). 24 So seht ihr
nun, dass der Mensch durch Werke ge-
recht wird, nicht durch Glauben allein.
25 Desgleichen die [a]Hure Rahab, ist sie
nicht durch Werke gerecht geworden, als
sie [b]die Boten aufnahm und ließ sie auf
einem andern Weg hinaus? 26 Denn wie
der Leib ohne Geist tot ist, so ist auch
der Glaube ohne Werke tot.

Die Macht der Zunge

3 Liebe Brüder, nicht jeder von euch
soll ein Lehrer werden; und wisst,
dass wir ein desto strengeres Urteil emp-
fangen werden. 2 Denn wir verfehlen uns
alle mannigfaltig. Wer sich aber im Wort
nicht verfehlt, der ist ein vollkommener
Mann und kann auch den ganzen Leib
im Zaum halten.
3 Wenn wir den Pferden den Zaum ins
Maul legen, damit sie uns gehorchen, so
lenken wir ihren ganzen Leib. 4 Siehe,
auch die Schiffe, obwohl sie so groß sind
und von starken Winden getrieben wer-
den, werden sie doch gelenkt mit einem
kleinen Ruder, wohin der will, der es
führt. 5 So ist auch die Zunge ein kleines
Glied und richtet große Dinge an. Siehe,
ein kleines Feuer, welch einen Wald zün-
det's an! 6 Auch die Zunge ist ein [a]Feuer,
eine Welt voll Ungerechtigkeit. So ist die
Zunge unter unsern Gliedern: sie be-
fleckt den ganzen Leib und zündet die
ganze Welt an und ist selbst von der
Hölle entzündet.[b]
7 Denn jede Art von Tieren und Vögeln
und Schlangen und Seetieren wird ge-
zähmt und ist gezähmt vom Menschen,
8 aber die Zunge kann kein Mensch zäh-
men, das unruhige Übel, voll tödlichen
Giftes. 9 [a]Mit ihr loben wir den Herrn
und Vater, und mit ihr fluchen wir den
Menschen, [b]die nach dem Bilde Gottes
gemacht sind. 10 Aus **einem** Munde
kommt Loben und Fluchen. Das soll
nicht so sein, liebe Brüder.[a] 11 Lässt auch
die Quelle aus **einem** Loch süßes und
bitteres Wasser fließen? 12 Kann auch,
liebe Brüder, ein Feigenbaum Oliven
oder ein Weinstock Feigen tragen? So
kann auch eine salzige Quelle nicht süßes
Wasser geben.

Die Weisheit von oben

13 Wer ist weise und klug unter euch? Der
zeige mit seinem guten Wandel seine
Werke in Sanftmut und Weisheit. 14 Habt
ihr aber bittern Neid und Streit in eurem
Herzen, so rühmt euch nicht und lügt
nicht der Wahrheit zuwider. 15 Das ist
nicht die Weisheit, die [a]von oben herab-
kommt, sondern sie ist irdisch, niedrig
und teuflisch. 16 Denn wo Neid und Streit
ist, da sind Unordnung und lauter böse
Dinge. 17 Die Weisheit aber von oben her
ist zuerst lauter, dann friedfertig, gütig,
lässt sich etwas sagen, ist reich an Barm-
herzigkeit und guten Früchten, unpartei-
isch, ohne Heuchelei. 18 Die [a]Frucht der
Gerechtigkeit aber wird gesät in Frieden
für die, die [b]Frieden stiften.

Warnung vor Unfriede und Wankelmut

4 Woher kommt der Kampf unter
euch, woher der Streit? Kommt's
nicht daher, dass in euren Gliedern die
Gelüste gegeneinander streiten? 2 Ihr seid
begierig und erlangt's nicht; ihr mordet
und neidet und gewinnt nichts; [a]ihr strei-
tet und kämpft und habt nichts, weil ihr
nicht bittet; 3 ihr bittet und empfangt
nichts, weil ihr in übler Absicht bittet,
nämlich damit ihr's für eure Gelüste ver-
geuden könnt.
4 Ihr Abtrünnigen, wisst ihr nicht, dass

2,18: *a* Gal 5,6 **2,21:** *a* 1. Mose 22,1-19; Hebr 11,17; Röm 4,2-3 **2,25:** *a* Hebr 11,31; *b* Jos 2,1-24 **3,6:** *a* Spr 16,27; *b* Mt 12,36-37; 15,11.18 **3,9:** *a (9-10)* Ps 141,3; *b* 1. Mose 1,26-27 **3,10:** *a* Eph 4,29 **3,15:** *a* Kap 1,5 **3,18:** *a* Phil 1,11; *b* Mt 5,9 **4,2:** *a* Gal 5,15

[a]Freundschaft mit der Welt Feindschaft
mit Gott ist? Wer der Welt Freund sein
will, der wird Gottes Feind sein. 5 Oder
meint ihr, die Schrift sage umsonst: Mit
Eifer wacht Gott über den Geist, den er
in uns hat wohnen lassen, 6 und gibt
umso reichlicher Gnade? Darum heißt es
(Sprüche 3,34): »Gott widersteht den
Hochmütigen, aber [a]den Demütigen gibt
er Gnade.«

7 So seid nun Gott untertan. [a]Wider-
steht dem Teufel, so flieht er von euch.
8 [a]Naht euch zu Gott, so naht er sich zu
euch. [b]Reinigt die Hände, ihr Sünder,
und heiligt eure Herzen, ihr Wankelmü-
tigen. 9 Jammert und klagt und weint;
euer Lachen verkehre sich in Weinen und
eure Freude in Traurigkeit. 10 Demütigt
euch vor dem Herrn, so wird er euch
erhöhen.[a]

11 Verleumdet einander nicht, liebe
Brüder. Wer seinen Bruder verleumdet
oder verurteilt, der verleumdet und ver-
urteilt das Gesetz. Verurteilst du aber das
Gesetz, so bist du nicht ein Täter des
Gesetzes, sondern ein Richter. 12 Einer ist
der Gesetzgeber und Richter, der selig
machen und verdammen kann. [a]Wer
aber bist du, dass du den Nächsten ver-
urteilst?

Warnung vor Selbstsicherheit

13 Und nun ihr, die ihr sagt: Heute oder
morgen wollen wir in die oder die Stadt
gehen und wollen ein Jahr dort zubrin-
gen und Handel treiben und Gewinn ma-
chen –,[a] 14 und [a]wisst nicht, was morgen
sein wird. Was ist euer Leben? Ein Rauch
seid ihr, der eine kleine Zeit bleibt und
dann verschwindet. 15 Dagegen solltet ihr
sagen: [a]Wenn der Herr will, werden wir
leben und dies oder das tun. 16 Nun aber
rühmt ihr euch in eurem Übermut. All
solches Rühmen ist böse.

17 **Wer nun weiß, Gutes zu tun, und tut's
nicht, dem ist's Sünde.**[a]

Das Gericht über die Reichen

5 Und nun, ihr Reichen: Weint und
heult über das Elend, das über euch
kommen wird![a] 2 Euer Reichtum ist ver-
fault, eure Kleider sind [a]von Motten zer-
fressen. 3 Euer Gold und Silber ist ver-
rostet und ihr Rost wird gegen euch
Zeugnis geben und wird euer Fleisch
fressen wie Feuer. Ihr habt euch Schätze
gesammelt in diesen letzten Tagen!
4 Siehe, [a]der Lohn der Arbeiter, die euer
Land abgeerntet haben, den ihr ihnen
vorenthalten habt, der schreit, und das
Rufen der Schnitter ist gekommen vor
die Ohren des Herrn Zebaoth. 5 Ihr habt
[a]geschlemmt auf Erden und geprasst
und eure Herzen gemästet am Schlacht-
tag. 6 Ihr habt den Gerechten verurteilt
und getötet, und er hat euch nicht wi-
derstanden.[a]

Mahnung zur Geduld

7 **So seid nun [a]geduldig, liebe Brüder, bis
zum Kommen des Herrn.** Siehe, der Bauer
wartet auf die kostbare Frucht der Erde
und ist dabei geduldig, bis sie empfange
den Frühregen und Spätregen. 8 Seid
auch ihr geduldig und stärkt eure Her-
zen; denn das Kommen des Herrn ist
nahe.

9 Seufzt nicht widereinander, liebe Brü-
der, damit ihr nicht gerichtet werdet.
Siehe, der Richter steht vor der Tür.
10 Nehmt, liebe Brüder, zum Vorbild des
Leidens und der Geduld die [a]Propheten,
die geredet haben in dem Namen des
Herrn. 11 Siehe, wir preisen selig, die er-
duldet haben. Von der [a]Geduld Hiobs
habt ihr gehört und habt gesehen, [b]zu
welchem Ende es der Herr geführt hat;
denn der Herr ist barmherzig und ein
Erbarmer.

12 Vor allen Dingen aber, meine Brü-
der, schwört nicht, weder bei dem Him-
mel noch bei der Erde noch mit einem
andern Eid. Es sei aber euer Ja ein Ja und
euer Nein ein Nein, damit ihr nicht dem
Gericht verfallt.[a]

Das Gebet für die Kranken

13 [a]Leidet jemand unter euch, der bete;
ist jemand guten Mutes, der [b]singe Psal-
men. 14 Ist jemand unter euch krank, der

4,4: *a* Lk 6,26; Röm 8,7; 1.Joh 2,15 **4,6:** *a* Hiob 22,29; Mt 23,12; 1.Petr 5,5 **4,7:** *a* 1.Petr 5,8-9 **4,8:** *a* Sach 1,3; *b* Jes 1,16 **4,10:** *a* 1.Petr 5,6 **4,12:** *a* Mt 7,1; Röm 14,4 **4,13:** *a* Spr 27,1 **4,14:** *a* Lk 12,20 **4,15:** *a* Apg 18,21; 1.Kor 4,19 **4,17:** *a* Lk 12,47 **5,1:** *a* Lk 6,24-25 **5,2:** *a* Mt 6,19 **5,4:** *a* 5.Mose 24,14-15 **5,5:** *a* Lk 16,19.25 **5,6:** *a* Kap 2,6 **5,7:** *a* Lk 21,19; Hebr 10,36 **5,10:** *a* Mt 5,12 **5,11:** *a* Hiob 1,21; *b* Hiob 42,10-16 **5,12:** *a* Mt 5,34-37 **5,13:** *a* Ps 50,15; *b* Kol 3,16

rufe zu sich die Ältesten der Gemeinde,
dass sie über ihm beten und [a]ihn salben
mit Öl in dem Namen des Herrn. 15 Und
[a]das Gebet des Glaubens wird dem
Kranken helfen, und der Herr wird ihn
aufrichten; und wenn er Sünden getan
hat, wird ihm vergeben werden.

16 Bekennt also einander eure Sünden
und betet füreinander, dass ihr gesund
werdet. [a]**Des Gerechten Gebet vermag
viel, wenn es ernstlich ist.** 17 Elia war ein
schwacher Mensch wie wir; und er betete
ein Gebet, [a]dass es nicht regnen sollte,
und es regnete nicht auf Erden drei Jahre
und sechs Monate. 18 Und er betete aber-
mals, und der Himmel gab den Regen
und die Erde brachte ihre Frucht.[a]

Verantwortung für die Irrenden

19 Liebe Brüder, [a]wenn jemand unter
euch abirren würde von der Wahrheit
und jemand bekehrte ihn, 20 der soll wis-
sen: [a]wer den Sünder bekehrt hat von
seinem Irrweg, der wird seine Seele vom
Tode erretten und wird [b]bedecken die
Menge der Sünden.

DER BRIEF DES JUDAS

Inhaltsübersicht

Warnung vor Irrlehrern *Verse 1-25*

1 Judas, ein Knecht Jesu Christi und Bru-
der des [a]Jakobus, an die Berufenen, die
geliebt sind in Gott, dem Vater, und be-
wahrt für Jesus Christus:

2 Gott gebe euch viel Barmherzigkeit
und Frieden und Liebe!

Gottes Gericht über die Irrlehrer

(vgl. 2. Petr 2,1-22)

3 Ihr Lieben, nachdem ich ernstlich vor-
hatte, euch zu schreiben von unser aller
Heil, hielt ich's für nötig, euch in meinem
Brief zu ermahnen, [a]dass ihr für den
Glauben kämpft, der ein für alle Mal den
Heiligen überliefert ist. 4 Denn es haben
sich einige Menschen eingeschlichen,
über die schon längst das Urteil geschrie-
ben ist; Gottlose sind sie, missbrauchen
die Gnade unseres Gottes für ihre Aus-
schweifung und verleugnen unsern alleini-
gen Herrscher und Herrn Jesus Christus.

5 Ich will euch aber erinnern, obwohl
ihr dies alles schon wisst, dass der Herr,
nachdem er dem Volk das eine Mal aus
Ägypten geholfen hatte, [a]das andere
Mal die umbrachte, die nicht glaubten.
6 Auch die Engel, die ihren himmlischen
Rang nicht bewahrten, sondern [a]ihre Be-
hausung verließen, hat er für das Gericht
des großen Tages festgehalten mit ewigen
Banden in der Finsternis. 7 So sind auch
Sodom und Gomorra und die umliegen-
den Städte, die gleicherweise wie sie Un-
zucht getrieben haben und [a]anderem
Fleisch nachgegangen sind, zum Beispiel
gesetzt und leiden die Pein des ewigen
Feuers.

8 Ebenso sind auch diese Träumer, die
ihr Fleisch beflecken, jede Herrschaft
verachten und die himmlischen Mächte
lästern. 9 Als aber [a]Michael, der Erz-
engel, mit dem Teufel stritt und mit ihm
rechtete um den Leichnam des Mose,
wagte er nicht, über ihn ein Verdam-
mungsurteil zu fällen, sondern sprach:
[b]Der Herr strafe dich! 10 Diese aber läs-
tern alles, wovon sie nichts verstehen;
was sie aber von Natur aus kennen wie
die unvernünftigen Tiere, daran verder-
ben sie.

11 Weh ihnen! Denn sie gehen den Weg
[a]Kains und fallen in den Irrtum des
[b]Bileam um Gewinnes willen und kom-
men um in dem [c]Aufruhr Korachs. 12 Sie

5,14: *a* Mk 6,13 **5,15:** *a* Mk 16,18 **5,16:** *a* Apg 12,5 **5,17:** *a* 1. Kön 17,1; Lk 4,25 **5,18:** *a* 1. Kön 18,41-45 **5,19:** *a* Gal 6,1 **5,20:** *a* Ps 51,15; *b* Spr 10,12; 1. Petr 4,8 Vers **1:** *a* Mt 13,55 Vers **3:** *a* 1. Tim 1,18 Vers **5:** *a* 4. Mose 14,35; 1. Kor 10,5 Vers **6:** *a* 1. Mose 6,2-4 Vers **7:** *a* 1. Mose 19,1.4-11 Vers **9:** *a* Dan 12,1; *b* Sach 3,2 Vers **11:** *a* 1. Mose 4,8; *b* 4. Mose 31,16; *c* 4. Mose 16,1-34

sind Schandflecken bei euren Liebesmah-
len*, [a]prassen ohne Scheu, weiden sich
selbst; sie sind Wolken ohne Wasser, vom
Wind umhergetrieben, kahle, unfrucht-
bare Bäume, zweimal abgestorben und
entwurzelt, 13 wilde Wellen des Meeres,
[a]die ihre eigene Schande ausschäumen,
umherirrende Sterne; deren Los ist die
dunkelste Finsternis in Ewigkeit.

14 Es hat aber auch von diesen geweis-
sagt [a]Henoch, der Siebente von Adam
an, und gesprochen: Siehe, der Herr
kommt mit seinen vielen tausend Hei-
ligen, 15 Gericht zu halten über alle und
zu strafen alle Menschen für alle Werke
ihres gottlosen Wandels, mit denen sie
gottlos gewesen sind, und für all das Fre-
che, das die gottlosen Sünder gegen ihn
geredet haben. 16 Diese murren und ha-
dern mit ihrem Geschick; sie leben nach
ihren Begierden und ihr Mund redet
stolze Worte, und um ihres Nutzens wil-
len schmeicheln sie den Leuten.

17 Ihr aber, meine Lieben, erinnert euch
der Worte, die zuvor gesagt sind von den
Aposteln unseres Herrn Jesus Christus,
18 als sie euch sagten, [a]dass zu der letzten
Zeit Spötter sein werden, die nach ihren
eigenen gottlosen Begierden leben. 19 Die-
se sind es, die Spaltungen hervorrufen,
niedrig Gesinnte, [a]die den Geist nicht
haben.

Mahnung und Gotteslob

20 Ihr aber, meine Lieben, [a]erbaut euch
auf euren allerheiligsten Glauben und
betet im Heiligen Geist, 21 und erhaltet
euch in der Liebe Gottes und wartet auf
die Barmherzigkeit unseres Herrn Jesus
Christus zum ewigen Leben. 22 Und er-
barmt euch derer, die zweifeln; 23 andere
reißt aus dem Feuer und [a]rettet sie; an-
derer erbarmt euch in Furcht und [b]hasst
auch das Gewand, das befleckt ist vom
Fleisch.

24 Dem aber, der euch vor dem Strau-
cheln behüten kann und euch untadelig
stellen kann vor das Angesicht seiner
Herrlichkeit mit Freuden,[a] 25 dem allei-
nigen Gott, unserm Heiland, sei durch
Jesus Christus, unsern Herrn, Ehre und
Majestät und Gewalt und Macht vor
aller Zeit, jetzt und in alle Ewigkeit!
Amen.

* Siehe Sach- und Worterklärungen.
Vers **12:** *a* 1.Kor 11,21 Vers **13:** *a* Jes 57,20 Vers **14:** *a* 1.Mose 5,21 Vers **18:** *a* 1.Tim 4,1; 2.Petr 3,3 Vers **19:** *a* 1.Kor 2,14 Vers **20:** *a* Kol 2,7; 1.Thess 5,11 Vers **23:** *a* Jak 5,9; *b* Offb 3,4 Vers **24:** *a* 1.Thess 5,23

DIE OFFENBARUNG DES JOHANNES

Inhaltsübersicht

1 Dies ist die Offenbarung Jesu Christi,
die ihm Gott gegeben hat, seinen
Knechten zu zeigen, was in Kürze ge-
schehen soll; und er hat sie durch seinen
Engel gesandt und seinem Knecht Jo-
hannes kundgetan, **2** der bezeugt hat das
Wort Gottes und das Zeugnis von Jesus
Christus, alles, was er gesehen hat. **3** Selig
ist, der da liest und die da [a]hören die
Worte der Weissagung und behalten, was
darin [b]geschrieben ist; denn [c]die Zeit ist
nahe.

Gruß an die sieben Gemeinden

4 Johannes an die sieben Gemeinden in
der Provinz Asien: Gnade sei mit euch
und Friede von dem, [a]der da ist und der
da war und der da kommt, und von den
[b]sieben Geistern, die vor seinem Thron
sind, **5** und von Jesus Christus, welcher ist
[a]der treue Zeuge, der [b]Erstgeborene von
den Toten und Herr über die Könige auf
Erden! Ihm, der uns liebt und uns erlöst
hat von unsern Sünden mit seinem Blut
6 und uns [a]zu Königen und Priestern ge-
macht hat vor Gott, seinem Vater, ihm
sei Ehre und Gewalt von Ewigkeit zu
Ewigkeit! Amen.

7 Siehe, [a]er kommt mit den Wolken,
und es werden ihn sehen alle Augen und
[b]alle, die ihn durchbohrt haben, und es
werden wehklagen um seinetwillen alle
Geschlechter der Erde. Ja, Amen.

8 **Ich bin [a]das A und das O, spricht Gott
der Herr, [b]der da ist und der da war und
der da kommt, der Allmächtige.**

Der Auftrag an Johannes

9 Ich, Johannes, euer Bruder und Mitge-
nosse an der Bedrängnis und am Reich
und an der Geduld in Jesus, war auf der
Insel, die Patmos heißt, um des Wortes
Gottes willen und des Zeugnisses von
Jesus. **10** Ich wurde vom Geist ergriffen
am Tag des Herrn und hörte hinter mir
eine große Stimme wie von einer Po-
saune, **11** die sprach: Was du siehst, das
schreibe in ein Buch und sende es an die
sieben Gemeinden: nach Ephesus und
nach Smyrna und nach Pergamon und
nach Thyatira und nach Sardes und nach
Philadelphia und nach Laodizea.

12 Und ich wandte mich um, zu sehen
nach der Stimme, die mit mir redete. Und
als ich mich umwandte, sah ich sieben
goldene Leuchter **13** und [a]mitten unter
den Leuchtern einen, der war [b]einem
Menschensohn gleich, angetan mit einem
langen Gewand und gegürtet um die
Brust mit einem goldenen Gürtel. **14** Sein
Haupt aber und sein Haar war weiß wie
weiße Wolle, wie der Schnee, und [a]seine
Augen wie eine Feuerflamme **15** und seine
Füße wie Golderz, das im Ofen glüht,
und seine Stimme wie großes Wasser-
rauschen; **16** und er hatte sieben Sterne in
seiner rechten Hand, und aus seinem
Munde ging ein scharfes, zweischneidiges
Schwert, und sein Angesicht leuchtete,
wie die Sonne scheint in ihrer Macht.
17 Und als ich ihn sah, [a]fiel ich zu seinen
Füßen wie tot; und er legte seine rechte
Hand auf mich und sprach zu mir:
**Fürchte dich nicht! Ich bin der Erste und
der Letzte 18 und der Lebendige. Ich war**

1,3: *a* 1. Joh 1,1-2; *b* Joh 21,24; *c* Kap 22,10 **1,4:** *a* 2. Mose 3,14-15; *b* Kap 3,1; 5,6 **1,5:** *a* Kap 3,14; Joh 18,37; 1. Tim 6,13; *b* Kol 1,18 **1,6:** *a* Kap 5,10; 2. Mose 19,6; 1. Petr 2,5.9 **1,7:** *a* Mt 24,30; *b* Sach 12,10; Joh 19,37 **1,8:** *a* Kap 21,6; Jes 41,4; *b* Kap 4,8 **1,13:** *a* Kap 2,1; *b* Dan 7,13 **1,14:** *a* Kap 2,18; 19,12 **1,17:** *a* Dan 8,18

**tot, und siehe, ich bin lebendig von Ewig-
keit zu Ewigkeit und habe die Schlüssel
des Todes und der Hölle.** 19 Schreibe, was
du gesehen hast und was ist und was
geschehen soll danach.
20 Das Geheimnis der sieben Sterne,
die du gesehen hast in meiner rechten
Hand, und der sieben goldenen Leuchter
ist dies: Die sieben Sterne sind Engel
der sieben Gemeinden, und die sieben
Leuchter sind sieben Gemeinden.

Die sieben Sendschreiben

2 Dem Engel der Gemeinde in [a] **Ephe-
sus** schreibe: Das sagt, der da hält die
sieben Sterne in seiner Rechten, der da
wandelt mitten unter den sieben golde-
nen Leuchtern: 2 Ich kenne deine Werke
und deine Mühsal und deine Geduld und
weiß, dass du die Bösen nicht ertragen
kannst; und du [a] hast die geprüft, die
sagen, sie seien Apostel und sind's nicht,
und hast sie als Lügner befunden 3 und
hast Geduld und hast um meines Na-
mens willen die Last getragen und bist
nicht müde geworden. 4 Aber ich habe
gegen dich, dass du die [a] erste Liebe ver-
lässt. 5 So denke nun daran, wovon du
abgefallen bist, und tue Buße und tue die
ersten Werke! Wenn aber nicht, werde ich
über dich kommen und deinen Leuchter
wegstoßen von seiner Stätte – wenn du
nicht Buße tust. 6 Aber das hast du für
dich, dass du die Werke der Nikolaïten
[a] hassest, die ich auch hasse.
7 Wer Ohren hat, der höre, was der
Geist den Gemeinden sagt! Wer über-
windet, dem will ich zu essen geben von
dem [a] Baum des Lebens, der im Paradies
Gottes ist.
8 Und dem Engel der Gemeinde in
[a] **Smyrna** schreibe: Das sagt der Erste
und der Letzte, [b] der tot war und ist
lebendig geworden: 9 Ich kenne deine Be-
drängnis und [a] deine Armut – du bist
aber reich – und die Lästerung von de-
nen, die sagen, sie seien Juden und sind's
nicht, sondern sind [b] die Synagoge des
Satans. 10 [a] Fürchte dich nicht vor dem,
was du leiden wirst! Siehe, der Teufel
wird einige von euch ins Gefängnis wer-
fen, damit ihr versucht werdet, und ihr
werdet in Bedrängnis sein zehn Tage. **Sei
getreu bis an den Tod, so will ich dir die
[b] Krone des Lebens geben.**
11 Wer Ohren hat, der höre, was der
Geist den Gemeinden sagt! Wer über-
windet, dem soll kein Leid geschehen von
dem [a] zweiten Tode.
12 Und dem Engel der Gemeinde in
Pergamon schreibe: Das sagt, der da
hat [a] das scharfe, zweischneidige Schwert:
13 Ich weiß, wo du wohnst: da, wo der
Thron des Satans* ist; und du hältst an
meinem Namen fest und hast den Glau-
ben an mich nicht verleugnet, auch nicht
in den Tagen, als Antipas, mein treuer
Zeuge, bei euch getötet wurde, da, wo
der Satan wohnt. 14 Aber einiges habe ich
gegen dich: Du hast Leute dort, die sich
an die Lehre [a] Bileams halten, der den
Balak lehrte, die Israeliten zu verführen,
vom Götzenopfer zu essen und Hurerei
zu treiben. 15 So hast du auch Leute, die
sich in gleicher Weise an die Lehre der
Nikolaïten halten. 16 Tue Buße; wenn
aber nicht, so werde ich bald über dich
kommen und gegen sie streiten mit dem
Schwert meines Mundes.
17 Wer Ohren hat, der höre, was der
Geist den Gemeinden sagt! Wer über-
windet, dem will ich geben von dem ver-
borgenen [a] Manna und will ihm geben
einen weißen Stein; und auf dem Stein ist
ein [b] neuer Name geschrieben, den nie-
mand kennt als der, der ihn empfängt.
18 Und dem Engel der Gemeinde in
[a] **Thyatira** schreibe: Das sagt der Sohn
Gottes, [b] der Augen hat wie Feuerflam-
men und seine Füße sind wie Golderz:
19 Ich kenne deine Werke und deine Liebe
und deinen Glauben und deinen Dienst
und deine Geduld und weiß, dass du je
länger je mehr tust. 20 Aber ich habe ge-
gen dich, dass du [a] Isebel duldest, diese
Frau, die sagt, sie sei eine Prophetin, und
lehrt und verführt meine Knechte, Hu-
rerei zu treiben und Götzenopfer zu es-
sen. 21 Und ich habe ihr Zeit gegeben,
Buße zu tun, und sie will sich nicht be-

* Siehe Sach- und Worterklärungen zu »Satan«.

2,1: *a* Apg 18,19 **2,2:** *a* 1.Joh 4,1 **2,4:** *a* 1.Tim 5,12 **2,6:** *a* Ps 139,21 **2,7:** *a* Kap 22,2; 1.Mose 2,9 **2,8:** *a* Kap 1,11; *b* Kap 1,18 **2,9:** *a* Jak 2,5; *b* Kap 3,9 **2,10:** *a* Mt 10,19.28; *b* Kap 3,11; 2.Tim 4,8 **2,11:** *a* Kap 20,14 **2,12:** *a* Hebr 4,12 **2,14:** *a* 4.Mose 31,16; 2.Petr 2,15; Jud 11 **2,17:** *a* Ps 78,24; *b* Jes 62,2 **2,18:** *a* Apg 16,14; *b* Kap 1,14-15 **2,20:** *a* 2.Kön 9,22

kehren von ihrer Hurerei. 22 Siehe, ich
werfe sie aufs Bett und die mit ihr die
Ehe gebrochen haben in große Trübsal,
wenn sie sich nicht bekehren von ihren
Werken, 23 und ihre Kinder will ich mit
dem Tode schlagen. Und alle Gemeinden
sollen erkennen, dass ich es bin, der [a]die
Nieren und Herzen erforscht, und ich
werde geben einem jeden von euch nach
euren Werken. 24 Euch aber sage ich, den
andern in Thyatira, die solche Lehre
nicht haben und nicht erkannt haben die
Tiefen* des Satans, wie sie sagen: Ich will
nicht noch eine Last auf euch werfen;
25 doch [a]was ihr habt, das haltet fest, bis
ich komme.

26 Und wer überwindet und hält meine
Werke bis ans Ende, dem will ich Macht
geben über die Heiden, 27 und er soll sie
weiden mit eisernem Stabe, und wie die
Gefäße eines Töpfers soll er sie zer-
schmeißen,[a] 28 wie auch ich Macht emp-
fangen habe von meinem Vater; und ich
will ihm geben den Morgenstern. 29 Wer
Ohren hat, der höre, was der Geist den
Gemeinden sagt!

3 Und dem Engel der Gemeinde in
Sardes schreibe: Das sagt, der [a]die
sieben Geister Gottes hat und die sieben
Sterne: Ich kenne deine Werke: Du hast
den Namen, dass du lebst, und bist tot.
2 Werde wach und [a]stärke das andre, das
sterben will, denn ich habe deine Werke
nicht als vollkommen befunden vor mei-
nem Gott. 3 So denke nun daran, wie du
empfangen und gehört hast, und halte es
fest und tue Buße! Wenn du aber nicht
wachen wirst, werde ich kommen [a]wie
ein Dieb und du wirst nicht wissen, zu
welcher Stunde ich über dich kommen
werde. 4 Aber du hast einige in Sardes, die
[a]ihre Kleider nicht besudelt haben; die
werden mit mir einhergehen in weißen
Kleidern, denn sie sind's wert.

5 Wer überwindet, der soll [a]mit weißen
Kleidern angetan werden, und ich werde
seinen Namen nicht austilgen aus dem
[b]Buch des Lebens, und [c]ich will seinen
Namen bekennen vor meinem Vater und
vor seinen Engeln. 6 Wer Ohren hat, der
höre, was der Geist den Gemeinden
sagt!

7 Und dem Engel der Gemeinde in
Philadelphia schreibe: Das sagt der Hei-
lige, der Wahrhaftige, der da hat [a]den
Schlüssel Davids, der auftut, und nie-
mand schließt zu, der zuschließt, und
niemand tut auf: 8 Ich kenne deine Wer-
ke. Siehe, ich habe vor dir eine Tür aufge-
tan und niemand kann sie zuschließen;
denn du hast eine kleine Kraft und hast
mein Wort bewahrt und hast meinen
Namen nicht verleugnet. 9 Siehe, ich wer-
de schicken einige [a]aus der Synagoge
des Satans, die sagen, sie seien Juden und
sind's nicht, sondern lügen; siehe, ich will
sie dazu bringen, dass sie [b]kommen sol-
len und zu deinen Füßen niederfallen
und erkennen, dass ich dich geliebt habe.
10 Weil du mein Wort von der [a]Geduld
bewahrt hast, will auch ich dich bewah-
ren vor der Stunde der [b]Versuchung, die
kommen wird über den ganzen Weltkreis,
zu versuchen, die auf Erden wohnen.
11 Siehe, ich komme bald; **halte, was du
hast, dass niemand deine [a]Krone nehme!**

12 Wer überwindet, den will ich ma-
chen zum Pfeiler in dem Tempel meines
Gottes, und er soll nicht mehr hinaus-
gehen, und ich will auf ihn schreiben
[a]den Namen meines Gottes und den Na-
men des [b]neuen Jerusalem, der Stadt
meines Gottes, die vom Himmel hernie-
derkommt von meinem Gott, und mei-
nen Namen, den neuen. 13 Wer Ohren
hat, der höre, was der Geist den Gemein-
den sagt!

14 Und dem Engel der Gemeinde in
[a]**Laodizea** schreibe: Das sagt, der
[b]Amen heißt, [c]der treue und wahrhaf-
tige Zeuge, der [d]Anfang der Schöpfung
Gottes: 15 Ich kenne deine Werke, dass du
weder kalt noch warm bist. Ach, dass du
kalt oder warm wärest! 16 Weil du aber
lau bist und weder warm noch kalt,
werde ich dich ausspeien aus meinem
Munde. 17 Du sprichst: Ich bin reich und
habe genug und brauche nichts!, und
weißt nicht, dass du elend und jämmer-
lich bist, arm, blind und bloß.[a] 18 Ich

* Siehe Sach- und Worterklärungen.

2,23: *a* Ps 7,10; Jer 17,10 **2,25:** *a* Kap 3,11 **2,27:** *a* Ps 2,8-9 **3,1:** *a* Kap 1,4 **3,2:** *a* Lk 22,32 **3,3:** *a* 1. Thess 5,2 **3,4:** *a* Jud 23 **3,5:** *a* Kap 7,13; *b* Lk 10,20; *c* Mt 10,32 **3,7:** *a* Jes 22,22 **3,9:** *a* Kap 2,9; *b* Jes 49,23; 60,14 **3,10:** *a* Kap 14,12; *b* Mt 6,13 **3,11:** *a* Kap 2,10 **3,12:** *a* Kap 14,1; 22,4; *b* Kap 21,2 **3,14:** *a* Kol 2,1; 4,13; *b* 2. Kor 1,20; *c* Kap 1,5; *d* Kol 1,15 **3,17:** *a* 1. Kor 3,18; 4,8

rate dir, dass du Gold von mir kaufst,
das im Feuer geläutert ist, damit du reich
werdest, und weiße Kleider, damit du sie
anziehst und die Schande deiner Blöße
nicht offenbar werde, und Augensalbe,
deine Augen zu salben, damit du sehen
mögest. 19 [a]Welche ich lieb habe, die
weise ich zurecht und züchtige ich. So sei
nun eifrig und tue Buße! 20 **Siehe, ich
stehe vor der Tür und klopfe an. Wenn
jemand meine Stimme hören wird und die
Tür auftun, zu dem werde ich hineingehen
und das Abendmahl mit ihm halten und er
mit mir.** [a]

21 Wer überwindet, dem will ich geben,
[a]mit mir auf meinem Thron zu sitzen,
wie auch ich überwunden habe und mich
gesetzt habe mit meinem Vater auf seinen
Thron. 22 Wer Ohren hat, der höre, was
der Geist den Gemeinden sagt!

Vor dem Thron Gottes

4 Danach sah ich, und siehe, eine Tür
war aufgetan im Himmel, und die
erste Stimme, [a]die ich mit mir hatte re-
den hören wie eine Posaune, die sprach:
Steig herauf, ich will dir zeigen, was nach
diesem geschehen soll.

2 [a]Alsbald wurde ich vom Geist ergrif-
fen. Und siehe, ein Thron stand im Him-
mel und auf dem Thron saß einer. 3 Und
der da saß, war anzusehen wie der Stein
Jaspis und Sarder; und ein Regenbogen
war um den Thron, anzusehen wie ein
Smaragd. 4 Und um den Thron waren
vierundzwanzig Throne und auf den
Thronen saßen vierundzwanzig Älteste,
mit weißen Kleidern angetan, und hatten
auf ihren Häuptern goldene Kronen.

5 Und von dem Thron gingen aus
[a]Blitze, Stimmen und Donner; und sie-
ben Fackeln mit Feuer brannten vor dem
Thron, das sind die [b]sieben Geister Got-
tes. 6 Und vor dem Thron war es wie ein
gläsernes Meer, gleich dem Kristall, und
in der Mitte am Thron und um den
Thron [a]vier himmlische Gestalten, voller
Augen vorn und hinten. 7 Und die erste
Gestalt war gleich einem Löwen, und die
zweite Gestalt war gleich einem Stier,
und die dritte Gestalt hatte ein Antlitz
wie ein Mensch, und die vierte Gestalt
war gleich einem fliegenden Adler. [a]
8 Und eine jede der vier Gestalten hatte
sechs Flügel, und sie waren außen und
innen voller Augen, und sie hatten keine
Ruhe Tag und Nacht und sprachen:
[a]Heilig, heilig, heilig ist Gott der Herr,
der Allmächtige, [b]der da war und der da
ist und der da kommt.

9 Und wenn die Gestalten Preis und
Ehre und Dank gaben dem, der auf dem
Thron saß, der da lebt von Ewigkeit
zu Ewigkeit, 10 fielen die vierundzwanzig
Ältesten nieder vor dem, der auf dem
Thron saß, und beteten den an, der da
lebt von Ewigkeit zu Ewigkeit, und leg-
ten ihre Kronen nieder vor dem Thron
und sprachen: 11 Herr, unser Gott, du
bist würdig, zu nehmen Preis und Ehre
und Kraft; denn du hast alle Dinge ge-
schaffen, und durch deinen Willen waren
sie und wurden sie geschaffen.

Das Buch mit den sieben Siegeln

5 Und ich sah in der rechten Hand
dessen, der [a]auf dem Thron saß, ein
Buch, [b]beschrieben innen und außen,
versiegelt mit sieben Siegeln. 2 Und ich
sah einen starken Engel, der rief mit gro-
ßer Stimme: Wer ist würdig, das Buch
aufzutun und seine Siegel zu brechen?
3 Und niemand, weder im Himmel noch
auf Erden noch unter der Erde, konnte
das Buch auftun und hineinsehen. 4 Und
ich weinte sehr, weil niemand für würdig
befunden wurde, das Buch aufzutun und
hineinzusehen.

5 Und einer von den Ältesten spricht
zu mir: Weine nicht! Siehe, es hat über-
wunden der [a]Löwe aus dem Stamm
Juda, die [b]Wurzel Davids, aufzutun das
Buch und seine sieben Siegel.

6 Und ich sah mitten zwischen dem
Thron und den vier Gestalten und mitten
unter den Ältesten ein [a]Lamm stehen,
wie geschlachtet; es hatte sieben Hörner
und sieben Augen, das sind die sieben
Geister Gottes, gesandt in alle Lande.
7 Und es kam und nahm das Buch aus

3,19: *a* Spr 3,12; 1. Kor 11,32; Hebr 12,6 **3,20:** *a* Joh 14,23 **3,21:** *a* Mt 19,28 **4,1:** *a* Kap 1,10 **4,2:** *a* Ps 47,9; Jes 6,1; Hes 1,26-28 **4,5:** *a* 2. Mose 19,16; *b* Kap 1,4 **4,6:** *a* Hes 1,5.10.22 **4,7:** *a* Hes 10,14 **4,8:** *a* Jes 6,2-3; *b* 2. Mose 3,14 **5,1:** *a* Kap 4,2; *b* Hes 2,9-10 **5,5:** *a* 1. Mose 49,9-10; *b* Jes 11,1 **5,6:** *a* Jes 53,7; Joh 1,29

der rechten Hand dessen, der auf dem
Thron saß. 8 Und als es das Buch nahm,
da fielen die vier Gestalten und die vier-
undzwanzig Ältesten nieder vor dem
Lamm, und ein jeder hatte eine Harfe
und goldene Schalen voll Räucherwerk,
das sind die Gebete der Heiligen, 9 und
sie sangen ein [a] neues Lied: Du bist wür-
dig, zu nehmen das Buch und aufzutun
seine Siegel; denn du bist geschlachtet
und hast mit deinem Blut Menschen für
Gott erkauft aus allen Stämmen und
Sprachen und Völkern und Nationen
10 und hast sie unserm Gott [a] zu Königen
und Priestern gemacht, und sie werden
herrschen auf Erden.

11 Und ich sah, und ich hörte eine
Stimme vieler Engel um den Thron und
um die Gestalten und um die Ältesten
her, und [a] ihre Zahl war vieltausendmal
tausend; 12 [a] die sprachen mit großer
Stimme: **Das Lamm, das geschlachtet ist,
ist würdig, zu nehmen Kraft und Reichtum
und Weisheit und Stärke und Ehre und
Preis und Lob.**

13 Und jedes Geschöpf, das im Himmel
ist und auf Erden und unter der Erde
und auf dem Meer und alles, was darin
ist, hörte ich sagen: Dem, der auf dem
Thron sitzt, und dem Lamm sei Lob und
Ehre und Preis und Gewalt von Ewigkeit
zu Ewigkeit! 14 Und die vier Gestalten
sprachen: Amen! Und die Ältesten fielen
nieder und beteten an.

Die Öffnung der ersten sechs Siegel

6 Und ich sah, dass das Lamm das
erste der sieben Siegel auftat, und ich
hörte eine der vier Gestalten sagen wie
mit einer Donnerstimme: Komm! 2 [a] Und
ich sah, und siehe, ein weißes Pferd. Und
der darauf saß, hatte einen Bogen, und
ihm wurde eine Krone gegeben, und er
zog aus sieghaft und um zu siegen.

3 Und als es das zweite Siegel auftat,
hörte ich die zweite Gestalt sagen:
Komm! 4 Und es kam heraus ein zweites
Pferd, das war feuerrot. Und dem, der
darauf saß, wurde Macht gegeben, den
Frieden von der Erde zu nehmen, dass
sie sich untereinander umbrächten, und
ihm wurde ein großes Schwert gegeben.

5 Und als es das dritte Siegel auftat,
hörte ich die dritte Gestalt sagen:
Komm! Und ich sah, und siehe, ein
schwarzes Pferd. Und der darauf saß,
hatte eine Waage in seiner Hand. 6 Und
ich hörte eine Stimme mitten unter den
vier Gestalten sagen: Ein Maß Weizen
für einen Silbergroschen und drei Maß
Gerste für einen Silbergroschen; aber
dem Öl und Wein tu keinen Schaden!

7 Und als es das vierte Siegel auftat,
hörte ich die Stimme der vierten Gestalt
sagen: Komm! 8 Und ich sah, und siehe,
ein fahles Pferd. Und der darauf saß,
dessen Name war: Der Tod, und die
Hölle folgte ihm nach. Und ihnen wurde
Macht gegeben über den vierten Teil der
Erde, zu töten [a] mit Schwert und Hunger
und Pest und durch die wilden Tiere auf
Erden.

9 Und als es das fünfte Siegel auftat,
sah ich unten am Altar die Seelen derer,
die umgebracht worden waren um des
Wortes Gottes und um ihres Zeugnisses
willen. 10 Und sie schrien mit lauter
Stimme: Herr, du Heiliger und Wahr-
haftiger, wie lange richtest du nicht und
rächst nicht unser Blut an denen, die auf
der Erde wohnen? 11 Und ihnen wurde
gegeben einem jeden ein weißes Gewand,
und ihnen wurde gesagt, dass sie ruhen
müssten noch eine kleine Zeit, bis voll-
zählig dazukämen ihre Mitknechte und
Brüder, die auch noch getötet werden
sollten wie sie.

12 [a] Und ich sah: Als es das sechste
Siegel auftat, da geschah ein großes Erd-
beben, und die Sonne wurde finster wie
ein schwarzer Sack, und der ganze Mond
wurde wie Blut, 13 und die Sterne des
Himmels fielen auf die Erde, wie ein Fei-
genbaum seine Feigen abwirft, wenn er
von starkem Wind bewegt wird. 14 Und
[a] der Himmel wich wie eine Schriftrolle,
die zusammengerollt wird, und alle Berge
und Inseln wurden wegbewegt von ihrem
Ort. 15 Und die Könige auf Erden und die
Großen und die Obersten und die Rei-
chen und die Gewaltigen und alle Skla-
ven und alle Freien [a] verbargen sich in
den Klüften und Felsen der Berge 16 und
[a] sprachen zu den Bergen und Felsen:

5,9: *a* Ps 33,3 **5,10:** *a* Kap 1,6; 2. Mose 19,6 **5,11:** *a* Hebr 12,22 **5,12:** *a (12-13)* 1. Chr 29,11; Phil 2,9-10 **6,2:** *a (2-8)* Sach 6,1-8 **6,8:** *a* Hes 14,21 **6,12:** *a (12-17)* Jes 24,21-23; Joel 3,3-4; Mt 24,29 **6,14:** *a* Jes 34,4 **6,15:** *a* Jes 2,10.19 **6,16:** *a* Lk 23,30

Fallt über uns und verbergt uns vor dem
Angesicht dessen, der auf dem Thron
sitzt, und vor dem Zorn des Lammes!
17 Denn es ist gekommen [a]der große Tag
ihres Zorns und [b]wer kann bestehen?

Die Versiegelten

7 Danach sah ich vier Engel stehen an
den vier Ecken der Erde, die hielten
die [a]vier Winde der Erde fest, damit
kein Wind über die Erde blase noch über
das Meer noch über irgendeinen Baum.
2 Und ich sah einen andern Engel auf-
steigen vom Aufgang der Sonne her, der
hatte das Siegel des lebendigen Gottes
und rief mit großer Stimme zu den vier
Engeln, denen Macht gegeben war, der
Erde und dem Meer Schaden zu tun:
3 [a]Tut der Erde und dem Meer und den
Bäumen keinen Schaden, bis wir [b]versie-
geln die Knechte unseres Gottes an ihren
Stirnen.
4 Und ich hörte die Zahl derer, die ver-
siegelt wurden: [a]hundertvierundvierzig-
tausend, die versiegelt waren aus allen
Stämmen Israels: 5 aus dem Stamm Juda
zwölftausend versiegelt, aus dem Stamm
Ruben zwölftausend, aus dem Stamm
Gad zwölftausend, 6 aus dem Stamm
Asser zwölftausend, aus dem Stamm
Naftali zwölftausend, aus dem Stamm
Manasse zwölftausend, 7 aus dem Stamm
Simeon zwölftausend, aus dem Stamm
Levi zwölftausend, aus dem Stamm Is-
sachar zwölftausend, 8 aus dem Stamm
Sebulon zwölftausend, aus dem Stamm
Josef zwölftausend, aus dem Stamm Ben-
jamin zwölftausend versiegelt.

Die große Schar aus allen Völkern

9 Danach sah ich, und siehe, eine große
Schar, die niemand zählen konnte, aus
allen Nationen und Stämmen und Völ-
kern und Sprachen; die standen vor dem
Thron und vor dem Lamm, angetan mit
weißen Kleidern und mit Palmzweigen in
ihren Händen, 10 und riefen mit großer
Stimme: Das Heil ist bei dem, der auf
dem Thron sitzt, unserm Gott, und dem
Lamm! 11 Und alle Engel standen rings
um den Thron und um die Ältesten und
um die vier Gestalten und fielen nieder
vor dem Thron auf ihr Angesicht und
beteten Gott an 12 und sprachen: Amen,
Lob und Ehre und Weisheit und Dank
und Preis und Kraft und Stärke sei un-
serm Gott von Ewigkeit zu Ewigkeit!
Amen.
13 Und einer der Ältesten fing an und
sprach zu mir: Wer sind diese, die mit
den weißen Kleidern angetan sind, und
woher sind sie gekommen? 14 Und ich
sprach zu ihm: Mein Herr, du weißt es.
Und er sprach zu mir: **Diese sind's, die**
gekommen sind aus der [a]großen Trübsal
und haben ihre Kleider gewaschen und ha-
ben ihre Kleider hell gemacht [b]im Blut des
Lammes. 15 Darum sind sie vor dem Thron
Gottes und dienen ihm Tag und Nacht in
seinem Tempel; und der auf dem Thron
sitzt, wird über ihnen wohnen. 16 Sie wer-
den nicht mehr hungern noch dürsten; es
wird auch nicht auf ihnen lasten die Sonne
oder irgendeine Hitze;[a] 17 denn das Lamm
mitten auf dem Thron [a]wird sie weiden
und leiten zu den Quellen des lebendigen
Wassers, und [b]Gott wird abwischen alle
Tränen von ihren Augen.

Das siebente Siegel

8 Und als das Lamm das siebente Sie-
gel auftat, entstand eine [a]Stille im
Himmel etwa eine halbe Stunde lang.
2 Und ich sah die sieben Engel, die vor
Gott stehen, und ihnen wurden sieben
[a]Posaunen gegeben. 3 Und ein anderer
Engel kam und trat an den Altar und
hatte ein goldenes Räuchergefäß; und
ihm wurde viel Räucherwerk gegeben,
dass er es darbringe mit den Gebeten
aller Heiligen auf dem goldenen Altar
vor dem Thron. 4 Und der Rauch des
Räucherwerks stieg mit den Gebeten der
Heiligen von der Hand des Engels hinauf
vor Gott. 5 Und der Engel nahm das
Räuchergefäß und füllte es mit Feuer
vom Altar und [a]schüttete es auf die
Erde. Und da geschahen Donner und
Stimmen und Blitze und Erdbeben.

Die ersten sechs Posaunen

6 Und die sieben Engel mit den sieben
Posaunen hatten sich gerüstet zu blasen.
7 Und der erste blies seine Posaune; und

6,17: *a* Am 5,18; Röm 2,5; *b* Mal 3,2 **7,1:** *a* Dan 7,2 **7,3:** *a* Kap 9,4; *b* Hes 9,4.6 **7,4:** *a* Kap 14,1.3 **7,14:** *a* Mt 24,21; *b* Kap 12,11 **7,16:** *a* Jes 49,10 **7,17:** *a* Ps 23,2; *b* Kap 21,4; Jes 25,8 **8,1:** *a* Hab 2,20 **8,2:** *a* Mt 24,31 **8,5:** *a* Hes 10,2

es kam [a]Hagel und Feuer, mit Blut ver-
mengt, und fiel auf die Erde; und der
dritte Teil der Erde verbrannte, und der
dritte Teil der Bäume verbrannte, und
alles grüne Gras verbrannte.
8 Und der zweite Engel blies seine Po-
saune; und es stürzte etwas wie ein gro-
ßer Berg mit Feuer brennend ins Meer,
und der dritte Teil des Meeres wurde zu
[a]Blut, 9 und der dritte Teil der leben-
digen Geschöpfe im Meer starb, und der
dritte Teil der Schiffe wurde vernichtet.
10 Und der dritte Engel blies seine Po-
saune; und [a]es fiel ein großer Stern vom
Himmel, der brannte wie eine Fackel und
fiel auf den dritten Teil der Wasserströme
und auf die Wasserquellen. 11 Und der
Name des Sterns heißt Wermut. Und der
dritte Teil der Wasser wurde zu Wermut,
und viele Menschen starben von den
Wassern, weil sie bitter geworden waren.
12 Und der vierte Engel blies seine Po-
saune; und es wurde geschlagen der
dritte Teil der [a]Sonne und der dritte Teil
des Mondes und der dritte Teil der
Sterne, sodass ihr dritter Teil verfinstert
wurde und den [b]dritten Teil des Tages
das Licht nicht schien und in der Nacht
desgleichen.
13 Und ich sah, und ich hörte, wie ein
Adler mitten durch den Himmel flog und
sagte mit großer Stimme: Weh, weh, weh
denen, die auf Erden wohnen wegen der
anderen Posaunen der drei Engel, die
noch blasen sollen!

9 Und der fünfte Engel blies seine Po-
saune; und ich sah einen Stern, ge-
fallen vom Himmel auf die Erde; und
ihm wurde der Schlüssel zum Brunnen
des Abgrunds gegeben. 2 Und er tat den
Brunnen des Abgrunds auf, und es stieg
auf ein Rauch aus dem Brunnen wie der
Rauch eines großen Ofens, und [a]es wur-
den verfinstert die Sonne und die Luft
von dem Rauch des Brunnens. 3 Und aus
dem Rauch kamen Heuschrecken auf die
Erde, und ihnen wurde Macht gegeben,
wie die Skorpione auf Erden Macht ha-
ben.
4 Und es wurde ihnen gesagt, sie soll-
ten nicht Schaden tun dem Gras auf
Erden noch allem Grünen noch irgend-
einem Baum, sondern allein den Men-
schen, die nicht das [a]Siegel Gottes haben
an ihren Stirnen. 5 Und ihnen wurde
Macht gegeben, nicht dass sie sie töteten,
sondern sie quälten fünf Monate lang;
und ihre Qual war wie eine Qual von
einem Skorpion, wenn er einen Men-
schen sticht. 6 Und in jenen Tagen wer-
den die Menschen den Tod suchen und
nicht finden, sie werden begehren zu
sterben und der Tod wird von ihnen flie-
hen.[a]
7 Und die Heuschrecken sahen aus wie
Rosse, die zum Krieg gerüstet sind, und
auf ihren Köpfen war etwas wie goldene
Kronen, und ihr Antlitz glich der Men-
schen Antlitz; 8 und sie hatten Haar wie
Frauenhaar und Zähne wie Löwenzähne
9 und hatten Panzer wie eiserne Panzer,
und das Rasseln ihrer Flügel war wie das
Rasseln der Wagen vieler Rosse, die in
den Krieg laufen, 10 und hatten Schwänze
wie Skorpione und hatten Stacheln, und
in ihren Schwänzen war ihre Kraft, Scha-
den zu tun den Menschen fünf Monate
lang; 11 sie hatten über sich einen König,
den Engel des Abgrunds; sein Name
heißt auf Hebräisch Abaddon und auf
Griechisch hat er den Namen Apollyon.
12 Das erste Wehe ist vorüber; siehe, es
kommen noch zwei Wehe danach.
13 Und der sechste Engel blies seine
Posaune; und ich hörte eine Stimme aus
den vier Ecken des [a]goldenen Altars vor
Gott; 14 die sprach zu dem sechsten En-
gel, der die Posaune hatte: Lass los die
vier Engel, die gebunden sind an dem
[a]großen Strom Euphrat. 15 Und es wur-
den losgelassen die vier Engel, die bereit
waren für die Stunde und den Tag und
den Monat und das Jahr, zu töten den
dritten Teil der Menschen.[a]
16 Und die Zahl des reitenden Heeres
war vieltausendmal tausend; ich hörte
ihre Zahl. 17 Und so sah ich in dieser
Erscheinung die Rosse und die darauf
saßen: Sie hatten feuerrote und blaue
und schwefelgelbe Panzer, und die Häup-
ter der Rosse waren wie die Häupter der
Löwen, und aus ihren Mäulern kam
Feuer und Rauch und Schwefel. 18 Von
diesen drei Plagen wurde getötet der

8,7: *a* 2. Mose 9,23-26 **8,8:** *a* 2. Mose 7,20-21 **8,10:** *a* Jes 14,12 **8,12:** *a* Kap 6,12; *b* 2. Mose 10,21 **9,2:** *a* Joel 2,2.10 **9,4:** *a* Kap 7,3 **9,6:** *a* Kap 6,16 **9,13:** *a* Kap 8,3; 2. Mose 30,1-3 **9,14:** *a* Kap 16,12 **9,15:** *a* Kap 8,7-12

dritte Teil der Menschen, von dem Feuer
und Rauch und Schwefel, der aus ihren
Mäulern kam. 19 Denn die Kraft der
Rosse war in ihrem Maul und in ihren
Schwänzen; denn ihre Schwänze waren
den Schlangen gleich und hatten Häup-
ter, und mit denen taten sie Schaden.

20 Und die übrigen Leute, die nicht
getötet wurden von diesen Plagen, [a]be-
kehrten sich doch nicht von den Werken
ihrer Hände, dass sie nicht mehr anbete-
ten die bösen Geister und die goldenen,
silbernen, ehernen, steinernen und höl-
zernen Götzen, die weder sehen noch
hören noch gehen können, 21 und sie be-
kehrten sich auch nicht von ihren Mor-
den, ihrer Zauberei, ihrer Unzucht und
ihrer Dieberei.

Der Engel mit dem Büchlein

10 Und ich sah einen andern starken
Engel vom Himmel herabkommen,
mit einer Wolke bekleidet, und der Re-
genbogen auf seinem Haupt und sein
Antlitz wie die Sonne und seine Füße wie
Feuersäulen. 2 Und er hatte in seiner
Hand ein Büchlein, das war aufgetan.
Und er setzte seinen rechten Fuß auf das
Meer und den linken auf die Erde, 3 und
er [a]schrie mit großer Stimme, wie ein
Löwe brüllt. Und als er schrie, erhoben
die sieben Donner ihre Stimme. 4 Und als
die sieben Donner geredet hatten, wollte
ich es aufschreiben. Da hörte ich eine
Stimme vom Himmel zu mir sagen:
[a]Versiegle, was die sieben Donner ge-
redet haben, und schreib es nicht auf!

5 Und der Engel, den ich stehen sah
auf dem Meer und auf der Erde, hob
seine rechte Hand auf zum Himmel 6 und
[a]schwor bei dem, der da lebt von Ewig-
keit zu Ewigkeit, der den Himmel ge-
schaffen hat und was darin ist und die
Erde und was darin ist und das Meer und
was darin ist: Es soll hinfort keine Zeit
mehr sein, 7 sondern in den Tagen, [a]wenn
der siebente Engel seine Stimme erheben
und seine Posaune blasen wird, dann [b]ist
vollendet das Geheimnis Gottes, wie er
es verkündigt hat seinen Knechten, den
Propheten.

8 Und die Stimme, die ich vom Himmel
gehört hatte, redete abermals mit mir
und sprach: Geh hin, nimm das offene
Büchlein aus der Hand des Engels, der
auf dem Meer und auf der Erde steht!
9 Und ich ging hin zu dem Engel und
sprach zu ihm: Gib mir das Büchlein!
Und er sprach zu mir: [a]Nimm und ver-
schling's! Und es wird dir bitter im Ma-
gen sein, aber in deinem Mund wird's süß
sein wie Honig. 10 Und ich nahm das
Büchlein aus der Hand des Engels und
verschlang's. Und es war süß in meinem
Mund wie Honig, und als ich's gegessen
hatte, war es mir bitter im Magen. 11 Und
mir wurde gesagt: Du musst abermals
weissagen von [a]Völkern und Nationen
und Sprachen und vielen Königen.

Die beiden Zeugen

11 Und es wurde mir ein Rohr gege-
ben, einem [a]Messstab gleich, und
mir wurde gesagt: Steh auf und [b]miss
den Tempel Gottes und den Altar und
die dort anbeten. 2 Aber den äußeren
Vorhof des Tempels lass weg und miss
ihn nicht, denn er ist den Heiden ge-
geben; und [a]die heilige Stadt werden
sie zertreten zweiundvierzig Monate
lang.

3 Und ich will meinen zwei Zeugen
Macht geben, und sie sollen weissagen
[a]tausendzweihundertundsechzig Tage
lang, angetan mit Trauerkleidern. 4 Diese
sind die [a]zwei Ölbäume und die zwei
Leuchter, die vor dem Herrn der Erde
stehen. 5 Und wenn ihnen jemand Scha-
den tun will, so kommt Feuer aus ihrem
Mund und verzehrt ihre Feinde; und
wenn ihnen jemand Schaden tun will,
muss er so getötet werden. 6 Diese haben
Macht, [a]den Himmel zu verschließen,
damit es nicht regne in den Tagen ihrer
Weissagung, und haben Macht über die
Wasser, [b]sie in Blut zu verwandeln und
die Erde zu schlagen mit Plagen aller
Art, sooft sie wollen.

7 Und wenn sie ihr Zeugnis vollendet
haben, so wird [a]das Tier, das aus dem
Abgrund aufsteigt, mit ihnen kämpfen
und [b]wird sie überwinden und wird sie
töten. 8 Und ihre Leichname werden lie-
gen auf dem Marktplatz der großen

9,20: *a* Kap 16,9 **10,3:** *a* Ps 29,3-9 **10,4:** *a* Dan 12,4.9 **10,6:** *a* Dan 12,7 **10,7:** *a* Kap 11,15; *b* Apg 3,21 **10,9:** *a* Hes 3,1-3 **10,11:** *a* Jer 1,9-10 **11,1:** *a* Hes 40,3; Sach 2,5-6; *b* Hes 42,20 **11,2:** *a* Lk 21,24 **11,3:** *a* Kap 12,6 **11,4:** *a* Sach 4,3.11-14 **11,6:** *a* 1. Kön 17,1; *b* 2. Mose 7,19-20 **11,7:** *a* Kap 13,1; *b* Kap 13,7

Stadt, die heißt geistlich: Sodom und
Ägypten, wo auch ihr Herr gekreuzigt
wurde. 9 Und Menschen aus allen Völ-
kern und Stämmen und Sprachen und
Nationen sehen ihre Leichname drei
Tage und einen halben und lassen nicht
zu, dass ihre Leichname ins Grab gelegt
werden. 10 Und die auf Erden wohnen,
freuen sich darüber und sind fröhlich
und werden einander Geschenke senden;
denn diese zwei Propheten hatten ge-
quält, die auf Erden wohnten.
11 Und nach drei Tagen und einem hal-
ben fuhr in sie der Geist des Lebens von
Gott, und sie stellten sich auf ihre Füße;
und eine große Furcht fiel auf die, die
sie sahen. 12 Und sie hörten eine große
Stimme vom Himmel zu ihnen sagen:
Steigt herauf! Und sie stiegen auf in den
Himmel in einer Wolke, und es sahen sie
ihre Feinde. 13 Und zu derselben Stunde
geschah ein großes Erdbeben, und der
zehnte Teil der Stadt stürzte ein; und es
wurden getötet in dem Erdbeben sieben-
tausend Menschen, und die andern er-
schraken und gaben dem Gott des Him-
mels die Ehre. 14 Das [a]zweite Wehe ist
vorüber; siehe, das dritte Wehe kommt
schnell.

Die siebente Posaune

15 Und der siebente Engel blies seine Po-
saune; und es erhoben sich große Stim-
men im Himmel, die sprachen: **Es sind
die Reiche der Welt unseres Herrn und
seines Christus geworden, und er wird re-
gieren von Ewigkeit zu Ewigkeit.**
16 Und die [a]vierundzwanzig Ältesten,
die vor Gott auf ihren Thronen saßen,
fielen nieder auf ihr Angesicht und be-
teten Gott an 17 und sprachen: Wir dan-
ken dir, Herr, allmächtiger Gott, der du
bist und der du warst, dass du an dich
genommen hast deine große Macht und
herrschest! 18 Und [a]die Völker sind zor-
nig geworden; und es ist gekommen dein
Zorn und die Zeit, die Toten zu richten
und den Lohn zu geben deinen Knech-
ten, den Propheten und den Heiligen und
denen, die deinen Namen fürchten, den
Kleinen und den Großen, und zu ver-
nichten, die die Erde vernichten.
19 Und [a]der Tempel Gottes im Him-
mel wurde aufgetan, und die Lade seines
Bundes wurde in seinem Tempel sicht-
bar; und es geschahen Blitze und Stim-
men und Donner und Erdbeben und ein
großer Hagel.

Die Frau und der Drache

12 Und es erschien ein großes Zeichen
am Himmel: eine Frau, mit der
Sonne bekleidet, und der Mond unter
ihren Füßen und auf ihrem Haupt eine
Krone von zwölf Sternen. 2 Und sie war
schwanger und schrie in Kindsnöten und
hatte große Qual bei der Geburt.
3 Und es erschien ein anderes Zeichen
am Himmel, und siehe, ein großer, roter
Drache, der hatte sieben Häupter und
zehn Hörner und auf seinen Häuptern
sieben Kronen, 4 und sein Schwanz fegte
[a]den dritten Teil der Sterne des Himmels
hinweg und warf sie auf die Erde. Und
der Drache trat vor die Frau, die gebären
sollte, damit er, wenn sie geboren hätte,
ihr Kind fräße.
5 Und sie gebar einen Sohn, einen
Knaben, der alle Völker weiden sollte
[a]mit eisernem Stabe. Und ihr Kind
wurde entrückt zu Gott und seinem
Thron. 6 Und die Frau entfloh in die
Wüste, wo sie einen Ort hatte, bereitet
von Gott, dass sie dort ernährt werde
[a]tausendzweihundertundsechzig Tage.
7 Und es entbrannte ein Kampf im
Himmel: Michael und seine Engel
kämpften gegen den Drachen. Und der
Drache kämpfte und seine Engel, 8 und
sie siegten nicht und ihre Stätte wurde
nicht mehr gefunden im Himmel. 9 Und
es wurde hinausgeworfen der große
Drache, die alte Schlange, die da heißt:
Teufel und Satan, der die ganze Welt
verführt, und er wurde auf die Erde ge-
worfen, und seine Engel wurden mit ihm
dahin geworfen.[a]
10 Und ich hörte eine große Stimme,
die sprach im Himmel: **Nun ist das Heil
und die Kraft und [a]das Reich unseres Got-
tes geworden und die Macht seines Chris-
tus; denn der Verkläger unserer Brüder
ist verworfen, der sie verklagte Tag und
Nacht vor unserm Gott. 11 Und sie haben**

11,14: *a* Kap 9,12 **11,16:** *a* Kap 4,4.10 **11,18:** *a* Ps 2,1 **11,19:** *a* Kap 15,5 **12,4:** *a* Dan 8,10 **12,5:** *a* Ps 2,9 **12,6:** *a* Kap 11,3 **12,9:** *a* Kap 20,2; 1. Mose 3,1; Lk 10,18 **12,10:** *a* Kap 11,15

ihn überwunden [a]durch des Lammes Blut
und [b]durch das Wort ihres Zeugnisses und
haben ihr Leben nicht geliebt bis hin zum
Tod. 12 Darum freut euch, ihr Himmel
und die darin wohnen! Weh aber der
Erde und dem Meer! Denn der Teufel
kommt zu euch hinab und hat einen gro-
ßen Zorn und weiß, dass er wenig Zeit
hat.

13 Und als der Drache sah, dass er auf
die Erde geworfen war, verfolgte er die
Frau, die den Knaben geboren hatte.
14 Und es wurden der Frau gegeben die
zwei Flügel des großen Adlers, dass sie in
die Wüste flöge an ihren Ort, wo sie
ernährt werden sollte eine Zeit und zwei
Zeiten und eine halbe Zeit fern von dem
Angesicht der Schlange. 15 Und die
Schlange stieß aus ihrem Rachen Wasser
aus wie einen Strom hinter der Frau her,
um sie zu ersäufen. 16 Aber die Erde half
der Frau und tat ihren Mund auf und
verschlang den Strom, den der Drache
ausstieß aus seinem Rachen. 17 Und der
Drache wurde zornig über die Frau und
ging hin, zu kämpfen gegen die Übrigen
von ihrem Geschlecht, die Gottes Gebote
halten und haben das Zeugnis Jesu.
18 Und er trat an den Strand des Meeres.

Die beiden Tiere

13 Und ich sah [a]ein Tier aus dem
Meer steigen, das hatte zehn Hör-
ner und sieben Häupter und auf seinen
Hörnern zehn Kronen und auf seinen
Häuptern lästerliche Namen. 2 Und das
Tier, das ich sah, war gleich einem Pan-
ther und seine Füße wie Bärenfüße und
sein Rachen wie ein Löwenrachen. Und
der Drache gab ihm seine Kraft und sei-
nen Thron und große Macht. 3 Und ich
sah eines seiner Häupter, als wäre es
tödlich verwundet, und seine tödliche
Wunde wurde heil. Und die ganze Erde
wunderte sich über das Tier, 4 und sie
beteten den Drachen an, weil er dem Tier
die Macht gab, und beteten das Tier an
und sprachen: Wer ist dem Tier gleich
und wer kann mit ihm kämpfen?

5 Und es wurde ihm ein Maul gegeben,
zu reden große Dinge und Lästerungen,
und ihm wurde Macht gegeben, es zu tun
[a]zweiundvierzig Monate lang. 6 Und es
tat sein Maul auf zur Lästerung gegen
Gott, zu lästern seinen Namen und sein
Haus und die im Himmel wohnen. 7 Und
ihm wurde Macht gegeben, [a]zu kämpfen
mit den Heiligen und sie zu überwinden;
und ihm wurde Macht gegeben über alle
Stämme und Völker und Sprachen und
Nationen. 8 Und alle, die auf Erden woh-
nen, beten es an, deren Namen nicht vom
Anfang der Welt an geschrieben stehen
in dem Lebensbuch des Lammes, das ge-
schlachtet ist.

9 Hat jemand Ohren, der höre! 10 Wenn
jemand ins Gefängnis soll, dann wird er
ins Gefängnis kommen; [a]wenn jemand
mit dem Schwert getötet werden soll,
dann wird er mit dem Schwert getötet
werden. [b]**Hier ist Geduld und Glaube der**
Heiligen!

11 Und ich sah ein zweites Tier auf-
steigen aus der Erde; das hatte zwei Hör-
ner wie ein Lamm und redete wie ein
Drache. 12 Und es übt alle Macht des
ersten Tieres aus vor seinen Augen und
es macht, dass die Erde und die darauf
wohnen, das erste Tier anbeten, dessen
tödliche Wunde heil geworden war. 13 Und
[a]es tut große Zeichen, sodass es auch
Feuer vom Himmel auf die Erde fallen
lässt vor den Augen der Menschen;
14 und es verführt, die auf Erden wohnen,
durch die Zeichen, die zu tun vor den
Augen des Tieres ihm Macht gegeben ist;
und sagt denen, die auf Erden wohnen,
dass sie ein Bild machen sollen dem Tier,
das die Wunde vom Schwert hatte und
lebendig geworden war.

15 Und es wurde ihm Macht gegeben,
Geist zu verleihen dem Bild des Tieres,
damit das Bild des Tieres reden und ma-
chen könne, dass alle, die das Bild des
Tieres nicht anbeteten, getötet würden.
16 Und es macht, dass sie allesamt, die
Kleinen und Großen, die Reichen und
Armen, die Freien und Sklaven, sich [a]ein
Zeichen machen an ihre rechte Hand
oder an ihre Stirn 17 und dass niemand
kaufen oder verkaufen kann, wenn er
nicht das Zeichen hat, nämlich den
Namen des Tieres oder die Zahl seines
Namens.

12,11: *a* Kap 7,14; *b* Kap 6,9 **13,1:** *a* Dan 7,3-7 **13,5:** *a* Kap 11,2 **13,7:** *a* Kap 11,7; Dan 7,21 **13,10:** *a* 1. Mose 9,6; Mt 26,52; *b* Kap 14,12 **13,13:** *a* Mt 24,24; 2. Thess 2,9 **13,16:** *a* Kap 19,20

18 Hier ist Weisheit! Wer Verstand hat,
der überlege [a]die Zahl des Tieres; denn
es ist die Zahl eines Menschen, und sei-
ne Zahl ist sechshundertundsechsund-
sechzig.

Das Lamm und die Seinen

14 Und ich sah, und siehe, das Lamm
stand auf dem Berg Zion und mit
ihm [a]hundertvierundvierzigtausend, die
hatten seinen Namen und [b]den Namen
seines Vaters geschrieben auf ihrer Stirn.
2 Und ich hörte eine Stimme vom Him-
mel [a]wie die Stimme eines großen Was-
sers und wie die Stimme eines großen
Donners, und die Stimme, die ich hörte,
war wie von Harfenspielern, die auf ihren
Harfen spielen. 3 Und sie sangen ein
neues Lied vor dem Thron und vor den
vier Gestalten und den Ältesten; und
niemand konnte das Lied lernen außer
den hundertvierundvierzigtausend, die er-
kauft sind von der Erde. 4 Diese sind's,
[a]die sich mit Frauen nicht befleckt ha-
ben, denn sie sind jungfräulich; die fol-
gen dem Lamm nach, wohin es geht.
Diese sind erkauft aus den Menschen als
Erstlinge für Gott und das Lamm, 5 und
in ihrem Mund wurde kein Falsch ge-
funden; sie sind untadelig.

Die Botschaft der drei Engel

6 Und ich sah einen andern Engel fliegen
mitten durch den Himmel, der hatte ein
ewiges Evangelium zu verkündigen de-
nen, die auf Erden wohnen, allen Na-
tionen und Stämmen und Sprachen und
Völkern. 7 Und er sprach mit großer
Stimme: Fürchtet Gott und gebt ihm die
Ehre; denn die Stunde seines Gerichts ist
gekommen! Und betet an den, der ge-
macht hat Himmel und Erde und Meer
und die Wasserquellen!

8 [a]Und ein zweiter Engel folgte, der
sprach: Sie ist gefallen, sie ist gefallen,
Babylon, die große Stadt; denn sie hat
mit dem Zorneswein ihrer Hurerei ge-
tränkt alle Völker.

9 Und ein dritter Engel folgte ihnen
und sprach mit großer Stimme: [a]Wenn
jemand das Tier anbetet und sein Bild
und nimmt das Zeichen an seine Stirn
oder an seine Hand, 10 der wird von dem
[a]Wein des Zornes Gottes trinken, der
unvermischt eingeschenkt ist in den
Kelch seines Zorns, und er wird gequält
werden mit Feuer und Schwefel vor den
heiligen Engeln und vor dem Lamm.
11 Und der Rauch von ihrer Qual wird
aufsteigen von Ewigkeit zu Ewigkeit; und
sie haben keine Ruhe Tag und Nacht, die
das Tier anbeten und sein Bild und wer
das Zeichen seines Namens annimmt.
12 [a]Hier ist Geduld der Heiligen! Hier
sind, die da halten die Gebote Gottes
und den Glauben an Jesus!

13 Und ich hörte eine Stimme vom
Himmel zu mir sagen: Schreibe: [a]**Selig
sind die Toten, die in dem Herrn sterben
von nun an. Ja, spricht der Geist, sie sollen
[b]ruhen von ihrer Mühsal; denn [c]ihre
Werke folgen ihnen nach.**

Ernte und Weinlese

14 Und ich sah, und siehe, eine weiße
Wolke. Und [a]auf der Wolke saß einer,
der gleich war einem Menschensohn; der
hatte eine goldene Krone auf seinem
Haupt und in seiner Hand eine scharfe
Sichel. 15 Und ein andrer Engel kam aus
dem Tempel und rief dem, der auf der
Wolke saß, mit großer Stimme zu: Setze
deine [a]Sichel an und ernte; denn die Zeit
zu ernten ist gekommen, denn [b]die Ernte
der Erde ist reif geworden. 16 Und der auf
der Wolke saß, setzte seine Sichel an die
Erde und die Erde wurde abgeerntet.

17 Und ein andrer Engel kam aus dem
Tempel im Himmel, der hatte ein schar-
fes Winzermesser. 18 Und ein andrer En-
gel kam vom Altar, der hatte Macht über
das Feuer und rief dem, der das scharfe
Messer hatte, mit großer Stimme zu:
Setze dein scharfes Winzermesser an und
schneide die Trauben am Weinstock der
Erde, denn seine Beeren sind reif! 19 Und
der Engel setzte sein Winzermesser an
die Erde und schnitt die Trauben am
Weinstock der Erde und warf sie in die
große Kelter des Zornes Gottes. 20 Und
[a]die Kelter wurde draußen vor der Stadt
getreten, und das Blut ging von der Kel-

13,18: *a* Kap 15,2 **14,1:** *a* Kap 7,4; *b* Kap 3,12 **14,2:** *a* Kap 1,15 **14,4:** *a* 1.Kor 7,1.8 **14,8:** *a (8-10)* Kap 18,1-3; Jes 21,9; Jer 25,15-16; 51,7 **14,9:** *a* Kap 13,12-17 **14,10:** *a* Ps 75,9 **14,12:** *a* Kap 13,10 **14,13:** *a* Phil 1,23; *b* Jes 57,2; Hebr 4,10; *c* 1.Tim 5,24-25 **14,14:** *a* Dan 7,13; Mk 13,26 **14,15:** *a* Joel 4,13; *b* Mt 13,39 **14,20:** *a* Jes 63,3

ter bis an die Zäume der Pferde, tausend-
sechshundert Stadien weit.

Das Lied der Überwinder

15 Und ich sah ein andres Zeichen am
Himmel, das war groß und wunder-
bar: [a]sieben Engel, die hatten die letzten
sieben Plagen; denn mit ihnen ist voll-
endet der Zorn Gottes.
2 Und ich sah, und es war [a]wie ein
gläsernes Meer, mit Feuer vermengt; und
die den Sieg behalten hatten über das
Tier und sein Bild und über die Zahl
seines Namens, die standen an dem glä-
sernen Meer und hatten Gottes Harfen
3 und sangen das [a]Lied des Mose, des
Knechtes Gottes, und das Lied des Lam-
mes: [b]Groß und wunderbar sind deine
Werke, Herr, allmächtiger Gott! [c]Ge-
recht und wahrhaftig sind deine Wege, du
König der Völker. 4 Wer sollte dich, Herr,
nicht fürchten und deinen Namen nicht
preisen? Denn du allein bist heilig! Ja,
[a]alle Völker werden kommen und an-
beten vor dir, denn deine gerechten Ge-
richte sind offenbar geworden.

Die Schalen des Zorns

5 Danach sah ich: Es [a]wurde aufgetan
der Tempel, die Stiftshütte im Himmel,
6 und aus dem Tempel kamen die sieben
Engel, die die sieben Plagen hatten, ange-
tan mit reinem, hellem Leinen und ge-
gürtet um die Brust mit goldenen Gür-
teln. 7 Und [a]eine der vier Gestalten gab
den sieben Engeln sieben goldene Scha-
len voll vom [b]Zorn Gottes, der da lebt
von Ewigkeit zu Ewigkeit. 8 Und [a]der
Tempel wurde voll Rauch von der [b]Herr-
lichkeit Gottes und von seiner Kraft; und
niemand konnte in den Tempel gehen,
bis die sieben Plagen der sieben Engel
vollendet waren.
16 Und ich hörte eine große Stimme
aus dem Tempel, die sprach zu den
sieben Engeln: Geht hin und gießt aus
die sieben Schalen des Zornes Gottes auf
die Erde!
2 Und der erste ging hin und goss seine
Schale aus auf die Erde; und es entstand
ein [a]böses und schlimmes Geschwür an
den Menschen, die das Zeichen des Tie-
res hatten und die sein Bild anbeteten.
3 Und der zweite Engel goss aus seine
Schale ins Meer; und es wurde zu Blut
wie von einem Toten, und alle lebendigen
Wesen im Meer starben.
4 Und der dritte Engel goss aus seine
Schale in die Wasserströme und in die
Wasserquellen; und sie [a]wurden zu Blut.
5 Und ich hörte den Engel der Wasser
sagen: Gerecht bist du, der du bist und
der du warst, du Heiliger, dass du dieses
Urteil gesprochen hast; 6 denn sie haben
das Blut der Heiligen und der Propheten
vergossen, und Blut hast du ihnen zu
trinken gegeben; sie sind's wert.[a] 7 Und
[a]ich hörte den Altar sagen: Ja, Herr,
allmächtiger Gott, deine Gerichte sind
wahrhaftig und gerecht.[b]
8 Und der vierte Engel goss aus seine
Schale über die Sonne; und es wurde ihr
Macht gegeben, die Menschen zu versen-
gen mit Feuer. 9 Und die Menschen wur-
den versengt von der großen Hitze und
lästerten den Namen Gottes, der Macht
hat über diese Plagen, und bekehrten sich
nicht, ihm die Ehre zu geben.
10 Und der fünfte Engel goss aus seine
Schale auf den Thron des Tieres; und
sein Reich wurde verfinstert, und die
Menschen zerbissen ihre Zungen vor
Schmerzen 11 und lästerten Gott im Him-
mel wegen ihrer Schmerzen und wegen
ihrer Geschwüre und bekehrten sich
nicht von ihren Werken.
12 Und der sechste Engel goss aus seine
Schale auf den großen Strom Euphrat;
und [a]sein Wasser trocknete aus, damit
der Weg bereitet würde den Königen
vom Aufgang der Sonne. 13 Und ich sah
aus dem Rachen des [a]Drachen und aus
dem Rachen des Tieres und aus dem
Munde des falschen Propheten drei un-
reine Geister kommen, gleich Fröschen;
14 es sind Geister von Teufeln, die tun
Zeichen und gehen aus zu den Königen
der ganzen Welt, sie zu versammeln zum
Kampf am großen Tag Gottes, des All-
mächtigen. – 15 Siehe, [a]ich komme wie
ein Dieb. Selig ist, der da wacht und seine

15,1: *a* Kap 16,1 **15,2:** *a* Kap 4,6 **15,3:** *a* 2. Mose 15,1.11; *b* Jer 10,6-7; *c* 5. Mose 32,4; Ps 145,17 **15,4:** *a* Ps 86,9; Jer 16,19-21 **15,5:** *a* Kap 11,19 **15,7:** *a* Kap 4,6-8; *b* Kap 14,10 **15,8:** *a* Jes 6,4; *b* 2. Mose 40,34; 1. Kön 8,10-11; Hes 44,4 **16,2:** *a* 2. Mose 9,10-11 **16,4:** *a* 2. Mose 7,17-21 **16,6:** *a* Weish 11,16 **16,7:** *a* Kap 9,13; *b* Kap 6,9-10 **16,12:** *a* Jes 11,15-16 **16,13:** *a* Kap 12,3 **16,15:** *a* 1. Thess 5,2

Kleider bewahrt, damit er nicht nackt
gehe und man seine Blöße sehe. – 16 Und
er versammelte sie an einen Ort, der
heißt auf Hebräisch Harmagedon.

17 Und der siebente Engel goss aus
seine Schale in die Luft; und es kam eine
große Stimme aus dem Tempel vom
Thron, die sprach: Es ist geschehen!
18 Und es geschahen Blitze und Stimmen
und Donner, und es geschah ein großes
Erdbeben, wie es noch nicht gewesen ist,
seit Menschen auf Erden sind – ein sol-
ches Erdbeben, so groß. 19 Und aus der
großen Stadt wurden drei Teile, und die
Städte der Heiden stürzten ein. Und
[a]Babylon, der großen, wurde gedacht
vor Gott, dass ihr gegeben werde der
Kelch mit dem Wein seines grimmigen
Zorns. 20 Und alle Inseln verschwanden,
und die Berge wurden nicht mehr ge-
funden.[a] 21 Und ein großer [a]Hagel wie
Zentnergewichte fiel vom Himmel auf die
Menschen; und die Menschen lästerten
Gott wegen der Plage des Hagels; denn
diese Plage ist sehr groß.

Die große Hure Babylon

17 Und es kam einer von den [a]sieben
Engeln, die die sieben Schalen hat-
ten, redete mit mir und sprach: Komm,
ich will dir zeigen das Gericht über die
große Hure, die an vielen Wassern sitzt,
2 mit der die Könige auf Erden Hurerei
getrieben haben; und die auf Erden woh-
nen, sind betrunken geworden von dem
Wein ihrer Hurerei.

3 Und er brachte mich im Geist in die
Wüste. Und ich sah eine Frau auf einem
scharlachroten Tier sitzen, das war voll
lästerlicher Namen und hatte sieben
Häupter und zehn Hörner. 4 Und die
Frau war bekleidet mit Purpur und
Scharlach und geschmückt mit Gold und
Edelsteinen und Perlen und hatte [a]einen
goldenen Becher in der Hand, voll von
Gräuel und Unreinheit ihrer Hurerei,
5 und auf ihrer Stirn war geschrieben ein
Name, ein Geheimnis: Das große Baby-
lon, die Mutter der Hurerei und aller
Gräuel auf Erden. 6 Und ich sah die
Frau, betrunken von dem [a]Blut der Hei-
ligen und von dem Blut der Zeugen Jesu.
Und ich wunderte mich sehr, als ich sie
sah.

7 Und der Engel sprach zu mir: Warum
wunderst du dich? Ich will dir sagen das
Geheimnis der Frau und des Tieres, das
sie trägt und sieben Häupter und zehn
Hörner hat. 8 Das Tier, das du gesehen
hast, ist gewesen und ist jetzt nicht und
wird wieder aufsteigen aus dem Abgrund
und wird in die Verdammnis fahren. Und
es werden sich wundern, die auf Erden
wohnen, deren Namen nicht geschrieben
stehen im Buch des Lebens vom Anfang
der Welt an, wenn sie das Tier sehen,
dass es gewesen ist und jetzt nicht ist und
wieder sein wird. 9 Hier ist Sinn, zu dem
[a]Weisheit gehört!

Die sieben Häupter sind sieben Berge,
auf denen die Frau sitzt, und es sind
sieben Könige. 10 Fünf sind gefallen,
einer ist da, der andre ist noch nicht ge-
kommen; und wenn er kommt, muss er
eine kleine Zeit bleiben. 11 Und das Tier,
das gewesen ist und jetzt nicht ist, das ist
der achte und ist einer von den sieben
und fährt in die Verdammnis. 12 Und die
[a]zehn Hörner, die du gesehen hast, das
sind zehn Könige, die ihr Reich noch
nicht empfangen haben; aber wie Könige
werden sie für eine Stunde Macht emp-
fangen zusammen mit dem Tier. 13 Diese
sind eines Sinnes und geben ihre Kraft
und Macht dem Tier. 14 Die werden ge-
gen das Lamm kämpfen und das Lamm
wird sie überwinden, denn es ist [a]der
Herr aller Herren und der König aller
Könige, und [b]die mit ihm sind, sind die
Berufenen und Auserwählten und Gläu-
bigen.

15 Und er sprach zu mir: Die [a]Wasser,
die du gesehen hast, an denen die Hure
sitzt, sind Völker und Scharen und Na-
tionen und Sprachen. 16 Und die zehn
Hörner, die du gesehen hast, und das
Tier, die werden die Hure hassen und
werden sie ausplündern und entblößen
und werden ihr Fleisch essen und werden
sie mit Feuer verbrennen. 17 Denn Gott
hat's ihnen in ihr Herz gegeben, nach
seinem Sinn zu handeln und eines Sinnes
zu werden und ihr Reich dem Tier zu
geben, bis vollendet werden die Worte

16,19: *a* Kap 14,8-10 **16,20:** *a* Kap 6,14 **16,21:** *a* 2. Mose 9,23 **17,1:** *a* Kap 15,1 **17,4:** *a* Jer 51,7 **17,6:** *a* Kap 18,24 **17,9:** *a* Kap 13,18 **17,12:** *a* Kap 13,1 **17,14:** *a* Kap 19,16; *b* Kap 19,14 **17,15:** *a* Jes 8,7; Jer 47,2

Gottes. 18 Und die Frau, die du gesehen
hast, ist [a]die große Stadt, die die Herr-
schaft hat über die Könige auf Erden.

Der Untergang Babylons

18 Danach sah ich einen andern Engel
herniederfahren vom Himmel, der
hatte große Macht, und [a]die Erde wurde
erleuchtet von seinem Glanz. 2 Und er
rief mit mächtiger Stimme: [a]Sie ist ge-
fallen, sie ist gefallen, Babylon, die
große, und ist eine Behausung der Teufel
geworden und ein Gefängnis aller un-
reinen Geister und ein Gefängnis aller
unreinen Vögel und [b]ein Gefängnis aller
unreinen und verhassten Tiere. 3 Denn
[a]von dem Zorneswein ihrer [b]Hurerei ha-
ben alle Völker getrunken, und die Kö-
nige auf Erden haben mit ihr Hurerei
getrieben, und die Kaufleute auf Erden
sind reich geworden von ihrer großen
Üppigkeit.

4 Und ich hörte eine andre Stimme
vom Himmel, die sprach: [a]Geht hinaus
aus ihr, mein Volk, dass ihr nicht teilhabt
an ihren Sünden und nichts empfangt
von ihren Plagen! 5 Denn ihre Sünden
[a]reichen bis an den Himmel und Gott
denkt an ihren Frevel. 6 [a]Bezahlt ihr, wie
sie bezahlt hat, und gebt ihr zweifach
zurück nach ihren Werken! Und in den
Kelch, in den sie euch eingeschenkt hat,
schenkt ihr zweifach ein! 7 [a]Wie viel
Herrlichkeit und Üppigkeit sie gehabt
hat, so viel Qual und Leid schenkt ihr
ein! Denn sie spricht in ihrem Herzen:
Ich throne hier und bin eine Königin und
bin keine Witwe, und Leid werde ich
nicht sehen. 8 Darum werden ihre Plagen
an **einem** Tag kommen, Tod, Leid und
Hunger, und mit Feuer wird sie ver-
brannt werden; denn stark ist Gott der
Herr, der sie richtet.

9 Und es werden sie beweinen und be-
klagen die Könige auf Erden, die mit ihr
gehurt und geprasst haben, wenn sie se-
hen werden den Rauch von ihrem Brand,
in dem sie verbrennt. 10 Sie werden fernab
stehen aus Furcht vor ihrer Qual und
sprechen: Weh, weh, du große Stadt Ba-
bylon, du starke Stadt, [a]in einer Stunde
ist dein Gericht gekommen! 11 Und die
Kaufleute auf Erden werden weinen und
Leid tragen um sie, weil ihre Ware nie-
mand mehr kaufen wird: 12 Gold und Sil-
ber und Edelsteine und Perlen und feines
Leinen und Purpur und Seide und Schar-
lach und allerlei wohlriechende Hölzer
und allerlei Gerät aus Elfenbein und al-
lerlei Gerät aus kostbarem Holz und Erz
und Eisen und Marmor 13 und Zimt und
Balsam und Räucherwerk und Myrrhe
und Weihrauch und Wein und Öl und
feinstes Mehl und Weizen und Vieh und
Schafe und Pferde und Wagen und Lei-
ber und Seelen von Menschen.

14 Und das Obst, an dem deine Seele
Lust hatte, ist dahin; und alles, was glän-
zend und herrlich war, ist für dich ver-
loren und man wird es nicht mehr finden.
15 Die Kaufleute, die durch diesen Han-
del mit ihr reich geworden sind, werden
fernab stehen aus Furcht vor ihrer Qual,
werden weinen und klagen: 16 Weh, weh,
du große Stadt, die [a]bekleidet war mit
feinem Leinen und Purpur und Schar-
lach und geschmückt war mit Gold und
Edelsteinen und Perlen, 17 [a]denn in **einer**
Stunde ist verwüstet solcher Reichtum!

Und alle Schiffsherren und alle Steuer-
leute und die Seefahrer und die auf
dem Meer arbeiten standen fernab 18 und
schrien, als sie den Rauch von ihrem
Brand sahen: Wer ist der großen Stadt
gleich? 19 Und sie warfen Staub auf ihre
Häupter und schrien, weinten und klag-
ten: Weh, weh, du große Stadt, von deren
Überfluss reich geworden sind alle, die
Schiffe auf dem Meer hatten; denn in
einer Stunde ist sie verwüstet!

20 [a]Freue dich über sie, Himmel, und
ihr Heiligen und Apostel und Propheten!
Denn Gott hat sie gerichtet um euret-
willen.

21 Und ein starker Engel hob einen
Stein auf, groß wie ein Mühlstein, warf
ihn ins Meer und sprach: [a]So wird in
einem Sturm niedergeworfen die große
Stadt Babylon und nicht mehr gefun-
den werden. 22 Und [a]die Stimme der Sän-
ger und Saitenspieler, Flötenspieler und
Posaunenbläser soll nicht mehr in dir

17,18: *a* Kap 18,10 **18,1:** *a* Hes 43,2 **18,2:** *a* Kap 14,8; *b* Jer 50,39 **18,3:** *a* Jer 51,7; *b* Nah 3,4 **18,4:** *a* Jes 48,20; Jer 50,8; 51,6.45; 2. Kor 6,17 **18,5:** *a* 1. Mose 18,20-21; Jer 51,9 **18,6:** *a* Ps 137,8; Jer 50,15.29; 2. Thess 1,6 **18,7:** *a (7-8)* Jes 47,7-9 **18,10:** *a* Jer 51,8 **18,16:** *a* Kap 17,4 **18,17:** *a (17-19)* Hes 27,27-36 **18,20:** *a* Jer 51,48 **18,21:** *a* Jer 51,63-64 **18,22:** *a* Jes 24,8; Hes 26,13

gehört werden, und kein Handwerker
irgendeines Handwerks soll mehr in dir
gefunden werden, und das Geräusch der
Mühle soll nicht mehr in dir gehört wer-
den, 23 und [a]das Licht der Lampe soll
nicht mehr in dir leuchten, und die
Stimme des Bräutigams und der Braut
soll nicht mehr in dir gehört werden.
Denn [b]deine Kaufleute waren Fürsten
auf Erden, und durch deine Zauberei
sind verführt worden alle Völker; 24 und
[a]das Blut der Propheten und der Hei-
ligen ist in ihr gefunden worden und das
Blut aller derer, die auf Erden umge-
bracht worden sind.

Jubel über den Untergang Babylons

19 Danach hörte ich etwas wie eine
große Stimme einer großen Schar
im Himmel, die sprach: Halleluja! Das
Heil und die Herrlichkeit und die Kraft
sind unseres Gottes! 2 Denn wahrhaftig
und gerecht sind seine Gerichte, dass er
die große Hure verurteilt hat, die die
Erde mit ihrer Hurerei verdorben hat,
und hat [a]das Blut seiner Knechte ge-
rächt, das ihre Hand vergossen hat.
3 Und sie sprachen zum zweiten Mal:
Halleluja! Und ihr Rauch steigt auf in
Ewigkeit.

4 Und die [a]vierundzwanzig Ältesten
und die [b]vier Gestalten fielen nieder und
beteten Gott an, der auf dem Thron saß,
und sprachen: [c]Amen, Halleluja! 5 Und
eine Stimme ging aus von dem Thron:
Lobt unsern Gott, alle seine Knechte
und die ihn fürchten, Klein und Groß!

6 Und ich hörte etwas wie eine Stimme
einer großen Schar und wie eine Stimme
großer Wasser und wie eine Stimme star-
ker Donner, die sprachen: **Halleluja! Denn
der Herr, unser Gott, der Allmächtige, hat
das Reich eingenommen! 7 Lasst uns
freuen und fröhlich sein und ihm die Ehre
geben; denn [a]die Hochzeit des Lammes ist
gekommen, und seine Braut hat sich be-
reitet.** 8 Und es wurde ihr gegeben, [a]sich
anzutun mit schönem reinem Leinen.
Das Leinen aber ist die Gerechtigkeit der
Heiligen.

9 Und er sprach zu mir: Schreibe:
**[a]Selig sind, die zum Hochzeitsmahl des
Lammes berufen sind.** Und er sprach zu
mir: Dies sind wahrhaftige Worte Gottes.
10 Und ich [a]fiel nieder zu seinen Füßen,
ihn anzubeten. Und er sprach zu mir: Tu
es nicht! Ich bin dein und deiner Brüder
Mitknecht, die das Zeugnis Jesu haben.
Bete Gott an! Das Zeugnis Jesu aber ist
der Geist der Weissagung.

Der Reiter auf dem weißen Pferd

11 [a]Und ich sah den Himmel aufgetan;
und siehe, ein weißes Pferd. Und der
darauf saß, hieß: [b]Treu und Wahrhaftig,
und er richtet und kämpft [c]mit Gerech-
tigkeit. 12 Und [a]seine Augen sind wie
eine Feuerflamme, und auf seinem Haupt
sind viele Kronen; und er trug einen [b]Na-
men geschrieben, den niemand kannte
als er selbst. 13 Und er war angetan mit
einem Gewand, [a]das mit Blut getränkt
war, und sein Name ist: [b]Das Wort Got-
tes. 14 Und ihm folgte [a]das Heer des
Himmels auf weißen Pferden, angetan
mit weißem, reinem Leinen. 15 Und aus
seinem Munde ging ein scharfes Schwert,
dass er damit die Völker schlage; und [a]er
wird sie regieren mit eisernem Stabe; und
[b]er tritt die Kelter, voll vom Wein des
grimmigen Zornes Gottes, des Allmäch-
tigen, 16 und trägt einen Namen geschrie-
ben auf seinem Gewand und auf seiner
Hüfte: [a]König aller Könige und Herr
aller Herren.

Das Ende des Tieres und des falschen Propheten

17 Und ich sah einen Engel in der Sonne
stehen und er rief mit großer Stimme
[a]allen Vögeln zu, die hoch am Himmel
fliegen: Kommt, versammelt euch zu
dem großen Mahl Gottes 18 und esst das
Fleisch der Könige und der Hauptleute
und das Fleisch der Starken und der
Pferde und derer, die darauf sitzen, und
das Fleisch aller Freien und Sklaven, der
Kleinen und der Großen!

19 Und ich sah das Tier und die Könige
auf Erden und ihre Heere [a]versammelt,
Krieg zu führen mit dem, der auf dem
Pferd saß, und mit seinem Heer. 20 Und

18,23: *a* Jer 25,10; *b* Jes 23,8 **18,24:** *a* Kap 6,10; 17,6 **19,2:** *a* Kap 6,10; 5. Mose 32,43 **19,4:** *a* Kap 4,4; 5,11; *b* Kap 4,6; *c* Ps 106,48 **19,7:** *a* Kap 21,9 **19,8:** *a* Jes 61,10 **19,9:** *a* Lk 14,15 **19,10:** *a* Kap 22,8-9 **19,11:** *a (11-13)* Mt 24,30; *b* Kap 3,14; *c* Jes 11,4-5 **19,12:** *a* Kap 1,14; *b* Kap 3,12 **19,13:** *a* Jes 63,1-3; *b* Joh 1,1 **19,14:** *a* Kap 17,14 **19,15:** *a* Ps 2,9; *b* Kap 14,19-20 **19,16:** *a* Kap 1,5; 1. Tim 6,15 **19,17:** *a* Hes 39,4.17-20 **19,19:** *a* Kap 16,14.16

das Tier wurde ergriffen und mit ihm der
falsche Prophet, der vor seinen Augen
die Zeichen getan hatte, durch welche
er die verführte, die [a]das Zeichen des
Tieres angenommen und das Bild des
Tieres angebetet hatten. [b]Lebendig wur-
den diese beiden in den feurigen Pfuhl
geworfen, der mit Schwefel brannte.
21 Und die andern wurden erschlagen mit
dem Schwert, das aus dem Munde dessen
ging, der auf dem Pferd saß. Und alle
Vögel wurden satt von ihrem Fleisch.

Das tausendjährige Reich

20 Und ich sah einen Engel vom
Himmel herabfahren, der hatte
[a]den Schlüssel zum Abgrund und eine
große Kette in seiner Hand. 2 Und er
ergriff den [a]Drachen, die alte Schlange,
das ist der Teufel und der Satan, und
fesselte ihn für tausend Jahre 3 und warf
ihn in den Abgrund und verschloss ihn
und setzte ein Siegel oben darauf, damit
er die Völker nicht mehr verführen sollte,
bis vollendet würden die tausend Jahre.
Danach muss er losgelassen werden eine
kleine Zeit.
4 Und ich sah [a]Throne und sie setzten
sich darauf, und [b]ihnen wurde das Ge-
richt übergeben. Und ich sah die Seelen
derer, die enthauptet waren um des Zeug-
nisses von Jesus und um des Wortes Got-
tes willen und die nicht angebetet hatten
das Tier und sein Bild und die sein Zei-
chen nicht angenommen hatten an ihre
Stirn und auf ihre Hand; diese wurden
lebendig und regierten mit Christus tau-
send Jahre. 5 [a]Die andern Toten aber
wurden nicht wieder lebendig, bis die
tausend Jahre vollendet wurden. Dies ist
die erste Auferstehung. 6 Selig ist der und
heilig, der teilhat an der ersten Auferste-
hung. Über diese hat der zweite Tod
keine Macht; sondern sie werden Priester
Gottes und Christi sein und mit ihm
regieren tausend Jahre.

Der letzte Kampf

7 Und wenn die tausend Jahre vollendet
sind, wird der Satan losgelassen werden
aus seinem Gefängnis 8 und wird auszie-
hen, zu verführen die Völker an den vier
Enden der Erde, [a]Gog und Magog, und
sie zum Kampf zu versammeln; deren
Zahl ist wie der Sand am Meer. 9 Und sie
stiegen herauf auf die Ebene der Erde
und umringten das Heerlager der Hei-
ligen und die geliebte Stadt. Und es fiel
Feuer vom Himmel und verzehrte sie.
10 Und der Teufel, der sie verführte,
wurde geworfen in den Pfuhl von Feuer
und Schwefel, [a]wo auch das Tier und der
falsche Prophet waren; und sie werden
gequält werden Tag und Nacht, von
Ewigkeit zu Ewigkeit.

Das Weltgericht

11 Und ich sah einen großen, weißen
Thron und [a]den, der darauf saß; [b]vor
seinem Angesicht flohen die Erde und
der Himmel, und es wurde keine Stätte
für sie gefunden. 12 Und [a]ich sah die To-
ten, Groß und Klein, stehen vor dem
Thron, und [b]Bücher wurden aufgetan.
Und ein andres Buch wurde aufgetan,
welches ist das Buch des Lebens. Und die
Toten wurden gerichtet nach dem, was in
den Büchern geschrieben steht, nach ih-
ren Werken. 13 Und das Meer gab die
Toten heraus, die darin waren, und der
Tod und sein Reich gaben die Toten her-
aus, die darin waren; und sie wurden
gerichtet, ein jeder nach seinen Werken.
14 Und [a]der Tod und sein Reich wurden
geworfen in den feurigen Pfuhl. Das ist
der zweite Tod: der feurige Pfuhl. 15 Und
wenn jemand nicht gefunden wurde ge-
schrieben in dem Buch des Lebens, der
wurde geworfen in den feurigen Pfuhl.

Das neue Jerusalem

21 Und ich sah [a]einen neuen Himmel
und eine neue Erde; denn [b]der ers-
te Himmel und die erste Erde sind ver-
gangen, und das Meer ist nicht mehr.
2 Und ich sah die heilige Stadt, [a]das neue
Jerusalem, von Gott aus dem Himmel
herabkommen, bereitet [b]wie eine ge-
schmückte Braut für ihren Mann.
3 Und ich hörte eine große Stimme von
dem Thron her, die sprach: **Siehe da, die
Hütte Gottes bei den Menschen! Und** [a]**er**

19,20: *a* Kap 13,11-17; *b* 2. Thess 2,8 **20,1:** *a* Kap 9,1 **20,2:** *a* Kap 12,9 **20,4:** *a* Kap 3,21; Mt 19,28; *b* 1. Kor 6,2 **20,5:** *a* 1. Thess 4,16 **20,8:** *a* Hes 38,2 **20,10:** *a* Kap 19,20 **20,11:** *a* Mt 25,31-46; *b* 2. Petr 3,7.10.12 **20,12:** *a* Joh 5,28-29; *b* Dan 7,10 **20,14:** *a* 1. Kor 15,26.55 **21,1:** *a* Jes 65,17; *b* 2. Petr 3,13 **21,2:** *a* Gal 4,26; Hebr 12,22; *b* Kap 19,7-8 **21,3:** *a* 2. Mose 29,45

wird bei ihnen wohnen, und [b]sie werden
sein Volk sein und er selbst, Gott mit
ihnen, wird ihr Gott sein; 4 und [a]Gott wird
abwischen alle Tränen von ihren Augen,
und der Tod wird nicht mehr sein, [b]noch
Leid noch Geschrei noch Schmerz wird
mehr sein; denn das Erste ist vergangen.
5 Und der auf dem Thron saß, sprach:
Siehe, ich mache alles neu! Und er
spricht: Schreibe, denn diese Worte sind
wahrhaftig und gewiss! 6 Und er sprach
zu mir: Es ist geschehen. [a]Ich bin das A
und das O, der Anfang und das Ende.
Ich will dem Durstigen geben von der
Quelle des lebendigen Wassers umsonst.
7 **Wer überwindet, der wird es alles er-**
erben, und ich werde sein Gott sein und er
wird mein Sohn sein. 8 Die Feigen aber
und Ungläubigen und Frevler und Mör-
der und Unzüchtigen und Zauberer und
Götzendiener und alle Lügner, deren Teil
wird in dem Pfuhl sein, der mit Feuer
und Schwefel brennt; das ist der zweite
Tod.

9 Und es kam zu mir einer von den
[a]sieben Engeln, die die sieben Schalen
mit den letzten sieben Plagen hatten, und
redete mit mir und sprach: Komm, ich
will dir die Frau zeigen, die [b]Braut des
Lammes. 10 Und er führte mich hin im
Geist auf einen großen und hohen Berg
und zeigte mir die heilige Stadt Jeru-
salem herniederkommen aus dem Him-
mel von Gott, 11 die hatte die Herrlich-
keit Gottes; ihr Licht war gleich dem
alleredelsten Stein, einem Jaspis, klar wie
Kristall; 12 sie hatte eine große und hohe
Mauer und hatte [a]zwölf Tore und auf
den Toren zwölf Engel und Namen dar-
auf geschrieben, nämlich die Namen der
zwölf Stämme der Israeliten: 13 von Osten
drei Tore, von Norden drei Tore, von
Süden drei Tore, von Westen drei Tore.
14 Und die Mauer der Stadt hatte zwölf
Grundsteine und auf ihnen die zwölf Na-
men der zwölf Apostel des Lammes.

15 Und der mit mir redete, hatte einen
[a]Messstab, ein goldenes Rohr, um die
Stadt zu messen und ihre Tore und ihre
Mauer. 16 Und die Stadt ist viereckig an-
gelegt und ihre Länge ist so groß wie die
Breite. Und er maß die Stadt mit dem
Rohr: zwölftausend Stadien. Die Länge
und die Breite und die Höhe der Stadt
sind gleich. 17 Und er maß ihre Mauer:
hundertvierundvierzig Ellen nach Men-
schenmaß, das der Engel gebrauchte.

18 [a]Und ihr Mauerwerk war aus Jaspis
und die Stadt aus reinem Gold, gleich
reinem Glas. 19 Und die Grundsteine der
Mauer um die Stadt waren geschmückt
mit allerlei Edelsteinen. Der erste Grund-
stein war ein Jaspis, der zweite ein Saphir,
der dritte ein Chalzedon, der vierte ein
Smaragd, 20 der fünfte ein Sardonyx, der
sechste ein Sarder, der siebente ein Chry-
solith, der achte ein Beryll, der neunte
ein Topas, der zehnte ein Chrysopras, der
elfte ein Hyazinth, der zwölfte ein Ame-
thyst. 21 Und die zwölf Tore waren zwölf
Perlen, ein jedes Tor war aus einer ein-
zigen Perle, und der Marktplatz der Stadt
war aus reinem Gold wie durchscheinen-
des Glas.

22 Und ich sah keinen Tempel darin;
denn der Herr, der allmächtige Gott, ist
ihr Tempel, er und das Lamm. 23 [a]Und
die Stadt bedarf keiner Sonne noch des
Mondes, dass sie ihr scheinen; denn die
Herrlichkeit Gottes erleuchtet sie, und
ihre Leuchte ist das Lamm. 24 Und die
Völker werden wandeln in ihrem Licht;
und die Könige auf Erden werden ihre
Herrlichkeit in sie bringen. 25 Und ihre
Tore werden nicht verschlossen am Tage;
denn da wird [a]keine Nacht sein. 26 Und
man wird die Pracht und den Reichtum
der Völker in sie bringen. 27 Und nichts
Unreines wird hineinkommen und keiner,
der Gräuel tut und Lüge, sondern allein,
die geschrieben stehen in dem Lebens-
buch des Lammes.

22 [a]Und er zeigte mir einen Strom
lebendigen Wassers, klar wie Kris-
tall, der ausgeht von dem Thron Gottes
und des Lammes; 2 mitten auf dem Platz
und auf beiden Seiten des Stromes
Bäume des Lebens, die tragen zwölfmal
Früchte, jeden Monat bringen sie ihre
Frucht, und die Blätter der Bäume die-
nen zur Heilung der Völker. 3 Und es
wird [a]nichts Verfluchtes mehr sein. Und
der Thron Gottes und des Lammes wird
in der Stadt sein, und seine Knechte wer-

21,3: *b* Jer 7,23 **21,4:** *a* Kap 7,17; Jes 25,8; *b* Jes 35,10; 65,19 **21,6:** *a* Kap 1,8; 22,13 **21,9:** *a* Kap 15,1.6-7; *b* Kap 19,7 **21,12:** *a* Hes 48,31-35 **21,15:** *a* Hes 40,3 **21,18:** *a (18-21)* Jes 54,11-12 **21,23:** *a (23-25)* Jes 60,3.5.11.19-20 **21,25:** *a* Sach 14,7 **22,1:** *a (1-2)* Hes 47,1.12; Sach 14,8; 1.Mose 2,9-10 **22,3:** *a* Jos 7,11-13

den ihm dienen 4 und sein Angesicht se-
hen, und [a]sein Name wird an ihren Stir-
nen sein. 5 Und es wird keine Nacht mehr
sein, und sie bedürfen keiner Leuchte
und nicht des Lichts der Sonne; denn
Gott der Herr wird sie erleuchten, und
sie werden regieren von Ewigkeit zu
Ewigkeit.

Der Herr kommt

6 Und er sprach zu mir: Diese Worte sind
gewiss und wahrhaftig; und der Herr, der
Gott des Geistes der Propheten, hat [a]sei-
nen Engel gesandt, zu zeigen seinen
Knechten, was bald geschehen muss.

7 Siehe, ich komme bald. Selig ist, der
die Worte der Weissagung in diesem
Buch bewahrt.

8 Und ich, Johannes, bin es, der dies
gehört und gesehen hat. Und als ich's
gehört und gesehen hatte, fiel ich nieder,
um anzubeten zu den Füßen des Engels,
der mir dies gezeigt hatte. 9 Und er
spricht zu mir: Tu es nicht! Denn ich bin
dein Mitknecht und der Mitknecht dei-
ner Brüder, der Propheten, und derer, die
bewahren die Worte dieses Buches. Bete
Gott an!

10 Und er spricht zu mir: [a]Versiegle
nicht die Worte der Weissagung in die-
sem Buch; denn [b]die Zeit ist nahe! 11 Wer
Böses tut, der tue weiterhin Böses, und
wer unrein ist, der sei weiterhin unrein;
aber wer gerecht ist, der übe weiterhin
Gerechtigkeit, und wer heilig ist, der sei
weiterhin heilig.[a] 12 Siehe, ich komme
bald und mein Lohn mit mir, einem je-
den zu geben, wie seine Werke sind. 13 **Ich**
bin das A und das O, der Erste und der
Letzte, der Anfang und das Ende.[a] 14 Se-
lig sind, die [a]ihre Kleider waschen, dass
sie teilhaben an dem Baum des Lebens
und zu den Toren hineingehen in die
Stadt. 15 Draußen sind die Hunde und
die Zauberer und die Unzüchtigen und
die Mörder und die Götzendiener und
alle, die die Lüge lieben und tun.[a]

16 Ich, Jesus, habe meinen Engel ge-
sandt, euch dies zu bezeugen für die
Gemeinden. Ich bin die [a]Wurzel und
das Geschlecht Davids, [b]der helle Mor-
genstern. 17 **Und der Geist und die Braut**
sprechen: Komm! Und wer es hört, der
spreche: Komm! Und [a]wen dürstet, der
komme; und wer da will, der nehme das
Wasser des Lebens umsonst.

18 Ich bezeuge allen, die da hören die
Worte der Weissagung in diesem Buch:
[a]Wenn jemand etwas hinzufügt, so wird
Gott ihm die Plagen zufügen, die in die-
sem Buch geschrieben stehen. 19 Und
wenn jemand etwas wegnimmt von den
Worten des Buchs dieser Weissagung, so
wird Gott ihm seinen Anteil wegnehmen
am Baum des Lebens und an der heiligen
Stadt, von denen in diesem Buch ge-
schrieben steht.

20 **Es spricht, der dies bezeugt: Ja, ich**
komme bald. – Amen, ja, [a]komm, Herr
Jesus!

21 Die Gnade des Herrn Jesus sei mit
allen!

22,4: *a* Kap 3,12 **22,6:** *a* Kap 1,1 **22,10:** *a* Kap 10,4; *b* Kap 1,3 **22,11:** *a* Dan 12,10 **22,13:** *a* Kap 1,8; Hebr 13,8 **22,14:** *a* Kap 7,14 **22,15:** *a* Kap 21,8.27; 1.Kor 6,9-10 **22,16:** *a* Jes 11,10; *b* Lk 1,78 **22,17:** *a* Jes 55,1; Joh 7,37 **22,18:** *a* 5.Mose 4,2 **22,20:** *a* 1.Kor 16,22

ANHANG

INHALT

MASSE, GEWICHTE, GELDWERTE

Längenmaße

Elle: etwa 46 cm; Groß-Elle (2. Chr 3,3): etwa 52 cm
Spanne (2. Mose 28,16): eine halbe Elle, etwa 23 cm
Handbreite (2. Mose 25,25): ein Drittel der Spanne, etwa 8 cm
Fingerbreite (Jer 51,21): ein Viertel der Handbreite, etwa 2 cm
Rute (Hes 40,5): 6 Ellen, etwa 3 m
Faden (Apg 27,28): 180 cm

Wegmaße im Neuen Testament

Stadion (Offb 14,20): 185 m
Meile (Mt 5,41): 8 Stadien, etwa 1,5 km
Sabbatweg (Apg 1,12): 2000 Ellen, etwa 1 km

Hohlmaße für Flüssigkeiten im Alten Testament

Fass (hebr. homer): etwa 220 (325) l
Eimer (hebr. bat): der 10. Teil des Fasses, etwa 22 (32,5) l
Kanne (hebr. hin): der 6. Teil des Eimers, etwa 3,5 (5,5) l. Nach der abweichenden Angabe des Josephus nur der 12. Teil des Eimers, also 2,7 l
Becher (hebr. log): der 12. Teil der Kanne, etwa 0,3 (0,45) l

Die erste Zahl ist aus gefundenen Fragmenten von Maßgefäßen rekonstruiert. Die Angaben entsprechen den Trockenmaßen nach der rabbinischen Messung, wobei nach rabbinischen Angaben die Flüssigmaße um 1/3 mehr enthielten als die Trockenmaße (die Zahl in Klammern gibt die rabbinischen Flüssigmaße wieder). Nach Josephus und gefundenen Maßgefäßen aus herodianischer Zeit wiesen Flüssigmaße und Trockenmaße allerdings denselben Standard auf. Dies entspricht auch der Maßangabe für den Inhalt des bronzenen »Meers« in 1. Kön 7,23.26.

Hohlmaße für trockene Dinge im Alten Testament

Sack (hebr. kor oder homer = Eselsladung): etwa 220 (145) l
Scheffel, Tonne (hebr. efa): der 10. Teil des Sacks, etwa 22 (14,5) l
Maß, Kornmaß (hebr. sea): der 3. Teil des Scheffels, etwa 7,3 (4,8) l
Krug (hebr. gomer oder issaron): der 10. Teil des Scheffels, etwa 2,2 (1,4) l
Handvoll (hebr. ein Viertel-kab): 1 kab 1,5 (0,9) l, ein Viertel-kab 0,37 (0,23) l

Die erste Zahl entspricht den rabbinischen Angaben und gefundenen Gefäßen aus herodianischer Zeit, die zweite Zahl (in Klammern) gibt den von dem jüdischen Historiker Josephus genannten, um 1/3 niedrigeren Wert an, der ebenfalls durch viele Funde belegt ist. Wahrscheinlich waren die 22 l des rabbinischen Efa ein Maximalwert; die meisten Maßgefäße waren eher kleiner.

Hohlmaße im Neuen Testament

Sack (griech. koros; Lk 16,7): etwa 390 l
Eimer (griech. batos; Lk 16,6): etwa 39 l
Maß (griech. metretes; Joh 2,6): etwa 39 l
Scheffel (griech. modios; Mt 5,15): etwa 9 l
halber Zentner (griech. saton; Mt 13,33): etwa 12 l

Gewichte

Zentner (hebr. kikkar = ein Rundes; griech. talanton): 3000 Lot oder 60 Pfund (Minen) zu 50 Lot (Schekel), nach gefundenen Gewichten ca. 35 kg
Pfund (hebr. maneh = Mine): 50 Lot, etwas mehr als unser Pfund
Lot (hebr. schekel): nach gefundenen Gewichten der gewöhnliche Schekel etwa 11,5 g, der königliche (schwere) Schekel etwa 13 g
Gramm (hebr. gera): der 20. Teil eines Lots, etwa 0,5 g

Geld und Münzen im Alten Testament

Geprägte Münzen gab es in älterer Zeit nicht, man zahlte nach dem Gewicht des Edelmetalls. Zwar waren wohl schon früh abgewogene Metallstücke von bestimmter Form und bestimmtem Wert im Umlauf; doch pflegte man beim Handel das Metall mit einer Waage, die man samt den Gewichtssteinen im Beutel trug, abzuwägen (vgl. Jer 32,10). An geprägten Münzen kommen im Alten Testament die persische Darike und die griechische Drachme vor.

Die Grundeinheit des Geldes war der Schekel – in dieser Übersetzung mit Lot (1. Mose 23,15; 1. Makk 10,40.42) und Taler (2. Mose 30,13; 1. Sam 9,8) wiedergegeben. Über die Kaufkraft des Geldes hören wir wenig. Nach 3. Mose 5,15 konnte man für 2 Schekel einen Widder kaufen. Der Brautpreis betrug 50 Schekel (vgl. 2. Mose 22,15 mit 5. Mose 22,29). Als Ersatz für einen Sklaven oder eine Sklavin bezahlte man 30 Schekel (2. Mose 21,32). In neutestamentlicher Zeit gilt ein Silberstück (Denar) als der übliche Tageslohn eines Arbeiters (»Tagelöhners«).

Gewichtswerte

Goldtalent (»Zentner Gold«, 1. Kön 9,14)
Goldschekel (»Lot Gold«, 1. Chr 21,25 »Goldgulden«, 2. Kön 5,5)
Goldstück (1. Mose 33,19; Jos 24,32; Hiob 42,11; hebr. kesita)

Gewichtsmäßig verhalten sich Goldtalent und Goldschekel wie 3000:1; das »Goldstück« ist in Gewicht und Wert nicht bestimmbar.

Silbertalent (»Zentner Silber«; 1. Kön 16,24)
Silbermine (»Pfund Silber«; Esra 2,69)
Silberschekel (»Lot Silber«, 1. Mose 23,5; »Taler«, hebr. schekel, 2. Mose 30,13; »Silbertaler«, hebr. schekel kesef, 1. Sam 9,8; »Silberstück«, hebr. kesef, 1. Mose 20,16)

Gewichtsmäßig verhalten sich Silbertalent, Silbermine und Silberschekel wie 3000:50:1.

Münzen

Darike (»Gulden«, hebr. adarkon, 1. Chr 29,7; Esra 8,27)
Golddrachme (»Gulden«, hebr. darkemon, Esra 2,69; Neh 7,69-71)

Die Darike hat etwa den doppelten Wert wie die Golddrachme.

Geld und Münzen im Neuen Testament

Zur neutestamentlichen Zeit ist allgemein geprägtes Geld im Gebrauch. Zur Bestimmung höherer Summen werden jedoch weiterhin die alten Gewichtseinheiten (»Pfund«, »Zentner«) verwendet. Hellenistische Kultur und römische Herrschaft führten zu einem Nebeneinander von griechischer und römischer Währung (griechisch: Talent, Mine, Stater, Drachme, Lepton; römisch: Denar, Assarion, Quadrans).

Gewichtswerte

Talent (»Zentner«, Mt 25,15)
Mine (»Pfund«, Lk 19,13)

Wertverhältnis 60:1.

Silbermünzen

Stater (»Zweigroschenstück«, Mt 17,27); er dürfte auch mit dem »Silberling« Mt 26,15 gemeint sein
Doppeldrachme (»Tempelgroschen«, Mt 17,24)
Drachme (»Silbergroschen«, nur Lk 15,8 f)
Denar (»Silbergroschen«, Mt 18,28; 22,19)

Wertverhältnis Stater – Doppeldrachme – Drachme/Denar 4:2:1.

Kupfermünzen

Assarion (»Groschen«, Mt 10,29)
Quadrans (»Pfennig«, Mt 5,26; Mk 12,42)
Lepton (»Scherflein«, Mk 12,42; »Heller«, Lk 12,59)

Wertverhältnis Assarion – Quadrans – Lepton 8:2:1.

SACH- UND WORTERKLÄRUNGEN

Man findet hier Erklärungen zum geschichtlichen Hintergrund (Völker und Reiche), zu Personen und Personengruppen (Aaron, Pharisäer), zu religiösen Vorstellungen (Paradies, Abgrund), zu gottesdienstlichen und kulturellen Einrichtungen (Opfer, Erstlinge, Worfschaufel) sowie zu unübersetzten Wendungen wie Amen, Halleluja, Sela. Nur in besonderen Fällen wird vom Bibeltext durch eine Fußnote auf die Erklärungen verwiesen.

A

A und O Alpha und Omega, der erste und der letzte Buchstabe des griechischen Alphabets; darum in der Offenbarung Bezeichnung Gottes (1,8; 21,6) und Christi (22,13) als des Ersten und des Letzten, der am Anfang und am Ende der Herr ist, aus dem und zu dem alles ist.

Aaron Der Bruder von → Mose, am Berg Sinai von Gott zum ersten Priester der Israeliten berufen (2. Mose 28,1–30,38).

Abaddon (hebräisch; griechisch Apollyon) Der »Verderber«; Name des über den Ort des Verderbens gesetzten Engels (Offb 9,11).

Abba Aramäisch »Vater«, als Anrede im Familienkreis. Jesus gebrauchte das Wort in der Gebetsanrede an Gott (Mk 14,36) und brachte damit die innige Verbundenheit mit seinem himmlischen Vater zum Ausdruck. Die ersten Christen sind ihm darin gefolgt (Röm 8,15). Im Judentum jener Zeit war als Gebetsanrede nur das feierliche »Ab« gebräuchlich.

Abel Zweiter Sohn → Adams und Evas. Er wurde von seinem Bruder Kain ermordet (1. Mose 4,1-16).

Abendmahl Die christliche Abendmahlsfeier geht zurück auf das letzte Mahl Jesu mit seinen Jüngern (Mt 26,26-28 und Parallelen), ist aber auch zu sehen auf dem Hintergrund der Tischgemeinschaft Jesu mit den »Zöllnern und Sündern« (Mk 2,16; Lk 15,2). In Erinnerung an die Mahlgemeinschaft Jesu wurde das Abendmahl in den ersten Christengemeinden noch im Rahmen einer gemeinsamen Mahlzeit aller Gläubigen gefeiert (→ Liebesmahl). Missstände, die dabei auftraten (1. Kor 11,17-34), führten später zu einer Trennung.

Abgrund Im Alten Testament Aufenthaltsort der Toten (Hiob 26,6; Spr 15,11; 27,20); in der Offenbarung (9,1.11; 11,7; 17,8; 20,1.3) Gefängnis des Teufels und der abtrünnigen Geister (vgl. Lk 8,31).

Abib (Ährenmonat, 2. Mose 13,4) Der siebte Monat des althebräischen Jahres, später Nisan genannt, etwa Mitte März bis Mitte April.

Abraham Ehrenname, der Abram von Gott verliehen wurde (»Vater vieler Völker«; 1. Mose 17,4). Für Paulus (Röm 4,1-25) wird der Stammvater Israels zum Vorbild des Glaubens und »Vater« der Glaubenden aus allen Völkern.

Achaja Römische Provinz im Gebiet des heutigen Griechenland mit der Hauptstadt Korinth.

Achortal Der Name bedeutet »Unglückstal«. Es liegt im Nordwesten von Jericho in der Nähe der Stadt Ai. Das Tal spielt im Zusammenhang der Inbesitznahme des Landes Kanaan eine Rolle: Hier wurde Achan, der sich an gebanntem Gut (→ Bann) vergriffen hatte, gesteinigt und damit ein Israel drohender Fluch in Segen verwandelt (Jos 7,24-26). Für Hosea (Hos 2,17) wiederholt sich die Verwandlung von Unglück in Segen, wenn Israel zum zweiten Mal von Gott in sein Land geführt wird.

Adam Ursprünglich kein Eigenname, sondern das hebräische Wort für »Mensch«. Nach Paulus hat Adam die ganze Menschheit in die Verfallenheit an Sünde und Tod hineingezogen. Ihm tritt Christus als der »letzte Adam« gegenüber, der vom Tod zum Leben führt (Röm 5,12-19; 1. Kor 15,45-49).

Adar → Monate.

Adma und Zebojim Die beiden Städte werden zusammen mit → Sodom und Gomorra genannt, deren Schicksal sie teilten und in deren Nachbarschaft sie vermutlich lagen (5. Mose 29,22).

Adria (Apg 27,27) Auch das Mittelländische Meer zwischen Kreta und Sizilien wurde im Altertum zur Adria gerechnet.

Agrippa → Herodes (4, 5).

Allerheiligstes → Tempel.

Aloe Ein indischer Baum, zugleich Bezeichnung für dessen wohlriechendes Harz, das u. a. als Duftstoff beim Begräbnis verwendet wurde (Joh 19,39).

Altar → Opfer; → Tempel.

Älteste Die Stellung der »Ältesten« gründete ursprünglich in der Würde des Alters: In Familie und Sippe gilt die Autorität der »Alten«. Obwohl im Grundsatz alle Familienoberhäupter den gleichen Rang hatten, übten im größeren Verband des Stammes die Häupter der mächtigsten Familien die Autorität aus, im Krieg als Anführer und im Frieden durch Rechtsprechung. Sie bildeten eine Art Adel.

Mit der Entwicklung einer städtischen Kultur entstand eine Stadtaristokratie, die als lokale Behörde die Ortschaft verwaltete und Recht sprach. Unter dem Königtum verloren die Ältesten an Einfluss, gewannen ihn aber neu nach der Rückkehr aus dem babylonischen Exil (→ Hoher Rat). In den jüdischen Gemeinden außerhalb Palästinas war die Verwaltung zumindest der → Synagoge einem Ältestenrat unterstellt.

Gelegentlich bezeichnet »Älteste« auch die älteren Gesetzesausleger (Mk 7,3-5).

Nach jüdischem Vorbild findet man auch in den jungen Christengemeinden ein Vorsteherkollegium von Ältesten. (Zur weiteren Entwicklung → Gemeindeleiter.) In der Offenbarung sind die 24 Ältesten eine Art himmlischer Thronrat mit zugleich königlichen und priesterlichen Funktionen. Die Bedeutung der 24-Zahl ist nicht sicher zu ermitteln.

Amen Das (hebräische) Wort hat den Sinn von »so ist es/so sei es!«, wenn es von der Gemeinde zur Bestätigung von Segen oder Fluch ausgerufen wird (5. Mose 27,15-26) oder die Gemeinde sich mit diesem Wort hinter das Gebet eines Einzelnen stellt (1. Kor 14,16). In der neutestamentlichen Gemeinde gewinnt das Gebet wie auch das abschließende »Amen« seine besondere Zuversicht und Festigkeit aus der in Christus erfahrbar gewordenen Treue Gottes und aus der Tatsache, dass Christus selbst das Gebet seiner Gemeinde mitträgt (2. Kor 1,20; Offb 3,14).

Amoriter »Amoriterland« (Amurru) ist die frühbabylonische Bezeichnung für Palästina und Syrien. Im Alten Testament begegnet der Volksname als Bezeichnung der vorisraelitischen Bevölkerung Gesamtpalästinas wie auch als Bezeichnung für einen Volksstamm in Mittelpalästina.

Apollyon → Abaddon.

Apostel Wahrscheinlich ist der Titel »Apostel« (Ausgesandter) von der jüdischen Einrichtung des »Gesandten« herzuleiten, der für bestimmte Aufträge mit der Vollmacht des Sendenden ausgestattet wurde. Die Missionare der Urchristenheit trugen diesen Titel. In der späteren Überlieferung wird die Apostelzahl auf die zwölf → Jünger und Paulus beschränkt. Die Zahl Zwölf erinnert an die zwölf Stämme Israels; die Apostel repräsentieren das neue Gottesvolk.

Aram, Aramäer Bezeichnung einer semitischen Stammes- und Völkergruppe, die ihren Ursprung vermutlich in Mesopotamien hatte und von dort nach Südwesten gewandert ist. In der Bibel werden auch die Verwandten Abrahams »Aramäer« genannt. Im Gebiet des heutigen → Syrien bildete sich das sog. Aramäerreich.

Die aramäische Sprache gehört zum westlichen Zweig der semitischen Sprachfamilie. Sie setzte sich als Diplomaten- und Korrespondenzsprache im

neuassyrischen, neubabylonischen und persischen Reich als sog. Reichsaramäisch durch. Eine Reihe biblischer Kapitel sind in aramäischer Sprache geschrieben. Vermutlich war sie zur Zeit Jesu in Palästina weithin gebräuchlich.

Arbe (3. Mose 11,22) Heuschreckenart.

Arche → Noah.

Archelaus → Herodes (3).

Areopag (Apg 17,19.34) Griechisch »Areshügel«. Dort tagte in alten Zeiten der oberste athenische Gerichtshof. In der römischen Zeit hatte er seine Sitzungen in der Königshalle am Markt, seine Befugnisse erstreckten sich nur noch auf Religion und Erziehung. Ob Paulus vor dieser Behörde oder nur am Ort ihrer Zusammenkünfte sprach, lässt sich aus Apg 17,16-24 nicht entnehmen.

Aretas Aretas IV., 9 v. bis 38 n. Chr., König über das östlich-südöstlich von Palästina gelegene Reich der Nabatäer, das seinen Einfluss zeitweise bis Damaskus ausdehnte (2. Kor 11,32).

Ariel »Gottesherd«; Hes 43,15-16 der oberste Teil des Brandopferaltars; daher Jes 29,1-2.7 dichterische Bezeichnung Jerusalems, weil dort der Brandopferaltar stand.

Aschera Eine im phönizisch-kanaanitischen Bereich beheimatete Fruchtbarkeits- und Vegetationsgöttin, deren Kult auch in Israel eindrang (1. Kön 18,19). Grüne Bäume oder an deren Stelle Holzpfähle (die ebenfalls »Ascheren« heißen) symbolisierten die Gegenwart der Göttin und wurden anbetend verehrt. Die Aschera galt als Gattin → Baals. Die Verehrung dieser Göttin wird an verschiedenen Stellen des Alten Testaments – vermutlich bildlich – als »Hurerei« bezeichnet, um die Untreue gegenüber dem Gott Israels zu verurteilen.

Asien Die römische Provinz Asia umfasste den westlichen Teil von Kleinasien mit der Hauptstadt Ephesus (seit 133 v. Chr.). Hier lagen die sieben Gemeinden, an die die Sendschreiben von Offenbarung 2,1–3,22 gerichtet sind.

Assyrien Land am Oberlauf des Tigris, in der Gegend des heutigen Mossul. Größte Städte: Assur (daher der Name), Kalah, Ninive. Sie waren zu verschiedenen Zeiten auch Hauptstädte. Geschichtlich bedeutsam wurde Assyrien schon Anfang des 2. Jahrtausends v. Chr. Vom 10. bis 6. Jahrhundert war es eine beherrschende Großmacht, die sich vor allem durch eine rücksichts- und erbarmungslose Machtpolitik verhasst machte. Das Reich endete völlig um 600 v. Chr.

Astarte Westsemitische Fruchtbarkeits- und Liebesgöttin, deren Kult mit sexuellen Riten verbunden war. Salomo ließ ihr aus politischen Gründen – als Göttin der Phönizier – ein Opferheiligtum errichten (2. Kön 23,13).

Atargatis (2. Makk 12,26) Die syrisch-aramäische Ausprägung der in Kanaan als Astarte oder Aschera verehrten Fruchtbarkeitsgöttin (vgl. 1. Kön 18,19).

Äthiopien → Kusch.

Augustus Einer der Titel von Gajus Octavius. Er bedeutet »Erhabener« (griechisch Sebastos). Augustus wurde als Weltheiland gefeiert, da seine Regierungszeit als römischer Kaiser (27 v. bis 14 n. Chr.) in ihren späteren Abschnitten eine Zeit allgemeinen Friedens war.

Ausländer Wer zu einem fremden Volk gehört, nur für eine gewisse Zeit (etwa als Händler) in Israel weilt oder, wenn er im Land bleibt (z. B. 2. Sam 15,19; 1. Kön 11,1.8), die angestammte Religions- und Volkszugehörigkeit festhält, also nicht »Beisasse« oder »Fremdling« wird (vgl. zu diesen beiden Begriffen die entsprechenden Worterklärungen).

Aussatz Eine Sammelbezeichnung für verschiedene Hautkrankheiten, zu denen nicht nur die Lepra, sondern auch die Psoriasis, die Schuppenflechte, gehört. Aussatz machte auf jeden Fall kultisch unrein (→ rein). Der Unreine wurde aus der Gemeinschaft der Gesunden, der Reinen, ausgesondert. Über eine Behandlung des Aussatzes ist nichts bekannt; wenn eine Heilung stattfand, galt der Priester als Sachverständiger, der sie bestätigen musste. Als »Aussatz« bezeichnet und entsprechend behandelt wurde auch Pilz- und Schimmelbefall an Häusern und Gebrauchsgegenständen (3. Mose 13,1–14,57).

B

Baal Der Wortsinn ist eigentlich »Herr« oder »Besitzer«. Im Lauf der Zeit wurde das Wort zu einem Göttertitel und

schließlich zu einem Götternamen. Die kanaanitischen Stadtgottheiten trugen diesen Namen. Einzelne berühmte Lokalgötter sind Baal-Berit, der »Herr des Bundes« in Sichem (Ri 8,33; 9,4), Baal-Peor (4. Mose 25,3-5), Baal-Sebub, der »Herr der Fliegen« in Ekron (2. Kön 1,2), der Baal von Sidon (1. Kön 16,31).
Im israelitischen Sprachgebrauch gewinnt dieser Göttername immer mehr den Sinn von »Götze«, da sich die israelitische Religion besonders mit den kanaanitischen Kulten auseinanderzusetzen hatte. Es gilt als sicher, dass man den Baal als Himmels- oder Wettergottheit zu verstehen hat. Durch die Verbindung mit → Aschera oder Astarte (1. Kön 11,5) wird seine Beziehung zu Fruchtbarkeitskulten deutlich. In der Vorstellung der Kanaaniter war das fruchtbare Ackerland eine Muttergottheit, die durch Baal befruchtet wurde. Die Götter waren also im Grunde die Mächte der Fruchtbarkeit selbst. Sie sind Teil dieser Welt und darum durch Riten und magische Praktiken zu beeinflussen. Israels Gott aber ist der Schöpfer der Welt und steht ihr gegenüber als der Herr, der sich nichts abzwingen lässt. Er schenkt Fruchtbarkeit aus freiem Willen und erwartet, dass sein Volk ihm darauf in Liebe und Gehorsam antwortet. Die Teilnahme am kanaanitischen Fruchtbarkeitskult ist Israel untersagt, weil dieser Kult ein Geschenk Gottes – die Fruchtbarkeit von Land, Menschen und Vieh – an die Stelle Gottes, die Gabe an die Stelle des Gebers setzt.

Babel, Babylon Die Herkunft und Bedeutung dieses Namens ist nicht völlig geklärt. Von den Babyloniern wurde er als »Tor Gottes« gedeutet, in Israel vom hebräischen Wort für »Verwirrung« abgeleitet (1. Mose 11,1-9). Im 2. Jahrtausend v. Chr. wurde die Stadt Babel am Euphrat zum Herrschaftszentrum des Vorderen Orients. Ihr Einfluss endete erst im 2. Jahrhundert v. Chr. (→ Babylonien).
Im Neuen Testament wird der Name als Deckbezeichnung für die römische Weltmacht und ihre Hauptstadt Rom verwendet (1. Petr 5,13; vgl. Offb 18,1-24). Vergleichspunkt ist die Feindschaft gegen das Gottesvolk: Der römische Kaiser lässt die Christen verfolgen; die Babylonier haben Jerusalem zerstört und einen Teil des Volkes in die Verbannung geführt.

Babylonien Das Schwemmland um Euphrat und Tigris bis zur Höhe des heutigen Bagdad (Mesopotamien). Zuerst ist diese Gegend vermutlich im 5. Jahrtausend v. Chr. besiedelt worden. In der Bibel spielt eine besondere Rolle das neubabylonische Reich, dessen Herrscher Nebukadnezar (604–562 v. Chr.) Juda besiegte, Jerusalem zerstören und die Oberschicht des Landes nach Babylonien deportieren ließ.

Bann Der Begriff gehört in den Zusammenhang des sog. »Heiligen Krieges« und bedeutet, dass die gesamte Kriegsbeute dem menschlichen Gebrauch und der menschlichen Verfügung entnommen ist und Gott als dem eigentlichen Kriegsherrn gehört. Im strengsten Fall wurden die Siedlungen mit Feuer zerstört und alles Lebendige in ihnen mit dem Schwert vernichtet.
Aus den biblischen Berichten lässt sich erkennen, dass diese Form des Krieges nur aus besonderen Anlässen und mit eng begrenzten Zielen (z. B. als Strafaktion) geübt wurde. Die Forderung des 5. Mosebuches nach Ausrottung aller vorisraelitischen Bewohner Kanaans ist in der Praxis nicht durchgeführt worden. In ihr spiegelt sich das Bestreben, Israel vor fremden Einflüssen zu schützen, die seinem Glauben gefährlich werden konnten und, wie der Kampf der Propheten (Hosea, Jeremia, Hesekiel) zeigt, auch tatsächlich wurden (→ Baal).

Baschan Eine ostjordanische Hochebene von sprichwörtlicher Fruchtbarkeit am Jarmuk.

Bedolachharz (1. Mose 2,12; 4. Mose 11,7) Das wohlriechende Harz der in Südarabien heimischen Balsamstaude, das als Duftstoff, zum Räuchern und als Wundmittel verwendet wurde.

Beelzebul (Mt 10,25; 12,24; vgl. Baal-Sebub 2. Kön 1,2) Im Judentum Name des obersten der bösen Geister.

Beisasse (2. Mose 12,45; 4. Mose 35,15) Im Unterschied zu den Vollbürgern, den Fremdlingen und den Sklaven ein

Schutzbürger, der – meist nur vorübergehend – an einem Ort ansässig ist, ohne das Bürgerrecht zu erlangen (→ Ausländer, Fremdling).

Bel (Bar 6,41; St zu Dan 2,1-21) Anderer Name für den babylonischen Hauptgott Marduk.

Beliar (2. Kor 6,15) »Nichtsnutzigkeit«, »Verderben«; Name des Teufels.

Ben-Hinnom → Hinnomtal.

Beschneidung, beschneiden, beschnitten Die Beschneidung wird bei vielen Völkern geübt, aber unterschiedlich gedeutet. Im alten Israel wurde sie zum Zeichen des → Bundes zwischen Gott und seinem Volk und zum Kennzeichen der Zugehörigkeit zum Gottesvolk, vor allem in Abgrenzung gegen das Griechentum in hellenistischer Zeit. Vollzogen wird sie durch das Abtrennen der Vorhaut am männlichen Glied; sie wurde in früher Zeit bei Jünglingen, später bei Neugeborenen am 8. Tag nach der Geburt geübt. Mädchen wurden in Israel nicht beschnitten.
Dass Gott mehr erwartet als nur die äußere Beschneidung, sagt der Aufruf zu einer »Beschneidung des Herzens« (5. Mose 10,16; 30,6; vgl. Kol 2,11), der auf eine Umwandlung des inneren Menschen zielt. In den frühen judenchristlichen Gemeinden entstand die Frage, ob man Nichtjuden, die Christen werden wollten, beschneiden und damit zuerst in das Judentum aufnehmen müsse. Paulus wehrte sich gegen eine solche Forderung mit Leidenschaft (Gal 5,1-15).

Besessene Menschen, von denen ein böser Geist (Dämon) Besitz ergriffen hat. Die Existenz dämonisch Besessener, wie sie das Neue Testament bezeugt, zeigt an, in welcher Lage sich die Menschheit befindet: Sie ist oft nicht ihr eigener Herr, sondern zerstörerischen Mächten ausgeliefert. Auch viele Krankheiten, vor allem psychisch krankhaftes Verhalten, wurden im Altertum auf den Einfluss böser → Geister zurückgeführt. Wenn Jesus in der Kraft des Heiligen Geistes die bösen Geister austreibt, so ist dies das Zeichen dafür, dass Gott seine Herrschaft schon aufrichtet (Mt 12,28; Lk 11,20) und das Widergöttliche besiegt (Lk 10,18).

Bethel (Bet-El) Der Name bedeutet »Haus Gottes«. Der Ort im äußersten Süden des Stammgebietes von Ephraim, etwa 8 km nördlich von Jerusalem, war bereits in der Bronzezeit besiedelt und hatte ein Heiligtum, das sich unweit des Ortes befand. Es wurde von Josia bei seiner Kultreform zerstört (2. Kön 23,15). In der Bibel ist bei Erwähnung des Namens in der Regel an das Heiligtum und erst in nachexilischer Zeit an den Ort gedacht.

Bischof (= Aufseher) Im Neuen Testament noch nicht Bezeichnung für ein übergemeindliches Amt. In Phil 1,1 Bezeichnung für die Aufseher oder Verwalter neben den Helfern (= Diakonen) in der Gemeinde, in Apg 20,28 für die Ältesten der Gemeinde in Ephesus, in 1. Tim 3,1; Tit 1,7 für den Leiter der Gemeinde neben den Diakonen, in 1. Petr 2,25 im umfassenden Sinn auf Jesus übertragen (→ Gemeindeleiter).

Block (Hiob 13,27; Jer 20,2-3; Apg 16,24) Ein Strafgerät (Holzblock), in das der Delinquent unter Verdrehung des Körpers gespannt wurde, bzw. Gerüst, in das im unteren Teil die Füße geschlossen wurden und im oberen die Hände und der Kopf.

Blut Das Blut gilt als Quelle und Sitz des Lebens. Da Gott der Lebensspender ist, gehört es ihm und darf vom Menschen nicht gegessen oder getrunken werden. Das führt in Israel zu der Forderung, nur solches Fleisch zu essen, in dem keinerlei Blut zurückgeblieben ist (1. Mose 9,4), und damit zu einer Form des Schlachtens, bei der das gesamte Blut des Tieres ausfließt (Schächtung).
Bei der rituellen Schlachtung (Opferung) wird das Blut der Opfertiere aufgefangen und an den Altar gegossen. Außerdem wird bei bestimmten Opferarten (→ Opfer) das Opferblut als Sühnemittel verwendet, um die verunreinigende Wirkung menschlicher Verfehlungen aufzuheben. Von daher wird im Neuen Testament der Opfertod Jesu als Sühne für die Sünde der Menschen verstanden (vor allem im Hebräerbrief). In anderem Zusammenhang dient das Blut von Opfertieren zur Besiegelung des → Bundes zwischen Gott und sei-

nem Volk (2. Mose 24,6-8). Auf diesem Hintergrund deutet Jesus seinen Tod als Besiegelung des Neuen Bundes (Mt 26,28).

Im Alten Testament wird das Blut (= Leben) des Menschen unter Gottes besonderen Schutz gestellt (1. Mose 9,5). Vergossenes Menschenblut schreit zum Himmel um Rache (1. Mose 4,10), und wenn keine Sühne dafür geleistet wird, bringt es Unheil über das Land (5. Mose 21,1-9).

Bluträcher (4. Mose 35,12; 5. Mose 19,6; 2. Sam 14,11) Nach uraltem Rechtsempfinden fordert jeder Mord Sühne (→ Blut). Bevor es eine öffentliche Gerichtsbarkeit gab, oblag diese Sühne dem Sippenverband. Der nächste männliche Verwandte des Ermordeten (der »Bluträcher«) hatte die Pflicht, den Mörder oder an seiner Stelle ein Mitglied von dessen Sippe zu töten. Schon im Alten Testament findet sich das Bestreben, naheliegenden Missbräuchen der Sippenrache zu begegnen (→ Freistädte und 2. Mose 21,23-25). Das Neue Testament führt darüber hinaus zum grundsätzlichen Verzicht auf Rache (Mt 5,38-39; Röm 12,19-21).

Brandopfer → Opfer.

Brot, ungesäuertes Brot wurde in Fladenform auf Backplatten oder in der heißen Aschenglut ohne Verwendung eines weiteren Gerätes gebacken. Die Fladen waren im Durchmesser etwa 20–50 cm groß und 0,2–1 cm dick. Das Mehl wurde mit Wasser angerührt und ungesäuert (ohne Treibmittel) gebacken, zum Teil wurde auch schon → Sauerteig verwendet. Brot, das mit Sauerteig gebacken wurde, durfte im Opferdienst nicht verwendet werden. Einen hervorragenden Platz hat das ungesäuerte Brot im → Passafest. Das Fladenbrot wurde nicht geschnitten, sondern gebrochen.

Bul (1. Kön 6,38) Der zweite Monat des althebräischen Jahres, später Marcheschwan genannt, ungefähr Mitte Oktober bis Mitte November.

Bund Bund bedeutet ursprünglich ein Rechtsverhältnis auf Vertragsbasis unter Gleichberechtigten oder einen Vasallitätsvertrag zwischen einem stärkeren und einem schwächeren Partner. Es wurde wahrscheinlich durch eine Schlachtungszeremonie, die nicht unbedingt Opfercharakter haben musste, bekräftigt. Der Bund zwischen Gott und seinem Volk ist nicht ein Vertrag zwischen gleichgestellten Partnern. Immer geht die Initiative von Gott aus, der einem Einzelnen oder dem Volk Israel seinen Bund anbietet, der dem Bundespartner Verheißungen zusagt, aber auch Verpflichtungen auferlegt (1. Mose 17,1-27; 2. Mose 19,1–24,18).

Die → Propheten des Alten Testaments, die erleben, wie Israel durch Götzendienst und soziale Ungerechtigkeit den Bund mit Gott bricht, kündigen für die Zukunft einen »neuen Bund« an (Jer 31,31-34). Diese Erwartung sieht das Neue Testament in Jesus Christus erfüllt: Er ist durch seinen Tod am Kreuz der Begründer des Neuen Bundes geworden, der zwischen Gott und dem neuen Bundesvolk aus allen Völkern besteht (1. Kor 11,25; Hebr 7,1–10,39).

Bundeslade (»Lade Gottes« 1. Sam 3,3; »Lade des Zeugnisses« Jos 4,16) Wahrscheinlich war die heilige Lade (hebräisch = Kasten) in der Vorkönigszeit das Zentral- und Kriegsheiligtum einer Gruppe der Israelstämme. Sie wurde an den Heiligtümern von Silo oder Bethel aufbewahrt, doch begleitete sie auch das Volksheer bei Kriegszügen. David ließ die Lade nach Jerusalem überführen, Salomo stellte sie in das Allerheiligste des → Tempels. Vermutlich ist sie bei der Eroberung Jerusalems durch Nebukadnezar zerstört oder weggeschleppt worden. Über ihren Verbleib ist nichts bekannt und eine neue Lade wurde nicht angefertigt. Sie galt als Thron des unsichtbaren Gottes (»Gnadenthron« als Bezeichnung für die goldene Deckplatte); über ihre Gestalt vgl. 2. Mose 25,10-22.

Bürger, römischer Das römische Bürgerrecht hatten ursprünglich nur die Stadtrömer und die Bewohner einiger weniger römischer Provinzen. Später konnte es als Belohnung oder gegen Bezahlung von jedermann erworben werden. Ein römischer Bürger hatte Anrecht auf ein besonderes Rechtsverfahren, er war gegen die Willkür der Provinzbehörden in mancher Hinsicht

geschützt und konnte an den Kaiser als obersten Richter appellieren (Apg 25,11).

Buße a) = Strafe (Esra 7,26); b) = Bereuen (Hiob 42,6; Jer 31,19); c) = Umkehr, Sinnesänderung, Bekehrung (Mt 3,2).

C

Chaldäer Alter Name für die Bewohner des südwestlichen Mesopotamien.

Cherub (Mehrzahl **Cherubim**) Himmlische Wesen mit Flügeln; aus Tier- und Menschengestalt gemischt: a) Wächter des Paradieses (1. Mose 3,24); b) Träger des Thrones Gottes (Ps 18,11; Hes 10,1; 11,22); c) Nachbildungen der Cherubim über der Lade im Tempel (2. Mose 25,18; 1. Kön 8,6).

Christus → Messias.

D

Dachsfelle (2. Mose 25,5) Vielleicht die Haut von einer Art Delphinen.

Dagon Der wichtigste Gott der Philister (Tempel in Aschdod 1. Sam 5,1-5 und Gaza Ri 16,23).

Dämonen Die Bibel kennt neben dem → Satan eine Vielzahl böser → Geister. Auch die Götter der Völker werden als dämonische Mächte verstanden (3. Mose 17,7; 1. Kor 8,5; 10,20).

Dan Sohn Jakobs und israelitischer Stamm, der nach einer ersten Siedlungszeit westlich Judas dem Druck der Philister weichen musste und seinen endgültigen Wohnsitz am oberen Jordanlauf fand (Ri 18,1-31).

Daniel Neben dem Empfänger der Visionen des Danielbuches, der in Daniel 1,1–6,29 als babylonischer und persischer Hofbeamter aus der Zeit des Exils (→ Gefangenschaft) geschildert wird, gibt es einen anderen Träger dieses Namens (eigentlich in der leicht abweichenden Form *Danel*), der in Hes 14,14-20 neben Noah und Hiob als vorbildlich Gerechter genannt wird. Eine Danielgestalt mit dieser Eigenschaft ist aus kanaanitischer Tradition bekannt. Hesekiel nennt offenbar bewusst drei vorbildliche Gestalten, die nicht zu Israel gehörten.

Dankopfer → Opfer.

David, Sohn Davids David war der bedeutendste altisraelitische König (um 1000 v. Chr.). Im Judentum zur Zeit Jesu war man teilweise der Auffassung, dass der erwartete Retter und Heilbringer ein Nachkomme (»Sohn«) Davids sein und dessen Reich wiederherstellen werde. So wird »Sohn Davids« zu einem Christustitel. Wer den »Schlüssel Davids« hat (Offb 3,7), verfügt über den Zugang zur neuen Welt Gottes, dem himmlischen Jerusalem (Jerusalem = Stadt Davids). Das Neue Testament zitiert David als Verfasser der ihm zugeschriebenen Psalmen.

Davidsstadt Name der von David eroberten Jebusiterstadt (→ Zion).

Diakon (Phil 1,1; 1. Tim 3,8-13) Urchristliches Gemeindeamt. Über die Aufgaben der Diakone wissen wir nichts Sicheres. Wahrscheinlich übernahmen sie Verwaltungsaufgaben und organisierten die Liebestätigkeit (vgl. Apg 6,1-7).

Diana Der lateinische Name für die griechische Göttin Artemis, die jungfräuliche Göttin der Jagd und der Wälder. Die Diana von Ephesus (Apg 19,24.27-28) ist verwandt mit der kleinasiatischen »Großen Mutter« (Kybele), der Spenderin der Fruchtbarkeit in der Natur. Ihr aus einem Meteorstein gehauenes (»vom Himmel gefallenes«, V. 35) Kultbild mit vielen Brüsten stand in dem prachtvollen, zu den sieben Weltwundern gezählten Artemistempel von Ephesus.

Dionysos (2. Makk 6,7; 14,33) Griechischer Gott, dem der Efeu heilig ist.

Drache (→ Leviatan) Bezeichnung für verschiedene schreckenerregende Tiere, im Meer (Ps 74,13; Jes 27,1; 51,9) und auf dem Land, an einzelnen Stellen deutlich das Krokodil (Hes 29,3; 32,2) oder eine Schlange (5. Mose 32,33; Ps 91,13). In der Offenbarung Bild für den Teufel (12,3.9).

Dreschschlitten, Dreschwagen, Dreschwalze (2. Sam 24,22; 1. Chr 21,23; Jes 41,15) Gedroschen wurde im alten Israel, indem man eine Walze oder einen »Schlitten« (d. h. ein mit scharfen Steinen gespicktes Brett) von Zugtieren über die Ähren ziehen ließ, die auf dem festgestampften Boden ausgebreitet waren. Anschließend warf man das ge-

droschene Getreide mit der → Worfschaufel in die Luft, damit der Wind die Spreu davontragen konnte. Wegen des Windes wurden Dreschplätze (Tennen) gerne auf der Höhe angelegt. Dadurch gerieten sie in die Nähe der ebenfalls an solchen Orten befindlichen vorisraelitischen Opferstätten, die dem kanaanitischen Fruchtbarkeitskult gewidmet waren (Hos 9,1; → Baal).

Drusilla Schwester Agrippas II. (→ Herodes, 5).

E

Eden Obwohl der Garten Eden als Ursprung tatsächlich existierender Flüsse, wie des Euphrat, beschrieben wird, ist es nicht möglich, seine Lage geografisch festzulegen. In der griechischen Übersetzung des Alten Testaments heißt er »paradeisos«, ein Wort, von dem unser »Paradies« abgeleitet ist.

Edom Nachbarvolk Israels, das auf Jakobs Bruder Esau zurückgeführt wird (1. Mose 36,1-43).

Efod (Luther: Leibrock) Ein Teil der Priesterkleidung (»Priesterschurz«); besonders vielleicht die Tasche mit den Stimmsteinen, die bei der Erkundung des Gotteswillens durch das Losorakel gebraucht wurden (1. Sam 14,18; 23,9; 30,7). Dagegen ist in Ri 8,27 ein Gottesbild (oder sein Überzug?) gemeint.

eingeboren (Joh 1,14.18; 3,16.18; 1. Joh 4,9) Der »eingeborene Sohn« Gottes ist Jesus nicht nur als der einzige und einzigartige, sondern (wörtlich) als der »einzig erzeugte«. Damit wird bei Johannes das Geheimnis der Beziehung Jesu zum »Vater« angedeutet. Im altkirchlichen Bekenntnis wird das aufgenommen: Christus, das ewige → Wort Gottes, ist im Unterschied zu allen anderen Wesen von Gott, dem Vater, »gezeugt, nicht erschaffen«.

Einsetzungsopfer → Opfer.

Elia Prophet der israelitischen Frühzeit, der nach Mal 3,23-24 und nach jüdischen Erwartungen vor dem Endgericht und dem Anbruch der neuen Welt Gottes noch einmal auftreten soll. Er wurde in späterer Zeit als der große Nothelfer seines Volkes angerufen (Mt 27,47.49).

Elisa Als Prophet der Nachfolger → Elias. Er heilte einen höheren Offizier des syrischen Nachbarreiches vom → Aussatz (2. Kön 5,1-19; Lk 4,27).

Elul → Monate.

Engel, Engel des Herrn In den ältesten alttestamentlichen Schriften bedeutet Engel so viel wie »Bote Gottes«. Sofern die nähere Bestimmung »Engel Gottes« oder »Engel des Herrn« benutzt wird, ist häufig gemeint, dass es Gott selbst ist, der sich in menschlicher Gestalt zeigt oder mit Menschen spricht. Der Name »Engel« wird auch für die himmlischen Wesen verwendet, die zur Umgebung Gottes gehören. Gott wird dabei als König gedacht; die Engel bilden seinen »Hofstaat«, der die Herrlichkeit Gottes preist und seinen Willen ausführt.

Nach jüdischer Auffassung haben einst Engel am Sinai dem Mose das → Gesetz übergeben. In Apg 7,38.53 wird dieser Gedanke positiv aufgenommen. Nach Paulus dagegen weist die Vermittlung durch die Engel auf eine geringere Bedeutung des Gesetzes hin (Gal 3,19; vgl. Hebr 2,2).

Im Neuen Testament begegnen Engel als Boten Gottes (Lk 1,26-38), aber auch als himmlische Repräsentanten irdischer Gemeinden, die zugleich die Aufgabe eines Schutzengels haben (Offb 2,1–3,22; Mt 18,10; Apg 12,15). Daneben finden sich gottfeindliche Engelmächte, böse Gestirn- oder Elementargeister (»Mächte der Welt« = des Kosmos), die von Menschen Verehrung empfangen oder ihnen gefährlich werden können. Christus hat diese Mächte besiegt (Gal 4,3-5; Kol 2,8-10).

Engelfürst Nach dem Danielbuch (Dan 10,20-21) haben nicht nur einzelne Menschen (Mt 18,10) oder Gemeinden (Offb 2,1–3,22), sondern ganze Völker und Reiche ihren »Engel«, der entsprechend seiner erweiterten Verantwortung einen höheren Rang einnimmt (als »Fürst« unter den Engeln bzw. Erzengel). Darin spiegelt sich die Überzeugung, dass sich in der Menschengeschichte nicht nur ein irdisches Geschehen abspielt, sondern zugleich eine Auseinandersetzung zwischen überirdischen Mächten.

Ephraim Jüngster Sohn Josefs. Als wichtigster Stamm des Nordreichs Israel kann Ephraim auch für das ganze Nordreich stehen (Jes 7,8-9; Hos 11,8-9).

Epikureer (Apg 17,18) Anhänger des griechischen Philosophen Epikur, Vertreter einer den Lebensgenuss lehrenden Weltanschauung.

Erbteil, Erbe Der dem einzelnen Israeliten gehörende Anteil am Gesamtbesitztum seiner Sippe. Er kann nicht einfach veräußert werden, da er sonst dem Gesamteigentum der Sippe verloren ginge; wenn er unbedingt verkauft werden soll, muss er dem Nächstverwandten zum Kauf angeboten werden. Daraus ergeben sich für diesen auch Verpflichtungen gegenüber einer eventuell vorhandenen Witwe (Rut 4,5). Der von den Vorfahren ererbte Besitz ist geradezu geheiligt, sodass der Erwerb durch einen Fremden, gleichgültig wen, schlimmstes Unrecht wäre (vgl. 1. Kön 21,3).

Erdharz (Asphalt) Ein festes und halbfestes Mineral, Zersetzungsprodukt aus urzeitlichen Pflanzen und Tieren, das unter anderem in der Nähe des Toten Meeres gefunden und in offenen Gruben abgebaut wurde. Im Altertum wurde es als Mörtel benutzt, zum Verpichen von Schiffen und Gefäßen, aber auch als Fußbodenbelag und für künstlerische Arbeiten.

Erkenntnis Bestimmte Kreise in urchristlicher Zeit waren der Überzeugung, dass der Besitz des Heiligen Geistes den Christen eine »Erkenntnis« verleihe, die umfassender und tiefgehender sei als die Lehre der Apostel. Paulus und Johannes bekämpfen in ihren Briefen solche überheblichen Anschauungen als gefährlich und als Brutstätte von Irrtümern und Irrlehren.

Erlassjahr In jedem 49. Jahr sollte im alten Israel die ursprüngliche Besitzordnung wiederhergestellt werden. Denn im Ideal galt Grundbesitz als unveräußerlich (→ Erbteil). Ebenso sollten Sklaven israelitischer Volkszugehörigkeit in diesem Jahr die Freiheit wiedererlangen (3. Mose 25,1-55).

Erlöser, Löser 1. Der Mensch, der das Eigentum der Sippe »auslöst« und zurückerwirbt (3. Mose 25,25), der einen in Schuldsklaverei Geratenen freikauft (3. Mose 25,48), der Verwandte, der eine kinderlose Witwe durch Heirat von der Kinderlosigkeit erlöst (Rut 3,9.12; 4,1.3.6), der → »Bluträcher«, der durch Tötung des Totschlägers die Schuld der Tötung einlöst (4. Mose 35,12; 5. Mose 19,6).
2. Gott, der die Seinigen aus fremder Gewalt befreit hat, so Israel aus der Knechtschaft in Ägypten (2. Mose 6,6; 15,13) und aus der babylonischen Gefangenschaft (Jes 41,14; 52,9), so den Frommen (Ps 19,15; 103,4), so die Witwen und Waisen (Spr 23,11). Gottes erlösendes Werk sieht das Neue Testament in Christus vollendet (Mt 20,28; Röm 3,24; Gal 3,13; 1. Petr 1,18).

Erstgeburt Zum Zeichen, dass alles Leben eigentlich Gott gehört, wurden in Israel die männlichen Erstgeburten des Viehs als → Opfer dargebracht. Beim Menschen wurde die Erstgeburt durch ein Ersatzopfer abgelöst. Das konnte bei jedem Priester im Land geschehen. Wenn Jesus nach Lk 2,22 dazu in den Tempel gebracht wurde, so deutet dies an, wo er hingehört (vgl. Lk 2,49).

Erstickten Fleisch von getöteten oder verendeten Tieren, in dem noch das Blut ist; für den Juden ungenießbar, weil das → Blut als Träger des Gott gehörenden Lebens gilt (3. Mose 17,11). Darum das Verbot Apg 15,20.29; 21,25.

Erstling, Erstlingsgabe Gott ist der Geber allen menschlichen, tierischen und pflanzlichen Lebens; darum gebührt ihm die Erstlingsgabe von allem Lebenden (→ Erstgeburt). Im Alten Testament handelt es sich um Dankesgaben der Menschen für Gott (durch Abgabe an die Priester), um Gott als den Herrn des Lebens zu ehren: Opfer des ersten Ertrags von Früchten (Getreide, Öl, Wein; 2. Mose 23,19; 4. Mose 18,12), der erstgeborenen männlichen Tiere (2. Mose 13,2); der erstgeborene Sohn wurde durch ein Tieropfer ausgelöst (2. Mose 13,13).
Im Neuen Testament hat der Begriff eine übertragene Bedeutung. Paulus verwendet Erstlingsgabe in Röm 11,16 für den Glauben der Erzväter, durch

den das ganze Volk Israel geheiligt ist, in Röm 16,5 und in 1. Kor 16,15 für die ersten Christen einer Provinz und in Röm 8,23 in Umkehrung des Verhältnisses von Geber und Empfänger für den Geist Gottes, der den Christen als Unterpfand für das volle zukünftige Heil bereits gegeben ist (ähnlich 2. Kor 1,22; Eph 1,14 der Geist als erste Teilzahlung, durch die ein Vertrag gültig wird). Jesus Christus verbürgt als Erstling der Entschlafenen (1. Kor 15,20) die allgemeine Auferweckung der Toten.

Erz- (Erzengel, Erzhirte, Erzvater) Bezeichnet den im Range »Ersten«, also Höchsten.

Esau Zwillingsbruder → Jakobs und Stammvater Edoms. Er trat sein Erstgeburtsrecht um ein Linsengericht an seinen Bruder ab. Die Umkehrung der natürlichen Rangordnung wird der Mutter Rebekka schon vor der Geburt ihrer Söhne von Gott vorausgesagt (1. Mose 25,23; Röm 9,12).

Essig Bei dem Getränk, das Jesus am Kreuz gereicht wurde (Mt 27,48), handelt es sich um sauren Wein oder Weinessig, der zum nachhaltigen Stillen starken Durstes besonders geeignet ist und deshalb das normale Getränk der Soldaten war.

Etanim Der erste Monat des althebräischen Jahres, später Tischri genannt, Mitte September bis Mitte Oktober.

Eva Frau des ersten Menschen → Adam. Aus ihrem Namen kann man einen Anklang an das hebräische Wort für »lebend« heraushören (1. Mose 3,20).

Evangelist Neben den → Aposteln, → Propheten und Lehrern (1. Kor 12,28) gab es in der ersten Christenheit auch Männer, die eine besondere Gabe zur Verkündigung des »Evangeliums«, der frohen Botschaft von Christus, besaßen und als Missionare die Botschaft über die Einzelgemeinde hinaustrugen (Apg 21,8; Eph 4,11; vgl. 2. Tim 4,5).

Evangelium Frohe Botschaft, besonders die Freudenbotschaft von der Gnade Gottes in Jesus Christus.

F

Fabel 1. Eine erdichtete kleine Erzählung, in der Pflanzen oder Tiere reden und handeln (Ri 9,8; 2. Kön 14,9).
2. Die Pastoralbriefe kennzeichnen als Fabeln die fantastischen Spekulationen der Irrlehrer (1. Tim 1,4; 2. Tim 4,4), während 2. Petr 1,16 betont, dass das Wort vom Kommen Christi nicht eine klug erdachte Fabel ist.

Fasten (Fast- und Bußtage) Teilweiser oder völliger Verzicht auf Essen und Trinken wurde in Israel als Sühne für eigene oder fremde Sünden geübt, aber man enthielt sich der Nahrung auch aus Trauer und zur Unterstützung eines Gebetes, an besonderen Unglückstagen und zum Versöhnungsfest. Zur Zeit Jesu war es bei manchen Frommen Sitte geworden, zweimal wöchentlich zu fasten.
Bußtage, d.h. Volksfast- und -trauertage, wurden angesetzt, um eine drohende Not abzuwenden oder eine Beleidigung Gottes zu sühnen. Erkannte man einen Schuldigen, sei es mithilfe eines Gottesurteils oder durch Zeugenaussagen, dann musste er hingerichtet werden, sein Besitz verfiel dem König. In 1. Kön 21,9 missbraucht Isebel einen solchen Bußtag zu einem offenbaren Justizmord.
Nach der Zerstörung Jerusalems 587 v. Chr. wurden regelmäßige Fasttage eingeführt, an denen das Volk in gottesdienstlichen Feiern sein Schicksal beklagte, seine Schuld bekannte und die Hilfe Gottes anrief (vgl. Sach 7,1-6).

Fastenzeit In Apg 27,9 der Fasttag fünf Tage vor dem Großen → Versöhnungstag Ende September/Anfang Oktober.

Feldgeister Böse Geister, wohl in Bocksgestalt gedacht (Jes 13,21; 34,14), gefürchtet, aber auch abergläubisch verehrt (3. Mose 17,7; 2. Chr 11,15).

Felix Antonius Felix, römischer → Statthalter (Prokurator) in Palästina 52 – 60 n. Chr.

Feste (1. Mose 1,6-8) Das hebräische Wort bezeichnet etwas Festgestampftes, Festgehämmertes (Platte). Man dachte sich im Alten Orient den Himmel als eine riesige Kuppel oder Schale. Darüber befand sich nach dieser Anschauung der Himmelsozean und über diesem die Wohnung Gottes (Ps 104,1-3).

Feste Israels Die drei alten Jahresfeste waren zunächst Erntefeste und wurden dann mit der Erinnerung an Gottes

Taten in der Geschichte Israels verbunden: das → *Passa* (zusammen mit dem Fest der Ungesäuerten Brote) zum Beginn der Gerstenernte mit dem Gedenken an den Auszug aus Ägypten; das Wochenfest *(Pfingstfest)* sieben Wochen später zum Beginn der Weizenernte mit der Erinnerung an die Gesetzgebung; das Fest der Obst- und Weinernte *(Laubhüttenfest)* im Herbst mit der Bewahrung Israels in der Wüste (3. Mose 23,43). Dazu kamen das *Neujahrsfest* am ersten Tag des siebten Monats und zehn Tage später der *Große Versöhnungstag.* Jüngere Feste waren das *Purimfest,* dessen Anlass im Esterbuch dargestellt wird, und das Fest der *Tempelweihe* zum Gedenken an die Wiederweihung des Tempels durch den Makkabäer Judas (1. Makk 4,59). Im Neuen Testament sind erwähnt das Passa (Mt 26,2), das Pfingstfest (Apg 2,1), das Laubhüttenfest (Joh 7,2), das Tempelweihfest (Joh 10,22) und der Versöhnungstag (Hebr 9,7).

Festus Porzius Festus, römischer → Statthalter (Prokurator) in Palästina 60–62 n. Chr.

Fischtor Eines der alten Stadttore Jerusalems, westlich von der späteren Burg Antonia (Neh 3,3; 12,39; Zef 1,10).

Fleisch Das griechische Wort, das Luther wörtlich mit »Fleisch« übersetzte, hat eine wesentlich größere Bedeutungsbreite als seine deutsche Entsprechung. Zunächst bezeichnet »Fleisch« den ganzen Menschen als leiblich-seelische Einheit. So sind Mann und Frau in ihrer Verbindung »*ein* Fleisch« (und nicht nur ein Leib; 1. Mose 2,24); »alles Fleisch« bedeutet: alle Menschen (Joel 3,1). Im übertragenen Sinn bezeichnet es: 1. den Bereich des Irdischen, Menschlichen und Leiblichen, der der Vergänglichkeit unterworfen ist (z. B. Jes 40,5-6). In diesen Bereich trat der Gottessohn ein, als er Mensch wurde (Joh 1,14; Röm 8,3). Das Gegenüber zum irdischen Bereich bildet die Sphäre Gottes, die durch den Begriff »Geist« gekennzeichnet wird (Röm 1,3-4; 1. Tim 3,16; 1. Petr 3,18). Das Gegenüber von Fleisch und → Geist kennzeichnet hier die beiden Bereiche, in denen sich das Christusgeschehen vollzogen hat.

2. Negativ qualifiziert ist dagegen der Begriff »Fleisch«, wenn Paulus mit ihm beschreibt, wie das Denken, Wollen und Handeln des Menschen nicht von Gott und seinem Willen bestimmt wird, sondern nur vom Irdischen, vom Menschlich-Allzumenschlichen, ja von der Sünde (Röm 8,1-17; Gal 5,13–6,12; Eph 2,3; Phil 3,3-4). Fleisch beschreibt hier im Gegensatz zu Geist den Tatbestand, dass die Sünde sich des Menschen und seiner Glieder so bemächtigt, dass sein »Fleisch« wie eine fremde Macht sein ganzes Wesen bestimmt und ihn in den Tod führt (Röm 7,5-25). Im Gegensatz dazu steht der → Geist, durch den Gott in Christus rettend den Menschen ergreift, ihn zu Handeln in Liebe und Selbstzucht bewegt und zum ewigen Leben führt.

Fluch → Segen und Fluch.

Freistädte Zufluchtsorte, an denen im alten Israel jemand Asyl finden konnte, der unabsichtlich einen Menschen getötet hatte. Wenn er seine Unschuld glaubhaft machen konnte, war er damit vor dem → Bluträcher geschützt.

Fremdling Wer den angestammten Sippenverband verlassen hat, in der Fremde Zuflucht suchte und dort als Schutzbürger gewisse Rechte genießt, ohne Vollbürger zu sein. Auch ein Israelit, der sich im Gebiet eines anderen israelitischen Stamms aufhält, kann als Fremdling bezeichnet werden (→ Ausländer).

Fronarbeit, Frondienst Unentgeltliche zwangsweise Dienstleistung für den Grund- oder Landesherrn. Öffentliche Arbeiten wurden im Altertum (und Mittelalter) vielfach in Fronarbeit ausgeführt.

Frühregen Gewöhnlich Ende Oktober oder Anfang November, zum Beginn der etwa sechs Monate währenden Regenzeit, nach der Trockenzeit des Sommers zur neuen Aussaat nötig.

Fürst dieser Welt Der → Satan (siehe auch → Welt).

G

Gabbata (Joh 19,13) Ein erhöhter, mit Steinplatten belegter Platz beim Palast des → Statthalters in Jerusalem, auf

dem unter freiem Himmel die Gerichtsurteile gesprochen wurden.

Gabriel In der jüdischen Engellehre wird Gabriel zu den sog. → Engelfürsten, den »Erzengeln«, gezählt, die zur engsten Umgebung Gottes gehören.

Galatien Kleinasiatische Landschaft, die seit dem 3. Jahrhundert v. Chr. von keltischen Stämmen bewohnt wurde (sprachlich verwandt ist Gallien und gälisch). Die Römer schufen nach der Eroberung dieses Gebietes eine Provinz mit dem gleichen Namen, die aber außer dieser Landschaft auch noch Teile von Phrygien, Pisidien, Pamphylien, Lykaonien und Isaurien umfasste. Die Adressaten des Galaterbriefes sind kaum die Bewohner der römischen Provinz, sondern der Landschaft Galatien.

Galbanum (2. Mose 30,34; Sir 24,21) Ein in Syrien heimisches, bis 2 m hohes Doldengewächs, dessen eingedickter Milchsaft für die im Gottesdienst gebrauchte Weihrauchmischung verwendet wurde.

Gallio Römischer Statthalter (Prokonsul) der Provinz → Achaja 51–52 n. Chr.

Gamaliel Jüdischer → Schriftgelehrter, zu dessen Schülern auch Paulus zählte.

Gebetsriemen (Mt 23,5) Gesetzestreue Juden befestigen zum Gebet mit langen Riemen auf der Stirn und am linken Arm lederne Kapseln, in denen mit Schriftworten beschriebene Pergamentstreifen verwahrt sind (vgl. 5. Mose 6,8). Zur Zeit Jesu trugen viele Fromme die Gebetsriemen den ganzen Tag.

Gefangenschaft (Wegführung, Exil, Verbannung) Zur »Befriedungspolitik« der altorientalischen Herrscher gehörte es seit dem 2. Jahrtausend v. Chr., die Oberschichten (Priester, Kaufleute, Handwerker) eroberter Provinzen untereinander auszutauschen. In der Bibel wird von zwei Wegführungen berichtet:

1. Die assyrische Gefangenschaft: Im 8. Jahrhundert v. Chr. eroberte der assyrische König Sargon II. Samaria und deportierte die Oberschicht des Nordreiches nach Mesopotamien. Im Gegenzug ließ er Leute aus Babylon und Elam ansiedeln (→ Samaritaner).

2. Die babylonische Gefangenschaft: Im 6. Jahrhundert v. Chr. eroberte der neubabylonische König Nebukadnezar II. Juda und deportierte 597 und 587 v. Chr. die Oberschicht nach Babylonien, ohne eine neue Oberschicht in Juda anzusiedeln. Die Verbannten konnten in geschlossenen Siedlungen zusammenwohnen, sodass der nationale Zusammenhalt bewahrt blieb und sich die Hoffnung auf Rückkehr erhalten konnte.

Gefängnis, Geister im G. Nach jüdischer Überlieferung werden die → Engel, die sich nach 1. Mose 6,4 durch den Verkehr mit Menschenfrauen vergangen hatten, zur Strafe im Innern der Erde gefangen gehalten. Auch ihnen wird durch Christus die Möglichkeit der Vergebung angekündigt (1. Petr 3,19). Nach 1. Petr 4,6 gilt die Rettungstat Christi auch den Menschen, die vor seinem Erscheinen gestorben sind.

Geißel Ein Lederriemen mit eingeflochtenen Knochen oder Metallstückchen. Die **Geißelung** war eine römische Strafe für männliche Verbrecher, die nicht das römische Bürgerrecht besaßen (Apg 22,25). Meist ging sie der Kreuzigung voran (Mt 20,19; 27,26; Joh 19,1), wobei sie nicht selten bereits tödlich wirkte.

Geist Gottes, Heiliger Geist Das hebräische Wort für Geist bedeutet ursprünglich »Wind, Hauch«. Gemeint ist damit das Lebensprinzip, das Gott seinen Geschöpfen verliehen hat und über das er jederzeit verfügt. Vom Geist Gottes gehen aber auch spezielle Wirkungen auf bestimmte Menschen aus: Er kommt über einen Menschen und treibt ihn zu einer bestimmten Tat (Ri 13,25). Er beseelt die ekstatischen Prophetengemeinschaften (1. Sam 10,10-12) und kann einen Propheten ganz real an einen anderen Ort versetzen (1. Kön 18,12; vgl. Hes 8,3). Wenn der Geist Gottes ständig auf einem Menschen ruht wie auf David (1. Sam 16,13) oder einer prophetischen Gestalt (Jes 42,1; 61,1), ist dies das Zeichen einer besonderen Verbundenheit mit Gott und Beauftragung durch ihn.

Propheten des Alten Testaments haben für die Zukunft eine Ausgießung des Gottesgeistes über das ganze Volk erwartet (Hes 36,27; Joel 3,1-5). Die neutestamentliche Gemeinde sah diese Er-

wartung durch Jesus erfüllt, der nicht nur selbst vom Geist Gottes erfüllt war (Mk 1,10), sondern diesen Geist auch den Seinen vermittelt hat (Apg 2,1-36). Mit der → Taufe (Erwachsenentaufe, z.T. auch Handauflegung: Apg 8,17; 19,6) wird allen Glaubenden der Geist verliehen. Seine Einwohnung ist Zeichen und Gewähr dafür, dass sie an der neuen Welt Gottes teilhaben (Eph 1,13-14). Er äußert sich in zahlreichen »Geistesgaben« und gibt durch sie der Gemeinde Wachstum, Form und Halt (1.Kor 12,1-31; Eph 4,7-13). Schon dass jemand Christus als seinen Herrn erkennen und an ihn glauben kann, ist das Werk des Geistes (1.Kor 12,3).

Geister, böse, unreine Böse Geister (griech. Dämonen, z.B. Mt 7,22; Mk 1,34; Lk 8,2; Joh 8,48 u.ö.) oder unreine Geister (z.B. Mt 10,1; Mk 1,23; Lk 4,33 u.ö.) sind geistige Wesen mit übermenschlichen Kräften, die von einem Menschen Besitz ergreifen und ihn völlig beherrschen können (→ Besessene). Ein »sprachloser Geist« (Mk 9,17) ist ein dämonisches Wesen, das den von ihm besessenen Menschen stumm macht.

Gemeindeleiter Nach jüdischem Vorbild wurden die christlichen Gemeinden ursprünglich von einer Gruppe von Vorstehern (→ Älteste) geleitet (Apg 14,23; 20,17; 1.Tim 5,17-22; Tit 1,5). Diese Leitungsform scheint in der Jerusalemer Urgemeinde ihre Wurzeln zu haben (Apg 11,30; 15,4.6; 21,18). In den paulinischen Gemeinden gab es – wohl in Anlehnung an bestimmte Ämter im griechischen Vereinswesen – Gemeindeleiter (»Bischöfe«) und Gemeindehelfer (»Diakone«; vgl. Phil 1,1; 1.Tim 3,1). Wo beide Formen der Gemeindeleitung aufeinandertrafen, wurde zwischen der Aufgabe der Gemeindeältesten und der der Gemeindeleiter nicht unterschieden (vgl. Apg 20,17 mit 20,28 oder Tit 1,5 mit 1,7). Auch die Gemeindeleiter nahmen zunächst ihre Aufgabe als Kollegium wahr (Phil 1,1). Erst in nachneutestamentlicher Zeit finden wir die verschiedenen Formen der Gemeindeleitung ganz miteinander verschmolzen und die altkirchliche Ämterordnung voll ausgeprägt: *ein* Gemeindeleiter (*episkopos*/Bischof), unter ihm das Kollegium der Gemeindeältesten (*presbyteroi*/Priester), dazu die Gemeindehelfer (*diakonoi*/Diakone).

Gemüt (Mt 22,37; Mk 12,30.33; Lk 10,27; Röm 7,23.25) Das Wort bezeichnet bei Luther nicht nur das Gefühl, sondern umfasst Verstand, Vernunft, Gesinnung, Willen, Verlangen und Streben.

Gerechtigkeit Gottes So wörtlich in Röm 1,17; 3,21. Luther hat auch die Übersetzung erwogen: »die Gott macht, wirkt«. Gerechtigkeit ist nicht eine Eigenschaft Gottes, sondern sein Heilshandeln am Menschen, das den Sünder in die Gemeinschaft mit Gott aufnimmt und ihm ein neues Leben schenkt.

Gesalbter → Messias.

Gesetz Bezeichnung der fünf Mosebücher (Tora). Man umschrieb zur Zeit Jesu das Alte Testament mit »das Gesetz und die Propheten«. Der Begriff »Gesetz« konnte aber auch auf das ganze Alte Testament ausgedehnt werden. Seit der Zeit Esras bestimmte das Mosegesetz das gesamte Leben des jüdischen Volkes und grenzte es streng gegen die übrigen Völker ab. Von besonderer Bedeutung wurden dafür die Gesetze über die → Beschneidung und den → Sabbat sowie die Reinheitsvorschriften (→ rein). Die Frage nach der bleibenden Geltung des Mosegesetzes führte in der Urchristenheit zu ernsten Auseinandersetzungen (Apg 15,1-29; Gal 2,21).

Gethsemane Wörtlich »Ölkelter«. Das deutet darauf hin, dass es sich um einen Ölgarten mit einer (vielleicht verfallenen?) Ölkelter gehandelt hat.

Geweiht → Gottgeweihter.

Gihon (1.Kön 1,33) Quelle bei Jerusalem. Zu 1.Mose 2,13 → Paradiesströme.

Gittit (Ps 8,1; 81,1; 84,1) Ein Musikinstrument oder eine Tonart.

Gleichnis Als »Gleichnis« bezeichnet man eine in der Regel ganz kurze Erzählung, die einen bestimmten Gedanken veranschaulichen soll. Für Jesus ist diese Redeform besonders typisch. Seine Gleichnisse greifen Bilder und Ereignisse aus dem täglichen Leben auf.

Man darf jedoch nicht an den Einzelheiten des Erzählten hängen bleiben, sondern muss darauf achten, worauf das Ganze hinauswill. Jedes Gleichnis, das Jesus erzählt, ist ein Appell, der seine Hörer zum Mitdenken, Weiterdenken und Umdenken auffordert.

Gog Nach Hes 38,1–39,16 ein Fürst im Land Magog, das im Norden zu suchen ist; in Offb 20,8 ist »Gog und Magog« Bezeichnung der Weltmacht, die am Ende der Zeit gegen das Gottesvolk anstürmt.

Gomorra → Sodom.

Gosan Assyrische Provinz am oberen Habor (Nebenfluss des Euphrat). Hier wurden die 722 v. Chr. deportierten Israeliten angesiedelt.

Gottesberg Wie die Griechen sich ihre Götter auf dem Olymp wohnend vorstellten, so gibt es im Alten Orient die Anschauung von einem Götterberg »im Norden«. In Israel brachte man den Glauben an die Überlegenheit des eigenen Gottes dadurch zum Ausdruck, dass man sagte: Der Zionsberg in Jerusalem ist der wahre Götterberg! (Ps 48,3).

Gottesfürchtige (Apg 13,16 u. ö.) Heiden, die am jüdischen Synagogengottesdienst teilnahmen und das Mosegesetz teilweise einhielten. Sie sind zu unterscheiden von den Proselyten (»Judengenossen«), d. h. Heiden, die durch Beschneidung rechtsgültig zum Judentum übergetreten und zur Einhaltung des ganzen → Gesetzes verpflichtet waren.

Gottgeweihter Gottgeweihte (Nasiräer) heißen im Alten Testament Menschen, die sich als für Gott ausgesondert verstehen und dies durch eine bestimmte Lebensweise bezeugen. Es kam vor, dass solche Gottgeweihten ihr ganzes Leben in dieser Ausnahmesituation verbrachten, wie z. B. Simson (Ri 13,5.7). Häufiger scheint es jedoch gewesen zu sein, dass sich jemand für eine begrenzte Zeitspanne dem ausschließlichen Dienst Gottes weihte. Bestandteil des Gelübdes war die Enthaltung von bestimmten Nahrungsmitteln, vor allem alkoholischen Getränken, und das Tragen einer bestimmten Kleidung. Zum Zeichen ihrer »Weihe« ließen die Nasiräer in der Regel ihr Haupthaar nicht schneiden (4. Mose 6,1-8).
Wenn jemand auf Zeit ein solches Gelübde ablegte, musste er als Abschluss ein ziemlich kostspieliges Opfer darbringen (4. Mose 6,13-20). In diesem Zusammenhang steht die Aufforderung an Paulus (Apg 21,23-26), die Opferkosten für arme Nasiräer zu übernehmen und dadurch zugleich seine eigene Gesetzestreue zu beweisen. Da Paulus aus dem Ausland kam, galt er selbst als »unrein« (→ rein) und durfte erst nach einer siebentägigen Reinigungszeit bei diesem Opfer im Tempel anwesend sein.

Götzenopferfleisch Das Fleisch von Tieren, die heidnischen Göttern als Opfer geweiht wurden. Dazu gehört a) alles Fleisch, das bei einer heidnischen Kultmahlzeit verzehrt wurde, aber auch b) das auf dem Markt gekaufte Fleisch (weil übrig gebliebenes Opferfleisch auf den Markt kam und das Schlachten eines jeden Tieres als Opfer aufgefasst wurde). Paulus verbot den Christen die Teilnahme an heidnischen Kultmahlzeiten, gab aber den Genuss von Götzenopferfleisch frei, wenn dieser außerhalb des Kultaktes erfolgte. Wurde jedoch dabei das Fleisch ausdrücklich als Opferfleisch bezeichnet, dann sollte der Christ mit Rücksicht auf ängstliche Gemeindeglieder lieber darauf verzichten (1. Kor 8,1–10,33). Die Juden dürfen wegen des Verbots von Blutgenuss (1. Mose 9,4) nur Fleisch essen, das nach ritueller Vorschrift geschlachtet (= geschächtet) worden ist.

Gräber (Mt 23,27) Sie galten in Israel als unrein (→ rein). Damit sie nicht ahnungslos betreten würden, wurden die Grabkammern durch Übertünchen mit weißer Farbe kenntlich gemacht.

Gräuelbild der Verwüstung (Dan 9,27; 11,37; 12,11; Mt 24,15; Mk 13,14) Bei Daniel ein prophetischer Hinweis auf die Entweihung des Jerusalemer → Tempels durch Antiochus IV. Epiphanes, der 168 v. Chr. dort einen heidnischen Kult einrichten ließ. Das »Gräuelbild« war entweder ein Götterbild oder – wahrscheinlicher – ein kleiner Altaraufsatz, der auf den großen Brandopferaltar gestellt wurde, um die

fremden Opfer durchführen zu können. Durch diesen Gegenstand wurde das ganze Heiligtum kultisch unrein, »verwüstet«, sodass der jüdische Opferdienst unmöglich gemacht und Priester und Gemeinde vertrieben wurden. Dadurch verödete das Tempelgebiet (1. Makk 1,57; 6,7).

In Mt 24,1-51 und Mk 13,1-37 wird der Ausdruck aus Daniel übernommen, um eine in der Endzeit erwartete Tempelschändung anderer Art zu bezeichnen. Nachdem der Jerusalemer Tempel im Jahr 70 n. Chr. zerstört wurde, kann man dabei an Vorgänge wie die in Offb 13,1-18 bildhaft angedeuteten denken.

Griechen »Juden und Griechen« = Juden und Heiden (Röm 1,16); »Griechen und Nichtgriechen (Barbaren)« = alle Völker (Röm 1,14). Die Griechen in Joh 12,20 sind griechisch redende Proselyten (»Judengenossen«).

Grummet (Am 7,1) Übersetzung unsicher. Vielleicht der durch den Spätregen hervorgebrachte zweite Graswuchs.

H

Hadad-Rimmon (Sach 12,11) Vielleicht ist hier auf die Totenklage um den Gott der Vegetation (2. Kön 5,18) hingewiesen, dessen Sterben in der Trockenheit des Sommers beklagt wurde, wie nach dem neu belebenden Frühregen im Herbst sein Auferstehen gefeiert wurde. Vielleicht ist aber auch zu übersetzen: »Klage wie die bei Hadad-Rimmon in der Ebene von Megiddo«. Hadad-Rimmon wäre dann der Ort, bei dem der letzte bedeutende König Judas, Josia, 609 v. Chr. gefallen ist (2. Kön 23,29). Nach 2. Chr 25,20-25 war die Klage um Josia in Juda zu einem festen Brauch geworden.

Hagab (3. Mose 11,22) Heuschreckenart.

Halleluja (hebräisch) Lobet den Herrn!

Hanes (Jes 30,4) Grenzstadt in Süd-Ägypten.

Hargol (3. Mose 11,22) Heuschreckenart.

Harmagedon (Offb 16,16) Unerklärbarer Name eines Berges, auf dem sich in der Endzeit die Könige der Welt gegen Gott versammeln sollen. Die Anknüpfungsmöglichkeiten an biblische Bezugsstellen, die man erwogen hat, erweisen sich als nicht überzeugend. Der Name könnte aus der zur Zeit des Neuen Testaments weitverbreiteten apokalyptischen Literatur stammen, von der große Teile verloren sind.

Hasidäer (1. Makk 2,42; 7,12) Hebräisch *hasidim* = die Frommen. Eine Gruppe im Judentum, die aus treuen Anhängern des Gesetzes bestand und nur einen → Hohenpriester aus dem Hause Aaron anerkennen wollte. Sie war zeitweise mit der makkabäischen Bewegung verbunden, ohne völlig in ihr aufzugehen, wie es in 2. Makk 14,6 angenommen wird. Aus ihr gingen später die → Pharisäer hervor.

Hausgott Kleine Götterfiguren, die als gute Geister das Haus beschützen sollen, sind aus vielen Kulturen bekannt und in älterer Zeit auch in Israel verbreitet (Hos 3,4).

Hebopfer (2. Mose 29,27-28) Der Teil des Besitzes, der vom übrigen »abgehoben« (vielleicht auch emporgehoben) und dadurch Gott geweiht wurde; auch der Anteil eines Opfers, der dem Priester zustand, z. B. die rechte Keule beim Dankopfer.

Hebräer Die ursprüngliche Bedeutung ist unsicher. Das Wort begegnet im Alten Testament zunächst als Bezeichnung für unfreie Israeliten (in Ägypten: 2. Mose 1,6–2,10; als Sklaven: 2. Mose 21,2; Jer 34,8-9). In nachexilischer Zeit wird das Wort zum Ehrennamen und zur jüdischen Selbstbezeichnung (Jona 1,9; vgl. 2. Kor 11,22; Phil 3,5). Sprache und Schrift werden jetzt auch »hebräisch« genannt. In Apg 6,1 bezeichnet das Wort die aramäisch redenden Juden im Unterschied zu den griechisch redenden.

Hebräisch Als Umgangssprache diente zur Zeit Jesu das Aramäische (→ Aramäer). Die Aufschrift über dem Kreuz (Joh 19,20) war vielleicht jedoch auf Hebräisch abgefasst.

Heer des Himmels a) Die Engel um Gottes Thron (1. Kön 22,19; 2. Chr 18,18; Lk 2,13); b) die Gestirne (Jes 34,4; 40,26), häufig als Götter verehrt (5. Mose 4,19; Zef 1,5).

heilig »Heilig« ist im Alten Testament alles, was Gott und der göttlichen Sphäre zugehört. Das ist aus priesterlicher Sicht vor allem der → Tempel und dort wieder in besonderem Maße die heiligen Geräte, die Altäre, die → Bundeslade und der innerste Raum, der das → Allerheiligste heißt. Nur wer selbst »geheiligt« (geweiht) ist, kann sich dieser Sphäre nahen, ohne Schaden zu nehmen (4. Mose 4,15; 2. Mose 30,29). Die → Opfer, die Gott dargebracht werden, sind in abgestuftem Maße heilig, und entsprechend dürfen unterschiedliche Personenkreise einen Anteil davon verzehren: beim Dank- und Lobopfer die ganze Gemeinde (3. Mose 7,13-15), bei den Erntegaben ans Heiligtum und bei bestimmten Opferanteilen alle Angehörigen der Priesterfamilie (4. Mose 18,11-19), bei den Sühnopfern die Priester allein (3. Mose 6,19-22).
Es gehört zum Dienst der Priester, genau zu unterscheiden – und das Volk unterscheiden zu lehren – zwischen »heilig« und »unheilig« (profan; 3. Mose 10,10), also die Grenze zu wahren zwischen der Sphäre des heiligen Gottes und des unheiligen Menschen. Zugleich aber haben sie zwischen beiden Sphären zu vermitteln, damit die Menschen imstande sind, Gott heilige Gaben darzubringen, sodass dafür von dem heiligen Gott Heil in das Leben der Menschen einströmen kann. Was von den Menschen als Voraussetzung erwartet wird, ist, dass sie in kultischem Sinn → »rein« sind. Ein wichtiger Schritt wird mit der Erkenntnis vollzogen, dass die äußerliche Reinheit nicht genügt, sondern dass Gottes Heiligkeit vom Menschen, der ihr begegnen will, die Reinheit des Herzens und das Tun des Rechten verlangt (vgl. Ps 15,1-5). »Ihr sollt heilig sein, denn ich bin heilig, der HERR, euer Gott« (3. Mose 19,2) – so steht über dem Kapitel, in dem sich der berühmte Satz findet: »Du sollst deinen Nächsten lieben wie dich selbst.«

Henoch Im Alten Testament einer der Nachkommen Adams (1. Mose 5,21). Der Judasbrief zitiert in V. 14 aus einer Henoch zugeschriebenen Schrift, die aus dem 2. Jahrhundert v. Chr. stammt.

Herakles (2. Makk 4,19) Halbgöttlicher Held der griechischen Sage, dem kultische Opfer dargebracht wurden.

Hermes (Apg 14,12) Herold und Sprecher der Götter, Begleiter des höchsten Gottes → Zeus und Gott des Handels (bei den Römern Merkur).

Herodes (1) Herodes I. war 37–4 v. Chr. römischer Vasallenkönig in Palästina. In seine Regierungszeit fällt die Geburt Jesu (Mt 2,1; Lk 1,5).
(2) Herodes Antipas, Sohn von Herodes I., herrschte nur über Galiläa und Peräa, 4 v.–39 n. Chr. Er ließ Johannes den Täufer hinrichten (Mt 14,1-10).
(3) Herodes Archelaus, Sohn Herodes' I., herrschte 4 v.–6 n. Chr. über Judäa, Samarien und Idumäa (Mt 2,22). Sein Gebiet wurde danach einem römischen → Statthalter (Prokurator) unterstellt.
(4) Agrippa I., Enkel Herodes' I., wurde volkstümlich »Herodes« genannt, da er kurze Zeit (41–44 n. Chr.) das Reich seines Großvaters unter seiner Herrschaft vereinigte. Er ließ den Apostel Jakobus, den Bruder des Johannes, hinrichten (Apg 12,1-23).
(5) Agrippa II., Sohn Agrippas I., Bruder der Berenike (die 48–69 n. Chr. bei ihm lebte) und der Drusilla, hatte eine kleine Herrschaft nördlich von Palästina (50–94 n. Chr.). Als dem römischen Vertrauensmann für Angelegenheiten des Jerusalemer Tempels und Schwager des Statthalters → Felix lässt → Festus ihm den Gefangenen Paulus vorführen (Apg 25,13–26,32).

Herodias Frau des → Herodes Antipas. Aus politischem Ehrgeiz hatte sie sich von dessen Halbbruder (in Mk 6,17 irrtümlich Philippus genannt) getrennt und Antipas zur Verstoßung seiner ersten Frau veranlasst.

HERR In dieser Übersetzung (im Anschluss an eine alte Tradition) Wiedergabe des hebräischen Gottesnamens, der mit großer Wahrscheinlichkeit *Jahwe* gelautet hat. Gesichert sind lediglich die Konsonanten JHWH (das auslautende H ist stumm). Da die jüdischen Gelehrten, die den hebräischen Text mit Vokalen versahen, den Gottesnamen aus Scheu nicht mehr aussprachen, haben sie statt der ursprünglichen Vokale die Vokale des hebräischen

Wortes für »Herr« eingesetzt, das beim Vorlesen an dieser Stelle gesprochen werden sollte *(adonaj;* das anlautende *a* in der Schreibung verkürzt zu *e).* Durch ein Missverständnis ist später daraus das Kunstwort JeHoVaH geworden. Die ursprüngliche Form des Gottesnamens lässt sich erschließen aus der Kurzform *Jah,* die z.B. in Hallelu-jah (Preist Jahwe) enthalten ist, sowie aus alten griechischen Texten.
Jahwe ist ein Eigenname, der den Gott Israels von anderen Göttern unterscheidet. Erst im Lauf der Zeit setzt sich die Erkenntnis durch, dass er der einzige Gott ist und alle anderen Götter »tote Götzen« sind (Ps 96,5; vgl. 1.Kor 8,4-6). Die Bedeutung des Namens Jahwe ist umstritten. In 2.Mose 3,13-15 wird eine Deutung aus dem Zeitwort *sein* gegeben, die das Wesen des Gottes Israels als *Mit-Sein* mit seinem Volk und seiner Schöpfung sehr schön zum Ausdruck bringt.

Herrlichkeit (des Herrn) Die sichtbare Erscheinung der göttlichen Majestät, die als strahlender Lichtglanz zu denken ist. Nach 2.Mose 33,18-23 und anderen Stellen ist der Anblick dieser Lichterscheinung für sterbliche Menschen tödlich. Aber in prophetischen Visionen wird sie von Jesaja (Kap 6,1-13) und Hesekiel (Kap 1,1–3,27) geschaut und beschrieben. Im Neuen Testament bezeichnet der Ausdruck Gottes unvergängliches Leben, an dem nicht nur der auferstandene Christus, sondern durch ihn auch die Gemeinde teilhat. Nach Joh 1,14; 2,11 war diese Herrlichkeit an Jesus schon während seines Erdenlebens wahrnehmbar.

Hetiter Von ihrem Stammland im Inneren Kleinasiens aus gründeten die Hetiter im 2.Jahrtausend v.Chr. ein bedeutendes Reich, das sich zeitweilig bis nach Damaskus und Babylon erstreckte. Im Alten Testament ist Hetiter Bezeichnung für einen Teil der Urbevölkerung Kanaans (1.Mose 15,20; 23,10; 26,34 u.ö.), Hetiterland kann aber auch nach assyrischem Sprachgebrauch Bezeichnung für Syrien, besonders Nordsyrien, sein (Ri 1,26; Jos 1,4).

Hiddekel → Paradiesströme.

Himmel Nach frühjüdischen Vorstellungen hat der Himmel mehrere »Stockwerke«; das → Paradies dachte man sich im »dritten Himmel« (vgl. 2.Kor 12,2.4). Eine charakteristische und für uns befremdliche Vorstellung entfaltet der Epheserbrief: Der Raum zwischen Himmel und Erde ist demnach von dämonischen Mächten beherrscht, die Gott und den Menschen feindlich sind. Christus hat bei seiner Himmelfahrt diese Mächte besiegt und gefangen genommen (Eph 4,8-10; 6,12).

Himmelskönigin Gottheit, die wahrscheinlich der babylonischen Ischtar ähnlich war und vor allem von Frauen verehrt wurde. Sie hatte auch im Israel der Königszeit einen festen Kult (Jer 44,17). Ihre Symbole waren Mondsichel und Venusstern.

Hinnomtal Tal westlich und südlich von Jerusalem (Ben-Hinnom oder Ge-Ben-Hinnom genannt), das in das Kidrontal mündet. Bis zur Reform des Königs Josia (639–609 v.Chr.) war dort eine Opferstätte des → Moloch, an der Kinderopfer dargebracht wurden. Nach der Zerstörung und Entweihung durch Josia wurde das Tal als Ausländerfriedhof und Schuttabladeplatz benutzt. In der Form Gehinnom oder Gehenna ist der Name des Tals zum Inbegriff der Hölle geworden.

Hiob (ökumenisch Ijob) Er gilt in Tob 2,12 und Jak 5,11 als Beispiel geduldigen Leidens, auf das am Ende eine große Belohnung folgt (vgl. das alttestamentliche Buch desselben Namens).

Hoherpriester Im Alten Bund Aaron und seine Nachfolger oder der oberste Priester an den verschiedenen Heiligtümern wie Eli in Silo. Im Jerusalemer → Tempel durfte allein der Hohepriester das Allerheiligste betreten (vgl. Hebr 9,1-7). Die Hohenpriester aus dem Makkabäergeschlecht legten sich die Königswürde bei. Herodes und ebenso die Römer nahmen dem hohenpriesterlichen Amt die Lebenslänglichkeit und die Erblichkeit. Daher spricht das Neue Testament von Hohenpriestern in der Mehrzahl, weil auch die von den Römern abgesetzten Hohenpriester und die Glieder der (fünf) hohepriesterlichen Familien so genannt wurden.

Zur Zeit Jesu war der amtierende Hohepriester der Vorsitzende des Hohen → Rates.

Hoher Rat → Rat.

Hölle An zwölf Stellen des Neuen Testaments (Mt 5,22.29-30; 10,28; 18,9; 23,15.33; Mk 9,43.45.47; Lk 12,5; Jak 3,6; im Alten Testament nur Hiob 11,8) der Ort der Verdammten (2. Petr 2,4), von Jesus unter verschiedenen Bildern beschrieben (ewiges Feuer, Finsternis und Kälte, nagender Wurm); dem entspricht in der Offenbarung der feurige Pfuhl (Offb 19,20; 20,10.14-15).

Horeb Berg der Gottesoffenbarung (→ Sinai).

Horn Sinnbild der Kraft und Macht (1. Kön 22,11), der Macht eines Staates (Jer 48,25), der Weltmacht (Sach 2,1). Die Hörner an den vier Ecken des Brandopferaltars sind Symbol der göttlichen Macht und Gegenwart, darum Zufluchtsstätte (1. Kön 1,50).

Hosianna (Mt 21,9; Mk 11,9-10) Ein Gebetsruf aus dem messianischen Psalm 118,25: »Ach, hilf!«, »Rette doch!«, »Gib doch Heil!«

Hundegeld (5. Mose 23,19) Abwertender Begriff für den Lohn für kultische Prostitution von Männern (1. Kön 14,24).

Hurerei Da sexuelle Riten Bestandteil des Kults bestimmter Götter waren, wird »Hurerei« auch im übertragenen Sinne für Götzendienst verwendet (→ Unzucht, → Baal). Bei dem Verbot in 3. Mose 19,29 handelt es sich dagegen um die kanaanitische Institution der kultischen Prostitution.

Hüter (an der Schwelle; 2. Kön 25,18) Im Unterschied zum Tempelpersonal der »Torhüter« drei hochgestellte Priester, die unmittelbar auf die beiden höchsten Priester folgten. Vermutlich mussten sie am Tempeleingang die kultische Reinheit der Besucher prüfen, bevor diese in das Heiligtum gehen durften (→ rein); außerdem hatten sie die Abgabe der → Tempelgroschen zu überwachen.

I

Ir-Heres In Jes 19,18 Heliopolis (On); Jer 43,13 sagt dafür Bet-Schemesch.

Isaak Sohn Abrahams mit Sara und Vater → Jakobs.

Isai Vater des Königs → David.

Isch-Boschet Sohn Sauls und vorübergehend israelitischer König. Sein wohl ursprünglicher Name Eschbaal (›Gefolgsmann des Herrn‹) wurde im Zuge seiner Ächtung in Isch-Boschet geändert: »Mann der Schande«.

Isebel Frau Ahabs, tyrische Prinzessin, die den Baalsdienst in Israel offiziell eingeführt hat (→ Baal). Bei der Revolution Jehus (2. Kön 9,30-37) kam sie ums Leben. Sie gilt als die wichtigste Gegenspielerin des Propheten Elia.

Ismael Sohn Abrahams mit Hagar. Der Name bedeutet: »Gott hört«.

Israel Beiname des israelitischen Stammvaters → Jakob, den er nach dem nächtlichen Kampf mit Gott am Jabbok erhielt (1. Mose 32,29). Als Volksname bezeichnet er einerseits das gesamte Zwölf-Stämme-Volk, andererseits seit der Trennung von Juda das Nordreich »Israel«, das nach seinem Hauptstamm auch Ephraim genannt wird.

J

Jachin und Boas (1. Kön 7,21) Säulen oder Pfeiler am Eingang des Tempels in Jerusalem. Die Namen sind vielleicht der Anfang von Verheißungen für das Königshaus: Jachin = »fest machen wird« (der Herr); Boas = »durch ihn (den Herrn) stark«.

Jafo (Jona 1,3) Im Neuen Testament Joppe (Apg 9,36), das heutige Jaffa.

Jakob Enkel Abrahams und neben diesem der eigentliche »Stammvater« des Volkes → Israel.

Jannes und Jambres So heißen nach der jüdischen Legende die Zauberer, die nach 2. Mose 7,11.22 Mose vor dem Pharao mit ihren Künsten zu widerlegen suchten.

Jareb (Hos 5,13; 10,6) Geheimname für den assyrischen Großkönig.

Jehu Offizier König Jorams von Israel; er zettelte eine Revolution an, bei der die Dynastie Omri ausgelöscht wurde (2. Kön 9,1–10,36). Ihm gelang es, selbst eine Dynastie zu gründen, die Israel fast hundert Jahre lang beherrschte.

Jerusalem »Stadt des Friedens« oder »Stadt des Salimu«, einer ammonitischen Gottheit. Der Ort ist seit dem 4. Jahrtausend v. Chr. besiedelt. Als die Israeliten ins Land Kanaan eindrangen, war er von Jebusitern bewohnt. Er konnte erst von David erobert werden, der ihn zur Hauptstadt seines Doppelreiches machte (2. Sam 5,6-9).

Jeschurun (5. Mose 32,15; 33,5.26; Jes 44,2) Dichterischer Name für Israel, »der Wackere, der Redliche«.

Jesreel Große Ebene, die zwischen dem galiläischen Bergland und dem Tabor im Nordosten und dem samaritanischen Gebirge im Südwesten liegt. Sie wurde erst zu Beginn der Königszeit dem Gebiet Israels zugefügt. Der gleichnamige Ort liegt am Ostrand der Ebene. Er war vom Königshaus der Omriden (König Omri 882–871 v. Chr.) zur zweiten Residenz neben Samaria ausgebaut worden.

Jesus Der Name Jesus (Jeschua oder Jehoschua, griechisch Josua) bedeutet »Gott rettet«. Darauf wird in Mt 1,21 angespielt.

Joch Das Querholz, das den paarweise vorgespannten Zugtieren über den Nacken gelegt und mit Stricken am Hals befestigt wurde. In der Mitte war es mit der Wagendeichsel oder dem Pflug verbunden. »Unter dem Joch sein« wird von daher zum Bild für Sklaverei, Unterdrückung und Fremdherrschaft.

Jona, Zeichen des Jona Im alttestamentlichen Jonabuch wird erzählt, dass der flüchtige Prophet drei Tage im Bauch des Fisches verbrachte, bis dieser ihn an Land spie. Jesus vergleicht sich in Lk 11,30 in doppelter Hinsicht mit Jona: als wunderbar vom Tod Erretteter und als einer, der das Gericht bringt. Wie Jona aus dem Fischbauch als Verkünder des Gerichts nach Ninive kam, so wird Jesus als der vom Tod Auferstandene wiederkommen zum Gericht über die, die ihm nicht geglaubt haben. Auch in Mt 12,30-40 werden Grabesruhe und Auferweckung Jesu den Gegnern nicht als ein »Zeichen« in dem von ihnen erwünschten Sinn in Aussicht gestellt, sondern als Auftakt der Ereignisse, die für sie das Gericht bedeuten.

Juda (1) Sohn Jakobs mit Lea (1. Mose 29,35).

(2) Landschaftsname, der schon vorisraelitisch ist.

(3) Stammesbezeichnung für die israelitischen Einwanderer im Gebiet Juda.

(4) Die Stammesgebiete von Juda und Benjamin, die nach der Teilung des Salomonischen Reiches das Reich Juda bildeten, mit der Hauptstadt Jerusalem unter der davidischen Dynastie.

Judäa Zur Zeit der Römer der südliche Teil Palästinas mit der Hauptstadt Jerusalem oder auch das ganze Palästina.

Judas (1) Einer aus dem Jüngerkreis Jesu, der durch seinen Verrat die heimliche Gefangennahme Jesu ermöglichte (Iskariot).

(2) Ein anderer Jünger Jesu (Lk 6,16; Joh 14,22; Apg 1,13).

(3) Ein Bruder Jesu (Mt 13,55; wahrscheinlich auch in Jud 1 gemeint).

(4) Der Galiläer, der zur Zeit der in Lk 2,1 erwähnten Volkszählung eine Widerstandsbewegung gegen die römische Fremdherrschaft leitete (Apg 5,37), aus der dann die Partei der → Zeloten erwuchs.

Judengenossen → Gottesfürchtige.

Jünger Wie die → Schriftgelehrten und der Täufer Johannes hatte auch Jesus »Schüler«, die ihm auf seinen Wanderungen folgten und sich seiner Autorität unterstellten. Jesus verlangt von seinen Jüngern allerdings eine Unbedingtheit der »Nachfolge«, die weit über das traditionelle Maß hinausgeht. Der Jünger Jesu muss um der anbrechenden Herrschaft Gottes willen bereit sein, alles hinter sich zu lassen (Lk 9,57-62; 14,25-27). Jünger Jesu sind im Neuen Testament nicht nur die zwölf → Apostel, sondern in gewissem Sinn alle Christen (Mt 10,42; 28,19). In der Apostelgeschichte wird die Gemeinde öfter als »die Jünger« bezeichnet, wo wir heute »die Christen« sagen würden; denn diese Bezeichnung, die den Jesusjüngern von ihrer Umwelt gegeben wurde, hatte zunächst einen eher abwertenden Klang (»Christianer«; vgl. Apg 26,28; 11,26).

Jungfrau (1. Kor 7,36-38) Nach Luthers Verständnis der Verse handelt es sich um die Frage, ob ein Vater angesichts der bald erwarteten Wiederkunft Christi

seine Tochter noch verheiraten soll. Eine andere Auslegungsmöglichkeit setzt den Fall voraus, dass ein Bräutigam vor der Frage steht, ob er seine Braut unberührt lassen oder vor der Wiederkunft Christi noch heiraten soll. Neuere sprachliche Erkenntnisse legen die zweite Auslegung nahe.

K

Kain (1. Mose 4,1-16) Erster Sohn → Adams und Evas; Bruder Abels, der von Kain erschlagen wurde.

Kalb (Stierbild) Die im Alten Testament erwähnten Stierbilder (»Goldenes Kalb«) waren keine Götterbilder. Sie wurden nicht angebetet, sondern galten als Träger des unsichtbar auf ihnen thronenden Gottes. Trotzdem lag die Verwechslung zwischen Bild und Gott nahe (2. Mose 32,1-29). Jerobeam stellte zwei von ihnen auf, um ein nationales Heiligtum als Gegengewicht gegen die Anziehungskraft des Jerusalemer → Tempels zu haben (1. Kön 12,29). »Kälber« werden die Stierbilder bewusst abwertend genannt (Hos 8,5-6).

Kalmus (2. Mose 30,23) Wohlriechendes Rohr oder Gras aus dem Jemen oder aus Vorderindien, das zur Herstellung des heiligen Salböls benutzt wurde.

Kalne (Jes 10,9; Am 6,2) Hauptstadt eines nordsyrischen Staates, 738 v. Chr. von den Assyrern unterworfen.

Kämmerlein (Mt 6,6) Das Vorratshäuslein neben dem Bauernhaus, das bei geschlossener Tür völlig dunkel und sehr unfeierlich war; aber dort, in der Verborgenheit, ist echtes Beten möglich.

Kanaan Ursprünglich das »Land des Purpurs«, d.h. Phönizien, im Alten Testament das israelitische Siedlungsgebiet im »Heiligen Land«, das spätere Palästina. Die Kanaanäer oder Kanaaniter sind die vorisraelitischen Bewohner des Landes.

Kandake (Apg 8,27) Der Titel der Königinnen von Äthiopien (→ Kusch).

Karkemisch (Jes 10,9) Am Euphrat gelegen, Hauptstadt eines hetitischen Staates, 712 v. Chr. von den Assyrern erobert; dort schlug Nebukadnezar den Pharao Necho von Ägypten (Jer 46,2).

Kassia (2. Mose 30,24; Hes 27,19) Wohlriechende Blüten und Blätter des ostasiatischen Baumes, dessen innere Rinde das Zimtgewürz ergibt.

Kedar (Ps 120,5; Jes 21,16-17; 42,11; 60,7; Jer 2,10; Hes 27,21) Nomadisierende Händler in der arabischen Wüste, als Kämpfer gefürchtet.

Kelter(treter) Die Weintrauben wurden im alten Israel durch Stampfen mit den bloßen Füßen ausgepresst. Von daher erklärt sich das Bild vom »Keltertreter« in Jes 63,1-6.

Kemosch Hauptgott der Moabiter. Bis zur Zeit Josias gab es östlich von Jerusalem einen Altar dieses Gottes (2. Kön 23,13; vgl. 1. Kön 11,7). Der moabitische König Mescha erwähnt den Gott in einer Inschrift, in der er beschreibt, wie viel israelitische Ortschaften er für ihn mit dem → Bann belegt hat.

Keniter Mit den Israeliten verwandter Stamm, der halbnomadisch im Bereich des judäischen Stammesgebietes umherzog. Er wurde zuzeiten sogar zu Juda gerechnet.

Kewan Assyrisch-babylonischer Sterngott, ebenso wie Sakkut eine Erscheinungsform des Saturn. Die Überlieferer des hebräischen Textes (Masoreten) gaben den Namen Sakkut und Kewan, damit sie beim Vorlesen nicht ausgesprochen würden, die Vokale des hebräischen Wortes für »Scheusal« *(schikkuz),* so entstanden die Formen Kiwun bzw. Kijun und Sikkut.

Kinneret (4. Mose 34,11) Im Neuen Testament der See Genezareth.

Kislew → Monate.

Kittäer, Kittim So hießen (von der phönizischen Gründung Kition auf Zypern) zunächst die Insel Zypern (Jes 23,1.12) und ihre Bewohner (1. Mose 10,4; 1. Chr 1,7; Hes 27,6). Später nannte man so die Inselwelt des Ägäischen Meers (Jer 2,10), Mazedonien (1. Makk 1,1; 8,5) und schließlich das römische Weltreich (Dan 11,30).

Klaudius Römischer Kaiser 41–54 n. Chr.

Knauf Verzierung am Leuchter (2. Mose 25,31); Kapitell der Säule (1. Kön 7,16; Am 9,1; Zef 2,14).

Kolonie, römische Eine Ansiedlung römischer Bürger (ausgediente Soldaten oder Verbannte) außerhalb Italiens.

Korach Er wollte während der Wüsten-

wanderung der Israeliten Mose und Aaron die Führung streitig machen. Zusammen mit 250 Anhängern wurde er durch ein Gottesgericht vernichtet (4. Mose 16,1-35). Ob die »Söhne Korach«, ein Sängergeschlecht, dem eine Reihe von Psalmen zugeschrieben werden (Ps 42; 44–49 u. a.), mit ihm zusammenhängen, ist unsicher.

Korban Das Wort, das im Alten Testament das Gott dargebrachte Opfer bezeichnet (3. Mose 1,1-17; 4. Mose 7,1-89), leitet im frühen Judentum die in Mk 7,11 zitierte Gelöbnisformel für Weihgeschenke ein. Mit dieser Formel konnte man den Tempel zum alleinigen Erben seines Besitzes einsetzen. Das Eigentum, das mit »Korban« Gott geweiht war, durfte nicht mehr verkauft werden; doch hatte der Besitzer bis zu seinem Tod das Nutznießungsrecht.

Kreter und Pleter Die Leibwache Davids; der Name bezeichnet die Söldner nach ihrer Herkunft als Philister (1. Sam 30,14; 2. Sam 15,18).

Kusch Der Name des Reiches, das von 645 v. Chr. bis 350 n. Chr. die Könige von Napata und Meroe südlich von Ägypten zwischen den 3. und den 6. Nilkatarakten, also im heutigen Sudan, beherrschten. Von Palästina her dachte man freilich bei dem Namen Kusch meist überhaupt an die Länder südlich von Ägypten; dieses Gebiet mit seinen hochgewachsenen, dunkelhäutigen Bewohnern (Jes 18,7; Jer 13,23) hieß in der Antike »Äthiopien«. Die Herrscher der 25. Dynastie (715–663 v. Chr.) gewannen von ihrer Hauptstadt Napata aus die Herrschaft über Ägypten und konnten Assyrien entgegentreten (vgl. 2. Kön 19,9; Jes 20,5; 37,9; Jer 26,9). Zur Zeit des Neuen Testaments herrschten über das zwischen Assuan und Kartum gelegene Reich Kusch Königinnen mit dem Titel Kandake (Apg 8,27). Luthers Übersetzung »Mohrenland« blieb in Ps 68,32; häufiger blieb »Mohr« (für Kuschiter), z. B. Ps 87,4; Jer 13,23; 38,7; Am 9,7.

L

Ladanum → Tragakant.

Lade (des Bundes) → Bundeslade.

Last So heißen Jes 13,1–23,18; Nah 1,1 und sonst Prophetenworte meist drohender Art. In Jer 23,33-39 sind die Spötter bedroht, die in den Gottesworten eine Last sahen.

Laststein (Sach 12,3) Der Stein, den die jungen Männer hoben, um ihre Kraft zu erweisen.

Laubhüttenfest Wichtigstes, abschließendes Erntefest, eines der drei israelitischen Hauptfeste (→ Feste). Es wurde mit einer Wallfahrt nach Jerusalem wahrscheinlich im Oktober gefeiert und dauerte etwa eine Woche (Esra 3,4; Neh 8,14-18); Wasser und Licht (Joh 7,37; 8,12) spielten dabei eine Rolle.

Legion Eine Einheit des römischen Heeres, etwa 6000 Mann (Mt 26,53); Ausdruck für eine hohe Zahl (»ein ganzes Regiment«; Mk 5,9).

Lesung des Gesetzes und der Propheten (Apg 13,15) Im Gottesdienst der Synagoge wurde regelmäßig nach bestimmter Ordnung je ein Abschnitt aus dem Gesetz (den fünf Büchern Mose) und aus den prophetischen und geschichtlichen Büchern des Alten Testaments (im jüdischen Kanon »Propheten« genannt) als Schriftlesung vorgetragen.

Levi Sohn Jakobs und israelitischer Stamm (→ Leviten).

Leviatan Bildliche Verkörperung der Mächte, die sich Gottes Schöpfermacht entgegenstellen und von ihm besiegt werden. Der Leviatan wird vorgestellt als Seeungeheuer (»Drache«) mit mehreren Köpfen, das sich zusammen mit der Urflut (→ Meer) gegen Gott auflehnt (Ps 74,13-14). Die Schilderung Hiob 40,25–41,26 zeichnet deutlich das Krokodil, doch auch mit den Farben eines Urdrachen.

Leviten Priesterstamm. Wahrscheinlich wurden ihm die Priester der einzelnen Orts- und Höhenheiligtümer zugerechnet. Nach der Kultreform Josias, durch die Jerusalem zum ausschließlichen religiösen Zentrum wurde, sanken die Leviten auf die Stufe von Tempeldienern herab (2. Kön 23,8-9). Nach der biblischen Überlieferung werden auch die Nachkommen Aarons und des Hohenpriesters der Davidszeit, Zadok, dem Stamm Levi zugerechnet.

Libertiner (Apg 6,9) Juden, die aus der

Sklaverei freigelassen wurden und nun in Jerusalem eine eigene Synagoge (mit griechischer Sprache im Gottesdienst) hatten.

Licht und Recht (Urim und Tummim, 2. Mose 28,30) Offenbar altheilige Orakelgegenstände, die in der Brusttasche des Hohenpriesters verwahrt und vom Priester (4. Mose 27,21) oder auch vom König (1. Sam 14,41) benützt wurden, um Gottes Willen zu erforschen.

Liebesäpfel (1. Mose 30,14) Die Frucht der Alraune, klein, scharf riechend, ähnelt einem Apfel. Sie galt als Mittel zur Förderung der Fruchtbarkeit.

Liebesmahl Die Einheit der urchristlichen Gemeinden, die sich als eine große Familie fühlten, sollte auch in gemeinsamem Essen sichtbar werden; doch zeigten sich früh böse Missstände (1. Kor 11,17-34; Jud 12).

Löser → Erlöser.

Lot Neffe Abrahams. Er wird mit seiner Familie als Einziger vor der Vernichtung beim Untergang → Sodoms bewahrt.

Lot und Taler Die älteste Form des Handels ist der Tausch von Naturalgütern; dann wurde mit ungemünzten Stücken von Silber und Gold bezahlt, die bei einem Kauf gewogen werden mussten (1. Mose 23,16). Daher gewann das Wort »wägen« die Bedeutung »bezahlen«, und das meistgebrauchte Gewicht, das »Lot«, wurde der gängige Geldwert.

Geprägte Münzen gab es erst seit der persischen Zeit. Die ersten jüdischen Münzen schlug nach 1. Makk 15,6 der Hohepriester Simon.

Die Einheit des Geldes war der Schekel – in dieser Übersetzung mit Lot (1. Mose 23,15; 1. Makk 10,40.42) und Taler (2. Mose 30,13; 1. Sam 9,8) wiedergegeben. Sein Gewicht war in älterer Zeit 11–12 g, in der hellenistischen Zeit ca. 14,5 g; es gab auch ein »Gewicht des Heiligtums« (2. Mose 30,13; 38,26), das offenbar etwas größer war.

Über die Kaufkraft des Geldes hören wir wenig; nach 3. Mose 5,15 konnte man für zwei Silberstücke einen Widder kaufen, nach 2. Kön 7,16 für ein Silberstück 13 kg Weizen oder 26 kg Gerste. 50 (später 60) Taler ergaben eine Mine (ein Pfund; Hes 45,12), 60 Minen ein Talent (einen Zentner). Kleinere Werte waren ein Drittel (Neh 10,33) und ein Viertel (1. Sam 9,8) eines Talers.

Lud Ein unbekanntes nordafrikanisches Volk.

M

Magog → Gog.

Mal, Steinmal Ein aufrecht hingestellter heiliger Stein: a) als Denkstein für einen Vertragsschluss und Grenzstein (1. Mose 31,45); b) als Grabstein (1. Mose 35,20; 2. Sam 18,18); c) als Gedenkstein an heiliger Stätte (1. Mose 28,18; 2. Mose 24,4); d) zu Ehren heidnischer Götter, darum für Israel streng verboten (3. Mose 26,1; 5. Mose 7,5) und doch errichtet (1. Kön 14,23; 2. Kön 3,2).

Mammon (Mt 6,24) Zusammenfassende Bezeichnung für Geld und Gut.

Manna (2. Mose 16,1-36) Wunderbare Speise der Israeliten auf ihrem Wüstenzug. Viele Ausleger bringen das Manna in Verbindung mit der Absonderung einer Schildlaus, die sich vom Saft der Mannatamariske ernährt. Die Beduinen benutzen sie noch heute als Honigersatz.

Maranata Ein aramäischer Ruf aus dem frühchristlichen Gottesdienst, der wahrscheinlich mit »Unser Herr, komm!« zu übersetzen und als Bitte um die Wiederkunft Christi zu verstehen ist (1. Kor 16,22; vgl. Offb 22,20).

Marduk Hauptgott von → Babel.

Maß In Joh 2,6 Wiedergabe einer Maßeinheit, die etwa 40 Litern entspricht. Die Wasserkrüge fassen demnach rund 100 Liter.

Massa und Meriba Ort, an dem sich die Israeliten auf der Wüstenwanderung wegen Wassermangels gegen Mose auflehnten (2. Mose 17,1-7).

Mastix → Tragakant.

Maulbeerbaum Gemeint ist der Maulbeerfeigenbaum, ein Baum, der hauptsächlich als Bauholz verwendet wurde. Seine Früchte waren nicht sehr wertvoll und konnten nur durch Anritzen jeder einzelnen Frucht kurz vor der Ernte zur Reife gebracht werden, ohne dass sie durch den Insektenbefall verdar-

ben. Diese Tätigkeit wurde von Hirten oder Maulbeerbaumpflegern ausgeübt (1. Kön 10,27).

Mazedonien Römische Provinz am Ägäischen Meer mit der Hauptstadt Thessalonich.

Meder Iranischer Stamm, der das medisch-persische Hochland bewohnte. Er war zuerst den → Assyrern tributpflichtig, besiegte dann mit den Neubabyloniern Assur und wurde unter Kyros ein Teil des persischen Reiches.

Meer Das Meer ist für das Alte Testament Sinnbild der gottfeindlichen, die Schöpfung und ihre Ordnung bedrohenden Macht. Der Schöpfungsvorgang selbst kann darum als Kampf gegen das »Urmeer« beschrieben werden, das im Meerdrachen (→ Leviatan) persönliche Gestalt annimmt (Hiob 26,12-13; 38,8-11).

Melchisedek Priesterkönig der Stadt Salem (Jerusalem). Er wird als Priester des »Höchsten Gottes« bezeichnet. Aus der Begegnung mit Abraham, der dem König den Zehnten ablieferte (1. Mose 14,1-24), wurde später das Zehntrecht der Jerusalemer Priesterschaft abgeleitet. In Hebr 7,1-28 gilt Melchisedek als Urbild des Priestertums Christi. Dass er »ewig lebt« (7,3), wird aus der dort angeführten Psalmstelle (Ps 110,4: »Priester *ewiglich* nach der Weise Melchisedeks«) geschlossen.

Menschensohn Bei dem Menschensohn, dessen Kommen von frommen jüdischen Kreisen zur Zeit des Neuen Testaments erwartet wurde, handelt es sich um eine übermenschlich-himmlische Gestalt, der nach dem letzten Gericht von Gott die Weltherrschaft übertragen werden soll (Dan 7,13-14). Nach anderer Anschauung wird der Menschensohn selbst das letzte Gericht abhalten.
Jesus hat schon in seinem Erdenleben die Vollmacht des Menschensohns in Anspruch genommen, als er entschied, was vor Gott zu tun erlaubt ist und was nicht (Mk 2,28), und als er Menschen die Vergebung ihrer Schuld zusprach (Mk 2,10). Die himmlische Machtstellung des Menschensohns wurde Jesus zuteil, als Gott ihn vom Tode erweckte (vgl. Mt 28,18-20 mit Dan 7,14). Der kommende Menschensohn, von dem Jesus zunächst noch verhüllend sprechen konnte wie von einem Dritten (Lk 12,8-9; Mk 8,38), wird also niemand anders sein als der auferstandene Herr selbst (Mk 13,26; 14,62).
Nach Gottes Willen sollte dieser »Menschensohn« von Menschen verurteilt und getötet werden, um »sein Leben als Lösegeld für alle Menschen« hinzugeben (Mk 8,31; 10,45). Der Richter gibt sein Leben für die, die einst vor seinem Gericht stehen werden!

Meriba → Massa.

Merodach (Jer 50,2) → Marduk.

Meschech, Meschech-Tubal Meschech und Tubal waren zwei kleinasiatische Völker, die ihren Wohnsitz zunächst in Zilizien und Phrygien hatten und dann von den Kimmeriern (biblisch = Gomer; Hes 38,6) zum Schwarzen Meer hin abgedrängt wurden. In Ps 120,5 ist eher an den nordarabischen Stamm Massa (Spr 31,1) zu denken.

Mesopotamien Das Wort kommt aus dem Griechischen und bedeutet »das Land zwischen den Strömen«, nämlich Euphrat und Tigris, also das Zweistromland. Im Alten Testament wird der Name nur für das obere Zweistromland verwendet.

Messias (hebräisch; griechisch = Christus) Das Wort bedeutet »Gesalbter« und bezeichnet den König, der durch → Salbung in sein Amt eingesetzt wurde. In der späteren Königszeit und vollends in und nach der babylonischen Gefangenschaft entstand die Erwartung eines »Gesalbten« in besonderem Sinn: eines idealen Herrschers der Heilszeit, die die drückende Gegenwart ablösen soll. Mit seiner Gestalt verknüpft sich die Hoffnung auf eine Wiederherstellung des Reiches → Davids, aber auch seine Ausweitung zur Weltherrschaft; über die politische Friedensordnung hinaus erwartete man eine Erneuerung der ganzen Schöpfung (Jes 11,1-16). Doch ist der Gedanke einer Heilszeit der Zukunft nicht überall mit der Gestalt eines Messiaskönigs verbunden (Jes 65,17-25).
Im Judentum vor der Zeitwende erwartet man neben einem irdisch-politischen Messias (→ Davids Sohn) den → Menschensohn als überirdischen Heilsbrin-

ger, der das Ende der gesamten gegenwärtigen Weltordnung heraufführt. Vor dem Hintergrund der Menschensohnerwartung ließen sich Hoheit und Anspruch Jesu im damaligen Judentum treffender und weniger missverständlich zum Ausdruck bringen als vor dem Hintergrund der Messiaserwartung.

Michael Einer der → Engelfürsten, Schutzengel des Gottesvolkes (Dan 10,21). Als Anführer der Engelheere kämpft er gegen den → Satan (Offb 12,7).

Midianiter Ihr Stammesgebiet lag im Nordwesten der Arabischen Halbinsel. Sie waren Kamelnomaden und durch ihre Beweglichkeit ihren Gegnern überlegen. Offensichtlich hatten die Midianiter auch den Handel zwischen Mesopotamien und Ägypten in der Hand.

Milkom Nationalgott der Ammoniter, dem Salomo wegen seiner ammonitischen Frauen eine Opferstätte errichtete (1. Kön 11,5).

Millo (2. Sam 5,9; 1. Kön 9,15; 2. Kön 12,21) Wahrscheinlich eine Aufschüttung zur Befestigung Jerusalems, vielleicht an der Nordmauer der alten → Davidsstadt. In Sichem (Ri 9,6) eher die Akropolis (Burg).

Minze (Lk 11,42) Ein Gartengewächs, als Gewürz geschätzt.

Mohrenland (Ps 68,32) → Kusch.

Moloch (eigentlich Melech, »König«). Eine im semitischen Raum verbreitete Gottheit, Herr der unterirdischen Mächte, besonders des Feuers. Seine Verehrung drang vor allem im 8./7. Jahrhundert v. Chr. auch in Israel ein (2. Kön 23,10; Jer 32,35). Man ehrte den Gott, indem man die Opfer auf eine besondere Art seinem Bereich, dem Feuer, übergab. Auch Kinder wurden ihm geopfert. Nach manchen Auslegern sollen die Kinder nicht getötet und verbrannt, sondern nur in einer besonderen Feuerzeremonie symbolisch der Gottheit übereignet worden sein.

Monat, Jahr Die vorderasiatischen Kalender richteten sich nach dem Mondumlauf, der ägyptische nach dem Sonnenumlauf. Das Mondjahr hat 354 Tage und bleibt deshalb hinter dem Naturjahr (Sonnenjahr) zurück. Daher wurden Schaltmonate eingefügt, ursprünglich wohl alle drei Jahre ein Schaltmonat, seit dem 6. Jahrhundert v. Chr. in einem 8-Jahr-Turnus drei Schaltmonate.
Das altisraelitische Jahr begann im Herbst. Nach 722 v. Chr. wurde aber für Handel und Verkehr der assyrische Kalender übernommen, bei dem das Jahr im Frühjahr beginnt. Für Israels Feste blieb man nach wie vor beim Herbstkalender. Von den alten kanaanitischen Monatsnamen blieben vier länger im Gebrauch: Abib, Bul, Siw, Etanim (siehe diese Namen). Nach dem Exil verwendeten die Juden den neubabylonischen Kalender, der auch der persische Staatskalender war. Die babylonischen Monatsnamen heißen:
1. Nisan (Neh 2,1; Est 3,7) ungefähr Mitte März bis April
2. Ijar ungefähr Mitte April bis Mai
3. Siwan (Est 8,9; Bar 1,8) ungefähr Mitte Mai bis Juni
4. Tammus ungefähr Mitte Juni bis Juli
5. Ab ungefähr Mitte Juli bis August
6. Elul (Neh 6,15; 1. Makk 14,27) ungefähr Mitte August bis September
7. Tischri ungefähr Mitte September bis Oktober
8. Marcheschwan ungefähr Mitte Oktober bis November
9. Kislew (Sach 7,1; Neh 1,1) ungefähr Mitte November bis Dezember
10. Tebet (Est 2,16) ungefähr Mitte Dezember bis Januar
11. Schebat (Sach 1,7; 1. Makk 16,14) ungefähr Mitte Januar bis Februar
12. Adar (Esra 6,15; Est 3,7) ungefähr Mitte Februar bis März.

Morgenstern Der Morgenstern, der Planet Venus, ist Bild für den in Macht und Herrlichkeit wiederkommenden Christus. In Offb 2,28 weist der Morgenstern wohl auf die Herrschaft hin, die der Christ zusammen mit Christus ausüben wird.

Mörser (Zef 1,11) Name eines Stadtteils von Jerusalem.

Mose Führer der israelitischen Stämme auf der Wüstenwanderung und Vermittler von → Bund und → Gesetz am Sinai. Der Name ist ägyptisch (Mos = Sohn), wird jedoch in 2. Mose 2,10 mit dem hebräischen Wort für »herausziehen« in Verbindung gebracht.

Mühlstein Die Handmühle bestand aus zwei Mahlsteinen, deren oberer mit einem Loch zum Eingeben der Körner versehen war. Sie gehörte zu jedem Haushalt und durfte nicht gepfändet werden (5. Mose 24,6).

Myrrhe Duftendes Harz eines immergrünen Baumes, das sehr begehrt war und zur Herstellung von Parfüm, Salböl, Gewürz sowie als Wohlgeruch bei der Bestattung verwendet wurde (Joh 19,39), außerdem als betäubender Zusatz zum Wein (Mk 15,23).

N

Nachtwache Die Nacht, von Sonnenuntergang bis Sonnenaufgang – etwa 6 Uhr abends bis 6 Uhr morgens –, wurde ursprünglich in drei Nachtwachen geteilt, zur Zeit des Neuen Testaments in vier Nachtwachen zu je drei Stunden. Die letzte Nachtwache wurde auch Morgenwache genannt.

Name (des Herrn) Der biblische Gott ist ursprünglich der Gott eines bestimmten Volkes (Israel) und trägt als solcher, wie alle Götter der alten Zeit, einen Eigennamen (→ Herr). Für das hebräische Denken ist der Name nicht »Schall und Rauch«, sondern aufs Engste mit der Person des Namensträgers, dessen Wesen und Wirken verbunden. Durch das Aussprechen des Gottesnamens wird Gott selbst gegenwärtig, z. B. im Segenszuspruch der Priester (4. Mose 6,22-27). Der Tempel in Jerusalem wird als Wohnsitz für Gottes »Namen« bezeichnet, weil Gott dort im Gebet beim Namen gerufen werden kann. So wird der Name zu der dem Menschen zugewandten und zugänglichen Seite des souveränen Gottes.

Name (Jesu Christi) Der Name Jesu ist von seiner Person nicht zu trennen. Was »im Namen« Jesu Christi geschieht, geschieht in der Vollmacht der Person Jesu Christi; er selber, der auferstandene Herr, ist darin am Werk (Apg 3,6.12-16; 4,10.12). Wenn die christliche Taufe »auf den Namen Jesu Christi« erfolgt (2,38), so wird der Täufling damit Jesus, seinem Herrn, als Eigentum übergeben und unter seinen Schutz gestellt.

Narde, Nardenöl (Joh 12,3; Mk 14,3) Aus der Wurzel der indischen Nardenpflanze bereitete man ein kostbares, wohlriechendes Öl, das unter anderem bei den Begräbnisvorbereitungen verwendet wurde.

Nazoräer (Mt 2,23) Im Alten Testament findet sich das Prophetenwort in dem bei Matthäus angeführten Wortlaut nicht. Vielleicht liegt ein Hinweis auf den »Spross« in Jes 11,1 (hebräisch *nezär*) vor; auch das hebräische Wort *nasir* = Geweihter (Ri 13,5; 4. Mose 6,1-21) klingt an.

Nebajot (Jes 60,7) Ein arabischer Stamm.

Nebo (1) Berg und Stadt in Moab sowie Stadt in Juda (das »andere Nebo« Neh 7,33).
(2) Babylonischer Gott, der als Sohn → Marduks galt. Der Gott des Schicksals, der das Buch des Lebens hat, der Gott der Schreibkunst (Jes 46,1).

Nehuschtan Ein Schlangenbild im Jerusalemer Tempel, dem Heilkraft zugeschrieben und das deshalb verehrt wurde (vgl. den Äskulapstab). Vielleicht war es ein Gottesbild kanaanitischer Herkunft, doch wurde es in der Überlieferung mit der Bronzeschlange gleichgesetzt, die Mose in der Wüste errichtet hatte (4. Mose 21,4-9). König Hiskia ließ dieses Bild entfernen (2. Kön 18,4).

Neumond Der Tag, an dessen Vorabend der zunehmende Mond wieder sichtbar wurde, galt als Monatsbeginn. Der Mond war in der altorientalischen Welt jedoch nicht nur für den Kalender bedeutsam, sondern zog auch vielfach göttliche Verehrung auf sich. In Israel war der Gestirnkult zwar untersagt, doch wurde der Neumondstag besonders feierlich – z. T. auch länger als einen Tag (1. Sam 20,27) – begangen (Ps 81,4). Dass solche Feste häufig entarteten, geht aus Hos 2,13 hervor. In Hos 5,7 wird angedroht, dass von diesem entarteten Kult her das Gericht über Israel kommt.

Nieren Sie galten als Sitz der Gemütsbewegungen in Freude und Leid (Ps 73,21), der Gewissensregungen, überhaupt des inneren Lebens (Jer 20,12).

Nikolaiten Ihr Name wird mit Nikolaus von Antiochia (Apg 6,5) in Verbindung

gebracht. Über ihre Lehre ist nicht viel bekannt. Wahrscheinlich fühlten sie sich als Christen hoch erhaben über alles Irdische und meinten, auch Unzucht und Teilnahme an den Götzenopfern (→ Götzenopferfleisch) könne ihnen nicht mehr schaden (Offb 2,6.14-15).

Ninive Hauptstadt des assyrischen Reiches (→ Assur).

Nisan → Monate.

Nisroch (2. Kön 19,37; Jes 37,38) Ein unbekannter assyrischer Gott.

Noah Er wurde nach 1. Mose 6,1–8,22 von Gott wegen seines vorbildlichen Lebens vor dem Untergang in der »Sintflut« gerettet. Gott hatte ihm befohlen, mitten auf dem festen Land ein Schiff, die Arche, zu bauen und es mit seiner Familie zu besteigen.

Nod Ein Land Nod ist geografisch nicht bekannt. Es bedeutet wohl Land der Ruhelosigkeit, Land des Elends und bezeichnet das Leben in der Gottesferne.

Nof (Jes 19,13; Jer 2,16) Das alte Memphis, südlich von Kairo, die Hauptstadt der Pharaonen im »Alten Reich«.

O

Obrigkeit (wörtlich »Macht«) Das Wort bezeichnet bei Luther staatliche Regierungsgewalten und Behörden (Röm 13,1-3; Tit 3,1).

Ofel (2. Chr 27,3; 33,14; Neh 3,27) In Jerusalem der Teil des östlichen Höhenzugs zwischen der alten Davidsstadt im Süden und dem Tempel- und Palastbezirk im Norden.

Ofir (1. Kön 9,28) Goldland, wahrscheinlich in Südwest-Arabien. Zur Zeit Salomos fuhren die Goldschiffe vom Golf von Akaba nach Ofir.

Öl Im Alten Testament ist in der Regel an Olivenöl gedacht. Die Oliven wurden gepresst und zerquetscht, das Öl gesammelt und nach Qualität geschieden. Es wurde für den Haushalt, zur Medizin und zur Kosmetik verwendet. Auch zur → Salbung benutzte man Olivenöl, nachdem es mit aromatischen Stoffen vermischt worden war. Das Öl ist Symbol für Freude und Festlichkeit.

Ölberg Seit alter Zeit heiliggehaltener Ort etwa 1 km von Jerusalem. Er gehört zu einem Höhenzug, der Jerusalem von Norden und Osten umgibt.

Onych (Sir 24,21) Ein mineralischer Stoff (das feine weiß-graue Galmeiflugpulver), der einer Salbe beigemengt wurde.

Onyx (2. Mose 28,20; Hes 28,13) Halbedelstein aus Quarz, der durch seine Farbschichten Gravuren besonders schön hervortreten lässt.

Opfer Gabe an Gott, um ihm zu danken und zu huldigen, um seine Hilfe zu erbitten, um Schuld zu sühnen. Opfer werden in der Bibel von Anfang an (1. Mose 4,3) und bei allen Völkern vorausgesetzt; sie sind stets mit Gebet, mit Anrufung des Gottesnamens verbunden (1. Mose 12,8). Die Stätten des Opfers sind Altar und Tempel. Als Opfergaben werden dargebracht: im unblutigen Opfer Früchte, Mehl, Brot, Wein, Öl, Weihrauchkörner; im blutigen Opfer reine Tiere: Rinder, Kälber, Schafe, Ziegen und Tauben. Verboten ist in Israel das Menschenopfer (1. Mose 22,12).
Wichtigste Opferarten sind das *Brandopfer* oder Ganzopfer, bei dem das ganze Tier auf dem Brandopferaltar verbrannt wurde (1. Mose 8,20); das *Dankopfer* und Lobopfer (Schlachtopfer), bei dem der größte Teil des Opfers von den Opfernden an heiliger Stätte verzehrt wurde zum Ausdruck der Gemeinschaft mit Gott und untereinander; das *Sündopfer* und Schuldopfer, bei dem die sühnende Kraft in dem Blut des Tieres als dem Sitz des Lebens gesucht wurde; das freiwillig dargebrachte *Speis- und Trankopfer*, mit dem der Mensch Gott als den Geber aller Gaben ehrte; das *Einsetzungsopfer* bei der Priesterweihe (→ auch Hebopfer und Schwingopfer). Beim *Räucheropfer* wurde eine besondere Mischung von Weihrauch und verschiedenen anderen Bestandteilen verbrannt, die zum Amtsgeheimnis einer bestimmten Priesterfamilie gehörte.
Jesus hat wenig vom Opfer gesprochen und hat mit dem Untergang des Tempels (Mt 23,38; 24,2) das Aufhören allen Opferdienstes vorausgesagt. Jesu Gemeinde sah in seinem Sterben das große, für alle Zeiten gültige Opfer und wusste von Gott wohlgefälligen Opfern

im tätigen Christenleben (Röm 12,1; 1. Petr 2,5).

Ordnung Melchisedeks (Ps 110,4; Hebr 7,17; vgl. 1. Mose 14,18-20) Die Weise, in der → Melchisedek sein Priestertum führte, als Priester und König zugleich.

Orion (Hiob 9,9; 38,31; Am 5,8) Ein Sternbild.

P

Palmenstadt Jericho (5. Mose 34,3; Ri 3,13; 2. Chr 28,15) In Ri 1,16 ist wohl Tamar am Südende des Toten Meeres (1. Kön 9,18) gemeint.

Paradies (→ Eden) In jüdischen Kreisen erwartete man, dass das Paradies mit dem Lebensbaum (1. Mose 2,8-9; 3,24) in der Endzeit wiederkehren werde (vgl. Offb 2,7; 21,1–22,5). In der Gegenwart dagegen ist es verborgen, und zwar im dritten → Himmel (vgl. 2. Kor 12,4). Es galt nach jüdischem Glauben als Aufenthaltsort der verstorbenen Frommen in der Zeit zwischen ihrem Tod und der allgemeinen Auferstehung am Ende der Welt.

Paradiesströme Von den vier Strömen, die vom Paradies ausgehen – Gihon, Pischon, Hiddekel (= Tigris) und Euphrat –, sind nur die beiden letzten bekannt. Der biblische Bericht bringt zum Ausdruck, dass von dem ursprünglichen Gottesgarten die Fruchtbarkeit der gesamten Erde ihren Ursprung hat.

Parbar (1. Chr 26,18) und **Parwarhaus** (2. Kön 23,11) Ein Anbau am Tempel.

Parwajim (2. Chr 3,6) Wohl der Name eines goldreichen Landes.

Passa, Passafest Ursprünglich ein nomadisches Fest, das später mit dem Auszug aus Ägypten verbunden wurde (2. Mose 12,1-28). Nach der Kultreform Josias (2. Kön 22,1–23,30) durfte das Passamahl nur noch in Jerusalem gefeiert werden. Die Hausbesitzer Jerusalems mussten den Pilgern für ihr Passamahl Räume zur Verfügung stellen. Hauptbestandteil der Mahlzeit war ein gebratenes oder gekochtes Schaf- oder Ziegenböckchen. Als Beigaben wurden eine Art bitterer Salat, ein Fruchtmus und vier Becher Wein genossen. Das Passafest ging unmittelbar in das siebentägige Fest der Ungesäuerten Brote über, das im ganzen Land gefeiert wurde. Dieses Fest war ursprünglich ein Erntefest, bei dem man Brot aß, das ohne Sauerteig gebacken war. Vorher musste der alte Sauerteig beseitigt werden (vgl. 1. Kor 5,6-8). Seit der Zerstörung des Tempels feiert das Judentum das Passa ohne das geschlachtete Lamm.

Passalamm → Passa.

Patros (Jer 44,1) Oberägypten.

Perazim Berg, bei dem die Philister eine Schlacht gegen die Israeliten verloren haben (2. Sam 5,20). Von Jesaja wird das Bild im umgekehrten Sinne gebraucht: Gott wird sein Volk schlagen wie damals an dem Berg die Philister (Jes 28,21).

Pergamente Zum Schreiben hergerichtete, besonders für heilige Texte benutzte Tierhäute, wie Paulus einige (neben den aus Papyrusstreifen hergestellten Büchern) besaß (2. Tim 4,13).

Perser Iranischer Völkerstamm, der zu weltgeschichtlicher Bedeutung aufgestiegen ist. Die achämenidischen Könige schufen seit etwa 640 v. Chr. das persische Weltreich, das nach Siegen über die Elamiter, die Assyrer und die Babylonier den gesamten Vorderen Orient umspannte. Erst Alexander der Große vermochte Persien im Jahre 330 v. Chr. zu besiegen.

Petrus Griechische Übersetzung des aramäischen Kefa (mit griechischer Endung: Kephas). Beides bedeutet »Fels«.

Pfingstfest Das zweite der drei israelitischen Wallfahrtsfeste, fünfzig Tage nach dem Passafest (→ Feste).

Pharisäer »Abgesonderte«. Die stärkste religiöse Partei seit den Makkabäerkriegen, die das Erbe Israels, das → Gesetz und die Überlieferungen der Väter, in Ehren hielt, der Verheißung Gottes vertraute, darum auch an die Auferstehung der Toten glaubte und vor allem mit leidenschaftlichem Eifer für pünktliche Beobachtung des Gesetzes bis in die Kleinigkeiten des alltäglichen Lebens hinein kämpfte, um die Erfüllung der messianischen Verheißungen vom Menschen her zu sichern. Nach einer Probezeit verpflichteten sie sich bei der Aufnahme in die Gemeinschaft, die Vorschriften über den → Zehnten

und die Reinheitsvorschriften (→ rein) strengstens einzuhalten, Nicht nur das im Gesetz Moses Niedergeschriebene, sondern auch die mündlich überlieferten genauen und strengen Anwendungsregeln, die »Satzungen der Ältesten«, d.h. der älteren Gesetzeslehrer (Mt 15,2), galt es, im täglichen Leben zu beachten.

Zunächst eine Laienbewegung, waren sie doch bald eng verbunden mit dem Stand der → Schriftgelehrten. Ihre Gefahr war die Gesetzlichkeit, die zu selbstgerechtem Stolz und liebloser Härte führen konnte. Solche Auswüchse werden besonders im Matthäus-Evangelium angeprangert. Mit den Pharsiäern rangen um die Führung im Volk die → Sadduzäer; seit dem Untergang Jerusalems (70 n. Chr.) beherrschten und prägten die Pharisäer das Denken des Judentums.

Philister Die Herkunft der Philister ist unsicher. Vielleicht stammen sie aus Kreta, vielleicht aus Kappadozien oder Illyrien. Sie unterschieden sich von den Kanaanitern und Israeliten durch Kleidung, Bewaffnung, Sprache und Verfassung. Lange Zeit hatte Israel unter ihrer Übermacht zu leiden. Sie bildeten einen Städtebund, die später so genannte Pentapolis, die aus den fünf Städten Gaza, Gat, Aschdod, Aschkelon und Ekron bestand. Von den Philistern (Pelischtim) hat die gesamte Landschaft ihren Namen »Palästina« erhalten.

Pilatus Römischer → Statthalter (Prokurator) in Judäa 26–36 n. Chr.

Pischon → Paradiesströme.

Posaune Nicht ein Instrument aus Metall, sondern aus dem Horn des Widders oder Ziegenbocks gefertigt, für kriegerische Signale verwendet (Jer 4,19.21), vielfach auch im Gottesdienst gebraucht (Ps 81,4), darum auch mit der Schilderung von Gottes künftigem Handeln verbunden (Jes 18,3; Zef 1,16; Offb 8,6).

Prätorium Der Begriff begegnet uns im Neuen Testament in drei verschiedenen Zusammenhängen:

1. Im Prozess Jesu (Mt 27,27; Mk 15,16; Joh 18,18.33; 19,9) bezeichnet er den Amtssitz des römischen → Statthalters Pontius Pilatus in Jerusalem, wohl zu identifizieren mit der Burg Antonia im Nordwesten des Tempelplatzes oder mit dem Herodespalast im Westen der Stadt beim Jaffator.

2. Nach Apg 23,35 wurde Paulus in Cäsarea am Meer im »Prätorium des Herodes« gefangen gehalten, d.h. im Palast des Herodes, der als offizieller Sitz des römischen Statthalters (zu jener Zeit Felix) diente.

3. In Phil 1,13 hängt die Deutung von dem angenommenen Abfassungsort des Briefs ab. In Ephesus wäre Prätorium die Residenz des Prokonsuls für die Provinz Asien; in Rom wäre am wahrscheinlichsten an die Kaserne der Prätorianergarde zu denken; in Cäsarea am Meer wie unter Punkt 2.

Priester Im Alten Testament Personen, die aufgrund ihrer Familienzugehörigkeit und ihrer besonderen Weihe dazu bestimmt waren, die Gottesdienste zu leiten, Opfer darzubringen und den Willen Gottes zu deuten. An Priestersippen sind bekannt die Nachkommen Aarons, die Nachkommen Zadoks und die → Leviten. Die Priester wurden in verschiedene Dienstgruppen eingeteilt, die sich in genau festgelegter Reihenfolge im Tempeldienst ablösten. Ihr Oberhaupt war seit der Zeit Salomos der sog. → Hohepriester.

Prophet Nach unserem Sprachgebrauch ist ein »Prophet« jemand, der die Zukunft kennt. Das Wesentliche beim biblischen Prophetentum liegt jedoch nicht in der Zukunftsschau. Der Prophet ist ein Mensch, den Gott (oder der → Geist Gottes) zu seinem Sprecher gemacht hat. Die Propheten verkünden dem Volk Gottes oder Einzelnen aus diesem Volk, besonders den führenden Kreisen, was Gott ihnen in einer bestimmten Situation zu sagen hat. Das kann Mahnung, Trost oder Gerichtsdrohung sein.

In der Frühzeit Israels ist das Prophetentum mit ekstatischen Erscheinungen verbunden. Der Geist ergreift vom Propheten Besitz wie eine fremde Macht, die über ihn kommt (1. Sam 10,5-6. 10-12). Bezeichnend für diese Stufe ist auch, dass die Propheten in der Regel kollektiv auftreten (1. Sam 10,10; 1. Kön 22,6.12). In der Königszeit Israels traten

neben dem fortbestehenden Prophetentum der älteren Art Propheten auf, die über diesen Rahmen weit hinauswuchsen. Als Einzelne, die Gott berufen hatte, prangerten sie die herrschenden Zustände an. Sie maßen die Verhältnisse der Gegenwart und das Verhalten der Verantwortlichen am Rechtswillen Gottes, wie er im → Gesetz gegeben war. Ebenso unerbittlich prangerten sie die Entartung des Glaubens (→ Baal) und des Gottesdienstes an. Und sie sahen die Katastrophe kommen, die das Verhalten des Volkes und seiner Führer unweigerlich herbeirufen musste. Aber auch die neue Zukunft, die dem Volk danach noch einmal geschenkt werden soll, wird von den Propheten angekündigt. Sie wird geschaut im Bild eines umfassenden »Friedens«, der auch die anderen Völker umgreift. Zum Teil wird dieser Frieden mit der Gestalt eines Friedensbringers verknüpft (→ Messias).

Die Propheten richten ihre Botschaft in der Regel mündlich aus; erst später wurden ihre Worte (zum Teil von ihnen selbst) aufgeschrieben.

Die großen Propheten des 8. bis 6. Jahrhunderts v. Chr. standen oft in heftiger Auseinandersetzung mit einem Berufsprophetentum, das sich sowohl am Jerusalemer Tempel als auch in Bethel, dem Reichsheiligtum Nordisraels, herausgebildet hatte. Propheten dieser Art verkündeten in der Regel eher das, was dem Volk, insbesondere dem König gefiel (vgl. Am 7,10-17; Jer 5,30-31; 14,13-15; 28,1-17) und was ihnen selbst Gewinn brachte (Mi 3,5.11).

Über Propheten in den frühen Christengemeinden → Prophetie im NT.

Prophetie im Neuen Testament In der frühen Kirche waren Apostel, Propheten und Lehrer die wichtigsten Träger der Verkündigung des Evangeliums von Jesus Christus (1. Kor 12,28). Prophetie ist eine Gabe des Geistes neben andern Geistesgaben. Der Prophet verkündet, was ihm Gott offenbart hat (1. Kor 14,26.30). Zur prophetischen Rede können Weissagungen für die Zukunft gehören (Apg 11,27-28; Offb); die neutestamentlichen Propheten haben aber vor allem die Aufgabe, die gegenwärtige Lage im Licht des Willens Gottes aufzudecken, der Gemeinde Weisungen des Herrn zu übermitteln und sie zu ermutigen und zu trösten. Paulus gibt der prophetischen Rede den Vorrang vor der → Zungenrede, weil der Prophet mit verständlichen Worten redet und der Erbauung der Gemeinde dient (1. Kor 12,1–14,40). Gleichwohl soll auch die prophetische Rede von der Gemeinde geprüft werden (1. Thess 5,20-21).

Psalter a) Ein Saiteninstrument (Ps 33,2); b) die Sammlung der Psalmen, das Psalmbuch.

Purim Name eines jüdischen Festes am 14. und 15. Adar zur Erinnerung an die im Esterbuch erzählte Rettung der persischen Judenschaft.

Put Vermutlich ein Volk in Libyen.

Q

Quasten Nach 4. Mose 15,38-40 sollen die Israeliten an den vier Zipfeln des aus einem rechteckigen Stück Tuch bestehenden Mantels Quasten anbringen, um sich an die Gebote Gottes zu erinnern.

Quirinius Publius Sulpicius Q. war kaiserlicher Beauftragter (Legat) für den Orient. Unter seiner Leitung wurde in Syrien eine Besitzaufnahme durchgeführt (→ Schätzung).

R

Rabbi verstärkt **Rabbuni** (»mein Herr, mein Meister«). Ehrende Anrede an die → Schriftgelehrten, die Kenner und Lehrer des Gesetzes.

Rabsaris (2. Kön 18,17) Ein assyrischer Hofbeamter.

Rabschake (2. Kön 18,17; Jes 36,2) Ein hoher assyrischer Hofbeamter, vielleicht der Obermundschenk.

Räfan (Apg 7,43; auch Romfa) Eine heidnische Sterngottheit (vgl. Am 5,26).

Rahab (Hiob 9,13; 26,12; Ps 89,11) Name für das mythische Seeungeheuer als Inbegriff der widergöttlichen Macht (→ Leviatan). Er wird auch auf Ägypten als den Feind des Gottesvolkes übertragen (Jes 30,7).

Rahel Mutter Josefs und Ahnfrau der Stämme Ephraim und Manasse (5. Mose 33,13-17) sowie des Stammes Benja-

min. Sie wurde bei Rama nördlich von Jerusalem beigesetzt (vgl. 1. Sam 10,2); zur Zeit Jesu vermutete man ihr Grab aber im Gebiet von Juda, am Weg von Jerusalem nach Bethlehem (vgl. 1. Mose 35,19; 48,7).

Rat, Hoher Rat Zur Zeit Jesu die oberste Behörde des Judentums unter dem Vorsitz des → Hohenpriesters; die vornehmsten Priester, die führenden → Schriftgelehrten und angesehene → »Älteste«, zusammen 71 Männer, bildeten den Rat. Die Römer hatten die weltliche Vollmacht des Rats eingeschränkt, jedoch seine Autorität in religiösen Entscheidungen anerkannt.

Räucheraltar Ein goldener Altar im Inneren des Tempels in Jerusalem, auf dem als Opfer eine besondere Weihrauchmischung verbrannt wurde.

Räuchern, Räucheropfer Die Verbrennung wohlriechender Harze und Pflanzenteile *(Räucherwerk)* auf glühenden Kohlen im Heiligen des Tempels. In Offb 8,3-4 Sinnbild des Gebets.

Rauchopfersäule Ein säulenartiger Aufsatz auf einem Altarunterbau, der eine schalenartige Vertiefung zum Darbringen eines Weihrauchopfers besitzt (3. Mose 26,30).

Raute (Lk 11,42) Eine Gewürzpflanze.

rein, Reinheitsvorschriften Der gläubige Jude muss nach dem Gesetz Moses im Zustand kultischer Reinheit sein, um dem heiligen Gott im Gottesdienst oder im Gebet begegnen zu können. Die Verunreinigung kann verschiedene Ursachen haben: z. B. Vorgänge der Geburt (Lk 2,22) und des Todes, Ausscheidungen des Körpers, Genuss bestimmter Speisen (Mk 7,15), Berührung von Leichen und verunreinigten Gegenständen, Kontakt mit Aussätzigen und Tischgemeinschaft mit Sündern und Heiden (Lk 15,1; Gal 2,12-13). Die Reinheitsvorschriften der jüdischen Gesetzesausleger regeln die Vermeidung kultischer Unreinheit (z. B. durch Speiseverbote) und die Wiedererlangung kultischer Reinheit (z. B. durch Waschungen und Tauchbäder wie Mk 7,3-4 oder durch Opfer Mk 1,35) aufgrund von 3. Mose 11,1–15,33.

Die Gesetzestreuen zur Zeit Jesu dehnten diese Bestimmungen, die für Priester und jeden, der den Tempel betreten wollte, verbindlich waren, auf den ganzen Alltag aus und verschärften sie. Wenn die → Pharisäer also nichts mit ungewaschenen Händen aßen (Mk 7,1-4), dann nicht aus hygienischen Gründen: Man wollte sich als Gottes erwähltes Volk »rein« bewahren. Jesus nahm dazu eine radikal neue Stellung ein (Mk 7,1-23).

Richter Die »großen« Richter des Richterbuches sind gottbegnadete Volksführer, während die »kleinen« Richter (Ri 10,1-5; 12,8-14) den Richtertitel im allgemein üblichen Wortsinn tragen.

Rimmon (2. Kön 5,18) Ein aramäischer Wettergott (»Brüller«), der vor allem in Damaskus verehrt wurde.

Rogel Brunnen südöstlich von Jerusalem, 38 m tief, wohl alte Kultstätte.

Romfa → Räfan.

Rosch (Hes 38,2-3; 39,1) Vermutlich ein im nördlichen Kleinasien wohnender Völkerstamm in der Nachbarschaft von Tubal und Meschech (siehe dort).

Rüsttag Der Freitag, an dessen Nachmittag man sich zur Feier des → Sabbat rüstet (Mk 15,42; Lk 23,54), oder der Tag vor dem → Passa (Joh 19,14).

S

Saba Südarabischer Staat vom 9. vor- bis zum 6. nachchristlichen Jahrhundert. Anfangs Priesterstaat, später Königtum. Das Reich von Saba war vor allem durch seinen Handel berühmt.

Sabbat Der Sabbat ist der Schlusstag der siebentägigen Woche, die erstmals bei den Israeliten nachweisbar ist. Er wurde, vielleicht mitbestimmt durch die an diesem Tag gehaltenen Gottesdienste, im Bewusstsein der Israeliten mehr und mehr zu einem ausschließlich gottgeweihten Tag, der in nachexilischer Zeit neben der → Beschneidung zu einem Unterscheidungsmerkmal von anderen Völkern und zu einem Bundeszeichen zwischen Israel und seinem Gott wird (Jes 56,1-8).

Zur Zeit des Neuen Testaments hatten die → Schriftgelehrten bis ins Einzelne festgelegt, welche Tätigkeiten am Sabbat verboten und welche allenfalls erlaubt sind. So durfte man z. B. nur einen → »Sabbatweg« weit gehen. Be-

reits das Abreißen von Ähren galt als verbotene Erntearbeit (vgl. Mk 2,24). Nur wenn ein Leben auf dem Spiel stand, war es erlaubt, am Sabbat zu heilen. Indem Jesus gegen solche Festlegungen verstößt (Mk 2,28), bringt er nur den ursprünglichen Sinn des Sabbats wieder zur Geltung als eines Tages, an dem der Mensch vor Gott aufatmen darf und so Gottes Güte für ihn erfahrbar wird (Mk 2,27; 3,4).

Sabbatjahr So wie der Mensch an jedem siebten Tag seine Arbeit ruhen lassen muss, soll im alten Israel das Land in jedem siebten Jahr einen »Sabbat« halten, d.h. unbebaut bleiben und brachliegen (3.Mose 25,1-7). Eine Begründung wird dafür nicht gegeben. Israelitische Sklaven sollen in diesem Jahr die Freiheit erhalten (2.Mose 21,2-6; nach 3.Mose 25,39-43 in jedem 49. Jahr) und es sollen alle Schulden erlassen werden (5.Mose 15,1-3). Diese weitgehende Forderung wurde offenbar vielfach nicht beachtet (3.Mose 26,34; 2.Chr 36,21), von der nachexilischen Gemeinde jedoch neu übernommen (Neh 10,32).

Sabbatweg (Apg 1,12) Die Strecke, die nach der Sabbatsatzung zur Zeit Jesu ein Jude am Sabbat von seinem Wohnort aus gehen durfte: 2000 Ellen, etwa 1 km.

Sack Kleidungsstück, das aus dunklem Ziegen- oder Kamelhaar gewoben war und mit einem Strick um den Leib befestigt wurde (2.Sam 3,31; Jes 3,24). Es wurde als Trauergewand (z.T. unter dem zum Zeichen der Trauer zerrissenen Obergewand) getragen. Neben dem Trauergewand in Sackform kommt auch die Form des Lendenschurzes vor (Jer 48,37).
Auch als Bußgewand wurde es getragen in persönlicher Not und bei allgemeinen Katastrophen sowie als Ausdruck der Trauer über eine (bewusste oder nur vermutete) Schuld vor Gott, die als Strafe die betreffende Notlage herbeigeführt haben könnte.

Sadduzäer Religionspartei im Judentum zur Zeit Jesu, der die vornehmen Priestergeschlechter und Vertreter der weltlichen Aristokratie angehörten. Als »konservative« Gegenspieler der → Pharisäer lehnten sie den Versuch ab, das ganze Leben dem → Gesetz zu unterwerfen, und erkannten die diesem Zweck dienenden »Satzungen der Ältesten« (Mk 7,5) nicht an. Sie lehnten alle Lehren ab, die über das wörtlich im »Gesetz«, d.h. den fünf Mosebüchern, Enthaltene hinausgehen, so z.B. den Glauben an die Auferstehung der Toten und den volkstümlichen Engelglauben (Mt 22,23; Apg 23,8). Darin bekundet sich zugleich ein »freisinniges« Denken, dem eine Öffnung für die griechische (hellenistische) Kultur entsprach. Der Name »Sadduzäer« leitet sich wahrscheinlich von dem Priester Zadok her. Mit dem Untergang des Tempels verschwanden Priestertum und Sadduzäertum.

Salben, Salbung Die Salbung wurde durch Einreiben oder Begießen des Kopfes und Leibes mit Öl (Olivenöl) vorgenommen. Sie war ein Zeichen der Lebensfreude und des Wohlstandes; deswegen unterließen Trauernde die Salbung. Außerdem hatte sie ihren besonderen Platz im religiösen Leben. Gottgeweihte Gegenstände und Personen wurden von Propheten oder Priestern gesalbt: der heilige → Stein in Bethel (1.Mose 31,13), die → Stiftshütte, der Altar (2.Mose 29,36), Propheten (1.Kön 19,16), Priester (2.Mose 30,30) und Könige (1.Sam 10,1; 16,1.13).
Vielleicht stammt die Königssalbung aus dem kanaanitisch-ägyptischen Raum. Hintergrund mag die Vorstellung sein, dass durch die Salbung ein Vasallitätsverhältnis hergestellt wird, d.h., der König ist von Gott als dem höchsten König mit Macht betraut. Er ist »der Gesalbte des Herrn« (1.Sam 24,7; Ps 2,2). In späterer Zeit wird diese Bezeichnung zum Titel des erwarteten Heilskönigs aus Davids Geschlecht (Gesalbter = hebräisch *maschiach;* → Messias).

Salem → Jerusalem.

Salomohalle Eine Säulenhalle an der Ostseite des äußeren Vorhofs in dem von Herodes dem Großen errichteten Neubau des Jerusalemer → Tempels. Sie war auch Nichtjuden zugänglich und wurde für die religiöse Unterweisung benutzt.

Salzmeer (1. Mose 14,3) Das Tote Meer.

Samarien Nach der Eroberung des Nordreiches Israel durch die Assyrer errichteten diese auf dem alten Reichsgebiet eine Provinz, die nach Samaria, der bisherigen Hauptstadt des Landes, den Namen Samarien erhielt (2. Kön 17,24).

Samaritaner, Samariter Mischbevölkerung, die die Provinz → Samarien bewohnte. Sie entstand durch Umsiedlung eroberter Völkerschaften in dieses Gebiet. Die Einwanderer vermischten sich mit den im Lande Zurückgebliebenen. Von den aus der babylonischen Gefangenschaft zurückgekehrten Judäern wurden sie nicht als vollwertige Israeliten anerkannt. Zur Zeit Jesu galten sie bei den Juden als Ketzer, weil sie nur die fünf Mosebücher als heilige Schriften anerkannten und ihnen der Berg Garizim und nicht der → Zion als der vorgeschriebene *eine* Ort für den Gottesdienst galt. Sie und ihr Land wurden von den Frommen verachtet und gemieden.

Sanballat Statthalter der persischen Provinz Samarien zur Zeit Nehemias.

Saphir Da der echte, durchsichtige Saphir vor der römischen Kaiserzeit fast unbekannt war, muss man damit rechnen, dass es sich bei den biblischen Erwähnungen um Lapislazuli handelt, einen undurchsichtigen blauen, mit Silber- und Goldpünktchen besäten Lasurstein, der im Altertum hoch geschätzt war und vielfach künstlerisch verarbeitet wurde.

Sara (Sarai) Frau → Abrahams.

Satan Ursprünglich kommt das Wort aus der israelitischen Rechtspraxis und bezeichnet den Ankläger (»Staatsanwalt«), der die Vergehen des Beschuldigten aufzählt. In nachexilischer Zeit kennt man auch einen Ankläger beim himmlischen Gericht, der vor Gottes Thron die Sünden der Menschen namhaft macht. Im Buch Hiob (1,6; 2,1) wird er zu den »Gottessöhnen«, d. h. zum himmlischen Hofstaat, gezählt. In neutestamentlicher Zeit ist der Satan schließlich zum Gegenspieler Gottes geworden, dem Teufel, der als Herr dieser → Welt gilt, aber endlich von Gott überwunden und vernichtet wird. Wenn in Offb 2,13 von der Stadt Pergamon gesagt wird, dass dort »der Satan wohnt«, so ist dabei vielleicht an den dort befindlichen riesigen Zeusaltar gedacht (→ Zeus).

Satzungen der Ältesten → Pharisäer.

Sauerteig Als Treibmittel verwendete man beim Brotbacken ein Stück gegorenen Teig, das man vom letzten Backen aufgehoben hatte. So war stets Sauerteig im Haus; nur zum → Passafest musste aller Sauerteig entfernt werden (vgl. 1. Kor 5,6-8). Auch für Speisopfer und bei Dankopfern durfte kein Sauerteig verwendet werden. Dahinter steht die Vorstellung, dass der Gärprozess als eine Art Fäulnisprozess die unversehrte Ursprünglichkeit und Reinheit der Gabe verletzt (→ rein). Sauerteig hat die Eigenschaft, »ansteckend« zu sein; darauf beruht das Gleichnis vom Sauerteig (Mt 13,33) und die Warnung in Mk 8,15, sich nicht von der Lehre der → Pharisäer beeindrucken zu lassen.

Saul Der erste israelitische König, Vorgänger Davids (1. Sam 8,1–11,15).

Säulen Ehrenname für Jakobus, Petrus und Johannes als Führer der Jerusalemer Urgemeinde. Er erinnert an das Bild von der Gemeinde als Tempel Gottes (1. Kor 3,16; Offb 3,12) und kennzeichnet die drei Männer als tragende Glieder der Gemeinschaft.

Saulus Der jüdische Name des Apostels Paulus. Paulus ist sein zweiter Name, den er als römischer → Bürger trug. In der Apostelgeschichte wird von 13,9 an nur noch der Name Paulus verwendet, d. h. von dem Augenblick an, wo Paulus erstmals als der große geisterfüllte und vollmächtige Verkünder des Evangeliums in der nicht jüdischen Welt hervortritt.

Schalman Das Ereignis, auf das in Hos 10,14 angespielt wird, ist unbekannt.

Schatten (Kol 2,17; Hebr 8,5; 10,1) Im Unterschied zu dem Gegenstand selbst ein schattenhafter Hinweis auf ihn.

Schätzung Im Jahr 6/7 n. Chr., als Judäa (mit Idumäa und Samarien) römische Prokuratur wurde, wurden unter → Quirinius die Bewohner des Landes und ihr Besitz für die Erhebung von Steuern registriert (»geschätzt«). Viel-

leicht bezieht sich Lk 2,1-3 darauf; vielleicht ist aber auch eine um 8/7 v. Chr. beginnende erste Erfassung gemeint.

Schaubrote Das Brot, das nach der Vorschrift von 2. Mose 25,30 ständig auf einem Opfertisch im zentralen Heiligtum der Israeliten ausgelegt sein musste.

Schear-Jaschub Prophetischer Name, den Jesaja offenbar auf Gottes Befehl seinem Sohn gegeben hat (Jes 7,3). Der Sinn ist nicht eindeutig: »Nur (oder: wenigstens) ein Rest kehrt um (oder: kehrt zurück)«. Der Gedanke eines »Restes« findet sich auch in Jes 10,21-22; 8,16-18.

Schebat → Monate.

Scheidebrief Nach jüdischem Recht konnte ein Mann seine Frau entlassen, wenn er ihrer überdrüssig war (vgl. 5. Mose 24,1). Er musste ihr nur eine Scheidungsurkunde geben. Jesus nimmt energisch gegen diese Praxis Stellung (Mk 10,1-12).

Schibbolet Das hebräische Wort kann Ähre oder Wasserflut bedeuten. In Ri 12,6 dient es als Erkennungszeichen: Die Leute von Ephraim können kein *sch* aussprechen!

Schihor (1. Chr 13,5; Jes 23,3) Ein Arm des Nils.

Schilfmeer Die Israeliten durchquerten nach dem Auszug aus Ägypten einen Meeresarm oder See östlich des Nildeltas. Erst später hat man den Schauplatz am Roten Meer gesucht.

Schinar (1. Mose 11,2) Name für die Landschaft → Babylonien; in Sach 5,11 Name für Babel.

Schlauch (Mt 9,17) Gefäß zur Aufbewahrung von Flüssigkeiten, verfertigt aus der Haut eines Tieres, gewöhnlich einer Ziege.

Schriftgelehrte Ausgebildete und ordinierte jüdische Theologen, deren Aufgabe das Studium und die Auslegung des → Gesetzes war. Da die fünf Mosebücher auch als Gesetzessammlung für das bürgerliche Leben galten, waren diese Theologen zugleich Juristen. Sie gaben ihr Wissen an ihre Schüler (»Jünger«) weiter. Sie traten erst in nachexilischer Zeit auf, als das religiöse Gesetz für das Leben der Juden eine immer größere Bedeutung gewann. Ihr großes Vorbild war Esra (vgl. Esra 7,6.10.25); erste schriftliche Erwähnung finden sie in den Makkabäerbüchern (1. Makk 7,12; 2. Makk 6,18). Die meisten Schriftgelehrten der neutestamentlichen Zeit gehörten der religiösen Gemeinschaft der → Pharisäer an; die führenden Schriftgelehrten wurden die Häupter der pharisäischen Partei. Die Schriftgelehrten hatten ein engmaschiges Netz von Bestimmungen ausgearbeitet, die sicherstellen sollten, dass die göttlichen Gebote (etwa das Ruhegebot am → Sabbat) auf keinen Fall übertreten wurden (vgl. Mk 2,23–3,6).

Nach Mt 13,52 und 23,34 gab es auch in der christlichen Gemeinde »Schriftgelehrte«, die wohl die Aufgabe hatten, die Gesetzesauslegung Jesu, wie sie u. a. in der Bergpredigt (Mt 5,1–7,29) vorliegt, auf die aktuelle Situation der Gemeinden anzuwenden.

Schuldopfer → Opfer.

Schwagerehe Pflichtehe. Der Bruder eines kinderlos verstorbenen Mannes musste dessen Witwe heiraten, damit die Familie des Bruders nicht ausstirbt; denn der erste in der Schwagerehe geborene Sohn galt als Nachkomme des Verstorbenen (Rut 1,1–4,22; 5. Mose 25,5-10).

Schwingopfer (2. Mose 29,24.27) Teile des Opfers wurden vor dem Altar »geschwungen«, d. h. hin- und herbewegt, um sie Gott in betonter (z. T. auch sinnbildlicher) Weise zu übereignen.

Segen und Fluch Das hebräische Denken sieht im gesprochenen Wort eine wirkende Macht. Seine Wirkung hängt freilich von Art und Bedeutung der sprechenden Persönlichkeit ab. Bestimmte Menschen sind mit besonderer Segensmacht begabt. Das kann bei Sterbenden mit der Todesnähe zusammenhängen (Jakob in 1. Mose 48,1-22), es kann Folge einer außerordentlichen Veranlagung sein (wie bei Bileam in 4. Mose 22,1–24,25), aber auch in einer Amtsstellung und Weihe gründen wie bei den Priestern, die zum Abschluss des Gottesdienstes die Gemeinde segnen (4. Mose 6,22-27).

Der Fluch spielte im Rechtsleben eine wichtige Rolle. Er diente als Behelf gegen Rechtsbrecher, die man nicht fassen

oder überführen konnte (3. Mose 5,1; Ri 17,2; Spr 29,24). Bei der Gesetzesverkündung und deren gottesdienstlicher Wiederholung wurden Flüche ausgesprochen, um die Gemeinde im Tun des Gotteswillens zu erhalten (5. Mose 27,11-26).

Sela Vielleicht eine Anweisung für die Musiker, die den Psalmengesang begleiteten.

Seleuziden Griechisches Geschlecht, das nach dem Tod Alexanders des Großen eines seiner Nachfolgereiche beherrschte: die Nachkommen von Seleukus I. (312–280 v. Chr.). Das Reich der Seleuziden reichte zur Zeit seiner größten Ausdehnung vom Hellespont bis an die indische Grenze. Mit dem ägyptischen Reich der Ptolemäer kämpften die Seleuziden verschiedentlich um Syrien/Palästina. Durch die Politik des Seleuziden Antiochus IV. (175–164 v. Chr.), der die griechische Kultur und Religion als einigendes Band seines Reiches überall durchzusetzen versuchte, wurden die Makkabäerkämpfe ausgelöst (1. Makk 1,1–2,69).

Serafim (Jes 6,2) Engelwesen, den Cherubim ähnlich (→ Cherub).

Sergius Paulus Etwa 47 n. Chr. römischer Prokonsul (Statthalter ohne Militärhoheit) der Insel Zypern.

Sichelwagen (2. Makk 13,2) Der zweirädrige, von Pferden gezogene Streitwagen der orientalischen Heere seit der Perserzeit, der an der Wagenachse seitlich und nach unten herausstehende Schwerter hatte. Beim Angriff wurden mit ihm die Feinde wie mit einer Sichel »umgemäht«.

Silbergroschen, Silberling, Silberstück Der hebräische Schekel, der römische Denar oder die griechische Drachme. Sie entsprechen nach Mt 20,2 dem Tageslohn eines Arbeiters. Der »Silberling« (Mt 26,15) hat möglicherweise den vierfachen Wert.

Silo In der Vorkönigszeit ein wichtiges Heiligtum, an dem die → Bundeslade aufbewahrt wurde. Es wurde etwa um 1050 v. Chr., wohl von den Philistern, zerstört.

Siloah Ein Kanal, der das Wasser der Gihon-Quelle vom Kidrontal nach Jerusalem leitete und die Wasserversorgung im Falle einer Belagerung sichern sollte (das hebräische Wort bedeutet Kanal). Während der ältere Kanal, auf den sich Jes 8,6 bezieht, in seinem größeren Teil außerhalb der Mauern am Abhang des Tales verlief, ließ König Hiskia (725–697 v. Chr.) einen 533 m langen Tunnel durch den Fels hauen, der noch heute das Wasser der Quelle zum Siloah-Teich (Joh 9,7) leitet.

Sinai Der Berg, an dem Gott sich seinem Volk Israel geoffenbart und seinen → Bund mit ihm geschlossen hat (2. Mose 19,1–20,21). Seine genaue Lage ist nicht bekannt.

Sinim (Jes 49,12) Wahrscheinlich Syene (das heutige Assuan) an der Südgrenze von Ägypten.

Siw (1. Kön 6,1.37) Der achte Monat des althebräischen Jahres, Mitte April bis Mitte Mai.

Siwan → Monate.

Skevas (Apg 19,14) Einen Hohenpriester Skevas hat es nicht gegeben. Es ist denkbar, dass die sieben Brüder einen solchen erfunden haben. Die Wunderheiler jener Zeit liebten es, sich ihrer Verbindung vor allem mit geheimnisvollen jüdischen Autoritäten zu rühmen.

Sklave, Sklaverei Sklaverei gab es in der ganzen Alten Welt in mannigfachen Formen und unter den verschiedensten Bedingungen. In Israel unterschied man zwischen volksfremden Sklaven und solchen aus dem eigenen Volk. Ein Israelit konnte zum Sklaven eines anderen werden, wenn er stark verschuldet war oder sich ihm in einer Notlage freiwillig verkaufte; auch Eltern verkauften ihre Kinder in solch einem Fall. Ein israelitischer Sklave durfte jedoch nicht für entwürdigende Dienste gebraucht werden; er musste wie ein Lohnarbeiter behandelt und im → Sabbatjahr freigelassen werden. Für als Sklavinnen verkaufte Mädchen erlässt das → Gesetz besondere Schutzbestimmungen (2. Mose 21,7-11).
Fremde Sklaven wurden im Krieg erbeutet oder auf dem Sklavenmarkt (z. B. in Tyrus) gekauft. Sie zählten praktisch zur Familie, mussten jedoch die niederen Dienste verrichten und konnten auch weiterverkauft werden,

was bei den israelitischen Sklaven untersagt war.
In der griechisch-römischen Welt konnten Sklaven zu bedeutenden Stellungen aufsteigen; aber es gab daneben ein Heer von namenlosen Haus- und Arbeitssklaven. In den frühen christlichen Gemeinden war der Anteil dieser Sklaven offenbar hoch. Sie waren innerhalb der Gemeinde den Freien völlig gleichgestellt (Gal 3,28); doch bestehen die Schreiber der neutestamentlichen Briefe darauf, dass die Sklaven im Alltagsleben ihre Pflichten erfüllen und an der bestehenden Sozialordnung nicht rütteln (Eph 6,5-9; Kol 3,22; 1. Tim 6,1-2). Der Brief des Apostels Paulus an Philemon zeigt jedoch, dass die Brüderlichkeit in der Gemeinde ansatzweise auch zu einer gesellschaftlichen Neuorientierung führen kann.

Skorpion (5. Mose 8,15; Hes 2,6; Lk 10,19; 11,12) Er zählt zum Stamm der Spinnentiere (Arachnida) und kann mit seinem langen Stachel schmerzhaft stechen. In 1. Kön 12,11.14 und 2. Chr 10,11.14 Bild für eine mit Stacheln versehene Peitsche.

Sodom und Gomorra Kanaanitische Städte, die nach 1. Mose 19,1-29 wegen ihrer Sünden vernichtet wurden. Vielleicht am Südostufer des Toten Meeres gelegen, sind sie wahrscheinlich schon in der mittleren Bronzezeit durch eine Naturkatastrophe untergegangen. Beide Städte gelten als Symbol der Verruchtheit (so in Jud 7).

Solam (3. Mose 11,22) Heuschreckenart.

Spätregen (5. Mose 11,14; Jak 5,7) Die Niederschläge am Ende der Regenzeit, etwa März/April; wichtig für die Entwicklung der Körner des Wintergetreides.

Speisopfer → Opfer.

Spezerei Gewürze verschiedener Art zur Bereitung von Salben, Räucherwerk und Arzneien.

Stakte (2. Mose 30,34) Unbekannter Bestandteil der Weihrauchmischung des Heiligtums. Stakte ist die griechische Wiedergabe des betreffenden hebräischen Wortes und bedeutet »Tropfen«.

Statthalter (Prokurator) Im Unterschied zu den senatorischen Provinzen, die einem vom römischen Senat eingesetzten Prokonsul unterstanden, und zu den imperatorischen Provinzen, die einem vom Kaiser eingesetzten Legaten unterstellt waren, standen Judäa und Samarien (44–66 n. Chr. ganz Palästina) unter einem Prokurator (Statthalter), der in Cäsarea residierte. Die Prokuratur war eingerichtet worden, nachdem es unter der Regierung des Herodessohnes Archelaus (→ Herodes, 3) zu ständigen Konflikten mit den Juden gekommen war. Der Prokurator hatte vor allem das Steuerwesen zu überwachen und in wichtigen Fällen als Richter zu wirken; er verfügte über eine Truppenmacht. Im Neuen Testament werden erwähnt die Prokuratoren Pilatus (26–36 n. Chr.), Felix (52–60) und Festus (60–62).

Staub (von den Füßen schütteln) Wenn Juden aus nicht jüdischem Gebiet nach Israel zurückkehrten, pflegten sie den Staub von den Füßen zu schütteln, um nichts »Verunreinigendes« (→ rein) in das Heilige Land mitzuschleppen. Im Zusammenhang der Jüngeraussendung (Mt 10,14; Lk 9,5; 10,11) und der urchristlichen Mission (Apg 13,51; ähnlich 18,6) bedeutet es Abbruch der Beziehungen und Überantwortung an Gottes Gericht.

steinigen, Steinigung Die Steinigung war eine Form der Todesstrafe, die bei besonders schweren Vergehen als feierliche Form des Ausschlusses aus dem Gottesvolk angewandt (3. Mose 24,10-22; 5. Mose 17,1-7; 21,21), aber auch als Lynchjustiz geübt wurde. In neutestamentlicher Zeit wurde eine offizielle Steinigung in folgender Form vollzogen: Der zu Steinigende wurde durch einen »Zeugen« (Apg 7,58) von einem Felsen oder einer Mauer rückwärts hinabgestürzt; wenn er noch lebte, ließ der zweite »Zeuge« einen schweren Stein auf seine Brust fallen.

Steinmal → Mal.

Steinpflaster → Gabbata.

Stiftshütte (2. Mose 33,7) Das heilige Zelt, das »Zelt der Begegnung« zwischen Gott und Mose, das Heiligtum Israels während der Wüstenwanderung (2. Mose 25,1–27,21; 33,7–38,31). Noch zur Zeit Davids wurde die → Bundes-

lade in einem Zelt aufgestellt (2. Sam 7,2).

Stoiker (Apg 17,18) Anhänger der Stoa, der griechischen Philosophenschule, die zur Überlegenheit des Menschen über die äußeren Bedingungen erziehen wollte.

Stunde → Tageszeiten.

Sturmbock (1. Makk 9,67) Belagerungsinstrument, mit dem die Mauern gerammt wurden, um eine Bresche zu schlagen.

Sühnopfer → Opfer.

Sündopfer (3. Mose 4,1–5,13; 6,17-23; 2. Mose 29,14) → Opfer.

Synagoge Versammlungsstätte jüdischer Gemeinden, wo am Sabbat ein Wortgottesdienst mit Gebet, Schriftlesung, Predigt und abschließendem Segen abgehalten wird. Zur Zeit Jesu durfte jeder in den heiligen Schriften bewanderte jüdische Mann die Predigt halten (vgl. Lk 4,20; Apg 13,15).
Die Verwaltung der äußeren und inneren Angelegenheiten einer Synagogengemeinde liegt in den Händen eines Ältesten-Kollegiums. An Synagogenbeamten gibt es den Synagogenvorsteher, der für die ordnungsgemäße Abwicklung des Synagogengottesdienstes zu sorgen hat, und den Synagogendiener, der ihm dabei zur Hand geht (Lk 4,20). In der Synagoge tagte auch das örtliche oder Synagogengericht, das aus 23 Mitgliedern bestehen musste und über Juden, die zum christlichen Glauben übergetreten waren, die Strafe der Auspeitschung verhängen konnte (Mk 13,9; Apg 22,19; 2. Kor 11,24).

Syrer → Aramäer.

Syrien Der Name ist aus einer Verkürzung des Namens Assyrien durch griechische Schriftsteller entstanden. Mit diesem Wort wird das Gebiet um Damaskus vom Euphrat bis zur Nordgrenze Palästinas bezeichnet.

Syrisch-Ephraimitischer Krieg Mit dem Regierungsantritt Tiglat-Pilesers III. (745 v. Chr.) setzte eine neue Phase assyrischer Expansionspolitik ein. In den eroberten Gebieten musste der assyrische Staatsgott als Erster der Götter verehrt werden; die staats- und kulturtragende Oberschicht wurde verpflanzt und durch eine fremde ersetzt. Angesichts dieser Bedrohung machte eine Reihe von syrisch-palästinischen Kleinstaaten den Versuch, sich gemeinsam gegen die Assyrer zu behaupten. Führend in dem antiassyrischen Bündnis waren Syrien und Nordisrael (Ephraim). Da König Ahas von Juda sich weigerte, dem Bündnis beizutreten, zogen die verbündeten Könige Rezin von Damaskus und Pekach von Samaria im Jahr 733 v. Chr. gegen Jerusalem, um ihn abzusetzen und einen Mann ihres Vertrauens als neuen König einzusetzen. Anstatt nach der Botschaft des Propheten Jesaja auf Gottes Eingreifen zu vertrauen, rief Ahas den Assyrerkönig zu Hilfe und unterwarf sich ihm durch eine Tributzahlung. Diese Politik war nur kurzfristig erfolgreich. Die Verbündeten zogen von Jerusalem ab. Tiglat-Pileser trennte noch im selben Jahr Galiläa und das Ostjordanland von Nordisrael ab und machte 732 ganz Syrien zur assyrischen Provinz. Juda wurde zum assyrischen Vasallenstaat, in dem der assyrische Staatskult eingeführt werden musste (2. Kön 16,10-18).

Syrte (Apg 27,17) Ein Meerbusen des Mittelmeers an der nordafrikanischen Küste mit gefährlichen Sandbänken.

T

Tachpanhes (Jer 2,16) Eine ägyptische Stadt im östlichen Nildelta.

Tageszeiten, Stunden Im Bereich des israelitischen Kultus und Ritus begann der neue Tag am vorhergehenden Abend (1. Mose 1,5; 3. Mose 11,24), doch empfand man unter dem Einfluss des natürlichen Lebensrhythmus gelegentlich auch den Morgen als Tagesbeginn (Ps 104,22). Im Neuen Testament ist nach weitverbreiteter Sitte des späten Altertums der ungefähr von 6 Uhr morgens bis 6 Uhr abends laufende Tag in 12 Stunden eingeteilt. Demnach entspricht z. B. in Mk 15,34 die neunte Stunde ungefähr der Zeit um 3 Uhr nachmittags nach unserer Zeiteinteilung.

Taler → Lot.

Tammus (Hes 8,14; Dan 11,37) Sumerischer Hirtengott, der mehr und mehr zum Gott der jährlich sterbenden und

wieder erstehenden Vegetation wurde. Der Tammuskult drang im 8./7. Jahrhundert v. Chr. bis nach Palästina vor. Beweint wird Tammus während des Wartens auf den Regen im Herbst, und zwar von den Frauen, die sinnbildlich anstelle der auf Befruchtung durch den »Himmelstau« wartenden Erde stehen.

Tanne Luther sah in den hohen, immergrünen Bäumen der Bibel Tannen, während es Zypressen sind; vielleicht ist an einigen Stellen auch der Wacholder gemeint. Auch an den beiden Stellen, an denen immer noch von Tannen die Rede ist (1. Mose 6,14; Hos 14,9), sind Zypressen gemeint.

Tarsisschiffe (1. Kön 10,22; Jes 23,1.14; 60,9; Hes 27,25) Große Handelsschiffe, wie sie etwa nach Tartessus (Tarschisch), der phönizischen Siedlung in Südspanien (Jona 1,3), fuhren.

Tartan (2. Kön 18,17; Jes 20,1) Titel des Heerführers im assyrischen Heer.

Taufe Den einmaligen Vollzug der Taufe durch einen Täufer – im Gegensatz etwa zu einer Selbsttaufe oder zu wiederholten, mehrmaligen Taufen bzw. kultischen Waschungen (→ rein) – hat die christliche Taufe mit der Taufe gemeinsam, zu der Johannes der Täufer die Menschen rief (Mt 3,1-12). Von allem Anfang an wurde man nur durch die Taufe in die christliche Gemeinde aufgenommen. Der Täufling sprach vor oder nach der Taufhandlung ein schon sehr früh fest geprägtes Glaubensbekenntnis. Die Taufe wurde so vollzogen, dass der Täufling ganz in Wasser untertauchte (Apg 8,38). Nach einem nachneutestamentlichen Zeugnis war es jedoch bei Wassermangel erlaubt, dass nur der Kopf dreimal mit Wasser übergossen wurde. Die Taufe geschah auf den → Namen Jesu Christi (Apg 2,38; nur nach Mt 28,19 auf den Namen des Vaters, des Sohnes und des Heiligen Geistes).

Taumelbecher, Taumelkelch Der Kelch des Gerichts (Jes 51,17.22; Jer 25,15-17), den Gott im Zorn zu trinken gibt und der die Betroffenen wie Trunkene taumeln lässt (Ps 60,5; Sach 12,2).

Tebet → Monate.

Teman (Am 1,12) Eine Landschaft in Edom mit der Hauptstadt Bozra.

Tempel Der Tempel Salomos (1. Kön 6,1-38) war ein Langhausbau, der aus drei Teilen bestand: Vorhalle, Heiliges und Allerheiligstes, darin kanaanitischen Tempelbauten entsprechend. Die Vorhalle war ca. 5 m lang und 10 m breit, ihr Eingang von zwei ehernen Säulen (1. Kön 7,15-22) flankiert. Das Heilige war 20 m lang, 10 m breit und 15 m hoch. Es enthielt den goldenen Räucheraltar, den Tisch mit den → Schaubroten und die zweimal fünf Leuchter (vgl. die Beschreibung der → Stiftshütte in 2. Mose 40,1-33).

Das Allerheiligste war ein Würfel von 10 m Kantenlänge, es hatte keine Fenster und in ihm befand sich die → Bundeslade. Der Hohepriester durfte es nur einmal im Jahr betreten (3. Mose 16,11-14; Hebr 9,7), sonst war es für jedermann unzugänglich. Der Tempel war von zwei Vorhöfen umgeben: einem inneren, in dem der große Brandopferaltar stand, und einem äußeren, dessen Umfassungsmauer den südlich des Tempels gelegenen Königspalast mit einschloss.

Nebukadnezar zerstörte den ersten Tempel 587 v. Chr. Nach der Rückkehr der Judäer aus der → Gefangenschaft wurde er an der alten Stelle in bescheidenerer Form wieder aufgebaut (Tempelweihe 515 v. Chr.). König → Herodes der Große ersetzte diesen Tempel durch einen großartigen Neubau, wobei jedoch die Grundmaße des Heiligen und des Allerheiligsten unverändert blieben. Dabei wurde der innere Vorhof neu gegliedert (Vorhof der Priester, der Männer, der Frauen) und der äußere erheblich erweitert und mit großartigen Säulenhallen umgeben. Der äußere Vorhof war für jedermann, auch für Nichtjuden, zugänglich. In einem begrenzten Bereich dieses riesigen Platzes hat man sich auch die Stände der Geldwechsler vorzustellen und der Händler, die Opfertiere zum Kauf anboten (Mt 21,12).

Mit dem Tempelvorhang, der beim Sterben Jesu zerriss (Mk 15,38), dürfte der vor dem Allerheiligsten gemeint sein. Das Zeichen ist wahrscheinlich im Licht von Mk 15,29; 14,58; 13,2 zu verstehen; es bedeutet den Untergang

des Tempels. Der Jerusalemer Tempel wurde 70 n. Chr. bei der Eroberung Jerusalems durch Titus zerstört und nie wieder aufgebaut.

Tempeldirne In den altorientalischen Fruchtbarkeitskulten (→ Baal) war die Prostitution im Zusammenhang mit der Gottesverehrung weit verbreitet. Zuzeiten gab es auch in Israel unter kanaanitischem Einfluss Tempeldirnen. Einige Könige und Propheten bekämpften diese Zustände (2. Kön 23,7).

Tempelgroschen Jeder erwachsene Jude hatte jährlich einmal eine Steuer für den → Tempel in Jerusalem zu zahlen. Sie wird auf 2. Mose 30,11-16 zurückgeführt und betrug etwa den doppelten Tageslohn eines Arbeiters. Nur Priester und z. T. auch → Schriftgelehrte waren von dieser Steuer befreit. Die Münze, die in Mt 17,24-27 erwähnt wird, entspricht dem Steuersatz für zwei Personen.

Tempelweihe (Joh 10,22) Das Fest, das zur Erinnerung an die Wiedereinweihung des Tempels durch Judas Makkabäus im Jahr 165 v. Chr. jährlich acht Tage lang gefeiert wurde (vgl. 1. Makk 4,59; 2. Makk 1,9).

Tenne → Dreschschlitten.

Teufel → Satan.

Theudas (Apg 5,36) Ein jüdischer Widerstandskämpfer dieses Namens ist 44–46 n. Chr. aufgetreten und durch den römischen Prokurator Fadus enthauptet worden.

Tiberius Römischer Kaiser 14–37 n. Chr.

Tiefen des Satans Wahrscheinlich behaupten die falschen Lehrer von Offb 2,24, die »tiefen Geheimnisse der Gottheit« zu erforschen. Johannes bezeichnet ihre Erkenntnis als Teufelswissen.

Tod, zweiter (Offb 21,8) Der Tod, aus dem es keine Auferstehung mehr gibt: die ewige Verdammnis am Tag des Letzten Gerichts.

Tofet (2. Kön 23,10; Jer 7,31-32; 19,6. 11-13) Die Stätte des Molochkults im Hinnomtal bei Jerusalem (→ Moloch).

Totenklage Die Trauer um einen Verstorbenen wurde im Altertum durch laut ausgestoßene Klagerufe zum Ausdruck gebracht (Jer 22,18). Man beschränkte sich jedoch nicht auf den Ausdruck persönlicher Trauer, sondern ließ die Totenklage auch von eigens dafür bestellten Personen ausüben (»Klageweiber«, Jer 9,16). Ihre normale Dauer betrug sieben Tage, für besonders angesehene Verstorbene dreißig Tage (5. Mose 34,8).

Totenreich Unterirdischer Aufenthaltsbereich der Verstorbenen, die dort in schattenhafter Weise weiterleben (Hes 32,17-32). In der Offenbarung an Johannes (1,18; 20,13) ist die Totenwelt das Reich, in dem der Tod herrscht, der Aufenthaltsort der Toten bis zur Auferstehung.

Tragakant Wie Mastix und Ladanum Gewürzstoff aus dem Harz gewisser Bäume oder Sträucher, auch zum Räuchern gebraucht.

Trankopfer → Opfer.

Trauer (-bräuche, -brot) Die Trauer um einen Verstorbenen wird im alten Israel außer durch die → Totenklage durch eine Anzahl auffallender Trauerbräuche zum Ausdruck gebracht. Man zerreißt die Kleidung, legt den → »Sack« an, nimmt den Turban ab und lässt Haar und Bart ungepflegt. Auf den Kopf streut man sich Staub oder Asche, schlägt sich an Brust oder Hüften, rauft sich das Haar oder schneidet es ab und fügt sich Schnittwunden zu. Ähnlich ist das Verhalten bei einem Unglücksfall. Das »Trauerbrot« (Jer 16,7; Hes 24,17) soll – als Gabe der Nachbarn und Freunde – nach einer Zeit des Fastens den oder die Trauernden in die Welt der Lebenden zurückholen.

Tröster Im Johannes-Evangelium wird der Heilige → Geist der Tröster oder Helfer genannt, der Jesus vertritt, wenn er zum Vater geht (Joh 14,16). Er führt das Werk Jesu weiter, aber so, dass in ihm kein anderer als Jesus selbst zur Gemeinde kommt (Joh 14,18; vgl. 15,26).

Tubal → Meschech.

Tüpfelchen (Mt 5,18; Lk 16,17) Ein Strich, ein Häklein an einem Buchstaben.

U

Ulai (Dan 8,2) Ein Fluss in Persien.

unbeschnitten, Unbeschnittene Die → Beschneidung gilt in Israel als Zeichen des → Bundes mit Gott. »Unbeschnitten«

kann deshalb zu einem Schimpfwort werden für Angehörige von Völkern, die nicht wie Israel in einem besonderen Verhältnis zu Gott stehen. Es kann sogar auf Völker angewandt werden, die selbst die Beschneidung geübt haben (Ägypten und Tyrus = Phönizien in Hes 32,1-32). Entstanden ist das Schimpfwort wahrscheinlich in der Auseinandersetzung mit den → Philistern, die als die nächsten Nachbarn den Israeliten lange Zeit schwer zu schaffen machten (vgl. 1.Sam 17,26).

ungesäuert → Brot, ungesäuertes; → Sauerteig. Zum Fest der Ungesäuerten Brote → Passa.

unrein, Unreinheit → rein.

Unzucht Das Wort bezeichnet im Neuen Testament vor allem den Verkehr mit Prostituierten, aber darüber hinaus in einem umfassenden Sinn Vergehen im Bereich der Sexualität. Gelegentlich bezieht es sich auf Ehen innerhalb bestimmter Verwandtschaftsgrade, die nach dem Gesetz Moses verboten waren (so wohl Offb 2,20; Mt 5,32; 19,9). Hierher gehört die Vorschrift von Apg 15,20.29, die im Zusammenhang steht mit anderen Vorschriften, die sich sämtlich in 3.Mose 17,1-16 finden: das Verbot des Götzenopfers (17,7), das Verbot des Blutgenusses (17,10-12) und des Genusses von ungeschächteten Tieren (17,13-16). Alle diese Vorschriften gelten nicht nur für die Israeliten, sondern ebenso für die Fremden, die unter ihnen leben (17,8.10.13.15; 18,26). Nach Apg 15,20 wurden sie auch den Christen aus nicht jüdischen Völkern auferlegt – offensichtlich aus Rücksicht auf die gesetzestreuen Judenchristen, die sich sonst durch den Umgang mit ihnen verunreinigt hätten (→ rein).
Im übertragenen Sinn bezeichnet »Unzucht« seit Hosea (1,2; 3,1) den Ungehorsam gegenüber Gott und die Hinwendung zu anderen Göttern, die in Kanaan oft zugleich mit sexueller Zügellosigkeit verbunden war (→ Baal).

V

Verlobung (Mt 1,18; Lk 1,27; 2,5) Die jüdische Verlobung stellt ein rechtsverbindliches Eheversprechen dar. Die eheliche Gemeinschaft wird erst nach der Heimholung der Braut durch den Bräutigam (d.h. nach der Hochzeit) aufgenommen.

verschneiden, Verschnittener Hofbeamte waren in manchen Teilen der Alten Welt Eunuchen, d.h. künstlich zeugungsunfähig gemacht (dazu zählt auch der Kämmerer in Apg 8,27). Ein solcher Eingriff war für das Empfinden des antiken Menschen vor allem deshalb schwerwiegend, weil er das Fortleben in den Nachkommen unmöglich machte. In Israel war der Eunuch überdies vom Tempelgottesdienst ausgeschlossen; er durfte allenfalls den äußeren Vorhof betreten (5.Mose 23,2). Erst allmählich bahnt sich ein Wandel der Auffassung an (Jes 56,3-5; Weish 3,14).

Versöhnungstag → Feste.

Vorderasien In den Makkabäerbüchern keine geografische Bezeichnung, sondern das Seleuzidenreich, das 312 v. Chr. aus dem asiatischen Teil des Alexanderreichs entstanden ist. »Asien« bezeichnet in 2.Makk 10,24 einen nicht näher bestimmten Teil des Seleuzidenreichs, vielleicht Zilizien; zum Neuen Testament → Asien.

Vorhof → Tempel.

W

Wagen (Streitwagen) Eine zugleich bewegliche und »schwere« Waffengattung. Der Streitwagen war in der Regel mit zwei Mann besetzt, dem Wagenlenker und dem Schützen; gelegentlich kam noch ein Schildhalter dazu. Manchmal waren die Radnaben mit Sicheln bestückt, die, wenn sie in ein Heer hineinfuhren, die Gegner zerfetzten (→ Sichelwagen).

Wahrheit »Wahr« kann im Hebräischen nicht nur eine Aussage sein, sondern auch eine Person oder Sache. Wahr ist etwas, wenn es hält, was es verspricht; Wahrheit meint Zuverlässigkeit, Beständigkeit, Treue, Halt gebende Wirklichkeit. Diese Art von Wahrheit kommt vor allem Gott zu; in Römer 3,7 und 15,8 muss das Wort geradezu mit »(Bundes-)Treue« übersetzt werden. Bei Johannes bezeichnet »Wahrheit« die in Jesus zugängliche Wirklichkeit Gottes,

die für die Menschen Freiheit (Joh 8,31-32), Licht (3,21) und Leben (14,6) bedeutet. Nach Jesu Abschied bleibt die »Wahrheit« durch den → Geist Gottes zugänglich, ja wird jetzt erst recht erschlossen (16,12-15); sie muss das Leben der Glaubenden bestimmen (4,23-24; 1.Joh 1,6.8; 2,4).

Walker (Jes 7,3) Er bearbeitete Stoffe in einem laugehaltigen Wasser durch Stampfen und Schlagen, bis sich die Härchen verfilzten.

Wallen a) = überwallen (Ps 46,4); b) = wallfahren, eine Wallfahrt machen (Ps 42,5).

Wasser, lebendiges In 1.Mose 26,19; Jer 2,13 Quellwasser; als Bild bleibenden Lebens gebraucht in Sach 14,8; Joh 4,10; 7,38; vgl. Offb 7,17; 21,6; 22,1.17.

weben; leben und weben (1.Mose 1,21; Hes 47,9; Apg 17,28) Sich regen und bewegen.

Weberbaum (1.Sam 17,7) So heißen die Querstangen an den beiden Enden des Webstuhls, an denen die Kettfäden befestigt wurden. Sie konnten eine beträchtliche Dicke erreichen.

Weihrauch Ein weißes Baumharz, dessen Verbrennung einen kräftigen, würzigen Duft verbreitet. Zum »Räuchern« im Jerusalemer Tempel wurde eine besondere Weihrauchmischung verwendet (2.Mose 30,34-38). Gold, Weihrauch und → Myrrhe (Mt 2,11) sind Gaben, die eines Königs würdig sind.

Weise Das so übersetzte griechische Wort (*magoi* = unser »Magier«) bezeichnete zunächst die Mitglieder einer persischen Priesterkaste, die sich mit Sternkunde und Astrologie befassten, sodann allgemein babylonische und sonstige Astrologen.

Welt, diese Die Welt ist Gottes Schöpfung (Joh 1,1-3), und Gott hat die Welt so geliebt, dass er ihr seinen einzigen Sohn sandte (Joh 3,16). Weil aber die Welt die Finsternis mehr liebt als das Licht (3,19) und das Lebenswasser (4,10) und Lebensbrot (6,35) von sich weist, d.h. Jesus nicht aufnimmt, wird sie zu »dieser Welt«: der finsteren Welt, deren Herrscher der → Satan ist (12,31), der Welt, die unter dem Gericht Gottes steht (3,19). Dass »diese Welt« von der Macht des Bösen beherrscht ist, kommt auch an anderen Stellen des Neuen Testaments zum Ausdruck (Gal 1,4; Eph 6,12). Wer durch Christus von seinen Sünden befreit und neu gemacht worden ist, ist schon jetzt der Macht des Bösen entrissen und zählt nicht mehr zu »dieser Welt«, auch wenn er noch in ihr lebt. Er zeigt das durch ein gewandeltes Verhalten (Röm 12,2; 1.Kor 5,9-11); aber er wartet zugleich auf die neue Welt, in der das Gute die einzige Macht ist (2.Petr 3,13).

worfeln, Worfschaufel Mit einer Worfschaufel warf man bei Wind das gedroschene Getreide in die Luft, um es von der Spreu zu trennen.

Wort, Das (Joh 1,1-4.14) Im Griechisch sprechenden Judentum gab es zur Zeit des Neuen Testaments Vorstellungen über die »Weisheit« Gottes: Sie galt als erstes Geschöpf und als Mittlerin bei der Schöpfung, denn durch sie wurde die Welt geschaffen (vgl. Spr 8,22-31; Sir 1,4.9). Sie stieg dann zu den Menschen herunter, wurde von ihnen verworfen und kehrte wieder zu Gott zurück. In ähnlicher Weise konnte auch vom »Wort« gesprochen werden. Joh 1,1-18 erinnert an solche Aussagen. Doch wird hier gesagt, dass das Wort nicht erstes Geschöpf, sondern von allem Anfang an bei Gott war, und im Gegensatz zu jenen Gedanken heißt es hier, dass das Wort, das selbst Gott ist, in Jesus Christus wirklicher Mensch wurde. Durch »das Wort« wurde die Welt geschaffen, und durch »das Wort« spricht Gott zu seiner Welt. Ist Jesus »das Wort«, so wird damit bezeugt, dass in ihm wirklich Gott selbst den Menschen begegnet.

Y

Ysop (2.Mose 12,22; 4.Mose 19,18; Ps 51,9; Joh 19,29) Ein Strauch, dessen Büschel bei der kultischen Reinigung zur Besprengung gebraucht wurden. Wahrscheinlich handelt es sich bei dem Ysopkraut, das auch beim Passafest verwendet wird, nicht um den echten Ysop, der in Palästina nicht vorkommt, sondern um Majoran. Wenn in Joh 19,29 an diese Pflanze gedacht ist, muss man sich das Kreuz sehr niedrig vorstellen.

Z

Zebaoth (2. Sam 5,10; 1. Kön 22,19; Hos 12,6; Am 3,13) »Gott Zebaoth« heißt »Gott der Heerscharen«. Dabei ist wohl nicht an die Heerscharen Israels (1. Sam 17,45) gedacht, sondern an himmlische Scharen (Engel; Lk 2,13).

Zehn Städte Zur Zeit Jesu ein Verband von (ursprünglich zehn) überwiegend ostjordanischen Städten mit hauptsächlich nicht jüdischer Bevölkerung. Das Gebiet galt als heidnischer Fremdkörper im Heiligen Land.

Zehnter Der zehnte Teil vom Ernteertrag (Korn, Wein, Öl) musste als Gabe an Gott und zum Unterhalt der Priester ans Heiligtum abgeliefert werden. Später wurden auch die Armen bedacht. Auch vom Vieh wurde später der Zehnte entrichtet. Dahinter steht wie bei der Gabe der → Erstgeburt und der → Erstlinge der Gedanke, dass aller Ernte- und Viehsegen Gott zu verdanken ist. Weil im 4. und 5. Mosebuch die Zehntgesetze verschiedener Zeiten überliefert sind (4. Mose 18,20-32; 5. Mose 14,22-29), konnte man im Judentum aus diesem Nebeneinander die Einrichtung eines zweiten und dritten Zehnten ableiten (Tob 1,6-8). Die → Pharisäer gaben den Zehnten selbst vom Ertrag der kleinsten Gartenkräuter (Mt 23,23) und von ihren sämtlichen Einkünften (Lk 18,12).

Zeloten Diese jüdische Partei der »Eiferer« verweigerte aus religiösen Gründen die Unterwerfung unter das heidnische Römerreich und lehnte es ab, den Römern Steuern zu bezahlen (vgl. Mk 12,13-17). Sie erwarteten ein nationalistisches Reich unter einem neuen → David. Den Anbruch dieses messianischen Reiches versuchten sie durch gewalttätige Aktionen herbeizuzwingen. Die Zeloten standen hinter den Aufständen gegen Rom, die 70 n. Chr. zur Zerstörung Jerusalems durch die Römer führten. Unter den Jüngern Jesu war neben dem ehemaligen Zollbeamten, der mit der Besatzungsmacht zusammengearbeitet hatte, auch ein früheres Glied dieser Untergrundbewegung: Simon der Zelot (»Eiferer« Lk 6,15; Apg 1,13).

Zeltmacher (Apg 18,3) Es ist nicht sicher auszumachen, ob Paulus und sein Berufsgenosse Aquila Zelttuch oder Decken, etwa Ziegenhaartücher, hergestellt haben. Paulus legt Wert darauf, dass er sich seinen Unterhalt mit eigener Hand verdient (1. Kor 9,1-27).

Zeus Oberster Gott der Griechen, bei den Römern mit Jupiter gleichgesetzt.

Zilizien Landschaft in Kleinasien. Wichtiges Gebiet auf dem Weg nach Syrien. Offensichtlich berühmt wegen seiner Pferdezucht (1. Kön 10,28). Die Hauptstadt war Tarsus.

Zimbel (2. Sam 6,5; Ps 150,5) Schlaginstrument in Tellerform. Bestandteil der Tempelmusik.

Zinne Mauerzinne. Die Zinne des Tempels (Mt 4,5) war vielleicht ein Balkon an der mächtig aufragenden Mauer, die den Tempelplatz trug.

Zion Ursprünglicher Name der von David eroberten Jebusiterfestung (2. Sam 5,7), der dann so genannten Davidsstadt. Später geht der Name auf den Tempelberg über und wird schließlich zur Bezeichnung für ganz Jerusalem und seine Bewohner.

Zoan (Ps 78,12; Jes 19,13; 30,4) Eine Stadt im östlichen Teil des Nildeltas.

Zölesyrien (1. Makk 10,69; 2. Makk 3,5) Der südliche Teil des Seleuzidenreichs mit Damaskus als Hauptort.

Zöllner Zur Zeit des Neuen Testaments wurden in Palästina die Zölle eines Bezirks, wie Marktzölle, Grenzzölle usw., verpachtet, wahrscheinlich an den Meistbietenden. Die Pächter ihrerseits hatten wieder Unterpächter angestellt. Auch sie mussten einen bestimmten Betrag abliefern, kassierten jedoch den Zoll in die eigene Tasche. Es gab zwar feste Tarife, doch verleitete dieses System zum Betrug. Kein Wunder, dass die Zöllner Dieben und Räubern gleichgestellt waren. Da die Zolleinnehmer überdies im Dienst der heidnischen (römischen) Besatzungsmacht standen und durch ihren Beruf viel Kontakt mit Nichtjuden hatten, galten sie als »unrein« (→ rein). Von den Frommen wurden sie verachtet und gehasst.

Zuchtmeister (Gal 3,24-25) Der Sklave, der im vornehmen griechischen Haus mit der Erziehung der Knaben beauftragt war; von Paulus als Bild für den

Dienst benutzt, den das fordernde Gesetz Gottes tun sollte.

Zunge, Zungenrede Das Wort für Zunge bedeutet in den biblischen Ursprachen zugleich »Sprache« (1. Mose 11,1-9). Als eine Gabe des → Geistes galt in den ersten Christengemeinden das Reden »in Zungen« (Apg 10,46; 19,6; 1. Kor 14,2): ein Reden oder Beten in der Verzückung (Ekstase), in Lauten, die ohne Auslegung nicht verständlich sind. In der Gemeinde von Korinth (1. Kor 14,1-40) wurde diese Gabe als ein besonders wertvoller Erweis des Geistes angesehen und von einem Teil der Gemeindeglieder stark überschätzt. Eine neue Art geistgewirkten Redens »in Zungen« (= verständlichen Sprachen) bezeugt Apg 2,4.

Nach heutigen Erfahrungen geschieht das »Zungenreden« bei vollem Bewusstsein, jedoch so, dass der Sprecher sich dem Wirken des Geistes öffnet. Es wird von einer wachsenden Zahl als eine Weise des Gebets und als Mittel persönlicher Erbauung geschätzt.

Zyperblume (Hld 1,14; 4,13) Wohlriechende, traubenförmige Blüte, auch zum Färben benutzt (Hennatraube).

ZUR SCHREIBUNG DER EIGENNAMEN IN DER LUTHERBIBEL

Die Schreibung der biblischen Personen- und Ortsnamen unterschied sich in der evangelischen und der katholischen Tradition lange Zeit z. T. beträchtlich. Das hing vor allem damit zusammen, dass sich die katholischen Bibelübersetzungen in der Vergangenheit an der lateinischen Bibel orientierten, während sich Luther enger an die hebräischen und griechischen Grundtexte anschloss. So standen nebeneinander die Namensformen Noah und Noe, Hiob und Job, Haggai und Aggäus, Zephanja und Sophonias usw. Für den Gebrauch in ökumenischen Bibelübersetzungen wurden deshalb in den Jahren 1967–1970 Richtlinien für eine einheitliche Schreibweise biblischer Eigennamen erarbeitet – die sog. Loccumer Richtlinien.

Die ökumenische Namensschreibung geht noch konsequenter als Luther auf die biblischen Grundtexte zurück. Anwendung fand sie bisher in der katholischen »Einheitsübersetzung« (mit den ökumenischen Teilen Psalter und Neues Testament) und in der »Gute Nachricht Bibel«. Auch in der Lutherbibel werden seit 1984 in größerem Umfang die ökumenischen Schreibungen verwendet. Es gibt jedoch eine Anzahl von Ausnahmen bei solchen Namen, die in der evangelischen Tradition und Frömmigkeit fest verankert und teilweise darüber hinaus zum Allgemeingut der deutschen Sprache geworden sind (wie etwa Hiob und Golgatha; ökumenisch Ijob und Golgota).

Wer mit der bisherigen Lutherbibel vertraut ist, findet lautliche Änderungen in der Regel nur bei weniger bekannten Namen (z. B. Schinar statt Sinear, Usija statt Usia, Keïla statt Kegila, Manoach statt Manoah). Trotzdem ist eine weitgehende Angleichung an die ökumenische Schreibweise erreicht worden: Auf die Anzahl der Namen gesehen weicht die Lutherbibel künftig nur noch in Ausnahmefällen von den Loccumer Richtlinien ab. Damit ist ein wichtiger Schritt in Richtung auf eine Gemeinsamkeit der Konfessionen auf dem Gebiet der Bibelausgaben getan.

Die Liste der biblischen Eigennamen nach den Loccumer Richtlinien enthält über die Regelung der Schreibung hinaus auch Angleichungsvorschläge in Fällen, in denen der Bibeltext für eine Person oder einen Ort an verschiedenen Bibelstellen verschiedene Namensformen bietet (z. B. Arauna/Ornan in 2. Sam 24,20; 1. Chr 21,15). Auch diese Vorschläge sind in der Lutherbibel in der Mehrzahl der Fälle berücksichtigt.

Damit Bibelleser und Bibelleserinnen, die verschiedene Bibelausgaben benutzen, sich über den Stand der Namensschreibung orientieren können, sind auf den folgenden Seiten alle Namen aufgeführt, bei denen die Lutherbibel von den angeführten Bibelausgaben abweicht (EÜ = Einheitsübersetzung; GN = Gute Nachricht Bibel). Bei Namen mit Stellenangabe handelt es sich in der Regel um Angleichungsfälle. Wo sich nur *eine* der anderen Übersetzungen von der Lutherbibel unterscheidet, ist dies jeweils angegeben.

Für alle Namen, die hier nicht verzeichnet sind, gilt seit 1984 die Schreibung nach den Loccumer Richtlinien.

Lutherbibel 1984	**Einheitsübersetzung (EÜ)** **Gute Nachricht Bibel (GN)**
Absalom	Abschalom
Abischalom in 1. Kön 15,2.10; 2. Chr 11,20f	EÜ: Abschalom
Achaja	Achaia
Achbor in 2. Chr 34,20	EÜ: Abdon
Achior in Tob 11,19	Achikar
Achmeta in Esra 6,2	Ekbatana
Adada in Jos 15,22	GN: Arara
Adasa in 1. Makk 7,40.45	Hadascha
Adoniram in 2. Chr 10,18	EÜ: Hadoram
Adramyttion	EÜ: Adramyttium
»der Ahaschtariter« in 1. Chr 4,6	Ahaschtari
Ahasveros	Xerxes
Ajin, Rimmon in Jos 19,7	GN: En-Rimmon
Almon-Diblatajim	GN: Almon-Diblatajema
»von alters her« in 1. Sam 27,8	GN: Telem
Amon in Esra 2,57	Ami
Arëus	EÜ: Ares
Artahsasta	Artaxerxes
Asor	Azor
Asser	Ascher
Baal-Peor	Baal-Pegor
Bakbukja in 1. Chr 9,15	Bakbak(k)ar
Bamot-Baal in 4. Mose 21,19-20	EÜ: Bamot
Bealot in 1. Kön 4,16	GN: Alot
Beëschtera in Jos 21,27	Aschtarot
Belma in Jdt 7,3	Jibleam
Belsazar	Belschazzar
Beltschazar	Beltschazzar
Benjaminiter in 2. Makk 3,4	GN: »Nachfahre von Bilga«
Berechja in Mt 23,35	EÜ: Barachias
Bet-Asmawet in Esra 2,24; Neh 12,29	Asmawet
Bet-Haram in 4. Mose 32,36	EÜ: Bet-Haran
Bethel	Bet-El
Bethlehem	Betlehem
Bet-Lebaot in Jos 15,32	EÜ: Lebaot
Bet-Peor	Bet-Pegor
Bigwai in Esra 10,34	GN: Bani
Chelmon	Kyamon
Cherub(im)	Kerub(im)
Choaspes	Hydaspes
Deguël in 4. Mose 1,14; 2,14; 7,42.47; 10,20	EÜ: Reguël; GN: Dëuël
Diana	Artemis
Dimon in Jes 15,9	EÜ: Dibon
Dimona in Neh 11,25	Dibon
Dioskorus	GN: Zeus-Korinthius
El-Bethel	El-Bet-El
Elia (der Prophet)	Elija
Eliam in 2. Sam 11,3; 1. Chr 3,5	Ammiël
Elisa (der Prophet)	Elischa
Elisabeth	Elisabet
Enam in Jos 15,34	EÜ: Enajim

En-Gannim in 1. Chr 6,58	GN: Anem
Ephraim(iter)	Efraim(iter)
Euphrat	Eufrat
Gabaa in Jdt 3,12	Gabbai
Gajus	Gaius
Genezareth	Gennesaret
Gethsemane	Getsemani
Girsiter	EÜ: Geresiter; GN: »die Leute von Geser«
Golgatha	Golgota
Gudgoda in 5. Mose 10,7	EÜ: Hor-Gidgad
Harhas in 2. Kön 22,14; 2. Chr 34,22	EÜ: Harhas, Hasra; GN: Hasra
Hazar-Susa	EÜ: Hazar-Susa, Hazar-Susim; GN: Hazar-Susim
Helkat in 1. Chr 6,60	GN: Hukok
Hesekiel	Ezechiel
Hiob	Ijob
Hiskia (der König von Juda)	Hiskija
Hosianna	Hosanna
Ije-Abarim	EÜ: Ijim
Isch-Boschet (Sohn Sauls) in 2. Sam 2,1–4,12	EÜ: Ischbaal
Jakob in 1. Makk 8,17	Koz
Jamnor in Jdt 8,1	Hananja
Jattiriter	GN: »aus Jattir«
Jechonja (der König von Juda)	Jojachin
Jeftah	Jiftach
Jeotrai in 1. Chr 6,6	Etni
Jisrachja in 1. Chr 7,3	EÜ: Serachja
Johannes in 1. u. 2. Makk	Johanan
Josachar in 2. Kön 12,22; 2. Chr 24,26	Sabad
Josia (der König von Juda)	Joschija
Kaiphas	Kajaphas
Kapernaum	Kafarnaum
Kedar in Jdt 1,8	Gilead
Konja	Jojachin
Kreter im Alten Testament	Kereter
Krit	Kerit
Kuschaja in 1. Chr 6,29	Kischi
Kyrene/von Kyrene/Kyrenäer	Zyrene/von Zyrene/Zyrener
Mahawiter in 1. Chr 11,46	»aus Mahanajim«
Makkabäer/Makkabäus	Makkabäer
Mambre in Jdt 2,14	Habor
»ganz Medien« in Hes 27,23	GN: Kilmad
Mefi-Boschet (Sohn Jonatans) in 2. Sam 4,4; 9,1-13; 19,25-31	Merib-Baal
Michaja in 2. Kön 22,12; 2. Chr 34,20; Jer 36,11.13	Micha
1. Mose	Genesis
2. Mose	Exodus
3. Mose	Levitikus
4. Mose	Numeri
5. Mose	Deuteronomium
Nathan	Natan
Nathanael	Natanael
Nazareth	Nazaret

Nebukadnezar	Nebukadnezzar
Noah	Noach
Olympios	Olympius
Paloniter in 1. Chr 11,36	EÜ: »aus Gilo«
Passa	EÜ: Pascha
Peor	Pegor
Phanuël in Lk 2,36	Penuël
Pizez	Pizzez
Pleter	Peleter
Pnuël	Penuël
Prediger (Salomo)	Kohelet
Put in Jes 66,19	EÜ: Pul
Puwa in Ri 10,1; 1. Chr 7,1	GN: Pua, Puwa
Räfan	Romfa
»Rama im Südland« in Jos 19,8; 1. Sam 30,27	EÜ: Ramat-Negeb; GN: Ramat-Negeb, Ramot im Südland
Refaïter/Refaïm	Rafaïter
Refaja in 1. Chr 8,37	Rafa
Saf in 2. Sam 21,18; 1. Chr 20,4	Sippai
Safed	GN: Pegor
Samaritaner in 2. Kön 17,29	EÜ: »Bewohner Samariens«; GN: »die Fremden«
Schamma (= Bruder Davids) in 1. Sam 16,9; 17,13; 2. Sam 13,3.32; 21,21; 1. Chr 2,13; 20,7	Schima
Schammua (= Sohn Davids) in 2. Sam 5,14; 1. Chr 3,5; 14,4	Schima
Schen in 1. Sam 7,12	Jeschana
Scheschbazar	Scheschbazzar
Secharja in Mt 23,35; Lk 11,51	EÜ: Zacharias
»Seher« in 2. Chr 33,19	GN: Hosai
Sichem(iter) in 4. Mose 26,31; Jos 17,2; 1. Chr 7,19	Schechem(iter)
Silo	Schilo
Siloah	Schiloach
Simon (der Makkabäer in 1./2. Makk; der Hohepriester in Sir 50,1-23; der Benjaminiter in 2. Makk 3,4–4,6)	Simeon
Sprüche (Salomos)	Sprichwörter
Sulamith	Schulammit
Taanach in 1. Chr 6,55	GN: Aner
Taanat-Silo	Taanat-Schilo
Tarsis	Tarschisch
Telem in 1. Sam 15,4	Telaïm
Tob in 1. Makk 5,13	Tubi
Tobias (auch für Vater und Buch)	Tobit (für Vater und Buch)
Tobias in 2. Makk 3,11	Tobija
Tubal-Kain	Tubal-Kajin
Uria	Urija
Usija in Jdt 8,1	Usiël
Xenios	Xenius
Zarpat im Alten Testament	Sarepta
Zebaoth	Zebaot
Zedekia (der König von Juda)	Zidkija

ZEITTAFEL ZUR BIBLISCHEN GESCHICHTE

Das Alte Testament ist reich an chronologischen Angaben, doch lässt sich die Zeit der Patriarchen nicht festlegen, und auch noch der Aufenthalt der Israeliten in Ägypten und ihr Auszug lassen sich nur mit Wahrscheinlichkeit in das 14. und 13. Jahrhundert v. Chr. datieren. Erst mit der Königszeit beginnt eine zuverlässigere chronologische Überlieferung, die aber einer genaueren Auslegung bedarf. Einige Daten stehen jetzt durch assyrische und babylonische Quellen eindeutig fest, so die erste Eroberung Jerusalems und der Tribut des Jehu. Von daher ist es möglich, die Regierungszeiten der Könige von Israel und Juda ziemlich genau festzulegen. Gewisse Unstimmigkeiten ergeben sich daraus, dass die Königsjahre verschieden gezählt wurden; dazu haben sich wohl auch einige Fehler in die Überlieferung eingeschlichen.

I. Israels Frühzeit, Zeit des geeinten Reiches

um 1230	Eindringen israelitischer Stämme ins Land Kanaan
etwa 1200–1012	Richterzeit bis auf Samuel; Philisterkämpfe
1012–1004	Saul
1004–998	David König in Hebron
997–965	David König in Jerusalem
965–926	Salomo
962–955	Tempelbau
926	Teilung des Reiches

II. Das geteilte Reich

Juda	*Israel*	*Umwelt*
926–910 Rehabeam	926–907 Jerobeam I.	922 Palästinischer Feldzug Schischaks von Ägypten
910–908 Abija	907–906 Nadab	
908–868 Asa	906–883 Bascha	
	883–882 Ela	
	882–878 Kampf zwischen Tibni und Omri	
	882–871 Omri	
	876 Gründung Samarias	
868–847 Joschafat	871–852 Ahab	873–842 Ittobaal (Etbaal) von Tyrus
	Prophet Elia	
	853 Ahab kämpft bei Karkar gemeinsam mit Damaskus gegen Salmanassar III.	858–824 Salmanassar III. von Assur
852 Joram Mitregent	852–851 Ahasja	
847–845 Joram	851–845 Joram	
845 Ahasja	845 Revolution des Jehu	
845–840 Atalja	845–818 Jehu	845–801 Hasaël von Damaskus
	841 Tribut des Jehu an Salmanassar III.	
840–801 Joasch		
	818–802 Joahas	

Juda	*Israel*	*Umwelt*
801–787 (773) Amazja	802–787 Joasch	nach 801 Ben-Hadad von Damaskus
um 788 Kampf zwischen Amazja und Joasch		
787–736 Asarja (Usija)	787–747 Jerobeam II.	
756–741 Jotam Mitregent und König	Prophet Amos Prophet Hosea	
	747 Secharja (6 Monate)	
	747 Schallum (1 Monat)	
	747–738 Menahem	745–727 Tiglat-Pileser III. (Pul) von Assur
741–725 Ahas Mitregent und König	738 Tribut an Tiglat-Pileser III.	
736 Tod Usijas, Berufung des Propheten Jesaja	737–736 Pekachja	
	735–732 Pekach	734 Zug gegen die Philister
733 Syrisch-Ephraimitischer Krieg		733–732 Züge gegen Damaskus und Israel
	732–723 Hoschea	
725–697 Hiskia	722 Eroberung Samarias Ende des Reiches Israel	726–722 Salmanassar V. von Assur

III. Juda bis zur Zerstörung Jerusalems

Juda	*Umwelt*
725–697 Hiskia	721–705 Sargon von Assur
	711 Entsendung des Tartan gegen die Philister (Jes 20,1)
701 Belagerung Jerusalems durch Sanherib. Prophet Micha	704–681 Sanherib von Assur
696–642 Manasse	690–663 Tirhaka von Ägypten
	680–669 Asar-Haddon von Assur, erobert 671 Ägypten (Memphis)
641–640 Amon	
639–609 Josia Prophet Zefanja	
628 Beginn der Reform des Josia	
627 Berufung des Propheten Jeremia	
622 Auffindung des Gesetzbuches; Zentralisation des Opferkultes in Jerusalem	612 Eroberung Ninives durch Babylonier und Meder
609 Josia fällt im Kampf gegen Necho bei Megiddo; Joahas König	609–594 Pharao Necho von Ägypten
608–598 Jojakim	605 Sieg des Kronprinzen Nebukadnezar über die Ägypter bei Karkemisch
605 Niederschrift der Reden des Propheten Jeremia	
	604–562 Nebukadnezar von Babylon
604 Jojakim unterwirft sich Nebukadnezar	604 Zug gegen Syrien; Einnahme Aschkelons (Jer 36,9)
601 Abfall Jojakims	601 unentschiedener Kampf Nebukadnezars gegen Ägypten
etwa 6.12. 598 bis 16.3. 597 Jojachin	
16.3. 597 Einnahme Jerusalems, Gefangennahme Jojachins; 1. Exil	597 Zug Nebukadnezars gegen Jerusalem
597–587 Zedekia	
594 Koalition gegen Babylon (Jer 27)	594–588 Psammetich II. von Ägypten
593 Berufung des Propheten Hesekiel	
589 Erneuter Abfall von Babylon	
Mitte Jan. 588 Beginn der Belagerung Jerusalems durch Nebukadnezar	

Juda	*Umwelt*
588 Die Ägypter unter Hofra von den Babyloniern zurückgeschlagen	588–569 Hofra von Ägypten
etwa Aug. 587 Jerusalem erobert; 2. Exil	561–560 Amelmarduk (Ewil-Merodach)
März 560 Freilassung Jojachins	

IV. Juda in persischer Zeit

Juda	*Persien*
	558 Kyrus König von Persien; seit 553 König von Medien
Prophet Deuterojesaja (Jesaja 40–55)	
	29. 10. 539 Einzug in Babel
538 Edikt des Kyrus, erste Rückkehr von Exulanten nach Jerusalem, Beginn des Tempelbaus	24. 3. 538–Aug. 530 König in Babel 12. 4. 529–522 Kambyses, erobert 525 Ägypten
520 Statthalter Serubbabel Hoherpriester Jeschua Propheten Haggai und Sacharja	521–486 Darius I.
1. 4. 515 Tempelweihe	
Prophet Maleachi	
	485–465 Xerxes (Ahasveros)
458 Esra (398?)	464–424 Artaxerxes (Artahsasta)
445–433 Nehemia; Mauerbau	

V. Die Zwischenzeit zwischen Altem und Neuem Testament

Die Zeitangaben in den Fußnoten zu den beiden Makkabäerbüchern unterscheiden sich teilweise um ein Jahr von den in der Zeittafel gebotenen Jahresangaben. Es gibt in den Makkabäerbüchern neben einer seleuzidischen auch eine jüdische Berechnung des Jahresanfangs. Da bei den jüdischen Zeitangaben umstritten ist, ob sie vom Frühling 312 oder 311 v. Chr. an die seleuzidischen Jahre zählen, herrscht in ihrer Datierung diese kleine Unsicherheit.

Palästina	*Das Reich Alexanders*
	336 Alexander der Große wird König von Mazedonien
332 Alexander in Jerusalem	332 Alexander erobert Tyrus und besetzt Syrien und Ägypten
332–323 Palästina unter mazedonischer Herrschaft	331 Gründung von Alexandria. Einnahme Babylons durch Alexander 330 Tod Darius III. Kodomanus. Ende des Perserreiches 323 Tod Alexanders
323–312 Palästina unter der Herrschaft verschiedener Nachfolger Alexanders	323–301 Verwaltung und nachfolgende Aufteilung des Alexanderreiches durch seine Nachfolger, die sog. Diadochen

Palästina	*Ägypten*	*Syrien und Mesopotamien*
312–198 Palästina unter ägyptischer Herrschaft	323–283 Ptolemäus I. Lagi, Begründer der Dynastie der Ptolemäer (bis 30 v. Chr.)	312–280 Seleukus I. Nikator, Begründer der Dynastie der Seleuziden (bis 64 v. Chr.)

Palästina	*Ägypten*	*Syrien und Mesopotamien*
		309/8 Seleukus König von Babylon
	305 Ptolemäus König von Ägypten	
	285–246 Ptolemäus II. Philadelphos	280–261 Antiochus I. Soter
	274–271 Erster Syrischer Krieg um den Besitz von Palästina	
	260–253 Zweiter Syrischer Krieg	261–246 Antiochus II. Theos
	246–221 Ptolemäus III. Euergetes	246–226 Seleukus II.
	246–241 Dritter Syrischer Krieg	228 Attalos von Pergamon befreit sich aus syrischer Oberherrschaft
		226–223 Seleukus III.
218–217 Palästina unter syrischer Herrschaft	221–205 Ptolemäus IV. Philopator	223–187 Antiochus III. der Große
217 Ptolemäus IV. besiegt Antiochus III. bei Raphia und zwingt ihn zur Aufgabe Palästinas	205–181 Ptolemäus V. Epiphanes	
198 Schlacht bei Paneas. Palästina endgültig unter syrischer Herrschaft		195 Hannibal als Flüchtling bei Antiochus III.
		190 Antiochus III. unterliegt den Römern in der Schlacht bei Magnesia
		187–175 Seleukus IV. Philopator
	181–145 Ptolemäus VI. Philometor	
175 Einsetzung Jasons als Hoherpriester		175–164 Antiochus IV. Epiphanes

Palästina	*Syrien und Mesopotamien*
171 Menelaus wird Hoherpriester	
169 Antiochus beraubt den Jerusalemer Tempel	169 Erster Feldzug gegen Ägypten
168 Apollonius plündert und zerstört Jerusalem. Bau der sog. Akra (Burg). Verbot des jüdischen Gottesdienstes und Darbringung heidnischer Opfer im Tempel	168 Zweiter Feldzug gegen Ägypten
166 Beginn des jüdischen Widerstandes gegen die syrische Religionspolitik	
166–161 Judas Makkabäus Führer des jüdischen Kampfes gegen die Syrer	
166/5 Antiochus IV. beauftragt den Reichsverweser Lysias mit der Leitung des Kampfes gegen die Juden	

Palästina	*Syrien und Mesopotamien*
165 Lysias schließt Frieden mit Judas. Übergabe Jerusalems außer der Akra an die Juden. Reinigung und Wiederweihe des Tempels	164–162 Antiochus V. Eupator
163/2 Judas und seine Brüder kämpfen gegen syrische Truppen in verschiedenen Gegenden des Landes. Antiochus V. und Lysias ziehen gegen Jerusalem. Alkimus wird Hoherpriester	162–151/50 Demetrius I.
161 Judas besiegt Nikanor, fällt jedoch bald danach gegen Bakchides. Jonatan, Bruder des Judas, übernimmt die Leitung des Kampfes	
153 Jonatan übernimmt das Amt des Hohenpriesters	153 Alexander Balas erhebt sich gegen Demetrius
151/50 Jonatan wird als abhängiger Teilherrscher anerkannt	151/50–146/45 Alexander II. Balas 148/47 Demetrius, Sohn Demetrius I., tritt gegen Alexander auf 146/45–139 Demetrius II. Nikator
143 Ermordung Jonatans durch Tryphon	145–40 Machtkämpfe zwischen Demetrius und Tryphon, dem Vormund Antiochus VI.
142/3 Simon, Bruder des Jonatan und Judas, Hoherpriester und Fürst der Juden. Anerkennung der Unabhängigkeit durch Demetrius II.	
141 Simon durch Volksbeschluss erblicher Hoherpriester, Feldherr und Fürst. Dynastie der Makkabäer bzw. Hasmonäer	140 Demetrius gerät in parthische Gefangenschaft 139–128 Antiochus VII. Sidetes
135 Ermordung Simons	
135–104 Johannes I. Hyrkan, Sohn des Simon, unterwirft die Idumäer und Samariter	133 Pergamon fällt an Rom 129 Die Parther besetzen Babylon
104–103 Aristobul I., Sohn des Hyrkan, nimmt den Königstitel an	
103–76 Alexander Jannäus, Bruder des Aristobul, kämpft gegen die Nabatäer und Pharisäer	86 Eroberung Athens durch die Römer
76–67 Salome Alexandra, Witwe des Aristobul und Jannäus, Königin. Ihr Sohn Hyrkan II. Hoherpriester. Die Pharisäer werden zur herrschenden Partei	
67–63 Aristobul II., Bruder Hyrkans II., Hoherpriester und König	64 Pompejus macht den syrischen Reststaat zur römischen Provinz Syria
63 Hyrkan und Antipater verbünden sich mit den Nabatäern. Pompejus nimmt Aristobul gefangen und erstürmt den Tempel. Hyrkan II. erneut Hoherpriester unter römischer Oberaufsicht. Ende des makkabäischen Königtums. Palästina unter römischer Herrschaft	

VI. Neutestamentliche Zeit

Die Zeitangaben für das Leben Jesu sind unsicher. Nicht einmal das Geburts- und Todesjahr lassen sich mit Sicherheit festlegen. Dass unsere Zeitrechnung unrichtig angesetzt ist, zeigt sich daran, dass nach Mt 2,1 (vgl. auch Lk 1,5) Jesus unter dem König Herodes dem Großen geboren wurde, der bereits im Jahr 4 v. Chr. gestorben ist. Die in Lk 2,1 erwähnte Schätzung des Augustus unter dem Statthalter Quirinius (= Cyrenius) könnte hier einen Anhaltspunkt bieten, ihre Datierung ist jedoch umstritten. Für das Todesjahr steht aufgrund übereinstimmender Zeugnisse nur fest, dass die Kreuzigung Jesu während eines Passafestes unter der Statthalterschaft des Pontius Pilatus (26–36 n. Chr.) erfolgte. Die Angabe von Lk 3,1, wonach Johannes der Täufer im 15. Jahr des Kaisers Tiberius an die Öffentlichkeit trat (28 n. Chr.), lässt nur Vermutungen zu, da sich keine eindeutigen Aussagen über Beginn und Dauer der Wirksamkeit Jesu finden.

Auch bei der zeitlichen Festlegung der in der Apostelgeschichte berichteten Ereignisse muss vieles offenbleiben. Mit einiger Sicherheit lassen sich lediglich der in Apg 12,20-23 berichtete Tod des Herodes Agrippa (44) und die Amtszeit des Statthalters Gallio, vor dem Paulus gegen Ende seines Aufenthaltes in Korinth angeklagt wurde (Apg 18,12-18), bestimmen (Frühjahr 51 bis Frühjahr 52, eventuell auch 52/53). Alle übrigen Zeitangaben können nur von diesen Daten aus durch Zurück- und Vorrechnen gewonnen werden. Da sich hierbei infolge der nicht immer eindeutigen Angaben der Apostelgeschichte verschiedene Möglichkeiten ergeben, sind jeweils neben den gebräuchlichsten die nächstwahrscheinlichen Jahreszahlen in Klammern angeführt. Ereignisse, für deren Berechnung jeder Anhaltspunkt fehlt, sind in die Übersicht nicht aufgenommen.

Römische Kaiser	*Palästina*	*Jesus. Urgemeinde*
30 v.–14 n. Augustus (Lk 2,1)	4 v. Tod Herodes d. Gr. Archelaus wird Herrscher in Judäa, Samarien und Idumäa (Mt 2,22), Herodes Antipas in Galiläa und Peräa (Mk 6,14-29), Philippus im Ostjordanland und Lysanias im Antilibanosgebiet (Lk 3,1)	etwa 7 v. Geburt Jesu (Mt 2,1; Lk 2,1-7)
	6 n. Verbannung des Archelaus. Sein Gebiet wird römische Provinz	
14–37 Tiberius (Lk 3,1)	26–36 Pontius Pilatus Statthalter in Judäa und Samarien (Lk 3,1)	28 Auftreten Johannes des Täufers (Lk 3,1) um 30 Tod Jesu
	34 Der Vierfürst Philippus stirbt kinderlos. Sein Gebiet wird der römischen Provinz Syrien einverleibt	35 (32) Bekehrung des Paulus (Apg 9,1-9)
37–41 Kaligula	37 Herodes Agrippa I. erhält als Günstling Kaligulas die ehemaligen Herrschaftsbereiche des Philippus und Lysanias	37/38 (34/35) 1. Aufenthalt des Paulus in Jerusalem (Gal 1,18-19), anschließend Wirksamkeit in Syrien und Zilizien (Gal 1,21; vgl. auch Apg 15,41)

Römische Kaiser	*Palästina*	*Jesus. Urgemeinde*
	39 Absetzung des Herodes Antipas. Galiläa und Peräa fallen an Herodes Agrippa I.	
41–54 Klaudius	41 Herodes Agrippa I. erhält auch das bisher von römischen Statthaltern verwaltete Gebiet von Judäa, Idumäa und Samarien	43/44 Verfolgung der Gemeinde in Jerusalem. Tod des Jakobus (Apg 12,1-6)
	44 Tod des Herodes Agrippa I. (Apg 12,20-23). Sein Gebiet wird römische Provinz	um 47 1. Missionsreise 48 (50) Zusammenkunft der Apostel in Jerusalem (Apg 15,1-29; Gal 2,1-10)
49 Vertreibung von Juden aus Rom (Apg 18,2)	50 Herodes Agrippa II., Sohn des Herodes Agrippa I., erhält vom Kaiser das kleine Königreich Chalkis, dazu das Recht der Aufsicht über den Jerusalemer Tempel, wenig später auch die ehemaligen Territorien des Philippus und Lysanias (Apg 25,13-27; 26,1-3.19-32). Judäa, Idumäa und Samarien bleiben römische Provinz	48/49–51/52 (50–52) 1. Reise des Paulus nach Kleinasien und Griechenland = 2. Missionsreise (Apg 15,36–18,22) 51 (52) In Korinth Zusammentreffen des Paulus mit dem Statthalter der Provinz Achaja L. Iunius Gallio (Apg 18,12-18)
54–68 Nero	52–60 (53–55) Antonius Felix Statthalter von Judäa, Idumäa und Samarien (Apg 23,24-35; 24,1-27)	51/52–55/56 (52–54) 2. Reise des Paulus nach Kleinasien und Griechenland = 3. Missionsreise (Apg 18,23–21,17) 57–60 Gefangenschaft des Paulus in Jerusalem und Cäsarea (Apg 21,33–26,32)
	60 (55) Porzius Festus Nachfolger des Antonius Felix (Apg 24,27–26,32)	60/61 (55/56) Überführung des Paulus nach Rom (Apg 27,1–28,16) 62 (58) Ende des lukanischen Berichts (Apg 28,30)
64 Brand Roms, Christenverfolgungen	66 Beginn des Jüdischen Aufstandes 70 Belagerung und Zerstörung Jerusalems	

Die Zeittafel wurde von Alfred Jepsen, Greifswald, zur Verfügung gestellt.

ZEITTAFEL ZUR ÜBERLIEFERUNG DER BIBEL

Zeit der handschriftlichen Vervielfältigung

10.–2. Jh. v. Chr.	Entstehung der Schriften des Alten Testaments
um 300–130 v. Chr.	Das hebräische Alte Testament in Ägypten wird ins Griechische übersetzt (Septuaginta, LXX)
2.–1. Jh. v. Chr.	Älteste erhaltene hebräische Handschriften des Alten Testaments. Funde im Fajum (Papyrus Nash), in Kairo (Geniza) und in den Höhlen am Toten Meer. Älteste erhaltene Handschriften der griechischen Übersetzung des Alten Testaments (Papyrus Manchester, Zwölf-Propheten-Rolle in Qumran)
um 27–30	Jesu Wirken in Palästina
50–64 (67?) n. Chr.	Abfassung der Briefe des Apostels Paulus
2. Hälfte 1. Jh.	Niederschrift der vier Evangelien
Ende 1. Jh.	Jüdische Schriftgelehrte in Palästina bestimmen den genauen Umfang der hebräischen Bibel. In den christlichen Gemeinden der griechisch-römischen Welt steht jedoch von der Zeit der Apostel her die Septuaginta in kanonischem Ansehen – einschließlich einer Anzahl später Schriften, die die jüdischen Schriftgelehrten in Palästina nicht akzeptierten (Deuterokanonische Schriften/Apokryphen)
ab Ende 1. Jh.	Zahlreiche Abschriften der biblischen Schriften auf Papyrus. Statt der traditionellen Schriftrollen bevorzugen Christen die Form des Kodex, eines Vorläufers der heutigen Buchform
um 125	Ältestes erhaltenes Bruchstück des Neuen Testaments (Papyrus, P^{52})
um 144	Marcion in Rom stellt das Lukas-Evangelium und zehn Paulusbriefe in einer verkürzten Bearbeitung zusammen. Mit dieser sehr engen Auswahl gibt er der Kirche verstärkt Anlass, das zahlreich gewordene christliche Schrifttum zu prüfen und einen »Kanon« der als verbindlich anerkannten Schriften abzugrenzen (Neues Testament)
um 200	Der Kanon des Neuen Testaments steht im Wesentlichen fest Frühe Übersetzungen des Neuen Testaments ins Lateinische (Vetus Latina oder Itala)
3. Jh.	Wichtige Papyrushandschriften: Chester-Beatty-Papyri (große Teile des Alten und Neuen Testaments), Bodmer-Papyri (u. a. Lukas und Johannes)
240–245	Origenes (185–254) stellt sechs verschiedene Textfassungen des Alten Testaments nebeneinander (Hexapla = »sechsfältiges« Bibelwerk): den hebräischen Grundtext, denselben Text in griechischen Buchstaben und vier griechische Übersetzungen. Ziel ist eine Überprüfung der Septuaginta am hebräischen Text
Anfang 4. Jh.	Frühe Übersetzungen des Neuen Testaments ins Syrische (Vetus Syra), daraus geht in der 1. Hälfte des 5. Jh. die sog. Peschitta hervor
350–380	Wulfila übersetzt im heutigen Bulgarien die Bibel ins Gotische

382–420	Hieronymus bearbeitet die altlateinische Bibel. Er übersetzt das Alte Testament neu aus dem Hebräischen ins Lateinische und revidiert den altlateinischen Text des Neuen Testaments. So entsteht die später sog. Vulgata
4.–5. Jh.	Die großen Pergament-Kodizes werden geschrieben (Codex Vaticanus, Sinaiticus, Alexandrinus, Ephraemi rescriptus, Bezae Cantabrigiensis)
um 500	Der Codex Argenteus von Wulfilas gotischer Bibel wird geschrieben
8.–10. Jh.	Tätigkeit der Masoreten in Tiberias und Babylonien am hebräischen Text des Alten Testaments (Ben Ascher)
um 800	Revision der lateinischen Bibel durch Alkuin auf Veranlassung Karls des Großen
	Übersetzung des Matthäus-Evangeliums ins Deutsche (althochdeutsch): Mondseer Matthäus
8.–11. Jh.	Prunkvolle Bibelhandschriften mit Miniaturmalereien entstehen
11. Jh.	Notker Labeo übersetzt den Psalter, Williram das Hohelied ins Deutsche
11.–15. Jh.	Zahlreiche Übersetzungen biblischer Schriften und der ganzen Bibel ins Deutsche und in andere Volkssprachen. Entstehung der Bilderbibeln. Übergang vom Pergament zum Papier. Drucke der Armenbibel von geschnittenen Holztafeln als Vorstufe des Bibeldrucks

Zeit des Bibeldrucks

um 1440	Erfindung des Buchdrucks mit beweglichen Lettern durch Johannes Gutenberg in Mainz
1452–1455	Erster Druck der lateinischen Bibel durch Gutenberg (42-zeilige Bibel)
1466	Mentelin in Straßburg druckt die erste deutsche Bibel. Es folgen Drucke von Bibelübersetzungen in anderen deutschen Städten und in zahlreichen anderen Sprachen
1477	Der Psalter in Oberitalien zum ersten Mal hebräisch gedruckt (1488 das ganze Alte Testament)
1516	Das erste gedruckte griechische Neue Testament, bearbeitet von Erasmus, erscheint in Basel
1522, Sept.	Luthers deutsches Neues Testament erscheint in Wittenberg
1534	Luthers deutsche Bibel erscheint in Wittenberg
1710	Freiherr von Canstein gründet in Halle die erste Bibelgesellschaft der Welt
1734	Ausgabe des griechischen Neuen Testaments durch Johann Albrecht Bengel
ab 1812	Gründung von deutschen Bibelgesellschaften, z. B. Württembergische Bibelanstalt
1844 und 1859	Auffindung des Codex Sinaiticus durch Constantin von Tischendorf im Katharinen-Kloster am Sinai
1892	Erste kirchenamtliche Revision der Lutherbibel abgeschlossen
1898	Eberhard Nestles Griechisches Neues Testament, das später laufend dem Stand der neutestamentlichen Forschung angepasst wird, erscheint erstmals bei der Württembergischen Bibelanstalt
seit Ende 19. Jh.	Funde biblischer Papyri in Ägypten
1906	Herausgabe der Biblia Hebraica durch Rudolf Kittel
1912	Lutherbibel neu durchgesehen nach dem vom Deutschen Evangelischen Kirchenausschuss genehmigten Text

1921	Beginn der dritten, umfassenden Revision von Luthers Bibelübersetzung
1937	Die Biblia Hebraica durch Kittel, Eißfeldt, Alt und Kahle neu bearbeitet auf der Grundlage des Ben-Ascher-Textes, d.h. des Leningrader Codex von 1008 n. Chr.
ab 1947	In Höhlen bei Qumran am Toten Meer werden Handschriften des hebräischen Alten Testaments gefunden (zwei Jesaja-Rollen, Habakuk und anderes)
1966	Gemeinsame Ausgabe des griechischen Neuen Testaments durch den Weltbund der Bibelgesellschaften (The Greek New Testament)
1968–1977	Neubearbeitung der Biblia Hebraica (Biblia Hebraica Stuttgartensia)
1979	Das Griechische Neue Testament von Nestle erscheint in 26., völlig neu bearbeiteter Auflage (Nestle-Aland)
1980	Die für die deutschsprachigen katholischen Diözesen in Auftrag gegebene »Einheitsübersetzung« erscheint. Neues Testament und Psalmen sind unter evangelischer Mitarbeit übersetzt und als ökumenischer Text anerkannt, nicht jedoch die anderen Teile des Alten Testaments
1982	»Die Bibel in heutigem Deutsch« (Die Gute Nachricht des Alten und Neuen Testaments)
1984	Abschluss der Revision der Lutherbibel (Altes Testament 1964, Apokryphen 1970, Neues Testament 1984)
1997	»Gute Nachricht Bibel« (revidierte Fassung der »Bibel in heutigem Deutsch«)
1999	Lutherbibel in neuer Rechtschreibung (zugleich durchgesehene Ausgabe)
2000	Gute Nachricht Bibel in neuer Rechtschreibung (zugleich durchgesehene Ausgabe)

WO FINDE ICH WAS?

Das Verzeichnis enthält wichtige Namen und Orte sowie Hinweise auf zentrale Themen. Bestimmte Sach- und Personengruppen sind zur besseren Übersicht unter umfassenderen Stichwörtern zusammengefasst (z. B. Könige, Priester, Propheten, Gleichnisse, Wunder); bei bedeutenden Personen findet man eine Übersicht über die Lebensdaten.

Die angeführten Stellen bilden in der Regel eine Auswahl. Wenn ein Wort oder eine Geschichte mehrfach überliefert ist, wird nur die Stelle des ersten Vorkommens angegeben; die übrigen Stellen findet man mithilfe der Verweise unter den Abschnittsüberschriften im Text (das gilt besonders für Matthäus, Markus und Lukas sowie die Samuel-, Königs- und Chronikbücher).

Die Abkürzungen der biblischen Bücher sind auf Seite 14* der Einleitung erklärt. Die Ziffern hinter der Abkürzung bezeichnen Kapitel und Vers (durch ein Komma getrennt). Verse werden durch Punkt, Kapitel durch Strichpunkt getrennt. Allein stehende Ziffern bedeuten Kapitel. Ein Beispiel: Jes 6,1-4.12; 18 bedeutet: Jesaja, Kapitel 6, Verse 1 bis 4 und 12; Kapitel 18.

ORTSREGISTER ZU DEN LANDKARTEN

AO = Der Alte Orient zur Zeit des Alten Testaments
LA = Das Land der Bibel zur Zeit des Alten Testaments
LN = Das Land der Bibel zur Zeit des Neuen Testaments
RP = Die Reisen des Apostels Paulus

Beispiele

Aram AO D2-D3 = die Gebietsbezeichnung »Aram« findet sich in den Quadraten D2 bis D3 der Karte AO

Maon LA B7/C7 = die Ortsbezeichnung »Maon« findet sich auf der Grenze der Quadrate B7 und C7 der Karte LA

Nikopolis RP C2; D1; G3/H2 = die Ortsbezeichnung »Nikopolis« findet sich in der Karte RP dreimal: die gesuchte Stadt ist entweder die im Quadrat C2 oder die im Quadrat D1 oder die auf der Grenze der Quadrate G3 und H2

Dan LA D2 (2-mal) = die Bezeichnung »Dan« findet sich im Quadrat D2 der Karte LA zweimal – einmal als Orts- und einmal als Gebietsbezeichnung

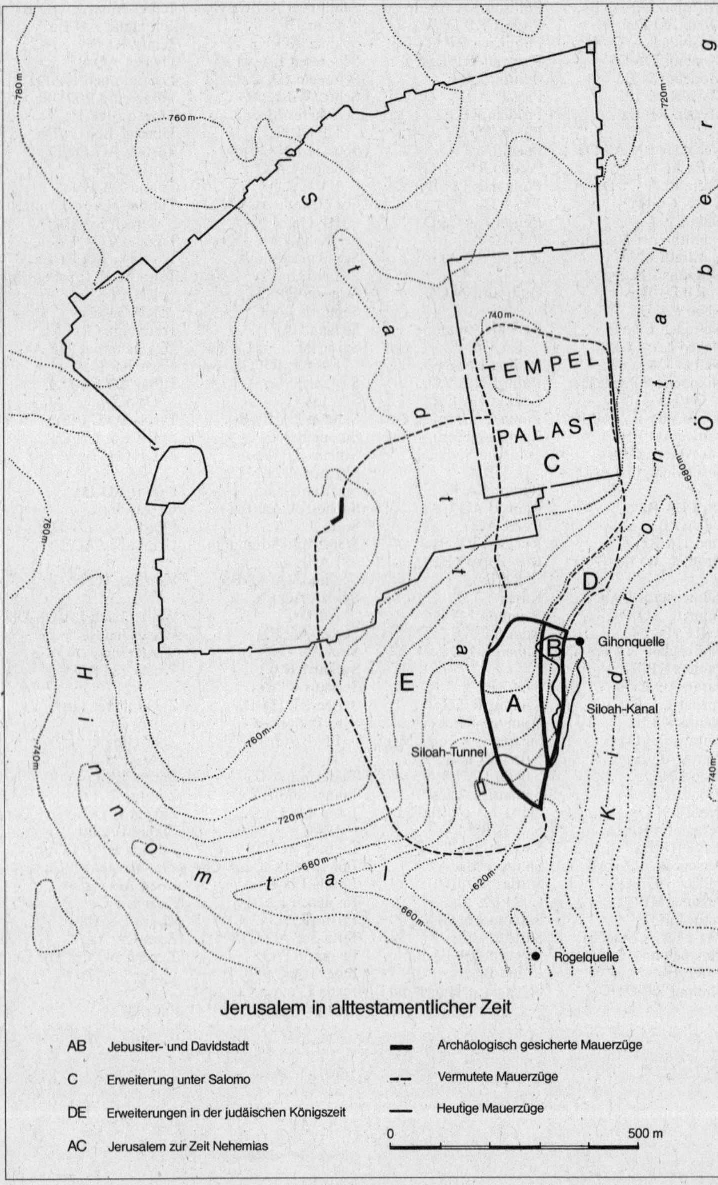

Jerusalem in alttestamentlicher Zeit

AB	Jebusiter- und Davidstadt
C	Erweiterung unter Salomo
DE	Erweiterungen in der judäischen Königszeit
AC	Jerusalem zur Zeit Nehemias

Archäologisch gesicherte Mauerzüge

Vermutete Mauerzüge

Heutige Mauerzüge

0 500 m

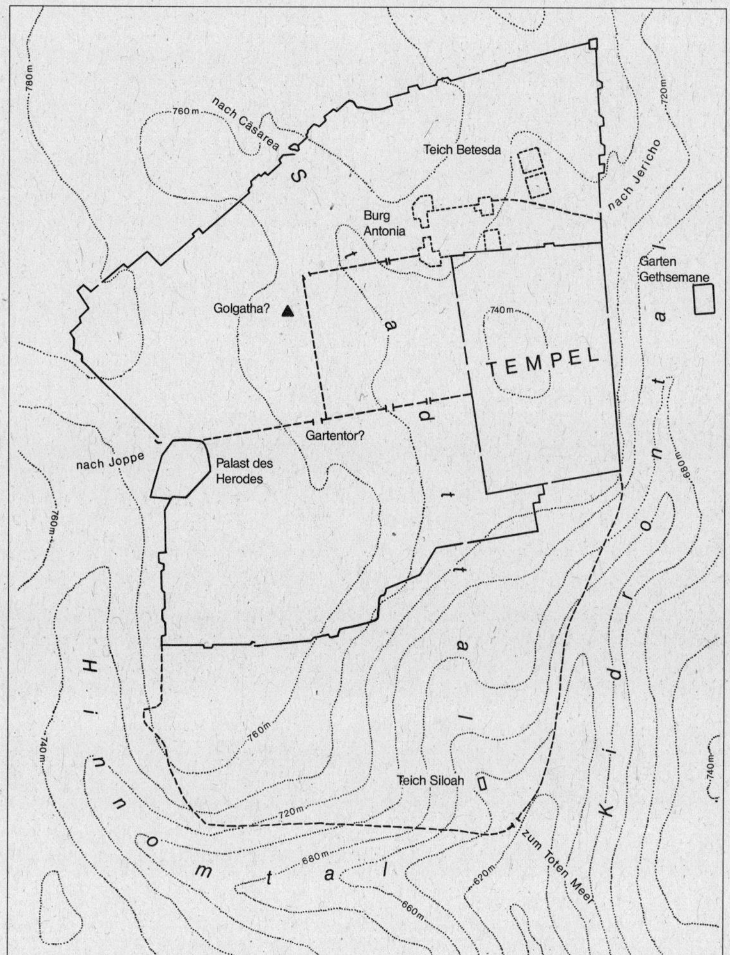

Jerusalem in neutestamentlicher Zeit

— Heutige Mauerzüge

– – Im Norden: möglicher Mauerverlauf
Im Süden: antiker Mauerverlauf

----- Fundamente

LANDKARTEN IN FARBE

Bearbeitung Karl Elliger
Revision Siegfried Mittmann (zuletzt 1997)
Gestaltung Deutsche Bibelgesellschaft, Stuttgart
und Kartographisches Institut Helmut Fuchs, Leonberg

DIE REISEN DES APOSTELS PAULUS
Maßstab 1:14 000 000
0 100 200
Kilometer
Erste Reise
Zweite Reise
Dritte Reise
Reise nach Rom
unter 0
0 bis 200
200 bis 500
500 bis 1000
1000 bis 2000
2000 bis 3000
über 3000
MITTELMEER
Italien
Rom
Tres Tabernae
Forum Appii
Puteoli
Rhegion
Sizilien
Syrakus
Malta
Dalmatien
Illyrien
Thrazien
Mazedonien
Nikopolis
Philippi
Neapolis
Amphipolis
Apollonia
Thessalonich
Beröa
Samothrake
Epirus
Achaja
Griechenland
Korinth
Kenchreä
Athen
Troas
Assos
Adramyttion
Lesbos
Mitylene
Chios
Smyrna
Ephesus
Samos
Patmos
Milet
Kos
Knidos
Rhodos
Kreta
Phönix
Lasäa?
Guthafen
Salmone?
Kauda
Mysien
Pergamon
Thyatira
Sardes
Lydien
Philadelphia
Hierapolis
Laodizea
Kolossä
Karien
Lyzien
Patara
Myra
Phrygien
Asia
Bithynien
Pontus
Sinope
Galatien
Galatia
Ankyra
Pessinus
Tavium
Kappadozien
Pisidien
Antiochia
Ikonion
Lykaonien
Lystra
Derbe
Pamphylien
Perge
Attalia
Zilizien
Tarsus
Euphrat
Nikopolis
Antiochia
Seleuzia
Zypern
Salamis
Paphos
Syrien
Palmyra
Damaskus
Phönizien
Sidon
Tyrus
Ptolemaïs
See Genezareth
Cäsarea
Antipatris
Jerusalem
Totes Meer
Arabien
Petra
Ägypten
Alexandria
Saïs
Heliopolis
Memphis
Nil
Kyrene
Kyrene Libyen
Große Syrte